AIRLINE FLEETS 2008

Edited by Tony Pither

in collaboration with Colin Frost, Peter Gerhardt, Ken Marshall,
Kiyoshi Sato, Terry Smith, Barrie Towey, Tony Wheeler and John Wilkinson

Introduction	3
Explanatory Notes	5
Fleet Lists	7
Jet and turboprop airliners in non-airline use	713
Airline two-letter designators	741
Airline three-letter designators	750
Airport three-letter codes	770
National Index	779
Operator Index	781

Published by Air-Britain (Historians) Ltd

Sales Department   41 Penshurst Road, Leigh
                                    Tonbridge, Kent TN11 8HL

Membership Enquiries   1 Rose Cottages, 179 Penn Road
                                    Hazlemere, Bucks HP15 7NE

Further information is available on our website: http://www.air-britain.co.uk

PHOTO CAPTIONS
Front cover: Scandinavian Boeing 737-683 OY-KKH arriving at Stockholm-Arlanda on 20.6.05. (Hans Norman)
Rear cover: Nature Air DHC-6 Twin Otter TI-AYQ in appropriate colour scheme at Aeropuerto Tobia Bolanos, San Jose, Costa Rica 27.11.07. (Rod Simpson)
Airbus A330-203 PT-MVF of TAM airborne at Paris-Charles de Gaulle on 20.6.05. (Hans Norman)
Antonov An-124 Ruslan 5A-DKL of Libyan Air Cargo was a Prestwick visitor on 4.10.07. (Charlie Stewart)

© Air-Britain (Historians) Ltd 2008

ISBN 978-0-85130-390-1   ISSN 0262-1657

Printed by Bell & Bain Ltd, Glasgow

Air-Britain supports the fight against terrorism and the efforts of the Police and other Authorities in protecting airports and airfields from criminal activity.
If you see anything suspicious do not hesitate to call the
Anti-Terrorist Hotline 0800 789321
or alert a Police Officer.

INTRODUCTION

Information and Changes for the 2008 Edition

This year's edition of Airline Fleets continues the pattern established in recent years.

Probably the most signficant news for this year is the entry into service of the world's largest passenger aircraft – the Airbus A380 – after delays totalling almost two years. Its first destination from Singapore was to Sydney and it quickly settled into a 15 hour daily utilisation with no significant technical problems; London Heathrow will become its second destination from March 2008 when SIA receive their third aircraft. Qantas are also due to receive their first aircraft this year (it is currently being outfitted at Hamburg). Sales have been steady during 2007 with 33 new orders received including the first VIP configured aircraft for HRH Prince Alwaleed Bin Ralal of Saudi Arabia (the head of Kingdom Holdings, a Saudi Arabian investment company).

Airbus also had other reasons to celebrate in 2007 with the delivery of the 5,000th Airbus, a 330-200 for Qantas although this was rather low-key. Also during the year they delivered the final aircraft from the original family when FedEx took delivery of their last new build A300F. On the order front they booked 1,458 orders (1,341 net) in 2007, valued (at book prices) at over $180bn, compared with 824 net orders the previous year. Included in this total were 290 A350s although the design is not completely finalised, the remainder being A320 family (914) plus 198 A330s and 24 A340s. Sales of Corporate Airliners continue and now they have passed the 100 mark for the single-aisle family along with several A330/340s in use of under conversion. One bad piece of news was the loss of one A340 before delivery when it jumped the brakes on an engine run and was destroyed when it hit a blast wall, unfortunately injuring several people on board.

Across the Atlantic, it is Boeing's turn to have to announce delays. Although the new 787 took part in the ceremonial roll-out on the 8th July 2008 (7/8/7 as written in the US) it became apparent that all was not well shortly afterwards. The aircraft was held together by non-airwaorthy fasteners due to difficulties at a key supplier and had to be rebuilt when new components were available, other problems have since arisen delaying the first flight (originally planned for 3Q07) to the end of the first half of 2008 but even this is not guaranteed. Part of the problem has been attributed to the performance of their global supply chain and Boeing have provided engineering support and management to some of the key suppliers. First deliveries are now due in early 2009 as Boeing is still confident of a very compressed test programme despite concerns the FAA have raised over the on-board software configurations.

Boeing also had a record year for sales with 1,413 net orders, breaking the 1,000 barrier for the third succesive year. This included record totals for the 737 family (850), 787 (369) and the freighter family. Backlog for the 787, even before first flight,, now exceeds 800 aircraft while other milestones passed during the year were 7,000 orders for the whole 737 family, 1,000 orders for both the 767 and 777 and 1,500 for the 747. Corporate aircraft also continue with 17 Boeing BBJs and 8 widebodies (787 and 747Is).

Both Boeing and Airbus have backlogs exceeding 3,400 aircraft which, based on 2008 production rates, equates to about 6-7 years backlog. Airbus plan to deliver about 470 aircraft in 2008 while Boeing have dropped their expected delivery total to about the same as this year (395-400) because of the 787 delays.

Fuel is still a major concern for airlines with prices approaching $100 a barrel for several weeks (currently about $92) compared with $57 a year ago. Despite these high prices a lot of airlines reported profits for the year (including most of the US majors) as the effects of their cost-saving programmes took hold. The increased cost of fuel is forcing most to look at further cuts and Delta, in particular, are paring back domestic services; they are also looking at a merger with either Northwest or United to create the world's largest airline, whether this would gain US approval waits to be seen. If it does happen then further mergers are likely in the US.

Over the year, despite an increase in hull losses to 47, the number of fatalities dropped to 687, compared to the previous ten year average of 864. Indonesian airlines suffered with AdamAir losing two Boeings 737s and Garuda one during the year while the worst accident occurred at Sao Paulo when a TAM A320 overran the runway killing all on board and 12 on the ground. In Africa there were a number of accidents involving Russian built aircraft, and while some were supposedly operating cargo flights, the number of reported on-board fatalities suggest passengers were on board. There were some close calls, a China Airlines 737 burst into flames as it approached the gate at Okinawa following the puncture of a fuel flap and an Iberia A340 overran the runway at Quito. SAS withdrew the Dash 8-400 from their fleets after three undercarriage collapses and claim to have found faulty components on others.

As stated above most of the US majors have returned to the black although several are accelerating the retirement of older aircraft and increasing the number of higher return flights. Delta and Northwest, who are holding merger talks, both emerged from Chapter 11 following major cost savings agreed by their unions while Southwest continued making money and posted its 35th year of profits although it will only grow its fleet by 7 aircraft this year.

In Europe, Air France-KLM is the preferred bidder for Alitalia according to the Italian government and have also agreed to purchase VLM Airlines while Lufthansa took a 19% stake in JetBlue. The EU and USA confirmed the open-skies agreement after years of negotiation and several airlines have stated plans to start services from other countries including British Airways beginning new services with 757s from mainland Europe to the USA.

In the Middle East, Emirates, Etihad and Qatar Airways continue to expand and Gulf Air retrenched to Bahrain after Oman withdrew its support. Several new lowcost carriers have announced plans to enter the market place in this region and Sharjah still remains a base for aircraft with 'convenience registrations' from countries like Kyrgzstan and Sao Tome. There has been some consolidation in India with Kingfisher purchasing Air Deccan (possibly to gain a low cost carrier and international rights – Indian airlines must operate for 5 years before starting such services and Air Deccan reach that in August 08) while Air India and Indian Airlines merged after years of talking. Several Indian airlines have reported losses and a shake up is expected with some airlines disappearing. The Chinese market is also expanding although it seems mainly to be the current operators growing.

Details included
Details are included for around 3000 operators in 200 countries – also included in the main text are those airlines whose fleets have been deleted this year, along with the reason. If an airline has come and gone during 2007 the fleet details are included, but in italics, again with the reason for their demise. As a general guideline, the complete fleets of operators with an IATA two- or three-letter code are included, (unless they only operate corporate flights), together with non-IATA coded operators of regular services where fleets are known. Many of the world's helicopter fleets down to Bell 206 size are included, with the large majority of all twin-engined aircraft and many single-engined aircraft down to Piper Cherokee Six that are also operated on passenger or express freight services. Civil registered jet and turboprop airliners in non-airline use, i.e. those owned and operated by the manufacturers or used as executive or special purpose, are again included in this year's edition. This section **does not** include details of the stored ex-airline aircraft. The component parts of the US majors have again been grouped together under the airline heading and cross-referenced to the individual feeder carriers although this is becoming more difficult as more and more operators provide feeder services to a range of airlines Including, in some cases, regionals owned by one US major operating services for a competitor. As a result some of the feeders are listed separately for at least part of their fleets although they are cross-referenced to the majors as appropriate. Where known, first service dates of recent operator start-ups are included. There continue to be some 'reappearance's' where previously removed airlines have either relaunched services or their status has been confirmed. We also continue with the appearance of 'virtual' airlines where an operator may hold an operator's licence and have a two or three letter code but no aircraft, these are leased in as required.
Five indices are provided: a national index in alphabetical order of country name; an airline index in alphabetical order, and indices of ICAO and IATA designators for airlines and for those airline bases referred to in the text.

Credits
I am indebted to the following for contributions, corrections, assistance and the use of information, Ian Burnett, Colin Frost, Peter Gerhadt, Ken Marshall, Kiyoshi Sato, Terry Smith, Chris Swan, Barrie Towey, Pete Webber, John Wilkinson, and all contributors to the Commercial Scene section of Air-Britain News edited by Tony Wheeler; Aviation Letter, and the various Air-Britain publications as well as relevant web-sites. Thanks are also extended to Peter Hillman, Stuart Jessop, Tony Morris and Guus Ottenhof for allowing data from their book '*More than Half a Century of Soviet Transports*' to be used in this, and subsequent, editions of Fleets. As usual the final thanks are to my wife, Carolyn, without whose forbearance and understanding in the run-up to publication date a volunteer production such as this, which requires in excess of 1000 hours to produce, would be impossible.

Update Information
For readers who are not already members of Air-Britain, this edition can be kept up to date by reading Commercial Scene and other sections of our regular publications. Details of the many benefits of membership are included at the end of this book.
Where possible, information received up to 30th January 2008 has been incorporated in the main text. Naturally, in a work of this complexity and scope, some errors and omissions will occur, and any reader who can add to, amend or correct the information included in this publication is invited to write to the address below.
Users are advised that the information in this publication cannot be reproduced, stored in a retrieval system or transmitted in the form in which it appears, by any means electronic, photocopying, recording or otherwise, without the express prior permission of the Copyright owner. Individual items of information may be used in other publications with due acknowledgement to Air-Britain (Historians).

Tony Pither, 65 Dacombe Drive, Upton, Poole, Dorset BH16 5JJ   E-mail: tony@tjpither.wanadoo.co.uk

EXPLANATORY NOTES

1 Noise Regulations

With effect from 01Jan85 FAR Part 36 Stage 2 regulations came into force with respect to four-engined aircraft. These prevented any further civil operations of Boeing 707/720 and DC-8 (except -70 series) aircraft to or from US airports unless they were fitted with hushkits so that they conformed to the new noise standards. Similar regulations applied in the UK from 01Jan88. Stage 3 requirements are now implemented with all non-compliant aircraft required to be hush-kitted or re-engined; this applies to 707s, 727s, 737s (srs-100/200s), DC-8/9s, 1-11s, Tu-134/154s and Il-62/76s. Many of these aircraft are being withdrawn from service as the economic situation makes it uneconomic to undertake the costly conversions (indeed some of the planned hush-kitting schemes have been abandoned). In the main text of the book reference is made, where known, to the type of hush-kit fitted to Boeing 707, 727, early 737s and Douglas DC-8s and 9s and whether it is Stage 2 or Stage 3 compliant. (For example, FedEx 3 means a 727 fitted with a Stage 3 compliant FedEx hush-kit). Stage 4 hush-kits are now available for MD-80 series and the first ones included in this volume.

2 Chapter 11

In the US section of this book, reference is sometimes made to 'Chapter 11'. This refers to a section of the US bankruptcy code designed to give a company protection from its creditors while it attempts a financial reorganisation. Plans for such a reorganisation have to be submitted to and approved by the bankruptcy court. A Chapter 11 filing may or may not be accompanied by a cessation of operations. If operations do continue, then it is usually at a very much reduced level. If they are suspended, then it is possible that they may be restarted in some form at a future date. If the reorganisation plan fails, then an application for liquidation under Chapter 7 will be made.

Since a Chapter 11 filing does not automatically result in a permanent cessation of operations, airlines are only deleted from this book if at the time of writing it appears that resumption of operations in the near future is unlikely.

3 Boeing 747 Suffixes

An M suffix after Boeing 747-200s indicates that the aircraft is a Combi (Mixed) version fitted with a Side Cargo Door. While not used officially in national registers, the M suffix convention is used in Boeing official literature and is therefore adopted in this publication. Suffixes SCD and EUD indicate converted Side Cargo Door and Extended Upper Deck versions. SF indicates that the aircraft is a 'Special Freighter' conversion and BCF a Boeing Converted Freighter and BDSF is similar but converted by IAI without Boeing support (for 747-400 passenger to freight conversions).

4 Boeing 737 Test Registrations and Winglets

Several Boeing 737s complete their first flights from Renton (PAE) to Boeing Field (BFI) with the registration N1786B or other test registration and these are shown when known. In the book the suffix /W indicates the aircraft is fitted with Aviation Partner Boeing winglets.

5 German Spellings

German place names appear in anglicised form for operator bases but in the native German spelling for aircraft names (e.g. in the Lufthansa fleet).

6 Description of Entries

Countries are listed in alphabetical order of nationality prefix, with the airlines in each country also in alphabetical order. Fleets are listed in alphabetical order of aircraft manufacturer where five or more of the same type occur, otherwise they are listed in registration order. Aircraft type descriptions generally quote the manufacturer currently considered responsible for producing the aircraft. The immediate previous identity appears after the constructor's number and helps determine the source of newly acquired aircraft.

Each Country is identified in bold and italics and enclosed in a shadowed box; followed by airlines in alphabetical order, again enclosed in a box. The details listed for each airline are its name (and any trading or alternative name where appropriate); the two letter IATA designator and three-letter ICAO codes (where allocated and known); whether they are a member of IATA, and their main operating base(s), again with the recognised three letter code (where allocated). Also listed are the call-sign (as allocated by ICAO) and their IATA membership number (where known).

Each individual entry, from the left, lists current registration (or that known to be reserved and likely to be taken up with that operator in brackets), followed by type. This year Fokker 50 and 100 have been amended to reflect the actual designations. The next column lists the construction number, followed, for Boeing and McDonnell-Douglas types, by the line number separated by a slash (/). There then appears the immediate past identity (where known) followed by any fleet number or name. The final entry indicates any lease arrangements or other comments. Any three-letter designation refers to another airline. Aircraft on order are listed where either delivery is due in the year following the date of publication or where details of the aircraft are known. Otherwise details of aircraft on order for delivery in subsequent years are listed at the bottom of the aircraft type or airline entry; also listed there are any alliances, franchises or ownership details of interest.

Leased (lsd) aircraft will be found in the owner's fleet as well as that of the leasing airline. Where it is known that an aircraft is due to change operator during the currency of this book, it is shown in both fleets with a suitable note. Aircraft that have been withdrawn from service (wfs) are listed unless they are known to have been broken up or are beyond repair. Likewise, aircraft that have been involved in accidents but not confirmed as written off are still included.

7 Abbreviations

Abbreviations used in the text have the following meanings:

AOC	Air Operators Certificate
Avn	Aviation
c/s	colour scheme
dam	damaged
dbr	damaged beyond repair
fr	from
ACMI	Aircraft, Crew, Maintenance and Insurance
lsd	leased
Intl	International
Mgt	Management
o/o	on order (followed by date of delivery when known)
op	operate (d)
ops	operates/operations
resd	reserved
SPB	Seaplane Base
std	stored
svs	Services
sublsd	subleased
wfs	withdrawn from service (i.e. unlikely to return to operational status with that operator)
w/o	written off

Other abbreviations relate to specific lessors as follows:

AIFS	Airbus Industrie Financial Services
ATR	Aerospatiale/Alenia (manufacturers)
AWAS	Ansett Worldwide Air Services (includes AWMS and operating arm)
BBAM	Babcock & Brown Aircraft Management
CLPK	Credit Lyonnais PK
FUNB	First Union National Bank
GATX	GATX Inc or GATX Flightlease
GECAS	General Electric Capital Aircraft Services (including GECC, GPA and Aero USA)
GPA ATR	Joint venture between GPA and manufacturer (Similar for Fokker 100)
IAL Inc	International Air Lease Group
ILFC	International Lease Finance Corp
MDFC	McDonnell-Douglas Finance Corp
WFBN	Wells Fargo Bank Northwest
WTCo	Wilmington Trust Co

Other lessors include AAR Corp, AerCap, Bavaria, CIT Aerospace, Finova, Interlease, Itochu, Mitsui, MSA Corp, ORIX, Pegasus Aviation, Pembroke, Polaris, RBS Aviation Capital, Sunrock, Tombo and Triton.

AP- PAKISTAN (Islamic Republic of Pakistan)

AERO ASIA INTERNATIONAL
Ceased operations 10 May 2007 after Pakistan CAA identified safety failures

AIRBLUE
Pakblue (ED/ABQ) (IATA 484)   Karachi (KHI)

☐	AP-BGU	Airbus A320-231	0394	ex OO-TCE	Lsd fr IAI XI
☐	AP-BGV	Airbus A320-231	0443	ex G-CVYG	Lsd fr ILFC
☐	AP-BGW	Airbus A320-232	0760	ex F-OHLO	Lsd fr ILFC
☐	AP-BJA	Airbus A321-231	1199	ex D-ARFB	Lsd fr ILFC
☐	AP-BJB	Airbus A321-231	1218	ex D-ARFA	Lsd fr ILFC
☐	AP-BJR	Airbus A321-231	1008	ex (TC-IEI)	Lsd fr Tateha Aircraft
☐	AP-	Airbus A320-200		ex F-WW	on order
☐	AP-	Airbus A320-200		ex F-WW	on order
☐	AP-	Airbus A320-200		ex F-WW	on order

JS FOCUS AIR
JS Charter (JSJ)   Karachi (KHI)

☐	AP-BHZ	Fokker F.27 Friendship 500	10686	ex D-ADUP
☐	AP-BJC	Beech 1900C-1	UC-119	ex N119YV
☐	AP-BJD	Beech 1900C-1	UC-157	ex N157YV
☐	AP-BJS	Beech 1900C-1	UC-145	ex ZS-PCD

PAKISTAN INTERNATIONAL AIRLINES
Pakistan (PK/PIA) (IATA 214)   Karachi (KHI)

☐	AP-BDZ	Airbus A310-308	585	ex F-WWCH	City of Ziarat
☐	AP-BEB	Airbus A310-308	587	ex F-WWCT	Thatta, Treasure of the Past
☐	AP-BEC	Airbus A310-308	590	ex F-WWCX	Nowshera-The Defenders of the Land
☐	AP-BEG	Airbus A310-308	653	ex F-WWCZ	Gilgit-The Silk Route
☐	AP-BEQ	Airbus A310-308	656	ex F-WWCB	
☐	AP-BEU	Airbus A310-308	691	ex F-WWCD	Peshawar, Gateway to the East
☐	AP-BGN*	Airbus A310-324ET	676	ex F-WQTG	Taxila-The Exquisite Ghandara
☐	AP-BGO*	Airbus A310-324ET	678	ex F-WQTC	Gwadar-The New City Port
☐	AP-BGP*	Airbus A310-324ET	682	ex F-WQTF	Murree-Songs of the Pines
☐	AP-BGQ*	Airbus A310-325ET	660	ex F-OGYT	Sialkot-The Diligence of Industry
☐	AP-BGR*	Airbus A310-325ET	687	ex F-OGYU	Mohenjodaro-Indus Valley Civilisation
☐	AP-BGS*	Airbus A310-325ET	689	ex F-OGYV	Ziarat-The City of Flowers
☐	AP-BHH	ATR 42-500	645	ex F-WWLE	Gwadar-The New Port City
☐	AP-BHI	ATR 42-500	653	ex F-WWLK	Ziarat-The City of Flowers
☐	AP-BHJ	ATR 42-500	657	ex F-WWLO	Mohenjodaro-IndusValley Civilisation
☐	AP-BHM	ATR 42-500	659	ex F-WWLQ	
☐	AP-BHN	ATR 42-500	661	ex F-WWLS	Chitral-Mystery of the Kalash
☐	AP-BHO	ATR 42-500	663	ex F-WWLU	The Gurdwara Glory
☐	AP-BHP	ATR 42-500	665	ex F-WWLW	

*Leased from Airbus Asset Management

☐	AP-BCA	Boeing 737-340	23294/1114		
☐	AP-BCB	Boeing 737-340	23295/1116		
☐	AP-BCC	Boeing 737-340	23296/1121		Quetta-Nature's Orchard
☐	AP-BCD	Boeing 737-340	23297/1122		
☐	AP-BCF	Boeing 737-340	23299/1235		
☐	AP-BEH	Boeing 737-33A	25504/2341		
☐	AP-BFT	Boeing 737-340	23298/1123	ex AP-BCE	
☐	AP-BAK	Boeing 747-240M	21825/383		Thar-Colours of the Desert
☐	AP-BAT	Boeing 747-240M	22077/429		
☐	AP-BFU	Boeing 747-367	23392/634	ex B-HIJ	
☐	AP-BFW	Boeing 747-367	23221/615	ex B-HII	Lahore-Garden of the Mughal
☐	AP-BFX	Boeing 747-367	23709/671	ex B-HOL	Karachi-Green Turtle Waters
☐	AP-BFY	Boeing 747-367	23920/690	ex B-HOM	
☐	AP-BGG	Boeing 747-367	24215/709	ex B-HON	Kaghan
☐	AP-BGJ	Boeing 777-240ER	33775/467		Lsd fr Taxila Ltd
☐	AP-BGK	Boeing 777-240ER	33776/469		Lsd fr Taxila Ltd
☐	AP-BGL	Boeing 777-240ER	33777/473		Lsd fr Taxila Ltd
☐	AP-BGY	Boeing 777-240LR	33781/504	ex N5022E	
☐	AP-BGZ	Boeing 777-240LR	33782/519	ex N6066Z	on order
☐	AP-BHV	Boeing 777-340ER	33778/601		Thar-Colours of the Desert
☐	AP-BHW	Boeing 777-340ER	33779/611		Lahore-Garden of the Mughal
☐	AP-BHX	Boeing 777-240ER	35296/613		Quetta-Nature's Orchard Lsd fr ILFC
☐	AP-BID	Boeing 777-340ER	33780		on order

Seven Airbus A320s are on order for delivery from January 2009, leased from Alafco

PEARL AIR
Did not restart operations as planned in 2006

ROYAL AIRLINES
Royal Pakistan (RO/RPK)   *Karachi (KHI)*

☐	AP-BHK	Swearingen SA.227BC Metro III	BC-780B	ex ZS-CAC
☐	AP-BHL	Swearingen SA.227BC Metro III	BC-773B	ex ZS-OMV
☐	AP-BHS	Cessna 402C	402C0415	ex ZS-MNA

Also operate Antonov An-12 freighters from British Gulf International Airlines as required

SHAHEEN AIR CARGO
Shaheen Cargo (SEE) (IATA 587)   *Islamabad (ISB)*

Operate freight flights with Boeing 707-320Cs leased from Pakistan Air Force, and Ilyushin Il-76s leased from other operators, as required

SHAHEEN AIR INTERNATIONAL
Shaheen Air (NL/SAI) (IATA 740)   *Karachi (KHI)*

☐	AP-BHA	Boeing 737-277 (Nordam 3)	22645/768	ex N178AW	Yaz	Lsd fr Tawa Developments
☐	AP-BHB	Boeing 737-277 (Nordam 3)	22655/872	ex N188AW	Chun; dam	Lsd fr Tawa Developments
☐	AP-BHC	Boeing 737-291 (Nordam 3)	21509/521	ex EX-040		Lsd fr LJH Avn Mgt Svs
☐	AP-BHG	Boeing 737-201 (Nordam 3)	21666/547	ex N224JT		Lsd fr Jetran
☐	AP-BJH	Boeing 737-201 (Nordam 3)	22275/687	ex N235US		Lsd fr Tawa Developments
☐	AP-BJI	Boeing 737-201 (Nordam 3)	22444/800	ex N242US		Lsd fr Savanna Avn
☐	AP-BJJ	Boeing 737-2B7 (Nordam 3)	23114/997	ex N281AU		Lsd fr Jetran Intl

A2-   BOTSWANA (Republic of Botswana)

AIR BOTSWANA
Botswana (BP/BOT) (IATA 636)   *Gaborone (GBE)*

☐	A2-ABD	British Aerospace 146 Srs.100	E1101	ex (G-CBAE)		
☐	A2-ABF	British Aerospace 146 Srs.100	E1160	ex G-BVLJ		Lsd fr Trident Avn Lsg
☐	A2-ABN	ATR 42-500	507	ex F-WQNG	Chobe	Lsd fr ATR Asset Mgt
☐	A2-ABO	ATR 42-500	511	ex F-WQNC	Okavango	Lsd fr ATR Asset Mgt
☐	A2-ABP	ATR 42-500	512	ex F-WQNI	Makgadikgadi	Lsd fr ATR Asset Mgt
☐	A2-NAC	Beech 1900D	UE-325	ex ZS-OYM		Lsd fr NAC Executive

DELTA AIR
Maun (MUB)

☐	A2-AGR	Cessna U206F Stationair	U20601837	ex ZS-OCC
☐	A2-AHN	Cessna U206G Stationair 6 II	U20606432	ex ZS-LKX
☐	A2-AID	Cessna U206G Stationair 6 II	U20605755	ex N9353Z
☐	A2-AIW	Cessna 210N Centurion II	21064163	ex ZS-MYC
☐	A2-AJA	Britten-Norman BN-2A Islander	271	ex ZS-LKE
☐	A2-AJJ	Cessna 210L Centurion II	21061533	ex ZS-KPV

KALAHARI AIR SERVICES AND CHARTER
Gaborone (GBE)

☐	A2-AFK	Cessna 210N Centurion II	21064203	ex N5427Y
☐	A2-AHF	Beech 58 Baron	TH-859	ex N18405
☐	A2-AHZ	Beech 200 Super King Air	BB-95	ex ZS-JPD
☐	A2-DBH	Beech C90 King Air	LJ-988	ex ZS-LUU
☐	A2-KAB	Beech 1900C-1	UC-150	ex ZS-PCE
☐	A2-KAS	Beech 200 Super King Air	BB-614	ex ZS-LKA

Kalahari Air Services and Charter is the trading name of Air Charter Botswana

MACK AIR
Maun (MUB)

☐	A2-AIC	Cessna U206G Stationair 6 II	U20606419	ex N9353Z
☐	A2-AJI	Cessna U206G Stationair 6 II	U20606842	ex ZS-NSS
☐	A2-AKB	Cessna U206F Stationair	U20601889	ex A2-ZHJ
☐	A2-FMD	Cessna U206G Stationair 6 II	U20606005	ex ZS-KSM
☐	A2-ZFF	Cessna U206D Super Skywagon	U206-1263	ex ZS-FPD
☐	A2-AJZ	Gippsland GA-8 Airvan	GA8-04-059	ex VH-CRQ
☐	A2-AKG	Cessna 208B Caravan I	208B0573	ex 7T-VIK
☐	A2-MAC	Cessna 210N Centurion II	21063337	ex V5-MRW
☐	A2-MEG	Cessna 208B Caravan I	208B0944	ex N4085S

MOREMI AIR SERVICES
Maun (MUB)

☐	A2-AEI	Cessna U206F Stationair	U20602470	ex ZS-LDJ
☐	A2-AFE	Cessna U206F Stationair	U20602452	ex ZS-IYD
☐	A2-AKD	Cessna 208B Caravan I	208B0582	ex ZS-JML
☐	A2-DOG	Cessna U206G Stationair 6 II	U20604819	ex A2-DOW
☐	A2-TEN	Cessna 210L Centurion II	21061141	ex A2-AIY
☐	A2-ZED	Britten-Norman BN-2A-21 Islander	736	ex ZS-XGF

NAC EXECUTIVE CHARTER
Gaborone (GBE)

☐	A2-AJO	Beech 58 Baron	TH-614	ex ZS-OGB	
☐	A2-MXI	Beech 200T Super King Air	BT-5	ex N205EC	
☐	A2-NAC	Beech 1900D	UE-325	ex ZS-OYM	Air Botswana colours

Subsidiary of National Airways Corp (ZS)

NORTHERN AIR
Maun (MUB)

☐	A2-ADK	Cessna U206G Stationair 6 II	U20606056	ex ZS-KUO
☐	A2-AER	Cessna U206G Stationair 6 II	U20606324	ex ZS-KXE
☐	A2-NAB	Cessna U206G Stationair 6 II	U20605439	ex ZS-KDA

SAFARI AIR
Maun (MUB)

☐	A2-AIX	Cessna U206F Stationair	U20601944	ex ZS-MAD	
☐	A2-AJM	Britten-Norman BN-2B-21 Islander	862	ex ZS-KLK	Lsd fr The Booking Co
☐	A2-AJQ	Gippsland GA8 Airvan	GA8-02-023	ex VH-DTA	
☐	A2-AJS	Gippsland GA8 Airvan	GA8-04-047	ex VH-LED	
☐	A2-CEX	Cessna 207 Skywagon	20700154	ex ZS-IDG	
☐	A2-TAU	Britten-Norman BN-2B-20 Islander	2173	ex N999BR	Lsd fr The Booking Co

SEFOFANE AIR CHARTER
Maun (MUB)

☐	A2-AIV	Cessna U206G Stationair 6 II	U20606410	ex ZS-LUA	
☐	A2-ANT	Cessna U206G Stationair 6 II	U20606237	ex ZS-ANT	
☐	A2-BEE	Cessna U206G Stationair 6 II	U20605665	ex ZS-KUL	
☐	A2-BUG	Cessna U206G Stationair 6 II	U20604700	ex N27MF	
☐	A2-FOX	Cessna U206G Stationair 6 II	U20604927	ex N735JM	
☐	A2-JET	Cessna 206H Stationair	20608027	ex ZS-OIA	
☐	A2-OWL	Cessna U206G Stationair 6 II	U20606978	ex ZS-NXR	
☐	A2-XIG	Cessna U206G Stationair 6 II	U20605528	ex ZS-NSU	
☐	A2-BUF	Cessna 208B Caravan I	208B0815	ex ZS-BUF	Kwatale
☐	A2-EGL	Cessna 208B Caravan I	208B1158	ex ZS-ABR	
☐	A2-GNU	Cessna 208B Caravan I	208B0848	ex N1287Y	
☐	A2-LEO	Cessna 208B Caravan I	208B0820	ex N1307A	
☐	A2-NAS	Cessna 208B Caravan I	208B0704	ex ZS-TSW	
☐	A2-ZEB	Cessna 208B Caravan I	208B0750	ex N750LK	
☐	A2-BVR	Cessna 310R	310R2134	ex ZS-KUY	

Also has bases at Lilongwe (Malawi) [LLW], Windhoek (Namibia) [ERS] and Harare (Zimbabwe) [HRE]

Operator Unknown

☐	A2-AKH	Cessna 208 Caravan I	20800288	ex C-FWTK
☐	A2-AKI	Cessna 208B Caravan I	208B0441	ex ZS-OAR

A3- TONGA (Kingdom of Tonga)

AIRLINES TONGA
Tongatapu-Fua'amotu International (TBU)

☐	DQ-FHC	AVIC II Y-12 II	0056		Save our Oceans	Op by FAJ
☐	DQ-FHI	AVIC II Y-12 II	0047	ex B-531L		Op by FAJ

49% owned by Air Fiji

PEAU VAVA'U AIR
(30/PVU)
Tongatapu-Fua'amotu International (TBU)

☐	A3-AWP	Douglas DC-3C	16387/33135	ex ZK-AWP	Lucille	
☐	A3-FEW	Beech 65-80 Queen Air	LC-168	ex DQ-FEW	Queenaire 8800 conversion	
☐	A3-XRH	British Aerospace Jetstream 4101	41052	ex ZK-JSM		Lsd fr Honk Avn

A4O- OMAN (Sultanate of Oman)

GULF AIR
Following Oman's withdrawal from ownership the fleet was reregistered in Bahrain

OMANAIR
Khanjar (WY/OMA) (IATA 910)   **Muscat-Seeb Intl (MCT)**

☐	A4O-BA	Boeing 737-8BK/W	29685/2457	ex N1786B	Fahud	Lsd fr CIT Leasing
☐	A4O-BB	Boeing 737-8Q8/W	30721/2255			Lsd fr ILFC
☐	A4O-BJ	Boeing 737-81M/W	34242/1674		803	
☐	A4O-BN	Boeing 737-8Q8/W	30652/1018	ex N1795B	802	Lsd fr ILFC
☐	A4O-BO	Boeing 737-71M	33103/1154	ex N6066Z	701	
☐	A4O-BP	Boeing 737-8Q8/W	35272		on order	Lsd fr ILFC
☐	A4O-BR	Boeing 737-81M/W	33104/1337		801	
☐	A4O-BS	Boeing 737-7Q8	30649/1048		702	Lsd fr ILFC
☐	A4O-BT	Boeing 737-7Q8	28250/1142	ex (A4O-BS)	703	Lsd fr ILFC
☐	A4O-	Boeing 737-8Q8/W	35284		on order	Lsd fr ILFC
☐	A4O-	Boeing 737-8Q8/W	35287		on order	Lsd fr ILFC
☐	OK-TVA	Boeing 737-86N/W	32243/869	ex N1786B		Lsd fr TVS
☐	OK-TVQ	Boeing 737-86N	28618/514	ex EC-ILX		Lsd fr TVS
☐	A4O-AL	ATR 42-500	497	ex OY-CIJ		Lsd fr CIM
☐	A4O-AM	ATR 42-500	501	ex OY-CIK		Lsd fr CIM
☐	A4O-AS	ATR 42-500	574	ex F-WWEO		Lsd to DKN
☐	A4O-AT	ATR 42-500	576	ex F-WWEP		Lsd to DKN
☐	CS-TEI	Airbus A310-304	495	ex F-WWCO		Lsd fr HFY
☐	CS-TEX	Airbus A310-304	565	ex F-WWCC		Lsd fr HFY
☐	HA-LHB	Boeing 767-27GER	27049/482	ex N60668		Lsd fr MAH to Mar08

Omanair is a trading name of Oman Aviation Services; Seven Airbus A330-200s and three Airbus A330-300s are on order plus 6 Boeing 787-800s, leased from Alafco, for delivery 2012-2015.

A5- BHUTAN (Kingdom of Bhutan)

DRUK AIR
Royal Bhutan (KB/DRK) (IATA 787)   **Paro (PBH)**

☐	A5-RGF	Airbus A319-115	2306	ex D-AVYA	
☐	A5-RGG	Airbus A319-115	2346	ex D-AVWO	

A6- UNITED ARAB EMIRATES (Al Imarat al-Arabiya al-Muttahida)

ABU DHABI AVIATION
                                                                                            Abu Dhabi-Bateen (AZI)

☐	A6-AWA	Agusta AW.139	31044	ex I-EASJ	
☐	A6-AWB	Agusta AW.139	31053		
☐	A6-AWC	Agusta AW.139	31058		
☐	A6-AWE	Agusta AW.139	31106		
☐	A6-AWF	Agusta AW.139	31118		
☐	A6-BBB	Agusta AW.139	31028		Royal Jet colours
☐	A6-BAB	Bell 212	31227		
☐	A6-BAC	Bell 212	31231		
☐	A6-BAM	Bell 212	31165	ex C-GTHQ	
☐	A6-BBC	Bell 212	30777		
☐	A6-BBE	Bell 212	30783	ex N9937K	
☐	A6-BBK	Bell 212	30802		
☐	A6-BBL	Bell 212	30822		
☐	A6-BBO	Bell 212	30903		
☐	A6-BBP	Bell 212	30917		
☐	A6-BBQ	Bell 212	30942		
☐	A6-BBR	Bell 212	30976		
☐	A6-BBS	Bell 212	30977		
☐	A6-BBU	Bell 212	31183		
☐	A6-BBV	Bell 212	31189		
☐	A6-BBY	Bell 212	32125		
☐	A6-BBZ	Bell 212	32141		
☐	A6-	Bell 212	30891	ex C-FRUT	

Some based in Spain for fire-fighting duties in summer

☐	A6-BAE	Bell 412HP	36072		
☐	A6-BAF	Bell 412HP	36082		
☐	A6-BAH	Bell 412HP	36119	ex C-GBUP	
☐	A6-BAI	Bell 412HP	36122		
☐	A6-BAK	Bell 412HP	36123		
☐	A6-BAL	Bell 412HP	36150		

☐	A6-BAO	Bell 412HP	36152	
☐	A6-BAP	Bell 412HP	36189	ex N52091
☐	A6-BAQ	Bell 412EP	36190	
☐	A6-BAS	Bell 412EP	36215	
☐	A6-BAT	Bell 412EP	36216	
☐	A6-BAV	Bell 412EP	36319	ex N70791
☐	A6-BAZ	Bell 412	33107	ex PK-HMU
☐	A6-HBM	Bell 412EP	36280	ex C-GJCO
☐	A6-ADA	de Havilland DHC-8Q-202	471	ex C-GLOT
☐	A6-ADB	de Havilland DHC-8Q-315	650	ex C-FLUJ
☐	A6-ADC	de Havilland DHC-8Q-202	473	ex C-GFRP
☐	A6-ADD	de Havilland DHC-8Q-202	627	ex V2-LGL
☐	A6-ADE	de Havilland DHC-8Q-202	628	ex V2-LGM
☐	A6-ADF	de Havilland DHC-8Q-202	610	ex V2-LGJ
☐	A6-ADG	de Havilland DHC-8Q-202	624	ex V2-LGK
☐	A6-BCE	Bell 206B JetRanger III	2185	
☐	A6-BCF	Bell 206B JetRanger III	2423	
☐	A6-BCK	Bell 206B JetRanger III	2426	
☐	A6-BCL	Bell 206B JetRanger III	2720	

AEROGULF SERVICES
Aerogulf   Dubai (DXB)

☐	A6-ALA	Bell 212	30664	ex N71AL
☐	A6-ALC	Bell 212	30790	ex N2781A
☐	A6-ALD	Bell 212	30809	ex N143AL
☐	A6-ALU	Bell 212	30729	ex C-GBKC
☐	A6-ALV	Bell 212	30703	ex A6-HMR
☐	A6-ALW	Bell 212	35065	ex N62200
☐	A6-ALX	Bell 212	30888	ex YV-191CP
☐	A6-ALO	Bell 206L-3 LongRanger III	51435	ex PT-YBK
☐	A6-ALP	Bell 206B JetRanger III	2495	ex (A6-BCJ)

AEROVISTA GULF EXPRESS
Gulf Express (VGF)   Sharjah (SHJ)

☐	A6-AVE	Boeing 737-2H3	22624/758	ex TS-IOE		Lsd fr AME Ltd
☐	A6-AVF	Boeing 737-2H3	22625/776	ex TS-IOF		Lsd fr AME Ltd
☐	A6-PHE	Boeing 737-2H3	21973/607	ex TS-IOC		
☐		Boeing 737-2H3C	21974/615	ex TS-IOD	on order	

Sister company of Aerovista Airlines

AIR ARABIA
Arabia (G9/ABY)   Sharjah (SHJ)

☐	A6-ABA	Airbus A320-214	2158	ex F-WWDF	Al Bdee'a	Lsd fr ILFC
☐	A6-ABB	Airbus A320-214	2166	ex F-WWDR	Waset	Lsd fr ILFC
☐	A6-ABC	Airbus A320-214	2278	ex F-WWDM	Al Riqa'a	Lsd fr ILFC
☐	A6-ABD	Airbus A320-214	2349	ex F-WWBP	Sharjah	Lsd fr ILFC
☐	A6-ABE	Airbus A320-214	2712	ex F-WWBB	Al Heera	Lsd fr CIT Group
☐	A6-ABF	Airbus A320-214	2764	ex F-WWBS		Lsd fr CIT Group
☐	A6-ABG	Airbus A320-214	2930	ex F-WWBU		Lsd fr CIT Group
☐	A6-ABH	Airbus A320-214	2964	ex F-WWDA		Lsd fr CIT Group
☐	A6-ABI	Airbus A320-214	3044	ex F-WWDP		Lsd fr CIT Group
☐	A6-ABJ	Airbus A320-214	3218	ex F-WWBB		Lsd fr RBS Aviation
☐	A6-	Airbus A320-214	3626	ex F-WW	on order	Lsd fr RBS Aviation
☐	A6-	Airbus A320-214		ex F-WW	on order	Lsd fr ILFC

34 more Airbus A320s are on order (including four leased from Aerventure); to assume management control of Regional Air (CN) while FlyYeti is part owned.

AL RAIS AIR CARGO
Al Rais Cargo (HJT) (IATA 790)   Dubai (DXB)

☐	A6-RCA	Boeing 727-222F (FedEx 3)	21920/1634	ex N7466U		Op for DHL
☐	A6-RCB	Boeing 727-222F (FedEx 3)	21917/1616	ex N7463U	Jumeira	

AVE.COM
Phoenix Sharjah (2E/PHW)   Sharjah (SHJ)

☐	A6-PHA	Boeing 737-2T4	23444/1154	ex EX-027	Lsd fr Nordic Avn
☐	A6-PHC	Boeing 737-33A	23626/1284	ex EC-JJV	Lsd fr RPK Capital
☐	A6-PHD	Boeing 737-2T5 (Nordam 3)	22395/729	ex EX-048	Lsd fr Nordic Avn Contractor
☐	A6-PHF	Boeing 737-219	21645/535	ex EX-012	Lsd fr Intl Aircraft Investors
☐	EX-077	Boeing 737-268	21277/469	ex HZ-AGJ	stored
☐	EX-212	Boeing 737-2T5	22632/847	ex EX-632	stored SHJ

DOLPHIN AIR
Dolphin (ZD/FDN) (IATA 338)   Sharjah (SHJ)

☐	A6-ZYA	Boeing 737-2S2C	21926/597	ex N720A	for Air Inuit	
☐	A6-ZYC	Boeing 737-2X2	22679/807	ex N719A		Lsd to IAW

Both leased from Arabian Development Trading & Construction; enter periods of storage at Sharjah; none wear titles

EASTERN SKYJETS
Dubai (DXB)

☐	A6-ESA	Douglas DC-9-51 (ABS 3)	48136/993	ex TG-JII		
☐	A6-ESK	British Aerospace Jetstream 41	41090	ex G-CEDS		
☐	A6-	Douglas DC-9-32	48150/1014	ex TG-URY	on order	
☐	PK-RGE	Fokker F.28-0100 (Fokker 100)	11445	ex F-WQVP		Lsd to AerCap; sublsd to Eastindo

EASTOK AVIA
Sharjah (SHJ)

☐	EX-532	Boeing 737-247 (Nordam 3)	23605/1371	ex N378DL	Lsd fr Nordic Avn Contractors
☐	EX-734	Boeing 737-25A (Nordam 3)	23791/1486	ex 5N-BID	Lsd to East Air
☐	EX-735	Boeing 737-247 (Nordam 3)	23516/1257	ex N242WA	Lsd to Tajik Air
☐	EX-736	Boeing 737-247 (Nordam 3)	23517/1261	ex N243WA	Lsd fr Nordic Avn; sublsd to KMF

EMIRATES
Emirates (EK/UAE) (IATA 176)   Dubai (DXB)

☐	A6-EAA*	Airbus A330-243	348	ex F-WWYK	
☐	A6-EAB*	Airbus A330-243	365	ex F-WWKB	Lsd fr Zamrid 365 Partnership
☐	A6-EAC*	Airbus A330-243	372	ex F-WWYQ	Lsd fr Zamrid 372 Partnership
☐	A6-EAD+	Airbus A330-243	382	ex F-WWYR	
☐	A6-EAE+	Airbus A330-243	384	ex F-WWYS	
☐	A6-EAF+	Airbus A330-243	392	ex F-WWYX	Lsd fr Al Dana 2
☐	A6-EAG+	Airbus A330-243	396	ex F-WWKJ	Lsd fr Saduf Four
☐	A6-EAH+	Airbus A330-243	409	ex F-WWKT	
☐	A6-EAI+	Airbus A330-243	437	ex F-WWYI	Lsd fr Credit Agricole
☐	A6-EAJ+	Airbus A330-243	451	ex F-WWKE	
☐	A6-EAK*	Airbus A330-243	452	ex F-WWKF	Lsd fr Saduf Five
☐	A6-EAL*	Airbus A330-243	462	ex F-WWKK	Lsd fr ILFC
☐	A6-EAM+	Airbus A330-243	491	ex F-WWYO	
☐	A6-EAN+	Airbus A330-243	494	ex F-WWKJ	
☐	A6-EAO+	Airbus A330-243	509	ex F-WWYX	Lsd fr Yagoot 8
☐	A6-EAP+	Airbus A330-243	525	ex F-WWKV	Lsd fr Yagoot 9
☐	A6-EAQ*	Airbus A330-243	518	ex F-WWKT	Lsd fr Saduf Seven
☐	A6-EAR+	Airbus A330-243	536	ex F-WWYF	Lsd fr Saduf Ten
☐	A6-EAS*	Airbus A330-243	455	ex F-WWKH	Lsd fr Deira One
☐	A6-EKQ*	Airbus A330-243	248	ex F-WWYX	
☐	A6-EKR*	Airbus A330-243	251	ex F-WWKO	
☐	A6-EKS+	Airbus A330-243	283	ex F-WWKH	
☐	A6-EKT+	Airbus A330-243	293	ex F-WWKR	
☐	A6-EKU+	Airbus A330-243	295	ex F-WWYF	
☐	A6-EKV+	Airbus A330-243	314	ex F-WWYR	
☐	A6-EKW+	Airbus A330-243	316	ex F-WWYS	
☐	A6-EKX+	Airbus A330-243	326	ex F-WWYV	
☐	A6-EKY+	Airbus A330-243	328	ex F-WWYX	
☐	A6-EKZ*	Airbus A330-243	345	ex F-WWYI	

Six Airbus A330-243s sold to DAE Capital and leased back
20 Airbus A350-1000s and 50 Airbus A350-900s are on order.

☐	A6-ERA+	Airbus A340-541	457	ex F-WWTI	Lsd fr Hatta One
☐	A6-ERB+	Airbus A340-541	471	ex F-WWTK	Lsd fr Almaas
☐	A6-ERC+	Airbus A340-541	485	ex F-WWTL	Lsd fr Almaas
☐	A6-ERD+	Airbus A340-541	520	ex F-WWTS	Lsd fr Satwa One
☐	A6-ERE+	Airbus A340-541	572	ex F-WWTV	Lsd fr Zabeel One
☐	A6-ERF+	Airbus A340-541	394	ex F-WWTE	Lsd fr Raffa One
☐	A6-ERG+	Airbus A340-541	608	ex F-WWTX	Lsd fr Cootha One
☐	A6-ERH+	Airbus A340-541	611	ex F-WWTY	Lsd fr Orix Kalliope
☐	A6-ERI+	Airbus A340-541	685	ex F-WWTP	Lsd fr Barsha One
☐	A6-ERJ+	Airbus A340-541	694	ex F-WWTQ	Lsd fr Raffa Two
☐	A6-ERM+	Airbus A340-313X	236	ex D-AIFL	Lsd fr MALC Fin Fourteen
☐	A6-ERN+	Airbus A340-313X	166	ex D-ASIC	Lsd fr MALC Fin Fourteen
☐	A6-ERO+	Airbus A340-313X	163	ex D-ASIB	Lsd fr Allco Avn Leasing
☐	A6-ERP+	Airbus A340-313X	185	ex D-AGBM	Lsd fr Allco Avn Leasing
☐	A6-ERQ+	Airbus A340-313X	190	ex D-AJGP	Lsd fr NBB Column
☐	A6-ERR+	Airbus A340-313X	202	ex D-ASID	Lsd fr Boeing A/c Trading
☐	A6-ERS+	Airbus A340-313X	139	ex D-ASIM	Lsd fr Wolf 139
☐	A6-ERT+	Airbus A340-313X	149	ex D-ASIN	Lsd fr Wolf 149
☐	A6-	Airbus A380-861	007	ex F-WWJB	on order
☐	A6-	Airbus A380-861	009	ex F-WWEA	on order
☐	A6-EDA	Airbus A380-861	011	ex F-WWSH	on order

☐	A6-EDB	Airbus A380-861	013	ex F-WWSJ	on order
☐	A6-EDC	Airbus A380-861	016	ex F-WWSM	on order
☐	A6-EDD	Airbus A380-861	017	ex F-WWSN	on order
☐	A6-EDE	Airbus A380-861	020	ex F-WWSS	on order

53 more Airbus A380-861s are on order including two leased from ILFC

☐	A6-EBA+	Boeing 777-31HER	32706/506		Lsd fr ILFC
☐	A6-EBB+	Boeing 777-36NER	32789/508		Lsd fr Celestial Aviation
☐	A6-EBC+	Boeing 777-36NER	32790/512		Lsd fr Celestial Aviation
☐	A6-EBD+	Boeing 777-31HER	33501/516	ex N5022E	Lsd fr ILFC
☐	A6-EBE+	Boeing 777-36NER	32788/532		Lsd fr Celestial Aviation
☐	A6-EBF*	Boeing 777-31HER	32708/536		Lsd fr ILFC
☐	A6-EBG+	Boeing 777-36NER	33862/535		Lsd fr Celestial Aviation
☐	A6-EBH*	Boeing 777-31HER	32707/539		Lsd fr ILFC
☐	A6-EBI+	Boeing 777-36NER	32785/540		Lsd fr Celestial Aviation
☐	A6-EBJ+	Boeing 777-36NER	32787/542		Lsd fr GECAS
☐	A6-EBK+	Boeing 777-31HER	34481/549	ex N5020K	
☐	A6-EBL+	Boeing 777-31HER	32709/551	ex N5017V	Lsd fr ILFC
☐	A6-EBM+	Boeing 777-31HER	34482/556		
☐	A6-EBN+	Boeing 777-36NER	32791/560		Lsd fr GECAS
☐	A6-EBO	Boeing 777-36NER	32792/568		Lsd fr Celestial Aviation
☐	A6-EBP+	Boeing 777-31HER	32710/569	ex N5017V	Lsd fr ILFC
☐	A6-EBQ	Boeing 777-36NER	33863/576	ex N5017V	Lsd fr Celestial Aviation
☐	A6-EBR+	Boeing 777-31HER	34483/578		Lsd fr Sufooh One
☐	A6-EBS+	Boeing 777-31HER	32715/582		Lsd fr ILFC
☐	A6-EBT+	Boeing 777-31HER	32730/585		Lsd fr ILFC
☐	A6-EBU	Boeing 777-31HER	34484/590		Lsd fr Sufooh Two
☐	A6-EBV	Boeing 777-31HER	32728/594		Lsd fr ILFC
☐	A6-EBW	Boeing 777-36NER	32793/598		Lsd fr Celestial Aviation
☐	A6-EBX	Boeing 777-31HER	32729/619	ex N5017V	Lsd fr ILFC
☐	A6-EBY	Boeing 777-36NER	33864/622	ex N5017V	Lsd fr GECAS
☐	A6-EBZ	Boeing 777-31HER	32713/628		Lsd fr ILFC
☐	A6-ECA	Boeing 777-36NER	32794/632	ex N5017B	Lsd fr GECAS
☐	A6-ECB	Boeing 777-31HER	32714/641	ex N5016R	Lsd fr ILFC
☐	A6-ECC	Boeing 777-36NER	33865/664	ex N5020K	Lsd fr GECAS
☐	A6-ECD	Boeing 777-36NER	32795/669	ex N6009F	Lsd fr GECAS
☐	A6-ECE	Boeing 777-31HER	35575/681		
☐	A6-ECF	Boeing 777-31HER	35574/690		
☐	A6-ECG	Boeing 777-31HER	35579		on order
☐	A6-ECH	Boeing 777-31HER	35581		on order
☐	A6-ECI	Boeing 777-31HER	35580		on order
☐	A6-ECJ	Boeing 777-31HER	35583		on order
☐	A6-ECK	Boeing 777-31HER			on order
☐	A6-EMD*	Boeing 777-21H	27247/30		
☐	A6-EME*	Boeing 777-21H	27248/33		Lsd fr Atisa One
☐	A6-EMF*	Boeing 777-21H	27249/42		
☐	A6-EMG+	Boeing 777-21HER	27252/63	ex N5020K	
☐	A6-EMH+	Boeing 777-21HER	27251/54		Lsd fr Nisr 2
☐	A6-EMI+	Boeing 777-21HER	27250/47	ex N5028Y	
☐	A6-EMJ+	Boeing 777-21HER	27253/91		
☐	A6-EMK+	Boeing 777-21HER	29324/171		Lsd fr Sechzehnte Gamma Trans Lsg
☐	A6-EML*	Boeing 777-21HER	29325/176		
☐	A6-EMM+	Boeing 777-31H	29062/256		Lsd fr Emerald One
☐	A6-EMN*	Boeing 777-31H	29063/262		Lsd fr Emerald Two
☐	A6-EMO+	Boeing 777-31H	28680/300		Lsd fr Castle 2003-2A
☐	A6-EMP*	Boeing 777-31H	29395/326	ex N50281	Lsd fr ILFC
☐	A6-EMQ*	Boeing 777-31H	32697/396		Lsd fr ILFC
☐	A6-EMR+	Boeing 777-31H	29396/402		Lsd fr ILFC
☐	A6-EMS+	Boeing 777-31H	29067/408	ex N50281	Lsd fr BOC Aviation
☐	A6-EMT+	Boeing 777-31H	32699/414	ex N5014K	Lsd fr ILFC
☐	A6-EMU+	Boeing 777-31H	29064/418		Lsd fr BOC Aviation
☐	A6-EMV+	Boeing 777-31H	28687/432		Lsd fr ILFC
☐	A6-EMW+	Boeing 777-31H	32700/434		Lsd fr LSA Finance
☐	A6-EMX+	Boeing 777-31H	32702/444		Lsd fr Suderey KB
☐	A6-EWA+	Boeing 777-21HLR	35572/654		
☐	A6-EWB+	Boeing 777-21HLR	35573/662	ex N5573S	
☐	A6-EWC+	Boeing 777-21HLR	35576/677		
☐	A6-EWD+	Boeing 777-21HLR	35577/688		
☐	A6-EWE+	Boeing 777-21HLR	35582		on order
☐	A6-EWF+	Boeing 777-21HLR	35578		on order
☐	A6-EWG+	Boeing 777-21HLR	35586		on order
☐	A6-EWH+	Boeing 777-21HLR			on order
☐	A6-EWI+	Boeing 777-21HLR			on order
☐	A6-EWJ+	Boeing 777-21HLR			on order

*have 2-class configured cabins (high density); + have 3-class cabins (low density)
Thirty six more Boeing 777s are on order for delivery from 2009, 4 leased from ILFC and 5 on lease from GECAS, including 8 777-F1H freighters in 2009-2011

☐	A6-EFB	Airbus A310-304F	592	ex F-OGQQ	Lsd fr Alex Bail
☐	A6-EFC	Airbus A310-304F	622	ex F-OGQT	Lsd fr Kat Bail
☐	OO-THC	Boeing 747-4HAERF	35235/1389	ex N50217	Lsd fr TAY
☐	OO-THD	Boeing 747-4HAERF	35236/1399		Lsd fr TAY

Leases Boeing 747-400Fs from TNT Airways and Atlas Air on ACMI leases as Emirates Sky Cargo while ten Boeing 747-8Fs are on order for delivery from 2010. Owns 43.63% of SriLankan Airlines but stake for sale.

ETIHAD AIRWAYS
Etihad (EY/ETD) (IATA 607) — Abu Dhabi (AUH)

	Reg	Type	MSN	ex	Notes	Lease
☐	9H-AEP	Airbus A320-214	3056	ex F-WWDV		Lsd fr AMC
☐	9H-AEQ	Airbus A320-214	3068	ex F-WWIJ		Lsd fr AMC
☐	A6-EIA	Airbus A320-232	1944	ex PH-MPD		Lsd fr BOC Aviation
☐	A6-EIB	Airbus A320-232	1945	ex PH-MPE	Abu Dhabi Grand Prix colours	Lsd fr Deucalion Capital
☐	A6-EIC	Airbus A320-232	2167	ex PH-MPF		Lsd fr Macquarie AirFinance
☐	A6-EIZ	Airbus A320-211	0350	ex 9H-AFE		Lsd fr AMC
☐	A6-EYD	Airbus A330-243	658	ex F-WWYN		Lsd fr CIT Group
☐	A6-EYE	Airbus A330-243	688	ex F-WWYJ		Lsd fr CIT Group
☐	A6-EYF	Airbus A330-243	717	ex F-WWYN		
☐	A6-EYG	Airbus A330-243	724	ex F-WWKN		
☐	A6-EYH	Airbus A330-243	729	ex F-WWKR		Lsd fr Union Two Leasing
☐	A6-EYI	Airbus A330-243	730	ex F-WWKS		Lsd fr Union Two Leasing
☐	A6-EYJ	Airbus A330-243	737	ex F-WWYB		Lsd fr Union Two Leasing
☐	A6-EYK	Airbus A330-243	788	ex F-WWKM		Lsd fr Union Two Leasing
☐	A6-EYL	Airbus A330-243	809	ex F-WWYB		
☐	A6-EYM	Airbus A330-243	824	ex F-WWKD		
☐	A6-EYN	Airbus A330-243	832	ex F-WWKN		Lsd fr Oasis Intl Lsg
☐	A6-EYO	Airbus A330-243	852	ex F-WWKT		
☐	A6-EYP	Airbus A330-243	854	ex F-WWYY		
☐	A6-EYQ	Airbus A330-243	868	ex F-WWYQ		
☐	A6-EYV	Airbus A330-202	272	ex EI-DIR	for ADH	Lsd fr Sierra Leasing
☐	A6-EYW	Airbus A330-202	339	ex EI-DIP	for ADH	Lsd fr Sierra Leasing

One more Airbus A330-300, five Airbus A330-243s [two leased from CIT Group] plus three Airbus A330-200Fs are on order

	Reg	Type	MSN	ex	Notes	Lease
☐	A6-EHA	Airbus A340-541	748	ex F-WWTS		
☐	A6-EHB	Airbus A340-541	757	ex F-WWTU		
☐	A6-EHC	Airbus A340-541	761	ex F-WWTV		
☐	A6-EHD	Airbus A340-541	783	ex F-WWTY		
☐	A6-EHE	Airbus A340-642HGW	829	ex F-WWCG		
☐	A6-EHF	Airbus A340-642HGW	837	ex F-WWCB		
☐	A6-EHH	Airbus A340-642HGW	870	ex F-WWCK		
☐	A6-EYC	Airbus A340-313X	117	ex D-ASIA		Lsd fr Boeing A/c Holding

Four more Airbus A340-642s are on order

	Reg	Type	MSN	ex	Notes	Lease
☐	A6-ETA	Boeing 777-3FXER	34597/538	ex N6018N		Lsd fr Union One Leasing
☐	A6-ETB	Boeing 777-3FXER	34598/543	ex N5020K		Lsd fr Union One Leasing
☐	A6-ETC	Boeing 777-3FXER	34599/544			Lsd fr Union One Leasing
☐	A6-ETD	Boeing 777-3FXER	34600/547			Lsd fr Union One Leasing
☐	A6-ETE	Boeing 777-3FXER	34601/548			
☐	A6-EYZ	Boeing 767-341ER	30341/768	ex A6-SUL		Lsd fr AUH
☐	TF-ELF	Airbus A300B4-622RF	529	ex EI-DJN	Crystal Cargo	Lsd fr ABD
☐	TF-ELK	Airbus A300B4-622RF	557	ex EI-DGU	Crystal Cargo	Lsd fr ABD

Two Airbus A380-841s are on order for delivery in 2013; leases World Airways McDonnell-Douglas MD-11F

FALCON EXPRESS CARGO AIRLINES
(FC/FVS) (IATA 553) — Dubai (DXB)

	Reg	Type	MSN	ex	Lease
☐	A6-FCA	Beech 1900C-1	UC-57	ex OY-GED	
☐	A6-FCB	Beech 1900C-1	UC-66	ex OY-GEI	
☐	A6-FCC	Beech 1900C-1	UC-68	ex OY-GEJ	
☐	A6-FCD	Beech 1900C-1	UC-71	ex OY-GEK	
☐	A6-FCE	Beech 1900C-1	UC-79	ex N79GL	Lsd fr Raytheon Aircraft
☐	A6-FCZ	Fokker F.27 Friendship 500	10448	ex HB-ITY	

Operates for Federal Express – all freighters

HEAVYLIFT INTERNATIONAL
(HVL) — Sharjah (SHJ)

	Reg	Type	MSN	ex	Lease
☐	A6-HLA	Douglas DC-8-63AF (BAC 3)	46034/434	ex N868BX	Lsd fr Alpha Avia
☐	A6-HLB	Douglas DC-8-63F (BAC 3)	46035/438	ex N869BX	Lsd fr AA Leasing

Wholly owned by ALG – Aviation Leasing Group

KANG PACIFIC AIRLINES
Fujairah (FJR)

Expects to commence operations with Douglas DC-10s in late 2007 using Philippine AOC, to obtain a UAE AOC in 2008

MAXIMUS AIR CARGO
Cargo Max (MXU) — Abu Dhabi (AUH)

☐	A6-MAC	Lockheed L-382G-44K-30 Hercules	5024	ex 1215	Lsd fr UAE AF
☐	A6-MAX	Lockheed L-382G-44K-30 Hercules	4895	ex 1216	Lsd fr UAE AF
☐	A6-MXA	Airbus A300B4-622RF	788	ex TF-ELA	Lsd fr ABD
☐	A6-QFY	Lockheed L-382G-44K-30 Hercules	4834	ex 311	Lsd fr Dubai DF
☐	TF-ELE	Airbus A300B4-622RF	767	ex B-18501	Lsd fr ABD; sublsd to RGN
☐	UR-ZYD	Antonov An-124 Ruslan	19530502843	ex UR-CCX	Lsd fr UAK
☐	UR-BXQ	Ilyushin Il-76TD	1023410360	ex EX-832	Lsd fr UKL
☐	UR-BXR	Ilyushin Il-76TD	1023411384	ex EX-411	Lsd fr UKL
☐	UR-BXS	Ilyushin Il-76TD	1023411368	ex EX-436	Lsd fr UKL

Received its AOC in June 2007

MIDEX AIRLINES
Al Ain (AAN)

☐	A6-MDB	Airbus A300B4-203F	196	ex N372PC	Midex 2	Lsd fr PACE Avn
☐	A6-	Airbus A300B4-203F	134	ex N370PC	on order	Lsd fr PACE Avn
☐	A6-	Airbus A300B4-203F	203	ex N473AS	on order	Lsd fr PACE Avn
☐	TC-ACC	Airbus A300B4-203F	147	ex N318FV	Empost colours	Lsd fr RUN

PALM AVIATION

☐		British Aerospace 146 Srs.300	E3207	ex B-2711	on order
☐		British Aerospace 146 Srs.300	E3212	ex B-2712	on order
☐		British Aerospace 146 Srs.300	E3216	ex B-2717	on order
☐		British Aerospace 146 Srs.300	E3218	ex B-2719	on order
☐		British Aerospace 146 Srs.300	E3219	ex B-2720	on order
☐		British Aerospace 146 Srs.300	E3222	ex B-2718	on order
☐		British Aerospace 146 Srs.300	E3214	ex B-2715	on order

RAK AIRLINES
Rakair (RT/RKM) — Ras Al Khaimah (RKT)

☐	A6-RKA	Boeing 757-256	29311/940	ex EC-HIU	Lsd fr Towy Lsg
☐	(A6-AAM)	Airbus A318-112	1599	ex D-AIJA	on order

First scheduled service 29 November 2007

RED STAR
Starline — Sharjah (SHJ)

☐	A6-RSA	Boeing 727-225F (FedEx 3)	22046/1604	ex N533DA	

A7- QATAR (State of Qatar)

GULF HELICOPTERS
Doha Heliport

☐	A7-HBG	Bell 212	30918	ex VT-HGD	
☐	A7-HBN	Bell 212	31130	ex VT-HGE	
☐	A7-HBO	Bell 212	30911	ex EP-HUE	
☐	VT-HGA	Bell 212	30902	ex A7-HAJ	Lsd to United Helicharters
☐	VT-HGB	Bell 212	31124	ex A7-HAN	Lsd to United Helicharters
☐	VT-HGC	Bell 212	31149	ex A7-HAT	Lsd to United Helicharters
☐	A7-HAV	Bell 412SP	33205	ex D-HHNN	
☐	A7-HAW	Bell 412HP	36046	ex N9142N	
☐	A7-HAY	Bell 412EP	36126	ex N2045S	
☐	A7-HAZ	Bell 412HP	36041	ex N92801	
☐	A7-HBB	Bell 412EP	36259	ex N9026K	
☐	A7-HBC	Bell 412EP	36276	ex N9154J	
☐	A7-HBD	Bell 412EP	36088	ex N4324X	
☐	A7-HBH	Bell 412EP	36326	ex N8067Q	
☐	A7-HBI	Bell 412	36270		
☐	A7-HBJ	Bell 412EP	36370	ex N43939	
☐	A7-HBL	Bell 412SP	33117	ex EP-HUC	
☐	A7-HBM	Bell 412EP	36400	ex N2116N	
☐	A7-HBP	Bell 412SP	36016	ex EP-HUF	
☐	A7-HBQ	Bell 412EP	36412	ex N7512Z	
☐	A7-HBR	Bell 412SP	36017	ex EP-HUG	
☐	A7-HBS	Bell 412SP	33116	ex A7-HBK	
☐	VT-HGF	Bell 412EP	36206	ex A7-HBE	Lsd to United Helicharters
☐	A7-HAO	Agusta-Bell 206B JetRanger II	8044	ex A4O-DC	
☐	A7-HBF	Bell 230	23015	ex N236X	
☐	A7-HBT	Agusta AW.139	31068	ex I-EASO	
☐	A7-HHT	Sikorsky S-92A	920031	ex N7113U	

Wholly owned subsidiary of Qatar General Petroleum Corp

QATAR AIRWAYS
Qatari (QR/QTR) (IATA 157) — Doha (DOH)

	Reg	Type	MSN	ex	Name	Notes
☐	A7-ABN	Airbus A300B4-622R	664	ex VH-PWD	Al Shaqab	Lsd fr AWAS; for FDX
☐	A7-ABW	Airbus A300B4-622R	688	ex VH-CLM	Al Ruwais	Lsd fr AWAS; for FDX
☐	A7-ABX	Airbus A300B4-622RF	554	ex HL7537	Al Dawha	Lsd fr Avequis
☐	A7-ABY	Airbus A300B4-622RF	560	ex HL7294	Fuwairit	Lsd fr Avequis
☐	A7-AFA	Airbus A300B4-622R	630	ex VH-JBN		Lsd fr AWAS; for FDX
☐	A7-AFB	Airbus A300B4-622RF	614	ex HL7298	Al'Arish; Cargo titles	
☐	A7-ABR	Airbus A320-232	0928	ex F-WWIK	Al Khor	Lsd fr BOC Aviation
☐	A7-ADA	Airbus A320-232	1566	ex F-WWBG	Al Zubara	Lsd fr Doha Lsg
☐	A7-ADB	Airbus A320-232	1648	ex F-WWDU	Dukhan	Lsd fr Doha Lsg
☐	A7-ADC	Airbus A320-232	1773	ex F-WWDG	Mesaieed	Lsd fr Doha Lsg
☐	A7-ADD	Airbus A320-232	1895	ex F-WWBT	Halul	Lsd fr Doha Lsg
☐	A7-ADE	Airbus A320-232	1957	ex F-WWIG	Al Gharafa	Lsd fr Doha Lsg
☐	A7-ADF	Airbus A320-232	2097	ex F-WWIP	Al Wukeir	Lsd fr Doha Lsg
☐	A7-ADG	Airbus A320-232	2121	ex F-WWIT	Al Ghuweriyah	Lsd fr A Prime
☐	A7-ADH	Airbus A320-232	2138	ex F-WWBI	Al Jumeilliyah	
☐	A7-ADI	Airbus A320-232	2161	ex F-WWBK	Al Khuraytiyat	Lsd fr Al Zubara Lsg
☐	A7-ADJ	Airbus A320-232	2288	ex F-WWBS	Al Samriya	Lsd fr Al Zubara Lsg
☐	A7-ADK	Airbus A321-231	1487	ex OE-LOS		Lsd fr ILFC
☐	A7-ADS	Airbus A321-231	1928	ex D-AVXA	Al Aaliyah	Lsd fr Al Aaliya Lsg
☐	A7-ADT	Airbus A321-231	2107	ex D-AVXD	Al Saffiyah	Lsd fr Dukhan Lsg
☐	A7-ADU	Airbus A320-232	3071	ex F-WWIM		Lsd fr CIT Group
☐	A7-ADV	Airbus A321-231	3274	ex D-AVZM		Lsd fr CIT Group
☐	A7-ADW	Airbus A321-231	3369	ex D-AVZJ		Lsd fr CIT Group
☐	A7-ADX	Airbus A321-231	3397	ex D-AVZP		
☐	A7-CJA	Airbus A319-133LR	1656	ex D-AVYT	Al Hilal;VIP	Lsd fr Doha Lsg
☐	A7-CJB	Airbus A319-133LR	2341	ex D-AVWK	Al Jasra; VIP	

Three more Airbus A319s are on order

	Reg	Type	MSN	ex	Name	Notes
☐	A7-ACA	Airbus A330-202	473	ex F-WWKR	Al Wajbah	Lsd fr Doha Lsg
☐	A7-ACB	Airbus A330-202	489	ex F-WWYN	Al Majida	Lsd fr Doha Lsg
☐	A7-ACC	Airbus A330-202	511	ex F-WWKR	Al Shahaniya	
☐	A7-ACD	Airbus A330-202	521	ex F-WWKU	Al Wuseil	Lsd fr Doha Lsg
☐	A7-ACE	Airbus A330-202	571	ex F-WWKF	Al Dhakira	Lsd fr Dukhan Lsg
☐	A7-ACF	Airbus A330-202	638	ex F-WWYQ	Al Kara'anah	Lsd fr Oryx Lsg
☐	A7-ACG	Airbus A330-202	743	ex F-WWKV	Al Wabra	Lsd fr Oryx Lsg
☐	A7-ACH	Airbus A330-202	441	ex F-WWYK	Al Mafjar	Lsd fr Al Khawr Lsg
☐	A7-ACI	Airbus A330-202	746	ex F-WWKV	Muathier	Lsd fr Muaither Lsg
☐	A7-ACJ	Airbus A330-202	760	ex F-WWYO	Zikreet	Lsd fr Muaither Lsg
☐	A7-ACK	Airbus A330-202	792	ex F-WWKP		Lsd fr GECAS
☐	A7-ACL	Airbus A330-202	820	ex F-WWKA		Lsd fr Oryx Lsg
☐	A7-ACM	Airbus A330-202	849	ex F-WWKP		
☐	A7-ACN	Airbus A330-202	893	ex F-WWYK		on order
☐	A7-AFL	Airbus A330-202	612	ex F-WWKZ	Al Messila	Lsd fr AFS Investments
☐	A7-AFM	Airbus A330-202	616	ex F-WWKT	Al-Udaid	Lsd fr AFS Investments
☐	A7-AFN	Airbus A330-202	463	ex EI-DDU	Al Wakra	Lsd fr AFS Investments
☐	A7-AFO	Airbus A330-202	504	ex EI-DDV	Al Ghariya	Lsd fr GECAS
☐	A7-AFP	Airbus A330-202	684	ex F-WWYG	Al Shamal	Lsd fr Celestial Avn
☐	A7-AEA	Airbus A330-302	623	ex F-WWYC	Al Muntazah	
☐	A7-AEB	Airbus A330-302	637	ex F-WWYP	Al Sayliyah	Lsd fr Deucalion Capital
☐	A7-AEC	Airbus A330-302	659	ex F-WWYX	Al Markhiya	Lsd fr Onyx Lsg
☐	A7-AED	Airbus A330-302	680	ex F-WWYD	Al Nu'uman	Lsd fr Al-Rayyan Lsg
☐	A7-AEE	Airbus A330-302	711	ex F-WWYK	Semaisma	Lsd fr Umm Bab Lsg
☐	A7-AEF	Airbus A330-302	721	ex F-WWKJ	Al Rumellah	Lsd fr Al-Rumallah Lsg
☐	A7-AEG	Airbus A330-302	734	ex F-WWYU	Al Duhell	Lsd fr Al-Duhell Lsg
☐	A7-AEH	Airbus A330-302	789	ex F-WWKN		
☐	A7-AEI	Airbus A330-302	813	ex F-WWYI		Lsd fr Al-Aziziya Lsg
☐	A7-AEJ	Airbus A330-302	826	ex F-WWKF		Lsd fr Lsd fr Muaither Lsg
☐	A7-AEM	Airbus A330-302	893	ex F-WWYK		
☐	A7-AEN	Airbus A330-302	907	ex F-WWYK	on order	
☐	A7-AEO	Airbus A330-302	918	ex F-WWYQ	on order	

Two more Airbus A330-302s are on order for delivery in 2010/11

	Reg	Type	MSN	ex	Name	Notes
☐	A7-AGA	Airbus A340-642HGW	740	ex F-WWCP		Lsd fr Mukenis Lsg
☐	A7-AGB	Airbus A340-642HGW	715	ex F-WWCR	Ras Dukhan	Lsd fr Muaither Lsg
☐	A7-AGC	Airbus A340-642HGW	766	ex F-WWCM	Ras Ushainij	Lsd fr Ras dukhan Lsg
☐	A7-AGD	Airbus A340-642HGW	798	ex F-WWCL		Lsd fr Ras bu Abboud Lsg
☐	A7-BAA	Boeing 777-3DZER	36009/676			
☐	A7-BAB	Boeing 777-3DZER	36103/686		Um-Alamad	
☐	A7-	Boeing 777-3DZER			on order	
☐	A7-	Boeing 777-3DZER			on order	
☐	A7-	Boeing 777-3DZER			on order	
☐	A7-	Boeing 777-3DZER			on order	
☐	A7-	Boeing 777-3DZER			on order	

☐ A7- Boeing 777-3DZER on order
Six Boeing 777-2DZLRs (for delivery in 2010 [3] and 2011 [3]), seven Boeing 777-FDZs and six more Boeing 777-3DZERs (for delivery in 2009) are on order plus 30 Boeing 787-8DZs for delivery 2012-2016.
Five Airbus A380-800s (A7-AKA to AKE) are on order in 2012, plus 20 Airbus A350-800s, 40 -900s and 20 -1000s

Operator Unknown

☐ A7-JHW   Boeing 707-3J6C   20720/874   ex ST-ARI

A8- LIBERIA (Republic of Liberia)

SATGUR AIR TRANSPORT
Ceased operations

WEASUA AIRTRANSPORT
Watco (WTC)   *Monrovia-Robertsfield (ROB)*

☐	UN-46699	Antonov An-24RV	47309910	ex UR-46699	Lsd fr VSV
☐	UN-47176	Antonov An-24B	89901810	ex CCCP-47176	Lsd fr VSV

A9C- BAHRAIN (State of Bahrain)

BAHRAIN AIR
                                                                                                 Bahrain (BAH)

☐ A9C-BAZ   Airbus A320-212   0645   ex D-AKNZ   Lsd fr ILFC
Due to commence operations 01 February 2008

DHL INTERNATIONAL AVIATION
Dilmun (ES/DHX) (IATA 155)   *Bahrain (BAH)*

☐	A9C-BAH	Swearingen SA.227AT Merlin IVC	AT-434	ex HZ-SN8	Freighter	SNAS c/s
☐	HZ-SNA	Boeing 727-264F (FedEx 3)	20896/1051	ex EC-HLP	all-white	Joint ops with RSE
☐	HZ-SNB	Boeing 727-223F (FedEx 3)	21084/1199	ex EC-HAH	all-white	Joint ops with RSE
☐	HZ-SNC	Boeing 727-230F (FedEx 3)	20905/1091	ex EC-IVF		Joint ops with RSE
☐	HZ-SND	Boeing 727-223F (FedEx 3)	20994/1190	ex EC-IVE		Joint ops with RSE
☐	HZ-SNF	Boeing 727-277F (FedEx 3)	22643/1762	ex ZS-DPE		

Division of DHL International; associated with SNAS Aviation (HZ)

GULF AIR
Gulf Air (GF/GFA) (IATA 072)   *Bahrain (BAH)*

Fleet reregistered in Bahrain following Oman's withdrawal from ownership of the airline

☐	A9C-EB	Airbus A320-212	0325	ex A4O-EB	802; Bahla	
☐	A9C-ED	Airbus A320-212	0375	ex A4O-ED	804; Sitra	
☐	A9C-EE	Airbus A320-212	0419	ex A4O-EE	805; Al-Rumaitha	
☐	A9C-EI	Airbus A320-212	0459	ex A4O-EI	809	
☐	A9C-EJ	Airbus A320-212	0466	ex A4O-EJ	810; 50th anniversary colours	
☐	A9C-EL	Airbus A320-212	0497	ex A4O-EL	812	
☐	A9C-EN	Airbus A320-212	0537	ex A4O-EN	814	
☐	A9C-EO	Airbus A320-212	0409	ex A4O-EN	815	Lsd fr ILFC
☐	A9C-EP	Airbus A320-212	0289	ex A4O-EP	816	Lsd fr GATX/CL Air
☐	A9C-ER	Airbus A320-212	0407	ex A4O-ER	817	Lsd fr GATX/CL Air

Twelve more Airbus A320/321s are on order

☐	A9C-KA	Airbus A330-243	276	ex A4O-KA	501
☐	A9C-KB	Airbus A330-243	281	ex A4O-KB	502
☐	A9C-KC	Airbus A330-243	286	ex A4O-KC	503
☐	A9C-KD	Airbus A330-243	287	ex A4O-KD	504
☐	A9C-KE	Airbus A330-243	334	ex A4O-KE	505
☐	A9C-KF	Airbus A330-243	340	ex A4O-KF	506; Aldafra

Eight more Airbus A330-243s are on order

☐	A9C-LB	Airbus A340-312	039	ex A4O-LB	402; Al Fateh	
☐	A9C-LC	Airbus A340-312	040	ex A4O-LC	403; Doha	
☐	A9C-LD	Airbus A340-312	097	ex A4O-LD	404; Abu Dhabi	
☐	A9C-LE	Airbus A340-312	103	ex A4O-LE	405	
☐	A9C-LF	Airbus A340-312	133	ex A4O-LF	406	
☐	A9C-LG	Airbus A340-313X	212	ex A4O-LG	407	Lsd fr Boeing Capital
☐	A9C-LH	Airbus A340-313X	215	ex A4O-LH	408	Lsd fr Boeing Capital
☐	A9C-LI	Airbus A340-313X	554	ex A4O-LI	409	Lsd fr Boeing Capital
☐	A9C-LJ	Airbus A340-313X	282	ex A4O-LL	410	Lsd fr Boeing Capital

To be removed from service and replaced by new Airbus A330s

☐	A9C-GI	Boeing 767-3P6ER	24485/264	ex A4O-GI	604; Alkhor	Lsd fr Oasis Intl
☐	A9C-GJ	Boeing 767-3P6ER	24495/267	ex A4O-GJ	605; Al Muharraq	Lsd fr Oasis Intl
☐	A9C-GK	Boeing 767-3P6ER	24496/270	ex A4O-GK	606; Al Burami	Lsd fr Oasis Intl
☐	A4O-GS	Boeing 767-3P6ER	26236/436		613; stored DUB	
☐	A4O-GT	Boeing 767-3P6ER	26238/440		614; stored DUB	
☐	A4O-GU	Boeing 767-3P6ER	26233/501		615; stored DUB	Lsd fr GECAS

	A9C-GV	Boeing 767-3P6ER	26235/502		616	
☐	A9C-GV	Boeing 767-3P6ER	26235/502		616	
☐	A9C-GZ	Boeing 767-3P6ER	26237/544		620; stored DUB	
☐	D-AXLD	Boeing 737-8FH/W	35093/2176	ex G-XLAL		Lsd fr GXL to Apr08
☐	D-AXLE	Boeing 737-8Q8/W	30724/2286			Lsd fr GXL to Apr08

National airline of Bahrain following withdrawal of Oman. 16 Boeing 787-8P6s are on order direct from Boeing and another 16 to be leased in.

B- CHINA (People's Republic Of China)

AIR CHINA
Air China (CA/CCA) (IATA 999)   Beijing-Capital (PEK)

☐	B-2223	Airbus A319-111	1679	ex D-AVWI	Lsd fr CIT Group
☐	B-2225	Airbus A319-111	1654	ex D-AVYS	Lsd fr CIT Group
☐	B-2339	Airbus A319-111	1753	ex D-AVYJ	Lsd fr CIT Group
☐	B-2364	Airbus A319-115	2499	ex D-AVWB	
☐	B-2404	Airbus A319-131	2454	ex D-AVWE	
☐	B-6004	Airbus A319-115	2508	ex D-AVWO	
☐	B-6014	Airbus A319-115	2525	ex D-AVWE	
☐	B-6022	Airbus A319-131	2000	ex D-AVYZ	
☐	B-6023	Airbus A319-131	2007	ex D-AVWM	
☐	B-6024	Airbus A319-131	2015	ex D-AVWT	
☐	B-6031	Airbus A319-131	2172	ex D-AVWW	
☐	B-6032	Airbus A319-131	2202	ex D-AVYF	
☐	B-6033	Airbus A319-131	2205	ex D-AVYJ	
☐	B-6034	Airbus A319-115	2237	ex D-AVWL	
☐	B-6035	Airbus A319-115	2269	ex D-AVWX	
☐	B-6036	Airbus A319-115	2285	ex D-AVYS	
☐	B-6037	Airbus A319-115	2293	ex D-AVYY	
☐	B-6038	Airbus A319-115	2298	ex D-AVWF	
☐	B-6044	Airbus A319-115	2532	ex D-AVWL	
☐	B-6046	Airbus A319-115	2545	ex D-AVWW	
☐	B-6047	Airbus A319-115	2551	ex D-AVYJ	
☐	B-6048	Airbus A319-131	2559	ex D-AVYU	
☐	B-6213	Airbus A319-131	2614	ex D-AVXS	
☐	B-6216	Airbus A319-131	2643	ex D-AVWO	
☐	B-6223	Airbus A319-131	2805	ex D-AVWV	
☐	B-6225	Airbus A319-131	2819	ex D-AVXB	
☐	B-6226	Airbus A319-115	2839	ex D-AVYI	
☐	B-6227	Airbus A319-115	2847	ex D-AVXG	
☐	B-6228	Airbus A319-115	2890	ex D-AVYI	
☐	B-6235	Airbus A319-131	3195	ex D-AVWC	
☐	B-6236	Airbus A319-131	3200	ex D-AVWG	
☐	B-6237	Airbus A319-131	3226	ex D-AVYJ	
☐	B-6238	Airbus A319-131	3250	ex D-AVWO	
☐	B-	Airbus A319-131		ex D-AV	on order
☐	B-	Airbus A319-131		ex D-AV	on order
☐	B-2210	Airbus A320-214	1296	ex F-WWBG	
☐	B-2354	Airbus A320-214	0707	ex F-WWIN	Lsd fr IEM Airfinance
☐	B-2355	Airbus A320-214	0724	ex F-WWBN	Lsd fr GECAS
☐	B-2376	Airbus A320-214	0876	ex F-WWIF	
☐	B-2377	Airbus A320-214	0921	ex F-WWDY	

Twenty three more Airbus A320-214s are on order for delivery January 2009 to December 2012

☐	B-6326	Airbus A321-211	3329	ex D-AVZX	
☐	B-6327	Airbus A321-211	3307	ex D-AVZT	
☐	B-	Airbus A321-211		ex D-AV	on order
☐	B-	Airbus A321-211		ex D-AV	on order
☐	B-	Airbus A321-211		ex D-AV	on order

A further eighteen Airbus A321-211s are on order for delivery in 2009 (5), 2010 (5), 2011 (5) and 2012 (4).

☐	B-6070	Airbus A330-243	750	ex F-WWKA	
☐	B-6071	Airbus A330-243	756	ex F-WWYQ	
☐	B-6072	Airbus A330-243	759	ex F-WWYK	
☐	B-6073	Airbus A330-243	780	ex F-WWKY	
☐	B-6075	Airbus A330-243	785	ex F-WWYY	
☐	B-6076	Airbus A330-243	797	ex F-WWKU	
☐	B-6079	Airbus A330-243	810	ex F-WWYF	
☐	B-6080	Airbus A330-243	815	ex F-WWYL	
☐	B-6081	Airbus A330-243	839	ex F-WWYO	
☐	B-6090	Airbus A330-243	860	ex F-WWYN	
☐	B-6091	Airbus A330-243	867	ex F-WWYP	Star Alliance colours
☐	B-6092	Airbus A330-243	873	ex F-WWKV	
☐	B-6093	Airbus A330-243	884	ex F-WWKO	
☐	B-6113	Airbus A330-243	890	ex F-WWYM	
☐	B-6115	Airbus A330-243	909	ex F-WWYG	on order
☐	B-6117	Airbus A330-243	903	ex F-WWKR	
☐	B-	Airbus A330-243		ex F-WW	on order

☐	B-	Airbus A330-243		ex F-WW	on order	
☐	B-	Airbus A330-243		ex F-WW	on order	
☐	B-	Airbus A330-243		ex F-WW	on order	
☐	B-HYG	Airbus A330-343	405	ex F-WWKQ		Lsd fr HDA
☐	B-HYH	Airbus A330-343	407	ex F-WWKR		Lsd fr HDA

Thirty more Airbus A330s are on order for delivery from 2008.

☐	B-2385	Airbus A340-313X	192	ex B-HMX		
☐	B-2386	Airbus A340-313X	199	ex B-HMY		
☐	B-2387	Airbus A340-313X	201	ex B-HMZ		
☐	B-2388	Airbus A340-313X	242	ex F-WWJD		
☐	B-2389	Airbus A340-313X	243	ex F-WWJE		
☐	B-2390	Airbus A340-313X	264	ex F-WWJY		
☐	B-2504	Boeing 737-36M	28333/2810	ex N374PA		Lsd fr AFT Trust-Sub
☐	B-2522	Boeing 737-3Z0	23451/1240	ex N5573K	For Okair as freighter	
☐	B-2530	Boeing 737-3Z0	27046/2252			
☐	B-2531	Boeing 737-3J6	23302/1224	ex N1792B		
☐	B-2532	Boeing 737-3J6	23303/1237	ex N5573B		
☐	B-2533	Boeing 737-3Z0	27138/2436			
☐	B-2535	Boeing 737-3J6	25078/2002			
☐	B-2536	Boeing 737-3J6	25079/2016			
☐	B-2537	Boeing 737-3Z0	25089/2027			
☐	B-2580	Boeing 737-3J6	25080/2254			
☐	B-2581	Boeing 737-3J6	25081/2263			
☐	B-2584	Boeing 737-3J6	25891/2385			
☐	B-2585	Boeing 737-3J6	27045/2384			
☐	B-2586	Boeing 737-3Z0	27047/2357			
☐	B-2587	Boeing 737-3J6	25892/2396			
☐	B-2588	Boeing 737-3J6	25893/2489			
☐	B-2590	Boeing 737-3Z0	27126/2370			
☐	B-2597	Boeing 737-3Z0	27176/2495			
☐	B-2598	Boeing 737-3J6	27128/2493			
☐	B-2599	Boeing 737-3Z0	25896/2558			
☐	B-2600	Boeing 737-36N	28554/2835	ex G-ECAS		Lsd fr GECAS
☐	B-2604	Boeing 737-3Q8	26333/2786	ex N661LF		Lsd fr ILFC
☐	B-2614	Boeing 737-36N	28558/2876	ex G-OJTW		Lsd fr GECAS
☐	B-2627	Boeing 737-36E	26315/2706	ex N141LF		Lsd fr ILFC
☐	B-2630	Boeing 737-36E	26317/2719	ex N151LF		Lsd fr ILFC
☐	B-2905	Boeing 737-33A	25506/2360	ex N403AW		
☐	B-2906	Boeing 737-33A	25507/2373	ex N404AW		
☐	B-2907	Boeing 737-33A	25508/2414	ex N405AW		
☐	B-2947	Boeing 737-33A	25511/2599			
☐	B-2948	Boeing 737-3J6	27361/2631			
☐	B-2949	Boeing 737-3J6	27372/2650			
☐	B-2950	Boeing 737-3Z0	27374/2647			
☐	B-2951	Boeing 737-3Z0	27373/2658			
☐	B-2953	Boeing 737-3J6	27523/2710			
☐	B-2954	Boeing 737-3J6	27518/2768			
☐	B-2957	Boeing 737-3Z0	27521/2738			
☐	B-5024	Boeing 737-3Q8	26321/2764	ex N641LF		Lsd fr ILFC
☐	B-5035	Boeing 737-36N	28672/2976	ex F-GRFA		Lsd fr GECAS
☐	B-5036	Boeing 737-36N	28673/2995	ex F-GRFB		Lsd fr GECAS
☐	B-2155	Boeing 737-66N	28649/887	ex N1786B		Lsd fr GECAS
☐	B-2156	Boeing 737-66N	28650/932	ex N1786B		Lsd fr GECAS
☐	B-2160	Boeing 737-66N	28652/938	ex N1787B		Lsd fr GECAS
☐	B-2161	Boeing 737-86N	28655/965	ex N1786B		Lsd fr GECAS
☐	B-2509	Boeing 737-8Z0	30072/466	ex N1787B		
☐	B-2510	Boeing 737-8Z0	30071/381	ex N1786B		
☐	B-2511	Boeing 737-8Z0	30073/487	ex N1786B		
☐	B-2612	Boeing 737-79L	33411/1538			
☐	B-2613	Boeing 737-79L	33412/1544	ex N1786B		
☐	B-2641	Boeing 737-89L	29876/337			
☐	B-2642	Boeing 737-89L	29877/359			
☐	B-2643	Boeing 737-89L	29878/379	ex N1786B		
☐	B-2645	Boeing 737-89L	29879/427	ex N1786B		
☐	B-2648	Boeing 737-89L	29880/511	ex N1786B		
☐	B-2649	Boeing 737-89L	30159/572	ex N1784B		
☐	B-2650	Boeing 737-89L	30160/594			
☐	B-2657	Boeing 737-89L	30517/1224			
☐	B-2670	Boeing 737-89L	30514/1055			
☐	B-2671	Boeing 737-89L	30515/1165			
☐	B-2672	Boeing 737-89L	30516/1168			
☐	B-2673	Boeing 737-86N	29888/1133	ex N1786B		Lsd fr GECAS
☐	B-2690	Boeing 737-86N	29889/1153			Lsd fr GECAS
☐	B-2700	Boeing 737-79L	33413/1560			
☐	B-5023	Boeing 737-66N	29890/1276			Lsd fr GECAS
☐	B-5027	Boeing 737-66N	29891/1294	ex N1786B		Lsd fr GECAS
☐	B-5037	Boeing 737-66N	29892/1305			Lsd fr GECAS
☐	B-5043	Boeing 737-79L	33408/1331			
☐	B-5044	Boeing 737-79L	33409/1351			
☐	B-5045	Boeing 737-79L	33410/1354			

☐	B-5063	Boeing 737-7BX	30736/658	ex G-STRC		Lsd fr Silvermine River Finance
☐	B-5064	Boeing 737-7BX	30737/687	ex G-STRD		Lsd fr AFS Investments
☐	B-5167	Boeing 737-808	34701/1887	ex N1787B		Lsd fr FL Group
☐	B-5168	Boeing 737-808	34702/1917			Lsd fr FL Group
☐	B-5169	Boeing 737-808	34703/1941	ex N1795B		Lsd fr FL Group
☐	B-5170	Boeing 737-808	34705/1998			Lsd fr FL Group
☐	B-5171	Boeing 737-808	34706/2014	ex N1786B		Lsd fr FL Group
☐	B-5172	Boeing 737-8Q8	30704/1985			Lsd fr ILFC
☐	B-5173	Boeing 737-8Q8	30705/2001			Lsd fr ILFC
☐	B-5175	Boeing 737-86N	35209/2067			Lsd fr GECAS
☐	B-5176	Boeing 737-86N	34358/2096		Olympic mascot c/s	Lsd fr GECAS
☐	B-5177	Boeing 737-86N	35210/2127		Olympic mascot c/s	Lsd fr GECAS
☐	B-5178	Boeing 737-86N	32682/2117	ex N1787B	Olympic mascot c/s	Lsd fr GECAS
☐	B-5179	Boeing 737-86N	35211/2146			Lsd fr GECAS
☐	B-5201	Boeing 737-79L/W	34023/1795	ex N1786B	Olympic 2008 colours	
☐	B-5202	Boeing 737-79L/W	34537/1837	ex N1786B	Olympic 2008 colours	
☐	B-5203	Boeing 737-79L/W	34538/1853			
☐	B-5211	Boeing 737-79L	34019/1749		Olympic 2008 colours	
☐	B-5213	Boeing 737-79L/W	34020/1769	ex N1786B		
☐	B-5214	Boeing 737-79L/W	34021/1774			
☐	B-5217	Boeing 737-79L/W	34022/1786			Lsd fr Pegasus
☐	B-5220	Boeing 737-79L/W	34539/1856	ex (B-5204)		
☐	B-5226	Boeing 737-79L/W	34540/1877	ex N1787B		
☐	B-5227	Boeing 737-79L/W	34541/1937			
☐	B-5228	Boeing 737-79L/W	34542/1993			
☐	B-5229	Boeing 737-79L/W	34543/2006			
☐	B-5311	Boeing 737-8Q8	29373/2171			Lsd fr ILFC
☐	B-5312	Boeing 737-8Q8	29374/2203	ex N1786B		Lsd fr ILFC
☐	B-5313	Boeing 737-8Q8	30716/2210	ex N1786B		Lsd fr ILFC
☐	B-5325	Boeing 737-86N	32692/2275	ex N1786B		Lsd fr GECAS
☐	B-5326	Boeing 737-86N	35214/2308			Lsd fr GECAS
☐	B-5327	Boeing 737-86N	35219/2371	ex N1779B		Lsd fr GECAS
☐	B-5328	Boeing 737-86N	35221/2444	ex N1786B		Lsd fr GECAS
☐	B-5329	Boeing 737-86N	35222/2463			Lsd fr GECAS
☐	B-5341	Boeing 737-89L/W	36483/2403	ex N1786B		
☐	B-5342	Boeing 737-89L/W	36484/2441	ex N1786B		
☐	B-5343	Boeing 737-89L/W	36485/2470			
☐	B-	Boeing 737-89L/W			on order	
☐	B-	Boeing 737-89L/W			on order	
☐	B-	Boeing 737-89L/W			on order	
☐	B-	Boeing 737-89L/W			on order	
☐	B-	Boeing 737-89L/W			on order	
☐	B-	Boeing 737-89L/W			on order	
☐	B-	Boeing 737-89L/W			on order	
☐	B-	Boeing 737-89L/W			on order	
☐	B-	Boeing 737-89L/W			on order	
☐	B-	Boeing 737-89L/W			on order	
☐	B-	Boeing 737-89L/W			on order	
☐	B-	Boeing 737-89L/W			on order	

Eight more Boeing 737-89L/Ws are on order for delivery in 2009

☐	B-2443	Boeing 747-4J6	25881/957			
☐	B-2445	Boeing 747-4J6	25882/1021			
☐	B-2447	Boeing 747-4J6	25883/1054			
☐	B-2456	Boeing 747-4J6M	24346/743			
☐	B-2458	Boeing 747-4J6M	24347/775			
☐	B-2460	Boeing 747-4J6M	24348/792			
☐	B-2467	Boeing 747-4J6M	28754/1119			
☐	B-2468	Boeing 747-4J6M	28755/1128			
☐	B-2469	Boeing 747-4J6M	28756/1175			
☐	B-2470	Boeing 747-4J6M	29070/1181			
☐	B-2471	Boeing 747-4J6M	29071/1229			
☐	B-2472	Boeing 747-4J6	30158/1243			

☐	B-2820	Boeing 757-2Z0	25885/476			
☐	B-2821	Boeing 757-2Z0	25886/480			
☐	B-2826	Boeing 757-2Y0	26155/495			Lsd fr GECAS
☐	B-2832	Boeing 757-2Z0	25887/554			
☐	B-2836	Boeing 757-2Z0	27258/595			
☐	B-2837	Boeing 757-2Z0	27259/609			
☐	B-2839	Boeing 757-2Z0	27269/615			
☐	B-2840	Boeing 757-2Z0	27270/622			
☐	B-2841	Boeing 757-2Z0	27367/624			
☐	B-2844	Boeing 757-2Z0	27511/669			
☐	B-2845	Boeing 757-2Z0	27512/674			
☐	B-2855	Boeing 757-2Z0	29792/822			
☐	B-2856	Boeing 757-2Z0	29793/833			

☐	B-2496	Boeing 767-3Q8ER	30301/762	ex B-2494		Lsd fr ILFC
☐	B-2499	Boeing 767-332ER	30597/797	ex B-4025		
☐	B-2553	Boeing 767-2J6ER	23744/155	ex N60659		

☐ B-2555	Boeing 767-2J6ER	24007/204	ex N60668	
☐ B-2556	Boeing 767-2J6ER	24157/253	ex N6018N	
☐ B-2557	Boeing 767-3J6	25875/429		
☐ B-2558	Boeing 767-3J6	25876/478		
☐ B-2559	Boeing 767-3J6	25877/530		
☐ B-2560	Boeing 767-3J6	25878/569		
☐ B-2059	Boeing 777-2J6	29153/168		
☐ B-2060	Boeing 777-2J6	29154/173		
☐ B-2061	Boeing 777-2J6	29155/179		
☐ B-2063	Boeing 777-2J6	29156/214		
☐ B-2064	Boeing 777-2J6	29157/240		
☐ B-2065	Boeing 777-2J6	29744/280		
☐ B-2066	Boeing 777-2J6	29745/290		
☐ B-2067	Boeing 777-2J6	29746/338		
☐ B-2068	Boeing 777-2J6	29747/344		
☐ B-2069	Boeing 777-2J6	29748/349		

Fifteen Boeing 787-8s and two Airbus A380-800s are on order for delivery from 2009
Owns 51% of Air China Cargo, 25% of Shenzhen Airlines, 22.8% of Shandong Airlines and 10.16% of Cathay Pacific Airways, in return is 20% owned by Cathay Pacific. Member of Star Alliance.

AIR CHINA CARGO
AirChina Freight (CA/CAO) (IATA 999)   *Beijing-Capital (PEK)*

☐ B-2409	Boeing 747-412 (SF)	26560/1052	ex 9V-SFC		Lsd fr SQC	
☐ B-2448	Boeing 747-2J6B (SF)	23461/628	ex N60668			
☐ B-2450	Boeing 747-2J6B (SF)	23746/670	ex N6018N			
☐ B-2462	Boeing 747-2J6F	24960/814				
☐ B-2475	Boeing 747-4FTF	34239/1367				
☐ B-2476	Boeing 747-4FTF	34240/1373				
☐ B-2477	Boeing 747-433BCF	24998/840	ex N998GP		Lsd fr Gugenheim Partners	
☐ B-2478	Boeing 747-433BCF	25075/868	ex N575GP		Lsd fr Gugenheim Partners	
☐ B-	Boeing 747-433BCF	25074/862	ex VT-AIM	on order	Lsd fr Gugenheim Partners	
☐ B-2871	Tupolev Tu-204-120SE	1450743664030			Lsd fr Sirocco Aerospace	
☐ B-2872	Tupolev Tu-204-120SE	145074..64031		on order	Lsd fr Sirocco Aerospace	
☐ B-2873	Tupolev Tu-204-120SE	145074..64034		on order	Lsd fr Sirocco Aerospace	

51% owned by Air China

CHANG AN AIRLINES
Changan (HU/CGN)   *Xi'an (SIA)*

☐ B-3444	AVIC I Y7-100C	09701
☐ B-3445	AVIC I Y7-100C	09705
☐ B-3475	AVIC I Y7-100C	06703
☐ B-3707	AVIC I Y7-100C	12701
☐ B-3708	AVIC I Y7-100C	11705
☐ B-3720	AVIC I Y7-200A	200-0001
☐ B-3721	AVIC I Y7-200A	200-0003

☐ B-5092	Boeing 737-705	29092/260	ex VH-VBX	Lsd fr CHH
☐ B-5115	Boeing 737-8FH/W	29640/1649		Lsd fr CHH
☐ B-5116	Boeing 737-8FH/W	29672/1745	ex N1786B	Lsd fr CHH
☐ B-5180	Boeing 737-8FH/W	35089/2042		Lsd fr CHH
☐ B-5181	Boeing 737-8FH/W	35090/2073		Lsd fr CHH

☐ B-6210	Airbus A319-115	2557	ex D-AVYK	Lsd fr CHH
☐ B-6211	Airbus A319-115	2561	ex D-AVYO	Lsd fr CHH
☐ B-6212	Airbus A319-115	2581	ex D-AVXG	Lsd fr CHH; sublsd to DER
☐ B-6215	Airbus A319-112	2611	ex D-AVXR	Lsd fr CHH; sublsd to DER

73.5% owned by Hainan Airlines; all flights operated using Hainan Airlines HU code

CHINA CARGO AIRLINES
Cargo King (CK/CKK) (IATA 112)   *Shanghai-Pu Dong Intl (PVG)*

☐ B-2170	McDonnell-Douglas MD-11F	48461/475		
☐ B-2171	McDonnell-Douglas MD-11F	48495/461		
☐ B-2172	McDonnell-Douglas MD-11F	48496/496		
☐ B-2173	McDonnell-Douglas MD-11F	48497/512		
☐ B-2174	McDonnell-Douglas MD-11F	48498/522		
☐ B-2175	McDonnell-Douglas MD-11F	48520/541	ex N9134D	
☐ B-2308	Airbus A300B4-605RF	532	ex F-WWAH	Lsd fr CES
☐ B-2425	Boeing 747-40BERF	35207/1377		
☐ B-2426	Boeing 747-40BERF	35208/1392		
☐ B-	Tupolev Tu-204-120SE	145074..64037	on order	
☐ B-	Tupolev Tu-204-120SE	145074..64041	on order	

70% owned by China Eastern Airlines

CHINA EASTERN AIRLINES
China Eastern (MU/CES) (IATA 781) — Shanghai-Hongqiao/Pu Dong Intl (SHA/PVG)

	Reg	Type	MSN	ex	Notes
☐	B-2306	Airbus A300B4-605RF	521	ex F-WWAF	
☐	B-2307	Airbus A300B4-605R	525	ex F-WWAJ	under freighter conv
☐	B-2308	Airbus A300B4-605RF	532	ex F-WWAH	Lsd to CKK
☐	B-2317	Airbus A300B4-605R	741	ex F-WWAY	
☐	B-2318	Airbus A300B4-605R	707	ex F-WWAU	
☐	B-2319	Airbus A300B4-605R	732	ex F-WWAT	
☐	B-2324	Airbus A300B4-622R	725	ex F-WWAR	
☐	B-2325	Airbus A300B4-605R	746	ex F-WWAA	
☐	B-2326	Airbus A300B4-605R	754	ex F-WWAY	
☐	B-2330	Airbus A300B4-605R	763	ex F-WWAH	
☐	B-2215	Airbus A319-112	1541	ex D-AVWI	Lsd fr GECAS
☐	B-2216	Airbus A319-112	1551	ex D-AVWN	Lsd fr GECAS
☐	B-2217	Airbus A319-112	1601	ex D-AVWX	Lsd fr GECAS
☐	B-2222	Airbus A319-112	1603	ex D-AVWY	Lsd fr GECAS
☐	B-2226	Airbus A319-112	1786	ex D-AVYP	Lsd fr GECAS
☐	B-2227	Airbus A319-112	1778	ex D-AVYE	Lsd fr GECAS
☐	B-2331	Airbus A319-112	1285	ex D-AVYT	Lsd fr GECAS
☐	B-2332	Airbus A319-112	1303	ex D-AVWN	Lsd fr GECAS
☐	B-2333	Airbus A319-112	1377	ex D-AVWE	Lsd fr GECAS
☐	B-2334	Airbus A319-112	1386	ex D-AVWC	Lsd fr GECAS
☐	B-6167	Airbus A319-115	3168	ex D-AVWB	Lsd fr ILFC
☐	B-6172	Airbus A319-115	3186	ex D-AVYG	
☐	B-6217	Airbus A319-115	2693	ex D-AVXC	
☐	B-6218	Airbus A319-115	2757	ex D-AVWH	
☐	B-6231	Airbus A319-115	2825	ex D-AVXD	
☐	B-6332	Airbus A319-115	3262	ex D-AVZB	
☐	B-2201	Airbus A320-214	0914	ex F-WWDV	Lsd fr CIT Group
☐	B-2202	Airbus A320-214	0925	ex F-WWID	Lsd fr GECAS
☐	B-2203	Airbus A320-214	1005	ex F-WWDL	Lsd fr GECAS
☐	B-2205	Airbus A320-214	0984	ex F-WWDI	Lsd fr Avn Capital Grp
☐	B-2206	Airbus A320-214	0986	ex F-WWDJ	Lsd fr Alafco
☐	B-2207	Airbus A320-214	1028	ex F-WWDG	
☐	B-2208	Airbus A320-214	1070	ex F-WWBH	
☐	B-2209	Airbus A320-214	1030	ex F-WWDU	
☐	B-2211	Airbus A320-214	1041	ex F-WWID	Lsd fr AerCap
☐	B-2212	Airbus A320-214	1316	ex F-WWDG	
☐	B-2213	Airbus A320-214	1345	ex F-WWDX	
☐	B-2219	Airbus A320-214	1532	ex F-WWIP	
☐	B-2220	Airbus A320-214	1542	ex F-WWIV	
☐	B-2221	Airbus A320-214	1639	ex F-WWDZ	
☐	B-2228	Airbus A320-214	1906	ex F-WWDK	
☐	B-2229	Airbus A320-214	1911	ex F-WWDT	
☐	B-2230	Airbus A320-214	1964	ex F-WWDR	
☐	B-2335	Airbus A320-214	1312	ex F-WWBZ	
☐	B-2336	Airbus A320-214	1330	ex F-WWDV	
☐	B-2337	Airbus A320-214	1357	ex F-WWBF	
☐	B-2338	Airbus A320-214	1361	ex F-WWBU	
☐	B-2356	Airbus A320-214	0665	ex F-WWBB	
☐	B-2357	Airbus A320-214	0754	ex F-WWIY	
☐	B-2358	Airbus A320-214	0838	ex F-WWBB	
☐	B-2359	Airbus A320-214	0854	ex F-WWBK	
☐	B-2360	Airbus A320-214	0772	ex F-WWDK	Lsd fr CIT Group
☐	B-2361	Airbus A320-214	0799	ex F-WWDI	Lsd fr CIT Group
☐	B-2362	Airbus A320-214	0828	ex F-WWIM	Lsd fr GECAS
☐	B-2363	Airbus A320-214	0883	ex F-WWDC	Lsd fr CIT Group
☐	B-2372	Airbus A320-214	0897	ex F-WWDK	
☐	B-2375	Airbus A320-214	0909	ex F-WWDS	
☐	B-2378	Airbus A320-214	0939	ex F-WWIQ	
☐	B-2379	Airbus A320-214	0967	ex F-WWBN	Lsd fr ILFC
☐	B-2398	Airbus A320-214	1108	ex F-WWDH	Lsd fr GECAS
☐	B-2399	Airbus A320-214	1093	ex F-WWIZ	Lsd fr GECAS
☐	B-2400	Airbus A320-214	1072	ex F-WWBI	Lsd fr GECAS
☐	B-2410	Airbus A320-214	2437	ex F-WWIX	
☐	B-2411	Airbus A320-214	2451	ex F-WWDF	
☐	B-2412	Airbus A320-214	2478	ex F-WWDV	
☐	B-2413	Airbus A320-214	2493	ex F-WWDZ	
☐	B-2415	Airbus A320-214	2498	ex F-WWIL	
☐	B-6001	Airbus A320-214	1981	ex F-WWDL	
☐	B-6002	Airbus A320-214	2022	ex F-WWDG	
☐	B-6003	Airbus A320-214	2034	ex F-WWIF	
☐	B-6005	Airbus A320-214	2036	ex F-WWIZ	
☐	B-6006	Airbus A320-214	2068	ex F-WWIL	
☐	B-6007	Airbus A320-214	2056	ex F-WWIR	
☐	B-6008	Airbus A320-214	2049	ex F-WWII	
☐	B-6009	Airbus A320-214	2219	ex F-WWDN	Lsd fr ILFC
☐	B-6010	Airbus A320-214	2221	ex F-WWIU	

☐ B-6011	Airbus A320-214	2235	ex F-WWBY		Lsd fr ILFC
☐ B-6012	Airbus A320-214	2239	ex F-WWDP		Lsd fr ILFC
☐ B-6013	Airbus A320-214	2244	ex F-WWIR		Lsd fr ILFC
☐ B-6015	Airbus A320-214	2212	ex F-WWBF		
☐ B-6016	Airbus A320-214	2155	ex F-WWDU		Lsd fr GECAS
☐ B-6017	Airbus A320-214	2274	ex F-WWIJ		Lsd fr GECAS
☐ B-6028	Airbus A320-214	2171	ex F-WWDG		Lsd fr ILFC
☐ B-6029	Airbus A320-214	2182	ex F-WWIO		Lsd fr ILFC
☐ B-6030	Airbus A320-214	2199	ex F-WWDX		
☐ B-6259	Airbus A320-214	2562	ex F-WWIZ		Lsd fr GECAS
☐ B-6260	Airbus A320-214	2591	ex F-WWDT		Lsd fr GECAS
☐ B-6261	Airbus A320-214	2606	ex F-WWBR		Lsd fr GECAS
☐ B-6262	Airbus A320-214	2627	ex F-WWDV		Lsd fr GECAS
☐ B-6333	Airbus A320-214	3170	ex F-WWIN		Lsd fr ILFC
☐ B-6335	Airbus A320-214	3197	ex F-WWIX		
☐ B-	Airbus A320-214		ex F-WW	on order	

Forty more Airbus A320s are on order

☐ B-2289	Airbus A321-211	2309	ex D-AVZD		
☐ B-2290	Airbus A321-211	2315	ex D-AVZM		
☐ B-2291	Airbus A321-211	2543	ex D-AVZF		
☐ B-2292	Airbus A321-211	2549	ex D-AVZI		
☐ B-2419	Airbus A321-211	2882	ex D-AVZJ		
☐ B-2420	Airbus A321-211	2895	ex D-AVZA		
☐ B-6329	Airbus A321-211	3233	ex D-AVZH		
☐ B-6330	Airbus A321-211	3247	ex D-AVZK		
☐ B-6331	Airbus A321-211	3249	ex D-AVZO		
☐ B-6332	Airbus A321-211	3262	ex D-AVZB		
☐ B-	Airbus A321-211		ex D-AV	on order	
☐ B-	Airbus A321-211		ex D-AV	on order	
☐ B-	Airbus A321-211		ex D-AV	on order	
☐ B-	Airbus A321-211		ex D-AV	on order	
☐ B-	Airbus A321-211		ex D-AV	on order	

☐ B-6082	Airbus A330-243	821	ex F-WWKB		
☐ B-6083	Airbus A330-343E	830	ex F-WWKK		
☐ B-6085	Airbus A330-343E	836	ex F-WWYK		
☐ B-6095	Airbus A330-343E	851	ex F-WWKR		
☐ B-6096	Airbus A330-343E	862	ex F-WWYG		
☐ B-6097	Airbus A330-343E	866	ex F-WWYL		
☐ B-6099	Airbus A330-243	916	ex F-WWYP	on order	
☐ B-6119	Airbus A330-343	713	ex F-WWYT		
☐ B-6120	Airbus A330-343	720	ex F-WWYZ		
☐ B-6121	Airbus A330-243	728	ex F-WWKQ		
☐ B-6122	Airbus A330-243	732	ex F-WWKT		
☐ B-6123	Airbus A330-243	735	ex F-WWYA		
☐ B-6125	Airbus A330-343	773	ex F-WWKF		Lsd fr Yamasa Sangyo
☐ B-6126	Airbus A330-343	777	ex F-WWKK		
☐ B-6127	Airbus A330-343	781	ex F-WWYT		
☐ B-6128	Airbus A330-343	782	ex F-WWYV		
☐ B-6129	Airbus A330-343	791	ex F-WWKO		
☐ B-	Airbus A330-343E		ex F-WW	on order	
☐ B-	Airbus A330-343E		ex F-WW	on order	
☐ B-	Airbus A330-343E		ex F-WW	on order	

☐ B-2380	Airbus A340-313X	129	ex F-WWJQ		
☐ B-2381	Airbus A340-313X	131	ex F-WWJO		
☐ B-2382	Airbus A340-313X	141	ex F-WWJC		
☐ B-2383	Airbus A340-313X	161	ex F-WWJQ		
☐ B-2384	Airbus A340-313X	182	ex F-WWJM		
☐ B-6050	Airbus A340-642	468	ex F-WWCP		
☐ B-6051	Airbus A340-642	488	ex F-WWCT		
☐ B-6052	Airbus A340-642	514	ex F-WWCU		
☐ B-6053	Airbus A340-642	577	ex F-WWCM		
☐ B-6055	Airbus A340-642	586	ex F-WWCR	Expo 2010 colours	

☐ B-2538	Boeing 737-3W0	25090/2040			
☐ B-2571	Boeing 737-39P	29410/3053			
☐ B-2572	Boeing 737-39P	29411/3071			
☐ B-2573	Boeing 737-39P	29412/3080	ex N1786B		
☐ B-2589	Boeing 737-3W0	27127/2377			
☐ B-2594	Boeing 737-341	26853/2275	ex (PP-VPB)		
☐ B-2918	Boeing 737-3Q8	24986/2192	ex N551LF		Lsd fr ILFC
☐ B-2919	Boeing 737-3Q8	24987/2268	ex N561LF		Lsd fr ILFC
☐ B-2928	Boeing 737-3Q8	26294/2550	ex N261LF		Lsd fr ILFC
☐ B-2955	Boeing 737-33A	27453/2687			Lsd fr AWAS
☐ B-2956	Boeing 737-33A	27907/2690			Lsd fr AWAS
☐ B-2958	Boeing 737-3W0	27522/2727			
☐ B-2966	Boeing 737-33A	27462/2765			Lsd fr AWAS
☐ B-2969	Boeing 737-36R	30102/3108	ex N1787B		
☐ B-2976	Boeing 737-3S3	29244/3059	ex N244SR		Lsd fr Sojitz A/c
☐ B-2977	Boeing 737-36N	28560/2888			Lsd fr GECAS
☐ B-2978	Boeing 737-36N	28561/2896			Lsd fr GECAS

	Reg	Type	c/n	ex-reg	Notes
☐	B-2979	Boeing 737-36N	28562/2908	ex N1786B	Lsd fr GECAS
☐	B-2981	Boeing 737-3W0	28972/2919		
☐	B-2983	Boeing 737-3W0	28973/2941		
☐	B-2985	Boeing 737-3W0	29068/2945		
☐	B-2986	Boeing 737-3W0	29069/2951		
☐	B-2988	Boeing 737-36R	29087/2970		
☐	B-2502	Boeing 737-7W0	30075/311		
☐	B-2503	Boeing 737-7W0	30074/292	ex N1786B	
☐	B-2639	Boeing 737-7W0	29912/140	ex N1787B	
☐	B-2640	Boeing 737-7W0	29913/148	ex N1800B	
☐	B-2660	Boeing 737-86R	30494/786	ex N1786B	Lsd fr Alafco
☐	B-2665	Boeing 737-86R	30495/876	ex N1784B	Lsd fr Alafco
☐	B-2680	Boeing 737-76Q	30282/1143	ex N706BA	Lsd fr Boullioun
☐	B-2681	Boeing 737-79P	33037/1198		Lsd to MRT
☐	B-2682	Boeing 737-79P	33038/1219		
☐	B-2683	Boeing 737-79P	28253/1247		Lsd fr ILFC
☐	B-2684	Boeing 737-79P	33039/1227		
☐	B-2685	Boeing 737-79P	33040/1244		
☐	B-5030	Boeing 737-79P	30651/1267		Lsd fr ILFC
☐	B-5031	Boeing 737-79P	28255/1284		Lsd fr ILFC
☐	B-5032	Boeing 737-79P	30035/1288		Lsd fr ILFC
☐	B-5033	Boeing 737-79P	30657/1319		Lsd fr ILFC
☐	B-5034	Boeing 737-79P	30036/1336		Lsd fr ILFC
☐	B-5054	Boeing 737-79P	29365/1841	ex N1784B	Lsd fr ILFC
☐	B-5074	Boeing 737-79P	33008/1718	ex N1786B	Lsd fr ILFC
☐	B-5084	Boeing 737-79P	33009/1728	ex N1786B	Lsd fr ILFC
☐	B-5085	Boeing 737-89P/W	30691/1702		Lsd fr ILFC
☐	B-5086	Boeing 737-89P/W	32800/1681		Lsd fr ILFC
☐	B-5087	Boeing 737-89P/W	32802/1725		Lsd fr ILFC
☐	B-5093	Boeing 737-79P	29357/1630		Lsd fr ILFC
☐	B-5094	Boeing 737-79P	29358/1651		Lsd fr ILFC
☐	B-5095	Boeing 737-79P	29361/1694		Lsd fr ILFC
☐	B-5096	Boeing 737-79P	29362/1713		Lsd fr ILFC
☐	B-5097	Boeing 737-79P	29364/1823	ex N6067E	Lsd fr ILFC
☐	B-5100	Boeing 737-89P/W	30681/1645	ex N1786B	Lsd fr ILFC
☐	B-5101	Boeing 737-89P/W	30682/1673		Lsd fr ILFC
☐	B-5208	Boeing 737-79P/W	33041/1902	ex N1787B	
☐	B-5209	Boeing 737-79P/W	33042/1947	ex N1779B	
☐	B-5210	Boeing 737-79P/W	33043/1976		
☐	B-5223	Boeing 737-79P/W	33044/1987		
☐	B-5225	Boeing 737-79P/W	33045/1999		
☐	B-5231	Boeing 737-79P/W	33046/2034		
☐	B-5242	Boeing 737-79P/W	36269/2357		
☐	B-5243	Boeing 737-79P/W	36270/2398		
☐	B-	Boeing 737-79P/W			on order
☐	B-	Boeing 737-79P/W			on order
☐	B-	Boeing 737-79P/W			on order
☐	B-	Boeing 737-79P/W			on order
☐	B-	Boeing 737-79P/W			on order
☐	B-	Boeing 737-79P/W			on order
☐	B-	Boeing 737-79P/W			on order
☐	B-	Boeing 737-89P/W			on order
☐	B-	Boeing 737-89P/W			on order
☐	B-	Boeing 737-89P/W			on order

Four more Boeing 737-79P/Ws and three 737-89P/Ws are on order for delivery in 2009. 25 to be equipped with APB winglets

	Reg	Type	c/n	ex-reg
☐	B-2711	British Aerospace 146 Srs.300	E3207	ex G-BUHV
☐	B-2712	British Aerospace 146 Srs.300	E3212	ex G-6-212
☐	B-2715	British Aerospace 146 Srs.300	E3214	ex G-6-214
☐	B-2717	British Aerospace 146 Srs.300	E3216	ex G-6-216
☐	B-2718	British Aerospace 146 Srs.300	E3222	ex G-6-222
☐	B-2719	British Aerospace 146 Srs.300	E3218	ex G-6-218
☐	B-2720	British Aerospace 146 Srs.300	E3219	ex G-6-219

Believed withdrawn from service and stored, the majority at Nanjing; for Palm Aviation

	Reg	Type	c/n	ex-reg
☐	B-3013	Canadair CL-600-2B19 (CRJ-200LR)	7571	ex C-FVAZ
☐	B-3019	Canadair CL-600-2B19 (CRJ-200LR)	7581	ex C-FMMX
☐	B-3021	Canadair CL-600-2B19 (CRJ-200LR)	7596	ex C-FMNW
☐	B-3070	Canadair CL-600-2B19 (CRJ-200LR)	7647	ex C-FMLB
☐	B-3071	Canadair CL-600-2B19 (CRJ-200LR)	7684	ex C-FMMT

All operate in special floral or tree colours

	Reg	Type	c/n	ex-reg
☐	B-3049	Embraer EMB-145LI (ERJ-145LI)	14500839	ex PT-SOA
☐	B-3050	Embraer EMB-145LI (ERJ-145LI)	14500848	ex PT-SOB
☐	B-3051	Embraer EMB-145LI (ERJ-145LI)	14500898	ex PT-SOD
☐	B-3052	Embraer EMB-145LI (ERJ-145LI)	14500905	ex PT-SOE
☐	B-3053	Embraer EMB-145LI (ERJ-145LI)	14500882	ex PT-SOC
☐	B-3055	Embraer EMB-145LI (ERJ-145LI)	14500921	ex PT-S
☐	B-3056	Embraer EMB-145LI (ERJ-145LI)	14500928	ex PT-S
☐	B-3057	Embraer EMB-145LI (ERJ-145LI)	14500932	ex PT-S

☐ B-3058   Embraer EMB-145LI (ERJ-145LI)   14500958
☐ B-3059   Embraer EMB-145LI (ERJ-145LI)   14500949
Five are based at Wuhan and five at Jiangsu; assembled by Harbin Embraer joint venture

☐ B-2256   McDonnell-Douglas MD-90-30   53582/2198
☐ B-2257   McDonnell-Douglas MD-90-30   53583/2200
☐ B-2258   McDonnell-Douglas MD-90-30   53584/2203
☐ B-2262   McDonnell-Douglas MD-90-30   53585/2224
☐ B-2263   McDonnell-Douglas MD-90-30   53586/2233
☐ B-2265   McDonnell-Douglas MD-90-30   53587/2240
☐ B-2268   McDonnell-Douglas MD-90-30   53588/2248
☐ B-2269   McDonnell-Douglas MD-90-30   53589/2259
☐ B-2270   McDonnell-Douglas MD-90-30   53590/2261

☐ B-2568   Boeing 767-3W0ER   28148/620
☐ B-2569   Boeing 767-3W0ER   28149/627
☐ B-5001   Boeing 767-3W0ER   28264/644
15 Boeing 787-89Ps are on order for delivery from 2009
Owns 70% of China Cargo Airlines; also operates as China Eastern Airlines Jiangsu (63% owned), China Eastern Airlines Wuhan (96%) and China Eastern Yunnan (100%).

CHINA EXPRESS AIRLINES
China Express (G5/HXA) (IATA 987)   Guiyang (KWE)

☐ B-3001   Canadair CL-600-2B19 (CRJ-200LR)   7565   ex B-KBJ   for ALMA   Lsd fr CDG
☐ B-3012   Canadair CL-600-2B19 (CRJ-200LR)   7557   ex C-FMLB   Lsd fr CDG
☐ B-3016   Canadair CL-600-2B19 (CRJ-200LR)   7614   ex C-FMKV   Lsd fr GECAS
China Express Airlines is a trading name of Huaxia Airlines

CHINA FLYING DRAGON AVIATION CO
Feilong (CFA)   Harbin - Ping Fang

☐ B-7420   Aerospatiale AS.350B2 Ecureuil   2522   ex F-WYMH
☐ B-7421   Aerospatiale AS.350B2 Ecureuil   2523   ex F-WYMG
☐ B-7422   Aerospatiale AS.350B2 Ecureuil   2534   ex F-WYMB
☐ B-7423   Aerospatiale AS.350B2 Ecureuil   2538   ex F-WYMF
☐ B-7424   Aerospatiale AS.350B2 Ecureuil   2547   ex F-WYME
☐ B-7425   Aerospatiale AS.350B2 Ecureuil   2554   ex F-WYMF
☐ B-7427   Aerospatiale AS.350B2 Ecureuil   2566
All operated for Ministry of Forestry

☐ B-3201   AVIC II Y-11B   003   prototype, status?
☐ B-3862   AVIC II Y-11   (11)0407
☐ B-3863   AVIC II Y-11   (11)0408
☐ B-3864   AVIC II Y-11   (11)0409
☐ B-3874   AVIC II Y-11   (11)0102
☐ B-3875   AVIC II Y-11   (11)0105
☐ B-3876   AVIC II Y-11   (11)0106
☐ B-3877   AVIC II Y-11   (11)0107
☐ B-3878   AVIC II Y-11   (11)0110
☐ B-3879   AVIC II Y-11   (11)0201
☐ B-3880   AVIC II Y-11   (11)0202
☐ B-3881   AVIC II Y-11   (11)0203
☐ B-3882   AVIC II Y-11   (11)0204
☐ B-3883   AVIC II Y-11   (11)0205
☐ B-3884   AVIC II Y-11   (11)0210
All possibly withdrawn from service; operated as sprayer / freighter

☐ B-3801   AVIC II Y-12 II   0006   Freighter
☐ B-3802   AVIC II Y-12 II   0002   Surveyor
☐ B-3803   AVIC II Y-12 II   0003   Surveyor
☐ B-3804   AVIC II Y-12 II   0011   Surveyor
☐ B-3805   AVIC II Y-12 II   0005   Surveyor
☐ B-3806   AVIC II Y-12 II   0008   Freighter
☐ B-3807   AVIC II Y-12 II   0016   Op for Maritime Service
☐ B-3808   AVIC II Y-12 II   0017   Op for Maritime Service
☐ B-3819   AVIC II Y-12 II   0004   Freighter
All possibly withdrawn from service

☐ B-7109   AVIC II Z-9A Haitun (SA.365N)   045   Op for Ministry of Forestry
☐ B-7110   AVIC II Z-9A Haitun (SA.365N)   047   Op for Ministry of Forestry
☐ B-7112   AVIC II Z-9A Haitun (SA.365N)
China Flying Dragon is a trading name of China Feilong Airlines, a division of AVIC II Aircraft Manufacturing Plant

CHINA POSTAL AIRLINES
China Post (8Y/CYZ)   Tianjin (TSN)

☐ B-3101   AVIC II Y-8F-100   10(08)01
☐ B-3102   AVIC II Y-8F-100   10(08)02
☐ B-3103   AVIC II Y-8F-100   10(08)05
☐ B-3109   AVIC II Y-8F-100   13(08)03

☐	B-3110	AVIC II Y-8F-100	13(08)04		c/n not confirmed	

C/ns painted on aircraft as first and last pair but without the (08)

☐	B-2526	Boeing 737-3Y0 (SF)	25172/2089			Lsd fr GECAS
☐	B-2527	Boeing 737-3Y0 (SF)	25173/2097			Lsd fr GECAS
☐	B-2528	Boeing 737-3Y0 (SF)	25174/2168			Lsd fr Celestial Avn
☐	B-	Boeing 737-3Q8 (SF)	26292/2519	ex N141LF	on order	Lsd fr ILFC
☐	B-2661	Boeing 737-3Q8 (SF)	26284/2418	ex N379BC		Lsd fr BCC Equipment Lsg
☐	B-2662	Boeing 737-3Q8 (SF)	24988/2466	ex N441LF		Lsd fr ILFC
☐	B-5046	Boeing 737-341 (SF)	24276/1645	ex N276HE		Lsd fr GECAS
☐	B-5047	Boeing 737-341 (SF)	24278/1660	ex N278HE		Lsd fr GECAS
☐	B-5071	Boeing 737-341 (QC)	24277/1658	ex N277HE		Lsd fr CSN
☐	B-5072	Boeing 737-341 (QC)	24279/1673	ex N279HE		Lsd fr CSN

49% owned by China Southern Airlines, remainder by Ministry of Posts and Telecommunications

CHINA SOUTHERN AIRLINES
China Southern (CZ/CSN) (IATA 784)   Guangzhou (CAN)

☐	B-2315	Airbus A300B4-622RF	733	ex F-WWAU		
☐	B-2316	Airbus A300B4-622R	734	ex F-WWAE		
☐	B-2323	Airbus A300B4-622R	739	ex F-WWAB		
☐	B-2327	Airbus A300B4-622R	750	ex HL7583		
☐	B-2328	Airbus A300B4-622RF	756	ex HL7580		
☐	B-2329	Airbus A300B4-622R	762	ex HL7581		

To be converted to freighters

☐	B-2294	Airbus A319-132	2371	ex D-AVWL		Lsd fr ILFC
☐	B-2295	Airbus A319-132	2408	ex D-AVWB		Lsd fr ILFC
☐	B-2296	Airbus A319-132	2426	ex D-AVYZ		Lsd fr ILFC
☐	B-2297	Airbus A319-132	2435	ex D-AVYH		Lsd fr ILFC
☐	B-6018	Airbus A319-132	1971	ex D-AVYC		Lsd fr ILFC
☐	B-6019	Airbus A319-132	1986	ex D-AVYJ		Lsd fr ILFC
☐	B-6020	Airbus A319-133	2004	ex D-AVWB		Lsd fr ILFC
☐	B-6021	Airbus A319-133	2008	ex D-AVWN		Lsd fr ILFC
☐	B-6039	Airbus A319-132	2200	ex D-AVYE		Lsd fr ILFC
☐	B-6040	Airbus A319-132	2203	ex D-AVYG		Lsd fr ILFC
☐	B-6041	Airbus A319-132	2232	ex D-AVWI		Lsd fr ILFC
☐	B-6042	Airbus A319-132	2273	ex D-AVWZ		Lsd fr ILFC
☐	B-6158	Airbus A319-132	2901	ex D-AVWP		Lsd fr ILFC
☐	B-6160	Airbus A319-132	2940	ex D-AVWW		Lsd fr ILFC
☐	B-6161	Airbus A319-132	2948	ex D-AVXB		Lsd fr ILFC
☐	B-6162	Airbus A319-132	2969	ex D-AVYT		Lsd fr ILFC
☐	B-6168	Airbus A319-132	3020	ex D-AVXN		Lsd fr ILFC
☐	B-6200	Airbus A319-115	2519	ex D-AVYX		Lsd fr ILFC
☐	B-6201	Airbus A319-115	2541	ex D-AVWV		Lsd fr ILFC
☐	B-6202	Airbus A319-115	2546	ex D-AVWX		Lsd fr ILFC
☐	B-6203	Airbus A319-112	2554	ex D-AVYS		Lsd fr ILFC
☐	B-6205	Airbus A319-132	2505	ex D-AVWG		Lsd fr ILFC
☐	B-6206	Airbus A319-132	2574	ex D-AVXD		Lsd fr ILFC
☐	B-6207	Airbus A319-132	2579	ex D-AVXF		Lsd fr ILFC
☐	B-6208	Airbus A319-112	2555	ex D-AVWU		Lsd fr ILFC
☐	B-6209	Airbus A319-112	2558	ex D-AVYP		Lsd fr ILFC
☐	B-6219	Airbus A319-132	2667	ex D-AVYG		Lsd fr ILFC
☐	B-6220	Airbus A319-132	2815	ex D-AVWX		Lsd fr ILFC
☐	B-6239	Airbus A319-132	3144	ex D-AVXT		Lsd fr ILFC
☐	B-6240	Airbus A319-132	3258	ex D-AVXM		Lsd fr ILFC
☐	B-6241	Airbus A319-132	3269	ex D-AVYA		Lsd fr ILFC
☐	B-6242	Airbus A319-132	3311	ex D-AVYR		Lsd fr ILFC
☐	B-6243	Airbus A319-132	3342	ex D-AVYJ		Lsd fr ILFC
☐	B-	Airbus A319-132		ex D-AV	on order	Lsd fr ILFC
☐	B-	Airbus A319-132		ex D-AV	on order	Lsd fr ILFC
☐	B-	Airbus A319-132		ex D-AV	on order	Lsd fr ILFC

Fifteen more Airbus A319-132s are on order

☐	B-2343	Airbus A320-233	0696	ex F-WWII	Lsd to Chongqing A/l
☐	B-2345	Airbus A320-233	0698	ex F-WWBT	Lsd to Chongqing A/l
☐	B-2346	Airbus A320-233	0704	ex F-WWDY	Lsd to Chongqing A/l
☐	B-2347	Airbus A320-233	0705	ex F-WWIL	
☐	B-2350	Airbus A320-232	0712	ex F-WWDI	
☐	B-2351	Airbus A320-233	0718	ex F-WWBI	
☐	B-2352	Airbus A320-232	0720	ex F-WWBU	
☐	B-2353	Airbus A320-232	0722	ex F-WWBM	
☐	B-2365	Airbus A320-232	0849	ex F-WWBI	
☐	B-2366	Airbus A320-232	0859	ex F-WWBO	
☐	B-2367	Airbus A320-232	0881	ex F-WWDB	
☐	B-2368	Airbus A320-232	0895	ex F-WWDJ	
☐	B-2369	Airbus A320-232	0900	ex F-WWDM	
☐	B-2374	Airbus A320-232	2345	ex F-WWBC	Lsd fr CIT Group
☐	B-2391	Airbus A320-232	0950	ex F-WWIZ	
☐	B-2392	Airbus A320-232	0966	ex F-WWBK	
☐	B-2393	Airbus A320-232	1035	ex F-WWDX	

27

☐	B-2395	Airbus A320-232	1039	ex F-WWDZ		
☐	B-2396	Airbus A320-232	1057	ex F-WWIO		
☐	B-2401	Airbus A320-232	0710	ex F-OHCY		Lsd fr CIT Group
☐	B-2403	Airbus A320-232	2275	ex F-WWDL		Lsd fr CIT Group
☐	B-2405	Airbus A320-232	2343	ex F-WWIV		Lsd fr CIT Group
☐	B-2406	Airbus A320-214	2354	ex F-WWIP		Lsd fr CIT Group
☐	B-2407	Airbus A320-232	2334	ex F-WWIM		Lsd fr CIT Group
☐	B-2408	Airbus A320-214	2361	ex F-WWBM		Lsd fr CIT Group
☐	B-2459	Airbus A320-214	0709	ex F-OHCX		
☐	B-6251	Airbus A320-214	2484	ex F-WWIO		
☐	B-6252	Airbus A320-214	2506	ex F-WWBP		
☐	B-6253	Airbus A320-214	2511	ex F-WWIT		
☐	B-6255	Airbus A320-214	2637	ex F-WWBX		
☐	B-6263	Airbus A320-214	2708	ex F-WWIU		
☐	B-6269	Airbus A320-232	2743	ex F-WWBK		Lsd fr ILFC
☐	B-6272	Airbus A320-214	2770	ex F-WWDM		Lsd fr ILFC
☐	B-6275	Airbus A320-232	2680	ex F-WWIY		Lsd fr BOC Aviation
☐	B-6276	Airbus A320-232	2689	ex F-WWIG		Lsd fr BOC Aviation
☐	B-6277	Airbus A320-232	2701	ex F-WWIR		Lsd fr BOC Aviation
☐	B-6278	Airbus A320-214	2714	ex F-WWBD		Lsd fr BOC Aviation
☐	B-6279	Airbus A320-232	2772	ex F-WWDR		Lsd fr BOC Aviation
☐	B-6281	Airbus A320-214	2796	ex F-WWIC		Lsd fr BOC Aviation
☐	B-6282	Airbus A320-214	2824	ex F-WWDF		
☐	B-6283	Airbus A320-214	2834	ex F-WWBP		
☐	B-6287	Airbus A320-232	2899	ex F-WWDB		
☐	B-6288	Airbus A320-214	2855	ex F-WWIS		
☐	B-6289	Airbus A320-214	2861	ex F-WWIY		
☐	B-6290	Airbus A320-214	2877	ex F-WWBK		
☐	B-6291	Airbus A320-214	2915	ex F-WWDM		
☐	B-6292	Airbus A320-214	2960	ex F-WWBN		
☐	B-6293	Airbus A320-214	2986	ex F-WWIG		
☐	B-6303	Airbus A320-214	2950	ex F-WWIL		
☐	B-	Airbus A320-214		ex F-WW	on order	

47 more Airbus A320s are on order for delivery in 2009 and 2010

☐	B-2280	Airbus A321-231	1596	ex D-AVZL		
☐	B-2281	Airbus A321-231	1614	ex D-AVZA		
☐	B-2282	Airbus A321-231	1776	ex D-AVZC		
☐	B-2283	Airbus A321-231	1788	ex D-AVZE		
☐	B-2284	Airbus A321-231	1974	ex D-AVZN		
☐	B-2285	Airbus A321-231	1995	ex D-AVZZ		
☐	B-2287	Airbus A321-231	2080	ex D-AVZW		
☐	B-2288	Airbus A321-231	2067	ex D-AVZP		
☐	B-2417	Airbus A321-231	2521	ex D-AVZC		
☐	B-2418	Airbus A321-231	2530	ex D-AVZD		
☐	B-6265	Airbus A321-231	2713	ex D-AVZI		Lsd fr ILFC
☐	B-6267	Airbus A321-231	2741	ex D-AVZK		Lsd fr ILFC
☐	B-6270	Airbus A321-231	2759	ex D-AVZL		Lsd fr ILFC
☐	B-6271	Airbus A321-231	2767	ex D-AVZM		Lsd fr ILFC
☐	B-6273	Airbus A321-231	2809	ex D-AVZC		Lsd fr ILFC
☐	B-6302	Airbus A321-231	2936	ex D-AVZA		Lsd fr ILFC
☐	B-6305	Airbus A321-231	2971	ex D-AVZM		Lsd fr ILFC
☐	B-6306	Airbus A321-231	3067	ex D-AVZJ		Lsd fr ILFC
☐	B-6307	Airbus A321-231	3075	ex D-AVZB		Lsd fr ILFC
☐	B-6308	Airbus A321-231	3112	ex D-AVZE		Lsd fr ILFC
☐	B-6317	Airbus A321-231	3217	ex D-AVZD		Lsd fr ILFC
☐	B-6318	Airbus A321-231	3251	ex D-AVZP		
☐	B-6319	Airbus A321-231	3241	ex D-AVZJ		

Twenty seven more Airbus A321-231s are on order

☐	B-6056	Airbus A330-243	649	ex F-WWKI		
☐	B-6057	Airbus A330-243	652	ex F-WWKL		
☐	B-6058	Airbus A330-243	656	ex F-WWYV		
☐	B-6059	Airbus A330-243	664	ex F-WWKP		
☐	B-6077	Airbus A330-243	818	ex F-WWYQ		
☐	B-6078	Airbus A330-243	840	ex F-WWYS		
☐	B-6086	Airbus A330-343E	879	ex F-WWKG		
☐	B-6087	Airbus A330-343E	889	ex F-WWKZ		
☐	B-	Airbus A330-343E	908	ex F-WWYF	on order	
☐	B-	Airbus A330-343E		ex F-WW	on order	
☐	B-	Airbus A330-343E		ex F-WW	on order	
☐	B-	Airbus A330-343E		ex F-WW	on order	
☐	B-	Airbus A330-343E		ex F-WW	on order	
☐	B-	Airbus A330-343E		ex F-WW	on order	
☐	B-	Airbus A330-343E		ex F-WW	on order	
☐	B-	Airbus A330-343E		ex F-WW	on order	

Ten Airbus A330-243s are on order for delivery March 2010 to August 2012

☐	B-3022	ATR 72-212A	521	ex F-WWED	
☐	B-3023	ATR 72-212A	531	ex F-WWLK	
☐	B-3025	ATR 72-212A	547	ex F-WWLO	
☐	B-3026	ATR 72-212A	552	ex F-WWLP	
☐	B-3027	ATR 72-212A	555	ex F-WWLL	

☐	B-2539	Boeing 737-3Y0	26068/2306		Lsd fr BBAM
☐	B-2574	Boeing 737-37K	29407/3100	ex N1786B	
☐	B-2575	Boeing 737-37K	29408/3104	ex N1800B	
☐	B-2582	Boeing 737-31B	25895/2499		
☐	B-2583	Boeing 737-31B	25897/2554		
☐	B-2596	Boeing 737-31B	27151/2437		
☐	B-2909	Boeing 737-3Y0	26082/2456		Lsd fr GECAS
☐	B-2910	Boeing 737-3Y0	26083/2459		Lsd fr GECAS
☐	B-2911	Boeing 737-3Y0	26084/2460		Lsd fr GECAS
☐	B-2912	Boeing 737-5Y0	26100/2538	ex N35108	Lsd fr GECAS
☐	B-2915	Boeing 737-5Y0	26101/2544		Lsd fr GECAS
☐	B-2920	Boeing 737-3Q8	27271/2523		
☐	B-2921	Boeing 737-3Q8	27286/2528		
☐	B-2922	Boeing 737-31B	27272/2555		
☐	B-2923	Boeing 737-31B	27275/2565		
☐	B-2924	Boeing 737-31B	27287/2575		
☐	B-2926	Boeing 737-31B	27289/2593		
☐	B-2927	Boeing 737-31B	27290/2595		
☐	B-2929	Boeing 737-31B	27343/2619		
☐	B-2930	Boeing 737-31L	27273/2556		
☐	B-2931	Boeing 737-31L	27276/2567		
☐	B-2935	Boeing 737-37K	27283/2547		
☐	B-2936	Boeing 737-37K	27335/2609		
☐	B-2941	Boeing 737-31B	27344/2622		
☐	B-2946	Boeing 737-37K	27375/2655		
☐	B-2952	Boeing 737-31B	27519/2678		
☐	B-2959	Boeing 737-31B	27520/2775		
☐	B-5071	Boeing 737-341 (QC)	24277/1658	ex N277HE	Lsd fr GECAS; sublsd to CYZ
☐	B-5072	Boeing 737-341 (QC)	24279/1673	ex N279HE	Lsd fr GECAS; sublsd to CYZ
☐	B-2162	Boeing 737-7K9	30041/909	ex N1786B	Lsd fr Bavaria
☐	B-2163	Boeing 737-7K9	30042/931	ex N1786B	Lsd fr Bavaria
☐	B-2169	Boeing 737-71B	32936/1531		
☐	B-2620	Boeing 737-71B	32937/1569		
☐	B-2622	Boeing 737-71B	32938/1603		
☐	B-2693	Boeing 737-81B	32921/1187	ex N6065Y	
☐	B-2694	Boeing 737-81B	32922/1199		
☐	B-2695	Boeing 737-81B	32923/1213		
☐	B-2696	Boeing 737-81B	32924/1230		
☐	B-2697	Boeing 737-81B	32925/1250		
☐	B-2698	Boeing 737-76N	32583/994	ex N583SF	Lsd fr GECAS
☐	B-2699	Boeing 737-76N	32596/1028	ex N1786B	Lsd fr GECAS
☐	B-2916	Boeing 737-71B	32939/1607		
☐	B-2917	Boeing 737-71B	32940/1624		
☐	B-5020	Boeing 737-81B	32926/1268		
☐	B-5021	Boeing 737-81B	32927/1290		
☐	B-5022	Boeing 737-81B	32928/1323		
☐	B-5040	Boeing 737-81B	32929/1348		
☐	B-5041	Boeing 737-81B	32930/1355		
☐	B-5042	Boeing 737-81B	32931/1362		
☐	B-5067	Boeing 737-81B	32932/1395		
☐	B-5068	Boeing 737-71B	32933/1430		
☐	B-5069	Boeing 737-71B	32934/1465		
☐	B-5070	Boeing 737-71B	32935/1507		
☐	B-5107	Boeing 737-7K9	34320/1763		Lsd fr Bavaria
☐	B-5108	Boeing 737-7K9	34321/1802	ex N1786B	Lsd fr Bavaria
☐	B-5112	Boeing 737-86N	34248/1806		Lsd fr GECAS
☐	B-5113	Boeing 737-81B	34250/1784		
☐	B-5120	Boeing 737-83N/W	32580/1024	ex N313TZ	Lsd fr GECAS
☐	B-5121	Boeing 737-83N/W	32609/1059	ex N316TZ	Lsd fr GECAS
☐	B-5122	Boeing 737-83N/W	32610/1100	ex N320TZ	Lsd fr GECAS
☐	B-5123	Boeing 737-83N/W	32611/1135	ex N322TZ	Lsd fr GECAS
☐	B-5125	Boeing 737-83N/W	32612/1184	ex N326TZ	Lsd fr GECAS
☐	B-5126	Boeing 737-83N/W	32613/1197	ex N327TZ	Lsd fr GECAS
☐	B-5127	Boeing 737-83N/W	32615/1207	ex N329TZ	Lsd fr GECAS
☐	B-5128	Boeing 737-83N/W	32882/1163	ex N324TZ	Lsd fr GECAS
☐	B-5129	Boeing 737-83N/W	32884/1181	ex N325TZ	Lsd fr GECAS
☐	B-5133	Boeing 737-86N	34252/1851	ex N1787B	Lsd fr GECAS
☐	B-5147	Boeing 737-81B	30697/1915	ex N1786B	Lsd fr ILFC
☐	B-5149	Boeing 737-81B	30699/1933		Lsd fr ILFC
☐	B-5155	Boeing 737-8K5/W	30783/804	ex N307TA	Lsd fr Tombo Avn
☐	B-5156	Boeing 737-81Q/W	30786/1138	ex N786TA	Lsd fr CIT Group
☐	B-5157	Boeing 737-81Q/W	30787/1234	ex N787TM	Lsd fr Tombo Lsg
☐	B-5163	Boeing 737-81B	30708/2087		Lsd fr GECAS
☐	B-5165	Boeing 737-81B	30709/1961		Lsd fr ILFC
☐	B-5166	Boeing 737-81B	33006/1983		Lsd fr GECAS
☐	B-5189	Boeing 737-81B	35365/2191		
☐	B-5190	Boeing 737-81B	35366/2291		
☐	B-5191	Boeing 737-81B	35367/2237	ex N1786B	
☐	B-5192	Boeing 737-81B	35369/2272		
☐	B-5193	Boeing 737-81B	35370/2299		

☐	B-5195	Boeing 737-81B	35371/2302			
☐	B-5221	Boeing 737-71B	29366/1872	ex N1795B		Lsd fr ILFC
☐	B-5222	Boeing 737-71B	29367/1896	ex N1784B		Lsd fr ILFC
☐	B-5230	Boeing 737-71B	29371/2064			Lsd fr ILFC
☐	B-5232	Boeing 737-71B	35360/2051			Lsd fr ILFC
☐	B-5233	Boeing 737-71B	35361/2077			Lsd fr ILFC
☐	B-5235	Boeing 737-71B	29370/2137			Lsd fr ILFC
☐	B-5236	Boeing 737-71B	35362/2102			Lsd fr ILFC
☐	B-5237	Boeing 737-71B	29372/2131	ex N1786B		Lsd fr ILFC
☐	B-5238	Boeing 737-71B	35363/2066			Lsd fr ILFC
☐	B-5239	Boeing 737-71B	35364/2156			
☐	B-5240	Boeing 737-71B	35368/2264			
☐	B-5241	Boeing 737-71B	35372/2291			
☐	B-5250	Boeing 737-71B	35378/2346			
☐	B-5251	Boeing 737-71B	35384/2446			
☐	B-5300	Boeing 737-81B	35375/2314			
☐	B-5310	Boeing 737-81B	35376/2329			
☐	B-5339	Boeing 737-81B	35380/2372	ex N1782B		
☐	B-5340	Boeing 737-81B	35381/2402			
☐	B-5356	Boeing 737-81B	35385/2486	ex N1787B		
☐	B-	Boeing 737-71B			on order	
☐	B-	Boeing 737-71B			on order	
☐	B-	Boeing 737-71B			on order	
☐	B-	Boeing 737-71B			on order	
☐	B-	Boeing 737-8Q8			on order	Lsd fr ILFC
☐	B-	Boeing 737-8Q8			on order	Lsd fr ILFC
☐	B-	Boeing 737-8Q8			on order	Lsd fr ILFC
☐	B-	Boeing 737-8Q8			on order	Lsd fr ILFC
☐	B-	Boeing 737-8Q8			on order	Lsd fr ILFC
☐	B-	Boeing 737-81B			on order	
☐	B-	Boeing 737-81B			on order	

Twenty-five more Boeing 737-71Bs and twenty Boeing 737-81Bs are on order for delivery from 2011 to 2013.

☐	B-2804	Boeing 757-21B	24330/200		for FDX	Lsd fr Tombo
☐	B-2805	Boeing 757-21B	24331/203		for FDX	Lsd fr Tombo
☐	B-2806	Boeing 757-21B	24401/232	ex N6067B		Lsd fr Pegasus
☐	B-2812	Boeing 757-28S	32341/961			
☐	B-2813	Boeing 757-28S	32342/966			
☐	B-2816	Boeing 757-21B	25083/359			
☐	B-2817	Boeing 757-21B	25258/389			
☐	B-2818	Boeing 757-21B	25259/392			
☐	B-2822	Boeing 757-21B	25884/461			
☐	B-2823	Boeing 757-21B	25888/575			
☐	B-2824	Boeing 757-21B	25889/583			
☐	B-2825	Boeing 757-21B	25890/585			
☐	B-2827	Boeing 757-2Y0	26156/503			Lsd fr GECAS
☐	B-2830	Boeing 757-28S	32343/1015	ex N60668		
☐	B-2831	Boeing 757-2Y0	26153/482			Lsd fr GECAS
☐	B-2835	Boeing 757-236	25598/445	ex N5573P		
☐	B-2838	Boeing 757-2Z0	27260/613			
☐	B-2851	Boeing 757-28S	29215/797			
☐	B-2853	Boeing 757-28S	29216/811			
☐	B-2859	Boeing 757-28S	29217/868			
☐	B-2860	Boeing 757-236	29945/873	ex N546NA		Lsd fr Pembroke Lsg
☐	B-2861	Boeing 757-236	29946/877	ex N547NA		Lsd fr Pembroke Lsg
☐	B-2051	Boeing 777-21B	27357/20		Toyota Camry c/s	
☐	B-2052	Boeing 777-21B	27358/24	ex N5017V		
☐	B-2053	Boeing 777-21B	27359/46			
☐	B-2054	Boeing 777-21B	27360/48			
☐	B-2055	Boeing 777-21BER	27524/55			
☐	B-2056	Boeing 777-21BER	27525/66			
☐	B-2057	Boeing 777-21BER	27604/106	ex N5022E	Pearl of The South	Lsd fr Alafco
☐	B-2058	Boeing 777-21BER	27605/110	ex N5028Y		
☐	B-2062	Boeing 777-21BER	27606/121	ex N688CZ		Lsd fr ILFC
☐	B-2070	Boeing 777-21BER	32703/472			Lsd fr ILFC

Twelve Boeing 777-F1Bs are on order for delivery from November 2008.

☐	B-3060	Embraer EMB.145LI (ERJ-145LI)	145701	ex PT-SGF	
☐	B-3061	Embraer EMB.145LI (ERJ-145LI)	145755	ex PT-SNA	
☐	B-3062	Embraer EMB.145LI (ERJ-145LI)	145781	ex PT-SNB	
☐	B-3063	Embraer EMB.145LI (ERJ-145LI)	14500804	ex PT-S	
☐	B-3065	Embraer EMB.145LI (ERJ-145LI)	14500815	ex PT-S	
☐	B-3066	Embraer EMB.145LI (ERJ-145LI)	14500823	ex PT-SXL	

Aircraft assembled by Harbin Embraer joint venture

☐	B-2130	McDonnell-Douglas MD-82	49514/1589		SAIC c/n 15
☐	B-2132	McDonnell-Douglas MD-82	49516/1622		SAIC c/n 17
☐	B-2134	McDonnell-Douglas MD-82	49518/1647		SAIC c/n 19
☐	B-2136	McDonnell-Douglas MD-82	49520/1671		SAIC c/n 21
☐	B-2139	McDonnell-Douglas MD-82	49523/1724		SAIC c/n 24
☐	B-2140	McDonnell-Douglas MD-82	49524/1746		SAIC c/n 25
☐	B-2142	McDonnell-Douglas MD-82	49850/1798		SAIC c/n 27

☐	B-2143	McDonnell-Douglas MD-82	49851/1807		SAIC c/n 28	
☐	B-2145	McDonnell-Douglas MD-82	49853/1981		SAIC c/n 35	
☐	B-2147	McDonnell-Douglas MD-82	53163/2025	ex N832AU		
☐	B-2151	McDonnell-Douglas MD-82	49852/1959	ex B-2144	SAIC c/n 34	
☐	B-2152	McDonnell-Douglas MD-82	53164/2041	ex N833AU	stored HRB	Lsd fr GECAS

Replaced by the Airbus A319-132s by December 2007 and stored

☐	B-2100	McDonnell-Douglas MD-90-30	60001/4001		AVIC II assembled	
☐	B-2103	McDonnell-Douglas MD-90-30	60002/4002		AVIC II assembled	
☐	B-2250	McDonnell-Douglas MD-90-30	53523/2143		for DAL	
☐	B-2251	McDonnell-Douglas MD-90-30	53524/2146		for DAL	Lsd fr Boeing Finance
☐	B-2252	McDonnell-Douglas MD-90-30	53525/2150		for DAL	
☐	B-2253	McDonnell-Douglas MD-90-30	53526/2170		for DAL	
☐	B-2254	McDonnell-Douglas MD-90-30	53527/2175		for DAL	
☐	B-2255	McDonnell-Douglas MD-90-30	53528/2177		for DAL	
☐	B-2259	McDonnell-Douglas MD-90-30	53529/2220		for DAL	
☐	B-2260	McDonnell-Douglas MD-90-30	53530/2222		for DAL	
☐	B-2261	McDonnell-Douglas MD-90-30	53531/2228		for DAL	
☐	B-2266	McDonnell-Douglas MD-90-30	53532/2253		for DAL	
☐	B-2267	McDonnell-Douglas MD-90-30	53533/2258		for DAL	

☐	B-7303	Sikorsky S-76A	760289		
☐	B-7304	Sikorsky S-76A	760293		
☐	B-7306	Sikorsky S-76A	760106	ex VH-XHA	
☐	B-7307	Sikorsky S-76C+	760478		
☐	B-7308	Sikorsky S-76C+	760480		
☐	B-7311	Sikorsky S-76C+			
☐	B-7320	Sikorsky S-76C+			

☐	B-2461	Boeing 747-41BF	32804/1312		
☐	B-2473	Boeing 747-41BF	32803/1306	ex N1788B	

Five Airbus A380-841s are on order for delivery in 2009/ 2010 plus ten Boeing 787-81Bs are on order for delivery from 2009. Owns 60% of Xiamen Airlines, Shantau Airlines, Guizhou Airlines, Zhuhai Airlines and Guangxi Airlines; 49% of China Postal Airlines, 39% of Sichuan Airlines and majority share of Chongqing Airlines. To join SkyTeam Alliance

CHINA UNITED AIRLINES
Lianhang (KN/CUA) (IATA 822)   *Beijing-Nanyuan/Beijing Xi Jiao (NAY/-)*

☐	B-4008	Boeing 737-3T0	23839/1507	ex N19357	Op for Govt	
☐	B-4009	Boeing 737-3T0	23840/1516	ex N27358	Op for Govt	
☐	B-4018	Boeing 737-33A	25502/2310		Op for Govt	
☐	B-4019	Boeing 737-33A	25503/2313		Op for Govt	
☐	B-4020	Boeing 737-34N	28081/2746		Op for Govt	
☐	B-4021	Boeing 737-34N	28082/2747		Op for Govt	
☐	B-4052	Boeing 737-3Q8	24701/1957	ex PK-GWI	Op for Govt	
☐	B-4053	Boeing 737-3Q8	24702/1994	ex PK-GWJ	Op for Govt	

☐	B-2663	Boeing 737-7AD	28437/72	ex N701EW		Lsd fr CSH
☐	B-2997	Boeing 737-7Q8	28223/272			Lsd fr CSH
☐	B-4025	Boeing 737-76D	33470/1334	ex B-5048	Op for Govt	
☐	B-4026	Boeing 737-76D	33472/1343	ex B-2689	Op for Govt	
☐	B-5183	Boeing 737-8Q8/W	30711/2159	ex N1787B		Lsd fr CSH
☐	B-5323	Boeing 737-8Q8	30725/2292			Lsd fr CSH

☐	B-4005	Canadair CL-600-2B19 (CRJ-200LR)	7138	ex C-FZAT	Op for Govt	
☐	B-4006	Canadair CL-600-2B19 (CRJ-200LR)	7149	ex C-FZIS	Op for Govt	
☐	B-4007	Canadair CL-600-2B19 (CRJ-200LR)	7180	ex C-GATM	Op for Govt	
☐	B-4010	Canadair CL-600-2B19 (CRJ-200LR)	7189	ex C-GATY	Op for Govt	
☐	B-4011	Canadair CL-600-2B19 (CRJ-200LR)	7193	ex C-GBFR	Op for Govt	
☐	B-4071	Canadair CL-600-2B19 (CRJ-200LR)	7639	ex C-GKAK	Op for China Maritime Service	
☐	B-4072	Canadair CL-600-2B19 (CRJ-200LR)	7455	ex C-GHUT	Op for China Maritime Service	

☐	B-4060	Canadair CL-600-2C10 (CRJ-701ER)	10164	ex C-FBNI	
☐	B-4061	Canadair CL-600-2C10 (CRJ-701ER)	10183	ex C-FCRA	
☐	B-4062	Canadair CL-600-2C10 (CRJ-701ER)	10187	ex C-FCRF	
☐	B-4063	Canadair CL-600-2C10 (CRJ-701ER)	10204	ex C-FEHT	
☐	B-4064	Canadair CL-600-2C10 (CRJ-701ER)	10206	ex C-FEHU	

Operated for People's Liberation Army Air Force

☐	B-4012	Yakovlev Yak-42D	45204249143?5		Op for Chinese Navy
☐	B-4013	Yakovlev Yak-42D	45204249144..?		Op for Chinese Navy
☐	B-4016	Tupolev Tu-154M	91A-872		
☐	B-4017	Tupolev Tu-154M	91A-873		
☐	B-4028	Tupolev Tu-154M	93A-967		VIP

Majority owned by Shanghai Airlines

CHINA XINHUA AIRLINES
Xinhua (HU/CXH) (IATA 779)   *Tianjin (TSN)*

☐	B-2908	Boeing 737-341	26854/2303	ex (F-OGRT)	Lsd fr CHH
☐	B-2934	Boeing 737-39K	27274/2559		Lsd fr CHH

☐ B-2942	Boeing 737-332	25997/2506	ex N304DE		Lsd fr CHH
☐ B-2943	Boeing 737-332	25998/2510	ex N305DE		Lsd fr CHH
☐ B-2945	Boeing 737-39K	27362/2639			Lsd fr CHH
☐ B-2982	Boeing 737-36Q	28657/2859			Lsd fr CHH
☐ B-2987	Boeing 737-46Q	28663/2922			Lsd fr CHH
☐ B-2989	Boeing 737-46Q	28758/2939			Lsd fr CHH
☐ B-2993	Boeing 737-46Q	28759/2981			Lsd fr CHH
☐ B-5080	Boeing 737-86N	28614/477	ex N614LS		Lsd fr CHH
☐ B-5081	Boeing 737-86N	30231/515	ex N302LS		Lsd fr CHH
☐ B-5138	Boeing 737-84P/W	32607/1832			Lsd fr CHH
☐ B-5139	Boeing 737-84P/W	32608/1855			Lsd fr CHH
☐ B-5141	Boeing 737-84P/W	34030/1800			Lsd fr CHH
☐ B-5153	Boeing 737-84P/W	34029/1921			Lsd fr CHH

60% owned by Hainan Airlines; all flights operated using their HU code

CHONGQING AIRLINES
(OQ/CQN)   *Chongqing (CKG)*

☐ B-2343	Airbus A320-233	0696	ex F-WWII		Lsd fr CSN
☐ B-2345	Airbus A320-233	0698	ex F-WWBT		Lsd fr CSN
☐ B-2346	Airbus A320-233	0704	ex F-WWDY		Lsd fr CSN

Subsidiary of China Southern Airlines; three Airbus A319s on order for delivery in March, April & May 2009, leased fron ILFC

CITIC OFFSHORE HELICOPTERS
China Helicopter (CHC)   *Shenzhen Heliport*

☐ B-7951	Aerospatiale AS.332L Super Puma	2165	ex F-WYMQ		
☐ B-7956	Aerospatiale AS.332L1 Super Puma	2356	ex HL9202		
☐ B-7957	Aerospatiale AS.332L1 Super Puma	9000			
☐ B-7958	Aerospatiale AS.332L1 Super Puma	9001	ex F-WQDT		
☐ B-7959	Aerospatiale AS.332L1 Super Puma	2087	ex F-WYMR		
☐ B-	Aerospatiale AS.332L1 Super Puma			on order	
☐ B-	Aerospatiale AS.332L1 Super Puma			on order	
☐ B-7101	Aerospatiale SA.365N Dauphin 2	6012	ex B-730		
☐ B-7102	Aerospatiale SA.365N Dauphin 2	6013	ex B-731		
☐ B-7103	Aerospatiale SA.365N Dauphin 2	6041	ex B-738		
☐ B-7106	Aerospatiale SA.365N Dauphin 2	6047	ex B-741		
☐ B-7107	Aerospatiale SA.365N Dauphin 2	6027	ex B-734		
☐ B-7005	Eurocopter EC.155B				
☐ B-7006	Eurocopter EC.155B				
☐ B-7007	Eurocopter EC.135T2	0246			
☐ B-7008	Eurocopter EC.155B				
☐ B-7120	Eurocopter EC.155B1	6717	ex F-WWOU		
☐ B-7772	Agusta A.109E Power	11136			

DEER AIRLINES
Deer Jet (JD/DER) (IATA 898)   *Bejing-Capital (PEK)*

☐ B-6156	Airbus A319-112	2849	ex D-AVXJ		Lsd fr CHH
☐ B-6157	Airbus A319-112	2891	ex D-AVYS		Lsd fr CHH
☐ B-6169	Airbus A319-112	2985	ex D-AVXJ		Lsd fr CHH
☐ B-6177	Airbus A319-112	3285	ex D-AVYY		Lsd fr CHH
☐ B-6198	Airbus A319-112	2617	ex D-AVYI		
☐ B-6199	Airbus A319-112	2644	ex D-AVWP		
☐ B-6212	Airbus A319-115	2581	ex D-AVXG		Lsd fr CGN
☐ B-6215	Airbus A319-112	2611	ex D-AVXR		Lsd fr CGN
☐ B-6221	Airbus A319-112	2746	ex D-AVYL		
☐ B-6222	Airbus A319-112	2733	ex D-AVXL		
☐ B-	Airbus A319-112		ex D-AV	on order	
☐ B-	Airbus A319-112		ex D-AV	on order	
☐ B-	Airbus A319-112		ex D-AV	on order	

Reported all transferred from Hainan Airlines

☐ B-2112	Boeing 737-36N	28599/3115	ex EI-DRS		Lsd fr CHH
☐ B-2113	Boeing 737-36N	28602/3118	ex EI-DRY		Lsd fr CHH
☐ B-2115	Boeing 737-36N	28606/3124	ex EI-DRZ		Lsd fr CHH
☐ B-2608	Boeing 737-36Q	28662/2914	ex N305FA		Lsd fr CHH
☐ B-3000	Boeing 737-36Q	29326/3020	ex N932HA		Lsd fr CHH

Also operates a fleet of corporate jets

DONGHAI AIRLINES
Donghai Air (J5/EPA)   *Shenzhen (SXZ)*

☐ B-2517	Boeing 737-3W0 (SF)	23396/1166	ex N5573K	
☐ B-2518	Boeing 737-3W0 (SF)	23397/1193	ex N1791B	

DONGHUA AIRLINES
Jinjiang (JJN)

☐ B-3889 AVIC II Y-11 (11)0305

EAST STAR AIRLINES
East Star (8C/DXH) *Wuhan (WUH)*

☐	B-6229	Airbus A319-112	2762	ex D-AVWJ		Lsd fr GECAS
☐	B-6230	Airbus A319-112	2774	ex D-AVYF		Lsd fr GECAS
☐	B-6336	Airbus A320-214	3215	ex F-WWIZ		Lsd fr GECAS
☐	B-6337	Airbus A320-214	3221	ex F-WWBO		Lsd fr GECAS
☐	B-6350	Airbus A320-214	3337	ex F-WWBK		Lsd fr GECAS
☐	B-	Airbus A320-214		ex F-WW	on order	Lsd fr GECAS
☐	B-	Airbus A320-214		ex F-WW	on order	Lsd fr GECAS
☐	B-	Airbus A320-214		ex F-WW	on order	Lsd fr GECAS
☐	B-	Airbus A320-214		ex F-WW	on order	Lsd fr GECAS

Eight more Airbus A320-200s are on order for delivery from March 2009, two leased from ILFC

GRAND CHINA AIRLINES
(CN/GDC) *Haikou (HAK)*

☐	B-2637	Boeing 737-86N	28576/103	ex N576GE	Lsd fr GECAS
☐	B-5337	Boeing 737-84P/W	35747/2433		Lsd fr CHH

Grand China Airlines received its AOC 25 June 2007 and will ultimately merge operations of Hainan, Shanxi, Xinhua and Chang'An Airlines

GRAND CHINA EXPRESS AIRLINES
Grand Dragon (GS/GCR) (IATA 826) *Haikou (HAK)*

☐	B-3873	Dornier 328-300 (328JET)	3201	ex D-BAUU	
☐	B-3892	Dornier 328-300 (328JET)	3212	ex D-BGUU	
☐	B-3946	Dornier 328-300 (328JET)	3208	ex D-BDXI	
☐	B-3947	Dornier 328-300 (328JET)	3203	ex D-BXXX	
☐	B-3948	Dornier 328-300 (328JET)	3204	ex D-BDXT	
☐	B-3949	Dornier 328-300 (328JET)	3198	ex N328AB	
☐	B-3960	Dornier 328-300 (328JET)	3123	ex D-BDXJ	
☐	B-3961	Dornier 328-300 (328JET)	3128	ex D-BDXK	
☐	B-3962	Dornier 328-300 (328JET)	3143	ex D-BDXX	
☐	B-3963	Dornier 328-300 (328JET)	3138	ex D-BDXT	
☐	B-3965	Dornier 328-300 (328JET)	3140	ex D-BDXW	
☐	B-3966	Dornier 328-300 (328JET)	3135	ex D-BDXQ	
☐	B-3967	Dornier 328-300 (328JET)	3144	ex D-BDXB	
☐	B-3968	Dornier 328-300 (328JET)	3148	ex D-BDXE	
☐	B-3969	Dornier 328-300 (328JET)	3153	ex D-BDXN	
☐	B-3970	Dornier 328-300 (328JET)	3154	ex D-BDXP	
☐	B-3971	Dornier 328-300 (328JET)	3172	ex D-BDXJ	
☐	B-3972	Dornier 328-300 (328JET)	3175	ex D-BDXK	
☐	B-3973	Dornier 328-300 (328JET)	3158	ex D-BDXQ	
☐	B-3975	Dornier 328-300 (328JET)	3159	ex D-BDXU	
☐	B-3976	Dornier 328-300 (328JET)	3177	ex D-BDXY	
☐	B-3977	Dornier 328-300 (328JET)	3182	ex D-BDXD	
☐	B-3978	Dornier 328-300 (328JET)	3187	ex D-BDXP	
☐	B-3979	Dornier 328-300 (328JET)	3191	ex D-BDXJ	
☐	B-3982	Dornier 328-300 (328JET)	3195	ex D-BDXJ	
☐	B-3983	Dornier 328-300 (328JET)	3211	ex D-BEUU	
☐	B-3985	Dornier 328-300 (328JET)	3215	ex D-BHUU	
☐	B-3986	Dornier 328-300 (328JET)	3217	ex D-BJUU	
☐	B-3987	Dornier 328-300 (328JET)	3218	ex D-BKUU	
☐	B-3035	Embraer EMB.145LI (ERJ-145LI)	14500996	ex PT-SOU	
☐	B-3036	Embraer EMB.145LI (ERJ-145LI)	14501000	ex PT-S	
☐	B-3037	Embraer EMB.145LI (ERJ-145LI)	14501005	ex PT-S	
☐	B-3039	Embraer EMB.145LI (ERJ-145LI)	14500992	ex PT-SOT	
☐	B-	Embraer EMB.145LI (ERJ-145LI)	14501009	ex PT-SOX	
☐	B-	Embraer EMB.145LI (ERJ-145LI)	14501013	ex PT-SOY	
☐	B-	Embraer EMB.145LI (ERJ-145LI)	14501019	ex PT-SOZ	
☐	B-	Embraer EMB.145LI (ERJ-145LI)	14501028	ex	

First service 30 March 2007; owned 80% by HNA Group (parent of Hainan Airlines) and 20% by Hainan Airlines; A total of 50 Embraer EMB-145s and 50 Embraer 190s on order. Grand China Express Airlines received its AOC 25 June 2007 and will merge regional operations of Hainan, Shanxi, Xinhua and Chang'An Airlines

GRANDSTAR CARGO INTERNATIONAL
(GD/GSC)

☐	B-	Airbus A300B4-622RF	722	ex HL7244	on order	Lsd fr KAL
☐	B-	Airbus A300B4-622RF	717	ex HL7299	on order	Lsd fr KAL

Joint venture with Korean Air; due to commence operations early 2008

GREAT WALL AIRLINES
G-W Air (IJ/GWL) Shanghai-Pu Dong Intl (PVG)

☐	B-2428	Boeing 747-412F	28263/1094	ex 9V-SFE	Lsd fr SQC
☐	B-2429	Boeing 747-412F	28032/1224	ex 9V-SFH	Lsd fr SQC
☐	B-2430	Boeing 747-412BCF	27137/990	ex N137GP	

Joint venture between Singapore Airlines Cargo (25%), Beijing Aerospace Satellite Applications (51%) plus local investors.

HAINAN AIRLINES
Hainan (HU/CHH) (IATA 880) Haikou (HAK)

☐	B-6156	Airbus A319-112	2849	ex D-AVXJ	Lsd fr GECAS; sublsd tp DER
☐	B-6157	Airbus A319-112	2891	ex D-AVYS	Lsd to DER
☐	B-6169	Airbus A319-112	2985	ex D-AVXJ	Lsd fr GECAS; sublsd to DER
☐	B-6177	Airbus A319-112	3285	ex D-AVYY	Lsd fr GECAS; sublsd to DER
☐	B-6198	Airbus A319-112	2617	ex D-AVYI	
☐	B-6199	Airbus A319-112	2644	ex D-AVWP	
☐	B-6210	Airbus A319-115	2557	ex D-AVYK	Op by CGN
☐	B-6211	Airbus A319-115	2561	ex D-AVYO	Op by CGN
☐	B-6212	Airbus A319-115	2581	ex D-AVXG	Op by CGN
☐	B-6215	Airbus A319-112	2611	ex D-AVXR	
☐	B-6221	Airbus A319-112	2746	ex D-AVYL	
☐	B-6222	Airbus A319-112	2733	ex D-AVXL	
☐	B-	Airbus A319-112		ex D-AV	on order
☐	B-	Airbus A319-112		ex D-AV	on order
☐	B-	Airbus A319-112		ex D-AV	on order
☐	B-	Airbus A319-115		ex D-AV	Lsd fr GECAS

Airbus A319-112s reported as transferred to Deer Jet. Nineteen more Airbus A319s are on order plus 13 Airbus A320-214s

☐	B-6116	Airbus A330-243	875	ex F-WWKB	Lsd fr CIT Group
☐	B-6118	Airbus A330-243	881	ex F-WWKI	Lsd fr CIT Group
☐	B-	Airbus A330-243	906	ex F-WWYD	Lsd fr ILFC
☐	B-	Airbus A330-243	919	ex F-WWYS	Lsd fr ILFC
☐	B-	Airbus A340-642	436	ex B-HQA	on order	Lsd fr ILFC
☐	B-	Airbus A340-642	453	ex B-HQB	on order	Lsd fr ILFC
☐	B-	Airbus A340-642	475	ex B-HQC	on order	Lsd fr ILFC

A total of seven Airbus A330-243s are on order, five leased from ILFC

☐	B-2112	Boeing 737-36N	28599/3115	ex EI-DRS	Lsd fr GECAS; sublsd to DER
☐	B-2113	Boeing 737-36N	28602/3118	ex EI-DRY	Lsd fr GECAS; sublsd to DER
☐	B-2115	Boeing 737-36N	28606/3124	ex EI-DRZ	Lsd fr GECAS; sublsd to DER
☐	B-2501	Boeing 737-44P	29914/3067	ex N1786B	
☐	B-2576	Boeing 737-44P	29915/3106	ex N1786B	special flower c/s
☐	B-2578	Boeing 737-33A	25603/2333	ex N401AW	special flower c/s
☐	B-2579	Boeing 737-33A	25505/2342	ex N402AW	special flower c/s
☐	B-2608	Boeing 737-36Q	28662/2914	ex N305FA	Lsd fr Boullioun; sublsd to DER
☐	B-2908	Boeing 737-341	26854/2303	ex (F-OGRT)	Lsd to CXH
☐	B-2934	Boeing 737-39K	27274/2559		Lsd to CXH
☐	B-2937*	Boeing 737-3Q8	26295/2557		special bamboo c/s	Lsd fr ILFC
☐	B-2938*	Boeing 737-3Q8	26296/2581		special flower c/s	Lsd fr ILFC
☐	B-2942	Boeing 737-332	25997/2506	ex N304DE	Lsd to CXH
☐	B-2943	Boeing 737-332	25998/2510	ex N305DE	Lsd to CXH
☐	B-2945	Boeing 737-39K	27362/2639		Lsd to CXH
☐	B-2960	Boeing 737-4Q8	24332/1866	ex N191LF	Lsd fr ILFC
☐	B-2963*	Boeing 737-3Q8	26325/2772		Lsd fr ILFC
☐	B-2965	Boeing 737-4Q8	26334/2782		Lsd fr ILFC
☐	B-2967	Boeing 737-4Q8	26335/2793		Lsd fr ILFC
☐	B-2970	Boeing 737-4Q8	26337/2811		Lsd fr ILFC
☐	B-2987	Boeing 737-46Q	28663/2922		Lsd fr Boullioun; sublsd to CXH
☐	B-2989	Boeing 737-46Q	28758/2939		Lsd fr Boullioun; sublsd to CXH
☐	B-2990	Boeing 737-48E	25766/2543	ex HL7231	Lsd fr Sojitz A/c
☐	B-2993	Boeing 737-46Q	28759/2981		Lsd fr BOC Aviation; sublsd to CXH
☐	B-3000	Boeing 737-36Q	29326/3020	ex N932HA	Lsd fr Boullioun; sublsd to DER
☐	B-5053	Boeing 737-322F	24378/1704	ex N357UA	Lsd to YZR
☐	B-5055	Boeing 737-330 (QC)	24283/1677	ex N283A	Lsd fr Automatic Lsg; sublsd to YZR
☐	B-5056	Boeing 737-330 (QC)	23836/1508	ex N836Y	Lsd fr Automatic Lsg; sublsd to YZR
☐	B-5057	Boeing 737-330 (QC)	23837/1514	ex N837Y	Lsd fr Automatic Lsg; sublsd to YZR
☐	B-5058	Boeing 737-330 (QC)	23835/1465	ex N835A	Lsd fr Automatic Lsg; sublsd to YZR
☐	B-5059	Boeing 737-322F	24362/1696	ex N356UA	Lsd to YZR

* Leased to West China Airlines

☐	B-2157	Boeing 737-84P/W	32600/1015	ex N1786B	
☐	B-2158	Boeing 737-84P/W	32601/1033		
☐	B-2159	Boeing 737-84P/W	32599/972	ex N1787B	
☐	B-2636	Boeing 737-86N	28574/67	ex N574GE	Lsd fr GECAS
☐	B-2638	Boeing 737-8Q8	28220/212	ex N361LF	special palm c/s	Lsd fr Aircastle
☐	B-2646	Boeing 737-8Q8	28056/273	ex N371LF	special orchid c/s	Lsd fr Aircastle
☐	B-2647	Boeing 737-84P	29947/345	ex N1787B	special Happy Sea Wave c/s
☐	B-2651	Boeing 737-84P	30474/607	ex N1787B	
☐	B-2652	Boeing 737-84P	30475/731		Jin Sui Piao Xiang; special c/s
☐	B-2675	Boeing 737-86Q/W	32885/1147		Lsd fr Boullioun
☐	B-2676	Boeing 737-84P/W	32602/1170		

☐	B-2677	Boeing 737-84P/W	32604/1191			
☐	B-5060	Boeing 737-76N	28582/154	ex N582HE	Lsd fr GECAS; sublsd to CXI	
☐	B-5061	Boeing 737-76N	28583/163	ex N583HE	Lsd fr GECAS; sublsd to CXI	
☐	B-5062	Boeing 737-76N	28585/173	ex N585HE	Lsd fr GECAS; sublsd to CXI	
☐	B-5080	Boeing 737-86N	28614/477	ex N614LS	Lsd fr GECAS; sublsd to CXH	
☐	B-5081	Boeing 737-86N	30231/515	ex N302LS	Lsd fr GECAS; sublsd to CXH	
☐	B-5082	Boeing 737-883	30193/587	ex LN-RCS	Lsd to CXH	
☐	B-5083	Boeing 737-883	28319/548	ex LN-RCO		
☐	B-5089	Boeing 737-883	28320/551	ex OY-KKU		
☐	B-5090	Boeing 737-883	28321/577	ex LN-RCR		
☐	B-5091	Boeing 737-705	29091/230	ex VH-VBW	Lsd fr BBAM; sublsd to LKE	
☐	B-5092	Boeing 737-705	29092/260	ex VH-VBX	Lsd fr BBAM; sublsd to CGN	
☐	B-5115	Boeing 737-8FH/W	29640/1649		Lsd fr RBS Aviation; sublsd to CGN	
☐	B-5116	Boeing 737-8FH/W	29672/1745	ex N1786B	Lsd fr RBS Aviation; sublsd to CGN	
☐	B-5135	Boeing 737-84P/W	32603/1766	ex N1786B		
☐	B-5136	Boeing 737-84P/W	32605/1796		Lsd to CRK	
☐	B-5137	Boeing 737-84P/W	32606/1805		Lsd to CRK	
☐	B-5138	Boeing 737-84P/W	32607/1832		Lsd to CXH	
☐	B-5139	Boeing 737-84P/W	32608/1855		Lsd to CXH	
☐	B-5141	Boeing 737-84P/W	34030/1800		Lsd to CXH	
☐	B-5153	Boeing 737-84P/W	34029/1921		Lsd to CXH	
☐	B-5180	Boeing 737-8FH/W	35089/2042		Lsd fr RBS Aviation; sublsd to CGN	
☐	B-5181	Boeing 737-8FH/W	35090/2073		Lsd fr RBS Aviation; sublsd to CGN	
☐	B-5182	Boeing 737-808/W	34708/2097		Lsd fr FL Group	
☐	B-5248	Boeing 737-790/W	30626/1273	ex N629AS	Lsd fr CIT Lsg; sublsd to LKE	
☐	B-5249	Boeing 737-790	33011/1291	ex N645AS	Lsd fr CIT Lsg; sublsd to LKE	
☐	B-5337	Boeing 737-84P/W	35747/2433		Lsd to GDC	
☐	B-5338	Boeing 737-84P/W	35749/2330			
☐	B-5346	Boeing 737-8BK/W	29673/2373	ex N1786B	Lsd fr CIT Leasing	
☐	B-5358	Boeing 737-84P/W	35077/2419	ex N1787B	Lsd fr BOC Aviation	
☐	B-5359	Boeing 737-8FH/W	35101/2459	ex N1786B	Lsd fr RBS Avn	
☐	B-	Boeing 737-7BK	33026/1715	ex VT-SJA	Lsd fr CIT Leasing	
☐	B-	Boeing 737-84P/W			on order	
☐	B-	Boeing 737-84P/W			on order	
☐	B-	Boeing 737-84P/W			on order	
☐	B-	Boeing 737-84P/W			on order	
☐	B-	Boeing 737-84P/W			on order	
☐	B-	Boeing 737-84P/W			on order	
☐	B-	Boeing 737-84P/W			on order	
☐	B-	Boeing 737-84P/W			on order	
☐	B-	Boeing 737-84P/W			on order	
☐	B-	Boeing 737-84P/W			on order	
☐	B-	Boeing 737-84P/W			on order	
☐	B-	Boeing 737-84P/W			on order	
☐	B-	Boeing 737-8BK/W			on order	Lsd fr CIT Leasing
☐	B-KBH	Boeing 737-808/W	34707/2046		Lsd fr FL Group; sublsd to CRK	
☐	B-KBI	Boeing 737-808/W	34709/2121	ex N1787B	Lsd fr FL Group; sublsd to CRK	
☐	B-KBK	Boeing 737-84P/W	35072/2155	ex N1786B	Lsd fr BOC Aviation; sublsd to CRK	
☐	B-KBL	Boeing 737-84P/W	35074/2217	ex N1787B	Lsd fr BOC Aviation; sublsd to CRK	
☐	B-KBM	Boeing 737-84P/W	35076/2380		Lsd fr BOC Aviation; sublsd to CRK	
☐	B-KBP	Boeing 737-8FH/W	35105/2501		Lsd fr RBS Avn; sublsd to CRK	
☐	B-KBQ	Boeing 737-84P/W	35274		on order Lsd fr ILFC; sublsd to CRK	
☐	B-KBR	Boeing 737-84P/W	35276		on order Lsd fr ILFC; sublsd to CRK	
☐	B-KXE	Boeing 737-808/W	34710/2144		Lsd fr FL Group, sublsd to HKE	
☐	B-KXF	Boeing 737-808/W	34967/2239	ex N1786B	Lsd fr FL Group; sublsd to HKE	
☐	B-KXG	Boeing 737-808/W	34968/2265		Lsd fr FL Group; sublsd to HKE	
☐	B-KXH	Boeing 737-808/W	34971/2400		Lsd fr FL Group; sublsd to HKE	

Twenty-five more Boeing 737-84P/Ws are on order for delivery by 2010 plus four Boeing 737-800s leased from BOC Aviation

☐	B-2490	Boeing 767-34PER	33047/889
☐	B-2491	Boeing 767-34PER	33048/891
☐	B-2492	Boeing 767-34PER	33049/893

Eight Boeing 787-8s are on order for delivery from 2009
Owns 60% of China Xinhua Airlines; 73.5% of Chang An Airlines, 51% of Yangtze River Express and 92.51% of Shan Xi Airlines plus 45% of Hong Kong Express Airways while Grand China Air and Deer Airlines are wholly owned subsidiaries.

JADE CARGO INTERNATIONAL
Jade Cargo (JI/JAE) (IATA 189)   Shenzhen (SZX)

☐	B-2421	Boeing 747-4EVERF	35169/1391	ex N1794B	
☐	B-2422	Boeing 747-4EVERF	35173/1387		
☐	B-2423	Boeing 747-4EVERF	35174/1398		
☐	B-2439	Boeing 747-4EVERF	35170/1376		
☐	B-2440	Boeing 747-4EVERF	35171/1380		Lsd fr Pegasus
☐	B-2441	Boeing 747-4EVERF	35172/1383		Lsd fr Amentum Capital

Joint venture between Shenzhen Airlines (51%) and Lufthansa Cargo (25%)

JIANGNAN UNIVERSAL AVIATION

Changzhou-West Suburbs (CZX)

☐ B-3865	AVIC II Y-11	(11)0410		
☐ B-3866	AVIC II Y-11	(11)0104		
☐ B-3867	AVIC II Y-11	(11)0206		
☐ B-3868	AVIC II Y-11	(11)0109		
☐ B-3821	AVIC II Y-12-II	0032	ex (JU-1019)	
☐ B-3823	AVIC II Y-12-II	0068	ex (JU-1021)	

Subsidiary of Changzhou Aircraft Factory

JUNEYAO AIRLINES
Air Juneyao (HO/DKH) (IATA 018)   *Shanghai-Hongqiao (SHA)*

☐ B-6163	Airbus A319-112	3024	ex D-AVXR	Lsd fr GECAS
☐ B-6232	Airbus A319-112	2879	ex D-AVXN	Lsd fr GECAS
☐ B-6233	Airbus A319-112	2913	ex D-AVWZ	Lsd fr GECAS
☐ B-6298	Airbus A320-214	2975	ex F-WWDO	Lsd fr GECAS
☐ B-6311	Airbus A320-214	3027	ex F-WWBM	Lsd fr GECAS
☐ B-6340	Airbus A320-214	3234	ex F-WWBH	Lsd fr GECAS
☐ B-6341	Airbus A320-214	3268	ex F-WWBU	Lsd fr GECAS
☐ B-6638	Airbus A320-214	3368	ex F-WWDE	Lsd fr GECAS
☐ B-	Airbus A320-214	3605	ex F-WW	Lsd fr GECAS

Five more Airbus A320-214s are on order. Juneyao Airlines is a trading name of East Express Airlines

KUNMING AIRLINES
Kunming (KMG)

Received AOC June 2007 and planned to start operations in 3Q07 with aircraft leased from Sichuan Airlines (40% owner)

KUNPENG AIRLINES

☐ B-3073	Canadair CL-600-2B19 (CRJ-200LR)	7217	ex N17217	
☐ B-7692	Canadair CL-600-2B19 (CRJ-200LR)	7228	ex N37228	
☐ B-7693	Canadair CL-600-2B19 (CRJ-200LR)	7239	ex N47239	
☐ B-	Canadair CL-600-2B19 (CRJ-200LR)	7218	ex N37218	
☐ B-	Canadair CL-600-2B19 (CRJ-200LR)	7191	ex N27191	on order

Joint venture between Shenzhen Airlines and Mesa Airlines; due to have twenty aircraft in service by 2008 Olympics 50 AVIC ARJ21-700s are on order

LUCKY AIRLINES
Lucky Air (8L/LKE) (IATA 859)   *Dali City (DLU)*

☐ B-5060	Boeing 737-76N	28582/154	ex N582HE	Lsd fr CXI
☐ B-5061	Boeing 737-76N	28583/163	ex N583HE	Lsd fr CXI
☐ B-5091	Boeing 737-705	29091/230	ex VH-VBW	Lsd fr CHH
☐ B-5248	Boeing 737-790/W	30626/1273	ex N629AS	Lsd fr CHH
☐ B-5249	Boeing 737-790	33011/1291	ex N645AS	Lsd fr CHH

Joint venture of HNA Group [Hainan Airlines] and Shanxi and Shillin Tourism; leases other 737s as required

NORTHEASTERN AIRLINES
(NS)

☐ B-3040	Embraer EMB.145LR (ERJ-145LR)	145317	ex PT-SMI	Lsd fr CSC
☐ B-3041	Embraer EMB.145LR (ERJ-145LR)	145349	ex PT-SNP	Lsd fr CSC
☐ B-6170	Airbus A319-132	2396	ex N101LF	Lsd fr CSC

Northeastern Airlines is the trading name of Dongbel Air

OKAIR
Okayjet (BK/OKA)   *Tianjin (TSN)*

☐ B-2110	Boeing 737-5Q8	28055/3024	ex N101LF		Lsd fr ILFC
☐ B-2117	Boeing 737-3Q8 (SF)	24961/2133	ex N141LF		Lsd fr ILFC
☐ B-2519	Boeing 737-3Z0 (SF)	23448/1168	ex N5573P		Lsd fr DB Equipment Lsg
☐ B-2522	Boeing 737-3Z0 (SF)	23451/1240	ex N5573K	on order	Lsd fr DB Equipment Lsg
☐ B-2863	Boeing 737-83N/W	30673/1500	ex N333TZ		Lsd fr ILFC
☐ B-2865	Boeing 737-83N/W	30679/1404	ex N332TZ		Lsd fr ILFC
☐ B-5366	Boeing 737-8GQ/W	35793/2428	ex N1787B		Lsd fr Pegasus
☐ B-5367	Boeing 737-8Q8/W	30733/2502	ex N1786B		Lsd fr ILFC
☐ B-	AVIC II Y-8				

Ten AVIC MA-60s are on order, leased from China Aviation Industry Corp (AVIC I).
Okair is the trading name of Okay Airways; operates services for Federal Express.

QIANTANG AIRWAYS
Hangzhou (HGH)

☐ B-	Airbus A320-214		ex F-WW	on order	Lsd fr GECAS

☐ B-   Airbus A320-214   ex F-WW   on order   Lsd fr GECAS
☐ B-   Airbus A320-214   ex F-WW   on order   Lsd fr GECAS
10 more Airbus A320 family aircraft are on order for delivery from 2009, all leased from GECAS

RAINBOW JET
Cai Hong (RBW)   *Jinan (TNA)*

☐	B-3630	Cessna 208B Caravan I	208B0883	ex N12285	
☐	B-3631	Cessna 208 Caravan I	20800333	ex N1228V	Floatplane
☐	B-3632	Cessna 208 Caravan I	20800332	ex N1284F	Floatplane
☐	B-3636	Cessna 208 Caravan I	20800338	ex N1321L	Floatplane
☐	B-3639	Cessna 208 Caravan I	20800354	ex N5283U	Floatplane

Wholly owned subsidiary of Shandong Airlines

SHAN XI AIRLINES
Shanxi (CXI)   *Taiyuan-Wusu (TYN)*

☐	B-3701	AVIC I Y7-100C	12705		stored TYN
☐	B-3702	AVIC I Y7-100C	12707		stored TYN
☐	B-3703	AVIC I Y7-100C	12708		stored TYN
☐	B-5060	Boeing 737-76N	28582/154	ex N582HE	Lsd fr CHH; sublsd to LKE
☐	B-5061	Boeing 737-76N	28583/163	ex N583HE	Lsd fr CHH; sublsd to LKE
☐	B-5062	Boeing 737-76N	28585/173	ex N585HE	Lsd fr CHH

All flights operated in conjunction with Hainan Airlines using HU call-sign; 92.5% owned by Hainan; see also Grand China Air.

SHANDONG AIRLINES
Shandong (SC/CDG) (IATA 324)   *Jinan (TNA)*

☐	B-2111	Boeing 737-36Q	29405/3047	ex N405GT	Lsd fr Boullioun
☐	B-2877	Boeing 737-33V	29331/3062	ex G-EZYG	
☐	B-2878	Boeing 737-36Q	28760/2989	ex N307FL	Lsd fr Deucalion Capital
☐	B-2961	Boeing 737-35N	28156/2774		
☐	B-2962	Boeing 737-35N	28157/2778		
☐	B-2968	Boeing 737-35N	28158/2818		
☐	B-2995	Boeing 737-35N	29315/3054		
☐	B-2996	Boeing 737-35N	29316/3065		
☐	B-5065	Boeing 737-36Q	28664/2940	ex N287CH	Lsd fr Boullioun
☐	B-5066	Boeing 737-36Q	28761/3011	ex N286CH	Lsd fr Deucalion Capital
☐	B-5098	Boeing 737-36Q	29140/3013	ex N914CH	Lsd fr Rain III LLC
☐	B-5099	Boeing 737-36Q	29189/3057	ex N918CH	Lsd fr Rain III LLC
☐	B-5111	Boeing 737-85N/W	33660/1752		
☐	B-5117	Boeing 737-85N/W	33661/1770		
☐	B-5118	Boeing 737-85N/W	33664/1726		
☐	B-5119	Boeing 737-85N/W	33665/1775	ex N1781B	
☐	B-5205	Boeing 737-75N/W	33654/1790		
☐	B-5206	Boeing 737-75N/W	33666/1742	ex N1779B	
☐	B-5207	Boeing 737-75N/W	33663/1838	ex N1787B	
☐	B-5321	Boeing 737-8AL/W	35073/2197		Lsd fr BOC Aviation
☐	B-5331	Boeing 737-8AL/W	35075/2287		Lsd fr BOC Aviation
☐	B-5332	Boeing 737-8FH/W	35095/2295		Lsd fr RBS Aerospace
☐	B-5333	Boeing 737-8FH/W	35096/2336	ex N1782B	Lsd fr RBS Aerospace
☐	B-5335	Boeing 737-8FH/W	35097/2345	ex N1787B	Lsd fr RBS Aerospace
☐	B-5336	Boeing 737-8FH/W	35098/2361		Lsd fr RBS Aerospace
☐	B-5347	Boeing 737-85N/W	36190/2429		Lsd fr BOC Aviation
☐	B-5348	Boeing 737-85N/W	36191/2453	ex N1786B	
☐	B-	Boeing 737-85N/W		on order	Lsd fr BOC Aviation
☐	B-	Boeing 737-85N/W		on order	Lsd fr BOC Aviation
☐	B-	Boeing 737-85N/W		on order	Lsd fr BOC Aviation
☐	B-	Boeing 737-85N/W		on order	Lsd fr BOC Aviation

Two new Boeing 737-8ALs are on order for delivery in 2010, leased from BOC Aviation

☐	B-3005	Canadair CL-600-2B19 (CRJ-200LR)	7435	ex C-FMKW	
☐	B-3006	Canadair CL-600-2B19 (CRJ-200LR)	7443	ex C-FMLV	
☐	B-3007	Canadair CL-600-2B19 (CRJ-200LR)	7498	ex C-FMLF	
☐	B-3008	Canadair CL-600-2B19 (CRJ-200LR)	7512	ex B-604L	
☐	B-3009	Canadair CL-600-2B19 (CRJ-200LR)	7522	ex C-FMMY	
☐	B-3010	Canadair CL-600-2B19 (CRJ-200LR)	7565	ex C-FMNH	Lsd fr GECAS; sublsd to HXA
☐	B-3012	Canadair CL-600-2B19 (CRJ-200LR)	7557	ex C-FMLB	Lsd fr GECAS; sublsd to HXA
☐	B-3079	Canadair CL-600-2C10 (CRJ-701ER)	10118	ex C-	
☐	B-3080	Canadair CL-600-2C10 (CRJ-701ER)	10120	ex C-	

22.8% owned by Air China, owns 10% of Sichuan Airlines while Rainbow Jet is a wholly owned subsidiary

SHANGHAI AIRLINES
Shanghai Air (FM/CSH) (IATA 774)   *Shanghai-Hongqiao (SHA)*

☐	B-2153	Boeing 737-8Q8	28242/942	ex N1786B	Lsd fr ILFC
☐	B-2167	Boeing 737-8Q8	30631/1047		Lsd fr ILFC
☐	B-2168	Boeing 737-8Q8	30632/1086		Lsd fr ILFC

☐	B-2577	Boeing 737-76D	30168/600	ex N1786B	
☐	B-2631	Boeing 737-7Q8	28212/35	ex N301LF	Lsd fr ILFC
☐	B-2632	Boeing 737-7Q8	28216/122	ex N1795B	Lsd fr ILFC
☐	B-2663	Boeing 737-7AD	28437/72	ex N701EW	Lsd fr Pegasus; sublsd to CUA
☐	B-2686	Boeing 737-8Q8	28251/1200		Lsd fr ILFC
☐	B-2688	Boeing 737-86D/W	33471/1192	ex N60668	
☐	B-2913	Boeing 737-76D	30167/550	ex N1786B	
☐	B-2997	Boeing 737-7Q8	28223/272	ex N1786B	Lsd fr ILFC; sublsd to CUA
☐	B-5076	Boeing 737-86N	32739/1434		Lsd fr GECAS
☐	B-5077	Boeing 737-86N	32742/1464		Lsd fr GECAS
☐	B-5088	Boeing 737-82R	30666/1460	ex N171LF	Lsd fr ILFC
☐	B-5130	Boeing 737-8Q8	32801/1666		Lsd fr ILFC
☐	B-5131	Boeing 737-8Q8	30686/1704	ex N1784B	Lsd fr ILFC
☐	B-5132	Boeing 737-8Q8	30685/1789		Lsd fr ILFC
☐	B-5140	Boeing 737-8Q8	30698/1911		Lsd fr ILFC
☐	B-5142	Boeing 737-8Q8	30700/1942	ex N1782B	Lsd fr ILFC
☐	B-5143	Boeing 737-86N/W	32691/2033		Lsd fr GECAS
☐	B-5145	Boeing 737-8Q8	33007/1986		Lsd fr ILFC
☐	B-5148	Boeing 737-86N/W	34254/1897		Lsd fr GECAS
☐	B-5183	Boeing 737-8Q8/W	30711/2159	ex N1787B	Lsd fr ILFC; sublsd to CUA
☐	B-5185	Boeing 737-8Q8/W	30715/2230		Lsd fr ILFC
☐	B-5315	Boeing 737-86D	35767/2316		
☐	B-5316	Boeing 737-86D	35768/2362		
☐	B-5320	Boeing 737-8Q8/W	30718/2251	ex N1786B	Lsd fr ILFC
☐	B-5323	Boeing 737-8Q8/W	30725/2292		Lsd fr ILFC; sublsd to CUA
☐	B-5330	Boeing 737-86N/W	35212/2277	ex N1786B	Lsd fr GECAS
☐	B-5353	Boeing 737-8Q8	30728/2386		Lsd fr ILFC
☐	B-5368	Boeing 737-8Q8	35273	on order	Lsd fr ILFC
☐	B-5370	Boeing 737-8Q8	35271	on order	Lsd fr ILFC
☐	B-	Boeing 737-8Q8		on order	Lsd fr ILFC
☐	B-	Boeing 737-86D/W		on order	
☐	B-	Boeing 737-86D/W		on order	
☐	B-	Boeing 737-86D/W		on order	
☐	B-	Boeing 737-86D/W		on order	
☐	B-	Boeing 737-86D/W		on order	
☐	B-	Boeing 737-86D/W		on order	
☐	B-	Boeing 737-86D/W		on order	
☐	B-	Boeing 737-86D/W		on order	
☐	B-	Boeing 737-86D/W		on order	
☐	B-	Boeing 737-76D/W		on order	
☐	B-	Boeing 737-76D/W		on order	
☐	B-	Boeing 737-76D/W		on order	

Seven Boeing 737-76D/Ws and eleven more Boeing 737-86D/Ws are on order; 13 existing aircraft to have APB winglets fitted

☐	B-2833	Boeing 757-26D	27152/560		
☐	B-2834	Boeing 757-26D	27183/576		
☐	B-2842	Boeing 757-26D	27342/626		
☐	B-2843	Boeing 757-26D	27681/684		
☐	B-2850	Boeing 757-231	30338/891	ex N725TW	Lsd fr WFBN
☐	B-2857	Boeing 757-26D	33959/1044		
☐	B-2858	Boeing 757-26D	33960/1045		
☐	B-2875	Boeing 757-26D	33966/1049	ex N1795B	
☐	B-2876	Boeing 757-26D	33967/1050		last 757 built
☐	B-2880	Boeing 757-26D	33961/1046	ex N1795B	

☐	B-2498	Boeing 767-36D	27684/849		
☐	B-2500	Boeing 767-36DER	35155/946		
☐	B-2563	Boeing 767-36D	27309/546		
☐	B-2566	Boeing 767-36DER	35156/950		
☐	B-2567	Boeing 767-36D	27685/686		
☐	B-2570	Boeing 767-36D	27941/770		
☐	B-5018	Boeing 767-3Q8ER	28207/695	ex N635TW	Lsd fr ILFC

☐	B-3011	Canadair CL-600-2B19 (CRJ-200ER)	7556	ex C-FMKZ	
☐	B-3018	Canadair CL-600-2B19 (CRJ-200ER)	7453	ex C-FMNQ	
☐	B-3020	Canadair CL-600-2B19 (CRJ-200ER)	7459	ex C-FMMQ	
☐	B-3075	Canadair CL-600-2B19 (CRJ-200ER)	7226	ex G-DUOF	Lsd fr GECAS
☐	B-7698	Canadair CL-600-2B19 (CRJ-200ER)	7247	ex G-DUOG	Lsd fr GECAS

Nine Boeing 787-86Ds are on order for delivery 2009-2011 plus 5 Airbus A321s; member of Star Alliance
Owns 51% of Shanghai Airlines Cargo International, 10% of Sichuan Airlines plus 10% of China United Airlines

---

SHANGHAI AIRLINES CARGO INTERNATIONAL
(F4/SHQ)   *Shanghai-Pu Dong Intl (PVG)*

☐	B-2176	McDonnell-Douglas MD-11F	48415/576	ex N103EV		Lsd fr Avn Financial Svs
☐	B-2177	McDonnell-Douglas MD-11F	48544/580	ex N105EV		Lsd fr WFBN
☐	B-2178	McDonnell-Douglas MD-11F	48543/572	ex N7821B		Lsd fr WFBN
☐	B-2808	Boeing 757-26D (PCF)	24471/231	ex N1792B	freighter	Lsd fr ILFC
☐	B-2809	Boeing 757-26D (PCF)	24472/235	ex N5573B	freighter	Lsd fr ILFC

51% owned by Shanghai Airlines and 25% owned by EVA Air

SHENZHEN AIRLINES
Shenzhen Air (ZH/CSZ) (IATA 479)   Shenzhen (SZX)

☐	B-6153	Airbus A319-115	2841	ex D-AVYM		
☐	B-6159	Airbus A319-115	2905	ex D-AVWQ		Lsd fr CIT Group
☐	B-6165	Airbus A319-115X	2935	ex D-AVWM	VIP	[CJ]
☐	B-6196	Airbus A319-115	2672	ex D-AVYK		
☐	B-6197	Airbus A319-115	2684	ex D-AVWM		
☐	B-	Airbus A319-115		ex D-AV	on order	
☐	B-2416	Airbus A320-214	0994	ex EC-HAB		Lsd fr ILFC
☐	B-6286	Airbus A320-214	2909	ex F-WWDU		
☐	B-6296	Airbus A320-214	2973	ex F-WWDN		
☐	B-6297	Airbus A320-214	2980	ex F-WWBP		Lsd fr RBS Avn Capital
☐	B-6312	Airbus A320-214	3131	ex F-WWBD		Lsd fr RBS Avn Capital
☐	B-6313	Airbus A320-214	3132	ex F-WWBP		Lsd fr RBS Avn Capital
☐	B-6315	Airbus A320-214	3153	ex F-WWBZ		
☐	B-6316	Airbus A320-214	3206	ex F-WWII		
☐	B-6351	Airbus A320-214	3366	ex F-WWIU		Lsd fr ILFC
☐	B-6352	Airbus A320-214	3383	ex F-WWDN		Lsd fr ILFC
☐	B-	Airbus A320-214		ex F-WW	on order	
☐	B-	Airbus A320-214		ex F-WW	on order	

Forty-one more Airbus A320s are on order, including two leased from ILFC and two from CIT Group

☐	B-2601	Boeing 737-36N	28559/2882	ex EI-CUL	Lsd fr Aircraft Finance Trust
☐	B-2602	Boeing 737-36N	28573/3041	ex N573LS	Lsd fr AFS Investments
☐	B-2687	Boeing 737-36N	28555/2846	ex B-2610	Lsd fr GECAS
☐	B-2932	Boeing 737-3K9	25787/2302	ex N41069	Lsd fr Bavaria
☐	B-2933	Boeing 737-3K9	25788/2331	ex N4113D	Lsd fr Bavaria
☐	B-2939	Boeing 737-31L	27345/2625		
☐	B-2940	Boeing 737-31L	27346/2636		
☐	B-2971	Boeing 737-3Q8	25373/2290	ex N221LF	Lsd fr ILFC
☐	B-2972	Boeing 737-33A	27463/2831		Lsd fr AWAS
☐	B-2633	Boeing 737-79K	29190/110	ex N1786B	
☐	B-2635	Boeing 737-79K	29191/127	ex N1786B	
☐	B-2666	Boeing 737-78S	30169/631	ex N1786B	
☐	B-2667	Boeing 737-78S	30170/654		
☐	B-2668	Boeing 737-78S	30171/681	ex N1786B	
☐	B-2669	Boeing 737-77L	32722/1023	ex N1786B	
☐	B-2678	Boeing 737-76N	32244/895	ex N315ML	Lsd fr Avn Financial Svs
☐	B-2679	Boeing 737-76N	29893/710	ex N313ML	Lsd fr Avn Financial Svs
☐	B-2691	Boeing 737-8Q8	30628/808	ex N802SY	Lsd fr ILFC
☐	B-2692	Boeing 737-8Q8	28241/841	ex N803SY	Lsd fr ILFC
☐	B-5025	Boeing 737-7BX	30742/864	ex N366ML	Lsd fr GECAS
☐	B-5026	Boeing 737-7BX	30741/823	ex N367ML	Lsd fr GECAS
☐	B-5049	Boeing 737-86N	28639/772	ex N639SH	Lsd fr GECAS
☐	B-5050	Boeing 737-86N	28643/828	ex N643SH	Lsd fr GECAS
☐	B-5073	Boeing 737-8Q8	30680/1402		Lsd fr ILFC
☐	B-5075	Boeing 737-8Q8	30692/1410		Lsd fr ILFC
☐	B-5078	Boeing 737-8Q8	30690/1414	ex N1779B	Lsd fr ILFC
☐	B-5079	Boeing 737-8Q8	30693/1422		Lsd fr ILFC
☐	B-5102	Boeing 737-97L	33644/1750		
☐	B-5103	Boeing 737-97L	33645/1760		
☐	B-5105	Boeing 737-97L	33646/1764	ex N1784B	
☐	B-5106	Boeing 737-97L	33648/1722		
☐	B-5109	Boeing 737-97L	33649/1755		
☐	B-5186	Boeing 737-8BK	33020/2103		Lsd fr CIT Group
☐	B-5187	Boeing 737-8BK	33828/2124		Lsd fr CIT Group
☐	B-5317	Boeing 737-86N/W	32686/2175	ex N1781B	Lsd fr GECAS
☐	B-5322	Boeing 737-86N/W	32688/2218		Lsd fr GECAS
☐	B-5345	Boeing 737-86N/W	35215/2306	ex N1780B	Lsd fr GECAS
☐	B-5360	Boeing 737-86J/W	30062/485	ex D-ABAW	Lsd fr BER
☐	B-5361	Boeing 737-86J/W	30063/517	ex D-ABAX	Lsd fr BER
☐	B-5362	Boeing 737-86J/W	30499/567	ex D-ABAY	Lsd fr BER
☐	B-5363	Boeing 737-86J/W	30500/593	ex D-ABAZ	Lsd fr BER
☐	B-5365	Boeing 737-86J/W	30501/619	ex D-ABAC	Lsd fr BER
☐	B-	Boeing 737-8BK		on order	Lsd fr CIT Group
☐	B-	Boeing 737-87L/W		on order	
☐	B-	Boeing 737-87L/W		on order	
☐	B-	Boeing 737-87L/W		on order	
☐	B-	Boeing 737-87L/W		on order	
☐	B-	Boeing 737-87L/W		on order	
☐	B-	Boeing 737-87L/W		on order	
☐	B-	Boeing 737-87L/W		on order	

Seventeen Boeing 737-87L/Ws are on order, Kunpeng Airlines is a joint venture with Mesa Air Group with 20 regional jets due in operation by the 2008 Olympics. 25% owned by Air China and 25% by CNAC; owns 51% of Jade Cargo International

SHUANGYANG AVIATION
Shuangyuang (CSY)   Anshun (AOG)

☐	B-3811	AVIC II Y-12 II	0012	Combi
☐	B-3812	AVIC II Y-12 II	0024	Sprayer
☐	B-3813	AVIC II Y-12 II	0025	Sprayer
☐	B-3814	AVIC II Y-12 II	0026	Sprayer
☐	B-3895	AVIC II Y-11	(11)0401	
☐	B-3896	AVIC II Y-11	(11)0402	
☐	B-3897	AVIC II Y-11	(11)0403	
☐	B-3898	AVIC II Y-11	(11)0404	

SICHUAN AIRLINES
Chuanhang (3U/CSC) (IATA 876)   Chengdu (CTU)

☐	B-2298	Airbus A319-133	2534	ex D-AVYM	
☐	B-2299	Airbus A319-133	2597	ex D-AVXN	
☐	B-2300	Airbus A319-133	2639	ex D-AVWK	
☐	B-6043	Airbus A319-133	2313	ex D-AVYI	
☐	B-6045	Airbus A319-133	2348	ex D-AVYH	
☐	B-6054	Airbus A319-133	2510	ex D-AVWC	
☐	B-6170	Airbus A319-132	2396	ex N101LF	Lsd fr ILFC; sublsd to Northeasterm
☐	B-6171	Airbus A319-132	2431	ex N112CG	Lsd fr ACG
☐	B-6173	Airbus A319-133	3114	ex D-AYYA	Lsd fr ILFC
☐	B-6175	Airbus A319-133	3116	ex D-AYYB	Lsd fr ILFC
☐	B-6176	Airbus A319-133	3124	ex D-AYYC	Lsd fr ILFC

Three Airbus A319-133s are on order

☐	B-2340	Airbus A320-233	0540	ex F-WWDK		Lsd fr ILFC
☐	B-2341	Airbus A320-232	0551	ex F-WWBI		Lsd fr ILFC
☐	B-2342	Airbus A320-232	0556	ex F-WWIL		Lsd fr ILFC
☐	B-2348	Airbus A320-233	0912	ex EI-TAA		
☐	B-2373	Airbus A320-232	0919	ex F-WWIC		
☐	B-2397	Airbus A320-233	1013	ex F-WWDP		
☐	B-6025	Airbus A320-232	0573	ex B-MAD		Lsd fr ILFC
☐	B-6026	Airbus A320-232	0582	ex B-MAE	stored TLS	Lsd fr ILFC
☐	B-6027	Airbus A320-233	1007	ex N460TA		Lsd fr Pegasus
☐	B-6049	Airbus A320-233	0902	ex (D-ANNI)		Lsd fr Pegasus
☐	B-6256	Airbus A320-232	0872	ex N872CV		Lsd fr Volito Avn
☐	B-6257	Airbus A320-233	0874	ex EI-TAE		Lsd fr Pegasus
☐	B-6295	Airbus A320-233	1500	ex N481TA		
☐	B-6321	Airbus A320-232	3210	ex F-WWIK		
☐	B-6322	Airbus A320-232	3158	ex F-WWDP		
☐	B-6323	Airbus A320-232	3167	ex F-WWIM		
☐	B-6325	Airbus A320-232	3196	ex F-WWIE		
☐	B-	Airbus A320-232	3386	ex F-WWDP	on order	
☐	B-	Airbus A320-232		ex F-WW	on order	

Ten Airbus A320-232s are on order

☐	B-2286	Airbus A321-131	0550	ex N550BR	Lsd fr ILFC
☐	B-2293	Airbus A321-131	0591	ex N451LF	Lsd fr ILFC
☐	B-2370	Airbus A321-231	0878	ex D-AVZF	
☐	B-2371	Airbus A321-231	0915	ex D-AVZM	
☐	B-6285	Airbus A321-231	1060	ex HL7590	Lsd fr ILFC
☐	B-6300	Airbus A321-231	1293	ex HL7549	Lsd fr ILFC
☐	B-	Airbus A321-231	3583	ex D-AV	

Five Airbus A321-231s are on order

☐	B-3040	Embraer EMB.145LR (ERJ-145LR)	145317	ex PT-SMI	Lsd to Northeastern
☐	B-3041	Embraer EMB.145LR (ERJ-145LR)	145349	ex PT-SNP	Lsd to Northeastern
☐	B-3042	Embraer EMB.145LR (ERJ-145LR)	145352	ex PT-SNR	
☐	B-3043	Embraer EMB.145LR (ERJ-145LR)	145377	ex PT-SQB	
☐	B-3045	Embraer EMB.145LR (ERJ-145LR)	145470	ex PT-SVP	

☐	B-3425	AVIC I Y-7-MA 60	0101	
☐	B-3426	AVIC I Y-7-MA 60		
☐	B-	AVIC I Y-7-MA 60		on order
☐	B-	AVIC I Y-7-MA 60		on order
☐	B-	AVIC I Y-7-MA 60		on order

All leased from Shenzhen Financial Leasing.
39% owned by China Southern Airlines, 10% by Shandong Airlines and 10% by Shanghai Airlines; leases aircraft to Kunming Airlines

SICHUAN AOLIN GENERAL AVIATION
Chengdu (CTU)

☐	B-3637	Cessna 208B Caravan I	208B0919	ex N1294D
☐	B-3640	Cessna 208B Caravan I	208B0952	ex N1132X
☐	B-3641	Cessna 208B Caravan I	208B0953	ex N1133V

SPRING AIRLINES
Air Spring (9S/CQH) (IATA 089) — Shanghai-Hongqiao (SHA)

☐	B-6250	Airbus A320-214	1372	ex EI-DKS	Lsd fr GECAS
☐	B-6258	Airbus A320-214	0879	ex EC-GZD	Lsd fr GECAS
☐	B-6280	Airbus A320-214	1286	ex N120US	Lsd fr AFS Investments
☐	B-6301	Airbus A320-214	2939	ex F-WWIO	Lsd fr GECAS
☐	B-6309	Airbus A320-214	3014	ex F-WWBO	Lsd fr GECAS
☐	B-6310	Airbus A320-214	3023	ex F-WWBZ	Lsd fr GECAS
☐	B-6320	Airbus A320-214	1686	ex N686RL	Lsd fr Boullioun
☐	B-6328	Airbus A320-214	0978	ex N888CQ	Lsd fr Intl Avn Capital

Seven more Airbus A320-214s are on order including three leased from Aerventure

UNITED EAGLE AIRLINES
United Eagle (EU/UEA) (IATA 811) — Chengdu (CTU)

☐	B-6151	Airbus A319-112	1263	ex N739US	Lsd fr AFS Investments
☐	B-6152	Airbus A319-112	0946	ex N706US	Lsd fr AFS Investments
☐	B-6155	Airbus A319-112	0949	ex N707UW	Lsd fr AFS Investments
☐	B-6266	Airbus A320-214	1751	ex N751AF	Lsd fr GECAS

WEST CHINA AIRLINES
Chongqing (CKG)

☐	B-2937	Boeing 737-3Q8	26295/2557	special bamboo c/s	Lsd fr CHH
☐	B-2938	Boeing 737-3Q8	26296/2581	special flower c/s	Lsd fr CHH
☐	B-2963	Boeing 737-3Q8	26325/2772		Lsd fr CHH

AOC granted 18 June 2007 as a joint venture between Lucky Air (35%) and local investors

XIAMEN AIRLINES
Xiamen Air (MF/CXA) (IATA 731) — Xiamen (XMN)

☐	B-2591	Boeing 737-505	25792/2353	ex LN-BRW	for AUL	Lsd fr Sojitz A/c
☐	B-2592	Boeing 737-505	27153/2516	ex LN-BRZ		Lsd fr AerCap
☐	B-2593	Boeing 737-505	27155/2449	ex LN-BRY	for AUL	Lsd fr AerCap
☐	B-2656	Boeing 737-3Q8	26292/2519	ex B-2903	for CYZ	Lsd fr ILFC
☐	B-2973	Boeing 737-505	26336/2805			Lsd fr ILFC
☐	B-2975	Boeing 737-505	26338/2822			Lsd fr ILFC
☐	B-2658	Boeing 737-75C	30512/637	ex N1786B		
☐	B-2659	Boeing 737-75C	30513/676			
☐	B-2991	Boeing 737-75C	29085/90			
☐	B-2992	Boeing 737-75C	29086/108	ex N1786B		
☐	B-2998	Boeing 737-75C	29042/73	ex N1786B		
☐	B-2999	Boeing 737-75C	29084/86	ex N1796B		
☐	B-5028	Boeing 737-75C	30034/1275			Lsd fr ILFC
☐	B-5029	Boeing 737-75C	30634/1229			Lsd fr ILFC
☐	B-5038	Boeing 737-7Q8	30656/1304	ex N1787B		Lsd fr ILFC
☐	B-5039	Boeing 737-75C	28258/1315			Lsd fr ILFC
☐	B-5146	Boeing 737-86N/W	34253/1866			Lsd fr GECAS
☐	B-5151	Boeing 737-86N/W	34255/1975			Lsd fr GECAS
☐	B-5152	Boeing 737-86N/W	34256/1990			Lsd fr GECAS
☐	B-5159	Boeing 737-85C/W	35044/2018	ex N1784B		
☐	B-5160	Boeing 737-85C/W	35045/2050			
☐	B-5161	Boeing 737-85C/W	35046/2105			
☐	B-5162	Boeing 737-85C/W	35047/2130	ex N1787B		
☐	B-5212	Boeing 737-75C	34024/1703			
☐	B-5215	Boeing 737-75C	34025/1724			
☐	B-5216	Boeing 737-75C	34026/1733			
☐	B-5218	Boeing 737-75C	34027/1767	ex N1786B		
☐	B-5219	Boeing 737-75C	34028/1771			
☐	B-5301	Boeing 737-85C/W	35048/2194			
☐	B-5302	Boeing 737-85C/W	35049/2271			
☐	B-5303	Boeing 737-85C/W	35050/2305	ex N1780B		
☐	B-5305	Boeing 737-85C/W	35051/2364			
☐	B-5306	Boeing 737-85C/W	35052/2418	ex N1786B		
☐	B-5307	Boeing 737-85C/W	35053/2447			
☐	B-5308	Boeing 737-86N/W	32687/2229			Lsd fr GECAS
☐	B-5309	Boeing 737-86N/W	32689/2254			Lsd fr GECAS
☐	B-5318	Boeing 737-85C/W	30723/2283			Lsd fr ILFC
☐	B-5319	Boeing 737-8FH/W	35102/2471	ex N1796B		Lsd fr RBS Aerospace
☐	B-5355	Boeing 737-8FH/W	35104/2495	ex N1780B	on order	Lsd fr RBS Aerospace

3 more Boeing 737-800/Ws are on order for delivery in 2009 plus 25 for delivery July 2011-November 2013

☐	B-2819	Boeing 757-25C	25898/475
☐	B-2828	Boeing 757-25C	25899/565
☐	B-2829	Boeing 757-25C	25900/574
☐	B-2848	Boeing 757-25C	27513/685
☐	B-2849	Boeing 757-25C	27517/698
☐	B-2862	Boeing 757-25C	34008/1047

☐	B-2866	Boeing 757-25C	34009/1048
☐	B-2868	Boeing 757-25C	32941/993
☐	B-2869	Boeing 757-25C	32942/1009

60% owned by China Southern; in turn owns Fujian Airlines

XINJIANG GENERAL AVIATION
Shihezi

☐	B-3869	AVIC II Y-11	(11)0501
☐	B-3870	AVIC II Y-11	(11)0502
☐	B-3885	AVIC II Y-11	(11)0301
☐	B-3887	AVIC II Y-11	(11)0303
☐	B-3888	AVIC II Y-11	(11)0304
☐	B-3890	AVIC II Y-11	(11)0306
☐	B-3891	AVIC II Y-11	(11)0307
☐	B-3894	AVIC II Y-11	(11)0310

All combination Freighter/Sprayers

☐	B-3815	AVIC II Y-12 II	0023	Geological survey
☐	B-3817	AVIC II Y-12 II	0029	Photographic survey
☐	B-3818	AVIC II Y-12 II	0030	Photographic survey

Subsidiary of China Xinjiang Airlines

YANGTZE RIVER EXPRESS
Yangtze River (Y8/YZR) (IATA 871) — *Shanghai-Hongqiao (SHA)*

☐	B-5053	Boeing 737-322F	24378/1704	ex N357UA	Lsd fr CHH
☐	B-5055	Boeing 737-330(QC)	24283/1677	ex N283A	Lsd fr CHH
☐	B-5056	Boeing 737-330(QC)	23836/1508	ex N836Y	Lsd fr CHH
☐	B-5057	Boeing 737-330(QC)	23837/1514	ex N837Y	Lsd fr CHH
☐	B-5058	Boeing 737-330(QC)	23835/1465	ex N835A	Lsd fr CHH
☐	B-5059	Boeing 737-322F	24362/1696	ex N356UA	Lsd fr CHH

| ☐ | B-2431 | Boeing 747-409F | 30761/1254 | ex N703CL | Lsd fr CAL |
| ☐ | N200FQ | Boeing 747-481(SF) | 28283/1142 | ex TF-ANA | Lsd fr WFBN |

51% owned by Hainan Airlines and 25% by China Airlines; the (QC) aircraft also operate passenger flights for Hainan

ZHONGFEI AIRLINES
Zhongfei (CFZ) — *Xi'an-Yanliang*

☐	B-3820	AVIC II Y-12 II	0031	
☐	B-3820	AVIC II Y-12 II	0031	
☐	B-4103	Cessna 550 Citation II	550-0301	Calibrator
☐	B-4104	Cessna 550 Citation II	550-0297	Calibrator
☐	B-4105	Cessna 550 Citation II	550-0305	Calibrator

Division of Chinese Test Flight Establishment

ZHUHAI HELICOPTER
Now listed under China Southern Airlines

B-H/K/L   CHINA - HONG KONG

AIR HONG KONG
Air Hong Kong (LD/AHK) (IATA 288) — *Hong Kong (HKG)*

☐	B-LDA	Airbus A300F4-605R	855	ex F-WWAN
☐	B-LDB	Airbus A300F4-605R	856	ex F-WWAP
☐	B-LDC	Airbus A300F4-605R	857	ex F-WWAQ
☐	B-LDD	Airbus A300F4-605R	858	ex F-WWAR
☐	B-LDE	Airbus A300F4-605R	859	ex F-WWAS
☐	B-LDF	Airbus A300F4-605R	860	ex F-WWAT
☐	B-LDG	Airbus A300F4-605R	870	ex F-WWAJ
☐	B-LDH	Airbus A300F4-605R	871	ex F-WWAK

All are General Freighter versions; operated in DHL colours
60% owned by Cathay Pacific Airways and 40% by DHL.

CATHAY PACIFIC AIRWAYS
Cathay (CX/CPA) (IATA 160) — *Hong Kong (HKG)*

☐	B-HLA	Airbus A330-342	071	ex VR-HLA
☐	B-HLB	Airbus A330-342	083	ex VR-HLB
☐	B-HLC	Airbus A330-342	099	ex VR-HLC
☐	B-HLD	Airbus A330-342	102	ex VR-HLD
☐	B-HLE	Airbus A330-342	109	ex VR-HLE
☐	B-HLF	Airbus A330-342	113	ex VR-HLF
☐	B-HLG	Airbus A330-342	118	ex VR-HLG
☐	B-HLH	Airbus A330-342	121	ex VR-HLH
☐	B-HLI	Airbus A330-342	155	ex VR-HLI
☐	B-HLJ	Airbus A330-342	012	ex VR-HLJ
☐	B-HLK	Airbus A330-342	017	ex VR-HLK

	Reg	Type	MSN	ex	Notes	Notes2
☐	B-HLL	Airbus A330-342	244	ex F-WWKG		
☐	B-HLM	Airbus A330-343X	386	ex F-WWYT		
☐	B-HLN	Airbus A330-343X	389	ex F-WWYV		
☐	B-HLO	Airbus A330-343X	393	ex F-WWYY		
☐	B-HLP	Airbus A330-343X	418	ex F-WWKV		
☐	B-HLQ	Airbus A330-343X	420	ex F-WWYB		
☐	B-HLR	Airbus A330-343X	421	ex F-WWYC		
☐	B-HLS	Airbus A330-343X	423	ex F-WWYD		
☐	B-HLT	Airbus A330-343X	439	ex F-WWYJ		
☐	B-HLU	Airbus A330-343X	539	ex F-WWYG		
☐	B-HLV	Airbus A330-343X	548	ex F-WWYI		
☐	B-HLW	Airbus A330-343X	565	ex F-WWYR		
☐	B-LAA	Airbus A330-342E	669	ex F-WWKS	Asia's World City titles	Lsd fr ILFC
☐	B-LAB	Airbus A330-342E	673	ex F-WWKZ	Asia's World City titles	Lsd fr ILFC
☐	B-LAC	Airbus A330-342E	679	ex F-WWYC		Lsd fr ILFC
☐	B-LAD	Airbus A330-342E	776	ex F-WWKI	Progress Hong Kong c/s	Lsd fr ILFC
☐	B-LAE	Airbus A330-342E	850	ex F-WWKQ		
☐	B-LAF	Airbus A330-342E	855	ex F-WWYC		
☐	B-LAG	Airbus A330-342E	895	ex F-WWYV		Lsd fr ILFC
☐	B-LAH	Airbus A330-342E	915	ex F-WWYN	on order	Lsd fr ILFC
☐	B-	Airbus A330-342E		ex F-WW	on order	Lsd fr ILFC

Eight more Airbus A330-343Xs are on order

	Reg	Type	MSN	ex	Notes	Notes2
☐	B-HXA	Airbus A340-313X	136	ex VR-HXA		
☐	B-HXB	Airbus A340-313X	137	ex VR-HXB		
☐	B-HXC	Airbus A340-313X	142	ex VR-HXC		
☐	B-HXD	Airbus A340-313X	147	ex VR-HXD		
☐	B-HXE	Airbus A340-313X	157	ex VR-HXE		
☐	B-HXF	Airbus A340-313X	160	ex VR-HXF		
☐	B-HXG	Airbus A340-313X	208	ex F-WWJC		
☐	B-HXH	Airbus A340-313X	218	ex F-WWJT		
☐	B-HXI	Airbus A340-313X	220	ex F-WWJO		
☐	B-HXJ	Airbus A340-313X	227	ex F-WWJL		
☐	B-HXK	Airbus A340-313X	228	ex F-WWJI		
☐	B-HXL	Airbus A340-313X	381	ex F-WWJB		Lsd fr ILFC
☐	B-HXM	Airbus A340-313X	123	ex 9V-SJA		Lsd fr Boeing
☐	B-HXN	Airbus A340-313X	126	ex 9V-SJB		Lsd fr Boeing
☐	B-HXO	Airbus A340-313X	128	ex 9V-SJC		Lsd fr Boeing
☐	B-HQA	Airbus A340-642	436	ex F-WWCJ	for CHH	Lsd fr ILFC
☐	B-HQB	Airbus A340-642	453	ex F-WWCN	for CHH	Lsd fr ILFC
☐	B-HQC	Airbus A340-642	475	ex F-WWCQ	for CHH	Lsd fr ILFC

The Airbus A340-642s are to be returned to ILFC in 2008 and leased to Hainan Airlines

	Reg	Type	MSN	ex	Notes	Notes2
☐	B-HIH	Boeing 747-267B(SF)	23120/596	ex VR-HIH		
☐	B-HKD	Boeing 747-412	26548/923	ex 9V-SMN		
☐	B-HKE	Boeing 747-412	25127/859	ex N127LC		
☐	B-HKF	Boeing 747-412	25128/860	ex 9V-SML		
☐	B-HKH	Boeing 747-412BCF	24227/831	ex 9V-SMH		
☐	B-HKJ	Boeing 747-412BCF	27133/962	ex 9V-SMR		
☐	B-HKS	Boeing 747-412BCF	27070/1049	ex 9V-SPC		
☐	B-HKT	Boeing 747-412	27132/955	ex 4X-ELS		Lsd fr Palomino Lsg
☐	B-HKU	Boeing 747-412	27069/1010	ex 9V-SMV		Lsd fr RBS Aerospace
☐	B-HKV	Boeing 747-412	26552/1056	ex 9V-SPD		Lsd fr BBAM
☐	B-HMD	Boeing 747-2L5B(SF)	22105/435	ex VR-HMD		
☐	B-HME	Boeing 747-2L5B(SF)	22106/443	ex VR-HME		
☐	B-HMF	Boeing 747-2L5B(SF)	22107/469	ex VR-HMF	Asia's World City c/s	
☐	B-HOO	Boeing 747-467	23814/705	ex VR-HOO		
☐	B-HOP	Boeing 747-467	23815/728	ex VR-HOP		
☐	B-HOR	Boeing 747-467	24631/771	ex VR-HOR		
☐	B-HOS	Boeing 747-467	24850/788	ex VR-HOS		
☐	B-HOT	Boeing 747-467	24851/813	ex VR-HOT		
☐	B-HOU	Boeing 747-467BCF	24925/834	ex VR-HOU		
☐	B-HOV	Boeing 747-467	25082/849	ex VR-HOV		Lsd fr Whirlpool
☐	B-HOW	Boeing 747-467	25211/873	ex VR-HOW		
☐	B-HOX+	Boeing 747-467	24955/877	ex VR-HOX		Lsd fr AWAS
☐	B-HOY	Boeing 747-467	25351/887	ex VR-HOY	Asia's World City c/s	
☐	B-HOZ	Boeing 747-467	25871/925	ex VR-HOZ		
☐	B-HUA	Boeing 747-467	25872/930	ex VR-HUA		
☐	B-HUB	Boeing 747-467	25873/937	ex VR-HUB		
☐	B-HUD	Boeing 747-467	25874/949	ex VR-HUD		
☐	B-HUE	Boeing 747-467	27117/970	ex VR-HUE		
☐	B-HUF	Boeing 747-467	25869/993	ex VR-HUF		
☐	B-HUG	Boeing 747-467	25870/1007	ex VR-HUG		
☐	B-HUH	Boeing 747-467F	27175/1020	ex VR-HUH		
☐	B-HUI	Boeing 747-467	27230/1033	ex VR-HUI		
☐	B-HUJ	Boeing 747-467	27595/1061	ex VR-HUJ		Lsd fr ILFC
☐	B-HUK	Boeing 747-467F	27503/1065	ex VR-HUK		
☐	B-HUL	Boeing 747-467F	30804/1255			
☐	B-HUO	Boeing 747-467F	32571/1271	ex B-HUM		
☐	B-HUP	Boeing 747-467F	30805/1282	ex (B-HUN)		
☐	B-HUQ	Boeing 747-467F	34150/1356			
☐	B-HUR	Boeing 747-444BCF	24976/827	ex ZS-SAV		

☐ B-HUS	Boeing 747-444BCF	25152/861	ex ZS-SAW	
☐ B-HVX	Boeing 747-267F	24568/776	ex VR-HVX	
☐ B-HVY	Boeing 747-236F	22306/480	ex VR-HVY	
☐ B-HVZ	Boeing 747-267F	23864/687	ex VR-HVZ	
☐ B-LIA	Boeing 747-467ERF	37299	on delivery 08	
☐ B-LIB	Boeing 747-467ERF	36867	on delivery 08	
☐ B-LIC	Boeing 747-467ERF	36868	on delivery 08	

+ Special colours, named Spirit of Hong Kong; three more 747-467ERFs are on for delivery in 2009 plus ten Boeing 747-8Fs

☐ B-HNA	Boeing 777-267	27265/14	ex VR-HNA	
☐ B-HNB	Boeing 777-267	27266/18	ex VR-HNB	
☐ B-HNC	Boeing 777-267	27263/28	ex VR-HNC	
☐ B-HND	Boeing 777-267	27264/31	ex VR-HND	
☐ B-HNE	Boeing 777-367	27507/94	ex N5014K	
☐ B-HNF	Boeing 777-367	27506/102	ex N5016R	
☐ B-HNG	Boeing 777-367	27505/118	ex N5017V	
☐ B-HNH	Boeing 777-367	27504/136		
☐ B-HNI	Boeing 777-367	27508/204		
☐ B-HNJ	Boeing 777-367	27509/224		
☐ B-HNK	Boeing 777-367	27510/248		
☐ B-HNL	Boeing 777-267	27116/1	ex N7771	
☐ B-HNM	Boeing 777-367	33702/456		
☐ B-HNN	Boeing 777-367	33703/462		
☐ B-HNO	Boeing 777-367	33704/470		
☐ B-HNP	Boeing 777-367	34243/513		
☐ B-HNQ	Boeing 777-367	34244/567	ex N6009F	
☐ B-KPA	Boeing 777-367ER	36154/661	ex N1788B	
☐ B-KPB	Boeing 777-367ER	35299/670		Lsd fr ILFC
☐ B-KPC	Boeing 777-367ER	34432/674		Lsd fr ILFC
☐ B-KPD	Boeing 777-367ER	36155/680		
☐ B-KPE	Boeing 777-367ER	36156/685		
☐ B-KPF	Boeing 777-367ER	36832/692	Asia World City c/s	
☐ B-KPG	Boeing 777-367ER	35300/700	on order	Lsd fr ILFC
☐ B-KPH	Boeing 777-367ER	35301	on order	Lsd fr ILFC
☐ B-KPI	Boeing 777-367ER	36833	on order	
☐ B-KPJ	Boeing 777-367ER	36157	on order	

Twenty more Boeing 777-367ERs are on order for delivery from 2009. Member of oneworld alliance
Owns 60 % of Air Hong Kong and 20% of Air China while Dragonair is wholly owned; in return is 10.16% owned by Air China.

DRAGONAIR
Dragon (KA/HDA) (IATA 043)   *Hong Kong (HKG)*

☐ B-HSD	Airbus A320-232	0756	ex F-WWBC	Lsd fr ILFC
☐ B-HSE	Airbus A320-232	0784	ex F-WWDL	Lsd fr ILFC
☐ B-HSG	Airbus A320-232	0812	ex B-22315	
☐ B-HSH	Airbus A320-232	0877	ex F-WWIH	Lsd fr ILFC
☐ B-HSI	Airbus A320-232	0930	ex F-WWIE	Lsd fr ILFC
☐ B-HSJ	Airbus A320-232	1253	ex F-WWIU	
☐ B-HSK	Airbus A320-232	1721	ex F-WWDF	Lsd fr Boullioun
☐ B-HSL	Airbus A320-232	2229	ex F-WWIE	
☐ B-HSM	Airbus A320-232	2238	ex F-WWDG	
☐ B-HSN	Airbus A320-232	2428	ex F-WWBI	
☐ B-HTD	Airbus A321-231	0993	ex D-AVZF	Lsd fr ILFC
☐ B-HTE	Airbus A321-231	1024	ex D-AVZD	Lsd fr ILFC
☐ B-HTF	Airbus A321-231	0633	ex G-OZBC	Lsd fr ILFC
☐ B-HTG	Airbus A321-231	1695	ex D-AVZA	Lsd fr ILFC
☐ B-HTH	Airbus A321-231	1984	ex D-AVZX	
☐ B-HTI	Airbus A321-231	2021	ex D-AVXJ	
☐ B-HWF	Airbus A330-343	654	ex F-WWYM	Lsd fr ILFC
☐ B-HWG	Airbus A330-343	662	ex F-WWYZ	The Way of the Dragon Lsd fr ILFC
☐ B-HWH	Airbus A330-343	692	ex F-WWYO	Lsd fr ILFC
☐ B-HWI	Airbus A330-343	716	ex F-WWYX	Lsd fr ILFC
☐ B-HWJ	Airbus A330-343	741	ex F-WWYE	Lsd fr ILFC
☐ B-HWK	Airbus A330-343	786	ex F-WWYZ	Lsd fr ILFC
☐ B-HYA	Airbus A330-342	098	ex VR-HYA	Lsd fr ILFC
☐ B-HYB	Airbus A330-342	106	ex VR-HYB	
☐ B-HYD	Airbus A330-342	132	ex VR-HYD	Lsd fr ILFC
☐ B-HYE	Airbus A330-342	177	ex VR-HYE	Lsd fr ILFC
☐ B-HYF	Airbus A330-342	234	ex F-WWKF	
☐ B-HYG	Airbus A330-343	405	ex F-WWKQ	Lsd to CAL
☐ B-HYH	Airbus A330-343	407	ex F-WWKR	Lsd fr ILFC; sublsd to CAL
☐ B-HYI	Airbus A330-343	479	ex F-WWKU	
☐ B-HYJ	Airbus A330-343	512	ex F-WWYR	
☐ B-HYQ	Airbus A330-343	581	ex F-WWKK	Lsd fr ILFC
☐ B-KAA	Boeing 747-312M	23769/666	ex 9V-SKP	Freighter
☐ B-KAB	Boeing 747-312M	23409/637	ex 9V-SKM	Freighter
☐ B-KAC	Boeing 747-3H6M	23600/650	ex N73471	Freighter
☐ B-KAD	Boeing 747-209F	24308/752	ex B-18771	
☐ B-KAE	Boeing 747-412BCF	25068/852	ex 9V-SMJ	

43

☐ B-KAF	Boeing 747-412BCF	26547/921	ex 9V-SMM	
☐ B-KAG	Boeing 747-412BCF	27067/953	ex 9V-SMP	
☐ B-KAH	Boeing 747-412BCF	27134/981	ex 9V-SMS	
☐ B-KAI	Boeing 747-412BCF	27217/1023	ex 9V-SMY	

Other cargo flights operated by Atlas Air on ACMI lease. Wholly owned by Cathay Pacific
Dragonair is the trading name of Hong Kong Dragon Airlines, became a member of oneworld alliance 01 November 2007

HELI EXPRESS
Heli Hong Kong (UO/HHK)   Hong Kong (HKG)

☐ B-HJR	Sikorsky S-76C+	760497		
☐ B-KCC	Sikorsky S-76C+	760521	ex N9017M	

Operates Hong Kong-Macau shuttle in conjunction with EAA Helicopters plus cross border flights; sister company of Hong Kong Express Airways

HONG KONG AIRLINES
Bauhina (HX/CRK) (IATA 851)   Hong Kong (HKG)

☐ B-KBE	Boeing 737-84P/W	32605/1796	ex B-5136	Lsd fr CHH
☐ B-KBF	Boeing 737-84P/W	32606/1805	ex B-5137	Lsd fr CHH
☐ B-KBH	Boeing 737-808/W	34707/2046		Lsd fr CHH
☐ B-KBI	Boeing 737-808/W	34709/2121	ex N1787B	Lsd fr CHH
☐ B-KBK	Boeing 737-84P/W	35072/2155	ex N1786B	Lsd fr CHH
☐ B-KBL	Boeing 737-84P/W	35074/2217	ex N1787B	Lsd fr CHH
☐ B-KBM	Boeing 737-84P/W	35076/2380		Lsd fr CHH
☐ B-KBP	Boeing 737-8FH/W	35105/2501	on order	Lsd fr CHH
☐ B-KBQ	Boeing 737-84P/W	35274	on order Apr 08	Lsd fr CHH
☐ B-KBR	Boeing 737-84P/W	35276	on order May 08	Lsd fr CHH
☐ B-K	Boeing 737-8Q8/W	35285	on order Oct 08	Lsd fr ILFC

45% owned by Hainan Airlines; 30 Airbus A320s and 20 Airbus 330s are on order plus one Airbus A319CJ

HONG KONG EXPRESS AIRWAYS
Hong Kong Shuttle (UO/HKE)   Hong Kong (HKG)

☐ B-KXE	Boeing 737-808/W	34710/2144	Lsd fr CHH
☐ B-KXF	Boeing 737-808/W	34967/2239	Lsd fr CHH
☐ B-KXG	Boeing 737-808/W	34968/2265	Lsd fr CHH
☐ B-KXH	Boeing 737-808/W	34971/2400	Lsd fr CHH

45% owned by Hainan Airlines.

OASIS HONG KONG AIRLINES
Oasis (HX/OHK)   Hong Kong (HKG)

☐ B-LFA	Boeing 747-412	24063/736	ex TF-AMA	
☐ B-LFB	Boeing 747-412	24065/761	ex TF-AMB	
☐ B-LFC	Boeing 747-481	29263/1204	ex JA404A	
☐ B-LFD	Boeing 747-481	30322/1250	ex JA405A	
☐ B-LFE	Boeing 747-481	29262/1199	ex JA403A	on order

B-M CHINA - MACAU

AIR MACAU
Air Macau (NX/AMU) (IATA 675)   Macau (MFM)

☐ B-MAK	Airbus A319-132	1758	ex D-AVYF	Rio Yangtze	Lsd fr ILFC
☐ B-MAL	Airbus A319-132	1790	ex D-AVYR	Rio Amarelo	Lsd fr ILFC
☐ B-MAM	Airbus A319-112	1893	ex D-AVYJ	Lago Sul Lua	Lsd fr ILFC
☐ B-MAN	Airbus A319-132	1912	ex D-AVWZ	Rio Huang Pu	Lsd fr ILFC
☐ B-MAO	Airbus A319-132	1962	ex D-AVWU	Rio Yaluzangbu	Lsd fr ILFC
☐ B-MAB	Airbus A321-131	0557	ex VN-A341	Lotus	Lsd fr AWAS
☐ B-MAF	Airbus A321-131	0620	ex CS-MAF	Acores	Lsd fr ILFC
☐ B-MAG	Airbus A321-131	0631	ex CS-MAG	Ilha de Coloane	Lsd fr ILFC
☐ B-MAJ	Airbus A321-231	0908	ex CS-MAJ	Farol da Guia	
☐ B-MAP	Airbus A321-231	1850	ex D-AVZX	Rio das Perolas	Lsd fr ILFC
☐ B-MAQ	Airbus A321-231	1926	ex D-AVZS	Lago Tai	Lsd fr ILFC
☐ B-MAR	Airbus A321-131	0597	ex VN-A346		Lsd fr AWMS
☐ B-MAH	Airbus A320-232	0805	ex CS-MAH	Ilha da Madeira	Lsd fr ILFC
☐ B-MAS	Airbus A300B4-622RF	743	ex N221LF	Cargo titles	Lsd fr ILFC
☐ TC-AGK	Airbus A300B4-203F	117	ex G-CEXH	Siirt 5	Lsd fr KZU
☐ TC-KZU	Airbus A300B4-203	173	ex (TC-ORK)	Siirt 2	Lsd fr KZU

20% owned by TAP-Air Portugal and 5% by EVA Airways but control rests with CNAC who own 51%. Owns 51% of Macau Asia Express

EAA HELICOPTERS
(3E/EMU)   Macau Heliport

☐ B-MHF	Sikorsky S-76C+	760474	ex CS-MHF
☐ B-MHG	Sikorsky S-76C+	760475	ex CS-MHG
☐ B-MHH	Sikorsky S-76C+	760476	ex CS-MHH

East Asia Airlines trading as EAA Helicopters; associated with Heli Hong Kong on Hong Kong-Macau shuttle

MACAU ASIA EXPRESS
Macau (MFM)

☐ B-M	Airbus A320-211	0138	ex JA8381	on order
☐ B-M	Airbus A320-211	0139	ex JA8382	on order
☐ B-M	Airbus A320-211	0148	ex JA8383	on order
☐ B-M	Airbus A320-211	0151	ex JA8384	on order
☐ B-M	Airbus A320-211	0167	ex JA8385	on order

Low cost carrier, 51% owned by Air Macau, due to commence operation in 2008

VIVA MACAU
Jackpot (ZG/VVM) (IATA 887)   Macau (MFM)

| ☐ B-MAV | Boeing 767-284ER | 24716/297 | ex N716AN | Lsd fr AWAS |
| ☐ B-MAW | Boeing 767-38EER | 24798/331 | ex N798AW | Lsd fr MSA 1 |

B-   CHINA – TAIWAN (Republic of China)

CHINA AIRLINES
China Airlines/Dynasty (CI/CAL) (IATA 297)   Taipei-Chiang Kai Shek/Sung Shen (TPE/TSA)

☐ B-18301	Airbus A330-302	602	ex F-WWYM	
☐ B-18302	Airbus A330-302	607	ex F-WWYY	
☐ B-18303	Airbus A330-302	641	ex F-WWYS	
☐ B-18305	Airbus A330-302	671	ex F-WWKN	orchid colours
☐ B-18306	Airbus A330-302	675	ex F-WWYU	
☐ B-18307	Airbus A330-302	691	ex F-WWYL	
☐ B-18308	Airbus A330-302	699	ex F-WWKA	
☐ B-18309	Airbus A330-302	707	ex F-WWKI	
☐ B-18310	Airbus A330-302	714	ex F-WWYV	
☐ B-18311	Airbus A330-302	752	ex F-WWKZ	Taiwanese Fruits c/s
☐ B-18312	Airbus A330-302	769	ex F-WWYS	
☐ B-18315	Airbus A330-302	823	ex F-WWKS	
☐ B-18316	Airbus A330-302	838	ex F-WWYM	
☐ B-18317	Airbus A330-302	861	ex F-WWYA	
☐ B-18351	Airbus A330-302	725	ex F-WWKO	Lsd fr ILFC
☐ B-18352	Airbus A330-302	805	ex F-WWYG	Lsd fr ILFC
☐ B-	Airbus A330-302	920	ex F-WWYU	on order	Lsd fr ILFC

☐ B-18801	Airbus A340-313X	402	ex F-WWJC
☐ B-18802	Airbus A340-313X	406	ex F-WWJK
☐ B-18803	Airbus A340-313X	411	ex F-WWJL
☐ B-18805	Airbus A340-313X	415	ex F-WWJO
☐ B-18806	Airbus A340-313X	433	ex F-WWJS
☐ B-18807	Airbus A340-313X	541	ex F-WWJK

Fourteen Airbus A350-900s are on order for delivery from 2015.

☐ B-16805	Boeing 737-8Q8	30636/768		Lsd fr MDA
☐ B-18601	Boeing 737-809/W	28402/113	ex N1787B	for MDA
☐ B-18605	Boeing 737-809/W	28404/130	ex N1784B	for MDA
☐ B-18606	Boeing 737-809/W	28405/132		for MDA
☐ B-18607	Boeing 737-809/W	29104/139		for MDA
☐ B-18608	Boeing 737-809/W	28406/141		for MDA
☐ B-18609	Boeing 737-809/W	28407/161		for MDA
☐ B-18610	Boeing 737-809/W	29105/295		for MDA
☐ B-18612	Boeing 737-809/W	30173/695	ex N1785B	for MDA
☐ B-18615	Boeing 737-809/W	30174/1175	ex N6067E	for MDA
☐ B-16817	Boeing 737-809/W	29106/302	ex B-18611	for MDA

☐ B-18201	Boeing 747-409	28709/1114	
☐ B-18202	Boeing 747-409	28710/1132	
☐ B-18203	Boeing 747-409	28711/1136	
☐ B-18205	Boeing 747-409	28712/1137	
☐ B-18206	Boeing 747-409	29030/1145	
☐ B-18207	Boeing 747-409	29219/1176	
☐ B-18208	Boeing 747-409	29031/1186	
☐ B-18210	Boeing 747-409	33734/1353	Dreamliner c/s
☐ B-18211	Boeing 747-409	33735/1354	
☐ B-18212	Boeing 747-409	33736/1357	
☐ B-18215	Boeing 747-409	33737/1358	
☐ B-18251	Boeing 747-409	27965/1063	ex B-16801

☐	B-18273*	Boeing 747-409	24311/869	ex B-163		
☐	B-18275*	Boeing 747-409	24312/954	ex B-164		
☐	B-18701	Boeing 747-409F	30759/1249			
☐	B-18702	Boeing 747-409F	30760/1252			
☐	B-18703	Boeing 747-409F	30761/1254			Lsd to YZR
☐	B-18705	Boeing 747-409F	30762/1263			
☐	B-18706	Boeing 747-409F	30763/1267			
☐	B-18707	Boeing 747-409F	30764/1269			
☐	B-18708	Boeing 747-409F	30765/1288			
☐	B-18709	Boeing 747-409F	30766/1294			
☐	B-18710	Boeing 747-409F	30767/1300		all-white	Lsd to HDA
☐	B-18711	Boeing 747-409F	30768/1314			
☐	B-18712	Boeing 747-409F	33729/1332			
☐	B-18715	Boeing 747-409F	33731/1334			
☐	B-18716	Boeing 747-409F	33732/1339			
☐	B-18717	Boeing 747-409F	30769/1346			
☐	B-18718	Boeing 747-409F	30770/1348			
☐	B-18719	Boeing 747-409F	33739/1355			
☐	B-18720	Boeing 747-409F	33733/1359			
☐	B-18721	Boeing 747-409F	33738/1362			
☐	B-18722	Boeing 747-409F	34265/1372		all-white	
☐	B-18723	Boeing 747-409F	34266/1379			
☐	B-18725	Boeing 747-409F	30771/1385			
☐	N168CL	Boeing 747-409	29906/1219	ex B-18209		

*May be converted to 747-409(SF) (special freighters)
Owns 7.61% of FEAT, 25% of Yangtze River Express and 94% of Mandarin Airlines.
Leases 747-400Fs from Atlas Air on ACMI lease

DAILY AIR
Taipei-Sung Shan (TSA)

☐	B-55561	Dornier 228-212	8215	ex B-12253
☐	B-55563	Dornier 228-212	8224	ex B-12259
☐	B-55565	Dornier 228-212	8234	ex B-11152
☐	B-55567	Dornier 228-212	8235	ex B-11156

5% owned by Far Eastern Air Transport

EVA AIRWAYS
Eva (BR/EVA) (IATA 695)   Taipei-Chiang Kai Shek (TPE)

☐	B-16301	Airbus A330-203	530	ex F-WWYA		Lsd fr GECAS
☐	B-16302	Airbus A330-203	535	ex F-WWYE		Lsd fr GECAS
☐	B-16303	Airbus A330-203	555	ex F-WWYL	Hello Kitty c/s	Lsd fr GECAS
☐	B-16305	Airbus A330-203	573	ex F-WWYP		Lsd fr GECAS
☐	B-16306	Airbus A330-203	587	ex F-WWKL		Lsd fr GECAS
☐	B-16307	Airbus A330-203	634	ex F-WWYJ	Hello Kitty c/s	Lsd fr GECAS
☐	B-16308	Airbus A330-203	655	ex F-WWYT		Lsd fr GECAS
☐	B-16309	Airbus A330-203	661	ex F-WWYY	Hello Kitty c/s	Lsd fr GECAS
☐	B-16310	Airbus A330-203	678	ex F-WWYB		
☐	B-16311	Airbus A330-203	693	ex F-WWYP		
☐	B-16312	Airbus A330-203	755	ex F-WWYP		
☐	B-16401	Boeing 747-45E	27062/942			Lsd fr Chailease
☐	B-16402	Boeing 747-45EBDSF	27063/947			Lsd fr Chailease
☐	B-16403	Boeing 747-45EM	27141/976	ex N403EV		Lsd fr WFBN
☐	B-16405	Boeing 747-45EM	27142/982	ex N405EV		Lsd fr WFBN
☐	B-16406	Boeing 747-45EMBDSF	27898/1051	ex N406EV		
☐	B-16407	Boeing 747-45EM	27899/1053	ex N407EV		
☐	B-16408	Boeing 747-45EM	28092/1076	ex N408EV		Lsd fr WFBN
☐	B-16409	Boeing 747-45EM	28093/1077	ex N409EV		Lsd fr WFBN
☐	B-16410	Boeing 747-45E	29061/1140			
☐	B-16411	Boeing 747-45E	29111/1151			Lsd fr Chailease
☐	B-16412	Boeing 747-45E	29112/1159			
☐	B-16462	Boeing 747-45EMBDSF	27173/998			
☐	B-16463	Boeing 747-45EMBDSF	27174/1004			
☐	B-16465	Boeing 747-45EM	26062/1016			Lsd fr Chailease
☐	B-16481	Boeing 747-45EF	30607/1251			
☐	B-16482	Boeing 747-45EF	30608/1279			
☐	B-16483	Boeing 747-45EF	30609/1309			

Four Boeing 747-45EMs to be converted to full freighter configuration as -45EMBDSF (IAI conversion)

☐	B-16701	Boeing 777-35EER	32639/524			Lsd fr GECAS
☐	B-16702	Boeing 777-35EER	32640/531			
☐	B-16703	Boeing 777-35EER	32643/572			
☐	B-16705	Boeing 777-35EER	32645/597	ex N6009F		
☐	B-16706	Boeing 777-35EER	33750/612			
☐	B-16707	Boeing 777-35EER	33751/634			
☐	B-16708	Boeing 777-35EER	33752/658			
☐	B-16709	Boeing 777-35EER	33753/683			
☐	B-16710	Boeing 777-35EER	32641		on order	
☐	B-16711	Boeing 777-35EER	33754		on order	

☐	B-16712	Boeing 777-35EER	33755		on order	
☐	B-16713	Boeing 777-35EER	33756		on order	
☐	B-	Boeing 777-35EER			on order	

Two more Boeing 777-35EERs are on order for delivery in 2009 /2010

☐	B-16101	McDonnell-Douglas MD-11F	48542/570			
☐	B-16106	McDonnell-Douglas MD-11F	48545/587			
☐	B-16107	McDonnell-Douglas MD-11F	48546/589			
☐	B-16108	McDonnell-Douglas MD-11F	48778/619			
☐	B-16109	McDonnell-Douglas MD-11F	48779/620			
☐	B-16110	McDonnell-Douglas MD-11F	48786/630			
☐	B-16111	McDonnell-Douglas MD-11F	48787/631			
☐	B-16112	McDonnell-Douglas MD-11F	48789/633	ex N90178		
☐	B-16113	McDonnell-Douglas MD-11F	48790/634	ex N9030Q		

Three MD-11Fs are operated on ACMI lease from World Airways

☐	B-17913	McDonnell-Douglas MD-90-30	53537/2162			Lsd fr UIA
☐	B-17917	McDonnell-Douglas MD-90-30ER	53572/2217			Lsd fr UIA
☐	B-17925	McDonnell-Douglas MD-90-30ER	53568/2171	ex B-16902		Lsd fr UIA
☐	B-22310	Airbus A320-232	0791	ex F-WWDR	Lsd fr HHL Lease; sublsd fr TNA	
☐	B-22311	Airbus A320-232	0822	ex F-WWBY		Lsd fr HHL Lease

Leases Boeing 747-400Fs from Atlas Air on ACMI lease.
Owns 25% of Shanghai Airlines Cargo International, 5% of Air Macau and 17.92% of UNI Air

FAR EASTERN AIR TRANSPORT
Far Eastern (EF/FEA) (IATA 265)   *Taipei-Sung Shan (TSA)*

☐	B-27011	Boeing 757-27A	29607/832			
☐	B-27013	Boeing 757-27A	29608/835		SinoPac c/s	
☐	B-27015	Boeing 757-27A	29609/876			
☐	B-27017	Boeing 757-27A	29610/904			
☐	B-27021	Boeing 757-27A	29611/910	ex N1787B		
☐	B-27201	Boeing 757-23APF	24868/314	ex N868AN	Lsd fr AWMS; jt ops with PIC	
☐	B-	Boeing 757-231	29385/893	ex N722TW		Lsd fr ILFC
☐	B-	Boeing 757-231	29378/907	ex N723TW	on order	Lsd fr ILFC

☐	B-28007	McDonnell-Douglas MD-83	49807/1829	ex N6200N	all-white	Lsd fr Sino Pac
☐	B-28011	McDonnell-Douglas MD-82	53118/1954	ex N6202S	TransAsia Tele c/s	Lsd fr Sino Pac
☐	B-28017	McDonnell-Douglas MD-82	53166/2052	ex N835AU		Lsd fr Mach I
☐	B-28021	McDonnell-Douglas MD-82	53167/2056	ex N836AU		Lsd fr Mach I
☐	B-28025	McDonnell-Douglas MD-83	53602/2214			
☐	B-28027	McDonnell-Douglas MD-83	53603/2218	ex N6200N		
☐	B-28031	McDonnell-Douglas MD-83	49950/1913	ex P4-MDE		Lsd fr GECAS
☐	B-28035	McDonnell-Douglas MD-82	53480/2127	ex B-88889		Lsd fr Taiwan Life Finance
☐	B-28037	McDonnell-Douglas MD-82	53479/2124	ex B-88888		Lsd fr Taiwan Life Finance

7.61% owned by China Airlines; in turn owns 5.53% of Transasia Airways and 5% of Daily Air

GREAT WING AIRLINES
Taichung

☐	B-69832	Britten-Norman BN-2A-26 Islander	2039	ex B-12232

MANDARIN AIRLINES
Mandarin Air (AE/MDA) (IATA 803)   *Taipei-Sung Shan (TSA)*

☐	B-12291	Fokker F.28-0100 (Fokker 100)	11500	ex PH-JCO	
☐	B-12292	Fokker F.28-0100 (Fokker 100)	11496	ex PH-JCP	
☐	B-12293	Fokker F.28-0100 (Fokker 100)	11517	ex F-OLLI	Lsd fr Jakarta A/c Finance
☐	B-12295	Fokker F.28-0100 (Fokker 100)	11527	ex F-OLLF	Lsd fr Jakarta A/c Finance
☐	B-12296	Fokker F.28-0100 (Fokker 100)	11505	ex F-OLLH	Lsd fr Jakarta A/c Finance
☐	B-12273	Fokker F.27 Mk 050 (Fokker 50)	20303	ex PH-JCF	
☐	B-12275	Fokker F.27 Mk 050 (Fokker 50)	20306	ex PH-JPB	
☐	B-18601	Boeing 737-809/W	28402/113	ex N1787B	on order
☐	B-18605	Boeing 737-809/W	28404/130	ex N1784B	on order
☐	B-18606	Boeing 737-809/W	28405/132		on order
☐	B-18607	Boeing 737-809/W	29104/139		on order
☐	B-18608	Boeing 737-809/W	28406/141		on order
☐	B-18609	Boeing 737-809/W	28407/161		on order
☐	B-18610	Boeing 737-809/W	29105/295		on order
☐	B-18612	Boeing 737-809/W	30173/695	ex N1785B	on order
☐	B-18615	Boeing 737-809/W	30174/1175	ex N6067E	on order
☐	B-16817	Boeing 737-809/W	29106/302	ex B-18611	on order
☐	B-16802	Boeing 737-8Q8	28236/739		Lsd fr ILFC
☐	B-16803	Boeing 737-8Q8	30664/743	ex N1787B	Lsd fr ILFC
☐	B-16805	Boeing 737-8Q8	30636/768		Lsd fr ILFC; sublsd to CAL
☐	B-16821	Embraer 190-100AR (190AR)	17000087	ex PT-SNF	Lsd fr GECAS
☐	B-16822	Embraer 190-100AR (190AR)	17000091	ex PT-SNK	Lsd fr GECAS
☐	B-16823	Embraer 190-100AR (190AR)	17000099	ex PT-SNT	Lsd fr GECAS

94% owned by China Airlines; leases Boeing 737-8Q8s to President Airlines when required
Five Embraer 195s are on order, leased from GECAS to replace the Fokkers

47

ROC AVIATION

Taipei-Sung Shan (TSA)

☐	B-68801	Britten-Norman BN-2B-26 Islander	2255	ex G-BTVI	
☐	B-68802	Britten-Norman BN-2B-20 Islander	2241	ex G-BSPU	

TRANSASIA AIRWAYS
Transasia (GE/TNA) (IATA 170)   *Taipei-Sung Shan (TSA)*

☐	B-22306	Airbus A320-231	0441	ex N441KA	
☐	B-22310	Airbus A320-232	0791	ex F-WWDR	Lsd fr HHL Lease; sublsd to EVA
☐	B-22311	Airbus A320-232	0822	ex F-WWBY	
☐	B-22601	Airbus A321-131	0538	ex F-WGYZ	Special colours
☐	B-22602	Airbus A321-131	0555	ex F-WFYZ	
☐	B-22605	Airbus A321-131	0606	ex F-WGYY	
☐	B-22606	Airbus A321-131	0731	ex F-WQGL	
☐	B-22607	Airbus A321-131	0746	ex F-WQGM	
☐	B-22801	ATR 72-212A	517	ex F-WWLK	
☐	B-22802	ATR 72-212A	525	ex F-WWLB	
☐	B-22803	ATR 72-212A	527	ex F-WWLC	
☐	B-22805	ATR 72-212A	558	ex F-WQIU	
☐	B-22806	ATR 72-212A	560	ex F-WQIY	
☐	B-22807	ATR 72-212A	567	ex F-WQIZ	
☐	B-22810	ATR 72-212A	642	ex F-WQMF	
☐	B-22811	ATR 72-212A	749	ex F-WQNC	
☐	B-22812	ATR 72-212A	774	ex F-WWEM	

5.53% owned by Far Eastern Air Transport

UNI AIR
Glory (B7/UIA) (IATA 525)   *Taipei-Sung Shan (TSA)*

☐	B-15217	de Havilland DHC-8-311A	379	ex C-GEOA	Lsd fr Chailease
☐	B-15219	de Havilland DHC-8-311A	381	ex C-FDHD	Lsd fr Sunshine Finance
☐	B-15225	de Havilland DHC-8-311B	405	ex C-GFHZ	
☐	B-15231	de Havilland DHC-8-311B	414	ex C-GFBW	
☐	B-15233	de Havilland DHC-8-311B	402	ex C-GDFT	
☐	B-15235	de Havilland DHC-8Q-311B	443	ex C-FWBB	Lsd fr Hwa Hsia Lsg
☐	B-15237	de Havilland DHC-8Q-311B	467	ex C-GELN	Lsd fr Hwa-Hsia Lsg
☐	B-15239	de Havilland DHC-8Q-311B	571	ex C-GEWI	
☐	B-17201	de Havilland DHC-8Q-202	522	ex C-FDHV	
☐	B-17911	McDonnell-Douglas MD-90-30	53535/2158		Lsd fr Hwa-Hsia Lsg
☐	B-17913	McDonnell-Douglas MD-90-30	53537/2162		Lsd fr Chailease; sublsd to EVA
☐	B-17917	McDonnell-Douglas MD-90-30ER	53572/2217		Lsd to EVA
☐	B-17918	McDonnell-Douglas MD-90-30ER	53571/2193	ex B-16903	Lsd fr Chailease
☐	B-17919	McDonnell-Douglas MD-90-30	53569/2173	ex N6206M	
☐	B-17920	McDonnell-Douglas MD-90-30	53574/2186		
☐	B-17921	McDonnell-Douglas MD-90-30	53554/2166	ex SU-BNN	
☐	B-17922	McDonnell-Douglas MD-90-30	53601/2243	ex SU-BMT	
☐	B-17923	McDonnell-Douglas MD-90-30ER	53534/2153	ex B-16901	Lsd fr FCB Lsg; sublsd to EVA
☐	B-17925	McDonnell-Douglas MD-90-30ER	53568/2171	ex B-16902	Lsd fr FCB Lsg; sublsd to EVA
☐	B-17926	McDonnell-Douglas MD-90-30ER	53567/2169	ex B-15301	Lsd fr Chailease

17.92% owned by EVA Air

C-   CANADA

ABITIBI HELICOPTERS
La Sarre, QC/Calgary-Springbank, AB (SSQ/-)

☐	C-FAVI	Aerospatiale AS.350B2 AStar	2251	ex N216LA	
☐	C-FHAJ	Aerospatiale AS.350BA+ AStar	1493	ex N511WW	
☐	C-FHAK	Aerospatiale AS.350BA+ AStar	1545	ex N517WW	
☐	C-FHAP	Aerospatiale AS.350B2 AStar	3292		
☐	C-FHAU	Aerospatiale AS.350BA AStar	2778		
☐	C-FIYM	Aerospatiale AS.350B1 AStar	1881	ex LN-OPT	
☐	C-FLTA	Aerospatiale AS.350B2 AStar	2454	ex ZK-IAN	
☐	C-FNJY	Aerospatiale AS.350BA AStar	2546		
☐	C-FSPE	Aerospatiale AS.350BA AStar	2787		
☐	C-FXAH	Aerospatiale AS.350BA AStar	2509		
☐	C-FXBP	Aerospatiale AS.350BA AStar	1553		
☐	C-FXDM	Aerospatiale AS.350BA AStar	1548	ex N798JH	
☐	C-FXND	Aerospatiale AS.350BA AStar	2168		
☐	C-FXPM	Aerospatiale AS.350BA AStar	1428		
☐	C-GAVQ	Aerospatiale AS.350B2 AStar	2781	ex N350PD	
☐	C-GHSM	Aerospatiale AS.350BA+ AStar	1468	ex N700WW	
☐	C-GHUM	Bell 205A-1	30252	ex HI-733SP	

AC JETZ
Montreal-Mirabel/Montreal-Trudeau, QC (YMX/YUL)

Specialist sports charter and VIP division of Air Canada.

ADLAIR AVIATION
Cambridge Bay, NT/Yellowknife, NT (YCB/YZF)

☐	C-FGYN	de Havilland DHC-2 Beaver	134	ex CF-GYN	Floatplane or skis	
☐	C-GBFP	Learjet 25B	25B-167	ex N664CL	Ernie Lyall	EMS
☐	C-GBYN	Beech B200 Super King Air	BB-1232	ex N209CM		EMS
☐	C-GCYN	Beech 200 Super King Air	BB-710	ex C-GXHW		
☐	C-GFYN	de Havilland DHC-6 Twin Otter 200	209	ex N915SA	Wheels or skis	
☐	C-GSYN	Beech 100 King Air	B-61	ex N418LA		EMS

ADLER AVIATION
Shockwave (SWH)   Kitchener-Waterloo, ON (YKF)

☐	C-GBWB	Piper PA-31 Turbo Navajo	31-7612025		
☐	C-GTGR	Cessna 421C Golden Eagle II	421C0061	ex N15LW	

ADVENTURE AIR
Lac du Bonnet, MB (YAX)

☐	CF-JFA	de Havilland DHC-2 Beaver	1581	ex N5563	Floatplane
☐	C-FKLR	Cessna 208 Caravan I	20800223	ex N899A	Floatplane
☐	C-FQZH	Piper PA-31-350 Chieftain	31-7952070	ex N105TT	
☐	C-FXPC	de Havilland DHC-2 Beaver	1196	ex CF-XPC	Floatplane
☐	C-GGOR	de Havilland DHC-3 Otter	97	ex TI-SPE	Floatplane
☐	C-GGRJ	Cessna A185F Skywagon	18502745	ex (N1090F)	Floatplane
☐	C-GKYG	de Havilland DHC-3 Otter	261	ex N2750	Floatplane
☐	C-GMGV	de Havilland DHC-2 Beaver	432	ex N62278	Floatplane
☐	C-GSUV	de Havilland DHC-3 Otter	376	ex N445FD	Floatplane
☐	C-GUEH	Piper PA-31 Turbo Navajo C	31-7712057	ex N27255	
☐	C-GWQE	Cessna 337F Super Skymaster II	33701459	ex N1859M	

Adventure Air is a trading name of 3097448 Manitoba Ltd

AEROPRO
Aeropro (APO)   Montreal-Trudeau, QC (YUL)

☐	C-GHMG	Piper PA-31-350 Navajo Chieftain	31-7652153	ex N62895	
☐	C-GHRL	Piper PA-31-350 Navajo Chieftain	31-8052014		
☐	C-GPXW	Piper PA-31-350 Navajo Chieftain	31-7652134		
☐	C-GQAM	Piper PA-31 Turbo Navajo C	31-7912093	ex N3536Z	
☐	C-GQZE	Piper PA-31 Turbo Navajo C	31-7912065	ex N3520E	
☐	C-GRFJ	Piper PA-31 Turbo Navajo C	31-7812031	ex N27485	
☐	C-GRYE	Piper PA-31-350 Chieftain	31-7852155		
☐	C-GZIS	Piper PA-31 Turbo Navajo	31-316		
☐	C-FCGN	Beech 65-A90 King Air	LJ-313	ex CF-CGN	
☐	C-FGIN	Beech A100 King Air	B-164	ex N164RA	
☐	C-FPLG	Beech A100 King Air	B-224	ex N16SM	
☐	C-GJBQ	Beech A100 King Air	B-191	ex N214CK	
☐	C-GBYL	Embraer EMB.110P1 Bandeirante	110383	ex C-FPCX	
☐	C-GLPG	Beech A100 King Air	B-159	ex N110KF	

Aeropro is the trading name of 2553-4330 Quebec Inc

AEROSMITH
Gander, NL (YQX)

☐	C-GAAM	Cessna A185F Skywagon	18502675	ex C-GMNM	Floatplane or wheels/skis
☐	C-GAAZ	Cessna A185F Skywagon	18502735	ex C-GAEH	Floatplane or wheels/skis
☐	C-GSND	Beech 80-A65 Queen Air	LC-299	ex N122Y	Queenaire 8200 conversion

AIR BRAVO
Thunder Bay, ON (YQT)

☐	C-FAJV	Pilatus PC-12/45	234	ex HB-FRE	
☐	C-FKPA	Pilatus PC-12/45	275	ex N275PC	
☐	C-FKVL	Pilatus PC-12/45	307		
☐	C-FPCN	Pilatus PC-12/45	258	ex N258WC	
☐	C-GFIL	Pilatus PC-12/45	268	ex N268PC	
☐	C-GBCM	Rockwell Commander 700	70027	ex N700DL	
☐	C-GVWX	Rockwell Commander 700	70005	ex N9905S	

49

AIR CAB
Vancouver-Coal Harbour, BC (CXH)

☐ C-FBMO	Cessna A185E Skywagon	18501627	ex N1934U	Floatplane	
☐ C-FQGZ	Cessna A185E Skywagon	18501691	ex N1967U	Floatplane	
☐ C-FOES	de Havilland DHC-2 Turbo Beaver	1673/TB43	ex CF-OES	Floatplane	
☐ C-FRJG	de Havilland DHC-2 Beaver	1550	ex CF-RJG	Floatplane	
☐ C-GAXE	de Havilland DHC-2 Beaver	841	ex 54-1698	Floatplane	
☐ C-GJGC	de Havilland DHC-2 Beaver	88	ex CF-GQM	Floatplane	
☐ C-GJZE	de Havilland DHC-2 Beaver	1276	ex N87780	Floatplane	

Air Cab is a trading name of CBE Construction who own all the aircraft

AIR CANADA
Air Canada (AC/ACA) (IATA 014)   *Montreal-Mirabel/Montreal-Trudeau, QC (YMX/YUL)*

☐ C-FYIY	Airbus A319-114	0634	ex D-AVYP	252		
☐ C-FYJE	Airbus A319-114	0656	ex D-AVYZ	255		
☐ C-FYJG	Airbus A319-114	0670	ex D-AVYE	256		
☐ C-FYJH	Airbus A319-114	0672	ex D-AVYF	257		
☐ C-FYJI	Airbus A319-114	0682	ex D-AVYH	258		
☐ C-FYJP	Airbus A319-114	0688	ex D-AVYJ	259		
☐ C-FYKC	Airbus A319-114	0691	ex D-AVYP	260		
☐ C-FYKR	Airbus A319-114	0693	ex D-AVYQ	261		
☐ C-FYKW	Airbus A319-114	0695	ex D-AVYS	262		
☐ C-FYNS	Airbus A319-114	0572	ex D-AVYK	251		
☐ C-FZUG	Airbus A319-114	0697	ex D-AVYT	263		
☐ C-FZUH	Airbus A319-114	0711	ex D-AVYV	264; TCA retro c/s		
☐ C-FZUJ	Airbus A319-114	0719	ex D-AVYW	265		
☐ C-FZUL	Airbus A319-114	0721	ex D-AVYY	266		
☐ C-GAPY	Airbus A319-114	0728	ex D-AVYE	267		
☐ C-GAQL	Airbus A319-114	0732	ex D-AVYX	268		
☐ C-GAQX	Airbus A319-114	0736	ex D-AVYG	269		
☐ C-GAQZ	Airbus A319-114	0740	ex D-AVYH	270		
☐ C-GARG	Airbus A319-114	0742	ex D-AVYM	271		
☐ C-GARJ	Airbus A319-114	0752	ex D-AVYP	272		
☐ C-GARO	Airbus A319-114	0757	ex D-AVYQ	273		
☐ C-GBHM	Airbus A319-114	0769	ex D-AVYB	274		
☐ C-GBHN	Airbus A319-114	0773	ex D-AVYK	275		
☐ C-GBHO	Airbus A319-114	0779	ex D-AVYT	276		
☐ C-GBHR	Airbus A319-114	0785	ex D-AVYU	277		
☐ C-GBHY	Airbus A319-114	0800	ex D-AVYE	278		
☐ C-GBHZ	Airbus A319-114	0813	ex D-AVYG	279		
☐ C-GBIA	Airbus A319-114	0817	ex D-AVYM	280		
☐ C-GBIJ	Airbus A319-114	0829	ex D-AVYH	281		
☐ C-GBIK	Airbus A319-114	0831	ex D-AVYI	282		
☐ C-GBIM	Airbus A319-114	0840	ex D-AVYQ	283		
☐ C-GBIN	Airbus A319-114	0845	ex D-AVYA	284		
☐ C-GBIP	Airbus A319-114	0546	ex D-AVYV	285		
☐ C-GITP	Airbus A319-112	1562	ex D-AVYR	286		Lsd fr ILFC
☐ C-GITR	Airbus A319-112	1577	ex D-AVWR	287		Lsd fr ILFC
☐ C-GITT	Airbus A319-112	1630	ex D-AVYD	288	Lsd fr ILFC; sublsd to MXA	
☐ C-GJTA	Airbus A319-112	1673	ex D-AVWE	290	Lsd fr ILFC; sublsd to MXA	
☐ C-GJVY	Airbus A319-112	1742	ex F-WWIJ	292	Lsd fr ILFC; sublsd to MXA	
☐ C-GJWF*	Airbus A319-112	1765	ex D-AVYO	294		Lsd fr Airbus
☐ C-GKNW	Airbus A319-112	1805	ex D-AVWF	295	Lsd fr ILFC; sublsd to MXA	

*for TAP-Air Portugal

☐ C-FDCA	Airbus A320-211	0232	ex F-WWIY	405; ACJetz		Lsd fr GECAS
☐ C-FDQQ	Airbus A320-211	0059	ex F-WWDI	201		Lsd fr GECAS
☐ C-FDQV	Airbus A320-211	0068	ex F-WWDO	202		
☐ C-FDRH	Airbus A320-211	0073	ex F-WWDC	203		
☐ C-FDRK	Airbus A320-211	0084	ex F-WWDP	204		
☐ C-FDRP	Airbus A320-211	0122	ex F-WWIP	205		Lsd fr GECAS
☐ C-FDSN	Airbus A320-211	0126	ex F-WWIU	206		
☐ C-FDST	Airbus A320-211	0127	ex F-WWIV	207		
☐ C-FDSU	Airbus A320-211	0141	ex F-WWDH	208		Lsd fr GECAS
☐ C-FFWI	Airbus A320-211	0149	ex F-WWDP	209		
☐ C-FFWJ	Airbus A320-211	0150	ex F-WWDQ	210		
☐ C-FFWM	Airbus A320-211	0154	ex F-WWDY	211		Lsd fr GECAS
☐ C-FFWN+	Airbus A320-211	0159	ex F-WWIG	212; 65th colours	Lsd fr GECAS	
☐ C-FGYL	Airbus A320-211	0254	ex F-WWBF	218		
☐ C-FGYS	Airbus A320-211	0255	ex F-WWBG	219		
☐ C-FKCK	Airbus A320-211	0265	ex 'G-FKCK'	220		
☐ C-FKCO	Airbus A320-211	0277	ex F-WWDX	221		
☐ C-FKCR	Airbus A320-211	0290	ex F-WWBY	222		Lsd fr AAR Corp
☐ C-FKOJ	Airbus A320-211	0330	ex F-WWIB	226		
☐ C-FKPT	Airbus A320-211	0324	ex F-WWDC	225		
☐ C-FLSS	Airbus A320-211	0284	ex F-WWBU	408		Lsd fr GECAS
☐ C-FLSU	Airbus A320-211	0309	ex F-WWIJ	411		Lsd fr GECAS
☐ C-FMSX	Airbus A320-211	0378	ex 'C-FMSK'	232		

☐ C-FNVU	Airbus A320-211	0403	ex F-WWBO	415		Lsd fr GECAS
☐ C-FNVV	Airbus A320-211	0404	ex F-WWDF	416		Lsd fr GECAS
☐ C-FPDN	Airbus A320-211	0341	ex F-WWBR	228		
☐ C-FPWD	Airbus A320-211	0231	ex F-WWDV	404; AC Jetz		Lsd fr GECAS
☐ C-FPWE	Airbus A320-211	0175	ex F-WWIN	402; AC Jetz		Lsd fr GECAS
☐ C-FTJO	Airbus A320-211	0183	ex F-WWIX	213		Lsd fr GECAS
☐ C-FTJP	Airbus A320-211	0233	ex F-WWIQ	214		
☐ C-FTJQ	Airbus A320-211	0242	ex F-WWDJ	215		
☐ C-FTJR	Airbus A320-211	0248	ex F-WWDT	216		
☐ C-FTJS	Airbus A320-211	0253	ex F-WWBE	217		
☐ C-FXCD	Airbus A320-214	2018	ex F-WWBV	239		Lsd fr GECAS
☐ C-FZQS	Airbus A320-214	2145	ex F-WWDI	240		Lsd fr GECAS
☐ C-FZUB	Airbus A320-214	1940	ex F-WWIP	238		Lsd fr GECAS
☐ C-GJVT	Airbus A320-214	1719	ex F-WWBC	235		Lsd fr ILFC
☐ C-GKOD	Airbus A320-214	1864	ex F-WWIE	236		Lsd fr ILFC
☐ C-GKOE	Airbus A320-214	1874	ex F-WWBN	237		Lsd fr ILFC
☐ C-GPWG	Airbus A320-211	0174	ex F-WWIM	401		Lsd fr GECAS
☐ C-GQCA	Airbus A320-211	0210	ex F-WWIC	403; AC Jetz		Lsd fr GECAS

+Named 'Symphony of voices', maple leaf on each side of fuselage composed of 40000 employee signatures.

☐ C-GITU	Airbus A321-211	1602	ex D-AMTA	451	Lsd fr Mobilien Verwaltungs
☐ C-GITY	Airbus A321-211	1511	ex D-AVAV	452	
☐ C-GIUB	Airbus A321-211	1623	ex D-AMTB	453; 70th Anniversary colours	Lsd fr Mobilien Verwaltungs
☐ C-GIUE	Airbus A321-211	1632	ex D-AMTC	454	Lsd fr Mobilien Verwaltungs
☐ C-GIUF	Airbus A321-211	1638	ex D-AMTD	455	Lsd fr Mobilien Verwaltungs
☐ C-GJVX	Airbus A321-211	1726	ex D-AVXC	456	Lsd fr AerCap
☐ C-GJWD	Airbus A321-211	1748	ex D-AVXE	457	Lsd fr AerCap
☐ C-GJWI	Airbus A321-211	1772	ex D-AVZA	458	
☐ C-GJWN	Airbus A321-211	1783	ex D-AVZD	459	
☐ C-GJWO	Airbus A321-211	1811	ex D-AVZI	460	Lsd fr Oasis Lsg

☐ C-GFAF	Airbus A330-343X	277	ex F-WWKO	931
☐ C-GFAH	Airbus A330-343X	279	ex F-WWYB	932
☐ C-GFAJ	Airbus A330-343X	284	ex F-WWYA	933
☐ C-GFUR	Airbus A330-343X	344	ex F-WWYC	934
☐ C-GHKR	Airbus A330-343X	400	ex F-WWKM	935
☐ C-GHKW	Airbus A330-343X	408	ex F-WWKS	936
☐ C-GHKX	Airbus A330-343X	412	ex F-WWKU	937
☐ C-GHLM	Airbus A330-343X	419	ex F-WWYA	938; Star Alliance c/s

☐ C-FTNQ	Airbus A340-313	088	ex F-WWJV	981; for IBE	Lsd fr ILFC
☐ C-FYKZ	Airbus A340-313X	154	ex F-WWJI	902; stored	
☐ C-FYLD	Airbus A340-313X	170	ex F-WWJF	904; Star Alliance c/s; for LAN	
☐ C-FYLG	Airbus A340-313X	175	ex F-WWJE	905; to be lsd out	
☐ C-FYLU	Airbus A340-313X	179	ex F-WWJY	906; to be lsd out	
☐ C-GDVW	Airbus A340-313X	273	ex F-WWJT	909; for LAN	
☐ C-GDVZ	Airbus A340-313X	278	ex F-WWJV	910; for LAN	

☐ C-FBEF	Boeing 767-233ER	24323/250	ex N6009F	617	
☐ C-FBEG	Boeing 767-233ER	24324/252	ex N6009F	618	
☐ C-FBEM	Boeing 767-233ER	24325/254	ex N6038E	619	
☐ C-FCAB	Boeing 767-375ER	24082/213	ex N6055X	681	
☐ C-FCAE	Boeing 767-375ER	24083/215	ex N6046P	682; 70th colours	
☐ C-FCAF	Boeing 767-375ER	24084/219	ex N6038E	683	
☐ C-FCAG	Boeing 767-375ER	24085/220	ex N6009F	684	
☐ C-FMWP	Boeing 767-333ER	25583/508		631	
☐ C-FMWQ	Boeing 767-333ER	25584/596		632	
☐ C-FMWU	Boeing 767-333ER	25585/597		633	
☐ C-FMWV	Boeing 767-333ER	25586/599		634	
☐ C-FMWY	Boeing 767-333ER	25587/604		635; 10 Year Star Alliance colours	
☐ C-FMXC	Boeing 767-333ER	25588/606		636	
☐ C-FOCA	Boeing 767-375ER	24575/311		640	
☐ C-FPCA	Boeing 767-375ER	24306/258		637	
☐ C-FTCA	Boeing 767-375ER	24307/259		638	
☐ C-FVNM	Boeing 767-209ER	22681/18	ex ZK-NBF	621	Lsd fr Aerospace Fin
☐ C-FXCA	Boeing 767-375ER	24574/302		639	
☐ C-GAUE	Boeing 767-233	22518/22		602; stored MZJ	
☐ C-GAUH	Boeing 767-233	22519/40		603; stored MHV	
☐ C-GAUN	Boeing 767-233	22520/47		604; stored MHV	
☐ C-GAUS	Boeing 767-233	22522/75	ex N60659	606; stored MHV	
☐ C-GAUU	Boeing 767-233	22523/87	ex N1784B	607; stored MHV	
☐ C-GAUW	Boeing 767-233	22524/88	ex N6038E	608; stored MHV	
☐ C-GAVC	Boeing 767-233ER	22527/102	ex N1783B	611; stored MHV	
☐ C-GBZR	Boeing 767-38EER	25404/411	ex HL7267	645; Free Spirit c/s	Lsd fr ILFC
☐ C-GDSP	Boeing 767-233ER	24142/229	ex N6009F	613; all-silver fuselage	
☐ C-GDSS	Boeing 767-233ER	24143/233	ex N6005C	614	
☐ C-GDSU	Boeing 767-233ER	24144/234	ex N6018N	615	
☐ C-GDSY	Boeing 767-233ER	24145/236	ex N6005C	616	
☐ C-GDUZ	Boeing 767-38EER	25347/399	ex HL7266	646	Lsd fr Aviation Capital Group
☐ C-GEOQ	Boeing 767-375ER	30112/765		647	Lsd fr GECAS
☐ C-GEOU	Boeing 767-375ER	30108/771		648	Lsd fr GECAS
☐ C-GGMX	Boeing 767-3Y0ER	24947/351	ex N947AC	653; PR-VAK resd	Lsd fr BBAM

51

	Registration	Type	MSN	ex	Fleet No	Notes
☐	C-GHLA	Boeing 767-35HER	26387/445	ex VH-BZL	656	Lsd fr Itochu
☐	C-GHLK	Boeing 767-35HER	26388/456	ex VH-BZM	657	Lsd fr Itochu
☐	C-GHLQ	Boeing 767-333ER	30846/832	ex N6009F	658	Lsd fr GECAS
☐	C-GHLT	Boeing 767-333ER	30850/835	ex N6018N	659	Lsd fr GECAS
☐	C-GHLU	Boeing 767-333ER	30851/836	ex N6046P	660	Lsd fr GECAS
☐	C-GHLV	Boeing 767-333ER	30852/843	ex N6055X	661	Lsd fr GECAS
☐	C-GHOZ	Boeing 767-375ER	24087/249	ex N487CT	685	Lsd fr CIT Group
☐	C-GHPD	Boeing 767-3Y0ER	24999/354	ex N25034	687; PR-VAJ resd	Lsd fr GECAS
☐	C-GHPF	Boeing 767-3Y0ER	26206/487	ex N226MT	689	Lsd fr GECAS
☐	C-GHPH	Boeing 767-3Y0ER	26207/503	ex N227MT	690	Lsd fr GECAS
☐	C-GLCA	Boeing 767-375ER	25120/361		641	Lsd fr Avn Capital Group
☐	C-GPWA	Boeing 767-275	22683/36		671; stored MHV	
☐	C-GPWB	Boeing 767-275	22684/52	ex N1791D	672; stored MZJ	
☐	C-GSCA	Boeing 767-375ER	25121/372	ex B-2564	642	Lsd fr Tombo
☐	C-FITL	Boeing 777-333ER	35256/620		731	
☐	C-FITU	Boeing 777-333ER	35254/626		732	
☐	C-FITW	Boeing 777-333ER	35298/638		733	Lsd fr ILFC
☐	C-FIUA	Boeing 777-233LR	35239/640		701	
☐	C-FIUF	Boeing 777-233LR	35243/651	ex N1788B	702	Lsd fr ILFC
☐	C-FIUJ	Boeing 777-233LR	35244/679		703	
☐	C-FIUL	Boeing 777-233LR	35255/642		734	
☐	C-FIUR	Boeing 777-333ER	35242/649		735	
☐	C-FIUV	Boeing 777-333ER	35248		on order	
☐	C-FIUW	Boeing 777-333ER	35249		on order	
☐	C-FIVK	Boeing 777-233LR	35245/689			
☐	C-FIVM	Boeing 777-233LR	35251		on order	
☐	C-FIVP	Boeing 777-333ER	35250		on order	
☐	C-FNND	Boeing 777-233LR	35246/695			
☐	C-FNNH	Boeing 777-233LR	35247/699			
☐	C-	Boeing 777-233LR			on order	
☐	C-	Boeing 777-333ER	35784		on order	Lsd fr ILFC
☐	Three more Boeing 777-333ERs are on order for delivery in 2009 plus 37 Boeing 787-8s for delivery in 2010					
☐	C-FEIQ	Embraer 170-200SU (175SU)	17000083	ex PT-SZI	371	
☐	C-FEIX	Embraer 170-200SU (175SU)	17000085	ex PT-SZK	372	
☐	C-FEJB	Embraer 170-200SU (175SU)	17000086	ex PT-SZL	373	
☐	C-FEJC	Embraer 170-200SU (175SU)	17000089	ex PT-SZP	374	
☐	C-FEJD	Embraer 170-200SU (175SU)	17000090	ex PT-SZQ	375	
☐	C-FEJF	Embraer 170-200SU (175SU)	17000091	ex PT-SZR	376	
☐	C-FEJL	Embraer 170-200SU (175SU)	17000095	ex PT-SZV	377	
☐	C-FEJP	Embraer 170-200SU (175SU)	17000096	ex PT-SZW	378	
☐	C-FEJY	Embraer 170-200SU (175SU)	17000097	ex PT-SZX	379	
☐	C-FEKD	Embraer 170-200SU (175SU)	17000101	ex PT-SAC	380	
☐	C-FEKH	Embraer 170-200SU (175SU)	17000102	ex PT-SAH	381	
☐	C-FEKI	Embraer 170-200SU (175SU)	17000103	ex PT-SAI	382	
☐	C-FEKJ	Embraer 170-200SU (175SU)	17000109	ex PT-SAR	383	
☐	C-FEKS	Embraer 170-200SU (175SU)	17000110	ex PT-SAS	384	
☐	C-FFYG	Embraer 170-200SU (175SU)	17000116	ex PT-SDD	385	
☐	C-FFYJ	Embraer 190-100IGW (190AR)	19000013	ex PT-STM	302	
☐	C-FFYM	Embraer 190-100IGW (190AR)	19000015	ex PT-STP	303	
☐	C-FFYT	Embraer 190-100IGW (190AR)	19000018	ex PT-STS	304	
☐	C-FGLW	Embraer 190-100IGW (190AR)	19000022	ex PT-STW	306	
☐	C-FGLX	Embraer 190-100IGW (190AR)	19000024	ex PT-STY	307	
☐	C-FGLY	Embraer 190-100IGW (190AR)	19000028	ex PT-SGC	308	
☐	C-FGMF	Embraer 190-100IGW (190AR)	19000019	ex PT-STT	305	
☐	C-FHIQ	Embraer 190-100IGW (190AR)	19000031	ex PT-SGF	309	
☐	C-FHIS	Embraer 190-100IGW (190AR)	19000036	ex PT-SGK	310	
☐	C-FHIU	Embraer 190-100IGW (190AR)	19000037	ex PT-SGL	311	
☐	C-FHJJ	Embraer 190-100IGW (190AR)	19000041	ex PT-SGQ	312	
☐	C-FHJT	Embraer 190-100IGW (190AR)	19000043	ex PT-SGS	313	
☐	C-FHJU	Embraer 190-100IGW (190AR)	19000044	ex PT-SGT	314	
☐	C-FHKA	Embraer 190-100IGW (190AR)	19000046	ex PT-SGV	315	
☐	C-FHKE	Embraer 190-100IGW (190AR)	19000048	ex PT-SGX	316	
☐	C-FHKI	Embraer 190-100IGW (190AR)	19000052	ex PT-SIB	317	
☐	C-FHKP	Embraer 190-100IGW (190AR)	19000055	ex PT-SIE	318	
☐	C-FHKS	Embraer 190-100IGW (190AR)	19000064	ex PT-SJC	319	
☐	C-FHLH	Embraer 190-100IGW (190AR)	19000068	ex PT-SJH	320	
☐	C-FHNL	Embraer 190-100IGW (190AR)	19000070	ex PT-SJJ	321	
☐	C-FHNP	Embraer 190-100IGW (190AR)	19000071	ex PT-SJK	322	
☐	C-FHNV	Embraer 190-100IGW (190AR)	19000075	ex PT-SJP	323	
☐	C-FHNW	Embraer 190-100IGW (190AR)	19000077	ex PT-SJS	324	
☐	C-FHNX	Embraer 190-100IGW (190AR)	19000083	ex PT-SNA	325	
☐	C-FHNY	Embraer 190-100IGW (190AR)	19000085	ex PT-SND	326	
☐	C-FHON	Embraer 190-100IGW (190AR)	19000097	ex PT-SNR	330	
☐	C-FHOS	Embraer 190-100IGW (190AR)	19000101	ex PT-SNV	331	
☐	C-FHOY	Embraer 190-100IGW (190AR)	19000105	ex PT-SNZ	332	
☐	C-FLWE	Embraer 190-100IGW (190AR)	19000092	ex PT-SNL	327	
☐	C-FLWH	Embraer 190-100IGW (190AR)	19000094	ex PT-SNO	328	
☐	C-FLWK	Embraer 190-100IGW (190AR)	19000096	ex PT-SNQ	329	
☐	C-FMYV	Embraer 190-100IGW (190AR)	19000108	ex PT-SQC	333	

☐	C-FMZB	Embraer 190-100IGW (190AR)	19000111	ex PT-SQF	334	
☐	C-FMZD	Embraer 190-100IGW (190AR)	19000115	ex PT-SQJ	335	
☐	C-FMZR	Embraer 190-100IGW (190AR)	19000116	ex PT-SQK	336	
☐	C-FMZU	Embraer 190-100IGW (190AR)	19000118	ex PT-SQM	337	
☐	C-FMZW	Embraer 190-100IGW (190AR)	19000124	ex PT-SQT	338	
☐	C-FNAI	Embraer 190-100IGW (190AR)	19000132	ex PT-SYK	339	
☐	C-FNAJ	Embraer 190-100IGW (190AR)	19000134	ex PT-SYM	340	
☐	C-FNAN	Embraer 190-100IGW (190AR)	19000136	ex PT-SYO	341	
☐	C-FNAP	Embraer 190-100IGW (190AR)	19000142	ex PT-SYU	342	
☐	C-FNAQ	Embraer 190-100IGW (190AR)		ex PT-	343; on order	
☐	C-FNAW	Embraer 190-100IGW (190AR)		ex PT-	344; on order	
☐	C-FNAX	Embraer 190-100IGW (190AR)		ex PT-	345; on order	
☐	C-GWEN	Embraer 190-100IGW (190AR)	19000010	ex PT-STJ	301	
☐	CF-TCC	Lockheed L-10A	1116	ex N3749	Trans Canada Airlines colours	

Air Canada Connector feeder services, using AC flight numbers, are operated in conjunction with Air Canada Jazz (a wholly owned subsidiary). Founder member of Star Alliance with Lufthansa, United, SAS, Thai International and VARIG.
Four Airbus A320 aircraft are operated as AC Jetz for sports charters.
Freight services are operated by World Airways using McDonnell-Douglas MD-11s
Air Canada is a trading name of ACE Holdings

AIR CANADA JAZZ
Jazz (QK/JZA) (IATA 983)   *Halifax, NS/Calgary, AB/London, ON/Vancouver, BC (YHZ/YYC/YXU/YVR)*

☐	C-FDJA	Canadair CL-600-2B19 (CRJ-200ER)	7979	ex C-FMLI	162; green	
☐	C-FEJA	Canadair CL-600-2B19 (CRJ-200ER)	7983	ex C-FMLV	163; yellow	
☐	C-FFJA	Canadair CL-600-2B19 (CRJ-200ER)	7985	ex C-FMNH	164; orange	
☐	C-FIJA	Canadair CL-600-2B19 (CRJ-200ER)	7987	ex C-FMNX	165; red	
☐	C-FRIA	Canadair CL-600-2B19 (CRJ-100ER)	7045	ex C-FMLQ	101; red	
☐	C-FRIB	Canadair CL-600-2B19 (CRJ-100ER)	7047	ex C-FMLT	102; green	
☐	C-FRID	Canadair CL-600-2B19 (CRJ-100ER)	7049	ex C-FMLV	103; yellow	
☐	C-FSJF	Canadair CL-600-2B19 (CRJ-100ER)	7054	ex C-FMMT	105; orange	
☐	C-FSJJ	Canadair CL-600-2B19 (CRJ-100ER)	7058	ex C-FMNB	106; orange	
☐	C-FSJU	Canadair CL-600-2B19 (CRJ-100ER)	7060	ex C-FMNH	107; orange	
☐	C-FSKE	Canadair CL-600-2B19 (CRJ-100ER)	7065	ex C-FMOI	108; red	
☐	C-FSKM	Canadair CL-600-2B19 (CRJ-100ER)	7071	ex C-FMKZ	110; orange	
☐	C-FVKM	Canadair CL-600-2B19 (CRJ-100ER)	7074	ex C-FMLI	111; green	
☐	C-FVKN	Canadair CL-600-2B19 (CRJ-100ER)	7078	ex C-FMLU	112; orange	
☐	C-FVKR	Canadair CL-600-2B19 (CRJ-100ER)	7083	ex C-FMNQ	114; green	
☐	C-FVMD	Canadair CL-600-2B19 (CRJ-100ER)	7082		113; orange	
☐	C-FWJB	Canadair CL-600-2B19 (CRJ-100ER)	7087		115; green	
☐	C-FWJF	Canadair CL-600-2B19 (CRJ-100ER)	7095		116; orange	
☐	C-FWJI	Canadair CL-600-2B19 (CRJ-100ER)	7096		117; red	
☐	C-FWJS	Canadair CL-600-2B19 (CRJ-100ER)	7097		118; red	
☐	C-FWJT	Canadair CL-600-2B19 (CRJ-100ER)	7098		119; green	
☐	C-FWRR	Canadair CL-600-2B19 (CRJ-100ER)	7107		120; red	
☐	C-FWRS	Canadair CL-600-2B19 (CRJ-100ER)	7112		121; red	
☐	C-FWRT	Canadair CL-600-2B19 (CRJ-100ER)	7118		122; red	
☐	C-FWSC	Canadair CL-600-2B19 (CRJ-100ER)	7120		123; green	
☐	C-FXMY	Canadair CL-600-2B19 (CRJ-100ER)	7124		124; yellow	
☐	C-FZAQ	Canadair CL-600-2B19 (CRJ-200ER)	7155	ex C-FMMB	151; orange	Lsd fr Oasis Lsg
☐	C-FZJA	Canadair CL-600-2B19 (CRJ-200ER)	7988	ex C-FMNY	166; green	
☐	C-FZSI	Canadair CL-600-2B19 (CRJ-100ER)	7160	ex LV-WZU	126; yellow	Lsd fr Oasis Lsg
☐	C-GGJA	Canadair CL-600-2B19 (CRJ-200ER)	8002	ex C-FMMY	167; yellow	
☐	C-GJZA	Canadair CL-600-2B19 (CRJ-200ER)	7500	ex N658BR	153; yellow	Lsd fr GECAS
☐	C-GJZB	Canadair CL-600-2B19 (CRJ-200ER)	7740	ex N691BR	160; red	Lsd fr GECAS
☐	C-GJZD	Canadair CL-600-2B19 (CRJ-200ER)	7544	ex N668BR	155; green	Lsd fr GECAS
☐	C-GJZF	Canadair CL-600-2B19 (CRJ-200ER)	7545	ex N669BR	156; yellow	Lsd fr GECAS
☐	C-GJZG	Canadair CL-600-2B19 (CRJ-200ER)	7561	ex N670BR	158; orange	Lsd fr GECAS
☐	C-GJZJ	Canadair CL-600-2B19 (CRJ-200ER)	7553	ex N706BR	157; orange	Lsd fr GECAS
☐	C-GJZL	Canadair CL-600-2B19 (CRJ-200ER)	7572	ex N671BR	159; green	Lsd fr GECAS
☐	C-GJZZ	Canadair CL-600-2B19 (CRJ-200ER)	7978	ex C-FMLF	161; red	
☐	C-GKEJ	Canadair CL-600-2B19 (CRJ-200ER)	7269	ex N577ML	180; red	Lsd fr GECAS
☐	C-GKEK	Canadair CL-600-2B19 (CRJ-200ER)	7270	ex N578ML	181; green	Lsd fr GECAS
☐	C-GKEM	Canadair CL-600-2B19 (CRJ-200ER)	7277	ex N579ML	182; yellow	Lsd fr GECAS
☐	C-GKEP	Canadair CL-600-2B19 (CRJ-200ER)	7303	ex N581ML	183; orange	Lsd fr AFS Investments
☐	C-GKER	Canadair CL-600-2B19 (CRJ-200ER)	7368	ex N588ML	184; red	Lsd fr AFS Investments
☐	C-GKEU	Canadair CL-600-2B19 (CRJ-200ER)	7376	ex N589ML	185; green	Lsd fr AFS Investments
☐	C-GKEW	Canadair CL-600-2B19 (CRJ-200ER)	7385	ex N590ML	186 yellow	Lsd fr GECAS
☐	C-GKEZ	Canadair CL-600-2B19 (CRJ-200ER)	7327	ex N583ML	187 orange	Lsd fr GECAS
☐	C-GKFR	Canadair CL-600-2B19 (CRJ-200ER)	7330	ex N584ML	188; red	Lsd fr GECAS
☐	C-GKGC	Canadair CL-600-2B19 (CRJ-200ER)	7334	ex N585ML	189; green	Lsd fr GECAS
☐	C-GMJA	Canadair CL-600-2B19 (CRJ-200ER)	8003	ex C-FMNB	168; orange	
☐	C-GNJA	Canadair CL-600-2B19 (CRJ-200ER)	8004	ex C-FMKV	169; red	
☐	C-GOJA	Canadair CL-600-2B19 (CRJ-200ER)	8009	ex C-FMLI	170; yellow	
☐	C-GQJA	Canadair CL-600-2B19 (CRJ-200ER)	7963	ex C-FCGX	171; Star Alliance c/s	
☐	C-GTJA	Canadair CL-600-2B19 (CRJ-200ER)	7966	ex C-FCLV	172; green	
☐	C-GUJA	Canadair CL-600-2B19 (CRJ-200ER)	8011	ex C-FMLS	173; green	
☐	C-GXJA	Canadair CL-600-2B19 (CRJ-200ER)	8017	ex C-FMNX	174; yellow	
☐	C-GZJA	Canadair CL-600-2B19 (CRJ-200ER)	8018	ex C-FMNY	175; orange	
☐	C-FBJZ	Canadair CL-600-2D15 (CRJ-705ER)	15037		702; green	

	Reg	Type	MSN	ex	Notes
☐	C-FCJZ	Canadair CL-600-2D15 (CRJ-705ER)	15040		703; orange
☐	C-FDJZ	Canadair CL-600-2D15 (CRJ-705ER)	15041		704; yellow
☐	C-FJJZ	Canadair CL-600-2D15 (CRJ-705ER)	15043		705; red
☐	C-FKJZ	Canadair CL-600-2D15 (CRJ-705ER)	15044		706; green
☐	C-FLJZ	Canadair CL-600-2D15 (CRJ-705ER)	15045		707; yellow
☐	C-FNJZ	Canadair CL-600-2D15 (CRJ-705ER)	15046		708; orange
☐	C-FTJZ	Canadair CL-600-2D15 (CRJ-705ER)	15047		709; red
☐	C-FUJZ	Canadair CL-600-2D15 (CRJ-705ER)	15048		710; Star Alliance c/s
☐	C-GDJZ	Canadair CL-600-2D15 (CRJ-705ER)	15049		711; green
☐	C-GFJZ	Canadair CL-600-2D15 (CRJ-705ER)	15050		712; yellow
☐	C-GJAZ	Canadair CL-600-2D15 (CRJ-705ER)	15036		701; red
☐	C-GLJZ	Canadair CL-600-2D15 (CRJ-705ER)	15051		713; orange
☐	C-GNJZ	Canadair CL-600-2D15 (CRJ-705ER)	15052		714; red
☐	C-GOJZ	Canadair CL-600-2D15 (CRJ-705ER)	15053		715; green
☐	C-GPJZ	Canadair CL-600-2D15 (CRJ-705ER)	15055	ex VP-C..	716 Lsd fr Oasis Intl
☐	C-FABA	de Havilland DHC-8-102	92		805; orange
☐	C-FABN	de Havilland DHC-8-102	44		803; red
☐	C-FABT	de Havilland DHC-8-102	49		848; green Lsd fr Wing Co Lsg
☐	C-FABW	de Havilland DHC-8-102	97		806; orange
☐	C-FACD	de Havilland DHC-8-102	150		808; yellow
☐	C-FACF	de Havilland DHC-8-311A	259		308; yellow
☐	C-FACT	de Havilland DHC-8-311A	262		309; green
☐	C-FACV	de Havilland DHC-8-311A	278		311; red
☐	C-FADF	de Havilland DHC-8-311A	272	ex C-FACU	310; red
☐	C-FGQK	de Havilland DHC-8-102	193		819; yellow
☐	C-FGRC	de Havilland DHC-8-102	195		821; green
☐	C-FGRM	de Havilland DHC-8-102	199		820; red
☐	C-FGRP	de Havilland DHC-8-102	207		822; green
☐	C-FGRY	de Havilland DHC-8-102	212		844; red
☐	C-FJFM	de Havilland DHC-8-311A	240		324; yellow
☐	C-FJMG	de Havilland DHC-8-102A	255		824; orange
☐	C-FJVV	de Havilland DHC-8-311A	271		306; red
☐	C-FJXZ	de Havilland DHC-8-311A	264	ex C-FTAQ	326; red Lsd fr Avline Lsg
☐	C-FMDW	de Havilland DHC-8-311A	269		305; green
☐	C-FPON	de Havilland DHC-8-102	171		836; orange
☐	C-FRUZ	de Havilland DHC-8-311	293	ex N2492B	327;
☐	C-FSOU	de Havilland DHC-8-311A	342	ex LN-WFA	328; Lsd fr GECAS
☐	C-FTAK	de Havilland DHC-8-311A	246		323; red
☐	C-GABF	de Havilland DHC-8-102	25		816; green
☐	C-GABO	de Havilland DHC-8-311A	248		312; orange
☐	C-GABP	de Havilland DHC-8-311A	257		307; green
☐	C-GANF	de Havilland DHC-8-102	42		802; orange
☐	C-GANI	de Havilland DHC-8-102	64		830; green
☐	C-GANK	de Havilland DHC-8-102	87		831; yellow
☐	C-GANQ	de Havilland DHC-8-102	96		833; yellow
☐	C-GANS	de Havilland DHC-8-102	57		828; green
☐	C-GCTC	de Havilland DHC-8-102	65	ex V2-LEE	846; yellow
☐	C-GETA	de Havilland DHC-8-301	186		321; red
☐	C-GEWQ	de Havilland DHC-8-311A	202		325; red
☐	C-GHTA	de Havilland DHC-8-301	198		316; orange
☐	C-GION	de Havilland DHC-8-102	127		832; yellow
☐	C-GJIG	de Havilland DHC-8-102	68		826; orange
☐	C-GJMI	de Havilland DHC-8-102	77		825; yellow
☐	C-GJMO	de Havilland DHC-8-102	79		834; yellow
☐	C-GJSV	de Havilland DHC-8-102	85		814; green Lsd fr Wing Co Lsg
☐	C-GJSX	de Havilland DHC-8-102	88		835; red
☐	C-GKON	de Havilland DHC-8-102	130		815; red
☐	C-GKTA	de Havilland DHC-8-301	124		317; green
☐	C-GLTA	de Havilland DHC-8-301	154		318; green
☐	C-GMON	de Havilland DHC-8-301	131		301; orange
☐	C-GMTA	de Havilland DHC-8-301	174		319; yellow
☐	C-GNON	de Havilland DHC-8-301	137		302; orange
☐	C-GOND	de Havilland DHC-8-102	90		840; red
☐	C-GONJ	de Havilland DHC-8-102	95		839; orange
☐	C-GONN	de Havilland DHC-8-102	101		898; yellow
☐	C-GONO	de Havilland DHC-8-102	102		807; orange
☐	C-GONR	de Havilland DHC-8-102	109		841; green
☐	C-GONW	de Havilland DHC-8-102	112		843; green
☐	C-GONX	de Havilland DHC-8-102	118		829; red
☐	C-GONY	de Havilland DHC-8-102	115		827; yellow
☐	C-GSTA	de Havilland DHC-8-301	182		320; yellow
☐	C-GTAG	de Havilland DHC-8-301	200		315; orange
☐	C-GTAI	de Havilland DHC-8-102	78		853; yellow
☐	C-GTAQ	de Havilland DHC-8-301	180	ex C-FGVK	313; red
☐	C-GTAT	de Havilland DHC-8-301	188	ex C-FGVT	314; red
☐	C-GTBP	de Havilland DHC-8-102	66		855; green
☐	C-GUON	de Havilland DHC-8-301	143		303; green
☐	C-GVON	de Havilland DHC-8-301	149		304; orange
☐	C-GVTA	de Havilland DHC-8-301	190		322; red Lsd fr Compass
☐	C-	de Havilland DHC-8-311A	293	ex LN-WFB	

A wholly owned subsidiary of Air Canada. Operates Connector feeder services using flight numbers in the range 1200-1999 and 8800-8899. Code-share services also provided by airAlliance, Exploits Valley Air Services and Central Mountain Air. Air Canada Jazz is the trading name of Jazz Air Partnership Limited; colours refer to logo and titles.

AIR CREEBEC
Cree (YN/CRQ) (IATA 219)   *Val d'Or, QC / Timmins, ON (YVO/YTS)*

☐	C-FCLS	de Havilland DHC-8-102	249	ex N841EX	
☐	C-FCSK	de Havilland DHC-8-102	122		
☐	C-GAIS	de Havilland DHC-8-102	138	ex C-FCIZ	
☐	C-GJOP	de Havilland DHC-8-102	121	ex N381BC	
☐	C-GTCO	de Havilland DHC-8-102	119		Lsd fr CIT Group
☐	C-GYWX	de Havilland DHC-8-102	175	ex N283BC	
☐	C-GZEW	de Havilland DHC-8-314	393	ex N801SA	Lsd fr Bombardier
☐	C-FHGG	Beech A100 King Air	B-207		
☐	C-FLIY	Hawker Siddeley HS.748 Srs.2A/244	1723	ex SE-LEG	Freighter
☐	C-FLJC	Hawker Siddeley HS.748 Srs.2A/229	1596	ex SE-LIF	Freighter
☐	C-FPCM	Embraer EMB.110P1 Bandeirante	110340	ex LN-TDI	
☐	C-FPCU	Embraer EMB.110P1 Bandeirante	110445	ex LN-TDA	
☐	C-FPJR	Hawker Siddeley HS.748 Srs.2A/244	1725	ex SE-LEK	
☐	C-FTQR	Beech 1900D	UE-129		
☐	C-FYRH	Embraer EMB.110P1 Bandeirante	110259	ex N91PB	
☐	C-GIZX	Beech A100 King Air	B-172	ex N753DB	
☐	C-GQWO	Hawker Siddeley HS.748 Srs.2A/221	1597	ex T-03	

AIR-DALE FLYING SERVICE
Ranger Lake SPB, ON/Wawa Hawk Junction SPB, ON

☐	C-FGYT	de Havilland DHC-2 Beaver	182	ex CF-GYT	Floatplane
☐	CF-ODE	de Havilland DHC-2 Beaver	131		Floatplane
☐	C-GELP	de Havilland DHC-2 Beaver	780	ex N5318G	Floatplane
☐	C-GQXI	de Havilland DHC-2 Beaver	427	ex N1059	Floatplane

Operate summer services only. Freight services are operated as Great Northern Freight (q.v.)

AIR GEORGIAN
Georgian (ZX/GGN)   *Toronto-Pearson Intl, ON (YYZ)*

☐	C-GAAR	Beech 1900D	UE-207	ex N10625	964; Baie-Saint Laurent
☐	C-GAAS	Beech 1900D	UE-209	ex N10659	965; Iles de la Madeleine
☐	C-GAAU	Beech 1900D	UE-232	ex N10705	904; Baie Comeau
☐	C-GAAV	Beech 1900D	UE-235	ex N10708	Freighter
☐	C-GGGA	Beech 1900D	UE-291	ex N20704	951
☐	C-GHGA	Beech 1900D	UE-293	ex N21063	953
☐	C-GMGA	Beech 1900D	UE-315	ex N22890	956; Baie Comeau
☐	C-GORA	Beech 1900D	UE-326	ex N23164	957
☐	C-GORC	Beech 1900D	UE-320	ex N22976	959
☐	C-GORF	Beech 1900D	UE-330	ex N23222	958
☐	C-GORI	Beech 1900D	UE-47	ex N84502	970
☐	C-GORZ	Beech 1900D	UE-134	ex N860CA	973
☐	C-GTMB	Beech 1900D	UE-345	ex N23388	
☐	C-GVGA	Beech 1900D	UE-292	ex N20707	952
☐	C-GWGA	Beech 1900D	UE-309	ex N22874	955
☐	C-GZGA	Beech 1900D	UE-306	ex N22700	954

Passenger services operated as airAlliance in co-operation with Air Canada Jazz and as Georgian Express (freighters)

AIR INUIT
Air Inuit (3H/AIE) (IATA 466)   *Kuujjuaq, QC (YVP)*

☐	C-FAIY	de Havilland DHC-6 Twin Otter 300	362	ex C-FASS	floats or wheels/skis
☐	C-FJFR	de Havilland DHC-6 Twin Otter 300	784	ex HK-2762	
☐	C-FNBL	de Havilland DHC-6 Twin Otter 300	625	ex N320EA	
☐	C-FTJJ	de Havilland DHC-6 Twin Otter 300	325	ex 8Q-MAJ	N93NC reserved
☐	C-GKCJ	de Havilland DHC-6 Twin Otter 300	698	ex A6-AMM	dbr 11Feb07?
☐	C-GMDC	de Havilland DHC-6 Twin Otter 300	763		
☐	C-GNDO	de Havilland DHC-6 Twin Otter 300	430		
☐	C-GTYX	de Havilland DHC-6 Twin Otter 300	631		

All convertible to freighter configuration

☐	C-FAIV	de Havilland DHC-8-102	235	ex N828EX	
☐	C-FCJD	de Havilland DHC-8-102	158		
☐	C-FDAO	de Havilland DHC-8-102	123		
☐	C-FDND	de Havilland DHC-8-102	129		
☐	C-GAII	de Havilland DHC-8-102	160	ex N831EX	
☐	C-GAIW	de Havilland DHC-8-102	155	ex N830EX	

Also operate DHC-8s for Hydro Quebec

☐	C-FAIO	Beech A100 King Air	B-132	ex C-GXHP	
☐	C-FAIP	Beech A100 King Air	B-193	ex F-GXAB	
☐	C-FDOX	Hawker Siddeley HS.748 Srs.2A/310LFD	1749	ex TJ-CCD	Freighter
☐	C-FGET	Hawker Siddeley HS.748 Srs.2A/244	1724	ex D-AFSG	
☐	C-GAIG	Boeing 737-2S2C	21928/603	ex A6-ZYB	

```
□ C-GCUK    Hawker Siddeley HS.748 Srs.2A/343LFD    1762         ex V2-LAZ          Freighter
□ C-GAIK    Beech A100 King Air                     B-104        ex C-GCFD
□ C-GEGJ    Hawker Siddeley HS.748 Srs.2A/244       1711         ex TF-GMB
□ C-        Boeing 737-2S2C                         21926/597    ex A6-ZYA          on order
Owned by Makivik Corp, as is Bradley Air Services whose scheduled services are operated as First Air
```

AIR IVANHOE
Foleyet-Ivanhoe Lake, ON

```
□ C-GERE    de Havilland DHC-2 Beaver               352          ex N62784          Floatplane
□ C-GPUS    de Havilland DHC-2 Beaver               624          ex 53-2824         Floatplane
```

AIR KIPAWA
Kipawa, QC

```
□ C-FODA    de Havilland DHC-2 Beaver               112          ex CF-ODA          Floatplane
```

AIR LABRADOR
Lab Air (WJ/LAL) (IATA 927)
Goose Bay, NL (YYR)

```
□ C-FGON    de Havilland DHC-6 Twin Otter 300       369          ex CF-GON          Floatplane or wheels/skis
□ C-FOIM    de Havilland DHC-6 Twin Otter 300       467          ex N887EA          Floatplane or wheels/skis
□ C-GDQY    de Havilland DHC-6 Twin Otter 100       77           ex YA-GAS          Floatplane or wheels/skis
□ C-GLAI    de Havilland DHC-6 Twin Otter 300       296          ex N5377G          Floatplane or wheels/skis
□ C-GNQY    de Havilland DHC-6 Twin Otter 300       450          ex N965HA          Floatplane or wheels/skis

□ C-FQOS    de Havilland DHC-3T Turbo Otter         398          ex CF-QOS
□ C-FXON    de Havilland DHC-8-102                  183          ex V2-LDZ
□ C-GAAN    de Havilland DHC-8-102                  051                             The Spirit of Flight   Lsd fr CIT Group
□ C-GLHO    Beech 1900D                             UE-266       ex N10950
□ C-GLON    de Havilland DHC-8-102                  133
□ C-GUYR    Cessna 208 Caravan I                    20800031     ex N604MA
Air Labrador is the trading name of Labrador Airways
```

AIR MECATINA
La Romaine, QC

```
□ C-FJDP    Cessna A185E Skywagon                   185-1425                        Floatplane
□ C-FSKQ    Beech 200 Super King Air                BB-99        ex 5Y-SEL
□ C-GNBB    Beech 200 Super King Air                BB-479       ex N200UQ
□ C-GZIJ    Piper PA-31-350 Navajo Chieftain        31-7552041
Air Mecatina is the trading name of La Loge Mecatina
```

AIR MELANCON
St Anne-du-Lac, QC

```
□ C-FBPB    de Havilland DHC-2 Beaver               1434         ex VH-IDF          Floatplane or wheels/skis
□ C-FQQD    de Havilland DHC-2 Beaver               1580         ex FAP 64-374      Floatplane or wheels/skis
□ C-FZVP    de Havilland DHC-2 Beaver               1033         ex N564            Floatplane or wheels/skis
□ C-GQXH    de Havilland DHC-2 Beaver               536          ex N1579           Floatplane or wheels/skis
```

AIR MIKISEW
(V8)
Fort McMurray, AB (YMM)

```
□ C-FAMB    Beech B200 Super King Air               BB-1281      ex N865TC
□ C-FKAM    British Aerospace Jetstream 31          724          ex N852JS                                 Lsd fr Jetcorp
□ C-FKEY    Cessna 208 Caravan I                    20800307     ex N5264A          Floatplane
□ C-FUAM    British Aerospace Jetstream 31          746          ex N404UE
□ C-FVGT    Piper PA-31-350 Navajo Chieftain        31-7405133   ex N74981
□ C-GDIR    Cessna A185F Skylane                    18503973     ex (N6552E)
□ C-GFJN    Cessna 207A Stationair 7                20700592     ex (N73446)
□ C-GURM    Piper PA-31-350 Navajo Chieftain        31-7752184   ex N273RH
□ C-GVAM    Cessna U206G Stationair 6               U20606177    ex N918WJ
□ C-GVQU    Cessna A185F Skylane                    18503648     ex N8206Q
□ C-GZAM    Beech 99A                               U-116        ex N17AL
Subsidiary of the Mikisew Cree First Nation
```

AIR MONT-LAURIER
Ste-Veronique, QC

```
□ C-FGQA    de Havilland DHC-2 Beaver               72           ex CF-GQA          Floatplane
□ C-FQQC    de Havilland DHC-2 Beaver               56           ex CF-QQC          Floatplane
□ C-FSUB    de Havilland DHC-3 Otter                8            ex RCAF 3662       Floatplane
□ C-FTUR    de Havilland DHC-2 Beaver               1529         ex CF-TUR          Floatplane
□ C-GGSC    de Havilland DHC-3 Otter                366          ex N5072F          Floatplane
□ C-GMGP    Cessna A185F Skywagon                   18502077     ex N9054F          Floatplane
□ C-GUML    de Havilland DHC-2 Beaver               307          ex N1402Z          Floatplane
□ C-GVLK    Cessna U206G Stationair 6 II            U20604329    ex N756SW          Floatplane
```

AIR MONTMAGNY
Montmagny, QC

☐	C-GBFU	Britten-Norman BN-2A-27 Islander	535	ex N70JA
☐	C-GCTM	Cessna U206G Stationair	U20603794	ex N8920G
☐	C-GGJG	Britten-Norman BN-2B-26 Islander	2219	ex F-ODUP

Air Montmagny is the trading name of Montmagny Air Service Inc

AIR NOOTKA
Gold River, BC

☐	C-FIBR	Cessna 180K Skywagon	18052788		Floatplane
☐	C-FOXD	de Havilland DHC-2 Beaver	807	ex N90723	Floatplane
☐	C-GIUR	Cessna A185F Skywagon	18503290	ex (N94214)	Floatplane
☐	C-GPVB	de Havilland DHC-2 Beaver	871	ex N9253Z	Floatplane

AIR NORTH
Air North (4N/ANT) (IATA 287)   *Whitehorse, YT (YXY)*

☐	C-FAGI	Hawker Siddeley HS.748 Srs.2A/276	1699	ex G-11-6	
☐	C-FCSE	Hawker Siddeley HS.748 Srs 2A/269	1679	ex G-AYFL	
☐	C-FJLB	Boeing 737-201 (Nordam 3)	22273/680	ex N233US	
☐	C-FYDU	Hawker Siddeley HS.748 Srs.2A/273	1694	ex ZK-MCP	
☐	C-FYDY	Hawker Siddeley HS.748 Srs.2A/233	1661	ex ZK-MCJ	Freighter
☐	C-GLIZ	Cessna 206 Super Skywagon	206-0156	ex N5156U	
☐	C-GNAU	Boeing 737-201 (Nordam 3)	21817/602	ex N228US	

Air North is the trading name of Air North Charter & Training, 49% owned by Vuntut Gwitchin First Nation

AIR NUNAVUT
Air Baffin(BFF)   *Iqaluit, NT (YFB)*

☐	C-FCGW	Beech 200 Super King Air	BB-207	ex N111WH	CatPass 200 conversion
☐	C-FZNQ	Beech 200 Super King Air	BB-264	ex N465CJ	CatPass 200 conversion
☐	C-GZYO	Beech 200 Super King Air	BB-383	ex N384DB	

Also operates Falcon 10 bizjets

AIR OPTIMA
Miramichi, NB (YCH)

☐	C-FIML	Cessna 310Q	310Q0758	ex CF-IML	
☐	C-GABL	Cessna 310R II	310R0927	ex N3840G	

Air Optima is the trading name of Aero Peninsule

AIR QUASAR
(QAT)   *Montreal-St Hubert, QC (YHU)*

☐	C-FDTF	Cessna 210L Centurion II	21060291		
☐	C-FVEI	Cessna 210L Centurion II	21059550	ex N4650Q	
☐	C-GNEL	Cessna 210L Centurion II	21060004	ex N35636	

AIR SAGUENAY
Lac St-Sebastien, QC

☐	C-FIUS	de Havilland DHC-2 Beaver	901	ex CF-IUS	Floatplane or wheels/skis
☐	C-FJAC	de Havilland DHC-2 Beaver	937	ex CF-JAC	Floatplane or wheels/skis
☐	C-FJKI	de Havilland DHC-2 Beaver	992	ex CF-JKI	Floatplane or wheels/skis
☐	C-FKRJ	de Havilland DHC-2 Beaver	1210	ex CF-KRJ	Floatplane or wheels/skis
☐	C-GAEF	de Havilland DHC-2 Beaver	372	ex 51-16830	Floatplane or wheels/skis
☐	C-GAXL	de Havilland DHC-2 Beaver	1032	ex 56-537	Floatplane or wheels/skis
☐	C-GPUO	de Havilland DHC-2 Beaver	810	ex 54-1677	Floatplane or wheels/skis
☐	C-GUJI	de Havilland DHC-2 Beaver	1141	ex N68013	Floatplane or wheels/skis
☐	C-FDAK	de Havilland DHC-3 Otter	157	ex CF-DAK	Floatplane or wheels/skis
☐	C-FMPX	de Havilland DHC-3 Otter	280	ex CF-MPX	Floatplane or wheels/skis
☐	C-FODT	de Havilland DHC-3 Otter	218	ex CF-ODT	Floatplane or wheels/skis
☐	C-GLFL	de Havilland DHC-3T Turbo Otter	329	ex 58-1712	Floatplane or wheels/skis
☐	C-GLMT	de Havilland DHC-3 Otter	216	ex IM-1716	Floatplane or wheels/skis
☐	C-GQDU	de Havilland DHC-3T Turbo Otter	43	ex N94472	Floatplane or wheels/skis
☐	C-GUTQ	de Havilland DHC-3 Otter	402	ex HK-3049X	Floatplane or wheels/skis
☐	C-FYAO	Cessna A185E Skywagon	18501472	ex (N2722J)	Floatplane or wheels/skis
☐	C-GTBY	Cessna 208 Caravan I	20800261	ex C-GFLN	Floatplane or wheels/skis

Associated with Labrador Air Safaris

AIR SATELLITE
Satellite (6O/ASJ)   *Baie Comeau, QC (YBC)*

☐	C-FFAS	Cessna 402B	402B0820	ex TF-GTM	
☐	C-GBOE	Cessna 335	335-0020	ex N27066	

☐	C-GOXZ	Britten-Norman BN-2A Mk.III Trislander	361	ex G-BBWP	
☐	C-GSSW	Piper PA-34-200 Seneca	34-7450046	ex N56995	

AIR-SPRAY
Air Spray (ASB) — *Edmonton-Municipal/Red Deer, AB (YEG/YQF)*

☐	CF-CBK	Douglas B-26C Invader	28940	ex N9996Z	11
☐	CF-CUI	Douglas B-26C Invader	28803	ex N9401Z	12
☐	C-FKBM	Douglas A-26B Invader	27415	ex N8017E	20
☐	C-FOVC	Douglas B-26C Invader	28776	ex N3426G	56
☐	C-FPGF	Douglas A-26B Invader	29154	ex 44-35875	1
☐	CF-ZTC	Douglas B-26C Invader	29136	ex N9300R	13; Lucky Jack
☐	C-GHLX	Douglas A-26C Invader	29227	ex N161H	32
☐	C-GHZM	Douglas A-26B Invader	27400	ex N4805E	5; Fire Eater
☐	C-GPTW	Douglas A-26B Invader	18800	ex N9402Z	26
☐	C-GTOX	Douglas A-26B Invader	27802	ex N9174Z	14
☐	C-GWLT	Douglas A-26B Invader	28057	ex N67943	98
☐	C-FLJO	Lockheed L-188C Electra	1103	ex N429NA	82
☐	C-FLXT	Lockheed L-188C Electra	1130	ex N308D	
☐	C-FVFH	Lockheed L-188A Electra	1006	ex PK-RLF	89
☐	C-FVFI	Lockheed L-188C Electra	1082	ex PK-RLD	stored YQF
☐	C-FZCS	Lockheed L-188C Electra	1060	ex HR-SHN	87
☐	C-GFQA	Lockheed L-188A Electra	1040	ex C-GKBT	stored
☐	C-GHZI	Lockheed L-188C Electra	2007	ex N1968R	84
☐	C-GYVI	Lockheed L-188CF Electra	1112	ex N360Q	83
☐	C-GZCF	Lockheed L-188CF Electra	1091	ex G-CEXS	90
☐	C-GZVM	Lockheed L-188A Electra	1036	ex N351Q	85
☐	C-GZYH	Lockheed L-188A Electra	1124	ex HR-AMM	stored YQF
☐	C-FAKP	Rockwell 690 Turbo Commander	11040	ex N690DC	56
☐	C-FIIL	Rockwell 690A Turbo Commander	11167	ex N85AB	
☐	C-FMCX	Rockwell 690B Turbo Commander	11446	ex N137BW	
☐	C-FZRQ	Rockwell 690 Turbo Commander	11025	ex N100LS	51
☐	C-GFPP	Rockwell 690 Turbo Commander	11032	ex N349AC	52
☐	C-GJFO	Rockwell 690 Turbo Commander	11035	ex N15VZ	53
☐	C-GKDZ	Rockwell 690 Turbo Commander	11016	ex N428SJ	54
☐	C-GZON	Rockwell 690 Turbo Commander	11020	ex N14CV	55
☐	C-FEHK	Ted Smith Aerostar 600A	60-0400-140	ex N17LH	307
☐	C-FGWE	Cessna 310Q II	310Q0920	ex (N69686)	302; for sale
☐	C-FJCF	Ted Smith Aerostar 600A	60-0153-067	ex N37HA	308
☐	C-FTUU	Canadair CL-215-1A10 (CL-215)	1011	ex CF-PQH	208
☐	C-FTUW	Canadair CL-215-1A10 (CL-215)	1030	ex CF-TUW	209
☐	C-GOFR	Canadair CL-215-1A10 (CL-215)	1104		268
☐	C-GXJP	Cessna 310P	310P0073	ex N101QC	305; for sale
☐	C-GXXN	Cessna T310P	310P0002	ex N5702M	306; for sale

AIR TINDI
(8T) (IATA 744) — *Yellowknife, NT (YZF)*

☐	C-FATM	de Havilland DHC-6 Twin Otter 300	265	ex PJ-ATL	Floatplane or wheels/skis
☐	C-FATN	de Havilland DHC-6 Twin Otter 300	226	ex N153BU	Floatplane or wheels/skis
					Lsd to Tli Cho Air
☐	C-FATO	de Havilland DHC-6 Twin Otter 310	674	ex A6-MRM	Floatplane or wheels/skis
☐	C-FGOG	de Havilland DHC-6 Twin Otter 300	348	ex CF-GOG	Floatplane or wheels/skis
☐	C-GMAS	de Havilland DHC-6 Twin Otter 300	438	ex N546N	Floatplane or wheels/skis
☐	C-GNPS	de Havilland DHC-6 Twin Otter 300	558		Floatplane or wheels/skis
☐	C-FATA	Beech 200 Super King Air	BB-283	ex N283JP	
☐	C-FATS	Beech 99	U-75	ex C-FEJL	
☐	C-FCGU	Beech 200B Super King Air	BB-301	ex N611SW	CatPass 200 conversion
☐	C-FKAY	Cessna 208B Caravan I	208B0470	ex N1294N	
☐	C-FWZV	de Havilland DHC-7-103	81	ex P2-ANP	
☐	C-FXUY	de Havilland DHC-3 Turbo Otter	142	ex N214L	Floatplane or wheels/skis
☐	C-FZDV	de Havilland DHC-3 Otter	349		
☐	C-GATH	Cessna 208B Caravan I	208B1244		
☐	C-GATV	Cessna 208B Caravan I	208B0308		
☐	C-GATY	Cessna 208 Caravan I	20800305	ex N52627	Floatplane or wheels/skis
☐	C-GDPB	Beech 200C Super King Air	BL-44	ex N18379	EMS
☐	C-GFFL	de Havilland DHC-7-102	74	ex HB-IVY	
☐	C-GPHO	Cessna A185F Skywagon	18503099	ex (N80151)	Floatplane or wheels/skis
☐	C-GTUC	Beech 200 Super King Air	BB-268	ex N565RA	
☐	C-GWXI	Cessna A185F Skywagon	18502818	ex (N1298F)	Floatplane or wheels/skis
☐	C-GZIX	Cessna A185F Skywagon	18504182	ex N46CR	Floatplane or wheels/skis

Tli Cho Air is 49% owned

AIR TRANSAT
Transat (TS/TSC) (IATA 649) — *Montreal-Trudeau, QC (YUL)*

☐	C-FDAT	Airbus A310-308	658	ex A6-EKK	305

☐ C-GFAT	Airbus A310-308	545	ex A6-EKG	301		
☐ C-GLAT	Airbus A310-308	588	ex A6-EKI	302		
☐ C-GPAT	Airbus A310-308	597	ex A6-EKJ	303		
☐ C-GSAT	Airbus A310-308	600	ex 5Y-KQM	304		
☐ C-GTSD	Airbus A310-304	547	ex D-AIDL	341	Lsd fr GOAL	
☐ C-GTSF	Airbus A310-304	472	ex CS-TEZ	345	Lsd fr GECAS	
☐ C-GTSH	Airbus A310-308	599	ex D-AIDN	343	Lsd fr GOAL	
☐ C-GTSI	Airbus A310-304	595	ex D-AIDM	342	Lsd fr GOAL	
☐ C-GTSX	Airbus A310-304	527	ex D-AIDH		Lsd fr GOAL	
☐ C-GTSY	Airbus A310-304	447	ex N447DN	344	Lsd fr GECAS	
☐ C-GVAT	Airbus A310-304	485	ex D-AIDC	321	Lsd fr GOAL	
☐ C-	Airbus A310-304	541	ex CS-TEW	on order	Lsd fr DTP Lease	
☐ C-GGTS	Airbus A330-243	250	ex F-WWKK	101	Lsd fr ILFC	
☐ C-GITS	Airbus A330-243	271	ex F-WWKY	102	Lsd fr ILFC	
☐ C-GKTS	Airbus A330-342	111	ex B-HYC	100	Lsd fr ILFC	
☐ C-GPTS	Airbus A330-243	480	ex F-WWKV	103	Lsd fr ILFC	

AIR TUNILIK
Schefferville-Squaw Lake, QC (YKL)

☐ C-FLLX	de Havilland DHC-2 Beaver	1293		Floatplane or wheels/skis	
☐ C-GNKR	de Havilland DHC-2 Beaver	331	ex N5698		

AIRBORNE ENERGY SOLUTIONS
Whitecourt, AB (YZU)

☐ C-FPKM	Aerospatiale AS.350B AStar	2426	ex JA6045
☐ C-FWKM	Aerospatiale AS.350BA AStar	2427	ex JA6044
☐ C-GHKM	Aerospatiale AS.350B3 AStar	3155	ex ZK-HYE
☐ C-GREV	Aerospatiale AS.350BA AStar	1039	ex N98TV
☐ C-GTKM	Aerospatiale AS.350BA AStar	2515	ex JA6095
☐ C-FARJ	Bell 206B JetRanger	741	ex N700BH
☐ C-FBKH	Bell 206B JetRanger	575	ex N100FW
☐ C-FDUV	Bell 206B JetRanger	70	ex N7883S
☐ C-GJEL	Bell 206B JetRanger	116	ex N855NR
☐ C-GKRH	Bell 206B JetRanger II	2109	ex N354AC
☐ C-GTEZ	Bell 206B JetRanger	746	ex N2926W
☐ C-GTQU	Bell 206B JetRanger	766	ex N8199J
☐ C-GXAG	Bell 206B JetRanger	150	ex N6283N
☐ C-GXBY	Bell 206B JetRanger	477	ex N72HP
☐ C-FARQ	Cessna 208B Caravan I	208B0765	ex N5174W
☐ C-FHHA	Bell 206L-1 LongRanger	45662	ex C-GBPO
☐ C-FNCI	Piper PA-31 Turbo Navajo	31-8112007	ex N9149Z
☐ C-FZGP	Bell 206B JetRanger II	940	ex N888LH
☐ C-FZHG	Piper PA-31 Turbo Navajo	31-753	ex N103DE
☐ C-GAEO	Beech 300 Super King Air	FL-479	ex N3179V
☐ C-GEAH	Bell 205A-1	30096	ex LX-HAH
☐ C-GFYK	Cessna U206F Stationair II	U20603350	ex (N8492Q)
☐ C-GQLG	Bell 205A-1	30008	ex A7-HAF
☐ C-GSLL	Bell 212	30798	ex N922GM

AIRCO AIRCRAFT CHARTERS
Edmonton-Municipal, AB (YEG)

☐ C-FTOW	Beech 1900D	UE-130	
☐ C-FWPG	Beech 100 King Air	B-67	ex N26KW
☐ C-FWYF	Beech 100 King Air	B-89	ex N169RA
☐ C-FWYN	Beech 100 King Air	B-47	ex C-GNAX
☐ C-FWYO	Beech 100 King Air	B-28	ex N27JJ
☐ C-GBMI	Piper PA-31-350 Chieftain	31-8352007	ex N23NP
☐ C-GZNB	Piper PA-31-350 Navajo Chieftain	31-7752079	ex N6654B

AIREXPRESS ONTARIO
Oshawa, ON (YOO)

☐ C-FJTN	Beech 65-C90GT	LJ-1814	ex N70944
☐ C-GBBS	Beech 200 Super King Air	BB-757	ex N948MB

AIRSPAN HELICOPTERS
Sechelt, BC (YHS)

☐ C-FBKS	Bell 206LR+ LongRanger	45033	ex N206ML
☐ C-FJPI	Aerospatiale AS.350BA AStar	1260	
☐ C-FVSP	Bell 206B JetRanger	899	ex N83070
☐ C-GAVF	Bell 206L-3 LongRanger III	51189	
☐ C-GHHI	Bell 206L-3 LongRanger III	51037	ex N30EA
☐ C-GJKN	Bell 205A-1	30091	ex CS-HEA
☐ C-GVIW	Bell 206L-1 LongRanger III	45410	

AIRSPEC
Sole aircraft sold abroad and believed to have ceased operations

AIRSPEED AVIATION
Speedline (SPD) *Abbotsford, BC (YXX)*

☐	C-GYFG	Cessna 402B II	402B1015	ex N87166
☐	C-GZOI	Cessna 414 II	414-0844	ex N3814C

ALBERTA CENTRAL AIRWAYS
Lac la Biche, AB (YLB)

☐	C-FJWU	Beech 65-E90 King Air	LW-332	ex N636GW	
☐	C-FNED	Beech 65-C90 King Air	LJ-680	ex N928RD	
☐	C-FTWU	de Havilland DHC-6 Twin Otter 300	372	ex N17GL	
☐	C-FWPN	Beech 100 King Air	B-51	ex N16SW	
☐	C-GACA	Beech 200 Super King Air	BB-1309	ex N4277C	Beech 1300 conversion
☐	C-GACN	Beech 200 Super King Air	BB-1384	ex N575T	Beech 1300 conversion
☐	C-GEUA	Piper PA-31 Turbo Navajo	31-187	N64JK	
☐	C-GGBZ	Cessna U206G Stationair 6 II	U20605637	ex (N5318X)	
☐	C-GUWO	Piper PA-31 Turbo Navajo	31-203	ex N9154Y	
☐	C-GWFF	Piper PA-31 Turbo Navajo C	31-7512063	ex N61390	
☐	C-GYUW	Cessna U206G Stationair 6	U20603738	ex (N995GN)	

ALBERTA CITYLINK
Alberta Citylink (ABK) *Calgary-Intl/Medicine Hat, AB (YYC/YXH)*

☐	C-FBID	British Aerospace Jetstream 31	802	ex G-31-802		
☐	C-FCPF	British Aerospace Jetstream 31	827	ex G-31-827	039	Lsd fr BAES
☐	C-FIBD	British Aerospace Jetstream 31	943	ex N943AE		
☐	C-FZVY	British Aerospace Jetstream 31	833	ex N833JX		
☐	C-GZOS	British Aerospace Jetstream 31	796	ex N424UE		

Associated with Bar XH Air; Alberta Citylink is the trading name of Palliser Air, a division of 650584 Alberta Inc

ALBERTA GOVERNMENT AIR TRANSPORTATION SERVICES
Now listed under Province of Alberta

ALKAN AIR
Alkan Air (AKN) *Whitehorse, YT (YXY)*

☐	C-FAKN	Beech 200 Super King Air	BB-216	ex LN-VIU
☐	C-FAKW	Beech 300 Super King Air	FA-183	ex N19NC
☐	C-FAKZ	Cessna 208B Caravan I	208B0666	ex N95NA
☐	C-FSKF	Cessna 208B Caravan I	208B0673	ex N5268M
☐	C-FTBI	Short SC.7 Skyvan	SH1847	ex N64HB
☐	C-GLCS	de Havilland DHC-3 Otter	428	ex N17685
☐	C-GMOC	Beech 200 Super King Air	BB-513	ex N513SA
☐	C-GSDT	Piper PA-31-350 Chieftain	31-8152102	ex N120FL
☐	C-GYTB	Cessna U206G Stationair	U20603685	ex (N7579N)

ALLEN AIRWAYS
Sioux Lookout, ON (YXL)

☐	C-FERZ	Cessna 180K	18053071	ex N2799K	Floatplane
☐	C-FYCK	Cessna A185E Skywagon	185-1478	ex CF-YCK	Floatplane or wheels/skis
☐	C-GEXS	Cessna A185F Skywagon	18502955	ex (N4437R)	Floatplane or wheels/skis
☐	C-GQDO	Cessna A185F Skywagon	18503745	ex (N8585Q)	Floatplane or wheels/skis

ALPEN HELICOPTERS
Langley, BC

☐	C-GAHL	Bell 206B JetRanger III	2600	ex N8264U
☐	C-GJSG	Bell 206B JetRanger III	326	ex N1545V
☐	C-GLMX	Bell 206L-1 LongRanger II	45439	ex N99ZT
☐	C-GPCX	Bell 206L-1 LongRanger II	45554	
☐	C-GRBO	Cessna A185F Skywagon	18503414	ex N903TH
☐	C-GVII	Bell 206L-1 LongRanger II	45158	ex N5004B

ALPINE AVIATION
Whitehorse, YT (YXY)

☐	C-FGSI	Cessna U206F Stationair	U20602165		
☐	C-GROH	Found FBA-2C1 Bush Hawk XP	35		Floats or wheels/skis

ALPINE HELICOPTERS
Kelowna, BC (YLW)

☐	C-FALU	Bell 206B JetRanger III	1072	
☐	C-FTED	Bell 206B JetRanger III	3556	
☐	C-GALR	Bell 206B JetRanger III	1892	ex N100YB

☐ C-GALX	Bell 206B JetRanger		1046	ex N58096	
☐ C-GJSL	Bell 206B JetRanger III		3557		
☐ C-FALC	Bell 206L-1 LongRanger		45500	ex N104HC	
☐ C-FJCH	Bell 206L-1 LongRanger		45737		
☐ C-GALH	Bell 206L-3 LongRanger III		51297	ex N753HL	
☐ C-GALJ	Bell 206L-3 LongRanger III		51010	ex N22654	
☐ C-GALL	Bell 206L-3 LongRanger III		51015	ex N22660	
☐ C-GRLK	Bell 206L-3 LongRanger III		51028	ex N42814	
☐ C-FAHB	Bell 212		30794	ex A6-BBH	
☐ C-FAHC	Bell 212		31246	ex N212HT	
☐ C-FAHG	Bell 212		30940	ex N8530F	
☐ C-FAHK	Bell 212		30852	ex XA-SSE	
☐ C-FAHL	Bell 212		30588	ex XA-SSJ	
☐ C-FAHP	Bell 212		30933	ex D-HELL	
☐ C-FAHR	Bell 212		30789	ex A6-BBI	
☐ C-FAHZ	Bell 212		30562	ex XA-SSI	
☐ C-FALK	Bell 212		30982	ex N212EL	
☐ C-FALV	Bell 212		30816	ex N74AL	
☐ C-GAHO	Bell 212		30937		
☐ C-GAHV	Bell 212		30699	ex N90221	
☐ C-GALI	Bell 212		30525	ex JA9510	
☐ C-GIRZ	Bell 212		30622	ex RP-C1677	
☐ C-GRNR	Bell 212		30999		
☐ N73HJ	Bell 212		30552	ex XC-EDM	Lsd to Heli-Jet
☐ N212KA	Bell 212		30776	ex C-FAHI	Lsd to Kachina Avn
☐ N213KA	Bell 212		31172	ex C-FNOB	Lsd to Kachina Avn
☐ N214KA	Bell 212		30827	ex C-FAHC	Lsd to Kachina Avn
☐ N215KA	Bell 212		30651	ex C-FAHZ	Lsd to Kachina Avn
☐ C-FALA	Bell 407		53115		
☐ C-FALF	Bell 407		53271	ex CC-CWS	
☐ C-FALM	Bell 407		53018	ex N409KA	
☐ C-FNOB	Bell 407		53070	ex N57416	
☐ C-GALG	Bell 407		53059	ex N409PH	
☐ C-GYAA	Bell 407		53152	ex N407RH	
☐ N409KA	Bell 407		53016	ex C-FAHL	Lsd to Kachina Avn

ALPINE LAKES AIR
Smithers-Tyhee Lake, BC

☐ C-GFTZ	de Havilland DHC-3 Otter		174	ex N905745	Floatplane or wheels/skis

Registered to Saltwater West Enterprises, a sister company

ALTA FLIGHTS
(ALZ)   *Edmonton-Intl/Calgary-Intl/Fort McMurray, AB (YEG/YYC/YMM)*

☐ C-FBIJ	British Aerospace Jetstream 31	817	ex G-31-817		
☐ C-FBIP	British Aerospace Jetstream 31	820	ex G-31-820		
☐ C-FHQA	British Aerospace Jetstream 32	876	ex N876CP		
☐ C-FKQA	British Aerospace Jetstream 32	877	ex N877CP		
☐ C-FZYB	British Aerospace Jetstream 32EP	837	ex C-FYWY	033	
☐ C-GCCN	British Aerospace Jetstream 31	704	ex N333PX		
☐ C-GEAZ	British Aerospace Jetstream 32	843	ex C-GQRO	034	
☐ C-GQJT	British Aerospace Jetstream 32EP	886	ex N886CP		
☐ C-GQJV	British Aerospace Jetstream 32EP	896	ex N896CP		
☐ C-FAFC	Cessna 208B Caravan I	208B0663	ex N1229A		
☐ C-FAFE	Beech B100 King Air	BE-72	ex ZS-MZS		
☐ C-FAFG	Cessna 208B Caravan I	208B0724	ex N997Q		
☐ C-FAFI	Swearingen SA.227DC Metro 23	DC-868B	ex ZK-JSV	Freighter	
☐ C-FAFS	Beech B100 King Air	BE-31	ex N80DB		
☐ C-FPSH	Dornier 228-202	8071	ex N253MC		
☐ C-FTNY	Piper PA-31-350 Chieftain	31-7952245	ex N2169X		
☐ C-FVVS	Piper PA-31-350 Chieftain	31-7952199	ex N35347		
☐ C-FYEV	Dornier 228-202	8133	ex N261MC		
☐ C-GAAF	Swearingen SA.227DC Metro 23	DC-891B	ex B-3956		
☐ C-GIAF	Swearingen SA.227DC Metro 23	DC-888B	ex ZK-JSJ		
☐ C-GSAF	Swearingen SA.227DC Metro 23	DC-866B	ex B-3951		
☐ C-GGKJ	Beech B100 King Air	BE-49	ex N400RK		

Subsidiary of Telford Services Group

AMIGO AIRWAYS
Nanaimo-Harbour SPB, BC

☐ C-GFOB	Piper PA-23-250 Aztec D		27-4000	ex N6680Y	Floatplane
☐ C-GGGF	Beech D-18S		CA-267	ex N1042H	Floatplane

Amigo Airways is the trading name of 578471 BC Ltd

ARCTIC SUNWEST CHARTERS
Yellowknife, NT (YZF)

☐	C-FASC	de Havilland DHC-8-102	038	ex C-GJUZ	
☐	C-FASN	Beech B100 King Air	BE-17	ex N178NC	
☐	C-FASQ	de Havilland DHC-6 Twin Otter 100	78	ex C-FAKM	Floatplane or wheels/skis
☐	C-FASV	de Havilland DHC-5A Buffalo	95A	ex 5Y-GBA	
☐	C-FASY	de Havilland DHC-5A Buffalo	107A	ex 5Y-GAA	
☐	C-FKCL	Piper PA-31-350 Navajo Chieftain	31-7752134		
☐	C-FOEV	de Havilland DHC-2 Turbo Beaver III	1680/TB48	ex CF-OEV	Floatplane or wheels/skis
☐	C-FOPE	de Havilland DHC-2 Turbo Beaver III	1691/TB59	ex CF-OPE	Floatplane or wheels/skis
☐	C-FSWN	Piper PA-31-350 Chieftain	31-7952182	ex C-GREP	
☐	C-FTFX	de Havilland DHC-6 Twin Otter 300	340	ex CF-TFX	Floatplane or wheels/skis
☐	C-FTXQ	de Havilland DHC-6 Twin Otter 300	308	ex N776A	Lsd fr FAB
☐	C-GARW	de Havilland DHC-6 Twin Otter 300	367	ex N200DA	Floatplane or wheels/skis
☐	C-GASB	de Havilland DHC-8-102	013	ex N802MX	Lsd fr AeroCentury
☐	C-GASW	Beech 99	U-39	ex N99LP	Lsd fr Robinson's Trucking
☐	C-GOZG	Piper PA-32-300 Cherokee Six	32-7540034		
☐	C-GRTA	Eurocopter EC.120B Colibri	1076		
☐	C-GSDJ	Cessna A185F Skywagon	18504212	ex N31079	Floatplane or wheels/skis

Arctic Sunwest is the trading name of 171817 Canada Inc

ATIKOKAN AERO SERVICE
Atikokan-Municipal, ON (YIB)

☐	CF-IPL	de Havilland DHC-2 Beaver	132		Floatplane or wheels/skis
☐	C-GDZH	de Havilland DHC-2 Beaver	356	ex 51-16555	Floatplane or wheels/skis

ATLEO RIVER AIR SERVICE
Tofino, BC (YTP)

☐	C-GIYQ	Cessna A185F Skywagon II	18503618	ex (N7582Q)	Floatplane or wheels/skis
☐	C-GYJX	Cessna A185F Skywagon	18503187	ex (N93161)	Floatplane

ATLIN AIR CHARTERS
Atlin, BC

☐	C-GGEK	Cessna 207A Stationair 8 II	20700731	ex N63AK	
☐	C-GOZR	de Havilland DHC-2 Beaver	800		

AVIABEC
La Tuque SPB, QC (YLQ)

☐	C-FMPT	de Havilland DHC-2 Beaver	1260		Floatplane
☐	C-GSJO	Cessna U206G Stationair 6	U20606827	ex (N9276R)	Floatplane

Aviabec is a trading name of 9006-7745 Quebec Inc

AVIATION COMMERCIAL AVIATION
Access (CMS)
Hearst, ON (YHF)

☐	C-FGSX	Piper PA-31T2 Cheyenne II XL	31T-8166048	ex N600XL	
☐	C-GBFO	Piper PA-31T2 Cheyenne II XL	31T-8166069	ex N511SC	
☐	C-GPAK	Piper PA-31-350 Chieftain	31-8052070	ex N3558S	
☐	C-GZBO	Piper PA-31-350 Chieftain	31-8252048	ex N430S	

Aviation Commercial Aviation is the trading name of 160878 Canada Inc

AVIATION MAURICIE
Lac a la Tortue/Lac Sept Iles, QC

☐	C-FASO	Cessna U206F Stationair	U20602081	ex N70558	Floatplane or wheels/skis
☐	C-FIDG	de Havilland DHC-2 Beaver	718	ex N99872	Floatplane or wheels/skis
☐	C-FVDG+	Cessna U206B Super Skywagon	U206-0666	ex CF-VDG	Floatplane or wheels/skis
☐	C-GOER	de Havilland DHC-2 Beaver	514	ex N99830	Floatplane or wheels/skis
☐	C-GYXE	Cessna U206F Stationair	U20603801		Floatplane or wheels/skis

Aviation Mauricie is the trading name of 3845443 Canada Inc +R/STOL conversion

BAILEY HELICOPTERS
Boundary Bay, BC (YDT)

☐	C-FBYD	Bell 206B JetRanger III	2519	ex N5008L	
☐	C-FCQD	Bell 206B JetRanger III	534	ex N8146J	
☐	C-FHTM	Bell 206B JetRanger	1017		
☐	C-FHTR	Bell 206B JetRanger	1036		
☐	C-FKOD	Bell 206B JetRanger	1228	ex CF-DOK	
☐	C-FPRB	Bell 206B JetRanger III	3232	ex N20EA	
☐	C-FZWC	Bell 206B JetRanger II	2064	ex N16706	
☐	C-GAXB	Bell 206B JetRanger III	3527	ex N226EC	
☐	C-GBHB	Bell 206B JetRanger III	2415	ex N5001U	
☐	C-GDRH	Bell 206B JetRanger III	2452	ex N37EA	
☐	C-GHHE	Bell 206B JetRanger III	1979		
☐	C-GJXB	Bell 206B JetRanger II	2208	ex N220CH	
☐	C-GPGF	Bell 206B JetRanger	1836		

☐	C-GTEK	Bell 206B JetRanger III	1684	ex N222ML		
☐	C-FBHC	Aerospatiale AS.350B2 AStar	2850	ex C-FWCH		
☐	C-FBHD	Aerospatiale AS.350BA AStar	2166	ex PT-HSE		
☐	C-FBHN	Aerospatiale AS.350B2 AStar	3763			
☐	C-GAVK	Aerospatiale AS.350BA AStar	1538			
☐	C-GAVL	Aerospatiale AS.350BA AStar	2258	ex N350AH		
☐	C-FBHV	Bell 206LR+ LongRanger	45113	ex N403EH		
☐	C-FBHW	Bell 205A-1	30286	ex N224HT		
☐	C-GNMD	Bell 206LR+ LongRanger	45080			

BAKERS NARROWS AIR SERVICE
Flin Flon Athapapuskow Lake SPB, MN

☐	CF-FAQ	de Havilland DHC-2 Beaver	94		Floatplane
☐	C-FIKP	de Havilland DHC-2 Beaver	890	ex CF-IKP	Floatplane
☐	C-FNMN	Cessna U206G Stationair	U20604070	ex N756GB	Floatplane or wheels/skis`
☐	C-GBZH	de Havilland DHC-2 Beaver	1518		Floatplane

BAMAJI AIR
Sioux Lookout, ON (YXL)

☐	C-FHEP	de Havilland DHC-2 Beaver	69	ex C-FIOB	Floatplane or wheels/skis
☐	C-FKAC	Found FBA-2C1 Bush Hawk XP	42		Floatplane or wheels/skis
☐	C-GBKA	Cessna A185F Skywagon	18502375	ex N53099	Floatplane or wheels/skis
☐	C-GFDS	de Havilland DHC-2 Beaver	1269	ex 31343	Floatplane or wheels/skis
☐	C-GIPR	Cessna 208 Caravan I	20800343		Floatplane or wheels/skis
☐	C-GZBS	de Havilland DHC-2 Beaver	975	ex N4703Z	Floatplane or wheels/skis

BAR XH AIR
Palliser (BXH)   *Medicine Hat, AB (YXH)*

☐	C-FCGB	Beech 200 Super King Air	BB-24	ex N183MC	035; CatPass 200 conversion	EMS
☐	C-GXHD	Beech 200 Super King Air	BB-1338	ex N915YW	Beech 1300 conversion	
☐	C-GXHF	Beech 200 Super King Air	BB-1343	ex 5Y-ECO	Beech 1300 conversion	
☐	C-GXHG	Beech 200 Super King Air	BB-1383	ex N913YW	Beech 1300 conversion	
☐	C-GXHN	Beech 200 Super King Air	BB-693	ex N245JS		
☐	C-GXHR	Beech 200 Super King Air	BB-1305	ex 5Y-EOB	Beech 1300 conversion	
☐	C-GXHS	Beech 200 Super King Air	BB-1302	ex PP-WYY	Beech 1300 conversion	
☐	C-FBHO	Piper PA-31-350 Navajo Chieftain	31-7405466	ex N61439		
☐	C-GFHG	Beech 95-B55 Baron	TC-1289	ex N155UT		
☐	C-GMDF	Piper PA-31T Cheyenne II	31T-7620019	ex N82000		
☐	C-GRCX	Piper PA-32RT-201T Arrow	28R-8031009	ex C-GRCI		
☐	C-GXHK	Piper PA-31-350 Navajo Chieftain	31-7752108	ex N115SC		

BAXTER AVIATION
Nanaimo SPB, BC (YCD)

☐	C-GBTJ	Cessna A185F Skywagon	18503950	ex (N5279E)	Floatplane
☐	C-GMFG	Cessna A185F Skywagon	18503773	ex N8786Q	Floatplane

Airline is owned by the President of West Coast Air and aircraft registered to them but believed to still operate independently

BC YUKON AIR SERVICE
Dease Lake, BC (YDL)

☐	C-FHGZ	de Havilland DHC-2 Beaver	759		Floatplane or wheels/skis

BEARSKIN AIRLINES
Bearskin (JV/BLS) (IATA 632)   *Sioux Lookout, ON (YXL)*

☐	C-FAMC	Swearingen SA.227AC Metro III	AC-719B	ex N436MA	
☐	C-FFZN	Swearingen SA.227AC Metro III	AC-785B	ex N30019	Spirit of Service
☐	C-FXUS	Swearingen SA.227CC Metro 23	CC-841B	ex N456LA	
☐	C-FYAG	Swearingen SA.227AC Metro III	AC-670B	ex N670VG	Spirit of Fort Frances
☐	C-FYWG	Swearingen SA.227AC Metro III	AC-782B	ex N3000S	Spirit of Winnipeg
☐	C-GJVC	Swearingen SA.227DC Metro 23	DC-885B	ex N885ML	
☐	C-GJVH	Swearingen SA.227DC Metro 23	DC-898B	ex N898ML	
☐	C-GYHD	Swearingen SA.227AC Metro III	AC-739B	ex N227JH	Spirit of Dryden
☐	C-GYQT	Swearingen SA.227AC Metro III	AC-644B	ex N644VG	Spirit of Thunder Bay
☐	C-GYTL	Swearingen SA.227CC Metro 23	CC-829B	ex N30154	Spirit of Big Trout Lake
☐	C-GYXL	Swearingen SA.227AC Metro III	AC-752B		
☐	C-GDFX	Beech 99A	U-123	ex N18RA	
☐	C-GEHY	Piper PA-23-250 Aztec C	27-3843	ex N6548Y	
☐	C-GFVY	Cessna A185F Skywagon	18503056	ex (N21379)	Floatplane or wheels/skis

Bearskin Airlines is the trading name of Bearskin Lake Air Service

BIG RIVER AIR
Fort Smith, NT/Yellowknife, NT (YSM/YZF)

☐	C-FDGW	Cessna 208 Caravan I	20800272	ex C-FCPW	
☐	C-FNME	Cessna 208 Caravan I	20800318	ex N208JL	
☐	C-FVVY	de Havilland DHC-3 Otter	410	ex RCAF 9427	Floatplane or wheels/skis
☐	C-GFZT	Cessna U206F Stationair II	U20603406	ex (N8550Q)	Floatplane or wheels/skis
☐	C-GAIX*	Cessna A185F Skywagon	18503890	ex (N4855E)	Floatplane or wheels/skis
☐	C-GIJL*	Cessna 210L Centurion II	21061226	ex (N2283S)	
☐	C-GJEM*	Cessna 208 Caravan	20800152	ex N9728F	Floatplane or wheels
☐	C-GSMA	Cessna 310Q	310Q1008	ex N313SK	
☐	C-GTOI*	de Havilland DHC-2 Beaver	712	ex N6084	Floatplane or wheels/skis

*Leased from Northwestern Air Lease. Services from Yellowknife are marketed as Arctic Excursions

BIG SALMON AIR
Whitehorse, YT (YXY)

☐	C-FZNL	Cessna A185E Skywagon	18501826	ex (N1602M)	Floatplane or wheels/skis
☐	C-GJSR	Cessna U206C Super Skywagon	U206-1106	ex N29136	Floatplane or wheels/skis
☐	C-GUAL	Cessna 207A Stationair 8	20700733	ex (N9806M)	Floatplane or wheels/skis

BLACK SHEEP AVIATION
Whitehorse, YT (YXY)

☐	C-GMCW	de Havilland DHC-3 Otter	108	ex N5339G	Floatplane or wheels/skis
☐	C-GRJK	PZL-104M Wilga 2000	00010014		
☐	C-GZTQ	Cessna A185F Skywagon II	18503491	ex (N1824Q)	Floatplane or wheels/skis

Black Sheep Aviation is the trading name of Black Sheep Aviation and Cattle Co

BLACK TUSK HELICOPTER
Squamish, BC (YSE)

☐	C-FSAI	Aerospatiale AS.350B2 AStar	2176	ex N121KR	
☐	C-FWQU	Bell 214B-1 BigLifter	28029	ex N3999N	
☐	C-FZVT	Bell 214B-1 BigLifter	28016	ex LN-OSG	
☐	C-GALZ	Bell 206B JetRanger III	1563	ex N59640	
☐	C-GSEE	Bell 206B JetRanger	451	ex N95SB	

BLACKCOMB HELICOPTERS
Whistler Heliport, BC

☐	C-FLME	Aerospatials AS.350B2 AStar	2206		
☐	C-GQSW	Aerospatiale AS.350B2 AStar	2091		
☐	C-GSKI	Aerospatiale AS.350B2 AStar	3377	ex C-GILU	
☐	C-GSRF	Aerospatiale AS.350B2 AStar	2480		
☐	C-GYYR	Aerospatiale AS.350BA AStar	1675	ex ZK-HBT	
☐	C-FHRX	Cessna A185F Skywagon	18502185		
☐	C-FKKM	Bell 206B JetRanger II	883		
☐	C-FTWK	Bell 206B JetRanger II	787	ex CF-TWK	
☐	C-FXBC	Aerospatiale AS.355F2 Ecureuil 2	5274		
☐	C-FXFX	Aerospatiale AS.355F2 Ecureuil 2	5305		
☐	C-GJBW	Bell 206B JetRanger	612	ex N71SP	
☐	C-GPGP	Bell 206B JetRanger	2244		

BLUE WATER AVIATION SERVICES
Silver Falls, MB

☐	C-FCUW	Cessna 337 Super Skymaster	337-0009	ex N2109X	
☐	C-FIFP	de Havilland DHC-3 Otter	73	ex CF-IFP	Floatplane or wheels/skis
☐	C-GBTU	de Havilland DHC-3 Turbine Otter	209	ex IM-1711	Floatplane or wheels/skis
☐	C-GFVZ	Cessna A185F Skywagon	18503058	ex (N21451)	Floatplane or wheels/skis
☐	C-GGGD	Cessna TU206G Stationair 8	U20605664	ex (N5348G)	Floatplane or wheels/skis
☐	C-GHYB	de Havilland DHC-3 Otter	386	ex UB656	Floatplane or wheels/skis

BOLTON LAKE AIR SERVICES
Winnipeg-St Andrews, MB(YAV)

☐	C-GYXM	Cessna A185E Skywagon	185-1171	ex N4717Q	Floatplane

BRUCELANDAIR INTERNATIONAL
Wiarton, ON (YVV)

☐	C-FDME	Piper PA-31 Turbo Navajo	31-7812107		
☐	C-GBTS	Socata TBM-700	19	ex N635DS	
☐	C-GGNA	Piper PA-23-250 Aztec C	27-3757	ex N6463Y	
☐	C-GNNN	Cessna U206F Stationair II	U20602728		
☐	C-GPVN	Piper PA-31 Turbo Navajo B	31-7400979	ex TF-EGT	Photo/Survey

Brucelandair International is the trading name of 138883 Canada Inc

BUFFALO AIRWAYS
Buffalo (J4/BFL) Hay River, NT (YHY)

☐ C-FTXB	Canadair CL-215-1A10 (CL-215)	1007	ex CF-TXB	298	
☐ C-GBPD	Canadair CL-215-1A10 (CL-215)	1084		291	Op for NWT Govt
☐ C-GBYU	Canadair CL-215-1A10 (CL-215)	1083	ex C-GKEA	290	Op for NWT Govt
☐ C-GCSX	Canadair CL-215-1A10 (CL-215)	1088	ex c-gkea	295	Op for NWT Govt
☐ C-GDHN	Canadair CL-215-1A10 (CL-215)	1089	ex C-GKEE	296	Op for NWT Govt
☐ C-GFNF	Canadair CL-215-1A10 (CL-215)	1027	ex F-ZBBI	299	
☐ C-FCUE	Douglas DC-3	12983	ex NC41407	Mel Bryan	
☐ C-FDTB	Douglas DC-3	12597	ex CF-TEC	stored YQF	
☐ C-FDTH	Douglas DC-3	12591	ex CF-TEB	stored YQF	
☐ C-FFAY	Douglas DC-3	4785	ex CF-FAY	stored YQF	
☐ C-FLFR	Douglas DC-3	13155	ex CF-LFR		
☐ C-FROD	Douglas DC-3	13028	ex C-GPNW	stored YQF	
☐ C-GJKM	Douglas DC-3	13580	ex CAF 12946		
☐ C-GPNR	Douglas DC-3	13333	ex CAF 12932		
☐ C-GWIR	Douglas DC-3	9371	ex N18262		
☐ C-GWZS	Douglas DC-3	12327	ex CAF 12913		
☐ CF-BAA	Douglas C-54D-DC	10653	ex N4994H		
☐ C-FBAJ	Douglas C-54A-DC	3088	ex N11712	02; Tanker	
☐ C-FBAK	Douglas C-54D-DC	10613	ex N62342		
☐ C-FBAM	Douglas C-54G-DC	36009	ex N4958M		
☐ C-FBAP	Douglas C-54G-DC	36089	ex N2742G	Tanker	
☐ C-FIQM	Douglas C-54G-DC	36088	ex N4218S	57; Arctic Trader (tanker)	
☐ C-GBAJ	Douglas C-54A-DC	27328	ex N62297	Tanker	
☐ C-GBNV	Douglas C-54G-DC	35988	ex N3303F	56; Tanker	
☐ C-GBPA	Douglas C-54D-DC	10673	ex N87591		
☐ C-GBSK	Douglas C-54G-DC	36049	ex N4989N		
☐ C-GCTF	Douglas C-54E-DC	27281	ex N51819	58; Tanker	
☐ C-GPSH	Douglas C-54A-DC	7458	ex N7171H	1; Arctic Distributor	
☐ C-GXKN	Douglas DC-4-DC	36090	ex N4985P		
☐ C-FAVO	Curtiss C-46D Commando	33242	ex N9891Z	Arctic Thunder	
☐ C-FBAQ	Lockheed L-188AF Electra	1039	ex OE-ILB	stored; spares use?	
☐ C-FCGE	Beech 65-A90 King Air	LJ-118	ex CF-CGE	Birddog 1	
☐ C-FCGH	Beech 65-A90 King Air	LJ-203	ex CF-CGH	Birddog 4	
☐ C-FNJE	Consolidated PBY-5A Catalina	CV-437	ex CF-NJE		
☐ C-FPQM	Consolidated PBY-5A Catalina	CV-425	ex CF-GMS	714	
☐ CF-SAN	Noorduyn Norseman V	N29-29	ex CF-SAN	Floatplane	
☐ C-FUAW	Consolidated PBY-5A Catalina	CV-201	ex (CF-NTK)	708	
☐ C-FULX	Beech 95-C55 Baron	TE-147	ex CF-ULX	Birddog 3	
☐ C-FUPT	Cessna A185E Skywagon	185-1075	ex (N4568F)	141	
☐ C-GBAU	Beech 95-D55 Baron	TE-701	ex N7907R		
☐ C-GIWJ	Beech 95 Travel Air	TD-32	ex N2707Y		
☐ C-GLBA	Lockheed L-188AF Electra	1145	ex OE-ILA		
☐ C-GTFC	Consolidated Vultee	279	ex N152PA		
☐ C-GTXW	Curtiss C-46A Commando	30386	ex 5Y-TXW	stored YZF	
☐ C-GWCB	Beech B95 Travel Air	TD-369	ex N9914R		
☐ C-GYFM	Beech 95 Travel Air	TD-202	ex N654Q		

BUSHLAND AIRWAYS
Moosonee, ON (YMO)

☐ C-FBGB	Cessna U206E Super Skywagon	U20601514	ex (N9114M)	Floatplane
☐ C-FYJR	Cessna A185E Skywagon	185-1520	ex (N2770J)	Floatplane
☐ C-GSNU	Cessna 207A Stationair 7	20700491	ex N6DF	
☐ C-GYWE	Piper PA-32-260 Cherokee Six	32-141	ex N3305W	

CALM AIR
Calm Air (MO/CAV) (IATA 622) Thompson, MB (YTH)

☐ C-FSPB	SAAB SF.340B	340B-351	ex B-3656	345	
☐ C-FTJV	SAAB SF.340B	340B-366	ex SE-C66	341C; Combi	Lsd fr SAAB
☐ C-FTJW	SAAB SF.340B	340B-377	ex SE-C77	342C; Combi	Lsd fr SAAB
☐ C-FTLW	SAAB SF.340B	340B-336	ex SE-C36	346	
☐ C-GMNM	SAAB SF.340B	340B-364	ex SE-LHO	344	Lsd fr SAAB
☐ C-GTJX	SAAB SF.340B	340B-165	ex N586MA		Lsd fr SAAB
☐ C-GTJY	SAAB SF.340B	340B-166	ex N587MA	343	Lsd fr SAAB
☐ C-FAMO	Hawker Siddeley HS.748 Srs.2A/258LFD	1669	ex CF-AMO	746F; Freighter	
☐ C-FCIJ	ATR 42-300	261	ex N261RT		Lsd fr Nordic Avn Contractor
☐ C-FJYV	ATR 42-300	216	ex N216AT	421	Lsd fr Century Services
☐ C-FJYW	ATR 42-300	235	ex N233RM	422	Lsd fr Century Services
☐ C-FMAK	ATR 42-300	142	ex N142GP		Lsd fr Nordic Avn Contractor
☐ C-FSKS	Cessna 208B Caravan I	208B0722	ex N5268M		
☐ C-GDOP	Hawker Siddeley HS.748 Srs.2A/283	1745	ex F-ODQQ	744C; Combi	
☐ C-GEPB	Hawker Siddeley HS.748 Srs.2A/254	1686	ex 9G-ABX	743F; Freighter	

☐ C-GHSC   Hawker Siddeley HS.748 Srs.2B/FAALFD   1790   ex G-BJTL   745F; Freighter
☐ C-GKRM   Cessna 208B Caravan I   208B0660 ex N73MM
Calm Air is the trading name of Calm Air International; operates some services for Air Canada Regional

CAMERON AIR SERVICE
Toronto-City Centre, ON (YTZ)

☐ C-FKCA   Cessna 208 Caravan I   20800211   ex N211PA
☐ C-FXWH   Cessna U206C Super Skywagon   U206-1170   ex CF-XWH
☐ C-GCGA   Cessna 208 Caravan I   20800242   ex (A6-CGA)
☐ C-GGSG   Cessna TU206G Stationair 6   U20605852   ex (N6281X)

CAMPBELL HELICOPTERS
Abbotsford, BC (YXX)

☐ C-FBEP   Bell 212   30746   ex 4X-BJN
☐ C-FJUR   Bell 212   30728   ex N8233V
☐ C-FJUT   Bell 212   30808   ex N8233V
☐ C-FJUU   Bell 212   30795   ex N8233V
☐ C-FMPZ   Bell 212   30528   ex HC-BOI
☐ C-GFDV   Bell 212   30842   ex N291B
☐ C-GFQN   Bell 212   30571   ex N554CR

☐ C-GOLE   Bell 205A-1   30182   ex HI-731SP
☐ C-GPET   Bell 205A-1   30209   ex N205KA

CANADIAN AIR CRANE
Delta, BC (DJN)

☐ C-FCRN   Erickson/Sikorsky S-64E Skycrane   64061   ex N172AC   747
☐ C-GESG   Erickson/Sikorsky S-64E Skycrane   64065   ex N157AC   745
☐ C-GJZK   Erickson/Sikorsky S-64E Skycrane   64003   ex N176AC
Subsidiary of Erickson Air Crane and all leased from the parent

CANADIAN HELICOPTERS
Canadian (CDN)   Montreal-Les Cedres, QC /Edmonton, AB

☐ C-FCCA   Aerospatiale AS.350BA AStar   2900
☐ C-FCHN   Aerospatiale AS.350BA AStar   2921
☐ C-FETA   Aerospatiale AS.350D AStar   1085   ex N137BH
☐ C-FFBU   Aerospatiale AS.350BA AStar   1215   ex N3605B
☐ C-FHVH   Aerospatiale AS.350BA AStar   1256   ex N36075
☐ C-FPBA   Aerospatiale AS.350B2 AStar   2492   ex JA6091
☐ C-FPER   Aerospatiale AS.350BA AStar   2552   ex F-WYMK
☐ C-FPLJ   Aerospatiale AS.350D AStar   1060
☐ C-FQNS   Aerospatiale AS.350B2 AStar   1423   ex N5783Y
☐ C-FSHV   Aerospatiale AS.350B AStar   1287   ex N5143R
☐ C-FSLB   Aerospatiale AS.350B AStar   2142   ex JA9786
☐ C-FSLF   Aerospatiale AS.350B AStar   1975   ex JA9460
☐ C-FVVH   Aerospatiale AS.350BA AStar   2612
☐ C-FYCO   Aerospatiale AS.350BA AStar   2899
☐ C-GAHH   Aerospatiale AS.350B AStar   1036   ex XA-...
☐ C-GAHI   Aerospatiale AS.350B2 AStar   1086
☐ C-GALD   Aerospatiale AS.350BA AStar   1146
☐ C-GALE   Aerospatiale AS.350B AStar   1350
☐ C-GATX   Aerospatiale AS.350BA AStar   1221
☐ C-GAYX   Aerospatiale AS.350BA AStar   1179
☐ C-GBCZ   Aerospatiale AS.350B2 AStar   1159
☐ C-GBPS   Aerospatiale AS.350BA AStar   1277   ex N3610R
☐ C-GCEC   Aerospatiale AS.350B AStar   1431   ex N666JK
☐ C-GCHH   Aerospatiale AS.350B-2 AStar   2461   ex ZK-HND
☐ C-GCKP   Aerospatiale AS.350D AStar   1138   ex N140BH
☐ C-GCWD   Aerospatiale AS.350BA AStar   2047   ex N844BP
☐ C-GCWW   Aerospatiale AS.350B2 AStar   1435   ex N340DF
☐ C-GDKD   Aerospatiale AS.350BA AStar   1432   ex N5785H
☐ C-GDSX   Aerospatiale AS.350BA AStar   1134   ex N35972
☐ C-GDUF   Aerospatiale AS.350B AStar   1309
☐ C-GELC   Aerospatiale AS.350BA AStar   1162   ex VH-HRD
☐ C-GEPH   Aerospatiale AS.350BA AStar   1193   ex ZK-HET
☐ C-GEVH   Aerospatiale AS.350BA AStar   2620   ex F-WYMN
☐ C-GFHS   Aerospatiale AS.350B AStar   1401
☐ C-GGIE   Aerospatiale AS.350B2 AStar   3280
☐ C-GHVD   Aerospatiale AS.350D AStar   1236   ex N3606Y
☐ C-GLNE   Aerospatiale AS.350BA AStar   1128   ex N3599N
☐ C-GLNK   Aerospatiale AS.350D AStar   1261   ex N3608C
☐ C-GLNM   Aerospatiale AS.350D AStar   1262   ex N3608D
☐ C-GLNO   Aerospatiale AS.350D AStar   1264   ex N3608N
☐ C-GMEY   Aerospatiale AS.350BA AStar   1004   ex N350AS
☐ C-GMIZ   Aerospatiale AS.350D AStar   1170
☐ C-GNMN   Aerospatiale AS.350BA AStar   1315   ex XA-SNA
☐ C-GOVH   Aerospatiale AS.350BA AStar   1286   ex N224GB

☐ C-GRBT	Aerospatiale AS.350D AStar	1246	ex N877JM
☐ C-GRGJ	Aerospatiale AS.350B AStar	1171	ex N3600G
☐ C-GRGU	Aerospatiale AS.350BA AStar	1213	ex N7172H
☐ C-GSLF	Aerospatiale AS.350D AStar	1310	
☐ C-GTPF	Aerospatiale AS.350BA AStar	2932	
☐ C-GTVH	Aerospatiale AS.350BA AStar	2611	ex N600CH
☐ C-FAHW	Bell 206B JetRanger II	785	ex CF-AHW
☐ C-FAJR	Bell 206B JetRanger II	123	ex CF-AJR
☐ C-FBQH	Bell 206B JetRanger II	745	ex CF-BQH
☐ C-FCQE	Bell 206B JetRanger II	535	ex N8147J
☐ C-FFVC	Bell 206B JetRanger II	934	ex CF-FVC
☐ C-FHTP	Bell 206B JetRanger II	1024	
☐ C-FHTS	Bell 206B JetRanger II	1037	
☐ C-FKNX	Bell 206B JetRanger III	2440	ex N5003X
☐ C-FOAN	Bell 206B JetRanger II	791	ex CF-OAN
☐ C-FPOD	Bell 206B JetRanger II	696	ex CF-POD
☐ C-GAHC	Bell 206B JetRanger II	468	ex N2959W
☐ C-GAHR	Bell 206B JetRanger II	873	ex N1488B
☐ C-GBHE	Bell 206B JetRanger II	1335	
☐ C-GBHI	Bell 206B JetRanger III	1758	ex N49584
☐ C-GCIR	Bell 206B JetRanger III	3029	
☐ C-GDBA	Bell 206B JetRanger III	2232	ex N16821
☐ C-GETF	Bell 206B JetRanger III	3036	
☐ C-GFQH	Bell 206B JetRanger II	1090	ex N100JG
☐ C-GHUQ	Bell 206B JetRanger II	1721	ex N3199G
☐ C-GIFY	Bell 206B JetRanger II	2008	
☐ C-GIXS	Bell 206B JetRanger III	2304	ex N272RM
☐ C-GMKT	Bell 206B JetRanger II	774	ex N101PN
☐ C-GNLD	Bell 206B JetRanger III	2357	ex N57PH
☐ C-GNLE	Bell 206B JetRanger III	2358	ex N56PH
☐ C-GNPH	Bell 206B JetRanger III	2352	ex N58148
☐ C-GOKE	Bell 206B JetRanger III	1830	ex N49655
☐ C-GRGN	Bell 206B JetRanger II	1824	ex N333WW
☐ C-GSHP	Bell 206B JetRanger II	1259	ex N259CH
☐ C-GSRX	Bell 206B JetRanger II	1823	ex N999PA
☐ C-GUMO	Bell 206B JetRanger II	1943	ex N49721
☐ C-GXHC	Bell 206B JetRanger II	395	ex N28956
☐ C-GYQH	Bell 206B JetRanger III	1394	ex N111BH
☐ C-GZQH	Bell 206B JetRanger II	1055	ex N58148
☐ C-FNYQ	Bell 206L LongRanger	45047	ex N20LT
☐ C-GBVZ	Bell 206L-1 LongRanger II	45324	ex N6374S
☐ C-GGZQ	Bell 206L LongRanger	45006	ex N49637
☐ C-GLMV	Bell 206L-1 LongRanger II	45430	ex N454CH
☐ C-GLQY	Bell 206L LongRanger	45146	
☐ C-GMHS	Bell 206L LongRanger	45120	
☐ C-GMHT	Bell 206L LongRanger	45127	ex N16847
☐ C-GMHY	Bell 206L LongRanger	45145	ex N16924
☐ C-GNLC	Bell 206L LongRanger	45055	ex N9978K
☐ C-GNLK	Bell 206L LongRanger	46601	ex N16939
☐ C-GNMC	Bell 206L LongRanger	45067	
☐ C-GNZR	Bell 206L LongRanger	45118	ex N16809
☐ C-GQEZ	Bell 206L LongRanger	45038	ex N9942K
☐ C-GTLB	Bell 206L LongRanger	45031	ex N9927K
☐ C-GTOM	Bell 206L LongRanger	45010	
☐ C-GVHX	Bell 206L LongRanger	45138	ex N90AC
☐ C-FBHF	Bell 212	30509	ex N7072J
☐ C-FNJJ	Bell 212	30944	ex N2093S
☐ C-FOKV	Bell 212	30819	ex N16787
☐ C-GHVH	Bell 212	30877	ex N8555V
☐ C-GICH	Bell 212	30950	ex N507EH
☐ C-GKCH	Bell 212	31213	ex N360EH
☐ C-GNCH	Bell 212	31113	ex N510EH
☐ C-GOKG	Bell 212	30843	
☐ C-GOKL	Bell 212	30597	ex N2990W
☐ C-GOKX	Bell 212	30680	ex VH-LHX
☐ C-GOKY	Bell 212	30698	ex (5H-)
☐ C-GSQM	Bell 212	31160	
☐ C-FABH	Sikorsky S-76A II	760271	ex C-GHJV	
☐ C-FSBH	Sikorsky S-76A	760168	ex N5427S	EMS
☐ C-GFFJ	Sikorsky S-76A	760138	ex VH-HUD	
☐ C-GIMA	Sikorsky S-76A	760018	ex G-BZAC	EMS
☐ C-GIMB	Sikorsky S-76A	760111	ex G-BIAW	
☐ C-GIMM	Sikorsky S-76A	760044	ex HS-HTM	EMS
☐ C-GIMN	Sikorsky S-76A	760110	ex G-BIAV	EMS
☐ C-GIMR	Sikorsky S-76A	760079	ex G-BHYB	
☐ C-GIMT	Sikorsky S-76A	760130	ex N1548S	EMS
☐ C-GIMV	Sikorsky S-76A	760005	ex VH-WXE	
☐ C-GIMW	Sikorsky S-76A	760226	ex N76FB	EMS
☐ C-GIMY	Sikorsky S-76A	760055	ex N376LL	

☐ C-GIMZ	Sikorsky S-76A		760169	ex N399PK	
☐ C-GLFO	Sikrosky S-76A		760149	ex N76LA	
☐ The EMS variants are operated for Ontario Ministry of Health					
☐ C-FFAB	Eurocopter EC.120B		1486		
☐ C-FIBN	Sikorsky S-61N		61811	ex PT-HPV	
☐ C-FLCN	Eurocopter EC.120B		1055		
☐ C-GVHC	Aerospatiale AS.355F2 AStar 2		5195	ex N5801T	
☐ C-GVHK	Aerospatiale AS.355F1 AStar 2		5098	ex N60031	

Canadian Helicopters is a subsidiary of CHC Helicopter Corp
CHC Helicopter Group includes CHC Ireland (EI), CHC-Scotia Helicopters (G), Thai Aviation Services (HS), CHC Australia (VH), Aerotechnica (YV) and CHC Helicopters (Africa) (ZS)

CANADIAN METRO AIRLINES
Current status uncertain, sole aircraft returned to the Gabon

CANADIAN NORTH
Norterra (5T/ANX) (IATA 518)   *Yellowknife, NT (YZF)*

☐ C-GCNO	Boeing 737-25A	23790/1422	ex N790CC		Lsd fr Celtic Capital
☐ C-GCNS	Boeing 737-275	23283/1109	ex C9-BAN		Lsd fr Bravo Capital
☐ C-GDPA	Boeing 737-2T2C (AvAero 3)	22056/655		584; Spirit of Yellowknife	
☐ C-GFPW	Boeing 737-275C (AvAero 3)	21294/481		552	
☐ C-GKCP	Boeing 737-217 (AvAero 3)	22729/915		523	
☐ C-GNDU	Boeing 737-242C (AvAero 3)	22877/880		562	
☐ C-GOPW	Boeing 737-275C (AvAero 3)	22160/688	ex N8288V	582; Spirit of Nunavut	
☐ C-GSPW	Boeing 737-275C (AvAero 3)	22618/813		583	
☐ C-FTAY	Fokker F.28 Fellowship 1000	11084	ex VH-ATG	158	
☐ C-GPNL	Fokker F.28-0100 (Fokker 100)	11301	ex PH-LMV	160	Lsd to ANG

Canadian North is the trading name of Air NorTerra

CANJET
Canjet (C6/CJA)   *Halifax-Intl, NS (YHZ)*

☐ C-FCFR	Boeing 737-522	26684/2388	ex N945UA	505	Lsd fr Q Aviation
☐ C-FDCH	Boeing 737-522	26700/2490	ex N953UA	513	Lsd fr GECAS
☐ C-FDCZ	Boeing 737-522	26707/2512	ex N957UA	517	Lsd fr Q Aviation
☐ C-FHGE	Boeing 737-35B	23970/1467	ex N221DL	321	Lsd fr Pembroke
☐ D-AHFK	Boeing 737-8K5	27991/248	ex N1786B		Lsd fr HLF
☐ D-AHFL	Boeing 737-8K5	27985/470	ex N1786B		Lsd fr HLF

CanJet is a division of IMP Group

CAN-WEST CORPORATE AIR CHARTER
                                                                                         Slave Lake, AB (YZH)

☐ C-FBCW	Cessna U206G Stationair 6	U20603635	ex C-GXSK	
☐ C-FKCW	Beech 200 Super King Air	BB-973	ex C-FEVC	
☐ C-FOOS	Cessna U206E Stationair	U20601698	ex (N9498G)	
☐ C-FSAO	Beech 200 Super King Air	BB-1610	ex N713TA	
☐ C-FSAT	Beech 200 Super King Air	BB-1526	ex N417MC	
☐ C-GAYZ	Cessna A185F Skywagon	18504040	ex (N6416E)	
☐ C-GKOX	Beech 200 Super King Air	BB-389		
☐ C-GLGD	Cessna U206G Stationair 6	U20606261	ex (N6388Z)	
☐ C-GNCW	Beech Baron 58	TH-1313		
☐ C-GSAZ	Piper PA-31 Turbo Navajo	31-8112063	ex N4094Y	
☐ C-GXNL	Cessna 210L Centurion II	21060909	ex N5327V	
☐ C-GYDD	Cessna A185F Skywagon	18503124	ex (N80516)	

Associated with Slave Air

CARAVAN AIRLINES
                                                                                                Lloydminster, AB (YLL)

☐ C-GBIT	Cessna 208 Caravan I	20800135	ex N9706F	Floatplane or wheels
☐ C-GLFN	Beech B200 Super King Air	BB-1738	ex N5075C	

CARGAIR
                                                              Ste Michel-des-Saints/Montreal-St Hubert, QC (-/YHU)

☐ C-FDMP	Piper PA-23-250 Aztec C	27-3560	ex N6306Y	
☐ C-FTSJ	Piper PA-23-250 Aztec D	27-4387	ex N9652N	
☐ C-GMRG	Piper PA-31 Turbo Navajo C	31-7812051	ex N27563	
☐ C-GSYH	Piper PA-23-250 Aztec D	27-4214	ex N28EA	

CARGOJET AIRWAYS
Cargojet (W8/CJT) (IATA 489)   *Winnipeg-Intl, MB/Toronto-Pearson Intl, QC (YWG/YYZ)*

☐ C-FCJF	Boeing 727-223F (FedEx 3)	22011/1653	ex C-GACG	
☐ C-FCJI	Boeing 727-225F (FedEx 3)	22435/1674	ex N804MA	

☐ C-FCJP	Boeing 727-223F (FedEx 3)	22012/1655	ex C-FUAC		Lsd fr Avn Capital Grp	
☐ C-FCJU	Boeing 727-260F (FedEx 3)	22759/1789	ex C-FACM			
☐ C-GCJB	Boeing 727-225F (FedEx 3)	21855/1535	ex N886MA		Lsd fr Flagship Intl	
☐ C-GCJD	Boeing 727-231F (FedEx 3)	21988/1586	ex N808MA		Lsd fr Flagship Intl	
☐ C-GCJN	Boeing 727-225F (FedEx 3)	21451/1310	ex N8878Z			
☐ C-GCJQ	Boeing 727-225F (FedEx 3)	22437/1682	ex N806MA		Lsd fr Flagship Intl	
☐ C-GCJY	Boeing 727-223F/W (Duganair 3)	22460/1746	ex N702NE		Lsd fr JRW Aviation	
☐ C-GCJZ	Boeing 727-225F (FedEx 3)	21854/1532	ex N889MA			
☐ C-GLCJ	Boeing 727-2Q8F (FedEx 3)	21971/1540	ex N1279E		Lsd fr Compass Capital	
☐ C-GLSJ	Boeing 727-227F (FedEx 3)	20738/977	ex N614PA			
☐ C-GUJC	Boeing 727-260F (FedEx 3)	21979/1534	ex C-FACJ			
☐ C-FFGA	Cessna 208B Caravan I	208B0662	ex N5264E	026		
☐ C-FHGA	Cessna 208B Caravan I	208B0047	ex C-FESH	024		
☐ C-GEGA	Cessna 208B Caravan I	208B0379	ex N1119A	021		
☐ C-GKGA	Beech 1900C-1	UC-117	ex N117ZR	Freighter		
☐ C-GLGA	Cessna 208B Caravan I	208B0350	ex N64AP	022		
☐ C-GTGA	Beech 1900C-1	UC-62	ex N62YV	Freighter		
☐ C-	Boeing 757-236 (PCF)	24792/279	ex SE-DUO	on order	Lsd fr BBAM	
☐ C-	Boeing 767-200F		ex	on order		
☐ C-	Boeing 767-200F		ex	on order		

CARIBOO CHILCOTIN HELICOPTERS
Renamed CC Helicopters

CARILAIR CHARTERS
Now listed as Wahkash Contracting

CARSON AIR
Kelowna, BC (YLW)

☐ C-FBWQ	Swearingen SA.226TC Metro II	TC-379	ex N1011U		
☐ C-FCAW	Swearingen SA.26AT Merlin IIB	T26-172E	ex N135SR		
☐ C-FTJC	Swearingen SA.226TC Metro II	TC-274	ex N7774H		
☐ C-GCAU	Swearingen SA.226TC Metro II	TC-331E	ex N255AM	Freighter	
☐ C-GCAW	Swearingen SA.226TC Metro II	TC-358	ex N1009R	no titles	
☐ C-GDLK	Swearingen SA.226TC Metro II	TC-302	ex N151SA		
☐ C-GKKC	Swearingen SA.226TC Metro II	TC-370	ex N125AV		
☐ C-GKLJ	Swearingen SA.226TC Metro II	TC-380	ex C-GMET		
☐ C-GKLN	Swearingen SA.226TC Metro II	TC-253	ex N328BA		
☐ C-GLSC	Swearingen SA.226TC Metro II	TC-325	ex N162SW		
☐ C-GSKC	Swearingen SA.226TC Metro II	TC-235	ex N235BA		
☐ C-FAFR	Swearingen SA.227AC Metro III	AC-684	ex N585MA		
☐ C-FCAV	Piper PA-42 Cheyenne III	42-8001006	ex N131RC		
☐ C-FRLD	Beech B300 Super King Air	FL-31	ex N15WS		
☐ C-FTSK	Swearingen SA.227AC Metro III	AC-674B	ex C-FAFM	Freighter	
☐ C-FVKC	Beech B300 Super King Air	FL-273	ex OY-JVL		
☐ C-FWPR	Beech B300 Super King Air	FL-125	ex N32KC		
☐ C-GAMI	Swearingen SA.227AC Metro III	AC-587	ex N3115P		
☐ C-GJLK	Beech B300 Super King Air	FL-13	ex C-FWXR	EMS, of for BC Ambulance Service	

CC HELICOPTERS
Chilcotin (DES)   *Lillooet, BC*

Previously listed as Cariboo Chilcotin Helicopters

☐ C-FGYQ	Bell 206B JetRanger III	1357	ex CF-GYQ	
☐ C-FHTQ	Bell 206B JetRanger III	1030		
☐ C-FWCE	Bell 206L-1 LongRanger	45172		
☐ C-GPIH	Bell 407	53426		
☐ C-GWCF	Bell 206L-1 LongRanger	45448	ex N31GA	

CENTRAL FLYWAY AIR
Thompson, MB (YTH)

☐ CF-FHC	de Havilland DHC-2 Beaver	12			
☐ C-FBJA	Beech 95-B55 Baron	TC-71	ex N1238Z		
☐ C-FRHW	de Havilland DHC-3 Otter	445	ex 5N-ABN	Floatplane	
☐ C-GICM	Beech 95-C55 Baron	TE-50	ex N171M		

Central Flyway Air is a trading name of P&D Aircraft Leasing

CENTRAL MOUNTAIN AIR
Glacier (9M/GLR) (IATA 634)   *Smithers, BC (YYD)*

☐ C-FCMB	Beech 1900D	UE-278		916	
☐ C-FCME	Beech 1900D	UE-277		915	
☐ C-FCMN	Beech 1900D	UE-276		914	
☐ C-FCMO	Beech 1900D	UE-281		917	
☐ C-FCMP	Beech 1900D	UE-271	ex N11037	912	
☐ C-FCMR	Beech 1900D	UE-283	ex N21872	918	
☐ C-FCMU	Beech 1900D	UE-285		919	
☐ C-FCMV	Beech 1900D	UE-272	ex N11079	913	

☐	C-FDTR	Beech 1900D	UE-76	ex N76ZV		Lsd fr Raytheon
☐	C-GCMA	Beech 1900D	UE-289		920	
☐	C-GCML	Beech 1900D	UE-243	ex N10879	925	
☐	C-GCMY	Beech 1900D	UE-287		921	Lsd to NTA
☐	C-GFSV	Beech 1900D	UE-346	ex N23424	922	
☐	C-GGBY	Beech 1900D	UE-351	ex N23517	923	
☐	C-GGCA	Beech 1900D	UE-359	ex N31559	924	
☐	C-FDYN	Dornier 328-110	3096	ex D-CMUC		
☐	C-FGQN	de Havilland DHC-2 Beaver	96			
☐	C-FHVX	Dornier 328-100	3094	ex D-CMTM		
☐	C-GWRN	Piper PA-31 Chieftain	31-7852062			

Operates codeshare services for Air Canada Jazz using AC flight numbers; owns NT Air (Northern Thunderbird Air)

CHC HELICOPTERS INTERNATIONAL
Vancouver-International, BC (YVR)

☐	C-GOSE	Aerospatiale AS.332L Super Puma	2048	ex C-GTCH	
☐	C-GOSI	Aerospatiale AS.332L Super Puma	2074	ex C-GVCH	
☐	D-H	Aerospatiale AS.332L Super Puma	2016	ex G-CDTN	
☐	G-CDSV	Aerospatiale AS.332L Super Puma	2058	ex N171EH	Lsd to CHC Scotia
☐	OY-HDT	Aerospatiale AS.332L Super Puma	2017	ex G-BWHN	Lsd to CHC Denmark
☐	OY-HEO	Aerospatiale AS.332L Super Puma	2007	ex G-CHCA	Lsd to CHC Denmark
☐	OY-HHA	Aerospatiale AS.332L Super Puma	2015	ex G-CHCB	Lsd to CHC Denmark
☐	VH-LHH	Aerospatiale AS.332L1 Super Puma	2407	ex 9M-STU	Lsd to MHS Aviation
☐	9M-STW	Aerospatiale AS.332L1 Super Puma	2312	ex LN-OBQ	Lsd to MHS Aviation
☐	C-FCAD	Bell 212	30923	ex HC-CFF	
☐	C-FRWF	Bell 212	30894	ex ZS-RXB	
☐	C-FRWI	Bell 212	30672	ex N72AL	
☐	C-GBPH	Bell 212	30630	ex HC-CEF	Lsd to Icaro
☐	HC-CDD	Bell 212	30814	ex C-FRWM	Lsd to Icaro
☐	VT-HGJ	Bell 212	35103	ex C-FAOC	Lsd to United Helicharters
☐	C-FXEC	Sikorsky S-61N	61821	ex N264F	
☐	HS-HTA	Sikorsky S-61N	61815	ex C-GOLH	Lsd to Thai Avn
☐	HS-HTC	Sikorsky S-61N	61722	ex C-GARC	Lsd to Thai Avn
☐	ZS-PWR	Sikorsky S-61N	61773	ex HS-HTO	
☐	ZS-RFU	Sikorsky S-61N	61823	ex C-GSAB	
☐	C-FIHD	Sikorsky S-76A++	760187	ex HS-HTD	
☐	C-GHRE*	Sikorsky S-76C+	760575	ex N7100C	
☐	C-GHRK	Sikorsky S-76C+	760622	ex N81025	
☐	C-GHRM	Sikorsky S-76C+	760572	ex N7096P	
☐	C-GIHO	Sikorsky S-76A++	760015	ex HS-HTO	
☐	C-GIHS	Sikorsky S-76A++	760150	ex HS-	Lsd to Thai Avn
☐	C-GIMJ	Sikorsky S-76A++	760009	ex D2-EXZ	
☐	C-GIML	Sikorsky S-76A++	760017	ex HS-HTL	EMS
☐	C-GIMQ	Sikorsky S-76A++	760102	ex HS-HTQ	
☐	C-GKWS	Sikorsky S-76A++	760297	ex EP-HCS	
☐	C-GKWT	Sikorsky S-76A++	760295	ex B-HZD	based Yangon
☐	C-GMNB	Sikorsky S-76C+	760490	ex VT-HGH	
☐	D2-	Sikorsky S-76C+	760603	ex C-GHRI	Lsd to Sonangol
☐	HS-HTB	Sikorsky S-76A++	760131	ex C-GIMU	Lsd to Thai Avn
☐	HS-HTI	Sikorsky S-76A++	760148	ex VH-JXL	Lsd to Thai Avn
☐	HS-HTK	Sikorsky S-76C+	760546	ex C-FCHC	Lsd to Thai Avn
☐	HS-HTR	Sikorsky S-76A++	760032	ex C-GIHR	Lsd to Thai Avn
☐	HS-HTU	Sikorsky S-76A++	760010	ex VH-HUB	Lsd to Thai Avn
☐	HS-HTZ	Sikorsky S-76C+	760561	ex C-GHRZ	Lsd to Thai Avn
☐	HS-	Sikorsky S-76A++	760011	ex C-GIHY	
☐	PR-CHA	Sikorsky S-76C+	760625	ex C-GBQE	
☐	PR-CHB	Sikorsky S-76A++	760004	ex C-GIME	
☐	PR-CHC	Sikorsky S-76C+	760632	ex C-GBQF	
☐	PR-CHD	Sikorsky S-76C+	760636	ex C-GBQG	
☐	PR-CHE	Sikorsky S-76C+	760642	ex C-GBQH	
☐	PR-CHF	Sikorsky S-76C+	760657	ex N4505G	
☐	PR-CHJ	Sikrosky S-76C+	760674	ex N4513G	
☐	PR-MCH	Sikorsky S-76A++	760213	ex C-GIMX	
☐	RP-C176	Sikorsky S-76A++	760112	ex VH-LAQ	
☐	5N-BHF	Sikorsky S-76C+	760570	ex C-GHRW	
☐	5N-BHP	Sikorsky S-76C+	760574	ex C-GHRJ	
☐	9M-BEG	Sikorsky S-76C+	760568	ex C-GHRY	
☐		Sikorsky S-76A++	760016	ex ZS-REI	
☐	C-GOHA	Sikorsky S-92A	920024	ex N8015U	
☐	C-GOHC	Sikorsky S-92A	920057	ex N4502S	
☐	PR-MEK	Aerospatiale SA.365N Dauphin 2	6030	ex PH-SSX	
☐	VT-HGG	Bell 412HP	36050	ex VH-CFT	Lsd to United Helicharters

Subsidiary of CHC Helicopter Corp; operates under ICAO code HMB as CHC Global Operations

CHIMO AIR SERVICE
Red Lake-SPB, ON (YRL)

☐	CF-HZA	Beech D-18S	A-111		Floatplane
☐	CF-JIN	Noorduyn Norseman V	CCF-55	ex CF-LFR	Floatplane
☐	CF-KAO	Noorduyn Norseman VI	636	ex 44-70371	Floatplane
☐	C-FODQ	de Havilland DHC-3 Otter	111		Floatplane

Chimo Air Service is a trading name of Peter Hagedorn Investments

CLEARWATER AIRWAYS
Burditt Lake SPB, ON

☐	C-FGUE	Beech C-18S	8107	ex N480DB	Floatplane
☐	C-GESW	Beech C-18S	7911	ex N4858V	Floatplane

Clearwater Airways is a trading name of 1163921 Ontario Inc

CLOUD AIR SERVICE
Lake Muskoka-Mortimer's Point SPB, ON

☐	C-FZXD	de Havilland DHC-2 Beaver 1	1336		Floatplane

COCHRANE AIR SERVICES
Cochrane-Lillabelle Lake, ON (YCN)

☐	C-FEYQ	de Havilland DHC-2 Beaver	465	ex CF-EYQ	Floatplane
☐	C-FGBF	de Havilland DHC-2 Beaver	168	ex CF-GBF	Floatplane

CONAIR AVIATION
Conair Canada (CRC)   *Abbotsford, BC (YXX)*

☐	C-FDHK	AT-802A Air Tractor	802A-0198		
☐	C-FDHL	AT-802A Air Tractor	802A-0199		
☐	C-FDHN	AT-802A Air Tractor	802A-0200		
☐	C-FDHP	AT-802A Air Tractor	802A-0226		
☐	C-FDHU	AT-802A Air Tractor	802A-0260		
☐	C-FLSI	AT-802A Air Tractor	802A-0173		682
☐	C-FXVF	AT-802 Air Tractor	802-0033		678
☐	C-FXVL	AT-802 Air Tractor	802-0034		679
☐	C-GAAG	AT-802A Air Tractor	802A-0174		
☐	C-GSJB	AT-802A Air Tractor	802A-0148		
☐	C-FEFK	Conair Firecat	G-360/014	ex F-ZBEH	574
☐	C-FEFX	Conair Firecat	G-527/031	ex N425DF	575
☐	C-FJOH	Conair Firecat	G-254/034	ex N424DF	576
☐	C-FOPU	Conair Firecat	DHC-38/007	ex RCN1539	564
☐	C-FOPV	Conair Firecat	DHC-34/006	ex RCN1535	566
☐	C-FOPY	Conair Firecat	DHC-24/019	ex CF-IOF	569
☐	C-GABC	Conair Firecat	DHC-90/011	ex RCAF12191	567
☐	C-GHDY	Conair Firecat	G-374/029	ex Bu136465	573
☐	C-GHPJ	Conair Firecat	G-509/022	ex Bu136600	571
☐	C-GWHK	Conair Firecat	DHC-37/016	ex CAF12138	2 Tanker
☐	C-GWUO	Conair Firecat	DHC-39/003	ex N99261	563
☐	C-GWUP	Conair Firecat	DHC-19/012	ex RCN12120	568
☐	C-FEKF	Convair 580	80	ex C-GEVB	445 Tanker 45
☐	C-FFKF	Convair 580	179	ex C-GEVC	444 Tanker 44
☐	C-FHKF	Convair 580	374	ex C-GEUZ	455 Tanker 55
☐	C-FJVD	Convair 580	478	ex N8099S	
☐	C-FKFA	Convair 580	100	ex C-FLVY	452 Tanker 52
☐	C-FKFB	Convair 580	57	ex N568JA	447 Tanker 47
☐	C-FKFL	Convair 580	465	ex C-FZQS	449 Tanker 49
☐	C-FKFM	Convair 580	70	ex N73133	454 Tanker 54
☐	C-FKFY	Convair 580	129	ex N5814	448 Tanker 48
☐	C-GKFO	Convair 580	78	ex N5815	453 Tanker 53
☐	C-FFIF	Piper PA-60 Aerostar 600A	60-0702-7961218	ex N6073K	122
☐	C-GLVG	Piper PA-60 Aerostar 600A	60-0695-7961217	ex N6072U	111
☐	C-GMGZ	Piper PA-60 Aerostar 600A	60-0708-7961220	ex N6075C	112
☐	C-GOSX	Piper PA-60 Aerostar 600A	60-0863-8161246	ex N3647Q	110
☐	C-GRIK	Piper PA-60 Aerostar 600A	60-0563-7961183	ex N8040J	108
☐	C-GSXX	Ted Smith Aerostar 600A	60-0430-146	ex N9795Q	109
☐	C-GUHK	Piper PA-60 Aerostar 600A	60-0761-8061230	ex N8EA	119
☐	C-GUSZ	Piper PA-60 Aerostar 600A	60-0894-8161253	ex N6893Q	118
☐	C-FCZZ	Rockwell 690A Turbo Commander	11106	ex N57106	135
☐	C-FNWD	Rockwell 690B Turbo Commander	11497	ex N81831	
☐	C-GAAL	Rockwell 690A Turbo Commander	11104	ex N690AZ	131
☐	C-GDCL	Rockwell 690A Turbo Commander	11192	ex N57192	134
☐	C-GHWF	Rockwell 690A Turbo Commander	11134	ex N45VT	132
☐	C-GWEW	Rockwell 690 Turbo Commander	11057	ex N376TC	133

☐	C-GFSK*	Canadair CL-215-1A10 (CL-215)	1085	ex C-GKDN	201		
☐	C-GFSL*	Canadair CL-215-1A10 (CL-215)	1086	ex C-GKDP	202		
☐	C-GFSM*	Canadair CL-215-1A10 (CL-215)	1098		203		
☐	C-GFSN*	Canadair CL-215-1A10 (CL-215)	1099		204		
☐	C-GHCB	Douglas DC-6B	44893/647	ex N62876	443 Tanker		
☐	C-GHLY	Douglas DC-6B	45501/953	ex OO-VGE	446 Tanker		
☐	C-GIBS	Douglas DC-6A/C	45531/1015	ex HB-IBS	451 Tanker		
☐	C-GKUG	Douglas DC-6A/B	45177/859	ex N863TA	450 Tanker		
☐	C-GSDG	Cessna 208B Caravan I	208B0376	ex N1118P	127		Lsd fr ALZ

*Operated for Alberta Government Air Transportation Services (GOA)
Leases aircraft to Securite Civile during summer firefighting season

CORILAIR CHARTERS
Whitetown-SPB, BC

☐	C-FEW1P	Cessna U206D Skylane	U206-1344	ex CF-EWP		
☐	C-FJPB	de Havilland DHC-2 Beaver	1319	ex N1019T	Floatplane	
☐	C-FNEQ	Cessna U206G Stationair 6	U20605036			
☐	C-GACK	de Havilland DHC-2 Beaver	711	ex 53-7903	Floatplane	Lsd fr I&J Logging
☐	C-GTNE	Cessna A185E Skywagon	18501889	ex CF-QLN	Floatplane	

CORPORATE EXPRESS AIRLINE
Penta (CPB)   *Calgary-Intl, AB (YYC)*

☐	C-FSTP	Piaggio P-180 Avanti	1055			
☐	C-GKGM	British Aerospace Jetstream 3101	727	ex C-FAGM	stored YYC	Lsd fr BAES
☐	C-GKWQ	Piaggio P-180 Avanti	1095			
☐	C-GPII	Piaggio P-180 Avanti	1133			
☐	C-GWRK	Piaggio P-180 Avanti	1061			
☐	C-GXPS	SAAB SF.340A	340A-075	ex N75UW		
☐	C-	Canadair CL-600-2B19 (CRJ-200)	7186	ex N621BR		Lsd fr A/c solutions
☐	C-	Canadair CL-600-2B19 (CRJ-200)	7187	ex N622BR		Lsd fr A/c solutions

Corporate Express is the trading name of Corpac Canada

COUGAR HELICOPTERS
Cougar (CHI)   *Halifax-Waterfront Heliport, NS (YWF)*

☐	C-GMCH	Sikorsky S-92A	920023	ex N8016B	
☐	C-GSCH	Sikorsky S-92A	920010	ex N7108J	
☐	C-GTCH	Sikorsky S-92A	920061	ex N45160	
☐	C-GZCH	Sikorsky S-92A	920048		
☐	C-	Sikorsky S-92A			on order
☐	C-FHCH	Sikorsky S-61N	61761	ex N613RM	
☐	C-FNCH	Sikorsky S-61N	61757		
☐	C-FTIG	Sikorsky S-61N	61491	ex N613RM	
☐	C-GYCH	Sikorsky S-61N	61762	ex PH-NZI	
☐	LN-	Aerospatiale AS.332L Super Puma	2139	ex C-GQCH	

Subsidiary of VIH Aviation Group. Sister company of VIH Helicopters and VIH Logging

COULSON AIRCRANE
Port Alberni, BC (YPB)

☐	C-FBQI	Bell 206B JetRanger II	747	ex CF-BQI		
☐	C-FCLM	Sikorsky S-61N	61492	ex N265F		
☐	C-FDYK	Bell 206B JetRanger II	972	ex CF-DYK		
☐	C-FLYK	Martin JRM-3 Mars	76820	ex Bu76820	Philippine Mars	Tanker
☐	C-FLYL	Martin JRM-3 Mars	76823	ex Bu76823	Hawaii Mars	Tanker
☐	C-FMAY	Sikorsky S-61N	61363	ex N306V		
☐	C-FYOA	Cessna 210L Centurion II	21060756			
☐	C-GJDR	Sikorsky S-61L Helipro Short	61428	ex N614RM		
☐	C-GXOH	Bell 206B JetRanger II	865	ex N14644		

COURTESY AIR
Buffalo Narrows, SK (YVT)

☐	C-FCAK	Beech A100 King Air	B-96		
☐	C-FJDF	Beech 1900C	UB-68	ex N68GH	Lsd fr Fowler Financial
☐	C-FJMF	Beech 99	U-180	ex OY-PAG	
☐	C-FNMF	Beech C99	U-167	ex N167EE	
☐	C-GDVD	Beech 58 Baron	TH-668	ex N4557S	
☐	C-GKLO	Piper PA-31-350 Chieftain	31-8152118	ex N4505N	
☐	C-GKNL	Piper PA-31-350 Chieftain	31-7852083	ex N27607	
☐	C-GMFV	Cessna U206G Stationair 6 II	U20604714	ex N732RY	
☐	C-GNRM	Piper PA-31-350 Navajo Chieftain	31-7752145	ex N27315	

☐ Courtesy Air is the trading name of 947786 Alberta Ltd

CUSTOM HELICOPTERS
Winnipeg-St Andrews, MB (YAV)

☐	C-FJMH	Bell 206B JetRanger II	1331	ex N70711	
☐	C-FKBV	Bell 206B JetRanger II	364	ex N465CC	
☐	C-FSVG	Bell 206B JetRanger III	2865	ex N1074G	
☐	C-FZSJ	Bell 206B JetRanger II	648	ex CF-ZSJ	
☐	C-GBWN	Bell 206B JetRanger II	2204		
☐	C-GFIV	Bell 206B JetRanger II	424	ex N1481W	
☐	C-GGZS	Bell 206B JetRanger II	1885		
☐	C-GKBU	Bell 206B JetRanger II	386	ex N1448W	
☐	C-GQQO	Bell 206B JetRanger II	1096	ex N83182	
☐	C-GQQT	Bell 206B JetRanger II	1657	ex N90218	
☐	C-GSHJ	Bell 206B JetRanger II	114	ex N125GW	
☐	C-FYHN	Bell 206L LongRanger	45050	ex N600FB	
☐	C-GAVH	Bell 206L-1 LongRanger III	45740	ex N385FP	
☐	C-GCHG	Bell 206L-1 LongRanger II	51508	ex N8592X	
☐	C-GCHI	Bell 206L-1 LongRanger II	45516	ex N141VG	
☐	C-GCHZ	Bell 206L-1 LongRanger III	45314	ex N210AH	
☐	C-GIPG	Bell 206L-1 LongRanger II	45592	ex N3895K	
☐	C-FCHD	Bell 205A-1	30014	ex N5598M	
☐	C-FCHE	Bell 205A-1	30167	ex XA-SSR	
☐	C-FCHJ	Aerospatiale AS.350B2 AStar	2603	ex XC-JAK	
☐	C-GCHX	Aerospatiale AS.350BA AStar	2517	ex CP-2335	
☐	C-GRWK	Bell 205A-1	30005	ex N3764U	

DELTA HELICOPTERS
High Level, AB (YOJ)

☐	C-FDHW	Aerospatiale AS.350BA AStar	2211	ex ZK-HKZ	
☐	C-FDKH	Aerospatiale AS.350B-2 AStar	2226	ex ZK-HEE	
☐	C-FKDS	Aerospatiale AS.350BA AStar	2802	ex N6101U	
☐	C-FWCL	Aerospatiale AS.350BA AStar	2869	ex C-FWAW	
☐	C-GDLD	Aerospatiale AS.350B AStar	1369		
☐	C-GUPH	Aerospatiale AS.350B AStar	1368	ex N99PS	
☐	C-GVXA	Aerospatiale AS.350BA AStar	1278	ex N78EW	
☐	C-FAHO	Bell 204B	2060		
☐	C-GDUK	Bell 204B	2034	ex N636	
☐	C-GJLV	Bell 204B	2064	ex Thai 918	
☐	C-GRGA	Bell 204B	2026	ex N1177W	
☐	C-GTNP	Bell 204B	2028	ex OY-HBS	
☐	C-GVEX	Bell 204B	2031	ex OY-HBV	
☐	C-FCQJ	Bell 206B JetRanger	540	ex N8152J	
☐	C-FDYO	Bell 206B JetRanger	994	ex CF-DYO	
☐	C-GDBN	Bell 206B JetRanger III	2467	ex C-GDEN	
☐	C-GDJW	Bell 206B JetRanger III	2909	ex N353E	
☐	C-GGOZ	Bell 206B JetRanger	443	ex N2162L	
☐	C-GNMI	Bell 206B JetRanger III	2602		
☐	C-GPEZ	Bell 206B JetRanger	1130	ex N9JJ	
☐	C-GSHN	Bell 206B JetRanger	616	ex N101TF	
☐	C-GTIS	Bell 206B JetRanger	827	ex N3YE	
☐	C-GWML	Bell 206B JetRanger	269	ex N30AL	
☐	C-GEOM	Bell 206L-1 LongRanger II	45625		
☐	C-GERI	Bell 206L-1 LongRanger II	45668		
☐	C-GPGO	Bell 206L-1 LongRanger II	45475	ex N57416	

DENE CREE AIR
Ceased operations

DYMOND LAKE AIR SERVICES
Churchill SPB, M N

☐	C-GEWP	de Havilland DHC-2 Turbo Beaver	1543/TB2	ex ET-AKI	Floatplane

DYNAMIC FLIGHT SERVICES
Calgary, AB (YYC)

☐	C-GDFS	Cessna T303 Crusader	T30300265	ex N303GK	
☐	C-GTJJ	Piper PA-31 Turbo Navajo	31-7712062	ex N27271	
☐	C-GZOC	Piper PA-31 Turbo Navajo	31-7512018	ex N59934	

EAGLE AIR SERVICES
Port Hardy, BC (YZT)

☐	C-FEAZ	Piper PA-31-350 Navajo Chieftain	31-7652088	ex N88MG	
☐	C-FLRA	Piper PA-31-350 Chieftain	31-7952091	ex N52MS	
☐	C-GITW	Piper PA-31-350 Navajo Chieftain	31-7652114		

EAST-WEST TRANSPORTATION
Salmon Arm, BC (YSN)

☐ C-FXNI	Bell 214B-1		28022	ex N214GL

ENTERPRISE AIR

☐ C-FCLO	Beech E-18S		BA-143	ex N31M	
☐ C-FCRR	Consolidated 28-5ACF Canso		21996	ex RCAF 9767	Princess des Etoiles

EXACT AIR
Chicoutimi-St Honore, QC

☐ C-FDOS	Beech A100 King Air	B-106	ex CF-DOS
☐ C-FIQB	Cessna U206F Stationair II	U20602740	
☐ C-FLTS	Beech A100 King Air	B-149	
☐ C-FQQB	Piper PA-31 Turbo Navajo	31-310	ex N9239Y
☐ C-GGTF	Cessna 310R	310R0550	
☐ C-GIAS	Cessna 402B	402B0545	ex N678CM
☐ C-GPBA	Beech A100 King Air	B-215	ex N552GA
☐ C-GPTU	Piper PA-31 Turbo Navajo	31-7712005	ex N62986
☐ C-GURS	Cessna 402	402-0214	ex N26309
☐ C-GZAS	Cessna 402B	402B0626	ex N2083K

EXECUTIVE TRANSPORT AIRWAYS
Port Alberni-Sproat Lake, BC (YPB)

☐ C-GBSF	Sikorsky S-61N	61222	ex C-GROV

Member of the Coulson Group

EXPLOITS VALLEY AIR SERVICES
Gander, NL (YQX)

☐ C-GAAT	Beech 1900D	UE-217	ex N1564J	963
☐ C-GZUZ	Beech A100 King Air	B-543		

Operates scheduled services under code-share agreement with Air Canada Jazz using AC flight numbers

EXPRESS AIR
(WEW)   *Ottawa, ON (YOW)*

☐ C-FKAZ	Cessna 208 Caravan I	20800236		Floatplane
☐ C-GAWP	Pilatus PC-12/45	187	ex N187PC	

Also operates VIP charters with business jets; Expressair is the trading name of 102662 Canada Inc

FAR WEST HELICOPTERS
Chilliwack, BC (YCW)

☐ C-FJSL	Bell 206B JetRanger III	1154	ex N59384
☐ C-GGQL	Bell 206B JetRanger II	2117	ex N16723
☐ C-GVTM	Bell 206B JetRanger II	194	ex N4038G

FAST AIR
Winnipeg-Intl, MB (YWG)

☐ C-FDEB	Beech 200 Super King Air	BB-56		
☐ C-FFAR	Beech 200 Super King Air	BB-281	ex N4AT	
☐ C-GDHF	Beech B200 Super King Air	BB-1129	ex CS-DDF	CatPass 250 conversion
☐ C-GFAD	Beech B200 Super King Air	BB-1428	ex N660MW	
☐ C-GFSB	Beech 200 Super King Air	BB-84		
☐ C-GWGI	Beech B200 Super King Air	BB-1022	ex C-FDGP	
☐ C-FJAL	Piper PA-31-350 Navajo Chieftain	31-7752160	ex N19LA	
☐ C-GMDL	Piper PA-31-325 Navajo C/R	31-7512033	ex N775WM	
☐ C-GMOB	Piper PA-31-350 Chieftain	31-7852072	ex N27596	
☐ C-GNDI	Piper PA-31T Cheyenne II	31T-7620036	ex N73TB	
☐ C-GPNP	Piper PA 31T Cheyenne II	31T-7520024		

Also operates VIP charters with business jets

FIREWEED HELICOPTERS
Whitehorse, YT (YXY)

☐ C-FFWH	Bell 206B JetRanger III	2464	ex N1974T
☐ C-GBJZ	Bell 206B JetRanger III	1900	ex N12DY
☐ C-GFWE	Bell 206L-4 LongRanger IV	52036	ex C-FMPK
☐ C-GFWI	Bell 204C	2070	ex C-GEAI
☐ C-GMNW	Bell 206L-1 LongRangerII	45512	

FIRST AIR
Firstair (7F/FAB) (IATA 245)   *Carp, ON/Iqaluit, NT/Yellowknife, NT (YRP/YFB/YZF)*

☐	C-FIQR	ATR 42-300 (QC)	133	ex F-WWEE	
☐	C-FIQU	ATR 42-300 (QC)	138	ex F-WWEK	
☐	C-FTCP	ATR 42-300 (QC)	143	ex F-WWEO	
☐	C-FTJB	ATR 42-300 (QC)	119	ex N423TE	
☐	C-GHCP	ATR 42-300 (QC)	123	ex F-WWET	
☐	C-GSRR	ATR 42-300 (QC)	125	ex OY-MUH	
☐	C-GULU	ATR 42-310	155	ex 5R-MJD	
☐	C-GUNO	ATR 42-310	132	ex 5R-MJC	
☐	C-FACP	Boeing 737-2L9 (AvAero 3)	22072/623	ex C2-RN9	
☐	C-FNVK	Boeing 737-2R4C	23130/1040	ex JY-JAF	Freighter
☐	C-FNVT	Boeing 737-248C (AvAero 3)	21011/411	ex F-GKTK	Snowy Owl c/s
☐	C-GCPT	Boeing 737-217 (AvAero 3)	22258/770		Inukshuk tail logo
☐	C-GNDC	Boeing 737-242C (AvAero 3)	21728/580		
☐	C-GNWN	Boeing 737-210C (AvAero 3)	21067/414	ex N4952W	
☐	C-FUFA	Boeing 727-233F (FedEx 3)	20941/1128	ex N727LS	
☐	C-GFNW	Hawker Siddeley HS.748 Srs.2A /335LFD	1758	ex 9Y-TFX	405
☐	C-GHPW	Lockheed L-382G-42C Hercules	4799		Capt Harry Sorenson
☐	C-GJVN	Hawker Siddeley HS.748 Srs.2A/209	1640	ex RP-C1018	406; stored YRP
☐	C-FMOC	Douglas DC-3	12741		
☐	C-GTLD	Hawker Siddeley HS.748 Srs.2A/216	1722	ex PK-IHR	407
☐	C-GUSI	Lockheed L-328G-31C Hercules	4600	ex ZS-RSI	EARL titles
☐	C-GXFA	Boeing 727-233F (Raisbeck 3)	20938/1105	ex C-GAAG	

First Air is a trading name of Bradley Air Services who operate charters using BAR callsigns; subsidiary of Makivik Corp

FLAIR AIRLINES
Flair (FLE)   *Kelonwa, BC (YLW)*

☐	C-FLHJ	Boeing 727-281F (Raisbeck 3)	21455/1316	ex (N455CC)	
☐	C-FLHR	Boeing 727-223/W (DuganAir 3)	21524/1473	ex C-FPKF	Leaving on a Jet Plane titles

FLYING TANKERS
Current status uncertain as operations have been sold

FNT FIRST NATIONS TRANSPORTATION
Winnipeg, MB (YWG)

☐	CF-FTR	Douglas DC-3	32843		
☐	C-FQHY	Douglas DC-3	14560/26005	ex CF-QHY	wears CF-QHY
☐	C-GIBX	Curtiss C-46F Commando	22472	ex 5Y-IBX	
☐	C-GTPO	Curtiss C-46F Commando	22556	ex N519AC	

FORDE LAKE AIR SERVICES
Hearst, ON (YHF)

☐	C-FLUA	de Havilland DHC-2 Beaver	1318		
☐	C-GGNM	Cessna A185F Skywagon	18502807	ex (N1283F)	Floatplane
☐	C-GRAP	de Havilland DHC-2 Beaver	829	ex 54-1690	Floatplane

FOREST PATROL
St John's, NB (YSJ)

☐	C-FBEJ	Ayres S-2R	1768R
☐	C-FZTE	Ayres S-2R	1578R
☐	C-GMQA	Ayres S-2R-T34	T34013
☐	C-GMQB	Ayres S-2R-T34	T34014
☐	C-GMQC	Ayres S-2R-T34	T34015
☐	C-FESS	Bell 407	53129
☐	C-FXZU	Bell 206L-4 LongRanger IV	52164
☐	C-GVDI	Cessna TU206G Stationair 6	U20606490

FOREST PROTECTION
Fredericton / Miramichi, NB (YFC/YCH)

☐	C-FFPL	AT-802 Air Tractor	802-0110		620; Sprayer/Tanker
☐	C-FZPV	AT-802 Air Tractor	802-0141	ex N8507T	622; Sprayer
☐	C-GJJK	AT-802 Air Tractor	802-0120	ex N85071	621; Sprayer/Tanker
☐	C-GJJX	AT-802 Air Tractor	802-0121		624; Tanker
☐	C-GZRH	AT-802 Air Tractor	802-0143		623; Sprayer
☐	C-GZUE	AT-802 Air Tractor	802-0147		625; Sprayer
☐	C-FIMR	Grumman TBM-3 Avenger	53610	ex RCN303	23
☐	C-FIMY	Cessna A188B AgTruck	18801247T	ex CF-IMY	Sprayer
☐	C-GFPL	Grumman TBM-3E Avenger	86020	ex N7157C	22; stored YFC
☐	C-GFPT	Grumman TBM-3E Avenger	53787	ex N3969A	10

☐ C-GJDF	Cessna 337G Super Skymaster	33701516	ex N72488	
☐ C-GLEL	Grumman TBM-3 Avenger	53200	ex N9010C	13
☐ C-GLFA	Cessna A188B AgTruck	18802222T	ex (N9296R)	Sprayer
☐ C-GMEK	Cessna U206F Stationair II	U20603083	ex N3755C	
☐ C-GMVQ	PZL-Mielec M-18 Dromader	1Z003-03		Sprayer
☐ C-GWKT	Cessna 337G Super Skymaster	33701338		
☐ C-GXJI	Cessna 210J Centurion II	21059155	ex N3355S	
☐ C-GXMA	Cessna 337G Super Skymaster	33701644	ex N53468	

FORT FRANCES SPORTSMEN AIRWAYS
Fort Frances, ON (YAG)

☐ C-GBQC	de Havilland DHC-3 Otter	401	ex RCAF 9420	Floatplane or wheels/skis
☐ C-GMDG	de Havilland DHC-3 Turbine Otter	302	ex N90575	Floatplane or wheels/skis
☐ C-GUTL	de Havilland DHC-3 Otter	365		Floatplane or wheels/skis

FOUR SEASONS AVIATION
Toronto-Pearson International, ON (YYZ)

☐ C-FHNB	Aerospatiale AS.355F1 AStar 2	5174	ex N5798B
☐ C-FWWW	Agusta A.109E	11145	
☐ C-FWZZ	Aerospatiale AS.350B2 AStar	3931	
☐ C-GGAZ	Bell 206B JetRanger	2156	
☐ C-GHAQ	Aerospatiale AS.350D Astar	1542	ex N515WW

FUGRO AVIATION CANADA
Ottawa-Rockcliffe, ON (YRO)

☐ C-FDKM	CASA 212 Srs 200	CC40-2-196	ex PR-FAB	Nose & tail magnetometer
☐ C-FYAU	Cessna 404 Titan II	404-0431	ex N408EX	Tail magnetometer
☐ C-FZLK	Cessna 208B Caravan I	208B0569	ex N1210N	Tail magnetometer
☐ C-GDPP	CASA 212 Srs 200	CC50-3-265	ex N430CA	Nose & tail magnetometer
☐ C-GFAV	Cessna 208 Caravan I	20800251	ex N1251V	Tail magnetometer
☐ C-GGRD	Cessna 208B Caravan I	208B1150	ex N208ML	
☐ C-GNCA	Cessna 208B Caravan I	208B0764	ex N208KC	Tail magnetometer

GATEWAY HELICOPTERS
North Bay, ON (YYB)

☐ C-GCHB	Bell 206B JetRanger	1226	
☐ C-GENL	Bell 206B JetRanger III	2505	ex N5008F
☐ C-GINF	Bell 206B JetRanger III	3294	ex N39108
☐ C-GNBS	Bell 206B JetRanger	1138	ex N58134
☐ C-GUIK	Bell 206B JetRanger II	1908	
☐ C-GDQH	Bell 206LR LongRanger	45046	
☐ C-GHUG	Bell 206LR+ LongRanger	45142	ex N286CP
☐ C-GKCW	Bell 206L LongRanger	45122	ex N6139U
☐ C-GKMJ	Bell 206LR+ LongRanger	45096	ex C-GJBC
☐ C-GRYS	Bell 206L LongRanger	45097	ex N16783
☐ C-GZCD	Bell 206L-1 LongRanger II	45688	ex N80KA
☐ C-FBTW	Aerospatiale AS.350B2 AStar	3289	
☐ C-FDEV	Aerospatiale AS.350B2 AStar	2970	ex TG-RAJ
☐ C-FXFU	Aerospatiale AS.350B-2 AStar	2464	ex C-FGPW
☐ C-GRGY	Bell 204B	2022	ex CF-OKZ
☐ C-GEOZ	Aerospatiale AS.350B3 AStar	4223	ex F-GURR
☐ C-GMVU	Cessna 185E Skywagon	18503432	
☐ C-GRGY	Bell 204B	2022	ex CF-OKZ

GEFFAIR CANADA
Montreal-Trudeau, QC (YUL)

☐ C-GMHZ	Piper PA-31 Turbo Navajo	31-434	ex N712NT

GEMINI HELICOPTERS
High Level/Footner Lake, AB (YOJ)

☐ C-FETD	Aerospatiale AS.350BA AStar	1025	ex N135BH
☐ C-FKOX	Bell 206B JetRanger	1261	ex CF-KOX
☐ C-GEAP	Bell 204B	2063	ex Thai 917
☐ C-GEMJ	Aerospatiale AS.350B2 AStar	2064	
☐ C-GEMK	Eurocopter EC.120B	1427	
☐ C-GEMN	Eurocopter EC.120B	1423	
☐ C-GEMU	Eurocopter EC.120B	1057	
☐ C-GHCT	Aerospatiale AS.350D AStar	1271	ex N146BH
☐ C-GLQI	Bell 206B JetRanger II	1964	ex N49694
☐ C-GREU	Bell 205A-1	30011	ex EC-FQO

GEOGRAPHIC AIR SURVEY
Edmonton-City Centre, AL (YXD)

☐ C-GEOG	Aero Commander 680F	1120-73	ex N444UB	Surveyor
☐ C-GEOS	Rockwell 690A Turbo Commander	11279	ex N57180	Surveyor

GEORGIAN BAY AIRWAYS
Parry Sound, ON (YPD)

☐ CF-IJG	Noorduyn Norseman VI	139		Floatplane

GEORGIAN EXPRESS
Cargo and Charter division of Georgian Aircraft; but status uncertain as aircraft sold

GILLAM AIR SERVICES
Gillam, MB (YGX)

☐ C-FZAA	Piper PA-23-250 Aztec E	27-4710	ex CF-ZAA	
☐ C-GBRB	Britten-Norman BN-2A-26 Islander	893	ex N38MR	
☐ C-GOXI	Piper PA-23-250 Aztec E	27-7405484		
☐ C-GSAD	Britten-Norman BN-2A-26 Islander	7	ex N32JC	
☐ C-GXQV	Cessna A185F Skywagon	18503375		

GOGAL AIR SERVICES
Snow Lake, MB

☐ CF-ECG	Noorduyn Norseman V	N29-43		Floatplane or wheels/skis
☐ CF-GLI	Noorduyn Norseman VI	365	ex N88719	Floatplane or wheels/skis
☐ C-GBAO	Piper PA-31-350 Navajo Chieftain	31-7405234	ex N54309	
☐ C-GCWO	Cessna A185F Skywagon	18503207	ex N93275	Floatplane or wheels/skis

GOLDAK AIRBORNE SURVEYS
Saskatoon, SK (YXE)

Previously listed as Goldak Exploration Technology

☐ C-GJBA	Piper PA-31 Turbo Navajo	31-159	ex N9119Y	Surveyor, tail magnetometer
☐ C-GJBB	Piper PA-31 Turbo Navajo	31-519	ex N310RS	Surveyor
☐ C-GJBG	Piper PA-31 Turbo Navajo	31-7612003	ex N59718	Surveyor
☐ C-GLDX	Cessna 208 Caravan I	20800366		
☐ C-GNJV	Piper PA-31-350 Chieftain	31-8052360		

GOVERNMENT OF QUEBEC
Quebec (QUE)   *Quebec, QC (YQB)*

☐ C-FASE	Canadair CL-215-6B11 (CL-215T)	1114	ex Greece 1114	238
☐ C-FAWQ	Canadair CL-215-6B11 (CL-215T)	1115	ex Greece 1115	239
☐ C-FTXG	Canadair CL-215-1A10 (CL-215)	1014	ex CF-TXG	228
☐ C-FTXJ	Canadair CL-215-1A10 (CL-215)	1017	ex CF-TXJ	230
☐ C-FTXK	Canadair CL-215-1A10 (CL-215)	1018	ex CF-TXK	231
☐ C-GFQB	Canadair CL-215-1A10 (CL-215)	1092	ex C-GKDP	237
☐ C-GQBA	Canadair CL-215-6B11 (CL-415)	2005	ex C-GKDN	240
☐ C-GQBC	Canadair CL-215-6B11 (CL-415)	2012	ex C-GKET	241
☐ C-GQBD	Canadair CL-215-6B11 (CL-415)	2016	ex C-GBPU	242
☐ C-GQBE	Canadair CL-215-6B11 (CL-415)	2017	ex C-GKEA	243
☐ C-GQBF	Canadair CL-215-6B11 (CL-415)	2019	ex C-FVKV	244
☐ C-GQBG	Canadair CL-215-6B11 (CL-415)	2022	ex C-FVLW	245
☐ C-GQBI	Canadair CL-215-6B11 (CL-415)	2023	ex C-FVLI	246
☐ C-GQBK	Canadair CL-215-6B11 (CL-415)	2026	ex C-FVLY	247
☐ C-FURG	Canadair CL-600-2A12 (Challenger 601)	3063	ex C-GLYH	EMS
☐ C-GBPQ	Bell 206B JetRanger III	2897	ex YU-HLL	
☐ C-GQBQ	Canadair CL-600-2B16 (Challenger 604)	5051	ex N300KC	EMS
☐ C-GQBT	de Havilland DHC-8Q-202	470	ex P2-ANL	EMS/VIP
☐ C-GSQA	Bell 206LT Twin Ranger	52060		Police
☐ C-GSQL	Bell 412EP	36262	ex N6077U	

Operated by Quebec Government on fire-fighting and emergency humanitarian missions

GREAT SLAVE HELICOPTERS
Yellowknife, NT (YZF)

☐ C-FGSC	Aerospatiale AS.350BA AStar	3067		
☐ C-FHAF	Aerospatiale AS.350BA AStar	1543	ex N516WW	
☐ C-FQDA	Aerospatiale AS.350BA AStar	4179		
☐ C-FYDA	Aerospatiale AS.350B3 AStar	4157		
☐ C-FYKD	Aerospatiale AS.350B2 AStar	4053		
☐ C-FYZF	Aerospatiale AS.350B3 AStar	3823		
☐ C-GABX	Aerospatiale AS.350BA AStar	2438	ex HC-CBU	
☐ C-GAVO	Aerospatiale AS.350B3 AStar	3139	ex F-WWOG	
☐ C-GFHN	Aerospatiale AS.350BA AStar	2128	ex EC-ELN	
☐ C-GGSP	Aerospatiale AS.350B1 AStar	2126	ex N213LA	
☐ C-GGSW	Aerospatiale AS.350B2 AStar	2675		

☐	C-GGSY	Aerospatiale AS.350B2 AStar	3591	
☐	C-GHMZ	Aerospatiale AS.350BA AStar	2325	
☐	C-GIUX	Aerospatiale AS.350BA AStar	1240	ex C-GHRD
☐	C-GJGK	Aerospatiale AS.350B2 AStar	2127	ex F-GHFJ
☐	C-GNGK	Aerospatiale AS.350B2 AStar	2539	ex N392BK
☐	C-GPTC	Aerospatiale AS.350B2 AStar	2092	ex OY-HDY
☐	C-GRTL	Aerospatiale AS.350BA AStar	1377	ex N577DL
☐	C-GRTM	Aerospatiale AS.350BA AStar	1402	ex C-GAHE
☐	C-GYFS	Aerospatiale AS.350B2 AStar	3868	
☐	C-FAFL	Bell 206B JetRanger	1256	
☐	C-FALP	Bell 206B JetRanger II	2090	ex N214EL
☐	C-FGSD	Bell 206B JetRanger	427	ex N83TA
☐	C-FHBH	Bell 206B JetRanger III	3258	ex N904R
☐	C-FHZP	Bell 206B JetRanger	1238	
☐	C-FMAD	Bell 206B JetRanger	408	ex N725BB
☐	C-FPQU	Bell 206B JetRanger	1000	ex N83131
☐	C-FTWM	Bell 206B JetRanger	712	
☐	C-GAHP	Bell 206B JetRanger	805	ex N2959W
☐	C-GAHX	Bell 206B JetRanger	187	ex N4014G
☐	C-GGRC	Bell 206B JetRanger III	3623	
☐	C-GHPO	Bell 206B JetRanger II	2151	
☐	C-GOKA	Bell 206B JetRanger	156	ex N4052G
☐	C-GOMK	Bell 206B JetRanger	1889	
☐	C-GTYU	Bell 206B JetRanger II	2144	ex N16627
☐	C-GUYM	Bell 206B JetRanger	1687	ex N90191
☐	C-GVTK	Bell 206B JetRanger II	104	ex N6200N
☐	C-FBFH	Bell 206L-1 LongRanger II	45178	ex N5005G
☐	C-FGSG	Bell 206LR+ LongRanger	45115	ex N405EH
☐	C-GACG	Bell 206L-3 LongRanger III	51046	ex N53096
☐	C-GFEG	Bell 206L LongRanger	45150	ex N38Q
☐	C-GHBY	Bell 206LR+ LongRanger	45109	ex N402EH
☐	C-GRFZ	Bell 206L-1 LongRanger II	45610	
☐	C-GSHF	Bell 206L-3 LongRanger III	51349	ex C-GHHY
☐	C-GSHL	Bell 206L LongRanger	45092	ex N16751
☐	C-GSHQ	Bell 206L-4 LongRanger IV	52226	ex XC-LFC
☐	C-GSHW	Bell 206L-3 LongRanger III	51602	ex OK-XIS
☐	C-FBUC	Bell 212	30687	
☐	C-FJAD	Bell 212	30966	ex C-GZNA
☐	C-FPMR	Bell 212	31115	ex N48ZP
☐	C-GEZO	Bell 212	30576	
☐	C-GGSM	Bell 212	30741	ex N49676
☐	C-GGSO	Bell 212	30696	ex N90220
☐	C-GKTL	Bell 212	32124	ex A6-BBX
☐	C-GJDA	Eurocopter EC.130B	4192	
☐	C-GRTN	Eurocopter EC.120B Colibri	1058	
☐	C-GSDA	Eurocopter EC.130B	4041	ex F-WWXI
☐	C-GSHD	Bell 205A-1	30058	
☐	C-GSHG	Bell 205A-1	30165	ex C-GENZ
☐	C-GVVI	Bell 204B	2196	ex N1304X

Denedeh Helicopters, Hudson Bay Helicopters and Sahtu Helicopters are subsidiaries who operate aircraft leased from the parent.

GREEN AIRWAYS

Red Lake, ON (YRL)

☐	C-FLEA*	de Havilland DHC-3 Otter	286	ex CF-LEA	Floatplane or wheels/skis
☐	C-FOBE	Noorduyn UC-64A Norseman	480	ex 43-35406	Floatplane or wheels/skis
☐	C-FODJ	de Havilland DHC-3 Otter	14	ex CF-ODJ	Floatplane or wheels/skis
☐	C-FVIA	de Havilland DHC-2 Beaver	714	ex N9047U	Floatplane or wheels/skis
☐	C-GEZU	de Havilland DHC-2 Beaver	647	ex 53-8159	Floatplane or wheels/skis
☐	C-GEZW	de Havilland DHC-2 Beaver	1217	ex 57-6138	Floatplane or wheels/skis
☐	C-GYUY	Cessna A185F Skywagon II	18503731	ex (N8550Q)	Floatplane or wheels/skis

* Converted with PZL engine

GRONDAIR

St Frederic du Beauce, QC

☐	C-FNNM	Cessna TR182RG Skylane	R18200946	ex N738NR
☐	C-FQTA	Cessna R182RG Skylane	R18200324	ex N4107C
☐	C-FQTC	Cessna R182RG Skylane	R18201717	ex N4608T
☐	C-FRGN	Cessna R182RG Skylane	R18200394	ex N9083C
☐	C-FRYF	Cessna R182RG Skylane	R18201001	ex N65ET
☐	C-FRYP	Cessna R182RG Skylane	R18200479	ex N9879C
☐	C-FRZE	Cessna R182RG Skylane	R18200197	ex N2657C
☐	C-GCJA	Cessna R182RG Skylane	R18201219	ex (N757DM)
☐	C-GHVC	Cessna R182RG Skylane	R18201886	ex N5532T
☐	C-GRUA	Cessna R182RG Skylane	R18200077	ex N7325X

☐ C-GSCF	Cessna R182RG Skylane	R18201257	ex N757QM	
☐ C-GVCV	Cessna R182RG Skylane	R18200030	ex N7343T	
☐ C-GWRJ	Cessna TR182RG Skylane	R18200740	ex N7343T	
☐ C-FNCN	Beech 65-B90 King Air	LJ-468	ex N1FC	
☐ C-FONY	Beech A100 King Air	B-154	ex N46JK	
☐ C-GAST	Cessna 310R	310R0730	ex N5009J	
☐ C-GBRC	Cessna 310R	310R1284	ex N6116X	
☐ C-GIGB	Cessna 337G Super Skymaster II	33701599		
☐ C-GJGW	Cessna 310R	310R0960	ex N37200	
☐ C-GSRW	Piper PA-31 Turbo Navajo	31-262	ex N707FR	
☐ C-GUMQ	Piper PA-31 Turbo Navajo	31-84	ex N777GS	

Grondair is the trading name of Grondin Transport

GUARDIAN HELICOPTERS
Calgary-Springbank, AL/Fort Nelson, BC (YBW/YYE)

☐ C-FFJY	Bell 205A-1	30002	ex VH-NGM	
☐ C-FKOX	Bell 206B JetRanger	1261	ex CF-KOX	
☐ C-FOGK	Aerospatiale AS.350BA Astar	1603		
☐ C-FRDJ	Bell 206B JetRanger	63	ex N206WE	
☐ C-GLGK	Piper PA-31P Pressurised Navajo	31P-7300117	ex N777JP	
☐ C-GLQI	Bell 206B JetRanger II	1964	ex N49694	
☐ C-GTVA	Bell 206B JetRanger II	2133		
☐ C-GXLE	Aerospatiale AS.350BA AStar	1337	ex N2069B	
☐ C-GZGK	Aerospatiale AS.350BA AStar	2277	ex N391MA	

HARBOUR AIR SEAPLANES
(H3) (IATA 458)   *Vancouver-Coal Harbour, BC (CXH)*

☐ C-FAXI	de Havilland DHC-2 Beaver	1514	ex N6535D	Floatplane
☐ C-FFHQ	de Havilland DHC-2 Beaver	42	ex CF-FHQ	Floatplane
☐ C-FJFQ	de Havilland DHC-2 Beaver	963	ex CF-JFQ	Floatplane
☐ C-FMXS	de Havilland DHC-2 Beaver	1010	ex N43882	Floatplane
☐ C-FOCJ	de Havilland DHC-2 Beaver	39		Floatplane
☐ C-FOCN	de Havilland DHC-2 Beaver	44	ex CF-OCN	Floatplane
☐ C-FOCY	de Havilland DHC-2 Beaver	79	ex CF-OCY	Floatplane
☐ C-FOSP	de Havilland DHC-2 Beaver	1501	ex N2961	Floatplane
☐ C-GCYM	de Havilland DHC-2 Beaver	354	ex N63PS	Floatplane
☐ C-FHAA	de Havilland DHC-3 Turbo Otter	357	ex C-GIWT	Floatplane
☐ C-FHAD	de Havilland DHC-3 Turbo Otter	119	ex N81FW	Floatplane
☐ C-FHAX	de Havilland DHC-3 Turbo Otter	339	ex N41755	Floatplane
☐ C-FITF	de Havilland DHC-3 Turbo Otter	89	ex CF-ITF	303; Floatplane
☐ C-FIUZ	de Havilland DHC-3 Turbo Otter	135	ex F-OAKK	Floatplane
☐ C-FJHA	de Havilland DHC-3 Turbo Otter	393	ex 4R-ARB	Floatplane
☐ C-FODH	de Havilland DHC-3 Turbo Otter	3	ex CF-ODH	307; Floatplane
☐ C-FRNO	de Havilland DHC-3 Turbo Otter	21	ex N128F	301; Floatplane
☐ C-GHAG	de Havilland DHC-3 Turbo Otter	214	ex 4R-ARA	Floatplane
☐ C-GHAR	de Havilland DHC-3 Turbo Otter	42	ex N234KA	Floatplane
☐ C-GHAS	de Havilland DHC-3 Turbo Otter	284	ex N84SF	Floatplane
☐ C-GHAZ	de Havilland DHC-3 Turbo Otter	19	ex C-FEYY	Floatplane
☐ C-GOPP	de Havilland DHC-3 Turbo Otter	355	ex N53KA	Floatplane
☐ C-GUTW	de Havilland DHC-3 Turbo Otter	405	ex CAF 9423	Floatplane
☐ C-GVNL	de Havilland DHC-3 Turbo Otter	105	ex N5341G	304; Floatplane
☐ C-GCRE	Cessna A185F Skywagon	18502522	ex (N1807R)	Floatplane
☐ C-GZSH	Cessna A185F Skywagon	18503482	ex (N1463Q)	Floatplane

Leases de Havilland DHC-6 Twin Otters from Kenn Borek in summers

HARMONY AIRWAYS
Harmony Airways is the trading name of HMY Airways; ceased all scheduled services from 09 April 2007

HAUTS-MONTS
Quebec, QC / Jackson, MS (YQB/JAN)

☐ C-GPSP	Cessna 441 Conquest II	441-0058	ex OY-BHM	Photo/survey
☐ C-GPSQ	Cessna 441 Conquest II	441-0076	ex N441RC	Photo/survey
☐ C-GPSR	Cessna 441 Conquest II	441-0143	ex N26PK	Photo/survey
☐ N454EA	Cessna 441 Conquest II	441-0054	ex C-GRSL	Photo/survey
☐ N8970N	Cessna 441 Conquest II	441-0092		Photo/survey
☐ C-GHMN	Piper PA-23-250 Aztec C	27-3893	ex N6590Y	Photo/survey
☐ C-GNZQ	Piper PA-23-250 Aztec E	27-7554067	ex N54255	Photo/survey
☐ C-GPSZ	Cessna 421C Golden Eagle Ii	421C0148	ex N303HC	Photo/survey

HAWK AIR
Wawa-Hawk Junction, ON (YXZ)

☐ C-FBBG	de Havilland DHC-2 Beaver	358-173	ex N2848D	Floatplane
☐ C-FQMN	de Havilland DHC-3 Otter	184	ex N2959W	Floatplane

Hawk Air is the trading name of 705833 Ontario

HAWKAIR AVIATION SERVICES
(BH) (IATA 993)   *Terrace, BC (YXT)*

☐ C-FABG	de Havilland DHC-8-102	147		Lsd fr Thomas Avn Svs
☐ C-FCJE	de Havilland DHC-8-102	165		Lsd fr IMP Group
☐ C-FDNG	de Havilland DHC-8-102	166		Lsd fr IMP Group

HAYES HELICOPTER SERVICES
                                                                                                                                                     Duncan, BC (DUQ)

☐ C-FBHG	Bell 206B JetRanger II	713	ex CF-BHG	
☐ C-FHHD	Sikorsky S-61N	61490	ex ZS-HDK	
☐ C-FHHM	Sikorsky S-61N	61468	ex C-FZLU	
☐ C-FHHR	Sikorsky S-61N	61033	ex C-FZLS	
☐ C-GHHF	Bell 206B JetRanger III	3311	ex C-FNHL	
☐ C-GHHT	Bell 206B JetRanger III	2869	ex C-GFKD	
☐ C-GPCT	Bell 206B JetRanger III	3085		

HEARST AIR SERVICE
                                                                                                                                                                                                      Hearst, ON (YHF)

☐ C-FBTU	de Havilland DHC-2 Beaver	1564	ex CF-BTU	Floatplane or wheels/skis
☐ C-FDDX	de Havilland DHC-3 Turbo Otter	165	ex CF-DDX	Floatplane or wheels/skis
☐ C-FDPM	de Havilland DHC-2 Beaver	1247	ex N87878	Floatplane or wheels/skis

HELI-EXCEL
                                                                                                                                                         Sept-Iles, QC (YZV)

☐ C-FAEF	Aerospatiale AS.350BA AStar	2152	ex N700YH	
☐ C-FHEI	Aerospatiale AS.350BA AStar	2969		
☐ C-FJYL	Aerospatiale AS.350BA AStar	2959		
☐ C-FOZT	Aerospatiale AS.350BA AStar	2644		
☐ C-FPHY	Aerospatiale AS.350BA AStar	1496	ex N5805B	
☐ C-FQHC	Aerospatiale AS.350BA AStar	1011	ex N49561	
☐ C-FSPF	Aerospatiale AS.350BA AStar	2785		
☐ C-FVHX	Aerospatiale AS.350B2 AStar	3323		
☐ C-FVRT	Aerospatiale AS.350BA AStar	2849		
☐ C-FVRT	Aerospatiale AS.350BA AStar	2849		
☐ C-GGPF	Aerospatiale AS.350BA AStar	1313	ex N900BA	
☐ C-GIEQ	Aerospatiale AS.350B2 AStar	3349	ex N686CC	
☐ C-GIYR	Aerospatiale AS.350BA AStar	2299	ex JA9871	
☐ C-GVEI	Aerospatiale AS.350B2 AStar	2671	ex N682CC	
☐ C-FBYU	Bell 205A-1	30168	ex LX-HFZ	
☐ C-FDDG	Bell 205A-1	30019	ex LX-HRI	
☐ C-FXHE	Aerospatiale AS.355F2 Squirrel 2	5074		
☐ C-FXKL	Aerospatiale AS.355F2 Squirrel 2	5148		
☐ C-GKHX	Bell 206L LongRanger	46612	ex N373MH	
☐ C-GLHE	Bell 205A-1	30092	ex F-GHHQ	
☐ C-GLHH	Bell 205A-1	30223	ex F-GHHR	
☐ C-GYHZ	Bell 206L LongRanger	45126	ex N16840	

HELI-EXPRESS
                                                                                                                                                                                      Quebec, QC (YQB)

☐ C-FCCI	Aerospatiale AS.350BA AStar	1303	ex N5768Y	
☐ C-GDEH	Aerospatiale AS.350BA AStar	1348	ex N905DB	
☐ C-GHEX	Aerospatiale AS.350B2 AStar	2867	ex CP-2392	
☐ C-GIMG	Aerospatiale AS.350D AStar	1382	ex ZK-HZZ	
☐ C-GJPC	Aerospatiale AS.350BA AStar	1398		
☐ C-GRDI	Aerospatiale AS.350B2 AStar	2866	ex C-FWAU	
☐ C-GVEM	Aerospatiale AS.350BA AStar	2510	ex N752BH	
☐ C-GADA	Bell 2065A-1	30031	ex PK-UHJ	

Member of Groupe Autobus la Quebecoise

HELI-INTER
                                                                                                                                                                    Val d'Or/Chicoutimi-St Honore, QC

☐ C-FHVV	Aerospatiale AS.350BA AStar	1225	ex N215EH	
☐ C-FMGB	Aerospatiale AS.350BA+ AStar	1292	ex N350SS	
☐ C-FMHI	Aerospatiale AS.350BA AStar	9037		
☐ C-FMOZ	Aerospatiale AS.350BA AStar	1374	ex F-GHFR	
☐ C-FMYG	Aerospatiale AS.350D AStar	1201		
☐ C-FONZ	Aerospatiale AS.350BA AStar	1400	ex HR-ANU	
☐ C-FPOO	Aerospatiale AS.350BA AStar	2508	ex N370WM	
☐ C-FZXY	Aerospatiale AS.350BA AStar	2082	ex N6102E	

☐ C-GGHA	Aerospatiale AS.350BA AStar	2624	ex F-GHYK	
☐ C-GGIS	Aerospatiale AS.350BA AStar	1110	ex N40445	
☐ C-GJPA	Aerospatiale AS.350BA AStar	1075	ex C-FHAH	
☐ C-GPHN	Aerospatiale AS.350BA AStar	1251		
☐ C-FCNV	Bell 205A-1	30288		
☐ C-FSMI	Bell 205A-1	30263	ex (N205HT)	
☐ C-GFHW	Bell 205A-1	30115	ex VH-NGI	
☐ C-GHNQ	Bell 206L LongRanger	45014	ex N259MH	
☐ C-GVHP	Bell 205A-1	30119		

HELI-LIFT INTERNATIONAL
Yorkton, SK (YQV)

☐ C-GHLE	Bell 205A-1	30195	ex HL9150	
☐ C-GHLJ	Bell 206L-3 LongRanger III	51280	ex N60992	
☐ C-GIYN	Aerospatiale AS.350BA AStar	1776	ex JA9368	
☐ C-GMOR	Bell 205A-1	30159	ex LX-HOR	
☐ C-GQCW	Aerospatiale AS.350BA AStar	1255	ex N3607T	
☐ C-GSHK	Bell 204B	2067	ex Thai 920	

HELI-LYNX HELICOPTER SERVICES
Stoney Creek, ON

☐ C-FXGO	Aerospatiale AS.355F2 Ecureuil 2	5473	ex N355AH	
☐ C-FXVI	Aerospatiale AS.350B AStar	1695	ex C-FBHW	
☐ C-FXZZ	Aerospatiale AS.355F2 Ecureuil 2	5438	ex N6037J	

HELICOPTER TRANSPORT SERVICES
Carp, ON (YRP)

☐ C-FMAO	Bell 206B JetRanger	407		
☐ C-FWGN	Bell 206B JetRanger	690	ex C-FCTV	
☐ C-GIOB	Bell 206B JetRanger III	603	ex N678KG	
☐ C-GQMR	Bell 206B JetRanger II	2207		
☐ C-GZPF	Bell 206B JetRanger	3490		
☐ C-GZPG	Bell 206B JetRanger	867		
☐ C-GZPH	Bell 206B JetRanger	3162		
☐ C-GZRQ	Bell 206B JetRanger II	1981	ex N206YP	
☐ C-FARV	Bell 206L LongRanger	45117		
☐ C-FKEP	Bell 206L LongRanger	45024		
☐ C-FLTX	Bell 206LR+ LongRanger	45043		
☐ C-FOVL	Bell 206L-3 LongRanger III	51041	ex N282BH	
☐ C-GZPE	Bell 206L-4 LongRanger IV	52334		
☐ C-GZPI	Bell 206L-4 LongRanger IV	52351		
☐ C-GZPJ	Bell 206L-4 LongRanger IV	52353		
☐ C-GZRS	Bell 206L-3 LongRanger III	51146	ex N3193U	
☐ C-FVVQ	Aerospatiale AS.350BA AStar	1210		
☐ C-GAHZ	Bell 212	30758	ex N5306T	
☐ C-GFFY	Bell 205A-1	30123	ex N1084C	
☐ C-GHAV	Aerospatiale AS.350B2 AStar	2758		
☐ C-GMHE	Bell 205A-1	30212	ex PT-HHZ	
☐ C-GPNC	Beech B300C Super King Air	FM-15	ex N415KA	
☐ C-GQLL	Bell 205A-1	30018	ex A7-HAG	
☐ C-GXTF	Bell 212	30825	ex N212RT	
☐ C-GZCN	Aerospatiale AS.350B1 AStar	2207	ex LN-OCD	

HELICRAFT 2000
Montreal St Hubert, QC (YHC)

☐ C-FIFL	Aerospatiale AS.350D AStar	1453		
☐ C-FLIZ	Aerospatiale AS.350BA AStar	2484	ex F-GHRD	
☐ C-FLOO	Aerospatiale AS.350BA AStar	2739		
☐ C-GIYJ	Aerospatiale AS.350BA AStar	1407	ex JA9276	
☐ C-GMIM	Aerospatiale AS.350BA AStar	1257		
☐ C-GMQM	Aerospatiale AS.350D AStar	1380	ex N108SH	
☐ C-GARE	Bell 206B JetRanger	1852		
☐ C-GYHZ	Bell 206L LongRanger	45126	ex N16840	

HELIFOR INDUSTRIES
Campbell River, BC (YBL)

☐ C-FHFB	Boeing Vertol 234UT Chinook	MJ-005	ex N238CH	Lsd fr WCO
☐ C-FHFV	Boeing Vertol 107-II	4	ex N6674D	Lsd fr WCO
☐ C-FHFW	Boeing Vertol 107-II	107	ex N188CH	Lsd fr WCO
☐ C-GHFF	Boeing Vertol 107-II	406	ex N195CH	Lsd fr WCO
☐ C-GHFY	Boeing Vertol 107-II	2002	ex N190CH	Lsd fr WCO

Division of INTERFOR International Forest Products

HELIJET INTERNATIONAL
Helijet (JB/JBA)　　　　　　　　　　　　　　　　　　　　　　　　　　Vancouver-Intl, BC (YVR)

□	C-GHJL	Sikorsky S-76A II	760214	ex N101PB	EMS
□	C-GHJP	Sikorsky S-76A II	760065	ex (C-GHJT)	
□	C-GHJT	Sikorsky S-76A	760052	ex VH-XHZ	
□	C-GHJV	Sikorsky S-76A	760167	ex N5426U	
□	C-GHJW	Sikorsky S-76A II	760074	ex N586C	
□	C-GHJF	Beech 200 Super King Air	BB-1493	ex N3015Q	Lsd fr Nor-Alta Avn Lsg
□	C-GZPM	Bell 206B JetRanger II	880	ex N2NU	

HELIQWEST AVIATION
Edmonton-Municipal, AB (YXD)

□	C-FHQK	Bell 205A-1	30142	ex C-GXLF
□	C-FSXX	Bell 205A-1	30172	
□	C-FXFT	Kaman K-1200 K-Max	A94-0007	ex N135KA
□	C-GEAK	Bell 205A-1	30183	ex N393EH
□	C-GEAT	Bell 205A-1	30088	ex G-BKGH

HICKS & LAWRENCE
St Thomas, ON (YQS)

□	C-FMUM	Rockwell 500S Shrike Commander	3103	ex N37GW
□	C-GAYR	Rockwell 500S Shrike Commander	3118	ex N9170N
□	C-GETH	Rockwell 500S Shrike Commander	1800-15	ex N732
□	C-GETJ	Rockwell 500S Shrike Commander	3275	ex N81450
□	C-GETK	Aero Commander 500B	1093-56	ex N102PJ
□	C-GIZV	Aero Commander 500B	1440-155	ex N678GH
□	C-GJLO	Rockwell 500S Shrike Commander	1796-11	ex N5009E
□	C-GJMA	Aero Commander 500B	1319-128	ex N330U
□	C-FBME	Cessna 337G Super Skymaster II	33701734	ex N146HA
□	C-FBNX	Cessna 337G Super Skymaster II	33701738	ex N53614
□	C-FBRG	Cessna 337G Super Skymaster II	33701695	ex N26286
□	C-FBRH	Cessna 337G Super Skymaster II	33701662	ex N53496
□	C-FBRK	Cessna 337H Super Skymaster II	33701884	ex N75BP
□	C-FIGS	Cessna 337G Super Skymaster II	33701728	ex N714GP
□	C-FIKM	Cessna 337G Super Skymaster	33701588	ex N72448
□	C-FIXO	Cessna 337H Super Skymaster II	33701820	ex N1328L
□	CF-JIP	Cessna 337G Super Skymaster	33701534	
□	C-FNHL	Cessna 337D Super Skymaster	337-1035	
□	C-FSIW	Cessna 337G Super Skymaster	33701571	ex N72377
□	C-FSIY	Cessna 337G Super Skymaster II	33701949	ex N959CC
□	C-FSIZ	Cessna 337G Super Skymaster II	33701632	ex N53450
□	C-GDQU	Cessna 337G Super Skymaster II	33701607	ex N53413
□	C-GEOR	Cessna 337G Super Skymaster II	33701730	ex (N53595)
□	C-GFSC	Cessna 337G Super Skymaster II	33701793	ex N53699
□	C-GIOG	Cessna 337G Super Skymaster II	33701746	ex (N53638)
□	C-GNRO	Cessna 337D Super Skymaster	337-1101	ex N68169
□	C-GWDU	Cessna 337B Super Skymaster	337-0665	ex N2365S
□	C-FKJI	Beech 200 Super King Air	BB-105	ex N71TZ
□	C-GJBZ	Piper PA-36-375 Pawnee Brave	36-7902036	ex N3989E
□	C-GJLI	Beech 200 Super King Air	BB-347	ex N424CR
□	C-GOCX	Cessna A188B AgTruck	18802733T	ex N4999Q
□	C-GQNJ	Beech 200 Super King Air	BB-275	
□	C-GTWW	Beech 65-C90 King Air	LJ-657	ex N9030R

HIGHLAND HELICOPTERS
Vancouver-Intl, BC (YVR)

□	C-FHHC	Aerospatiale AS.350B2 AStar	2569	ex N2PW
□	C-FHHU	Aerospatiale AS.350B2 AStar	2790	ex C-FSQY
□	C-FHHY	Aerospatiale AS.350BA AStar	1650	ex C-GSKI
□	C-FJHH	Aerospatiale AS.350B2 AStar	3279	
□	C-FKHH	Aerospatiale AS.350B2 AStar	2736	
□	C-FYYA	Aerospatiale AS.350BA AStar	2295	ex ZK-HOU
□	C-GBHH	Aerospatiale AS.350B2 AStar	3180	
□	C-GDHH	Aerospatiale AS.350B2 AStar	4103	
□	C-GHHH	Aerospatiale AS.350B2 AStar	3270	
□	C-GHHV	Aerospatiale AS.350B2 AStar	2918	ex N4034Q
□	C-GHHW	Aerospatiale AS.350B2 AStar	3039	
□	C-GHHZ	Aerospatiale AS.350B2 AStar	3054	
□	C-GNHH	Aerospatiale AS.350B2 AStar	2737	ex N9446H
□	C-GRHH	Aerospatiale AS.350B2 AStar	3315	ex N37PT
□	C-FCDL	Bell 206B JetRanger III	3852	ex N93AJ
□	C-FCOY	Bell 206B JetRanger III	3280	ex N7023J

☐ C-FHHB	Bell 206B JetRanger	519	ex CF-HHB	
☐ C-FHHI	Bell 206B JetRanger III	2310	ex N101CD	
☐ C-GHHD	Bell 206B JetRanger	1566	ex N90003	
☐ C-GHHG	Bell 206B JetRanger	1396	ex N918TR	
☐ C-GHHM	Bell 206B JetRanger III	2712		
☐ C-GHHO	Bell 206B JetRanger	1690		
☐ C-GHHR	Bell 206B JetRanger II	1963		
☐ C-GHHX	Bell 206B JetRanger III	2714		
☐ C-GHXJ	Bell 206B JetRanger	1832		
☐ C-GIZO	Bell 206B JetRanger III	2715		
☐ C-GJJA	Bell 206B JetRanger II	2032	ex N9958K	
☐ C-GKDG	Bell 206B JetRanger III	2969		
☐ C-GKGI	Bell 206B JetRanger	1790	ex N49629	
☐ C-GKJL	Bell 206B JetRanger III	3005		
☐ C-GMDQ	Bell 206B JetRanger III	3045		
☐ C-GMDX	Bell 206B JetRanger III	3032		
☐ C-GMZH	Bell 206B JetRanger III	3203		
☐ C-GNLT	Bell 206B JetRanger III	2973		
☐ C-GNSQ	Bell 206B JetRanger III	3274		
☐ C-GOPF	Bell 206B JetRanger III	3227		
☐ C-GOPK	Bell 206B JetRanger III	3247		
☐ C-FTHH	Bell 206L-3 LongRanger III	51369		
☐ C-GAXW	Bell 206L-3 LongRanger III	51395	ex N6501S	
☐ C-GFHH	Bell 206L-3 LongRanger III	51362	ex C-FPCL	

HORNE AIR
Hornepayne, ON (YHN)

☐ C-FFHP	de Havilland DHC-2 Beaver	57	ex CF-FHP	Floatplane
☐ C-FIDM	de Havilland DHC-2 Beaver	1323	ex N99871	Floatplane
☐ C-GEWG	de Havilland DHC-2 Beaver	842	ex N87572	Floatplane

Subsidiary of Maurice Oliver Colts

HURON AIR AND OUTFITTERS
Armstrong, ON (YYW)

☐ C-FDPW	de Havilland DHC-2 Beaver	1339	ex 58-2011	Floatplane or wheels/skis
☐ C-FGSR	Noorduyn Norseman V	N29-47	ex CF-GSR	Floatplane
☐ C-FIOF	de Havilland DHC-3 Otter	24	ex LN-SUV	Floatplane or wheels/skis

HYDRO-QUEBEC (SERVICE TRANSPORT AERIEN)
Hydro (HYD)   *Montreal-Trudeau, QC (YUL)*

☐ C-GHQL	de Havilland DHC-8-402Q	4115		Op by AIE
☐ C-GHQP	de Havilland DHC-8-402Q	4004	ex C-GIHK	Op by AIE
☐ C-GJNL	de Havilland DHC-8-311	422	ex G-BXPZ	Op by AIE

Used to fly engineers and equipment to remote sites plus seasonal deer hunter flights

ICARUS FLYING SERVICE
Ile de la Madelaine, QC (YGR)

☐ C-GFBF	Britten-Norman BN-2B-27 Islander	2125	ex VP-FBF	

IGNACE AIRWAYS
Ignace/Thunder Bay, ON (ZUC/YQT)

☐ C-FAPR	de Havilland DHC-3 Otter	31	ex LN-LMM	Floatplane
☐ CF-TTL	Cessna U206C Super Skywagon	U206-1062	ex N29088	Floatplane
☐ C-GZBR	de Havilland DHC-2 Beaver	1272	ex N434GR	Floatplane

INFINITY FLIGHT SERVICES
Edmonton-Municipal, AB (YXD)

☐ C-GINL	British Aerospace Jetstream 3212	929	ex N337TE	
☐ C-GNGI	British Aerospace Jetstream 31	739	ex N855JS	

INLAND AIR CHARTERS
Prince Rupert, BC (YPR)

☐ C-FIAX	de Havilland DHC-2 Beaver	140	ex VH-AAD	Floatplane
☐ C-FJPX	de Havilland DHC-2 Beaver	1076	ex CF-JPX	Floatplane
☐☐ C-FRHW	de Havilland DHC-3 Otter	445	ex 5N-ABN	Floatplane

INNU MIKUN AIRLINES
Goose Bay, NL (YYR)

☐ C-FIZD	de Havilland DHC-6 Twin Otter 300	461	ex PK-NUX	Lsd fr Provincial A/l

INTEGRA AIR
Lethbridge, AB (YQL)

☐ C-FFIA	British Aerospace Jetstream 31	779	
☐ C-FFNV	Piper PA-31T Cheyenne II	31T-7720058	
☐ C-GGIA	British Aerospace Jetstream 31	778	

ISLAND WEST AIR
Current status uncertain, sole aircraft sold in June 2007

JACKSON AIR SERVICES
Jackson (JCK)   *Flin Flon, MB (YFO)*

☐ C-FFVZ	de Havilland DHC-3 Otter	145	ex N80944	Floatplane or wheels/skis
☐ C-FODW	de Havilland DHC-3 Turbo Otter	403	ex CF-ODW	Floatplane or wheels/skis
☐ C-FWEJ	de Havilland DHC-3 Otter	208	ex IM1710	Floatplane or wheels/skis
☐ C-GADE	de Havilland DHC-2 Beaver	730	ex 53-7919	Floatplane or wheels/skis
☐ C-GDYR	Cessna A185F Skywagon	18503018		Floatplane or wheels/skis
☐ C-GGGT	Cessna TU206G Stationair 6 II	U206-04170	ex N756LF	Floatplane or wheels/skis
☐ C-GISX	Cessna A185F Skywagon II	18503836	ex N4669E	Floatplane or wheels/skis
☐ C-GJMZ	Partenavia P.68B Observer	369-27/OB		
☐ C-GWHW	Piper PA-31-350 Chieftain	31-8052060	ex N233CH	

JETPORT
Hamilton, ON (YHM)

☐ C-FHRB	Cessna 208 Caravan I	20800291		
☐ C-GRJZ	Beech B300 Super King Air	FL-285	ex N3185J	

Also operates a fleet of corporate jets

JOHNNY MAY'S AIR CHARTERS
Kuujjuaq, QC (YVP)

☐ C-FCEE	de Havilland DHC-3 Otter	282	ex 57-6134	Floatplane or wheels/skis
☐ C-FLAP	de Havilland DHC-3 Otter	289	ex CF-LAP	Floatplane or wheels/skis
☐ C-GMAY	de Havilland DHC-2 Beaver	1123	ex 56-0393	Pengo Palee
				Floatplane or wheels/skis

Subsidiary of Air Inuit

JUAN AIR
Juan Air   *Victoria, BC (YYJ)*

☐ C-FHSP	Cessna 441 Conquest II	441-0265	ex N441E	
☐ C-FNGV	Piper PA-31-350 Chieftain	31-8252013	ex N4104U	
☐ C-GRJA	Piper PA-31-350 Chieftain	31-7952154	ex N35572	
☐ C-GXPC	Piper PA-34-220T Seneca	34-7970234	ex N29076	

KABEELO AIRWAYS
Confederation Lake, ON (YMY)

☐ C-GDYT	de Havilland DHC-2 Beaver	1109	ex 56-4403	Floatplane
☐ C-GLSA	de Havilland DHC-2 Beaver	1389	ex N94471	Floatplane

KALUSAIR
North Lancaster, ON

☐ C-FNLC	Cessna 414A	414A-0043	ex C-GCVI	
☐ C-GKSA	Piper PA-31 Turbo Navajo	31-7400993	ex N50579	

KASABA AIR SERVICE
Kasba Lake, NT (YDU)

☐ CF-MAS	de Havilland DHC-2 Beaver	38		Floatplane

KAYAIR
Ear Falls, ON (YMY)

☐ CF-TBH	Beech 3T	6226	43-35671	Floatplane

KD AIR
Kay Dee (XC/KDC)   *Port Alberni, BC (YPB)*

☐ C-GPCA	Piper PA-31 Turbo Navajo	31-42	ex N333DG	
☐ C-GXEY	Piper PA-31-350 Navajo Chieftain	31-7305044	ex N74910	

KECHIKA VALLEY AIR
Fort St John, BC (YXJ)

☐ C-GOSC	Cessna U206G Stationair 6	U20603757	ex (N5649G)	Floatplane or wheels/skis	

KEEWATIN AIR
(FK)   *Churchill, MB/Rankin Inlet, NU (YYQ /YRT)*

☐ C-FCGT	Beech 200 Super King Air	BB-159	ex N47FH	EMS	
☐ C-FJXO	Beech 1900C	UC-124	ex N124CU		
☐ C-FSKO	Beech B200 Super King Air	BB-1007	ex N514MA	EMS	
☐ C-FZPW	Beech B200 Super King Air	BB-940	ex N519SA	EMS	
☐ C-GHDP	Beech B200 Super King Air	BB-891	ex N888HG	EMS	

Some services are operated as Kivalliq Air

KELOWNA FLIGHTCRAFT AIR CHARTER
Flightcraft (KW/KFA)   *Kelowna, BC (YLW)*

☐ C-GACU	Boeing 727-225F/W (Duganair 3)	20152/775	ex N8833E	710	Op for Purolator Courier
					Lsd fr International Air Leases
☐ C-GGKF	Boeing 727-223F (FedEx 3)	21523/1467	ex C-FMKF	718	Op for Purolator Courier
☐ C-GIKF	Boeing 727-227F (FedEx 3)	20772/982	ex N99763	721	Op for Purolator Courier
☐ C-GJKF	Boeing 727-227F (FedEx 3)	21042/1106	ex N10756	722	Op for Purolator Courier
☐ C-GKFC	Boeing 727-22C/W (Duganair 3)	18897/211	ex OB-R-1115	701	Op for Purolator Courier
☐ C-GKFH	Boeing 727-225F/W (Duganair 3)	20153/779	ex N8834E	711	Op for Purolator Courier
☐ C-GKKF	Boeing 727-227F (FedEx 3)	21043/1113	ex N16758	723	Op for Purolator Courier
☐ C-GLKF	Boeing 727-227F (FedEx 3)	21118/1167	ex N14760	724	Op for Purolator Courier
☐ C-GMKF	Boeing 727-227F (FedEx 3)	21119/1175	ex N16761	725	Op for Purolator Courier
☐ C-GNKF	Boeing 727-227F (FedEx 3)	20839/1031	ex N88770		
☐ C-GOKF	Boeing 727-214 (FedEx 3)	20162/715	ex N409BN	729	
☐ C-GQKF	Boeing 727-243F (FedEx 3)	21265/1226	ex N17402	720	Op for Purolator Courier
☐ C-GTKF	Boeing 727-225F (FedEx 3)	21580/1435	ex N8883Z	728	Op for Purolator Courier
☐ C-GWKF	Boeing 727-243F (FedEx 3)	21270/1231	ex N17407		
☐ C-GXKF	Boeing 727-243F/W (Duganair 3)	21663/1438	ex N17410		Op for Purolator Courier
					Lsd fr Intl Trading Co of Yukon
☐ C-GYKF	Boeing 727-277F/W (Duganair 3)	20551/1054	ex VH-VLG		
☐ C-FKFZ	Convair 580	151	ex N11151	510	
☐ C-GKFF	Convair 580F	160	ex N9067R	511	Op for Purolator Courier
☐ C-GKFG	Convair 580	22	ex N32KA	516	stored YLW
☐ C-GKFU	Convair 580F	82	ex N90857	501	Op for Purolator Courier
☐ C-	Convair 580	34	ex N538JA		stored YLW as N538JA
☐ C-	Convair 580	69	ex N569JA		stored YLW as N569JA
☐ C-	Convair 340	238	ex N43938		Lsd fr Intl Trading Co of Yukon
☐ C-GIHM	Cessna 402B	402B0203	ex N7875Q		Op for Purolator
☐ C-GJRH	Cessna 340	340-0058	ex N340BD		
☐ C-GKFX	Beech A60 Duke	P-235	ex N60GF		
☐ C-	Boeing 737-46B	24573/1844	ex N41XA		Lsd fr TEM Enterprises

KENN BOREK AIR
Borek Air (4K/KBA)   *Calgary-Intl, AB/Edmonton-Intl, AB/ Iqaluit, NT/Resolute Bay, NT (YYC/YEG/YFB/YRB)*

☐ C-FBBV	de Havilland DHC-6 Twin Otter 300	311	ex C-FMPC			
☐ C-FBBW	de Havilland DHC-6 Twin Otter 300	588	ex VP-CLC			
☐ C-FDHB	de Havilland DHC-6 Twin Otter 300	338	ex CF-DHB			
☐ C-FSJB	de Havilland DHC-6 Twin Otter 300	377	ex N4901D			
☐ C-GCKB	de Havilland DHC-6 Twin Otter 300	312	ex C-FMPF			
☐ C-GDHC	de Havilland DHC-6 Twin Otter 300	494				
☐ C-GKBC	de Havilland DHC-6 Twin Otter 300	650	ex N55921			
☐ C-GKBG	de Havilland DHC-6 Twin Otter 300	733				
☐ C-GKBO	de Havilland DHC-6 Twin Otter 300	725	ex HP-1273APP			
☐ C-GKCS	de Havilland DHC-6 Twin Otter 300	693	ex 8Q-MAA			
☐ C-GPAO	de Havilland DHC-6 Twin Otter 300	447	ex N5356A			
☐ C-GXXB	de Havilland DHC-6 Twin Otter 300	426	ex 8Q-MAN			
☐ C-GZVH	de Havilland DHC-6 Twin Otter 300	671	ex VP-CCB			
☐ 8Q-CSL	de Havilland DHC-6 Twin Otter 100	64	ex C-FCSL	Floatplane	Lsd to Maldivian Air Taxi
☐ 8Q-MAB	de Havilland DHC-6 Twin Otter 300	287	ex C-GKBV	Floatplane	Lsd to Maldivian Air Taxi
☐ 8Q-MAC	de Havilland DHC-6 Twin Otter 100	60	ex C-GTKB	Floatplane	Lsd to Maldivian Air Taxi
☐ 8Q-MAD	de Havilland DHC-6 Twin Otter 300	273	ex 8Q-IOK	Floatplane	Lsd to Maldivian Air Taxi
☐ 8Q-MAE	de Havilland DHC-6 Twin Otter 300	464	ex C-FPOQ	Floatplane	Lsd to Maldivian Air Taxi
☐ 8Q-MAG	de Havilland DHC-6 Twin Otter 200	224	ex C-GENT	Floatplane	Lsd to Maldivian Air Taxi
☐ 8Q-MAH	de Havilland DHC-6 Twin Otter 300	374	ex C-FMYV	Floatplane	Lsd to Maldivian Air Taxi
☐ 8Q-MAI	de Havilland DHC-6 Twin Otter 300	279	ex C-GKBM	Floatplane	Lsd to Maldivian Air Taxi
☐ 8Q-MAK	de Havilland DHC-6 Twin Otter 300	276	ex C-FBBA	Floatplane	Lsd to Maldivian Air Taxi
☐ 8Q-MAL	de Havilland DHC-6 Twin Otter 300	321	ex C-GBBU	Floatplane	Lsd to Maldivian Air Taxi
☐ 8Q-MAM	de Havilland DHC-6 Twin Otter 300	339	ex C-GOKB	Floatplane	Lsd to Maldivian Air Taxi
☐ 8Q-MAO	de Havilland DHC-6 Twin Otter 300	259	ex C-FKBI	Floatplane	Lsd to Maldivian Air Taxi
☐ 8Q-MAP	de Havilland DHC-6 Twin Otter 300	571	ex C-FKBY	Floatplane	Lsd to Maldivian Air Taxi
☐ 8Q-MAQ	de Havilland DHC-6 Twin Otter 300	611	ex C-FBKB	Floatplane	Lsd to Maldivian Air Taxi
☐ 8Q-MAR	de Havilland DHC-6 Twin Otter 300	382	ex C-FUGT	Floatplane	Lsd to Maldivian Air Taxi

☐ 8Q-MAS	de Havilland DHC-6 Twin Otter 300	445	ex C-FDKB	Floatplane	Lsd to Maldivian Air Taxi
☐ 8Q-MAT	de Havilland DHC-6 Twin Otter 300	146	ex 8Q-NTA	Floatplane	Lsd to Maldivian Air Taxi
☐ 8Q-MAU	de Havilland DHC-6 Twin Otter 300	617	ex C-GKBR	Floatplane	Lsd to Maldivian Air Taxi
☐ 8Q-MAV	de Havilland DHC-6 Twin Otter 300	732	ex C-GKBH	Floatplane	Lsd to Maldivian Air Taxi
☐ 8Q-OEQ	de Havilland DHC-6 Twin Otter 100	44	ex C-FOEQ	Floatplane	Lsd to Maldivian Air Taxi
☐ 8Q-QBU	de Havilland DHC-6 Twin Otter 100	99	ex C-FQBU	Floatplane	Lsd to Maldivian Air Taxi
☐ 8Q-QHC	de Havilland DHC-6 Twin Otter 100	21	ex C-FQHC	Floatplane	Lsd to Maldivian Air Taxi
☐ C-FAFD	Beech 100 King Air	B-42	ex LN-VIP		
☐ C-FMWM	Beech A100 King Air	B-59	ex N702JL		
☐ C-FRKB	Beech 100 King Air	B-72	ex C-GTLF		
☐ C-GAVI	Beech A100 King Air	B-201	ex G-BBVM		
☐ C-GHOC	Beech A100 King Air	B-194	ex N57237		
☐ C-GKBQ	Beech 100 King Air	B-62	ex LN-NLB		
☐ C-GKBZ	Beech 100 King Air	B-85	ex LN-PAJ		
☐ C-GWWA	Beech 100 King Air	B-27	ex G-BOFN		
☐ C-FBCN	Beech 200 Super King Air	BB-7			
☐ C-FEKB	Beech 200 Super King Air	BB-468	ex N9UT	Beech 1300 conversion	
☐ C-FKBU	Beech 200 Super King Air	BB-285	ex C-GQXF		
☐ C-GKBN	Beech 200 Super King Air	BB-29	ex LN-ASG		
☐ C-GKBP	Beech 200 Super King Air	BB-505	ex HP-1083P		
☐ C-FKBK	Beech 99	U-18	ex HP-1233APP		
☐ C-FLKB	Embraer EMB.110P1 Bandeirante	110397	ex N903LE		
☐ C-FMKB	Basler BT-67TP	47/19560	ex N57NA	Freighter; dam Dec07	
☐ C-GANR	Embraer EMB.110P1 Bandeirante	110373	ex HP-931APP		
☐ C-GBBR	Embraer EMB.110P1 Bandeirante	110444	ex HP-1177AP		
☐ C-GFKB	Embraer EMB.110P1 Bandeirante	110400	ex 9N-AFF		
☐ C-GKBA	Beech B99	U-164	ex SE-GRB		
☐ C-GKBB	Beech 65-C90 King Air	LJ-607	ex N48DA		
☐ C-GKKB	Beech B99	U-149	ex HP-1230APP		
☐ C-GSFM	Beech 65-B90 King Air	LJ-422	ex N513SC	Lsd to UNHCR	

Leases de Havilland DHC-6 Twin Otters to Harbour Air in summers

KENORA AIR SERVICE

Kenora-SPB, ON (YQK)

☐ CF-CBA	de Havilland DHC-3 Otter	230	ex C-FCBA	Floatplane	
☐ CF-JEI	de Havilland DHC-2 Beaver	1020		Floatplane	
☐ C-FNOT	de Havilland DHC-2 Beaver	1067	ex N4193A	Floatplane	
☐ CF-TBX	Beechcraft D-18S	A-479	ex N841B	Floatplane	
☐ C-FWDB	Cessna A185E Skywagon	185-1250	ex (N4783Q)	Floatplane	
☐ C-FWMM	Cessna A185F Skywagon	18502238	ex N4361Q	Floatplane	
☐ C-GBGJ	Cessna U206G Stationair 6 II	U20605249		Floatplane	
☐ C-GOTD	Cessna A185F Skywagon	18502445	ex (N1724R)	Floatplane	
☐ C-GPVC	de Havilland DHC-2 Beaver	290	ex N9257Z	Floatplane	
☐ C-GYJY	Cessna A185F Skywagon	18502468	ex N1748R	Floatplane	

KEYSTONE AIR SERVICE
Keystone (BZ/KEE)

Swan River, MB (YSE)

☐ C-FPCD	Beech B99	U-151	ex C-FBRO	
☐ C-FAPN	Beech 200 Super King AIr	BB-745	ex N428P	
☐ C-FXLO	Piper PA-31-350 Chieftain	31-8052022	ex N3547N	
☐ C-GBDN	Piper PA-31-350 Navajo Chieftain	31-7652035	ex N59763	
☐ C-GCJH	Piper PA-31-350 Chieftain	31-7952109	ex N42FL	
☐ C-GFOL	Beech 200 Super King Air	BB-27	ex N120DP	
☐ C-GGQU	Piper PA-31 Turbo Navajo	31-155	ex N9116Y	
☐ C-GOSU	Piper PA-31-350 Navajo Chieftain	31-7752148	ex N27321	

KINNIBURGH SPRAY SERVICE

Taber, AB

☐ C-FDFK	Air Tractor AT-502B	502B-2592	ex N41840	
☐ C-FFMV	Grumman G-164A AgCat	631		
☐ C-FHFE	Grumman G-164A AgCat	1119		
☐ C-GBTK	Air Tractor AT-401	401-0705		
☐ C-GCRK	Air Tractor AT-502B	502B-0668		
☐ C-GNOQ	Piper PA-36-300 Brave	36-7860021		
☐ C-GUJK	Air Tractor AT-502B	502B-0345		

Current status uncertain

KISSISSING AIR

Kississing Lake/Pine Falls, MB

☐ C-FENB	Noorduyn UC-64A Norseman	324	ex 43-5384	Floatplane	
☐ C-FKIX	Cessna 185A Skywagon	18503794	ex N9866Q	Floatplane	
☐ C-FOBR	Noorduyn Norseman V	N29-35	ex CF-OBR	Floatplane	
☐ C-GDLO	Cessna TU206B Super Skywagon	U206-0690	ex N4990F	Floatplane	

KIVALLIQ AIR
(FK)   *Winnipeg-Intl, MB/Rankin Islet, NU (YWG/YRT)*

☐	C-FJXL	Beech 1900C	UC-102	ex N15479
☐	C-GKNR	Pilatus PC-12/45	308	ex HB-FQV
☐	C-GVKC	Pilatus PC-12/45	207	ex ZS-OEV

Scheduled and charter division of Keewatin Air (q.v.)

KLAHANIE AIR
Mission, BC

☐	C-FJFL	de Havilland DHC-2 Beaver	898		Floatplane or wheels/skis

KLUANE AIRWAYS
Whitehorse, YT (YXY)

☐	C-FMPS	de Havilland DHC-2 Beaver	1114	ex CF-MPS	Floatplane

Kluane Airways is the trading name of 528470 Alberta Ltd

L AND A AVIATION
Hay River, NT (YHY)

☐	C-FYFJ	Cessna A185F Skywagon II	18503797	ex N9913Q	Floatplane or wheels/skis
☐	CF-ZEB	Cessna 337F Super Skymaster	33701428		
☐	C-GHYT	Beech A100 King Air	B-98	ex N998RC	
☐	C-GJHM	Cessna A185F Skywagon II	18504203		Floatplane or wheels/skis

L & A Aviation is a trading name of Landa Aviation

LA LOCHE AIRWAYS
Now doing business as Northern Air Care

LABRADOR AIR SAFARI
Baie Comeau, QC (YBC)

☐	C-FJGV	de Havilland DHC-2 Beaver	977	ex CF-JGV	Floatplane or wheels/skis
☐	C-FOCU	de Havilland DHC-2 Beaver	73	ex CF-OCU	Floatplane or wheels/skis
☐	C-FPQC	de Havilland DHC-2 Beaver	873	ex CF-IKQ	Floatplane or wheels/skis
☐	C-FUWJ	de Havilland DHC-2 Beaver	453	ex N7691	Floatplane or wheels/skis
☐	C-FYYT	de Havilland DHC-2 Beaver	1569	ex VH-IDZ	Floatplane or wheels/skis
☐	C-GUJU	de Havilland DHC-2 Beaver	1639	ex N4600Y	Floatplane or wheels/skis
☐	C-GWAE	de Havilland DHC-2 Beaver	1094	ex N93434	Floatplane or wheels/skis
☐	C-FAZW	de Havilland DHC-3 Otter	451	ex JW-9101	Floatplane or wheels/skis
☐	C-FJZN	de Havilland DHC-3 Otter	205	ex CF-JZN	Floatplane or wheels/skis
☐	C-GLCO	de Havilland DHC-3 Otter	420	ex N17681	Floatplane or wheels/skis
☐	C-GLJI	de Havilland DHC-3 Otter	150	ex 55-3297	Floatplane or wheels/skis
☐	C-GVNX	de Havilland DHC-3 Otter	353	ex N5335G	Floatplane or wheels/skis
☐	C-FTBC	Cessna U206F Stationair	U20602047	ex CF-TBC	Floatplane or wheels/skis
☐	C-GUBN	Cessna U206F Stationair II	U20602860	ex (N1185Q)	Floatplane or wheels/skis
☐	C-GUJQ	Cessna A185F Skywagon	18503048	ex (N20913)	Floatplane or wheels/skis

Associated with Air Saguenay

LAC LA CROIX QUETICO AIR SERVICE
Lac la Croix, ON/Crane Lake, MB

☐	C-FHAN	de Havilland DHC-2 Beaver	316	ex N11255	Floatplane
☐	C-FNFI	de Havilland DHC-3 Otter	379	ex CF-NFI	Floatplane
☐	C-FVSF	Cessna A185E Skywagon	185-1223	ex CF-VSF	Floatplane
☐	C-GDZD	de Havilland DHC-2 Beaver	496	ex 52-6116	Floatplane
☐	C-GUEC	Cessna A185F Skywagon	18503986	ex N5513E	Floatplane

Division of Campbell's Cabins & Trading Post

LAC SEUL AIRWAYS
Ear Falls, ON (YMY)

☐	CF-HXY	de Havilland DHC-3 Otter	67		Floatplane
☐	C-GLLO	Cessna U206F Stationair II	U20602913	ex N1602Q	Floatplane

LAKELAND AIRWAYS
Temagami, ON

☐	C-FJKT	de Havilland DHC-2 Beaver	1023	ex CF-JKT	
☐	C-GUFH	Cessna A185F Skywagon	18502857	ex (N1488F)	

LAKELSE AIR
Terrace, BC (YXT)

☐	C-FHQT	Bell 204B		2024	ex C-GEAV

☐ C-GALU	Bell 206B JetRanger III	2511	
☐ C-GHWO	Bell 206L LongRanger	45013	ex N3GH
☐ C-GPTC	Aerospatiale AS.350B2 AStar	2092	ex OY-HDY

LAKES DISTRICT AIR SERVICES
Burns Lake, BC (YPZ)

☐ C-FFHS	de Havilland DHC-2 Beaver	51		Floatplane or wheels/skis
☐ C-FVXQ	Cessna A185E Skywagon	185-1198		Floatplane or wheels/skis

LAUZON AVIATION
Elliot Lake, ON (YEL)

☐ C-FRUY	de Havilland DHC-2 Beaver	687	ex N74157	Floatplane

LAWRENCE BAY AIRWAYS
Southend-Reindeer Lake, SK

☐ C-GUJX	de Havilland DHC-2 Beaver	1132	ex 56-4412	Floatplane

LEUENBERGER AIR SERVICE
Nakina-SPB, ON (YQN)

☐ C-FSOX	de Havilland DHC-3 Turbo Otter	437	ex UNO 308	Floatplane
☐ C-GEWP	de Havilland DHC-2 Turbo Beaver	1543/TB2	ex ET-AKI	Floatplane
☐ C-GLCS	de Havilland DHC-3 Turbo Otter	428	ex N17685	Floatplane
☐ C-GLCW	de Havilland DHC-3 Turbo Otter	172	ex 55-3310	Floatplane

LIARD AIR
Muncho Lake, BC

☐C-GUDK	de Havilland DHC-2 Beaver	708	ex 53-7900	Floatplane
☐C-GUGE	Cessna A185F Skywagon	18502904	ex N8730Z	Floatplane or wheels/skis

LITTLE RED AIR SERVICE
Little Red (LRA)   *Fort Vermilion, AB*

☐ C-FGWR	Beech B200 Super King Air	BB-1599	ex C-FGWD	Lsd fr Nor-Alta Avn Lsg
☐ C-FLRB	Beech A100 King Air	B-131	ex N102FG	Lsd fr Nor-Alta Avn Lsg
☐ C-FLRD	Beech A100 King Air	B-243	ex PT-OFZ	Lsd fr Nor-Alta Avn Lsg
☐ C-FLTC	Beech 65-C90 King Air	LJ-631	ex N103FG	
☐ C-FPQQ	Beech B200 Super King Air	BB-1304	ex N3173K	Lsd fr Nor-Alta Avn Lsg
☐ C-GGUH	Cessna 208B Caravan I	208B0827	ex N51478	Lsd fr Nor-Alta Avn Lsg
☐ C-GICJ	Cessna U206F Stationair	U20603044	ex N4318Q	
☐ C-GMIC	de Havilland DHC-2 Beaver	791	ex (N5218G)	604 Lsd fr Little River Forestry
☐ C-GWVT	Cessna U206F Stationair	U20602918	ex (N1721Q)	

LOCKHART AIR SERVICES
Sioux Lookout, ON (YXL)

☐ C-FKQM	Cessna 404 Titan II	404-0108	ex N37102
☐ G-GFIT	Cessna 310R	310R1865	ex (N3173M)
☐ C-GIJF	Cessna 310R	310R1875	ex N3208M
☐ C-GOGP	Cessna 402C	402C0516	ex N401SA

MANITOBA GOVERNMENT AIR SERVICES
Winnipeg-Intl/Thompson, MB (YWG/YTH)

☐ C-FTUV	Canadair CL-215-1A10 (CL-215)	1020	ex CF-TUV	256	
☐ C-FTXI	Canadair CL-215-1A10 (CL-215)	1016	ex CF-TXI	255	
☐ C-GBOW	Canadair CL-215-1A10 (CL-215)	1087	ex C-GKDY	253	
☐ C-GMAF	Canadair CL-215-1A10 (CL-215)	1044	ex C-GUMW	250	
☐ C-GMAK	Canadair CL-215-1A10 (CL-215)	1107		254	
☐ C-GUMW	Canadair CL-215-1A10 (CL-215)	1065		251	
☐ C-GYJB	Canadair CL-215-1A10 (CL-215)	1068		252	
☐ C-FEMA	Cessna S550 Citation S/II	S550-0040		EMS	
☐ C-FMAX	de Havilland DHC-3 Otter	267	ex CF-MAX	Floatplane or wheels/skis	
☐ C-FODY	de Havilland DHC-3 Otter	429	ex CF-ODY	Floatplane or wheels/skis	
☐ C-FWAH	de Havilland DHC-6 Twin Otter 300	240	ex CF-WAH		
☐ C-GDAT	Cessna 310R	310R1883	ex N315U		
☐ C-GMLN	Cessna 310R	310R1884	ex N316U		
☐ C-GRNE	Piper PA-31-350 Chieftain	31-7952224	ex N91834		
☐ C-GYNE	Cessna 310R	310R1367	ex N4086C		

MARITIME AIR CHARTER
Halifax, NS (YHZ)

☐ C-FDOR	Beech A100 King Air	B-103		
☐ C-FYKQ	Piper PA-31 Turbo Navajo	31-399		
☐ C-GXUG	Piper PA-31 Turbo Navajo	31-665	ex N1GY	

MARTINI AVIATION
Fort Langley, BC

☐ C-GMNT	de Havilland DHC-2 Turbo Beaver	1653-TB30	
☐ C-GPLT	Pilatus PC-12/45	566	
☐ C-GUWF	de Havilland DHC-2 Beaver	287	

MAX AVIATION
Max Aviation (MAX) Montreal-St Hubert, QC (YHU)

☐ C-FOGP	Beech B100 King Air	BE-134	ex N363EA
☐ C-FSIK	Beech B100 King Air	BE-39	ex N129CP
☐ C-GPJL	Beech B100 King Air	BE-107	ex N3699B
☐ C-GPRU	Beech B100 King Air	BE-26	ex N36WH
☐ C-GVIK	Beech A100 King Air	BE-7	ex N57HT

Subsidiary of Cargair

MCGAVOCK LAKE SERVICE
Lynn Lake, MB (YYL)

☐ C-FIDF	de Havilland DHC-2 Beaver	1321	ex N99870

MCMURRAY AVIATION
Fort McMurray, AB (YMM)

☐ C-GHJB	Cessna U206E Stationair	U20601677	ex N9477G
☐ C-GHLI	Cessna 208B Caravan I	208B0565	ex N5858J
☐ C-GWKO	Cessna 208B Caravan I	208B1245	
☐ C-GZZD	Cessna U206F Stationair	U20601957	ex N50946

McMurray Aviation is the trading name of WMK Holdings Ltd

MEADOW AIR
Meadow Lake, SK (YLJ)

☐ C-GBGR	Cessna 337 Super Skymaster	337-0398	ex N6398F
☐ C-GETG	Cessna 337 Super Skymaster	337-0921	ex N2621S
☐ C-GYHW	Cessna 337 Super Skymaster	337-1111	ex N86204

MELAIRE
Fort Frances, ON (YAG)

☐ C-FOMJ	de Havilland DHC-2 Turbo Beaver	1683/TB51	ex CF-OMJ	Floatplane or wheels/skis

MINIPI AVIATION
Goose Bay, NL (YYR)

☐ C-FCOO	de Havilland DHC-2 Beaver	314	ex N377JW	Floatplane
☐ C-GOCN	Cessna 208B Caravan I	208B0780	ex N308KC	

MISSINIPPI AIRWAYS
The Pas, MB/Pukatawagan. MB (YQD/XPK)

☐ C-FIXS	Cessna 208B Caravan I	208B1209		
☐ C-FMCB	Cessna 208B Caravan I	208B1114	ex N1274B	
☐ C-FWXI	Beech 200 Super King Air	BB-1224	ex C-GTLA	EMS
☐ C-GADW	Piper PA-31-350 Navajo Chieftain	31-7752078	ex N27191	
☐ C-GOGT	Beech B200 Super King Air	BB-535		
☐ C-GYQD	Piper PA-31-350 Chieftain	31-8152039	ex N4075T	

MISSIONAIR
Winnipeg-Intl, MB/Sachigo Lake, ON (YWG/ZPB)

☐ C-FSHA	Piper PA-31-350 Navajo Chieftain	31-7752062	ex PH-NTB	

Missionair is the trading name of Ephesus Two Twenty Ltd; web page lists owner as retired but still current with Transport Canada

MOLSON AIR
Wabowden, MB

☐ C-FBQY	de Havilland DHC-2 Beaver	1496	ex N147Q	Floatplane or wheels/skis
☐ C-GYBQ	Cessna A185F Skywagon	18503568	ex N4014Q	Floatplane or wheels/skis

MONTAIR AVIATION
Boundary Bay, BC (YDT)

☐ C-FTMA	Beech 100 King Air	B-174	ex N151A	
☐ C-GRSL	Beech 65-90B King Air	LJ-609		
☐ C-GYPD	Piper PA-34-220T Seneca	34-7870025	ex N47991	

MORGAN AIR SERVICES
Calgary-Intl, AB (YYC)

☐ C-FCCM	Piper PA-30-160 Twin Comanche	30-1632	ex CF-CCM
☐ C-FNRM	Gulfstream Commander 690C	11692	ex N152X
☐ C-FRQS	Piper PA-30-160 Twin Comanche	30-934	ex N7854Y
☐ C-GSQD	Cessna 401	401-0300	ex (176TC)

MORNINGSTAR AIR EXPRESS
Morningstar (MAL) *Edmonton-Intl, AB (YEG)*

☐ C-FEXB	Cessna 208B Caravan I	208B0539	ex N758FX	Lsd fr/op for FDX
☐ C-FEXE	Cessna 208B Caravan I	208B0244	ex N750FE	Lsd fr/op for FDX
☐ C-FEXF	Cessna 208B Caravan I	208B0508	ex N749FX	Lsd fr/op for FDX
☐ C-FEXV	Cessna 208B Caravan I	208B0482	ex N738FX	Lsd fr/op for FDX
☐ C-FEXX	Cessna 208B Caravan I	208B0209	ex (N877FE)	Lsd fr/op for FDX
☐ C-FEXY	Cessna 208B Caravan I	208B0226	ex N896FE	Lsd fr/op for FDX
☐ C-FMEA	Boeing 727-247F (FedEx 3)	21329/1254	ex N235FE	Stephanie Lsd fr/op for FDX
☐ C-FMEE	Boeing 727-247F (FedEx 3)	21330/1260	ex N236FE	Atima Lsd fr/op for FDX
☐ C-FMEI	Boeing 727-247F (FedEx 3)	21327/1249	ex N233FE	Monika Lsd fr/op for FDX
☐ C-GATK	ATR 42-310F	135	ex N723FX	Lsd fr/op for FDX

MUSTANG HELICOPTERS
Red Deer, AB (YQF)

☐ C-FAOV	Aerospatiale AS.350B2 AStar	9066	
☐ C-FMHI	Aerospatiale AS.350BA AStar	9037	ex EI-MYO
☐ C-FMNE	Aerospatiale AS.350B2 AStar	9082	
☐ C-FVHX	Aerospatiale AS.350B2 AStar	3323	
☐ C-FZSU	Aerospatiale AS.350B2 AStar	2481	ex XA-TMJ
☐ C-GILZ	Aerospatiale AS.350B2 AStar	3386	
☐ C-GJHC	Aerospatiale AS.350B2 AStar	3412	
☐ C-GMAN	Aerospatiale AS.350B2 AStar	3073	
☐ C-FFHB	Bell 205A-1	30294	ex VH-HHW
☐ C-GFRE	Bell 205A-1	30185	ex EC-FYX
☐ C-GHQW	Bell 206B JetRanger III	1708	
☐ C-GHUF	Bell 205A-1	30106	ex N687CC
☐ C-GIVV	Bell 206B JetRanger III	2823	ex N2757C
☐ C-GOLT	Bell 206B JetRanger III	3553	
☐ C-GVHQ	Bell 205A-1	30110	

NAKINA OUTPOST CAMPS AND AIR SERVICE
(T2) *Nakina, ON (YQN)*

☐ C-FDGV	de Havilland DHC-6 Twin Otter 200	154	ex TF-JMD	
☐ CF-MIQ	de Havilland DHC-3 Turbo Otter	336		Floatplane or wheels/skis
☐ C-FMPY	de Havilland DHC-3 Turbo Otter	324	ex CF-MPY	Floatplane or wheels/skis
☐ C-FTIN	Cessna A185F Skywagon	18503362	ex N7325H	Floatplane or wheels/skis
☐ C-FZRJ	Cessna 208B Caravan I	208B0597	ex N52609	
☐ C-GEOW	Pilatus PC-12/45	244	ex HB-FRO	
☐ C-GMVB	Cessna 208B Caravan I	208B0317		

NALAIR
Nalair (NLT) *Corner Brook, NL (YNF)*

☐ C-GBBG	Beech B200 Super King Air	BB-1507	ex N233JS

Nalair is the trading name of Newfoundland Labrador Air Transport

NATIONAL HELICOPTERS
Toronto, ON

☐ C-FFUJ	Bell 206B JetRanger III	2982	ex N525W
☐ C-FLYC	Bell 206L-1 LongRanger II	45478	ex XA-...
☐ C-FNHB	Bell 206L-1 LongRanger II	45661	ex N166BH
☐ C-FNHG	Bell 206L-1 LongRanger II	45784	ex N220HC
☐ C-FTCH	Bell 206B JetRanger	860	ex N809JA
☐ C-GIGS	Bell 206B JetRanger	1434	ex N59474
☐ C-GNHX	Bell 212	30983	ex N624LH
☐ C-GSZZ	Bell 206B JetRanger III	2319	ex XA-TCU

NESTOR FALLS FLY-IN OUTPOSTS
Nestor Falls-SPB, ON

☐ C-FMDB	de Havilland DHC-2 Beaver	268	ex N2104X	Floatplane
☐ C-FODK	de Havilland DHC-3 Otter	13	ex CF-ODK	Floatplane
☐ C-FSOR	de Havilland DHC-3 Otter	239	ex IM 1725	Floatplane
☐ C-FWWV	Beech 3N	CA-18	ex RCAF 1443	Floatplane
☐ C-GDWB	Cessna U206G Stationair	U20604460	ex N756YJ	Floatplane
☐ C-GYGL	Cessna A185F Skywagon	18503298	ex (N94269)	Floatplane

NEWFOUNDLAND & LABRADOR AIR SERVICES
St John's, NL (YYT)

☐ C-FAYN	Canadair CL-215-1A10 (CL-215)	1105		282
☐ C-FAYU	Canadair CL-215-1A10 (CL-215)	1106		283
☐ C-FTXA	Canadair CL-215-1A10 (CL-215)	1006	ex CF-TXA	284
☐ C-FYWP	Canadair CL-215-1A10 (CL-215)	1002	ex CF-YWP	285
☐ C-GDKW	Canadair CL-215-1A10 (CL-215)	1095		280
☐ C-GDKY	Canadair CL-215-1A10 (CL-215)	1096		281
☐ C-FIZU	Consolidated PBY-5A Catalina	2019	ex N10014	704 Tanker
☐ C-FNJC	Consolidated PBY-5A Canso	CV-430	ex 44-33929	701 Tanker
☐ C-GLFY	Cessna 337G Super Skymaster	33701700	ex (N53557)	
☐ C-GNLA	Beech B300 Super King Air	FL-26	ex N59TF	

Division of Government of Newfoundland and Labrador

NOLINOR AVIATION
Nolinor (NRL)   *Montreal-Trudeau, QC (YUL)*

☐ C-FAWV	Convair 580F	154	ex C-FMGB	Freighter
☐ C-FHNM	Convair 580F	454	ex N583P	Freighter
☐ C-FTAP	Convair 580	334	ex N580N	
☐ C-GKFP	Convair 580	446	ex N589PL	
☐ C-GNRL	Convair 580F	375	ex CS-TMM	Freighter
☐ C-GQHB	Convair 580	376	ex ZS-KRX	
☐ C-GRLQ	Convair 580	347	ex N580TA	
☐ C-GNLN	Boeing 737-2B6C (Nordam 3)	23050/975	ex CN-RMN	Freighter
☐ C-GTUK	Boeing 737-2B6C (Nordam 3)	23049/951	ex CN-RMM	Freighter

Nolinor Aviation is the trading name of Les Investissements Nolinor

NORDAIR QUEBEC 2000
La Grande Riviere, QC (YGL)

☐ C-FGYK	de Havilland DHC-2 Beaver	123		
☐ C-FQBC	Douglas DC-3C	15581/27026	ex N94598	Wheels or skis
☐ C-FSVP	de Havilland DHC-3T Turbo Otter	28	ex N252KA	Floatplane or wheels/skis
☐ C-GDDX	Piper PA-31 Turbo Navajo	31-770	ex N7245L	

NORDPLUS
Schefferville-Squaw Lake, QC (YKL)

☐ C-FODG	de Havilland DHC-2 Beaver	205		Floatplane
☐ C-FFYK	Cessna A185F Skywagon	18502174		Floatplane
☐ C-GFUT	de Havilland DHC-3 Otter	404	ex CAF9422	Floatplane

NORTH AMERICAN CHARTERS 2000
Hammer (HMR)   *Thunder Bay, ON (YQT)*

☐ C-FCJV	Pilatus PC-12/45	240	ex N240PD	
☐ C-FIJV	Pilatus PC-12/45	222	ex C-FKEN	
☐ C-FKSL	Pilatus PC-12/45	324	ex N324PC	
☐ C-FPCL	Pilatus PC-12/45	276	ex N276CN	
☐ C-GDGD	Pilatus PC-12/45	193	ex N193PC	
☐ C-GKAY	Pilatus PC-12/45	178	ex N178PC	
☐ C-FXAJ	Beech A100 King Air	B-122	ex N8181Z	EMS
☐ C-GJKS	Beech 100 King Air	B-14	ex N402G	

North American Charters 2000 is the trading name of 1401277 Ontario

NORTH CARIBOO AIR
North Cariboo (NCB)   *Fort St John, BC (YXJ)*

☐ C-FDAM	Beech 100 King Air	B-8	ex N59T	
☐ C-FIDN	Beech 100 King Air	B-3	ex N128RC	
☐ C-FMXY	Beech 100 King Air	B-40	ex N923C	
☐ C-FSKA	Beech A100 King Air	B-239		
☐ C-GBVX	Beech B100 King Air	BE-99	ex N524BA	
☐ C-GDFJ	Beech B100 King Air	BE-15	ex N300DG	

☐ C-GPCB	Beech A100 King Air	B-45	ex N704S		
☐ C-GTLS	Beech 100 King Air	B-35	ex N178WM		
☐ C-GZUZ	Beech A100 King Air	B-143	ex C-GNVB		
☐ C-FCGC	Beech 200 Super King Air	BB-236	ex N46KA	CatPass 200 conversion	
☐ C-FCGM	Beech 200 Super King Air	BB-217	ex N200CD	CatPass 200 conversion	
☐ C-GDFN	Beech 200 Super King Air	BB-359			
☐ C-GDFT	Beech 200 Super King Air	BB-354			
☐ C-GZRX	Beech 200 Super King Air	BB-574	ex N75WL		
☐ C-FCWP	de Havilland DHC-8-102	111	ex N925CA		Lsd fr Viacom
☐ C-FILO	Cessna U206F Stationair	U20602076	ex CF-ILO	Floatplane or wheels/skis	
☐ C-FLSX	de Havilland DHC-8-102	285	ex N834EX		
☐ C-FMKD	Beech 65-B90 King Air	LJ-376	ex N300RV		
☐ C-FNCG	de Havilland DHC-8-102	211	ex C-GABH		Lsd fr CIT Group
☐ C-FNCL	Beech 1900D	UE-11	ex C-FSKT		
☐ C-FNCP	Beech 1900D	UE-58	ex C-GSKY		
☐ C-FNIL	Beech B300 Super King Air	FL-354	ex N354H		
☐ C-FODL	de Havilland DHC-8-102	294	ex N881CC		
☐ C-GNPG	Beech 1900C	UB-71	ex N3069K		
☐ CF-QSX	Cessna A185F Skywagon	18502116	ex (N70334)		
☐ C-FSXF	de Havilland DHC-6 Twin Otter 300	521	ex YV-528C		
☐ C-FVAX	Cessna 425 Conquest	425-0178	ex (N90GM)		
☐ C-GZTU	Beech 1900C-1	UC-103	ex N15031		
☐ C-GCFM	Beech 65-C90 King Air	LJ-886	ex N15SL		
☐ C-GELD	Piper PA-31 Turbo Navajo	31-555	ex N6621L		
☐ C-GHXR	Cessna U206F Stationair II	U20603064	ex (N5417Q)	Floatplane or wheels/skis	
☐ C-GIGK	de Havilland DHC-6 Twin Otter 300	492	ex N300BC		
☐ C-GLAC	Beech 58 Baron	TH-339	ex N6YC		
☐ C-GMWO	Piper PA-31 Turbo Navajo	31-8112042	ex N4086Y		
☐ C-GTST	Cessna TU206G Turbo Stationair 6 II	U20605619	ex N5300X	Floatplane or wheels/skis	

NORTH CENTRAL HELICOPTERS
La Ronge, SK (YVC)

☐ C-FARV	Bell 206L LongRanger	45117	ex N111WR	
☐ C-FCYW	Bell 204B	2004	ex N8588F	
☐ C-FDZE	Bell 204B	2055	ex N7932S	
☐ C-FKEP	Bell 206L LongRanger	45024	ex N111AL	
☐ C-FMAO	Bell 206B JetRanger	407		
☐ C-FVVQ	Aerospatiale AS.350BA AStar	1210	ex N350LW	
☐ C-FVVR	Aerospatiale AS.350B AStar	1353	ex N9101N	
☐ C-GFYA	Bell 205A-1	30060	ex N4317F	

NORTH PACIFIC SEAPLANES
Prince Rupert, BC (YPR)

☐ C-FIFQ	de Havilland DHC-2 Beaver	825	ex CF-IFQ	Floatplane
☐ C-FJOS	de Havilland DHC-2 Beaver	1030	ex CF-JOS	Floatplane
☐ C-FKDC	de Havilland DHC-2 Beaver	1080	ex CF-KDC	Floatplane
☐ C-FOCZ	de Havilland DHC-2 Beaver	100	ex N254BD	Floatplane
☐ C-FTCW	de Havilland DHC-2 Beaver	646	ex VH-SMH	Floatplane
☐ C-FHAS	de Havilland DHC-3 Otter	382		Floatplane
☐ C-GLCP	de Havilland DHC-3 Otter	422	ex N17682	Floatplane

NORTH WRIGHT AIRWAYS
Northwright (HW/NWL) *Norman Wells/Good Hope/Deline, NT (YVQ/YGH/YWJ)*

☐ C-FBAX	Cessna 207 Skywagon	20700355	ex N1755U	
☐ C-FKHD	Beech 99	U-11	ex F-BRUN	
☐ C-FNBI	de Havilland DHC-6 Twin Otter 300	454	ex N885EA	
☐ C-FNWL	de Havilland DHC-6 Twin Otter 300	596	ex N16NG	
☐ C-FVCE	Beech 99A	U-118	ex N918BB	
☐ CF-WHP	Cessna 337C Super Skymaster	337-0895	ex (N2595S)	
☐ CF-ZIZ	Fairchild PC-6/B1-H2 Turbo Porter	2009	ex N353F	Floatplane
☐ C-GAAP	Pilatus PC-6/B1-H2 Turbo Porter	569	ex N2851T	Floatplane
☐ C-GALF	Cessna 207A Stationair 8 II	20700674	ex N9118M	
☐ C-GBEB	de Havilland DHC-6 Twin Otter 300	272	ex 8Q-SUN	Floatplane or wheels/skis
☐ C-GDBI	Cessna 207 Skywagon	20700039	ex N91052	
☐ C-GDLC	Cessna 208B Caravan I	208B0767	ex N5151D	
☐ C-GFCV	Cessna U206C Super Skywagon	U206-1213	ex N4345E	
☐ C-GHDT	Helio 295 Super Courier	1401	ex N6327V	
☐ C-GJGZ	Cessna A185F Skwagon II	18503856	ex (N4750E)	
☐ C-GMOK	Cessna 207A Stationair 8 II	20700673	ex N6373D	
☐ C-GNWA	Cessna A185F Skwagon II	18503345	ex C-GFJC	
☐ C-GRDD	de Havilland DHC-6 Twin Otter 100	54	ex N8081N	Floatplane or wheels/skis
☐ C-GWUY	Beech 200 Super King Air	BB-77	ex N300CP	
☐ C-GZGO	Britten-Norman BN-2A-26 Islander	2017	ex N59360	
☐ C-GZIZ	Cessna 208B Caravan I	208B0546	ex N5262W	
☐ C-GZVX	Cessna U206G Stationair 6	U20604110	ex (N756HT)	

Some aircraft operate as Sahtu Connector on scheduled services in the Sahtu region

NORTHERN AIR CARE
Edmonton-City, AB

☐	C-GNAA	Beech 100 King Air	B-24	ex N382WC	

Northern Air Care is a trading name of La Locher Airways

NORTHERN AIR CHARTER
Peace River, AB (YPE)

☐	C-GIRG	Cessna A185F Skywagon II	18504181	ex (N61424)	
☐	C-GNAC	Piper PA-31 Turbo Navajo C	31-7812106	ex N27707	
☐	C-GNAJ	Beech A100 King Air	B-107	ex LN-AAH	
☐	C-GNAK	Beech B200 Super King Air	BB-1376	ex HK-3990X	Catpass 200 conversion
☐	C-GNAM	Beech B200 Super King Air	BB-1339	ex N252AF	EMS, Beech 1300 conversion
☐	C-GNAP	Piper PA-23-250 Aztec F	27-8054002	ex C-GTGS	
☐	C-GNAX	Beech B200 Super King Air	BB-1419	ex N146SB	

NORTHERN AIR SOLUTIONS
Bracebridge, ON

| ☐ | C-FLDC | Cessna 208 Caravan I | 20800319 | ex N208JN | |
| ☐ | C-GIKP | Cessna 208 Caravan I | 20800141 | ex C-GHGV | |

NORTHERN LIGHTS AIR
Lynn Lake-SPB, MB (YYL)

| ☐ | C-GNLL | Cessna 206B Super Skywagon | 206-0192 | ex N5192U | Floatplane |

NORTHSTAR AIR
Pickle Lake, ON (YPL)

☐	C-FLNB	Cessna 208B Caravan I	208B0799	ex N799B	
☐	C-GCQA	de Havilland DHC-3 Otter	77	ex N129JH	Floatplane or wheels/skis
☐	C-GJAS	Cessna 208 Caravan I	20800322	ex N51869	Floatplane or wheels/skis

NORTHWARD AIR
Dawson Creek, BC (YDQ)

| ☐ | C-FOMF | Cessna A185A Skywagon | 185-0423 | ex (N1623Z) |
| ☐ | CF-SLV | Cessna U206 Super Skywagon | U206-0412 | ex N8012Z |

NORTHWAY AVIATION
Northway (NAL)   *Arnes, MB (YNR)*

☐	C-FBHP	Cessna 207A Stationair 8	20700647	ex N73857	
☐	C-FHDL	Cessna 180	18030430	ex N1730G	
☐	CF-UKN	de Havilland DHC-3 Otter	456		Floatplane or wheels/skis
☐	CF-ZZP	Cessna A185E Skywagon	18501843	ex (N1633M)	Floatplane or wheels/skis
☐	C-GNWD	Piper PA-31T Cheyenne II	31T-7620029	ex C-GEBA	
☐	C-GNWG	Cessna 208 Caravan I	20800412	ex N52136	
☐	C-GNWL	Gippsland GA8 Airvan	GA8-04-050	ex VH-PWF	
☐	C-GNWV	Cessna 208B Caravan I	208B1115	ex N5093D	
☐	C-GYYK	Piper PA-31-350 Navajo Chieftain	31-7752029	ex N63680	

NORTHWEST FLYING
Nestor Falls-SPB, ON

☐	CF-NKL	Beech C-45H	AF-378	ex N9864Z	Floatplane
☐	C-GEBL	de Havilland DHC-2 Beaver	1068	ex N33466	Floatplane
☐	C-GYYS	de Havilland DHC-3 Otter	276	ex N1UW	Floatplane

NORTHWESTERN AIR
Polaris (J3/PLR) (IATA 325)   *Fort Smith, NT (YSM)*

☐	C-FCPE	British Aerospace Jetstream 31	825	ex G-31-825	
☐	C-FNAE	British Aerospace Jetstream 31	881	ex N431AM	
☐	C-FNAF	British Aerospace Jetstream 31	789	ex N411UE	
☐	C-FNAM	British Aerospace Jetstream 31	767	ex N767JX	
☐	C-FNAY	British Aerospace Jetstream 31	768	ex N159PC	
☐	C-FCGI	Beech 65-A90 King Air	LJ-220	ex CF-CGI	
☐	C-FVQD	de Havilland DHC-3 Turbo Otter	466	ex CF-VQD	Floatplane
☐	C-GNAH	Beech 99	U-107	ex N207BH	
☐	C-GNAL	Beech 99	U-57	ex TF-ELD	

NT AIR
Thunderbird (NTA) — Prince George/Smithers, BC (YXS/YYD)

☐ CF-GWM	Cessna U206F Stationair	U20601802	ex CF-BZO	Floatplane or wheels/skis	
☐ C-FEYT	Beech A100 King Air	B-210	ex N75GR		
☐ C-GAVY	Piper PA-31-350 Navajo Chieftain	31-7752165	ex N27409		
☐ C-GCMT	Beech 1900C-1	UC-120	ex N15683		
☐ C-GCMY	Beech 1900D	UE-287		921	Lsd fr GLR
☐ C-GCMZ	Beech 1900C-1	UC-61	ex N1568L	929	
☐ C-GCYA	Cessna A185F Skywagon	18502578	ex (N4515C)	Floatplane	
☐ C-GDOX	Cessna 208B Caravan I	208B0541	ex N621BB		
☐ C-GEFA	Beech 1900C-1	UC-94	ex N80346	927	Lsd fr Raytheon
☐ C-GJSU	Beech 100 King Air	B-88	ex N100ZM		
☐ C-GYIS	Cessna A185F Skywagon	18502895	ex N8679Z	Floatplane or wheels/skis	

NT Air is the trading name of Northern Thunderbird Air; wholly owned subsidiary of Central Mountain Air

NUELTIN LAKE AIR SERVICE
Nueltin Lake, MB

☐ C-FDBR	Found FBA-2C1 Bush Hawk XP	34		Floatplane
☐ C-FDCL	Cessna U206G Stationair	U20603542	ex N8790Q	Floatplane
☐ C-FSAP	Noorduyn Norseman VI	231	ex 43-5240	Floatplane
☐ C-GVDQ	Piper PA-31-350 Chieftain	31-8152119		

OMEGA AIR
Richmond, BC

☐ C-FMCL	Aerospatiale AS.355F1 AStar 2	5255	
☐ C-GBFH	Bell 206B JetRanger	2171	
☐ C-GCGB	Beech B300 Super King Air 350	FL-450	
☐ C-GDHD	Eurocopter EC.120B Colibri	1116	
☐ C-GHMH	Bell 206B JetRanger	1582	ex N116PC

Also operate executive jets

ONTARIO MINISTRY OF NATURAL RESOURCES AVIATION SERVICES
Trillium (TRI) — Sault Ste Marie, ON (YAM)

☐ C-GOGD	Canadair CL-215-6B11 (CL-415)	2028	ex C-GAOI	270
☐ C-GOGE	Canadair CL-215-6B11 (CL-415)	2031	ex C-GAUR	271
☐ C-GOGF	Canadair CL-215-6B11 (CL-415)	2032	ex C-GBGE	272
☐ C-GOGG	Canadair CL-215-6B11 (CL-415)	2033	ex C-GBFY	273
☐ C-GOGH	Canadair CL-215-6B11 (CL-415)	2034	ex C-GCNO	274
☐ C-GOGW	Canadair CL-215-6B11 (CL-415)	2037	ex C-GBPM	275
☐ C-GOGX	Canadair CL-215-6B11 (CL-415)	2038	ex C-GBPU	276
☐ C-GOGY	Canadair CL-215-6B11 (CL-415)	2040		277
☐ C-GOGZ	Canadair CL-215-6B11 (CL-415)	2043		278
☐ C-FOEH	de Havilland DHC-2 Turbo Beaver	1644/TB24	ex CF-OEH	Floatplane or wheels/skis
☐ C-FOEK	de Havilland DHC-2 Turbo Beaver	1650/TB28	ex CF-OEK	Floatplane or wheels/skis
☐ C-FOER	de Havilland DHC-2 Turbo Beaver	1671/TB41	ex CF-OER	Floatplane or wheels/skis
☐ C-FOEU	de Havilland DHC-2 Turbo Beaver	1678/TB46	ex CF-OEU	Floatplane or wheels/skis
☐ C-FOEW	de Havilland DHC-2 Turbo Beaver	1682/TB50	ex CF-OEW	Floatplane or wheels/skis
☐ C-FOPA	de Havilland DHC-2 Turbo Beaver	1688/TB56	ex CF-OPA	Floatplane or wheels/skis
☐ C-FOPG	de Havilland DHC-6 Twin Otter 300	232	ex CF-OPG	Floatplane or wheels/skis
☐ C-FOPI	de Havilland DHC-6 Twin Otter 300	243	ex CF-OPI	Floatplane or wheels/skis
☐ C-FOPJ	de Havilland DHC-6 Twin Otter 300	344	ex CF-OPJ	Floatplane or wheels/skis
☐ C-GOGA	de Havilland DHC-6 Twin Otter 300	739		Floatplane or wheels/skis
☐ C-GOGB	de Havilland DHC-6 Twin Otter 300	761		Floatplane or wheels/skis
☐ C-FATR	Eurocopter EC-130B4	3759		
☐ C-FCHZ	Bell 206L-1 LongRanger II	45567	ex N313HL	
☐ C-FODU	de Havilland DHC-3 Otter	369	ex CF-ODU	
☐ C-GOFH	Bell 206L-1 LongRanger II	45359	ex N100U	
☐ C-GOFI	Bell 206L-1 LongRanger II	45342	ex N167CP	
☐ C-GOGJ	Aerospatiale AS.350B2 AStar	2749		
☐ C-GOGL	Aerospatiale AS.350B2 AStar	2738		
☐ C-GOGQ	Aerospatiale AS.350B2 AStar	3196		
☐ C-GOGS	Beech B300 Super King Air	FL-269	ex N3169N	
☐ C-GOIC	Beech B300 Super King Air	FL-272	ex N3172N	

OOTSA AIR
Burns Lake, BC (YPZ)

☐ C-FCDT	de Havilland DHC-2 Beaver	390	
☐ C-FYSI	Cessna A185E Skywagon	185-1524	ex CF-YSI

Current status is uncertain

OSNABURGH AIRWAYS
Pickle Lake, ON (YPL)

☐	C-FCZO	de Havilland DHC-3 Otter	71	ex CF-CZO	Floatplane or wheels/skis
☐	C-FFQX	Noorduyn Norseman VI	625	ex N51131	Floatplane or wheels/skis
☐	C-GMAU	de Havilland DHC-2 Beaver	1134	ex N775E	Floatplane or wheels/skis
☐	C-GYBJ	Cessna A185F Skywagon II	18503623		Floatplane or wheels/skis

OSPREY WINGS
La Ronge, SK (YVC)

☐	C-FTCT	de Havilland DHC-2 Beaver	962	ex FAP-0205	Floatplane or wheels/skis
☐	C-FZCO	de Havilland DHC-2 Beaver	1027	ex N8034J	Floatplane or wheels/skis
☐	C-GAIJ	de Havilland DHC-2 Beaver	1373	ex N5334G	Floatplane or wheels/skis
☐	C-GQKS	de Havilland DHC-2 Beaver	1096	ex N690	Floatplane or wheels/skis
☐	C-GUWL	de Havilland DHC-2 Beaver	1223	ex 67-6140	Floatplane or wheels/skis
☐	C-FASZ	de Havilland DHC-3 Otter	463	ex IM672	Floatplane or wheels/skis
☐	CF-DIZ	de Havilland DHC-3 Otter	460	ex JW-9107	Floatplane or wheels/skis
☐	C-FLLL	de Havilland DHC-3 Otter	292	ex CF-LLL	Floatplane or wheels/skis
☐	C-FXRI	de Havilland DHC-3 Otter	258	ex VH-SBT	Floatplane or wheels/skis
☐	C-GPHD	de Havilland DHC-3 Otter	113	ex 55-3267	Floatplane or wheels/skis
☐	C-FLXP	de Havilland DHC-6 Twin Otter 200	217	ex N201EH	Floatplane or wheels/skis
☐	C-GCIM	Cessna A185F Skywagon II	18503953	ex (N5308E)	Floatplane or wheels/skis
☐	C-GQOQ	de Havilland DHC-6 Twin Otter 200	155	ex EC-BPE	Floatplane or wheels/skis

PACIFIC COASTAL AIRLINES
Pasco (8P/PCO) (IATA 905)   *Port Hardy, BC (YZT)*

☐	C-FPCV	Beech 1900C	UB-9	ex N189GA	302
☐	C-FPCX	Beech 1900C	UB-66	ex OY-JRF	
☐	C-GBPC	Beech 1900C	UB-43	ex N565M	
☐	C-GIPC	Beech 1900C-1	UC-110	ex N210CU	Special colours
☐	C-GPCY	Beech 1900C	UB-45	ex C-FYZD	301
☐	C-FHUZ	Grumman G-21A Goose	B-83	ex BuA37830	
☐	C-FIOL	Grumman G-21A Goose	B-107	ex RCN 397	
☐	C-FPCK	Grumman G-21A Goose	1187	ex N8229	
☐	C-FUAZ	Grumman G-21A Goose	1077	ex N95400	
☐	C-GDDJ	Grumman G-21A Goose	1184		
☐	C-FLPC	SAAB SF.340A	340A-099	ex N99XJ	Lsd fr Lambert Lsg
☐	C-GCPU	SAAB SF.340A	340A-140	ex N140CQ	
☐	C-GCPZ	SAAB SF.340A	340A-148	ex N148SD	
☐	C-GPCE	SAAB SF.340A	340A-004	ex N340SZ	Trawler c/s
☐	C-GPCG	SAAB SF.340A	340A-094	ex N107EA	
☐	C-GPCJ	SAAB SF.340A	340A-006	ex N360SZ	Sailing boat c/s
☐	C-GPCN	SAAB SF.340A	340A-027	ex N27XJ	on order
☐	C-GPCQ	SAAB SF.340A	340A-043	ex N43SZ	
☐	C-FDSG	de Havilland DHC-2 Beaver	892	ex 54-1737	Floatplane
☐	C-FMAZ	de Havilland DHC-2 Beaver	1413	ex CF-MAZ	Floatplane
☐	C-GASF	de Havilland DHC-2 Beaver	1202	ex 57-2561	Floatplane
☐	C-GPCF	Short SD.3-60	SH3620	ex (N366AC)	706
☐	C-GPCP	Beech 200 Super King Air	BB-140		302; Catpass 200 conversion
☐	C-GPCW	Short SD.3-60	SH3622	ex 8Q-OCA	703

PACIFIC EAGLE AVIATION
Port McNeil, BC (YMP)

☐	C-FEYN	de Havilland DHC-2 Beaver	508	ex N6167K	Floatplane
☐	C-FICK	de Havilland DHC-2 Beaver	796	ex CF-ICK	Floatplane
☐	C-FMXR	de Havilland DHC-2 Beaver	374	ex N7160C	Floatplane
☐	C-GIDE	Republic RC-3 Seabee	355	ex N6167K	Amphibian

PACIFIC WESTERN HELICOPTERS
Prince George, BC (YXS)

☐	C-GPGM	Bell 206B JetRanger III	3178	ex N38902	
☐	C-GPWH	Bell 206B JetRanger III	3131	ex N81AJ	
☐	C-GPWJ	Bell 206B JetRanger III	2240	ex C-GNMM	
☐	C-GPWR	Bell 206B JetRanger III	2989	ex N577AH	
☐	C-GPWY	Bell 206B JetRanger III	3790	ex C-GIYD	
☐	C-GTES	Bell 206B JetRanger III	2292	ex N16877	
☐	C-GBKV	Aerospatiale AS.350B2 AStar	3027		
☐	C-GNEP	Cessna 425 Conquest	425-0221	ex N904RM	
☐	C-GPWC	Cessna TU206F Stationair II	U20602644	ex N59290	
☐	C-GPWK	Aerospatiale AS.350B AStar	1559	ex N29TV	

☐	C-GPWQ	Aerospatiale AS.350B AStar	1099	ex N3596B	
☐	C-GPWT	Bell 205A-1	30231	ex N57954	
☐	C-GPWX	Bell 212	30535	ex C-FAHX	

PACIFIC WINGS AIRLINES

Sechelt, BC (YLT)

☐	C-GSUE	de Havilland DHC-2 Beaver	1199	ex N37AT	Floatplane

Reported as cancelled 01 July 06 but still current 11 January 08

PANORAMA HELICOPTERS

Alma, QC (YTF)

☐	C-FETG	Aerospatiale AS.350BA AStar	1378	ex N730SB	
☐	C-GHJG	Aerospatiale AS.350BA AStar	1123	ex N38EC	
☐	C-GRFM	Aerospatiale AS.350B2 AStar	2601	ex N15234	
☐	C-GVED	Aerospatiale AS.350BA AStar	1527	ex N597M	
☐	C-GVXS	Aerospatiale AS.350BA AStar	1605	ex N145F	
☐	C-FGAV	Bell 206L LongRanger	45156	ex N33TE	
☐	C-FOKY	Bell 204B	2043		
☐	C-GBKH	Bell 206L-3 LongRanger III	51261		
☐	C-GBKX	Bell 206B JetRanger III	2676		
☐	C-GSHC	Bell 206B JetRanger	1282	ex N65301	

PASCAN AVIATION
Pascan (PSC)

Quebec, QC (YQB)

☐	C-FIDC	Beech B100 King Air	BE-27	ex N87JE	
☐	C-FODC	Beech B100 King Air	BE-59	ex N777DQ	
☐	C-FYUT	Pilatus PC-12/45	254	ex N254PC	
☐	C-GBTL	Pilatus PC-12/45	159	ex N159PB	
☐	C-GRDC	Pilatus PC-12/45	214	ex PT-XTG	

PEACE AIR

Peace River, AB (YPE)

☐	C-FZYB	British Aerospace Jetstream 32EP	837	ex C-FYWY	
☐	C-GAEN	Piper PA-31-350 Chieftain	31-8052196	ex N3528X	
☐	C-GEAZ	British Aerospace Jetstream 32	843	ex C-GQRO	
☐	C-GNSO	Piper PA-31-350 Chieftain	31-7852128	ex N174E	
☐	C-GPAC	Piper PA-34-220T Seneca III	34-8133190	ex N32JP	
☐	C-GRAC	Cessna 210L Centurion II	21060605	ex N2560L	

PELICAN NARROWS AIR SERVICES

Pelican Narrows, SK

☐	C-GFZA	Cessna A185F Skywagon	18503084		Floatplane or wheels/skis
☐	C-GTBC	de Havilland DHC-2 Beaver	1364	ex 58-2032	

PERIMETER AIRLINES
Perimeter (4B/PAG)

Winnipeg-Intl, MB (YWG)

☐	C-FBTL	Swearingen SA.226TC Metro II	TC-385	ex XA-TGG	
☐	C-FFDB	Swearingen SA.226TC Metro II	TC-249	ex N327BA	
☐	C-FIHB	Swearingen SA.226TC Metro II	TC-361	ex N166SW	
☐	C-FIHE	Swearingen SA.226TC Metro II	TC-373	ex N1010Z	
☐	C-FIIA	Swearingen SA.226TC Metro II	TC-329	ex N236AM	
☐	C-FJNW	Swearingen SA.226TC Metro IIA	TC-352	ex N167MA	
☐	C-FKEX	Swearingen SA.226TC Metro II	TC-332	ex N237AM	
☐	C-FSLZ	Swearingen SA.226TC Metro II	TC-222EE	ex N104GS	
☐	C-FSWT	Swearingen SA.226TC Metro II	TC-382	ex N1011N	
☐	C-FUZY	Swearingen SA.226TC Metro II	TC-343	ex VH-UZY	
☐	C-GIQF	Swearingen SA.226TC Metro II	TC-279	ex F-GFGE	
☐	C-GIQG	Swearingen SA.226TC Metro II	TC-285	ex F-GFGD	
☐	C-GIQK	Swearingen SA.226TC Metro II	TC-288	ex F-GFGF	
☐	C-GPCL	Swearingen SA.226AT Merlin IV	AT-017	ex N511M	Freighter
☐	C-GQAJ	Swearingen SA.226TC Metro II	TC-295	ex C-FUIF	EMS, Aeromed titles
☐	C-GQAP	Swearingen SA.226TC Metro II	TC-263	ex N103UR	
☐	C-GYRD	Swearingen SA.226TC Metro II	TC-278	ex N5493M	Jt ops with Dene Cree Air
☐	C-FFJM	Swearingen SA.227AC Metro III	AC-700	ex N459AM	
☐	C-FMAV	Swearingen SA.227AC Metro III	AC-616	ex VH-UUF	
☐	C-GFWX	Swearingen SA.227AC Metro III	AC-650B	ex N26863	
☐	C-GMWW	Swearingen SA.227DC Metro 23	DC-852B	ex N453LA	
☐	C-GWVH	Swearingen SA.227AC Metro IIIA	AC-714	ex VH-UUQ	
☐	C-FAMF	Swearingen SA.226T Merlin IIIA	T-274	ex I-SWAA	
☐	C-FCMJ	Rockwell Commander 681B	6054	ex N21HC	

☐	C-FDMX	Beech D95A Travel Air	TD-587	ex N5663K
☐	C-FEQK	Beech 95-B55 Baron	TC-1374	ex CF-EQK
☐	C-FKMZ	Beech E95 Travel Air	TD-708	ex N6223V
☐	C-FOFR	de Havilland DHC-8-106	317	ex N288DH
☐	C-FRQI	Beech 99	U-124	ex TF-ELB
☐	C-GEFX	Beech 95-B55 Baron	TC-1332	ex N4263A
☐	C-GEUJ	Beech B60 Duke	P-498	ex N36RR
☐	C-GFQC	Beech B99	U-120	ex N47156
☐	C-GQQC	Beech D95A Travel Air	TD-676	ex N7874L
☐	C-GWPS	de Havilland DHC-8-102	120	ex N928HA

PHOENIX HELI-FLIGHT
Fort McMurray, AB (YMM)

☐	C-FAVX	Aerospatiale AS.350B2 AStar	4242	
☐	C-FHLF	Aerospatiale AS.350D AStar	1074	ex N35934
☐	C-FNFU	Aerospatiale AS.350B2 AStar	2467	
☐	C-GFHF	Eurocopter EC.120B Colibri	1417	
☐	C-GPHF	Eurocopter EC.130B4	3862	ex F-WWXM
☐	C-GTWN	Aerospatiale AS.355N AStar 2	5673	

PORTER AIRLINES
(PD/POE) *Toronto City Centre, ON (YTZ)*

☐	C-GLQB	de Havilland DHC-8-402Q	4130	
☐	C-GLQC	de Havilland DHC-8-402Q	4134	
☐	C-GLQD	de Havilland DHC-8-402Q	4138	
☐	C-GLQE	de Havilland DHC-8-402Q	4140	
☐	C-GLQF	de Havilland DHC-8-402Q	4193	
☐	C-	de Havilland DHC-8-402Q	4194	
☐	C-	de Havilland DHC-8-402Q		on order
☐	C-	de Havilland DHC-8-402Q		on order
☐	C-	de Havilland DHC-8-402Q		on order
☐	C-	de Havilland DHC-8-402Q		on order

All leased from REGCO Holdings

PRINCE EDWARD AIR
Comet (CME) *Charlottetown, PE (YYG)*

☐	C-FFFH	Piper PA-31-350 Navajo Chieftain	31-7552130	ex N54CG
☐	C-GATD	Piper PA-31-350 Navajo Chieftain	31-7405143	ex N74986
☐	C-GGQM	Piper PA-31-350 Chieftain	31-7952033	ex TF-EGU
☐	C-GIIZ	Piper PA-31-350 Navajo Chieftain	31-7552099	ex N29TW
☐	C-GILJ	Piper PA-31-350 Navajo Chieftain	31-7552010	ex N374SA
☐	C-GRFA	Piper PA-31-350 Navajo Chieftain	31-7405228	ex N54292
☐	C-GYYJ	Piper PA-31-350 Navajo Chieftain	31-7652086	ex N59833
☐	C-FKAX	Beech 1900C	UB-67	ex N3067X	Freighter
☐	C-FKCG	Beech 99	U-23	ex N218BH	
☐	C-FYSJ	Beech 99	U-73	ex N209BH	
☐	C-GDSL	Beech 99	U-92	ex N112PA	Lsd fr 1561324 Ontario
☐	C-GHVI	Beech B99	U-153	ex N17RX	Lsd fr BLS
☐	C-GPEA	Beech 200 Super King Air	BB-170	ex N869MA	CatPass 250 conversion
☐	C-GYQM	SAAB SF.340AF	340A-019	ex N19XS	

PROPAIR
Propair (PRO) *Rouyn-Noranda, QC (YUY)*

☐	C-FDJX	Beech A100 King Air	B-165	ex N811CU
☐	C-FDOU	Beech A100 King Air	B-112	ex CF-DOU
☐	C-FPAJ	Beech A100 King Air	B-151	ex N324B
☐	C-FWRM	Beech A100 King Air	B-125	ex N89JM
☐	C-GJLJ	Beech A100 King Air	B-235	ex N23517
☐	C-GJLP	Beech A100 King Air	B-148	ex N67V
☐	C-FAWE	Grumman G.159 Gulfstream 1	188	ex HB-LDT	
☐	C-FLEO	de Havilland DHC-2 Beaver	1270	ex N8700R	Floatplane or wheels/skis
☐	C-FOGY	Beech 200 Super King Air	BB-168	ex N10VW	
☐	C-GLPM	de Havilland DHC-3 Turbo Otter	147	ex C-FJFJ	Floatplane or wheels/skis
☐	C-GQAB	Cessna A185F Skywagon	18502766	ex (N1203F)	Floatplane or wheels/skis
☐.	C-GUGQ	de Havilland DHC-2 Beaver	400	ex 51-16485	Floatplane or wheels/skis

PROVINCE OF ALBERTA
Alberta (GOA) *Edmonton-Municipal, AB (YXD)*

☐	C-GFSA	Beech B300 Super King Air	FL-174		Op by Air Transportation Services
☐	C-GFSD	Beech B200 Super King Air	BB-1962		
☐	C-GFSE	Beech B200 Super King Air	BB-1963	ex N7063F	
☐	C-GFSH	Beech B200 Super King Air	BB-912		Op by Air Transportation Services
☐	C-GFSJ	de Havilland DHC-8-103	017		Op by Air Transportation Services
☐	C-GNGD	Cessna A185F Skywagon	18503248		Op by Air Transportation Services

☐ C-GTMA   Beech 65-B90 King Air   LJ-348
Canadair CL-215-1A10 (CL-215)s operated by Conair

PROVINCIAL AIRLINES
(PB/SPR) (IATA 967)   *St Johns, NL (YYT)*

☐	C-FGFZ	Beech 200 Super King Air	BB-403	ex N147K	
☐	C-FIFO	Beech 200 Super King Air	BB-527	ex N662L	Maritime Patrol
☐	C-GMRS	Beech 200 Super King Air	BB-187	ex N630DB	Maritime Patrol
☐	C-GMWR	Beech 200 Super King Air	BB-68	ex N844N	Maritime Patrol
☐	C-GPCD	Beech 200 Super King Air	BB-76	ex N500DR	Maritime Patrol
☐	C-GTJZ	Beech 200 Super King Air	BB-499	ex N499TT	
☐	C-FHRC	de Havilland DHC-8-102	209	ex TR-LGL	
☐	C-GPAB*	de Havilland DHC-8-106MPA	275	ex N827PH	
☐	C-GPAL	de Havilland DHC-8-102	157	ex N824PH	
☐	C-GPAU	de Havilland DHC-8-106	282	ex N833EX	
☐	C-GRNN*	de Havilland DHC-8-106MPA	314	ex N830PH	

*Operates in Maritime Patrol role for Dutch Government in Dutch Antilles/Aruba

☐	C-FIZD	de Havilland DHC-6 Twin Otter 300	461	ex PK-NUX	Lsd fr 402677 Alberta Ltd; sublsd to Innu Mikun
☐	C-FMPV	de Havilland DHC-2 Beaver	1304	ex CF-MPV	Floatplane
☐	C-FPAG	SAAB SF.340A	340A-028	ex N336BE	Lsd fr MCC Financial
☐	C-FPAI	SAAB SF.340A	340A-047	ex N337BE	Lsd fr MCC Financial
☐	C-FPKA	Piper PA-23-250 Aztec	27-2404		
☐	C-FWLG	de Havilland DHC-6 Twin Otter 300	731	ex N915MA	
☐	C-GJDE	de Havilland DHC-6 Twin Otter 300	471	ex C-GMPK	Floatplane or wheels/skis
☐	C-GMEW	Swearingen SA.227AC Metro III	AC-668B	ex N668JS	

PROVINCIAL HELICOPTERS
Lac du Bonnet, MB

☐	C-FOGV	Bell 206L-3 LongRanger III	51121	ex V2-LGE	
☐	C-FPHB	Bell 206B JetRanger	1213	ex N62SH	
☐	C-FXTO	Aerospatiale AS.355F Ecureuil 2	5087	ex N260MH	
☐	C-FZYH	Bell 206B JetRanger II	1967		
☐	C-GSZY	Bell 206B JetRanger III	2313	ex V2-LFA	

QUANTUM HELICOPTERS
Terrace, BC (YXT)

☐	C-FFHK	Bell 206B JetRanger	1065		
☐	C-FFVI	Bell 206B JetRanger	964	ex N51UH	
☐	C-FZXI	Bell 206B JetRanger	660		
☐	C-GSLV	Bell 206B JetRanger III	4199	ex N3202G	
☐	C-GTVL	Bell 206B JetRanger II	2166		
☐	C-FETK	Bell 205A-1	30299	ex OE-XEH	
☐	C-FHKJ	Bell 206L LongRanger	45116	ex N222CD	
☐	C-FNTR	Bell 205B	30297	ex OE-XBT	
☐	C-FRCL	Bell 206LR+ LongRanger	45019	ex SE-HUD	
☐	C-GQNS	Bell 206LR+ LongRanger	45134		
☐	C-GSML	Bell 206LR+ LongRanger	45056	ex ZK-HRA	

QUIKAIR AIRLINE SERVICES
(Q9)   *Edmonton-Municipal, AB (YXD)*

☐	C-FKQA	British Aerospace Jetstream 32	877	ex N877CP	Lsd fr ALZ
☐	C-GCCZ	British Aerospace Jetstream 31	712	ex N335PX	

Quikair Airlines Services is a subsidiary of Telford Aviation Services Group, sister company of Alta Flights

QWEST HELICOPTERS
Fort Nelson, BC (YYE)

☐	C-FSPR	Aerospatiale AS.350B AStar	1814	ex ZK-HHY	
☐	C-FWII	Aerospatiale AS.350BA AStar	1746	ex N433EW	
☐	C-GERL	Aerospatiale AS.350B AStar	1645	ex JA9340	
☐	C-GKKH	Aerospatiale AS.350B AStar	2008	ex JA9481	
☐	C-GTHJ	Aerospatiale AS.350B AStar	1540	ex N4454Y	
☐	C-FGYD	Bell 206B JetRanger	1139		
☐	C-GLCD	Bell 206B JetRanger	1284		
☐	C-GNMB	Bell 206B JetRanger	1631		
☐	C-GNNH	Bell 206B JetRanger	1632		

RAINBOW AIRWAYS
Dunchurch, ON

☐ C-GMOI	de Havilland DHC-2 Beaver	1236	ex N6083	Floatplane	

RCMP - GRC AIR SERVICES
Ottawa, ON

☐ C-FGSB	Aerospatiale AS.350B3 AStar	3796		
☐ C-FMPG	Aerospatiale AS.350B3 AStar	3082		
☐ C-FMPH	Aerospatiale AS.350B3 AStar	3683		
☐ C-FRPQ	Aerospatiale AS.350B3 AStar	3636		
☐ C-GMPF	Aerospatiale AS.350B3 AStar	4229		
☐ C-GMPK	Aerospatiale AS.350B3 AStar	3923		
☐ C-GMPN	Aerospatiale AS.350B3 AStar	3072		
☐ C-FMPA	Pilatus PC-12/45	164	ex HB-FRZ	
☐ C-FMPB	Pilatus PC-12/45	283	ex N283PC	
☐ C-FMPE	Pilatus PC-12/45	314	ex HB-FQZ	
☐ C-FMPF	Pilatus PC-12/45	768	ex	
☐ C-FMPN	Pilatus PC-12/45	296	ex HB-FQK	
☐ C-FMPO	Pilatus PC-12/45	229	ex HB-FRA	
☐ C-FMPW	Pilatus PC-12/45	315	ex HB-FRA	
☐ C-GFLA	Pilatus PC-12/45	293	ex N293PC	
☐ C-GMPE	Pilatus PC-12/45	184	ex HB-FSS	
☐ C-GMPI	Pilatus PC-12/45	239	ex HB-FRJ	
☐ C-GMPP	Pilatus PC-12/45	374	ex N374PC	
☐ C-GMPW	Pilatus PC-12/45	274	ex N274PC	
☐ C-GMPY	Pilatus PC-12/45	311	ex N311PB	
☐ C-GMPZ	Pilatus PC-12/45	272	ex N272PC	
☐ C-FDGM	Cessna U206G Stationair 6 II	U20606864	ex N9450R	Soloy conversion
☐ C-FDTM	Cessna T206H Stationair 6	T20608476	ex (N6199U)	
☐ C-FMPL	de Havilland DHC-6 Twin Otter 300	320	ex CF-MPL	
☐ C-FRPH	Cessna 208B Caravan I	208B0377	ex N1118B	
☐ C-FSUJ	Cessna 208B Caravan I	208B0373	ex N973CC	
☐ C-FSWC	Cessna T206H Stationair	T20608438		
☐ C-GFOX	Piaggio P.180 Avanti	1065	ex N126PA	
☐ C-GMPA	Bell 206L-4 LongRanger IV	52017		
☐ C-GMPJ	de Havilland DHC-6 Twin Otter 300	534		
☐ C-GMPR	Cessna 208 Caravan I	20800253	ex N208CF	
☐ C-GMPT	Eurocopter EC.120B	1355		
☐ C-GTJN	Cessna T206H Stationair	T20608443		

Division of RCMP [Royal Canadian Mounted Police]/GRC [Gendarmerie Royale du Canada]

RED SUCKER LAKE AIR SERVICES
Red Sucker Lake, MN

☐ C-FTHE	Piper PA-31 Turbo Navajo C	31-7512005	ex N121L	
☐ C-GMAM	de Havilland DHC-2 Beaver	1558	ex G-AZLU	Floatplane or wheels/skis

REGIONAL 1 AIRLINES
Transcanada (TSH) Calgary-Intl, AB (YYC)

☐ C-GRGI	de Havilland DHC-8-106	304	ex N829PH	status?	
☐ C-GRGO	de Havilland DHC-8-102	258	ex N735AG	Lsd fr Avmax; sublsd to ANX	
☐ C-GWPS	de Havilland DHC-8-102	120	ex N928HA		
☐ C-GZKH	de Havilland DHC-8-103	117	ex N927HA	all-white	Lsd to ANX
☐ C-GZTC	de Havilland DHC-8-102	99	ex N923HA		

REMOTE HELICOPTERS
Slave Lake, NT (YZH)

☐ C-GRHJ	Aerospatiale AS.350BA AStar	2149		
☐ C-GRHK	Aerospatiale AS.350B Ecureuil	2305	ex F-GGPE	
☐ C-GRHL	Aerospatiale AS.350B2 AStar	3018	ex C-GIRL	
☐ C-GRHN	Aerospatiale AS.350BA AStar	1683	ex N13TV	
☐ C-GTAM	Aerospatiale AS.350BA AStar	1232	ex G-MAGI	
☐ C-FBJV	Bell 206B JetRanger	1087	ex CF-BJV	
☐ C-GRHA	Bell 212	30791	ex N82283I	
☐ C-GRHM	Bell 206B JetRanger	600	ex N23SP	
☐ C-GRHS	Bell 212	30785	ex N8228R	
☐ C-GRHW	Bell 204B	2056	ex N204FB	
☐ C-GRHZ	Bell 206B JetRanger	2691	ex C-GSKX	
☐ C-GRMH	Bell 206L-3 LongRanger III	51003	ex N2123X	

RESOURCE HELICOPTERS
Vancouver-Intl, BC (YVR)

☐	C-FRSR	Bell 204B		2020	ex CF-RSR
☐	C-FZQB	Bell 212		30629	ex PK-HCF
☐	C-GSHB	Bell 204B		2038	ex 9Y-TDZ
☐	C-GZMQ	Bell 212		30820	ex 8Q-MAX

RIVER AIR
Kenora/Menaki, ON (YQK/-)

☐	C-FAYM	Cessna U206E Skywagon	U20601541	ex (N9141M)	Floatplane
☐	C-FFYC	Cessna 208 Caravan I	20800111	ex N9647F	Floatplane
☐	C-FMAQ	de Havilland DHC-2 Beaver	14	ex CF-MAQ	Floatplane or wheels/skis
☐	C-GIAT	Cessna A185F Skywagon	18502619		Floatplane
☐	C-GPDS	de Havilland DHC-2 Beaver	1349	ex N62352	Floatplane
☐	C-GYKO	de Havilland DHC-3 Otter	287	ex N22UT	Floatplane

ROAD TRAILER RENTALS
Toronto-Buttonville, ON (YKZ)

☐	C-GLCE	Pilatus PC-12/45		475	ex N475PC
☐	C-GPDJ	Piaggio P-180 Avanti		1057	
☐	C-GRMS	Pilatus PC-12/45		200	ex N200PD
☐	C-GZGZ	Pilatus PC-12/45		357	

Subsidiary of LCE Aviation

ROSS AIR
Clearwater Lake SPB, ON

☐	CF-PFC	Beech C-45H	AF-199		
☐	C-GCIZ	Cessna A185F Skywagon	18503316	ex N1614H	Floatplane
☐	C-GDCN	de Havilland DHC-2 Turbo Beaver	1661/TB35	ex N8PE	Floatplane

Ross Air is the trading name of Emo Investments Ltd

ROSS AIR SERVICE
Sandy Bay, SK

☐	C-FWXV	Cessna A185E Skywagon	185-1355	ex CF-WXV	Floatplane or wheels/skis

Ross Air Service is the trading name of 101014196 Saskatchewan Ltd

RUSTY MYERS FLYING SERVICE
Fort Frances,ON (YAG)

☐	C-FERM	Beech 3N	CA-62	ex CAF 1487	Floatplane
☐	C-FKSJ	Cessna 208 Caravan I	20800035	ex N9382F	Floatplane
☐	C-FOBT	de Havilland DHC-2 Beaver	3	ex CF-OBT	Floatplane
☐	C-FOBY	de Havilland DHC-2 Beaver	13	ex CF-OBY	Floatplane
☐	C-FRPL	Beech 3NM	CA-225	ex CAF 2346	Floatplane
☐	C-FRVL	Beech 3T	7835	ex CAF 1396	Floatplane
☐	CF-ZRI	Beech D-18S	A-940	ex N164U	Floatplane
☐	C-GAGK	Cessna 208 Caravan I	20800342	ex N51744	Floatplane

SABOURIN LAKE LODGE
Sabourin Lake, MB

☐	C-FSJX	de Havilland DHC-2 Beaver	1592	ex CF-SJX	Floatplane
☐	C-GYER	Cessna U206F Stationair	U20603503	ex N8750Q	Floatplane

SALT SPRING ISLAND AIR
Saltspring Island, BC

☐	C-FAOP	de Havilland DHC-2 Beaver	1249	ex CF-AOP	Floatplane
☐	CF-ZZJ	de Havilland DHC-2 Beaver	1019		Floatplane

SALTWATER WEST ENTERPRISES
Smithers, BC (YYD)

☐	C-GFTZ	de Havilland DHC-3 Otter	174	ex N90574	

SANDY LAKE SEAPLANE SERVICE
Sandy Lake, ON (ZSI)

☐	C-FZQV	Cessna A185E Skywagon	18501853	ex (N1659M)	Floatplane or wheels/skis
☐	C-GBBZ	Cessna U206G Stationair	U20605712	ex (N5396X)	Floatplane or wheels/skis
☐	C-GBGJ	Cessna U206G Stationair	U20605249	ex N5368U	Floatplane or wheels/skis
☐	C-GDYD	de Havilland DHC-2 Beaver	1461	ex VH-IMH	Floatplane or wheels/skis

☐ C-GEBZ Cessna 207 Skywagon   20700303   ex N1703U   Floatplane or wheels/skis
☐ C-GTCC Cessna U206F Stationair   U20602167   ex N7303Q   Floatplane or wheels/skis

SAPAWE AIR
Eva Lake, QC

☐ C-FEYR de Havilland DHC-2 Beaver   497   Floatplane
☐ C-FOCC de Havilland DHC-2 Beaver   23   Floatplane
☐ C-GKBW de Havilland DHC-2 Beaver   310   ex N1441Z   Floatplane

SASAIR
Quebec City, QC (YQB)

☐ C-FADL Cessna 310R II   310R1867   ex N44NC
☐ C-FFJL Cessna 310R II   310R1616   ex N2631A
☐ C-GAWN Cessna 310R II   310R0957   ex N37211
☐ C-GAWT Cessna 310R II   310R1600   ex N36846
☐ C-GMCR Cessna 310R II   310R1424   ex N5149C
☐ C-GSVI Cessna 310R II   310R0833   ex N58JB
☐ C-GYOT Cessna 310R II   310R0912

☐ CF-DPQ Cessna 337G Super Skymaster   33701519   ex N72091
☐ C-GILW Cessna 337G Super Skymaster II   33701781   ex 6Y-JNF
☐ C-GJOD Cessna 337G Super Skymaster II   33701694   ex N53551
☐ C-GTEL Cessna 337G Super Skymaster II   33701659   ex C-FKTN
☐ C-GYOB Cessna 337G Super Skymaster II   33701780
Sister company of Aeropro

SASKATCHEWAN GOVERNMENT NORTHERN AIR OPERATIONS
Saskatchewan (SGS)   *La Ronge/Saskatoon, SK (YVC/YXE)*

☐ CF-SPG Beech 95-B55 Baron   TC-940
☐ C-GNBA Beech 95-B55 Baron   TC-1787
☐ C-GPVD Beech 95-B55 Baron   TC-1966
☐ C-GSAO Beech 95-B55 Baron   TC-2149   ex N4974M
☐ C-GSPG Beech 95-B55 Baron   TC-2213
☐ C-GVSE Beech 95-B55 Baron   TC-2270

☐ C-FAFN Canadair CL-215-1A10 (CL-215)   1093   ex C-GKDY   216
☐ C-FAFO Canadair CL-215-1A10 (CL-215)   1094   ex C-GKBO   217
☐ C-FAFP Canadair CL-215-1A10 (CL-215)   1100   ex C-GKEA   218
☐ C-FAFQ Canadair CL-215-1A10 (CL-215)   1101   ex C-GKEE   219
☐ C-FYWO Canadair CL-215-1A10 (CL-215)   1003   ex CF-YWO   214
☐ C-FYXG Canadair CL-215-1A10 (CL-215)   1009   ex CF-YXG   215

☐ C-GEHP Grumman CS2F-2 Tracker   DHC-97   ex CAF12198   1 Tanker
☐ C-GEHR Grumman CS2F-2 Tracker   DHC-51   ex CAF12185   3 Tanker
☐ C-GEQC Grumman CS2F-2 Tracker   DHC-53   ex CAF12187   4 Tanker
☐ C-GEQD Grumman CS2F-2 Tracker   DHC-98   ex CAF12199   5 Tanker
☐ C-GEQE Grumman CS2F-2 Tracker   DHC-92   ex CAF12193   6 Tanker

☐ C-FMFP Rockwell 690A Turbo Commander   11307   ex N690TD
☐ C-FNAO Gulfstream Commander 690C   11731   ex N815BC
☐ C-FSPM Gulfstream Commander 690D   15002   ex N721ML
☐ C-GOVT Gulfstream Commander 695A   15020   ex N600CM
☐ C-GSAA Piper PA-42-720 Cheyenne IIIA   42-5501057 ex OE-FAA   EMS
☐ C-GSAE Beech B200 Super King Air   BB-1748   ex N50848   EMS
☐ C-GSAH Beech B200 Super King Air   BB-1972   ex N7022F   EMS
☐ C-GSAU Beech B200 Super King Air   BB-1974   ex N7074N   EMS
☐ C-GSAV Beech B200 Super King Air   BB-1790   ex N4470T   EMS
☐ C-GSKR Convair 580   509   ex N57RD   471; Tanker
EMS flights are conducted by Saskatchewan Government Air Ambulance Service (SLG) using callsign Lifeguard

SEAIR SEAPLANES
Vancouver-International SPB, BC

☐ C-FDHC de Havilland DHC-2 Turbo Beaver   1677/TB45   ex N164WC   Floatplane
☐ C-FPCG de Havilland DHC-2 Beaver   1000   ex N188JM   Floatplane
☐ C-FPMA de Havilland DHC-2 Turbo Beaver   1625/TB15   ex N1454T   Floatplane
☐ C-GOBK de Havilland DHC-2 Beaver   1560   ex N159M   Floatplane
☐ C-GTMC de Havilland DHC-2 Beaver   1171   ex N100HF   Floatplane

☐ C-FJOE Cessna 208 Caravan I   20800390   ex N5254Y   Floatplane
☐ C-FLAC Cessna 208 Caravan I   20800357   ex N5267J   Floatplane
☐ C-GSAS Cessna 208 Caravan I   20800341   ex N5154J   Floatplane
☐ C-GYIX Cessna A185F Skywagon   18503162   ex (N93021) Floatplane

SELKIRK AIR
Selkirk, MB

☐ C-FSFH	Beech 3T		ex 43-35481		
☐ C-GCDX	de Havilland DHC-3 Otter	314	ex 58-1700	Floatplane or wheels/skis	
☐ C-GCKZ	Cessna A185F Skywagon	18502665	ex (N4949C)	Floatplane or wheels/skis	
☐ C-GFIQ	de Havilland DHC-2 Beaver	632	ex N90525	Floatplane or wheels/skis	
☐ C-GPHI	de Havilland DHC-2 Beaver	838	ex N67687	Floatplane or wheels/skis	

Trading name of Enterlake Air Services

SEQUOIA HELICOPTERS
Abbotsford, BC (YXX)

☐ C-GERH	Bell 212	30768	ex N42434

SHARP WINGS
Williams Lake, BC

☐ C-FMQG	Cessna TU206G Turbo Skywagon	U206-1101		
☐ C-GWDW	de Havilland DHC-2 Beaver	306	ex N311N	Floatplane

SHOWALTER'S FLY-IN SERVICE
Ear Falls spb, ON

☐ C-FXUO	Beech D-18S	CA-208	ex RCAF 2329	Floatplane
☐ C-FZNG	Beech D-18S	CA-182	ex RCAF 2309	Floatplane

SIFTON AIR
Haines Junction, YK (YHT)

☐ C-FRKA	Cessna 206 Super Skywagon	206-0200	ex N5200U	Floatplane
☐ C-GEXT	Cessna U206F Stationair	U20603249	ex (N8338Q)	Floatplane
☐ C-GVCJ	Britten-Norman BN-2A Islander	90	ex N871JA	
☐ C-GVKJ	Cessna 205 (210-5)	205-0092		Floatplane

Sifton Air is a trading name of Kazar Construction limited

SIMPSON AIR
Commuter Canada (NCS) *Fort Simpson, NT (YFS)*

☐ C-FNML	Piper PA-23-250 Aztec	27-7554075	ex N8VV
☐ C-GGHU	Cessna U206G Stationair 6 II	U20605723	ex (N5407X)
☐ C-GPMS	Cessna U206G Stationair 6 II	U20604207	ex (N756MU)

SIOUX AIR
Sioux Lookout, ON (YXL)

☐ C-GGRU	Cessna U206G Stationair 6 II	U20605838	ex N5373X	Floatplane or wheels/skis

SIOUX NARROWS AIRWAYS
Great Bear Lake, NT (DAS)

☐ CF-GTP	Noorduyn UC-64A Norseman	423	43-35349	
☐ CF-KOA	de Havilland DHC-3 Otter	130	ex N88753	Floatplane
☐ C-GBDW	de Havilland DHC-3 Otter	954	ex C9-AGS	Floatplane
☐ C-GMXS	de Havilland DHC-2 Beaver	1213	ex N5382G	Floatplane
☐ C-GSMG	de Havilland DHC-3 Otter	363	ex CAF 9405	Floatplane
☐ C-GUJY	de Havilland DHC-2 Beaver	393	ex C-GVMH	Floatplane

SKYLINE HELICOPTERS
Kelowna, BC (YLW)

☐ C-GSLH	Bell 212	30565	ex N94W
☐ C-GSLI	Bell 212	30519	ex C-FNHB
☐ C-GSLJ	Agusta A.119	14526	
☐ C-GSLK	Aerospatiale AS.350B AStar	2189	ex VH-XHR
☐ C-GSLR	Agusta A.119	14511	ex N5UQ
☐ C-GSLT	Bell 212	30851	ex JA9627
☐ C-GSLZ	Bell 212	30975	ex JA9546

SKYLINK AVIATION
Skylink (SKK) *Toronto-Pearson Intl, ON (YYZ)*

Operates for relief agencies using aircraft leased from other operators; sister company of SkyLink Express

SKYLINK EXPRESS
Toronto-Pearson Intl, ON (YYZ)

☐	C-GSKA	Beech 1900C	UB-32	ex N317BH
☐	C-GSKG	Beech 1900C-1	UC-22	ex N19016
☐	C-GSKM	Beech 1900C	UB-21	ex N61MK
☐	C-GSKN	Beech 1900C-1	UC-54	ex N31729
☐	C-GSKU	Beech 1900C	UB-35	ex N735GL
☐	C-GSKW	Beech 1900C	UB-33	ex N318BH
☐	C-GSKS	Cessna 208B Caravan I	208B0762	ex N52623
☐	C-GSKV	Cessna 208B Caravan I	208B0847	

All freighters; sister company of SkyLink Aviation

SKYNORTH AIR
Winnipeg, MB (YWG)

☐	C-FBPK	Beech 1900D	UE-128	ex N128EU	Also reported as Kistigan Air	
☐	C-FSDA	Piper PA-31-350 Navajo Chieftain	31-7752167			
☐	C-GKAJ	Beech A100 King Air	B-232	ex N9192S		
☐	C-GRTG	Piper PA-31-350 Navajo Chieftain	31-7652004			
☐	C-GTZK	Piper PA-31 Turbo Navajo	31-381			
☐	C-GYQK	Beech A100 King Air	B-153			

SKYSERVICE AIRLINES
Skytour (5G/SSV) (IATA 884)   *Montreal-Trudeau, QC (YUL)*

☐	C-FOJZ	Airbus A320-214	1965	ex G-DHJZ	Sunquest	Lsd fr TCX
☐	C-FRAA	Airbus A320-232	1411	ex G-ERAA		Lsd fr BOC Aviation
☐	C-FTDF	Airbus A320-231	0437	ex G-FTDF		Lsd fr MYT
☐	C-FZAZ	Airbus A320-214	2003	ex G-KKAZ		Lsd fr MYT
☐	C-GAEG	Airbus A319-111	2113	ex 9H-AEG		Lsd fr AMC
☐	C-GHRG	Airbus A320-214	1942	ex G-DHRG		Lsd fr MYT
☐	C-GTDG	Airbus A320-214	1571	ex G-OOAS		Lsd fr ILFC
☐	C-GTDH	Airbus A320-214	1605	ex G-OOAT	Signature Vacations	Lsd fr MYT
☐	C-GTDL	Airbus A320-231	0476	ex G-GTDL		Lsd fr ORIX Aircraft
☐	C-GTDP	Airbus A320-214	1780	ex OY-VKL	Sunquest	Lsd fr ILFC
☐	C-GUEW	Airbus A320-214	1961	ex G-SUEW	Sunquest	Lsd fr MYT
☐	C-FFAN	Boeing 757-21KER	28674/746	ex G-WJAN	Sunquest	Lsd fr Alcudia Lsg
☐	G-FLCD	Boeing 757-25F	30757/928	ex G-JMCD		Lsd fr TCX
☐	C-FLEU	Boeing 757-236	29941/864	ex G-CPEU		Lsd fr FCA
☐	C-FOBH	Boeing 757-236	29944/872	ex G-OOBH		Lsd fr Pembroke
☐	C-FTDV	Boeing 757-28AER	24017/162	ex G-OOOC	for FDX	Lsd fr BBAM
☐	C-FUBG	Boeing 757-236	29942/867	ex C-OOBG		Lsd fr Pembroke; sublsd to SSV
☐	C-GMYH	Boeing 757-236	358/25053	ex N253CT	Maestro colours	Lsd fr CIT Group
☐	C-GOEV	Boeing 757-236	29943/871	ex G-CPEV		Lsd fr FCA
☐	C-GOOZ	Boeing 757-236	25593/466	ex G-OOOZ		Lsd fr FCA
☐	C-GTBB	Boeing 757-28A	32447/951	ex G-OOBB		Lsd fr FCA
☐	C-FLHQ	Canadair CL-600-2B19 (CRJ-100)		7086	ex D-ACLR	

Those leased from MyTravel, Thomas Cook and First Choice are leased for the UK winter period, some are leased in the opposite direction during the summer season. Majority owned by Gilralt Capital; Skyservice Business Aviation is a sister company operating executive aircraft.

SLATE FALLS AIRWAYS
(SYJ)   *Sioux Lookout, ON (YXL)*

☐	CF-DIN	de Havilland DHC-2 Beaver	68		Floatplane or wheels/skis
☐	C-FCZP	de Havilland DHC-3 Otter	69		Floatplane or wheels/skis
☐	C-FNWX	de Havilland DHC-3 Turbo Otter	412	ex CF-NWX	Floatplane or wheels/skis
☐	C-GGRW	Cessna U206G Stationair 6 II	U20605689	ex N5373X	Floatplane or wheels/skis
☐	C-GHEG	Cessna T210M Turbo Centurion II	21062796	ex N6607B	
☐	C-GPCR	Cessna U206G Stationair 6 II	U20605082	ex N206JW	Floatplane or wheels/skis
☐	C-GSFA	Cessna 208 Caravan I	208000212	ex 8Q-MAT	Floatplane or wheels/skis

SLAVE AIR
Fleet listed under Can-West Corporate Charters

SNAKE FALLS AIRWAYS
Current status uncertain, believed to have ceased operations

SONTAIR
Sontair (STI)   *Chatham, ON (XCM)*

☐	C-GSKT	Cessna 208B Caravan I	208B0759	ex N5262W	Lsd fr Cessna

SOUTH MORESBY AIR CHARTERS
Queen Charlotte, BC (ZQS)

☐ C-GHAO   Cessna A185F Skywagon   18502370   ex N53088   Floatplane or wheels/skis

SOUTH NAHANNI AIRWAYS
Fort Simpson, NT (YFS)

☐ C-GSOL   de Havilland DHC-6 Twin Otter 100   71   ex D-IDHC
South Nahanni Airways is the trading name of 3119378 Canada

SOUTHERN AVIATION
Regina, SK (YQR)

☐ C-GKKL   Cessna 414A Chancellor III   414A0301   ex N579CD

STARLINK AVIATION
Avionair (ANU)   Montreal-Trudeau, Que (YUL)

☐	C-GCCZ	British Aerospace Jetstream 31	712	ex ex N335PX	
☐	C-GDFW	British Aerospace Jetstream 31	720	ex G-HDGS	
☐	C-GEMQ	British Aerospace Jetstream 31	747	ex N103XV	
☐	C-GNRG	British Aerospace Jetstream 31	791	ex N791JX	
☐	C-GOAD	Embraer EMB.120ER Brasilia	120086	ex N19704	GoAir Citylink colours
☐	C-GQJG	Beech 200 Super King Air	BB-249		

Starlink Aviation is the trading name of Aviation Starlink; scheduled flights are operated as GoAir Citylink

STRAIT AIR
L'Anse au Clair, NL

☐	C-FJJR	Britten-Norman BN-2A-27 Islander	424	ex OO-TOP	
☐	C-FVTQ	Piper PA-31-350 Chieftain	31-7853034	ex N300DT	
☐	C-GYLB	Cessna A185F Skywagon	18503211		
☐	C-GZBQ	de Havilland DHC-2 Beaver	919	ex 55-0697	

SUDBURY AVIATION
Whitewater Lake, ON

☐	C-FHVT	de Havilland DHC-2 Beaver I	284	ex VP-PAT	Floatplane or wheels/skis
☐	C-FIUU	de Havilland DHC-2 Beaver I	945		Floatplane or wheels/skis
☐	C-GQVG	Cessna A185F Skywagon	18503818	ex N4619E	Floatplane or wheels/skis

SUMMIT AIR CHARTERS
Yellowknife, NT/Atlin, BC/Whitehorse, YT (YZF/YSQ/YXY)

☐	C-FEQV	Dornier 228-202	8126	ex P2-MBR	stored OBF
☐	C-FEQW	Dornier 228-202	8103	ex P2-MBQ	stored YZF
☐	C-FEQX	Dornier 228-202	8101	ex P2-MBP	stored OBF
☐	C-FPSA	Dornier 228-202	8122	ex D-CLUU	
☐	C-GJPY	Dornier 228-202	8088	ex 6Y-JQM	
☐	C-GSAX	Dornier 228-202	8153	ex P2-MBV	

The ex-Papua New Guinea examples are stored awaiting onward sale

☐	C-FHOI	Cessna T207A Stationair 8 II	20700581		
☐	C-FYSQ	Short SC.7 Skyvan	SH1968	ex N491AS	Freighter
☐	C-GJGS	Short SC.7 Skyvan	SH1909	ex N56NS	Freighter
☐	C-GKOA	Short SC.7 Skyvan	SH1905	ex N52SN	Freighter

SUNWEST AVIATION
Chinook (CNK)   Calgary-Intl, AB (YYC)

☐	C-FAFJ	Cessna 208B Caravan I	208B0641	ex N52655	
☐	C-FDON	Piper PA-31-350 Chieftain	31-8152150	ex N40901	
☐	C-FGEW	Swearingen SA.226TC Metro II	TC-347	ex N330BA	
☐	C-FJVR	Cessna 441 Conquest II	441-0096		
☐	C-FNOC	Cessna 208 Caravan I	20800090	ex N9536F	
☐	C-FPCP	Beech B300 Super King Air	FL-317	ex N3217V	
☐	C-FSFI	Cessna 441 Conquest II	441-0316	ex N800SR	
☐	C-GCIL	Cessna 441 Conquest II	441-0314	ex XB-CSB	
☐	C-GHOP	Beech 200 Super King Air	BB-120	ex N6773S	
☐	C-GJFY	Beech 200 Super King Air	BB-812	ex C-GYUI	
☐	C-GMOZ	Piper PA-31-350 Chieftain	31-8052067	ex N3556B	
☐	C-GMWW	Swearingen SA.227DC Metro 23	DC-852B	ex N453LA	
☐	C-GOHO	Piper PA-31-350 Chieftain	31-8152167		
☐	C-GRWN	Piper PA-31-350 Chieftain	31-8152044	ex N4076J	
☐	C-GSBC	Beech B200 Super King Air	BB-1780	ex N46TF	
☐	C-GSHV	Swearingen SA.227DC Metro 23	DC-900B	ex D-CJKO	
☐	C-GSHY	Swearingen SA.227DC Metro 23	DC-897B	ex N3051Q	

☐	C-GSHZ	Swearingen SA.227DC Metro 23	DC-887B	ex N3007C	
☐	C-GSWB	Beech 1900D	UE-386	ex N847CA	
☐	C-GSWK	Swearingen SA.226TC Metro II	TC-368	ex F-GEBU	The Spirit of Medicine Hat
☐	C-GSWO	Cessna 208 Caravan I	20800153	ex N1016M	
☐	C-GSWV	Beech 1900D	UE-141	ex N17354	all-white
☐	C-GSWX	Beech 1900D	UE-63	ex N166K	
☐	C-GSWZ	Beech 1900D	UE-337	ex N23159	
☐	C-GTDF	Beech B200 Super King Air	BB-1546	ex N770U	
☐	C-GVAG	Piper PA-31-350 Navajo Chieftain	31-7752166	ex N27411	

Also operates executive jets

SUNWING AIRLINES
Sunwing (WG/SWG)   Toronto-Pearson Intl, ON (YYZ)

☐	C-FEAG	Boeing 737-86N/W	33003/1121	ex G-XLAG		Lsd fr XLA
☐	C-FTAE	Boeing 737-8Q8	30637/800	ex G-XLAE		Lsd fr ILFC
☐	C-FTAH	Boeing 737-8Q8/W	29351/1471	ex G-XLAH		Lsd fr ILFC
☐	C-FTDW	Boeing 737-808/W	34704/1958	ex N1786B	Joan Maria	Lsd fr FL Group
☐	C-FTJH	Boeing 737-8BK	29642/2247	ex N1786B		Lsd fr CIT Group
☐	C-GDBX	Boeing 737-8Q8	33699/1309	ex 5B-DBX		Lsd fr ECA
☐	C-GLBW	Boeing 737-8Q8/W	30671/1307	ex 5B-DBW		Lsd fr ECA
☐	C-GOAF	Boeing 737-86N/W	29883/1083	ex (G-XLAF)		Lsd fr GECAS
☐	PH-HZL	Boeing 737-8K2/W	30391/814	ex N1786B		Lsd fr TRA

SUPERIOR AIRWAYS
Sioux Lookout, ON (YXL)

☐	C-GAGT	Cessna T206H Stationair 6	T20608158	ex N1965
☐	C-GAJT	Piper PA-31-350 Chieftain	31-8152012	ex N900SA
☐	C-GAJW	Piper PA-31-350 Chieftain	31-8152157	ex N700TS

SUPERIOR HELICOPTERS
Longlac, ON

☐	C-GSHF	Bell 206L-3 LongRanger III	51349	ex C-GHHY
☐	C-GSHG	Bell 205A-1	30165	ex C-GENZ
☐	C-GSHQ	Bell 206L-4 LongRanger IV	52226	ex XC-LFC
☐	C-GSHW	Bell 206L-3 LongRanger III	51602	ex OK-XIS

Associated with Great Slave Helicopters

SUSTUT AIR
Smithers, BC (YYD)

☐	C-FAFV	Cessna 208B Caravan I	208B0528	ex N9510W
☐	C-FMCN	Gippsland GA-8 Airvan	GA8-02-015	

SWANBERG AIR
Grande Prairie, AB (YQU)

☐	C-GCTH	Piper PA-31-350 Navajo Chieftain	31-7752063	ex N37620
☐	C-GPSB	Piper PA-42 Cheyenne III	42-8001030	ex N855GA
☐	C-GPSN	British Aerospace Jetstream 31	783	ex C-GHGI
☐	C-GPSO	British Aerospace Jetstream 31	756	ex C-GJPX
☐	C-GPSV	British Aerospace Jetstream 31	816	ex C-FBII
☐	C-GPSW	British Aerospace Jetstream 31	735	ex N854JS
☐	C-GPSX	Piper PA-31P Pressurised Navajo	31P-7300113	ex N100MC

SWANN AIR SERVICES
Orillia-Lake St John, ON

☐	C-GGXX	de Havilland DHC-2 Beaver	1520	ex N25149

TAL AIR CHARTERS
Jetel (JEL)   Toronto-Pearson Intl, ON (YYZ)

☐	C-GVIM	Piper PA-31 Turbo Navajo	31-7712043	ex N553WH	Regd to 1727721 Ontario

Tal Air Charters is a division of Sky Freight Express

TASMAN HELICOPTERS
Vancouver-Intl, BC (YVR)

☐	C-FKGT	Bell 212	30901	ex HC-CBW
☐	C-FTHD	Bell 407	53134	ex C-GFNR
☐	C-FTVL	Bell 212	30551	ex XC-UHE
☐	C-FVTS	Bell 212	30546	ex N2164Z
☐	C-GFHA	Bell 205A-1	30086	ex VH-NHA
☐	C-GNHX	Bell 212	30983	ex N624LH

THUNDER AIRLINES
Air Thunder (THU)   *Thunder Bay, ON (YQT)*

☐ C-FASB	Beech A100 King Air	B-163	ex SE-ING	
☐ C-FFFG	Mitsubishi MU-2L	662	ex N5191B	
☐ C-FJEL	Mitsubishi MU-2N	706SA	ex N866MA	
☐ C-FRWK	Mitsubishi MU-2L	1521SA	ex N437MA	
☐ C-FWVR	Cessna 208B Caravan I	208B0483	exN51426	
☐ C-GAMC	Mitsubishi MU-2L	785SA	ex N273MA	
☐ C-GASI	Beech A100 King Air	B-126	ex N23BW	
☐ C-GNEX	Beech A100 King Air	B-211	ex N9194F	
☐ C-GUPP	Beech A100 King Air	B-157	ex N123CS	
☐ C-GZNS	Mitsubishi MU-2L	1550SA	ex N64WB	

THUNDERBIRD AVIATION
Stony Rapids, SK (YSF)

☐ CF-PEM   de Havilland DHC-3 Otter   438   Floatplane
Thunderbird Aviation is the trading name of 590730 Alberta

TIMBERLAND HELICOPTERS
Courtenay, BC (YCA)

☐ C-FHDX	Aerospatiale AS.330J Puma	1355	ex JA9955
☐ C-GOCA	Eurocopter EC.120B	1019	ex 9M-HAB

TLI CHO AIR
Yellowknife, NT (YZF)

☐ C-FATN   de Havilland DHC-6 Twin Otter 300   226   ex N153BU   Floatplane or wheels/skis
51% owned by Tli Cho First Nation and 49% by Air Tindi [from whom the aircraft are leased]; operates passenger and cargo services for Diavik diamond mine

TOFINO AIR LINES
Tofino, BC (YTP)

☐ C-FGCY	de Havilland DHC-2 Beaver	216	ex CF-GCY	Floatplane
☐ C-FHRT	de Havilland DHC-2 Beaver	1203	ex N64390	Floatplane
☐ C-FITS	de Havilland DHC-3 Otter	90	ex CF-ITS	Floatplane
☐ C-FJIM	de Havilland DHC-2 Beaver	461	ex N66035	Floatplane
☐ C-FOCL	de Havilland DHC-2 Beaver	41		Floatplane
☐ C-GFLT	de Havilland DHC-2 Beaver	279	ex N5149G	Floatplane
☐ C-GHBX	Cessna 180J	18052449	ex (N52029)	Floatplane
☐ C-GHZR	Cessna 180J	18052667	ex (N7542K)	Floatplane
☐ C-GIDX	Cessna 180J	18052709	ex (N7716K)	Floatplane
☐ C-GYFO	Cessna 180J	18052759	ex (N7825K)	Floatplane

TRANS CAPITAL AIR
Toronto City Centre, ON (YTZ)

☐ C-FJHQ	de Havilland DHC-7-103	11	ex PK-TVS	Op for UN	
☐ C-FWYU	de Havilland DHC-7-103	12	ex N678MA	Op for UN	
☐ C-GGXS	de Havilland DHC-7-102	64	ex 4X-AHB		
☐ C-GLPP	de Havilland DHC-7-102	067	ex N939HA		
☐ C-GVPP	de Havilland DHC-7-102	72	ex N272EP		
☐ C-GVWD	de Havilland DHC-7-102	108	ex HK-3340W		Op for UN

TRANS NORTH HELICOPTERS
Trans North (TNT)   *Whitehorse, YT (YXY)*

☐ C-FCHU	Bell 206B JetRanger III	2213	ex N70TT
☐ C-FDRZ	Bell 206B JetRanger II	764	
☐ C-GCHC	Bell 206B JetRanger II	1247	
☐ C-FGGC	Bell 206B JetRanger II	1080	ex N58113
☐ C-GMIG	Bell 206B JetRanger II	2186	
☐ C-GMYQ	Bell 206B JetRanger III	2628	ex N5016Q
☐ C-GPGH	Bell 206B JetRanger III	4022	
☐ C-GPWI	Bell 206B JetRanger III	2234	ex N347BB
☐ C-GTNY	Bell 206B JetRanger II	990	ex CF-KNY
☐ C-GUCX	Bell 206B JetRanger	1781	
☐ C-GEAG	Bell 205A-1	30262	ex XC-CIC
☐ C-GTNT	Aerospatiale AS.350B2 AStar	3327	
☐ C-GTNU	Aerospatiale AS.350B2 AStar	3046	ex N318SA
☐ C-GTNV	Aerospatiale AS.350B AStar	1655	ex N627LH

Trans North Helicopters is a trading name of Trans North Turbo Air

TRANSWEST AIR
Athabaska(9T/ABS) (IATA 909)
La Ronge/Stony Rapids, SK (YVC/YSF)

☐	C-GALM	Cessna A185F Skywagon	18503711	ex N783A	Floatplane or wheels/skis
☐	C-GCJM	Cessna A185F Skywagon	18503955	ex (N5330E)	Floatplane or wheels/skis
☐	C-GCVJ	Cessna A185F Skywagon	18503964		Floatplane or wheels/skis
☐	C-GXZA	Cessna A185F Skywagon	18503019	ex N5211R	Floatplane or wheels/skis
☐	C-GZVF	Cessna A185F Skywagon	18503202	ex N93256	Floatplane or wheels/skis
☐	C-FGHY	de Havilland DHC-2 Beaver	1344	ex 58-2015	Floatplane or wheels/skis
☐	C-FGQD	de Havilland DHC-2 Beaver	76	ex CF-QGD	Floatplane or wheels/skis
☐	C-FIFJ	de Havilland DHC-2 Beaver	831	ex CF-IFJ	Floatplane or wheels/skis
☐	C-FOED	de Havilland DHC-2 Turbo Beaver	1591/TB9	ex CF-OED	Floatplane or wheels/skis
☐	C-GAEB	de Havilland DHC-2 Beaver	703	ex 53-7895	Floatplane or wheels/skis
☐	C-GHGN	de Havilland DHC-2 Beaver	80	ex N115LA	Floatplane or wheels/skis
☐	C-GMAQ	de Havilland DHC-2 Beaver	234	ex 51-16784	Floatplane or wheels/skis
☐	C-FCCE	de Havilland DHC-6 Twin Otter 100	8	ex CF-CCE	Floatplane or wheels/skis
☐	C-FGLF	de Havilland DHC-6 Twin Otter 200	138	ex LV-APT	Floatplane or wheels/skis
☐	C-FPGE	de Havilland DHC-6 Twin Otter 200	197	ex CF-PGE	Floatplane or wheels/skis
☐	C-FSCA	de Havilland DHC-6 Twin Otter 100	17	ex CF-SCA	Floatplane or wheels/skis
☐	C-FVOG	de Havilland DHC-6 Twin Otter 100	35	ex CF-VOG	Floatplane or wheels/skis
☐	C-FAAF	Piper PA-31-350 Navajo Chieftain	31-7752096	ex N27229	
☐	C-FNVH	Piper PA-31-350 Navajo Chieftain	31-7305098	ex N98BJ	
☐	C-FQWP	Piper PA-31-325 Navajo C/R	31-7400990	ex N7082Y	
☐	C-FWAK	Piper PA-31 Turbo Navajo	31-255	ex N407CA	
☐	C-FZOW	Piper PA-31 Turbo Navajo	31-743	ex N7223L	
☐	C-FZPJ	Piper PA-31-350 Navajo Chieftain	31-7752185	ex N27359	
☐	C-GAYY	Piper PA-31 Turbo Navajo	31-8012006		
☐	C-GCTG	Piper PA-31-350 Navajo Chieftain	31-7552087	ex N72ET	
☐	C-GGIQ	Piper PA-31-350 Navajo Chieftain	31-7552082	ex N59989	
☐	C-GNOV	Piper PA-31 Turbo Navajo C	31-7812087		
☐	C-GQHV	Piper PA-31-350 Navajo Chieftain	31-7405230	ex N54293	
☐	C-GQXX	Piper PA-31-350 Chieftain	31-7852009		
☐	C-GRQG	Piper PA-31-350 Chieftain	31-7952073		
☐	C-GUNP	Piper PA-31-350 Chieftain	31-8052048	ex N3554D	
☐	C-GWUM	Piper PA-31-350 Navajo Chieftain	31-7405404	ex N66878	
☐	C-FEYP	Beech A100 King Air	B-206	ex N86BM	
☐	C-FHPE	de Havilland DHC-3 Turbo Otter	273	ex Burma 4651	Floatplane or wheels/skis
☐	C-FJTG	Bell 205A-1	30104	ex N8138J	
☐	C-FKIO	Mitsubishi MU-2N	725SA	ex N888RH	
☐	C-FOHG	Bell 407	53187	ex N478WN	
☐	C-FSEW	British Aerospace Jetstream 31	764	ex N223JL	
☐	C-FSGD	de Havilland DHC-3 Turbo Otter	316	ex N521BK	Floatplane or wheels/skis
☐	C-FTMC	Bell 206L-4 LongRanger IV	52223		
☐	C-FYID	Bell 206L-1 LongRanger II	45206	ex N78CF	
☐	C-GAON	Cessna 310R II	310R1627	ex N2632Y	
☐	C-GCNC	Bell 206B JetRanger II	1142	ex N58152	
☐	C-GELT	Bell 206B JetRanger III	2994	ex N5744V	
☐	C-GFFN	Beech A100 King Air	B-190	ex C-GNAR	
☐	C-GFSG	Beech 200 Super King Air	BB-671		
☐	C-GJHW	Beech A100 King Air	B-175	ex N92DL	
☐	C-GKCY	SAAB SF.340A	340A-133	ex SE-ISM	Lsd fr SAAB
☐	C-GPDC	British Aerospace Jetstream 31	766	ex N222JF	
☐	C-GPNO	Beech 95-B55 Baron	TC-734	ex N174E	
☐	C-GTJX	SAAB SF.340B	340B-165	ex N586MA	
☐	C-GTWG	Beech 1900D	UE-79	ex N79SK	Lsd fr General Avn Lsg
☐	C-GTWK	SAAB SF.340B	340B-190	ex XA-TUQ	
☐	C-GYHY	Bell 206B JetRanger III	2317	ex N16825	
☐	C-GZYJ	Cessna 310R II	310R1311	ex (N6174C)	

Transwest Air is the trading name of 101008427 Saskatchewan Ltd & 101004597 Saskatchewan Ltd

TRANSWEST HELICOPTERS
Chilliwack, BC (YCW)

☐	C-GIGG	Bell 206B JetRanger	155	ex N6295N	
☐	C-GTWF	Bell 214B-1	28014	ex C-FQTJ	
☐	C-GTWH	Bell 214B-1	28017	ex N214MV	
☐	C-GTWI	Bell 214B-1	28011	ex LN-OSW	
☐	C-GTWV	Bell 214B	28048	ex HB-XVZ	
☐	C-GTWZ	Bell 214B	28032	ex JA9446	

TRIUMPH AIRWAYS
Oshawa, ON (YOO)

☐	C-FOOW	Douglas DC-3	13342	ex 8P-OOW	painted as CF-OOW
☐	C-GAWI	Basler BT-67	19227	ex N79017	Lidia; lsd to Alfred Wegener Institute
☐	C-GEAI	Basler BT-67	16305/33053	ex N200AN	
☐	C-GEAJ	Basler BT-67	26120/14560	ex N40386	

The Basler BT-67s are registered to ALCI Aviation at the same address

TSAYTA AVIATION
Fort St James, BC (YXJ)

☐ C-GHNH	Cessna A185F Skywagon	18502705	ex (N1048F)	Floatplane or wheels/skis
☐ C-GKAW	Britten-Norman BN-2A-8 Islander	128		
☐ C-GORH	Cessna A185F Skywagon II	18504332		Floatplane or wheels/skis
☐ C-GWKX	Cessna A185E Skywagon	18502032	ex N70167	Floatplane or wheels/skis

TUDHOPE AIRWAYS
Hudson, ON

☐ C-FOCP	de Havilland DHC-2 Beaver	49	Floatplane or wheels/skis
☐ C-FSDC	Found FBA-2C	17	Floatplane or wheels/skis

TUNDRA HELICOPTERS
Langley, BC

☐ C-GTHK	Bell 212	30641	ex N708H

TWEEDSMUIR AIR SERVICES
Nimpo Lake, BC

☐ C-FFHT	de Havilland DHC-2 Beaver	55		Floatplane
☐ C-GFRJ	Cessna A185F Skywagon II	18504011		Floatplane
☐ C-GNPO	de Havilland DHC-2 Beaver	773	ex C-GMOJ	Floatplane

TYAX AIR SERVICE
Gold Bridge, BC

☐ C-GIYV	de Havilland DHC-2 Beaver	1488	ex XP823	Floatplane or wheels/skis

ULTRA HELICOPTERS
Grimshaw, AB

☐ C-FALE	Bell 206B JetRanger III	1074	ex N83160
☐ C-GBPB	Bell 206B JetRanger	321	ex N6285N
☐ C-GHHK	Bell 206B JetRanger	1588	
☐ C-GMXU	Bell 206B JetRanger	1520	ex N15DW
☐ C-GUHM	Bell 206B JetRanger	2439	ex C-GPQW
☐ C-FDEF	Bell 205A	30038	
☐ C-FUOX	Bell 206L-1 LongRanger II	45447	ex N474EC
☐ C-FXMJ	Aerospatiale AS.350BA AStar	1436	ex N816CF
☐ C-GAHM	Bell 205A-1	30215	ex N59607
☐ C-GAHN	Bell 204B	2044	ex N120BX
☐ C-GAPJ	Bell 204B	2012	ex Thai 912
☐ C-GEWR	Bell 206L-1 LongRanger II	45594	ex N3892R
☐ C-GNMP	Aerospatiale AS.350B AStar	1040	
☐ C-GUHB	Bell 206L-3 LongRanger III	51026	ex N5741X
☐ C-GUHZ	Bell 206L-3 LongRanger III	51014	ex N752HL

UNIVAIR AVIATION
Montreal-St Hubert, QC (YHU)

☐ C-FDCY	Piper PA-31 Turbo Navajo C	31-7912007	ex N27768
☐ C-GRTC	Piper PA-44-180 Seminole	44-7995077	ex N180TL

Univair Aviation is the trading name of 3095-7633 Quebec

UNIVERSAL HELICOPTERS
Goose Bay, NL (YYR)

☐ C-FCNG	Bell 206L LongRanger	45149	ex C-GMPT
☐ C-FCWR	Bell 206L LongRanger	45086	ex C-GMPM
☐ C-FLIA	Bell 206L-4 LongRanger IV	52149	ex N9221U
☐ C-FPHO	Bell 206L LongRanger	45147	ex N3247K
☐ C-FUHL	Bell 206L LongRanger	45040	
☐ C-GAHS	Bell 206LR+ LongRanger	45048	ex D-HMHS
☐ C-GDCA	Bell 206LR+ LongRanger	45021	
☐ C-GIZY	Bell 206LR+ LongRanger	45027	ex N176KH
☐ C-GLSH	Bell 206LR+ LongRanger	45018	
☐ C-GQIX	Bell 206L LongRanger	45008	ex N8EL
☐ C-GVYM	Bell 206LR+ LongRanger	45143	ex N16992
☐ C-GVYO	Bell 206LR+ LongRanger	46609	ex N16950
☐ C-FAPN	Aerospatiale AS.350BA AStar	2201	ex N891SA
☐ C-FHHH	Aerospatiale AS.350BA AStar	1421	ex N5782X

☐	C-FXAL	Aerospatiale AS.350B AStar	1816	ex SE-HNP
☐	C-FXYF	Bell 407	53022	
☐	C-GEPA	Bell 407	53739	
☐	C-GOFL	Bell 407	53130	

UPPER WINDS AIR
Fort St John, BC (YXJ)

☐	C-FIUY	de Havilland DHC-2 Beaver	921
☐	C-FZEL	Cessna A185E Skywagon	18502061

VALHALLA HELICOPTERS
Kelowna, BC (YLW)

☐	C-FPSZ	Bell 205A-1	30230	ex N30091
☐	C-GLFT	Bell 212	30713	ex N20851

VALLEY HELICOPTERS
Hope & Merritt, BC

☐	C-FAVY	Bell 407	53120	
☐	C-FCHV	Bell 206B JetRanger	1541	ex N59620
☐	C-FHHJ	Bell 206L LongRanger III	51382	
☐	C-FPMK	Bell 206B JetRanger III	3611	ex N8BG
☐	C-GTTR	Bell 206B JetRanger	1538	
☐	C-GTYV	Bell 206B JetRanger II	1976	
☐	C-GXVS	Bell 206B JetRanger II	1893	

VANCOUVER ISLAND AIR
Campbell River, BC (YBL)

☐	C-FCSN	Beech D18S	CA-16	ex RCAF1441	Floatplane
☐	CF-GNR	Beech 3NM	CA-191	ex (CF-SIK)	Floatplane
☐	C-FIZB	Cessna 180J	18052409	ex N46262	Floatplane
☐	C-FSCM	de Havilland DHC-2 Beaver	1583	ex CF-SCM	
☐	C-FUVQ	de Havilland DHC-2 Beaver	696	ex N34M	Floatplane
☐	C-FWCA	de Havilland DHC-2 Beaver	1285	ex C-GUDB	Floatplane
☐	C-GAIV	Beech TC-45G	AF-80	ex N711KP	Floatplane

VIH HELICOPTERS
Victoria, BC (YYJ)

☐	C-FDUB	Aerospatiale AS.350BA AStar	3041	ex N4073S
☐	C-FTDE	Aerospatiale AS.350BA AStar	2796	
☐	C-FXHS	Aerospatiale AS.350B1 AStar	2248	
☐	C-GEYN	Aerospatiale AS.350B2 AStar	2732	ex VP-BBB
☐	C-GNME	Aerospatiale AS.350B2 AStar	2826	ex N351WW
☐	C-GNMJ	Aerospatiale AS.350BA AStar	2829	
☐	C-GOLV	Aerospatiale AS.350B2 AStar	1108	ex N3595N
☐	C-GPHM	Aerospatiale AS.350B2 AStar	2488	
☐	C-GPHQ	Aerospatiale AS.350B2 AStar	2017	ex N855NM
☐	C-GPHR	Aerospatiale AS.350B1 AStar	2268	
☐	C-GPTL	Aerospatiale AS.350B2 AStar	2103	ex OY-HEH
☐	C-GPWO	Aerospatiale AS.350BA AStar	2236	ex N2BQ
☐	C-GVIA	Aerospatiale AS.350B1 AStar	2297	ex N442BV
☐	C-GVIV	Aerospatiale AS.350B2 AStar	3419	
☐	C-FBVI	Bell 205A-1	30062	ex N204WW
☐	C-FVIH	Bell 205A-1	30164	ex N205WW
☐	C-GAVA	Bell 205A-1	30187	ex N222HT
☐	C-GAYB	Bell 205A-1	30295	
☐	C-GVIE	Bell 205B	30188	ex JA9654
☐	C-GVIJ	Bell 205A-1	30105	ex C-FOAR
☐	C-FANC	Bell 206B JetRanger II	1283	
☐	C-FBER	Bell 206B JetRanger III	2648	ex N5018L
☐	C-FBHQ	Bell 206B JetRanger II	970	ex CF-BHQ
☐	C-FHSO	Bell 206B JetRanger	165	ex CF-HSO
☐	C-GCXT	Bell 206B JetRanger II	1551	ex N4432V
☐	C-GHCQ	Bell 206B JetRanger II	1302	
☐	C-GISE	Bell 206B JetRanger II	839	ex N300FH
☐	C-GNMT	Bell 206B JetRanger II	2295	ex N722CH
☐	C-GORO	Bell 206B JetRanger II	2086	ex N15558
☐	C-GVIH	Bell 206B JetRanger II	1689	
☐	C-GWGS	Bell 206B JetRanger	447	ex N2230W
☐	C-FCTD	Bell 206L-1 LongRanger II	45159	ex N2943A
☐	C-FGSL	Bell 206L LongRanger	45759	ex N3174L
☐	C-FJTO	Bell 206L LongRanger	45085	ex SE-HOP
☐	C-FVIX	Bell 206L LongRanger	45139	ex SE-HTL
☐	C-GENT	Bell 206L LongRanger	45041	ex ZK-HYV

☐	C-GMJS	Bell 206L LongRanger		46608	ex N120RM
☐	C-GVIQ	Bell 206L-1 LongRanger II		45492	ex N83MT
☐	C-GVIZ	Bell 206L-1 LongRanger		45346	ex N26SH
☐	C-FIGR	Kamov Ka-32-IIBC	(31585)8707/05		ex B-77299
☐	C-FNMD	Bell 212		30730	ex PT-HRK
☐	C-FNSA	Bell 212		30524	
☐	C-FPZR	Sikorsky S-61L		61362	ex N305V
☐	C-FQNG	Sikorsky S-61N Helipro Short		61032	ex N301Y
☐	C-FVIG	Aerospatiale AS.350B2 AStar		2893	ex N333AS
☐	C-FVIK	Bell 212		30990	ex YV-O-CVG-8
☐	C-FVIT	Aerospatiale AS.350B2 AStar		2890	ex N544AS
☐	C-FWDV	Bell 212		30973	ex N2768N
☐	C-GKHL	Kamov Ka-32-IIBC	(31594)8801/03		ex RA-31594
☐	C-GVIU	Bell 407		53789	
☐	C-GVIY	Bell 222UT		47562	ex JA9665

Member of VIH Aviation Group

VIH LOGGING
Aircraft now listed under VIH Helicopters

VIKING AIR

Sidney, BC

☐	CF-FHF	de Havilland DHC-2 Beaver	19		
☐	C-FJOQ	de Havilland DHC-2 Beaver	1070	ex CF-JOQ	
☐	C-FPSM	de Havilland DHC-2 Beaver	170	ex CF-GYU	
☐	CF-SAU	de Havilland DHC-2 Beaver	11		
☐	C-GDTB	de Havilland DHC-2 Turbo Beaver	1672TB42	ex C-GJZX	
☐	C-GODH	de Havilland DHC-2 Beaver	979	ex C-FEUF	
☐	C-GUOY	de Havilland DHC-2 Beaver	1101	ex 5A-DBH	
☐	C-GVPB	de Havilland DHC-2 Beaver	1551		Floatplane
☐	C-GYOK	de Havilland DHC-2 Beaver	677	ex N5152G	Floatplane
☐	C-FDHT	de Havilland DHC-6 Twin Otter 300	434	ex 8Q-TMC	on rebuild as prototype Srs 400
☐	C-FDNK	de Havilland DHC-3 Otter	385	ex N80945	
☐	C-GITL	de Havilland DHC-3 Otter	307	ex N8510T	
☐	C-	de Havilland DHC-6 Twin Otter 300	811	ex HB-LPM	

Status as an operator uncertain, plan to restart de Havilland DHC-6 Twin Otter production

VIKING HELICOPTERS

Ottawa, ON (YOW)

A subsidiary of Canadian Helicopters [CHC Inc] (q.v.)

VILLERS AIR SERVICES

Fort Nelson, BC (YYE)

☐	C-FGAQ	Britten-Norman BN-2A-27 Islander	212	ex G-51-212
☐	C-FJBD	Beech 58 Baron	TH-260	ex N518SW
☐	C-FTUP	Piper PA-31-350 Navajo Chieftain	31-7652101	ex N76DE
☐	C-FTVP	Cessna 208B Caravan I	208B1264	ex N5090Y
☐	C-GEBH	Cessna U206E Stationair	U20601697	ex N8232Q
☐	C-GPMV	Piper PA-31 Turbo Navajo	31-7172081	
☐	C-GPPP	Britten-Norman BN-2A-27 Islander	423	ex (N93JA)

VOYAGE AIR

Fort McMurray, AB (ZFM)

☐	C-GBNA	de Havilland DHC-3 Otter	125	ex N5368G	Floatplane or wheels/skis
☐	C-GDOB	de Havilland DHC-2 Beaver	774	ex C-GEZR	Floatplane or wheels/skis
☐	C-GOLB	Cessna A185F Skywagon	18503188	ex N93173	Floatplane or wheels/skis
☐	C-GOZP	Cessna A185F Skywagon	18503258	ex (N93874)	Floatplane or wheels/skis
☐	C-GQQJ	de Havilland DHC-2 Beaver	719	ex N202PS	Floatplane or wheels/skis
☐	C-GUJW	de Havilland DHC-2 Beaver	1657	ex 305	Floatplane or wheels/skis
☐	C-GZSI	de Havilland DHC-2 Beaver	1003	ex N5327	Floatplane or wheels/skis

Voyage Air is the trading name of 634643 Alberta

VOYAGEUR AIRWAYS
Voyageur (VC/VAL) (IATA 908)

Sudbury/North Bay, ON (YSB/YYB)

☐	C-FAMU	Beech A100 King Air	B-166	ex N221SS
☐	C-FAPP	Beech A100 King Air	B-169	ex N305TZ
☐	C-FBGS	Beech A100 King Air	B-204	ex N108JL
☐	C-GDPI	Beech A100 King Air	B-156	ex N21RX
☐	C-GISH	Beech A100 King Air	B-152	ex N67LC
☐	C-GJBV	Beech A100 King Air	B-100	ex N100S
☐	C-GJJF	Beech A100 King Air	B-123	ex N741EB

All are convertible to air ambulance role

☐	C-FZKM	de Havilland DHC-7-102	61	ex N903HA		
☐	C-GFFL	de Havilland DHC-7-102	74	ex HB-IVY		
☐	C-GFOF	de Havilland DHC-7-102	37	ex N67RM		Op for United Nations
☐	C-GGUL	de Havilland DHC-7-102	70	ex N905HA		Op for RNethAF
☐	C-GGUN	de Havilland DHC-7-110	66	ex N66SU	stored YYB	
☐	C-GJPI	de Havilland DHC-7-102	36	ex N702GW		Op for Fugro Airborne Surveys
☐	C-GLOL	de Havilland DHC-7-102	39	ex HB-IVW		Op for United Nations
☐	C-FEYG	de Havilland DHC-8-311	320	ex N320BC		Op for UN
☐	C-FEXZ	de Havilland DHC-8-314	319	ex G-BRYJ		
☐	C-FEZD	de Havilland DHC-8-311	385	ex LN-WFR		
☐	C-FIQT	de Havilland DHC-8-315	395	ex N342EN		
☐	C-FNCU	de Havilland DHC-8-311	517	ex G-NVSB		Op for UN?
☐	C-GHQZ	de Havilland DHC-8-314	370	ex OE-LLY		Lsd fr Bombardier Capital
☐	C-FIPX	Canadair CL-600-2B19 (CRJ-200)	7036	ex N652ML	stored	
☐	C-FMCY	Canadair CL-600-2B19 (CRJ-200)	7064	ex D-ACLP		
☐	C-FMUV	Canadair CL-600-2B19 (CRJ-200)	7073	ex D-ACLQ		
☐	C-FZVW	Beech 200 Super King Air	BB-787	ex N26G		
☐	C-FZVX	Beech 200 Super King Air	BB-231	ex N200FH		
☐	C-GIND	Beech 200C Super King Air B	BL-42	ex N819CD		
☐	C-GJJT	Beech 200 Super King Air	BB-828	ex N62GA		

WAASHESHKUN AIRWAYS
Baie du Poste (Mistassini Lake), ON

☐	C-FDIO	de Havilland DHC-3 Otter	452	ex TAF 9102	Floatplane or wheels/skis	

WABAKIMI AIR
Armstrong, ON (YYW)

☐	CF-BJY	de Havilland DHC-2 Beaver	173	ex N4792C	Floatplane or wheels/skis	
☐	C-FBPC	de Havilland DHC-2 Beaver	144	ex VH-AAS	Floatplane or wheels/skis	
☐	C-FYLZ	de Havilland DHC-3 Otter	247	ex VH-SBR	Floatplane or wheels/skis	

WABUSK AIR SERVICE
Moosonee, ON (YMO)

☐	C-GKMW	Piper PA-31 Turbo Navajo	31-725	ex N231CD	
☐	C-GLEW	Piper PA-31 Turbo Navajo	31-685	ex N6775L	
☐	C-GMNX	Piper PA-31 Turbo Navajo	31-528	ex N6601L	
☐	C-GRVW	Piper PA-31 Turbo Navajo	31-618	ex N123SA	
☐	C-GWLW	Piper PA-31-350 Navajo Chieftain	31-7405221	ex N54277	
☐	C-FDOY	Beech 100 King Air	B-120		

Wabusk Air Service is the trading name of 164061 BC

WAHKASH CONTRACTING
Campbell River, BC (YBL)

Previously listed as Carilair Charters

☐	C-FIGF	de Havilland DHC-2 Beaver	834	ex CF-IGF	
☐	C-GVHT	de Havilland DHC-2 Beaver	257	ex 51-16797	

WALSTEN AIR SERVICE
Walsten (WAS)   *Kenora, ON (YQK)*

☐	C-GFZQ	Cessna U206E Super Skywagon	U20601543	ex N9143M	Floatplane	
☐	C-GJLI	Beech 200 Super King Air	BB-347	ex N424CR		

Current status uncertain

WAMAIR SERVICE & OUTFITTING
Matheson Island, MN

☐	C-FLXY	Cessna 208 Caravan I	20800297	ex N208LA	
☐	C-FWAM	Cessna 208B Caravan I	208B0561	ex SE-LPZ	
☐	C-FXOQ	Piper PA-31 Turbo Navajo	31-440	ex N6478L	
☐	C-GDCJ	de Havilland DHC-2 Beaver	1055	ex N4411F	Floatplane or wheels/skis
☐	C-GEIF	Cessna U206F Stationair 6	U20602938		Floatplane or wheels/skis
☐	C-GKCK	Cessna U206E Super Skywagon	U20601487	ex N1487M	Floatplane or wheels/skis
☐	C-GRNK	Piper PA-31-350 Navajo Chieftain	31-7652112	ex N59888	
☐	C-GWAB	Cessna A185F Skywagon	18502399		Floatplane or wheels/skis

WASAYA AIRWAYS
Wasaya (WT/WSG)   *Thunder Bay, ON (YQT)*

☐	C-FKPI	Pilatus PC-12/45	250	ex N250PB	
☐	C-FKRB	Pilatus PC-12/45	233	ex HB-FRD	
☐	C-FKUL	Pilatus PC-12/45	204		
☐	C-FSRK	Pilatus PC-12/45	202	ex ZS-SRK	

☐	C-FWAV	Pilatus PC-12/45	280	ex N280PC	
☐	C-FYZS	Pilatus PC-12/45	227	ex N227PC	
☐	C-GBJV	Pilatus PC-12/45	237	ex HB-FRH	
☐	C-GBXW	Pilatus PC-12/45	170	ex N170PD	
☐	C-GKPL	Pilatus PC-12/45	245	ex ZS-DET	
☐	C-GPAI	Pilatus PC-12/45	4910	ex C	
☐	C-FFFS	Hawker Siddeley HS.748 Srs.2A/209LFD	1663	ex G-BHCJ	806; Freighter
☐	C-FTTW	Hawker Siddeley HS.748 Srs.2A/264	1681	ex G-AYIR	805; Freighter
☐	C-FPCC	Cessna 208B Caravan I	208B0840	ex N52623	
☐	C-FWAU	Beech 1900D	UE-164	ex	
☐	C-FWAW	Cessna 208B Caravan I	208B0895	ex N5265B	
☐	C-FWAX	Beech 1900D	UE-297	ex N21679	
☐	C-GLTC	Hawker Siddeley HS.748 Srs.2A/244LFD	1656	ex N57910	801; Super Tanker
☐	C-GMAA	Hawker Siddeley HS.748 Srs.2A/214LFD	1576	ex TR-LQY	807; Freighter
☐	C-GSWA	Beech 1900D	UE-34	ex N83801	
☐	C-GZVJ	Beech 1900D	UE-223	ex N1123J	

WATSON'S SKYWAYS

Wawa-Hawk Junction, ON (YXZ)

☐	C-FAZQ	Cessna U206 Super Skywagon	U206-0337	ex CF-AZQ	Floatplane or wheels
☐	C-GOFB	de Havilland DHC-3 Otter	39	ex RCAF 3681	Floatplane or wheels

WAWEIG AIR

Armstrong, ON (YYW)

☐	C-FQND	de Havilland DHC-3 Turbo Otter	233	ex N5235G	Floatplane
☐	C-FYCX	de Havilland DHC-3 Turbo Otter	44	ex N10704	Floatplane
☐	C-GMLB	de Havilland DHC-3 Turbo Otter	359	ex N10708	Floatplane
☐	C-GNZO	de Havilland DHC-2 Beaver	399	ex 51-16844	Floatplane

Waweig Air is the trading name of 1401380 Ontario Ltd

WEAGAMOW AIR

Weagamow-Round Lake, ON (ZRJ)

☐	C-FLIN	Piper PA-31-350 Chieftain	31-8152013	ex N81TT	
☐	C-FOCD	de Havilland DHC-2 Beaver	24		Floatplane or wheels/skis
☐	C-GNNO	Cessna A185F Skywagon	18502685	ex (N1016F)	Floatplane

WEST COAST AIR
(8O) (IATA 222)

Vancouver-Coal Harbor, BC (CXH)

☐	C-FAWA	de Havilland DHC-2 Beaver	1430	ex VH-IDR	Floatplane
☐	C-FEBE	de Havilland DHC-2 Beaver	792	ex N9983B	Floatplane
☐	C-FEGE	de Havilland DHC-2 Beaver	1539	ex CF-EGE	Floatplane
☐	C-FJBP	de Havilland DHC-2 Beaver	942	ex CF-JBP	Floatplane
☐	C-FGQZ	de Havilland DHC-2 Beaver	118	ex CF-GQZ	Floatplane
☐	C-FWAC	de Havilland DHC-2 Beaver	1356	ex N68089	Floatplane
☐	C-GEZS	de Havilland DHC-2 Beaver	1277	ex 57-6170	Floatplane
☐	C-GFDI	de Havilland DHC-2 Beaver	606	ex 53-2810	Floatplane
☐	C-GHMI	de Havilland DHC-2 Beaver	1215	ex ZA-CAJ	Floatplane
☐	C-GMGD	de Havilland DHC-2 Beaver	519		Floatplane
☐	C-GMKP	de Havilland DHC-2 Beaver	1374	ex N87775	Floatplane
☐	C-GOLC	de Havilland DHC-2 Beaver	1392	ex N62354	Floatplane
☐	C-GTBQ	de Havilland DHC-2 Beaver	1316	ex N9036	Floatplane
☐	C-FGQE	de Havilland DHC-6 Twin Otter 100	40	ex CF-GQE	Floatplane
☐	C-FGQH	de Havilland DHC-6 Twin Otter 100	106	ex 8Q-MAF	Floatplane
☐	C-FMHR	de Havilland DHC-6 Twin Otter 100	51	ex CF-MHR	Floatplane
☐	C-FWTE	de Havilland DHC-6 Twin Otter 100	96	ex CF-WTE	Floatplane
☐	C-GJAW	de Havilland DHC-6 Twin Otter 200	176	ex N2261L	Floatplane
☐	C-GQKN	de Havilland DHC-6 Twin Otter 100	94	ex PZ-TAV	Floatplane

WEST COAST HELICOPTERS

Port McNeill, BC (YMP)

☐	C-FNTA	Aerospatiale AS.350B AStar	1356	ex N511FP	
☐	C-FWCD	Aerospatiale AS.350B AStar	1854	ex C-FQCD	
☐	C-FWCH	Aerospatiale AS.350B AStar	1696	ex C-FSUL	
☐	C-FWCO	Aerospatiale AS.350BA AStar	2868	ex C-FVTM	
☐	C-FWCR	Aerospatiale AS.350B2 AStar	2204	ex F-GMBZ	
☐	C-FWCS	Aerospatiale AS.350B2 AStar	1990	ex C-FSWH	
☐	C-FWCW	Aerospatiale AS.350B2 AStar	3651		
☐	C-FWEC	Aerospatiale AS.350B2 AStar	3221	ex C-FWCN	
☐	C-GAVU	Aerospatiale AS.350BA AStar	2533	ex PT-YAE	
☐	C-GMEP	Bell 206B JetRanger III	3055		

WEST WIND AVIATION
Westwind (WEW) — Regina, SK (YQR)

☐	C-FCPD	British Aerospace Jetstream 31	822	ex G-31-822	
☐	C-FDAD	Cessna 401A	401A0058	ex N6601L	
☐	C-FWWQ	Beech 200 Super King Air	BB-667	ex N667NA	
☐	C-FZJE	Cessna 401B	401B0032	ex (N7931Q)	
☐	C-GADI	Beech 200 Super King Air	BB-853	ex N44SR	
☐	C-GAXR	Cessna 401B	401B0050	ex N1250C	
☐	C-GEUY	Cessna 414 II	414-0821		
☐	C-GHGK	British Aerospace Jetstream 31	786	ex N786SC	
☐	C-GMAG	Beech 100A King Air	B-229		
☐	C-GGPX	Cessna 402C II	402C0280		
☐	C-GPRT	Beech 1900C	UC-140	ex N140YV	Operates in Pronto A/w colours
☐	C-GRSY	Cessna 401	401-0248	ex N8400F	
☐	C-GWWB	Cessna 414	414-0514	ex N414DM	
☐	C-GWWC	ATR 42-300	209	ex N209AT	Lsd fr Magellan
☐	C-GWWD	ATR 42-300	211	ex N213AT	
☐	C-GWWN	Beech 200 Super King Air	BB-14	ex N418CS	
☐	C-GWWQ	Beech 100 King Air	B-75	ex N300DA	
☐	C-GWWR	ATR 42-300	238	ex G-RHUM	
☐	C-GWWX	Beech 1900C-1	UC-44	ex OY-JRI	
☐	C-GWWY	Beech 1900C-1	UC-63	ex ZS-PDI	

WESTAIR AVIATION
Northen life (NLF) — Kamloops, BC (YKA)

☐	C-FRJE	Piper PA-31T Cheyenne II	31T-7820002		
☐	C-GPIM	Piper PA-31T Cheyenne II	31T-8020065	ex C-GNAM	
☐	C-GVKA	Piper PA-31T Cheyenne II	31T-7920008	ex N9715N	
☐	C-GXAJ	Cessna U206F Stationair II	U20602810	ex N35935	

WESTCAN INTERNATIONAL AIR
Edmonton, AB

☐	C-GHWC	Boeing 727-22C (Raisbeck 3)	19195/406	ex N792A	Lsd fr Savanna Avn

WESTJET
Westjet (WS/WJA) — Calgary-Intl, AB (YYC)

☐	C-FAWJ	Boeing 737-8CT/W	35502/2323		807	
☐	C-FBWJ	Boeing 737-7CT/W	32767/1629	ex (C-GWSA)	230	Lsd fr Avn Capital Grp
☐	C-FEWJ	Boeing 737-7CT/W	32769/1665		232	
☐	C-FGWJ	Boeing 737-7CT/W	32764/1553		226	
☐	C-FIWJ	Boeing 737-7CT/W	30712/2185		240	Lsd fr ILFC
☐	C-FIWS	Boeing 737-76N/W	32404/851		001	Lsd fr GECAS
☐	C-FJWS	Boeing 737-76N/W	28651/872		002	Lsd fr GECAS
☐	C-FKWS	Boeing 737-76N/W	30134/905	ex N1787B	003	Lsd fr GECAS
☐	C-FMWJ	Boeing 737-7CT/W	32771/1754		233	
☐	C-FTWJ	Boeing 737-7CT/W	30713/2220	ex N1786B	241	Lsd fr ILFC
☐	C-FUWS	Boeing 737-7CT/W	32765/1574		228	
☐	C-FWAD	Boeing 737-7CT/W	32753/1222		201	
☐	C-FWAF	Boeing 737-7CT/W	32747/1239		202	
☐	C-FWAI	Boeing 737-7CT/W	33656/1246		203	
☐	C-FWAO	Boeing 737-7CT/W	33657/1254		205	
☐	C-FWAQ	Boeing 737-7CT/W	32748/1266		206	
☐	C-FWBG	Boeing 737-7CT/W	32749/1281		207	
☐	C-FWBL	Boeing 737-7CT/W	32750/1286		208	
☐	C-FWBW	Boeing 737-7CT/W	33697/1303		209	
☐	C-FWBX	Boeing 737-7CT/W	32751/1333		210	
☐	C-FWCC	Boeing 737-7CT/W	32752/1339		211	
☐	C-FWCN	Boeing 737-7CT/W	33698/1346		212	
☐	C-FWSF	Boeing 737-7CT/W	32758/1431		218	
☐	C-FWSO	Boeing 737-7CT/W	32759/1445		219	
☐	C-FWSV	Boeing 737-7CT/W	32760/1472		220	
☐	C-FWSX	Boeing 737-7CT/W	32761/1493		221	
☐	C-FWSY	Boeing 737-7CT/W	32762/1501		222	
☐	C-FXWJ	Boeing 737-7CT/W	32768/1648	ex (C-GZWS)	231	Lsd fr Avn Capital Grp
☐	C-FZWS	Boeing 737-76N/W	32731/1044		006	Lsd fr GECAS
☐	C-GBWS	Boeing 737-6CT	34288/1931		608	
☐	C-GCWJ	Boeing 737-7CT/W	33970/1556		227	
☐	C-GEWJ	Boeing 737-6CT	35571/2045		615	
☐	C-GGWJ	Boeing 737-7CT/W	35503/2334		242	Lsd fr ILFC
☐	C-GJWS	Boeing 737-8CT/W	34152/1714		802	
☐	C-GKWJ	Boeing 737-8CT/W	34151/1684		801	
☐	C-GLWS	Boeing 737-76N/W	32581/1009	ex N1787B	005	Lsd fr GECAS
☐	C-GMWJ	Boeing 737-7CT/W	35985/2135	ex N1779B	239	
☐	C-GPWS	Boeing 737-6CT	34284/1759		601	
☐	C-GQWJ	Boeing 737-7CT/W	35505/2436	ex N1786B	246	Lsd fr ILFC
☐	C-GRWS	Boeing 737-76N/W	32881/1155		007	Lsd fr GECAS
☐	C-GTWS	Boeing 737-76N/W	32883/1179		008	Lsd fr GECAS

113

☐	C-GUWJ	Boeing 737-7CT/W	36422/2497	ex N1786B		
☐	C-GUWS	Boeing 737-76N/W	33378/1206		009	Lsd fr GECAS
☐	C-GVWJ	Boeing 737-7CT/W	36421/2484	ex N1786B		
☐	C-GWAZ	Boeing 737-7CT/W	32763/1522		223	
☐	C-GWBF	Boeing 737-7CT/W	32757/1370		213	
☐	C-GWBJ	Boeing 737-7CT/W	32754/1385	ex N1787B	215	
☐	C-GWBL	Boeing 737-8CT	34154/1734		806	
☐	C-GWBN	Boeing 737-7CT/W	34155/1772		235	
☐	C-GWBT	Boeing 737-7CT/W	32755/1396		216	
☐	C-GWBX	Boeing 737-7CT/W	34156/1793		236	
☐	C-GWCM	Boeing 737-7CT/W	32756/1413		217	
☐	C-GWCN	Boeing 737-7CT/W	34157/1818	ex N1784B	237	
☐	C-GWCQ	Boeing 737-6CT	35111/2004		610	
☐	C-GWCT	Boeing 737-6CT	35112/2016		611	
☐	C-GWCY	Boeing 737-6CT	35113/2022		612	
☐	C-GWJE	Boeing 737-7CT/W	35078/2431		245	Lsd fr BOC Aviation
☐	C-GWJF	Boeing 737-7CT/W	32766/1599		229	
☐	C-GWJG	Boeing 737-7CT/W	35504/2366	ex N1786B	243	Lsd fr ILFC
☐	C-GWJK	Boeing 737-7CT/W	35084		on order	Lsd fr BOC Aviation
☐	C-GWJO	Boeing 737-7CT/W	33969/1527		225	
☐	C-GWJU	Boeing 737-6CT	34289/1956		609	
☐	C-GWSA	Boeing 737-8CT/W	34153/1731		805	
☐	C-GWSB	Boeing 737-6CT	34285/1797		602	
☐	C-GWSE	Boeing 737-76N/W	33379/1216		010	Lsd fr GECAS
☐	C-GWSH	Boeing 737-76N/W	29886/1258		011	Lsd fr GECAS
☐	C-GWSI	Boeing 737-6CT	34286/1816		603	
☐	C-GWSJ	Boeing 737-6CT	34621/1862		605	
☐	C-GWSK	Boeing 737-6CT	34287/1912	ex N1787B	607	
☐	C-GWSL	Boeing 737-6CT	34633/1884		606	
☐	C-GWWJ	Boeing 737-8CT/W	35080		on order	Lsd fr BOC Aviation
☐	C-GXWJ	Boeing 737-6CT	35570/2032		613	
☐	C-GYWJ	Boeing 737-7CT/W	32772/1879		238	
☐	C-GZWS	Boeing 737-8CT/W	32770/1719		803	
☐	C-G	Boeing 737-6CT			on order	
☐	C-	Boeing 737-7CT/W			on order	
☐	C-	Boeing 737-7CT/W			on order	
☐	C-	Boeing 737-7CT/W			on order	
☐	C-	Boeing 737-8CT/W			on order	

Twenty-nine more Boeing 737s are on order including six -7CT/Ws and two -8CT/Ws leased from BOC Aviation in 2009/2010 and 20 more -7CTs in 2012 (14) and 2013 (6)

WESTLAND HELICOPTERS

Houston, BC

☐	C-FMQT	Bell 206 JetRanger II	1950	ex N950PC	
☐	C-GQKT	Bell 206 JetRanger II	2148		

WHISTLER AIR SERVICES

Whistler, BC (YWS)

☐	C-FSKZ	de Havilland DHC-2 Beaver	1594	ex CF-SKZ	Floatplane
☐	C-GEND	de Havilland DHC-3 Turbo Otter	371	ex N83U	Floatplane

WHITE RIVER AIR

White River, ON (YWR)

☐	CF-FHR	de Havilland DHC-2 Beaver	46		
☐	C-FWRA	de Havilland DHC-3 Otter	213	ex India IM1714	

White River Air is the trading name of 612372 Ontario

WILDCAT HELICOPTERS

Penticton, BC (YYF)

☐	C-FCAN	Bell 212	30919	ex XA-IOW	
☐	C-GGAT	Bell 212	30846	ex N16796	
☐	C-GSGT	Bell 212	30771	ex C-FSAT	
☐	C-GSRH	Bell 212	30895		
☐	C-GSRH	Bell 212	30895		

WILDERNESS AIR

Vermillion Bay, ON (YVG)

☐	C-FGMK	de Havilland DHC-2 Beaver	1329	ex 58-2003	Floatplane
☐	C-FJOF	de Havilland DHC-2 Beaver	1053	ex CF-JOF	Floatplane
☐	C-FODV	de Havilland DHC-3 Otter	411	ex CF-ODV	Floatplane
☐	C-GFZF	Cessna A185E Skywagon	18502002	ex N70118	Floatplane
☐	C-GLAB	de Havilland DHC-3 Otter	348	ex 59-2210	Floatplane

WILDERNESS HELICOPTERS
Wawa-Hawk Junction, ON (YXZ)

☐ C-FALS	Bell 206L LongRanger	45061	ex N56DE	
☐ C-GMCJ	Bell 206L-3 LongRanger III	51459		
☐ C-GTRH	Bell 212	30778	ex N9937K	
☐ C-GWHA	Bell 206L-1 LongRanger II	45694	ex N82KA	
☐ C-GWHM	Bell 206L-3 LongRanger III	51009	ex N22621	

WILLISTON LAKE AIR SERVICES
Mackenzie, BC (YZY)

☐ C-FBAD	Piper PA-31-350 Navajo Chieftain	31-7752101	ex N6196C
☐ CF-VZE	Cessna TP206B Stationair	P2060380	
☐ C-GRWP	Piper PA-31-350 Chieftain	31-7952095	

WINDWARD AIR SERVICES
Toronto, ON

☐ C-GAGE	Cessna 441 Conquest	441-0214	ex N792KC	

Operates as Lake Central Airways, trading name of 126700 Aircraft Canada

WOLVERINE AIR
Fort Simpson, NT (YFS)

☐ C-FTQB	Cessna A185F Skywagon	18501655	ex (N1948U)	
☐ C-GHKB	Cessna 207 Skywagon	20700228	ex N1628U	
☐ C-GIHF	Britten-Norman BN-2A-26 Islander	475	ex G-BDJU	
☐ C-GQOA	Cessna U206G Stationair 6	U20604993	ex (N4600U)	
☐ C-GTUG	Cessna U206G Stationair 6	U20606214	ex (N6282Z)	

YELLOWHEAD HELICOPTERS
Valemount, BC

☐ C-FPQX	Bell 206B JetRanger	1330		
☐ C-FYHB	Bell 206B JetRanger	1655	ex C-GCHH	
☐ C-FYHJ	Bell 206B JetRanger III	2900	ex N344P	
☐ C-GDGH	Bell 206B JetRanger	2476	ex N352E	
☐ C-GVIF	Bell 206B JetRanger	782	ex N8110J	
☐ C-GXYH	Bell 206B JetRanger III	2267	ex N130VG	
☐ C-GYHL	Bell 206B JetRanger III	1702		
☐ C-GYHR	Bell 206B JetRanger III	2571	ex N5015A	
☐ C-GYHT	Bell 206B JetRanger III	4104	ex HL9107	
☐ C-FGYH	Bell 407	53641		
☐ C-FYHD	Bell 205A-1	30128	ex C-FNMO	
☐ C-FYYH	Bell 206L-1 LongRanger	45643	ex N2630	
☐ C-GJWC	Cessna T210L Turbo Centurion II	21060438	ex N93858	
☐ C-GYHP	Bell 206L-1 LongRanger	45400	ex N2621	
☐ C-GYHQ	Bell 206L-1 LongRanger	45419	ex N2629	
☐ C-GYHU	Bell 204C	2053	ex N120LA	
☐ C-GYHX	Bell 206L-3 LongRanger III	51545	ex N206AC	

ZIMMER AIR SERVICES
Blenheim, ON

☐ C-FIHC	Aerospatiale AS.355F1 AStar 2	5191		
☐ C-GBCL	Bell 206B JetRanger II	3458	ex N2145R	
☐ C-GFEC	Bell 206B JetRanger II	1611		
☐ C-GHSW	Aerospatiale AS.350D AStar	1082	ex N4268V	
☐ C-GMLO	Bell 206B JetRanger	957	ex N809JA	

ZOOM AIRLINES
Zoom (Z4/OOM) *Ottawa, ON (YOW*

☐ C-GTSN	Boeing 757-28A	24543/286	ex C-GNXU	201;City of Montreal	Lsd fr Arkia Leasing
☐ C-GZMM	Boeing 767-328ER	27136/497	ex N221LF	102; City of Halifax	Lsd fr Castle 2003-1A
☐ C-GZNC	Boeing 767-306ER	26263/592	ex PH-BZC	104; City of Vancouver	Lsd fr ILFC
☐ C-GZUM	Boeing 767-328ER	27135/493	ex F-GHGI	101; City of Ottawa	Lsd fr AerCap

Owns 92.5 % of Zoom Airlines (UK)

115

CC- CHILE (Republic of Chile)

AEROLINEA PRINCIPAL CHILE
Santiago-Benitez Intl (SCL)

☐	CC-CAL	Boeing 737-33A	23635/1436	ex SE-RCO	Lsd fr AWAS
☐	EC-JHV	Boeing 737-8FH/W	30826/1732	ex N3775	Lsd fr FUA
☐	EC-KKU	Boeing 737-86N/W	32658/1695	ex D-ALIG	Lsd fr FUA

AEROSERVICIO

☐	CC-CDR	Cessna 208B Caravan I	208B1202	ex N13194	
☐	CC-CEI	Cessna 421C Golden Eagle III	421C0655	ex CC-PFM	

AEROVIAS DAP
Dap (DAP)   *Punta Arenas (PUQ)*

☐	CC-CHV	de Havilland DHC-6 Twin Otter 300	709	ex (G-BHUY)	
☐	CC-CLT	CASA C.212-100	A10-1-103	ex E-210	stored PUQ
☐	CC-CLV	Cessna 402C	402C0073	ex CC-CDU	
☐	CC-CLY	Beech 100 King Air	B-79	ex CC-PIE	
☐	CC-COV	Cessna 402C	402C0282	ex CC-CDS	
☐	CC-CZP	British Aerospace 146 Srs.200	E2042	ex G-FLTD	

Aerovias Dap is a trading name of Pivcevic Companies; also quoted as DAP Airways

AIR COMET CHILE
Del Sur (3I/DLU) (IATA 393)   *Santiago-Benitez Intl (SCL)*

Previously listed as Aerolineas del Sur

☐	CC-CFD	Boeing 737-2T7 (AvAero 3)	22761/850	ex N983PG	Magallanes	Lsd fr Pegasus
☐	CC-CGM	Boeing 737-217 (AvAero 3)	22256/672	ex N982PG		Lsd fr PALS III
☐	CC-CJP	Boeing 737-2T7 (AvAero 3)	22762/856	ex N984PG	Tarapaca	Lsd fr Pegasus
☐	CC-CSK	Boeing 737-281	20562/293	ex LV-WSY		Lsd fr ARG
☐	CC-CSW	Boeing 737-228	23002/937	ex LV-ZTI		Lsd fr AUT
☐	CC-CZK	Boeing 737-236	21804/686	ex G-BGDP		Lsd fr GECAS
☐	CC-CZO	Boeing 737-236	22030/693	ex G-BGJI		Lsd fr Polaris

Wholly owned subsidiary of Aerolineas Argentinas, registered to Aerolineas Austral Chile

ALPINE AIR EXPRESS CHILE
Believed to have ceased operations

BOSQUES ARAUCO

☐	CC-CBB	Bell UH-1H	5162	ex N647F
☐	CC-CBH	Bell UH-1H	5843	ex N49KP
☐	CC-CBL	Bell UH-1H	9495	ex N97KP
☐	CC-CBO	Bell UH-1H	4133	ex N3149N
☐	CC-CBU	Bell UH-1H	4060	ex N768MC
☐	CC-CBW	Bell UH-1H	10810	ex N45401
☐	CC-CBY	Bell UH-1H	9445	ex N62615
☐	CC-CBZ	Bell UH-1H	10091	ex N6259T

COPTERS
Copters (KOP)   *Rancagua (QRC)*

☐	CC-CLE	Bell UH-1H	8535	ex N46666
☐	CC-CLK	Bell UH-1H	4902	ex N38CF

Copters is the trading name of Servicios Aereos Copters

CORRETAJES VEDISA
Santiago-Benitez Intl (SCL)

☐	CC-PFL	Boeing 727-225 (FedEx 3)	22433/1668	ex CC-CAL	stored SCL awaiting AOC

DAP HELICOPTEROS
HeliDap (DHE)   *Punta Arenas (PUQ)*

☐	CC-CHK	MBB 105CB-4-2	S-687	ex H-62	EMS
☐	CC-CHM	MBB 105CB-4-2	S-688	ex H-63	EMS
☐	CC-CHN	MBB 105CB-4-2	S-689	ex H-64	EMS
☐	CC-CHQ	MBB 105CB-4-2	S-708	ex H-65	EMS
☐	CC-CHR	MBB 105CB-4-2	S-710	ex H-66	EMS
☐	CC-CCA	Eurocopter EC.135T1	0122	ex N214TD	
☐	CC-CIB	Aerospatiale AS.355F2 Ecureuil 2	5371	ex XA-MDE	

☐	CC-CIK	Aerospatiale AS.355F2 Ecureuil 2	5413	ex N710KM		
☐	CC-CIN	Aerospatiale AS.355F1 Ecureuil 2	5147	ex N22TS		
☐	CC-CMV	Aerospatiale AS.355F2 Ecureuil 2	5372	ex N225CC		

EAGLE COPTERS

☐	CC-CAF	Bell 204B	2010	ex CC-CLI	
☐	CC-CIS	Bell 212	30932	ex CS-HFY	Lsd to INAER
☐	CC-CIY	Bell 212	30685	ex CS-HFW	Lsd to INAER

EMPRESSA AERO - SERVICIOS PARRAGUE
Aspar (PRG)
Santiago

☐	CC-CDT	Canadian Vickers PBY-5A Catalina	CV-332	ex F-YCHB	32
☐	CC-CNP	Consolidated PBY-6A Catalina	2029	ex EC-FXN	35

Operates mainly in the firebombing role, aircraft spend time in Europe operated by ATA-Aerocondor

HELICOPTEROS DEL PACIFICO
Temuco

☐	CC-CLO	Bell UH-1H	5057	ex EC-GOC	
☐	CC-COW	Bell UH-1H	5844	ex N7232K	
☐	CC-CPT	Garlick-Bell UH-1D	8001	ex 70+01	
☐	CC-CPU	Garlick-Bell UH-1D	8115	ex 70+55	
☐	CC-CPY	Garlick-Bell UH-1D	8205	ex 71+45	
☐	CC-CPZ	Garlick-Bell UH-1D	8221	ex 71+61	

HELICOPTEROS NIMBUS
Sole aircraft now registered to Corretajes Vedisa after reregistration

HELICOPTERS CHILE
Machali Heliport

☐	CC-CLB	Bell UH-1H	5892	ex N28BC	
☐	CC-CLF	Bell AH-1S	24060	ex N82277	

HELIWORKS
Heliworks (HLW)
Concepion (CCP)

☐	CC-CHU	Lockheed P2V-7S Neptune	726-7217	ex N703AU	03

INAER HELICOPTER CHILE

☐	CC-CIQ	Bell 205A-1	30134	ex EC-GAA	Lsd fr Helisureste
☐	CC-CIS	Bell 212	30932	ex CS-HFY	Lsd fr Eagle Copters
☐	CC-CIU	Bell 407	53727	ex C-FLFC	
☐	CC-CIY	Bell 212	30685	ex CS-HFW	Lsd fr Eagle Copters

LAN AIRLINES
LAN (LA/LAN) (IATA 045)
Santiago-Benitez Intl (SCL)

☐	CC-CVA	Airbus A318-122	3001	ex D-AUAI	
☐	CC-CVB	Airbus A318-122	3030	ex D-AUAK	
☐	CC-CVF	Airbus A318-122	3062	ex D-AUAM	
☐	CC-CVH	Airbus A318-122	3214	ex D-AUAD	
☐	CC-CVN	Airbus A318-122	3216	ex D-AUAE	
☐	CC-CVP	Airbus A318-122	3371	ex D-AUAC	
☐	CC-CVR	Airbus A318-122		ex D-AU	on order
☐	CC-CVS	Airbus A318-122		ex D-AU	on order
☐	CC-CVU	Airbus A318-122		ex D-AU	on order
☐	CC-CVV	Airbus A318-122		ex D-AU	on order
☐	CC-	Airbus A318-122		ex D-AU	on order
☐	CC-	Airbus A318-122		ex D-AU	on order
☐	CC-	Airbus A318-122		ex D-AU	on order

☐ 16 more Airbus A318-122s are on order for delivery in 2009 (3), 2010 (2), 2011 (3), 2012 (3) and 2013 (5)

☐	CC-COU	Airbus A319-132	2089	ex D-AVWL	Lsd to LXP
☐	CC-COX	Airbus A319-132	2096	ex D-AVYN	Lsd to LXP
☐	CC-COY	Airbus A319-132	2295	ex D-AVWA	
☐	CC-COZ	Airbus A319-132	2304	ex D-AVWN	
☐	CC-CPE	Airbus A319-132	2321	ex D-AVYO	
☐	CC-CPF	Airbus A319-132	2572	ex D-AVXC	Lsd to LPE
☐	CC-CPI	Airbus A319-132	2585	ex D-AVXH	Lsd to LPE
☐	CC-CPJ*	Airbus A319-132	2845	ex D-AVYX	
☐	CC-CPL*	Airbus A319-132	2858	ex D-AVYB	
☐	CC-CPM*	Airbus A319-132	2864	ex D-AVWC	
☐	CC-CPO*	Airbus A319-132	2872	ex D-AVWJ	
☐	CC-CPQ*	Airbus A319-132	2886	ex D-AVXP	

	Registration	Type	MSN	ex	Notes	Lease
☐	CC-CPX*	Airbus A319-132	2887	ex D-AVYF		
☐	CC-CQK	Airbus A319-132	2892	ex D-AVYV		
☐	CC-CQL	Airbus A319-132	2894	ex D-AVWE		
☐	CC-COC	Airbus A320-233	1304	ex F-WWBV		
☐	CC-COD	Airbus A320-233	1332	ex F-WWDL		
☐	CC-COE	Airbus A320-233	1351	ex F-WWIC		
☐	CC-COF	Airbus A320-233	1355	ex F-WWBE		
☐	CC-COG*	Airbus A320-233	1491	ex VP-BCJ		Lsd to DSM
☐	CC-COI	Airbus A320-233	1526	ex F-WWIM		
☐	CC-COK	Airbus A320-233	1548	ex F-WWDB		
☐	CC-COL*	Airbus A320-233	1568	ex VP-BCK		
☐	CC-COM	Airbus A320-233	1626	ex F-WWDL		
☐	CC-CQM	Airbus A320-233	3280	ex F-WWDM		
☐	CC-CQN	Airbus A320-233	3319	ex F-WWDC		
☐	CC-CZB	Airbus A320-232	0990	ex EI-DIU		Lsd fr BOC Aviation
☐	CC-	Airbus A320-233		ex F-WW	on order	
☐	CC-	Airbus A320-233		ex F-WW	on order	
☐	LV-BET*	Airbus A320-233	1854	ex CC-COO		Lsd to DSM
☐	LV-BFO	Airbus A320-233	1877	ex CC-COQ		Lsd to DSM
☐	LV-BFY	Airbus A320-233	1858	ex CC-COP		Lsd to DSM
☐	LV-BGI	Airbus A320-233	1903	ex CC-COT		Lsd to DSM
☐	LV-BHU	Airbus A320-233	1512	ex CC-COH		Lsd to DSM

☐ *Leased from Transport Aviation Leasing; a further 15 Airbus A320s are on order for delivery by 2011

	Registration	Type	MSN	ex	Notes	Lease
☐	CC-CQA	Airbus A340-313X	359	ex F-WWJY		
☐	CC-CQC	Airbus A340-313X	363	ex F-WWJZ		
☐	CC-CQE	Airbus A340-313X	429	ex F-WWJQ		
☐	CC-CQF	Airbus A340-313X	442	ex F-WWJY		
☐	CC-CQG	Airbus A340-313X	167	ex C-FYLC		
☐	CC-	Airbus A340-313X	170	ex C-FYLD	on order	
☐	CC-	Airbus A340-313X	273	ex C-GDVW	on order	
☐	CC-	Airbus A340-313X	278	ex C-GDVZ	on order	
☐	CC-CDB	Boeing 737-230 (Nordam 3)	22120/715	ex N122NJ		Lsd fr Finova
☐	CC-CDL	Boeing 737-230 (Nordam 3)	22122/721	ex N124NJ		Lsd fr Finova; sublsd DSM
☐	CC-CQQ	Boeing 737-230 (Nordam 3)	22115/694	ex N115AD		Lsd fr ADL Leasing
☐	CC-CQR	Boeing 737-230 (Nordam 3)	22128/752	ex N128AD		Lsd fr ADL Leasing
☐	CC-CQS	Boeing 737-230 (Nordam 3)	22127/745	ex N127AD		Lsd fr ADL Leasing
☐	CC-CQT	Boeing 737-230 (Nordam 3)	22124/727	ex N124AD		Lsd fr ADL Leasing
☐	CC-CQU	Boeing 737-230 (Nordam 3)	22126/735	ex N126AD	stored SCL	Lsd fr ADL Leasing
☐	CC-CRR	Boeing 737-230	22114/657	ex D-ABFA		Lsd fr Roxana; sublsd to DSM
☐	CC-CSD	Boeing 737-204F	20417/255	ex TF-ABD		Lsd fr Glendale; sublsd to LCO
☐	CC-CSH	Boeing 737-204	20632/316	ex G-BADP		Lsd fr Glendale
☐	CC-CVC	Boeing 737-229	21596/529	ex OO-SBQ		Lsd fr Glendale
☐	CC-CVD	Boeing 737-229	21840/617	ex OO-SBT		
☐	CC-CVI	Boeing 737-2Q3	22367/706	ex VP-BBO	retd?	Lsd fr European Capital
☐	CC-CVJ	Boeing 737-2Q3	22736/896	ex VP-BBP	retd?	Lsd fr European Capital
☐	CC-CZK	Boeing 737-236	21804/686	ex G-BGDP	for Air Comet Chile	Lsd fr GECAS
☐	CC-CZO	Boeing 737-236	22030/693	ex G-BGJI	for Air Comet Chile	Lsd fr Polaris
☐	CC-CBJ	Boeing 767-316ER	27613/652			Lsd fr ILFC
☐	CC-CCZ	Boeing 767-383ER	24849/330	ex LV-BFV		Lsd fr Guggenheim
☐	CC-CDM	Boeing 767-352ER	26261/575	ex VN-A763		Lsd fr ILFC
☐	CC-CDP	Boeing 767-316ER	27597/602			Lsd fr ILFC
☐	CC-CEB	Boeing 767-316ER	26327/621			Lsd fr ILFC
☐	CC-CEK	Boeing 767-316ER	26329/641			Lsd fr ILFC; sublsd to DSM
☐	CC-CEN	Boeing 767-3Q8ER	26265/570	ex TF-ARB		Lsd fr ILFC; sublsd to DSM
☐	CC-CGN	Boeing 767-383ER	26544/412	ex LN-RCM		Lsd fr Nordsbanken
☐	CC-CLZ	Boeing 767-284ER	24762/307	ex XA-JBC		Lsd fr AWAS; sublsd to AMX
☐	CC-CML	Boeing 767-3Q8ER	28206/694	ex TF-ARA		
☐	CC-CRG	Boeing 767-375ER	25865/430	ex B-2561		Lsd fr CIT Group
☐	CC-CRH	Boeing 767-375ER	25864/426	ex B-2562		Lsd fr GECAS
☐	CC-CRT	Boeing 767-316ER	27615/681			Lsd fr ILFC; sublsd to DSM
☐	CC-CWF	Boeing 767-316ER	34626/940			
☐	CC-CWG	Boeing 767-316ER	34629/944			
☐	CC-CWH	Boeing 767-316ER	34628/945			
☐	CC-CWN	Boeing 767-316ER	35229/949			
☐	CC-CWV	Boeing 767-316ER	35230/955			
☐	CC-CWY	Boeing 767-316ER	35231/961			
☐	CC-CXC	Boeing 767-316ER	36710/962			
☐	CC-CXD	Boeing 767-316ER	35697		on order	
☐	CC-CXE	Boeing 767-316ER	35696		on order	
☐	CC-CXF	Boeing 767-316ER	36711		on order	
☐	CC-CZT	Boeing 767-316ER	29228/699			Lsd fr ILFC
☐	CC-CZU	Boeing 767-316ER	29229/729			Lsd fr ILFC
☐	CC-CZW	Boeing 767-316ER	29227/698			Lsd fr ILFC
☐	CC-	Boeing 767-316ER			on order	
☐	CC-	Boeing 767-316ER			on order	
☐	CC-	Boeing 767-316ER			on order	

7 Boeing 767-316ERs and eight Boeing 767-316ERFs are to be fitted with APB winglets

6 Boeing 787-916s are on order, leased from ILFC for delivery 2011 to 2013 plus 26 ordered direct, model unconfirmed as wellas four 777-F16s, two leased from GECAS.
Owns 74% of ABSA, 39.5% of MAS Air and 25% of Florida West International. LAN Argentina is 70% owned, LAN Ecuador is 45% owned while LAN Peru is 49% owned and operate services with aircraft provided by the parent.
Cargo services operated by LAN Cargo (99.4% owned) while LAN Express (99.4% owned) is low cost domestic operation..
Member of oneworld alliance. LAN Airlines is the trading name of Latin Airline Network; LAN Airlines and TAM-Linhas Aereas formed South American alliance

LAN CARGO
LAN Cargo (UC/LCO) (IATA 527)   Santiago-Benitez Intl (SCL)

☐	CC-CSD	Boeing 737-204F	20417/255	ex TF-ABD	Lsd fr LAN
☐	CC-CZY	Boeing 767-316F	30780/806		
☐	CC-CZZ	Boeing 767-316F	25756/712		Lsd fr Condor Lsg
☐	N312LA	Boeing 767-316F	32572/846		Lsd fr Bluebird Lsg
☐	N314LA	Boeing 767-316F	32573/848		Lsd fr Bluebird Lsg; op by MAA
☐	N316LA	Boeing 767-316F	30842/860		Lsd fr GECAS; op by FWL
☐	N418LA	Boeing 767-316F	34246/936		Lsd fr Cernicalo Lsg
☐	N420LA	Boeing 767-316F	34627/948		Lsd fr Caiquen Lsg; sublsd to MAA
☐	PR-ABB	Boeing 767-316F	29881/778	ex CC-CZY	Lsd to TUS
☐	PR-ABD	Boeing 767-316F	34245/935		Lsd to TUS

99.4% owned by LAN Airlines, part of LAN Cargo Group with MAS Air; Florida West International and ABSA

LAN EXPRESS
LanExpres (LU/LXP)   Santiago-Benitez Intl (SCL)

99.4% owned subsidiary of LAN Airlines and operates aircraft leased from the parent

LASSA - LINEAS DE AEROSERVICIOS
(LSE)   Santiago-Tobalaba

☐	CC-CIZ	Bell UH-1B	1124	ex EC-EOH	
☐	CC-CME	Bell UH-1H	8800	ex EC-GDO	
☐	CC-CMF	Bell UH-1H	5398	ex EC-GDM	
☐	CC-CNF	Bell UH-1H	5949	ex N1214B	
☐	CC-CNH	Bell UH-1H	10484	ex EC-GOH	
☐	CC-CNL	Garrick-Bell UH-1B	318	ex LV-WNR	
☐	CC-CNM	Bell UH-1H	4609	ex N1216Y	
☐	CC-CFY	Piper PA-31 Turbo Navajo	31-600	ex E-203	
☐	CC-CNW	Dornier 228-202K	8063	ex G-BMMR	

LINEA AEREA COSTA NORTE
Costa Norte (NOT)   Iquique (IQQ)

☐	CC-CAJ	Cessna 337H Super Skymaster II	33701860	ex N1368L	
☐	CC-CFU	Rockwell 500S Shrike Commander	3320	ex N348TT	
☐	CC-CFW	Rockwell 500S Shrike Commander	3230	ex N567PT	
☐	CC-CGB	Cessna 337H Super Skymaster II	33701941	ex N123YM	
☐	CC-CGK	Cessna 337H Super Skymaster II	33701818	ex N1326L	
☐	CC-CGX	Rockwell 500S Shrike Commander	3306	ex N10PP	Lsd fr S/A Aeropecsa
☐	CC-CHG	Rockwell 500S Shrike Commander	3293	ex N916AC	Lsd fr S/A Aeropecsa

All Fisheries patrol aircraft

PATAGONIA AIRLINES
                                                                                                  Puerto Montt (PMC)

☐	CC-CFF	Cessna 402C	402C0405	ex CC-CMI	
☐	CC-CFM	Beech 99A	U-145	ex N391MH	
☐	CC-CTR	Cessna 208B Caravan I	208B1537	ex N1277K	

Patagonia Airlines is the trading name of Inversiones Aereas Patagonia

SKY AIRLINE
Aerosky (H2/SKU) (IATA 605)   Santiago-Benitez Intl (SCL)

☐	CC-CAP	Boeing 737-236	22027/654	ex CC-CZM	stored SCL	Lsd fr AerGo Capital
☐	CC-CTB	Boeing 737-2Q3	23481/1241	ex N381AC		Lsd fr AerGo Capital
☐	CC-CTD	Boeing 737-2Q3	23117/1033	ex N380AC		Lsd fr AerGo Capital
☐	CC-CTH	Boeing 737-230 (Nordam 3)	22636/808	ex N271LR	stored SCL	Lsd fr CIT Group
☐	CC-CTJ	Boeing 737-296 (AvAero 3)	22276/665	ex N276AG		Lsd fr Aircraft Guaranty Trust
☐	CC-CTK	Boeing 737-230 (Nordam 3)	22402/744	ex N261LR		Lsd fr CIT Group
☐	CC-CTM	Boeing 737-230	22139/791	ex LV-BBO		
☐	CC-CTX	Boeing 737-2T4 (AvAero 3)	22698/823	ex N722WN		Lsd fr Whirlpool

Sky Airline is the trading name of Sky Service

STAR AIRLINES
(GER)   *Santiago-Benitez Intl (SCL)*

Status uncertain, sole aircraft returned to lessor 28 February 2007

TRANSPORTES AEREOS DON CARLOS
Don Carlos (DCL)   *Coyhaique-Teniente Vidal (GXQ)*

☐ CC-CCB	Cessna 402B	402B1089	ex N82930
☐ CC-CCI	Beech 95-E55 Baron	TE-1008	
☐ CC-CRU	Piper PA-23-250 Aztec C	27-3726	ex CC-PRX

TRANSPORTES AEREOS SAN RAFAEL
San Rafael (SRF)   *Coyhaique-Teniente Vidal (GXQ)*

☐ CC-CEZ	Piper PA-31 Turbo Navajo C	31-7612035	ex CC-PVM
☐ CC-CHI	Piper PA-23-250 Aztec F	27-8054054	ex N805BC
☐ CC-CPN	Piper PA-31 Turbo Navajo C	31-7712052	ex CC-PVB
☐ CC-CSE	Piper PA-31 Turbo Navajo	31-731	ex CC-CKW

CN- MOROCCO (Kingdom of Morocco)

ATLAS BLUE
Atlas Blue (8A/BMM) (IATA 380)   *Marrakesh (RAK)*

☐ CN-RMF	Boeing 737-4B6	24807/1880		Lsd fr RAM
☐ CN-RMG	Boeing 737-4B6	24808/1888		Lsd fr RAM
☐ CN-RMX	Boeing 737-4B6	26526/2219		Lsd fr RAM
☐ CN-RNA	Boeing 737-4B6	26531/2453		Lsd fr RAM
☐ CN-RNC	Boeing 737-4B6	26529/2584		Lsd fr RAM
☐ CN-RND	Boeing 737-4B6	26530/2588		Lsd fr RAM
☐ CN-RNY	Airbus A321-211	2076	ex D-AVZS	Lsd fr RAM
☐ CN-ROF	Airbus A321-211	2726	ex D-AVZO	Lsd fr RAM
☐ CN-ROM	Airbus A321-211	3070	ex D-AVZA	Lsd fr RAM

99.99% owned subsidiary of Royal Air Maroc; some carry additional Royal Air Maroc titles

JET4YOU
Argan (8J/JFU)   *Casablanca-Mohamed V (CMN)*

☐ CN-RPA	Boeing 737-4B3	24750/1916	ex OO-TUM	Lsd fr CRL
☐ CN-RPB	Boeing 737-4B3	24751/2107	ex F-GFUH	Lsd fr CRL
☐ CN-RPC	Boeing 737-4K5	24125/1687	ex OO-TUI	Lsd fr AerCap

Joint venture between TUI Group (40%) and local investors (60%); to join TUIfly in 2008

REGIONAL AIR LINES
Maroc Regional (FN/RGL)   *Casablanca-Anfa (CAS)*

☐ CN-CDU	ATR 42-300	134	ex F-WWEF	Lsd fr RAM
☐ CN-CDV	ATR 42-300	137	ex F-WWEI	Lsd fr RAM
☐ CN-RLA	Beech 1900D	UE-259	ex N10863	Lsd fr Raytheon
☐ CN-RLB	Beech 1900D	UE-263	ex N10963	Lsd fr Raytheon
☐ CN-RLC	Beech 1900D	UE-265	ex N10969	Lsd fr Raytheon
☐ CN-RLD	Beech 1900D	UE-267	ex N10999	Lsd fr Raytheon
☐ CN-RLG	ATR 42-320	366	ex F-WQNM	Lsd fr ATR Asset Mgt

Management control to be assumed by Air Arabia (G9/ABY)

ROYAL AIR MAROC
Royalair Maroc (AT/RAM) (IATA 147)   *Casablanca-Mohamed V (CMN)*

☐ CN-RMF	Boeing 737-4B6	24807/1880		Lsd fr CLS Garnet Lsg; sublsd BMM
☐ CN-RMG	Boeing 737-4B6	24808/1888		Lsd fr CLS Garnet Lsg; sublsd BMM
☐ CN-RMI	Boeing 737-2B6 (Nordam 3)	21214/449		El Ayoun; stored CAS
☐ CN-RMJ	Boeing 737-2B6 (Nordam 3)	21215/452		Oujda; stored CAS
☐ CN-RMK	Boeing 737-2B6 (Nordam 3)	21216/456		Smara; stored CAS
☐ CN-RML	Boeing 737-2B6 (Nordam 3)	22767/851	ex 6V-AHK	stored CMN
☐ CN-RMV	Boeing 737-5B6	25317/2157		Lsd fr RAM2 Lsg
☐ CN-RMW	Boeing 737-5B6	25364/2166		Lsd fr RAM2 Lsg
☐ CN-RMX	Boeing 737-4B6	26526/2219		Lsd to BMM
☐ CN-RMY	Boeing 737-5B6	26525/2209		
☐ CN-RNA	Boeing 737-4B6	26531/2453		Lsd fr RAM3 Lsg; sublsd to BMM
☐ CN-RNB	Boeing 737-5B6	26527/2472		Lsd fr RAM3 Lsg
☐ CN-RNC	Boeing 737-4B6	26529/2584		Lsd fr RAM4 Lsg; sublsd to BMM
☐ CN-RND	Boeing 737-4B6	26530/2588		Lsd fr RAM4 Lsg; sublsd to BMM
☐ CN-RNG	Boeing 737-5B6	27679/2734	ex (CN-RNF)	Lsd fr RAM5 Lsg
☐ CN-RNH	Boeing 737-5B6	27680/2855		Lsd fr RAM6 Lsg
☐ CN-RON	Boeing 737-505	24652/1917	ex 6V-AHT	Lsd fr CIT Group

☐ CN-RNJ	Boeing 737-8B6/W	28980/55			Lsd fr RAM7 Lsg
☐ CN-RNK	Boeing 737-8B6/W	28981/60			Lsd fr RAM7 Lsg
☐ CN-RNL	Boeing 737-7B6/W	28982/236	ex N1786B		Lsd fr RAM8 Lsg
☐ CN-RNM	Boeing 737-7B6/W	28984/294	ex N1786B		Lsd fr RAM8 Lsg
☐ CN-RNP	Boeing 737-8B6	28983/492	ex N1786B		Lsd fr RAM10 Lsg
☐ CN-RNQ	Boeing 737-7B6/W	28985/501	ex N1786B		Lsd fr RAM10 Lsg
☐ CN-RNR	Boeing 737-7B6/W	28986/519	ex N1787B		Lsd fr RAM10 Lsg
☐ CN-RNU	Boeing 737-8B6/W	28987/1095			
☐ CN-RNV	Boeing 737-7B6	28988/1261			
☐ CN-RNW	Boeing 737-8B6/W	33057/1347	ex N1787B		
☐ CN-RNZ	Boeing 737-8B6/W	33058/1432			Lsd fr Star Aviation
☐ CN-ROA	Boeing 737-8B6/W	33059/1457			Lsd fr Star Aviation
☐ CN-ROB	Boeing 737-8B6/W	33060/1646			
☐ CN-ROC	Boeing 737-8B6/W	33061/1661			
☐ CN-ROD	Boeing 737-7B6/W	33062/1883			
☐ CN-ROE	Boeing 737-8B6/W	33063/1913	ex N1781B		
☐ CN-ROH	Boeing 737-85P	33978/1957			
☐ CN-ROJ	Boeing 737-85P	33979/1963			
☐ CN-ROK	Boeing 737-8B6/W	33064/2180	ex N1786B		
☐ CN-ROL	Boeing 737-8B6/W	33065/2206	ex N1787B		
☐ CN-ROP	Boeing 737-8B6/W	33066/2506	ex N1782B		
☐ CN-ROR	Boeing 737-8B6/W	33067		on order	

☐ A further nine 737-8B6/Ws are on order for delivery in 2009 (3), 2010 (2), 2011 (3), 2012 (1)

☐ CN-CDF	Beech 200 Super King Air	BB-577		Trainer	
☐ CN-CDN	Beech 200 Super King Air	BB-713	ex N36741	Trainer	
☐ CN-CDU	ATR 42-300	134	ex F-WWEF		Lsd fr Intl Leasing; sublsd to RGL
☐ CN-CDV	ATR 42-300	137	ex F-WWEI		Lsd fr Intl Leasing; sublsd to RGL
☐ CN-RGA	Boeing 747-428	25629/956	ex F-OGTG		Lsd fr RAM9 Lsg
☐ CN-RMT	Boeing 757-2B6	23686/103	ex N32831		Lsd fr Chemco Equipment Finance
☐ CN-RMZ	Boeing 757-2B6	23687/106			Lsd fr Chemco Equipment Finance
☐ CN-RNS	Boeing 767-36NER	30115/863			Lsd fr GECAS
☐ CN-RNT	Boeing 767-36NER	30843/867			Lsd fr GECAS
☐ CN-RNX	Airbus A321-211	2064	ex D-AVZO		Lsd fr RAM14 Lsg
☐ CN-RNY	Airbus A321-211	2076	ex D-AVZS		Lsd fr RAM14 Lsg; sublsd to BMM
☐ CN-ROF	Airbus A321-211	2726	ex D-AVZO		Lsd to BMM
☐ CN-ROG	Boeing 767-328ER	27212/531	ex HL7200		Lsd fr Sojitz A/c
☐ CN-ROM	Airbus A321-211	3070	ex D-AVZA	all-white	Lsd to BMM

Four Boeing 787-8s are on order
Air Senegal International, 51% owned, operates as a franchise operation. Owned 2.87% by Air France while Atlas Blue is a 99.99% owned subsidiary

CP- BOLIVIA (Republic of Bolivia)

AEROCON
(AEK)

☐ CP-2485	Swearingen SA.227DC Metro 23	DC-817B	ex VH-UUD	

AEROESTE
(ROE)   *Santa Cruz-El Trompillo (SRZ)*

☐ CP-2266	Rockwell 690B Turbo Commander	11495	ex N816PC	
☐ CP-2328	LET L-410UVP-E20	912536	ex S9-TAY	
☐ CP-2349	LET L-410UVP-E20	912530	ex S9-TBM	
☐ CP-2382	LET L-410UVP-E9	861727	ex S9-TBH	

AEROLINEAS SUD AMERICANAS

☐ CP-2499	Boeing 727-224 (FedEx 3)	22449/1756	ex N296SC	Lsd fr BBC Aircraft

Formed by Bolivian Government as new national carrier

AEROSUR
Aerosur (5L/RSU) (IATA 275)   *Santa Cruz-Viru Viru (VVI)*

☐ CP-2377	Boeing 727-23	20044/592	ex N1969	stored VVI	Lsd fr JIS A/C Co
☐ CP-2422	Boeing 727-264 (FedEx 3)	21617/1416	ex XA-HON		
☐ CP-2423	Boeing 727-264 (FedEx 3)	21638/1457	ex XA-HOX		
☐ CP-2424	Boeing 727-264 (FedEx 3)	22156/1607	ex XA-MED	stored VVI	
☐ CP-2431	Boeing 727-264 (FedEx 3)	22411/1696	ex XA-MEJ		
☐ CP-2447	Boeing 727-264 (FedEx 3)	22409/1676	ex XA-MEH		
☐ CP-2455	Boeing 727-287 (FedEx 3)	22606/1812	ex N910PG	stored	Lsd fr ART 22606
☐ CP-2462	Boeing 727-264 (FedEx 3)	22158/1642	ex XA-MEF		
☐ CP-2498	Boeing 727-223 (FedEx 3)	22463/1755	ex CP-2463		Lsd fr ACG Acquisitions
☐ CP-2438	Boeing 737-201 (Nordam 3)	21815/589	ex C-FNAX		Lsd fr Jetran Intl
☐ CP-2476	Boeing 737-281 (AvAero 3)	21771/594	ex N751AA		
☐ CP-2484	Boeing 737-205	21768/581	ex N749AP		Lsd fr Pipeline Investment
☐ CP-2486	Boeing 737-281	21769/587	ex N752AP		

| ☐ | N526NA | Boeing 757-236 | 24794/278 | ex EC-HDG | | Lsd fr RYN |

Six Boeing 787s are on order
Aerosur is the trading name of Cia Boliviana de Transporte Aereo Privado Aerosur

ALAS DEL SUR

| ☐ | CP-2479 | Fairchild F-27 | 99 | ex CX-BRT | status? |

AMASZONAS TRANSPORTES AEREOS
(Z8) (IATA 464)   La Paz (LPB)

☐	CP-2413	Cessna 208B Caravan I	208B0838	ex N3039G
☐	CP-2459	Swearingen SA.227DC Metro 23	DC-847B	ex N847LS
☐	CP-2473	Swearingen SA.227DC Metro 23	DC-842B	ex N510FS

Amaszonas is the trading name of Compania Servicios de Transport Aereo

ECO EXPRESS
                                                                                La Paz (LPB)

| ☐ | CP-2026 | Convair 340-70 | 249 | ex 53-7797 |

LAB AIRLINES
LloydAereo (LB/LLB) (IATA 051)   Cochabamba (CBB)

☐	CP-1366	Boeing 727-2K3/W (Duganair 3)	21494/1373		
☐	CP-1367	Boeing 727-2K3/W (Duganair 3)	21495/1403		
☐	CP-2313	Boeing 737-3A1	28389/2836		
☐	CP-2429	Boeing 727-259 (FedEx 3)	22475/1690	ex N289SC	Lsd fr Residco

Operated last service 02 April 2007 and grounded by Bolivian Government although restarted charters on 23 December 2007
then scheduled services in early 2008.
Boliviano de Aviacion reported to commence operations in 2008, replacing LAB but status uncertain.

LINEAS AEREAS CANEDO
(LCN)   Cochabamba (CBB)

☐	CP-744	Aero Commander 680	680341-34	ex OB-M-573	Juan Salvador Gaviota
☐	CP-896	Aero Commander 680	680-548-216	ex N316E	Jose Fernando Gaviota
☐	CP-973	Curtiss C-46C Commando	32941	ex N32227	
☐	CP-1080	Curtiss C-46A Commando	26771	ex TAM61	stored LPB
☐	CP-1093	Aero Commnder 680F	680F-1035-51	ex N6197X	
☐	CP-1128	Douglas DC-3D	1998	ex N15M	stored CBB, on rebuild
☐	CP-1960	Douglas DC-3C	18993	ex PT-KVN	stored TDD
☐	CP-2421	Douglas C-117D	12979/43365	ex N545CT	Lsd to RSU

NORTH EAST BOLIVIAN AIRWAYS
NEBA (NBA)   Cochabamba (CBB)

| ☐ | CP-1106 | Rockwell 690A Turbo Commander | 11193 |

Also conducts passenger charter services with other aircraft leased as required

SAPSA
(L7/LNP)   Santa Cruz-El Trompillo (SRZ)

| ☐ | CP-1106 | Rockwell Turbo Commander 690A | 11193 | ex N9149N |
| ☐ | CP-2176 | Dornier 228-202 | 8163 | ex D-CIKI |

SAPSA ia the trading name of Servicios Aereos Petroleros

SAVE
                                                                                Santa Cruz-El Trompillo (SRZ)

| ☐ | CP-2405 | British Aerospace Jetstream 31 | 676 | ex N309PX |
| ☐ | CP-2441 | British Aerospace Jetstream 32EP | 832 | ex LV-WCZ |

SAVE is the trading name of Servicio Aero Vargas Espana

TAB CARGO
Bol (BOL)   La Paz (LPB)

☐	CP-1376	Lockheed 382C-72D Hercules	4759	ex TAM-91
☐	CP-2184	Lockheed 182A-2A Hercules	3228	ex TAM-69
☐	CP-2489	Douglas DC-10-10F	46903/43	ex N68044

Also operates services with Douglas DC-8-62F and Douglas DC-10F aircraft leased from Arrow Cargo as required; TAB Cargo
is the trading name of Transportes Aereos Bolivianos, a division of Fuerza Aérea Boliviano

TAM - TRANSPORTES AEREO MILITAR
                                                                                La Paz (LPB)

| ☐ | FAB-61 | Lockheed 282-1B Hercules | 3549 | ex 58-0750 |

☐	FAB-65	Lockheed 282-1B Hercules	3588	ex 59-1536		
☐	FAB-66	Lockheed 282-1B Hercules	3560	ex TAM-66		
☐	FAB-90	Fokker F.27M Troopship 400M	10578	ex TAM-90		
☐	FAB-92	Fokker F.27M Troopship 400M	10584	ex TAM-92		
☐	FAB-93	Fokker F.27M Troopship 400M	10599	ex TAM-93		
☐	FAB-98	British Aerospace 146 Srs.100	E1076	ex N76HN		
☐	FAB-100	British Aerospace 146 Srs.200	E2080	ex N290UE	on order	
☐	FAB-101	British Aerospace 146 Srs.200	E2041	ex OY-RCZ		

Transport branch of Fuerza Aerea Boliviana, which operates scheduled flights to remote parts of the country

Operator Unknown

☐	CP-2500	Swearingen SA.227AC Metro III	AC-733B	ex N160MC	Lsd fr CCD Air Twenty Two

CS- PORTUGAL (Republic of Portugal)

AEROCONDOR
AeroCondor (2B/ARD) (IATA 088)   *Cascais-Tires*

☐	CS-AYT	Dornier 228-200	8084	ex VP-FBK		Lsd fr Euroleasing
☐	CS-DCF	Piper PA-31-350 Chieftain	31-8052174	ex PH-ECO		
☐	CS-DCP	Beech 65-A90-1 King Air	LM-22	ex N7034K	Fly sprayer	Lsd fr Dynamic
☐	CS-TGG	Dornier 228-202K	8160	ex D-CORA		Lsd fr Erskine Investments
☐	CS-TLJ	Short SD.3-60	SH3692	ex OY-MUD	std Cascais	Lsd fr Scan Con Finans
☐	CS-TMH	Short SD.3-60	SH3694	ex G-BMNJ	std Cascais	Lsd fr Lynrise Air Lease
☐	CS-TMN	Short SD.3-60	SH3638	ex G-ISLE		Lsd fr BAC Leasing
☐	G-BOEG	Short SD.3-60	SH3733	ex CS-TLJ	stored	Lsd fr BAC Leasing
☐	G-TMRO	Short SD.3-60	SH3712	ex EI-SMA	City of Newcastle; stored Cascais	

Operates feeder services for TAP-Air Portugal using TP flight numbers. Also operate Catalinas of ASPAR and Canadair CL-215/415s of Cegisa, Securite Civile and Sorem for firefighting duties during European summer.
Aerocondor is the trading name of ATA Aerocondor Transportes Aereos

EURO ATLANTIC AIRWAYS
EuroAtlantic (MM/MMZ)   *Lisbon (LIS)*

☐	CS-TEB	Lockheed L-1011-500 Tristar	293A-1240	ex V2-LEO	Naughton Simao
☐	CS-TFK	Boeing 757-2G5	23983/161	ex N983MQ	Lsd fr Macquarie Air Finance
☐	CS-TLO	Boeing 767-383ER	24318/257	ex N318SR	Lsd fr Sojitz A/c; sublsd Gambia Intl
☐	CS-TLQ	Boeing 767-3Y0ER	26205/474	ex LV-AIX	Lsd fr AFS Investments
☐	CS-TLX	Boeing 757-2G5	24176/173	ex TC-OGD	Lsd fr Macquarie AirFinance
☐	CS-	Boeing 777-2M2ER	34565/581	ex D2-TED	Lsd fr/op for DTA
☐	CS-	Boeing 777-2M2ER	34566/587	ex D2-TEE	Lsd fr/op for DTA
☐	PR-BRY	Boeing 737-33A	23830/1462	ex CS-TLI	Lsd fr Unicapital; sublsd to BRB

HELIBRAVO AVIACAO
HeliBravo (HIB)   *Cascais-Tires*

☐	CS-HED	Aerospatiale AS.350B2 Ecureuil	2669	ex D-HJOE	
☐	CS-HFK	Aerospatiale AS.350B2 Ecureuil	3223	ex LX-HDS	
☐	CS-HFM	Aerospatiale AS.350B2 Ecureuil	1690	ex D-HFSF	
☐	CS-HFN	Aerospatiale AS.350B2 Ecureuil	2437	ex D-HHWW	
☐	EC-	Aerospatiale AS.350B2 Ecureuil	2097	ex I-FLAO	
☐	EC-JPM	Aerospatiale AS.350B2 Ecureuil	3547	ex I-PAMR	
☐	CS-DIQ	Pilatus PC-12/45	625	ex HB-FPU	
☐	CS-HFQ	Eurocopter EC.130B4	3541	ex HB-ZEY	
☐	SP-SSL	PZL Swidnik W-3A2 Sokol	370508	ex SP-PSL	Lsd fr PZL Swidnik
☐	SP-SWA	PZL Swidnik W-3A2 Sokol	310519	ex SP-SUP	Lsd fr PZL Swidnik

HELIPORTUGAL
Heliportugal (HPL)   *Cascais-Tires*

☐	CS-HDK	Aerospatiale AS.350B2 Ecureuil	1871	ex D-HHFZ	Lsd to CJR as 5N-BHS
☐	CS-HEL	Aerospatiale AS.350B2 Ecureuil	2594	ex D-HEPB	
☐	CS-HEO	Aerospatiale AS.350B2 Ecureuil	1222	ex RP-C8880	Lsd to CJR as 5N-BHT
☐	CS-HFI	Aerospatiale AS.350B2 Ecureuil	1216	ex PT-YJC	
☐	CS-HFO	Aerospatiale AS.350B2 Ecureuil	1824	ex F-GFDL	
☐	CS-HFX	Aerospatiale AS.350B2 Ecureuil	4081	ex F-WWXD	
☐	CS-HGG	Aerospatiale AS.350B2 Ecureuil	9085		
☐	CS-HFH	Aerospatiale SA.365N Dauphin 2	6128	ex HL9230	Lsd to CJR as 5N-BHK
☐	CS-HFV	Aerospatiale SA.365N Dauphin 2	6338	ex N661ME	
☐	CS-HGA	Aerospatiale SA.365N Dauphin 2	6336	ex JA9978	
☐	CS-	Aerospatiale SA.365N Dauphin 2	6218	ex F-ONVU	
☐	F-OIBJ	Aerospatiale SA.365N Dauphin 2	6089	ex N2XJ	
☐	5N-BIK	Aerospatiale SA.365N Dauphin 2	6138	ex F-GNVS	Lsd to CJR
☐	CS-HEX	Eurocopter EC.120B Colibri	1183		
☐	CS-HFP	Eurocopter EC.130B4	4033		
☐	CS-HMF	Kamov Ka-32A11BC			

	CS-	Agusta AW.139		31057	ex N915DH		on order

Also leases helicopters from other operators for fire fighting

HELISUL
Sul (HSU) *Cascais-Tires*

	CS-HEN	Aerospatiale AS.350BA Ecureuil	1845	ex LN-OPC		
	CS-HEZ	Bell 212	30557	ex EC-GHP		Lsd fr HSE
	CS-HFB	Bell 206B JetRanger III	3640	ex D-HSBA		
	CS-HFJ	Bell 212	30684	ex EC-IEM		
	EC-HFD	Bell 412EP	36183	ex N52247	EMS	Lsd fr HSE
	EC-JLH	Bell 412EP	36374	ex N3119U	EMS	Lsd fr HSE

Bell 212 operated for Fire Fighting National Corps

HI FLY
Sky Flyer (5K/HFY) (IATA 040) *Lisbon (LIS)*

	CS-TEI	Airbus A310-304	495	ex F-WWCO	Lsd fr FG Echo Lsg; sublsd to OMA
	CS-TEW	Airbus A310-304	541	ex F-WWCR	Lsd fr DTP Lease
	CS-TEX	Airbus A310-304	565	ex F-WWCC	Lsd fr ILFC; sublsd to OMA
	CS-TMT	Airbus A330-322	096	ex F-WQSA	Op for RAAF Lsd fr ILFC

HTA HELICOPTERES
Heliapra (AHT) *Loulé-Morgado de Apre*

	CS-HEE	Aerospatiale AS.355F1 Ecureuil 2	5006	ex F-WQEA
	CS-HEY	Aerospatiale AS.350B2 Ecureuil	9027	ex D-HXST
	CS-HFR	Aerospatiale AS.350B2 Ecureuil	9054	ex D-HHTA
	CS-HFZ	Aerospatiale AS.350B3 Ecureuil	9090	ex LN-OCR

LUZAIR
Lisbon Jet (LUZ) *Lisbon (LIS)*

	CS-TMP	Lockheed L-1011-500 Tristar	293A-1248	ex SE-DVI		Lsd fr Besleasing
	CS-TMR	Lockheed L-1011-500 Tristar	293B-1241	ex SE-DVF	stored VCV	Lsd fr Besleasing

Also operate other aircraft on charter and wet-lease for other operators

OMNI - AVIACAO E TECNOLOGIA
Omni (OC/OAV) *Cascais-Tires*

	CS-DDU	Beech 200 Super King Air	BB-640	ex N47CF		
	CS-HCO	Agusta-Bell 206B JetRanger III	8678	ex I-BDPL		
	CS-HDS	Bell 222	47028	ex G-META	EMS	
	CS-TLU	Airbus A319-133X	1256	ex F-GSVU		[CJ]
	CS-TMU	Beech 1900D	UE-335	ex N23269	Castor	Op for PGA Express
	CS-TMV	Beech 1900D	UE-341	ex N23309	Esquilio	Op for PGA Express
	CS-	Piper PA-31P-350 Mojave	31P-8414023	ex N684B		

Some helicopters operate for Fire Fighting National Corp. White is a wholly owned subsidiary

ORBEST
Orbest (OBS) *Lisbon (LIS)*

	CS-TRA	Airbus A330-243	461	ex EC-IDB	Lsd fr MPD; sublsd to NVR

Orbest is a subsidiary of Orizonia Travel, associated with Iberworld

PGA EXPRESS
Lisbon (LIS)

	CS-TMU	Beech 1900D	UE-335	ex N23269	Castor	Op by OAV
	CS-TMV	Beech 1900D	UE-341	ex N23309	Esquilio	Op by OAV

Providing feeder services to Portugalia

PORTUGALIA AIRLINES
Portugalia (NI/PGA) (IATA 685) *Lisbon (LIS)*

	CS-TPG	Embraer EMB.145EP (ERJ-145EP)	145014	ex PT-SYK	Melro	
	CS-TPH	Embraer EMB.145EP (ERJ-145EP)	145017	ex PT-SYN	Pardal	
	CS-TPI	Embraer EMB.145EP (ERJ-145EP)	145031	ex PT-SYZ	Cuco	
	CS-TPJ	Embraer EMB.145EP (ERJ-145EP)	145036	ex PT-SZC	Chapim	
	CS-TPK	Embraer EMB.145EP (ERJ-145EP)	145041	ex PT-SZG	Gaio	
	CS-TPL	Embraer EMB.145EP (ERJ-145EP)	145051	ex PT-SZQ	Pisco	
	CS-TPM	Embraer EMB.145EP (ERJ-145EP)	145095	ex PT-SBR	Rola	
	CS-TPN	Embraer EMB.145EP (ERJ-145EP)	145099	ex PT-SBV	Brigao	
	CS-TPA	Fokker F.28-0100 (Fokker 100)	11257	ex PH-LMF	Albatroz	Lsd fr GECAS
	CS-TPB	Fokker F.28-0100 (Fokker 100)	11262	ex PH-EZE	Pelicano	Lsd fr GECAS
	CS-TPC	Fokker F.28-0100 (Fokker 100)	11287	ex PH-LML	Flamingo	Lsd fr GECAS
	CS-TPD	Fokker F.28-0100 (Fokker 100)	11317	ex EP-IDK	Condor	Lsd fr GECAS

	CS-TPE	Fokker F.28-0100 (Fokker 100)	11342	ex PH-LNJ	Gaviao	Lsd fr GECAS
☐	CS-TPE	Fokker F.28-0100 (Fokker 100)	11342	ex PH-LNJ	Gaviao	Lsd fr GECAS
☐	CS-TPF	Fokker F.28-0100 (Fokker 100)	11258	ex PH-EZD	Grifo	Lsd fr GECAS

PGA Express provides feeder services; 99.81% owned by TAP-Air Portugal. To join SkyTeam alliance in 2008

SATA AIR ACORES
SATA (SP/SAT) (IATA 737)   Ponta Delgada (PDL)

☐	CS-TFJ	British Aerospace ATP	2018	ex (ES-NBB)	Açores	Lsd fr Trident Lsg
☐	CS-TGL	British Aerospace ATP	2019	ex G-BRTG	Santa Maria; stored	
☐	CS-TGN	British Aerospace ATP	2031	ex G-11-031	Flores	
☐	CS-TGX	British Aerospace ATP	2025	ex G-BRLY	Faial	Lsd fr BAES
☐	CS-TGY	British Aerospace ATP	2049	ex G-BTZJ		Lsd fr BAES
☐	CS-TGO	Dornier 228	8119	ex D-CMUC		Lsd fr Dornier

Subsidiary of SATA Internacional; SATA Air Acores is a trading name of Servico Acoreano de Transportes Aereos

SATA INTERNACIONAL
Air Azores (S4/RZO) (ICAO 331)   Ponto Delgada (PDL)

☐	CS-TGU	Airbus A310-304	571	ex F-GJKQ	Terceira	Lsd fr Credit Lyonnais
☐	CS-TGV	Airbus A310-304	651	ex F-WQKR	Sao Miguel	Lsd fr Credit Lyonnais
☐	CS-TKJ	Airbus A320-212	0795	ex C-FTDA	Pico	Lsd fr ILFC
☐	CS-TKK	Airbus A320-214	2390	ex F-WWII	Corvo	Lsd fr ILFC
☐	CS-TKL	Airbus A320-214	2425	ex F-WWBH	Sao Jorge	Lsd fr ILFC
☐	CS-TKM	Airbus A310-304	661	ex JY-AGL	Autonomia	Lsd fr ILFC
☐	CS-TKN	Airbus A310-325ET	624	ex TF-ELR	Macaronesia	Lsd fr AUA

SATA Air Acores is a wholly owned subsidiary

TAP AIR PORTUGAL
Air Portugal (TP/TAP) (IATA 047)   Lisbon (LIS)

☐	CS-TEH	Airbus A310-304	483	ex F-WWCS	Bartolomeu Dias	Lsd fr NBB Lease
☐	CS-TEJ	Airbus A310-304	494	ex F-WWCM	Pedro Nunes	Lsd fr DAP Lease
☐	CS-TEW	Airbus A310-304	541	ex F-WWCR	Vasco da Gama; for HFY	Lsd fr DTP Lease

Believed to be removed from service

☐	CS-TTA	Airbus A319-111	0750	ex D-AVYO	Vieira da Silva	
☐	CS-TTB	Airbus A319-111	0755	ex D-AVYJ	Gago Coutinho	
☐	CS-TTC^	Airbus A319-111	0763	ex D-AVYS	Fernando Pessoa	
☐	CS-TTD^	Airbus A319-111	0790	ex D-AVYC	Amadeo de Souza-Cardoso	
☐	CS-TTE	Airbus A319-111	0821	ex D-AVYN	Francisco d'Ollanda	
☐	CS-TTF	Airbus A319-111	0837	ex D-AVYL	Calouste Gulbenkian	
☐	CS-TTG	Airbus A319-111	0906	ex D-AVYN	Humberto Delgado	
☐	CS-TTH	Airbus A319-111	0917	ex D-AVYJ	Antonio Sergio	
☐	CS-TTI	Airbus A319-111	0933	ex D-AVYP	Eça de Queirós	
☐	CS-TTJ^	Airbus A319-111	0979	ex D-AVYM	Eusébio	Lsd fr Avn Capital Grp
☐	CS-TTK	Airbus A319-111	1034	ex D-AVYL	Miguel Torga	
☐	CS-TTL	Airbus A319-111	1100	ex D-AVYX	Almeida Garrett	
☐	CS-TTM	Airbus A319-111	1106	ex D-AVWR	Alexandre Herculano	
☐	CS-TTN	Airbus A319-111	1120	ex D-AVYI	Camilo Castelo Branco	
☐	CS-TTO	Airbus A319-111	1127	ex D-AVYH	Antero de Quental	
☐	CS-TTP	Airbus A319-111	1165	ex D-AVWV	Josefa d'Obidos	
☐	CS-TTQ	Airbus A319-112	0629	ex SU-LBF	Agostinho da Silva	Lsd fr Volito Avn
☐	CS-	Airbus A319-112	1756	ex C-GJWE		Lsd fr GECAS
☐	CS-	Airbus A319-112	1765	ex C-GJWF	on order	Lsd fr GECAS

^Leased from ILFC

☐	CS-TJE	Airbus A321-211	1307	ex D-AVZM	Pero Vaz de Caminha	
☐	CS-TJF	Airbus A321-211	1399	ex D-AVZI	Luis Vaz de Camões	
☐	CS-TJG	Airbus A321-211	1713	ex D-AVZS	Amalia Rodrigues	
☐	CS-TMW	Airbus A320-214	1667	ex F-WWII	Luisa Todi	Lsd fr GATX
☐	CS-TNA	Airbus A320-211	0185	ex F-WWDB	Grao Vasco	Lsd fr Bavaria
☐	CS-TNB	Airbus A320-211	0191	ex F-WWDH	Sophia de Mello Breyner	Lsd fr Bavaria
☐	CS-TNE	Airbus A320-211	0395	ex F-WWBJ	Sa de Miranda	Lsd fr Macquarie AirFinance
☐	CS-TNG	Airbus A320-214	0945	ex F-WWIX	Monzinho de Silveira	
☐	CS-TNH	Airbus A320-214	0960	ex F-WWBH	Almada Negreiros	Lsd fr ILFC
☐	CS-TNI	Airbus A320-214	0982	ex F-WWDF	Aquilino Ribeiro	
☐	CS-TNJ	Airbus A320-214	1181	ex F-WWDS	Florbela Espanca	
☐	CS-TNK	Airbus A320-214	1206	ex F-WWIL	Teofilo Braga	
☐	CS-TNL	Airbus A320-214	1231	ex F-WWIJ	Vitorino Nemésio	
☐	CS-TNM	Airbus A320-214	1799	ex F-WWIF	Natalia Correia	Lsd fr EFG Aircraft
☐	CS-TNN	Airbus A320-214	1816	ex F-WWID	Gil Vicente	Lsd fr EFG Aircraft
☐	CS-TNO	Airbus A320-214	0234	ex JY-JAR	Luis de Freitas Branco	
☐	CS-TNP	Airbus A320-214	2178	ex 9H-AER	Alexandre O'Neill; Star Alliance c/s	Lsd fr Macquarie AirFinance
☐	CS-TQD	Airbus A320-214	0870	ex HB-IJT	Eugénio de Andrade	Lsd fr SL Leman

Eight more Airbus A320s are on order including six leased from AerVenture in 2009

☐	CS-TOE	Airbus A330-223	305	ex D-AXEL	Pedro Alvares Cabral		Lsd fr Kayo
☐	CS-TOF	Airbus A330-223	308	ex D-ARND	Infante D Henrique		Lsd fr Kayo
☐	CS-TOG	Airbus A330-223	312	ex D-ARNO	Bartolomeu de Gusmão		Lsd fr Kayo
☐	CS-TOH	Airbus A330-223	181	ex OE-LAO	Nuno Gonçalves; Star Alliance c/s		
☐	CS-TOI	Airbus A330-223	195	ex OE-LAN	Damião de Góis		
☐	CS-TOJ	Airbus A330-223	223	ex OE-LAM	D João II 'O Príncipe Perfeito'		
☐	CS-TOK	Airbus A330-223	317	ex OE-LAP	Padre António Vieira		Lsd fr ILFC
☐	CS-TOL	Airbus A330-223	877	ex F-WWKF	Joao Goncalves Zarco		
☐	CS-TOM	Airbus A330-202	899	ex F-WWKN			
☐	CS-TON	Airbus A330-202	904	ex F-WWKT			
☐	CS-TOO	Airbus A330-202	914	ex F-WWYL	on order		
☐	CS-TOA	Airbus A340-312	041	ex F-WWJB	Fernao Mendes Pinto		
☐	CS-TOB	Airbus A340-312	044	ex F-WWJN	D. Joao de Castro		
☐	CS-TOC	Airbus A340-312	079	ex F-WWJS	Wenceslau de Moraes		
☐	CS-TOD	Airbus A340-312	091	ex F-WWJA	D. Francisco de Almeida		

Feeder services are operated by AeroCondor using TP flight numbers in Madeira
Owns 25% of Air Macau, member of Star Alliance .
Six Airbus A350-800s and four Airbus A350-900s are on order for delivery 2013-2015

WHITE
Young Sky (WHT) (IATA 097)   Lisbon (LIS)

☐	CS-TDI	Airbus A310-308	573	ex JY-AGK	Lsd fr Macquarie AirFinance; sublsd to ANG
☐	CS-TKI	Airbus A310-304	448	ex C-GRYA	Lsd fr GECAS

Subsidiary of Omni

CU-   CUBA (Republic of Cuba)

AEROCARIBBEAN
AeroCaribbean (7L/CRN) (IATA 164)   Havana (HAV)

☐	CU-T1509	ATR 42-300	009	ex CU-T1296	
☐	CU-T1512	ATR 42-300	136	ex CU-T1298	
☐	CU-T1544	ATR 72-212	472	ex F-WQNG	Lsd fr ATR Asset Mgt
☐	CU-T1545	ATR 72-212	473	ex F-WQNI	Lsd fr ATR Asset Mgt
☐	CU-T1547	ATR 72-212	485	ex F-WQNB	Lsd fr ATR Asset Mgt
☐	CU-T1549	ATR 72-212	459	ex F-WQND	
☐	CU-T1550	ATR 42-300	014	ex PP-PTE	Lsd fr Trip L/A
☐	CU-T1257	Antonov An-24RV	37309104	ex CU-T1536	no titles
☐	CU-T1501	Antonov An-26	87307207	ex YV1402	
☐	CU-T1506	Antonov An-26	87306710	ex CU-T110	
☐	CU-C1515	Ilyushin Il-18GrM	188010805	ex CU-C132	Freighter
☐	CU-T1532	Ilyushin Il-18D	188010904	ex CU-T131	stored Holguin
☐	CU-T1534	Yakovlev Yak-40	9731754	ex CU-T1212	stored
☐	CU-T1537	Yakovlev Yak-40	9021360	ex CU-T1450	
☐	CU-T1538	Yakovlev Yak-40	9021260	ex CU-T1449	
☐	CU-T1546	Ilyushin Il-18D	186008802	ex RA-75598	
☐	CU-T1551	Embraer EMB.110P1 Bandeirante	110132	ex PT-GKV	

AEROGAVIOTA
Gaviota (KG/GTV)   Havana (HAV)

☐	CU-T1401	Antonov An-26B	12604	ex 14-01	
☐	CU-T1402	Antonov An-26B	12605	ex 14-02	
☐	CU-T1403	Antonov An-26B	12905	ex 14-03	
☐	CU-T1404	Antonov An-26B	12906	ex 14-04	
☐	CU-T1405	Antonov An-26B	13501	ex 14-05	
☐	CU-T1406	Antonov An-26B	13502	ex 14-06	
☐	CU-T1408	Antonov An-26	6903	ex 14-28	
☐	CU-T1417	Antonov An-26			
☐	CU-T1420	Antonov An-26	87306607	ex 14-20	
☐	CU-T1421	Antonov An-26	6610	ex 14-21	status uncertain
☐	CU-T1425	Antonov An-26	6904	ex 14-25	
☐	CU-T1426	Antonov An-26	5603	ex 14-26	
☐	CU-T1428	Antonov An-26B	11303	ex 14-28	
☐	CU-T1429	Antonov An-26	7006	ex 14-29	
☐	CU-T1432	Antonov An-26	7306	ex 14-32	status uncertain
☐	CU-T1433	Antonov An-26	7309	ex 14-33	status uncertain
☐	CU-T1434	Antonov An-26	7701	ex 14-34	
☐	CU-T1435	Antonov An-26	7702	ex 14-35	
☐	CU-H1423	Mil Mi-8T			
☐	CU-H1424	Mil Mi-8P			
☐	CU-H1427	Mil Mi-8PS			
☐	CU-H1429	Mil Mi-17 (Mi-8MTV-1)			
☐	CU-H1430	Mil Mi-17 (Mi-8MTV-1)			

☐	CU-H1431	Mil Mi-8P					
☐	CU-H1436	Mil Mi-8T					
☐	CU-T1240	ATR 42-500	617	ex F-WWLB	VIP	Lsd to/ op in CUB c/s	
☐	CU-T1454	ATR 42-500	616	ex F-WWLA			
☐	CU-T1455	ATR 42-500	618	ex F-WWLC			
☐	CU-T1456	ATR 42-500	619	ex F-WWLD			

Aerogaviota is the trading name of Empresa de Aviacion Aerogaviota

AEROTAXI
Seraer (CNI)   *Havana (HAV)*

☐	CU-T1540	Embraer EMB.110C Bandeirante	110091	ex CU-T1108	
☐	CU-T1541	Embraer EMB.110C Bandeirante	110116	ex CU-T1109	
☐	CU-T1542	Embraer EMB.110C Bandeirante	110136	ex PT-GKY	
☐	CU-T1558	Douglas DC-3	15916/32664	ex CU-T1058	Varadero
☐	CU-T1559	Douglas DC-3	11645	ex CU-T1059	

Aerotaxi is the trading name of Empresa Nacional de Servicios Aereos

CUBANA DE AVIACION
Cubana (CU/CUB) (IATA 136)   *Havana (HAV)*

☐	CU-T1236	Antonov An-24RV	27308102	ex ER-AWH		
☐	CU-T1244	Antonov An-24RV	57310301	ex JU-1011		
☐	CU-T1260	Antonov An-24RV	57310307	ex CCCP-47307	La Pinta	
☐	CU-T1263	Antonov An-24RV	47309610	ex RA-46678		
☐	CU-T1267	Antonov An-24RV	47309907	ex CCCP-46696		
☐	CU-T1242	Yakovlev Yak-42D	4520422014549	ex RA-42380		
☐	CU-T1243	Yakovlev Yak-42D	4520423303016	ex RA-42425		
☐	CU-T1247	Yakovlev Yak-42D	4520424309017	ex UN-42712		
☐	CU-T1255	Yakovlev Yak-42D	4520424116664	ex RA-42443		Lsd fr AKT
☐	CU-T1240	ATR 42-500	617	ex F-WWLB	VIP	Lsd fr/ op by GTV
☐	CU-T1250	Ilyushin Il-96-300	74393202015			Lsd fr AviaImport
☐	CU-T1251	Ilyushin Il-96-300	74393202016			Lsd fr AviaImport
☐	CU-T1254	Ilyushin Il-96-300	74393202017			Lsd fr Ilyushin Finance
☐	CU-T1280	Ilyushin Il-62M	3749648		15 de Febrero; stored?	
☐	CU-T1282	Ilyushin Il-62M	2052456		stored HAV	
☐	CU-T1283	Ilyushin Il-62M	4053823			
☐	CU-T1284	Ilyushin Il-62M	4053732			
☐	CU-C1700	Tupolev Tu-204-100SE	145074664036	ex RA-64035		Lsd fr Ilyushin Finance
☐	CU-T1701	Tupolev Tu-204-100E	1450743164035	ex RA-64035		
☐	CU-T1702	Tupolev Tu-204-100E	1450743164042	ex RA-64042		
☐	CU-	Ilyushin Il-96-300			on order	Lsd fr Ilyushin Finance
☐	YV287T	Boeing 737-217 (AvAero 3)	22728/911	ex N168WP		Lsd fr VNE

Three Antonov An-148s are on order, leased from Ilyushin Finance

CX-   URUGUAY (Republic of Uruguay)

AEROMAS
Aeromas Express (MSM)   *Montevideo-Carrasco (MVD)*

☐	CX-BDI	Piper PA-23-250 Aztec B	27-2265	ex N5217Y	
☐	CX-BRM	Beech A80 Queen Air	LD-200	ex N326JB	Excalibur Queenaire conv; stored MVD
☐	CX-MAS	Embraer EMB.110P1 Bandeirante	110393	ex N91DA	
☐	CX-MAX	Cessna 208A Caravan I	20800042	ex ZP-TYT	
☐	LV-LHO	Beech 65-B90 King Air	LJ-428	ex N74GR	

Aeromas is the trading name of MaxAir

AIR CLASS
Acla (QD/QCL)   *Montevideo-Carrasco (MVD)*

☐	CX-CLA	Swearingen SA.227AC Metro III	AC-736	ex N339LC	Op for DHL	Lsd fr PCG Acquisition
☐	CX-CLS	Swearingen SA.227AC Metro III	AC-755B	ex N27465		
☐	CX-CSS	Swearingen SA.227AC Metro III	AC-642	ex N821BC		
☐	CX-VIP	Embraer EMB.110P1 Bandeirante	110258	ex OH-EBC		Lsd fr Meridian Jet Prop
☐	CX-	British Aerospace Jetstream 41	41101	ex N333UE		Lsd fr ARFA Investments

Air Class Lineas Aereas is the trading name of Aero VIP

LAPSA
Believed not to have commenced operations

PLUNA LINEAS AÉREAS URUGUAYAS
Pluna (PU/PUA) (IATA 286)   *Montevideo-Carrasco (MVD)*

☐	CX-BON	Boeing 737-2A3	22737/830	ex PH-TSI	Gen Jose Artigas
☐	CX-BOO	Boeing 737-2A3	22738/834	ex PH-TSA	Brig Gen Juan A Lavalleja
☐	CX-BOP	Boeing 737-2A3	22739/844	ex PH-TSB	Gen Fructuoso Rivera

☐	CX-PUA	Boeing 737-3Q8	24700/1924	ex TF-FDA		Lsd fr Deutsche Bank
☐	CX-PUD	Boeing 757-23A	24291/215	ex N541NA	Uruguay Natural	Lsd fr AWAS
☐	CX-PUF	Boeing 737-230	22135/781	ex LV-BBM		
☐	CX-PUG	Boeing 767-319ER	24875/371	ex P2-ANG		Lsd fr AWAS Ireland
☐	CX-CRA	Canadair CRJ-900				

Fifteen Canadair CRJ-700/900s are on order in 2008 (3), 2009 (4), 2010 (4) and 2011 (4)

C2- NAURU (Republic of Nauru)

OUR AIRLINE
Air Nauru (ON/RON) (IATA 123)   Brisbane, QLD (BNE)

☐	VH-INU	Boeing 737-3Y0	23684/1353	ex N323AW	Lsd fr Govt of Nauru

Our Airline is the trading name of Nauru Air Corp

C3- ANDORRA (Principality of Andorra)

HELIAND
La Massana Heliport

☐	F-GYDJ	Aerospatiale AS.350B3 Ecureuil	3719		Lsd to/op by SHP

HELITRANS
Grau Roig Heliport

Leases Aerospatiale Ecureuil helicopters from Heliswiss Iberica when required

C5- GAMBIA (Republic of The Gambia)

AZMAR AIRLINES
Both aircraft, leased from Air One Corr, have been returned to lessor – see also under Iraq

GAMBIA INTERNATIONAL
Banjul (BJL)

☐	CS-TLO	Boeing 767-383ER	24318/257	ex N318SR	Lsd fr MMZ

GAMBIA NEW MILLENIUM AIR
Newmill (NML)   Banjul (BJL)

☐	C5-GNM	Ilyushin Il-62M	3036142	ex TL-ACL	Op for Govt

Current status uncertain

MAHFOOZ AVIATION
Mahfooz (M2/MZS)   Banjul/Jeddah (BJL/JED)

☐	C5-SBM	Boeing 727-256	21609/1369	ex N903RF	all-white

RUDAD INTERNATIONAL AVIATION SERVICES
Banjul (BJL)

☐	9L-LFD	Boeing 727-227F (FedEx 3)	21245/1202	ex EI-PAK	Lsd to AFG

Current status is uncertain, possibly a leasing company

SLOK AIR INTERNATIONAL
Slok Gambia (S0/OKS)   Banjul (BJL)

☐	C5-EUN	Boeing 737-201 (Nordam 3)	22798/924	ex 5N-EUN	Ibrahim Bagangida
☐	C5-IFY	Boeing 737-201 (Nordam 3)	22797/916	ex 5N-IFY	Olusegun Obasando
☐	C5-NYA	Boeing 737-201 (Nordam 3)	22799/932	ex 5N-NYA	John Kuffour; stored PGF
☐	C5-OBJ	Boeing 737-201 (Nordam 3)	22795/912	ex N253AU	Atibu Abubakar
☐	C5-OUK	Boeing 737-201 (Nordam 3)	22796/914	ex N254AU	Yahya Jammeh
☐	C5-ZNA	Boeing 737-201 (Nordam 3)	22806/938	ex 5N-ZNA	Ahmadu Bello

Appointed as the national carrier of The Gambia; all leased from Alameda Corporation

Operator Unknown

☐	C5-AEA	Douglas DC-9-31	47401/444	ex N47401	all-white, stored JNB
☐	C5-	AVIC I Y7-MA-60		ex B-692L	

C6- BAHAMAS (Commonwealth of the Bahamas)

ABACO AIR
Marsh Harbour (MHH)

☐	C6-BFQ	Britten-Norman BN-2A-8 Islander	347	ex N69HA
☐	C6-BFR	Aero Commander 500	825	ex N846VK
☐	C6-BFS	Aero Commander 500	685	ex N6285B
☐	C6-BHH	Britten-Norman BN-2B-26 Islander	2021	ex N599MS
☐	C6-BHY	Aero Commander 500	834	ex N521SQ

BAHAMASAIR
Bahamas (UP/BHS) (IATA 111)   Nassau (NAS)

☐	C6-BFG	de Havilland DHC-8-311A	288	ex C-GESR	
☐	C6-BFH	de Havilland DHC-8-311A	291	ex C-GFOD	
☐	C6-BFI	de Havilland DHC-8-311A	295	ex C-GFHZ	
☐	C6-BFJ	de Havilland DHC-8Q-311	323	ex N583DS	Lsd fr Bombardier Capital
☐	C6-BFN	de Havilland DHC-8-301	159	ex N801XV	Lsd fr Aviaco Lsg
☐	C6-BFO	de Havilland DHC-8-301	164	ex N802XV	Lsd fr Aviaco Lsg
☐	C6-BFP	de Havilland DHC-8Q-311	309	ex N994DC	Lsd fr Bombardier Capital
☐	C6-BFM	Boeing 737-2K5 (Nordam 3)	22596/763	ex N231TA	
☐	C6-BFW	Boeing 737-2K5 (Nordam 3)	22601/833	ex N233TA	Lsd fr AAR Aircraft
☐	C6-BGK	Boeing 737-275	22086/667	ex C-GLPW	
☐	C6-BGL	Boeing 737-275 (AvAero 3)	22087/673	ex C-GMPW	

Some local flights are operated by Sky Unlimited

CAT ISLAND AIR
Nassau (NAS)

☐	C6-CAH	Embraer EMB.110P1 Bandeirante	110249	ex C6-BHA	Lsd fr BAC Lsg
☐	C6-CAP	Embraer EMB.110P1 Bandeirante	110304	ex J8-VAZ	Lsd fr Asahi Enterprises
☐	C6-CAT	Piper PA-23-250 Aztec E	27-7554083	ex N54779	

CHEROKEE AIR
Marsh Harbour (MHH)

☐	C6-BGS	Piper PA-23-250 Aztec F	27-7854067	ex N17MR	
☐	C6-NGS	Cessna 208B Caravan I	208B0994	ex N1239Z	
☐	C6-SBH	Cessna 208B Caravan I	208B0502	ex N822SA	Lsd fr Saga Boy Holdings

FLAMINGO AIR
Nassau (NAS)

☐	C6-BGI	Piper PA-23-250 Aztec E	27-7405469	ex N4443W	
☐	C6-BGZ	Piper PA-23-250 Aztec D	27-4246	ex C-FINU	

GOLDEN WINGS CHARTERS
Nassau (NAS)

☐	N9EF	Piper PA-23-250 Aztec E	27-7305092	ex N40277	Lsd fr N9EF Inc
☐	N714MT	Piper PA-23-250 Aztec F	27-7854063	ex N4489K	Lsd fr N714MT Inc
☐	N35272	Piper PA-31-350 Chieftain	31-7952142	ex C6-BHM	Lsd fr Free Air

ISLAND WINGS
Stella Maris (SML)

☐	C6-FOX	Piper PA-23-250 Aztec D	27-4535	ex N139BP	
☐	N140FR	Piper PA-23-250 Aztec E	27-4622		Lsd fr Charlie Lima Corp

LEAIR CHARTER SERVICES
Nassau (NAS)

☐	C6-BGJ	Cessna 402C II	402C0106	ex VQ-THC	
☐	C6-CAB	Embraer EMB.110P1 Bandeirante	110198	ex G-ONEW	
☐	C6-LEE	Piper PA-23-250 Aztec F	27-7654049	ex N62568	

MAJOR'S AIR SERVICES
Freeport (FPO)

☐	C6-RRM	Beech C99	U-231	ex N141RM	Lsd fr Raytheon

PINEAPPLE AIR
(PNP)   Nassau (NAS)

☐	N157PA	Beech 1900C	UB-56	ex N505RH	Lsd fr Joda LLC

| ☐ | N381CR | Beech 1900C | UB-69 | ex N331CR | | Lsd fr Joda LLC |
| ☐ | N42517 | Beech C99 | U-165 | ex PT-LUW | | |

REGIONAL AIIR
Nassau (NAS)

| ☐ | C6-RAL | Cessna 208B Caravan I | 208B0841 | ex N1295G | | |
| ☐ | C6-RAS | Cessna 208B Caravan I | 208B0693 | ex N90HE | | |

Regional Air is the trading name of Alpha Aviation

SALAMIS AVIATION
Nassau (NAS)

| ☐ | N75X | Swearingen SA.227TT Merlin IIIC | TT-421 | ex N90BJ | | Lsd fr EP Aviation |
| ☐ | N81WS | Swearingen SA.227TT Merlin IIIC | TT-480 | ex N500DB | | Lsd fr EP Aviation |

SEAIR AIRWAYS
(DYL) *Nassau (NAS)*

| ☐ | C6-BGT | Piper PA-23-250 Aztec E | 27-7305051 | ex N89BB | | |
| ☐ | C6-BUS | Britten-Norman BN-2A-26 Islander | 2040 | ex N23US | | |

SKY BAHAMAS
Sky Bahamas (SBM) *Nassau (NAS)*

| ☐ | N776SB | SAAB SF.340A | 340A-021 | ex N109PX | | Lsd fr Aircraft No 21 Co |
| ☐ | N779SB | SAAB SF.340A | 340A-149 | ex N149SZ | | Lsd fr JLT Investments |

Operates some local services for Bahamasair
Sky Bahamas is a trading name of Sky Unlimited, branded as 'The Bahamian Regional Airline'

SOUTHERN AIR CHARTER
(PL/SOA) *Nassau (NAS)*

☐	C6-BGY	Piper PA-23-250 Aztec E	27-7554044	ex N166PG		
☐	N70JL	Beech 100 King Air	B-87	ex N125DB		Lsd fr JODA Inc
☐	N376SA	Beech 1900C	UB-72	ex N504RH		Lsd fr JODA Inc
☐	N378SA	Beech 1900C	UB-31	ex N196GA		Lsd fr JODA Inc

STELLA MARIS AVIATION
Stella Maris (SML)

| ☐ | N175AC | Aero Commander 500B | 500B-1520-184 | ex N89BT | | Lsd fr Jafco Lsg |
| ☐ | N750SC | Piper PA-31-350 Chieftain | 31-7952234 | ex N506ES | | |

VISION AIR
Freeport (FPO)

| ☐ | N888MX | Beech 1900C | UB-39 | ex N502CG | | Lsd fr Avtran |

WESTERN AIR
(WST) *Freeport (FPO)*

☐	C6-FPO	Swearingen SA.227AC Metro III	AC-652	ex N26877		
☐	C6-JER	Swearingen SA.227AC Metro III	AC-588	ex N892MA		
☐	C6-KER	Swearingen SA.227AC Metro III	AC-595	ex N385PH		
☐	C6-REX	Swearingen SA.227AC Metro III	AC-649	ex N26861	stored REX	
☐	C6-SAD	Swearingen SA.227AC Metro III	AC-746B	ex N46NE		
☐	C6-SAR	Swearingen SA.227AC Metro III	AC-598	ex N3116Z		
☐	C6-VIP	SAAB SF.340A	340A-098	ex N98XJ		
☐	C6-WAL	Piper PA-31-350 Navajo Chieftain	31-7652129	ex N70FS		
☐	N900MX	Beech 1900C	UB-55	ex N155GA		Lsd fr JODA

C9-   MOZAMBIQUE (Republic of Mozambique)

AIR CORRIDOR
Air Corridor (QC/CRD) *Maputo (MPM)*

| ☐ | C9-BAL | Boeing 737-236 | 21808/712 | ex C9-BAH | on order, stored JNB | Lsd fr Polaris |
| ☐ | C9-BAM | Boeing 737-2P6 (Nordam 3) | 21733/564 | ex 5Y-BPZ | | Lsd fr Aergo Capital |

LAM - LINHAS AEREAS DE MOCAMBIQUE
Mozambique (TM/LAM) (IATA 068) *Maputo (MPM)*

| ☐ | C9-BAC | Boeing 737-2B1C | 20536/289 | | Lugenda | |
| ☐ | C9-BAI | Boeing 737-2K9 | 23405/1178 | ex N405BC | Lurio | Lsd fr Boeing Capital |

| ☐ C9-BAJ | Boeing 737-205 | 23464/1223 | ex N464BA | Pemba | Lsd fr Celtic Capital |
| ☐ C9-BAK | Boeing 737-2K9 | 23404/1176 | ex N222TM | Bazaruto | Lsd fr Boeing Capital |

MEX – Mocambique Expresso is a wholly owned subsidiary

MOCAMBIQUE EXPRESSO
Mozambique Express (MXE) — *Maputo / Beira (MPM/BEW)*

☐ C9-ASV	Beech 200C Super King Air	BL-21	ex N3831T	
☐ C9-AUK	British Aerospace Jetstream 41	41044	ex ZS-NUO	Lsd fr Foster Webb
☐ ZS-OMF	British Aerospace Jetstream 41	41034	ex G-MSKJ	Lsd fr LNK

Wholly owned subsidiary of LAM-Linhas Aereas de Mocambique

STA - SOCIEDADE DE TRANSPORTS AÉREOS
Maputo (MPM)

Operates services with Islanders leased from sister company TTA and other aircraft as required

TRANSAIRWAYS
(TWM) — *Maputo/Beira (MPM/BEW)*

☐ 3D-BCI	Embraer EMB.120ER Brasilia	120139	ex N283UE	Lsd fr GMAC Commercial Credit
☐ 3D-BEE	Beech 1900C-1	UC-148	ex N148YV	Lsd fr Raytheon Aircraft
☐ 3D-NVA	LET L-410UVP-E3	882035	ex 3D-ZZM	
☐ 3D-NVC	LET L-410UVP	831033	ex 5Y-BLC	Sluffy

TTA – SOCIEDADE DE TRANSPORTE E TRABALHO AEREO
Kanimanbo (TTA) — *Maputo (MPM)*

☐ C9-AMH	Piper PA-32-300 Cherokee Six C	32-40682	ex ZS-IGO	stored MPM
☐ C9-AOV	Britten-Norman BN-2A-3 Islander	624	ex G-AYJF	
☐ C9-APD	Britten-Norman BN-2A-9 Islander	683	ex G-AZXO	

Leases Islanders to sister company STA as required

D-   GERMANY (Federal Republic of Germany)

ADVANCED AVIATION
Bad Saulgau / Bangui (-/BGF)

☐ D-CAAL	Dornier 228-202K	8152	ex CS-TGH	
☐ D-FINA	Cessna 208B Caravan I	208B0475	ex N1202D	
☐ D-FISH	Cessna 208 Caravan I	20800363	ex N41145	
☐ D-FLIP	Cessna 208B Caravan I	208B0331	ex N3331	
☐ D-IAAX	Dornier 228-202K	8159	ex CS-TGF	
☐ D4-CBK	Dornier 228-212	8222	ex 7Q-YKS	Op for Guarda Costeira
☐ SE-LDK	Short SC.7 Skyvan 3A	SH1870	ex SX-BBO	

Aircraft operate in variety of roles including Passenger, Freighters, SAR flights and Paradropping

AEROLINE
Sylt-Air (7E/AWU) — *Westerland (GWT)*

| ☐ D-GFPG | Partenavia P.68B | 170 | | Lsd fr Skroch |
| ☐ D-IOLB | Cessna 404 Titan II | 404-0691 | ex SE-IVG | |

AEROLOGIC
Leipzig-Halle (LEJ)

Joint venture between Lufthansa and DHL Express to commence cargo flights in 2009 using Boeing 777-F30s

AIR BERLIN
Name and logo amended for 2008 to show name as Airberlin

AIR HAMBURG
Uetersen (QSM)

| ☐ D-IAEB | Britten-Norman BN-2A-6 Islander | 218 | ex OH-BNB | |

AIR SERVICE BERLIN
Berlin-Schonefeld (SXF)

| ☐ D-CXXX | Douglas DC-3 | 16124/32872 | ex G-AMPZ | Jack Bennett |

AIR SERVICE WILDGRUBER
Friedrichshafen-Loewental (FDH)

| ☐ D-IEXE | Beech 99 | U-46 | ex LN-SAX | Op for Skydive Portugal |

AIRBERLIN
AirBerlin (AB/BER) (IATA 745) — Berlin-Tegel (TXL)

Name and logo amended for 2008 to show name as Airberlin

	Reg	Type	MSN	ex	Status	Lessor
☐	D-ABGA	Airbus A319-132	2383	ex N807BR		Lsd fr ILFC
☐	D-ABGB	Airbus A319-132	2467	ex N814BR		Lsd fr ILFC
☐	D-ABGC	Airbus A319-132	2468	ex N815BR		Lsd fr ILFC
☐	D-ABGD	Airbus A319-132	2335	ex N805BR		Lsd fr CIT Group
☐	D-ABGE	Airbus A319-112	3139	ex D-AVXO		
☐	D-ABGF	Airbus A319-112	3188	ex D-AVYL		
☐	D-ABGG	Airbus A319-112	3202	ex D-AVWJ		
☐	D-ABGH	Airbus A319-112	3245	ex D-AVWE		
☐	D-ABGI	Airbus A319-112	3415	ex D-AVYI		
☐	D-ABGJ	Airbus A319-112	3422	ex D-AV	on order	Lsd fr GECAS
☐	D-ABGK	Airbus A319-112	3447	ex D-AV	on order	
☐	D-A	Airbus A319-112		ex D-AV	on order	
☐	D-A	Airbus A319-112		ex D-AV	on order	
☐	D-A	Airbus A319-112		ex D-AV	on order	
☐	D-A	Airbus A319-112		ex D-AV	on order	
☐	D-A	Airbus A319-112		ex D-AV	on order	
☐	D-A	Airbus A319-112		ex D-AV	on order	
☐	D-A	Airbus A319-112		ex D-AV	on order	
☐	D-A	Airbus A319-112		ex D-AV	on order	
☐	D-ABDA	Airbus A320-214	2539	ex F-WWIR		
☐	D-ABDB	Airbus A320-214	2619	ex F-WWDK		
☐	D-ABDC	Airbus A320-214	2654	ex F-WWIN		
☐	D-ABDD	Airbus A320-214	2685	ex F-WWIB		
☐	D-ABDE	Airbus A320-214	2696	ex F-WWDI		
☐	D-ABDF	Airbus A320-214	2820	ex F-WWDA		
☐	D-ABDG	Airbus A320-214	2835	ex F-WWIB		
☐	D-ABDH	Airbus A320-214	2846	ex F-WWII		
☐	D-ABDI	Airbus A320-214	2853	ex F-WWIR		
☐	D-ABDJ	Airbus A320-214	2865	ex F-WWBB		
☐	D-ABDK	Airbus A320-214	2968	ex F-WWDF		
☐	D-ABDL	Airbus A320-214	2991	ex F-WWIR		
☐	D-ABDM	Airbus A320-214	3006	ex F-WWBF		
☐	D-ABDN	Airbus A320-214	3021	ex F-WWBS		
☐	D-ABDO	Airbus A320-214	3055	ex F-WWDU		
☐	D-ABDP	Airbus A320-214	3093	ex F-WWIT		
☐	D-ABDQ	Airbus A320-214	3121	ex F-WWBD		
☐	D-ABDR	Airbus A320-214	3242	ex F-WWBP		
☐	D-ABDS	Airbus A320-214	3289	ex F-WWDS		
☐	D-ABDT	Airbus A320-214		ex F-WW	on order	
☐	D-ABDU	Airbus A320-214	3516	ex F-WW	on order	Lsd fr GECAS
☐	D-ABDV	Airbus A320-214		ex F-WW	on order	
☐	D-ABDW	Airbus A320-214		ex F-WW	on order	
☐	D-ABDX	Airbus A320-214		ex F-WW	on order	
☐	D-ABDY	Airbus A320-214		ex F-WW	on order	
☐	D-ABDZ	Airbus A320-214		ex F-WW	on order	
☐	D-ADIA	Boeing 737-36Q	30333/3117	ex N1786B		Lsd fr Boullioun
☐	D-ADIB	Boeing 737-36Q	30334/3120	ex N1786B		Lsd fr Boullioun
☐	D-ADIC	Boeing 737-36Q	30335/3129	ex N1786B		Lsd fr Boullioun
☐	D-ADIF	Boeing 737-3L9	25125/2059	ex G-BZZB		Lsd fr Galaxy Avn
☐	D-ADIG	Boeing 737-3L9	26441/2250	ex G-BZZA		Lsd fr Galaxy Avn
☐	D-ADIH	Boeing 737-3Y0	23921/1513	ex N921NB		Lsd fr AAR-GS 737
☐	D-ADII	Boeing 737-329	23775/1412	ex N775AA		Lsd fr AAR Aircraft & Lsg
☐	D-ADIJ	Boeing 737-3M8	25041/2024	ex TF-ELC		Lsd fr AerCo
☐	D-AGEA	Boeing 737-322	23951/1532	ex N319UA		Lsd fr GMI
☐	D-AGEB	Boeing 737-322	24320/1670	ex N352UA		Lsd fr GMI
☐	D-ABAA	Boeing 737-76Q	30271/740	ex N271CH		Lsd fr Boullioun
☐	D-ABAB	Boeing 737-76Q	30277/947	ex N277CH		Lsd fr Boullioun
☐	D-ABAC	Boeing 737-86J/W	30501/619			Lsd to CSZ
☐	D-ABAD	Boeing 737-86J/W	30876/759			Lsd fr AerCap
☐	D-ABAE	Boeing 737-86J/W	30877/782	ex N1786B		
☐	D-ABAF	Boeing 737-86J/W	30878/844	ex N1787B		
☐	D-ABAG	Boeing 737-86J/W	30879/871	ex N1786B		
☐	D-ABAN*	Boeing 737-86J/W	28068/36	ex N35153		Lsd fr AB Erste
☐	D-ABAO	Boeing 737-86J/W	28069/42	ex N5573B		Lsd fr Hunold
☐	D-ABAP	Boeing 737-86J/W	28070/106			Lsd fr BOC Aviation
☐	D-ABAQ	Boeing 737-86J/W	28071/133			Lsd fr Boullioun
☐	D-ABAR	Boeing 737-86J/W	28072/147	ex N1786B		Lsd fr Boullioun
☐	D-ABAS	Boeing 737-86J/W	28073/200	ex N1795B		Lsd fr BOC Aviation
☐	D-ABAT	Boeing 737-86J/W	29120/202	ex N1786B		Lsd fr Hunold
☐	D-ABAU	Boeing 737-86J/W	29121/239	ex N1786B		Lsd fr Hunold
☐	D-ABAV	Boeing 737-86J/W	30498/450	ex N1787B		
☐	D-ABAW	Boeing 737-86J/W	30062/485	ex N1786B		Lsd to CSZ
☐	D-ABAX	Boeing 737-86J/W	30063/517	ex N1786B		Lsd to CSZ
☐	D-ABAY	Boeing 737-86J/W	30499/567	ex N1795B		Lsd to CSZ

☐	D-ABAZ	Boeing 737-86J/W	30500/593	ex N1787B		Lsd to CSZ
☐	D-ABBA	Boeing 737-86J/W	30570/879	ex N1786B		Lsd fr Macquarie AirFinance
☐	D-ABBB	Boeing 737-86J/W	32624/961	ex N1798B		
☐	D-ABBC	Boeing 737-86J/W	32625/995	ex N1786B		
☐	D-ABBD	Boeing 737-86J/W	30880/1043			
☐	D-ABBE	Boeing 737-86J/W	30881/1067			
☐	D-ABBF	Boeing 737-86J/W	32917/1210			
☐	D-ABBG	Boeing 737-86J/W	32918/1255			
☐	D-ABBH	Boeing 737-86J/W	32919/1279			
☐	D-ABBI	Boeing 737-86J/W	32920/1293			
☐	D-ABBJ	Boeing 737-86Q/W	30286/1280	ex N1787B		Lsd fr Boullioun
☐	D-ABBK	Boeing 737-8BK/W	33013/1317			Lsd fr CIT Group
☐	D-ABBL	Boeing 737-85F	28821/151	ex F-GRNC		Lsd fr Macquarie AirFinance
☐	D-ABBM	Boeing 737-85F	28823/174	ex F-GRNA		Lsd fr Macquarie AirFinance
☐	D-ABBN	Boeing 737-76Q/W	30293/1496			Lsd fr Boullioun
☐	D-ABBO	Boeing 737-86J/W	30827/1632			Lsd fr RBS Aviation
☐	D-ABBP	Boeing 737-86J/W	29641/1654			Lsd fr RBS Aviation
☐	D-ABBQ	Boeing 737-86N/W	28608/410	ex EC-HHG		Lsd fr RBS Aviation
☐	D-ABBR	Boeing 737-85F	28825/188	ex SE-DVU		Lsd fr AerCap
☐	D-ABBS	Boeing 737-76N/W	28654/986	ex N743AL		Lsd fr Genesis Lease
☐	D-ABBT	Boeing 737-76N/W	32582/1013	ex N744AL		Lsd fr Genesis Lease
☐	D-ABBU	Boeing 737-8Q8	30627/752	ex P4-BAS		Lsd fr ILFC
☐	D-ABBV	Boeing 737-7Q8	30629/1011	ex P4-CAS		Lsd fr ILFC
☐	D-ABBW	Boeing 737-7Q8	30642/1097	ex P4-DAS		Lsd fr ILFC
☐	D-ABBX	Boeing 737-808	34969/2293			Lsd fr AerCap
☐	D-ABBY	Boeing 737-808	34970/2379	ex N1787B		Lsd fr AerCap
☐	D-ABBZ	Boeing 737-85F	30478/997	ex TC-SKC		Lsd fr Macquarie AirFinance
☐	D-ABKA	Boeing 737-82R	29329/224	ex TC-APG		
☐	D-ABKB	Boeing 737-76N	28577/124	ex N966PG		Lsd fr PALS VII
☐	D-ABLA	Boeing 737-76J/W	36114/2421	ex N1786B		
☐	D-ABLB	Boeing 737-76J/W	36115		on order	
☐	D-A	Boeing 737-76J/W			on order	
☐	D-A	Boeing 737-76J/W			on order	
☐	D-A	Boeing 737-76J/W			on order	
☐	D-A	Boeing 737-76J/W			on order	
☐	D-A	Boeing 737-76J/W			on order	
☐	D-A	Boeing 737-76J/W			on order	
☐	D-A	Boeing 737-76J/W			on order	
☐	D-A	Boeing 737-86J/W			on order	
☐	D-A	Boeing 737-86J/W			on order	
☐	D-A	Boeing 737-8BK/W	29683		on order	Lsd fr CIT Group
☐	D-A	Boeing 737-8BK/W			on order	Lsd fr CIT Group
☐	D-AGEL	Boeing 737-75B	28110/5	ex N1791B		Lsd fr/op by GMI
☐	D-AGEP	Boeing 737-75B	28102/18	ex N5573B		Lsd fr/op by GMI
☐	D-AGES	Boeing 737-75B	28108/28			Lsd fr/op by GMI
☐	D-AGEU	Boeing 737-75B	28104/39			Lsd fr/op by GMI

Fifty six more Boeing 737-86J/Ws are on order for delivery by 2014 plus fifteen more Boeing 737-76J/Ws for delivery by 2010

☐	D-AGPA	Fokker F.28-0100 (Fokker 100)	11276	ex PH-CXA		Lsd fr/op by GMI
☐	D-AGPB	Fokker F.28-0100 (Fokker 100)	11278	ex PH-CXB	Spirit of Hinrich Bischoff	
						Lsd fr/op by GMI
☐	D-AGPC	Fokker F.28-0100 (Fokker 100)	11280	ex PH-CXC		Lsd fr/op by GMI
☐	D-AGPD	Fokker F.28-0100 (Fokker 100)	11281	ex PH-CXD		Lsd fr/op by GMI
☐	D-AGPE	Fokker F.28-0100 (Fokker 100)	11300	ex PH-CXE		Lsd fr/op by GMI
☐	D-AGPG	Fokker F.28-0100 (Fokker 100)	11306	ex PH-CXG		Lsd fr/op by GMI
☐	D-AGPK	Fokker F.28-0100 (Fokker 100)	11313	ex PH-CXK		Lsd fr/op by GMI
☐	D-AGPL	Fokker F.28-0100 (Fokker 100)	11314	ex PH-CXL		Lsd fr/op by GMI
☐	D-AGPO	Fokker F.28-0100 (Fokker 100)	11334	ex PH-CXO		Lsd fr/op by GMI
☐	D-AGPQ	Fokker F.28-0100 (Fokker 100)	11338	ex PH-CXQ		Lsd fr/op by GMI
☐	D-AGPR	Fokker F.28-0100 (Fokker 100)	11391	ex PH-CXR		Lsd fr/op by GMI
☐	D-AGPS	Fokker F.28-0100 (Fokker 100)	11399	ex PH-CXS		Lsd fr/op by GMI

Twenty-five Boeing 787-86Js are on order including c/nos 35313/35320/38756 leased from ILFC for delivery in May 2011 Owns 49% of Belair while LTU is a wholly owned subsidiary specialising in long-haul leisure flights. Air Berlin has agreed to purchase the assets (but not the name) of Condor from Thomas Cook with 75.1% to be completed by February 2009 and the final 24.9% will be purchased by Thomas Cook from Lufthansa by February 2010 when Thomas Cook will own 30% of Air Berlin. LGW to commence feeder services in 1Q08.

ARCUS AIR
Arcus Air (ZE/AZE) Mannheim (MHG)

☐	D-CAAM	Dornier 228-212	8205	ex D-CBDH	
☐	D-CAAR	Dornier 228-212	8211	ex 57+02	
☐	D-CAAZ	Dornier 228-212	8212	ex 57+03	
☐	D-CUTT	Dornier 228-212	8200	ex D-CBDC	

AUGSBURG AIRWAYS
Augsburg Air (IQ/AUB) (IATA 614) Munich (MUC)

☐	D-BACH	de Havilland DHC-8-314A	365	ex VH-TQA	
☐	D-BDTM	de Havilland DHC-8Q-314	545	ex C-FSCG	
☐	D-BEBA	de Havilland DHC-8Q-314	543		

☐	D-BHOQ	de Havilland DHC-8Q-311	544	ex C-GHRI		
☐	D-BLEJ	de Havilland DHC-8Q-314	521	ex C-FDHU		Lsd fr CA Lsg
☐	D-ADHA	de Havilland DHC-8-402Q	4028	ex C-GFBW		
☐	D-ADHB	de Havilland DHC-8-402Q	4029	ex C-GFCA		Lsd fr GOAL
☐	D-ADHC	de Havilland DHC-8-402Q	4045	ex C-GDIW		
☐	D-ADHD	de Havilland DHC-8-402Q	4056	ex C-GFYI		
☐	D-ADHE	de Havilland DHC-8-402Q	4066	ex C-GEOA		Lsd fr GOAL
☐	D-ADHP	de Havilland DHC-8-402Q	4003	ex C-FHUP		
☐	D-ADHQ	de Havilland DHC-8-402Q	4016	ex N539DS	on order	

Operates feeder service as Lufthansa Regional; wholly owned by Cirrus Airlines

AVANTI AIR
Euroexpress (EEX) — Frankfurt (FRA)

☐	D-ANFC	ATR 72-202	237	ex F-WWEG	Lsd fr BKM Luftfahrt; sublsd to BKP
☐	D-BCRN	ATR 42-300	329	ex G-WLSH	
☐	D-BCRO	ATR 42-300 (QC)	122	ex F-WWES	Lsd fr BKM Luftfahrt
☐	D-BCRP	ATR 42-300 (QC)	158	ex F-WWEE	Lsd fr BKM Luftfahrt
☐	D-CBIG	Beech 1900D	UE-288	ex N11320	Lsd fr BKM Luftfahrt; sublsd Swiss AF
☐	D-CBSF	Beech 1900D	UE-8	ex N55778	Lsd fr BKM Luftfahrt

BINAIR
Binair (BID) — Munich (MUC)

☐	D-CBIN	Swearingen SA.226AT Expediter IV	AT-440B	ex I-FSAD	
☐	D-CCCC	Swearingen SA.227AT Merlin IVC	AT-511	ex N600N	
☐	D-IBIN	Swearingen SA.226TC Metro II	TC-252	ex PH-RAZ	
☐	D-ICRK	Swearingen SA.226TC Metro II	TC-333	ex 4X-CSD	Lsd fr LHG Leasing

BLUE WINGS
Blue Wings (QW/BWG) — Düsseldorf (DUS)

☐	D-ANNB	Airbus A320-232	1240	ex N507JB		
☐	D-ANNC	Airbus A320-232	1257	ex N508JB		
☐	D-ANND	Airbus A320-232	1546	ex N526JB		Lsd fr Alpstream Avn
☐	D-ANNE	Airbus A320-232	1557	ex N527JB		Lsd fr Alpstream Avn
☐	D-ANNF	Airbus A320-232	1650	ex N531JB		Lsd fr Alpstream Avn
☐	D-ANNG	Airbus A320-232	1464	ex N522JB		Lsd fr BetaStream
☐	D-ANNH	Airbus A320-232	1823	ex N543JB	on order	
☐	D-ANNI	Airbus A320-232	1785	ex N537JB	on order	
☐	D-A	Airbus A320-200		ex F-WW	on order	
☐	D-A	Airbus A321-200		ex D-AV	on order	
☐	D-A	Airbus A321-200		ex D-AV	on order	
☐	D-A	Airbus A321-200		ex D-AV	on order	
☐	D-A	Airbus A321-200		ex D-AV	on order	

Thirteen more Airbus A320-200s and are on order for delivery in 2009 (8) and 2010 (5)

BUSINESSWINGS
Kassel-Calden (KSF)

☐	D-FALK	Cessna 208 Caravan I	20800023	ex N9354F	
☐	D-FAST	Cessna 208 Caravan I	20800207	ex N208MC	
☐	D-IROL	Dornier 228-100	7003	ex SE-KHL	
☐	D-IVER	de Havilland DHC-6 Twin Otter 300	411	ex SE-IYP	

CIRRUS AIRLINES
Cirrus (C9/RUS) (IATA 251) — Saarbrücken-Ensheim (SCN)

☐	D-BGAE	Dornier 328-300 (328JET)	3146	ex D-BDXC		
☐	D-BGAL	Dornier 328-300 (328JET)	3131	ex D-BDXN		
☐	D-BGAQ	Dornier 328-300 (328JET)	3130	ex D-BDXL		
☐	D-BGAS	Dornier 328-300 (328JET)	3139	ex D-BDXZ		
☐	D-CCIR	Dornier 328-130	3100	ex D-CDXA		
☐	D-CIRA	Dornier 328-120	3077	ex HB-AEJ		Lsd fr Haag-Streit Holding
☐	D-CIRB	Dornier 328-110	3017	ex HB-AEF		Lsd fr BV Management; sublsd EZE
☐	D-CIRC	Dornier 328-100	3041	ex HB-AEI		Lsd fr Aircraft Asset Mgt
☐	D-CIRD	Dornier 328-110	3011	ex HB-AEG		Lsd fr Do-Lease
☐	D-CIRE	Dornier 328-110	3058	ex N440JS		
☐	D-CIRG	Dornier 328-110	3040	ex N340LS	on order	
☐	D-CIRI	Dornier 328-110	3012	ex N334PH	on order; to SE-LJU	
☐	D-CIRJ	Dornier 328-110	3035	ex N335LS	on order	
☐	D-CIRK	Dornier 328-110	3050	ex N350AD		
☐	D-CIRL	Dornier 328-110	3075	ex N461PS	on order	
☐	D-CIRM	Dornier 328-110	3068	ex N458PS	on order	
☐	D-CIRN	Dornier 328-110	3048	ex N457PS	on order	
☐	D-CIRO	Dornier 328-110	3025	ex N328LS	on order	
☐	D-CIRP	Dornier 328-110	3007	ex N471PS	on order	
☐	D-CIRQ	Dornier 328-110	3032	ex N423JS	on order	
☐	D-CIRT	Dornier 328-110	3043	ex N429JS	on order	

☐	D-CIRU	Dornier 328-110	3033	ex N424JS	on order	
☐	D-CIRV	Dornier 328-110	3037	ex N425JS	on order	Lsd fr Comtran
☐	D-CIRW	Dornier 328-110	3044	ex N430JS	on order	
☐	D-COSA	Dornier 328-110	3085	ex D-CDXR		Lsd fr Bahag AG
☐	D-CPRP	Dornier 328-110	3066	ex D-CDXL	Maximillian	
						Lsd fr Deutsche Structured Finance
☐	D-CPRW	Dornier 328-110	3097	ex D-CDXY		
☐	D-CTOB	Dornier 328-110	3107	ex OE-LKH		
☐	D-ACIN	Boeing 737-53C	24825/1894	ex SP-LKG		Lsd fr LOT
☐	D-ACIR	Embraer EMB.145MP (ERJ-145MP)	145230	ex PT-SHT	Saarbrücken	
☐	D-ALIA	Embraer 170-100LR (170LR)	17000006	ex PT-SVD		
☐	D-ALIB	Embraer 170-200LR (175LR)	170000017	ex F-OFLY		
☐	D-ALIE	Embraer 170-100LR (170LR)	17000059	ex PT-SVI		
☐	D-BOBO	de Havilland DHC-8-102	153	ex C-GFOD		Lsd fr CDS Leasing
☐	D-BOBY	de Havilland DHC-8-102	177	ex C-GFQL		Lsd fr Lipicar

CONDOR
Condor (DE/CFG) (IATA 881) — Frankfurt (FRA)

☐	D-ABOA	Boeing 757-330	29016/804	ex N757X	
☐	D-ABOB	Boeing 757-330	29017/810	ex N6067B	
☐	D-ABOC	Boeing 757-330	29015/818	ex N6069B	
☐	D-ABOE	Boeing 757-330	29012/839	ex N1012N	
☐	D-ABOF	Boeing 757-330	29013/846		
☐	D-ABOG	Boeing 757-330	29014/849		
☐	D-ABOH	Boeing 757-330	30030/855	ex N1787B	
☐	D-ABOI	Boeing 757-330	29018/909	ex N1002R	
☐	D-ABOJ	Boeing 757-330	29019/915		Lsd fr NBB Lease; op for Apple Vacs
☐	D-ABOK	Boeing 757-330	29020/918	ex N1795B	
☐	D-ABOL	Boeing 757-330	29021/923		Lsd fr NBB Lease; op for Apple Vacs
☐	D-ABOM	Boeing 757-330	29022/926		Lsd fr NBB Lease
☐	D-ABON	Boeing 757-330	29023/929	ex N1003M	
☐	D-ABUA	Boeing 767-330ER	26991/455		Lsd fr NBB Lease
☐	D-ABUB	Boeing 767-330ER	26987/466		Lsd fr CG-Kumiai
☐	D-ABUC	Boeing 767-330ER	26992/470		Lsd fr NBB Lease
☐	D-ABUD	Boeing 767-330ER	26983/471		Lsd fr NBB Lease
☐	D-ABUE	Boeing 767-330ER	26984/518	ex N1788B	Lsd fr Lufthansa Lsg
☐	D-ABUF	Boeing 767-330ER	26985/537		
☐	D-ABUH	Boeing 767-330ER	26986/553	ex N6046P	
☐	D-ABUI	Boeing 767-330ER	26988/562		
☐	D-ABUZ	Boeing 767-330ER	25209/382	ex (N634TW)	

Condor Berlin is wholly owned, Airberlin has agreed to purchase Condor from Thomas Cook with 75.1% to be completed by February 2009 and the final 24.9% will be purchased by Thomas Cook from Lufthansa by February 2010.

CONDOR BERLIN
Condor Berlin (CIB) — Berlin-Schönefeld (SXF)

☐	D-AICA	Airbus A320-212	0774	ex F-WWDN	
☐	D-AICC	Airbus A320-212	0809	ex F-WWIE	
☐	D-AICD	Airbus A320-212	0884	ex F-WWDE	
☐	D-AICE	Airbus A320-212	0894	ex F-WWDI	
☐	D-AICF	Airbus A320-212	0905	ex F-WWDP	
☐	D-AICG	Airbus A320-212	0957	ex F-WWBE	
☐	D-AICH	Airbus A320-212	0971	ex F-WWBY	
☐	D-AICI	Airbus A320-212	1381	ex F-WWIP	
☐	D-AICJ	Airbus A320-212	1402	ex F-WWDB	
☐	D-AICK	Airbus A320-212	1416	ex F-WWDZ	
☐	D-AICL	Airbus A320-212	1437	ex F-WWBG	
☐	D-AICM	Airbus A320-214	1929	ex OO-TCH	
☐	D-AICN	Airbus A320-214	1968	ex G-TCKE	

Wholly owned by Condor

CONTACT AIR
Contactair (KIS) — Stuttgart (STR)

☐	D-ANFG	ATR 72-212A	658	ex F-WWEL	Lsd fr EWG
☐	D-ANFH	ATR 72-212A	660	ex F-WWEM	Lsd fr EWG
☐	D-ANFI	ATR 72-212A	662	ex F-WWEN	Lsd fr EWG
☐	D-ANFJ	ATR 72-212A	664	ex F-WWEO	Lsd fr EWG
☐	D-ANFK	ATR 72-212A	666	ex F-WWEP	Lsd fr EWG
☐	D-ANFL	ATR 72-212A	668	ex F-WWEQ	Lsd fr EWG
☐	D-BMMM	ATR 42-500	546	ex F-WWLE	Lsd fr EWG
☐	D-BPPP	ATR 42-500	581	ex F-WWLE	Lsd fr EWG
☐	D-BQQQ	ATR 42-500	584	ex F-WWEP	Lsd fr EWG
☐	D-BSSS	ATR 42-500	602	ex F-WWLA	Lsd fr EWG
☐	D-BTTT	ATR 42-500	603	ex F-WWLD	Lsd fr EWG

24.8% owned by Lufthansa Cityline, most operate in Lufthansa Regional colours

DBA
Owned by Air Berlin and operations integrated during the summer 2007 timetable (subsequently to Airberlin)

EUROPEAN AIR EXPRESS
Announced 16 June 2007 that all services will cease on 30 September 2007 which they did.

EUROWINGS
Eurowings (EW/EWG) (IATA 104)   Dortmund/Nuremberg (DTM/NUE)

☐	D-BLLL	ATR 42-500	549	ex F-WWLB		Lsd to CIM
☐	D-BMMM	ATR 42-500	546	ex F-WWLE		Lsd to KIS
☐	D-BPPP	ATR 42-500	581	ex F-WWLE		Lsd to KIS
☐	D-BQQQ	ATR 42-500	584	ex F-WWEP		Lsd to KIS
☐	D-BRRR	ATR 42-500	601	ex F-WWEC	all-white	Lsd to KIS
☐	D-BSSS	ATR 42-500	602	ex F-WWLA		Lsd to KIS
☐	D-BTTT	ATR 42-500	603	ex F-WWLD		Lsd to KIS
☐	D-ANFG	ATR 72-212A	658	ex F-WWEL		Lsd fr ATR Asset Mgt; sublsd KIS
☐	D-ANFH	ATR 72-212A	660	ex F-WWEM		Lsd fr ATR Asset Mgt; sublsd KIS
☐	D-ANFI	ATR 72-212A	662	ex F-WWEN		Lsd fr ATR Asset Mgt; sublsd KIS
☐	D-ANFJ	ATR 72-212A	664	ex F-WWEO		Lsd fr ATR Asset Mgt; sublsd KIS
☐	D-ANFK	ATR 72-212A	666	ex F-WWEP		Lsd fr ATR Asset Mgt; sublsd KIS
☐	D-ANFL	ATR 72-212A	668	ex F-WWEQ		Lsd fr ATR Asset Mgt; sublsd KIS
☐	D-ACFA	British Aerospace 146 Srs.200	E2200	ex G-BTVT		Lsd fr Trident Avn Lsg
☐	D-AEWA	British Aerospace 146 Srs.300	E3163	ex G-BTJG		Lsd fr Celaeno
☐	D-AEWB	British Aerospace 146 Srs.300	E3183	ex G-BUHB		Lsd fr Knight Lsg
☐	D-AEWD	British Aerospace 146 Srs.200	E2069	ex OO-DJC		Lsd fr RBS Avn Capital
☐	D-AEWE	British Aerospace 146 Srs.200	E2077	ex OO-DJD		Lsd fr RBS Avn Capital
☐	D-AEWF	British Aerospace 146 Srs.200	E2184	ex G-BTKC		Lsd fr Trident Avn Lsg
☐	D-AEWL	British Aerospace 146 Srs.300	E3123	ex G-UKHP		Lsd fr Trident Avn Lsg
☐	D-AEWM	British Aerospace 146 Srs.300	E3125	ex G-UKSC		Lsd fr Trident Avn Lsg
☐	D-AEWN	British Aerospace 146 Srs.300	E3158	ex G-UKRC		Lsd fr Trident Avn Lsg
☐	D-AEWO	British Aerospace 146 Srs.300	E3162	ex G-UKAG		Lsd fr Trident Avn Lsg
☐	D-AEWP	British Aerospace 146 Srs.300	E3165	ex G-BSNR		Lsd fr Trident Avn Lsg
☐	D-AEWQ	British Aerospace 146 Srs.300	E3203	ex G-BTTP		Lsd fr Trident Avn Lsg
☐	D-AHOI	British Aerospace 146 Srs.300	E3187	ex G-BSYT	all-white	Lsd fr Maia Lsg
☐	D-AJET	British Aerospace 146 Srs.200	E2201	ex G-6-201		Lsd fr Lease Trend
☐	D-AQUA	British Aerospace 146 Srs.300	E3118	ex G-OAJF		Lsd fr Trident Avn Lsg

To be replaced by Embraer 190s from 4Q08

☐	D-ACRA	Canadair CL-600-2B19 (CRJ-200LR)	7567	ex C-FMNX		Lsd fr GOAL
☐	D-ACRB	Canadair CL-600-2B19 (CRJ-200LR)	7570	ex C-FMOW		Lsd fr GOAL
☐	D-ACRC	Canadair CL-600-2B19 (CRJ-200LR)	7573	ex C-FMNQ	stored	Lsd fr GOAL
☐	D-ACRD	Canadair CL-600-2B19 (CRJ-200LR)	7583	ex C-FMNB		Lsd fr GOAL
☐	D-ACRE	Canadair CL-600-2B19 (CRJ-200LR)	7607	ex C-FMML		Lsd fr GOAL
☐	D-ACRF	Canadair CL-600-2B19 (CRJ-200LR)	7619	ex C-FMLI		Lsd fr GOAL
☐	D-ACRG	Canadair CL-600-2B19 (CRJ-200LR)	7630	ex C-FMOW		Lsd fr GOAL
☐	D-ACRH	Canadair CL-600-2B19 (CRJ-200LR)	7738	ex C-FMLF		Lsd fr GOAL
☐	D-ACRI	Canadair CL-600-2B19 (CRJ-200ER)	7862	ex C-GZPA		Lsd fr GOAL
☐	D-ACRJ	Canadair CL-600-2B19 (CRJ-200LR)	7864	ex C-GZOZ		Lsd fr GOAL
☐	D-ACRK	Canadair CL-600-2B19 (CRJ-200LR)	7901	ex C-FVAZ		Lsd fr GOAL
☐	D-ACRL	Canadair CL-600-2B19 (CRJ-200LR)	7902	ex C-FMND		Lsd fr GOAL
☐	D-ACRM	Canadair CL-600-2B19 (CRJ-200LR)	7478	ex I-ADJA		
☐	D-ACRN	Canadair CL-600-2B19 (CRJ-200LR)	7486	ex I-ADJB		
☐	D-ACRO	Canadair CL-600-2B19 (CRJ-200LR)	7494	ex I-ADJC		
☐	D-ACRP	Canadair CL-600-2B19 (CRJ-200LR)	7625	ex I-ADJD		
☐	D-ACRQ	Canadair CL-600-2B19 (CRJ-200LR)	7629	ex I-ADJE		
☐	D-ACSB	Canadair CL-600-2C10 (CRJ-701ER)	10028	ex G-DUOA		Lsd fr Maersk Air
☐	D-ACSC	Canadair CL-600-2C10 (CRJ-701ER)	10039	ex G-DUOC		Lsd fr Maersk Air

Operates in Lufthansa Regional colours with 'Operated by Eurowings' titles
49% owned by Lufthansa who have approval to take controlling interest. Germanwings is wholly owned subsidiary

EXCELLENT AIR
Excellent Air (GZA)   Münster-Osnabruck

☐	D-CAMM	Beech B300 Super King Air	FL-64			
☐	D-IFUN	Beech 200 Super King Air	BB-575	ex D-ISJP		
☐	D-IICE	Beech 200 Super King Air	BB-269	ex N269D	EMS	

Also operate Cessna 560 Citation v executive jets

FLM AVIATION
(FKI)   Hamburg/ Kiel/ Parchim (HAM/KEL/-)

☐	D-CNAG	Swearingen SA.227DC Metro 23	DC-893B	ex N3032A		Op for Manx2
☐	D-CSAL	Swearingen SA.227AC Metro III	AC-601	ex I-FSAH		Op for Manx2
☐	D-GBRD	Partenavia P.68B	14	ex OY-DZR		
☐	D-IFFB	Beech 300LW Super King Air	FA-224	ex N56449		
☐	D-IHBL	Swearingen SA.227TT Merlin 300	TT-512A	ex N123GM		

FLUGDIENST FEHLHABER
Witchcraft (FFG) — *Cologne (CGN)*

☐	D-ISHY	Reims Cessna F406 Caravan II	F406-0027	ex PH-FWH	Freighter
☐	D-INUS	Reims Cessna F406 Caravan II	F406-0043	ex F-WQUD	Freighter

FRISIA LUFTVERKEHR
Norden-Norddeich (NOE)

☐	D-IFKU	Britten-Norman BN-2B-20 Islander	2290	ex G-BVXY	Norderney
☐	D-IFTI	Britten-Norman BN-2B-20 Islander	2299	ex G-BWYY	Norddeich
☐	D-IFUT	Britten-Norman BN-2B-20 Islander	2300	ex G-OBNG	Juist

GERMANIA
Germania (ST/GMI) — *Cologne (CGN)*

☐	D-AGPA	Fokker F.28-0100 (Fokker 100)	11276	ex PH-CXA	Lsd fr Pembroke; op for BER
☐	D-AGPB	Fokker F.28-0100 (Fokker 100)	11278	ex PH-CXB	Lsd fr Pembroke; op for BER
☐	D-AGPC	Fokker F.28-0100 (Fokker 100)	11280	ex PH-CXC	Lsd fr Pembroke; op for BER
☐	D-AGPD	Fokker F.28-0100 (Fokker 100)	11281	ex PH-CXD	Lsd fr Pembroke; op for BER
☐	D-AGPE	Fokker F.28-0100 (Fokker 100)	11300	ex PH-CXE	Lsd fr Pembroke; op for BER
☐	D-AGPG	Fokker F.28-0100 (Fokker 100)	11306	ex PH-CXG	Lsd fr Pembroke; op for BER
☐	D-AGPK	Fokker F.28-0100 (Fokker 100)	11313	ex PH-CXK	Lsd fr Pembroke; op for BER
☐	D-AGPL	Fokker F.28-0100 (Fokker 100)	11314	ex PH-CXL	Lsd fr Pembroke; op for BER
☐	D-AGPO	Fokker F.28-0100 (Fokker 100)	11334	ex PH-CXO	Lsd fr Pembroke; op for BER
☐	D-AGPQ	Fokker F.28-0100 (Fokker 100)	11338	ex PH-CXQ	Lsd fr Pembroke; op for BER
☐	D-AGPR	Fokker F.28-0100 (Fokker 100)	11391	ex PH-CXR	Lsd fr Pembroke; op for BER
☐	D-AGPS	Fokker F.28-0100 (Fokker 100)	11399	ex PH-CXS	Lsd fr Pembroke; op for BER
☐	D-AGEA	Boeing 737-322	23951/1532	ex N319UA	Lsd fr Pembroke; sublsd to BER
☐	D-AGEB	Boeing 737-322	24320/1670	ex N352UA	Lsd fr Pembroke; sublsd to BER
☐	D-AGEE	Boeing 737-35B	24238/1626	ex UR-GAG	Handel/Bach c/s Lsd fr Pembroke; sublsd to HLX
☐	D-AGEG	Boeing 737-35B	24237/1624	ex UR-GAF	Lsd fr Pembroke; sublsd to HLX
☐	D-AGEJ	Boeing 737-3L9	24221/1604	ex OO-SEJ	Handel/Bach c/s Lsd fr Pembroke; sublsd to HLF
☐	D-AGEK	Boeing 737-3M8	25015/1991	ex N799BB	Spirit of Peter Kiessling Lsd fr Pembroke
☐	D-AGEL	Boeing 737-75B	28110/5	ex N1791B	Lsd to/op for BER
☐	D-AGEN	Boeing 737-75B	28100/16	ex N1789B	Lsd to/op for HLX
☐	D-AGEP	Boeing 737-75B	28102/18	ex N5573B	Lsd to/op for BER
☐	D-AGEQ	Boeing 737-75B	28103/23	ex N1787B	Lsd to/op for HLX
☐	D-AGER	Boeing 737-75B	28107/27	ex N1002R	Lsd to/op for HLX
☐	D-AGES	Boeing 737-75B	28108/28		Lsd to/op for BER
☐	D-AGET	Boeing 737-75B	28109/31		Lsd to/op for HLX
☐	D-AGEU	Boeing 737-75B	28104/39		Lsd to/op for BER

Ten de Havilland DHC-8-402Qs are on order

GERMANWINGS
German Wings (4U/GWI) — *Cologne (CGN)*

☐	D-AGWA	Airbus A319-132	2813	ex D-AVWM	
☐	D-AGWB	Airbus A319-132	2833	ex D-AVXI	
☐	D-AGWC	Airbus A319-132	2976	ex D-AVYX	
☐	D-AGWD	Airbus A319-132	3011	ex D-AVWB	
☐	D-AGWE	Airbus A319-132	3128	ex D-AVXB	
☐	D-AGWF	Airbus A319-132	3172	ex D-AVXG	
☐	D-AGWG	Airbus A319-132	3193	ex D-AVYS	
☐	D-AGWH	Airbus A319-132	3352	ex D-AVYX	
☐	D-AGWI	Airbus A319-132	3358	ex D-AV	
☐	D-AGWJ	Airbus A319-132	3375	ex D-AVWB	
☐	D-AGWK	Airbus A319-132	3500	ex D-AV	on order
☐	D-AGWL	Airbus A319-132	3534	ex D-AV	on order
☐	D-AGWM	Airbus A319-132	3571	ex D-AV	on order
☐	D-AGWN	Airbus A319-132	3588	ex D-AV	on order
☐	D-AKNF^	Airbus A319-112	0646	ex D-AVYB	Park Inn Hotels colours
☐	D-AKNG^	Airbus A319-112	0654	ex D-AVYX	Johann Wolfgang von Goethe
☐	D-AKNH+	Airbus A319-112	0794	ex D-AVYD	Heinrich Heine
☐	D-AKNI*	Airbus A319-112	1016	ex D-AVYK	Hamburg Shopper colours
☐	D-AKNJ^	Airbus A319-112	1172	ex D-AVWF	
☐	D-AKNK"	Airbus A319-112	1077	ex N718UW	
☐	D-AKNL"	Airbus A319-112	1084	ex N719US	
☐	D-AKNM"	Airbus A319-112	1089	ex N720US	Baden-Wurttemberg colours
☐	D-AKNN"	Airbus A319-112	1136	ex N726US	Lsd fr Genesis Lease
☐	D-AKNO"	Airbus A319-112	1147	ex N727UW	Berlin Bearbus
☐	D-AKNP"	Airbus A319-112	1155	ex N728UW	Lsd fr Genesis Lease
☐	D-AKNQ"	Airbus A319-112	1170	ex N729US	
☐	D-AKNR"	Airbus A319-112	1209	ex N736US	Spirit of T-Com
☐	D-AKNS"	Airbus A319-112	1277	ex N743UW	Spirit of T-Mobile
☐	D-AKNT"	Airbus A319-112	2607	ex D-AVXQ	City of Hamburg

	D-AKNU"	Airbus A319-112	2628	ex D-AVWB		
☐	D-AKNV"	Airbus A319-112	2632	ex D-AVWE		

Four more Airbus A319s are on order for delivery in 2009, those in the D-AGWx series fitted with double overwing exits
^Leased from Lease Air GmbH   *Leased from Lara Vermietung
+Leased from Mobilien Lsg   "Leased from AFS Investments

☐	D-AKNX	Airbus A320-212	0525	ex N601LF	for SDM	Lsd fr ILFC
☐	D-AKNY	Airbus A320-212	0579	ex N811LF		Lsd fr ILFC

Wholly owned by Eurowings

HAMBURG INTERNATIONAL
Hamburg Jet (4R/HHI)   Hamburg (HAM)

☐	D-AHIH	Airbus A319-111	3364	ex D-AVWA		Lsd fr Pegasus
☐	D-AHII	Airbus A319-111	3403	ex D-AVYZ		Lsd fr Pegasus
☐	D-AHIJ	Airbus A319-111	3533	ex D-AV	on order	Lsd fr Pegasus
☐	D-AHIK	Airbus A320-2	3560	ex F-WW	on order	Lsd fr Pegasus
☐	D-	Airbus A320-2		ex F-WW	on order	
☐	D-	Airbus A320-2		ex F-WW	on order	
☐	D-	Airbus A320-2		ex F-WW	on order	

Nine more Airbus A319s on order for delivery from 2009

☐	D-AHIA	Boeing 737-73S	29082/229	ex D-ASKH	Lsd fr Pembroke
☐	D-AHIB	Boeing 737-73S	29083/392	ex D-AWOH	Lsd fr Pembroke
☐	D-AHIC	Boeing 737-7BK	30617/812	ex N1787B	Lsd fr CIT Group
☐	D-AHID	Boeing 737-73S	29080/211	ex EI-CRQ	Lsd fr Pembroke
☐	D-AHIE	Boeing 737-73S	29081/215	ex TC-SUF	Lsd fr Pembroke
☐	D-AHIF	Boeing 737-73S	29079/194	ex TC-SUE	Lsd fr Pembroke
☐	D-AHIG	Boeing 737-33A/W	23827/1444	ex EC-IPS	Lsd fr Norwaybank

Appointed as the national carrier of Kosovo and D-AHIG is based at Pristina with Kosovo Airlines titles

HELOG LUFTTRANSPORT
                                                                        Ainring / Salzburg

☐	D-HAXH	Aerospatiale SA.330J Puma	1410		Op for United Nations
☐	D-HAXI	Aerospatiale SA.330J Puma	1429		Op for United Nations
☐	D-HAXK	Aerospatiale SA.330J Puma	1442		Op for United Nations
☐	D-HAXL	Aerospatiale SA.330J Puma	1454		Op for United Nations
☐	D-HAXR	Aerospatiale SA.330J Puma	1553		Op for United Nations
☐	D-HAXS	Aerospatiale SA.330J Puma	1573		Op for United Nations
☐	D-HAXW	Aerospatiale SA.330J Puma	1594		Op for United Nations
☐	D-HMAX	Kaman K-1200 K-Max	A94-0021	ex OE-XKM	

Associated with HELOG AG (HB)

LGW - LUFTFAHRTGESELLSCHAFT WALTER
Walter (HE/LGW)   Dortmund (DTM)

☐	D-IKBA	Dornier 228-200	8066	ex D-CBDR	
☐	D-ILKA	Dornier 228-100	7005	ex LN-HTB	
☐	D-ILWB	Dornier 228-200	8035	ex D-CDIZ	
☐	D-ILWD	Dornier 228-200	8069	ex D-CHOF	
☐	D-ILWS	Dornier 228-200	8002	ex D-CBDU	
☐	D-IMIK	Dornier 228-200	8058	ex D-CMIC	

To commence feeder services for Airberlin.

LTU INTERNATIONAL AIRWAYS
LTU (LT/LTU) (IATA 266)   Düsseldorf (DUS)

☐	D-ALSA	Airbus A321-211	1629	ex D-AVZC	Lsd fr Macquarie AirFinance
☐	D-ALSB	Airbus A321-211	1994	ex D-AVZR	
☐	D-ALSC	Airbus A321-211	2005	ex D-AVXI	
☐	D-ALSD	Airbus A321-211	1607	ex I-PEKN	Lsd fr BOC Aviation
☐	D-ALTB	Airbus A320-214	1385	ex F-WWIT	Lsd fr CIT Group
☐	D-ALTC	Airbus A320-214	1441	ex F-WWIT	Lsd fr Mystic River A/c Finance
☐	D-ALTD	Airbus A320-214	1493	ex F-WWDY	Lsd fr Genesis Lse
☐	D-ALTE	Airbus A320-214	1504	ex F-WWIH	Lsd fr Macquarie AirFinance; sublsd to LTO
☐	D-ALTF	Airbus A320-214	1553	ex OE-LTV	Lsd fr Macquarie AirFinance
☐	D-ALTG	Airbus A320-214	1762	ex F-WWBR	Lsd fr CIT Group
☐	D-ALTH	Airbus A320-214	1797	ex F-WWDV	
☐	D-ALTI	Airbus A320-214	1806	ex F-WWIJ	Lsd fr CIT Group
☐	D-ALTJ	Airbus A320-214	1838	ex F-WWBM	
☐	D-ALTK	Airbus A320-214	1931	ex F-WWIH	
☐	D-ALTL	Airbus A320-214	2009	ex F-WWBO	

Operate in Airberlin colours with 'Operated by LTU' stickers
A further nineteen Airbus A320-214s are on order for delivery in 2009 (8), 2010 (7) and 2011 (4)

☐	D-AERK	Airbus A330-322	120	ex F-WWKN	Lsd fr JL Emi Lease
☐	D-AERQ	Airbus A330-322	127	ex F-WWKO	Lsd fr BCI Aircraft Lsg

139

	D-AERS	Airbus A330-322	171	ex C-FRAV		Lsd fr CIT Group
☐	D-AERS	Airbus A330-322	171	ex C-FRAV		Lsd fr CIT Group
☐	D-ALPA	Airbus A330-223	403	ex F-WWKO		Lsd fr CIT Group
☐	D-ALPB	Airbus A330-223	432	ex F-WWYG		Lsd fr ILFC
☐	D-ALPC	Airbus A330-223	444	ex F-WWKD		Lsd fr ILFC
☐	D-ALPD	Airbus A330-223	454	ex F-WWKG		Lsd fr ILFC
☐	D-ALPE	Airbus A330-223	469	ex F-WWKO		Lsd fr ILFC
☐	D-ALPF	Airbus A330-223	476	ex F-WWKT		Lsd fr ILFC
☐	D-ALPG	Airbus A330-223	493	ex F-WWKI		Lsd fr ILFC
☐	D-ALPH	Airbus A330-223	739	ex F-WWYD		Lsd fr ILFC
☐	D-ALPI	Airbus A330-223	828	ex F-WWKI		Lsd fr ILFC
☐	D-ALPJ	Airbus A330-223	911	ex F-WWYA	on order	Lsd fr ILFC

Operates weekly Accra-Düsseldorf service for Antrak Air
Purchased by Airberlin and the name will be retained for long-haul leisure flights, all other LTU flights operate under the Airberlin banner.

LUFTHANSA
Lufthansa (LH/DLH) (IATA 220)   Frankfurt (FRA)

☐ D-AIAH	Airbus A300B4-603	380	ex F-WWAA	Lindau/Bodensee	
☐ D-AIAI	Airbus A300B4-603	391	ex F-WWAL	Erbach/Odenwald	
☐ D-AIAK	Airbus A300B4-603	401	ex F-WWAO	Kronberg im Taunus	
☐ D-AIAL	Airbus A300B4-603	405	ex F-WWAP	Stade	
☐ D-AIAM	Airbus A300B4-603	408	ex F-WWAQ	Rosenheim	
☐ D-AIAN	Airbus A300B4-603	411	ex F-WWAR	Nördlingen	
☐ D-AIAP	Airbus A300B4-603	414	ex F-WWAS	Donauwörth	
☐ D-AIAR	Airbus A300B4-603	546	ex F-WWAP	Bingen am Rhein	
☐ D-AIAS	Airbus A300B4-603	553	ex F-WWAX	Mönchengladbach	
☐ D-AIAT	Airbus A300B4-603	618	ex F-WWAM	Bottrop	
☐ D-AIAU	Airbus A300B4-603	623	ex F-WWAT	Bocholt	
☐ D-AIAX	Airbus A300B4-605R	773	ex F-WWAO	Fürth	
☐ D-AIAY	Airbus A300B4-605R	608	ex A6-EKF		
☐ D-AIAZ	Airbus A300B4-605R	701	ex A6-EKM		
☐ D-AILA	Airbus A319-114	0609	ex D-AVYF	Frankfurt an der Oder	
☐ D-AILB	Airbus A319-114	0610	ex D-AVYG	Lutherstadt Wittenberg	
☐ D-AILC	Airbus A319-114	0616	ex D-AVYI	Rüsselsheim	
☐ D-AILD	Airbus A319-114	0623	ex D-AVYL	Dinkelsbühl	
☐ D-AILE	Airbus A319-114	0627	ex D-AVYO	Kelsterbach	
☐ D-AILF	Airbus A319-114	0636	ex D-AVYS	Trier	
☐ D-AILH	Airbus A319-114	0641	ex D-AVYV	Norderstedt	
☐ D-AILI	Airbus A319-114	0651	ex D-AVYY	Ingolstadt	
☐ D-AILK	Airbus A319-114	0679	ex D-AVYG	Landshut	
☐ D-AILL	Airbus A319-114	0689	ex D-AVYL	Marburg	
☐ D-AILM	Airbus A319-114	0694	ex D-AVYR	Friedrichshafen	
☐ D-AILN	Airbus A319-114	0700	ex D-AVYU	Idar-Oberstein	
☐ D-AILP	Airbus A319-114	0717	ex D-AVYA	Tübingen	
☐ D-AILR	Airbus A319-114	0723	ex D-AVYD	Tegernsee	
☐ D-AILS	Airbus A319-114	0729	ex D-AVYF	Heide	
☐ D-AILT	Airbus A319-114	0738	ex D-AVYN	Straubing	
☐ D-AILU	Airbus A319-114	0744	ex D-AVYI	Verden	
☐ D-AILW	Airbus A319-114	0853	ex D-AVYO	Donaueschingen	
☐ D-AILX	Airbus A319-114	0860	ex D-AVYS	Fellbach	
☐ D-AILY	Airbus A319-114	0875	ex D-AVYC	Schweinfurt	
☐ D-APAC	Airbus A319-132LR	1727	ex D-AVWQ	48-seat	Lsd fr/op by PTG
☐ D-APAD	Airbus A319-132LR	1880	ex D-AVYM	48-seat	Lsd fr/op by PTG
☐ D-A	Airbus A319-112		ex D-AV	on order	
☐ D-A	Airbus A319-112		ex D-AV	on order	
☐ D-A	Airbus A319-112		ex D-AV	on order	
☐ D-A	Airbus A319-112		ex D-AV	on order	
☐ D-A	Airbus A319-112		ex D-AV	on order	

6 more Airbus A319-112s are on order for delivery from 2011

☐ D-AIPA	Airbus A320-211	0069	ex F-WWII	Buxtehude	
☐ D-AIPB	Airbus A320-211	0070	ex F-WWIJ	Heidelberg	
☐ D-AIPC	Airbus A320-211	0071	ex F-WWIO	Braunschweig	
☐ D-AIPD	Airbus A320-211	0072	ex F-WWIP	Freiburg	
☐ D-AIPE	Airbus A320-211	0078	ex F-WWIU	Kassel	
☐ D-AIPF	Airbus A320-211	0083	ex F-WWDE	Deggendorf	
☐ D-AIPH	Airbus A320-211	0086	ex F-WWDJ	Münster	
☐ D-AIPK	Airbus A320-211	0093	ex F-WWDQ	Wiesbaden	
☐ D-AIPL	Airbus A320-211	0094	ex 7T-VKO	Ludwigshafen am Rhein	
☐ D-AIPM	Airbus A320-211	0104	ex F-WWIG	Troisdorf	
☐ D-AIPP	Airbus A320-211	0110	ex F-WWID	Starnberg	
☐ D-AIPR	Airbus A320-211	0111	ex F-WWIE	Kaufbeuren	
☐ D-AIPS	Airbus A320-211	0116	ex F-WWIK	Augsburg	
☐ D-AIPT	Airbus A320-211	0117	ex F-WWIL	Cottbus	
☐ D-AIPU	Airbus A320-211	0135	ex F-WWDB		
☐ D-AIPW	Airbus A320-211	0137	ex F-WWDD	Schwerin	
☐ D-AIPX	Airbus A320-211	0147	ex F-WWDN	Mannheim	
☐ D-AIPY	Airbus A320-211	0161	ex F-WWIA	Magdeburg	
☐ D-AIPZ	Airbus A320-211	0162	ex F-WWDS	Erfurt	
☐ D-AIQA	Airbus A320-211	0172	ex F-WWIK	Mainz	

	Registration	Type	MSN	ex	Name
☐	D-AIQB	Airbus A320-211	0200	ex F-WWDJ	Bielefeld
☐	D-AIQC	Airbus A320-211	0201	ex F-WWDL	Zwickau
☐	D-AIQD	Airbus A320-211	0202	ex F-WWDM	Jena
☐	D-AIQE	Airbus A320-211	0209	ex F-WWDY	Gera
☐	D-AIQF	Airbus A320-211	0216	ex F-WWDR	Halle a.d.Saale
☐	D-AIQH	Airbus A320-211	0217	ex F-WWDS	Dessau
☐	D-AIQK	Airbus A320-211	0218	ex F-WWDX	Rostock
☐	D-AIQL	Airbus A320-211	0267	ex F-WWDY	Stralsund
☐	D-AIQM	Airbus A320-211	0268	ex F-WWIB	Nordenham
☐	D-AIQN	Airbus A320-211	0269	ex F-WWIC	Laupheim
☐	D-AIQP	Airbus A320-211	0346	ex F-WWDX	Suhl
☐	D-AIQR	Airbus A320-211	0382	ex F-WWIZ	Lahr/Schwarzwald
☐	D-AIQS	Airbus A320-211	0401	ex F-WWBD	Eisenach
☐	D-AIQT	Airbus A320-211	1337	ex F-WWDO	Gotha
☐	D-AIQU	Airbus A320-211	1365	ex F-WWIG	Backnang
☐	D-AIQW	Airbus A320-211	1367	ex F-WWIH	Kleve
☐	D-	Airbus A320-211		ex F-WW	on order
☐	D-	Airbus A320-211		ex F-WW	on order
☐	D-	Airbus A320-211		ex F-WW	on order
☐	D-	Airbus A320-211		ex F-WW	on order
☐	D-	Airbus A320-211		ex F-WW	on order
☐	D-	Airbus A320-211		ex F-WW	on order

Nine more Airbus A320-211s are on order for delivery from 2009

	Registration	Type	MSN	ex	Name
☐	D-AIRA	Airbus A321-131	0458	ex F-WWIQ	Finkenwerder
☐	D-AIRB	Airbus A321-131	0468	ex F-WWIS	Baden-Baden
☐	D-AIRC	Airbus A321-131	0473	ex D-AVZC	Erlangen
☐	D-AIRD	Airbus A321-131	0474	ex D-AVZD	Coburg
☐	D-AIRE	Airbus A321-131	0484	ex D-AVZF	Osnabrück
☐	D-AIRF	Airbus A321-131	0493	ex D-AVZH	Kempten
☐	D-AIRH	Airbus A321-131	0412	ex D-AVZA	Garmisch-Partenkirchen
☐	D-AIRK	Airbus A321-131	0502	ex D-AVZL	Freudenstadt/Schwarzwald
☐	D-AIRL	Airbus A321-131	0505	ex D-AVZM	Kulmbach
☐	D-AIRM	Airbus A321-131	0518	ex D-AVZT	Darmstadt
☐	D-AIRN	Airbus A321-131	0560	ex D-AVZK	Kaiserslautern
☐	D-AIRO	Airbus A321-131	0563	ex D-AVZN	Konstanz
☐	D-AIRP	Airbus A321-131	0564	ex D-AVZL	Lunenburg
☐	D-AIRR	Airbus A321-131	0567	ex D-AVZM	Wismar
☐	D-AIRS	Airbus A321-131	0595	ex D-AVZX	Husum
☐	D-AIRT	Airbus A321-131	0652	ex D-AVZI	Regensburg
☐	D-AIRU	Airbus A321-131	0692	ex D-AVZT	Würzburg
☐	D-AIRW	Airbus A321-131	0699	ex D-AVZY	Heilbronn
☐	D-AIRX	Airbus A321-131	0887	ex D-AVZI	Weimar; retro colours
☐	D-AIRY	Airbus A321-131	0901	ex D-AVZK	Flensburg
☐	D-AISB	Airbus A321-231	1080	ex D-AVZP	Hameln
☐	D-AISC	Airbus A321-231	1161	ex D-AVZG	Speyer
☐	D-AISD	Airbus A321-231	1188	ex F-WWDD	Chemnitz
☐	D-AISE	Airbus A321-231	1214	ex D-AVZS	Neudstadt an der Weinstrasse
☐	D-AISF	Airbus A321-231	1260	ex D-AVZI	Lippstadt
☐	D-AISG	Airbus A321-231	1273	ex D-AVZU	Dormagen
☐	D-AISH	Airbus A321-231	3265	ex D-AVZL	
☐	D-AISI	Airbus A321-231	3339	ex D-AVZD	
☐	D-AISJ	Airbus A321-231	3360	ex D-AVZF	
☐	D-AISK	Airbus A321-231	3387	ex D-AVZO	
☐	D-AISL	Airbus A321-231	3434	ex D-AV	on order
☐	D-	Airbus A321-231		ex D-AV	on order
☐	D-	Airbus A321-231		ex D-AV	on order

Twenty eight more Airbus A321-231s are on order including 6 in 2009, 2 in 2010 and the remaining 20 from 2011

	Registration	Type	MSN	ex	Name
☐	D-AIKA	Airbus A330-343X	570	ex F-WWYV	Minden
☐	D-AIKB	Airbus A330-343X	576	ex F-WWKN	Cuxhaven
☐	D-AIKC	Airbus A330-343X	579	ex F-WWKG	Hamm
☐	D-AIKD	Airbus A330-343X	629	ex F-WWYF	Siegen
☐	D-AIKE	Airbus A330-343X	636	ex F-WWYL	Landshut
☐	D-AIKF	Airbus A330-343X	642	ex F-WWKV	Witten
☐	D-AIKG	Airbus A330-343X	645	ex F-WWKE	Ludwigsburg
☐	D-AIKH	Airbus A330-343X	648	ex F-WWKG	
☐	D-AIKI	Airbus A330-343X	687	ex F-WWYI	
☐	D-AIKJ	Airbus A330-343X	701	ex F-WWKD	
☐	D-AIKK	Airbus A330-343X	896	ex F-WWYX	
☐	D-AIKL	Airbus A330-343X	905	ex F-WWYC	
☐	D-AIKM	Airbus A330-343X	913	ex F-WWYJ	on order
☐	D-AIKN	Airbus A330-343X	922	ex F-WW	on order

One more Airbus A330-343X is on order for delivery in 2009

	Registration	Type	MSN	ex	Name
☐	D-AIFA	Airbus A340-313X	352	ex F-WWJU	Dorsten
☐	D-AIFB	Airbus A340-313X	355	ex F-WWJX	Gummersbach
☐	D-AIFC	Airbus A340-313X	379	ex F-WWJJ	Gander & Halifax
☐	D-AIFD	Airbus A340-313X	390	ex F-WWJE	Giessen
☐	D-AIFE	Airbus A340-313X	434	ex F-WWJT	Passau
☐	D-AIFF	Airbus A340-313X	447	ex F-WWJB	Delmenhorst
☐	D-AIGA	Airbus A340-311	020	ex F-WWJK	Oldenburg

☐	D-AIGB	Airbus A340-311	024	ex F-WWJO	Recklinghausen	
☐	D-AIGC	Airbus A340-311	027	ex F-WWJR	Wilhelmshaven	Star Alliance c/s
☐	D-AIGD	Airbus A340-311	028	ex F-WWJS	Remscheid	
☐	D-AIGF	Airbus A340-311	035	ex F-WWJV	Göttingen	
☐	D-AIGH	Airbus A340-311	052	ex F-WWJQ	Koblenz	
☐	D-AIGI	Airbus A340-311	053	ex F-WWJJ	Worms	
☐	D-AIGK	Airbus A340-311	056	ex F-WWJK	Bayreuth	
☐	D-AIGL	Airbus A340-313X	135	ex F-WWJS	Herne	
☐	D-AIGM	Airbus A340-313X	158	ex F-WWJN	Görlitz	
☐	D-AIGN	Airbus A340-313X	213	ex F-WWJM	Solingen	
☐	D-AIGO	Airbus A340-313X	233	ex F-WWJJ	Offenbach	
☐	D-AIGP	Airbus A340-313X	252	ex F-WWJM	Paderborn	
☐	D-AIGR	Airbus A340-313X	274	ex F-WWJI	Leipzig	
☐	D-AIGS	Airbus A340-313X	297	ex F-WWJK	Bergisch-Gladbach	
☐	D-AIGT	Airbus A340-313X	304	ex F-WWJY	Viersen	
☐	D-AIGU	Airbus A340-313X	321	ex F-WWJM	Castrop-Rauxel	
☐	D-AIGV	Airbus A340-313X	325	ex F-WWJN	Dinslaken	
☐	D-AIGW	Airbus A340-313X	327	ex F-WWJO	Gladbeck	
☐	D-AIGX	Airbus A340-313X	354	ex F-WWJV	Düren	
☐	D-AIGY	Airbus A340-313X	335	ex F-WWJS	Lünen	
☐	D-AIGZ	Airbus A340-313X	347	ex F-WWJT	Villingen-Schwenningen	
☐	D-AIHA+	Airbus A340-642	482	ex F-WWCS	Nürnberg	Star Alliance c/s
☐	D-AIHB	Airbus A340-642	517	ex F-WWCR	Bremerhaven	
☐	D-AIHC+	Airbus A340-642	523	ex F-WWCV	Essen	Star Alliance c/s
☐	D-AIHD+	Airbus A340-642	537	ex F-WWCZ	Stuttgart	
☐	D-AIHE	Airbus A340-642	540	ex F-WWCF	Leverkusen	
☐	D-AIHF	Airbus A340-642	543	ex F-WWCE	Lübeck	
☐	D-AIHH	Airbus A340-642	566	ex F-WWCJ		
☐	D-AIHI	Airbus A340-642	569	ex F-WWCB		
☐	D-AIHK	Airbus A340-642	580	ex F-WWCN		
☐	D-AIHL	Airbus A340-642	583	ex F-WWCQ		
☐	D-AIHM	Airbus A340-642	762	ex F-WWCI		
☐	D-AIHN	Airbus A340-642	763	ex F-WWCJ		
☐	D-AIHO	Airbus A340-642	767	ex F-WWCN		
☐	D-AIHP	Airbus A340-642	771	ex F-WWCQ		
☐	D-AIHQ	Airbus A340-642	790	ex F-WWCE		
☐	D-AIHR	Airbus A340-642	794	ex F-WWCF		
☐	D-AIHS	Airbus A340-642	812	ex F-WWCX		
☐	D-AIHT	Airbus A340-642	846	ex F-WWCH	on order	
☐	D-AIHU	Airbus A340-642	848	ex F-WWCI	on order	
☐	D-AIHV	Airbus A340-642	897	ex F-WWTI	on order	

+Leased from Tombo Avn
Six more Airbus A340-642s are on order including c/n 1005

☐	D-AIMA	Airbus A380-841	038	ex F-WW	on order	
☐	D-AIMB	Airbus A380-841	041	ex F-WW	on order	
☐	D-AIMC	Airbus A380-841		ex F-WW	on order	
☐	D-AIMD	Airbus A380-841		ex F-WW	on order	
☐	D-AIME	Airbus A380-841		ex F-WW	on order	
☐	D-AIMF	Airbus A380-841		ex F-WW	on order	

Nine more Airbus A380-841s are on order for delivery by 2015

☐	D-ABEA	Boeing 737-330	24565/1818		Saarbrücken
☐	D-ABEB	Boeing 737-330	25148/2077		Xanten
☐	D-ABEC	Boeing 737-330	25149/2081		Karlsruhe
☐	D-ABED	Boeing 737-330	25215/2082		Hagen
☐	D-ABEE	Boeing 737-330	25216/2084		Ulm
☐	D-ABEF	Boeing 737-330	25217/2094		Weiden i.d.Opf
☐	D-ABEH	Boeing 737-330	25242/2102		Bad Kissingen
☐	D-ABEI	Boeing 737-330	25359/2158	ex (D-ABJK)	Bamberg
☐	D-ABEK	Boeing 737-330	25414/2164	ex (D-ABJL)	Wuppertal
☐	D-ABEL	Boeing 737-330	25415/2175	ex (D-ABJM)	Pforzheim
☐	D-ABEM	Boeing 737-330	25416/2182	ex (D-ABJN)	Eberswalde-Finow
☐	D-ABEN	Boeing 737-330	26428/2196	ex (D-ABJP)	Neubrandenburg
☐	D-ABEO	Boeing 737-330	26429/2207	ex (D-ABJR)	Plauen
☐	D-ABEP	Boeing 737-330	26430/2216	ex (D-ABJS)	Naumburg/Saale
☐	D-ABER	Boeing 737-330	26431/2242	ex TC-SUK	Merseburg
☐	D-ABES	Boeing 737-330	26432/2247	ex (D-ABJU)	Köthen/Anhalt
☐	D-ABET	Boeing 737-330	27903/2682		Gelsenkirchen
☐	D-ABEU	Boeing 737-330	27904/2691		Goslar
☐	D-ABEW	Boeing 737-330	27905/2705		Detmold
☐	D-ABIA	Boeing 737-530	24815/1933	ex OK-SWY	Greifswald
☐	D-ABIB	Boeing 737-530	24816/1958	ex OK-SWZ	Esslingen
☐	D-ABIC	Boeing 737-530	24817/1967		Krefeld
☐	D-ABID	Boeing 737-530	24818/1974		Aachen
☐	D-ABIE	Boeing 737-530	24819/1979		Hildesheim
☐	D-ABIF	Boeing 737-530	24820/1985		Landau
☐	D-ABIH	Boeing 737-530	24821/1993		Bruchsal
☐	D-ABII	Boeing 737-530	24822/1997		Lörrach
☐	D-ABIK	Boeing 737-530	24823/2000		Rastatt
☐	D-ABIL	Boeing 737-530	24824/2006		Memmingen
☐	D-ABIM	Boeing 737-530	24937/2011		Salzgitter
☐	D-ABIN	Boeing 737-530	24938/2023		Langenhagen

	Registration	Type	Serial	ex	Name
☐	D-ABIO	Boeing 737-530	24939/2031		Wesel
☐	D-ABIP	Boeing 737-530	24940/2034		Oberhausen
☐	D-ABIR	Boeing 737-530	24941/2042		Anklam
☐	D-ABIS	Boeing 737-530	24942/2048		Rendsburg
☐	D-ABIT	Boeing 737-530	24943/2049		Neumünster
☐	D-ABIU	Boeing 737-530	24944/2051		Limburg
☐	D-ABIW	Boeing 737-530	24945/2063		Bad Nauheim
☐	D-ABIX	Boeing 737-530	24946/2070		Iserlohn
☐	D-ABIY	Boeing 737-530	25243/2086		Lingen
☐	D-ABIZ	Boeing 737-530	25244/2098		Kirchheim unter Teck
☐	D-ABJA	Boeing 737-530	25270/2116		Bad Segeberg
☐	D-ABJB	Boeing 737-530	25271/2117		Rheine
☐	D-ABJC	Boeing 737-530	25272/2118		Erding
☐	D-ABJD	Boeing 737-530	25309/2122		Freising
☐	D-ABJE	Boeing 737-530	25310/2126		Ingelheim am Rhein
☐	D-ABJF	Boeing 737-530	25311/2128	ex LZ-BOI	Aalen
☐	D-ABJH	Boeing 737-530	25357/2141		Heppenheim/Bergstrasse
☐	D-ABJI	Boeing 737-530	25358/2151		Siegburg
☐	D-ABWH	Boeing 737-330 (QC)	24284/1685		Rothenburg o.d. Tauber Lsd fr GOAL
☐	D-ABXL	Boeing 737-330	23531/1307		Neuss
☐	D-ABXM	Boeing 737-330	23871/1433		Herford
☐	D-ABXN	Boeing 737-330	23872/1447		Böblingen
☐	D-ABXO	Boeing 737-330	23873/1489		Schwäbisch Gmünd
☐	D-ABXP	Boeing 737-330	23874/1495		Fulda
☐	D-ABXR	Boeing 737-330	23875/1500		Celle Lsd fr GOAL
☐	D-ABXS	Boeing 737-330	24280/1656		Sindelfingen
☐	D-ABXT	Boeing 737-330	24281/1664		Reutlingen
☐	D-ABXU	Boeing 737-330	24282/1671		Seeheim-Jugenheim
☐	D-ABXW	Boeing 737-330	24561/1785		Hanau
☐	D-ABXX	Boeing 737-330	24562/1787		Bad Homburg v d Höhe
☐	D-ABXY	Boeing 737-330	24563/1801		Hof
☐	D-ABXZ	Boeing 737-330	24564/1807		Bad Mergentheim
☐	D-ABTA	Boeing 747-430M	24285/747		Sachsen
☐	D-ABTB	Boeing 747-430M	24286/749		Brandenburg
☐	D-ABTC	Boeing 747-430M	24287/754		Mecklenburg-Vorpommern
☐	D-ABTD	Boeing 747-430M	24715/785		Hamburg
☐	D-ABTE	Boeing 747-430M	24966/846	ex N6046P	Sachsen-Anhalt
☐	D-ABTF	Boeing 747-430M	24967/848		Thüringen
☐	D-ABTH*	Boeing 747-430M	25047/856		Duisburg
☐	D-ABTK	Boeing 747-430	29871/1293	ex (D-ABVI)	Kiel
☐	D-ABTL	Boeing 747-430	29872/1299	ex (D-ABVG)	Dresden
☐	D-ABVA	Boeing 747-430	23816/723	ex N6055X	Berlin
☐	D-ABVB	Boeing 747-430	23817/700	ex N5573S	Bonn
☐	D-ABVC	Boeing 747-430	24288/757		Baden-Württemberg
☐	D-ABVD	Boeing 747-430	24740/786	ex N60668	Bochum
☐	D-ABVE	Boeing 747-430	24741/787		Potsdam
☐	D-ABVF	Boeing 747-430	24761/796	ex N6018N	Frankfurt am Main
☐	D-ABVH	Boeing 747-430	25045/845	ex N6018N	Düsseldorf
☐	D-ABVK	Boeing 747-430	25046/847	ex N6009F	Hannover
☐	D-ABVL	Boeing 747-430	26425/898	ex N60659	München
☐	D-ABVM	Boeing 747-430	29101/1143	ex (V8-AC2)	Hessen
☐	D-ABVN	Boeing 747-430	26427/915		Dortmund
☐	D-ABVO	Boeing 747-430	28086/1080		Mülheim an der Ruhr
☐	D-ABVP	Boeing 747-430	28284/1103		Bremen
☐	D-ABVR	Boeing 747-430	28285/1106		Köln
☐	D-ABVS	Boeing 747-430	28286/1109		Saarland
☐	D-ABVT	Boeing 747-430	28287/1110		Rheinland-Pfalz
☐	D-ABVU	Boeing 747-430	29492/1191		Bayern
☐	D-ABVW	Boeing 747-430	29493/1205		Wolfsburg
☐	D-ABVX	Boeing 747-430	29868/1237		Schleswig-Holstein
☐	D-ABVY	Boeing 747-430	29869/1261		Nordrhein-Westfalen
☐	D-ABVZ	Boeing 747-430	29870/1264		Niedersachsen

*Star Alliance colours
Twenty Boeing 747-830Is are on order for delivery 2010-2013

| ☐ | D-CDLH* | Junkers Ju52/3m g8e | 130714 | ex N52JU | Tempelhof |

*Painted as D-AQUI
Owns 30% of bmi and bmi Regional, 13% of Luxair, 49% of Eurowings and 19% of JetBlue while Air Dolomiti, Lufthansa Cargo Airline and Lufthansa CityLine are wholly owned subsidiaries. Lufthansa Regional (feeder) services are operated by Augsburg Airways, Cirrus, Eurowings, Lufthansa CityLine and Contact Air sometimes in full colours plus Air Dolomiti. Owns Swiss International with Almea Foundation. To form AeroLogic, a joint venture with DHL Express, in April 2009 with a fleet of Boeing 777-F30s operating from Leipzig
Founder member of Star Alliance with Air Canada, United, Thai International, SAS and VARIG

LUFTHANSA CARGO
Lufthansa Cargo (LH/GEC) (IATA 020)   Frankfurt (FRA)

☐	D-ALCA	McDonnell-Douglas MD-11F	48781/625	ex N9020Q	Wilhelm Althen
☐	D-ALCB	McDonnell-Douglas MD-11F	48782/626	ex N9166N	
☐	D-ALCC	McDonnell-Douglas MD-11F	48783/627		Karl-Ulrich Garnadt

☐	D-ALCD	McDonnell-Douglas MD-11F	48784/628			
☐	D-ALCE	McDonnell-Douglas MD-11F	48785/629			
☐	D-ALCF	McDonnell-Douglas MD-11F	48798/637			
☐	D-ALCG	McDonnell-Douglas MD-11F	48799/639			
☐	D-ALCH	McDonnell-Douglas MD-11F	48801/640			
☐	D-ALCI	McDonnell-Douglas MD-11F	48800/641			
☐	D-ALCJ	McDonnell-Douglas MD-11F	48802/642			
☐	D-ALCK	McDonnell-Douglas MD-11F	48803/643	ex N9166N		
☐	D-ALCL	McDonnell-Douglas MD-11F	48804/644			
☐	D-ALCM	McDonnell-Douglas MD-11F	48805/645	ex N6069R		
☐	D-ALCN	McDonnell-Douglas MD-11F	48806/646			
☐	D-ALCO	McDonnell-Douglas MD-11F	48413/488	ex N413LT	light green	
☐	D-ALCP	McDonnell-Douglas MD-11F	48414/491	ex N414LT	purple	
☐	D-ALCQ	McDonnell-Douglas MD-11F	48431/534	ex N431LT		
☐	D-ALCR	McDonnell-Douglas MD-11F	48581/565	ex N581LT	dark blue	
☐	D-ALCS	McDonnell-Douglas MD-11F	48630/567	ex N630LT	orange	

A wholly owned subsidiary of Lufthansa; operate with WOW titles, colours relate to of WOW titles. To form a joint venture cargo airline, based in Liepzig, with DHL Express. 7 Boeing 777Fs are on order for delivery from April 2009.

LUFTHANSA CITYLINE
Hansaline (CL/CLH) (IATA 683)   Frankfurt/Cologne (FRA/CGN)

☐	D-AVRA	Avro 146-RJ85	E2256	ex G-6-256	Lsd fr Trident Lsg
☐	D-AVRB	Avro 146-RJ85	E2253	ex G-BVWD	Lsd fr Trident Lsg
☐	D-AVRC	Avro 146-RJ85	E2251	ex G-6-251	Lsd fr BAES
☐	D-AVRD	Avro 146-RJ85	E2257	ex G-6-257	Lsd fr BAES
☐	D-AVRE	Avro 146-RJ85	E2261	ex G-6-261	Lsd fr BAES
☐	D-AVRF	Avro 146-RJ85	E2269	ex G-JAYV	Lsd fr BAES
☐	D-AVRG	Avro 146-RJ85	E2266	ex G-6-266	Lsd fr BAES
☐	D-AVRH	Avro 146-RJ85	E2268	ex G-OCLH	Lsd fr BAES
☐	D-AVRI	Avro 146-RJ85	E2270	ex G-CLHX	Lsd fr BAES
☐	D-AVRJ	Avro 146-RJ85	E2277	ex G-BWKY	
☐	D-AVRK	Avro 146-RJ85	E2278	ex G-6-278	
☐	D-AVRL	Avro 146-RJ85	E2285	ex G-6-285	Lsd fr BAES
☐	D-AVRM	Avro 146-RJ85	E2288	ex G-6-288	Lsd fr BAES
☐	D-AVRN	Avro 146-RJ85	E2293	ex G-6-293	Lsd fr BAES
☐	D-AVRO	Avro 146-RJ85	E2246	ex G-6-246	Lsd fr Trident Lsg
☐	D-AVRP	Avro 146-RJ85	E2303	ex G-6-303	
☐	D-AVRQ	Avro 146-RJ85	E2304	ex G-6-304	
☐	D-AVRR	Avro 146-RJ85	E2317	ex G-6-317	
☐	D-ACHA	Canadair CL-600-2B19 (CRJ-200LR)	7378	ex C-FMLF	Murrhardt
☐	D-ACHB	Canadair CL-600-2B19 (CRJ-200LR)	7391	ex C-GGKF	Meersburg
☐	D-ACHC	Canadair CL-600-2B19 (CRJ-200LR)	7394	ex C-GGKD	Füssen
☐	D-ACHD	Canadair CL-600-2B19 (CRJ-200LR)	7403	ex C-FMNB	Lutherstadt Eisleben
☐	D-ACHE	Canadair CL-600-2B19 (CRJ-200LR)	7407	ex C-FMLB	Meissen
☐	D-ACHF	Canadair CL-600-2B19 (CRJ-200LR)	7431	ex C-FMLI	Montabaur; stored
☐	D-ACHG	Canadair CL-600-2B19 (CRJ-200LR)	7439	ex C-FMMX	Weil am Rhein
☐	D-ACHH	Canadair CL-600-2B19 (CRJ-200LR)	7449	ex C-FMOS	Kronach
☐	D-ACHI	Canadair CL-600-2B19 (CRJ-200LR)	7464	ex C-FMKV	Deidesheim
☐	D-ACHK	Canadair CL-600-2B19 (CRJ-200LR)	7499	ex C-FMLI	Schkeuditz
☐	D-ACJA	Canadair CL-600-2B19 (CRJ-200LR)	7122	ex C-FMKT	Lsd fr Lufthansa Lsg
☐	D-ACJB	Canadair CL-600-2B19 (CRJ-200LR)	7128	ex C-FMMQ	Lsd fr Lufthansa Lsg
☐	D-ACJC	Canadair CL-600-2B19 (CRJ-200LR)	7130	ex C-FMMW	Lsd fr Lufthansa Lsg
☐	D-ACJD	Canadair CL-600-2B19 (CRJ-200LR)	7135	ex C-FMNH	Lsd fr Lufthansa Lsg
☐	D-ACJE	Canadair CL-600-2B19 (CRJ-200LR)	7165	ex C-FMNH	
☐	D-ACJF	Canadair CL-600-2B19 (CRJ-200LR)	7200	ex C-FMLQ	
☐	D-ACJG	Canadair CL-600-2B19 (CRJ-200LR)	7220	ex C-FMMW	Oberstdorf
☐	D-ACJH	Canadair CL-600-2B19 (CRJ-200LR)	7266	ex C-FMNW	DLH 50th anniversary c/s
☐	D-ACJI	Canadair CL-600-2B19 (CRJ-200LR)	7282	ex C-FMMY	Rothenburg o.d. Tauber
☐	D-ACJJ	Canadair CL-600-2B19 (CRJ-200LR)	7298	ex C-FMNY	Helmstedt
☐	D-ACLT	Canadair CL-600-2B19 (CRJ-200LR)	7093	ex C-FMLU	Lsd fr JL Ulla Lse
☐	D-ACLW	Canadair CL-600-2B19 (CRJ-200LR)	7114	ex C-FMMT	Lsd fr Lufthansa Lsg
☐	D-ACLY	Canadair CL-600-2B19 (CRJ-200LR)	7119	ex C-FMND	Lsd fr Lufthansa Lsg
☐	D-ACLZ	Canadair CL-600-2B19 (CRJ-200LR)	7121	ex C-FMNQ	Lsd fr Lufthansa Lsg

Other Canadair CL-600-2B19s are operated by Eurowings

☐	D-ACPA	Canadair CL-600-2C10 (CRJ-701ER)	10012	ex C-GHZV	Westerland/Sylt
☐	D-ACPB	Canadair CL-600-2C10 (CRJ-701ER)	10013	ex C-GHZY	Rüdesheim am Rhein
☐	D-ACPC	Canadair CL-600-2C10 (CRJ-701ER)	10014	ex C-GISW	Espelkamp
☐	D-ACPD	Canadair CL-600-2C10 (CRJ-701ER)	10015	ex C-GISZ	Vilshofen an der Donau
☐	D-ACPE	Canadair CL-600-2C10 (CRJ-701ER)	10027	ex C-GIAZ	Belzig
☐	D-ACPF	Canadair CL-600-2C10 (CRJ-701ER)	10030	ex C-GIBI	Uhingen
☐	D-ACPG	Canadair CL-600-2C10 (CRJ-701ER)	10034	ex C-GIBO	Leinfelden-Echterdingen
☐	D-ACPH	Canadair CL-600-2C10 (CRJ-701ER)	10043	ex C-GHZY	Eschwege
☐	D-ACPI	Canadair CL-600-2C10 (CRJ-701ER)	10046	ex C-GIAE	Viernheim
☐	D-ACPJ	Canadair CL-600-2C10 (CRJ-701ER)	10040	ex C-GKCO	Neumarkt in der Oberpfalz
☐	D-ACPK	Canadair CL-600-2C10 (CRJ-701ER)	10063	ex C-GIBN	Besigheim
☐	D-ACPL	Canadair CL-600-2C10 (CRJ-701ER)	10076	ex C-GIAE	Halberstadt
☐	D-ACPM	Canadair CL-600-2C10 (CRJ-701ER)	10080	ex C-GIAO	Heidenheim an der Brenz
☐	D-ACPN	Canadair CL-600-2C10 (CRJ-701ER)	10083	ex C-GIAU	Quedlinburg

☐	D-ACPO	Canadair CL-600-2C10 (CRJ-701ER)	10085	ex C-FZYS		Spaichingen
☐	D-ACPP	Canadair CL-600-2C10 (CRJ-701ER)	10086	ex C-GIGJ		Torgau
☐	D-ACPQ	Canadair CL-600-2C10 (CRJ-701ER)	10091	ex C-GZJA		Lubbecke; Star Alliance c/s
☐	D-ACPR	Canadair CL-600-2C10 (CRJ-701ER)	10098	ex C-		Weinheim an der Bergstrasse
☐	D-ACPS	Canadair CL-600-2C10 (CRJ-701ER)	10100	ex C-		Berchtesgaden; Star Alliance c/s
☐	D-ACPT	Canadair CL-600-2C10 (CRJ-701ER)	10103	ex C-GJLZ		Altötting; Star Alliance c/s
☐	D-ACKA	Canadair CL-600-2D24 (CRJ-900LR)	15072	ex C-		Pfaffenhofen a.d.Ilm
☐	D-ACKB	Canadair CL-600-2D24 (CRJ-900LR)	15073	ex C-FJVT		Schliersee
☐	D-ACKC	Canadair CL-600-2D24 (CRJ-900LR)	15078	ex C-		Mettman
☐	D-ACKD	Canadair CL-600-2D24 (CRJ-900LR)	15080	ex C-		Wittlich
☐	D-ACKE	Canadair CL-600-2D24 (CRJ-900LR)	15081	ex C-		Wernigerode
☐	D-ACKF	Canadair CL-600-2D24 (CRJ-900LR)	15083	ex C-FJVR		Prenzlau
☐	D-ACKG	Canadair CL-600-2D24 (CRJ-900LR)	15084	ex C-GIAO		Glücksburg
☐	D-ACKH	Canadair CL-600-2D24 (CRJ-900LR)	15085	ex C-GICL		Radebeul
☐	D-ACKI	Canadair CL-600-2D24 (CRJ-900LR)	15088	ex C-GIAP		Tuttlingen
☐	D-ACKJ	Canadair CL-600-2D24 (CRJ-900LR)	15089	ex C-		Ilmenau
☐	D-ACKK	Canadair CL-600-2D24 (CRJ-900LR)	15094	ex C-		Fürstenwalde
☐	D-ACKL	Canadair CL-600-2D24 (CRJ-900LR)	15095	ex C-		

Fifteen more Canadair CL-600-2D24s are on order
Wholly owned by Lufthansa and operates in Lufthansa Regional colours with 'by Cityline' titles. Thirty Embraer 190s are on order to replace the British Aerospace 146/Avro 146-RJs operated by Eurowings, Lufthansa Cityline and Swiss European

LUFTVERKEHR FRIESLAND HARLE
Harle

☐	D-IADE	Cessna 340A	340A0607	ex OE-FSK	
☐	D-ILFA	Britten-Norman BN-2B-26 Islander	2243	ex G-BSWO	
☐	D-ILFH	Britten-Norman BN-2B-26 Islander	2212	ex G-BPXS	
☐	D-IORF	Britten-Norman BN-2A-26 Islander	2020	ex N100DA	Lsd fr Ostseeflug

MUNICH AIRLINES
(I2) — *Munich (MUC)*

Current status uncertain as sole aircraft returned to lessor

NIGHTEXPRESS
Executive (EXT) (IATA 985) — *Frankfurt (FRA)*

☐	D-CCAS	Short SD.3-60	SH3737	ex G-OLBA	
☐	D-CRAS	Short SD.3-60	SH3744	ex N825BE	
☐	D-IEXB	Beech 99	U-70	ex G-NUIT	

OCA INTERNATIONAL
Munster (FMO)

☐	D-COPS	SAAB SF.340A	340A-087	ex OK-CCB	Lsd fr CCB

OLT - OSTFRIESISCHE LUFTTRANSPORT
Oltra (OL/OLT) (IATA 704) — *Emden/Bremen (EME/BRE)*

☐	D-AOLB	SAAB 2000	2000-005	ex SE-005		Lsd fr Huskvarna Aircraft
☐	D-AOLC	SAAB 2000	2000-016	ex SE-016		Lsd fr DB Export Lsg
☐	D-AOLT	SAAB 2000	2000-037	ex HB-IZU	Emden	Lsd fr SAAB
☐	D-AOLG	Fokker F.28-0100 (Fokker 100)	11265	ex C-GYNR	on order	Lsd fr ALTIS
☐	D-AOLH	Fokker F.28-0100 (Fokker 100)	11452	ex EC-IVO	on order	
						Lsd fr Aircraft Financing & Trading
☐	D-CASB	SAAB SF.340B	340B-223	ex SE-KSI		Lsd fr SAAB
☐	D-CNAF	Swearingen SA.227AC Metro III	AC-505B	ex TF-BBG		Lsd fr REW
☐	D-COLB	Swearingen SA.227AC Metro III	AC-754B	ex N54NE		
☐	D-COLD	Swearingen SA.227AC Metro III	AC-421B	ex SE-LIM		
☐	D-COLE	SAAB SF.340A	340A-144	ex LV-WTF	Bremen	
☐	D-COLT	Swearingen SA.227AC Metro III	AC-690	ex N715C		
☐	D-ECDJ	Cessna 207 Skywagon	20700176	ex N1576U		
☐	D-EOLF	Gippsland GA-8 Airvan	GA8-05-080		Borkum	
☐	D-FOLE	Cessna 208B Caravan I	208B0523	ex N5197A		
☐	D-IFBN	Britten-Norman BN-2B-26 Islander	2185	ex G-BLNF	Juist	
☐	D-IFOX	Britten-Norman BN-2B-26 Islander	2186	ex G-BLNG	Büsum	

OSTSEEFLUG
Rostock-Laage (RLG)

☐	D-IORF	Britten-Norman BN-2A-26 Islander	2020	ex N100DA	Lsd to L Friesland Harle

PRIVATAIR
PrivatJet (PTG) — *Düsseldorf (DUS)*

☐	D-APAA*	Airbus A319-132	1947	ex D-AVWI	Lsd fr CIT Group

☐	D-APAB*	Airbus A319-132	1955	ex D-AVWD		Lsd fr CIT Group
☐	D-APAC+	Airbus A319-132LR	1727	ex D-AVWQ		Lsd fr CIT Group; op for DLH
☐	D-APAD+	Airbus A319-132LR	1880	ex D-AVYM		Lsd fr CIT Group; op for DLH

*Operated as corporate shuttle between Airbus plants, principally Toulouse, Hamburg, Filton and Hawarden
+Operated in 48 seat configuration on transatlantic flights
A wholly owned subsidiary of PrivatAir (HB)

PRIVATE WINGS
Private Wings (8W/PWF)   Berlin-Templehof (THF)

☐	D-BIRD	Dornier 328-300 (328JET)	3180	ex N422FJ	
☐	D-BJET	Dornier 328-300 (328JET)	3207	ex N328FG	
☐	D-CATZ	Dornier 328-110	3090	exN404SS	
☐	D-COCA	Beech 1900D	UE-224	ex N224YV	
☐	D-COLA	Beech B300 Super King Air	FL-75	ex HB-GJB	
☐	D-CPWF	Dornier 328-110	3112	ex D-CFWF	
☐	D-CREW	Dornier 328-110	3113	ex D-CGAO	Lsd to SUS

PRO AIR
current status uncertain, sole aircraft sold in USA

PTL LUFTFAHRTUNTERNEHMEN
King Star (KST)   Landshut (QLG)

☐	D-IBAD	Beech B200 Super King Air	BB-1229	

RAE REGIONAL AIR EXPRESS
Regional Wings (REW)   Münster-Osnabrück (FMO)

☐	D-CAVA	Swearingen SA.227AC Metro III	AC-758B	ex F-GPSN	
☐	D-CNAF	Swearingen SA.227AC Metro III	AC-505B	ex TF-BBG	Lsd to OLT
☐	D-CNAY	Swearingen SA.227AT Merlin IVC	AT-493	ex PH-RAX	
☐	D-CSWF	Swearingen SA.227DC Metro III	DC-896B	ex N3042E	

REGIO-AIR
German Link (RAG)   Trollenhagen

☐	D-IBIJ	Cessna 402B	402B0327	ex YU-BIJ	Lsd fr Goller
☐	D-IESS	Swearingen SA.226TC Metro II	TC-338	ex N90141	

TUIFLY
(X3/HLF, HLX)   Hanover (HAJ)

☐	D-AHLD	Boeing 737-5K5	24926/1966	ex HA-LER	for ARG	Lsd fr Germanair Flug Lsg
☐	D-AGEE	Boeing 737-35B	24238/1626	ex UR-GAG	Handel/Bach c/s	Lsd fr GMI
☐	D-AGEG	Boeing 737-35B	24237/1624	ex UR-GAF		Lsd fr GMI
☐	D-AGEJ	Boeing 737-3L9	24221/1604	ex OO-SEJ	Handel/Bach c/s	Lsd fr GMI
☐	D-AGEN	Boeing 737-75B	28100/16	ex N1789B		Lsd fr/op by GMI
☐	D-AGEQ	Boeing 737-75B	28103/23	ex N1787B		Lsd fr/op by GMI
☐	D-AGER	Boeing 737-75B	28107/27	ex N1002R		Lsd fr/op by GMI
☐	D-AGET	Boeing 737-75B	28109/31			Lsd fr/op by GMI
☐	D-AHXA	Boeing 737-7K5/W	30714/2202	ex N1786B		Lsd fr ILFC
☐	D-AHXB	Boeing 737-7K5/W	30717/2228			Lsd fr ILFC
☐	D-AHXC	Boeing 737-7K5/W	34693/2260			Lsd fr ILFC
☐	D-AHXD	Boeing 737-7K5/W	30726/2298			Lsd fr ILFC
☐	D-AHXE	Boeing 737-7K5/W	35135/2451			Lsd fr ILFC
☐	D-AHXF	Boeing 737-7K5/W	35136/2465			Lsd fr ILFC
☐	D-AHXG	Boeing 737-7K5/W	35140		on order	
☐	D-AHXI	Boeing 737-7K5/W	35141		on order	
☐	D-AHXJ	Boeing 737-7K5/W	35277		on order	Lsd fr ILFC
☐	D-AHXK	Boeing 737-7K5/W	35144		on order	Lsd fr ILFC
☐	D-AHFA	Boeing 737-8K5	27981/7	ex N737BX		Lsd fr TUI AG
☐	D-AHFB	Boeing 737-8K5	27982/8	ex N35030		Lsd fr TUI AG
☐	D-AHFC	Boeing 737-8K5	27977/9	ex N5573P	Hannover	Lsd fr Germanair Flug Lsg
☐	D-AHFD	Boeing 737-8K5	27978/40	ex N35161		Lsd fr Germanair Flug Lsg
☐	D-AHFE	Boeing 737-8K5	27979/44	ex N3502P		Lsd fr Germanair Flug Lsg
☐	D-AHFF	Boeing 737-8K5	27980/45	ex N3509J		Lsd fr NBB Essen
☐	D-AHFG	Boeing 737-8K5	27989/59			Lsd fr NBB Flap
☐	D-AHFH	Boeing 737-8K5	27983/218	ex N1786B		Lsd fr TUI AG
☐	D-AHFI	Boeing 737-8K5	27984/220	ex N1787B		Lsd fr TUI AG
☐	D-AHFJ	Boeing 737-8K5	27990/246			Lsd fr TUI AG
☐	D-AHFK	Boeing 737-8K5	27991/248	ex N1786B		Lsd fr TUI AG; sublsd to CJA
☐	D-AHFL	Boeing 737-8K5	27985/470	ex N1786B		Lsd fr TUI AG; sublsd to CJA
☐	D-AHFM	Boeing 737-8K5	27986/474			Lsd fr TUI AG
☐	D-AHFN	Boeing 737-8K5	28228/484	ex N1786B		Lsd fr ILFC
☐	D-AHFO	Boeing 737-8K5	27987/499			Lsd fr TUI AG
☐	D-AHFP	Boeing 737-8K5	27988/508	ex N1786B		Lsd fr TUI AG
☐	D-AHFQ	Boeing 737-8K5	27992/523	ex N1786B		Lsd fr BIL Aircraft Lsg
☐	D-AHFR	Boeing 737-8K5	30593/528	ex N1787B		Lsd fr TUI AG

☐	D-AHFS	Boeing 737-8K5	28623/556		Lsd fr GECAS
☐	D-AHFT	Boeing 737-8K5	30413/636	ex N1015B	Lsd fr BIL Aircraft Lsg
☐	D-AHFU	Boeing 737-8K5	30414/703	ex N1787B	Lsd fr BIL Aircraft Lsg
☐	D-AHFV	Boeing 737-8K5	30415/719	ex N1786B	Lsd f BIl Aircraft Lsg
☐	D-AHHW	Boeing 737-8K5	30882/760	ex N1786B	Lsd fr GOAL Alpha
☐	D-AHFX	Boeing 737-8K5	30416/778	ex N1786B	Lsd fr ArkLithium
☐	D-AHFY	Boeing 737-8K5	30417/781	ex N1787B	Lsd fr AirMagnesium
☐	D-AHFZ	Boeing 737-8K5	30883/783	ex N1786B	Lsd fr GOAL Charlie
☐	D-AHLP	Boeing 737-8K5	32905/1046	ex N6065Y	Lsd fr NBB Bremen
☐	D-AHLQ	Boeing 737-8K5	32906/1087	ex N1786B	Lsd fr NBB Mannheim
☐	D-AHLR	Boeing 737-8K5	32907/1117		Lsd fr Kirrett Ltd
☐	D-ATUA	Boeing 737-8K5	34691/2246		
☐	D-ATUB	Boeing 737-8K5	34692/2249	ex N1786B	
☐	D-ATUC	Boeing 737-8K5	34684/1870	ex N1786B	
☐	D-ATUD	Boeing 737-8K5	34685/1901		
☐	D-ATUE	Boeing 737-8K5	34686/1903		
☐	D-ATUF	Boeing 737-8K5	34687/1907	ex N1786B	
☐	D-ATUG	Boeing 737-8K5	34688/1909		
☐	D-ATUH	Boeing 737-8K5	34689/1935		Lsd fr Bavaria
☐	D-ATUI	Boeing 737-8K5	34690/2184		
☐	D-ATUJ	Boeing 737-8K5	32904/1302	ex SE-DZV	Lsd to BLX

All Boeing 737-8K5s are fitted with APB Boeing winglets. 65 Boeing 737NGs are on order for fleet replacement (for all TUI businesses) along with 11 Boeing 787-8K5s
Member of TUI Airlines Management, rebranded as TUIfly in 2Q 2007 and other TUI companies to join in 2008.

USEDOMER FLUG
Status uncertain, sole aircraft now operated by Ostseeflug

WDL AVIATION
WDL (WE/WDL)   Cologne (CGN)

☐	D-ADEP	Fokker F.27 Friendship 600	10318	ex OY-CCK	
☐	D-ADOP	Fokker F.27 Friendship 600	10316	ex OY-BVF	Babs; stored CGN
☐	D-AELE	Fokker F.27 Friendship 600	10477	ex OY-SLE	stored CGN
☐	D-AELG	Fokker F.27 Friendship 600	10338	ex VR-BLZ	stored CGN
☐	D-AELH	Fokker F.27 Friendship 400	10340	ex VR-BLX	Jude; stored CGN
☐	D-AELJ	Fokker F.27 Friendship 600	10342	ex F-BYAB	Flying Dutchman; stored CGN
☐	D-AELK	Fokker F.27 Friendship 600	10361	ex F-GCJV	Petra
☐	D-AELM	Fokker F.27 Friendship 600	10450	ex OY-CCL	Dietmar Rabe von Papenheim; stored CGN
☐	D-AISY	Fokker F.27 Friendship 600	10391	ex OY-CCR	stored CGN
☐	D-BAKB	Fokker F.27 Friendship 600	10261	ex F-GHRC	Hully Gully
☐	D-BAKC	Fokker F.27 Friendship 600	10195	ex F-GFJS	stored CGN
☐	D-BAKD	Fokker F.27 Friendship 600	10179	ex SP-FNF	stored CGN

All freighters

☐	D-AMAJ	British Aerospace 146 Srs.200	E2028	ex G-BZBA	
☐	D-AMGL	British Aerospace 146 Srs.200	E2055	ex G-CBFL	all-white	Lsd to SAS
☐	D-AWBA	British Aerospace 146 Srs.300A	E3134	ex ZK-NZF		Lsd to SAS
☐	D-AWDL	British Aerospace 146 Srs.100	E1011	ex G-UKJF	
☐	D-AWUE	British Aerospace 146 Srs.200	E2050	ex PK-PJP		Lsd to ANE

XL AIRWAYS GERMANY
(GV/GXL)   Frankfurt (FRA)

☐	D-AXLA	Airbus A320-232	2500	ex ZK-OJL		Lsd fr FOM
☐	D-AXLB	Airbus A320-214	1860	ex N263AV	Chicago	Lsd fr GWY
☐	D-AXLC	Airbus A320-214	1564	ex N260AV		Lsd fr GWY
☐	D-AXLD	Boeing 737-8FH/W	35093/2176	ex G-XLAL	Lsd fr XLA; sublsd to GFA to Apr08
☐	D-AXLE	Boeing 737-8Q8/W	30724/2286		Lsd fr ILFC; sublsd to GFA to Apr08

A member of XL Leisure Group which also includes XL Airways FranceF and XL Airways (G)

DQ-   FIJI (Republic of Fiji)

AIR FIJI
Fijiair (PC/FAJ) (IATA 677)   Suva-Nausori (SUV)

☐	DQ-AFR	AVIC II Y-12	013	ex B-744L	
☐	DQ-AFS	AVIC II Y-12	015	ex B-745L	
☐	DQ-FHC	AVIC II Y-12 II	0056		Op for Airlines Tonga
☐	DQ-FHF	AVIC II Y-12 II	0047	ex B-531L	Op for Airlines Tonga
☐	DQ-FSC	AVIC II Y-12 II	0048	ex VH-LLK	Op for Airlines Tonga

☐	DQ-AFO	Embraer EMB.110P1 Bandeirante	110419	ex EI-BVX	
☐	DQ-FET	Britten-Norman BN-2A-21 Islander	661	ex ZK-NNE	stored SUV
☐	DQ-FIC	Britten-Norman BN-2A-21 Islander	511	ex ZK-KHB	Island Shuttle titles
☐	DQ-MUM	Embraer EMB.120ER Brasilia	120079	ex VH-XFH	Pacific Link titles
☐	DQ-TLC	Embraer EMB.110P1 Bandeirante	110417	ex VH-TLD	Op for Airlines Tonga
☐	DQ-YES	Embraer EMB.110P1 Bandeirante	110307	ex VH-FNR	
☐	DQ-	AVIC I MA-60			on order

☐ ZK-CIF   Convair 580   381   ex N566EA   Lsd fr CVA
Air Fiji is the trading name of Fiji Air Services, owns 49% of Airlines Tonga

AIR KATAFANGA
Suva-Nausori (SUV)

☐ DQ-FIK   Piper PA-31-350 Navajo Chieftain   31-7752090   ex N7088C

AIR PACIFIC
Pacific (FJ/FJI) (IATA 260)   Nadi (NAN)

☐ DQ-FJC   Boeing 767-3X2ER   26260/552   Island of Taveuni   Lsd fr ILFC
☐ DQ-FJF   Boeing 737-7X2/W   28878/96   ex N1786B   Island of Koro   Lsd fr APL Finance
☐ DQ-FJG   Boeing 737-8X2/W   29968/275   ex N1786B   Island of Kadavu   Lsd fr APL Finance
☐ DQ-FJH   Boeing 737-8X2/W   29969/339   ex N1786B   Island of Gau   Lsd fr APL Finance
☐ DQ-FJK   Boeing 747-412   24064/755   ex 9V-SMD   Island of Vanua Levu Lsd fr SIA
☐ DQ-FJL   Boeing 747-412   24062/722   ex 9V-SMB   Island of Viti Levu Lsd fr SIA
☐ DQ-FJM   Airbus A330-300   ex F-WW   on order
☐ DQ-FJN   Airbus A330-300   ex F-WW   on order
Eight Boeing 787-9X2s are on order for delivery in 2011/12
46.3% owned by Qantas and 3.67% by Air New Zealand. Owns Pacific Sun

AIR WAKAYA
Suva-Nausori (SUV)

☐ DQ-DHG   Cessna 208B Caravan I   208B1120   ex N1274X
☐ DQ-FHG   Britten-Norman BN-2B-26 Islander   2230   ex G-BSAC

FIJI AIRLINES
Now correctly listed as Pacific Sun

NORTHERN AIR SERVICES
Suva-Nausori (SUV)

☐ DQ-JJS   Britten-Norman BN-2A-26 Islander   856   ex VH-IFA

PACIFIC ISLAND AIR
Nadi (NAN)

☐ DQ-GEE   de Havilland DHC-2 Beaver   1358   ex C-GSKY   Floatplane
☐ DQ-GLL   de Havilland DHC-3 Turbo Otter   288   ex N68086   Floatplane
☐ DQ-SLM   Britten-Norman BN-2A-26 Islander   605   ex VH-XFI
☐ DQ-YIR   Britten-Norman BN-2A-26 Islander   845   ex VH-FCOI

PACIFIC SUN
Sunflower (PI/SUF) (IATA 252)   Nadi (NAN)

☐ DQ-FCX   Britten-Norman BN-2A-27 Islander   833   ex G-BEMJ   Adi Yasawa
☐ DQ-FDV   Britten-Norman BN-2A-26 Islander   41   ex 9M-MDA   Bui Nigone; stored NAN
☐ DQ-FDW   Britten-Norman BN-2A-26 Islander   602   ex 9M-MDC   Adi Makutu
☐ DQ-FEY   de Havilland DHC-6 Twin Otter 100   87   ex N64NB   Spirit of the North
☐ DQ-FEZ   de Havilland DHC-6 Twin Otter 100   9   ex F-OCFJ   Spirit of the West
☐ DQ-FIE* de Havilland DHC-6 Twin Otter 300   660   ex N933CL   Spirit of Nadi
☐ DQ-FIN   Britten-Norman BN-2A-26 Islander   159
☐ DQ-PSB   ATR 42-500   534   ex 3B-NBA
*Leased from Colombine Holdings; wholly owned by Air Fiji

TURTLE AIRWAYS
Turtle (TLT)   Nadi-Newtown Beach

☐ DQ-FEX   Cessna U206G Stationair 6 II   U20605706   ex ZK-FHE   Floatplane
☐ DQ-TAL   de Havilland DHC-2 Beaver   1255   ex C-GLED   Floatplane
☐ DQ-TAM   de Havilland DHC-2 Beaver   1433   ex VH-IME   Floatplane
☐ DQ-TAN   Cessna U206G Stationair 6 II   U20605574   ex VH-HBX   Floatplane

D2- ANGOLA (Republic of Angola)

AEROJET
Mabeco (MBC)   Luanda (LAD)

☐ D2-EDE   Embraer EMB.120ER Brasilia   120039   ex N188SW
☐ D2-EDF   Embraer EMB.120ER Brasilia   120037   ex N187SW
☐ D2-FER   Yakovlev Yak-40   9541804   ex RA-87994

AIR 26
(DCD)   Luanda (LAD)

☐ D2-EYN   Embraer EMB.120ER Brasilia   120165   ex N264AS   Nova Erce

☐	D2-EYO	Embraer EMB.120RT Brasilia	120210	ex N269AS	
☐	D2-EYP	Embraer EMB.120RT Brasilia	120146	ex N262AS	
☐	D2-EYQ	Embraer EMB.120ER Brasilia	120062	ex F-GFEO	

AIR DIAMENTES
Luanda (LAD)

☐	D2-	Beech 1900D	UE-74	ex ZS-OKM	

AIR GEMINI
Twins (GLL) — *Luanda (LAD)*

☐	D2-ERI	Boeing 727-116C	19813/594	ex ZS-IJH	Lsd fr Aviation Consultants; Op for UN
☐	D2-ERJ	Douglas DC-9-32 (ABS 3)	47765/900	ex N924LG	Lsd fr ART 47110
☐	D2-ERL	Douglas DC-9-32 (ABS 3)	47788/901	ex N925LG	
☐	S9-BAR	Boeing 727-22C	19098/318	ex N832RV	stored LAD
☐	S9-BAU	Boeing 727-25C (FedEx 3)	19358/367	ex S9-IAU	
☐	S9-BOE	Boeing 727-22C (FedEx 3)	19192/388	ex N706DH	stored LAD

AIRJET
Now correctly listed as AeroJet

ALADA
Air Alada (RAD) — *Luanda (LAD)*

☐	D2-FAM	Ilyushin Il-18V	184007401	ex UR-75475	
☐	D2-FAP	Antonov An-32B	2903	ex CCCP-48051	
☐	D2-FAX	Antonov An-32A	1510	ex RA-48115	Kimoka
☐	D2-FDY	Ilyushin Il-18E	185008503	ex UR-75850	
☐	D2-FFR	Ilyushin Il-18D	0393607150	ex UR-75896	converted Il-22
☐	D2-FRB	Antonov An-32	2208	ex Hungary 208	

ANGOLA AIR CHARTER
Angola Charter (AGO) — *Luanda (LAD)*

☐	D2-FCP	Boeing 727-77C (FedEx 3)	20370/821	ex N526PC	
☐	D2-FDO	Embraer EMB.120RT Brasilia	120082	ex N102SK	
☐	D2-FDT	Embraer EMB.120RT Brasilia	120081	ex N103SK	
☐	ZS-PCA	Beech 1900C-1	UC-138	ex N138GA	Lsd fr Angolan Aircraft

A subsidiary of TAAG Angola Airlines

ANGOLAN AIRSERVICES
Luanda (LAD)

☐	ZS-NYK	British Aerospace Jetstream 4121	41095	G-4-095	

DIEXIM EXPRESS
Luanda (LAD)

☐	D2-FFE	Embraer EMB.120ER Brasilia	120242	ex N8078V	
☐	D2-FFI	Embraer EMB.120RT Brasilia	120035	ex N331JS	William Domingos
☐	D2-FFO	Beech B300 Super King Air	FL-10	ex N350FH	
☐	D2-FFP	Embraer EMB.120RT Brasilia	120235	ex F-GJTF	
☐	D2-FFU	Embraer EMB.120ER Brasilia	120244	ex F-GTBH	id not confirmed
☐	D2-	Embraer EMB.145MP (ERJ-145MP)	145360	ex F-OIJE	on order

GIRA GLOBO
Gira Globo (GGL) — *Luanda (LAD)*

☐	D2-FCM	Ilyushin Il-76TD	0063470107	ex UR-76694	Op for Angolan Air Force, T-901
☐	D2-FCN	Ilyushin Il-76TD	0053462872	ex UR-76651	Op for Angolan Air Force, T-900
☐	D2-FDG	Antonov An-32B	2201	ex RA-48116	Mulanda
☐	D2-FEM	Ilyushin Il-76TD	0063469062	ex UR-76688	Rei-Ekuikui, T-905
☐	D2-FEW	Ilyushin Il-76TD	0073475239	ex UR-76721	Op for Angolan Air Force, T-904

HM AIRWAYS
Luanda (LAD)

☐	D2-EYA	Bell 427	56037	ex N51804	
☐	D2-EYB	Bell 427	56046	ex N427MM	
☐	D2-EYC	Bell 427	56048	ex N804RM	
☐	D2-EYD	Bell 427	56049	ex N88PQ	
☐	D2-EYE	Bell 427	56050	ex N918RB	
☐	D2-EYF	Bell 427	56051	ex N96EA	
☐	D2-EYG	Bell 427	56052	ex N97EA	
☐	D2-EYH	Bell 427	56053	ex N97TZ	
☐	D2-EYI	Bell 430	49102	ex N41786	
☐	D2-EYJ	Bell 430	49108	ex N767MM	

☐	D2-EYK	Bell 430	49109	ex N825GB		
☐	D2-EYL	de Havilland DHC-8-315	613	ex C-FDGW		
☐	D2-EYM	de Havilland DHC-8-315	614	ex C-FDHE		
☐	D2-EYV	Embraer EMB.120ER Brasilia	120145	ex N284UE		
☐	D2-	de Havilland DHC-8-315	645	ex C-FLKI	Lsd fr Avitrade Angola	

HM Airways is the trading name of Heli Malongo

PLANAR
Ceased operations

SAL - SOCIEDADE DE AVIACAO LIGEIRA
Luanda (LAD)

☐	D2-ECN	Cessna F406 Caravan II	F406-0002	ex PH-MNS	Lsd fr Iber Avn
☐	D2-ECO	Cessna F406 Caravan II	F406-0011	ex D-IDAA	Lsd fr Iber Avn
☐	D2-ECP	Cessna F406 Caravan II	F406-0016	ex PH-LAS	Lsd fr Iber Avn
☐	D2-ECQ	Cessna F406 Caravan II	F406-0019	ex G-CVAN	Lsd fr Iber Avn
☐	D2-ECW	Beech B300 Super King Air	FL-102	ex S9-TAP	Lsd fr GIAS
☐	D2-ECX	Beech B200 Super King Air	BB-1362	ex N1565F	Lsd fr B.N.A.
☐	D2-ECY	Beech B200C Super King Air	BL-135	ex S9-NAP	Lsd fr GIAS
☐	D2-EDA	Cessna 208B Caravan I	208B0568	ex N1215K	
☐	D2-EDB	Cessna 208B Caravan I	208B0665	ex N1256G	
☐	D2-EOD	Short SC.7 Skyvan 3	SH1938	ex CR-LOD	stored LAD

Also leases Beech 1900C/Ds from SAL Express (S9) when required

SONAIR
Sonair (SOR)   *Luanda (LAD)*

☐	D2-EQD	Aerospatiale SA.365N2 Dauphin 2	6521	ex F-GJIA	
☐	D2-EQE	Aerospatiale SA.365N2 Dauphin 2	6531	ex F-WQSR	
☐	D2-EUO	Aerospatiale SA.365N Dauphin 2	9000		
☐	D2-EVE	Aerospatiale SA.365N2 Dauphin 2	6418	ex F-WQSR	
☐	D2-EVF	Aerospatiale SA.365N2 Dauphin 2	6410	ex F-GHRX	
☐	D2-EXE	Aerospatiale SA.365N Dauphin 2	6082	ex F-GFYU	Lsd fr HLU
☐	D2-EXX	Aerospatiale SA.365N2 Dauphin 2	6439	ex F-WQSR	
☐	D2-EVJ	Beech 1900D	UE-111	ex N3119U	
☐	D2-EVK	Beech 1900D	UE-121	ex N3221A	
☐	D2-EVL	Beech 1900D	UE-312	ex N312RC	
☐	D2-EVN	Beech 1900D	UE-370	ex N30539	
☐	D2-EVX	Beech 1900D	UE-340	ex N23317	
☐	D2-EVY	Beech 1900D	UE-249	ex N249GL	
☐	D2-FFJ	Beech 1900D	UE-412	ex N44828	
☐	D2-	Beech 1900D	UE-274	ex N11015	
☐	D2-	Beech 1900D	UE-280	ex N11284	

One is D2-ERQ

☐	D2-EVA	de Havilland DHC-6 Twin Otter 310	728	ex V2-LDD	
☐	D2-EVB	de Havilland DHC-6 Twin Otter 310	810	ex V2-LDH	
☐	D2-EVC	de Havilland DHC-6 Twin Otter 310	809	ex V2-LDG	
☐	D2-EVH	de Havilland DHC-6 Twin Otter 300	511	ex HB-LOM	
☐	D2-FVM	de Havilland DHC-6 Twin Otter 310	794	ex HB-LRF	
☐	D2-FVN	de Havilland DHC-6 Twin Otter 310	817	ex N817L	
☐	D2-FVO	de Havilland DHC-6 Twin Otter 310	821	ex N821L	
☐	D2-FVP	de Havilland DHC-6 Twin Otter 310	743	ex 5Y-TMF	
☐	D2-FVQ	de Havilland DHC-6 Twin Otter 310	704	ex 5N-ASP	
☐	D2-EVS	Sikorsky S-76C	760603	ex C-GHRI	Lsd fr CHC Helicopters
☐	D2-EXG	Sikorsky S-76A	760042	ex ZS-RKE	Lsd fr Heli-Union
☐	D2-EXH	Sikorsky S-76A	760268	ex ZS-RBE	Lsd fr CHC Helicopter (Africa)
☐	D2-EXK	Sikorsky S-76C	760525	ex N9017U	
☐	D2-EXL	Sikorsky S-76C	760526	ex N9007U	
☐	D2-EXO	Sikorsky S-76C	760543	ex N2040S	
☐	D2-EXP	Sikorsky S-76C	760544	ex N2048C	
☐	D2-ESN	Fokker F.27 Friendship 500	10610	ex PH-FTY	Kwanda
☐	D2-ESR	Fokker F.27 Mk 050 (Fokker 50)	20240	ex PH-RPK	Lombo Este
☐	D2-ESU	Boeing 727-23F	19431/372	ex N516FE	
☐	D2-ESW	Fokker F.27 Mk 050 (Fokker 50)	20241	ex PH-RRM	Lsd fr Golfo Intl
☐	D2-ESZ	Aerospatiale AS.332L2 Super Puma II	2503		
☐	D2-EVD	Boeing 727-29C	19403/435	ex CB-02	
☐	D2-EVG	Boeing 727-29C	19402/415	ex N70PA	
☐	D2-EVP	Aerospatiale AS.332L2 Super Puma II	2398	ex F-WQEA	Lsd fr CHC Helicopter (Africa)
☐	D2-EVT	Eurocpoter EC.225LP Super Puma		ex F-WQDI	
☐	D2-EVW	Boeing 737-7HB	35954/2310		
☐	D2-EXN	Aerospatiale AS.332L2 Super Puma II	2590		
☐	D2-FSA	Boeing 737-29C	19987/634	ex HZ-HE4	Freighter
☐	D2-	Boeing 737-7HBC			on order
☐	S9-CAM	Beech B300 Super King Air	FL-163	ex N1057Q	Lsd fr Golfo Intl
☐	S9-CAN	Beech B300 Super King Air	FL-294	ex N3214J	Lsd fr Golfo Intl
☐		Airbus A340-541	917	ex F-WWTM	on order

Sonair is a subsidiary of Sonangol State Corporation

TAAG ANGOLA AIRLINES
DTA (DT/DTA) (IATA 118) Luanda (LAD)

☐ D2-TBC	Boeing 737-2M2C	21173/447	ex D2-TAB		
☐ D2-TBF	Boeing 737-7M2C/W	34559/2013	ex N1787B		
☐ D2-TBG	Boeing 737-7M2C/W	34560/2036			
☐ D2-TBH	Boeing 737-7M2C/W	34561/2043			
☐ D2-TBJ	Boeing 737-7M2C/W	34562/2149			
☐ D2-TBO	Boeing 737-2M2	22776/891	ex N1782B	stored BBU	
☐ D2-TBX	Boeing 737-2M2	23351/1517			
☐ D2-TEA	Boeing 747-312M	23410/653	ex 9V-SKN	Cidade de Kuito	
☐ D2-TEB	Boeing 747-357M	23751/686	ex N375TC		
☐ D2-TED	Boeing 777-2M2ER	34565/581			Lsd to/op by MMZ
☐ D2-TEE	Boeing 777-2M2ER	34566/587		Kuitu Kuanavale	Lsd to/op by MMZ
☐ D2-TEF	Boeing 777-2M2ER	34567/687			
☐ JY-JRF	Boeing 767-233	22526/92	ex J2-KCN		Lsd fr Royal Jordanian
☐ PR-ONA	Boeing 767-322ER	25280/391	ex N202AC		Lsd fr ONE
☐ S9-PST	Boeing 727-171C	19859/559	ex C-FPXD		Op by TFK

Owns Angola Air Charter; TAAG Angola Airlines is the trading name of Linhas Aereas de Angola. The 777s are operated by Euro-Atlantic as TAAG are banned from operating in the EU.

TRANSTECO
Transteco (TTC) Luanda (LAD)

☐ D2-FEI	Beechcraft 200 Super King Air	BB-620	ex ZS-OGV	

TROPICANA
  Luanda (LAD)

☐ D2-EBF	Beech B200 Super King Air	BB-836	ex S9-NAQ		
☐ D2-FFK	Beech B200 Super King Air	BB-1026	ex N153D	Aeronautica titles	
☐ D2-FFL	Beech 200 Super King Air	BB-126	ex N777XZ	Capembe	
☐ D2-FFM	Beech 1900D	UE-108	ex N118SK	Mavinga	Lsd fr General Avn Svs

Current status unknown, possibly part of Gira Global

Operator Unknown

☐ D2-FCO	Ilyushin Il-76MD	0043454615	ex ER-IBE	
☐ D2-	Douglas DC-9-32	47110/167	ex N923LG	

D4- CAPE VERDE ISLANDS (Republic of Cape Verde)

CABO VERDE EXPRESS
(CVE) Sal (SID)

☐ D4-CBL	LET L-410UVP-E10	902511	ex 9Q-CUM	(912533 ex D-CLED?)
☐ D4-CBR	LET L-410UVP-E20	912533	ex D-CLED	
☐ D4-JCA	LET L-410UVP-E20	912604	ex OY-PEY	

HALCYON AIR
  Praia (RAI)

☐ D4-CBQ	ATR 72-202	296	ex J5-GZZ	

TACV - TRANSPORTES AEREOS DE CABO VERDE / CAPE VERDE AIRLINES
Cabo Verde (VR/TCV) Praia (RAI)

☐ D4-CBE	ATR 42-320	382	ex F-WWEA	Joaquim Ribeiro	
☐ D4-CBF	ATR 42-320	386	ex F-WWEK	Rebil; stored	
☐ D4-CBG	Boeing 757-2Q8	27599/696		B Leza	Lsd fr ILFC
☐ D4-CBP	Boeing 757-2Q8	30045/957	ex N301AM	Emigranti	Lsd fr ILFC
☐ D4-CBT	ATR 72-212A	747	ex F-WWEH		
☐ D4-CBU	ATR 42-500	755	ex F-WWEP		
☐ D4-CBV	ATR 42-500	669	ex F-WWLC		
☐ D4-	ATR 72-212A		ex F-WW	on order	

D4-CBE/CBF to be returned to manufacturer in exchange for new aircraft

D6- COMOROS (Federal Islamic Republic of the Comores)

COMORES AIR SERVICE
  Moroni (YVA)

☐ D6-CAM	LET L-410UVP	851336	ex D6-GDH	
☐ D6-CAN	LET L-410UVP	841331	ex 9L-LCZ	

COMORES AVIATION
(KR/KMZ)   *Moroni (YVA)*

☐	D6-CAK	LET L-410UVP	841219	ex D2-TGH	dbr 09Apr07?
☐	D6-CAL	LET L-410UVP	800526	ex HA-LAB	

HERITAGE AVIATION
Moroni (YVA)

☐	D6-CAQ	LET L-410UVP
	Status uncertain	

EC- SPAIN (Kingdom of Spain)

AEBAL
Air Balear (DF/ABH)   *Palma de Mallorca (PMI)*

☐	EC-HNY	Boeing 717-2CM	55059/5023	ex N6203U	Formentor	
☐	EC-HNZ	Boeing 717-2CM	55060/5026	ex N9010L	Espalmador	
☐	EC-HOA	Boeing 717-2CM	55061/5029		Macarella	
☐	EC-HUZ	Boeing 717-23S	55066/5054		Valdemossa	Lsd fr Pembroke
☐	EC-JZX	Boeing 717-23S	55065/5048	ex SX-BOC	Es Vedra	Lsd fr Pembroke
☐	EC-KFR	Boeing 717-2K9	55056/5015	ex SX-BOA		Lsd Bavaria Lsg
☐	EC-KHX	Boeing 717-2K9	55053/5016	ex SX-BOB		Lsd Bavaria Lsg
☐	EC-KNE	Boeing 717-23S	55064/5037	ex HS-PGP		Lsd fr Pembroke

AeBal is the trading name of Aerolineas Baleares
51% owned subsidiary of Spanair and operates as Spanair Link using JK/JKK flight number; SAS own remaining 49%

AERONOVA
Aeronova (OVA)   *Valencia (VLC)*

☐	EC-GVE	Swearingen SA.227AC Metro III	AC-669B	ex N2702Z
☐	EC-HCH	Swearingen SA.227AC Metro III	AC-658B	ex N2692P
☐	EC-HZH	Swearingen SA.227AC Metro III	AC-720	ex N2724S
☐	EC-IXL	Swearingen SA.227AC Metro III	AC-689B	ex D-COLC
☐	EC-JCU	Swearingen SA.227AC Metro III	AC-679B	ex N6UB

AIR CLASS AIRWAYS
Visig (VSG)   *Las Palmas (LPA)*

☐	EC-JSL	Boeing 737-33A	23628/1304	ex EC-IEZ	Lsd fr AWAS

AIR COMET
Red Comet (A7/MPD) (IATA 352)   *Palma de Mallorca (PMI)*

☐	EC-IDB	Airbus A330-243	461	ex F-WWKL		Lsd fr IWD; sublsd to Orbest
☐	EC-KDF	Airbus A330-223	822	ex I-EEZM		Lsd fr ILFC
☐	EC-KIL	Airbus A330-202	205	ex EC-IYB		Lsd fr ILFC
☐	EC-KIM	Airbus A330-202	211	ex EC-IYN		Lsd fr ILFC
☐	EC-	Airbus A330-223		ex F-WW	on order	
☐	EC-	Airbus A330-223		ex F-WW	on order	
☐	EC-KAJ	Airbus A340-311	015	ex G-VAEL		
☐	EC-KCF	Airbus A340-311	013	ex G-VBUS		Lsd fr Republic Financial
☐	EC-KHU	Airbus A340-312	007	ex EC-JIS		Lsd fr ILFC
☐	EC-GMU	Airbus A310-324	451	ex N571SW		Lsd fr Airbus
☐	EC-IPT	Airbus A310-325ET	642	ex N642KS		Lsd fr ILFC
☐	EC-IZL	Boeing 747-287B	22592/532	ex LV-OOZ		Jt ops with RSU
☐	EC-KBM	Airbus A320-211	0426	ex C-FNNA		Lsd fr KJ Aviation
☐	EC-KIK	Airbus A320-211	0662	ex N662AR		
☐	EC-KJG	Airbus A320-211	0342	ex C-FMJK		Lsd fr AAR A/c Sales & Lsg
☐	EC-KJL	Airbus A310-324	453	ex F-OGYQ		Lsd fr Alafco

Parent, (Grupo Marsans), purchased 92.1% of Aerolineas Argentinas and 90% of Austral; 12 Airbus A319s, 25 Airbus A320s, 6 Airbus A321s, 4 Airbus A380s, 10 Airbus A350s, 11 more Airbus A330-223s are on order for delivery from 2008 to airlines in the group

AIR EUROPA
Europa (UX/AEA) (IATA 996)   *Palma de Mallorca (PMI)*

☐	EC-JPF	Airbus A330-203	733	ex F-WWKU		Lsd fr ILFC
☐	EC-JQG	Airbus A330-203	745	ex F-WWYG	Estepona-Costa del Sol	Lsd fr GECAS
☐	EC-JQQ	Airbus A330-203	749	ex F-WWYJ		Lsd fr GECAS
☐	EC-JZL	Airbus A330-203	814	ex F-WWYJ		Lsd fr ILFC
☐	EC-	Airbus A330-202	931	ex F-WW	on order	Lsd fr CIT Aerospace
☐	EC-HBL	Boeing 737-85P	28381/250	ex N1787B		Lsd fr Aircastle
☐	EC-HBM	Boeing 737-85P	28382/256	ex N1787B		Lsd fr SA Victoria

151

	Registration	Type	Serial	ex	Name	Notes
☐	EC-HBN	Boeing 737-85P	28383/266	ex N1786B	Llucmajor	Lsd fr RBS Avn Capital
☐	EC-HGO	Boeing 737-85P	28384/420	ex N1786B		Lsd fr Aircastle
☐	EC-HGP	Boeing 737-85P	28385/421	ex N1786B	Marbella	Lsd fr RBS Avn Capital
☐	EC-HGQ	Boeing 737-85P	28386/426	ex N1786B	El Mundo titles	Lsd fr SA Victoria
☐	EC HJP	Boeing 737-85P	28535/480	ex N1800B		Lsd fr IEM Airfinance
☐	EC-HJQ	Boeing 737-85P	28387/522	ex N1786B		Lsd fr IEM Airfinance
☐	EC-HKQ	Boeing 737-85P/W	28388/533		San Pedro Alcantara	Lsd fr ALAFCO
☐	EC-HKR	Boeing 737-85P	28536/540	ex N1787B		Lsd fr ALAFCO
☐	EC-HZS	Boeing 737-86Q/W	30276/920	ex N747BX		Lsd fr Rain IV
☐	EC-IDA	Boeing 737-86Q/W	32773/1051	ex N73792		Lsd fr Rain IV
☐	EC-IDT	Boeing 737-86Q/W	30281/1076	ex N73793		Lsd fr Bellevue Coastal Lsg
☐	EC-III	Boeing 737-86Q/W	30284/1233			Lsd fr Bellevue Coastal Lsg
☐	EC-ISE	Boeing 737-86Q/W	30290/1406	ex N1786B		Lsd fr Bellevue Coastal Lsg
☐	EC-ISN	Boeing 737-86Q/W	30291/1435			Lsd fr Bellevue Coastal Lsg
☐	EC-IVV	Boeing 737-883	28323/625	ex EI-CXU	Camino de Santiago	Lsd fr SAS
☐	EC-IXE	Boeing 737-883	30468/668	ex EI-CXT		Lsd fr SAS
☐	EC-IXO	Boeing 737-883	30467/634	ex EI-CXP		Lsd fr SAS
☐	EC-IYI	Boeing 737-883	30194/666	ex EI-CXW		Lsd fr SAS
☐	EC-JAP	Boeing 737-85P/W	33971/1580			Lsd fr Itochu
☐	EC-JBJ	Boeing 737-85P/W	33972/1598			Lsd fr Itochu
☐	EC-JBK	Boeing 737-85P/W	33973/1606			Lsd fr Itochu
☐	EC-JBL	Boeing 737-85P/W	33974/1610			Lsd fr Itochu
☐	EC-JEX	Boeing 737-86N/W	32659/1709			Lsd fr GECAS
☐	EC-JHK	Boeing 737-85P/W	33975/1716	ex N1787B		Lsd fr Itochu
☐	EC-JHL	Boeing 737-85P/W	33976/1740			Lsd fr Itochu
☐	EC-JKZ	Boeing 737-86N/W	34251/1817			Lsd fr GECAS
☐	EC-JNF	Boeing 737-85P/W	33977/1878		Mutua Madrileqa	Lsd fr Baleares Lsg
☐	EC-KBV	Boeing 737-85P/W	33980/2245	ex N1786B		
☐	EC-KCG	Boeing 737-85P/W	33981/2269			
☐	EC-KEO	Boeing 737-85P/W	33982/2338			
☐	EC-	Boeing 737-85P				on order
☐	EC-	Boeing 737-85P				on order
☐	EC-	Boeing 737-85P				on order
☐	EC-	Boeing 737-85P				on order
☐	EC-	Boeing 737-85P				on order
☐	EC-	Boeing 737-85P				on order
☐	EC-	Boeing 737-85P				on order

Twenty-four more Boeing 737-800s are on order for delivery in 2009 (6), 2010 (4), 2011 (4), 2012 (4), 2013 (4) & 2014 (2)

☐	EC-HPU	Boeing 767-3Q8ER	30048/828			Lsd fr ILFC
☐	EC-HSV	Boeing 767-3Q8ER	29387/840			Lsd fr ILFC
☐	EC-JJJ	Boeing 767-328ER	27428/586	ex V8-RBM		Lsd fr RBA
☐	OH-LBT	Boeing 757-2Q8/W	28170/801			Lsd fr FIN
☐	SP-LPF	Boeing 767-319ER	24876/413	ex ZK-NCF		Lsd fr LOT

Associate member of SkyTeam Alliance Six Embraer 190-200LR (195LR) and eight Boeing 787-85Ps are on order

---

AIR NOSTRUM
Nostrum Air (YW/ANE) (IATA 694)   Valencia (VLC)

	Registration	Type	Serial	ex	Name	Notes
☐	EC-HBY	ATR 72-212A	578	ex F-WWEA	Abeto	Lsd fr ATR Asset Mgt
☐	EC-HCG	ATR 72-212A	580	ex F-WWEC	Castano	Lsd fr ATR Asset Mgt
☐	EC-HEI	ATR 72-212A	570	ex F-WWEG	Eucalipto	Lsd fr ATR Asset Mgt
☐	EC-HEJ	ATR 72-212A	565	ex F-WWEE	Carrasca	Lsd fr ATR Asset Mgt
☐	EC-HJI	ATR 72-212A	562	ex F-WWLZ	Sauce	Lsd fr ATR Asset Mgt
☐	EC-JCR	ATR 72-212A	468	ex OY-CIM	Fresno	Lsd fr CIM
☐	EC-GYI	Canadair CL-600-2B19 (CRJ-200ER)	7249	ex C-GDDM	Pinazo	
☐	EC-GZA	Canadair CL-600-2B19 (CRJ-200ER)	7252	ex C-GDDO	Beniliure	
☐	EC-HEK	Canadair CL-600-2B19 (CRJ-200ER)	7320	ex C-GFCN	Cecilio Pla	
☐	EC-HHI	Canadair CL-600-2B19 (CRJ-200ER)	7343	ex C-GFKQ	Genaro Lahuerta Lopez	
☐	EC-HHV	Canadair CL-600-2B19 (CRJ-200ER)	7350	ex C-GFKR	Sorolla	
☐	EC-HPR	Canadair CL-600-2B19 (CRJ-200ER)	7430	ex C-GHDM	Mompo	
☐	EC-HSH	Canadair CL-600-2B19 (CRJ-200ER)	7466	ex C-GHWD	J Michavilla	
☐	EC-HTZ	Canadair CL-600-2B19 (CRJ-200ER)	7493	ex C-GIHJ	Ricardo Verde	
☐	EC-HXM	Canadair CL-600-2B19 (CRJ-200ER)	7514	ex C-GIQL	Francisco Dominguez	
☐	EC-HYG	Canadair CL-600-2B19 (CRJ-200ER)	7529	ex C-GIXG	E Sales Frances	
☐	EC-HZR	Canadair CL-600-2B19 (CRJ-200ER)	7547	ex C-GJFR	José Ribera	
☐	EC-IAA	Canadair CL-600-2B19 (CRJ-200ER)	7563	ex C-GJIZ	A Munoz Degrain	
☐	EC-IBM*	Canadair CL-600-2B19 (CRJ-200ER)	7591	ex C-GJQZ	J Navarro Llorens	
☐	EC-IDC	Canadair CL-600-2B19 (CRJ-200ER)	7622	ex C-GJYV	Francisco Ribalta	
☐	EC-IGO	Canadair CL-600-2B19 (CRJ-200ER)	7661	ex C-FVAZ	Juan de Juanes	
☐	EC-IJE	Canadair CL-600-2B19 (CRJ-200ER)	7700	ex C-GZJZ	Josquin Agrasot	
☐	EC-IJF	Canadair CL-600-2B19 (CRJ-200ER)	7705	ex C-GZKC	Vicente Magip	
☐	EC-IJS	Canadair CL-600-2B19 (CRJ-200ER)	7706	ex C-GZKD	Manuel Benedito	
☐	EC-IKZ	Canadair CL-600-2B19 (CRJ-200ER)	7732	ex C-GZUR	Tomas Yepes	
☐	EC-ILF	Canadair CL-600-2B19 (CRJ-200ER)	7746	ex C-FZQR	Vincente Lopez	
☐	EC-INF	Canadair CL-600-2B19 (CRJ-200ER)	7785	ex C-GYVM	Pedro de Valencia	
☐	EC-IRI	Canadair CL-600-2B19 (CRJ-200ER)	7851	ex C-GZNF	Benjamin Palencia	
☐	EC-ITU	Canadair CL-600-2B19 (CRJ-200ER)	7866	ex C-GZSQ	Pons Arnau	
☐	EC-IVH	Canadair CL-600-2B19 (CRJ-200ER)	7915	ex C-FADU	José Mongrell	
☐	EC-IZP	Canadair CL-600-2B19 (CRJ-200ER)	7950	ex C-FBFI	Enriqe Martinez Cubells	

☐	EC-JCG	Canadair CL-600-2B19 (CRJ-200ER)	7973	ex C-FCEU	José Vergara	
☐	EC-JCL	Canadair CL-600-2B19 (CRJ-200ER)	7975	ex C-FCID		
☐	EC-JCM	Canadair CL-600-2B19 (CRJ-200ER)	7981	ex C-FCNN	Beato de Liebana	
☐	EC-JCO	Canadair CL-600-2B19 (CRJ-200ER)	7984	ex C-FCRX		
☐	EC-JEE	Canadair CL-600-2B19 (CRJ-200ER)	7989	ex C-FCZD	Juan Ignacio Pombo	
☐	EC-JEF	Canadair CL-600-2B19 (CRJ-200ER)	8008	ex C-FDKH	José Monleon	
☐	EC-JEN	Canadair CL-600-2B19 (CRJ-200ER)	7958	ex C-FBQO		
☐	EC-JNX	Canadair CL-600-2B19 (CRJ-200ER)	8058	ex C-FGEP	Catedral de Leon	
☐	EC-JOD	Canadair CL-600-2B19 (CRJ-200ER)	8061	ex C-FGYE		
☐	EC-JOY	Canadair CL-600-2B19 (CRJ-200ER)	8064	ex C-FHCW	Catedral de Leon	

*Damaged in wheels-up landing 24 January 2007 and repaired with wings from c/n 7223

☐	EC-JNB	Canadair CL-600-2D24 (CRJ-900ER)	15057	ex C-		
☐	EC-JTS	Canadair CL-600-2D24 (CRJ-900ER)	15071	ex C-FJTF		
☐	EC-JTT	Canadair CL-600-2D24 (CRJ-900ER)	15074	ex C-FJTJ		
☐	EC-JTU	Canadair CL-600-2D24 (CRJ-900ER)	15079	ex C-FJTE		
☐	EC-JXZ	Canadair CL-600-2D24 (CRJ-900ER)	15087	ex C-FLGI		
☐	EC-JYA	Canadair CL-600-2D24 (CRJ-900ER)	15090	ex C-FLIX		
☐	EC-JYV	Canadair CL-600-2D24 (CRJ-900ER)	15106	ex C-FLMJ		
☐	EC-JZS	Canadair CL-600-2D24 (CRJ-900ER)	15111	ex C-FLMK		
☐	EC-JZT	Canadair CL-600-2D24 (CRJ-900ER)	15113	ex C-FLMN		
☐	EC-JZU	Canadair CL-600-2D24 (CRJ-900ER)	15115	ex C-FLMQ		
☐	EC-JZV	Canadair CL-600-2D24 (CRJ-900ER)	15117	ex C-FLMS		
☐	EC-K	Canadair CL-600-2D24 (CRJ-900ER)		ex C-	on order	
☐	EC-K	Canadair CL-600-2D24 (CRJ-900ER)		ex C-	on order	
☐	EC-K	Canadair CL-600-2D24 (CRJ-900ER)		ex C-	on order	
☐	EC-K	Canadair CL-600-2D24 (CRJ-900ER)		ex C-	on order	
☐	EC-K	Canadair CL-600-2D24 (CRJ-900ER)		ex C-	on order	
☐	EC-IBS	de Havilland DHC-8Q-315	560	ex PH-DME	Cerezo	
☐	EC-IBT	de Havilland DHC-8Q-315	561	ex PH-DMI	Enebro	
☐	EC-ICA	de Havilland DHC-8Q-315	562	ex PH-DML	Arce	
☐	EC-ICX	de Havilland DHC-8Q-315	563	ex PH-DMM	Higuera	
☐	EC-IDK	de Havilland DHC-8Q-315	564	ex PH-DMP	Roble	
☐	EC-IGE	de Havilland DHC-8Q-315	576	ex PH-DMY	Alamo	
☐	EC-IIA	de Havilland DHC-8Q-315	587	ex C-GDIU	Palmera	
☐	EC-IIB	de Havilland DHC-8Q-315	588	ex C-GDIW	Nogal	
☐	EC-IOV	de Havilland DHC-8Q-315	581	ex PH-DEJ	Cedro	
☐	PH-DMQ	de Havilland DHC-8Q-315	567	ex C-GDOE	Almendro	Lsd fr/op by DNM
☐	PH-DMR	de Havilland DHC-8Q-315	569	ex C-GETI	Sabina	Lsd fr/op by DNM
☐	PH-DMU	de Havilland DHC-8Q-315	568	ex C-GERL	Olmo	Lsd fr/op by DNM
☐	PH-DMV	de Havilland DHC-8Q-315	570	ex C-GEVP	Haya	Lsd fr/op by DNM
☐	PH-DMW	de Havilland DHC-8Q-315	573	ex C-GFCF	Encina	Lsd fr/op by DNM
☐	PH-DXB	de Havilland DHC-8Q-315	589	ex EC-IJD	Nispero	Lsd fr/op by DNM
☐	PH-DXC+	de Havilland DHC-8Q-315	590	ex EC-IKA		Lsd fr/op by DNM

Operates under franchise agreement with Iberia as Iberia Regional
Air Nostrum is the trading name of Lineas Aereas Del Mediterraneo

AIR PACK EXPRESS
(PCK)   *Madrid-Barajas (MAD)*

☐	EC-IEV	Cessna 208B Caravan I	208B0936	ex N40753	La Coruna
☐	EC-JHH	Cessna 208B Caravan I	208B1124		
☐	EC-JHI	Cessna 208B Caravan I	208B1125		
☐	EC-JKU	Cessna 208B Caravan I	208B1139	ex N5264M	
☐	EC-JKV	Cessna 208B Caravan I	208B1140		id not confirmed
☐	EC-JLS	Cessna 208B Caravan I	208B1141		
☐	EC-JLT	Cessna 208B Caravan I	208B1142		
☐	EC-JLU	Cessna 208B Caravan I	208B1147		

AIR SPAIN

☐	EC-KLD	Boeing 757-256 (PCF)	24121/183	ex N28AT	on order

AIRESTE
Ceased operations in late 2005 and did not start planned new services

ALAIRE
Aerolaire (ALI)   *Madrid-Cuatro Vientos*

Alaire is the trading name of Lineas Aereas Alaire, current status uncertain as two leased aircraft were returned in late 2007

AUDELI
Audeli (ADI)   *Madrid-Barajas (MAD)*

☐	EC-GPB*	Airbus A340-313X	193	ex F-WWJR	Teresa de Avila
☐	EC-HDR*	Boeing 757-256	26251/897		Puente Aereo; for BTI
☐	EC-HDU*	Boeing 757-256	26253/902		Uruguay
☐	EC-HDV*	Boeing 757-256	26254/905	ex N1786B	Nicaragua; for BTI
☐	EC-IDF*	Airbus A340-313X	474	ex F-WWJG	Mariana Pineda

☐ EC-IIH*	Airbus A340-313X	483	ex F-WWJI	Maria Barbara de Braganza	
☐ EC-KCL*	Airbus A340-311	005	ex F-GLZA		Lsd fr ILFC

*Leased from and operated on behalf of Iberia in full IBE colours; 99% owned by Cygnus Air
VIP flights are operated as Audeli Executive Jet using Falcon, Hawker and Embraer Legacy executive jets

BINTER CANARIAS
(NT/IBB) (IATA 474)
Las Palmas-Gran Canaria/Tenerife-Sur Reine Sofia (LPA/TFS)

☐ EC-GQF	ATR 72-202	489	ex F-WWLJ		
☐ EC-GRP	ATR 72-202	488	ex F-WWLI		
☐ EC-HEZ	ATR 72-212A	582	ex F-WWEL	Montana del Fuego	
☐ EC-IPJ	ATR 72-202	307	ex F-GKOC		Lsd fr/op by NAY
☐ EC-IYC	ATR 72-212A	709	ex F-WWEI		
☐ EC-IZO	ATR 72-212A	711	ex F-WWEK		
☐ EC-JAH	ATR 72-212A	712	ex F-WWEL		
☐ EC-JBI	ATR 72-212A	713	ex F-WWEM		
☐ EC-JEH	ATR 72-212A	716	ex F-WWEP		
☐ EC-JEV	ATR 72-212A	717	ex F-WWER		
☐ EC-JQL	ATR 72-212A	726	ex F-WWEG		
☐ EC-KGI	ATR 72-212A	752	ex F-WWEM		Lsd fr/op by NAY
☐ EC-KGJ	ATR 72-212A	753	ex F-WWEN		Lsd fr/op by NAY
☐ EC-KKQ	ATR 72-212A	763	ex F-WWEB		Lsd fr/op by SWT

Two more ATR 72-212As are on order, leased from Grupo Apoyo

☐ EC-IJO	Beech 1900D	UE-300	ex F-GRPM		Lsd fr/op by NAY
☐ EC-INQ	Boeing 737-4Q8	25169/2237	ex G-BSNW		Lsd fr FUA

BKS AIR
Cosmos (CKM)
Bilbao (BIO)

☐ EC-JGB	Beech B200 Super King Air	BB-1478	ex D-IHAN	

BKS Air is the trading name of Rivaflecha

BRAVO AIRLINES
Bravo Europa (BQ/BBV) (IATA 586)
Madrid-Barajas (MAD)

☐ EC-JOZ	Boeing 767-219ER	24150/239	ex N339LF		Lsd fr ILFC

Bravo Airlines was a subsidiary of LAC Bravo Congo Airlines and operated to and from Kinshasa, current status uncertain as parent ceased operations.

CEGISA
Salamanca-Matacan (SLM)

☐ EC-GBP	Canadair CL-215-1A-10 (CL-215)	1031	ex EC-957	Tanker; op for DGCN	
☐ EC-GBQ	Canadair CL-215-1A-10 (CL-215)	1033	ex EC-958	Tanker; op for DGCN	
☐ EC-GBR	Canadair CL-215-1A-10 (CL-215)	1051	ex EC-983	Tanker; op for DGCN	
☐ EC-GBS	Canadair CL-215-1A-10 (CL-215)	1052	ex EC-984	Tanker; op for DGCN	
☐ EC-GBT	Canadair CL-215-1A-10 (CL-215)	1054	ex EC-985	Tanker; op for DGCN	
☐ EC-HET	Canadair CL-215-1A-10 (CL-215)	1034	ex I-SISB	Tanker; op for Hisporavia	
☐ EC-HEU	Canadair CL-215-1A-10 (CL-215)	1038	ex I-SISC	Tanker; op for Hisporavia	
☐ EC-IQC	Air Tractor AT-802A	802A-0155	ex N8512Q	Tanker	
☐ EC-IUJ	Air Tractor AT-802A	802A-0154	ex C-GYZB	Tanker	

Member of Grupo Gestair; CEGISA is Compania de Extincion General de Incendios

CLICKAIR
ClickJet (XG/CLI)
Barcelona (BCN)

☐ EC-GRE	Airbus A320-211	0134	ex EC-FAS	Lsd fr IBE
☐ EC-GRF	Airbus A320-211	0136	ex EC-FBQ	Lsd fr IBE
☐ EC-GRG	Airbus A320-211	0143	ex EC-FBS	Lsd fr IBE
☐ EC-GRH	Airbus A320-211	0146	ex EC-FBR	Lsd fr IBE
☐ EC-GRI	Airbus A320-211	0177	ex EC-FEO	Lsd fr IBE
☐ EC-HHA	Airbus A320-214	1221	ex F-WWBF	Lsd fr IBE
☐ EC-HQI	Airbus A320-214	1396	ex F-WWIX	Lsd fr IBE
☐ EC-HQJ	Airbus A320-214	1430	ex F-WWBR	Lsd fr IBE
☐ EC-HQL	Airbus A320-214	1461	ex F-WWDD	Lsd fr IBE
☐ EC-HTD	Airbus A320-214	1550	ex F-WWDC	Lsd fr IBE
☐ EC-ICQ	Airbus A320-211	0199	ex EC-FGU	Lsd fr IBE
☐ EC-ICR	Airbus A320-211	0240	ex EC-FIA	Lsd fr IBE
☐ EC-ICS	Airbus A320-211	0241	ex EC-FIC	Lsd fr IBE
☐ EC-ICT	Airbus A320-211	0264	ex EC-FKD	Lsd fr IBE
☐ EC-ICU	Airbus A320-211	0303	ex EC-FML	Lsd fr IBE
☐ EC-ICV	Airbus A320-211	0312	ex EC-FMN	Lsd fr IBE
☐ EC-JZQ	Airbus A320-214	0992	ex TC-JLE	Lsd fr IBE
☐ EC-KCU	Airbus A320-216	3109	ex F-WWIR	
☐ EC-KDT	Airbus A320-216	3145	ex F-WWBM	
☐ EC-KDX	Airbus A320-216	3151	ex F-WWBU	
☐ EC-KFI	Airbus A320-216	3174	ex F-WWIP	
☐ EC-KHN	Airbus A320-216	3203	ex F-WWIG	

☐	EC-KJD	Airbus A320-216		3237	ex F-WWBJ	
☐	EC-KLT	Airbus A320-216		3376	ex F-WWDI	
☐	EC-KLU	Airbus A320-214		1063	ex RP-C3225	Lsd fr BOC Aviation
☐	EC-KMI	Airbus A320-216		3400	ex F-WWBT	not delivered?

Low cost carrier owned equally by Iberia, Nefinsa (owner of Air Nostrum), Iberostar (Palma based tour operator), ACS (Spanish construction company) and Carulla family of Barcelona.
Clickair is the trading name of Catair Lineas Aereas

CYGNUS AIR
Cygnus Air (RGN)   *Madrid-Barajas (MAD)*

☐	EC-EMD	Douglas DC-8-62F (BAC 3)	46023/407	ex EC-217	stored MAD	
☐	EC-EMX	Douglas DC-8-62F (BAC 3)	45921/322	ex EC-230	stored MAD	
☐	EC-FTR	Boeing 757-256 (PCF)	26239/553	ex EC-420		
☐	EC-IGZ	Douglas DC-8-73CF	46133/534	ex N961R		
☐	TF-CIB	Boeing 757-204 (PCF)	26962/440	ex N512NA		Lsd fr ICE
☐	TF-ELE	Airbus A300B4-622RF	767	ex B-18501		Lsd fr MXU

Member of Grupo Gestair, owns 99% of Audeli Air; Douglas DC-8s to be replaced by ex-Iberia Boeing 757-256 (PCF)s

EURO CONTINENTAL AIR
Euro Continental (ECN)   *Barcelona (BCN)*

☐	EC-GPS	Swearingen SA.227AC Metro III	AC-722	ex N439MA	Freighter	Lsd to/op for EAL
☐	EC-JIP	Swearingen SA.226TC Metro II	TC-301	ex N5FY	Viatauro titles	
☐	EC-JQC	Swearingen SA.226AC Merlin IVA	AT-066	ex N5FY		

FAASA AVIACION
FAASA (FAM)   *Palma del Rio-Cordoba (ODB)*

☐	EC-HNJ	Air Tractor AT-802	802-0096	ex N9075U	
☐	EC-IVL	Air Tractor AT-802A	802A-0159	ex N85152	based Chile as CC-CII
☐	EC-JLD	Air Tractor AT-802A	802A-0210	ex N41810	
☐	EC-JTF	Air Tractor AT-802A	802A-0219		
☐	EC-JTG	Air Tractor AT-802A	802A-0220	ex N8522M	based Chile as CC-CIP
☐	EC-EOI	Bell UH-1B	408	ex N5023U	
☐	EC-EOX	Bell UH-1B	1214	ex N90632	
☐	EC-GAS	Bell 205A-1	30081	ex EC-844	based Chile as CC-CID
☐	EC-GIV	Bell UH-1H	12481	ex N11UH	based Chile as CC-CEN
☐	EC-GKY	Bell UH-1H	13274	ex HE.10B-37	
☐	EC-GKZ	Bell UH-1H	13275	ex HE.10B-38	
☐	EC-GOE	Bell UH-1H	5272	ex N19UH	based Chile as CC-CEL
☐	EC-GOG	Bell UH-1H	9960	ex N17UH	based Chile as CC-CEO
☐	EC-HDD	Bell UH-1H	13551	ex HE.10B-51	
☐	EC-IXU	Bell 412	33037	ex N177EH	
☐	EC-IXV	Bell 412	33068	ex N422EH	
☐	EC-JIM	Bell 412EP	36191	ex N70722	
☐	EC-JRY	Agusta-Bell 412HP	25803	ex SE-JIY	
☐	EC-JTD	Agusta-Bell 412HP	25801	ex SE-JIX	
☐	EC-DVR	Agusta A.109A	7231		EMS
☐	EC-FGL	Bell 206L-3 LongRanger III	51379	ex N65108	EMS
☐	EC-HBJ	Agusta A.109C	7646	ex D-HBRK	EMS
☐	EC-HFV	Bell 212	30818	ex N25UH	
☐	EC-HXL	Bell 222UT	47570	ex TC-HLS	
☐	EC-IFB	Bell 222UT	47572	ex TC-HKL	
☐	EC-IOM	Agusta-Bell 212	5504	ex D-HAFV	
☐	EC-KED	Agusta A.119 Koala	14015	ex N119LF	Lsd fr ERA Helicopters
☐	EC-KEF	Agusta A.119 Koala	14048	ex N325BC	
☐	EC-KEG	Agusta A.119 Koala	14520	ex N119JA	Lsd fr ERA Helicopters
☐	EC-KFZ	Kamov Ka.32A-11BC	9804		
☐	EC-KGA	Kamov Ka.32A-11BC	9805		

FAASA Aviacion is the trading name of Fumigaciion Aerea Andaluza SA

FLIGHTLINE
Flight-Avia (FTL)   *Barcelona (BCN)*

☐	EC-GFK	Swearingen SA.226AT Merlin IVA	AT-062	ex EC-125	
☐	EC-HBF	Swearingen SA.226AT Merlin IVA	AT-074	ex EC-GDR	MRW Courier titles
☐	EC-HHN	Embraer EMB.120RT Brasilia	120103	ex N127AM	all-white

FLYANT CARGO
Flyant (FYA)   *Palma de Mallorca (PMI)*

☐	EC-JUV	Boeing 737-301 (SF)	23741/1498	ex N576US	Lsd fr RPK Capital
☐	EC-KDJ	Boeing 737-301 (SF)	23743/1510	ex N584US	Lsd fr RPK Capital
☐	EC-KKJ	Boeing 737-4B7 (SF)	24559/1847	ex N437US	Lsd fr RPK Capital

Wholly owned subsidiary of Futura International

FUTURA INTERNATIONAL
Futura (FH/FUA)
Palma de Mallorca (PMI)

☐	EC-GNZ	Boeing 737-4Y0	25178/2199	ex D-ABAD	Lsd fr GECAS
☐	EC-INQ	Boeing 737-4Q8	25169/2237	ex G-BSNW	Lsd fr BBAM; sublsd to IBB
☐	EC-IVR	Boeing 737-408	24352/1705	ex OO-RMV	Lsd fr RPK Capital; sublsd to MNA
☐	EC-IYS	Boeing 737-4Y0	24690/1885	ex N254RY	Lsd fr GECAS; sublsd to MNA
☐	EC-IZG	Boeing 737-46J	27213/2585	ex SX-BMB	Lsd fr Pembroke
☐	EC-JNU	Boeing 737-4Q8	26285/2416	ex EC-GUO	Lsd fr Boeing Capital
☐	EC-JSS	Boeing 737-4K5	24128/1715	ex TC-MNI	Lsd fr Defag
☐	EC-KGM	Boeing 737-4Y0	24494/1757	ex PR-BRI	Lsd fr Avn Capital Grp; sublsd MNA
☐	EI-DOR	Boeing 737-4Y0	24689/1883	ex EC-IOU	Lsd fr GECAS; sublsd to FGL
☐	EI-DXO	Boeing 737-46J	27826/2694	ex EC-KDZ	Lsd fr Constitution A/c
☐	N672RY	Boeing 737-322	24672/1915	ex EC-JUC	Lsd fr WFBN; sublsd to RYN
☐	EC-JDU	Boeing 737-86N/W	32655/1662		Lsd fr GECAS; sublsd to GIA
☐	EC-JHV*	Boeing 737-8FH/W	30826/1732	ex N3775	Lsd fr RBS Aviation
☐	EC-JRL	Boeing 737-86J	30568/793	ex F-GRNE	Lsd fr Macquarie AirFinance
☐	EC-KFB	Boeing 737-86N	28591/233	ex (C-FLFB)	Lsd fr GECAS
☐	EC-KIN	Boeing 737-86N/W	28628/573	ex TC-APN	Lsd fr GECAS
☐	EC-KKU*	Boeing 737-86N/W	32658/1695	ex D-ALIG	Lsd fr GECAS
☐	EI-DGZ	Boeing 737-86N/W	28624/585	ex EC-HMK	Lsd fr Celestial Avn; sublsd to RYN
☐	EI-DJT	Boeing 737-86N/W	28592/258	ex N975RY	Lsd fr LIFT Ireland; sublsd to RYN
☐	EI-DJU	Boeing 737-86N/W	28619/534	ex N255RY	Lsd fr Celestial Avn
☐	EI-DKD	Boeing 737-86N/W	28617/504	ex N974RY	Lsd fr OH Aircraft III
☐	EI-DMZ	Boeing 737-8FH/W	29671/1700	ex EC-JGE	Lsd fr Airspeed Ireland; sublsd to GIA
☐	EI-DND	Boeing 737-86N/W	28612/455	ex EC-IUC	Lsd fr GECAS; sublsd to RYN
☐	N977RY	Boeing 737-86N/W	32740/1444	ex EC-ISL	Lsd fr GECAS
☐		Boeing 737-96NER/W		on order	Lsd fr GECAS
☐		Boeing 737-96NER/W		on order	Lsd fr GECAS

*Subleased to Aerolineas Prinicpal Chile for the winter
One 737-400 (EI-DOR) based in Ireland as Futura Gael
Three Boeing 737-800/Ws are on order for delivery in 2009/2010
The Irish and American registered aircraft are leased to Ryan International for winter (via EIN). FlyAnt Cargo is a wholly owned subsidiary

GADAIR EUROPEAN AIRLINES
Madrid-Barajas (MAD)

☐	EC-JRT	Boeing 757-236	24772/271	ex N772AB	Lsd to Nicaragua L/A

Commenced operations in June 2007

GIRJET
Banjet (8G/GJT)
Madrid-Barajas (MAD)

☐	EC-IVO	Fokker F.28-0100 (Fokker 100)	11452	ex PH-RRN	Lsd fr Aircraft Financing & Trading For OLT
☐	EC-JOM	Fokker F.28-0100 (Fokker 100)	11498	ex HB-JVD	Lsd fr AerCap
☐	EC-JTN	Boeing 757-236	25597/441	ex N639AX	
☐	EC-KEP	Boeing 747-21AC	23652/669	ex PH-MCE	Lsd fr Mitsui
☐	TF-LLZ	Boeing 757-225	22691/155	ex N907AW	Lsd fr ICE

GIRJet is the trading name of Gestion Aerea Ejecutiva (GAE Aviacion)

HELI DUERO
Valladolid (VLL)

☐	EC-HOX	Bell 212	32254	ex 4X-BCF	
☐	EC-HOY	Bell 212	32225	ex 4X-BCN	
☐	EC-HPJ	Bell 212	32217	ex 4X-BCJ	
☐	EC-HXV	Bell 212	30647	ex FAP 74-614	
☐	EC-HZG	Bell 212	32224	ex 4X-BCO	
☐	EC-IXX	Bell 412	33043	ex N419EH	

Subsidiary of FAASA and associated with Helicsa

HELICSA HELICOPTEROS
Helicsa (HHH)
Albacete-Helicsa Heliport/Madrid

☐	EC-DXM	Aerospatiale SA.365C2 Dauphin 2	5007	ex PH-SSL	
☐	EC-FOX	Aerospatiale SA.365C2 Dauphin 2	5024	ex EC-136	EMS
☐	EC-GCZ	Aerospatiale SA.365C2 Dauphin 2	5037	ex EC-887	EMS
☐	EC-GXY	Aerospatiale SA.365N1 Dauphin 2	6242	ex N12AE	EMS
☐	EC-HCL	Aerospatiale AS.365N2 Dauphin 2	6416	ex SE-JAE	SAR
☐	EC-HIM	Aerospatiale AS.365N2 Dauphin 2	6478	ex SE-JCE	SAR
☐	EC-HRL	Aerospatiale AS.365C2 Dauphin 2	5055	ex PH-SSY	EMS
☐	EC-IEL	Aerospatiale SA.365C3 Dauphin 2	5017	ex F-GHXF	EMS
☐	EC-IGM	Aerospatiale SA.365N3 Dauphin 2	6616	ex F-WQDA	Survey
☐	EC-ILN	Aerospatiale SA.365N1 Dauphin 2	6234	ex LV-WLU	EMS
☐	EC-JDQ	Aerospatiale SA.365N3 Dauphin 2	6679	ex EC-IZQ	Survey

☐	EC-JLV	Aerospatiale SA.365N1 Dauphin 2	6264	ex LN-OPM	EMS	
☐	EC-JLX	Aerospatiale SA.365N1 Dauphin 2	6346	ex LN-OPL	EMS	
☐	EC-JVG	Aerospatiale AS.365N3 Dauphin 2	6718			
☐	EC-EEQ	Bell 212	30612	ex D-HOBB	EMS	
☐	EC-FBM	Bell 212	30574	ex EC-552	SAR	
☐	EC-GIC	Bell 212	30775	ex LN-OQD	SAR	
☐	EC-GID	Bell 212	31150	ex OY-HCS	SAR	
☐	EC-GLS	Bell 212	31155	ex OY-HCU	SAR	
☐	EC-GVP	Bell 212	30572	ex LN-OQG	SAR	
☐	EC-GXA	Bell 212	30812	ex LN-OQJ	SAR	
☐	EC-HFX	Bell 212	30639	ex G-BCMC	SAR	
☐	EC-HTJ	Bell 212	30648	ex PK-HMC	SAR	
☐	EC-INN	Bell 212	31146	ex SE-JLP		
☐	EC-IKY	Eurocopter EC.135T2	0255	ex D-HECO	EMS	
☐	EC-ION	Eurocopter EC.135T2	0272		EMS	
☐	EC-ITJ	Eurocopter EC.135T2	0306		EMS	
☐	EC-IUN	Eurocopter EC.135T2	0317		EMS	
☐	EC-JDG	Eurocopter EC.135T2	0354		EMS	
☐	EC-JHT	Eurocopter EC.135T2			EMS	
☐	EC-JUE	Eurocopter EC.135T2	0345	ex EC-067	EMS	
☐	EC-DVK	MBB Bo.105CB	S-630	ex D-HDSZ	Argos I	
☐	EC-DVL	MBB Bo.105CB	S-631	ex D-HDTA	Argos II	
☐	EC-ESX	MBB BK-117B-1	7176	ex D-HBHS		
☐	EC-FFV	MBB Bo.105CBS	S-852	ex D-HFHJ		
☐	EC-FMZ	Sikorsky S-61N	61361	ex LN-ORH	Op for SASEMAR	
☐	EC-FTB	Sikorsky S-61N	61741	ex LN-OSY	Op for SASEMAR	
☐	EC-FVO	Sikorsky S-61N	61756	ex EC-575	Op for SASEMAR	
☐	EC-FZJ	Sikorsky S-61N	61758	ex EC-717	Op for SASEMAR	
☐	EC-GHY	Aerospatiale AS.355F1 Ecureuil 2	5089	ex EC-293	EMS	
☐	EC-GSK	Bell 412	33092	ex SE-HVL		
☐	EC-HEE	Aerospatiale AS.355N Ecureuil 2	5645	ex F-OHVD		
☐	EC-HXZ	Bell 412	33106	ex PK-HMT	EMS	
☐	EC-JLK	Aerospatiale SA.330J Puma	1583	ex F-GINQ		Lsd fr HLU
☐	EC-JRO	Aerospatiale SA.330J Puma	1307	ex F-WQVT		
☐	EC-JTO	Aerospatiale AS.350B3 Ecureuil	3091	ex LN-OPK		
☐	EC-JTP	Aerospatiale AS.350B3 Ecureuil	3445	ex SE-JHK		
☐	EC-JYE	Aerospatiale SA.330J Puma	1241	ex D-HAXC		
☐	EC-JYF	Aerospatiale SA.330J Puma	1285	ex D-HAXD		
☐	EC-KDO	Aerospatiale AS.350B3 Ecureuil	3667	ex LN-OMA		

Associated with CHC Helikopter Service

HELIMAR
Valencia-Heliport

☐	EC-DNU	Aerospatiale AS.350B Ecureuil	1475	ex F-WZFH	
☐	EC-DYK	Aerospatiale AS.350B Ecureuil	1863		
☐	EC-FME	Aerospatiale AS.350B2 Ecureuil	2448	ex F-GKLR	
☐	EC-GDL	Aerospatiale AS.350B2 Ecureuil	2879		op for Policia Foral de Navarra
☐	EC-GDP	Aerospatiale AS.350B2 Ecureuil	2886		op for Policia Foral de Navarra
☐	EC-GIY	Aerospatiale AS.350B2 Ecureuil	2175	ex JA9809	
☐	EC-EVS	Bell UH-1B	893	ex EC-463	
☐	EC-EXO	Bell UH-1B	202	ex EC-436	
☐	EC-GIZ	Bell UH-1H	5631	ex EC-297	
☐	EC-GJA	Bell UH-1H	5387	ex EC-298	
☐	EC-GJB	Bell UH-1H	9262	ex EC-299	
☐	EC-GSP	Bell UH-1H	8853	ex N1206P	
☐	EC-IGP	Bell 212	30915	ex N5009N	
☐	EC-IGQ	Bell 212	30936	ex N5010F	

Helimar is the trading name of Helicopteros del Mare Nostrum

HELISURESTE
Helisureste (UV/HSE)
Alicante-San Vincente Heliport

☐	EC-DNM	Agusta A.109A	7222	ex N4210X	EMS
☐	EC-DZT	Agusta A.109A	7159	ex HB-XIU	EMS
☐	EC-FUY	Agusta A.109C	7670	ex EC-453	Fishery Patrol
☐	EC-GCQ	Agusta A.109C	7665	ex EC-895	Fishery Patrol
☐	EC-GRA	Agusta A.109C	7676	ex EC-GJD	
☐	EC-HAO	Agusta A.109C Max	7642	ex D-HAAC	EMS
☐	EC-HBQ	Agusta A.109A II Max	7399	ex I-SOCC	EMS
☐	EC-HHQ	Agusta A.109E Power	11058		EMS
☐	EC-IJR	Agusta A.109E Power	11137		EMS
☐	EC-IKN	Agusta A.109A II Max	7391	ex I-AGSL	EMS
☐	EC-ILA	Agusta A.109E Power	11028	ex F-GSMP	
☐	EC-IRQ	Agusta A.109E Power	11205		
☐	EC-IUS	Agusta A.109E Power	11229		
☐	EC-JGC	Agusta A.109E Power	11622		

	Reg	Type	S/N	ex	Notes	Notes
☐	EC-JKP	Agusta A.109E Power	11637			
☐	EC-JPP	Agusta A.109S Grand	22005	ex I-RAIP		
☐	EC-JUS	Agusta A.109E Power	11675			
☐	EC-KJU	Agusta A.109S Grand	11709			
☐	I-REMS	Agusta A.109S Grand	22024			Lsd fr Agusta
☐	EC-JOU	Agusta AW.139	31034	ex I-RAII		
☐	EC-KHV	Agusta AW.139	31089			
☐	EC-KJT	Agusta AW.139	31104	ex I-EASK		
☐	EC-KLM	Agusta AW.139	31201	ex I-EASB	201; on order	Op for SASEMAR
☐	EC-KLN	Agusta AW.139	31202		202	Op for SASEMAR
☐	EC-EUT	Bell 206L-3 LongRanger III	51337	ex N8212U		
☐	EC-FCO	Bell 206L-3 LongRanger III	51179	ex N52CH		
☐	EC-FFQ	Bell 206L-3 LongRanger III	51463	ex N6635Y		
☐	EC-FOL	Bell 206L-3 LongRanger III	51417	ex N6605R		
☐	EC-FRY	Bell 206L-3 LongRanger III	51330	ex N43904		
☐	EC-GCU	Bell 206LT TwinRanger	52105	ex EC-843	EMS	
☐	EC-JKG	Bell 206L-4 LongRanger IV	52068	ex OK-YIP		
☐	EC-FBL	Bell 212	30558	ex EC-553		
☐	EC-GXG	Bell 212	30759	ex N21601		
☐	EC-IFA	Bell 212	30689	ex N1074C		
☐	EC-IYO	Bell 212	30946	ex C-GZMZ		
☐	EC-IYP	Bell 212	30533	ex C-FZPX		
☐	EC-FEL	Agusta-Bell 412SP	25576	ex EC-607		
☐	EC-GOP	Bell 412HP	36031	ex N4603T		
☐	EC-GPA	Bell 412HP	36071	ex N7238Y		
☐	EC-HFD	Bell 412EP	36183	ex N52247		
☐	EC-HXX	Bell 412	33062	ex N4014U		
☐	EC-HYM	Bell 412	33045	ex C-FTDM		
☐	EC-HZD	Bell 412	33056	ex N4031F		
☐	EC-IPM	Bell 412	33050	ex C-GJKT		
☐	EC-JJE	Bell 412EP	33004	ex N164EH		
☐	EC-JJQ	Bell 412EP	36376	ex N46372		
☐	EC-JLH	Bell 412EP	36374	ex N3119U		
☐	EC-JXQ	Bell 412EP	36091	ex N5087V		
☐	EC-KBB	Bell 412EP	36426	ex N94479		
☐	EC-KBT	Bell 412EP	36423			
☐	EC-KGZ	Bell 412EP	36434	ex C-FMQC		
☐	I-MAGM	Agusta-Bell 412	25602			
☐	EC-IMZ	Bell 407	53547	ex C-GLZA		
☐	EC-IYZ	Bell 407	53599			
☐	EC-IZB	Bell 407	53601			
☐	EC-JAR	Bell 407	53370	ex N54LM		
☐	EC-JBU	Bell 407	53241	ex I-FREC		
☐	EC-JBV	Bell 407	53613	ex C-FBXL		
☐	EC-JSD	Bell 407	53687			
☐	EC-JAK	Kamov Ka.32A-11BC	9624/8811/11		based Chile	
☐	EC-JAL	Kamov Ka.32A-11BC	9625/8812/12			
☐	EC-JGV	Kamov Ka.32A-11BC	97-08/23		Based Chile	
☐	EC-JGX	Kamov Ka.32A-11BC	97-09/24		Based Chile	
☐	EC-JSP	Kamov Ka.32A-11BC	9710			
☐	EC-JSQ	Kamov Ka.32A-11BC	9712			
☐	EC-JUZ	Kamov Ka.32A-11BC	9713			
☐	EC-JVA	Kamov Ka.32A-11BC	9714			
☐	EC-JXG	Kamov Ka.32A-11BC	9715			
☐	EC-DYQ	Agusta-Bell 206B JetRanger III	8677	ex HB-XML		
☐	EC-GAA	Bell 205A-1	30134	ex EC-756		
☐	EC-KEL	CASA CN.235-300MPA	169	ex EC-027		Op for SASEMAR
☐	EC-KEM	CASA CN.235-300MPA	171	ex EC-021	103	Op for SASEMAR
☐	EC-KIJ	Eurocopter EC.135T2i	0579			
☐	EC-KJP	Aerospatiale AS.355NP Ecureuil 2				

Helisureste is the trading name of Helicopteros del Sureste

HELISWISS IBERICA
Ibserswiss (HSW)   *Barcelona-Sabadell / Baqueira-Beret*

	Reg	Type	S/N	ex
☐	EC-FRU	Bell 206B JetRanger III	4268	
☐	EC-GQH	Bell 206B JetRanger	578	ex HB-XDH
☐	EC-IBB	Aerospatiale AS.350B3 Ecureuil	3488	
☐	EC-IUO	Aerospatiale AS.350B2 Ecureuil	2393	ex EC-HYV
☐	EC-JFS	Aerospatiale AS.350B3 Ecureuil	3785	ex N18HX
☐	EC-JID	Aerospatiale AS.350BA Ecureuil	1452	ex F-GKCF

HOLA AIRLINES
Hola (H5/HOA)   Palma de Mallorca (PMI)

☐	EC-HDS*	Boeing 757-256	26252/900		Milagros Diaz
☐	EC-IOR	Boeing 737-382	24449/1857	ex LY-BAG	Lsd fr AWAS
☐	EC-ISY*	Boeing 757-256	26241/572	ex N26ND	Lsd fr Bristol Assoc
☐	EC-JQX	Boeing 737-329	23774/1443	ex F-GRNF	Lsd fr CIT Group
☐	EC-JTV	Boeing 737-33A	24027/1597	ex N270AW	
☐	EC-KBO	Boeing 737-4Y0	23870/1647	ex OK-TVR	Lsd fr BBAM
☐	EC-KHI	Boeing 737-33A	24026/1595	ex SE-RCR	Lsd fr AWAS; sublsd to OAL

* Operate for Privilege Style in executive style colours. Hola Airlines is the trading name of Baleares Link Express

IBERIA LINEAS AEREAS DE ESPANA
Iberia (IB/IBE) (IATA 075)   Madrid-Barajas (MAD)

☐	EC-HGR	Airbus A319-111	1154	ex D-AVYY	Ribeira Sacra	Lsd fr ILFC
☐	EC-HGS	Airbus A319-111	1180	ex D-AVWR	Bardenas Reales	Lsd fr ILFC
☐	EC-HGT	Airbus A319-111	1247	ex D-AVYV	Ignitas de Enciso	Lsd fr ILFC
☐	EC-HKO	Airbus A319-111	1362	ex D-AVWJ	Gorbea	Lsd fr ILFC
☐	EC-JAZ	Airbus A319-111	2264	ex D-AVWQ	Las Medulas	
☐	EC-JDL	Airbus A319-111	2365	ex D-AVYN	Los Llanos de Aridane	
☐	EC-JEI	Airbus A319-111	2311	ex D-AVYG	Xativa	
☐	EC-JVE	Airbus A319-111	2843	ex D-AVYT	Puerto de la Cruz	
☐	EC-JXA	Airbus A319-111	2870	ex D-AVWG	Ciudad de Ubeda	
☐	EC-JXJ	Airbus A319-111	2889	ex D-AVYH	Ciudad de Baeza	Lsd fr ILFC
☐	EC-JXV	Airbus A319-111	2897	ex D-AVWH	Concejo de Cabrales	
☐	EC-KBJ	Airbus A319-111	3054	ex D-AVYS	Lince Iberico	
☐	EC-KBX	Airbus A319-111	3078	ex D-AVYH	Oso Pardo	
☐	EC-KDI	Airbus A319-111	3102	ex D-AVYA	Cigüeña Negra	
☐	EC-KEV	Airbus A319-111	3169	ex D-AVXD	Urogallo	
☐	EC-KFT	Airbus A319-111	3179	ex D-AVXK	Nutria	
☐	EC-KHM	Airbus A319-111	3209	ex D-AVWL	Búho Real	
☐	EC-KJC	Airbus A319-111	3255	ex D-AVXL	Avutarda	
☐	EC-KKS	Airbus A319-111	3320	ex D-AVYF	Halcón Peregrino; retro colours	
☐	EC-KMD	Airbus A319-111	3380	ex D-AVWE		
☐	EC-KME	Airbus A319-111	3377	ex D-AVWC	Grulla	
☐	EC-K	Airbus A319-111		ex D-AV	on order	
☐	EC-K	Airbus A319-111		ex D-AV	on order	
☐	EC-K	Airbus A319-111		ex D-AV	on order	
☐	EC-FCB	Airbus A320-211	0158	ex EC-579	Montana de Covadonga	
☐	EC-FDA	Airbus A320-211	0176	ex EC-581	Lagunas de Ruidera	
☐	EC-FDB	Airbus A320-211	0173	ex EC-580	Lago de Sanabria	
☐	EC-FGH	Airbus A320-211	0223	ex EC-585	Caldera de Taburiente	
☐	EC-FGR	Airbus A320-211	0224	ex EC-586	Dehesa de Moncayo	
☐	EC-FGV	Airbus A320-211	0207	ex EC-584	Monfrague	
☐	EC-FLP	Airbus A320-211	0266	ex EC-881	Torcal de Antequera	
☐	EC-FLQ	Airbus A320-211	0274	ex EC-882	Dunas de Liencres	
☐	EC-FNR	Airbus A320-211	0323	ex EC-885	Monte el Valle	
☐	EC-FQY	Airbus A320-211	0356	ex EC-886	Juan Miro	
☐	EC-GRE*	Airbus A320-211	0134	ex EC-FAS	Sierra de Cazorla	Lsd fr Julyco
☐	EC-GRF*	Airbus A320-211	0136	ex EC-FBQ	Montseny	Lsd fr Julyco
☐	EC-GRG*	Airbus A320-211	0143	ex EC-FBS	Timanfaya	Lsd fr Julyco
☐	EC-GRH*	Airbus A320-211	0146	ex EC-FBR	Sierra de Segura	Lsd fr Julyco
☐	EC-GRI*	Airbus A320-211	0177	ex EC-FEO	Delta del Ebro	Lsd fr Julyco
☐	EC-HAF	Airbus A320-214	1047	ex F-WWIE	Santiago de Compostela	
☐	EC-HAG	Airbus A320-214	1059	ex F-WWIP	Senorio de Bertiz	
☐	EC-HDK	Airbus A320-214	1067	ex F-WWBF	Mar Ortigola	
☐	EC-HDN^	Airbus A320-214	1087	ex F-WWIY	Parque National de Somiedo	
☐	EC-HDO	Airbus A320-214	1099	ex F-WWDR	Formentera	
☐	EC-HDP	Airbus A320-214	1101	ex F-WWDB	Parque de Cabarceno	
☐	EC-HDT	Airbus A320-214	1119	ex F-WWBO	Museo Guggenheim Bilbao	
☐	EC-HGY	Airbus A320-214	1200	ex F-WWII	Albarracin	Lsd fr ILFC
☐	EC-HGZ	Airbus A320-214	1208	ex F-WWIM	Boi Taull	Lsd fr ILFC
☐	EC-HHA*	Airbus A320-214	1221	ex F-WWBF	Serrania de Ronda	Lsd fr ILFC
☐	EC-HQG	Airbus A320-214	1379	ex F-WWIO	Las Hurdes	Lsd fr ILFC
☐	EC-HQI*	Airbus A320-214	1396	ex F-WWIX	La Albufera	Lsd fr ILFC
☐	EC-HQJ*	Airbus A320-214	1430	ex F-WWBR	Bosque de Muniellos	Lsd fr ILFC
☐	EC-HQK	Airbus A320-214	1454	ex F-WWBZ	Macarella	Lsd fr ILFC
☐	EC-HQL*	Airbus A320-214	1461	ex F-WWDD	Liebana	Lsd fr ILFC
☐	EC-HQM	Airbus A320-214	1484	ex F-WWDM	Rio Jucar	Lsd fr ILFC
☐	EC-HSE	Airbus A320-214	1229	ex XA-MXD	Hoces de Gabriel	
☐	EC-HSF	Airbus A320-214	1255	ex EC-HHC	Mar Menor	
☐	EC-HTA	Airbus A320-214	1516	ex F-WWIK	Cadaques	
☐	EC-HTB	Airbus A320-214	1530	ex F-WWIO	Playa de las Americas	
☐	EC-HTC	Airbus A320-214	1540	ex F-WWIU	Alpujarra	For VLE
☐	EC-HTD*	Airbus A320-214	1550	ex F-WWDC	Calblanque	Lsd fr ILFC
☐	EC-HUJ	Airbus A320-214	1292	ex EC-HKL	Getaria	
☐	EC-HUK	Airbus A320-214	1318	ex EC-HKM	Laguna Negra	
☐	EC-HUL	Airbus A320-214	1347	ex EC-HKN	Monasterio de Rueda	
☐	EC-HYC	Airbus A320-214	1262	ex EC-HKI	Ciudad de Ceuta	
☐	EC-HYD	Airbus A320-214	1288	ex EC-HKX	Maspalomas	

	Registration	Type	MSN	ex	Name	Notes
☐	EC-ICQ*	Airbus A320-211	0199	ex EC-FGU	Sierra Espuna	
☐	EC-ICR*	Airbus A320-211	0240	ex EC-FIA	Isla de la Cartuja	
☐	EC-ICS*	Airbus A320-211	0241	ex EC-FIC	Sierra de Grazalema	
☐	EC-ICT*	Airbus A320-211	0264	ex EC-FKD	Monte Alhoya	
☐	EC-ICU*	Airbus A320-211	0303	ex EC-FML	Hayedo de Tejara Negra	
☐	EC-ICV*	Airbus A320-211	0312	ex EC-FMN	Cadi Moixeroi	
☐	EC-IEF	Airbus A320-214	1655	ex F-WWDY	Castillo de Loarre	
☐	EC-IEG	Airbus A320-214	1674	ex F-WWIL	Costa Brava	
☐	EC-IEI	Airbus A320-214	1694	ex F-WWBT	Monasterio de Valldigna	
☐	EC-ILQ	Airbus A320-214	1736	ex F-WWDJ	La Padrera	
☐	EC-ILR	Airbus A320-214	1793	ex F-WWIM	San Juan de la Pena	
☐	EC-ILS	Airbus A320-214	1809	ex F-WWBC	Sierra de Cameros	
☐	EC-IZH	Airbus A320-214	2225	ex F-WWID	San Pere de Roda	
☐	EC-IZR	Airbus A320-214	2242	ex F-WWDA	Urkiola	
☐	EC-JFG	Airbus A320-214	2143	ex F-WWBV	Valle de Ricote	
☐	EC-JFH	Airbus A320-214	2104	ex F-WWBE	Trujillo	
☐	EC-JFN	Airbus A320-214	2391	ex F-WWDB	Sierra de las Nieves	
☐	EC-JSB	Airbus A320-214	2776	ex F-WWDV	Benalmadena	
☐	EC-JSK	Airbus A320-214	2807	ex F-WWIN	Ciudad Encantada	
☐	EC-JZQ*	Airbus A320-214	0992	ex TC-JLE		Lsd fr BBAM
☐	EC-KHJ	Airbus A320-214	2347	ex XA-UDT	Muralla de Lugo	
☐	EC-K	Airbus A320-214		ex F-WW	on order	
☐	EC-K	Airbus A320-214		ex F-WW	on order	
☐	EC-K	Airbus A320-214		ex F-WW	on order	
☐	EC-K	Airbus A320-214		ex F-WW	on order	
☐	EC-K	Airbus A320-214		ex F-WW	on order	
☐	EC-K	Airbus A320-214		ex F-WW	on order	
☐	EC-K	Airbus A320-214		ex F-WW	on order	
☐	XA-UDU	Airbus A320-214	2248	ex F-WWIK		Lsd to MXA

Ten more Airbus A320-214s are on order for delivery from 2010
*Operated by Clickair, several A320s which were ordered by Iberia were delivered direct to Clickair
^Leased from ILFC   +Leased from CIT Group

	Registration	Type	MSN	ex	Name	Notes
☐	EC-HUH	Airbus A321-211	1021	ex EC-HAC	Benidorm	
☐	EC-HUI	Airbus A321-211	1027	ex EC-HAE	Comunidad Autonoma de la Rioja	
☐	EC-IGK	Airbus A321-211	1572	ex EC-HTF	Costa Calida	
☐	EC-IIG	Airbus A321-211	1554	ex EC-HTE	Ciudad de Siguenza	
☐	EC-IJN	Airbus A321-211	1836	ex D-AVZN	Merida	
☐	EC-ILO	Airbus A321-211	1681	ex D-AVZW	Cueva de Nerja	
☐	EC-ILP	Airbus A321-211	1716	ex D-AVZT	Peniscola	
☐	EC-ITN	Airbus A321-211	2115	ex D-AVXG	Empuries	
☐	EC-IXD	Airbus A321-211	2220	ex D-AVZR	Valle de Aran	
☐	EC-JDM	Airbus A321-211	2357	ex D-AVZV	Cantabria	
☐	EC-JDR	Airbus A321-211	2488	ex D-AVXD	Sierra Cebollera	
☐	EC-JEJ	Airbus A321-211	2381	ex D-AVZI	Riofrio	
☐	EC-JGS	Airbus A321-211	2472	ex D-AVXA	Guadalupe	
☐	EC-JLI	Airbus A321-211	2563	ex D-AVZB	Delta Del Llobregat	
☐	EC-JMR	Airbus A321-211	2599	ex D-AVZL	Aranjuez	
☐	EC-JNI	Airbus A321-211	2270	ex D-AVZA	Palmeral de Elche	
☐	EC-JQZ	Airbus A321-211	2736	ex D-AVZJ	Generalife	
☐	EC-JRE	Airbus A321-211	2756	ex D-AVZA	Villa de Uncastillo	
☐	EC-JZM	Airbus A321-211	2996	ex D-AVZP	Aquila Imperial	

	Registration	Type	MSN	ex	Name	Notes
☐	EC-	Airbus A330-341	140	ex PK-GPC	on order	
☐	EC-	Airbus A330-341	144	ex PK-GPD	on order	

Three Airbus A330-323s are on order

	Registration	Type	MSN	ex	Name	Notes
☐	EC-GGS	Airbus A340-313	125	ex EC-154	Concha Espina	
☐	EC-GHX	Airbus A340-313	134	ex EC-155	Rosalia de Castro	
☐	EC-GJT	Airbus A340-313	145	ex EC-156	Rosa Chacel	
☐	EC-GLE	Airbus A340-313	146	ex EC-157	Concepcion Arenal	
☐	EC-GPB*	Airbus A340-313X	193	ex F-WWJR	Teresa de Avila	
☐	EC-GQK	Airbus A340-313X	197	ex F-WWJL	Emelia Pardo Bazan	
☐	EC-GUP	Airbus A340-313X	217	ex F-WWJG	Agustina de Aragon	
☐	EC-GUQ	Airbus A340-313X	221	ex F-WWJA	Beatriz Galindo	
☐	EC-HDQ	Airbus A340-313X	302	ex F-WWJU	Sor Juana Ines de la Cruz	
☐	EC-HGU	Airbus A340-313X	318	ex F-WWJL	Maria de Molina	
☐	EC-HGV	Airbus A340-313X	329	ex F-WWJP	Maria Guerrero	
☐	EC-HGX	Airbus A340-313X	332	ex F-WWJR	Maria Pita	
☐	EC-HQF	Airbus A340-313X	378	ex F-WWJI	Maria de Zayas y Sotomayor	
☐	EC-HQH	Airbus A340-313X	387	ex F-WWJD	Mariana de Silva	
☐	EC-HQN	Airbus A340-313X	414	ex F-WWJN	Luisa Carvajal y Mendoza	
☐	EC-ICF	Airbus A340-313X	459	ex F-WWJU	Maria Zambrano	
☐	EC-IDF*	Airbus A340-313X	474	ex F-WWJG	Mariana Pineda	
☐	EC-IIH*	Airbus A340-313X	483	ex F-WWJI	Maria Barbara de Braganza	
☐	EC-INO	Airbus A340-642	431	ex F-WWCI	Gaudi	Lsd fr Airbus
☐	EC-IOB	Airbus A340-642	440	ex F-WWCL	Julio Romero de Torres	Lsd fr Airbus
☐	EC-IQR	Airbus A340-642	460	ex F-WWCO	Salvador Dali	Lsd fr Airbus
☐	EC-IZX	Airbus A340-642	601	ex F-WWCS	Mariano Benlliure	
☐	EC-IZY	Airbus A340-642	604	ex F-WWCH	Ignacio de Zuloaga	
☐	EC-JBA	Airbus A340-642	606	ex F-WWCV	Joaquin Rodrigo	
☐	EC-JCY	Airbus A340-642	617	ex F-WWCL	Andres Segovia	Lsd fr ILFC

☐	EC-JCZ	Airbus A340-642	619	ex F-WWCP	Vincente Aleixandre	Lsd fr ILFC
☐	EC-JFX	Airbus A340-642	672	ex F-WWCB	Jacinto Benavente	
					Dam UIO 31Aug07	Lsd fr ILFC
☐	EC-JLE	Airbus A340-642	702	ex F-WWCM	Santiago Ramon y Cajal	
☐	EC-JNQ	Airbus A340-642	727	ex F-WWCV	Antonio Machado	
☐	EC-JOH	Airbus A340-642	731	ex F-WWCE	Miguel de Unamuno; dbr 09Nov07?	
☐	EC-JPU	Airbus A340-642	744	ex F-WWCF	Pio Baroja	
☐	EC-	Airbus A340-642	960	ex F-WW	on order	
☐	EC-KCL*	Airbus A340-311	005	ex F-GLZA		Lsd fr ILFC
☐	EC-	Airbus A340-313	088	ex C-FTNQ		Lsd fr ILFC

*Leased from and operated by Audeli Aire Express in full Iberia colours; two more -642s are on order including c/n 1017

☐	EC-HDR	Boeing 757-256	26251/897		Puente Aereo; for BTI	
☐	EC-HDU	Boeing 757-256	26253/902		Uruguay	
☐	EC-HDV	Boeing 757-256	26254/905	ex N1786B	Nicaragua; for BTI	

Operated by Audeli in full Iberia colours

☐	EC-EXG	McDonnell-Douglas MD-87	49833/1706	ex EC-296	Ciudad de Almeria
☐	EC-EXM	McDonnell-Douglas MD-87	49835/1717	ex EC-298	Ciudad de Zaragoza
☐	EC-EYB	McDonnell-Douglas MD-87	49838/1733	ex EC-301	Cangas de Onis
☐	EC-EZA	McDonnell-Douglas MD-87	49842/1763	ex EC-305	Ciudad de Segovia; dbr 03Nov05?
☐	EC-EZS	McDonnell-Douglas MD-87	49843/1771	ex EC-306	Ciudad de Mahon
☐	EC-FEY	McDonnell-Douglas MD-87	53208/1865	ex EC-634	Ciudad de Jaen
☐	EC-FEZ	McDonnell-Douglas MD-87	53207/1862	ex EC-633	Ciudad de Malaga
☐	EC-FFA	McDonnell-Douglas MD-87	53209/1867	ex EC-635	Ciudad de Avila
☐	EC-FFH	McDonnell-Douglas MD-87	53211/1874	ex EC-637	Ciudad de Logrono
☐	EC-FFI	McDonnell-Douglas MD-87	53210/1871	ex EC-636	Ciudad de Cuenca
☐	EC-FGM	McDonnell-Douglas MD-88	53193/1890	ex EC-751	Torre de Hercules
☐	EC-FHD	McDonnell-Douglas MD-87	53212/1877	ex EC-638	Ciudad de Leon
☐	EC-FHG	McDonnell-Douglas MD-88	53194/1911	ex EC-752	La Almudaina
☐	EC-FHK	McDonnell-Douglas MD-87	53213/1879	ex EC-639	Ciudad de Tarragona
☐	EC-FIG	McDonnell-Douglas MD-88	53195/1929	ex EC-753	Penon de Ifach
☐	EC-FIH	McDonnell-Douglas MD-88	53196/1930	ex EC-754	Albaicin; dam BCN 28Aug07
☐	EC-FJE	McDonnell-Douglas MD-88	53197/1940	ex EC-755	Gibraltaro
☐	EC-FLN	McDonnell-Douglas MD-88	53303/1974	ex EC-945	Puerta de Tierra
☐	EC-FND	McDonnell-Douglas MD-88	53305/2001	ex EC-964	Playa de la Concha
☐	EC-FOF	McDonnell-Douglas MD-88	53307/2015	ex EC-966	Puerta de Alcala
☐	EC-FOG	McDonnell-Douglas MD-88	53306/2014	ex EC-965	Cesar Manrique Lanzarote
☐	EC-FOZ	McDonnell-Douglas MD-88	53308/2022	ex EC-987	Montjuic
☐	EC-FPD	McDonnell-Douglas MD-88	53309/2023	ex EC-988	Lago de Coradonga
☐	EC-FPJ	McDonnell-Douglas MD-88	53310/2024	ex EC-989	Ria de Vigo

10% owned by British Airways but stake possibly for sale, member of oneworld alliance.

IBERWORLD AIRLINES
Iberworld (TY/IWD)   *Palma de Mallorca (PMI)*

☐	EC-HZU	Airbus A320-214	1578	ex F-WWBO	Lsd fr GECAS
☐	EC-IMU	Airbus A320-214	1130	ex SE-RCD	Lsd fr GECAS
☐	EC-INZ	Airbus A320-214	2011	ex F-WWBR	Lsd fr Boullioun
☐	EC-JQP	Airbus A320-214	2745	ex F-WWBO	Lsd fr GECAS
☐	EC-KBQ	Airbus A320-214	1657	ex VT-WAW	Lsd fr Celestial Avn
☐	EC-KDD	Airbus A320-214	1767	ex VT-WAX	Lsd fr Celestial Avn
☐	EC-KEN	Airbus A320-231	1597	ex VT-WAV	Lsd fr Celestial Avn
☐	EC-IDB	Airbus A330-243	461	ex F-WWKL	Sabine Thienemann
					Lsd fr CIT Group; sublsd to MPD
☐	EC-IJH	Airbus A330-322	072	ex D-AERG	Gloria Fluxa Lsd fr ILFC
☐	EC-JHP	Airbus A330-343X	670	ex F-WWKU	Lsd fr CIT Group; sublsd to XLF
☐	EC-KCP	Airbus A330-343E	833	ex F-WWKO	

ISLAS AIRWAYS
Pintadera (IF/ISW) (IATA 769)   *Tenerife Norte (TNR)*

☐	EC-IKK	ATR 72-201	198	ex F-WQND	retd?	Lsd fr ATR Asset Mgt
☐	EC-IKQ	ATR 72-202	477	ex F-WQNM	La Palma	Lsd fr ATR Asset Mgt
☐	EC-IYE	ATR 42-300 (QC)	025	ex EC-HVR	retd?	Lsd fr BNP Bail
☐	EC-JCD	ATR 72-202	452	ex F-WQND	retd?	Lsd fr ATR Asset Mgt
☐	EC-JNK	ATR 72-212	195	ex F-WQND		
☐	EC-KKZ	ATR 72-212	766	ex F-WWEE		
☐	EC-K	ATR 72-212	770	ex F-WWEI	on order	
☐	EC-K	ATR 72-212		ex F-W	on order	
☐	EC-K	ATR 72-212		ex F-W	on order	

Two more ATR 72-212s are on order for delivery in 2009

LAGUN AIR
(N7/LGA)   *Leon (LEN)*

☐	EC-IRR	SAAB SF.340A	340A-143	ex OH-SAF	Santa Maria de Carrecedo
☐	EC-IUP	SAAB SF.340A	340A-083	ex OH-SAD	Coyanza
☐	EC-IVD	SAAB SF.340A	340A-117	ex EC-INU	Virgen del Camino
☐	EC-JYB	Embraer EMB.145EP (ERJ-145EP)	145155	ex EI-DKH	Lsd fr ECC Leasing

LANZAROTE AEROCARGO
Baraka (LZT)   Lanzarote-Arrecife (ACE)

	EC-IKM	Cessna 208B Caravan I	208B0948	ex D-FMCG	

LTE INTERNATIONAL AIRWAYS
Fun Jet (XO/LTE)   Palma de Mallorca (PMI)

	EC-ISI	Airbus A320-214	2123	ex F-WWIE	Lsd fr GECAS; sublsd to KNE
	EC-JIB	Airbus A320-232	0496	ex C-GTDC	Lsd fr ILFC; subsd to MYW
	EC-JRC	Airbus A320-212	0438	ex A4O-EG	Lsd fr Oasis Intl; sublsd to MYW
	EC-JRX	Airbus A320-232	0580	ex D-ARFC	Lsd fr ACG Acquisitions; sublsd KNE
	EC-JTA	Airbus A320-212	0445	ex A4O-EH	Lsd fr Oasis Intl; sublsd to KNE
	EC-KFM	Airbus A320-212	0088	ex N9070N	Lsd fr WFBN
	EC-KID	Airbus A320-212	0087	ex N5015G	Lsd fr WFBN

NAYSA AEROTAXIS
Naysa (ZN/NAY)   Las Palmas-Gran Canaria (LPA)

	EC-GRU	ATR 72-202	493	ex F-WWLN		
	EC-IJO*	Beech 1900D	UE-300	ex F-GRPM	Garajonal	Lsd fr Raytheon
	EC-IPJ	ATR 72-202	307	ex F-GKOC		Lsd to/op for IBB
	EC-KGI*	ATR 72-212A	752	ex F-WWEM		
	EC-KGJ*	ATR 72-212A	753	ex F-WWEN		

Two more ATR 72-212As are on order for delivery in 2009
*Operated for Binter Canarias
Naysa Aerotaxis is the trading name of Navegacion y Servicios Aereos Canarios

ORIONAIR
                                                                                                              Valencia (VLC)

	EC-JVJ	British Aerospace 146 Srs.300	E3195	ex G-EEWR	
	EC-JVO	British Aerospace 146 Srs.300	E3179	ex G-EEWM	
	EC-KKY	British Aerospace 146 Srs.200	E2108	ex EI-CWD	

Aircraft operated by Flightline using their FLT code

PANAIR LINEAS AEREAS
Skyjet (PV/PNR)   Madrid-Barajas (MAD)

	EC-ELT	British Aerospace 146 Srs.200QT	E2102	ex EC-198
	EC-FZE	British Aerospace 146 Srs.200QT	E2105	ex EC-719
	EC-FVY	British Aerospace 146 Srs.200QT	E2117	ex EC-615
	EC-GQO	British Aerospace 146 Srs.200QT	E2086	ex D-ADEI
	EC-HDH	British Aerospace 146 Srs.200QT	E2056	ex G-TNTA
	EC-HJH	British Aerospace 146 Srs.200QT	E2112	ex G-BOMK

Two be transferred to TAER Andalusa

	EC-HQT	Airbus A300B4-103F	124	ex G-TNTS
	EC-HVZ	Airbus A300B4-203F	227	ex N223KW

Operate on behalf of TNT Airways in full colours; TAER Andalusa is a joint venture with Trabajos Aéreos Espejo

PIRINAIR EXPRESS
Pirinair Express (PRN)   Zaragoza (ZAZ)

	EC-FZB	Swearingen SA.226TC Metro II	TC-221	ex EC-666
	EC-JCV	Swearingen SA.226AT Merlin IVA	AT-038	ex SX-BGT

PLAZA CARGO
                                                                                                              Zaragoza (ZAZ)

	EC-KAD	ATR 72-202F	171	ex F-GKPC	Lsd fr SWT

Plaza Cargo is a trading name of Plaza Servicios Aereos

PRONAIR AIRLINES
                                                                                                              Valencia (VLC)

	EC-KJI	McDonnell-Douglas MD-87	49836/1721	ex EC-EXN	Ciudad de Torretallada
	EC-KMR	Boeing 747-245F	20826/242	ex N2061L	
	EC-	McDonnell-Douglas MD-87	49832/1703	ex EC-EXF	Ciudad de Pamplona; on order
	EC-	Boeing 747-228F	22428/503	ex F-GCBD	on order

Both MD-87s leased from Tiger Aircraft Trading

PULLMANTUR AIR
Pullmantur (PLM)   Madrid-Barajas (MAD)

	EC-IOO	Boeing 747-341	24106/701	ex TF-ATH	Lsd fr AWAS

☐ EC-JHD   Boeing 747-228M   23676/661   ex F-GCBI
100% owned by Royal Caribbean Cruises

RIOJA AIRLINES
Planned to lease an ATR 72 from Plaza but not delivered and Rioja liquidated on 11 September 2007

RYJET
Malaga (AGP)

☐ EC-JHE   SAAB SF.340A   340A-018   ex SE-LMV

SAESA
Saesa (SSS)   *Madrid-Cuatro Vientos*

☐ EC-IEU   Bell 205A-1   30083   ex PT-HCR
SAESA is the trading name of Servicios Aereos Espanoles

SERAIR
Cargopress (SEV)   *Las Palmas-Gran Canaria (LPA)*

☐	EC-GTM	Beech 1900C	UB-30	ex N7210R	Lsd fr Raytheon
☐	EC-GUD	Beech 1900C-1	UC-156	ex N156YV	Lsd fr Raytheon
☐	EC-GZG	Beech 1900C-1	UC-161	ex N55635	
☐	EC-JDY	Beech 1900C-1	UC-91	ex N91YV	

All freighters, Serair is the trading name of Serair Transworld Press

SPANAIR
Spanair (JK/JKK) (IATA 680)   *Palma de Mallorca (PMI)*

☐	EC-HPM	Airbus A321-231	1276	ex D-AVZO	Camilo Jose Cela	Lsd fr VGS Aircraft
☐	EC-HQZ	Airbus A321-231	1333	ex D-AVZB		
☐	EC-HRG	Airbus A321-231	1366	ex D-AVZC	Placido Domingo	Lsd fr ILFC
☐	EC-HRP	Airbus A320-232	1349	ex F-WWBD	Juan de Avalos	
☐	EC-HXA	Airbus A320-232	1497	ex F-WWID		
☐	EC-IAZ	Airbus A320-232	1631	ex F-WWDP		
☐	EC-ICL	Airbus A320-232	1682	ex F-WWBD		
☐	EC-IEJ	Airbus A320-232	1749	ex F-WWBO		Lsd fr ILFC
☐	EC-IIZ	Airbus A320-232	1862	ex F-WWDZ	Club Vacaciones titles	Lsd fr ILFC
☐	EC-IJU	Airbus A321-231	1843	ex D-AVZR		
☐	EC-ILH	Airbus A320-232	1914	ex F-WWDU	Star Alliance c/s	
☐	EC-IMB	Airbus A320-232	1933	ex F-WWII	Vodafone Passport titles	
☐	EC-INB	Airbus A321-231	1946	ex D-AVXD	X TeneRife titles	Lsd fr ILFC
☐	EC-INM	Airbus A320-232	1979	ex F-WWBE	Star Alliance c/s	
☐	EC-IOH	Airbus A320-232	1998	ex F-WWIV	Star Alliance c/s	
☐	EC-IPI	Airbus A320-232	2027	ex F-WWDP	Star Alliance c/s	
☐	EC-IVG	Airbus A320-232	2168	ex F-WWDA		Lsd fr ILFC
☐	EC-IYG	Airbus A320-232	2210	ex F-WWBG		
☐	EC-IZK	Airbus A320-232	2223	ex F-WWDO	Reyno de Navarra titles	
☐	EC-JJD	Airbus A320-232	2479	ex F-WWIM	Costa Brava titles	Lsd fr ILFC
☐	EC-JNC	Airbus A320-232	2589	ex F-WWDP	Juan Antonio Samaranch	Lsd fr ILFC
☐	EC-KEC	Airbus A320-232	1183	ex G-MIDW		Lsd fr AerCap
☐	EC-	Airbus A320-232	1407	ex G-MIDU	on order	Lsd fr ILFC
☐	EC-	Airbus A320-232	1383	ex G-MIDV	on order	Lsd fr ILFC
☐	EC-FTS	McDonnell-Douglas MD-83	49621/1495	ex EC-479	Sunbird	Lsd fr Uninter Lsg
☐	EC-FXA	McDonnell-Douglas MD-83	49938/1785	ex EC-592	Sunstar	Lsd fr GECAS
☐	EC-GAT	McDonnell-Douglas MD-83	49709/1542	ex EC-835	Sunmyth	Lsd fr GECAS
☐	EC-GBA	McDonnell-Douglas MD-83	49626/1538	ex EC-805	Sungod	Lsd fr GECAS
☐	EC-GCV	McDonnell-Douglas MD-82	53165/2042	ex EC-894	Sunburst	Lsd fr GECAS
☐	EC-GGV	McDonnell-Douglas MD-83	49791/1644	ex EC-166	Sunbow	Lsd fr GECAS
☐	EC-GNY	McDonnell-Douglas MD-83	49396/1305	ex N396GE	Sunflash	Lsd fr GECAS
☐	EC-GOM	McDonnell-Douglas MD-83	49579/1465	ex EC-EIG	Sunlight, Star Alliance c/s	
☐						Lsd fr Finans Scandic
☐	EC-GOU	McDonnell-Douglas MD-83	53198/1847	ex SE-DLS	Sunlover	Lsd fr GECAS
☐	EC-GQG	McDonnell-Douglas MD-83	49577/1454	ex EC-FSY	Star Alliance c/sLsd fr Finans Scandic	
☐	EC-GRK	McDonnell-Douglas MD-87	49827/1654	ex EC-EUE		
☐	EC-GRM	McDonnell-Douglas MD-87	49829/1678	ex EC-EUC		
☐	EC-GVI	McDonnell-Douglas MD-83	49936/1778	ex EI-CPA	Sunup	Lsd fr GECAS
☐	EC-GVO	McDonnell-Douglas MD-83	49642/1421	ex N462GE	Sunspot	Lsd fr GECAS
☐	EC-GXU	McDonnell-Douglas MD-83	49622/1498	ex EC-FTT	Star Alliance c/sLsd fr Finans Scandic	
☐	EC-HFP	McDonnell-Douglas MD-82	53148/2072	ex HL7548	Sunbreeze	Lsd fr GECAS
☐	EC-HFS+	McDonnell-Douglas MD-82	49517/1633	ex EI-CTE	Sunbeach	Lsd fr GECAS
☐	EC-HFT+	McDonnell-Douglas MD-82	49521/1690	ex EI-CTF	Sunspirit	Lsd fr GECAS
☐	EC-HGJ+	McDonnell-Douglas MD-82	49519/1658	ex EI-CTQ	Sunworld	Lsd fr GECAS
☐	EC-HHF+	McDonnell-Douglas MD-82	49509/1482	ex EI-CTP	Sunward	Lsd fr GECAS
☐	EC-HHP+	McDonnell-Douglas MD-82	49501/1292	ex EI-CTV	Sunshiny	Lsd fr GECAS
☐	EC-HJB+	McDonnell-Douglas MD-82	49507/1425	ex EI-CUF	Suntrek	Lsd fr GECAS
☐	EC-HKP	McDonnell-Douglas MD-83	49624/1502	ex EI-CGI	Suntrail	Lsd fr GECAS
☐	EC-HNC	McDonnell-Douglas MD-83	49620/1484	ex D-ALLV	Sunplace	Lsd fr GECAS
☐	EC-HOV	McDonnell-Douglas MD-87	49416/1271	ex HL7543	Sunspeed	Lsd fr GECAS
☐	EC-JRR	McDonnell-Douglas MD-87	49612/1827	ex LN-RMH		Lsd fr SAS

☐	EC-JSU	McDonnell-Douglas MD-87	49610/1505	ex LN-RMK		Lsd fr SAS
☐	EC-JTK	McDonnell-Douglas MD-87	53348/1985	ex OY-KHW		Lsd fr SAS
☐	EC-JYD	McDonnell-Douglas MD-87	49605/1501	ex SE-DIB		Lsd fr SAS
☐	EC-KAZ	McDonnell-Douglas MD-87	49614/1556	ex OY-KHI	Star Alliance colours	Lsd fr SAS
☐	EC-KCZ	McDonnell-Douglas MD-87	49609/1517	ex OY-KHF	Star Alliance colours	Lsd fr SAS
☐	EC-KET	McDonnell-Douglas MD-87	49608/1572	ex LN-ROZ	Star Alliance colours	Lsd fr SAS
☐	EC-KHA	McDonnell-Douglas MD-87	49611/1522	ex LN-RMG	Star Alliance colours	Lsd fr SAS
☐	EC-KJE	McDonnell-Douglas MD-87	49606/1569	ex SE-DIF	Star Alliance colours	Lsd fr SAS
☐	OY-KGY	McDonnell-Douglas MD-82	49420/1254			Lsd fr SAS

+Assembled by SAIC; also have c/ns SAIC 18/22/20/10/2/8 respectively

☐	EC-JJM	Fokker F.28-0100 (Fokker 100)	11497	ex PH-AHO		Lsd fr GJT

Wholly owned by SAS (but for sale) and affiliated with Air Comet   Member of Star Alliance
Regional services operated by Aerolineas de Baleares (Aebal), a wholly owned subsidiary, as Aebal SpanairLink

SWIFTAIR
Swift (SWT) (IATA 227)   Madrid-Barajas (MAD)

☐	EC-INV	ATR 72-201	274	ex N274AT	Freighter; for SWN	
☐	EC-ISX	ATR 42-320	242	ex N242AT	Freighter; no titles	
☐	EC-IVP	ATR 42-300	231	ex F-GKND	Freighter	
☐	EC-IYH	ATR 72-212	330	ex F-WQUI	Freighter	Lsd fr ATR Asset Mgt
☐	EC-JAD	ATR 42-300	321	ex F-GHPY		
☐	EC-JBN	ATR 42-300 (QC)	218	ex F-GHPK	all-white	
☐	EC-JBX	ATR 42-300	254	ex N255AE	Freighter	Lsd fr GPA-ATR Inc
☐	EC-JDX	ATR 72-201	234	ex F-GHPV	Freighter; all-white	
☐	EC-JQF	ATR 72-201F	147	ex SE-LVK		Lsd fr SG Finans
☐	EC-JRP	ATR 72-212	446	ex D-AEWK		
☐	EC-JXF	ATR 72-201F	150	ex OY-CIV		Lsd fr Siemens Finans
☐	EC-KAD	ATR 72-202F	171	ex F-GKPC		Lsd to Plaza Cargo
☐	EC-KAE	ATR 72-202F	192	ex F-GKPE		
☐	EC-KAI	ATR 42-300F	141	ex EI-FXF		
☐	EC-KIZ	ATR 72-202F	204	ex F-GPOA		Lsd fr FPO
☐	EC-KJA	ATR 72-202F	207	ex F-GPOB		Lsd fr FPO
☐	EC-KKQ	ATR 72-212A	763	ex F-WWEB		Op for IBB
☐	EC-K	ATR 72-212A		ex F-WW	on order	
☐	EC-K	ATR 72-212A		ex F-WW	on order	
☐	EC-GQA	Embraer EMB-120ER Brasilia	120027	ex EC-GMT	Freighter	
☐	EC-HAK	Embraer EMB-120ER Brasilia	120008	ex N212AS	Freighter	Lsd fr Leasing Catalunya
☐	EC-HCF	Embraer EMB.120ER Brasilia	120007	ex N211AS	Freighter	Lsd fr Leasing Catalunya
☐	EC-HFK	Embraer EMB.120ER Brasilia	120063	ex N7215U	Freighter	
☐	EC-HMY	Embraer EMB.120ER Brasilia	120009	ex N214AS	Freighter; all-white	
☐	EC-HTS	Embraer EMB.120ER Brasilia	120168	ex N168CA	Freighter	Lsd fr Avn Consultants
☐	EC-IMX	Embraer EMB.120ER Brasilia	120158	ex N312FV	Freighter	Lsd fr Finova
☐	EC-JBD	Embraer EMB.120ER Brasilia	120012	ex D-CAOB	Freighter	
☐	EC-JBE	Embraer EMB.120ER Brasilia	120013	ex D-CAOA	Freighter	
☐	EC-JKH	Embraer EMB.120ER Brasilia	120092	ex OM-SPY		Lsd fr Finova
☐	EC-JJS	McDonnell-Douglas MD-83	49793/1656	ex N827NK		Lsd to United Nations
☐	EC-JQV	McDonnell-Douglas MD-83	49526/1342	ex N14879	Real Madrid c/s	
☐	EC-JUF	McDonnell-Douglas MD-83	53168/2061	ex N802NK		Op for UN
☐	EC-JUG	McDonnell-Douglas MD-83	49847/1585	ex N834NK	all-white	Op for UN
☐	EC-KCX	McDonnell-Douglas MD-82	49619/1483	ex N814NK		
☐	EC-IMY	Boeing 727-225 (FedEx 3)	21293/1241	ex N8875Z	pax aircraft	Lsd fr Finova
☐	EC-JHU	Boeing 727-230F (FedEx 3)	21442/1326	ex N302FV		Lsd fr Finova
☐	EC-KDY	Boeing 737-3S3F	23811/1445	ex N811AN		Lsd fr MSA I
☐	EC-KLR	Boeing 737-3Q8 (SF)	23766/1375	ex N237CP		Lsd fr Jetscape

Swiftair Hellas is a wholly owned subsidiary

TAER ANDALUSA
                                                                                                                                Cordoba

☐	EC-	British Aerospace 146 Srs.200QT		ex	on order
☐	EC-	British Aerospace 146 Srs.200QT		ex	on order

Joint venture between Pan Air Lineas Aéreas and Trabajos Aéreos Espejo; due to commence operations 2Q08

TAF HELICOPTERS
Helitaf (HET)   Barcelona (BCN)

☐	EC-DRG	Aerospatiale AS.350B Ecureuil	1597		
☐	EC-ERD	Aerospatiale AS.350B Ecureuil	1530	ex G-JORR	EMS
☐	EC-EVM	Aerospatiale AS.350B2 Ecureuil	2312		EMS
☐	EC-EZP	Aerospatiale AS.350B Ecureuil	2413	ex EC-562	
☐	EC-FOA	Aerospatiale AS.350BA Ecureuil	2626	ex EC-990	
☐	EC-FOQ	Aerospatiale AS.350BA Ecureuil	2639	ex EC-906	
☐	EC-IHX	Aerospatiale AS.350B3 Ecureuil	3587	ex F-WQRN	06 EMS
☐	EC-IOI	Aerospatiale AS.350B3 Ecureuil	3640		
☐	EC-IOJ	Aerospatiale AS.350B3 Ecureuil	3701		
☐	EC-IPC	Aerospatiale AS.350B3 Ecureuil	3710		

☐ EC-JEA	Aerospatiale AS.350B3 Ecureuil	3819	ex SE-JHX			
☐ EC-KFU	Aerospatiale AS.350B3 Ecureuil	4251	ex SE-JJO			
☐ EC-KJF	Aerospatiale AS.350B3 Ecureuil	4088	ex SE-JJJ			
☐ EC-IFU	Eurocopter EC.135P2	0223		EMS		
☐ EC-IQZ	Eurocopter EC.135P2	0293		EMS		
☐ EC-JJI	Eurocopter EC.135P2	0383				
☐ EC-JVS	Eurocopter EC.135P2	0436				
☐ EC-KDA	Eurocopter EC.135P2+	0538				
☐ EC-DSU	MBB Bo.105CBS-5	S-623	ex D-HDSS	02 EMS		
☐ EC-FYV	MBB Bo.105CBS-5	S-896	ex EC-705	01 EMS		
☐ EC-HNT	MBB Bo.105CBS-4	S-414	ex D-HDMA	EMS		
☐ EC-HPB	MBB Bo.105CBS-4	S-672	ex D-HEIM	EMS		
☐ EC-IKO	MBB Bo.105CBS-4	S-661	ex D-HGYN	EMS		
☐ EC-IKT	MBB Bo.105CBS	S-615	ex D-HEMS	EMS		
☐ EC-GUH	Aerospatiale AS.355F2 Ecureuil 2	5474	ex N6040U	EMS		
☐ EC-GUZ	Aerospatiale AS.355F2 Ecureuil 2	5454	ex N26ET			
☐ EC-IKV	Eurocopter EC.130B4	3753				

EMS flights for Catalunyan Government use the call-sign Bomberos

TAS TRANSPORTES AEREOS DEL SUR

☐ EC-KEK	CASA CN-235-300MPA	C166	ex EC-101	Op for SASEMA
☐ EC-KEL	CASA CN-235-300MPA	169	ex EC-027	Op for SASEMA
☐ EC-KEM	CASA CN-235-300MPA	171	ex EC-021	Op for SASEMA

TAVASA
Tavasa (TVH)   *Bilbao (BIO)*

☐ EC-EBB	Aerospatiale SA.365C3 Dauphin 2	5013	ex F-GBOU	
☐ EC-EGV	Aerospatiale SA.365C3 Dauphin 2	5032	ex F-GBTB	
☐ EC-ERY	Sikorsky S-76A+	760037	ex EC-364	
☐ EC-ERZ	Aerospatiale AS.350B2 Ecureuil	2261		
☐ EC-GMZ	Eurocopter EC.135T1	0016	ex D-HECG	
☐ EC-GNA	Eurocopter EC.135T1	0017	ex D-HECH	

TAVASA is the trading name of Trabajos Aereos Vascongados

TOP-FLY
Topfly (TLY)   *Barcelona (BCN)*

☐ EC-EYV	Piper PA-34-220T Seneca III	34-8233109	ex OE-FYB		
☐ EC-GJM	Swearingen SA.227AC Metro III	BC-772B	ex N439MA		
☐ EC-HZM	Piper PA-34-200 Seneca	34-7250169	ex F-GFJE		
☐ EC-IDG	ATR 42-320	003	ex F-WQNE	all-white	
☐ EC-IRS	Swearingen SA.227BC Metro III	BC-786B	ex N61AJ		
☐ EC-ITP	Swearingen SA.227BC Metro III	BC-789B	ex ZS-PDW		
☐ EC-JYJ	Aerospatiale AS.355F2 Ecureuil 2	5425	ex N225NR		
☐ EC-KGS	ATR 42-300	080	ex F-GVZY	Lsd fr RLA	

TRAGSA MEDIOS AEREOS
(TRG)   *Madrid-Cuatro Vientos/Toledo*

☐ EC-HTV	Bell 212	30665	ex N212HS
☐ EC-HTX	Bell 212	31151	ex N8169Q
☐ EC-HUS	Bell 212	30655	ex D-HAFS
☐ EC-HXR	Agusta-Bell 212	5522	ex D-HAFG
☐ EC-IAV	Bell 212	30534	ex N7964J
☐ EC-IGR	Bell 212	30989	ex N1074C
☐ EC-ERK	Bell 204 (UH-1E)	6069	ex N151LC
☐ EC-GSO	Bell UH-1H	5466	ex N1217A
☐ EC-GUT	Bell UH-1H	13367	ex N21UH
☐ EC-GXF	Bell UH-1H	12504	ex N22UH

TRANPORTES AEREOS DEL SUR
TAS (HSS)   *Seville (SVQ)*

☐ EC-GHS	Partenavia P.68 Observer	329-20-OB	ex G-OBSV	
☐ EC-GSQ	Beech B300 Super King Air	FL-128	ex N128FL	
☐ EC-HAP	CASA C.212-300MPA	465	ex EC-011	Maritime Patrol
☐ EC-HTU	CASA C.212-300MPA	470		Maritime Patrol
☐ EC-IFL	Partenavia P.68C	412	ex N412VR	
☐ EC-ILE	Beech B200 Super King Air	BB-1792	ex N5092K	Muxtamel; EMS
☐ EC-INX	CASA C.212-300MPA	472		Maritime Patrol
☐ EC-IUX	Beech B200 Super King Air	BB-1840	ex N816LD	

Associated with Helisureste – Helicopteros del Sureste

VIA TAURO
Aircraft now listed under Euro Continental Air

VUELING AIRLINES
(VY/VLG) *Barcelona (BCN)*

☐	EC-IZD	Airbus A320-214	2207	ex F-WWDS	Barceloning	Lsd fr CIT Group
☐	EC-JAB	Airbus A320-214	2227	ex F-WWIG	Born to be Vueling	Lsd fr Boullioun
☐	EC-JDK	Airbus A320-214	1769	ex 9H-ADY	Vueling the sky	Lsd fr Macquarie AirFinance
☐	EC-JDO	Airbus A320-214	2114	ex OY-VKN	Vini, vidi, vueling	Lsd fr Boullioun
☐	EC-JFF	Airbus A320-214	2388	ex F-WWIH	Vueling the world	Lsd fr GECAS
☐	EC-JGM	Airbus A320-214	2407	ex F-WWDC	The joy of Vueling	Lsd fr GECAS
☐	EC-JMB	Airbus A320-214	2540	ex F-WWIS	Eloy Fructuoso	Lsd fr CIT Group
☐	EC-JNA	Airbus A320-214	2596	ex F-WWBE	La Vita e Vueling	Lsd fr CIT Group
☐	EC-JNT	Airbus A320-214	2623	ex F-WWDR	Quien no corre vueling	Lsd fr CIT Group
☐	EC-JPL	Airbus A320-214	2678	ex F-WWIQ	Vueldone	Lsd fr CIT Group
☐	EC-JRI	Airbus A320-214	2761	ex F-WWBR	Vuelo voy, Vueling vengo	Lsd fr ILFC
☐	EC-JSY	Airbus A320-214	2785	ex F-WWBU	Connie Baraja	Lsd fr ILFC
☐	EC-JTQ	Airbus A320-214	2794	ex F-WWBN	Vueling, que es gerundio	Lsd fr ILFC
☐	EC-JTR	Airbus A320-214	2798	ex F-WWIF	no Vueling, no party	Lsd fr ILFC
☐	EC-JYX	Airbus A320-214	2962	ex F-WWDJ	Elisenda Masana	Lsd fr ILFC
☐	EC-JZI	Airbus A320-214	2988	ex F-WWII	Vueling in love	Lsd fr ILFC
☐	EC-KAX	Airbus A320-214	3040	ex F-WWDK	The Vueling Stones	Lsd fr RBS Avn
☐	EC-KBU	Airbus A320-214	1413	ex TC-JLF	Be Vueling my friend	Lsd fr BOC Aviation
☐	EC-KDG	Airbus A320-214	3095	ex F-WWIY		Lsd fr ILFC
☐	EC-KDH	Airbus A320-214	3083	ex F-WWIX	Ain't no Vueling high enough	Lsd fr ILFC
☐	EC-KEZ	Airbus A320-214	3152	ex F-WWBX	A Vueling, que son dos Dias	Lsd fr ILFC
☐	EC-KJY	Airbus A320-214	3246	ex F-WWBT	Carlos Caecero	Lsd fr CIT Leasing
☐	EC-KKT	Airbus A320-214	3293	ex F-WWDU	Vueling Together	Lsd fr GECAS
☐	EC-KLB	Airbus A320-214	3321	ex F-WWBY	Vuela y punto	Lsd fr GECAS

Six Airbus A320-214s deferred to 2009

VUELOS MEDITERRANEO
Vuelos Mediterraneo (VMM) *Valencia (VLC)*

☐	EC-FCC	Cessna 402B II	402B1013	ex EC-614	
☐	EC-HCU	Swearingen SA.226TC Metro II	TC-390	ex N19WP	

ZOREX
Zorex (ORZ) *Madrid-Barajas (MAD)*

☐	EC-GPE	Swearingen SA.226TC Metro II	TC-273	ex OY-JER	
☐	EC-HJC	Swearingen SA.226TC Metro II	TC-318	ex OY-JEO	
☐	EC-JYC	Swearingen SA.226TC Metro II	TC-303	ex N117AR	

EI-   IRELAND (Eire)

AER ARANN
Aer Arann (RE/REA) (IATA 809) *Dublin (DUB)*

☐	EI-BYO	ATR 42-310	161	ex OY-CIS	Lsd fr Nordic Avn Contractors
☐	EI-CBK	ATR 42-310	199	ex F-WWEM	Lsd fr Nordic Avn Contractors
☐	EI-CPT	ATR 42-300	191	ex (SE-KCX)	Lsd fr Nordic Avn Contractors
☐	EI-REA	ATR 72-201	441	ex F-WQNC	Lsd fr Magellan
☐	EI-REB	ATR 72-201	470	ex F-WQNH	Lsd fr Magellan
☐	EI-RED	ATR 72-201	373	ex F-GJRX	Lsd fr Magellan
☐	EI-REF	ATR 72-202	201	ex F-GKOA	Lsd fr Magellan
☐	EI-REG	ATR 72-202	367	ex EC-IMH	Lsd fr Magellan
☐	EI-REH	ATR 72-202	260	ex OY-RTA	Lsd fr ATRiam Capital
☐	EI-REI	ATR 72-202	267	ex OY-RTB	
☐	EI-REJ	ATR 72-202	126	ex ES-KRA	Lsd fr Erik Thun; sublsd to EMX
☐	EI-REL	ATR 72-212A	748	ex F-WWEI	Lsd fr ATRiam Capital; sublsd to WBA
☐	EI-REM	ATR 72-212A	760	ex F-WWEW	
☐	EI-	ATR 72-212A		ex F-WW	on order
☐	EI-	ATR 72-212A		ex F-WW	on order
☐	EI-	ATR 72-212A		ex F-WW	on order
☐	EI-	ATR 72-212A		ex F-WW	on order
☐	SP-KCN	ATR 42-320	409	ex F-WQNJ	Lsd fr WEA

Three more ATR-72-212As are on order for delivery in 2009

☐	G-TBIC	British Aerospace 146 Srs.200	E2025	ex N167US	Lsd fr NEX Avn
☐	G-	British Aerospace 146 Srs.200		ex	on order	Lsd fr NEX Avn

Aer Arann is division of Galway Aviation Services and sister company of Aer Arann Islands

AER ARANN ISLANDS

Galway (GWY)

☐	EI-AYN	Britten-Norman BN-2A-8 Islander	704	ex G-BBFJ	
☐	EI-BCE	Britten-Norman BN-2A-26 Islander	519	ex G-BDUV	
☐	EI-CUW	Britten-Norman BN-2B-26 Islander	2293	ex G-BWYW	

Aer Arann is division of Galway Aviation Services and sister company of Aer Arann

AER LINGUS
Shamrock (EI/EIN) (IATA 053)

Dublin (DUB)

☐	EI-CVA	Airbus A320-214	1242	ex F-WWIT	St Schira/Scire	
☐	EI-CVB	Airbus A320-214	1394	ex F-WWIV	St Mobhi/Mobhi	
☐	EI-CVC	Airbus A320-214	1443	ex F-WWBS	St Kealin/Caolfhionn	
☐	EI-CVD	Airbus A320-214	1467	ex F-WWDG	St Kevin/Caoimhin	
☐	EI-DEA	Airbus A320-214	2191	ex F-WWBX	St Fidelma/Fiedeilme	Lsd fr ILFC
☐	EI-DEB	Airbus A320-214	2206	ex F-WWBP	St Nathy/Naithi	Lsd fr ILFC
☐	EI-DEC	Airbus A320-214	2217	ex F-WWBH	St Fergal/Fearghal	Lsd fr ILFC
☐	EI-DEE	Airbus A320-214	2250	ex F-WWBE	St Ultan/Ultan	
☐	EI-DEF	Airbus A320-214	2256	ex F-WWBK	St Declan/Deaglan	
☐	EI-DEG	Airbus A320-214	2272	ex F-WWIB	St Fachtna/Fachtna	
☐	EI-DEH	Airbus A320-214	2294	ex F-WWBX	St Conleth/Connlaodh	
☐	EI-DEI	Airbus A320-214	2374	ex F-WWDU	St Oliver Plunkett/Oilibh Plunceid	
☐	EI-DEJ	Airbus A320-214	2364	ex F-WWDI	St Kilian/Cillian	Lsd fr ILFC
☐	EI-DEK	Airbus A320-214	2399	ex F-WWIZ	St Eunan/Eunan	Lsd fr ILFC
☐	EI-DEL	Airbus A320-214	2409	ex F-WWDE	St Canice/Cainneach	Lsd fr ILFC
☐	EI-DEM	Airbus A320-214	2411	ex F-WWDG	St Ibar/Ibhar	
☐	EI-DEN	Airbus A320-214	2432	ex F-WWBK	St Kieran/Ciaran	Lsd fr ILFC
☐	EI-DEO	Airbus A320-214	2486	ex F-WWIV	St Senan/Seanan	
☐	EI-DEP	Airbus A320-214	2542	ex F-WWIU	St Eugene/Eoghan	
☐	EI-DER	Airbus A320-214	2583	ex F-WWDE	St Mel/Mel	
☐	EI-DES	Airbus A320-214	2635	ex F-WWDZ	St Pappin/Paipan	
☐	EI-DET	Airbus A320-214	2810	ex F-WWIP	St Brendan/Breandan	
						Lsd fr CIT Group
☐	EI-DVE	Airbus A320-214	3129	ex F-WWBJ	St Aideen/Etaoin	Lsd fr ILFC
☐	EI-DVF	Airbus A320-214	3136	ex F-WWDF	St Jarlath/Iarfhlaith	Lsd fr ILFC
☐	EI-DVG	Airbus A320-214	3318	ex F-WWIV	St Flannan/Flannan	
☐	EI-DVH	Airbus A320-214	3345	ex F-WWBP		Lsd fr ILFC
☐	EI-	Airbus A320-214	3501	ex F-WW	on order	Lsd fr ILFC
☐	EI-CPC	Airbus A321-211	0815	ex D-AVZT	St Fergus/Feargus	Lsd fr ILFC
☐	EI-CPD	Airbus A321-211	0841	ex D-AVZA	St Davnet/Damhnat	Lsd fr ILFC
☐	EI-CPE	Airbus A321-211	0926	ex D-AVZQ	St Enda/Eanna	
☐	EI-CPF	Airbus A321-211	0991	ex D-AVZE	St Ida/Ide	Lsd fr ILFC
☐	EI-CPG	Airbus A321-211	1023	ex D-AVZR	St Aidan/Aodhan	
☐	EI-CPH	Airbus A321-211	1094	ex F-WWDD	St Dervilla/Dearbhile	
☐	EI-CRK*	Airbus A330-301	070	ex F-WWKV	St Brigid/Brighid	
☐	EI-DAA	Airbus A330-202	397	ex F-WWKK	St Keeva/Caoimhe	
☐	EI-DUB*	Airbus A330-301	055	ex F-WWKP	St Patrick/Padraig	
☐	EI-DUO	Airbus A330-202	841	ex F-WWYT	St Columba/Colum	
☐	EI-DUZ	Airbus A330-302	847	ex F-WWKM	St Aoife/Aoife	
☐	EI-EWR*	Airbus A330-202	330	ex F-WWKV	Laurence O'Toole/Lorcan O'Tuathail	
☐	EI-JFK*	Airbus A330-301	086	ex F-WWKH	St Colmcille/Colmcille	
☐	EI-LAX	Airbus A330-202	269	ex F-WWKV	St Mella/Mella	
☐	EI-ORD	Airbus A330-301	059	ex F-GMDD	St Maeve/Maedbh	

*Leased from ILFC
Names in English on port side, Gaellic on starboard; Six Airbus A330-300Es and six A350s are on order for delivery from 2009 and 2014 respectively.
26.9% owned by Ryanair

AIR CONTRACTORS
Contract / Rapex (AG/ABR) (IATA 912)

Dublin (DUB)

☐	EI-FXA	ATR 42-320F	282	ex N282AT	Lsd fr/op for FDX
☐	EI-FXB	ATR 42-320F	243	ex (N924FX)	Lsd fr/op for FDX
☐	EI-FXC	ATR 42-320F	310	ex (N925FX)	Lsd fr/op for FDX
☐	EI-FXD	ATR 42-300F	273	ex (N927FX)	Lsd fr/op for FDX
☐	EI-FXE	ATR 42-320F	327	ex (N926FX)	Lsd fr/op for FDX
☐	EI-FXG	ATR 72-202F	224	ex (N814FX)	Lsd fr/op for FDX
☐	EI-FXH	ATR 72-202F	229	ex N815FX	Lsd fr/op for FDX
☐	EI-FXI	ATR 72-202F	294	ex N818FX	Lsd fr/op for FDX
☐	EI-FXJ	ATR 72-202F	293	ex N813FX	Lsd fr/op for FDX
☐	EI-FXK	ATR 72-202F	256	ex N817FX	Lsd fr/op for FDX
☐	EI-SLA	ATR 42-300F	149	ex SE-LST	
☐	EI-SLC	ATR 42-300F	082	ex OY-CIE	
☐	EI-SLF	ATR 72-202F	210	ex OY-RUA	Lsd fr ATR Asset Mgt
☐	EI-SLG	ATR 72-202F	183	ex F-WQNI	
☐	EI-SLH	ATR 72-202F	157	ex OY-RTG	

Some operate in FedEx colours

☐	EI-JIV	Lockheed L-382G-35C Hercules	4673	ex ZS-JIV		Lsd fr SFR
☐	EI-OZB	Airbus A300B4-103F	184	ex F-GOZB		Lsd fr FPO
☐	EI-OZC	Airbus A300B4-103F	189	ex F-GOZC		Op for DHL
☐	ZS-RSG	Lockheed L-382G-31C Hercules	4565	ex S9-CAJ	OSRL titles	Lsd fr SFR

Other Hercules are leased from Safair as required; 49% owned by Safair

AVIAJET

Dublin (DUB)

Aviajet is booking agent who lease aircraft in for summer flights

CHC IRELAND

Dublin (DUB)

☐	EI-CNL	Sikorsky S-61N	61746	ex ZS-RBU	Oil & Gas support
☐	EI-CXS	Sikorsky S-61N	61816	ex IAC 257	IMES Rescue; based Sligo
☐	EI-CZN	Sikorsky S-61N	61740	ex G-CBWC	IMES Rescue; standby
☐	EI-GCE	Sikorsky S-61N	61817	ex LN-ORC	IMES Rescue; based Shannon
☐	EI-MES	Sikorsky S-61N	61776	ex G-BXAE	IMES Rescue; based Dublin
☐	EI-RCG	Sikorsky S-61N	61807	ex G-87-1	IMES Rescue; based Shannon
☐	EI-SAR	Sikorsky S-61N	61143	ex G-AYOM	IMES Rescue; based Waterford
☐	EI-MIP	Aerospatiale SA.365N2 Dauphin 2	6119	ex G-BLEY	

Wholly owned subsidiary of CHC Helicopter Corp. IMES Rescue is Irish Marine Emergency Service

CITYJET
City-Ireland (WX/BCY) (IATA 689)

Dublin (DUB)

☐	EI-CMS	British Aerospace 146 Srs.200	E2044	ex N184US		
☐	EI-CMY	British Aerospace 146 Srs.200	E2039	ex N177US		
☐	EI-CNB	British Aerospace 146 Srs.200	E2046	ex N187US		Lsd to SAY
☐	EI-CNQ	British Aerospace 146 Srs.200	E2031	ex G-OWLD	Cityjet colours	
☐	EI-DEX	British Aerospace 146 Srs.300	E3157	ex G-UKID		
☐	EI-DJJ	British Aerospace 146 Srs.200	E2040	ex VH-YAF	stored EXT	
☐	EI-DMK	British Aerospace 146 Srs.200	E2022	ex G-DEBE		Lsd fr FLT
☐	EI-RJA	Avro 146-RJ85	E2329	ex G-CDYK	Rathlin Island	Lsd fr BAES
☐	EI-RJB	Avro 146-RJ85	E2330	ex G-CEBS	Bere Island	
☐	EI-RJC	Avro 146-RJ85	E2333	ex G-CEHA	Achill Island	
☐	EI-RJD	Avro 146-RJ85	E2334	ex G-CEFL	Valentia Island	
☐	EI-RJE	Avro 146-RJ85	E2335	ex G-CEBU	St MacDara's Island	
☐	EI-RJF	Avro 146-RJ85	E2337	ex G-CEFN	Great Blasket Island	
☐	EI-RJG	Avro 146-RJ85	E2344	ex G-CEHB	Sherkin Island	
☐	EI-RJH	Avro 146-RJ85	E2345	ex G-CEIC	Inishturk; on order	
☐	EI-RJI	Avro 146-RJ85	E2346	ex (G-CDZP)	Skellig Michael	
☐	EI-RJJ	Avro 146-RJ85	E2347	ex G-CEIF	Hare Island	
☐	EI-RJK	Avro 146-RJ85	E2348	ex N523XJ	Collanmore Island	
☐	EI-RJL	Avro 146-RJ85	E2349	ex N524XJ	Inishmurray	
☐	EI-RJM	Avro 146-RJ85	E2350	ex N525XJ	Caher Island	
☐	EI-RJN	Avro 146-RJ85	E2351	ex N526XJ	Lake Isle of Inisheer; CityJet colours	
☐	EI-RJO	Avro 146-RJ85	E2352	ex N527XJ	Inis Mor	
☐	EI-RJP	Avro 146-RJ85	E2363	ex N529XJ	Clare Island	
☐	EI-RJR	Avro 146-RJ85	E2364	ex N530XJ	Tory Island	
☐	EI-RJS	Avro 146-RJ85	E2365	ex N531XJ	Dursey Island; CityJet colours	
☐	EI-RJT	Avro 146-RJ85	E2366	ex N532XJ	Inishbofin; CityJet colours	
☐	EI-RJU	Avro 146-RJ85	E2367	ex N533XJ	Cape Clear	
☐	EI-RJV	Avro 146-RJ85	E2370	ex N534XJ	Lambay Island	
☐	EI-RJW	Avro 146-RJ85	E2371	ex N535XJ	Garinish Island	
☐	EI-RJX	Avro 146-RJ85	E2372	ex N536XJ	Scattery Island	
☐	G-BYML	Dornier 328-110	3069	ex D-CDUL		Lsd fr SAY

Wholly owned by Air France and majority operate in their colours; the RJ85s will replace the 146s

FUTURA GAEL
(FGL)

Dublin (DUB)

☐	EI-DOR	Boeing 737-4Y0	24689/1883	ex EC-IOU	Lsd fr FUA

IRISH HELICOPTERS

Dublin/Cork (DUB/ORK)

☐	EI-BLD	MBB Bo.105DB	S-381	ex D-HDLQ	
☐	EI-LIT	MBB Bo.105CBS	S-434	ex A6-DBH	

A wholly owned subsidiary of PDG Helicopters

PREMIER HELICOPTERS

Dublin (DUB)

☐	EI-CGQ	Aerospatiale AS.350B Ecureuil	2076	ex G-BUPK	Lsd fr Blue Star H/c
☐	EI-ECA	Agusta A.109A II	7387	ex N109RP	Lsd fr Beckdrive

☐	EI-LKS	Eurocopter EC.130B4	3643	ex F-WQDQ		Lsd fr Wigaf Leasing
☐	EI-LNX	Eurocopter EC.130B4	3498	ex N460AE		Lsd fr Wigaf Leasing
☐	EI-MLN	Agusta A.109E Power	11115	ex G-ECMM		Lsd fr Earthquake
☐	EI-MSG	Agusta A.109E Power	11692			Lsd fr Beckdrive
☐	EI-PKS	Bell 206B JetRanger III	4480	ex OE-XAC		Lsd fr Mountainway
☐	EI-SQG	Agusta A.109E Power	11084			Lsd fr Quinn Grp
☐	EI-TWO	Agusta A.109E Power	11131	ex D-HARY		Lsd fr Alburn Tpt

RYANAIR
Ryanair (FR/RYR) (IATA) *Dublin (DUB)*

☐	EI-CSF	Boeing 737-8AS/W	29921/560	ex N1786B		
☐	EI-CSG	Boeing 737-8AS/W	29922/571			
☐	EI-CSH	Boeing 737-8AS/W	29923/576	ex N1787B	Orbis Saving Sight titles	
☐	EI-CSI	Boeing 737-8AS/W	29924/578	ex N1796B		
☐	EI-CSJ	Boeing 737-8AS/W	29925/588			
☐	EI-CSM	Boeing 737-8AS/W	29926/722	ex N1786B		
☐	EI-CSN	Boeing 737-8AS/W	29927/727	ex N1784B		
☐	EI-CSO	Boeing 737-8AS/W	29928/735	ex N1784B		
☐	EI-CSP	Boeing 737-8AS/W	29929/753	ex N1786B		
☐	EI-CSQ	Boeing 737-8AS/W	29930/757	ex N1786B	for Norwegian	
☐	EI-CSR	Boeing 737-8AS/W	29931/1020	ex N1787B		
☐	EI-CSS	Boeing 737-8AS/W	29932/1030	ex N1787B		
☐	EI-CST	Boeing 737-8AS/W	29933/1038			
☐	EI-CSV	Boeing 737-8AS/W	29934/1050			
☐	EI-CSW	Boeing 737-8AS/W	29935/1061		Lsd fr RL Leasing IV	
☐	EI-CSX	Boeing 737-8AS/W	32778/1140			
☐	EI-CSY	Boeing 737-8AS/W	32779/1167			
☐	EI-CSZ	Boeing 737-8AS/W	32780/1178			
☐	EI-CTA	Boeing 737-8AS/W	29936/1236			
☐	EI-CTB	Boeing 737-8AS/W	29937/1238			
☐	EI-DAC	Boeing 737-8AS/W	29938/1240			
☐	EI-DAD	Boeing 737-8AS/W	33544/1249			
☐	EI-DAE	Boeing 737-8AS/W	33545/1252			
☐	EI-DAF	Boeing 737-8AS/W	29939/1262			
☐	EI-DAG	Boeing 737-8AS/W	29940/1265			
☐	EI-DAH	Boeing 737-8AS/W	33546/1269			
☐	EI-DAI	Boeing 737-8AS/W	33547/1271			
☐	EI-DAJ	Boeing 737-8AS/W	33548/1274			
☐	EI-DAK	Boeing 737-8AS/W	33717/1310			
☐	EI-DAL	Boeing 737-8AS/W	33718/1311			
☐	EI-DAM	Boeing 737-8AS/W	33719/1312			
☐	EI-DAN	Boeing 737-8AS/W	33549/1361			
☐	EI-DAO	Boeing 737-8AS/W	33550/1366	ex N1800B		
☐	EI-DAP	Boeing 737-8AS/W	33551/1368	ex N6066U		
☐	EI-DAR	Boeing 737-8AS/W	33552/1371	ex EI-DAQ		
☐	EI-DAS	Boeing 737-8AS/W	33553/1372	ex EI-DAR		
☐	EI-DAT	Boeing 737-8AS/W	33554/1418			
☐	EI-DAV	Boeing 737-8AS/W	33555/1426			
☐	EI-DAW	Boeing 737-8AS/W	33556/1428			
☐	EI-DAX	Boeing 737-8AS/W	33557/1438			
☐	EI-DAY	Boeing 737-8AS/W	33558/1441			
☐	EI-DAZ	Boeing 737-8AS/W	33559/1443			
☐	EI-DCB	Boeing 737-8AS/W	33560/1447			
☐	EI-DCC	Boeing 737-8AS/W	33561/1463			
☐	EI-DCD	Boeing 737-8AS/W	33562/1466			
☐	EI-DCE	Boeing 737-8AS/W	33563/1473			
☐	EI-DCF	Boeing 737-8AS/W	33804/1529			
☐	EI-DCG	Boeing 737-8AS/W	33806/1530			
☐	EI-DCH	Boeing 737-8AS/W	33566/1546			
☐	EI-DCI	Boeing 737-8AS/W	33567/1547			
☐	EI-DCJ	Boeing 737-8AS/W	33564/1562			
☐	EI-DCK	Boeing 737-8AS/W	33565/1563			
☐	EI-DCL	Boeing 737-8AS/W	33806/1576	ex N1786B	Dreamliner colours	
☐	EI-DCM	Boeing 737-8AS/W	33807/1578			
☐	EI-DCN	Boeing 737-8AS/W	33808/1590	ex N60436		
☐	EI-DCO	Boeing 737-8AS/W	33809/1592			
☐	EI-DCP	Boeing 737-8AS/W	33810/1595			
☐	EI-DCR	Boeing 737-8AS/W	33811/1613			
☐	EI-DCS	Boeing 737-8AS/W	33812/1615			
☐	EI-DCT	Boeing 737-8AS/W	33813/1617			
☐	EI-DCV	Boeing 737-8AS/W	33814/1618			
☐	EI-DCW	Boeing 737-8AS/W	33568/1631			
☐	EI-DCX	Boeing 737-8AS/W	33569/1635			
☐	EI-DCY	Boeing 737-8AS/W	33670/1637			
☐	EI-DCZ	Boeing 737-8AS/W	33815/1638			
☐	EI-DHA	Boeing 737-8AS/W	33571/1642			
☐	EI-DHB	Boeing 737-8AS/W	33572/1652			
☐	EI-DHC	Boeing 737-8AS/W	33573/1655			
☐	EI-DHD	Boeing 737-8AS/W	33816/1657	ex N1784B		
☐	EI-DHE	Boeing 737-8AS/W	33574/1658	ex N1786B		
☐	EI-DHF	Boeing 737-8AS/W	33575/1660	ex N1782B		

☐	EI-DHG	Boeing 737-8AS/W	33576/1670	ex N1787B
☐	EI-DHH	Boeing 737-8AS/W	33817/1677	
☐	EI-DHI	Boeing 737-8AS/W	33818/1685	
☐	EI-DHJ	Boeing 737-8AS/W	33819/1691	
☐	EI-DHK	Boeing 737-8AS/W	33820/1696	
☐	EI-DHM	Boeing 737-8AS/W	33821/1698	
☐	EI-DHN	Boeing 737-8AS/W	33577/1782	
☐	EI-DHO	Boeing 737-8AS/W	33578/1792	ex N1786B
☐	EI-DHP	Boeing 737-8AS/W	33579/1794	
☐	EI-DHR	Boeing 737-8AS/W	33822/1798	
☐	EI-DHS	Boeing 737-8AS/W	33580/1807	
☐	EI-DHT	Boeing 737-8AS/W	33581/1809	
☐	EI-DHV	Boeing 737-8AS/W	33582/1811	
☐	EI-DHW	Boeing 737-8AS/W	33823/1819	ex N1786B
☐	EI-DHX	Boeing 737-8AS/W	33585/1824	ex N60436
☐	EI-DHY	Boeing 737-8AS/W	33824/1826	ex N1781B
☐	EI-DHZ	Boeing 737-8AS/W	33583/1834	
☐	EI-DLB	Boeing 737-8AS/W	33584/1836	ex N5573L
☐	EI-DLC	Boeing 737-8AS/W	33586/1844	ex N1786B
☐	EI-DLD	Boeing 737-8AS/W	33825/1847	
☐	EI-DLE	Boeing 737-8AS/W	33587/1864	
☐	EI-DLF	Boeing 737-8AS/W	33588/1867	
☐	EI-DLG	Boeing 737-8AS/W	33589/1869	ex N1786B
☐	EI-DLH	Boeing 737-8AS/W	33590/1886	
☐	EI-DLI	Boeing 737-8AS/W	33591/1894	ex N1786B
☐	EI-DLJ	Boeing 737-8AS/W	34177/1899	
☐	EI-DLK	Boeing 737-8AS/W	33592/1904	ex N1786B
☐	EI-DLL	Boeing 737-8AS/W	33593/1914	
☐	EI-DLM	Boeing 737-8AS/W	33694/1923	
☐	EI-DLN	Boeing 737-8AS/W	33595/1926	
☐	EI-DLO	Boeing 737-8AS/W	34178/1929	
☐	EI-DLR	Boeing 737-8AS/W	33596/2057	
☐	EI-DLS	Boeing 737-8AS/W	33621/2058	
☐	EI-DLT	Boeing 737-8AS/W	33597/2060	
☐	EI-DLV	Boeing 737-8AS/W	33598/2063	
☐	EI-DLW	Boeing 737-8AS/W	33599/2078	
☐	EI-DLX	Boeing 737-8AS/W	33600/2082	
☐	EI-DLY	Boeing 737-8AS/W	33601/2088	
☐	EI-DLZ	Boeing 737-8AS/W	33622/2101	
☐	EI-DPA	Boeing 737-8AS/W	33602/2109	
☐	EI-DPB	Boeing 737-8AS/W	33603/2112	ex N1787B
☐	EI-DPC	Boeing 737-8AS/W	33604/2120	ex N1786B
☐	EI-DPD	Boeing 737-8AS/W	33623/2123	ex N1786B
☐	EI-DPE	Boeing 737-8AS/W	33605/2140	ex N1787B
☐	EI-DPF	Boeing 737-8AS/W	33606/2158	
☐	EI-DPG	Boeing 737-8AS/W	33607/2163	
☐	EI-DPH	Boeing 737-8AS/W	33624/2168	
☐	EI-DPI	Boeing 737-8AS/W	33608/2173	
☐	EI-DPJ	Boeing 737-8AS/W	33609/2179	
☐	EI-DPK	Boeing 737-8AS/W	33610/2183	
☐	EI-DPL	Boeing 737-8AS/W	33611/2189	
☐	EI-DPM	Boeing 737-8AS/W	33640/2198	
☐	EI-DPN	Boeing 737-8AS/W	35549/2200	ex N1787B
☐	EI-DPO	Boeing 737-8AS/W	33612/2207	ex N1786B
☐	EI-DPP	Boeing 737-8AS/W	33613/2213	
☐	EI-DPR	Boeing 737-8AS/W	33614/2219	ex N1786B
☐	EI-DPS	Boeing 737-8AS/W	33641/2222	
☐	EI-DPT	Boeing 737-8AS/W	35550/2227	ex N1787B
☐	EI-DPV	Boeing 737-8AS/W	35551/2236	ex N1779B
☐	EI-DPW	Boeing 737-8AS/W	35552/2263	
☐	EI-DPX	Boeing 737-8AS/W	35553/2279	
☐	EI-DPY	Boeing 737-8AS/W	33615/2375	ex N1781B
☐	EI-DPZ	Boeing 737-8AS/W	33616/2376	
☐	EI-DWA	Boeing 737-8AS/W	33617/2377	
☐	EI-DWB	Boeing 737-8AS/W	36075/2382	
☐	EI-DWC	Boeing 737-8AS/W	36076/2384	
☐	EI-DWD	Boeing 737-8AS/W	33642/2389	ex N1781B
☐	EI-DWE	Boeing 737-8AS/W	36074/2391	
☐	EI-DWF	Boeing 737-8AS/W	33619/2396	
☐	EI-DWG	Boeing 737-8AS/W	33620/2397	
☐	EI-DWH	Boeing 737-8AS/W	33637/2408	ex N1787B
☐	EI-DWI	Boeing 737-8AS/W	33643/2410	
☐	EI-DWJ	Boeing 737-8AS/W	36077/2411	
☐	EI-DWK	Boeing 737-8AS/W	36078/2415	ex N1786B
☐	EI-DWL	Boeing 737-8AS/W	33618/2416	ex N1787B
☐	EI-DWM	Boeing 737-8AS/W	36080/2430	
☐	EI-DWO	Boeing 737-8AS/W	36079/2440	
☐	EI-DWP	Boeing 737-8AS/W	36082/2443	
☐	EI-DWR	Boeing 737-8AS/W	36081/2448	ex N1786B
☐	EI-DWS	Boeing 737-8AS/W	33625/2472	ex N1786B
☐	EI-DWT	Boeing 737-8AS/W	33626/2489	
☐	EI-DWV	Boeing 737-8AS/W	33627/2492	

☐	EI-DWW	Boeing 737-8AS/W	33629/2507	ex N1781B		
☐	EI-DWX	Boeing 737-8AS/W	33630/2508			
☐	EI-DWY	Boeing 737-8AS/W	33638/2518			
☐	EI-DWZ	Boeing 737-8AS/W	33628		on order	
☐	EI-DYA	Boeing 737-8AS/W	33631		on order	
☐	EI-DYB	Boeing 737-8AS/W	33633		on order	
☐	EI-DYC	Boeing 737-8AS/W	36567		on order	
☐	EI-DYD	Boeing 737-8AS/W	33632		on order	
☐	EI-DYE	Boeing 737-8AS/W	36568		on order	
☐	EI-DYF	Boeing 737-8AS/W	36569		on order	
☐	EI-DYG	Boeing 737-8AS/W	33639		on order	
☐	EI-	Boeing 737-8AS/W			on order	
☐	EI-	Boeing 737-8AS/W			on order	
☐	EI-	Boeing 737-8AS/W			on order	
☐	EI-	Boeing 737-8AS/W			on order	
☐	EI-	Boeing 737-8AS/W			on order	
☐	EI-	Boeing 737-8AS/W			on order	
☐	EI-	Boeing 737-8AS/W			on order	
☐	EI-	Boeing 737-8AS/W			on order	
☐	EI-	Boeing 737-8AS/W			on order	
☐	EI-	Boeing 737-8AS/W			on order	
☐	EI-	Boeing 737-8AS/W			on order	
☐	EI-	Boeing 737-8AS/W			on order	
☐	EI-	Boeing 737-8AS/W			on order	
☐	EI-	Boeing 737-8AS/W			on order	
☐	EI-	Boeing 737-8AS/W			on order	
☐	EI-	Boeing 737-8AS/W			on order	
☐	EI-	Boeing 737-8AS/W			on order	
☐	EI-	Boeing 737-8AS/W			on order	
☐	EI-	Boeing 737-8AS/W			on order	
☐	EI-	Boeing 737-8AS/W			on order	

Ten more to be sold to Norwegian Air Shuttle
115 more Boeing 737-8AS/Ws are on order. 10 sold to RBS Aerospace and leased back. Owns 26.9% of Aer Lingus

VISION AIR
(VAT)   *Dublin (DUB)*

☐	EI-DIF	Piper PA-31-350 Chieftain	31-7752105	ex G-OAMT	

EK-   ARMENIA (Republic of Armenia)

AIR ARMENIA
Air Armenia (QN/ARR)   *Yerevan-Zvartnots (EVN)*

☐	EK-11001	Antonov An-12TBK	8346107	ex CCCP-11244	
☐	EK-12104	Antonov An-12BK	8346104	ex CCCP-12110	Cargo titles
☐	EK-65848	Tupolev Tu-134A-3	23136	ex CCCP-65848	

AIR GLORIA

☐	EK-26227	Antonov An-26	77305509	ex ER-AZA	

ARMAVIA
Armavia (U8/RNV) (IATA 669)   *Yerevan-Zvartnots (EVN)*

☐	EK-RA01	Airbus A319-132	0913	ex HZ-NAS	Op for Govt	
☐	EK-32008	Airbus A320-211	0229	ex N229AN		Lsd fr AWAS
☐	EK-32011	Airbus A319-132	2277	ex N803BR	Mika	Lsd fr CIT Group
☐	EK-32012	Airbus A319-132	2362	ex N806BR	Air Marshal S Khidiakov	
						Lsd fr CIT Group
☐	EK-42362	Yakovlev Yak-42D	4520424811431	ex UR-CDU		
☐	EK-42417	Yakovlev Yak-42D	4520423219110	ex RA-42417	all-white	
☐	EK-65072	Tupolev Tu-134A-3	49972	ex CCCP-65072		Op for Govt
☐	EK-86118	Ilyushin Il-86	51483209086	ex CCCP-86118		
☐	4L-TGL	Boeing 737-3B7	23859/1551	ex N524AU		Lsd fr TGZ
☐		Airbus A320-214	3492	ex F-WW	on order	Lsd fr CIT Aerospace

Partially owned by Sibir Airlines; two SuperJet SSJ100s are on order

ARMENIA AIR CARGO

☐	EK-11810	Antonov An-12BP	5342908	ex UR-11810	

AYK AVIA
Yerevan-Zvartnots (EVN)

| ☐ | EK-74043 | Antonov An-74-200 | 36547096923 | ex RA-74043 | | |

BLUE SKY
Blue Armenia (BLM)
Yerevan-Zvartnots (EVN)

☐	EK-30044	Airbus A300B2K-3C	244	ex N142RF		Lsd to IRM
☐	EK-30060	Airbus A300B2K-3C	160	ex N141RF		Lsd to IRM
☐	EK-31088	Airbus A310-304	488	ex D-AIDD		Lsd to IRM
☐	EK-32075	Airbus A320-232	0575	ex F-GPPP		Lsd to IRM
☐	EK-74713	Boeing 747-3B3 (SCD)	23413/632	ex F-GETA		Lsd to IRM
☐	EK-74763	Boeing 747-422	24363/740	ex G-CEFD	stored	Lsd fr Blue Sky One
☐	EK-74774	Boeing 747-451	26474/988	ex N106UA	on order	Lsd fr Blue Sky Four
☐	EK-74779	Boeing 747-422	26879/973	ex G-CEFF		Lsd fr Blue Sky Three; sublsd to IRM
☐	EK-74780	Boeing 747-3B3 (SCD)	23480/641	ex F-GETB		Lsd to IRM
☐	EK-74783	Boeing 747-422	24383/811	ex G-CEFE		Lsd fr Blue Sky Two; sublsd to IRM

Blue Sky is the trading name of Blue Airways

MIAPET AVIA
(MPT)
Yerevan-Zvartnots (EVN)

☐	EK-11132	Antonov An-12BP	5343307	ex CCCP-11132	
☐	EK-11660	Antonov An-12BP	5343209	ex RA-11660	dam PNR 25Jan08
☐	EK-11772	Antonov An-12BP	5342903	ex CCCP-11772	status?
☐	EK-12603	Antonov An-12	00347603		id not confirmed

NAVIGATOR AIRLINES

| ☐ | EK-26440 | Antonov An-26 |

PHOENIX AVIA
Phoenix Armenia (PHY)
Yerevan-Zvartnote (EVN)

☐	EK-11007	Antonov An-12				
☐	EK-12148	Antonov An-12BK	4341906	ex military	Vasili Pro Kho Renko titles	
☐	EK-13399	Antonov An-26	2606	ex RA-13399		
☐	EK-46419	Antonov An-24B	87303704	ex RA-46419		
☐	EK-46656	Antonov An-24RV	47309302	ex RA-46656		Lsd to RSR
☐	EK-46741	Antonov An-12BK	8345408	ex RA-46741	White Bird	
☐	EK-46839	Antonov An-24T	7910201	ex RA-46839	Ali	
☐	EK-47835	Antonov An-24B	17307307	ex RA-47835		

SOUTH AIRLINES
(STH)
Sharjah (SHJ)

☐	EK-11102	Antonov An-12BP			
☐	EK-11830	Antonov An-12BP	4342210	ex EX-073	
☐	EK-12777	Antonov An-12BP	00347305	ex ST-SAE	
☐	EK-74045	Antonov An-74-200	36547098966	ex RA-74045	
☐	EK-76707	Ilyushin Il-76TD	073410292	ex RA-76495	
☐	EK-76727	Ilyushin Il-76TD	0073475268	ex UR-76727	
☐	EK-85536	Tupolev Tu-154B-2	82A-536	ex CCCP-85536	Lsd to KES
☐	EK-85566	Tupolev Tu-154B-2	82A-566	ex CCCP-85566	

TARON AVIA

| ☐ | EK-12129 | Antonov An-12 | 7344906 | ex RA-12129 |

VERTIR

| ☐ | EK12221 | Antonov An-12BK | 7345201 | ex ER-ACS |

VETERAN AIRLINE
(RVT)
Yerevan-Zvartnots (EVN)

☐	EK-11029	Antonov An-12B	7344908	ex RA-11029
☐	EK-46513	Antonov An-24RV	37308409	ex UR-46513
☐	EK-48026	Antonov An-32B	3209	

YER AVIA
Yerevan-Avia (ERV)
Yerevan-Zvartnots (EVN)

☐	EK-86724	Ilyushin Il-76M	073410284	ex EP-TPZ	
☐	EK-86817	Ilyushin Il-76M	063407191	ex EP-TPO	

Operator Unknown

☐	EK-12221	Antonov An-26	7345201	ex EK-12201	
☐	EK-26441	Antonov An-26	3009	ex ER-AZS	
☐	EK-26442	Antonov An-26			
☐	EK-47828	Antonov An-24B	17307209	ex UN-47828	
☐	EK-76400	Ilyushin Il-76TD	1023413438	ex JY-JIB	
☐	EK-	Antonov An-26	4705	ex ER-AZQ	

EP-   IRAN (Islamic Republic of Iran)

ABAN AIR
Current status uncertain, sole aircraft destroyed by fire 10 May 2007

ARIA AIR
Aria (IRX)
Lar/Bandar Abbas (LRR/BND)

☐	EP-EAF	Fokker F.27 Mk 050 (Fokker 50)	20235	ex D-AFKP	
☐	EP-EAH	Fokker F.27 Mk 050 (Fokker 50)	20234	ex D-AFKO	

CASPIAN AIRLINES
Caspian (RV/CPN) (IATA 879)
Rasht (RAS)

☐	EP-CPG	Tupolev Tu-154M	87A-748	ex YA-TAR		Lsd fr AFG
☐	EP-CPN	Tupolev Tu-154M	91A-898	ex EP-JAZ		
☐	EP-CPO	Tupolev Tu-154M	91A-899	ex EP-ARG		
☐	EP-CPS	Tupolev Tu-154M	93A-957	ex UN-85775		
☐	UR-CEW	McDonnell-Douglas MD-82	49634/1419	ex N34638	Windrose	Lsd fr KHO
☐		Boeing 737-		ex	on order	

CHABAHAR AIR
(IRU)
Tehran-Mehrabad (THR)

☐	EP-CFM	Fokker F.28-0100 (Fokker 100)	11394	ex PT-MQL	Lsd fr F100 Aircraft Lsg; sublsd to IRA
☐	EP-CFM	Fokker F.28-0100 (Fokker 100)	11394	ex PT-MQL	Lsd fr F100 Aircraft Lsg; sublsd to IRA
☐	EP-CFN	Fokker F.28-0100 (Fokker 100)	11423	ex PT-MQO	Lsd fr F100 Aircraft Lsg; sublsd to IRA
☐	EP-CFO	Fokker F.28-0100 (Fokker 100)	11389	ex PT-MQE	Lsd fr F100 Aircraft Lsg; sublsd to IRA
☐	EP-CFP	Fokker F.28-0100 (Fokker 100)	11409	ex PT-MQN	Lsd fr F100 Aircraft Lsg; sublsd to IRA
☐	EP-CFQ	Fokker F.28-0100 (Fokker 100)	11429	ex PT-MQT	Lsd fr F100 Aircraft Lsg; sublsd to IRA

ERAM AIR
Eram Air (YE/IRY)
Tabriz (TBZ)

☐	EP-EKA	Tupolev Tu-154M	92A-912	ex RA-85730		Lsd fr OMS
☐	EP-EKB	Tupolev Tu-154M	92A-946	ex RA-85763		Lsd fr OMS
☐	TC-TTB	McDonnell-Douglas MD-82	49144/1096	ex N800NK	Ufuk	Lsd fr TTH

FARS AIR

☐	EP-QFA	Yakovlev Yak-42D	4520422007018	ex ER-YCE	
☐	EP-QFB	Yakovlev Yak-42D	4520422003019	ex ER-YCF	

HELICOPTER SERVICES
Tehran

☐	EP-HEB	Aerospatiale AS.350B2 Ecureuil	3050	ex F-WQDA	
☐	EP-HEC	Aerospatiale AS.350B3 Ecureuil	3621		
☐	EP-HED	Aerospatiale AS.350B3 Ecureuil	3629		
☐	EP-HEE	Aerospatiale AS.350B3 Ecureuil	3644		
☐	EP-HEF	Aerospatiale AS.350B3 Ecureuil	3655		
☐	EP-HEG	Aerospatiale AS.350B3 Ecureuil	3658		
☐	EP-HEH	Aerospatiale AS.350B3 Ecureuil	3668		
☐	EP-HBJ	Bell 212	30504		
☐	EP-HCS	Sikorsky S-76A++	760297	ex C-GKWS	
☐	EP-HDS	Aerospatiale AS.365N2 Dauphin 2	6540	ex F-GIZU	
☐	EP-HDV	Aerospatiale AS.365N2 Dauphin 2	6467	ex F-GLMZ	
☐	EP-HTN	Bell 212	30885	ex N5009K	
☐	EP-HTO	Bell 205A-1	30163	ex N64743	
☐	EP-HTQ	Bell 205A-1	30189	ex N90039	
☐	EP-HUA	Bell 212	31176	ex HB-XPO	

IRAN AIR
Iranair (IR/IRA) (IATA 096) Tehran-Mehrabad (THR)

☐	EP-IBA	Airbus A300B4-605R	723	ex F-WWAL	
☐	EP-IBB	Airbus A300B4-605R	727	ex F-WWAZ	
☐	EP-IBC	Airbus A300B4-605R	632	ex SX-BEK	
☐	EP-IBD	Airbus A300B4-605R	696	ex SX-BEL	
☐	EP-IBI	Airbus A300B4-2C	151	ex TC-FLK	on order
☐	EP-IBJ	Airbus A300B4-2C	256	ex TC-FLL	on order
☐	EP-IBS	Airbus A300B2-203	080	ex F-WZEO	
☐	EP-IBT	Airbus A300B2-203	185	ex F-WZMB	
☐	EP-IBV	Airbus A300B2-203	187	ex F-WZMD	
☐	EP-IBZ	Airbus A300B2-203	226	ex F-WZME	
☐	EP-IBK	Airbus A310-304	671	ex SU-MWB	Lsd fr Credit Lyonnais
☐	EP-IBL	Airbus A310-304	436	ex A6-EKB	
☐	EP-IBM	Airbus A310-203	338	ex TC-JCL	
☐	EP-IBN	Airbus A310-203	375	ex TC-JCM	
☐	EP-IBO	Airbus A310-203	379	ex TC-JCN	stored THR
☐	EP-IBP	Airbus A310-203	370	ex TC-JCR	
☐	EP-IBQ	Airbus A310-203	389	ex TC-JCS	stored THR
☐	EP-IBX	Airbus A310-203	390	ex TC-JCU	stored THR
☐	EP-IRP	Boeing 727-286	20945/1048		
☐	EP-IRR	Boeing 727-286	20946/1052		
☐	EP-IRS	Boeing 727-286	20947/1070		
☐	EP-IRT	Boeing 727-286	21078/1114		
☐	EP-AUA	Boeing 747-230M	22670/550	ex JY-AUA	Lsd fr UVS
☐	EP-IAB	Boeing 747SP-86	20999/278		Khorasan
☐	EP-IAC	Boeing 747SP-86	21093/307		Fars; stored
☐	EP-IAD	Boeing 747SP-86	21758/371	ex N1800B	Khorasan
☐	EP-IAG	Boeing 747-286M	21217/291		Azarbadegan
☐	EP-IAH	Boeing 747-286M	21218/300		Khuzestan
☐	EP-IAM	Boeing 747-186B	21759/381	ex N5573P	
☐	J2-KCB	Boeing 747-238B	21352/310	ex EX-74701	on order Lsd fr Africa United Holdings
☐	J2-LBB	Boeing 747-238B	21054/260	ex EX-74702	
☐	EP-CFD	Fokker F.28-0100 (Fokker 100)	11442	ex PT-MRI	
☐	EP-CFE	Fokker F.28-0100 (Fokker 100)	11422	ex F-GRMV	
☐	EP-CFH	Fokker F.28-0100 (Fokker 100)	11443	ex F-GSTG	
☐	EP-CFI	Fokker F.28-0100 (Fokker 100)	11511	ex PT-MRU	
☐	EP-CFJ	Fokker F.28-0100 (Fokker 100)	11516	ex PT-MRV	
☐	EP-CFK	Fokker F.28-0100 (Fokker 100)	11518	ex PT-MRW	
☐	EP-CFL	Fokker F.28-0100 (Fokker 100)	11343	ex PT-MRY	
☐	EP-CFM*	Fokker F.28-0100 (Fokker 100)	11394	ex PT-MQL	Lsd fr IRU
☐	EP-CFN*	Fokker F.28-0100 (Fokker 100)	11423	ex PT-MQO	Lsd fr IRU
☐	EP-CFO*	Fokker F.28-0100 (Fokker 100)	11389	ex PT-MQE	Lsd fr IRU
☐	EP-CFP*	Fokker F.28-0100 (Fokker 100)	11409	ex PT-MQN	Lsd fr IRU
☐	EP-CFQ*	Fokker F.28-0100 (Fokker 100)	11429	ex PT-MQT	Lsd fr IRU
☐	EP-IDA	Fokker F.28-0100 (Fokker 100)	11292	ex PH-LMG	
☐	EP-IDD	Fokker F.28-0100 (Fokker 100)	11294	ex PH-LMM	
☐	EP-IDF	Fokker F.28-0100 (Fokker 100)	11298	ex PH-LMN	
☐	EP-IDG	Fokker F.28-0100 (Fokker 100)	11302	ex PH-LMW	

Iran Air is the operating name of The Airline Of The Islamic Republic Of Iran; Iran Air Tour is a wholly owned subsidiary

IRAN AIR TOUR AIRLINE
(B9/IRB) (IATA 491) Tehran-Mehrabad/Mashad (THR/MHD)

☐	EP-MBQ	Tupolev Tu-154M	92A-931	ex RA-85749	Lsd fr NKZ
☐	EP-MBT	Tupolev Tu-154M	92A-930	ex RA-85747	Lsd fr NKZ
☐	EP-MCE	Tupolev Tu-154M	89A-799	ex RA-85092	Lsd fr VARZ 400
☐	EP-MCG	Tupolev Tu-154M	91A-883	ex RA-85708	Lsd fr KJC
☐	EP-MCH	Tupolev Tu-154M	91A-879	ex RA-85704	Lsd fr KJC
☐	EP-MCI	Tupolev Tu-154M	91A-892	ex RA-85716	Lsd fr BRZ
☐	EP-MCJ	Tupolev Tu-154M	89A-800	ex EP-MBP	Lsd fr VARZ 400
☐	EP-MCK^	Tupolev Tu-154M	92A-940	ex RA-85758	Lsd fr NKZ
☐	EP-MCL	Tupolev Tu-154M	91A-880	ex RA-85705	Lsd fr NKZ
☐	EP-MCM	Tupolev Tu-154M	90A-855	ex RA-85085	Lsd fr VARZ 400
☐	EP-MCT	Tupolev Tu-154M			

^Also reported as EP-MCM, ex EP-MBN, RA-85738

☐	EP-MDA*	Airbus A300B4-203	299	ex TC-OBC		Lsd fr Vakif Lsg
☐	EP-MDB	Airbus A300B4-203	302	ex TC-OBB	stored	Lsd fr Vakif Lsg
☐	EP-	Tupolev Tu-204-100			on order	Lsd fr Ilyushin Finance
☐	EP-	Tupolev Tu-204-100			on order	Lsd fr Ilyushin Finance

*Carries Iran Airtour - The Islamic Republic of Iran titles; three more Tupolev Tu-204-100s are on order, also leased from Ilyushin Finance. Iran Air Tour is wholly owned by Iran Air

IRAN ASEMAN AIRLINES
(EP/IRC) (IATA 815) *Tehran-Mehrabad (THR)*

☐	EP-ATA	ATR 72-212	334	ex F-WWLQ	
☐	EP-ATH	ATR 72-212	339	ex F-WWLU	
☐	EP-ATS	ATR 72-212	391	ex F-WWED	
☐	EP-ATZ	ATR 72-212	398	ex F-WWEK	
☐	EP-IRB	ATR 72-212A	573	ex F-OIRB	Lsd fr Zahra Ltd
☐	F-OIRA	ATR 72-212A	697	ex F-WWET	Lsd fr Zahra Ltd
☐	EP-ASG	Fokker F.28-0100 (Fokker 100)	11438	ex HL7210	stored DNR
☐	EP-ASH	Fokker F.28-0100 (Fokker 100)	11439	ex HL7211	
☐	EP-ASI	Fokker F.28-0100 (Fokker 100)	11519	ex HL7215	
☐	EP-ASJ	Fokker F.28-0100 (Fokker 100)	11378	ex HL7206	
☐	EP-ASK	Fokker F.28-0100 (Fokker 100)	11388	ex HL7208	
☐	EP-ASL	Fokker F.28-0100 (Fokker 100)	11432	ex HL7209	stored
☐	EP-ASM	Fokker F.28-0100 (Fokker 100)	11433	ex F-GIOI	
☐	EP-ASO	Fokker F.28-0100 (Fokker 100)	11454	ex F-GIOJ	
☐	EP-ASP	Fokker F.28-0100 (Fokker 100)	11504	ex HL7213	
☐	EP-ASQ	Fokker F.28-0100 (Fokker 100)	11513	ex HL7214	
☐	EP-ASR	Fokker F.28-0100 (Fokker 100)	11522	ex HL7216	Lsd fr ORIX
☐	EP-AST	Fokker F.28-0100 (Fokker 100)	11523	ex HL7217	Lsd fr ORIX
☐	EP-ASU	Fokker F.28-0100 (Fokker 100)	11430	ex PT-MQP	Lsd to IRK
☐	EP-ASX	Fokker F.28-0100 (Fokker 100)	11431	ex PT-MQS	Lsd to IRK
☐	EP-ASZ	Fokker F.28-0100 (Fokker 100)	11421	ex PT-MQR	
☐	EP-ATB	Fokker F.28-0100 (Fokker 100)	11401	ex PT-MQF	
☐	EP-ASA	Boeing 727-228	22081/1594	ex LX-IRA	
☐	EP-ASB	Boeing 727-228	22082/1603	ex LX-IRB	
☐	EP-ASC	Boeing 727-228	22084/1638	ex LX-IRC	
☐	EP-ASD	Boeing 727-228	22085/1665	ex LX-IRD	
☐	EP-ASF	Fokker F.28 Fellowship 4000	11144	ex F-GDUZ	

IRANIAN AIR TRANSPORT
NAFT (IRG) *Ahwaz (AWZ)*

☐	EP-GAS	Fokker F.27 Mk 050 (Fokker 50)	20224	ex PH-JXA	
☐	EP-IOD	de Havilland DHC-6 Twin Otter 300	469		
☐	EP-IOE	de Havilland DHC-6 Twin Otter 300	425		
☐	EP-IOP	de Havilland DHC-6 Twin Otter 300	577		
☐	EP-NFT	Fokker F.27 Mk 050 (Fokker 50)	20220	ex PH-RRF	
☐	EP-OIL	Fokker F.27 Mk 050 (Fokker 50)	20222	ex PH-LNZ	
☐	EP-PET	Fokker F.27 Mk 050 (Fokker 50)	20283	ex PH-MXF	Lsd fr A/C Financing & Trading

Subsidiary of the National Iranian Oil Company

KISH AIR
Kishair (Y9/IRK) (IATA 780) *Tehran-Mehrabad (THR)*

☐	EP-LBV	Fokker F.27 Mk 050 (Fokker 50)	20158	ex VP-CSE	
☐	EP-LCB	Fokker F.27 Mk 050 (Fokker 50)	20274	ex EC-GKV	
☐	EP-LCC	Fokker F.27 Mk 050 (Fokker 50)	20275	ex EC-GKX	Lsd fr PLM Tpt
☐	EP-LCE	Fokker F.27 Mk 050 (Fokker 50)	20265	ex PH-LXF	
☐	EP-LCF	Fokker F.27 Mk 050 (Fokker 50)	20263	ex PH-LXE	
☐	EP-LCG	Fokker F.27 Mk 050 (Fokker 50)	20236	ex PH-JXL	
☐	EP-ASU	Fokker F.28-0100 (Fokker 100)	11430	ex PT-MQP	Lsd fr IRC
☐	EP-ASX	Fokker F.28-0100 (Fokker 100)	11431	ex PT-MQS	Lsd fr IRC
☐	EP-LBR	Tupolev Tu-154M	90A-838	ex RA-85089	
☐	EP-LBS	Tupolev Tu-154M	91A-901	ex UN-85619	

MAHAN AIR
Mahan Air (W5/IRM) (IATA 537) *Kerman (KER)*

☐	EK-30044	Airbus A300B2K-3C	244	ex N142RF	Lsd fr Blue Sky
☐	EK-30060	Airbus A300B2K-3C	160	ex N141RF	Lsd fr Blue Sky
☐	EP-MHF	Airbus A300B4-103	055	ex S7-AAZ	
☐	EP-MHG	Airbus A300B4-203	204	ex AP-BFL	
☐	EP-MHL	Airbus A300B4-203	175	ex SU-BMM	
☐	EP-MHM	Airbus A300B2K-3C	090	ex TC-SGA	Lsd fr SGX
☐	EK-31088	Airbus A310-304	488	ex D-AIDD	Lsd fr Blue Sky
☐	EK-32075	Airbus A320-232	0575	ex F-GPPP	Lsd fr Blue Sky
☐	EK-74713	Boeing 747-3B3 (SCD)	23413/631	ex F-GETA	Lsd fr Blue Sky
☐	EK-74779	Boeing 747-422	26879/973	ex G-CEFF	Lsd fr Blue Sky
☐	EK-74780	Boeing 747-3B3 (SCD)	23480/641	ex F-GETB	Lsd fr Blue Sky
☐	EK-74783	Boeing 747-422	24383/811	ex G-CEFE	Lsd fr Blue Sky
☐	EP-MHJ	Airbus A320-232	0857	ex D-ALEX	
☐	EP-MHK	Airbus A320-232	0530	ex D-ANNE	
☐	EX-301	Airbus A310-304	524	ex D-AIDF	Lsd fr KTC
☐	F-OJHH	Airbus A310-304ER	586	ex EP-MHH	Lsd fr Zarand Avn
☐	F-OJHI	Airbus A310-304ER	537	ex EP-MHI	Lsd fr Kerman Avn

☐	SU-EAH	Tupolev Tu-204-120	1450744864023			Lsd fr CCE

Five British Aerospace 146-300s are on option

NAVID AIR
Navid (IRI)   Karaj-Payam (QKC)

☐	EP-NAA	Mil Mi-17l	59489602238	ex RA-25520	
☐	EP-NAB	Mil Mi-8MTV-1	95932	ex RA-27108	
☐	EP-NAC	Mil Mi-8T	99254442	ex RA-27024	
☐	EP-NAD	Mil Mi-8T	99254471	ex RA-27025	
☐	EP-NAF	Bell 212	31231	ex A6-BAC	Lsd fr Abu Dhabi Avn

PARS AIR
(PRA)

☐	EP-PCB	Ilyushin Il-76	1013409297	ex EP-TQJ	ids may be reversed
☐	EP-PCC	Ilyushin Il-76TD	1013409321	ex EP-TQI	

Pars Air is a trading name of Pars Aviation Service; current status uncertain

PAYAM INTERNATIONAL AIR
Payamair (2F/IRP)   Karaj-Payam (QKC)

☐	EP-TPH	Embraer EMB.110P1A Bandeirante	110453	ex EP-TPM	Tehran
☐	EP-TPI	Embraer EMB.110P1 Bandeirante	110438	ex EP-TPA	Kerrian
☐	EP-TPJ	Embraer EMB.110P1 Bandeirante	110442	ex EP-TPT	Kashan
☐	EP-TPK	Embraer EMB.110P1 Bandeirante	110386	ex EP-TPG	Esfahan
☐	EP-TPL	Embraer EMB.110P1 Bandeirante	110423	ex EP-TPS	Semnan
☐	EP-TPC	Bell 212	30516	ex 6-9202	
☐	EP-TPN	Bell 212	30517	ex 6-9203	

Operates services for Iranian postal and telecommunications ministeries; also leases Antonov An-12 and Ilyushin Il-76 aircraft as required

QESHM AIR
Faraz Air (IRQ)   Tehran-Mehrabad (THR)

☐	TC-AKL	McDonnell-Douglas MD-83	53184/2088	ex TC-FBG	Lsd fr VVF
☐	TC-AKN	McDonnell-Douglas MD-83	53186/2092	ex TC-FBD	Lsd fr VVF

SAFAT AIRLINES

☐	EP-SAJ	Antonov An-26	57314002	ex RA-26592
☐	EP-SAK	Antonov An-26	57314001	ex RA-26591

Current status uncertain

SAFIRAN AIRLINES
Safiran (SFN)   Tehran-Mehrabad (THR)

☐	EP-SFD	Ir.An-140	9001	ex HESA-01	
☐	EP-SFE	Ir.An-140	9002		Op by Police Avn
☐	EP-SFF	Ir.An-140	9003		Op by Police Avn as HESA 90-03
☐	EP-	Ir.An-140		on order	

First three manufactured from parts of 36525301005, 3652530202009 and 36525302015 respectively
Also operates cargo flights with Ilyushin Il-76s leased from other operators when required

SAHA AIRLINE
Saha (IRZ)   Tehran-Mehrabad (THR)

☐	EP-SHK	Boeing 707-3J9C	21128/917	ex 5-8312	
☐	EP-SHU	Boeing 707-3J9C	21126/914	ex 5-8310	stored
☐	EP-SHV	Boeing 707-3J9C	21125/912	ex 5-8309	stored
☐	EP-	Boeing 707-3J9C	20830/876	ex 5-8301	

TABAN AIR
(TBM)   Mashhad

☐	LZ-HBD	British Aerospace 146 Srs.300	E3141	ex N615AW	Lsd fr HMS
☐	RA-85761	Tupolev Tu-154M	93A-944		Lsd fr KGL
☐	RA-85787	Tupolev Tu-154M	93A-971		Lsd fr KGL

TAFTAN AIR
Ceased operations late 2006 and aircraft stored at Zehedan

TARA AIRLINES
Tarair (IRR)   Bandar Abbas (BND)

☐	EP-TRA	Kamov Ka-32	8902	ex RA-31071

☐	EP-TRB	Agusta A.109E Power	11007	ex D-HOBM	
☐	EP-TRH	MBB Bo.105CB	S-66	ex A6-ALS	
☐	EP-TRK	Agusta A.109E Power	11023	ex I-MALL	
☐	EP-TRM	Kamov Ka-32	8604	ex RA-31582	
☐	EP-TRT	MBB Bo.105CB	S-100	ex A6-ALQ	
☐	EP-TRZ	Kamov Ka-32	8901	ex RA-31070	

ZAGROS AIRLINES
Zagros (IZG)   Abadan (ABD)

Ceased operations in early 2007 but intends to restart

Operator Unknown

☐ EP-   McDonnell-Douglas MD-82   53171/2067   ex G-CEPK

ER-   MOLDOVA (Republic of Moldova)

AERIANTUR-M AIRLINES
Aerem (MBV)   Kishinev-Chisinau (KIV)

☐ ER-AXI   Antonov An-12B   6344310   ex RA-11339

AEROM
Ceased operations after AOC was revoked 21 June 2007 by the Moldavian authorities (also known as Aeroportul Int'l)

AERONORD GRUP
(NRP)

☐ ER-AXK   Antonov An-12BK   00347005   stored
All operate without titles

AIR AMDER
Airline believed to be based in Mauritania, leases its only aircraft back from new lessor (qv)

AIR MOLDOVA
Air Moldova (9U/MLD)   Kishinev-Chisinau (KIV)

☐	ER-AXT	Airbus A320-231	0249	ex PR-MAF	Lsd fr Airbus
☐	ER-AXV	Airbus A320-211	0622	ex F-WQSG	Lsd fr Airbus
☐	ER-EMA	Embraer EMB.120RT Brasilia	120223	ex N246CA	Lsd fr A/c Consultants; sublsd to TDM
☐	ER-YGD	Yakovlev Yak-40D	9831458	ex RA-87970	Op for Govt
☐	ER-65140	Tupolev Tu-134A-3	60932	ex CCCP-65140	Op for Govt
☐	F-HBBB	Embraer EMB.120ER Brasilia	120209	ex EC-HUP	Lsd fr Fortis Lease

AIRLINE TRANSPORT
Aerotitan (RIN)   Kishinev-Chisinau (KIV)

☐	ER-AZG	Antonov An-24RV	57310105	ex YR-ARA	
☐	ER-AZH	Antonov An-24RV	57310405	ex YR-ARB	
☐	ER-IBP	Ilyushin Il-76T	093418556	ex RA-76516	stored

AIRLINK ARABIA
                                                                      Kishinev-Chisinau (KIV)

☐ ER-AZX   Antonov An-24RV   47309804   ex RA-46687

GRIXONA
Ceased operations after AOC was revoked 21 June 2007 by the Moldavian authorities

ICS AIR
Sole aircraft transferred to Grixona and current status uncertain

JETLINE INTERNATIONAL
Ceased operations after AOC was revoked 21 June 2007 by the Moldavian authorities; was banned by EU 22 March 29006

MOLDAVIAN AIRLINES
Moldavian (2M/MDV)   Kishinev-Chisinau (KIV)

☐	ER-FZA	Fokker F.28-0100 (Fokker 100)	11395	ex F-WQVS	
☐	ER-SFA	SAAB 2000	2000-056	ex HB-IYA	Lsd fr SWR
☐	ER-SFB	SAAB 2000	2000-022	ex HB-IZL	

PECOTOX AIR
Ceased operations after AOC was revoked 21 June 2007 by the Moldavian authorities

SKYLINK
Current status uncertain; all aircraft now operated elsewhere

SUNCARGO
Current status uncertain

TANDEM-AERO
Tandem (TQ/TDM) (IATA 038)   *Kishinev-Chisinau (KIV)*

☐ ER-46685	Antonov An-24RV		47309710	ex CCCP-46685

Also leases aircraft from other operators as required

TEPAVIA TRANS AIRLINE
Tepavia (TET)   *Kishinev-Chisinau (KIV)*

☐ ER-AJA	WSK-PZL/Antonov An-28	1AJ003-07	ex RA-28743
☐ ER-AJC	WSK-PZL/Antonov An-28	1AJ003-12	ex RA-28748
☐ ER-AWM	Antonov An-32B	3009	ex HA-TCL
☐ ER-AZW	Antonov An-32A	2109	ex S9-BOI
☐ ER-LID	LET L-410UVP-E	902437	ex RA-67644

TIRAMAVIA
Ceased operations after AOC was revoked 21 June 2007 by the Moldavian authorities

VALAN INTERNATIONAL CARGO
Ceased operations after AOC was revoked 21 June 2007 by the Moldavian authorities

Operator Unknown

☐ ER-ADP	Antonov An-12BK	8345702	ex UR-11346
☐ ER-AUA	Antonov An-26	10610	ex RA-93917
☐ ER-AWC	Antonov An-24RV	27307504	ex RA-46846
☐ ER-AWD	Antonov An-24RV	17306907	ex RA-47805
☐ ER-LIC	LET L-410UVP	820904	ex EW-215KB

ES-   ESTONIA (Republic of Estonia)

AERO AIRLINES
Wholly owned subsidiary of Finnair; ceased operations 06 January 2008 and operations taken over by Finncomm Airlines

AIR LIVONIA
Ceased operations

AIREST
Elka (AIT)   *Tallinn-Ylemiste (TLL)*

☐ ES-LLB	LET L-410UVP-E20C		912608	ex OK-WDG	Lsd fr Avieg Equipment
☐ ES-LLC	LET L-410UVP-E20C		912609	ex OK-WDH	Lsd fr Avieg Equipment

AirEst is the trading name of Estonian Aviation Company

AVIES AIR COMPANY
Avies (U3/AIA)   *Tallinn-Ylemiste (TLL)*

☐ ES-PAH	Piper PA-31-350 Navajo Chieftain	31-7405156	ex SE-GDI		
☐ ES-PJG	British Aerospace Jetstream 31	701	ex ES-LJD	Tooru	Lsd fr Optiva Lsg
☐ ES-PJR	British Aerospace Jetstream 32EP	949	ex SE-LNU		
☐ ES-PLB	LET L-410UVP	851413	ex LY-AVY		Lsd fr Optiva Lsg
☐ LY-PCL	LET L-410UVP-E	892335	ex LY-AVV		

ENIMEX
Enimex (ENI)   *Tallinn-Ylemiste (TLL)*

☐ ES-NOB	Antonov An-72-100	36572070695	ex CCCP-72931	Lsd to United Nations as UNO-215
☐ ES-NOH	Antonov An-72-100	36572095909	ex EL-ALX	Op for UN
☐ ES-NOI	Antonov An-72-100	36572096914	ex 3C-QQO	
☐ ES-NOK	Antonov An-72-100	36572090780	ex RA-72939	Op for UN

ESTONIAN AIR
Estonian (OV/ELL) (IATA 960)   *Tallinn-Ylemiste (TLL)*

☐ ES-ABC	Boeing 737-5Q8	26324/2735		Koit	Lsd fr ILFC
☐ ES-ABD	Boeing 737-5Q8	26323/2770		Hämarik	Lsd fr ILFC
☐ ES-ABH	Boeing 737-53S	29074/3086	ex F-GJNT		Lsd fr AFS Investments
☐ ES-ABJ	Boeing 737-33R	28873/2975	ex ZK-NGA		
☐ ES-ABK	Boeing 737-36N	28572/3031	ex G-STRE	Kalev	Lsd fr GECAS
☐ ES-ABL	Boeing 737-5L9	28997/3008	ex OK-DGB		Lsd fr Sumitomo

49% owned by SAS

ESTONIAN AIR REGIONAL
Estonian (OV/ELL) — *Tallinn-Ylemiste (TLL)*

☐	ES-ASM	SAAB SF.340A	340A-132	ex SE-LMT	Op by GAO
☐	ES-ASN	SAAB SF.340A	340A-151	ex SE-KUU	Op by GAO

Commenced operations 24 September 2007; wholly owned subsidiary of Estonian Air

ET- ETHIOPIA (Federal Democratic Republic of Ethiopia)

ABYSSINIAN FLIGHT SERVICES
Addis Ababa (ADD)

☐	ET-ALD	Cessna 208 Caravan I	208B00172	ex N9750F	
☐	ET-ALF	Cessna TU206F Turbo Stationair II	U20602598	ex N206AM	

ETHIOPIAN AIRLINES
Ethiopian (ET/ETH) (IATA 071) — *Addis Ababa (ADD)*

☐	ET-ALK	Boeing 737-760/W	33764/1408		
☐	ET-ALM	Boeing 737-760/W	33765/1539		
☐	ET-ALN	Boeing 737-760/W	33766/1757		
☐	ET-ALQ	Boeing 737-76N/W	33420/1459		Lsd fr GECAS
☐	ET-ALU	Boeing 737-76N/W	32741/1487		Lsd fr GECAS
☐	ET-AJS	Boeing 757-260PF	24845/300	ex N3519L	
☐	ET-AJX	Boeing 757-260 (PCF)	25014/348		
☐	ET-AKC	Boeing 757-260	25353/408		
☐	ET-AKE	Boeing 757-260ER	26057/444		
☐	ET-AKF	Boeing 757-260ER	26058/496		
☐	ET-ALY	Boeing 757-231	28480/750	ex N708TW	Lsd fr Pegasus
☐	ET-ALZ	Boeing 757-231	30319/883	ex N720TW	Lsd fr Pegasus
☐	ET-AMK	Boeing 757-23N	32449/974	ex C-GMYE	Lsd fr GECAS
☐	ET-ALC	Boeing 767-33AER	28043/734		Lsd fr AWAS
☐	ET-ALH	Boeing 767-3BGER	30565/802	ex HB-IHW	Lsd fr Pembroke
☐	ET-ALJ	Boeing 767-360ER	33767/918	ex N5020K	
☐	ET-ALL	Boeing 767-3BGER	30564/798	ex OO-IHV	Lsd fr Roxy Ltd
☐	ET-ALO	Boeing 767-360ER	33768/922		
☐	ET-ALP	Boeing 767-360ER	33769/933		
☐	ET-AME	Boeing 767-306ER	27611/633	ex PH-BZH	Lsd fr ILFC
☐	ET-AMF	Boeing 767-3BGER	30563/786	ex B-2561	Lsd fr Deutsche Structured Finance
☐	ET-AMG	Boeing 767-3BGER	30566/817	ex B-2562	Lsd fr Deutsche Structured Finance
☐	ET-AKR	Fokker F.27 Mk 050 (Fokker 50)	20313	ex PH-LOP	
☐	ET-AKS	Fokker F.27 Mk 050 (Fokker 50)	20328	ex PH-EXB	all-white
☐	ET-AKT	Fokker F.27 Mk 050 (Fokker 50)	20331	ex PH-EXC	all-white
☐	ET-AKU	Fokker F.27 Mk 050 (Fokker 50)	20333	ex PH-EXD	all-white
☐	ET-AKV	Fokker F.27 Mk 050 (Fokker 50)	20335	ex PH-EXE	
☐	ET-AIT	de Havilland DHC-6 Twin Otter 310	820	ex C-GDNG	
☐	ET-AIX	de Havilland DHC-6 Twin Otter 300	835	ex C-GDFT	
☐	ET-AJB	Boeing 737-260	23915/1583		

Seven more Boeing 787-860s and two Boeing 787-960s are on order for delivery from 2009 to 2012

TRANS NATION AIRWAYS
Trans Nation (TNW) — *Addis Ababa/Jeddah (ADD/JED)*

☐	ET-AKZ	de Havilland DHC-8-202	469	ex C-GLOT	Lsd fr Midroc Lsg; op for RWD
☐	ET-ALX	de Havilland DHC-8-202	475	ex ZK-ECR	Lsd fr Midroc Lsg

EW- BELARUS (Republic of Belarus)

BELAVIA BELARUSSIAN AIRLINES
Belarus Avia (B2/BRU) (IATA 628) — *Minsk 1 (MHP)*

☐	EW-85703	Tupolev Tu-154M	91A-878	ex CCCP-85703	
☐	EW-85706	Tupolev Tu-154M	91A-881	ex CCCP-85706	
☐	EW-85741	Tupolev Tu-154M	91A-896	ex ES-LTC	
☐	EW-85748	Tupolev Tu-154M	92A-924		
☐	EW-85815	Tupolev Tu-154M	95A-1010		VIP
☐	EW-001PA	Boeing 737-8EV/W	33079/1075	ex N375BC	Op for Govt BBJ2
☐	EW-100PJ	Canadair CL-600-2B19 (CRJ-200LR)	7309	ex N400MJ	Lsd fr Deutsche Structured Finance
☐	EW-101PJ	Canadair CL-600-2B19 (CRJ-200LR)	7316	ex N401MJ	Lsd fr Deutsche Structured Finance
☐	EW-250PA	Boeing 737-524	26319/2748	ex N427LF	Lsd fr ILFC
☐	EW-251PA	Boeing 737-5Q8	27634/2889	ex PT-SSC	
☐	EW-46483	Antonov An-24RV	27308101	ex CCCP-46483	
☐	EW-46615	Antonov An-24RV	37308702	ex CCCP-46615	

☐	EW-65106	Tupolev Tu-134A	60315	ex CCCP-65106		
☐	EW-65149	Tupolev Tu-134A-3	61033	ex CCCP-65149		
☐	EW-88187	Yakovlev Yak-40	9620748	ex CCCP-88187	Op for Govt	
☐		Canadair CL-600-2B19 (CRJ-200LR)		ex	on order	
☐		Boeing 737-524	26339/2771	ex LY-AGQ	on order	Lsd fr ILFC
☐		Boeing 737-524	26340/2777	ex LY-AGZ	on order	Lsd fr ILFC

GENEX

☐	EW-246TG	Antonov An-26B	67314403	ex UR-26214	Op by Airest
☐	EW-259TG	Antonov An-26B	27312706	ex UR-26094	

GOMELAVIA
Gomel (YD/GOM)   Gomel (GME)

☐	EW-239TH	Ilyushin Il-76TD	0053464934	ex EX-066	
☐	EW-240TH	Ilyushin Il-76TD	0063465956	ex EX-064	id not confirmed
☐	EW-242TH	Ilyushin Il-76TD	1033414480	ex RA-76369	
☐	EW-244TH	Ilyushin Il-76TD	1023410344	ex RA-76350	
☐	EW-258TH	Ilyushin Il-76TD	0063470088	ex UN-76485	
☐	EW-263TH	Ilyushin Il-76TD	0033448404	ex ER-IBN	id not confirmed
☐	EW-264TH	Ilyushin Il-76TD	0053460790	ex ER-IBK	id not confirmed
☐	EW-78843	Ilyushin Il-76TD	1003403082	ex CCCP-78843	
☐	EW-245TI	Antonov An-12BP	6344608	ex EX-096	
☐	EW-252TI	Antonov An-12BP	401912	ex (ER-ACX)	status, to Angola?
☐	EW-46250	Antonov An-24B	77303208		stored GME
☐	EW-46304	Antonov An-24B	97305304		stored GME
☐	EW-46631	Antonov An-24RV	37308810	ex CCCP-46631	
☐	EW-46835	Antonov An-24RV	17306802	ex CCCP-46835	
☐	EW-47697	Antonov An-24RV	27307604	ex CCCP-47697	

RUBYSTAR
RubyStar (RSB)   Minsk-Machulishchy

☐	EW-265TI	Antonov An-12B	402410	ex ER-ADQ
☐	EW-266TI	Antonov An-12B	6344610	ex LZ-VEC
☐	EW-47808	Antonov An-24RV	17306910	ex CCCP-47808

TRANS AVIA EXPORT CARGO AIRLINES
Transexport (AL/TXC) (IATA 221)   Minsk-Machulishchy

☐	EW-76710	Ilyushin Il-76TD	0063473182	ex RA-76710	
☐	EW-76711	Ilyushin Il-76TD	0063473187	ex CCCP-76711	
☐	EW-76712	Ilyushin Il-76TD	0063473190	ex CCCP-76712	
☐	EW-76734	Ilyushin Il-76TD	0073476312	ex RA-76734	
☐	EW-76735	Ilyushin Il-76TD	0073476314	ex CCCP-76735	
☐	EW-76737	Ilyushin Il-76TD	0073477323	ex CCCP-76737	Lsd to AYZ
☐	EW-78769	Ilyushin Il-76MD	0083487607	ex CCCP-78769	
☐	EW-78779	Ilyushin Il-76TD	0083489662	ex CCCP-78779	Lsd to AYZ
☐	EW-78787	Ilyushin Il-76MD	0083490698	ex CCCP-78787	
☐	EW-78792	Ilyushin Il-76TD	0093490718	ex EP-CFA	all-white
☐	EW-78799	Ilyushin Il-76TD	0093491754	ex CCCP-78799	
☐	EW-78801	Ilyushin Il-76TD	0093492763	ex CCCP-78801	
☐	EW-78808	Ilyushin Il-76TD	0093493794	ex CCCP-78808	
☐	EW-78819	Ilyushin Il-76TD	0093495883	ex CCCP-78819	
☐	EW-78827	Ilyushin Il-76TD	1003499997	ex CCCP-78827	
☐	EW-78828	Ilyushin Il-76TD	1003401004	ex RA-78828	
☐	EW-78836	Ilyushin Il-76TD	0093499986	ex CCCP-78836	
☐	EW-78839	Ilyushin Il-76TD	1003402047	ex CCCP-78839	
☐	EW-78848	Ilyushin Il-76TD	1003405159	ex CCCP-78848	
☐	ST-ATX	Ilyushin Il-76TD	0063473182	ex EW-76710	Lsd fr WAM

Some are stored at any time

Operator Unknown

☐	EW-	Antonov An-12BK	00347408	ex ER-ACV
☐	EW-	Antonov An-12BK	9346508	ex ER-ADZ

EX-   KYRGYZSTAN (Republic of Kyrgyzstan)

ACI AIR
Current status uncertain as sole aircraft now offered for lease by Maipet Avia

AEROVISTA AIRLINES
Aerovista Group (AAP)   Sharjah (SHJ)

☐	EX-007	Yakovlev Yak-40	9640152	ex UN-88248	all-white	
☐	EX-87250	Yakovlev Yak-40	9310726	ex CCCP-87250		Lsd fr TLR

☐ EX-87412	Yakovlev Yak-40		9420434	ex CCCP-87412		Lsd to TLR
☐ EX-87426	Yakovlev Yak-40		9420235	ex CCCP-87426		Lsd to TLR
☐ EX-87664	Yakovlev Yak-40		9240825	ex CCCP-87664		Lsd to TLR
☐ EX-88207	Yakovlev Yak-40K		9631149	ex EY-87207		Lsd to TLR
☐ EX-88270	Yakovlev Yak-40		9720853	ex RA-88270		Lsd to TLR
☐ EX-004	Antonov An-24B		89901506	ex ER-AEM	all-white	
☐ EX-011	Ilyushin Il-18D		182004804	ex ER-ICM		
☐ EX-019	Antonov An-24RV		77310710	ex ST-ING		
☐ EX-023	Antonov An-24RV		17307103	ex RA-47817		
☐ EX-417	LET L-410UVP		851417	ex CCCP-67513	stored KDH	

Aerovista Gulf Airlines (A6-) is an associated company

AIR MANAS
Air Manas (MBB)　　　　　　　　　　　　　　　　　　　　　　　　　　　　　　　　Bishkek-Manas (FRU)

☐ EX-00002	Tupolev Tu-154M		91A-904	ex RA-85722	VIP	Op for Government

ALTYN AIR LINES
Renamed Kyrgyzstan OJSC

ANIKAY AIR
Anikay (AKF)　　　　　　　　　　　　　　　　　　　　　　　　　　　　Bishkek-Manas/Sharjah (FRU/SHJ)

☐ EX-405	Ilyushin Il-18D		184007405	ex T9-ABB	no titles
☐ EX-601	Ilyushin Il-18E		185008601	ex EL-ALD	National Paints titles

ASIA ALPHA AIRWAYS
(OD/SAL)

Current fleet details unknown; one 707 and one 737 are due

AVIA TRAFFIC COMPANY
Atomic (AVJ)　　　　　　　　　　　　　　　　　　　　　　　　　　　　　　　　　Bishkek-Manas (FRU)

☐ EX-076	Boeing 737-268		20882/356	ex HZ-AGF	Lsd fr ESD
☐ EX-777	Boeing 737-268		21654/532	ex HZ-AGS	Lsd fr ESD

BOTIR-AVIA
Botir-Avia (B8/BTR)　　　　　　　　　　　　　　　　　　　　　　　　　　　　　Bishkek-Manas (FRU)

☐ RA-76366	Ilyushin Il-76TD		1043418628	Lsd fr ESS Rossii

BRITISH GULF INTERNATIONAL AIRLINES
Gulf Inter (BGK)　　　　　　　　　　　　　　　　　　　　　　　　　　　Bishkek-Manas/Sharjah (FRU/SHJ)

☐ S9-SAH	Antonov An-12B		01347704	ex EX-163	Julia
☐ S9-SAJ	Antonov An-12TB		401901	ex EX-160	Irenal
☐ S9-SAM	Antonov An-12BP		3341408	ex EX-162	Akula
☐ S9-SAO	Antonov An-12BK		00346908	ex EX-165	
☐ S9-SAP	Antonov An-12BP		5343305	ex EX-161	Fatima
☐ S9-SAR	Antonov An-12TA		2340801	ex EX-085	
☐ S9-SAV	Antonov An-12AP		2340602	ex EX-045	Igor
☐ S9-SA	Antonov An-12B		5343703	ex EX-164	Alex

Aircraft are registered to British Gulf International Company

CLICK AIRWAYS
Click (4C/CGK)　　　　　　　　　　　　　　　　　　　　　　　　　　　　　　　　　　　Sharjah (SHJ)

☐ EX-029	Antonov An-12BP		8345507	ex EX-12555	
☐ EX-031	Antonov An-12B		8346006	ex EK-12333	no titles
☐ EX-042	Antonov An-12BP		00347107	ex 4R-AIA	
☐ EX-169	Antonov An-12BP		013848005	ex EX-034	
☐ EX-401	Antonov An-12				
☐ EX-402	Antonov An-12				
☐ EX-403	Antonov An-12				
☐ EX-11418	Antonov An-12BP		7344705	ex EX-166	Regd to Click Airways International

Also reported as EK-11418

☐ EX-033	Ilyushin Il-76TD		0033446235	ex RA-76788	
☐ EX-035	Ilyushin Il-76TD		0093498962	ex RA-76795	
☐ EX-036	Ilyushin Il-76TD		0093495863	ex RA-76785	Lsd to Ababeel
☐ EX-100	Ilyushin Il-76TD		1023413438	ex RA-76400	
☐ EX-108	Ilyushin Il-76TD		1013405177	ex RA-76808	
☐ EY-602	Ilyushin Il-76TD				

ESSEN AIR
(ESD)

☐	EX-076	Boeing 737-268	20882/356	ex HZ-AGF	Lsd to AVJ
☐	EX-777	Boeing 737-268	21654/532	ex HZ-AGS	Lsd to AVJ

GALAXY AIRLINES
Kackar (GAL)   Bishkek-Manas (FRU)

☐	EX-786	Ilyushin Il-18V	188011201	ex RA-74268	
☐	S2-ADU	Boeing 707-3K1C	20803/878	ex YR-ABC	

Status uncertain, linked to Kavatsi Airlines?. The Il-18 was impounded after flying with passengers standing in the aisle.

GARINCO AIRWAYS

☐	EX-87820	Yakovlev Yak-40	9231224	ex RA-87820	

INTAL AIR
Intal (INL)   Bishkek-Manas/Sharjah (FRU/SHJ)

☐	EX-050	Boeing 737-229C (Nordam 3)	21139/437	ex TJ-AIO	Lsd fr Ableco Finance
☐	EX-061	Boeing 737-2S2C (Nordam 3)	21927/600	ex N806AL	Lsd fr Ableco Finance
☐	EX-081	Boeing 737-268	21283/477	ex HZ-AGN	Lsd fr Nordic Avn Contractors
☐	EX-201	Ilyushin Il-18D	188011201	ex EX-74268	no titles
☐	EX-75427	Ilyushin Il-18E	183005905	ex LZ-BFU	no titles Lsd to DAO
☐	EX-75905	Ilyushin Il-18E	186008905	ex LZ-ZAH	no titles

ITEK AIR
Itek Air (GI/IKA)   Bishkek-Manas (FRU)

☐	EX-009	Boeing 737-219	22088/676	ex HP-1288CMP	
☐	EX-079	Boeing 737-268	21275/467	ex HZ-AGH	stored SHJ
☐	EX-110	Boeing 737-268	21362/511	ex HZ-AGQ	stored SHJ
☐	EX-127	Boeing 737-275 (AvAero 3)	21819/627	ex AP-BHU	
☐	EX-311	Boeing 737-268	21276/468	ex EX-080	Lsd fr Nordic Avn Contractors; sublsd to PIR

KYRGYZ AIRWAYS
Did not commence planned operations

KYRGYZSTAN
Altyn Avia (QH/LYN)   Bishkek-Manas (FRU)

Previously listed as Altyn Avia

☐	EX-014	Antonov An-24RV	77310807	ex 4R-SEL	
☐	EX-020	Tupolev Tu-134A-3	61042	ex 4L-65750	
☐	EX-24805	Antonov An-24RV	77310805	ex S9-CBA	all-white
☐	EX-85718	Tupolev Tu-154M	91A-900	ex CCCP-85718	

KYRGHYZSTAN AIRLINES
Kyrgyz (R8/KGA) (IATA 758)   Bishkek-Manas / Karakol / Osh (FRU/-/OSS)

☐	EX-85257	Tupolev Tu-154B-2	78A-257	ex CCCP-85257
☐	EX-85259	Tupolev Tu-154B-1	78A-259	ex CCCP-85259
☐	EX-85590	Tupolev Tu-154B-2	84A-590	ex CCCP-85590
☐	EX-85762	Tupolev Tu-154M	92A-945	ex RA-85762
☐	EX-87259	Yakovlev Yak-40	9311626	ex CCCP-87259
☐	EX-87275	Yakovlev Yak-40	9311127	ex UN-87275
☐	EX-87293	Yakovlev Yak-40	9320828	ex CCCP-87293
☐	EX-87331	Yakovlev Yak-40	9510239	ex CCCP-87331
☐	EX-87442	Yakovlev Yak-40	9431935	ex CCCP-87442
☐	EX-87445	Yakovlev Yak-40	9430236	ex CCCP-87445
☐	EX-87470	Yakovlev Yak-40	9441537	ex CCCP-87470
☐	EX-87538	Yakovlev Yak-40	9530342	ex CCCP-87538
☐	EX-87555	Yakovlev Yak-40	9210621	ex CCCP-87555
☐	EX-87571	Yakovlev Yak-40	9221521	ex CCCP-87571
☐	EX-87589	Yakovlev Yak-40	9220123	ex CCCP-87589
☐	EX-87836	Yakovlev Yak-40	9240226	ex CCCP-87836
☐	EX-035	Ilyushin Il-76TD	0093498962	ex RA-76795
☐	EX-65778	Tupolev Tu-134A-3	62590	ex CCCP-65778
☐	EX-65779	Tupolev Tu-134A-3	62602	ex CCCP-65779
☐	EX-65789	Tupolev Tu-134A-3	62850	ex CCCP-65789

KYRGYZ TRANS AIR
Dinafra (KTC) — *Bishkek-Manas (FRU)*

☐	EX-301	Airbus A310-304	524	ex D-AIDF	Lsd to IRM

MAX AVIA
Maxavia (MAI) — *Bishkek-Manas / Sharjah (FRU/SHJ)*

☐	EX-214	Boeing 737-2Q8 (Nordam 3)	21960/642	ex EX-006	

OSH AVIA

☐	EX-112	Yakovlev Yak-40		Bintimak

PHOENIX AVIATION
Ceased operations

PHOTROS AIR
Current status uncertain, sole aircraft operated by Tenir Airlines

REEM AIRLINES
Reem Air (V4/REK) — *Sharjah (SHJ)*

☐	EX-039	Ilyushin Il-76T	0003427796	ex RA-76527	
☐	EX-049	Ilyushin Il-76T	083415453	ex RA-76514	
☐	EX-054	Ilyushin Il-76TD	1033414480	ex RA-76369	
☐	EX-096	Antonov An-12PS	6344608		
☐	EX-098	Antonov An-12BP	401912	ex 3X-GDM	also reported as an Il-76
☐	EX-102	Lockheed L-1011-200 Tristar	193U-1201	ex 5X-AAL	stored SAW

SKY WAY AIR
Sky Worker (SAB) — *Dubai (DXB)*

☐	EX-016	Antonov An-26	17311207	ex RA-26065	

STAR AIR AVIATION
Current status uncertain, believed to have ceased operations

SUN LIGHT AIRLINES
Current status uncertain

TENIR AIRLINES
Tenir Air (TEB) — *Sharjah (SHJ)*

☐	EX-071	Ilyushin Il-76TD	0053452546	ex ER-IBO	
☐	EX-075	Ilyushin Il-76TD	0053463908	ex ER-IBL	all-white

TRANS AIR

☐	EX-24103	Antonov An-24B	07306103	ex TN-AFL	

TRAST AERO
Trast Aero (S5/TSJ) — *Sharjah (SHJ)*

☐	EK-46581	Antonov An-24B	97304910	ex RA-46581	Lsd fr Aquiline Intl
☐	EX-103	ROMBAC One-Eleven 561RC	403	ex YR-BRC	Lsd fr Aquiline Intl
☐	JY-TWB	Antonov An-26B-100			Op for Skylink Arabia

Operator Unknown

☐	EX-051	Antonov An-24RV	57310105	ex ER-AZG	
☐	EX-059	Ilyushin Il-18			
☐	EX-106	Antonov An-26	97308608	ex RA-26679	
☐	EX-114	Antonov An-24			
☐	EX-116	Antonov An-30	1303	ex RA-30072	
☐	EX-117	Ilyushin Il-76T	093418543	ex 4L-MMB	Gennadi Mitakov; no titles
☐	EX-118	Antonov An-30	1301	ex RA-30070	
☐	EX-129	Antonov An-12BK	9346803	ex ER-ACN	
☐	EX-131	Antonov An-12BK	9346704	ex 28 blue	
☐	EX-170	Antonov An-24T	9911102	ex EK-49275	
☐	EX-171	Antonov An-26			
☐	EX-26217	Antonov An-26B	77305405	ex RA-26217	
☐	EX-75466	Ilyushin Il-18	187010403	ex RA-75466	National Paints titles

EY- TAJIKISTAN (Republic of Tajikistan)

EAST AIR

| | EX-734 | Boeing 737-25A (Nordam 3) | 23791/1486 | ex 5N-BID | Lsd fr Eastok |

TAJIK AIR
Tajikistan (7J/TJK) (ICAO 502) Dushanbe/Khudzhand (DYU/LBD)

Previously listed as Tajikistan Airlines

☐ EY-46365	Antonov An-24B	07305906	ex CCCP-46365	
☐ EY-45595	Antonov An-24B	97305105	ex UR-45595	
☐ EY-46602	Antonov An-24RV	37308509	ex CCCP-46602	
☐ EY-47693	Antonov An-24RV	27307510	ex CCCP-47693	Lsd to DAO
☐ EY-47802	Antonov An-24RV	17306901	ex UN-47802	
☐ EY-24404	Mil Mi-8T	98625146	ex CCCP-24404	
☐ EY-25149	Mil Mi-8MTV-1	95190	ex CCCP-25149	
☐ EY-25167	Mil Mi-8MTV-1	95378	ex CCCP-25167	
☐ EY-25169	Mil Mi-8MTV-1	95380	ex CCCP-25169	Lsd to United Nations
☐ EY-25438	Mil Mi-8MTV-1	95549	ex CCCP-25438	
☐ EY-65003	Tupolev Tu-134A-3	44040	ex CCCP-65003	Lsd to AYZ
☐ EY-65022	Tupolev Tu-134A-3	48395	ex ES-AAE	
☐ EY-65763	Tupolev Tu-134A-3	62299	ex CCCP-65763	
☐ EY-65788	Tupolev Tu-134A-3	62835	ex CCCP-65788	
☐ EY-65835	Tupolev Tu-134A-3	17112	ex CCCP-65835	
☐ EY-65875	Tupolev Tu-134A-3	29317	ex CCCP-65875	
☐ EY-65895	Tupolev Tu-134A-3	40140	ex CCCP-65895	
☐ EY-85466	Tupolev Tu-154B-2	80A-466	ex CCCP-85466	
☐ EY-85469	Tupolev Tu-154B-2	81A-469	ex CCCP-85469	
☐ EY-85475	Tupolev Tu-154B-2	81A-475	ex CCCP-85475	
☐ EY-85487	Tupolev Tu-154B-2	81A-487	ex CCCP-85487	
☐ EY-85511	Tupolev Tu-154B-2	81A-511	ex CCCP-85511	
☐ EY-85651	Tupolev Tu-154M	88A-793	ex RA-85651	
☐ EY-85691	Tupolev Tu-154M	90A-864	ex EP-EAB	Lsd to IRX
☐ EY-85692	Tupolev Tu-154M	90A-865	ex EP-TUE	
☐ EY-85717	Tupolev Tu-154M	91A-897	ex EP-EAA	
☐ EY-87214	Yakovlev Yak-40K	9640851	ex HA-LJB	
☐ EY-87217	Yakovlev Yak-40	9510340	ex EP-EAL	
☐ EY-87434	Yakovlev Yak-40	9431035	ex EP-TUF	
☐ EY-87922	Yakovlev Yak-40K	9731355	ex EP-EAM	
☐ EY-87963	Yakovlev Yak-40K	9831058	ex EP-EAK	Lsd to KMF
☐ EY-87967	Yakovlev Yak-40K	9831158	ex EP-CPI	
☐ EY-88267	Yakovlev Yak-40K	9720553	ex CCP-66267	
☐ EX-532	Boeing 737-25A (Nordam 3)	23791/1486	ex 5N-BID	
☐ EX-735	Boeing 737-247 (Nordam 3)	23516/1257	ex N242WA	Lsd fr Eastok Avia
☐ EY-26205	Antonov An-26B	14107	ex CCCP-26205	
☐ EY-26658	Antonov An-26	7904	ex 26658	
☐ EY-28734	WSK-PZL/Antonov An-28	1AJ007-19	ex CCCP-28734	
☐ EY-28736	WSK-PZL/Antonov An-28	1AJ007-24	ex CCCP-28736	
☐ EY-28921	WSK-PZL/Antonov An-28	1AJ008-07	ex CCCP-28921	

TAJIKISTAN AIRLINES
Renamed Tajik Air

EZ- TURKMENISTAN (Republic of Turkmenistan)

TURKMENISTAN AIRLINES
Turkmenistan (T5/TUA) (IATA 542) Askhabad (ASB)

☐ EZ-A101	Boeing 717-22K	55153/5072	ex N6202S	
☐ EZ-A102	Boeing 717-22K	55154/5076		
☐ EZ-A103	Boeing 717-22K	55155/5086		
☐ EZ-A104	Boeing 717-22K	55195/5130		
☐ EZ-A105	Boeing 717-22K	55196/5133		
☐ EZ-A106	Boeing 717-22K	55186/5146		
☐ EZ-A107	Boeing 717-22K	55187/5147		
☐ EZ-L482	Mil Mi-8MTV-1	96144		
☐ EZ-L483	Mil Mi-8MTV-1	96145		
☐ EZ-22763	Mil Mi-8T	9831150	ex CCCP-22763	
☐ EZ-24624	Mil Mi-8T	8253	ex CCCP-24624	
☐ EZ-24701	Mil Mi-8T	98103235	ex CCCP-24701	

☐ EZ-A001	Boeing 737-341	26855/2305	ex EK-A001		
☐ EZ-A002	Boeing 737-332	25994/2439	ex N301DE		
☐ EZ-A003	Boeing 737-332	25995/2455	ex N302DE		
☐ EZ-A004	Boeing 737-82K	36088/2181	ex N1795B		
☐ EZ-A005	Boeing 737-82K	36089/2233			
☐ EZ-A010	Boeing 757-23A	25345/412	ex N58AW		Lsd fr AWAS
☐ EZ-A011	Boeing 757-22K	28336/725			
☐ EZ-A012	Boeing 757-22K	28337/726			
☐ EZ-A014	Boeing 757-22K	30863/952			
☐ EZ-A700	Boeing 767-32KER	33968/926		op for Govt	
☐ EZ-	Boeing 777-22KLR			on order	
☐ EZ-F423	Ilyushin Il-76TD	1033418608			
☐ EZ-F426	Ilyushin Il-76TD	1033418609			
☐ EZ-F427	Ilyushin Il-76TD	1033418620			
☐ EZ-F428	Ilyushin Il-76TD	1043418624			
☐ EZ-P710	Aerospatiale AS.332L2 Super Puma	2577	ex F-WQDJ	op for Govt	
☐ EZ-P711	Aerospatiale AS.332L2 Super Puma	2578	ex F-WWOU	op for Govt	
☐ EZ-S701	Sikorsky S-76C+	760463		op for Govt	
☐ EZ-S702	Sikorsky S-76C+	760461			
☐ EZ-S703	Sikorsky S-76A+	760294	ex VH-XHL		
☐ EZ-S720	Sikorsky S-92	920017	ex N7118Z	op for Govt	
☐ EZ-S721	Sikorsky S-92	920026	ex N8103U	op for Govt	

E3- ERITREA (State of Eritrea)

ERITREAN AIRLINES
Eritrean (B8/ERT) (IATA 637) — Asmara (ASM)

☐ E3-AAQ	Boeing 767-238ER	23309/129	ex N771WD	Lsd fr Blue Star Avn

NAS AIR
Asmara (ASM)

☐ E3-NAS	Boeing 737-2T5	21960/642	ex EX-214	Dalia	

E5- COOK ISLANDS

AIR RAROTONGA
(GZ) — Rarotonga (RAR)

☐ E5-EFS	SAAB SF.340A	340A-049	ex ZK-EFS		
☐ E5-FTS	Embraer EMB.110P1 Bandeirante	110239	ex ZK-FTS		
☐ E5-NLT	SAAB SF.340A	340A-116	ex ZK-NLT	on order	
☐ E5-TAI	Embraer EMB.110P1 Bandeirante	110387	ex ZK-TAI		
☐ E5-TAK	Embraer EMB.110P1 Bandeirante	110448	ex ZK-TAK		

F- FRANCE (French Republic)

AERO SOTRAVIA
Nangis les Loges

☐ F-GCPO	Piper PA-34-200T Seneca II	34-8070358	ex N8266V	
☐ F-GDHD	Britten-Norman BN-2A-9 Islander	591	ex 9Q-CMJ	
☐ F-GMLJ	Cessna 414	414-0635	ex I-CCEE	

AIGLE AZUR
Aigle Azur (ZI/AAF) (IATA 439) — Paris-Orly/Charles de Gaulle (ORY/CDG)

☐ F-GJVF	Airbus A320-211	0244		Lsd fr ALS Irish Lsg
☐ F-GUAA	Airbus A321-211	0808	ex G-JSJX	Lsd fr Macquarie AirFinance
☐ F-GXAG	Airbus A319-132	2296	ex N804BR	Lsd fr CIT Group
☐ F-GXAH	Airbus A319-112	1846	ex C-GTDX	Lsd fr CIT Group
☐ F-HBAB	Airbus A321-211	0823	ex F-WBAB	Lsd fr Macquarie AirFinance
☐ F-HBAC	Airbus A320-214	0888	ex EC-GZE	Lsd fr Duntington Ltd
☐ F-HBAD	Airbus A320-233	0561	ex N991LR	Lsd fr Volito Avn
☐ F-HBAE	Airbus A320-233	0558	ex N981LR	Lsd fr Volito Avn
☐ F-HBAF	Airbus A321-211	1006	ex EC-IXY	Lsd fr Hotei Ltd
☐ F-HCAI	Airbus A321-211	1451	ex TC-KTC	Lsd fr GECAS

AIR FRANCE
Airfrans (AF/AFR) (IATA 057) — Paris Charles de Gaulle/Orly (CDG/ORY)

☐ F-GUGA	Airbus A318-111	2035	ex D-AUAD
☐ F-GUGB	Airbus A318-111	2059	ex D-AUAF
☐ F-GUGC	Airbus A318-111	2071	ex D-AUAG
☐ F-GUGD	Airbus A318-111	2081	ex D-AUAH

☐	F-GUGE	Airbus A318-111	2100	ex D-AUAI		
☐	F-GUGF	Airbus A318-111	2109	ex D-AUAJ		
☐	F-GUGG	Airbus A318-111	2317	ex D-AUAA		
☐	F-GUGH	Airbus A318-111	2344	ex D-AUAF		
☐	F-GUGI	Airbus A318-111	2350	ex D-AUAG		
☐	F-GUGJ	Airbus A318-111	2582	ex D-AUAE		
☐	F-GUGK	Airbus A318-111	2601	ex D-AUAF		
☐	F-GUGL	Airbus A318-111	2686	ex D-AUAA		
☐	F-GUGM	Airbus A318-111	2750	ex D-AUAB		
☐	F-GUGN	Airbus A318-111	2918	ex D-AUAB		
☐	F-GUGO	Airbus A318-111	2951	ex D-AUAD		
☐	F-GUGP	Airbus A318-111	2967	ex D-AUAF		
☐	F-GUGQ	Airbus A318-111	2972	ex D-AUAG		
☐	F-GUGR	Airbus A318-111	3009	ex D-AUAJ		
☐	F-GPMA	Airbus A319-113	0598	ex D-AVYD		Lsd fr Takeoff 8 Ltd
☐	F-GPMB	Airbus A319-113	0600	ex D-AVYC		Lsd fr Takeoff 9 Ltd
☐	F-GPMC	Airbus A319-113	0608	ex D-AVYE		Lsd fr Takeoff 10 Ltd
☐	F-GPMD	Airbus A319-113	0618	ex D-AVYJ		Lsd fr Takeoff 11 Ltd
☐	F-GPME	Airbus A319-113	0625	ex D-AVYQ		Lsd fr Takeoff 12 Ltd
☐	F-GPMF	Airbus A319-113	0637	ex D-AVYT		Lsd fr Takeoff 13 Ltd
☐	F-GPMG	Airbus A319-113	0644	ex D-AVYA		Lsd fr ACG Acquisition
☐	F-GRHA	Airbus A319-111	0938	ex D-AVYS		Lsd fr ILFC
☐	F-GRHB	Airbus A319-111	0985	ex D-AVYO		
☐	F-GRHC	Airbus A319-111	0998	ex D-AVYW		Lsd fr ILFC
☐	F-GRHD	Airbus A319-111	1000	ex D-AVYP		Lsd fr ILFC
☐	F-GRHE	Airbus A319-111	1020	ex D-AVYX		
☐	F-GRHF	Airbus A319-111	1025	ex D-AVYE		
☐	F-GRHG	Airbus A319-111	1036	ex D-AVYS		
☐	F-GRHH	Airbus A319-111	1151	ex D-AVWK		
☐	F-GRHI	Airbus A319-111	1169	ex D-AVYX		Lsd fr Padoukios
☐	F-GRHJ	Airbus A319-111	1176	ex D-AVWN		Lsd fr ACG Acquisition
☐	F-GRHK	Airbus A319-111	1190	ex D-AVYQ		Lsd fr ILFC
☐	F-GRHL	Airbus A319-111	1201	ex D-AVWT		Lsd fr Sierra Lsg
☐	F-GRHM	Airbus A319-111	1216	ex D-AVYF		Lsd fr ILFC
☐	F-GRHN	Airbus A319-111	1267	ex D-AVWB		Lsd fr Gie Max Hymans
☐	F-GRHO	Airbus A319-111	1271	ex D-AVWC		Lsd fr Gie Max Hymans
☐	F-GRHP	Airbus A319-111	1344	ex D-AVYQ		Lsd fr ORIX Lunabase
☐	F-GRHQ	Airbus A319-111	1404	ex D-AVYB		Lsd fr ORIX Indus
☐	F-GRHR	Airbus A319-111	1415	ex D-AVYF		Lsd fr ORIX
☐	F-GRHS	Airbus A319-111	1444	ex D-AVWA		Lsd fr Takeoff 14 Ltd
☐	F-GRHT	Airbus A319-111	1449	ex D-AVWD		Lsd fr Takeoff 15 Ltd
☐	F-GRHU	Airbus A319-111	1471	ex D-AVYR		Lsd fr ILFC
☐	F-GRHV	Airbus A319-111	1505	ex D-AVYF		Lsd fr Eleonore Bail
☐	F-GRHX	Airbus A319-111	1524	ex D-AVWC		Lsd fr Eleonore Bail
☐	F-GRHY	Airbus A319-111	1616	ex D-AVWG		
☐	F-GRHZ	Airbus A319-111	1622	ex D-AVYO		Lsd fr ILFC
☐	F-GRXA	Airbus A319-111	1640	ex D-AVYJ		Lsd fr Celestial Avn
☐	F-GRXB	Airbus A319-111	1645	ex D-AVYC		Lsd fr ILFC
☐	F-GRXC	Airbus A319-111	1677	ex D-AVWF		Lsd fr Sierra Lsg
☐	F-GRXD	Airbus A319-111	1699	ex D-AVYG		Lsd fr Sierra Lsg
☐	F-GRXE	Airbus A319-111	1733	ex D-AVWT		Lsd fr ILFC
☐	F-GRXF	Airbus A319-111	1938	ex D-AVWG		Lsd fr Takeoff 16 Ltd
☐	F-GRXG	Airbus A319-115LR	2213	ex D-AVYM	Dedicate	Lsd fr ILFC
☐	F-GRXH	Airbus A319-115LR	2228	ex D-AVWC	Dedicate	Lsd fr ILFC
☐	F-GRXI	Airbus A319-115LR	2279	ex D-AVYF	Dedicate	Lsd fr ILFC
☐	F-GRXJ	Airbus A319-115LR	2456	ex D-AVYX	Dedicate	Lsd fr ILFC
☐	F-GRXK	Airbus A319-115LR	2716	ex D-AVYX	Dedicate	
☐	F-GRXL	Airbus A319-111	2938	ex D-AVWV		Lsd fr Celestial Avn
☐	F-GRXM	Airbus A319-111	2961	ex D-AVYI		Lsd fr Celestial Avn
☐	F-GRXN	Airbus A319-115LR	3065	ex D-AVWP	Dedicate	Lsd fr ILFC
☐	F-GFKA	Airbus A320-111	0005	ex F-WWDI	Ville de Paris	
☐	F-GFKB	Airbus A320-111	0007	ex F-WWDJ	Ville de Rome	
☐	F-GFKD	Airbus A320-111	0014	ex F-WWDO	Ville de Londres	
☐	F-GFKE	Airbus A320-111	0019		Ville de Bonn	
☐	F-GFKF	Airbus A320-111	0020		Ville de Madrid	
☐	F-GFKG	Airbus A320-111	0021		Ville d'Amsterdam	
☐	F-GFKH	Airbus A320-211	0061		Ville de Bruxelles	
☐	F-GFKI	Airbus A320-211	0062		Ville de Lisbonne	
☐	F-GFKJ	Airbus A320-211	0063		Ville de Copenhague	
☐	F-GFKK	Airbus A320-211	0100		Ville d'Athènes	
☐	F-GFKL	Airbus A320-211	0101		Ville de Dublin	Lsd fr Clemence Bail
☐	F-GFKM	Airbus A320-211	0102		Ville de Luxembourg	Lsd fr Marie Bail
☐	F-GFKN	Airbus A320-211	0128		Ville de Strasbourg	
☐	F-GFKO	Airbus A320-211	0129		Ville de Milan	
☐	F-GFKP	Airbus A320-211	0133		Ville de Nice; all-white	
☐	F-GFKQ	Airbus A320-111	0002	ex F-WWDA	Ville de Berlin	
☐	F-GFKR	Airbus A320-211	0186		Ville de Barcelonne	
☐	F-GFKS	Airbus A320-211	0187			
☐	F-GFKT	Airbus A320-211	0188		Ville de Lyon	
☐	F-GFKU	Airbus A320-211	0226		Ville de Manchester	

☐	F-GFKV	Airbus A320-211	0227			Ville de Bordeaux
☐	F-GFKX	Airbus A320-211	0228			Ville de Francfort
☐	F-GFKY	Airbus A320-211	0285			Ville de Toulouse
☐	F-GFKZ	Airbus A320-211	0286			Ville de Turin
☐	F-GGEA	Airbus A320-111	0010	ex F-WWDL		
☐	F-GGEB	Airbus A320-111	0012	ex F-WWDM		
☐	F-GGEC	Airbus A320-111	0013	ex F-WWDN		
☐	F-GGEE	Airbus A320-111	0016	ex F-WWDQ		
☐	F-GGEF	Airbus A320-111	0004	ex F-WWDC		
☐	F-GGEG	Airbus A320-111	0003	ex F-WWDB		
☐	F-GHQA	Airbus A320-211	0033	ex F-GGEF		
☐	F-GHQB	Airbus A320-211	0036	ex F-GGEG		
☐	F-GHQC	Airbus A320-211	0044	ex F-GGEH		
☐	F-GHQD	Airbus A320-211	0108			
☐	F-GHQE	Airbus A320-211	0115			
☐	F-GHQF	Airbus A320-211	0130			Lsd fr ITAB
☐	F-GHQG	Airbus A320-211	0155			
☐	F-GHQH	Airbus A320-211	0156			
☐	F-GHQI	Airbus A320-211	0184			
☐	F-GHQJ	Airbus A320-211	0214			
☐	F-GHQK	Airbus A320-211	0236			
☐	F-GHQL	Airbus A320-211	0239			
☐	F-GHQM	Airbus A320-211	0237			
☐	F-GHQO	Airbus A320-211	0278			
☐	F-GHQP	Airbus A320-211	0337			
☐	F-GHQQ	Airbus A320-211	0352			
☐	F-GHQR	Airbus A320-211	0377			
☐	F-GJVA	Airbus A320-211	0144	ex F-WWDK		Lsd fr Aercap Dutch A/c Lsg
☐	F-GJVB	Airbus A320-211	0145	ex F-WWDL		Lsd fr Aercap Dutch A/c Lsg
☐	F-GJVG	Airbus A320-211	0270			Lsd fr ALS Irish Lsg
☐	F-GJVW	Airbus A320-211	0491			
☐	F-GKXA	Airbus A320-211	0287			Ville de Nantes
☐	F-GKXB	Airbus A320-212	0235	ex F-OHFX		Lsd fr Aercap Dutch A/c Lsg
☐	F-GKXC	Airbus A320-214	1502	ex F-WWIG		based Antilles
☐	F-GKXD	Airbus A320-214	1873	ex F-WWDV		Lsd fr NBB Cherbourg
☐	F-GKXE	Airbus A320-214	1879	ex F-WWDX		Lsd fr Takeoff 7 Ltd
☐	F-GKXF	Airbus A320-214	1885			Lsd fr NBB Strasbourg
☐	F-GKXG	Airbus A320-214	1894	ex F-WWDV	stored TLS	
☐	F-GKXH	Airbus A320-214	1924			Lsd fr ILFC
☐	F-GKXI	Airbus A320-214	1949			Lsd fr ILFC
☐	F-GKXJ	Airbus A320-214	1900			Lsd fr Paris Aircraft Finance
☐	F-GKXK	Airbus A320-214	2140	ex F-WWBR		Lsd fr RBS Aviation
☐	F-GKXL	Airbus A320-214	2705			Lsd fr ILFC
☐	F-GKXM	Airbus A320-214	2721	ex F-WWXM		Lsd fr ILFC
☐	F-GKXN	Airbus A320-214	3008	ex F-WWBH		
☐	F-GLGG	Airbus A320-211	0203	ex ZS-NZP		Lsd fr Aero USA
☐	F-GLGH	Airbus A320-211	0220	ex ZS-NZR		Lsd fr Aero USA
☐	F-GLGM	Airbus A320-212	0131	ex N481GX		Lsd fr Aercap Dutch A/c Lsg
☐	F-	Airbus A320-214	3420	ex F-WW	on order	
☐	F-	Airbus A320-214	3470	ex F-WW	on order	

Twenty-eight more Airbus A320s are on order

☐	F-GMZA	Airbus A321-111	0498	ex D-AVZK		
☐	F-GMZB	Airbus A321-111	0509	ex D-AVZN		
☐	F-GMZC	Airbus A321-211	0521	ex D-AVZW		
☐	F-GMZD	Airbus A321-111	0529	ex D-AVZA		
☐	F-GMZE	Airbus A321-111	0544	ex D-AVZF		
☐	F-GTAD	Airbus A321-211	0777	ex D-AVZI		Lsd fr Takeoff 5 Ltd
☐	F-GTAE	Airbus A321-211	0796	ex D-AVZN		
☐	F-GTAH	Airbus A321-211	1133	ex D-AVZD		
☐	F-GTAI	Airbus A321-211	1299	ex D-AVZP		Lsd fr ILFC
☐	F-GTAJ	Airbus A321-211	1476	ex D-AVZF		Lsd fr ILFC
☐	F-GTAK	Airbus A321-211	1658	ex D-AVZP		Lsd fr ILFC
☐	F-GTAL	Airbus A321-211	1691	ex D-AVZY		Lsd fr Continuity Air Finance
☐	F-GTAM	Airbus A321-211	1859	ex D-AVZY		Lsd fr Takeoff 6 Ltd
☐	F-GTAN	Airbus A321-211	3051	ex D-AVZD		Lsd fr ILFC
☐	F-GTAO	Airbus A321-211	3098	ex D-AVZQ		Lsd fr ILFC
☐	F-GTAP	Airbus A321-211	3372	ex D-AVZK		
☐	F-GTAQ	Airbus A321-211	3399	ex D-AVZQ		
☐	F-GTAR	Airbus A321-211	3401	ex D-AVZR		
☐	F-GTAS	Airbus A321-211	3419	ex D-AVZE	on order	
☐	F-	Airbus A321-211		ex D-AV	on order	

Two more Airbus A321-211s are on order, leased from ILFC, for delivery in 2009

☐	F-GZCA	Airbus A330-203	422			Lsd fr Estelle Bail
☐	F-GZCB	Airbus A330-203	443			
☐	F-GZCC	Airbus A330-203	448			Lsd fr ILFC
☐	F-GZCD	Airbus A330-203	458	ex (F-WWJH)		Lsd fr ILFC
☐	F-GZCE	Airbus A330-203	465	ex F-WWKM		Lsd fr ILFC
☐	F-GZCF	Airbus A330-203	481			Lsd fr ILFC
☐	F-GZCG	Airbus A330-203	498	ex F-WWKI		
☐	F-GZCH	Airbus A330-203	500			Lsd fr RBS Aviation
☐	F-GZCI	Airbus A330-203	502	ex F-WWKJ		

	Registration	Type	MSN	ex	Notes	Lessor
☐	F-GZCJ	Airbus A330-203	503			Lsd fr ILFC
☐	F-GZCK	Airbus A330-203	516			Lsd fr ILFC
☐	F-GZCL	Airbus A330-203	519			Lsd fr ILFC
☐	F-GZCM	Airbus A330-203	567	ex (F-WWYT)		
☐	F-GZCN	Airbus A330-203	584			Lsd fr ILFC
☐	F-GZCO	Airbus A330-203	657			
☐	F-GZCP	Airbus A330-203	660			
☐	F-GLZC	Airbus A340-311	029			Lsd fr ILFC
☐	F-GLZG	Airbus A340-311	049			Lsd fr Castle 2003-1A
☐	F-GLZH	Airbus A340-311	078			Lsd fr BBV Lsg
☐	F-GLZI	Airbus A340-311	084			Lsd fr BBV Lsg
☐	F-GLZJ	Airbus A340-313X	186			Lsd fr DB Export
☐	F-GLZK	Airbus A340-313X	207			
☐	F-GLZL	Airbus A340-313X	210			
☐	F-GLZM	Airbus A340-313X	237			Lsd fr Sylvie Bail
☐	F-GLZN	Airbus A340-313X	245			
☐	F-GLZO	Airbus A340-313X	246			
☐	F-GLZP	Airbus A340-313X	260			
☐	F-GLZR	Airbus A340-313X	307			Lsd fr Apollo Finance
☐	F-GLZS	Airbus A340-313X	310			
☐	F-GLZT	Airbus A340-313X	319			
☐	F-GLZU	Airbus A340-313X	377			
☐	F-GNIF	Airbus A340-313X	168			Lsd fr ILFC Volare
☐	F-GNIG	Airbus A340-313X	174			Lsd fr ILFC
☐	F-GNIH	Airbus A340-313X	373			Lsd fr ILFC
☐	F-GNII	Airbus A340-313X	399			Lsd fr ILFC
☐	F-	Airbus A380-861		ex F-WW	on order	
☐	F-	Airbus A380-861		ex F-WW	on order	
☐	F-	Airbus A380-861		ex F-WW	on order	
☐	F-	Airbus A380-861		ex F-WW	on order	

A total of ten Airbus A380-861s are on order

	Registration	Type	MSN	ex	Notes	Lessor
☐	F-GCBD	Boeing 747-228B (SF)	22428/503	ex N1305E	stored ORY	For Pronair
☐	F-GCBG	Boeing 747-228F	22939/569	ex N4544F	Air France Cargo	Lsd fr First Trust
☐	F-GCBL	Boeing 747-228F	24735/772		Air France Cargo Asie	
☐	F-GCBM	Boeing 747-228F	24879/822		Air France Cargo	for Ocean Air
☐	F-GEXA	Boeing 747-4B3	24154/741			Lsd fr BCI Statutory Trust
☐	F-GEXB	Boeing 747-4B3M	24155/864			
☐	F-GISA	Boeing 747-428MBCF	25238/872			
☐	F-GISB	Boeing 747-428MBCF	25302/884			
☐	F-GISC	Boeing 747-428M	25599/899			Lsd fr BCI Statutory Trust
☐	F-GISD	Boeing 747-428M	25628/934			Lsd fr BCI Statutory Trust
☐	F-GISE*	Boeing 747-428M	25630/960			
☐	F-GISF	Boeing 747-481BCF	24801/805	ex TF-AMP		Lsd fr ABD
☐	F-GITA	Boeing 747-428	24969/836			
☐	F-GITB	Boeing 747-428	24990/843	ex N6009F		
☐	F-GITC	Boeing 747-428	25344/889			
☐	F-GITD	Boeing 747-428	25600/901			
☐	F-GITE	Boeing 747-428	25601/906			Lsd fr BCI Statutory Trust
☐	F-GITF	Boeing 747-428	25602/909			
☐	F-GITH	Boeing 747-428	32868/1325			Lsd fr ILFC
☐	F-GITI	Boeing 747-428	32869/1327			Lsd fr ILFC
☐	F-GITJ	Boeing 747-428	32871/1343			Lsd fr ILFC
☐	F-GIUA	Boeing 747-428ERF	32866/1315	ex N5017Q		Lsd fr JLI-I Inc
☐	F-GIUB	Boeing 747-428ERF	33096/1317			Lsd fr ILFC
☐	F-GIUC	Boeing 747-428ERF	32867/1318			Lsd fr ILFC
☐	F-GIUD	Boeing 747-428ERF	32870/1344			Lsd fr ILFC
☐	F-GIUE	Boeing 747-428ERF	33097/1361			Lsd fr ILFC
☐	F-GIUF	Boeing 747-406ERF	35233/1382	ex PH-CKD		Lsd fr KLM

*To be converted to full freighters in 2007 then to be sold to Avion Aircraft Trading for delivery from late 2009
Three Boeing 747-428Ms to be converted to full freighter configuration

	Registration	Type	MSN	ex	Lessor
☐	F-GSPA	Boeing 777-228ER	29002/129		
☐	F-GSPB	Boeing 777-228ER	29003/133		
☐	F-GSPC	Boeing 777-228ER	29004/138		Lsd fr NBB Ark Co
☐	F-GSPD	Boeing 777-228ER	29005/187		
☐	F-GSPE	Boeing 777-228ER	29006/189		
☐	F-GSPF	Boeing 777-228ER	29007/201		
☐	F-GSPG	Boeing 777-228ER	27609/195		Lsd fr ILFC
☐	F-GSPH	Boeing 777-228ER	28675/210		Lsd fr ILFC
☐	F-GSPI	Boeing 777-228ER	29008/258		
☐	F-GSPJ	Boeing 777-228ER	29009/263		
☐	F-GSPK	Boeing 777-228ER	29010/267		Lsd fr Eurolease
☐	F-GSPL	Boeing 777-228ER	30457/284	ex N50281	Lsd fr Takeoff 2 LLC
☐	F-GSPM	Boeing 777-228ER	30456/307		Lsd fr Takeoff 1 LLC
☐	F-GSPN	Boeing 777-228ER	29011/314		Lsd fr ILFC
☐	F-GSPO	Boeing 777-228ER	30614/320		Lsd fr Takeoff 3 LLC
☐	F-GSPP	Boeing 777-228ER	30615/327		Lsd fr Takeoff 4 LLC
☐	F-GSPQ	Boeing 777-228ER	28682/331		Lsd fr ILFC
☐	F-GSPR	Boeing 777-228ER	28683/367		Lsd fr ILFC

☐ F-GSPS	Boeing 777-228ER	32306/370			
☐ F-GSPT	Boeing 777-228ER	32308/382			Lsd fr ILFC
☐ F-GSPU	Boeing 777-228ER	32309/383			Lsd fr RBS Aviation
☐ F-GSPV	Boeing 777-228ER	28684/385			Lsd fr ILFC
☐ F-GSPX	Boeing 777-228ER	32698/392			Lsd fr ILFC
☐ F-GSPY	Boeing 777-228ER	32305/395			
☐ F-GSPZ	Boeing 777-228ER	32310/401			
☐ F-GSQA	Boeing 777-328ER	32723/466	ex N5017Q		Lsd fr ILFC
☐ F-GSQB	Boeing 777-328ER	32724/478			Lsd fr ILFC
☐ F-GSQC	Boeing 777-328ER	32727/480			
☐ F-GSQD	Boeing 777-328ER	32726/490			
☐ F-GSQE	Boeing 777-328ER	32851/492			Lsd fr Gie Aliette
☐ F-GSQF	Boeing 777-328ER	32849/494	ex N50217		
☐ F-GSQG	Boeing 777-328ER	32850/500	ex N5028Y		
☐ F-GSQH	Boeing 777-328ER	32711/501			Lsd fr ILFC
☐ F-GSQI	Boeing 777-328ER	32725/502	ex N60697		Lsd fr ILFC
☐ F-GSQJ	Boeing 777-328ER	32852/510			Lsd fr ILFC
☐ F-GSQK	Boeing 777-328ER	32845/530	ex N5017Q		
☐ F-GSQL	Boeing 777-328ER	32853/545			
☐ F-GSQM	Boeing 777-328ER	32848/558			
☐ F-GSQN	Boeing 777-328ER	32960/565			
☐ F-GSQO	Boeing 777-328ER	32961/570			
☐ F-GSQP	Boeing 777-328ER	35676/573			
☐ F-GSQR	Boeing 777-328ER	35677/579			
☐ F-GSQS	Boeing 777-328ER	32962/608			
☐ F-GSQT	Boeing 777-328ER	32846/616			
☐ F-GSQU	Boeing 777-328ER	32847/624	ex N5022E		
☐ F-GSQV	Boeing 777-328ER	32854/636			
☐ F-GSQX	Boeing 777-328ER	32963/645	ex N5014X		
☐ F-GSQY	Boeing 777-328ER	35678/647			
☐ F-GSQZ	Boeing 777-328ER			on order	
☐ F-GUOA	Boeing 777-F28	32967		on order	
☐ F-GUOB	Boeing 777-F28	32965		on order	
☐ F-GUOC	Boeing 777-F28	32966		on order	
☐ F-GZNA	Boeing 777-328ER	35297/671	ex N50217		Lsd fr ILFC
☐ F-GZNB	Boeing 777-328ER	32964		on order	Lsd fr ILFC
☐ F-GZNC	Boeing 777-328ER	35542		on order	Lsd fr ILFC

Four more Boeing 777-F28s are on order, to be registered F-GUOB to GUOE plus nine more 777-328ER
Air France has agreement with Airlinair, Brit'Air, CCM Airlines, Cityjet and Regional, for the operation of services on their behalf; aircraft wear full Air France colours and use AF flight numbers.
Dedicate is division operating scheduled flights for corporate clients using A319LRs in 82 passenger configuration
Owns 34% of Air Austral, 45% of Air Caraibes, 28% of MEA, 11.95% of CCM Airlines and smaller shares in Air Caledonie, Air Comores, Air Madagascar, Air Mauritius, Air Tahiti, Austrian Airlines, Cameroon Airlines, Royal Air Maroc and Tunis Air while Brit'Air, Cityjet and Regional Airlines are wholly owned. Founder member of SkyTeam Alliance with Delta, Aeromexico and Korean Air
Formed new holding company, Air France-KLM, but both airlines continue to operate separately, Group to acquire VLM Airlines and owns Transavia France.

AIR FRANCE REGIONAL

Various

The majority of services are operated in full Air France colours with titles Air France by ..(the appropriate airline, Airlinair, Brit'Air, CCM Airlines, Regional and Cityjet)

AIR MEDITERRANEE
Mediterranee (BIE) *Tarbes (LDE)*

☐ F-GYAI	Airbus A320-211	0293	ex 9H-ABQ		Lsd fr ILFC
☐ F-GYAJ	Airbus A321-211	2707	ex D-AVZF		Lsd fr ILFC
☐ F-GYAN	Airbus A321-111	0535	ex F-WQQU		Lsd fr ILFC
☐ F-GYAO	Airbus A321-111	0642	ex F-WQQV		Lsd fr ILFC
☐ F-GYAP	Airbus A321-111	0517	ex HB-IOA		Lsd fr ILFC
☐ F-GYAQ	Airbus A321-211	0827	ex HB-IOI		Lsd fr ILFC
☐ F-GYAR	Airbus A321-211	0891	ex HB-IOJ	FRAM colours	Lsd fr ILFC
☐ F-GYAZ	Airbus A321-111	0519	ex D-ANJA		Lsd fr ILFC

Operates services for Air Ivoire but aircraft varies

AIRBUS TRANSPORT INTERNATIONAL
Super Transport (4Y/BGA) *Toulouse-Blagnac (TLS)*

☐ F-GSTA	Airbus A300B4-608ST Beluga	655/001	ex F-WAST	Super Transporter 1	Lsd fr Airbus
☐ F-GSTB	Airbus A300B4-608ST Beluga	751/002	ex F-WSTB	Super Transporter 2	Lsd fr Airbus SAS
☐ F-GSTC	Airbus A300B4-608ST Beluga	765/003	ex F-WSTC	Super Transporter 3	Lsd fr BBV Lsg
☐ F-GSTD	Airbus A300B4-608ST Beluga	776/004	ex F-WSTD	Super Transporter 4	Lsd fr BBV Lsg
☐ F-GSTF	Airbus A300B4-608ST Beluga	796/005	ex F-WSTF	Super Transporter 5	Lsd fr SLB Lsg

Mainly used for transporting sub-assemblies of Airbus aircraft between the manufacturing and assembly sites.

AIRLEC AIR ESPACE
AirLec (ARL) *Bordeaux (BOD)*

☐ F-GGRV	Piper PA-31T Cheyenne II	31T-7720036	ex N41RC		Lsd fr Natiolocation

☐	F-GGVG	Swearingen SA.226T Merlin IIIB		T-293	ex D-IBBB	
☐	F-GLPT	Swearingen SA.226T Merlin IIIB		T-298	ex VH-AWU	
☐	F-GRNT	Swearingen SA.226T Merlin IIIB		T-312	ex N84GA	

AIRLINAIR
Airlinair (A5/RLA) (IATA 163)   Paris-Orly (ORY)

☐	F-GKNB	ATR 42-300		226		Lsd fr Prop Bail
☐	F-GKNC	ATR 42-300		230		Lsd fr Prop Lsg & Trading
☐	F-GKPD	ATR 72-202		177	ex F-WWE	all-white Lsd fr ATRiam Capital
☐	F-GKYN	ATR 42-300		095	ex F-ODUL	Lsd fr Alif Aviation
☐	F-GPOC	ATR 72-202 (QC)		311	ex B-22707	Lsd fr FPO; op for AFR
☐	F-GPOD	ATR 72-202 (QC)		361	ex B-22711	Lsd fr FPO; op for AFR
☐	F-GPYA	ATR 42-500		457	ex F-WWET	Lsd fr Brice Bail
☐	F-GPYB	ATR 42-500		480	ex F-WWLZ	Lsd fr Brice Bail
☐	F-GPYC	ATR 42-500		484	ex F-WWEB	Lsd fr Brice Bail
☐	F-GPYD	ATR 42-500		490	ex F-WWLJ	Lsd fr Brice Bail
☐	F-GPYF	ATR 42-500		495	ex F-WWLM	Lsd fr Brice Bail, op for AFR
☐	F-GPYK	ATR 42-500		537	ex F-WWLC	Lsd fr Brice Bail; op for AFR
☐	F-GPYL	ATR 42-500		542	ex F-WWLH	Lsd fr Brice Bail; op for AFR
☐	F-GPYM	ATR 42-500		520	ex F-WWLR	Op for AFR
☐	F-GPYN	ATR 42-500		539	ex F-WWLO	Op for AFR
☐	F-GPYO	ATR 42-500		544	ex F-WWLH	Lsd fr ATR Asset Mgt
☐	F-GVZB	ATR 42-500		524	ex F-OHQL	Lsd fr ING Lease
☐	F-GVZF	ATR 72-212		461	ex F-OGXF	Lsd fr General Asset Finance op for AFR
☐	F-GVZG	ATR 72-201		145	ex G-HERM	Lsd fr Erik Thun
☐	F-GVZJ	ATR 42-320		093	ex F-WQNO	Lsd fr ATRiam Capital
☐	F-GVZL	ATR 72-212A		553	ex F-OHJO	Lsd fr Natexis Lse
☐	F-GVZX	ATR 42-300		011	ex F-WVZX	Lsd fr ATR Asset Mgt
☐	F-GVZY	ATR 42-300		080	ex F-WVZY	Lsd fr Nordic Avn Contractor; subsld to TLY
☐	F-GVZZ	ATR 42-300		055	ex F-WVZZ	Lsd fr ATR Asset Mgt

Operates services for Air France; sometimes in full colours. One ATR 72-212A is on order for delivery in 2009 19.5% owned by Brit'Air

ALSAIR
Alsair (AL/LSR)   Colmar (CMR)

☐	F-GEOU	Beech 65-C90 King Air	LJ-941	ex N3804C	
☐	F-HALS	Beech 1900D	UE-379	ex N31525	

ARIA
Ariabird (DX/ARW)   Basle-Mulhouse Europort (BSL)

Current status uncertain

ATLANTIQUE AIR ASSISTANCE
Triple A (TLB)   Nantes (NTE)

☐	F-GIZB	Beech C90 King Air	LJ-955	ex N786SB	
☐	F-GNBR	Beech 1900D	UE-327	ex N23154	
☐	F-GPYY	Beech 1900C-1	UC-115	ex N115YV	Lsd fr Raytheon
☐	F-GTSH	Embraer EMB.120ER Brasilia	120104	ex OO-DTH	Lsd fr Sodelem
☐	F-GTVA	Embraer EMB.120ER Brasilia	120253	ex F-GJTG	Lsd fr Sodelem

AXIS AIRWAYS
Axis (6V/AXY)   Marseille (MRS)

☐	F-GIXG	Boeing 737-382 (QC)	24364/1657	ex F-OGSX	Lsd fr Aircraft Holding
☐	F-GIXH	Boeing 737-3S3 (QC)	23788/1393	ex N271LF	Lsd fr MSA 1
☐	F-GLXQ	Boeing 737-4Y0	24688/1876	ex OO-VEO	Lsd fr GECAS

20% owned by Arkia Israeli Airlines; New Axis Airways have IATA code 9X allocated

BLUE LINE
Blue Berry (BLE)   Paris-Charles de Gaulle (CDG)

☐	F-GMLI	McDonnell-Douglas MD-83	53014/1740	ex F-WMLI	VIP Lsd fr Aergo Lsg; subsld to LVG
☐	F-GMLK	McDonnell-Douglas MD-83	49672/1494	ex F-WMLK	Lsd fr GECAS
☐	F-GNLG	Fokker F.28-0100 (Fokker 100)	11363	ex D-ADFE	Lsd fr Magellan
☐	F-GNLH	Fokker F.28-0100 (Fokker 100)	11311	ex D-ADFB	Lsd fr Magellan; subsld to WIF
☐	G-FLTK	McDonnell-Douglas MD-83	49966/2047	ex OE-LJE	Lsd fr FLT
☐	G-FLTM	McDonnell-Douglas MD-83	53052/1731	ex EC-KBA	Lsd fr FLT

BRIT'AIR
Brit Air (DB/BZH)   Morlaix (MXN)

☐	F-GRJC	Canadair CL-600-2B19 (CRJ-100ER)	7085	ex C-FMMW	Lsd fr MADB Owner Ltd
☐	F-GRJD	Canadair CL-600-2B19 (CRJ-100ER)	7088	ex C-FMLU	Lsd fr MADB Owner Ltd

☐	F-GRJE	Canadair CL-600-2B19 (CRJ-100ER)	7106	ex C-FMNQ	Lsd fr MADB Owner Ltd
☐	F-GRJF	Canadair CL-600-2B19 (CRJ-100ER)	7108	ex C-FMLU	Lsd fr MADB Owner Ltd
☐	F-GRJG	Canadair CL-600-2B19 (CRJ-100ER)	7143	ex C-FMMQ	Lsd fr St.Gonven
☐	F-GRJH	Canadair CL-600-2B19 (CRJ-100ER)	7162	ex C-FMMY	Lsd fr St.Gonven
☐	F-GRJI	Canadair CL-600-2B19 (CRJ-100ER)	7147	ex C-FZAL	Lsd fr St.Gonven
☐	F-GRJJ	Canadair CL-600-2B19 (CRJ-100ER)	7190	ex C-GBFF	Lsd fr Guengat
☐	F-GRJK	Canadair CL-600-2B19 (CRJ-100ER)	7219	ex C-FMMQ	Lsd fr Guengat
☐	F-GRJL	Canadair CL-600-2B19 (CRJ-100ER)	7221	ex C-FMNX	Lsd fr Guengat
☐	F-GRJM	Canadair CL-600-2B19 (CRJ-100ER)	7222	ex C-FMMY	Lsd fr Guengat
☐	F-GRJN	Canadair CL-600-2B19 (CRJ-100ER)	7262	ex C-FMLT	
☐	F-GRJO	Canadair CL-600-2B19 (CRJ-100ER)	7296	ex C-FMNW	Lsd fr Rosko Lse
☐	F-GRJP	Canadair CL-600-2B19 (CRJ-100ER)	7301	ex C-FVAZ	Lsd fr Rosko Lse
☐	F-GRJQ	Canadair CL-600-2B19 (CRJ-100ER)	7321	ex C-FMLS	Lsd fr Rosko Lse
☐	F-GRJR	Canadair CL-600-2B19 (CRJ-100ER)	7375	ex C-FMKW	
☐	F-GRJT	Canadair CL-600-2B19 (CRJ-100ER)	7389	ex C-FMOS	Lsd fr Marie Bail
☐	F-GRZA	Canadair CL-600-2C10 (CRJ-701)	10006	ex C-GHCE	Lsd fr Hermine Bail
☐	F-GRZB	Canadair CL-600-2C10 (CRJ-701)	10007	ex C-GHCF	
☐	F-GRZC	Canadair CL-600-2C10 (CRJ-701)	10008	ex C-GHCO	
☐	F-GRZD	Canadair CL-600-2C10 (CRJ-701)	10016	ex C-GJEZ	Lsd fr Triskel Bail
☐	F-GRZE	Canadair CL-600-2C10 (CRJ-701)	10032	ex C-GIBL	
☐	F-GRZF	Canadair CL-600-2C10 (CRJ-701)	10036	ex C-GIBQ	Lsd fr Mirabel Bail
☐	F-GRZG	Canadair CL-600-2C10 (CRJ-701)	10037	ex C-GIBT	Lsd fr Skravig Bail
☐	F-GRZH	Canadair CL-600-2C10 (CRJ-701)	10089	ex C-GIBI	Lsd fr Fulmar Bail
☐	F-GRZI	Canadair CL-600-2C10 (CRJ-701)	10093	ex C-	Lsd fr Fulmar Bail
☐	F-GRZJ	Canadair CL-600-2C10 (CRJ-701)	10096	ex C-	Lsd fr Emerillon Avn
☐	F-GRZK	Canadair CL-600-2C10 (CRJ-701)	10198	ex C-	
☐	F-GRZL	Canadair CL-600-2C10 (CRJ-701)	10245	ex C-	Lsd fr Harfang Avn
☐	F-GRZM	Canadair CL-600-2C10 (CRJ-701)	10263	ex C-	
☐	F-GRZN	Canadair CL-600-2C10 (CRJ-701)	10264	ex C-	
☐	F-GRZO	Canadair CL-600-2C10 (CRJ-701)	10265	ex C-	

Four Canadair CL-600-2D24 (CRJ-900)s are on order plus eight CRJ-1000s

☐	F-GKHD	Fokker F.28-0100 (Fokker 100)	11381	ex HB-IVI	
☐	F-GKHE	Fokker F.28-0100 (Fokker 100)	11386	ex HB-IVK	
☐	F-GPXA	Fokker F.28-0100 (Fokker 100)	11487	ex PH-EZN	
☐	F-GPXB	Fokker F.28-0100 (Fokker 100)	11492	ex PH-EZK	
☐	F-GPXC	Fokker F.28-0100 (Fokker 100)	11493	ex PH-EZY	Lsd fr Lufthansa Lsg
☐	F-GPXD	Fokker F.28-0100 (Fokker 100)	11494	ex PH-EZO	Lsd fr France A/c Finance
☐	F-GPXE	Fokker F.28-0100 (Fokker 100)	11495	ex PH-EZP	
☐	F-GPXF	Fokker F.28-0100 (Fokker 100)	11330	ex F-WQJX	Lsd fr Lufthansa Lsg
☐	F-GPXG	Fokker F.28-0100 (Fokker 100)	11387	ex SX-BGL	Lsd fr A/c Intl Renting
☐	F-GPXH	Fokker F.28-0100 (Fokker 100)	11476	ex SX-BGM	Lsd fr A/c Intl Renting
☐	F-GPXI	Fokker F.28-0100 (Fokker 100)	11503	ex PH-AFQ	
☐	F-GPXJ	Fokker F.28-0100 (Fokker 100)	11323	ex EI-DBR	Lsd fr ALTIS
☐	F-GPXK	Fokker F.28-0100 (Fokker 100)	11329	ex EI-DBE	Lsd fr ALTIS
☐	F-GPXL	Fokker F.28-0100 (Fokker 100)	11290	ex EI-DFB	Op for RAE
☐	F-GPXM	Fokker F.28-0100 (Fokker 100)	11296	ex EI-DFC	Op for RAE

Wholly owned by Air France and aircraft operate feeder services (majority in AFR colours) using AF call-signs with 'Air France by Brit'Air' titles. Owns 19.5% of Airlinair

CCM AIRLINES
Corsica (XK/CCM) (IATA 146) *Ajaccio (AJA)*

☐	F-GRPI	ATR 42-500	722	ex F-WWEC	Lsd fr Kaliste Prop
☐	F-GRPJ	ATR 42-500	724	ex F-WWEI	Lsd fr Kaliste Prop
☐	F-GRPK	ATR 72-212A	727	ex F-WWEH	Lsd fr Kaliste Prop
☐	F-GRPX	ATR 72-212A	734	ex F-WWEO	Lsd fr Kaliste Prop
☐	F-GRPY	ATR 72-212A	742	ex F-WWEC	Lsd fr Kaliste Prop
☐	F-GRPZ	ATR 72-212A	745	ex F-WWEF	Lsd fr Kaliste Prop
☐	F-GYFK	Airbus A320-214	0533	ex F-WQSY	Lsd fr Jet-1 533 Owner
☐	F-GYFL	Airbus A320-214	0548	ex F-WQSZ	Lsd fr Edelweiss Bail
☐	F-GYFM	Airbus A319-112	1068	ex F-WQRR	Lsd fr Volito Aviation
☐	F-GYJM	Airbus A319-112	1145	ex F-WQRT	Lsd fr Volito Aviation

*Operate feeder services for Air France in their colours and using AF call-signs with 'Air France by CCM' titles. 11.95% owned by Air France
CCM Airlines is the trading name of Compagnie Aerienne Corse Mediterranie, some aircraft have aircorsica titles

CELESTAIR
Status uncertain

CHALAIR AVIATION
Chalar (CLG) *Caen-Carpiquet (CFR)*

☐	F-BXPY	Beech 65-C90 King Air	LJ-684		
☐	F-GHVV	Beech 200 Super King Air	BB-676	ex N1362B	Lsd fr Seine Avn
☐	F-GIJB	Beech 200 Super King Air	BB-13	ex N83MA	Lsd fr Seine Avn
☐	F-GOOB	Beech 1900C-1	UC-153	ex N153YV	Lsd fr Natexis Lease
☐	F-GPAS	Beech 200 Super King Air	BB-209	ex D-IACS	Lsd fr Bail Ouest
☐	F-HBCA	Beech 1900D	UE-188	ex SE-KXV	Lsd fr Natexis Lease
☐	F-HBCB	Beech 1900D	UE-390	ex 3B-VTL	Lsd fr Lixxbail

☐ F-HBCC	Beech 1900D		UE-350	ex 3B-VIP		Lsd fr FranFinance

CORSAIR
Corsair (SS/CRL) (IATA 923)   Ajaccio (AJA)

☐ F-GTUI	Boeing 747-422	26875/931	ex N186UA		Lsd fr TUI AG
☐ F-HKIS	Boeing 747-422	25380/913	ex F-WKIS		Lsd fr TUI AG
☐ F-HSEA	Boeing 747-422	26877/944	ex F-WSEA		Lsd fr TUI AG
☐ F-HSEX	Boeing 747-422	26878/966	ex F-WSEX		Lsd fr TUI AG
☐ F-HSUN	Boeing 747-422	26880/984	ex F-WSUN		Lsd fr TUI AG
☐ F-HLOV	Boeing 747-422	25379/911	ex F-WLOV		Lsd fr TUI AG
☐ F-GFUH	Boeing 737-4B3	24751/2107	ex F-GFUH		Lsd to JFU
☐ F-HBIL	Airbus A330-243	320			Lsd fr Parangue Bail
☐ F-HCAT	Airbus A330-243	285	ex F-WWKB		Lsd fr CIT Group

Two Airbus A330-300s are on order
Member of TUI Airline Management which includes Hapag-Fly, Thompsonfly, Arkefly, Jetair and TUIfly Nordic, all to be integrated into TUIfly during 2008

EAGLE AVIATION
French Eagle (EGN)   St Nazaire/Paris-Orly (SNR/ORY)

☐ F-GTIB	Boeing 757-2Q8	25131/458	ex N719BC		Lsd fr Boeing Capital
☐ F-GTID	Boeing 757-2Q8	26270/558	ex N802AM		Lsd fr Boeing Capital; sublsd to SVA
☐ F-HDDD	Airbus A300B4-622R	625	ex B-18578		Lsd fr MSA V; sublsd to SVA
☐ F-HEEE	Airbus A300B4-622R	555	ex B-18579		Lsd fr MSA V; sublsd to SVA

EUROCIEL
Nimes (FNI)

Due to commence operations with a McDonnell-Douglas MD-83 in March 2008 but later quoted as a Boeing 737-400 leased from Axis Airways. Eurociel is a joint venture between Veolia (who own Nimes airport) and Euromer travel agency

EUROPE AIRPOST
French Post (5O/FPO)   Paris-Charles de Gaulle (CDG)

☐ F-GFUE	Boeing 737-3B3 (QC)	24387/1693			
☐ F-GFUF	Boeing 737-3B3 (QC)	24388/1725			
☐ F-GIXB	Boeing 737-33A (QC)	24789/1953	ex F-OGSD		
☐ F-GIXC	Boeing 737-38B (QC)	25124/2047	ex F-OGSS	Saint-Louis	Lsd to OAL
☐ F-GIXD	Boeing 737-33A (QC)	25744/2198	ex N3213T		Lsd fr CIT Group
☐ F-GIXE	Boeing 737-3B3 (QC)	26850/2235	ex N854WT		Lsd fr CIT Group
☐ F-GIXF	Boeing 737-3B3 (QC)	26851/2267	ex N4361V		Lsd fr CIT Group
☐ F-GIXI	Boeing 737-348 (QC)	23809/1458	ex F-OGSY		Lsd fr CIT Group
☐ F-GIXJ	Boeing 737-3Y0 (QC)	23685/1357	ex G-MONH		Lsd fr ACG Acquisitions
☐ F-GIXL	Boeing 737-348 (QC)	23810/1474	ex F-OHCS		Lsd fr NBB Lse
☐ F-GIXO	Boeing 737-3Q8 (QC)	24132/1555	ex N241LF		Lsd fr ILFC
☐ F-GIXR	Boeing 737-3H6 (SF)	27125/2415	ex 9M-MZA		Lsd fr Aviacargo Lsg
☐ F-GIXS	Boeing 737-3H6 (SF)	27347/2615	ex 9M-MZB		Lsd fr Aviacargo Lsg
☐ F-GIXT	Boeing 737-39M (QC)	28898/2906	ex F-ODZZ		
☐ F-GZTA	Boeing 737-33V (QC)	29333/3084	ex HA-LKV		Lsd fr Oak Hill Capital
☐ F-GZTB	Boeing 737-33V (QC)	29336/3102	ex HA-LKU		Lsd fr Oak Hill Capital
☐ EI-OZB	Airbus A300B4-103F	184	ex F-GOZB		Lsd to/op by ABR
☐ F-GPOA	ATR 72-202 (QC)	204	ex F-ORAC		Lsd to/op by SWT
☐ F-GPOB	ATR 72-202 (QC)	207	ex F-ORAN		Lsd to/op by SWT
☐ F-GPOC	ATR 72-202 (QC)	311	ex B-22707		Lsd fr CM-CIC Bail; sublsd to RLA
☐ F-GPOD	ATR 72-202 (QC)	361	ex B-22711		Lsd fr CM-CIC Bail; sublsd to RLA

Wholly owned by Imperial Holdings, South Africa

FINIST'AIR
Finistair (FTR)   Brest (BES)

☐ F-GHGZ	Cessna 208A Caravan I	20800188	ex (N9769F)		
☐ F-GJFI	Cessna 208B Caravan I	208B0230	ex N208GC		
☐ F-GNYR	Cessna 208B Caravan I	208B1039	ex D-FOXI		Op for Atlantic Air Lift

HELI-UNION
Heli Union (HLU)   Paris-Heliport/Toussus-le-Noble (JDP/TNF)

☐ F-GEPN	Aerospatiale SA.365C3 Dauphin 2	5073	ex D-HELY	based PNR	
☐ F-GERJ	Aerospatiale SA.365N Dauphin 2	6066	ex F-ODRA	based Gabon	
☐ F-GFCH	Aerospatiale SA.365C2 Dauphin 2	5072	ex F-OCCD		
☐ F-GFEC	Aerospatiale SA.365C2 Dauphin 2	5071	ex F-ODBV		
☐ F-GFPA	Aerospatiale SA.365C2 Dauphin 2	5063	ex LV-AIE		
☐ F-GJDV	Aerospatiale SA.365N Dauphin 2	6065	ex I-SINV		
☐ F-GJPZ	Aerospatiale SA.365N Dauphin 2	6115	ex LN-OLN		
☐ F-GJTB	Aerospatiale SA.365N Dauphin 2	6082	ex D2-EXE		
☐ F-GKCU	Aerospatiale SA.365N Dauphin 2	6011	ex PH-SEC	based PNR	

☐	F-GMAY	Aerospatiale SA.365N Dauphin 2	6137			
☐	F-GSYA	Aerospatiale SA.365N Dauphin 2	6220	ex JA9913		
☐	F-GTCH	Aerospatiale AS.365N3 Dauphin 2	6710			
☐	F-GVGV	Aerospatiale AS.365N3 Dauphin 2	6724	ex F-WWOL		
☐	F-GXXB	Aerospatiale AS.365N2 Dauphin 2	6540			
☐	F-HMLB	Aerospatiale AS.365N3 Dauphin 2	6726	ex F-WWOS		
☐	TJ-SAH	Aerospatiale SA.365N Dauphin 2	6037	ex F-GMHI		
☐	F-GHOY	Aerospatiale AS.332L1 Super Puma	9005			
☐	F-GINQ	Aerospatiale SA.330J Puma	1583	ex LX-HUL		Lsd to Heli Europa as EC-JLK
☐	F-GJKF	Aerospatiale AS.350B3 Ecureuil	3309		based Cayenne	
☐	F-GJKO	Aerospatiale AS.350B3 Ecureuil	3350			
☐	F-GJTU	Aerospatiale AS.350B3 Ecureuil	3449		based Cayenne	
☐	F-GOZY	Aerospatiale AS.350B3 Ecureuil	3535		based Cayenne	
☐	F-GRRU	Sikorsky S-76A+	760186	ex LX-HUE		
☐	F-GYSH	Aerospatiale AS.332L1 Super Puma	9006		on order	

HEX'AIR
Hex Airline (UD/HER) (IATA 848) — Le Puy (LPY)

☐	F-GUPE	Beech 1900D	UE-248	ex N10882		Lsd to PEA
☐	F-GYPE	Embraer EMB.135LR (ERJ-135LR)	145492	ex PT-SXL	Savoie titles	Lsd to PEA
☐	F-HAPE	Beech 1900D	UE-367	ex N30515		Lsd to PEA
☐	F-HBPE	Embraer EMB.145LR (ERJ-145LR)	145106	ex PH-RXC		Lsd fr PEA

L'AVION
(A0/AVI) — Paris-Orly (ORY)

☐	F-HAVI	Boeing 757-26D	24473/301	ex N473AP	Lsd fr Pegasus Avn
☐	F-HAVN	Boeing 757-230/W	25140/382	ex D-ABNF	Lsd fr GOAL

L'Avion is the trading name of Elysair

O-AIR
status uncertain, both aircraft sold abroad

PAN EUROPÉENNE AIR SERVICE
(PEA) — Chambery (CMF)

☐	F-GOPE	Beech 1900D	UE-103	ex N82930	La Fayette; no titles	Lsd to HER
☐	F-GZPE	Piaggio P.180D Avanti	1064			

Sister company of Hex'Air

RÉGIONAL
Regional Europe (YS/RAE) (IATA 977) — Nantes (NTE)

☐	F-GHIA	Embraer EMB.120RT Brasilia	120154	ex PT-SPT		
☐	F-GHIB	Embraer EMB.120RT Brasilia	120162	ex PT-SQA		
☐	F-GJAK	Embraer EMB.120RT Brasilia	120215	ex PT-SSJ		
☐	F-GLRG	Embraer EMB.120ER Brasilia	120149	ex PH-MGX		Lsd fr SNVB Finance
☐	F-GTSJ	Embraer EMB.120RT Brasilia	120176	ex OO-DTL		
☐	F-GTSN	Embraer EMB.120RT Brasilia	120099	ex LX-RGI		Lsd fr Air Vendee Intl
☐	F-GTSO	Embraer EMB.120RT Brasilia	120097	ex LX-NVL		Lsd fr Air Vendee Intl
☐	F-GOHA	Embraer EMB.135ER (ERJ-135ER)	145189	ex PT-SFM		Lsd fr Celestial Avn
☐	F-GOHB	Embraer EMB.135ER (ERJ-135ER)	145198	ex PT-SFQ		Lsd fr Celestial Avn
☐	F-GOHC	Embraer EMB.135ER (ERJ-135ER)	145243	ex PT-SJF		Lsd fr Gie Jean Bart
☐	F-GOHD	Embraer EMB.135ER (ERJ-135ER)	145252	ex PT-SJJ		Lsd fr TRANS
☐	F-GOHE	Embraer EMB.135ER (ERJ-135ER)	145335	ex PT-SNB		Lsd fr Gie Jean Bart
☐	F-GOHF	Embraer EMB.135ER (ERJ-135ER)	145347	ex PT-SNN		Lsd fr TRANS
☐	F-GRGP	Embraer EMB.135ER (ERJ-135ER)	145188	ex PT-SFL		Lsd fr Pariliease
☐	F-GRGQ	Embraer EMB.135ER (ERJ-135ER)	145233	ex PT-SJB		Lsd fr Regiolease
☐	F-GRGR	Embraer EMB.135ER (ERJ-135ER)	145236	ex PT-SJE		Lsd fr Gie Keltia II
☐	F-GRGA	Embraer EMB.145EP (ERJ-145EP)	145008	ex PT-SYE		Lsd fr Samba Avn
☐	F-GRGB	Embraer EMB.145EP (ERJ-145EP)	145010	ex PT-SYG		Lsd fr Samba Avn
☐	F-GRGC	Embraer EMB.145EP (ERJ-145EP)	145012	ex PT-SYI		Lsd fr Samba Avn
☐	F-GRGD	Embraer EMB.145EP (ERJ-145EP)	145043	ex PT-SZI		Lsd fr Gie Naoned
☐	F-GRGE	Embraer EMB.145EP (ERJ-145EP)	145047	ex PT-SZM		Lsd fr Gie Naoned
☐	F-GRGF	Embraer EMB.145EP (ERJ-145EP)	145050	ex PT-SZP		Lsd fr Gie Goeland
☐	F-GRGG	Embraer EMB.145EP (ERJ-145EP)	145118	ex PT-SCT		Lsd fr Gie Askell
☐	F-GRGH	Embraer EMB.145EP (ERJ-145EP)	145120	ex PT-SCW		Lsd fr Parilease
☐	F-GRGI	Embraer EMB.145EP (ERJ-145EP)	145152	ex PT-SED		Lsd fr Gie Keltia
☐	F-GRGJ	Embraer EMB.145EP (ERJ-145EP)	145297	ex PT-SKO		Lsd fr Surcourf Bail
☐	F-GRGK	Embraer EMB.145EP (ERJ-145EP)	145324	ex PT-SMQ		Lsd fr Gie Keltia
☐	F-GRGL	Embraer EMB.145EP (ERJ-145EP)	145375	ex PT-SOZ		Lsd fr Surcourf
☐	F-GRGM	Embraer EMB.145EP (ERJ-145EP)	145418	ex PT-STP		Lsd fr Celestial Avn
☐	F-GUAM	Embraer EMB.145MP (ERJ-145MP)	145266	ex PT-SIY		Lsd fr TRANS
☐	F-GUBA	Embraer EMB.145MP (ERJ-145MP)	145398	ex PT-SQV		Lsd fr RBS Aviation
☐	F-GUBB	Embraer EMB.145MP (ERJ-145MP)	145419	ex PT-STQ		Lsd fr RBS Aviation
☐	F-GUBC	Embraer EMB.145MP (ERJ-145MP)	145556	ex PT-SZR		
☐	F-GUBD	Embraer EMB.145MP (ERJ-145MP)	145333	ex PT-SMZ		Lsd fr Gie Jean Bart

☐	F-GUBE	Embraer EMB.145MP (ERJ-145MP)	145668	ex PT-SFC		Lsd fr Investima 7
☐	F-GUBF	Embraer EMB.145MP (ERJ-145MP)	145669	ex PT-SFD		
☐	F-GUBG	Embraer EMB.145MP (ERJ-145MP)	14500890	ex PT-SYD		Lsd fr DIA Prunus
☐	F-GUEA	Embraer EMB.145MP (ERJ-145MP)	145342	ex PT-SNI		Lsd fr TRANS
☐	F-GUFD	Embraer EMB.145MP (ERJ-145MP)	145197	ex PT-SGN		Lsd fr Catalina Bail
☐	F-GUJA	Embraer EMB.145MP (ERJ-145MP)	145407	ex PT-STE		Lsd fr Celestial Avn
☐	F-GUMA	Embraer EMB.145MP (ERJ-145MP)	145405	ex PT-STC		Lsd fr Celestial Avn
☐	F-GUPT	Embraer EMB.145MP (ERJ-145MP)	145294	ex PT-SKL		Lsd fr TRANS
☐	F-GVGS	Embraer EMB.145MP (ERJ-145MP)	145385	ex PT-SQJ		Lsd fr Celestial Avn
☐	F-GVHD	Embraer EMB.145MP (ERJ-145MP)	145178	ex PT-SEZ		Lsd fr Catalina Bail
☐	F-HBLA	Embraer 190LR (190-100LR)	19000051	ex PT-SIA		Lsd fr Celestial Avn
☐	F-HBLB	Embraer 190LR (190-100LR)	19000060	ex PT-SIN		Lsd fr Celestial Avn
☐	F-HBLC	Embraer 190LR (190-100LR)	19000080	ex PT-SJW		
☐	F-HBLD	Embraer 190LR (190-100LR)	19000113	ex PT-SQH		
☐	F-HBLE	Embraer 190LR (190-100LR)	19000123	ex PT-SQS		
☐	F-HBLF	Embraer 190LR (190-100LR)		ex PT-	on order	

Four more Embraer 190LRs are on order plus six Embraer 170-100s for delivery by 2011

☐	F-GLIS	Fokker F.28-070 (Fokker 70)	11540	ex PH-RRS		Lsd fr DB Export Lsg
☐	F-GLIT	Fokker F.28-070 (Fokker 70)	11541	ex PH-RRT		Lsd fr DB Export Lsg
☐	F-GLIU	Fokker F.28-070 (Fokker 70)	11543	ex PH-RRU		Lsd fr DB Export Lsg
☐	F-GLIV	Fokker F.28-070 (Fokker 70)	11556	ex PH-RRV		Lsd fr DB Export Lsg
☐	F-GLIX	Fokker F.28-070 (Fokker 70)	11558	ex PH-RRW		Lsd fr DB Export Lsg
☐	F-GIOG	Fokker F.28-0100 (Fokker 100)	11364	ex PH-EZA		Lsd fr Magellan
☐	F-GLIR	Fokker F.28-0100 (Fokker 100)	11509	ex PH-EZF		Lsd fr DB Export Lsg
☐	F-GNLI	Fokker F.28-0100 (Fokker 100)	11315	ex D-ADFC		Lsd fr Magellan
☐	F-GNLJ	Fokker F.28-0100 (Fokker 100)	11344	ex D-ADFD		Lsd fr Jet Trading & Lsg
☐	F-GNLK	Fokker F.28-0100 (Fokker 100)	11307	ex D-ADFA	stored	Lsd fr AerCap
☐	F-GPNK	Fokker F.28-0100 (Fokker 100)	11324	ex SE-DUC		Lsd fr AerCap
☐	F-GPNL	Fokker F.28-0100 (Fokker 100)	11325	ex SE-DUD		Lsd fr AerCap
☐	F-GPXL	Fokker F.28-0100 (Fokker 100)	11290	ex EI-DFB		Lsd fr BZH
☐	F-GPXM	Fokker F.28-0100 (Fokker 100)	11296	ex EI-DFC		Lsd fr BZH

Wholly owned by Air France and aircraft operate feeder services in their colours as Air France by Regional using AF call-signs. Regional is the trading name of Regional Compagnie Aerienne Europeenne

REGOURD AVIATION

☐	F-GTSK	Embraer EMB.120RT Brasilia	120213	ex OO-MTD	no titles

SECURITÉ CIVILE

Marseille (MRS)

☐	F-ZBEO	Canadair CL-215-6B11 (CL-415)	2011	ex C-FWPD	P-36	
☐	F-ZBEU	Canadair CL-215-6B11 (CL-415)	2024	ex C-FZDE	P-42	
☐	F-ZBFN	Canadair CL-215-6B11 (CL-415)	2006	ex C-FVUK	P-33	
☐	F-ZBFP	Canadair CL-215-6B11 (CL-415)	2002	ex C-FBET	P-31	
☐	F-ZBFS	Canadair CL-215-6B11 (CL-415)	2001	ex C-GSCT	P-32	
☐	F-ZBFV	Canadair CL-215-6B11 (CL-415)	2013	ex C-FWPE	P-37	
☐	F-ZBFW	Canadair CL-215-6B11 (CL-415)	2014	ex C-FWZH	P-38	
☐	F-ZBFX	Canadair CL-215-6B11 (CL-415)	2007	ex C-FVUJ	P-34	
☐	F-ZBFY	Canadair CL-215-6B11 (CL-415)	2010	ex C-FVDY	P-35	
☐	F-ZBME	Canadair CL-215-6B11 (CL-415)	2057	ex C-GILN	44	Lsd fr Bombardier
☐	F-ZBMF	Canadair CL-215-6B11 (CL-415)	2063	ex C-FGZT		
☐	F-ZBMG	Canadair CL-215-6B11 (CL-415)	2065	ex C-FLFW		
☐	F-ZBAA	Conair Turbo Firecat	456/027	ex F-WEOL	T-22	
☐	F-ZBAP	Conair Turbo Firecat	567/026	ex F-ZBDA	T-12	
☐	F-ZBAU	Conair Firecat	DHC-32/009	ex F-WZLQ	T-2	
☐	F-ZBAZ	Conair Turbo Firecat	DHC-57/008	ex F-WEOL	T-01	
☐	F-ZBCZ	Conair Turbo Firecat	DHC-94/036	ex F-ZBCA	T-23	
☐	F-ZBEH	Conair Turbo Firecat	410/035	ex F-WEOJ	T-20	
☐	F-ZBET	Conair Turbo Firecat	703/028	ex F-WEOJ	T-15	
☐	F-ZBEW	Conair Turbo Firecat	621/025	ex F-WEOL	T-11	
☐	F-ZBEY	Conair Turbo Firecat	400/017	ex F-WEOK	T-7	
☐	F-ZBMA	Conair Turbo Firecat	461/021	ex C-GFZG	T-24	
☐	F-ZBFJ	Beech B200 Super King Air	BB-1102	ex D-IWAN	B-98	
☐	F-ZBFK	Beech B200 Super King Air	BB-876	ex F-GHSC	B-96	
☐	F-ZBMB	Beech B200 Super King Air	BB-1379	ex F-GJFD	B-97	
☐	F-ZBMC	de Havilland DHC-8-402QMRT	4040	ex C-FBAM	73	
☐	F-ZBMD	de Havilland DHC-8-402QMRT	4043	ex C-FBSG	74	

TAXI AIR FRET

Paris-Le Bourget (LBG)

☐	F-BTME	Beech 99	U-79	ex N551GP	
☐	F-GFDJ	Beech 65-E90 King Air	LW-86	ex N410PB	

TRANSAVIA FRANCE
(TO/TVF) Paris-Orly (ORY)

☐	F-GZHA	Boeing 737-8GJ/W	34901/2267	ex (VT-SPN)		Lsd fr Nomura B&B
☐	F-GZHB	Boeing 737-8GJ/W	34902/2309	ex (VT-SPO)		Lsd fr NBB Liner
☐	F-GZHC	Boeing 737-8K2/W	29651		on order	Lsd fr Babcock & Brown
☐	F-GZHD	Boeing 737-8K2/W	29650		on order	Lsd fr Babcock & Brown
☐	F-GZHE	Boeing 737-8K2/W	29678		on order	Lsd fr Babcock & Brown
☐	F-GZHN	Boeing 737-85H/W	29445/186	ex OY-SEI		Lsd fr Dia Camellia
☐	F-GZHV	Boeing 737-85H/W	29444/178	ex OY-SEH		Lsd fr Dia Azalea

Wholly owned by Air France-KLM Group

TWIN JET
Twin Jet (T7/TJT) (IATA 294) Marseille (MRS)

☐	F-GLND	Beech 1900D	UE-196	ex N3234G	Lsd fr BNP leasing
☐	F-GLNE	Beech 1900D	UE-197	ex N3234U	Lsd fr Unimat
☐	F-GLNF	Beech 1900D	UE-69	ex YR-RLA	Lsd fr Raytheon
☐	F-GLNH	Beech 1900D	UE-73	ex YR-BLB	Lsd fr Raytheon
☐	F-GLNK	Beech 1900D	UE-269	ex N11017	Lsd fr Natexis Lease
☐	F-GLPL	Beech 1900C-1	UC-92	ex N15382	Lsd fr Raytheon
☐	F-GRYL	Beech 1900D	UE-301	ex N22161	Lsd fr Soglease France
☐	F-GTKJ	Beech 1900D	UE-348	ex N23406	Lsd fr Raytheon
☐	F-GTVC	Beech 1900D	UE-349	ex N23430	Lsd fr Natexis Lease

Op for Ministere de l'Interieur

XL AIRWAYS FRANCE
Starway (SE/XLF) (IATA 473) Paris-Orly (ORY)

☐	EC-JHP	Airbus A330-343X	670	ex F-WWKU	Lsd fr IWD
☐	F-GRSD	Airbus A320-214	0653	ex F-GJDY	Lsd fr GATX/CL Air Lsg
☐	F-GRSE	Airbus A320-214	0657	ex F-WWIR	Lsd fr Macquarie AirFinance
☐	F-GRSI	Airbus A320-214	0973	ex F-WWBR	Lsd fr ILFC
☐	F-GRSQ	Airbus A330-243	501	ex F-WWKG	Lsd fr ILFC
☐	F-GSEU	Airbus A330-243	635	ex F-WWYO	Lsd fr ILFC
☐	YL-LCE	Airbus A320-211	0311	ex C-FKPO	Lsd fr LTC
☐	F-	Boeing 737-8Q8	35279	on order	Lsd fr iLFC

Member of XL Leisure Group which also includes XL Airways (D) and XL Germany Airlines (D)

F-O PACIFIC TERRITORIES (French Polynesia and New Caledonia)

AIR ARCHIPELS
Archipels (RHL) Papeete (PPT)

☐	F-OIQK	Beech B200C Super King Air	BL-149	ex N36949	Lsd fr Parnasse Espace
☐	F-OIQL	Beech B200C Super King Air	BL-148	ex N36948	Lsd fr Finanpar 4

Owned by Air Tahiti

AIR CALÉDONIE
AirCal (TY/TPC) (IATA 190) Noumea (NOU)

☐	F-ODYB	Dornier 228-212	8191	ex D-CORK	
☐	F-OIPI	ATR 42-500	647	ex F-WWLE	
☐	F-OIPN	ATR 72-212A	735	ex F-WWEP	
☐	F-OIPS	ATR 72-212A	764	ex F-WWEC	Lsd fr GIE Caledonie

Partially owned by Air France

AIR LOYAUTE
lazur (VZR) Noumea (NOU)

☐	F-OIAY	de Havilland DHC-6 Twin Otter 300	507	ex P2-KSR	Lsd fr Regional Avn

AIR MOOREA
Air Moorea (QE/TAH) Papeete (PPT)

☐	F-ODBN	de Havilland DHC-6 Twin Otter 300	470		Lsd fr VTA
☐	F-OHJF	de Havilland DHC-6 Twin Otter 300	500	ex N929MA	
☐	F-OHJG	de Havilland DHC-6 Twin Otter 300	603	ex Fr AF 603	
☐	F-OIQF	de Havilland DHC-6 Twin Otter 300	815	ex N45KH	Lsd fr Polynesie Francaise

Two de Havilland DHC-6-400 Twin Otters are on order
Wholly owned subsidiary of Air Tahiti

AIR TAHITI
Air Tahiti (VT/VTA) (IATA 135) Papeete (PPT)

☐	F-OHJJ	ATR 42-500	614	ex F-WWLU	Lsd fr Antin Participation
☐	F-OHJS	ATR 72-212A	696	ex F-WWES	Lsd fr Antin Participation

☐	F-OHJT	ATR 72-212A	590	ex F-WWET		Lsd fr Credit a l'Ind
☐	F-OHJU	ATR 72-212A	563	ex F-WWEA		Lsd fr Doumer Tahiti Bail
☐	F-OIQB	ATR 42-500	621	ex F-WWLB		Lsd fr Antin Participation
☐	F-OIQC	ATR 42-500	627	ex F-WWLH		Lsd fr Gie Tiare Bail
☐	F-OIQD	ATR 42-500	631	ex F-WWLL		Lsd fr Gie Tiare Bail
☐	F-OIQN	ATR 72-212A	719	ex F-WWET		
☐	F-OIQO	ATR 72-212A	731	ex F-WWEL		Lsd fr OAOA Bail
☐	F-OIQU	ATR 72-212A	751	ex F-WWEL		Lsd fr OAOA Bail
☐	F-O	ATR 42-500		ex F-WW	on order	
☐	F-O	ATR 72-212A		ex F-WW	on order	
☐	F-O	ATR 72-212A		ex F-WW	on order	
☐	F-ODBN	de Havilland DHC-6 Twin Otter 300	470			Lsd to TAH

Owns Air Archipels and Air Moorea and 7.9% of Air Tahiti Nui. 7.48% owned by Air France

AIR TAHITI NUI
Tahiti Airlines (TN/THT) (IATA 244)   *Papeete (PPT)*

☐	F-OJGF	Airbus A340-313X	385	ex F-WWJC	Mangareva	
☐	F-OJTN	Airbus A340-313X	395	ex C-GZIA	Bora Bora	Lsd fr ILFC
☐	F-OLOV	Airbus A340-313E	668	ex F-WWJD	Nuku Hiva	
☐	F-OSEA	Airbus A340-313X	438	ex F-WWJV	Rangiroa	Lsd fr Rangiroa Bail
☐	F-OSUN	Airbus A340-313X	446	ex F-WWJA	Moorea	Lsd fr Moorea Bail

7.9% owned by Air Tahiti

AIRCALIN
AirCalin (SB/ACI) (IATA 063)   *Noumea (NOU)*

☐	F-OCQZ	de Havilland DHC-6 Twin Otter 300	412		
☐	F-OHSD	Airbus A330-202	507	ex F-WWYS	
☐	F-OJSB	Airbus A320-232	2152		
☐	F-OJSE	Airbus A330-202	510	ex F-WWYT	

Aircalin is the trading name of Air Calédonie International

F-O   ATLANTIC / INDIAN OCEAN TERRITORIES (St Pierre & Miquelon and Reunion)

AIR AUSTRAL
Reunion (UU/REU) (IATA 760)   *St Denis-Gilot (RUN)*

☐	F-ODZJ	Boeing 737-53A	24877/1943	ex F-GHXN		
☐	F-ODZY	Boeing 737-33A	27452/2679			
☐	F-OHSF	ATR 72-212A	650	ex F-WWEC		
☐	F-OMAY	Boeing 777-2Q8ER	29402/517			Lsd fr ILFC
☐	F-OPAR	Boeing 777-2Q8ER	29908/229	ex EI-CRS	Marcel Goulette	Lsd fr ILFC
☐	F-ORUN	Boeing 777-2Q8ER	28676/246	ex EI-CRT	Pierre Legourque	Lsd fr ILFC

Two more Boeing 777-2Q8ERs are on order for delivery in February / March 2009 (c/ns 35782/35783) plus two more ATR 72-212As

34% owned by Air France

AIR ST PIERRE
Saint-Pierre (PJ/SPM) (IATA 638)   *St Pierre et Miquelon (FSP)*

☐	F-OHGL	ATR 42-320	323	ex F-WWET	Lsd fr St Pierre Investments
☐	F-OSPJ	Reims Cessna F406 Caravan II	F406-0091		Lsd fr St Pierre Investments

F-O   FRENCH CARIBBEAN (Guadeloupe & Saint-Barthelemy, Martinique and French Guyana)

AIR ANTILLES EXPRESS
(3S)   *Pointe-a-Pitre (PTP)*

☐	F-GHPS	ATR 42-300	006	ex B-2206	Lsd fr GUY
☐	F-OIJB	ATR 42-500	579	ex F-WWLF	Lsd fr GUY

Wholly owned subsidiary of Air Guyane Express; two new ATR-500s are on order

AIR CARAIBES
French West (TX/FWI) (IATA 427)   *Pointe a Pitre/Fort de France/St Barthelemy/St Martin (PTP/FDF/SBH/SFG)*

☐	F-OGOL	Dornier 228-202K	8139	ex D-CACC	Lsd fr Air Vendee; sublsd to Take A/l
☐	F-OGVA	Dornier 228-212	8236	ex D-CBDB	Lsd fr Air Vendee; sublsd to STAG
☐	F-OGVE	Dornier 228-212	8237	ex D-CBDD	Lsd fr Guadaero; sublsd to Take A/l
☐	F-OHQK	Dornier 228-212	8238	ex D-CBDH	Lsd fr Air Vendee; sublsd to STAG
☐	F-OHQL	ATR 42-500	524	ex F-WWEF	Lsd fr ING Lease; sublsd to RLA
☐	F-OHQM	Cessna 208B Caravan I	208B0726		Lsd fr ING Lease; sublsd to Take A/l
☐	F-OHQN	Cessna 208B Caravan I	208B0715	ex N1285H	Lsd fr ING Lease; sublsd to Take A/l
☐	F-OHQU	Cessna 208B Caravan I	208B0725	ex N12326	Lsd fr Kara Snc; sublsd to Take A/l

☐ F-OIJG	ATR 72-212A	654	ex F-WWEI		
☐ F-OIJH	ATR 72-212A	682	ex F-WWEE		Lsd fr Le Gosier SNC
☐ F-OIJK	ATR 72-212A	736	ex F-WWEQ		Lsd fr Les Saintes SNC
☐ F-OIJO	Cessna 208B Caravan I	208B0961	ex N4109K		Lsd to Take A/l
☐ F-OSUD	Embraer 190-100LR (190LR)	19000130	ex PT-SQX		Lsd fr Le Maroni SNC

45% owned by Air France; Air Caraibes is the trading name of Societe Nouvelle Air Guadeloupe

AIR CARAIBES ATLANTIQUE
Car Line (TX/CAJ) (IATA 427)   *Pointe a Pitre (PTP)*

☐ F-OFDF	Airbus A330-223	253	ex HB-IQD		Lsd fr Nordic Transport
☐ F-OPTP	Airbus A330-223	240	ex HB-IQB		Lsd fr ILFC
☐ F-ORLY	Airbus A330-323X	758	ex F-WWYR		Lsd fr Whitney Lsg
☐ F-	Airbus A330-323X		ex F-WW	on order	

Two more Airbus A330-323Xs are on order for delivery in 2009 and 2010

AIR GUYANE EXPRESS
Green Bird (3S/GUY)   *Cayenne (CAY)*

☐ F-GHPS	ATR 42-300	006	ex B-2206	Lsd fr Tizzano
☐ F-OIJB	ATR 42-500	579	ex F-WWLF	Lsd fr Guyanne Air 500
☐ F-OIJI	de Havilland DHC-6 Twin Otter 300	277	ex HB-LSU	Lsd fr Topscore
☐ F-OIJL	de Havilland DHC-6 Twin Otter 300	281	ex HB-LSV	Lsd fr Topscore
☐ F-OIJY	de Havilland DHC-6 Twin Otter 300	797	ex D-IFLY	Lsd fr Tizzano

Air Antilles Express is a wholly owned subidiary; who operate the ATRs

AIRAWAK
Fort de France (FDF)

☐ F-OGXA	Britten-Norman BN-2A-26 Islander	788	ex D-IHUG	
☐ F-OIXB	Cessna 402B II	402B1220	ex V2-LEW	

ST BARTH COMMUTER
Black Fin (PV/SBU)   *St Barthélemy (SBH)*

☐ F-OGXB	Britten-Norman BN-2A-2 Islander	303	ex D-IHVH	stored	
☐ F-OHQX	Britten-Norman BN-2A-26 Islander	3009	ex F-OHQW		
☐ F-OHQY	Britten-Norman BN-2B-20 Islander	2251	ex V2-LFE		
☐ F-OIJS	Britten-Norman BN-2B-20 Islander	2294	ex VH-CSS		
☐ F-OIJT	Piper PA-23-250 Aztec F	27-7854129	ex N6513A		

STAG
(GWX)   *St Barthélemy (SBH)*

☐ F-OGVA	Dornier 228-212	8236	ex D-CBDB	Lsd fr FWI
☐ F-OHQK	Dornier 228-212	8238	ex D-CBDH	Lsd fr FWI

STAG is the trading name of Societe de Transport de L'Archipel Guadeloupeen SAS

TAKE AIR LINES
Fort de France(FDF)

☐ F-OGOL	Dornier 228-202K	8139	ex D-CACC	
☐ F-OGVE	Dornier 228-212	8237	ex D-CBDD	Lsd fr FWI
☐ F-OHQM	Cessna 208B Caravan I	208B0726		Lsd fr FWI
☐ F-OHQN	Cessna 208B Caravan I	208B0715	ex N1285H	Lsd fr FWI
☐ F-OHQU	Cessna 208B Caravan I	208B0725	ex N12326	Lsd fr FWI
☐ F-OIJO	Cessna 208B Caravan I	208B0961	ex N4109K	Lsd fr FWI
☐ F-OTKE	LET L-410UVP-E	902409	ex OK-VDV	

Subsidiary of Air Caraibes

G- UNITED KINGDOM (United Kingdom of Great Britain and Northern Ireland)

AIR ATLANTIQUE
Atlantic (7M/AAG)   *Coventry (CVT)*

☐ G-APSA	Douglas DC-6A	45497/995	ex 4W-ABQ		
☐ G-DRFC	ATR 42-300	007	ex OY-CIB	stored	Lsd fr Bravo Avn
☐ G-EYES	Cessna 402C	402C0008	ex SE-IRU	Op for Environment Agency	
☐ G-FIND	Reims Cessna F406 Caravan II	F406-0045	ex OY-PEU		Lsd fr RVL Avn

Also operates vintage aircraft as Air Atlantique Classic Flight
Air Atlantique is the trading name of Atlantic Air Transport, the ATRs are operated under the Atlantic Express name

AIR SCOTLAND
Ceased operations 01 November 2006 for planned winter shutdown but did not restart in 2007

AIR SOUTHWEST
Swallow (WOW)   Plymouth (PLH)

☐	G-WOWA	de Havilland DHC-8-311	296	ex C-GZOF	Lsd fr Avmax
☐	G-WOWB	de Havilland DHC-8-311	334	ex C-GZOU	Lsd fr Avmax
☐	G-WOWC	de Havilland DHC-8-311	311	ex N784BC	
☐	G-WOWD	de Havilland DHC-8-311	286	ex C-FDIY	
☐	G-WOWE	de Havilland DHC-8-311	256	ex C-FFBG	Cloud Surfer

ASTRAEUS
Flystar (5W/AEU) (IATA 212)   London-Gatwick (LGW)

☐	G-STRA	Boeing 737-3S3	24059/1517	ex G-OBWY	Lsd fr KG Aircraft Lsg; sublsd to DHI
☐	G-STRF	Boeing 737-76N/W	29885/1120	ex EI-CXD	Lsd fr AFS Investments
☐	G-STRH	Boeing 737-76N/W	32737/1130	ex EI-CXE	Lsd fr AFS Investments
☐	G-STRI	Boeing 737-33A	25011/2012	ex SX-BBT	Lsd fr AWAS
☐	G-STRJ	Boeing 737-33A	25119/2069	ex ZK-JNE	Lsd fr AWAS
☐	G-OJIB	Boeing 757-23AER	24292/219	ex G-OOOG	Lsd fr AWAS
☐	G-OPJB	Boeing 757-23A	24924/333	ex N924AW	for FDX Lsd fr AWMS
☐	G-STRY	Boeing 757-2Q8	28161/723	ex N369AX	Lsd fr ILFC
☐	G-STRZ	Boeing 757-258	27622/745	ex 4X-EBI	Lsd fr ILFC

Owned by Northern Travel Holding

ATLANTIC AIR LINES
Neptune (NPT)   Coventry (CVT)

☐	G-FIJR	Lockheed L-188PF Electra	1138	ex EI-HCF	
☐	G-FIJV	Lockheed L-188CF Electra	1129	ex EI-HCE	
☐	G-FIZU	Lockheed L-188CF Electra	2014	ex EI-CHY	
☐	G-LOFB	Lockheed L-188CF Electra	1131	ex N667F	
☐	G-LOFC	Lockheed L-188CF Electra	1100	ex N665F	
☐	G-LOFD	Lockheed L-188AC Electra	1143	ex LN-FOG	
☐	G-LOFE	Lockheed L-188CF Electra	1144	ex EI-CET	
☐	G-BTPE	British Aerospace ATP (LFD)	2012	ex EC-HGE	on order
☐	G-BTPF	British Aerospace ATP (LFD)	2013	ex EC-HCY	
☐	G-BTPH	British Aerospace ATP (LFD)	2015	ex (G-JEMF)	under conv Lsd fr BAES
☐	G-BTTO	British Aerospace ATP (LFD)	2033	ex EC-HNA	Lsd fr Trident Avn Lsg
☐	G-BUUP	British Aerospace ATP (LFD)	2008	ex G-MANU	Lsd fr Trident Avn Lsg
☐	G-BUUR	British Aerospace ATP (LFD)	2024	ex EC-GUX	Lsd fr Trident Avn Lsg
☐	G-MANH	British Aerospace ATP (LFD)	2017	ex G-LOGC	under conv Lsd fr BAES
☐	G-OAAF	British Aerospace ATP (LFD)	2029	ex G-JEMB	
☐	SU-EAG	Tupolev Tu-204-120S	1450744764028	ex RA-64028	Lsd fr/jt ops with CCE
☐	SU-EAJ	Tupolev Tu-204-120S	1450742264029	ex RA-64029	Lsd fr/jt ops with CCE

A total of nine British Aerospace ATPFs are on order

ATLANTIC RECONNAISSANCE
Atlantic (AAG)   Coventry (CVT)

☐	G-BCEN	Britten-Norman BN-2A-26 Islander	403	ex 4X-AYG	Maritime & Coastguard Agency
☐	G-EXEX	Cessna 404 Titan	404-0037	ex SE-GZF	Maritime & Coastguard Agency
☐	G-MIND	Cessna 404 Titan	404-0004	ex G-SKKC	
☐	G-NOSE	Cessna 402B	402B0823	ex N98AR	Pollution control
☐	G-SOUL	Cessna 310R II	310R0140	ex N5020J	Op for OSRL
☐	G-TASK	Cessna 404 Titan	404-0829	ex PH-MPC	Maritime & Coastguard Agency
☐	G-TURF	Reims Cessna F406 Caravan II	F406-0020	ex PH-FWF	Maritime & Coastguard Agency

Aircraft registered to Reconnaissance Ventures Ltd

AURIGNY AIR SERVICES
Ayline (GR/AUR)   Guernsey (GCI)

☐	G-BDTO	Britten-Norman BN-2A Mk.III-2 Trislander	1027	ex G-RBSI	
☐	G-BEVT	Britten-Norman BN-2A Mk.III-2 Trislander	1057		Aberdeen Asset Mgt c/s
☐	G-FTSE	Britten-Norman BN-2A Mk.III-2 Trislander	1053	ex G-BEPI	
☐	G-JOEY	Britten-Norman BN-2A Mk.III-2 Trislander	1016	ex G-BDGG	Joey
☐	G-PCAM	Britten-Norman BN-2A Mk.III-2 Trislander	1052	ex G-BEPH	ABN AMRO Bank c/s; stored GCI
☐	G-RBCI	Britten-Norman BN-2A Mk.III-2 Trislander	1035	ex G-BDWV	
☐	G-RLON	Britten-Norman BN-2A Mk.III-2 Trislander	1008	ex G-ITEX	Royal London Asset Mgt c/s
☐	G-XTOR	Britten-Norman BN-2A Mk.III-2 Trislander	359	ex G-BAXD	
☐	G-BPFN	Short SD.3-60	SH3747	ex N747HH	
☐	G-BWDA	ATR 72-202	444	ex F-WQNG	Lsd fr ATR Asset Mgt
☐	G-BWDB	ATR 72-202	449	ex F-WQNI	Lsd fr ATR Asset Mgt
☐	G-BXTN	ATR 72-202	483	ex F-WQNR	Lsd fr ATR Asset Mgt
☐	G-CDFF	ATR 42-300	331	ex LN-FAI	

Two ATR 72-212s are on order

BA CITYFLYER
Flyer (CJ/CFE) *London City (LCY)*

☐	G-BXAR	Avro 146-RJ100	E3298	ex G-6-298		for Atlantic Airways
☐	G-BXAS	Avro 146-RJ100	E3301	ex G-6-301		
☐	G-BZAT	Avro 146-RJ100	E3320	ex G-6-320		
☐	G-BZAU	Avro 146-RJ100	E3328	ex G-6-328		
☐	G-BZAV	Avro 146-RJ100	E3331	ex G-6-331		
☐	G-BZAW	Avro 146-RJ100	E3354	ex G-6-354		Lsd fr Flybe Leasing
☐	G-BZAX	Avro 146-RJ100	E3356	ex G-6-356		Lsd fr Flybe Leasing
☐	G-BZAY	Avro 146-RJ100	E3368	ex G-6-368		Lsd fr Flybe Leasing
☐	G-BZAZ	Avro 146-RJ100	E3369	ex G-6-369		Lsd fr Flybe Leasing
☐	G-CFAA	Avro 146-RJ100	E3373	ex G-6-373		Lsd fr Flybe Leasing
☐	G-LCYB	Avro 146-RJ85	E2383	ex OH-SAH	on order	Lsd fr BAE Systems
☐	G-LCYC	Avro 146-RJ85	E2385	ex OH-SAI	on order	Lsd fr BAE Systems

Wholly owned subsidiary of British Airways, registered to Cityflyer Express, trading as BA Cityflyer

BAC EXPRESS AIRLINES
Southend (SEN)

☐	G-BKMX	Short SD.3-60	SH3608	ex G-14-3608		Lsd fr BAC Leasing
☐	G-CLAS	Short SD.3-60	SH3635	ex EI-BEK		Lsd fr BAC Group
☐	G-JEAD	Fokker F.27 Friendship 500	10627	ex I-FWXB	based WIL	
☐	G-TMRA	Short SD.3-60	SH3686	ex G-SSWC		Lsd to HWY
☐	G-XPSS	Short SD.3-60	SH3713	ex EI-CPR		Lsd fr BAC Leasing

BLUE ISLANDS
Blue Island (XA/BCI) *Jersey (JER)*

☐	G-BEDP	Britten-Norman BN-2A Mk.III-2 Trislander	1039	ex ZS-SFG		
☐	G-BUVC	British Aerospace Jetstream 32	970	ex F-GMVP		
☐	G-ISLB	British Aerospace Jetstream 32	871	ex N871JX		
☐	G-ISLC	British Aerospace Jetstream 32	873	ex N873JX		
☐	G-ISLD	British Aerospace Jetstream 32EP	915	ex N915AE		
☐	G-LCOC	Britten-Norman BN-2A Mk.III-1 Trislander	366	ex G-BCCU		
☐	G-RHOP	Britten-Norman BN-2A Mk.III-2 Trislander	1042	ex G-WEAC		
☐	G-XAXA	Britten-Norman BN-2A-26 Islander	530	ex G-LOTO		
☐	G-BYHG	Dornier 328-110	3098	ex D-CDAE		Lsd fr SAY
☐	G-BYMK	Dornier 328-110	3062	ex LN-ASK		Lsd fr SAY

BMED
British Midland International took a majority stake during 2007 and services integrated into the parent during 4Q07

BMI BRITISH MIDLAND INTERNATIONAL
Midland (BD/BMA) (IATA 236) *East Midland-Nottingham/London-Heathrow (EMA/LHR)*

☐	G-DBCA	Airbus A319-131	2098	ex D-AVYV		Lsd fr ILFC
☐	G-DBCB	Airbus A319-131	2188	ex D-AVYA		Lsd fr ILFC
☐	G-DBCC	Airbus A319-131	2194	ex D-AVYT		Lsd fr ILFC
☐	G-DBCD	Airbus A319-131	2389	ex D-AVYJ		Lsd fr ILFC
☐	G-DBCE	Airbus A319-131	2429	ex D-AVWG		Lsd fr ILFC
☐	G-DBCF	Airbus A319-131	2466	ex D-AVYA		Lsd fr ILFC
☐	G-DBCG	Airbus A319-131	2694	ex D-AVXD		Lsd fr ILFC
☐	G-DBCH	Airbus A319-131	2697	ex D-AVXE		Lsd fr ILFC
☐	G-DBCI	Airbus A319-131	2720	ex D-AVWC		Lsd fr ILFC
☐	G-DBCJ	Airbus A319-131	2981	ex D-AVXG		Lsd fr AerCap
☐	G-DBCK	Airbus A319-131	3049	ex D-AVYG		Lsd fr AerCap
☐	G-MEDE	Airbus A320-232	1194	ex F-WWDY		Lsd fr BOC Aviation
☐	G-MEDH	Airbus A320-232	1922	ex F-WWBX		Lsd fr BOC Aviation
☐	G-MEDK	Airbus A320-232	2441	ex F-WWBQ		Lsd fr BOC Aviation
☐	G-MIDO	Airbus A320-232	1987	ex F-WWIR		
☐	G-MIDP	Airbus A320-232	1732	ex F-WWBK		Lsd fr ILFC
☐	G-MIDR	Airbus A320-232	1697	ex F-WWIQ		Lsd fr ILFC
☐	G-MIDS	Airbus A320-232	1424	ex F-WWBO		Lsd fr ILFC
☐	G-MIDT	Airbus A320-232	1418	ex F-WWBI		Lsd fr ILFC
☐	G-MIDU	Airbus A320-232	1407	ex F-WWDC	for JKK	Lsd fr ILFC
☐	G-MIDV	Airbus A320-232	1383	ex F-WWIQ	for JKK	Lsd fr ILFC
☐	G-MIDX	Airbus A320-232	1177	ex F-WWDP	Star Alliance c/s	Lsd fr ILFC
☐	G-MIDY	Airbus A320-232	1014	ex F-WWDQ		
☐	G-MIDZ	Airbus A320-232	0934	ex F-WWII		Lsd fr AerCap
☐	G-MEDF	Airbus A321-231	1690	ex D-AVZX		Lsd fr AerCap
☐	G-MEDG	Airbus A321-231	1711	ex D-AVZK		Lsd fr AerCap
☐	G-MEDJ	Airbus A321-231	2190	ex D-AVZD		Lsd fr BOC Aviation
☐	G-MEDL	Airbus A321-231	2653	ex D-AVZC		Lsd fr RBS Aerospace
☐	G-MEDM	Airbus A321-231	2799	ex D-AVZP		
☐	G-MIDC	Airbus A321-231	0835	ex D-AVZZ		Lsd fr Avn Capital Grp
☐	G-MIDL	Airbus A321-231	1174	ex D-AVZH	Star Alliance c/s	Lsd fr Avn Capital
☐	G-	Airbus A321-231		ex D-AV	on order	

☐	G-	Airbus A321-231		ex D-AV	on order	
☐	G-	Airbus A321-231		ex D-AV	on order	
☐	G-	Airbus A321-231		ex D-AV	on order	
☐	G-	Airbus A321-231		ex D-AV	on order	
☐	G-WWBB	Airbus A330-243	404	ex F-WWKP		Lsd fr ILFC
☐	G-WWBD	Airbus A330-243	401	ex F-WWKN	Star Alliance c/s	Lsd fr ILFC
☐	G-WWBM	Airbus A330-243	398	ex F-WWKL		Lsd fr ILFC
☐	G-	Airbus A330-200		ex	on order	
☐	G-	Airbus A330-200		ex	on order	

Threee more Airbus A330-200s are on order
bmi-british midland international is a trading name of British Midland Airways. A subsidiary of The Airlines of Britain Group, in which SAS and Lufthansa have a 20% and 30% holding respectively. bmi Regional is a wholly owned subsidiary while bmibaby is low-cost subsidiary and BMed, majority owned, was intergrated by the end of 2007. Member of Star Alliance.

BMI REGIONAL
Granite (BD/BMR)   Aberdeen/East Midlands-Nottingham (ABZ/EMA)

☐	G-CCYH	Embraer EMB.145EP (ERJ-145EP)	145070	ex SE-DZA	Lsd fr Corporate A/c Leasing
☐	G-RJXA	Embraer EMB.145EP (ERJ-145EP)	145136	ex PT-SDP	
☐	G-RJXB	Embraer EMB.145EP (ERJ-145EP)	145142	ex PT-SDS	
☐	G-RJXC	Embraer EMB.145EP (ERJ-145EP)	145153	ex PT-SEE	
☐	G-RJXD	Embraer EMB.145EP (ERJ-145EP)	145207	ex PT-SGX	
☐	G-RJXE	Embraer EMB.145EP (ERJ-145EP)	145245	ex PT-SIJ	
☐	G-RJXF	Embraer EMB.145EP (ERJ-145EP)	145280	ex PT-SJW	
☐	G-RJXG	Embraer EMB.145EP (ERJ-145EP)	145390	ex PT-SQO	
☐	G-RJXH	Embraer EMB.145EP (ERJ-145EP)	145442	ex PT-SUN	
☐	G-RJXI	Embraer EMB.145EP (ERJ-145EP)	145454	ex PT-SUZ	Star Alliance c/s
☐	G-RJXJ	Embraer EMB.135ER (ERJ-135ER)	145473	ex PT-SVS	
☐	G-RJXK	Embraer EMB.135ER (ERJ-135ER)	145494	ex PT-SXN	Star Alliance c/s
☐	G-RJXL	Embraer EMB.135ER (ERJ-135ER)	145376	ex PT-SQA	
☐	G-RJXM	Embraer EMB.145EP (ERJ-145EP)	145216	ex PH-RXA	
☐	G-RJXN	Embraer EMB.145MP (ERJ-145MP)	145336	ex SP-LGI	
☐	G-RJXO	Embraer EMB.145MP (ERJ-145MP)	145339	ex SP-LGK	
☐	G-RJXP	Embraer EMB.135ER (ERJ-135ER)	145431	ex G-CDFS	
☐	G-	Embraer EMB.145EP (ERJ-145EP)			on order
☐	G-	Embraer EMB.135ER (ERJ-135ER)			on order

Subsidiary of bmi-british midland international, operates feeder flights for them in full colours and other Star Alliance partners. 50% owned by bmi, 30% by Lufthansa and 20% by SAS Norge. Use Midland call-sign into London-Heathrow

BMIBABY
Baby (WW/BMI)   East Midlands-Nottingham (EMA)

☐	G-BVKB	Boeing 737-59D	27268/2592	ex SE-DNM	foxy baby	
☐	G-BVKD	Boeing 737-59D	26421/2279	ex SE-DNK	Ice Ice baby	
☐	G-BVZE	Boeing 737-59D	26422/2412	ex SE-DNL	little costa baby	
☐	G-BVZG	Boeing 737-5Q8	25160/2114	ex SE-DNF	Wales logojet; for DNV	
☐	G-BVZI	Boeing 737-5Q8	25167/2173	ex SE-DNH		Lsd fr BBAM
☐	G-BYZJ	Boeing 737-3Q8	24962/2139	ex G-COLE	pudsey baby	Lsd fr GECAS
☐	G-OBMP	Boeing 737-3Q8	24963/2193		robin hood baby	Lsd fr Tombo
☐	G-ODSK	Boeing 737-37Q	28537/2904		baby dragon fly	Lsd fr GECAS
☐	G-OGBD	Boeing 737-3L9	27833/2688	ex OY-MAR		Lsd fr ORIX
☐	G-OGBE	Boeing 737-3L9	27834/2692	ex OY-MAS	Derby's baby pride	Lsd fr ORIX
☐	G-TOYA	Boeing 737-3Q8	26310/2680	ex G-BZZE	brummie baby	Lsd fr ILFC
☐	G-TOYB	Boeing 737-3Q8	26311/2681	ex G-BZZF		Lsd fr ILFC
☐	G-TOYC	Boeing 737-3Q8	26312/2693	ex G-BZZG		Lsd fr ILFC
☐	G-TOYD	Boeing 737-3Q8	26307/2664	ex G-EZYT		Lsd fr ILFC
☐	G-TOYE	Boeing 737-33A	27455/2709	ex OO-LTU		Lsd fr AWMS
☐	G-TOYF	Boeing 737-36N	28557/2862	ex G-IGOO	Rainbow baby	Lsd fr GECAS
☐	G-TOYG	Boeing 737-36N	28872/3082	ex G-IGOJ	Butterfly baby	Lsd fr GECAS
☐	G-TOYH	Boeing 737-36N	28570/3010	ex G-IGOY	baby of the north	Lsd fr GECAS
☐	G-TOYJ	Boeing 737-36N	28332/2809	ex PK-GGW		Lsd fr Avn Capital Group
☐	G-TOYK	Boeing 737-33R	28870/2899	ex N870GX		Lsd fr GATX
☐	G-	Boeing 737-36E	27626/2792	ex EI-CSU	on order	Lsd fr ILFC

Wholly owned by bmi-british midland international; operates as no-frills airline

BOND AIR SERVICES
Red Head (RHD)   Gloucestershire (GLO)

☐	G-BZRS	Eurocopter EC-135T2	0166	ex D-HECL	back-up	
☐	G-DAAT	Eurocopter EC-135T2	0312		EMS; Devon Air Ambulance	
☐	G-DORS	Eurocopter EC-135T2+	0517		EMS; Dorset & Somerset Air Ambulance; Lsd fr Premier Lsg	
☐	G-EMAA	Eurocopter EC-135T2	0448		EMS; County Air Ambulance	
☐	G-HWAA	Eurocopter EC-135T2	0375		EMS; County Air Ambulance	
☐	G-KRNW	Eurocopter EC-135T2	0175		EMS; Cornwall Air Ambulance	
☐	G-NWAA	Eurocopter EC-135T2	0427		EMS; North West Air Ambulance	
☐	G-SASA	Eurocopter EC-135T2	0147		EMS; Scottish Ambulance Service	
☐	G-SASB	Eurocopter EC-135T2	0151		EMS; Scottish Ambulance Service	
☐	G-SPHU	Eurocopter EC-135T2	0245	ex D-HKBA	Strathclyde Police	

☐	G-SSXX	Eurocopter EC-135T2	0270	ex G-SSSX	EMS; Essex Air Ambulance	
☐	G-WMAS	Eurocopter EC-135T2	0174		EMS; County Air Ambulance	
☐	G-	Eurocopter EC-135T2+			on order; for Strathclyde Police	
☐	G-	Eurocopter EC-135T2+			on order; South & East Wales Police	
☐	G-BATC	MBB Bo.105DB	S-45	ex D-HDAW	EMS; North Wales Air Ambulance	
☐	G-BTHV	MBB Bo.105DBS-4	S-855	ex D-HMBV	EMS	
☐	G-BUXS	MBB Bo.105DBS-4	S-41/913	ex G-PASA	Northern Lighthouse	
☐	G-CDBS	MBB Bo.105DBS-4	S-738	ex D-HDRZ	EMS	
☐	G-NAAA	MBB Bo.105DBS-4	S-34/912	ex G-BUTN	EMS	
☐	G-NAAB	MBB Bo.105DBS-4	S-416	ex D-HDMO	EMS	
☐	G-NDAA	MBB Bo.105DBS-4	S-135/914	ex G-WMAA	EMS; Devon Air Ambulance	
☐	G-TVAM	MBB Bo.105DBS-4	S-392	ex G-SPOL	EMS, Thames Valley Air Ambulance	
☐	G-WAAS	MBB Bo.105DBS-4	S-138/911	ex G-ESAM	EMS; Welsh Air Ambulance	

Bond Offshore Helicopters is a sister organisation

BOND OFFSHORE HELICOPTERS
Bond (BND)   *Gloucestershire/Aberdeen-Dyce (GLO/ABZ)*

☐	G-REDJ	Eurocopter AS.332L2 Super Puma II	2608	ex F-WWOJ	Lsd fr International Avn Lsg
☐	G-REDK	Eurocopter AS.332L2 Super Puma II	2610	ex F-WWOM	Lsd fr International Avn Lsg
☐	G-REDL	Eurocopter AS.332L2 Super Puma II	2612	ex F-WWOD	Lsd fr International Avn Lsg
☐	G-REDM	Eurocopter AS.332L2 Super Puma II	2614	ex F-WWOF	Lsd fr International Avn Lsg
☐	G-REDN	Eurocopter AS.332L2 Super Puma II	2616	ex F-WQDH	Lsd fr International Avn Lsg
☐	G-REDO	Eurocopter AS.332L2 Super Puma II	2622	ex F-WWOH	Lsd fr International Avn Lsg
☐	G-REDP	Eurocopter AS.332L2 Super Puma II	2634	ex F-WWOB	Lsd fr International Avn Lsg
☐	G-	Eurocopter EC.225LP Super Puma			on order
☐	G-	Eurocopter EC.225LP Super Puma			on order

Sister company of Bond Air Services

BRISTOW HELICOPTERS
Bristow (BHL)   *Redhill/Aberdeen-Dyce (KRH/ABZ)*

☐	G-BLPM	Aerospatiale AS.332L Super Puma	2122	ex LN-ONB		
☐	G-BLXR	Aerospatiale AS.332L Super Puma	2154		Cromarty	
☐	G-BMCW	Aerospatiale AS.332L Super Puma	2161	ex F-WYMG	Monifieth	
☐	G-BMCX	Aerospatiale AS.332L Super Puma	2164		Lossiemouth	
☐	G-BWWI	Aerospatiale AS.332L Super Puma	2040	ex OY-HMF	Johnshaven	
☐	G-BWZX	Aerospatiale AS.332L Super Puma	2120	ex F-WQDE	Muchalls	
☐	G-JSAR	Eurocopter AS.332L-2 Super Puma	2576	ex F-WQRE	based Den Helder; dam 21Nov06	
☐	G-TIGC	Aerospatiale AS.332L Super Puma	2024	ex (G-BJYH)	Royal Burgh of Montrose	
☐	G-TIGE	Aerospatiale AS.332L Super Puma	2028	ex (G-BJYJ)	City of Dundee	
☐	G-TIGF	Aerospatiale AS.332L Super Puma	2030	ex F-WKQJ	Peterhead	
☐	G-TIGG	Aerospatiale AS.332L Super Puma	2032	ex F-WXFT	Macduff	
☐	G-TIGJ	Aerospatiale AS.332L Super Puma	2042	ex VH-BHT	Rosehearty	
☐	G-TIGO	Aerospatiale AS.332L Super Puma	2061	ex PP-MIM		
☐	G-TIGS	Aerospatiale AS.332L Super Puma	2086		Findochty	
☐	G-TIGV	Aerospatiale AS.332L Super Puma	2099	ex LN-ONC	Burghead	
☐	G-ZZSA	Eurocopter EC.225LP Super Puma	2603	ex F-WWOJ		
☐	G-ZZSB	Eurocopter EC.225LP Super Puma	2615	ex F-WWOG		
☐	G-ZZSC	Eurocopter EC.225LP Super Puma	2654	ex F-WWOG		
☐	G-ZZSD	Eurocopter EC.225LP Super Puma	2658	ex F-WWOQ		
☐	G-ZZSE	Eurocopter EC.225LP Super Puma	2660	ex F-WWOJ		
☐	G-ZZSF	Eurocopter EC.225LP Super Puma	2662			

Three more Eurocopter EC.225LPs are on order

☐	G-BBHL	Sikorsky S-61N II	61712	ex N4032S	Glamis	Lsd to CHC
☐	G-BBVA+^	Sikorsky S-61N II	61718		Vega	
☐	G-BCLD	Sikorsky S-61N II	61739	ex 9M-BED		
☐	G-BDIJ^	Sikorsky S-61N II	61751	ex 9M-AYF	Crathes	
☐	G-BDOC	Sikorsky S-61N II	61765		Tolquhoun	based Den Helder
☐	G-BFMY	Sikorsky S-61N II	61745	ex N4040S	Diamond	Lsd to Aeroleo as PT-MNL
☐	G-BGWJ	Sikorsky S-61N II	61819		Monadh Mor	
☐	G-BGWK	Sikorsky S-61N II	61820	ex N1346C	Dun Robin; based Egypt	
☐	G-BIMU	Sikorsky S-61N II	61752	ex N8511Z	Stac Pollaidh	Lsd to CHC
☐	G-BPWB^	Sikorsky S-61N II	61822	ex EI-BHO	Portland Castle	

^Operated for Marine & Coastguard Agency on SAR contract

☐	G-BHBF	Sikorsky S-76A+	760022	ex N4247S	Spirit of Paris; based Kazakhstan	
☐	G-BIBG	Sikorsky S-76A+	760083	ex 5N-BCE	Loch Seaforth	
☐	G-BIEJ	Sikorsky S-76A+	760097		Glen Lossie	
☐	G-BISZ	Sikorsky S-76A+	760156			
☐	G-BJFL	Sikorsky S-76A+	760056	ex N106BH	Glen Moray	based in Kazakhstan
☐	G-BJGX	Sikorsky S-76A+	760026	ex N103BH	Glen Elgin	
☐	G-CEYZ	Sikorsky S-76C+	760669	ex N4514R		
☐	G-KAZA	Sikorsky S-76C+	760615	ex N81085	based Kazakhstan	
☐	G-KAZB	Sikorsky S-76C+	760614	ex N8094S	based Kazakhstan	
☐	9M-SPT	Sikorsky S-76C+	760645	ex G-CEKR		
☐	9M-SPV	Sikorsky S-76C+	760654	ex G-CEOR		

	Registration	Type	C/N	Previous ID	Notes
☐	G-IACA	Sikorsky S-92A	920050	ex N81254	
☐	G-IACB	Sikorsky S-92A	920062	ex N4516G	
☐	G-IACC	Sikorsky S-92A	920063	ex N45158	
☐	G-IACD	Sikorsky S-92A	920065	ex N4515G	on order
☐	G-IACE	Sikorsky S-92A	920066	ex N45148	on order
☐	G-IACF	Sikorsky S-92A	920068		on order

Two more Sikorsky S-92As are on order

	Registration	Type	C/N	Previous ID	Notes
☐	G-AVII	Agusta-Bell 206B JetRanger II	8011		Brighton Belle; based NWI
☐	G-BALZ	Bell 212	30542	ex EC-IPD	based Mauritania
☐	G-BFER	Bell 212	30835	ex N18099	based Kazakhstan
☐	G-BIXV	Bell 212	30870	ex N16931	based Kazakhstan
☐	G-ISST	Eurocopter EC.155 B1	6778		
☐	G-ISSU	Eurocopter EC.155 B1	6762		
☐	G-ISSV	Eurocopter EC.155 B1	6757		
☐	G-ISSW	Eurocopter EC.155 B1	6765		
☐	G-OIBU	Bell 412EP	36433	ex N6587U	based Mauritania

Irish Helicopters is a wholly owned subsidiary. Itself is a wholly owned subsidiary of Bristow Group. Operates as Bristow Helicopter Group (BHL); Bristow Helicopters [Nigeria] (BHN) and Bristow Caribbean

BRITISH AIRWAYS
Speedbird & Shuttle (BA/BAW/SHT) (IATA 125)   London-Heathrow/Gatwick & Manchester (LHR/LGW/MAN)

	Registration	Type	C/N	Previous ID	Notes
☐	G-EUOA	Airbus A319-131	1513	ex D-AVYE	
☐	G-EUOB	Airbus A319-131	1529	ex D-AVWH	
☐	G-EUOC	Airbus A319-131	1537	ex D-AVYP	
☐	G-EUOD	Airbus A319-131	1558	ex D-AVYJ	
☐	G-EUOE	Airbus A319-131	1574	ex D-AVWF	
☐	G-EUOF	Airbus A319-131	1590	ex D-AVYW	
☐	G-EUOG	Airbus A319-131	1594	ex D-AVVWU	
☐	G-EUOH	Airbus A319-131	1604	ex D-AVYM	
☐	G-EUOI	Airbus A319-131	1606	ex D-AVYN	
☐	G-EUPA	Airbus A319-131	1082	ex D-AVYK	
☐	G-EUPB	Airbus A319-131	1115	ex D-AVYT	
☐	G-EUPC	Airbus A319-131	1118	ex D-AVYU	
☐	G-EUPD	Airbus A319-131	1142	ex D-AVWG	Lsd fr Amethyst Lsg
☐	G-EUPE	Airbus A319-131	1193	ex D-AVYT	
☐	G-EUPF	Airbus A319-131	1197	ex D-AVWS	
☐	G-EUPG	Airbus A319-131	1222	ex D-AVYG	
☐	G-EUPH	Airbus A319-131	1225	ex D-AVYK	
☐	G-EUPJ	Airbus A319-131	1232	ex D-AVYJ	
☐	G-EUPK	Airbus A319-131	1236	ex D-AVYO	
☐	G-EUPL	Airbus A319-131	1239	ex D-AVYP	
☐	G-EUPM	Airbus A319-131	1258	ex D-AVYR	
☐	G-EUPN	Airbus A319-131	1261	ex D-AVWA	
☐	G-EUPO	Airbus A319-131	1279	ex D-AVYU	
☐	G-EUPP	Airbus A319-131	1295	ex D-AVWU	
☐	G-EUPR	Airbus A319-131	1329	ex D-AVYH	
☐	G-EUPS	Airbus A319-131	1338	ex D-AVYM	
☐	G-EUPT	Airbus A319-131	1380	ex D-AVWH	
☐	G-EUPU	Airbus A319-131	1384	ex D-AVWP	
☐	G-EUPV	Airbus A319-131	1423	ex D-AVYE	
☐	G-EUPW	Airbus A319-131	1440	ex D-AVYP	
☐	G-EUPX	Airbus A319-131	1445	ex D-AVWB	
☐	G-EUPY	Airbus A319-131	1466	ex D-AVYU	
☐	G-EUPZ	Airbus A319-131	1510	ex D-AVYY	
☐	G-BUSG	Airbus A320-211	0039	ex F-WWDM	to be retired Jan08
☐	G-BUSH	Airbus A320-211	0042	ex F-WWDT	to be retired May08
☐	G-BUSI	Airbus A320-211	0103	ex F-WWDB	to be retored Oct08
☐	G-BUSJ	Airbus A320-211	0109	ex F-WWIC	to be retired Apr08
☐	G-BUSK	Airbus A320-211	0120	ex F-WWIN	to be retired Sep08
☐	G-EUUA	Airbus A320-232	1661	ex F-WWIH	
☐	G-EUUB	Airbus A320-232	1689	ex F-WWBE	
☐	G-EUUC	Airbus A320-232	1696	ex F-WWIO	
☐	G-EUUD	Airbus A320-232	1760	ex F-WWBN	
☐	G-EUUE	Airbus A320-232	1782	ex F-WWDO	
☐	G-EUUF	Airbus A320-232	1814	ex F-WWIY	Lsd fr Itochu
☐	G-EUUG	Airbus A320-232	1829	ex F-WWIU	Lsd fr Itochu
☐	G-EUUH	Airbus A320-232	1665	ex F-WWIG	
☐	G-EUUI	Airbus A320-232	1871	ex F-WWBI	Lsd fr Itochu
☐	G-EUUJ	Airbus A320-232	1883	ex F-WWBQ	
☐	G-EUUK	Airbus A320-232	1899	ex F-WWDO	Lsd fr Itochu
☐	G-EUUL	Airbus A320-232	1708	ex F-WWIV	
☐	G-EUUM	Airbus A320-232	1907	ex F-WWDN	Lsd fr Itochu
☐	G-EUUN	Airbus A320-232	1910	ex F-WWDP	
☐	G-EUUO	Airbus A320-232	1958	ex F-WWIT	
☐	G-EUUP	Airbus A320-232	2038	ex F-WWDB	
☐	G-EUUR	Airbus A320-232	2040	ex F-WWID	
☐	G-EUUS	Airbus A320-232	3301	ex F-WWIF	
☐	G-EUUT	Airbus A320-232	3314	ex F-WWIT	

☐	G-EUUU	Airbus A320-232	3351	ex F-WWID		
☐	G-EUUV	Airbus A320-232	3468	ex F-WW	on order	
☐	G-EUUW	Airbus A320-232		ex F-WW	on order	
☐	G-EUUX	Airbus A320-232		ex F-WW	on order	
☐	G-EUUY	Airbus A320-232		ex F-WW	on order	
☐	G-EUUZ	Airbus A320-232		ex F-WW	on order	
☐	G-EUYA	Airbus A320-232		ex F-WW	on order	
☐	G-EUYB	Airbus A320-232		ex F-WW	on order	
☐	G-TTOG	Airbus A320-232	1969	ex F-WWDZ		Lsd to GBL
☐	G-TTOI	Airbus A320-232	2137	ex F-WWBN		Lsd to GBL
☐	G-TTOJ	Airbus A320-232	2157	ex F-WWDE		Lsd to GBL

Eight more Airbus A320s are on order, to be G-EUYC to G-EUYJ

☐	G-EUXC	Airbus A321-231	2305	ex D-AVZE		
☐	G-EUXD	Airbus A321-231	2320	ex D-AVZO		
☐	G-EUXE	Airbus A321-231	2323	ex D-AVZP		
☐	G-EUXF	Airbus A321-231	2324	ex D-AVZQ		
☐	G-EUXG	Airbus A321-231	2351	ex D-AVZU		
☐	G-EUXH	Airbus A321-231	2363	ex D-AVZW		
☐	G-EUXI	Airbus A321-231	2536	ex D-AVZE		
☐	G-EUXJ	Airbus A321-231	3081	ex D-AVZL		
☐	G-EUXK	Airbus A321-231	3235	ex D-AVZI		
☐	G-EUXL	Airbus A321-231	3254	ex D-AVZV		
☐	G-EUXM	Airbus A321-231	3290	ex D-AVZC		
☐	G-	Airbus A321-231		ex D-AV	on order	
☐	G-	Airbus A321-231		ex D-AV	on order	
☐	G-	Airbus A321-231		ex D-AV	on order	
☐	G-TTID	Airbus A321-231	2462	ex D-AVZB		Lsd to GBL
☐	G-TTIE	Airbus A321-231	2682	ex F-WWBI		Lsd to GBL
☐	G-TTIF	Airbus A321-231	3106	ex D-AVZC		Lsd to GBL
☐	G-DOCA	Boeing 737-436	25267/2131			
☐	G-DOCB	Boeing 737-436	25304/2144			
☐	G-DOCE	Boeing 737-436	25350/2167			
☐	G-DOCF	Boeing 737-436	25407/2178			
☐	G-DOCG	Boeing 737-436	25408/2183			
☐	G-DOCH	Boeing 737-436	25428/2185			
☐	G-DOCL	Boeing 737-436	25842/2228			
☐	G-DOCN	Boeing 737-436	25848/2379			
☐	G-DOCO	Boeing 737-436	25849/2381			
☐	G-DOCS	Boeing 737-436	25852/2390			
☐	G-DOCT	Boeing 737-436	25853/2409			
☐	G-DOCU	Boeing 737-436	25854/2417			
☐	G-DOCV	Boeing 737-436	25855/2420			
☐	G-DOCW	Boeing 737-436	25856/2422			
☐	G-DOCX	Boeing 737-436	25857/2451			
☐	G-DOCY	Boeing 737-436	25844/2514	ex OO-LTQ		
☐	G-DOCZ	Boeing 737-436	25858/2522	ex EC-FXJ		
☐	G-GBTA	Boeing 737-436	25859/2532	ex G-BVHA		
☐	G-GBTB	Boeing 737-436	25860/2545	ex OO-LTS		
☐	G-GFFA	Boeing 737-59D	25038/1969	ex G-BVZF		Lsd fr BBAM
☐	G-GFFB	Boeing 737-505	25789/2229	ex LN-BRT	for AUL	Lsd fr AerCap
☐	G-GFFD	Boeing 737-59D	26419/2186	ex LY-BFV		Lsd fr Charlston Partners
☐	G-GFFE	Boeing 737-528	27424/2720	ex LX-LGR		Lsd fr Itochu
☐	G-GFFF	Boeing 737-53A	24754/1868	ex G-OBMZ		Lsd fr BBAM
☐	G-GFFG	Boeing 737-505	24650/1792	ex LN-BRC		Lsd fr BBAM
☐	G-GFFH	Boeing 737-5H6	27354/2637	ex VT-JAW		Lsd fr GECAS
☐	G-GFFI	Boeing 737-528	27425/2730	ex LX-LGS		Lsd fr Itochu
☐	G-GFFJ	Boeing 737-5H6	27355/2646	ex VT-JAZ		Lsd fr GECAS
☐	G-LGTE	Boeing 737-3Y0	24908/2015	ex TC-SUP		Lsd fr GECAS
☐	G-LGTF	Boeing 737-382	24450/1873	ex N115GB		Lsd fr ORIX
☐	G-LGTG	Boeing 737-3Q8	24470/1765	ex N696BJ		Lsd fr AAR Aircraft & Lsg
☐	G-LGTH	Boeing 737-3Y0	23924/1542	ex OO-LTV		Lsd fr BBAM
☐	G-LGTI	Boeing 737-3Y0	23925/1544	ex OO-LTY		Lsd fr BBAM
☐	G-BNLA	Boeing 747-436	23908/727	ex N60665		
☐	G-BNLB	Boeing 747-436	23909/730			
☐	G-BNLC	Boeing 747-436	23910/734			
☐	G-BNLD	Boeing 747-436	23911/744	ex N6018N		
☐	G-BNLE	Boeing 747-436	24047/753			
☐	G-BNLF	Boeing 747-436	24048/773			
☐	G-BNLG	Boeing 747-436	24049/774			
☐	G-BNLH	Boeing 747-436	24050/779	ex VH-NLH		
☐	G-BNLI	Boeing 747-436	24051/784			
☐	G-BNLJ	Boeing 747-436	24052/789	ex N60668		
☐	G-BNLK	Boeing 747-436	24053/790	ex N6009F		
☐	G-BNLL	Boeing 747-436	24054/794			
☐	G-BNLM	Boeing 747-436	24055/795	ex N6009F		
☐	G-BNLN	Boeing 747-436	24056/802			
☐	G-BNLO	Boeing 747-436	24057/817			
☐	G-BNLP	Boeing 747-436	24058/828			
☐	G-BNLR	Boeing 747-436	24447/829	ex N6005C		
☐	G-BNLS	Boeing 747-436	24629/841			

	Registration	Type	MSN/Line	Notes	Remarks
☐	G-BNLT	Boeing 747-436	24630/842		
☐	G-BNLU	Boeing 747-436	25406/895		
☐	G-BNLV	Boeing 747-436	25427/900		
☐	G-BNLW	Boeing 747-436	25432/903		
☐	G-BNLX	Boeing 747-436	25435/908		
☐	G-BNLY	Boeing 747-436	27090/959	ex N60659	
☐	G-BNLZ	Boeing 747-436	27091/964		
☐	G-BYGA	Boeing 747-436	28855/1190		
☐	G-BYGB	Boeing 747-436	28856/1194		
☐	G-BYGC	Boeing 747-436	25823/1195		
☐	G-BYGD	Boeing 747-436	28857/1196		
☐	G-BYGE	Boeing 747-436	28858/1198		
☐	G-BYGF	Boeing 747-436	25824/1200		
☐	G-BYGG	Boeing 747-436	28859/1212		
☐	G-CIVA	Boeing 747-436	27092/967		
☐	G-CIVB	Boeing 747-436	25811/1018		
☐	G-CIVC	Boeing 747-436	25812/1022		
☐	G-CIVD	Boeing 747-436	27349/1048		
☐	G-CIVE	Boeing 747-436	27350/1050		
☐	G-CIVF	Boeing 747-436	25434/1058	ex (G-BNLY)	
☐	G-CIVG	Boeing 747-436	25813/1059	ex N6009F	
☐	G-CIVH	Boeing 747-436	25809/1078		
☐	G-CIVI	Boeing 747-436	25814/1079		
☐	G-CIVJ	Boeing 747-436	25817/1102		
☐	G-CIVK	Boeing 747-436	25818/1104		
☐	G-CIVL	Boeing 747-436	27478/1108		
☐	G-CIVM	Boeing 747-436	28700/1116		
☐	G-CIVN	Boeing 747-436	28848/1129		
☐	G-CIVO	Boeing 747-436	28849/1135	ex N6046P	
☐	G-CIVP	Boeing 747-436	28850/1144		
☐	G-CIVR	Boeing 747-436	25820/1146		
☐	G-CIVS	Boeing 747-436	28851/1148		
☐	G-CIVT	Boeing 747-436	25821/1149		
☐	G-CIVU	Boeing 747-436	25810/1154		
☐	G-CIVV	Boeing 747-436	25819/1156	ex N6009F	
☐	G-CIVW	Boeing 747-436	25822/1157		
☐	G-CIVX	Boeing 747-436	28852/1172		
☐	G-CIVY	Boeing 747-436	28853/1178		
☐	G-CIVZ	Boeing 747-436	28854/1183		

See also Global Supply Services

	Registration	Type	MSN/Line	Notes	Remarks
☐	G-BPEC	Boeing 757-236ER	24882/323		
☐	G-BPED	Boeing 757-236ER	25059/363		
☐	G-BPEE	Boeing 757-236ER	25060/364		Lsd fr BBAM
☐	G-BPEI	Boeing 757-236	25806/601		
☐	G-BPEJ	Boeing 757-236	25807/610		for Open Skies
☐	G-BPEK	Boeing 757-236	25808/665		for Open Skies
☐	G-CPEL	Boeing 757-236	24398/224	ex N602DF	
☐	G-CPEM	Boeing 757-236	28665/747		
☐	G-CPEN	Boeing 757-236	28666/751		
☐	G-CPEO	Boeing 757-236	28667/762		
☐	G-CPER	Boeing 757-236	29113/784		
☐	G-CPES	Boeing 757-236	29114/793		
☐	G-CPET	Boeing 757-236	29115/798		

Six more for Open Skies in 2009, the rest for disposal

	Registration	Type	MSN/Line	Notes	Remarks
☐	G-BNWA	Boeing 767-336ER	24333/265	ex N6009F	
☐	G-BNWB	Boeing 767-336ER	24334/281	ex N6046P	
☐	G-BNWC	Boeing 767-336ER	24335/284		
☐	G-BNWD	Boeing 767-336ER	24336/286	ex N6018N	
☐	G-BNWE	Boeing 767-336ER	24337/288		Lsd to QFA as VH-ZXA
☐	G-BNWF	Boeing 767-336ER	24338/293	ex N1788B	Lsd to QFA as VH-ZXB
☐	G-BNWG	Boeing 767-336ER	24339/298		Lsd to QFA as VH-ZXC
☐	G-BNWH	Boeing 767-336ER	24340/335	ex N6005C	
☐	G-BNWI	Boeing 767-336ER	24341/342		
☐	G-BNWJ	Boeing 767-336ER	24342/363		Lsd to QFA as VH-ZXD
☐	G-BNWK	Boeing 767-336ER	24343/364		Lsd to QFA as VH-ZXE
☐	G-BNWL	Boeing 767-336ER	25203/365		Lsd to QFA as VH-ZXF
☐	G-BNWM	Boeing 767-336ER	25204/376		
☐	G-BNWN	Boeing 767-336ER	25444/398		
☐	G-BNWO	Boeing 767-336ER	25442/418		
☐	G-BNWP	Boeing 767-336ER	25443/419		Lsd to QFA as ZH-ZXG
☐	G-BNWR	Boeing 767-336ER	25732/421		
☐	G-BNWS	Boeing 767-336ER	25826/473	ex N6018N	
☐	G-BNWT	Boeing 767-336ER	25828/476		
☐	G-BNWU	Boeing 767-336ER	25829/483		
☐	G-BNWV	Boeing 767-336ER	27140/490		
☐	G-BNWW	Boeing 767-336ER	25831/526		
☐	G-BNWX	Boeing 767-336ER	25832/529		
☐	G-BNWY	Boeing 767-336ER	25834/608	ex N5005C	
☐	G-BNWZ	Boeing 767-336ER	25733/648		
☐	G-BZHA	Boeing 767-336ER	29230/702		

☐	G-BZHB	Boeing 767-336ER	29231/704	
☐	G-BZHC	Boeing 767-336ER	29232/708	

Those leased to Qantas will not return to British Airways service

☐	G-RAES	Boeing 777-236ER	27491/76	ex (G-ZZZP)
☐	G-VIIA	Boeing 777-236ER	27483/41	ex N5022E
☐	G-VIIB	Boeing 777-236ER	27484/49	ex (G-ZZZG)
☐	G-VIIC	Boeing 777-236ER	27485/53	ex (G-ZZZH)
☐	G-VIID	Boeing 777-236ER	27486/56	ex (G-ZZZI)
☐	G-VIIE	Boeing 777-236ER	27487/58	ex (G-ZZZJ)
☐	G-VIIF	Boeing 777-236ER	27488/61	ex (G-ZZZK)
☐	G-VIIG	Boeing 777-236ER	27489/65	ex (G-ZZZL)
☐	G-VIIH	Boeing 777-236ER	27490/70	ex (G-ZZZM)
☐	G-VIIJ	Boeing 777-236ER	27492/111	ex (G-ZZZN)
☐	G-VIIK	Boeing 777-236ER	28840/117	
☐	G-VIIL	Boeing 777-236ER	27493/127	
☐	G-VIIM	Boeing 777-236ER	28841/130	
☐	G-VIIN	Boeing 777-236ER	29319/157	
☐	G-VIIO	Boeing 777-236ER	29320/182	
☐	G-VIIP	Boeing 777-236ER	29321/193	
☐	G-VIIR	Boeing 777-236ER	29322/203	
☐	G-VIIS	Boeing 777-236ER	29323/206	
☐	G-VIIT	Boeing 777-236ER	29962/217	
☐	G-VIIU	Boeing 777-236ER	29963/221	
☐	G-VIIV	Boeing 777-236ER	29964/228	
☐	G-VIIW	Boeing 777-236ER	29965/233	
☐	G-VIIX	Boeing 777-236ER	29966/236	
☐	G-VIIY	Boeing 777-236ER	29967/251	
☐	G-YMMA	Boeing 777-236ER	30302/242	ex N5017Q
☐	G-YMMB	Boeing 777-236ER	30303/265	
☐	G-YMMC	Boeing 777-236ER	30304/268	
☐	G-YMMD	Boeing 777-236ER	30305/269	
☐	G-YMME	Boeing 777-236ER	30306/275	
☐	G-YMMF	Boeing 777-236ER	30307/281	
☐	G-YMMG	Boeing 777-236ER	30308/301	
☐	G-YMMH	Boeing 777-236ER	30309/303	
☐	G-YMMI	Boeing 777-236ER	30310/308	
☐	G-YMMJ	Boeing 777-236ER	30311/311	
☐	G-YMMK	Boeing 777-236ER	30312/312	
☐	G-YMML	Boeing 777-236ER	30313/334	
☐	G-YMMN	Boeing 777-236ER	30316/346	
☐	G-YMMO	Boeing 777-236ER	30317/361	
☐	G-YMMP	Boeing 777-236ER	30315/369	
☐	G-ZZZA	Boeing 777-236	27105/6	ex N77779
☐	G-ZZZB	Boeing 777-236	27106/10	ex N77771
☐	G-ZZZC	Boeing 777-236	27107/15	ex N5014K

Four more Boeing 777-236ERs are on order for delivery in early 2009 plus 12 Airbus A380-841s and 8 Boeing 787-836s plus 16 Boeing 787-936s
BA Cityflyer is a wholly owned subsidiary operating Avro 146-RJ100s from London City while Open Skies will commence transatlantic services from mainland Europe in June 2008 using Boeing 757s transferred from the parent.
Franchise services are operated by BA Cityflyer, Loganair, Comair, Sun Air, GB Airways and Zambian Air Services in full colours; GB Airways will cease such services in March 2008 (and be purchased by easyJet) and Loganair in October 2008 (to operate for Flybe from then). Owns 3.84% of Air Mauritius, 15% of Flybe and 18.3% of Comair plus 10% of Iberia.
British Airways Santa flights are designated with designator XMS while SHT is used for shuttle flights
Founder member of oneworld alliance with American Airlines. Freight flights are operated by Global Supply Systems

BRITISH INTERNATIONAL
Brintel (BS/VRA)   *Cardiff, Penzance & Plymouth (CWL/PZE/PLH)*

☐	G-ATBJ	Sikorsky S-61N	61269	ex N10043		
☐	G-ATFM	Sikorsky S-61N	61270	ex CF-OKY		based Falklands Islands
☐	G-AYOY	Sikorsky S-61N	61476			
☐	G-BCEA	Sikorsky S-61N	61721			based Falklands Islands
☐	G-BCEB	Sikorsky S-61N	61454	ex N4023S	The Isles of Scilly	
☐	G-BFFJ	Sikorsky S-61N	61777	ex N6231	Tresco	
☐	G-BFRI	Sikorsky S-61N II	61809			
☐	G-BHOG	Sikorsky S-61N II	61825	ex PT-YEK		
☐	G-VIPZ	Sikorsky S-61N	61824	ex G-DAWS		
☐	G-BTKL	MBB Bo.105DBS-4	S-422	ex D-HDMU		
☐	G-SEWP	Aerospatiale AS.355F2 Ecureuil 2	5480	ex G-OFIN	Op for South East Wales Police	
☐	G-SYPA	Aerospatiale AS.355F2 Ecureuil 2	5193	ex LV-WHC		

British International is the trading name of Veritair

BRITISH NORTH WEST AIRLINES
Ceased operations

CHC SCOTIA HELICOPTERS
Helibus (SHZ)   *Aberdeen-Dyce (ABZ)*

☐	G-BKZE	Aerospatiale AS.332L Super Puma	2102	ex F-WKQE	Lsd fr Heliworld Lsg
☐	G-BKZG	Aerospatiale AS.332L Super Puma	2106	ex HB-ZBT	

	Reg	Type	Serial	ex	Notes
☐	G-BOZK	Aerospatiale AS.332L Super Puma	2179	ex LN-OMQ	
☐	G-BUZD	Aerospatiale AS.332L Super Puma	2069	ex C-GSLJ	
☐	G-CDSV	Aerospatiale AS.332L Super Puma	2058	ex N171EH	Lsd fr CHC Intl
☐	G-CHCF	Eurocopter AS.332L2 Super Puma	2567		
☐	G-CHCG	Eurocopter AS.332L2 Super Puma	2592		
☐	G-CHCH	Eurocopter AS.332L2 Super Puma	2601		
☐	G-CHCI	Aerospatiale AS.322L Super Puma	2395	ex LN-OHD	
☐	G-PUMA	Aerospatiale AS.332L Super Puma	2038	ex F-WMHB	
☐	G-PUMB	Aerospatiale AS.332L Super Puma	2075		
☐	G-PUMD	Aerospatiale AS.332L Super Puma	2077	ex F-WXFD	
☐	G-PUME	Aerospatiale AS.332L Super Puma	2091		
☐	G-PUML	Aerospatiale AS.332L Super Puma	2073	ex LN-ODA	Lsd fr HKS
☐	G-PUMN	Aerospatiale AS.332L2 Super Puma	2484	ex LN-OHF	Lsd fr HKS
☐	G-PUMO	Aerospatiale AS.332L2 Super Puma	2467		
☐	G-PUMS	Aerospatiale AS.332L2 Super Puma	2504		
☐	G-	Eurocopter EC.225LP Super Puma			on order
☐	G-	Eurocopter EC.225LP Super Puma			on order
☐	G-BKXD	Aerospatiale SA.365N Dauphin 2	6088	ex F-WMHD	
☐	G-BLEZ	Aerospatiale SA.365N Dauphin 2	6131		
☐	G-BLUM	Aerospatiale SA.365N Dauphin 2	6101		
☐	G-BTEU	Aerospatiale SA.365N2 Dauphin 2	6392		
☐	G-BTNC	Aerospatiale SA.365N2 Dauphin 2	6409		
☐	G-CHCP	Agusta AW.139	31046	ex PH-IEH	
☐	G-CHCT	Agusta AW.139	31042	ex PH-TRH	
☐	G-	Agusta AW.139			on order Op for HM Coastguard
☐	G-	Agusta AW.139			on order Op for HM Coastguard
☐	G-	Agusta AW.139			on order Op for HM Coastguard
☐	G-	Agusta AW.139			on order
☐	G-BHGK	Sikorsky S-76A+	760049	ex N1545Y	Lsd as CHC Africa
☐	G-BMAL	Sikorsky S-76A+	760120	ex F-WZSA	
☐	G-BVCX	Sikorsky S-76A+	760183	ex OY-HIW	
☐	G-CHCD	Sikorsky S-76A+	760101	ex (ZS-RNH)	
☐	G-CHCE	Sikorsky S-76A+	760036	ex G-BOND	Lsd to CHC Africa
☐	G-DRNT	Sikorsky S-76A+	760201	ex N93WW	
☐	G-SSSC	Sikorsky S-76C	760408		
☐	G-SSSD	Sikorsky S-76C	760415		
☐	G-SSSE	Sikorsky S-76C	760417		
☐	G-CGMU	Sikorsky S-92A	920034	ex N8010S	on order Op for HM Coastguard
☐	G-CGOC	Sikorsky S-92A	920051	ex N45165	
☐	G-CHCK	Sikorsky S-92A	920030	ex N8001N	
☐	G-SARB	Sikorsky S-92A	920045	ex N80562	Op for HM Coastguard
☐	G-SARC	Sikorsky S-92A	920052	ex N45168	on order Op for HM Coastguard

Controls CHC Helicopters Australia (VH-); member of CHC Helicopter Corp.

CLUB328
Spacejet (SDJ) — Biggin Hill (BQH)

☐	G-CJAB	Dornier 328-300 (328JET)	3200	ex OE-HAA	

Club328 also operate executive charters with biz-jets; own the rights to the Dornier 328 range

DHL AIR
World Express (D0/DHK) — East Midlands-Nottingham/Brussels (EMA/BRU)

	Reg	Type	Serial	ex	Notes
☐	G-BIKC	Boeing 757-236 (SF)	22174/11		Lsd fr Boeing Capital
☐	G-BIKF	Boeing 757-236 (SF)	22177/16		Lsd fr Boeing Capital
☐	G-BIKG	Boeing 757-236 (SF)	22178/23		Lsd fr Boeing Capital
☐	G-BIKI	Boeing 757-236 (SF)	22180/25	ex OO-DLO	Lsd fr Boeing Capital
☐	G-BIKJ	Boeing 757-236 (SF)	22181/29		Lsd fr Boeing Capital
☐	G-BIKK	Boeing 757-236 (SF)	22182/30		Lsd fr Boeing Capital
☐	G-BIKM	Boeing 757-236 (SF)	22184/33	ex N8293V	Lsd fr Boeing Capital
☐	G-BIKN	Boeing 757-236 (SF)	22186/50		Lsd fr Boeing Capital
☐	G-BIKO	Boeing 757-236 (SF)	22187/52		Lsd fr Boeing Capital
☐	G-BIKP	Boeing 757-236 (SF)	22188/54		Lsd fr Boeing Capital
☐	G-BIKS	Boeing 757-236 (SF)	22190/63		Lsd fr Boeing Capital
☐	G-BIKU	Boeing 757-236 (SF)	23399/78		Lsd fr Boeing Capital
☐	G-BIKV	Boeing 757-236 (SF)	23400/81		Lsd fr Boeing Capital
☐	G-BIKZ	Boeing 757-236 (SF)	23532/98		Lsd fr Boeing Capital
☐	G-BMRA	Boeing 757-236 (SF)	23710/123		Lsd fr Boeing Capital
☐	G-BMRB	Boeing 757-236 (SF)	23975/145		Lsd fr Boeing Capital
☐	G-BMRC	Boeing 757-236 (SF)	24072/160		Lsd fr Boeing Capital
☐	G-BMRD	Boeing 757-236 (SF)	24073/166		Lsd fr Boeing Capital
☐	G-BMRE	Boeing 757-236 (SF)	24074/168		Lsd fr Boeing Capital
☐	G-BMRF	Boeing 757-236 (SF)	24101/175		Lsd fr Boeing Capital
☐	G-BMRH	Boeing 757-236 (SF)	24266/210		Lsd fr Boeing Capital
☐	G-BMRJ	Boeing 757-236 (SF)	24268/214		Lsd fr Boeing Capital

Wholly owned subsidiary of DHL Holdings, itself majority owned by Deutsche Post

DIRECTFLIGHT
Metman/Watchdog (DCT)   *Cranfield/Exeter (-/EXT)*

☐ G-LUXE	British Aerospace 146 Srs.301	E3001	ex G-5-300	Atmospheric Research, op for FAAM
☐ G-MAFA	Reims Cessna F406 Caravan II	F406-0036	ex G-DFLT	Op for DEFRA
☐ G-MAFB	Reims Cessna F406 Caravan II	F406-0080	ex F-WWSR	Op for DEFRA
☐ G-SICA	Britten-Norman BN-2B-20 Islander	2304	ex G-SLAP	Op for Shetland Islands Council
☐ G-SICB	Britten-Norman BN-2B-20 Islander	2260	ex G-NESU	Op for Shetland Islands Council

EASTERN AIRWAYS
Eastflight (T3/EZE)   *Humberside (HUY)*

☐ G-MAJA	British Aerospace Jetstream 41	41032	ex G-4-032		Lsd fr BAES
☐ G-MAJB	British Aerospace Jetstream 41	41018	ex G-BVKT		Lsd fr BAES
☐ G-MAJC	British Aerospace Jetstream 41	41005	ex G-LOGJ		Lsd fr BAES
☐ G-MAJD	British Aerospace Jetstream 41	41006	ex G-WAWR		Lsd fr BAES
☐ G-MAJE	British Aerospace Jetstream 41	41007	ex G-LOGK		Lsd fr BAES
☐ G-MAJF	British Aerospace Jetstream 41	41008	ex G-WAWL		Lsd fr BAES
☐ G-MAJG	British Aerospace Jetstream 41	41009	ex G-LOGL		Lsd fr BAES
☐ G-MAJH	British Aerospace Jetstream 41	41010	ex G-WAYR		Lsd fr BAES
☐ G-MAJI	British Aerospace Jetstream 41	41011	ex G-WAND		Lsd fr BAES
☐ G-MAJJ	British Aerospace Jetstream 41	41024	ex G-WAFT		Lsd fr BAES
☐ G-MAJK	British Aerospace Jetstream 41	41070	ex G-4-070		Lsd fr BAES
☐ G-MAJL	British Aerospace Jetstream 41	41087	ex G-4-087		Lsd fr BAES
☐ G-MAJM	British Aerospace Jetstream 41	41096	ex G-4-096	North East colours	Lsd fr BAES
☐ G-MAJN	British Aerospace Jetstream 41	41014	ex OY-SVS		
☐ G-MAJP	British Aerospace Jetstream 41	41039	ex N550HK		Lsd fr BAES
☐ G-MAJT	British Aerospace Jetstream 41	41040	ex N551HK		Lsd fr BAES
☐ G-MAJU	British Aerospace Jetstream 41	41071	ex N558HK		Lsd fr BAES
☐ G-MAJV	British Aerospace Jetstream 41	41074	ex N557HK		Lsd fr BAES
☐ G-MAJW	British Aerospace Jetstream 41	41015	ex N303UE		
☐ G-MAJX	British Aerospace Jetstream 41	41098	ex N330UE		
☐ G-MAJY	British Aerospace Jetstream 41	41099	ex N331UE		
☐ G-MAJZ	British Aerospace Jetstream 41	41100	ex N332UE		
☐ G-CDEA	SAAB 2000	2000-009	ex SE-009		Lsd fr SAAB
☐ G-CDEB	SAAB 2000	2000-036	ex SE-036		Lsd fr SAAB
☐ G-CDKA	SAAB 2000	2000-006	ex SE-006	Aberdeen City & Shire	Lsd fr SAAB
☐ G-CDKB	SAAB 2000	2000-032	ex SE-032		Lsd fr SAAB
☐ G-CERY	SAAB 2000	2000-008	ex D-AOLA		Lsd fr Swedish A/c Holding
☐ G-CERZ	SAAB 2000	2000-042	ex SE-LSA		Lsd fr Swedish A/c Holding
☐ D-CIRB	Dornier 328-110	3017	ex HB-AEF		Lsd fr RUS
☐ G-BLKP	British Aerospace Jetstream 31	634	ex (G-BLEX)		Lsd fr Global Avn
☐ G-BUVD	British Aerospace Jetstream 32	977	ex F-GMVK	stored HUY	Lsd fr BAES
☐ G-IJYS	British Aerospace Jetstream 31	715	ex G-BTZT	VIP; stored HUY	Lsd fr Avient

Eastern Airways is a trading name of Air Kilroe; charter services with Jetstream aircraft operated with AKL codes

EASYJET AIRLINES
Easy (U2/EZY)   *London-Luton (LTN)*

☐ G-EJAR	Airbus A319-111	2412	ex D-AVWH
☐ G-EJJB	Airbus A319-111	2380	ex D-AVWV
☐ G-EZAA	Airbus A319-111	2677	ex D-AVYU
☐ G-EZAB	Airbus A319-111	2681	ex D-AVYY
☐ G-EZAC	Airbus A319-111	2691	ex D-AVXB
☐ G-EZAD	Airbus A319-111	2702	ex D-AVXI
☐ G-EZAE	Airbus A319-111	2709	ex D-AVYI
☐ G-EZAF	Airbus A319-111	2715	ex D-AVYT
☐ G-EZAG	Airbus A319-111	2727	ex D-AVXG
☐ G-EZAH	Airbus A319-111	2729	ex D-AVXK
☐ G-EZAI	Airbus A319-111	2735	ex D-AVXM
☐ G-EZAJ	Airbus A319-111	2742	ex D-AVXP
☐ G-EZAK	Airbus A319-111	2744	ex D-AVXQ
☐ G-EZAL	Airbus A319-111	2754	ex D-AVWG
☐ G-EZAM	Airbus A319-111	2037	ex HB-JZA
☐ G-EZAN	Airbus A319-111	2765	ex D-AVWL
☐ G-EZAO	Airbus A319-111	2769	ex D-AVWO
☐ G-EZAP	Airbus A319-111	2777	ex D-AVYG
☐ G-EZAS	Airbus A319-111	2779	ex D-AVYH
☐ G-EZAT	Airbus A319-111	2782	ex D-AVYO
☐ G-EZAU	Airbus A319-111	2795	ex D-AVWQ
☐ G-EZAV	Airbus A319-111	2803	ex D-AVWV
☐ G-EZAW	Airbus A319-111	2812	ex D-AVYU
☐ G-EZAX	Airbus A319-111	2818	ex D-AVXA
☐ G-EZAY	Airbus A319-111	2827	ex D-AVXE
☐ G-EZAZ	Airbus A319-111	2829	ex D-AVXF
☐ G-EZBA	Airbus A319-111	2860	ex D-AVWB
☐ G-EZBB	Airbus A319-111	2854	ex D-AVXM
☐ G-EZBC	Airbus A319-111	2866	ex D-AVWD
☐ G-EZBD	Airbus A319-111	2873	ex D-AVWK

	Registration	Type	MSN	Ex-reg	Notes
☐	G-EZBE	Airbus A319-111	2884	ex D-AVXO	
☐	G-EZBF	Airbus A319-111	2923	ex D-AVYK	
☐	G-EZBG	Airbus A319-111	2946	ex D-AVXA	
☐	G-EZBH	Airbus A319-111	2959	ex D-AVXH	
☐	G-EZBI	Airbus A319-111	3003	ex D-AVYB	Madrid
☐	G-EZBJ	Airbus A319-111	3036	ex D-AVWJ	
☐	G-EZBK	Airbus A319-111	3041	ex D-AVWK	
☐	G-EZBL	Airbus A319-111	3053	ex D-AVYJ	
☐	G-EZBM	Airbus A319-111	3059	ex D-AVWE	
☐	G-EZBN	Airbus A319-111	3061	ex D-AVWH	
☐	G-EZBO	Airbus A319-111	3082	ex D-AVYK	
☐	G-EZBP	Airbus A319-111	3084	ex D-AVYP	
☐	G-EZBR	Airbus A319-111	3088	ex D-AVYY	100th Airbus titles
☐	G-EZBS	Airbus A319-111	2387	ex D-AVYF	Lsd fr GECAS; sublsd to EZS
☐	G-EZBT	Airbus A319-111	3090	ex D-AVWM	
☐	G-EZBU	Airbus A319-111	3118	ex D-AVWW	
☐	G-EZBV	Airbus A319-111	3122	ex D-AVWX	
☐	G-EZBW	Airbus A319-111	3134	ex D-AVXE	
☐	G-EZBX	Airbus A319-111	3137	ex D-AVXH	
☐	G-EZBY	Airbus A319-111	3176	ex D-AVXJ	
☐	G-EZBZ	Airbus A319-111	3184	ex D-AVYF	
☐	G-EZDA	Airbus A319-111	3413	ex D-AVYH	on order
☐	G-EZDB	Airbus A319-111	3411	ex D-AVYF	on order
☐	G-EZDC	Airbus A319-111	2043	ex HB-JZB	
☐	G-EZDD	Airbus A319-111	3442	ex D-AV	on order
☐	G-EZDE	Airbus A319-111	3426	ex D-AVYP	on order
☐	G-EZDF	Airbus A319-111	3432	ex D-AV	on order
☐	G-EZDH	Airbus A319-111	3466	ex D-AV	on order
☐	G-EZDI	Airbus A319-111	3537	ex D-AV	on order
☐	G-EZDJ	Airbus A319-111	3544	ex D-AV	on order
☐	G-EZEA	Airbus A319-111	2119	ex D-AVWZ	
☐	G-EZEB	Airbus A319-111	2120	ex D-AVYK	
☐	G-EZEC	Airbus A319-111	2129	ex D-AVWR	
☐	G-EZED	Airbus A319-111	2170	ex D-AVWT	
☐	G-EZEF	Airbus A319-111	2176	ex D-AVYS	
☐	G-EZEG	Airbus A319-111	2181	ex D-AVWF	
☐	G-EZEH	Airbus A319-111	2184	ex D-AVWO	Lsd fr GECAS; sublsd to EZS
☐	G-EZEI	Airbus A319-111	2196	ex D-AVYC	Lsd fr GECAS; sublsd to EZS
☐	G-EZEJ	Airbus A319-111	2214	ex D-AVYO	
☐	G-EZEK	Airbus A319-111	2224	ex D-AVYZ	
☐	G-EZEM	Airbus A319-111	2230	ex D-AVWD	Lsd fr GECAS; sublsd to EZS
☐	G-EZEN	Airbus A319-111	2245	ex D-AVYH	Lsd fr GECAS; sublsd to EZS
☐	G-EZEO	Airbus A319-111	2249	ex D-AVYN	
☐	G-EZEP	Airbus A319-111	2251	ex D-AVYQ	
☐	G-EZES	Airbus A319-111	2265	ex D-AVWR	Lsd fr GECAS; sublsd to EZS
☐	G-EZET	Airbus A319-111	2271	ex D-AVWY	
☐	G-EZEU	Airbus A319-111	2283	ex D-AVYP	
☐	G-EZEV	Airbus A319-111	2289	ex D-AVYV	
☐	G-EZEW	Airbus A319-111	2300	ex D-AVWH	
☐	G-EZEX	Airbus A319-111	2319	ex D-AVYL	Lsd fr GECAS; sublsd to EZS
☐	G-EZEY	Airbus A319-111	2353	ex D-AVYM	Lsd fr GECAS; sublsd to EZS
☐	G-EZEZ	Airbus A319-111	2360	ex D-AVWP	
☐	G-EZIA	Airbus A319-111	2420	ex D-AVYL	
☐	G-EZIB	Airbus A319-111	2427	ex D-AVWD	Lsd to EZS
☐	G-EZIC	Airbus A319-111	2436	ex D-AVWC	
☐	G-EZID	Airbus A319-111	2442	ex D-AVWT	100 titles
☐	G-EZIE	Airbus A319-111	2446	ex D-AVWQ	
☐	G-EZIF	Airbus A319-111	2450	ex D-AVWK	Lsd to EZS
☐	G-EZIG	Airbus A319-111	2460	ex D-AVYM	
☐	G-EZIH	Airbus A319-111	2463	ex D-AVWV	
☐	G-EZII	Airbus A319-111	2471	ex D-AVYK	
☐	G-EZIJ	Airbus A319-111	2477	ex D-AVYU	
☐	G-EZIK	Airbus A319-111	2481	ex D-AVYV	
☐	G-EZIL	Airbus A319-111	2492	ex D-AVWM	
☐	G-EZIM	Airbus A319-111	2495	ex D-AVYO	
☐	G-EZIN	Airbus A319-111	2503	ex D-AVYZ	
☐	G-EZIO	Airbus A319-111	2512	ex D-AVWP	
☐	G-EZIP	Airbus A319-111	2514	ex D-AVWQ	
☐	G-EZIR	Airbus A319-111	2527	ex D-AVWK	
☐	G-EZIS	Airbus A319-111	2528	ex D-AVWJ	
☐	G-EZIT	Airbus A319-111	2538	ex D-AVYN	
☐	G-EZIU	Airbus A319-111	2548	ex D-AVYF	
☐	G-EZIV	Airbus A319-111	2565	ex D-AVYY	
☐	G-EZIW	Airbus A319-111	2578	ex D-AVXE	
☐	G-EZIX	Airbus A319-111	2605	ex D-AVXP	
☐	G-EZIY	Airbus A319-111	2636	ex D-AVWH	
☐	G-EZIZ	Airbus A319-111	2646	ex D-AVWQ	
☐	G-EZMH	Airbus A319-111	2053	ex HB-JZD	
☐	G-EZMK	Airbus A319-111	2370	ex D-AVWE	Lsd fr GECAS; sublsd to EZS
☐	G-EZMS	Airbus A319-111	2378	ex D-AVWS	
☐	G-EZNC	Airbus A319-111	2050	ex HB-JZC	
☐	G-EZNM	Airbus A319-111	2402	ex D-AVYV	

☐	G-EZPG	Airbus A319-111	2385	ex D-AVYD		
☐	G-EZSM	Airbus A319-111	2062	ex HB-JZE		
☐	G-HMCC	Airbus A319-111	2398	ex D-AVYS		Lsd fr GECAS; sublsd to EZS
☐	G-	Airbus A319-111		ex D-AV	on order	
☐	G-	Airbus A319-111		ex D-AV	on order	
☐	G-	Airbus A319-111		ex D-AV	on order	
☐	G-	Airbus A319-111		ex D-AV	on order	
☐	G-	Airbus A319-111		ex D-AV	on order	
☐	G-	Airbus A319-111		ex D-AV	on order	
☐	G-	Airbus A319-111		ex D-AV	on order	
☐	G-	Airbus A319-111		ex D-AV	on order	
☐	G-	Airbus A319-111		ex D-AV	on order	
☐	G-	Airbus A319-111		ex D-AV	on order	
☐	G-	Airbus A319-111		ex D-AV	on order	
☐	G-	Airbus A319-111		ex D-AV	on order	

Ninety-eight more Airbus A319-111s are on order for delivery including 2009 (12), 2010 (12), 2011 (12), 2012 (12), 2013 (12) and 2014 (4)

☐	G-EZJA	Boeing 737-73V	30235/672	ex N1787B		Lsd fr GECAS
☐	G-EZJB	Boeing 737-73V	30236/715	ex N1787B		Lsd fr GECAS
☐	G-EZJC	Boeing 737-73V	30237/730	ex N1786B		
☐	G-EZJF	Boeing 737-73V	30243/919	ex N1785B		
☐	G-EZJG	Boeing 737-73V	30239/944	ex N1786B		
☐	G-EZJH	Boeing 737-73V	30240/974	ex N1781B		
☐	G-EZJI	Boeing 737-73V	30241/1034			
☐	G-EZJJ	Boeing 737-73V	30245/1058			
☐	G-EZJK	Boeing 737-73V	30246/1064			
☐	G-EZJL	Boeing 737-73V	30247/1066			
☐	G-EZJM	Boeing 737-73V	30248/1118			Lsd fr IEM Airfinance
☐	G-EZJN	Boeing 737-73V	30249/1128	ex N1786B		Lsd fr IEM Airfinance
☐	G-EZJO	Boeing 737-73V	30244/1148			Lsd fr IEM Airfinance
☐	G-EZJP	Boeing 737-73V	32412/1151			
☐	G-EZJR	Boeing 737-73V	32413/1202			
☐	G-EZJS	Boeing 737-73V	32414/1214			
☐	G-EZJT	Boeing 737-73V	32415/1260			
☐	G-EZJU	Boeing 737-73V	32416/1270	ex N6046P		
☐	G-EZJV	Boeing 737-73V	32417/1285			
☐	G-EZJW	Boeing 737-73V	32418/1300			
☐	G-EZJX	Boeing 737-73V	32419/1321	ex N1787B		
☐	G-EZJY	Boeing 737-73V	32420/1341			Lsd fr BOC Aviation
☐	G-EZJZ	Boeing 737-73V	32421/1357		Ray Webster	Lsd fr BOC Aviation
☐	G-EZKA	Boeing 737-73V	32422/1363	ex (G-ESYA)		Lsd fr BOC Aviation
☐	G-EZKB	Boeing 737-73V	32423/1433	ex (G-ESYB)		Lsd fr BOC Aviation
☐	G-EZKC	Boeing 737-73V	32424/1450	ex (G-ESYC)		Lsd fr BOC Aviation
☐	G-EZKD	Boeing 737-73V	32425/1453	ex N1787B		Lsd fr BOC Aviation
☐	G-EZKE	Boeing 737-73V	32426/1474	ex (G-ESYE)	Daniel Swaddle	Lsd fr BOC Aviation
☐	G-EZKF	Boeing 737-73V	32427/1489	ex (G-ESYF)		Lsd fr BOC Aviation
☐	G-EZKG	Boeing 737-73V	32428/1495	ex (G-ESYG)		Lsd fr BOC Aviation

Owns 40% of easyJet Switzerland; to purchase GB Airways by March 2008

EUROMANX
Euromanx (3W/EMX) (IATA 482) — Ronaldsway (IOM)

☐	EI-REJ	ATR 72-202	126	ex ES-KRA		Lsd fr REA
☐	OE-HBB	de Havilland DHC-8-201	541	ex C-FEPA		Lsd fr Bombardier
☐	OE-HBC	de Havilland DHC-8-311B	533	ex C-FCLN		

Officially registered in Austria but still operate from Isle of Man

EUROPEAN AIRCHARTER
Eurocharter (E7/EAF) (IATA 158) — Bournemouth (BOH)

☐	G-CEAE	Boeing 737-229 (Nordam 3)	20912/365	ex OO-SDF	Lsd fr European Skybus
☐	G-CEAF*	Boeing 737-229 (Nordam 3)	20910/358	ex G-BYRI	Lsd fr European Skybus
☐	G-CEAG	Boeing 737-229 (Nordam 3)	21136/420	ex OO-SDL	
☐	G-CEAH	Boeing 737-229 (Nordam 3)	21135/418	ex OO-SDG	
☐	G-FIGP	Boeing 737-2E7 (Nordam 3)	22875/917	ex EI-CJI	Lsd fr European Skybus
☐	G-GPFI	Boeing 737-229 (Nordam 3)	20907/351	ex VH-OZQ	

*Operated for Bath Travel with Palmair titles

FIRST CHOICE AIRWAYS
JetSet (DP/FCA) — Manchester (MAN)

☐	G-OOAE	Airbus A321-211	0852	ex G-UNIF	Lsd fr Unijet Leisure
☐	G-OOAH	Airbus A321-211	0781	ex G-UNIE	Lsd fr NBB First Lease
☐	G-OOAR	Airbus A320-214	1320	ex F-WWDT	Lsd CIT Group
☐	G-OOAU	Airbus A320-214	1637	ex F-WWDM	Lsd fr ILFC
☐	G-OOAV	Airbus A321-211	1720	ex D-AVXA	Lsd fr ILFC
☐	G-OOAW	Airbus A320-214	1777	ex F-WWDD	Lsd fr ILFC
☐	G-OOAX	Airbus A320-214	2180	ex F-WWDY	

	Reg	Type	MSN	ex	Notes
☐	G-CPEP	Boeing 757-2Y0	25268/400	ex C-GTSU	Lsd fr Kolding
☐	G-CPEU	Boeing 757-236	29941/864	ex C-FLEU	Lsd fr CIT Group; sublsd to SSV
☐	G-CPEV	Boeing 757-236	29943/871	ex C-GOEV	Lsd fr CIT Group; sublsd to SSV
☐	G-OOBA	Boeing 757-28A	32446/950	ex C-GUBA	Lsd fr Castle Harbour Lsg
☐	G-OOBB	Boeing 757-28A	32447/951	ex C-GTBB	Lsd fr Castle Harbour Lsg; sublsd to SSV
☐	G-OOBC	Boeing 757-28A	33098/1026		Lsd fr CIT Group
☐	G-OOBD	Boeing 757-28A	33099/1028		Lsd fr CIT Group
☐	G-OOBE	Boeing 757-28A	33100/1029		Lsd fr CIT Group
☐	G-OOBF	Boeing 757-28A	33101/1041		Lsd fr CIT Group
☐	G-OOBG	Boeing 757-236	29942/867	ex C-FUBG	Lsd fr Pembroke; sublsd to SSV
☐	G-OOBI	Boeing 757-2B7	27146/551	ex N615AU	Lsd fr Aviation Capital Co
☐	G-OOBJ	Boeing 757-2B7	27147/552	ex N616AU	Lsd fr Aviation Capital Co
☐	G-OOOK	Boeing 757-236	25054/362	ex C-FLOK	for FDX Lsd fr BBAM
☐	G-OOOX	Boeing 757-2Y0ER	26158/526		Lsd fr ALPS Ltd
☐	G-OOOZ	Boeing 757-236	25593/466	ex C-GOOZ	Lsd fr BBAM; sublsd to SSV
☐	G-DBLA	Boeing 767-35EER	26063/434	ex B-16603	
☐	G-OOAN	Boeing 767-39HER	26256/484	ex G-UKLH	Caribbean Star Lsd fr MSA 1
☐	G-OOBK	Boeing 767-324ER	27392/568	ex VN-A762	Lsd fr GECAS
☐	G-OOBL	Boeing 767-324ER	27393/571	ex VN-A764	Lsd fr GECAS
☐	G-OOBM	Boeing 767-324ER	27568/593	ex VN-A765	Lsd fr GECAS
☐	G-PJLO	Boeing 767-35EER	26064/438	ex B-16605	Lsd fr HHL Lease

Twelve Boeing 787-8s are on order for delivery from 2009. Leases aircraft to Skyservice Airlines for UK winter and leases aircraft from Skyservice in the UK summer.

FLIGHTLINE
Flightline (B5/FLT)   Southend/Aberdeen (SEN/ABZ)

	Reg	Type	MSN	ex	Notes
☐	G-BPNT	British Aerospace 146 Srs.300	E3126		Lsd fr BAES; sublsd to VLM
☐	G-CLHD	British Aerospace 146 Srs.200	E2023	ex G-DEBF	stored SEN Lsd fr Finova
☐	G-DEBE	British Aerospace 146 Srs.200	E2022	ex N163US	Lsd fr BAES; sublsd to BCY
☐	G-DEFM	British Aerospace 146 Srs.200	E2016	ex G-DEBM	IAC titles Lsd fr Avtrade Lsg
☐	G-FLTA	British Aerospace 146 Srs.200	E2048	ex N189US	IAC titles
☐	G-FLTB	British Aerospace 146 Srs.200	E2024	ex EI-CZO	
☐	G-FLTC	British Aerospace 146 Srs.300	E3205	ex G-JEBH	Lsd fr Tronos
☐	G-OFMC	Avro 146-RJ100	E3264	ex G-CDUI	Op for Ford
☐	G-OZRH	British Aerospace 146 Srs.200	E2047	ex G-DEBF	

Operates Heathrow-Manchester-Heathrow flights for Qantas; IAC is Integrated Aviation Consortium, a group of companies in the oil sector and based in Aberdeen, who charter the aircraft for oil related flights.

	Reg	Type	MSN	ex	Notes
☐	G-FLTK	McDonnell-Douglas MD-83	49966/2047	ex OE-LJE	Lsd fr AAR International; op for BLE
☐	G-FLTL	McDonnell-Douglas MD-83	49790/1643	ex OE-LHG	Lsd fr GECAS; op for VLE
☐	G-FLTM	McDonnell-Douglas MD-83	53052/1731	ex EC-KBA	Lsd fr ILFC; op for BLE

FLYBE
Jersey (BE/BEE) (IATA 267)   Jersey/Exeter (JER/EXT)

	Reg	Type	MSN	ex	Notes
☐	G-GNTZ	British Aerospace 146 Srs.200	E2036	ex G-CLHB	stored EXT
☐	G-JEAM	British Aerospace 146 Srs.300	E3128	ex G-BTJT	Pride of Jersey Op for AFR
☐	G-JEAS	British Aerospace 146 Srs.200	E2020	ex G-OLHB	stand-by aircraft
☐	G-JEBA+	British Aerospace 146 Srs.300	E3181	ex HS-TBL	
☐	G-JEBD+	British Aerospace 146 Srs.300	E3191	ex HS-TBJ	
☐	G-JEBE+	British Aerospace 146 Srs.300	E3206	ex HS-TBM	Be on the ball
☐	G-JEBF	British Aerospace 146 Srs.300	E3202	ex G-BTUY	
☐	G-JEBG	British Aerospace 146 Srs.300	E3209	ex G-BVCE	Mansion.com colours
☐	G-MANS*	British Aerospace 146 Srs.200	E2088	ex G-CLHC	stored EXT

*Leased from BAES   +Leased from Walker Aviation Finance

	Reg	Type	MSN	ex	Notes
☐	G-ECOA	de Havilland DHC-8-402Q	4180	ex C-FMUE	
☐	G-ECOB	de Havilland DHC-8-402Q	4185	ex C-FNEN	
☐	G-JECE	de Havilland DHC-8-402Q	4094	ex C-FDHU	
☐	G-JECF	de Havilland DHC-8-402Q	4095	ex C-FDHV	
☐	G-JECG	de Havilland DHC-8-402Q	4098	ex C-FAQH	
☐	G-JECH	de Havilland DHC-8-402Q	4103	ex C-FCQC	
☐	G-JECI	de Havilland DHC-8-402Q	4105	ex C-FCQK	
☐	G-JECJ	de Havilland DHC-8-402Q	4110	ex C-FCVN	
☐	G-JECK	de Havilland DHC-8-402Q	4113	ex C-FDRL	
☐	G-JECL	de Havilland DHC-8-402Q	4114	ex C-FDRN	The George Best
☐	G-JECM	de Havilland DHC-8-402Q	4118	ex C-FFCE	
☐	G-JECN	de Havilland DHC-8-402Q	4120	ex C-FFCL	
☐	G-JECO	de Havilland DHC-8-402Q	4126	ex C-FFPT	
☐	G-JECP	de Havilland DHC-8-402Q	4136	ex C-FHEL	
☐	G-JECR	de Havilland DHC-8-402Q	4139	ex C-FHQM	
☐	G-JECS	de Havilland DHC-8-402Q	4142	ex C-FHQV	
☐	G-JECT	de Havilland DHC-8-402Q	4144	ex C-FHQY	Matt le Tissier
☐	G-JECU	de Havilland DHC-8-402Q	4146	ex C-FJKY	
☐	G-JECV	de Havilland DHC-8-402Q	4148	ex C-FJLE	Pride of Mann
☐	G-JECW	de Havilland DHC-8-402Q	4152	ex C-FJLK	Spirit of the Highlands
☐	G-JECX	de Havilland DHC-8-402Q	4155	ex C-FLKO	

	Registration	Type	MSN	Ex-reg	Notes
☐	G-JECY	de Havilland DHC-8-402Q	4157	ex C-FLKV	
☐	G-JECZ	de Havilland DHC-8-402Q	4179	ex C-FMTY	
☐	G-JEDI	de Havilland DHC-8-402Q	4052	ex C-GFOD	
☐	G-JEDJ	de Havilland DHC-8-402Q	4058	ex C-FDHZ	
☐	G-JEDK	de Havilland DHC-8-402Q	4065	ex C-GEMU	Vignoble de Bergerac
☐	G-JEDL	de Havilland DHC-8-402Q	4067	ex C-GEOZ	
☐	G-JEDM	de Havilland DHC-8-402Q	4077	ex C-FGNP	
☐	G-JEDN	de Havilland DHC-8-402Q	4078	ex C-FNGB	
☐	G-JEDO	de Havilland DHC-8-402Q	4079	ex C-GDFT	
☐	G-JEDP	de Havilland DHC-8-402Q	4085	ex C-FDHO	Special colours
☐	G-JEDR	de Havilland DHC-8-402Q	4087	ex C-FDHI	
☐	G-JEDT	de Havilland DHC-8-402Q	4088	ex C-FDHP	
☐	G-JEDU	de Havilland DHC-8-402Q	4089	ex C-GEMU	Pride of Exeter
☐	G-JEDV	de Havilland DHC-8-402Q	4090	ex C-FDHX	
☐	G-JEDW	de Havilland DHC-8-402Q	4093	ex C-GFBW	
☐	G-	de Havilland DHC-8-402Q		ex C-	on order
☐	G-	de Havilland DHC-8-402Q		ex C-	on order
☐	G-	de Havilland DHC-8-402Q		ex C-	on order
☐	G-	de Havilland DHC-8-402Q		ex C-	on order
☐	G-	de Havilland DHC-8-402Q		ex C-	on order
☐	G-	de Havilland DHC-8-402Q		ex C-	on order
☐	G-	de Havilland DHC-8-402Q		ex C-	on order
☐	G-	de Havilland DHC-8-402Q		ex C-	on order
☐	G-	de Havilland DHC-8-402Q		ex C-	on order
☐	G-	de Havilland DHC-8-402Q		ex C-	on order
☐	G-	de Havilland DHC-8-402Q		ex C-	on order
☐	G-	de Havilland DHC-8-402Q		ex C-	on order

12 more de Havilland DHC-8-402Qs are on order for delivery by September 2009.

	Registration	Type	MSN	Ex-reg	Notes
☐	G-EMBC	Embraer EMB.145EU (ERJ-145EU)	145024	ex PT-SYU	stored
☐	G-EMBD	Embraer EMB.145EU (ERJ-145EU)	145039	ex PT-SZE	
☐	G-EMBE	Embraer EMB.145EU (ERJ-145EU)	145042	ex PT-SZH	stored
☐	G-EMBH	Embraer EMB.145EU (ERJ-145EU)	145107	ex PT-S	
☐	G-EMBI	Embraer EMB.145EU (ERJ-145EU)	145126	ex PT-SDG	
☐	G-EMBJ	Embraer EMB.145EU (ERJ-145EU)	145134	ex PT-SDL	
☐	G-EMBK	Embraer EMB.145EU (ERJ-145EU)	145167	ex PT-S	
☐	G-EMBL	Embraer EMB.145EU (ERJ-145EU)	145177	ex PT-SEY	
☐	G-EMBM	Embraer EMB.145EU (ERJ-145EU)	145196	ex PT-SGL	
☐	G-EMBN	Embraer EMB.145EP (ERJ-145EP)	145201	ex PT-SGQ	
☐	G-EMBO	Embraer EMB.145EU (ERJ-145EU)	145219	ex PT-SHF	
☐	G-EMBP	Embraer EMB.145EU (ERJ-145EU)	145300	ex PT-SKR	
☐	G-EMBT	Embraer EMB.145EU (ERJ-145EU)	145404	ex PT-STB	for UDN
☐	G-EMBU	Embraer EMB.145EU (ERJ-145EU)	145458	ex PT-SVD	
☐	G-EMBV	Embraer EMB.145EU (ERJ-145EU)	145482	ex PT-SXB	
☐	G-EMBW	Embraer EMB.145EU (ERJ-145EU)	145546	ex PT-SZJ	
☐	G-EMBX	Embraer EMB.145EU (ERJ-145EU)	145573	ex PT-SBJ	
☐	G-EMBY	Embraer EMB.145EU (ERJ-145EU)	145617	ex PT-SDF	
☐	G-ERJA	Embraer EMB.145EP (ERJ-145EP)	145229	ex PT-SHS	
☐	G-ERJB	Embraer EMB.145EP (ERJ-145EP)	145237	ex PT-SIC	
☐	G-ERJC	Embraer EMB.145EP (ERJ-145EP)	145253	ex PT-SIN	
☐	G-ERJD	Embraer EMB.145EP (ERJ-145EP)	145290	ex PT-SKH	
☐	G-ERJE	Embraer EMB.145EP (ERJ-145EP)	145315	ex PT-SMG	
☐	G-ERJF	Embraer EMB.145EP (ERJ-145EP)	145325	ex PT-SMR	
☐	G-ERJG	Embraer EMB.145EP (ERJ-145EP)	145394	ex PT-SQR	
☐	G-FBEA	Embraer 190-200LR (195LR)	19000029	ex PT-SGD	Wings of the Community
☐	G-FBEB	Embraer 190-200LR (195LR)	19000057	ex PT-SII	
☐	G-FBEC	Embraer 190-200LR (195LR)	19000069	ex PT-SJI	
☐	G-FBED	Embraer 190-200LR (195LR)	19000084	ex PT-SNB	
☐	G-FBEE	Embraer 190-200LR (195LR)	19000093	ex PT-SNN	
☐	G-FBEF	Embraer 190-200LR (195LR)	19000104	ex PT-SNY	
☐	G-FBEG	Embraer 190-200LR (195LR)	19000120	ex PT-SQO	
☐	G-FBEH	Embraer 190-200LR (195LR)	19000128	ex PT-SQX	
☐	G-FBEI	Embraer 190-200LR (195LR)	19000143	ex PT-SYV	
☐	G-FBEJ	Embraer 190-200LR (195LR)		ex PT-	on order
☐	G-FBEK	Embraer 190-200LR (195LR)		ex PT-	on order
☐	G-FBEL	Embraer 190-200LR (195LR)		ex PT-	on order
☐	G-FBEM	Embraer 190-200LR (195LR)		ex PT-	on order
☐	G-FBEN	Embraer 190-200LR (195LR)		ex PT-	on order
☐	PH-ISA	ATR 42-500	532	ex D-BKKK	all-white Lsd fr FWA

flybe is a subsidiary of Walker Aviation; purchased BA Connect; as a result is 15% owned by British Airways but share for sale in 2008.

FLYGLOBESPAN.COM
Globespan (Y2/GSM) (IATA 060)   Prestwick/Edinburgh (PIK/EDI)

	Registration	Type	MSN	Ex-reg	Notes
☐	G-CDEG	Boeing 737-8BK/W	33022/1672		Lsd fr CIT Group; sublsd to GMG A/l
☐	G-CDKD	Boeing 737-683	28302/243	ex SE-DNT	
☐	G-CDKT	Boeing 737-683	28303/257	ex SE-DNU	
☐	G-CDRA	Boeing 737-683	28304/270	ex SE-DNX	

☐	G-CDRB	Boeing 737-683	28305/290	ex SE-DOR	
☐	G-CEJO	Boeing 737-8BK	29643/2282		Lsd fr CIT Group
☐	G-CEJP	Boeing 737-8BK/W	29646/2303		Lsd fr CIT Group
☐	G-DLCH	Boeing 737-8Q8/W	30040/1693		Lsd fr ILFC
☐	G-GSPN	Boeing 737-31S	29267/3093	ex (G-SPAN)	Lsd fr GECAS
☐	G-MSJF	Boeing 737-7Q8/W	30710/2188		Lsd fr ILFC
☐	G-OTDA	Boeing 737-31S	29266/3092	ex D-ADBV	Lsd fr GECAS
☐	G-SAAW	Boeing 737-8Q8/W	32841/1705		Lsd fr ILFC
☐	G-SEFC	Boeing 737-7Q8/W	30687/2252	ex N1787B	Lsd fr ILFC
☐	G-CDPT	Boeing 767-319ER	29388/785	ex ZK-NCN	Lsd fr ILFC; sublsd to IAC
☐	G-CEFG	Boeing 767-319ER	26264/555	ex ZK-NCH	Lsd fr ILFC
☐	G-CEJM	Boeing 757-28A	26276/704	ex TF-FIK	
☐	G-CEOD	Boeing 767-319ER	30586/808	ex ZK-NCO	Lsd fr ILFC

FlyGlobespan.com is the trading name of Globespan Airways Limited. Two Boeing 787-8Q8s are on order from ILFC for delivery in 2010

FLYJET
Wholly owned subsidiary of SilverJet but continued to operate independently; until it ceased operations 31October 2007

GB AIRWAYS
GeeBee Airways (GT/GBL) (IATA 171)   London-Gatwick/Gibraltar (LGW/GIB)

☐	G-TTIA	Airbus A321-231	1428	ex D-AVZA	For MON
☐	G-TTIB	Airbus A321-231	1433	ex D-AVZC	For MON
☐	G-TTIC	Airbus A321-231	1869	ex D-AVZZ	
☐	G-TTID	Airbus A321-231	2462	ex D-AVZB	Lsd fr BAW
☐	G-TTIE	Airbus A321-231	2682	ex D-AVZD	Lsd fr BAW
☐	G-TTIF	Airbus A321-231	3106	ex D-AVZC	Lsd fr BAW
☐	G-TTIG	Airbus A321-231	3382	ex D-AVZL	on order
☐	G-TTIH	Airbus A321-231		ex D-AV	on order
☐	G-TTII	Airbus A321-231		ex D-AV	on order
☐	G-TTOB	Airbus A320-232	1687	ex F-WWIM	Lsd fr RBS Avn Capital
☐	G-TTOC	Airbus A320-232	1715	ex F-WWDB	Lsd fr RBS Avn Capital
☐	G-TTOD	Airbus A320-232	1723	ex F-WWBH	Lsd fr RBS Avn Capital
☐	G-TTOE	Airbus A320-232	1754	ex F-WWDH	Lsd fr RBS Avn Capital
☐	G-TTOF	Airbus A320-232	1918	ex F-WWIS	Lsd fr ACG Lease
☐	G-TTOG	Airbus A320-232	1969	ex F-WWDZ	Lsd fr BAW
☐	G-TTOH	Airbus A320-232	1993	ex F-WWDO	Lsd fr ACG Lease
☐	G-TTOI	Airbus A320-232	2137	ex F-WWBN	Lsd fr BAW
☐	G-TTOJ	Airbus A320-232	2157	ex F-WWDE	Lsd fr BAW
☐	G-TTOK	Airbus A320-232		ex F-WW	on order

Operates services for British Airways in BAW colours under a franchise agreement but these will cease in March 2008 following purchase by easyJet when it will codeshare on flights from Gatwick and Manchester. Two more Airbus A321 are on order for delivery in 2009 and 2010

GLOBAL SUPPLY SYSTEMS
JetLift (GSS)   London-Stansted (STN)

☐	G-GSSA	Boeing 747-47UF	29256/1213	ex N495MC	Lsd fr/op by GTI
☐	G-GSSB	Boeing 747-47UF	29252/1165	ex N491MC	Lsd fr/op by GTI
☐	G-GSSC	Boeing 747-47UF	29255/1184	ex N494MC	Lsd fr/op by GTI

Operated by Atlas Air, (who own 49%), on behalf of British Airways in their full colours

HEBRIDEAN AIR SERVICES

☐	G-BSPT	Britten-Norman BN-2B-20 Islander	2240	ex TF-VEG	
☐	G-HEBS	Britten-Norman BN-2B-26 Islander	2267	ex G-BUBJ	

HIGHLAND AIRWAYS
HiWay (8H/HWY)   Inverness (INV)

☐	G-BTXG	British Aerospace Jetstream 31	719	ex SE-FVP		
☐	G-CCPW	British Aerospace Jetstream 31	785	ex SE-LDI		
☐	G-EIGG	British Aerospace Jetstream 31	773	ex SE-LGH		Lsd fr Bravo Avn
☐	G-JURA	British Aerospace Jetstream 31	772	ex SE-LDH	City of Inverness	
☐	G-LOVB	British Aerospace Jetstream 31	622	ex VH-HSW		Lsd fr Ocean Sky
☐	G-UIST	British Aerospace Jetstream 31	750	ex N190PC		Lsd fr BAE Systems
☐	G-CEGE	Swearingen SA.226TC Metro II	TC-258	ex OY-NPA		Lsd fr Blue City Avn
☐	G-LEAF	Reims Cessna F406 Caravan II	F406-0018	ex EI-CKY		
☐	G-SEIL	Britten-Norman BN-2B-26 Islander	2103	ex G-BIIP		
☐	G-SFPA	Reims Cessna F406 Caravan II	F406-0064			Op for Scottish Fisheries Protection
☐	G-SFPB	Reims Cessna F406 Caravan II	F406-0065			Op for Scottish Fisheries Protection
☐	G-TMRA	Short SD.3-60	SH3686	ex G-SSWC		Lsd fr BAC Express

Associated with Atlantic Airways.

ISLES OF SCILLY SKYBUS
Scillonia (5Y/IOS) *Lands End-St Just (LEQ)*

☐	G-BIHO	de Havilland DHC-6 Twin Otter 310	738	ex A6-ADB		
☐	G-BUBN	Britten-Norman BN-2B-26 Islander	2270			
☐	G-CBML	de Havilland DHC-6 Twin Otter 310	695	ex C-FZSP		Lsd fr Beau Del Lsg
☐	G-SBUS	Britten-Norman BN-2A-26 Islander	3013	ex G-BMMH		
☐	G-SSKY	Britten-Norman BN-2B-26 Islander	2247	ex G-BSWT		

JANES AVIATION
Blackpool (BPL)

☐	G-AYIM	Hawker Siddeley HS.748 Srs.2A/270	1687	ex G-11-687	on order	
☐	G-SOEI	Hawker Siddeley HS.748 Srs.2A/242	1689	ex ZK-DES	on order	

Three more are on order but status uncertain

JET2
Channex (LS/EXS) *Leeds-Bradford /Manchester (LBA/MAN)*

☐	G-CELA	Boeing 737-377	23663/1323	ex VH-CZK	Jet2 Newcastle	
☐	G-CELB	Boeing 737-377	23664/1326	ex VH-CZL	Jet2 Yorkshire	
☐	G-CELC	Boeing 737-33A	23831/1471	ex N190FH	Jo Whiley	
☐	G-CELD	Boeing 737-33A	23832/1473	ex N191FH	Jet2 Espana	
☐	G-CELE	Boeing 737-33A	24029/1601	ex VH-CZX	Jet2 Belfast	
☐	G-CELF	Boeing 737-377	24302/1618	ex S7-ABB	Jet2 Valencia	
☐	G-CELG	Boeing 737-377	24303/1620	ex S7-ABD	Jet2 London	
☐	G-CELH	Boeing 737-330 (QC)	23525/1278	ex D-ABXD	Jet2 Faro	
☐	G-CELI	Boeing 737-330	23526/1282	ex D-ABXE	Jet2 Manchester	
☐	G-CELJ	Boeing 737-330	23529/1293	ex LZ-BOG	Jet2 Italia	
☐	G-CELK	Boeing 737-330	23530/1297	ex LZ-BOH	Jet2 Edinburgh	
☐	G-CELO	Boeing 737-33A (QC)	24028/1599	ex TF-ELO		
☐	G-CELP	Boeing 737-330 (QC)	23522/1246	ex TF-ELP		
☐	G-CELR	Boeing 737-330 (QC)	23523/1271	ex TF-ELR		
☐	G-CELS	Boeing 737-377	23660/1294	ex VH-CZH	Jet2 Leeds-Bradford	
☐	G-CELU	Boeing 737-377	23657/1280	ex VH-CZE	Jet2 Barcelona	
☐	G-CELV	Boeing 737-377	23661/1314	ex VH-CZI	Jet2 Amsterdam	
☐	G-CELW	Boeing 737-377F	23659/1292	ex N659DG		
☐	G-CELX	Boeing 737-377	23654/1273	ex VH-CZB	Jet2 Malaga	
☐	G-CELY	Boeing 737-377F	23662/1316	ex N622DG	Jet2 Ireland	
☐	G-CELZ	Boeing 737-377F	23658/1281	ex VH-CZF	Jet2 Paris	
☐	G-LSAA	Boeing 757-236	24122/187	ex N241CV	Jet2 Tenerife	
☐	G-LSAB	Boeing 757-27B	24136/169	ex N136CV	Jet2 Menorca	
☐	G-LSAC	Boeing 757-23A	25488/471	ex N254DG	Jet2 Lanzarote	
☐	G-LSAD	Boeing 757-236	24397/221	ex SX-BLW		
☐	G-LSAE	Boeing 757-27B	24135/165	ex OM-SNA	Jet2 Murcia	
☐	G-LSAG	Boeing 757-21B	24014/144	ex B-2801		
☐	G-LSAH	Boeing 757-21B	24015/148	ex B-2802		
☐	G-LSAI	Boeing 757-21B	24016/150	ex B-2803		
☐	G-	Boeing 757-236	24793/292	ex SE-DUP	on order	Lsd fr ACG Acquisitions

Wholly owned by Dart Group

JETSTREAM EXPRESS
Blackpool (BPL)

☐	G-CCPW	British Aerospace Jetstream 31	785	ex SE-LDI	

First service 08 May 2007 but ceased by August; Jetstream Express was the operating name of Jetstream Executive Travel

LOCH LOMOND SEAPLANES
Luss

☐	G-MDJE	Cessna 208 Caravan I	20800336	ex N208FM	

LOGANAIR
Logan (LOG) *Glasgow (GLA)*

☐	G-GNTB	SAAB SF.340A (QC)	340A-082	ex HB-AHL		Lsd fr SAAB A/c Lsg
☐	G-GNTF	SAAB SF.340A (QC)	340A-113	ex SE-F13	all-white	Lsd fr SAAB A/c Lsg
☐	G-LGNA	SAAB SF.340B	340B-199	ex N592MA		Lsd fr SAAB A/c Lsg
☐	G-LGNB	SAAB SF.340B	340B-216	ex N595MA		Lsd fr SAAB A/c Lsg
☐	G-LGNC	SAAB SF.340B	340B-318	ex SE-KXC		Lsd fr SAAB A/c Lsg
☐	G-LGND	SAAB SF.340B	340B-169	ex G-GNTH		Lsd fr SAAB
☐	G-LGNE	SAAB SF.340B	340B-172	ex G-GNTI		Lsd fr SAAB
☐	G-LGNF	SAAB SF.340B	340B-192	ex N192JE		Lsd fr SAAB
☐	G-LGNG	SAAB SF.340B	340B-327	ex SE-C27		Lsd fr SAAB
☐	G-LGNH	SAAB SF.340B	340B-333	ex SE-C33		
☐	G-LGNI	SAAB SF.340B	340B-160	ex SE-F60		
☐	G-LGNJ	SAAB SF.340B	340B-173	ex SE-F73	all-white	
☐	G-LGNK	SAAB SF.340B	340B-185	ex SE-F85	all-white	
☐	G-LGNL	SAAB SF.340B	340B-246	ex SE-G46		Lsd fr Banc of America Lsg

☐	G-	SAAB SF.340B	340B-187	ex N347BE	on order	
☐	G-	SAAB SF.340B	340B-197	ex N350BE	on order	
☐	G-BJOP	Britten-Norman BN-2B-26 Islander	2132		Capt EE Fresson	
☐	G-BLDV*	Britten-Norman BN-2B-26 Islander	2179	ex D-INEY		
☐	G-BPCA*	Britten-Norman BN-2B-26 Islander	2198	ex G-BLNX	Capt David Barclay MBE	
☐	G-BVVK	de Havilland DHC-6 Twin Otter 310	666	ex LN-BEZ		Lsd fr AeroCentury
☐	G-BZFP	de Havilland DHC-6 Twin Otter 310	696	ex C-GGNF		Lsd fr AeroCentury

Operates all internal Scottish routes for British Airways under a franchise agreement but this will cease on 25 October 2008 and Loganair will commence feeder services for Flybe the next day. *Highland Park logo colours

LYDD AIR
Lyddair (LYD) *Lydd (LYX)*

☐	G-BDOT	Britten-Norman BN-2A Mk.III-2 Trislander	1025	ex ZK-SFF	
☐	G-LYDB	Piper PA-31-350 Chieftain	31-8052107	ex TI-PAI	
☐	G-LYDC	Piper PA-31-350 Navajo Chieftain	31-7652110	ex N210PM	
☐	G-LYDF	Piper PA-31-350 Chieftain	31-7952031	ex N12CD	
☐	G-OJAV	Britten-Norman BN-2A Mk.III-2 Trislander	1024	ex G-BDOS	

Chieftains are registered to Atlantic Bridge Aviation

MANX2 AIRLINES
(MX) *Ronaldsway*

☐	D-CNAG	Swearingen SA.227DC Metro 23	DC-893B	ex N3032A		Op by FKI
☐	D-CSAL	Swearingen SA.227AC Metro III	AC-601	ex I-FSAH	Failt Errin!	Op by FKI
☐	OK-RDA	LET L-410UVP-E9	861813	ex HA-YFG		Lsd fr/op by Van Air
☐	OK-UBA	LET L-410UVP-E	892319	ex SP-TXA		Lsd fr/op by Van Air
☐	TF-CSF	Dornier 228-201	8046	ex TF-VMF	on order	
☐	TF-CSG	Dornier 228-201	8065	ex TF-VMG	on order	
☐	9H-AEU	Swearingen SA.227DC Metro 23	DC-902B	ex N3084W		Lsd fr European 2000

MONARCH AIRLINES
Monarch (ZB/MON) (IATA 974) *London-Luton (LTN)*

☐	G-MARA	Airbus A321-231	0983	ex D-AVZB		
☐	G-MONX	Airbus A320-212	0392	ex F-WWDR		Lsd fr AerCap
☐	G-MPCD	Airbus A320-212	0379	ex C-GZCD		Lsd fr ILFC
☐	G-MRJK	Airbus A320-214	1081	ex PH-BMC		Lsd fr Permeke A/c Lsg
☐	G-OJEG	Airbus A321-231	1015	ex D-AVZN		
☐	G-OZBB	Airbus A320-212	0389	ex C-GZUM		Lsd fr ILFC
☐	G-OZBE	Airbus A321-231	1707	ex D-AVZH		
☐	G-OZBF	Airbus A321-231	1763	ex D-AVZB		
☐	G-OZBG	Airbus A321-231	1941	ex D-AVXC		
☐	G-OZBH	Airbus A321-231	2105	ex D-AVXB		
☐	G-OZBI	Airbus A321-231	2234	ex D-AVZV		
☐	G-OZBJ	Airbus A320-212	0446	ex N446AN		Lsd fr AWAS
☐	G-OZBK	Airbus A320-214	1370	ex PH-BMD		Lsd fr Dia Amber
☐	G-OZBL	Airbus A321-231	0864	ex G-MIDE		Lsd fr AerCap
☐	G-OZBM	Airbus A321-231	1045	ex G-MIDJ		Lsd fr AerCap
☐	G-OZBN	Airbus A321-231	1153	ex G-MIDK		
☐	G-OZBO	Airbus A321-231	1207	ex G-MIDM		Lsd fr AerCap
☐	G-OZBP	Airbus A321-231	1428	ex G-TTIA	on order	
☐	G-OZBR	Airbus A321-231	1794	ex N586NK	on order	Lsd fr AerCap
☐	G-OZBS	Airbus A321-231	1433	ex G-TTIB	on order	

One more Airbus A321-231 is on order, leased from AerCap

☐	G-DAJB	Boeing 757-2T7ER	23770/125		
☐	G-MONB	Boeing 757-2T7ER	22780/15		for FDX
☐	G-MONC	Boeing 757-2T7ER	22781/18	ex PH-AHO	
☐	G-MOND	Boeing 757-2T7	22960/19	ex D-ABNZ	Hedkandi titles
☐	G-MONE	Boeing 757-2T7ER	23293/56		for FDX
☐	G-MONJ	Boeing 757-2T7ER	24104/170		
☐	G-MONK	Boeing 757-2T7ER	24105/172		

☐	G-DIMB	Boeing 767-31KER	28865/657		Lsd fr MYT
☐	G-EOMA	Airbus A330-243	265	ex F-WWKU	
☐	G-MAJS	Airbus A300B4-605R	604	ex F-WWAX	
☐	G-MONR	Airbus A300B4-605R	540	ex VH-YMJ	
☐	G-MONS	Airbus A300B4-605R	556	ex VH-YMK	
☐	G-OJMR	Airbus A300B4-605R	605	ex F-WWAY	
☐	G-SMAN	Airbus A330-243	261	ex F-WWKR	

Six Boeing 787-8T7s are on order for delivery from 2010 to 2013; subsidiary of Globus Travel Group

MYTRAVEL AIRWAYS
Kestrel (VZ/MYT) *Manchester (MAN)*

Leases aircraft to Skyservice Airlines during the UK winter and leases aircraft from Skyservice for UK summer. See also MyTravel Airways (OY). Aircraft being painted into Thomas Cook colours prior to merger

OPEN SKIES
London-Heathrow (LHR)

☐	G-BPEJ	Boeing 757-236/W	25807/610	on order
☐	G-BPEK	Boeing 757-236/W	25808/665	on order

Due to commence operations in June 2008; wholly owned by British Airways

PALMAIR
Bournemouth (BOH)

☐	G-CEAF	Boeing 737-229 (Nordam 3)	20910/358	ex G-BYRI

Leased from European Aircharter and operates under EAF flight numbers; other EAF aircraft leased when required

PDG HELICOPTERS
Osprey (PDG)   Inverness / Glasgow (INV/GLA)

☐	G-BMAV	Aerospatiale AS.350B Ecureuil	1089		
☐	G-BVJE	Aerospatiale AS.350B1 Ecureuil	1991	ex SE-HRS	
☐	G-BXGA	Aerospatiale AS.350B2 Ecureuil	2493	ex OO-RCH	
☐	G-PDGF	Aerospatiale AS.350B2 Ecureuil	9024	ex G-FROH	
☐	G-PDGR	Aerospatiale AS.350B2 Ecureuil	2559	ex G-RICC	
☐	G-PLMB	Aerospatiale AS.350B Ecureuil	1207	ex G-BMMB	
☐	G-PLMH	Aerospatiale AS.350B2 Ecureuil	2156	ex F-WQDJ	
☐	G-BPRJ	Aerospatiale AS.355F1 Ecureuil 2	5201	ex N368E	
☐	G-BVLG	Aerospatiale AS.355F1 Ecureuil 2	5011	ex N57745	
☐	G-NETR	Aerospatiale AS.355F2 Ecureuil 2	5164	ex G-JARV	Op for Network Rail
☐	G-NTWK	Aerospatiale AS.355F2 Ecureuil 2	5347	ex G-FTWO	Op for Network Rail
☐	G-PDGT	Aerospatiale AS.355F2 Ecureuil 2	5374	ex N325SC	
☐	G-HEMS	Aerospatiale AS.365N Dauphin 2	6009	ex 8P-BHD	
☐	G-PDGN	Aerospatiale SA.365N Dauphin 2	6074	ex PH-SSU	
☐	G-PLMI	Aerospatiale SA.365C1 Dauphin 2	5001	ex F-GFYH	
☐	G-WAAN	MBB Bo.105DB	S-20	ex G-AZOR	Op for Great North Air Ambulance

PDG Helicopters is the trading name of PLM/Dollar Group; Irish Helicopters is wholly owned subsidiary

POLICE AVIATION SERVICES
Special (PLC)   Gloucester (GLO)

☐	G-BXZK	MD Helicopters MD.902 Explorer	900-00057	ex N9238T	Op for Dorset Police
☐	G-CEMS	MD Helicopters MD.902 Explorer	900-00089	ex PK-OCR	Op for Yorkshire Air Ambulance
☐	G-GNAA	MD Helicopters MD.902 Explorer	900-00079	ex PH-RVD	Op for Lincs & Notts Air Ambulance
☐	G-KAAT	MD Helicopters MD.902 Explorer	900-00056	ex G-PASS	Op for Kent Air Ambulance
☐	G-LNAA	MD Helicopters MD.902 Explorer	900-00074	ex G-76-074	Op for Lincs & Notts Air Ambulance
☐	G-SASH	MD Helicopters MD.902 Explorer	900-00080	ex PH-SHF	Op for Yorkshire Air Ambulance
☐	G-SUSX	MD Helicopters MD.902 Explorer	900-00065	ex N3065W	Op for Sussex Police
☐	G-WMID	MD Helicopters MD.902 Explorer	900-00062	ex N3063T	Op for West Midlands Police
☐	G-WPAS	MD Helicopters MD.902 Explorer	900-00053	ex N92237	Op for Wiltshire Police
☐	G-YPOL	MD Helicopters MD.902 Explorer	900-00078	ex N7038S	Op for West Yorkshire Police
☐	G-CHEZ	Britten-Norman BN-2B-20 Islander	2234	ex 9M-TAM	Op for Cheshire Police
☐	G-NAAS	Aerospatiale AS.355F1 Ecureuil 2	5203	ex G-BPRG	Op for Great North Air Ambulance
☐	G-PASG	MBB Bo.105DBS-4	S-819	ex G-MHSL	Op for Yorkshire Air Ambulance
☐	G-PASV	Britten-Norman BN-2B-21 Islander	2157	ex G-BKJH	
☐	G-PASX	MBB Bo.105DBS-4	S-814	ex D-HDZX	
☐	G-WCAO	Eurocopter EC.135T2	0204	ex D-HECU	Op for Western Counties Police
☐	G-WMAO	Eurocopter EC.135P2+	0501		Op for West Midlands Police
☐	G-WMPA	Aerospatiale AS.355F2 Ecureuil 2	5401		
☐	G-WYPA	MBB Bo.105DBS-4	S-815	ex D-HDZY	

PREMIAIR AVIATION SERVICES
Premiere (PGL)   Denham

☐	G-BSYI	Aerospatiale AS.355F1 Ecureuil 2	5197	ex M-MJI	
☐	G-BZGC	Aerospatiale AS.355F1 Ecureuil 2	5077	ex G-CCAO	
☐	G-DANZ	Aerospatiale AS.355N Ecureuil 2	5658		
☐	G-VONE	Aerospatiale AS.355N Ecureuil 2	5572	ex G-LCON	Lsd fr Von Essen Avn
☐	G-VONF	Aerospatiale AS.355F1 Ecureuil 2	5262	ex G-BXBT	Lsd fr Von Essen Avn
☐	G-VONG	Aerospatiale AS.355F1 Ecureuil 2	5327	ex G-OILX	Lsd fr Von Essen Avn
☐	G-VONH	Aerospatiale AS.355F1 Ecureuil 2	5303	ex G-BKUL	Lsd fr Von Essen Avn
☐	G-VONK	Aerospatiale AS.355F1 Ecureuil 2	5325	ex G-BLRI	Lsd fr Von Essen Avn
☐	G-XOIL	Aerospatiale AS.355N Ecureuil 2	5627	ex G-LOUN	
☐	G-BOYF	Sikorsky S-76B	760343		Lsd fr Darley Stud
☐	G-BURS	Sikorsky S-76A+	760040	ex G-OHTL	
☐	G-VONA	Sikorsky S-76A	760086	ex G-BUXB	Lsd fr Von Essen Avn
☐	G-VONB	Sikorsky S-76B	760339	ex G-POAH	Lsd fr Von Essen Avn
☐	G-VONC	Sikorsky S-76B	760354	ex N966PR	Lsd fr Von Essen Avn
☐	G-XXEA	Sikorsky S-76C+	760492		Op for Royal Travel Office
☐	VP-BIR	Sikorsky S-76B	760430	ex N9HM	Lsd fr Eiger Jet

	G-CCAU	Eurocopter EC.135T1	0040	ex G-79-01		Op for Central Counties Police
	G-GMPS	MD Helicopters MD 902 Explorer	900-00081	ex N7033K		Op for Greater Manchester Police
	G-VOND	Bell 222	47041	ex G-OWCG		Lsd fr Von Essen Avn

SCOTAIRWAYS
Suckling (CB/SAY) (IATA 969)
Cambridge (CBG)

	EI-CNB	British Aerospace 146 Srs.200	E2046	ex N187US		Lsd fr BCY
	G-BWIR	Dornier 328-100	3023	ex D-CDXF		
	G-BWWT	Dornier 328-110	3022	ex D-CDXO		
	G-BYHG	Dornier 328-110	3098	ex D-CDAE		Lsd to BCI
	G-BYMK	Dornier 328-110	3062	ex LN-ASK		Lsd fr Deutsche Structured Finance Sublsd to BCI
	G-BYML	Dornier 328-110	3069	ex D-CDUL		Lsd fr Deutsche Structured Finance Op for BCY
	G-BZOG	Dornier 328-110	3088	ex D-CDXI		
	G-CCGS	Dornier 328-110	3101	ex D-CPRX		

ScotAirways is the trading name of Suckling Airways. Operates feeder services to Amsterdam for KLM

SILVERJET
Envoy (Y7/SLR) (IATA 362)
London-Luton/Gatwick/Manchester (LTN/LGW/MAN)

	G-SILC	Boeing 767-204ER	24736/296	ex G-BRIF		Lsd fr Falak Investments
	G-SJET	Boeing 767-216	23624/144	ex G-FJEC	Silver Spirit	Lsd fr US Bank NA
	G-SLVR	Boeing 767-204ER	24757/299	ex G-BRIG		
	G-	Boeing 767-204ER	25058/362	ex G-BYAA	on order	
	G-	Boeing 767-204ER	25139/373	ex G-BYAB	on order	

SKYDRIFT AIRCHARTER
Renamed SkySouth

SKYSOUTH
Skydrift (SDL)
Norwich (NWI)

Renamed from Skydrift AirCharter

	G-CEBK	Piper PA-31-350 Navajo Chieftain	31-7652066	ex N59818	
	G-FLTY	Embraer EMB.110P1 Bandeirante	110215	ex G-ZUSS	stored SEN
	G-OETV	Piper PA-31-350 Chieftain	31-7852073	ex N27597	
	G-STHA	Piper PA-31-350 Chieftain	31-8052077	ex G-GLUG	
	G-TABS	Embraer EMB.110P1 Bandeirante	110212	ex G-PBAC	stored SEN

STERLING AVIATION
Silver (SVH)
Norwich (NWI)

	G-AWNT	Britten-Norman BN-2A Islander	32		
	G-BFYA	MBB Bo.105DB	S-321	ex D-HJET	
	G-BMTC	Aerospatiale AS.355F2 Ecureuil 2	5302	ex G-EPOL	Op for Norfolk Police
	G-BXNS	Bell 206B JetRanger III	2385	ex N16822	
	G-BXNT	Bell 206B JetRanger III	2398	ex N94CA	
	G-CCVP	Beech 58 Baron	TH-1948	ex PH-ZEM	
	G-CLOW	Beech 200 Super King Air	BB-821	ex N821RC	
	G-EYNL	MBB Bo.105DBS-5	S-382	ex LN-OTJ	Op for East Anglian Air Ambulance
	G-FFRI	Aerospatiale AS.355F1 Ecureuil 2	5120	ex G-GLOW	
	G-OEMT	MBB BK-117C-1	7538	ex D-HMEC	EMS
	G-OWAX	Beech 200 Super King Air	BB-302	ex N86Y	
	G-RESC	MBB BK-117C-1	7504	ex D-HELW	
	G-TOPS	Aerospatiale AS.355F1 Ecureuil 2	5151	ex G-BPRH	

THOMAS COOK AIRLINES
Top Jet (MT/TCX)
Manchester (MAN)

	G-BXKD	Airbus A320-214	0735	ex F-WWBV	Lsd fr GECAS
	G-BYTH	Airbus A320-231	0429	ex C-GTDM	Lsd fr Orix
	G-CRPH	Airbus A320-231	0424	ex C-GJUU	Lsd fr Hare Ltd
	G-DHJH	Airbus A321-211	1238	ex D-AVZL	Lsd fr GECAS
	G-DHJZ	Airbus A320-214	1965	ex C-FOJZ	Lsd fr Genesis Lease; sublsd to SSV
	G-DHRG	Airbus A320-214	1942	ex C-GHRG	Lsd fr AFS Investments; sublsd SSV
	G-FTDF	Airbus A320-231	0437	ex C-FTDF	Lsd fr SSV
	G-KKAZ	Airbus A320-214	2003	ex C-FZAZ	Lsd fr GECAS; lsd to SSV
	G-NIKO	Airbus A321-211	1250	ex D-AVZF	Lsd fr GECAS
	G-OMYA	Airbus A320-214	0716	ex G-BXKB	Lsd fr GECAS
	G-OMYJ	Airbus A321-211	0677	ex G-OOAF	Lsd fr NBB First Lease
	G-SMTJ	Airbus A321-211	1972	ex D-AVXG	Lsd fr Boullioun
	G-SUEW	Airbus A320-214	1961	ex C-GUEW	Lsd fr GECAS; sublsd to SSV
	G-VCED	Airbus A320-231	0193	ex OY-CNI	Lsd fr Thor Lsg
	G-MDBD	Airbus A330-243	266	ex F-WWKG	
	G-MLJL	Airbus A330-243	254	ex F-WWKT	
	G-OJMB	Airbus A330-243	427	ex F-WWYH	Lsd fr CIT Group

217

☐	G-OJMC	Airbus A330-243	456	ex F-WWKI		Lsd fr CIT Group
☐	G-OMYT	Airbus A330-243	301	ex G-MOJO		
☐	G-TCXA	Airbus A330-243	795	ex F-WWKR		Lsd fr CIT Group
☐	G-FCLA	Boeing 757-28A	27621/738	ex N1789B		Lsd fr ILFC
☐	G-FCLB	Boeing 757-28A	28164/749	ex N751NA		Lsd fr ILFC
☐	G-FCLC	Boeing 757-28A	28166/756			Lsd fr ILFC
☐	G-FCLD	Boeing 757-25F	28718/752			Lsd fr Macquarie AirFinance
☐	G-FCLE	Boeing 757-28A	28171/805			Lsd fr ILFC
☐	G-FCLF	Boeing 757-28A	28835/858	ex N1787B		Lsd fr ILFC
☐	G-FCLG	Boeing 757-28A	24367/208	ex N701LF	for FDX	Lsd fr ILFC
☐	G-FCLH	Boeing 757-28A	26274/676	ex N751LF		Lsd fr ILFC
☐	G-FCLI	Boeing 757-28A	26275/672	ex N161LF		Lsd fr ILFC
☐	G-FCLJ	Boeing 757-2Y0	26160/555	ex N160GE		Lsd fr VGS A/c Holdings
☐	G-FCLK	Boeing 757-2Y0	26161/557	ex EI-CJY		Lsd fr VGS A/c Holdings
☐	G-JMAA	Boeing 757-3CQ	32241/960	ex N5002K		Lsd fr BBAM
☐	G-JMAB	Boeing 757-3CQ	32242/963	ex N1795B		Lsd fr BBAM
☐	G-JMCD	Boeing 757-25F	30757/928	ex N1795B		Lsd fr Macquarie AirFinance; sublsd to SSV
☐	G-JMCE	Boeing 757-25F	30758/932	ex XA-JPB		Lsd fr Macquarie AirFinance
☐	G-JMCF	Boeing 757-28A	24369/226	ex C-FMCF		Lsd fr ILFC
☐	G-JMCG	Boeing 757-2G5	26278/671	ex SX-BLV		Lsd fr ILFC
☐	G-TBCA	Boeing 757-28AER	28203/802	ex G-OOOY		Lsd fr ILFC
☐	G-DAJC	Boeing 767-31KER	27206/533	ex C-GJJC		Lsd fr Bluebird Lsg
☐	G-DIMB	Boeing 767-31KER	28865/657			Lsd to MON
☐	G-TCCA	Boeing 767-31KER	27205/528	ex G-SJMC		Lsd fr Crown Green Ltd

To merge with MyTravel under the Thomas Cook name

THOMSONFLY.COM
Thomson (BY/TOM) (IATA 754)   London-Luton/Coventry (LTNCVT)

☐	G-CDZH	Boeing 737-804	28227/452	ex SE-DZH		Lsd fr Aircastle
☐	G-CDZI	Boeing 737-804	28229/478	ex SE-DZI		Lsd fr ACG Trust
☐	G-CDZL	Boeing 737-804	30465/502	ex D-ATUA		Lsd fr NBB Britannia Lse
☐	G-CDZM	Boeing 737-804	30466/505	ex D-ATUB		Lsd fr Croydon Co; sublsd to BLX
☐	G-CDZN	Boeing 737-804/W	32903/1127	ex EC-INP		Lsd fr NBB Berlin Co; sublsd to
☐	G-FDZA	Boeing 737-8Q8/W	35134/2152			Lsd fr ILFC
☐	G-FDZB	Boeing 737-8Q8/W	35131/2242		r	Lsd fr ILFC
☐	G-FDZD	Boeing 737-8Q8	35132/2276			Lsd fr ILFC
☐	G-FDZE	Boeing 737-8K5/W	35137/2482	ex N1786B		Lsd fr TUI AG
☐	G-FDZF	Boeing 737-8K5/W	35138/2499	ex N1786B		Lsd fr TUI AG
☐	G-FDZG	Boeing 737-8K5/W	35139		on order	Lsd fr TUI AG
☐	G-THOC	Boeing 737-59D	24694/1834	ex G-BVKA	Spirit of Doncaster, for ARG	Lsd fr BBAM
☐	G-THOD	Boeing 737-59D	24695/1872	ex G-BVKC	The Three Spires, for ARG	Lsd fr BBAM
☐	G-THOE	Boeing 737-3Q8	26313/2704	ex G-BZZH	Lsd fr ILFC; sublsd to ANZ to Apr08	
☐	G-THOF	Boeing 737-3Q8	26314/2707	ex G-BZZI		Lsd fr ILFC
☐	G-THOG	Boeing 737-31S	29057/2942	ex D-ADBM		Lsd fr Deutsche Structured Finance
☐	G-THOH	Boeing 737-31S	29058/2946	ex D-ADBN		Lsd fr Deutsche Structured Finance
☐	G-THOI	Boeing 737-36Q	29327/3023	ex G-OFRA		Lsd fr Boullioun
☐	G-THOJ	Boeing 737-36Q	28659/2680	ex G-ODUS		Lsd fr Boullioun
☐	G-THOK	Boeing 737-36Q	28660/2883	ex G-IGOB		Lsd fr Boullioun
☐	G-THOL	Boeing 737-36N	28594/3107	ex G-IGOK		Lsd fr GECAS
☐	G-THON	Boeing 737-36N	28596/3112	ex G-IGOL		Lsd fr GECAS
☐	G-THOO	Boeing 737-33V	29335/3094	ex HA-LKT		Lsd fr GECAS
☐	G-THOP	Boeing 737-3U3	28740/3003	ex N335AW		Lsd fr GECAS
☐	G-BYAD	Boeing 757-204ER	26963/450			
☐	G-BYAE	Boeing 757-204ER	26964/452			
☐	G-BYAF	Boeing 757-204ER	26266/514		to be retd Mar08	Lsd fr ILFC
☐	G-BYAH	Boeing 757-204	26966/520			Lsd fr Thompson Intl Finance
☐	G-BYAI	Boeing 757-204	26967/522			Lsd fr Thompson Intl Finance
☐	G-BYAJ	Boeing 757-28AER	25623/528		for BLX Feb07	Lsd fr ILFC
☐	G-BYAK	Boeing 757-204	26267/538			Lsd fr ILFC
☐	G-BYAL	Boeing 757-204	25626/549			Lsd fr ILFC
☐	G-BYAO	Boeing 757-204	27235/598		Eric Morecombe	Lsd fr ITID Leasing
☐	G-BYAP	Boeing 757-204	27236/600		John Lennon	
☐	G-BYAR	Boeing 757-204	27237/602	ex PH-AHT	to be retd Apr08	Lsd fr Itochu
☐	G-BYAS	Boeing 757-204	27238/604		Gordon Hill	
☐	G-BYAT	Boeing 757-204	27208/506		Becky Davey	Lsd fr ILFC
☐	G-BYAU	Boeing 757-204	27220/618			Lsd fr ILFC
☐	G-BYAW	Boeing 757-204	27234/663		Philip Stanley	
☐	G-BYAX	Boeing 757-204	28834/850			Lsd fr ILFC
☐	G-BYAY	Boeing 757-204	28836/861	ex N1786B		Lsd fr ILFC
☐	G-CDUP	Boeing 757-236	24793/292	ex SE-DUP	for EXS	Lsd fr ACG Acquisition
☐	G-BYAA	Boeing 767-204ER	25058/362	ex PH-AHM	Sir Matt Busby CBE	For SLR Mar08
☐	G-BYAB	Boeing 767-204ER	25139/373		Brian Johnston CBE MC	For SLR Mar08

☐ G-OBYB	Boeing 767-304ER	28040/613		Bobby Moore OBE; for BLX	
☐ G-OBYD	Boeing 767-304ER	28042/649	ex SE-DZG	Bill Travers	Lsd fr ALE-Four Ltd
☐ G-OBYE	Boeing 767-304ER	28979/691	ex D-AGYE		
☐ G-OBYF	Boeing 767-304ER	28208/705	ex D-AGYF		Lsd fr ILFC
☐ G-OBYG	Boeing 767-304ER	29137/733			Lsd fr ILFC
☐ G-OBYH	Boeing 767-304ER	28883/737	ex SE-DZO		Lsd fr ILFC
☐ G-OBYI	Boeing 767-304ER	29138/783			
☐ G-OBYJ	Boeing 767-304ER	29384/784			Lsd fr ILFC

Controls TUI Nordic (SE); all aircraft in 'World of TUI' colours. Member of TUI Airline Management and to become part of TUIfly in 2008

TITAN AIRWAYS
Zap (ZT/AWC)   London-Stansted (STN)

☐ G-POWB	Beech B300 Super King Air	FL-506	ex N7106L		Lsd fr Hagondale
☐ G-POWC	Boeing 737-33A (QC)	25402/2159	ex SE-DPB		Lsd fr Hagondale
☐ G-WELY	Agusta A.109E Power	11710			
☐ G-ZAPK	British Aerospace 146 Srs.200 (QC)	E2148	ex G-BTIA		
☐ G-ZAPN	British Aerospace 146 Srs.200QT	E2119	ex ZK-NZC		
☐ G-ZAPO	British Aerospace 146 Srs.200 (QC)	E2176	ex F-GMMP		Lsd fr Trident Lsg
☐ G-ZAPR	British Aerospace 146 Srs.200QT	E2114	ex VH-JJZ		
☐ G-ZAPT	Beech 200C Super King Air	BL-141	ex N200KA		
☐ G-ZAPU	Boeing 757-2Y0	26151/472	ex EI-MON	all-white	Lsd fr GECAS
☐ G-ZAPV	Boeing 737-3Y0 (SF)	24546/1811	ex G-IGOC	Royal Mail	Lsd fr Cranfield A/c Lsg
☐ G-ZAPW	Boeing 737-3L9 (QC)	24219/1600	ex G-IGOX	Crystal Holidays	Lsd fr CIT Group
☐ G-ZAPX	Boeing 757-256	29309/936	ex EC-HIS		
☐ G-ZAPZ	Boeing 737-33A (QC)	25401/2067	ex SE-DPA		Lsd fr Hagondale

UK INTERNATIONAL AIRLINES
(IH/UKI)   Nottingham-East Midlands (EMA)

☐ *G-CECU*	*Boeing 767-222*	*21864/4*	*ex N603UA*		
☐ *G-CEMK*	*Boeing 767-222*	*21865/5*	*ex N604UA*	*not delivered*	

Flew first service 19 October 2007 but temporarily ceased operations prior to Christmas 2007 then CAA suspended its AOC on 15 January 2008.

VIRGIN ATLANTIC AIRWAYS
Virgin (VS/VIR) (IATA 932)   London-Gatwick/Heathrow (LGW/LHR)

☐ G-VAIR	Airbus A340-313X	164	ex F-WWJA	Maiden Tokyo	Lsd fr ILFC
☐ G-VELD	Airbus A340-313X	214	ex F-WWJY	African Queen	Lsd fr ILFC
☐ G-VFAR	Airbus A340-313X	225	ex F-WWJZ	Diana	
☐ G-VHOL	Airbus A340-311	002	ex F-WWAS	Jetstreamer	Lsd fr AerCap
☐ G-VSEA	Airbus A340-311	003	ex F-WWDA	Plane Sailing	Lsd fr AerCap
☐ G-VSUN	Airbus A340-311	114	ex F-WWJI	Rainbow Lady	Lsd fr ILFC
☐ G-VATL	Airbus A340-642	376	ex F-WWCC	Miss Kitty	
☐ G-VBLU	Airbus A340-642	723	ex F-WWCS	Soul Sister	Lsd fr ILFC
☐ G-VBUG	Airbus A340-642HGW	804	ex F-WWCV	Lady Bird	
☐ G-VEIL	Airbus A340-642	575	ex F-WWCK	Queen of the Skies	
☐ G-VFIT	Airbus A340-642	753	ex F-WWCG	Dancing Queen	Lsd fr ILFC
☐ G-VFIZ	Airbus A340-642	764	ex F-WWCB	Bubbles	Lsd fr ILFC
☐ G-VFOX	Airbus A340-642	449	ex F-WWCM	Silver Lady	
☐ G-VFUN	Airbus A340-642		ex F-WW	Party Girl; on order	
☐ G-VGAS	Airbus A340-642	639	ex F-WWCI	Varga Girl	
☐ G-VGOA	Airbus A340-642	371	ex F-WWCB	Indian Princess	
☐ G-VMEG	Airbus A340-642	391	ex F-WWCK	Mystic Maiden	
☐ G-VNAP	Airbus A340-642	622	ex F-WWCE	Sleeping Beauty	
☐ G-VOGE	Airbus A340-642	416	ex F-WWCF	Cover Girl	
☐ G-VRED	Airbus A340-642	768	ex F-WWCH	Scarlet Lady	
☐ G-VSHY	Airbus A340-642	383	ex F-WWCD	Madam Butterfly	
☐ G-VSSH	Airbus A340-642	615	ex F-WWCZ	Sweet Dreamer	
☐ G-VWEB	Airbus A340-642	787	ex F-WWCZ	Surfer Girl	
☐ G-VWIN	Airbus A340-642	736	ex F-WWCL	Lady Luck	Lsd fr ILFC
☐ G-VWKD	Airbus A340-642	706	ex F-WWCQ	Miss Behavin'	Lsd fr ILFC
☐ G-VYOU	Airbus A340-642	765	ex F-WWCK	Emmeline Heansy	Lsd fr ILFC

Three more Airbus A340-642HGWs are on order.
Six Airbus A380-841s are on order but delivery deferred to 2013

☐ G-VAST	Boeing 747-41R	28757/1117		Ladybird	
☐ G-VBIG	Boeing 747-4Q8	26255/1081		Tinker Belle	Lsd fr ILFC
☐ G-VFAB	Boeing 747-4Q8	24958/1028		Lady Penelope	Lsd fr ILFC
☐ G-VGAL	Boeing 747-443	32337/1272	ex (EI-CVH)	Jersey Girl	
☐ G-VHOT	Boeing 747-4Q8	26326/1043		Tubular Belle	Lsd fr ILFC
☐ G-VLIP	Boeing 747-443	32338/1274	ex (EI-CVI)	Hot Lips	Lsd fr GECAS
☐ G-VROC	Boeing 747-41R	32746/1336		Mustang Sally	Lsd fr GECAS
☐ G-VROM	Boeing 747-443	32339/1275	ex (EI-CVJ)	Barbarella	Lsd fr GECAS
☐ G-VROS	Boeing 747-443	30885/1268	ex (EI-CVG)	English Rose	Lsd fr GECAS
☐ G-VROY	Boeing 747-443	32340/1277	ex (EI-CVK)	Pretty Woman	Lsd fr GECAS
☐ G-VTOP	Boeing 747-4Q8	28194/1100		Virginia Plain	Lsd fr ILFC
☐ G-VWOW	Boeing 747-41R	32745/1287		Cosmic Girl	Lsd fr GECAS

☐ G-VXLG   Boeing 747-41R   29406/1177   Ruby Tuesday
49% owned by Singapore Airlines; Virgin Nigeria is 49% owned and Virgin Blue is 25.26 owned by the parent, Virgin Group
Twenty-three Boeing 787-91Rs are on order

WHOOSH
(W2)   *Dundee (DND)*

SP-KCN   ATR 42-320   409   ex F-WQNJ   *Lsd fr WEA*
Parially owned by White Eagle Aviation; commenced operations June 2007 but ceased mid-December 2007

WOODGATE EXECUTIVE AIR SERVICES
Woodair (CWY)   *Belfast-Aldergrove (BFS)*

☐ G-JAJK   Piper PA-31-350 Chieftain   31-8152014   ex G-OLDB   *Lsd fr Keen Leasing*

XL AIRWAYS UK
Expo (JN/XLA) (IATA 812)   *London-Gatwick (LGW)*

☐ G-OXLA   Boeing 737-81Q/W   30619/856   ex N733MA   Lsd fr BSK for summer
☐ G-OXLC   Boeing 737-8BK/W   33029/1945   ex 5B-DCE   Lsd fr CIT Group; sublsd to NOK
☐ G-XLAA   Boeing 737-8Q8/W   28226/77   ex G-OKDN   Lsd fr ILFC
☐ G-XLAB   Boeing 737-8Q8/W   28218/160   ex G-OJSW   Tinks   Lsd fr ILFC; sublsd to CXP
☐ G-XLAC   Boeing 737-81Q/W   29051/479   ex N904MA   Lsd fr ACG Acquisitions; sublsd BSK
☐ G-XLAD   Boeing 737-81Q   29052/557   ex N906MA   Lsd fr Tombo
☐ G-XLAG   Boeing 737-86N/W   33003/1121   Lsd fr GECAS; sublsd to SWG
☐ G-XLAI   Boeing 737-8Q8/W   30702/1953   Lsd fr ILFC; sublsd to NOK
☐ G-XLAJ   Boeing 737-8Q8/W   30703/1964   Lsd fr ILFC
☐ G-XLAK   Boeing 737-8FH/W   35092/2160   Lsd fr RBS Aerospace
☐ G-XLAL   Boeing 737-8FH/W   35093/2176   Lsd fr RBS Aerospace; sublsd to GXL
☐ G-XLAN   Boeing 737-86N/W   32685/2186   ex N1787B   Lsd fr GECAS
☐ G-XLAO   Boeing 737-86N/W   32690/2250   Lsd fr GECAS
☐ G-   Boeing 737-8FH/W   on order   Lsd fr RBS Capital Avn
☐ G-   Boeing 737-8FH/W   on order   Lsd fr RBS Capital Avn
☐ G-   Boeing 737-96NER/W   on order 2Q07   Lsd fr GECAS
☐ G-   Boeing 737-96NER/W   on order 2Q07   Lsd fr GECAS
All 737-800s to have Aviation Partner Boeing winglets installed

☐ G-BNYS   Boeing 767-204ER   24013/210   ex TF-ATO   Lsd fr GA Telesis; sublsd to SEY
☐ G-BOPB   Boeing 767-204ER   24239/243   ex TF-ATP   Lsd fr GA Telesis; sublsd to IAC
☐ G-VKNA   Boeing 757-2Y0ER   25240/388   ex TF-ARI   Lsd fr Macquarie AirFinance
                                                               sublsd to AYD
☐ G-VKND   Boeing 757-225   22612/114   ex TF-ARK   Lsd fr CIT Group; sublsd to AYD
☐ G-VKNG   Boeing 757-3Z9ER   23765/165   ex OE-LAU
☐ G-VKNI   Boeing 767-383ER   24358/263   ex TF-ATT
☐ OH-LBR   Boeing 757-2Q8/W   28167/775   Lsd fr FIN
☐   Airbus A330-243   971   ex F-WW   on order   Lsd fr CIT Group
☐   Airbus A330-243   992   ex F-WW   on order   Lsd fr ILFC
Leases aircraft to Sunwing and Xtra Airways in the UK winter. Aircraft carry XL.com titles and is a member of XL Leisure
Group which also includes XL Airways France (F) and XL Germany Airlines (D)

ZOOM AIRLINES (UK)
(3Z/UKZ)   *London-Gatwick (LGW)*

☐ G-CZNA   Boeing 767-306ER   27957/587   ex C-GZNA   Lsd fr ILFC
☐ G-UKZM   Boeing 767-3Q8ER   27686/793   ex EC-HKS   City of London   Lsd fr ILFC
92.5% owned by Zoom Airlines

HA-   HUNGARY (Hungarian Republic)

ABC AIR HUNGARY
ABC Hungary (AHU)   *Budapest (BUD)*

☐ HA-LAD   LET L-410UVP-E   902516
☐ HA-LAE   LET L-410UVP-E   902517
☐ HA-LAS   LET L-410UVP-E4   871924   ex 9A-BAL
☐ HA-LAV   LET L-410UVP-E   892215   ex SP-KTA   Lsd fr BPS
☐ HA-LAZ   LET L-410UVP-E   902504   ex SP-KTZ   Lsd fr BPS

ATLANT HUNGARY
Atlant-Hungary (ATU)   *Budapest (BUD)*

☐ HA-TCG   Ilyushin Il-76TD   0023436048   ex RA-76382
☐ HA-TCK   Ilyushin Il-76TD   1023409280   ex T-902
☐ RA-64011 Tupolev Tu-204-100   1450741364011   Lsd fr VAZ

BUDAPEST AIR SERVICES
Base (BPS)   *Budapest (BUD)*

☐ HA-FAI   Embraer EMB.120ER Brasilia   120123   ex F-GTSI

☐	HA-LAF	LET L-410UVP-E8A	902518			Flight Inspection Services
☐	HA-LAV	LET L-410UVP-E	892215	ex SP-KTA		Lsd to AHU
☐	HA-LAZ	LET L-410UVP-E	902504	ex SP-KTZ	no titles	Lsd to AHU
☐	TA-TCT	Antonov An-26B	13505	ex UR-ELA		
☐	HA-TCY	Antonov An-26B	97308205	ex ER-AZR		Lsd fr MJL
☐	HA-YFD	LET L-410UVP-E17	892324			Op for Hungarian Air Ambulance

Also operates Aerospatiale Ecureuils on behalf of Hungarian Air Ambulance

CITYLINE HUNGARY
Cityhun (ZM/CNB) — Budapest (BUD)

☐	HA-TCM	Antonov An-26	14009	ex UR-ELI		
☐	HA-TCN	Antonov An-26	7705	ex UR-26244	for sale	
☐	HA-TCO	Antonov An-26	2208	ex UR-CEP		Lsd fr Hegedus
☐	HA-TCP	Antonov An-26	27312703	ex UR-26129		
☐	HA-TCS	Antonov An-26	47313905	ex UR-26598	all-white	
☐	HA-TCZ	Antonov An-26	13306	ex ER-AZV		

FARNAIR HUNGARY
Blue Strip (FAH) — Budapest (BUD)

☐	HA-LAQ	LET L-410UVP-E4	841332	ex HAF-332	based UK for skydiving
☐	HA-YFC	LET L-410FG	851528		based UK for skydiving
☐	HA-FAB	Fokker F.27 Friendship 500	10370	ex HB-ISY	no titles
☐	HA-FAC	Fokker F.27 Friendship 500F	10341	ex PH-FLM	
☐	HA-FAD	Fokker F.27 Friendship 500	10449	ex PH-JLN	
☐	HA-FAE	Fokker F.27 Friendship 500	10425	ex HB-IVQ	
☐	HA-FAF	Fokker F.27 Friendship 500F	10632	ex PH-FYC	
☐	HA-FAH	Fokker F.27 Friendship 500F	10634	ex PH-FHL	

FLEET AIR INTERNATIONAL

☐	HA-TAD	SAAB SF.340A	340A-126	ex SE-LSP	Lsd fr SAAB

HEGEDUS

☐	HA-TCO	Antonov An-26	2208	ex UR-CEP	Lsd to CNB

MALEV – HUNGARIAN AIRLINES
Malev (MA/MAH) (IATA 182) — Budapest (BUD)

☐	HA-LOA	Boeing 737-7Q8	28254/1283		Lsd fr ILFC
☐	HA-LOB	Boeing 737-7Q8	29346/1264	ex N5573L	Lsd fr ILFC
☐	HA-LOC	Boeing 737-8Q8	32797/1287		Lsd fr ILFC
☐	HA-LOD	Boeing 737-6Q8	28259/1378		Lsd fr ILFC
☐	HA-LOE	Boeing 737-6Q8	28260/1400		Lsd fr ILFC
☐	HA-LOF	Boeing 737-6Q8	29348/1415		Lsd fr ILFC
☐	HA-LOG	Boeing 737-7Q8	28261/1437		Lsd fr ILFC
☐	HA-LOH	Boeing 737-8Q8	30667/1448		Lsd fr ILFC; sublsd to LVG
☐	HA-LOI	Boeing 737-7Q8	29350/1452		Lsd fr ILFC
☐	HA-LOJ	Boeing 737-6Q8	29349/1455		Lsd fr ILFC
☐	HA-LOK	Boeing 737-8Q8	30669/1479		Lsd fr ILFC
☐	HA-LOL	Boeing 737-6Q8	29352/1491		Lsd fr ILFC
☐	HA-LOM	Boeing 737-8Q8	30672/1497	Charter Services	Lsd fr ILFC
☐	HA-LON	Boeing 737-6Q8	29353/1508		Lsd fr ILFC
☐	HA-LOP	Boeing 737-7Q8	29354/1581		Lsd fr ILFC
☐	HA-LOR	Boeing 737-7Q8	29355/1609		Lsd fr ILFC
☐	HA-LOS	Boeing 737-7Q8	29359/1659		Lsd fr ILFC
☐	HA-LOU	Boeing 737-8Q8	30684/1689	ex (HA-LOT)	Lsd fr ILFC
☐	HA-LMA	Fokker F.28-070 (Fokker 70)	11564	ex PH-EZR	Lsd fr ILFC
☐	HA-LMB	Fokker F.28-070 (Fokker 70)	11565	ex PH-EZX	Lsd fr ILFC
☐	HA-LMC	Fokker F.28-070 (Fokker 70)	11569	ex PH-EZA	Lsd fr ILFC
☐	HA-LME	Fokker F.28-070 (Fokker 70)	11575	ex PH-WXB	Lsd fr AerCap
☐	HA-LMF	Fokker F.28-070 (Fokker 70)	11571	ex PH-RVE	Lsd fr AerCap
☐	HA-LHB	Boeing 767-27GER	27049/482	ex N60668	Lsd to OMA to Mar08
☐	HA-LHC	Boeing 767-306ER	28884/738	ex PH-BZK	Lsd fr ILFC
☐	HA-LNA	Canadair CL-600-2B19 (CRJ-200ER)	7676	ex C-FMKZ	for MSO
☐	HA-LNB	Canadair CL-600-2B19 (CRJ-200ER)	7686	ex C-FMNW	for MSO

Also operates freight flights with Antonov An-26 aircraft leased from Aviaexpress when required.
Code share with Hainan Airlines on flights using Boeing 767-300s to Beijing
Member of oneworld alliance; owned by Airbridge (linked to Kras Air)

SKYEUROPE AIRLINES
Ceased operations 25 October 2007

TRAVEL SERVICE HUNGARY
Traveller (TVL) — *Budapest (BUD)*

☐	HA-LKB	Boeing 737-86Q/W	30294/1469	ex OK-TVE	winglets	Lsd fr TVS

A subsidiary of Travel Service Airlines (OK)

WIZZ AIR
(W6/WZZ) — *Budapest (BUD)*

☐	HA-LPA	Airbus A320-233	0839	ex EI-DFV	Lsd fr AerCap Celtavia
☐	HA-LPB	Airbus A320-233	1635	ex EI-DFT	Lsd fr Watermark
☐	HA-LPC	Airbus A320-223	0892	ex EI-DGF	Lsd fr AerCap Celtavia
☐	HA-LPD	Airbus A320-233	1902	ex EI-DGB	Lsd fr AerCap Celtavia
☐	HA-LPE	Airbus A320-233	1892	ex EI-DFU	Lsd fr AerCap Celtavia
☐	HA-LPF	Airbus A320-223	1834	ex EI-DGC	Lsd fr AerCap Celtavia
☐	HA-LPG	Airbus A320-232	2571	ex F-WWBB	Lsd fr Avn Capital Grp; sublsd WVL
☐	HA-LPH	Airbus A320-232	2688	ex F-WWIE	Lsd fr Avn Capital Group
☐	HA-LPI	Airbus A320-232	2752	ex F-WWDE	Lsd fr ILFC
☐	HA-LPJ	Airbus A320-232	3127	ex F-WWBH	
☐	HA-LPK	Airbus A320-232	3143	ex F-WWBI	
☐	HA-LPL	Airbus A320-232	3166	ex F-WWIL	
☐	HA-LPM	Airbus A320-232	3177	ex F-WWDG	
☐	HA-LPN	Airbus A320-232	3354	ex F-WWIG	Lsd fr GECAS
☐	HA-LPO	Airbus A320-232	3384	ex F-WWDO	Lsd fr GECAS
☐	HA-	Airbus A319-132		ex D-AV	on order
☐	HA-	Airbus A319-132		ex D-AV	on order
☐	HA-	Airbus A319-132		ex D-AV	on order
☐	HA-	Airbus A319-132		ex D-AV	on order
☐	HA-	Airbus A320-232		ex F-WW	on order	Lsd fr GECAS
☐	HA-	Airbus A320-232		ex F-WW	on order	Lsd fr GECAS

Two more Airbus A319-132s and sixty-seven Airbus A320s are on order. Wizz Air (Bulgaria) is a wholly owned subsidiary

HB- SWITZERLAND & LEICHTENSTEIN (Swiss Confederation)

AIR ENGIADINA
St Moritz

☐	HB-AEU	Dornier 328-310 (328JET)	3199	ex OE-HCM	Lsd fr/op by Swiss Jet

AIR GLACIERS
Air Glaciers (7T/AGV) — *Sion (SIR)*

☐	HB-CGW	Cessna U206G Stationair 6	U20604822	ex D-ELML	
☐	HB-FCT	Pilatus PC-6/B2-H2 Turbo Porter	637		
☐	HB-FDU	Pilatus PC-6/B1-H2 Turbo Porter	663		
☐	HB-FFW	Pilatus PC-6/B2-H2 Turbo Porter	735		
☐	HB-GIL	Beech 200 Super King Air	BB-194	ex N502EB	
☐	HB-GJI	Beech 200 Super King Air	BB-451	ex D-IBOW	
☐	HB-GJM	Beech 200 Super King Air	BB-255	ex N32KD	
☐	HB-ZCZ	Aerospatiale AS.350B3 Ecureuil	3434	ex F-WQDG	
☐	HB-ZEP	Eurocopter EC.120B Colibri	1336	ex F-WWPO	
☐	HB-ZFB	Eurocopter EC.130B4	3536	ex F-GNLD	

AIR ZERMATT
Air Zermatt (AZF) — *Zermatt Heliport*

☐	HB-XSU	Aerospatiale AS.350B2 Ecureuil	2115		
☐	HB-ZCC	Aerospatiale AS.350B2 Ecureuil	2107	ex I-REGL	
☐	HB-ZCX	Aerospatiale AS.350B2 Ecureuil	3105	ex I-AOLA	
☐	HB-ZEF	Eurocopter EC-135T2	0259	ex D-HECA	

BELAIR AIRLINES
Belair (4T/BHP) — *Zurich (ZRH)*

☐	HB-IHR	Boeing 757-2Q8ER	29379/919		Solemar	yellow/green
☐	HB-IHS	Boeing 757-2Q8ER	30394/922		Horizonte	blue/yellow
☐	HB-ISE	Boeing 767-3Q8ER	27600/655	ex EI-CNS	RondoMondo	orange/green

All leased from ILFC; 49% owned by Airberlin and aircraft painted in full Airberlin colours

DARWIN AIRLINE
Darwin (0D/DWT) (IATA 779) — *Geneva (GVA)*

☐	HB-IZG	SAAB 2000	2000-010	ex SE-010	Insubria	Lsd fr Arafat AB
☐	HB-IZH	SAAB 2000	2000-011	ex SE-011	Ticino	Lsd fr Arafat AB
☐	HB-IZJ	SAAB 2000	2000-015	ex (F-GOZJ)	Verbano	Lsd fr SL Pisces
☐	HB-IZZ	SAAB 2000	2000-048	ex SE-048	Ceresio	

EASYJET SWITZERLAND
Topswiss (DS/EZS)　　　　　　　　　　　　　　　　　　　　　　　　　　　　　　　　　Geneva (GVA)

☐	HB-JZF	Airbus A319-111	2184	ex G-EZEH	Lsd fr EZY
☐	HB-JZG	Airbus A319-111	2196	ex G-EZEI	Lsd fr EZY
☐	HB-JZH	Airbus A319-111	2230	ex G-EZEM	Lsd fr EZY
☐	HB-JZI	Airbus A319-111	2245	ex G-EZEN	Lsd fr EZY
☐	HB-JZJ	Airbus A319-111	2265	ex G-EZES	Lsd fr EZY
☐	HB-JZK	Airbus A319-111	2319	ex G-EZEX	Lsd fr EZY
☐	HB-JZL	Airbus A319-111	2353	ex G-EZEY	Lsd fr EZY
☐	HB-JZM	Airbus A319-111	2370	ex G-EZMK	Lsd fr EZY
☐	HB-JZN	Airbus A319-111	2387	ex G-EZBS	Lsd fr EZY
☐	HB-JZO	Airbus A319-111	2398	ex G-HMCC	Lsd fr EZY
☐	HB-JZP	Airbus A319-111	2427	ex G-EZIB	Lsd fr EZY
☐	HB-JZQ	Airbus A319-111	2450	ex G-EZIF	Lsd fr EZY

40% owned by easyJet

EDELWEISS AIR
Edelweiss (WK/EDW)　　　　　　　　　　　　　　　　　　　　　　　　　　　　　　　　Zurich (ZRH)

☐	HB-IHX	Airbus A320-214	0942	ex F-WWIU	Calvaro	Lsd fr Alp Air
☐	HB-IHY	Airbus A320-214	0947	ex F-WWIY	Upali	Lsd fr Alp Air
☐	HB-IHZ	Airbus A320-214	1026	ex F-WWDD	Viktoria	Lsd fr Alp Air; sublsd to BKP
☐	HB-IQZ	Airbus A330-243	369	ex F-WWKG	Bahari	Lsd fr CIT Group

FARNAIR SWITZERLAND
Farner (FAT)　　　　　　　　　　　　　　　　　　　　　　　　　　　　　　　　　　　　Basle (BSL)

☐	HB-AFC	ATR 42-320F	087	ex F-WQLF	
☐	HB-AFD	ATR 42-320	121	ex F-WQNA	Starquest Expedition titles
☐	HB-AFF	ATR-42-320	264	ex F-GOBK	
☐	HB-AFG	ATR 72-201F	108	ex F-WQNA	Lsd fr OFSB Ltd
☐	HB-AFH	ATR 72-202F	313	ex F-GJKP	Lsd fr Dreieck Lsg
☐	HB-AFJ	ATR 72-202F	154	ex OY-RTE	
☐	HB-AFK	ATR 72-202F	232	ex F-GKOB	Lsd fr Dreieck Lsg
☐	HB-AFL	ATR 72-202F	222	ex F-GKPF	
☐	HB-AFM	ATR 72-202F	364	ex B-22712	
☐	HB-AFN	ATR 72-202F	389	ex B-22716	
☐	HB-AFP	ATR 72-202F	381	ex B-22715	

Operates services for Federal Express and TNT

FLYBABOO
Baboo (F7/BBO)　　　　　　　　　　　　　　　　　　　　　　　　　　　　　　　　　　Geneva (GVA)

☐	HB-JQA	de Havilland DHC-8-402Q	4017	ex C-FJJG	Lsd fr M1 Travel
☐	HB-JQB	de Havilland DHC-8-402Q	4175	ex C-FMKK	Lsd fr Bombardier
☐	HB-	Embraer 190LR (190LR)		on order	Lsd fr M1 Trave:
☐	HB-	Embraer 190LR (190LR)		on order	Lsd fr M1 Trave:
☐	HB-	Embraer 190LR (190LR)		on order	Lsd fr M1 Trave:

HELISWISS
Heliswiss (HSI)　　　　　　　　　　　　　　　　　　　　　　　　　　　　　　　　　　　Bern (BRN)

☐	HB-XKE	Kamov Ka-32A	8709/02	ex RA-31587	
☐	HB-ZFX	Kamov Ka-32A12	8809/09	ex RA-31599	

HELLO
Fly Hello (HW/FHE)　　　　　　　　　　　　　　　　　　　　　　　　　　　　　　　　Basle (BSL)

☐	HB-JIA	McDonnell-Douglas MD-90-30	53552/2163	ex N743BC	Lsd fr BCC Equipment Lsg; sublsd MAK
☐	HB-JIB	McDonnell-Douglas MD-90-30	53553/2165	ex N744BC	Lsd fr BCC Equipment Lsg
☐	HB-JIC	McDonnell-Douglas MD-90-30ER	53576/2195	ex N765BC	Lsd fr BCC Equipment Lsg; sublsd MAK
☐	HB-JID	McDonnell-Douglas MD-90-30	53460/2142	ex OY-KIM	Lsd fr SBL Aries
☐	HB-JIE	McDonnell-Douglas MD-90-30	53461/2147	ex SE-DMG	Lsd fr JL Bellona Lease; op for BKP
☐	HB-JIF+	McDonnell-Douglas MD-90-30	53462/2149	ex LN-ROB	Lsd fr SAS

+Operated in Iceland Express colours

HELOG
Helog (HLG)　　　　　　　　　　　　　　　　　　　　　　　　　　　　　　　　　　　　Küssnacht

☐	HB-XVY	Aerospatiale AS.332C Super Puma	2033	ex N5795P	Op for UN

HELVETIC AIRWAYS
Helvetic (2L/OAW)　　　　　　　　　　　　　　　　　　　　　　　　　　　　　　　　Zurich (ZRH)

☐	HB-JVC	Fokker F.28-0100 (Fokker 100)	11501	ex N1468A	

☐	HB-JVE	Fokker F.28-0100 (Fokker 100)	11459	ex N1450A	
☐	HB-JVF	Fokker F.28-0100 (Fokker 100)	11466	ex N1454D	
☐	HB-JVG	Fokker F.28-0100 (Fokker 100)	11478	ex N1458H	

All leased from Airfleet Credit Corp

JETCLUB
Jetclub (JCS)   Zurich (ZRH)

☐	HB-IJZ	Airbus A320-211	0211	ex F-GJVD	Lsd fr AerCap; sublsd to MYW

Also operates executive jets

PRIVATAIR
PrivatAir (PTI)   Geneva (GVA)

☐	HB-IEE	Boeing 757-23A/W	24527/249	ex HB-IHU	
☐	HB-IIQ"	Boeing 737-7CN/W	30752/451	ex N1026G	[BBJ]
☐	HB-IIR^	Boeing 737-86Q/W	30295/1600		Lsd fr Boullioun
☐	HB-JJA+	Boeing 737-7AK/W	34303/1758	ex N1780B	Lsd fr Siemens Fin Svs[BBJ]
☐	HB-JJG	Boeing 767-306ER	30393/781	ex PH-BZO	Lsd fr Courteau Commercail Grp

+Operates Amsterdam-Houston for KLM-Royal Dutch Airlines   ^Operates Zurich-Newark for Swiss
"Operates Dusseldorf-New York for Lufthansa
See also PrivatAir GmbH (D) who operate Airbus A319s on behalf of Airbus and Lufthansa. Two Boeing 787-8 BBJs on order.

SKYWORK AIRLINES
Skyfox (SRK)   Bern (BRP)

☐	HB-AES	Dornier 328-110	3021	ex D-CHIC	Lsd fr Franfinance Schweiz
☐	HB-AEU	Dornier 328-310 (328JET)	3199	ex OE-HCM	Air Engiadina titles Lsd fr AEC Intl
☐	HB-	de Havilland DHC-8-402Q	4198	ex C-	on order

Parent company also operates corporate jets; also known as SwissJet

SWISS EUROPEAN AIR LINES
Euroswiss (SWU)   Basle, Lugano, Geneva, Zurich (BSL/LUG/GVA/ZRH)

☐	HB-IXN	Avro 146-RJ100	E3286	ex G-6-286	Balmhorn
☐	HB-IXO	Avro 146-RJ100	E3284	ex G-6-284	Brisen
☐	HB-IXP	Avro 146-RJ100	E3283	ex G-6-283	Chestenberg
☐	HB-IXQ	Avro 146-RJ100	E3282	ex G-6-282	Corno Gries
☐	HB-IXR	Avro 146-RJ100	E3281	ex G-6-281	Hohe Winde
☐	HB-IXS	Avro 146-RJ100	E3280	ex G-6-280	Mont Velan
☐	HB-IXT	Avro 146-RJ100	E3259	ex G-BVYS	Ottenberg
☐	HB-IXU	Avro 146-RJ100	E3276	ex G-6-276	Pfannenstiel
☐	HB-IXV	Avro 146-RJ100	E3274	ex G-6-274	Saxer First
☐	HB-IXW	Avro 146-RJ100	E3272	ex G-6-272	Schafarnisch
☐	HB-IXX	Avro 146-RJ100	E3262	ex G-6-262	Siberen
☐	HB-IYQ	Avro 146-RJ100	E3384	ex G-CFAH	Piz Bruin Lsd fr Adams Aircraft
☐	HB-IYR	Avro 146-RJ100	E3382	ex G-CFAF	Vrenelisgärtli Lsd fr Scott Aircraft
☐	HB-IYS	Avro 146-RJ100	E3381	ex G-CFAE	Churfirsten; special c/s
					Lsd fr Ascot Aircraft
☐	HB-IYT	Avro 146-RJ100	E3380	ex G-CFAD	Bluemlisalp
☐	HB-IYU	Avro 146-RJ100	E3379	ex G-CFAC	Rot Turm; Star Alliance c/s
					Lsd fr Anson Aircraft
☐	HB-IYV	Avro 146-RJ100	E3377	ex G-CFAB	Pizzo Barone; Star Alliance c/s
					Lsd fr Drake Aircraft
☐	HB-IYW	Avro 146-RJ100	E3359	ex G-6-359	Spitzmeilen
☐	HB-IYY	Avro 146-RJ100	E3339	ex G-6-339	Titlis
☐	HB-IYZ	Avro 146-RJ100	E3338	ex G-6-338	Tour d'Ai

Wholly owned subsidiary of Swiss International. All other aircraft leased from the parent and to be replaced by Embraer 190s

SWISS INTERNATIONAL AIR LINES
Swiss (LX/SWR) (IATA 724)   Zurich (ZRH)

☐	HB-IPR	Airbus A319-112	1018	ex D-AVYQ	Piz Morteratsch Lsd fr Sierra Lsg
☐	HB-IPS*	Airbus A319-112	0734	ex D-AVYZ	Clariden
☐	HB-IPT+	Airbus A319-112	0727	ex D-AVYC	Rotsandnollen
☐	HB-IPU+	Airbus A319-112	0713	ex D-AVYB	Schrattenflue
☐	HB-IPV*	Airbus A319-112	0578	ex D-AVYA	Castelegns
☐	HB-IPX	Airbus A319-112	0612	ex D-AVYH	Mont Racine Lsd fr Dritte Lsg Svs
☐	HB-IPY+	Airbus A319-112	0621	ex D-AVYK	Les Ordons

*Leased from ILFC   +Leased from Merlan Mobilien Verwaltungs

☐	HB-IJB	Airbus A320-214	0545	ex TC-JLA	Lsd fr Jet-I Holdings
☐	HB-IJD	Airbus A320-214	0553	ex TC-JLH	Lsd fr Pembroke
☐	HB-IJE	Airbus A320-214	0559	ex TC-JLI	Lsd fr Pembroke
☐	HB-IJF	Airbus A320-214	0562	ex TC-JLB	Lsd fr Jet-I Holdings
☐	HB-IJH	Airbus A320-214	0574	ex TC-JLD	Lsd fr Jet-I Holdings
☐	HB-IJI+	Airbus A320-214	0577	ex F-WWDT	Basodino
☐	HB-IJJ	Airbus A320-214	0585	ex F-WWIV	Les Diablerets Lsd fr ILFC
☐	HB-IJK+	Airbus A320-214	0596	ex F-WWBH	Wissigstock
☐	HB-IJL+	Airbus A320-214	0603	ex F-WWBK	Pizol
☐	HB-IJM+	Airbus A320-214	0635	ex F-WWDD	Schilthorn; Euro 2008 colours

	Registration	Type	C/n	Ex-reg	Name	Notes
☐	HB-IJN+	Airbus A320-214	0643	ex F-WWDI	Vanil Noir	
☐	HB-IJO+	Airbus A320-214	0673	ex F-WWBF	Lisengrat	
☐	HB-IJP+	Airbus A320-214	0681	ex F-WWBH	Nollen	
☐	HB-IJQ+	Airbus A320-214	0701	ex F-WWDL	Agassizhorn	
☐	HB-IJR+	Airbus A320-214	0703	ex F-WWDS	Dammastock	
☐	HB-IJS	Airbus A320-214	0782	ex F-WWDS	Creux du Van	Lsd fr ILFC
☐	HB-IJU^	Airbus A320-214	1951	ex F-WWIQ	Bietschhorn	
☐	HB-IJV^	Airbus A320-214	2024	ex F-WWDK	Wildspitz	
☐	HB-IJW^	Airbus A320-214	2134	ex F-WWBO	Bachtel	

+Leased from Merlan Mobilien Verwaltungs
^Leased from ILFC
Two Airbus A320-214s are on order for delivery in 2011

	Registration	Type	C/n	Ex-reg	Name	Notes
☐	HB-IOC+	Airbus A321-111	0520	ex D-AVZV	Eiger	
☐	HB-IOD	Airbus A321-111	0522	ex TC-JMA		Lsd fr Chasseral A/c Lsg
☐	HB-IOF	Airbus A321-111	0541	ex TC-JMB		Lsd fr Chasseral A/c Lsg
☐	HB-IOH+	Airbus A321-111	0664	ex D-AVZL	Pitz Palu	
☐	HB-IOK	Airbus A321-111	0987	ex D-AVZC	Biefertenstock	Lsd fr ILFC
☐	HB-IOL	Airbus A321-111	1144	ex D-AVZE	Kaiseregg	Lsd fr Sierra Lsg

	Registration	Type	C/n	Ex-reg	Name	Notes
☐	HB-IQA+	Airbus A330-223	229	ex F-WWKS	Lauteraarhorn	
☐	HB-IQC+	Airbus A330-223	249	ex F-WWKI	Breithorn	
☐	HB-IQG	Airbus A330-223	275	ex F-WWKF	Jungfrau	Lsd fr Sierra Lsg
☐	HB-IQH	Airbus A330-223	288	ex F-WWKX	Allainhorn	Lsd fr GECAS
☐	HB-IQI	Airbus A330-223	291	ex F-WWKS	Piz Bernina	Lsd fr GECAS
☐	HB-IQJ	Airbus A330-223	294	ex F-WWYJ	Aletschorn	Lsd fr GECAS
☐	HB-IQK	Airbus A330-223	299	ex F-WWYD	Strahlhorn	Lsd fr GECAS
☐	HB-IQO	Airbus A330-223	343	ex F-WWYA	Weissmies	Lsd fr Rubicon Finance
☐	HB-IQP	Airbus A330-223	366	ex F-WWYZ	Mönch	Lsd fr ILFC
☐	HB-IQQ	Airbus A330-223	322	ex D-AIMD	Bern	Lsd fr BCI Ireland
☐	HB-IQR	Airbus A330-223	324	ex D-AIMF		Lsd fr Wouters Aircraft Lsg

+Leased from Merlan Mobilien Verwaltungs
Nine Airbus A330-323s are on order for delivery from 2009 to replace the Airbus A340s

	Registration	Type	C/n	Ex-reg	Name	Notes
☐	HB-JMA	Airbus A340-313X	538	ex F-WWJJ	Matterhorn	Lsd fr Matterhorn Fin
☐	HB-JMB	Airbus A340-313X	545	ex F-WWJL	Zurich	Lsd fr Dufourspitze Fin
☐	HB-JMC	Airbus A340-313X	546	ex F-WWJM	Basel	Lsd fr Zumsteinspitze
☐	HB-JMD	Airbus A340-313X	556	ex F-WWJN	Liestal	Lsd fr Signalkuppe Fin
☐	HB-JME	Airbus A340-313X	559	ex F-WWJP	Dom	Lsd fr Dom Finance
☐	HB-JMF	Airbus A340-313X	561	ex F-WWJQ	Liskamm	Lsd fr Liskamm Finance
☐	HB-JMG	Airbus A340-313X	562	ex F-WWJR	Luzern	Lsd fr Weisshorn Fin
☐	HB-JMH	Airbus A340-313E	585	ex F-WWJV	Chur	Lsd fr Parrotspitze Fin
☐	HB-JMI	Airbus A340-313E	598	ex F-WWJX	Schaffhausen	Lsd fr DentBlanche
☐	HB-JMJ	Airbus A340-313X	150	ex C-FYKX	City of Basel	Lsd fr Maple Leaf Finance
☐	HB-JMK	Airbus A340-313X	169	ex OE-LAK		
☐	HB-JML	Airbus A340-313X	263	ex OE-LAL		Lsd fr AUA

	Registration	Type	C/n	Ex-reg	Notes
☐	HB-IIR*	Boeing 737-86Q/W	1600/30295		Lsd fr PTI
☐	HB-IZG	SAAB 2000	2000-010	ex SE-010	Lsd to DWT
☐	HB-IZH	SAAB 2000	2000-011	ex SE-011	Lsd fr SL Capricorn; sublsd DWT

*Operated as 56-seat business configuration aircraft on Zurich-Newark, NJ route
+Leased from Merlan Mobilien Verwaltungs
Owned by Lufthansa and Almea Foundation but will continue to operate independently; member of Star Alliance
Swiss European Airlines is a wholly owned subsidiary.

ZIMEX AVIATION
Zimex (C4/IMX) — Zurich (ZRH)

	Registration	Type	C/n	Ex-reg	Notes
☐	HB-LOK	de Havilland DHC-6 Twin Otter 300	658	ex D-IASL	
☐	HB-LQV	de Havilland DHC-6 Twin Otter 300	643	ex 5Y-LQV	
☐	HB-LRO	de Havilland DHC-6 Twin Otter 300	523	ex F-GKTO	
☐	HB-LRR	de Havilland DHC-6 Twin Otter 300	505	ex 5Y-KZT	
☐	HB-LTD	de Havilland DHC-6 Twin Otter 300	717	ex C-GIED	
☐	HB-LTG	de Havilland DHC-6 Twin Otter 300	628	ex D-IFLY	
☐	HB-LTR	de Havilland DHC-6 Twin Otter 300	238	ex C-GHTO	
☐	HB-LUC	de Havilland DHC-6 Twin Otter 300	351	ex N353PM	
☐	HB-LUE	de Havilland DHC-6 Twin Otter 300	233	ex PK-LTX	
☐	HB-LUG	de Havilland DHC-6 Twin Otter 300	659	ex PK-LTW	
☐	HB-LUM	de Havilland DHC-6 Twin Otter 300	420	ex PK-TWG	
☐	ST-LRN	de Havilland DHC-6 Twin Otter 310	636	ex HB-LRN	
☐	HB-AEK	Beech 1900D	UE-296	ex D-CBCB	
☐	HB-AEL	Beech 1900D	UE-385	ex N839CA	Lsd fr Arab Wings
☐	HB-CZE	Cessna 208B Caravan I	208B1203	ex N1318P	
☐	HB-GJD	Beech 200C Super King Air	BL-7	ex F-GJBJ	
☐	HB-GJX	Beech B200 Super King Air	BB-932	ex SE-KKM	

HC- ECUADOR (Republic of Ecuador)

AEROGAL
Aerogal (2K/GLG) *Shell-Mera/Quito (-/UIO)*

☐	HC-CDJ	Boeing 727-227	21246/1216	ex N14GA	Piquero	
☐	HC-CED	Boeing 737-2B7 (Nordam 3)	22887/976	ex N275AU		Lsd fr Jetran
☐	HC-CEQ	Boeing 737-2Y5 (Nordam 3)	23848/1418	ex N342CA	Iguana	Lsd fr Amtec Corp
☐	HC-CER	Boeing 737-2Y5 (Nordam 3)	23847/1414	ex N341CA		Lsd fr Amtec Corp
☐	HC-CFG	Boeing 737-281 (AvAero 3)	21770/588	ex N746AP		Lsd fr LQS Finance
☐	HC-CFH	Boeing 737-2T5 (Nordam 3)	22979/950	ex N120NJ	Nescafe titles	Lsd fr Aerofinance
☐	HC-CFM	Boeing 737-244	22589/843	ex ZS-SIJ		
☐	HC-CFO	Boeing 737-2E3 (AvAero 3)	22703/811	ex N324JM		
☐	HC-CFR	Boeing 737-244	22581/796	ex ZS-SIB		
☐	HC-CGA	Boeing 737-247 (Nordam 3)	23188/1071	ex PK-KKL		Lsd fr Aergo Capital
☐	HC-	Boeing 737-400			on order	

Aerogal is the trading name of Aerolineas Galagagos

AEROMASTER AIRWAYS
Quito (UIO)

☐	HC-BXT	Rockwell Commander 690C	11615	ex N811EC	
☐	HC-CBH	Bell 206L-1 LongRanger III	45354	ex N213HC	
☐	HC-CBT	Bell 427	56028	ex N40560	
☐	HC-CES	de Havilland DHC-6 Twin Otter 300	371	ex PJ-TOC	
☐	HC-	de Havilland DHC-6 Twin Otter 200	120	ex N120AA	on order; stored FLL

AEROPACSA
Aeropacsa (RPC) *Guayaquil (GYE)*

☐	HC-BDV	Cessna TU206F Turbo Stationair II	U20603439		
☐	HC-CBD	Dornier 28D-2 Skyservant	4182	ex HK-4004	
☐	HC-CDI	Dornier 28D-2 Skyservant	4152	ex 58+77	

AeroPacsa is the trading name of Aerolineas del Pacifico

AIR TOTAL
Sole aircraft sold to Africa and current status uncertain

ATESA
Atesa (TXU) *Quito (UIO)*

☐	HC-BLP	Cessna TU206G Turbo Stationair 6 II	U20606449	

ATESA is the trading name of Aero Taxis Ecuatorianos

ATUR
(TUR) *Quito (UIO)*

☐	HC-BYL	Cessna TU206G Turbo Centurion	U20606628	ex N9727Z	Soloy conv

ATUR is the trading name of Aero Turismo Comunitario

EMETEBE TAXI AEREO
Emetebe (EMT) *Puerto Baquerizo Moreno*

☐	HC-BDX	Britten-Norman BN-2A-27 Islander	51	ex F-OGEB	
☐	HC-BNE	Piper PA-23-250 Aztec D	27-3959		
☐	HC-BZF	Britten-Norman BN-2A-27 Islander	2001	ex F-BTGO	

ICARO EXPRESS
Icaro (X8/ICD) (IATA 545) *Quito (UIO)*

☐	HC-CDD	Bell 212	30814	ex C-FRMM		Lsd fr CHC Helicopters
☐	HC-CDK	Aerospatiale AS.350B Ecureuil	3001	ex N444LH		
☐	HC-CDT	Fokker F.28 Fellowship 4000	11222	ex N475AU		
☐	HC-CDW	Fokker F.28 Fellowship 4000	11224	ex N476US	for sale	
☐	HC-CEC	Aerospatiale AS.350B Ecureuil	3009	ex N483AE		
☐	HC-CEN	Boeing Vertol 234UT Chinook	MJ-016	ex N241CH		Lsd fr WCO
☐	HC-CFD	Boeing 737-236 (Stage 3)	21801/669	ex ZS-SIS		Lsd fr SFR
☐	HC-CFK	de Havilland DHC-8-201	432	ex N992HA		Lsd fr CIT Group
☐	HC-CFL	Boeing 737-236	22026/644	ex ZS-SIU		Lsd fr SFR
☐	HC-CFY	Boeing 737-200		ex		

LAN ECUADOR
Aerolane (XL/LNE) (IATA 462) *Quito (UIO)*

45% owned by LAN Airlines; operates services with Airbus A320 & Boeing 767-300ER leased from the parent when required.
LANEcuador is the trading name of Aerolane Linheas Aéreas Nacionales de Ecuador

SAEREO
Saereo (SRO) *Quito (UIO)*

☐	HC-BUD	Gulfstream Commander 690C	11669	ex N844MA		
☐	HC-BVN	Beech 1900C	UB-53	ex N814BE		
☐	HC-BYH	Cessna T207A Stationair 8 II	20700749	ex N9905M		
☐	HC-BZO	Bell 407	53302	ex N8226A		
☐	HC-CBC	Beech 1900D	UE-17	ex N17YV	stored UIO	
☐	HC-CDM	Embraer EMB.120ER Brasilia	120088	ex N193SW		
☐	HC-CEM	Embraer EMB.120ER Brasilia	120227	ex N198SW		

SAERO is the trading name of Servicios Aereos Ejecutivos

TAME
Tame (EQ/TAE) *Quito (UIO)*

☐	HC-BHM	Boeing 727-2T3 (Raisbeck 3)	22078/1644	ex N1293E	Cotopaxi	Also FAE-078
☐	HC-BLE	Boeing 727-134	19691/487	ex RP-C1240	Manabi; stored LTX	Also FAE-691
☐	HC-BZS	Boeing 727-230 (Raisbeck 3)	21620/1419	ex TC-AFO	Imbabura	Also FAE-620
☐	HC-BZU	Fokker F.28 Fellowship 4000	11112	ex SE-DGE	Moronoa Santiago	Also FAE-112
☐	HC-CDY	Airbus A320-233	2014	ex F-WWBT	Ciudad de Quito	
						Lsd fr Macquarie AirFinance
☐	HC-CDZ	Airbus A320-233	2044	ex F-WWIC	Ciudad de Guayaquil	
						Lsd fr Macquarie AirFinance
☐	HC-CEH	Fokker F.28 Fellowship 4000	11228	ex N479AU		Also FAE-228
☐	HC-CEX	Embraer 170-100LR (170LR)	17000087	ex PT-SZM	Francisco de Orellana	
☐	HC-CEY	Embraer 170-100LR (170LR)	17000092	ex PT-SZS		
☐	HC-CEZ	Embraer 190-100LR (190LR)	19000027	ex PT-SGB		
☐	HC-CGF	Embraer 190-100LR (190LR)	19000137	ex PT-SYQ		
☐	HC-CGG	Embraer 190-100LR (190LR)	19000141	ex PT-SYT	Ciudad de Manta	

TAME is the trading name of Transportes Aereos Militares Ecuatorianas

TRANS AM
Aero Transam (7T/RTM) (IATA 144) *Guayaquil (GYE)*

☐	HC-CDX	ATR 42-300F		081	ex YV-914C	Op for DHL

Trans Am is the trading name of Aero Express del Ecuador Trans AM

VIP-VUELOS INTERNOS PRIVADOS
Vipec (V6/VUR) *Quito (UIO)*

☐	HC-CFC	Dornier 328-110	3018	ex N422JS	Lsd fr Synergy Aerospace
☐	HC-CFI	Dornier 328-110	3084	ex N462JS	Lsd fr Synergy Aerospace
☐	HC-CFS	Dornier 328-110	3039	ex N427JS	Lsd fr Synergy Aerospace

Member of Grupo Synergy

HH-   HAITI (Republic of Haiti)

CARIBINTAIR
Caribintair (CRT) *Port-au-Prince (PAP)*

☐	HH-CRB	LET L-410UVP	800413	ex HI-671CT	
☐	HH-CRT	LET L-410UVP-E	861721	ex 1721	
☐	HH-DCT	British Aerospace Jetstream 32	907	ex N488UE	
☐	HH-DMX	British Aerospace Jetstream 31	753	ex N842JS	Lsd fr Hispanolia Lsg

HANAIR

☐	HH-	Britten-Norman BN-2A-26 Islander	150	ex 4X-CAH	

Hanair is the trading name of Haiti National Airlines

TORTUG'AIR
Port-au-Prince (PAP)

☐	HH-JET	British Aerospace Jetstream 32	883	ex N883CH	
☐	HH-	British Aerospace Jetstream 32	914	ex N914AE	
☐	3D-DSI	LET L-410UVP			

Operator Unknown

☐	HH-AVP	LET L-410UVP	912603	ex D-CLET	
☐	HH-LOG	LET L-410UVP-E3	871827	ex S9-DIV	

HI- DOMINICAN REPUBLIC (Republica Dominicana)

ACSA
Santo Domingo-Herrara (HEX)

☐	HI-744CT	Cessna 401B	401B0214	ex N7995Q
☐	HI-772CT	British Aerospace Jetstream 3101	660	ex N411MX

ACSA is the trading name of Air Century SA

AERODOMCA
Santo Domingo-Herrara (HEX)

☐	HI-761CT	LET L-410UVP-E	871938	ex 9L-LCF

Aerodomca is the trading name of Aeronaves Dominicanas

AIR SANTO DOMINGO
Aero Domingo (EX/SDO) (IATA 309)   *Santo Domingo-Herrara (HEX)*

☐	HI-657CT	Short SD.3-60	SH3672	ex 8P-SCD	
☐	HI-679CT	LET L-410UVP-E	882023	ex HI-679CA	
☐	HI-681CT	LET L-410UVP-E	882025	ex HI-681CA	Puerto Cana
☐	HI-688CT	LET L-410UVP-E	861616	ex HI-688CA	
☐	HI-695CT	LET L-410UVP-E	861615	ex HI-695CA	
☐	HI-760CT	Cessna 208B Caravan I	208B0802	ex N1326D	

Operates feeder services for Air Europa within Caribbean. Officially registered as Aerolineas Santo Domingo

CARIBAIR
Caribair (CBC)   *Santo Domingo-Herrara (HEX)*

☐	HI-569CT	Piper PA-31 Turbo Navajo	31-700	ex HI-569CA	
☐	HI-585CA	Piper PA-31 Turbo Navajo B	31-850	ex N333GT	
☐	HI-653CA	Britten-Norman BN-2A-26 Islander	8	ex N28BN	
☐	HI-666CT	LET L-410UVP	851517	ex TG-TJV	
☐	HI-697CT	LET L-410UVP-E9A	882040	ex S9-TAV	
☐	HI-698CT	LET L-410UVP-E9A	882039	ex S9-TAU	status?
☐	HI-713CT	LET L-410UVP	851340	ex HI-713CA	
☐	HI-746CT	British Aerospace Jetstream 3101	692	ex HI-746CA	no titles
☐	HI-830CT	British Aerospace Jetstream 3101			
☐	HI848	SAAB SF.340A	340A-128	ex N128CH	Lsd fr Worldwide A/c Svs
☐	HI	SAAB SF.340A	340A-138	ex N138SD	on order

PAN AM DOMINICA
(7Q)   *Santo Domingo-Herrara (HEX*

☐	HI-817CT	British Aerospace Jetstream 31	673	ex N507PA	Lsd fr Pan Am Railways
☐	HI-841CT	British Aerospace Jetstream 31	674	ex N508PA	Lsd fr Pan Am Railways
☐	N206ZT	Bell 206B JetRanger III	2906	ex N330B	

SAPAIR
Proservicios (5S/PSV)   *Santo Domingo-Herrara (HEX)*

☐	HI-690CT	LET L-410UVP	831106	ex S9-TAR	stored HEX
☐	HI-691CT	LET L-410UVP	831107	ex S9-TAW	
☐	HI-693CT	LET L-410UVP	851439	ex S9-TBC	
☐	HI-722CT	LET L-410UVP-E	861729	ex Russ AF 1729	stored HEX
☐	HI-723CT	LET L-410UVP-E	861730	ex LY-AZI	stored HEX
☐	HI-724CT	LET L-410UVP-E	882032	ex LY-AZN	
☐	HI-644	de Havilland DHC-6 Twin Otter 200	46	ex CS-TFG	
☐	HI-658CT	Short SD.3-60	SH3674	ex 8P-SCE	
☐	HI-720CT	Embraer EMB.120RT Brasilia	120038	ex N332JS	Lsd fr DLT USA Inc
☐	HI-819CT	British Aerospace Jetstream 31	694	ex N694AM	
☐	HI-	British Aerospace Jetstream 32EP	940	ex N940AE	Lsd fr Professional Air Service
☐	HI-	British Aerospace Jetstream 32EP	938	ex N938AE	Lsd fr BAE Systems
☐	HI-	British Aerospace Jetstream 32EP	972	ex N972JX	

Sapair is the trading name of Servicios Aereos Profesionales / SAPSA

SOL AIRLINES
La Romana

☐	N609AW	British Aerospace 146 Srs.200	E2070	ex G-BNNK	on order
☐	N610AW	British Aerospace 146 Srs.200	E2082	ex G-5-082	

SUM AIR SERVICES
Believef not to have commenced operations

VOL AIR

Santo Domingo-Herrara (HEX)

☐	HI-785CT	Piper PA-31-350 Navajo Chieftain	31-7305066	ex N74923	
☐	HI-787CA	Britten-Norman BN-2A-8 Islander	5429	ex HI-787SP	
☐	HI-789CA	Britten-Norman BN-2A-21 Islander	849	ex HI-640CA	

Operator Unknown

☐	HI-	British Aerospace Jetstream 32EP	819	ex N148JH	

HK- COLOMBIA (Republic of Colombia)

ADA – AEROLINEAS DE ANTIOQUIA
Antioquia (ANQ)   *Medellin-Olaya Herrera (MDE)*

☐	HK-4364	British Aerospace Jetstream 32EP	897	ex N482UE	Lsd fr ADA USA Inc
☐	HK-4381	British Aerospace Jetstream 32EP	898	ex N483UE	Lsd fr ADA USA Inc
☐	HK-4398	British Aerospace Jetstream 32EP	828	ex N473UE	Lsd fr ADA USA Inc
☐	HK-4	British Aerospace Jetstream 32EP	890	ex N477UE	Lsd fr ADA USA Inc
☐	HK-4	British Aerospace Jetstream 32EP	893	ex N479UE	Lsd fr ADA USA Inc
☐	HK-4515	British Aerospace Jetstream 32EP	900	ex N496UE	Lsd fr ADA USA Inc
	Identities not confirmed, HK-4411 reported				
☐	HK-2548	de Havilland DHC-6 Twin Otter 300	718	ex C-GDIW	
☐	HK-2603	de Havilland DHC-6 Twin Otter 300	749		
☐	HK-2669	de Havilland DHC-6 Twin Otter 300	760		Arcangel Rafael
☐	HK-3972	Dornier 28D-2 Skyservant	4156	ex YS-400P	
☐	HK-4000	Dornier 28D-2 Skyservant	4177	ex YS-404P	
☐	HK-4042	Cessna T303 Crusader	T30300155		
☐	HK-4073	Dornier 28D-2 Skyservant	4114	ex N952	

ADES COLOMBIA

Villavicencio (VVC)

☐	HK-2279	Cessna U206G Stationair 6 II	U20604885	ex (N734WH)	
☐	HK-2430	Cessna TU206G Stationair 6 II	U20605166	ex (N4926U)	
☐	HK-2663	Douglas DC-3	12352	ex C-FXUS	
	ADES is the trading name of Aerolineas del Este				

AERCARIBE

☐	HK-4427	Antonov An-32	1909	ex HK-4427X	id not confirmed
☐	HK-4257	Antonov An-32B	3203	ex OB-1699	

AEROLINEAS DE LA PAZ

Villavicencio (VVC)

☐	HK-1663	Cessna U206F Stationair	U20601962		
☐	HK-3035	Cessna T303 Crusader	T30300191		
☐	HK-4189	Douglas DC-3	4319	ex HK-3994	
☐	HK-4292X	Douglas DC-3	17061/34328	ex OB-1756	status?

AEROREPUBLICA COLOMBIA
Aerorepublica (P5/RPB)   *Bogota-Eldorado (BOG)*

☐	HK-4453X	Embraer 190-100LR (190LR)	19000063	ex PT-SJB	
☐	HK-4454X	Embraer 190-100LR (190LR)	19000061	ex PT-SIO	
☐	HK-4455X	Embraer 190-100LR (190LR)	19000076	ex PT-SJR	dam 17Jly07
☐	HK-4456X	Embraer 190-100LR (190LR)	19000074	ex PT-SJN	
☐	HK-4505X	Embraer 190-100LR (190LR)	19000114	ex PT-SQI	Lsd fr GECAS
☐	HK-4506X	Embraer 190-100LR (190LR)	19000110	ex PT-SQE	
☐	HK-4507X	Embraer 190-100LR (190LR)	19000122	ex PT-SQQ	Lsd fr GECAS
☐	HK-4508X	Embraer 190-100LR (190LR)	19000138	ex PT-SYR	Lsd fr GECAS
☐	HP-1562CMP	Embraer 190-100IGW (190AR)	19000095	ex PT-SNP	Lsd fr CMP
☐	HK-4238X	McDonnell-Douglas MD-81	48009/985	ex N489NC	Lsd fr Finova
☐	HK-4259	McDonnell-Douglas MD-81	48005/957	ex N835F	stored	Lsd fr Finova
☐	HK-4265	McDonnell-Douglas MD-81	48002/938	ex N832F	Lsd fr Finova
☐	HK-4315	McDonnell-Douglas MD-83	49968/1668	ex HK-4315X	stored MIA	Lsd fr IAI VI Inc
☐	HK-4395	McDonnell-Douglas MD-82	53231/2107	ex N772BC	Lsd fr Boeing Capital
☐	HK-4399	McDonnell-Douglas MD-82	53232/2108	ex I-DATP	Lsd fr Boeing Capital
☐	HK-4408X	McDonnell-Douglas MD-83	53124/1991	ex N726BC	Lsd fr Boeing Capital
☐	HK-4410	McDonnell-Douglas MD-82	49937/1784	ex VP-BGH	for AUT	Lsd fr AerCap
☐	HK-4413	McDonnell-Douglas MD-82	53245/1978	ex OH-LMH	for AUT	Lsd fr Gustav Lsg

```
☐  HK-3928X      Douglas DC-9-32              47311/398    ex N286AW     Miguel Angel        Lsd fr Fin Aeroleasing
☐  HK-3963       Douglas DC-9-32              47437/544    ex I-RIZL                         Lsd fr Fin Aeroleasing
☐  HK-4155X      Douglas DC-9-32              47524/632    ex N27522                                  Lsd fr Triton
   99.8% owned by Copa Airlines
```

AEROSUCRE
Aerosucre (6N/KRE)   Barranquilla (BAQ)

```
☐  HK-727        Boeing 727-59F               19127/243
☐  HK-3985       Boeing 727-224F (FedEx 3)    20465/814    ex N32723
☐  HK-4216       Boeing 737-230C (Nordam 3)   20253/223    ex HP-1408PVI
☐  HK-4253X      Boeing 737-2H6C (Nordam 3)   21109/436    ex HP-1311CMP                              Lsd fr CIT Group
☐  HK-4328       Boeing 737-2S5C (Nordam 3)   22148/663    ex N802AL
☐  HK-           Boeing 727-222F (FedEx 3)    19915/681    ex N7642U                         Lsd fr Inversa Panama
   All freighters
```

AEROVANGUARDIA
                                                                                    Villavicencio (VVC)

```
☐  HK-3199       Douglas DC-3                 14599/26044  ex FAC1123    El Viejo; dam Apr07
```

AERUPIA
                                                                                    Villavicencio (VVC)

```
☐  HK-2713       Piper PA-34-220T Seneca III  34-8133241
☐  HK-2822       Britten-Norman BN-2B-27 Islander  2109    ex N2643X
```

AIR COLOMBIA
                                                                                    Villavicencio (VVC)

```
☐  HK-3292       Douglas DC-3                      19661   ex N9101S
☐  HK-3293X      Douglas DC-3                       9186   ex N46877
```

AIRES
Aires (4C/ARE)   Bogota-Eldorado (BOG)

```
☐  HK-3951       de Havilland DHC-8-301              184   ex N184CL     Gustavo Artunduaga          Lsd fr AGES
☐  HK-3952       de Havilland DHC-8-301              169   ex N169CL                                 Lsd fr AGES
☐  HK-4030       de Havilland DHC-8-301              100   ex N100CQ                                 Lsd fr AGES
☐  HK-4107X      de Havilland DHC-8Q-311             224   ex D-BELT                                 Lsd fr AGES
☐  HK-4258       de Havilland DHC-8-102               18   ex N909HA     stored
☐  HK-4345       de Havilland DHC-8-102               63   ex N820PH     Painted as HK4345           Lsd fr AGES
☐  HK-4432X      de Havilland DHC-8-201              428   ex N990HA                                 Lsd fr TIC Trust
☐  HK-4473X      de Havilland DHC-8Q-201             479   ex N985HA     id not confirmed
                                                                                         Lsd fr Delaware Trust Co
☐  HK-4480X      de Havilland DHC-8Q-201             509   ex N998HA                     Lsd fr Delaware Trust Co
☐  HK-4491X      de Havilland DHC-8Q-201             478   ex N983HA                     Lsd fr Delaware Trust Co
☐  HK-4495X      de Havilland DHC-8Q-201             497   ex N996HA                     Lsd fr Delaware Trust Co
☐  HK-4509       de Havilland DHC-8Q-201             507   ex N997HA                     Lsd fr Delaware Trust Co
☐  HK-4513X      de Havilland DHC-8Q-201             468   ex N969HA                     Lsd fr Delaware Trust Co
☐  HK-4520       de Havilland DHC-8Q-201             465   ex N968HA                     Lsd fr Delaware Trust Co
☐  HK-4539       de Havilland DHC-8Q-201             452   ex N966HA                     Lsd fr Delaware Trust Co
   AIRES is the trading name of Aerovias de Integracion Regional
```

ALIANSA
                                                                                    Villavicencio (VVC)

```
☐  HK-122        Douglas DC-3                       4414   ex C-122      Freighter
☐  HK-2820       Douglas DC-3                      20171   ex N151D      Freighter
☐  HK-3215       Douglas DC-3                14666/26111   ex N124SF     Freighter; status?
```

APSA - AEROEXPRESO BOGOTA
Aeroexpreso (ABO)   Bogota-Guayamaral

```
☐  HK-3736X      Bell 212                          31144   ex N3895P                         Lsd fr Air Logistics
☐  HK-4222X      Bell 212                          30815   ex N24HL                          Lsd fr Air Logistics
   Member of Bristow Group
```

ARALL - AEROLINEAS LLANERAS
                                                                                    Villavicencio (VVC)

```
☐  HK-1018       de Havilland DHC-2 Beaver            93   ex HK-240
☐  HK-1231       Cessna TU206D Skywagon         U206-1391  ex (N72389)
☐  HK-2257       Cessna U206G Stationair 6      U20604600  ex (N9950M)
☐  HK-2373       de Havilland DHC-2 Beaver            61   ex HK-84
☐  HK-2868       Cessna TU206G Stationair 6     U20606626  ex (N9724Z)
```

229

ARKAS

☐	HK-4492X	ATR 42-300		015	ex PR-TTA	Lsd fr ATR Asset Mgt
☐	HK-4493X	ATR 42-300F		018	ex F-GPIA	

AVIANCA
Avianca (AV/AVA) (IATA 134) Bogota-Eldorado (BOG)

☐	HK-4549	Airbus A320-214	3408	ex F-WWBZ	
☐	HK-	Airbus A320-214	3664	ex F-WW	
☐	HK-	Airbus A320-214		ex F-WW	
☐	HK-	Airbus A320-214		ex F-WW	
☐	HK-	Airbus A320-214		ex F-WW	

Sixteen Airbus A319s, 26 more Airbus A320s and five Airbus A330-200s plus ten Boeing 787-859s are on order from 2009

☐	EI-CEY	Boeing 757-2Y0ER	26152/478			Lsd fr Aerco Ireland
☐	EI-CEZ	Boeing 757-2Y0ER	26154/486			Lsd fr GECAS
☐	N506NA	Boeing 757-236	24771/272	ex TC-AJA		Lsd fr CIT Group
☐	N513NA	Boeing 757-2T7	23895/132	ex G-BYAM		Lsd fr CIT Group
☐	N517NA	Boeing 757-28A	24260/204	ex N757GA	for FDX	Lsd fr MSA 1
☐	N521NA	Boeing 757-236	25592/453			Lsd fr Pegasus
☐	N802PG	Boeing 757-21B	24774/288	ex B-2815		Lsd fr Pegasus
☐	N421AV	Boeing 767-2B1ER	25421/407	ex PT-TAK		Lsd fr GECAS
☐	N728CG	Boeing 767-283ER	24728/305	ex XA-TNS	special c/s	Lsd fr Avn Capital Corp
☐	N948AV	Boeing 767-3Y0ER	24948/380	ex 5Y-CCC		Lsd fr AeroUSA
☐	N984AN	Boeing 767-383ER	24357/262	ex LN-RCB		Lsd fr Pegasus
☐	N985AN	Boeing 767-259ER	24618/292		Cristobal Colon	Lsd fr Pacific
☐	N986AN	Boeing 767-259ER	24835/321		Amerigo Vespucci	Lsd fr Pacific
☐	N988AN	Boeing 767-284ER	24742/303	ex VH-RMA	Simon Bolivar	Lsd fr AWMS 1
☐	HK-4467	Fokker F.27 Mk 050 (Fokker 50)	20301	ex PH-MXZ		
☐	HK-4468X	Fokker F.27 Mk 050 (Fokker 50)	20300	ex PH-MXT		Lsd to SAM
☐	HK-4469X	Fokker F.27 Mk 050 (Fokker 50)	20285	ex PH-AVJ		Lsd to SAM
☐	HK-4470	Fokker F.27 Mk 050 (Fokker 50)	20297	ex PH-AVO		Lsd fr AerCap
☐	HK-4487X	Fokker F.27 Mk 050 (Fokker 50)	20266	ex PH-LXW	Lsd fr AerCap; sublsd to SAM
☐	HK-4496X	Fokker F.27 Mk 050 (Fokker 50)	20278	ex PH-AVG		Lsd fr AerCap
☐	HK-4497X	Fokker F.27 Mk 050 (Fokker 50)	20288	ex PH-MXJ	Lsd fr AerCap; sublsd to SAM
☐	HK-4501X	Fokker F.27 Mk 050 (Fokker 50)	20299	ex PH-MXS		Lsd fr AerCap
☐	HK-4419X	Fokker F.28-0100 (Fokker 100)	11457	ex N1448A		sublsd to SAM
☐	HK-4420X	Fokker F.28-0100 (Fokker 100)	11482	ex N1462C		sublsd to SAM
☐	HK-4430X	Fokker F.28-0100 (Fokker 100)	11465	ex N1453D		sublsd to SAM
☐	HK-4431X	Fokker F.28-0100 (Fokker 100)	11506	ex N1470K		sublsd to SAM
☐	HK-4437X	Fokker F.28-0100 (Fokker 100)	11469	ex N1457B		sublsd to SAM
☐	HK-4438X	Fokker F.28-0100 (Fokker 100)	11514	ex N1472B		sublsd to SAM
☐	HK-4443X	Fokker F.28-0100 (Fokker 100)	11479	ex N1459A		sublsd to SAM
☐	HK-4444X	Fokker F.28-0100 (Fokker 100)	11458	ex N1449D		sublsd to SAM
☐	HK-4445X	Fokker F.28-0100 (Fokker 100)	11449	ex N1446A		sublsd to SAM
☐	HK-4451X	Fokker F.28-0100 (Fokker 100)	11464	ex N1452B		sublsd to SAM
☐	HK-4486X	Fokker F.28-0100 (Fokker 100)	11414	ex OB-1831-P		
☐	HK-4488X	Fokker F.28-0100 (Fokker 100)	11376	ex OB-1821-P		
☐	HK-4489X	Fokker F.28-0100 (Fokker 100)	11377	ex OB-1816-P		

All Fokker 100s leased from Synergy Aerospace

☐	EI-CBR*	McDonnell-Douglas MD-83	49939/1787		Ciudad de Bucaramanga	
☐	EI-CBS*	McDonnell-Douglas MD-83	49942/1799		Ciudad de Cucuta	Lsd to SAM
☐	EI-CBY*	McDonnell-Douglas MD-83	49944/1888		Ciudad de Barranquilla	
☐	EI-CBZ*	McDonnell-Douglas MD-83	49945/1889	ex N6206F	Ciudad de Santiago de Cali	
☐	EI-CCC*	McDonnell-Douglas MD-83	49946/1898		Ciudad de Pereira	
☐	EI-CCE*	McDonnell-Douglas MD-83	49947/1900		Ciudad de Medellin	
☐	EI-CDY*	McDonnell-Douglas MD-83	49948/1905		Ciudad de Santa Maria	Sublsd SAM
☐	EI-CEP*	McDonnell-Douglas MD-83	53122/1984		San Andres Isla	
☐	EI-CEQ*	McDonnell-Douglas MD-83	53123/1987		Ciudad de Leticia; Juan Valdez c/s
☐	EI-CER*	McDonnell-Douglas MD-83	53125/1993		Ciudad de Monteria	
☐	EI-CFZ*	McDonnell-Douglas MD-83	53120/1964	ex N6206F	Ciudad de San Juan de Pasto	
☐	N160BS	McDonnell-Douglas MD-83	53463/2089	ex C-FKLT		Lsd fr Jets MD Lease
☐	N161BS	McDonnell-Douglas MD-83	53464/2091	ex C-FKLO		Lsd fr Jets MD Lease
☐	N583AN	McDonnell-Douglas MD-83	53183/2071	ex HK-4184X	Ciudad de Valledupar	Lsd fr AWMS
☐	N632CT	McDonnell-Douglas MD-83	49632/1603	ex 9Y-THV	Retro c/s	Lsd fr GECAS

*Leased from GECAS
Helicol is a wholly owned subsidiary while SAM is 94% owned
Member of Grupo Synergy; AVIANCA is trading name of Aerovias de Continente Americano

AVIHECO
  Bogota-Eldorado/Ibague (BOG/IBE)

☐	HK-3039	Bell 206L-2 LongRanger III	51052			
☐	HK-4142	LET L-410UVP-E	861703	ex N5957J	for sale	

☐ HK-4267   Bell 206L-2 LongRanger III   51252   ex N37CA
☐ HK-4306   Bell 206L-2 LongRanger III   51606   ex HC-BXA
☐ HK-4334   Convair 580F   176   ex N631MB   Used by CIA/DAC
Aviheco is the trading name of Aviones Y Helicopteros de Colombia

COSMOS AIR CARGO
Bogota-Eldorado (BOG)

☐ HK-4386X   Boeing 727-82C/W (FedEx 3)   19968/660 ex N709DH
☐ HK-4407   Boeing 727-30C/W (Duganair 3)   19011/387 ex N701DH
Cosmos Air Cargo is the trading name of Transportes Cereos de Carga Cosmos

EASYFLY

☐ HK-4502X   British Aerospace Jetstream 4101   41091   ex N572HK
☐ HK-4521X   British Aerospace Jetstream 4101   41092   ex N573HK
☐ HK-   British Aerospace Jetstream 4101   41086   ex N568HK   on order
☐ HK-   British Aerospace Jetstream 4101   41093   ex N574HK   on order

HELIANDES
Medellin-Olaya Herrara (MDE)

☐ HK-3898X   Mil Mi-17 (Mi-8MTV-1)   96156
☐ HK-4160X   Mil Mi-17 (Mi-8MTV-1)   95585   ex RA-25446
☐ HK-4164   Mil Mi-17 (Mi-8MTV-1)   95875   ex HK-3890X
☐ HK-4187X   LET L-410UVP-E   902432   ex HA-LAT
☐ HK-4223   Bell 206B JetRanger   303   ex HP-1321HC

HELICARGO
Medellin-Olaya Herrera (MDE)

☐ HK-2496   Bell 206B JetRanger III   3084
☐ HK-2529   Bell 206B JetRanger III   3057
☐ HK-2610   Aerospatiale AS.350B Ecureuil   1339   ex F-WZFO
☐ HK-2967   Aerospatiale AS.350B Ecureuil   1688
☐ HK-3011   Short SC.7 Skyvan 3A   SH1979 ex N9040U
☐ HK-3553   Bell 206L-3 LongRanger III   51177   ex N300WJ
☐ HK-3561   Rockwell Turbo Commander 690B   11365   ex LV-LZS
☐ HK-4215   Aerospatiale AS.350BA Ecureuil   1495   ex N64050
☐ HK-4236   Beech 200 Super King Air   BB-135 ex N402RG
☐ HK-4301   Aerospatiale AS.355F2 Ecureuil 2   5420   ex N1074P
☐ HK-4370   Gulfstream Commander 695B   96080   ex N960AC
☐ HK-4375   Aerospatiale AS.355F2 Ecureuil 2   5384   ex N9040V
☐ HK-4383   Short SC.7 Skyvan 3   SH1950 ex N24107

HELICOL
Helicol (HEL)   *Bogota-Eldorado (BOG)*

☐ HK-3303X   Bell 212   30654   ex N59608
☐ HK-3336X   Bell 212   31207   ex N2180J
☐ HK-3340W   de Havilland DHC-7-102   108   ex C-GFBW   Op for Intercor/Carbocol
☐ HK-3357G   Bell 206L-3 LongRanger III   51231
☐ HK-3578G   Bell 412   33203
☐ HK-3633X   Bell 206L-1 LongRanger II   45510   ex N57497
☐ HK-4031X   Bell 212   31203   ex HK-3184X
☐ HK-4213G   Bell 407   53405   ex (N2382Z)
A subsidiary of AVIANCA; also operate executive jets

HELITEC
Cali (CLO)

☐ HK-3341   Bell 212   31287   ex N3204H
☐ HK-3742   Bell 212   30847
☐ HK-4025   Bell 212   31143   ex HC-BSQ
☐ HK-4231X   Kamov Ka-32S   9101   ex N40475
Helitec is the trading name of Helicopteros Territoriales de Colombia

HELIVALLE
Palmira (QPI)

☐ HK-3693   Piper PA-42 Cheyenne III   42-8001075 ex N4998M
☐ HK-3978X   Bell 206L-3 LongRanger III   51446   ex N6643K
☐ HK-4015X   Bell 206L-4 LongRanger IV   52092   ex N4268G
☐ HK-4026X   Bell 212   35055   ex N4354J
☐ HK-4129X   Bell 212   30926   ex N412AX
Helivalle is the trading name of Helicopteros del Valle

LAP - LINEAS AÉREAS PETROLERAS
LAP (APT) *Bogota-Eldorado (BOG)*

☐ HK-2503 Piper PA-31 Turbo Navajo 31-8012056

LATINA DE AVIACION
Villavicencio (VVC)

☐ HK-4173X Beech 1900C-1 UC-14 ex N38015 Lsd fr Raytheon
☐ HK-2006 Douglas DC-3C 43086 ex N43A

LINEAS AÉREAS SURAMERICANAS COLOMBIA
Suramericano (LAU) *Bogota-Eldorado (BOG)*

☐ HK-1271 Boeing 727-24C (Raisbeck 3) 19524/428 ex N1781B Pegasus; lascargo.com titles
☐ HK-1273 Boeing 727-24C (Raisbeck 3) 19526/442 ex N8320 Voyager
☐ HK-3814X Boeing 727-25F (Raisbeck 3) 18270/79 ex N5111Y Skipper; stored
☐ HK-4154 Boeing 727-51F (Raisbeck 3) 18804/162 ex N5607 Orion
☐ HK-4261X Boeing 727-251F (FedEx 3) 21156/1170 ex N296AJ Lsd fr Flying Cargo
☐ HK-4262 Boeing 727-2F9F/W (Duganair 3) 21427/1291 ex N299AJ Lsd fr Flying Cargo
☐ HK-4354 Boeing 727-2X3F (FedEx 3) 22608/1727 ex N397AJ Lsd fr Flying Cargo
☐ HK-4401 Boeing 727-2X3F (FedEx 3) 22609/1731 ex N797AJ Lsd fr Aero Finance

☐ HK-4245 Douglas DC-9-15RC (ABS 3) 47012/115 ex N562PC Lsd fr Flying Cargo
All freighters

SADELCA
Sadelca (SDK) *Neiva (NVA)*

☐ HK-1514 Douglas DC-3 11741 ex N100RW
☐ HK-2494 Douglas DC-3 16357/33105 ex N87611
☐ HK-2664 Douglas DC-3 19433 ex HK-2665 Angela Sofia
☐ HK-3286 Douglas DC-3 6144 ex HP-86 Liliana
☐ HK-4136X Antonov An-32B 2509 ex (YV-1089CP)
SADELCA is the trading name of Sociedad Aérea Del Caqueta

SADI
Ibagué (IBE)

☐ HK-3154 Cessna TU206G Stationair 6 U20606836 ex (N9330R)
☐ HK-3829 Bell 222 47076 ex N50RX
☐ HK-4013 LET L-410UVP-E 861601 ex TG-TJS
☐ HK-4109 LET L-410UVP 912529 ex S9-TBB
☐ HK-4226 Bell 206B JetRanger III 2684 ex N2753E
SADI is the trading name of Sociedad Aérea De Ibagué

SAEP
SAEP (KSP) *Bogota-Eldorado (BOG)*

☐ HK-4296X Antonov An-32A 1704 ex ER-AXF
SAEP is the trading name of Servicios Aéreos Especializadose en Transportes Petroleros

SAM
SAM (MM/SAM) *Medellin-Olaya Herrara (MDE)*

☐ EI-CBS McDonnell-Douglas MD-83 49942/1799 Ciudad de Cucuta
☐ EI-CDY McDonnell-Douglas MD-83 49948/1905 Ciudad de Santa Maria
☐ HK-4467 Fokker F.27 Mk 050 (Fokker 50) 20301 ex PH-MXZ
☐ HK-4469X Fokker F.27 Mk 050 (Fokker 50) 20285 ex PH-AVJ
☐ HK-4487X Fokker F.27 Mk 050 (Fokker 50) 20266 ex PH-LXW
☐ HK-4497X Fokker F.27 Mk 050 (Fokker 50) 20288 ex PH-MXJ

☐ HK-4419X Fokker F.28-0100 (Fokker 100) 11457 ex N1448A
☐ HK-4420X Fokker F.28-0100 (Fokker 100) 11482 ex N1462C
☐ HK-4430X Fokker F.28-0100 (Fokker 100) 11465 ex N1453D
☐ HK-4431X Fokker F.28-0100 (Fokker 100) 11506 ex N1470K
☐ HK-4437X Fokker F.28-0100 (Fokker 100) 11469 ex N1457B
☐ HK-4438X Fokker F.28-0100 (Fokker 100) 11514 ex N1472B
☐ HK-4443X Fokker F.28-0100 (Fokker 100) 11479 ex N1459A
☐ HK-4444X Fokker F.28-0100 (Fokker 100) 11458 ex N1449D
☐ HK-4445X Fokker F.28-0100 (Fokker 100) 11449 ex N1446A
☐ HK-4451X Fokker F.28-0100 (Fokker 100) 11464 ex N1452B
94% owned subsidiary of AVIANCA from whom all aircraft are leased.
SAM is the trading name of Sociedad Aeronautica de Medellin Consolidada

SARPA

☐ HK-4099	Agusta-Bell 212	5630		
☐ HK-4100	Agusta-Bell 212	5631		
☐ HK-4124	Bell 212	30844	ex N405RA	
☐ HK-4232	Bell 212	30993	ex XA-SRZ	
☐ HK-4233	Bell 212	31164	ex XA-LAM	
☐ HK-4350	British Aerospace Jetstream 32EP	836	ex G-OEST	
☐ HK-4362	British Aerospace Jetstream 32EP	840	ex G-BYMA	
☐ HK-4380	British Aerospace Jetstream 32EP			
☐ HK-4384	British Aerospace Jetstream 32EP			
☐ HK-4394	British Aerospace Jetstream 32EP	905	ex N486UE	

SATENA
Satena (9N/NSE)   *Bogota-Eldorado (BOG)*

☐ FAC-1160	Dornier 328-120	3079	ex D-CDXB	El Cafetero
☐ FAC-1161	Dornier 328-120	3080	ex D-CDXH	La Macarena
☐ FAC-1162	Dornier 328-120	3082	ex D-CDXP	Bahia Solano
☐ FAC-1163	Dornier 328-120	3081	ex D-CDXM	El Antioqueño
☐ FAC-1164	Dornier 328-120	3092	ex D-CDXO	El Casanereno
☐ FAC-1165	Dornier 328-120	3103	ex D-CDXW	El Guambiano
☐ FAC-1171	Embraer EMB.145LR (ERJ-145LR)	145774	ex PT-SME	Milenium I
☐ FAC-1172	Embraer EMB.145LR (ERJ-145LR)	145776	ex PT-SMG	Milenium II
☐ FAC-1173	Embraer EMB.145LR (ERJ-145LR)	14500879	ex PT-SXU	
☐ FAC-1176	Embraer EMB.145EP (ERJ-145EP)	145165	ex EI-DMV	
☐ FAC-1177	Embraer EMB.145EP (ERJ-145EP)	145227	ex EI-DMW	
☐ FAC-1103	LET L-410UVP-E	902420	ex HK-4224	Lsd fr/op by SRC
☐ FAC-1104	LET L-410UVP-E	861707	ex HK-4094X	Lsd to/op for NSE
☐ FAC-1180	Embraer 170-100LR (170LR)	17000151	ex PT-SEP	

The airline wing of the Fuerza Aerea Colombiana (Colombian AF) operating social services throughout Colombia
SATENA is the Servicio de Aeronavegacion y Territorios Nacionales

SEARCA COLOMBIA
Searca (SRC)   *Medellin-Olaya Herrara (MDE)*

☐ HK-4266X	Beech 1900C-1	UC-64	ex N1568W	Lsd fr Aztec Capital
☐ HK-4282	Beech 1900C-1	UC-60	ex N901SC	Lsd fr Raytheon
☐ HK-4355	Beech 1900C-1	UC-31	ex N187GA	
☐ HK-4392	Beech 1900C-1	UC-38	ex N38SU	
☐ HK-4499	Beech 1900D			
☐ HK-4038X	LET L-410UVP	851323	ex TG-TJT	
☐ HK-4048	LET L-410UVP-E	912626	ex OM-111	
☐ HK-4105	LET L-410UVP-E	861613	ex N5957N	
☐ HK-4196X	LET L-410UVP-E	861617	ex CCCP-67577	
☐ HK-4235	LET L-410UVP-E	902423	ex S9-BAD	
☐ FAC-1103	LET L-410UVP-E	902420	ex HK-4224	Lsd to/op for NSE
☐ FAC-1104	LET L-410UVP-E	861707	ex HK-4094X	Lsd to/op for NSE
☐ HK-4108X	Beech 200 Super King Air	BB-60	ex N530JA	

SEARCA Colombia is the trading name of Servicio Aereo de Capurgana

SELVA
Ceased operations October 2007 after its AOC revoked

TAMPA AIRLINES
Tampa (QT/TPA) (IATA 729)   *Medellin-Olaya Herrara (MDE)*

☐ N767QT	Boeing 767-241ER (SF)	23804/178	ex PP-VNQ	Lsd fr 767 Leasing
☐ N768QT	Boeing 767-241ER (SF)	23803/161	ex N803HE	Lsd fr WFBN
☐ N769QT	Boeing 767-241ER (SF)	23801/170	ex PP-VNO	Lsd fr WFBN
☐ N770QT	Boeing 767-241ER (SF)	23802/172	ex PP-VNP	Lsd fr WFBN

TAMPA Airlines is the trading name of Transportes Aereos Mercantiles Panamericanos; 58% owned by Martinair

TAP LINEAS AEREAS

☐ HK-	Boeing 727-151C	19868/529	ex N433EX	

TAS - TRANSPORTE AEREO DE SANTANDER
                                                                                             Bucaramanga (BGA)

☐ HK-4102	Dornier 28D-2 Skyservant	4187	ex D-IDES	
☐ HK-4104	Dornier 28D-2 Skyservant	4193	ex D-IDRV	
☐ HK-4139	Dornier 28D-2 Skyservant	4153	ex D-IDRF	
☐ HK-4290X	Cessna 402C	402C0427	ex N717RU	

TAXI AÉREO CUSIANA
Bogota-Eldorado (BOG)

☐ HK-2522	Cessna 402C II	402C0322	ex N2522P	
☐ HK-3916	Cessna 208B Caravan I	208B0372	ex N1117P	
☐ HK-4225X	LET L-410UVP	871929	ex S9-CBB	
☐ HK-4367	LET L-410UVP-E20	851334	ex CP-2252	

TRANS ORIENTE
Villavicencio (VVC)

☐ HK-3981	Dornier 28D-2 Skyservant	4162	ex D-IDND	
☐ HK-3982	Dornier 28D-2 Skyservant	4169	ex D-IDNC	
☐ HK-3991X	Dornier 28D-2 Skyservant	4148	ex D-IDNF	
☐ HK-3992X	Dornier 28D-2 Skyservant	4161	ex D-IDNE	
☐ HK-4053X	Dornier 28D-1 Skyservant	4105	ex D-IDNH	

Trans Oriente is the trading name of Transporte Aereo Regular Secundario Orental

VERTICAL DE AVIACION
Bogota-Guaymaral

☐ HK-3730X	Mil Mi-8TV-1	95728	ex CCCP-25112	
☐ HK-3731X	Mil Mi-8TV-1	95586	ex CCCP-25447	
☐ HK-3732X	Mil Mi-8TV-1	95729	ex CCCP-25113	
☐ HK-3758X	Mil Mi-8TV-1	95908	ex HC-BSG	
☐ HK-3779X	Mil Mi-8TV-1	95645	ex CCCP-25500	
☐ HK-3780X	Mil Mi-8TV-1	95909	ex RA-27068	
☐ HK-3862	Mil Mi-8TV-1	95923	ex CCCP-27087	
☐ HK-3863	Mil Mi-8TV-1	95894	ex CCCP-27060	
☐ HK-3864	Mil Mi-8TV-1	95893	ex CCCP-27059	
☐ HK-3865	Mil Mi-8TV-1	95892	ex CCCP-27058	
☐ HK-3882X	Mil Mi-8TV-1	96018		
☐ HK-3888X	Mil Mi-8TV-1	95838		
☐ HK-3908X	Mil Mi-8TV-1	95823		
☐ HK-3910X	Mil Mi-8TV-1	96008	ex RA-27185	
☐ HK-3911X	Mil Mi-8TV-1	96124	ex RA-25768	
☐ HK-3250	Bell 212	31219	ex HC-BSI	
☐ HK-3262	Bell 222UT	47556		
☐ HK-3723	Bell 212	32122	ex N1080V	
☐ HK-4208X	Beech 1900C-1	UC-152	ex N152GL	Lsd fr Raytheon

VIARCO
Villavicencio (VVC)

☐ HK-1315	Douglas DC-3	4307	ex PP-ANG	
☐ HK-1842	Cessna U206F Stationair II	U20603487	ex (N8734Q)	
☐ HK-3349X	Douglas DC-3	11825	ex FAE 92066/HC-AVC	

VIARCO is the trading name of Vias Aereas Colombianas

Operator Unknown

☐ HK-	Short SC.7 Skyvan	SH1979	ex N9040U	
☐ HK-	Beech 1900D	UE-123	ex N123YV	Lsd fr Skyline Enterprises
☐ HK-	Beech 1900D	UE-110	ex N110YV	Lsd fr Skyline Enterprises
☐ HK-	Beech 1900D	UE-105	ex N105YV	Lsd fr Skyline Enterprises
☐ HK-	British Aerospace Jetstream 32EP	937	ex N937AE	Lsd fr Rent Air
☐ HK-4146X	LET L-410UVP-E	902426	ex YV-988C	

HL- SOUTH KOREA (Republic of Korea)

AIR KOREA

Wholly owned low cost subsidiary of Korean Air, plans to commence operations May 2008

ASIANA AIRLINES
Asiana (OZ/AAR) (IATA 988)
Seoul-Incheon/Kimpo (ICN/SEL)

☐ HL7594	Airbus A321-231	1356	ex D-AVZA	Lsd fr CIT Group
☐ HL7703	Airbus A321-231	1511	ex D-AVZA	
☐ HL7711	Airbus A321-231	1636	ex D-AVZG	Lsd fr AerCap
☐ HL7712	Airbus A321-231	1670	ex D-AVZU	Lsd fr CIT Group
☐ HL7713	Airbus A321-231	1734	ex D-AVXD	Lsd fr ILFC
☐ HL7722	Airbus A321-231	2041	ex D-AVZA	Lsd fr CIT Group
☐ HL7723	Airbus A321-231	2045	ex D-AVZC	
☐ HL7729	Airbus A321-231	2110	ex D-AVXF	Lsd fr ILFC
☐ HL7730	Airbus A321-231	2226	ex D-AVZU	Lsd fr CIT Group
☐ HL7731	Airbus A321-231	2247	ex D-AVZG	Lsd fr AerCap

☐	HL7735	Airbus A321-231	2290	ex D-AVZB		Lsd fr Deucalion Capital
☐	HL7737	Airbus A320-232	2397	ex F-WWIU	Unicef titles	
☐	HL7738	Airbus A320-232	2459	ex F-WWDM		
☐	HL7744	Airbus A320-232	2808	ex F-WWIO		
☐	HL7745	Airbus A320-232	2840	ex F-WWIE		
☐	HL7753	Airbus A320-232	2943	ex F-WWIM		Lsd fr Boullioun
☐	HL7761	Airbus A321-231	1227	ex N127AG		Lsd fr Avn Leasing
☐	HL7762	Airbus A320-232	3244	ex F-WWBQ		Lsd fr CIT Leasing
☐	HL7763	Airbus A321-231	3297	ex D-AVZR		
☐	HL7769	Airbus A320-232	3437	ex F-WW	on order	Lsd fr RBS Avn Capital
☐	HL	Airbus A320-232	3483	ex F-WW	on order	Lsd fr RBS Avn Capital
☐	HL	Airbus A320-232	3496	ex F-WW	on order	Lsd fr RBS Avn Capital
☐	HL7736	Airbus A330-323X	640	ex F-WWYR		
☐	HL7740	Airbus A330-323X	676	ex F-WWYA		
☐	HL7741	Airbus A330-323X	708	ex F-WWKL		
☐	HL7746	Airbus A330-323X	772	ex F-WWKE		
☐	HL7747	Airbus A330-323X	803	ex F-WWYE	Dae Jang Geum colours	
☐	HL7754	Airbus A330-323X	845	ex F-WWYZ		
☐	HL	Airbus A330-223		ex F-WW	on order	
☐	HL	Airbus A330-323		ex F-WW	on order	

Two leased from Pegasus Aviation

☐	HL7232	Boeing 737-58E	25767/2614			Lsd fr CIT Group
☐	HL7233	Boeing 737-58E	25768/2724			Lsd fr AerCap
☐	HL7250	Boeing 737-58E	25769/2737			
☐	HL7508	Boeing 737-48E	25772/2791			
☐	HL7510	Boeing 737-48E	25771/2816			
☐	HL7511	Boeing 737-48E	27630/2848			Lsd fr Avn Capital Group
☐	HL7513	Boeing 737-48E	25776/2860			
☐	HL7517	Boeing 737-48E	25774/2909			
☐	HL7527	Boeing 737-4Q8	26299/2602	ex TC-JEK	Star Alliance c/s	Lsd fr ILFC
☐	HL7592	Boeing 737-4Q8	26320/2563	ex TC-JEH		Lsd fr ILFC
☐	HL7413	Boeing 747-48EM (SF)	25405/880			
☐	HL7414	Boeing 747-48EM (SF)	25452/892			
☐	HL7415	Boeing 747-48EM (SF)	25777/946			
☐	HL7417	Boeing 747-48EM	25779/1006			
☐	HL7418	Boeing 747-48E	25780/1035	ex N6018N		
☐	HL7419	Boeing 747-48EF	25781/1044			Lsd fr Seagalt A/c
☐	HL7420	Boeing 747-48EF	25783/1064			Lsd fr Eagle A/c
☐	HL7421	Boeing 747-48EM	25784/1086			
☐	HL7423	Boeing 747-48EM	25782/1115			Lsd fr OZ Delta Lsg
☐	HL7426	Boeing 747-48EF	27603/1210	ex N6003C		Lsd fr ILFC
☐	HL7428	Boeing 747-48E	28552/1160	ex N6018N		Lsd fr GECAS
☐	HL7436	Boeing 747-48EF	29170/1305	ex N1785B		Lsd fr BOC Aviation
☐	HL7604	Boeing 747-48EF	29907/1370			

One more Boeing 747-48EF is on order for delivery in 2008

☐	HL7247	Boeing 767-38E	25757/523			
☐	HL7248	Boeing 767-38E	25758/582			
☐	HL7506	Boeing 767-38E	25760/639			
☐	HL7507	Boeing 767-38EF	25761/616	ex N6005C		
☐	HL7514	Boeing 767-38E	25763/656		Tea Changum colours	
☐	HL7515	Boeing 767-38E	25762/658	ex N6055X		
☐	HL7516	Boeing 767-38E	25759/668		Star Alliance colours	
☐	HL7528	Boeing 767-38E	29129/693	ex N6005C		
☐	HL	Boeing 767-33AER	28495/643	ex CX-PUB	on order	Lsd fr AWAS
☐	HL7500	Boeing 777-28EER	28685/400			Lsd fr ILFC
☐	HL7596	Boeing 777-28EER	28681/322			Lsd fr ILFC
☐	HL7597	Boeing 777-28EER	28686/359			Lsd fr ILFC
☐	HL7700	Boeing 777-28EER	30859/403	ex N5014K		
☐	HL7732	Boeing 777-28EER	29174/481			
☐	HL7739	Boeing 777-28EER	29175/526			Lsd fr ILFC
☐	HL7742	Boeing 777-28EER	29171/553			
☐	HL7755	Boeing 777-28EER	30861/646			
☐	HL7756	Boeing 777-28EER	30860/659			
☐	HL	Boeing 777-28EER			on order	
☐	HL	Boeing 777-28EER			on order	

Member of Star Alliance

HANSUNG AIRLINES
Hansung Air (HAN)   Hansung

☐	HL5229	ATR 72-212	456	ex F-WQNE	Lsd fr ATR Asset Mgt
☐	HL5230	ATR 72-202	455	ex F-WQNA	Lsd fr ATR Asset Mgt
☐	HL5232	ATR 72-201	212	ex ES-KRH	Lsd fr ATR Leasing
☐	HL5233	ATR 72-201	324	ex ES-KRF	Lsd fr ATR Leasing

INCHEON TIGER AIRWAYS

Seoul-Incheon (ICN)

Due to commence operations mid-2008 using five Airbus A320s; part owned by Tiger Airways and Incheon City Authority

JB AIRWAYS

Gunsan

Due to commence operations in December 2007 with 50-seat turboprops

JEJU AIR
(7C/JJA)

Cheju International (CJU)

☐	HL5251	de Havilland DHC-8-402Q	4119	ex C-FFCH	
☐	HL5252	de Havilland DHC-8-402Q	4124	ex C-FFQF	
☐	HL5254	de Havilland DHC-8-402Q	4129	ex C-FFQM	
☐	HL5255	de Havilland DHC-8-402Q	4137	ex C-FHQL	
☐	HL5256	de Havilland DHC-8-402Q	4141	ex C-FHQQ	

Five Boeing 737-800s are on order

KOREAN AIR
Koreanair (KE/KAL) (IATA 180)

Seoul-Incheon/Kimpo (ICN/SEL)

☐	HL7239	Airbus A300B4-622R	627	ex F-WWAD	
☐	HL7240	Airbus A300B4-622R	631	ex F-WWAB	
☐	HL7241	Airbus A300B4-622R	662	ex F-WWAT	
☐	HL7242	Airbus A300B4-622R	685	ex F-WWAG	Jeju colours
☐	HL7243	Airbus A300B4-622R	692	ex F-WWAR	
☐	HL7244	Airbus A300B4-622RF	722	ex F-WWAH	Lsd to Grand Star Cargo
☐	HL7245	Airbus A300B4-622R	731	ex F-WWAK	
☐	HL7295	Airbus A300B4-622R	582	ex F-WWAM	
☐	HL7297	Airbus A300B4-622R	609	ex F-WWAE	
☐	HL7299	Airbus A300B4-622RF	717	ex F-WWAY	Lsd to Grand Star Cargo

Grand Star Cargo International is a joint venture in China

☐	HL7524	Airbus A330-322	206	ex HL7552	
☐	HL7525	Airbus A330-322	219	ex F-WWKO	
☐	HL7538	Airbus A330-223	222	ex F-WWKP	Lsd fr AerCap
☐	HL7539	Airbus A330-223	226	ex F-WWKR	Lsd fr AerCap
☐	HL7540	Airbus A330-322	241	ex F-WWKF	
☐	HL7550	Airbus A330-322	162	ex F-WWKK	
☐	HL7551	Airbus A330-322	172	ex F-WWKI	
☐	HL7552	Airbus A330-223	258	ex F-WWKQ	Lsd fr AerCap
☐	HL7553	Airbus A330-323X	267	ex F-WWKZ	
☐	HL7554	Airbus A330-323X	256	ex F-WWKN	
☐	HL7584	Airbus A330-323X	338	ex F-WWKP	
☐	HL7585	Airbus A330-323X	350	ex F-WWYF	
☐	HL7586	Airbus A330-323X	351	ex F-WWYH	
☐	HL7587	Airbus A330-323X	368	ex F-WWKF	
☐	HL7701	Airbus A330-323	425	ex F-WWYE	
☐	HL7702	Airbus A330-323	428	ex F-WWYF	
☐	HL7709	Airbus A330-323	484	ex F-WWKD	
☐	HL7710	Airbus A330-323	490	ex F-WWKF	
☐	HL7720	Airbus A330-323	550	ex F-WWKP	
☐	HL	Airbus A380-861	035	ex F-WW	on order
☐	HL	Airbus A380-861	039	ex F-WW	on order
☐	HL	Airbus A380-861		ex F-WW	on order
☐	HL	Airbus A380-861		ex F-WW	on order
☐	HL	Airbus A380-861		ex F-WW	on order
☐	HL7555	Boeing 737-86N	30230/460	ex N1786B	Lsd fr GECAS
☐	HL7556	Boeing 737-86N	28615/482	ex N1787B	Lsd fr GECAS
☐	HL7557	Boeing 737-86N	28622/562	ex N1786B	Lsd fr GECAS
☐	HL7558	Boeing 737-86N	28625/590	ex N1786B	Lsd fr GECAS
☐	HL7559	Boeing 737-86N	28626/611		Lsd fr GECAS
☐	HL7560	Boeing 737-8B5/W	29981/622		
☐	HL7561	Boeing 737-8B5	29982/663		
☐	HL7562	Boeing 737-8B5	29983/678		
☐	HL7563	Boeing 737-86N	28636/756		Lsd fr GECAS
☐	HL7564	Boeing 737-86N	28638/765		Lsd fr GECAS
☐	HL7565	Boeing 737-8B5	29984/848		
☐	HL7566	Boeing 737-8B5/W	29985/852		
☐	HL7567	Boeing 737-86N	28647/878		Lsd fr GECAS
☐	HL7568	Boeing 737-8B5/W	29986/891		
☐	HL7569	Boeing 737-9B5	29987/999	ex B-5110	Lsd fr Boeing Capital
☐	HL7599	Boeing 737-9B5	29988/1026	ex N1795B	
☐	HL7704	Boeing 737-9B5	29989/1082	ex N1786B	
☐	HL7705	Boeing 737-9B5	29990/1162		

☐	HL7706	Boeing 737-9B5	29991/1188		
☐	HL7707	Boeing 737-9B5	29992/1190		
☐	HL7708	Boeing 737-9B5	29993/1208	ex N60659	
☐	HL7716	Boeing 737-9B5	29994/1320		
☐	HL7717	Boeing 737-9B5	29995/1332		
☐	HL7718	Boeing 737-9B5	29996/1338		
☐	HL7719	Boeing 737-9B5	29997/1416		
☐	HL7724	Boeing 737-9B5	29998/1494		
☐	HL7725	Boeing 737-9B5	29999/1512		
☐	HL7726	Boeing 737-9B5	30001/1729	ex N1786B	
☐	HL7727	Boeing 737-9B5	30000/1536	ex N6066U	
☐	HL7728	Boeing 737-9B5	30002/1620		
☐	HL7757	Boeing 737-8GQ/W	35790/2119		Lsd fr Pegasus
☐	HL7758	Boeing 737-8GQ/W	35791/2150		Lsd fr Pegasus

One Boeing 737-7B5 (BBJ) and four Boeing 737-9B5ER/Ws are on order for delivery from 2009

☐	HL7400	Boeing 747-4B5F	26414/1295		
☐	HL7402	Boeing 747-4B5	26407/1155	ex N6038E	
☐	HL7403	Boeing 747-4B5F	26408/1163	ex N60659	
☐	HL7404	Boeing 747-4B5	26409/1170	ex N6009F	
☐	HL7407	Boeing 747-4B5	24198/729	ex HL7477	Lsd fr KI Freight; sublsd to AIC
☐	HL7412	Boeing 747-4B5BCF	24200/748	ex HL7479	
☐	HL7434	Boeing 747-4B5F	32809/1316		
☐	HL7437	Boeing 747-4B5F	32808/1323		
☐	HL7438	Boeing 747-4B5ERF	33515/1329	ex N6005X	
☐	HL7439	Boeing 747-4B5ERF	33516/1338		
☐	HL7441	Boeing 747-4B5ERF	33518/		
☐	HL7443	Boeing 747-2B5B	21772/363		
☐	HL7448	Boeing 747-4B5F	26416/1246		Lsd fr GECAS
☐	HL7449	Boeing 747-4B5F	26411/1248		Lsd fr GECAS
☐	HL7460	Boeing 747-4B5	26404/1107		Lsd fr KE Apollo Lsg
☐	HL7461	Boeing 747-4B5	26405/1118		
☐	HL7462	Boeing 747-4B5F	26406/1123		
☐	HL7465	Boeing 747-4B5	26412/1284		
☐	HL7466	Boeing 747-4B5F	26413/1286		
☐	HL7467	Boeing 747-4B5F	27073/1291		
☐	HL7472	Boeing 747-4B5	26403/1095		
☐	HL7473	Boeing 747-4B5	28335/1098		
☐	HL7480	Boeing 747-4B5M	24619/793	ex N6009F	
☐	HL7481	Boeing 747-4B5BCF	24621/830	ex VT-AID	
☐	HL7482	Boeing 747-4B5BCF	25205/853		
☐	HL7483	Boeing 747-4B5	25275/874		
☐	HL7484	Boeing 747-4B5	26392/893		Lsd fr OLC Air Lsg
☐	HL7485	Boeing 747-4B5	26395/922		
☐	HL7486	Boeing 747-4B5	26396/951		
☐	HL7487	Boeing 747-4B5	26393/958		
☐	HL7488	Boeing 747-4B5	26394/986		
☐	HL7489	Boeing 747-4B5	27072/1013		
☐	HL7490	Boeing 747-4B5	27177/1019		
☐	HL7491	Boeing 747-4B5	27341/1037		
☐	HL7492	Boeing 747-4B5	26397/1055		
☐	HL7493	Boeing 747-4B5	26398/1057		
☐	HL7494	Boeing 747-4B5	27662/1067		
☐	HL7495	Boeing 747-4B5	28096/1073		
☐	HL7497	Boeing 747-4B5F	26401/1087		
☐	HL7498	Boeing 747-4B5	26402/1092		
☐	HL7499	Boeing 747-4B5ERF	33517/1340		
☐	HL7600	Boeing 747-4B5ERF	33945/1347		
☐	HL7601	Boeing 747-4B5ERF	33946/1350		
☐	HL7602	Boeing 747-4B5ERF	34301/1365		
☐	HL7603	Boeing 747-4B5ERF	34302/1368		
☐	HL7605	Boeing 747-4B5ERF	35525/1375		
☐	HL7606	Boeing 747-4B5BCF	24199/739	ex VT-EVJ	Lsd fr Aircraft Owner B
☐	HL7607	Boeing 747-4B5	24198/729	ex VT-AIC	

Five Boeing 747-8Fs are on order for delivery from 2010
Two aircraft to be converted to 747-4B5BCF

☐	HL7526	Boeing 777-2B5ER	27947/148	ex N50217	
☐	HL7530	Boeing 777-2B5ER	27945/59		Lsd fr KE Apollo Lsg
☐	HL7531	Boeing 777-2B5ER	27946/62		Lsd fr KE Apollo Lsg
☐	HL7532	Boeing 777-3B5	28371/162		
☐	HL7533	Boeing 777-3B5	27948/178		
☐	HL7534	Boeing 777-3B5	27950/120	ex N5020K	
☐	HL7573	Boeing 777-3B5	27952/288		
☐	HL7574	Boeing 777-2B5ER	28444/305		
☐	HL7575	Boeing 777-2B5ER	28445/309		
☐	HL7598	Boeing 777-2B5ER	27949/356		
☐	HL7714	Boeing 777-2B5ER	27951/411		
☐	HL7715	Boeing 777-2B5ER	28372/416		
☐	HL7721	Boeing 777-2B5ER	33727/452		
☐	HL7733	Boeing 777-2B5ER	34206/520	ex N5023Q	
☐	HL7734	Boeing 777-2B5ER	34207/528		
☐	HL7743	Boeing 777-2B5ER	34208/584		

237

☐	HL7750	Boeing 777-2B5ER	34209/633			
☐	HL7751	Boeing 777-2B5ER	34210/657	ex N6018N		
☐	HL7752	Boeing 777-2B5ER	34211/682			
☐	HL7764	Boeing 777-2B5ER	34214/684	ex N50281		
☐	HL7765	Boeing 777-2B5ER	34212		on order	
☐	HL7766	Boeing 777-2B5ER	34213		on order	

Ten Boeing 777-3B5ERs and five Boeing 777-FB5s are on order from 2009
Ten Boeing 787-8B5s are on order for delivery 2009-2011
Founder member of SkyTeam Alliance with Air France, Delta and Aeromexico; plans to set-up Air Korea as a low cost subsidiary in May 2008.

YEONGNAM AIR

☐	HL7774	Fokker F.28-0100 (Fokker 100)	11293	ex G-MAMH		Lsd fr Mass Holding
☐	HL	Fokker F.28-0100 (Fokker 100)	11286	ex G-FMAH	on order	Lsd fr Mass Holding

HP-   PANAMA (Republic of Panama)

AEROLET
Current status is uncertain as sole planned aircraft was sold elsewhere

AEROPERLAS
Aeroperlas (WL/APP)   **Panama City-Albrook (BLB)**

☐	HP-1251APP	Short SD.3-60	SH3610	ex N715NC		
☐	HP-1280APP	Short SD.3-60	SH3665	ex N190SB		
☐	HP-1315APP	Short SD.3-60	SH3614	ex N363MQ		
☐	HP-1319APP	Short SD.3-60	SH3607	ex N361MQ		
☐	HP-1326APP	Short SD.3-60	SH3631	ex N360MM	stored BLB	
☐	HP-004APP	ATR 42-300	004	ex (TG-IAX)		Lsd fr ISV
☐	HP-747APP	de Havilland DHC-6 Twin Otter 300	403	ex HP-747	Isla del Rey	
☐	HP-1281APP	de Havilland DHC-6 Twin Otter 300	407	ex C-FVFK		
☐	HP-1283APP	de Havilland DHC-6 Twin Otter 300	269	ex C-GKBO		
☐	HP-1336APP	Beech A100 King Air	B-173	ex C-GAST		
☐	HP-1359APP	Cessna 208B Caravan I	208B0711			Lsd to LRS
☐	HP-1403APP	Cessna 208B Caravan I	208B0790	ex N1318M		Lsd to LRS
☐	HP-1445APP	Canadair CL-66B Cosmopolitan	CL66B-7	ex N4FY	Lsd fr PMA Aeronautical Support	
☐	TG-MYH	ATR 42-300	113	ex G-ZAPJ		Lsd fr TSP

Member of Grupo TACA; Aeroperlas is the trading name of Aerolineas Pacifico Atlantico
20% owned by American Eagle Airlines

AIR PANAMA
Turismo Aereo (PST)   **Panama City-Albrook (BLB)**

☐	HP-1541PST	Fokker F.27 Friendship 200	10297	ex N279MA	stored PAC, dbr? Lsd fr Beau del Lsg	
☐	HP-1542PST	Fokker F.27 Friendship 500F	10560	ex HP-1542PS		Lsd fr Tropical Lsg
☐	HP-1543PST	Fokker F.27 Friendship 400	10268	ex C-GWXC		
☐	HP-1547PST	Fokker F.27 Friendship			mis-sighting of c/n 10297?	
☐	HP-1604PST	Fokker F.27 Friendship 500F	10471	ex N716FE		Lsd fr NPTC
☐	HP-1605PST	Fokker F.27 Friendship 500F	10467	ex N719FE	stored PAC	Lsd fr NPTC
☐	HP-1606PST	Fokker F.27 Friendship 500F	10394	ex N280EA	stored PAC	Lsd fr Tropical Lsg
☐	HP-	Fokker F.27 Friendship 500	10658	ex N725FE	stored PAC	
☐	HP-639PS	Britten-Norman BN-2A-8 Islander	60	ex HP-639KN		
☐	HP-1153PS	Britten-Norman BN-2A-26 Islander	672	ex HP-1153XI		
☐	HP-1345PS	Cessna 208B Caravan I	208B0380	ex HP-1354AR		
☐	HP-1494PS	Britten-Norman BN-2A-3 Islander	673			Lsd fr Tropical Lsg
☐	HP-1507PS	de Havilland DHC-6 Twin Otter 300	532	ex C-GQKZ		
☐	HP-1509PS	de Havilland DHC-6 Twin Otter 300	360	ex HP-1509APP		
☐	HP-1625PST	de Havilland DHC-8-311	519	ex G-BRYY		

ARROW PANAMA
Arrow Panama (8A/WAP)   **Panama City-Tocumen Intl (PTY)**

☐	HP-441WAP	Douglas DC-8-63CF (BAC 3)	45988/416	ex N441J		Lsd fr Miami Lsg
☐	HP-784WAP	Douglas DC-8-63F (BAC 3)	46135/531	ex N784AL		Lsd fr APW
☐	HP-791WAP	Douglas DC-8-62F (BAC 3)	46150/539	ex N791AL	El Wapo; std MTY	Lsd fr Miami Lsg

COPA AIRLINES
Copa (CM/CMP) (IATA 230)   **Panama City-Tocumen Intl (PTY)**

☐	HP-1369CMP	Boeing 737-71Q/W	29047/235	ex N8251R	669	Lsd fr Volito Avn
☐	HP-1370CMP	Boeing 737-71Q/W	29048/288	ex N82521	670	Lsd fr Volito Avn
☐	HP-1371CMP	Boeing 737-7V3/W	30049/388	ex N1787B	671	Lsd fr GECAS
☐	HP-1372CMP	Boeing 737-7V3/W	28607/399		672	Lsd fr GECAS
☐	HP-1373CMP	Boeing 737-7V3/W	30458/459		673	
☐	HP-1374CMP	Boeing 737-7V3/W	30459/494	ex N1787B	674	

☐	HP-1375CMP	Boeing 737-7V3/W	30460/558	ex N1787B	675	
☐	HP-1376CMP	Boeing 737-7V3/W	30497/574		676	
☐	HP-1377CMP	Boeing 737-7V3/W	30462/1161		677	
☐	HP-1378CMP	Boeing 737-7V3/W	30461/1173		678	
☐	HP-1379CMP	Boeing 737-7V3/W	30463/1221		679	
☐	HP-1380CMP	Boeing 737-7V3/W	30464/1241		680	
☐	HP-1520CMP	Boeing 737-7V3/W	33707/1376		681	
☐	HP-1521CMP	Boeing 737-7V3/W	33708/1379		682	
☐	HP-1522CMP	Boeing 737-8V3/W	33709/1387		480	
☐	HP-1523CMP	Boeing 737-8V3/W	33710/1397		481	
☐	HP-1524CMP	Boeing 737-7V3/W	33705/1505		683	
☐	HP-1525CMP	Boeing 737-7V3/W	33706/1518		684	
☐	HP-1526CMP	Boeing 737-8V3/W	34006/1585	ex N1782B	482	
☐	HP-1527CMP	Boeing 737-7V3/W	30676/1619		685	Lsd fr ILFC
☐	HP-1528CMP	Boeing 737-7V3/W	29360/1644		686	Lsd fr ILFC
☐	HP-1529CMP	Boeing 737-8V3/W	29670/1711		483	Lsd fr RBS Aviation
☐	HP-1530CMP	Boeing 737-7V3/W	34535/1962		687	
☐	HP-1531CMP	Boeing 737-7V3/W	34536/1995		688	
☐	HP-1532CMP	Boeing 737-8V3/W	35068/2343		484	
☐	HP-1533CMP	Boeing 737-8V3/W	35067/2423		485	
☐	HP-	Boeing 737-7V3/W			on order	
☐	HP-	Boeing 737-8V3/W			on order	
☐	HP-	Boeing 737-8V3/W			on order	
☐	HP-	Boeing 737-8V3/W			on order	

Four more Boeing 737-8V3/Ws are on order for delivery in 2011/2

☐	HP-1540CMP	Embraer 190-100IGW (190AR)	19000012	ex PT-STL		
☐	HP-1556CMP	Embraer 190-100IGW (190AR)	19000016	ex PT-STQ		
☐	HP-1557CMP	Embraer 190-100IGW (190AR)	19000034	ex PT-SGI		
☐	HP-1558CMP	Embraer 190-100IGW (190AR)	19000038	ex PT-SGN		
☐	HP-1559CMP	Embraer 190-100IGW (190AR)	19000053	ex PT-SIC		
☐	HP-1560CMP	Embraer 190-100IGW (190AR)	19000056	ex PT-SIF		
☐	HP-1561CMP	Embraer 190-100IGW (190AR)	19000089	ex PT-SNI		
☐	HP-1562CMP	Embraer 190-100IGW (190AR)	19000095	ex PT-SNP		Lsd to RMB
☐	HP-1563CMP	Embraer 190-100IGW (190AR)	19000098	ex PT-SNS		
☐	HP-1564CMP	Embraer 190-100IGW (190AR)	19000100	ex PT-SNU		
☐	HP-1565CMP	Embraer 190-100IGW (190AR)	19000126	ex PT-SQV		
☐	HP-	Embraer 190-100IGW (190AR)		ex PT-S	on order	
☐	HP-	Embraer 190-100IGW (190AR)		ex PT-S	on order	
☐	HP-	Embraer 190-100IGW (190AR)		ex PT-S	on order	
☐	HP-	Embraer 190-100IGW (190AR)		ex PT-S	on order	

12.3% owned by Continental; associate member of SkyTeam Alliance

DHL AERO EXPRESSO
Yellow (D5/DAE) (IATA 992)   **Panama City-Tocumen Intl (PTY)**

☐	HP-1310DAE	Boeing 727-264F (FedEx 3)	20894/1047	ex N9184X	El Gato	Lsd fr Volvo Aero Services
☐	HP-1510DAE	Boeing 727-264F (FedEx 3)	20709/950	ex N624DH		
☐	HP-1610DAE	Boeing 727-264F (FedEx 3)	20780/986	ex N625DH		
☐	HP-1710DAE	Boeing 727-2Q4F (FedEx 3)	22424/1683	ex OO-DHZ		

49% owned by DHL Express

INVERSA PANAMA
                                                                                Panama City-Tocumen Intl (PTY)

☐	HP-	Boeing 727-2J0F (FedEx 3)	21105/1158	ex N281KH	on order	
☐	HP-	Boeing 727-222F (FedEx 3)	681/19915	ex N7642U		

MAPIEX AERO
                                                                                Panama City-Albrook (BLB)

☐	HP-1348MAM	British Aerospace Jetstream 31			
☐	HP-1458MAM	British Aerospace Jetstream 31EP	679	ex N311PX	Lsd fr Bas Norton

PANAVIA CARGO AIRLINES
Panavia (6Z/PVI) (IATA 955)   **Panama City-Tocumen Intl (PTY)**

☐	HP-1261PVI	Boeing 727-25F/W (Duganair 3)	18965/205	ex N8141N	stored PTY	Lsd fr Aero Inversiones
☐	HP-1585PVI	Boeing 727-224F (FedEx 3)	20662/1072	ex N334FV		

PARSA

☐	HP-1625PS	de Havilland DHC-8-315
☐	HP-1626PS	CASA C.212

HR- HONDURAS (Republic of Honduras)

AEROLINEAS SOSA
Sosa (P4/VSO) La Ceiba (LCE)

☐	HR-AIH	Britten-Norman BN-2A-21 Islander	513	ex C-GVZY	
☐	HR-AQR	LET L-410UVP	851516	ex S9-TBD	
☐	HR-ARE	LET L-410UVP	841312	ex S9-TBL	
☐	HR-ARJ	Nord 262A-14	15	ex N417SA	stored
☐	HR-ARP	Nord 262A-27	33	ex N274A	stored
☐	HR-ARU	Nord 262A-21	21	ex TG-ANP	stored
☐	HR-ASI	LET L-410UVP-E	871925	ex N888LT	
☐	HR-ASR	Fairchild F-27F	84	ex 3C-QQA	
☐	HR-ASZ	LET L-410UVP	851530	ex HR-AQO	
☐	HR-ATA	British Aerospace Jetstream 31	725	ex N833JS	
☐	HR-ATB	British Aerospace Jetstream 31	726	ex N834JS	
☐	HR-ATE	British Aerospace Jetstream 31	757	ex N843JS	
☐	HR-AUE	LET L-410UVP			

ATLANTIC AIRLINES
Atlantic Honduras (ZF/HHA) La Ceiba (LCE)

☐	HR-ASD	LET L-410UVP-E	882034	ex YS-15C	
☐	HR-ASE	LET L-410UVP-E	861611	ex YS-10C	
☐	HR-ASG	LET L-410UVP-E	861710	ex HR-AJG	
☐	HR-ASH	LET L-410UVP-E	861716	ex YS-14C	
☐	HR-ASJ	LET L-410UVP-E	861724	ex YS-12C	
☐	HR-ASM	LET L-410UVP-E	861711	ex YS-05C	
☐	HR-ASN	LET L-410UVP-E	861701	ex YS-06C	
☐	HR-ASW	LET L-410UVP-E	871910	ex CU-T1193	
☐	HR-ASX	LET L-410UVP-E	871915	ex CU-T1194	
☐	HR-ASK	Fairchild-Hiller FH-227B	542	ex N155JB	
☐	HR-ATC	Hawker Siddeley HS.748 Srs 2B/424	1801	ex C-GBCS	
☐	HR-ATI	Fairchild F-27F	95	ex N19FF	
☐	HR-ATL	Fokker F.27 Friendship 500F	10522	ex N283EA	
☐	HR-ATN	Boeing 737-2Y5 (Nordam 3)	23040/955	ex N118RW	Lsd fr Aviacion SA
☐	HR-ATX	Boeing 737-291 (Nordam 3)	21747/555	ex OB-1804-P	

ISLENA AIRLINES
(WC/ISV) (IATA 506) La Ceiba (LCE)

☐	HR-IAP	Short SD.3-60	SH3616	ex N345MV	
☐	HR-IAW	Short SD.3-60	SH3669	ex N361PA	
☐	HR-IAY	ATR 42-300	120	ex F-WQHM	Lsd fr ATR Asset Mgt
☐	HR-IBH	Cessna 208B Caravan I			
☐	(TG-IAX)	ATR 42-300	004	ex HR-IAX	Lsd fr ATR Asset Mgt; sublsd to APP

Islena Airlines is the trading name of Islena de Inversiones
20% owned by Grupo TACA who use THO code as TACA de Honduras

ROTIS AIR

☐	HR-ASC	Yakovlev Yak-40	9332029	ex`RA-87321	
☐	HR-	GAF N.22 Nomad			
☐	HR-	LET L-410UVP			

SETCO
Tegucigalpa (TGU)

☐	HR-AFB	Rockwell 500S Shrike Commander	3268	ex HR-315	stored TGU
☐	HR-AFC	Rockwell 500S Shrike Commander	3271	ex HR-317	stored TGU
☐	HR-AJY	Douglas DC-3	6068	ex HP-685	stored TGU
☐	HR-AKM	Rockwell 500S Shrike Commander	3098	ex HR-CNA	
☐	HR-ALU	Douglas DC-3			stored TGU
☐	HR-ATH	Douglas DC-3	6102	ex HR-SAH	no titles

SETCO is the trading name of Servicios Ejecutivos Turisticos Commander; all DC-3s for sale

Operator Unknown

☐	HR-ATK	LET L-410UVP			
☐	HR-ATT	Short SD.3-60			no titles

HS- THAILAND (Kingdom of Thailand)

BANGKOK AIRWAYS
Bangkok Air (PG/BKP) (IATA 829) — Bangkok-Suvarnabhumi (BKK)

	Reg	Type	MSN	ex	Name	Notes
☐	HS-PGS	Airbus A319-132	3142	ex D-AVXQ	Samui colours	
☐	HS-	Airbus A319-132	3421	ex D-AVYM	on order	Lsd fr ILFC
☐	HS-	Airbus A319-132	3424	ex D-AVYO	on order	Lsd fr ILFC
☐	HS-	Airbus A319-132		ex D-AV	on order	Lsd fr ILFC
☐	HS-	Airbus A319-132		ex D-AV	on order	Lsd fr ILFC

Two more Airbus A319-132s are on order for delivery by November 2009, leased from ILFC

☐	D-ANFC	ATR 72-202	237	ex F-WWEG		Lsd fr EEX
☐	HS-PGA	ATR 72-212A	710	ex F-WWEJ	Kut	
☐	HS-PGB	ATR 72-212A	708	ex F-WWEH	Phuket	
☐	HS-PGC	ATR 72-212A	715	ex F-WWEO	Nangyuan	
☐	HS-PGF	ATR 72-212A	700	ex F-WWEW	Hua Hin	
☐	HS-PGG	ATR 72-212A	692	ex F-WWEO	Chang	
☐	HS-PGK	ATR 72-212A	680	ex F-WWEV	Apsara	
☐	HS-PGL	ATR 72-212A	670	ex F-WWER	Pha Ngan	
☐	HS-PGM	ATR 72-212A	704	ex F-WWEC	Tao	
☐	HS-	ATR 72-212A		ex F-WW	on order	

Two more ATR 72-212As are on order, leased from ATR Asset Management

☐	HB-IHZ	Airbus A320-214	1026	ex F-WWDD		Lsd fr EDDDW
☐	HB-JIE+	McDonnell-Douglas MD-90-30	53461/2147	ex SE-DMG		Lsd fr FHE
☐	HS-PGO	Boeing 717-23S	55067/5059		Angkor	Lsd fr Pembroke
☐	HS-PGQ+	Boeing 717-231	55081/5045	ex N2414E	Sukhothai	
☐	HS-PGR+	Boeing 717-231	55074/5030	ex N407TW	Luang Prabang	
☐	HS-PGU	Airbus A320-232	2254	ex F-WWDC	Guilin	Lsd fr AerCap
☐	HS-PGV	Airbus A320-232	2310	ex F-WWDS	Krabi	Lsd fr AerCap
☐	HS-PGW*	Airbus A320-232	2509	ex F-WWIQ	Samui	Lsd fr AerCap

Some ATR 72s carry joint Bangkok Airways and Siam Reap Air titles
Four Airbus A350-800s are on order for delivery from 2015
Siem Reap Air (SRH) is a wholly owned subsidiary, aircraft used may vary
+Leased from Boeing Capital Corp

DESTINATION AIR
Phuket (HKT)

☐	HS-DAA	Cessna 208 Caravan I	20800321	ex N122KW	Floatplane	
☐	HS-DAB	Cessna 206H Stationair 6	20608046		Floatplane	

K-MILE AIR
(8K/KMI) — Bangkok-Suvarnabhumi (BKK)

☐	HS-SCH	Boeing 727-247F (FedEx 3)	21700/1489	ex 9M-TGJ		Lsd fr TSE
☐	HS-SCJ	Boeing 727-247F (FedEx 3)	21392/1305	ex 9M-TGK		Lsd fr TSE

NOK AIR
Nok Air (DD/NOK) — Bangkok-Suvarnabhumi (BKK)

☐	G-OXLC	Boeing 737-8BK/W	33029/1945	ex 5B-DCE		Lsd fr XLA
☐	G-XLAI	Boeing 737-8Q8/W	30702/1953			Lsd fr XLA
☐	HS-DDH	Boeing 737-4H6	27191/2676	ex 9M-MQL		Lsd fr GECAS
☐	HS-DDJ	Boeing 737-4H6	27352/2624	ex 9M-MQH		Lsd fr GECAS
☐	HS-DDK	Boeing 737-4S3	25594/2223	ex EI-CVO		Lsd fr AerCo Ireland
☐	HS-DDL	Boeing 737-4Y0	24917/2071	ex TC-JDF		Lsd fr GECAS
☐	HS-DDM	Boeing 737-4Y0	26065/2284	ex TC-JDY		Lsd fr GECAS
☐	HS-TDA	Boeing 737-4D7	24830/1899		Songkhla	Lsd fr THA
☐	HS-TDB	Boeing 737-4D7	24831/1922		Phuket	Lsd fr THA
☐	HS-TDD	Boeing 737-4D7	26611/2318		Chumphon	Lsd fr THA
☐	HS-TDE	Boeing 737-4D7	26612/2330		Surin	Lsd fr THA
☐	HS-	Boeing 737-800		ex	on order	
☐	HS-	Boeing 737-800		ex	on order	

Low-cost carrier, 39% owned by Thai Airways International.

ONE-TWO-GO
Orient Express (OG/QTG) (IATA 908) — Bangkok-Suvarnabhumi (BKK)

☐	HS-OMA	McDonnell-Douglas MD-82	49439/1318	ex N18835		
☐	HS-OMB	McDonnell-Douglas MD-82	49441/1322	ex N35836		
☐	HS-OMC	McDonnell-Douglas MD-82	49479/1297	ex N819NY		
☐	HS-OMD	McDonnell-Douglas MD-82	49485/1316	ex N72825		
☐	HS-OME	McDonnell-Douglas MD-82	49182/1128	ex N911TW		
☐	HS-OMH	McDonnell-Douglas MD-83	53050/1704	ex N831LF		
☐	HS-OMI	McDonnell-Douglas MD-87	49464/1476	ex JA8278		
☐	HS-OMJ	McDonnell-Douglas MD-87	49465/1604	ex JA8279		
☐		McDonnell-Douglas MD-81	49461/1359	ex JA8260	on order	
☐		McDonnell-Douglas MD-87	49466/1727	ex JA8280	on order	

☐		McDonnell-Douglas MD-87	49467/1742	ex JA8281	on order	
☐		McDonnell-Douglas MD-81	49907/1734	ex JA8296	on order	
☐		McDonnell-Douglas MD-81	49908/1749	ex JA8297	on order	
☐		McDonnell-Douglas MD-87	53039/1881	ex JA8370	on order	
☐		McDonnell-Douglas MD-87	53040/1897	ex JA8372	on order	
☐		McDonnell-Douglas MD-87	53041/1945	ex N868TH	on order	
☐		McDonnell-Douglas MD-87	53042/1969	ex JA8373	on order	
☐		McDonnell-Douglas MD-81	53297/2040	ex JA8552	on order	
☐		McDonnell-Douglas MD-81	53298/2045	ex JA8553	on order	
☐		McDonnell-Douglas MD-81	53300/2076	ex JA8555	on order	
☐	HS-UTD	Boeing 747-146A	21029/259	ex JA8128		Lsd fr OEA
☐	HS-UTK	Boeing 747-306M	23137/600	ex PH-BUV		Lsd fr OEA
☐	HS-UTQ	Boeing 747-346SR	23390/636	ex JA8170		Lsd fr OEA

Wholly owned low-cost subsidiary of Orient Thai Airlines

ORIENT THAI AIRLINES
Orient Express (OX/OEA) (IATA 578)   Bangkok-Suvarnabhumi (BKK)

☐	HS-ORA	Boeing 747-212B (SF)	21940/547	ex JA8193		Lsd fr Grand Max Group
☐	HS-UTC	Boeing 747-238B	21658/341	ex N165UA	stored CGK	Lsd fr Grandmax Group
☐	HS-UTD	Boeing 747-146A	21029/259	ex JA8128		Lsd to QTG
☐	HS-UTK	Boeing 747-306M	23137/600	ex PH-BUV		Lsd to QTG
☐	HS-UTL	Boeing 747-3B5	22489/611	ex HL7469		Lsd fr VX Capital Holdings
☐	HS-UTM	Boeing 747-346SR	23637/655	ex JA8176		
☐	HS-UTO	Boeing 747-346	23639/664	ex JA8178	all-white	
☐	HS-UTQ	Boeing 747-346SR	23390/636	ex JA8170		Lsd to QTG
☐	HS-UTR	Boeing 747-246B	23479/496	ex JA8150		Lsd fr JT Power
☐	HS-	Boeing 747-246F	22477/494	ex N8937	on order	Lsd fr Grand Max Group

Eight Boeing 787-900s and 12 Boeing 737-900s are on order for delivery from 2011 to 2014

PB AIR
Peebee Air (9Q/PBA) (IATA 543)   Bangkok-Suvarnabhumi (BKK)

☐	HS-PBE	Embraer EMB.145LR (ERJ-145LR)	145597	ex PT-SCH	Lsd fr Embraer
☐	HS-PBF	Embraer EMB.145LR (ERJ-145LR)	145607	ex PT-SCQ	Lsd fr Embraer

PHETCHABUN
Phetchabun (PHY)

☐	EK-47835	Antonov An-24B	17307307	ex RA-47835	Lsd fr PHY

PHUKET AIRLINES
Phuket (HKT)

☐	HS-VAC	Boeing 747-306	23056/587	ex (HS-TSA)
☐	HS-VAN	Boeing 747-312	23245/626	ex (HS-TSB)

Ceased operations and due to be transferred to Thai Star Airlines but ntu; restored and active for 2007 Hadj operating for SVA

SGA AIRLINES
(5E)   Bangkok-Suvarnabhumi (BKK)

Previously listed as Siam GA

☐	HS-GAA	Cessna 208B Caravan I	208B0643	ex N522GM	
☐	HS-GAB	Cessna 208B Caravan I	208B1196		Ops in Nok Air colours
☐	HS-SKR	Cessna 208B Caravan I	208B1241	ex N208AE	

SKY EYES AVIATION
Sky Eyes (I6/SEQ)   Bangkok-Suvarnabhumi (BKK)

☐	HS-SEC	Lockheed L-1011-200F Tristar	193N-1212	ex 9L-LDZ	Lsd fr Trilian One

SKYSTAR AIRWAYS
(XT/SKT)   Bangkok-Suvarnabhumi (BKK)

☐	HS-SSA	Boeing 767-222ER	21871/15	ex N610UA	Pattana	Lsd fr Transatlantic Avn
☐	HS-SSB	Boeing 767-222ER	21872/20	ex N611UA	Suphahon	

SUVARNABHUMI AIRLINES
Phuket (HKT)

☐	HS-AKU	Boeing 737-2B7 (Nordam 3)	23115/998	ex N282AU	Kavida-Urawan; stored CGK

Reincarnation of Phuket Airlines

THAI AIRASIA
(FD/AIQ) (IATA 900)   Bangkok-Suvarnabhumi (BKK)

☐	HS-ABA	Airbus A320-216	3277	ex F-WWDH	Lsd fr AXM

	Reg	Type	MSN	ex reg	Name	Notes
☐	HS-ABB	Airbus A320-216	3299	ex F-WWDZ		Lsd fr AXM
☐	HS-ABC	Airbus A320-216	3338	ex F-WWBM		Lsd fr AXM
☐	HS-ABD	Airbus A320-216	3394	ex F-WWBQ		Lsd fr AXM
☐	HS-ABE	Airbus A320-216	3489	ex F-WW	on order	Lsd fr AXM
☐	HS-ABF	Airbus A320-216	3505	ex F-WW	on order	Lsd fr AXM
☐	HS-AAI	Boeing 737-301	23510/1248	ex 9M-AAI	Amazing Thailand c/s	Lsd fr AXM
☐	HS-AAJ	Boeing 737-301	23511/1268	ex 9M-AAJ		Lsd fr AXM
☐	HS-AAK	Boeing 737-301	23236/1219	ex 9M-AAK		Lsd fr AXM
☐	HS-AAL	Boeing 737-301	23235/1214	ex 9M-AAL		Lsd fr AXM
☐	HS-AAM	Boeing 737-301	23233/1200	ex 9M-AAM		Lsd fr AXM
☐	HS-AAN	Boeing 737-301	23234/1208	ex 9M-AAN		Lsd fr AXM
☐	HS-AAO	Boeing 737-3T0	23365/1159	ex 9M-AAO		Lsd fr AXM
☐	HS-AAP*	Boeing 737-3T0	23367/1180	ex 9M-AAP		Lsd fr AXM
☐	HS-AAQ	Boeing 737-3T0	23368/1181	ex 9M-AAQ		Lsd fr AXM
☐	HS-AAR	Boeing 737-3T0	23358/1142	ex 9M-AAR	special colours	Lsd fr AXM
☐	HS-AAS	Boeing 737-3T0	23357/1141	ex 9M-AAS		Lsd fr AXM
☐	HS-AAU	Boeing 737-3B7	22951/1007	ex N951WP	Scotch Bird's Nest Beverage	Lsd fr GECAS
☐	HS-AAV	Boeing 737-3B7	23378/1339	ex N952WP	Solartron	Lsd fr AXM
☐	HS-AEF	Boeing 737-301	23259/1132	ex N948WP		Lsd fr AXM

Joint venture of AirAsia & Shin Corp

THAI AIRWAYS INTERNATIONAL
Thai (TG/THA) (IATA 217)   *Bangkok-Suvarnabhumi (BKK)*

	Reg	Type	MSN	ex reg	Name	Notes
☐	HS-TAA	Airbus A300B4-601	368	ex F-WWAG	Suwannaphum	wfs UTP
☐	HS-TAD	Airbus A300B4-601	384	ex F-WWAK	U Thong	
☐	HS-TAE	Airbus A300B4-601	395	ex F-WWAM	Sukhothai	
☐	HS-TAF	Airbus A300B4-601	398	ex F-WWAN	Ratchasima	
☐	HS-TAG	Airbus A300B4-605R	464	ex F-WWAL	Srinapha	
☐	HS-TAH	Airbus A300B4-605R	518	ex F-WWAE	Napachinda	
☐	HS-TAK	Airbus A300B4-622R	566	ex F-WWAB	Phaya Thai	
☐	HS-TAL	Airbus A300B4-622R	569	ex F-WWAD	Sri Trang	
☐	HS-TAM	Airbus A300B4-622R	577	ex F-WWAE	Chiang Mai	
☐	HS-TAN	Airbus A300B4-622R	628	ex F-WWAE	Chiang Rai	
☐	HS-TAO	Airbus A300B4-622R	629	ex F-WWAF	Chanthaburi	Star Alliance c/s
☐	HS-TAP	Airbus A300B4-622R	635	ex F-WWAP	Pathum Thani	
☐	HS-TAR	Airbus A300B4-622R	681	ex F-WWAB	Yasothon	
☐	HS-TAS	Airbus A300B4-622R	705	ex F-WWAT	Yala	
☐	HS-TAT	Airbus A300B4-622R	782	ex F-WWAY	Srimuang	
☐	HS-TAW	Airbus A300B4-622R	784	ex F-WWAL	Suranaree	
☐	HS-TAX	Airbus A300B4-622R	785	ex F-WWAO	Thepsatri	
☐	HS-TAY	Airbus A300B4-622R	786	ex F-WWAQ	Srisoonthorn	
☐	HS-TAZ	Airbus A300B4-622R	787	ex F-WWAB	Srisubhan	
☐	HS-TEA	Airbus A330-321	050	ex F-WWKI	Manorom	
☐	HS-TEB	Airbus A330-321	060	ex F-WWKQ	Sri Sakhon	
☐	HS-TEC	Airbus A330-321	062	ex F-WWKR	Bang Rachan	
☐	HS-TED	Airbus A330-321	064	ex F-WWKS	Donchedi	
☐	HS-TEE	Airbus A330-321	065	ex F-WWKT	Kusuman	
☐	HS-TEF	Airbus A330-321	066	ex F-WWKJ	Song Dao	
☐	HS-TEG	Airbus A330-321	112	ex F-WWKM	Lam Plai Mat	
☐	HS-TEH	Airbus A330-321	122	ex F-WWKG	Sai Buri	
☐	HS-TEJ	Airbus A330-322	209	ex F-WWKN	Sudawadi	Lsd fr AerCap
☐	HS-TEK	Airbus A330-322	224	ex F-WWKD	Srichulalak	Royal Barge c/s
☐	HS-TEL	Airbus A330-322	231	ex F-WWKU	Thepamart	Star Alliance c/s
☐	HS-TEM	Airbus A330-323X	346	ex F-WWYE	Jiraprabha	

Eight Airbus A330-300s are on order

	Reg	Type	MSN	ex reg	Name	Notes
☐	HS-TLA	Airbus A340-541	624	ex F-WWTN	Chiang Kham	
☐	HS-TLB	Airbus A340-541	628	ex F-WWTO	Uttaradit	
☐	HS-TLC	Airbus A340-541	698	ex F-WWTR	Phitsanulok	
☐	HS-TLD	Airbus A340-541HGW	775	ex F-WWTX		
☐	HS-TNA	Airbus A340-642	677	ex F-WWCJ	Watthana Nakhon	
☐	HS-TNB	Airbus A340-642	681	ex F-WWCK	Saraburi	
☐	HS-TNC	Airbus A340-642	689	ex F-WWCN	Chon Buri	
☐	HS-TND	Airbus A340-642	710	ex F-WWCX	Phetchaburi	
☐	HS-TNE	Airbus A340-642	719	ex F-WWCH		
☐	HS-TDA*	Boeing 737-4D7	24830/1899		Songkhla	
☐	HS-TDB*	Boeing 737-4D7	24831/1922		Phuket	
☐	HS-TDD*	Boeing 737-4D7	26611/2318		Chumphon	
☐	HS-TDE*	Boeing 737-4D7	26612/2330		Surin	
☐	HS-TDF	Boeing 737-4D7	26613/2338		Si Sa Ket	
☐	HS-TDG	Boeing 737-4D7	26614/2481		Kalasin	
☐	HS-TDH	Boeing 737-4D7	28703/2962		Lopburi	
☐	HS-TDJ	Boeing 737-4D7	28704/2968		Nakhon Chaisi	
☐	HS-TDK	Boeing 737-4D7	28701/2977		Sri Surat	
☐	HS-TDL	Boeing 737-4D7	28702/2978		Srikarn	
☐	HS-TYS	Boeing 737-8Z6/W	35478/1955	ex N369BJ	Also carries 55-555	BBJ2

*Leased to Nok Air; also operates VIP aircraft for Thai Crown Prince

☐	HS-TGA	Boeing 747-4D7	32369/1273		Srisuriyothai	
☐	HS-TGB	Boeing 747-4D7	32370/1278		Si Satchanalai	
☐	HS-TGF	Boeing 747-4D7	33770/1335		Sri Ubon	
☐	HS-TGG	Boeing 747-4D7	33771/1337		Pathoomawadi	
☐	HS-TGH	Boeing 747-4D7	24458/769		Chaiprakarn	
☐	HS-TGJ+	Boeing 747-4D7	24459/777		Hariphunchai	
☐	HS-TGK	Boeing 747-4D7	24993/833		Alongkorn	
☐	HS-TGL	Boeing 747-4D7	25366/890		Theparat	
☐	HS-TGM	Boeing 747-4D7	27093/945		Chao Phraya	
☐	HS-TGN	Boeing 747-4D7	26615/950		Simongkhon	
☐	HS-TGO+	Boeing 747-4D7	26609/1001		Bowonrangsi	
☐	HS-TGP	Boeing 747-4D7	26610/1047		Thepprasit	
☐	HS-TGR	Boeing 747-4D7	27723/1071		Siriwatthna	
☐	HS-TGT	Boeing 747-4D7	26616/1097		Watthanothai	
☐	HS-TGW^	Boeing 747-4D7	27724/1111		Visuthakasatriya	
☐	HS-TGX	Boeing 747-4D7	27725/1134		Sirisobhakya	
☐	HS-TGY	Boeing 747-4D7	28705/1164	ex N60697	Dararasmi	
☐	HS-TGZ	Boeing 747-4D7	28706/1214		Phimara	

+ 'Royal Barge' colours   ^Star Alliance colours
Eight Boeing 747-8D7s are on order

☐	HS-TJA	Boeing 777-2D7	27726/25		Lamphun	
☐	HS-TJB	Boeing 777-2D7	27727/32		U Thaithani	
☐	HS-TJC	Boeing 777-2D7	27728/44		Nakhon Nayok	
☐	HS-TJD	Boeing 777-2D7	27729/51		Mukdahan	
☐	HS-TJE^	Boeing 777-2D7	27730/89		Chaiyaphum	
☐	HS-TJF"	Boeing 777-2D7	27731/95		Phanom Sarakham	
☐	HS-TJG	Boeing 777-2D7	27732/100		Pattani	
☐	HS-TJH	Boeing 777-2D7	27733/113		Suphan Buri	
☐	HS-TJR	Boeing 777-2D7ER	34586/588		Nakhon Sawan	
☐	HS-TJS	Boeing 777-2D7ER	34587/595		Phra Nakhon	
☐	HS-TJT	Boeing 777-2D7ER	34588/596		Pathum Wan	
☐	HS-TJU	Boeing 777-2D7ER	34589/599		Phichit	
☐	HS-TJV	Boeing 777-2D7ER	34590/665		Nakhon Pathom	
☐	HS-TJW	Boeing 777-2D7ER	34591/672		Phetchabun	Lsd fr HSH Nordbank
☐	HS-TKA	Boeing 777-3D7	29150/156	ex N5028Y	Sriwanna	
☐	HS-TKB	Boeing 777-3D7	29151/170		Chainarai	
☐	HS-TKC	Boeing 777-3D7	29211/250		Kwanmuang	
☐	HS-TKD	Boeing 777-3D7	29212/260		Thepalai	
☐	HS-TKE	Boeing 777-3D7	29213/304		Sukhirin	
☐	HS-TKF	Boeing 777-3D7	29214/310		Chutamai	

^Leased from Palomino Leasing   "Leased from Mustang Leasing
Four more Boeing 777-2D7ERs are on order

☐	HS-TRA	ATR 72-201	164	ex F-WWEO	Hummingbird/Lampang	Lsd to NOK
☐	HS-TRB	ATR 72-201	167	ex F-WWEU	Chai Nat	

Six Airbus A380s are on order for delivery from 2009, also twenty Airbus A321-200s and fourteen Boeing 787s are due to be ordered (pending board approval); owns 39% of Nok Air
Founder member of Star Alliance with Air Canada, Lufthansa, United, SAS and VARIG

THAI AVIATION SERVICES

Songkhla (SGZ)

☐	HS-HTB	Sikorsky S-76A++	760131	ex C-GIMU	Lsd fr CHC Helicopters
☐	HS-HTI	Sikorsky S-76A++	760148	ex VH-JXL	Lsd fr CHC Helicopters
☐	HS-HTK	Sikorsky S-76C+	760546	ex C-FCHC	Lsd fr CHC Helicopters
☐	HS-HTM	Sikorsky S-76C+	760537	ex VT-HGI	Lsd fr CHC Helicopters
☐	HS-HTR	Sikorsky S-76A++	760032	ex C-GIHR	Lsd fr CHC Helicopters
☐	HS-HTU	Sikorsky S-76A++	760010	ex VH-HUB	Lsd fr CHC Helicopters
☐	HS-HTY	Sikorsky S-76A	760011	ex C-GIHY	Lsd fr CHC Helicopters
☐	HS-HTZ	Sikorsky S-76C+	760561	ex C-GHRZ	Lsd fr CHC Helicopters
☐	HS-HTA	Sikorsky S-61N	61815	ex C-GOLH	Lsd fr CHC Helicopters
☐	HS-HTC	Sikorsky S-61N	61722	ex C-GARC	Lsd fr CHC Helicopters

Subsidiary of CHC International Corp

THAI FLYING SERVICE
Thai Flying (TFT)   *Bangkok-Don Muang (DMK)*

☐	HS-ITD	Beech Super King Air 350	FL-151	ex N10817	Lsd fr Italian/Thai Co
☐	HS-TFG	Rockwell Turbo Commander 690B	11482	ex N745T	

Also operates as Thai Flying Helicopter Service with designator TFH

THAI GLOBAL AIRLINES
Ceased operations in January 2008

THAI STAR AIRLINES
Bangkok-Suvarnabhumi (BKK)

☐ (HS-TSA)	Boeing 747-306	23056/587	ex HS-VAC	canx 03Aug07
☐ (HS-TSB)	Boeing 747-312	23245/626	ex HS-VAN	canx 03Aug07

Did not commence operations and both aircraft are still operational under old registration

HZ- SAUDI ARABIA (Kingdom of Saudi Arabia)

AL KHAYALA

Wholly owned by National Air Services and operates business class services between Jeddah and Riyadh

NAS AIR
(2N/KNE) — *Jeddah (JED)*

☐	EC-ISI	Airbus A320-214	2123	ex F-WWIE		Lsd fr LTE
☐	EC-JRX	Airbus A320-232	0580	ex D-ARFC		Lsd fr LTE
☐	EC-JTA	Airbus A320-212	0445	ex A4O-EH		Lsd fr LTE
☐	F-OHJX	Airbus A319-112	1086	ex F-GYFN		Lsd fr WTCo
☐	F-OHJY	Airbus A319-112	1124	ex F-WIHG		Lsd fr Delvaux A/c Lsg
☐	F-OKRM	Airbus A320-211	0615	ex F-WQSD		Lsd fr MNJ
☐	HZ-XY7	Airbus A320-214	2165	ex (VP-BBQ)		
☐	TS-INN	Airbus A320-212	0793	ex D-AICB		Lsd fr LBT
☐	VP-BXS	Airbus A320-214	0764	ex TC-OGE		
☐	VP-BXT	Airbus A320-214	3164	ex F-WWIU		
☐	VP-CAN	Airbus A319-112	1886	ex C-GKOC		
☐	VP-CXX	Airbus A320-214	3425	ex F-WW	on order	Lsd fr ILFC
☐	VP-CXY	Airbus A320-214	3396	ex F-WWBR		Lsd fr ILFC
☐	VP-CXZ	Airbus A320-214	3361	ex F-WWIK		Lsd fr ILFC
☐	VP-C	Airbus A320-214	3475	ex F-WW	on order	Lsd fr ILFC

Fourteen Airbus A320-200s are on order plus eight Embraer 190-100s (190), including three leased from GECAS, and two Embraer 190-200s (195), also leased from GECAS.

☐	OK-SWV	Boeing 737-522	26696/2440	ex N951UA	Lsd fr TVS
☐	OK-TVD	Boeing 737-86N	28595/285	ex CN-RNO	Lsd fr TVS

NAS Air is a trading name of National Air Services operating low cost services, the parent operates a fleet of Airbus A318 Elites.

NATIONAL AIR SERVICES
(2N/KNE) — *Jeddah (JED)*

Also operates as Netjets Middle East providing services for bizjet operators while Al Khayala and NAS Air are wholly owned

SAMA AIRLINES
(ZS) — *Jeddah (JED)*

☐	HZ-AMC	Boeing 737-3L9	24570/1800	ex N570LL	Lsd fr BOC Aviation
☐	HZ-BBK	Boeing 737-3M8	25016/2004	ex ZK-FDM	Lsd fr Eighth Waha Lsg
☐	HZ-CJB	Boeing 737-33A	24680/1927	ex N50881	
☐	HZ-DMO	Boeing 737-3Y0	24681/1929	ex N33341	Lsd fr Al Wishkam
☐	HZ-DRW	Boeing 737-33A	25138/2153	ex N80054	
☐	HZ-NMA	Boeing 737-36N	28563/2921	ex N285MT	Lsd fr AFT Trust

SAUDI ARABIAN AIRLINES
Saudia (SV/SVA) (IATA 065) — *Jeddah (JED)*

☐	F-HDDD	Airbus A300B4-622R	625	ex B-18578	Lsd fr EGN
☐	F-HEEE	Airbus A300B4-622R	555	ex B-18579	Lsd fr EGN

Leases aircraft from Turkish operators for short periods with most mainly employed on Hadj flights
Twenty-two Airbus A320-200s are on order plus 20 leased from GECAS/Gulf One

☐	HZ-AIB	Boeing 747-168B	22499/517		stored JED
☐	HZ-AIC	Boeing 747-168B	22500/522		
☐	HZ-AID	Boeing 747-168B	22501/525		
☐	HZ-AIE	Boeing 747-168B	22502/530	ex N8284V	
☐	HZ-AII	Boeing 747-168B	22749/557		
☐	HZ-AIK	Boeing 747-368	23262/616	ex N6005C	
☐	HZ-AIL	Boeing 747-368	23263/619	ex N6009F	
☐	HZ-AIM	Boeing 747-368	23264/620	ex N6046P	
☐	HZ-AIN	Boeing 747-368	23265/622	ex N6046P	
☐	HZ-AIP	Boeing 747-368	23267/630	ex N6055X	
☐	HZ-AIQ	Boeing 747-368	23268/631	ex N6005C	
☐	HZ-AIR	Boeing 747-368	23269/643	ex N6038E	
☐	HZ-AIS	Boeing 747-368	23270/645	ex N6046P	
☐	HZ-AIT	Boeing 747-368	23271/652	ex N6038N	
☐	HZ-AIU	Boeing 747-268F	24359/724	ex N6018N	
☐	HZ-AIV	Boeing 747-468	28339/1122	ex N6005C	
☐	HZ-AIW	Boeing 747-468	28340/1138		
☐	HZ-AIX	Boeing 747-468	28341/1182		

	Reg	Type	C/N	Previous	Notes
☐	HZ-AIY	Boeing 747-468	28342/1216	ex N6009F	
☐	TF-AMI	Boeing 747-412 (SF)	27066/940	ex N706RB	Lsd fr ABD
☐	TF-ARS	Boeing 747-357	22996/586	ex ZS-SKA	Lsd fr ABD
☐	TF-ATI	Boeing 747-341	24107/702	ex N824DS	Lsd fr ABD
☐	TF-ATJ	Boeing 747-341	24108/703	ex N420DS	Lsd fr ABD
☐	HZ-AKA	Boeing 777-268ER	28344/98	ex N50217	
☐	HZ-AKB	Boeing 777-268ER	28345/99	ex N5023Q	
☐	HZ-AKC	Boeing 777-268ER	28346/101		
☐	HZ-AKD	Boeing 777-268ER	28347/103		
☐	HZ-AKE	Boeing 777-268ER	28348/109		
☐	HZ-AKF	Boeing 777-268ER	28349/114		
☐	HZ-AKG	Boeing 777-268ER	28350/119		
☐	HZ-AKH	Boeing 777-268ER	28351/124		
☐	HZ-AKI	Boeing 777-268ER	28352/143		
☐	HZ-AKJ	Boeing 777-268ER	28353/147		
☐	HZ-AKK	Boeing 777-268ER	28354/154		
☐	HZ-AKL*	Boeing 777-268ER	28355/166		
☐	HZ-AKM*	Boeing 777-268ER	28356/175		
☐	HZ-AKN*	Boeing 777-268ER	28357/181		
☐	HZ-AKO*	Boeing 777-268ER	28358/186		
☐	HZ-AKP*	Boeing 777-268ER	28359/194		
☐	HZ-AKQ*	Boeing 777-268ER	28360/219	ex N5016R	
☐	HZ-AKR*	Boeing 777-268ER	28361/230	ex N5017V	
☐	HZ-AKS*	Boeing 777-268ER	28362/255		
☐	HZ-AKT*	Boeing 777-268ER	28363/298		
☐	HZ-AKU*	Boeing 777-268ER	28364/306		
☐	HZ-AKV*	Boeing 777-268ER	28365/323		
☐	HZ-AKW*	Boeing 777-268ER	28366/351		

*Operated on domestic services in F12C25Y250 configuration; others in F30C31Y183 for international routes

	Reg	Type	C/N	Previous
☐	HZ-AEA	Embraer 170-100LR (170LR)	17000108	ex PT-SAQ
☐	HZ-AEB	Embraer 170-100LR (170LR)	17000114	ex PT-S
☐	HZ-AEC	Embraer 170-100LR (170LR)	17000118	ex PT-SDF
☐	HZ-AED	Embraer 170-100LR (170LR)	17000119	ex PT-SDG
☐	HZ-AEE	Embraer 170-100LR (170LR)	17000121	ex PT-SDJ
☐	HZ-AEF	Embraer 170-100LR (170LR)	17000123	ex PT-SDM
☐	HZ-AEG	Embraer 170-100LR (170LR)	17000124	ex PT-SDN
☐	HZ-AEH	Embraer 170-100LR (170LR)	17000135	ex PT-SDY
☐	HZ-AEI	Embraer 170-100LR (170LR)	17000142	ex PT-SEG
☐	HZ-AEJ	Embraer 170-100LR (170LR)	17000145	ex PT-SEJ
☐	HZ-AEK	Embraer 170-100LR (170LR)	17000149	ex PT-SEN
☐	HZ-AEL	Embraer 170-100LR (170LR)	17000152	ex PT-SEQ
☐	HZ-AEM	Embraer 170-100LR (170LR)	17000155	ex PT-SES
☐	HZ-AEN	Embraer 170-100LR (170LR)	17000158	ex PT-SEW
☐	HZ-AEO	Embraer 170-100LR (170LR)	17000161	ex PT-SMB

	Reg	Type	C/N	Previous
☐	HZ-APA	McDonnell-Douglas MD-90-30	53491/2191	
☐	HZ-APB	McDonnell-Douglas MD-90-30	53492/2205	ex N9012S
☐	HZ-APC	McDonnell-Douglas MD-90-30	53493/2209	ex N9014S
☐	HZ-APD	McDonnell-Douglas MD-90-30	53494/2213	ex N9010L
☐	HZ-APE	McDonnell-Douglas MD-90-30	53495/2215	ex N6203D
☐	HZ-APF	McDonnell-Douglas MD-90-30	53496/2216	ex N9012S
☐	HZ-APG	McDonnell-Douglas MD-90-30	53497/2219	
☐	HZ-APH	McDonnell-Douglas MD-90-30	53498/2221	ex N6202D
☐	HZ-API	McDonnell-Douglas MD-90-30	53499/2223	
☐	HZ-APJ	McDonnell-Douglas MD-90-30	53500/2225	
☐	HZ-APK	McDonnell-Douglas MD-90-30	53501/2226	
☐	HZ-APL	McDonnell-Douglas MD-90-30	53502/2227	
☐	HZ-APM	McDonnell-Douglas MD-90-30	53503/2229	
☐	HZ-APN	McDonnell-Douglas MD-90-30	53504/2230	
☐	HZ-APO	McDonnell-Douglas MD-90-30	53505/2231	ex N9012S
☐	HZ-APP	McDonnell-Douglas MD-90-30	53506/2232	
☐	HZ-APQ	McDonnell-Douglas MD-90-30	53507/2235	
☐	HZ-APR	McDonnell-Douglas MD-90-30	53508/2237	
☐	HZ-APS	McDonnell-Douglas MD-90-30	53509/2250	ex N6203D
☐	HZ-APT	McDonnell-Douglas MD-90-30	53510/2251	ex N6203U
☐	HZ-APU	McDonnell-Douglas MD-90-30	53511/2255	
☐	HZ-APV	McDonnell-Douglas MD-90-30	53512/2256	
☐	HZ-APW	McDonnell-Douglas MD-90-30	53513/2257	ex N9010L
☐	HZ-APX	McDonnell-Douglas MD-90-30	53514/2260	ex N6200N
☐	HZ-APY	McDonnell-Douglas MD-90-30	53515/2262	ex N9014S
☐	HZ-APZ	McDonnell-Douglas MD-90-30	53516/2263	ex N9075H
☐	HZ-AP3	McDonnell-Douglas MD-90-30	53518/2289	ex N6203D
☐	HZ-AP4	McDonnell-Douglas MD-90-30	53519/2290	ex N9075H
☐	HZ-AP7	McDonnell-Douglas MD-90-30	53517/2288	ex HZ-AP2

	Reg	Type	C/N	Previous	Notes
☐	F-GTID	Boeing 757-2Q8	26270/558	ex N802AM	Lsd fr EGN
☐	HZ-AGG	Boeing 737-268	20883/366		stored
☐	HZ-AGQ	Boeing 737-268	21362/511		stored
☐	HZ-ANA	McDonnell-Douglas MD-11F	48773/609	ex N90187	
☐	HZ-ANB	McDonnell-Douglas MD-11F	48775/616	ex N91566	

☐ HZ-ANC   McDonnell-Douglas MD-11F   48776/617   ex N91078
☐ HZ-AND   McDonnell-Douglas MD-11F   48777/618   ex N9166N
☐ TC-OGT   Boeing 757-256   29308/935   ex EC-HIR   Lsd fr KKK

Most of the Turkish aircraft are leased in for Hadj
Also operates a fleet of executive and EMS aircraft for the Saudi Royal Family and the Government
Owns 49% of Yemenia

SNAS AVIATION
Red Sea (RSE)   **Riyadh/Bahrain (RUH/BAH)**

☐	HZ-SNA	Boeing 727-264F (FedEx 3)	20896/1051	ex EC-HLP	all-white	
☐	HZ-SNB	Boeing 727-223F (FedEx 3)	21084/1199	ex EC-HAH	all-white	
☐	HZ-SNC	Boeing 727-230F (FedEx 3)	20905/1091	ex EC-IVF		Lsd fr BCS
☐	HZ-SND	Boeing 727-223F (FedEx 3)	20994/1190	ex EC-IVE	all-white	Lsd fr BCS
☐	HZ-SNE	Boeing 727-230F (FedEx 3)	21619/1407	ex EC-JHC		

Operates for DHL in association with DHL Worldwide (Bahrain)

H4- SOLOMON ISLANDS

PACIFIC AIR EXPRESS
Solpac (PAQ)   **Honiara / Brisbane, QLD (HIR/BNE)**

Operates cargo flights using aircraft leased from HeavyLift Cargo as required

SOLOMONS
Solomon (IE/SOL) (IATA 193)   **Honiara (HIR)**

☐ H4-AAI   Britten-Norman BN-2A-9 Islander   355   ex N355BN
☐ H4-HNP   de Havilland DHC-6 Twin Otter 300   491   ex YJ-RV1
☐ H4-SID   de Havilland DHC-6 Twin Otter 300   442   ex VH-XFE

WESTERN PACIFIC AIR SERVICE
Sole aircraft reportedly stored for several years then sold to Vanuatu, status uncertain

I- ITALY (Italian Republic)

AIR DOLOMITI
Dolomiti (EN/DLA) (IATA 101)   **Trieste (TRS)**

☐	I-ADLJ	ATR 72-212A	686	ex F-WQMO	Il Trovatore di Giuseppe Verdi
☐	I-ADLK	ATR 72-212A	706	ex F-WWEF	Il Barbiere de Siviglia di Gioacchino Rossini
☐	I-ADLL	ATR 42-500	518	ex F-OHFP	La Rondine di Giacomo Puccini
☐	I-ADLM	ATR 72-212A	543	ex F-WWLB	Tosca de Giacomo Puccini
☐	I-ADLN	ATR 72-212A	557	ex F-WWLV	Turandot di Giacomo Puccini
☐	I-ADLO	ATR 72-212A	585	ex F-WQJH	La Bohème di Giacomo Puccini
☐	I-ADLP	ATR 42-500	604	ex F-WQKY	Falstaff di Giuseppe Verdi
☐	I-ADLQ	ATR 42-500	606	ex F-WQMA	L'Elisir d'Amore de Gaetano Donizzetti
☐	I-ADLS	ATR 72-212A	634	ex F-WQMB	Ernani di Giuseppe Verdi
☐	I-ADLT	ATR 72-212A	638	ex F-WQME	Otello di Giuseppe Verdi
☐	I-ADLU	ATR 42-500	609	ex F-WQMH	Luisa Miller di Giuseppe Verdi
☐	I-ADLV	ATR 42-500	610	ex F-OHJI	Don Carlos di Giuseppe Verdi
☐	I-ADLW	ATR 72-212A	707	ex F-WWEG	La Gazza Ladra di Gioacchino Rossini
☐	I-ADLZ	ATR 42-500	611	ex F-WQMI	Lucia di Lammermoor de Gaetano Donizzetti
☐	I-ADJF*	British Aerospace 146 Srs.300	E3193	ex G-BUHC	Aida di Giuseppe Verdi
☐	I-ADJG*	British Aerospace 146 Srs.300	E3169	ex G-BSNS	Nabucco di Giuseppe Verdi
☐	I-ADJH*	British Aerospace 146 Srs.300	E3129	ex G-BTXN	Madama Butterfly di Giacomo Puccini
☐	I-ADJI*	British Aerospace 146 Srs.300	E3149	ex G-BTZN	Rigoletto di Giuseppe Verdi
☐	I-ADJJ*	British Aerospace 146 Srs.300	E3155	ex G-BTNU	La Traviata di Giuseppe Verdi

*Leased from BAES
Wholly owned subsidiary of Lufthansa and operates as Lufthansa Regional using LH flight numbers

AIR EUROPE ITALY
Air Europe (VA/VLE) (IATA 667)   **Milan-Malpensa (MXP)**

☐ I-VIMQ   Boeing 767-352ER   27993/619   ex I-PIMQ   Lsd fr Pegasus

Wholly owned subsidiary of Volare Group, parent of Volareweb

AIR ITALY
Air Italy (I9/AEY)   **Milan-Malpensa (MXP)**

☐ EI-IGA   Boeing 757-230   24748/285   ex I-AGIA   Lsd fr Constitution A/c Lsg
☐ EI-IGB   Boeing 757-230   24738/274   ex I-AIGB   Citta de Somma Lombardo
                                                                                                        Lsd fr Constitution A/c Lsg
☐ EI-IGC   Boeing 757-230   24747/275   ex I-AIGC   Lsd fr Constitution A/c Lsg; to Polska

☐	I-AIGG	Boeing 767-304ER	28041/614	ex G-OBYC		Lsd fr ITID Leasing
☐	I-AIGL	Boeing 737-33A	23636/1438	ex N636AN		Lsd fr AWAS Ireland
☐	I-AIGM	Boeing 737-33A	24299/1598	ex SE-RCS		Lsd fr AWAS

Air Italy Polska (Poland) and EuroMediterranean (Egypt) are subsidiaries

AIR ONE
Heron (AP/ADH) (IATA 867)   Pescara (PSR)

☐	EI-DSA	Airbus A320-214	2869	ex F-WWBE		Lsd fr A/c Purchase Co
☐	EI-DSB	Airbus A320-214	2932	ex F-WWBX		Lsd fr A/c Purchase Co
☐	EI-DSC	Airbus A320-214	2995	ex F-WWIY		Lsd fr A/c Purchase Co
☐	EI-DSD	Airbus A320-216	3076	ex F-WWIP		Lsd fr A/c Purchase Co
☐	EI-DSE	Airbus A320-216	3079	ex F-WWIL		Lsd fr A/c Purchase Co
☐	EI-DSF	Airbus A320-216	3080	ex F-WWIV		Lsd fr A/c Purchase Co
☐	EI-DSG	Airbus A320-214	3115	ex F-WWIZ		Lsd fr A/c Purchase Avn
☐	EI-DSH	Airbus A320-214	3178	ex F-WWDS		Lsd fr A/c Purchase Co
☐	EI-DSI	Airbus A320-214	3213	ex F-WWIU		Lsd fr A/c Purchase Co
☐	EI-DSJ	Airbus A320-214	3295	ex F-WWDV		Lsd fr A/c Purchase Co
☐	EI-DSK	Airbus A320-214	3328	ex F-WWIX		Lsd fr A/c Purchase Co
☐	EI-DSL	Airbus A320-214	3343	ex F-WWBO		Lsd fr A/c Purchase Co
☐	EI-DSM	Airbus A320-214	3362	ex F-WWIR		
☐		Airbus A320-214		ex F-WW	on order	
☐		Airbus A320-214		ex F-WW	on order	
☐		Airbus A320-214		ex F-WW	on order	
☐		Airbus A320-214		ex F-WW	on order	
☐		Airbus A320-214		ex F-WW	on order	
☐		Airbus A320-214		ex F-WW	on order	
☐		Airbus A320-214		ex F-WW	on order	
☐		Airbus A320-214		ex F-WW	on order	
☐		Airbus A320-214		ex F-WW	on order	
☐		Airbus A320-214		ex F-WW	on order	
☐		Airbus A320-214		ex F-WW	on order	
☐		Airbus A320-214		ex F-WW	on order	

Fifty-four more Airbus A320-214s are on order for delivery by 2012

☐	D-AGMR	Boeing 737-430	27007/2367	ex TC-SUS		Lsd fr GOAL
☐	EI-COH	Boeing 737-430	27001/2316	ex D-ABKB		Lsd fr ACS A/c Lsg
☐	EI-COI	Boeing 737-430	27002/2323	ex D-ABKC		Lsd fr Challey Ltd
☐	EI-COJ	Boeing 737-430	27005/2359	ex D-ABKK		Lsd fr Challey Ltd
☐	EI-COK	Boeing 737-430	27003/2328	ex F-GRNZ		Lsd fr ACS A/c Lsg
☐	EI-CRZ	Boeing 737-36E	26322/2769	ex EC-GGE	for CAY	Lsd fr ILFC
☐	EI-CSU	Boeing 737-36E	27626/2792	ex EC-GGZ	for BMI	Lsd fr ILFC
☐	EI-CWE	Boeing 737-42C	24232/2060	ex N941PG		Lsd fr Rockshaw
☐	EI-CWF	Boeing 737-42C	24814/2270	ex PH-BPG		Lsd fr Rockshaw
☐	EI-CWW	Boeing 737-4Y0	24906/2009	ex EC-GAZ		Lsd fr Airplane Holdings
☐	EI-CWX	Boeing 737-4Y0	24912/2064	ex EC-GBN		Lsd fr Airplane Holdings
☐	EI-CXJ	Boeing 737-4Q8	25164/2447	ex N301LF	for CLW	Lsd fr Castle 2003-1
☐	EI-CXM	Boeing 737-4Q8	26302/2620	ex VH-VOZ	for CLW	Lsd fr ILFC
☐	EI-CZG	Boeing 737-4Q8	25740/2461	ex VH-VGB	for CLW	Lsd fr ILFC
☐	EI-DFD	Boeing 737-4S3	24163/1700	ex G-BVNM		Lsd fr Orix Aircraft
☐	EI-DFE	Boeing 737-4S3	24164/1702	ex G-BVNN		Lsd fr Orix Aircraft
☐	EI-DFF	Boeing 737-4S3	24167/1736	ex G-BVNO		Lsd fr Orix Aircraft
☐	EI-DGL	Boeing 737-46J	27171/2465	ex SX-BMA		Lsd fr Olbia Ltd
☐	EI-DMR	Boeing 737-436	25851/2387	ex G-DOCR		Lsd fr Dillondell
☐	EI-DNX	Boeing 737-31S	29055/2923	ex VT-SAW		Lsd fr Osprey Avn
☐	EI-DOH	Boeing 737-31S	29056/2792	ex VT-SAX		Lsd fr Challey Ltd
☐	EI-DOS	Boeing 737-49R	28881/2833	ex PK-GWZ		Lsd fr GECAS
☐	EI-DOV	Boeing 737-48E	27632/2857	ex HL7512		Lsd fr ILFC
☐	EI-DXC	Boeing 737-4Q8	26300/2604	ex TC-JKA		Lsd fr Castle 2003-1 Ireland
☐	EI-DXG	Boeing 737-4Q8	25376/2689	ex TC-JEN		Lsd fr ILFC
☐	F-GKTA	Boeing 737-3M8	24413/1884	ex (OO-LTH)		Lsd fr Alter Bail Avn
☐	F-GKTB	Boeing 737-3M8	24414/1895	ex (OO-LTI)		Lsd fr Alter Bail Avn
☐	I-JETA	Boeing 737-229 (Nordam 3)	21839/593	ex OO-SBS		
☐	I-JETD	Boeing 737-230 (Nordam 3)	23158/1089	ex D-ABMF		Lsd fr Sardaleasing
☐		Airbus A330-202	272	ex A6-EYV	on order	Lsd fr Sierra Leasing
☐		Airbus A330-202	339	ex A6-EYW	on order	Lsd fr Sierra Leasing
☐	SE-DJZ	Avro 146-RJ70	E1225	ex G-CDOF		Lsd fr TWE
☐	SP-KCA	ATR 42-300	085	ex F-WQNY	Freighter	Lsd fr WEA

Air One CityLiner is a wholly owned division

AIR ONE CITYLINER
(AP/CYL)   Pescara (PSR)

☐	EI-DOT	Canadair CL-600-2D24 (CRJ-900ER)	15066	ex C-	Lsd fr Challey Ltd
☐	EI-DOU	Canadair CL-600-2D24 (CRJ-900ER)	15068	ex C-	Lsd fr Challey Ltd
☐	EI-DRI	Canadair CL-600-2D24 (CRJ-900ER)	15076	ex C-	Lsd fr Challey Ltd
☐	EI-DRJ	Canadair CL-600-2D24 (CRJ-900ER)	15077	ex C-	Lsd fr Challey Ltd
☐	EI-DRK	Canadair CL-600-2D24 (CRJ-900ER)	15075	ex C-	Lsd fr Challey Ltd

249

	EI-DUK	Canadair CL-600-2D24 (CRJ-900ER)	15104	ex C-	Lsd fr Challey Ltd
☐	EI-DUK	Canadair CL-600-2D24 (CRJ-900ER)	15104	ex C-	Lsd fr Challey Ltd
☐	EI-DVP	Canadair CL-600-2D24 (CRJ-900ER)	15116	ex C-	Lsd fr A/c Purchase Co
☐	EI-DVR	Canadair CL-600-2D24 (CRJ-900ER)	15118	ex C-	Lsd fr A/c Purchase Co
☐	EI-DVS	Canadair CL-600-2D24 (CRJ-900ER)	15119	ex C-	Lsd fr A/c Purchase Co
☐	EI-DVT	Canadair CL-600-2D24 (CRJ-900ER)	15123	ex C-	Lsd fr A/c Purchase Co

Wholly owned division of Air One

AIR VALLEE
Air Vallee (DO/RVL) (IATA 965)   *Aosta (AOT)*

☐	I-AIRJ	Dornier 328-300 (328JET)	3186		Lsd fr BCI Intesa
☐	I-AIRX	Dornier 328-300 (328JET)	3142	ex D-BDXS	Casino de la Vallee c/s Lsd fr Locat

Air Vallee is the trading name of Services Aériens Du Val D'aoste

ALIDAUNIA
Lid (D4/LID)   *Foggia (FOG)*

☐	I-AGSE	Agusta A.109A II	7354		
☐	I-AGSH	Agusta A.109A II	7384		
☐	I-LIDC	MBB BK-117C-1	7529	ex D-HMB.	
☐	I-LIDD	Agusta A.109E Power	11107		
☐	I-MSTR	Agusta A.109A	7227	ex N4256P	
☐	I-RMDV	Sikorsky S-76A	760235	ex (N721CD)	
☐	I-	Agusta AW.139			on order
☐	I-	Agusta AW.139			on order

ALITALIA
Alitalia (AZ/AZA) (IATA 055)   *Rome-Fiumicino (FCO)*

☐	I-BIMA	Airbus A319-112	1722	ex D-AVWP	Isola d'Elba
☐	I-BIMB	Airbus A319-112	2033	ex D-AVYP	Isola del Giglio
☐	I-BIMC	Airbus A319-112	2057	ex D-AVYC	Isola di Lipari
☐	I-BIMD	Airbus A319-112	2074	ex D-AVYM	Isola di Capri
☐	I-BIME	Airbus A319-112	1740	ex D-AVWW	Isola di Panarea
☐	I-BIMF	Airbus A319-112	2083	ex D-AVYZ	Isola Tremiti
☐	I-BIMG	Airbus A319-112	2086	ex D-AVWD	Isola di Pantelleria
☐	I-BIMH	Airbus A319-112	2101	ex D-AVYY	Isola di Ventotene
☐	I-BIMI	Airbus A319-112	1745	ex D-AVWZ	Isola di Ponza
☐	I-BIMJ	Airbus A319-112	1779	ex D-AVYG	Isola di Caprera
☐	I-BIML	Airbus A319-112	2127	ex D-AVWN	Isola La Maddalena
☐	I-BIMO	Airbus A319-112	1770	ex D-AVWC	Isola d'Ischia
☐	I-BIKA	Airbus A320-214	0951	ex F-WWBT	Johann Sebastian Bach
☐	I-BIKB	Airbus A320-214	1226	ex F-WWIG	Wolfgang Amadeus Mozart
☐	I-BIKC	Airbus A320-214	1448	ex F-WWBV	Torre di Pisa
☐	I-BIKD	Airbus A320-214	1457	ex F-WWDE	Maschio Angioino Napoli
☐	I-BIKE	Airbus A320-214	0999	ex F-WWBZ	Franz Liszt
☐	I-BIKF	Airbus A320-214	1473	ex F-WWDP	Mole Antonelliana
☐	I-BIKG	Airbus A320-214	1480	ex F-WWDT	Scirocco
☐	I-BIKI	Airbus A320-214	1138	ex F-WWDJ	Girolamo Frescobaldi
☐	I-BIKL	Airbus A320-214	1489	ex F-WWDN	Libeccio
☐	I-BIKO	Airbus A320-214	1168	ex F-WWDL	George Bizet
☐	I-BIKU	Airbus A320-214	1217	ex F-WWBD	Fryderyk Chopin
☐	I-BIXA*	Airbus A321-112	0477	ex D-AVZE	Piazza del Duomo-Milano
☐	I-BIXB	Airbus A321-112	0524	ex D-AVZY	Piazza Castello-Torino
☐	I-BIXC	Airbus A321-112	0526	ex D-AVZZ	Piazza del Campo-Siena
☐	I-BIXD	Airbus A321-112	0532	ex D-AVZB	Piazza Pretoria-Palermo
☐	I-BIXE*	Airbus A321-112	0488	ex D-AVZG	Piazza di Spagna-Roma
☐	I-BIXF	Airbus A321-112	0515	ex D-AVZQ	Piazza Maggiore-Bologna
☐	I-BIXG	Airbus A321-112	0516	ex D-AVZR	Piazza del Miracoli-Pisa
☐	I-BIXH	Airbus A321-112	0940	ex D-AVZS	Piazza della Signoria-Gubbio
☐	I-BIXI	Airbus A321-112	0494	ex D-AVZI	Piazza San Marco-Venezia
☐	I-BIXJ	Airbus A321-112	0959	ex D-AVZP	Piazza del Municipio-Noto
☐	I-BIXK	Airbus A321-112	1220	ex D-AVZC	Piazza Ducale Vigevano
☐	I-BIXL	Airbus A321-112	0513	ex D-AVZO	Piazza del Duomo-Lecce
☐	I-BIXM	Airbus A321-112	0514	ex D-AVZP	Piazza di San Francesco-Assisi
☐	I-BIXN	Airbus A321-112	0576	ex D-AVZR	Piazza del Duomo-Catania
☐	I-BIXO	Airbus A321-112	0495	ex D-AVZJ	Piazza Plebiscito-Napoli
☐	I-BIXP	Airbus A321-112	0583	ex D-AVZT	Carlo Morelli
☐	I-BIXQ	Airbus A321-112	0586	ex D-AVZU	Domenico Colapietro
☐	I-BIXR	Airbus A321-112	0593	ex D-AVZW	Piazza del Campidoglio-Roma
☐	I-BIXS	Airbus A321-112	0599	ex D-AVZZ	Piazza San Martino-Lucca
☐	I-BIXT	Airbus A321-112	0765	ex D-AVZW	Piazza del Signori-Vicenza
☐	I-BIXU	Airbus A321-112	0434	ex D-AVZB	Piazza della Signoria-Firenze
☐	I-BIXV	Airbus A321-112	0819	ex D-AVZU	Piazza del Rinascimento-Urbino
☐	I-BIXZ	Airbus A321-112	0848	ex D-AVZO	Piazza del Duomo Orvieto

*Leased from BCI Aircraft Leasing

☐	EI-CRD	Boeing 767-31BER	26259/534	ex B-2565	Lsd fr ILFC
☐	EI-CRF	Boeing 767-31BER	25170/542	ex B-2566	Lsd fr ILFC

	Registration	Type	MSN/Line	ex	Name	Notes
☐	EI-CRL	Boeing 767-343ER	30008/743		Leonardo da Vinci	Lsd fr GECAS
☐	EI-CRM	Boeing 767-343ER	30009/746	ex (I-DEIB)	Amerigo Vespucci	Lsd fr GECAS
☐	EI-CRO	Boeing 767-3Q8ER	29383/747		Francesco de Pinedo	Lsd fr ILFC
☐	EI-DBP	Boeing 767-35HER	26389/459	ex C-GGBJ	Duca degli Abruzzi	Lsd fr CIT Group
☐	EI-DDW	Boeing 767-3S1ER	26608/559	ex N979PG	Sebastiano Caboto	Lsd fr Pegasus
☐	I-DEIB*	Boeing 767-33AER	27376/560	ex G-OITA	Pier Paolo Racchetti	PR-VAG resd
☐	I-DEIC*	Boeing 767-33AER	27377/561	ex G-OITB	Alberto Nassetti; for TAM	
☐	I-DEID*	Boeing 767-33AER	27468/584	ex G-OITC	Marco Polo; for TAM	
☐	I-DEIF	Boeing 767-33AER	27908/578	ex G-OITF	Cristoforo Colombo	Lsd SALE
☐	I-DEIG	Boeing 767-33AER	27918/603	ex G-OITG	Francesco Agello Lsd fr BOC Aviation	
☐	I-DEIL	Boeing 767-33AER	28147/622	ex G-OITL	Arturo Ferrarin	

*Leased from Ansett Worldwide Group (AWAS)

	Registration	Type	MSN/Line	ex	Name	Notes
☐	EI-DBK	Boeing 777-243ER	32783/455		Ostuni	Lsd fr GECAS
☐	EI-DBL	Boeing 777-243ER	32781/459		Sestriere	Lsd fr GECAS
☐	EI-DBM	Boeing 777-243ER	32782/463		Argentario	Lsd fr GECAS
☐	EI-DDH	Boeing 777-243ER	32784/477		Tropea	Lsd fr GECAS
☐	I-DISA	Boeing 777-243ER	32855/413		Taormina	
☐	I-DISB	Boeing 777-243ER	32859/426		Porto Rotondo	
☐	I-DISD	Boeing 777-243ER	32860/439		Cortina d'Ampezzo	
☐	I-DISE	Boeing 777-243ER	32856/421		Portofino	
☐	I-DISO	Boeing 777-243ER	32857/424	ex N5014K	Positano	
☐	I-DISU	Boeing 777-243ER	32858/425		Madonna de Campiglio	

	Registration	Type	MSN/Line	ex	Name	Notes
☐	EI-UPA	McDonnell-Douglas MD-11CF	48426/468	ex I-DUPA	Gioacchino Rossini	
☐	EI-UPE	McDonnell-Douglas MD-11CF	48427/471	ex I-DUPE	Giuseppe Verdi	Lsd fr Pegasus
☐	EI-UPI	McDonnell-Douglas MD-11CF	48428/474	ex I-DUPI	Giacomo Puccinl	Lsd fr Pegasus
☐	EI-UPO	McDonnell-Douglas MD-11CF	48429/500	ex I-DUPO	Nicolo Paganini	Lsd fr Pegasus
☐	EI-UPU	McDonnell-Douglas MD-11CF	48430/508	ex I-DUPU	Antonio Vivaldi	Lsd fr Pegasus

	Registration	Type	MSN/Line	ex	Name	Notes
☐	I-DACM	McDonnell-Douglas MD-82	49971/1755		La Spezia	
☐	I-DACN	McDonnell-Douglas MD-82	49972/1757		Rieti	
☐	I-DACP	McDonnell-Douglas MD-82	49973/1762		Padova	
☐	I-DACQ	McDonnell-Douglas MD-82	49974/1774		Taranto	
☐	I-DACR	McDonnell-Douglas MD-82	49975/1775		Carrara	
☐	I-DACS	McDonnell-Douglas MD-82	53053/1806		Maratea	
☐	I-DACT	McDonnell-Douglas MD-82	53054/1856		Valtellina	
☐	I-DACU	McDonnell-Douglas MD-82	53055/1857		Brindisi	
☐	I-DACV	McDonnell-Douglas MD-82	53056/1880		Riccione	
☐	I-DACW	McDonnell-Douglas MD-82	53057/1894		Vieste	
☐	I-DACX	McDonnell-Douglas MD-82	53060/1944		Piacenza	
☐	I-DACY	McDonnell-Douglas MD-82	53059/1942		Novara	
☐	I-DACZ	McDonnell-Douglas MD-82	53058/1927		Castelfidardo	
☐	I-DAND	McDonnell-Douglas MD-82	53061/1957		Trani	
☐	I-DANF	McDonnell-Douglas MD-82	53062/1960		Sassari	
☐	I-DANG	McDonnell-Douglas MD-82	53176/1972		Benevento	
☐	I-DANH	McDonnell-Douglas MD-82	53177/1973		Messina	
☐	I-DANL	McDonnell-Douglas MD-82	53178/1994		Cosenza	
☐	I-DANM	McDonnell-Douglas MD-82	53179/1997		Vicenza	
☐	I-DANP	McDonnell-Douglas MD-82	53180/2002		Fabriano	
☐	I-DANQ	McDonnell-Douglas MD-82	53181/2005		Lecce	
☐	I-DANR	McDonnell-Douglas MD-82	53203/2007		Matera	
☐	I-DANU	McDonnell-Douglas MD-82	53204/2009		Trapani	
☐	I-DANV	McDonnell-Douglas MD-82	53205/2028		Forte dei Marmi	Lsd fr Cofiri Lsg
☐	I-DANW	McDonnell-Douglas MD-82	53206/2034		Siena	
☐	I-DATA	McDonnell-Douglas MD-82	53216/2048		Gubbio	
☐	I-DATB	McDonnell-Douglas MD-82	53221/2079		Bergamo	
☐	I-DATC	McDonnell-Douglas MD-82	53222/2080		Foggia	
☐	I-DATD	McDonnell-Douglas MD-82	53223/2081		Savona	
☐	I-DATE	McDonnell-Douglas MD-82	53217/2053		Grosseto	
☐	I-DATF	McDonnell-Douglas MD-82	53224/2084		Vittorio Veneto	
☐	I-DATG	McDonnell-Douglas MD-82	53225/2086		Arezzo	
☐	I-DATH	McDonnell-Douglas MD-82	53226/2087		Pescara	
☐	I-DATI	McDonnell-Douglas MD-82	53218/2060		Siracusa	
☐	I-DATJ	McDonnell-Douglas MD-82	53227/2103		Lunigiana	
☐	I-DATK	McDonnell-Douglas MD-82	53228/2104		Ravenna	
☐	I-DATL	McDonnell-Douglas MD-82	53229/2105		Alghero	
☐	I-DATM	McDonnell-Douglas MD-82	53230/2106		Cividale del Friuli	
☐	I-DATO	McDonnell-Douglas MD-82	53219/2062		Reggio Emilia	
☐	I-DATQ	McDonnell-Douglas MD-82	53233/2110		Modena	
☐	I-DATR	McDonnell-Douglas MD-82	53234/2111		Livorno	
☐	I-DATS	McDonnell-Douglas MD-82	53235/2113	ex N9021J	Foligno	
☐	I-DATU	McDonnell-Douglas MD-82	53220/2073		Verona	
☐	I-DAVB	McDonnell-Douglas MD-82	49216/1262		Ferrara	
☐	I-DAVJ	McDonnell-Douglas MD-82	49431/1377		Parma	
☐	I-DAVL	McDonnell-Douglas MD-82	49433/1428		Reggio Calabriq	
☐	I-DAVM	McDonnell-Douglas MD-82	49434/1446		Caserta	
☐	I-DAVP	McDonnell-Douglas MD-82	49549/1544		Gorizia	
☐	I-DAVR	McDonnell-Douglas MD-82	49550/1584		Pisa	
☐	I-DAVS	McDonnell-Douglas MD-82	49551/1586		Catania	
☐	I-DAVT	McDonnell-Douglas MD-82	49552/1597		Como	
☐	I-DAVU	McDonnell-Douglas MD-82	49794/1600		Udine	

☐ I-DAVV	McDonnell-Douglas MD-82	49795/1639		Pavia	
☐ I-DAVW	McDonnell-Douglas MD-82	49796/1713		Camerino	
☐ I-DAVX	McDonnell-Douglas MD-82	49969/1719		Asti	
☐ I-DAVZ	McDonnell-Douglas MD-82	49970/1737		Brescia	
☐ I-DAWA	McDonnell-Douglas MD-82	49192/1126	ex N19B	Roma	Lsd fr AerGo Capital
☐ I-DAWB	McDonnell-Douglas MD-82	49197/1138		Cagliari	
☐ I-DAWC	McDonnell-Douglas MD-82	49198/1142		Campobasso	
☐ I-DAWD	McDonnell-Douglas MD-82	49199/1143		Catanzaro	Lsd fr AerGo Capital
☐ I-DAWE	McDonnell-Douglas MD-82	49193/1127	ex N13627	Milano	Lsd fr AerGo Capital
☐ I-DAWF	McDonnell-Douglas MD-82	49200/1147		Firenze	Lsd fr AerGo Capital
☐ I-DAWG	McDonnell-Douglas MD-82	49201/1148		L'Aquila	Lsd fr AerGo Capital
☐ I-DAWH	McDonnell-Douglas MD-82	49202/1170		Palermo	Lsd fr AerGo Capital
☐ I-DAWI	McDonnell-Douglas MD-82	49194/1130		Ancona	Lsd fr AerGo Capital
☐ I-DAWJ	McDonnell-Douglas MD-82	49203/1174		Genova	Lsd fr AerGo Capital
☐ I-DAWL	McDonnell-Douglas MD-82	49204/1179		Perugia	Lsd fr AerGo Capital
☐ I-DAWM	McDonnell-Douglas MD-82	49205/1184		Potenza	Lsd fr AerGo Capital
☐ I-DAWO	McDonnell-Douglas MD-82	49195/1136		Bari	Lsd fr AerGo Capital
☐ I-DAWP	McDonnell-Douglas MD-82	49206/1188		Torino	Lsd fr AerGo Capital
☐ I-DAWQ	McDonnell-Douglas MD-82	49207/1189		Trieste	Lsd fr AerGo Capital
☐ I-DAWS	McDonnell-Douglas MD-82	49209/1191		Aosta	
☐ I-DAWT	McDonnell-Douglas MD-82	49210/1192		Napoli	Lsd fr AerGo Capital
☐ I-DAWU	McDonnell-Douglas MD-82	49196/1137		Bologna	
☐ I-DAWV	McDonnell-Douglas MD-82	49211/1202		Trento	Lsd fr AerGo Capital

Alitalia Express is a wholly owned subsidiary, 2% owned by Air France-KLM Group who are the preferred bidder for the Italian government's stake.
Member of SkyTeam Alliance

ALITALIA EXPRESS
Ali Express (XM/SMX)   *Rome-Fiumicino (FCO)*

☐ I-ATLR	ATR 72-212A	701	ex F-WQMP	Fiume Tevere	
☐ I-ATMC	ATR 72-212A	588	ex F-WWED	Fiume Arno	
☐ I-ATPA	ATR 72-212A	626	ex F-WQKZ	Lago Trasimeno	Lsd fr Lsg Roma
☐ I-ATPM	ATR 72-212A	705	ex F-WWED	Fiume Po	
☐ I-ATRO	ATR 72-212	423	ex EI-CLB	Lago di Bracciano	
☐ I-ATRQ	ATR 72-212	428	ex EI-CLC	Fiume Simeto	
☐ I-ATRR	ATR 72-212	432	ex EI-CLD	Fiume Piave	
☐ I-ATRS	ATR 72-212	467	ex EI-CMJ	Fiume Volturno	
☐ I-ATSL	ATR 72-212A	592	ex F-WQKA	Lago di Garda	Lsd fr Lsg Roma
☐ I-ATSM	ATR 72-212A	702	ex F-WQMQ	Lago di Nemi	
☐ I-EXMA	Embraer EMB.145LR (ERJ-145LR)	145250	ex PT-SIN	Giosué Carducci	
☐ I-EXMB	Embraer EMB.145LR (ERJ-145LR)	145330	ex PT-SMW	Salvatore Quasidomo	
☐ I-EXMC	Embraer EMB.145LR (ERJ-145LR)	145436	ex PT-SUH	Emilio Gino Segré	
☐ I-EXMD	Embraer EMB.145LR (ERJ-145LR)	145445	ex PT-SUQ	Eugenio Montale	
☐ I-EXME	Embraer EMB.145LR (ERJ-145LR)	145282	ex PT-SJY	Guglielmo Marconi	
☐ I-EXMF	Embraer EMB.145LR (ERJ-145LR)	145641	ex PT-SED	Giulio Natta	
☐ I-EXMG	Embraer EMB.145LR (ERJ-145LR)	145652	ex PT-SEM	Daniel Bovet	
☐ I-EXMH	Embraer EMB.145LR (ERJ-145LR)	145665	ex PT-SEZ	Camillo Golgi	
☐ I-EXMI	Embraer EMB.145LR (ERJ-145LR)	145286	ex PT-SKD	Grazia Deledda	
☐ I-EXML	Embraer EMB.145LR (ERJ-145LR)	145709	ex PT-S	Ernesto Teodoro Monetta	
☐ I-EXMM	Embraer EMB.145LR (ERJ-145LR)	145738	ex PT-SHS	Anna Magnani	
☐ I-EXMN	Embraer EMB.145LR (ERJ-145LR)	145750	ex PT-SJJ	Vittorio de Sica	
☐ I-EXMO	Embraer EMB.145LR (ERJ-145LR)	145299	ex PT-SKQ	Luigi Pirandello	
☐ I-EXMU	Embraer EMB.145LR (ERJ-145LR)	145316	ex PT-SMH	Enrico Fermi	
☐ EI-DFG	Embraer 170-100LR (170)	17000008	ex PT-SKA	Via Appia	Lsd fr GECAS
☐ EI-DFH	Embraer 170-100LR (170)	17000009	ex PT-SKB	Via Aurélia	Lsd fr GECAS
☐ EI-DFI	Embraer 170-100LR (170)	17000010	ex PT-SKC	Via Cassia	Lsd fr GECAS
☐ EI-DFJ	Embraer 170-100LR (170)	17000011	ex PT-SKD	Via Flaminia	Lsd fr GECAS
☐ EI-DFK	Embraer 170-100LR (170)	17000032	ex PT-SUA	Via Salaria	Lsd fr GECAS
☐ EI-DFL	Embraer 170-100LR (170)	17000036	ex PT-SUF	Via Tiburtina Valeria	Lsd fr GECAS

Wholly owned by Alitalia; operates feeder services in full colours and using AZ flight numbers

ALPI EAGLES
AOC suspended by Italian authorities on 04 October 2007 with a temporary extension granted until 31 December 2007 but suspended operations 05 January 2008

AQUA AIRLINES
Como

☐ I-SEAB	Cessna 208 Caravan I	20800225	ex N225WA	Floatplane	Lsd fr Intesa Lsg

Aqua Airlines is the trading name of Navigando Air

BLU EXPRESS.COM
(BV/BPA)   *Rome-Fiumicino (FCO)*

☐ EI-CUA	Boeing 737-4K5	24901/1854	ex D-AHLR		Lsd fr BPA
☐ EI-CUD	Boeing 737-4Q8	26298/2564	ex TC-JEI		Lsd fr BPA
☐ EI-CUN	Boeing 737-4K5	27074/2281	ex D-AHLS		Lsd fr BPA
☐ EI-DVY	Boeing 737-31S	29059/2967	ex LZ-BOM	Citta di Palermo	Lsd fr BPA

251

☐	EI-DXB	Boeing 737-31S	29060/2979	ex LZ-BON	Citta di Roma		Lsd fr BPA
☐	I-LLAG	Boeing 767-330ER	25137/377	ex N691LF			Lsd fr BPA
	Low cost subsidiary of Blue Panorama Airlines						

BLUE PANORAMA AIRLINES
Blue Panorama (BV/BPA) (IATA 004)
Rome-Fiumicino (FCO)

☐	EI-CUA*	Boeing 737-4K5	24901/1854	ex D-AHLR		Lsd fr Aerco Ireland
☐	EI-CUD*	Boeing 737-4Q8	26298/2564	ex TC-JEI		Lsd fr Castle 2003-2
☐	EI-CUN*	Boeing 737-4K5	27074/2281	ex D-AHLS		Lsd fr Aerco Ireland
☐	EI-DVY*	Boeing 737-31S	29059/2967	ex LZ-BOM	Citta di Palermo	Lsd fr DSF A/c Lsg
☐	EI-DXB*	Boeing 737-31S	29060/2979	ex LZ-BON	Citta di Roma	Lsd fr DSF A/c Lsg
☐	EI-CXO	Boeing 767-3G5ER	28111/612	ex (I-BPAB)		Lsd fr ILFC
☐	EI-CZH	Boeing 767-3G5ER	29435/720	ex (I-BPAD)		Lsd fr ILFC
☐	EI-DKL	Boeing 757-231	28482/770	ex N714P		Lsd fr Pegasus Avn
☐	EI-DNA	Boeing 757-231	28483/777	ex N715TW		Lsd fr Pegasus Avn
☐	I-LLAG*	Boeing 767-330ER	25137/377	ex N691LF		Lsd fr ILFC

*Operated as Blu-Express.com, a wholly owned low-cost subsidiary
Four Boeing 787-8s, leased from Pegasus, are on order for delivery from 2009.

CARGOITALIA
White Pelican (2G/CRG)
Milan-Malpensa (MXP)

☐	I-CGIA	Douglas DC-10-30F	47843/335	ex N331FV	Amarone della Valpolicella	Lsd fr Rotor Trade

CITYFLY
City Fly (CII)
Rome-Urbe (ROM)

☐	I-DEPE	Britten-Norman BN-2B-26 Islander	2253	ex G-BTLY	
☐	I-LACO	Britten-Norman BN-2A-6 Islander	17	ex G-AWBY	

CLIPPER AERO SERVICES
Current status uncertain

CLUB AIR
(ISG)
Verona (VRN)

☐	I-CLBA	Avro 146-RJ85	E2300	ex EI-CNJ		Lsd fr Negri Immobiliare
☐	I-FASI	Avro 146-RJ70	E1260	ex EI-CPK		Lsd fr Locat SpA
☐	LZ-LDC	McDonnell-Douglas MD-82	49217/1268	ex I-DAVC		Lsd fr BUC
☐	LZ-LDF	McDonnell-Douglas MD-82	49219/1310	ex I-DAVF		Lsd fr BUC

CORPO FORESTALE DELLO STATO
Rome-Ciampino (CIA)

☐	I-CFAA	Agusta-Bell 412SP	25610		CFS-20	
☐	I-CFAB	Agusta-Bell 412SP	25614		CFS-21	
☐	I-CFAC	Agusta-Bell 412SP	25615		CFS-22	
☐	I-CFAD	Agusta-Bell 412SP	25618		CFS-23	
☐	I-CFAE	Agusta-Bell 412EP	25918		CFS-24	
☐	I-CFAF	Agusta-Bell 412EP	25919		CFS-25	
☐	I-CFAK	Agusta-Bell 412EP	25926		CFS-26	
☐	I-CFAL	Agusta-Bell 412EP	25978		CFS-27	
☐	I-CFSJ	Agusta-Bell 412	25561		CFS-14	
☐	I-CFSO	Agusta-Bell 412	25562		CFS-15	
☐	I-CFSP	Agusta-Bell 412	25563		CFS-16	
☐	I-CFSW	Agusta-Bell 412	25564		CFS-18	
☐	I-CFSX	Agusta-Bell 412	25572		CFS-19	
☐	I-CFAG	Erickson/Sikorsky S-64E Skycrane	64088	ex N213AC	CFS-100	Op by European Air-Crane
☐	I-CFAH	Erickson/Sikorsky S-64E Skycrane	64080	ex N174AC	CFS-101	Op by European Air-Crane
☐	I-CFAI	Erickson/Sikorsky S-64E Skycrane	64067	ex N197AC	CFS-102	Op by European Air-Crane
☐	I-CFAJ	Erickson/Sikorsky S-64E Skycrane	64078	ex N227AC	CFS-103	Op by European Air-Crane

ELBAFLY
Elba-Island de Campo (EBA)

☐	S5-BAF	LET L-410UVP-E8C	912540	ex OM-WDA	FedEx colours	Lsd fr/op by SOP

ELIDOLOMITI
Elidolomiti (EDO)
Belluno (BLX)

☐	EC-JKP	Agusta A.109E Power	11637	EMS	Lsd fr HSE
☐	I-AGKL	Agusta A.109K2	10020	EMS	
☐	I-REMJ	Agusta A.109S	22041	EMS	
☐	I-REMR	Agusta A.109E Power	11133	EMS	

	I-REMV	Agusta A.109E Power	11119		EMS	

ELIFRIULA
Elifriula (EFG) — *Trieste (TRS)*

☐	I-HAVE	Aerospatiale AS.350B3 Ecureuil	3205			
☐	I-HBLU	Aerospatiale AS.350B3 Ecureuil	3940			
☐	I-HOLD	Aerospatiale AS.350B3 Ecureuil	3566			
☐	I-HOOK	Aerospatiale AS.350B3 Ecureuil	3090			
☐	I-HORT	Aerospatiale AS.350B Ecureuil	3699			
☐	I-HPLC	Aerospatiale AS.350B Ecureuil	3702			
☐	I-HALP	Eurocopter EC 135T2	0469	ex D-HDOL		
☐	I-HIFI	Eurocopter EC.135T1	0085		EMS	
☐	I-HSAR	Agusta A.109E Power	11125		EMS	
☐	I-ORAO	Aerospatiale AS.355N Ecureuil 2	5583			

ELILARIO ITALIA
Lario (ELH) — *Colico/Bergamo-Orio al Serio(-/BGY)*

☐	I-CGCL	Agusta-Bell 412SP	25600			
☐	I-EITB	Agusta-Bell 412SP	25972			
☐	I-MAGM	Agusta-Bell 412SP	25602	ex Fv11338		Lsd fr Elicaffaro
☐	I-NUBJ	Agusta-Bell 412EP	25913			Lsd fr Palladio
☐	I-RMTI	Agusta-Bell 412EP	25923			
☐	I-RNBR	Agusta-Bell 412EP	25921			
☐	I-EITC	Agusta A.109S Grand	22007			
☐	I-ESUE	Agusta A.109E Power	11124			
☐	I-FLAK	Agusta A.109E Power	11076			
☐	I-GEMI	Agusta A.109E Power	11085			
☐	I-NIGI	Agusta A.109E Power	11619			
☐	I-RCPM	Agusta A.109E Power Elite	11172			
☐	I-AICO	MBB BK-117C-1	7542	ex D-HZBV		Lsd fr Sanpaolu Lsg
☐	I-AVJF	MBB BK-117C-1	7525	ex D-HMBI		Lsd fr Palladio
☐	I-DENI	MBB BK-117C-1	7539			
☐	I-EITF	MBB BK-117C-1	9082			
☐	I-EITG	MBB BK-117C-1	2006			
☐	I-EITH	MBB BK-117C-1	9093			
☐	I-HBHG	MBB BK-117B-2	7164	ex D-HBHG		
☐	I-HECD	MBB BK-117C-1	7500	ex D-HECD	EMS	Lsd fr Eurocopter
☐	I-HVEN	MBB BK-117C-1	7526	ex D-HVEN	EMS	Lsd fr Italease
☐	I-MESO	MBB BK-117C-1	7532	ex D-HMB.		
☐	I-DAMS	Aerospatiale AS.365N3 Dauphin 2	6700	ex F-WWQX		Lsd fr Locafit
☐	I-EITD	Agusta AW.139	31054	ex I-RAIC		
☐	I-HMED	Aerospatiale EC.135T1	0082	ex D-HBYI	EMS	Lsd fr Intesa Lsg
☐	I-LOBE	Aerospatiale AS.365N3 Dauphin 2	6699	ex F-WWQX		
☐	I-ROCS	Agusta AW.139	31005		EMS	
☐	I-VRVR	Aerospatiale AS.355F1 Ecureuil 2	5180			
☐	I-	Agusta AW.139			on order	

ELILOMBARDA
(EQA) — *Calcinate del Pesce*

☐	I-CEPA	Agusta AW.139	31050			
☐	I-CESR	Agusta A.109S	22033			
☐	I-HELO	Agusta A.109E Power	11605			
☐	I-MALF	Agusta-Bell 412EP	25975		EMS	
☐	I-MECE	Agusta-Bell 412EP	25976		EMS	
☐	I-PAXE	Agusta A.109E Power	11127			

EUROFLY
Siriofly (GJ/EEZ) (IATA 736) — *Milan-Malpensa (MXP)*

☐	I-EEZC	Airbus A320-214	1852	ex F-WWIT		Lsd fr GATX Capital
☐	I-EEZD	Airbus A320-214	1920	ex F-WWDJ		Lsd fr GATX Capital
☐	I-EEZE	Airbus A320-214	1937	ex F-WWIO		Lsd fr GATX Capital
☐	I-EEZF	Airbus A320-214	1983	ex F-WWDM		Lsd fr GECAS
☐	I-EEZG	Airbus A320-214	2001	ex F-WWBB	Domina titles	Lsd fr GECAS
☐	I-EEZH	Airbus A320-214	0737	ex F-GRSG		Lsd fr GECAS
☐	I-EEZI	Airbus A320-214	0749	ex F-GRSH		Lsd fr GECAS
☐	I-EEZK	Airbus A320-214	1125	ex I-VLEA		Lsd fr GECAS
☐	I-EEZA	Airbus A330-223	358	ex EI-CXF		Lsd fr ILFC
☐	I-EEZB	Airbus A330-223	364	ex EI-CXG		Lsd fr ILFC
☐	I-EEZJ	Airbus A330-223	665	ex F-WWKO	Campari titles	Lsd fr ILFC
☐	I-EEZL	Airbus A330-223	802	ex F-WWYD		Lsd fr CIT Group

29.95% owned by Meridiana

EUROPEAN AIR CRANE
Florence (FLR)

European Air Crane is a subsidiary of Erikson Air Crane; operates Erickson/Sikorsky S-64E Skycranes for CFDS

FLY WEX
Fly Wex (IM/IAD) *Brescia (VBS)*

Current status uncertain, all aircraft returned

HELI-ITALIA
Helitalia (HIT) *Florence (FLR)*

☐ I-HBHA	Agusta A.109K2	10023	ex I-ECAM	EMS	
☐ I-HBHB	Agusta A.109K2	10025	ex N109TA	EMS	
☐ I-HDPR	Agusta A.109E	11625		EMS	
☐ I-MAFP	Agusta A.109E Power	11121		EMS	
☐ I-RRMM	Agusta A.109E Power	11667		EMS	
☐ D-HDNO	MBB BK-117C-1	7548		EMS	Lsd fr Eurocopter
☐ D-HDSR	MBB BK-117C-1	7545		EMS	Lsd fr Eurocopter
☐ I-HBHC	MBB BK-117B-1	7251	ex D-HITZ	EMS	Lsd fr Eligestione
☐ I-HBMC	MBB BK-117C-1	7528	ex D-HBMC	EMS	Lsd fr Elisoccorso
☐ I-HBMS	MBB BK-117C-1	7531	ex D-HMBB	EMS	Lsd fr Leasing Roma
☐ I-HDBX	MBB BK-117C-1	7546	ex D-HDBX	EMS	
☐ I-HDBZ	MBB BK-117C-1	7547	ex D-HDBZ	EMS	
☐ I-HKAV	MBB BK-117C-1	7540	ex D-HKAV	EMS	

ICARO
Ceased operations

ITALI AIRLINES
Itali (9X/ACL) *Pescara (PSR)*

☐ I-ACLG	Dornier 328-310 (328 JET)	3133	ex D-BGAG		Lsd fr Leasing Roma
☐ I-ACLH	Dornier 328-310 (328 JET)	3152	ex D-BGAR		Lsd fr Leasing Roma
☐ I-BSTI	Swearingen SA.227AC Metro III	AC-470	ex N581BT		Lsd fr Air Columbia
☐ I-BSTS	Swearingen SA.227AC Metro III	AC-603	ex N3117S		Lsd fr Air Columbia
☐ I-DAVA	McDonnell-Douglas MD-82	49215/1253			Lsd fr Bytois
☐ I-DAWW	McDonnell-Douglas MD-82	49212/1233			Lsd fr Bytois
☐ I-DAWZ	McDonnell-Douglas MD-82	49214/1245			Lsd fr Bytois
☐ I-	ATR 72-		ex	on order	

Ten Sukhoi SuperJet 100s are on order for delivery from 2009 to 2011

LINKAIREXPRESS
Current status uncertain as leased aircraft were sold by the lessor

LIVINGSTON
Livingston (LM/LVG) (IATA 857) *Milan-Malpensa (MXP)*

☐ EI-LVA	Airbus A321-231	1950	ex I-LIVA	Capt Aldo Giannelli	
					Lsd fr AWAS Avn Trading
☐ EI-LVB	Airbus A321-231	1970	ex I-LIVB	Jacaranda	Lsd fr AWAS Avn Trading
☐ EI-LVD	Airbus A321-231	0792	ex I-LIVD	Boavista	Lsd fr BOC Aviation
☐ F-GMLI	McDonnell-Douglas MD-83	53014/1740	ex F-WMLI		Lsd fr BLE
☐ I-LIVL	Airbus A330-243	627	ex F-WWYE	Andilana	Lsd fr ILFC
☐ I-LIVM	Airbus A330-243	551	ex F-WWKE	Playa Maroma	Lsd fr ILFC
☐ I-LIVN	Airbus A330-243	597	ex F-WWKQ	Gran Dominicus	Lsd fr ILFC

MERIDIANA
Merair (IG/ISS) (IATA 191) *Olbia (OLB)*

☐ EI-CIW	McDonnell-Douglas MD-83	49785/1628	ex HL7271	Isola Tremiti	Lsd fr Aergo Lsg
☐ EI-CKM	McDonnell-Douglas MD-83	49792/1655	ex TC-INC	Isola dell'Asinara	Lsd fr GECAS
☐ EI-CNR	McDonnell-Douglas MD-83	53199/1968	ex N531LS		Lsd fr A/c Finance Trust
☐ EI-CRE	McDonnell-Douglas MD-83	49854/1601	ex D-ALLL	Tavolara-Punta Coda Cavallo	
					Lsd fr AAR Ireland
☐ EI-CRH	McDonnell-Douglas MD-83	49935/1773	ex HB-IKM	Torre Guaceto	Lsd fr GECAS
☐ EI-CRW	McDonnell-Douglas MD-83	49951/1915	ex HB-IKN	Portofino	Lsd fr GECAS
☐ I-SMEB	McDonnell-Douglas MD-82	53064/1908	ex B-28001	Parco di Baia	
☐ I-SMEC	McDonnell-Douglas MD-83	49808/1836	ex N183NA	Porto Cesareo	Lsd fr ILFC
☐ I-SMED	McDonnell-Douglas MD-83	53182/2068	ex N875RA	Isole Ciclopi	Lsd fr AWAS
☐ I-SMEL	McDonnell-Douglas MD-82	49247/1151	ex HB-IKK	Parco Gaiola	
☐ I-SMEM	McDonnell-Douglas MD-82	49248/1152	ex HB-IKL	Penisola del sinis	
☐ I-SMEN	McDonnell-Douglas MD-83	53013/1738	ex EI-CRJ	Isole Egadi	Lsd fr Porec
☐ I-SMEP	McDonnell-Douglas MD-82	49740/1618		Punta Campanella	
☐ I-SMER	McDonnell-Douglas MD-82	49901/1766	ex N6202S	Cinque Terre	
☐ I-SMES	McDonnell-Douglas MD-82	49902/1948		Isole Pelagie	
☐ I-SMET	McDonnell-Douglas MD-82	49531/1362		Miramere nel Golfo di Trieste	

☐	I-SMEV	McDonnell-Douglas MD-82	49669/1493		Isole di Ventotene e Santo Stefano	
☐	I-SMEZ	McDonnell-Douglas MD-82	49903/1949	ex PH-SEZ	Secche di Tor Patemo	

Plans to replace the McDonnell-Douglas MD-82s with 17 Airbus A320s but timescale uncertain

☐	EI-DEY	Airbus A319-112	1102	ex D-ANDA	Capo Rizzuto	Lsd fr Olbia Lts
☐	EI-DEZ	Airbus A319-112	1283	ex F-WQQE	Capo Gallo	Lsd fr Olbia Ltd
☐	EI-DFA	Airbus A319-112	1305	ex D-ANDI	Capo Carbonara	Lsd fr Olbia Ltd
☐	EI-DFP	Airbus A319-112	1048	ex F-OHJV	Capo Caccia	Lsd fr WT SP Services

Owns 29.95% of Eurofly

MINILINER
Miniliner (MNL)   Bergamo-Orio al Serio (BGY)

☐	I-MLGT	Fokker F.27 Friendship 500	10379	ex F-BPUG	Lsd fr Locafit
☐	I-MLHT	Fokker F.27 Friendship 500	10382	ex F-BPUH	Lsd fr Locafit
☐	I-MLQT	Fokker F.27 Friendship 400	10295	ex HB-ITQ	
☐	I-MLRT	Fokker F.27 Friendship 500	10377	ex F-BPUE	
☐	I-MLTT	Fokker F.27 Friendship 500	10378	ex F-BPUF	
☐	I-MLUT	Fokker F.27 Friendship 500	10369	ex F-BPUA	
☐	I-MLVT	Fokker F.27 Friendship 500	10373	ex F-BPUC	
☐	I-MLXT	Fokker F.27 Friendship 500	10374	ex F-BPUD	

All operated in all-white colours without titles

☐	PH-LMA	Fokker F.27 Mk.050 (Fokker 50)	20118	ex (PH-LCA)	Lsd fr FFV 20118; sublsd to APF
☐	PH-LMB	Fokker F.27 Mk.050 (Fokker 50)	20119	ex (PH-LCD)	Lsd fr FFV 20119; sublsd to APF

Both freighters

MISTRAL AIR
Airmerci (MSA)   Rome-Ciampino (CIA)

☐	EI-DUS	Boeing 737-3M8 (QC)	24021/1630	ex TF-ELM	Maestrale	Lsd fr AerCap
☐	EI-DVA	Boeing 737-36E (QC)	25159/2068	ex F-GIXM		
☐	EI-DVC	Boeing 737-33A (QC)	25426/2172	ex SE-DPC	Libeccio	Lsd fr AWMS I
☐	I-MSAA	British Aerospace 146 Srs.200QT	E2109	ex I-TPGS	Op for TNT	
☐	I-TNTC	British Aerospace 146 Srs.200QT	E2078	ex G-5-078	Op for TNT	

Wholly owned subisidiary of TNT Post Group, operates services for TNT Global Express and Italian Post

MYAIR
(8I/MYW)   Bergamo-Orio al Serio (BGY)

☐	EC-JIB	Airbus A320-232	0496	ex C-GTDC	VW Tiguan colours	Lsd fr LTE
☐	EC-JRC	Airbus A320-212	0438	ex A4O-EG		Lsd fr LTE
☐	EI-DJH	Airbus A320-212	0814	ex I-PEKW		Lsd fr ILFC
☐	EI-DJI	Airbus A320-214	1757	ex I-PEKQ	for TAM	Lsd fr ILFC
☐	EI-DOD	Airbus A320-231	0444	ex G-FHAJ		Lsd fr Hanover Lsg Aircraft
☐	EI-DRG	Airbus A320-231	0338	ex G-GTDK		Lsd fr MALC Lsg 1
☐	HB-IJZ	Airbus A320-211	0211	ex F-GJVD		Lsd fr Jetclub
☐	I-LINB	Airbus A320-231	0363	ex G-SUEE		Lsd fr JET
☐	EI-DUM	Canadair CL-600-2D24 (CRJ-900)	15103	ex C-		Lsd fr Champion A/c Lsg
☐	EI-DUU	Canadair CL-600-2D24 (CRJ-900)	15102	ex C-		
☐	EI-DUX	Canadair CL-600-2D24 (CRJ-900)	15110	ex C-		Lsd fr Champion A/c Lsg
☐	EI-DUY	Canadair CL-600-2D24 (CRJ-900)	15112	ex C-		Lsd fr Champion A/c Lsg

Nineteen Canadair CRJ-1000s are on order for delivery from 2009
MyAir.com is the trading name of MyWay Airlines

NEOS.................
Moonflower (NO/NOS) (IATA 703)   Milan-Malpensa (MXP)

☐	EI-DMJ*	Boeing 767-306ER	27958/589	ex PH-BZB	Ciudad de la Habana	Lsd fr ILFC
☐	EI-DOF*	Boeing 767-306ER	27610/605	ex PH-BZD		Lsd fr ILFC; sublsd to ISR
☐	I-NEOS	Boeing 737-86N/W	32733/1078		Citta di Milano	Lsd fr GECAS
☐	I-NEOT	Boeing 737-86N/W	33004/1144		Citta di Torino	Lsd fr GECAS
☐	I-NEOU	Boeing 737-86N/W	29887/1263		Citta di Verona	Lsd fr GECAS
☐	I-NEOX	Boeing 737-86N/W	33677/1486		Citta di Bologna	Lsd fr GECAS

Sublsd to Flyglobespan (GSM)

OCEAN AIRLINES
Ceased operations December 2007

SKYBRIDGE AIROPS
   Rome-Ciampino (CIA)

☐	I-SKYB	Embraer EMB.120RT Brasilia	120087	ex F-GTSG	Lsd fr Aelis Air Svs

SOREM
   Rome-Ciampano/Urbe (CIA/ROM)

☐	I-CFST	Canadair CL-215-1A10 (CL-215)	1072	ex mm62019	1
☐	I-SRMA	Canadair CL-215-1A10 (CL-215)	1004	ex I-SMRA	A1

☐	I-SRMC	Canadair CL-215-1A10 (CL-215)	1076	ex C-GBXQ		S2
☐	I-SRMD	Canadair CL-215-1A10 (CL-215)	1097	ex C-GOFN		S3
☐	I-SRME	Canadair CL-215-1A10 (CL-215)	1049	ex C-GUKM		S4
☐	I-DPCC	Canadair CL-215-6B11 (CL-415)	2066	ex C-FNLH		
☐	I-DPCD	Canadair CL-215-6B11 (CL-415)	2003	ex C-FTUA		7
☐	I-DPCE	Canadair CL-215-6B11 (CL-415)	2004	ex C-FTUS		8
☐	I-D PCF	Canadair CL-215-6B11 (CL-415)	2059	ex C-GIWU		23
☐	I-DPCG	Canadair CL-215-6B11 (CL-415)	2060	ex C-GJHU		24
☐	I-DPCH	Canadair CL-215-6B11 (CL-415)	2062	ex C-GJLB		25
☐	I-DPCI	Canadair CL-215-6B11 (CL-415)	2058	ex C-GISM		26
☐	I-DPCO	Canadair CL-215-6B11 (CL-415)	2009	ex C-FVRA		10
☐	I-DPCP	Canadair CL-215-6B11 (CL-415)	2020	ex C-FYCY		11
☐	I-DPCQ	Canadair CL-215-6B11 (CL-415)	2021	ex C-FYDA		12
☐	I-DPCT	Canadair CL-215-6B11 (CL-415)	2029	ex C-FZYS		18
☐	I-DPCU	Canadair CL-215-6B11 (CL-415)	2030	ex C-GALV		14
☐	I-DPCV	Canadair CL-215-6B11 (CL-415)	2035	ex C-GCXG		15
☐	I-DPCW	Canadair CL-215-6B11 (CL-415)	2036	ex C-GDHW		6
☐	I-DPCY	Canadair CL-215-6B11 (CL-415)	2047	ex C-GFUS		20
☐	I-DPCZ	Canadair CL-215-6B11 (CL-415)	2048	ex C-GGCW		21

All Tankers, leased from and operated for Protezione Civile
SOREM is the trading name of Societa Richerche Esperienze Meteorologiche

VOLAREWEB
Revola (VE/VLE) (IATA 263)   Milan-Linate (LIN)

☐	F-OHFR	Airbus A320-212	0189	ex G-UKLL		Lsd fr Macquarie AirFinance
☐	F-OHFU	Airbus A320-212	0190	ex SE-DVH		Lsd fr Macquarie AirFinance
☐	I-WEBA	Airbus A320-214	3138	ex F-WWDI		
☐	I-WEBB	Airbus A320-214	3161	ex F-WWIC		Lsd fr CIT Leasing
☐	G-FLTL	McDonnell-Douglas MD-83	49790/1643	ex OE-LHG		Lsd fr FLT

Sister company of Air Europe who operate long-haul flights

VOLI REGIONALI
Ceased operations

VOLIAMO
Current status uncertain

WINDJET
Ghibli (IV/JET)   Catania (CTA)

☐	EI-CUM	Airbus A320-232	0542	ex N721LF		Lsd fr ILFC
☐	EI-DFN	Airbus A320-211	0204	ex F-GJVC	on order	Lsd fr AerCap
☐	EI-DFO	Airbus A320-211	0371	ex A6-ABX		Lsd fr Triton
☐	EI-DNP	Airbus A320-212	0421	ex A4O-EF		Lsd fr Oasis Intl
☐	EI-DOE	Airbus A320-211	0215	ex F-GJVE		Lsd fr ALS Irish A/c
☐	EI-DOP	Airbus A320-232	0816	ex B-HSF		Lsd fr ILFC
☐	EI-DVD	Airbus A319-113	0647	ex F-GPMH		Lsd fr Castle 2003-1A
☐	EI-DVU	Airbus A319-113	0660	ex F-GPMI		Lsd fr Castle 2003-1A
☐	I-LINB	Airbus A320-231	0363	ex G-SUEE		Lsd fr Oasis; sublsd to MYW
☐	I-LINF	Airbus A320-231	0393	ex N393NY		Lsd fr ILFC
☐	I-LING	Airbus A320-231	0414	ex 5B-DBJ		Lsd fr ILFC
☐	I-LINH	Airbus A320-231	0163	ex G-RDVE		Lsd fr Beowolf Lsg

JA   JAPAN

AIR CENTRAL
(NV/CRF)   Nagoya-Chubu (NGO)

☐	JA01NV	Fokker F.27 Mk 050 (Fokker 50)	20257	ex PH-KXY	Lsd fr Sumishin Lease
☐	JA8200	Fokker F.27 Mk 050 (Fokker 50)	20307	ex PH-JCN	Lsd fr Sumishin Lease
☐	JA8889	Fokker F.27 Mk 050 (Fokker 50)	20259	ex PH-EXX	Lsd fr Sumishin Lease

55% owned by ANA-All Nippon Airways and operates in full ANA colours as ANA Connection with Air Central titles

AIR DO
Air Do (HD/ADO)   Sapporo-New Chitose (CTS)

☐	JA01HD	Boeing 767-33AER	28159/689	ex OO-CTQ	Lsd fr Hotaru Holding
☐	JA98AD	Boeing 767-33AER	27476/687	ex N767AN	Lsd fr Nikuokusu
☐	JA391K	Boeing 737-4Y0	24545/1805	ex N545NK	Lsd fr ANA
☐	JA392K	Boeing 737-46M	28550/2847	ex N8550F	Lsd fr ANA
☐	JA8258	Boeing 767-381	23758/179	ex N6055X	Lsd fr ANA

Filed for creditor protection 25 June 2002; operations continue and code-shares with All Nippon
Air Do is the trading name of Hokkaido International Airlines

AIR DOLPHIN

Okinawa-Naha (OKA)

☐	JA21EG	Beech 65-C90A King Air	LJ-1591	ex N400TG
☐	JA3428	Cessna P206C Super Skylane	P206-0517	ex N1610C
☐	JA5281	Britten-Norman BN-2B-26 Islander	2154	ex N667J
☐	JA5306	Britten-Norman BN-2B-26 Islander	2236	ex G-BSPO
☐	JA5320	Britten-Norman BN-2B-20 Islander	2269	ex G-BUBM

AIR JAPAN
Air Japan (NQ/AJX)

Osaka-Itami/Kansi (ITM/KIX)

☐	JA55DZ	Cessna 208B Caravan I	208B0530	ex N164SA

Wholly owned subsidiary of All Nippon Airways and also operates services from Osaka to Seoul; some Boeing 767-381ER aircraft carry titles of all members of ANA Group (Air Japan, Air Nippon and ANA) and can be operated by any airline

AIR NEXT
Blue Dolphin (7A/NXA)

Fukuoka (FUK)

☐	JA302K	Boeing 737-54K	28990/3002	ex N1787B	Lsd fr ANA
☐	JA304K	Boeing 737-54K	28992/3030		Lsd fr ANA
☐	JA306K	Boeing 737-54K	29794/3109	ex N1786B	Lsd fr ANA
☐	JA307K	Boeing 737-54K	29795/3116	ex N60436	Lsd fr ANA
☐	JA351K	Boeing 737-5Y0	25189/2240	ex N189NK	Lsd fr ANA
☐	JA352K	Boeing 737-5Y0	26097/2534	ex N97NK	Lsd fr ANA
☐	JA353K	Boeing 737-5Y0	26104/2552	ex N104NK	Lsd fr ANA
☐	JA354K	Boeing 737-5Y0	26105/2553	ex N105NK	Lsd fr ANA
☐	JA359K	Boeing 737-5L9	28128/2817	ex N8128R	Lsd fr ANA

Operates as low cost wholly owned subsidiary of Air Nippon using joint NH/7A callsigns

AIR NIPPON
ANK Air (EL/ANK) (IATA 768)

Tokyo-Haneda (HND)

☐	JA01AN	Boeing 737-781/W	33916/1781	ex N6066U	Gold titles/cheatlines	Lsd fr ANA
☐	JA02AN	Boeing 737-781/W	33872/1850		Gold titles/cheatlines	Lsd fr ANA
☐	JA03AN	Boeing 737-781/W	33873/1871	ex N1787B		Lsd fr ANA
☐	JA04AN	Boeing 737-781/W	33874/1890	ex N1781B		Lsd fr ANA
☐	JA05AN	Boeing 737-781/W	33875/1971			Lsd fr ANA
☐	JA06AN	Boeing 737-781/W	33876/1992			Lsd fr ANA
☐	JA07AN	Boeing 737-781/W	33900/2071			Lsd fr ANA
☐	JA08AN	Boeing 737-781/W	33877/2086			Lsd fr ANA
☐	JA09AN	Boeing 737-781/W	33878/2145			Lsd fr ANA
☐	JA10AN	Boeing 737-781ER/W	33879/2157	ex N716BA	ANA Business Jet	Lsd fr ANA
☐	JA12AN	Boeing 737-781/W	33881/2301			Lsd fr ANA
☐	JA13AN	Boeing 737-781ER/W	33880/2232	ex N717BA	ANA Business Jet	Lsd fr ANA
☐	JA14AN	Boeing 737-781/W	33883/2370	ex N1787B		Lsd fr ANA
☐	JA15AN	Boeing 737-781/W	33888/2394	ex N6063S		Lsd fr ANA
☐	JA16AN	Boeing 737-781/W	33889/2488	ex N721BA	on order	Lsd fr ANA
☐	JA17AN	Boeing 737-781/W	33884/2513		on order	Lsd fr ANA
☐	JA18AN	Boeing 737-781/W	33885		on order	Lsd fr ANA
☐	JA19AN	Boeing 737-881/W	33886		on order	Lsd fr ANA
☐	JA20AN	Boeing 737-881/W	33887		on order	Lsd fr ANA
☐	JA300K	Boeing 737-54K	27434/2872			Lsd fr ANA
☐	JA301K	Boeing 737-54K	27435/2875			Lsd fr ANA
☐	JA303K	Boeing 737-54K	28991/3017			Lsd fr ANA
☐	JA305K	Boeing 737-54K	28993/3075	ex N1781B		Lsd fr ANA
☐	JA355K	Boeing 737-5L9	28129/2823	ex N8129L		Lsd fr ANA
☐	JA356K	Boeing 737-5L9	28083/2784	ex N8083N		Lsd fr ANA
☐	JA357K	Boeing 737-5L9	28131/2828	ex N88131		Lsd fr ANA
☐	JA358K	Boeing 737-5L9	28130/2825	ex N8130J		Lsd fr ANA
☐	JA391K	Boeing 737-4Y0	24545/1805	ex N545NK	Lsd fr Ageha Holding; sublsd to ADO	
☐	JA392K	Boeing 737-46M	28550/2847	ex N8550F	Lsd fr GL Quality Lsg; sublsd to ADO	
☐	JA8195	Boeing 737-54K	27433/2815			Lsd fr ANA
☐	JA8196	Boeing 737-54K	27966/2824			Lsd fr ANA
☐	JA8404	Boeing 737-54K	27381/2708	ex N35108		Lsd fr ANA
☐	JA8419	Boeing 737-54K	27430/2723			Lsd fr ANA
☐	JA8500	Boeing 737-54K	27431/2751			Lsd fr ANA
☐	JA8504	Boeing 737-54K	27432/2783			Lsd fr ANA
☐	JA8595	Boeing 737-54K	28461/2850			Lsd fr ANA
☐	JA8596	Boeing 737-54K	28462/2853			Lsd fr ANA

Being repainted in full ANA colours and Air Nippon titles

☐	JA801K	de Havilland DHC-8Q-314	565	ex C-GDFT	
☐	JA802K	de Havilland DHC-8Q-314	577	ex C-FDHD	Lsd fr YT Aero
☐	JA803K	de Havilland DHC-8Q-314	583	ex C-FDHW	Lsd fr NL Scorpio Lse
☐	JA804K	de Havilland DHC-8Q-314	591	ex C-GFUM	Lsd fr NL Orion Lse
☐	JA805K	de Havilland DHC-8Q-314	592	ex C-GFYI	Lsd fr NL Phoenix Lse

Member of ANA Group.
Air Next and Air Nippon Network are wholly owned subsidiaries who operate the aircraft while some Boeing 767-381ER aircraft carry titles of all members of ANA Group (Air Japan, Air Nippon and ANA) and can be operated by any airline.

AIR NIPPON NETWORK
Alfa Wing (EH/ANA)   Sapporo-Okadama (OKD)

☐	JA801K	de Havilland DHC-8Q-314	565	ex C-GDFT	Tsubaki c/s	Lsd fr ANK
☐	JA802K	de Havilland DHC-8Q-314	577	ex C-FDHD	Himawari c/s	Lsd fr ANK
☐	JA803K	de Havilland DHC-8Q-314	583	ex C-FDHW	Suzuran c/s	Lsd fr ANK
☐	JA804K	de Havilland DHC-8Q-314	591	ex C-GFUM	Cosmos c/s	Lsd fr ANK
☐	JA805K	de Havilland DHC-8Q-314	592	ex C-GFYI	Hamanasu c/s	Lsd fr ANK
☐	JA841A	de Havilland DHC-8-402Q	4080	ex C-GDLK		Lsd fr ANA
☐	JA842A	de Havilland DHC-8-402Q	4082	ex C-GFOD		Lsd fr ANA
☐	JA843A	de Havilland DHC-8-402Q	4084	ex C-GFQL		Lsd fr ANA
☐	JA844A	de Havilland DHC-8-402Q	4091	ex C-GHRI		Lsd fr ANA
☐	JA845A	de Havilland DHC-8-402Q	4096	ex C-FAQB		Lsd fr ANA
☐	JA846A	de Havilland DHC-8-402Q	4097	ex C-FAQD		Lsd fr ANA
☐	JA847A	de Havilland DHC-8-402Q	4099	ex C-FAQK		Lsd fr ANA
☐	JA848A	de Havilland DHC-8-402Q	4102	ex C-FCQA		Lsd fr ANA
☐	JA849A	de Havilland DHC-8-402Q	4106	ex C-FCVE		Lsd fr ANA
☐	JA850A	de Havilland DHC-8-402Q	4108	ex C-FCVJ		Lsd fr ANA
☐	JA851A	de Havilland DHC-8-402Q	4109	ex C-FCVK		Lsd fr ANA
☐	JA852A	de Havilland DHC-8-402Q	4131	ex C-FGKC		Lsd fr ANA
☐	JA853A	de Havilland DHC-8-402Q	4135	ex C-FGKN		Lsd fr ANA
☐	JA854A	de Havilland DHC-8-402Q	4151	ex C-FJLH		Lsd fr ANA

Wholly owned subsidiary of Air Nippon; operates with A-net and Air Central titles.

AIRTRANSSE
AirTra (AZX)   Obihiro (OBO)

☐	JA017A	Beech 1900D	UE-252	ex N10907	

AMAKUSA AIRLINES
(AHX)   Kumamoto (KMJ)

☐	JA81AM	de Havilland DHC-8Q-103	537	ex C-FCSG	

ANA - ALL NIPPON AIRWAYS
All Nippon (NH/ANA) (IATA 205)   Tokyo-Haneda (HND)

☐	JA201A	Airbus A320-211	1973	ex F-WWBQ		Lsd fr FG Rose Lsg
☐	JA202A	Airbus A320-211	2054	ex F-WWIS		Lsd fr FG Sky Lsg
☐	JA203A	Airbus A320-211	2061	ex F-WWDC		Lsd fr FG Wing Lsg
☐	JA204A	Airbus A320-214	2998	ex F-WWIZ		Lsd fr Zen Nikku Shoji
☐	JA205A	Airbus A320-214	3099	ex F-WWIE		Lsd fr Zen Nikku Caribbean Lsg
☐	JA206A	Airbus A320-214	3147	ex F-WWBQ		Lsd fr Sumishin Lease
☐	JA207A	Airbus A320-214	3148	ex F-WWBR		Lsd fr Sumishin Lease
☐	JA208A	Airbus A320-214	3189	ex F-WWDZ		Lsd fr Summit Aero Engine
☐	JA8300	Airbus A320-211	0549	ex F-WWIT		
☐	JA8304	Airbus A320-211	0531	ex F-WWDY		
☐	JA8313	Airbus A320-211	0534	ex F-WWBC		
☐	JA8381	Airbus A320-211	0138	ex F-WWDE	D-ALLB resd	For Macau Asia Express
☐	JA8382	Airbus A320-211	0139	ex F-WWDF	wfs 30Nov07	For Macau Asia Express
☐	JA8383	Airbus A320-211	0148	ex F-WWDO	D-ALLC resd	For Macau Asia Express
☐	JA8384	Airbus A320-211	0151	ex F-WWDR	D-ALLD resd	For Macau Asia Express
☐	JA8385	Airbus A320-211	0167	ex F-WWIE	D-ALLE resd	For Macau Asia Express
☐	JA8386	Airbus A320-211	0170	ex F-WWII		Lsd fr NBB Epoc Co
☐	JA8387	Airbus A320-211	0196	ex F-WWDE		Lsd fr NBB Clarion Co
☐	JA8388	Airbus A320-211	0212	ex F-WWIG		Lsd fr Aiyo Sangyo
☐	JA8389	Airbus A320-211	0219	ex F-WWDZ		Lsd fr NBB Muse
☐	JA8390	Airbus A320-211	0245	ex F-WWDE	D-ALLF resd	Lsd fr NBB Brand
☐	JA8391	Airbus A320-211	0300	ex F-WWDD	D-ALLG resd	Lsd fr NBB Palace
☐	JA8392	Airbus A320-211	0328	ex F-WWDR	D-ALLH resd	Lsd fr NBB Astral
☐	JA8393	Airbus A320-211	0365	ex F-WWBZ	D-ALLI resd	Lsd fr NBB Meadow
☐	JA8394	Airbus A320-211	0383	ex F-WWBF		
☐	JA8395	Airbus A320-211	0413	ex F-WWIM		
☐	JA8396	Airbus A320-211	0482	ex F-WWIO	D-ALLJ resd	
☐	JA8400	Airbus A320-211	0554	ex F-WWIG		
☐	JA8609	Airbus A320-211	0501	ex F-WWIN		
☐	JA8654	Airbus A320-211	0507	ex F-WWBT		
☐	JA8946	Airbus A320-211	0669	ex F-WWBD		
☐	JA8947	Airbus A320-211	0685	ex F-WWDR		
☐	JA8997	Airbus A320-211	0658	ex F-WWIU		
☐	JA	Airbus A320-214		ex F-WW	on order	Lsd fr RBS Aviation
☐	JA	Airbus A320-214		ex F-WW	on order	Lsd fr RBS Aviation
☐	JA	Airbus A320-214		ex F-WW	on order	
☐	JA102A	Airbus A321-131	0811	ex D-AVZR		
☐	JA300K	Boeing 737-54K	27434/2872			Lsd to ANK
☐	JA301K	Boeing 737-54K	27435/2875			Lsd to ANK
☐	JA302K	Boeing 737-54K	28990/3002	ex N1787B		Lsd to NXA
☐	JA303K	Boeing 737-54K	28991/3017			Lsd fr Sky Dolphin; sublsd to ANK

☐	JA304K	Boeing 737-54K	28992/3030	ex N1786B	Lsd to NXA
☐	JA305K	Boeing 737-54K	28993/3075	ex N1781B	Lsd to ANK
☐	JA306K	Boeing 737-54K	29794/3109		Lsd to NXA
☐	JA307K	Boeing 737-54K	29795/3116	ex N60436	Lsd to NXA
☐	JA351K	Boeing 737-5Y0	25189/2240	ex N189NK	Lsd fr NBB Creek; sublsd to NXA
☐	JA352K	Boeing 737-5Y0	26097/2534	ex N97NK	Lsd fr NBB Horn; sublsd to NXA
☐	JA353K	Boeing 737-5Y0	26104/2552	ex N104NK	Lsd fr NBB Vector; sublsd to NXA
☐	JA354K	Boeing 737-5Y0	26105/2553	ex N105NK	Lsd fr NBB Laurel; sublsd to NXA
☐	JA355K	Boeing 737-5L9	28129/2823	ex N8129L	Lsd fr Slash Lease; sublsd to ANK
☐	JA356K	Boeing 737-5L9	28083/2784	ex N8083N	Lsd fr GL Natural Lsg; sublsd to ANK
☐	JA357K	Boeing 737-5L9	28131/2828	ex N88131	Lsd fr GL Omega Lsg; sublsd to ANK
☐	JA358K	Boeing 737-5L9	28130/2825	ex N8130J	Lsd fr GL Pearl Lsg; sublsd to ANK
☐	JA359K	Boeing 737-5L9	28128/2817	ex N8128R	Lsd fr GL Juneau Lsg; sublsd to NXA
☐	JA391K	Boeing 737-4Y0	24545/1805	ex N545NK	Lsd fr Ageha Holding; sublsd to ADO
☐	JA392K	Boeing 737-46M	28550/2847	ex N8550F	Lsd fr GL Quality Lsg; sublsd to ADO
☐	JA8195	Boeing 737-54K	27433/2815		Lsd to ANK
☐	JA8196	Boeing 737-54K	27966/2824		Lsd to ANK
☐	JA8404	Boeing 737-54K	27381/2708	ex N35108	Lsd to ANK
☐	JA8419	Boeing 737-54K	27430/2723		Lsd to ANK
☐	JA8500	Boeing 737-54K	27431/2751		Lsd to ANK
☐	JA8504	Boeing 737-54K	27432/2783		Lsd to ANK
☐	JA8595	Boeing 737-54K	28461/2850		Lsd to ANK
☐	JA8596	Boeing 737-54K	28462/2853		Lsd to ANK
☐	JA01AN	Boeing 737-781/W	33916/1781	ex N6066U	Lsd fr UNH Orpheus; sublsd to ANK
☐	JA02AN	Boeing 737-781/W	33872/1850		Lsd fr SMLC Mimoza; sublsd to ANK
☐	JA03AN	Boeing 737-781/W	33873/1871	ex N1787B	Lsd fr SMLC Sirius; sublsd to ANK
☐	JA04AN	Boeing 737-781/W	33874/1890	ex N1781B	Lsd fr CL Rigeru; sublsd to ANK
☐	JA05AN	Boeing 737-781/W	33875/1971		Lsd to ANK
☐	JA06AN	Boeing 737-781/W	33876/1992		Lsd to ANK
☐	JA07AN	Boeing 737-781/W	33900/2071		Lsd to ANK
☐	JA08AN	Boeing 737-781/W	33877/2086		Lsd to ANK
☐	JA09AN	Boeing 737-781/W	33878/2145		Lsd to ANK
☐	JA10AN	Boeing 737-781ER/W	33879/2157	ex N716BA	Lsd to ANK
☐	JA11AN	Boeing 737-781/W	33882/2268		
☐	JA12AN	Boeing 737-781/W	33881/2301		
☐	JA13AN	Boeing 737-781ER/W	33880/2232	ex N717BA	Lsd to ANK
☐	JA14AN	Boeing 737-781/W	33883/2370		Lsd to ANK
☐	JA15AN	Boeing 737-781/W	33888/2394		Lsd to ANK
☐	JA16AN	Boeing 737-781/W	33889		on order
☐	JA17AN	Boeing 737-781/W	33884		on order
☐	JA18AN	Boeing 737-781/W	33885		on order
☐	JA19AN	Boeing 737-781/W	33886		on order
☐	JA20AN	Boeing 737-781/W	33887		on order
☐	JA	Boeing 737-781/W			on order

A further 13 Boeing 737-781/Ws and 12 Boeing 737-881/Ws [c/nos 33886, 33887, 33891, 33890, 33892 to 33899, to be JA51AN to JA62AN] are on order for delivery from 2009

☐	JA401A	Boeing 747-481D	28282/1133		Lsd fr MEB Lease
☐	JA403A	Boeing 747-481	29262/1199		For OHK
☐	JA8095	Boeing 747-481	24833/812		
☐	JA8096	Boeing 747-481	24920/832		
☐	JA8097	Boeing 747-481	25135/863		
☐	JA8098	Boeing 747-481	25207/870		
☐	JA8099	Boeing 747-481D	25292/891		
☐	JA8955	Boeing 747-481D	25639/914		
☐	JA8956	Boeing 747-481D	25640/920		Pocket Monsters 2004 colours
☐	JA8957	Boeing 747-481D	25642/927		Pocket Monsters colours
☐	JA8958	Boeing 747-481	25641/928	ex N6009F	
☐	JA8959	Boeing 747-481D	25646/952		
☐	JA8960	Boeing 747-481D	25643/972		
☐	JA8961	Boeing 747-481D	25644/975		
☐	JA8962	Boeing 747-481	25645/979		
☐	JA8963	Boeing 747-481D	25647/991	ex N6055X	
☐	JA8964	Boeing 747-481D	27163/996	ex N5573S	
☐	JA8965	Boeing 747-481D	27436/1060		
☐	JA8966	Boeing 747-481D	27442/1066		

Six Boeing 747-481s are to be sold to Avion Aircraft Trading

☐	JA601A	Boeing 767-381	27943/669		Lsd fr FI Strawberry Lse
☐	JA601F	Boeing 767-381F	33404/885	ex N6055X	Lsd fr NBB Million; sublsd to AJX
☐	JA602A	Boeing 767-381	27944/684		
☐	JA602F	Boeing 767-381F	33509/937		Lsd fr NBB Sky Co; sublsd to AJX
☐	JA603A*	Boeing 767-381ER	32972/877	ex N6046P	
☐	JA603F	Boeing 767-381F	33510/939		Lsd fr Mercury Aircraft; sublsd to AJX
☐	JA604A*	Boeing 767-381ER	32973/881		Lsd fr SMBCL Chameleon
☐	JA604F	Boeing 767-381F	35709/947		Lsd fr UNH Spica; sublsd to AJX
☐	JA605A*	Boeing 767-381ER	32974/882		Lsd fr Lavender
☐	JA606A*	Boeing 767-381ER	32975/883		Fly Panda c/s Lsd fr FK Sorling
☐	JA607A*	Boeing 767-381ER	32976/884		
☐	JA608A*	Boeing 767-381ER	32977/886		
☐	JA609A*	Boeing 767-381ER	32978/888		Lsd fr SMBC Kefeusu
☐	JA610A*	Boeing 767-381ER	32979/895		Lsd fr Tulip Blossom Lsg

	Registration	Type	C/N	Ex-reg	Notes
☐	JA611A*	Boeing 767-381ER	32980/914		Lsd fr Orix Star Cluster
☐	JA612A*	Boeing 767-381ER	33506/920		Lsd fr SMLC Indus
☐	JA613A*	Boeing 767-381ER	33507/924		Lsd fr SMLC Corona
☐	JA614A	Boeing 767-381ER	33508/931		Star Alliance colours Lsd fr Gerbera
☐	JA615A	Boeing 767-381ER	35877/951		Lsd fr Milky Way Lsg
☐	JA616A	Boeing 767-381ER	35876/953		Lsd fr SMLC Regulus
☐	JA617A	Boeing 767-381ER	37719		on order
☐	JA618A	Boeing 767-381ER	37720		on order
☐	JA631A	Boeing 767-381F			on order
☐	JA632A	Boeing 767-381F			on order
☐	JA633A	Boeing 767-381F			on order
☐	JA8256	Boeing 767-381	23756/176	ex N6005C	
☐	JA8257	Boeing 767-381	23757/177	ex N6038E	
☐	JA8258	Boeing 767-381	23758/179	ex N6055X	Lsd to ADO
☐	JA8259	Boeing 767-381	23759/185	ex N6038E	
☐	JA8271	Boeing 767-381	24002/199	ex N60668	
☐	JA8272	Boeing 767-381	24003/212	ex N6038E	
☐	JA8273	Boeing 767-381	24004/218	ex N6055X	stored
☐	JA8274	Boeing 767-381	24005/222	ex N6046P	
☐	JA8275	Boeing 767-381	24006/223	ex N6018N	
☐	JA8285	Boeing 767-381	24350/245	ex N1789B	
☐	JA8286	Boeing 767-381ER	24400/269		under conv to -381BCF
☐	JA8287	Boeing 767-381	24351/271		
☐	JA8288	Boeing 767-381	24415/276		
☐	JA8289	Boeing 767-381	24416/280		
☐	JA8290	Boeing 767-381	24417/290		
☐	JA8291	Boeing 767-381	24755/295		
☐	JA8322	Boeing 767-381	25618/458		
☐	JA8323*	Boeing 767-381ER	25654/463		
☐	JA8324	Boeing 767-381	25655/465		
☐	JA8342	Boeing 767-381	27445/573		Olympic c/s Lsd fr Kogin Lse
☐	JA8356*	Boeing 767-381ER	25136/379		
☐	JA8357	Boeing 767-381	25293/401		ANA Woody Jet c/s
☐	JA8358	Boeing 767-381ER	25616/432		Yokoso Japan
☐	JA8359	Boeing 767-381	25617/439		
☐	JA8360	Boeing 767-381	25055/352		
☐	JA8362*	Boeing 767-381ER	24632/285		
☐	JA8363	Boeing 767-381	24756/300		
☐	JA8368	Boeing 767-381	24880/336		
☐	JA8567	Boeing 767-381	25656/510		
☐	JA8568	Boeing 767-381	25657/515		
☐	JA8569	Boeing 767-381	27050/516		
☐	JA8578	Boeing 767-381	25658/519		
☐	JA8579	Boeing 767-381	25659/520		
☐	JA8664*	Boeing 767-381ER	27339/556		
☐	JA8669	Boeing 767-381	27444/567		
☐	JA8670	Boeing 767-381	25660/539		
☐	JA8674	Boeing 767-381	25661/543		
☐	JA8677	Boeing 767-381	25662/551		
☐	JA8970*	Boeing 767-381ER	25619/645		
☐	JA8971*	Boeing 767-381ER	27942/651		
☐	N742AX	Boeing 767-232 (SCD)	22217/27	ex N105DA	Lsd fr ABX
☐	N744AX	Boeing 767-232 (SCD)	22221/53	ex N109DL	Lsd fr ABX

*Operate in joint titles with Air Japan and Air Nippon
Three Boeing 767-381ERs are to be converted to 767-381BCFs in 2008

	Registration	Type	C/N	Ex-reg	Notes
☐	JA701A	Boeing 777-281	27938/77		
☐	JA702A	Boeing 777-281	27033/75		
☐	JA703A	Boeing 777-281	27034/81	ex N50217	
☐	JA704A	Boeing 777-281	27035/131		Lsd fr Phoenix Lsg
☐	JA705A	Boeing 777-281	29029/137		Lsd fr Dia Gurausu
☐	JA706A	Boeing 777-281	27036/141		Lsd fr FO Paradise Lsg
☐	JA707A	Boeing 777-281ER	27037/247		
☐	JA708A	Boeing 777-281ER	28277/278		Lsd fr Arcadia Lsg
☐	JA709A	Boeing 777-281ER	28278/286		
☐	JA710A	Boeing 777-281ER	28279/302		
☐	JA711A	Boeing 777-281	33406/482		Star Alliance c/s
☐	JA712A	Boeing 777-281	33407/495		Star Alliance c/s
☐	JA713A	Boeing 777-281	32647/509		Lsd fr TLC Daffodil
☐	JA714A	Boeing 777-281	28276/523		Lsd fr TLC Daffodil
☐	JA715A	Boeing 777-281ER	32646/563		
☐	JA716A	Boeing 777-281ER	33414/574		Lsd fr FT Navel Blue Lsg
☐	JA717A	Boeing 777-281ER	33415/580		Lsd fr SMLC Apas
☐	JA	Boeing 777-281ER			on order
☐	JA	Boeing 777-281ER			on order
☐	JA	Boeing 777-281ER			on order
☐	JA	Boeing 777-281ER			on order
☐	JA731A	Boeing 777-381ER	28281/488	ex N240BA	Star Alliance colours
☐	JA732A	Boeing 777-381ER	27038/511		Lsd fr FS Holyness Lsg
☐	JA733A	Boeing 777-381ER	32648/529	ex N5014K	Lsd fr SMLC Vela
☐	JA734A	Boeing 777-381ER	32649/557		Lsd fr UNH Seagull
☐	JA735A	Boeing 777-381ER	34892/571		

☐	JA736A	Boeing 777-381ER	34893/589		
☐	JA751A	Boeing 777-381	28272/142	ex N5017Q	Lsd fr CL Orion
☐	JA752A	Boeing 777-381	28274/160		Lsd fr FO Serenade Lsg
☐	JA753A	Boeing 777-381	28273/132		Lsd fr ORIX Sky Blue
☐	JA754A	Boeing 777-381	27939/172		Lsd fr ORIX Sky Lark
☐	JA755A	Boeing 777-381	28275/104	ex N5017Q	
☐	JA756A	Boeing 777-381	27039/440		
☐	JA757A	Boeing 777-381	27040/442		Olympic colours
☐	JA777A	Boeing 777-381ER	32650/593		
☐	JA778A	Boeing 777-381ER	32651/606		
☐	JA779A	Boeing 777-381ER	34894/631		
☐	JA780A	Boeing 777-381ER	34895/639		
☐	JA781A	Boeing 777-381ER	27041/667		
☐	JA782A	Boeing 777-381ER	33416/691		
☐	JA783A	Boeing 777-381ER	27940		on order
☐	JA8197	Boeing 777-281	27027/16	ex N5016R	
☐	JA8198	Boeing 777-281	27028/21		
☐	JA8199	Boeing 777-281	27029/29		Lsd fr Global Lse
☐	JA8967	Boeing 777-281	27030/37		
☐	JA8968	Boeing 777-281	27031/38		
☐	JA8969	Boeing 777-281	27032/50		
☐	JA	Boeing 777-381ER			on order

Four more Boeing 777-381ERs are on order in 2009 plus twenty Boeing 787-881s for delivery from 2009 [c/no 34485 to 34504, to be JA801A to JA820A] and thirty Boeing 787-381s from 2010

☐	JA841A	de Havilland DHC-8-402Q	4080	ex C-GDLK	Lsd fr NL Centaurus; sublsd to AKX
☐	JA842A	de Havilland DHC-8-402Q	4082	ex C-GFOD	Lsd fr Maple Lease; sublsd to AKX
☐	JA843A	de Havilland DHC-8-402Q	4084	ex C-GFQL	Lsd fr Sonic Leasing; sublsd to AKX
☐	JA844A	de Havilland DHC-8-402Q	4091	ex C-GHRI	Lsd fr NL Perseus; sublsd to AKX
☐	JA845A	de Havilland DHC-8-402Q	4096	ex C-FAQB	Lsd fr NL Doraco; sublsd to AKX
☐	JA846A	de Havilland DHC-8-402Q	4097	ex C-FAQD	Lsd fr NL Del Finance; sublsd to AKX
☐	JA847A	de Havilland DHC-8-402Q	4099	ex C-FAQK	Lsd fr NL Rais; sublsd to AKX
☐	JA848A	de Havilland DHC-8-402Q	4102	ex C-FCQA	Lsd fr Laurel; sublsd to AKX
☐	JA849A	de Havilland DHC-8-402Q	4106	ex C-FCVE	Lsd fr Dia Anabera; sublsd to AKX
☐	JA850A	de Havilland DHC-8-402Q	4108	ex C-FCVJ	Lsd fr NL Victor; sublsd to AKX
☐	JA851A	de Havilland DHC-8-402Q	4109	ex C-FCVK	Lsd fr SMLC Crus, sublsd to AKX
☐	JA852A	de Havilland DHC-8-402Q	4131	ex C-FGKC	Lsd fr Equilus; sublsd to AKX
☐	JA853A	de Havilland DHC-8-402Q	4135	ex C-FGKN	Lsd fr UNH Kingfisher; sublsd to AKX
☐	JA854A	de Havilland DHC-8-402Q	4151	ex C-FJLH	Lsd fr SMLC Canopus; sublsd to AKX

Member of Star Alliance; Air Japan, Air Next and Air Nippon (A-net) are all wholly owned members of ANA Group while Air Central is 55% owned and operates services under ANA code. Feeder services operated by Ibex Airlines as ANA Connection and by Air Hokkaido

GALAXY AIRLINES
(J7/GXY) *Tokyo-Haneda (HND)*

☐	JA01GX	Airbus A300F4-622R	533	ex EI-DMO	Lsd fr Ginga Lease
☐	JA02GX	Airbus A300F4-622R	872	ex F-WWAL	Lsd fr Ginga Air Finance

10% owned by Japan Airlines

HOKKAIDO AIR SYSTEM
North Air (NTH) *Sapporo-Chitose (CTS)*

☐	JA01HC	SAAB SF.340B	340B-432	ex SE-B32	
☐	JA02HC	SAAB SF.340B	340B-440	ex SE-B40	
☐	JA03HC	SAAB SF.340B	340B-458	ex SE-B58	Lsd fr MLD Commuter Lse

51% owned by Japan Airlines and wear JAL colours

IBEX AIRLINES
Fair (FW/IBX) *Sendai (SDJ)*

☐	JA01RJ	Canadair CL-600-2B19 (CRJ-100ER)	7052	ex OE-LRD	
☐	JA02RJ	Canadair CL-600-2B19 (CRJ-100ER)	7033	ex OE-LRB	
☐	JA03RJ	Canadair CL-600-2B19 (CRJ-200ER)	7624	ex C-GJZF	Lsd fr CL Regulus
☐	JA04RJ	Canadair CL-600-2B19 (CRJ-200ER)	7798	ex C-FMLF	Lsd fr SRJ CRJ Investment

Operates feeder operations for ANA Connection

J-AIR
(JL/JAL) *Nagoya-Komaki (NKM)*

☐	JA201J	Canadair CL-600-2B19 (CRJ-200ER)	7452	ex C-FMND	Lsd fr CL Raibura
☐	JA202J	Canadair CL-600-2B19 (CRJ-200ER)	7484	ex C-FMLU	Lsd fr Majoka Avn
☐	JA203J	Canadair CL-600-2B19 (CRJ-200ER)	7626	ex C-FMNW	Lsd fr Pisces Flight Svs
☐	JA204J	Canadair CL-600-2B19 (CRJ-200ER)	7643	ex C-FMNB	Lsd fr Phoenix Avn
☐	JA205J	Canadair CL-600-2B19 (CRJ-200ER)	7767	ex C-FMLB	Lsd fr DIA Canary
☐	JA206J	Canadair CL-600-2B19 (CRJ-200ER)	7834	ex C-FMMT	Lsd fr NL Crux
☐	JA207J	Canadair CL-600-2B19 (CRJ-200ER)	8050	ex C-FFVJ	Lsd fr UJL Elk
☐	JA208J	Canadair CL-600-2B19 (CRJ-200ER)	8059	ex C-FMOW	Lsd fr Martin Lease
☐	JA209J	Canadair CL-600-2B19 (CRJ-200ER)	8062	ex C-FMNQ	Lsd fr NL Apus

Wholly owned by Japan Airlines and operates commuter flights on behalf of JAL using JL flight numbers
Ten Embraer 170s are on order

JAL EXPRESS
Janex (JC/JEX)
Osaka-Kansai (KIX)

☐	JA307J	Boeing 737-846/W	35336/2450		Lsd fr JAL
☐	JA308J	Boeing 737-846/W	35337/2479	ex N1786B	Lsd fr JAL
☐	JA8991	Boeing 737-446	27916/2718		
☐	JA8992	Boeing 737-446	27917/2729	ex N1792B	
☐	JA8993	Boeing 737-446	28087/2812		
☐	JA8994	Boeing 737-446	28097/2907	ex N1786B	Lsd fr JAL
☐	JA8995	Boeing 737-446	28831/2911		Lsd fr JAL
☐	JA8996	Boeing 737-446	28832/2953	ex N1786B	Lsd fr JAL
☐	JA8998	Boeing 737-446	28994/3044		Lsd fr JAL
☐	JA8999	Boeing 737-446	29864/3111	ex N1786B	Lsd fr JAL
☐	JA8262	McDonnell-Douglas MD-81	49463/1488		Lsd fr JAL
☐	JA8296	McDonnell-Douglas MD-81	49907/1734		Lsd fr JAL
☐	JA8374	McDonnell-Douglas MD-81	53043/1982		Lsd fr JAL
☐	JA8552	McDonnell-Douglas MD-81	53297/2040		Lsd fr JAL
☐	JA8555	McDonnell-Douglas MD-81	53300/2076		Lsd fr JAL
☐	JA8556	McDonnell-Douglas MD-81	53301/2082		Lsd fr JAL

Wholly owned by Japan Airlines; wears JAL colours with JAL Express titles

JAL WAYS
Jalways (JO/JAZ) (IATA 708)
Tokyo-Narita (NRT)

Wholly owned by Japan Airlines and leases aircraft from the parent as required.

JAPAN AIR COMMUTER
Commuter (3X/JAC)
Amami (ASJ)

☐	JA841C	de Havilland DHC-8-402Q	4072	ex C-GEWI	Lsd fr NL Bago Lse
☐	JA842C	de Havilland DHC-8-402Q	4073	ex C-GFCA	Lsd fr NL Cassiopea
☐	JA843C	de Havilland DHC-8-402Q	4076	ex C-FDHZ	
☐	JA844C	de Havilland DHC-8-402Q	4092	ex C-GFEN	Lsd fr DIA Lilac
☐	JA845C	de Havilland DHC-8-402Q	4101	ex C-FCPZ	
☐	JA846C	de Havilland DHC-8-402Q	4107	ex C-FCVI	Lsd fr SMC Octans
☐	JA847C	de Havilland DHC-8-402Q	4111	ex C-FCVS	
☐	JA848C	de Havilland DHC-8-402Q	4121	ex C-FFCO	Lsd fr NL Norma
☐	JA849C	de Havilland DHC-8-402Q	4133	ex C-FGKJ	Lsd fr Lacerta
☐	JA850C	de Havilland DHC-8-402Q	4158	ex C-FLKW	Lsd fr Sparrow Ltd
☐	JA851C	de Havilland DHC-8-402Q	4177	ex C-FMTK	
☐	JA001C	SAAB SF.340B	340B-419	ex SE-B19	
☐	JA002C	SAAB SF.340B	340B-459	ex SE-B59	Lsd fr MLD Commuter Lse
☐	JA8594	SAAB SF.340B	340B-399	ex SE-C99	
☐	JA8642	SAAB SF.340B	340B-365	ex SE-C65	Lsd fr Tajima Kuko Terminal
☐	JA8649	SAAB SF.340B	340B-368	ex SE-C68	Lsd fr Mitsubishi UFJ Lse & Finance
☐	JA8703	SAAB SF.340B	340B-355	ex SE-C55	Lsd fr Mitsui Lse Jigyo
☐	JA8704	SAAB SF.340B	340B-361	ex SE-C61	Lsd fr Mitsubishi UFJ Lse & Finance
☐	JA8886	SAAB SF.340B	340B-281	ex SE-G81	
☐	JA8887	SAAB SF.340B	340B-308	ex SE-C08	
☐	JA8888	SAAB SF.340B	340B-331	ex SE-C31	
☐	JA8900	SAAB SF.340B	340B-378	ex SE-C78	

60% owned by Japan Airlines

JAPAN AIRLINES
Japanair (JL/JAL) (IATA 234)
Tokyo-Haneda (HND)

☐	JA011D	Airbus A300B4-622R	783	ex F-WWAA	
☐	JA012D	Airbus A300B4-622R	797	ex F-WWAQ	Lsd fr NL Saturn Lse
☐	JA014D	Airbus A300B4-622R	836	ex F-WWAF	Lsd fr Signet Lease
☐	JA015D	Airbus A300B4-622R	837	ex F-WWAK	Lsd fr Darwitch Lease
☐	JA016D	Airbus A300B4-622R	838	ex F-WWAL	Lsd fr SMBCL Cygnus
☐	JA8375	Airbus A300B4-622R	602	ex F-WWAT	
☐	JA8376	Airbus A300B4-622R	617	ex F-WWAK	
☐	JA8377	Airbus A300B4-622R	621	ex F-WWAA	
☐	JA8527	Airbus A300B4-622R	724	ex F-WWAQ	
☐	JA8529	Airbus A300B4-622R	729	ex F-WWAM	
☐	JA8558	Airbus A300B4-622R	637	ex F-WWAX	
☐	JA8559	Airbus A300B4-622R	641	ex F-WWAM	
☐	JA8561	Airbus A300B4-622R	670	ex F-WWAD	
☐	JA8562	Airbus A300B4-622R	679	ex F-WWAL	
☐	JA8563	Airbus A300B4-622R	683	ex F-WWAJ	
☐	JA8564	Airbus A300B4-622R	703	ex F-WWAO	
☐	JA8565	Airbus A300B4-622R	711	ex F-WWAE	
☐	JA8566	Airbus A300B4-622R	730	ex F-WWAV	
☐	JA8573	Airbus A300B4-622R	737	ex F-WWAF	
☐	JA8574	Airbus A300B4-622R	740	ex F-WWAG	
☐	JA8657	Airbus A300B4-622R	753	ex F-WWAD	
☐	JA8659	Airbus A300B4-622R	770	ex F-WWAQ	

	Reg	Type	c/n	ex-reg	Operator	Notes
☐	JA8993	Boeing 737-446	28087/2812			Lsd fr Zonet Avn Financial Service
☐	JA8994	Boeing 737-446	28097/2907	ex N1786B		Lsd fr Zonet Avn Financial Service
☐	JA8995	Boeing 737-446	28831/2911			Lsd fr Zonet Avn Financial Service
☐	JA8996	Boeing 737-446	28832/2953	ex N1786B		Lsd fr Zonet Avn Financial Service
☐	JA8998	Boeing 737-446	28994/3044			
☐	JA8999	Boeing 737-446	29864/3111	ex N1786B		Lsd fr SBL Zeus

All sub leased to JAL Express

	Reg	Type	c/n	ex-reg	Operator	Notes
☐	JA301J	Boeing 737-846/W	35330/2095			Lsd fr TLC Jasmine
☐	JA302J	Boeing 737-846/W	35331/2162			Lsd fr DIA Cineraria
☐	JA303J	Boeing 737-846/W	35332/2225	ex N6066U		Lsd fr Swan
☐	JA304J	Boeing 737-846/W	35333/2253			Lsd fr Sky Leasing
☐	JA305J	Boeing 737-846/W	35334/2289			Lsd fr Wing Petoreru
☐	JA306J	Boeing 737-846/W	35335/2395	ex N6065Y		Lsd fr SMLC Meraku
☐	JA307J	Boeing 737-846/W	35336/2450			Lsd to JEX
☐	JA308J	Boeing 737-846/W	35337/2479	ex N1786B		Lsd to JEX
☐	JA309J	Boeing 737-846/W	35338		on order	
☐	JA310J	Boeing 737-846/W	35339/2510		on order	
☐	JA311J	Boeing 737-846/W	35340		on order	
☐	JA312J	Boeing 737-846/W	35341		on order	
☐	JA313J	Boeing 737-846/W	35342		on order	
☐	JA314J	Boeing 737-846/W	35343		on order	
☐	JA315J	Boeing 737-846/W	35344		on order	
☐	JA316J	Boeing 737-846/W	35345		on order	
☐	JA317J	Boeing 737-846/W	35346		on order	

18 more Boeing 737-846/Ws on order (c/ns 35347 to 35359 plus 39190 to 39194, to be JA341J to JA345J))

	Reg	Type	c/n	ex-reg	Operator	Notes
☐	JA401J	Boeing 747-446F	33748/1351	ex N5022E	JAL Cargo	Lsd fr UJL Neptune
☐	JA402J	Boeing 747-446F	33749/1352		JAL Cargo	Lsd fr Rose Marie
☐	JA811J	Boeing 747-246F	22989/571	ex N211JL	JAL Cargo	
☐	JA812J	Boeing 747-346	23067/588	ex N212JL		Lsd fr JAL Capital
☐	JA813J	Boeing 747-346	23068/589	ex N213JL		Lsd fr JAL Capital
☐	JA8071	Boeing 747-446	24423/758			
☐	JA8072	Boeing 747-446	24424/760			
☐	JA8073	Boeing 747-446	24425/767			
☐	JA8074	Boeing 747-446	24426/768			
☐	JA8075	Boeing 747-446	24427/780			
☐	JA8076	Boeing 747-446	24777/797	ex N6046P		
☐	JA8077	Boeing 747-446	24784/798			
☐	JA8078	Boeing 747-446	24870/821	ex N60697		
☐	JA8079	Boeing 747-446	24885/824	ex N6005C		
☐	JA8080	Boeing 747-446	24886/825			
☐	JA8081	Boeing 747-446	25064/851			
☐	JA8082	Boeing 747-446	25212/871			
☐	JA8083	Boeing 747-446	25213/844	ex N60668		
☐	JA8084	Boeing 747-446D	25214/879			
☐	JA8085	Boeing 747-446	25260/876			
☐	JA8086	Boeing 747-446	25308/885			
☐	JA8087	Boeing 747-446	26346/897			
☐	JA8088	Boeing 747-446	26341/902			
☐	JA8089	Boeing 747-446	26342/905		Yokoso titles	
☐	JA8090	Boeing 747-446D	26347/907			
☐	JA8163	Boeing 747-346	23149/599	ex N5573B		
☐	JA8166	Boeing 747-346	23151/607	ex N1786B		
☐	JA8169	Boeing 747-246B (SF)	23389/635	ex N6018N	JAL Cargo	
☐	JA8171	Boeing 747-246F	23391/654	ex N6038E	JAL Cargo	Lsd fr New Matic Lsg
☐	JA8177	Boeing 747-246F	23638/658	ex N6009F		
☐	JA8180	Boeing 747-246F	23641/684		JAL Cargo	
☐	JA8183	Boeing 747-346	23967/692	ex N6005C		
☐	JA8184	Boeing 747-346	23968/693	ex N6055X		
☐	JA8185	Boeing 747-346	23969/691	ex N6005C	Yokoso Japan c/s	Lsd to JAZ
☐	JA8186	Boeing 747-346	24018/694	ex N6018N		
☐	JA8193	Boeing 747-212B (SF)	21940/547	ex 9V-SQO	JAL Cargo; wfs & for OEA	
☐	JA8901	Boeing 747-446	26343/918			
☐	JA8902	Boeing 747-446BCF	26344/929	ex N6018N		
☐	JA8903	Boeing 747-446D	26345/935			
☐	JA8904	Boeing 747-446D	26348/941		Tamagocchi colours	
☐	JA8905	Boeing 747-446D	26349/948		Tamagocchi colours	
☐	JA8906	Boeing 747-446BCF	26350/961			
☐	JA8907	Boeing 747-446D	26351/963			
☐	JA8908	Boeing 747-446D	26352/978			
☐	JA8909	Boeing 747-446BCF	26353/980			
☐	JA8910	Boeing 747-446	26355/1024			
☐	JA8911	Boeing 747-446BCF	26356/1026			
☐	JA8912	Boeing 747-446	27099/1031			
☐	JA8913	Boeing 747-446	26359/1153			
☐	JA8914	Boeing 747-446	26360/1166			
☐	JA8915	Boeing 747-446BCF	26361/1188		Yokoso Japan	
☐	JA8916	Boeing 747-446	26362/1202		Yokoso Japan	Lsd fr Uranus Lsg
☐	JA8917	Boeing 747-446	29899/1208	ex N6009F		Lsd fr Twin Crane Lsg
☐	JA8918	Boeing 747-446	27650/1234			Lsd fr Twin Crane Lsg
☐	JA8919	Boeing 747-446	27100/1236		Yokoso Japan	Lsd fr Twin Crane Lsg

	Registration	Type	MSN/LN	ex/notes		Lessor
☐	JA8920	Boeing 747-446	27648/1253			
☐	JA8921	Boeing 747-446	27645/1262	ex N747BA		
☐	JA8922	Boeing 747-446	27646/1280	ex N747BJ		
☐	JA8937	Boeing 747-246F	22477/494	ex N740SJ	JAL Cargo; for OEA	

To convert a total of eight 747-446s to BCF freighters; all Boeing 747-200/300s to be retired by 2009

	Registration	Type	MSN/LN	ex/notes		Lessor
☐	JA601J	Boeing 767-346ER	32886/875	ex N60697		Lsd fr Emerald Lsg
☐	JA602J	Boeing 767-346ER	32887/879			Lsd fr DIA Peach
☐	JA603J	Boeing 767-346ER	32888/880	ex N1794B		Lsd fr DIA Lavender
☐	JA604J	Boeing 767-346ER	33493/905			Lsd fr TRM Aircraft Lsg
☐	JA605J	Boeing 767-346ER	33494/911			Lsd fr TRM Aircraft Lsg
☐	JA606J	Boeing 767-346ER	33495/915			Lsd fr TRM Aircraft Lsg
☐	JA607J	Boeing 767-346ER	33496/917			Lsd fr TRM Aircraft Lsg
☐	JA608J	Boeing 767-346ER	33497/919			Lsd fr TRM Aircraft Lsg
☐	JA609J	Boeing 767-346ER	33845/921			Lsd fr Port South A/c Lsg
☐	JA610J	Boeing 767-346ER	33846/925			Lsd fr Port South A/c Lsg
☐	JA611J	Boeing 767-346ER	33847/927			Lsd fr Port South A/c Lsg
☐	JA612J	Boeing 767-346ER	33848/929			Lsd fr Shina River Avn
☐	JA613J	Boeing 767-346ER	33849/935			Lsd fr Shina River Avn
☐	JA614J	Boeing 767-346ER	33851/938			Lsd fr Shina River Avn
☐	JA615J	Boeing 767-346ER	33850/942	ex N50217		Lsd fr Shina River Avn
☐	JA616J	Boeing 767-346ER	35813/954			Lsd fr Charlotte A/c
☐	JA617J	Boeing 767-346ER	35814/957	ex N5023Q		Lsd fr JS Aviation
☐	JA618J	Boeing 767-346ER	35815/964		on order	
☐	JA619J	Boeing 767-346ER	37550		on order	
☐	JA620J	Boeing 767-346ER			on order	
☐	JA621J	Boeing 767-346ER			on order	
☐	JA631J	Boeing 767-346F	35816/956	ex N5028Y		Lsd fr JS Aviation
☐	JA632J	Boeing 767-346F	35817/959	ex N5017Q		
☐	JA633J	Boeing 767-346F	35818/960			Lsd fr JS Aviation
☐	JA634J	Boeing 767-346F			on order	
☐	JA8231	Boeing 767-246	23212/117	ex N6046P		
☐	JA8232	Boeing 767-246	23213/118	ex N6038E		
☐	JA8233	Boeing 767-246	23214/122	ex N6038E		
☐	JA8234	Boeing 767-346	23216/148	ex N6005C		Lsd fr Zonet Avn Financial Service
☐	JA8235	Boeing 767-346	23217/150	ex N60659		
☐	JA8236	Boeing 767-346	23215/132	ex N767S		
☐	JA8253	Boeing 767-346	23645/174	ex N6038E		Lsd fr Zonet Avn Financial Service
☐	JA8264	Boeing 767-346	23965/186	ex N6018N		
☐	JA8265	Boeing 767-346	23961/192	ex N6005C		Lsd fr Zonet Avn Financial Service
☐	JA8266	Boeing 767-346	23966/191	ex N6018N		Lsd fr JAZ
☐	JA8267	Boeing 767-346	23962/193	ex N6038E		Lsd fr Zonet Avn Financial Service
☐	JA8268	Boeing 767-346	23963/224	ex N6055X		Lsd fr Zonet Avn Financial Service
☐	JA8269	Boeing 767-346	23964/225	ex N6046P		Lsd fr Zonet Avn Financial Service
☐	JA8299	Boeing 767-346	24498/277	ex N6055X		
☐	JA8364	Boeing 767-346	24782/327			
☐	JA8365	Boeing 767-346	24783/329			
☐	JA8397	Boeing 767-346	27311/547			
☐	JA8398	Boeing 767-346	27312/548			
☐	JA8399	Boeing 767-346	27313/554			
☐	JA8975	Boeing 767-346	27658/581			
☐	JA8976	Boeing 767-346	27659/667			Lsd fr JAZ
☐	JA8980	Boeing 767-346	28837/673			
☐	JA8986	Boeing 767-346	28838/680			
☐	JA8987	Boeing 767-346	28553/688			Lsd fr JAZ
☐	JA8988	Boeing 767-346	29863/772			Lsd fr Twin Crane Lsg

One more Boeing 767-346ER is on order for delivery in 2009.

	Registration	Type	MSN/LN	ex/notes		Lessor
☐	JA007D*	Boeing 777-289	27639/134			
☐	JA008D	Boeing 777-289	27640/146			
☐	JA009D*	Boeing 777-289	27641/159	ex N5017V		Lsd fr Mitsubishi-UFJ Lease
☐	JA010D	Boeing 777-289	27642/213			Lsd fr Mitsubishi-UFJ Lease
☐	JA701J	Boeing 777-246ER	32889/410	ex (JA8989)		Lsd fr DIA Marguerite
☐	JA702J	Boeing 777-246ER	32890/417	ex (JA8990)		Lsd fr TLCDG
☐	JA703J	Boeing 777-246ER	32891/427	ex N5023Q		Lsd fr DIA Sea Gulf
☐	JA704J	Boeing 777-246ER	32892/435	ex N50281	oneworld c/s	Lsd fr FK Rapid Lsg
☐	JA705J	Boeing 777-246ER	32893/446			Lsd fr DIA Gurausu
☐	JA706J	Boeing 777-246ER	33394/464			Lsd fr TLC Laurel
☐	JA707J	Boeing 777-246ER	32894/475			Lsd fr Comet Lsg
☐	JA708J	Boeing 777-246ER	32895/483			Lsd fr TLC Primrose
☐	JA709J	Boeing 777-246ER	32896/489			Lsd fr DIA Marie Gold
☐	JA710J	Boeing 777-246ER	33395/525			Lsd fr UJL Zeus
☐	JA711J	Boeing 777-246ER	33396/533			Lsd fr Bee Pals Lsg
☐	JA712J	Boeing 777-246ER	37879		on order	
☐	JA713J	Boeing 777-246ER	37880		on order	
☐	JA714J	Boeing 777-246ER	37881		on order	
☐	JA715J	Boeing 777-246ER	37882		on order	
☐	JA716J	Boeing 777-246ER	37883		on order	
☐	JA731J	Boeing 777-346ER	32431/429	ex N5016R		Lsd fr FS Juliette Lsg
☐	JA732J	Boeing 777-346ER	32430/423	ex N5017V		Lsd fr UJL Cassiopeia
☐	JA733J	Boeing 777-346ER	32432/521			Lsd fr SMLC Centarus
☐	JA734J	Boeing 777-346ER	32433/527			

☐	JA735J	Boeing 777-346ER	32434/577			Lsd fr TLC Mimoza
☐	JA736J	Boeing 777-346ER	32435/583			Lsd fr DIA Clematis
☐	JA737J	Boeing 777-346ER	36126/668			
☐	JA738J	Boeing 777-346ER	32436		on order	
☐	JA739J	Boeing 777-346ER	32437		on order	
☐	JA751J	Boeing 777-346	27654/458			Lsd fr DIA Saffron
☐	JA752J	Boeing 777-346	27655/460			Lsd fr DIA Olive
☐	JA771J	Boeing 777-246	27656/437	ex (JA711J)	Family Jet c/s	Lsd fr SMLC Pixies
☐	JA772J	Boeing 777-246	27657/507			Lsd fr Mercury Palace Lsg
☐	JA773J	Boeing 777-246	27653/635			
☐	JA8941+	Boeing 777-346	28393/152			Lsd fr DIA Eminence
☐	JA8942	Boeing 777-346	28394/158	ex N50284		Lsd fr FO Harvest Lsg
☐	JA8943	Boeing 777-346	28395/196			Lsd fr DIA Crane
☐	JA8944	Boeing 777-346	28396/212			Lsd fr Pluto Lsg
☐	JA8945	Boeing 777-346	28397/238			Lsd fr Saturn Lsg
☐	JA8977	Boeing 777-289	27636/45			
☐	JA8978*	Boeing 777-289	27637/79		Tamagotchi Jet colours	
☐	JA8979	Boeing 777-289	27638/107			
☐	JA8981	Boeing 777-246	27364/23	ex (JA8195)		
☐	JA8982	Boeing 777-246	27365/26	ex (JA8196)		
☐	JA8983	Boeing 777-246	27366/39			
☐	JA8984	Boeing 777-246	27651/68			
☐	JA8985	Boeing 777-246	27652/72			
☐	JA	Boeing 777-			on order	
☐	JA	Boeing 777-			on order	
☐	JA	Boeing 777-			on order	
☐	JA	Boeing 777-			on order	

*Operates in Tamagotchi Jet colours   +oneworld colours
Seven more 777-346ER's are on order for delivery in 2008 (2), 2009 (3) and 2010 (2) [JA737J to JA743J]

Twenty two Boeing 787-846s are on order for delivery from 2009 to be registered JA851J to JA872J) and thirteen Boeing 787-381s from 2010, to be registered JA821J to JA833J).

☐	JA8260	McDonnell-Douglas MD-81	49461/1359		for QTG	
☐	JA8261	McDonnell-Douglas MD-81	49462/1477			Lsd fr Orange Air One
☐	JA8262	McDonnell-Douglas MD-81	49463/1488			Lsd fr Takashi Intec; sublsd to JEX
☐	JA8280	McDonnell-Douglas MD-87	49466/1727		for QTG	
☐	JA8281	McDonnell-Douglas MD-87	49467/1742		for QTG	
☐	JA8294	McDonnell-Douglas MD-81	49820/1598			Lsd fr Air Sun
☐	JA8295	McDonnell-Douglas MD-81	49821/1615			Lsd fr Air Eagle
☐	JA8260	McDonnell-Douglas MD-81	49461/1359		for QTG	
☐	JA8296	McDonnell-Douglas MD-81	49907/1734		for QTG	Lsd to JEX
☐	JA8297	McDonnell-Douglas MD-81	49908/1749		for QTG	
☐	JA8370	McDonnell-Douglas MD-87	53039/1881	ex N5168X	for QTG	
☐	JA8371	McDonnell-Douglas MD-87	53040/1897		for QTG	
☐	JA8373	McDonnell-Douglas MD-87	53042/1969	ex N90126	for QTG; all-white	
☐	JA8374	McDonnell-Douglas MD-81	53043/1982			Lsd to JEX
☐	JA8496	McDonnell-Douglas MD-81	49280/1194			Lsd fr Fuyo Sogo Lease
☐	JA8497	McDonnell-Douglas MD-81	49281/1200			Lsd fr Air Sun
☐	JA8498	McDonnell-Douglas MD-81	49282/1282	ex N6202S		
☐	JA8499	McDonnell-Douglas MD-81	49283/1299			
☐	JA8552	McDonnell-Douglas MD-81	53297/2040		for QTG	Op for JEX
☐	JA8553	McDonnell-Douglas MD-81	53298/2045		for QTG	
☐	JA8554	McDonnell-Douglas MD-81	53299/2075			
☐	JA8555	McDonnell-Douglas MD-81	53300/2076		for QTG	Lsd to JEX
☐	JA8556	McDonnell-Douglas MD-81	53301/2082			Lsd to JEX
☐	JA8557	McDonnell-Douglas MD-81	53302/2085			

McDonnell-Douglas MD-87s to be withdrawn in FY2007

☐	JA001D	McDonnell-Douglas MD-90-30	53555/2207
☐	JA002D	McDonnell-Douglas MD-90-30	53556/2210
☐	JA003D	McDonnell-Douglas MD-90-30	53557/2211
☐	JA004D	McDonnell-Douglas MD-90-30	53558/2212
☐	JA005D	McDonnell-Douglas MD-90-30	53559/2236
☐	JA006D	McDonnell-Douglas MD-90-30	53560/2245
☐	JA8004	McDonnell-Douglas MD-90-30	53359/2164
☐	JA8020	McDonnell-Douglas MD-90-30	53360/2190
☐	JA8029	McDonnell-Douglas MD-90-30	53361/2192
☐	JA8062	McDonnell-Douglas MD-90-30	53352/2098
☐	JA8063	McDonnell-Douglas MD-90-30	53353/2120
☐	JA8064	McDonnell-Douglas MD-90-30	53354/2125
☐	JA8065	McDonnell-Douglas MD-90-30	53355/2131
☐	JA8066	McDonnell-Douglas MD-90-30	53356/2157
☐	JA8069	McDonnell-Douglas MD-90-30	53357/2164
☐	JA8070	McDonnell-Douglas MD-90-30	53358/2179

To form a 50/50 joint venture with Mitsui and Mitsubishi to operate cargo services
Owns 51% of Japan TransOcean Air, 8.5% of Hawaiian Airlines and 5% of Air New Zealand while JAL Express, JAL Ways Japan Asia Airways and Japan Air Commuter are wholly owned. Joined oneworld alliance 01 April 2007 along with five associate airlines

JAPAN ASIA AIRWAYS
Asia (EG/JAA)   Tokyo-Narita (NRT)

☐ JA8185	Boeing 747-346	23969/691	ex N6005C	Yokoso Japan c/s	Lsd fr JAL
☐ JA8266	Boeing 767-346	23966/191	ex N6018N		Lsd to JAL
☐ JA8976	Boeing 767-346	27659/667			Lsd to JAL
☐ JA8987	Boeing 767-346	28553/688			Lsd to JAL

Wholly owned by Japan Airlines; to be integrated back into Japan Airlines following the parent being granted approval for flights to Republic of China (Taiwan)

JAPAN TRANSOCEAN AIR
JAI Ocean (NU/JTA) (IATA 353)   Okinawa-Naha (OKA)

☐ JA8523	Boeing 737-4Q3	26603/2618		
☐ JA8524	Boeing 737-4Q3	26604/2684		
☐ JA8525	Boeing 737-4Q3	26605/2752		Lsd fr Zonet Avn Financial Service
☐ JA8526	Boeing 737-4Q3	26606/2898		Lsd fr Mitsui Lease Jigyo
☐ JA8597	Boeing 737-4Q3	27660/3043		Lsd fr SA Southern Lsg
☐ JA8930	Boeing 737-4K5	27102/2394	ex D-AHLM	Lsd fr TLC Begonia
☐ JA8931	Boeing 737-429	25247/2106	ex N931NU	Lsd fr Hibuscus Lsg
☐ JA8932	Boeing 737-429	25248/2120	ex N932NU	Lsd fr Churashima Lsg
☐ JA8933	Boeing 737-429	25226/2104	ex N933NU	
☐ JA8934	Boeing 737-4K5	27830/2670	ex N934NU	
☐ JA8938	Boeing 737-4Q3	29485/3085		Lsd fr JAL Capital
☐ JA8939	Boeing 737-4Q3	29486/3088	ex N1800B	Lsd fr SA Southern Wind Lse
☐ JA8940	Boeing 737-4Q3	29487/3122		Lsd fr SKL Reberaito Lsg
☐ JA8953	Boeing 737-4K5	24129/1783	ex D-AHLP	Lsd fr JAL Capital
☐ JA8954	Boeing 737-4K5	24130/1827	ex D-AHLQ	Lsd fr Mitsubishi UFJ Lse

51% owned by Japan Airlines; operates in JAL colours, with JTA titles, using joint JL/NU flight numbers

JP EXPRESS
(9N/AJV)

☐ JA601F	Boeing 767-381F	33404/885	ex N6055X	Lsd fr ANA
☐ JA602F	Boeing 767-381F	33509/937		Lsd fr ANA
☐ JA603F	Boeing 767-381F	33510/939		Lsd fr ANA
☐ JA604F	Boeing 767-381F	35709/947		Lsd fr ANA

Joint venture between ANA (All Nippon Airlines) [48.61%] Japan Post [35.44%] and Nippon Express [10.63%] some have joint ANA and JP Express titles

NEW CENTRAL AVIATION
                                                                                                           Tokyo-Chofu

☐ JA31CA	Dornier 228-212	8242	ex D-CBDO	
☐ JA32CA	Dornier 228-212	8243	ex D-CBDP	
☐ JA3453	Cessna TU206C Super Skywagon	U206-1218	ex N1775C	
☐ JA3669	Cessna TU206F Turbo Stationair	U20601964	ex N1704C	
☐ JA5305	Britten-Norman BN-2B-20 Islander	2239	ex G-BSPS	
☐ JA5319	Britten-Norman BN-2B-20 Islander	2268	ex G-BUBK	

NIPPON CARGO AIRLINES
Nippon Cargo (KZ/NCA) (IATA 933)   Tokyo-Narita (NRT)

☐ JA01KZ	Boeing 747-481F	34016/1360			Lsd fr Dahlia Lsg
☐ JA02KZ	Boeing 747-481F	34017/1363			Lsd fr Dia Raspberry
☐ JA03KZ	Boeing 747-4KZF	34018/1378		NCA Phoenix	Lsd fr Dia NewWing
☐ JA04KZ	Boeing 747-4KZF	34283/1384			Lsd fr Dia Jetstream
☐ JA05KZ	Boeing 747-4KZF	36132/1394			Lsd fr Yamasa Air Cargo 3
☐ JA06KZ	Boeing 747-4KZF	36133/1397		NCA Antares	Lsd fr FC Jumbo Lsg
☐ JA07KZ	Boeing 747-4KZF	36134		on order	
☐ JA08KZ	Boeing 747-4KZF			on order	
☐ JA09KZ	Boeing 747-4KZF			on order	
☐ JA8181	Boeing 747-281B (SF)	23698/667	ex N6055C		
☐ JA8182	Boeing 747-281B (SF)	23813/683	ex N60659		
☐ JA8188	Boeing 747-281F	23919/689	ex N6009F	stored QPG	
☐ JA8190	Boeing 747-281B (SF)	24399/750			

One more Boeing 747-4KZF is on order for delivery in 2009 (JA10KZ) plus fourteen Boeing 747-8KZFs are on order for delivery from 2009

ORIENTAL AIR BRIDGE
Oriental Bridge (NGK)   Nagasaki (NGS)

☐ JA801B	de Havilland DHC-8Q-201	566	ex C-GDNG	
☐ JA802B	de Havilland DHC-8Q-201	579	ex C-FDHO	

RYUKYU AIR COMMUTER
(RAC)   Okinawa-Naha (OKA)

☐ JA5324	Britten-Norman BN-2B-20 Islander	2297	ex G-BWNG	

☐	JA5325	Britten-Norman BN-2B-20 Islander	2298	ex G-BWYX		
☐	JA8935	de Havilland DHC-8Q-103B	593	ex C-GSAH		
☐	JA8936	de Havilland DHC-8Q-314	635	ex C-FIOX		
☐	JA8972	de Havilland DHC-8Q-103	472	ex C-GDKL		
☐	JA8973	de Havilland DHC-8Q-103	501	ex C-GDLD		
☐	JA8974	de Havilland DHC-8Q-103B	540	ex C-FDHP		

70.3% owned by Japan Airlines

SKYMARK AIRLINES
Skymark (BC/SKY)   *Osaka-Itami (ITM)*

☐	JA737H	Boeing 737-86N	34247/1830	ex N1787B		Lsd fr SC Air 737H
☐	JA737K	Boeing 737-86N	34249/1857	ex N1786B		Lsd fr SC Air 737K
☐	JA737L	Boeing 737-86N	32694/1960			Lsd fr SC Air 737L
☐	JA737M	Boeing 737-86N	32683/2136			Lsd fr SC Air 737M
☐	JA737N	Boeing 737-8HX	36845/2339			Lsd fr SC Air 737N
☐	JA737P	Boeing 737-8HX	29681/2493	ex N1795B		Lsd fr Aviation Capital Grp
☐	JA737Q	Boeing 737-86N	35228		on order	Lsd fr GECAS
☐	JA737R	Boeing 737-86N	35630		on order	Lsd fr GECAS
☐	JA737S	Boeing 737-8AL			on order	Lsd fr BOC Aviation
☐	JA737T	Boeing 737-8HX			on order	Lsd fr Aviation Capital Grp
☐	JA767A	Boeing 767-3Q8ER	27616/714		for SDM	Lsd fr Sky Aircraft
☐	JA767B	Boeing 767-3Q8ER	27617/722		for SDM	Lsd fr Sky Aircraft
☐	JA767C	Boeing 767-3Q8ER	29390/870	ex N6009F	stored; for SDM	Lsd fr Sky Airplane
☐	JA767D	Boeing 767-36NER	30847/902	ex N847SF		Lsd fr SC Air One
☐	JA767F	Boeing 767-38EER	30840/829	ex N840MT		Lsd fr SC Air 767F

All Boeing 767-300ERs to be replaced by Boeing 737-800s by 2009

SKYNET ASIA AIRWAYS
Newsky (6J/SNJ) (IATA 602)   *Miyazaki (KMI)*

☐	JA737A	Boeing 737-46Q	29000/3033	ex N56CD	Miyazaki Intl c/s	Lsd fr Scorpion Ltd
☐	JA737B	Boeing 737-46Q	29001/3040	ex N89CD		Lsd fr Scorpion Ltd
☐	JA737C	Boeing 737-4H6	27086/2426	ex N270AZ		Lsd fr Coral Reef Avn
☐	JA737E	Boeing 737-4Y0	26069/2352	ex N869DC		Lsd fr Mars Aircraft
☐	JA737F	Boeing 737-43Q	28492/2837	ex N284CH		Lsd fr Venus Aircraft
☐	JA737V	Boeing 737-4M0	29201/3018	ex N391LS		Lsd fr Afuko
☐	JA737W	Boeing 737-4M0	29202/3018	ex N392LS		Lsd fr Afuko

Four Boeing 737-800s are on order for delivery in 2010-12

STARFLYER
Starflyer (7G/SFJ)   *Kitakyushu (KKJ)*

☐	JA01MC	Airbus A320-214	2620	ex F-WWDM	Lsd fr Aquarius
☐	JA02MC	Airbus A320-214	2658	ex F-WWIP	Lsd fr Aquarius
☐	JA03MC	Airbus A320-214	2695	ex F-WWII	Lsd fr Aquarius
☐	JA04MC	Airbus A320-214	3025	ex F-WWBI	Lsd fr A and I Star

JU - MONGOLIA (State of Mongolia)

AERO MONGOLIA
Aero Mongolia (MNG)   *Ulan Bator (ULN)*

☐	JU-8251	Fokker F.27 Mk 050 (Fokker 50)	20251	ex PH-WXH
☐	JU-8258	Fokker F.27 Mk 050 (Fokker 50)	20258	ex PH-KXU
☐	JU-8428	Fokker F.28-0100 (Fokker 100)	11428	ex C-GKZG
☐	JU-8452	Fokker F.28-0100 (Fokker 100)	11352	ex C-GKZB

CENTRAL MONGOLIAN AIRWAYS
Central Mongolia (CEM)   *Ulan Bator (ULN)*

☐	JU-5444	Mil Mi-8T	20409	ex JU-1024
☐	JU-5445	Mil Mi-8T	98103227	ex JU-1025
☐	JU-5446	Mil Mi-8T	20411	ex JU-1026

EZNIS AIRWAYS
(EZA)   *Ulan Bator (ULN)*

☐	JU-9901	SAAB SF.340B	340B-259	ex N259AE
☐	JU-9903	SAAB SF.340B	340B-297	ex N297AE
☐	JU-9905	SAAB SF.340B	340B-359	ex LY-ESK

HANGARD AIRLINES
Hangard (HGD)   *Ulan Bator (ULN)*

☐	RA-41900	Antonov An-38-120	4160381607003	Lsd fr NPO
☐	RA-41902	Antonov An-38-120	4163847010002	Lsd fr NPO

MIAT - MONGOLIAN AIRLINES
Mongol Air (OM/MGL) (IATA 289)   *Ulan Bator (ULN)*

☐	EI-CXV	Boeing 737-8CX/W	32364/1166		Khubelai Khaan	
						Lsd fr GATX JetPartners
☐	F-OHPT	Airbus A310-304	526	ex (JU-1069)	Chinggis Khan	Lsd fr Airbus
☐	JU-1004	Antonov An-24RV	17306807	ex MT-1004	stored ULN	
☐	JU-1006	Antonov An-24RV	47309807	ex MT-1006	stored ULN	
☐	JU-1009	Antonov An-24RV	57310104	ex MT-1009	stored ULN	
☐☐	JU-1014	Antonov An-26B-100	14101	ex MT-1014		

SKY HORSE AVIATION
Sky Horse (TNL)   *Ulan Bator (ULN)*

☐	JU-2030	LET L-410UVP-E1	861801	ex OK-RDE	

Sky Horse Aviation is the trading name of Tengeriin Ulaach Shine

JY-   JORDAN (Hashemite Kingdom of Jordan)

Several airlines have headquarters in Amman but aircraft registered in Sierra Leone including Air Rum, Air Universal and Teebah Airlines

ELITE JET AIRLINES
Amman (AMM)

☐	JY-	Lockheed L-1011-500 Tristar	293B-1242	ex (OD-)	on order	

Sole aircraft not delivered and is now operated by Privilege Jet Airlines

JORDAN AVIATION
Jordan Aviation (R5/JAV) (IATA 151)   *Amman (AMM)*

☐	JY-JA1	Boeing 737-5C9	26438/2413	ex LX-LGO		Lsd to Alexandria
☐	JY-JAB	Boeing 737-33A	23630/1312	ex N169AW	Noor	Lsd fr AWAS
☐	JY-JAD	Boeing 737-322	24662/1862	ex N387UA		
☐	JY-JAE	Boeing 727-2N4	21846/1549	ex 7O-ACX	hanaviation.jo titles	
☐	JY-JAH	Airbus A310-304	481	ex VT-EVH		Lsd fr Polaris
☐	JY-JAV	Airbus A310-222	357	ex 3B-STK	Zuhair	Lsd fr BOC Aviation
☐	SX-BLX	Airbus A320-211	0029	ex LZ-BHA	std GLA	Lsd fr BOC Aviation

Operates some charter services as Aqaba Airlines from Aqaba (AQJ)

JORDAN INTERNATIONAL AIR CARGO
(J4/JCI)   *Amman (AMM)*

☐	JY-JIA	Ilyushin Il-76TD	0023437093	ex EX-86911	

Also leases aircraft from other operators as required; Royal Falcon is a wholly owned charter subsidiary

ROYAL FALCON
Amman (AMM)

☐	JY-JRF	Boeing 767-233	22526/92	ex J2-KCN	Lsd fr Phoenix A/c; sublsd to DTA	

First service 30 August 2007; charter subsidiary of Jordan International Air Cargo

ROYAL JORDANIAN
Jordanian (RJ/RJA) (IATA 512)   *Amman (AMM)*

☐	JY-AGM	Airbus A310-304	491	ex F-ODVH	Prince Hamzeh	Lsd fr Waha Lse
☐	JY-AGN	Airbus A310-304	531	ex F-ODVI	Princess Haya	
☐	JY-AGP	Airbus A310-304	416	ex 5Y-BEL		
☐	JY-AGQ	Airbus A310-304F	445	ex F-ODVF	Princess Raiyah	Lsd fr Jerash Avn
☐	JY-AGR	Airbus A310-304F	490	ex F-ODVG	Prince Faisal	Lsd fr Jerash Avn
☐	F-GTAF	Airbus A321-211	0761	ex D-AMTH		Lsd fr Macquarie AirFinance
☐	F-OHGU	Airbus A321-211	0675	ex C-GKOI		Lsd fr Mobilien Verwaltungs
☐	F-OHGV	Airbus A320-232	2649	ex F-WWIL	Irbid	Lsd fr Aljahra
☐	F-OHGX	Airbus A320-231	2953	ex F-WWIX	Madaba	Lsd fr Aljahra
☐	JY-AYD	Airbus A320-232	2598	ex F-WWBJ		Lsd fr Avn Capital Grp
☐	JY-AYF	Airbus A320-232	2692	ex F-WWIH	Aqaba	Lsd fr Boullioun
☐	JY-AYG	Airbus A321-231	2730	ex D-AVZB	As-Salt	Lsd fr ILFC
☐	JY-AYH	Airbus A321-231	2793	ex D-AVZN	Karak	Lsd fr ILFC
☐	JY-AYI	Airbus A320-212	0569	ex F-OGYC	Lsd fr Petra Avn; sublsd to RWA	
☐	JY-	Airbus A319-132	3428	ex D-AVYQ	on order	Lsd fr ILFC
☐	JY-	Airbus A319-132		ex D-AV	on order	Lsd fr ILFC
☐	JY-	Airbus A321-231		ex D-AV	on order	Lsd fr ILFC
☐	JY-	Airbus A321-231		ex D-AV	on order	Lsd fr ILFC
☐	JY-AIA	Airbus A340-212	038	ex F-GLZE	Prince Hussein bin Abdullah	
						Lsd fr Republic Financial
☐	JY-AIB	Airbus A340-212	043	ex F-GLZF	Princess Iman Bint Abdullah	
						Lsd fr Republic Financial

☐ JY-AIC	Airbus A340-212		014	ex F-OHLP	Princess Salma Bint Abdullah	Lsd fr GIE Lizad
☐ JY-AID	Airbus A340-212		022	ex F-OHLQ	Queen Rania Alabdulah	Lsd fr GIE Lizad
☐ ZS-DRF	Fokker F.28 Fellowship 4000		11239	ex 5Y-LLL	Lynne	Lsd fr Foster Intl; sublsd RA
☐ ZS-JAV	Fokker F.28 Fellowship 4000		11161	ex N493US		Lsd fr AQU
☐ JY-EMA	Embraer 190-200IGW (195AR)		19000107	ex PT-SQB		Lsd fr GECAS
☐ JY-EMB	Embraer 190-200IGW (195AR)		19000131	ex PT-SYJ		Lsd fr GECAS
☐ JY-EME	Embraer 190-200IGW (195AR)		19000050	ex PT-SGZ	Jerash	
☐ JY-EMF	Embraer 190-200IGW (195AR)		19000067	ex PT-SJG		
☐ JY-EMG	Embraer 190-200IGW (195AR)		19000088	ex PT-SNG		Lsd fr GECAS
☐ JY-	Embraer 170-200 (175)			ex PT-S	on order	Lsd fr GECAS
☐ JY-	Embraer 170-200 (175)			ex PT-S	on order	Lsd fr GECAS

Eight Boeing 787-8s are on order; 2 leased from ILFC (35312/4) for delivery in 2010 /2011, two leased from CIT Aerospace for delivery in 2012/2013and 3 leased from LCAL (for delivery commencing 2011).
Member of oneworld alliance, Royal Jordanian Xpress and Royal Wings Airlines are wholly owned subsidiairies

ROYAL JORDANIAN XPRESS
Amman (AMM)

Wholly owned subsidiary of Royal Jordanian; leases aircraft from the parent as required.

ROYAL WINGS AIRLINES
Royal Wings (RY/RYW)
Amman (AMM)

☐ JY-AYI	Airbus A320-212	0569	ex F-OGYC		Lsd fr RJA
☐ JY-RWB	de Havilland DHC-8Q-315	401	ex N7985B		Lsd fr Bombardier

A low cost, wholly owned, charter subsidiary of Royal Jordanian

SKYGATE INTERNATIONAL
Air Bishkek (SGD)
Amman/Sharjah (AMM/SHJ)

☐ EX-044	Lockheed L1011-250 Tristar	193C-1245	ex N741DA		
☐ EX-056	Lockheed L1011-250 Tristar	193C-1237	ex N1739B		
☐ (EX-058)	Lockheed L1011-250 Tristar	193C-1228	ex N737D	stored VCV	
☐ JY-SGI	Lockheed L1011-250 Tristar	193C-1234	ex N1738D	Al Saafa; stored	

SKYLINK ARABIA

☐ JY-TWB	Antonov An-26B-100				Op by TSJ
☐ UN-76030	Ilyushin Il-76TD	0053460832	ex ER-IBY		

Also quoted as Skylink Airlines

STARJET
(MBM)
Abu Dhabi (AUH)

☐ A6-BSM	Lockheed L-1011-500 Tristar	193G-1222	ex 9L-LED	stored CDG	
☐ EX-088	Lockheed L-1011-500 Tristar	193G-1179	ex 9L-LDR	Saif	

Starjet is the trading name of Star Air; current status uncertain

TRANSWORLD AVIATION
Amman (AMM)

☐ JY-TWB	Antonov An-26				
☐ JY-TWC	Boeing 737-2T4C	23065/989	ex N110ER		Lsd fr Transworld Avn

J2- DJIBOUTI (Republic of Djibouti)

DAALLO AIRLINES
Dalo Airlines (D3/DAO) (IATA 991)
Djibouti/Dubai (JIB/DAB)

☐ EX-75427	Ilyushin Il-18E	183005905	ex LZ-BFU		Lsd fr INL
☐ (J2-KCV)	Boeing 747-212B	21938/436	ex N938GA	stored OPF; for IRA?	
☐ J2-SHE	Antonov An-24RV	67310505	ex EK-47318		
☐ J2-SHF	Boeing 747SP-09	21300/304	ex 9Q-CWY	stored SHJ	
☐ UN-75002	Ilyushin Il-18E	185008603	ex 3C-KKR		Lsd fr MGK

Also operates services with aircraft leased from other operators as required; owned by Dubai World

DJIBOUTI AIRLINES
Djibouti Air (D8/DJB)
Djibouti (JIB)

Leases aircraft from other operators as required

SILVER AIR
(SVJ)   *Djibouti / Dubai (JIB/DAB)*

☐	J2-KCC	Boeing 737-268	20576/297	ex HZ-AGC	stored ADD
☐	J2-KCE	Boeing 737-268	21360/485	ex HZ-AGO	
☐	J2-SRH	Boeing 737-268	21280/471	ex HZ-AGK	
☐	J2-SRS	Boeing 737-268	21361/488	ex HZ-AGP	

TEEBAH AIRLINES
Teebah (TBN)   *Amman (AMM)*

☐	J2-KCM	Boeing 737-201 (Nordam 3)	22274/682	ex 9L-LFE	status?	Lsd fr/op by IAW
☐	J2-SHB	Boeing 737-201 (Nordam 3)	22354/736	ex 9L-LFA		Lsd to/op for Azmar
☐	9L-LEF	Boeing 727-247 (FedEx 3)	21482/1341	ex N830WA		Lsd to/op for IAW
☐	9L-LEG	Boeing 737-2B7 (Nordam 3)	22885/966	ex N273AU		Lsd to/op for IAW
☐	9L-LEL	Boeing 727-247 (FedEx 3)	21483/1350	ex N831WA		Lsd to/op for Tigris Air

J5- GUINEA BISSAU (Republic of Guinea Bissau)

AIR BISSAU INTERNATIONAL
(YL/BSA)   *Bissau (OXB)*

Fleet unknown at this time

HALCYONAIR BISSAU AIRWAYS
Halcyon (HCN)   *Bissau (OXB)*

☐	J5-GZZ	ATR 72-202		296	ex D4-CBQ

Restored to D4-CBQ with sister company in Cape Verde

HI FLY GB
Ceased operations

J8 ST VINCENT & GRENADINES (State of St. Vincent & Grenadines)

GRENADINE AIRWAYS
Aircraft is now operated in their colours by SVG Air

MUSTIQUE AIRWAYS
Mustique (MAW)   *Mustique (MQS)*

☐	J8-CIW	Britten-Norman BN-2B-26 Islander	2018	ex J8-VAH	
☐	J8-KIM	Rockwell 500S Shrike Commander	3253	ex J8-VBE	Lsd fr St Vincent Avn Svs
☐	J8-MQS	Aero Commander 500B	1400-144	ex J8-SJK	Lsd fr St Vincent Avn Svs
☐	J8-PUG	Aero Commander 500U	1670-18	ex J8-VBD	Lsd fr St Vincent Avn Svs
☐	J8-SLU	Aero Commander 500B	1146-80	ex N6275X	Lsd fr Inter Caribbean Express
☐	J8-VAM	Britten-Norman BN-2B-26 Islander	2165	ex N670J	Lsd fr Locaiman

SVG AIR
Grenadines (SVD)   *Kingston, St Vincent (SVD)*

☐	J8-VAQ	Cessna 402B II STOL	402B1038	ex N400XY	
☐	J8-VAY	Aero Commander 500U	1637-2	ex N6531V	
☐	J8-VBG	Aero Commander 500U	1660-13	ex C-FWPR	
☐	J8-VBI	Britten-Norman BN-2B-26 Islander	2025	ex J3-GAF	
☐	J8-VBJ	Britten-Norman BN-2A Islander	163	ex J3-GAG	
☐	J8-VBK	Britten-Norman BN-2A-26 Islander	570	ex J3-GAH	
☐	J8-VBL	Cessna 402C II	402C0640	ex N404MN	
☐	J8-VBQ	de Havilland DHC-6 Twin Otter 300	604	ex 8P-BGC	all-white
☐	J8-VBS	de Havilland DHC-6 Twin Otter 300	249	ex 8P-ERK	Trans Island 2000 colours

SVG Air is the trading name of St Vincent Grenadines Air

LN- NORWAY (Kingdom of Norway)

AIRLIFT
                                                                          Foerde (FDE)

☐	LN-OCW	Aerospatiale AS.350B3 Ecureuil	3942		
☐	LN-OMB	Aerospatiale AS.350B2 Ecureuil	2514	ex F-WYMO	Lsd fr Offshore Helicopters
☐	LN-OPF	Aerospatiale AS.350B3 Ecureuil	3679		Lsd fr SEB Finans
☐	LN-OPG	Aerospatiale AS.350B3 Ecureuil	3712		Lsd fr SEB Finans
☐	LN-OPN	Aerospatiale AS.350B3 Ecureuil	4116	ex F-WWXC	Lsd fr Offshore Helicopters
☐	LN-OPP	Aerospatiale AS.350B2 Ecureuil	2020	ex SE-HRT	Lsd fr Offshore Helicopters
☐	LN-OPU	Aerospatiale AS.350B2 Ecureuil	3563	ex SE-JGR	Lsd fr SG Finans
☐	LN-OPV	Aerospatiale AS.350B2 Ecureuil	2378	ex HB-XUS	Lsd fr Offshore Helicopters
☐	LN-OPW	Aerospatiale AS.350B3 Ecureuil	4117	ex F-WWPH	Lsd fr Offshore Helicopters

☐	LN-OPZ	Aerospatiale AS.350B3 Ecureuil	3064	ex SE-JCV		Lsd fr Heli-rent
☐	LN-OXA	Aerospatiale AS.350B3 Ecureuil	4255		on order	
☐	LN-OXB	Aerospatiale AS.350B3 Ecureuil	4258	ex F-WWXP	on order	
☐	LN-OXC	Aerospatiale AS.350B3 Ecureuil	4260	ex F-WWXQ	on order	
☐	LN-OXD	Aerospatiale AS.350B3 Ecureuil			on order	
☐	LN-	Aerospatiale AS.350B3 Ecureuil	4105	ex SE-JIM	on order	
☐	LN-	Aerospatiale AS.350B3 Ecureuil	4106	ex SE-JIO	on order	
☐	LN-OBG	Aerospatiale AS.355N Ecureuil 2	5681	ex F-WQDF		Lsd fr NOC
☐	LN-OBX	Aerospatiale AS.332C Puma	2001	ex I-EMEB		
☐	LN-OCO	Aerospatiale AS.365N Dauphin 2	6420	ex OY-HLL		
☐	LN-OMX	Aerospatiale AS.332L1 Super Puma	2351	ex G-BTNZ		
☐	LN-OPQ	Aerospatiale AS.365N1 Dauphin 2	6319	ex 5N-BFP		

AIRWING
Oslo-Gardermoen (OSL)

☐	LN-ACY	Beech 65-E90 King Air	LW-309	ex N160TT	
☐	LN-AWA	Beech A100 King Air	B-213	ex SE-LDL	
☐	LN-AWB	Beech A100 King Air	B-217	ex N730EJ	

BENAIR
Scoop (HAX) Oslo-Gardermoen (OSL)

☐	LN-PBE	Cessna 208B Caravan I	208B0587	ex (OY-PBE)	Lsd fr Alebco
☐	LN-PBF	Cessna 208B Caravan I	208B0584	ex OY-PBF	Lsd fr Alebco
☐	LN-PBK	Cessna 208B Caravan I	208B0914	ex N5196U	Lsd fr Alebco
☐	LN-PBN	Cessna 208B Caravan I	208B1089	ex N5060K	Lsd fr Alebco
☐	LN-PBO	Cessna 208B Caravan I	208B1128		Lsd fr Alebco

BERGEN AIR TRANSPORT
Bergen Air (BGT) Bergen (BGO)

☐	LN-BAA	Beech B200 Super King Air	BB-1327	ex N67SD	
☐	LN-TWL	Beech B200 Super King Air	BB-1144	ex N120AJ	

CHC HELIKOPTER SERVICE
Helibus (L5/HKS) Stavanger/Bergen (SVG/BGO)

☐	LN-OAW	Aerospatiale AS.332L Super Puma	2053	ex VH-LHD	Lsd fr Heliwest
☐	LN-OHA	Aerospatiale AS.332L Super Puma 2	2396	ex F-WYMS	Lsd fr GE European Equipment
☐	LN-OHC	Aerospatiale AS.332L Super Puma 2	2393		Lsd fr SEB Finans
☐	LN-OHE	Eurocopter AS.332L2 Super Puma	2474		Lsd fr SG Finans
☐	LN-OHG	Eurocopter AS.332L2 Super Puma	2493		Lsd fr SG Finans
☐	LN-OHI	Eurocopter AS.332L2 Super Puma	2582	ex F-WW	Lsd fr SEB Finans
☐	LN-OHJ	Eurocopter AS.332L2 Super Puma	2594		Lsd fr Westbroker Finans
☐	LN-OHK	Eurocopter AS.332L2 Super Puma	2613		Lsd fr GE European Equipment
☐	LN-OHL	Eurocopter AS.332L2 Super Puma	2617		Lsd fr SG Finans
☐	LN-OHM	Eurocopter AS.332L2 Super Puma	2477	ex PR-HPG	Lsd fr GE Capital
☐	LN-OLB	Aerospatiale AS.332L Super Puma	2082	ex OY-HMJ	Lsd fr Heliwest
☐	LN-OLD	Aerospatiale AS.332L Super Puma	2103	ex OY-HMI	Lsd fr Heliwest
☐	LN-OME	Aerospatiale AS.332L Super Puma	2139	ex C-GQCH	Lsd fr Heliwest
☐	LN-OMF	Aerospatiale AS.332L Super Puma	2067	ex G-PUMK	Lsd fr Heliworld Lsg
☐	LN-OMH	Aerospatiale AS.332L Super Puma	2113	ex HZ-RH4	Lsd fr Heliwest
☐	LN-OPH	Aerospatiale AS.332L1 Super Puma	2347		Lsd fr RBS Aviation
☐	LN-OPX	Aerospatiale AS.332L1 Super Puma	9009		
☐	LN-OQA	Sikorsky S-92A	920013	ex (LN-ONO)	Lsd fr CIT Group Equipment
☐	LN-OQB	Sikorsky S-92A	920014	ex (LN-OQA)	Lsd fr CIT Group Equipment
☐	LN-OQC	Sikorsky S-92A	920018	ex N7118N	Lsd fr SEB Finans
☐	LN-OQD	Sikorsky S-92A	920022	ex N8016T	Lsd fr Lloyds General Lsg
☐	LN-OQE	Sikorsky S-92A	920047	ex N80071	
☐	LN-OQF	Sikorsky S-92A	920056	ex N4502R	
☐	LN-OQH	Sikorsky S-92A			on order
☐	LN-OQI	Sikorsky S-92A			on order
☐	LN-ODB	Aerospatiale AS.365N2 Dauphin 2	6358	ex G-NTWO	Lsd fr SHZ
☐	LN-OMM	Bell 214ST	28199		Lsd fr Heliwest
☐	LN-OMN	Aerospatiale SA.365N2 Dauphin 2	6423	ex F-GHXG	Lsd fr Heliwest

Subsidiary of CHC Helicopter Group

CLASSIC NORWAY AIR
Molde (MOL)

☐	LN-SVZ	British Aerospace Jetstream 31	641	ex OY-SVZ	Op by HTA

Operates on behalf of Classic Norway Hotels

COAST AIR
Declared bankruptcy and ceased operations 23 January 2008

FONNAFLY
Fonna (NOF)　　　　　　　　　　　　　　　　　　Rosendal / Bergen / Oslo-Gardermoen / Voss (-/BGN/OSL/-)

☐	LN-BWV	Cessna U206F Stationair	U20601994		Fonna 18; floatplane
☐	LN-FFF	Cessna U206G Stationair 6 II	U20604497	ex SE-GXB	Fonna 19; floatplane
☐	LN-HON	Cessna U206G Stationair 6 II	U20605475		Fonna 17; floatplane
☐	LN-HOO	Cessna TU206F Turbo Stationair 6 II	U20605490		Fonna 10; floatplane
☐	LN-IKA	Cessna TU206F Turbo Stationair 6 II	U20606251	ex N6356Z	Fonna 11; floatplane
☐	LN-MAG	Cessna U206G Stationair 6	U20603733	ex SE-GZY	Fonna 11; floatplane
☐	LN-TEP	Cessna U206G Stationair 6 II	U20605186	ex N5305U	Fonna 15; floatplane

HELITRANS
Scanbird (HTA)　　　　　　　　　　　　　　　　　　　　　　　　　　　　　　　　Trondheim (TRD)

☐	LN-OAK	Aerospatiale AS.350B3 Ecureuil	3212		Lsd fr SG Finans
☐	LN-OAU	Aerospatiale AS.350BA Ecureuil	1533	ex SE-HRO	
☐	LN-OGL	Aerospatiale AS.350B3 Ecureuil	3792		Lsd fr Helicopter Network
☐	LN-OLG	Aerospatiale AS.350B2 Ecureuil	2198		
☐	LN-OMD	Aerospatiale AS.350B3 Ecureuil	3303	ex HB-ZCL	
☐	LN-OMY	Aerospatiale AS.350BA Ecureuil	1017	ex SE-HIA	Lsd fr Mogmac
☐	LN-OPA	Aerospatiale AS.350B3 Ecureuil	3589		
☐	LN-OPE	Aerospatiale AS.350B1 Ecureuil	2183		based Greenland
☐	LN-ABO	Cessna 185A Skywagon	185-0439	ex SE-EEM	
☐	LN-HTB	British Aerospace Jetstream 32EP	795	ex G-OAKJ	Lsd fr Alio AS
☐	LN-HTD	Swearingen SA.226T Merlin III	T-294	ex PH-DYB	Op for Baltic Air Svs
☐	LN-OPO	Bell 214B	28053	ex N18091	Lsd fr Helitrans Heavylift
☐	LN-ORM	Bell 214B-1	28054	ex SE-HLE	
☐	LN-SFT	Swearingen SA.226T Merlin IIIB	T-342	ex N342NX	Kystvakt colours
☐	LN-SVZ	British Aerospace Jetstream 31	641	ex OY-SVZ	Op for Classic Norway

KATO AIRLINE
Kato-Air (6S/KAT)　　　　　　　　　　　　　　　　　　　　　　　　　　　　　　Harstad (EVE)

☐	LN-AAO	Dornier 228-201	8108	ex SE-LHD	
☐	LN-BER	Dornier 228-212	8192	ex F-ODYC	
☐	LN-KAT	Cessna 208B Caravan I	208B0970	ex N12295	
☐	LN-KJK	Cessna 208B Caravan I	208B0554	ex N1267A	Lsd fr GE Capital Equipment

LUFTTRANSPORT
Luft Transport (L5/LTR)　　　　　　　　　　　　　　　　　　　　　　　　　　　Bardufoss (BDU)

☐	LN-OLE	Aerospatiale SA.365N2 Dauphin 2	6405	ex VT-CKR		
☐	LN-OLL	Aerospatiale AS.365N2 Dauphin 2	6424	ex G-BTUX		Lsd fr Heliworld Lsg
☐	LN-OLM	Aerospatiale AS.365N3 Dauphin 2	6725	ex F-WWOT		
☐	LN-OLN	Aerospatiale AS.365N3 Dauphin 2	6721	ex F-WWOF		
☐	OO-NHC	Aerospatiale AS.365N2 Dauphin 2	6540	ex F-GXXB		Lsd fr Nordzee
☐	LN-LTA	Beech B200 Super King Air	BB-1868	ex N954RM		Lsd fr SEB Finans
☐	LN-MOB	Beech 200 Super King Air	BB-584	ex (N490WP)		Lsd fr SG Finans
☐	LN-MOC	Beech B200 Super King Air	BB-1449	ex N200KA		Lsd fr SG Finans
☐	LN-MOD	Beech B200 Super King Air	BB-1459	ex N8163R		Lsd fr SG Finans
☐	LN-MOE	Beech B200 Super King Air	BB-1460	ex N8164G		Lsd fr SG Finans
☐	LN-MOF	Beech B200 Super King Air	BB-1461	ex N8261E		
☐	LN-MOG	Beech B200 Super King Air	BB-1465	ex N8214T		
☐	LN-MOH	Beech B200 Super King Air	BB-1466	ex N8216Z		
☐	LN-MOI	Beech B200 Super King Air	BB-1470	ex N8225Z		
☐	LN-MOJ	Beech B200 Super King Air	BB-1334	ex TC-SKO		
☐	LN-MOT	Beech B200 Super King Air	BB-1590	ex D-IHUT		Lsd fr SG Finans
☐	LN-LYR	Dornier 228-202K	8166	ex D-CICA	Kings Bay	Lsd fr Elcon Finans
☐	LN-MOL	Dornier 228-202K	8156	ex TF-ELA		
☐	LN-OLA	Agusta A.109E Power	11117			
☐	LN-OLI	Agusta A.109E Power	11204			Lsd fr Nord Finans
☐	LN-OLV	Agusta AW.139	31023	ex I-RAIB	Vaeroy	

All except Dorniers operate in EMS role

NORSK HELIKOPTER
Norske (NOR)　　　　　　　　　　　　　　　　　　　　　　　　　　　　　　　Stavanger (SVG)

☐	LN-OBA	Aerospatiale AS.332L1 Super Puma	2384			Lsd fr Brilog
☐	LN-OLC	Aerospatiale AS.332L Super Puma	2083	ex JA6782		Lsd fr Brilog; sublsd to BHL
☐	LN-OMI	Aerospatiale AS.332L Super Puma	2123	ex G-BLZJ		Lsd fr Airlog
☐	LN-ONH	Eurocopter AS.332L2 Super Puma	2488			Lsd fr Heliair
☐	LN-ONI	Eurocopter AS.332L2 Super Puma	2500			Lsd fr Heliair
☐	LN-ONN	Sikorsky S-92	920011	ex N7107S	Mona Lisa	Lsd fr KA Ugland
☐	LN-ONO	Sikorsky S-92	920012	ex N7108Z	Madonna	
☐	LN-ONP	Sikorsky S-92A	920025	ex N8011N		

273

	LN-ONQ	Sikorsky S-92A	920032	ex N8036Q		
☐	LN-ONR	Sikorsky S-92A	920033	ex N8021R		
☐	LN-ONS	Sikorsky S-92A	920043	ex N8061E		
☐	LN-ONZ	Sikorsky S-76C+	760456			Lsd fr Heliair
	Bristow Helicopters associated company					

NORSK LUFTAMBULANCE
Helidoc (DOC) — Oslo/Drōbak (OSL/-)

☐ LN-OOC	Eurocopter EC.135P2	0350	EMS	Lsd fr GE Capital Eqpt Finance
☐ LN-OOD	Eurocopter EC.135P2	0356	EMS	Lsd fr GE Capital Eqpt Finance
☐ LN-OOE	Eurocopter EC.135P2	0357	EMS	Lsd fr GE Capital Eqpt Finance
☐ LN-OOF	Eurocopter EC.135P2	0390	EMS	Lsd fr SEB Finans
☐ LN-OOG	Eurocopter EC.135P2	0393	EMS	Lsd fr SEB Finans
☐ LN-OOH	Eurocopter EC.135P2	0399	EMS	Lsd fr SEB Finans
☐ LN-OOI	Eurocopter EC.135P2		EMS; on order	Lsd fr SEB Finans
☐ LN-OOJ	Eurocopter EC.135P2+	0588	EMS	Lsd fr SEB Finans
☐ LN-OOK	Eurocopter EC.135P2		EMS; on order	Lsd fr SEB Finans
☐ LN-OOL	Eurocopter EC.135P2		EMS; on order	Lsd fr SEB Finans
☐ LN-OOM	MBB BK-117C-2	9074	ex D-HMBB	Lsd fr SG Finans
☐ LN-OSI	MBB Bo.105CBS-4	S-609	ex N29144	EMS
☐ LN-OSZ	MBB Bo.105CBS-4	S-666	ex N4573A	EMS

NORWEGIAN
Nor Shuttle (DY/NAX) (IATA 328) — Oslo-Gardermoen (OSL)

☐ LN-KKA	Boeing 737-33A	25033/2025	ex SX-BTO		Lsd fr CIT Aerospace
☐ LN-KKB	Boeing 737-33A	27457/2756	ex N457AN		Lsd fr AWMS I
☐ LN-KKC	Boeing 737-3Y5	25615/2478	ex 9H-ABT		Lsd fr BCC Equipment
☐ LN-KKD	Boeing 737-33V	29339/3119	ex 5N-VNB		Lsd fr Celestial Aviation
☐ LN-KKE	Boeing 737-33A	27285/2608	ex G-ZAPM		Lsd fr AWAS
☐ LN-KKF	Boeing 737-3K2	24326/1683	ex N730BC	Fridtjof Nansen	
					Lsd fr BCC Mafolie Hill Co
☐ LN-KKH	Boeing 737-3K2	24328/1856	ex PH-HVT	Otto Sverdrup	Lsd fr Castle 2003-1A
☐ LN-KKI	Boeing 737-3K2	24329/1858	ex PH-HVV	Helge Ingstad	Lsd fr Avn Capital
☐ LN-KKJ	Boeing 737-36N	28564/2936	ex N564SR	Sonja Henie	Lsd fr AFT Trust-Sub
☐ LN-KKL	Boeing 737-36N	28671/2955	ex N671SR	Roald Amundsen	
					Lsd fr LIFT VG Brazil
☐ LN-KKM	Boeing 737-3Y0	24676/1829	ex HA-LES	Thor Heyerdahl	Lsd fr GECAS
☐ LN-KKN	Boeing 737-3Y0	24910/2030	ex HA-LET	Sigrid Undset	Lsd fr Celestial Avn
☐ LN-KKO	Boeing 737-3Y0	24909/2021	ex HA-LED	Henrik Ibsen	Lsd fr AerCo
☐ LN-KKP	Boeing 737-3M8	25040/2017	ex OO-SBX	Kirsten Flagstad	Lsd fr NBB Lease
☐ LN-KKQ	Boeing 737-36Q	28658/2865	ex EC-GMY	Alf Proysen	Lsd fr SALG-10
☐ LN-KKR	Boeing 737-3Y0	24256/1629	ex OM-AAA		Lsd fr Iolar Financial Svs
☐ LN-KKS	Boeing 737-33A	24094/1729	ex ZK-PLU	Unicef colours	Lsd fr Volito
☐ LN-KKT	Boeing 737-3L9	27336/2587	ex G-IGOS		Lsd fr Celestial Avn
☐ LN-KKU	Boeing 737-3L9	27337/2594	ex G-IGOU		Lsd fr Celestial Avn
☐ LN-KKV	Boeing 737-3Y5	25613/2446	ex 9H-ABR	Niels Henrik Abel	
					Lsd fr BCC Equipment Lease
☐ LN-KKW	Boeing 737-3K9	24213/1794	ex CS-TLL		Lsd fr Boullioun
☐ LN-KKX	Boeing 737-33R/W	29072/3012	ex ZK-NGN	Networknorway c/s	Lsd fr Pembroke
☐ LN-KKY	Boeing 737-3S3	29245/3061	ex N292SZ	acta c/s	Lsd fr SALG-7 Nederland
☐ LN-KKZ	Boeing 737-33A	27458/2959	ex N458AN		Lsd fr AWMS
☐ LN-NOB	Boeing 737-8FZ/W	34954/2483	ex N1786B	Edvard Greig	Lsd fr BBAM
☐ LN-NOC	Boeing 737-81Q/W	30785/1007	ex EC-ICD		Lsd fr Tombo
☐ LN-NOF	Boeing 737-8Q8/W	35280		on order	Lsd fr ILFC
☐ LN-	Boeing 737-8AS/W	29930/757	ex EI-CSQ	on order	

Names prefixed 'Real Norwegian '
Ten more second-hand Boeing 737-8AS/Ws are on order from Ryanair plus 42 new aircraft for delivery by 2014
Norwegian.no is the trading name of Norwegian Air Shuttle; owns FlyNordic

SAS NORGE
Scanor (SK/CNO) (IATA) — Oslo-Gardermoen / Stavanger (OSL/SVG)

Previously listed as SAS Braathens, renamed 01 June 2007

☐ LN-BRE	Boeing 737-405	24643/1860		Hakon V Magnusson	Lsd fr BBAM
☐ LN-BRH	Boeing 737-505	24828/1925	ex D-ACBB	Haaken den Gode	Lsd fr CIT Group
☐ LN-BRI	Boeing 737-405	24644/1938	ex 9M-MLL	Harald Härfagre	
					Lsd fr Greenwich Kahala
☐ LN-BRK	Boeing 737-505	24274/2035		Olav Trygasson	Lsd fr BBAM
☐ LN-BRM	Boeing 737-505	24645/2072		Olav den Helige	Lsd fr Trongheim
☐ LN-BRO	Boeing 737-505	24647/2143		Magnus Haraldsson	Lsd fr Lom Co
☐ LN-BRP	Boeing 737-405	25303/2137	ex 9M-MLK	Harald Hardrade; std	Lsd fr Pegasus
☐ LN-BRQ	Boeing 737-405	25348/2148		Harald Gräfell	Lsd fr NBB Troms
☐ LN-BRR	Boeing 737-505	24648/2213		Halvdan Svarte	Lsd fr Bergen Co
☐ LN-BRS	Boeing 737-505	24649/2225		Olav Kyrre	Lsd NBB Sphere Lse
☐ LN-BRV	Boeing 737-505	25791/2351		Hakon Sverresson	
					Lsd fr Celestial Avn

☐	LN-BRX	Boeing 737-505	25797/2434		Sigurd Munn	Lsd fr NBB Oslo Lsg
☐	LN-BUC	Boeing 737-505	26304/2649		Magnus Erlingsson	Lsd fr ILFC
☐	LN-BUD	Boeing 737-505	25794/2803		Inge Krokrygg	Lsd fr Intec Lsg
☐	LN-BUE	Boeing 737-505	27627/2800		Erling Skjalgsson	Lsd fr ILFC
☐	LN-BUF	Boeing 737-405	25795/2867		Magnus den Gode	Lsd fr CIT Group
☐	LN-BUG	Boeing 737-505	27631/2866		Øystein Haraldsson	Lsd fr ILFC
☐	LN-RCN	Boeing 737-883	28318/529	ex SE-DTK	Hedrun Viking	Lsd fr SAS
☐	LN-RCT	Boeing 737-683	30189/303	ex OY-KKF	Fridlev Viking	Lsd fr SAS
☐	LN-RCU	Boeing 737-683	30190/335	ex SE-DNZ	Sigfrid Viking	Lsd fr SAS
☐	LN-RCW	Boeing 737-683	28308/333	ex SE-DNY	Yngvar Viking	Lsd fr SAS
☐	LN-RCX	Boeing 737-883	30196/733	ex SE-DYH	Höttur Viking	Lsd fr SAS
☐	LN-RCY	Boeing 737-883	28324/767	ex SE-DTT	Eylime Viking	Lsd fr SAS
☐	LN-RCZ	Boeing 737-883	30197/798	ex SE-DTS	Glitne Viking	Lsd fr SAS
☐	LN-RNN	Boeing 737-783	28315/464	ex OY-KKI	Borgny Viking	Lsd fr SAS
☐	LN-RNO	Boeing 737-783	28316/476	ex OY-KKR	Gjuke Viking	Lsd fr SAS
☐	LN-RPE	Boeing 737-683	28306/329	ex SE-DOT	Edla Viking	Lsd fr SAS
☐	LN-RPF	Boeing 737-683	28307/330	ex N1784B	Frede Viking	Lsd fr SAS
☐	LN-RPH	Boeing 737-683	28605/375		Hamder Viking	Lsd fr SAS
☐	LN-RPJ	Boeing 737-783	30192/486	ex (SE-DTK)	Grimhild Viking	Lsd fr SAS
☐	LN-RPK	Boeing 737-783	28317/500	ex (SE-DTL)	Heimer Viking	Lsd fr SAS
☐	LN-RPL	Boeing 737-883	30469/673	ex (SE-DYC)	Svanevit Viking	Lsd fr SAS
☐	LN-RPM	Boeing 737-883	30195/696	ex (SE-DYD)	Frigg Viking	Lsd fr SAS
☐	LN-RPU	Boeing 737-683	28312/407	ex OY-KKP	Ragna Viking	Lsd fr SAS
☐	LN-RPX	Boeing 737-683	28291/112	ex SE-DNN	Nanna Viking	Lsd fr SAS
☐	LN-RPZ	Boeing 737-683	28293/120	ex OY-KKB	Bera Viking	Lsd fr SAS
☐	LN-RRA	Boeing 737-783/W	30471/2288	ex (SE-DTR)	Steinar Viking	Lsd fr SAS
☐	LN-RRB	Boeing 737-783/W	32276/2331		Cecilia Viking	Lsd fr SAS
☐	LN-RRL	Boeing 737-883	28328/1424	ex SE-DYT	Jarlabanke Viking; Star Alliance c/s	
						Lsd fr SAS
☐	LN-RRM	Boeing 737-783	28314/458	ex SE-DTI	Erland Viking	Lsd fr SAS
☐	LN-RRN	Boeing 737-783	30191/404	ex SE-DTG	Solveig Viking	Lsd fr SAS
☐	LN-RRT	Boeing 737-883	28326/1036	ex (SE-DYN)	Lodyn Viking	Lsd fr SAS
☐	LN-RRU	Boeing 737-883	28327/1070	ex (SE-DYP)	Vingolf Viking	Lsd fr SAS
☐	LN-RRY	Boeing 737-683	28297/30	ex SE-DNS	Signe Viking	Lsd fr SAS
☐	LN-RRZ	Boeing 737-683	28295/149	ex SE-DNP	Gisla Viking	Lsd fr SAS
☐	LN-TUA	Boeing 737-705	28211/33		Ingeborg Eriksdatter	Lsd fr ACG Acq
☐	LN-TUD	Boeing 737-705	28217/142		Magrete Skulesdatter	Lsd fr ILFC
☐	LN-TUF	Boeing 737-705	28222/245		Tyra Haraldsdatter	Lsd fr AerCap
☐	LN-TUH	Boeing 737-705	29093/471		Margrete Ingesdatter	Lsd fr BBAM
☐	LN-TUI	Boeing 737-705	29094/507	ex N1787B	Kristin Knudsdatter	Lsd fr Larrett Ltd
☐	LN-TUJ	Boeing 737-705	29095/773		Eirik Blodöks	Lsd fr Structure 2 Lsg
☐	LN-TUK	Boeing 737-705	29096/794		Inge Bärdsson	Lsd fr Structure 2 Lsg
☐	LN-TUL	Boeing 737-705	29097/1072		Hakon IV Hakonsson	
						Lsd fr Structure 2 Lsg
☐	LN-TUM	Boeing 737-705	29098/1116		Øystein Magnusson	Lsd fr BBAM
☐	LN-RNC	Fokker F.27 Mk 050 (Fokker 50)	20176	ex PH-EXY	Eivind Viking	Lsd fr SAS
☐	LN-RND	Fokker F.27 Mk 050 (Fokker 50)	20178	ex PH-EXZ	Inge Viking	Lsd fr SAS
☐	LN-RNE	Fokker F.27 Mk 050 (Fokker 50)	20179	ex PH-EXE	Ebbe Viking	Lsd fr SAS
☐	LN-RNF	Fokker F.27 Mk 050 (Fokker 50)	20183	ex PH-EXI	Leif Viking	Lsd fr SAS
☐	LN-RNG	Fokker F.27 Mk 050 (Fokker 50)	20184	ex PH-EXJ	Gudrid Viking	Lsd fr SAS
☐	LN-RNM	Fokker F.27 Mk 050 (Fokker 50)	20199	ex (SE-LFP)	Herdis Viking	Lsd fr SAS
☐	SE-DJO	Avro 146-RJ85	E2226	ex HB-IXF		Lsd fr TWE
☐	SE-DJP	Avro 146-RJ70	E1254	ex EI-COQ		Lsd fr TWE

Operate in SAS colours and SAS-Braathens titles with Norwegian flag on aft fuselage

WIDERØE'S FLYVESELSKAP
Widerøe (WF/WIF) (IATA 701)   Bodo (BOO)

☐	LN-ILS	de Havilland DHC-8-103	396	ex C-GHRI		
☐	LN-WFA	de Havilland DHC-8-311A	342	ex C-FTUY	for Jazz	Lsd fr GECAS
☐	LN-WFC	de Havilland DHC-8-311A	236	ex D-BEYT		Lsd fr AeroCentury
☐	LN-WFE	de Havilland DHC-8Q-311	491	ex C-GFCA	Sandefjord	Lsd fr Bank Austria
					For Island Avn Services	
☐	LN-WFH	de Havilland DHC-8-311A	238	ex C-FZOH	all-white	Lsd fr AeroCentury
☐	LN-WFO	de Havilland DHC-8Q-311	493	ex C-GERC		Lsd fr Nordea Finans Sverige
☐	LN-WFP	de Havilland DHC-8Q-311	495	ex C-GFUM	Epledrikk colours	
						Lsd fr Nordea Finans Sverige
☐	LN-WFS	de Havilland DHC-8Q-311	535	ex C-GEWI		Lsd fr CRAF
☐	LN-WFT	de Havilland DHC-8Q-311	532	ex C-FATN		Lsd fr Nordic Avn Contractors
☐	LN-WIA	de Havilland DHC-8-103B	359	ex C-GHRI	Nordland	
☐	LN-WIB	de Havilland DHC-8-103B	360	ex C-GFBW	Finnmark	
☐	LN-WIC	de Havilland DHC-8-103B	367	ex C-GDNG	Sogn og Fjordane	
☐	LN-WID	de Havilland DHC-8-103B	369	ex C-FDHD	More og Romsdal	
☐	LN-WIE	de Havilland DHC-8-103B	371	ex C-GFYI	Hordoland	
☐	LN-WIF	de Havilland DHC-8-103B	372	ex C-GFOD	Nord-Tröndelag	
☐	LN-WIG	de Havilland DHC-8-103B	382	ex C-GLOT	Troms	
☐	LN-WIH	de Havilland DHC-8-103B	383	ex C-GFYI	Oslo	

☐	LN-WII	de Havilland DHC-8-103B	384	ex C-GFOD	Nordkapp	
☐	LN-WIJ	de Havilland DHC-8-103B	386	ex C-GFQL	Hammerfest	
☐	LN-WIL	de Havilland DHC-8-103B	398	ex C-GFCF	Narvik	
☐	LN-WIM	de Havilland DHC-8-103B	403	ex C-GDIU	Vesterålen	
☐	LN-WIN	de Havilland DHC-8-103B	409	ex C-GDNG	Alstadhaug/Lofoten	
☐	LN-WIO	de Havilland DHC-8-103B	417	ex C-GFQL	Rost/Akershus	
☐	LN-WIP	de Havilland DHC-8-103A	239	ex C-FXNE	Alstahaug	Lsd fr AeroCentury
☐	LN-WIR	de Havilland DHC-8-103A	273	ex C-FZNU	Nordkyn	
☐	F-GNLH	Fokker F.28-0100 (Fokker 100)	11311	ex D-ADFB		Lsd fr BLE
☐	PH-KXM	Fokker F.27 Mk 050 (Fokker 50)	20252	ex PT-SLO		Lsd fr DNM
	Wholly owned by SAS					

LV- ARGENTINA (Republic of Argentina)

AEROLINEAS ARGENTINAS
Argentina (AR/ARG) (IATA 044) Buenos Aires-Ezeiza (EZE)

☐	LV-BIT	Airbus A340-313	093	ex 9Y-TJN		Lsd fr ILFC
☐	LV-BMT	Airbus A340-312	048	ex C-FDRO		Lsd fr ILFC
☐	LV-ZPJ	Airbus A340-211	074	ex F-OHPG		
☐	LV-ZPO	Airbus A340-211	063	ex F-OHPF		
☐	LV-ZPX	Airbus A340-211	080	ex F-OHPH		
☐	LV-ZRA	Airbus A340-211	085	ex F-OHPI		
☐	LV-	Airbus A340-211		ex	on order	
☐	LV-	Airbus A340-211		ex	on order	
☐	LV-AYE	Boeing 737-5H6	26456/2527	ex F-GJNY		Lsd fr A320 A/c Lsg
☐	LV-AYI	Boeing 737-528	25234/2411	ex F-GJNI		Lsd fr Castle Harbor Lsg
☐	LV-AZU	Boeing 737-528	25235/2428	ex F-GJNJ		Lsd fr Castle Harbor Lsg
☐	LV-BAR	Boeing 737-528	26450/2503	ex F-GJNZ		Lsd fr A320 A/c Lsg
☐	LV-BAT	Boeing 737-5H6	27356/2654	ex F-GJNP		Lsd fr GECAS
☐	LV-BAX	Boeing 737-5H6	26448/2484	ex F-GJNL		Lsd fr GECAS
☐	LV-BBN	Boeing 737-5H6	26454/2511	ex F-GJNX		Lsd fr A320 A/c Lsg
☐	LV-BBW	Boeing 737-5Y0	24897/2003	ex B-2542		Lsd fr GECAS
☐	LV-BDD	Boeing 737-5Y0	24899/2093	ex B-2544		Lsd fr GECAS
☐	LV-BDV	Boeing 737-5Y0	24900/2095	ex B-2545		Lsd fr VGS A/c Holding
☐	LV-BEO	Boeing 737-5Y0	25176/2155	ex B-2547		Lsd fr VGS A/c Holding
☐	LV-BIH	Boeing 737-53A	24786/1898	ex N786AW		Lsd fr WFBN
☐	LV-BIM	Boeing 737-53A	25425/2177	ex N425AN		Lsd fr AWMS I
☐	LV-BIX	Boeing 737-53A	24788/1921	ex N233BC		Lsd fr AAG V
☐	LV-BNM	Boeing 737-5K5	24926/1966	ex D-AHLD		Lsd fr Germanair Flug Lsg
☐	LV-BNS	Boeing 737-5K5	24776/1848	ex D-AHLG		Lsd fr Germanair Flug Lsg
☐	LV-	Boeing 737-59D	24694/1834	ex G-THOC	on order	Lsd fr BBAM
☐	LV-	Boeing 737-59D	24695/1872	ex G-THOD	on order	Lsd fr BBAM
☐	LV-WSY	Boeing 737-281	20562/293	ex JA8416		Lsd to DLU
☐	LV-WTX	Boeing 737-281	20561/292	ex LV-PMI	stored	
☐	LV-ZRO	Boeing 737-236	23164/1060	ex N925PG		Lsd fr Pegasus
☐	LV-ZSW	Boeing 737-236	23170/1086	ex N937PG		Lsd fr Pegasus
☐	LV-ZTT	Boeing 737-236	21806/699	ex N947PG		Lsd fr Pegasus
☐	LV-ZTY	Boeing 737-236	23159/1047	ex N949PG		Lsd fr Pegasus
☐	LV-ZXC	Boeing 737-236	23160/1053	ex N950PG		Lsd fr Pegasus
☐	LV-ZXP	Boeing 737-228	23003/939	ex LV-PIV		Lsd fr Triton
☐	LV-ZXU	Boeing 737-236	23226/1105	ex N952PG		Lsd fr Pegasus
☐	LV-ZYG	Boeing 737-236	21795/645	ex N954PG		Lsd fr Pegasus
☐	LV-ZYI	Boeing 737-228	23010/959	ex LV-PJC		Lsd fr Triton
☐	LV-ZYN	Boeing 737-236	21794/643	ex N900PG		Lsd fr Pegasus
☐	LV-ZYY	Boeing 737-236	21799/660	ex N941PG		Lsd fr Pegasus
☐	LV-ZZD	Boeing 737-228	23011/971	ex LV-PJD		Lsd fr Triton
☐	LV-ZZI	Boeing 737-236	23166/1067	ex N956PG		Lsd fr Pegasus
☐	LV-ALJ	Boeing 747-475	25422/912	ex N971PG		Lsd fr Pegasus
☐	LV-AXF	Boeing 747-475	24895/837	ex N895NC		Lsd fr Sojitz A/c
☐	LV-BBU	Boeing 747-475	24883/823	ex N987PG		Lsd fr Pegasus
☐	LV-MLP	Boeing 747-287B	21726/403			
☐	LV-MLR	Boeing 747-287B	21727/402		stored EZE	
☐	LV-OEP	Boeing 747-287B	22297/487			
☐	LV-OOZ	Boeing 747-287B	22592/532	ex EC-IZL	stored EZE	
☐	(LV-OPA)	Boeing 747-287B	22593/552	ex EC-JJG	stored EZE	
☐	LV-VBX	McDonnell-Douglas MD-88	53047/2016		Parque Nacional Lanin	
☐	LV-VBZ	McDonnell-Douglas MD-88	53049/2031		Parque Baritu	
☐	LV-VCB	McDonnell-Douglas MD-88	53351/2043	ex EC-JKC	Parque Iguazu	
☐	LV-VGB	McDonnell-Douglas MD-88	53446/2046		Parque Nahuel Huapi	
☐	LV-VGC	McDonnell-Douglas MD-88	53447/2064		Parque Caliliegua	
☐	LV-AIV	Airbus A310-325	640	ex EC-IHV		Lsd fr ILFC
☐	LV-AZL	Airbus A310-324	686	ex F-WQTH		
☐	LV-	Airbus A320-211	0302	ex N957PG	on order	Lsd fr Pegasus Avn
☐	LV-	Airbus A320-200		ex	on order	Lsd fr AerCap
☐	LV-	Airbus A320-200		ex	on order	Lsd fr AerCap

☐	LV-	Airbus A330-200		ex		on order	Lsd fr AerCap
☐	LV-	Airbus A330-200		ex		on order	

92.1% owned by Grupo Marsans, owners of Air Comet, four more Airbus A330-200s are on order for delivery in 2009. Member of oneworld alliance; parent has ordered 6 Airbus A319s, 16 Airbus A320s, 5 Airbus A321s, 5 Airbus A330-200s, 10 Airbus A350-900XWBs and 4 Airbus A380s but the split between the two airlines is unknown.
Boeing 737 and McDonnell-Douglas MD-83s are in joint colours (Aerolineas on left side and Austral on right)

AIR TANGO
Buenos Aires-Aeroparque (AEP)

☐	LV-WEO	Swearingen SA.226TC Metro II	TC-346	ex N52EA		

AMERICAN JET
Buenos Aires-Aeroparque (AEP)

☐	LV-WTD	Dornier 228-200	8094	ex D-CBDR		Lsd fr Dornier
☐	LV-WTV	Dornier 228-200	8093	ex N228AM		Lsd fr Dornier
☐	LV-ZXA	Swearingen SA.227DC Metro 23	DC-901B	ex LV-PIR	no titles	Lsd fr SAPSA
☐	N3027B	Swearingen SA.227DC Metro 23	DC-856B	ex OE-LIA		Lsd fr PC Air Charter
☐	N819SK	Swearingen SA.227DC Metro 23	DC-819B	ex XA-SGV		Lsd fr PC Air Charter
☐	N889AJ	Swearingen SA.227DC Metro 23	DC-889B	ex C-FDMR		Lsd fr PC Air Charter

ANDES LINEAS AEREAS
Aeroandes (ANS)
Salta International (SLA)

☐	LV-BEP	McDonnell-Douglas MD-82	49127/1082	ex N10801	Turismosalta.gov.ar titles
☐	LV-BHF	McDonnell-Douglas MD-82	49508/1449	ex N821NK	
☐	LV-BNI	McDonnell-Douglas MD-82	49415/1260	ex N815NK	also SAIC c/n 1

AUSTRAL LINEAS AEREAS
Austral (AU/AUT) (IATA 143)
Buenos Aires-Aeroparque (AEP)

☐	LV-ZTE	Boeing 737-228	23349/1135	ex LV-PIJ		Lsd fr Triton
☐	LV-ZTI	Boeing 737-228	23002/937	ex LV-PIM		Lsd fr Triton; sublsd to DLU
☐	LV-ZTX	Boeing 737-228	23504/1267	ex LV-PIP	stored EZE	Lsd fr Triton
☐	LV-ZXB	Boeing 737-228	23009/958	ex LV-PIS		Lsd fr Triton
☐	LV-ZXH	Boeing 737-228	23503/1256	ex LV-PIU		Lsd fr Triton
☐	LV-ZXV	Boeing 737-228	23793/1426	ex LV-PIX	stored EZE	Lsd fr Triton
☐	LV-ARF	McDonnell-Douglas MD-83	49252/1169	ex LV-PJH		Lsd fr Avn 49252 Grp
☐	LV-AYD	McDonnell-Douglas MD-83	53015/1818	ex N824NK		Lsd fr Macquarie AirFinance
☐	LV-BAY	McDonnell-Douglas MD-83	49284/1209	ex LV-PJJ		Lsd fr Avn 49824 Grp
☐	LV-BDE	McDonnell-Douglas MD-83	49943/1887	ex N943MT		Lsd fr GECAS
☐	LV-BDO	McDonnell-Douglas MD-83	49941/1793	ex N941MT		Lsd fr GECAS
☐	LV-BEG	McDonnell-Douglas MD-83	49630/1591	ex N320FV		Lsd fr Finova Capital
☐	LV-BGV	McDonnell-Douglas MD-83	49904/1680	ex N960PG		Lsd fr Pegasus
☐	LV-BGZ	McDonnell-Douglas MD-82	49906/1786	ex EC-JZA		
☐	LV-BHH	McDonnell-Douglas MD-82	49741/1630	ex N959PG		Lsd fr Pegasus
☐	LV-BHN	McDonnell-Douglas MD-83	53190/2148	ex N190AN		
☐	LV-VAG	McDonnell-Douglas MD-83	53117/1951	ex N6202D		
☐	LV-WFN	McDonnell-Douglas MD-81	48025/952	ex N10027	stored AEP	
☐	LV-WGM	McDonnell-Douglas MD-83	49784/1627	ex N509MD		
☐	LV-WGN	McDonnell-Douglas MD-83	49934/1764	ex N907MD		
☐	LV-	McDonnell-Douglas MD-83	53020/1789	ex N947AS	on order	Lsd fr WFBN
☐	LV-	McDonnell-Douglas MD-82	49937/1784	ex HK-4410		Lsd fr AerCap
☐	LV-	McDonnell-Douglas MD-82	53245/1978	ex HK-4413		Lsd fr Gustav Lsg
☐	LV-BOA	McDonnell-Douglas MD-88	53174/1854	ex N168PL		Lsd fr WTCo
☐	LV-	McDonnell-Douglas MD-88	53175/1868	ex N169PL		Lsd fr WTCo
☐	LV-	McDonnell-Douglas MD-88	49928/1732	ex XA-AMU		Lsd fr Polaris
☐	LV-	McDonnell-Douglas MD-88	49929/1741	ex XA-AMV		Lsd fr Polaris

90% owned by owners of Air Comet. Aircraft operate with joint colours; see Aerolineas Argentinas

BAIRES FLY
Buenos Aires-Aeroparque (AEP)

☐	LV-VDJ	Swearingen SA.227AC Metro III	AC-729	ex N27823	
☐	LV-WHG	Swearingen SA.226TC Metro II	TC-344	ex N44CS	
☐	LV-WJT	Swearingen SA.227AC Metro III	AC-776B	ex N776NE	
☐	LV-WTE	Swearingen SA.227AC Metro III	AC-584	ex LV-PMF	
☐	LV-ZMG	Swearingen SA.227AC Metro III	AC-425	ex N721MA	Lsd fr JODA

All operate without titles

FLYING AMERICA
Buenos Aires-Aeroparque (AEP)

☐	LV-BGH	Swearingen SA.227AC Metro III	AC-467	ex TF-JMK
☐	LV-YIC	Swearingen SA.227AC Metro III	AC-448	ex LV-PNF

HANGAR UNO
Buenos Aires-Don Torcuato

☐	LV-WFR	Britten-Norman BN-2B-26 Islander		2263	ex G-BUBF	Puerto Carmelo titles

HAWK AIR
Air Haw (HKR)
Buenos Aires-Aeroparque (AEP)

☐	LV-WHX	Piper PA-31 Turbo Navajo	31-353	ex N716DR	
☐	LV-WIR	Swearingen SA.226T Merlin III	T-232	ex N56TA	Freighter
☐	LV-WNC	Swearingen SA.226AT Merlin IVA	AT-036	ex N642TS	Freighter
☐	LV-WXW	Swearingen SA.226TC Metro II	TC-419	ex N7205L	Freighter

LADE - LINEAS AEREAS DEL ESTADO
Lade (5U/LDE) (IATA 022)
Comodoro Rivadavia (CRD)

☐	T-81	de Havilland DHC-6 Twin Otter 200	165		
☐	T-82	de Havilland DHC-6 Twin Otter 200	167		
☐	T-85	de Havilland DHC-6 Twin Otter 200	173		
☐	T-86	de Havilland DHC-6 Twin Otter 200	225		Antarctic red colours
☐	T-88	de Havilland DHC-6 Twin Otter 200	158	ex LV-JMP	
☐	T-89	de Havilland DHC-6 Twin Otter 200	185	ex LV-JPX	
☐	T-90	de Havilland DHC-6 Twin Otter 200	178	ex LV-JMR	
☐	T-44	Fokker F.27 Friendship 600	10454	ex PH-EXB	
☐	T-45	Fokker F.27 Friendship 600	10368	ex TC-79	
☐	TC-71	Fokker F.27 Friendship 400M	10403	ex PH-FOB	
☐	TC-74	Fokker F.27 Friendship 400M	10408	ex PH-FOG	
☐	TC-75	Fokker F.27 Friendship 500	10621	ex PH-EXM	
☐	TC-79	Fokker F.27 Friendship 400M	10575	ex PH-EXG	
☐	TC-52	Fokker F.28 Fellowship 1000C	11074	ex LV-RCS	stored El Palomar
☐	TC-53	Fokker F.28 Fellowship 1000C	11020	ex PH-EXX	
☐	TC-55	Fokker F.28 Fellowship 1000C	11024	ex PH-EXZ	stored
☐	TC-91	Boeing 707-387B	21070/897	ex T-91	

LADE is the "airline" wing of the Argentine AF and operates social services in Patagonia

LAN ARGENTINA
LAN Ar (4M/DSM) (IATA 469)
Buenos Aires-Aeroparque (AEP)

☐	LV-BET	Airbus A320-233	1854	ex CC-COO	Lsd fr LAN
☐	LV-BFO	Airbus A320-233	1877	ex CC-COQ	Lsd fr LAN
☐	LV-BFY	Airbus A320-233	1858	ex CC-COP	Lsd fr LAN
☐	LV-BGI	Airbus A320-233	1903	ex CC-COT	Lsd fr LAN
☐	LV-BHU	Airbus A320-233	1512	ex CC-COH	Lsd fr LAN
☐	LV-	Airbus A320-233	1491	ex CC-COG	Lsd fr LAN
☐	LV-BBI	Boeing 737-230	22114/657	ex CC-CRR	stored Moron Lsd fr LAN
☐	LV-BCD	Boeing 737-230 (Nordam 3)	22122/721	ex CC-CDL	stored Moron Lsd fr LAN
☐	LV-BFD	Boeing 767-3Q8ER	26265/570	ex CC-CEN	Lsd fr LAN
☐	LV-BFU	Boeing 767-316ER	27615/681	ex CC-CRT	Lsd fr LAN
☐	LV-BMR	Boeing 767-316ER	26329/641	ex CC-CEK	Lsd fr LAN

LANArgentina is the trading name of Aero 2000; 45% owned subsidiary of LAN Airlines. Four Boeing 777-200s are on order

MACAIR JET
Buenos Aires-Aeroparque (AEP)

☐	LV-ZOW	British Aerospace Jetstream 32EP	869	ex N869AE	
☐	LV-ZPW	British Aerospace Jetstream 32EP	861	ex N861AE	
☐	LV-ZPZ	British Aerospace Jetstream 32EP	931	ex N931AE	
☐	LV-ZRL	British Aerospace Jetstream 32EP	928	ex N928AE	
☐	LV-ZSB	British Aerospace Jetstream 32EP	942	ex N942AE	
☐	LV-ZST	British Aerospace Jetstream 32EP	941	ex N941AE	

SILVER SKY
Cordoba-Pajas Blancas (COR)

☐	LV-BIF	Boeing 737-247 (Nordam 3)	23608/1399	ex N381DL	Lsd fr Avn Finance Svs

According to website commenced operations June 2007; however noted parked August 2007 having never entered service

SOL LINEAS AEREAS
Flight Sol (8R/OLS) (IATA 300)
Rosario-Fisherton (ROS)

☐	LV-BEW	SAAB SF.340A	340A-150	ex N150CN	
☐	LV-BEX	SAAB SF.340A	340A-014	ex N14XS	
☐	LV-BMD	SAAB SF.340A	340A-123	ex N123XS	

TAPSA AVIACION
Tapsa (TPS) — Buenos Aires-Aeroparque (AEP)

| ☐ | LV-LSI | de Havilland DHC-6 Twin Otter 300 | 456 | ex LV-PTW | | |

TRANSPORTES BRAGADO
Buenos Aires-Aeroparque (AEP)

| ☐ | LV-MGD | Piper PA-31T Cheyenne II | 31T-7720059 | ex LV-PXD |
| ☐ | LV-ZNU | Cessna 208B Caravan I | 208B0718 | ex LV-POC |

LX- LUXEMBOURG (Grand Duchy of Luxembourg)

CARGOLUX AIRLINES INTERNATIONAL
Cargolux (CV/CLX) (IATA172) — Luxembourg (LUX)

☐	LX-FCV	Boeing 747-4R7F	25866/1002	ex N1785B	Luxembourg	Lsd fr Elena Lsg
☐	LX-GCV*	Boeing 747-4R7F	25867/1008		Esch/Alzette	
☐	LX-ICV	Boeing 747-428F	25632/968	ex N6005C	Ettelbrück	
☐	LX-KCV	Boeing 747-4R7F	25868/1125		Dudelange	Lsd fr Pegasus
☐	LX-LCV	Boeing 747-4R7F	29053/1139		Grevenmacher	
☐	LX-MCV*	Boeing 747-4R7F	29729/1189		Echternach	
☐	LX-NCV	Boeing 747-4R7F	29730/1203		Vianden	
☐	LX-OCV	Boeing 747-4R7F	29731/1222		Differdange	
☐	LX-PCV*	Boeing 747-4R7F	29732/1231		Diekirch	
☐	LX-RCV	Boeing 747-4R7F	30400/1235		Schengen	Lsd fr Bellami Ltd
☐	LX-SCV	Boeing 747-4R7F	29733/1281		Niederanven	Lsd fr Allwright
☐	LX-TCV	Boeing 747-4R7F	30401/1311	ex N6046P	Sandweiler	Lsd fr Valerie Lsg
☐	LX-UCV	Boeing 747-4R7F	33827/1345		Bertrange	Lsd fr Max Lease
☐	LX-VCV	Boeing 747-4R7F	34235/1366		Walferdange	
☐	LX-WCV	Boeing 747-4R7F	35804/1390	ex N5022E	Pétange	
☐	LX-	Boeing 747-4R7F			on order	
☐	TF-AMO	Boeing 747-48EF	28367/1096	ex HL7422		Lsd fr ABD

*To be sold to Freighter Leasing (formed by Cargolux and HSH Nordbank) and leased back; three to be sold to UPS
Thirteen Boeing 747-8Fs are on order for delivery from 2009 to 2012
34.9% owned by Luxair; all names prefixed 'City of'

LUXAIR
Luxair (LG/LGL) (IATA 149) — Luxembourg (LUX)

☐	LX-LGA	de Havilland DHC-8-402Q	4159	ex C-FLKX	
☐	LX-LGC	de Havilland DHC-8-402Q	4162	ex C-FLTY	
☐	LX-LGD	de Havilland DHC-8-402Q	4171	ex C-FMJC	
☐	LX-LGP	Boeing 737-5C9	26439/2444		Chateau de Bourglinster
☐	LX-LGQ	Boeing 737-7C9/W	33802/1442		Chateau de Berg
☐	LX-LGR	Boeing 737-7C9/W	33803/1468		Chateau de Fischbach
☐	LX-LGS	Boeing 737-7C9/W	33956/1634		Chateau de Senningen
☐	LX-LGI	Embraer EMB.145LU (ERJ-145LU)	145369	ex PT-SOU	
☐	LX-LGJ	Embraer EMB.145LU (ERJ-145LU)	145395	ex PT-SQS	
☐	LX-LGK	Embraer EMB.135LR (ERJ-135LR)	14500886	ex PT-SXY	
☐	LX-LGL	Embraer EMB.135LR (ERJ-135LR)	14500893	ex PT-SYF	900th titles
☐	LX-LGW	Embraer EMB.145LU (ERJ-145LU)	145135	ex PT-SDM	
☐	LX-LGX	Embraer EMB.145LU (ERJ-145LU)	145147	ex PT-SDX	
☐	LX-LGY	Embraer EMB.145LU (ERJ-145LU)	145242	ex PT-SIH	
☐	LX-LGZ	Embraer EMB.145LU (ERJ-145LU)	145258	ex PT-SIR	

13% owned by Lufthansa; in turn owns 34.9% of Cargolux International

WEST AIR EUROPE
West Lux (WLX) — Luxembourg (LUX)

☐	LX-WAL	British Aerospace ATPF	2059	ex SE-LHZ	Lsd fr SWN
☐	LX-WAM	British Aerospace ATPF	2060	ex SE-LPU	Lsd fr SWN
☐	LX-WAN	British Aerospace ATPF	2020	ex SE-LHX	Lsd fr SWN
☐	LX-WAO	British Aerospace ATP (LFD)	2043	ex SE-LPS	Lsd fr SWN
☐	LX-WAP	British Aerospace ATPF	2057	ex SE-LPR	Lsd fr SWN
☐	LX-WAS	British Aerospace ATP	2058	ex SE-LPT	Lsd fr SWN
☐	LX-WAB	ATR 72-201F	227	ex OY-RUC	Lsd fr SG Finans

LY- LITHUANIA (Republic of Lithuania)

AMBER AIR
Ceased operations

APATAS
Apatas (LYT)   *Kaunus-Karmelava (KUN)*

☐	LY-AVA	LET L-410UVP-E3	882036	ex Soviet AF 2036	
☐	LY-AVP	LET L-410UVP	851514	ex RA-67547	
☐	LY-AVT	LET L-410UVP-E3	882033	ex Soviet AF 2033	

AURELA
Aurela (LSK)   *Vilnius (VNO)*

☐	LY-SKA	Boeing 737-35B	23972/1537	ex N223DZ	Lsd fr Pembroke
☐	LY-SKR	Boeing 757-23N	30233/895	ex EI-LTU	Lsd fr GECAS
☐	LY-SKT	Boeing 737-400			
☐	LY-SKW	Boeing 737-382	25162/2241	ex N161LF	Lsd fr Triton

AVIAVILSA
Aviavilsa (LVR)   *Vilnius (VNO)*

☐	LY-APK	Antonov An-26B	27312201	ex RA-26114	all-white	Lsd fr GZP
☐	LY-APN	Antonov An-26B	27312010	ex UR-BXF		
☐	LY-ETM	ATR 42-300F	067	ex (SE-MAS)		Lsd fr RNS Leasing

Operate for DHL

DANU ORO TRANSPORTAS
Danu (R6/DNU)   *Vilnius (VNO)*

☐	LY-ATR	ATR-72-201	162	ex ES-KRD	Lsd fr Finnair A/c Trading
☐	LY-DOT	ATR 42-300	176	ex OY-MUK	Lsd fr DTR
☐	LY-OOV	ATR 42-300F	005	ex EI-SLD	Lsd fr IEM Airfinance
☐	LY-RUM	ATR 42-300	010	ex OY-RUM	Lsd fr DTR
☐	LY-RUN	SAAB SF.340A	340A-086	ex G-RUNG	Lsd fr DTR
☐	LY-RUS	SAAB SF.340A	340A-074	ex SE-LTO	

Subsidiary of Danish Air Transport

FLYLAL
Lithuania Air (TE/LIL) (IATA 874)   *Vilnius (VNO)*

☐	LY-AGQ	Boeing 737-524	26339/2771	ex N33635	for Belavia	Lsd fr ILFC
☐	LY-AGZ	Boeing 737-524	26340/2777	ex N19636	for Belavia	Lsd fr ILFC
☐	LY-AQU	Boeing 737-322	24667/1893	ex N402TZ		Lsd fr Q Aviation
☐	LY-AQV	Boeing 737-35B	25069/2053	ex N225DL		Lsd fr AFS Investments
☐	LY-AQX	Boeing 737-322	24664/1877	ex N403TZ		Lsd fr Q Aviation
☐	LY-AWD	Boeing 737-522	26739/2494	ex C-FDCU		Lsd fr GECAS
☐	LY-AZW	Boeing 737-5Q8	27629/2834	ex PT-SSB		Lsd fr ILFC
☐	LY-AZY	Boeing 737-548	26287/2427	ex F-GJNV		Lsd fr Triton
☐	LY-BSD	Boeing 737-2T4	22701/886	ex N4569N	Steponas Darius; stored VNO	
☐	LY-SBC	SAAB 2000	2000-025	ex F-GTSE	Suvalkietis	Lsd fr SAAB
☐	LY-SBD	SAAB 2000	2000-023	ex F-GTSD	Dzukas	Lsd fr SAAB
☐	LY-SBK	SAAB 2000	2000-035	ex SE-LOM		Lsd fr Swedish A/c Holdings
☐	LY-SBQ	SAAB 2000	2000-007	ex SE-007		Lsd fr Swedish A/c Holdings
☐	LY-SBY	SAAB 2000	2000-044	ex SE-LSC	for KRP	Lsd fr Swedish A/c Holdings

FlyLAL is the trading name of Lithuanian Airlines

NORDIC SOLUTIONS AIR SERVICES
Nordvind (N9/NVD)   *Vilnius (VNO)*

☐	LY-KXE	SAAB SF.340A	340A-111	ex SE-KXE	Lsd fr/op for Air Aland
☐	LY-NSA	SAAB SF.340AF	340A-055	ex SE-KPE	Lsd fr Nordic Solutions
☐	LY-NSB	SAAB SF.340AF	340A-045	ex SE-ISV	Lsd fr Nordic Solutions
☐	LY-NSC	SAAB SF.340AF	340A-037	ex SE-KPD	Lsd fr Siemens Financial Svs
☐	LY-NSD	SAAB SF.340A	340A-159	ex ZK-NLI	

LZ-   BULGARIA (Republic of Bulgaria)

AIR MAX
Aeromax (RMX)   *Plovdiv (PDV)*

☐	LZ-RMK	LET L-410UVP	851406	ex UR-67502	

AIR SCORPIO
Scorpio Univers (SCU)   *Sofia (SOF)*

☐	LZ-CCB	Cessna 402B	402B0581	ex EC-HDF	
☐	LZ-MNR	Antonov An-26	87307504	ex LZ-NHC	
☐	LZ-MNT	Antonov An-26	2209	ex HAF-209	
☐	LZ-RMC	LET L-410UVP-E12	882207	ex LZ-LSC	

AIR SOFIA
Ceased operations 20 June 2007 after its AOC was withdrawn by the Bulgarian Authorities

AVIOSTART
Aviostart (VSR)
Sofia (SOF)

☐	LZ-CBB	Antonov An-24RV	37309008	ex Bulgarian AF 030	

BH AIR
Balkan Holidays (BGH)
Sofia (SOF)

☐	LZ-BHB	Airbus A320-212	0294	ex OY-CNP	Lsd fr GECAS
☐	LZ-BHC	Airbus A320-212	0349	ex OY-CNR	Lsd fr GECAS
☐	LZ-BHD	Airbus A320-212	0221	ex CS-TQE	Lsd fr GECAS
☐	LZ-BHE	Airbus A320-211	0305	ex EI-DNK	Lsd fr GECAS
☐	TC-OAN	Airbus A321-231	1421	ex D-ALAP	Lsd fr OHY

Operate as Balkan Holidays Airlines

BRIGHT AVIATION SERVICES
Ceased operations 20 June 2007 after its AOC was withdrawn by the Bulgarian Authorities

BULGARIA AIR
Flying Bulgaria (FB/LZB) (IATA 623)
Sofia (SOF)

☐	LZ-BOO	Boeing 737-341	26852/2273	ex N852CT	Lsd fr CIT Group
☐	LZ-BOP	Boeing 737-522	26704/2508	ex N956UA	Lsd fr Orix Avn
☐	LZ-BOQ	Boeing 737-522	26687/2402	ex N946UA	Lsd fr Q Aviation
☐	LZ-BOR	Boeing 737-548	25165/2463	ex F-GJUA	Lsd fr ILFC
☐	LZ-BOT	Boeing 737-322	24665/1889	ex N390UA	Lsd fr Q Aviation
☐	LZ-BOU	Boeing 737-3L9	23717/1365	ex N231DN	Lsd fr Pembroke
☐	LZ-BOV	Boeing 737-330	23833/1439	ex N241DL	Lsd fr Pembroke
☐	LZ-BOW	Boeing 737-330	23834/1454	ex N242DL	Lsd fr Pembroke
☐	LZ-HVB	Boeing 737-3S1	24834/1896	ex N371TA	Lsd fr HMS

BULGARIAN AIR CHARTER
Bulgarian Charter (BUC)
Sofia (SOF)

☐	LZ-LDA	McDonnell-Douglas MD-82	49572/1468	ex HB-INZ	
☐	LZ-LDC	McDonnell-Douglas MD-82	49217/1268	ex I-DAVC	Lsd to ISG
☐	LZ-LDD	McDonnell-Douglas MD-82	49218/1274	ex I-DAVD	
☐	LZ-LDF	McDonnell-Douglas MD-82	49219/1310	ex I-DAVF	Lsd to ISG
☐	LZ-LDG	McDonnell-Douglas MD-82	53149/1817	ex TC-FLN	
☐	LZ-LDH	McDonnell-Douglas MD-83	53150/1831	ex TC-FLO	
☐	LZ-LDK	McDonnell-Douglas MD-82	49432/1378	ex I-DAVK	
☐	LZ-LDR	McDonnell-Douglas MD-82	49277/1181	ex HB-INR	
☐	LZ-LDV	McDonnell-Douglas MD-82	49569/1405	ex HB-INW	
☐	LZ-LDX	McDonnell-Douglas MD-82	49844/1579	ex HB-ISX	
☐	LZ-LDY	McDonnell-Douglas MD-82	49213/1243	ex I-DAWY	Lsd to LBC
☐	LZ-LDZ	McDonnell-Douglas MD-83	49930/1720	ex HB-ISZ	

CARGO AIR
Vega Airlines (VEA)
Sofia (SOF)

Previously listed as Vega Airlines who had their AOC revoked 20 June 2007; recommenced operations under new name

☐	LZ-GOA	Boeing 737-301F	23237/1222	ex N503UW	Lsd fr Bank of Utah

DYNAMI AVIATION
Operated with Cargo@Dynami-Aviation titles; current status uncertain as sole aircraft sold by lessor

HELI AIR
Heli Bulgaria (HLR)
Sofia (SOF)

☐	LZ-CBE	Antonov An-12BP	5343708	ex LZ-BAC	stored SOF
☐	LZ-CBG	Antonov An-12A	2340804	ex RA-11370	stored SOF
☐	LZ-CBH	Antonov An-12BP	9346807	ex LZ-BAH	Melnik, stored ?
☐	LZ-CCE	LET L-410UVP-E	871816	ex 1816	
☐	LZ-CCF	LET L-410UVP-E	861722	ex 1722	
☐	LZ-CCG	LET L-410UVP-E	902503	ex S5-BAE	Op for UN
☐	LZ-CCP	LET L-410UVP-E20	912540	ex OK-WDA	
☐	LZ-CCR	LET L-410UVP-E10	892301	ex SP-FTX	
☐	LZ-CCS	LET L-410UVP-E	902425	ex 3D-EER	Op for UN
☐	LZ-CCT	LET L-410UVP-E10	912528	ex ST-DND	Op for UN
☐	LZ-LSB	LET L-410UVP-E2	861802	no titles	Op for UN

Restricted to non EU operations then only one operational Antonov aircraft from 20 June 2007

HEMUS AIR
Hemus Air (DU/HMS) (IATA 748)   Sofia (SOF)

☐	LZ-HBA	British Aerospace 146 Srs.200	E2072	ex VH-NJQ	Lsd fr BAES; sublsd to JOR
☐	LZ-HBB	British Aerospace 146 Srs.200	E2073	ex VH-NJU	Lsd fr BAES
☐	LZ-HBC	British Aerospace 146 Srs.200	E2093	ex VH-JJS	Lsd fr BAES; sublsd to LBY
☐	LZ-HBD	British Aerospace 146 Srs.300	E3141	ex N615AW	Lsd to TBM
☐	LZ-HBE	British Aerospace 146 Srs.300	E3131	ex EI-CLG	
☐	LZ-HBF	British Aerospace 146 Srs.300	E3159	ex EI-CLI	
☐	LZ-HBG	British Aerospace 146 Srs.300	E3146	ex EI-CLH	Lsd fr ANZ Bank
☐	LZ-HBZ	British Aerospace 146 Srs.300	E2103	ex G-JEAK	Lsd fr MCC Leasing
☐	LZ-TIM	Avro 146-RJ70	E1258	ex EI-CPJ stored SEN	Op for Bulgarian Govt
☐	LZ-HVA	Boeing 737-4Y0	26066/2301	ex F-GLXI	Lsd fr Aerco Ireland
☐	LZ-HVB	Boeing 737-3S1	24834/1896	ex N371TA	Lsd to LZB

49% owned by Bulgarian government but stake for sale.
Viaggio Air operate ATR 42-300s in basic Hemus Air colours and 'Partner of Hemus Air' titles

SCORPION AIR
Restricted to non-EU operations then AOC revoked 20 June 2007 although still operates as a training organisation

VEGA AIRLINES
Restricted to non EU operations then AOC revoked 20 June 2007 but recommenced operations in late 2007 as Cargo Air

VIA - AIR VIA
(VL/VIM)   Varna (VAR)

☐	LZ-MDA	Airbus A320-232	2732	ex F-WWBE	Lsd fr BOC Aviation
☐	LZ-MDB	Airbus A320-232	3125	ex F-WWBF	Lsd fr Macquarie AirFinance
☐	LZ-MDM	Airbus A320-232	2804	ex F-WWIM	Lsd fr BOC Aviation
☐	LZ-MDT	Airbus A320-232	2108	ex D-ARFD	Lsd fr Macquarie AirFinance

VIAGGIO AIR
Viaggio (VM/VOA) (IATA 424)

☐	LZ-ATR	ATR 42-300	151	ex F-WQNC	Lsd fr ATR Asset Management
☐	LZ-ATS	ATR 42-300	130	ex F-WQNO	Lsd fr ATR Asset Management

Operate in basic Hemus Air colours with 'Partner of Hemus Air' titles

WIZZ AIR BULGARIA AIRLINES
(8Z/WVL)   Sofia (SOF)

☐	LZ-WZA	Airbus A320-232	2571	ex HA-LPG	Lsd fr WZZ

Sister company of Wizz Air (HA)

N   UNITED STATES OF AMERICA

ABX AIR
Abex (GB/ABX) (IATA 832)   Wilmington-Airborne Airpark, OH (ILN)

☐	N702AX	Boeing 767-231ER	22566/29	ex N603TW	
☐	N707AX	Boeing 767-231ER	22570/63	ex N607TW	
☐	N708AX	Boeing 767-231ER	22571/64	ex N608TW	
☐	N709AX	Boeing 767-231ER	22572/65	ex N609TW	
☐	N712AX	Boeing 767-2J6ER (SCD)	23307/126	ex B-2551	
☐	N713AX	Boeing 767-205ER	23058/101	ex N651TW	
☐	N714AX	Boeing 767-223 (SCD)	22314/73	ex N308AA	
☐	N739AX	Boeing 767-232 (SCD)	22216/26	ex N104DA	
☐	N740AX	Boeing 767-232 (SCD)	22213/6	ex N101DA	
☐	N741AX	Boeing 767-232 (SCD)	22215/17	ex N103DA	for conv to freighter
☐	N742AX	Boeing 767-232 (SCD)	22217/27	ex N105DA	Lsd to ANA
☐	N743AX	Boeing 767-232 (SCD)	22218/31	ex N106DA	
☐	N744AX	Boeing 767-232 (SCD)	22221/53	ex N109DL	Lsd to ANA
☐	N745AX	Boeing 767-232 (SCD)	22222/56	ex N110DL	
☐	N746AX	Boeing 767-232 (SCD)	22223/74	ex N111DN	
☐	N747AX	Boeing 767-232 (SCD)	22224/56	ex N112DL	
☐	N748AX	Boeing 767-232 (SCD)	22225/77	ex N113DA	
☐	N749AX	Boeing 767-232	22226/78	ex N114DL	for conv to freighter
☐	N750AX	Boeing 767-232 (SCD)	22227/83	ex N115DA	
☐	N752AX	Boeing 767-281	23434/171	ex JA8255	
☐	N767AX	Boeing 767-281	22785/51	ex JA8479	
☐	N768AX	Boeing 767-281	22786/54	ex JA8480	
☐	N769AX	Boeing 767-281	22787/58	ex JA8481	
☐	N773AX	Boeing 767-281	22788/61	ex JA8482	
☐	N774AX	Boeing 767-281	22789/67	ex JA8483	
☐	N775AX	Boeing 767-281	22790/69	ex JA8484	
☐	N783AX	Boeing 767-281	23016/80	ex JA8485	
☐	N784AX	Boeing 767-281	23017/82	ex JA8486	
☐	N785AX	Boeing 767-281	23018/84	ex JA8487	

	Reg	Type	c/n	ex	Notes
☐	N786AX	Boeing 767-281	23019/85	ex JA8488	
☐	N787AX	Boeing 767-281	23020/96	ex JA8489	
☐	N788AX	Boeing 767-281	23021/103	ex JA8490	
☐	N789AX	Boeing 767-281	23022/104	ex JA8491	Lsd fr WFBN
☐	N790AX	Boeing 767-281	23140/106	ex JA8238	Lsd fr WFBN
☐	N791AX	Boeing 767-281	23141/108	ex JA8239	
☐	N792AX	Boeing 767-281 (SCD)	23142/110	ex JA8240	
☐	N793AX	Boeing 767-281	23143/114	ex JA8241	
☐	N794AX	Boeing 767-281	23144/115	ex JA8242	
☐	N795AX	Boeing 767-281	23145/116	ex JA8243	
☐	N796AX	Boeing 767-281	23146/121	ex JA8244	
☐	N797AX	Boeing 767-281	23147/123	ex JA8245	
☐	N798AX	Boeing 767-281 (SCD)	23431/143	ex JA8251	DHL colours
☐	N799AX	Boeing 767-281 (SCD)	23432/145	ex JA8252	DHL colours
☐	N	Boeing 767-223	22316/95	ex N313AA	on order
☐	N	Boeing 767-223 (SCD)	22318/111	ex N316AA	under conversion

All are operated in freighter configuration but without cargo door except those indicated as (SCD).

	Reg	Type	c/n	ex	Notes
☐	N814AX	Douglas DC-8-63F (BAC 3)	46041/439	ex N792AL	stored CVG
☐	N816AX	Douglas DC-8-63PF (BAC 3)	46093/496	ex N790AL	stored Lsd fr Aerolease Fin
☐	N819AX	Douglas DC-8-63F (BAC 3)	45927/327	ex N783AL	DHL colours; stored
☐	N828AX	Douglas DC-8-63F (BAC 3)	45999/377	ex N788AL	stored Lsd fr Aerolease Fin
☐	N847AX	Douglas DC-8-61F (BAC 2)	46031/435	ex N28UA	stored CVG
☐	N900AX	Douglas DC-9-32 (ABS 3)	47380/514	ex N1284L	
☐	N903AX	Douglas DC-9-32 (ABS 3)	47427/573	ex N1287L	
☐	N904AX	Douglas DC-9-32CF (ABS 3)	47040/172	ex N931F	
☐	N905AX	Douglas DC-9-32CF (ABS 3)	47147/208	ex N933F	
☐	N906AX	Douglas DC-9-31 (ABS 3)	47072/270	ex VH-TJM	
☐	N907AX	Douglas DC-9-31 (ABS 3)	47203/401	ex VH-TJN	
☐	N909AX	Douglas DC-9-32CF (ABS 3)	47148/246	ex N934F	
☐	N923AX	Douglas DC-9-31 (ABS 3)	47165/260	ex N8942E	
☐	N924AX	Douglas DC-9-31 (ABS 3)	47403/507	ex N8987E	
☐	N928AX	Douglas DC-9-33RC (ABS 3)	47392/447	ex YU-AJB	
☐	N929AX	Douglas DC-9-31 (ABS 3)	45874/351	ex N965ML	DHL colours
☐	N930AX	Douglas DC-9-33RC (ABS 3)	47363/445	ex N502MD	
☐	N932AX	Douglas DC-9-33RC (ABS 3)	47465/584	ex N7465B	
☐	N933AX	Douglas DC-9-33RC (ABS 3)	47291/343	ex N94454	
☐	N934AX	Douglas DC-9-33RC (ABS 3)	47462/564	ex N32UA	
☐	N935AX	Douglas DC-9-33F (ABS 3)	47413/521	ex N939F	
☐	N936AX	Douglas DC-9-31 (ABS 3)	47269/371	ex N970ML	stored CVG
☐	N937AX	Douglas DC-9-31 (ABS 3)	47074/376	ex N973ML	
☐	N939AX	Douglas DC-9-32 (ABS 3)	47201/459	ex EC-ECU	
☐	N943AX	Douglas DC-9-31 (ABS 3)	47528/617	ex VH-TJR	
☐	N944AX	Douglas DC-9-31 (ABS 3)	47550/623	ex VH-TJS	
☐	N946AX	Douglas DC-9-31 (ABS 3)	47003/86	ex N535MD	
☐	N947AX	Douglas DC-9-31 (ABS 3)	47004/81	ex N537MD	
☐	N948AX	Douglas DC-9-31 (ABS 3)	47065/269	ex N534MD	stored CVG
☐	N949AX	Douglas DC-9-31 (ABS 3)	47325/515	ex N540MD	
☐	N952AX	Douglas DC-9-41 (ABS 3)	47615/751	ex JA8432	
☐	N953AX	Douglas DC-9-41 (ABS 3)	47608/732	ex JA8427	
☐	N954AX	Douglas DC-9-41 (ABS 3)	47612/736	ex JA8428	
☐	N955AX	Douglas DC-9-41 (ABS 3)	47619/768	ex JA8436	DHL colours
☐	N956AX	Douglas DC-9-41 (ABS 3)	47620/777	ex JA8437	DHL colours
☐	N957AX	Douglas DC-9-41 (ABS 3)	47759/871	ex JA8439	
☐	N958AX	Douglas DC-9-41 (ABS 3)	47760/874	ex JA8440	
☐	N959AX	Douglas DC-9-41 (ABS 3)	47761/875	ex JA8441	
☐	N960AX	Douglas DC-9-41 (ABS 3)	47762/876	ex JA8442	
☐	N962AX	Douglas DC-9-41 (ABS 3)	47768/887	ex JA8449	
☐	N963AX	Douglas DC-9-41 (ABS 3)	47780/894	ex JA8450	
☐	N964AX	Douglas DC-9-41 (ABS 3)	47781/895	ex JA8451	
☐	N965AX	Douglas DC-9-41 (ABS 3)	47498/566	ex SE-DAL	
☐	N966AX	Douglas DC-9-41 (ABS 3)	47510/645	ex OY-KGK	
☐	N967AX	Douglas DC-9-41 (ABS 3)	47509/643	ex SE-DAO	
☐	N968AX	Douglas DC-9-41 (ABS 3)	47499/568	ex SE-DAM	
☐	N969AX	Douglas DC-9-41 (ABS 3)	47464/575	ex SE-DAN	DHL colours
☐	N970AX	Douglas DC-9-41 (ABS 3)	47494/601	ex OY-KGI	DHL colours
☐	N971AX	Douglas DC-9-41 (ABS 3)	47497/604	ex LN-RLB	
☐	N972AX	Douglas DC-9-41 (ABS 3)	47631/743	ex SE-DAX	
☐	N973AX	Douglas DC-9-41 (ABS 3)	47511/677	ex LN-RLU	
☐	N974AX	Douglas DC-9-41 (ABS 3)	47623/728	ex LN-RLS	
☐	N975AX	Douglas DC-9-41 (ABS 3)	47512/678	ex SE-DAP	
☐	N976AX	Douglas DC-9-41 (ABS 3)	47596/714	ex SE-DAR	
☐	N977AX	Douglas DC-9-41 (ABS 3)	47513/679	ex LN-RLX	
☐	N978AX	Douglas DC-9-41 (ABS 3)	47628/740	ex OY-KGN	
☐	N979AX	Douglas DC-9-41 (ABS 3)	47492/559	ex SE-DAK	
☐	N980AX	Douglas DC-9-32 (ABS 3)	47176/314	ex N3335L	
☐	N981AX	Douglas DC-9-32 (ABS 3)	47273/347	ex N3337L	stored CVG
☐	N983AX	Douglas DC-9-32 (ABS 3)	47257/386	ex N1262L	stored CVG
☐	N984AX	Douglas DC-9-32 (ABS 3)	47258/387	ex N1263L	stored CVG
☐	N985AX	Douglas DC-9-32 (ABS 3)	47522/606	ex EC-BYD	
☐	N986AX	Douglas DC-9-32 (ABS 3)	47543/654	ex EC-BYG	DHL colours

☐	N988AX	Douglas DC-9-32 (ABS 3)	47084/179	ex EC-BIL		
☐	N989AX	Douglas DC-9-32 (ABS 3)	47314/279	ex EC-BIU	stored	
☐	N990AX	Douglas DC-9-41 (ABS 3)	47493/562	ex SE-DLC		

All operated in freighter configuration, majority without freight door.
31 Boeing 767s and 59 Douglas DC-9s operate under ACMI deal with DHL.
Parent company owns ATI and Capital Cargo International

ACADEMY AIRLINES
Academy (ACD)
Hampton-Clayton Co/Tara Field, GA

☐	N17WT	Beech 65-90 King Air	LJ-86	ex N60RJ	Lsd fr Jeffair

Subsidiary of Airline Aviation Academy

ACTION AIRLINES
Action Air (AXQ)
Groton-New London, CT (GON)

☐	N660RA	Piper PA-34-200T Seneca II	34-7870354	ex N36708	Lsd fr Griswold Air Service
☐	N826RM	Piper PA-31T1 Cheyenne I	31T-8004033	ex N855RM	Lsd fr Eighty Eight Inc

ADIRONDACK FLYING SERVICE
Lake Placid, NY (LKP)

☐	N83D	Cessna 414A Chancellor II	414A0615	ex C-FACF	
☐	N372WP	Cessna 310R	310R0904		
☐	N402AF	Cessna 402B	402B1337	ex N6374X	
☐	N8091Q	Cessna 402B	402B0369	ex F-OGFL	
☐	N33247	Cessna U206F Stationair	U20602692		

Adirondack Flying Service is the trading name of Lake Placid Airways

ADVANCED AIRWAYS
West Palm Beach-Lantana County Park, FL (LNA)

☐	N89M	Aero Commander 500	500-659	ex N4300S	dbr Oct05?
☐	N312EC	Aero Commander 500	500-782	ex N123RK	Lsd fr South Georgia Investments
☐	N3836C	Aero Commander 500	500-791	ex N8447C	
☐	N3841C	Aero Commander 500	500-707		

AERO CHARTER
Char Tran (CTA)
Albuquerque-International Sunport, NM (ABQ)

☐	N38CJ*	Cessna 402C II	402C0023	ex N38CC	
☐	N593DM*	Cessna 402B II	402B1228	ex N25BH	
☐	N594DM*	Cessna 402C II	402C0068	ex N2610Z	
☐	N596DM*	Cessna 402C II	402C0255	ex N7011X	
☐	N598DM*	Cessna 402C II	402C0114	ex N81970	
☐	N635MA	Cessna 402C II	402C0634	ex 5H-TGA	Lsd fr D&A Investments
☐	N775RC	Cessna 402C II	402C0311	ex 5Y-BKK	Lsd fr D&A Investments
☐	N22LT*	Ted Smith Aerostar 601	61-0231-098	ex N22LL	
☐	N588DM*	Cessna 310Q	310Q0624	ex C-GYLZ	
☐	N589DM	Cessna 310Q II	310Q1048	ex C-GONG	Lsd fr D&A Investments
☐	N590DM*	Cessna 310Q	310Q0059	ex N212TA	
☐	N591DM*	Cessna 310Q	310Q0006	ex N7506Q	

*Leased from Distribution Management Corp

AERO FLITE
Kingman, AZ (IGM)

☐	N262NR	Canadair CL-215-1A10 (CL-215)	1081	ex C-GDRS	262	Lsd fr AFI Lsg op for Minnesota DNR
☐	N263NR	Canadair CL-215-1A10 (CL-215)	1082	ex C-GENU	263	Lsd fr/op for Minnesota DNR
☐	N264V	Canadair CL-215-1A10 (CL-215)	1090	ex C-GOFM	264	Lsd fr AFI Lsg
☐	N266NR	Canadair CL-215-1A10 (CL-215)	1102	ex C-GOFO	266	Lsd fr/op for Minnesota DNR
☐	N267V	Canadair CL-215-1A10 (CL-215)	1103	ex C-GOFP	267	Lsd fr AFI Lsg
☐	N96358	Douglas C-54E	27284	ex 90397		160 Tanker; stored IGM

AERO INDUSTRIES
Wabash (WAB)
Richmond, VA (RIC)

☐	N1439T	Piper PA-32-300 Cherokee Six	32-7200039		
☐	N3073W	Piper PA-32-300 Cherokee Six	32-7940081		Lsd fr L&J Aviation
☐	N3521S	Piper PA-31-350 Chieftain	31-7952107		
☐	N27508	Piper PA-31-350 Chieftain	31-7852031		

AERO UNION
Chico-Municipal, CA (CIC)

☐	N900AU	Lockheed P-3A Orion	185-5104	ex N406TP	00 Tanker

☐	N920AU	Lockheed P-3A Orion	185-5039	ex Bu150513	20 Tanker
☐	N921AU	Lockheed P-3A Orion	185-5098	ex Bu151385	21 Tanker
☐	N922AU	Lockheed P-3A Orion	185-5100	ex N181AU	22 Tanker
☐	N923AU	Lockheed P-3A Orion	185-5085	ex N185AU	23 Tanker
☐	N925AU	Lockheed P-3A Orion	185-5074	ex N183AU	25 Tanker
☐	N927AU	Lockheed P-3A Orion	185-5082	ex N182AU	27 Tanker
☐	N4096W	Piper PA-32-300 Cherokee Six	32-40159		
☐	N5938Y	Piper PA-23-250 Aztec C	27-3103		

AEX AIR
Desert (DST)
Phoenix-Sky Harbor, AZ/La Verne, CA (PHX/PDC)

☐	N14FB	Piper PA-31 Turbo Navajo	31-351	ex N93H	
☐	N57AS	Piper PA-31 Turbo Navajo	31-113	ex N585HW	
☐	N300WA	Piper PA-31 Turbo Navajo	31-294	ex N9227Y	
☐	N370RC	Piper PA-31 Turbo Navajo	31-268	ex N9205Y	
☐	N626JD	Piper PA-32R-300 Lance	32R-7680084		
☐	N1656H	Piper PA-34-200T Seneca II	34-7770131		
☐	N2817T	Piper PA-34-200 Seneca	34-7250170		
☐	N55549	Piper PA-34-200 Seneca	34-7350228		
☐	N75053	Piper PA-34-200T Seneca II	34-7670233		

All freighters; AEX Air is the trading name of Air Desert Pacific

AIR AMERICA
San Juan –Luis Munoz Marin Intl, PR (SJU)

☐	N21WW	Piper PA-23-250 Aztec E	27-7554066	ex N54754	
☐	N2395Z	Piper PA-23-250 Aztec F	27-7954107	ex (AN-LAS)	
☐	N7049T	Britten-Norman BN-2A-21 Islander	643	ex C-GPAB	
☐	N62749	Piper PA-23-250 Aztec F	27-7654198		

AIR ARCTIC
Fairbanks-Intl, AK (FAI)

☐	N234CE	Piper PA-31-350 Chieftain	31-8052203		Lsd fr Northern Alaska
☐	N820FS	Piper PA-31-350 Chieftain	31-7952185	ex TF-VLA	Lsd fr Northern Alaska
☐	N7164D	Piper PA-31-350 Chieftain	31-8052013	ex C-GBGI	Lsd fr Northern Alaska
☐	N59826	Piper PA-31-350 Navajo Chieftain	31-7652077		

AIR CARGO CARRIERS
Night Cargo (2Q/SNC) (IATA 883)
Milwaukee-General Mitchell Intl, WI (MKE)

☐	N58DD	Short SD.3-30	SH3008	ex TG-TJA	
☐	N167RC	Short SD.3-30	SH3038	ex N690RA	
☐	N330AC	Short SD.3-30	SH3007	ex C-GSKW	
☐	N334AC	Short SD.3-30	SH3029	ex VH-LSI	special colours
☐	N336MV	Short SD.3-30	SH3018	ex PJ-DDB	
☐	N390GA	Short SD.3-30	SH3077	ex 4X-CSP	
☐	N936MA	Short SD.3-30	SH3036	ex G-BGNI	
☐	N938MA	Short SD.3-30	SH3046	ex G-BHJJ	
☐	N2629P	Short SD.3-30	SH3079	ex G-BJLL	
☐	N124CA	Short SD.3-60	SH3652	ex G-BLJS	
☐	N136LR	Short SD.3-60	SH3752	ex VH-SUL	all-white
☐	N151CA	Short SD.3-60	SH3653	ex G-BLJT	
☐	N360AB	Short SD.3-60	SH3756	ex G-BPKZ	
☐	N360RW	Short SD.3-60	SH3613	ex C-FCRB	
☐	N360SA	Short SD.3-60	SH3601	ex G-WIDE	
☐	N367AC	Short SD.3-60	SH3626	ex VH-MVW	
☐	N368AC	Short SD.3-60	SH3651	ex VH-BWO	
☐	N376AC	Short SD.3-60	SH3736	ex G-VBAC	
☐	N601CA	Short SD.3-60	SH3623	ex G-BKWM	
☐	N617FB	Short SD.3-60	SH3617	ex G-BKUF	
☐	N688AN	Short SD.3-60	SH3633	ex C-GPCJ	
☐	N701A	Short SD.3-60	SH3627	ex G-BKZP	
☐	N742CC	Short SD.3-60	SH3742	ex D-CFXH	
☐	N764JR	Short SD.3-60	SH3764	ex VH-SUF	
☐	N972AA	Short SD.3-60	SH3754	ex N263GA	Lsd fr Falcon Lsg
☐	N973AA	Short SD.3-60	SH3749	ex N749JT	Lsd fr Falcon Lsg
☐	N3732X	Short SD.3-60	SH3732	ex PK-DSN	
☐	N4498Y	Short SD.3-60	SH3625	ex G-BKZN	

All freighters; some operated for US Military

☐	N20EF	Swearingen SA.26AT Merlin IIB	T26-157	ex N20ER	
☐	N960AA	AMD Falcon 20C	144	ex N385AC	Lsd fr Falcon Lsg
☐	N961AA	AMD Falcon 20D	205	ex N585AC	Lsd fr Falcon Lsg

AIR CHOICE ONE
Weber (WBR)
Farmington Regional, MD (FAM)

☐ N86SJ   Beech Baron 58   TH-656   ex N4184S
Previously listed as Multi-Aero, the parent company

AIR DIRECT
Rhinelander-Oneida County, WI (RHI)

☐ N213JD   Cessna 310R II   310R0136   ex N102CT
☐ N87395   Cessna 310R   310R0543
Air Direct is the trading name of Rhinelander Flying Services

AIR EXPRESS INTERNATIONAL
Ceased operations

AIR FLAMENCO
San Juan-Fernando Luis Ribas Dominici, PR (SIG)

	Registration	Type	Serial	Ex-reg	Name
☐	N901GD	Britten-Norman BN-2A-26 Islander	855	ex XA-JEK	The Spirit of Culebra
☐	N903GD	Britten-Norman BN-2A-6 Islander	625	ex HI-636CT	
☐	N904GD	Britten-Norman BN-2B-26 Islander	2128	ex N902VL	
☐	N905GD	Britten-Norman BN-2A-9 Islander	339	ex C-FTAM	
☐	N906GD	Britten-Norman BN-2A-26 Islander	3008	ex VP-AAB	
☐	N907GD	Britten-Norman BN-2A-9 Islander	340	ex N161A	
☐	N908GD	Britten-Norman BN-2A-26 Islander	2040	ex C6-BUS	
☐	N909GD	Britten-Norman BN-2A-6 Islander	239	ex N143BW	
☐	N900GD	Cessna P206A Super Skylane	P206-0182	ex N2682X	

Air Flamenco is the trading name of Air Charter

AIR FLORIDA
Ceased operations

AIR GRAND CANYON
Grand Canyon-National Park, AZ (GCN)

☐ N6491H   Cessna T207A Stationair 7   20700543
☐ N7311U   Cessna T207A Turbo Skywagon   20700395

AIR LOGISTICS
Airlog (ALG)
New Iberia-Air Logistics Heliport, LA (-)

	Registration	Type	Serial	Ex-reg	Notes
☐	N9AT	Bell 206B JetRanger III	3854		based Alaska
☐	N35WH	Bell 206B JetRanger III	2736	ex D-HHUN	
☐	N81AL	Bell 206B JetRanger III	2782	ex 5N-BCV	
☐	N83AL	Bell 206B JetRanger III	2728	ex 5N-BAG	
☐	N116AL	Bell 206B JetRanger II	2389	ex PT-HTZ	
☐	N119AL	Bell 206B JetRanger II	3765	ex 5N-AQO	
☐	N158H	Bell 206B JetRanger III	2974	ex N10857	
☐	N168H	Bell 206B JetRanger III	3453	ex N711NM	
☐	N209AL	Bell 206B JetRanger III	1044	ex N311AL	
☐	N1078Y	Bell 206B JetRanger III	2924		
☐	N2155Z	Bell 206B JetRanger III	3476		
☐	N2201W	Bell 206B JetRanger III	3477		
☐	N2295F	Bell 206B JetRanger III	3579		
☐	N3896W	Bell 206B JetRanger III	3197		
☐	N3912Q	Bell 206B JetRanger III	3271		
☐	N4847	Bell 206B JetRanger III	4004	ex C-FBBQ	
☐	N5008K	Bell 206B JetRanger III	2524		
☐	N5008N	Bell 206B JetRanger III	2518		
☐	N5011F	Bell 206B JetRanger III	2564		
☐	N27574	Bell 206B JetRanger III	2562		based Alaska
☐	N8WH	Bell 206L-1 LongRanger	45318	ex N2775D	
☐	N40LP	Bell 206L-1 LongRanger	45233	ex N289JH	
☐	N41GH	Bell 206L-1 LongRanger II	45502	ex N5748N	
☐	N69AL	Bell 206L-4 LongRanger IV	52139	ex PT-YBH	
☐	N76AL	Bell 206L-4 LongRanger IV	52165	ex N15EW	
☐	N133AL	Bell 206L-3 LongRanger III	51133		based Alaska
☐	N170AL	Bell 206L-4 LongRanger IV	52063		
☐	N171AL	Bell 206L-4 LongRanger IV	52064		
☐	N173AL	Bell 206L-4 LongRanger IV	52066		
☐	N174AL	Bell 206L-4 LongRanger IV	52067		
☐	N175AL	Bell 206L-4 LongRanger IV	52117		
☐	N176AL	Bell 206L-4 LongRanger IV	52146	ex C-FOFE	
☐	N177AL	Bell 206L-4 LongRanger IV	52157	ex C-GLZU	
☐	N179AL	Bell 206L-4 LongRanger IV	52102	ex PT-HTH	
☐	N180AL	Bell 206L-4 LongRanger IV	52104	ex C-FTJZ	
☐	N182AL	Bell 206L-3 LongRanger III	52057	ex D-HSDA	
☐	N188AL	Bell 206L-4 LongRanger IV	52082	ex N84TV	

	Registration	Type	Serial	Notes
☐	N189AL	Bell 206L-4 LongRanger IV	52340	
☐	N192AL	Bell 206L-4 LongRanger IV	52342	
☐	N193AL	Bell 206L-4 LongRanger IV	52344	
☐	N206DB	Bell 206L-4 LongRanger IV	52127	
☐	N206SL	Bell 206L-2 LongRanger II	45245	ex N5086L
☐	N211EL	Bell 206L-1 LongRanger II	45251	ex N27511
☐	N265AL	Bell 206L-4 LongRanger IV	52280	ex C-GFNY
☐	N266AL	Bell 206L-4 LongRanger IV	52281	
☐	N267AL	Bell 206L-4 LongRanger IV	52282	ex C-GAXE
☐	N268AL	Bell 206L-4 LongRanger IV	52283	
☐	N269AL	Bell 206L-4 LongRanger IV	52284	
☐	N271AL	Bell 206L-4 LongRanger IV	52287	
☐	N272AL	Bell 206L-4 LongRanger IV	52288	
☐	N272M	Bell 206L-1 LongRanger III	45365	ex RP-C173
☐	N275AL	Bell 206L-4 LongRanger IV	52285	
☐	N276AL	Bell 206L-4 LongRanger IV	52312	
☐	N278AL	Bell 206L-4 LongRanger IV	52313	
☐	N279AL	Bell 206L-4 LongRanger IV	52314	
☐	N280AL	Bell 206L-4 LongRanger IV	52315	
☐	N330P	Bell 206L-3 LongRanger III	51295	
☐	N343AL	Bell 206L-3 LongRanger III	51372	
☐	N346AL	Bell 206L-3 LongRanger III	51378	based Alaska
☐	N351AL	Bell 206L-3 LongRanger III	51431	
☐	N355AL	Bell 206L-3 LongRanger III	51444	
☐	N358AL	Bell 206L-3 LongRanger III	51460	based Alaska
☐	N359AL	Bell 206L-3 LongRanger III	51461	
☐	N360AL	Bell 206L-3 LongRanger III	51462	based Alaska
☐	N361AL	Bell 206L-3 LongRanger III	51212	ex N552BM
☐	N362AL	Bell 206L-3 LongRanger III	51471	
☐	N363AL	Bell 206L-3 LongRanger III	51472	based Alaska
☐	N364AL	Bell 206L-3 LongRanger III	51434	ex XA-RVD
☐	N365AL	Bell 206L-3 LongRanger III	51376	
☐	N414LV	Bell 206L-4 LongRanger IV	52006	ex N90KW
☐	N1075Y	Bell 206L-1 LongRanger II	45378	
☐	N1078N	Bell 206L-1 LongRanger II	45389	
☐	N1081K	Bell 206L-1 LongRanger II	45407	ex PT-HVR
☐	N2611	Bell 206L-1 LongRanger III	45417	
☐	N2618	Bell 206L-1 LongRanger III	45503	
☐	N2619	Bell 206L-3 LongRanger III	51375	ex C-FINZ
☐	N2654	Bell 206L-1 LongRanger III	45482	
☐	N2759N	Bell 206L-1 LongRanger II	45271	
☐	N3174Y	Bell 206L-3 LongRanger III	51038	
☐	N3179S	Bell 206L-1 LongRanger II	45781	
☐	N3184P	Bell 206L-1 LongRanger II	45774	
☐	N3185P	Bell 206L-1 LongRanger II	45775	
☐	N3186P	Bell 206L-1 LongRanger II	45776	
☐	N3188P	Bell 206L-1 LongRanger II	45778	
☐	N3190P	Bell 206L-1 LongRanger II	45779	
☐	N3199P	Bell 206L-1 LongRanger II	45790	
☐	N3899C	Bell 206L-1 LongRanger	45596	
☐	N5759M	Bell 206L-1 LongRanger II	45555	
☐	N27554	Bell 206L-1 LongRanger II	45246	

Other Bell 206Ls are operated on lease

	Registration	Type	Serial	Notes
☐	N403AL	Bell 407	53478	ex N4041F
☐	N404AL	Bell 407	53479	ex N40410
☐	N405AL	Bell 407	53480	ex N40414
☐	N406AL	Bell 407	53481	ex N6146J
☐	N407AL	Bell 407	53044	
☐	N407TZ	Bell 407	53204	ex N487AL
☐	N408AL	Bell 407	53491	ex N6148U
☐	N409AL	Bell 407	53494	ex N9182V
☐	N415AL	Bell 407	53182	ex N415AG
☐	N417AL	Bell 407	53054	
☐	N436AL	Bell 407	53069	ex N58236
☐	N437AL	Bell 407	53141	
☐	N447AL	Bell 407	53126	ex PT-YNM
☐	N457AL	Bell 407	53151	
☐	N477AL	Bell 407	53203	
☐	N497AL	Bell 407	53172	
☐	N507AL	Bell 407	53103	ex N407ST
☐	N527AL	Bell 407	53211	
☐	N537AL	Bell 407	53230	
☐	N547AL	Bell 407	53240	
☐	N557AL	Bell 407	53243	
☐	N577AL	Bell 407	53247	
☐	N587AL	Bell 407	53248	
☐	N597AL	Bell 407	53091	ex N427AL
☐	N607AL	Bell 407	53264	
☐	N617AL	Bell 407	53265	
☐	N627AL	Bell 407	53284	
☐	N637AL	Bell 407	53293	

☐	N647AL	Bell 407	53357	ex N60321	
☐	N687AL	Bell 407	53366	ex N6302B	
☐	N697AL	Bell 407	53374	ex N6112Q	
☐	N796RV	Bell 407	53037	ex RP-C2468	
☐	N847AL	Bell 407	53150	ex N407XS	
☐	N937AL	Bell 407	53383	ex N63894	
☐	N435AL	Eurocopter EC.120P2+	0598		
☐	N510AL	Eurocopter EC.120B	1251	ex N442AE	
☐	N511AL	Eurocopter EC.120B	1252	ex N443AE	
☐	N512AL	Eurocopter EC.120B	1148	ex N446AE	
☐	N513AL	Eurocopter EC.120B	1261		
☐	N515AL	Eurocopter EC.120B	1165	ex N512AL	
☐	N516AL	Eurocopter EC.120B	1157	ex N418AE	
☐	N523AL	Eurocopter EC.120B	1262		
☐	N524AL	Eurocopter EC.120B	1263		
☐	N526AL	Eurocopter EC.120B	1281		
☐	N76TZ	Sikorsky S-76C	760656	ex N45049	
☐	N190AL	Sikorsky S-76A	760287	ex G-BXZS	
☐	N518AL	Sikorsky S-76A+	760134	ex G-BVGM	
☐	N519AL	Sikorsky S-76A	760058	ex G-EWEL	
☐	N522AL	Sikorsky S-76A	760236	ex N202SR	
☐	N701AL	Sikorsky S-76A	760238		
☐	N702AL	Sikorsky S-76A	760243		
☐	N705AL	Sikorsky S-76A	760267		
☐	N707AL	Sikorsky S-76A	760189	ex N989QS	
☐	N709AL	Sikorsky S-76A	760278		
☐	N717AL	Sikorsky S-76A	760221	ex G-BWIM	
☐	N741SW	Sikorsky S-76A	760070	ex N721SW	
☐	N768AL	Sikorsky S-76A	760031		
☐	N769AL	Sikorsky S-76A	760048		
☐	N860AL	Sikorsky S-76C+	760527	ex N9024W	Lsd fr CFS Air
☐	N861AL	Sikorsky S-76C+	760529	ex N2032W	Lsd fr CFS Air
☐	N862AL	Sikorsky S-76C+	760531	ex N2021W	Lsd fr CFS Air
☐	N863AL	Sikorsky S-76C+	760536	ex N5009K	Lsd fr CFS Air
☐	N864AL	Sikorsky S-76C	760557	ex N50093	Lsd fr CFS Air
☐	N865AL	Sikorsky S-76C	760564	ex N70089	Lsd fr CFS Air
☐	N866AL	Sikorsky S-76C	760562	ex N50085	Lsd fr CFS Air
☐	N867AL	Sikorsky S-76C	760579	ex N7104Q	Lsd fr CFS Air
☐	N868AL	Sikorsky S-76C+	760580	ex N7102S	Lsd fr CFS Air
☐	N870AL	Sikorsky S-76C+	760606	ex N8119N	
☐	N871AL	Sikorsky S-76C+	760627	ex N80907	
☐	N873AL	Sikorsky S-76C+	760639		
☐	N877AL	Sikorsky S-76C+	760618	ex N81081	
☐	N879AL	Sikorsky S-76C+	760652	ex N4504G	
☐	N881AL	Sikorsky S-76C+	760673	ex N4512G	
☐	N882AL	Sikorsky S-76C+	760679	ex N4510T	
☐	N917QS	Sikorsky S-76A	760217	ex N127BG	
☐	N1547N	Sikorsky S-76A	760088		
☐	N4508N	Sikorsky S-76C+	760664		
☐	N4512A	Sikorsky S-76C+	760672		
☐	N4514G	Sikorsky S-76C	760677		
☐	N31211	Sikorsky S-76A	760225		
☐	N45063	Sikorsky S-76C	760660		
☐	N45140	Sikorsky S-76C	760666		

Four more Sikorsky S-76Cs are on order

☐	HK-3736X	Bell 214ST	28198	ex N390AL	Lsd to ABO
☐	HK-4222X	Bell 212	30815	ex N24HL	Lsd to ABO
☐	N29AL	Bell 212	30569		based Alaska
☐	N391AL	Bell 214ST	28103	ex N2091E	
☐	N392AL	Bell 214ST	28114	ex G-BKJD	
☐	N393AL	Bell 214ST	28117	ex N214EV	
☐	N397AL	Bell 412	36012		
☐	N492HL	MBB Bo.105CBS-4	S-803	ex N124PW	based Alaska
☐	PR-NLF	Sikorsky S-76A	760085	ex N1547K	Lsd to Aeroleo
☐	5N-	Cessna 208 Caravan I	20800403	ex N1316N	

Those listed as based in Alaska are operated by Air Logistics of Alaska, both are subsidiaries of Bristow Group. See also Aeroleo Taxi Aero (PT), APSA (HK), Helicopteros Mercosur (OB), Helicampeche (XA) and Pan African Helicopters (5N) plus Bristow subsidiaries
Owns 25% of Petroleum Air Services

AIR METHODS

Denver-International, CO (DEN)

☐	N93LG	Aerospatiale AS.350B2 AStar	2654	ex N60662	EMS
☐	N94LG	Aerospatiale AS.350B2 AStar	2728	ex N60928	EMS
☐	N97LG	Aerospatiale AS.350B2 AStar	2917	ex N4030W	EMS
☐	N103HN	Aerospatiale AS.350B2 AStar	2575	ex N92LG	EMS
☐	N108LN	Aerospatiale AS.350B3 AStar	3959		
☐	N111LN	Aerospatiale AS.350B AStar	1602	ex N58045	

	Registration	Type	Serial	Previous ID	Notes	Lease/Operator
☐	N152AC	Aerospatiale AS.350B2 AStar	3574	ex N471AE		Lsd fr CIT Group
☐	N220CF	Aerospatiale AS.350B2 AStar	3411	ex N436AE		Lsd fr Fifth Third Lsg
☐	N350AM	Aerospatiale AS.350B3 AStar	3996	ex N203AE		
☐	N350RM	Aerospatiale AS.350D AStar	1024			
☐	N353LN	Aerospatiale AS.350D AStar	1621	ex N779LB		
☐	N392LG	Aerospatiale AS.350B3 AStar	3252	ex N5229Y	EMS	Lsd fr PNC Leasing
☐	N394LG	Aerospatiale AS.350B3 AStar	3134	ex N104LG	EMS	
☐	N396LG	Aerospatiale AS.350B3 AStar	3336	ex N415AE		Lsd fr CFS Air
☐	N397LG	Aerospatiale AS.350B3 AStar	3268	ex N404AE	EMS	Lsd fr WFBN
☐	N779LF	Aerospatiale AS.350B2 AStar	3474	ex N779LF		
☐	N781LF	Aerospatiale AS.350B AStar	1178	ex N1113H		
☐	N792LF	Aerospatiale AS.350B AStar	1035	ex N9004M		
☐	N852HW	Aerospatiale AS.350B2 AStar	2630	ex N352HW		
☐	N902CF	Aerospatiale AS.350B3 AStar	3630	ex N477AE		Lsd fr Zions Credit
☐	N903CF	Aerospatiale AS.350B3 AStar	3645	ex N481AE		Lsd fr Zions Credit
☐	N904CF	Aerospatiale AS.350B3 AStar	3676	ex N484AE		Lsd fr Zions Credit
☐	N911LR	Aerospatiale AS.350B2 AStar	2404	ex N93GT	EMS	
☐	N3593X	Aerospatiale AS.350B AStar	1081			
☐	N5797T	Aerospatiale AS.350D AStar	1472	ex N3944S		
☐	N206AL	Bell 206L-1 LongRanger II	45446	ex N5735M		
☐	N206UH	Bell 206L-3 LongRanger III	51167			
☐	N220LL	Bell 206L-3 LongRanger III	51039	ex N3175R	EMS	
☐	N771AM	Bell 206L-3 LongRanger III	51065		EMS	
☐	N772AM	Bell 206L-3 LongRanger III	51036	ex N3174S		
☐	N222AM	Bell 222U	47547	ex N221HX		
☐	N222LL	Bell 222	47060	ex N222LG	EMS	
☐	N224LL	Bell 222U	47552	ex N776AM	EMS	
☐	N226LL	Bell 222UT	47537	ex N781SA	EMS	
☐	N227AM	Bell 222U	47542	ex N820AM		
☐	N404EM	Bell 222U	47514	ex N7XM		Lsd fr AerCap
☐	N611SJ	Bell 222U	47564	ex N222MT		
☐	N911ED	Bell 222U	47551	ex N3204L		
☐	N911NM	Bell 222U	47569	ex N4181X		
☐	N247SM	Bell 407	53176	ex N911WB		
☐	N407AM	Bell 407	53309		EMS	Lsd fr/op for Guardian Air
☐	N407CX	Bell 407	53279	ex N201LN	EMS	
☐	N407GA	Bell 407	53104	ex C-FSPD	EMS	
☐	N407LL	Bell 407	53561	ex N386T	EMS	
☐	N407UH	Bell 407	53345		EMS	
☐	N407VV	Bell 407	53476		EMS	Lsd fr/op for Guardian Air
☐	N408AM	Bell 407	53445	ex N61002		
☐	N408GA	Bell 407	53392		EMS; Guardian Air titles	
☐	N772AL	Bell 407	53040		EMS	
☐	N773AL	Bell 407	53160	ex N176PA	EMS	
☐	N905HA	Bell 407	53497	ex N200LN		
☐	N911AL	Bell 407	53144	ex N70829	EMS	
☐	N911WN	Bell 407	53360	ex N6298N	EMS	Lsd fr Vesey Air
☐	N101HN	Eurocopter EC.135P1	0162	ex N427AE	EMS	
☐	N102HN	Eurocopter EC.135P1	0159	ex N426AE	EMS	
☐	N135DH	Eurocopter EC.135P1	0133	ex N5233N	EMS	
☐	N135ED	Eurocopter EC.135P2	0335			
☐	N135LN	Eurocopter EC.135P2	0322	ex N135BF		
☐	N135N	Eurocopter EC.135P1	0086	ex N52268	EMS	Lsd fr Memorial Mission H/c
☐	N135SJ	Eurocopter EC.135P1	0054	ex N4056V		Lsd fr GECC
☐	N137LN	Eurocopter EC.135P2	0339			
☐	N138LN	Eurocopter EC.135P2	0352	ex N135BF		
☐	N61LF	MBB BK-117B-1	7230	ex N17SJ		Lsd fr Merrill Lynch
☐	N62LF	MBB BK-117B-1	7163	ex N5188B		Lsd fr State Street
☐	N101VU	MBB BK-117C-2	9039		EMS	
☐	N102VU	MBB BK-117C-2	9044		EMS	
☐	N104VU	MBB BK-117B-2	7229	ex N117BK		
☐	N105VU	MBB BK-117B-1	7143	ex N417BK	EMS	Lsd fr WFBN
☐	N117AM	MBB BK-117B-1	7140	ex N90620		Lsd fr Fifth Third Lsg
☐	N117CW	MBB BK-117A-4	7125	ex N9021D		
☐	N117MV	MBB BK-117A-3	7089	ex N492MB		
☐	N117NY	MBB BK-117A-3	7110	ex N9017Z		
☐	N117SU	MBB BK-117C-1	7527	ex N5217M		Lsd fr WFBN
☐	N118NY	MBB BK-117A-4	7115	ex N202HN		
☐	N124AM	MBB BK-117B-1	7141	ex N911VU		
☐	N125EC	MBB BK-117A-4	7065	ex N155SC		
☐	N138HH	MBB BK-117A-3	7060	ex N127HH		
☐	N155SC	MBB BK-117A-3	7173	ex N909AM		
☐	N158BK	MBB BK-117A-3	7058			
☐	N163BK	MBB BK-117A-3	7063	ex D-HBNK		Lsd fr Merrill Lynch
☐	N420MB	MBB BK-117A-3	7077			
☐	N424MB	MBB BK-117A-4	7082			
☐	N485UH	MBB BK-117A-1	7036	ex N128HH		Lsd fr Merrill Lynch

☐	N485UM	MBB BK-117A-1	7129	ex N586BH		
☐	N527RM	MBB BK-117A-4	7111	ex N527SF		
☐	N528SF	MBB BK-117A-3	7104	ex N528MB		Lsd fr DRL Enterprises
☐	N911BY	MBB BK-117A-4	7127	ex N11UM		
☐	N990SL	MBB BK-117B-2	7057	ex N911KD		
☐	N299AM	Pilatus PC-12/45	236	ex HB-FRG	EMS	
☐	N399AM	Pilatus PC-12/45	249	ex HB-FRT	EMS	
☐	N852AL	Pilatus PC-12/45	213	ex N213WA	EMS	
☐	N853AL	Pilatus PC-12/45	168	ex N168WA	EMS	
☐	N854AL	Pilatus PC-12/45	397	ex N397WA	EMS	
☐	N912NM	Pilatus PC-12/45	169	ex N661DT	EMS	
☐	N28MS	Beech 65-E90 King Air	LW-100	ex N31FN		
☐	N30LG	Aerospatiale AS.355F1 AStar 2	5065			Lsd fr GECAS
☐	N92DV	Beech 65-E90 King Air	LW-292	ex N7MA	EMS; Air 4	Lsd fr/op for Guardian Air
☐	N105LC	MBB Bo.105CBS-4	S-789	ex N5414F		Op for LEC Medical Center
☐	N105NC	MBB Bo.105CBS-4	S-790	ex N301LG		Lsd fr MDFC
☐	N151AC	Eurocopter EC.130B4	3732			
☐	N206CM	Bell 430	49041	ex N430RX	EMS	
☐	N208CM	Bell 430	49010	ex N151MH	EMS	
☐	N220TB	Beech B200 Super King Air	BB-1057	ex F-GILY		
☐	N412LG	Bell 412SP	33209			
☐	N430Q	Bell 430	49002	ex N430U		
☐	N430UH	Bell 430	49056	ex N430UM	EMS	
☐	N485EC	MBB Bo.105CBS-4	S-754	ex N722MB		
☐	N554AL	Bell 412	33017	ex N20703		
☐	N778AM	Bell 412	33033	ex N565AC		
☐	N791DC	Beech B200 Super King Air	BB-1402	ex N91CD	EMS	
☐	N793DC	Beech B200 Super King Air	BB-1404	ex N93CD	EMS	
☐	N825LF	MBB Bo.105CBS-4	S-796	ex N5417E		Lsd fr State Street
☐	N902AM	McDonnell Helicopters MD.902	900-00092	ex N7012V		
☐	N910U	Eurocopter EC.130B4	3470	ex N452AE		Lsd fr Chase Equipment Lsg
☐	N920U	Eurocopter EC.130B4	3453	ex N451AE		Lsd fr Chase Equipment Lsg
☐	N987GM	Beech 65-E90 King Air	LW-65	ex N3065W	EMS; Air 2	Lsd fr/op for Guardian Air
☐	N989GM	Beech 65-E90 King Air	LW-109	ex N388SC	EMS; Air 1	Lsd fr/op for Guardian Air
☐	N15460	Sikorsky S-76C+	760477	ex N176AE		

AIR MIDWEST
Air Midwest (ZV/AMW) (IATA 471)   *Wichita-Mid Continent, KS (ICT)*

☐	N135YV	Beech 1900D	UE-135	Mesa Airlines	Lsd fr ASH
☐	N138YV	Beech 1900D	UE-138	Mesa Airlines	Lsd fr ASH
☐	N142ZV	Beech 1900D	UE-142	all-white	Lsd fr ASH
☐	N146ZV	Beech 1900D	UE-146	Mesa Airlines	Lsd fr ASH
☐	N159YV	Beech 1900D	UE-159	all-white	Lsd fr ASH
☐	N10675	Beech 1900D	UE-229	Mesa Airlines	Lsd fr ASH

Wholly owned by Mesa Air but possibly to be sold; also operate Beech 1900Ds for US Airways Express

AIR ONE EXPRESS
Sioux Falls, SD (FSD)

☐	N372PH	Swearingen SA.227AC Metro III	AC-532	ex N3110B	Lsd fr Air Support
☐	N26959	Swearingen SA.227AC Metro III	AC-662B		Lsd fr GAS Wilson

AIR ST THOMAS
Paradise (ZP/STT) (IATA 315)   *St Thomas-Cyril E King, VI (STT)*

☐	N329SD	Piper PA-23-250 Aztec C	27-3512	ex N6268Y	Lsd fr Virgin Air
☐	N5623Y	Piper PA-23-250 Aztec C	27-2733		Lsd fr Virgin Air
☐	N6389Y	Piper PA-23-250 Aztec C	27-3675		
☐	N8125F	Cessna 402	402-0231		

AIR SUNSHINE
Air Sunshine (YI/RSI)   *Fort Lauderdale-Hollywood Intl, FL (FLL)*

☐	N122TA	Cessna 402C	402C0122	ex N2712P	
☐	N220RS	Cessna 402C	402C0220	ex N2716L	
☐	N251RS	Cessna 402C	402C0251	ex N166PB	
☐	N347AB	Cessna 402C	402C0347	ex N26548	
☐	N351AB	Cessna 402C	402C0351	ex N26629	
☐	N402RS	Cessna 402C	402C0402	ex N2663N	
☐	N603AB	Cessna 402C	402C0603	ex N84PB	
☐	N123HY	Embraer EMB.110P1 Bandeirante	110321	ex N619KC	
☐	N744BA	SAAB SF.340A	340A-105	ex SE-F05	not confirmed

Associated with Tropical Transport Services

AIR TAHOMA
Tahoma (5C/HMA)   Columbus-Rickenbacker, OH (LCK)

☐	N581P	Convair 580	29	ex C-FBHW		Lsd fr R&R Holdings
☐	N582P	Convair 580	475	ex N969N	stored LCK	Lsd fr N582P Inc
☐	N584E	Convair 580	24	ex C-FAUF		Lsd fr US Contract Financing
☐	N585P	Convair 580	163	ex N718RA		Lsd fr/op for VSC
☐	N587X	Convair 580	361	ex HZ-SN14		
☐	N588X	Convair 580	52	ex EC-HLD		Lsd fr N588X Inc
☐	N589X	Convair 580	459	ex EC-HMS		Lsd fr N589X Inc
☐	N590X	Convair 580	130	ex EC-GSJ	stored LCK	Lsd fr N590X Inc
☐	N150PA	Convair 240-27	278	ex N99377	no titles	Lsd fr Cool Air
☐	N156PA	Convair 240-27	324	ex N9016L	stored LCK	Lsd fr Cool Air
☐	N616AW	British Aerospace 146 Srs.300	E3145	ex G-5-145	for freighter conv	
☐	N99380	Convair 240-27 (T-29B)	249	ex 51-5118		Lsd fr Cool Air
	All freighters					

AIR TEJAS
     Gainesville-Municipal, TX (GLE)

☐	N141JR	Douglas DC-3	19566	ex CF-CUC		Lsd fr N941AT Inc
☐	N472AF	Douglas DC-3	13485	ex XA-SYN		Lsd fr N941AT Inc
☐	N941AT	Douglas DC-3	12907	ex N6666A	Vera Lynn II	Lsd fr N941AT Inc

AIR WISCONSIN
Air Wisconsin (ZW/AWI) (IATA 303)   Appleton-Outagamie Co, WI (ATW)

Operates Canadair CL-600-2B19 (CRJ-200LR)s for US Airways Express, for details see that listing

AIRBORNE SUPPORT
     Houma-Terrebonne, LA (HUM)

☐	N38WA	Rockwell 690A Turbo Commander	11569	ex XB-FLF	
☐	N64766	Douglas DC-3	27218	ex CAF12910	Sprayer Lsd fr Environmental Avn Svs
☐	N64767	Douglas DC-3	10199	ex CAF12941	Sprayer Lsd fr Environmental Avn Svs
☐	N67024	Douglas DC-4	10550	ex Bu50871	Sprayer Lsd fr Environmental Avn Svs

AIRNET SYSTEMS
Star Check (USC) (IATA 116)   Columbus-Port Columbus Intl, OH/Dallas-Love Field, TX (CMH/DAL)

☐	N4AW	Beech 58 Baron	TH-450	
☐	N21ES	Beech 58 Baron	TH-1123	ex N6744V
☐	N26CC	Beech 58 Baron	TH-136	
☐	N27MT	Beech 58 Baron	TH-1120	ex F-GDJY
☐	N33DK	Beech 58 Baron	TH-372	ex N2CF
☐	N33WC	Beech 58 Baron	TH-170	
☐	N58WA	Beech 58 Baron	TH-201	ex N58TC
☐	N65FS	Beech 58 Baron	TH-1084	ex N6681Y
☐	N78DM	Beech 58 Baron	TH-281	ex N78MM
☐	N78RE	Beech 58 Baron	TH-371	ex N904AJ
☐	N95BB	Beech 58 Baron	TH-333	
☐	N140S	Beech 58 Baron	TH-1155	ex N3677N
☐	N297AT	Beech 58 Baron	TH-1349	ex F-GOGA
☐	N367S	Beech 58 Baron	TH-1393	ex N158EB
☐	N400RP	Beech 58 Baron	TH-319	
☐	N456WW	Beech 58 Baron	TH-444	ex N444TE
☐	N525GW	Beech 58 Baron	TH-557	ex N52WP
☐	N696BD	Beech 58 Baron	TH-352	ex N43HK
☐	N858LG	Beech 58 Baron	TH-518	ex N555GP
☐	N882MT	Beech 58 Baron	TH-1343	ex F-WQFG
☐	N1653W	Beech 58 Baron	TH-252	
☐	N1814W	Beech 58 Baron	TH-287	
☐	N1847F	Beech 58 Baron	TH-1291	
☐	N1859K	Beech 58 Baron	TH-1299	
☐	N2027V	Beech 58 Baron	TH-965	
☐	N2064V	Beech 58 Baron	TH-1004	
☐	N2892W	Beech 58 Baron	TH-389	
☐	N3695V	Beech 58 Baron	TH-1183	
☐	N3703Q	Beech 58 Baron	TH-1189	
☐	N4098S	Beech 58 Baron	TH-600	
☐	N6573K	Beech 58 Baron	TH-1369	
☐	N6650D	Beech 58 Baron	TH-1375	
☐	N6758C	Beech 58 Baron	TH-1080	
☐	N7383R	Beech 58 Baron	TH-502	
☐	N9044V	Beech 58 Baron	TH-216	
☐	N9189Q	Beech 58 Baron	TH-148	
☐	N9367Q	Beech 58 Baron	TH-192	
☐	N17708	Beech 58 Baron	TH-813	

	Reg	Type	Serial	Ex-reg	Notes
☐	N36673	Beech 58 Baron	TH-1143		
☐	N36901	Beech 58 Baron	TH-1173		
☐	N62500	Beech 58 Baron	TH-1347		
☐	N3RY	Cessna 208B Caravan I	208B0436	ex C-GSKR	Lsd fr Avion Capital
☐	N102AN	Cessna 208B Caravan I	208B0906	ex N51666	
☐	N103AN	Cessna 208B Caravan I	208B0928		
☐	N104AN	Cessna 208B Caravan I	208B0918		
☐	N105AN	Cessna 208B Caravan I	208B0956		
☐	N106AN	Cessna 208B Caravan I	208B0917	ex N5207V	
☐	N107AN	Cessna 208B Caravan I	208B0993		
☐	N108AN	Cessna 208B Caravan I	208B0975		
☐	N1026V	Cessna 208B Caravan I	208B0319		Lsd fr Avion Capital
☐	N1115M	Cessna 208B Caravan I	208B0356		Lsd fr Avion Capital
☐	N9514F	Cessna 208 Caravan I	20800079		Lsd fr Avion Capital
☐	N9539F	Cessna 208 Caravan I	20800092		Lsd fr Avion Capital
☐	N9642F	Cessna 208 Caravan I	20800110		Lsd fr Avion Capital
☐	N3597G	Cessna 310R	310R0875		
☐	N5238J	Cessna 310R	310R0810		
☐	N5338C	Cessna 310R	310R1544		
☐	N6121C	Cessna 310R	310R1288		
☐	N6122C	Cessna 310R	310R1290		
☐	N6160X	Cessna 310R	310R1305		
☐	N8521G	Cessna 310R	310R0931		
☐	N37223	Cessna 310R	310R0963		
☐	N37575	Cessna 310R	310R1207		
☐	N15WH	Learjet 35A	35A-085		
☐	N25AN	Learjet 35A	35A-259	ex HK-3983X	
☐	N27BL	Learjet 35A	35A-163	ex YV-173CP	
☐	N27TT	Learjet 35A	35A-122	ex OE-GMP	
☐	N31WR	Learjet 35A	35A-313	ex TR-LZI	
☐	N39DK	Learjet 35A	35A-480	ex (N35FH)	
☐	N40AN	Learjet 35A	35A-271	ex LV-OAS	
☐	N51LC	Learjet 35A	35A-302	ex N631CW	
☐	N55F	Learjet 35A	35A-147	ex N717W	
☐	N56EM	Learjet 35A	35A-144	ex N56HF	
☐	N56JA	Learjet 35A	35A-342	ex YV-15CP	
☐	N64CP	Learjet 35A	35A-264	ex VR-CDI	
☐	N72JF	Learjet 35A	35A-088	ex OE-GBR	
☐	N81FR	Learjet 35A	35A-081	ex N118DA	
☐	N88BG	Learjet 35A	35A-090	ex I-FIMI	
☐	N94AA	Learjet 35A	35A-295	ex PT-LAA	
☐	N98LC	Learjet 35A	35A-077	ex ZS-NRZ	
☐	N122JW	Learjet 35A	35A-217	ex N111RF	
☐	N130F	Learjet 35	35-044	ex N44VW	
☐	N279DM	Learjet 35A	35A-214		
☐	N357LJ	Learjet 35A	35A-357	ex N104SB	Lsd fr Jetride Inc
☐	N400JE	Learjet 35A	35A-120		
☐	N684HA	Learjet 35A	35A-113	ex N684LA	
☐	N700SJ	Learjet 35A	35A-082	ex N700GB	
☐	N701AS	Learjet 35A	35A-047	ex N13MJ	
☐	N813AS	Learjet 35A	35A-167	ex N725P	
☐	N900JC	Learjet 35	35-178	ex N35GG	
☐	N959SA	Learjet 35A	35A-076		
☐	N1140A	Learjet 35	35-045	ex N304AT	
☐	N4358N	Learjet 35	35-065	ex N425DN	
☐	N8040A	Learjet 35	35-048	ex F-GHMP	
☐	N2KC	Piper PA-31-350 Chieftain	31-7952217	ex N3540X	
☐	N4UE	Piper PA-31-350 Chieftain	31-8152061	ex N4U	
☐	N42HD	Piper PA-31-350 Chieftain	31-8152031	ex N42ND	
☐	N106TG	Piper PA-31-350 Chieftain	31-8052002	ex N106FC	
☐	N225TM	Piper PA-31-350 Chieftain	31-8152165	ex XA-MAU	
☐	N525AA	Piper PA-31-350 Chieftain	31-8052111	ex N3583U	
☐	N711LH	Piper PA-31-350 Chieftain	31-8152174	ex N711BH	
☐	N3547C	Piper PA-31-350 Chieftain	31-8052018		
☐	N3587P	Piper PA-31-350 Chieftain	31-8052120		
☐	N3590D	Piper PA-31-350 Chieftain	31-8052144		
☐	N4079Y	Piper PA-31-350 Chieftain	31-8152079	ex (N479MG)	
☐	N22427	Piper PA-31-350 Chieftain	31-8152065	ex (N4078S)	
☐	N35453	Piper PA-31-350 Chieftain	31-8052006	ex (N900GF)	
☐	N35551	Piper PA-31-350 Chieftain	31-8052063		
☐	N35584	Piper PA-31-350 Chieftain	31-8052076		
☐	N35871	Piper PA-31-350 Chieftain	31-8052123	ex (N191VF)	
☐	N40919	Piper PA-31-350 Chieftain	31-8152162		
☐	N40978	Piper PA-31-350 Chieftain	31-8152199		

All are freighters.

AIRNOW
Sky Courier (RLR)   Burlington-Intl, VT (BTV)

☐	N28AN	Cessna 208B Caravan I	208B0751		
☐	N29AN	Cessna 208B Caravan I	208B0753		Lsd fr South Aero
☐	N208TA	Cessna 208B Caravan I	208B0365	ex N1116R	Lsd fr Telford Avn
☐	N216TA	Cessna 208 Caravan I	20800099	ex N9551F	Lsd fr Telford Avn
☐	N803TH	Cessna 208B Caravan I	208B0321	ex N1027G	Lsd fr Avion Capital
☐	N804TH	Cessna 208B Caravan I	208B0421	ex N9551F	Lsd fr Avion Capital
☐	N805TH	Cessna 208B Caravan I	208B0609	ex N9551F	Lsd fr Avion Capital
☐	N929TG	Cessna 208B Caravan I	208B0371	ex N207TA	Lsd fr Telford Avn
☐	N9339B	Cessna 208B Caravan I	208B0057		
☐	N9612B	Cessna 208B Caravan I	208B0136		Lsd fr Avion Capital
☐	N31AN	Embraer EMB.110P1 Bandeirante	110372	ex C-FSXR	
☐	N36AN	Embraer EMB.110P1 Bandeirante	110451	ex C-GDCQ	
☐	N42AN	Embraer EMB.110P1 Bandeirante	110456	ex C-GHCA	
☐	N51BA	Embraer EMB.110P1 Bandeirante	110404	ex N903FB	
☐	N62CZ	Embraer EMB.110P1 Bandeirante	110388	ex PT-SFF	
☐	N64CZ	Embraer EMB.110P1 Bandeirante	110399	ex PT-SFQ	
☐	N83BA	Embraer EMB.110P1 Bandeirante	110351	ex N405AS	
☐	N97BA	Embraer EMB.110P1 Bandeirante	110322	ex N403AS	
☐	N101TN	Embraer EMB.110P1 Bandeirante	110271	ex PT-SBI	
☐	N621KC	Embraer EMB.110P1 Bandeirante	110335	ex PT-SDL	
☐	N710NH	Embraer EMB.110P1 Bandeirante	110250	ex PT-SAQ	
☐	N830AC	Embraer EMB.110P1 Bandeirante	110205	ex N524MW	

AirNow is the trading name of Business Air

AIRPAC AIRLINES
Airpac (APC)   Seattle-Boeing Field, WA (BFI)

☐	N36PB	Piper PA-31-350 Navajo Chieftain	31-7405128		
☐	N40ST	Piper PA-31-350 Navajo Chieftain	31-7405183	ex N777PP	Lsd fr Pioneer Lsg
☐	N627HA	Piper PA-31-350 Chieftain	31-7952241		
☐	N777KT	Piper PA-31-350 Navajo Chieftain	31-7552053	ex N1TW	
☐	N3582X	Piper PA-31-350 Chieftain	31-8052105		
☐	N27594	Piper PA-31-350 Chieftain	31-7852070		
☐	N41SA	Cessna 404 Titan	404-0023	ex N5271J	
☐	N2880A	Beech 99	U-109		
☐	N4490F	Piper PA-34-200T Seneca II	34-7670339		
☐	N5278J	Cessna 404 Titan	404-0635		
☐	N8107D	Piper PA-34-200T Seneca II	34-8070010		
☐	N36319	Piper PA-34-200T Seneca II	34-7870318		

All freighters

AIRSERV INTERNATIONAL
                                                                                                   Warrenton, VA

☐	N719BT	Cessna 208B Caravan I	208B0898		
☐	N899AS	de Havilland DHC-6 Twin Otter 300	347	ex LN-FKB	Op for United Nations
☐	N970AS	de Havilland DHC-6 Twin Otter 300	838	ex ZS-PNS	
☐	N22071	Beech 200 Super King Air	BB-111	ex N633EB	

Usually based overseas operating relief flights

AIRTRAN AIRWAYS
Citrus (FL/TRS) (IATA 332)   Orlando-Intl, FL/Atlanta-Hartsfield Intl, GA (MCO/ATL)

☐	N603AT	Boeing 717-22A	55127/5074	ex N482HA	771	Lsd fr BCC Equipment Lsg
☐	N604AT	Boeing 717-22A	55128/5079	ex N483HA	772	Lsd fr BCC Equipment Lsg
☐	N717JL	Boeing 717-2BD	55042/5115	ex N983AT	740	
☐	N891AT	Boeing 717-2BD	55043/5131	ex (N984AT)	741	
☐	N892AT	Boeing 717-2BD	55044/5134	ex N7071U	742	
☐	N893AT	Boeing 717-2BD	55045/5136		743	
☐	N894AT	Boeing 717-2BD	55046/5137		744	
☐	N895AT	Boeing 717-2BD	55047/5139		745	
☐	N896AT	Boeing 717-2BD	55048/5141		746	
☐	N899AT	Boeing 717-2BD	55049/5143		747	
☐	N906AT	Boeing 717-231	55087/5060	ex N420TW	795	Lsd fr BCC Equipment Lsg
☐	N910AT	Boeing 717-231	55086/5056	ex N2419C	794	Lsd fr BCC Equipment Lsg
☐	N915AT	Boeing 717-231	55085/5055	ex N418TW	793	Lsd fr BCC Equipment Lsg
☐	N919AT	Boeing 717-231	55084/5052	ex N2417F	792	Lsd fr BCC Equipment Lsg
☐	N920AT	Boeing 717-231	55083/5049	ex N416TW	791	Lsd fr BCC Equipment Lsg
☐	N921AT	Boeing 717-231	55082/5046	ex N415TW	790	Lsd fr BCC Equipment Lsg
☐	N922AT	Boeing 717-2BD	55050/5144		748	
☐	N923AT	Boeing 717-2BD	55051/5148		749	
☐	N924AT	Boeing 717-231	55080/5043	ex N413TW	789	Lsd fr BCC Equipment Lsg
☐	N925AT	Boeing 717-231	55079/5042	ex N412TW	788	Lsd fr BCC Equipment Lsg
☐	N926AT	Boeing 717-231	55078/5039	ex N411TW	787	Lsd fr Hawk Lsg
☐	N927AT	Boeing 717-231	55077/5038	ex N2410W	786	Lsd fr Hawk Lsg

293

	Reg	Type	MSN/LN	ex	Fleet	Lessor
☐	N928AT	Boeing 717-231	55076/5035	ex N409TW	785	Lsd fr Hawk Lsg
☐	N929AT	Boeing 717-231	55075/5032	ex N408TW	784	Lsd fr Hawk Lsg
☐	N930AT	Boeing 717-231	55072/5025	ex N405TW	782	Lsd fr Hawk Lsg
☐	N932AT	Boeing 717-231	55073/5028	ex N406TW	783	Lsd fr Hawk Lsg
☐	N933AT	Boeing 717-231	55071/5024	ex N2404A	781	Lsd fr Hawk Lsg
☐	N934AT	Boeing 717-231	55070/5022	ex N403TW	780	Lsd fr Hawk Lsg
☐	N935AT	Boeing 717-231	55069/5019	ex N402TW	779	Lsd fr Hawk Lsg
☐	N936AT	Boeing 717-231	55058/5017	ex N401TW	778	Lsd fr Hawk Lsg
☐	N937AT	Boeing 717-231	55091/5075	ex N424TW	799	Lsd fr BCC Equipment Lsg
☐	N938AT	Boeing 717-2BD	55098/5155		751	
☐	N939AT	Boeing 717-2BD	55099/5156		752	
☐	N940AT	Boeing 717-2BD	55004/5005	ex N717XE	702	
☐	N942AT	Boeing 717-2BD	55005/5006		703	
☐	N943AT	Boeing 717-2BD	55006/5007		704	
☐	N944AT	Boeing 717-2BD	55007/5008		705	
☐	N945AT	Boeing 717-2BD	55008/5009		706	
☐	N946AT	Boeing 717-2BD	55009/5010		707	
☐	N947AT	Boeing 717-2BD	55010/5011		708	
☐	N948AT	Boeing 717-2BD	55011/5012		709	
☐	N949AT	Boeing 717-2BD	55003/5004	ex N717XD	701	
☐	N950AT	Boeing 717-2BD	55012/5018		710	
☐	N951AT	Boeing 717-2BD	55013/5021		711	
☐	N952AT	Boeing 717-2BD	55014/5027		712	
☐	N953AT	Boeing 717-2BD	55015/5033		713	
☐	N954AT	Boeing 717-2BD	55016/5036		714	
☐	N955AT	Boeing 717-2BD	55017/5040		715	
☐	N956AT	Boeing 717-2BD	55018/5044		716	
☐	N957AT	Boeing 717-2BD	55019/5047		717	
☐	N958AT	Boeing 717-2BD	55020/5051		718	
☐	N959AT	Boeing 717-2BD	55021/5057		719	
☐	N960AT	Boeing 717-2BD	55022/5058		720	
☐	N961AT	Boeing 717-2BD	55023/5062		721	
☐	N963AT	Boeing 717-2BD	55024/5066		722	
☐	N964AT	Boeing 717-2BD	55025/5071		723	
☐	N965AT	Boeing 717-2BD	55026/5076		724	
☐	N966AT	Boeing 717-2BD	55027/5081		725	
☐	N967AT	Boeing 717-2BD	55028/5082		726	
☐	N968AT	Boeing 717-2BD	55029/5091		727	
☐	N969AT	Boeing 717-2BD	55030/5094		728	
☐	N970AT	Boeing 717-2BD	55031/5096		729	
☐	N971AT	Boeing 717-2BD	55032/5097		730	
☐	N972AT	Boeing 717-2BD	55033/5099		731	
☐	N974AT	Boeing 717-2BD	55034/5101		732	
☐	N975AT	Boeing 717-2BD	55035/5102		733	
☐	N977AT	Boeing 717-2BD	55036/5106		734	
☐	N978AT	Boeing 717-2BD	55037/5108		735	
☐	N979AT	Boeing 717-2BD	55038/5109		736	
☐	N980AT	Boeing 717-2BD	55039/5111		737	
☐	N981AT	Boeing 717-2BD	55040/5113		738	
☐	N982AT	Boeing 717-2BD	55041/5114		739	
☐	N983AT	Boeing 717-2BD	55052/5150		750	
☐	N985AT	Boeing 717-231	55090/5068	ex N423TW	798	Lsd fr BCC Equipment Lsg
☐	N986AT	Boeing 717-231	55089/5067	ex N422TW	797	Lsd fr BCC Equipment Lsg
☐	N987AT	Boeing 717-231	55088/5063	ex N2421A	796	Lsd fr BCC Equipment Lsg
☐	N988AT	Boeing 717-23S	55068/5065	ex (EI-CWJ)	760	
☐	N989AT	Boeing 717-23S	55152/5085	ex (EI-CWK)	761	
☐	N990AT	Boeing 717-23S	55134/5088	ex (EI-CWM)	762	
☐	N991AT	Boeing 717-23S	55135/5090	ex N6202S	763	
☐	N992AT	Boeing 717-2BD	55136/5100	ex N6202D	764	
☐	N993AT	Boeing 717-2BD	55137/5103		765	
☐	N994AT	Boeing 717-2BD	55138/5104	ex N6206F	766	
☐	N995AT	Boeing 717-2BD	55139/5105		767	
☐	N996AT	Boeing 717-2BD	55140/5107		768	
☐	N997AT	Boeing 717-2BD	55141/5110		769	
☐	N998AT	Boeing 717-2BD	55142/5112		770	
☐	N126AT	Boeing 737-76N/W	32679/1514		300	Lsd fr AFS Investments
☐	N149AT	Boeing 737-76N/W	32681/1526		301	Lsd fr AFS Investments
☐	N166AT	Boeing 737-7BD/W	33917/1550		302	
☐	N167AT	Boeing 737-7BD	33918/1572		304	
☐	N168AT	Boeing 737-76N/W	32653/1566		303	Lsd fr AFS Investments
☐	N169AT	Boeing 737-76N/W	32744/1584		305	Lsd fr AFS Investments
☐	N173AT	Boeing 737-76N/W	32661/1593		306	Lsd fr AFS Investments
☐	N174AT	Boeing 737-76N/W	32667/1623	ex N1787B	307	Lsd fr AFS Investments
☐	N175AT	Boeing 737-76N/W	32652/1627		308	Lsd fr AFS Investments
☐	N176AT	Boeing 737-76N/W	32654/1641		309	Lsd fr AFS Investments
☐	N184AT	Boeing 737-76N/W	32656/1671		310	Lsd fr AFS Investments
☐	N240AT	Boeing 737-76N/W	32657/1687		311	Lsd fr AFS Investments
☐	N261AT	Boeing 737-76N/W	32660/1710		312	Lsd fr AFS Investments
☐	N267AT	Boeing 737-7BD/W	33919/1730		313	
☐	N268AT	Boeing 737-7BD/W	33920/1753		314	
☐	N272AT	Boeing 737-7BD/W	33921/1778	ex N1784B	315	
☐	N273AT	Boeing 737-76N/W	32662/1788		316	Lsd fr AFS Investments

☐	N276AT	Boeing 737-76N/W	32664/1804		317	Lsd fr AFS Investments
☐	N278AT	Boeing 737-76N/W	32665/1827		318	Lsd fr AFS Investments
☐	N279AT	Boeing 737-76N/W	32666/1833		319	Lsd fr AFS Investments
☐	N281AT	Boeing 737-7BD/W	33922/1845		320	
☐	N283AT	Boeing 737-7BD/W	34479/1874		321	
☐	N284AT	Boeing 737-76N/W	32668/1876		322	Lsd fr AFS Investments
☐	N285AT	Boeing 737-76N/W	32670/1898	ex N5573L	323	Lsd fr AFS Investments
☐	N286AT	Boeing 737-7BD	34480/1900		324	
☐	N287AT	Boeing 737-76N/W	32671/1925		325	Lsd fr AFS Investments
☐	N288AT	Boeing 737-7BD	33924/1940		326	
☐	N289AT	Boeing 737-76N/W	32673/1943	ex N1787B	327	Lsd fr AFS Investments
☐	N290AT	Boeing 737-7BD	33925/1967		328	
☐	N291AT	Boeing 737-76N/W	32675/1970		329	Lsd fr AFS Investments
☐	N292AT	Boeing 737-7BD	33926/1997		330	
☐	N295AT	Boeing 737-76N/W	32677/2002		331	Lsd fr AFS Investments
☐	N296AT	Boeing 737-7BD/W	34861/2041		332	
☐	N299AT	Boeing 737-76N/W	32678/2055		333	Lsd fr AFS Investments
☐	N300AT	Boeing 737-7BD/W	33923/2083		334	
☐	N307AT	Boeing 737-7BD/W	34862/2094		335	
☐	N308AT	Boeing 737-7BD/W	35109/2126	ex N1787B	336	
☐	N309AT	Boeing 737-7BD/W	33929/2129		337	
☐	N311AT	Boeing 737-7BD/W	33930/2143		338	
☐	N312AT	Boeing 737-7BD	35110/2147		339	
☐	N313AT	Boeing 737-7BD/W	33927/2169		340	
☐	N315AT	Boeing 737-7BD/W	35788/2178		341	
☐	N316AT	Boeing 737-7BD/W	33928/2190		342	
☐	N317AT	Boeing 737-7BD/W	35789/2201		343	
☐	N318AT	Boeing 737-7BD/W	33931/2214		344	
☐	N326AT	Boeing 737-7BD/W	33933/2278	ex N1786B	345	
☐	N328AT	Boeing 737-7BD/W	33934/2296		346	
☐	N329AT	Boeing 737-7BD/W	36091/2304		347	
☐	N330AT	Boeing 737-7BD	36399/2312		348	
☐	N331AT	Boeing 737-7BD	33935/2315	ex N1786B	349	
☐	N336AT	Boeing 737-7BD	36716/2505	ex N1787B	on order	
☐	N337AT	Boeing 737-7BD	36717		on order	
☐	N338AT	Boeing 737-7BD	33943		on order	
☐	N344AT	Boeing 737-7BD	36718		on order	
☐	N346AT	Boeing 737-7BD	33944		on order	
☐	N347AT	Boeing 737-7BD	36719		on order	
☐	N	Boeing 737-7BD			on order	
☐	N	Boeing 737-7BD			on order	
☐	N	Boeing 737-7BD			on order	
☐	N	Boeing 737-7BD			on order	
☐	N	Boeing 737-7BD			on order	

Fifty three more Boeing 737-7BDs are on order for delivery in 2009 (15), 2010 (15), 2011 (8) and 2012 (15)

AK AIR

Anchorage Intl, AK / Palmer Municipal, AK (ANC/PAQ)

☐	N98UP	Aero Commander 680FL	680FL-1475	ex N30321	previously c/n 680FLP-1475-4
☐	N210HD	Aero Commander 500S Shrike	1841-33	ex N9016N	
☐	N222ME	Rockwell 690A Turbo Commander	11338	ex N46906	
☐	N634CT	Rockwell 500S Shrike Commander	3121	ex N803AC	
☐	N9116N	Rockwell 500S Shrike Commander	3086		

ALASKA AIRLINES
Alaska (AS/ASA) (IATA 027)

Seattle-Tacoma Intl, WA (SEA)

☐	N703AS	Boeing 737-490	28893/3039	ex (N747AS)	
☐	N705AS	Boeing 737-490	29318/3042	ex (N748AS)	
☐	N706AS	Boeing 737-490	28894/3050	ex (N749AS)	Disneyworld titles
☐	N708AS	Boeing 737-490	28895/3098		
☐	N709AS	Boeing 737-490 (SF)	28896/3099	ex N1787B	
☐	N713AS	Boeing 737-490	30161/3110	ex N1787B	
☐	N730AS	Boeing 737-290C (Nordam 3)	22577/760		stored Lsd fr BCI 24788-2007-2
☐	N754AS	Boeing 737-4Q8	25095/2265		Spirit of Alaska
☐	N755AS	Boeing 737-4Q8	25096/2278		Lsd fr ILFC
☐	N756AS	Boeing 737-4Q8	25097/2299		
☐	N760AS	Boeing 737-4Q8	25098/2320		
☐	N762AS	Boeing 737-4Q8F	25099/2334		Lsd fr ILFC
☐	N763AS*	Boeing 737-4Q8	25100/2346		
☐	N764AS*	Boeing 737-4Q8F	25101/2348		Lsd fr Interlease
☐	N765AS	Boeing 737-4Q8F	25102/2350		Lsd fr Interlease
☐	N767AS*	Boeing 737-490	27081/2354		
☐	N768AS	Boeing 737-490F	27082/2356		
☐	N769AS	Boeing 737-4Q8	25103/2452		
☐	N771AS	Boeing 737-4Q8	25104/2476		Lsd fr ILFC
☐	N772AS	Boeing 737-4Q8	25105/2505		Lsd fr MSA V
☐	N773AS	Boeing 737-4Q8	25106/2518		Lsd fr ACG Acquisition
☐	N774AS	Boeing 737-4Q8	25107/2526		Lsd Castle 2003-1B

	Registration	Type	Serial/Line	Notes	Remarks
☐	N775AS	Boeing 737-4Q8	25108/2551		Lsd fr Castle 2003-2A
☐	N776AS	Boeing 737-4Q8	25109/2561		Lsd fr BCC Equipment Lsg
☐	N778AS	Boeing 737-4Q8	25110/2586		Lsd fr ILFC
☐	N779AS	Boeing 737-4Q8	25111/2605		Lsd fr ILFC
☐	N780AS	Boeing 737-4Q8	25112/2638		Lsd fr ILFC
☐	N782AS	Boeing 737-4Q8	25113/2656		Lsd fr AerCap
☐	N783AS	Boeing 737-4Q8	25114/2666		Lsd fr AerCap
☐	N784AS	Boeing 737-4Q8	28199/2826		Spirit of Disneyland c/s Lsd fr ILFC
☐	N785AS	Boeing 737-4Q8	27628/2858		Lsd fr ILFC
☐	N786AS	Boeing 737-4S3	24795/1870	ex TF-FIE	
☐	N788AS	Boeing 737-490	28885/2891		
☐	N791AS	Boeing 737-490	28886/2902		
☐	N792AS	Boeing 737-490	28887/2903		Salmon Thirty Seven
☐	N793AS	Boeing 737-490	28888/2990		
☐	N794AS	Boeing 737-490	28889/3000		
☐	N795AS	Boeing 737-490	28890/3006		
☐	N796AS	Boeing 737-490	28891/3027		
☐	N797AS	Boeing 737-490	28892/3036		
☐	N799AS	Boeing 737-490	29270/3038		

*To be converted to fixed combi configuration of 70 Passengers and 4 Pallets

	Registration	Type	Serial/Line	Notes	Remarks
☐	N607AS	Boeing 737-790/W	29751/313		
☐	N609AS	Boeing 737-790/W	29752/350		
☐	N611AS	Boeing 737-790/W	29753/385		
☐	N612AS	Boeing 737-790/W	30162/406	ex N1787B	
☐	N613AS	Boeing 737-790/W	30163/430		
☐	N614AS	Boeing 737-790/W	30343/439		
☐	N615AS	Boeing 737-790/W	30344/472	ex N1787B	
☐	N617AS	Boeing 737-790/W	30542/532		
☐	N618AS	Boeing 737-790	30543/536	ex N1787B	
☐	N619AS	Boeing 737-790/W	30164/597		
☐	N622AS	Boeing 737-790/W	30165/661		
☐	N623AS	Boeing 737-790/W	30166/700		
☐	N624AS	Boeing 737-790/W	30778/724		
☐	N625AS	Boeing 737-790/W	30792/754	ex N1795B	
☐	N626AS	Boeing 737-790/W	30793/763		
☐	N627AS	Boeing 737-790/W	30794/796	ex N1787B	
☐	N644AS	Boeing 737-790/W	30795/1277		
☐	N647AS	Boeing 737-790	33012/1306		Lsd fr CIT Group
☐	N648AS	Boeing 737-790/W	30662/1382		Lsd fr ILFC
☐	N649AS	Boeing 737-790/W	30663/1386		Lsd fr ILFC
☐	N506AS	Boeing 737-890/W	35690		on order
☐	N508AS	Boeing 737-890/W	35691		on order
☐	N512AS	Boeing 737-890/W	39043		on order
☐	N546AS	Boeing 737-890/W	30022/1640		
☐	N548AS	Boeing 737-890/W	30020/1738		
☐	N549AS	Boeing 737-8FH/W	30824/1664		Lsd fr RBS Avn Capital
☐	N551AS	Boeing 737-890/W	34593/1860		
☐	N552AS	Boeing 737-890/W	34595/1882	ex N1795B	
☐	N553AS	Boeing 737-890/W	34594/1906		
☐	N556AS	Boeing 737-890/W	35175/1980		
☐	N557AS	Boeing 737-890/W	35176/2010		
☐	N558AS	Boeing 737-890/W	35177/2031		
☐	N559AS	Boeing 737-890/W	35178/2026	ex N6067E	ETOPS test aircraft
☐	N560AS	Boeing 737-890/W	35179/2072		
☐	N562AS	Boeing 737-890/W	35091/2084		
☐	N563AS	Boeing 737-890/W	35180/2090		
☐	N564AS	Boeing 737-890/W	35103/2099		
☐	N565AS	Boeing 737-890/W	35181/2134		
☐	N566AS	Boeing 737-890/W	35182/2164		
☐	N568AS	Boeing 737-890/W	35183/2166		
☐	N569AS	Boeing 737-890/W	35184/2192		75th anniversary colours
☐	N570AS	Boeing 737-890/W	35185/2212		
☐	N577AS	Boeing 737-890/W	35186/2221	ex N1787B	
☐	N579AS	Boeing 737-890/W	35187/2226		
☐	N581AS	Boeing 737-890/W	35188/2259		
☐	N583AS	Boeing 737-890/W	35681/2333		
☐	N584AS	Boeing 737-890/W	35682/2365		
☐	N585AS	Boeing 737-890/W	35683/2385		
☐	N586AS	Boeing 737-890/W	35189/2393		
☐	N587AS	Boeing 737-890/W	35684/2422	ex N1786B	
☐	N588AS	Boeing 737-890/W	35685/2454	ex N1786B	
☐	N589AS	Boeing 737-890/W	35686/2458	ex N1786B	Lsd fr RBS Aerospace
☐	N590AS	Boeing 737-890/W	35687/2487		
☐	N592AS	Boeing 737-890/W	35190/2511		on order
☐	N593AS	Boeing 737-890/W	35107		on order Lsd fr RBS Aerospace
☐	N594AS	Boeing 737-890/W	35191		on order
☐	N596AS	Boeing 737-890/W	35688		on order
☐	N597AS	Boeing 737-890/W	35689		on order

Nine more Boeing 737-890/Ws are on order for delivery in 2009

	Registration	Type	Serial/Line	Notes
☐	N302AS	Boeing 737-990	30017/596	ex N737X

	Reg	Type	c/n	ex-reg	Notes	Lease
☐	N303AS	Boeing 737-990	30016/683	ex N672AS		
☐	N305AS	Boeing 737-990	30013/774	ex (N673AS)		
☐	N306AS	Boeing 737-990	30014/802	ex (N674AS)		
☐	N307AS	Boeing 737-990	30015/838	ex N1786B		
☐	N309AS	Boeing 737-990	30857/902	ex N1786B		
☐	N315AS	Boeing 737-990	30019/1218			
☐	N317AS	Boeing 737-990	30856/1296	ex N1786B		
☐	N318AS	Boeing 737-990	30018/1326			
☐	N319AS	Boeing 737-990	33679/1344			
☐	N320AS	Boeing 737-990	33680/1380			
☐	N323AS	Boeing 737-990	30021/1454			Lsd fr 732MAA Airlines
☐	N931AS	McDonnell-Douglas MD-83	49232/1178		stored	Lsd fr North Shore A/c
☐	N943AS	McDonnell-Douglas MD-83	53018/1779			Lsd fr WFBN
☐	N944AS	McDonnell-Douglas MD-83	53019/1783			Lsd fr WFBN
☐	N947AS	McDonnell-Douglas MD-83	53020/1789		for Austral	Lsd fr WFBN
☐	N948AS	McDonnell-Douglas MD-83	53021/1801			Lsd fr WFBN
☐	N949AS	McDonnell-Douglas MD-83	53022/1809		for Austral	Lsd fr North Shore A/c
☐	N950AS	McDonnell-Douglas MD-83	53023/1821		stored	Lsd fr WFBN
☐	N958AS	McDonnell-Douglas MD-83	53024/1285			Lsd fr WFBN
☐	N960AS	McDonnell-Douglas MD-83	53074/1976			
☐	N961AS	McDonnell-Douglas MD-83	53075/1977			
☐	N962AS	McDonnell-Douglas MD-83	53076/1988			
☐	N968AS	McDonnell-Douglas MD-83	53016/1850			Lsd fr WFBN
☐	N969AS	McDonnell-Douglas MD-83	53063/1851			Lsd fr WFBN
☐	N972AS	McDonnell-Douglas MD-83	53448/2074			
☐	N975AS	McDonnell-Douglas MD-83	53451/2083			Lsd fr WFBN
☐	N977AS	McDonnell-Douglas MD-83	53453/2112			
☐	N979AS	McDonnell-Douglas MD-83	53471/2139			Lsd fr WFBN
☐	N981AS	McDonnell-Douglas MD-83	53472/2178			Lsd fr WFBN
☐	N982AS	McDonnell-Douglas MD-83	53473/2183			Lsd fr WFBN

All due to be retired by the end of 2008
Alaska Airlines operates feeder services in conjunction with ERA Aviation, Horizon Air and PenAir under the name Alaska Airlines Commuter and using AS flight numbers
Horizon Air is a wholly owned subsidiary of Alaska Air Group
15% owned by ILFC

ALASKA CENTRAL EXPRESS
Ace Air (KO/AER)
Anchorage-Intl, AK (ANC)

	Reg	Type	c/n	ex-reg	Lease
☐	N111AX	Beech 1900C-1	UC-81	ex N5632C	
☐	N112AX	Beech 1900C-1	UC-45	ex N45GL	
☐	N113AX	Beech 1900C-1	UC-41	ex N41UE	
☐	N114AX	Beech 1900C-1	UC-36	ex N1566C	Lsd fr PR A/C Mgt Svs
☐	N115AX	Beech 1900C-1	UC-2	ex N19NG	
☐	N9874M	Cessna 207A Stationair 8 II	20700745		
☐	N9957M	Cessna 207A Stationair 8 II	20700764		

All freighters

ALASKA COASTAL AIRLINES
Juneau, AK (UNU)

	Reg	Type	c/n	ex-reg	Notes
☐	N342AK	de Havilland DHC-3 Otter	7	ex C-GPPL	Floatplane

ALASKA SEAPLANE SERVICE
(J5)
Juneau-Intl, AK (JNU)

	Reg	Type	c/n	ex-reg	Notes	Lease
☐	N4794C	de Havilland DHC-2 Beaver	342	ex 51-16545	Floatplane	Lsd fr Inian Inc
☐	N60077	de Havilland DHC-2 Beaver	1419	ex LV-GLJ	Floatplane	Lsd fr Inian Inc

ALASKA WEST AIR
Kenai Island Lake, AK (ENA)

	Reg	Type	c/n	ex-reg	Notes
☐	N49AW	de Havilland DHC-3 Otter	310	ex N21PG	
☐	N87AW	de Havilland DHC-3 Otter	52	ex C-FMPO	
☐	N222RL	de Havilland DHC-2 Turbo Beaver	1570/TB5	ex C-FOEB	Floatplane
☐	N1432Z	de Havilland DHC-2 Beaver	797	ex 54-1668	Floatplane

All leased from Summit Leasing

ALLEGIANT AIR
Allegiant (G4/AAY) (IATA 268)
Las Vegas-McCarran Intl, NV (LAS)

	Reg	Type	c/n	ex-reg	Notes
☐	N160PL	McDonnell-Douglas MD-88	49763/1626		
☐	N203AA	McDonnell-Douglas MD-82	49145/1097		stored ROW
☐	(N401NV)	McDonnell-Douglas MD-88	49761/1623	ex N158PL	
☐	N860GA	McDonnell-Douglas MD-83	49786/1631	ex 9Y-THW	
☐	N861GA	McDonnell-Douglas MD-83	49557/1436	ex SE-DPI	
☐	N862GA	McDonnell-Douglas MD-83	49556/1415	ex LN-RMF	
☐	N863GA	McDonnell-Douglas MD-83	49911/1653	ex OY-KHL	

☐	N864GA	McDonnell-Douglas MD-83	49912/1659	ex LN-RMJ		
☐	N865GA	McDonnell-Douglas MD-83	49998/1800	ex SE-DIX		
☐	N866GA	McDonnell-Douglas MD-83	49910/1638	ex OY-KHK		
☐	N868GA	McDonnell-Douglas MD-83	49554/1379	ex LN-RMA		
☐	N869GA	McDonnell-Douglas MD-83	53294/1917	ex SE-DIZ		
☐	N871GA	McDonnell-Douglas MD-83	53296/1937	ex OY-KHT		
☐	N872GA	McDonnell-Douglas MD-83	53295/1922	ex LN-RMN		
☐	N873GA	McDonnell-Douglas MD-83	49658/1461	ex N946AS		
☐	N874GA	McDonnell-Douglas MD-83	49643/1423	ex N945AS		
☐	N875GA	McDonnell-Douglas MD-83	53468/2130	ex C-GKLN		
☐	N876GA	McDonnell-Douglas MD-83	53469/2116	ex C-GKLR		
☐	N877GA	McDonnell-Douglas MD-83	53467/2102	ex C-GKLJ		
☐	N878GA	McDonnell-Douglas MD-83	53487/2132	ex C-GKLQ		
☐	N879GA	McDonnell-Douglas MD-83	53486/2130	ex C-GKLN		
☐	N880GA	McDonnell-Douglas MD-83	49625/1503	ex OH-LMG	all-white	
☐	N881GA	McDonnell-Douglas MD-83	49708/1561	ex SE-RGO		
☐	N883GA	McDonnell-Douglas MD-83	49710/1547	ex SE-RGP	all-white	
☐	N884GA	McDonnell-Douglas MD-83	49401/1357	ex SE-RDS		
☐	N886GA	McDonnell-Douglas MD-82	49931/1754	ex N829NK		Lsd fr WFBN
☐	N887GA	McDonnell-Douglas MD-82	49932/1756	ex N830NK		Lsd fr WFBN
☐	N891GA	McDonnell-Douglas MD-83	49423/1283	ex LN-RLG		
☐	N892GA	McDonnell-Douglas MD-83	49826/1578	ex N861LF		Lsd fr Triton
☐	N893GA	McDonnell-Douglas MD-83	53051/1718	ex N881LF		Lsd fr Triton
☐	N894GA	McDonnell-Douglas MD-82	49660/1445	ex EI-BTX		Lsd fr WFBN
☐	N895GA	McDonnell-Douglas MD-82	49667/1466	ex EI-BTY		Lsd fr WFBN
☐	N945MA	McDonnell-Douglas MD-87	49725/1552	ex VP-BOP		Lsd fr DFO Partnership
☐	N948MA	McDonnell-Douglas MD-87	49778/1646	ex VP-BOO		Lsd fr DFO Partnership
☐	N949MA	McDonnell-Douglas MD-87	49779/1670	ex N751RA		Lsd fr CIT Group
☐	(N952MA)	McDonnell-Douglas MD-87	49673/1508	ex N673HC		

ALLWEST FREIGHT
Kenai-Municipal, AK (ENA)

☐	N549WB	Short SC.7 Skyvan	SH1911	ex XA-SRD	Freighter	

ALOHA AIRLINES
Aloha (AQ/AAH) (IATA 327)   *Honolulu-Intl, HI (HNL)*

☐	N250TR	Boeing 737-2K5 (Nordam 3)	22597/779	ex F-GFLV		Lsd fr Triton
☐	N306AL	Boeing 737-2J6C (Nordam 3)	23066/992	ex XA-ADV		Lsd fr AeroUSA
☐	N807AL	Boeing 737-2T4 (Nordam 3)	23443/1151	ex B-2511	Ke'opuolani	Lsd fr Compass
☐	N808AL	Boeing 737-2T4 (Nordam 3)	23445/1155	ex B-2514	Kaleleonalani	Lsd fr Compass
☐	N810AL	Boeing 737-2Y5 (Nordam 3)	24031/1523	ex 9H-ABG	Lu'ukia; std GYR	
☐	N816AL	Boeing 737-2X6C (Nordam 3)	23122/1036	ex TF-ABE	David Kalakaua, Cargo	Lsd fr Jetlease
☐	N817AL	Boeing 737-2X6C (Nordam 3)	23292/1113	ex N674MA	Kalanikupule	Lsd fr Jetlease
☐	N821AL	Boeing 737-230 (Nordam 3)	23155/1079	ex D-ABMC	La'a Maikahiki; stored ROW	
☐	N823AL	Boeing 737-230 (Nordam 3)	23154/1078	ex D-ABMB	Liholiho; Funbird retro colours	
☐	N824AL	Boeing 737-282 (Nordam 3)	23045/978	ex CS-TEO	Kalani'opu'u	
☐	N826AL	Boeing 737-282C (Nordam 3)	23051/1002	ex CS-TEQ	Kahuhihewa	Lsd fr KP Aviation
☐	N828AL	Boeing 737-236 (Nordam 3)	23168/1077	ex N150FV		
☐	N834AL	Boeing 737-210C (Nordam 3)	20917/344	ex N4905W		
☐	N835AL	Boeing 737-2P6 (Nordam 3)	21613/530	ex N1PC		
☐	N836AL	Boeing 737-236 (Nordam 3)	23225/1102	ex N154FV		Lsd fr A/c 23225
☐	N837AL	Boeing 737-236 (Nordam 3)	23169/1081	ex N151FV		Lsd fr A/c 23169
☐	N840AL	Boeing 737-2X6C (Nordam 3)	23124/1046	ex N747AS		Lsd fr BCI Aloha 2006-1
☐	N841AL	Boeing 737-2X6C (Nordam 3)	23123/1042	ex N746AS	Ke'opualani	Lsd fr BCI 23123-2007
☐	N842AL	Boeing 737-290C (Nordam 3)	23136/1032	ex N742AS		Lsd fr KP Aviation
☐	(N843AL)	Boeing 737-236 (Nordam 3)	23172/1091	ex N153FV		Lsd fr A/c 23172
☐	N738AL	Boeing 737-73A/W	28499/390		Kuapaka'a	Lsd fr AWAS
☐	N739AL	Boeing 737-73A/W	28500/414	ex N1787B	Mo'ikeha	Lsd fr AWAS
☐	N740AL	Boeing 737-76N/W	28640/799		Kamohoali'i	Lsd fr GECAS
☐	N741AL	Boeing 737-76N/W	28641/809	ex N1781B	'Olopana	Lsd fr GECAS
☐	N742AL	Boeing 737-76N/W	30830/855		Hawai'iloa	Lsd fr Castle Harbor Lsg
☐	N746AL	Boeing 737-76N/W	29905/372	ex LV-ZRP	Kaha'l	Lsd fr WFBN
☐	N748AL	Boeing 737-76N/W	30050/429	ex LV-ZSN	Hilo; special c/s	Lsd fr WFBN
☐	N751AL	Boeing 737-7Q8/W	30674/1511	ex N1782B	Aukele	Lsd fr ILFC
☐	PH-HZO	Boeing 737-8K2/W	34169/2243			Lsd fr TRA

Feeder services operated by Island Air.

ALPINE AIR EXPRESS
Alpine Air (5A/AIP)   *Provo-Municipal, UT (PVU)*

☐	N14MV	Beech 99	U-59	ex C-FGJT		
☐	N24BH	Beech 99	U-67	ex C-GVNQ	Lsd fr Marquette Equipment Finance	
☐	N95WA	Beech 99	U-6	ex N19RA	Lsd fr Marquette Equipment Finance	
☐	N99CA	Beech 99A	U-127	ex N22AT	Lsd fr Marquette Equipment Finance	
☐	N99GH	Beech 99A	U-112	ex N86569		
☐	N216CS	Beech C99	U-216	ex C-GGPP	based HNL	
☐	N236AL	Beech C99	U-236	ex RP-C2317	based HNL	
☐	N237SL	Beech C99	U-237	ex RP-C2370	based HNL	

☐	N238AL	Beech C99		U-238	ex RP-C2380	based HNL	
☐	N239AL	Beech C99		U-239	ex RP-C2390	based HNL	
☐	N326CA	Beech B99		U-135	ex N10RA		
☐	N950AA	Beech B99		U-159	ex C-FCBU	Lsd fr Marquette Equipment Finance	
☐	N955AA	Beech 99A		U-128	ex J6-AAE		
☐	N4381Y	Beech 99		U-71	ex N216BH		
	All freighters						
☐	N2YV	Beech 1900D		UE-2		no titles	Lsd fr Mallette Family
☐	N17ZV	Beech 1900C-1		UC-17	ex CC-COK		
☐	N125BA	Beech 1900C		UB-6	ex N125GP		
☐	N127BA	Beech 1900C		UB-7	ex N126GP	Lsd fr Marquette Equipment Finance	
☐	N153GA	Beech 1900C		UB-34	ex N734GL	based HNL	
☐	N154GA	Beech 1900C		UB-25	ex N315BH		
☐	N172GA	Beech 1900C		UB-11	ex N11ZR		
☐	N190GA	Beech 1900C		UB-1	ex N1YW		
☐	N192GA	Beech 1900C		UB-17	ex N17ZR	based HNL	
☐						Lsd fr Marquette Equipment Finance	
☐	N194GA	Beech 1900C		UB-8	ex CC-CAF		
☐	N195GA	Beech 1900C		UB-65	ex CC-CAK	based HNL	
☐	N197GA	Beech 1900C		UB-16	ex N16ZR	Lsd fr Marquette Equipment Finance	
☐	N198GA	Beech 1900C		UB-5	ex CC-CAS		
	All freighters. Operates some services on behalf of USPS (US Postal Service)						

AMERICAN AIRLINES
American (AA/AAL) (IATA 001)   Dallas-Fort Worth, TX (DFW)

☐	N3075A	Airbus A300B4-605R	606	ex F-WWAA	075	
☐	N7055A	Airbus A300B4-605R	462	ex F-WWAC	055	Lsd fr AFS Investments
☐	N7062A	Airbus A300B4-605R	474	ex F-WWAK	062	
☐	N7076A	Airbus A300B4-605R	610	ex F-WWAF	076	
☐	N7082A	Airbus A300B4-605R	643	ex F-WWAN	082	
☐	N7083A	Airbus A300B4-605R	645	ex F-WWAO	083	
☐	N8067A	Airbus A300B4-605R	510	ex F-WWAU	067	
☐	N11060	Airbus A300B4-605R	470	ex F-WWAA	060	
☐	N14056	Airbus A300B4-605R	463	ex F-WWAD	056	
☐	N14061	Airbus A300B4-605R	471	ex F-WWAH	061	
☐	N14065	Airbus A300B4-605R	508	ex F-WWAR	065	
☐	N14068	Airbus A300B4-605R	511	ex F-WWAV	068	
☐	N14077	Airbus A300B4-605R	612	ex F-WWAH	077	
☐	N18066	Airbus A300B4-605R	509	ex F-WWAS	066	
☐	N19059	Airbus A300B4-605R	469	ex F-WWAF	059	
☐	N25071	Airbus A300B4-605R	514	ex F-WWAY	071	Lsd fr AFS Investments
☐	N33069	Airbus A300B4-605R	512	ex F-WWAC	069	
☐	N34078	Airbus A300B4-605R	615	ex F-WWAO	078	
☐	N40064	Airbus A300B4-605R	507	ex F-WWAQ	064	
☐	N41063	Airbus A300B4-605R	506	ex F-WWAP	063	
☐	N50051	Airbus A300B4-605R	459	ex F-WWAX	051	
☐	N59081	Airbus A300B4-605R	639	ex F-WWAV	081	
☐	N70054	Airbus A300B4-605R	461	ex F-WWAZ	054	
☐	N70072	Airbus A300B4-605R	515	ex F-WWAZ	072	
☐	N70073	Airbus A300B4-605R	516	ex F-WWAA	073	Lsd fr AFS Investments
☐	N70074	Airbus A300B4-605R	517	ex F-WWAD	074	
☐	N70079	Airbus A300B4-605R	619	ex F-WWAU	079	
☐	N77080	Airbus A300B4-605R	626	ex F-WWAR	080	
☐	N80052	Airbus A300B4-605R	460	ex F-WWAY	052	
☐	N80057	Airbus A300B4-605R	465	ex F-WWAM	057	Lsd fr AFS Investments
☐	N80058	Airbus A300B4-605R	466	ex F-WWAE	058	
☐	N80084	Airbus A300B4-605R	675	ex F-WWAE	084	
☐	N90070	Airbus A300B4-605R	513	ex F-WWAX	070	
☐	N91050	Airbus A300B4-605R	423	ex F-WWAV	050	
☐	N901AN	Boeing 737-823/W	29503/184		3AA	
☐	N902AN	Boeing 737-823/W	29504/190		3AB	
☐	N903AN	Boeing 737-823/W	29505/196		3AC	
☐	N904AN	Boeing 737-823/W	29506/207		3AD	
☐	N905AN	Boeing 737-823/W	29507/231		3AE	
☐	N906AN	Boeing 737-823/W	29508/240		3AF	
☐	N907AN	Boeing 737-823/W	29509/254		3AG	
☐	N908AN	Boeing 737-823/W	29510/263		3AH	
☐	N909AN	Boeing 737-823/W	29511/267	ex (N909AM)	3AJ	
☐	N910AN	Boeing 737-823/W	29512/271		3AK	
☐	N912AN	Boeing 737-823/W	29513/289		3AL	
☐	N913AN	Boeing 737-823/W	29514/293		3AM	
☐	N914AN	Boeing 737-823/W	29515/316		3AN	
☐	N915AN	Boeing 737-823/W	29516/322		3AP	
☐	N916AN	Boeing 737-823/W	29517/332		3AR	
☐	N917AN	Boeing 737-823	29518/344		3AS	
☐	N918AN	Boeing 737-823/W	29519/353		3AT	
☐	N919AN	Boeing 737-823/W	29520/363		3AU	
☐	N920AN	Boeing 737-823/W	29521/378		3AV	

☐	N921AN	Boeing 737-823	29522/383		3AW
☐	N922AN	Boeing 737-823/W	29523/398		3AX
☐	N923AN	Boeing 737-823/W	29524/405		3AY
☐	N924AN	Boeing 737-823/W	29525/434		3BA
☐	N925AN	Boeing 737-823/W	29526/440		3BB
☐	N926AN	Boeing 737-823/W	29527/453		3BC
☐	N927AN	Boeing 737-823/W	30077/462		3BD
☐	N928AN	Boeing 737-823/W	29528/473		3BE
☐	N929AN	Boeing 737-823/W	30078/488		3BF
☐	N930AN	Boeing 737-823	29529/503		3BG
☐	N931AN	Boeing 737-823/W	30079/509		3BH
☐	N932AN	Boeing 737-823/W	29530/527		3BJ
☐	N933AN	Boeing 737-823/W	30080/531		3BK
☐	N934AN	Boeing 737-823/W	29531/553		3BL
☐	N935AN	Boeing 737-823/W	30081/559		3BM
☐	N936AN	Boeing 737-823/W	29532/575		3BN
☐	N937AN	Boeing 737-823/W	30082/579		3BP
☐	N938AN	Boeing 737-823/W	29533/608		3BR
☐	N939AN	Boeing 737-823/W	30083/612		3BS
☐	N940AN	Boeing 737-823/W	30598/616		3BT
☐	N941AN	Boeing 737-823/W	29534/624		3BU
☐	N942AN	Boeing 737-823	30084/629		3BV
☐	N943AN	Boeing 737-823/W	30599/635		3BW
☐	N944AN	Boeing 737-823/W	29535/645		3BX
☐	N945AN	Boeing 737-823/W	30085/649		3BY
☐	N946AN	Boeing 737-823/W	30600/655		3CA
☐	N947AN	Boeing 737-823/W	29536/671	ex (N2292Z)	3CB
☐	N948AN	Boeing 737-823/W	30086/679	ex (N2294B)	3CC
☐	N949AN	Boeing 737-823/W	29537/699		3CD
☐	N950AN	Boeing 737-823/W	30087/704		3CE
☐	N951AA	Boeing 737-823/W	29538/720		3CF Astrojet c/s
☐	N952AA	Boeing 737-823/W	30088/726		3CG
☐	N953AN	Boeing 737-823/W	29539/741		3CH
☐	N954AN	Boeing 737-823	30089/745		3CJ
☐	N955AN	Boeing 737-823/W	29540/762		3CK
☐	N956AN	Boeing 737-823/W	30090/764		3CL
☐	N957AN	Boeing 737-823/W	29541/788		3CM
☐	N958AN	Boeing 737-823/W	30091/797		3CN
☐	N959AN	Boeing 737-823/W	30828/801		3CP
☐	N960AN	Boeing 737-823/W	29542/818		3CR
☐	N961AN	Boeing 737-823/W	30092/822		3CS
☐	N962AN	Boeing 737-823	30858/825		3CT
☐	N963AN	Boeing 737-823/W	29543/834		3CU
☐	N964AN	Boeing 737-823/W	30093/837		3CV
☐	N965AN	Boeing 737-823/W	29544/860		3CW
☐	N966AN	Boeing 737-823/W	30094/863		3CX
☐	N967AN	Boeing 737-823/W	29545/883		3CY
☐	N968AN	Boeing 737-823/W	30095/886		3DA
☐	N969AN	Boeing 737-823/W	29546/910		3DB Lsd fr AFS Investments
☐	N970AN	Boeing 737-823/W	30096/915		3DC Lsd fr AFS Investments
☐	N971AN	Boeing 737-823/W	29547/937		3DD Lsd fr WFBN
☐	N972AN	Boeing 737-823/W	30097/941		3DE Lsd fr WFBN
☐	N973AN	Boeing 737-823/W	29548/971		3DF Lsd fr AFS Investments
☐	N974AN	Boeing 737-823/W	30098/977		3DG Lsd fr AFS Investments
☐	N975AN	Boeing 737-823/W	29549/992		3DH
☐	N976AN	Boeing 737-823/W	30099/1001		3DJ
☐	N977AN	Boeing 737-823/W	29550/1019		3DK
☐	N978AN	Boeing 737-823/W	30100/1022		3DL Lsd fr Silvermine River Finance

All to be retrofitted with Aviation Partner Boeing winglets
A further fifty-three Boeing 737-823s are on order for delivery from 2009 (13) to 2012 replacing the McDonnell-Douglas MD-80s; fleet numbers 3DM onwards

☐	N172AJ	Boeing 757-223	32400/1012		5FT
☐	N173AN	Boeing 757-223	32399/1005		5FS
☐	N174AA	Boeing 757-223/W	31308/998		5FR
☐	N175AN	Boeing 757-223	32394/992		5FK
☐	N176AA	Boeing 757-223/W	32395/994		5FL
☐	N177AN	Boeing 757-223/W	32396/996		5FM
☐	N178AA	Boeing 757-223/W	32398/1002	ex (N20171)	5FN
☐	N179AA	Boeing 757-223/W	32397/1000	ex (N20140)	5FP
☐	N181AN	Boeing 757-223	29591/852	ex N5573L	5EN
☐	N182AN	Boeing 757-223/W	29592/853		5EP
☐	N183AN	Boeing 757-223ER/W	29593/862		5ER
☐	N184AN	Boeing 757-223ER/W	29594/866	ex N1787B	5ES
☐	N185AN	Boeing 757-223/W	32379/962		5ET
☐	N186AN	Boeing 757-223/W	32380/964		5EU
☐	N187AN	Boeing 757-223/W	32381/965		5EV
☐	N188AN	Boeing 757-223/W	32382/969		5EW
☐	N189AN	Boeing 757-223/W	32383/970		5EX
☐	N190AA	Boeing 757-223/W	32384/973		5EY
☐	N191AN	Boeing 757-223/W	32385/977		5FA
☐	N192AN	Boeing 757-223/W	32386/979		5FB
☐	N193AN	Boeing 757-223/W	32387/981		5FC

	Registration	Type	MSN/LN	Notes	Fleet
☐	N194AA	Boeing 757-223/W	32388/983		5FD
☐	N195AN	Boeing 757-223	32389/984		5FE
☐	N196AA	Boeing 757-223	32390/986		5FF
☐	N197AN	Boeing 757-223	32391/988		5FG
☐	N198AA	Boeing 757-223	32392/989		5FH
☐	N199AN	Boeing 757-223	32393/991		5FJ
☐	N601AN	Boeing 757-223/W	27052/661		5DU
☐	N602AN	Boeing 757-223/W	27053/664		5DV
☐	N603AA	Boeing 757-223/W	27054/670		5DW
☐	N604AA	Boeing 757-223	27055/677		5DX
☐	N605AA	Boeing 757-223	27056/680		5DY
☐	N606AA	Boeing 757-223	27057/707		5EA
☐	N607AM	Boeing 757-223	27058/712		5EB
☐	N608AA	Boeing 757-223ER/W	27446/720		5EC
☐	N609AA	Boeing 757-223ER/W	27447/722		5ED
☐	N610AA	Boeing 757-223	24486/234		610
☐	N611AM	Boeing 757-223	24487/236		611
☐	N612AA	Boeing 757-223	24488/240		612
☐	N613AA	Boeing 757-223	24489/242		613
☐	N614AA	Boeing 757-223	24490/243		614
☐	N615AM	Boeing 757-223	24491/245		615
☐	N616AA	Boeing 757-223	24524/248		616
☐	N617AM	Boeing 757-223	24525/253		617
☐	N618AA	Boeing 757-223	24526/260		618
☐	N619AA	Boeing 757-223	24577/269		619
☐	N620AA	Boeing 757-223	24578/276		620
☐	N621AM	Boeing 757-223	24579/283		621
☐	N622AA	Boeing 757-223	24580/289		622
☐	N623AA	Boeing 757-223	24581/296		623
☐	N624AA	Boeing 757-223	24582/297		624
☐	N625AA	Boeing 757-223	24583/303		625
☐	N626AA	Boeing 757-223	24584/304		626
☐	N627AA	Boeing 757-223	24585/308		627
☐	N628AA	Boeing 757-223	24586/309		628
☐	N629AA	Boeing 757-223	24587/315		629
☐	N630AA	Boeing 757-223	24588/316		630
☐	N631AA	Boeing 757-223	24589/317		631
☐	N632AA	Boeing 757-223	24590/321		632
☐	N633AA	Boeing 757-223	24591/324		633
☐	N634AA	Boeing 757-223	24592/327		634
☐	N635AA	Boeing 757-223	24593/328		635
☐	N636AM	Boeing 757-223	24594/336		636
☐	N637AM	Boeing 757-223/W	24595/337		637
☐	N638AA	Boeing 757-223	24596/344		638
☐	N639AA	Boeing 757-223	24597/345		639
☐	N640A	Boeing 757-223	24598/350		640
☐	N641AA	Boeing 757-223	24599/351		641
☐	N642AA	Boeing 757-223	24600/357		642
☐	N643AA	Boeing 757-223	24601/360		643
☐	N645AA	Boeing 757-223	24603/370		5BR
☐	N646AA	Boeing 757-223	24604/375		5BS
☐	N647AM	Boeing 757-223	24605/378		5BT
☐	N648AA	Boeing 757-223	24606/379		5BU
☐	N649AA	Boeing 757-223	24607/383		5BV
☐	N650AA	Boeing 757-223	24608/384		5BW
☐	N652AA	Boeing 757-223	24610/391		5BY
☐	N653A	Boeing 757-223	24611/397		5CA
☐	N654A	Boeing 757-223	24612/398		5CB
☐	N655AA	Boeing 757-223/W	24613/402		5CC
☐	N656AA	Boeing 757-223	24614/404		5CD
☐	N657AM	Boeing 757-223/W	24615/409		5CE
☐	N658AA	Boeing 757-223	24616/410		5CF
☐	N659AA	Boeing 757-223/W	24617/417		5CG Pride of American
☐	N660AM	Boeing 757-223/W	25294/418		5CH
☐	N661AA	Boeing 757-223/W	25295/423		5CJ
☐	N662AA	Boeing 757-223	25296/425		5CK
☐	N663AM	Boeing 757-223	25297/432		5CL
☐	N664AA	Boeing 757-223	25298/433		5CM
☐	N665AA	Boeing 757-223	25299/436		5CN
☐	N666A	Boeing 757-223	25300/451		5CP
☐	N668AA	Boeing 757-223/W	25333/460		5CS
☐	N669AA	Boeing 757-223	25334/463		5CT
☐	N670AA	Boeing 757-223	25335/468		5CU
☐	N671AA	Boeing 757-223/W	25336/473		5CV
☐	N672AA	Boeing 757-223	25337/474		5CW
☐	N673AN	Boeing 757-223/W	29423/812		5EE
☐	N674AN	Boeing 757-223	29424/816		5EF
☐	N675AN	Boeing 757-223	29425/817		5EG
☐	N676AN	Boeing 757-223	29426/827	ex N1798B	5EH
☐	N677AN	Boeing 757-223	29427/828		5EJ
☐	N678AN	Boeing 757-223/W	29428/837	ex N1787B	5EK
☐	N679AN	Boeing 757-223	29589/842	ex N1800B	5EL Astrojet c/s

	Registration	Type	MSN/Line	Fleet#	Notes	
☐	N680AN	Boeing 757-223	29590/847	5EM		
☐	N681AA	Boeing 757-223	25338/483	5CX		
☐	N682AA	Boeing 757-223	25339/484	5CY		
☐	N683A	Boeing 757-223	25340/491	5DA		
☐	N684AA	Boeing 757-223	25341/504	5DB		
☐	N685AA	Boeing 757-223	25342/507	5DC		
☐	N686AA	Boeing 757-223/W	25343/509	5DD		
☐	N687AA	Boeing 757-223ER/W	25695/536	5DE		
☐	N688AA	Boeing 757-223ER/W	25730/548	5DF		
☐	N689AA	Boeing 757-223ER/W	25731/562	5DG		
☐	N690AA	Boeing 757-223ER/W	25696/566	5DH		
☐	N691AA	Boeing 757-223ER/W	25697/568	5DJ		
☐	N692AA	Boeing 757-223/W	26972/578	5DK		
☐	N693AA	Boeing 757-223/W	26973/580	5DL		
☐	N694AN	Boeing 757-223	26974/582	5DM		
☐	N695AN	Boeing 757-223	26975/621	5DN		
☐	N696AN	Boeing 757-223/W	26976/627	5DP		
☐	N697AN	Boeing 757-223/W	26977/633	5DR		
☐	N698AN	Boeing 757-223/W	26980/635	5DS		
☐	N699AN	Boeing 757-223/W	27051/660	5DT		
☐	N705TW	Boeing 757-231/W	28479/742	5TE; for DAL		Lsd fr Pegasus
☐	N711ZX	Boeing 757-231	28481/758	5TL; stored, for DAL		Lsd fr ILFC
☐	N716TW	Boeing 757-231	28484/825	ex N1799B	5TS; stored	Lsd fr ILFC
☐	N717TW	Boeing 757-231/W	28485/854	5TT; for DAL		Lsd fr Pegasus
☐	N727TW	Boeing 757-231/W	30340/901	5WE; for DAL		Lsd fr Pegasus
☐	N7667A	Boeing 757-223	25301/459	5CR		

*Leased from Aerospace Finance. Those for Delta due for delivery in 2008

	Registration	Type	MSN/Line	Fleet#	Notes
☐	N319AA	Boeing 767-223ER	22320/128	319	
☐	N320AA	Boeing 767-223ER	22321/130	320	
☐	N321AA	Boeing 767-223ER	22322/139	321	
☐	N322AA	Boeing 767-223ER	22323/140	322	
☐	N323AA	Boeing 767-223ER	22324/146	323	
☐	N324AA	Boeing 767-223ER	22325/147	324	
☐	N325AA	Boeing 767-223ER	22326/157	325	
☐	N327AA	Boeing 767-223ER	22327/159	327	
☐	N328AA	Boeing 767-223ER	22328/160	328	
☐	N329AA	Boeing 767-223ER	22329/164	329	
☐	N332AA	Boeing 767-223ER	22331/168	332	
☐	N335AA	Boeing 767-223ER	22333/194	335	
☐	N336AA	Boeing 767-223ER	22334/195	336	
☐	N338AA	Boeing 767-223ER	22335/196	338	
☐	N339AA	Boeing 767-223ER	22336/198	339	
☐	N342AN	Boeing 767-323ER	33081/896	342	
☐	N343AN	Boeing 767-323ER	33082/899	343	
☐	N344AN	Boeing 767-323ER	33083/900	344	
☐	N345AN	Boeing 767-323ER	33084/906	345	
☐	N346AN	Boeing 767-323ER	33085/907	346	
☐	N347AN	Boeing 767-323ER	33086/908	347	
☐	N348AN	Boeing 767-323ER	33087/910	348	
☐	N349AN	Boeing 767-323ER	33088/913	349	
☐	N350AN	Boeing 767-323ER	33089/916	350	
☐	N351AA	Boeing 767-323ER	24032/202	351	
☐	N352AA	Boeing 767-323ER	24033/205	352	
☐	N353AA	Boeing 767-323ER	24034/206	353	
☐	N354AA	Boeing 767-323ER	24035/211	354	
☐	N355AA	Boeing 767-323ER	24036/221	355	
☐	N357AA	Boeing 767-323ER	24038/227	357	
☐	N358AA	Boeing 767-323ER	24039/228	358	
☐	N359AA	Boeing 767-323ER	24040/230	359	
☐	N360AA	Boeing 767-323ER	24041/232	360	
☐	N361AA	Boeing 767-323ER	24042/235	361	
☐	N362AA	Boeing 767-323ER	24043/237	362	
☐	N363AA	Boeing 767-323ER	24044/238	363	
☐	N366AA	Boeing 767-323ER	25193/388	366	
☐	N368AA	Boeing 767-323ER	25195/404	368	Lsd fr Arkia Lsg
☐	N369AA	Boeing 767-323ER	25196/422	369	
☐	N370AA	Boeing 767-323ER	25197/425	370	
☐	N371AA	Boeing 767-323ER	25198/431	371	
☐	N372AA	Boeing 767-323ER	25199/433	372	
☐	N373AA	Boeing 767-323ER	25200/435	373	
☐	N374AA	Boeing 767-323ER	25201/437	374	
☐	N376AN	Boeing 767-323ER	25445/447	376	
☐	N377AN	Boeing 767-323ER	25446/453	377	
☐	N378AN	Boeing 767-323ER	25447/469	378	
☐	N379AA	Boeing 767-323ER	25448/481	379	
☐	N380AN	Boeing 767-323ER	25449/489	380	
☐	N381AN	Boeing 767-323ER	25450/495	381	
☐	N382AN	Boeing 767-323ER	25451/498	382	
☐	N383AN	Boeing 767-323ER	26995/500	383	
☐	N384AA	Boeing 767-323ER	26996/512	384	
☐	N385AM	Boeing 767-323ER	27059/536	385	
☐	N386AA	Boeing 767-323ER	27060/540	386	

301

	Reg	Type	MSN	Notes	Fleet	
☐	N387AM	Boeing 767-323ER	27184/541		387	
☐	N388AA	Boeing 767-323ER	27448/563		388	
☐	N389AA	Boeing 767-323ER	27449/564		389	
☐	N390AA	Boeing 767-323ER	27450/565		390	
☐	N391AA	Boeing 767-323ER	27451/566		391	
☐	N392AN	Boeing 767-323ER	29429/700		392	
☐	N393AN	Boeing 767-323ER	29430/701		393	
☐	N394AN	Boeing 767-323ER	29431/703		394	
☐	N395AN	Boeing 767-323ER	29432/709		395	
☐	N396AN	Boeing 767-323ER	29603/739		396	
☐	N397AN	Boeing 767-323ER	29604/744		397	
☐	N398AN	Boeing 767-323ER	29605/748		398	
☐	N399AN	Boeing 767-323ER	29606/752		399	
☐	N7375A	Boeing 767-323ER	25202/441		375	
☐	N39356	Boeing 767-323ER	24037/226		356	
☐	N39364	Boeing 767-323ER	24045/240		364	
☐	N39365	Boeing 767-323ER	24046/241		365	
☐	N39367	Boeing 767-323ER	25194/394		367	
☐	N750AN	Boeing 777-223ER	30259/332	ex (N798AN)	7BJ	
☐	N751AN	Boeing 777-223ER	30798/333		7BK	
☐	N752AN	Boeing 777-223ER	30260/339	ex (N799AN)	7BL	
☐	N753AN	Boeing 777-223ER	30261/341	ex (N750AN)	7BM	
☐	N754AN	Boeing 777-223ER	30262/345		7BN	
☐	N755AN	Boeing 777-223ER	30263/354		7BP	
☐	N756AM	Boeing 777-223ER	30264/358		7BR	
☐	N757AN	Boeing 777-223ER	32636/363		7BS	
☐	N758AN	Boeing 777-223ER	32637/371		7BT	
☐	N759AN	Boeing 777-223ER	32638/376		7BU	
☐	N760AN	Boeing 777-223ER	31477/379		7BV	
☐	N761AJ	Boeing 777-223ER	31478/393		7BW	
☐	N762AN	Boeing 777-223ER	31479/399		7BX	
☐	N765AN	Boeing 777-223ER	32879/433		7BY	
☐	N766AN	Boeing 777-223ER	32880/445		7CA	
☐	N767AJ	Boeing 777-223ER	33539/555		7CB	
☐	N768AA	Boeing 777-223ER	33540/566		7CC	
☐	N770AN	Boeing 777-223ER	29578/185		7AA	
☐	N771AN	Boeing 777-223ER	29579/190		7AB	
☐	N772AN	Boeing 777-223ER	29580/198		7AC	
☐	N773AN	Boeing 777-223ER	29583/199		7AD	
☐	N774AN	Boeing 777-223ER	29581/208		7AE	
☐	N775AN	Boeing 777-223ER	29584/209		7AF	
☐	N776AN	Boeing 777-223ER	29582/215		7AG	
☐	N777AN	Boeing 777-223ER	29585/218		7AH	
☐	N778AN	Boeing 777-223ER	29587/223		7AJ	
☐	N779AN	Boeing 777-223ER	29955/225		7AK	
☐	N780AN	Boeing 777-223ER	29956/241	ex N6055X	7AL	
☐	N781AN	Boeing 777-223ER	29586/266		7AM	
☐	N782AN	Boeing 777-223ER	30003/270		7AN	
☐	N783AN	Boeing 777-223ER	30004/271		7AP	
☐	N784AN	Boeing 777-223ER	29588/272		7AR	
☐	N785AN	Boeing 777-223ER	30005/274		7AS	
☐	N786AN	Boeing 777-223ER	30250/276		7AT	
☐	N787AL	Boeing 777-223ER	30010/277		7AU	
☐	N788AN	Boeing 777-223ER	30011/283		7AV	
☐	N789AN	Boeing 777-223ER	30252/285		7AW	
☐	N790AN	Boeing 777-223ER	30251/287		7AX	
☐	N791AN	Boeing 777-223ER	30254/289		7AY	
☐	N792AN	Boeing 777-223ER	30253/292		7BA	
☐	N793AN	Boeing 777-223ER	30255/299		7BB	
☐	N794AN	Boeing 777-223ER	30256/313		7BC	
☐	N795AN	Boeing 777-223ER	30257/315		7BD	
☐	N796AN	Boeing 777-223ER	30796/316		7BE	
☐	N797AN	Boeing 777-223ER	30012/321	ex (N796AN)	7BF; American Spirit	
☐	N798AN	Boeing 777-223ER	30797/324		7BG	
☐	N799AN	Boeing 777-223ER	30258/328	ex (N797AN)	7BH	

Seven more Boeing 777-223ERs are on order with delivery from 2013

	Reg	Type	MSN	Notes	Fleet	Leased
☐	N110HM"	McDonnell-Douglas MD-83	49787/1636	ex HL7274	4WU	Lsd fr GECAS
☐	N205AA	McDonnell-Douglas MD-82	49155/1103		205; stored ROW	
☐	N207AA	McDonnell-Douglas MD-82	49158/1106		207	
☐	N208AA	McDonnell-Douglas MD-82	49159/1107		208	
☐	N210AA	McDonnell-Douglas MD-82	49161/1109		210; stored ROW	
☐	N214AA	McDonnell-Douglas MD-82	49162/1110		214	
☐	N216AA	McDonnell-Douglas MD-82	49167/1099		216; stored ROW	
☐	N218AA	McDonnell-Douglas MD-82	49168/1100		218	
☐	N219AA	McDonnell-Douglas MD-82	49171/1112		219	
☐	N221AA	McDonnell-Douglas MD-82	49172/1113		221; stored ROW	
☐	N223AA	McDonnell-Douglas MD-82	49173/1114		223	Lsd fr CIT Group
☐	N224AA	McDonnell-Douglas MD-82	49174/1115		224; stored ROW	
☐	N225AA	McDonnell-Douglas MD-82	49175/1116		225; stored ROW	
☐	N226AA	McDonnell-Douglas MD-82	49176/1120		226; stored ROW	

☐	N227AA	McDonnell-Douglas MD-82	49177/1121	227	
☐	N228AA	McDonnell-Douglas MD-82	49178/1122	228; stored ROW	
☐	N232AA	McDonnell-Douglas MD-82	49179/1123	232	
☐	N233AA	McDonnell-Douglas MD-82	49180/1124	233	Lsd fr CIT Group
☐	N234AA	McDonnell-Douglas MD-82	49181/1125	234	
☐	N236AA	McDonnell-Douglas MD-82	49251/1154	236	
☐	N237AA	McDonnell-Douglas MD-82	49253/1155	237	
☐	N241AA	McDonnell-Douglas MD-82	49254/1156	241	
☐	N242AA	McDonnell-Douglas MD-82	49255/1157	242	
☐	N244AA	McDonnell-Douglas MD-82	49256/1158	244	
☐	N245AA	McDonnell-Douglas MD-82	49257/1160	245	
☐	N246AA	McDonnell-Douglas MD-82	49258/1161	246	
☐	N248AA	McDonnell-Douglas MD-82	49259/1162	248	
☐	N249AA	McDonnell-Douglas MD-82	49269/1164	249	Lsd fr VGS Aircraft
☐	N251AA	McDonnell-Douglas MD-82	49270/1165	251	Lsd fr VGS Aircraft
☐	N253AA	McDonnell-Douglas MD-82	49286/1175	253	
☐	N255AA	McDonnell-Douglas MD-82	49287/1176	255	
☐	N258AA	McDonnell-Douglas MD-82	49288/1187	258	
☐	N259AA	McDonnell-Douglas MD-82	49289/1193	269	
☐	N262AA	McDonnell-Douglas MD-82	49290/1195	262	
☐	N266AA	McDonnell-Douglas MD-82	49291/1210	266	
☐	N269AA	McDonnell-Douglas MD-82	49292/1211	269; stored ROW	
☐	N271AA	McDonnell-Douglas MD-82	49293/1212	271	
☐	N274AA	McDonnell-Douglas MD-82	49271/1166	274	
☐	N275AA	McDonnell-Douglas MD-82	49272/1167	275; stored ROW	
☐	N276AA	McDonnell-Douglas MD-82	49273/1168	276; stored ROW	
☐	N278AA	McDonnell-Douglas MD-82	49294/1213	278	
☐	N279AA	McDonnell-Douglas MD-82	49295/1214	279	
☐	N283AA	McDonnell-Douglas MD-82	49296/1215	283	
☐	N285AA	McDonnell-Douglas MD-82	49297/1216	285; stored ROW	
☐	N286AA	McDonnell-Douglas MD-82	49298/1217	286; stored ROW	
☐	N287AA	McDonnell-Douglas MD-82	49299/1218	287	
☐	N288AA	McDonnell-Douglas MD-82	49300/1219	288; stored ROW	
☐	N289AA	McDonnell-Douglas MD-82	49301/1220	289	
☐	N290AA	McDonnell-Douglas MD-82	49302/1221	290	
☐	N291AA	McDonnell-Douglas MD-82	49303/1222	291	
☐	N292AA	McDonnell-Douglas MD-82	49304/1223	292	
☐	N293AA	McDonnell-Douglas MD-82	49305/1226	293	
☐	N294AA	McDonnell-Douglas MD-82	49306/1227	294; stored ROW	
☐	N295AA	McDonnell-Douglas MD-82	49307/1228	295; stored ROW	
☐	N296AA	McDonnell-Douglas MD-82	49308/1229	296; stored ROW	
☐	N297AA	McDonnell-Douglas MD-82	49309/1246	297	
☐	N298AA	McDonnell-Douglas MD-82	49310/1247	298	
☐	N400AA	McDonnell-Douglas MD-82	49311/1248	400	
☐	N402A	McDonnell-Douglas MD-82	49313/1255	402	
☐	N403A	McDonnell-Douglas MD-82	49314/1256	403	
☐	N405A	McDonnell-Douglas MD-82	49316/1258	405	
☐	N406A	McDonnell-Douglas MD-82	49317/1259	406	
☐	N407AA	McDonnell-Douglas MD-82	49318/1265	407	
☐	N408AA	McDonnell-Douglas MD-82	49319/1266	408	
☐	N409AA	McDonnell-Douglas MD-82	49320/1267	409	
☐	N410AA	McDonnell-Douglas MD-82	49321/1273	410	
☐	N411AA	McDonnell-Douglas MD-82	49322/1280	411	
☐	N412AA	McDonnell-Douglas MD-82	49323/1281	412	
☐	N413AA	McDonnell-Douglas MD-82	49324/1289	413	
☐	N415AA	McDonnell-Douglas MD-82	49326/1295	415	
☐	N416AA	McDonnell-Douglas MD-82	49327/1296	416	
☐	N417AA	McDonnell-Douglas MD-82	49328/1301	417	
☐	N418AA	McDonnell-Douglas MD-82	49329/1302	418	
☐	N419AA	McDonnell-Douglas MD-82	49331/1306	419	
☐	N420AA	McDonnell-Douglas MD-82	49332/1307	420	
☐	N422AA	McDonnell-Douglas MD-82	49334/1312	422	
☐	N423AA	McDonnell-Douglas MD-82	49335/1320	423	
☐	N424AA	McDonnell-Douglas MD-82	49336/1321	424	
☐	N426AA	McDonnell-Douglas MD-82	49338/1327	426	
☐	N427AA	McDonnell-Douglas MD-82	49339/1328	427	
☐	N428AA	McDonnell-Douglas MD-82	49340/1329	428	
☐	N429AA	McDonnell-Douglas MD-82	49341/1336	429	
☐	N430AA	McDonnell-Douglas MD-82	49342/1337	430	
☐	N431AA	McDonnell-Douglas MD-82	49343/1339	431	
☐	N432AA	McDonnell-Douglas MD-82	49350/1376	432	
☐	N433AA	McDonnell-Douglas MD-83	49451/1388	433	
☐	N434AA	McDonnell-Douglas MD-83	49452/1389	434	
☐	N435AA	McDonnell-Douglas MD-83	49453/1390	435	
☐	N436AA	McDonnell-Douglas MD-83	49454/1391	436	
☐	N437AA	McDonnell-Douglas MD-83	49455/1392	437	
☐	N438AA	McDonnell-Douglas MD-83	49456/1393	438	
☐	N439AA	McDonnell-Douglas MD-83	49457/1398	439	
☐	N440AA	McDonnell-Douglas MD-82	49459/1407	440	
☐	N441AA	McDonnell-Douglas MD-82	49460/1408	441	
☐	N442AA	McDonnell-Douglas MD-82	49468/1409	442	
☐	N443AA	McDonnell-Douglas MD-82	49469/1410	443	
☐	N445AA	McDonnell-Douglas MD-82	49471/1418	445	

	Registration	Type	MSN/LN	Fleet	Notes
☐	N446AA	McDonnell-Douglas MD-82	49472/1426	446	
☐	N447AA	McDonnell-Douglas MD-82	49473/1427	447	
☐	N448AA	McDonnell-Douglas MD-82	49474/1431	448	
☐	N449AA	McDonnell-Douglas MD-82	49475/1432	449	
☐	N450AA	McDonnell-Douglas MD-82	49476/1439	450	
☐	N451AA	McDonnell-Douglas MD-82	49477/1441	451	
☐	N452AA	McDonnell-Douglas MD-82	49553/1450	452	
☐	N453AA	McDonnell-Douglas MD-82	49558/1451	453	
☐	N454AA	McDonnell-Douglas MD-82	49559/1460	454	
☐	N455AA	McDonnell-Douglas MD-82	49560/1462	455	
☐	N456AA	McDonnell-Douglas MD-82	49561/1474	456	
☐	N457AA	McDonnell-Douglas MD-82	49562/1475	457	
☐	N458AA	McDonnell-Douglas MD-82	49563/1485	458	
☐	N459AA	McDonnell-Douglas MD-82	49564/1486	459	
☐	N460AA	McDonnell-Douglas MD-82	49565/1496	460	
☐	N461AA	McDonnell-Douglas MD-82	49566/1497	461	
☐	N462AA	McDonnell-Douglas MD-82	49592/1505	462	
☐	N463AA	McDonnell-Douglas MD-82	49593/1506	463	
☐	N464AA	McDonnell-Douglas MD-82	49594/1507	464	
☐	N465A	McDonnell-Douglas MD-82	49595/1509	465	
☐	N466AA	McDonnell-Douglas MD-82	49596/1510	466	
☐	N467AA	McDonnell-Douglas MD-82	49597/1511	467	
☐	N468AA	McDonnell-Douglas MD-82	49598/1513	468	
☐	N469AA	McDonnell-Douglas MD-82	49599/1515	469	
☐	N470AA	McDonnell-Douglas MD-82	49600/1516	470	
☐	N471AA	McDonnell-Douglas MD-82	49601/1518	471	
☐	N472AA	McDonnell-Douglas MD-82	49647/1520	472	
☐	N473AA	McDonnell-Douglas MD-82	49648/1521	473	
☐	N474	McDonnell-Douglas MD-82	49649/1526	474	
☐	N475AA	McDonnell-Douglas MD-82	49650/1527	475	
☐	N476AA	McDonnell-Douglas MD-82	49651/1528	476	
☐	N477AA	McDonnell-Douglas MD-82	49652/1529	477	
☐	N478AA	McDonnell-Douglas MD-82	49653/1534	478	
☐	N479AA	McDonnell-Douglas MD-82	49654/1535	479	
☐	N480AA	McDonnell-Douglas MD-82	49655/1536	480	
☐	N481AA	McDonnell-Douglas MD-82	49656/1545	481	
☐	N482AA	McDonnell-Douglas MD-82	49675/1546	482	
☐	N483A	McDonnell-Douglas MD-82	49676/1550	483	
☐	N484AA	McDonnell-Douglas MD-82	49677/1551	484	
☐	N485AA	McDonnell-Douglas MD-82	49678/1555	485	
☐	N486AA	McDonnell-Douglas MD-82	49679/1557	486	
☐	N487AA	McDonnell-Douglas MD-82	49680/1558	487	
☐	N488AA	McDonnell-Douglas MD-82	49681/1560	488	
☐	N489AA	McDonnell-Douglas MD-82	49682/1562	489	
☐	N490AA	McDonnell-Douglas MD-82	49683/1563	490	
☐	N491AA	McDonnell-Douglas MD-82	49684/1564	491	
☐	N492AA	McDonnell-Douglas MD-82	49730/1565	492	
☐	N493AA	McDonnell-Douglas MD-82	49731/1566	493	
☐	N494AA	McDonnell-Douglas MD-82	49732/1567	494	
☐	N495AA	McDonnell-Douglas MD-82	49733/1607	495	
☐	N496AA	McDonnell-Douglas MD-82	49734/1619	496	
☐	N497AA	McDonnell-Douglas MD-82	49735/1635	497	
☐	N498AA	McDonnell-Douglas MD-82	49736/1640	498	
☐	N499AA	McDonnell-Douglas MD-82	49737/1641	499	
☐	N501AA	McDonnell-Douglas MD-82	49738/1648	501	
☐	N505AA	McDonnell-Douglas MD-82	49799/1652	505	
☐	N510AM	McDonnell-Douglas MD-82	49804/1669	510	
☐	N513AA	McDonnell-Douglas MD-82	49890/1686	513	Lsd fr Arkia Lsg
☐	N516AM	McDonnell-Douglas MD-82	49893/1696	516	
☐	N552AA	McDonnell-Douglas MD-82	53034/1826	552	
☐	N553AA	McDonnell-Douglas MD-82	53083/1828	553	
☐	N554AA	McDonnell-Douglas MD-82	53084/1830	554	
☐	N555AN	McDonnell-Douglas MD-82	53085/1839	555	
☐	N556AA	McDonnell-Douglas MD-82	53086/1840	556	
☐	N557AN	McDonnell-Douglas MD-82	53087/1841	557	
☐	N558AA	McDonnell-Douglas MD-82	53088/1852	558	
☐	N559AA	McDonnell-Douglas MD-82	53089/1853	559	
☐	N560AA	McDonnell-Douglas MD-82	53090/1858	560	
☐	N561AA	McDonnell-Douglas MD-82	53091/1863	561	
☐	N562AA	McDonnell-Douglas MD-83	49344/1370	562	Lsd fr US Bank
☐	N563AA	McDonnell-Douglas MD-83	49345/1371	563	Lsd fr US Bank
☐	N564AA	McDonnell-Douglas MD-83	49346/1372	564	
☐	N565AA	McDonnell-Douglas MD-83	49347/1373	565	
☐	N566AA	McDonnell-Douglas MD-83	49348/1374	566	
☐	N567AM	McDonnell-Douglas MD-83	53293/2021	567	
☐	N568AA	McDonnell-Douglas MD-83	49349/1375	568	
☐	N569AA	McDonnell-Douglas MD-83	49351/1385	569	
☐	N570AA	McDonnell-Douglas MD-83	49352/1386	570	
☐	N571AA	McDonnell-Douglas MD-83	49353/1387	571	
☐	N572AA	McDonnell-Douglas MD-83	49458/1406	572	
☐	N573AA	McDonnell-Douglas MD-82	53092/1864	573	
☐	N574AA	McDonnell-Douglas MD-82	53151/1866	574	

☐	N575AM	McDonnell-Douglas MD-82	53152/1875		575	
☐	N576AA	McDonnell-Douglas MD-82	53153/1876		576	
☐	N577AA	McDonnell-Douglas MD-82	53154/1878		577	
☐	N578AA	McDonnell-Douglas MD-82	53155/1883		578	
☐	N579AA	McDonnell-Douglas MD-82	53156/1884		579	
☐	N580AA	McDonnell-Douglas MD-82	53157/1885		580	
☐	N581AA	McDonnell-Douglas MD-82	53158/1891		581	
☐	N582AA	McDonnell-Douglas MD-82	53159/1892		582	
☐	N583AA	McDonnell-Douglas MD-82	53160/1893		583	
☐	N584AA	McDonnell-Douglas MD-82	53247/1902		584	
☐	N585AA	McDonnell-Douglas MD-82	53248/1903		585	
☐	N586AA	McDonnell-Douglas MD-82	53249/1904		586	
☐	N587AA	McDonnell-Douglas MD-82	53250/1907		587	
☐	N588AA	McDonnell-Douglas MD-83	53251/1909		588	
☐	N589AA	McDonnell-Douglas MD-83	53252/1910		589	
☐	N590AA	McDonnell-Douglas MD-83	53253/1919		590	
☐	N591AA	McDonnell-Douglas MD-83	53254/1920		591	
☐	N592AA	McDonnell-Douglas MD-83	53255/1932		592	
☐	N593AA	McDonnell-Douglas MD-83	53256/1933		593	
☐	N594AA	McDonnell-Douglas MD-83	53284/1966		594	
☐	N595AA	McDonnell-Douglas MD-83	53285/1989		595	
☐	N596AA	McDonnell-Douglas MD-83	53286/2000		596	
☐	N597AA	McDonnell-Douglas MD-83	53287/2006		597	
☐	N598AA	McDonnell-Douglas MD-83	53288/2011		598	
☐	N599AA	McDonnell-Douglas MD-83	53289/2012		599	
☐	N902TW	McDonnell-Douglas MD-82	49153/1101		4TB; stored ROW	Lsd fr CIT Group
☐	N905TW	McDonnell-Douglas MD-82	49157/1105		4TE; stored ROW	Lsd fr CIT Group
☐	N906TW	McDonnell-Douglas MD-82	49160/1108		4TF; stored ROW	Lsd fr CIT Group
☐	N919TW	McDonnell-Douglas MD-82	49368/1198		4TU; stored ROW	
☐	N921TW	McDonnell-Douglas MD-82	49101/1051	ex N531MD	4UL stored ROW	
						Lsd fr BCC Equipment Lsg
☐	N922TW	McDonnell-Douglas MD-82	48013/1000	ex HB-INO	4UM stored ROW	
						Lsd fr BCC Equipment Lsg
☐	N923TW	McDonnell-Douglas MD-82	49379/1205	ex D-ALLS	4UN stored ROW	
						Lsd fr ACG Acquisitions
☐	N931TW	McDonnell-Douglas MD-82	49527/1382		4WA	Lsd fr RPK Capital
☐	N939AS	McDonnell-Douglas MD-83	49657/1459		4WH; stored ROW	Lsd fr MSA V
☐	N940AS	McDonnell-Douglas MD-83	49825/1577		4UJ; stored ROW	Lsd fr ILFC
☐	N941AS	McDonnell-Douglas MD-83	49925/1616		4UK; stored ROW	Lsd fr ILFC
☐	N948TW*	McDonnell-Douglas MD-83	49575/1414	ex EI-BWD	4WS	Lsd fr Aero USA
☐	N950U	McDonnell-Douglas MD-82	49230/1141		4TW; stored ROW	Lsd fr Mitsubishi
☐	N951TW	McDonnell-Douglas MD-83	53470/2135	ex N978AS	4XA	
☐	N951U	McDonnell-Douglas MD-82	49245/1145		4TX; stored ROW	Lsd fr Boeing Cap'i
☐	N952U	McDonnell-Douglas MD-82	49266/1238		4TY; stored ROW	Lsd fr Boeing Cap'l
☐	N953U	McDonnell-Douglas MD-82	49267/1239		4UA; stored ROW	Lsd fr Mitsubishi
☐	N954U	McDonnell-Douglas MD-82	49426/1399	ex N786JA	4UB	
☐	N955U	McDonnell-Douglas MD-82	49427/1401	ex N787JA	4UC	
☐	N956U	McDonnell-Douglas MD-82	49701/1478		4UD; stored ROW	Lsd fr GECAS
☐	N957U	McDonnell-Douglas MD-82	49702/1479		4UE; stored ROW	Lsd fr GECAS
☐	N958U	McDonnell-Douglas MD-82	49703/1489		4UF; stored ROW	Lsd fr GECAS
☐	N959U	McDonnell-Douglas MD-82	49704/1490		4UG; stored ROW	Lsd fr GECAS
☐	N961TW	McDonnell-Douglas MD-83	53611/2264		4XT	Lsd fr Boeing Capital
☐	N962TW	McDonnell-Douglas MD-83	53612/2265		4XU	Lsd fr Boeing Capital
☐	N963TW	McDonnell-Douglas MD-83	53613/2266		4XV	Lsd fr Boeing Capital
☐	N964TW	McDonnell-Douglas MD-83	53614/2267		4XW	Lsd fr Boeing Capital
☐	N965TW	McDonnell-Douglas MD-83	53615/2268		4XX	Lsd fr Boeing Capital
☐	N966TW	McDonnell-Douglas MD-83	53616/2269		4XY	Lsd fr Boeing Capital
☐	N967TW	McDonnell-Douglas MD-83	53617/2270		4YA	Lsd fr Boeing Capital
☐	N968TW	McDonnell-Douglas MD-83	53618/2271		4YB	Lsd fr Boeing Capital
☐	N969TW	McDonnell-Douglas MD-83	53619/2272		4YC	Lsd fr Boeing Capital
☐	N970TW	McDonnell-Douglas MD-83	53620/2273		4YD; stored TUL	Lsd fr Boeing Capital
☐	N971TW	McDonnell-Douglas MD-83	53621/2274		4YE; stored TUL	Lsd fr Boeing Capital
☐	N972TW	McDonnell-Douglas MD-83	53622/2275		4YF	Lsd fr Boeing Capital
☐	N973TW	McDonnell-Douglas MD-83	53623/2276		4YG	Lsd fr East Trust
☐	N974TW	McDonnell-Douglas MD-83	53624/2277		4YH	Lsd fr East Trust
☐	N975TW	McDonnell-Douglas MD-83	53625/2278		4YJ	Lsd fr Boeing Capital
☐	N976TW	McDonnell-Douglas MD-83	53626/2279		4YK	Lsd fr Boeing Capital
☐	N978TW	McDonnell-Douglas MD-83	53628/2281		4YM	Lsd fr Boeing Capital
☐	N979TW	McDonnell-Douglas MD-83	53629/2282		4YN	Lsd fr Boeing Capital
☐	N980TW	McDonnell-Douglas MD-83	53630/2283		4YP	Lsd fr Boeing Capital
☐	N982TW	McDonnell-Douglas MD-83	53632/2285		4YR	Lsd fr Boeing Capital
☐	N983TW	McDonnell-Douglas MD-83	53633/2286		4YS	Lsd fr Boeing Capital
☐	N984TW+	McDonnell-Douglas MD-83	53634/2287		4YT	Lsd fr Boeing Capital
☐	N3507A	McDonnell-Douglas MD-82	49801/1661		507	
☐	N3515	McDonnell-Douglas MD-82	49892/1695		515	
☐	N7506	McDonnell-Douglas MD-82	49800/1660		506	
☐	N7508	McDonnell-Douglas MD-82	49802/1662		508	
☐	N7509	McDonnell-Douglas MD-82	49803/1663		509	
☐	N7512A	McDonnell-Douglas MD-82	49806/1673		512	
☐	N7514A	McDonnell-Douglas MD-82	49891/1694		514	Lsd fr Arkia Lsg
☐	N7517A	McDonnell-Douglas MD-82	49894/1697		517	
☐	N7518A	McDonnell-Douglas MD-82	49895/1698		518	
☐	N7519A	McDonnell-Douglas MD-82	49896/1707		519	

☐	N7520A	McDonnell-Douglas MD-82	49897/1708		520	
☐	N7521A	McDonnell-Douglas MD-82	49898/1709		521	
☐	N7522A	McDonnell-Douglas MD-82	49899/1722		522	
☐	N7525A	McDonnell-Douglas MD-82	49917/1735		525	
☐	N7526A	McDonnell-Douglas MD-82	49918/1743		526	
☐	N7527A	McDonnell-Douglas MD-82	49919/1744		527	
☐	N7528A	McDonnell-Douglas MD-82	49920/1750		528	
☐	N7530	McDonnell-Douglas MD-82	49922/1753		530	
☐	N7531A	McDonnell-Douglas MD-82	49923/1758		531	
☐	N7532A	McDonnell-Douglas MD-82	49924/1759		532	
☐	N7533A	McDonnell-Douglas MD-82	49987/1760		533	
☐	N7534A	McDonnell-Douglas MD-82	49988/1768		534	
☐	N7535A	McDonnell-Douglas MD-82	49989/1769		535	
☐	N7536A	McDonnell-Douglas MD-82	49990/1770		536	
☐	N7537A	McDonnell-Douglas MD-82	49991/1780		537	
☐	N7538A	McDonnell-Douglas MD-82	49992/1781		538	Lsd fr Wachovia Bank
☐	N7539A	McDonnell-Douglas MD-82	49993/1782		539	
☐	N7540A	McDonnell-Douglas MD-82	49994/1790		540	Lsd fr Arkia Lsg
☐	N7541A	McDonnell-Douglas MD-82	49995/1791		541	Lsd fr Arkia Lsg
☐	N7542A	McDonnell-Douglas MD-82	49996/1792		542	Lsd fr Arkia Lsg
☐	N7543A	McDonnell-Douglas MD-82	53025/1802		543	
☐	N7544A	McDonnell-Douglas MD-82	53026/1804		544	
☐	N7546A	McDonnell-Douglas MD-82	53028/1813		546	
☐	N7547A	McDonnell-Douglas MD-82	53029/1814		547	
☐	N7548A	McDonnell-Douglas MD-82	53030/1816		548	
☐	N7549A	McDonnell-Douglas MD-82	53031/1819		549	
☐	N7550	McDonnell-Douglas MD-82	53032/1820		550	
☐	N9302B	McDonnell-Douglas MD-83	49528/1383		4WB	Lsd fr RPK Capital
☐	N9303K	McDonnell-Douglas MD-83	49529/1396		4WC; stored ROW	
						Lsd fr RPK Capital
☐	N9304C	McDonnell-Douglas MD-83	49530/1397		4WD	Lsd fr RPK Capital
☐	N9306T	McDonnell-Douglas MD-83	49567/1367	ex YV-38C	4WF; stored ROW	
☐	N9307R	McDonnell-Douglas MD-83	49663/1437	ex SE-DPH	4WG; stored ROW	
						Lsd fr Lancelot Lsg
☐	N9401W	McDonnell-Douglas MD-83	53137/1872	ex N9001L	4WJ	Lsd fr BCC Equipment Lsg
☐	N9402W	McDonnell-Douglas MD-83	53138/1886	ex N9001D	4WK	Lsd fr BCC Equipment Lsg
☐	N9403W	McDonnell-Douglas MD-83	53139/1899	ex N9035C	4WL	Lsd fr BCC Equipment Lsg
☐	N9404V	McDonnell-Douglas MD-83	53140/1923	ex N9075H	4WM	Lsd fr BCC Equipment Lsg
☐	N9405T	McDonnell-Douglas MD-83	53141/1935		4WN	Lsd fr BCC Equipment Lsg
☐	N9406W	McDonnell-Douglas MD-83	53126/2026	ex N6203U	4WP	Lsd fr BCC Equipment Lsg
☐	N9407R	McDonnell-Douglas MD-83	49400/1356	ex EI-CKB	4WR	
☐	N9409F	McDonnell-Douglas MD-83	53121/1971	ex N532MD	4WT	Lsd fr BCC Equipment Lsg
☐	N9412W	McDonnell-Douglas MD-83	53187/2118		4WU	Lsd fr AWAS
☐	N9413T	McDonnell-Douglas MD-83	53188/2119		4WW	Lsd fr AWAS
☐	N9414W	McDonnell-Douglas MD-83	53189/2121		4WX	Lsd fr AWAS
☐	N9420D	McDonnell-Douglas MD-83	49824/1554	ex 9Y-THU	4WY	Lsd fr ILFC
☐	N9615W	McDonnell-Douglas MD-83	53562/2192		4XB	Lsd fr MDFC Equipment Lsg
☐	N9616G	McDonnell-Douglas MD-83	53563/2196		4XC	Lsd fr MDFC Equipment Lsg
☐	N9617R	McDonnell-Douglas MD-83	53564/2199		4XD	Lsd fr MDFC Equipment Lsg
☐	N9618A	McDonnell-Douglas MD-83	53565/2201		4XE	Lsd fr Boeing Capital
☐	N9619V	McDonnell-Douglas MD-83	53566/2206		4XF	Lsd fr Boeing Capital
☐	N9620D	McDonnell-Douglas MD-83	53591/2208		4XG	Lsd fr Boeing Capital
☐	N9621A	McDonnell-Douglas MD-83	53592/2234		4XH	Lsd fr Boeing Capital
☐	N9622A	McDonnell-Douglas MD-83	53593/2239		4XJ	Lsd fr Boeing Capital
☐	N9624T	McDonnell-Douglas MD-83	53594/2241		4XK	Lsd fr Boeing Capital
☐	N9625W	McDonnell-Douglas MD-83	53595/2244		4XL	Lsd fr Boeing Capital
☐	N9626F	McDonnell-Douglas MD-83	53596//2247		4XM	Lsd fr Boeing Capital
☐	N9627R	McDonnell-Douglas MD-83	53597/2249		4XN	Lsd fr Boeing Capital
☐	N9628W	McDonnell-Douglas MD-83	53598/2252		4XP	Lsd fr Boeing Capital
☐	N9629H	McDonnell-Douglas MD-83	53599/2254		4XR	Lsd fr Boeing Capital
☐	N9630A	McDonnell-Douglas MD-83	53561/2174	ex N90126	4XS	Lsd fr Boeing Capital
☐	N9677W	McDonnell-Douglas MD-83	53627/2280		4YL	Lsd fr Boeing Capital
☐	N9681B	McDonnell-Douglas MD-83	53631/2284	ex (N981TW)	4XT	Lsd fr Boeing Capital
☐	N14551	McDonnell-Douglas MD-82	53033/1822		551	
☐	N16545	McDonnell-Douglas MD-82	53027/1805		545	
☐	N33414	McDonnell-Douglas MD-82	49325/1290		414	
☐	N33502	McDonnell-Douglas MD-82	49739/1649		502	
☐	N44503	McDonnell-Douglas MD-82	49797/1650		503	
☐	N59523	McDonnell-Douglas MD-82	49915/1723		523	
☐	N70401	McDonnell-Douglas MD-82	49312/1249		401	
☐	N70404	McDonnell-Douglas MD-82	49315/1257		404	
☐	N70425	McDonnell-Douglas MD-82	49337/1325		425	
☐	N70504	McDonnell-Douglas MD-82	49798/1651		504	
☐	N70524	McDonnell-Douglas MD-82	49916/1729		524	
☐	N70529	McDonnell-Douglas MD-82	49921/1752		529	
☐	N73444	McDonnell-Douglas MD-82	49470/1417		444; Working Together titles	
☐	N76200	McDonnell-Douglas MD-83	53290/2013		200	
☐	N76201	McDonnell-Douglas MD-83	53291/2019		201	
☐	N76202	McDonnell-Douglas MD-83	53292/2020		202	
☐	N77421	McDonnell-Douglas MD-82	49333/1311		421	
☐	N90511	McDonnell-Douglas MD-82	49805/1672		511	

+Named Spirit of Long Beach, last MD-80 built *Named Wings of Pride
8.63% owned by FL Group. Founder member of oneworld alliance with British Airways.
Feeder services operated by American Eagle (wholly owned subsidiary) with other services operated by Trans State, Executive Airlines and Chautauqua as American Connection

AMERICAN CONNECTION
Waterski (AX/LOF)　　　　　　　　　　　　　　　　　　*Indianapolis, IN/St Louis-Lambert Intl, MO (IND/STL)*

☐ N295SK	Embraer EMB.135KL (ERJ-140LR)	145513	ex PT-SYF	Chautauqua	Lsd fr Solitair
☐ N297SK	Embraer EMB.135KL (ERJ-140LR)	145522	ex PT-SYN	Chautauqua	Lsd fr Solitair
☐ N299SK	Embraer EMB.135KL (ERJ-140LR)	145532	ex PT-STW	Chautauqua	Lsd fr Solitair
☐ N371SK	Embraer EMB.135KL (ERJ-140LR)	145535	ex PT-STZ	Chautauqua	Lsd fr Solitair
☐ N372SK	Embraer EMB.135KL (ERJ-140LR)	145538	ex PT-SZC	Chautauqua	
☐ N373SK	Embraer EMB.135KL (ERJ-140LR)	145543	ex PT-SZG	Chautauqua	
☐ N374SK	Embraer EMB.135KL (ERJ-140LR)	145544	ex PT-SZH	Chautauqua	
☐ N375SK	Embraer EMB.135KL (ERJ-140LR)	145569	ex PT-S	Chautauqua	
☐ N376SK	Embraer EMB.135KL (ERJ-140LR)	145578	ex PT-SBO	Chautauqua	
☐ N377SK	Embraer EMB.135KL (ERJ-140LR)	145579	ex PT-SBP	Chautauqua	
☐ N378SK	Embraer EMB.135KL (ERJ-140LR)	145593	ex PT-S	Chautauqua	
☐ N379SK	Embraer EMB.135KL (ERJ-140LR)	145606	ex PT-SCP	Chautauqua	
☐ N380SK	Embraer EMB.135KL (ERJ-140LR)	145613	ex PT-SCX	Chautauqua	
☐ N381SK	Embraer EMB.135KL (ERJ-140LR)	145619	ex PT-SDH	Chautauqua	
☐ N382SK	Embraer EMB.135KL (ERJ-140LR)	145624	ex PT-SDM	Chautauqua	
☐ N813HK	Embraer EMB.145LR (ERJ-145LR)	145044	ex N600BK	Trans State	Lsd fr EGF
☐ N814HK	Embraer EMB.145LR (ERJ-145LR)	145046	ex N601GH	Trans State	Lsd fr EGF
☐ N815HK	Embraer EMB.145LR (ERJ-145LR)	145048	ex N602AE	Trans State	Lsd fr EGF
☐ N816HK	Embraer EMB.145LR (ERJ-145LR)	145055	ex N603AE	Trans State	Lsd fr EGF
☐ N817HK	Embraer EMB.145LR (ERJ-145LR)	145058	ex N604DG	Trans State	Lsd fr EGF
☐ N818HK	Embraer EMB.145LR (ERJ-145LR)	145059	ex N605RR	Trans State	Lsd fr EGF
☐ N819HK	Embraer EMB.145LR (ERJ-145LR)	145062	ex N606AE	Trans State	Lsd fr EGF
☐ N820HK	Embraer EMB.145LR (ERJ-145LR)	145064	ex N607AE	Trans State	Lsd fr EGF
☐ N821HK	Embraer EMB.145LR (ERJ-145LR)	145068	ex N608AE	Trans State	Lsd fr EGF
☐ N822HK	Embraer EMB.145LR (ERJ-145LR)	145069	ex N609AE	Trans State	Lsd fr EGF
☐ N824HK^	Embraer EMB.145LR (ERJ-145LR)	145498	ex HB-JAQ	Trans State	
☐ N825HK^	Embraer EMB.145LR (ERJ-145LR)	145510	ex HB-JAR	Trans State	
☐ N826HK	Embraer EMB.145EP (ERJ-145EP)	145016	ex VP-CZB	Trans State	
☐ N827HK	Embraer EMB.145EP (ERJ-145EP)	145021	ex VP-CZA	Trans State	
☐ N807HK	Embraer EMB.145ER (ERJ-145ER)	145119	ex PT-SCV	Trans State	
☐ N829HK^	Embraer EMB.145LR (ERJ-145LR)	145281	ex HB-JAE	Trans State	
☐ N830HK^	Embraer EMB.145LR (ERJ-145LR)	145313	ex HB-JAF	Trans State	

^Leased from AFS Investments XIV Inc

AMERICAN EAGLE
Eagle Flight (MQ/EGF)　　　　　　　　　　　　　　　　　　　　　　　*Dallas-Fort Worth, TX (DFW)*

☐ N4AE	ATR 72-212	244	ex N244AT		Lsd fr AMR Leasing
☐ N260AE	ATR 72-201	263	ex N263AT		Lsd fr AMR Leasing
☐ N270AT	ATR 72-212	270	ex F-WWEL		Lsd fr AMR Leasing
☐ N288AM	ATR 72-212	288	ex F-WWLP		Lsd fr AMR Leasing
☐ N308AE	ATR 72-212	309	ex N309AM		Lsd fr AMR Leasing
☐ N322AC	ATR 72-212	320	ex N320AT		Lsd fr AMR Leasing
☐ N342AT	ATR 72-212	345	ex N345AT		Lsd fr AMR Leasing
☐ N369AT	ATR 72-212	369	ex F-WWEC		Lsd fr AMR Leasing
☐ N377AT	ATR 72-212	377	ex F-WWLA		Lsd fr AMR Leasing
☐ N399AT	ATR 72-212	399	ex F-WWLK		Lsd fr AMR Leasing
☐ N407AT	ATR 72-212	407	ex F-WWEL		Lsd fr AMR Leasing
☐ N408AT	ATR 72-212	408	ex F-WWEM		Lsd fr AMR Leasing
☐ N410AT	ATR 72-212	410	ex F-WWLS		Lsd fr AMR Leasing
☐ N414WF	ATR 72-212	414	ex F-WWLD		Lsd fr AMR Leasing
☐ N417AT	ATR 72-212	417	ex F-WWIT		Lsd fr AMR Leasing
☐ N420AT	ATR 72-212	420	ex F-WWLY		Lsd fr AMR Leasing
☐ N425MJ	ATR 72-212	425	ex F-WWEC		Lsd fr AMR Leasing
☐ N426AT	ATR 72-212	426	ex F-WWED		Lsd fr AMR Leasing
☐ N429AT	ATR 72-212	429	ex F-WWEH		Lsd fr AMR Leasing
☐ N431AT	ATR 72-212	431	ex F-WWEI		Lsd fr AMR Leasing
☐ N434AT	ATR 72-212	434	ex F-WWEM		Lsd fr AMR Leasing
☐ N440AM	ATR 72-212	440	ex F-WWEP		Lsd fr AMR Leasing
☐ N447AM	ATR 72-212	447	ex F-WWEC		Lsd fr AMR Leasing
☐ N448AM	ATR 72-212	448	ex F-WWED		Lsd fr AMR Leasing
☐ N451AT	ATR 72-212	451	ex F-WWES		Lsd fr AMR Leasing
☐ N494AE	ATR 72-212A	494	ex F-WWLS		Lsd fr AMR Leasing
☐ N498AT	ATR 72-212A	498	ex F-WWLW		Lsd fr AMR Leasing
☐ N499AT	ATR 72-212A	499	ex F-WWLY		Lsd fr AMR Leasing
☐ N529AM	ATR 72-212A	529	ex F-WWLR		Lsd fr AMR Leasing
☐ N533AT	ATR 72-212A	533	ex F-WWLO		Lsd fr AMR Leasing
☐ N536AT	ATR 72-212A	536	ex F-WWLZ		Lsd fr AMR Leasing
☐ N538AT	ATR 72-212A	538	ex F-WWEA		Lsd fr AMR Leasing
☐ N540AM	ATR 72-212A	540	ex F-WWLJ		Lsd fr AMR Leasing
☐ N545AT	ATR 72-212A	545	ex F-WWLE		Lsd fr AMR Leasing
☐ N548AT	ATR 72-212A	548	ex F-WWLI		Lsd fr AMR Leasing
☐ N550LL	ATR 72-212A	550	ex F-WWLK		Lsd fr AMR Leasing

All sub-leased to Executive Airlines who operate them as American Express

	Registration	Type	MSN	Ex-registration	Notes
☐	N500AE	Canadair CL-600-2C10 (CRJ-701ER)	10025	ex C-GJEX	
☐	N501BG	Canadair CL-600-2C10 (CRJ-701ER)	10017	ex C-GIAH	
☐	N502AE	Canadair CL-600-2C10 (CRJ-701ER)	10018	ex C-GJUI	
☐	N503AE	Canadair CL-600-2C10 (CRJ-701ER)	10021	ex C-GIAP	
☐	N504AE	Canadair CL-600-2C10 (CRJ-701ER)	10044	ex C-GHZZ	
☐	N505AE	Canadair CL-600-2C10 (CRJ-701ER)	10053	ex C-GIAU	
☐	N506AE	Canadair CL-600-2C10 (CRJ-701ER)	10056	ex C-GIAX	
☐	N507AE	Canadair CL-600-2C10 (CRJ-701ER)	10059	ex C-GIBH	
☐	N508AE	Canadair CL-600-2C10 (CRJ-701ER)	10072	ex C-GHZV	
☐	N509AE	Canadair CL-600-2C10 (CRJ-701ER)	10078	ex C-GZUC	
☐	N510AE	Canadair CL-600-2C10 (CRJ-701ER)	10105	ex C-	
☐	N511AE	Canadair CL-600-2C10 (CRJ-701ER)	10107	ex C-	
☐	N512AE	Canadair CL-600-2C10 (CRJ-701ER)	10110	ex C-	
☐	N513AE	Canadair CL-600-2C10 (CRJ-701ER)	10114	ex C-	
☐	N514AE	Canadair CL-600-2C10 (CRJ-701ER)	10119	ex C-	
☐	N515AE	Canadair CL-600-2C10 (CRJ-701ER)	10121	ex C-	
☐	N516AE	Canadair CL-600-2C10 (CRJ-701ER)	10123	ex C-	
☐	N517AE	Canadair CL-600-2C10 (CRJ-701ER)	10124	ex C-	
☐	N518AE	Canadair CL-600-2C10 (CRJ-701ER)	10126	ex C-	
☐	N519AE	Canadair CL-600-2C10 (CRJ-701ER)	10131	ex C-	
☐	N520DC	Canadair CL-600-2C10 (CRJ-701ER)	10140	ex C-	
☐	N521AE	Canadair CL-600-2C10 (CRJ-701ER)	10142	ex C-	
☐	N522AE	Canadair CL-600-2C10 (CRJ-701ER)	10147	ex C-	
☐	N523AE	Canadair CL-600-2C10 (CRJ-701ER)	10152	ex C-	
☐	N524AE	Canadair CL-600-2C10 (CRJ-701ER)	10154	ex C-	
☐	N700LE	Embraer EMB.135LR (ERJ-135LR)	145156	ex PT-SFC	
☐	N701MH	Embraer EMB.135LR (ERJ-135LR)	145162	ex PT-SFD	
☐	N702AE	Embraer EMB.135LR (ERJ-135LR)	145164	ex PT-SFE	
☐	N703MR	Embraer EMB.135LR (ERJ-135LR)	145173	ex PT-SFG	
☐	N704PG	Embraer EMB.135LR (ERJ-135LR)	145174	ex PT-SFH	
☐	N705AE	Embraer EMB.135LR (ERJ-135LR)	145184	ex PT-SFJ	
☐	N706RG	Embraer EMB.135LR (ERJ-135LR)	145194	ex PT-SFO	
☐	N707EB	Embraer EMB.135LR (ERJ-135LR)	145195	ex PT-SFP	
☐	N708AE	Embraer EMB.135LR (ERJ-135LR)	145205	ex PT-SFR	
☐	N709GB	Embraer EMB.135LR (ERJ-135LR)	145211	ex PT-SFV	
☐	N710TB	Embraer EMB.135LR (ERJ-135LR)	145224	ex PT-SFZ	
☐	N711PH	Embraer EMB.135LR (ERJ-135LR)	145235	ex PT-SJC	
☐	N712AE	Embraer EMB.135LR (ERJ-135LR)	145247	ex PT-SJG	
☐	N713AE	Embraer EMB.135LR (ERJ-135LR)	145249	ex PT-SJH	
☐	N715AE	Embraer EMB.135LR (ERJ-135LR)	145262	ex PT-SIV	
☐	N716AE	Embraer EMB.135LR (ERJ-135LR)	145264	ex PT-SIW	
☐	N717AE	Embraer EMB.135LR (ERJ-135LR)	145272	ex PT-SJO	
☐	N718AE	Embraer EMB.135LR (ERJ-135LR)	145275	ex PT-SJR	
☐	N719AE	Embraer EMB.135LR (ERJ-135LR)	145276	ex PT-SJS	
☐	N720AE	Embraer EMB.135LR (ERJ-135LR)	145279	ex PT-SJV	
☐	N721HS	Embraer EMB.135LR (ERJ-135LR)	145283	ex PT-S JZ	
☐	N722AE	Embraer EMB.135LR (ERJ-135LR)	145287	ex PT-SKE	
☐	N723AE	Embraer EMB.135LR (ERJ-135LR)	145288	ex PT-SKF	
☐	N724AE	Embraer EMB.135LR (ERJ-135LR)	145301	ex PT-SKS	
☐	N725AE	Embraer EMB.135LR (ERJ-135LR)	145312	ex PT-SMD	
☐	N726AE	Embraer EMB.135LR (ERJ-135LR)	145314	ex PT-SMF	
☐	N727AE	Embraer EMB.135LR (ERJ-135LR)	145326	ex PT-SMS	
☐	N728AE	Embraer EMB.135LR (ERJ-135LR)	145328	ex PT-SMU	
☐	N729AE	Embraer EMB.135LR (ERJ-135LR)	145343	ex PT-SNJ	
☐	N730KW	Embraer EMB.135LR (ERJ-135LR)	145346	ex PT-SNM	
☐	N731BE	Embraer EMB.135LR (ERJ-135LR)	145356	ex PT-SNV	
☐	N732DH	Embraer EMB.135LR (ERJ-135LR)	145358	ex PT-SNX	
☐	N733KR	Embraer EMB.135LR (ERJ-135LR)	145368	ex PT-SOT	
☐	N734EK	Embraer EMB.135LR (ERJ-135LR)	145371	ex PT-SOW	
☐	N735TS	Embraer EMB.135LR (ERJ-135LR)	145386	ex PT-SQK	
☐	N736DT	Embraer EMB.135LR (ERJ-135LR)	145388	ex PT-SQM	
☐	N737MW	Embraer EMB.135LR (ERJ-135LR)	145396	ex PT-SQT	
☐	N738NR	Embraer EMB.135LR (ERJ-135LR)	145401	ex PT-SQY	
☐	N739AE	Embraer EMB.135LR (ERJ-135LR)	145402	ex PT-SQZ	
☐	N800AE	Embraer EMB.135KL (ERJ-140LR)	145425	ex PT-XGF	
☐	N801AE	Embraer EMB.135KL (ERJ-140LR)	145469	ex PT-SVO	
☐	N802AE	Embraer EMB.135KL (ERJ-140LR)	145471	ex PT-SVQ	
☐	N803AE	Embraer EMB.135KL (ERJ-140LR)	145483	ex PT-SXC	100th RJ Spirit of Eagle titles
☐	N804AE	Embraer EMB.135KL (ERJ-140LR)	145487	ex PT-SXG	
☐	N805AE	Embraer EMB.135KL (ERJ-140LR)	145489	ex PT-SXI	
☐	N806AE	Embraer EMB.135KL (ERJ-140LR)	145503	ex PT-SXW	
☐	N807AE	Embraer EMB.135KL (ERJ-140LR)	145506	ex PT-SXZ	Make A Wish colours
☐	N808AE	Embraer EMB.135KL (ERJ-140LR)	145519	ex PT-SYK	
☐	N809AE	Embraer EMB.135KL (ERJ-140LR)	145521	ex PT-SYM	
☐	N810AE	Embraer EMB.135KL (ERJ-140LR)	145525	ex PT-SYQ	
☐	N811AE	Embraer EMB.135KL (ERJ-140LR)	145529	ex PT-STT	
☐	N812AE	Embraer EMB.135KL (ERJ-140LR)	145531	ex PT-STV	
☐	N813AE	Embraer EMB.135KL (ERJ-140LR)	145539	ex PT-SZD	

	Registration	Type	MSN	Previous
☐	N814AE	Embraer EMB.135KL (ERJ-140LR)	145541	ex PT-SZF
☐	N815AE	Embraer EMB.135KL (ERJ-140LR)	145545	ex PT-SZI
☐	N816AE	Embraer EMB.135KL (ERJ-140LR)	145552	ex PT-SZO
☐	N817AE	Embraer EMB.135KL (ERJ-140LR)	145554	ex PT-SZQ
☐	N818AE	Embraer EMB.135KL (ERJ-140LR)	145561	ex PT-SZW
☐	N819AE	Embraer EMB.135KL (ERJ-140LR)	145566	ex PT-SBC
☐	N820AE	Embraer EMB.135KL (ERJ-140LR)	145576	ex PT-SBM
☐	N821AE	Embraer EMB.135KL (ERJ-140LR)	145577	ex PT-SBN
☐	N822AE	Embraer EMB.135KL (ERJ-140LR)	145581	ex PT-SBS
☐	N823AE	Embraer EMB.135KL (ERJ-140LR)	145582	ex PT-SBT
☐	N824AE	Embraer EMB.135KL (ERJ-140LR)	145584	ex PT-SBV
☐	N825AE	Embraer EMB.135KL (ERJ-140LR)	145589	ex PT-SBZ
☐	N826AE	Embraer EMB.135KL (ERJ-140LR)	145592	ex PT-SCA
☐	N827AE	Embraer EMB.135KL (ERJ-140LR)	145602	ex PT-SCL
☐	N828AE	Embraer EMB.135KL (ERJ-140LR)	145604	ex PT-SCN
☐	N829AE	Embraer EMB.135KL (ERJ-140LR)	145609	ex PT-SCS
☐	N830AE	Embraer EMB.135KL (ERJ-140LR)	145615	ex PT-SDD
☐	N831AE	Embraer EMB.135KL (ERJ-140LR)	145616	ex PT-SDE
☐	N832AE	Embraer EMB.135KL (ERJ-140LR)	145627	ex PT-SDP
☐	N833AE	Embraer EMB.135KL (ERJ-140LR)	145629	ex PT-SDR
☐	N834AE	Embraer EMB.135KL (ERJ-140LR)	145631	ex PT-SDT
☐	N835AE	Embraer EMB.135KL (ERJ-140LR)	145634	ex PT-SDW
☐	N836AE	Embraer EMB.135KL (ERJ-140LR)	145635	ex PT-SDX
☐	N837AE	Embraer EMB.135KL (ERJ-140LR)	145647	ex PT-SEH
☐	N838AE	Embraer EMB.135KL (ERJ-140LR)	145651	ex PT-SEL
☐	N839AE	Embraer EMB.135KL (ERJ-140LR)	145653	ex PT-SEN
☐	N840AE	Embraer EMB.135KL (ERJ-140LR)	145656	ex PT-SEQ
☐	N841AE	Embraer EMB.135KL (ERJ-140LR)	145667	ex PT-SFB
☐	N842AE	Embraer EMB.135KL (ERJ-140LR)	145673	ex PT-SFG
☐	N843AE	Embraer EMB.135KL (ERJ-140LR)	145680	ex PT-SFM
☐	N844AE	Embraer EMB.135KL (ERJ-140LR)	145682	ex PT-SFO
☐	N845AE	Embraer EMB.135KL (ERJ-140LR)	145685	ex PT-SFR
☐	N846AE	Embraer EMB.135KL (ERJ-140LR)	145692	ex PT-SFY
☐	N847AE	Embraer EMB.135KL (ERJ-140LR)	145707	ex PT-SGK
☐	N848AE	Embraer EMB.135KL (ERJ-140LR)	145710	ex PT-SGO
☐	N849AE	Embraer EMB.135KL (ERJ-140LR)	145716	ex PT-SGT
☐	N850AE	Embraer EMB.135KL (ERJ-140LR)	145722	ex PT-SGY
☐	N851AE	Embraer EMB.135KL (ERJ-140LR)	145734	ex PT-SHK
☐	N852AE	Embraer EMB.135KL (ERJ-140LR)	145736	ex PT-SHM
☐	N853AE	Embraer EMB.135KL (ERJ-140LR)	145742	ex PT-SJB
☐	N854AE	Embraer EMB.135KL (ERJ-140LR)	145743	ex PT-SJC
☐	N855AE	Embraer EMB.135KL (ERJ-140LR)	145747	ex PT-SJG
☐	N856AE	Embraer EMB.135KL (ERJ-140LR)	145748	ex PT-SJH
☐	N857AE	Embraer EMB.135KL (ERJ-140LR)	145752	ex PT-SJL
☐	N858AE	Embraer EMB.135KL (ERJ-140LR)	145754	ex PT-SJN
☐	N610AE	Embraer EMB.145LR (ERJ-145LR)	145073	ex PT-SAR
☐	N611AE	Embraer EMB.145LR (ERJ-145LR)	145074	ex PT-SAS
☐	N612AE	Embraer EMB.145LR (ERJ-145LR)	145079	ex PT-S
☐	N613AE	Embraer EMB.145LR (ERJ-145LR)	145081	ex PT-S
☐	N614AE	Embraer EMB.145LR (ERJ-145LR)	145086	ex PT-S
☐	N615AE	Embraer EMB.145LR (ERJ-145LR)	145087	ex PT-S
☐	N616AE	Embraer EMB.145LR (ERJ-145LR)	145092	ex PT-S
☐	N617AE	Embraer EMB.145LR (ERJ-145LR)	145093	ex PT-SBP
☐	N618AE	Embraer EMB.145LR (ERJ-145LR)	145097	ex PT-SBT
☐	N619AE	Embraer EMB.145LR (ERJ-145LR)	145101	ex PT-S
☐	N620AE	Embraer EMB.145LR (ERJ-145LR)	145102	ex PT-S
☐	N621AE	Embraer EMB.145LR (ERJ-145LR)	145105	ex PT-S
☐	N622AE	Embraer EMB.145LR (ERJ-145LR)	145108	ex PT-S
☐	N623AE	Embraer EMB.145LR (ERJ-145LR)	145109	ex PT-S
☐	N624AE	Embraer EMB.145LR (ERJ-145LR)	145111	ex PT-S
☐	N625AE	Embraer EMB.145LR (ERJ-145LR)	145115	ex PT-SCR
☐	N626AE	Embraer EMB.145LR (ERJ-145LR)	145117	ex PT-SCT
☐	N627AE	Embraer EMB.145LR (ERJ-145LR)	145121	ex PT-SCX
☐	N628AE	Embraer EMB.145LR (ERJ-145LR)	145124	ex PT-SDA
☐	N629AE	Embraer EMB.145LR (ERJ-145LR)	145130	ex PT-SDH
☐	N630AE	Embraer EMB.145LR (ERJ-145LR)	145132	ex PT-SDJ
☐	N631AE	Embraer EMB.145LR (ERJ-145LR)	145139	ex PT-SDQ
☐	N632AE	Embraer EMB.145LR (ERJ-145LR)	145143	ex PT-SDT
☐	N633AE	Embraer EMB.145LR (ERJ-145LR)	145148	ex PT-SDY
☐	N634AE	Embraer EMB.145LR (ERJ-145LR)	145150	ex PT-SEB
☐	N635AE	Embraer EMB.145LR (ERJ-145LR)	145158	ex PT-S
☐	N636AE	Embraer EMB.145LR (ERJ-145LR)	145160	ex PT-S
☐	N637AE	Embraer EMB.145LR (ERJ-145LR)	145170	ex PT-S
☐	N638AE	Embraer EMB.145LR (ERJ-145LR)	145172	ex PT-S
☐	N639AE	Embraer EMB.145LR (ERJ-145LR)	145182	ex PT-SGE
☐	N640AE	Embraer EMB.145LR (ERJ-145LR)	145183	ex PT-SGF
☐	N641AE	Embraer EMB.145LR (ERJ-145LR)	145191	ex PT-SGJ
☐	N642AE	Embraer EMB.145LR (ERJ-145LR)	145193	ex PT-SGK
☐	N643AE	Embraer EMB.145LR (ERJ-145LR)	145200	ex PT-S 200th titles
☐	N644AE	Embraer EMB.145LR (ERJ-145LR)	145204	ex PT-SGW
☐	N645AE	Embraer EMB.145LR (ERJ-145LR)	145212	ex PT-SGZ
☐	N646AE	Embraer EMB.145LR (ERJ-145LR)	145213	ex PT-SHA

☐	N647AE	Embraer EMB.145LR (ERJ-145LR)	145222	ex PT-SHH	
☐	N648AE	Embraer EMB.145LR (ERJ-145LR)	145225	ex PT-SHJ	
☐	N649PP	Embraer EMB.145LR (ERJ-145LR)	145234	ex PT-SIB	
☐	N650AE	Embraer EMB.145LR (ERJ-145LR)	145417	ex PT-STO	
☐	N651AE	Embraer EMB.145LR (ERJ-145LR)	145422	ex PT-STT	
☐	N652RS	Embraer EMB.145LR (ERJ-145LR)	145432	ex PT-SUD	
☐	N653AE	Embraer EMB.145LR (ERJ-145LR)	145433	ex PT-SUE	
☐	N654AE	Embraer EMB.145LR (ERJ-145LR)	145437	ex PT-SUI	
☐	N655AE	Embraer EMB.145LR (ERJ-145LR)	145452	ex PT-SUX	
☐	N656AE	Embraer EMB.145LR (ERJ-145LR)	145740	ex PT-SHV	
☐	N657AE	Embraer EMB.145LR (ERJ-145LR)	145744	ex PT-SJD	
☐	N658AE	Embraer EMB.145LR (ERJ-145LR)	145760	ex PT-SJO	
☐	N659AE	Embraer EMB.145LR (ERJ-145LR)	145762	ex PT-SJT	
☐	N660CL	Embraer EMB.145LR (ERJ-145LR)	145764	ex PT-SJV	
☐	N661JA	Embraer EMB.145LR (ERJ-145LR)	145766	ex PT-SJX	
☐	N662EH	Embraer EMB.145LR (ERJ-145LR)	145777	ex PT-SMG	
☐	N663AR	Embraer EMB.145LR (ERJ-145LR)	145778	ex PT-SMH	
☐	N664MS	Embraer EMB.145LR (ERJ-145LR)	145779	ex PT-SMI	
☐	N665BC	Embraer EMB.145LR (ERJ-145LR)	145783	ex PT-SMK	
☐	N667GB	Embraer EMB.145LR (ERJ-145LR)	145784	ex PT-SML	
☐	N668HH	Embraer EMB.145LR (ERJ-145LR)	145785	ex PT-SMM	
☐	N669MB	Embraer EMB.145LR (ERJ-145LR)	145788	ex PT-SMQ	
☐	N670AE	Embraer EMB.145LR (ERJ-145LR)	145790	ex PT-SMR	
☐	N671AE	Embraer EMB.145LR (ERJ-145LR)	145793	ex PT-SMU	
☐	N672AE	Embraer EMB.145LR (ERJ-145LR)	145794	ex PT-SMV	
☐	N673AE	Embraer EMB.145LR (ERJ-145LR)	145797	ex PT-SMX	
☐	N674RJ	Embraer EMB.145LR (ERJ-145LR)	14500801	ex PT-SNF	
☐	N675AE	Embraer EMB.145LR (ERJ-145LR)	14500806	ex PT-SNI	
☐	N676AE	Embraer EMB.145LR (ERJ-145LR)	14500807	ex PT-SNJ	
☐	N677AE	Embraer EMB.145LR (ERJ-145LR)	14500810	ex PT-SNL	
☐	N678AE	Embraer EMB.145LR (ERJ-145LR)	14500813	ex PT-SNP	
☐	N679AE	Embraer EMB.145LR (ERJ-145LR)	14500814	ex PT-SNQ	
☐	N680AE	Embraer EMB.145LR (ERJ-145LR)	14500820	ex PT-SNU	
☐	N681AE	Embraer EMB.145LR (ERJ-145LR)	14500824	ex PT-SNX	
☐	N682AE	Embraer EMB.145LR (ERJ-145LR)	14500826	ex PT-SNY	
☐	N683AE	Embraer EMB.145LR (ERJ-145LR)	14500833	ex PT-SQF	
☐	N684JW	Embraer EMB.145LR (ERJ-145LR)	14500835	ex PT-SQH	
☐	N685AE	Embraer EMB.145LR (ERJ-145LR)	14500836	ex PT-SQI	
☐	N686AE	Embraer EMB.145LR (ERJ-145LR)	14500843	ex PT-SQN	
☐	N687JS	Embraer EMB.145LR (ERJ-145LR)	14500846	ex PT-SQQ	
☐	N688AE	Embraer EMB.145LR (ERJ-145LR)	14500849	ex PT-SQS	
☐	N689EC	Embraer EMB.145LR (ERJ-145LR)	14500853	ex PT-SQV	
☐	N690AE	Embraer EMB.145LR (ERJ-145LR)	14500858	ex PT-SXM	
☐	N691AE	Embraer EMB.145LR (ERJ-145LR)	14500860	ex PT-SXA	
☐	N692AE	Embraer EMB.145LR (ERJ-145LR)	14500866	ex PT-SXF	
☐	N693AE	Embraer EMB.145LR (ERJ-145LR)	14500868	ex PT-SXG	
☐	N694AE	Embraer EMB.145LR (ERJ-145LR)	14500869	ex PT-SXN	
☐	N695AE	Embraer EMB.145LR (ERJ-145LR)	14500870	ex PT-SXH	
☐	N696AE	Embraer EMB.145LR (ERJ-145LR)	14500874	ex PT-SXO	
☐	N697AB	Embraer EMB.145LR (ERJ-145LR)	14500875	ex PT-SXQ	
☐	N698CB	Embraer EMB.145LR (ERJ-145LR)	14500877	ex PT-SXS	
☐	N699AE	Embraer EMB.145LR (ERJ-145LR)	14500883	ex PT-SXW	
☐	N813HK	Embraer EMB.145LR (ERJ-145LR)	145044	ex N600BK	Lsd to LOF
☐	N814HK	Embraer EMB.145LR (ERJ-145LR)	145046	ex N601GH	Lsd to LOF
☐	N815HK	Embraer EMB.145LR (ERJ-145LR)	145048	ex N602AE	Lsd to LOF
☐	N816HK	Embraer EMB.145LR (ERJ-145LR)	145055	ex N603AE	Lsd to LOF
☐	N817HK	Embraer EMB.145LR (ERJ-145LR)	145058	ex N604DG	Lsd to LOF
☐	N818HK	Embraer EMB.145LR (ERJ-145LR)	145059	ex N605RR	Lsd to LOF
☐	N819HK	Embraer EMB.145LR (ERJ-145LR)	145062	ex N606AE	Lsd to LOF
☐	N820HK	Embraer EMB.145LR (ERJ-145LR)	145064	ex N607AE	Lsd to LOF
☐	N821HK	Embraer EMB.145LR (ERJ-145LR)	145068	ex N608AE	Lsd to LOF
☐	N822HK	Embraer EMB.145LR (ERJ-145LR)	145069	ex N609AE	Lsd to LOF
☐	N900AE	Embraer EMB.145LR (ERJ-145LR)	14500885	ex PT-SXX	
☐	N902BC	Embraer EMB.145LR (ERJ-145LR)	14500887	ex PT-SXZ	
☐	N905JH	Embraer EMB.145LR (ERJ-145LR)	14500892	ex PT-SYE	
☐	N906AE	Embraer EMB.145LR (ERJ-145LR)	14500894	ex PT-SYG	
☐	N907AE	Embraer EMB.145LR (ERJ-145LR)	14500895	ex PT-SYH	
☐	N908AE	Embraer EMB.145LR (ERJ-145LR)	14500897	ex PT-SYJ	
☐	N909AE	Embraer EMB.145LR (ERJ-145LR)	14500899	ex PT-SYK	
☐	N918AE	Embraer EMB.145LR (ERJ-145LR)	14500902	ex PT-SYM	
☐	N922AE	Embraer EMB.145LR (ERJ-145LR)	14500906	ex PT-SYO	
☐	N923AE	Embraer EMB.145LR (ERJ-145LR)	14500907	ex PT-SYQ	
☐	N925AE	Embraer EMB.145LR (ERJ-145LR)	14500908	ex PT-SYR	
☐	N928AE	Embraer EMB.145LR (ERJ-145LR)	14500911	ex PT-SYT	
☐	N931AE	Embraer EMB.145LR (ERJ-145LR)	14500912	ex PT-SYU	
☐	N932AE	Embraer EMB.145LR (ERJ-145LR)	14500915	ex PT-SYW	
☐	N933JN	Embraer EMB.145LR (ERJ-145LR)	14500918	ex PT-SYY	
☐	N935AE	Embraer EMB.145LR (ERJ-145LR)	14500920	ex PT-SYZ	
☐	N939AE	Embraer EMB.145LR (ERJ-145LR)	14500923	ex PT-SOU	
☐	N941LT	Embraer EMB.145LR (ERJ-145LR)	14500926	ex PT-SOW	
☐	N942LL	Embraer EMB.145LR (ERJ-145LR)	14500930	ex PT-SOZ	

	Registration	Type	Serial	Ex-reg	Status	Notes
☐	N211NE	SAAB SF.340B	340B-211	ex SE-G11		Lsd fr AMR Leasing
☐	N218AE	SAAB SF.340B	340B-218	ex SE-G18		Lsd fr AMR Leasing
☐	N219AE	SAAB SF.340B	340B-219	ex SE-G19		Lsd fr AMR Leasing
☐	N231LN	SAAB SF.340B	340B-231	ex SE-G31	stored ABI	Lsd fr AMR Leasing
☐	N232AE	SAAB SF.340B	340B-232	ex SE-G32		Lsd fr AMR Leasing
☐	N236AE	SAAB SF.340B	340B-236	ex SE-G36		
☐	N238AE	SAAB SF.340B	340B-238	ex SE-G38		
☐	N240DS	SAAB SF.340B	340B-240	ex SE-G40		
☐	N244AE	SAAB SF.340B	340B-244	ex SE-G44	stored ABI	
☐	N245AE	SAAB SF.340B	340B-245	ex SE-G45	stored ABI	
☐	N247AE	SAAB SF.340B	340B-247	ex SE-G47	stored ABI	
☐	N250AE	SAAB SF.340B	340B-250	ex SE-G50		
☐	N253AE	SAAB SF.340B	340B-253	ex SE-G53		
☐	N254AE	SAAB SF.340B	340B-254	ex SE-G54	stored ABI	
☐	N256AE	SAAB SF.340B	340B-256	ex SE-G56	stored ABI	
☐	N261AE	SAAB SF.340B	340B-261	ex SE-G61	stored ABI	
☐	N263AE	SAAB SF.340B	340B-263	ex SE-G63		
☐	N264AE	SAAB SF.340B	340B-264	ex SE-G64	stored ABI	
☐	N266AE	SAAB SF.340B	340B-266	ex SE-G66		
☐	N272AE	SAAB SF.340B	340B-272	ex SE-G72	stored ABI	
☐	N273AE	SAAB SF.340B	340B-273	ex SE-G73	stored ABI	
☐	N278AE	SAAB SF.340B	340B-278	ex SE-G78	stored ABI	
☐	N280AE	SAAB SF.340B	340B-280	ex SE-G80	stored ABI	
☐	N284AE	SAAB SF.340B	340B-284	ex SE-G84	stored ABI	
☐	N286AE	SAAB SF.340B	340B-286	ex SE-G86		
☐	N298AE	SAAB SF.340B	340B-298	ex SE-G98		
☐	N301AE	SAAB SF.340B	340B-301	ex SE-C01		
☐	N304AE	SAAB SF.340B	340B-304	ex SE-C04		
☐	N305AE	SAAB SF.340B	340B-305	ex SE-C05	stored ABI	
☐	N306AE	SAAB SF.340B	340B-306	ex SE-C06	stored ABI	
☐	N307AE	SAAB SF.340B	340B-307	ex SE-C07		
☐	N309AE	SAAB SF.340B	340B-309	ex SE-C09	stored ABI	
☐	N312AE	SAAB SF.340B	340B-312	ex SE-C12	stored ABI	
☐	N313AE	SAAB SF.340B	340B-313	ex SE-C13		
☐	N317AE	SAAB SF.340B	340B-317	ex SE-C17		
☐	N320AE	SAAB SF.340B	340B-320	ex SE-C20	stored ABI	
☐	N323AE	SAAB SF.340B	340B-323	ex SE-C23		
☐	N324AE	SAAB SF.340B	340B-324	ex SE-C24		
☐	N326AE	SAAB SF.340B	340B-326	ex SE-C26	stored ABI	
☐	N329AE	SAAB SF.340B	340B-329	ex SE-C29		
☐	N330AE	SAAB SF.340B	340B-330	ex SE-C30	stored ABI	
☐	N332AE	SAAB SF.340B	340B-332	ex SE-C32	stored ABI	
☐	N340RC	SAAB SF.340B	340B-340	ex SE-C40		Lsd fr AMR Leasing
☐	N384AE	SAAB SF.340B	340B-384	ex SE-C84		Lsd fr SAAB to Oct07
☐	N387AE	SAAB SF.340B	340B-387	ex SE-C87	stored BGR	Lsd fr SAAB
☐	N388AE	SAAB SF.340B	340B-388	ex SE-C88	stored BGR	Lsd fr SAAB
☐	N392AE	SAAB SF.340B	340B-392	ex SE-C92	stored ABI	Lsd fr SAAB
☐	N393AE	SAAB SF.340B	340B-393	ex SE-C93	stored ABI	Lsd fr SAAB
☐	N394AE	SAAB SF.340B	340B-394	ex SE-C94		Lsd fr SAAB to Oct08
☐	N396AE	SAAB SF.340B	340B-396	ex SE-C96	stored	Lsd fr SAAB
☐	N397AE	SAAB SF.340B	340B-397	ex SE-C97	stored ABI	Lsd fr SAAB
☐	N398AM	SAAB SF.340B	340B-398	ex SE-C98	stored ABI	Lsd fr SAAB
☐	N400BR	SAAB SF.340B	340B-400	ex SE-400	stored ABI	Lsd fr SAAB
☐	N902AE	SAAB SF.340B	340B-269	ex N269AE	Spirit of Nashville	
☐	N903AE	SAAB SF.340B	340B-282	ex N282AE		
☐	N904AE	SAAB SF.340B	340B-314	ex N314AE		
☐	N905AE	SAAB SF.340B	340B-319	ex N319AE		

The SAAB SF.340Bs leased from SAAB are to be returned by December 2009
American Eagle operates feeder services for American Airlines from hubs at Nashville, TN, Dallas-Fort Worth, TX and San Luis Obispo, CA using AA/AAL call signs. Also operates some feeder services for Delta Air Lines
Wholly owned by American Airlines, owns 20% of AeroPerlas

AMERICA WEST AIRLINES
Integrated into US Airways and fleets now combined under the latter

AMERICA WEST EXPRESS
Integrated into US Airways Express and fleets now combined under the latter

AMERIFLIGHT
Ameriflight (AMF)   Burbank Glendale-Pasadena, CA (BUR)

	Registration	Type	Serial	Ex-reg	Notes
☐	N20FW	Beech 99A	U-111		Lsd fr UAS Transervices
☐	N21FW	Beech 99A	U-117		Lsd fr UAS Transervices
☐	N34AK	Beech 99A	U-105	ex N4099A	Lsd fr UAS Transervices
☐	N51RP	Beech C99	U-212		Lsd fr UAS Transervices
☐	N52RP	Beech C99	U-210	ex N66305	Lsd fr UAS Transervices
☐	N53RP	Beech C99	U-195	ex N64997	Lsd fr UAS Transervices
☐	N55RP	Beech C99	U-198	ex N64002	Lsd fr UAS Transervices
☐	N68TA	Beech C99	U-177	ex N177EE	Lsd fr Key Equipment Finance
☐	N96AV	Beech C99	U-201		Lsd fr UAS Transervices
☐	N102GP	Beech C99	U-208	ex N6628K	Lsd fr UAS Transervices
☐	N104BE	Beech C99	U-221	ex N7203L	Lsd fr UAS Transervices
☐	N106SX	Beech C99	U-166		Lsd fr UAS Transervices

	Reg	Type	Serial	ex	Notes
☐	N107SX	Beech C99	U-176		Lsd fr UAS Transervices
☐	N108SX	Beech C99	U-184	ex N6787P	Lsd fr UAS Transervices
☐	N130GP	Beech C99	U-222	ex N818FL	Lsd fr UAS Transervices
☐	N134PM	Beech B99	U-34	ex N852SA	Lsd fr UAS Transervices
☐	N164HA	Beech B99	U-60	ex N72TC	Lsd fr UAS Transervices
☐	N174AV	Beech C99	U-174	ex N99CJ	Lsd fr WTCo
☐	N191AV	Beech C99	U-191	ex VR-CIB	Lsd fr WTCo
☐	N193SU	Beech C99	U-193	ex C-GFAT	Lsd fr Key Equipment Finance
☐	N199AF	Beech B99	U-161	ex N12AK	Lsd fr UAS Transervices
☐	N204AF	Beech C99	U-204	ex N575W	Lsd fr UAS Transervices
☐	N213AV	Beech C99	U-213	ex N6656N	Lsd fr UAS Transervices
☐	N221BH	Beech C99	U-168	ex N18AK	Lsd fr UAS Transervices
☐	N223BH	Beech C99	U-173	ex N6460D	Lsd fr UAS Transervices
☐	N225BH	Beech C99	U-181	ex N62936	Lsd fr UAS Transervices
☐	N226BH	Beech C99	U-182	ex N6263D	Lsd fr UAS Transervices
☐	N228BH	Beech C99	U-229	ex N3067L	Lsd fr Key Equipment Finance
☐	N235AV	Beech C99	U-235	ex N235BH	Lsd fr WTCo
☐	N261SW	Beech C99	U-202		Lsd fr UAS Transervices
☐	N802BA	Beech 99	U-29	ex N800BE	Lsd fr UAS Transervices
☐	N805BA	Beech 99A	U-147	ex N803BE	Lsd fr UAS Transervices
☐	N949K	Beech 99A	U-36		Lsd fr UAS Transervices
☐	N990AF	Beech C99	U-211	ex N113GP	Lsd fr UAS Transervices
☐	N991AF	Beech C99	U-214	ex N112GP	Lsd fr UAS Transervices
☐	N992AF	Beech C99	U-203	ex N541JC	Lsd fr UAS Transervices
☐	N997SB	Beech C99	U-192	ex N6534A	Lsd fr UAS Transervices
☐	N1924T	Beech 99A	U-115	ex N24AT	Lsd fr UAS Transervices
☐	N4199C	Beech C99	U-50	ex N7940	Lsd fr UAS Transervices
☐	N4299A	Beech B99	U-146		Lsd fr UAS Transervices
☐	N6199D	Beech C99	U-169		Lsd fr UAS Transervices
☐	N6724D	Beech C99	U-215		Lsd fr UAS Transervices
☐	N7200Z	Beech C99	U-219		Lsd fr UAS Transervices
☐	N7209W	Beech C99	U-224		Lsd fr UAS Transervices
☐	N7862R	Beech 99A	U-85		Lsd fr UAS Transervices
☐	N8226Z	Beech C99	U-190	ex 6Y-JVB	Lsd fr Key Equipment Finance
☐	N8227P	Beech C99	U-194	ex 6Y-JVA	Lsd fr Key Equipment Finance
☐	N62989	Beech C99	U-183		Lsd fr UAS Transervices
☐	N63978	Beech C99	U-171		Lsd fr UAS Transervices
☐	N81820	Beech C99	U-232	ex N673AV	Lsd fr Key Equipment Finance
☐	N19RZ	Beech 1900C-1	UC-75	ex JA190C	
☐	N26RZ	Beech 1900C-1	UC-134	ex JA190D	
☐	N34RZ	Beech 1900C-1	UC-151	ex N151YV	
☐	N49UC	Beech 1900C-1	UC-49	ex C-GCMJ	Lsd fr Key Equipment Finance
☐	N111YV	Beech 1900C-1	UC-111	ex F-GPYX	Lsd fr Key Equipment Finance
☐	N112YV	Beech 1900C-1	UC-112	ex VH-AFR	Lsd fr Key Equipment Finance
☐	N330AF	Beech 1900C	UB-38	ex N805BE	Lsd fr UAS Transervices
☐	N331AF	Beech 1900C	UB-44	ex N807BE	Lsd fr UAS Transervices
☐	N1568G	Beech 1900C-1	UC-58	ex F-GNAD	Lsd fr Key Equipment Finance
☐	N2049K	Beech 1900C-1	UC-164	ex J6-AAJ	Lsd fr Key Equipment Finance
☐	N3052K	Beech 1900C	UB-70		Lsd fr UAS Transervices
☐	N3071A	Beech 1900C	UB-46	ex N10RA	Lsd fr UAS Transervices
☐	N3229A	Beech 1900C	UB-51		Lsd fr UAS Transervices
☐	N7203C	Beech 1900C	UB-28		Lsd fr UAS Transervices
☐	N31701	Beech 1900C	UB-2	ex N121CZ	Lsd fr UAS Transervices
☐	N31702	Beech 1900C	UB-3	ex N122CZ	Lsd fr UAS Transervices
☐	N31703	Beech 1900C	UB-10	ex N123CZ	Lsd fr UAS Transervices
☐	N31704	Beech 1900C	UB-12	ex N124CZ	Lsd fr UAS Transervices
☐	N31705	Beech 1900C	UB-60		Lsd fr UAS Transervices
☐	N179CA	Embraer EMB.120ER Brasilia	120179	ex PT-SQR	Lsd fr UAS Transervices
☐	N189CA	Embraer EMB.120ER Brasilia	120189	ex PT-SRC	Lsd fr UAS Transervices
☐	N201YW	Embraer EMB.120RT Brasilia	120201	ex N142EB	Lsd fr Vesey Air
☐	N246AS	Embraer EMB.120ER Brasilia	120100	ex PP-SMS	Lsd fr Key Equipment Finance
☐	N247CA	Embraer EMB.120ER Brasilia	120225	ex PT-SSU	Lsd fr Key Equipment Finance
☐	N257AS	Embraer EMB.120ER Brasilia	120126	ex PT-SNS	Lsd fr Key Equipment Finance
☐	N258AS	Embraer EMB.120ER Brasilia	120131	ex PT-SNX	Lsd fr Key Equipment Finance
☐	N94AF	Learjet 35A	35A-094	ex (N35PF)	
☐	N128CA	Learjet 35A	35A-248	ex C-GBFA	
☐	N237AF	Learjet 35A	35A-262	ex N237GA	
☐	N535AF	Learjet 35A	35A-191	ex N35SE	
☐	N754WS	Learjet 35A	35A-197	ex N754GL	
☐	N199DS	Piper PA-31 Turbo Navajo B	31-7400980	ex N7588L	Lsd fr UAS Transervices
☐	N500CF	Piper PA-31 Turbo Navajo	31-425	ex N6467L	Lsd fr UAS Transervices
☐	N6480L	Piper PA-31 Turbo Navajo	31-443		Lsd fr UAS Transervices
☐	N6733L	Piper PA-31 Turbo Navajo	31-636		Lsd fr UAS Transervices
☐	N6759L	Piper PA-31 Turbo Navajo	31-661	ex N479SJ	Lsd fr UAS Transervices
☐	N7434L	Piper PA-31 Turbo Navajo B	31-822		Lsd fr UAS Transervices
☐	N7441L	Piper PA-31 Turbo Navajo B	31-844		Lsd fr UAS Transervices
☐	N9132Y	Piper PA-31 Turbo Navajo	31-178		Lsd fr UAS Transervices
☐	N27275	Piper PA-31 Turbo Navajo C	31-7712066		Lsd fr UAS Transervices

	Reg	Type	Serial	ex	Notes
☐	N3BT	Piper PA-31-350 Navajo Chieftain	31-7752172	ex N27422	Lsd fr UAS Transervices
☐	N29UM	Piper PA-31-350 Navajo Chieftain	31-7652127	ex N29JM	Lsd fr UAS Transervices
☐	N555RG	Piper PA-31-350 Navajo Chieftain	31-7305103	ex N555RC	Lsd fr UAS Transervices
☐	N600TS	Piper PA-31-350 Navajo Chieftain	31-7305047	ex N537N	Lsd fr UAS Transervices
☐	N777MP	Piper PA-31-350 Navajo Chieftain	31-7552072	ex N59983	Lsd fr UAS Transervices
☐	N961CA	Piper PA-31-350 Navajo Chieftain	31-7652014	ex N961PS	Lsd fr UAS Transervices
☐	N3525G	Piper PA-31-350 Chieftain	31-7952123		Lsd fr Quebec Enterprises
☐	N3527D	Piper PA-31-350 Chieftain	31-7952137		Lsd fr UAS Transervices
☐	N3540N	Piper PA-31-350 Chieftain	31-7952214		Lsd fr UAS Transervices
☐	N3548B	Piper PA-31-350 Chieftain	31-8052025		Lsd fr UAS Transervices
☐	N3553F	Piper PA-31-350 Chieftain	31-8052044		Lsd fr UAS Transervices
☐	N3555D	Piper PA-31-350 Chieftain	31-8052059		Lsd fr Quebec Enterprises
☐	N4044P	Piper PA-31-350 Chieftain	31-8152004		Lsd fr UAS Transervices
☐	N4078B	Piper PA-31-350 Chieftain	31-8152055		Lsd fr UAS Transervices
☐	N4087J	Piper PA-31-350 Chieftain	31-8152128		Lsd fr UAS Transervices
☐	N4098A	Piper PA-31-350 Chieftain	31-8152200		Lsd fr UAS Transervices
☐	N4502Y	Piper PA-31-350 Chieftain	31-8052189		Lsd fr UAS Transervices
☐	N27426	Piper PA-31-350 Navajo Chieftain	31-7752175		Lsd fr UAS Transervices
☐	N27579	Piper PA-31-350 Chieftain	31-7852063		Lsd fr UAS Transervices
☐	N27677	Piper PA-31-350 Chieftain	31-7852101		Lsd fr UAS Transervices
☐	N27996	Piper PA-31-350 Chieftain	31-7952083		Lsd fr UAS Transervices
☐	N35336	Piper PA-31-350 Chieftain	31-7952189		Lsd fr UAS Transervices
☐	N35805	Piper PA-31-350 Chieftain	31-8052090		Lsd fr UAS Transervices
☐	N42076	Piper PA-31-350 Navajo Chieftain	31-7405209	ex G-OSPT	Lsd fr UAS Transervices
☐	N42079	Piper PA-31-350 Navajo Chieftain	31-7405488	ex G-BCOD	Lsd fr UAS Transervices
☐	N45004	Piper PA-31-350 Chieftain	31-8052163		Lsd fr UAS Transervices
☐	N45014	Piper PA-31-350 Chieftain	31-8052171		Lsd fr UAS Transervices
☐	N59820	Piper PA-31-350 Navajo Chieftain	31-7652073		Lsd fr UAS Transervices
☐	N59973	Piper PA-31-350 Navajo Chieftain	31-7552079		Lsd fr UAS Transervices
☐	N62858	Piper PA-31-350 Navajo Chieftain	31-7652115		Lsd fr UAS Transervices
☐	N62959	Piper PA-31-350 Navajo Chieftain	31-7752008		Lsd fr UAS Transervices
☐	N66859	Piper PA-31-350 Navajo Chieftain	31-7405168		Lsd fr UAS Transervices
☐	N123KC	Piper PA-32R-300 Lance	32R-7680431		
☐	N188SP	Piper PA-32R-300 Lance	32R-7780309		
☐	N1333H	Piper PA-32R-300 Lance	32R-7780154		
☐	N4588F	Piper PA-32R-300 Lance	32R-7680462		
☐	N5363F	Piper PA-32R-300 Lance	32R-7680510		
☐	N7612F	Piper PA-32R-300 Lance	32R-7780063		
☐	N7838C	Piper PA-32R-300 Lance	32R-7680064		
☐	N8456F	Piper PA-32R-300 Lance	32R-7780100		
☐	N9226K	Piper PA-32R-300 Lance	32R-7680199		
☐	N75195	Piper PA-32R-300 Lance	32R-7680277		
☐	N75397	Piper PA-32R-300 Lance	32R-7680301		
☐	N152AF	Swearingen SA.227AC Metro III	AC-520	ex TG-DHL	Lsd fr UAS Transervices
☐	N155AF	Swearingen SA.227AC Metro III	AC-455	ex N356AE	Lsd fr UAS Transervices
☐	N191AF	Swearingen SA.227AC Metro III	AC-491	ex N209CA	Lsd fr UAS Transervices
☐	N240DH	Swearingen SA.227AT Expediter	AT-602B	ex N3117P	Lsd fr UAS Transervices
☐	N241DH	Swearingen SA.227AT Expediter	AT-607B	ex N3118A	Lsd fr UAS Transervices
☐	N242DH	Swearingen SA.227AT Expediter	AT-608B	ex N3118G	Lsd fr UAS Transervices
☐	N243DH	Swearingen SA.227AT Expediter	AT-609B	ex N3118H	Lsd fr UAS Transervices
☐	N244DH	Swearingen SA.227AT Expediter	AT-618B		Lsd fr UAS Transervices
☐	N245DH	Swearingen SA.227AT Expediter	AT-624B		Lsd fr UAS Transervices
☐	N246DH	Swearingen SA.227AT Expediter	AT-625B		Lsd fr UAS Transervices
☐	N247DH	Swearingen SA.227AT Expediter	AT-626B		Lsd fr UAS Transervices
☐	N248DH	Swearingen SA.227AT Expediter	AT-630B		Lsd fr UAS Transervices
☐	N249DH	Swearingen SA.227AT Expediter	AT-631B		Lsd fr UAS Transervices
☐	N360AE	Swearingen SA.227AC Metro III	AC-675		Lsd fr UAS Transervices
☐	N362AE	Swearingen SA.227AC Metro III	AC-677B		Lsd fr UAS Transervices
☐	N377PH	Swearingen SA.227AC Metro III	AC-574	ex (D-CABG)	Lsd fr UAS Transervices
☐	N421MA	Swearingen SA.227AC Metro III	AC-634	ex N3119Q	Lsd fr UAS Transervices
☐	N422MA	Swearingen SA.227AC Metro III	AC-635	ex N3119T	Lsd fr UAS Transervices
☐	N423MA	Swearingen SA.227AC Metro III	AC-636	ex N26823	Lsd fr UAS Transervices
☐	N424MA	Swearingen SA.227AC Metro III	AC-639		Lsd fr UAS Transervices
☐	N426MA	Swearingen SA.227AC Metro III	AC-645		Lsd fr UAS Transervices
☐	N428MA	Swearingen SA.227AC Metro III	AC-646		Lsd fr UAS Transervices
☐	N443AF*	Swearingen SA.227AC Metro III	AC-443	ex N443NE	Lsd fr UAS Transervices
☐	N473AF*	Swearingen SA.227AC Metro III	AC-473	ex N473NE	Lsd fr UAS Transervices
☐	N475AF*	Swearingen SA.227AC Metro III	AC-475	ex N475NE	Lsd fr UAS Transervices
☐	N476AF*	Swearingen SA.227AC Metro III	AC-476	ex N476NE	Lsd fr UAS Transervices
☐	N488AF*	Swearingen SA.227AC Metro III	AC-488	ex N488NE	Lsd fr UAS Transervices
☐	N529AF	Swearingen SA.227AC Metro III	AC-752	ex XA-TML	Lsd fr Key Equipment Finance
☐	N544UP	Swearingen SA.227AT Expediter	AT-544	ex N68TA	Lsd fr UAS Transervices
☐	N548UP	Swearingen SA.227AT Expediter	AT-548	ex N548SA	Lsd fr UAS Transervices
☐	N556UP	Swearingen SA.227AT Expediter	AT-556	ex N3113B	Lsd fr UAS Transervices
☐	N560UP	Swearingen SA.227AT Expediter	AT-560	ex N3113A	Lsd fr UAS Transervices
☐	N561UP	Swearingen SA.227AT Expediter	AT-561	ex N3113F	Lsd fr UAS Transervices
☐	N566UP	Swearingen SA.227AT Expediter	AT-566	ex N3113N	Lsd fr UAS Transervices
☐	N569UP	Swearingen SA.227AT Expediter	AT-569	ex N31134	Lsd fr UAS Transervices
☐	N573G	Swearingen SA.227AT Merlin IVC	AT-446B	ex N3008L	Lsd fr UAS Transervices
☐	N578AF	Swearingen SA.227AC Metro III	AC-578	ex C-FJLE	Lsd fr UAS Transervices
☐	N671AV	Swearingen SA.227AC Metro III	AC-671		Lsd fr UAS Transervices

☐	N672AV	Swearingen SA.227AC Metro III	AC-672			Lsd fr UAS Transervices
☐	N673AV	Swearingen SA.227AC Metro III	AC-673			Lsd fr UAS Transervices
☐	N698AF	Swearingen SA.227AC Metro III	AC-698	ex N698FA		Lsd fr Key Equipment Finance
☐	N801AF	Swearingen SA.227AC Metro III	AC-701	ex C-GWXZ		Lsd fr Key Equipment Finance
☐	N807M	Swearingen SA.227AT Merlin IVC	AT-454B	ex N3013T		Lsd fr UAS Transervices
☐	N838AF	Swearingen SA.227AC Metro III	AC-738	ex C-GWXX		Lsd fr Key Equipment Finance

*Leased from Tucker Commercial Lease Funding

☐	N200AF	Beech 200 Super King Air	BB-102	ex N997MA	Lsd fr Quebec Enterprises
☐	N5550K	Cessna 402B	402B1226	ex N4180G	
☐	N7162K	Cessna 402B	402B1208	ex C-GSUE	
☐	N98764	Cessna 402B	402B1069		

All freighters

AMERIJET INTERNATIONAL
Amerijet (M6/AJT) *Fort Lauderdale-Hollywood Intl, FL (FLL)*

☐	N199AJ	Boeing 727-2F9F/W (Duganair 3)	21426/1285	ex N83428	
☐	N395AJ	Boeing 727-233F/W (Duganair 3)	21100/1148	ex N727SN	Lsd fr JODA LLC
☐	N495AJ	Boeing 727-233F/W (Duganair 3)	20937/1103	ex C-GAAD	Lsd fr JODA LLC
☐	N598AJ	Boeing 727-212F/W (Duganair 3)	21947/1506	ex N86430	
☐	N794AJ	Boeing 727-227F/W (Duganair 3)	21243/1197	ex N567PE	Nogravity.com 'G-Force-One'
☐	N804AJ	Boeing 727-2D3F/W (Super 27)	21021/1082	ex N8883Z	stored GYR
☐	N905AJ	Boeing 727-231F/W (Super 27)	21989/1590	ex N84357	Lsd fr 21989A LLC
☐	N909PG	Boeing 727-2K5F (FedEx 3)	21852/1553	ex XA-SXL	
☐	N994AJ	Boeing 727-233F/W (Duganair 3)	20942/1130	ex N727JH	Lsd fr JODA LLC

AMERISTAR JET CHARTER
Ameristar (AJI) *Dallas-Addison, TX (ADS)*

☐	N147TW	Learjet 25	25-023	ex N767SC	Lsd fr Sierra America Corp
☐	N157TW	Learjet 24	24-157	ex N659AT	Lsd fr Sierra America Corp
☐	N222TW	Learjet 24	24-161	ex N24KF	Lsd fr Sierra America Corp
☐	N233TW	Learjet 24B	24B-221	ex N59JG	Lsd fr Sierra America Corp
☐	N237TW	Learjet 24D	24D-237	ex N825DM	Lsd fr Sierra America Corp
☐	N265TW	Learjet 25D	25D-265	ex N69GF	Lsd fr Chaparral Lsg
☐	N266TW	Learjet 24D	24D-266	ex N266BS	Lsd fr Sierra America Corp
☐	N277TW	Learjet 24D	24D-277	ex N57BC	Lsd fr Sierra America Corp
☐	N299TW	Learjet 24D	24D-299	ex XB-GJS	Lsd fr Chaparral Lsg
☐	N324TW	Learjet 24D	24D-324	ex XA-SCY	Lsd fr Chaparral Lsg
☐	N330TW	Learjet 24E	24E-330	ex N511AT	Lsd fr Sierra America Corp
☐	N333TW	Learjet 24	24-168	ex N155BT	Lsd fr Sierra America Corp
☐	N525TW	Learjet 25	25-011	ex N108GA	Lsd fr Sierra America Corp
☐	N888TW	Learjet 24D	24D-292	ex N800PC	Lsd fr Sierra America Corp
☐	N148TW	AMD Falcon 20C	148	ex N148WC	Lsd fr Sierra America Corp
☐	N158TW	AMD Falcon 20C	158	ex N450MA	Lsd fr Sierra America Corp
☐	N165TW	AMD Falcon 20C	65	ex C-GSKN	Lsd fr Sierra America Corp
☐	N204TW	AMD Falcon 20DC	204	ex EC-EGM	Lsd fr Sierra America Corp
☐	N221TW	AMD Falcon 20DC	221	ex EC-EIV	Lsd fr Sierra America Corp
☐	N223TW	AMD Falcon 20C	123	ex N45MR	Lsd fr Sierra America Corp
☐	N232TW	AMD Falcon 20C	32	ex F-GIVT	Lsd fr Sierra America Corp
☐	N236TW	AMD Falcon 20D	236	ex N936NW	
☐	N240TW	AMD Falcon 20C	40	ex C-GSKQ	Lsd fr Sierra America Corp
☐	N285TW	AMD Falcon 20EF	285	ex N285AP	Lsd fr Sierra America Corp
☐	N295TW	AMD Falcon 20C	5	ex F-GJPR	Lsd fr Sierra America Corp
☐	N314TW	AMD Falcon 20E	314	ex F-GDLU	Lsd fr Sierra America Corp
☐	N699TW	AMD Falcon 20DC	50	ex EC-EDO	Lsd fr Sierra America Corp
☐	N977TW	AMD Falcon 20C	13	ex F-BTCY	Lsd fr Sierra America Corp
☐	N176TW	Beech 65-E90 King Air	LW-76	ex ZS-LJF	Lsd fr Sierra America Corp
☐	N732TW	Boeing 737-2H4 (AvAero 3)	22731/864	ex N82SW	stored ELP Lsd fr Sierra America Corp
☐	N733TW	Boeing 737-2H4 (AvAero 3)	22732/877	ex N83SW	Lsd fr Sierra America Corp
☐	N767TW	Boeing 737-230C (Nordam 3)	20258/276	ex TF-ABF	Lsd fr Sierra America Corp
☐	N783TW	Douglas DC-9-15F (ABS 3)	47010/97	ex N916R	Lsd fr Sierra America Corp
☐	N784TW	Douglas DC-9-15F (ABS 3)	47014/141	ex N923R	Lsd fr Sierra America Corp
☐	N785TW	Douglas DC-9-15F (ABS 3)	47015/156	ex N5373G	Lsd fr Sierra America Corp

All freighters
Boeing 737s and Douglas DC-9s are registered to sister company to Ameristar Charters

ANDREW AIRWAYS
Kodiak-Municipal, AK (KDK)

☐	N1544	de Havilland DHC-2 Beaver	1230	ex N67686	Floatplane or wheels/skis
☐	N1545	de Havilland DHC-2 Beaver	1493	ex N123UA	Floatplane or wheels/skis
☐	N5303X	Cessna U206G Stationair 6 II	U20605622		Floatplane or wheels/skis

ANOKA AIR CHARTER
Red Zone (RZZ) — Minneapolis-Anoka County / Blaine, MN (-/BWS)

☐	N200VW	Piper PA-31-350 Chieftain	31-8052011	ex N200NC		Lsd fr Short-Elliot
☐	N633D	Piper PA-31-350 Chieftain	31-7852098	ex N63ND		Lsd fr BMC Aero
☐	N646DR	Beech 200 Super King Air	BB-646	ex N646BM		Lsd fr Map Air
☐	N700RF	Beech 65-C90A King Air	LJ-1262	ex N200HV		Lsd fr Pelico
☐	N830Q	Beech Baron 58	TH-368		Freighter	
☐	N904US	Beech 65-C90 King Air	LJ-856	ex N904JS		Lsd fr US Energy Svs

ARCTIC CIRCLE AIR SERVICE
Air Arctic (5F/CIR) — Aniak/Bethel/Dillingham-Municipal/Fairbanks-Intl, AK (ANI/BET/DLG/FAI)

☐	N251RC	Cessna 402C III	402C0490	ex 5H-MAF		
☐	N300SN	Cessna 402C II	402C0060	ex N5871C		
☐	N402ET	Cessna 402C II	402C0054	ex C-GTKJ		
☐	N419RC	Cessna 402C II	402C0419	ex VH-NGG		
☐	N4630N	Cessna 402C II	402C0001			
☐	N6790B	Cessna 402C II	402C0442			
☐	N168LM	Short SD.3-30	SH3104	ex N174Z	Freighter	
☐	N261AG	Short SD.3-30	SH3117	ex 84-0470	Freighter	Lsd fr Alaska A/c Finance
☐	N917AC	Cessna 207A Stationair 7 II	20700517	ex ZK-ETC		
☐	N1906	Short SC.7 Skyvan 3A	SH1906	ex HS-DCC	Freighter	
☐	N7305U	Cessna 207A Skywagon	20700392			
☐	N7721C	Piper PA-32R-300 Lance	32R-7680060			
☐	N9936M	Cessna 207A Stationair 8 II	20700752			
☐	N73467	Cessna 207A Stationair 8 II	20700594			

All registered to Arctic Air Group

ARCTIC TRANSPORTATION SERVICES
Arctic Transport (7S/RCT) — Unalakleet-Municipal, AK (UNK)

☐	N19TA	Cessna 207A Stationair 7	20700468	ex N6289H		
☐	N26TA	Cessna 207A Stationair 8	20700725	ex N9759M		
☐	N7605U	Cessna 207A Stationair 7	20700443			
☐	N9475M	Cessna 207A Stationair 8	20700695			
☐	N9736M	Cessna 207A Stationair 8	20700722			
☐	N9829M	Cessna 207A Stationair 8	20700741			
☐	N9956M	Cessna 207A Stationair 8	20700763			
☐	N73217	Cessna 207A Stationair 8	20700572			
☐	N73503	Cessna 207A Stationair 8	20700599			
☐	N73789	Cessna 207A Stationair 8	20700629			
☐	N424CA	CASA 212-200	CC20-7-242			Lsd fr E2R LLC
☐	N437RA	CASA 212-200	CC21-2-166	ex N437CA		
☐	N439RA	CASA 212-200	CC50-9-287	ex N287MA		
☐	N440RA	CASA 212-200	CC20-6-174	ex N687MA	Freighter	
☐	N2719A	Cessna 402C	402C0233			

ARDCO AVIATION
Fleet has been disposed of and no longer operates

ARIS HELICOPTERS
San Jose-Intl, CA (SJC)

☐	N58AH	Sikorsky S-58ET	58-328	ex N39790	
☐	N1168U	Sikorsky S-58ET	58-1070		
☐	N3597T	Aerospatiale AS.350D AStar	1126		

ARIZONA EXPRESS AIRWAYS
Now operates executive jet charters under the name Phoenix Jet

ARROW CARGO
Big A (JW/APW) (IATA 404) — Miami-Intl, FL (MIA)

☐	N661AV	Douglas DC-8-63CF (BAC 3)	45969/396	ex N6161A	Lsd fr Miami Leasing
☐	N784AL	Douglas DC-8-63F (BAC 3)	46135/531	ex TU-TCF	Lsd fr Miami Leasing; sublsd to WAP
☐	N906R	Douglas DC-8-63F (BAC 3)	46087/454	ex N774FT	Lsd fr Miami Leasing
☐	N140WE	Douglas DC-10-40F	46920/212	ex N157DM	Lsd fr Air Lease Intl
☐	N450ML	Douglas DC-10-30F	47831/327	ex 5X-JCR	Lsd fr Miami Leasing
☐	N478CT	Douglas DC-10-30F	47819/314	ex PR-BME	Lsd fr Miami Leasing
☐	N524MD	Douglas DC-10-30F	46999/289	ex S2-ADA	Lsd fr Miami Leasing
☐	N526MD	Douglas DC-10-30F	46998/267	ex OO-LRM	Lsd fr Miami Leasing
☐	N68041	Douglas DC-10-10F	46900/34		Lsd fr Miami Leasing

ASIA PACIFIC AIRLINES
Magellan (MGE) (IATA 046)
Guam (GUM)

	N319NE	Boeing 727-212F/W (Duganair 3)	21349/1289	ex N591DB
☐	N319NE	Boeing 727-212F/W (Duganair 3)	21349/1289	ex N591DB
☐	N705AA	Boeing 727-223F/W (Super 27)	22462/1751	
☐	N86425	Boeing 727-212F/W (Duganair 3)	21459/1329	ex N296AS

Asia Pacific Airlines is the trading name of Aero Micronesia, sister company in Papua New Guinea

ASPEN HELICOPTERS
Aspen (AHF)
Oxnard, CA (OXR)

☐	N212AH	Bell 212	30959	ex C-FYMJ
☐	N228AH	Bell 222UT	47530	ex N422RM
☐	N300LF	Partenavia P.68C	295	ex N44967
☐	N383SH	Bell 206L-3 LongRanger III	51073	ex N333SH
☐	N1085T	Bell 206L-1 LongRanger III	45376	
☐	N3832K	Partenavia P.68C	272	
☐	N4107Q	Piper PA-31-350 T1020	31-8253008	
☐	N5006Y	Bell 206B JetRanger III	2485	
☐	N5012F	Bell 206B JetRanger III	2559	
☐	N6602L	Partenavia P.68 Observer	326-19-OB	ex VH-OBS
☐	N8057B	Bell 206L LongRanger	45045	
☐	N8131	Piper PA-31-350 Chieftain	31-8152032	ex LN-REM
☐	N39049	Bell 206B JetRanger III	3101	
☐	N49643	Bell 206B JetRanger	1813	

ASTAR AIR CARGO
DHL (ER/DHL)
Cincinnati-Northern Kentucky Intl, OH (CVG)

☐	N362DH	Airbus A300B4-103F	084	ex HS-THP	
☐	N363DH	Airbus A300B4-103F	085	ex HS-THR	
☐	N364DH	Airbus A300B4-203F	141	ex HS-THT	
☐	N365DH	Airbus A300B4-203F	149	ex HS-THW	
☐	N366DH	Airbus A300B4-203F	249	ex F-WIHZ	
☐	N367DH	Airbus A300B4-203F	265	ex F-WIHY	
☐	N740DH	Boeing 727-2Q9F (FedEx 3)	21930/1508	ex N200AV	
☐	N741DH	Boeing 727-2Q9F (FedEx 3)	21931/1531	ex N202AV	
☐	N742DH	Boeing 727-225F (FedEx 3)	21290/1238	ex N8872Z	
☐	N743DH	Boeing 727-225F (FedEx 3)	22438/1685	ex N928PG	Lsd fr Pegasus
☐	N745DH	Boeing 727-224F (FedEx 3)	20665/1149	ex N69736	
☐	N746DH	Boeing 727-224F (Raisbeck 3)	22252/1697	ex N79743	
☐	N747DH	Boeing 727-224F (FedEx 3)	22253/1702	ex N79744	
☐	N748DH	Boeing 727-225F (FedEx 3)	22440/1692	ex XA-TCX	
☐	N749DH	Boeing 727-223F (FedEx 3)	22013/1659	ex N897AA	
☐	N750DH	Boeing 727-2M7 (FedEx 3)	21951/1680	ex A7-ABC	
☐	N751DH	Boeing 727-264 (FedEx 3)	22982/1802	ex A7-ABD	Lsd fr ART 22982
☐	N752DH	Boeing 727-223F (FedEx 3)	22466/1763	ex N709AA	Lsd fr Aviation Capital Corp
☐	N753DH	Boeing 727-223F (FedEx 3)	22468/1766	ex N712AA	Lsd fr Aviation Capital Corp
☐	N754DH	Boeing 727-223F (FedEx 3)	22008/1646	ex N892AA	Lsd fr Aviation Capital Corp
☐	N760AT	Boeing 727-2B7F (FedEx 3)	21954/1535	ex N760US	
☐	N762AT	Boeing 727-2B7F (FedEx 3)	22162/1717	ex N762US	
☐	N763AT	Boeing 727-264F (FedEx 3)	22983/1806	ex N763US	
☐	N764AT	Boeing 727-264F (FedEx 3)	22984/1813	ex N764US	
☐	N765AT	Boeing 727-264F (FedEx 3)	23014/1816	ex N765US	
☐	N770AT	Boeing 727-2B7F (FedEx 3)	21953/1516	ex N755US	
☐	N780DH	Boeing 727-223F (FedEx 3)	22006/1636	ex N890AA	Lsd fr Aviation Capital Corp
☐	N781DH	Boeing 727-227F (FedEx 3)	21996/1571	ex N768AT	
☐	N782DH	Boeing 727-227F (FedEx 3)	21998/1577	ex N769AT	
☐	N783DH	Boeing 727-227F (FedEx 3)	21999/1581	ex N766AT	
☐	N784DH	Boeing 727-227F (FedEx 3)	22001/1585	ex N767AT	
☐	N785AT	Boeing 727-214F (FedEx 3)	21691/1480	ex N752US	
☐	N786AT	Boeing 727-214F (FedEx 3)	21692/1482	ex N753US	
☐	N788AT	Boeing 727-214F (FedEx 3)	21958/1533	ex N754US	
☐	N793DH	Boeing 727-247F (FedEx 3)	21393/1307	ex N784AT	
☐	N801DH	Douglas DC-8-73AF	46033/431	ex C-FTIK	
☐	N802DH	Douglas DC-8-73AF	46076/451	ex C-FTIO	Lsd fr DHL Network Ops
☐	N804DH	Douglas DC-8-73AF	46124/511	ex C-FTIR	
☐	N805DH	Douglas DC-8-73AF	46125/515	ex C-FTIS	Lsd fr DHL Network Ops
☐	N806DH	Douglas DC-8-73CF	46002/394	ex N815UP	
☐	N807DH	Douglas DC-8-73CF	45990/375	ex N816UP	
☐	N873SJ	Douglas DC-8-73F	46091/519	ex F-GESM	Billy J Benson Lsd fr GECAS

49% owned by DHL Worldwide Couriers; see also ABX Air

ATA AIRLINES
AmTran (TZ/AMT) (IATA 366)
Indianapolis-Intl, IN (IND)

☐	N301TZ	Boeing 737-83N/W	28239/847	ex N1784B	Lsd fr Castle 2003-2A LLC
☐	N304TZ	Boeing 737-83N/W	30675/898		Lsd fr ILFC

317

☐	N305TZ	Boeing 737-83N/W	30706/929	ex N1787B	Lsd fr ILFC
☐	N308TZ	Boeing 737-83N/W	28244/958	ex N1787B	Lsd fr ILFC
☐	N310TZ	Boeing 737-83N/W	28243/984		Lsd fr Castle 2003-2A LLC
☐	N315TZ	Boeing 737-83N/W	28245/1054		Lsd fr ILFC
☐	N317TZ	Boeing 737-83N/W	28246/1081		Lsd fr ILFC
☐	N318TZ	Boeing 737-83N/W	28247/1091		Lsd fr ILFC
☐	N319TZ	Boeing 737-83N/W	30643/1106		Lsd fr ILFC
☐	N321TZ	Boeing 737-83N/W	28249/1123		Lsd fr ILFC
☐	N323TZ	Boeing 737-83N/W	30033/1149		Lsd fr ILFC
☐	N514AT	Boeing 757-23N	27971/690		Lsd fr Macquarie AirFinance
☐	N517AT	Boeing 757-23N	27973/735		Lsd fr Finova
☐	N518AT	Boeing 757-23N	27974/737		Lsd fr GECAS
☐	N519AT	Boeing 757-23N	27975/779		Lsd fr WTCo
☐	N520AT	Boeing 757-23N	27976/814		Lsd fr WTCo
☐	N522AT	Boeing 757-23N	29330/843		Lsd fr WTCo
☐	N550TZ	Boeing 757-33N	32584/972		Lsd fr R-R & partners
☐	N552TZ	Boeing 757-33N	32586/978		Lsd fr R-R & partners
☐	N560TZ	Boeing 757-33N	33525/1031		Lsd fr R-R & partners
☐	N561TZ	Boeing 757-33N	33526/1032	ex N1795B	Lsd fr R-R & partners
☐	N223NW	Douglas DC-10-30	46580/183	ex HB-IHF	stored MZJ	Lsd fr WFBN
☐	N224NW	Douglas DC-10-30	46581/184	ex HB-IHG	stored MZJ	Lsd fr WFBN
☐	N241NW	Douglas DC-10-30	48282/355	ex PP-VMY		Lsd fr VX Capital
☐	N242NW	Douglas DC-10-30	47845/356	ex PP-VMX		Lsd fr WFBN
☐	N701TZ	Douglas DC-10-30ER	46583/292	ex N226NW		Lsd fr WFBN
☐	N702TZ	Douglas DC-10-30	46912/188	ex N234NW		Lsd fr WFBN
☐	(N703TZ)	Douglas DC-10-30	47844/336	ex N237NW		Lsd fr WFBN
☐	N705TZ	Douglas DC-10-30	46915/199	ex N235NW		Lsd fr VX Capital
☐	N706TZ	Douglas DC-10-30	46582/187	ex N225NW		Lsd fr WFBN
☐	N162AT	Lockheed L-1011-500 Tristar	293A-1220	ex JY-AGC		
☐	N163AT	Lockheed L-1011-500 Tristar	293A-1229	ex JY-AGD		
☐	N164AT	Lockheed L-1011-500 Tristar	293A-1238	ex JY-AGE		

All Tristars retired from scheduled services and now used for charters
Parent company, Global Aero Logistics, to purchase World Air Holdings [owner of World Airways and North American Airlines].
Codeshares with Southwest Airlines on some routes from Chicago-Midway.
Headquarters are still in Indianapolis but has ceased services from there

ATI-AIR TRANSPORT INTERNATIONAL
Air Transport (8C/ATN) (IATA 813)   *Little Rock-Adams Field, AR (LIT)*

☐	N21CX	Douglas DC-8-62F (BAC 3)	45955/365	ex N163CA	
☐	N41CX	Douglas DC-8-62CF (BAC 3)	46129/523	ex N798AL	Lsd fr DC-8 Aircraft Two
☐	N71CX	Douglas DC-8-62CF (BAC 3)	45961/361	ex N818CK	Lsd fr DC-8 Aircraft Two
☐	N602AL	Douglas DC-8-73F	45991/380	ex D-ADUI	Lsd fr DC-8 Aircraft Two
☐	N603AL	Douglas DC-8-73F	46003/401	ex D-ADUA	Lsd fr DC-8 Aircraft Two
☐	N604BX	Douglas DC-8-73CF	46046/444	ex N792FT	Lsd fr DC-8 Aircraft Two
☐	N605AL	Douglas DC-8-73F	46106/490	ex D-ADUC	Lsd fr DC-8 Aircraft Two
☐	N606AL	Douglas DC-8-73F	46044/432	ex D-ADUE	Lsd fr DC-8 Aircraft Two
☐	N721CX	Douglas DC-8-72CF	46013/427	ex 46013	Lsd fr DC-8 Aircraft Two
☐	N722CX	Douglas DC-8-72CF	46130/542	ex 46130	Lsd fr DC-8 Aircraft Two
☐	N728PL	Douglas DC-8-62F (BAC 3)	45918/353	ex F-BOLF	Jerry 'Pete' Zerkel
☐	N799AL	Douglas DC-8-62F (BAC 3)	45922/335	ex RTAF 60112	Lsd fr BAX Global
☐	N820BX+	Douglas DC-8-71F	46065/460	ex N8098U	Lsd fr DC-8 Aircraft One
☐	N821BX	Douglas DC-8-71F	45811/262	ex N8071U	Lsd fr DC-8 Aircraft One
☐	N822BX	Douglas DC-8-71F	45813/284	ex N8073U	Lsd fr DC-8 Aircraft One
☐	N823BX	Douglas DC-8-71F	46064/459	ex N8097U	Lsd fr DC-8 Aircraft Two
☐	N825BX	Douglas DC-8-71F	45978/381	ex N8088U	Lsd fr DC-8 Aircraft Two
☐	N826BX	Douglas DC-8-71F	45998/399	ex N8094U	stored ROW
☐	N828BX	Douglas DC-8-71F	45993/392	ex N8089U	Lsd fr DC-8 Aircraft One
☐	N829BX	Douglas DC-8-71F	45994/387	ex N501SR	Lsd fr DC-8 Aircraft One
☐	N830BX	Douglas DC-8-71F	45973/358	ex N783UP	Lsd fr DC-8 Aircraft One

+Named 'Larry LJ Johnston'
To be acquired by ABX Air

ATLANTIC AIR CARGO
                                                                      Miami-Intl, FL (MIA)

☐	N437GB	Douglas DC-3	19999	ex HR-LAD	Freighter
☐	N705GB	Douglas DC-3	13854	ex TG-SAA	Freighter

ATLANTIC SOUTHEAST AIRLINES
Candler(EV/CAA (IATA 862)   *Atlanta-Hartsfield Intl, GA/Orlando-Intl, FL (ATL/MCO)*

Wholly owned subsidiary of SkyWest Airlines, and operates as Delta Connection

ATLAS AIR
Giant (5Y/GTI) (IATA 369)   *New York-JFK Intl, NY (JFK)*

☐	N355MC	Boeing 747-341 (SF)	23395/629	ex PP-VNI	Lsd to PAC

☐	N408MC	Boeing 747-47UF	29261/1192	ex (N495MC)		Op for UAE
☐	N409MC	Boeing 747-47UF	30558/1242			
☐	N412MC	Boeing 747-47UF	30559/1244			
☐	N415MC	Boeing 747-47UF	32837/1304			Op for UAE
☐	N416MC	Boeing 747-47UF	32838/1307			Lsd fr GECAS; sublsd to PAC
☐	N418MC	Boeing 747-47UF	32840/1319			Lsd fr AFS Investments
☐	N492MC	Boeing 747-47UF	29253/1169			
☐	N493MC	Boeing 747-47UF	29254/1179			
☐	N496MC	Boeing 747-47UF	29257/1217			
☐	N497MC	Boeing 747-47UF	29258/1220			Op for UAE
☐	N498MC	Boeing 747-47UF	29259/1227			Op for UAE
☐	N499MC	Boeing 747-47UF	29260/1240			
☐	N505MC	Boeing 747-2D3M	21251/296	ex F-GFUK		
☐	N506MC	Boeing 747-2D3M	21252/297	ex LX-ZCV		Lsd fr Potomac
☐	N508MC	Boeing 747-230M	21644/256	ex D-ABYS		Lsd to TDX
☐	N512MC	Boeing 747-230M	21220/294	ex D-ABYJ		
☐	N516MC	Boeing 747-243M	22507/497	ex I-DEMD		Lsd to PAC
☐	N517MC	Boeing 747-243B (SF)	23300/613	ex I-DEMT		
☐	N522MC	Boeing 747-2D7B (SF)	21783/417	ex HS-TGB		
☐	N523MC	Boeing 747-2D7B (SF)	21782/402	ex N323MC		
☐	N524MC	Boeing 747-2D7B (SF)	21784/424	ex HS-TGC		
☐	N526MC	Boeing 747-2D7B (SF)	22337/479	ex HS-TGF	all-white	
☐	N527MC	Boeing 747-2D7B (SF)	22471/504	ex HS-TGG	all-white	
☐	N528MC	Boeing 747-2D7B (SF)	22472/597	ex HS-TGS		
☐	N537MC	Boeing 747-271C	22403/524	ex LX-BCV	all-white	
☐	N540MC	Boeing 747-243M	22508/499	ex I-DEMF		
☐	N809MC	Boeing 747-228F	20887/245	ex LX-DCV		

Operates three Boeing 747-47UFs on behalf of Global Supply Solutions (49% owned) in British Airways Cargo colours
Twelve Boeing 747-8Fs are on order for delivery in 2010/11
Operates ACMI freight services for other airlines including Alitalia, British Airways, Dragonair, EVA Airlines, Emirates, China Airlines, Federal Express, Korean Air and Thai International; aircraft sometimes carry these airlines' colours, but leases vary
Subsidiary of Atlas Air Worldwide Holdings which also owns 51% of Polar Air Cargo

AVIATION SERVICES

Guam (GUM)

☐	N2843F	Short SD.3-60	SH3739	ex SX-BFW	
☐	N4476F	Short SD.3-60	SH3731	ex 5N-BFT	Lsd fr Union Merchant Bank

BAKER AVIATION
Baker Aviation (8Q/BAJ)

Kotzebue-Wien Memorial, AK (OTZ)

☐	N6908M	Cessna 207A Stationair 8	20700672		Lsd fr Alaska A/c Lsg
☐	N9942M	Cessna 207A Stationair 8	20700756		Lsd fr Alaska A/c Lsg

BANKAIR
Bankair (B4/BKA)

Columbia-Owens Field, SC (CUB)

☐	N21CJ	Mitsubishi MU-2L	789SA	ex N278MA	
☐	N21JA	Mitsubishi MU-2J	614	ex N998CA	
☐	N44KU	Mitsubishi MU-2J	647	ex N44KS	
☐	N102BX	Mitsubishi MU-2L	748SA	ex N102BG	
☐	N174MA	Mitsubishi MU-2B	753SA	ex N100BY	
☐	N334EB	Mitsubishi MU-2J	568	ex N99SL	
☐	N535WM	Mitsubishi MU-2J	655	ex N535MA	
☐	N610CA	Mitsubishi MU-2B	788SA	ex N277MA	
☐	N637WG	Mitsubishi MU-2J	637	ex N951MS	
☐	N942ST	Mitsubishi MU-2B	745SA	ex N942MA	
☐	N33PT	Learjet 25D	25D-240	ex N83EA	N339BA resd	Lsd fr Lear 25 LLC
☐	N58EM	Learjet 35	35-046	ex VH-LJL		Lsd fr 58EM LLC
☐	N58HC	Learjet 25D	25D-341	ex XA-SAE		
☐	N67PA	Learjet 35A	35A-208	ex (N39DJ)		Lsd fr 67PA LLC
☐	N82TS	Learjet 25B	25B-154	ex N210NC		Lsd fr Lear 25 LLC
☐	N88BY	Learjet 25B	25B-168	ex N88BT		Lsd fr Lear 25 LLC
☐	N90WR	Learjet 35	35-022	ex OY-BLG		
☐	N135AG	Learjet 35A	35A-132	ex N37TJ		Lsd fr 135AG LLC
☐	N155AM	Learjet 35A	35A-131	ex N26GD		Lsd fr 155AM LLC
☐	N326DD	Learjet 35A	35A-173	ex YU-BPY		Lsd fr 326DD LLC
☐	N369BA	Learjet 35A	35A-312	ex LV-OFV		Lsd fr 369BA LLC
☐	N399BA	Learjet 35A	35A-371	ex LV-ALF		Lsd fr MU-2 LLC
☐	N465NW	Learjet 35A	35A-465			Lsd fr 465MW LLC
☐	N500ED	Learjet 35A	35A-241	ex N500EX		Lsd fr 500ED LLC
☐	N900BJ	Learjet 35A	35A-123	ex N900JE		Lsd fr 900BJ LLC

All leasing companies believed associated with Dickerson Associates
All freighters

BARON AVIATION SERVICES
Show-Me (BVN)   *Rolla-Vichy-National, MO (VIH)*

Operates Cessna 208/208B Caravans on behalf of Federal Express

BASLER AIRLINES
Basler (BFC)   *Oshkosh-Wittman Regional, WI (OSH)*

☐	N167BT	Basler BT-67	13383	ex TZ-391	Turbo-Express
☐	N300BF	Basler BT-67	15299/26744	ex N300TX	Turbo-Express

A division of Basler Turbo Conversions; several more aircraft are registered to parent but not operated by BFC

BAY AIR
                                                                      Dillingham & Shannons Pond SPB, AK (DLG/-)

☐	N364RA	de Havilland DHC-2 Beaver	364	ex N62300	Floatplane

BEMIDJI AIRLINES
Bemidji (CH/BMJ)   *Bemidji, MN (BJI)*

☐	N55SA	Beech 65-A80 Queen Air	LD-243	ex N794A	Queenaire 8800 conversion
☐	N80RR	Beech 65-B80 Queen Air	LD-296		Queenaire 8800 conversion
☐	N95LL	Beech 65-A80 Queen Air	LD-235	ex N33TX	Queenaire 8800 conversion
☐	N103BA	Beech 65-B80 Queen Air	LD-435	ex N103EE	Queenaire 8800 conversion
☐	N106BA	Beech 65-B80 Queen Air	LD-409	ex N1338T	Queenaire 8800 conversion
☐	N107BA	Beech 65-B80 Queen Air	LD-358	ex N7838L	Queenaire 8800 conversion
☐	N110BA	Beech 65-B80 Queen Air	LD-279	ex N102KK	Queenaire 8800 conversion
☐	N111AR	Beech 65-B80 Queen Air	LF-68	ex 62-3780	Lsd fr Air Direct Aircraft
☐	N131BA	Beech 65-B80 Queen Air	LD-297	ex N1555M	
☐	N132BA*	Beech 65-B80 Queen Air	LD-331	ex C-GRID	Queenaire 8800 conversion
☐	N134BA	Beech 65-A80 Queen Air	LD-202	ex N848S	Queenaire 8800 conversion
☐	N135BA	Beech 65-80 Queen Air	LD-68	ex N29RG	Queenaire 8800 conversion
☐	N5078E	Beech 65-80 Queen Air	LF-76	ex 63-13637	Lsd fr Air Direct Aircraft
☐	N5078N	Beech 65-80 Queen Air	LF-16	ex 60-3467	Lsd fr Air Direct Aircraft
☐	N5078U	Beech 65-80 Queen Air	LF-32	ex 62-3834	Lsd fr Air Direct Aircraft
☐	N5079E	Beech 65-80 Queen Air	LF-52	ex 62-3854	Lsd fr Air Direct Aircraft
☐	N5080L	Beech 65-80 Queen Air	LF-59	ex 62-3861	Lsd fr Air Direct Aircraft

All freighters

☐	N70NP	Beech 99	U-14	ex N914Y	Lsd fr Air Direct Aircraft
☐	N108BA	Beech 99	U-40	ex C-GQFD	
☐	N125DP	Beech 99	U-12	ex C-GPCE	Lsd fr Air Direct Aircraft
☐	N130BA	Beech 99A	U-80	ex N51PA	Freighter, no titles
☐	N137BA	Beech 99	U-137	ex C-GAWW	
☐	N139BA	Beech 99	U-76	ex N983MA	
☐	N172EE	Beech C99	U-172	ex N993SB	
☐	N175EE	Beech C99	U-175	ex N994SB	
☐	N223CA	Beech C99	U-200	ex SE-IZX	Freighter
☐	N6645K	Beech C99	U-209		
☐	N7207E	Beech C99	U-223		
☐	N7212P	Beech C-99	U-220		

All freighters

☐	N60BA	Beech 65-E90 King Air	LW-79	ex N12AK	
☐	N70DD	Beech 58 Baron	TH-370	ex N25660	
☐	N4016A	Beech 58 Baron	TH-9		

BERING AIR
Bering Air (8E/BRG)   *Nome, AK (OME)*

☐	N205BA	Cessna 208B Caravan I	208B0890		
☐	N806BA	Cessna 208B Caravan I	208B0943		
☐	N1123R	Cessna 208B Caravan I	208B0395		Lsd fr Norton Basin Services
☐	N1128L	Cessna 208B Caravan I	208B0536		
☐	N1263Y	Cessna 208B Caravan I	208B0731		
☐	N141ME	Piper PA-31-350 Chieftain	31-8152117	ex N4086L	
☐	N4112D	Piper PA-31-350T-1020	31-8353004		
☐	N4112E	Piper PA-31-350T-1020	31-8353005		
☐	N4118G	Piper PA-31-350T-1020	31-8453001		
☐	N41189	Piper PA-31-350T-1020	31-8553002		
☐	N45052	Piper PA-31-350 Chieftain	31-8152063		
☐	N15GA	Beech 1900D	UE-37	ex F-HCHA	
☐	N79CF	Beech 200 Super King Air	BB-441		CatPass 250 conversion
☐	N148SK	Beech 1900D	UE-148		
☐	N326KW	Beech 200 Super King Air	BB-1360	ex HK-3703X	CatPass 250 conversion
☐	N349TA	CASA 212-200	CC60-9-349	ex N316CA	Freighter
☐	N9964M	Cessna 207A Stationair 8	20700766		
☐	N9988M	Cessna 207A Stationair 8	20700776		

BERRY AVIATION
Berry (BYA)
San Marcos-Municipal, TX (HYI)

☐	N335PH	Dornier 328-100	3013	ex D-CALT	
☐	N900LH	Dornier 328-100	3014	ex N336PH	Lsd fr NorthPark Avn
☐	N339PH	Dornier 328-100	3015	ex D-CARR	
☐	N473PS	Dornier 328-100	3010	ex HB-AEG	
☐	N227LC	Swearingen SA.227AC Metro III	AC-707	ex N84GM	Lsd fr Diamante Air
☐	N227LJ	Swearingen SA.227AC Metro III	AC-522	ex N3109B	Lsd fr Metro-Jet LLC
☐	N373PH	Swearingen SA.227AC Metro III	AC-538	ex N732C	
☐	N589BA	Swearingen SA.227AC Metro III	AC-589	ex XA-TSF	status uncertain
☐	N590BA	Swearingen SA.227AC Metro III	AC-590	ex XA-TSG	status uncertain
☐	N680AX	Swearingen SA.227AC Metro III	AC-680	ex N365AE	Lsd fr GAS Wilson
☐	N691AX	Swearingen SA.227AC Metro III	AC-691	ex N367AE	Lsd fr GAS Wilson
☐	N697AX	Swearingen SA.227AC Metro III	AC-697	ex N730C	Lsd fr GAS Wilson
☐	N729C	Swearingen SA.227AC Metro III	AC-571	ex N374PH	
☐	N789C	Swearingen SA.227AC Metro III	AC-540	ex N389PH	
☐	N27442	Swearingen SA.227AC Metro III	AC-750		
☐	N123LH	Swearingen SA.227TT Merlin IIIC	TT-433	ex C-GFCE	Lsd fr EP Aviation
☐	N165BA	Swearingen SA.226TC Metro II	TC-215	ex N911HF	
☐	N226BA	Swearingen SA.226TC Metro II	TC-321	ex N105UR	
☐	N323BA	Swearingen SA.226TC Metro II	TC-280	ex N303TL	Freighter

BIG ISLAND AIR
Big Isle (BIG)
Kailua-Keahole Kona Intl, HI (KOA)

☐	N281A	Cessna 208 Caravan I	20800271	ex LV-WYX	
☐	N381A	Cessna 208 Caravan I	20800339	ex N55CH	

BIG SKY AIRLINES
Big Sky (GQ/BSY) (IATA 387)
Billings-Logan Intl, MT (BIL)

☐	N131YV	Beech 1900D	UE-131		Lsd fr ASH
☐	N132YV	Beech 1900D	UE-132		Lsd fr ASH
☐	N139ZV	Beech 1900D	UE-139		Lsd fr ASH
☐	N140ZV	Beech 1900D	UE-140	ex (N137ZV)	Lsd fr ASH
☐	N165YV	Beech 1900D	UE-165		Lsd fr ASH
☐	N171ZV	Beech 1900D	UE-171		Lsd fr ASH; sublsd to CHK
☐	N173YV	Beech 1900D	UE-173		Lsd fr ASH
☐	N182YV	Beech 1900D	UE-182		Lsd fr ASH
☐	N190YV	Beech 1900D	UE-190		Lsd fr ASH
☐	N231YV	Beech 1900D	UE-231		Lsd fr ASH
☐	N237YV	Beech 1900D	UE-237		Lsd fr ASH
☐	N835CA	Beech 1900D	UE-400	ex N44640	
☐	N837CA	Beech 1900D	UE-397	ex N42957	
☐	N838CA	Beech 1900D	UE-396	ex N43596	
☐	N840CA	Beech 1900D	UE-401	ex N44871	
☐	N842CA	Beech 1900D	UE-402	ex N43442	
☐	N854CA	Beech 1900D	UE-399	ex N44679	
☐	N856CA	Beech 1900D	UE-405	ex N44666	
☐	N857CA	Beech 1900D	UE-403	ex N44644	
☐	N3199Q	Beech 1900D	UE-213		Lsd fr ASH
☐	N60NE	Swearingen SA.227AC Metro III	AC-760B	ex N307NE	Lsd fr CCD Air Thirty-Eight
☐	N158MC	Swearingen SA.227AC Metro III	AC-726B		Lsd fr Rida Motor
☐	N159MC	Swearingen SA.227AC Metro III	AC-728B		Lsd fr Rida-Metro

70% owned by Mair Holdings who plan to liquidate and find alternative operators for its services. Operated Beech 1900Ds from Boston as Delta Connection but ceased these 07 January 2008; the Montana services are to be taken over by Great Lakes

BIGHORN AIRWAYS
Bighorn Air (BHR) (IATA 405)
Sheridan-County, WY/Casper-Natrona Co, WY (SHR/CPR)

☐	N107BH	CASA C.212-200	CC20-4-165	ex N212TH	
☐	N112BH	CASA C.212-200	CC50-11-292	ex N311ST	
☐	N114BH	Cessna 340A	340A1230	ex N6228X	
☐	N115BH	Cessna 340A	340A1531	ex N2688Q	
☐	N117BH	CASA C.212-200	CC23-1-171	ex N349CA	
☐	N118BH	Cessna 340A	340A0003	ex N5168J	
☐	N257MC	Dornier 228-202	8102	ex YV-648C	
☐	N263MC	Dornier 228-202	8141	ex N116DN	
☐	N266MC	Dornier 228-202	8150	ex D-CBDL	
☐	N414PG	Cessna 414A Chancellor III	414A0811	ex D-ICAC	
☐	N543CC	Bell 206B JetRanger III	3593	ex N2295W	
☐	N700WJ	Cessna 425 Conquest I	425-0036	ex F-GCQN	
☐	N4091D	Piper PA-31-350 Chieftain	31-8152154		
☐	N6266C	Cessna T210N Turbo Centurion II	21063849		

BIMINI ISLAND AIR
(BMY)   *Fort Lauderdale-Executive, FL (FXE)*

☐	N46ZP	Cessna 402B II	402B1004	ex N87159	
☐	N325SV	SAAB SF.340A	340A-072	ex N72VN	Lsd fr SAAB 72A; op for MUA
☐	N460BA	SAAB SF.340A	340A-033	ex N441EA	Lsd fr SAAB One; sublsd to CHK
☐	N465BA	Cessna 208B Caravan I	208B0323	ex N807MA	Lsd fr Joda LLC

BORINQUEN AIR
                                                                               San Juan-Munoz Marin Intl, PR (SJU)

☐	N1019B	Beech E-18S	BA-254		Freighter	
☐	N86553	Douglas DC-3	4715	ex 41-18590	Freighter	Lsd fr L/A Puertoriquena

Both leased from Del Caribbean Corp; also trades as Air Puerto Rico

BOSTON-MAINE AIRWAYS
Clipper Express (E9/CXS) (IATA 385)   *Portsmouth-Pease Intl, NH (PSM)*

☐	N342PA	Boeing 727-222 (FedEx 3)	21893/1503	ex N7298U	Clipper Guilford
☐	N348PA	Boeing 727-222 (FedEx 3)	21921/1639	ex N7467U	Clipper Ed Bali
☐	N349PA	Boeing 727-222 (FedEx 3)	21898/1515	ex N7444U	Clipper Juan Trippe; stored PSM
☐	N525PA	British Aerospace Jetstream 31	666	ex N305PX	Clipper Tay
☐	N528PA	British Aerospace Jetstream 31	670	ex N306PX	Clipper Clyde
☐	N529PA	British Aerospace Jetstream 31	771	ex N846JS	Clipper Shenandoah
☐	N530PA	British Aerospace Jetstream 31	732	ex N836JS	Clipper Allagash
☐	N531PA	British Aerospace Jetstream 31	748	ex N839JS	Clipper Missouri
☐	N535PA	British Aerospace Jetstream 31	687	ex N316PX	Clipper Connecticut
☐	N536PA	British Aerospace Jetstream 31	681	ex N461CE	Clipper Merrimack
☐	N538PA	British Aerospace Jetstream 31	751	ex N841JS	Clipper Isar
☐	N539PA	British Aerospace Jetstream 31	741	ex N838JS	

Subsidiary of Pan Am Railways from whom all aircraft are leased; operate in Pan Am colours
Code NLE and callsign Nellie is used for FAA Technical Center Shuttle

BRAVO AIRLINES
                                                                                    Miami-Opa Locka, FL (OPF)

☐	N701AU	Lockheed P2V-7 Neptune Firestar	726-7190	ex N920AU	01 Tanker
☐	N716AU	Lockheed P2V-7 Neptune Firestar	726-7065	ex N90YY	16 Tanker
☐	N718AU	Lockheed P2V-7 Neptune Firestar	726-7214	ex N964L	18 Tanker

BROOKS AVIATION
                                                                                     Douglas-Municipal, GA (DQH)

☐	N99FS	Douglas DC-3	12425	ex (N89BF)	

BROOKS FUEL
                                                                                              Fairbanks-Intl, AK (FAI)

☐	N708Z	Douglas C-54G	36067	ex USCG 5614	
☐	N3054V	Douglas DC-4	10547	ex N76AU	162 Tanker
☐	N51802	Douglas C-54G	35930	ex 45-0477	stored FAI
☐	N96358	Douglas C-54E	27284	ex Bu90398	

All converted to fuel tanker or freighter

BUSINESS AVIATION COURIER
Dakota (DKT)   *Sioux Falls-Joe Foss Field, SD (FSD)*

☐	N76MD	Cessna 402B II	402B1055	ex N987PF		
☐	N402BP	Cessna 402B	402B0353	ex N5419R		
☐	N402SS	Cessna 402B	402B0562	ex N402CC		
☐	N624CA	Cessna 402B	402B0876	ex D-IJOS		
☐	N780MB	Cessna 402B	402B0249	ex N402RT		
☐	N1048	Cessna 402B	402B0628	ex N104WM		
☐	N3729C	Cessna 402B	402B0589	ex XB-EAC		
☐	N3796C	Cessna 402B	402B0803			
☐	N3813	Cessna 402B	402B0807	ex PK-VCE		
☐	N366AE	Swearingen SA.227AC Metro III	AC-681B			
☐	N371PH	Swearingen SA.227AC Metro III	AC-576	ex N3119W		Lsd fr GAS Wilson
☐	N387PH	Swearingen SA.227AC Metro III	AC-531	ex N31094		Lsd fr GAS Wilson
☐	N620PA	Swearingen SA.227AC Metro III	AC-533	ex N3110H	dam 17Aug06	Lsd fr Career Avn
☐	N685BA	Swearingen SA.227AC Metro III	AC-685	ex N685AV		
☐	N3108B	Swearingen SA.227AC Metro III	AC-509	ex XA-TAK		Lsd fr GAS Wilson
☐	N3116N	Swearingen SA.227AC Metro III	AC-596			
☐	N80BS	Cessna 404 Titan II	404-0048	ex G-ZAPB		
☐	N500FS	Cessna 310R II	310R0630			
☐	N1533T	Cessna 310R II	310R0111			

BUTLER AIRCRAFT
Redmond, OR (RDM)

☐ N401US	Douglas DC-7	45145/767	ex N6331C	62 Tanker	
☐ N531BA	Lockheed 182-1A Hercules (C-130A)	3139	ex 56-0531	67 Tanker	
☐ N6353C	Douglas DC-7	45486/964		66 Tanker	
☐ N60018	Cessna TU206F Stationair	U20602002			

C&M AIRWAYS
Red Wing (RWG) — El Paso-Intl, TX (ELP)

☐ N640CM	Convair 640	104	ex C-GCWY	stored ELP	
☐ N640R	Convair 640	332	ex PH-MAL	stored ELP	
☐ N3410	Convair 640	27		stored ELP	
☐ N3417	Convair 640	48		stored ELP	
☐ N3420	Convair 640	64		stored ELP	
☐ N563PC	Douglas DC-9-15RC (ABS 3)	47055/194	ex N1305T		

All aircraft leased from Century Airlines (a leasing company, not an operator); current status uncertain

CAPE AIR
Cair (9K/KAP) (IATA 306) — Hyannis-Barnstable Municipal, MA/Naples-Municipal, FL (HYA/APF)

☐ N69SC	Cessna 402C II	402C0041	ex N5778C		
☐ N83PB	Cessna 402C II	402C0350	ex N26627		
☐ N106CA	Cessna 402C III	402C1020	ex TJ-AHQ		
☐ N120PC	Cessna 402C II	402C0079	ex N2612L		
☐ N121PB	Cessna 402C II	402C0507	ex N6874X		
☐ N161TA	Cessna 402C II	402C0070	ex N2611A		
☐ N223PB	Cessna 402C II	402C0105	ex N261PB		
☐ N247GS	Cessna 402C II	402C0637	ex N404BK		
☐ N401TJ	Cessna 402C II	402C0109	ex TJ-AFV		
☐ N402VN	Cessna 402C II	402C0488	ex (N6840D)		
☐ N406GA	Cessna 402C II	402C0329	ex N2642D		
☐ N514NC	Cessna 402C II	402C0514	ex N125PB		
☐ N524CA	Cessna 402C II	402C0522	ex C-GSKG		
☐ N548GA	Cessna 402C II	402C0653	ex N6773T		
☐ N618CA	Cessna 402C II	402C0620	ex VH-RGK		
☐ N660CA	Cessna 402C II	402C0406	ex C-GHMI		
☐ N762EA	Cessna 402C II	402C0061	ex N5872C		
☐ N763EA	Cessna 402C II	402C0497	ex N763AN		
☐ N764EA	Cessna 402C II	402C0237	ex N2719T		
☐ N769EA	Cessna 402C II	402C0303	ex N3283M		
☐ N770CA	Cessna 402C II	402C0432	ex C-GIBL		
☐ N771EA	Cessna 402C II	402C0046	ex N5809C		
☐ N781EA	Cessna 402C II	402C0310	ex N822AN		
☐ N812AN	Cessna 402C II	402C0229	ex N2718P		
☐ N818AN	Cessna 402C II	402C0501	ex N6842Q		
☐ N991AA	Cessna 402C II	402C0317	ex N36916	Lsd fr Ocean Air	
☐ N1361G	Cessna 402C II	402C0270			
☐ N1376G	Cessna 402C II	402C0271	ex N156PB	special landscape colours	
☐ N2611X	Cessna 402C II	402C0072			
☐ N2615G	Cessna 402C II	402C0101	ex C-GHGM		
☐ N2651S	Cessna 402C II	402C0342			
☐ N2714B	Cessna 402C II	402C0210			
☐ N2714M	Cessna 402C II	402C0211			
☐ N4652N	Cessna 402C II	402C0011			
☐ N6813J	Cessna 402C II	402C0641			
☐ N6875D	Cessna 402C II	402C0511		special Flagship Whalers colours	
☐ N6879R	Cessna 402C II	402C0611	ex C-GJVC		
☐ N7037E	Cessna 402C II	402C0471	ex C-GGXH		
☐ N26514	Cessna 402C II	402C0344			
☐ N26632	Cessna 402C II	402C0404			
☐ N36911	Cessna 402C II	402C0314			
☐ N67786	Cessna 402C II	402C0631		special Key West Express colours	
☐ N67886	Cessna 402C II	402C0435			
☐ N68391	Cessna 402C II	402C0483			
☐ N68752	Cessna 402C II	402C0518			
☐ N88833	Cessna 402C II	402C0265		special flowers colours	

Cape Air is a trading name of Hyannis Air Services; also trades as Nantucket Airlines (ACK) and Key West Express. Also operates ATR 42-320s from Guam and operated for Continental Micronesia in Continental Connection colours

CAPITAL CARGO INTERNATIONAL AIRLINES
Cappy (PT/CCI) — Orlando-Intl, FL (MCO)

☐ N286SC	Boeing 727-2A1F (FedEx 3)	21601/1694	ex N328AS	Beth	Lsd fr Avn Capital Group
☐ N287SC	Boeing 727-2A1F (FedEx 3)	21345/1673	ex N327AS	Florence	Lsd fr ACG Acquisition

---

☐ N3482G Cessna 310R II 310R0850
All other aircraft leased from Daedalus Inc, the parent company, all are freighters

☐ N308AS	Boeing 727-227F (FedEx 3)	22002/1627	ex N479BN	Eloise		Lsd fr 727 A/c One
☐ N357KP	Boeing 727-230F (FedEx 3)	20675/924	ex G-BPNY	Princess Kendall		Lsd fr 727 A/c One
☐ N708AA	Boeing 727-223F (FedEx 3)	22465/1761				Lsd fr Avn Capital Group
☐ N713AA	Boeing 727-223F (FedEx 3)	22469/1769		Jessica		Lsd fr ACG Acquisition
☐ N715AA	Boeing 727-223F (FedEx 3)	22470/1771				Lsd fr ACG Acquisition
☐ N755DH	Boeing 727-225F (FedEx 3)	21857/1539	ex N887MA			Lsd fr Aviation Capital Corp
☐ N801EA	Boeing 727-225F (FedEx 3)	22432/1658		Miss Ashley		Lsd fr 727 A/c One
☐ N808EA	Boeing 727-225F (FedEx 3)	22439/1689	ex TC-DEL	Yvonne; std JAX		Lsd fr 727 A/c One
☐ N815EA	Boeing 727-225F (FedEx 3)	22552/1773		Gudrun		Lsd fr 727 A/c One
☐ N898AA	Boeing 727-223F (FedEx 3)	22014/1663		Roberta		Lsd fr ACG Acquisition
☐ N899AA	Boeing 727-223F (FedEx 3)	22015/1666		Angie		Lsd fr ACG Acquisition
☐ N89427	Boeing 727-227F (FedEx 3)	21365/1273	ex N323AS	Carol		Lsd fr 727 A/c One
☐ N620DL	Boeing 757-232PCF	22910/111		on order		Lsd fr 757 Aircraft One

Owned by the parent of ABX Air, to continue as separate subsidiaries

CAPITAL CITY AIR CARRIER
Cap City (CCQ)   *Pierre-Regional, SD (PIR)*

☐ N13PB	Piper PA-34-200T Seneca II	34-7870003		
☐ N6597F	Piper PA-34-200T Seneca II	34-7770032		
☐ N8017C	Piper PA-34-220T Seneca III	34-8133200		
☐ N8180G	Piper PA-34-200T Seneca II	34-8070174		
☐ N9638K	Piper PA-34-200T Seneca II	34-7670212		
☐ N36369	Piper PA-34-200T Seneca II	34-7870323		
☐ N300VF	Piper PA-31-350 Chieftain	31-7852050	ex N27532	
☐ N305SK	Piper PA-31-350 Navajo Chieftain	31-7652039	ex N59769	
☐ N400RA	Piper PA-31-350 Navajo Chieftain	31-7405167	ex N22AE	
☐ N777ZM	Piper PA-31-350 Chieftain	31-8052193	ex N45027	
☐ N984PA	Piper PA-31-350 Navajo Chieftain	31-7305104	ex N74995	
☐ N27537	Piper PA-31-350 Chieftain	31-7852053		
☐ N126BP	Cessna 414A Chancellor	414A0214	ex N5660C	
☐ N402RM	Cessna 402B	402B0607	ex C-FEAG	
☐ N75156	Piper PA-32R-300 Lance	32R-7680272		

All aircraft leased from Aircraft Unlimited Inc

CARGO 360
Aircraft acquired by parent of Southern Air and fleets merged under the Southern Air name

CARIBBEAN SUN AIRLINES
Ceased operations 31 January 2007

CARSON HELICOPTERS
                                                      Perkasie-Heliport, PA/Jackonsville Heliport, OR

☐ N103WF	Sikorsky S-61N	61766	ex 9M-AVO	
☐ N116AZ	Sikorsky S-61N	61242	ex VH-BHO	
☐ N302Y	Sikorsky S-61N	61472	ex YV-323C	
☐ N410GH	Sikorsky S-61N	61749	ex V8-BSP	
☐ N561EH	Sikorsky S-61N	61471	ex ZS-RAX	
☐ N612AZ	Sikorsky S-61N	61297	ex C-FOKP	
☐ N617HM	Sikorsky S-61N	61754	ex C-GSBL	
☐ N612RM	Sikorsky S-61N	61744	ex C-FSYH	
☐ N725JH	Sikorsky S-61N	61775	ex V8-SAV	
☐ N905AL	Sikorsky S-61N	61717	ex V8-UDZ	
☐ N3173U	Sikorsky S-61A	61186	ex 149916	
☐ N4263A	Sikorsky S-61R	61551	ex 65-5700	
☐ N4263F	Sikorsky S-61R	61533	ex 64-14230	
☐ N4503E	Sikorsky S-61N	61220	ex G-ASNL	
☐ N7011M	Sikorsky S-61N	61216	ex G-AWFX	
☐ N8167B	Sikorsky S-61A	61137		
☐ N8174J	Sikorsky S-61R	61584	ex 66-13286	stored
☐ N9260A	Sikorsky S-61D	61442	ex Bu156496	
☐ N9271A	Sikorsky S-61D	61449	ex Bu156486	
☐ N13491	Sikorsky S-61A	61129		
☐ N42626	Sikorsky S-61R	61522		
☐ N81661	Sikorsky S-61A	61272		
☐ N81664	Sikorsky S-61A	61063	ex Bu148989	
☐ N81692	Sikorsky S-61A	61074	ex Bu149000	
☐ N81697	Sikorsky S-61A	61147		
☐ N81701	Sikorsky S-61R	61529	ex 64-14226	stored
☐ N81702	Sikorsky S-61R	61608	ex 64-14706	stored
☐ N81743	Sikorsky S-61R	61575	ex 65-12800	stored
☐ N82702	Sikorsky S-61D	61432	ex N92592	
☐ N92590	Sikorsky S-61D	61351	ex Bu152691	
☐ N239Z	de Havilland DHC-6 Twin Otter 300	239	ex N15239	Based Argentina
☐ N920R	de Havilland DHC-6 Twin Otter 100	45	ex HC-BYK	Based Argentina

323

CASCADE AIR
Ephrata-Municipal, WA (EPH)

☐	N272R	Douglas DC-3	13678	ex NC88824		Lsd fr McCollough Holdings
☐	N91314	Douglas DC-3	4538	ex NC17884		Lsd fr McCollough Holdings

CASTLE AVIATION
Castle (CSJ)
Akron-Canton Regional, OH (CAK)

☐	N24MG	Cessna 208B Caravan I	208B0850	ex N5261R	Freighter	
☐	N27MG	Cessna 208B Caravan I	208B0650	ex N5262Z	Freighter	
☐	N29MG	Cessna 208B Caravan I	208B0812	ex N52229	Freighter	
☐	N31MG	Cessna 208B Caravan I	208B1065		Freighter	
☐	N1029Y	Cessna 208B Caravan I	208B0325		Freighter	Lsd fr Avion Capital
☐	N49MG	Piper PA-60 Aerostar 600	60-0634-7961201	ex N8232J		
☐	N52MG	Ted Smith Aerostar 600A	60-0530-172	ex N8047J		
☐	N8042J	Ted Smith Aerostar 600A	60-0523-169			

Operates some freight services for Purolator Couriers

CATALINA FLYING BOATS
Catalina Air (CBT)
Long Beach-Daugherty Field, CA (LGB)

☐	N18R	Beech E-18S	BA-312		Lsd to PPG
☐	N103AF	Beech G-18S	BA-526	ex N277S	Lsd to PPG
☐	N166H	Beech E-18S	BA-253		
☐	N403JB	Douglas DC-3	16943/34202	ex N17778	
☐	N2298C	Douglas DC-3	16453/33201	ex (N352SA)	
☐	N9375Y	Beech G-18S	BA-564		Lsd to PPG
☐	N9680B	Cessna 208B Caravan I	208B0150		

All freighters

CDF AVIATION
Sacramento-Mather, CA (MHR)

☐	N481DF	Bell UH-1H	13318	ex 72-21019	104
☐	N489DF	Bell UH-1H	12224	ex 69-15936	standby
☐	N490DF	Bell UH-1H	12375	ex 70-15765	205
☐	N491DF	Bell UH-1H	12146	ex 69-15858	301
☐	N492DF	Bell UH-1H	11433	ex 69-15145	standby
☐	N493DF	Bell UH-1H	12001	ex 69-15713	standby
☐	N494DF	Bell UH-1H	11303	ex 69-15015	404
☐	N495DF	Bell UH-1H	12218	ex 69-15930	106
☐	N496DF	Bell UH-1H	11964	ex 69-15676	102
☐	N497DF	Bell UH-1H	11553	ex 69-15265	202
☐	N498DF	Bell UH-1H	12153	ex 69-15865	406
☐	N499DF	Bell UH-1H	12846	ex 71-20022	101
☐	N404DF	Grumman S-2A Tracker	455	ex Bu136546	80
☐	N406DF	Grumman S-2A Tracker	293	ex Bu133322	73
☐	N417DF	Grumman S-2A Tracker	061	ex Bu133090	76
☐	N423DF	Grumman S-2A Tracker	246	exBu133275	77
☐	N443DF	Grumman S-2A Tracker	195	ex Bu133224	72
☐	N446DF	Grumman S-2A Tracker	175	ex Bu133204	94
☐	N447DF	Grumman S-2A Tracker	417	ex Bu136508	81
☐	N422DF	Marsh S-2T Turbo Tracker	286C	ex N518DF	82
☐	N424DF	Marsh S-2T Turbo Tracker	289C	ex N519DF	83
☐	N425DF	Marsh S-2T Turbo Tracker	294C	ex N522DF	89
☐	N426DF	Marsh S-2T Turbo Tracker	293C	ex N520DF	88
☐	N427DF	Marsh S-2T Turbo Tracker	326C	ex N524DF	70
☐	N428DF	Marsh S-2T Turbo Tracker	137C	ex N511DF	91
☐	N431DF	Marsh S-2T Turbo Tracker	109C	ex N504DF	
☐	N432DF	Marsh S-2T Turbo Tracker	112C	ex N505DF	71
☐	N433DF	Marsh S-2T Turbo Tracker	130C	ex N510DF	86
☐	N434DF*	Marsh S-2T Turbo Tracker	173C	ex N527DF	90
☐	N435DF	Marsh S-2T Turbo Tracker	329C	ex N526DF	76
☐	N437DF	Marsh S-2T Turbo Tracker	123C	ex N507DF	73
☐	N438DF*	Marsh S-2T Turbo Tracker	173C	ex N513DF	85
☐	N439DF	Marsh S-2T Turbo Tracker	129C	ex N509DF	74
☐	N440DF	Marsh S-2T Turbo Tracker	148C	ex N512DF	96
☐	N441DF	Marsh S-2T Turbo Tracker	277C	ex N517DF	100
☐	N442DF	Marsh S-2T Turbo Tracker	295C	ex Bu152826	
☐	N444DF	Marsh S-2T Turbo Tracker	187C	ex N515DF	75
☐	N445DF	Marsh S-2T Turbo Tracker	232C	ex N516DF	80
☐	N448DF	Marsh S-2T Turbo Tracker	234C	ex Bu152347	95
☐	N449DF	Marsh S-2T Turbo Tracker	307C	ex N523DF	81
☐	N450DF	Marsh S-2T Turbo Tracker	228C	ex Bu152341	

* Both reported as c/n 173C

☐	N400DF	Rockwell OV-10A Bronco	305-122M-65	ex Bu155454	440	
☐	N401DF	Rockwell OV-10A Bronco	305-128M-68	ex Bu155457	310; standby	
☐	N402DF	Rockwell OV-10A Bronco	305-132M-70	ex Bu155459	210	
☐	N403DF	Rockwell OV-10A Bronco	305-148M-78	ex Bu155467	240; standby	
☐	N407DF	Rockwell OV-10A Bronco	305-164M-86	ex Bu155475	430	
☐	N408DF	Rockwell OV-10A Bronco	305-178M-90	ex Bu155480	230	
☐	N409DF	Rockwell OV-10A Bronco	305-18M-12	ex Bu155401	330	
☐	N410DF	Rockwell OV-10A Bronco	305-158M-82	ex Bu155471	110	
☐	N413DF	Rockwell OV-10A Bronco	305-20M-13	ex Bu155402	120	
☐	N414DF	Rockwell OV-10A Bronco	305-26M-16	ex Bu155415	140	
☐	N415DF	Rockwell OV-10A Bronco	305-68M-38	ex Bu155427	460	
☐	N418DF	Rockwell OV-10A Bronco	305-70M-39	ex Bu155428	340	
☐	N421DF	Rockwell OV-10A Bronco	305-206M-107	ex Bu155496	240	
☐	N429DF	Rockwell OV-10A Bronco	305A-17M-11	ex Bu155400	310	

CDF Aviation is the operating name of California Department of Forestry and Fire Protection

CENTRAL AIR SOUTHWEST
Central Commuter (CTL) — Kansas City-Downtown, KS/Cushing-Municipal, OK (MKC/CUH)

☐	N23BQ	Aero Commander 500B	1065-46	ex N6196X
☐	N30MB	Aero Commander 500B	1453-160	ex N6376U
☐	N107DF	Aero Commander 500B	1191-97	ex N88PC
☐	N127KH	Aero Commander 500B	1027-38	ex N801TC
☐	N261ER	Aero Commander 500B	1362-133	ex N780SP
☐	N272CA	Aero Commander 500B	1409-146	ex N635BC
☐	N304JT	Aero Commander 500B	1494-175	ex N222AV
☐	N324RR	Aero Commander 500B	1386-139	ex N471A
☐	N411ET	Aero Commander 500B	1621-214	ex N445CA
☐	N411JF	Aero Commander 500B	1014-35	ex N6178X
☐	N411JT	Rockwell 500S Shrike Commander	3097	ex N9134N
☐	N411PT	Aero Commander 500B	1207-99	ex N291CA
☐	N415BH	Aero Commander 500B	918-5	ex N6129X
☐	N443WA	Aero Commander 500B	1315-124	ex N553RA
☐	N444CA	Aero Commander 500B	1458-162	ex N6326U
☐	N444CB	Aero Commander 500B	1119-69	ex N6229X
☐	N446AE	Aero Commander 500B	1613-211	ex N724LH
☐	N477CC	Aero Commander 500B	1480-172	ex N477CA
☐	N516DT	Aero Commander 500B	1574-200	ex N134X
☐	N518TM	Aero Commander 500B	995-26	ex N6156X
☐	N524HW	Aero Commander 500B	1533-191	ex N324MA
☐	N607MM	Aero Commander 500U Shrike	1712-26	ex N252LD
☐	N610BW	Aero Commander 500B	1523-185	ex N159BM
☐	N615MT	Aero Commander 500B	911-2	ex N193CA
☐	N626DS	Aero Commander 500B	1460-163	ex N315TG
☐	N630KC	Aero Commander 500B	997-28	ex N6163X
☐	N662MW	Aero Commander 500B	1235-106	ex N106CA
☐	N667CA	Aero Commander 500B	1468-166	ex C-FRJU
☐	N690RR	Aero Commander 500B	1169-88	ex N6289X
☐	N712AT	Aero Commander 500B	1118-68	ex N6213X
☐	N716TC	Aero Commander 500B	1225-102	ex N192CA
☐	N777CM	Aero Commander 500B	1412-147	ex N120EL
☐	N888CA	Aero Commander 500B	1318-127	ex N621RM
☐	N917GT	Aero Commander 500B	1137-77	ex N177CA
☐	N922BS	Aero Commander 500B	1598-207	ex N1193Z
☐	N6154X	Aero Commander 500B	983-24	
☐	N6324U	Aero Commander 500B	1363-134	

All freighters

☐	N690AT	Rockwell 690A Turbo Commander	11202	ex N600PB

CENTURION II AIR CARGO
Challenge Cargo (WE/CWC) — Miami-Intl, FL (MIA)

☐	N279AX	Douglas DC-10-30F	47816/316	ex N47816	Wings of Miami	Lsd fr Prop Three
☐	N612GC	Douglas DC-10-30F	47840/337	ex G-BHDJ		Lsd fr DC-10 Leasing
☐	N47888	Douglas DC-10-30F	47888/291	ex G-MULL		Lsd fr DC-10 Leasing

CHALKS OCEAN AIRWAYS
Lost its federal operating licence in October 2007 having not flown a service since mid-September 2007

CHAMPION AIR
Champion Air (MG/CCP) — Minneapolis St Paul Intl, MN/Los Angeles-Intl, CA (MSP/LAX)

☐	N292AS	Boeing 727-212 (FedEx 3)	21458/1327	ex HK-4047		
☐	N293AS	Boeing 727-212 (FedEx 3)	21348/1287	ex N26729		
☐	N294AS	Boeing 727-290 (FedEx 3)	22146/1621	ex PP-OPR		
☐	N295AS*	Boeing 727-290 (FedEx 3)	22147/1623			
☐	N674MG	Boeing 727-225 (FedEx 3)	21450/1308	ex N8877Z	VIP	Lsd fr GECAS
☐	N675MG	Boeing 727-225 (FedEx 3)	22553/1775	ex N816EA	VIP	Lsd fr GECAS
☐	N676MG	Boeing 727-225 (FedEx 3)	22554/1781	ex N817EA	VIP	Lsd fr GECAS
☐	N678MG	Boeing 727-225 (FedEx 3)	22555/1783	ex N818EA	VIP	Lsd fr GECAS
☐	N679MG	Boeing 727-225 (FedEx 3)	22557/1795	ex N820EA	VIP	Lsd fr GECAS

☐	N681CA	Boeing 727-2S7 (FedEx 3)	22020/1592	ex N712RC		
☐	N682CA	Boeing 727-2S7 (FedEx 3)	22019/1584	ex N715RC		
☐	N683CA	Boeing 727-2S7 (FedEx 3)	22490/1721	ex N719RC		Lsd fr NWA
☐	N685CA	Boeing 727-2S7 (FedEx 3)	22492/1729	ex N721RC		Lsd fr NWA
☐	N686CA	Boeing 727-2S7 (FedEx 3)	22021/1617	ex N716RC		Lsd fr NWA
☐	N696CA	Boeing 727-2J4 (FedEx 3)	22574/1733	ex C-GRYQ		
☐	N697CA	Boeing 727-270 (FedEx 3)	23052/1817	ex OY-SBI		

*Named 1st Lt. Joseph Page Jr.;
Champion Air is the trading name of Grand Holdings

CHAMPLAIN AIR

Plattsburg-Clinton County, NY (PLB)

☐	N59NA	Douglas DC-3	9043	ex G-AKNB	
☐	N700CA	Douglas DC-3	12438	ex N107AD	Mary Ann
☐	N922CA	Douglas DC-3	2204	ex N34PB	Priscilla

CHANNEL ISLANDS AVIATION
Channel (CHN)   Camarillo, CA (CMA)

☐	N55JA	Britten-Norman BN-2A-8 Islander	295	ex G-51-295	Lsd fr private
☐	N2722D	Cessna 441 Conquest II	441-0168		Lsd fr US Gasoline Corp
☐	N6844D	Cessna 425 Conquest I	425-0062		Lsd fr Financial Flyers

CHAUTAUQUA AIRLINES
Chautauqua (RP/CHQ) (IATA 363)   Indianapolis-Intl, IN (IND)

Operates as US Airways Express from Boston, ME, Indianapolis, IN, Pittsburgh, PA and New York-La Guardia, NY. Also operates as American Connection from St Louis, MO, as Delta Connection from Orlando, FL, as United Express from Chicago, IL and Washington, DC and as Continental Express from Cleveland, OH, Houston, TX and Newark, NJ.
Wholly owned subsidiary of Republic Airways Holdings

CHERRY-AIR
Cherry (CCY)   Dallas-Addison, TX (ADS)

☐	N207CA	AMD Falcon 20D	153	ex N70MD	Lsd fr Source Investments
☐	N209CA	AMD Falcon 20C	71	ex N195AS	Lsd fr Source Investments
☐	N216CA	AMD Falcon 20C	11	ex N983AJ	Lsd fr Source Investments
☐	N217CA	AMD Falcon 20C	75	ex UR-EFB	Lsd fr Source Investments
☐	N218CA	AMD Falcon 20D	218	ex EC-EEU	Lsd fr Source Investments
☐	N219CA	AMD Falcon 20D	193	ex 9Q-CTT	Lsd fr Source Investments
☐	N220CA	AMD Falcon 20D	220	ex EC-EDL	Lsd fr Source Investments
☐	N234CA	AMD Falcon 20C	17	ex N55TH	Lsd fr Source Investments
☐	N235CA	AMD Falcon 20C	139	ex N900WB	Lsd fr Source Investments
☐	N140CA	Learjet 25	25B-140	ex N403AC	Lsd fr Source Investments
☐	N151WW	Learjet 24	24-170	ex N200DH	Lsd fr Addison Avn Svs
☐	N213CA	Learjet 25D	25D-241	ex N713LJ	Lsd fr Source Investments
☐	N233CA	Learjet 25B	25B-133	ex XA-RZY	Lsd fr Source Investments
☐	N236CA	Learjet 25B	25B-161	ex N61EW	Lsd fr Source Investments
☐	N238CA	Learjet 25	25-040	ex N23FN	Lsd fr Source Investments
☐	N239CA	Learjet 25B	25B-149	ex N149J	Lsd fr Source Investments
☐	N273CA	Learjet 25	25-039	ex (N25VJ)	Lsd fr Source Investments
☐	N343CA	Learjet 25B	25B-202	ex YU-BRA	
☐	N344CA	Learjet 25B	25B-203	ex YU-BRB	
☐	N8005Y	Learjet 25B	25B-121	ex XA-SIO	Lsd fr Source Investments

All freighters

CIMARRON AIRE
Cimmaron Aire (CMN)   McAlester-Regional, OK (MLC)

☐	N737SW	Beech E-18S	BA-402	ex N388W	Freighter	

COASTAL AIR TRANSPORT
Coastal (DQ/CXT) (IATA 457)   St Croix-Alexander Hamilton, VI (STX)

☐	N676MF	Cessna 402B	402B0106	ex N7856Q	Cruzan Queen
☐	N677MF	Cessna 404 Titan	404-0421	ex N96889	

Both leased from Coastal Resource

COASTAL HELICOPTERS

Juneau-Intl, AK (JNU)

☐	N178CH	Aerospatiale AS.350B2 AStar	2042	ex N910TV	
☐	N203CH	Aerospatiale AS.350BA AStar	1430	ex N57843	
☐	N204CH	Aerospatiale AS.350B1 AStar	2054	ex N6080D	
☐	N205CH	Aerospatiale AS.350BA AStar	1254	ex N3607S	
☐	N207CH	Aerospatiale AS.350B1 AStar	2027	ex C-FUAM	
☐	N208CH	Aerospatiale AS.350B2 AStar	2452	ex SE-JEV	

☐	N209CH	Aerospatiale AS.350BA AStar	2494	ex N532BH	
☐	N216CH	Aerospatiale AS.350B2 AStar	3619	ex N67PT	
☐	N655TV	Aerospatiale AS.350B AStar	1590		
☐	N57717	Aerospatiale AS.350A+ AStar	1334	ex N112SH	
☐	N53AG	Bell UH-1H	13827	ex 72-21588	
☐	N371AH	Bell 206B JetRanger	1660	ex N450AS	
☐	N49686	Bell 206B JetRanger	1905		

COLGAN AIR
Colgan (9L/CJC) (IATA 426)   *Manassas-Regional, VA (MNZ)*

☐	N202SR	SAAB SF.340B	340B-202	ex N305CE	
☐	N210CJ	SAAB SF.340B	340B-210	ex N308CE	
☐	N251CJ	SAAB SF.340B	340B-251	ex XA-TQO	Lsd fr SAAB

Wholly owned by Pinnacle Airlines. Operates on behalf of US Airways as US Airways Express at Boston, MA, New York-La Guardia, NY and Washington-Dulles, DC also as Continental Connection at Houston-IAH, TX and Newark, NJ (from late 2007) and as United Express, also at Washington-Dulles, DC.

COLUMBIA HELICOPTERS
Columbia Heli (WCO)   *Aurora-State, OR/Lake Charles-Regional, LA (UAO/LCH)*

☐	C-FHFV	Boeing Vertol 107-II	4	ex N6674D	Lsd to Helifor
☐	C-FHFW	Boeing Vertol 107-II	107	ex N188CH	Lsd to Helifor
☐	C-GHCD	Boeing Vertol 107-II	101	ex N6682D	
☐	C-GHFF	Boeing Vertol 107 II	406	ex N195CH	Lsd to Helifor
☐	C-GHFY	Boeing Vertol 107-II	2002	ex N190CH	
☐	N184CH	Kawasaki KV107-II	4001	ex Thai 4001	
☐	N185CH	Kawasaki KV107-II	4003	ex Thai 4003	
☐	N186CH	Kawasaki KV107-II	4005	ex P2-CHA	
☐	N187CH	Kawasaki KV107-II	4012	ex HC-BZP	
☐	N191CH	Boeing Vertol 107-II	2003	ex P2-CHD	
☐	N192CH	Kawasaki KV107-II	4011	ex JA9505	
☐	N194CH	Boeing Vertol 107-II	404	ex 04454	
☐	N6672D	Boeing Vertol 107-II	2		
☐	N6676D	Boeing Vertol 107-II	6		
☐	C-FHFB	Boeing Vertol 234UT Chinook	MJ-005	ex N238CH	Lsd to Helifor
☐	HC-CEN	Boeing Vertol 234UT Chinook	MJ-016	ex N241CH	Lsd to Icaro
☐	N235CH	Boeing Vertol 234UT Chinook	MJ-002	ex G-BISO	
☐	N239CH	Boeing Vertol 234UT Chinook	MJ-006	ex C-FHFJ	
☐	N242CH	Boeing Vertol 234UT Chinook	MJ-023	ex HC-BYF	
☐	N246CH	Boeing Vertol 234UT Chinook	MJ-017	ex LN-OMK	
☐	P2-CHI	Boeing Vertol 234UT Chinook	MJ-003	ex N237CH	Lsd to MBA
☐	P2-CHJ	Boeing Vertol 234UT Chinook	MJ-022	ex N245CH	
☐	N111NS	Beech 200C Super King Air	BL-36		
☐	N3697F	Beech 200C Super King Air	BL-14		

COMAIR
Comair (OH/COM) (IATA 886)   *Cincinnati-Northern Kentucky Intl, OH (CVG)*

Wholly owned subsidiary of Delta Air Lines; operates as Delta Connection in full colours and using DL flight numbers from Cincinnati, OH and Orlando, FL.

COMMUTAIR
Commutair (C5/UCA) (IATA 841)   *Plattsburgh-Clinton County, NY (PLB)*

Operates as Continental Connection in full colours and using CO flight numbers. Commutair is a trading name of Champlain Enterprises. Lease sixteen de Havilland DHC-8Q-200s from Horizon Airlines for service from Cleveland

COMPASS AIRLINES
(CP/CPZ)   *Washington-Dulles-Intl, DC (IAD),*

Wholly owned subsidiary of Northwest Airlines (nwa) and operates as nwa airlink (Northwest Airlink).

CONTINENTAL AIRLINES
Continental (CO/COA) (IATA 005)   *Cleveland, OH/Houston-Intercontinental, TX/Newark, NJ (CLE/IAH/EWR)*

Fleets are listed in last three order

☐	N16301	Boeing 737-3T0	23352/1119	301
☐	N59302	Boeing 737-3T0	23353/1129	302
☐	N77303	Boeing 737-3T0	23354/1130	303
☐	N61304	Boeing 737-3T0	23355/1131	304
☐	N63305	Boeing 737-3T0	23356/1133	305
☐	N14308	Boeing 737-3T0	23359/1144	308
☐	N16310	Boeing 737-3T0	23361/1150	310
☐	N69311	Boeing 737-3T0	23362/1152	311
☐	N12313	Boeing 737-3T0	23364/1158	313
☐	N12318	Boeing 737-3T0	23369/1188	318

	Registration	Type	Serial	Ex	Fleet No	Notes
☐	N12319	Boeing 737-3T0	23370/1190		319	
☐	N14320	Boeing 737-3T0	23371/1191		320	Lsd fr Aisling Airlease
☐	N17321	Boeing 737-3T0	23372/1192		321	Lsd fr Aisling Airlease
☐	N12322	Boeing 737-3T0	23373/1202		322	
☐	N10323	Boeing 737-3T0	23374/1204		323	
☐	N14324	Boeing 737-3T0/W	23375/1207		324	
☐	N14325	Boeing 737-3T0	23455/1228		325	
☐	N17326	Boeing 737-3T0	23456/1230		326	
☐	N12327	Boeing 737-3T0	23457/1238		327	
☐	N17328	Boeing 737-3T0	23458/1244		328	Lsd fr GECAS
☐	N17329	Boeing 737-3T0	23459/1247		329	
☐	N70330	Boeing 737-3T0	23460/1253		330	
☐	N47332	Boeing 737-3T0	23570/1263		332	Lsd fr WFBN
☐	N69333	Boeing 737-3T0	23571/1276		333	Lsd fr WFBN
☐	N14334	Boeing 737-3T0	23572/1296		334	
☐	N14335	Boeing 737-3T0	23573/1298		335	
☐	N14336	Boeing 737-3T0	23574/1328		336	
☐	N14337	Boeing 737-3T0	23575/1333		337	
☐	N59338	Boeing 737-3T0/W	23576/1338		338	
☐	N16339	Boeing 737-3T0	23577/1340		339	Lsd fr GECAS
☐	N14341	Boeing 737-3T0	23579/1368		341	
☐	N14342	Boeing 737-3T0	23580/1373		342	
☐	N39343	Boeing 737-3T0	23581/1376		343	
☐	N17344	Boeing 737-3T0	23582/1383		344	
☐	N17345	Boeing 737-3T0/W	23583/1385		345	
☐	N14346	Boeing 737-3T0	23584/1396		346	Lsd fr MK Leasing
☐	N14347	Boeing 737-3T0	23585/1404		347	Lsd fr MK Leasing
☐	N69348	Boeing 737-3T0	23586/1411		348	
☐	N12349	Boeing 737-3T0	23587/1413		349	Lsd fr Bank of NY
☐	N18350	Boeing 737-3T0	23588/1448		350	
☐	N69351	Boeing 737-3T0	23589/1466		351	
☐	N70352	Boeing 737-3T0	23590/1468		352	
☐	N70353	Boeing 737-3T0	23591/1472		353	
☐	N76354	Boeing 737-3T0	23592/1476		354	
☐	N76355	Boeing 737-3T0	23593/1478		355	
☐	N17356	Boeing 737-3T0	23942/1522	ex N320AW	356	Lsd fr ICX Corp
☐	N19357	Boeing 737-3T0	23841/1518	ex N301AL	357	Lsd fr GECAS
☐	N14358	Boeing 737-3T0	23943/1558	ex N302AL	358	Lsd fr GECAS

Eleven to be fitted with winglets

	Registration	Type	Serial	Ex	Fleet No	Notes
☐	N14601	Boeing 737-524	27314/2566		601	
☐	N69602	Boeing 737-524	27315/2571		602	
☐	N69603	Boeing 737-524	27316/2573		603	
☐	N14604	Boeing 737-524	27317/2576		604	
☐	N14605	Boeing 737-524	27318/2582		605	
☐	N58606	Boeing 737-524	27319/2590		606	
☐	N16607	Boeing 737-524	27320/2596		607	
☐	N33608	Boeing 737-524	27321/2597		608	
☐	N14609	Boeing 737-524	27322/2607		609	
☐	N27610	Boeing 737-524	27323/2616		610	
☐	N18611	Boeing 737-524	27324/2621		611	
☐	N11612	Boeing 737-524	27325/2630		612	
☐	N14613	Boeing 737-524	27326/2633		613	
☐	N17614	Boeing 737-524/W	27327/2634		614	Lsd fr Castle Harbor Lsg
☐	N37615	Boeing 737-524/W	27328/2640		615	
☐	N52616	Boeing 737-524	27329/2641		616	
☐	N16617	Boeing 737-524/W	27330/2648		617	Lsd fr Castle Harbor Lsg
☐	N16618	Boeing 737-524	27331/2652		618	
☐	N17619	Boeing 737-524	27332/2659		619	
☐	N17620	Boeing 737-524	27333/2660	ex N1790B	620	Lsd fr GECAS
☐	N19621	Boeing 737-524	27334/2661		621	
☐	N18622	Boeing 737-524	27526/2669		622	
☐	N19623	Boeing 737-524	27527/2672		623	Lsd fr GECAS
☐	N13624	Boeing 737-524	27528/2675		624	Lsd fr GECAS
☐	N46625	Boeing 737-524	27529/2683		625	Lsd fr GECAS
☐	N32626	Boeing 737-524	27530/2686		626	Lsd fr GECAS
☐	N17627	Boeing 737-524	27531/2700		627	Lsd fr GECAS
☐	N14628	Boeing 737-524	27532/2712		628	
☐	N14629	Boeing 737-524/W	27533/2725		629	
☐	N59630	Boeing 737-524/W	27534/2726		630	
☐	N62631	Boeing 737-524	27535/2728		631	Lsd fr GECAS
☐	N16632	Boeing 737-524	27900/2736		632	Lsd fr GECAS
☐	N24633	Boeing 737-524/W	27901/2743		633	Lsd fr GECAS
☐	N33637	Boeing 737-524	27540/2776		637	
☐	N19638	Boeing 737-524	28899/2912		638	
☐	N14639	Boeing 737-524	28900/2913		639	
☐	N17640	Boeing 737-524	28901/2924		640	
☐	N11641	Boeing 737-524	28902/2926		641	
☐	N16642	Boeing 737-524	28903/2927		642	
☐	N17644	Boeing 737-524	28905/2934	ex N1786B	644	
☐	N14645	Boeing 737-524	28906/2935	ex N1786B	645	
☐	N16646	Boeing 737-524/W	28907/2956	ex N1786B	646	

☐	N16647	Boeing 737-524	28908/2958		647
☐	N16648	Boeing 737-524/W	28909/2960		648
☐	N16649	Boeing 737-524	28910/2972		649
☐	N16650	Boeing 737-524	28911/2973		650
☐	N11651	Boeing 737-524	28912/2980	ex (N16651)	651
☐	N14652	Boeing 737-524	28913/2985		652
☐	N14653	Boeing 737-524	28914/2986		653
☐	N14654	Boeing 737-524	28915/2993		654
☐	N14655	Boeing 737-524	28916/2994		655
☐	N11656	Boeing 737-524	28917/3019		656; for TS0
☐	N23657	Boeing 737-524	28918/3026	ex N1787B	657; for TS0
☐	N18658	Boeing 737-524	28919/3045		658; for TS0
☐	N15659	Boeing 737-524	28920/3048		659; for TS0
☐	N23661	Boeing 737-524	28922/3055		661; for TS0
☐	N17663	Boeing 737-524	28924/3063		663; for TS0
☐	N14664	Boeing 737-524	28925/3066	ex N1787B	664
☐	N14667	Boeing 737-524	28927/3074	ex N1786B	667; for TS0
☐	N14668	Boeing 737-524	28928/3077	ex N1786B	668; for TS0

37 to be fitted with winglets

☐	N16701	Boeing 737-724/W	28762/29	ex N1786B	701
☐	N24702	Boeing 737-724/W	28763/32		702
☐	N16703	Boeing 737-724/W	28764/37		703
☐	N14704	Boeing 737-724	28765/43		704
☐	N25705	Boeing 737-724/W	28766/46		705
☐	N24706	Boeing 737-724/W	28767/47		706
☐	N23707	Boeing 737-724	28768/48	ex N1787B	707
☐	N23708	Boeing 737-724/W	28769/52		708
☐	N16709	Boeing 737-724/W	28779/93		709
☐	N15710	Boeing 737-724	28780/94		710
☐	N54711	Boeing 737-724	28782/97	ex N1786B	711
☐	N15712	Boeing 737-724/W	28783/105	ex N1786B	712
☐	N16713	Boeing 737-724/W	28784/107	ex N1786B	713
☐	N33714	Boeing 737-724/W	28785/119	ex N1786B	714
☐	N24715	Boeing 737-724	28786/125	ex N1795B	715
☐	N13716	Boeing 737-724	28787/156	ex N1782B	716
☐	N29717	Boeing 737-724/W	28936/182	ex N1786B	717
☐	N13718	Boeing 737-724/W	28937/185	ex N1786B	718
☐	N17719	Boeing 737-724	28938/191	ex N1786B	719
☐	N13720	Boeing 737-724/W	28939/214	ex N1786B	720
☐	N23721	Boeing 737-724/W	28940/219		721
☐	N27722	Boeing 737-724/W	28789/247	ex N1786B	722
☐	N21723	Boeing 737-724/W	28790/253	ex N1787B	723
☐	N27724	Boeing 737-724/W	28791/283	ex N1787B	724
☐	N49725	Boeing 737-724/W			725; on order
☐	N39726	Boeing 737-724/W	28796/315	ex N1787B	726
☐	N38727	Boeing 737-724/W	28797/317	ex N1786B	727
☐	N39728	Boeing 737-724/W	28944/321	ex N1786B	728
☐	N24729	Boeing 737-724/W	28945/325	ex N1784B	729
☐	N17730	Boeing 737-724/W	28798/338	ex N1786B	730
☐	N14731	Boeing 737-724/W	28799/346	ex N1786B	731
☐	N16732	Boeing 737-724/W	28948/352	ex N60436	732
☐	N27733	Boeing 737-724	28800/364	ex N1786B	733; Sir Samuel J LeFrak
☐	N27734	Boeing 737-724/W	28949/371	ex N1786B	734
☐	N14735	Boeing 737-724/W	28950/376	ex N1786B	735
☐	N24736	Boeing 737-724/W	28803/380	ex N1786B	736
☐	N13738	Boeing 737-724/W			738; on order
☐	N17739	Boeing 737-724/W			739; on order
☐	N15740	Boeing 737-724/W			740; on order
☐	N14741	Boeing 737-724/W			741; on order
☐	N15742	Boeing 737-724/W			742; on order
☐	N19743	Boeing 737-724/W			743; on order
☐	N13744	Boeing 737-724/W			744; on order
☐	N19745	Boeing 737-724/W			745; on order
☐	N12746	Boeing 737-724/W			746; on order
☐	N15747	Boeing 737-724/W			747; on order
☐	N23748	Boeing 737-724/W			748; on order
☐	N13750	Boeing 737-724/W	28941/286		750

Ten more Boeing 737-724/Ws are on order; all to fitted with winglets

☐	N25201	Boeing 737-824	28958/443	ex N1786B	201
☐	N24202	Boeing 737-824/W	30429/581	ex N1786B	202
☐	N33203	Boeing 737-824/W	30613/591	ex N1786B	203
☐	N35204	Boeing 737-824/W	30576/606	ex N1795B	204
☐	N27205	Boeing 737-824/W	30577/615	ex N1786B	205
☐	N11206	Boeing 737-824/W	30578/618	ex N1786B	206
☐	N36207	Boeing 737-824/W	30579/627	ex N1786B	207
☐	N26208	Boeing 737-824/W	30580/644	ex N1786B	208
☐	N33209	Boeing 737-824/W	30581/647	ex N1786B	209
☐	N26210	Boeing 737-824/W	28770/56		210
☐	N24211	Boeing 737-824/W	28771/58		211
☐	N24212	Boeing 737-824/W	28772/63		212
☐	N27213	Boeing 737-824/W	28773/65		213

	Registration	Type	MSN/LN	Ex-reg	Fleet	
☐	N14214	Boeing 737-824/W	28774/74		214	
☐	N26215	Boeing 737-824/W	28775/76		215	
☐	N12216	Boeing 737-824/W	28776/79		216	
☐	N16217	Boeing 737-824/W	28777/81		217	
☐	N12218	Boeing 737-824/W	28778/84		218	
☐	N14219	Boeing 737-824/W	28781/88		219	
☐	N18220	Boeing 737-824/W	28929/134	ex N60436	220	
☐	N12221	Boeing 737-824/W	28930/153	ex N1796B	221	
☐	N34222	Boeing 737-824/W	28931/159		222	
☐	N18223	Boeing 737-824/W	28932/162	ex N1786B	223	
☐	N24224	Boeing 737-824/W	28933/165	ex N1782B	224	
☐	N12225	Boeing 737-824/W	28934/168	ex N1782B	225	
☐	N26226	Boeing 737-824/W	28935/171	ex N1787B	226	
☐	N13227	Boeing 737-824/W	28788/262	ex N1787B	227	
☐	N14228	Boeing 737-824/W	28792/281	ex N1787B	228	
☐	N17229	Boeing 737-824/W	28793/287	ex N1786B	229	
☐	N14230	Boeing 737-824/W	28794/296	ex N1787B	230	
☐	N14231	Boeing 737-824/W	28795/300	ex N1787B	231	
☐	N26232	Boeing 737-824/W	28942/304		232	
☐	N17233	Boeing 737-824/W	28943/328	ex N1787B	233	Lsd fr GECAS
☐	N16234	Boeing 737-824/W	28946/334	ex N1787B	234	
☐	N14235	Boeing 737-824/W	28947/342		235	
☐	N35236	Boeing 737-824	28801/367	ex N1786B	236	
☐	N14237	Boeing 737-824/W	28802/374		237	
☐	N12238	Boeing 737-824/W	28804/386	ex N1786B	238	
☐	N27239	Boeing 737-824/W	28951/391	ex N1787B	239	
☐	N14240	Boeing 737-824/W	28952/394	ex N1786B	240	
☐	N54241	Boeing 737-824/W	28953/395	ex N1787B	241	
☐	N14242	Boeing 737-824/W	28805/402	ex N1786B	242	
☐	N18243	Boeing 737-824	28806/403	ex N1786B	243	
☐	N17244	Boeing 737-824/W	28954/409	ex N1787B	244	
☐	N17245	Boeing 737-824/W	28955/411	ex N1786B	245	
☐	N27246	Boeing 737-824/W	28956/413	ex N1786B	246	
☐	N36247	Boeing 737-824/W	28807/431	ex N1786B	247	
☐	N13248	Boeing 737-824/W	28808/435	ex N1786B	248	
☐	N14249	Boeing 737-824/W	28809/438	ex N1786B	249	
☐	N14250	Boeing 737-824/W	28957/441	ex N1786B	250	
☐	N73251	Boeing 737-824/W	30582/650	ex N1786B	251	
☐	N37252	Boeing 737-824/W	30583/656	ex N1787B	252	
☐	N37253	Boeing 737-824/W	30584/660		253	
☐	N76254	Boeing 737-824/W	30779/667	ex N1786B	254	
☐	N37255	Boeing 737-824/W	30610/686	ex N1787B	255	
☐	N73256	Boeing 737-824	30611/692	ex N1787B	256	
☐	N38257	Boeing 737-824/W	30612/706	ex N1786B	257	
☐	N77258	Boeing 737-824/W	30802/708	ex N1786B	258	
☐	N73259	Boeing 737-824/W	30803/854	ex N1786B	259	
☐	N35260	Boeing 737-824/W	30855/862	ex N1786B	260	
☐	N77261	Boeing 737-824/W	31582/897	ex N1786B	261	
☐	N33262	Boeing 737-824/W	32402/901	ex N1786B	262	
☐	N37263	Boeing 737-824/W	31583/906	ex N1786B	263	
☐	N33264	Boeing 737-824/W	31584/916	ex N1786B	264	
☐	N76265	Boeing 737-824/W	31585/928	ex N1786B	265	
☐	N33266	Boeing 737-824/W	32403/930		266	
☐	N37267	Boeing 737-824/W	31586/939	ex N1786B	267	
☐	N38268	Boeing 737-824/W	31587/957	ex N1786B	268	
☐	N76269	Boeing 737-824/W	31588/966	ex N1786B	269	
☐	N73270	Boeing 737-824/W	31632/970	ex N1787B	270	
☐	N35271	Boeing 737-824/W	31589/982	ex N1786B	271	
☐	N36272	Boeing 737-824/W	31590/987	ex N1795B	272	
☐	N37273	Boeing 737-824/W	31591/1012	ex N1787B	273	
☐	N37274	Boeing 737-824/W	31592/1062		274	
☐	N73275	Boeing 737-824/W	31593/1077		275	
☐	N73276	Boeing 737-824/W	31594/1079		276	
☐	N37277	Boeing 737-824/W	31595/1099		277	
☐	N73278	Boeing 737-824/W	31596/1390		278	
☐	N79279	Boeing 737-824/W	31597/1411	ex N1787B	279	
☐	N36280	Boeing 737-824/W	31598/1423		280	
☐	N37281	Boeing 737-824/W	31599/1425		281	
☐	N34282	Boeing 737-824/W	31634/1440		282	
☐	N73283	Boeing 737-824/W	31606/1456		283	
☐	N33284	Boeing 737-824/W	31635/1475		284	
☐	N78285	Boeing 737-824/W	33452/1540		285	
☐	N33286	Boeing 737-824/W	31600/1506		286	
☐	N37287	Boeing 737-824/W	31636/1509		287	
☐	N76288	Boeing 737-824/W	33451/1516		288	
☐	N33289	Boeing 737-824/W	31607/1542	ex N1786B	289	
☐	N37290	Boeing 737-824/W	31601/1567		290	
☐	N73291	Boeing 737-824/W	33454/1611		291	
☐	N33292	Boeing 737-824/W	33455/1622		292	
☐	N37293	Boeing 737-824/W	33453/1743		293	
☐	N33294	Boeing 737-824/W	34000/1762		294	
☐	N77295	Boeing 737-824/W	34001/1779		295	

	Reg	Type	C/n	Notes	Fleet	Remarks
☐	N77296	Boeing 737-824/W	34002/1787		296	
☐	N39297	Boeing 737-824/W	34003/1791		297	
☐	N37298	Boeing 737-824/W	34004/1813		298	
☐	N73299	Boeing 737-824/W	34005/1821	ex N1786B	299	
☐	N78501	Boeing 737-824/W	31602/1994	ex N1786B	501	
☐	N76502	Boeing 737-824/W	31603/2017		502	
☐	N76503	Boeing 737-824/W	33461/2023		503	
☐	N76504	Boeing 737-824/W	31604/2035		504	
☐	N76505	Boeing 737-824/W	32834/2048	ex N1786B	505	
☐	N78506	Boeing 737-824/W	32832/2065		506	
☐	N87507	Boeing 737-824/W	31637/2487	ex N1786B	507	
☐	N76508	Boeing 737-824/W	31639/2514		508; on order	
☐	N78509	Boeing 737-824/W	31638		509; on order	
☐	N77510	Boeing 737-824/W	32828		510; on order	
☐	N78511	Boeing 737-824/W	33459		511; on order	
☐	N87512	Boeing 737-824/W	33458		512; on order	

Ten more Boeing 737-824/Ws are on order for delivery; all to be fitted with winglets
At any time 10 aircraft are based on Guam and operate for Continental Micronesia

	Reg	Type	C/n	Notes	Fleet	Remarks
☐	N30401	Boeing 737-924	30118/820		401	
☐	N79402	Boeing 737-924	30119/857		402	
☐	N38403	Boeing 737-924	30120/884	ex N1786B	403	
☐	N32404	Boeing 737-924	30121/893	ex N1787B	404	
☐	N72405	Boeing 737-924	30122/911	ex N1786B	405	
☐	N73406	Boeing 737-924	30123/943	ex N1786B	406	
☐	N35407	Boeing 737-924	30124/951	ex N1786B	407	
☐	N37408	Boeing 737-924	30125/962	ex N1787B	408	
☐	N37409	Boeing 737-924	30126/1004	ex N1787B	409	
☐	N75410	Boeing 737-924	30127/1021	ex N1786B	410	
☐	N71411	Boeing 737-924	30128/1052		411	
☐	N31412	Boeing 737-924	30129/1112		412	
☐	N37413	Boeing 737-924ER/W	31664/2474		413	
☐	N47414	Boeing 737-924ER/W	32827/2490	ex N1787B	414	
☐	N39415	Boeing 737-924ER/W	32826/2516		415	
☐	N39416	Boeing 737-924ER/W	37093		416; on order	
☐	N38417	Boeing 737-924ER/W	31665		417; on order	
☐	N39418	Boeing 737-924ER/W	33456		418; on order	
☐	N37419	Boeing 737-924ER/W	31666		419; on order	
☐	N37420	Boeing 737-924ER/W	33457		420; on order	
☐	N27421	Boeing 737-924ER/W	37094		421; on order	
☐	N37422	Boeing 737-924ER/W	31620		422; on order	
☐	N	Boeing 737-924ER/W			on order	
☐	N	Boeing 737-924ER/W			on order	

Fourteen more Boeing 737-924ER/Ws are on order

	Reg	Type	C/n	Notes	Fleet	Remarks
☐	N58101	Boeing 757-224/W	27291/614		101	
☐	N14102	Boeing 757-224/W	27292/619		102	
☐	N33103	Boeing 757-224/W	27293/623		103	
☐	N17104	Boeing 757-224/W	27294/629		104	Lsd fr GECAS
☐	N17105	Boeing 757-224/W	27295/632		105	Lsd fr GECAS
☐	N14106	Boeing 757-224/W	27296/637		106; Sam E Ashmore	Lsd fr GECAS
☐	N14107	Boeing 757-224/W	27297/641		107	Lsd fr GECAS
☐	N21108	Boeing 757-224/W	27298/645		108	Lsd fr GECAS
☐	N12109	Boeing 757-224/W	27299/648		109	Lsd fr GECAS
☐	N13110	Boeing 757-224/W	27300/650		110	Lsd fr GECAS
☐	N57111	Boeing 757-224/W	27301/652		111	
☐	N18112	Boeing 757-224/W	27302/653		112	Lsd fr GECAS
☐	N13113	Boeing 757-224/W	27555/668		113	Lsd fr GECAS
☐	N12114	Boeing 757-224/W	27556/682		114	
☐	N14115	Boeing 757-224/W	27557/686		115	
☐	N12116	Boeing 757-224/W	27558/702		116	
☐	N19117	Boeing 757-224/W	27559/706		117	
☐	N14118	Boeing 757-224/W	27560/748	ex (N19118)	118	
☐	N18119	Boeing 757-224/W	27561/753		119	
☐	N14120	Boeing 757-224/W	27562/761		120	
☐	N14121	Boeing 757-224/W	27563/766		121	
☐	N17122	Boeing 757-224/W	27564/768		122	
☐	N26123	Boeing 757-224/W	28966/781		123	
☐	N29124	Boeing 757-224/W	27565/786		124	
☐	N12125	Boeing 757-224/W	28967/788	ex N1787B	125	
☐	N17126	Boeing 757-224/W	27566/790		126	
☐	N48127	Boeing 757-224/W	28968/791		127	
☐	N17128	Boeing 757-224/W	27567/795		128	
☐	N29129	Boeing 757-224/W	28969/796		129	
☐	N19130	Boeing 757-224/W	28970/799		130	
☐	N34131	Boeing 757-224/W	28971/806		131	
☐	N33132	Boeing 757-224/W	29281/809		132	
☐	N17133	Boeing 757-224/W	29282/840		133	
☐	N67134	Boeing 757-224/W	29283/848	ex N1800B	134	
☐	N41135	Boeing 757-224/W	29284/851		135	
☐	N19136	Boeing 757-224/W	29285/856		136	
☐	N34137	Boeing 757-224/W	30229/899		137	
☐	N13138	Boeing 757-224/W	30351/903	ex N1795B	138	

	Registration	Type	MSN/LN	Ex-reg	Fleet#	Notes
☐	N17139	Boeing 757-224/W	30352/911		139	
☐	N41140	Boeing 757-224/W	30353/913		140	
☐	N19141	Boeing 757-224/W	30354/933		141	
☐	N75851	Boeing 757-324	32810/990		851	
☐	N57852	Boeing 757-324	32811/995		852	
☐	N75853	Boeing 757-324	32812/997		853	
☐	N75854	Boeing 757-324	32813/999		854	
☐	N57855	Boeing 757-324	32814/1038		855	
☐	N74856	Boeing 757-324	32815/1039		856	
☐	N57857	Boeing 757-324	32816/1040		857	
☐	N57858	Boeing 757-324	32817/1042		858	
☐	N56859	Boeing 757-324	32818/1043		859; last 757-300 built	
☐	N75861	Boeing 757-33N	32585/976	ex N551TZ	861	Lsd fr BCC Equipment Lsg
☐	N57863	Boeing 757-33N	32587/980	ex N553TZ	863	Lsd fr BCC Equipment Lsg
☐	N57864	Boeing 757-33N	32588/985	ex N554TZ	864	Lsd fr BCC Equipment Lsg
☐	N77865	Boeing 757-33N	32589/1003	ex N555TZ	865	Lsd fr BCC Equipment Lsg
☐	N78866	Boeing 757-33N	32591/1007	ex N557TZ	866	Lsd fr BCC Equipment Lsg
☐	N77867	Boeing 757-33N	32592/1008	ex N558TZ	867	Lsd fr BCC Equipment Lsg
☐	N57868	Boeing 757-33N	32590/1017	ex N556TZ	868	Lsd fr BCC Equipment Lsg
☐	N57869	Boeing 757-33N	32593/1018	ex N559TZ	869	Lsd fr BCC Equipment Lsg
☐	N76151	Boeing 767-224ER	30430/811	ex (N37165)	151	
☐	N73152	Boeing 767-224ER	30431/815	ex (N37166)	152	
☐	N76153	Boeing 767-224ER	30432/819	ex (N37167)	153	
☐	N69154	Boeing 767-224ER	30433/823	ex (N37168)	154	
☐	N68155	Boeing 767-224ER	30434/825	ex (N37169)	155	
☐	N76156	Boeing 767-224ER	30435/827	ex (N37170)	156	
☐	N67157	Boeing 767-224ER	30436/833		157	
☐	N67158	Boeing 767-224ER	30437/839		158	
☐	N68159	Boeing 767-224ER	30438/845		159	
☐	N68160	Boeing 767-224ER	30439/851		160	
☐	N66051	Boeing 767-424ER	29446/799	ex (N76401)	051	
☐	N67052	Boeing 767-424ER	29447/805	ex (N87402)	052	
☐	N59053	Boeing 767-424ER	29448/809	ex (N47403)	053	
☐	N76054	Boeing 767-424ER	29449/816	ex (N87404)	054	
☐	N76055	Boeing 767-424ER	29450/826		055	
☐	N66056	Boeing 767-424ER	29451/842		056	
☐	N66057	Boeing 767-424ER	29452/859		057	
☐	N67058	Boeing 767-424ER	29453/862		058	
☐	N69059	Boeing 767-424ER	29454/864		059	
☐	N78060	Boeing 767-424ER	29455/866		060	
☐	N68061	Boeing 767-424ER	29456/868		061	
☐	N76062	Boeing 767-424ER	29457/869		062	
☐	N69063	Boeing 767-424ER	29458/872		063	
☐	N76064	Boeing 767-424ER	29459/873		064	
☐	N76065	Boeing 767-424ER	29460/876		065	
☐	N77066	Boeing 767-424ER	29461/878		066	
☐	N78001	Boeing 777-224ER	27577/161		001; Gordon M Bethune	
☐	N78002	Boeing 777-224ER	27578/165		002	
☐	N78003	Boeing 777-224ER	27579/167		003	
☐	N78004	Boeing 777-224ER	27580/169		004	
☐	N78005	Boeing 777-224ER	27581/177		005	
☐	N77006	Boeing 777-224ER	29476/183		006; Robert F Six	
☐	N74007	Boeing 777-224ER	29477/197		007	
☐	N78008	Boeing 777-224ER	29478/200		008	
☐	N78009	Boeing 777-224ER	29479/211		009	
☐	N76010	Boeing 777-224ER	29480/220		010	
☐	N79011	Boeing 777-224ER	29859/227		011	
☐	N77012	Boeing 777-224ER	29860/234		012	
☐	N78013	Boeing 777-224ER	29861/243		013	
☐	N77014	Boeing 777-224ER	29862/253		014	
☐	N27015	Boeing 777-224ER	28678/273		015	Lsd fr ILFC
☐	N57016	Boeing 777-224ER	28679/279		016	Lsd fr ILFC
☐	N78017	Boeing 777-224ER	31679/391		017	
☐	N37018	Boeing 777-224ER	31680/397		018	
☐	N77019	Boeing 777-224ER	35547/617		019	
☐	N69020	Boeing 777-224ER	31687/625		020	

Eight Boeing 787-824s and 17 Boeing 787-924s are on order for delivery from 2009 and 2011 respectively
Owns 28% of Gulfstream International Airlines, 12.3% of COPA Airlines and 8.6% of ExpressJet while Continental Micronesia is wholly owned. Feeder services also operated by Cape Air, Colgan Air, Commutair, Gulfstream International and SkyWest as Continental Connection and Chautauqua Airways and ExpressJet as Continental Express
See also Continental Micronesia

CONTINENTAL CONNECTION
(CO/COA)   Miami Intl, FL/Guam/Plattsburg, NY/Houston Intl, TX/Fort Lauderdale /FL (MIA/GUM//PLB/IAH/FLL)

☐	N42836	ATR 42-320	200	ex F-WWEN	836; Cape Air	Lsd fr Turbo Lease
☐	N81533	Beech 1900D	UE-137	ex N137ZV	Gulfstream Intl	Lsd fr Raytheon

333

☐ N81535	Beech 1900D	UE-147		Gulfstream Intl;	Lsd fr Raytheon
					Grand Bahama Island c/s
☐ N81536	Beech 1900D	UE-152		Gulfstream Intl	Lsd fr Raytheon
☐ N38537	Beech 1900D	UE-158		Gulfstream Intl	Lsd fr Raytheon
☐ N81538	Beech 1900D	UE-199		Gulfstream Intl	Lsd fr Raytheon
☐ N82539	Beech 1900D	UE-168		Gulfstream Intl	Lsd fr Raytheon
☐ N16540	Beech 1900D	UE-172		Gulfstream Intl	Lsd fr Raytheon
☐ N17541	Beech 1900D	UE-203		Gulfstream Intl	Lsd fr Raytheon
☐ N47542	Beech 1900D	UE-198		Gulfstream Intl	Lsd fr Raytheon
☐ N49543	Beech 1900D	UE-181		Gulfstream Intl	Lsd fr Raytheon
☐ N53545	Beech 1900D	UE-185		Gulfstream Intl	Lsd fr Raytheon
☐ N81546	Beech 1900D	UE-187		Gulfstream Intl	Lsd fr Raytheon
☐ N69547	Beech 1900D	UE-189		Gulfstream Intl	Lsd fr Raytheon
☐ N69549	Beech 1900D	UE-194		Gulfstream Intl	Lsd fr Raytheon
☐ N87550	Beech 1900D	UE-205		Gulfstream Intl	Lsd fr Raytheon
☐ N87551	Beech 1900D	UE-206		Gulfstream Intl	Lsd fr Raytheon
☐ N87552	Beech 1900D	UE-216		Gulfstream Intl	Lsd fr Raytheon
☐ N87554	Beech 1900D	UE-227		Gulfstream Intl	Lsd fr Raytheon
☐ N87555	Beech 1900D	UE-234		Gulfstream Intl	Lsd fr Raytheon
☐ N81556	Beech 1900D	UE-239		Gulfstream Intl	Lsd fr Raytheon
☐ N87557	Beech 1900D	UE-246		Gulfstream Intl	Lsd fr Raytheon
☐ N351PH	de Havilland DHC-8Q-202	490	ex C-GFUM	763; Commutair	Lsd fr QXE
☐ N359PH	de Havilland DHC-8Q-202	514	ex C-GEOA	764; Commutair	Lsd fr QXE
☐ N360PH	de Havilland DHC-8Q-202	515	ex C-GEWI	762; Commutair	Lsd fr QXE
☐ N361PH	de Havilland DHC-8Q-202	516	ex C-GFOD	767; Commutair	Lsd fr QXE
☐ N362PH	de Havilland DHC-8Q-202	518	ex C-FDHI	766; Commutair	Lsd fr QXE
☐ N363PH	de Havilland DHC-8Q-202	520		760; Commutair	Lsd fr QXE
☐ N364PH	de Havilland DHC-8Q-202	524		765; Commutair	Lsd fr QXE
☐ N366PH	de Havilland DHC-8Q-202	510	ex C-GELN	769; Commutair	Lsd fr QXE
☐ N368PH	de Havilland DHC-8Q-202	512	ex C-GDFT	768; Commutair	Lsd fr QXE
☐ N375PH	de Havilland DHC-8Q-202	529	ex C-GDKL	761; Commutair	Lsd fr QXE
☐ N	de Havilland DHC-8Q-202		ex	Commutair	Lsd fr QXE
☐ N	de Havilland DHC-8Q-202		ex	Commutair	Lsd fr QXE
☐ N	de Havilland DHC-8Q-202		ex	Commutair	Lsd fr QXE
☐ N187WQ	de Havilland DHC-8-402Q	4187	ex C-FNQG	777; Colgan Air	
☐ N188WQ	de Havilland DHC-8-402Q	4188	ex C-FNQH	778; Colgan Air	
☐ N190WQ	de Havilland DHC-8-402Q	4190	ex C-FNQN	779; Colgan Air	
☐ N	de Havilland DHC-8-402Q		ex	Colgan Air, on order	
☐ N	de Havilland DHC-8-402Q		ex	Colgan Air, on order	
☐ N	de Havilland DHC-8-402Q		ex	Colgan Air, on order	
☐ N	de Havilland DHC-8-402Q		ex	Colgan Air, on order	
☐ N	de Havilland DHC-8-402Q		ex	Colgan Air, on order	
☐ N	de Havilland DHC-8-402Q		ex	Colgan Air, on order	
☐ N	de Havilland DHC-8-402Q		ex	Colgan Air, on order	
☐ N	de Havilland DHC-8-402Q		ex	Colgan Air, on order	
☐ N	de Havilland DHC-8-402Q		ex	Colgan Air, on order	
☐ N184CJ	SAAB SF.340B	340B-184	ex N300CE	Colgan Air	
☐ N191MJ	SAAB SF.340B	340B-191	ex N301AE	Colgan Air	
☐ N193CJ	SAAB SF.340B	340B-193	ex N302CE	Colgan Air	
☐ N194CJ	SAAB SF.340B	340B-194	ex N303CE	Colgan Air	
☐ N198CJ	SAAB SF.340B	340B-198	ex N304CE	Colgan Air	
☐ N204CJ	SAAB SF.340B	340B-204	ex N307CE	Colgan Air	
☐ N251CJ	SAAB SF.340B	340B-251	ex XA-TQO	Colgan Air	Lsd fr Lambert Lsg
☐ N314CE	SAAB SF.340B	340B-335	ex N335AE	Colgan Air	Lsd fr CSA Lsg
☐ N334CJ	SAAB SF.340B	340B-334	ex N312CE	Colgan Air	
☐ N343CJ	SAAB SF.340B	340B-343	ex N315CE	Colgan Air	Lsd fr CSA Lsg
☐ N352CJ	SAAB SF.340B	340B-352	ex N317CE	Colgan Air	
☐ N356CJ	SAAB SF.340B	340B-356	ex N356SB	Colgan Air	Lsd fr Global A/c Lsg

Services operated by Cape Air from Guam, Commutair from Plattsburg and Albany, NY, Colgan Air from Houston-Intercontinental and Gulfstream International Airlines from Fort Lauderdale, FL

CONTINENTAL EXPRESS
Jet Link (CO/BTA) (IATA 565)   Cleveland, OH/Houston- Intercontinental, TX/Newark, NJ (CLE/IAH/EWR)

☐ N465SM*	Canadair CL-600-2B19 (CRJ-200ER)	7612	ex N457CA	Chautauqua
☐ N466CA*	Canadair CL-600-2B19 (CRJ-200ER)	7627	ex C-FMNX	Chautauqua
☐ N467CA*	Canadair CL-600-2B19 (CRJ-200ER)	7637	ex C-FMML	467; Chautauqua
☐ N469SM*	Canadair CL-600-2B19 (CRJ-200ER)	7650	ex N470CA	Chautauqua
☐ (N471SM)*	Canadair CL-600-2B19 (CRJ-200ER)	7613	ex N458CA	Chautauqua
☐ N473CA*	Canadair CL-600-2B19 (CRJ-200ER)	7668	ex C-FMMN	472; Chautauqua
☐ N478CA*	Canadair CL-600-2B19 (CRJ-200ER)	7671	ex C-FMMX	473; Chautauqua
☐ N483CA*	Canadair CL-600-2B19 (CRJ-200ER)	7689	ex C-FMOS	468; Chautauqua
☐ N484CA*	Canadair CL-600-2B19 (CRJ-200ER)	7702	ex C-FMMY	470; Chautauqua
☐ N486CA*	Canadair CL-600-2B19 (CRJ-200ER)	7707	ex C-FMLB	Chautauqua
☐ N635BR	Canadair CL-600-2B19 (CRJ-200ER)	7295	ex C-FMNH	Chautauqua

	Registration	Type	MSN	Previous ID	Notes
☐	N638BR*	Canadair CL-600-2B19 (CRJ-200ER)	7311	ex C-FMMX	451; Chautauqua
☐	N639BR*	Canadair CL-600-2B19 (CRJ-200ER)	7313	ex C-FMNB	455; Chautauqua
☐	N642BR*	Canadair CL-600-2B19 (CRJ-200ER)	7356	ex C-FMNW	Chautauqua
☐	N645BR*	Canadair CL-600-2B19 (CRJ-200ER)	7383	ex C-FMLV	462; Chautauqua
☐	N647BR+	Canadair CL-600-2B19 (CRJ-200ER)	7399	ex C-FMNQ	463; Chautauqua
☐	N648BR+	Canadair CL-600-2B19 (CRJ-200ER)	7406	ex C-FMKZ	Chautauqua
☐	N650BR*	Canadair CL-600-2B19 (CRJ-200ER)	7418	ex C-	457; Chautauqua
☐	N652BR+	Canadair CL-600-2B19 (CRJ-200ER)	7429	ex C-FMMQ	458; Chautauqua
☐	N653BR*	Canadair CL-600-2B19 (CRJ-200ER)	7438	ex C-FMLF	460; Chautauqua
☐	N656BR	Canadair CL-600-2B19 (CRJ-200ER)	7485	ex C-FMOI	Chautauqua
☐	N657BR	Canadair CL-600-2B19 (CRJ-200ER)	7491	ex C-FMMX	453; Chautauqua
☐	N667BR*	Canadair CL-600-2B19 (CRJ-200ER)	7535	ex C-FMNH	461; Chautauqua
☐	N701BR*	Canadair CL-600-2B19 (CRJ-200ER)	7448	ex N850FJ	Chautauqua
☐	N702BR*	Canadair CL-600-2B19 (CRJ-200ER)	7462	ex N851FJ	459; Chautauqua
☐	N	Canadair CL-600-2B19 (CRJ-200ER)		ex	Chautauqua
☐	N	Canadair CL-600-2B19 (CRJ-200ER)		ex	Chautauqua
☐	N	Canadair CL-600-2B19 (CRJ-200ER)		ex	Chautauqua
☐	N	Canadair CL-600-2B19 (CRJ-200ER)		ex	Chautauqua
☐	N	Canadair CL-600-2B19 (CRJ-200ER)		ex	Chautauqua
☐	N	Canadair CL-600-2B19 (CRJ-200ER)		ex	Chautauqua
☐	N	Canadair CL-600-2B19 (CRJ-200ER)		ex	Chautauqua
☐	N	Canadair CL-600-2B19 (CRJ-200ER)		ex	Chautauqua
☐	N	Canadair CL-600-2B19 (CRJ-200ER)		ex	Chautauqua
☐	N	Canadair CL-600-2B19 (CRJ-200ER)		ex	Chautauqua
☐	N	Canadair CL-600-2B19 (CRJ-200ER)		ex	Chautauqua
☐	N	Canadair CL-600-2B19 (CRJ-200ER)		ex	Chautauqua
☐	N	Canadair CL-600-2B19 (CRJ-200ER)		ex	Chautauqua
☐	N	Canadair CL-600-2B19 (CRJ-200ER)		ex	Chautauqua
☐	N	Canadair CL-600-2B19 (CRJ-200ER)		ex	Chautauqua
☐	N	Canadair CL-600-2B19 (CRJ-200ER)		ex	Chautauqua

* Leased from Trust N695BR, N696BR, N697BR   +Leased from US Bank Trust
First Chautauqua service for Continental Express 16Feb07, the other aircraft are being transferred from other operations

	Registration	Type	MSN	Previous ID	Notes	
☐	N16501	Embraer EMB.135ER (ERJ-135ER)	145145	ex PT-SDV	501; ExpressJet	
☐	N16502	Embraer EMB.135ER (ERJ-135ER)	145166	ex PT-SFF	502; ExpressJet	
☐	N19503	Embraer EMB.135ER (ERJ-135ER)	145176	ex PT-SFI	503; ExpressJet	
☐	N25504	Embraer EMB.135ER (ERJ-135ER)	145186	ex PT-SFK	504; ExpressJet	
☐	N14505	Embraer EMB.135ER (ERJ-135ER)	145192	ex PT-SFN	505; ExpressJet	
☐	N27506	Embraer EMB.135ER (ERJ-135ER)	145206	ex PT-SFT	506; ExpressJet	
☐	N17507	Embraer EMB.135ER (ERJ-135ER)	145215	ex PT-SFW	507; ExpressJet	
☐	N14508	Embraer EMB.135ER (ERJ-135ER)	145220	ex PT-SFY	508; ExpressJet	
☐	N15509	Embraer EMB.135ER (ERJ-135ER)	145238	ex PT-SID	509; ExpressJet	
☐	N16510	Embraer EMB.135ER (ERJ-135ER)	145251	ex PT-SJI	510; ExpressJet	
☐	N16511	Embraer EMB.135ER (ERJ-135ER)	145267	ex PT-SIZ	511; ExpressJet	
☐	N27512	Embraer EMB.135ER (ERJ-135ER)	145274	ex PT-SJQ	512; ExpressJet	
☐	N17513	Embraer EMB.135LR (ERJ-135LR)	145292	ex PT-SKJ	513; ExpressJet	
☐	N14514	Embraer EMB.135LR (ERJ-135LR)	145303	ex PT-SKU	514; ExpressJet	
☐	N29515	Embraer EMB.135LR (ERJ-135LR)	145309	ex PT-SMA	515; ExpressJet	
☐	N14516	Embraer EMB.135LR (ERJ-135LR)	145323	ex PT-SMP	516; ExpressJet	
☐	N24517	Embraer EMB.135LR (ERJ-135LR)	145332	ex PT-SMY	517; ExpressJet	
☐	N28518	Embraer EMB.135LR (ERJ-135LR)	145334	ex PT-SNA	518; ExpressJet	
☐	N12519	Embraer EMB.135LR (ERJ-135LR)	145366	ex PT-SOQ	519; ExpressJet	
☐	N16520	Embraer EMB.135LR (ERJ-135LR)	145372	ex PT-SOX	520; ExpressJet	
☐	N17521	Embraer EMB.135LR (ERJ-135LR)	145378	ex PT-SQC	521; ExpressJet	
☐	N14522	Embraer EMB.135LR (ERJ-135LR)	145383	ex PT-SQH	522; ExpressJet	
☐	N27523	Embraer EMB.135LR (ERJ-135LR)	145389	ex PT-SQN	523; ExpressJet	
☐	N17524	Embraer EMB.135LR (ERJ-135LR)	145399	ex PT-SQW	524; ExpressJet	
☐	N16525	Embraer EMB.135LR (ERJ-135LR)	145403	ex PT-STA	525; ExpressJet	
☐	N11526	Embraer EMB.135LR (ERJ-135LR)	145410	ex PT-STH	526; ExpressJet	
☐	N15527	Embraer EMB.135LR (ERJ-135LR)	145413	ex PT-STJ	527; ExpressJet	
☐	N12528	Embraer EMB.135LR (ERJ-135LR)	145504	ex PT-SXX	528; ExpressJet	
☐	N28529	Embraer EMB.135LR (ERJ-135LR)	145512	ex PT-SYE	529; ExpressJet	
☐	N12530	Embraer EMB.135LR (ERJ-135LR)	145533	ex PT-STX	530; ExpressJet	
☐	N260SK	Embraer EMB.145LR (ERJ-145LR)	145128	ex PT-SDF	Chautauqua	
☐	N261SK	Embraer EMB.145LR (ERJ-145LR)	145144	ex PT-SDU	Chautauqua	
☐	N262SK	Embraer EMB.145LR (ERJ-145LR)	145168	ex PT-S	Chautauqua	
☐	N263SK	Embraer EMB.145LR (ERJ-145LR)	145199	ex PT-SGP	Chautauqua	
☐	N264SK	Embraer EMB.145LR (ERJ-145LR)	145221	ex PT-SHG	434; Chautauqua	
☐	N265SK	Embraer EMB.145LR (ERJ-145LR)	145226	ex PT-SHL	Chautauqua	Lsd fr Solitair
☐	N266SK	Embraer EMB.145LR (ERJ-145LR)	145241	ex PT-SIG	436; Chautauqua	Lsd fr Solitair
☐	N267SK	Embraer EMB.145LR (ERJ-145LR)	145268	ex PT-SJK	437; Chautauqua	Lsd fr Solitair
☐	N268SK	Embraer EMB.145LR (ERJ-145LR)	145270	ex PT-SJM	Chautauqua	Lsd fr Solitair
☐	N275SK	Embraer EMB.145LR (ERJ-145LR)	145345	ex PT-SNL	439; Chautauqua	Lsd fr Solitair
☐	N276SK	Embraer EMB.145LR (ERJ-145LR)	145348	ex PT-SNO	Chautauqua	Lsd fr Solitair
☐	N277SK	Embraer EMB.145LR (ERJ-145LR)	145355	ex PT-SNU	440; Chautauqua	Lsd fr Solitair
☐	N278SK	Embraer EMB.145LR (ERJ-145LR)	145370	ex PT-	Chautauqua	Lsd fr Solitair
☐	N281SK	Embraer EMB.145LR (ERJ-145LR)	145391	ex PT-	Chautauqua	Lsd fr Solitair
☐	N283SK	Embraer EMB.145LR (ERJ-145LR)	145424	ex PT-STV	442; Chautauqua	

☐	N284SK	Embraer EMB.145LR (ERJ-145LR)	145427	ex PT-STY	Chautauqua	
☐	N285SK	Embraer EMB.145LR (ERJ-145LR)	145435	ex PT-SUG	444; Chautauqua	
☐	N287SK	Embraer EMB.145LR (ERJ-145LR)	145460	ex PT-SVF	Chautauqua	
☐	N289SK	Embraer EMB.145LR (ERJ-145LR)	145463	ex PT-SVI	Chautauqua	
☐	N296SK	Embraer EMB.145LR (ERJ-145LR)	145514	ex PT-SYG	Chautauqua	
☐	N11535	Embraer EMB.145LR (ERJ-145LR)	145518	ex PT-SYJ	535; ExpressJet	
☐	N11536	Embraer EMB.145LR (ERJ-145LR)	145520	ex PT-SYL	536; ExpressJet	
☐	N21537	Embraer EMB.145LR (ERJ-145LR)	145523	ex PT-SYO	537; ExpressJet	
☐	N13538	Embraer EMB.145LR (ERJ-145LR)	145527	ex PT-STS	538; ExpressJet	
☐	N11539	Embraer EMB.145LR (ERJ-145LR)	145536	ex PT-SZA	539; ExpressJet	
☐	N12540	Embraer EMB.145LR (ERJ-145LR)	145537	ex PT-SZB	540; ExpressJet	
☐	N16541	Embraer EMB.145LR (ERJ-145LR)	145542	ex PT-SZF	541; ExpressJet	
☐	N14542	Embraer EMB.145LR (ERJ-145LR)	145547	ex PT-SZK	542; ExpressJet	
☐	N14543	Embraer EMB.145LR (ERJ-145LR)	145553	ex PT-SZP	543; ExpressJet	
☐	N26545	Embraer EMB.145LR (ERJ-145LR)	145558	ex PT-SZT	545; ExpressJet	
☐	N16546	Embraer EMB.145LR (ERJ-145LR)	145562	ex PT-SZX	546; ExpressJet	
☐	N11547	Embraer EMB.145LR (ERJ-145LR)	145563	ex PT-SZY	547; ExpressJet	
☐	N11548	Embraer EMB.145LR (ERJ-145LR)	145565	ex PT-SBB	548; ExpressJet	
☐	N26549	Embraer EMB.145LR (ERJ-145LR)	145571	ex PT-SBH	549; ExpressJet	
☐	N13550	Embraer EMB.145LR (ERJ-145LR)	145575	ex PT-SBL	550; ExpressJet	
☐	N12552	Embraer EMB.145LR (ERJ-145LR)	145583	ex PT-SBU	552; ExpressJet	
☐	N13553	Embraer EMB.145LR (ERJ-145LR)	145585	ex PT-SBW	553; ExpressJet	
☐	N15555	Embraer EMB.145LR (ERJ-145LR)	145594	ex PT- (SCD)	555; ExpressJet	
☐	N18556	Embraer EMB.145LR (ERJ-145LR)	145595	ex PT-SCE	556; ExpressJet	
☐	N14558	Embraer EMB.145LR (ERJ-145LR)	145598	ex PT-SCG	558; ExpressJet	
☐	N16559	Embraer EMB.145LR (ERJ-145LR)	145603	ex PT-SCM	559; ExpressJet	
☐	N17560	Embraer EMB.145LR (ERJ-145LR)	145605	ex PT-SCO	560; ExpressJet	
☐	N16561	Embraer EMB.145LR (ERJ-145LR)	145610	ex PT-SCT	561; ExpressJet	
☐	N14562	Embraer EMB.145LR (ERJ-145LR)	145611	ex PT-SCV	562; ExpressJet	
☐	N12563	Embraer EMB.145LR (ERJ-145LR)	145612	ex PT-SCW	563; ExpressJet	
☐	N12564	Embraer EMB.145LR (ERJ-145LR)	145618	ex PT-SDG	564; ExpressJet	
☐	N11565	Embraer EMB.145LR (ERJ-145LR)	145621	ex PT-SDJ	565; ExpressJet	
☐	N13566	Embraer EMB.145LR (ERJ-145LR)	145622	ex PT-SDK	566; ExpressJet	
☐	N12567	Embraer EMB.145LR (ERJ-145LR)	145623	ex PT-SDL	567; ExpressJet	
☐	N14568	Embraer EMB.145LR (ERJ-145LR)	145628	ex PT-SDQ	568; ExpressJet	
☐	N16571	Embraer EMB.145LR (ERJ-145LR)	145633	ex PT-SDV	571; ExpressJet	
☐	N15572	Embraer EMB.145LR (ERJ-145LR)	145636	ex PT-SDY	572; ExpressJet	
☐	N14573	Embraer EMB.145LR (ERJ-145LR)	145638	ex PT-SDZ	573; ExpressJet	
☐	N15574	Embraer EMB.145LR (ERJ-145LR)	145639	ex PT-SEB	574; ExpressJet	
☐	N12900	Embraer EMB.145LR (ERJ-145LR)	145511	ex PT-SYD	900; ExpressJet	
☐	N48901	Embraer EMB.145LR (ERJ-145LR)	145501	ex PT-SXU	901; ExpressJet	
☐	N14902	Embraer EMB.145LR (ERJ-145LR)	145496	ex PT-SXO	902; ExpressJet	
☐	N13903	Embraer EMB.145LR (ERJ-145LR)	145479	ex PT-SVY	903; ExpressJet	
☐	N14904	Embraer EMB.145LR (ERJ-145LR)	145477	ex PT-SVW	904; ExpressJet	
☐	N14905	Embraer EMB.145LR (ERJ-145LR)	145476	ex PT-SVV	905; ExpressJet	
☐	N29906	Embraer EMB.145LR (ERJ-145LR)	145472	ex PT-SVR	906; ExpressJet	
☐	N13908	Embraer EMB.145LR (ERJ-145LR)	145465	ex PT-SVK	908; ExpressJet	
☐	N15910	Embraer EMB.145LR (ERJ-145LR)	145455	ex PT-SVA	910; ExpressJet	
☐	N16911	Embraer EMB.145LR (ERJ-145LR)	145446	ex PT-SUR	911; ExpressJet	
☐	N15912	Embraer EMB.145LR (ERJ-145LR)	145439	ex PT-SUK	912; ExpressJet	
☐	N13913	Embraer EMB.145LR (ERJ-145LR)	145438	ex PT-SUJ	913; ExpressJet	
☐	N13914	Embraer EMB.145LR (ERJ-145LR)	145430	ex PT-SUB	914; ExpressJet	
☐	N36915	Embraer EMB.145LR (ERJ-145LR)	145421	ex PT-STS	915; ExpressJet	
☐	N14916	Embraer EMB.145LR (ERJ-145LR)	145415	ex PT-STL	916; ExpressJet	
☐	N29917	Embraer EMB.145LR (ERJ-145LR)	145414	ex PT-STK	917; ExpressJet	
☐	N16918	Embraer EMB.145LR (ERJ-145LR)	145397	ex PT-SQU	918; ExpressJet	
☐	N16919	Embraer EMB.145LR (ERJ-145LR)	145393	ex PT-SQQ	919; ExpressJet	
☐	N14920	Embraer EMB.145LR (ERJ-145LR)	145380	ex PT-SQE	920; ExpressJet	
☐	N12921	Embraer EMB.145LR (ERJ-145LR)	145354	ex PT-SNT	921; ExpressJet	
☐	N12922	Embraer EMB.145LR (ERJ-145LR)	145338	ex PT-SNE	922; ExpressJet	
☐	N14923	Embraer EMB.145LR (ERJ-145LR)	145318	ex PT-SMJ	923; ExpressJet	
☐	N12924	Embraer EMB.145LR (ERJ-145LR)	145311	ex PT-SMC	924; ExpressJet	
☐	N14925	Embraer EMB.145EP (ERJ-145EP)	145004	ex PT-SYA	925; ExpressJet	
☐	N15926	Embraer EMB.145EP (ERJ-145EP)	145005	ex PT-SYB	926; ExpressJet	
☐	N16927	Embraer EMB.145EP (ERJ-145EP)	145006	ex PT-SYC	927; ExpressJet	
☐	N17928	Embraer EMB.145EP (ERJ-145EP)	145007	ex PT-SYD	928; ExpressJet	
☐	N13929	Embraer EMB.145EP (ERJ-145EP)	145009	ex PT-SYF	929; ExpressJet	
☐	N14930	Embraer EMB.145EP (ERJ-145EP)	145011	ex PT-SYH	930; ExpressJet	
☐	N15932	Embraer EMB.145EP (ERJ-145EP)	145015	ex PT-SYL	932; ExpressJet	
☐	N14933	Embraer EMB.145EP (ERJ-145EP)	145018	ex PT-SYO	933; ExpressJet	
☐	N12934	Embraer EMB.145EP (ERJ-145EP)	145019	ex PT-SYP	934; ExpressJet	
☐	N13935	Embraer EMB.145EP (ERJ-145EP)	145022	ex PT-SYS	935; ExpressJet	
☐	N13936	Embraer EMB.145EP (ERJ-145EP)	145025	ex PT-SYV	936; ExpressJet	
☐	N14937	Embraer EMB.145EP (ERJ-145EP)	145026	ex PT-SYW	937; ExpressJet	
☐	N14938	Embraer EMB.145EP (ERJ-145EP)	145029	ex PT-SYX	938; ExpressJet	
☐	N14939	Embraer EMB.145EP (ERJ-145EP)	145030	ex PT-SYY	939; ExpressJet	
☐	N14940	Embraer EMB.145EP (ERJ-145EP)	145033	ex PT-SZA	940; ExpressJet	
☐	N15941	Embraer EMB.145EP (ERJ-145EP)	145035	ex PT-SZB	941; ExpressJet	
☐	N14942	Embraer EMB.145EP (ERJ-145EP)	145037	ex PT-SZD	942; ExpressJet	
☐	N14943	Embraer EMB.145EP (ERJ-145EP)	145040	ex PT-SZF	943; ExpressJet	
☐	N16944	Embraer EMB.145EP (ERJ-145EP)	145045	ex PT-SZK	944; ExpressJet	
☐	N14945	Embraer EMB.145EP (ERJ-145EP)	145049	ex PT-SZO	945; ExpressJet	
☐	N12946	Embraer EMB.145EP (ERJ-145EP)	145052	ex PT-SZR	946; ExpressJet	

☐ N14947	Embraer EMB.145EP (ERJ-145EP)	145054	ex PT-SZT	947; ExpressJet
☐ N15948	Embraer EMB.145EP (ERJ-145EP)	145056	ex PT-SZV	948; ExpressJet
☐ N13949	Embraer EMB.145LR (ERJ-145LR)	145057	ex PT-SZW	949; ExpressJet
☐ N14950	Embraer EMB.145LR (ERJ-145LR)	145061	ex PT-SAE	950; ExpressJet
☐ N16951	Embraer EMB.145LR (ERJ-145LR)	145063	ex PT-SAG	951; ExpressJet
☐ N14952	Embraer EMB.145LR (ERJ-145LR)	145067	ex PT-SAL	952; ExpressJet
☐ N14953	Embraer EMB.145LR (ERJ-145LR)	145071	ex PT-SAP	953; ExpressJet
☐ N16954	Embraer EMB.145LR (ERJ-145LR)	145072	ex PT-SAQ	954; ExpressJet
☐ N13955	Embraer EMB.145LR (ERJ-145LR)	145075	ex PT-SAT	955; ExpressJet
☐ N13956	Embraer EMB.145LR (ERJ-145LR)	145078	ex PT-S	956; ExpressJet
☐ N12957	Embraer EMB.145LR (ERJ-145LR)	145080	ex PT-S	957; ExpressJet
☐ N13958	Embraer EMB.145LR (ERJ-145LR)	145085	ex PT-S	958; ExpressJet
☐ N14959	Embraer EMB.145LR (ERJ-145LR)	145091	ex PT-S	959; ExpressJet
☐ N14960	Embraer EMB.145LR (ERJ-145LR)	145100	ex PT-SBW	960; 100th c/s; ExpressJet
☐ N16961	Embraer EMB.145LR (ERJ-145LR)	145103	ex PT-S	961; ExpressJet
☐ N27962	Embraer EMB.145LR (ERJ-145LR)	145110	ex PT-S	962; ExpressJet
☐ N16963	Embraer EMB.145LR (ERJ-145LR)	145116	ex PT-SCS	963; ExpressJet
☐ N13964	Embraer EMB.145LR (ERJ-145LR)	145123	ex PT-SCZ	964; ExpressJet
☐ N13965	Embraer EMB.145LR (ERJ-145LR)	145125	ex PT-SDC	965; ExpressJet
☐ N19966	Embraer EMB.145LR (ERJ-145LR)	145131	ex PT-SDI	966; ExpressJet
☐ N12967	Embraer EMB.145LR (ERJ-145LR)	145133	ex PT-SDK	967; ExpressJet
☐ N13968	Embraer EMB.145LR (ERJ-145LR)	145138	ex PT-SDP	968; ExpressJet
☐ N13969	Embraer EMB.145LR (ERJ-145LR)	145141	ex PT-SDR	969; ExpressJet
☐ N13970	Embraer EMB.145LR (ERJ-145LR)	145146	ex PT-SDW	970; ExpressJet
☐ N22971	Embraer EMB.145LR (ERJ-145LR)	145149	ex PT-SDZ	971; ExpressJet
☐ N14972	Embraer EMB.145LR (ERJ-145LR)	145151	ex PT-SEC	972; ExpressJet
☐ N15973	Embraer EMB.145LR (ERJ-145LR)	145159	ex PT-S	973; ExpressJet
☐ N14974	Embraer EMB.145LR (ERJ-145LR)	145161	ex PT-S	974; ExpressJet
☐ N13975	Embraer EMB.145LR (ERJ-145LR)	145163	ex PT-S	975; ExpressJet
☐ N16976	Embraer EMB.145LR (ERJ-145LR)	145171	ex PT-SEV	976; ExpressJet
☐ N14977	Embraer EMB.145LR (ERJ-145LR)	145175	ex PT-SEX	977; ExpressJet
☐ N13978	Embraer EMB.145LR (ERJ-145LR)	145180	ex PT-SGC	978; ExpressJet
☐ N13979	Embraer EMB.145LR (ERJ-145LR)	145181	ex PT-SGD	979; ExpressJet
☐ N15980	Embraer EMB.145LR (ERJ-145LR)	145202	ex PT-SGT	980; ExpressJet
☐ N16981	Embraer EMB.145LR (ERJ-145LR)	145208	ex PT-SGY	981; ExpressJet
☐ N18982	Embraer EMB.145LR (ERJ-145LR)	145223	ex PT-SHI	982; ExpressJet
☐ N15983	Embraer EMB.145LR (ERJ-145LR)	145239	ex PT-SIE	983; ExpressJet
☐ N17984	Embraer EMB.145LR (ERJ-145LR)	145246	ex PT-SIK	984; ExpressJet
☐ N15985	Embraer EMB.145LR (ERJ-145LR)	145248	ex PT-SIL	985; ExpressJet
☐ N15986	Embraer EMB.145LR (ERJ-145LR)	145254	ex PT-SIO	986; ExpressJet
☐ N16987	Embraer EMB.145LR (ERJ-145LR)	145261	ex PT-SIU	987; ExpressJet
☐ N13988	Embraer EMB.145LR (ERJ-145LR)	145265	ex PT-SIX	988; ExpressJet
☐ N13989	Embraer EMB.145LR (ERJ-145LR)	145271	ex PT-SJN	989; ExpressJet
☐ N13990	Embraer EMB.145LR (ERJ-145LR)	145277	ex PT-SJT	990; ExpressJet
☐ N14991	Embraer EMB.145LR (ERJ-145LR)	145278	ex PT-SJU	991; ExpressJet
☐ N13992	Embraer EMB.145LR (ERJ-145LR)	145284	ex PT-SKB	992; ExpressJet
☐ N14993	Embraer EMB.145LR (ERJ-145LR)	145289	ex PT-SKG	993; ExpressJet
☐ N13994	Embraer EMB.145LR (ERJ-145LR)	145291	ex PT-SKI	994; ExpressJet
☐ N13995	Embraer EMB.145LR (ERJ-145LR)	145295	ex PT-SKM	995; ExpressJet
☐ N12996	Embraer EMB.145LR (ERJ-145LR)	145296	ex PT-SKN	996; ExpressJet
☐ N13997	Embraer EMB.145LR (ERJ-145LR)	145298	ex PT-SKP	997; ExpressJet
☐ N14998	Embraer EMB.145LR (ERJ-145LR)	145302	ex PT-SKT	998; ExpressJet
☐ N16999	Embraer EMB.145LR (ERJ-145LR)	145307	ex PT-SKY	999; ExpressJet
☐ N18101	Embraer EMB.145XR (ERJ-145XR)	145590	ex PT-SDC	101; ExpressJet
☐ N18102	Embraer EMB.145XR (ERJ-145XR)	145643	ex PT-SEE	102; ExpressJet
☐ N24103	Embraer EMB.145XR (ERJ-145XR)	145645	ex PT-SEF	103; ExpressJet
☐ N41104	Embraer EMB.145XR (ERJ-145XR)	145646	ex PT-SEG	104; ExpressJet
☐ N14105	Embraer EMB.145XR (ERJ-145XR)	145649	ex PT-SEJ	105; ExpressJet
☐ N11106	Embraer EMB.145XR (ERJ-145XR)	145650	ex PT-SEK	106; ExpressJet
☐ N11107	Embraer EMB.145XR (ERJ-145XR)	145654	ex PT-SEO	107; ExpressJet
☐ N17108	Embraer EMB.145XR (ERJ-145XR)	145655	ex PT-SEP	108; ExpressJet
☐ N11109	Embraer EMB.145XR (ERJ-145XR)	145657	ex PT-SER	109; ExpressJet
☐ N34110	Embraer EMB.145XR (ERJ-145XR)	145658	ex PT-SES	110; ExpressJet
☐ N34111	Embraer EMB.145XR (ERJ-145XR)	145659	ex PT-SET	111; ExpressJet
☐ N16112	Embraer EMB.145XR (ERJ-145XR)	145660	ex PT-SEU	112; ExpressJet
☐ N11113	Embraer EMB.145XR (ERJ-145XR)	145662	ex PT-SEW	113; ExpressJet
☐ N18114	Embraer EMB.145XR (ERJ-145XR)	145664	ex PT-SEY	114; ExpressJet
☐ N17115	Embraer EMB.145XR (ERJ-145XR)	145666	ex PT-SFA	115; ExpressJet
☐ N14116	Embraer EMB.145XR (ERJ-145XR)	145672	ex PT-SFF	116; ExpressJet
☐ N14117	Embraer EMB.145XR (ERJ-145XR)	145674	ex PT-SFH	117; ExpressJet
☐ N13118	Embraer EMB.145XR (ERJ-145XR)	145675	ex PT-SFI	118; ExpressJet
☐ N11119	Embraer EMB.145XR (ERJ-145XR)	145677	ex PT-SFK	119; ExpressJet
☐ N18120	Embraer EMB.145XR (ERJ-145XR)	145681	ex PT-SFN	120; ExpressJet
☐ N11121	Embraer EMB.145XR (ERJ-145XR)	145683	ex PT-SFP	121; ExpressJet
☐ N12122	Embraer EMB.145XR (ERJ-145XR)	145684	ex PT-SFQ	122; ExpressJet
☐ N13123	Embraer EMB.145XR (ERJ-145XR)	145688	ex PT-SFU	123; ExpressJet
☐ N13124	Embraer EMB.145XR (ERJ-145XR)	145689	ex PT-SFV	124; ExpressJet
☐ N14125	Embraer EMB.145XR (ERJ-145XR)	145690	ex PT-SFW	125; ExpressJet
☐ N12126	Embraer EMB.145XR (ERJ-145XR)	145693	ex PT-SFZ	126; ExpressJet
☐ N11127	Embraer EMB.145XR (ERJ-145XR)	145697	ex PT-SGC	127; ExpressJet
☐ N24128	Embraer EMB.145XR (ERJ-145XR)	145700	ex PT-SGE	128; ExpressJet

☐	N21129	Embraer EMB.145XR (ERJ-145XR)	145703	ex PT-SGH	129; ExpressJet	
☐	N21130	Embraer EMB.145XR (ERJ-145XR)	145704	ex PT-SGI	130; ExpressJet	
☐	N31131	Embraer EMB.145XR (ERJ-145XR)	145705	ex PT-SGJ	131; ExpressJet	
☐	N13132	Embraer EMB.145XR (ERJ-145XR)	145708	ex PT-SGL	132; ExpressJet	
☐	N13133	Embraer EMB.145XR (ERJ-145XR)	145712	ex PT-SGP	133; ExpressJet	
☐	N25134	Embraer EMB.145XR (ERJ-145XR)	145714	ex PT-SGR	134; ExpressJet	
☐	N12135	Embraer EMB.145XR (ERJ-145XR)	145718	ex PT-SGU	135; ExpressJet	
☐	N12136	Embraer EMB.145XR (ERJ-145XR)	145719	ex PT-SGV	136; ExpressJet	
☐	N17138	Embraer EMB.145XR (ERJ-145XR)	145727	ex PT-SHD	138; ExpressJet	
☐	N23139	Embraer EMB.145XR (ERJ-145XR)	145731	ex PT-SHH	139; ExpressJet	
☐	N11140	Embraer EMB.145XR (ERJ-145XR)	145732	ex PT-SHI	140; ExpressJet	
☐	N26141	Embraer EMB.145XR (ERJ-145XR)	145733	ex PT-SHJ	141; ExpressJet	
☐	N12142	Embraer EMB.145XR (ERJ-145XR)	145735	ex PT-SHL	142; ExpressJet	
☐	N14143	Embraer EMB.145XR (ERJ-145XR)	145739	ex PT-SHT	143; ExpressJet	
☐	N21144	Embraer EMB.145XR (ERJ-145XR)	145741	ex PT-SJA	144; ExpressJet	
☐	N12145	Embraer EMB.145XR (ERJ-145XR)	145745	ex PT-SJE	145; ExpressJet	
☐	N17146	Embraer EMB.145XR (ERJ-145XR)	145746	ex PT-SJF	146; ExpressJet	
☐	N16147	Embraer EMB.145XR (ERJ-145XR)	145749	ex PT-SJI	147; ExpressJet	
☐	N14148	Embraer EMB.145XR (ERJ-145XR)	145751	ex PT-SJK	148; ExpressJet	
☐	N16149	Embraer EMB.145XR (ERJ-145XR)	145753	ex PT-SJM	149; ExpressJet	
☐	N11150	Embraer EMB.145XR (ERJ-145XR)	145756	ex PT-SJP	150; ExpressJet	
☐	N16151	Embraer EMB.145XR (ERJ-145XR)	145758	ex PT-SJQ	151; ExpressJet	
☐	N27152	Embraer EMB.145XR (ERJ-145XR)	145759	ex PT-SJR	152; ExpressJet	
☐	N14153	Embraer EMB.145XR (ERJ-145XR)	145761	ex PT-SJS	153; ExpressJet	
☐	N21154	Embraer EMB.145XR (ERJ-145XR)	145772	ex PT-SMC	154; ExpressJet	
☐	N11155	Embraer EMB.145XR (ERJ-145XR)	145782	ex PT-SMJ	155; ExpressJet	
☐	N10156	Embraer EMB.145XR (ERJ-145XR)	145786	ex PT-SMN	156; ExpressJet	
☐	N12157	Embraer EMB.145XR (ERJ-145XR)	145787	ex PT-SMP	157; ExpressJet	
☐	N14158	Embraer EMB.145XR (ERJ-145XR)	145791	ex PT-SMS	158; ExpressJet	
☐	N17159	Embraer EMB.145XR (ERJ-145XR)	145792	ex PT-SMT	159; ExpressJet	
☐	N12160	Embraer EMB.145XR (ERJ-145XR)	145799	ex PT-SMZ	160; ExpressJet	
☐	N13161	Embraer EMB.145XR (ERJ-145XR)	14500805	ex PT-SNH	161; ExpressJet	
☐	N11164	Embraer EMB.145XR (ERJ-145XR)	14500817	ex PT-SNS	164; ExpressJet	
☐	N12166	Embraer EMB.145XR (ERJ-145XR)	14500831	ex PT-SQE	166; ExpressJet	
☐	N17169	Embraer EMB.145XR (ERJ-145XR)	14500844	ex PT-SQO	169; ExpressJet	
☐	N16170	Embraer EMB.145XR (ERJ-145XR)	14500850	ex PT-SQT	170; ExpressJet	
☐	N12172	Embraer EMB.145XR (ERJ-145XR)	14500864	ex PT-SXD	172; ExpressJet	
☐	N14177	Embraer EMB.145XR (ERJ-145XR)	14500888	ex PT-SYA	177; ExpressJet	
☐	N14180	Embraer EMB.145XR (ERJ-145XR)	14500900	ex PT-SYL	180; ExpressJet	
☐	N17185	Embraer EMB.145XR (ERJ-145XR)	14500922	ex PT-SOT	185; ExpressJet	
☐	N14186	Embraer EMB.145XR (ERJ-145XR)	14500924	ex PT-SOV	186; ExpressJet	
☐	N11187	Embraer EMB.145XR (ERJ-145XR)	14500927	ex PT-SOX	187; ExpressJet	
☐	N27190	Embraer EMB.145XR (ERJ-145XR)	14500934	ex PT-SCC	190; ExpressJet	
☐	N11191	Embraer EMB.145XR (ERJ-145XR)	14500935	ex PT-SCH	191; ExpressJet	
☐	N12195	Embraer EMB.145XR (ERJ-145XR)	14500943	ex PT-SCO	195; ExpressJet	
☐	N17196	Embraer EMB.145XR (ERJ-145XR)	14500945	ex PT-SCQ	196; ExpressJet	
☐	N21197	Embraer EMB.145XR (ERJ-145XR)	14500947	ex PT-SCS	197; ExpressJet	
☐	N27200	Embraer EMB.145XR (ERJ-145XR)	14500956	ex PT-SFE	200; ExpressJet	
☐	N13202	Embraer EMB.145XR (ERJ-145XR)	14500962	ex PT-SFJ	202; ExpressJet	
☐	N14203	Embraer EMB.145XR (ERJ-145XR)	14500964	ex PT-SFL	203; ExpressJet	
☐	N14204	Embraer EMB.145XR (ERJ-145XR)	14500968	ex PT-	204; ExpressJet	

Continental Express is the trading name for services operated by ExpressJet Airlines and Chautauqua Airlines;

CONTINENTAL MICRONESIA
Air Mike (CS/CMI) (IATA 596)   **Guam, GU (GUM)**

A wholly owned subsidiary of Continental Airlines and operates 10 Boeing 737-824/Ws leased from the parent

CORPJET
Beewee (CPJ)   **Baltimore-Martin State, MD (MTN)**

☐	N208HF	Cessna 208 Caravan I	20800116	ex C-GMPR		Lsd fr 208HF LLC
☐	N716BT	Cessna 208B Caravan I	208B0843	ex N5260Y	Freighter	Lsd fr Cardinal Lsg LLC
☐	N718BT	Cessna 208B Caravan I	208B0881		Freighter	Lsd fr C&R Lsg
☐	N719BT	Cessna 208B Caravan I	208B0898			Lsd fr KC Lsg
☐	N801TH	Cessna 208 Caravan I	20800123	ex N9680F		Lsd fr THAR Inc
☐	N801FL	Cessna 208B Caravan I	208B0809			Lsd fr Tarene Lsg
☐	N5YV	Beech 1900D	UE-5			Lsd fr RC Mustang

CorpJet is the trading name of Baltimore Air Transport

CORPORATE AIR
Air Spur (CPT)   **Billings-Logan Intl, MT (BIL)**

☐	N125AM	Embraer EMB.120FC Brasilia	120017	ex PT-SIM	Freighter	
☐	N210AS	Embraer EMB.120FC Brasilia	120006	ex PT-SIA	Freighter	
☐	N218AS	Embraer EMB.120FC Brasilia	120015	ex PT-SIK	Freighter	
☐	N223AS	Embraer EMB.120FC Brasilia	120021	ex PT-SIQ	Freighter	
☐	N319BH	Beech 1900C	UB-36	ex N19RA	Freighter	Lsd fr Skywalker Intl
☐	N330SB	Short SD.3-30	SH3013	ex N241CA	Freighter	Lsd fr Molo Lsg

☐	N331SB	Short SD.3-30	SH3015	ex N331CA	Freighter; stored HNL	
☐	N789US	Short SD.3-30	SH3002	ex N330US	Freighter	Lsd fr Molo Lsg
☐	N7254R	Beech 1900C	UB-22		Freighter	

Also operates Cessna Caravans leased from and on behalf of Federal Express from main base and subsidiary bases at Casper, WY; Denver, CO (DEN)); Grand Forks, ND; Ho Chi Ming City (SGN), Honolulu, HI (HNL) Salt Lake City, UT (SLC), San Juan, PR (SJO) and Subic Bay (SFS)

CORPORATE FLIGHT MANAGEMENT
Volunteer (VTE)   Smyrna, TN (MQY)

☐	N10UP	British Aerospace Jetstream 31	635	ex N635JX	
☐	N242BM	British Aerospace Jetstream 32	902	ex N3155	Lsd fr Jetstream Air
☐	N643JX	British Aerospace Jetstream 31	643	ex N421MX	Lsd fr Jetstream Air
☐	N657BA	British Aerospace Jetstream 31	657	ex N412MX	Lsd fr Jetstream Air

CSA AIR
Iron Air (IRO)   Iron Mountain--Ford, MI (IMT)

Operates Cessna Caravans leased from and behalf of Federal Express

CUSTOM AIR TRANSPORT
Catt (5R/CTT) (IATA 820)   Fort Lauderdale-Hollywood Intl, FL (FLL)

☐	N128NA	Boeing 727-2J7F (FedEx 3)	20879/1033		Lsd fr U-Boats Parts
☐	N511PE	Boeing 727-232F (FedEx 3)	20634/917	ex N452DA	Lsd fr U-Boats Parts
☐	N902PG	Boeing 727-281F (FedEx 3)	20725/958	ex OY-TNT	Lsd fr Pegasus
☐	N7635U	Boeing 727-222F (FedEx 3)	19908/653		Lsd fr U-Boats Parts
☐	N7643U	Boeing 727-222F (FedEx 3)	20037/701		Lsd fr U-Boats Parts
☐	N7644U	Boeing 727-222F (FedEx 3)	20038/716	stored ROW	Lsd fr U-Boats Parts
☐	N7645U	Boeing 727-222F (FedEx 3)	20039/720		Lsd fr U-Boats Parts
☐	N24343	Boeing 727-231F (Super 27)	21630/1458		Lsd fr Pacific AirCorp

Some operate for Charter America when required

DELTA AIR LINES
Delta (DL/DAL) (IATA 006)   Atlanta-Hartsfield Intl, GA (ATL)

☐	N371DA	Boeing 737-832	29619/115	ex N1787B	3701	
☐	N372DA	Boeing 737-832	29620/118	ex N1782B	3702	
☐	N373DA	Boeing 737-832	29621/123	ex N1800B	3703	
☐	N374DA	Boeing 737-832	29622/128	ex N1787B	3704	
☐	N375DA	Boeing 737-832	29623/145		3705	
☐	N376DA	Boeing 737-832	29624/176		3706	
☐	N377DA	Boeing 737-832	29625/264		3707	
☐	N378DA	Boeing 737-832	30265/340		3708	
☐	N379DA	Boeing 737-832	30349/351		3709	
☐	N380DA	Boeing 737-832	30266/361		3710	
☐	N381DN	Boeing 737-832	30350/365	ex (N381DA)	3711	
☐	N382DA	Boeing 737-832	30345/389		3712	
☐	N383DN	Boeing 737-832	30346/393	ex (N383DA)	3713	
☐	N384DA	Boeing 737-832	30347/412		3714	
☐	N385DN	Boeing 737-832	30348/418		3715	
☐	N386DA	Boeing 737-832	30373/446	ex N1780B	3716	
☐	N387DA	Boeing 737-832	30374/457	ex N1795B	3717	
☐	N388DA	Boeing 737-832	30375/469		3718	
☐	N389DA	Boeing 737-832	30376/513	ex N1787B	3719	
☐	N390DA	Boeing 737-832	30536/518	ex N6063S	3720	
☐	N391DA	Boeing 737-832	30560/535	ex N1787B	3721	
☐	N392DA	Boeing 737-832	30561/564		3722	
☐	N393DA	Boeing 737-832	30377/584	ex N1782B	3723	
☐	N394DA	Boeing 737-832	30562/589		3724	
☐	N395DN	Boeing 737-832	30773/604		3725	
☐	N396DA	Boeing 737-832	30378/632	ex N1795B	3726	Delta Shuttle
☐	N397DA	Boeing 737-832	30537/638		3727	Delta Shuttle
☐	N398DA	Boeing 737-832	30774/641		3728	Delta Shuttle
☐	N399DA	Boeing 737-832	30379/657		3729	Delta Shuttle
☐	N3730B	Boeing 737-832	30538/662		3730	Delta Shuttle
☐	N3731T	Boeing 737-832	30775/665		3731	Delta Shuttle
☐	N3732J	Boeing 737-832	30380/674		3732	Delta Shuttle
☐	N3733Z	Boeing 737-832	30539/685		3733	Delta Shuttle
☐	N3734B	Boeing 737-832	30776/689		3734	Delta Shuttle
☐	N3735D	Boeing 737-832	30381/694	ex (N3735J)	3735	Delta Shuttle
☐	N3736C	Boeing 737-832	30540/709		3736	Delta Shuttle
☐	N3737C	Boeing 737-832	30799/712		3737	
☐	N3738B	Boeing 737-832	30382/723		3738	
☐	N3739P	Boeing 737-832	30541/729		3739	
☐	N3740C	Boeing 737-832	30800/732		3740	
☐	N3741S	Boeing 737-832	30487/750		3741	
☐	N3742C	Boeing 737-832	30835/755	ex N1781B	3742	
☐	N3743H	Boeing 737-832	30836/770	ex N1795B	3743	
☐	N3744F	Boeing 737-832/W	30837/805		3744	

339

	Registration	Type	MSN/Line	Notes	Fleet	Remarks
☐	N3745B	Boeing 737-832	32373/831		3745	
☐	N3746H	Boeing 737-832	30488/842		3746	
☐	N3747D	Boeing 737-832	32374/846	ex N1787B	3747	
☐	N3748Y	Boeing 737-832	30489/865		3748	
☐	N3749D	Boeing 737-832	30490/867		3749	
☐	N3750D	Boeing 737-832	32375/870	ex N1787B	3750	
☐	N3751B	Boeing 737-832	30491/892		3751	
☐	N3752	Boeing 737-832	30492/894		3752	
☐	N3753	Boeing 737-832	32626/899		3753	
☐	N3754A	Boeing 737-832	29626/907		3754	
☐	N3755D	Boeing 737-832	29627/914		3755	
☐	N3756	Boeing 737-832	30493/917	ex N1799B	3756	
☐	N3757D	Boeing 737-832	30813/921		3757	
☐	N3758Y	Boeing 737-832	30814/923		3758	
☐	N3759	Boeing 737-832	30815/949		3759	
☐	N3760C	Boeing 737-832	30816/952	ex N1787B	3760	
☐	N3761R	Boeing 737-832	29628/964	ex N1784B	3761	
☐	N3762Y	Boeing 737-832	30817/968		3762	
☐	N3763D	Boeing 737-832	29629/1003	ex N1787B	3763	
☐	N3764D	Boeing 737-832	30818/1006		3764	
☐	N3765	Boeing 737-832	30819/1008	ex N1795B	3765	
☐	N3766	Boeing 737-832	30820/1029		3766	
☐	N3767	Boeing 737-832	30821/1031		3767	
☐	N3768	Boeing 737-832	29630/1053		3768	
☐	N3769L	Boeing 737-832	30822/1057		3769	
☐	N3771K	Boeing 737-832	29632/1103		3771	
☐	N37700	Boeing 737-832	29631/1074		3770	

Thirty-eight to be fitted with APB Boeing winglets plus ten Boeing 737-732/Ws are on order for delivery in 2010

	Registration	Type	MSN/Line	Notes	Fleet	Remarks
☐	N601DL	Boeing 757-232	22808/37		601	
☐	N602DL	Boeing 757-232	22809/39		602	Lsd fr WFBN
☐	N603DL	Boeing 757-232	22810/41		603	Lsd fr WFBN
☐	N604DL	Boeing 757-232	22811/43		604	Lsd fr WFBN
☐	N605DL	Boeing 757-232	22812/46		605	Lsd fr WFBN
☐	N606DL	Boeing 757-232	22813/49		606	
☐	N607DL	Boeing 757-232	22814/61		607	Lsd fr WFBN
☐	N608DA	Boeing 757-232	22815/64		608	
☐	N609DL	Boeing 757-232	22816/65		609	
☐	N610DL	Boeing 757-232	22817/66		610; pink colours	Lsd fr WFBN
☐	N611DL	Boeing 757-232	22818/71		611	Lsd fr WFBN
☐	N612DL	Boeing 757-232	22819/73		612	Lsd fr WFBN
☐	N613DL	Boeing 757-232	22820/84		613	
☐	N614DL	Boeing 757-232	22821/85		614	
☐	N615DL	Boeing 757-232	22822/87		615	
☐	N616DL	Boeing 757-232	22823/91		616	
☐	N617DL	Boeing 757-232	22907/92		617	
☐	N618DL	Boeing 757-232	22908/95		618	
☐	N619DL	Boeing 757-232	22909/101		619	
☐	N620DL	Boeing 757-232	22910/111		620; for CCI	Lsd fr 757 Aircraft One
☐	N621DL	Boeing 757-232	22911/112		621	
☐	N622DL	Boeing 757-232	22912/113		622	
☐	N623DL	Boeing 757-232	22913/118		623	
☐	N624DL	Boeing 757-232	22914/120		624	
☐	N625DL	Boeing 757-232	22915/126		625	Lsd fr WFBN
☐	N626DL	Boeing 757-232	22916/128		626	
☐	N627DL	Boeing 757-232	22917/129		627; Hank Aaron 755	Lsd fr WFBN
☐	N628DL	Boeing 757-232	22918/133		628	
☐	N629DL	Boeing 757-232	22919/134		629	
☐	N630DL	Boeing 757-232	22920/135		630	
☐	N631DL	Boeing 757-232	23612/138		631	
☐	N632DL	Boeing 757-232	23613/154		632	
☐	N633DL	Boeing 757-232	23614/157		633	
☐	N634DL	Boeing 757-232	23615/158		634	
☐	N635DL	Boeing 757-232	23762/159	ex 'N635DA'	635	
☐	N636DL	Boeing 757-232	23763/164		636	
☐	N637DL	Boeing 757-232	23760/171		637	
☐	N638DL	Boeing 757-232	23761/177		638	
☐	N639DL	Boeing 757-232	23993/198		639	
☐	N640DL	Boeing 757-232	23994/201		640	
☐	N641DL	Boeing 757-232	23995/202		641	Lsd fr Global A/c Lsg
☐	N642DL	Boeing 757-232	23996/205		642	
☐	N643DL	Boeing 757-232	23997/206		643	
☐	N644DL	Boeing 757-232	23998/207		644	
☐	N645DL	Boeing 757-232	24216/216		645	Lsd fr Global A/c Lsg
☐	N646DL	Boeing 757-232	24217/217		646	
☐	N647DL	Boeing 757-232	24218/222		647	
☐	N648DL	Boeing 757-232	24372/223		648	
☐	N649DL	Boeing 757-232	24389/229		649	
☐	N650DL	Boeing 757-232	24390/230		650	
☐	N651DL	Boeing 757-232	24391/238		651	
☐	N652DL	Boeing 757-232	24392/239		652	
☐	N653DL	Boeing 757-232	24393/261		653	Lsd fr Arkia Lsg
☐	N654DL	Bocing 757-232	24394/264		654	

	Registration	Type	MSN/LN	Fleet	Notes
☐	N655DL	Boeing 757-232	24395/265	655	
☐	N656DL	Boeing 757-232	24396/266	656	
☐	N657DL	Boeing 757-232	24419/286	657	
☐	N658DL	Boeing 757-232	24420/287	658	Lsd fr WFBN
☐	N659DL	Boeing 757-232	24421/293	659	Lsd fr WTCo
☐	N660DL	Boeing 757-232	24422/294	660	Lsd fr WTCo
☐	N661DN	Boeing 757-232	24972/335	661	
☐	N662DN	Boeing 757-232	24991/342	662	
☐	N663DN	Boeing 757-232	24992/343	663	
☐	N664DN	Boeing 757-232	25012/347	664	
☐	N665DN	Boeing 757-232	25013/349	665	
☐	N666DN	Boeing 757-232	25034/354	666	
☐	N667DN	Boeing 757-232	25035/355	667	
☐	N668DN	Boeing 757-232	25141/376	668	
☐	N669DN	Boeing 757-232	25142/377	669	
☐	N670DN	Boeing 757-232	25331/415	670	
☐	N671DN	Boeing 757-232	25332/416	671	
☐	N672DL	Boeing 757-232	25977/429	672	
☐	N673DL	Boeing 757-232	25978/430	673	
☐	N674DL	Boeing 757-232	25979/439	674	
☐	N675DL	Boeing 757-232	25980/448	675	
☐	N676DL	Boeing 757-232	25981/455	676	
☐	N677DL	Boeing 757-232	25982/456	677	
☐	N678DL	Boeing 757-232	25983/465	678	
☐	N679DA	Boeing 757-232	26955/500	679	
☐	N680DA	Boeing 757-232	26956/502	680	
☐	N681DA	Boeing 757-232	26957/516	681	
☐	N682DA	Boeing 757-232	26958/518	682	
☐	N683DA	Boeing 757-232	27103/533	683	
☐	N684DA	Boeing 757-232	27104/535	684	
☐	N685DA	Boeing 757-232	27588/667	685	
☐	N686DA	Boeing 757-232	27589/689	686	
☐	N687DL	Boeing 757-232	27586/800	687	
☐	N688DL	Boeing 757-232	27587/803	688	
☐	N689DL	Boeing 757-232	27172/807	689	
☐	N690DL	Boeing 757-232	27585/808	690	
☐	N692DL	Boeing 757-232	29724/820	ex N1799B	692
☐	N693DL	Boeing 757-232	29725/826	ex N1799B	693
☐	N694DL	Boeing 757-232	29726/831		694
☐	N695DL	Boeing 757-232	29727/838	ex N1795B	695
☐	N696DL	Boeing 757-232	29728/845	ex N1795B	696
☐	N697DL	Boeing 757-232	30318/880	ex N1795B	697
☐	N698DL	Boeing 757-232	29911/885		698
☐	N699DL	Boeing 757-232	29970/887	ex N1795B	699
☐	N702TW	Boeing 757-2Q8/W	28162/732		Lsd fr ILFC
☐	N703TW	Boeing 757-2Q8ER/W	27620/736		Lsd fr ILFC
☐	N704X	Boeing 757-2Q8/W	28163/741		Lsd fr ILFC
☐	N705TW	Boeing 757-231/W	28479/742	on order	Lsd fr Pegasus
☐	N706TW	Boeing 757-2Q8/W	28165/743		Lsd fr ILFC
☐	N707TW	Boeing 757-2Q8ER/W	27625/744	6805	Lsd fr ILFC
☐	N709TW	Boeing 757-2Q8/W	28168/754		Lsd fr ILFC
☐	N710TW	Boeing 757-2Q8/W	28169/757	6807	Lsd fr ILFC
☐	N711ZX	Boeing 757-231	28481/758	on order	Lsd fr ILFC
☐	N712TW	Boeing 757-2Q8ER/W	27624/760		Lsd fr Castle 2003-1A LLC
☐	N713TW	Boeing 757-2Q8/W	28173/764		Lsd fr Castle 2003-2A LLC
☐	N717TW	Boeing 757-231/W	28485/854	on order	Lsd fr Pegasus
☐	N718TW	Boeing 757-231	28486/869		Lsd fr ILFC
☐	N721TW	Boeing 757-231/W	29954/874		Lsd fr ILFC
☐	N727TW	Boeing 757-231/W	30340/901	on order	Lsd fr Pegasus
☐	N750AT	Boeing 757-212ER	23126/45	ex 9V-SGL	6902
☐	N751AT	Boeing 757-212ER	23125/44	ex 9V-SGK	6901
☐	N752AT	Boeing 757-212ER	23128/48	ex 9V-SGN	6904
☐	N757AT	Boeing 757-212ER	23127/47	ex 9V-SGM	6903
☐	N900PC	Boeing 757-26D	28446/740	691	
☐	N6700	Boeing 757-232	30337/890	6700	
☐	N6701	Boeing 757-232	30187/892	6701	
☐	N6702	Boeing 757-232	30188/898	6702	
☐	N6703D	Boeing 757-232	30234/908	ex N1795B	6703
☐	N6704Z	Boeing 757-232	30396/914	ex N1795B	6704
☐	N6705Y	Boeing 757-232	30397/917	6705	
☐	N6706Q	Boeing 757-232	30422/921	6706	
☐	N6707A	Boeing 757-232	30395/927	6707	
☐	N6708D	Boeing 757-232	30480/934	6708	
☐	N6709	Boeing 757-232	30481/937	6709	
☐	N6710E	Boeing 757-232	30482/939	6710	
☐	N6711M	Boeing 757-232	30483/941	6711	
☐	N6712B	Boeing 757-232	30484/942	6712	
☐	N6713Y	Boeing 757-232	30777/944	6713	
☐	N6714Q	Boeing 757-232	30485/949	6714	
☐	N6715C	Boeing 757-232	30486/953	6715	
☐	N6716C	Boeing 757-232	30838/955	6716	
☐	N67171	Boeing 757-232	30839/959	6717	

☐	N121DE	Boeing 767-332	23435/162		121	
☐	N122DL	Boeing 767-332	23436/163		122	
☐	N123DN	Boeing 767-332	23437/188		123	
☐	N124DE	Boeing 767-332	23438/189		124	
☐	N125DL	Boeing 767-332	24075/200		125	
☐	N126DL	Boeing 767-332	24076/201		126	
☐	N127DL	Boeing 767-332	24077/203		127	
☐	N128DL	Boeing 767-332	24078/207		128	
☐	N129DL	Boeing 767-332	24079/209		129	
☐	N130DL	Boeing 767-332	24080/216		130	
☐	N131DN	Boeing 767-332	24852/320		131	
☐	N132DN	Boeing 767-332	24981/345		132	
☐	N133DN	Boeing 767-332	24982/348		133	
☐	N134DL	Boeing 767-332	25123/353		134	
☐	N135DL	Boeing 767-332	25145/356		135	
☐	N136DL	Boeing 767-332	25146/374		136	
☐	N137DL	Boeing 767-332	25306/392		137	
☐	N138DL	Boeing 767-332	25409/410		138	
☐	N139DL	Boeing 767-332	25984/427		139	
☐	N140LL	Boeing 767-332	25988/499		1401	
☐	N143DA	Boeing 767-332	25991/721		1403	
☐	N144DA	Boeing 767-332	27584/751		1404	
☐	N152DL	Boeing 767-3P6ER	24984/339	ex A4O-GM	1502	
☐	N153DL	Boeing 767-3P6ER	24985/340	ex A4O-GN	1503	
☐	N154DL	Boeing 767-3P6ER	25241/389	ex A4O-GO	1504	
☐	N155DL	Boeing 767-3P6ER	25269/390	ex A4O-GP	1505	
☐	N156DL	Boeing 767-3P6ER	25354/406	ex A4O-GR	1506	
☐	N169DZ	Boeing 767-332ER	29689/706		1601	
☐	N171DN	Boeing 767-332ER	24759/304		171	
☐	N171DZ	Boeing 767-332ER	29690/717		1701; Habitat for Humanity colours	
☐	N172DN	Boeing 767-332ER	24775/312		172	
☐	N172DZ	Boeing 767-332ER	29691/719		1702	
☐	N173DN	Boeing 767-332ER	24800/313		173	
☐	N173DZ	Boeing 767-332ER	29692/723		1703	
☐	N174DN	Boeing 767-332ER	24802/317		174	
☐	N174DZ	Boeing 767-332ER	29693/725		1704	
☐	N175DN	Boeing 767-332ER	24803/318		175	
☐	N175DZ	Boeing 767-332ER	29696/740		1705	
☐	N176DN	Boeing 767-332ER	25061/341		176	
☐	N176DZ	Boeing 767-332ER	29697/745		1706	
☐	N177DN	Boeing 767-332ER	25122/346		177	
☐	N177DZ	Boeing 767-332ER	29698/750		1707	
☐	N178DN	Boeing 767-332ER	25143/349		178	
☐	N178DZ	Boeing 767-332ER	30596/795		1708	
☐	N179DN	Boeing 767-332ER	25144/350		179	Lsd fr WFBN
☐	N180DN	Boeing 767-332ER	25985/428		180	
☐	N181DN	Boeing 767-332ER	25986/446		181	
☐	N182DN	Boeing 767-332ER	25987/461		182	
☐	N183DN	Boeing 767-332ER	27110/492		183	
☐	N184DN	Boeing 767-332ER	27111/496		184	
☐	N185DN	Boeing 767-332ER	27961/576		185	
☐	N186DN	Boeing 767-332ER	27962/585		186	
☐	N187DN	Boeing 767-332ER	27582/617		187	
☐	N188DN	Boeing 767-332ER	27583/631		188	
☐	N189DN	Boeing 767-332ER	25990/646		189	
☐	N190DN	Boeing 767-332ER	28447/653		190	
☐	N191DN	Boeing 767-332ER	28448/654		191	
☐	N192DN	Boeing 767-332ER	28449/664		192	
☐	N193DN	Boeing 767-332ER	28450/671		193	
☐	N194DN	Boeing 767-332ER	28451/675		194	
☐	N195DN	Boeing 767-332ER	28452/676		195	
☐	N196DN	Boeing 767-332ER	28453/679		196	
☐	N197DN	Boeing 767-332ER	28454/683		197	
☐	N198DN	Boeing 767-332ER	28455/685		198	
☐	N199DN	Boeing 767-332ER	28456/690		199	
☐	N394DL	Boeing 767-324ER	27394/572	ex HL7505	1521	Lsd fr GECAS
☐	N1200K	Boeing 767-332ER	28457/696		1200	
☐	N1201P	Boeing 767-332ER	28458/697		1201	
☐	N1402A	Boeing 767-332	25989/506		1402	
☐	N1501P	Boeing 767-3P6ER	24983/334	ex A4O-GL	1501	
☐	N1602	Boeing 767-332ER	29694/735		1602	
☐	N1603	Boeing 767-332ER	29695/736		1603	
☐	N1604R	Boeing 767-332ER	30180/749		1604	
☐	N1605	Boeing 767-332ER	30198/753		1605	
☐	N1607B	Boeing 767-332ER	30388/787		1607	
☐	N1608	Boeing 767-332ER	30573/788		1608	
☐	N1609	Boeing 767-332ER	30574/789		1609	
☐	N1610D	Boeing 767-332ER	30594/790		1610	
☐	N1611B	Boeing 767-332ER	30595/794		1611	
☐	N1612T	Boeing 767-332ER	30575/838		1612	
☐	N1613B	Boeing 767-332ER	32776/847		1613	
☐	N16065	Boeing 767-332ER	30199/755		1606	

All Boeing 767-300ERs are to be fitted with APB Boeing winglets by 2010

☐	N825MH	Boeing 767-432ER	29703/758	ex N6067U	1801	
☐	N826MH	Boeing 767-432ER	29713/769		1802	
☐	N827MH	Boeing 767-432ER	29705/773	ex N76400	1803	
☐	N828MH	Boeing 767-432ER	29699/791		1804	
☐	N829MH	Boeing 767-432ER	29700/801		1805	
☐	N830MH	Boeing 767-432ER	29701/803		1806	
☐	N831MH	Boeing 767-432ER	29702/804		1807	
☐	N832MH	Boeing 767-432ER	29704/807		1808	
☐	N833MH	Boeing 767-432ER	29706/810		1809	
☐	N834MH	Boeing 767-432ER	29707/813		1810	
☐	N835MH	Boeing 767-432ER	29708/814		1811	
☐	N836MH	Boeing 767-432ER	29709/818		1812	
☐	N837MH	Boeing 767-432ER	29710/820		1813	
☐	N838MH	Boeing 767-432ER	29711/821		1814	
☐	N839MH	Boeing 767-432ER	29712/824		1815	
☐	N840MH	Boeing 767-432ER	29718/830		1816	
☐	N841MH	Boeing 767-432ER	29714/855		1817	
☐	N842MH	Boeing 767-432ER	29715/856		1818	
☐	N843MH	Boeing 767-432ER	29716/865		1819	
☐	N844MH	Boeing 767-432ER	29717/871		1820	
☐	N845MH	Boeing 767-432ER	29719/874		1821	
☐	N701DN	Boeing 777-232LR	29740/697		on order	
☐	N702DN	Boeing 777-232LR	29741		on order	
☐	N703DN	Boeing 777-232LR			on order	
☐	N860DA	Boeing 777-232ER	29951/202		7001	
☐	N861DA	Boeing 777-232ER	29952/207		7002	
☐	N862DA	Boeing 777-232ER	29734/235	ex N5022E	7003	
☐	N863DA	Boeing 777-232ER	29735/245	ex N5014K	7004	
☐	N864DA	Boeing 777-232ER	29736/249	ex N50217	7005	
☐	N865DA	Boeing 777-232ER	29737/257		7006	
☐	N866DA	Boeing 777-232ER	29738/261		7007	
☐	N867DA	Boeing 777-232ER	29743/387		7008	
☐	N868DA	Boeing 777-232ER			7009; on order	
☐	N869DA	Boeing 777-232ER			7010; on order	

Five more Boeing 777-232LRs are on order for delivery in 2009

☐	N900DE	McDonnell-Douglas MD-88	53372/1970		9000	
☐	N901DE	McDonnell-Douglas MD-88	53378/1980		9001	
☐	N901DL	McDonnell-Douglas MD-88	49532/1338		901; stored VCV	Lsd fr WFBN
☐	N902DE	McDonnell-Douglas MD-88	53379/1983		9002	
☐	N902DL	McDonnell-Douglas MD-88	49533/1341		902	Lsd fr WFBN
☐	N903DE	McDonnell-Douglas MD-88	53380/1986		9003	
☐	N903DL	McDonnell-Douglas MD-88	49534/1344		903	Lsd fr WFBN
☐	N904DE	McDonnell-Douglas MD-88	53409/1990		9004	
☐	N904DL	McDonnell-Douglas MD-88	49535/1347		904	
☐	N905DE	McDonnell-Douglas MD-88	53410/1992		9005	
☐	N905DL	McDonnell-Douglas MD-88	49536/1348		905	
☐	N906DE	McDonnell-Douglas MD-88	53415/2027		9006	
☐	N906DL	McDonnell-Douglas MD-88	49537/1355		906	
☐	N907DE	McDonnell-Douglas MD-88	53416/2029		9007	
☐	N907DL	McDonnell-Douglas MD-88	49538/1365		907	
☐	N908DE	McDonnell-Douglas MD-88	53417/2032		9008	
☐	N908DL	McDonnell-Douglas MD-88	49539/1366		908	
☐	N909DE	McDonnell-Douglas MD-88	53418/2033		9009	
☐	N909DL	McDonnell-Douglas MD-88	49540/1395		909	
☐	N910DE	McDonnell-Douglas MD-88	53419/2036		9010	
☐	N910DL	McDonnell-Douglas MD-88	49541/1416		910	
☐	N911DE	McDonnell-Douglas MD-88	49967/2037		9011	
☐	N911DL	McDonnell-Douglas MD-88	49542/1433		911	
☐	N912DE	McDonnell-Douglas MD-88	49997/2038		9012	
☐	N912DL	McDonnell-Douglas MD-88	49543/1434		912	
☐	N913DE	McDonnell-Douglas MD-88	49956/2039		9013	
☐	N913DL	McDonnell-Douglas MD-88	49544/1443		913	
☐	N914DE	McDonnell-Douglas MD-88	49957/2049		9014	
☐	N914DL	McDonnell-Douglas MD-88	49545/1444		914	
☐	N915DE	McDonnell-Douglas MD-88	53420/2050		9015; Delta Shuttle	
☐	N915DL	McDonnell-Douglas MD-88	49546/1447		915	
☐	N916DE	McDonnell-Douglas MD-88	53421/2051		9016	
☐	N916DL	McDonnell-Douglas MD-88	49591/1448		916	
☐	N917DE	McDonnell-Douglas MD-88	49958/2054		9017	
☐	N917DL	McDonnell-Douglas MD-88	49573/1469		917	
☐	N918DE	McDonnell-Douglas MD-88	49959/2055		9018	
☐	N918DL	McDonnell-Douglas MD-88	49583/1470		918; stored VCV	
☐	N919DE	McDonnell-Douglas MD-88	53422/2058		9019	
☐	N919DL	McDonnell-Douglas MD-88	49584/1471		919	Lsd fr WTCo
☐	N920DE	McDonnell-Douglas MD-88	53423/2059		9020	
☐	N920DL	McDonnell-Douglas MD-88	49644/1473		920	Lsd fr WTCo
☐	N921DL	McDonnell-Douglas MD-88	49645/1480		921	Lsd fr WTCo
☐	N922DL	McDonnell-Douglas MD-88	49646/1481		922	

☐	N923DL	McDonnell-Douglas MD-88	49705/1491	923	
☐	N924DL	McDonnell-Douglas MD-88	49711/1492	924; stored VCV	
☐	N925DL	McDonnell-Douglas MD-88	49712/1500	925	
☐	N926DL	McDonnell-Douglas MD-88	49713/1523	926	
☐	N927DA	McDonnell-Douglas MD-88	49714/1524	927	
☐	N928DL	McDonnell-Douglas MD-88	49715/1530	928	
☐	N929DL	McDonnell-Douglas MD-88	49716/1531	929	
☐	N930DL	McDonnell-Douglas MD-88	49717/1532	930	
☐	N931DL	McDonnell-Douglas MD-88	49718/1533	931	
☐	N932DL	McDonnell-Douglas MD-88	49719/1570	932	
☐	N933DL	McDonnell-Douglas MD-88	49720/1571	933	
☐	N934DL	McDonnell-Douglas MD-88	49721/1574	934	
☐	N935DL	McDonnell-Douglas MD-88	49722/1575	935	
☐	N936DL	McDonnell-Douglas MD-88	49723/1576	936	
☐	N937DL	McDonnell-Douglas MD-88	49810/1588	937	
☐	N938DL	McDonnell-Douglas MD-88	49811/1590	938	
☐	N939DL	McDonnell-Douglas MD-88	49812/1593	939	
☐	N940DL	McDonnell-Douglas MD-88	49813/1599	940	
☐	N941DL	McDonnell-Douglas MD-88	49814/1602	941	
☐	N942DL	McDonnell-Douglas MD-88	49815/1605	942	
☐	N943DL	McDonnell-Douglas MD-88	49816/1608	943	
☐	N944DL	McDonnell-Douglas MD-88	49817/1612	944	
☐	N945DL	McDonnell-Douglas MD-88	49818/1613	945	
☐	N946DL	McDonnell-Douglas MD-88	49819/1629	946	
☐	N947DL	McDonnell-Douglas MD-88	49878/1664	947	
☐	N948DL	McDonnell-Douglas MD-88	49879/1666	948	
☐	N949DL	McDonnell-Douglas MD-88	49880/1676	949	
☐	N950DL	McDonnell-Douglas MD-88	49881/1677	950	
☐	N951DL	McDonnell-Douglas MD-88	49882/1679	951	
☐	N952DL	McDonnell-Douglas MD-88	49883/1683	952	
☐	N953DL	McDonnell-Douglas MD-88	49884/1685	953	Lsd fr WFBN
☐	N954DL	McDonnell-Douglas MD-88	49885/1689	954	
☐	N955DL	McDonnell-Douglas MD-88	49886/1691	955	
☐	N956DL	McDonnell-Douglas MD-88	49887/1699	956	
☐	N957DL	McDonnell-Douglas MD-88	49976/1700	957	
☐	N958DL	McDonnell-Douglas MD-88	49977/1701	958	Lsd fr WFBN
☐	N959DL	McDonnell-Douglas MD-88	49978/1710	959	
☐	N960DL	McDonnell-Douglas MD-88	49979/1711	960	
☐	N961DL	McDonnell-Douglas MD-88	49980/1712	961	
☐	N962DL	McDonnell-Douglas MD-88	49981/1725	962	
☐	N963DL	McDonnell-Douglas MD-88	49982/1726	963	
☐	N964DL	McDonnell-Douglas MD-88	49983/1747	964	
☐	N965DL	McDonnell-Douglas MD-88	49984/1748	965	Lsd fr WTCo
☐	N966DL	McDonnell-Douglas MD-88	53115/1795	966	
☐	N967DL	McDonnell-Douglas MD-88	53116/1796	967	
☐	N968DL	McDonnell-Douglas MD-88	53161/1808	968	Lsd fr WTCo
☐	N969DL	McDonnell-Douglas MD-88	53172/1810	969	Lsd fr WTCo
☐	N970DL	McDonnell-Douglas MD-88	53173/1811	970	Lsd fr WTCo
☐	N971DL	McDonnell-Douglas MD-88	53214/1823	971	
☐	N972DL	McDonnell-Douglas MD-88	53215/1824	972	
☐	N973DL	McDonnell-Douglas MD-88	53241/1832	973	
☐	N974DL	McDonnell-Douglas MD-88	53242/1833	974	
☐	N975DL	McDonnell-Douglas MD-88	53243/1834	975	
☐	N976DL	McDonnell-Douglas MD-88	53257/1845	976	
☐	N977DL	McDonnell-Douglas MD-88	53258/1848	977	Lsd fr WTCo
☐	N978DL	McDonnell-Douglas MD-88	53259/1849	978	
☐	N979DL	McDonnell-Douglas MD-88	53266/1859	979	
☐	N980DL	McDonnell-Douglas MD-88	53267/1860	980	
☐	N981DL	McDonnell-Douglas MD-88	53268/1861	981	Lsd fr WTCo
☐	N982DL	McDonnell-Douglas MD-88	53273/1870	982	Lsd fr WFBN
☐	N983DL	McDonnell-Douglas MD-88	53274/1873	983	Lsd fr WFBN
☐	N984DL	McDonnell-Douglas MD-88	53311/1912	984	
☐	N985DL	McDonnell-Douglas MD-88	53312/1914	985	
☐	N986DL	McDonnell-Douglas MD-88	53313/1924	986	
☐	N987DL	McDonnell-Douglas MD-88	53338/1926	987	
☐	N988DL	McDonnell-Douglas MD-88	53339/1928	988	
☐	N989DL	McDonnell-Douglas MD-88	53341/1936	989	
☐	N990DL	McDonnell-Douglas MD-88	53342/1939	990	
☐	N991DL	McDonnell-Douglas MD-88	53343/1941	991	
☐	N992DL	McDonnell-Douglas MD-88	53344/1943	992	
☐	N993DL	McDonnell-Douglas MD-88	53345/1950	993	
☐	N994DL	McDonnell-Douglas MD-88	53346/1952	994	
☐	N995DL	McDonnell-Douglas MD-88	53362/1955	995	
☐	N996DL	McDonnell-Douglas MD-88	53363/1958	996	
☐	N997DL	McDonnell-Douglas MD-88	53364/1961	997	
☐	N998DL	McDonnell-Douglas MD-88	53370/1963	998	
☐	N999DN	McDonnell-Douglas MD-88	53371/1965	999	

Nine operate services as Delta Shuttle based at New York-La Guardia, NY

☐	N901DA	McDonnell-Douglas MD-90-30	53381/2100	ex N902DC	9201
☐	N902DA	McDonnell-Douglas MD-90-30	53382/2094		9202
☐	N903DA	McDonnell-Douglas MD-90-30	53383/2095		9203
☐	N904DA	McDonnell-Douglas MD-90-30	53384/2096		9204

☐	N905DA	McDonnell-Douglas MD-90-30	53385/2097		9205	
☐	N906DA	McDonnell-Douglas MD-90-30	53386/2099		9206	
☐	N907DA	McDonnell-Douglas MD-90-30	53387/2115		9207	
☐	N908DA	McDonnell-Douglas MD-90-30	53388/2117		9208	
☐	N909DA	McDonnell-Douglas MD-90-30	53389/2122		9209	
☐	N910DN	McDonnell-Douglas MD-90-30	53390/2123		9210	
☐	N911DA	McDonnell-Douglas MD-90-30	53391/2126		9211	
☐	N912DN	McDonnell-Douglas MD-90-30	53392/2136		9212	
☐	N913DN	McDonnell-Douglas MD-90-30	53393/2154		9213	
☐	N914DN	McDonnell-Douglas MD-90-30	53394/2156		9214	
☐	N915DN	McDonnell-Douglas MD-90-30	53395/2159		9215	
☐	N916DN	McDonnell-Douglas MD-90-30	53396/2161		9216	
☐	N	McDonnell-Douglas MD-90-30	53523/2143	ex B-2250	on order	
☐	N	McDonnell-Douglas MD-90-30	53524/2146	ex B-2251	on order	Lsd fr Boeing Finance
☐	N	McDonnell-Douglas MD-90-30	53525/2150	ex B-2252	on order	
☐	N	McDonnell-Douglas MD-90-30	53526/2170	ex B-2253	on order	
☐	N	McDonnell-Douglas MD-90-30	53527/2175	ex B-2254	on order	
☐	N	McDonnell-Douglas MD-90-30	53528/2177	ex B-2255	on order	
☐	N	McDonnell-Douglas MD-90-30	53529/2220	ex B-2259	on order	
☐	N	McDonnell-Douglas MD-90-30	53530/2222	ex B-2260	on order	
☐	N	McDonnell-Douglas MD-90-30	53531/2228	ex B-2261	on order	
☐	N	McDonnell-Douglas MD-90-30	53532/2253	ex B-2266	on order	
☐	N	McDonnell-Douglas MD-90-30	53533/2258	ex B-2267	on order	

Emerged from Chapter 11 bankruptcy protection on 30 April 2007 having filed on 14 September 2005
Services are also operated in conjunction with Comair (wholly owned), Atlantic Southeast Airlines, Chautauqua, ExpressJet Airlines, Freedom Airlines, Trans State and SkyWest as the "Delta Connection" with some aircraft owned by Delta and leased to the operators. Also operates corporate jet-charter subsidiary Delta AirElite Business Jets [EBU]
Founder member of Sky Team alliance with Air France, Korean Air and Aeromexico

DELTA CONNECTION
(DL/DAL)   Cincinnati-Northern Kentucky Intl, OH/Atlanta-Hartsfield Intl, GA/Orlando-Intl, FL (CVG/ATL/MCO)

☐	N630AS	ATR 72-212		336	ex F-WWLS	Atlantic Southeast
☐	N631AS	ATR 72-212		362	ex F-WWEZ	Atlantic Southeast
☐	N632AS	ATR 72-212		338	ex F-WWLT	Atlantic Southeast
☐	N633AS	ATR 72-212		344	ex F-WWLC	Atlantic Southeast
☐	N634AS	ATR 72-212		370	ex F-WWEF	Atlantic Southeast
☐	N635AS	ATR 72-212		372	ex F-WWEP	Atlantic Southeast
☐	N636AS	ATR 72-212		375	ex F-WWLW	Atlantic Southeast
☐	N637AS	ATR 72-212		383	ex F-WWEB	Atlantic Southeast
☐	N640AS	ATR 72-212		405	ex F-WWLP	Atlantic Southeast
☐	N641AS	ATR 72-212		387	ex F-WWLG	Atlantic Southeast
☐	N642AS	ATR 72-212		395	ex F-WWLJ	Atlantic Southeast
☐	N643AS	ATR 72-212		413	ex F-WWLC	Atlantic Southeast
☐	N403CA	Canadair CL-600-2B19 (CRJ-200ER)	7428	ex N896AS	7428 Comair	
☐	N403SW	Canadair CL-600-2B19 (CRJ-200ER)	7028	ex C-FMNB	7028 SkyWest	
☐	N405SW	Canadair CL-600-2B19 (CRJ-200ER)	7029	ex C-FMND	7029 SkyWest	
☐	N406SW	Canadair CL-600-2B19 (CRJ-200ER)	7030	ex C-FMNH	7030 SkyWest Lsd fr Banc of America	
☐	N407SW	Canadair CL-600-2B19 (CRJ-200ER)	7034	ex C-FVAZ	7034 SkyWest	Lsd fr Wachovia
☐	N408CA	Canadair CL-600-2B19 (CRJ-200ER)	7440	ex C-FMLQ	7440 Comair	Lsd fr WFBN
☐	N408SW	Canadair CL-600-2B19 (CRJ-200ER)	7055	ex C-FMMW	7055 SkyWest	
☐	N409CA	Canadair CL-600-2B19 (CRJ-200ER)	7441	ex C-FMLS	7441 Comair	Lsd fr WFBN
☐	N409SW	Canadair CL-600-2B19 (CRJ-200ER)	7056	ex C-FMMX	7056 SkyWest	
☐	N410SW	Canadair CL-600-2B19 (CRJ-200ER)	7066	ex C-FMOL	7066 SkyWest	
☐	N411SW	Canadair CL-600-2B19 (CRJ-200ER)	7067	ex C-FMOS	7067 SkyWest	
☐	N412SW	Canadair CL-600-2B19 (CRJ-200ER)	7101	ex C-FMMX	7101 SkyWest	
☐					SkyWest 30th anniversary colours	
☐	N416CA	Canadair CL-600-2B19 (CRJ-200ER)	7450	ex N493SW	7450 Comair	Lsd fr WFBN
☐	N416SW	Canadair CL-600-2B19 (CRJ-200ER)	7089	ex N60SR	7089 SkyWest	
☐	N417SW	Canadair CL-600-2B19 (CRJ-200ER)	7400	ex C-FMMW	7400 SkyWest	
☐	N418SW	Canadair CL-600-2B19 (CRJ-200ER)	7446	ex C-FMNW	7446 SkyWest	
☐	N420CA	Canadair CL-600-2B19 (CRJ-200ER)	7451	ex C-FVAZ	7451 Comair	Lsd fr WTCo
☐	N423SW	Canadair CL-600-2B19 (CRJ-200ER)	7456	ex C-FMMB	7456 SkyWest	
☐	N426SW	Canadair CL-600-2B19 (CRJ-200ER)	7468	ex C-FMLF	7468 SkyWest	
☐	N427CA	Canadair CL-600-2B19 (CRJ-200ER)	7460	ex N897AS	7460 Comair	
☐	N427SW	Canadair CL-600-2B19 (CRJ-200ER)	7497	ex C-FMLB	7497 SkyWest	
☐	N429SW	Canadair CL-600-2B19 (CRJ-200ER)	7518	ex C-FMMN	7518 SkyWest	
☐	N430CA	Canadair CL-600-2B19 (CRJ-200ER)	7461	ex N898AS	7461 Comair	
☐	N430SW	Canadair CL-600-2B19 (CRJ-200ER)	7523	ex C-FMNB	7523 SkyWest	
☐	N431SW	Canadair CL-600-2B19 (CRJ-200ER)	7536	ex C-FMNW	7536 SkyWest	
☐	N432SW	Canadair CL-600-2B19 (CRJ-200ER)	7548	ex C-GJFG	7548 SkyWest	
☐	N433SW	Canadair CL-600-2B19 (CRJ-200ER)	7550	ex C-GJFH	7550 SkyWest	
☐	N435CA	Canadair CL-600-2B19 (CRJ-200ER)	7473	ex N496SW	7473 Comair	Lsd fr WFBN
☐	N435SW	Canadair CL-600-2B19 (CRJ-200ER)	7555	ex C-GJHK	7555 SkyWest	
☐	N436CA	Canadair CL-600-2B19 (CRJ-200ER)	7482	ex N497SW	7482 Comair	
☐	N437SW	Canadair CL-600-2B19 (CRJ-200ER)	7564	ex C-GJIA	7564 SkyWest	
☐	N438SW	Canadair CL-600-2B19 (CRJ-200ER)	7574	ex C-FMLU	7574 SkyWest	
☐	N439SW	Canadair CL-600-2B19 (CRJ-200ER)	7578	ex C-FMMN	7578 SkyWest	
☐	N440SW	Canadair CL-600-2B19 (CRJ-200ER)	7589	ex C-FMLI	7589 SkyWest	
☐	N441SW	Canadair CL-600-2B19 (CRJ-200ER)	7602	ex C-FMND	7602 SkyWest	

345

☐ N442CA	Canadair CL-600-2B19 (CRJ-200ER)	7483	ex N498SW	7483 Comair	
☐ N442SW	Canadair CL-600-2B19 (CRJ-200ER)	7609	ex C-FMMQ	7609 SkyWest	
☐ N443CA	Canadair CL-600-2B19 (CRJ-200ER)	7539	ex C-GJJH	7539 Comair	
☐ N443SW	Canadair CL-600-2B19 (CRJ-200ER)	7638	ex C-FMMN	7638 SkyWest	
				SkyWest 30th anniversary colours	
☐ N445SW	Canadair CL-600-2B19 (CRJ-200ER)	7651	ex C-FMLS	7651 SkyWest	
☐ N446CA	Canadair CL-600-2B19 (CRJ-200ER)	7546	ex C-GJLH	7546 Comair	
☐ N446SW	Canadair CL-600-2B19 (CRJ-200ER)	7666	ex C-FMMB	7666 SkyWest	
☐ N447CA	Canadair CL-600-2B19 (CRJ-200ER)	7552	ex C-GJLL	7552 Comair	Lsd fr WTCo
☐ N447SW	Canadair CL-600-2B19 (CRJ-200ER)	7677	ex C-FMLB	7677 SkyWest	
☐ N448SW	Canadair CL-600-2B19 (CRJ-200ER)	7678	ex C-FMLF	7678 SkyWest	
☐ N449SW	Canadair CL-600-2B19 (CRJ-200ER)	7699	ex C-FMMQ	7699 SkyWest	
☐ N451CA	Canadair CL-600-2B19 (CRJ-200ER)	7562	ex C-GJVH	7562 Comair	
				Comair 25th anniversary colours	
☐ N452SW	Canadair CL-600-2B19 (CRJ-200ER)	7716	ex C-FMNW	7716 SkyWest	
☐ N453SW	Canadair CL-600-2B19 (CRJ-200ER)	7743	ex C-FMLV	7743 SkyWest	
☐ N454SW	Canadair CL-600-2B19 (CRJ-200ER)	7749	ex C-FMOS	7749 SkyWest	
☐ N455CA	Canadair CL-600-2B19 (CRJ-200ER)	7592	ex C-FMLT	7592 Comair	
☐ N455SW	Canadair CL-600-2B19 (CRJ-200ER)	7760	ex C-FMMW	7760 SkyWest	
☐ N457SW	Canadair CL-600-2B19 (CRJ-200ER)	7773	ex C-FMLV	7773 SkyWest	
☐ N459SW	Canadair CL-600-2B19 (CRJ-200ER)	7782	ex C-FMND	7782 SkyWest	
☐ N460SW	Canadair CL-600-2B19 (CRJ-200ER)	7803	ex C-FMLV	7803 SkyWest	
☐ N461SW	Canadair CL-600-2B19 (CRJ-200ER)	7811	ex C-FVAZ	7811 SkyWest	
☐ N463SW	Canadair CL-600-2B19 (CRJ-200ER)	7820	ex C-FMMW	7820 SkyWest	
☐ N464SW	Canadair CL-600-2B19 (CRJ-200ER)	7827	ex C-FMLB	7827 SkyWest	
☐ N465SW	Canadair CL-600-2B19 (CRJ-200ER)	7845	ex C-FMOI	7845 SkyWest	
☐ N466SW	Canadair CL-600-2B19 (CRJ-200ER)	7856	ex C-FMKZ	7856 SkyWest	
☐ N477CA	Canadair CL-600-2B19 (CRJ-200ER)	7670	ex C-FMMW	7670 Comair	
☐ N487CA	Canadair CL-600-2B19 (CRJ-200ER)	7729	ex C-FMMQ	7729 Comair	
☐ N492SW	Canadair CL-600-2B19 (CRJ-100ER)	7168	ex N982CA	7168; SkyWest	
☐ N510CA	Canadair CL-600-2B19 (CRJ-200ER)	7802	ex C-GZFH	7802 Comair	Lsd fr WFBN
☐ N514CA	Canadair CL-600-2B19 (CRJ-200ER)	7809	ex C-FMOS	7809 Comair	Lsd fr WFBN
☐ N518CA	Canadair CL-600-2B19 (CRJ-200ER)	7816	ex C-FMMB	7816 Comair	Lsd fr WFBN
☐ N523CA	Canadair CL-600-2B19 (CRJ-200ER)	7821	ex C-FMMX	7821 Comair	Lsd fr WFBN
☐ N526CA	Canadair CL-600-2B19 (CRJ-200ER)	7824	ex C-FMKV	7824 Comair	Lsd fr WFBN
☐ N528CA	Canadair CL-600-2B19 (CRJ-200ER)	7841	ex C-FVAZ	7841 Comair	
☐ N587SW	Canadair CL-600-2B19 (CRJ-100ER)	7062	ex N943CA	7062 SkyWest	
☐ N588SW	Canadair CL-600-2B19 (CRJ-100ER)	7069	ex N945CA	7069;Comair	
☐ N589SW	Canadair CL-600-2B19 (CRJ-100ER)	7072	ex N946CA	7072 SkyWest	
☐ N590SW	Canadair CL-600-2B19 (CRJ-100ER)	7077	ex N947CA	7077 Comair	
☐ N591SW	Canadair CL-600-2B19 (CRJ-100ER)	7079	ex N948CA	7079 SkyWest	
☐ N594SW	Canadair CL-600-2B19 (CRJ-100ER)	7285	ex N767CA	7285 Comair	Lsd fr DAL
☐ N595SW	Canadair CL-600-2B19 (CRJ-100ER)	7292	ex N769CA	7292 Comair	Lsd fr DAL
☐ N597SW	Canadair CL-600-2B19 (CRJ-100ER)	7293	ex N776CA	7293 Comair	Lsd fr DAL
☐ N629BR	Canadair CL-600-2B19 (CRJ-200ER)	7251	ex (N533CA)	7251 Comair	
☐ N659BR	Canadair CL-600-2B19 (CRJ-200ER)	7509	ex C-FMOS	7509 Comair	
☐ N675BR	Canadair CL-600-2B19 (CRJ-200ER)	7635	ex (N536CA)	7635 Comair	
☐ N680BR	Canadair CL-600-2B19 (CRJ-200ER)	7679	ex C-FMLI	Atlantic Southeast	
☐ N681BR	Canadair CL-600-2B19 (CRJ-200ER)	7680	ex C-FMLQ	Atlantic Southeast	
☐ N683BR	Canadair CL-600-2B19 (CRJ-200ER)	7692	ex C-FMND	Atlantic Southeast	
☐ N684BR	Canadair CL-600-2B19 (CRJ-200ER)	7708	ex C-FMLF	Atlantic Southeast	
☐ N685BR	Canadair CL-600-2B19 (CRJ-200ER)	7712	ex (N532CA)	7712 Comair	
☐ N686BR	Canadair CL-600-2B19 (CRJ-200ER)	7715	ex C-FMNH	Atlantic Southeast	
☐ N708CA	Canadair CL-600-2B19 (CRJ-100ER)	7235	ex C-FMNH	7235 Comair	Lsd fr DAL
☐ N709CA	Canadair CL-600-2B19 (CRJ-100ER)	7238	ex C-FMNY	7238 Comair	Lsd fr DAL
☐ N710CA	Canadair CL-600-2B19 (CRJ-100ER)	7241	ex C-FVAZ	7241 Comair	Lsd fr WFBN
☐ N712CA	Canadair CL-600-2B19 (CRJ-100ER)	7244	ex C-FMLU	7244 Comair	Lsd fr WFBN
☐ N713CA	Canadair CL-600-2B19 (CRJ-100ER)	7245	ex C-FMOI	7245 Comair	Lsd fr WFBN
☐ N716CA	Canadair CL-600-2B19 (CRJ-100ER)	7250	ex C-FMMW	7250 Comair	Lsd fr WFBN
☐ N719CA	Canadair CL-600-2B19 (CRJ-100ER)	7253	ex C-FMNB	7253 Comair	Lsd fr DAL
☐ N720SW	Canadair CL-600-2B19 (CRJ-200ER)	7297	ex N778CA	7297 SkyWest	Lsd fr DAL
☐ N721CA	Canadair CL-600-2B19 (CRJ-100ER)	7259	ex C-FMLI	7259 Comair	Lsd fr WFBN
☐ N729CA	Canadair CL-600-2B19 (CRJ-100ER)	7265	ex C-FMNH	7265 Comair	Lsd fr DAL
				Cincinnati - the Jet Hub c/s	
☐ N594SW	Canadair CL-600-2B19 (CRJ-100ER)	7285	ex N767CA	7285 Comair	Lsd fr WFBN
☐ N735CA	Canadair CL-600-2B19 (CRJ-100ER)	7267	ex C-FMNX	7267 Comair	Lsd fr DAL
☐ N739CA	Canadair CL-600-2B19 (CRJ-100ER)	7273	ex C-FMNQ	7273 Comair	Lsd fr WFBN
☐ N779CA	Canadair CL-600-2B19 (CRJ-100ER)	7306	ex C-FMMB	7306 Comair	Lsd fr WTCo
☐ N781CA	Canadair CL-600-2B19 (CRJ-100ER)	7312	ex C-FMMY	7312 Comair	Lsd fr WTCo
☐ N783CA	Canadair CL-600-2B19 (CRJ-100ER)	7315	ex C-FMKW	7315 Comair	Lsd fr WTCo
☐ N784CA	Canadair CL-600-2B19 (CRJ-100ER)	7319	ex C-FMLI	7319 Comair	Lsd fr WTCo
☐ N785CA	Canadair CL-600-2B19 (CRJ-100ER)	7326	ex C-FMNW	7326 Comair	Lsd fr WTCo
☐ N786CA	Canadair CL-600-2B19 (CRJ-100ER)	7333	ex C-FMNQ	7333 Comair	Lsd fr WTCo
☐ N797CA	Canadair CL-600-2B19 (CRJ-100ER)	7344	ex C-FMKV	7344 Comair	Lsd fr WTCo
☐ N798CA	Canadair CL-600-2B19 (CRJ-100ER)	7348	ex C-FMLF	7348 Comair	Lsd fr WFBN
☐ N804CA	Canadair CL-600-2B19 (CRJ-100ER)	7352	ex C-FMLT	7352 Comair	Lsd fr WFBN
☐ N805CA	Canadair CL-600-2B19 (CRJ-100ER)	7354	ex C-FMMT	7354 Comair	Lsd fr WFBN
☐ N806CA	Canadair CL-600-2B19 (CRJ-100ER)	7359	ex C-FMOS	7359 Comair	Lsd fr WFBN
☐ N807CA	Canadair CL-600-2B19 (CRJ-100ER)	7364	ex C-FMLU	7364 Comair	
☐ N809CA	Canadair CL-600-2B19 (CRJ-100ER)	7366	ex C-FMMB	7366 Comair	Lsd fr WTCo
☐ N810CA	Canadair CL-600-2B19 (CRJ-200ER)	7370	ex C-FMMW	7370 Comair	Lsd fr WTCo
☐ N811CA	Canadair CL-600-2B19 (CRJ-200ER)	7380	ex C-FMLQ	7380 Comair	Lsd fr WTCo
☐ N812CA	Canadair CL-600-2B19 (CRJ-200ER)	7381	ex C-FMLS	7381 Comair	Lsd fr WTCo

	Reg	Type	MSN	Prev reg	Notes	
☐	N814CA	Canadair CL-600-2B19 (CRJ-200ER)	7387	ex C-GFVM	7387 Comair	Lsd fr WTCo
☐	N815CA	Canadair CL-600-2B19 (CRJ-200ER)	7397	ex C-FMML	7397 Comair	Lsd fr WTCo
☐	N816CA	Canadair CL-600-2B19 (CRJ-200ER)	7398	ex N499SW	7398 Comair	Lsd fr WFBN
☐	N818CA	Canadair CL-600-2B19 (CRJ-200ER)	7408	ex C-FMLF	7408 Comair	Lsd fr WFBN
☐	N819CA	Canadair CL-600-2B19 (CRJ-200ER)	7415	ex C-FMNH	7415 Comair	Lsd fr WFBN
☐	N820AS	Canadair CL-600-2B19 (CRJ-200ER)	7188	ex C-FMMQ	820 Atlantic Southeast	
☐	N821AS	Canadair CL-600-2B19 (CRJ-200ER)	7194	ex C-FMKV	821 Atlantic Southeast	
☐	N821CA	Canadair CL-600-2B19 (CRJ-200ER)	7420	ex C-FMOW	7420 Comair	
☐	N823AS	Canadair CL-600-2B19 (CRJ-200ER)	7196	ex C-FMKZ	823 Atlantic Southeast	
☐	N824AS	Canadair CL-600-2B19 (CRJ-200ER)	7203	ex C-FMLB	824 Atlantic Southeast	
☐	N825AS	Canadair CL-600-2B19 (CRJ-200ER)	7207	ex C-FMNX	825 Atlantic Southeast	
☐	N826AS	Canadair CL-600-2B19 (CRJ-200ER)	7210	ex C-FMOW	826 Atlantic Southeast	
☐	N827AS	Canadair CL-600-2B19 (CRJ-200ER)	7212	ex C-FMND	827 Atlantic Southeast	
☐	N828AS	Canadair CL-600-2B19 (CRJ-200ER)	7213	ex C-FMNQ	828 Atlantic Southeast	
☐	N829AS	Canadair CL-600-2B19 (CRJ-200ER)	7232	ex C-FMLT	829 Atlantic Southeast	
☐	N830AS	Canadair CL-600-2B19 (CRJ-200ER)	7236	ex C-FMNW	830 Atlantic Southeast	
☐	N832AS	Canadair CL-600-2B19 (CRJ-200ER)	7243	ex C-FMNQ	832 Atlantic Southeast	
☐	N833AS	Canadair CL-600-2B19 (CRJ-200ER)	7246	ex C-FMMB	833 Atlantic Southeast	
☐	N834AS	Canadair CL-600-2B19 (CRJ-200ER)	7254	ex C-FMKV	834 Atlantic Southeast	
☐	N835AS	Canadair CL-600-2B19 (CRJ-200ER)	7258	ex C-FMLF	835 Atlantic Southeast	
☐	N836AS	Canadair CL-600-2B19 (CRJ-200ER)	7263	ex C-FMLU	836 Atlantic Southeast	
☐	N837AS	Canadair CL-600-2B19 (CRJ-200ER)	7271	ex C-FVAZ	837 Atlantic Southeast	
☐	N838AS	Canadair CL-600-2B19 (CRJ-200ER)	7276	ex C-FMMB	838 Atlantic Southeast	
☐	N839AS	Canadair CL-600-2B19 (CRJ-200ER)	7284	ex C-FMKV	839 Atlantic Southeast	
☐	N840AS	Canadair CL-600-2B19 (CRJ-200ER)	7290	ex C-FMLQ	840 Atlantic Southeast	
☐	N841AS	Canadair CL-600-2B19 (CRJ-200ER)	7300	ex C-FMOW	841 Atlantic Southeast	
☐	N842AS	Canadair CL-600-2B19 (CRJ-200ER)	7304	ex C-FMLU	842 Atlantic Southeast	
☐	N843AS	Canadair CL-600-2B19 (CRJ-200ER)	7310	ex C-FMMW	843 Atlantic Southeast	
☐	N844AS	Canadair CL-600-2B19 (CRJ-200ER)	7317	ex C-FMLB	844 Atlantic Southeast	
☐	N845AS	Canadair CL-600-2B19 (CRJ-200ER)	7324	ex C-FMMT	845 Atlantic Southeast	
☐	N846AS	Canadair CL-600-2B19 (CRJ-200ER)	7328	ex C-FMNY	846 Atlantic Southeast	
☐	N847AS	Canadair CL-600-2B19 (CRJ-200ER)	7335	ex C-FMOI	847 Atlantic Southeast	
☐	N848AS	Canadair CL-600-2B19 (CRJ-200ER)	7339	ex C-FMMQ	848 Atlantic Southeast	
☐	N849AS	Canadair CL-600-2B19 (CRJ-200ER)	7347	ex C-FMLB	849 Atlantic Southeast Special 20th Anniversary c/s, City of Atlanta	
☐	N850AS	Canadair CL-600-2B19 (CRJ-200ER)	7355	ex C-FMNH	850 Atlantic Southeast	
☐	N851AS	Canadair CL-600-2B19 (CRJ-200ER)	7360	ex C-FMOW	851 Atlantic Southeast	
☐	N852AS	Canadair CL-600-2B19 (CRJ-200ER)	7369	ex C-FMMQ	852 Atlantic Southeast	
☐	N853AS	Canadair CL-600-2B19 (CRJ-200ER)	7374	ex C-FMKV	853 Atlantic Southeast	
☐	N854AS	Canadair CL-600-2B19 (CRJ-200ER)	7382	ex C-FMLT	854 Atlantic Southeast	
☐	N855AS	Canadair CL-600-2B19 (CRJ-200ER)	7395	ex C-GGKY	855 Atlantic Southeast	
☐	N856AS	Canadair CL-600-2B19 (CRJ-200ER)	7404	ex C-FMKV	856 Atlantic Southeast	
☐	N857AS	Canadair CL-600-2B19 (CRJ-200ER)	7411	ex C-FMLS	857 Atlantic Southeast	
☐	N858AS	Canadair CL-600-2B19 (CRJ-200ER)	7417	ex C-FMNX	858 Atlantic Southeast	
☐	N859AS	Canadair CL-600-2B19 (CRJ-200ER)	7421	ex C-FVAZ	859 Atlantic Southeast	
☐	N860AS	Canadair CL-600-2B19 (CRJ-200ER)	7433	ex C-FMNB	860 Atlantic Southeast	
☐	N861AS	Canadair CL-600-2B19 (CRJ-200ER)	7445	ex C-FMNH	861 Atlantic Southeast	
☐	N862AS	Canadair CL-600-2B19 (CRJ-200ER)	7476	ex C-FMNW	7476 SkyWest	
☐	N863AS	Canadair CL-600-2B19 (CRJ-200ER)	7487	ex C-FMML	7487 SkyWest	
☐	N864AS	Canadair CL-600-2B19 (CRJ-200ER)	7502	ex C-FMLT	864 SkyWest	
☐	N865AS	Canadair CL-600-2B19 (CRJ-200ER)	7507	ex C-FMNX	865 Comair	
☐	N866AS	Canadair CL-600-2B19 (CRJ-200ER)	7517	ex C-FMML	7517 SkyWest	
☐	N867AS	Canadair CL-600-2B19 (CRJ-200ER)	7463	ex C-FMNB	867 Atlantic Southeast	
☐	N868AS	Canadair CL-600-2B19 (CRJ-200ER)	7474	ex C-FMMT	868 Atlantic Southeast Texas Bluebonnet colours	
☐	N868CA	Canadair CL-600-2B19 (CRJ-200ER)	7427	ex C-FMML	7427 Comair	
☐	N869AS	Canadair CL-600-2B19 (CRJ-200ER)	7479	ex C-FMOS	869 SkyWest	
☐	N870AS	Canadair CL-600-2B19 (CRJ-200ER)	7530	ex C-FMLQ	870 Atlantic Southeast	
☐	N871AS	Canadair CL-600-2B19 (CRJ-200ER)	7537	ex C-FMNX	871 Atlantic Southeast	
☐	N872AS	Canadair CL-600-2B19 (CRJ-200ER)	7542	ex C-FMND	872 Atlantic Southeast	
☐	N873AS	Canadair CL-600-2B19 (CRJ-200ER)	7549	ex C-GJLI	873 Atlantic Southeast	
☐	N874AS	Canadair CL-600-2B19 (CRJ-200ER)	7551	ex C-GJLK	874 Atlantic Southeast	
☐	N875AS	Canadair CL-600-2B19 (CRJ-200ER)	7559	ex C-GJLQ	875 Atlantic Southeast	
☐	N876AS	Canadair CL-600-2B19 (CRJ-200ER)	7576	ex C-FMMB	876 Atlantic Southeast	
☐	N877AS	Canadair CL-600-2B19 (CRJ-200ER)	7579	ex C-FMMQ	877 Atlantic Southeast	
☐	N878AS	Canadair CL-600-2B19 (CRJ-200ER)	7590	ex C-FMLQ	878 Atlantic Southeast	
☐	N879AS	Canadair CL-600-2B19 (CRJ-200ER)	7600	ex C-FMOW	879 Atlantic Southeast	
☐	N880AS	Canadair CL-600-2B19 (CRJ-200ER)	7606	ex C-FMMB	880 Atlantic Southeast	
☐	N881AS	Canadair CL-600-2B19 (CRJ-200ER)	7496	ex C-GIXF	881 Atlantic Southeast	
☐	N882AS	Canadair CL-600-2B19 (CRJ-200ER)	7503	ex C-GJAO	882 Atlantic Southeast	
☐	N883AS	Canadair CL-600-2B19 (CRJ-200ER)	7504	ex C-GIZD	883 Atlantic Southeast	
☐	N884AS	Canadair CL-600-2B19 (CRJ-200ER)	7513	ex C-GIZF	884 Atlantic Southeast	
☐	N885AS	Canadair CL-600-2B19 (CRJ-200ER)	7521	ex C-GJDX	885 Atlantic Southeast	
☐	N886AS	Canadair CL-600-2B19 (CRJ-200ER)	7531	ex C-GJJC	886 Atlantic Southeast	
☐	N889AS	Canadair CL-600-2B19 (CRJ-200ER)	7538	ex C-GJJG	889 Atlantic Southeast	
☐	N900EV	Canadair CL-600-2B19 (CRJ-200ER)	7608	ex C-FMMN	900 Atlantic Southeast	
☐	N901EV	Canadair CL-600-2B19 (CRJ-200ER)	7616	ex C-FMKZ	901 Atlantic Southeast	
☐	N902EV	Canadair CL-600-2B19 (CRJ-200ER)	7620	ex C-FMLQ	902 Atlantic Southeast	
☐	N903EV	Canadair CL-600-2B19 (CRJ-200ER)	7621	ex C-FMLS	903 Atlantic Southeast	
☐	N904EV	Canadair CL-600-2B19 (CRJ-200ER)	7628	ex C-FMNY	904 Atlantic Southeast	
☐	N905EV	Canadair CL-600-2B19 (CRJ-200ER)	7632	ex C-FMND	905 Atlantic Southeast	
☐	N906EV	Canadair CL-600-2B19 (CRJ-200ER)	7642	ex C-FMMY	906 Atlantic Southeast	

☐ N907EV	Canadair CL-600-2B19 (CRJ-200ER)	7648	ex C-FMLF	907 Atlantic Southeast	
☐ N908EV	Canadair CL-600-2B19 (CRJ-200ER)	7654	ex C-FMMT	908 Atlantic Southeast	
☐ N909EV	Canadair CL-600-2B19 (CRJ-200ER)	7658	ex C-FMNY	909 Atlantic Southeast	
☐ N910EV	Canadair CL-600-2B19 (CRJ-200ER)	7727	ex C-FMML	7727 SkyWest	
☐ N912CA	Canadair CL-600-2B19 (CRJ-100ER)	7011	ex C-FMKZ	7011 Comair	
☐ N912EV	Canadair CL-600-2B19 (CRJ-200ER)	7728	ex C-FMMN	7728 SkyWest	
☐ N913EV	Canadair CL-600-2B19 (CRJ-200ER)	7731	ex C-FMMX	7731 SkyWest	
☐ N914CA	Canadair CL-600-2B19 (CRJ-100ER)	7012	ex C-FMLB	7012 Comair	
☐ N914EV	Canadair CL-600-2B19 (CRJ-200ER)	7752	ex C-FMND	914 Atlantic Southeast	
☐ N915CA	Canadair CL-600-2B19 (CRJ-100ER)	7013	ex C-FMLQ	7013 Comair	
☐ N915EV	Canadair CL-600-2B19 (CRJ-200ER)	7754	ex C-FMLU	7754 SkyWest	
☐ N916CA	Canadair CL-600-2B19 (CRJ-100ER)	7014	ex C-FMLI	7014 Comair	
☐ N916EV	Canadair CL-600-2B19 (CRJ-200ER)	7757	ex C-FMML	916 Atlantic Southeast	
☐ N917CA	Canadair CL-600-2B19 (CRJ-100ER)	7017	ex C-FMLT	7017 Comair	
☐ N917EV	Canadair CL-600-2B19 (CRJ-200ER)	7769	ex C-FMLI	917 Atlantic Southeast	
☐ N918CA	Canadair CL-600-2B19 (CRJ-100ER)	7018	ex C-FMLU	7018 Comair	
☐ N919EV	Canadair CL-600-2B19 (CRJ-200ER)	7780	ex C-FMOW	919 Atlantic Southeast	
☐ N920CA	Canadair CL-600-2B19 (CRJ-100ER)	7022	ex C-FMMN	7022 Comair	
☐ N920EV	Canadair CL-600-2B19 (CRJ-200ER)	7810	ex C-FMOW	920 Atlantic Southeast	
☐ N921EV	Canadair CL-600-2B19 (CRJ-200ER)	7819	ex C-FMMQ	921 Atlantic Southeast	
☐ N922EV	Canadair CL-600-2B19 (CRJ-200ER)	7822	ex C-FMMY	922 Atlantic Southeast	
☐ N923EV	Canadair CL-600-2B19 (CRJ-200ER)	7826	ex C-FMKZ	923 Atlantic Southeast	
☐ N924CA	Canadair CL-600-2B19 (CRJ-100ER)	7026	ex C-FMMX	7026 Comair	
☐ N924EV	Canadair CL-600-2B19 (CRJ-200ER)	7830	ex C-FMLQ	924 Atlantic Southeast	
☐ N925EV	Canadair CL-600-2B19 (CRJ-200ER)	7831	ex C-FMLS	925 Atlantic Southeast	
☐ N926CA	Canadair CL-600-2B19 (CRJ-100ER)	7027	ex C-FMMY	7027 Comair	
☐ N926EV	Canadair CL-600-2B19 (CRJ-200ER)	7843	ex C-FMNQ	926 Atlantic Southeast	
☐ N927CA	Canadair CL-600-2B19 (CRJ-100ER)	7031	ex C-FMNQ	7031 Comair	
☐ N927EV	Canadair CL-600-2B19 (CRJ-200ER)	7844	ex C-FMLU	927 Atlantic Southeast	
☐ N928EV	Canadair CL-600-2B19 (CRJ-200ER)	8006	ex C-FMMB	928 Atlantic Southeast	Lsd fr DAL
☐ N929CA	Canadair CL-600-2B19 (CRJ-100ER)	7035	ex C-FMOI	7035 Comair	
☐ N929EV	Canadair CL-600-2B19 (CRJ-200ER)	8007	ex C-FMMN	929 Atlantic Southeast	Lsd fr DAL
☐ N930EV	Canadair CL-600-2B19 (CRJ-200ER)	8014	ex C-FMKW	930 Atlantic Southeast	Lsd fr DAL
☐ N931CA	Canadair CL-600-2B19 (CRJ-100ER)	7037	ex C-FMOS	7037 Comair	
☐ N931EV	Canadair CL-600-2B19 (CRJ-200ER)	8015	ex C-FMKZ	931 Atlantic Southeast	Lsd fr DAL
☐ N932CA	Canadair CL-600-2B19 (CRJ-100ER)	7038	ex C-FMOW	7038 Comair	
☐ N932EV	Canadair CL-600-2B19 (CRJ-200ER)	8016	ex C-FMLB	932 Atlantic Southeast	Lsd fr DAL
☐ N933CA	Canadair CL-600-2B19 (CRJ-100ER)	7040	ex C-FMKW	7040 Comair	
☐ N933EV	Canadair CL-600-2B19 (CRJ-200ER)	8022	ex C-FEHV	933 Atlantic Southeast	Lsd fr DAL
☐ N934CA	Canadair CL-600-2B19 (CRJ-100ER)	7042	ex C-FMLB	7042 Comair	
☐ N934EV	Canadair CL-600-2B19 (CRJ-200ER)	8028	ex C-FMOS	934 Atlantic Southeast	Lsd fr DAL
☐ N935EV	Canadair CL-600-2B19 (CRJ-200ER)	8037	ex C-FMMN	935 Atlantic Southeast	Lsd fr DAL
☐ N936CA	Canadair CL-600-2B19 (CRJ-100ER)	7043	ex C-FMLF	7043 Comair	
☐ N936EV	Canadair CL-600-2B19 (CRJ-200ER)	8038	ex C-FEZT	936 Atlantic Southeast	Lsd fr DAL
☐ N937CA	Canadair CL-600-2B19 (CRJ-100ER)	7044	ex C-FMLI	7044 Comair	
☐ N937EV	Canadair CL-600-2B19 (CRJ-200ER)	8042	ex C-FFAB	937 Atlantic Southeast	Lsd fr DAL
☐ N938CA	Canadair CL-600-2B19 (CRJ-100ER)	7046	ex C-FMLS	7046 Comair	
☐ N940CA	Canadair CL-600-2B19 (CRJ-100ER)	7048	ex C-FMLU	7048 Comair	
☐ N941CA	Canadair CL-600-2B19 (CRJ-100ER)	7050	ex C-FMMB	7050 Comair	
☐ N954CA	Canadair CL-600-2B19 (CRJ-100ER)	7100	ex C-FXFB	7100 Comair	Lsd fr DAL
☐ N956CA	Canadair CL-600-2B19 (CRJ-100ER)	7105	ex C-FMNH	7105 Comair	Lsd fr DAL
☐ N957CA	Canadair CL-600-2B19 (CRJ-100ER)	7109	ex C-FMLV	7109 Comair	Lsd fr DAL
☐ N958CA	Canadair CL-600-2B19 (CRJ-100ER)	7111	ex C-FMML	7111 Comair	Lsd fr DAL
☐ N959CA	Canadair CL-600-2B19 (CRJ-100ER)	7116	ex C-FMMX	7116 Comair	Lsd fr DAL
☐ N960CA	Canadair CL-600-2B19 (CRJ-100ER)	7117	ex C-FMMY	7117 Comair	Lsd fr WFBN
☐ N962CA	Canadair CL-600-2B19 (CRJ-100ER)	7123	ex C-FMLU	7123 Comair	Lsd fr WFBN
☐ N963CA	Canadair CL-600-2B19 (CRJ-100ER)	7127	ex C-FMMN	7127 Comair	Lsd fr WFBN
☐ N964CA	Canadair CL-600-2B19 (CRJ-100ER)	7129	ex C-FMMT	7129 Comair	Lsd fr DAL
☐ N965CA	Canadair CL-600-2B19 (CRJ-100ER)	7131	ex C-FMMX	7131 Comair; stored	Lsd fr WFBN
☐ N966CA	Canadair CL-600-2B19 (CRJ-100ER)	7132	ex C-FMMY	7132 Comair	Lsd fr DAL
☐ N967CA	Canadair CL-600-2B19 (CRJ-100ER)	7134	ex C-FMND	7134 Comair	Lsd fr WFBN
☐ N969CA	Canadair CL-600-2B19 (CRJ-100ER)	7141	ex C-FMML	7141 Comair	
☐ N970EV	Canadair CL-600-2B19 (CRJ-200ER)	7527	ex N663BR	970 Atlantic Southeast	Lsd fr DAL
☐ N971CA	Canadair CL-600-2B19 (CRJ-100ER)	7145	ex C-FMMW	7145 Comair	
☐ N971EV	Canadair CL-600-2B19 (CRJ-200ER)	7528	ex N664BR	971 Atlantic Southeast	Lsd fr DAL
☐ N972EV	Canadair CL-600-2B19 (CRJ-200ER)	7534	ex N665BR	972 Atlantic Southeast	Lsd fr DAL
☐ N973CA	Canadair CL-600-2B19 (CRJ-100ER)	7146	ex C-FMMX	7146 Comair	
☐ N973EV	Canadair CL-600-2B19 (CRJ-200ER)	7575	ex N708BR	973 Atlantic Southeast	Lsd fr DAL
☐ N974EV	Canadair CL-600-2B19 (CRJ-200ER)	7594	ex N672BR	974 Atlantic Southeast	Lsd fr DAL
☐ N975EV	Canadair CL-600-2B19 (CRJ-200ER)	7599	ex N673BR	975 Atlantic Southeast	Lsd fr DAL
☐ N976EV	Canadair CL-600-2B19 (CRJ-200ER)	7601	ex N674BR	976 Atlantic Southeast	Lsd fr DAL
☐ N977EV	Canadair CL-600-2B19 (CRJ-200ER)	7720	ex N687BR	977 Atlantic Southeast	Lsd fr DAL
☐ N978EV	Canadair CL-600-2B19 (CRJ-200ER)	7723	ex N688BR	978 Atlantic Southeast	Lsd fr DAL
☐ N979EV	Canadair CL-600-2B19 (CRJ-200ER)	7737	ex N689BR	979 Atlantic Southeast	Lsd fr DAL
☐ N980EV	Canadair CL-600-2B19 (CRJ-200ER)	7759	ex N692BR	980 Atlantic Southeast	Lsd fr DAL
☐ N981EV	Canadair CL-600-2B19 (CRJ-200ER)	7768	ex N694BR	981 Atlantic Southeast	Lsd fr DAL
☐ N983CA	Canadair CL-600-2B19 (CRJ-100ER)	7169	ex C-FMNX	7169 SkyWest	
☐ N987CA	Canadair CL-600-2B19 (CRJ-100ER)	7199	ex C-FMLI	7199 Comair	Lsd fr DAL
☐ N989CA	Canadair CL-600-2B19 (CRJ-100ER)	7215	ex C-FMOI	7215 Comair	Lsd fr DAL
☐ N991CA	Canadair CL-600-2B19 (CRJ-100ER)	7216	ex C-FMMB	7216 Comair	Lsd fr DAL
☐ N999CA	Canadair CL-600-2B19 (CRJ-100ER)	7230	ex C-FMLQ	7230 Comair	Lsd fr DAL

Four operated by SkyWest to be replaced by CRJ-701ERs

348

	Registration	Type	MSN	ex	Operator	Notes
☐	N317CA	Canadair CL-600-2C10 (CRJ-701ER)	10055	ex C-GZXI	10055 Atlantic Southeast	Lsd fr DAL
☐	N331CA	Canadair CL-600-2C10 (CRJ-701ER)	10061	ex C-GIBJ	10061 SkyWest	Lsd fr DAL
☐	N340CA	Canadair CL-600-2C10 (CRJ-701ER)	10062	ex C-GIBL	10062 SkyWest	Lsd fr DAL
☐	N354CA	Canadair CL-600-2C10 (CRJ-701ER)	10064	ex C-GIBO	10064 Atlantic Southeast	Lsd fr DAL
☐	N355CA	Canadair CL-600-2C10 (CRJ-701ER)	10067	ex C-GIBT	10067 Atlantic Southeast	Lsd fr DAL
☐	N367CA	Canadair CL-600-2C10 (CRJ-701ER)	10069	ex C-GICL	10069 SkyWest	Lsd fr DAL
☐	N368CA	Canadair CL-600-2C10 (CRJ-701ER)	10075	ex C-GIAD	10075 SkyWest	Lsd fr DAL
☐	N369CA	Canadair CL-600-2C10 (CRJ-701ER)	10079	ex C-GZUD	10079 Comair	
☐	N371CA	Canadair CL-600-2C10 (CRJ-701ER)	10082	ex C-GIAR	10082 Comair	
☐	N374CA	Canadair CL-600-2C10 (CRJ-701ER)	10090	ex C-	10090 Comair; stored CVG	
☐	N376CA	Canadair CL-600-2C10 (CRJ-701ER)	10092	ex C-	10092 Comair	Lsd fr DAL
☐	N378CA	Canadair CL-600-2C10 (CRJ-701ER)	10097	ex C-GIAJ	10097 Comair; stored CVG	
☐	N379CA	Canadair CL-600-2C10 (CRJ-701ER)	10102	ex C-	10102 Comair	Lsd fr DAL
☐	N390CA	Canadair CL-600-2C10 (CRJ-701ER)	10106	ex C-	10106 Atlantic Southeast	Lsd fr DAL
☐	N391CA	Canadair CL-600-2C10 (CRJ-701ER)	10108	ex C-	10108 Comair	
☐	N398CA	Canadair CL-600-2C10 (CRJ-701ER)	10112	ex C-	10112 Comair	
☐	N603SK	Canadair CL-600-2C10 (CRJ-702ER)	10248	ex C-FHUC	10248; SkyWest	
☐	N604SK	Canadair CL-600-2C10 (CRJ-702ER)	10249	ex C-	10239; SkyWest	
☐	N606SK	Canadair CL-600-2C10 (CRJ-702ER)	10250	ex C-	10250; SkyWest	
☐	N607SK	Canadair CL-600-2C10 (CRJ-702ER)	10251	ex C-FIBQ	10251; SkyWest	
☐	N608SK	Canadair CL-600-2C10 (CRJ-702ER)	10252	ex C-	10252; SkyWest	
☐	N609SK	Canadair CL-600-2C10 (CRJ-701ER)	10020	ex N701EV	10020; SkyWest	
☐	N611SK	Canadair CL-600-2C10 (CRJ-701ER)	10035	ex N702EV	10035; SkyWest	
☐	N613SK	Canadair CL-600-2C10 (CRJ-701ER)	10038	ex N703EV	10038; SkyWest	
☐	N614SK	Canadair CL-600-2C10 (CRJ-701ER)	10051	ex N705EV	10051; SkyWest	
☐	N625CA	Canadair CL-600-2C10 (CRJ-701ER)	10113	ex C-	10113 Comair	
☐	N641CA	Canadair CL-600-2C10 (CRJ-701ER)	10122	ex C-	10122 Comair	
☐	N642CA	Canadair CL-600-2C10 (CRJ-701ER)	10125	ex C-	10125 Comair	
☐	N653CA	Canadair CL-600-2C10 (CRJ-701ER)	10129	ex C-GZUC	10129 Comair	
☐	N655CA	Canadair CL-600-2C10 (CRJ-701ER)	10134	ex C-	10134 Comair	
☐	N656CA	Canadair CL-600-2C10 (CRJ-701ER)	10143	ex C-GIAU	10143 Comair	
☐	N658CA	Canadair CL-600-2C10 (CRJ-701ER)	10148	ex C-FAWH	10148 Comair	
☐	N659CA	Canadair CL-600-2C10 (CRJ-701ER)	10153	ex C-	10153 Atlantic Southeast	Lsd fr DAL
☐	N668CA	Canadair CL-600-2C10 (CRJ-701ER)	10162	ex C-	10162 SkyWest	Lsd fr DAL
☐	N669CA	Canadair CL-600-2C10 (CRJ-701ER)	10176	ex C-	10176 Comair	
☐	N690CA	Canadair CL-600-2C10 (CRJ-701ER)	10182	ex C-	10182 Comair	on order
☐	N706EV	Canadair CL-600-2C10 (CRJ-701ER)	10054	ex C-GIAV	Atlantic Southeast	
☐	N707EV	Canadair CL-600-2C10 (CRJ-701ER)	10057	ex C-GIAZ	Atlantic Southeast	
☐	N708EV	Canadair CL-600-2C10 (CRJ-701ER)	10060	ex C-GIBI	Atlantic Southeast	
☐	N709EV	Canadair CL-600-2C10 (CRJ-701ER)	10068	ex C-GICB	Atlantic Southeast	
☐	N710EV	Canadair CL-600-2C10 (CRJ-701ER)	10071	ex C-GICP	Atlantic Southeast	
☐	N712EV	Canadair CL-600-2C10 (CRJ-701ER)	10074	ex C-GHZZ	Atlantic Southeast	
☐	N713EV	Canadair CL-600-2C10 (CRJ-701ER)	10081	ex C-GIAP	Atlantic Southeast	
☐	N716EV	Canadair CL-600-2C10 (CRJ-701ER)	10084	ex C-GIAV	Atlantic Southeast	
☐	N717EV	Canadair CL-600-2C10 (CRJ-701ER)	10088	ex C-GIBH	Atlantic Southeast	
☐	N718EV	Canadair CL-600-2C10 (CRJ-701ER)	10095	ex C-	Atlantic Southeast	
☐	N719EV	Canadair CL-600-2C10 (CRJ-701ER)	10099	ex C-GICL	Atlantic Southeast	
☐	N720EV	Canadair CL-600-2C10 (CRJ-701ER)	10115	ex C-GIAW	Atlantic Southeast	
☐	N722EV	Canadair CL-600-2C10 (CRJ-701ER)	10127	ex C-	Atlantic Southeast	
☐	N723EV	Canadair CL-600-2C10 (CRJ-701ER)	10132	ex C-	Atlantic Southeast	
☐	N724EV	Canadair CL-600-2C10 (CRJ-701ER)	10138	ex C-GIBT	Atlantic Southeast	
☐	N730EV	Canadair CL-600-2C10 (CRJ-701ER)	10141	ex C-GIAP	Atlantic Southeast	
☐	N738EV	Canadair CL-600-2C10 (CRJ-701ER)	10146	ex C-	Atlantic Southeast ASA 25th Anniversary colours	
☐	N740EV	Canadair CL-600-2C10 (CRJ-701ER)	10151	ex C-	Atlantic Southeast	
☐	N741EV	Canadair CL-600-2C10 (CRJ-701ER)	10155	ex C-FBQS	Atlantic Southeast	
☐	N744EV	Canadair CL-600-2C10 (CRJ-701ER)	10157	ex C-	Atlantic Southeast	
☐	N748EV	Canadair CL-600-2C10 (CRJ-701ER)	10158	ex C-	Atlantic Southeast	
☐	N750EV	Canadair CL-600-2C10 (CRJ-701ER)	10161	ex C-	Atlantic Southeast	
☐	N751EV	Canadair CL-600-2C10 (CRJ-701ER)	10163	ex C-	Atlantic Southeast	
☐	N752EV	Canadair CL-600-2C10 (CRJ-701ER)	10166	ex C-	Atlantic Southeast	
☐	N753EV	Canadair CL-600-2C10 (CRJ-701ER)	10169	ex C-	Atlantic Southeast	
☐	N754EV	Canadair CL-600-2C10 (CRJ-701ER)	10173	ex C-FCRJ	Atlantic Southeast	
☐	N755EV	Canadair CL-600-2C10 (CRJ-701ER)	10185	ex C-	Atlantic Southeast	
☐	N758EV	Canadair CL-600-2C10 (CRJ-701ER)	10210	ex C-	Atlantic Southeast	
☐	N759EV	Canadair CL-600-2C10 (CRJ-701ER)	10211	ex C-	Atlantic Southeast	
☐	N760EV	Canadair CL-600-2C10 (CRJ-701ER)	10212	ex C-	Atlantic Southeast	
☐	N761ND	Canadair CL-600-2C10 (CRJ-701ER)	10213	ex C-	Atlantic Southeast	

Operate in F6Y58 configuration; eight more Comair CRJ-701s are to be transferred to SkyWest

	Registration	Type	MSN	ex	Operator	Notes
☐	N146PQ	Canadair CL-600-2D24 (CRJ-900ER)	15146	ex C-	Pinnacle	
☐	N147PQ	Canadair CL-600-2D24 (CRJ-900ER)	15147	ex C-	Pinnacle	
☐	N153PQ	Canadair CL-600-2D24 (CRJ-900ER)	15153	ex C-	Pinnacle	
☐	N	Canadair CL-600-2D24 (CRJ-900ER)		ex C-	Pinnacle	
☐	N	Canadair CL-600-2D24 (CRJ-900ER)		ex C-	Pinnacle	
☐	N	Canadair CL-600-2D24 (CRJ-900ER)		ex C-	Pinnacle	
☐	N538CA	Canadair CL-600-2D24 (CRJ-900ER)	15157	ex C-	Comair	Lsd fr DAL
☐	N600LR	Canadair CL-600-2D24 (CRJ-900ER)	15142	ex C-	Freedom	Lsd fr DAL
☐	N601LR	Canadair CL-600-2D24 (CRJ-900ER)	15145	ex C-	Freedom	Lsd fr DAL
☐	N602LR	Canadair CL-600-2D24 (CRJ-900ER)	15151	ex C-	Freedom	Lsd fr DAL
☐	N604LR	Canadair CL-600-2D24 (CRJ-900ER)	15152	ex C-	Freedom	Lsd fr DAL

☐	N676CA	Canadair CL-600-2D24 (CRJ-900ER)	15127	ex C-	Comair	
☐	N678CA	Canadair CL-600-2D24 (CRJ-900ER)	15125	ex C-	Comair	
☐	N679CA	Canadair CL-600-2D24 (CRJ-900ER)	15132	ex C-	Comair	
☐	N689CA	Canadair CL-600-2D24 (CRJ-900ER)	15133	ex C-	Comair	
☐	N691CA	Canadair CL-600-2D24 (CRJ-900ER)	15136	ex C-	Comair	
☐	N692CA	Canadair CL-600-2D24 (CRJ-900ER)	15092	ex C-	Comair	
☐	N693CA	Canadair CL-600-2D24 (CRJ-900ER)	15096	ex C-	Comair	
☐	N695CA	Canadair CL-600-2D24 (CRJ-900ER)	15097	ex C-	Comair	
☐	N	Canadair CL-600-2D24 (CRJ-900ER)		ex C-	Comair; on order	
☐	N	Canadair CL-600-2D24 (CRJ-900ER)		ex C-	Comair; on order	
☐	N	Canadair CL-600-2D24 (CRJ-900ER)		ex C-	Comair; on order	
☐	N	Canadair CL-600-2D24 (CRJ-900ER)		ex C-	Comair; on order	
☐	N	Canadair CL-600-2D24 (CRJ-900ER)		ex C-	Comair; on order	
☐	N	Canadair CL-600-2D24 (CRJ-900ER)		ex C-	Comair; on order	
☐	N800SK	Canadair CL-600-2D24 (CRJ-900ER)	15060	ex C-	SkyWest	
☐	N802SK	Canadair CL-600-2D24 (CRJ-900ER)	15061	ex C-	SkyWest	
☐	N803SK	Canadair CL-600-2D24 (CRJ-900ER)	15062	ex C-FJTQ	SkyWest	
☐	N804SK	Canadair CL-600-2D24 (CRJ-900ER)	15067	ex C-	SkyWest	
☐	N805SK	Canadair CL-600-2D24 (CRJ-900ER)	15069	ex C-GZQT	SkyWest	
☐	N806SK	Canadair CL-600-2D24 (CRJ-900ER)	15070	ex C-GZQV	SkyWest	
☐	N807SK	Canadair CL-600-2D24 (CRJ-900ER)	15082	ex C-	SkyWest	
☐	N809SK	Canadair CL-600-2D24 (CRJ-900ER)	15086	ex C-FLCX	SkyWest	
☐	N810SK	Canadair CL-600-2D24 (CRJ-900ER)	15093	ex C-	SkyWest	
☐	N812SK	Canadair CL-600-2D24 (CRJ-900ER)	15098	ex C-	SkyWest	
☐	N813SK	Canadair CL-600-2D24 (CRJ-900ER)	15099	ex C-	SkyWest	
☐	N814SK	Canadair CL-600-2D24 (CRJ-900ER)	15100	ex C-	SkyWest	
☐	N815SK	Canadair CL-600-2D24 (CRJ-900ER)	15101	ex C-	SkyWest	
☐	N816SK	Canadair CL-600-2D24 (CRJ-900ER)	15105	ex C-	SkyWest	
☐	N817SK	Canadair CL-600-2D24 (CRJ-900ER)	15107	ex C-	SkyWest	
☐	N820SK	Canadair CL-600-2D24 (CRJ-900ER)	15108	ex C-	SkyWest	
☐	N821SK	Canadair CL-600-2D24 (CRJ-900ER)	15109	ex C-	SkyWest; 35th anniversary colours	

A further thirty Canadair CL-600-2D24 (CRJ-900ER)s are on order for Comair plus a total of 16 for operation by Pinnacle

☐	N806LR	de Havilland DHC-8-102	93	ex C-GONH	Freedom	Lsd fr CIT Group
☐	N807LR	de Havilland DHC-8-102	70	ex C-GWRR	Freedom	Lsd fr CIT Group
☐	N808LR	de Havilland DHC-8-102	73	ex C-GTAE	Freedom	Lsd fr CIT Group
☐	N809LR	de Havilland DHC-8-103	83	ex C-GTAF	Freedom	Lsd fr CIT Group
☐	N810LR	de Havilland DHC-8-102	3	ex C-GGOM	Freedom	Lsd fr CIT Group
☐	N926HA	de Havilland DHC-8-102	114	ex C-GETI	Freedom	Lsd fr AAL Aircraft Trust

All withdrawn from service

☐	N831RP	Embraer EMB.135LR (ERJ-135LR)	145663	ex PT-SEX	8831; Chautauqua
☐	N832RP	Embraer EMB.135LR (ERJ-135LR)	145676	ex PT-SFJ	8832; Chautauqua
☐	N833RP	Embraer EMB.135LR (ERJ-135LR)	145687	ex PT-SFT	8833; Chautauqua
☐	N834RP	Embraer EMB.135LR (ERJ-135LR)	145696	ex PT-SGB	8834; Chautauqua
☐	N835RP	Embraer EMB.135LR (ERJ-135LR)	145702	ex PT-SGG	8835; Chautauqua
☐	N836RP	Embraer EMB.135LR (ERJ-135LR)	145713	ex PT-SGQ	8836; Chautauqua
☐	N837RP	Embraer EMB.135LR (ERJ-135LR)	145715	ex PT-SGS	8837; Chautauqua
☐	N838RP	Embraer EMB.135LR (ERJ-135LR)	145720	ex PT-SGW	8838; Chautauqua
☐	N839RP	Embraer EMB.135LR (ERJ-135LR)	145724	ex PT-SHA	8839; Chautauqua
☐	N840RP	Embraer EMB.135LR (ERJ-135LR)	145725	ex PT-SHB	8840; Chautauqua
☐	N841RP	Embraer EMB.135LR (ERJ-135LR)	145737	ex PT-SHQ	8841; Chautauqua
☐	N842RP	Embraer EMB.135LR (ERJ-135LR)	145661	ex PT-SEV	8842; Chautauqua
☐	N843RP	Embraer EMB.135LR (ERJ-135LR)	145599	ex PT-SAO	8843; Chautauqua
☐	N844RP	Embraer EMB.135LR (ERJ-135LR)	145620	ex PT-SDI	8844; Chautauqua
☐	N845RP	Embraer EMB.135LR (ERJ-135LR)	145551	ex PT-SZN	8845; Chautauqua
☐	N846RP	Embraer EMB.135LR (ERJ-135LR)	145600	ex N302GC	8846; Chatauqua
☐	N847RP	Embraer EMB.135LR (ERJ-135LR)	145608	ex N303GC	8847; Chatauqua

To be removed from Delta Connection franchise agreement by March 2009

☐	N272SK	Embraer EMB.145LR (ERJ-145LR)	145306	ex PT-SKX	8272; Chautauqua	Lsd fr Solitair
☐	N273SK	Embraer EMB.145LR (ERJ-145LR)	145331	ex PT-SMX	8273; Chautauqua	Lsd fr Solitair
☐	N274SK	Embraer EMB.145LR (ERJ-145LR)	145344	ex PT-SNK	8274; Chautauqua	Lsd fr Solitair
☐	N278SK	Embraer EMB.145LR (ERJ-145LR)	145370	ex PT-SOV	8278; Chautauqua	Lsd fr Solitair
☐	N279SK	Embraer EMB.145LR (ERJ-145LR)	145379	ex PT-SQD	8279; Chautauqua	Lsd fr Solitair
☐	N281SK	Embraer EMB.145LR (ERJ-145LR)	145391	ex PT-SQP	8281; Chautauqua	Lsd fr Solitair
☐	N561RP	Embraer EMB.145LR (ERJ-145LR)	145447	ex PT-SUS	8561; Chautauqua	Lsd fr Mitsui
☐	N562RP	Embraer EMB.145LR (ERJ-145LR)	145451	ex PT-SUW	8562; Chautauqua	Lsd fr Mitsui
☐	N563RP	Embraer EMB.145LR (ERJ-145LR)	145509	ex PT-SYB	8563; Chautauqua	Lsd fr Solitair
☐	N564RP	Embraer EMB.145LR (ERJ-145LR)	145524	ex PT-SYP	8564; Chautauqua	
☐	N565RP	Embraer EMB.145LR (ERJ-145LR)	145679	ex PT-SFL	8565; Chautauqua	
☐	N566RP	Embraer EMB.145LR (ERJ-145LR)	145691	ex PT-SFX	8566; Chautauqua	
☐	N567RP	Embraer EMB.145LR (ERJ-145LR)	145698	ex PT-SGD	8567; Chautauqua	
☐	N568RP	Embraer EMB.145LR (ERJ-145LR)	145800	ex PT-SNE	8568; Chautauqua; 800th colours	
☐	N569RP	Embraer EMB.145LR (ERJ-145LR)	14500816	ex PT-SNR	8569; Chautauqua	
☐	N570RP	Embraer EMB.145LR (ERJ-145LR)	14500821	ex PT-SNV	8570; Chautauqua	
☐	N571RP	Embraer EMB.145LR (ERJ-145LR)	14500827	ex PT-SNZ	8571; Chautauqua	
☐	N572RP	Embraer EMB.145LR (ERJ-145LR)	14500828	ex PT-SQB	8572; Chautauqua	
☐	N573RP	Embraer EMB.145LR (ERJ-145LR)	14500837	ex PT-SQJ	8573; Chautauqua	
☐	N574RP	Embraer EMB.145LR (ERJ-145LR)	14500845	ex PT-SQP	8574; Chautauqua	
☐	N575RP	Embraer EMB.145LR (ERJ-145LR)	14500847	ex PT-SQR	8575; Chautauqua	
☐	N576RP	Embraer EMB.145LR (ERJ-145LR)	14500856	ex PT-SQX	8576; Chautauqua	
☐	N577RP	Embraer EMB.145LR (ERJ-145LR)	14500862	ex PT-SXC	8577; Chautauqua	

	Registration	Type	MSN	Ex-reg	Operator/Notes
☐	N578RP	Embraer EMB.145LR (ERJ-145LR)	14500865	ex PT-SXE	8578; Chautauqua
☐	N579RP	Embraer EMB.145LR (ERJ-145LR)	14500871	ex PT-SXI	8579; Chautauqua
☐	N825MJ	Embraer EMB.145LR (ERJ-145LR)	145179	ex PT-SGB	Mesa
☐	N826MJ	Embraer EMB.145LR (ERJ-145LR)	145214	ex PT-SHB	Freedom
☐	N827MJ	Embraer EMB.145LR (ERJ-145LR)	145217	ex PT-SHD	Mesa
☐	N828MJ	Embraer EMB.145LR (ERJ-145LR)	145218	ex PT-SHE	Mesa
☐	N829MJ	Embraer EMB.145LR (ERJ-145LR)	145228	ex PT-SHQ	Freedom
☐	N830MJ	Embraer EMB.145LR (ERJ-145LR)	145259	ex PT-SIS	Freedom
☐	N831MJ	Embraer EMB.145LR (ERJ-145LR)	145273	ex PT-SJP	Mesa
☐	N832MJ	Embraer EMB.145LR (ERJ-145LR)	145310	ex PT-SMB	Freedom
☐	N833MJ	Embraer EMB.145LR (ERJ-145LR)	145327	ex PT-SMT	Mesa
☐	N834MJ	Embraer EMB.145LR (ERJ-145LR)	145340	ex PT-SNG	Mesa
☐	N835MJ	Embraer EMB.145LR (ERJ-145LR)	145353	ex PT-SNS	Freedom
☐	N836MJ	Embraer EMB.145LR (ERJ-145LR)	145359	ex PT-SNY	Freedom
☐	N837MJ	Embraer EMB.145LR (ERJ-145LR)	145367	ex PT-SOR	Freedom
☐	N838MJ	Embraer EMB.145LR (ERJ-145LR)	145384	ex PT-SQI	Freedom
☐	N841MJ	Embraer EMB.145LR (ERJ-145LR)	145448	ex PT-SUT	Mesa
☐	N842MJ	Embraer EMB.145LR (ERJ-145LR)	145457	ex PT-SVC	Freedom
☐	N844MJ	Embraer EMB.145LR (ERJ-145LR)	145481	ex PT-SXA	Mesa
☐	N845MJ	Embraer EMB.145LR (ERJ-145LR)	145502	ex PT-SXV	Freedom
☐	N847MJ	Embraer EMB.145LR (ERJ-145LR)	145517	ex PT-SYI	Mesa
☐	N848MJ	Embraer EMB.145LR (ERJ-145LR)	145530	ex PT-STU	Mesa
☐	N849MJ	Embraer EMB.145LR (ERJ-145LR)	145534	ex PT-STY	Mesa
☐	N850MJ	Embraer EMB.145LR (ERJ-145LR)	145568	ex PT-SBE	Mesa
☐	N851MJ	Embraer EMB.145LR (ERJ-145LR)	145572	ex PT-SBI	Freedom
☐	N852MJ	Embraer EMB.145LR (ERJ-145LR)	145567	ex PT-SBD	Mesa
☐	N853MJ	Embraer EMB.145LR (ERJ-145LR)	145464	ex PT-SVJ	Mesa
☐	N854MJ	Embraer EMB.145LR (ERJ-145LR)	145490	ex PT-SXJ	Mesa
☐	N855MJ	Embraer EMB.145LR (ERJ-145LR)	145614	ex PT-SCZ	Mesa
☐	N856MJ	Embraer EMB.145LR (ERJ-145LR)	145626	ex PT-SDO	Freedom
☐	N857MJ	Embraer EMB.145LR (ERJ-145LR)	145765	ex PT-SJW	Mesa
☐	N860MJ	Embraer EMB.145LR (ERJ-145LR)	145773	ex PT-SMD	Mesa
☐	N	Embraer EMB.145LR (ERJ-145LR)		ex PT-	Mesa
☐	N12569	Embraer EMB.145LR (ERJ-145LR)	145630	ex PT-SDS	ExpressJet
☐	N14570	Embraer EMB.145LR (ERJ-145LR)	145632	ex PT-SDU	ExpressJet
☐	N10575	Embraer EMB.145LR (ERJ-145LR)	145640	ex PT-SEC	ExpressJet
☐	N22909	Embraer EMB.145LR (ERJ-145LR)	145459	ex PT-SVE	ExpressJet

Eight to be removed from service between August and October 2008

	Registration	Type	MSN	Ex-reg	Operator
☐	N11137	Embraer EMB.145XR (ERJ-145XR)	145721	ex PT-SGX	ExpressJet
☐	N11165	Embraer EMB.145XR (ERJ-145XR)	14500819	ex PT-SNT	ExpressJet
☐	N11176	Embraer EMB.145XR (ERJ-145XR)	14500881	ex PT-SXV	ExpressJet
☐	N11181	Embraer EMB.145XR (ERJ-145XR)	14500904	ex PT-SYN	ExpressJet
☐	N11184	Embraer EMB.145XR (ERJ-145XR)	14500917	ex PT-SVX	ExpressJet
☐	N11193	Embraer EMB.145XR (ERJ-145XR)	14500938	ex PT-SCJ	ExpressJet
☐	N12167	Embraer EMB.145XR (ERJ-145XR)	14500834	ex PT-SQG	ExpressJet
☐	N12172	Embraer EMB.145XR (ERJ-145XR)	14500864	ex PT-SXD	ExpressJet
☐	N14168	Embraer EMB.145XR (ERJ-145XR)	14500840	ex PT-SQL	ExpressJet
☐	N14171	Embraer EMB.145XR (ERJ-145XR)	14500859	ex PT-SQZ	ExpressJet
☐	N14173	Embraer EMB.145XR (ERJ-145XR)	14500872	ex PT-SXK	ExpressJet
☐	N14177	Embraer EMB.145XR (ERJ-145XR)	14500888	ex PT-SYA	ExpressJet
☐	N14180	Embraer EMB.145XR (ERJ-145XR)	14500900	ex PT-SYL	ExpressJet
☐	N14179	Embraer EMB.145XR (ERJ-145XR)	14500896	ex PT-SYI	ExpressJet
☐	N16183	Embraer EMB.145XR (ERJ-145XR)	14500914	ex PT-SYV	ExpressJet
☐	N33182	Embraer EMB.145XR (ERJ-145XR)	14500909	ex PT-SYS	ExpressJet
☐	N	Embraer EMB.145XR (ERJ-145XR)		ex PT-	ExpressJet
☐	N	Embraer EMB.145XR (ERJ-145XR)		ex PT-	ExpressJet
☐	N	Embraer EMB.145XR (ERJ-145XR)		ex PT-	ExpressJet
☐	N	Embraer EMB.145XR (ERJ-145XR)		ex PT-	ExpressJet
☐	N	Embraer EMB.145XR (ERJ-145XR)		ex PT-	ExpressJet
☐	N	Embraer EMB.145XR (ERJ-145XR)		ex PT-	ExpressJet

	Registration	Type	MSN	Ex-reg	Operator
☐	N855RW	Embraer 170-100SE (170SE)	17000077	ex PT-SZC	Shuttle America
☐	N856RW	Embraer 170-100SE (170SE)	17000078	ex PT-SZD	Shuttle America
☐	N857RW	Embraer 170-100SE (170SE)	17000079	ex PT-SZE	Shuttle America
☐	N858RW	Embraer 170-100SE (170SE)	17000080	ex PT-SZF	Shuttle America
☐	N859RW	Embraer 170-100SE (170SE)	17000082	ex PT-SZH	Shuttle America
☐	N860RW	Embraer 170-100SE (170SE)	17000084	ex PT-SZJ	Shuttle America
☐	N861RW	Embraer 170-100SE (170SE)	17000094	ex PT-SZU	Shuttle America
☐	N862RW	Embraer 170-100SE (170SE)	17000098	ex PT-SZY	Shuttle America
☐	N863RW	Embraer 170-100SE (170SE)	17000100	ex PT-SAB	Shuttle America
☐	N864RW	Embraer 170-100SE (170SE)	17000117	ex PT-SDE	Shuttle America
☐	N865RW	Embraer 170-100SE (170SE)	17000122	ex PT-SDK	Shuttle America
☐	N866RW	Embraer 170-100SE (170SE)	17000129	ex PT-SDS	Shuttle America
☐	N867RW	Embraer 170-100SE (170SE)	17000130	ex PT-SDT	Shuttle America
☐	N868RW	Embraer 170-100SE (170SE)	17000131	ex PT-SDU	Shuttle America
☐	N869RW	Embraer 170-100SE (170SE)	17000133	ex PT-SDW	Shuttle America
☐	N870RW	Embraer 170-100SE (170SE)	17000138	ex PT-SEC	Shuttle America

Embraer 170s to be replaced by Embraer 170-200s (175) by 2009 (Eleven on order for Shuttle America). Services operated by Comair using flight numbers in the range DL3000-3699 and Atlantic Southeast Airlines using flight numbers in the range DL7000-7999. Other services operated by American Eagle (at Los Angeles, CA), Freedom Airlines, Shuttle America, (at Orlando, FL), Trans State (at St Louis, MO), Mesa Airlines and SkyWest

DESERT AIR
Anchorage, AK (ANC)

☐ N105CA	Douglas DC-3	14275/25720	ex N85FA	stored CLK	Lsd fr Alta Lsg
☐ N153PA	Convair 240-27	304	ex 51-7892		
☐ N19906	Douglas DC-3	4747	ex 41-38644	stored ANC	Lsd fr Alta Lsg
☐ N44587	Douglas DC-3	12857	ex N353SA	stored ANC	Lsd fr Alta Lsg

DODITA AIR CARGO
San Juan-Munoz Marin Intl, PR (SJU)

☐ N912AL	Convair 440-78	353	ex PZ-TGA	no titles
☐ N31325	Convair 240-52	52-8	ex 52-1183	stored SJU

Both freighters

EASTERN CARIBBEAN AIR
(JI)
San Juan-Munoz Marin Intl, PR (SJU)

Formerly listed as San Juan Aviation
☐ N288RA   Beech 100 King Air   B-5   ex N280RA
Eastern Caribbean Air is the trading name of Cool Tours Inc

EDWARDS JET CENTER OF MONTANA
Edwards (EDJ)
Billings-Logan Intl, MT (BIL)

☐ N53MD	Beech 100 King Air	B-86	ex N500Y
☐ N90EJ	Beech C90 King Air	LJ-749	ex N552R
☐ N102LF	Beech 100 King Air	B-65	ex N102RS
☐ N206SM	Cessna U206G Stationair 6 II	U20606459	ex ZK-EXG
☐ N265EJ	Beech 200 Super King Air	BB-911	ex N411CC
☐ N277JD	Cessna 310R	310R0581	ex N77JD
☐ N2703U	Cessna 340A	340A0914	
☐ N6316X	Cessna 340A	340A0487	
☐ N9781S	Cessna 414A Chancellor III	414A0515	ex D-IFLO

Edwards Jet Center of Montana is the trading name of Lynch Flying Service; also operates Cessna Citation bizjets

EMPIRE AIRLINES
Empire Air (EM/CFS)
Coeur d'Alene, ID/Spokane-Intl, WA (COE/GEG)

Operates Cessna 208 Caravans and ATR 42/72s plus Fokker F.27 Friendship 500s leased from, and operated on behalf of, FedEx

EMPIRE AIRWAYS
Farmingdale, NY (FRG)

☐ N16EN	British Aerospace Jetstream 31	743	ex N403UE	Lsd fr JCM Development Corp
☐ N16EX	British Aerospace Jetstream 31	826	ex N850JS	Lsd fr Millennium Jetstream

Empire Airways is the trading name of Partner Aviation Enterprises

EOS AIRLINES
New Dawn (E0/ESS)
New York-JFK, NY (JFK)

☐ N401JS	Boeing 757-2Q8	26332/688	ex N101LF	Lsd fr ILFC
☐ N403JS	Boeing 757-2Q8	27351/639	ex N764MX	Lsd fr ILFC
☐ N405JS	Boeing 757-2Q8	29380/836	ex N380RM	Lsd fr ILFC
☐ N763MX	Boeing 757-2Q8	29443/821		Lsd fr ILFC
☐ N926JS	Boeing 757-2Q8	24964/424	ex N755MX	Lsd fr ILFC

Three more Boeing 757s are on order

EPPS AVIATION CHARTER
Epps Air (EPS)
Atlanta-De Kalb-Peachtree, GA (PDK)

☐ N10HT	Mitsubishi MU-2B-60	778SA	ex N264MA
☐ N42AF	Mitsubishi MU-2B-60	1539SA	ex ZS-MRJ
☐ N46AK	Mitsubishi MU-2B-60	754SA	ex N942ST
☐ N772DA	Mitsubishi MU-2B-60	772SA	ex I-MPLT
☐ N888RH	Mitsubishi MU-2B-60	737SA	ex N315MA
☐ N888SE	Mitsubishi MU-2B-60	1549SA	ex N475MA
☐ N941MA	Mitsubishi MU-2B-60	744SA	
☐ N984RE	Mitsubishi MU-2B-60	787SA	ex N267PC
☐ N1164F	Mitsubishi MU-2B-60	1562SA	ex D-ICDG
☐ N8083A	Mitsubishi MU-2B-60	739SA	ex N707EZ

All Cavanaugh (SCD) conversions

☐ N23WJ	Beech 200 Super King Air	BB-1297	ex N21VF
☐ N57GA	Beech 200 Super King Air	BB-477	ex F-GILB
☐ N109DT	Beech 65-C90A King Air	LJ-1102	ex N682TA
☐ N795CA	Beech 200 King Air	BB-559	ex N559BM

ERA AVIATION
Erah (7H/ERH) (IATA 808)　　　　　　　　　　　　　　　　　　　　　　　　　　　Anchorage-Intl South, AK (ANC)

☐	N881EA	de Havilland DHC-8-103	233	ex C-GFOD
☐	N882EA	de Havilland DHC-8-103	98	ex D-BERT
☐	N883EA	de Havilland DHC-8-106	260	ex C-GGEW
☐	N971EA	Beech 1900D	UE-387	ex N848CA
☐	N972EA	Beech 1900D	UE-389	ex N852CA
☐	N973EA	Beech 1900D	UE-391	ex N841CA

Passenger services are operated in conjunction with Alaska Airlines using AS flight numbers in the range 4800-4899

ERA HELICOPTERS
Anchorage-Intl South, AK/Lake Charles-Regional, LA (ANC/LCH)

☐	N43MH	Aerospatiale AS.350BA AStar	2856	ex C-FXAP
☐	N108TA	Aerospatiale AS.350BA AStar	3080	
☐	N109TA	Aerospatiale AS.350B2 AStar	3103	
☐	N118TA	Aerospatiale AS.350B2 AStar	3110	
☐	N147BH	Aerospatiale AS.350BA AStar	1273	ex N3610G
☐	N152TA	Aerospatiale AS.350B1 AStar	2241	ex N60321
☐	N159JK	Aerospatiale AS.350B2 AStar	3253	
☐	N161EH	Aerospatiale AS.350B2 AStar	2144	
☐	N162EH	Aerospatiale AS.350B2 AStar	2147	
☐	N165EH	Aerospatiale AS.350B-1 AStar	2185	
☐	N166EH	Aerospatiale AS.350B2 AStar	2194	
☐	N178EH	Aerospatiale AS.350B2 AStar	2264	
☐	N181EH	Aerospatiale AS.350B2 AStar	2680	
☐	N182EH	Aerospatiale AS.350B2 AStar	2681	
☐	N183EH	Aerospatiale AS.350B2 AStar	2752	
☐	N185EH	Aerospatiale AS.350B2 AStar	2823	
☐	N186EH	Aerospatiale AS.350B2 AStar	2844	
☐	N187EH	Aerospatiale AS.350B2 AStar	2839	
☐	N188EH	Aerospatiale AS.350B2 AStar	2954	
☐	N190EH	Aerospatiale AS.350B2 AStar	2974	
☐	N191EH	Aerospatiale AS.350B2 AStar	2505	
☐	N192EH	Aerospatiale AS.350B2 AStar	2582	
☐	N193EH	Aerospatiale AS.350B2 AStar	2599	
☐	N194EH	Aerospatiale AS.350B2 AStar	2608	
☐	N195EH	Aerospatiale AS.350B2 AStar	2615	
☐	N196EH	Aerospatiale AS.350B2 AStar	2976	
☐	N212EH	Aerospatiale AS.350B2 AStar	3151	
☐	N213EH	Aerospatiale AS.350B2 AStar	3158	
☐	N214EH	Aerospatiale AS.350B2 AStar	3163	
☐	N215EH	Aerospatiale AS.350B2 AStar	3172	
☐	N216EH	Aerospatiale AS.350B2 AStar	3184	
☐	N217EH	Aerospatiale AS.350B2 AStar	3197	
☐	N217FD	Aerospatiale AS.350B2 AStar	4221	ex N646PT
☐	N323AH	Aerospatiale AS.350B2 AStar	4291	
☐	N328BF	Aerospatiale AS.350B2 AStar	4284	
☐	N420JA	Aerospatiale AS.350B2 AStar	4212	
☐	N603WB	Aerospatiale AS.350B2 AStar	4225	
☐	N747WB	Aerospatiale AS.350B2 AStar	2768	
☐	N906BA	Aerospatiale AS.350B AStar	1479	ex N5786Y
☐	N911VA	Aerospatiale AS.350BA AStar	2588	ex N555LD
☐	N4061G	Aerospatiale AS.350BA AStar	3051	ex F-OHVB
☐	N40584	Aerospatiale AS.350B2 AStar	2924	ex F-OHNT
☐	N18EA	Agusta A.109E Power	11210	ex N261CF
☐	N530KS	Agusta A.109E Power	11694	
☐	N820FT	Agusta A.109E Power	11701	
☐	N903RW	Agusta A.109E Power	11601	ex N3ZJ
☐	N910LB	Agusta A.109E Power	11682	
☐	N108AG	Agusta A.119 Koala	14053	ex N911AM
☐	N119MJ	Agusta A.119 Koala	14050	ex N119MW
☐	N126RD	Agusta A.119 Koala	14504	ex N6QY
☐	N709CG	Agusta A.119 Koala	14052	ex N18YC
☐	N803EB	Agusta A.119 Koala	14033	ex N7KN
☐	N822MM	Agusta A.119 Koala	14055	ex N6QX
☐	N873MB	Agusta A.119 Koala	14034	ex N19YC
☐	N907AG	Agusta A.119 Koala	14045	ex N119MW
☐	N916PB	Agusta A.119 Koala	14530	
☐	N125ED	Agusta AW.139	31040	
☐	N139EH	Agusta AW.139	31027	
☐	N149DH	Agusta AW.139	41004	
☐	N156JS	Agusta AW.139	41003	ex I-EASH
☐	N428NE	Agusta AW.139	41001	ex I-EASJ
☐	N697RS	Agusta AW.139	31035	
☐	N725TF	Agusta AW.139	31074	
☐	N813DG	Agusta AW.139	31032	

353

	Registration	Type	Serial	Ex
☐	N915DH	Agusta AW.139	31057	
☐	N	Agusta AW.139		on order
☐	N	Agusta AW.139		on order
☐	N	Agusta AW.139		on order
☐	N	Agusta AW.139		on order
☐	N	Agusta AW.139		on order
☐	N	Agusta AW.139		on order

Five more Agusta AW.139s are on order for delivery in 2009.

☐	N125TA	Bell 206B JetRanger III	1315	ex N302SH
☐	N297CA	Bell 206B JetRanger III	1453	ex N117V
☐	N707HJ	Bell 206B JetRanger III	3173	ex N707TV
☐	N39114	Bell 206B JetRanger III	3293	
☐	N59582	Bell 206B JetRanger III	1460	
☐	N357EH	Bell 212	31209	
☐	N358EH	Bell 212	31211	
☐	N359EH	Bell 212	31212	ex C-GRVN
☐	N361EH	Bell 212	30554	ex XA-TRY
☐	N362EH	Bell 212	30853	ex XA-TRX
☐	N370EH	Bell 212	30624	
☐	N399EH	Bell 212	30810	ex XA-AAM
☐	N500EH	Bell 212	30945	
☐	N508EH	Bell 212	30908	
☐	N509EH	Bell 212	30925	
☐	N511EH	Bell 212	31118	
☐	N522EH	Bell 212	31199	ex XA-TRZ
☐	N523EH	Bell 212	31214	ex C-GRWX
☐	N167EH	Bell 412	33089	ex VH-NSO
☐	N168EH	Bell 412	33058	ex VH-NSI
☐	N169EH	Bell 412	33064	ex XA-BDD
☐	N417EH	Bell 412	33031	ex N3911E
☐	N421EH	Bell 412	33067	ex N57413
☐	N116KG	Eurocopter EC.120B Colibri	1152	ex N413AE
☐	N120EB	Eurocopter EC.120B Colibri	1034	ex N5224G
☐	N120GB	Eurocopter EC.120B Colibri	1063	
☐	N120TL	Eurocopter EC.120B Colibri	1141	
☐	N120TX	Eurocopter EC.120B Colibri	1029	
☐	N131MB	Eurocopter EC.120B Colibri	1070	
☐	N517SS	Eurocopter EC.120B Colibri	1080	ex N5234N
☐	N690WR	Eurocopter EC.120B Colibri	1059	
☐	N89EM	Eurocopter EC.135P1	0049	ex N94387
☐	N320TV	Eurocopter EC.135P2	0467	
☐	N551BA	Eurocopter EC.135P2	0188	
☐	N605SS	Eurocopter EC.135P2	0461	
☐	N611LS	Eurocopter EC.135P2	0472	
☐	N812LV	Eurocopter EC.135P2+	0614	
☐	N124EH	MBB Bo.105CBS	S-559	ex 9Y-TJE
☐	N125EH	MBB Bo.105CBS	S-562	ex N9376Y
☐	N129EH	MBB Bo.105CBS	S-580	ex N29077
☐	N130EH	MBB Bo.105CBS	S-588	ex N2910H
☐	N131EH	MBB Bo.105CBS	S-595	ex N3129U
☐	N135EH	MBB Bo.105CBS	S-675	ex N4573D
☐	N149EH	MBB Bo.105CBS	S-705	ex N968MB
☐	N152EH	MBB Bo.105CBS	S-701	ex N954MB
☐	N153EH	MBB Bo.105CBS	S-702	ex PH-NZY
☐	N290EH	MBB Bo.105CBS-4	S-850	ex N6554Y
☐	N291EH	MBB Bo.105CBS-4	S-842	ex N65962
☐	N292EH	MBB Bo.105CBS-4	S-843	ex N7170C
☐	N293EH	MBB Bo.105CBS-4	S-844	ex N6612K
☐	N294EH	MBB Bo.105CBS-4	S-846	ex N6559A
☐	N296EH	MBB Bo.105CBS-4	S-849	ex N65385
☐	N298EH	MBB Bo.105CBS-4	S-845	ex N4186F
☐	N423EH	MBB Bo.105CBS	S-543	ex N42018
☐	N424EH	MBB Bo.105CBS	S-548	ex N42001
☐	N426EH	MBB Bo.105CBS	S-552	ex N93173
☐	N427EH	MBB Bo.105CBS	S-554	ex N93205
☐	N574EH	Sikorsky S-76A++	760369	ex N369AG
☐	N575EH	Sikorsky S-76A++	760366	ex N621LH
☐	N576EH	Sikorsky S-76A++	760212	ex N15458
☐	N577EH	Sikorsky S-76A++	760222	ex N15459
☐	N578EH	Sikorsky S-76A++	760099	ex N223BF
☐	N905RD	Sikorsky S-76C+	760510	ex N8109K
☐	N562EH	Sikorsky S-61N	61257	ex PH-NZA
☐	N563EH	Sikorsky S-61N	61808	ex PH-NZR
☐	N564EH	Sikorsky S-61N	61365	ex C-GBSF

☐	N	Agusta A.109S Grand			on order
☐	N	Agusta A.109S Grand			on order
☐	N	Agusta A.109S Grand			on order

ERICKSON AIR CRANE

Central Point, OR

☐	C-FCRN	Erickson/Sikorsky S-64E Skycrane	64061	ex N172AC	747
☐	C-GESG	Erickson/Sikorsky S-64E Skycrane	64065	ex N157AC	745
☐	C-GJZK	Erickson/Sikorsky S-64E Skycrane	64003	ex N176AC	
☐	N154AC	Erickson/Sikorsky S-64E Skycrane	64037	ex 68-18435	733; Georgia Peach
☐	N158AC	Erickson/Sikorsky S-64F Skycrane	64081	ex HL9260	744; Goliath
☐	N159AC	Erickson/Sikorsky S-64F Skycrane	64084	ex 68-18476	741
☐	N163AC	Erickson/Sikorsky S-64E Skycrane	64093	ex 70-18485	Hurricane Bubba
☐	N164AC	Erickson/Sikorsky S-64E Skycrane	64034	ex C-FCRN	730; The Incredible Hulk
☐	N171AC	Erickson/Sikorsky S-64F Skycrane	64090	ex 69-18482	stored Central Point
☐	N173AC	Erickson/Sikorsky S-64E Skycrane	64015	ex 68-18413	736; Christina
☐	N178AC	Erickson/Sikorsky S-64E Skycrane	64097	ex 70-18489	748; Isabelle
☐	N179AC	Erickson/Sikorsky S-64E Skycrane	64091	ex C-GFAH	733; Elvis
☐	N194AC	Erickson/Sikorsky S-64E Skycrane	64017	ex C-GFLH	746
☐	N217AC	Erickson/Sikorsky S-64E Skycrane	64064	ex N542SB	732; Malcolm
☐	N218AC	Erickson/Sikorsky S-64E Skycrane	64033	ex N545SB	749; Elsie
☐	N229AC	Erickson/Sikorsky S-64E Skycrane	64018	ex N4099Y	743; Tug
☐	N237AC	Erickson/Sikorsky S-64E Skycrane	64095	ex 69-18487	stored Central Point
☐	N247AC	Erickson/Sikorsky S-64E Skycrane	64052	ex N2270B	stored Central Point
☐	N543CH	Erickson/Sikorsky S-64E Skycrane	64016	ex N4409U	stored Central Point
☐	N544CH	Erickson/Sikorsky S-64E Skycrane	64022	ex N22696	stored Central Point
☐	N4099D	Erickson/Sikorsky S-64E Skycrane	64050	ex 68-18448	stored Central Point
☐	N4099M	Erickson/Sikorsky S-64E Skycrane	64028	ex 67-18426	stored Central Point
☐	N6962R	Erickson/Sikorsky S-64E Skycrane	64058	ex HC-CAT	741; Olga
☐	N7073C	Erickson/Sikorsky S-64E Skycrane	64042	ex 68-18440	stored Central Point

The Canadian examples are leased to subsidiary Canadian Air Crane; several are stored awaiting conversion

☐	N126AC	Garlick-Bell 205A-1 (UH-1H)	5645	ex 66-01162	
☐	N149AC	Garlick-Bell 205A-1 (UH-1H)	5229	ex 66-00746	
☐	N564AC	Cessna 441 Conquest II	441-0147	ex N999BE	

EVERGREEN HELICOPTERS

(7E)   *McMinnville, OR/Anchorage-Merrill, AK/ Galveston, TX (RNC/MRI/GLS)*

☐	N351EV	Aerospatiale AS.350B2 AStar	2930	ex SE-JCX	Lsd fr GC Air
☐	N352EV	Aerospatiale AS.350B2 AStar	2555	ex JA6112	
☐	N353EV	Aerospatiale AS.350B2 AStar	2444	ex C-GJVG	
☐	N354EV	Aerospatiale AS.350B3 AStar	3664	ex SE-JHG	
☐	N355EV	Aerospatiale AS.350B3 AStar	3550	ex F-GYDE	
☐	N356EV	Aerospatiale AS.350B3 AStar	3649	ex SE-JHF	
☐	N359EV	Aerospatiale AS.350B3 AStar	3797	ex I-BALO	
☐	N917JT	Aerospatiale AS.350B2 AStar	2759	ex N6096P	
☐	N33AZ	Bell 206L-3 LongRanger III	51110		
☐	N85TC	Bell 206L-3 LongRanger III	51143		
☐	N206EV	Bell 206L-4 LongRanger IV	52311	ex N46340	
☐	N255EV	Bell 206L-3 LongRanger III	51488		
☐	N3195S	Bell 206L-3 LongRanger III	51136		
☐	N5007F	Bell 206L-1 LongRanger III	45186		
☐	N5748H	Bell 206L-1 LongRanger II	45490		
☐	N212EV	Bell 212	30881	ex HK-4064X	
☐	N398EH	Bell 212	30766	ex HK-4059X	
☐	N827MS	Bell 212	31205	ex N711EV	
☐	N5017H	Bell 212	30930		
☐	N5410N	Bell 212	31206	ex VH-CUZ	
☐	N16973	Bell 212	30882	ex VH-CRO	
☐	N16974	Bell 212	30886		
☐	N59633	Bell 212	30676		
☐	N22MS	Learjet 35A	35A-209	ex N711DS	
☐	N60EV	Sikorsky S-61 (H-3E)	61642	ex 69-5799	
☐	N61EV	Sikorsky S-61 (H-3E)	61566	ex 65-12791	
☐	N62EV	Sikorsky S-61 (HH-3F)	61670	ex USCG 1493	
☐	N63EV	Sikorsky S-61 (HH-3F)	61674	ex USCG 1497	
☐	N70DB	Bell 206B JetRanger	1730		
☐	N134WJ	Beech B200C Super King Air	BL-134	ex SE-LMP	
☐	N139EV	Agusta AW.139	31006		
☐	N140EV	Agusta AW.139	31025		
☐	N191EV	Beech 1900D	UE-114	ex N114YV	Lsd fr GC Air
☐	N202EV	Lockheed P2V-5 Neptune	726-5387	ex Bu131502	141 Tanker
☐	N204BB	MBB B0.105C	S-57	ex D-HDBH	
☐	N330J	Aerospatiale SA.330J Puma	1647	ex XA-SKT	
☐	N348CA	CASA C.212-200	CC20-7-175		
☐	N352CA	CASA C.212-200	CC40-1-190		Lsd to US Air Force

☐	N352HS	Learjet 35A	35A-596	ex N826CP		
☐	N405PC	Learjet 35A	35A-651	ex HB-VJK		
☐	N405R	Aerospatiale SA.330J Puma	1475	ex PP-MGB		
☐	N413EV	Bell 412EP	36381	ex N91755		
☐	N417EV	Bell 412EP	36430	ex C-FMQX		Lsd fr GC Air
☐	N422CA	CASA C.212-200	CC40-5-238			
☐	N423CA	CASA C.212-200	S1-1-240			Lsd to US Air Force
☐	N500KM	MBB Bo.105C	S-76	ex N500KV		
☐	N4776Z	Cessna U206G Stationair 6	U20606020			
☐	N6979R	Sikorsky S-64E	64079			
☐	N9688G	Cessna U206F Stationair	U20601888			
☐	N10729	Bell 206B JetRanger III	2876			

Sister company of Evergreen International Airlines, both subsidiaries of Evergreen International Aviation

EVERGREEN INTERNATIONAL AIRLINES
Evergreen (EZ/EIA) (IATA 494)   *McMinnville, OR/Marana-Pinal Airpark, AZ (RNC/MZJ)*

☐	N470EV	Boeing 747-273C	20653/237	ex N749WA	947; Super Tanker	
☐	N471EV	Boeing 747-273C	20651/209	ex N747WR		
☐	N477EV	Boeing 747SR-46 (SCD)	20784/231	ex N688UP		
☐	N478EV	Boeing 747SR-46 (SCD)	21033/254	ex PT-TDE	stored MZJ	
☐	N479EV	Boeing 747-132 (SCD)	19898/94	ex N725PA		
☐	N480EV	Boeing 747-121 (SCD)	20348/106	ex N690UP	stored MZJ	
☐	N481EV	Boeing 747-132 (SCD)	19896/72	ex N902PA		
☐	N482EV	Boeing 747-212B (SCD)	20713/219	ex N729PA		
☐	N485EV	Boeing 747-212B (SCD)	20712/218	ex N728PA		
☐	N486EV	Boeing 747-212B (SCD)	20888/240	ex N745SJ		
☐	N487EV	Boeing 747-230B (SCD)	23286/614	ex TF-AMF		
☐	N488EV	Boeing 747-230B (SCD)	23287/617	ex D-ABZA		
☐	N489EV	Boeing 747-230B (SF)	23393/633	ex TF-AMH		
☐	N490EV	Boeing 747-230F	24138/706	ex TF-ARV		
☐	N249BA	Boeing 747-409LCF	24309/766	ex B-18271	on order	Op for Boeing
☐	N718BA	Boeing 747-4H6LCF	27042/932	ex N74713	on order	Op for Boeing
☐	N747BC	Boeing 747-4J6LCF	25879/904	ex B-2464		Op for Boeing
☐	N780BA	Boeing 747-409LCF	24310/778	ex B-18272		Op for Boeing

Used to transport Boeing 787 components to assembly plant, named Dreamlifter

☐	N915F	Douglas DC-9-15RC (ABS 3)	47061/207	ex EC-EYS	stored MZJ
☐	N916F	Douglas DC-9-15RC (ABS 3)	47044/265	ex OH-LYH	stored MZJ
☐	N933F	Douglas DC-9-33RC (ABS 3)	47191/280	ex N33UA	stored MZJ
☐	N941F	Douglas DC-9-33F (ABS 3)	47193/311	ex VH-IPC	stored MZJ
☐	N944F	Douglas DC-9-33RC (ABS 3)	47194/324	ex PH-DNP	stored MZJ

Evergreen own Pinal Airpark, Marana [MZJ] and aircraft regularly enter short-term storage.
Sister company of Evergreen Helicopters, both subsidiaries of Evergreen International Aviation

EVERTS AIR ALASKA
Everts (3Z/VTS)   *Fairbanks-Intl, AK (FAI)*

☐	N108NS	Piper PA-32R-300 Lance	32R-7680288		
☐	N148RF	Piper PA-32R-300 Lance	32R-7680076		
☐	N575JD	Cessna 208B Caravan I	208B0595	ex N5268V	Lsd fr Arctic One
☐	N1063H	Piper PA-32R-300 Lance	32R-7780129		
☐	N6969J	Piper PA-32R-300 Lance	32R-7680398		

Division of Tatonduk Outfitters, all combi/freighters; see also Everts Air Cargo

EVERTS AIR CARGO
Everts (3K/VTS) (IATA 029)   *Fairbanks-Intl, AK (FAI)*

☐	N151	Douglas DC-6B	45496/992	ex C-GICD	
☐	N251CE	Douglas C-118A	44612/532	ex Bu153693	
☐	N351CE	Douglas C-118A	44599/505	ex 53-3228	
☐	N400UA	Douglas DC-6A	44258/467	ex YV-296C	Lsd fr C&R Lsg
☐	N555SQ	Douglas DC-6B	45137/830	ex N37585	
☐	N6586C	Douglas DC-6BF	45222/849		
☐	N9056R	Douglas DC-6A/B	45498/1005	ex C-FCZZ	
☐	N1105G	Embraer EMB.120FC Brasilia	120105	ex PT-SMX	Lsd fr Arctic One
☐	N1110J	Embraer EMB.120FC Brasilia	120110	ex PT-SNC	Lsd fr Arctic One
☐	N7848B	Curtiss C-46R Commando	273	ex HP-238	Dumbo
☐	N12703	Embraer EMB.120FC Brasilia	120084	ex PT-SMB	
☐	N54514	Curtiss C-46D Commando	33285	ex 51-1122	Maid in Japan

Division of Tatonduk Outfitters, all freighters; see also Everts Air Alaska

EVERTS AIR FUEL
               Fairbanks-Intl, AK (FAI)

☐	N444CE	Douglas DC-6B	45478/962	ex C-GHLZ	Spirit of America
☐	N451CE	Douglas C-118B	43712/358	ex N840CS	
☐	N1822M	Curtiss C-46F Commando	22521	ex 44-18698	Salmon Ella
☐	N1837M	Curtiss C-46F Commando	22388	ex CF-FNC	Hot Stuff

355

☐ N7780B Douglas DC-6A 45372/875
All fuel tankers

EXECUTIVE AIRLINES
Executive Eagle (OW/EXK) San Juan-Luis Munoz Marin Intl, PR / Miami Intl, FL (SJU/MIA)

A wholly owned subsidiary of American Eagle Airlines and operates as American Eagle

EXPRESSJET AIRLINES
Jet Link (CO/BTA) (IATA 565) Cleveland, OH/Houston- Intercontinental, TX/Newark, NJ (CLE/IAH/EWR)

☐	N11189	Embraer EMB.145XR (ERJ-145XR)	14500931	ex PT-SCA
☐	N11192	Embraer EMB.145XR (ERJ-145XR)	14500936	ex PT-SCI
☐	N11194	Embraer EMB.145XR (ERJ-145XR)	14500940	ex PT-SCL
☐	N11199	Embraer EMB.145XR (ERJ-145XR)	14500953	ex PT-SFA
☐	N12163	Embraer EMB.145XR (ERJ-145XR)	14500811	ex PT-SNN
☐	N12175	Embraer EMB.145XR (ERJ-145XR)	14500878	ex PT-SXT
☐	N12201	Embraer EMB.145XR (ERJ-145XR)	14500959	ex PT-SFG
☐	N14162	Embraer EMB.145XR (ERJ-145XR)	14500808	ex PT-SNK
☐	N14174	Embraer EMB.145XR (ERJ-145XR)	14500876	ex PT-SXR
☐	N14188	Embraer EMB.145XR (ERJ-145XR)	14500929	ex PT-SOY
☐	N14198	Embraer EMB.145XR (ERJ-145XR)	14500951	ex PT-SCZ
☐	N16178	Embraer EMB.145XR (ERJ-145XR)	14500889	ex PT-SYC
☐	N	Embraer EMB.145XR (ERJ-145XR)		ex PT-
☐	N	Embraer EMB.145XR (ERJ-145XR)		ex PT-
☐	N	Embraer EMB.145XR (ERJ-145XR)		ex PT-
☐	N	Embraer EMB.145XR (ERJ-145XR)		ex PT-
☐	N	Embraer EMB.145XR (ERJ-145XR)		ex PT-
☐	N	Embraer EMB.145XR (ERJ-145XR)		ex PT-
☐	N	Embraer EMB.145XR (ERJ-145XR)		ex PT-
☐	N	Embraer EMB.145XR (ERJ-145XR)		ex PT-
☐	N	Embraer EMB.145XR (ERJ-145XR)		ex PT-
☐	N	Embraer EMB.145XR (ERJ-145XR)		ex PT-
☐	N	Embraer EMB.145XR (ERJ-145XR)		ex PT-
☐	N	Embraer EMB.145XR (ERJ-145XR)		ex PT-
☐	N	Embraer EMB.145XR (ERJ-145XR)		ex PT-
☐	N	Embraer EMB.145XR (ERJ-145XR)		ex PT-
☐	N	Embraer EMB.145XR (ERJ-145XR)		ex PT-
☐	N	Embraer EMB.145XR (ERJ-145XR)		ex PT-
☐	N	Embraer EMB.145XR (ERJ-145XR)		ex PT-
☐	N	Embraer EMB.145XR (ERJ-145XR)		ex PT-
☐	N	Embraer EMB.145XR (ERJ-145XR)		ex PT-
☐	N	Embraer EMB.145XR (ERJ-145XR)		ex PT-
☐	N	Embraer EMB.145XR (ERJ-145XR)		ex PT-
☐	N	Embraer EMB.145XR (ERJ-145XR)		ex PT-
☐	N	Embraer EMB.145XR (ERJ-145XR)		ex PT-
☐	N	Embraer EMB.145XR (ERJ-145XR)		ex PT-
☐	N	Embraer EMB.145XR (ERJ-145XR)		ex PT-
☐	N	Embraer EMB.145XR (ERJ-145XR)		ex PT-
☐	N	Embraer EMB.145XR (ERJ-145XR)		ex PT-
☐	N	Embraer EMB.145XR (ERJ-145XR)		ex PT-
☐	N	Embraer EMB.145XR (ERJ-145XR)		ex PT-
☐	N	Embraer EMB.145XR (ERJ-145XR)		ex PT-
☐	N	Embraer EMB.145XR (ERJ-145XR)		ex PT-
☐	N	Embraer EMB.145XR (ERJ-145XR)		ex PT-
☐	N	Embraer EMB.145XR (ERJ-145XR)		ex PT-
☐	N11544	Embraer EMB.145LR (ERJ-145LR)	145557	ex PT-SZS
☐	N11551	Embraer EMB.145LR (ERJ-145LR)	145411	ex PT-STI
☐	N18557	Embraer EMB.145LR (ERJ-145LR)	145596	ex PT-SCF
☐	N19554	Embraer EMB.145LR (ERJ-145LR)	145587	ex PT-SBX
☐	N14907	Embraer EMB.145LR (ERJ-145LR)	145468	ex PT-SVN

Commenced service as ExpressJet Airlines (Xjet.com) 02 April 2007 using code XE, to use 44 of the aircraft released by Continental Express; the other twenty-five will be used on corporate charters (15) and for Delta Connection (10). Also operates (and listed) under trading name Continental Express.

EXPRESS.NET AIRLINES
Expressnet (XNA)   **Naples Municipal (APF)**

Both Boeing 727s placed in storage in December 2007; current status uncertain

FALCON AIR EXPRESS
Filed Chapter 11 bankruptcy protection 10 May 2006 and purchased by owner of Aeropostal; to be renamed UFly

FEDERICO HELICOPTERS
(FDE)   **Fresno-Air Terminal, CA/Mariposa-Yosemite, CA (FAT/OYS)**

☐	N205JG	Bell UH-1H (205)	9884	ex 67-17686	
☐	N752A	Sikorsky S-55A	55981	ex C-GRXA	
☐	N1386L	Bell UH-1B (204)	652	ex 62-4592	

FEDEX EXPRESS
FedEx (FX/FDX) (IATA 023)   **Memphis-Intl, TN (MEM)**

☐	N650FE	Airbus A300F4-605R	726	ex F-WWAP	Molly Mickler	
☐	N651FE	Airbus A300F4-605R	728	ex F-WWAJ	Diane Kathleen	
☐	N652FE	Airbus A300F4-605R	735	ex F-WWAN	Rachel Patricia	
☐	N653FE	Airbus A300F4-605R	736	ex F-WWAD	Samantha Massey	
☐	N654FE	Airbus A300F4-605R	738	ex F-WWAX	Richard	
☐	N655FE	Airbus A300F4-605R	742	ex F-WWAJ	Dion	
☐	N656FE	Airbus A300F4-605R	745	ex F-WWAP	Devin	
☐	N657FE	Airbus A300F4-605R	748	ex F-WWAM	Lizzie	
☐	N658FE	Airbus A300F4-605R	752	ex F-WWAE	Tristian	
☐	N659FE	Airbus A300F4-605R	757	ex F-WWAF	Calvin	
☐	N660FE	Airbus A300F4-605R	759	ex F-WWAG	Zack	
☐	N661FE	Airbus A300F4-605R	760	ex F-WWAL	Whitney	
☐	N662FE	Airbus A300F4-605R	761	ex F-WWAK	Tessa	
☐	N663FE	Airbus A300F4-605R	766	ex F-WWAO	Domenick	
☐	N664FE	Airbus A300F4-605R	768	ex F-WWAA	Amanda	
☐	N665FE	Airbus A300F4-605R	769	ex F-WWAM	Ethan	
☐	N667FE	Airbus A300F4-605R	771	ex F-WWAF	Sean	
☐	N668FE	Airbus A300F4-605R	772	ex F-WWAP	Tianna	
☐	N669FE	Airbus A300F4-605R	774	ex F-WWAE	Kaitlyn	
☐	N670FE	Airbus A300F4-605R	777	ex F-WWAQ	Amrit	Lsd fr US Bank NA
☐	N671FE	Airbus A300F4-605R	778	ex F-WWAV	Drew	Lsd fr US Bank NA
☐	N672FE	Airbus A300F4-605R	779	ex F-WWAZ	Young Joe	Lsd fr US Bank NA
☐	N673FE	Airbus A300F4-605R	780	ex F-WWAU	Mark	Lsd fr US Bank NA
☐	N674FE	Airbus A300F4-605R	781	ex F-WWAN	Thea	Lsd fr US Bank NA
☐	N675FE	Airbus A300F4-605R	789	ex F-WWAZ	Byron	Lsd fr US Bank NA
☐	N676FE	Airbus A300F4-605R	790	ex F-WWAV	Jade	Lsd fr US Bank NA
☐	N677FE	Airbus A300F4-605R	791	ex F-WWAD	Clifford	Lsd fr US Bank NA
☐	N678FE	Airbus A300F4-605R	792	ex F-WWAF	Allison	Lsd fr US Bank NA
☐	N679FE	Airbus A300F4-605R	793	ex F-WWAG	Ty	Lsd fr US Bank NA
☐	N680FE	Airbus A300F4-605R	794	ex F-WWAH	Tierney	Lsd fr US Bank NA
☐	N681FE	Airbus A300F4-605R	799	ex F-WWAJ	Kaci	Lsd fr US Bank NA
☐	N682FE	Airbus A300F4-605R	800	ex F-WWAK	Gabriel	Lsd fr US Bank NA
☐	N683FE	Airbus A300F4-605R	801	ex F-WWAL	Xenophon	Lsd fr US Bank NA
☐	N684FE	Airbus A300F4-605R	802	ex F-WWAM	Daniel	Lsd fr US Bank NA
☐	N685FE	Airbus A300F4-605R	803	ex F-WWAB	Landon Ostlie	Lsd fr US Bank NA
☐	N686FE	Airbus A300F4-605R	804	ex F-WWAO	Alex	Lsd fr US Bank NA
☐	N687FE	Airbus A300F4-605R	873	ex F-WWAO		
☐	N688FE	Airbus A300F4-605R	874	ex F-WWAP		
☐	N689FE	Airbus A300F4-605R	875	ex F-WWAQ		
☐	N690FE	Airbus A300F4-605R	876	ex F-WWAR		
☐	N691FE	Airbus A300F4-605R	877	ex F-WWAS		
☐	N692FE	Airbus A300F4-605R	878	ex F-WWAT	Gabriel	
☐	N716FD	Airbus A300B4-622F	358	ex HL7287	Halle	
☐	N717FD	Airbus A300B4-622F	361	ex HL7280	Roben	
☐	N718FD	Airbus A300B4-622F	365	ex HL7281	Anna	
☐	N719FD	Airbus A300B4-622F	388	ex HL7290	Cale	
☐	N720FD	Airbus A300B4-622F	417	ex HL7291	Kristin Marie	
☐	N721FD	Airbus A300B4-622RF	477	ex D-ASAE	Kathryn	
☐	N722FD	Airbus A300B4-622RF	479	ex HL7535	Terry	
☐	N723FD	Airbus A300B4-622RF	543	ex HL7536	Cody	
☐	N724FD	Airbus A300B4-622RF	530	ex F-OIHA	Anacarina	
☐	N725FD	Airbus A300B4-622RF	572	ex SU-GAT	Zebradedra	
☐	N726FD	Airbus A300B4-622RF	575	ex SU-GAU		
☐	N727FD	Airbus A300B4-622RF	579	ex SU-GAV	Mira	
☐	N728FD	Airbus A300B4-622RF	581	ex SU-GAW	Cassie	
☐	N729FD	Airbus A300B4-622RF	657	ex TF-ELU	Kaylee	
☐	N730FD	Airbus A300B4-622RF	659	ex TF-ELB	Kailey	
☐	N731FD	Airbus A300B4-605RF	709	ex B-2320		
☐	N732FD	Airbus A300B4-605RF	713	ex B-2321		
☐	N733FD	Airbus A300B4-605RF	715	ex B-2322		
☐	N740FD	Airbus A300B4-622RF	559	ex F-WQTD		
☐	N741FD	Airbus A300B4-622R	611	ex A7-AFC		
☐	N742FD	Airbus A300B4-622R	613	ex A7-AFD		

	Registration	Type	MSN	Previous ID	Name	Notes
☐	N745FD	Airbus A300B4-622R	668	ex A7-ABO		
☐	N748FD	Airbus A300B4-622RF	633	ex N633AN		
☐	N749FD	Airbus A300B4-622RF	536	ex TF-ELD		
☐	N	Airbus A300B4-605R	603	ex SX-BEM		on order
☐	N	Airbus A300B4-622R	630	ex A7-AFA		on order
☐	N	Airbus A300B4-622R	664	ex A7-ABN		on order
☐	N	Airbus A300B4-622R	688	ex A7-ABW		on order
☐	N401FE	Airbus A310-203F	191	ex D-AICA	David	
☐	N402FE	Airbus A310-203F	201	ex D-AICB	Carlye	
☐	N403FE	Airbus A310-203F	230	ex D-AICC	Maddison	
☐	N404FE	Airbus A310-203F	233	ex D-AICD	Collin	
☐	N405FE	Airbus A310-203F	237	ex D-AICF	Mariah	
☐	N407FE	Airbus A310-203F	254	ex D-AICH	Stacey Denise	
☐	N408FE	Airbus A310-203F	257	ex D-AICK	Kealoha	
☐	N409FE	Airbus A310-203F	273	ex D-AICL	Jake	
☐	N410FE	Airbus A310-203F	356	ex D-AICM	Carolyn	
☐	N411FE	Airbus A310-203F	359	ex D-AICN	Barbra	
☐	N412FE	Airbus A310-203F	360	ex D-AICP	Corina	
☐	N413FE	Airbus A310-203F	397	ex D-AICR	Skip Moyer	
☐	N414FE	Airbus A310-203F	400	ex D-AICS	Tanner	
☐	N415FE	Airbus A310-203C	349	ex PH-MCB	Jacquelyn	
☐	N416FE	Airbus A310-222F	288	ex F-WGYR	Patrick	
☐	N417FE	Airbus A310-222F	333	ex N802PA	Kyle	
☐	N418FE	Airbus A310-222F	343	ex N803PA	Rachel	
☐	N419FE	Airbus A310-222F	345	ex N804PA	Krystle	
☐	N420FE	Airbus A310-222F	339	ex N805PA	Molly	
☐	N421FE	Airbus A310-222F	342	ex N806PA	Caitlin	
☐	N422FE	Airbus A310-222F	346	ex N807PA	Joseph	
☐	N423FE	Airbus A310-203F	281	ex PH-MCA	Trey	
☐	N424FE	Airbus A310-203F	241	ex PH-AGA	Kendall	
☐	N425FE	Airbus A310-203F	264	ex PH-AGD	Jerome	
☐	N426FE	Airbus A310-203F	245	ex PH-AGB	Shana	
☐	N427FE	Airbus A310-203F	362	ex PH-AGH	Zackary	
☐	N428FE	Airbus A310-203F	248	ex PH-AGC	Kristina	
☐	N429FE	Airbus A310-203F	364	ex PH-AGI	Conner	
☐	N430FE	Airbus A310-203F	394	ex PH-AGK	Kelleen	
☐	N431FE	Airbus A310-203F	316	ex F-WWAD	Asumi	
☐	N432FE	Airbus A310-203F	326	ex F-GEMB	Tatsuva	
☐	N433FE	Airbus A310-203F	335	ex F-GEMC	Cade	
☐	N434FE	Airbus A310-203F	355	ex F-GEMD	Katie	
☐	N435FE	Airbus A310-203F	369	ex F-GEME	Ceara	
☐	N436FE	Airbus A310-203F	454	ex F-GEMG	Gillian	
☐	N442FE	Airbus A310-203F	353	ex PH-AGG	Kennedy	
☐	N443FE	Airbus A310-203F	283	ex PH-AGE	Katelin	
☐	N445FE	Airbus A310-203F	297	ex PH-AGF	Nicholas	
☐	N446FE	Airbus A310-222F	224	ex HB-IPA	Makenna	Lsd fr ILFC
☐	N447FE	Airbus A310-222F	251	ex HB-IPB	Shaunna	Lsd fr ILFC
☐	N448FE	Airbus A310-222F	260	ex HB-IPD	Augustine	
☐	N449FE	Airbus A310-222F	217	ex F-GOCJ	Treydn	
☐	N450FE	Airbus A310-222F	162	ex F-GPDJ	Selna	
☐	N451FE	Airbus A310-222F	303	ex OO-SCA	Reis	
☐	N452FE	Airbus A310-222F	313	ex D-ADAC	Ashley	
☐	N453FE	Airbus A310-222F	267	ex D-ASAL	Rush	
☐	N454FE	Airbus A310-222F	278	ex D-ASAK	Marissa	
☐	N455FE	Airbus A310-222F	331	ex F-WWAH	Sara	
☐	N456FE	Airbus A310-222F	318	ex F-OHPQ	Simon	
☐	N801FD	Airbus A310-324F	539	ex D-ASAD	Amos	
☐	N802FD	Airbus A310-324F	542	ex D-ASAD	Saeed	
☐	N803FD	Airbus A310-324F	378	ex N853CH	Rylan	
☐	N804FD	Airbus A310-324F	549	ex N101MP	Paige	
☐	N805FD	Airbus A310-324F	456	ex F-OGYR	Fernando	
☐	N806FD	Airbus A310-324F	458	ex F-OGYN	Addisyn	
☐	N807FD	Airbus A310-324F	492	ex F-WQTA	Joshua	
☐	N808FD	Airbus A310-324F	439	ex F-OHPU	Berkeley	
☐	N809FD	Airbus A310-324F	449	ex F-OHPV	Gavin	
☐	N810FD	Airbus A310-324F	452	ex F-OHPY	Sebastian	
☐	N811FD	Airbus A310-324F	457	ex F-OGYM		
☐	N812FD	Airbus A310-324F	467	ex F-OGYS	Agyei	
☐	N813FD	Airbus A310-324F	500	ex N501RR		
☐	N814FD	Airbus A310-324F	534	ex N534RR		
☐	N815FD	Airbus A310-324F	638	ex F-OJAF	Tommy	
☐	N816FD	Airbus A310-304F	593	ex F-OGQR		
☐	N817FD	Airbus A310-304F	552	ex TF-ELS		Lsd fr RGF Holding
☐	N818FD	Airbus A310-324	654	ex VT-AIH	stored	
☐	N819FD	Airbus A310-324	669	ex VT-AIG	stored	
☐	N68096	Airbus A310-324	589	ex N285BA	stored	
☐	N68097	Airbus A310-324	634	ex N266BA	stored	
☐	C-GATK	ATR 42-310F	135	ex N923FX		Lsd to MAL
☐	EC-KAI	ATR 42-300F	141	ex EI-FXF		Lsd to SWT
☐	EI-FXA	ATR 42-320F	282	ex N282AT		Lsd to ABR

	Reg	Type	MSN	ex	Name	Notes
☐	EI-FXB	ATR 42-320F	243	ex (N924FX)		Lsd to ABR
☐	EI-FXC	ATR 42-300F	310	ex (N925FX)		Lsd to ABR
☐	EI-FXD	ATR 42-320F	273	ex (N917FX)		Lsd to ABR
☐	EI-FXE	ATR 42-320F	327	ex (N926FX)		Lsd to ABR
☐	N900FX	ATR 42-320F	170	ex N14825		Op by CFS
☐	N901FX	ATR 42-320F	172	ex N26826		Op by CFS
☐	N902FX	ATR 42-320F	175	ex N15827		Op by CFS
☐	N903FX	ATR 42-320F	179	ex N14828		Op by CFS
☐	N904FX	ATR 42-320F	259	ex N99838		Op by MTN
☐	N905FX	ATR 42-320F	271	ex N93840		Op by MTN
☐	N906FX	ATR 42-320F	280	ex N97841		Op by MTN
☐	N907FX	ATR 42-320F	286	ex N86842		Op by MTN
☐	N908FX	ATR 42-300F	023	ex N972NA		Op by CFS
☐	N909FX	ATR 42-300F	275	ex N275BC		Op by MTN
☐	N910FX	ATR 42-300F	277	ex N277AT		Op by MTN
☐	N911FX	ATR 42-300F	045	ex N424MQ		Op by CFS
☐	N912FX	ATR 42-300F	047	ex N47AE		Op by CFS
☐	N913FX	ATR 42-320F	250	ex N251AE		Op by CFS
☐	N914FX	ATR 42-300F	293	ex N293AT		Op by CFS
☐	N915FX	ATR 42-320F	269	ex N269AT		Op by MTN
☐	N916FX	ATR 42-300F	314	ex N314AM		Op by MTN
☐	N917FX	ATR 42-320F	354	ex N351AT		Op by CFS
☐	N918FX	ATR 42-300F	262	ex N262AT		Op by MTN
☐	N919FX	ATR 42-320F	266	ex N265AE		Op by CFS
☐	N920FX	ATR 42-320F	325	ex N325AT		Op by MTN
☐	N921FX	ATR 42-300F	319	ex N319AM		Op by CFS

Seven more on order (total 37 ATR 42s)

	Reg	Type	MSN	ex	Name	Notes
☐	EI-FXG	ATR 72-202F	224	ex (N814FX)		Lsd to ABR
☐	EI-FXH	ATR 72-202F	229	ex N815FX		Lsd to ABR
☐	EI-FXI	ATR 72-202F	294	ex N818FX		Lsd to ABR
☐	EI-FXJ	ATR 72-202F	292	ex N813FX		Lsd to ABR
☐	EI-FXK	ATR 72-202F	256	ex N817FX		Lsd to ABR
☐	N809FX	ATR 72-202F	217	ex N721TE		Op by MTN
☐	N810FX	ATR 72-202F	220	ex N722TE	stored COE	Op by MTN
☐	N811FX	ATR 72-202F	283	ex N723TE		Op by MTN
☐	N812FX	ATR 72-212F	404	ex D-AEWI		Op by CFS
☐	N816FX	ATR 72-212F	347	ex D-AEWG		Op by CFS
☐	N819FX	ATR 72-212F	359	ex D-AEWH		Op by CFS
☐	N820FX	ATR 72-212F	248	ex N248AT		
☐	N821FX	ATR 72-212F	253	ex N252AM		

	Reg	Type	MSN	ex	Name	Notes
☐	C-FMEA	Boeing 727-247F (FedEx 3)	21329/1254	ex N235FE		Lsd to MAL
☐	C-FMEE	Boeing 727-247F (FedEx 3)	21330/1260	ex N236FE		Lsd to MAL
☐	C-FMEI	Boeing 727-247F (FedEx 3)	21327/1249	ex N233FE		Lsd to MAL
☐	N201FE	Boeing 727-2S2F (Super 27)	22924/1818		Bridgette Patrice	
☐	N203FE	Boeing 727-2S2F (FedEx 3)	22925/1819		Jonathan	
☐	N204FE	Boeing 727-2S2F (FedEx 3)	22926/1820		Rebecca	
☐	N205FE	Boeing 727-2S2F (Super 27)	22927/1821		Robert Christopher	
☐	N206FE	Boeing 727-2S2F (Super 27)	22928/1822		Brady	
☐	N207FE	Boeing 727-2S2F (Super 27)	22929/1823		Vivian	
☐	N208FE	Boeing 727-2S2F (Super 27)	22930/1824		Audrey	
☐	N209FE	Boeing 727-2S2F (Super 27)	22931/1825		Kasey Sue-Ellen	
☐	N210FE	Boeing 727-2S2F (Super 27)	22932/1826		Missy	
☐	N211FE	Boeing 727-2S2F (FedEx 3)	22933/1827		Bobby	
☐	N212FE	Boeing 727-2S2F (Super 27)	22934/1828		Jeremy	
☐	N213FE	Boeing 727-2S2F (FedEx 3)	22935/1829		Cagen	
☐	N215FE	Boeing 727-2S2F (Super 27)	22936/1830		Billy	
☐	N216FE	Boeing 727-2S2F (Super 27)	22937/1831		Wade	
☐	N217FE	Boeing 727-2S2F (Super 27)	22938/1832		Sonja	
☐	N218FE	Boeing 727-233F (FedEx 3)	21101/1150	ex C-GAAM	Christin	
☐	N219FE	Boeing 727-233F (FedEx 3)	21102/1152	ex C-GAAN	Jakob	
☐	N220FE	Boeing 727-233F (FedEx 3)	20934/1074	ex C-GAAC	Emily	
☐	N221FE	Boeing 727-233F (FedEx 3)	20932/1069	ex C-GAAA	Megan Nicole	
☐	N222FE	Boeing 727-233F (FedEx 3)	20933/1071	ex C-GAAB	Michael	
☐	N223FE	Boeing 727-233F (FedEx 3)	20935/1076	ex C-GAAD	Dustin	
☐	N237FE	Boeing 727-247F (FedEx 3)	21331/1266	ex N2826W	Tristan	
☐	N240FE	Boeing 727-277F (FedEx 3)	20978/1083	ex VH-RMY	Baron	
☐	N241FE	Boeing 727-277F (FedEx 3)	20979/1098	ex VH-RMZ	Jill	
☐	N242FE	Boeing 727-277F (FedEx 3)	21178/1237	ex VH-RMK	Brittney	
☐	N243FE	Boeing 727-277F (FedEx 3)	21480/1352	ex VH-RML	Braden	
☐	N244FE	Boeing 727-277F (FedEx 3)	21647/1436	ex VH-RMM	Crystal	
☐	N245FE	Boeing 727-277F (FedEx 3)	22016/1566	ex VH-RMO	Kelsey	
☐	N246FE	Boeing 727-277F (FedEx 3)	22068/1660	ex VH-RMP	Daisy	
☐	N254FE	Boeing 727-233F (FedEx 3)	20936/1078	ex C-GAAE	Courtney	
☐	N257FE	Boeing 727-233F (FedEx 3)	20939/1112	ex C-GAAH	Felicia	
☐	N258FE	Boeing 727-233F (FedEx 3)	20940/1120	ex C-GAAI	Lacey	
☐	N262FE	Boeing 727-233F (FedEx 3)	21624/1468	ex C-GAAO	Betsy	
☐	N263FE	Boeing 727-233F (FedEx 3)	21625/1470	ex C-GAAP	Marc	
☐	N264FE	Boeing 727-233F (FedEx 3)	21626/1472	ex C-GAAQ	Brennan	
☐	N265FE	Boeing 727-233F (FedEx 3)	21671/1523	ex C-GBZB	Paul	
☐	N266FE	Boeing 727-233F (FedEx 3)	21672/1538	ex C-GAAS	Steven	
☐	N267FE	Boeing 727-233F (FedEx 3)	21673/1541	ex C-GMSX	Jolene	

	Reg	Type	C/n	Previous id	Name	Notes
☐	N268FE	Boeing 727-233F (FedEx 3)	21674/1543	ex C-GAAU	Ginger	
☐	N269FE	Boeing 727-233F (FedEx 3)	21675/1555	ex C-GAAV	Alexander	
☐	N270FE	Boeing 727-233F (FedEx 3)	22035/1578	ex C-GAAW	Benjamin	
☐	N271FE	Boeing 727-233F (FedEx 3)	22036/1596	ex C-GAAX	Andrew	
☐	N273FE	Boeing 727-233F (FedEx 3)	22038/1612	ex C-GAAZ	Samantha	
☐	N274FE	Boeing 727-233F (FedEx 3)	22039/1614	ex C-GYNA	Jessica	
☐	N275FE	Boeing 727-233F (FedEx 3)	22040/1626	ex C-GYNB	Skylar	
☐	N276FE	Boeing 727-233F (FedEx 3)	22041/1628	ex C-GYNC	Devan	
☐	N277FE	Boeing 727-233F (FedEx 3)	22042/1630	ex C-GYND	Hutch	
☐	N278FE	Boeing 727-233F (FedEx 3)	22345/1699	ex C-GYNE	Jeffrey	
☐	N279FE	Boeing 727-233F (FedEx 3)	22346/1704	ex C-GYNF	Ryan	
☐	N280FE	Boeing 727-223F (FedEx 3)	22347/1708	ex C-GYNG	Chad	
☐	N281FE	Boeing 727-233F (FedEx 3)	22348/1714	ex C-GYNH	Ivie	
☐	N282FE	Boeing 727-233F (FedEx 3)	22349/1722	ex C-GYNI	Dominique	
☐	N283FE	Boeing 727-233F (FedEx 3)	22350/1745	ex C-GYNJ	Randall	
☐	N284FE	Boeing 727-233F (FedEx 3)	22621/1791	ex C-GYNK	Victoria	
☐	N285FE	Boeing 727-233F (FedEx 3)	22622/1792	ex C-GYNL	Jordann	
☐	N286FE	Boeing 727-233F (FedEx 3)	22623/1803	ex C-GYNM	Charlsi	
☐	N287FE	Boeing 727-2D4F (FedEx 3)	21849/1527	ex N361PA	Alexa	
☐	N288FE	Boeing 727-2D4F (FedEx 3)	21850/1536	ex N362PA	Michelle	
☐	N461FE	Boeing 727-225F (FedEx 3)	22548/1734	ex N811EA	Carolina	
☐	N462FE	Boeing 727-225F (FedEx 3)	22550/1739	ex N813EA	Daven	
☐	N463FE	Boeing 727-225F (FedEx 3)	22551/1744	ex N814EA	Tonga	
☐	N464FE	Boeing 727-225F (FedEx 3)	21288/1234	ex N8870Z	Blake	
☐	N465FE	Boeing 727-225F (FedEx 3)	21289/1235	ex N8871Z	Nathan	
☐	N466FE	Boeing 727-225F (FedEx 3)	21292/1240	ex N8874Z	Gideon	
☐	N467FE	Boeing 727-225F (FedEx 3)	21449/1306	ex N8876Z	Joy	
☐	N468FE	Boeing 727-225F (FedEx 3)	21452/1312	ex N8879Z	Chad	
☐	N469FE	Boeing 727-225F (FedEx 3)	21581/1437	ex N8884Z	Ray	
☐	N477FE	Boeing 727-227F (FedEx 3)	21394/1281	ex N453BN	Dominic	
☐	N479FE	Boeing 727-227F (FedEx 3)	21461/1337	ex N455BN	Norah	
☐	N480FE	Boeing 727-227F (FedEx 3)	21462/1342	ex N456BN	Warren	
☐	N481FE	Boeing 727-227F (FedEx 3)	21463/1353	ex N457BN	Tiffany	
☐	N482FE	Boeing 727-227F (FedEx 3)	21464/1355	ex N458BN	Natalie	
☐	N483FE	Boeing 727-227F (FedEx 3)	21465/1363	ex N459BN	David	
☐	N484FE	Boeing 727-227F (FedEx 3)	21466/1372	ex N460BN	Hallie	
☐	N485FE	Boeing 727-227F (FedEx 3)	21488/1388	ex N461BN	Kristen	
☐	N486FE	Boeing 727-227F (FedEx 3)	21489/1390	ex N462BN	Hunter	
☐	N487FE	Boeing 727-227F (FedEx 3)	21490/1396	ex N463BN	Britney	
☐	N488FE	Boeing 727-227F (FedEx 3)	21491/1402	ex N464BN	Olivia	
☐	N489FE	Boeing 727-227F (FedEx 3)	21492/1440	ex N465BN	Timothy	
☐	N490FE	Boeing 727-227F (FedEx 3)	21493/1442	ex N466BN	Chase	
☐	N491FE	Boeing 727-227F (FedEx 3)	21529/1444	ex N467BN	Noel	
☐	N492FE	Boeing 727-227F (FedEx 3)	21530/1446	ex N468BN	Two Bears	
☐	N493FE	Boeing 727-227F (FedEx 3)	21531/1450	ex N469BN	Maxx	
☐	N494FE	Boeing 727-227F (FedEx 3)	21532/1453	ex N470BN	Ebony	
☐	N495FE	Boeing 727-227F (FedEx 3)	21669/1484	ex N471BN	Leslie	
☐	N498FE	Boeing 727-232F (FedEx 3)	20867/1068	ex CS-TCI	Aidan	
☐	N499FE	Boeing 727-232F (FedEx 3)	21018/1095	ex CS-TCJ	Sierra	

To be replaced by Boeing 757-200Fs by 2010

	Reg	Type	C/n	Previous id	Notes
☐	N901FD	Boeing 757-2B7	27122/525	ex N610AU	under conv
☐	N902FD	Boeing 757-2B7	27123/534	ex N927UW	on order
☐	N903FD	Boeing 757-2B7	27124/540	ex N928UW	under conv
☐	N904FD	Boeing 757-2B7	27144/544	ex N929UW	on order
☐	N905FD	Boeing 757-2B7	27145/546	ex N930UW	on order
☐	N906FD	Boeing 757-2B7	27148/564	ex N931UW	
☐	N907FD	Boeing 757-2B7	27198/584	ex N932UW	on order
☐	N908FD	Boeing 757-2B7	27199/586	ex N933UW	on order
☐	N909FD	Boeing 757-2B7	27200/589	ex N934UW	on order
☐	N910FD	Boeing 757-236	25054/362	ex G-OOOK	on order
☐	N912FD	Boeing 757-28A	24260/204	ex N517NA	on order
☐	N913FD	Boeing 757-28AER	24017/162	ex C-FTDV	on order
☐	N914FD	Boeing 757-28A	24367/208	ex C-FCLG	on order
☐	N915FD	Boeing 757-236ER	24120/174	ex 4X-EBO	under conv
☐	N916FD	Boeing 757-27B	24137/178	ex 4X-EBY	
☐	N920FD	Boeing 757-23AER	24289/209	ex G-OAVB	
☐	N921FD	Boeing 757-23A	24924/333	ex G-OPJB	
☐	N933FD	Boeing 757-21B	24330/200	ex B-2804	on order
☐	N934FD	Boeing 757-21B	24331/203	ex B-2805	on order
☐	N935FD	Boeing 757-2T7ER	22780/15	ex G-MONB	on order
☐	N936FD	Boeing 757-2T7ER	23293/56	ex G-MONE	on order
☐	N994FD	Boeing 757-23A	25490/510	ex N490AN	on order
☐	N	Boeing 757-23AER	24636/259	ex G-FJEA	
☐	N	Boeing 757-23AER	24290/212	ex G-FJEB	on order

A total of 87 Boeing 757-200 for conversions to -200PFs are on order for delivery by 2014

	Reg	Type	C/n	Previous id	Notes
☐	C-FEXB	Cessna 208B Caravan I	208B0539	ex N758FX	Lsd to MAL
☐	C-FEXF	Cessna 208B Caravan I	208B0508	ex N749FX	Lsd to MAL
☐	C-FEXV	Cessna 208B Caravan I	208B0482	ex N738FX	Lsd to MAL
☐	C-FEXY	Cessna 208B Caravan I	208B0226	ex N896FE	Lsd to MAL
☐	N700FX	Cessna 208B Caravan I	208B0419		Op by CFS

	Reg	Type	Serial	Operator
☐	N701FX	Cessna 208B Caravan I	208B0420	Op by WIG
☐	N702FX	Cessna 208B Caravan I	208B0422	Op by BVN
☐	N703FX	Cessna 208B Caravan I	208B0423	Op by IRO
☐	N705FX	Cessna 208B Caravan I	208B0425	Op by CFS
☐	N706FX	Cessna 208B Caravan I	208B0426	Op by IRO
☐	N707FX	Cessna 208B Caravan I	208B0427	Op by PCM
☐	N708FX	Cessna 208B Caravan I	208B0429	Op by MTN
☐	N709FX	Cessna 208B Caravan I	208B0430	Op by CFS
☐	N710FX	Cessna 208B Caravan I	208B0431	Op by CPT
☐	N711FX	Cessna 208B Caravan I	208B0433	Op by CFS
☐	N712FX	Cessna 208B Caravan I	208B0435	Op by IRO
☐	N713FX	Cessna 208B Caravan I	208B0438	Op by PCM
☐	N715FX	Cessna 208B Caravan I	208B0440	Op by MTN
☐	N716FX	Cessna 208B Caravan I	208B0442	Op by CPT
☐	N717FX	Cessna 208B Caravan I	208B0445	Op by IRO
☐	N718FX	Cessna 208B Caravan I	208B0448	Op by BVN
☐	N719FX	Cessna 208B Caravan I	208B0450	Op by BVN
☐	N720FX	Cessna 208B Caravan I	208B0452	Op by CFS
☐	N721FX	Cessna 208B Caravan I	208B0453	Op by MTN
☐	N722FX	Cessna 208B Caravan I	208B0454	Op by PCM
☐	N723FX	Cessna 208B Caravan I	208B0456	Op by BVN
☐	N724FX	Cessna 208B Caravan I	208B0458	Op by CPT
☐	N725FX	Cessna 208B Caravan I	208B0460	Op by WIG
☐	N726FX	Cessna 208B Caravan I	208B0465	Op by PCM
☐	N727FX	Cessna 208B Caravan I	208B0468	Op by IRO
☐	N728FX	Cessna 208B Caravan I	208B0471	Op by CFS
☐	N729FX	Cessna 208B Caravan I	208B0474	Op by MTN
☐	N730FX	Cessna 208B Caravan I	208B0477	Op by CPT
☐	N731FX	Cessna 208B Caravan I	208B0480	Op by WIG
☐	N740FX	Cessna 208B Caravan I	208B0484	Op by MTN
☐	N741FX	Cessna 208B Caravan I	208B0486	Op by BVN
☐	N742FX	Cessna 208B Caravan I	208B0489	Op by MTN
☐	N744FX	Cessna 208B Caravan I	208B0492	Op by PCM
☐	N745FX	Cessna 208B Caravan I	208B0495	Op by BVN
☐	N746FX	Cessna 208B Caravan I	208B0498	Op by CFS
☐	N747FE	Cessna 208B Caravan I	208B0238	Op by MTN
☐	N747FX	Cessna 208B Caravan I	208B0501	Op by MTN
☐	N748FE	Cessna 208B Caravan I	208B0241	Op by WIG
☐	N748FX	Cessna 208B Caravan I	208B0503	Op by PCM
☐	N749FE	Cessna 208B Caravan I	208B0242	Op by BVN
☐	N750FX	Cessna 208B Caravan I	208B0511	Op by PCM
☐	N751FE	Cessna 208B Caravan I	208B0245	Op by CPT
☐	N751FX	Cessna 208B Caravan I	208B0514	Op by BVN
☐	N752FE	Cessna 208B Caravan I	208B0247	Op by IRO
☐	N752FX	Cessna 208B Caravan I	208B0517	Op by CFS
☐	N753FX	Cessna 208B Caravan I	208B0520	Op by BVN
☐	N754FX	Cessna 208B Caravan I	208B0526	Op by PCM
☐	N755FE	Cessna 208B Caravan I	208B0250	Op by MTN
☐	N755FX	Cessna 208B Caravan I	208B0529	Op by WIG
☐	N756FE	Cessna 208B Caravan I	208B0251	Op by BVN
☐	N756FX	Cessna 208B Caravan I	208B0532	Op by CFS
☐	N757FX	Cessna 208B Caravan I	208B0535	Op by WIG
☐	N760FE*	Cessna 208B Caravan I	208B0252	Op by CPT
☐	N761FE	Cessna 208B Caravan I	208B0254	Op by IRO
☐	N762FE	Cessna 208B Caravan I	208B0255	Op by PCM
☐	N763FE	Cessna 208B Caravan I	208B0256	Op by PCM
☐	N764FE	Cessna 208B Caravan I	208B0258	Op by MTN
☐	N765FE	Cessna 208B Caravan I	208B0259	Op by BVN
☐	N766FE*	Cessna 208B Caravan I	208B0260	Op by CPT
☐	N767FE	Cessna 208B Caravan I	208B0262	Op by IRO
☐	N768FE	Cessna 208B Caravan I	208B0263	Op by PCM
☐	N769FE	Cessna 208B Caravan I	208B0264	Op by MTN
☐	N770FE	Cessna 208B Caravan I	208B0265	Op by BVN
☐	N771FE	Cessna 208B Caravan I	208B0267	Op by PCM
☐	N772FE	Cessna 208B Caravan I	208B0268	Op by PCM
☐	N773FE	Cessna 208B Caravan I	208B0269	Op by BVN
☐	N774FE	Cessna 208B Caravan I	208B0271	Op by BVN
☐	N775FE	Cessna 208B Caravan I	208B0272	Op by CFS
☐	N776FE	Cessna 208B Caravan I	208B0273	Op by MTN
☐	N778FE	Cessna 208B Caravan I	208B0275	Op by CFS
☐	N779FE	Cessna 208B Caravan I	208B0276	Op by CFS
☐	N780FE	Cessna 208B Caravan I	208B0277	Op by WIG
☐	N781FE	Cessna 208B Caravan I	208B0278	Op by PCM
☐	N782FE	Cessna 208B Caravan I	208B0280	Op by PCM
☐	N783FE	Cessna 208B Caravan I	208B0281	Op by WIG
☐	N784FE	Cessna 208B Caravan I	208B0282	Op by IRO
☐	N785FE	Cessna 208B Caravan I	208B0283	Op by PCM
☐	N786FE	Cessna 208B Caravan I	208B0284	Op by BVN
☐	N787FE	Cessna 208B Caravan I	208B0285	Op by MTN
☐	N788FE	Cessna 208B Caravan I	208B0286	Op by CFS
☐	N789FE	Cessna 208B Caravan I	208B0287	Op by WIG
☐	N790FE	Cessna 208B Caravan I	208B0288	Op by PCM
☐	N792FE	Cessna 208B Caravan I	208B0290	Op by MTN

	Reg	Type	Serial	ex	Operator
☐	N793FE	Cessna 208B Caravan I	208B0291		Op by BVN
☐	N794FE	Cessna 208B Caravan I	208B0292		Op by CPT
☐	N795FE	Cessna 208B Caravan I	208B0293		Op by IRO
☐	N796FE	Cessna 208B Caravan I	208B0212	ex C-FEXY	Op by CPT
☐	N797FE	Cessna 208B Caravan I	208B0042	ex C-FEXH	Op by CPT
☐	N798FE	Cessna 208B Caravan I	208B0174	ex C-FEDY	Op by CPT
☐	N799FE	Cessna 208A Caravan I	20800065	ex C-FEXF	Op by CPT
☐	N800FE	Cessna 208A Caravan I	20800007	ex (N9300F)	Op by CPT
☐	N801FE	Cessna 208A Caravan I	20800009	ex (N9305F)	Op by MTN
☐	N804FE	Cessna 208B Caravan I	208B0039	ex F-GETN	Op by WIG
☐	N807FE	Cessna 208B Caravan I	208B0041	ex F-GETO	Op by WIG
☐	N812FE	Cessna 208A Caravan I	20800040	ex (N9401F)	Op by CPT
☐	N819FE	Cessna 208A Caravan I	20800056	ex (N9451F)	Op by MTN
☐	N820FE	Cessna 208B Caravan I	208B0111	ex F-GHHC	Op by MTN
☐	N827FE	Cessna 208A Caravan I	20800072	ex (N9491F)	Op by CPT
☐	N828FE	Cessna 208B Caravan I	208B0122	ex F-GHHD	Op by IRO
☐	N830FE	Cessna 208A Caravan I	20800075	ex (N9502F)	Op by IRO
☐	N831FE	Cessna 208B Caravan I	208B0225	ex F-GHHE	Op by MTN
☐	N832FE	Cessna 208 Caravan I	20800081	ex (N9518F)	Op by BVN
☐	N833FE	Cessna 208A Caravan I	20800084	ex EI-FDX	Op by CFS
☐	N835FE	Cessna 208A Caravan I	20800016	ex EI-FEX	Op by WIG
☐	N841FE	Cessna 208B Caravan I	208B0144		Op by BVN
☐	N842FE	Cessna 208B Caravan I	208B0146		Op by MTN
☐	N843FE	Cessna 208B Caravan I	208B0147		Op by IRO
☐	N844FE	Cessna 208B Caravan I	208B0149		Op by PCM
☐	N845FE	Cessna 208B Caravan I	208B0152		Op by BVN
☐	N846FE	Cessna 208B Caravan I	208B0154		Op by CPT
☐	N847FE	Cessna 208B Caravan I	208B0156		Op by MTN
☐	N848FE	Cessna 208B Caravan I	208B0158		Op by MTN
☐	N849FE	Cessna 208B Caravan I	208B0162		Op by MTN
☐	N850FE	Cessna 208B Caravan I	208B0164		Op by CFS
☐	N851FE	Cessna 208B Caravan I	208B0166		Op by CPT
☐	N852FE	Cessna 208B Caravan I	208B0168		Op by MTN
☐	N853FE	Cessna 208B Caravan I	208B0170		Op by MTN
☐	N855FE	Cessna 208B Caravan I	208B0203		Op by MTN
☐	N856FE	Cessna 208B Caravan I	208B0176		Op by CFS
☐	N857FE	Cessna 208B Caravan I	208B0177		Op by PCM
☐	N858FE	Cessna 208B Caravan I	208B0178		Op by IRO
☐	N859FE	Cessna 208B Caravan I	208B0181		Op by CFS
☐	N860FE*	Cessna 208B Caravan I	208B0182		Op by CPT
☐	N861FE	Cessna 208B Caravan I	208B0183		Op by BVN
☐	N862FE	Cessna 208B Caravan I	208B0184		Op by MTN
☐	N863FE	Cessna 208B Caravan I	208B0186		Op by CPT
☐	N864FE	Cessna 208B Caravan I	208B0187		Op by CPT
☐	N865FE	Cessna 208B Caravan I	208B0188		Op by WIG
☐	N866FE	Cessna 208B Caravan I	208B0189	ex HK-3924X	Op by BVN
☐	N867FE	Cessna 208B Caravan I	208B0191		Op by CPT
☐	N869FE	Cessna 208B Caravan I	208B0195		Op by MTN
☐	N870FE	Cessna 208B Caravan I	208B0196		Op by WIG
☐	N871FE	Cessna 208B Caravan I	208B0198		Op by IRO
☐	N872FE	Cessna 208B Caravan I	208B0200		Op by PCM
☐	N873FE	Cessna 208B Caravan I	208B0202		Op by CFS
☐	N874FE	Cessna 208B Caravan I	208B0205		Op by MTN
☐	N875FE	Cessna 208B Caravan I	208B0206		Op by CFS
☐	N876FE	Cessna 208B Caravan I	208B0207		Op by CFS
☐	N877FE	Cessna 208B Caravan I	208B0232		Op by CPT
☐	N878FE	Cessna 208B Caravan I	208B0211		Op by MTN
☐	N879FE	Cessna 208B Caravan I	208B0213		Op by PCM
☐	N880FE	Cessna 208B Caravan I	208B0215		Op by CFS
☐	N881FE	Cessna 208B Caravan I	208B0204		Op by MTN
☐	N882FE	Cessna 208B Caravan I	208B0208		Op by CFS
☐	N883FE	Cessna 208B Caravan I	208B0210		Op by IRO
☐	N884FE	Cessna 208B Caravan I	208B0233		Op by IRO
☐	N885FE	Cessna 208B Caravan I	208B0185		Op by CPT
☐	N886FE	Cessna 208B Caravan I	208B0190		Op by PCM
☐	N887FE	Cessna 208B Caravan I	208B0216		Op by MTN
☐	N888FE	Cessna 208B Caravan I	208B0217		Op by WIG
☐	N889FE	Cessna 208B Caravan I	208B0218		Op by BVN
☐	N890FE	Cessna 208B Caravan I	208B0219		Op by CPT
☐	N891FE	Cessna 208B Caravan I	208B0221		Op by PCM
☐	N892FE	Cessna 208B Caravan I	208B0222		Op by PCM
☐	N893FE	Cessna 208B Caravan I	208B0223		Op by IRO
☐	N894FE	Cessna 208B Caravan I	208B0224		Op by BVN
☐	N895FE	Cessna 208B Caravan I	208B0015	ex C-FEXG	Op by CFS
☐	N897FE	Cessna 208B Caravan I	208B0227		Op by CFS
☐	N898FE	Cessna 208B Caravan I	208B0228		Op by WIG
☐	N899FE	Cessna 208B Caravan I	208B0235		Op by CFS
☐	N900FE	Cessna 208B Caravan I	208B0054	ex SE-KLX	Op by BVN
☐	N901FE	Cessna 208B Caravan I	208B0001	ex N9767F	Op by WIG
☐	N902FE	Cessna 208B Caravan I	208B0002		Op by BVN
☐	N903FE	Cessna 208B Caravan I	208B0003		Op by CPT
☐	N904FE	Cessna 208B Caravan I	208B0004		Op by CPT

	Reg	Type	MSN	Ex	Operator
☐	N905FE	Cessna 208B Caravan I	208B0005		Op by MTN
☐	N906FE	Cessna 208B Caravan I	208B0006		Op by IRO
☐	N907FE	Cessna 208B Caravan I	208B0007		Op by IRO
☐	N908FE	Cessna 208B Caravan I	208B0008		Op by PCM
☐	N909FE	Cessna 208B Caravan I	208B0009		Op by WIG
☐	N910FE	Cessna 208B Caravan I	208B0010		Op by CPT
☐	N911FE	Cessna 208B Caravan I	208B0011		Op by WIG
☐	N912FE	Cessna 208B Caravan I	208B0012		Op by BVN
☐	N914FE	Cessna 208B Caravan I	208B0014		Op by IRO
☐	N916FE	Cessna 208B Caravan I	208B0016		Op by CPT
☐	N917FE	Cessna 208B Caravan I	208B0017		Op by MTN
☐	N918FE	Cessna 208B Caravan I	208B0018		Op by CFS
☐	N919FE	Cessna 208B Caravan I	208B0019		Op by WIG
☐	N920FE	Cessna 208B Caravan I	208B0020		Op by PCM
☐	N921FE	Cessna 208B Caravan I	208B0021		Op by MTN
☐	N922FE	Cessna 208B Caravan I	208B0022		Op by BVN
☐	N923FE	Cessna 208B Caravan I	208B0023		Op by IRO
☐	N924FE	Cessna 208B Caravan I	208B0024		Op by CPT
☐	N925FE	Cessna 208B Caravan I	208B0025		Op by IRO
☐	N926FE	Cessna 208B Caravan I	208B0026		Op by CPT
☐	N927FE	Cessna 208B Caravan I	208B0027		Op by IRO
☐	N928FE	Cessna 208B Caravan I	208B0028		Op by BVN
☐	N929FE	Cessna 208B Caravan I	208B0029		Op by BVN
☐	N930FE	Cessna 208B Caravan I	208B0030		Op by PCM
☐	N931FE	Cessna 208B Caravan I	208B0031		Op by WIG
☐	N933FE	Cessna 208B Caravan I	208B0033		Op by CPT
☐	N934FE	Cessna 208B Caravan I	208B0034		Op by BVN
☐	N935FE	Cessna 208B Caravan I	208B0035		Op by WIG
☐	N936FE	Cessna 208B Caravan I	208B0036		Op by CPT
☐	N937FE	Cessna 208B Caravan I	208B0037		Op by WIG
☐	N938FE	Cessna 208B Caravan I	208B0038		Op by MTN
☐	N939FE	Cessna 208B Caravan I	208B0180		Op by BVN
☐	N940FE	Cessna 208B Caravan I	208B0040		Op by CFS
☐	N943FE	Cessna 208B Caravan I	208B0043		Op by MTN
☐	N946FE	Cessna 208B Caravan I	208B0048	ex (N948FE)	Op by IRO
☐	N947FE	Cessna 208B Caravan I	208B0050	ex (N950FE)	Op by WIG
☐	N950FE	Cessna 208B Caravan I	208B0056	ex (N956FE)	Op by BVN
☐	N952FE	Cessna 208B Caravan I	208B0060	ex (N960FE)	Op by CPT
☐	N953FE	Cessna 208B Caravan I	208B0062	ex (N962FE)	Op by CFS
☐	N954FE	Cessna 208B Caravan I	208B0064	ex (N964FE)	Op by IRO
☐	N955FE	Cessna 208B Caravan I	208B0066	ex (N966FE)	Op by MTN
☐	N956FE	Cessna 208B Caravan I	208B0068	ex (N968FE)	Op by CFS
☐	N957FE	Cessna 208B Caravan I	208B0070	ex (N970FE)	Op by BVN
☐	N958FE	Cessna 208B Caravan I	208B0071		Op by WIG
☐	N959FE	Cessna 208B Caravan I	208B0073		Op by WIG
☐	N960FE	Cessna 208B Caravan I	208B0075		Op by CFS
☐	N961FE	Cessna 208B Caravan I	208B0077		Op by BVN
☐	N962FE	Cessna 208B Caravan I	208B0078		Op by MTN
☐	N963FE	Cessna 208B Caravan I	208B0080		Op by WIG
☐	N964FE	Cessna 208B Caravan I	208B0083		Op by CPT
☐	N965FE	Cessna 208B Caravan I	208B0084		Op by CFS
☐	N966FE	Cessna 208B Caravan I	208B0086		Op by WIG
☐	N967FE	Cessna 208B Caravan I	208B0088		Op by MTN
☐	N968FE	Cessna 208B Caravan I	208B0090		Op by PCM
☐	N969FE	Cessna 208B Caravan I	208B0092		Op by PCM
☐	N970FE	Cessna 208B Caravan I	208B0093		Op by BVN
☐	N971FE	Cessna 208B Caravan I	208B0094		Op by CPT
☐	N972FE	Cessna 208B Caravan I	208B0096		Op by CPT
☐	N973FE	Cessna 208B Caravan I	208B0098		Op by MTN
☐	N975FE	Cessna 208B Caravan I	208B0101		Op by MTN
☐	N976FE	Cessna 208B Caravan I	208B0103		Op by CFS
☐	N977FE	Cessna 208B Caravan I	208B0104		Op by CPT
☐	N979FE	Cessna 208B Caravan I	208B0106		Op by MTN
☐	N980FE	Cessna 208B Caravan I	208B0108		Op by CPT
☐	N981FE	Cessna 208B Caravan I	208B0110		Op by WIG
☐	N983FE	Cessna 208B Caravan I	208B0113		Op by CFS
☐	N984FE	Cessna 208B Caravan I	208B0115		Op by PCM
☐	N985FE	Cessna 208B Caravan I	208B0117		Op by PCM
☐	N986FE	Cessna 208B Caravan I	208B0194		Op by IRO
☐	N987FE	Cessna 208B Caravan I	208B0201		Op by PCM
☐	N989FE	Cessna 208B Caravan I	208B0124		Op by WIG
☐	N990FE	Cessna 208B Caravan I	208B0125		Op by CPT
☐	N991FE	Cessna 208B Caravan I	208B0127		Op by CPT
☐	N992FE	Cessna 208B Caravan I	208B0128		Op by CFS
☐	N993FE	Cessna 208B Caravan I	208B0130		Op by IRO
☐	N994FE	Cessna 208B Caravan I	208B0132		Op by BVN
☐	N995FE	Cessna 208B Caravan I	208B0133		Op by PCM
☐	N996FE	Cessna 208B Caravan I	208B0135		Op by WIG
☐	N997FE	Cessna 208B Caravan I	208B0197		Op by CPT
☐	N998FE	Cessna 208B Caravan I	208B0139		Op by WIG
☐	N999FE	Cessna 208B Caravan I	208B0231		Op by MTN

*Based in Philippines

	Reg	Type	MSN	ex	Name	Notes
☐	N702FE	Fokker F.27 Friendship 600	10350	ex OO-FEG	stored GEG	Op by CFS
☐	N703FE	Fokker F.27 Friendship 600	10420	ex D-AFEH	stored GEG	Op by CFS
☐	N705FE	Fokker F.27 Friendship 500	10367	ex G-FEDX	stored ISO	Op by MTN
☐	N713FE	Fokker F.27 Friendship 500F	10615	ex 9M-MCL	stored ISO	Op by MTN
☐	N726FE	Fokker F.27 Friendship 500	10683	ex (OO-FEN)	stored ISO	Op by MTN
☐	N729FE	Fokker F.27 Friendship 600	10385	ex EI-FEA		Op by CFS
☐	N730FE	Fokker F.27 Friendship 600	10386	ex I-FEAB		Op by CFS
☐	N741FE	Fokker F.27 Friendship 600	10387	ex G-FEAD		Op by CFS
☐	N742FE	Fokker F.27 Friendship 600	10349	ex G-FEAE		Op by CFS

To be removed from service by 2009 and replaced by the ATR 42/72 fleet

	Reg	Type	MSN	ex	Name	Notes
☐	N301FE	McDonnell-Douglas MD-10-30CF	46800/96	ex N101TV	Braun	
☐	N302FE	McDonnell-Douglas MD-10-30CF	46801/103	ex N102TV	Cori	
☐	N303FE	McDonnell-Douglas MD-10-30CF	46802/110	ex N103TV	Amanda	
☐	N304FE	McDonnell-Douglas MD-10-30CF	46992/257	ex EC-DSF	Claire	
☐	N306FE	McDonnell-Douglas MD-10-30F	48287/409		John	
☐	N307FE	McDonnell-Douglas MD-10-30F	48291/412		Erin Lee	
☐	N308FE	McDonnell-Douglas MD-10-30F	48297/416		Ann	
☐	N309FE	McDonnell-Douglas MD-10-30F	48298/419		Stacey	
☐	N310FE	McDonnell-Douglas MD-10-30F	48299/422		Christian	
☐	N311FE	McDonnell-Douglas MD-10-30CF	46871/219	ex LN-RKB	Abraham	
☐	N312FE	McDonnell-Douglas MD-10-30CF	48300/433		Angela	
☐	N313FE	McDonnell-Douglas MD-10-30F	48311/440		Ameyali	
☐	N314FE	McDonnell-Douglas MD-10-30F	48312/442		Caitlan	
☐	N315FE	McDonnell-Douglas MD-10-30F	48313/443		Kevin	
☐	N316FE	McDonnell-Douglas MD-10-30F	48314/444		Brandon	
☐	N317FE	McDonnell-Douglas MD-10-30CF	46835/277	ex N106WA	Madison	
☐	N318FE	McDonnell-Douglas MD-10-30CF	46837/282	ex N108WA	Mason	
☐	N319FE	McDonnell-Douglas MD-10-30CF	47820/317	ex N112WA	Sheridan	
☐	N320FE	McDonnell-Douglas MD-10-30F	47835/326	ex OO-SLD	Maura	Lsd fr Potomac
☐	N321FE	McDonnell-Douglas MD-10-30F	47836/330	ex OO-SLE	Athena	Lsd fr Potomac
☐	N357FE	McDonnell-Douglas MD-10-10F	46939/203	ex N1849U	Channelle	
☐	N358FE	McDonnell-Douglas MD-10-10F	46633/297	ex N1839U	Kurt	
☐	N359FE	McDonnell-Douglas MD-10-10F	46635/307	ex N1842U	Michaela	
☐	N360FE	McDonnell-Douglas MD-10-10F	46636/309	ex N1843U	Phillip	
☐	N361FE	McDonnell-Douglas MD-10-10F	48260/344	ex N1844U	Lucas	
☐	N362FE	McDonnell-Douglas MD-10-10F	48261/347	ex N1845U	Cole	
☐	N363FE	McDonnell-Douglas MD-10-10F	48263/353	ex N1847U	Carter	
☐	N365FE	McDonnell-Douglas MD-10-10F	46601/6	ex N1802U	Joey	
☐	N366FE	McDonnell-Douglas MD-10-10F	46602/8	ex N1803U	Gretchen	
☐	N367FE	McDonnell-Douglas MD-10-10F	46605/15	ex N1806U	Lathan	
☐	N368FE	McDonnell-Douglas MD-10-10F	46606/17	ex N1807U	Cindy	
☐	N369FE	McDonnell-Douglas MD-10-10F	46607/25	ex N1808U	Jessie	
☐	N370FE	McDonnell-Douglas MD-10-10F	46608/26	ex N1809U	Jay	
☐	N371FE	McDonnell-Douglas MD-10-10F	46609/27	ex N1810U	Vincent	
☐	N372FE	McDonnell-Douglas MD-10-10F	46610/32	ex N1811U	Gus	
☐	N373FE	McDonnell-Douglas MD-10-10F	46611/35	ex N1812U		
☐	N374FE	McDonnell-Douglas MD-10-10F	46612/39	ex N1813U	Brittnie	
☐	N375FE	McDonnell-Douglas MD-10-10F	46613/42	ex N1814U		
☐	N377FE	McDonnell-Douglas MD-10-10F	47965/59	ex N1833U	Shelby	
☐	N381FE	McDonnell-Douglas MD-10-10F	46615/76	ex N1816U	Duval	
☐	N383FE	McDonnell-Douglas MD-10-10F	46616/86	ex N1817U	Cody	
☐	N384FE	McDonnell-Douglas MD-10-10F	46617/89	ex N1818U	Kelly	
☐	N385FE	McDonnell-Douglas MD-10-10F	46619/119	ex N1820U	Lindsay	
☐	N386FE	McDonnell-Douglas MD-10-10F	46620/138	ex N1821U	TJ; first MD-10 conversion	
☐	N387FE	McDonnell-Douglas MD-10-10F	46621/140	ex N1822U	Joel	
☐	N388FE	McDonnell-Douglas MD-10-10F	46622/144	ex N1823U	Izzul	
☐	N389FE	McDonnell-Douglas MD-10-10F	46623/154	ex N1824U	Kayla	
☐	N390FE	McDonnell-Douglas MD-10-10F	46624/155	ex N1825U	Rasik	
☐	N392FE	McDonnell-Douglas MD-10-10F	46626/198	ex N1827U	Axton	
☐	N393FE	McDonnell-Douglas MD-10-10F	46627/205	ex N1828U	Taylor	
☐	N394FE	McDonnell-Douglas MD-10-10F	46628/207	ex N1829U	Parker	
☐	N395FE	McDonnell-Douglas MD-10-10F	46629/208	ex N1830U	Audreon	
☐	N396FE	McDonnell-Douglas MD-10-10F	46630/209	ex N1831U	Adrienne	
☐	N397FE	McDonnell-Douglas MD-10-10F	46631/210	ex N1832U	Stefani	
☐	N398FE	McDonnell-Douglas MD-10-10F	46634/298	ex N1841U	Kacie	
☐	N399FE	McDonnell-Douglas MD-10-10F	48262/351	ex N1846U	Tariq	
☐	N550FE	McDonnell-Douglas MD-10-10F	46521/55	ex N121AA	Adam	
☐	N553FE	Douglas DC-10-10	46707/61	ex N152AA	stored MHV	
☐	N554FE	McDonnell-Douglas MD-10-10F	46708/62	ex N153AA		
☐	N556FE	McDonnell-Douglas MD-10-10F	46710/70	ex N160AA	Kirsten	
☐	N557FE	Douglas DC-10-10	46525/72	ex N125AA	stored MHV	
☐	N559FE	McDonnell-Douglas MD-10-10F	46930/112	ex N167AA	Francesca	
☐	N560FE	McDonnell-Douglas MD-10-10F	46938/153	ex N168AA	Deonna	
☐	N562FE	McDonnell-Douglas MD-10-10F	46947/247	ex N126AA	Janai	
☐	N563FE	McDonnell-Douglas MD-10-10F	46948/249	ex N127AA	Kristine	
☐	N564FE	McDonnell-Douglas MD-10-10F	46984/250	ex N128AA	Ava	
☐	N565FE	McDonnell-Douglas MD-10-10F	46996/270	ex N129AA	Vandross	
☐	N566FE	McDonnell-Douglas MD-10-10F	46989/271	ex N130AA	Ben	
☐	N567FE	McDonnell-Douglas MD-10-10F	46994/273	ex N131AA		
☐	N568FE	McDonnell-Douglas MD-10-10F	47827/294	ex N132AA	Seiya	
☐	N569FE	McDonnell-Douglas MD-10-10F	47828/319	ex N133AA	Stas	

365

☐	N570FE	McDonnell-Douglas MD-10-10F	47829/321	ex N134AA	Joelle	
☐	N571FE	McDonnell-Douglas MD-10-10F	47830/323	ex N135AA	Ella	
☐	N10060	McDonnell-Douglas MD-10-10F	46970/269	ex N581LF	Haylee	
☐	N40061	McDonnell-Douglas MD-10-10F	46973/272	ex N591LF	Garrett	
☐	N68049	McDonnell-Douglas MD-10-10CF	47803/139		Dusty	
☐	N68050	McDonnell-Douglas MD-10-10CF	47804/142		Merideth Allison	
☐	N68051	McDonnell-Douglas MD-10-10CF	47805/145		Todd	
☐	N68052	McDonnell-Douglas MD-10-10CF	47806/148		Brock	
☐	N68053	McDonnell-Douglas MD-10-10CF	47807/173		Chayne	
☐	N68054	McDonnell-Douglas MD-10-10CF	47808/177		Eren	
☐	N68056	McDonnell-Douglas MD-10-10CF	47810/194		Marcus	
☐	N68057	McDonnell-Douglas MD-10-10CF	48264/379	ex N1848U	Nelson	
☐	N68058	McDonnell-Douglas MD-10-10CF	46705/33	ex TC-JAU	Lauren	
☐	N68059	McDonnell-Douglas MD-10-10CF	46907/78	ex TC-JAY	Mary Rea	
☐	N521FE	McDonnell-Douglas MD-11F	48478/514	ex N807DE		
☐	N522FE	McDonnell-Douglas MD-11F	48476/510	ex N805DE		
☐	N523FE	McDonnell-Douglas MD-11F	48479/536	ex N808DE		
☐	N524FE	McDonnell-Douglas MD-11F	48480/538	ex N809DE		
☐	N525FE	McDonnell-Douglas MD-11F	48565/542	ex N810DE		
☐	N526FE	McDonnell-Douglas MD-11F	48600/560	ex N813DE		
☐	N527FE	McDonnell-Douglas MD-11F	48601/562	ex N812DE		
☐	N528FE	McDonnell-Douglas MD-11F	48623/605	ex N814DE		
☐	N529FE	McDonnell-Douglas MD-11F	48624/622	ex N815DE		
☐	N574FE	McDonnell-Douglas MD-11F	48499/486	ex N499HE		
☐	N575FE	McDonnell-Douglas MD-11F	48500/493	ex N485LS	Sonni	
☐	N576FE	McDonnell-Douglas MD-11F	48501/513	ex N501FR	Keeley	
☐	N577FE	McDonnell-Douglas MD-11F	48469/519	ex B-18172	Tobias	
☐	N578FE	McDonnell-Douglas MD-11F	48458/449	ex N489GX	Stephen	
☐	N579FE	McDonnell-Douglas MD-11F	48470/546	ex B-18151	Nash	
☐	N580FE	McDonnell-Douglas MD-11F	48471/558	ex B-18152	Ashton	
☐	N582FE	McDonnell-Douglas MD-11F	48420/451	ex N1751A	Jamie	
☐	N583FE	McDonnell-Douglas MD-11F	48421/452	ex N1752K	Nnacy	
☐	N584FE	McDonnell-Douglas MD-11F	48436/483	ex N1768D	Jeffrey Wellington	
☐	N585FE	McDonnell-Douglas MD-11F	48481/482	ex N1759	Katherine	
☐	N586FE	McDonnell-Douglas MD-11F	48487/469	ex N1753	Dylan	
☐	N587FE	McDonnell-Douglas MD-11F	48489/492	ex N1754	Jeanno	
☐	N588FE	McDonnell-Douglas MD-11F	48490/499	ex N1755	Kendra	
☐	N589FE	McDonnell-Douglas MD-11F	48491/503	ex N1756	Shaun	
☐	N590FE	McDonnell-Douglas MD-11F	48505/462	ex N1757A	Stan	
☐	N591FE	McDonnell-Douglas MD-11F	48527/504	ex N1758B	Giovanni	Lsd fr Regions Bank
☐	N592FE	McDonnell-Douglas MD-11F	48550/526	ex N1760A	Joshua	
☐	N593FE	McDonnell-Douglas MD-11F	48551/527	ex N1761R	Harrison	
☐	N594FE	McDonnell-Douglas MD-11F	48552/530	ex N1762B	Derek	
☐	N595FE	McDonnell-Douglas MD-11F	48553/531	ex N1763	Avery	
☐	N596FE	McDonnell-Douglas MD-11F	48554/535	ex N1764B	Peyton	
☐	N597FE	McDonnell-Douglas MD-11F	48596/537	ex N1765B	Corbin	
☐	N598FE	McDonnell-Douglas MD-11F	48597/540	ex N1766A	Kate	
☐	N599FE	McDonnell-Douglas MD-11F	48598/550	ex N1767A	Mariana	
☐	N601FE	McDonnell-Douglas MD-11F.	48401/447	ex N111MD	Jim Riedmeyer	
☐	N602FE	McDonnell-Douglas MD-11F	48402/448	ex N211MD	Malcolm Baldrige 1990	
☐	N603FE	McDonnell-Douglas MD-11F	48459/470		Elizabeth	
☐	N604FE	McDonnell-Douglas MD-11F	48460/497		Hollis	
☐	N605FE	McDonnell-Douglas MD-11F	48514/515		April Star	
☐	N606FE	McDonnell-Douglas MD-11F	48602/549		Charles & Teresa	
☐	N607FE	McDonnell-Douglas MD-11F	48547/517		Christina	
☐	N608FE	McDonnell-Douglas MD-11F	48548/521		Colton	
☐	N609FE	McDonnell-Douglas MD-11F	48549/545		Scott	
☐	N610FE	McDonnell-Douglas MD-11F	48603/551		Marisa	
☐	N612FE	McDonnell-Douglas MD-11F	48605/555		Alyssa	
☐	N613FE	McDonnell-Douglas MD-11F	48749/598		Krista	
☐	N614FE	McDonnell-Douglas MD-11F	48528/507		Cristy	
☐	N615FE	McDonnell-Douglas MD-11F	48767/602		Max	
☐	N616FE	McDonnell-Douglas MD-11F	48747/594		Shanita	
☐	N617FE	McDonnell-Douglas MD-11F	48748/595		Travis	
☐	N618FE	McDonnell-Douglas MD-11F	48754/604		Justin	
☐	N619FE	McDonnell-Douglas MD-11F	48770/607		Lyndon	
☐	N620FE	McDonnell-Douglas MD-11F	48791/635		Grady	
☐	N621FE	McDonnell-Douglas MD-11F	48792/636		Connor	
☐	N623FE	McDonnell-Douglas MD-11F	48794/638		Meghan	
☐	N624FE	McDonnell-Douglas MD-11F	48443/458	ex HB-IWA	Corinne	
☐	N628FE	McDonnell-Douglas MD-11F	48447/464	ex HB-IWE	Noah	
☐	N631FE	McDonnell-Douglas MD-11F	48454/477	ex HB-IWI		

Fifteen Boeing 777-FS2s are on order for delivery in 2009 (4); 2010 (8) and 2011 (3)

FLIGHT ALASKA
Tundra (4Y/UYA)   *Dillingham-Memorial, AK (DLG)*

☐	N755AB	Cessna 207A Stationair 8 II	20700622	ex HP-916	Lsd fr Maritime Sales & Lsg	
☐	N1704U	Cessna 207 Skywagon	20700304		Lsd fr Maritime Sales & Lsg	
☐	N6470H	Cessna 207A Stationair 7 II	20700534		Lsd fr Maritime Sales & Lsg	
☐	N7336U	Cessna 207A Skywagon	20700405		Lsd fr Maritime Sales & Lsg	

Also operate as Yute Air Alaska

FLIGHT EXPRESS
Flight Express (FLX)   *Orlando-Executive, FL (ORL)*

☐	N6BW	Beech 58 Baron	TH-292	
☐	N31CE	Beech 58 Baron	TH-220	
☐	N31T	Beech 58 Baron	TH-121	
☐	N46US	Beech 58 Baron	TH-294	ex N220DC
☐	N80AC	Beech 58 Baron	TH-56	
☐	N93DF	Beech 58 Baron	TH-61	ex N925GW
☐	N103GA	Beech 58 Baron	TH-213	ex N72TM
☐	N112BS	Beech 58 Baron	TH-628	ex N4075S
☐	N112KB	Beech 58 Baron	TH-1007	ex N20663
☐	N159TH	Beech 58 Baron	TH-159	ex N270K
☐	N225TA	Beech 58 Baron	TH-64	
☐	N258TJ	Beech 58 Baron	TH-988	ex N12WZ
☐	N329H	Beech 58 Baron	TH-219	ex N1529W
☐	N703MC	Beech 95-E55 Baron	TE-974	ex N18BL
☐	N752P	Beech 58 Baron	TH-422	ex YV-52P
☐	N796Q	Beech 58 Baron	TH-43	
☐	N950JP	Beech 58 Baron	TH-432	ex (N982DC)
☐	N955HE	Beech 58 Baron	TH-230	ex N955HF
☐	N1888W	Beech 58 Baron	TH-340	
☐	N4099S	Beech 95-E55 Baron	TE-1037	
☐	N4174S	Beech 58 Baron	TH-621	
☐	N4492F	Beech 95-E55 Baron	TE-1097	ex YV-1229P
☐	N4626A	Beech 58 Baron	TH-39	
☐	N4675S	Beech 58 Baron	TH-689	
☐	N8195R	Beech 58 Baron	TH-529	
☐	N9098Q	Beech 58 Baron	TH-109	
☐	N18447	Beech 58 Baron	TH-883	
☐	N8WE	Cessna 210L Centurion II	21060766	
☐	N70TC	Cessna 210M Centurion II	21061707	
☐	N102CR	Cessna T210N Turbo Centurion II	21064745	
☐	N210CT	Cessna 210L Centurion II	21060356	
☐	N221AT	Cessna 210N Centurion II	21064567	ex N9637V
☐	N274CS	Cessna 210L Centurion II	21060148	
☐	N300EW	Cessna 210L Centurion II	21061219	
☐	N318JP	Cessna 210L Centurion II	21060770	
☐	N640AJ	Cessna 210L Centurion II	21060758	
☐	N732CQ	Cessna 210L Centurion II	21061413	
☐	N732HN	Cessna T210L Turbo Centurion II	21061527	
☐	N732LW	Cessna 210M Centurion II	21061606	
☐	N732ST	Cessna 210M Centurion II	21061744	
☐	N732YA	Cessna 210M Centurion II	21061870	
☐	N761AT	Cessna 210M Centurion II	21062108	
☐	N761AY	Cessna 210M Centurion II	21062113	
☐	N761BQ	Cessna 210M Centurion II	21062129	
☐	N761DW	Cessna T210M Turbo Centurion II	21062183	
☐	N777BK	Cessna 210L Centurion II	21060560	
☐	N778VK	Cessna 210M Centurion II	21062895	
☐	N965B	Cessna 210M Centurion II	21061580	ex N732KU
☐	N1666X	Cessna 210L Centurion II	21060701	
☐	N2013S	Cessna 210L Centurion II	21060981	
☐	N2110S	Cessna 210L Centurion II	21061074	
☐	N2137S	Cessna 210L Centurion II	21061098	
☐	N2145U	Cessna T210N Turbo Centurion II	21064776	
☐	N2255S	Cessna 210L Centurion II	21061199	
☐	N2263S	Cessna 210L Centurion II	21061207	
☐	N2280S	Cessna 210L Centurion II	21061223	
☐	N2437S	Cessna 210L Centurion II	21061281	
☐	N2495S	Cessna 210L Centurion II	21061304	
☐	N2667S	Cessna 210L Centurion II	21061347	
☐	N4637Y	Cessna 210N Centurion II	21063965	
☐	N4673C	Cessna 210N Centurion II	21063586	
☐	N4702C	Cessna T210N Turbo Centurion II	21063591	
☐	N4781C	Cessna 210N Centurion II	21063624	
☐	N5171V	Cessna 210L Centurion II	21060846	
☐	N5229A	Cessna 210N Centurion II	21063320	
☐	N5307A	Cessna 210N Centurion II	21063360	
☐	N5489V	Cessna 210L Centurion II	21060961	
☐	N6149B	Cessna T210M Turbo Centurion II	21062694	
☐	N6195N	Cessna 210N Centurion II	21062966	
☐	N6490N	Cessna 210N Centurion II	21063064	
☐	N6598Y	Cessna T210N Turbo Centurion II	21064451	
☐	N6611C	Cessna T210N Turbo Centurion II	21063930	
☐	N6622N	Cessna 210N Centurion II	21063125	
☐	N7398M	Cessna 210M Centurion II	21062018	
☐	N7660E	Cessna 210M Centurion II	21062692	

☐	N7874J	Cessna 210L Centurion II	21060597	ex YV-644CP	
☐	N8134L	Cessna 210L Centurion II	21060621		
☐	N8427M	Cessna 210M Centurion II	21062043		
☐	N9073M	Cessna 210M Centurion II	21062058		
☐	N9489M	Cessna 210M Centurion II	21062081		
☐	N29209	Cessna 210L Centurion II	21059832		
☐	N29278	Cessna 210L Centurion II	21059852		
☐	N30326	Cessna 210L Centurion II	21059914		
☐	N59130	Cessna 210L Centurion II	21060110		
☐	N59141	Cessna 210L Centurion II	21060118		
☐	N59240	Cessna 210L Centurion II	21060174		
☐	N59299	Cessna 210L Centurion II	21060199		
☐	N93111	Cessna 210L Centurion II	21060266		
☐	N93887	Cessna 210L Centurion II	21060445		

All freighters

FLIGHT INTERNATIONAL AVIATION
Flight International (FNT)
Newport News-Williamsburg Intl, VA (PHF)

☐	N10FN*	Learjet 36	36-015	ex N14CF	
☐	N12FN*	Learjet 36	36-016	ex N616DJ	
☐	N26FN*	Learjet 36	36-011	ex N26MJ	
☐	N27MJ*	Learjet 36A	36A-027	ex N484HB	
☐	N39FN*	Learjet 35	35-006	ex N39DM	
☐	N48GP*	Learjet 35A	35A-069	ex N35NW	
☐	N50FN*	Learjet 35A	35A-070	ex N543PA	
☐	N52FN*	Learjet 35A	35A-424	ex N508GP	
☐	N54FN*	Learjet 25C	25C-083	ex N200MH	
☐	N55FN	Learjet 35A	35A-202	ex D-CGPD	Lsd fr Med Air
☐	N83FN*	Learjet 36	36-007	ex N83DM	
☐	N84FN*	Learjet 36	36-002	ex N84DM	
☐	N96FN*	Learjet 35A	35A-186	ex (N317JD)	
☐	N118FN*	Learjet 35A	35A-118	ex N88JA	
☐	N710GS*	Learjet 35	35-032	ex N711MA	
☐	N175SW	Swearingen SA.227AC Metro III	AC-621B		Lsd fr GAS/Wilson
☐	N766C*	Swearingen SA.227AC Metro III	AC-559	ex N170SW	
☐	N781C*	Swearingen SA.227AC Metro III	AC-535	ex N3110J	
☐	N782C*	Swearingen SA.227AC Metro III	AC-525	ex N31078	
☐	N784C*	Swearingen SA.227AC Metro III	AC-482	ex N482SA	
☐	N26974*	Swearingen SA.227AC Metro III	AC-664		
☐	N707ML*	Piper PA-31T Cheyenne	31T-7520017	ex N502RH	

*Leased from L-3 Communications Flight Capital (parent company)

FLIGHT LINE
American Check (ACT)
Denver-Centennial, CO/Salt Lake City, UT (DEN/SLC)

☐	N6KF	Mitsubishi MU-2B-36	659	ex N5JE	
☐	N34AL	Mitsubishi MU-2B-60	792SA	ex N66LA	
☐	N35RR	Mitsubishi MU-2B-60	1525SA	ex N442MA	
☐	N60FL	Mitsubishi MU-2B-60	1512SA	ex HB-LQB	
☐	N132BK	Mitsubishi MU-2B-60	1529SA	ex N818R	
☐	N157CA	Mitsubishi MU-2B-60	1558SA	ex N5PQ	
☐	N361JA	Mitsubishi MU-2B-36	681	ex C-GJWM	
☐	N740PB	Mitsubishi MU-2B-36	657	ex N740PC	
☐	N103BU	Piper PA-31-350 Navajo Chieftain	31-7405202	ex N999DW	
☐	N350FL	Piper PA-31-350 Navajo Chieftain	31-7752182	ex N5SL	

All freighters

FLORIDA AIR CARGO
Miami-Opa Locka, FL (OPF)

☐	N15MA*	Douglas DC-3	19286	ex F-WSGV	no titles
☐	N123DZ*	Douglas DC-3	12004	ex N337AF	no titles
☐	N130D	Douglas DC-3	19800	ex NC55115	Animal Crackers; stored damaged

*Leased from South Florida Aircraft Leasing; current status uncertain

FLORIDA AIR TRANSPORT
Fort Lauderdale-Executive, FL (FXE)

☐	N70BF	Douglas C-118B	43720/373	ex XA-SCZ	dam June 2007	
☐	N381AA	Douglas DC-7BF	44921/666	ex N101LM	stored OPF	Jt ops with Turks Air
☐	N406WA	Douglas C-54G	35944	ex N460WA	stored OPF	

Florida Air Transport is sister company of Legendary Airlines; current status?

FLORIDA COASTAL AIRLINES
Florida Coastal (PA/FCL)
Fort Pierce-St Lucie, FL (FPR)

☐	N77FC	Cessna 402C II	402C0044	ex N440RC	
☐	N78FC	Cessna 402C II	402C0496	ex C-FFCH	
☐	N79FC	Cessna 402C II	402C0421	ex N6787V	
☐	N567JS	Cessna 402B II	402B1090	ex N87216	
☐	N856D	Cessna 402B II	402B1339	ex N40EM	

FLORIDA WEST INTERNATIONAL AIRLINES
Flo West (RF/FWL)
Miami-Intl, FL (MIA)

☐	N316LA	Boeing 767-316ERF	30842/860		Lsd fr LCO

25% owned by LAN Airlines

FOCUS AIR
Focus (F2/FKS) (IATA 392)
Fort Lauderdale-Hollywood Intl, FL (FLL)

☐	N354FC	Boeing 747-341 (SF)	23394/627	ex N354MC	Lsd fr Cargo Aircraft
☐	N361FC	Boeing 747-236B (SCD)	22442/526	ex 9M-MHJ	
☐	N362FC	Boeing 747-236B (SCD)	22304/502	ex 9M-MHI	

Focus Air is a subsidiary of Omega Air Holdings

40 MILE AIR
Mile-Air (Q5/MLA)
Tok-Junction, AK (TKJ)

☐	N87TS	Piper PA-31 Turbo Navajo B	31-7300969	ex N4426Y	Lsd fr RWR Air
☐	N207DG	Cessna T207 Turbo Skywagon	20700070	ex N91902	Lsd fr RWR Air
☐	N734GW	Cessna U206G Stationair 6	U20604832		Lsd fr RWR Air
☐	N1541F	Cessna 185D Skywagon	185-0896		Lsd fr RWR Air

Operates services for DHL and UPS

FOUR STAR AIR CARGO
Four Star (HK/FSC)
St Thomas-Cyril E King, VI (STT)

☐	N131FS	Douglas DC-3	16172/32920	ex N67PA	Freighter
☐	N132FS	Douglas DC-3	14333/25778	ex N333EF	Freighter
☐	N133FS	Douglas DC-3	15757/27202	ex N53NA	Freighter
☐	N135FS	Douglas DC-3	20063	ex NC63107	Freighter
☐	N136FS	Douglas DC-3	10267	ex N58296	Freighter
☐	N138FS	Douglas DC-3	9967	ex N303SF	Freighter

Fresh Air is a sister company

FREEDOM AIR
Freedom (FP/FRE)
Guam, GU (GUM)

☐	N4168R	Piper PA-32-300 Cherokee Six C	32-40484		
☐	N4171R	Piper PA-32-300 Cherokee Six C	32-40504		
☐	N8628N	Piper PA-32-300 Cherokee Six	32-7140021		
☐	N8938N	Piper PA-32-300 Cherokee Six C	32-40736		
☐	N8969N	Piper PA-32-300 Cherokee Six	32-40769		
☐	N44FA	Cessna 207A Stationair 8	20700659	ex N75975	
☐	N72FA	Piper PA-31 Turbo Navajo C	31-7812023	ex JA5278	
☐	N74NF	Short SD.3-60	SH3721	ex N121PC	
☐	N131FA	Piper PA-23-250 Aztec D	27-4097	ex N234SP	
☐	N330FA	Short SD.3-30	SH3112	ex N188LM	

Freedom Air is the trading name of Aviation Services

FREEDOM AIRLINES
(FRL)
New York-JFK, NY/Orlando, FL (JFK/MCO)

A division of Mesa Airlines; provides Delta Connection services from Orlando-MCO, FL and New York, NY

FREIGHT RUNNERS EXPRESS
Freight Runners (FRG)
Milwaukee-General Mitchell Intl, WI (MKE)

☐	N199CZ	Beech 99	U-30	ex N3RP	Freighter
☐	N299CZ	Beech 99	U-74	ex C-FCVJ	Freighter
☐	N399CZ	Beech B99	U-91	ex N195WA	Freighter
☐	N499CZ	Beech 99A	U-81	ex N36AK	Freighter
☐	N599CZ	Beech B99	U-89	ex 5Y-BJW	Freighter
☐	N699CZ	Beech B99	U-133	ex N27AL	Freighter; dbr 24Jan07?
☐	N799CZ	Beech 99	U-68	ex N196WA	Freighter; dbr 23Dec06?
☐	N899CZ	Beech 99A	U-96	ex N199CA	Freighter
☐	N75GB	Cessna 402B	402B0912		
☐	N127EC	Beech 65-E90 King Air	LW-299	ex N127BB	

☐	N191CZ	Beech 1900C	UB-59	ex D-CARA		
☐	N727CA	Cessna 402A	402A0102	ex N7802Q	Freighter	
☐	N1517U	Cessna 207 Skywagon	20700117		Freighter	
☐	N1518U	Cessna 207 Skywagon	20700118		Freighter	
☐	N4504B	Cessna 402B	402B1370	ex C-GSMN		

Passenger flights are operated as Air Charter Express

FRONTIER AIRLINES
Frontier Flight (F9/FFT) — *Denver-International, CO (DEN)*

☐	N801FR	Airbus A318-111	1939	ex D-AUAA	Grizzly Bear	
☐	N802FR	Airbus A318-111	1991	ex D-AUAB	Elk	
☐	N803FR	Airbus A318-111	2017	ex D-AUAC	Hare 'Bugs'	
☐	N804FR	Airbus A318-111	2051	ex D-AUAE	Kit Fox Pups	
☐	N805FR	Airbus A318-111	1660	ex D-AUAA	Great Grey Owl	
☐	N806FR	Airbus A318-111	2218	ex D-AUAB	American Bison	
☐						Lsd fr AFS Investments
☐	N807FR	Airbus A318-111	2276	ex D-AUAC	Cougar	Lsd fr AFS Investments
☐	N808FR	Airbus A318-111	3038	ex D-AUAL	Fawn	
☐	N809FR	Airbus A318-111	3092	ex D-AUAB	Porcupine	
☐	N810FR	Airbus A318-111	3110	ex D-AUAA	Green Sea Turtle	
☐	N812FR	Airbus A318-111	3163	ex D-AUAC	Grizzly Bear	

Three more Airbus A318-111 are on order for delivery by 2011, one leased from ILFC

☐	N901FR	Airbus A319-111	1488	ex D-AVYW	Grey Wolf	Lsd fr PK Air Finance
☐	N902FR	Airbus A319-111	1515	ex D-AVYM	Wood Duck	Lsd fr GECAS
☐	N903FR	Airbus A319-111	1560	ex D-AVYK	Orca Whale	Lsd fr PK Air Finance
☐	N904FR	Airbus A319-111	1579	ex D-AVWS	Trumpeter Swan	Lsd fr GECAS
☐	N905FR	Airbus A319-111	1583	ex D-AVYC	Seal	Lsd fr PK Air Finance
☐	N906FR	Airbus A319-111	1684	ex D-AVWK	Pronghorn Antelope	
						Lsd fr AFS Investments
☐	N907FR	Airbus A319-111	1743	ex D-AVWY	Mule Deer	
☐	N908FR	Airbus A319-111	1759	ex D-AVYL	Blue Heron	Lsd fr AFS Investments
☐	N909FR	Airbus A319-112	1761	ex D-AVYM	Canada Goose	
						Lsd fr AFS Investments
☐	N910FR	Airbus A319-112	1781	ex D-AVYK	Cougar	
☐	N912FR	Airbus A319-111	1803	ex D-AVWE	Red Fox Pup	Lsd fr AFS Investments
☐	N913FR	Airbus A319-112	1863	ex D-AVWU	Hummingbird	
☐	N914FR	Airbus A319-111	1841	ex D-AVWT	Great Egret	Lsd fr AFS Investments
☐	N915FR	Airbus A319-112	1851	ex D-AVWX	Mustang	Lsd fr AFS Investments
☐	N916FR	Airbus A319-112	1876	ex D-AVYL	Mallard	
☐	N917FR	Airbus A319-111	1890	ex D-AVYD	Snowy Owl	
☐	N918FR	Airbus A319-111	1943	ex D-AVWH	Whitetail Deer	
☐	N919FR	Airbus A319-111	1980	ex D-AVYD	Ocelot	
☐	N920FR	Airbus A319-111	1997	ex D-AVYO	Coyote	Lsd fr AFS Investments
☐	N921FR	Airbus A319-111	2010	ex D-AVWO	Mountain Goat	Lsd fr BOC Aviation
☐	N922FR	Airbus A319-111	2012	ex D-AVWR	Red Fox	Lsd fr BOC Aviation
☐	N923FR	Airbus A319-111	2019	ex D-AVWV	Racoon	Lsd fr AFS Investments
☐	N924FR	Airbus A319-111	2030	ex D-AVYG	Polar Bear Cubs	
						Lsd fr AFS Investments
☐	N925FR	Airbus A319-111	2103	ex D-AVWH	Dall's Sheep	Lsd fr BOC Aviation
☐	N926FR	Airbus A319-111	2198	ex D-AVYD	Black-tailed Deer Fawn	Lsd fr ILFC
☐	N927FR	Airbus A319-111	2209	ex D-AVYL	Bottle-nosed Dolphin	Lsd fr ILFC
☐	N928FR	Airbus A319-111	2236	ex D-AVWK	Bobcat	Lsd fr ILFC
☐	N929FR	Airbus A319-111	2240	ex D-AVWP	Lynx	Lsd fr AFS Investments
☐	N930FR	Airbus A319-111	2241	ex D-AVWU	Cougar & cub	
						Lsd fr AFS Investments
☐	N931FR	Airbus A319-111	2253	ex D-AVYR	Bear cub	Lsd fr AFS Investments
☐	N932FR	Airbus A319-111	2258	ex D-AVYK	Bald Eagle	Lsd fr AFS Investments
☐	N933FR	Airbus A319-111	2260	ex D-AVYX	Hawk	Lsd fr AFS Investments
☐	N934FR	Airbus A319-111	2287	ex D-AVYU	Lynx pup	Lsd fr AFS Investments
☐	N935FR	Airbus A319-111	2318	ex D-AVYJ	Sea Otter	Lsd fr AFS Investments
☐	N936FR	Airbus A319-111	2392	ex D-AVYK	Walrus	Lsd fr AFS Investments
☐	N937FR	Airbus A319-111	2400	ex D-AVYU	Blue crowned conure	
						Lsd fr AFS Investments
☐	N938FR	Airbus A319-111	2406	ex D-AVWA	Arctic Fox	Lsd fr ILFC
☐	N939FR	Airbus A319-111	2448	ex D-AVWL	Emperor Penguins	Lsd fr ILFC
☐	N940FR	Airbus A319-111	2465	ex D-AVWW	Snow Hare	Lsd fr AFS Investments
☐	N941FR	Airbus A319-112	2483	ex D-AVYY	Gray Wolf	Lsd fr AFS Investments
☐	N942FR	Airbus A319-112	2497	ex D-AVYT	Bighorn	Lsd fr AFS Investments
☐	N943FR	Airbus A319-112	2518	ex D-AVWT	Fawn	
☐	N944FR	Airbus A319-111	2700	ex D-AVXH	Polar Bears	Lsd fr AFS Investments
☐	N945FR	Airbus A319-111	2751	ex D-AVWD	Bull Moose	Lsd fr AFS Investments
☐	N946FR	Airbus A319-111	2763	ex D-AVWK	Horned Puffin	Lsd fr AFS Investments
☐	N947FR	Airbus A319-111	2806	ex D-AVYK	Leopard	
☐	N948FR	Airbus A319-112	2836	ex D-AVXR	Pelican	
☐	N949FR	Airbus A319-112	2857	ex D-AVYL	White Ermine	
☐	N950FR	Airbus A319-112	3028	ex D-AVWD	Dolphin	Lsd fr AFS Investments
☐	N951FR	Airbus A319-112		ex D-AV	on order	
☐	N952FR	Airbus A319-112		ex D-AV	on order	
☐	N201FR	Airbus A320-214	3389	ex F-WWDQ	Elk; on order	

369

Three more Airbus A320-200s are on order for delivery by 2011. All have the logo 'A whole different animal' in the billboard titles. Wildlife schemes appear on tails and winglets as listed.

☐	N823MD	Embraer 170-100SU (170SU)	17000044	ex PT-SUN		
☐	N871RW	Embraer 170-100SU (170SU)	17000140	ex PT-SEE		
☐	N872RW	Embraer 170-100SE (170SE)	17000143	ex PT-SEH	702;	
☐	N873RW	Embraer 170-100SE (170SE)	17000144	ex PT-SEI		
☐	N874RW	Embraer 170-100SE (170SE)	17000148	ex PT-SEM		
☐	N877RW	Embraer 170-100SU (170SU)		ex PT-S	on order	
☐	N	Embraer 170-100SU (170SU)		ex PT-S	on order	
☐	N	Embraer 170-100SU (170SU)		ex PT-S	on order	
☐	N	Embraer 170-100SU (170SU)		ex PT-S	on order	
☐	N	Embraer 170-100SU (170SU)		ex PT-S	on order	
☐	N	Embraer 170-100SU (170SU)		ex PT-S	on order	
☐	N	Embraer 170-100SU (170SU)		ex PT-S	on order	
☐	N	Embraer 170-100SU (170SU)		ex PT-S	on order	ublic
☐	N	Embraer 170-100SU (170SU)		ex PT-S	on order	

Operated by Republic

☐	N501LX	de Havilland DHC-8-402Q	4165	ex C-FMFG	Lynx Cub	
☐	N502LX	de Havilland DHC-8-402Q	4168	ex C-FMIU	Wolf Cubs	
☐	N503LX*	de Havilland DHC-8-402Q	4170	ex C-FMIX	Mountain Lion Cubs	
☐	N504LX*	de Havilland DHC-8-402Q	4172	ex C-FMJN	Elk	
☐	N505LX*	de Havilland DHC-8-402Q	4174	ex C-FMMM	Fox	
☐	N506LX*	de Havilland DHC-8-402Q	4176	ex C-FMKN	Raccoon	Lsd fr WFBN
☐	N507LX	de Havilland DHC-8-402Q	4181	ex C-FMUF	Bull	
☐	N508LX	de Havilland DHC-8-402Q	4182	ex C-FMUH	Toucan	
☐	N509LX	de Havilland DHC-8-402Q	4184	ex C-FNEI	Elk	
☐	N510LX	de Havilland DHC-8-402Q		ex	on order	

*Leased from Wells Fargo Delaware Trust
Operated by Lynx Aviation, a divison of Frontier Airlines
Feeder services at Denver are operated by Republic Airlines and Lynx Aviation, a wholly owned subsidiary; also operates some code-share services with Great Lakes

FRONTIER FLYING SERVICE
Frontier-Air (2F/FTA) (IATA 517)   Fairbanks-Intl, AK (FAI)

☐	N575A	Beech 1900C-1	UC-83	ex N80334	Lsd fr JMH Leasing
☐	N575F	Beech 1900C-1	UC-99	ex N80598	Lsd fr JMH Leasing
☐	N575G	Beech 1900C-1	UC-155	ex N155YV	Lsd fr JMH Leasing
☐	N575P	Beech 1900C-1	UC-95	ex N80532	Lsd fr Moro Aircraft Lsg
☐	N575Q	Beech 1900C-1	UC-160	ex N160AM	Lsd fr JMH Leasing
☐	N575X	Beech 1900C-1	UC-149	ex N149YV	Lsd fr JMH Leasing
☐	N575Y	Beech 1900C-1	UC-162	ex N162YV	Lsd fr JMH Leasing
☐	N575Z	Beech 1900C-1	UC-136	ex N21493	Lsd fr Moro Aircraft Lsg
☐	N44AC	Piper PA-31-350 Chieftain	31-8052147	ex N3590M	
☐	N137CS	Piper PA-31-350 Chieftain	31-8152137	ex C-GVPP	Lsd fr US Bancorp
☐	N200AK	Piper PA-31-350 Chieftain	31-8052180	ex N8529T	
☐	N217CS	Piper PA-31T3-T1040	31T-8275014	ex C-FYPL	
☐	N223CS	Piper PA-31T3-T1040	31T-8275008	ex N315CS	
☐	N3516A	Piper PA-31-350 Chieftain	31-7952106		
☐	N3535F	Piper PA-31-350 Chieftain	31-7952200		
☐	N3536B	Piper PA-31-350 Chieftain	31-7952205		
☐	N4112K	Piper PA-31-350 T-1020	31-8353006		
☐	N4301C	Piper PA-31-350 T-1020	31-8353001	ex C-FKGX	
☐	N4501B	Piper PA-31-350 Chieftain	31-8052168		
☐	N4585U	Piper PA-31-350 Chieftain	31-8052198	ex C-GPIJ	
☐	N190WA	Beech C99	U-207	ex N207CS	Lsd fr Piper East
☐	N196WA	Beech C99	U-179	ex N995SB	Lsd fr Piper East
☐	N9620M	Cessna 207A Stationair 8	20700711		
☐	N73100	Cessna 207A Stationair 7	20700559		

GALLUP FLYING SERVICES
                                                                          Gallup-Municipal, NM (GUP)

☐	N41BG	Cessna 340A	340A0305		
☐	N986GM	Cessna 414A Chancellor	414A0089	ex N612CB	
☐	N6640C	Cessna 414A Chancellor	414A0044		
☐	N7909Q	Cessna T310Q	310Q0620		
☐	N8840K	Cessna 414A Chancellor	414A0236		
☐	N9700M	Cessna U206G Stationair 6 II	U20604557		
☐	N29359	Cessna 210L Centurion II	21059858		
☐	N68149	Cessna 414A Chancellor	414A0642		

GB AIRLINK
Island Tiger (GBX)   Fort Lauderdale-Hollywood Intl, FL (FLL)

☐	N80GB	Short SC.7 Skyvan 3	SH1888	ex LX-ABC	Freighter	
☐	N911E	Beech E-18S	BA-10	ex N501J	Freighter	Lsd fr C-Tiger Enterprises

GEMINI AIR CARGO
Gemini (GR/GCO) (IATA 358) — *Minneapolis-St Paul Intl, MN (MSP)*

☐	N600GC	Douglas DC-10-30F	46965/245	ex D-ADMO	Stephan; stored	Lsd fr Gemini Lsg
☐	N601GC	Douglas DC-10-30F	47921/117	ex D-ADAO	Bill; stored OPF	Lsd fr Gemini Lsg
☐	N602GC	Douglas DC-10-30F	47923/123	ex D-ADCO	Barbra	Lsd fr Gemini Lsg
☐	N604GC	Douglas DC-10-30F	47924/129	ex D-ADDO	Linda	Lsd fr Gemini Lsg
☐	N605GC	Douglas DC-10-30F	47925/166	ex D-ADFO	Carlie	Lsd fr Gemini Lsg
☐	N606GC	Douglas DC-10-30F	47929/196	ex PP-AJM	Joe	Lsd fr Gemini Lsg
☐	N607GC	Douglas DC-10-30F	46978/256	ex N777SJ	Sophie	Lsd fr Gemini Lsg
☐	N701GC	McDonnell-Douglas MD-11F	48434/476	ex PP-VOP	Michael DiSalvo	Lsd fr AerCap
☐	N702GC	McDonnell-Douglas MD-11F	48435/478	ex PP-VOQ	Bob Stormin Norman Jensen	Lsd fr AerCap
☐	N703GC	McDonnell-Douglas MD-11F	48411/453	ex PP-SPD	Dennis Garcia	Lsd fr Tombo
☐	N705GC	McDonnell-Douglas MD-11F	48412/454	ex PP-SPE	Gianni	Lsd fr AFS Investments

Operates cargo services for other carriers; usually under ACMI conditions

GEO AIR
Fort Lauderdale-Hollywood Intl, FL (FLL)

☐	N905GA	Convair 580F	121	ex C-FMGC	

GO!
Honolulu-Intl, HI (HNL)

☐	N646BR	Canadair CL-600-2B19 (CRJ-200ER)	7392	ex C-FMND	
☐	N651BR	Canadair CL-600-2B19 (CRJ-200ER)	7426	ex C-FMMB	
☐	N654BR	Canadair CL-600-2B19 (CRJ-200ER)	7454	ex C-FMLU	
☐	N655BR	Canadair CL-600-2B19 (CRJ-200ER)	7457	ex C-FMML	
☐	N693BR	Canadair CL-600-2B19 (CRJ-200ER)	7761	ex C-GYXS	Lsd fr Trust N693BR

Wholly operated subsidiary of Mesa Airlines.
Feeder services operated by Mokulele Airlines as go! Express.

GO! EXPRESS
Honolulu-Intl, HI (HNL)

☐	N861MA	Cessna 208B Caravan I	208B0825	ex N98RR	
☐	N862MA	Cessna 208B Caravan I	208B1138	ex N115KW	
☐	N	Cessna 208B Caravan I	208B1275	ex N4115J	
☐	N	Cessna 208B Caravan I			on order
☐	N	Cessna 208B Caravan I			on order
☐	N	Cessna 208B Caravan I			on order
☐	N	Cessna 208B Caravan I			on order
☐	N	Cessna 208B Caravan I			on order

Operated by Mokulele Airlines.

GOJET AIRLINES
Gateway (G7/GJS) (IATA 573) — *St Louis-Lambert Intl, MO (STL)*

GoJet Airlines is a wholly owned subsidiary of Trans State Airlines and operates feeder services for United Express.

GRAND CANYON AIRLINES
Canyon View (CVU) — *Grand Canyon-National Park, AZ/Valle-J Robidoux, AZ (GCN/VLE)*

☐	N72GC	de Havilland DHC-6 Twin Otter 300	264	ex N264Z	Lsd fr Monarch Enterprises
☐	N74GC	de Havilland DHC-6 Twin Otter 300	559	ex J6-AAK	Lsd fr Diamond Bar
☐	N171GC	de Havilland DHC-6 Twin Otter 300	406	ex J8-VBR	Lsd fr Cortez Fisher
☐	N173GC	de Havilland DHC-6 Twin Otter 300	295	ex C-GLAZ	Lsd fr Diamond Bar
☐	N177GC	de Havilland DHC-6 Twin Otter 300	263	ex N102AC	Lsd fr Diamond Bar

All Vistaliner conversions.

☐	N414H	Ford 5-AT-C Trimotor	74	ex TG-AFA	

GRAND CANYON HELICOPTERS
Grand Canyon-National Park, AZ (GCN)

☐	N130GC	Eurocopter EC.130B4	3562	1	Lsd fr Monarch Enterprises
☐	N131GC	Eurocopter EC.130B4	3691	2	
☐	N132GC	Eurocopter EC.130B4	3756	3	
☐	N133GC	Eurocopter EC.130B4	3883	4	

GRANT AVIATION
(GV/GUN) — *Emmonak, AK (EMK)*

☐	N8NZ	Cessna 207A Stationair 7 II	20700421	ex VH-XXL	
☐	N48CF	Cessna T207A Turbo Skywagon	20700366		
☐	N54GV	Cessna 207A Stationair 7 II	20700447		
☐☐	N207DF	Cessna 207A Stationair 8 II	20700728	ex ZK-EAL	

☐	N562CT	Cessna 207A Stationair 7 II	20700487	ex HI-562CT		
☐	N2162C	Cessna 207A Stationair 8 II	20700575	ex HI-346		
☐	N9651M	Cessna 207A Stationair 8 II	20700715			
☐	N9728M	Cessna 207A Stationair 8 II	20700721			
☐	N9973M	Cessna 207A Stationair 8 II	20700771			
☐	N77HV	Piper PA-31-350 Chieftain	31-8152193	ex C-GLCN		
☐	N78GA	Piper PA-31-350 Chieftain	31-8352030	ex XA-DAM		
☐	N90PB	Beech 200 Super King Air	BB-125	ex TG-UGA		
☐	N162GA	Cessna 208B Caravan I	208B0667	ex C-FPNG		
☐	N417PM	Piper PA-31-350 Chieftain	31-8052051	ex N357CT		
☐	N454SF	Cessna 208B Caravan I	208B0797	ex N5180C		
☐	N4105D	Piper PA-31-350 Chieftain	31-8252027			
☐	N27739	Piper PA-31-350 Chieftain	31-7852135	ex SE-KKS		

GREAT LAKES AIRLINES
Lakes Air (ZK/GLA) (IATA 846)
Cheyenne, WY (CYS)

☐	N100UX	Beech 1900D	UE-100		Fly Telluride	
☐	N122UX	Beech 1900D	UE-122	ex N122YV		
☐	N153GL	Beech 1900D	UE-153	ex N153ZV		
☐	N154GL	Beech 1900D	UE-154	ex N154ZV	Sierra Vista	
☐	N169GL	Beech 1900D	UE-169			
☐	N170GL	Beech 1900D	UE-170	ex N170YV	Garden City, NE	
☐	N184UX	Beech 1900D	UE-184	ex N184YV		
☐	N192GL	Beech 1900D	UE-192	ex N192YV	Telluride, CO	
☐	N195GL	Beech 1900D	UE-195	ex N195YV	Denver International	
☐	N201GL	Beech 1900D	UE-201	ex N201YQ	Ponca City, OK	Lsd fr Raytheon
☐	N202UX	Beech 1900D	UE-202	ex (N202GV)		Lsd fr Raytheon
☐	N208GL	Beech 1900D	UE-208	ex N208YV	Fly Telluride	Lsd fr Raytheon
☐	N210GL	Beech 1900D	UE-210	ex N210UX		Lsd fr Raytheon
☐	N211GL	Beech 1900D	UE-211	ex N211UX	Laramie, WY	
☐	N219GL	Beech 1900D	UE-219	ex N219YV		
☐	N220GL	Beech 1900D	UE-220	ex N220UX	Hays, KS	
☐	N240GL	Beech 1900D	UE-240	ex N240YV	Devil's Tower, WY	
☐	N245GL	Beech 1900D	UE-245	ex N245YV	Show Low, AZ	
☐	N247GL	Beech 1900D	UE-247	ex N247YV		
☐	N251GL	Beech 1900D	UE-251	ex N251ZV	Grand Tetons	
☐	N253GL	Beech 1900D	UE-253	ex N253YV		
☐	N254GL	Beech 1900D	UE-254	ex N10840	Grand Island, NE	
☐	N255GL	Beech 1900D	UE-255	ex N10860		
☐	N257GL	Beech 1900D	UE-257	ex N257YV		
	N261GL	Beech 1900D	UE-261	ex N261YV	Scotts Bluff, NE	
☐	N71GL	Embraer EMB.120ER Brasilia	120071	ex N267UE		
☐	N96ZK	Embraer EMB.120ER Brasilia	120096	ex N452UE		
☐	N108UX	Embraer EMB.120ER Brasilia	120108	ex N451UE		
☐	N293UX	Embraer EMB.120ER Brasilia	120293	ex PT-SVN		Lsd fr Boeing Capital
☐	N297UX	Embraer EMB.120ER Brasilia	120297	ex PT-SVQ		Lsd fr Boeing Capital
☐	N299UX	Embraer EMB.120ER Brasilia	120299	ex PT-SVT		

Airline is headquarted in Cheyenne, WY but aircraft operate at major hubs.

GREAT NORTHERN AIR
Anchorage-Lake Hood SPB, AK (LHD)

☐	N36GB	Cessna U206F Stationair	U20601854	ex N9654G	Floatplane

GRIFFING FLYING SERVICE
Sandusky-Griffing, OH (SKY)

☐	N426S	Piper PA-31-350 Chieftain	31-8152190	ex N426SC	Lsd fr Griffing Sandusky Airport Inc
☐	N428S	Piper PA-32-301 Saratoga	32-8106021		Lsd fr Griffing Sandusky Airport Inc
☐	N442S	Britten-Norman BN-2A-20 Islander	770	ex N6863G	
☐	N443S	Britten-Norman BN-2A-20 Islander	766	ex N25SA	

Also trades as Griffing Island Airlines

GRIZZLY MOUNTAIN AVIATION
Prineville Heliport, OR

☐	N22753	Bell UH-1B	1109	ex 64-13985

GUARDIAN AIR
Flagstaff, AZ / Bullhead City, AZ (FLG/IFP)

☐	N92DV	Beech 65-E90 King Air	LW-292	ex N7MA	EMS; Air 4	Lsd to/op by Air Methods
☐	N407AM	Bell 407	53309		EMS	Lsd to/op by Air Methods
☐	N407VV	Bell 407	53476		EMS	Lsd to/op by Air Methods
☐	N987GM	Beech 65-E90 King Air	LW-65	ex N3065W	EMS; Air 2	Lsd to/op by Air Methods
☐	N989GM	Beech 65-E90 King Air	LW-109	ex N388SC	EMS; Air 1	Lsd to/op by Air Methods

GULF AND CARIBBEAN AIR
Trans Auto (TSU)   *Fort Lauderdale-Hollywood Intl, FL (FLL)*

	Reg	Type	C/n	Ex	Notes	Lessor
☐	N131FL	Convair 580	155	ex N5804	13; Freighter	Lsd fr IFL Group
☐	N141FL	Convair 580	111	ex N302K	14; Freighter	Lsd fr IFL Group
☐	N151FL*	Convair 580	51	ex N5810	15; Freighter	Lsd fr IFL Group
☐	N171FL	Convair 580	318	ex N300K	17; Freighter	Lsd fr IFL Group
☐	N181FL	Convair 580	387	ex N301K	18; Freighter	Lsd fr IFL Group
☐	N191FL	Convair 580	326	ex N923DR	19; Freighter	Lsd fr IFL Group
☐	N361FL	Convair 5800	343	ex C-FKFS		
☐	N371FL	Convair 5800	309	ex C-FMKF	Freighter	Lsd fr IFL Group
☐	N381FL	Convair 5800	276	ex C-FKFS	Freighter	Lsd fr IFL Group
☐	N391FL	Convair 5800	278	ex C-GKFD	Freighter	Lsd fr IFL Group
☐	N991FL	Convair 580	508	ex C-GTTG	Freighter	
☐	N7813B	Convair 340-70	265	ex 53-7813	stored	Lsd fr IFL Group

*IFL Group titles

	Reg	Type	C/n	Ex	Notes
☐	N221FL	Boeing 727-22C (FedEx 3)	19805/543	ex C-GKFW	709 Lsd fr Intl Trading Co of Yukon
☐	N251FL	Boeing 727-22C (FedEx 3)	19204/436	ex C-GKFZ	707 Lsd fr Intl Trading Co of Yukon
☐	N261FL	Boeing 727-25C/W (Duganair 3)	19359/368	ex C-GKFN	706 Lsd fr Intl Trading Co of Yukon
☐	N511FL	AMD Falcon 20C-5	122	ex N302TT	
☐	N521FL	AMD Falcon 20C-5	68	ex N458SW	
☐	N531FL	AMD Falcon 20	113	ex N22WJ	
☐	N541FL	AMD Falcon 20	48	ex N23ND	

Gulf and Caribbean Air is an operating name of IFL Group..

GULFSTREAM INTERNATIONAL
Gulf Flight (3M/GFT) (IATA 449)   *Fort Lauderdale-Hollwood, FL (FLL)*

	Reg	Type	C/n	Ex	Notes
☐	N218YV	Beech 1900D	UE-218		918 Lsd fr ASH
☐	N231YV	Beech 1900D	UE-231		931 Lsd fr ASH
☐	N614HR	Piper PA-31-350 Navajo Chieftain	31-7305121	ex N74HP	Lsd to Gulfstream Air Charter
☐	N27319	Piper PA-31-350 Chieftain	31-7852137		Lsd to Gulfstream Air Charter
☐	N205CA	Embraer EMB.120ER Brasilia	120205	ex PT-SRX	COA colours
☐	N261AS	Embraer EMB.120ER Brasilia	120141	ex PT-SPH	200
☐	N266AS	Embraer EMB.120ER Brasilia	120188	ex PT-SRB	201
☐	N268AS	Embraer EMB.120ER Brasilia	120202	ex PT-SRS	202
☐	N280AS	Embraer EMB.120ER Brasilia	120231	ex PT-STD	231
☐	N282AS	Embraer EMB.120ER Brasilia	120226	ex PT-SSV	226
☐	N283AS	Embraer EMB.120ER Brasilia	120236	ex PT-STI	236
☐	N285AS	Embraer EMB.120ER Brasilia	120265	ex PT-SUL	265

28% owned by Continental Airlines and operates other Beech 1900Ds as Continental Connection (q.v.)

HAGELAND AVIATION SERVICES
Hageland (H6/HAG)   *St Mary's, Bethel, AK (KSM)*

	Reg	Type	C/n	Ex
☐	N17GN*	Cessna 207A Stationair 8 II	20700693	ex C-GDFK
☐	N23CF	Cessna 207 Skywagon	20700276	
☐	N104K*	Cessna 207 Skywagon	20700122	ex C-GUHZ
☐	N207SE*	Cessna 207 Skywagon	20700237	
☐	N327CT*	Cessna 207A Stationair 7 II	20700535	ex N6475H
☐	N747SQ*	Cessna 207A Skywagon	20700387	
☐	N1668U	Cessna 207 Skywagon	20700268	
☐	N5277J*	Cessna 207A Stationair 8 II	20700772	ex N9975M
☐	N6207H*	Cessna 207A Stationair 7 II	20700551	ex C-FSEE
☐	N6314H	Cessna 207A Stationair 7 II	20700478	
☐	N7320U	Cessna 207A Skywagon	20700397	
☐	N7384U	Cessna 207A Stationair 7 II	20700431	
☐	N7389U	Cessna 207A Stationair 7 II	20700432	
☐	N9399M	Cessna 207A Stationair 8 II	20700652	ex VH-UAA
☐	N9400M	Cessna 207A Stationair 8 II	20700687	
☐	N9869M*	Cessna 207A Stationair 8 II	20700744	
☐	N9996M	Cessna 207A Stationair 8 II	20700779	
☐	N73067	Cessna 207A Stationair 7 II	20700558	
☐	N169LJ	Cessna 208B Caravan I	208B0599	ex N169BJ
☐	N215MC*	Cessna 208B Caravan I	208B0730	
☐	N303GV*	Cessna 208B Caravan I	208B0581	
☐	N407GV*	Cessna 208B Caravan I	208B0616	ex N5262X
☐	N410GV*	Cessna 208B Caravan I	208B0632	ex N5264U
☐	N411GV*	Cessna 208B Caravan I	208B0672	
☐	N715HE*	Cessna 208B Caravan I	208B0603	ex N715HL
☐	N717PA	Cessna 208B Caravan I	208B0804	ex N12890
☐	N1232Y*	Cessna 208B Caravan I	208B0566	ex N5246Z
☐	N1275N	Cessna 208B Caravan I	208B0756	
☐	N12373	Cessna 208B Caravan I	208B0697	ex N5268Z
☐	N404GV	Beech 1900C-1	UC-154	ex N154YV
☐	N406GV*	Reims Cessna F406 Caravan II	F406-0049	ex 9M-PMS
☐	N1553C	Beech 1900C-1	UC-24	ex N31226

☐	N6590Y*	Reims Cessna F406 Caravan II	F406-0052		
☐	N6591R*	Reims Cessna F406 Caravan II	F406-0054		
☐	N9575G*	Cessna U206F Stationair	U20601775		
☐	N91361	Cessna 180H	180-52045		
☐	N15503*	Beech 1900C-1	UC-72		

*Leased from Gussic Ventures; associated with Village Air and aircraft leased to them as required

HAWAIIAN AIRLINES
Hawaiian (HA/HAL) (IATA 173)   Honolulu-Intl, HI (HNL)

☐	N475HA	Boeing 717-22A	55121/5050	I'Iwi	Lsd fr BCC Equipment Lsg
☐	N476HA	Boeing 717-22A	55118/5053	'Elepaio	Lsd fr BCC Equipment Lsg
☐	N477HA	Boeing 717-22A	55122/5061	'Apapane	Lsd fr BCC Equipment Lsg
☐	N478HA	Boeing 717-22A	55123/5064	'Amakihi	Lsd fr BCC Equipment Lsg
☐	N479HA	Boeing 717-22A	55124/5069	'Akepa	Lsd fr BCC Equipment Lsg
☐	N480HA	Boeing 717-22A	55125/5070	Pueo	Lsd fr BCC Equipment Lsg
☐	N481HA	Boeing 717-22A	55126/5073	'Alauahio	Lsd fr BCC Equipment Lsg
☐	N484HA	Boeing 717-22A	55129/5080	'Oma'o	Lsd fr BCC Equipment Lsg
☐	N485HA	Boeing 717-22A	55130/5089	Palila	Lsd fr BCC Equipment Lsg
☐	N486HA	Boeing 717-22A	55131/5092	'Akiki	Lsd fr BCC Equipment Lsg
☐	N487HA	Boeing 717-22A	55132/5098	'Lo	Lsd fr BCC Equipment Lsg
☐	N580HA	Boeing 767-33AER	28140/850		Kolea
☐	N581HA	Boeing 767-33AER	28141/853		Manu o Ku
☐	N582HA	Boeing 767-33AER	28139/857		Ake Ake
☐	N583HA	Boeing 767-33AER	25531/423	ex D-AMUP	'A Lsd fr ILFC
☐	N584HA	Boeing 767-3G5ER	24258/255	ex D-AMUS	Kioea Lsd fr ILFC
☐	N585HA	Boeing 767-3G5ER	24257/251	ex D-AMUR	Noio Lsd fr ILFC
☐	N586HA	Boeing 767-3G5ER	24259/268	ex D-AMUN	Ou Lsd fr ILFC
☐	N587HA	Boeing 767-3CBER	33421/887		Pakalakala Lsd fr AWMS
☐	N588HA	Boeing 767-3CBER	33466/890		'Iwa Lsd fr BCC Equipment Lsg
☐	N589HA	Boeing 767-3CBER	33422/892		Moli Lsd fr AWMS
☐	N590HA	Boeing 767-3CBER	33467/894		Koa'e Ula Lsd fr BCC Equipment Lsg
☐	N591HA	Boeing 767-33AER	33423/897		Ake keke Lsd fr AWMS
☐	N592HA	Boeing 767-3CBER	33468/898		Hunakai Lsd fr BCC Equipment Lsg
☐	N593HA	Boeing 767-33AER	33424/901		Nene Lsd fr AWMS
☐	N594HA	Boeing 767-332	23275/136	ex N116DL	Lsd fr WTCo
☐	N596HA	Boeing 767-332	23276/151	ex N117DL	Lsd fr WTCo
☐	N597HA	Boeing 767-332	23277/152	ex N118DL	Lsd fr WTCo
☐	N598HA	Boeing 767-332	23278/153	ex N119DL	Lsd fr WTCo

Six Airbus A330-243s are on order for delivery from 2012 plus six Airbus A350-800s from 2015

HEARTLAND AVIATION
Night Chase (NTC)   Eau Claire-Chippewa Valley Regional, WI (EAU)

☐	N310JZ	Cessna 310R II	310R1623	ex N310JD	
☐	N3286M	Cessna 310R II	310R1894		

HEAVY LIFT HELICOPTERS
Apple Valley, CA/Ketchikan, AK (APV/KTN)

☐	N53HL	Sikorsky CH-53D Fire Stallion		ex 156668	
☐	N54HL	Sikorsky S-64 Skycrane	64049	ex N54CR	
☐	N68HL	Sikorsky CH-53D Fire Stallion		ex 156674	
☐	N6156U	Sikorsky S-64 Skycrane	64012	ex 66-18410	790; Pegasus
☐	N44094	Sikorsky S-64 Skycrane	64023	ex 67-18421	794

HELI-FLITE
Corona-Municipal, CA (AJO)

☐	N1078Q	Bell 206B JetRanger III	2425	ex N5002X	Lsd fr Sunwest Inc
☐	N9043N	Sikorsky S-58F (SH-34G)	58761	ex Bu143957	
☐	N87717	Sikorsky S-58F (SH-34J)	581269	ex Bu148011	

HELI-JET
Eugene-Private Heliport, OR

☐	N28HJ	Bell 205A-1	30006	ex PK-UHI	Lsd fr WFBN
☐	N58HJ	Bell 205A-1	30314		Lsd fr WFBN
☐	N66HJ	Bell 205A-1	30239	ex N49766	Lsd fr WFBN
☐	N73HJ	Bell 212	30552	ex XC-EDM	Lsd fr WFBN
☐	N97HJ	Bell 205A-1	30173	ex C-GFHG	Lsd fr WFBN

HELICOPTER TRANSPORT SERVICES
Baltimore-Martin State, MD (MTN)

☐	N715HT	Sikorsky S-64F Skycrane	64077	ex N470KG	715	Lsd fr US Leaseco
☐	N716HT	Sikorsky S-64F Skycrane	64092	ex N484KG	716	Lsd fr US Leaseco
☐	N718HT	Sikorsky S-64F Skycrane	64074	ex N467KG	718	Lsd fr US Leaseco

☐	N719HT	Sikorsky S-64F Skycrane	64076	ex N469KG	719	Lsd fr US Leaseco
☐	N720HT	Sikorsky S-64F Skycrane	64070	ex N463KG	720	Lsd fr US Leaseco
☐	N721HT	Sikorsky S-64F Skycrane	64073	ex N466KG	721	Lsd fr US Leaseco
☐	N722HT	Sikorsky S-64F Skycrane	64075	ex N468KG	722	Lsd fr US Leaseco
☐	N47B	Sikorsky S-58BT	58-530	ex EC-CYJ		
☐	N72B	Sikorsky S-58ET	58-1626	ex EC-DJN		
☐	N219AC	Sikorsky S-61N	61755	ex G-BDKI		
☐	N664Y	Sikorsky S-61R	61501			
☐	N724HT	Bell 214ST	28123	ex FAP634		Lsd fr US Leaseco
☐	N725HT	Bell 214ST	28128	ex N241WJ		
☐	N91158	Sikorsky S-61N Helipro Short	61424	ex G-AZDC		

HELIFLIGHT
Fort Lauderdale-Executive, FL (FLE)

☐	N58HF	Sikorsky S-58J		ex 57-1692

HOMER AIR
Homer, AK (HOM)

☐	N206DC	Cessna U206F Stationair II	U20603198	ex N8337Q
☐	N522HA	Cessna U206B Super Skywagon	U206-0755	ex N3455L
☐	N7138Q	Cessna U206F Stationair II	U20603074	
☐	N9815M	Cessna U206G Stationair 6 II	U20604572	

HORIZON AIR
Horizon Air (QX/QXE)   *Seattle-Tacoma Intl, WA (SEA)*

☐	N600QX	Canadair CL-600-2C10 (CRJ-701)	10005	ex C-GCRA	600	
☐	N601QX	Canadair CL-600-2C10 (CRJ-701)	10009	ex C-GHCS	601	
☐	N602QX	Canadair CL-600-2C10 (CRJ-701)	10010	ex C-GHCV	602	
☐	N603QX	Canadair CL-600-2C10 (CRJ-701)	10011	ex C-GHCZ	603	
☐	N604QX	Canadair CL-600-2C10 (CRJ-701)	10019	ex C-GIAJ	604	
☐	N605QX	Canadair CL-600-2C10 (CRJ-701)	10022	ex C-GIAR	605	
☐	N606QX	Canadair CL-600-2C10 (CRJ-701)	10023	ex C-GISU	606	
☐	N607QX	Canadair CL-600-2C10 (CRJ-701)	10024	ex C-GIZG	607	
☐	N608QX	Canadair CL-600-2C10 (CRJ-701)	10026	ex C-GIAX	608	
☐	N609QX	Canadair CL-600-2C10 (CRJ-701)	10031	ex C-GIBJ	609	
☐	N610QX	Canadair CL-600-2C10 (CRJ-701)	10033	ex C-GIBN	610	
☐	N611QX	Canadair CL-600-2C10 (CRJ-701)	10041	ex C-GICP	611	
☐	N612QX	Canadair CL-600-2C10 (CRJ-701)	10042	ex C-GHZV	612	
☐	N613QX	Canadair CL-600-2C10 (CRJ-701)	10045	ex C-GIAD	613	
☐	N614QX	Canadair CL-600-2C10 (CRJ-701)	10049	ex C-GIAJ	614	
☐	N615QX	Canadair CL-600-2C10 (CRJ-701)	10065	ex C-GIBQ	615	
☐	N616QX	Canadair CL-600-2C10 (CRJ-701)	10128	ex C-	WSU colours	
☐	N617QX	Canadair CL-600-2C10 (CRJ-701)	10130	ex C-	Washington State University	
☐	N618QX	Canadair CL-600-2C10 (CRJ-701)	10205	ex C-	618	
☐	N619QX	Canadair CL-600-2C10 (CRJ-701)	10246	ex C-	619	

Three more to be repainted to support other local universities.

☐	N345PH	de Havilland DHC-8Q-202	476	ex C-GFYI	City of Wenatchee	
☐	N346PH	de Havilland DHC-8Q-202	477	ex C-GEOA	City of Redmond/Bend	
☐	N347PH	de Havilland DHC-8Q-202	480	ex C-FWBB	City of Moses Lake	
☐	N348PH	de Havilland DHC-8Q-202	484	ex C-FWBB		
☐	N349PH	de Havilland DHC-8Q-202	486	ex C-GEOA		
☐	N350PH	de Havilland DHC-8Q-202	488	ex C-GFQL	City of Pendleton	
☐	N351PH	de Havilland DHC-8Q-202	490	ex C-GFUM	City of Eugene	Lsd to UCA
☐	N352PH	de Havilland DHC-8Q-202	494	ex C-GHRI		
☐	N353PH	de Havilland DHC-8Q-202	496	ex C-GFRP		
☐	N354PH	de Havilland DHC-8Q-202	498	ex C-FCSG	City of North Bend/Coos Bay	
☐	N355PH	de Havilland DHC-8Q-202	500	ex C-GEMU		
☐	N356PH	de Havilland DHC-8Q-202	502	ex C-GEOZ		
☐	N357PH	de Havilland DHC-8Q-202	504	ex C-GFRP	City of Portland	
☐	N358PH	de Havilland DHC-8Q-202	506	ex C-FWBB		
☐	N359PH	de Havilland DHC-8Q-202	514	ex C-GEOA	City of Kelowna	Lsd to UCA
☐	N360PH	de Havilland DHC-8Q-202	515	ex C-GEWI	City of Medford	Lsd to UCA
☐	N361PH	de Havilland DHC-8Q-202	516	ex C-GFOD	City of Sun Valley	Lsd to UCA
☐	N362PH	de Havilland DHC-8Q-202	518	ex C-FDHI		Lsd to UCA
☐	N363PH	de Havilland DHC-8Q-202	520		City of Boise	Lsd to UCA
☐	N364PH	de Havilland DHC-8Q-202	524		Cities of Seattle/Tacoma	Lsd to UCA
☐	N365PH	de Havilland DHC-8Q-202	526		City of Pocatello	
☐	N366PH	de Havilland DHC-8Q-202	510	ex C-GELN	City of Redding	Lsd to UCA
☐	N367PH	de Havilland DHC-8Q-202	511	ex C-GDLD		
☐	N368PH	de Havilland DHC-8Q-202	512	ex C-GDFT	City of Idaho Falls	Lsd to UCA
☐	N369PH	de Havilland DHC-8Q-202	513	ex C-FWBB		
☐	N374PH	de Havilland DHC-8Q-202	528	ex C-GDIU		
☐	N375PH	de Havilland DHC-8Q-202	529	ex C-GDKL		Lsd to UCA
☐	N379PH	de Havilland DHC-8Q-202	530	ex C-GDLK		

All names prefixed The Great. Thirteen DHC-8Q-202s leased to Commutair; all to be retired by the end of 2009

☐	N400QX	de Havilland DHC-8-402Q	4030	ex C-GFCF		Lsd fr BCC Equipment Lsg
☐	N401QX	de Havilland DHC-8-402Q	4031	ex C-GFCW		Lsd fr BCC Equipment Lsg
☐	N402QX	de Havilland DHC-8-402Q	4032	ex C-GFOD		Lsd fr BCC Equipment Lsg
☐	N403QX	de Havilland DHC-8-402Q	4037	ex C-FDHP		Lsd fr BCC Equipment Lsg
☐	N404QX	de Havilland DHC-8-402Q	4046	ex C-GDKL		Lsd fr BCC Equipment Lsg
☐	N405QX	de Havilland DHC-8-402Q	4047	ex C-GDLD		Lsd fr BCC Equipment Lsg
☐	N406QX	de Havilland DHC-8-402Q	4048	ex C-GDLK		Lsd fr WFBN
☐	N407QX	de Havilland DHC-8-402Q	4049	ex C-GDNK		Lsd fr WFBN
☐	N408QX	de Havilland DHC-8-402Q	4050	ex C-GFCA		Lsd fr WFBN
☐	N409QX	de Havilland DHC-8-402Q	4051	ex C-GFCW		Lsd fr WFBN
☐	N410QX	de Havilland DHC-8-402Q	4053	ex C-GFQL		Lsd fr WFBN
☐	N411QX	de Havilland DHC-8-402Q	4055	ex C-GFUM		Lsd fr WFBN
☐	N412QX	de Havilland DHC-8-402Q	4059	ex C-FGNP		Lsd fr BCC Eqpt Lsg
☐	N413QX	de Havilland DHC-8-402Q	4060	ex C-FNGB		Lsd fr WFBN
☐	N414QX	de Havilland DHC-8-402Q	4061	ex C-GDFT		Lsd fr WFBN
☐	N415QX	de Havilland DHC-8-402Q	4081	ex C-GELN		
☐	N416QX	de Havilland DHC-8-402Q	4083	ex C-GDNK		
☐	N417QX	de Havilland DHC-8-402Q	4086	ex C-FCSG		
☐	N418QX	de Havilland DHC-8-402Q	4143	ex C-FHQX		
☐	N419QX	de Havilland DHC-8-402Q	4145	ex C-FHRD		
☐	N420QX	de Havilland DHC-8-402Q	4147	ex C-FJLA		
☐	N421QX	de Havilland DHC-8-402Q	4149	ex C-FJLF		
☐	N422QX	de Havilland DHC-8-402Q	4150	ex C-FJLG		
☐	N423QX	de Havilland DHC-8-402Q	4153	ex C-FJLO		
☐	N424QX	de Havilland DHC-8-402Q	4006	ex B-3568		
☐	N425QX	de Havilland DHC-8-402Q	4039	ex B-3569	25 Years Jubilee colours	
☐	N426QX	de Havilland DHC-8-402Q	4154	ex C-FJLX		
☐	N427QX	de Havilland DHC-8-402Q	4156	ex C-FLKU		
☐	N428QX	de Havilland DHC-8-402Q	4160	ex C-FLTL		
☐	N429QX	de Havilland DHC-8-402Q	4161	ex C-FLTT		
☐	N430QX	de Havilland DHC-8-402Q	4163	ex C-FMES		
☐	N431QX	de Havilland DHC-8-402Q	4164	ex C-FMEU		
☐	N432QX	de Havilland DHC-8-402Q	4166	ex C-FMFH		
☐	N	de Havilland DHC-8-402Q		ex C-	on order	
☐	N	de Havilland DHC-8-402Q		ex C-	on order	

Thirteen more de Havilland DHC-8-402Qs are on order

Horizon Air is a wholly owned subsidiary of the Alaska Air Group and operates services as Alaska Airlines Commuter using flight numbers in the range 2000-2699 and 2800-2849. Horizon also has a code-sharing agreement with Northwest Airlines using flight numbers in the range 2000-2899.

HOUSTON HELICOPTERS
Houston Heli (HHO)   Pearland-Heliport, TX

☐	N2949W	Bell 206B JetRanger II	824		
☐	N5007E	Bell 206B JetRanger III	2484		
☐	N16770	Bell 206B JetRanger II	2147		
☐	N16814	Bell 206B JetRanger III	2229		
☐	N59518	Bell 206B JetRanger	1322		
☐	N59589	Bell 206B JetRanger	1482		
☐	N59604	Bell 206B JetRanger	1490		
☐	N1071A	Bell 206L-1 LongRanger II	45340		
☐	N2774V	Bell 206L-1 LongRanger II	45308		
☐	N57377	Bell 206L-1 LongRanger II	45458		
☐	N5009M	Sikorsky S-76A	760041		
	☐N8063R	Sikorsky S-76A	760064	ex SE-JFU	

HOWE BROS ENTERPRISES
   Punta Gorda-Charlotte Co, FL (PGD)

☐	N213GB	Douglas DC-3	16484/33232	ex (N2007J)	Freighter
☐	N220GB	Douglas DC-3	4438	ex (N2009J)	Freighter
☐	N231GB	Douglas DC-3	14663/26108	ex N2002J	Freighter

Also operates Mosquito Control flights

IBC AIRWAYS
Chasqui (II/CSQ)   Miami-Intl, FL (MIA)

☐	N611BC	SAAB SF.340A	340A-060	ex N403BH	Freighter	
☐	N631BC	SAAB SF.340A	340A-061	ex N404BH	Freighter	
☐	N641BC	SAAB SF.340A	340A-069	ex N340SL	Freighter	Lsd fr Lambert Leasing
☐	N651BC	SAAB SF.340A	340A-076	ex N76XJ	Freighter	Lsd fr Worldwide A/c Svs
☐	N661BC	SAAB SF.340A	340A-125	ex N125CH	Freighter	
☐	N831BC	Swearingen SA.227AC Metro III	AC-654B	ex N26906		
☐	N841BC	Swearingen SA.227TC Metro II	TC-282	ex N248AM		
☐	N851BC	Swearingen SA.227AT Merlin IVC	AT-495B	ex N9UA		
☐	N861BC	Swearingen SA.227AC Metro III	AC-487B	ex N550TD		
☐	N871BC	Swearingen SA.227AC Metro III	AC-659B	ex N2693C		
☐	N891BC	Swearingen SA.227AC Metro III	AC-709B	ex N2708D		

377

| ☐ | N921BC | Swearingen SA.227AC Metro III | | AC-682 | ex N682AV | | |

IBC Airways is a division of International Bonded Couriers

ILIAMNA AIR TAXI
Iliamna Air (V8/IAR) — Iliamna, AK (ILI)

☐	N38KC	Piper PA-31-350 Chieftain	31-8352033	ex N35AT		
☐	N715HL	Pilatus PC-12/45	292	ex N292PB		
☐	N715TL	Pilatus PC-12/45	548	ex HB-FST		Lsd fr TNH Leasing
☐	N76SU	de Havilland DHC-2 Beaver	483	ex 52-6107	Floatplane	
☐	N3682Z	Beech 58 Baron	TH-1159			
☐	N1748U	Cessna 207 Skywagon	20700348			
☐	N7379U	Cessna 207A Stationair 7 II	20700427			
☐	N9720M	Cessna 207A Stationair 8 II	20700720			
☐	N62230	de Havilland DHC-2 Beaver	707	ex 53-7899	Floatplane	
☐	N68088	de Havilland DHC-2 Beaver	1197		Floatplane	

INLAND AVIATION SERVICES
(7N) — Aniak, AK (ANI)

☐	N910SP	Helio H-395 Super Courier	627		Lsd fr Inland Holdings
☐	N1673U	Cessna 207 Skywagon	20700273		Lsd fr Inland Holdings
☐	N1701U	Cessna 207 Skywagon	20700301		Lsd fr Inland Holdings
☐	N1754U	Cessna T207 Turbo Skywagon	20700354		Lsd fr Inland Holdings
☐	N91002	Cessna 207 Skywagon	20700003		Lsd fr Inland Holdings
☐	N91099	Cessna 207 Skywagon	20700073		Lsd fr Inland Holdings

INTER ISLAND AIR
Pago Pago International (PPG)

☐	N27BN	Britten-Norman BN-2B-26 Islander	2220	ex ZK-JOC	Lsd fr Samoa Technologies
☐	N228ST	Dornier 228-212	8240	ex D-CBDJ	Islands of Manu'a
					Lsd fr Samoa Technologies

INTERMOUNTAIN HELICOPTERS
Columbia, CA (COA)

| ☐ | N9122Z | Bell 212 | 30716 | ex C-GFRS | Lsd fr Two-Twelve Rotors |

INTERNATIONAL AIR RESPONSE
Coolidge-Municipal, AZ

☐	N117TG	Lockheed C-130A-1A Hercules	3018	ex 54-1631	31; Iron Butterfly
☐	N118TG	Lockheed C-130A-1A Hercules	3219	ex 57-0512	32
☐	N119TG	Lockheed C-130A Hercules	3227	ex N138FF	stored CHD
☐	N121TG	Lockheed C-130A Hercules	3119	ex N132FF	
☐	N125TG	Lockheed C-130A Hercules	3138	ex N131FF	stored CHD
☐	N131HP	Lockheed C-130A-1A Hercules	3142	ex N132FF	
☐	N133HP	Lockheed C-130A-1A Hercules	3189	ex N8026J	
☐	N797AL	Douglas DC-8-63F (BAC 3)	46163/556	ex SE-DBL	stored VCV
☐	N995CF	Douglas DC-8-62F (BAC 3)	46024/428	ex N815ZA	stored VCV
☐	N4887C	Douglas DC-7B	45351/903		33

ISLAND AIR
Moku (WP/MKU) — Honolulu-Intl, HI (HNL)

☐	N805WP	de Havilland DHC-8-103	353	ex N853MA	Lsd fr Willis Lease Finance
☐	N806WP	de Havilland DHC-8-103	357	ex N854MA	Lsd fr Willis Lease Finance
☐	N808WP	de Havilland DHC-8-102	026	ex N812PH	Lsd fr Willis Lease Finance
☐	N809WP	de Havilland DHC-8-102	032	ex N813SN	Lsd fr Willis Lease Finance
☐	N829EX	de Havilland DHC-8-103	146	ex N805AW	Lsd fr Boeing Capital
☐	N979HA	de Havilland DHC-8-103	373	ex C-GFQL	

Operates feeder services for Aloha Airlines using AQ flight numbers in the range 1000-1699

ISLAND AIR CHARTERS
Barracuda (ILF) — Fort Lauderdale-Hollywood Intl, FL (FLL)

☐	N138LW	Britten-Norman BN-2A-27 Islander	138	ex YR-BNF	
☐	N779KS	Britten-Norman BN-2A-27 Islander	779	ex YR-BNE	

ISLAND AIR SERVICE
(2O) — Kodiak-Municipal, AK (ADQ)

☐	N27MR	Britten-Norman BN-2A-26 Islander	884	ex XC-DUN	dam 18Jun07	Lsd fr HC Corp
☐	N1162W	Beech B80 Queen Air	LD-350			
☐	N2233Z	Britten-Norman BN-2A-26 Islander	23	ex C-FXYK		
☐	N3941W	Piper PA-32-260 Cherokee Six	32-890			
☐	N4875X	Cessna U206G Stationair 6 II	U20605559		Floatplane or wheels	

☐	N5891V	Britten-Norman BN-2A-26 Islander	3011	ex J8-VAN		Lsd fr HC Corp
☐	N8152Z	Piper PA-32-301 Saratoga	32-8006004			

ISLAND AIRLINES
Island (IS/ISA)
Nantucket-Memorial, MA (ACK)

☐	N401BK	Cessna 402C II	402C0297	ex N3252M	Lsd fr B&K Lsg
☐	N402BK	Cessna 402C II	689	ex N550CQ	Lsd fr B&K Lsg
☐	N403BK	Cessna 402C II	402C0330	ex N26436	Lsd fr B&K Lsg
☐	N406BK	Cessna 402C III	402C0807	ex N1235A	Lsd fr B&K Lsg
☐	N407BK	Cessna 402C II	402C0238	ex N279CB	Lsd fr B&K Lsg
☐	N409BK	Cessna 402C II	402C0651	ex N67220	Lsd fr B&K Lsg
☐	N410BK	Cessna 402C II	402C1006	ex N175TT	Lsd fr B&K Lsg

ISLAND AIRWAYS
Charlevoix-Municipal, MI (CVX)

☐	N19WA	Britten-Norman BN-2A-8 Islander	524	ex N307SK	
☐	N80KM	Britten-Norman BN-2A Islander	80	ex G-BNXA	
☐	N95BN	Britten-Norman BN-2A Islander	95	ex G-AXKB	
☐	N137MW	Britten-Norman BN-2A Islander	137	ex G-AXWH	
☐	N866JA	Britten-Norman BN-2A-6 islander	185	ex G-31-185	Lsd fr Gemini Air Service
☐	N707BT	Piper PA-34-200T Seneca II	34-7570110		

Island Airways is the trading name of McPhillips Flying Service

ISLAND SEAPLANE SERVICE
Honolulu-Keehi Lagoon SPB, HI

☐	N110AW	de Havilland DHC-2 Beaver	690	ex N11015	Fantasy Islands c/s; floatplane

ISLAND WINGS AIR SERVICE
Ketchikan-Waterfront SPB, AK (WFB)

☐	N1117F	de Havilland DHC-2 Beaver	1369	ex N6783L	Floatplane

JETBLUE AIRWAYS
JetBlue (B6/JBU) (IATA 279)
New York-JFK Intl, NY (JFK)

☐	N503JB^	Airbus A320-232	1123	ex F-WWBR	Blue Bird	Lsd fr BOC Aviation
☐	N504JB*	Airbus A320-232	1156	ex F-WWBV	Shades Of Blue	Lsd fr ILFC
☐	N505JB+	Airbus A320-232	1173	ex F-WWDN	Blue Skies	Lsd fr BOC Aviation
☐	N509JB*	Airbus A320-232	1270	ex F-WWDF	True Blue	
☐	N510JB+	Airbus A320-232	1280	ex F-WWBA	Out Of The Blue	
☐	N516JB*	Airbus A320-232	1302	ex F-WWBQ	Royal Blue	Lsd fr Mitsui
☐	N517JB^	Airbus A320-232	1327	ex F-WWDU	Blue Moon	Lsd fr Mitsui
☐	N519JB*	Airbus A320-232	1398	ex F-WWIY	It Had To Be Blue	Lsd fr ILFC
☐	N520JB+	Airbus A320-232	1446	ex F-WWBT	Blue Velvet	Lsd fr Castle LLC
☐	N521JB^	Airbus A320-232	1452	ex F-WWBY	Baby Blue	Lsd fr ILFC
☐	N523JB+	Airbus A320-232	1506	ex F-WWII	Born To Be Blue	Lsd fr Mitsui
☐	N524JB^	Airbus A320-232	1528	ex F-WWIN	Blue Belle	Lsd fr Mitsui
☐	N528JB^	Airbus A320-232	1591	ex F-WWBS	Mi Corazon Azul	
☐	N529JB*	Airbus A320-232	1610	ex F-WWDE	Ole Blue Eyes	
☐	N534JB>	Airbus A320-232	1705	ex F-WWIU	Bada Bing, Bada Blue	
☐	N535JB>	Airbus A320-232	1739	ex F-WWBQ	Estrella Azul	
☐	N536JB>	Airbus A320-232	1784	ex F-WWDS	Canyon Blue	Lsd fr Mitsui
☐	N537JB>	Airbus A320-232	1785	ex F-WWDP	Red, White & Blue; D-ANNI resd	
☐	N543JB>	Airbus A320-232	1823	ex F-WWIP	Only Blue; D-ANNH resd	
☐	N546JB>	Airbus A320-232	1827	ex F-WWBE	Blue Traveler	
☐	N547JB>	Airbus A320-232	1849	ex F-WWDF	Forever Blue	
☐	N548JB>	Airbus A320-232	1868	ex F-WWIQ	Blueberry	
☐	N550JB>	Airbus A320-232	1891	ex F-WWBR	Blue Bayou	
☐	N552JB>	Airbus A320-232	1861	ex F-WWDM	Blue Jay	
☐	N553JB>	Airbus A320-232	1896	ex F-WWBY	Got Blue?	
☐	N554JB>	Airbus A320-232	1898	ex F-WWBK	Sacre' Bleu!	
☐	N556JB>	Airbus A320-232	1904	ex F-WWDD	Betty Blue	
☐	N558JB"	Airbus A320-232	1915	ex F-WWIF	Song Sung Blue	
☐	N559JB"	Airbus A320-232	1917	ex F-WWIR	Here's Looking At Blue, Kid Lsd fr ILFC	
☐	N561JB"	Airbus A320-232	1927	ex F-WWIC	La Vie En Blue	
☐	N562JB"	Airbus A320-232	1948	ex F-WWDF	The Name Is Blue, jetBlue	
☐	N563JB"	Airbus A320-232	2006	ex F-WWBY	Blue Chip	
☐	N564JB"	Airbus A320-232	2020	ex F-WWBZ	Absolute Blue	
☐	N565JB"	Airbus A320-232	2031	ex F-WWDT	Bippity Boppity Blue	
☐	N566JB"	Airbus A320-232	2042	ex F-WWDU	Blue Suede Shoes	
☐	N568JB"	Airbus A320-232	2063	ex F-WWDE	Blue Sapphire	
☐	N569JB"	Airbus A320-232	2075	ex F-WWDF	Blues Brothers	
☐	N570JB"	Airbus A320-232	2099	ex F-WWBD	Devil With A Blue Dress On	
☐	N571JB"	Airbus A320-232	2125	ex F-WWIX	Blue Monday	
☐	N579JB"	Airbus A320-232	2132	ex F-WWDB	Can't Stop Lovin' Blue	Lsd fr WFBN

	Registration	Type	MSN	ex	Name	Notes
☐	N580JB"	Airbus A320-232	2136	ex F-WWBB	Mo Better Blue	Lsd fr WFBN
☐	N581JB"	Airbus A320-232	2141	ex F-WWBS	100% Blue	
☐	N582JB"	Airbus A320-232	2147	ex F-WWDS	Mystic Blue	
☐	N583JB"	Airbus A320-232	2150	ex F-WWII	Bluesville	
☐	N584JB"	Airbus A320-232	2149	ex F-WWID	Blue Fox	
☐	N585JB<	Airbus A320-232	2159	ex F-WWIC	I Got Blue Babe	
☐	N586JB<	Airbus A320-232	2160	ex F-WWIN	Blue Flight Special	
☐	N587JB<	Airbus A320-232	2177	ex F-WWIL	Blue Kid In Town	
☐	N588JB<	Airbus A320-232	2201	ex F-WWIT	Hopelessly Devoted To Blue	
☐	N589JB<	Airbus A320-232	2215	ex F-WWBJ	Blue Skies Ahead	
☐	N590JB<	Airbus A320-232	2231	ex F-WWIH	Liberty Blue	
☐	N591JB<	Airbus A320-232	2246	ex F-WWIS	Tale Of Blue Cities	
☐	N592JB<	Airbus A320-232	2259	ex F-WWBI	American Blue	
☐	N593JB<	Airbus A320-232	2280	ex F-WWDT	I Only Have Eyes For Blue	
☐	N594JB<	Airbus A320-232	2284	ex F-WWBQ	Whole Lotta Blue	
☐	N595JB<	Airbus A320-232	2286	ex F-WWBR	Rhythm & Blues	
☐	N597JB<	Airbus A320-232	2307	ex F-WWIC	For The Love Of Blue	
☐	N598JB<	Airbus A320-232	2314	ex F-WWDK	Me & You & A Plane Named Blue	
☐	N599JB<	Airbus A320-232	2336	ex F-WWIN	If The Blue Fits	
☐	N603JB	Airbus A320-232	2352	ex F-WWIL	Viva La Blue	
☐	N605JB#	Airbus A320-232	2368	ex F-WWDO	Blue Yorker	
☐	N606JB#	Airbus A320-232	2384	ex F-WWIE	Idlewild Blue	
☐	N607JB#	Airbus A320-232	2386	ex F-WWIG	Beantown Blue	
☐	N608JB#	Airbus A320-232	2415	ex F-WWDP	..And Along Came Blue	
☐	N612JB#	Airbus A320-232	2447	ex F-WWBU	Blue Look Maaahvelous	
☐	N613JB#	Airbus A320-232	2449	ex F-WWBX	Bahama Blue	
☐	N615JB#	Airbus A320-232	2461	ex F-WWDR	I Love Blue	
☐	N618JB#	Airbus A320-232	2489	ex F-WWDX	Can't Get Enough Of Blue	
☐	N621JB#	Airbus A320-232	2491	ex F-WWDY	Do-be-do-be Blue	
☐	N623JB#	Airbus A320-232	2504	ex F-WWBM	All We Need Is Blue	
☐	N624JB#	Airbus A320-232	2520	ex F-WWBN	Blue-T-Ful	
☐	N625JB#	Airbus A320-232	2535	ex F-WWII	CompanyBlue	
☐	N627JB#	Airbus A320-232	2577	ex F-WWDB	A Friend Like Blue	
☐	N629JB#	Airbus A320-232	2580	ex F-WWBH	Bright Lights, Blue City	
☐	N630JB#	Airbus A320-232	2640	ex F-WWBY	Honk If You love Blue	
☐	N632JB#	Airbus A320-232	2647	ex F-WWIF	Clear Blue Sky	
☐	N633JB^	Airbus A320-232	2671	ex F-WWDF	Major Blue	
☐	N634JB^	Airbus A320-232	2710	ex F-WWIZ	B*L*U*E	
☐	N635JB^	Airbus A320-232	2725	ex F-WWDQ	All Because of Blue	
☐	N636JB^	Airbus A320-232	2755	ex F-WWDL	All Wrapped Up In Blue	
☐	N637JB^	Airbus A320-232	2781	ex F-WWDY	Big Blue Bus	
☐	N638JB^	Airbus A320-232	2802	ex F-WWIL	Blue begins with you	
☐	N639JB^	Airbus A320-232	2814	ex F-WWIV	A Little Blue Will Do	
☐	N640JB^	Airbus A320-232	2832	ex F-WWBD	Blue Better Believe It	
☐	N641JB*	Airbus A320-232	2848	ex F-WWIK	Blue Come Back Now Ya Hear	
☐	N643JB*	Airbus A320-232	2871	ex F-WWBF	Blue Jersey	
☐	N644JB*	Airbus A320-232	2880	ex F-WWBO	Blue Loves Ya, Baby	
☐	N645JB	Airbus A320-232	2900	ex F-WWDE	Blues Have More Fun	
☐	N646JB	Airbus A320-232	2945	ex F-WWIP	Bravo Lima Uniform Echo	
☐	N648JB*	Airbus A320-232	2970	ex F-WWDI	That's What I Like About Blue	
☐	N649JB	Airbus A320-232	2977	ex F-WWBD	Fancy Meeting Blue Here	
☐	N651JB*	Airbus A320-232	2992	ex F-WWIS	BetaBlue	
☐	N652JB+	Airbus A320-232	3029	ex F-WWBT	Out With The Old, In With The Blue	
☐	N653JB	Airbus A320-232	3039	ex F-WWDH	Breath of Fresh Blue	
☐	N655JB	Airbus A320-232	3072	ex F-WWIN	special colours, Blue 100	
☐	N656JB	Airbus A320-232	3091	ex F-WWIQ	California Blue	
☐	N657JB	Airbus A320-232	3119	ex F-WWBC	Denim Blue	
☐	N658JB	Airbus A320-232	3150	ex F-WWBT	Woo-Hoo JetBlue	
☐	N659JB	Airbus A320-232	3190	ex F-WWIQ	Simply Blue	
☐	N661JB	Airbus A320-232	3228	ex F-WWBD	Let the Blue Times Roll	
☐	N662JB	Airbus A320-232	3263	ex F-WWDO	Glad to be Blue	
☐	N663JB	Airbus A320-232	3287	ex F-WWDG		
☐	N665JB	Airbus A320-232	3348	ex F-WWBV		
☐	N703JB	Airbus A320-232	3381	ex F-WWDM		
☐	N705JB	Airbus A320-232	3416	ex F-WWIN		
☐	N	Airbus A320-232		ex F-WW	on order	
☐	N	Airbus A320-232		ex F-WW	on order	
☐	N	Airbus A320-232		ex F-WW	on order	
☐	N	Airbus A320-232		ex F-WW	on order	
☐	N	Airbus A320-232		ex F-WW	on order	
☐	N	Airbus A320-232		ex F-WW	on order	
☐	N	Airbus A320-232		ex F-WW	on order	
☐	N	Airbus A320-232		ex F-WW	on order	
☐	N	Airbus A320-232		ex F-WW	on order	
☐	N	Airbus A320-232		ex F-WW	on order	
☐	N	Airbus A320-232		ex F-WW	on order	
☐	N	Airbus A320-232		ex F-WW	on order	
☐	N	Airbus A320-232		ex F-WW	on order	
☐	N	Airbus A320-232		ex F-WW	on order	
☐	N	Airbus A320-232		ex F-WW	on order	

☐	N	Airbus A320-232		ex F-WW	on order	
☐	N	Airbus A320-232		ex F-WW	on order	
☐	N	Airbus A320-232		ex F-WW	on order	

A further 48 are on order for delivery in 2009 (17), 2010 (17), and 2011 (14) although delivery my be slowed

☐	N178JB#	Embraer 190-100IGW (190AR)	19000004	ex PT-STD	It's A Blue Thing	
☐	N179JB^	Embraer 190-100IGW (190AR)	19000006	ex PT-STF	Come Fly With Blue	
☐	N183JB*	Embraer 190-100IGW (190AR)	19000007	ex PT-STG	Azul Brasileiro	
☐	N184JB+	Embraer 190-100IGW (190AR)	19000008	ex PT-STH	Outta the Blue	
☐	N187JB"	Embraer 190-100IGW (190AR)	19000009	ex PT-STI	Dream Come Blue	
☐	N190JB#	Embraer 190-100IGW (190AR)	19000011	ex PT-STK	Luiz F Kahl	
☐	N192JB^	Embraer 190-100IGW (190AR)	19000014	ex PT-STO	Yes, I'm A Natural Blue	
☐	N193JB	Embraer 190-100IGW (190AR)	19000017	ex PT-STR	Peek-a-Blue	
☐	N197JB"	Embraer 190-100IGW (190AR)	19000020	ex PT-STU	Color Me Blue	
☐	N198JB	Embraer 190-100IGW (190AR)	19000021	ex PT-STV	Big Apple Blue	
☐	N203JB	Embraer 190-100IGW (190AR)	19000023	ex PT-STX	Look at Blue now	
☐	N206JB#	Embraer 190-100IGW (190AR)	19000025	ex PT-STZ	Blue-It's the New Black	
☐	N216JB^	Embraer 190-100IGW (190AR)	19000026	ex PT-SGA	Blue Getaway	
☐	N228JB*	Embraer 190-100IGW (190AR)	19000030	ex PT-SGE	Blue 4 You	
☐	N229JB	Embraer 190-100IGW (190AR)	19000032	ex PT-SGG	Blue Amigo	
☐	N231JB	Embraer 190-100IGW (190AR)	19000033	ex PT-SGH	Blue Bonnet	
☐	N236JB	Embraer 190-100IGW (190AR)	19000035	ex PT-SGJ	Blue by Design	
☐	N238JB	Embraer 190-100IGW (190AR)	19000039	ex PT-SGO	Blue Clipper	
☐	N239JB	Embraer 190-100IGW (190AR)	19000040	ex PT-SGP	Blissfully Blue	
☐	N247JB	Embraer 190-100IGW (190AR)	19000042	ex PT-SGR	Blue is so You	
☐	N249JB	Embraer 190-100IGW (190AR)	19000045	ex PT-SGU	Blueprint	
☐	N258JB	Embraer 190-100IGW (190AR)	19000047	ex PT-SGW	Blue Send Me	
☐	N265JB	Embraer 190-100IGW (190AR)	19000049	ex PT-SGY	Blue Streak	Lsd fr WFBN
☐	N266JB	Embraer 190-100IGW (190AR)	19000054	ex PT-SID	Blue Sweet Blue	
☐	N267JB	Embraer 190-100IGW (190AR)	19000065	ex PT-SJD	Bluesmobile	
☐	N273JB	Embraer 190-100IGW (190AR)	19000073	ex PT-SJM	Carribean Blue	
☐	N274JB	Embraer 190-100IGW (190AR)	19000082	ex PT-SJY	Good, Better, Blue	
☐	N279JB	Embraer 190-100IGW (190AR)	19000090	ex PT-SNJ	Indigo Blue	Lsd fr WFBN
☐	N281JB	Embraer 190-100IGW (190AR)	19000103	ex PT-SNX	Lady in Blue	
☐	N283JB	Embraer 190-100IGW (190AR)	19000125	ex PT-SQU	Pretty in Blue	
☐	N284JB	Embraer 190-100IGW (190AR)	19000144	ex PT-SVY	Sincerely Blue	
☐	N289JB	Embraer 190-100IGW (190AR)	19000002	ex PT-XMB	on order	
☐	N290JB	Embraer 190-100IGW (190AR)		ex PT-S	on order	
☐	N292JB	Embraer 190-100IGW (190AR)		ex PT-S	on order	
☐	N	Embraer 190-100IGW (190AR)		ex PT-S	on order	
☐	N	Embraer 190-100IGW (190AR)		ex PT-S	on order	
☐	N	Embraer 190-100IGW (190AR)		ex PT-S	on order	
☐	N	Embraer 190-100IGW (190AR)		ex PT-S	on order	
☐	N	Embraer 190-100IGW (190AR)		ex PT-S	on order	
☐	N	Embraer 190-100IGW (190AR)		ex PT-S	on order	
☐	N	Embraer 190-100IGW (190AR)		ex PT-S	on order	
☐	N	Embraer 190-100IGW (190AR)		ex PT-S	on order	
☐	N	Embraer 190-100IGW (190AR)		ex PT-S	on order	
☐	N	Embraer 190-100IGW (190AR)		ex PT-S	on order	
☐	N	Embraer 190-100IGW (190AR)		ex PT-S	on order	
☐	N	Embraer 190-100IGW (190AR)		ex PT-S	on order	
☐	N	Embraer 190-100IGW (190AR)		ex PT-S	on order	
☐	N	Embraer 190-100IGW (190AR)		ex PT-S	on order	
☐	N	Embraer 190-100IGW (190AR)		ex PT-S	on order	
☐	N	Embraer 190-100IGW (190AR)		ex PT-S	on order	
☐	N	Embraer 190-100IGW (190AR)		ex PT-S	on order	
☐	N	Embraer 190-100IGW (190AR)		ex PT-S	on order	
☐	N	Embraer 190-100IGW (190AR)		ex PT-S	on order	
☐	N	Embraer 190-100IGW (190AR)		ex PT-S	on order	
☐	N	Embraer 190-100IGW (190AR)		ex PT-S	on order	

38 more are on order for delivery in 2009 (18), 2010 (18), 2011 (2) but 16 deferred to 2013-2015 from 2007-2009.
Have differing tail colour schemes, namely Harlequin*, Blue Dots+, Stripes^, Super Dots ", Plaid<, Squares > and Mosaic #, all on a blue background. 19% owned by Lufthansa

JET ONE EXPRESS
Current status uncertain and believed to have ceased operations

JIM HANKINS AIR SERVICE
Hankins (HKN)   *Jackson-Hawkins Field, MS (JAN)*

☐	N22BR	Beech H-18	BA-729	ex N402AP	Freighter	
☐	N81CK	Volpar Turboliner	BA-509	ex F-ODHJ	Freighter	
☐	N231SK	Volpar Turboliner	AF-856	ex N346V	Freighter	

☐ N404CK	Volpar Turboliner		AF-297	ex N404TH	Freighter
☐ N4209V	Volpar Turboliner		AF-884	ex HB-GFX	Freighter
☐ N8476H	Beech H-18		BA-749	ex F-OCUU	Freighter
☐ N92756	Beech H-18		BA-728	ex JA5133	Freighter
☐ N3BA	Douglas DC-3		12172	ex N94530	Freighter
☐ N40XL	Beech 58 Baron		TH-400	ex N80LM	
☐ N95PC	Beech 65-C90A King Air		LJ-1109		
☐ N366MQ	Short SD.3-60		SH3639	ex G-BLEH	
☐ N899DD	Beech 58 Baron		TH-899	ex VH-BWJ	
☐ N958JH	Beech 65-C90A King Air		LJ-1108	ex N438SP	
☐ N3106W	Beech 58 Baron		TH-408		
☐ N6652A	Beech 58 Baron		TH-1045		
☐ N8061A	Douglas DC-3		6085	ex (N351SA)	Freighte

KACHINA AVIATION
Boise-Air Terminal, ID (BOI)

☐ N171KA	Bell 206L-1 LongRanger III		45607	ex C-GZPZ	
☐ N212KA	Bell 212		30776	ex C-FAHI	
☐ N213KA	Bell 212		31172	ex C-FNOB	
☐ N214KA	Bell 212		30827	ex C-FAHC	
☐ N215KA	Bell 212		30651	ex C-FAHZ	
☐ N409KA	Bell 407		53016	ex C-FAHL	

All leased from Alpine Helicopters, Canada except the LongRanger

KALITTA AIR
Connie (K4/CKS)   *Detroit-Willow Run, MI (YIP)*

☐ N700CK	Boeing 747-246B (SF)		22990/579	ex JA8161	
☐ N701CK	Boeing 747-259B (SCD)		21730/372	ex N924FT	
☐ N702CK	Boeing 747-146 (SCD)		20332/161	ex JA8107	
☐ N703CK	Boeing 747-212B (SF)		21939/449	ex N319FV	
☐ N704CK	Boeing 747-209F		22299/462	ex B-18752	
☐ N705CK	Boeing 747-246B (SCD)		21034/243	ex JA8123	
☐ N706CK	Boeing 747-249F		21827/406	ex N806FT	
☐ N707CK	Boeing 747-246F		21681/382	ex JA8132	
☐ N709CK	Boeing 747-132 (SCD)		20247/159	ex N625PL	
☐ N710CK	Boeing 747-2B4M		21097/262	ex N204AE	
☐ N712CK	Boeing 747-122 (SCD)		19754/60	ex N854FT	Lsd fr Kelsey Investments
☐ N713CK	Boeing 747-2B4M		21099/264	ex OD-AGH	
☐ N714CK	Boeing 747-209B (SF)		22446/519	ex B-18753	
☐ N715CK	Boeing 747-209B (SF)		22447/556	ex B-18755	
☐ N716CK	Boeing 747-122 (SCD)		19753/52	ex N853FT	Lsd fr Kelsey Investments
☐ N717CK	Boeing 747-123 (SCD)		20325/125	ex N673UP	
☐ N719CK	Boeing 747SR-46 (SF)		20923/234	ex N680UP	
☐ N748CK	Boeing 747-221F		21744/392	ex JA8160	stored FZO

Ten ex JAL Boeing 747-446BCFs are on order for delivery from May 2009 – 2011.

KALITTA CHARTERS II
Kalitta (KFS)   *Detroit-Willow Run, MI (YIP)*

☐ N720CK	Boeing 727-2B6F (Raisbeck 3)		21298/1246	ex N721SK	
☐ N722CK	Boeing 727-2H3F (Raisbeck 3)		20948/1084	ex N722SK	
☐ N723CK	Boeing 727-2H3F (Raisbeck 3)		20545/877	ex N723SK	
☐ N724CK	Boeing 727-225F (Raisbeck 3)		20383/831	ex N8840E	
☐ N915CK	Douglas DC-9-15RC		47086/219	ex N915R	

All freighters; all leased from Kalitta Equipment LLC, sister company of Kalitta Flying Services

KALITTA FLYING SERVICES
Kalitta (KFS)   *Detroit-Willow Run, MI/Morristown, TN/El Paso, TX (YIP/MRX/ESP)*

☐ N39CK	Learjet 25		25-005	ex XA-SDQ	
☐ N50CK	Learjet 25B		25B-157	ex N57CK	
☐ N71CK	Learjet 36A		36A-035	ex VH-BIB	
☐ N72CK	Learjet 35A		35A-165	ex N16BJ	
☐ N73CK	Learjet 35A		35A-092	ex N39WA	
☐ N75CK	Learjet 25D		25D-256	ex N6LL	
☐ N76CK	Learjet 25		25-020	ex N500JS	
☐ N83CK	Learjet 25B		25B-183	ex N5LL	
☐ N130CK	Learjet 25		25-038	ex N813JW	
☐ N147CK	Learjet 24		24-147	ex N147KH	
☐ N222B	Learjet 25		25-047		
☐ N248CK	Learjet 25D		25D-248	ex (N248LJ)	
☐ N251JA	Learjet 25D		25D-150	ex (N25LP)	N150CK resd
☐ N535TA	Learjet 35		35-013	ex N35BN	N913CK resd
☐ N588CG	Learjet 24D		24D-304	ex N500CG	
☐ N818CK	Learjet 25B		25B-118	ex N118MB	
☐ N905CK	Learjet 36		36-005	ex N9108Z	
☐ N70CK	AMD Falcon 20C		128	ex N228CK	

381

	Reg	Type	c/n	Previous id	Notes
☐	N108R	AMD Falcon 20DC	108	ex N101ZE	
☐	N192CK	AMD Falcon 20C	192	ex N192R	
☐	N212R	AMD Falcon 20DC	212	ex N31FE	
☐	N226R	AMD Falcon 20DC	226	ex N21FE	
☐	N227CK	AMD Falcon 20DC	227	ex N227R	
☐	N229CK	AMD Falcon 20DC	229	ex N229R	
☐	N230RA	AMD Falcon 20DC	230	ex N26EV	
☐	N240CK	AMD Falcon 20C-5	24	ex N240TJ	
☐	N301R	AMD Falcon 20C	3	ex N92MH	
☐	N560RA	AMD Falcon 20C	56	ex N388AJ	stored YIP
☐	N810RA	AMD Falcon 20C	81	ex N93RS	
☐	N995CK	AMD Falcon 20C	95	ex N950RA	
☐	N998CK	AMD Falcon 20C	98	ex N980R	

All freighters; a sister company of Kalitta Charters II

KAMAKA AIR

Honolulu-Intl, HI (HNL)

	Reg	Type	c/n	Previous id	Notes
☐	N231H	Beech E-18S	BA-281	ex N23Y	
☐	N933T	Beech Super H-18	BA-665		
☐	N9796N	Douglas C-117D	43375	ex C-FLED	

KATMAI AIR

King Salmon, AK / Anchorage-Lake Hood SPB, AK (AKN/LHD)

	Reg	Type	c/n	Previous id	Notes
☐	N491K	de Havilland DHC-3 Otter	434	ex N49KA	Floatplane
☐	N492K	Piper PA-31-350 Chieftain	31-8052176	ex C-GAWL	
☐	N495K	Cessna U206F Stationair II	U20602549	ex N1274V	Floatplane
☐	N496K	Cessna U206G Stationair	U20603953	ex N756BE	Floatplane
☐	N498K	Cessna T207A Stationair 8	20700624	ex N73762	Floatplane
☐	N499K	Cessna T207A Stationair 8	20700632	ex N73835	Floatplane
☐	N9644G	Cessna U206F Stationair	U20601844		Floatplane

KENMORE AIR
Kenmore (M5/KEN) (IATA 763)

Kenmore SPB, WA (KEH)

	Reg	Type	c/n	Previous id	Notes
☐	N72KA	Cessna 208B Caravan I	208B0326	ex N1030N	Floatplane
☐	N74KA	Cessna 208B Caravan I	208B0770	ex N36SJ	Floatplane
☐	N426KM	Cessna 208 Caravan I	20800306	ex N12656	Floatplane Lsd fr KA Associates
☐	N518KM	Cessna 208 Caravan I	20800279	ex C-FWCS	Floatplane Lsd fr KA Associates
☐	N694MA	Cessna 208B Caravan I	208B0694		Floatplane
☐	N753FE	Cessna 208B Caravan I	208B0248		Floatplane
☐	N900KA	de Havilland DHC-2 Beaver	1676	ex LN-BFH	Floatplane; MaggieEvening Magazine
☐	N1018F	de Havilland DHC-2 Beaver	710	ex N62SJ	Floatplane
☐	N1018U	de Havilland DHC-2 Beaver	1381	ex 58-2049	Floatplane Lsd fr Westlake Marina
☐	N1455T	de Havilland DHC-2 Turbo Beaver III	1647/TB26	ex CF-OEI	Floatplane
☐	N2516D	de Havilland DHC-2 Beaver	1519	ex (C-FASF)	Floatplane
☐	N6781L	de Havilland DHC-2 Beaver	788	ex N10LU	Floatplane
☐	N6782L	de Havilland DHC-2 Beaver	820	ex N23LU	Floatplane
☐	N9744T	de Havilland DHC-2 Turbo Beaver III	1692/TB60	ex N1944	Floatplane
☐	N9766Z	de Havilland DHC-2 Beaver	504	ex N13454	Floatplane
☐	N17598	de Havilland DHC-2 Beaver	1129	ex VP-FAH	Floatplane
☐	N49771	de Havilland DHC-2 Beaver	1079	ex N1102T	Floatplane Lsd fr Airliease
☐	N57576	de Havilland DHC-2 Beaver	1168	ex C-GNPQ	Floatplane
☐	N72355	de Havilland DHC-2 Beaver	1164	ex N62355	Floatplane
☐	N50KA	de Havilland DHC-3 Turbo Otter	221	ex C-GLMT	Floatplane K5 Evening c/s
☐	N58JH	de Havilland DHC-3 Turbo Otter	131	ex N8510Q	Floatplane
☐	N87KA	de Havilland DHC-3 Turbo Otter	11	ex N8262V	Floatplane
☐	N606KA	de Havilland DHC-3 Turbo Otter	37	ex N8260L	Floatplane
☐	N707KA	de Havilland DHC-3 Turbo Otter	106	ex N888KA	Floatplane
☐	N3125S	de Havilland DHC-3 Turbo Otter	407	ex RCAF 9424	Floatplane Seattle Hospital c/s
☐	N90422	de Havilland DHC-3 Turbo Otter	152	ex 55-3296	Floatplane; Expedia.com titles

KEY LIME AIR
Key Lime (LYM)

Denver-International, CO (DEN)

	Reg	Type	c/n	Previous id	Notes
☐	N313RA	Piper PA-31-350 Chieftain	31-8052069	ex N333BM	Lsd fr EDB Air
☐	N411BJ	Piper PA-31-350 Chieftain	31-7952043	ex C-GPQR	Lsd fr EDB Air
☐	N3549X	Piper PA-31-350 Chieftain	31-8052034	ex C-FAWT	Lsd fr EDB Air
☐	N9247L	Piper PA-31-350 Chieftain	31-8152105	ex G-BWAS	Lsd fr EDB Air
☐	N27989	Piper PA-31-350 Chieftain	31-7952077		Lsd fr EDB Air
☐	N66906	Piper PA-31-350 Navajo Chieftain	31-7405197		
☐	N74952	Piper PA-31-350 Navajo Chieftain	31-7305100		Lsd fr Western Aero
☐	N184SW	Swearingen SA.227AC Metro III	AC-647	ex CX-TAA	Lsd fr EDB Air
☐	N340AE	Swearingen SA.227AC Metro III	AC-510	ex N3108E	
☐	N425MA	Swearingen SA.227AC Metro III	AC-640		Lsd fr EDB Air
☐	N508FA	Swearingen SA.227AC Metro III	AC-508	ex ZK-NSW	Lsd fr EDB Air

383

☐	N542FA	Swearingen SA.227AC Metro III	AC-542	ex ZK-NSX	Lsd fr EDB Air
☐	N765FA	Swearingen SA.227AC Metro III	AC-765	ex ZK-NSI	Lsd fr EDB Air
☐	N769KL	Swearingen SA.227AC Metro III	AC-769B	ex HZ-SN10	Lsd fr CBG LLC
☐	N779BC	Swearingen SA.227BC Metro III	BC-779B	ex XA-RXW	Lsd fr EDB Air
☐	N787KL	Swearingen SA.227BC Metro III	BC-787B	ex XA-SAQ	Lsd fr EDB Air
☐	N882DC	Swearingen SA.227DC Metro 23	DC-882B	ex C-GAFQ	Lsd fr EDB Air
☐	N2691W	Swearingen SA.227AC Metro III	AC-655B		Lsd fr EDB Air
☐	N2728G	Swearingen SA.227AC Metro III	AC-731		Lsd fr EDB Air
☐	N27BJ	Learjet 24B	24B-227	ex N28AT	
☐	N62Z	Swearingen SA.226TC Metro II	TC-237	ex N5437M	Lsd fr EDB Air
☐	N404MG	Cessna 404 Titan	404-0813	ex 3X-GCF	Lsd fr Western Aero
☐	N509SS	Swearingen SA.226TC Metro II	TC-206	ex N261S	Lsd fr EDB Air
☐	N770S	Swearingen SA.226TC Metro II	TC-248		Lsd fr EDB Air
☐	N37127	Cessna 404 Titan	404-0114		Lsd fr EDB Air
☐	N81418	Swearingen SA.226TC Metro II	TC-223	ex EC-GNM	

KING AIRELINES
Las Vegas-Henderson Executive, NV (HSH)

☐	N1570U	Cessna 207 Skywagon	20700170	ex N67TA
☐	N3156X	Cessna T207 Turbo Skywagon	20700376	
☐	N3728B	Cessna T207 Turbo Skywagon	20700298	ex JA3728
☐	N70437	Cessna 207A Stationair 7	20700552	
☐	N73320	Cessna T207A Stationair 7	20700577	
☐	N57SA	Cessna 402A	402A0101	ex N7801Q
☐	N69PB	Cessna 402B II	402B1248	
☐	N82TA	Cessna 402	402-0156	ex N402DK
☐	N402SW	Cessna 402	402-0036	ex N8236Q
☐	N2966Q	Cessna 402B	402B0321	ex RP-C1998
☐	N3278Q	Cessna 402	402-0078	
☐	N4010Q	Cessna 402	402-0110	
☐	N5098G	Cessna 402A	402A0056	ex C-FPDH
☐	N5210J	Cessna 402B	402B0897	
☐	N9901F	Cessna 402B	402B0402	ex C-GXHC
☐	N69341	Cessna 402B	402B0449	ex N195A
☐	N8467Q	Cessna U206F Stationair	U20603325	
☐	N8564Q	Cessna U206F Stationair	U20603420	

All registered to Skyventure LLC except N402SW

KING FLYING SERVICE
Naknek, AK (NNK)

☐	N38186	Piper PA-32-300 Cherokee Six	32-7740077
☐	N44851	Piper PA-32-300 Cherokee Six	32-7740107

KITTY HAWK AIRCARGO
Air Kittyhawk (KR/KHA) (IATA 798)   *Fort Wayne-International, IN (FWA)*

☐	N90AX	Boeing 727-222F (FedEx 3)	20040/729	ex N7646U	stored ROW
☐	N855AA	Boeing 727-223F (FedEx 3)	20996/1193		stored ROW
☐	N858AA	Boeing 727-223F (FedEx 3)	21085/1200		stored ROW
☐	N6808	Boeing 727-223F (FedEx 3)	19483/558	ex (N744CK)	stored ROW
☐	N6809	Boeing 727-223F (FedEx 3)	19484/560		stored ROW
☐	N6827	Boeing 727-223F (FedEx 3)	20180/698		stored ROW
☐	N6831	Boeing 727-223F (FedEx 3)	20184/707		stored ROW
☐	N6833	Boeing 727-223F (FedEx 3)	20186/721		stored ROW
☐	N69740	Boeing 727-224F (FedEx 3)	20668/1154		stored ROW
☐	N77780	Boeing 727-232F (FedEx 3)	20635/918	ex N13620	stored ROW

Filed Chapter 11 bankruptcy protection 15 October 2007, operations continued for a short period but then they terminated scheduled operations and returned some of the fleet to lessors. Plans to continue to fly cargo charters but current status uncertain.

KOLOB CANYONS AIR SERVICES
Cedar City, UT (CDC)

☐	N2BZ	Aero Commander 500S Shrike	3227	ex N57150
☐	N57RS	Rockwell 690A Turbo Commander	11149	ex N5KW
☐	N66GW	Rockwell 690A Turbo Commander	11174	ex N6B
☐	N90AT	Rockwell 690A Turbo Commander	11272	ex N888PB
☐	N98PJ	Rockwell 690A Turbo Commander	11320	ex N220HC
☐	N900DT	Aero Commander 500S Shrike	3056	ex N9008N
☐	N8536	Aero Commander 500S Shrike	3267	ex N57117
☐	N9060N	Aero Commander 500S Shrike	3076	
☐	N481UE	British Aerospace Jetstream 32	895	ex G-31-895	
☐	N484UE	British Aerospace Jetstream 32	899	ex G-31-899	
☐	N894KA	British Aerospace Jetstream 32	894	ex N480UE	Cargo conversion

The Jetstreams are for sale

K2 AVIATION
Talkeetna, AK (TKA)

☐ N121KT	de Havilland DHC-2 Beaver	1407	ex N692F	Wheels or skis		Lsd fr Rustair
☐ N122KT	Piper PA-32-300 Cherokee Six	32-7940190	ex N2898W			Lsd fr Rustair
☐ N125KT	Cessna A185F Skywagon II	18503494	ex N1855Q	Wheels or skis		Lsd fr Rustair
☐ N323KT	de Havilland DHC-2 Beaver	1022	ex N10RM	Wheels or skis	Lsd fr Rust Properties
☐ N727KT	de Havilland DHC-3 Turbine Otter	419	ex N427PM	Wheels or skis		Lsd fr Rustair
☐ N828KT	Piper PA-32-350 Chieftain	31-8052098	ex SE-KDB			Lsd fr Rustair
☐ M929KT	de Havilland DHC-3 Turbine Otter	461	ex N271PA	Wheels or skis		Lsd fr Rustair
☐ N1292F	Cessna A185F Skywagon	18502668	ex N3263C	Wheels or skis		Lsd fr Rustair

LAB FLYING SERVICE
LAB (JF/LAB) (IATA 510)
Juneau-Intl, AK/Haines-Municipal, AK (JNU/HNS)

☐ N54KA	Piper PA-32-300 Cherokee Six	32-7840197		Lsd fr L&A Bennett Fourth Family
☐ N666EB	Piper PA-32-300 Six	32-7940115	ex N2116G	Lsd fr L&A Bennett Fourth Family
☐ N2181Z	Piper PA-32-300 Six	32-7940104		
☐ N2897X	Piper PA-32-300 Six	32-7940187		Lsd fr L&A Bennett Fourth Family
☐ N2930Q	Piper PA-32R-300 Lance	32R-7780269		Lsd fr L&A Bennett Fourth Family
☐ N3957X	Piper PA-32-300 Cherokee Six	32-7640003		Lsd fr L&A Bennett Fourth Family
☐ N4485X	Piper PA-32-300 Cherokee Six	32-7640026		Lsd fr L&A Bennett Fourth Family
☐ N5686V	Piper PA-32R-300 Lance	32R-7780361		Lsd fr L&A Bennett Fourth Family
☐ N6117J	Piper PA-32-300 Cherokee Six	32-7640095		Lsd fr L&A Bennett Fourth Family
☐ N6968J	Piper PA-32R-300 Lance	32R-7680397		Lsd fr L&A Bennett Fourth Family
☐ N7718C	Piper PA-32-300 Cherokee Six	32-7640049		Lsd fr L&A Bennett Fourth Family
☐ N8127Q	Piper PA-32-300 Six	32-7940269		Lsd fr L&A Bennett Fourth Family
☐ N8493C	Piper PA-32R-300 Lance	32R-7680118		Lsd fr L&A Bennett Fourth Family
☐ N9795C	Piper PA-32-300 Cherokee Six	32-7840118		Lsd fr L&A Bennett Fourth Family
☐ N39636	Piper PA-32-300 Cherokee Six	32-7840172		Lsd fr L&A Bennett Fourth Family
☐ N3523Y	Piper PA-31-350 Chieftain	31-7952115		Lsd fr L&A Bennett Fourth Family
☐ N3835Z	Britten-Norman BN-2A-26 Islander	2010	ex G-BEJW	Lsd fr L&A Bennett Fourth Family
☐ N6314V	Helio H-295 Courier II	2534		Lsd fr L&A Bennett Fourth Family
☐ N7333L	Piper PA-34-200T Seneca II	34-7670099		Lsd fr L&A Bennett Fourth Family
☐ N27513	Piper PA-31-350 Chieftain	31-7852033		Lsd fr L&A Bennett Fourth Family
☐ N29884	Britten-Norman BN-2A-26 Islander	847	ex G-HMCG	Lsd fr L&A Bennett Fourth Family
☐ N54732	Piper PA-31-350 Navajo Chieftain	31-7405254		Lsd fr L&A Bennett Fourth Family

Operates services in conjunction with Alaska Airlines using AS flight numbers in the range 4400-4499

LAKE & PENINSULA AIRLINES
Port Alsworth, AK (PTA)

☐ N756BW	Cessna U206G Stationair	U20603969	Floatplane/Wheels or skis
☐ N9530F	Cessna 208 Caravan I	20800088	
☐ N9602F	Cessna 208 Caravan I	20800103	
☐ N9909Z	Cessna U206G Stationair 6	U20606740	Floatplane/Wheels or skis

LAKE CLARK AIR
Port Alsworth, AK (PTA)

☐ N76RA	Piper PA-31-350 Navajo Chieftain	31-7752089	ex N27212	
☐ N200VF	Piper PA-31-350 Navajo Chieftain	31-7405445	ex N61402	
☐ N733KD	Cessna U206G Stationair 6 II	U20604772		Floatplane
☐ N991AK	Beech 99	U-28	ex N33TN	
☐ N8300Q	Cessna U206F Stationair II	U20603161		Floatplane
☐ N27231	Piper PA-31-350 Navajo Chieftain	31-7752106		
☐ N70076	Cessna 207A Stationair 7 II	20700547		
☐ N91028	Cessna 207 Skywagon	20700019		

LAKELAND AIR TRANSPORT
Lakeland, FL (LAL)

☐ N650CT	Embraer EMB.120ER Brasilia	120198	ex N267AS	Lsd fr N650CT LLC
☐ N711EB	Piper PA-31-350 Navajo Chieftain	31-7305049		

LINDSAY AVIATION
Lindsay Air (LSY)
Buffalo-Intl, NY (BUF)

☐ N85DS	Cessna 310Q	310Q0080	ex N7580Q
☐ N310SA	Cessna 310R II	310R1565	
☐ N1852E	Cessna 310R II	310R1587	
☐ N3376G	Cessna 310R II	310R0818	
☐ N6096C	Cessna 310R II	310R1263	
☐ N8669G	Cessna 310R II	310R0948	
☐ N37289	Cessna 310R II	310R1203	

LOGISTIC AIR

Reno, NV (RNO)

☐ N303TW	Boeing 747-257B	20116/112	ex LV-YSB	stored MZJ	
☐ N617FF	Boeing 747-121 (SF)	19650/24	ex N490GX	stored MZJ	
☐ N741LA	Boeing 747-246B	19824/122	ex TF-ATB	stored MZJ	
☐ 5U-ACE	Boeing 747-230B	20527/179	ex N745LA	stored ROW	Lsd fr A/c 20527 Trust
☐ 5U-ACF	Boeing 747-146B	23150/601	ex (CP-2480)		
☐ 5U-ACG	Boeing 747-146B	22067/427	ex N553SW		Op for Aéroexpress

Those registered with 'convenience' marks used for Hadj flights

☐ N735LA	Boeing 737-268	20574/294	ex HZ-AGA	stored RKT	
☐ N2409N	Boeing 737-242C (AvAero 3)	20496/268	ex C-FNAP	stored QUE	
☐ N24089	Boeing 737-242C (AvAero 3)	20455/254	ex C-FNAQ	stored MZJ	

Provides ACMI leasing

LYNDEN AIR CARGO
Lynden (L2/LYC) (IATA 344)   *Anchorage-Intl, AK (ANC)*

☐ N401LC	Lockheed L-382G-31C Hercules	4606	ex ZS-RSJ	
☐ N402LC	Lockheed L-382G-35C Hercules	4698	ex ZS-JJA	
☐ N403LC	Lockheed L-382G-31C Hercules	4590	ex N903SJ	
☐ N404LC	Lockheed L-382G-38C Hercules	4763	ex N909SJ	
☐ N405LC	Lockheed L-382G-69C Hercules	5025	ex ZS-OLG	
☐ N406LC	Lockheed L-382G-35C Hercules	4676	ex ZS-JVL	

LYNX AIR INTERNATIONAL
Lynx Flight (LXF)   *Fort Lauderdale-Executive, FL (FXE)*

☐ N61NE	Swearingen SA.227AC Metro III	AC-761B			Lsd fr Associated A/l Lsg
☐ N158SD	SAAB SF.340A	340A-158	ex SE-F58	stored FLL	Lsd fr Associated A/l Lsg

LYNX AVIATION
(SHA)   *Denver, CO (DEN)*

Operates de Havilland DHC-8-402Qs on behalf of Frontier Airlines, of which it is a wholly owned subsidiary.

M & N AVIATION
(W4)   *San Juan-Munoz Marin Intl, PR (SJU)*

☐ N409MN	Cessna 208B Caravan I	208B0846	ex N51666	
☐ N410MN	Beech 1900C	UC-167	ex N167GL	
☐ N787RA	Cessna 208B Caravan I	208B1019	ex N52144	Lsd fr Leaseway of PR
☐ N1131G	Cessna 208B Caravan I	208B0661		
☐ N1241X	Cessna 208B Caravan I	208B0657	ex N52601	Lsd fr CIT Group

MAC DAN AVIATION
Mac Dan (MCN)   *Caldwell-Essex County, NJ (CDW)*

☐ N730MA	Cessna 310R II	310R0070	ex N3237W	
☐ N1921G	Cessna 310R II	310R0062		

MARTINAIRE
Martex (MRA)   *Dallas-Addison, TX (ADS)*

☐ N78SA	Cessna 208B Caravan I	208B0467	ex N5058J	
☐ N126HA	Cessna 208B Caravan I	208B0067	ex (N9448B)	
☐ N162SA	Cessna 208B Caravan I	208B0548	ex N1219N	Lsd fr Aero Leasing
☐ N208N	Cessna 208B Caravan I	208B0279	ex F-OGRU	Lsd fr Aeo Leasing
☐ N555SA	Cessna 208B Caravan I	208B0578	ex N805TH	Lsd fr Atlantic Aero
☐ N854BF	Cessna 208B Caravan I	208B0854		Lsd fr Atlantic Aero
☐ N1031P	Cessna 208B Caravan I	208B0404		Lsd fr Avion Capital
☐ N1037N	Cessna 208B Caravan I	208B0334	ex (C-GWFN)	Lsd fr Aero Leasing
☐ N1116W	Cessna 208B Caravan I	208B0411		Lsd fr Avion Capital
☐ N1119V	Cessna 208B Caravan I	208B0383		Lsd fr Aero Leasing
☐ N1120N	Cessna 208B Caravan I	208B0386		Lsd fr Aero Leasing
☐ N1120W	Cessna 208B Caravan I	208B0388		Lsd fr Aero Leasing
☐ N1324G	Cessna 208B Caravan I	208B0777	ex N5262Z	
☐ N4591B	Cessna 208B Caravan I	208B0137	ex (N997FE)	
☐ N4602B	Cessna 208B Caravan I	208B0140	ex (N999FE)	
☐ N4625B	Cessna 208B Caravan I	208B0159		
☐ N4655B	Cessna 208B Caravan I	208B0160		
☐ N4662B	Cessna 208B Caravan I	208B0161		
☐ N4687B	Cessna 208B Caravan I	208B0167		
☐ N4698B	Cessna 208B Caravan I	208B0175		
☐ N7580B	Cessna 208B Caravan I	208B0051	ex (N951FE)	
☐ N9331B	Cessna 208B Caravan I	208B0055	ex (N995FE)	
☐ N9471B	Cessna 208B Caravan I	208B0081		
☐ N9505B	Cessna 208B Caravan I	208B0085		

☐	N9525B	Cessna 208B Caravan I	208B0087		
☐	N9546B	Cessna 208B Caravan I	208B0126		
☐	N9594B	Cessna 208B Caravan I	208B0131		Lsd fr Atlantic Aero
☐	N9623B	Cessna 208B Caravan I	208B0138		
☐	N9634B	Cessna 208B Caravan I	208B0141		Lsd fr Aero Leasing
☐	N9714B	Cessna 208B Caravan I	208B0153		
☐	N9738B	Cessna 208B Caravan I	208B0097		
☐	N9760B	Cessna 208B Caravan I	208B0102		
☐	N9761B	Cessna 208B Caravan I	208B0107		
☐	N9762B	Cessna 208B Caravan I	208B0109		
☐	N9766B	Cessna 208B Caravan I	208B0112		
☐	N9829B	Cessna 208B Caravan I	208B0116		
☐	N9956B	Cessna 208B Caravan I	208B0119		
☐	N12155	Cessna 208B Caravan I	208B0562	ex N5188A	
☐	N354AE	Swearingen SA.227AC Metro III	AC-633	ex N3113C	Lsd fr Martinaire Aviation
☐	N370AE	Swearingen SA.227AC Metro III	AC-506	ex N87FM	Lsd fr Martinaire Aviation
☐	N592BA	Swearingen SA.227AC Metro III	AC-592	ex N384PH	Lsd fr Martinaire Aviation
☐	N9653F	Cessna 208 Caravan I	20800114		Lsd fr Atlantic Aero
☐	N9762F	Cessna 208 Caravan I	20800181		Lsd fr Aero Leasing
☐	N26932	Swearingen SA.227AC Metro III	AC-660	ex (N660AV)	Lsd fr Martinaire Aviation

MAVERICK HELICOPTERS

Las Vegas-McCarran Intl / Grand Canyon-National Park (LAS/GCN)

☐	N801MH	Eurocopter EC.130B4	3654		
☐	N802MH	Eurocopter EC.130B4	3707		
☐	N803MH	Eurocopter EC.130B4	3735		
☐	N804MH	Eurocopter EC.130B4	3750		
☐	N805MH	Eurocopter EC.130B4	3799		
☐	N806MH	Eurocopter EC.130B4	3833		
☐	N807MH	Eurocopter EC.130B4	3912		
☐	N808MH	Eurocopter EC.130B4	3914		
☐	N809MH	Eurocopter EC.130B4	3927		
☐	N810MH	Eurocopter EC.130B4	3949		
☐	N812MH	Eurocopter EC.130B4	3956		
☐	N813MH	Eurocopter EC.130B4	3967		
☐	N64MH	Aerospatiale AS.350BA AStar	1206	ex C-FHNC	
☐	N91MH	Aerospatiale AS.350B2 AStar	2786	ex C-FYNI	
☐	N567MA	Beech 1900D	UE-67	ex N67YV	Lsd fr Mustang Leasing
☐	N886MA	Beech 1900D	UE-86	ex N86YV	Lsd fr Mustang Leasing

MAVRIK AIRE
Current status uncertain, sole aircraft sold June 2007

MAXJET AIRWAYS
Ceased operations and filed Chapter 11 24 December 2007 prior to total liquidation

MCCALL AVIATION

McCall, ID (MYL)

☐	N634MA	Britten-Norman BN-2A-20 Islander	464	ex C-GEVX	dbr 28Apr07? Lsd fr Wilderness Aircraft
☐	N848MA	Britten-Norman BN-2B-20 Islander	2210	ex 8P-TAJ	Lsd fr Wilderness Aircraft
☐	N3985G	Cessna U206C Super Skywagon	U206-0985		
☐	N7520N	Cessna TU206G Stationair	U20603663		Lsd fr Wilderness Aircraft
☐	N8455Q	Cessna U206F Stationair 6	U20603313		
☐	N9374Z	Cessna TU206G Stationair 6 II	U20606440		Lsd fr Wilderness Aircraft
☐	N93039	Cessna A185F Skywagon	18503169		

MCNEELY CHARTER SERVICE
Mid-South (MDS)

West Memphis-Municipal, AR/Malden, MO (AWM/MAW)

☐	N106GA	Beech Baron 58	TH-437	ex N4379W	
☐	N120SC	Swearingen SA.226TC Merlin IVA	AT-067	ex C-FJTL	
☐	N212SA	Cessna 208B Caravan I	208B0466		
☐	N262AG	Short SD.3-30	SH3120	ex 84-0473	
☐	N700RH	Cessna 208B Caravan I	208B0700		
☐	N866D	Mitsubishi MU-2B-36 (MU-2L)	656	ex N666D	
☐	N2699Y	Swearingen SA.227AC Metro III	AC-666		

All leased from River City Aviation

MERLIN AIRWAYS
Avalon (MEI)

Billings-Logan Intl, MT (BIL)

☐	N575EG	Swearingen SA.227AC Metro III	AC-575	ex N378PH	Lsd fr Frontera Flight Holdings
☐	N768ML	Swearingen SA.227BC Metro III	BC-768B	ex XA-SBN	Lsd fr Molo Lsg
☐	N770ML	Swearingen SA.227BC Metro III	BC-770B	ex XA-RWS	Lsd fr Molo Lsg
☐	N781ML	Swearingen SA.227BC Metro III	BC-781B	ex XA-RYY	Lsd fr Molo Lsg

387

☐	N783ML	Swearingen SA.227BC Metro III	BC-783B	ex XA-RSB		Lsd fr Molo Lsg
☐	N787C	Swearingen SA.227AC Metro III	AC-550	ex N31110		Lsd fr CBG LLC
☐	N3114G	Swearingen SA.227AC Metro III	AC-583			Lsd fr GAS Wilson
☐	N708EG	Swearingen SA.227AC Metro III	AC-708B	ex N27188		Lsd fr Frontera Flight Holdings

All freighters

MESA AIRLINES
Air Shuttle (YV/ASH)
Phoenix-Sky Harbor Intl, AZ/Albuquerque-Intl, NM (PHX/ABQ)

☐	N126YV	Beech 1900D	UE-126		stored	
☐	N131YV	Beech 1900D	UE-131			Lsd to BSY
☐	N132YV	Beech 1900D	UE-132			Lsd to BSY
☐	N133YV	Beech 1900D	UE-133			Lsd to AMW
☐	N135YV	Beech 1900D	UE-135			Lsd to AMW
☐	N138YV	Beech 1900D	UE-138			Lsd to AMW
☐	N139ZV	Beech 1900D	UE-139			Lsd to BSY
☐	N142ZV	Beech 1900D	UE-142			Lsd to AMW
☐	N143YV	Beech 1900D	UE-143			Lsd to AMW
☐	N144ZV	Beech 1900D	UE-144			Lsd to AMW
☐	N146ZV	Beech 1900D	UE-146			Lsd to AMW
☐	N155ZV	Beech 1900D	UE-155			Lsd to AMW
☐	N159YV	Beech 1900D	UE-159			Lsd to AMW
☐	N161YV	Beech 1900D	UE-161			Lsd to AMW
☐	N162ZV	Beech 1900D	UE-162			Lsd to AMW
☐	N163YV	Beech 1900D	UE-163			Lsd to AMW
☐	N165YV	Beech 1900D	UE-165			Lsd to BSY
☐	N166YV	Beech 1900D	UE-166			Lsd to AMW
☐	N167YV	Beech 1900D	UE-167			Lsd to AMW
☐	N171ZV	Beech 1900D	UE-171			Lsd to BSY
☐	N174YV	Beech 1900D	UE-174	ex N17541	stored ABQ	
☐	N176YV	Beech 1900D	UE-176			Lsd to AMW
☐	N178YV	Beech 1900D	UE-178	ex (N47542)		Lsd to GFT
☐	N182YV	Beech 1900D	UE-182			Lsd to BSY
☐	N190YV	Beech 1900D	UE-190			Lsd to GFT
☐	N218YV	Beech 1900D	UE-218			Lsd to GFT
☐	N231YV	Beech 1900D	UE-231			Lsd to GFT
☐	N237YV	Beech 1900D	UE-237			Lsd to BSY
☐	N242YV	Beech 1900D	UE-242			Lsd to AMW
☐	N244YV	Beech 1900D	UE-244			Lsd to AMW
☐	N3199Q	Beech 1900D	UE-213			Lsd to BSY
☐	N10675	Beech 1900D	UE-229			Lsd to AMW

Some are operated in Mesa colours.
Divided into divisions aligned to code-share partners as follows: Delta Connection, Frontier JetExpress, United Express and US Airways Express; Air Midwest continues to operate Beech 1900Ds as subsidiary but may be sold, some in Mesa A/L colours and Go! is a wholly owned subsidiary based in Hawaii.

MESABA AIRLINES
Mesaba (XJ/MES) (IATA 582)
Minneapolis-St Paul Intl, MN (MSP)

Operates services as part of the nwa Airlink network, using NW flight numbers in the range 3000-3439.
Emerged from Chapter 11 bankruptcy 24 April 2007 and purchased by Northwest Airlines the same day.

MIAMI AIR INTERNATIONAL
Biscayne (LL/BSK)
Miami-Intl, FL (MIA)

☐	N732MA	Boeing 737-81Q	30618/830	ex N1787B	Lois Too	Lsd fr CIT Group
☐	N733MA	Boeing 737-81Q/W	30619/856	ex G-OXLA		Lsd fr CIT Group; sublsd to XLA
☐	N734MA	Boeing 737-8Q8/W	30039/701	ex 5W-SAM	Billie	Lsd fr ILFC
☐	N738MA	Boeing 737-8Q8/W	32799/1467		Diane	Lsd fr ILFC
☐	N739MA	Boeing 737-8Q8/W	30670/1481		Ely	Lsd fr ILFC
☐	N740EH	Boeing 737-8DC/W	34596/1875			Lsd fr TSI Leasing
☐	N752MA	Boeing 737-48E	28198/2806	ex HL7509		Lsd fr ILFC
☐	N753MA	Boeing 737-48E	28053/2954	ex HL7518	Miami Heat c/s	Lsd fr ILFC
☐	N904MA	Boeing 737-81Q	29051/479	ex G-XLAC		Lsd fr XLA

MIAMI AIR LEASE
Miami-Opa Locka, FL (OPF)

☐	N41527	Convair 440-72		346	ex C-FPUM

MID-ATLANTIC FREIGHT
(MDC)
Greensboro-Piedmont Triad Intl, NC (GSO)

☐	N	Cessna 208B Caravan I	on order
☐	N	Cessna 208B Caravan I	on order
☐	N	Cessna 208B Caravan I	on order
☐	N	Cessna 208B Caravan I	on order
☐	N	Cessna 208B Caravan I	on order
☐	N	Cessna 208B Caravan I	on order
☐	N	Cessna 208B Caravan I	on order
☐	N	Cessna 208B Caravan I	on order

☐	N	Cessna 208 Caravan I			on order	
☐	N	Cessna 208 Caravan I			on order	

MIDWEST AIRLINES
Midex (YX/MEP) (IATA 453) — Appleton-Outagamie County, WI/Milwaukee-General Mitchell Intl, WI (ATW/MKE)

☐	N902ME	Boeing 717-2BL	55166/5116		
☐	N903ME	Boeing 717-2BL	55167/5117		
☐	N904ME	Boeing 717-2BL	55168/5118		Lsd fr US Bank
☐	N905ME	Boeing 717-2BL	55169/5119		Lsd fr US Bank
☐	N906ME	Boeing 717-2BL	55170/5120		Lsd fr US Bank
☐	N907ME	Boeing 717-2BL	55171/5121		Lsd fr US Bank
☐	N908ME	Boeing 717-2BL	55172/5122		Lsd fr US Bank
☐	N909ME	Boeing 717-2BL	55173/5123		Lsd fr US Bank
☐	N910ME	Boeing 717-2BL	55174/5124		Lsd fr US Bank
☐	N912ME	Boeing 717-2BL	55175/5125		Lsd fr US Bank
☐	N913ME	Boeing 717-2BL	55176/5126		Lsd fr US Bank
☐	N914ME	Boeing 717-2BL	55177/5127		Lsd fr US Bank
☐	N916ME	Boeing 717-2BL	55178/5128		Lsd fr US Bank
☐	N917ME	Boeing 717-2BL	55179/5129		Lsd fr US Bank
☐	N918ME	Boeing 717-2BL	55180/5132		Lsd fr US Bank
☐	N919ME	Boeing 717-2BL	55181/5135		Lsd fr US Bank
☐	N920ME	Boeing 717-2BL	55182/5138		Lsd fr US Bank
☐	N921ME	Boeing 717-2BL	55183/5140		
☐	N922ME	Boeing 717-2BL	55184/5142		
☐	N923ME	Boeing 717-2BL	55185/5145		
☐	N924ME	Boeing 717-2BL	55190/5149		
☐	N925ME	Boeing 717-2BL	55191/5151		
☐	N926ME	Boeing 717-2BL	55192/5152		Lsd fr US Bank
☐	N927ME	Boeing 717-2BL	55193/5153		
☐	N928ME	Boeing 717-2BL	55194/5154		
☐	N601ME	McDonnell-Douglas MD-88	49762/1624	ex (N159PL)	Lsd fr US Bancorp
☐	N701ME	McDonnell-Douglas MD-88	49760/1620	ex (N157PL)	Lsd fr Fifth Third Lsg
☐	N803ME	McDonnell-Douglas MD-81	48029/953	ex JA8458	
☐	N804ME	McDonnell-Douglas MD-81	48030/962	ex JA8459	
☐	N805ME	McDonnell-Douglas MD-81	48031/969	ex JA8460	Lsd fr M&I First National Lsg
☐	N807ME	McDonnell-Douglas MD-81	48033/988	ex JA8462	
☐	N808ME	McDonnell-Douglas MD-82	48070/999	ex JA8468	Lsd fr US Bancorp
☐	N809ME	McDonnell-Douglas MD-82	48071/1004	ex JA8469	
☐	N810ME	McDonnell-Douglas MD-82	48072/1011	ex JA8470	
☐	N812ME	McDonnell-Douglas MD-81	48006/966	ex OY-KIG	
☐	N813ME	McDonnell-Douglas MD-81	48007/971	ex OY-KIH	
☐	N814ME	McDonnell-Douglas MD-81	48010/992	ex SE-DMY	
☐	N822ME	McDonnell-Douglas MD-88	49759/1607	ex N11FQ	Lsd fr GECAS
☐	N823ME	McDonnell-Douglas MD-88	49766/1657	ex N12FQ	Lsd fr GECAS

Commuter services are operated by Midwest Connect while SkyWest are to commence services with Canadair CL-600-2B19s based at Milwaukee and Kansas City. AirTran have suggested takeover

MIDWEST AVIATION
Midwest (MWT) — Marshall-Ryan Field, MN (MML)

☐	N185MV	Beech 200 Super King Air	BB-1034	ex N185MC	
☐	N382JM	Piper PA-32R-301T Saratoga SP	32R-8229026	ex D-EHJE	
☐	N711HG	Piper PA-31-350 Chieftain	31-8052110	ex N3583P	
☐	N727SC	Piper PA-31-350 Navajo Chieftain	31-7305110	ex G-BBZB	
☐	N3558X	Piper PA-31-350 Chieftain	31-8052073		
☐	N6894G	Piper PA-60 Aerostar 600	60-0905-8161256		
☐	N43305	Piper PA-32R-301 Saratoga	32R-8413002		

Division of Southwest Aviation Inc

MIDWEST CONNECT
Skyway-Ex (AL/SYX) — Milwaukee-General Mitchell Intl, WI (MKE)

☐	N85SK	Beech 1900D	UE-85		Skyway	Lsd fr General Avn Lsg
☐	N91SK	Beech 1900D	UE-91		Skyway	Lsd fr General Avn Lsg
☐	N92SK	Beech 1900D	UE-92		Skyway	Lsd fr General Avn Lsg
☐	N881SK	Beech 1900D	UE-88		Skyway	Lsd fr WFBN
☐	N351SK	Dornier 328-300 (328JET)	3108	ex D-BALU	Skyway	
☐	N352SK	Dornier 328-300 (328JET)	3111	ex D-BALI	Skyway	
☐	N353SK	Dornier 328-300 (328JET)	3122	ex D-BDXD	Skyway	
☐	N354SK	Dornier 328-300 (328JET)	3126	ex D-BDXG	Skyway	
☐	N355SK	Dornier 328-300 (328JET)	3124	ex D-BDXI	Skyway	
☐	N356SK	Dornier 328-300 (328JET)	3163	ex D-BDXH	Skyway	
☐	N357SK	Dornier 328-300 (328JET)	3164	ex D-BDX.	Skyway	
☐	N358SK	Dornier 328-300 (328JET)	3188	ex D-BDX.	Skyway	
☐	N359SK	Dornier 328-300 (328JET)	3202	ex D-BDX.	Skyway	
☐	N360SK	Dornier 328-300 (328JET)	3136	ex D-BDXR	Skyway	
☐	N468CA	Canadair CL-600-2B19 (CRJ-200ER)	7649	ex C-FMLI	SkyWest	Lsd fr EDC Lease

☐	N471CA	Canadair CL-600-2B19 (CRJ-200ER)	7655	ex C-FMNH	SkyWest		Lsd fr EDC Lease
☐	N472CA	Canadair CL-600-2B19 (CRJ-200ER)	7667	ex C-FMML	SkyWest		Lsd fr EDC Lease
☐	N479CA	Canadair CL-600-2B19 (CRJ-200ER)	7675	ex C-FMKW	SkyWest		Lsd fr EDC Lease
☐	N494CA	Canadair CL-600-2B19 (CRJ-200ER)	7765	ex C-FMKW	SkyWest		Lsd fr EDC Lease
☐	N495CA	Canadair CL-600-2B19 (CRJ-200ER)	7774	ex C-FMMT	SkyWest		Lsd fr EDC Lease
☐	N496CA	Canadair CL-600-2B19 (CRJ-200ER)	7791	ex C-FMMX	SkyWest		Lsd fr EDC Lease
☐	N498CA	Canadair CL-600-2B19 (CRJ-200ER)	7792	ex C-FMMY	SkyWest		Lsd fr EDC Lease
☐	N506CA	Canadair CL-600-2B19 (CRJ-200ER)	7793	ex C-FMNB	SkyWest		Lsd fr EDC Lease
☐	N507CA	Canadair CL-600-2B19 (CRJ-200ER)	7796	ex C-GZFC	SkyWest		Lsd fr EDC Lease
☐	N699BR	Canadair CL-600-2B19 (CRJ-200ER)	7801	ex C-FMLS	SkyWest		Lsd fr CIT Group

Feeder services for Midwest Airlines operated by Skyway Airlines and SkyWest as Midwest Connect in full colours and using YX call signs. Skways will cease flying in April 2008 when SkyWest will assume all the routes

MIDWEST HELICOPTER AIRWAYS

Hinsdale-Midwest Heliport, IL

☐	N129NH	Sikorsky S-58ET	58555	ex N47781		Lsd fr Midwest Truxton Intl
☐	N827MW	Sikorsky S-58ET	58827	ex C-GLOG		Lsd fr Midwest Truxton Intl
☐	N2256Z	Sikorsky S-58JT	58867	ex 57-1707		
☐	N4247V	Sikorsky S-58ET	581547			Lsd fr Midwest Truxton Intl
☐	N90561	Sikorsky S-58JT	581332	ex Bu148777		

MINDEN AIR

Minden, NV (MEV)

☐	N355MA	Lockheed P2V-7 Neptune (P-2H)	726-7229	ex 148344	55, Tanker - red colours
☐	N4692A	Lockheed P2V-7 Neptune (P-2H)	726-7247	ex 148357	48, Tanker - yellow colours

MOKULELE AIRLINES

Kailua/Kona-Keahole-Kona Intl, HI (KOA)

Operates Cessna Caravans as go! Express

MOUNTAIN AIR CARGO
Mountain (MTN) *Kinston-Regional Jetport, NC (ISO)*

☐	N2679U	Short SD.3-30	SH3071	ex (N330AE)	
☐	N26288	Short SD.3-30	SH3074	ex G-BIYF	

Also operates Cessna 208 Caravans, ATR 42/72s and Fokker F.27 Friendship 500s leased from and operated on behalf of FedEx; all as freighters

MOUNTAIN HIGH AVIATION
Mountain High (MHA) *Walla-Walla, WA (ALW)*

☐	N411WA	Britten-Norman BN-2A Mk.III-2 Trislander	1023	ex G-BDOM	Freighter	

MOUNTAIN WEST HELICOPTERS

Provo-Municipal, UT (PVU)

☐	N317KA	Kaman K-1200 K-Max	A94-0025	

MULTI-AERO
Now listed as Air Choice One

MURRAY AIR
Murray Air (5M/MUA) *Detroit-Willow Run, MI (YIP)*

☐	N290MA	British Aerospace Jetstream 32EP	800	ex N370MT		Lsd fr Celtic Lsg
☐	N325SV	SAAB SF.340A	340A-072	ex N72VN		Lsd fr BMY
☐	N339TE	British Aerospace Jetstream 32	935	ex G-31-935		Lsd fr M2 Aircraft Mgt
☐	N343TE	British Aerospace Jetstream 32	955	ex G-31-955		Lsd fr M2 Aircraft Mgt
☐	N384MA	SAAB SF.340A	340A-102	ex N102XJ		Lsd fr Lambert Lsg
☐	N695MA	British Aerospace Jetstream 31	695	ex N169PC		Lsd fr M2 Aircraft Mgt
☐	N743PE	British Aerospace Jetstream 31	755	ex N755SP		
☐	N865F	Douglas DC-8-63F (BAC 3)	46088/464	ex TF-FLC		Lsd fr EDS Financial
☐	N872SJ	Douglas DC-8-71F	46040/449	ex HK-4294		Lsd fr Celtic Leasing
☐	N921R	Douglas DC-8-63F (BAC 3)	46145/548	ex N806WA	all-white	Lsd fr EDS Financial

NATIVE AMERICAN AIR SERVICES

Phoenix-Williams Gateway, AZ (CHD)

☐	N317NA	Pilatus PC-12/45	223	ex N223PD	Air Ambulance	
☐	N562NA	Pilatus PC-12/45	174	ex N174PC	Air Ambulance	
☐	N613NA	Pilatus PC-12/45	197	ex N197PC	Air Ambulance	
☐	N970NA	Pilatus PC-12/45	226	ex N308NA	Air Ambulance	
☐	N5230J	Aerospatiale AS.350B3 AStar	3256		EMS	

NAVAIR
Minneapolis-Flying Cloud, MN (FCM)

☐	N16U	Beech E-18S	BA-394	ex N5660D	Freighter
☐	N3038C	Beech E-18S	BA-374	ex N3030C	Freighter

NEPTUNE AVIATION SERVICES
Missoula-Intl, MT (MSO)

☐	N122HP	Lockheed P2V-7 Neptune	726-7226	ex Bu148341	
☐	N128HP	Lockheed P2V-7 Neptune	726-7074	ex Bu140972	
☐	N442NA	Lockheed P2V-7 Neptune	726-7287	ex N712AU	stored
☐	N443NA	Lockheed P2V-7 Neptune	726-7168	ex N139HP	
☐	N445NA	Lockheed P2V-7 Neptune	726-7102	ex N140HP	
☐	N807NA	Lockheed P2V-5 Neptune	426-5305	ex N1386K	07
☐	N1386C	Lockheed P2V-5 Neptune	426-5268	ex Bu128422	44
☐	N4235N	Lockheed SP-2H Neptune	726-7158	ex Bu144681	10
☐	N4235T	Lockheed SP-2H Neptune	726-7285	ex Bu150282	09
☐	N2216S	Lockheed P2V-7 Neptune	726-7231	ex Bu148346	
☐	N2218E	Lockheed P2V-7 Neptune	726-7246	ex Bu148356	
☐	N2218Q	Lockheed P2V-7 Neptune	726-7255	ex Bu148359	
☐	N9855F	Lockheed P2V-5 Neptune	426-5326	ex Bu131445	06
☐	N14447	Lockheed P2V-7 Neptune	826-8010	ex RCAF 24110	11
☐	N96264	Lockheed P2V-5 Neptune	426-5192	ex Bu128346	12
☐	N96278	Lockheed P2V-5 Neptune	426-5340	ex Bu131459	05

NEW ENGLAND AIRLINES
New England (EJ/NEA)
Westerly-State, RI (WST)

☐	N123NE	Britten-Norman BN-2A-26 Islander	46	ex G-BJSA	
☐	N304SK	Britten-Norman BN-2A-26 Islander	564	ex N80PA	
☐	N345CS	Piper PA-32-300 Cherokee Six	32-7640043	ex N345ES	
☐	N598JA	Britten-Norman BN-2A Islander	66		
☐	N4885T	Piper PA-32-300 Cherokee Six	32-7240092		
☐	N8303C	Piper PA-32-300 Cherokee Six	32-7640058		

NORD AVIATION
Santa Teresa-Dona Ana County, NM (EPZ)

☐	N321L	Douglas C-117D	43345	ex N307SF	Freighter
☐	N738WB	Beech D50C Twin Bonanza	DH-286		Freighter
☐	N57626	Douglas DC-3	4564	ex NC57626	Freighter

NORD STAR AIRLINES
Santa Teresa-Dona Ana County, NM (EPZ)

☐	N620NA	Douglas DC-6A	44677/527	ex N32RU	freighter

NORTH AMERICAN AIRLINES
North American (NA/NAO)
New York-JFK Intl, NY (JFK)

☐	N750NA	Boeing 757-28A	26277/658		Deidre Stiehm	Lsd fr ILFC
☐	N752NA	Boeing 757-28A	28174/865	ex N1795B	Alisa Ferrara	Lsd fr ILFC
☐	N754NA	Boeing 757-28A	29381/958			Lsd fr ILFC
☐	N755NA	Boeing 757-28A	30043/925	ex N523NA	John Plueger	Lsd fr ILFC
☐	N756NA	Boeing 757-28A	32448/967		Claudette Abrahams	
						Lsd fr AFS Investments
☐	N760NA	Boeing 767-39HER	26257/488	ex N164LF	Tom Cygan	Lsd fr ILFC
☐	N765NA	Boeing 767-306ER	28098/607	ex PH-BZE		Lsd fr ILFC
☐	N767NA	Boeing 767-324ER	27569/601	ex N569NB	Janice M	Lsd fr GECAS
☐	N768NA	Boeing 767-36NER	29898/754	ex N898GE	Lisa Caroline	Lsd fr GECAS
☐	N769NA	Boeing 767-304ER	28039/610	ex F-GLOV		Lsd fr Itochu

Owned by World Air Holding, parent company of World Airways; to be purchased by Global Aero Logistics (ATA Airlines)

NORTH STAR AIR CARGO
Sky Box (SBX)
Milwaukee-General Mitchell Intl, WI (MKE)

☐	N50NS	Short SC.7 Skyvan	SH1856	ex N50GA	Freighter
☐	N51NS	Short SC.7 Skyvan	SH1843	ex N20DA	Freighter
☐	N101WA	Short SC.7 Skyvan 3	SH1859	ex (PH-DAF)	Freighter
☐	N430NA	Short SC.7 Skyvan	SH1844	ex N30DA	Freighter
☐	N731E	Short SC.7 Skyvan	SH1853	ex N80JJ	Freighter

Associated with Air Cargo Carriers

NORTH STAR AVIATION
Boca Raton, FL (BCT)

☐	N146KM	British Aerospace Jetstream 4101	41046	ex ZK-JSE	sold in Africa
☐	N149KM	British Aerospace Jetstream 4101	41049	ex ZK-JSK	
☐	N153KM	British Aerospace Jetstream 4101	41053	ex ZK-JSN	
☐	N156KM	British Aerospace Jetstream 4101	41056	ex ZK-JSO	
☐	N308UE	British Aerospace Jetstream 4101	41023	ex G-4-023	
☐	N312UE	British Aerospace Jetstream 4101	41025	ex G-4-025	
☐	N680AS	British Aerospace Jetstream 4101	41030	ex N410JA	

NORTHERN AIR CARGO
Yukon (NC/NAC) (IATA 345)   Anchorage-Intl, AK (ANC)

☐	N779TA	Douglas DC-6A	45529/1035	ex PP-LFC	stored FAI
☐	N2907F	Douglas C-118A	44636/574	ex 53-3265	
☐	N6174C	Douglas DC-6A	44075/451	ex C-GBYN	
☐	N43872	Douglas C-118A	44665/632	ex 53-3294	
☐	N99330	Douglas C-118A	43576/275	ex C-GPEG	stored FAI
☐	N245US	Boeing 737-201 (Nordam 3)	22751/857	ex N798N	Lsd to PDD
☐	N320DL	Boeing 737-232F (Nordam 3)	23092/1023		Lsd fr JetGlobal
☐	N321DL	Boeing 737-232F (Nordam 3)	23093/1024		Lsd fr JetGlobal
☐	N322DL	Boeing 737-232F (Nordam 3)	23094/1026		Lsd fr JetGlobal
☐	N727YK	Boeing 727-22C (FedEx 3)	19806/547	ex C-GKFA	

Northern Air Fuel was a wholly owned subsidiary but ceased operations after handing its operating certificate back to FAA

NORTHWEST AIRLINES - NWA
Northwest (NW/NWA) (IATA 012)   Minneapolis-St Paul Intl/Memphis-Intl/Detroit-Wayne County, (MSP/MEM/DTW)

☐	N301NB	Airbus A319-114	1058	ex D-AVYP	3101; City of Duluth	
☐	N302NB	Airbus A319-114	1062	ex D-AVWA	3102	
☐	N314NB	Airbus A319-114	1191	ex D-AVWO	3114	
☐	N315NB	Airbus A319-114	1230	ex D-AVYM	3115	
☐	N316NB	Airbus A319-114	1249	ex D-AVYW	3116	
☐	N317NB	Airbus A319-114	1324	ex D-AVWT	3117	
☐	N318NB	Airbus A319-114	1325	ex D-AVYF	3118	
☐	N319NB	Airbus A319-114	1346	ex D-AVYR	3119	
☐	N320NB	Airbus A319-114	1392	ex D-AVYT	3120	
☐	N321NB	Airbus A319-114	1414	ex D-AVYL	3121	
☐	N322NB	Airbus A319-114	1434	ex D-AVYO	3122	
☐	N323NB	Airbus A319-114	1453	ex D-AVWE	3123	
☐	N324NB	Airbus A319-114	1456	ex D-AVWF	3124	
☐	N325NB	Airbus A319-114	1483	ex D-AVYU	3125	
☐	N326NB	Airbus A319-114	1498	ex D-AVYC	3126	
☐	N327NB	Airbus A319-114	1501	ex D-AVYD	3127	
☐	N328NB	Airbus A319-114	1520	ex D-AVYN	3128	
☐	N329NB	Airbus A319-114	1543	ex D-AVWJ	3129	
☐	N330NB	Airbus A319-114	1549	ex D-AVWM	3130	
☐	N331NB	Airbus A319-114	1567	ex D-AVYU	3131	
☐	N332NB	Airbus A319-114	1570	ex D-AVWD	3132	
☐	N333NB	Airbus A319-114	1582	ex D-AVYA	3133	
☐	N334NB	Airbus A319-114	1659	ex D-AVYU	3134	
☐	N335NB	Airbus A319-114	1662	ex D-AVYW	3135	
☐	N336NB	Airbus A319-114	1683	ex D-AVWJ	3136	
☐	N337NB	Airbus A319-114	1685	ex D-AVWL	3137	
☐	N338NB	Airbus A319-114	1693	ex D-AVYD	3138	
☐	N339NB	Airbus A319-114	1709	ex D-AVWG	3139	
☐	N340NB	Airbus A319-114	1714	ex D-AVWN	3140	
☐	N341NB	Airbus A319-114	1738	ex D-AVWV	3141	
☐	N342NB	Airbus A319-114	1746	ex D-AVYA	3142	
☐	N343NB	Airbus A319-114	1752	ex D-AVYH	3143	
☐	N344NB	Airbus A319-114	1766	ex D-AVYU	3144	
☐	N345NB	Airbus A319-114	1774	ex D-AVYD	3145	
☐	N346NB	Airbus A319-114	1796	ex D-AVYX	3146	
☐	N347NB	Airbus A319-114	1800	ex D-AVYZ	3147	
☐	N348NB	Airbus A319-114	1810	ex D-AVWH	3148	
☐	N349NB	Airbus A319-114	1815	ex D-AVWI	3149	
☐	N351NB	Airbus A319-114	1820	ex D-AVWL	3151	
☐	N352NB	Airbus A319-114	1824	ex D-AVWM	3152	
☐	N353NB	Airbus A319-114	1828	ex D-AVWO	3153	
☐	N354NB	Airbus A319-114	1833	ex D-AVWS	3154	
☐	N355NB	Airbus A319-114	1839	ex D-AVWA	3155	
☐	N357NB	Airbus A319-114	1875	ex D-AVYH	3157	
☐	N358NB	Airbus A319-114	1897	ex D-AVYK	3158	
☐	N359NB	Airbus A319-114	1923	ex D-AVWC	3159	
☐	N360NB	Airbus A319-114	1959	ex D-AVWL	3160	
☐	N361NB	Airbus A319-114	1976	ex D-AVYB	3161	
☐	N362NB	Airbus A319-114	1982	ex D-AVYF	3162	
☐	N363NB	Airbus A319-114	1990	ex D-AVYL	3163	
☐	N364NB	Airbus A319-114	2002	ex D-AVWA	3164	

	Registration	Type	MSN	Previous id	Line
☐	N365NB	Airbus A319-114	2013	ex D-AVWS	3165
☐	N366NB	Airbus A319-114	2026	ex D-AVWX	3166
☐	N368NB	Airbus A319-114	2039	ex D-AVYT	3168
☐	N369NB	Airbus A319-114	2047	ex D-AVWC	3169
☐	N370NB	Airbus A319-114	2087	ex D-AVWI	3170
☐	N371NB	Airbus A319-114	2095	ex D-AVYI	3171
☐	N378NB	Airbus A319-114		ex D-AV	3178; on order
☐	N379NB	Airbus A319-114		ex D-AV	3179; on order
☐	N380NB	Airbus A319-114		ex D-AV	3180; on order
☐	N381NB	Airbus A319-114		ex D-AV	3181; on order
☐	N382NB	Airbus A319-114		ex D-AV	3182; on order
☐	N301US	Airbus A320-211	0031	ex F-WWDJ	3201
☐	N303US	Airbus A320-211	0034	ex F-WWDL	3203
☐	N304US	Airbus A320-211	0040	ex F-WWDD	3204
☐	N305US	Airbus A320-211	0041	ex F-WWDS	3205
☐	N309US	Airbus A320-211	0118	ex F-WWIM	3209
☐	N310NW	Airbus A320-211	0121	ex F-WWIO	3210
☐	N311US	Airbus A320-211	0125	ex F-WWIT	3211
☐	N312US	Airbus A320-211	0152	ex F-WWDT	3212
☐	N313US	Airbus A320-211	0153	ex F-WWDX	3213
☐	N314US	Airbus A320-211	0160	ex F-WWDZ	3214
☐	N315US	Airbus A320-211	0171	ex F-WWIJ	3215
☐	N316US	Airbus A320-211	0192	ex F-WWIY	3216
☐	N317US	Airbus A320-211	0197	ex F-WWDF	3217
☐	N318US	Airbus A320-211	0206	ex F-WWDK	3218
☐	N319US	Airbus A320-211	0208	ex F-WWDT	3219
☐	N320US	Airbus A320-211	0213	ex F-WWIB	3220
☐	N321US	Airbus A320-211	0262	ex F-WWDI	3221
☐	N322US	Airbus A320-211	0263	ex F-WWDQ	3222
☐	N323US	Airbus A320-211	0272	ex F-WWBP	3223
☐	N324US	Airbus A320-211	0273	ex F-WWDS	3224
☐	N325US	Airbus A320-211	0281	ex F-WWBS	3225
☐	N326US	Airbus A320-211	0282	ex F-WWIA	3226
☐	N327NW	Airbus A320-211	0297	ex F-WWIO	3227
☐	N328NW	Airbus A320-211	0298	ex F-WWIP	3228
☐	N329NW	Airbus A320-211	0306	ex F-WWDG	3229
☐	N330NW	Airbus A320-211	0307	ex F-WWDJ	3230
☐	N331NW	Airbus A320-211	0318	ex F-WWBF	3231
☐	N332NW	Airbus A320-211	0319	ex F-WWBG	3232
☐	N333NW	Airbus A320-211	0329	ex F-WWDY	3233
☐	N334NW	Airbus A320-212	0339	ex F-WWBP	3234
☐	N335NW	Airbus A320-212	0340	ex F-WWBQ	3235
☐	N336NW	Airbus A320-212	0355	ex F-WWIE	3236
☐	N337NW	Airbus A320-212	0358	ex F-WWIO	3237
☐	N338NW	Airbus A320-212	0360	ex F-WWBY	3238
☐	N339NW	Airbus A320-212	0367	ex F-WWDG	3239
☐	N340NW	Airbus A320-212	0372	ex F-WWIX	3240
☐	N341NW	Airbus A320-212	0380	ex F-WWIS	3241
☐	N342NW	Airbus A320-212	0381	ex F-WWIJ	3242
☐	N343NW	Airbus A320-212	0387	ex F-WWBV	3243
☐	N344NW	Airbus A320-212	0388	ex F-WWDC	3244
☐	N345NW	Airbus A320-212	0399	ex F-WWIG	3245
☐	N347NW	Airbus A320-212	0408	ex F-WWDN	3247
☐	N348NW	Airbus A320-212	0410	ex F-WWDV	3248
☐	N349NW	Airbus A320-212	0417	ex F-WWBR	3249
☐	N350NA	Airbus A320-212	0418	ex F-WWDG	3250
☐	N351NW	Airbus A320-212	0766	ex F-WWDG	3251
☐	N352NW	Airbus A320-212	0778	ex F-WWDO	3252
☐	N353NW	Airbus A320-212	0786	ex F-WWDP	3253
☐	N354NW	Airbus A320-212	0801	ex F-WWDY	3254
☐	N355NW	Airbus A320-212	0807	ex F-WWIC	3255
☐	N356NW	Airbus A320-212	0818	ex F-WWBD	3256
☐	N357NW	Airbus A320-212	0830	ex F-WWIN	3257
☐	N358NW	Airbus A320-212	0832	ex F-WWIO	3258
☐	N359NW	Airbus A320-212	0846	ex F-WWBH	3259
☐	N360NW	Airbus A320-212	0903	ex F-WWDO	3260
☐	N361NW	Airbus A320-212	0907	ex F-WWDQ	3261
☐	N362NW	Airbus A320-212	0911	ex F-WWDT	3262
☐	N363NW	Airbus A320-212	0923	ex F-WWDZ	3263
☐	N364NW	Airbus A320-212	0962	ex F-WWBF	3264
☐	N365NW	Airbus A320-212	0964	ex F-WWBJ	3265
☐	N366NW	Airbus A320-212	0981	ex F-WWDE	3266
☐	N367NW	Airbus A320-212	0988	ex F-WWIH	3267
☐	N368NW	Airbus A320-212	0996	ex F-WWBV	3268
☐	N369NW	Airbus A320-212	1011	ex F-WWDO	3269
☐	N370NW	Airbus A320-212	1037	ex F-WWDY	3270
☐	N371NW	Airbus A320-212	1535	ex F-WWIS	3271
☐	N372NW	Airbus A320-212	1633	ex F-WWDO	3272
☐	N373NW	Airbus A320-212	1641	ex F-WWIR	3273
☐	N374NW	Airbus A320-212	1646	ex F-WWDS	3274
☐	N375NC	Airbus A320-212	1789	ex F-WWDU	3275

☐ N376NW	Airbus A320-212	1812	ex F-WWBB	3276	
☐ N377NW	Airbus A320-212	2082	ex F-WWIU	3277	
☐ N378NW	Airbus A320-212	2092	ex F-WWBP	3278	
☐ N379NW	Airbus A320-212		ex F-WW	3279; on order	
☐ N380NW	Airbus A320-212		ex F-WW	3280; on order	
☐ N801NW	Airbus A330-323E	524	ex F-WWYZ	3301	
☐ N802NW	Airbus A330-323E	533	ex F-WWYD	3302	
☐ N803NW	Airbus A330-323E	542	ex F-WWYH	3303	
☐ N804NW	Airbus A330-323E	549	ex F-WWYJ	3304	
☐ N805NW	Airbus A330-323E	552	ex F-WWKQ	3305	
☐ N806NW	Airbus A330-323E	578	ex F-WWKD	3306	
☐ N807NW	Airbus A330-323E	588	ex F-WWKM	3307	
☐ N808NW	Airbus A330-323E	591	ex F-WWKO	3308	
☐ N809NW	Airbus A330-323E	663	ex F-WWKM	3309	
☐ N810NW	Airbus A330-323E	674	ex F-WWKT	3310	
☐ N811NW	Airbus A330-323E	690	ex F-WWKV	3311	
☐ N812NW	Airbus A330-323E	784	ex F-WWYX	3312	
☐ N813NW	Airbus A330-323E	799	ex F-WWKV	3313	
☐ N814NW	Airbus A330-323E	806	ex F-WWYN	3314	
☐ N815NW	Airbus A330-323E	817	ex F-WWYP	3315	
☐ N816NW	Airbus A330-323E	827	ex F-WWKG	3316	
☐ N817NW	Airbus A330-323E	843	ex F-WWYX	3317	
☐ N818NW	Airbus A330-323E	857	ex F-WWYD	3318	
☐ N819NW	Airbus A330-323E	858	ex F-WWYE	3319	
☐ N820NW	Airbus A330-323E	859	ex F-WWYF	3320	
☐ N821NW	Airbus A330-323E	865	ex F-WWYJ	3321	
☐ N822NW	Airbus A330-323E		ex F-WW	3322; on order	
☐ N823NW	Airbus A330-323E		ex F-WW	3323; on order	
☐ N824NW	Airbus A330-323E		ex F-WW	3324; on order	
☐ N825NW	Airbus A330-323E		ex F-WW	3325; on order	
☐ N826NW	Airbus A330-323E		ex F-WW	3326; on order	
☐ N827NW	Airbus A330-323E		ex F-WW	3327; on order	
☐ N828NW	Airbus A330-323E		ex F-WW	3328; on order	
☐ N829NW	Airbus A330-323E		ex F-WW	3329; on order	
☐ N851NW	Airbus A330-223	609	ex F-WWYZ	3351	
☐ N852NW	Airbus A330-223	614	ex F-WWKU	3352	
☐ N853NW	Airbus A330-223	618	ex F-WWKN	3353	
☐ N854NW	Airbus A330-223	620	ex F-WWYA	3354	
☐ N855NW	Airbus A330-223	621	ex F-WWYB	3355	
☐ N856NW	Airbus A330-223	631	ex F-WWYG	3356	
☐ N857NW	Airbus A330-223	633	ex F-WWYI	3357	
☐ N858NW	Airbus A330-223	718	ex F-WWYY	3358	
☐ N859NW	Airbus A330-223	722	ex F-WWKM	3359	
☐ N860NW	Airbus A330-223	778	ex F-WWKL	3360	
☐ N861NW	Airbus A330-223	796	ex F-WWKT	3361	
☐ N862NW	Airbus A330-223		ex F-WW	3362, on order	
☐ N616US	Boeing 747-251F	21120/258		6716	
☐ N617US	Boeing 747-251F	21121/261		6717	
☐ N618US	Boeing 747-251F	21122/269		6718; stored MZJ	
☐ N619US	Boeing 747-251F	21321/308		6719; stored MZJ	
☐ N623US	Boeing 747-251B	21705/374		6623	
☐ N624US	Boeing 747-251B	21706/377		6624	
☐ N629US	Boeing 747-251F	22388/444		6729	
☐ N630US	Boeing 747-2J9F	21668/400	ex N1288E	6730	
☐ N631NW	Boeing 747-251B (SF)	23111/594	ex N631US	6631	
☐ N632NW	Boeing 747-251B (SF)	23112/595	ex N632US	6632	
☐ N639US	Boeing 747-251F	23887/680		6739	
☐ N640US	Boeing 747-251F	23888/682		6740	
☐ N643NW	Boeing 747-249F	22245/458	ex N9401	6743	Pacific Trade special c/s
☐ N644NW^	Boeing 747-212F	24177/710	ex ZS-SBJ	6744	
☐ N645NW	Boeing 747-222B (SF)	23736/673	ex N151UA	6745	
☐ N646NW	Boeing 747-222B (SF)	23737/675	ex N152UA	6746	
☐ N661US	Boeing 747-451	23719/696	ex N401PW	6301	
☐ N662US	Boeing 747-451	23720/708	ex (N302US)	6302	
☐ N663US	Boeing 747-451	23818/715	ex (N303US)	6303	
☐ N664US	Boeing 747-451	23819/721	ex (N304US)	6304	The Spirit of Beijing
☐ N665US	Boeing 747-451	23820/726	ex (N305US)	6305	
☐ N666US	Boeing 747-451	23821/742	ex (N306US)	6306	
☐ N667US	Boeing 747-451	24222/799	ex (N307US)	6307	
☐ N668US	Boeing 747-451	24223/800	ex (N308US)	6308	
☐ N669US^	Boeing 747-451	24224/803	ex (N309US)	6309	
☐ N670US	Boeing 747-451	24225/804	ex (N311US)	6310	Alliance Spirit
☐ N671US^	Boeing 747-451	26477/1206		6311	City of Detroit
☐ N672US^	Boeing 747-451	30267/1223		6312	Spirit of Asia
☐ N673US^	Boeing 747-451	30268/1227		6313	Spirit of Tokyo
☐ N674US^	Boeing 747-451	30269/1232		6314	City of Shanghai
☐ N675NW	Boeing 747-451	33001/1297		6315	Spirit of Northwest People
☐ N676NW	Boeing 747-451	33002/1303		6316	

^Special Select 3 colours; last scheduled Boeing 747-200B passenger service 12 September 2007 but charters will continue into early 2009.

	Reg	Type	C/N	ex	Fleet
☐	N501US	Boeing 757-251	23190/53		5501 St Paul
☐	N502US	Boeing 757-251	23191/55		5502 Minneapolis
☐	N503US	Boeing 757-251	23192/59		5503 Detroit
☐	N504US	Boeing 757-251	23193/60		5504 Los Angeles
☐	N505US	Boeing 757-251	23194/62		5505 Boston
☐	N506US	Boeing 757-251	23195/67		5506 New York
☐	N507US	Boeing 757-251	23196/68		5507 Seattle
☐	N508US	Boeing 757-251	23197/69		5508 Washington DC
☐	N509US	Boeing 757-251	23198/70		5509 Anchorage
☐	N511US	Boeing 757-251	23199/72		5511 Tampa Bay
☐	N512US	Boeing 757-251	23200/82		5512 Chicago
☐	N513US	Boeing 757-251	23201/83		5513 Orlando
☐	N514US	Boeing 757-251	23202/86		5514 San Francisco
☐	N515US	Boeing 757-251	23203/88		5515 Phoenix
☐	N516US	Boeing 757-251	23204/104		5516 San Diego
☐	N517US	Boeing 757-251	23205/105		5517 Portland
☐	N518US	Boeing 757-251	23206/107		5518 Milwaukee Lsd fr AerCap
☐	N519US	Boeing 757-251	23207/108		5519 Cleveland
☐	N520US	Boeing 757-251	23208/109		5520 Philadelphia Lsd fr WTCo
☐	N521US	Boeing 757-251	23209/110		5521 Denver
☐	N522US	Boeing 757-251	23616/119		5522
☐	N523US	Boeing 757-251	23617/121		5523 Dallas Lsd fr WTCo
☐	N525US	Boeing 757-251	23619/124		5525 Miami
☐	N526US	Boeing 757-251	23620/131		5526 Memphis
☐	N528US	Boeing 757-251	23843/137		5528;
☐	N529US	Boeing 757-251	23844/140		5529; New Orleans
☐	N530US	Boeing 757-251	23845/188		5530 Omaha
☐	N531US	Boeing 757-251	23846/190		5531; Newark
☐	N532US	Boeing 757-251	24263/192		5532 Fort Myers
☐	N533US	Boeing 757-251	24264/194		5533 Orange County
☐	N534US	Boeing 757-251	24265/196		5534 Winnipeg
☐	N535US	Boeing 757-251/W	26482/693		5635
☐	N536US	Boeing 757-251/W	26483/695		5636
☐	N537US	Boeing 757-251/W	26484/697		5637
☐	N538US	Boeing 757-251/W	26485/699		5638
☐	N539US	Boeing 757-251/W	26486/700		5639
☐	N540US	Boeing 757-251/W	26487/701		5640
☐	N541US	Boeing 757-251	26488/703		5641
☐	N542US	Boeing 757-251	26489/705		5642
☐	N543US	Boeing 757-251	26490/709		5643
☐	N544US	Boeing 757-251/W	26491/710		5644
☐	N545US	Boeing 757-251/W	26492/711		5645
☐	N546US	Boeing 757-251/W	26493/713		5646
☐	N547US	Boeing 757-251/W	26494/714		5647
☐	N548US	Boeing 757-251/W	26495/715		5648
☐	N549US	Boeing 757-251/W	26496/716		5649
☐	N550NW	Boeing 757-251/W	26497/968		5550
☐	N551NW	Boeing 757-251	26498/971		5551
☐	N552NW	Boeing 757-251	26499/975		5552
☐	N553NW	Boeing 757-251	26500/982		5553
☐	N554NW	Boeing 757-251	26501/987		5554
☐	N555NW	Boeing 757-251	33391/1011		5555
☐	N556NW	Boeing 757-251	33392/1013		5556
☐	N557NW	Boeing 757-251	33393/1016		5557

names prefixed 'City of'
Some Boeing 757-251s are based at Guam for Asia-Pacific services; those with blended winglets for transatlantic services

☐	N581NW	Boeing 757-351	32982/1001	ex N753JM	5801
☐	N582NW	Boeing 757-351	32981/1014		5802, The Bernie Epple
☐	N583NW	Boeing 757-351	32983/1019		5803
☐	N584NW	Boeing 757-351	32984/1020		5804
☐	N585NW	Boeing 757-351	32985/1021		5805
☐	N586NW	Boeing 757-351	32987/1022		5806
☐	N587NW	Boeing 757-351	32986/1023		5807
☐	N588NW	Boeing 757-351	32988/1024		5808
☐	N589NW	Boeing 757-351	32989/1025		5809
☐	N590NW	Boeing 757-351	32990/1027	ex N1795B	5810
☐	N591NW	Boeing 757-351	32991/1030		5811
☐	N592NW	Boeing 757-351	32992/1033		5812
☐	N593NW	Boeing 757-351	32993/1034	ex N1795B	5813
☐	N594NW	Boeing 757-351	32994/1035		5814
☐	N595NW	Boeing 757-351	32995/1036	ex N1795B	5815
☐	N596NW	Boeing 757-351	32996/1037		5816
☐	N89S	Douglas DC-9-31	47042/486		9930
☐	N90S	Douglas DC-9-31	47244/498		9931; stored MZJ
☐	N401EA	Douglas DC-9-51	47682/788	ex N920VJ	9885
☐	N600TR	Douglas DC-9-51	47783/899	ex YV-40C	9886
☐	N602NW	Douglas DC-9-32	47046/168	ex I-DIBE	9602
☐	N603NW	Douglas DC-9-32	47101/195	ex I-DIBL	9603
☐	N605NW	Douglas DC-9-32	47223/300	ex I-DIBM	9605

	Registration	Type	MSN/LN	Previous ID	Notes
☐	N606NW	Douglas DC-9-32	47225/317	ex I-RIFG	9606
☐	N608NW	Douglas DC-9-32	47233/429	ex I-RIFC	9608
☐	N610NW	Douglas DC-9-32	47432/525	ex I-RIFB	9610
☐	N611NA	Douglas DC-9-32	47435/540	ex I-RIFL	9611
☐	N612NW	Douglas DC-9-32	47436/541	ex I-RIFZ	9612
☐	N613NW	Douglas DC-9-32	47438/545	ex I-RIFP	9613
☐	N614NW	Douglas DC-9-32	47128/210	ex I-RIFH	9614; stored MZJ
☐	N615NW	Douglas DC-9-32	47129/225	ex I-DIBI	9615; stored MHV
☐	N616NW	Douglas DC-9-32	47229/356	ex I-RIFS	9616; stored MZJ
☐	N617NW	Douglas DC-9-32	47235/436	ex I-RIFJ	9617; stored MZJ
☐	N618NW	Douglas DC-9-32	47433/526	ex I-RIFU	9618; stored MZJ
☐	N619NW	Douglas DC-9-32	47518/614	ex I-RIFE	9619; stored MZJ
☐	N620NW	Douglas DC-9-32	47533/641	ex I-RIFV	9620
☐	N621NW	Douglas DC-9-32	47544/676	ex I-RIFM	9621; stored MZJ
☐	N622NW	Douglas DC-9-32	47575/680	ex I-RIFW	9622; stored MZJ
☐	N623NW	Douglas DC-9-32	47591/706	ex I-RIFT	9623; stored MZJ
☐	N670MC	Douglas DC-9-51	47659/807	ex HB-ISP	9882
☐	N671MC	Douglas DC-9-51	47660/810	ex HB-ISR	9883
☐	N675MC	Douglas DC-9-51	47651/780	ex OE-LDK	9880; stored MZJ
☐	N676MC	Douglas DC-9-51	47652/798	ex OE-LDL	9881
☐	N677MC	Douglas DC-9-51	47756/873	ex OE-LDO	9884
☐	N750NW	Douglas DC-9-41	47114/218	ex SE-DBX	9750
☐	N751NW	Douglas DC-9-41	47115/261	ex OY-KGA	9751
☐	N752NW	Douglas DC-9-41	47116/308	ex LN-RLK	9752
☐	N753NW	Douglas DC-9-41	47117/319	ex SE-DBW	9753
☐	N754NW	Douglas DC-9-41	47178/323	ex OY-KGB	9754
☐	N755NW	Douglas DC-9-41	47179/335	ex LN-RLC	9755
☐	N756NW	Douglas DC-9-41	47180/354	ex SE-DBU	9756
☐	N758NW	Douglas DC-9-41	47286/359	ex OY-KGC	9758 Lsd fr Electra
☐	N759NW	Douglas DC-9-41	47287/364	ex LN-RLJ	9759
☐	N760NC	Douglas DC-9-51	47708/813		9851
☐	N760NW	Douglas DC-9-41	47288/369	ex SE-DBT	9760
☐	N761NC	Douglas DC-9-51	47709/814		9852
☐	N762NC	Douglas DC-9-51	47710/818		9853
☐	N762NW	Douglas DC-9-41	47395/555	ex OY-KGG	9762
☐	N763NW	Douglas DC-9-41	47396/557	ex LN-RLD	9763
☐	N764NC	Douglas DC-9-51	47717/833		9855
☐	N765NC	Douglas DC-9-51	47718/834		9856
☐	N766NC	Douglas DC-9-51	47739/852		9857
☐	N767NC	Douglas DC-9-51	47724/853		9858
☐	N768NC	Douglas DC-9-51	47729/854		9859
☐	N769NC	Douglas DC-9-51	47757/877		9860
☐	N770NC	Douglas DC-9-51	47758/880		9861
☐	N771NC	Douglas DC-9-51	47769/881		9862
☐	N772NC	Douglas DC-9-51	47774/884		9863
☐	N773NC	Douglas DC-9-51	47775/888		9864
☐	N774NC	Douglas DC-9-51	47776/889		9865
☐	N775NC	Douglas DC-9-51	47785/904		9866 Lsd fr Macquarie AirFinance
☐	N776NC	Douglas DC-9-51	47786/905		9867
☐	N777NC	Douglas DC-9-51	47787/912		9868
☐	N778NC	Douglas DC-9-51	48100/927		9869 Lsd fr Macquarie AirFinance
☐	N779NC	Douglas DC-9-51	48101/931		9870 Lsd fr Macquarie AirFinance
☐	N780NC	Douglas DC-9-51	48102/932		9871 Lsd fr Macquarie AirFinance
☐	N781NC	Douglas DC-9-51	48121/935		9872
☐	N782NC	Douglas DC-9-51	48107/936		9873
☐	N783NC	Douglas DC-9-51	48108/937		9874
☐	N784NC	Douglas DC-9-51	48109/939		9875
☐	N785NC	Douglas DC-9-51	48110/945		9876
☐	N786NC	Douglas DC-9-51	48148/984		9877
☐	N787NC	Douglas DC-9-51	48149/990		9878
☐	N908H	Douglas DC-9-31	47517/583		9937; stored MZJ
☐	N914RW	Douglas DC-9-31	47362/492	ex N907H	9962; stored MZJ
☐	N915RW	Douglas DC-9-31	47139/169	ex N8930E	9957
☐	N916RW	Douglas DC-9-31	47144/239	ex N8935E	9952
☐	N917RW	Douglas DC-9-31	47145/247	ex N8936E	9958; stored MZJ
☐	N919RW	Douglas DC-9-31	47162/255	ex N8939E	9959; stored MZJ
☐	N920RW	Douglas DC-9-31	47163/256	ex N8940E	9960; stored MZJ
☐	N921RW	Douglas DC-9-31	47164/259	ex N8941E	9954
☐	N923RW	Douglas DC-9-31	47183/272	ex N8947E	9956
☐	N924RW	Douglas DC-9-31	47185/275	ex N8949E	9961
☐	N925US	Douglas DC-9-32	47472/596	ex YU-AHO	9925
☐	N926NW	Douglas DC-9-32	47425/589	ex YU-AHL	9926
☐	N927RC	Douglas DC-9-32	47469/590	ex YU-AHM	9923; stored MHV
☐	N940N	Douglas DC-9-32	47572/708		9918
☐	N941N	Douglas DC-9-32	47450/535	ex D-ADIT	9919; stored MZJ
☐	N943N	Douglas DC-9-32	47647/773		9921
☐	N945N	Douglas DC-9-32	47664/775		9922
☐	N949N	Douglas DC-9-32	47566/691		9916
☐	N956N	Douglas DC-9-31	47252/294		9906; stored MZJ
☐	N957N	Douglas DC-9-31	47253/295		9907; stored MZJ
☐	N958N	Douglas DC-9-31	47254/301		9908; stored MZJ
☐	N959N	Douglas DC-9-31	47255/310		9909; stored MZJ
☐	N961N	Douglas DC-9-31	47405/487		9911; stored MZJ

	Reg	Type	c/n	ex	fleet/notes	
☐	N962N	Douglas DC-9-31	47406/499		9912; stored MZJ	
☐	N963N	Douglas DC-9-31	47415/511		9913; stored MZJ	
☐	N964N	Douglas DC-9-31	47416/512		9914; stored MZJ	
☐	N965N	Douglas DC-9-31	47417/518		9915; stored MZJ	
☐	N967N	Douglas DC-9-32	47573/694		9917	
☐	N982US	Douglas DC-9-32	45790/264	ex HB-IFH	9982; stored MZJ	
☐	N984US	Douglas DC-9-32	47383/538	ex HB-IFV	9984	
☐	N987US	Douglas DC-9-32	47458/646	ex OE-LDF	9987	Lsd fr Electra
☐	N994Z	Douglas DC-9-32	47097/193	ex N979NE	9981; stored MZJ	
☐	N1309T	Douglas DC-9-31	47316/439		9944	
☐	N1332U	Douglas DC-9-31	47404/554		9935	
☐	N1334U	Douglas DC-9-31	47280/597		9933	
☐	N1798U	Douglas DC-9-31	47369/529		9938; stored MZJ	
☐	N1799U	Douglas DC-9-31	47370/551		9936; stored MZJ	
☐	N3322L	Douglas DC-9-32	47031/187	ex YV-68C	9940; stored MZJ	
☐	N3324L	Douglas DC-9-32	47103/205	ex YV-70C	9941	
☐	N3991C	Douglas DC-9-32	47175/298	ex PJ-SNE	9942; stored MZJ	
☐	N8920E	Douglas DC-9-31	45835/95		9927	
☐	N8921E	Douglas DC-9-31	45836/96		9928	
☐	N8923E	Douglas DC-9-31	45838/104		9929	
☐	N8925E	Douglas DC-9-31	45840/117		9945	
☐	N8926E	Douglas DC-9-31	45863/124		9946	
☐	N8928E	Douglas DC-9-31	45865/137		9949	
☐	N8929E	Douglas DC-9-31	45866/138		9948	
☐	N8932E	Douglas DC-9-31	47141/227		9996	
☐	N8933E	Douglas DC-9-31	47142/232		9997	
☐	N8938E	Douglas DC-9-31	47161/249	ex 5N-GIN	9947	
☐	N8944E	Douglas DC-9-31	47167/266		9988	
☐	N8945E	Douglas DC-9-31	47181/267		9989	
☐	N8960E	Douglas DC-9-31	45869/331		9992	
☐	N8978E	Douglas DC-9-31	47327/391		9993	
☐	N8986E	Douglas DC-9-31	47402/482	ex 5N-INZ	9993	
☐	N9330	Douglas DC-9-31	47138/318		9966; stored MZJ	
☐	N9331	Douglas DC-9-31	47263/320	ex (N9106)	9967	
☐	N9332	Douglas DC-9-31	47264/329	ex (N9107)	9968	
☐	N9333	Douglas DC-9-31	47246/292		9969; stored MZJ	
☐	N9335	Douglas DC-9-31	47337/415		9971; stored MZJ	
☐	N9336	Douglas DC-9-31	47338/416		9972; stored MZJ	
☐	N9337	Douglas DC-9-31	47346/464		9973	
☐	N9338	Douglas DC-9-31	47347/478		9974	
☐	N9339	Douglas DC-9-31	47382/479		9975	
☐	N9340	Douglas DC-9-31	47389/489		9976; stored MZJ	
☐	N9341	Douglas DC-9-31	47390/490		9977; stored MZJ	
☐	N9342	Douglas DC-9-31	47391/491		9978; stored MZJ	
☐	N9343	Douglas DC-9-31	47439/501		9979	
☐	N9344	Douglas DC-9-31	47440/502		9980; stored MZJ	
☐	N9346	Douglas DC-9-32	47376/517	ex N394PA	9950	
☐	N9347	Douglas DC-9-32	45827/135	ex HL7201	9951; stored MZJ	

All fitted with ABS Stage 3 hush-kits; the majority stored at Marana are registered to WFBN so may have been returned. Exited Chapter 11 31 May 2007. nwa is the trading name of Northwest Airlines. Eighteen Boeing 787-8s are on order. Northwest has a codesharing agreement with Horizon Air. Feeder services are operated by Pinnacle Airlines and Mesaba Airlines (both wholly owned by NWA) as Northwest Airlink plus Pacific Island, Compass Airlines is wholly owned subsidiary operating regional services from Washington-Dulles. A member of SkyTeam Alliance

NORTHWEST AIRLINK - NWA AIRLINK
Northwest (NW)   Minneapolis-St Paul Intl/Memphis-Intl/Detroit-Wayne County, (MSP/MEM/DTW)

	Reg	Type	c/n	ex	fleet
☐	N601XJ"	Canadair CL-600-2B19 (CRJ-200LR)	8044	ex C-FFHW	
☐	N602XJ"	Canadair CL-600-2B19 (CRJ-200LR)	8045	ex C-FMKZ	
☐	N800AY	Canadair CL-600-2B19 (CRJ-200LR)	8000	ex C-FMMW	8000
☐	N801AY	Canadair CL-600-2B19 (CRJ-200LR)	8001	ex C-FMMX	8001
☐	N805AY	Canadair CL-600-2B19 (CRJ-200LR)	8005	ex C-FDQP	8005
☐	N812AY	Canadair CL-600-2B19 (CRJ-200LR)	8012	ex C-	8012
☐	N813AY	Canadair CL-600-2B19 (CRJ-200LR)	8013	ex C-	8013
☐	N819AY	Canadair CL-600-2B19 (CRJ-200LR)	8019	ex C-FMLQ	8019
☐	N820AY	Canadair CL-600-2B19 (CRJ-200LR)	8020	ex C-FMLS	8020
☐	N821AY	Canadair CL-600-2B19 (CRJ-200LR)	8021	ex C-FMLT	8021
☐	N823AY	Canadair CL-600-2B19 (CRJ-200LR)	8023	ex C-FMMT	8023
☐	N824AY	Canadair CL-600-2B19 (CRJ-200LR)	8024	ex C-FMNH	8024
☐	N825AY	Canadair CL-600-2B19 (CRJ-200LR)	8025	ex C-FMNW	8025
☐	N826AY	Canadair CL-600-2B19 (CRJ-200LR)	8026	ex C-FMNX	8026
☐	N827AY	Canadair CL-600-2B19 (CRJ-200LR)	8027	ex C-FMNY	8027
☐	N829AY	Canadair CL-600-2B19 (CRJ-200LR)	8029	ex C-FMOW	8029
☐	N830AY	Canadair CL-600-2B19 (CRJ-200LR)	8030	ex C-FVAZ	8030
☐	N831AY	Canadair CL-600-2B19 (CRJ-200LR)	8031	ex C-FETZ	8031
☐	N832AY	Canadair CL-600-2B19 (CRJ-200LR)	8032	ex C-FMNQ	8032
☐	N833AY	Canadair CL-600-2B19 (CRJ-200LR)	8033	ex C-FMLU	8033
☐	N834AY	Canadair CL-600-2B19 (CRJ-200LR)	8034	ex C-FEXV	8034
☐	N835AY	Canadair CL-600-2B19 (CRJ-200LR)	8035	ex C-FMMB	8035
☐	N836AY	Canadair CL-600-2B19 (CRJ-200LR)	8036	ex C-FMML	8036
☐	N839AY	Canadair CL-600-2B19 (CRJ-200LR)	8039	ex C-FMMW	8039

☐	N840AY	Canadair CL-600-2B19 (CRJ-200LR)	8040	ex C-FEZX	8040	
☐	N841AY	Canadair CL-600-2B19 (CRJ-200LR)	8041	ex C-FMMY	8041	
☐	N8390A	Canadair CL-600-2B19 (CRJ-200LR)	7390	ex C-FMOW	8390	Spirit of 'Memphis Belle'
☐	N8409N	Canadair CL-600-2B19 (CRJ-200LR)	7409	ex C-FMLI	8409	
☐	N8412F	Canadair CL-600-2B19 (CRJ-200LR)	7412	ex C-FMLT	8412	
☐	N8416B	Canadair CL-600-2B19 (CRJ-200LR)	7416	ex C-FMNW	8416	
☐	N8423C	Canadair CL-600-2B19 (CRJ-200LR)	7423	ex C-FMNQ	8423	
☐	N8432A	Canadair CL-600-2B19 (CRJ-200LR)	7432	ex C-GHRR	8432	
☐	N8444F	Canadair CL-600-2B19 (CRJ-200LR)	7444	ex C-FMMT	8444	
☐	N8458A	Canadair CL-600-2B19 (CRJ-200LR)	7458	ex C-FMMN	8458	
☐	N8475B	Canadair CL-600-2B19 (CRJ-200LR)	7475	ex C-FMNH	8475	
☐	N8477R	Canadair CL-600-2B19 (CRJ-200LR)	7477	ex C-FMNX	8477	
☐	N8488D	Canadair CL-600-2B19 (CRJ-200LR)	7488	ex C-FMMN	8488	
☐	N8492C	Canadair CL-600-2B19 (CRJ-200LR)	7492	ex C-FMMY	8492	
☐	N8495B	Canadair CL-600-2B19 (CRJ-200LR)	7495	ex C-FMKW	8495	
☐	N8501F	Canadair CL-600-2B19 (CRJ-200LR)	7501	ex C-FMLS	8501	
☐	N8505Q	Canadair CL-600-2B19 (CRJ-200LR)	7505	ex C-FMNH	8505	
☐	N8506C	Canadair CL-600-2B19 (CRJ-200LR)	7506	ex C-FMNW	8506	
☐	N8515F	Canadair CL-600-2B19 (CRJ-200LR)	7515	ex C-FMOI	8515	
☐	N8516C	Canadair CL-600-2B19 (CRJ-200LR)	7516	ex C-FMMB	8516	
☐	N8524A	Canadair CL-600-2B19 (CRJ-200LR)	7524	ex C-FMKV	8524	
☐	N8525B	Canadair CL-600-2B19 (CRJ-200LR)	7525	ex C-FMKW	8525	
☐	N8532G	Canadair CL-600-2B19 (CRJ-200LR)	7532	ex C-FMLT	8532	
☐	N8533D	Canadair CL-600-2B19 (CRJ-200LR)	7533	ex C-FMLV	8533	
☐	N8541D	Canadair CL-600-2B19 (CRJ-200LR)	7541	ex C-FVAZ	8541	
☐	N8543F	Canadair CL-600-2B19 (CRJ-200LR)	7543	ex C-FMNQ	8543	
☐	N8554A	Canadair CL-600-2B19 (CRJ-200LR)	7554	ex C-FMKV	8554	
☐	N8560F	Canadair CL-600-2B19 (CRJ-200LR)	7560	ex C-FMLQ	8560	
☐	N8577D	Canadair CL-600-2B19 (CRJ-200LR)	7577	ex C-FMML	8577	
☐	N8580A	Canadair CL-600-2B19 (CRJ-200LR)	7580	ex C-FMMW	8580	
☐	N8587E	Canadair CL-600-2B19 (CRJ-200LR)	7587	ex C-FMLB	8587	
☐	N8588D	Canadair CL-600-2B19 (CRJ-200LR)	7588	ex C-GJSZ	8588	
☐	N8598B	Canadair CL-600-2B19 (CRJ-200LR)	7598	ex C-FMNY	8598	
☐	N8604C	Canadair CL-600-2B19 (CRJ-200LR)	7604	ex C-FMLU	8604	
☐	N8611A	Canadair CL-600-2B19 (CRJ-200LR)	7611	ex C-FMMX	8611	
☐	N8623A	Canadair CL-600-2B19 (CRJ-200LR)	7623	ex C-FMLV	8623	
☐	N8631E	Canadair CL-600-2B19 (CRJ-200LR)	7631	ex C-FVAZ	8631	
☐	N8646A	Canadair CL-600-2B19 (CRJ-200LR)	7646	ex C-FMKZ	8646	
☐	N8659B	Canadair CL-600-2B19 (CRJ-200LR)	7659	ex C-FMOS	8659	
☐	N8665A	Canadair CL-600-2B19 (CRJ-200LR)	7665	ex C-FMOI	8665	
☐	N8672A	Canadair CL-600-2B19 (CRJ-200LR)	7672	ex C-FMMY	8672	
☐	N8673D	Canadair CL-600-2B19 (CRJ-200LR)	7673	ex C-FMNB	8673	
☐	N8674A	Canadair CL-600-2B19 (CRJ-200LR)	7674	ex C-FMKV	8674	
☐	N8683B	Canadair CL-600-2B19 (CRJ-200LR)	7683	ex C-FMLV	8683	
☐	N8688C	Canadair CL-600-2B19 (CRJ-200LR)	7688	ex C-FMNY	8688	
☐	N8694A	Canadair CL-600-2B19 (CRJ-200LR)	7694	ex C-FMLU	8694	
☐	N8696C	Canadair CL-600-2B19 (CRJ-200LR)	7696	ex C-FMMB	8696	
☐	N8698A	Canadair CL-600-2B19 (CRJ-200LR)	7698	ex C-FMMN	8698	
☐	N8709A	Canadair CL-600-2B19 (CRJ-200LR)	7709	ex C-FMLI	8709	
☐	N8710A	Canadair CL-600-2B19 (CRJ-200LR)	7710	ex C-FMLQ	8710	
☐	N8718E	Canadair CL-600-2B19 (CRJ-200LR)	7718	ex C-FMNY	8718	
☐	N8721B	Canadair CL-600-2B19 (CRJ-200LR)	7721	ex C-FVAZ	8721	
☐	N8733G	Canadair CL-600-2B19 (CRJ-200LR)	7733	ex C-FMNB	8733	
☐	N8736A	Canadair CL-600-2B19 (CRJ-200LR)	7736	ex C-FMKZ	8736	
☐	N8745B	Canadair CL-600-2B19 (CRJ-200LR)	7745	ex C-FMNH	8745	
☐	N8747B	Canadair CL-600-2B19 (CRJ-200LR)	7747	ex C-FMNX	8747	
☐	N8751D	Canadair CL-600-2B19 (CRJ-200LR)	7751	ex C-FVAZ	8751	
☐	N8758D	Canadair CL-600-2B19 (CRJ-200LR)	7758	ex C-FMMN	8758	
☐	N8771A	Canadair CL-600-2B19 (CRJ-200LR)	7771	ex C-FMLS	8771	
☐	N8775A	Canadair CL-600-2B19 (CRJ-200LR)	7775	ex C-FMNH	8775	
☐	N8783E	Canadair CL-600-2B19 (CRJ-200LR)	7783	ex C-FMNQ	8783	
☐	N8790A	Canadair CL-600-2B19 (CRJ-200LR)	7790	ex C-FMMW	8790	
☐	N8794B	Canadair CL-600-2B19 (CRJ-200LR)	7794	ex C-FMKV	8794	
☐	N8797A	Canadair CL-600-2B19 (CRJ-200LR)	7797	ex C-FMLB	8797	
☐	N8800G	Canadair CL-600-2B19 (CRJ-200LR)	7800	ex C-FMLQ	8800	
☐	N8808H	Canadair CL-600-2B19 (CRJ-200LR)	7808	ex C-FMNY	8808	
☐	N8828D	Canadair CL-600-2B19 (CRJ-200LR)	7828	ex C-FMLF	8828	
☐	N8836A	Canadair CL-600-2B19 (CRJ-200LR)	7836	ex C-FMNW	8836	
☐	N8837B	Canadair CL-600-2B19 (CRJ-200LR)	7837	ex C-FMNX	8837	
☐	N8839E	Canadair CL-600-2B19 (CRJ-200LR)	7839	ex C-FMOS	8839	
☐	N8847A	Canadair CL-600-2B19 (CRJ-200LR)	7847	ex C-FMML	8847	
☐	N8855A	Canadair CL-600-2B19 (CRJ-200LR)	7855	ex C-FMKW	8855	
☐	N8869B	Canadair CL-600-2B19 (CRJ-200LR)	7869	ex C-FMOS	8869	
☐	N8877A	Canadair CL-600-2B19 (CRJ-200LR)	7877	ex C-FMML	8877	
☐	N8883E	Canadair CL-600-2B19 (CRJ-200LR)	7883	ex C-FMNB	8883	
☐	N8884E	Canadair CL-600-2B19 (CRJ-200LR)	7884	ex C-FMKV	8884	
☐	N8886A	Canadair CL-600-2B19 (CRJ-200LR)	7886	ex C-FMKZ	8886	
☐	N8888D	Canadair CL-600-2B19 (CRJ-200LR)	7888	ex C-FMLF	8888	
☐	N8891A	Canadair CL-600-2B19 (CRJ-200LR)	7891	ex C-FMLS	8891	
☐	N8894A	Canadair CL-600-2B19 (CRJ-200LR)	7894	ex C-FMMT	8894	
☐	N8896A	Canadair CL-600-2B19 (CRJ-200LR)	7896	ex C-FMNW	8896	
☐	N8903A	Canadair CL-600-2B19 (CRJ-200LR)	7903	ex C-FMNQ	8903	
☐	N8907A	Canadair CL-600-2B19 (CRJ-200LR)	7907	ex C-FMML	8907	

☐	N8908D	Canadair CL-600-2B19 (CRJ-200LR)	7908	ex C-FMMN	8908	
☐	N8913A	Canadair CL-600-2B19 (CRJ-200LR)	7913	ex C-FMNB	8913	
☐	N8914A	Canadair CL-600-2B19 (CRJ-200LR)	7914	ex C-FMKV	8914	
☐	N8918B	Canadair CL-600-2B19 (CRJ-200LR)	7918	ex C-FMLF	8918	
☐	N8921B	Canadair CL-600-2B19 (CRJ-200LR)	7921	ex C-FMLS	8921	
☐	N8923A	Canadair CL-600-2B19 (CRJ-200LR)	7923	ex C-FMLV	8923	
☐	N8924B	Canadair CL-600-2B19 (CRJ-200LR)	7924	ex C-FMMT	8924	
☐	N8928A	Canadair CL-600-2B19 (CRJ-200LR)	7928	ex C-FMNY	8928	
☐	N8930E	Canadair CL-600-2B19 (CRJ-200LR)	7930	ex C-FMOW	8930	
☐	N8932C	Canadair CL-600-2B19 (CRJ-200LR)	7932	ex C-FMND	8932	
☐	N8933B	Canadair CL-600-2B19 (CRJ-200LR)	7933	ex C-FMNQ	8933	
☐	N8936A	Canadair CL-600-2B19 (CRJ-200LR)	7936	ex C-FMMB	8936	
☐	N8938A	Canadair CL-600-2B19 (CRJ-200LR)	7938	ex C-FMMN	8938	
☐	N8940E	Canadair CL-600-2B19 (CRJ-200LR)	7940	ex C-FMMW	8940	
☐	N8942A	Canadair CL-600-2B19 (CRJ-200LR)	7942	ex C-FMMY	8942	
☐	N8943A	Canadair CL-600-2B19 (CRJ-200LR)	7943	ex C-FMNB	8943	
☐	N8944B	Canadair CL-600-2B19 (CRJ-200LR)	7944	ex C-FMKV	8944; Spirit of Beale St
☐	N8946A	Canadair CL-600-2B19 (CRJ-200LR)	7946	ex C-FMKZ	8946	
☐	N8948B	Canadair CL-600-2B19 (CRJ-200LR)	7948	ex C-FMLF	8948	
☐	N8960A	Canadair CL-600-2B19 (CRJ-200LR)	7960	ex C-FMOW	8960	
☐	N8964E	Canadair CL-600-2B19 (CRJ-200LR)	7964	ex C-FMLU	8964	
☐	N8965E	Canadair CL-600-2B19 (CRJ-200LR)	7965	ex C-FMOI	8965	
☐	N8968E	Canadair CL-600-2B19 (CRJ-200LR)	7968	ex C-FMMN	8968	
☐	N8969A	Canadair CL-600-2B19 (CRJ-200LR)	7969	ex C-FMMQ	8969	
☐	N8970D	Canadair CL-600-2B19 (CRJ-200LR)	7970	ex C-FMMW	8970	
☐	N8971A	Canadair CL-600-2B19 (CRJ-200LR)	7971	ex C-FMMX	8971	
☐	N8972E	Canadair CL-600-2B19 (CRJ-200LR)	7972	ex C-FMMY	8972	
☐	N8974C	Canadair CL-600-2B19 (CRJ-200LR)	7974	ex C-FMKV	8974	
☐	N8976E	Canadair CL-600-2B19 (CRJ-200LR)	7976	ex C-FMKZ	8976	
☐	N8977A	Canadair CL-600-2B19 (CRJ-200LR)	7977	ex C-FMLB	8977	
☐	N8980A	Canadair CL-600-2B19 (CRJ-200LR)	7980	ex C-FMLQ	8980	
☐	N8982A	Canadair CL-600-2B19 (CRJ-200LR)	7982	ex C-FMLT	8982	
☐	N8986B	Canadair CL-600-2B19 (CRJ-200LR)	7986	ex C-FMNW	8986	

Operated by Pinnacle Airlines except those marked " which are operated by Mesaba. 15 to be transferred from Pinnacle to Mesaba from November 2007

☐	N901XJ	Canadair CL-600-2D24 (CRJ-900)	15130	ex C-	Mesaba
☐	N902XJ	Canadair CL-600-2D24 (CRJ-900)	15131	ex C-FNWB	Mesaba
☐	N903XJ	Canadair CL-600-2D24 (CRJ-900)	15134	ex C-FOFO	Mesaba
☐	N904XJ	Canadair CL-600-2D24 (CRJ-900)	15135	ex C-	Mesaba
☐	N905XJ	Canadair CL-600-2D24 (CRJ-900)	15137	ex C-	Mesaba
☐	N906XJ	Canadair CL-600-2D24 (CRJ-900)	15138	ex C-	Mesaba
☐	N907XJ	Canadair CL-600-2D24 (CRJ-900)	15139	ex C-FOVM	Mesaba
☐	N908XJ	Canadair CL-600-2D24 (CRJ-900)	15140	ex C-FOWF	Mesaba
☐	N909XJ	Canadair CL-600-2D24 (CRJ-900)	15141	ex C-	Mesaba
☐	N910XJ	Canadair CL-600-2D24 (CRJ-900)	15143	ex C-	Mesaba
☐	N912XJ	Canadair CL-600-2D24 (CRJ-900)	15144	ex C-	Mesaba
☐	N913XJ	Canadair CL-600-2D24 (CRJ-900)	15148	ex C-FQYX	Mesaba
☐	N914XJ	Canadair CL-600-2D24 (CRJ-900)	15149	ex C-	Mesaba
☐	N915XJ	Canadair CL-600-2D24 (CRJ-900)	15150	ex C-	Mesaba
☐	N917XJ	Canadair CL-600-2D24 (CRJ-900)	15155	ex C-	Mesaba
☐	N918XJ	Canadair CL-600-2D24 (CRJ-900)	15156	ex C-	Mesaba

Fourteen more Canadair CL-600-2D24s are on order

☐	N602CZ	Embraer 170-200LR (175LR)	17000171	ex PT-SMN	Compass
☐	N603CZ	Embraer 170-200LR (175LR)	17000176	ex PT-SMT	Compass
☐	N604CZ	Embraer 170-200LR (175LR)	17000181	ex PT-SMY	Compass
☐	N605CZ	Embraer 170-200LR (175LR)	17000186	ex PT-SUD	Compass
☐	N606CZ	Embraer 170-200LR (175LR)	17000188	ex PT-SUH	Compass
☐	N607CZ	Embraer 170-200LR (175LR)	17000192	ex PT-SUT	Compass
☐	N608CZ	Embraer 170-200LR (175LR)	17000195	ex PT-SXA	Compass
☐	N609CZ	Embraer 170-200LR (175LR)	17000197	ex PT-SXJ	Compass
☐	N610CZ	Embraer 170-200LR (175LR)	17000198	ex PT-SXK	Compass
☐	N612CZ	Embraer 170-200LR (175LR)	17000201	ex PT-SXQ	Compass
☐	N613CZ	Embraer 170-200AR (175AR)	17000203	ex PT-SXS	Compass
☐	N	Embraer 170-200AR (175AR)		ex PT-S	Compass
☐	N	Embraer 170-200AR (175AR)		ex PT-S	Compass
☐	N	Embraer 170-200AR (175AR)		ex PT-S	Compass
☐	N	Embraer 170-200AR (175AR)		ex PT-S	Compass
☐	N	Embraer 170-200AR (175AR)		ex PT-S	Compass
☐	N	Embraer 170-200AR (175AR)		ex PT-S	Compass
☐	N	Embraer 170-200AR (175AR)		ex PT-S	Compass
☐	N	Embraer 170-200AR (175AR)		ex PT-S	Compass
☐	N	Embraer 170-200AR (175AR)		ex PT-S	Compass
☐	N	Embraer 170-200AR (175AR)		ex PT-S	Compass
☐	N	Embraer 170-200AR (175AR)		ex PT-S	Compass
☐	N	Embraer 170-200AR (175AR)		ex PT-S	Compass
☐	N	Embraer 170-200AR (175AR)		ex PT-S	Compass
☐	N	Embraer 170-200AR (175AR)		ex PT-S	Compass
☐	N	Embraer 170-200AR (175AR)		ex PT-S	Compass

☐	N	Embraer 170-200AR (175AR)		ex PT-S	Compass	
☐	N	Embraer 170-200AR (175AR)		ex PT-S	Compass	
☐	N	Embraer 170-200AR (175AR)		ex PT-S	Compass	
☐	N	Embraer 170-200AR (175AR)		ex PT-S	Compass	
☐	N	Embraer 170-200AR (175AR)		ex PT-S	Compass	
☐	N	Embraer 170-200AR (175AR)		ex PT-S	Compass	
☐	N	Embraer 170-200AR (175AR)		ex PT-S	Compass	
☐	N	Embraer 170-200AR (175AR)		ex PT-S	Compass	

First ten will be delivered as 175LRs and later modified to 175AR (Advanced Range) configuration; all leased to Compass by Northwest Airlines

☐	N362PX	SAAB SF.340B	340B-258	ex SE-G58	Mesaba	Lsd fr FLG
☐	N363PX	SAAB SF.340B	340B-260	ex SE-G60	Mesaba; stored BGR	Lsd fr FLG
☐	N365PX	SAAB SF.340B	340B-265	ex SE-G65	Mesaba; stored BGR	Lsd fr FLG
☐	N369PX	SAAB SF.340B	340B-295	ex SE-G95	Mesaba	Lsd fr FLG
☐	N370PX	SAAB SF.340B	340B-300	ex SE-E03	Mesaba	Lsd fr FLG
☐	N402XJ	SAAB SF.340B	340B-402	ex SE-B02	Mesaba	Lsd fr SAAB
☐	N403XJ	SAAB SF.340B	340B-403	ex SE-B03	Mesaba	Lsd fr SAAB
☐	N404XJ	SAAB SF.340B	340B-404	ex SE-B04	Mesaba	Lsd fr SAAB
☐	N406XJ	SAAB SF.340B	340B-406	ex SE-B06	Mesaba	Lsd fr SAAB
☐	N407XJ	SAAB SF.340B	340B-407	ex SE-B07	Mesaba	Lsd fr SAAB
☐	N408XJ	SAAB SF.340B	340B-408	ex SE-B08	Mesaba	Lsd fr SAAB
☐	N410XJ	SAAB SF.340B	340B-410	ex SE-B10	Mesaba	Lsd fr SAAB
☐	N411XJ	SAAB SF.340B	340B-411	ex SE-B11	Mesaba	Lsd fr SAAB
☐	N412XJ	SAAB SF.340B	340B-412	ex SE-B12	Mesaba	Lsd fr SAAB
☐	N413XJ	SAAB SF.340B	340B-413	ex SE-B13	Mesaba	Lsd fr SAAB
☐	N414XJ	SAAB SF.340B	340B-414	ex SE-B14	Mesaba	Lsd fr SAAB
☐	N415XJ	SAAB SF.340B	340B-415	ex SE-B15	Mesaba	Lsd fr SAAB
☐	N416XJ	SAAB SF.340B	340B-416	ex SE-B16	Mesaba	Lsd fr SAAB
☐	N417XJ	SAAB SF.340B	340B-417	ex SE-B17	Mesaba	Lsd fr SAAB
☐	N418XJ	SAAB SF.340B	340B-418	ex SE-B18	Mesaba	Lsd fr SAAB
☐	N420XJ	SAAB SF.340B	340B-420	ex SE-B20	Mesaba	Lsd fr SAAB
☐	N421XJ	SAAB SF.340B	340B-421	ex SE-B21	Mesaba	Lsd fr SAAB
☐	N422XJ	SAAB SF.340B	340B-422	ex SE-B22	Mesaba	Lsd fr SAAB
☐	N423XJ	SAAB SF.340B	340B-423	ex SE-B23	Mesaba	Lsd fr SAAB
☐	N424XJ	SAAB SF.340B	340B-424	ex SE-B24	Mesaba	Lsd fr SAAB
☐	N425XJ	SAAB SF.340B	340B-425	ex SE-B25	Mesaba	Lsd fr SAAB
☐	N426XJ	SAAB SF.340B	340B-426	ex SE-B26	Mesaba	Lsd fr SAAB
☐	N427XJ	SAAB SF.340B	340B-427	ex SE-B27	Mesaba	Lsd fr SAAB
☐	N428XJ	SAAB SF.340B	340B-428	ex SE-B28	Mesaba	Lsd fr SAAB
☐	N429XJ	SAAB SF.340B	340B-429	ex SE-B29	Mesaba	Lsd fr SAAB
☐	N430XJ	SAAB SF.340B	340B-430	ex SE-B30	Mesaba	Lsd fr SAAB
☐	N433XJ	SAAB SF.340B	340B-433	ex SE-B33	Mesaba	Lsd fr SAAB
☐	N434XJ	SAAB SF.340B	340B-434	ex SE-B34	Mesaba	Lsd fr SAAB
☐	N435XJ	SAAB SF.340B	340B-435	ex SE-B35	Mesaba	Lsd fr SAAB
☐	N436XJ	SAAB SF.340B	340B-436	ex SE-B36	Mesaba	Lsd fr SAAB
☐	N437XJ	SAAB SF.340B	340B-437	ex SE-B37	Mesaba	Lsd fr SAAB
☐	N438XJ	SAAB SF.340B	340B-438	ex SE-B38	Mesaba	Lsd fr SAAB
☐	N439XJ	SAAB SF.340B	340B-439	ex SE-B39	Mesaba	Lsd fr SAAB
☐	N441XJ	SAAB SF.340B	340B-441	ex SE-B41	25th Anniversary c/s	Lsd fr SAAB
☐	N442XJ	SAAB SF.340B	340B-442	ex SE-B42	Mesaba	Lsd fr SAAB
☐	N443XJ	SAAB SF.340B	340B-443	ex SE-B43	Mesaba	Lsd fr SAAB
☐	N444XJ	SAAB SF.340B	340B-444	ex SE-B44	Mesaba	Lsd fr SAAB
☐	N445XJ	SAAB SF.340B	340B-445	ex SE-B45	Mesaba	Lsd fr SAAB
☐	N446XJ	SAAB SF.340B	340B-446	ex SE-B46	Mesaba	Lsd fr SAAB
☐	N447XJ	SAAB SF.340B	340B-447	ex SE-B47	Mesaba	Lsd fr SAAB
☐	N448XJ	SAAB SF.340B	340B-448	ex SE-B48	Mesaba	Lsd fr SAAB
☐	N449XJ	SAAB SF.340B	340B-449	ex SE-B49	Mesaba	Lsd fr SAAB
☐	N450XJ	SAAB SF.340B	340B-450	ex SE-B50	Mesaba	Lsd fr SAAB
☐	N451XJ	SAAB SF.340B	340B-451	ex SE-B51	Mesaba	Lsd fr SAAB
☐	N452XJ	SAAB SF.340B	340B-452	ex SE-B52	Mesaba	Lsd fr SAAB
☐	N453XJ	SAAB SF.340B	340B-453	ex SE-B53	Mesaba	Lsd fr SAAB
☐	N454XJ	SAAB SF.340B	340B-454	ex SE-B54	Mesaba	Lsd fr SAAB
☐	N456XJ	SAAB SF.340B	340B-456	ex SE-B56	Mesaba	Lsd fr SAAB
☐	N457XJ	SAAB SF.340B	340B-457	ex SE-B57	Mesaba	Lsd fr SAAB

nwa Airlink is the operating name for a network of feeder services op by Compass Airlines, Pinnacle Airlines, [9E/FLG] and Mesaba Airlines, [XJ/MES], in using nwa's NW designator. Services also provided by Pacific Island Aviation.

NORTHWEST HELICOPTERS

Olympia, WA (OLM)

☐	N64NH	Bell UH-1H	4379	ex 64-13672
☐	N65NH	Bell UH-1H	5078	ex 65-10034
☐	N66NH	Bell UH-1H	5624	ex 66-1141
☐	N67NH	Bell UH-1H	9486	ex 67-17282
☐	N71NH	Bell UH-1H	11682	ex 69-16267
☐	N78NW	Bell UH-1H	9266	ex N342WN
☐	N79NW	Bell UH-1H	4417	ex 64-13710
☐	N80NH	Bell UH-1H	12572	ex N70NH
☐	N111DR	Bell UH-1H	4406	ex N83NW
☐	N114DR	Bell UH-1H	5275	ex N85NW
☐	N117DR	Bell UH-1H	5204	ex N95NW

☐	N118DR	Bell UH-1H		5386	ex N84NW	
☐	N166DR	Bell UH-1H		9143	ex N86NW	
☐	N175SF	Bell EH-1H		12290	ex 69-16713	
☐	N176SF	Bell EH-1H		11757	ex 69-15469	
☐	N313B	Bell UH-1H		4057	ex 63-08765	
☐	N602WA	Bell UH-1H		4746	ex 65-9702	
☐	N5517N	Bell UH-1H		9589	ex 67-17391	
☐	N6165X	Bell UH-1K		6307	ex 157183	
☐	N6180Z	Bell UH-1H		11411	ex 69-15123	
☐	N7515S	Bell UH-1H			ex 69-15328	
☐	N7515Z	Bell UH-1H			ex 70-16336	
☐	N8833D	Bell UH-1H		9021	ex 66-16827	
☐	N61NH	Sikorsky S-61N		61474	ex 9M-SSS	
☐	N61NW	Sikorsky S-61N		61719	ex 9M-SSR	Lsd fr US Leaseco

NORTHWEST SEAPLANES
Mariner (2G/MRR)   Seattle-Lake Union, WA/Seattle-Renton (LKS/RNT)

☐	N90YC	de Havilland DHC-2 Beaver	1338	ex N127WA	Floatplane	Lsd fr C&P Aircraft Lsg
☐	N67681	de Havilland DHC-2 Beaver	1158	ex N215LU	Floatplane	
☐	N67684	de Havilland DHC-2 Beaver	1208	ex N67894	Floatplane	Lsd fr C&P Aircraft Lsg
☐	N67685	de Havilland DHC-2 Beaver	1250	ex N128WA	Floatplane	
☐	N67689	de Havilland DHC-2 Beaver	1242	ex N67675	Floatplane	

Northwest Seaplanes is the trading name of San Juan Airlines

OMNI AIR INTERNATIONAL
Omni (OY/OAE)   Tulsa-Intl, OK (TUL)

☐	N270AX	Douglas DC-10-30	48318/446	ex N353WL		Lsd fr Aerospace Finance
☐	N522AX	Douglas DC-10-30ER	48315/436	ex N243NW		Lsd fr Omni Avn Lsg
☐	N531AX	Douglas DC-10-30ERF	48316/437	ex N244NW		Lsd fr Omni Avn Lsg
☐	N540AX	Douglas DC-10-30	46595/299	ex D-ADPO		Lsd fr Omni DC-10 Lsg
☐	N603AX	Douglas DC-10-30	48267/434	ex N238NW		Lsd fr Omni Avn Lsg
☐	N612AX	Douglas DC-10-30ER	48290/435	ex N239NW		Lsd fr Omni Avn Lsg
☐	N621AX	Douglas DC-10-30ER	48319/438	ex N240NW		Lsd fr Omni Avn Lsg
☐	N630AX	Douglas DC-10-30	46596/301	ex D-ADQO		Lsd fr Omni DC-10 Lsg
☐	N720AX	Douglas DC-10-30	48252/342	ex D-ADSO		Lsd fr Omni DC-10 Lsg
☐	N810AX	Douglas DC-10-30ER	48265/345	ex F-GPVC		Lsd fr Omni DC-10 Lsg
☐	N59083	Douglas DC-10-30	47926/170	ex OO-SLG	stored VCV	
☐	N459AX	Boeing 757-2Q8	25621/457	ex N551NA		Lsd fr ILFC; sublsd to EIR
☐	N549AX	Boeing 757-23A	24528/250	ex XU-123		Lsd fr Tombo
☐	N639AX	Boeing 757-28A	24368/213	ex N368CG		Lsd fr ACG Acquisition

OMNIFLIGHT HELICOPTERS
  Dallas-Addison, TX (ADS)

☐	N93CH	Bell 206L-3 LongRanger III		51314		
☐	N94CH	Bell 206L-4 LongRanger IV		52070		
☐	N95CH	Bell 206L-4 LongRanger IV		52195		
☐	N154MW	Bell 206L-4 LongRanger IV		52154	ex PT-YBQ	
☐	N206AZ	Bell 206L-3 LongRanger III		51007	ex N725RE	
☐	N206MH	Bell 206L-1 LongRanger III		45426	ex N518EH	EMS
☐	N224LF	Bell 206L-1 LongRanger II		45199	ex N5013Y	EMS
☐	N314LS	Bell 206L-3 LongRanger III		51006	ex N2210H	EMS
☐	N112LL	MBB BK-117A-3		7038	ex N4493X		Lsd fr Vesey Air
☐	N113LL	MBB BK-117B-1		7013	ex N117LF	
☐	N117AP	MBB BK-117B-1		7144	ex N311LS	
☐	N117LS	MBB BK-117A-3		7113	ex N628MB	
☐	N117M	MBB BK-117A-3		7023	ex N39251	EMS
☐	N117MH	MBB BK-117A-3		7112	ex N627MB	EMS
☐	N117MK	MBB BK-117B-2		7196	ex N117BK	EMS	Lsd fr Chase Eqt Lsg
☐	N117NG	MBB BK-117A-4		7083	ex N312LF	
☐	N117UC	MBB BK-117B-1		7206	ex N214AE	EMS
☐	N117VU	MBB BK-117B-1		7211	ex N8194S	
☐	N118LL	MBB BK-117A-3		7097	ex N117SJ	
☐	N170MC	MBB BK-117B-1		7217	ex N7161S	
☐	N171MU	MBB BK-117A-4		7138	ex N313LF		Lsd fr Chase Eqt Lsg
☐	N217MC	MBB BK-117B-1		7195	ex N54113	EMS	Op for Mayo Foundation
☐	N317MC	MBB BK-117C-1		7505	ex N117AE	EMS	Op for Mayo Foundation
☐	N460H	MBB BK-117B-1		7142	ex N90266	EMS	Lsd fr Chase Eqt Lsg
☐	N504LH	MBB BK-117A-3		7061	ex N312LS		Lsd fr Vesey Air
☐	N527MB	MBB BK-117A-3		7103	ex D-HBPX	
☐	N711FC	MBB BK-117A-4		7070	ex N311LF	EMS	Lsd fr IACI Vince
☐	N911MZ	MBB BK-117A-3		7098	ex N117UC	
☐	N1140H	MBB BK-117A-3		7078	ex N212AE	
☐	N75LV	Beech B200 Super King Air		BB-1075	ex C-GTDY	EMS	Lsd fr C-FWC Medical Centre
☐	N219HM	Bell 222UT		47573	ex C-FTIU	EMS	Lsd fr Key Corp Lsg

401

☐ N222HX	Bell 222UT	47533	ex N3201W			Lsd fr Key Corp Lsg
☐ N277LF	Bell 222UT	47520	ex N911LW	EMS		Lsd fr HCA Health Svs
☐ N315LS	MBB Bo.105L-A3	2033	ex N911SY			
☐ N350AZ	Aerospatiale AS.350B2 AStar	3127	ex N4073A			
☐ N350GR	Aerospatiale AS.350B AStar	3140	ex N911GF	EMS		
☐ N911LF	MBB Bo.105CBS	S-663	ex N4572R	EMS		
☐ N911MK	Bell 222UT	47515	ex N4072G			Lsd fr Vesey Air
☐ N40751	Aerospatiale AS.350B2 AStar	3154				

PACE AIRLINES
Pace (Y5/PCE)   *Winston-Salem/Smith Reynolds, NC (INT)*

☐ N249TR	Boeing 737-2K5 (Nordam 3)	22598/792	ex F-GFLX		Lsd fr Triton
☐ N250TR	Boeing 737-2K5 (Nordam 3)	22597/773	ex F-GFLV		Lsd fr Triton
☐ N251TR	Boeing 737-228 (Nordam 3)	23792/1397	ex F-GBYP		Lsd fr Triton
☐ N252TR	Boeing 737-228 (Nordam 3)	23001/936	ex F-GBYB	Boni Belle	Lsd fr Triton
☐ N373PA	Boeing 737-3Y0	23749/1389	ex N749AP	The Steffie Pacemaker	
					Lsd fr Aero USA
☐ N583CC	Boeing 737-291 (Nordam 3)	21069/415	ex N15255		Lsd fr Gund Sports
☐ N737DX	Boeing 737-408	24804/1851	ex TF-FIC		Lsd fr BancBoston Transport Lsg
☐ N801DM	Boeing 757-256	26240/561	ex N286CD	Op for Dallas Mavericks	
					Lsd fr MLW Avn

PACIFIC AIRWAYS
(3F)   *Ketchikan-Harbor SPB, AK (WFB)*

☐ N12UA	de Havilland DHC-2 Beaver	700	ex C-GSIN	Floatplane
☐ N96DG	de Havilland DHC-2 Beaver	702	ex N99132	Floatplane
☐ N264P	de Havilland DHC-2 Beaver	464	ex N23RF	Floatplane
☐ N5595M	de Havilland DHC-2 Beaver	1571	ex 105	Floatplane
☐ N9290Z	de Havilland DHC-2 Beaver	1387	ex 58-2055	Floatplane
☐ N9294Z	de Havilland DHC-2 Beaver	1379	ex 58-2047	Floatplane

PACIFIC HELICOPTERS
                                                                                                   Kahului-International, HI (OGG)

☐ N1076C	Bell TH-1F	6436	ex N64F	
☐ N4963F	Bell TH-1L	6404	ex Bu157809	
☐ N6131P	Bell UH-1H	5787	ex 66-16093	
☐ N6226H	Bell UH-1B	3115	ex 66-14420	
☐ N8079E	Bell UH-1H	4762	ex 65-9718	
☐ N80780	Bell UH-1H	4527	ex 64-13820	
☐ N64F	Bell 204B	2027	ex N103CR	
☐ N261F	Sikorsky S-61N	61771	ex G-BEOO	
☐ N262F	Sikorsky S-61N	61364	ex V8-UDU	
☐ N263F	Sikorsky S-61N	61488	ex V8-UDQ	
☐ N503AH	Bell 206B JetRanger	686	ex C-FAOL	
☐ N622F	Bell 222U	47543	ex C-GIVU	
☐ N866JH	Ted Smith Aerostar 601	61-0042-83	ex N7471S	
☐ N5743H	Bell 206B JetRanger III	3042		
☐ N6651H	Bell 206L-1 LongRanger II	45211		
☐ N8649Z	Cessna TP206C Super Skylane	P206-0449		
☐ N38993	Bell 206L-1 LongRanger III	45601		
☐ N73280	Bell 204B	2016		

PACIFIC WINGS
Tsunami (LW/NMI) (IATA 568)   *Kahului-Intl, HI (OGG)I*

☐ N208TD	Cessna 208B Caravan I	208B1240		Lsd fr Delta Wing Equipment
☐ N301PW	Cessna 208B Caravan I	208B0983		Lsd fr Aero Wing Equipment
☐ N302PW	Cessna 208B Caravan I	208B0984		Lsd fr Bravo Wing Equipment
☐ N303PW	Cessna 208B Caravan I	208B0985		Lsd fr Coast Wing Equipment
☐ N304PW	Cessna 208B Caravan I	208B0833	ex N699BA	Lsd fr Delta Wing Equipment
☐ N305PW	Cessna 208B Caravan I	208B0828	ex N297DF	Lsd fr Delta Wing Equipment

PAPILLON GRAND CANYON AIRWAYS
(HI) (IATA 563)   *Grand Canyon-National Park, AZ, (GCN)*

☐ N177PA	Bell 206L-1 LongRanger III	45194	ex N992PA	17	Lsd fr Monarch Enterprises
☐ N178PA	Bell 206L-1 LongRanger III	45319	ex F-ODUB	18	Lsd fr Monarch Enterprises
☐ N333ER	Bell 206L-1 LongRanger III	45203		12	Lsd fr Monarch Enterprises
☐ N1075S	Bell 206L-1 LongRanger III	45366		10	
☐ N1076T	Bell 206L-1 LongRanger II	45373			
☐ N2072M	Bell 206L-1 LongRanger II	45720			Lsd fr Monarch Enterprises
☐ N3893U	Bell 206L-3 LongRanger III	51020		9	Lsd fr Monarch Enterprises
☐ N3895D	Bell 206L-1 LongRanger II	45590		1	Lsd fr Monarch Enterprises
☐ N4227E	Bell 206L-1 LongRanger III	45702	ex N725RE		Lsd fr Monarch Enterprises
☐ N5743C	Bell 206L-1 LongRanger II	45474			Lsd fr Juliet Inc
☐ N5745Y	Bell 206L-1 LongRanger III	45531		11	Lsd fr Monarch Enterprises

☐	N10761	Bell 206L-1 LongRanger II	45381			Lsd fr Zuni LLC
☐	N20316	Bell 206L-1 LongRanger II	45687			Lsd fr Bravo I Inc
☐	N22425	Bell 206L-1 LongRanger II	45743			Lsd fr Bravo I Inc
☐	N27694	Bell 206L-1 LongRanger II	45282		4	Lsd fr Monarch Enterprises
☐	N38903	Bell 206L-3 LongRanger III	51017			
☐	N50046	Bell 206L-1 LongRanger II	45173			
☐	N57491	Bell 206L-1 LongRanger II	45505		15	Lsd fr Monarch Enterprises
☐	N130GC	Eurocopter EC.130B4	3562			
☐	N133GC	Eurocopter EC.130B4	3883			
☐	N137PH	Eurocopter EC.130B4	3775			
☐	N170PA	Aerospatiale AS.350B2 AStar	2637	ex ZK-HNG		Lsd fr Zuni LLC
☐	N175PA	Bell 407	53154			Lsd fr Juliet Inc
☐	N368PA	MD Helicopters MD900 Explorer	900-00012	ex N901CF		Lsd fr Gulf Inc
☐	N407PA	Bell 407	53567	ex N16FR		Lsd fr Monarch Enterprises
☐	N453NW	Aerospatiale AS.350B2 AStar	2475	ex HB-XYC		Lsd fr Juliet Inc
☐	N616AC	Bell 407	53354	ex N407BR		Lsd fr Juliet Inc
☐	N911KR	Aerospatiale AS.350BA AStar	2094	ex N94LH		Lsd fr Zuni LLC
☐	N6093R	Aerospatiale AS.350B2 AStar	2415			Lsd fr Juliet Inc

PARADIGM AIR CARRIERS
Operates executive charters and aircraft moved to that section

PARAGON AIR EXPRESS
Paragon Express (PGX)   *Nashville-Intl, TN (BNA)*

☐	N703PA	Cessna 208B Caravan I	208B0776	ex N5262B	Freighter	

PARAMOUNT JET
Little Rock-Adams Field, AR (LIT)

☐	N406BN	Boeing 727-291F (Raisbeck 3)	19991/521	ex HI-630CA	no titles	Lsd fr One Charter

PELICAN AIRWAYS
Ocracoke Island, NC

☐	N555JA	Britten-Norman BN-2 Islander	20	ex N585JA	

PENAIR
Peninsula(KS/PEN)   *Anchorage-Intl, AK (ANC)*

☐	N4327P	Piper PA-32-301 Saratoga	32-8406002			
☐	N8212H	Piper PA-32-301 Saratoga	32-8006046			
☐	N8259V	Piper PA-32-301 Saratoga	32-8006097			
☐	N8305H	Piper PA-32-301 Saratoga	32-8106017			
☐	N8327S	Piper PA-32-301 Saratoga	32-8106039			
☐	N8402S	Piper PA-32-301 Saratoga	32-8106075			
☐	N8470Y	Piper PA-32-301 Saratoga	32-8206012			
☐	N81052	Piper PA-32-301 Saratoga	32-8206023			
☐	N81844	Piper PA-32-301 Saratoga	32-8006012			
☐	N82455	Piper PA-32-301 Saratoga	32-8006079			
☐	N41NE	Swearingen SA.227AC Metro III	AC-741B	ex C-FNAM		
☐	N640PA	Swearingen SA.227AC Metro III	AC-759B	ex N306NE	Spirit of the Aleutians	
☐	N650PA	Swearingen SA.227AC Metro III	AC-775B			
☐	N892DC	Swearingen SA.227DC Metro 23	DC-892B	ex C-GAFO		
☐	N2719H	Swearingen SA.227AC Metro III	AC-713B			
☐	N109XJ	SAAB SF.340A	340A-109	ex SE-F09		Lsd fr Lambert Lsg
☐	N110XJ	SAAB SF.340A	340A-110	ex SE-F10		Lsd fr Lambert Lsg
☐	N665PA	SAAB SF.340B	340B-181	ex N590MA		
☐	N675PA	SAAB SF.340B	340B-206	ex N593MA	Spirit of Bristol Bay	Lsd fr GSST
☐	N676PA	SAAB SF.340B	340B-316	ex VH-LIH		Lsd fr Scania Finance
☐	N677PA	SAAB SF.340B	340B-328	ex VH-XDZ		Lsd fr Scania Finance
☐	N679PA	SAAB SF.340B	340B-345	ex N345CV		Lsd fr Lambert Lsg
☐	N685PA	SAAB SF.340B	340B-212	ex N594MA	Spirit of the Aleutians	Lsd fr SAAB
☐	N15PR	Piper PA-31-350 Chieftain	31-8352011	ex SE-KPC		
☐	N28KE	Piper PA-31-350 Chieftain	31-8152049	ex C-GVSX		
☐	N700RD	Piper PA-31T3-1040	31T-5575001	ex HP-1101P		
☐	N741	Grumman G-21A Goose	B-97			
☐	N750PA	Cessna 208B Caravan I	208B0628			
☐	N7811	Grumman G-21A Goose	B-122			
☐	N9304F	Cessna 208 Caravan I	20800008			Lsd fr GSST LLC
☐	N9481F	Cessna 208 Caravan I	20800070			Lsd fr Avion Corp
☐	N22932	Grumman G-21A Goose	B-139	ex CF-WCP		

Operates services on behalf of Alaska Airlines Commuter using flight numbers in the range 4200-4299
Penair is the trading name of Peninsula Airways

PHI - PETROLEUM HELICOPTERS
Petroleum (PHM)   Lafayette-Regional, LA (LFT)

	Registration	Type	Serial	Previous ID	Notes
☐	N151AE	Aerospatiale AS.350B3 AStar	3814		
☐	N153AE	Aerospatiale AS.350B3 AStar	3829		
☐	N350LG	Aerospatiale AS.350B3 AStar	3690	ex N499AE	
☐	N351LG	Aerospatiale AS.350B3 AStar	3722	ex N580AE	
☐	N352LG	Aerospatiale AS.350B3 AStar	3777	ex N142AE	
☐	N353P	Aerospatiale AS.350B2 AStar	3885	ex N194AE	
☐	N354P	Aerospatiale AS.350B2 AStar	3886	ex N196AE	
☐	N498AE	Aerospatiale AS.350B3 AStar	3687		
☐	N585AE	Aerospatiale AS.350B3 AStar	3736		
☐	N586AE	Aerospatiale AS.350B3 AStar	3725		
☐	N587AE	Aerospatiale AS.350B3 AStar	3730		
☐	N590AE	Aerospatiale AS.350B3 AStar	3733		
☐	N732AE	Aerospatiale AS.350B2 AStar	2873	ex N4000L	EMS
☐	N946AE	Aerospatiale AS.350B2 AStar	3351	ex N855PH	EMS
☐	N945AE	Aerospatiale AS.350B2 AStar	3004	ex N40466	EMS
☐	N954AE	Aerospatiale AS.350B2 AStar	3248	ex N854PH	EMS
☐	N956AE	Aerospatiale AS.350B2 AStar	3352	ex N856PH	
☐	N972AE	Aerospatiale AS.350B3 AStar	3234		EMS
☐	N973AE	Aerospatiale AS.350B3 AStar	3229	ex C-GFIH	EMS
☐	N974AE	Aerospatiale AS.350B2 AStar	2653	ex N350BZ	
☐	N975AE	Aerospatiale AS.350B2 AStar	2777	ex N6095S	
☐	N4031L	Aerospatiale AS.350B2 AStar	2907		Based Antarctica
☐	N4036H	Aerospatiale AS.350B2 AStar	2919		Based Antarctica
☐	N30KH	Bell 206L-3 LongRanger III	51527	ex HK-3726X	
☐	N45RP	Bell 206L-1 LongRanger II	45521	ex HC-BXS	
☐	N49EA	Bell 206L-3 LongRanger III	51507	ex D-HHSG	
☐	N83MT	Bell 206L-1 LongRanger II	45492	ex N7063E	
☐	N92MT	Bell 206L-3 LongRanger III	51175	ex CC-ETG	Lsd fr WFBN
☐	N108PH	Bell 206L-3 LongRanger III	51334	ex C-FPUB	Lsd fr WFBN
☐	N205FC	Bell 206L-3 LongRanger III	51130		Lsd fr Fifth Third Leasing
☐	N206FS	Bell 206L-3 LongRanger III	51506	ex C-FLNW	Lsd fr CIT Group
☐	N266P	Bell 206L-4 LongRanger IV	52271	ex N3020J	
☐	N269AE	Bell 206L-3 LongRanger III	51530	ex N3116P	Lsd fr CIT Group
☐	N306PH	Bell 206L-1 LongRanger II	45411	ex N11027	
☐	N363BH	Bell 206L-3 LongRanger III	51345	ex N997PT	
☐	N436PH	Bell 206L-3 LongRanger III	51436	ex EI-CIO	
☐	N530PR	Bell 206L-3 LongRanger III	51419	ex N6610Y	Lsd fr WFBN
☐	N593AE	Bell 206L-2 LongRanger II	45421	ex N513EH	
☐	N595AE	Bell 206L-1 LongRanger II	45244	ex N5019F	EMS
☐	N668PH	Bell 206L-3 LongRanger III	51487	ex N8589X	Lsd fr CIT Group
☐	N979BH	Bell 206L-3 LongRanger III	51403	ex N998PT	
☐	N2249Z	Bell 206L-1 LongRanger II	45753		
☐	N3107N	Bell 206L-3 LongRanger III	51512		
☐	N3108E	Bell 206L-3 LongRanger III	51498		Lsd fr CIT Group
☐	N3116L	Bell 206L-3 LongRanger III	51529		
☐	N3207Q	Bell 206L-3 LongRanger III	51540	ex C-FLYD	Lsd fr Fleet Capital
☐	N4180F	Bell 206L-3 LongRanger III	51469		
☐	N4282Z	Bell 206L-3 LongRanger III	51499		Lsd fr CIT Group
☐	N4835	Bell 206L-3 LongRanger III	51131		
☐	N5014V	Bell 206L-1 LongRanger II	45217		
☐	N5014Y	Bell 206L-1 LongRanger II	45219	ex HK-4162X	
☐	N6160Y	Bell 206L-3 LongRanger III	51609	ex C-FOYN	Lsd fr WFBN
☐	N6160Z	Bell 206L-3 LongRanger III	51610		Lsd fr WFBN
☐	N6251Y	Bell 206L-3 LongRanger III	51556	ex C-FLYG	
☐	N6603X	Bell 206L-3 LongRanger III	51412		
☐	N6610C	Bell 206L-3 LongRanger III	51425		
☐	N6748D	Bell 206L-3 LongRanger III	51106	ex HC-BVB	Lsd fr WFBN
☐	N7074W	Bell 206L-4 LongRanger IV	52033		
☐	N7077F	Bell 206L-4 LongRanger IV	52038		
☐	N8587X	Bell 206L-3 LongRanger III	51464		
☐	N8588X	Bell 206L-3 LongRanger III	51486		
☐	N8590X	Bell 206L-3 LongRanger III	51494		Lsd fr CIT Group
☐	N8591X	Bell 206L-3 LongRanger III	51495		Lsd fr CIT Group
☐	N8593X	Bell 206L-3 LongRanger III	51509	ex C-FLKI	Lsd fr CIT Group
☐	N8594X	Bell 206L-3 LongRanger III	51531		Lsd fr CIT Group
☐	N21497	Bell 206L-3 LongRanger III	51518		Lsd fr CIT Group
☐	N27766	Bell 206L-1 LongRanger II	45312		
☐	N31077	Bell 206L-3 LongRanger III	51520		
☐	N31821	Bell 206L-3 LongRanger III	51076		
☐	N32041	Bell 206L-3 LongRanger III	51539	ex C-FLXL	Lsd fr Fleet Capital
☐	N41791	Bell 206L-3 LongRanger III	51465		
☐	N53119	Bell 206L-3 LongRanger III	51575	ex XA-SFW	
☐	N54641	Bell 206L-3 LongRanger III	51184	ex JA9471	
☐	N62127	Bell 206L-4 LongRanger IV	52023		
☐	N401PH	Bell 407	53615	ex N407MD	
☐	N402PH	Bell 407	53159		
☐	N403PH	Bell 407	53267	ex N8595X	

	Registration	Type	Serial	Notes	
☐	N404PH	Bell 407	53188		
☐	N406PH	Bell 407	53198		
☐	N407H	Bell 407	53464	ex N407XM	
☐	N407PH	Bell 407	53003	ex C-FWRD	Lsd fr WFBN
☐	N408PH	Bell 407	53228		
☐	N409PH	Bell 407	53626	ex N45655	
☐	N410PH	Bell 407	53636	ex C-FDXK	
☐	N411PH	Bell 407	53637		
☐	N415PH	Bell 407	53390	ex N492PH	
☐	N416PH	Bell 407	53276	ex N3193E	
☐	N417PH	Bell 407	53038		
☐	N418PH	Bell 407	53640	ex N418PH	
☐	N420PH	Bell 407	53747	ex C-FLZR	
☐	N421PH	Bell 407	53749	ex C-FLZP	
☐	N422PH	Bell 407	53675		
☐	N424PH	Bell 407	53682		
☐	N426PH	Bell 407	53751		
☐	N428PH	Bell 407	53754		
☐	N429PH	Bell 407	53772		
☐	N432PH	Bell 407	53681	ex N431P	
☐	N433PH	Bell 407	53679	ex N433P	
☐	N434PH	Bell 407	53773		
☐	N447PH	Bell 407	53114		
☐	N467PH	Bell 407	53142		
☐	N490PH	Bell 407	53378	ex N6387C	
☐	N491PH	Bell 407	53386	ex N6390Y	
☐	N493PH	Bell 407	53393		
☐	N494PH	Bell 407	53396		
☐	N495PH	Bell 407	53397		
☐	N496PH	Bell 407	53398		
☐	N498PH	Bell 407	53399		
☐	N501PH	Bell 407	53401		
☐	N510PH	Bell 407	53209		
☐	N612PH	Bell 407	53199		
☐	N719PH	Bell 407	53266		
☐	N720PH	Bell 407	53277		
☐	N721PH	Bell 407	53278		
☐	N722PH	Bell 407	53288		
☐	N723PH	Bell 407	53283		Lsd fr WFBN
☐	N724PH	Bell 407	53327		
☐	N740PH	Bell 407	53435	ex N6077V	
☐	N741PH	Bell 407	53457		
☐	N742PH	Bell 407	53461		
☐	N807PH	Bell 407	53656	ex C-FFQS	
☐	N4999	Bell 407	53323		
☐	N107X	Bell 412SP	33113		Lsd fr EP Aviation
☐	N108X	Bell 412SP	33115		Lsd fr EP Aviation
☐	N126PA	Bell 412	33168		Lsd fr EP Aviation
☐	N142PH	Bell 412SP	33150	ex HL9236	
☐	N412SM	Bell 412EP	36213	ex N426DR	EMS
☐	N412UM	Bell 412SP	33023	ex N3911L	
☐	N413UM	Bell 412	33012	ex N3893P	
☐	N800Y	Bell 412SP	33134		
☐	N1202T	Bell 412SP	33112	ex D-HHOF	
☐	N2014K	Bell 412	33020	ex YV-922C	
☐	N2148K	Bell 412SP	36001		Lsd fr Fleet Capital
☐	N2149S	Bell 412SP	36002		Lsd fr EP Aviation
☐	N2258F	Bell 412	33073	ex YV-1030C	
☐	N2261D	Bell 412SP	33076		Lsd fr EP Aviation
☐	N2298Z	Bell 412	33077		
☐	N3893L	Bell 412	33006	ex C-FOQL	Lsd fr RTS Helicopters
☐	N3893N	Bell 412	33010		Lsd fr EP Aviation
☐	N6559Z	Bell 412SP	36019		
☐	N7128R	Bell 412SP	36007		
☐	N21498	Bell 412SP	36003		Lsd fr Fleet Capital
☐	N22347	Bell 412SP	36005	ex XA-RSL	
☐	N22608	Bell 412	33075		Lsd fr EP Aviation
☐	N33008	Bell 412SP	36004		
☐	N301PH	Eurocopter EC.135P2	0355		Lsd fr Key Equipment Finance
☐	N302PH	Eurocopter EC.135P2	0364	EMS	Lsd fr Key Equipment Finance
☐	N303PH	Eurocopter EC.135P2	0372		Lsd fr Key Equipment Finance
☐	N304PH	Eurocopter EC.135P2	0386		
☐	N305PH	Eurocopter EC.135P2	0395		
☐	N307PH	Eurocopter EC.135P2	0398		
☐	N308PH	Eurocopter EC.135P2	0401		
☐	N309PH	Eurocopter EC.135P2	0403		
☐	N311PH	Eurocopter EC.135P2	0413		
☐	N312PH	Eurocopter EC.135P2	0404		PHi Air Medical
☐	N314PH	Eurocopter EC.135P2	0409		
☐	N317PH	Eurocopter EC.135P2	0423		

	Registration	Type	Serial	Previous ID	Notes
☐	N320PH	Eurocopter EC.135P2	0430		
☐	N323PH	Eurocopter EC.135P2	0434		
☐	N324PH	Eurocopter EC.135P2	0571		
☐	N327PH	Eurocopter EC.135P2	0445	ex D-HECB	
☐	N328PH	Eurocopter EC.135P2	0450	ex D-HECG	
☐	N330PH	Eurocopter EC.135P2	0514		
☐	N332PH	Eurocopter EC.135P2	0519		
☐	N343PH	Eurocopter EC.135P2	0456		
☐	N344PH	Eurocopter EC.135P2	0459		
☐	N376PH	Eurocopter EC.135P2	0523		
☐	N380PH	Eurocopter EC.135P2	0593		
☐	N381PH	Eurocopter EC.135P2	0611		
☐	N382PH	Eurocopter EC.135P2	0618		
☐	N383PH	Eurocopter EC.135P2	0622		
☐	N800PH	MBB Bo.105CBS-4	S-800	ex N133AE	
☐	N838PH	MBB Bo.105CBS-4	S-838	ex N135AE	
☐	N851PH	MBB Bo.105CBS-4	S-851	ex N137AE	
☐	N868PH	MBB Bo.105CB	S-668	ex N205UC	
☐	N4573B	MBB Bo.105S	S-673		Lsd fr HP Aviation
☐	N5031U	MBB Bo.105CB	S-678		
☐	N5421E	MBB Bo.105CBS-4	S-806		Lsd fr HP Aviation
☐	N6607K	MBB Bo.105CBS-4	S-841		
☐	N7170D	MBB Bo.105CBS-4	S-840		
☐	N8199J	MBB Bo.105CBS-4	S-826		Lsd fr HP Aviation
☐	N9190Y	MBB Bo.105CB	S-669		
☐	N50293	MBB Bo.105CB	S-677		
☐	N54191	MBB Bo.105CBS-4	S-804		Lsd fr HP Aviation
☐	N81832	MBB Bo.105CBS-4	S-828		
☐	N81992	MBB Bo.105CBS-4	S-827		Lsd fr HP Aviation
☐	N89H	Sikorsky S-76C	760406		Lsd fr Exxon Mobil
☐	N127FH	Sikorsky S-76A	760063	ex N402M	
☐	N274X	Sikorsky S-76C+	760440	ex N278X	Lsd fr Exxon Mobil
☐	N276X	Sikorsky S-76C	760405		Lsd fr Exxon Mobil
☐	N478X	Sikorsky S-76C	760493		Lsd fr Exxon Mobil
☐	N505PH	Sikorsky S-76C	760505		
☐	N718P	Sikorsky S-76C-2	760686		
☐	N725P	Sikorsky S-76C-2	760688		
☐	N734P	Sikorsky S-76C	760600	ex N70936	
☐	N738P	Sikorsky S-76C-2	760668		
☐	N745P	Sikorsky S-76C	760619		
☐	N746P	Sikorsky S-76C	760623		
☐	N748P	Sikorsky S-76C	760629		
☐	N759P	Sikorsky S-76C-2	760690		
☐	N760PH	Sikorsky S-76A	760078	ex VH-BJR	
☐	N761PH	Sikorsky S-76A	760224	ex VH-BJS	
☐	N762P	Sikorsky S-76A	760060	ex N76NY	
☐	N763P	Sikorsky S-76A	760166	ex C-GHJT	
☐	N764P	Sikorsky S-76A	760276	ex N913UK	
☐	N766P	Sikorsky S-76C	760594		
☐	N767P	Sikorsky S-76C++	760599		
☐	N769P	Sikorsky S-76C	760671		
☐	N776P	Sikorsky S-76A	760275	ex N911UK	
☐	N778P	Sikorsky S-76A	760035	ex N4253S	
☐	N779P	Sikorsky S-76C+	760655	ex N4501G	
☐	N784P	Sikorsky S-76C	760634		
☐	N785P	Sikorsky S-76C	760635		
☐	N786P	Sikorsky S-76C	760643		
☐	N787P	Sikorsky S-76C-2	760692		
☐	N790P	Sikorsky S-76C	760675	ex N45138	
☐	N792P	Sikorsky S-76A	760193	ex N792CH	
☐	N796P	Sikorsky S-76C-2	760681		
☐	N798P	Sikorsky S-76C-2	760685		
☐	N911MJ	Sikorsky S-76A	760231	ex N3122D	
☐	N1545K	Sikorsky S-76A	760047		
☐	N1545X	Sikorsky S-76A	760050		
☐	N1546G	Sikorsky S-76A	760076		
☐	N1546K	Sikorsky S-76A	760082		Lsd fr WFBN
☐	N4510T	Sikorsky S-76C	760679		
☐	N4514G	Sikorsky S-76C	760677		
☐	N5435V	Sikorsky S-76A	760158		
☐	PP-MCS	Sikorsky S-76A	760077	ex N1547D	Based Brazil
☐	PR-CHG	Sikorsky S-76C+	760658	ex N658A	Based Brazil
☐	PR-CHI	Sikorsky S-76C+	760670	ex N4514K	Based Brazil
☐	N192PH	Sikorsky S-92	920006		Lsd fr CFS Air
☐	N292PH	Sikorsky S-92	920008		Lsd fr Regions Bank
☐	N392PH	Sikorsky S-92	920015		Lsd fr Regions Bank
☐	N492PH	Sikorsky S-92	920016	ex N592PH	Lsd fr Key Equipment Finance
☐	N592PH	Sikorsky S-92A	920027		Lsd fr Wachovia Financial Svs
☐	N692PH	Sikorsky S-92A	920028		Lsd fr CFS Air
☐	N992PH	Sikorsky S-92A	920055	ex N4502G	

☐	N14UH	Bell 230	23028	ex XA-IKA		Op for Univ of Mississippi
☐	N217AE	MBB BK-117B-2	7152	ex N217UC		
☐	N217PH	MBB BK-117A-4	7092	ex N911RZ		
☐	N230H	Bell 230	23004	ex N500HG		
☐	N241PH	Beech B200 Super King Air	BB-1182	ex N416CS		
☐	N430X	Bell 430	49058			Lsd fr Exxon Mobil
☐	N430XM	Bell 430	49073	ex N9125G		Lsd fr Mobil Business Resources
☐	N911RC	Bell 230	23037	ex N39142		EMS Op for Palmetto Health Alliance
☐	N911TL	MBB BK-117B-1	7198	ex N911AF		
☐	N2275Y	Bell 206B JetRanger III	3626			
☐	N2753F	Bell 206B JetRanger III	2729			
☐	N3131S	Bell 212	30953	ex N2763Y		
☐	N3208H	Bell 212	31304			
☐	N3897N	Bell 214ST	28106			Lsd fr EP Aviation
☐	N5736J	Bell 212	31140			
☐	N5748M	Bell 214ST	28102	ex VH-LHU		Lsd fr EP Aviation
☐	N6992	Bell 222U	47521	ex N911WY		
☐	N8045T	Bell 214ST	28101	ex VH-LHQ		Lsd fr EP Aviation
☐	N8765J	MBB BK-117A-3	7054	ex ZS-HRP		
☐	N27805	Bell 212	31106			
☐	N59806	Bell 214ST	28140	ex B-7723		Lsd fr EP Aviation

PHILLIPS AIR CHARTER
Beachball (BCH)
Del Rio Intl, TX (DRT)

☐	N666AK	Beech E-18S	BA-18	ex N3602B	Freighter	

PHOENIX AIR
Gray Bird (PHA)
Cartersville, GA (VPC)

☐	N164PA	Grumman G-159 Gulfstream I	54	ex N26AJ		
☐	N167PA	Grumman G-159 Gulfstream I	199	ex N183PA		
☐	N171PA	Grumman G-159 Gulfstream I	192	ex YV-76CP		
☐	N184PA	Grumman G-159 Gulfstream I	97	ex YV-85CP	stored VPC	
☐	N185PA	Grumman G-159 Gulfstream I	26	ex YV-82CP		
☐	N190PA	Grumman G-159 Gulfstream I (LFD)	195	ex N1900W	Freighter	
☐	N192PA	Grumman G-159 Gulfstream I	149	ex N684FM	stored VPC	
☐	N193PA	Grumman G-159 Gulfstream I (LFD)	125	ex N5NA	Freighter	
☐	N195PA	Grumman G-159C Gulfstream I	88	ex C-GPTN		
☐	N196PA	Grumman G-159 Gulfstream I	139	ex C-FRTU		
☐	N198PA	Grumman G-159C Gulfstream I	27	ex N415CA		
☐	N32PA	Learjet 36A	36A-025	ex N800BL		
☐	N56PA	Learjet 36A	36A-023	ex N6YY		
☐	N62PG	Learjet 36A	36A-031	ex N20UG		
☐	N71PG	Learjet 36	36-013	ex D-CBRD		
☐	N80PG	Learjet 35	35-063	ex N663CA		
☐	N524PA	Learjet 35	35-033	ex N31FN		
☐	N527PA	Learjet 36A	36A-019	ex N540PA		
☐	N541PA	Learjet 35	35-053	ex N53FN		
☐	N542PA	Learjet 35	35-030	ex C-GKPE		
☐	N544PA	Learjet 35A	35A-247	ex N523PA	coded NY	
☐	N545PA	Learjet 36A	36A-028	ex N75TD	coded HI	
☐	N547PA	Learjet 36	36-012	ex N712JE	coded AK	
☐	N549PA	Learjet 35A	35A-119	ex (N64DH)	coded GA	Lsd fr CFF Air Inc
☐	N568PA	Learjet 35A	35A-205	ex N59FN		Lsd fr CFF Air Inc
☐	N163PA	Gulfstream G-1159A Gulfstream III-SMA	249	ex F-249		
☐	N173PA	Gulfstream G-1159A Gulfstream III-SMA	313	ex F-313		

PHOENIX AIRTRANSPORT
Papago (PPG)
Phoenix-Sky Harbor Intl, AZ (PHX)

☐	N18R	Beech E-18S	BA-312			Lsd fr CBT
☐	N103AF	Beech G-18S	BA-526	ex N277S		Lsd fr CBT
☐	N9375Y	Beech G-18S	BA-564			Lsd fr CBT

Phoenix Air Transport is a subsidiary of Catalina Flying Boats

PIEDMONT AIRLINES
Piedmont (US/PDT) (IATA 531)
Salisbury-Wicomico Regional, MD (SBY)

A wholly owned subsidiary of US Airways and uses US Airways Express flight numbers in the range US3000-3399.

PINEAPPLE AIR
Now correctly listed under Bahamas (C6)

PINNACLE AIRLINES
Flagship (9E/FLG) *Memphis-Intl, TN/Minneapolis-St Paul Intl, MN (MEM/MSP)*

Wholly owned by nwa - Northwest Airlines, operates as nwa Airlink, using NW flight numbers in the range 5000-5899
Colgan Air is a wholly owned subsidiary.

PLANEMASTERS
Planemaster (PMS) *Chicago-Du Page, IL (DPA)*

☐	N275PM	Cessna 208 Caravan I	20800119	ex N9635F	
☐	N279PM	Cessna 208B Caravan I	208B0623	ex N104VE	Freighter
☐	N286PM	Cessna 208B Caravan I	208B0631		
☐	N1114A	Cessna 208B Caravan I	208B0309		Freighter
☐	N1256P	Cessna 208B Caravan I	208B0564		

Flies services for UPS – United Parcel Service   Also operates VIP charters with a range of biz-jets

PLATINUM AIRLINES
Miami-Opa Locka, FL (OPF)

☐	N727PL	Boeing 727-232 (Raisbeck 3)	20643/951	ex N17789	Poliana, std OPF	Lsd fr WBS Capital

Current status uncertain as sole aircraft stored and sister company formed in Brazil

PLAYERS AIR
Players Air (PYZ) *Atlanta-de Kalb Peachtree, GA (PDK)*

☐	N204SW	Embraer EMB.120ER Brasilia	120243	ex PT-STP	Lsd fr N653CT

POLAR AIR CARGO
Polar (PO/PAC) (IATA 403) *New York-JFK Intl, NY (JFK)*

☐	N355MC	Boeing 747-341 (SF)	23395/629	ex PP-VNI		Lsd fr GTI
☐	N416MC	Boeing 747-47UF	32838/1307			Lsd fr GTI
☐	N450PA*	Boeing 747-46NF	30808/1257		The Spirit of Long Beach	
☐	N451PA*	Boeing 747-46NF	30809/1259		Wings of Change	
☐	N452PA*	Boeing 747-46NF	30810/1260		Polar Spirit	
☐	N453PA*	Boeing 747-46NF	30811/1283			
☐	N454PA*	Boeing 747-46NF	30812/1310			
☐	N516MC	Boeing 747-243M	22507/497	ex I-DEMD		Lsd fr GTI

*Leased from GECAS
Names change frequently; 51% owned by Atlas Air and 49% by DHL which includes 20 year capacity agreement on Polar and Atlas Air

PONDEROSA AIRLINES
Taylor, AZ (TYZ)

☐	N3UV	Rockwell 500S Shrike Commander	3146	ex N3U	
☐	N4QS	Aero Commander 500S Shrike	1755-1	ex N4GS	
☐	N17DL	Aero Commander 500S Shrike	1866-42	ex N9029N	
☐	N40TC	Rockwell 500S Shrike Commander	3091	ex SE-EWH	
☐	N88CB	Rockwell 500S Shrike Commander	3067	ex N9081N	
☐	N519WA	Rockwell 500S Shrike Commander	3081	ex N222GS	
☐	N999GB	Aero Commander 500U Shrike	1717-27	ex CF-YGP	

PRESIDENTIAL AIRWAYS
Melbourne-Intl, FL (MLB)

☐	N960BW*	CASA C.212-200	CC40-3-231	ex N203FN		
☐	N961BW*	CASA C.212-200	CC40-8-248	ex N202FN		
☐	N962BW	CASA C.212-200	CC44-1-290	ex N439CA		
☐	N963BW*	CASA C.212-200	CC60-3-320	ex N204FN		
☐	N966BW*	CASA C.212-200	CC50-10-289	ex N316ST		
☐	N967BW*	CASA C.212-200	CD51-2-304	ex N203PA		
☐	N969BW	CASA C.212-200	CC50-1-262	ex N262MA	Freighter	Lsd fr WFBN
☐	N2357G*	CASA C.212-200	CD51-2-309	ex N968BW		
☐	N4399T*	CASA C.212-300	DF-1-393	ex N965BW		
☐	N6369C*	CASA C.212-200	MS03-08-379	ex M964BW		
☐	N	CASA C.212-200	A1-2-012	ex 5R-MKM		
☐	N150RN	de Havilland DHC-8-103	086	ex N986BW		Lsd fr CIT Group
☐	N955BW*	Swearingen SA.227DC Metro 23	DC-821B	ex N821JB		
☐	N956BW*	Swearingen SA.227DC Metro 23	DC-864B	ex C-GKAF		
☐	N981BW	CASA CN-235-10	007	ex ZS-OGF		
☐	N982BW	CASA CN-235-10	010	ex ZS-OGE	stored JNB as ZS-OGE	

*Leased from Aviation Worldwide Services; believed to operate for US Department of Defense

PRIMARIS AIRLINES
Whitecap (FE/WCP) (IATA 519)
Las Vegas, NV (LAS)

☐	N740PA	Boeing 757-2G5	24497/228	ex N497GX	Lsd fr EAST Trust-Sub; for Air Peru
☐	N741PA	Boeing 757-230	24737/267	ex XA-TRA	Lsd fr Pegasus; sublsd to Air Peru
☐	N742PA	Boeing 757-21B	24402/233	ex B-2807	Constellation titles Lsd fr PALS VI

PRIORITY AIR
New Orleans-Lakefront, LA (NEW)

☐	N46SA	Swearingen SA.226T Merlin III	T-231	ex N20QN	EMS

PRIORITY AIR CHARTER
Priority Air (PRY)
Kidron-Stolzfus Airfield, OH

☐	N208PA	Cessna 208B Caravan I	208B0312	ex N208PF	
☐	N208TF	Cessna 208B Caravan I	208B0592		
☐	N218PA	Cessna 208B Caravan I	208B0306	ex N218PF	Lsd fr Jilco Industries
☐	N228PA	Cessna 208B Caravan I	208B0930	ex N2418W	
☐	N248PA	Cessna 208B Caravan I	208B0134	ex N208JL	Lsd fr Jilco Industries
☐	N1209X	Cessna 208B Caravan I	208B0443		
☐	N7198T	Cessna 208B Caravan I	208B0898		
☐	N17FA	Cessna 310R II	310R0011		Freighter
☐	N820B	Cessna 340A II	340A0328	ex YV-1268P	

PRO FLIGHT AIR
Springfield-Branson Regional, MO (SGF)

☐	N126AM	Embraer EMB.120ER Brasilia	120102	ex PT-SMU	Freighter Lsd fr Baymen Intl

PROFESSIONAL AIR CHARTER
Fort Lauderdale Executive, FL (FXE)

☐	N100RN	Piper PA-31-350 Chieftain	31-8152080	ex G-BYRN
☐	N4633P	Beech 95-B55 Baron	TC-1560	
☐	N27888	Piper PA-31-350 Chieftain	31-7952025	

PROMECH AIR
(Z3)
Ketchikan-Harbor SPB, AK (WFB)

☐	N1108Q	de Havilland DHC-2 Beaver	416	ex 51-16851	Floatplane	
☐	N4787C	de Havilland DHC-2 Beaver	1330	ex C-FGMK	Floatplane	
☐	N64393	de Havilland DHC-2 Beaver	845	ex 54-1701	Floatplane	
☐	N64397	de Havilland DHC-2 Beaver	760	ex 53-7943	Floatplane	
☐	N270PA	de Havilland DHC-3 Turbo Otter	270	ex N51KA	Floatplane	Lsd fr Pantechnicon Avn
☐	N342KA	de Havilland DHC-3 Turbo Otter	465	ex N32910	Floatplane	Lsd fr PM Holding
☐	N409PA	de Havilland DHC-3 Turbo Otter	409	ex C-FLDD	Floatplane	Lsd fr Pantechnicon Avn
☐	N435B	de Havilland DHC-3 Turbo Otter	183	ex C-GIGZ	Floatplane	Lsd fr Single Otter Lsg
☐	N959PA	de Havilland DHC-3 Turbo Otter	159	ex N67KA	Floatplane	Lsd fr Pantechnicon Avn
☐	N3952B	de Havilland DHC-3 Turbo Otter	225	ex C-GGON	Floatplane	Lsd fr Single Otter Lsg
☐	N444BA	Cessna A185E Skywagon	185-1433		Floatplane	
☐	N531H	Cessna A185E Skywagon	185-1348		Floatplane	

PSA AIRLINES
Blue Streak (JIA) (IATA 320)
Dayton-Cox Intl, OH (DAY)

A wholly owned subsidiary of US Airways, operates services as a US Airways Express commuter using US flight numbers in the range 4000-4299. All aircraft officially leased to US Airways from AFS Investments and sub-leased to PSA Airlines

PUERTO RICO AIR MANAGEMENT SERVICES
(2P) (IATA 902)
Sun Juan-Luis Munoz Marin Intl, PR (SJU)

☐	N75LA	Beech 100 King Air	B-75	ex C-F (SCD)	
☐	N114AX	Beech 1900C-1	UC-36	ex N1566C	Freighter

QUICK AIR
Danville-Vermillion County, IL (DNV)

☐	N16BE	Beech Baron 58	TH-946		
☐	N233H	Beech G-18S	BA-481	ex (N584MS)	Freighter
.....

RAM AIR FREIGHT
RAM Express (REX)
Raleigh-Durham-Intl, NC (RDU)

☐	N11HW	Beech 58 Baron	TH-271	ex N1733W
☐	N707RA	Beech 58 Baron	TH-257	
☐	N958MC	Beech 58 Baron	TH-552	
☐	N7351R	Beech 58 Baron	TH-481	
☐	N49PB	Cessna 402B II	402B1361	ex N90PB
☐	N350RC	Cessna 402C II	402C0469	ex C-GHMW
☐	N401NA	Cessna 402B	402B0035	ex SE-FXI
☐	N817PW	Cessna 402C II	402C0353	ex N817AN
☐	N884RC	Cessna 402B	402B0884	ex TF-JVC
☐	N1551G	Cessna 402B II	402B1072	
☐	N2616D	Cessna 402C II	402C0115	
☐	N6350X	Cessna 402B	402B1317	
☐	N7162J	Cessna 402B II	402B1229	ex C-GSUZ
☐	N29854	Cessna 402B	402B0878	ex HP-699
☐	N130BW	Piper PA-32-300 Cherokee Six	32-40963	ex D-EBOK
☐	N169BW	Piper PA-32RT-300 Lance II	32R-7885080	ex N30006
☐	N221MC	Piper PA-32RT-300 Lance II	32R-7885032	
☐	N333TG	Piper PA-32R-300 Lance	32R-7680320	ex N202SW
☐	N631BW	Piper PA-32-300 Cherokee Six	32-7340041	ex N4GQ
☐	N833WC	Piper PA-32-300 Cherokee Six	32-7640059	
☐	N1061Q	Piper PA-32-260 Cherokee Six E	32-7200015	ex SE-FLD
☐	N4498F	Piper PA-32R-300 Lance	32R-7680453	
☐	N4817S	Piper PA-32-260 Cherokee Six	32-1277	
☐	N5454F	Piper PA-32R-300 Lance	32R-7780012	
☐	N6291J	Piper PA-32R-300 Lance	32R-7680350	
☐	N6934J	Piper PA-32R-300 Lance	32R-7680389	
☐	N8209C	Piper PA-32R-300 Lance	32R-7680082	
☐	N8954C	Piper PA-32R-300 Lance	32R-7680146	
☐	N8985C	Piper PA-32R-300 Lance	32R-7680147	
☐	N9392K	Piper PA-32R-300 Lance	32R-7680219	
☐	N38305	Piper PA-32R-300 Lance	32R-7780413	
☐	N87619	Piper PA-32-300 Cherokee Six C	32-40752	
☐	N48LJ	Piper PA-34-200T Seneca II	34-7770030	ex C-GQET
☐	N86BW	Piper PA-34-200T Seneca II	34-7770340	ex C-GZAQ
☐	N88WA	Piper PA-34-200T Seneca II	34-7570274	
☐	N152BW	Piper PA-34-200 Seneca	34-7250187	ex N102CA
☐	N286BW	Piper PA-34-200T Seneca II	34-7970182	ex N341DK
☐	N553DM	Piper PA-34-200T Seneca II	34-7670330	ex C-GXHY
☐	N1063X	Piper PA-34-200T Seneca II	34-7570198	
☐	N1230T	Piper PA-34-200 Seneca	34-7250268	
☐	N3570M	Piper PA-34-200T Seneca II	34-7870117	
☐	N4358X	Piper PA-34-200T Seneca II	34-7670027	
☐	N6935C	Piper PA-34-200T Seneca II	34-7870167	
☐	N7633C	Piper PA-34-200T Seneca II	34-7670098	
☐	N8076N	Piper PA-34-200T Seneca II	34-7970487	
☐	N8793E	Piper PA-34-200T Seneca II	34-7670180	
☐	N21407	Piper PA-34-200T Seneca II	34-7870435	
☐	N39545	Piper PA-34-200T Seneca II	34-7870389	ex C-FWFJ

All leased from Bellefonte Inc

RAMP 66
Pelican (PPK)
North Myrtle Beach-Grand Strand, NC (CRE)

☐	N6656C	Beech 58 Baron	TH-1060	

Ramp 66 is a trading name of Grand Strand Aviation

RAPID AIR
Grand Rapids-Kent County Intl, MI (GRR)

☐	N1240G	Cessna 310Q II	310Q1091	Lsd fr Spartan Avn Sve
☐	N4084L	Cessna 310Q	310Q0493	Lsd fr Spartan Avn Sve
☐	N6362X	Cessna 402B II	402B1325	Lsd fr Spartan Avn Sve

REDDING AERO ENTERPRISES
Boxer (BXR)
Redding-Municipal, CA (RDD)

☐	N2610G	Cessna 402C II	402C0064	
☐	N2613B	Cessna 402C II	402C0083	
☐	N2712F	Cessna 402C II	402C0121	
☐	N5205J	Cessna 402B	402B0892	
☐	N5826C	Cessna 402C II	402C0050	
☐	N5849C	Cessna 402C II	402C0052	
☐	N36908	Cessna 402C II	402C0313	
☐	N12GK	Cessna 340A	340A0309	ex N4138G

☐	N48SA	Cessna 404A Titan II	404-0417	ex C-GSPG		
☐	N932C	Cessna 208B Caravan I	208B0032	ex N932FE		
☐	N6072V	Piper Aerostar 601P	61P-0696-7963332			

REGIONSAIR
Voluntarily suspended operations on 02 March 2007 after an FAA inspection identified major concerns; fleet is parked at Smyrna, TN.

REPUBLIC AIRWAYS
Brickyard (RW/RPA) (IATA 052)   *Chicago-O'Hare, IL/Washington-Dulles, DC (ORD/DUL)*

Operates Embraer 170/175s for US Airways Express from Chicago and Washington although headquarters is in Indianapolis, IN; also commenced Frontier JetExpress services from Denver in March 2007

RHOADES INTERNATIONAL
Rhoades Express (RDS)   *Columbus-Municipal, IN (CLU)*

☐	N132JR	Cessna 402B	402B1363	ex (N4606N)		
☐	N134JR	Cessna 310R	310R2117	ex N6831X	Freighter	
☐	N376AS	AMI Turbo DC-3-65TP	15602/27047	ex ZS-OBU	Freighter	Lsd fr Frellum Llc
☐	N587CA	Convair 640	463	ex C-FPWO	Freighter	Lsd fr Frellum LLC
☐	N866TA	Convair 640	283/409	ex 141000	Freighter, stored	Lsd fr Frellum LLC

ROBLEX AVIATION
Roblex (ROX)   *Isla Grande, PR (SIG)*

☐	N151PR	Short SD.3-60	SH3725	ex N162DD	The Warrior
☐	N165DD	Short SD.3-60	SH3740	ex D-CFXF	
☐	N221LM	Short SD.3-60	SH3722	ex N722PC	
☐	N377AR	Short SD.3-60	SH3755	ex SE-LHY	
☐	N411ER	Short SD.3-60	SH3726	ex G-BNMW	
☐	N875RR	Short SD.3-60	SH3741	ex G-ZAPD	
☐	N948RR	Short SD.3-60	SH3751	ex G-BVMX	
	All freighters				

☐	N821RR	Britten-Norman BN-2A-9 Islander	338	ex N146A	El Beb

ROGERS HELICOPTERS
Clovis-Rogers Heliport, NM

☐	N505WW	Aerospatiale AS.350B2 AStar	2442	ex JA6046	
☐	N910VR	Aerospatiale AS.350B2 AStar	3213	ex I-VINO	
☐	N911EW	Aerospatiale AS.350B2 AStar	2657	ex I-MUSY	
☐	N912KW	Aerospatiale AS.350B2 AStar	2260	ex EC-ESA	
☐	N3609J	Aerospatiale AS.350D AStar	1245		
☐	N2292W	Bell 206B JetRanger III	505		
☐	N2762P	Bell 206B JetRanger III	2711		
☐	N2763M	Bell 206B JetRanger III	2646		
☐	N16832	Bell 206B JetRanger III	2243		
☐	N20395	Bell 206B JetRanger III	3301		
☐	N58140	Bell 206B JetRanger III	1108		
☐	N59564	Bell 206B JetRanger III	1389		
☐	N59571	Bell 206B JetRanger III	1433	ex XA-SVF	
☐	N91AL	Bell 212	30821		
☐	N212HL	Bell 212	30621	ex XA-VVM	
☐	N811KA	Bell 212	30656	ex N59630	
☐	N873HL	Bell 212	30873	ex N910KW	
☐	N911HW	Bell 212	31101	ex N703H	
☐	N911KW	Bell 212	30592	ex N50EW	
☐	N911VR	Bell 212	30998	ex N701H	
☐	N24GT	Rockwell 690A Turbo Commander	11254	ex XA-RMZ	
☐	N101MZ	Aerospatiale AS.355F1 AStar 2	5045		
☐	N102UM	Aerospatiale AS.355F1 AStar 2	5075	ex N130US	
☐	N313DH	Bell 206L LongRanger II	45630	ex A6-CAC	
☐	N700PQ	Rockwell 690B Turbo Commander	11389	ex N700PC	
☐	N712M	Bell 206L-3 LongRanger III	51072		
☐	N896SB	Beech A100 King Air	B-160	ex OY-CCS	
☐	N912VR	Agusta A.109K2	10028	ex JA111D	
☐	N10864	Bell 206L-1 LongRanger III	45434		
☐	N27472	Piper PA-31-350 Chieftain	31-7852019		
☐	N29176	Cessna T210L Turbo Centurion II	21059828		
☐	N45731	Bell UH-1B	330	ex 61-0750	
	Also trades as TGR Helicopters				

ROSS AVIATION
Energy (NRG)
Albuquerque-Kirkland AFB, NM

☐	N148DE	de Havilland DHC-6 Twin Otter 300	493	ex N72348
☐	N162DE	de Havilland DHC-6 Twin Otter 300	429	ex N35062
☐	N166DE	Douglas DC-9-15RC (ABS 3)	47152/170	ex N66AF
☐	N229DE	Douglas DC-9-15RC (ABS 3)	45826/79	ex N29AF
☐	N7232R	Beech B200C Super King Air	BL-69	ex N2811B

Operates aircraft solely for US Department of Energy

ROTORCRAFT
Broussard-Heliport, LA / Patterson-HPW Memorial, LA (-/PTN)

☐	N3RL	Bell 206B JetRanger	396	ex N99NW
☐	N21RT	Bell 206B JetRanger III	2659	ex C-GFSE
☐	N37AJ	Bell 206B JetRanger	1877	ex N999GC
☐	N65DD	Bell 206B JetRanger	1235	ex N66677
☐	N72Z	Bell 206B JetRanger III	3537	ex N22181
☐	N113RL	Bell 206B JetRanger III	3306	ex N97BL
☐	N203RL	Bell 206B JetRanger III	3337	ex N2033J
☐	N275RL	Bell 206B JetRanger	1601	ex N90115
☐	N277RL	Bell 206B JetRanger III	3277	ex N181AA
☐	N314RT	Bell 206B JetRanger III	3014	ex N223HA
☐	N496RL	Bell 206B JetRanger III	3496	ex N2163Y
☐	N742RT	Bell 206B JetRanger III	2742	ex N921RB
☐	N913RL	Bell 206B JetRanger III	2913	ex B-66061
☐	N969RL	Bell 206B JetRanger III	3969	ex N187AA
☐	N2043B	Bell 206B JetRanger III	3355	
☐	N3187D	Bell 206B JetRanger	1326	ex C-GOKC
☐	N104RT	Bell 206L-3 LongRanger III	51364	ex LV-WCF
☐	N157H	Bell 206L-4 LongRanger IV	52320	
☐	N204RL	Bell 206L-1 LongRanger II	45204	ex N73FA
☐	N207RT	Bell 206L-4 LongRanger IV	52207	ex HC-BYQ
☐	N283RL	Bell 206L-1 LongRanger II	45283	ex N2761X
☐	N303RL	Bell 206L-3 LongRanger III	51202	ex N303MP
☐	N317RL	Bell 206L-4 LongRanger IV	52317	ex C-FFRB
☐	N318RL	Bell 206L-4 LongRanger IV	52318	
☐	N322RL	Bell 206L-4 LongRanger IV	52322	
☐	N370RL	Bell 206L-1 LongRanger II	45370	ex N618DE
☐	N396RL	Bell 206L-1 LongRanger II	45396	ex N396RT
☐	N397RL	Bell 206L-1 LongRanger II	45397	ex N1078D
☐	N405RL	Bell 206L-3 LongRanger III	51405	ex N253EV
☐	N410RL	Bell 206L-4 LongRanger IV	52310	
☐	N468RL	Bell 206L-3 LongRanger III	51155	ex N468AG
☐	N473RT	Bell 206L-3 LongRanger III	51473	ex CX-SCX
☐	N505RL	Bell 206L-1 LongRanger II	45176	ex N5005F
☐	N510RT	Bell 206L-3 LongRanger III	51078	ex N946L
☐	N514RL	Bell 206L-3 LongRanger III	51514	ex N206MY
☐	N516EH	Bell 206L-1 LongRanger II	45416	
☐	N518RL	Bell 206L-1 LongRanger II	45183	ex N406EH
☐	N520RL	Bell 206L-4 LongRanger IV	52052	ex N802D
☐	N523RL	Bell 206L-4 LongRanger IV	52321	ex N194H
☐	N598RL	Bell 206L-1 LongRanger II	45598	ex N264AA
☐	N709RL	Bell 206L-3 LongRanger III	51101	ex N709M
☐	N720RL	Bell 206L-4 LongRanger IV	52027	ex XA-FJM
☐	N772RL	Bell 206L-1 LongRanger II	45311	ex N2772A
☐	N801RL	Bell 206L-3 LongRanger III	51081	ex N704M
☐	N5019G	Bell 206L-1 LongRanger II	45247	
☐	N5750Y	Bell 206L-1 LongRanger II	45517	
☐	N52192	Bell 206L-4 LongRanger IV	52192	
☐	N163RL	Bell 407	53163	ex N972AA
☐	N164RL	Bell 407	53140	ex N407MT
☐	N167RL	Bell 407	5316	ex N973AA
☐	N309RL	Bell 407	53092	ex N407HX
☐	N594RL	Bell 407	53594	ex C-GAFF
☐	N595RL	Bell 407	53595	ex C-GAFI
☐	N83T	Sikorsky S-76A	760117	
☐	N293CA	Bell 412	33005	ex N3912Y
☐	N4125C	Bell 412	33103	ex N412AC

ROYAL AIR FREIGHT
Air Royal (RAX)
Pontiac-Oakland, MI (PTK)

☐	N22DM	Cessna 310R	310R0069	ex N7593Q
☐	N22LE	Cessna 310R	310R0033	ex N1398G
☐	N310KS	Cessna 310R	310R1501	
☐	N1591T	Cessna 310R	310R0112	
☐	N2643D	Cessna 310R	310R1686	

	Reg	Type	S/N	ex	Notes
☐	N87309	Cessna 310R	310R0510		
☐	N87341	Cessna 310R	310R0520		
☐	N34A	Embraer EMB.110P1 Bandeirante	110350	ex N4361Q	
☐	N49RA	Embraer EMB.110P1 Bandeirante	110424	ex C-GPRV	
☐	N64DA	Embraer EMB.110P1 Bandeirante	110385	ex PT-SFC	
☐	N72RA	Embraer EMB.110P1 Bandeirante	110377	ex C-GHOV	
☐	N73RA	Embraer EMB.110P1 Bandeirante	110413	ex C-GPNW	
☐	N9RA	Learjet 25D	25D-277	ex N81MW	
☐	N16KK	Learjet 25B	25B-174	ex N412SP	
☐	N25FM	Learjet 25	25-063	ex N24LT	
☐	N25MD	Learjet 25	25-054	ex N509G	
☐	N48L	Learjet 24A	24A-107		
☐	N64CE	Learjet 24B	24B-205	ex N64CF	stored PTK, N721J resd
☐	N110RA	Learjet 25	25-025	ex (N111LM)	
☐	N120RA	Learjet 24	24-153	ex N153BR	
☐	N688GS	Learjet 25B	25B-123	ex N906SU	
☐	N710TV	Learjet 24	24-159	ex N66MR	N269AL resd
☐	N876MC	Learjet 24B	24B-217	ex C-FZHT	
☐	N2094L	Learjet 25B	25B-095	ex C-GRCO	
☐	N123RA	AMD Falcon 20C	30	ex N514SA	
☐	N277RA	AMD Falcon 20C	8	ex N612GA	
☐	N299RA	AMD Falcon 20C	146	ex N345FH	
☐	N764LA	AMD Falcon 20DC	211	ex N618GA	
☐	N900RA	AMD Falcon 20C	59	ex N159MV	
☐	N160PB	Cessna 402C	402C0493	ex N6841M	
☐	N200AJ	Beech King Air A100	B-146	ex N410SB	
☐	N305CW	Mitsubishi MU-2B-36 (MU-2L)	667	ex N300CW	
☐	N688RA	Mitsubishi MU-2B-36 (MU-2L)	688	ex N688MA	
☐	N717PS	Mitsubishi MU-2B-36 (MU-2L)	686	ex N23RA	
☐	N5279J	Cessna 402B	402B1202	ex N6841M	
☐	N5373J	Cessna 402B	402B0367	ex C-GCXI	

All freighters

RUSTS FLYING SERVICE
Anchorage-Lake Hood SPB, AK (LHD)

	Reg	Type	S/N	ex	Notes
☐	N626KT	Cessna U206G Stationair 6 II	U20604426	ex N756WY	Floatplane
☐	N2740X	de Havilland DHC-2 Beaver	579	ex C-GIJO	Floatplane
☐	N2899J	de Havilland DHC-3 Turbo Otter	425	ex C-GLCR	Floatplane
☐	N4444Z	de Havilland DHC-2 Beaver	1307	ex N123PG	Floatplane
☐	N4596U	Cessna U206G Stationair 6 II	U20604990		Floatplane
☐	N4661Z	Cessna U206G Stationair 6 II	U20605998		Floatplane
☐	N4891Z	Cessna U206G Stationair 6 II	U20606044		Floatplane
☐	N68083	de Havilland DHC-2 Beaver	1254	ex 57-2580	Floatplane

RYAN INTERNATIONAL AIRLINES
Ryan International (RD/RYN)   *Wichita-Mid Continent, KS (ICT)*

	Reg	Type	S/N	ex	Notes
☐	EI-DGZ	Boeing 737-86N/W	28624/585	ex EC-HMK	Lsd fr FUA
☐	EI-DJT	Boeing 737-86N/W	28592/258	ex N975RY	Lsd fr FUA
☐	EI-DND	Boeing 737-86N/W	28612/455	ex EC-IUC	Lsd fr FUA
☐	N120DL	Boeing 767-332	23279/154		Lsd to LAV
☐	N151GX	Boeing 757-2G5	24451/227	ex OB-1788-P	Lsd fr Macquarie AirFinance
☐	N526NA	Boeing 757-236	24794/278	ex EC-HDG	Lsd fr Rubloff 757; sublsd to RSU
☐	N672RY	Boeing 737-322	24672/1915	ex EC-JUC	Lsd fr FUA
☐	N753NA	Boeing 757-28A	24544/280	ex N549NA	Lsd fr Triton
☐	N929RD	Boeing 757-2G5	23929/153	ex D-AMUW	all-white Lsd fr Macquarie AirFinance
☐	N932RD	McDonnell-Douglas MD-83	49233/1203	ex N932AS	Lsd fr Rubloff
☐	N976AS	McDonnell-Douglas MD-83	53452/2109		

European registered aircraft are leased for the US winter

SAFEWING AVIATION
Swiftwing (SFF)   *Kansas City-Downtown, MO (MKC)*

	Reg	Type	S/N	ex	Notes
☐	N88RH	Piper PA-32R-300 Lance	32R-7680065		Lsd fr Delta Sales Co
☐	N6249J	Piper PA-32R-300 Lance	32R-7680340		Lsd fr Delta Sales Co
☐	N7197F	Piper PA-32R-300 Lance	32R-7780058		Lsd fr Delta Sales Co
☐	N8304C	Piper PA-32R-300 Lance	32R-7680091		Lsd fr Delta Sales Co
☐	N47977	Piper PA-32R-300 Lance	32R-7880031		Lsd fr Delta Sales Co
☐	N33MP	Piper PA-23-250 Aztec F	27-7654194	ex N62746	Lsd fr Delta Sales Co
☐	N63798	Piper PA-23-250 Aztec F	27-7754124		Lsd fr Delta Sales Co

SAINT LOUIS HELICOPTER
Chesterfield-Spirit of St Louis, MO (SUS)

☐	N887	Sikorsky S-58B	58482	
☐	N1078T	Sikorsky S-58HT	581016	ex C-FOHA
☐	N6488	Sikorsky S-58D	581573	
☐	N6488C	Sikorsky S-58E	58269	
☐	N45726	Sikorsky S-58 (H-34A)	58675	ex 56-4037
☐	N99275	Sikorsky S-58E	58245	

SALMON AIR
Mountain Bird (S6/MBI) — Salmon-Lemhi County, ID (SMN)

☐	N80GV	Piper PA-31-350 Navajo Chieftain	31-7552003	ex N61487	
☐	N3528Y	Piper PA-31-350 Chieftain	31-7952149		
☐	N4237D	Piper PA-31-350 Navajo Chieftain	31-7305055	ex N800MW	
☐	N31932	Piper PA-31-350 Navajo Chieftain	31-7405144	ex N888TV	
☐	N84859	Piper PA-31-350 Navajo Chieftain	31-7305043	ex N804PC	
☐	N705SA	Britten-Norman BN-2B-20 Islander	2211	ex N708SA	
☐	N6353U	Cessna T210R Turbo Centurion	21064941		
☐	N6561B	Britten-Norman BN-2A-20 Islander	520	ex YV-0-GSF-6	dam 15Jly07
☐	N7067Z	Cessna T210M Turbo Centurion II	21062572	ex C-GPTX	
☐	N8514C	Piper PA-34-200T Seneca II	34-7670147		

All leased from Spirit Air; Salmon Air is the trading name of Mountain Bird Inc

SAN JUAN AIRLINES
West Isle Air (2G/MRR) — Anacortes, WA (OTS)

☐	N63SJ	Cessna U206F Stationair	U20603521	ex N8768Q	
☐	N120JD	Piper PA-31-350 Panther	31-8152179	ex N4095T	Lsd fr C&P Aircraft Leasing
☐	N1584U	Cessna 207 Skywagon	20700184		
☐	N7405	Cessna T207 Turbo Skywagon	20700147	exV3-HNO	

San Juan Airlines is the trading name of West Isle Air, a sister company of Northwest Seaplanes

SAN JUAN AVIATION
Renamed Eastern Caribbean Air

SAPPHIRE AVIATION
Sapphire (SPP) — West Palm Beach, FL (LNA)

☐	N57EB	Aero Commander 500A	500A-1245-71	ex N357TK
☐	N78343	Aero Commander 500A	500A-1264-87	

SB AIR
S-Bar (SBF) — Albuquerque-Intl Sunport, NM/Dallas-Love Field, TX (ABQ/DAL)

☐	N14NM	Beech 65-E90 King Air	LW-35	ex N811JB	EMS
☐	N17NM	Beech 65-E90 King Air	LW-237	ex N5NM	EMS
☐	N21NM	Beech 65-E90 King Air	LW-336	ex N675J	EMS
☐	N44GK	Beech 65-E90 King Air	LW-298	ex N2029X	EMS; N118SB resd
☐	N304LG	Beech 65-E90 King Air	LW-231	ex N4954S	EMS
☐	N11692	Beech 65-C90 King Air	LJ-772	ex F-GFBO	EMS
☐	N65TW	Beech B200 Super King Air	BB-902	ex N5TW	
☐	N114SB	Beech 200 Super King Air	BB-161	ex N131PA	

SCENIC AIRLINES
Scenic (YR/SCE) — Las Vegas-North, NV/Page, AZ (VGT/PGA)

☐	N140SA	de Havilland DHC-6 Twin Otter 300	267	ex N387EX	Lsd fr Latitude 19 Insurance
☐	N142SA	de Havilland DHC-6 Twin Otter 300	241	ex N385EX	Lsd fr Monarch Enterprises
☐	N146SA	de Havilland DHC-6 Twin Otter 300	514	ex N27RA	Lsd fr Zuni LLC
☐	N148SA	de Havilland DHC-6 Twin Otter 300	409	ex N548N	Lsd fr Zuni LLC
☐	N226SA	de Havilland DHC-6 Twin Otter 300	585	ex Chile 934	Lsd fr Eagle Canyon Leasing
☐	N227SA	de Havilland DHC-6 Twin Otter 300	517	ex N43SP	Lsd fr Diamond Bar
☐	N228SA	de Havilland DHC-6 Twin Otter 300	253	ex N103AC	Lsd fr Monarch Enterprises
☐	N241SA	de Havilland DHC-6 Twin Otter 300	556	ex N97RA	Lsd fr Diamond Bar
☐	N297SA	de Havilland DHC-6 Twin Otter 300	297	ex N852TB	Lsd fr Cortez Fisher
☐	N331SA	de Havilland DHC-6 Twin Otter 300	337	ex TI-TAF	
☐	N359AR	de Havilland DHC-6 Twin Otter 300	359	ex N148SA	Lsd fr Twin Otter Intl
☐	N692AR	de Havilland DHC-6 Twin Otter 300	692	ex N230SA	Lsd fr Bristol Ltd

All VistaLiner conversions

☐	N767EA	Cessna 402B	402B1244	ex N4616G	Lsd fr Eagle Canyon Lsg
☐	N773EA	Cessna 402B	402B0544	ex N97158	Lsd fr Eagle Canyon Lsg

Scenic Airlines is the trading name of Eagle Canyon Airlines

SCENIC AVIATION
Blanding Municipal, UT (BDG)

☐	N13GZ	Beech 65-C90B King Air	LJ-1590	ex PT-WXH	
☐	N215MP	Cessna 421C Golden Eagle III	421C1231	ex N2719Y	
☐	N588SA	Beech 65-C90B King Air	LJ-1588		
☐	N590GM	Beech 65-C90B King Air	LJ-1594		
☐	N1083S	Beech 65-C90B King Air	LJ-1443		
☐	N47744	Piper PA-34-200T Seneca II	34-7870026		

EMS flights are operated as Eagle Air MED

SEABORNE AIRLINES
Seaborne (BB)   *St Thomas-SPB, VI (SPB)*

☐	N224SA	de Havilland DHC-6 Twin Otter 300	247	ex C-GOES	VistaLiner	Lsd fr CPlane
☐	N251SA	de Havilland DHC-6 Twin Otter 300	524	ex N81708	VistaLiner	Lsd fr Seaborne VI Inc
☐	N288SA	de Havilland DHC-6 Twin Otter 300	389	ex V2-LEY	VistaLiner	Lsd fr CPlane
☐	N533SW	de Havilland DHC-6 Twin Otter 300	533	ex 4X-AHZ		Lsd fr III Coastal Arizona A/W
☐	N562CP	de Havilland DHC-6 Twin Otter 300	562	ex TI-BAL		Lsd fr CPlane
☐	N573SA	de Havilland DHC-6 Twin Otter 300	573	ex N41991		Lsd fr I Coastal Arizona A/W
☐	N888PV	de Havilland DHC-6 Twin Otter 300	620	ex CF-TWW		Lsd fr II Coastal Arizona A/W

All operate as Floatplanes

SEAPLANES OF KEY WEST
Key West-Intl, FL (EYW)

☐	N200KW	Cessna U206F Stationair	U20602785	ex N108SM	Floatplane	
☐	N208KW	Cessna 208 Caravan I	20800292		Floatplane	Lsd fr N208KW LLC

SERVANT AIR
(8D)   *Kodiak-Municipal, AK (KDK)*

☐	N1658U	Cessna 207 Skywagon	20700258		
☐	N1750U	Cessna 207 Skywagon	20700350		
☐	N75311	Piper PA-32R-300 Lance	32R-7680291		
☐	N94260	Cessna A185F Skywagon	18503296		Floatplane

SHORELINE AVIATION
New Haven-Tweed, CT (HVN)

☐	N208TW	Cessna 208B Caravan I	208B0671	ex N211SA		Lsd fr Caravan Air
☐	N309SA	Cessna 208 Caravan I	20800309		Floatplane	

SHUTTLE AMERICA
Shuttlecraft (S5/TCF) (IATA 919)   *Wilmington-Newcastle, DE/Windsor Locks-Bradley Intl, CT (ILG/BDL)*

☐	N979RP	Embraer 170-100SE (170SE)	17000088	ex PT-SZO	

Above operates in white colours with blue tail and small titles
Also operates aircraft for Delta Connection and United Express in full colours. Wholly owned by Republic Airlines

SIERRA PACIFIC AIRLINES
Sierra Pacific (SI/SPA)   *Tucson-Intl, AZ (TUS)*

☐	N703S	Boeing 737-2T4 (AvAero 3)	22529/750	ex N703ML	
☐	N712S	Boeing 737-2Y5 (AvAero 3)	23038/949	ex ZK-NAF	

SIERRA WEST AIRLINES
Platinum West (PKW)   *Oakdale, CA (SCK)*

☐	N63NE	Swearingen SA.227AC Metro III	AC-763B		Freighter	
☐	N221TR	Learjet 35A	35A-221	ex VH-FSY	Freighter	
☐	N242DR	Learjet 35A	35A-242	ex VH-FSZ	Freighter	
☐	N283SA	AMD Falcon 20	83	ex (N82SR)	Freighter	
☐	N8897Y	Swearingen SA.226AT Merlin IVC	AT-492	ex C-FJTA	Freighter	

All leased from Career Aviation; Sierra West Airlines is the trading name of Pak West Airlines

SILLER AVIATION
Yuba City-Sutter County, CA (MYV)

☐	N4196Z	Sikorsky S-61R	61567	ex 65-12792	
☐	N4197R	Sikorsky S-61R	61571	ex 65-12796	
☐	N5193J	Sikorsky S-61A	61014	ex Bu148036	
☐	N8170V	Sikorsky S-61A	61232		
☐	N15456	Sikorsky S-61N	61826		
☐	N45917	Sikorsky S-61V-1	61271		
☐	N51953	Sikorsky S-61A	61172	ex Bu149903	

☐ N429C	Sikorsky CH-54A	64031	ex 67-18429	
☐ N2268L	Sikorsky CH-54A	64013	ex 66-18411	
☐ N4035S	Sikorsky S-64E Skycrane	64099	ex 70-18491	
☐ N4037S	Sikorsky S-64E Skycrane	64101	ex 70-18493	
☐ N7095B	Sikorsky CH-54A	64032	ex 67-18430	
☐ N9125M	Sikorsky CH-54A	64057	ex 68-18455	

SKAGWAY AIR SERVICE
Skagway Air (N5/SGY)   *Skagway, AK (SGY)*

☐ N1132Q	Piper PA-32-300 Cherokee Six	32-7740046	
☐ N2884M	Piper PA-32-300 Cherokee Six	32-7840058	
☐ N8127K	Piper PA-32-300 Six	32-7940268	
☐ N31589	Piper PA-32-300 Cherokee Six	32-7840135	
☐ N40698	Piper PA-32-300 Cherokee Six	32-7440056	
☐ N4109D	Piper PA-31-350 T-1020	31-8253012	ex N260SW
☐ N8216T	Piper PA-32-301 Saratoga	32-8206037	
☐ N9540K	Piper PA-34-200T Seneca II	34-7670208	

SKY CASTLE AVIATION
New Castle-Henry County, IN (MIE)

☐ N38W	Beech H18	BA-580	ex N616T	Freighter
☐ N4231V	Piper PA-31-350 Navajo Chieftain	31-7652162	ex C-GBHM	
☐ N6685S	Beech 58 Baron	TH-718		

SKY KING
Songbird (F3/SGB)   *Sacramento-Metropolitan, CA (SMF)*

☐ N147AW	Boeing 737-297 (Nordam 3)	22630/860	ex N729AL	no titles	Lsd fr Decatur Properties
☐ N464AT	Boeing 737-2L9 (AvAero 3)	21278/479	ex N358AS	no titles	Lsd fr TK Fontier
☐ N465AT	Boeing 737-2L9 (AvAero 3)	21528/517	ex N359AS	no titles	Lsd fr Valley Land
☐ N737Q	Boeing 737-2L9 (AvAero 3)	21279/480	ex (N466AT)	no titles	Lsd fr Avn Technologies
☐ N977UA	Boeing 737-2L9 (AvAero 3)	21508/518	ex N7391F	no titles	

Commenced regular charter flights

SKYBUS AIRLINES
(SKB)   *Columbus, OH (LCK)*

☐ N501SX	Airbus A319-112	3331	ex D-AVYL		Lsd fr Aerventure
☐ N502SX	Airbus A319-112	3385	ex D-AVWF		
☐ N504SX	Airbus A319-112	3388	ex D-AVWG		
☐ (N521SX)	Airbus A319-112	2773	ex N521VA	Spirit of Columbus	Lsd fr VRD
☐ (N522SX)	Airbus A319-112	2811	ex N522VA	Nationwide Insurance c/s	Lsd fr VRD
☐ N551SX	Airbus A319-112	1901	ex C-GTDS	Capital One c/s	Lsd fr ILFC
☐ N552SX	Airbus A319-112	1884	ex C-GTDT		Lsd fr ILFC
☐ N553SX	Airbus A319-112	3171	ex D-AVXF		Lsd fr AerCap
☐ N554SX	Airbus A319-112	3309	ex D-AVYQ		Lsd fr Aerventure
☐ N571SX	Airbus A319-112	1853	ex C-GKOB		Lsd fr GECAS
☐ N572SX	Airbus A319-112	1963	ex C-FWTF		Lsd fr GECAS
☐ N573SX	Airbus A319-114	0639	ex C-FYJB		
☐ N574SX	Airbus A319-114	0649	ex C-FYJD		

Sixty one more new Airbus A319-132s are on order, including 13 leased from BOC Aviation; commenced services 22May07.

SKYWAY AIRLINES
Skyway-Ex (AL/SYX)   *Milwaukee-Gen Mitchell Intl, WI (MKE)*

Operates feeder services for Midwest Airlines as Midwest Connect in full colours and using YX call signs but will cease operations in April 2008.

SKYWAY ENTERPRISES
Skyway Inc (SKZ)   *Orlando-Kissimmee, FL/Detroit-Willow Run, IL (ISM/YIP)*

☐ N366MQ	Short SD.3-60	SH3639	ex G-14-3639
☐ N367MQ	Short SD.3-60	SH3640	ex G-BLGA
☐ N377MQ	Short SD.3-60	SH3699	ex G-BMUY
☐ N378MQ	Short SD.3-60	SH3700	ex G-BMXP
☐ N380MQ	Short SD.3-60	SH3702	ex (G-BMXS)
☐ N381MQ	Short SD.3-60	SH3703	ex G-14-3703
☐ N383MQ	Short SD.3-60	SH3706	ex (G-BNBB)
☐ N384MQ	Short SD.3-60	SH3711	ex G-BNBG
☐ N385MQ	Short SD.3-60	SH3707	ex G-BNBC
☐ N386MQ	Short SD.3-60	SH3709	ex G-BNBE
☐ N387MQ	Short SD.3-60	SH3710	ex G-BNBF
☐ N112PS	Douglas DC-9-15F (ABS 3)	47013/129	ex N557AS
☐ N106SW	Short SD.3-30	SH3072	ex C-GLAT
☐ N118SW	Short SD.3-30	SH3100	ex 83-0512

All freighters

SKYWEST AIRLINES
SkyWest (OO/SKW)
Salt Lake City-Intl, UT/Los Angeles-Intl, CA (SLC/LAX)

☐	N698BR	Canadair CL-600-2B19 (CRJ-200ER)	7799	ex C-FMLI	7798		Lsd fr CIT Group
☐	N709BR	Canadair CL-600-2B19 (CRJ-200ER)	7850	ex C-FMMW	7850		Lsd fr CIT Group
☐	N710BR	Canadair CL-600-2B19 (CRJ-200ER)	7852	ex C-FMMY	7852		Lsd fr CIT Group
☐	N215SW	Embraer EMB.120ER Brasilia	120281	ex PT-SVB			
☐	N216SW	Embraer EMB.120ER Brasilia	120285	ex PT-SVF			
☐	N217SW	Embraer EMB.120ER Brasilia	120286	ex PT-SVG			
☐	N224SW	Embraer EMB.120ER Brasilia	120294	ex PT-SVO			
☐	N271YV	Embraer EMB.120ER Brasilia	120271	ex PT-SUS			
☐	N296SW	Embraer EMB.120ER Brasilia	120325	ex PT-SXR			
☐	N299SW	Embraer EMB.120ER Brasilia	120329	ex PT-SXV			
☐	N301YV	Embraer EMB.120ER Brasilia	120301	ex PT-SVV			
☐	N576SW	Embraer EMB.120ER Brasilia	120345	ex PT-SBZ			

Operates for Delta Air Lines (as Delta Connection [231 CRJs, 13 EMB.120s and 12 ATRs]), including some code-shared with Continental Airlines, plus United Air Lines as United Express [171 CRJs and 48 EMB.120s] from points on the West Coast and Nevada and Midwest Connect services (4 CRJs) from Milwaukee and Kansas City. Note some are in SkyWest colours. Atlantic Southeast Airlines is a wholly owned subsidiary of SkyWest Inc

SMITHAIR
Smithair (SMH)
Hampton-Clayton County, GA

☐	N351N	Learjet 23	23-054	ex N351NR	Freighter	Lsd fr RBS Avn Capital
☐	N900NA	Learjet 24A	24A-111	ex N44WD	EMS	Lsd fr RBS Avn Capital
☐	N7200K	Learjet 23	23-099		Freighter	Lsd fr RBS Avn Capital

SMOKEY BAY AIR
(2E)
Homer, AK (HOM)

☐	N35860	Cessna U206G Super Skywagon	U20602764
☐	N72067	Cessna U206D Super Skywagon	U206-1273

SNOW AVIATION
Columbus-Rickenbacker, OH (LCK)

☐	N130SA	Lockheed C-130A Hercules	3035	ex N2127W	Development aircraft
☐	N307SA	Lockheed C-130E Hercules	3688	ex N131EV	Development aircraft

SOUTH AERO
Albuquerque-Intl Sunport, NM (ABQ)

☐	N42MG	Cessna 402C II	402C0320	ex N36992
☐	N57PB	Cessna 402C II	402C0300	ex N3628M
☐	N305AT	Cessna 402C II	402C0030	ex C-GZVM
☐	N402MQ	Cessna 402C II	402C0095	ex N81PB
☐	N402SA	Cessna 402C II	402C0623	ex C-GHOR
☐	N494BC	Cessna 402C II	402C0308	ex N67PB
☐	N525RH	Cessna 402C II	402C0525	ex N68761
☐	N747WS	Cessna 402C II	402C0080	ex C-GHYZ
☐	N2649Z	Cessna 402C II	402C0333	
☐	N2711X	Cessna 402C II	402C0116	
☐	N2713X	Cessna 402C II	402C0207	
☐	N3292M	Cessna 402C II	402C0304	
☐	N4643N	Cessna 402C II	402C0006	ex C-GIKA
☐	N5820C	Cessna 402C II	402C0047	
☐	N6880A	Cessna 402C II	402C0616	
☐	N26156	Cessna 402C II	402C0112	
☐	N54ZP	Cessna 404 Titan II	404-0694	ex N6764X
☐	N165SA	Cessna 404 Titan II	404-0622	
☐	N1689X	Cessna 210L Centurion II	21060724	
☐	N5388J	Cessna 404 Titan II	404-0666	
☐	N6479N	Cessna T210N Turbo Centurion II	21063053	
☐	N7213N	Cessna T210N Turbo Centurion II	21063207	

SOUTH PACIFIC EXPRESS
Pago Pago International (PPG)

☐	N429AS	Short SD.3-60	SH3693	ex A3-BFK
☐	N711MP	Short SD.3-60	SH3698	ex G-BMUX

SOUTHEAST AVIATION
Ketchikan-SPB, AK (WFB)

☐	N82SF	de Havilland DHC-2 Beaver	839	ex N44CD	Floatplane	Lsd fr Snow Mountain Ent
☐	N9279Z	de Havilland DHC-2 Beaver	345	ex 51-16821	Floatplane	Lsd fr Snow Mountain Ent

SOUTHERN AIR
Southern Air (9S/SOO) (IATA 099)   *Columbus-Rickenbacker, OH (LCK)*

☐	N535FC	Boeing 747-2F6B (SCD)	21833/423	ex N535MC	Lsd fr Cargo Aircraft
☐	(N704SA)	Boeing 747-2B5F	24196/720	ex N299JD	Lsd fr Tigers A/c Lsg
☐	(N708SA)	Boeing 747-3B5 (SF)	24194/713	ex N301JD	Lsd fr Tigers A/c Lsg
☐	N740SA	Boeing 747-230B (SF)	21380/320	ex N507MC	Lsd fr A/c 21380 LLC
☐	N746SA	Boeing 747-206M (EUD)	21111/276	ex PH-BUI	Wilbur Wright Lsd fr A/c 21111LLC
☐	N748SA	Boeing 747-206M (EUD/(SF))	21110/271	ex PH-BUH	
☐	N749SA	Boeing 747-2B5F	24195/718	ex N299JD	also quoted as 24192/713 ex N301JD
					Lsd fr Tigers A/c Lsg
☐	N751SA	Boeing 747-228F	22678/535	ex F-GCBE	all-white; dam Dec07
☐	N752SA	Boeing 747-228F	21255/295	ex F-BPVR	William Neff Lsd fr A/c 21255 LLC
☐	N753SA	Boeing 747-228F	21787/398	ex F-BPVZ	Southern Dreams
☐	N754SA	Boeing 747-228F	21576/334	ex N536MC	Lsd fr 21576 LLC
☐	N758SA	Boeing 747-281F	23138/604	ex JA8167	
☐	N760SA	Boeing 747-230M	21221/299	ex N509MC	Lsd fr A/c 21221 LLC
☐	N761SA	Boeing 747-2F6B (SF)	21832/421	ex N534MC	

Filed Chapter 11 November 2002, operations continue; merged with Cargo 360

SOUTHERN SEAPLANE
Southern Skies (SSC)   *Belle Chase-Southern Seaplane SPB, LA (BCS)*

☐	N227SS	Cessna U206E Skywagon	U20601516	ex C-GGAI	Floatplane
☐	N2272X	Cessna U206E Skywagon	U20601556		Floatplane
☐	N7896S	Cessna U206B Super Skywagon	U206-0814	ex CF-WRI	Floatplane
☐	N21058	de Havilland DHC-2 Beaver	630	ex CF-HOE	Floatplane
☐	N61301	Cessna A185F Skywagon	18504144		Floatplane
☐	N61441	Cessna A185F Skywagon	18504191		Floatplane
☐	N70822	Cessna U206F Stationair	U20602099		Floatplane

SOUTHWEST AIRLINES
Southwest (WN/SWA) (IATA 526)   *Dallas-Love Field, TX (DAL)*

☐	N300SW	Boeing 737-3H4	22940/1037		The Spirit of Kitty Hawk
☐	N301SW	Boeing 737-3H4	22941/1048		The Spirit of Kitty Hawk
☐	N302SW	Boeing 737-3H4	22942/1052		The Spirit of Kitty Hawk
☐	N303SW	Boeing 737-3H4	22943/1101		
☐	N304SW	Boeing 737-3H4	22944/1138		
☐	N305SW	Boeing 737-3H4	22945/1139		
☐	N306SW	Boeing 737-3H4	22946/1148		
☐	N307SW	Boeing 737-3H4	22947/1156		
☐	N308SA	Boeing 737-3Y0	23498/1233	ex G-EZYA	
☐	N309SW	Boeing 737-3H4	22948/1160		
☐	N310SW	Boeing 737-3H4	22949/1161		
☐	N311SW	Boeing 737-3H4	23333/1183		
☐	N312SW	Boeing 737-3H4	23334/1185		
☐	N313SW	Boeing 737-3H4	23335/1201		
☐	N314SW	Boeing 737-3H4	23336/1229		
☐	N315SW	Boeing 737-3H4	23337/1231		
☐	N316SW	Boeing 737-3H4	23338/1232		
☐	N317WN	Boeing 737-3Q8	24068/1506	ex G-EZYE	
☐	N318SW	Boeing 737-3H4	23339/1255		
☐	N319SW	Boeing 737-3H4	23340/1348		
☐	N320SW	Boeing 737-3H4	23341/1350		
☐	N321SW	Boeing 737-3H4	23342/1351		
☐	N322SW	Boeing 737-3H4	23343/1377		Lsd fr Colonial Pacific
☐	N323SW	Boeing 737-3H4	23344/1378		
☐	N324SW	Boeing 737-3H4	23414/1384		
☐	N325SW	Boeing 737-3H4	23689/1398		
☐	N326SW	Boeing 737-3H4	23690/1400		
☐	N327SW	Boeing 737-3H4	23691/1407		Lsd fr GECAS
☐	N328SW	Boeing 737-3H4	23692/1521		
☐	N329SW	Boeing 737-3H4	23693/1525		
☐	N330SW	Boeing 737-3H4	23694/1529		
☐	N331SW	Boeing 737-3H4	23695/1536		Lsd fr WTCo
☐	N332SW	Boeing 737-3H4	23696/1545		
☐	N333SW	Boeing 737-3H4	23697/1547		
☐	N334SW	Boeing 737-3H4	23938/1549		Shamu
☐	N335SW	Boeing 737-3H4	23939/1553		
☐	N336SW	Boeing 737-3H4	23940/1557		
☐	N337SW	Boeing 737-3H4	23959/1567		
☐	N338SW	Boeing 737-3H4	23960/1571		
☐	N339SW	Boeing 737-3H4	24090/1591		
☐	N340LV	Boeing 737-3K2	23738/1360	ex PH-HVJ	
☐	N341SW	Boeing 737-3H4	24091/1593		
☐	N342SW	Boeing 737-3H4	24133/1682		
☐	N343SW	Boeing 737-3H4	24151/1686		
☐	N344SW	Boeing 737-3H4	24152/1688		
☐	N345SA	Boeing 737-3K2	23786/1386	ex PH-HVK	
☐	N346SW	Boeing 737-3H4	24153/1690		

☐	N347SW	Boeing 737-3H4	24374/1708		
☐	N348SW	Boeing 737-3H4	24375/1710		
☐	N349SW	Boeing 737-3H4	24408/1734		
☐	N350SW	Boeing 737-3H4	24409/1748		
☐	N351SW	Boeing 737-3H4	24572/1790		
☐	N352SW	Boeing 737-3H4	24888/1942		Lone Star One
☐	N353SW	Boeing 737-3H4	24889/1947		
☐	N354SW	Boeing 737-3H4	25219/2092		
☐	N355SW	Boeing 737-3H4	25250/2103		
☐	N356SW	Boeing 737-3H4	25251/2105		
☐	N357SW	Boeing 737-3H4	26594/2294		
☐	N358SW	Boeing 737-3H4	26595/2295		
☐	N359SW	Boeing 737-3H4/W	26596/2297		
☐	N360SW	Boeing 737-3H4/W	26571/2307		
☐	N361SW	Boeing 737-3H4/W	26572/2309		
☐	N362SW	Boeing 737-3H4/W	26573/2322		
☐	N363SW	Boeing 737-3H4/W	26574/2429		Heroes of the Heart
☐	N364SW	Boeing 737-3H4/W	26575/2430		
☐	N365SW	Boeing 737-3H4/W	26576/2433		
☐	N366SW	Boeing 737-3H4	26577/2469		
☐	N367SW	Boeing 737-3H4	26578/2470		
☐	N368SW	Boeing 737-3H4/W	26579/2473		
☐	N369SW	Boeing 737-3H4	26580/2477		
☐	N370SW	Boeing 737-3H4	26597/2497		
☐	N371SW	Boeing 737-3H4	26598/2500		
☐	N372SW	Boeing 737-3H4	26599/2504		
☐	N373SW	Boeing 737-3H4	26581/2509		
☐	N374SW	Boeing 737-3H4	26582/2515		
☐	N375SW	Boeing 737-3H4	26583/2520		
☐	N376SW	Boeing 737-3H4	26584/2570		
☐	N378SW	Boeing 737-3H4	26585/2579		
☐	N379SW	Boeing 737-3H4	26586/2580		
☐	N380SW	Boeing 737-3H4/W	26587/2610		
☐	N382SW	Boeing 737-3H4/W	26588/2611		
☐	N383SW	Boeing 737-3H4/W	26589/2612		Arizona One
☐	N384SW	Boeing 737-3H4	26590/2613		
☐	N385SW	Boeing 737-3H4	26600/2617		
☐	N386SW	Boeing 737-3H4	26601/2626		
☐	N387SW	Boeing 737-3H4	26602/2627		
☐	N388SW	Boeing 737-3H4	26591/2628		
☐	N389SW	Boeing 737-3H4	26592/2629		
☐	N390SW	Boeing 737-3H4/W	26593/2642		
☐	N391SW	Boeing 737-3H4	27378/2643		
☐	N392SW	Boeing 737-3H4	27379/2644		
☐	N394SW	Boeing 737-3H4	27380/2645		
☐	N395SW	Boeing 737-3H4	27689/2667		
☐	N396SW	Boeing 737-3H4/W	27690/2668		
☐	N397SW	Boeing 737-3H4	27691/2695		
☐	N398SW	Boeing 737-3H4	27692/2696		
☐	N399WN	Boeing 737-3H4	27693/2697		
☐	N600WN	Boeing 737-3H4	27694/2699		
☐	N601WN	Boeing 737-3H4/W	27695/2702		Jack Vidal
☐	N602SW	Boeing 737-3H4/W	27953/2713		
☐	N603SW	Boeing 737-3H4/W	27954/2714		
☐	N604SW	Boeing 737-3H4/W	27955/2715		
☐	N605SW	Boeing 737-3H4	27956/2716		
☐	N606SW	Boeing 737-3H4	27926/2740		
☐	N607SW	Boeing 737-3H4	27927/2741		June M Morris
☐	N608SW	Boeing 737-3H4	27928/2742		
☐	N609SW	Boeing 737-3H4	27929/2744		California One
☐	N610WN	Boeing 737-3H4	27696/2745		
☐	N611SW	Boeing 737-3H4	27697/2750		
☐	N612SW	Boeing 737-3H4	27930/2753		
☐	N613SW	Boeing 737-3H4	27931/2754		
☐	N614SW	Boeing 737-3H4	28033/2755		
☐	N615SW	Boeing 737-3H4	27698/2757		
☐	N616SW	Boeing 737-3H4	27699/2758		
☐	N617SW	Boeing 737-3H4	27700/2759	ex N1786B	
☐	N618WN	Boeing 737-3H4	28034/2761		
☐	N619SW	Boeing 737-3H4	28035/2762		
☐	N620SW	Boeing 737-3H4	28036/2766		
☐	N621SW	Boeing 737-3H4	28037/2767		
☐	N622SW	Boeing 737-3H4	27932/2779		
☐	N623SW	Boeing 737-3H4	27933/2780		
☐	N624SW	Boeing 737-3H4	27934/2781		
☐	N625SW	Boeing 737-3H4	27701/2787		
☐	N626SW	Boeing 737-3H4	27702/2789		
☐	N627SW	Boeing 737-3H4	27935/2790		
☐	N628SW	Boeing 737-3H4	27703/2795		
☐	N629SW	Boeing 737-3H4	27704/2796		25 Silver One
☐	N630WN	Boeing 737-3H4	27705/2797		
☐	N631SW	Boeing 737-3H4	27706/2798		

419

	Reg	Type	MSN/LN	ex reg	Notes
☐	N632SW	Boeing 737-3H4	27707/2799		
☐	N633SW	Boeing 737-3H4	27936/2807		
☐	N634SW	Boeing 737-3H4	27937/2808		
☐	N635SW	Boeing 737-3H4	27708/2813		
☐	N636WN	Boeing 737-3H4	27709/2814		
☐	N637SW	Boeing 737-3H4	27710/2819		
☐	N638SW	Boeing 737-3H4	27711/2820		
☐	N639SW	Boeing 737-3H4	27712/2821		
☐	N640SW	Boeing 737-3H4	27713/2840		
☐	N641SW	Boeing 737-3H4	27714/2841		
☐	N642WN	Boeing 737-3H4	27715/2842		
☐	N643SW	Boeing 737-3H4	27716/2843		
☐	N644SW	Boeing 737-3H4	28329/2869		
☐	N645SW	Boeing 737-3H4	28330/2870		
☐	N646SW	Boeing 737-3H4	28331/2871		
☐	N647SW	Boeing 737-3H4	27717/2892		Triple Crown c/s
☐	N648SW	Boeing 737-3H4	27718/2893		
☐	N649SW	Boeing 737-3H4	27719/2894		
☐	N650SW	Boeing 737-3H4	27720/2901		
☐	N651SW	Boeing 737-3H4	27721/2915		
☐	N652SW	Boeing 737-3H4/W	27722/2916		
☐	N653SW	Boeing 737-3H4	28398/2917		
☐	N654SW	Boeing 737-3H4/W	28399/2918		
☐	N655WN	Boeing 737-3H4/W	28400/2931		
☐	N656SW	Boeing 737-3H4/W	28401/2932		
☐	N657SW	Boeing 737-3L9	23331/1111	ex N960WP	
☐	N658SW	Boeing 737-3L9	23332/1118	ex N961WP	
☐	N659SW	Boeing 737-301	23229/1112	ex N950WP	
☐	N660SW	Boeing 737-301	23230/1115	ex N949WP	Lsd fr Aircorp
☐	N661SW	Boeing 737-317	23173/1098	ex N946WP	Lsd fr BBAM
☐	N662SW	Boeing 737-3Q8	23255/1125	ex N327US	Lsd fr RPK Capital
☐	N663SW	Boeing 737-3Q8	23256/1128	ex N329US	Lsd fr RPK Capital
☐	N664WN	Boeing 737-3Y0	23495/1206	ex EC-FVT	Lsd fr Mellon Trust
☐	N665WN	Boeing 737-3Y0	23497/1227	ex G-MONF	Lsd fr Mellon Trust
☐	N667SW	Boeing 737-3T5	23063/1092	ex N752MA	Lsd fr NTE Avn
☐	N669SW	Boeing 737-3A4	23752/1484	ex N758MA	Lsd fr ACG Corp
☐	N670SW	Boeing 737-3G7	23784/1533	ex N779MA	Lsd fr Polaris
☐	N671SW	Boeing 737-3G7	23785/1535	ex N778MA	Lsd fr WFBN
☐	N672SW	Boeing 737-3Q8	23406/1215	ex N755MA	Lsd fr ACG Acquisitions
☐	N673AA	Boeing 737-3A4	23251/1063	ex N307AC	
☐	N674AA	Boeing 737-3A4	23252/1094	ex N776MA	Lsd fr Airlease
☐	N675AA	Boeing 737-3A4	23253/1096	ex (TF-AIC)	Lsd fr Pacific AirCorp
☐	N676AA	Boeing 737-3A4	23288/1100	ex N742MA	
☐	N677AA	Boeing 737-3A4	23289/1182	ex N735MA	Lsd fr New England Merchants
☐	N678AA	Boeing 737-3A4	23290/1205	ex N304AC	Lsd fr WFBN
☐	N679AA	Boeing 737-3A4	23291/1211	ex N306AC	
☐	N680AA	Boeing 737-3A4	23505/1318	ex N310AC	Lsd fr AFS Investments
☐	N682SW	Boeing 737-3Y0	23496/1217	ex N67AB	
☐	N683SW	Boeing 737-3G7	24008/1576	ex N301AW	
☐	N684WN	Boeing 737-3T0	23941/1520	ex EC-EID	Lsd fr Boullioun
☐	N685SW	Boeing 737-3Q8	23401/1209	ex G-BOWR	Lsd fr Airlsling Airlease
☐	N686SW	Boeing 737-317	23175/1110	ex EI-CHU	Lsd fr AerCap
☐	N687SW	Boeing 737-3Q8	23388/1187	ex N103GU	Lsd fr Ailsling Airlease
☐	N688SW	Boeing 737-3Q8	23254/1107	ex N780MA	Lsd fr ILFC
☐	N689SW	Boeing 737-3Q8	23387/1163	ex N734MA	
☐	N690SW	Boeing 737-3G7	23783/1531	ex N785MA	Lsd fr WFBN
☐	N691WN	Boeing 737-3G7	23781/1494	ex N784MA	Lsd fr Polaris
☐	N692SW	Boeing 737-3T5	23062/1083	ex N733MA	
☐	N693SW	Boeing 737-317	23174/1104	ex N775MA	Lsd fr BCI Leasing
☐	N694SW	Boeing 737-3T5	23061/1080	ex N744MA	
☐	N695SW	Boeing 737-3Q8	23506/1249	ex N730MA	Lsd fr ILFC
☐	N697SW	Boeing 737-3T0	23838/1505	ex N764MA	Lsd fr Cirrus
☐	N698SW	Boeing 737-317	23176/1213	ex EI-CHD	Lsd fr GECAS
☐	N699SW	Boeing 737-3Y0	23826/1372	ex EI-CHE	Lsd fr GECAS

Ninety to be fitted with winglets while five will be returned to lessors in 2008

	Reg	Type	MSN/LN	ex reg
☐	N501SW	Boeing 737-5H4	24178/1718	ex N73700
☐	N502SW	Boeing 737-5H4	24179/1744	
☐	N503SW	Boeing 737-5H4	24180/1766	
☐	N504SW	Boeing 737-5H4	24181/1804	
☐	N505SW	Boeing 737-5H4	24182/1826	
☐	N506SW	Boeing 737-5H4	24183/1852	
☐	N507SW	Boeing 737-5H4	24184/1864	
☐	N508SW	Boeing 737-5H4	24185/1932	
☐	N509SW	Boeing 737-5H4	24186/1934	
☐	N510SW	Boeing 737-5H4	24187/1940	
☐	N511SW	Boeing 737-5H4	24188/2029	
☐	N512SW	Boeing 737-5H4	24189/2056	
☐	N513SW	Boeing 737-5H4	24190/2058	
☐	N514SW	Boeing 737-5H4	25153/2078	
☐	N515SW	Boeing 737-5H4	25154/2080	
☐	N519SW	Boeing 737-5H4	25318/2121	
☐	N520SW	Boeing 737-5H4	25319/2134	

☐	N521SW	Boeing 737-5H4	25320/2136		
☐	N522SW	Boeing 737-5H4	26564/2202		
☐	N523SW	Boeing 737-5H4	26565/2204		
☐	N524SW	Boeing 737-5H4	26566/2224		
☐	N525SW	Boeing 737-5H4	26567/2283		
☐	N526SW	Boeing 737-5H4	26568/2285		
☐	N527SW	Boeing 737-5H4	26569/2287		
☐	N528SW	Boeing 737-5H4	26570/2292		
☐	N200WN	Boeing 737-7H4/W	32482/1638	ex N1795B	
☐	N201LV	Boeing 737-7H4/W	29854/1650		Fred J Jones First 737 without 'eyebrow' windows
☐	N202WN	Boeing 737-7H4/W	33999/1653		
☐	N203WN	Boeing 737-7H4/W	32483/1656		
☐	N204WN	Boeing 737-7H4/W	29855/1663		
☐	N205WN	Boeing 737-7H4/W	34010/1668	ex N1784B	
☐	N206WN	Boeing 737-7H4/W	34011/1675		
☐	N207WN	Boeing 737-7H4/W	34012/1678		
☐	N208WN	Boeing 737-7H4/W	29856/1679		
☐	N209WN	Boeing 737-7H4/W	32484/1683	ex N1787B	
☐	N210WN	Boeing 737-7H4/W	34162/1690		
☐	N211WN	Boeing 737-7H4/W	34163/1699		
☐	N212WN	Boeing 737-7H4/W	32485/1708		
☐	N213WN	Boeing 737-7H4/W	34217/1717		
☐	N214WN	Boeing 737-7H4/W	32486/1721		Maryland One
☐	N215WN	Boeing 737-7H4/W	32487/1723		Ron Chapman
☐	N216WR	Boeing 737-7H4/W	32488/1735	ex N1784B	
☐	N217JC	Boeing 737-7H4/W	34232/1737	ex (N217WN)	
☐	N218WN	Boeing 737-7H4/W	32489/1741		
☐	N219WN	Boeing 737-7H4/W	32490/1744	ex N1786B	
☐	N220WN	Boeing 737-7H4/W	32491/1756		
☐	N221WN	Boeing 737-7H4/W	34259/1776	ex N1786B	
☐	N222WN	Boeing 737-7H4/W	34290/1780		
☐	N223WN	Boeing 737-7H4/W	32492/1799	ex N1795B	
☐	N224WN	Boeing 737-7H4/W	32493/1801	ex N1786B	Slam Dunk One
☐	N225WN	Boeing 737-7H4/W	34333/1820		
☐	N226WN	Boeing 737-7H4/W	32494/1822	ex N1786B	
☐	N227WN	Boeing 737-7H4/W	34450/1831	ex N1786B	
☐	N228WN	Boeing 737-7H4/W	32496/1835	ex N1780B	
☐	N229WN	Boeing 737-7H4/W	32498/1858		
☐	N230WN	Boeing 737-7H4/W	34592/1868		5000th 737 built
☐	N231WN	Boeing 737-7H4/W	32499/1881	ex N1787B	
☐	N232WN	Boeing 737-7H4/W	32500/1888		
☐	N233LV	Boeing 737-7H4/W	32501/1893		
☐	N234WN	Boeing 737-7H4/W	32502/1905		
☐	N235WN	Boeing 737-7H4/W	34630/1916	ex N1787B	
☐	N236WN	Boeing 737-7H4/W	34631/1928	ex N1786B	
☐	N237WN	Boeing 737-7H4/W	34632/1930		
☐	N238WN	Boeing 737-7H4/W	34713/1950		Spreading the LUV
☐	N239WN	Boeing 737-7H4/W	34714/1954	ex N1786B	
☐	N240WN	Boeing 737-7H4/W	32503/1959	ex N1786B	
☐	N241WN	Boeing 737-7H4/W	32504/1965		
☐	N242WN	Boeing 737-7H4/W	32505/1969		
☐	N243WN	Boeing 737-7H4/W	34863/1973		
☐	N244WN	Boeing 737-7H4/W	34864/1977		
☐	N245WN	Boeing 737-7H4/W	32506/1982		
☐	N246LV	Boeing 737-7H4/W	32507/1984	ex N1786B	
☐	N247WN	Boeing 737-7H4/W	32508/1989		
☐	N248WN	Boeing 737-7H4/W	32509/2000		
☐	N249WN	Boeing 737-7H4/W	34951/2005		
☐	N250WN	Boeing 737-7H4/W	34972/2019		
☐	N251WN	Boeing 737-7H4/W	32510/2025		
☐	N252WN	Boeing 737-7H4/W	34973/2027		
☐	N253WN	Boeing 737-7H4/W	32511/2038		
☐	N254WN	Boeing 737-7H4/W	32512/2040		
☐	N255WN	Boeing 737-7H4/W	32513/2049		
☐	N256WN	Boeing 737-7H4/W	32514/2059		
☐	N257WN	Boeing 737-7H4/W	32515/2062		
☐	N258WN	Boeing 737-7H4/W	32516/2076		
☐	N259WN	Boeing 737-7H4/W	35554/2092		
☐	N260WN	Boeing 737-7H4/W	32518/2114	ex N1786B	
☐	N261WN	Boeing 737-7H4/W	32517/2133	ex N1787B	
☐	N262WN	Boeing 737-7H4/W	32519/2139	ex N1786B	
☐	N263WN	Boeing 737-7H4/W	32520/2153		
☐	N264LV	Boeing 737-7H4/W	32521/2161		
☐	N265WN	Boeing 737-7H4/W	32522/2174		
☐	N266WN	Boeing 737-7H4/W	32523/2182	ex N1787B	Colleen Barrett
☐	N267WN	Boeing 737-7H4/W	32525/2193		
☐	N268WN	Boeing 737-7H4/W	32524/2199		
☐	N269WN	Boeing 737-7H4/W	32526/2204		
☐	N270WN	Boeing 737-705/W	29089/83	ex VP-BBT	
☐	N271LV	Boeing 737-705	29090/109	ex VP-BBU	

☐	N272WN	Boeing 737-7H4/W	32527/2224	ex N1786B	
☐	N273WN	Boeing 737-7H4/W	32528/2238		
☐	N274WN	Boeing 737-7H4/W	32529/2244		
☐	N275WN	Boeing 737-7H4/W	36153/2256		
☐	N276WN	Boeing 737-7H4/W	32530/2262		
☐	N277WN	Boeing 737-7H4/W	32531/2274		
☐	N278WN	Boeing 737-7H4/W	36441/2281	ex N1787B	
☐	N279WN	Boeing 737-7H4/W	32532/2284	ex N1786B	
☐	N280WN	Boeing 737-7H4/W	32533/2294		
☐	N281WN	Boeing 737-7H4/W	36528/2307		Southwest's 500th Boeing 737
☐	N282WN	Boeing 737-7H4/W	32534/2318		
☐	N283WN	Boeing 737-7H4/W	36610/2322		
☐	N284WN	Boeing 737-7H4/W	32535/2328	ex N1786B	
☐	N285WN	Boeing 737-7H4/W	32536/2337		
☐	N286WN	Boeing 737-7H4/W	32471/1535	ex N471WN	
☐	N287WN	Boeing 737-7H4/W	32537/2344	ex N1786B	
☐	N288WN	Boeing 737-7H4/W	36611/2350	ex N1786B	
☐	N289CT	Boeing 737-7H4/W	36633/2354	ex N1786B	
☐	N290WN	Boeing 737-7H4/W	36632/2363		
☐	N291WN	Boeing 737-7H4/W	32539/2378		
☐	N292WN	Boeing 737-7H4/W	32538/2383		
☐	N293WN	Boeing 737-7H4/W	36612/2387		
☐	N294WN	Boeing 737-7H4/W	32540/2390	ex N1786B	
☐	N295WN	Boeing 737-7H4/W	32541/2409		
☐	N296WN	Boeing 737-7H4/W	36613/2413		
☐	N297WN	Boeing 737-7H4/W	32542/2417		
☐	N298WN	Boeing 737-7H4/W	32543/2438		
☐	N299WN	Boeing 737-7H4/W	36614/2442		
☐	N400WN	Boeing 737-7H4/W	27891/806		
☐	N401WN	Boeing 737-7H4/W	29813/810		
☐	N402WN	Boeing 737-7H4/W	29814/811	ex N1786B	
☐	N403WN	Boeing 737-7H4/W	29815/821	ex N1786B	
☐	N404WN	Boeing 737-7H4/W	27892/880	ex N1787B	
☐	N405WN	Boeing 737-7H4/W	27893/881	ex N1786B	
☐	N406WN	Boeing 737-7H4/W	27894/885	ex N1786B	
☐	N407WN	Boeing 737-7H4/W	29817/903	ex N1786B	
☐	N408WN	Boeing 737-7H4/W	27895/934	ex N1786B	
☐	N409WN	Boeing 737-7H4/W	27896/945	ex N1787B	
☐	N410WN	Boeing 737-7H4/W	27897/946	ex N1786B	
☐	N411WN	Boeing 737-7H4/W	29821/950	ex N1786B	
☐	N412WN	Boeing 737-7H4/W	29818/956	ex N1795B	
☐	N413WN	Boeing 737-7H4/W	29819/960		
☐	N414WN	Boeing 737-7H4/W	29820/967	ex N1795B	
☐	N415WN	Boeing 737-7H4/W	29836/980	ex N1787B	
☐	N416WN	Boeing 737-7H4/W	32453/990	ex N1786B	
☐	N417WN	Boeing 737-7H4/W	29822/993	ex N1786B	The Rollin W King
☐	N418WN	Boeing 737-7H4/W	29823/1000		The Winning Spirit
☐	N419WN	Boeing 737-7H4/W	29824/1017	ex N1786B	
☐	N420WN	Boeing 737-7H4/W	29825/1039		
☐	N421LV	Boeing 737-7H4/W	32452/1040		
☐	N422WN	Boeing 737-7H4/W	29826/1093		
☐	N423WN	Boeing 737-7H4/W	29827/1101		
☐	N424WN	Boeing 737-7H4/W	29828/1105		
☐	N425LV	Boeing 737-7H4/W	29829/1109		
☐	N426WN	Boeing 737-7H4/W	29830/1114		
☐	N427WN	Boeing 737-7H4/W	29831/1119		
☐	N428WN	Boeing 737-7H4/W	29844/1243		
☐	N429WN	Boeing 737-7H4/W	33658/1256		
☐	N430WN	Boeing 737-7H4/W	33659/1357		
☐	N431WN	Boeing 737-7H4/W	29845/1259		
☐	N432WN	Boeing 737-7H4/W	33715/1297	ex N1786B	
☐	N433LV	Boeing 737-7H4/W	33716/1301		
☐	N434WN	Boeing 737-7H4/W	32454/1313		
☐	N435WN	Boeing 737-7H4/W	32455/1328		
☐	N436WN	Boeing 737-7H4/W	32456/1342		
☐	N437WN	Boeing 737-7H4/W	29832/1349		
☐	N438WN	Boeing 737-7H4/W	29833/1353		
☐	N439WN	Boeing 737-7H4/W	29834/1356		The Donald G Ogden
☐	N440LV	Boeing 737-7H4/W	29835/1358		
☐	N441WN	Boeing 737-7H4/W	29837/1360		
☐	N442WN	Boeing 737-7H4/W	32459/1365	ex (N442LV)	
☐	N443WN	Boeing 737-7H4/W	29838/1369		The Spirit of Hope
☐	N444WN	Boeing 737-7H4/W	29839/1374	ex N1786B	
☐	N445WN	Boeing 737-7H4/W	29841/1388		
☐	N446WN	Boeing 737-7H4/W	29842/1401	ex N1787B	
☐	N447WN	Boeing 737-7H4/W	33720/1405		
☐	N448WN	Boeing 737-7H4/W	33721/1409		The Spirit of Kitty Hawk
☐	N449WN	Boeing 737-7H4/W	32469/1427		
☐	N450WN	Boeing 737-7H4/W	32470/1429	ex N60668	
☐	N451WN	Boeing 737-7H4/W	32495/1458		
☐	N452WN	Boeing 737-7H4/W	29846/1461		
☐	N453WN	Boeing 737-7H4/W	29847/1476		
☐	N454WN	Boeing 737-7H4/W	29851/1477		

☐	N455WN	Boeing 737-7H4/W	32462/1480			
☐	N456WN	Boeing 737-7H4/W	32463/1484			
☐	N457WN	Boeing 737-7H4/W	33856/1485			
☐	N458WN	Boeing 737-7H4/W	33857/1490			
☐	N459WN	Boeing 737-7H4/W	32497/1492			
☐	N460WN	Boeing 737-7H4/W	32464/1499			
☐	N461WN	Boeing 737-7H4/W	32465/1510			
☐	N462WN	Boeing 737-7H4/W	32466/1513			
☐	N463WN	Boeing 737-7H4/W	32467/1515			
☐	N464WN	Boeing 737-7H4/W	32468/1517			
☐	N465WN	Boeing 737-7H4/W	33829/1519			
☐	N466WN	Boeing 737-7H4/W	30677/1520			Lsd fr ILFC
☐	N467WN	Boeing 737-7H4/W	33830/1521			
☐	N468WN	Boeing 737-7H4/W	33858/1523			
☐	N469WN	Boeing 737-7H4/W	33859/1525			
☐	N470WN	Boeing 737-7H4/W	33860/1528			
☐	N472WN	Boeing 737-7H4/W	33831/1537			
☐	N473WN	Boeing 737-7H4/W	33832/1541			
☐	N474WN	Boeing 737-7H4/W	33861/1543	ex N1786B		
☐	N475WN	Boeing 737-7H4/W	32474/1545			
☐	N476WN	Boeing 737-7H4/W	32475/1549			
☐	N477WN	Boeing 737-7H4/W	33988/1552			
☐	N478WN	Boeing 737-7H4/W	33989/1555			
☐	N479WN	Boeing 737-7H4/W	33990/1558			
☐	N480WN	Boeing 737-7H4/W	33998/1561			
☐	N481WN	Boeing 737-7H4/W	29853/1564			
☐	N482WN	Boeing 737-7H4/W	29852/1568			
☐	N483WN	Boeing 737-7H4/W	32472/1570			
☐	N484WN	Boeing 737-7H4/W	33841/1575	ex N1786B		
☐	N485WN	Boeing 737-7H4/W	32473/1577	ex N1786B		
☐	N486WN	Boeing 737-7H4/W	33852/1579			
☐	N487WN	Boeing 737-7H4/W	33854/1583			
☐	N488WN	Boeing 737-7H4/W	33853/1587			
☐	N489WN	Boeing 737-7H4/W	33855/1589	ex N1780B		
☐	N490WN	Boeing 737-7H4/W	32476/1591		100 H-E-B titles	
☐	N491WN	Boeing 737-7H4/W	33867/1598			
☐	N492WN	Boeing 737-7H4/W	33866/1605			
☐	N493WN	Boeing 737-7H4/W	32477/1616			
☐	N494WN	Boeing 737-7H4/W	33868/1621			
☐	N495WN	Boeing 737-7H4/W	33869/1625			
☐	N496WN	Boeing 737-7H4/W	32478/1626			
☐	N497WN	Boeing 737-7H4/W	32479/1628			
☐	N498WN	Boeing 737-7H4/W	32480/1633			
☐	N499WN	Boeing 737-7H4/W	32481/1636			
☐	N550WN	Boeing 737-76Q/W	30279/1010	ex VT-SIR		Lsd fr WFBN
☐	N551WN	Boeing 737-76Q/W	30280/1025	ex VT-SIS		Lsd fr WFBN
☐	N700GS	Boeing 737-7H4/W	27835/4			
☐	N701GS	Boeing 737-7H4/W	27836/6	ex N35108		
☐	N703SW	Boeing 737-7H4/W	27837/12	ex N1792B		
☐	N704SW	Boeing 737-7H4/W	27838/15			
☐	N705SW	Boeing 737-7H4/W	27839/20			
☐	N706SW	Boeing 737-7H4/W	27840/24			
☐	N707SA	Boeing 737-7H4/W	27841/1	ex N737X		
☐	N708SW	Boeing 737-7H4/W	27842/2			
☐	N709SW	Boeing 737-7H4/W	27843/3			
☐	N710SW	Boeing 737-7H4/W	27844/34	ex N1787B		
☐	N711HK	Boeing 737-7H4/W	27845/38		The Herbert D Kelleher	
☐	N712SW	Boeing 737-7H4/W	27846/53			
☐	N713SW	Boeing 737-7H4/W	27847/54		Shamu c/s	
☐	N714CB	Boeing 737-7H4/W	27848/61		Southwest Classic colours	
☐	N715SW	Boeing 737-7H4/W	27849/62		Shamu c/s	
☐	N716SW	Boeing 737-7H4/W	27850/64			
☐	N717SA	Boeing 737-7H4/W	27851/70	ex N1799B		
☐	N718SW	Boeing 737-7H4/W	27852/71	ex N3134C		
☐	N719SW	Boeing 737-7H4/W	27853 /82			
☐	N720WN	Boeing 737-7H4/W	27854/121	ex N1787B		
☐	N723SW	Boeing 737-7H4/W	27855/199	ex N1787B		
☐	N724SW	Boeing 737-7H4/W	27856/201	ex N1787B		
☐	N725SW	Boeing 737-7H4/W	27857/208	ex N1786B		
☐	N726SW	Boeing 737-7H4/W	27858/213			
☐	N727SW	Boeing 737-7H4/W	27859/274	ex N1786B	Nevada One c/s	
☐	N728SW	Boeing 737-7H4/W	27860/276	ex N1787B		
☐	N729SW	Boeing 737-7H4/W	27861/278	ex N1786B		
☐	N730SW	Boeing 737-7H4/W	27862/284	ex N1795B		
☐	N731SA	Boeing 737-7H4/W	27863/318	ex N1786B		
☐	N732SW	Boeing 737-7H4/W	27864/319	ex N1787B		
☐	N733SA	Boeing 737-7H4/W	27865/320	ex N1787B		
☐	N734SA	Boeing 737-7H4/W	27866/324	ex N1795B		
☐	N735SA	Boeing 737-7H4/W	27867/354	ex N1786B		
☐	N736SA	Boeing 737-7H4/W	27868/357	ex N1786B		
☐	N737JW	Boeing 737-7H4/W	27869/358			
☐	N738CB	Boeing 737-7H4/W	27870/360	ex N1786B		

	Reg	Type	MSN/LN	ex	Name
☐	N739GB	Boeing 737-7H4/W	29275/144	ex N1786B	
☐	N740SW	Boeing 737-7H4/W	29276/155		
☐	N741SA	Boeing 737-7H4/W	29277/157		
☐	N742SW	Boeing 737-7H4/W	29278/172		Nolan Ryan Express
☐	N743SW	Boeing 737-7H4/W	29279/175	ex N60436	
☐	N744SW	Boeing 737-7H4/W	29490/232	ex N1781B	
☐	N745SW	Boeing 737-7H4/W	29491/237	ex "N728SW"	
☐	N746SW	Boeing 737-7H4/W	29798/299	ex N1786B	
☐	N747SA	Boeing 737-7H4/W	29799/306		
☐	N748SW	Boeing 737-7H4/W	29800/331	ex N1786B	
☐	N749SW	Boeing 737-7H4/W	29801/343	ex N1786B	
☐	N750SA	Boeing 737-7H4/W	29802/366		
☐	N751SW	Boeing 737-7H4/W	29803/373	ex N1786B	
☐	N752SW	Boeing 737-7H4/W	29804/387		
☐	N753SW	Boeing 737-7H4/W	29848/400	ex N1787B	
☐	N754SW	Boeing 737-7H4/W	29849/416	ex N1787B	
☐	N755SA	Boeing 737-7H4/W	27871/419	ex N1787B	
☐	N756SA	Boeing 737-7H4/W	27872/422	ex N1786B	
☐	N757LV	Boeing 737-7H4/W	29850/425	ex N1786B	
☐	N758SW	Boeing 737-7H4/W	27873/437	ex N1786B	
☐	N759GS	Boeing 737-7H4/W	30544/448	ex N1786B	
☐	N760SW	Boeing 737-7H4/W	27874/468	ex N1786B	
☐	N761RR	Boeing 737-7H4/W	27875/495		
☐	N762SW	Boeing 737-7H4/W	27876/512	ex N1786B	
☐	N763SW	Boeing 737-7H4/W	27877/520	ex N1786B	
☐	N764SW	Boeing 737-7H4/W	27878/521	ex N1787B	
☐	N765SW	Boeing 737-7H4/W	29805/525	ex N1786B	
☐	N766SW	Boeing 737-7H4/W	29806/537	ex N1786B	
☐	N767SW	Boeing 737-7H4/W	29807/541	ex N1787B	
☐	N768SW	Boeing 737-7H4/W	30587/580	ex N1002R	
☐	N769SW	Boeing 737-7H4/W	30588/592		
☐	N770SA	Boeing 737-7H4/W	30589/595		
☐	N771SA	Boeing 737-7H4/W	27879/599		
☐	N772SW	Boeing 737-7H4/W	27880/601		
☐	N773SA	Boeing 737-7H4/W	27881/603	ex N1786B	
☐	N774SW	Boeing 737-7H4/W	27882/609	ex N1786B	
☐	N775SW	Boeing 737-7H4/W	30590/617	ex N1786B	
☐	N776WN	Boeing 737-7H4/W	30591/620	ex N1786B	
☐	N777QC	Boeing 737-7H4/W	30592/621	ex N1786B	
☐	N778SW	Boeing 737-7H4/W	27883/626	ex N1786B	
☐	N779SW	Boeing 737-7H4/W	27884/628	ex N1786B	
☐	N780SW	Boeing 737-7H4/W	27885/643	ex N1786B	
☐	N781WN	Boeing 737-7H4/W	30601/646		New Mexico One
☐	N782SA	Boeing 737-7H4/W	29808/670	ex N1787B	
☐	N783SW	Boeing 737-7H4/W	29809/675	ex N1785B	
☐	N784SW	Boeing 737-7H4/W	29810/677	ex N1786B	
☐	N785SW	Boeing 737-7H4/W	30602/693	ex N1786B	
☐	N786SW	Boeing 737-7H4/W	29811/698	ex N1787B	
☐	N787SA	Boeing 737-7H4/W	29812/705	ex N1786B	
☐	N788SA	Boeing 737-7H4/W	30603/707	ex N1786B	
☐	N789SW	Boeing 737-7H4/W	29816/718	ex N1786B	
☐	N790SW	Boeing 737-7H4/W	30604/721	ex N1786B	
☐	N791SW	Boeing 737-7H4/W	27886/736	ex N1786B	
☐	N792SW	Boeing 737-7H4/W	27887/737		
☐	N793SA	Boeing 737-7H4/W	27888/744	ex N1786B	Spirit One
☐	N794SW	Boeing 737-7H4/W	30605/748	ex N1781B	
☐	N795SW	Boeing 737-7H4/W	30606/780	ex N1786B	
☐	N796SW	Boeing 737-7H4/W	27889/784	ex N1786B	
☐	N797MX	Boeing 737-7H4/W	27890/803		
☐	N798SW	Boeing 737-7AD/W	28436/41	ex N700EW	
☐	N799SW	Boeing 737-7Q8/W	28209/14	ex 9Y-TJI	Lsd fr Castle 2003-1A LLC
☐	N900WN	Boeing 737-7H4/W	32544/2460		
☐	N901WN	Boeing 737-7H4/W	32545/2462		
☐	N902WN	Boeing 737-7H4/W	36615/2469		
☐	N903WN	Boeing 737-7H4/W	32457/2473		
☐	N904WN	Boeing 737-7H4/W	36616/2480	ex N1780B	
☐	N905WN	Boeing 737-7H4/W	36617/2491	ex N1786B	
☐	N906WN	Boeing 737-7H4/W	36887/2494		
☐	N907WN	Boeing 737-7H4/W	36619/2500		
☐	N908WN	Boeing 737-7H4/W	36620/2509		
☐	N909WN	Boeing 737-7H4/W	32458/2517		
☐	N910WN	Boeing 737-7H4/W	36618		on order
☐	N912WN	Boeing 737-7H4/W	36621		on order
☐	N913WN	Boeing 737-7H4/W	29840		on order
☐	N914WN	Boeing 737-7H4/W	36622		on order
☐	N915WN	Boeing 737-7H4/W	36888		on order
☐	N916WN	Boeing 737-7H4/W	36623		on order
☐	N917WN	Boeing 737-7H4/W	36624		on order
☐	N918WN	Boeing 737-7H4/W	29843		on order
☐	N919WN	Boeing 737-7H4/W	36625		on order
☐	N920WN	Boeing 737-7H4/W	32460		on order
☐	N921WN	Boeing 737-7H4/W	36626		on order
☐	N922WN	Boeing 737-7H4/W	32461		on order

☐	N923WN	Boeing 737-7H4/W	36627		on order	
☐	N924WN	Boeing 737-7H4/W	36628		on order	
☐	N925WN	Boeing 737-7H4/W	36630		on order	
☐	N	Boeing 737-7H4/W			on order	
☐	N	Boeing 737-7H4/W			on order	
☐	N	Boeing 737-7H4/W			on order	
☐	N	Boeing 737-7H4/W			on order	
☐	N	Boeing 737-7H4/W			on order	
☐	N	Boeing 737-7H4/W			on order	
☐	N	Boeing 737-7H4/W			on order	

A total of 403 Boeing 737-7H4/Ws are on order including 29 in 2009 although 22 737s will be disposed of in 2008 including 5 more -300s and 10 -700s (four sold and six returned to lessors). Codeshares with ATA Airlines on some routes from Chicago-Midway.

SOUTHWIND AIRLINES

McAllen-Miller Intl, TX (MFE)

☐	N12BA	Douglas DC-3	10035	ex N55LT	Lsd fr Aviones Inc
☐	N129LA	Beech 65-A90 King Air	LJ-129	ex N7202L	Lsd fr Aviones Inc
☐	N3427	Convair 340-32	90		Lsd fr Aviones Inc

SPERNAK AIRWAYS

Anchorage-Merrill, AK (MRI)

☐	N29CF	Cessna 207 Skywagon	20700353		
☐	N6492H	Cessna 207A Stationair 7 II	20700544		
☐	N7392U	Cessna 207A Stationair 7 II	20700435		
☐	N73047	Cessna 207A Stationair 7 II	20700556	ex XB-EXR	

SPIRIT AIRLINES
Spirit Wings (NK/NKS)

Fort Lauderdale-Hollywood Intl, FL (FLL)

☐	N501NK	Airbus A319-132	2424	ex D-AVYT	Detroit	Lsd fr ILFC
☐	N502NK	Airbus A319-132	2433	ex D-AVWX	St Maarten/St Martin	Lsd fr ILFC
☐	N503NK	Airbus A319-132	2470	ex D-AVYJ	The Caribbean	Lsd fr ILFC
☐	N504NK	Airbus A319-132	2473	ex D-AVYP	The Bahamas	Lsd fr ILFC
☐	N505NK	Airbus A319-132	2485	ex D-AVYI		Lsd fr ILFC
☐	N506NK	Airbus A319-132	2490	ex D-AVWH		Lsd fr ILFC
☐	N507NK	Airbus A319-132	2560	ex D-AVYV		Lsd fr BOC Aviation
☐	N508NK	Airbus A319-132	2567	ex D-AVWM		Lsd fr BOC Aviation
☐	N509NK	Airbus A319-132	2603	ex D-AVXO		Lsd fr BOC Aviation
☐	N510NK	Airbus A319-132	2622	ex D-AVYT	Fort Lauderdale	Lsd fr BOC Aviation
☐	N511NK	Airbus A319-132	2659	ex D-AVYS	St Thomas	Lsd fr ILFC
☐	N512NK	Airbus A319-132	2673	ex D-AVYO	Turks & Caicos Islands	Lsd fr ILFC
☐	N514NK	Airbus A319-132	2679	ex D-AVYV	Cayman Islands	Lsd fr ILFC
☐	N515NK	Airbus A319-132	2698	ex D-AVXF	San Juan	Lsd fr ILFC
☐	N516NK	Airbus A319-132	2704	ex D-AVXJ	Cancun	Lsd fr ILFC
☐	N517NK	Airbus A319-132	2711	ex D-AVYM	Orlando	Lsd fr ILFC
☐	N518NK	Airbus A319-132	2718	ex D-AVYZ	Dominican Republic	Lsd fr ILFC
☐	N519NK	Airbus A319-132	2723	ex D-AVWE	Fort Myers	Lsd fr ILFC
☐	N520NK	Airbus A319-132	2784	ex D-AVYS	Atlantic City	Lsd fr ILFC
☐	N521NK	Airbus A319-132	2797	ex D-AVWT	New York/La Guardia	Lsd fr ILFC
☐	N522NK	Airbus A319-132	2893	ex D-AVYY	Las Vegas	Lsd fr AFS Investments
☐	N523NK	Airbus A319-132	2898	ex D-AVWN	Tampa	Lsd fr AFS Investments
☐	N524NK	Airbus A319-132	2929	ex D-AVYU	Suncatcher	Lsd fr AFS Investments
☐	N525NK	Airbus A319-132	2942	ex D-AVWX	The Americas	Lsd fr AFS Investments
☐	N526NK	Airbus A319-132	2963	ex D-AVYM		Lsd fr AFS Investments
☐	N527NK	Airbus A319-132	2978	ex D-AVXD		Lsd fr ILFC
☐	N528NK	Airbus A319-132	2983	ex D-AVXI		Lsd fr ILFC
☐	N529NK	Airbus A319-132	3007	ex D-AVYL		Lsd fr ILFC
☐	N530NK	Airbus A319-132	3017	ex D-AVXL		Lsd fr ILFC
☐	N531NK	Airbus A319-132	3026	ex D-AVWC		Lsd fr ILFC
☐	N532NK	Airbus A319-132	3165	ex D-AVYX		Lsd fr ILFC
☐	N533NK	Airbus A319-132	3393	ex D-AVWJ		Lsd fr ILFC
☐	N534NK	Airbus A319-132	3395	ex D-AVWK		Lsd fr ILFC
☐	N	Airbus A319-132		ex D-AV	on order	Lsd fr ILFC
☐	N	Airbus A319-132		ex D-AV	on order	Lsd fr ILFC
☐	N	Airbus A319-132		ex D-AV	on order	Lsd fr ILFC
☐	N	Airbus A319-132		ex D-AV	on order	Lsd fr ILFC
☐	N	Airbus A319-132		ex D-AV	on order	Lsd fr ILFC
☐	N	Airbus A319-132		ex D-AV	on order	Lsd fr ILFC
☐	N	Airbus A319-132		ex D-AV	on order	Lsd fr ILFC
☐	N	Airbus A319-132		ex D-AV	on order	Lsd fr ILFC

All names prefixed 'Spirit of'
Fourteen Airbus A319-132s are on order for delivery 2009-2013

☐	N583NK	Airbus A321-231	1195	ex D-ALAL	for JST	Lsd fr Pembroke
☐	N584NK	Airbus A321-231	1408	ex D-ALAO	for JST	Lsd fr Pembroke
☐	N585NK	Airbus A321-231	1438	ex D-ALAQ	for JST	Lsd fr Pembroke
☐	N586NK	Airbus A321-231	1794	ex D-AVZF		Lsd fr AerCap; for MON
☐	N587NK	Airbus A321-231	2476	ex D-AVXB	Jamaica	Lsd fr ILFC

☐	N588NK	Airbus A321-231	2590	ex D-AVZK		Lsd fr ILFC
☐	N	Airbus A320-232		ex F-WW		Lsd fr ILFC
☐	N	Airbus A320-232		ex F-WW		Lsd fr ILFC
☐	N	Airbus A320-232		ex F-WW		Lsd fr ILFC

Twenty more Airbus A320s are on order

SPRINGFIELD AIR CHARTER
Springfield, MO (SGF)

☐	N935MA	SAAB SF.340A	340A-073	ex SE-E73		Lsd fr Worldwide A/c Svs

SPUR AVIATION
Twin Falls, ID (TWF)

☐	N531SA	Rockwell 500S Shrike Commander	3059	ex N9027N	
☐	N532SA	Aero Commander 500S Shrike	1868-44	ex N9032N	
☐	N533SA	Aero Commander 500S Shrike	1786-9	ex N4664E	
☐	N534SA	Aero Commander 500S Shrike	1816-22	ex N8485P	
☐	N535SA	Rockwell 500S Shrike Commander	3138	ex N1BK	
☐	N536SA	Rockwell 500S Shrike Commander	3169	ex N54LW	
☐	N50655	Rockwell Turbo Commander 680V	1714-88	ex XB-CED	
☐	N54163	Rockwell Turbo Commander 680W	1774-12	ex N5416	

Operate as Air Attack platforms for fire suppression.

SUBURBAN AIR FREIGHT
Sub Air (SUB)   *Omaha-Eppley Airfield, NE (OMA)*

☐	N114MN	Aero Commander 680FL	1553-107	ex (N2611L)	
☐	N290MP	Aero Commander 680FL	1535-104		
☐	N309VS	Aero Commander 680FL	1659-128	ex N6626V	
☐	N2828S	Aero Commander 680FL	1329-14		
☐	N4983S	Aero Commander 680FL	1427-70	ex CF-LAC	
☐	N5035E	Aero Commander 680FL	1764-147		
☐	N9011N	Aero Commander 680FL	1836-153		

All registered to Airport Management Services; full type is Aero Commander 680FL Grand Commander

☐	N118SF	Beech C99	U-32	ex C-FESU	
☐	N124GP	Beech 1900C	UB-23	ex N23VK	Lsd fr Airport Mgt Svs
☐	N128SF	Beech 99	U-87	ex N59CA	
☐	N147SF	Beech 99	U-47	ex N204BH	
☐	N208QC	Cessna 208B Caravan I	208B0774	ex N5261R	
☐	N398A	Cessna 208B Caravan I	208B0390	ex LN-TWE	
☐	N719GL	Beech 1900C	UB-19	ex N314BH	Lsd fr Airport Mgt Svs
☐	N864SF	Cessna 208B Caravan I	208B0864		
☐	N895SF	Cessna 208B Caravan I	208B0095	ex N9662B	
☐	N7994R	Beech C99	U-103		
☐	N31764	Beech 1900C-1	UC-53	ex LV-WPI	

All freighters

SUN COUNTRY AIRLINES
Sun Country (SY/SCX) (IATA 337)   *Minneapolis/St Paul Intl, MN (MSP)*

☐	N801SY	Boeing 737-8Q8/W	30332/777	ex N1787B	The Phoenix	Lsd fr ILFC
☐	N804SY	Boeing 737-8Q8/W	30689/908		Laughlin Luck	Lsd fr ILFC
☐	N805SY	Boeing 737-8Q8/W	30032/985	ex N1781B	The Spirit of Minnesota	Lsd fr ILFC
☐	N806SY	Boeing 737-8BK/W	28215/75	ex N800NA		Lsd fr Castle 2003-1A LLC
☐	N807SY	Boeing 737-8BK/W	33016/1588		The Spirit of Braniff	Lsd fr WFBN
☐	N808SY	Boeing 737-8BK/W	33021/1667			Lsd fr WFBN
☐	N809SY	Boeing 737-8Q8/W	30683/1669			Lsd fr ILFC
☐	N810SY	Boeing 737-8BK/W	29635/2326	ex N1779B		Lsd fr Petters A/c Lsg
☐	N811SY	Boeing 737-8BK/W	29660/2355	ex N1787B		Lsd fr Petters A/c Lsg
☐	N812SY	Boeing 737-8Q8/W	35278		on order	Lsd fr ILFC
☐	PH-HZA	Boeing 737-8K2/W	28373/51			Lsd fr TRA
☐	PH-HZC	Boeing 737-8K2/W	28375/85	ex VT-SPY		Lsd fr TRA
☐	PH-HZG	Boeing 737-8K2/W	28379/498	ex N1786B		Lsd fr TRA
☐	PH-HZI	Boeing 737-8K2/W	28380/524			Lsd fr TRA
☐	PH-HZJ	Boeing 737-8K2/W	30389/549	ex N1796B		Lsd fr TRA
☐	PH-HZV	Boeing 737-8K2/W	30650/1158			Lsd fr TRA

Those leased from Transavia are operated for the North American winter season

SUNBIRD AIR SERVICES
Springfield-Beckley Municipal, OH (SGH)

☐	N74GS	Beech 200 Super King Air	BB-1135	ex N399LA		Lsd fr Krohn Air Svs
☐	N663AA	Cessna 402C II	402C0123			

SUPERIOR AVIATION
Spend Air (SO/HKA)   *Iron Mountain-Kingsford, MI (IMT)*

☐	N6851X	Cessna 441 Conquest II	441-0212	

SUPERIOR HELICOPTERS
Glendale-Heliport, OR

☐ N161KA	Kaman K-1200 K-Max	A94-0016	
☐ N312KA	Kaman K-1200 K-Max	A94-0024	

TALKEETNA AIR TAXI
Talkeetna, AK (TKA)

☐ N144Q	de Havilland DHC-2 Beaver	1465		Wheels or skis
☐ N185FK	Cessna A185F Skywagon	18502513	ex N1796R	Wheels or skis
☐ N561TA	de Havilland DHC-2 Beaver	581	ex CF-HGV	Wheels or skis
☐ N565TA	de Havilland DHC-3 Otter	46	ex C-FQOQ	Wheels or skis
☐ N1694M	Cessna A185F Skywagon	18501879		Wheels or skis
☐ N8190Y	de Havilland DHC-2 Beaver	824	ex C-GPUP	Wheels or skis

TANANA AIR SERVICE
Tan Air (4E/TNR)   *Ruby, AK (RBY)*

☐ N97CR	Piper PA-32R-300 Lance	32R-7780078	ex JA3776
☐ N4352F	Piper PA-32R-300 Lance	32R-7680441	
☐ N4803S	Piper PA-32-260 Cherokee Six B	32-1188	
☐ N31606	Piper PA-32-260 Cherokee Six E	32-7840137	
☐ N75387	Piper PA-32R-300 Lance	32R-7680298	
☐ N101LJ	Piper PA-31 Turbo Navajo	31-267	ex N9204Y

TAQUAN AIR SERVICE
Taquan (K3)   *Metlakatla/Ketchikan-Waterfront SPB, AK (MTM/WFB)*

☐ N1018A	de Havilland DHC-2 Beaver	178	ex N52409	Floatplane	Lsd fr S&S Aircraft Lsg
☐ N5160G	de Havilland DHC-2 Beaver	236	ex 51-16483	Floatplane	Lsd fr S&S Aircraft Lsg
☐ N37756	de Havilland DHC-2 Beaver	1456	ex G-203	Floatplane	Lsd fr S&S Aircraft Lsg
☐ N67673	de Havilland DHC-2 Beaver	1284	ex 57-2586	Floatplane	Lsd fr S&S Aircraft Lsg
☐ N67676	de Havilland DHC-2 Beaver	809	ex N93AK	Floatplane	Lsd fr Venture Travel
☐ N68010	de Havilland DHC-2 Beaver	1243	ex 57-6150	Floatplane	Lsd fr S&S Aircraft Lsg

TBM
Tulare-Mefford Field, CA/Visalia-Municipal, CA (TLR/VIS)

☐ N466TM	Lockheed C-130A-1A Hercules	3173	ex 57-0466	64 Tanker	
☐ N473TM	Lockheed C-130A-1A Hercules	3081	ex 56-0473	63 Tanker; stored TLR	
☐ N838D	Douglas DC-7B	45347/936		60 Tanker	Lsd fr Garnick Holdings
☐ N8502R	Douglas C-54E	27367	ex Bu90411	65 Tanker; stored	

Also leases aircraft from Butler Aircraft when required

TED
(UA/UAL)   *Denver-International, CO (DEN)*

Ted is a low-cost carrier, wholly owned by United Air Lines using Airbus A320 aircraft leased from its parent..

TELESIS TRANSAIR
Telesis (TLX)   *Dallas-Love Field, TX (DAL)*

☐ N401TE	Cessna 401	401-0180	ex N4040Q
☐ N403TE	Cessna 401	401-0008	ex N4080Q
☐ N405TE	Cessna 401	401-0121	ex N3208Q
☐ N408TE	Cessna 401	401-0269	ex N4021Q
☐ N409TE	Cessna 401A	401A0118	ex N217BA
☐ N3220Q	Cessna 401	401-0020	
☐ N600TE	Ted Smith Aerostar 601	601-0146-077	ex N301PJ
☐ N601TE	Ted Smith Aerostar 601	601-0264-102	ex N602PJ
☐ N602TE	Piper PA-60-601P Aerostar	61P-0583-7962134	ex N942TJ
☐ N603TE	Ted Smith Aerostar 600	60-0320-118	ex N90609
☐ N604TE	Ted Smith Aerostar 600	60-0206-091	ex N7544S
☐ N301TE	Piper PA-32-300 Cherokee Six	32-40216	ex N4146W
☐ N404TE	Cessna 402B	402B0834	ex N3959C
☐ N406TE	Cessna 402B	402B1366	ex N110KS

TEMSCO HELICOPTERS
Temsco (TMS)   *Ketchikan-Temsco Heliport, AK*

☐ N94TH	Aerospatiale AS.350B AStar	2548	
☐ N141TH	Aerospatiale AS.350B2 AStar	1167	ex N98MB
☐ N143TH	Aerospatiale AS.350B2 AStar	9043	
☐ N145TH	Aerospatiale AS.350B2 AStar	9060	

☐	N147TH	Aerospatiale AS.350B2 AStar	9070			
☐	N149TH	Aerospatiale AS.350B2 AStar	9071			
☐	N301TH	Aerospatiale AS.350B2 AStar	9022			
☐	N403AE	Aerospatiale AS.350B3 AStar	3281			
☐	N405AE	Aerospatiale AS.350B3 AStar	3286			
☐	N802TH	Aerospatiale AS.350B2 AStar	9023			
☐	N911CV	Aerospatiale AS.350B3 AStar	3142	ex N40729		
☐	N913LP	Aerospatiale AS.350B2 AStar	2383			
☐	N970TH	Aerospatiale AS.350BA AStar	9011			
☐	N4022D	Aerospatiale AS.350B2 AStar	2891			
☐	N6015S	Aerospatiale AS.350BA AStar	1884			
☐	N6052F	Aerospatiale AS.350B2 AStar	2587			
☐	N6080R	Aerospatiale AS.350BA AStar	2685			
☐	N6094E	Aerospatiale AS.350BA AStar	2750			
☐	N6094U	Aerospatiale AS.350BA AStar	2751			
☐	N6180T	Aerospatiale AS.350BA AStar	1149	ex N39GT		
☐	N6302Y	Aerospatiale AS.350B2 AStar	9007			
☐	N26492	Aerospatiale AS.350B AStar	1066	ex G-BGIF		
☐	N57954	Aerospatiale AS.350B AStar	1127	ex N35977		
☐	N57958	Aerospatiale AS.350B AStar	1512			
☐	N135NW	Eurocopter EC.135T1	0010	ex N4037A	EMS	
☐	N214TH	Bell 214B-1 BigLifter	28031	ex N4374D		
☐	N502TH	Bell 205A-1	30030	ex C-FKHQ		
☐	N16920	Bell 212	30865			
☐	N83230	Bell 212	30560			

TEPPER AVIATION
Crestview-Bob Sikes, FL (CEW)

☐	N2679C	Lockheed L-382G-69C Hercules	4796	ex N8183J		Lsd fr Q2P LLC
☐	N2731G	Lockheed L-382G-30C Hercules	4582	ex N2189M		Lsd fr JJS&D LLC
☐	N3796B	Lockheed L-382G-39C Hercules	5027	ex N4557C		Lsd fr Northcap

Operates for various US Government agencies

TIGER CONTRACT CARGO
Gainsville-Municipal, TX (-)

☐	N973AT	Convair 340-70	257	ex N92102	Freighter	Lsd fr N973AT Inc

TIMBERLINE AIR SERVICE
Alpine Heliport, OR

☐	N154TL	Bell UH-IE	6155	ex Bu154770	
☐	N155TL	Bell UH-IE	6164	ex Bu154779	
☐	N457CC	Bell UH-IL	6401	ex N204FW	

TOLAIR SERVICES
Tol Air (TI/TOL)   *San Juan-Munoz Marin Intl, PR (SJU)*

☐	N728T	Beech E-18S	BA-130	ex N28V	Freighter	Lsd fr MBD Corp
☐	N732T	Beech E-18S	BA-114	ex N52A	Freighter	Lsd fr MBD Corp
☐	N748T	Beech E-18S	BA-329	ex N398B	Freighter	Lsd fr MBD Corp
☐	N749T	Beech E-18S	BA-55	ex N4641A	Freighter	Lsd fr MBD Corp
☐	N779T	Beech H-18	BA-618	ex N220WH	Freighter	Lsd fr MBD Corp
☐	N87T	Douglas DC-3	6148	ex N31MC	Freighter	Lsd fr MBD Corp
☐	N147JR	Convair 240-57 (T-29C)	403	ex N154PA	stored OPF	
☐	N783T	Douglas DC-3	4219	ex N783V	Freighter	Lsd fr MBD Corp
☐	N840T	Cessna 402B	402B1099	ex N87280		Lsd fr MBD Corp

TRADEWINDS CARGO
Tradewinds Express (WI/TDX) (IATA 490)   *Greensboro-Piedmont Triad Intl, NC (GSO)*

☐	N501TR	Airbus A300B4-203F	053	ex N6254X		
☐	N504TA	Airbus A300B4-203F	216	ex N861PA		
☐	N505TA	Airbus A300B4-203F	271	ex N824SC		
☐	N506TA	Airbus A300B4-203F	207	ex N368DH		
☐	N510TA	Airbus A300B4-203F	100	ex C-GICD		
☐	N821SC	Airbus A300B4-203F	211	ex TC-ALU		
☐	N508MC	Boeing 747-230M	21644/356	ex D-ABYS		Lsd fr GTI
☐	N524UP	Boeing 747-237B (SF)	21446/318	ex N104TR	stored VCV	Lsd fr Triton
☐	N526UP	Boeing 747-212B (SF)	21937/419	ex N618FF		Lsd fr Triton
☐	N531TA	Boeing 747-230M (SF)	22669/549	ex TF-ARH		Lsd fr Bank of Utah
☐	N923FT	Boeing 747-2U3B (SCD)	22769/562	ex N106TR		Lsd fr Triton

TRANS CARIBBEAN AIRWAYS
San Juan-Louis Munoz Marin Intl, PR (SJU)

Operates passenger flights with Beech 1900C leased as required; current status uncertain

TRANS FLORIDA AIRLINES
Believed to have ceased operations, both aircraft have been stored for a long period

TRANS NORTH AVIATION
(HX)   *Eagle River, WI (EGV)*

☐	N4599F	Cessna 340A	340A0652
☐	N59773	Piper PA-31-350 Navajo Chieftain	31-7652044

TRANS STATES AIRLINES
Waterski (AX/LOF) (IATA 414)   *St Louis-Lambert Intl, MO (STL)*

Operates commuter services for American Airlines as American Connection, US Airways as US Airways Express and United Air Lines as United Express from St Louis, MO, Baltimore-Washington, MD, Newark, NJ, Chicago, IL and Pittsburgh, PA.
Go Jet Airlines is a wholly owned subsidiary based in St Louis, MO operating CRJ-700s for United Express

TRANSAIR
Maui (P6/MUI) (IATA 356)   *Honolulu-Intl, HI (HNL)*

☐	N351TA	Short SD.3-60	SH3759	ex N159CC	
☐	N729PC	Short SD.3-60	SH3729	ex 6Y-JMY	
☐	N808KR	Short SD.3-60	SH3734	ex D-CFAO	Freighter
☐	N808TR	Short SD.3-60	SH3718	ex VQ-TSK	Freighter
☐	N827BE	Short SD.3-60	SH3746	ex N746SA	Freighter
☐	N4544Q	Cessna 402A	402A0044		Touradj

Transair is the trading name of Trans Executive Airlines of Hawaii and operates as interisland airways

TRANSNORTHERN AVIATION
Transnorthern (TNV)   *Talkeetna / Fairbanks, AK (TKA/FAI)*

☐	N30TN	Douglas C-117D	43159	ex N53315	Passenger	Lsd fr DES LLC
☐	N31TN	Beech B99	U-49	ex N98RZ		Lsd fr Alaska Air Taxi
☐	N39TN	Beech 99	U-2	ex TI-AYM		Lsd fr DES LLC

TRICOASTAL AIR
Grand Express (GAE)   *Toledo Express, OH (TOL)*

☐	N80CK	Learjet 24D	24D-309	ex N789AA	
☐	N168GA	Swearingen SA.226TC Metro	TC-207	ex N501AB	Lsd fr Grand Aire Express
☐	N258PE	AMD Falcon 20	163	ex N178GA	
☐	N326VW	AMD Falcon 20C-5	27	ex N174GA	
☐	N536KN	Learjet 35A	35A-073	ex N610GA	
☐	N589DC	AMD Falcon 20	45	ex N175GA	stored TOL
☐	N611GA	AMD Falcon 20C	9	ex LV-WMF	stored TOL Lsd fr Grand Aire Express

All freighters

TROPIC AIR CHARTERS
Fort Lauderdale Executive, FL (FXE)

☐	N131JL	Britten-Norman BN-2A-6 Islander	225	ex G-51-225	Lsd fr Islander Holdings
☐	N200MU	Britten-Norman BN-2A-27 Islander	78	ex 6Y-JSX	Lsd fr Islander Holdings
☐	N296TA	Britten-Norman BN-2A-26 Islander	384	ex J8-VBN	Lsd fr Islander Holdings
☐	N297TA	Britten-Norman BN-2A-26 Islander	741	ex N196TA	Lsd fr Islander Holdings

TWIN AIR
Fort Lauderdale-Hollywood Intl, FL (FLL)

☐	N49RB	Piper PA-31-325 Navajo C/R	31-7512031	ex N59JK
☐	N146DC	Piper PA-31-350 Navajo Chieftain	31-7305109	ex N74960
☐	N456M	Piper PA-31-350 Chieftain	31-8152081	
☐	N537NB	Piper PA-31 Turbo Navajo C	31-90	ex N537N
☐	N61518	Piper PA-31-350 Navajo Chieftain	31-7552022	

TWIN CITIES AIR SERVICE
Twin City (TCY)   *Auburn-Lewiston Municipal, ME (LEW)*

☐	N18VV	Cessna 402C	402C0619	ex N180PB
☐	N196TC	Cessna 310R	310R1801	
☐	N401SX	Cessna 402C	402C0447	ex 9A-BPV
☐	N402SX	Cessna 402C	402C0606	ex 9A-BPX
☐	N729MS	Beech B100 King Air	BE-2	ex N43KA
☐	N3249M	Cessna 402C	402C0296	

UFLY

Proposed new name of Falcon Air Express after purchase by the owner of Aeropostal
☐ N905TA   McDonnell-Douglas MD-82   49905/1767   ex OH-LMW   Lsd fr Gustav Lsg; sublsd to LAV
Delivered 04 October 2007 but stored at MIA

UNION FLIGHTS
Union Flights (UNF)   Dayton-Carson City, NV (CSN)

	Reg	Type	MSN	ex		Notes
☐	N121HA	Cessna 208B Caravan I	208B0069	ex N6540Q		Lsd fr Aero Leasing
☐	N127HA	Cessna 208B Caravan I	208B0148			Lsd fr Aero Leasing
☐	N208N	Cessna 208B Caravan I	208B0279	ex F-OGRU		Lsd fr Aero Leasing
☐	N1116N	Cessna 208B Caravan I	208B0417			Lsd fr Aero Leasing
☐	N9655B	Cessna 208B Caravan I	208B0145			Lsd fr Aero Leasing
☐	N9680B	Cessna 208B Caravan I	208B0150			Lsd fr Aero Leasing
☐	N9750B	Cessna 208B Caravan I	208B0100			Lsd fr Aero Leasing
☐	N9762F	Cessna 208 Caravan I	20800181			Lsd fr Aero Leasing
☐	N12155	Cessna 208B Caravan I	208B0562	ex N5188A		Lsd fr Aero Leasing
☐	N6654Z	Piper PA-31-350 Navajo Chieftain	31-7752143	ex C-GSUY	Freighter	Lsd fr Aero Leasing
☐	N7511L	Piper PA-31 Turbo Navajo B	31-837	ex F-BTMV	Freighter	Lsd fr Aero Leasing

Current status uncertain

UNITED AIR LINES
United (UA/UAL) (IATA 016)   Chicago-O'Hare Intl, IL/San Francisco-Intl, CA (ORD/SFO)

	Reg	Type	MSN	ex	Fleet
☐	N801UA	Airbus A319-131	0686	ex D-AVYI	4001
☐	N802UA	Airbus A319-131	0690	ex D-AVYO	4002
☐	N803UA	Airbus A319-131	0748	ex D-AVYL	4003
☐	N804UA	Airbus A319-131	0759	ex D-AVYR	4004
☐	N805UA	Airbus A319-131	0783	ex D-AVYY	4005
☐	N806UA	Airbus A319-131	0788	ex D-AVYW	4006
☐	N807UA	Airbus A319-131	0798	ex D-AVYX	4007
☐	N808UA	Airbus A319-131	0804	ex D-AVYF	4008
☐	N809UA	Airbus A319-131	0825	ex D-AVYZ	4009
☐	N810UA	Airbus A319-131	0843	ex D-AVYR	4010
☐	N811UA	Airbus A319-131	0847	ex D-AVYB	4011
☐	N812UA	Airbus A319-131	0850	ex D-AVYK	4012
☐	N813UA	Airbus A319-131	0858	ex D-AVYP	4013
☐	N814UA	Airbus A319-131	0862	ex D-AVYT	4014
☐	N815UA	Airbus A319-131	0867	ex D-AVYU	4015
☐	N816UA	Airbus A319-131	0871	ex D-AVYY	4016
☐	N817UA	Airbus A319-131	0873	ex D-AVYX	4017
☐	N818UA	Airbus A319-131	0882	ex D-AVYE	4018
☐	N819UA	Airbus A319-131	0893	ex D-AVYV	4019
☐	N820UA	Airbus A319-131	0898	ex D-AVYZ	4020
☐	N821UA	Airbus A319-131	0944	ex D-AVYC	4021
☐	N822UA	Airbus A319-131	0948	ex D-AVYE	4022
☐	N823UA	Airbus A319-131	0952	ex D-AVYF	4023
☐	N824UA	Airbus A319-131	0965	ex D-AVYH	4024
☐	N825UA	Airbus A319-131	0980	ex D-AVYN	4025
☐	N826UA	Airbus A319-131	0989	ex D-AVYU	4026
☐	N827UA	Airbus A319-131	1022	ex D-AVYD	4027
☐	N828UA	Airbus A319-131	1031	ex D-AVYF	4028
☐	N829UA	Airbus A319-131	1211	ex D-AVYC	4029
☐	N830UA	Airbus A319-131	1243	ex D-AVWI	4030
☐	N831UA	Airbus A319-131	1291	ex D-AVWF	4031
☐	N832UA	Airbus A319-131	1321	ex D-AVWQ	4032
☐	N833UA	Airbus A319-131	1401	ex D-AVYA	4033
☐	N834UA	Airbus A319-131	1420	ex D-AVYM	4034
☐	N835UA	Airbus A319-131	1426	ex D-AVYN	4035
☐	N836UA	Airbus A319-131	1460	ex D-AVYI	4036
☐	N837UA	Airbus A319-131	1474	ex D-AVYS	4037
☐	N838UA	Airbus A319-131	1477	ex D-AVYG	4038
☐	N839UA	Airbus A319-131	1507	ex D-AVYX	4039
☐	N840UA	Airbus A319-131	1522	ex D-AVYZ	4040
☐	N841UA	Airbus A319-131	1545	ex D-AVWK	4041
☐	N842UA	Airbus A319-131	1569	ex D-AVWA	4042
☐	N843UA	Airbus A319-131	1573	ex D-AVWE	4043
☐	N844UA	Airbus A319-131	1581	ex D-AVWT	4044
☐	N845UA	Airbus A319-131	1585	ex D-AVYD	4045
☐	N846UA	Airbus A319-131	1600	ex D-AVWW	4046
☐	N847UA	Airbus A319-131	1627	ex D-AVYB	4047
☐	N848UA	Airbus A319-131	1647	ex D-AVYK	4048
☐	N849UA	Airbus A319-131	1649	ex D-AVYP	4049
☐	N850UA	Airbus A319-131	1653	ex D-AVYR	4050
☐	N851UA	Airbus A319-131	1664	ex D-AVYX	4051
☐	N852UA	Airbus A319-131	1671	ex D-AVWD	4052
☐	N853UA	Airbus A319-131	1688	ex D-AVWM	4053
☐	N854UA	Airbus A319-131	1731	ex D-AVWS	4054

	Registration	Type	C/N	Ex-reg	Fleet	Notes
☐	N855UA	Airbus A319-131	1737	ex D-AVWU	4055	

A further 23 Airbus A319-131s are on order although deferred until 2011-2014

	Registration	Type	C/N	Ex-reg	Fleet	Notes
☐	N401UA	Airbus A320-232	0435	ex F-WWDD	4501	Op for Ted
☐	N402UA	Airbus A320-232	0439	ex F-WWIJ	4502	Op for Ted
☐	N403UA	Airbus A320-232	0442	ex F-WWIY	4703	
☐	N404UA	Airbus A320-232	0450	ex F-WWII	4704	
☐	N405UA	Airbus A320-232	0452	ex F-WWBF	4705	
☐	N406UA	Airbus A320-232	0454	ex F-WWBJ	4506	Op for Ted
☐	N407UA	Airbus A320-232	0456	ex F-WWDB	4507	Op for Ted
☐	N408UA	Airbus A320-232	0457	ex F-WWDG	4508	Op for Ted
☐	N409UA	Airbus A320-232	0462	ex F-WWDQ	4709	
☐	N410UA	Airbus A320-232	0463	ex F-WWDV	4910	
☐	N411UA	Airbus A320-232	0464	ex F-WWDX	4711	
☐	N412UA	Airbus A320-232	0465	ex F-WWIM	4712	
☐	N413UA	Airbus A320-232	0470	ex F-WWBM	4713	
☐	N414UA	Airbus A320-232	0472	ex F-WWIU	4814	Op for Ted
☐	N415UA	Airbus A320-232	0475	ex F-WWBP	4615	
☐	N416UA	Airbus A320-232	0479	ex F-WWDH	4616	
☐	N417UA	Airbus A320-232	0483	ex F-WWIT	4617	
☐	N418UA	Airbus A320-232	0485	ex F-WWIZ	4618	
☐	N419UA	Airbus A320-232	0487	ex F-WWDJ	4619	
☐	N420UA	Airbus A320-232	0489	ex F-WWDM	4620	
☐	N421UA	Airbus A320-232	0500	ex F-WWDZ	4621	
☐	N422UA	Airbus A320-232	0503	ex F-WWIV	4622	
☐	N423UA	Airbus A320-232	0504	ex F-WWBO	4623	
☐	N424UA	Airbus A320-232	0506	ex F-WWBQ	4624	
☐	N425UA	Airbus A320-232	0508	ex F-WWBY	4625	
☐	N426UA	Airbus A320-232	0510	ex F-WWBZ	4626	
☐	N427UA	Airbus A320-232	0512	ex F-WWDD	4627	
☐	N428UA	Airbus A320-232	0523	ex F-WWDE	4628	
☐	N429UA	Airbus A320-232	0539	ex F-WWIX	4629	
☐	N430UA	Airbus A320-232	0568	ex F-WWDC	4630	
☐	N431UA	Airbus A320-232	0571	ex F-WWDH	4631	
☐	N432UA	Airbus A320-232	0587	ex F-WWBB	4632	
☐	N433UA	Airbus A320-232	0589	ex F-WWBD	4633	
☐	N434UA	Airbus A320-232	0592	ex F-WWBF	4634	
☐	N435UA	Airbus A320-232	0613	ex F-WWBQ	4635	
☐	N436UA	Airbus A320-232	0638	ex F-WWDE	4636	
☐	N437UA	Airbus A320-232	0655	ex F-WWIK	4637	
☐	N438UA	Airbus A320-232	0678	ex F-WWBJ	4838	Op for Ted
☐	N439UA	Airbus A320-232	0683	ex F-WWDQ	4839	Op for Ted
☐	N440UA	Airbus A320-232	0702	ex F-WWDP	4840	Op for Ted
☐	N441UA	Airbus A320-232	0751	ex F-WWIU	4841	Op for Ted
☐	N442UA	Airbus A320-232	0780	ex F-WWDQ	4842	Op for Ted
☐	N443UA	Airbus A320-232	0820	ex F-WWBT	4643	
☐	N444UA	Airbus A320-232	0824	ex F-WWBZ	4844	Op for Ted
☐	N445UA	Airbus A320-232	0826	ex F-WWIL	4845	Op for Ted
☐	N446UA	Airbus A320-232	0834	ex F-WWIP	4846	Op for Ted
☐	N447UA	Airbus A320-232	0836	ex F-WWIR	4847	Op for Ted
☐	N448UA	Airbus A320-232	0842	ex F-WWBF	4848	Op for Ted
☐	N449UA	Airbus A320-232	0851	ex F-WWBJ	4849	Op for Ted
☐	N451UA	Airbus A320-232	0865	ex F-WWBR	4851	Op for Ted
☐	N452UA	Airbus A320-232	0955	ex F-WWBD	4852	Op for Ted
☐	N453UA	Airbus A320-232	1001	ex F-WWBH	4853	Op for Ted
☐	N454UA	Airbus A320-232	1104	ex F-WWDC	4654	
☐	N455UA	Airbus A320-232	1105	ex F-WWDE	4655	
☐	N456UA	Airbus A320-232	1128	ex F-WWIJ	4656	
☐	N457UA	Airbus A320-232	1146	ex F-WWBM	4857	Op for Ted
☐	N458UA	Airbus A320-232	1163	ex F-WWDK	4858	Op for Ted
☐	N459UA	Airbus A320-232	1192	ex F-WWDX	4859	Op for Ted
☐	N460UA	Airbus A320-232	1248	ex F-WWIS	4860	Op for Ted
☐	N461UA	Airbus A320-232	1266	ex F-WWDC	4661	
☐	N462UA	Airbus A320-232	1272	ex F-WWDI	4962	
☐	N463UA	Airbus A320-232	1282	ex F-WWBJ	4663; Jim Briggs	
☐	N464UA	Airbus A320-232	1290	ex F-WWBR	4664	
☐	N465UA	Airbus A320-232	1341	ex F-WWDP	4865	Op for Ted
☐	N466UA	Airbus A320-232	1343	ex F-WWDQ	4666	
☐	N467UA	Airbus A320-232	1359	ex F-WWBH	4867	Op for Ted
☐	N468UA	Airbus A320-232	1363	ex F-WWIE	4668	
☐	N469UA	Airbus A320-232	1409	ex F-WWDF	4869	Op for Ted
☐	N470UA	Airbus A320-232	1427	ex F-WWBN	4870	Op for Ted
☐	N471UA	Airbus A320-232	1432	ex F-WWBA	4871	Op for Ted
☐	N472UA	Airbus A320-232	1435	ex F-WWBC	4872	Op for Ted
☐	N473UA	Airbus A320-232	1469	ex F-WWDL	4873	Op for Ted
☐	N474UA	Airbus A320-232	1475	ex F-WWDQ	4874	Op for Ted
☐	N475UA	Airbus A320-232	1495	ex F-WWIC	4875	Op for Ted
☐	N476UA	Airbus A320-232	1508	ex F-WWBB	4876	Op for Ted
☐	N477UA	Airbus A320-232	1514	ex F-WWBF	4877	Op for Ted
☐	N478UA	Airbus A320-232	1533	ex F-WWIQ	4878	Op for Ted
☐	N479UA	Airbus A320-232	1538	ex F-WWIT	4879	Op for Ted
☐	N480UA	Airbus A320-232	1555	ex F-WWBP	4880	Op for Ted

☐	N481UA	Airbus A320-232	1559	ex F-WWDH	4881		Op for Ted
☐	N482UA	Airbus A320-232	1584	ex F-WWBN	4882		Op for Ted
☐	N483UA	Airbus A320-232	1586	ex F-WWBR	4883		Op for Ted
☐	N484UA	Airbus A320-232	1609	ex F-WWBZ	4884	Lsd fr Genesis Lse; op for Ted
☐	N485UA	Airbus A320-232	1617	ex F-WWDD	4885		Op for Ted
☐	N486UA	Airbus A320-232	1620	ex F-WWDG	4886		Op for Ted
☐	N487UA	Airbus A320-232	1669	ex F-WWIJ	4887		Op for Ted
☐	N488UA	Airbus A320-232	1680	ex F-WWBF	4888		Op for Ted
☐	N489UA	Airbus A320-232	1702	ex F-WWIT	4889		Op for Ted
☐	N490UA	Airbus A320-232	1728	ex F-WWBI	4890		Op for Ted
☐	N491UA	Airbus A320-232	1741	ex F-WWBU	4891		Op for Ted
☐	N492UA	Airbus A320-232	1755	ex F-WWDZ	4892		Op for Ted
☐	N493UA	Airbus A320-232	1821	ex F-WWIO	4893		Op for Ted
☐	N494UA	Airbus A320-232	1840	ex F-WWDC	4894		Op for Ted
☐	N495UA	Airbus A320-232	1842	ex F-WWBP	4895		Op for Ted
☐	N496UA	Airbus A320-232	1845	ex F-WWDR	4896		Op for Ted
☐	N497UA	Airbus A320-232	1847	ex F-WWDE	4897		Op for Ted
☐	N498UA	Airbus A320-232	1865	ex F-WWIK	4898		Op for Ted

19 more Airbus A320-232s are on order but deferred until 2011-2014, will be registered in the N5xxUL range
Ted is low cost operation based at Denver, CO and operates aircraft in Y156 configuration; all others are F12Y126

☐	N202UA	Boeing 737-322	24717/1930	1002	
☐	N203UA	Boeing 737-322	24718/1937	1003	
☐	N301UA	Boeing 737-322	23642/1300	9901	
☐	N302UA	Boeing 737-322	23643/1315	9902	
☐	N303UA	Boeing 737-322	23644/1322	9903	
☐	N304UA	Boeing 737-322	23665/1330	9904	
☐	N305UA	Boeing 737-322	23666/1332	9905	
☐	N306UA	Boeing 737-322	23667/1334	9906	
☐	N307UA	Boeing 737-322	23668/1346	9907	
☐	N308UA	Boeing 737-322	23669/1354	9908	
☐	N309UA	Boeing 737-322	23670/1364	9909	
☐	N310UA	Boeing 737-322	23671/1370	9910	
☐	N311UA	Boeing 737-322	23672/1470	9911	
☐	N312UA	Boeing 737-322	23673/1479	9912	
☐	N313UA	Boeing 737-322	23674/1481	9913	
☐	N314UA	Boeing 737-322	23675/1483	9914	
☐	N315UA	Boeing 737-322	23947/1485	9915	
☐	N318UA	Boeing 737-322	23950/1504	9918	
☐	N325UA	Boeing 737-322	23957/1566	9925	
☐	N326UA	Boeing 737-322	23958/1568	9926	
☐	N327UA	Boeing 737-322	24147/1570	9927	
☐	N328UA	Boeing 737-322	24148/1572	9928	
☐	N329UA	Boeing 737-322	24149/1574	9929	Lsd fr US Bank
☐	N330UA	Boeing 737-322	24191/1588	9930	
☐	N331UA	Boeing 737-322	24192/1590	9931	
☐	N332UA	Boeing 737-322	24193/1592	9932	Lsd fr Q Aviation
☐	N333UA	Boeing 737-322	24228/1594	9933	Lsd fr Q Aviation
☐	N334UA	Boeing 737-322	24229/1605	9934	
☐	N335UA	Boeing 737-322	24230/1607	9935	
☐	N336UA	Boeing 737-322	24240/1609	9936	
☐	N337UA	Boeing 737-322	24241/1611	9937	
☐	N338UA	Boeing 737-322	24242/1613	9938	
☐	N339UA	Boeing 737-322	24243/1615	9939	
☐	N340UA	Boeing 737-322	24244/1617	9940	
☐	N341UA	Boeing 737-322	24245/1619	9941	Lsd fr Aurora Avn
☐	N342UA	Boeing 737-322	24246/1632	9942	Lsd fr Aurora Avn
☐	N346UA	Boeing 737-322	24250/1644	9946	
☐	N347UA	Boeing 737-322	24251/1646	9947	
☐	N348UA	Boeing 737-322	24252/1648	9948	
☐	N349UA	Boeing 737-322	24253/1650	9949	
☐	N350UA	Boeing 737-322	24301/1652	9950	
☐	N351UA	Boeing 737-322	24319/1668	9951	Lsd fr A/c N351UA Trust
☐	N364UA	Boeing 737-322	24533/1756	9964	
☐	N365UA	Boeing 737-322	24534/1758	9965	Lsd fr UT Finance
☐	N366UA	Boeing 737-322	24535/1760	9866	
☐	N367UA	Boeing 737-322	24536/1762	9867	
☐	N369UA	Boeing 737-322	24538/1776	9869	
☐	N370UA	Boeing 737-322	24539/1778	9870	
☐	N371UA	Boeing 737-322	24540/1780	9871	
☐	N372UA	Boeing 737-322	24637/1782	9872	
☐	N373UA	Boeing 737-322	24638/1784	9873	
☐	N374UA	Boeing 737-322	24639/1786	9874	
☐	N375UA	Boeing 737-322	24640/1798	9875	
☐	N376UA	Boeing 737-322	24641/1802	9876	Lsd fr WFBN
☐	N377UA	Boeing 737-322	24642/1806	9877	
☐	N378UA	Boeing 737-322	24653/1810	9878	
☐	N379UA	Boeing 737-322	24654/1812	9879	
☐	N381UA	Boeing 737-322	24656/1822	9881	
☐	N382UA	Boeing 737-322	24657/1830	9882	
☐	N383UA	Boeing 737-322	24658/1832	9883	
☐	N385UA	Boeing 737-322	24660/1838	9885	
☐	N386UA	Boeing 737-322	24661/1840	9886	

	Registration	Type	MSN/Line	Fleet No.	Notes
☐	N398UA	Boeing 737-322	24673/1920	9898	
☐	N399UA	Boeing 737-322	24674/1928	9899	

All in F8Y112 configuration except fleet number 98xx which are F8Y120

	Registration	Type	MSN/Line	Fleet No.	Notes
☐	N902UA	Boeing 737-522	25002/1950	1602	
☐	N903UA	Boeing 737-522	25003/1952	1603	
☐	N904UA	Boeing 737-522	25004/1965	1604	
☐	N905UA	Boeing 737-522	25005/1976	1605	
☐	N906UA	Boeing 737-522	25006/1981	1606	
☐	N907UA	Boeing 737-522	25007/1983	1607	
☐	N910UA	Boeing 737-522	25254/2073	1510	
☐	N912UA	Boeing 737-522	25290/2096	1512	
☐	N913UA	Boeing 737-522	25291/2101	1513	
☐	N914UA	Boeing 737-522	25381/2110	1514	
☐	N918UA	Boeing 737-522	25385/2152	1518	
☐	N919UA	Boeing 737-522	25386/2154	1519	
☐	N921UA	Boeing 737-522	25388/2181	1521	
☐	N922UA	Boeing 737-522	26642/2189	1522	
☐	N923UA	Boeing 737-522	26643/2190	1523	
☐	N924UA	Boeing 737-522	26645/2212	1524	
☐	N925UA	Boeing 737-522	26646/2214	1525	
☐	N927UA	Boeing 737-522	26649/2246	1527	
☐	N928UA	Boeing 737-522	26651/2257	1528	
☐	N929UA	Boeing 737-522	26652/2259	1529	
☐	N930UA	Boeing 737-522	26655/2274	1530	
☐	N932UA	Boeing 737-522	26658/2291	1532	
☐	N933UA	Boeing 737-522	26659/2293	1533	
☐	N934UA	Boeing 737-522	26662/2312	1534	
☐	N935UA	Boeing 737-522	26663/2315	1635	
☐	N936UA	Boeing 737-522	26667/2325	1636	
☐	N937UA	Boeing 737-522	26668/2329	1637	
☐	N938UA	Boeing 737-522	26671/2336	1638	
☐	N941UA	Boeing 737-522	26676/2364	1641	
☐	N942UA	Boeing 737-522	26679/2365	1642	

15xx fleet numbers have F8Y102 and 16xx fleet numbers have F8Y96 configurations

	Registration	Type	MSN/Line	Ex	Fleet No.	Notes
☐	N104UA	Boeing 747-422	26902/1141		8104	
☐	N105UA	Boeing 747-451	26473/985	ex N60659	8105	Lsd fr WFBN
☐	N107UA	Boeing 747-422	26900/1168		8107	
☐	N116UA	Boeing 747-422	26908/1193		8116	
☐	N117UA	Boeing 747-422	28810/1197		8117	
☐	N118UA	Boeing 747-422	28811/1201		8118	
☐	N119UA	Boeing 747-422	28812/1207		8119	
☐	N120UA	Boeing 747-422	29166/1209		8120	
☐	N121UA	Boeing 747-422	29167/1211		8121	
☐	N122UA	Boeing 747-422	29168/1218		8122	
☐	N127UA	Boeing 747-422	28813/1221		8127	
☐	N128UA	Boeing 747-422	30023/1245		8128	
☐	N171UA	Boeing 747-422	24322/733		8171	
☐	N173UA	Boeing 747-422	24380/759		8173	
☐	N174UA	Boeing 747-422	24381/762		8174	
☐	N175UA	Boeing 747-422	24382/806		8175	Lsd fr US Bank Trust
☐	N177UA	Boeing 747-422	24384/819		8177	Lsd fr US Bank Trust
☐	N178UA	Boeing 747-422	24385/820		8178	Lsd fr 178UA Trust
☐	N179UA	Boeing 747-422	25158/866		8179	Lsd fr US Bank Trust
☐	N180UA	Boeing 747-422	25224/867		8180	Lsd fr US Bank Trust
☐	N181UA	Boeing 747-422	25278/881	ex N6005C	8181	Lsd fr US Bank Trust
☐	N182UA	Boeing 747-422	25279/882		8182	
☐	N187UA	Boeing 747-422	26876/939		8187	
☐	N193UA	Boeing 747-422	26890/1085		8193	
☐	N194UA	Boeing 747-422	26892/1088		8194	
☐	N195UA	Boeing 747-422	26899/1113		8195	
☐	N196UA	Boeing 747-422	28715/1120		8196	
☐	N197UA	Boeing 747-422	26901/1121		8197	
☐	N198UA	Boeing 747-422	28716/1124		8198	
☐	N199UA	Boeing 747-422	28717/1126		8199	

	Registration	Type	MSN/Line	Fleet No.	Notes
☐	N501UA	Boeing 757-222	24622/241	5401	Lsd fr CIT Group
☐	N502UA	Boeing 757-222	24623/246	5702	
☐	N503UA	Boeing 757-222	24624/247	5403	
☐	N504UA	Boeing 757-222	24625/251	5404	
☐	N505UA	Boeing 757-222	24626/254	5705	Lsd fr UT Finance
☐	N506UA	Boeing 757-222	24627/263	5406	
☐	N507UA	Boeing 757-222	24743/270	5407	
☐	N508UA	Boeing 757-222	24744/277	5708	
☐	N509UA	Boeing 757-222	24763/284	5409	
☐	N510UA	Boeing 757-222	24780/290	5710	
☐	N511UA	Boeing 757-222	24799/291	5411	
☐	N512UA	Boeing 757-222	24809/298	5712	
☐	N513UA	Boeing 757-222	24810/299	5413	
☐	N514UA	Boeing 757-222	24839/305	5414	
☐	N515UA	Boeing 757-222	24840/306	5415	

☐	N516UA	Boeing 757-222	24860/307	5416	
☐	N517UA	Boeing 757-222/W	24861/310	5717	
☐	N518UA	Boeing 757-222	24871/311	5718	
☐	N519UA	Boeing 757-222	24872/312	5419	
☐	N520UA	Boeing 757-222	24890/313	5420	
☐	N521UA	Boeing 757-222	24891/319	5421	Lsd fr Cumberland Lsg
☐	N522UA	Boeing 757-222	24931/320	5422	
☐	N523UA	Boeing 757-222	24932/329	5423	
☐	N524UA	Boeing 757-222	24977/331	5424	
☐	N525UA	Boeing 757-222	24978/338	5725	
☐	N526UA	Boeing 757-222	24994/339	5426	
☐	N527UA	Boeing 757-222	24995/341	5427	
☐	N528UA	Boeing 757-222	25018/346	5428	
☐	N529UA	Boeing 757-222	25019/352	5429	
☐	N530UA	Boeing 757-222	25043/353	5430	
☐	N531UA	Boeing 757-222	25042/361	5431	
☐	N532UA	Boeing 757-222	25072/366	5732	
☐	N533UA	Boeing 757-222	25073/367	5433	Lsd fr US Bank Trust
☐	N534UA	Boeing 757-222	25129/372	5434	Lsd fr US Bank Trust
☐	N535UA	Boeing 757-222	25130/373	5435	
☐	N536UA	Boeing 757-222	25156/380	5436	
☐	N537UA	Boeing 757-222	25157/381	5437	
☐	N538UA	Boeing 757-222	25222/385	5438	Lsd fr US Bank Trust
☐	N539UA	Boeing 757-222	25223/386	5439	Lsd fr US Bank Trust
☐	N540UA	Boeing 757-222	25252/393	5440	Lsd fr US Bank Trust
☐	N541UA	Boeing 757-222	25253/394	5441	Lsd fr US Bank Trust
☐	N542UA	Boeing 757-222	25276/396	5442	
☐	N543UA	Boeing 757-222ER	25698/401	5543	
☐	N544UA	Boeing 757-222ER	25322/405	5544	
☐	N545UA	Boeing 757-222ER	25323/406	5545	
☐	N546UA	Boeing 757-222ER	25367/413	5546	
☐	N547UA	Boeing 757-222ER	25368/414	5547	
☐	N548UA	Boeing 757-222ER	25396/420	5548	Lsd fr US Bank Trust
☐	N549UA	Boeing 757-222ER	25397/421	5549	Lsd fr US Bank Trust
☐	N550UA	Boeing 757-222ER	25398/426	5550	Lsd fr US Bank Trust
☐	N551UA	Boeing 757-222ER	25399/427	5551	
☐	N552UA	Boeing 757-222ER	26641/431	5552	
☐	N553UA	Boeing 757-222	25277/434	5453	
☐	N554UA	Boeing 757-222	26644/435	5754	
☐	N555UA	Boeing 757-222	26647/442	5755	
☐	N556UA	Boeing 757-222	26650/447	5456	
☐	N557UA	Boeing 757-222	26653/454	5757	
☐	N558UA	Boeing 757-222	26654/462	5458	
☐	N559UA	Boeing 757-222	26657/467	5459	
☐	N560UA	Boeing 757-222	26660/469	5760	
☐	N561UA	Boeing 757-222	26661/479	5461	
☐	N562UA	Boeing 757-222	26664/487	5462	
☐	N563UA	Boeing 757-222	26665/488	5463	
☐	N564UA	Boeing 757-222	26666/490	5464	
☐	N565UA	Boeing 757-222	26669/492	5465	
☐	N566UA	Boeing 757-222	26670/494	5466	
☐	N567UA	Boeing 757-222	26673/497	5467	
☐	N568UA	Boeing 757-222	26674/498	5468	
☐	N569UA	Boeing 757-222	26677/499	5469	
☐	N570UA	Boeing 757-222	26678/501	5470	
☐	N571UA	Boeing 757-222	26681/506	5471	
☐	N572UA	Boeing 757-222	26682/508	5472	
☐	N573UA	Boeing 757-222	26685/512	5473	
☐	N574UA	Boeing 757-222	26686/513	5474	
☐	N575UA	Boeing 757-222	26689/515	5475	Lsd fr US Bank Trust
☐	N576UA	Boeing 757-222	26690/524	5676	
☐	N577UA	Boeing 757-222	26693/527	5677	Lsd fr US Bank Trust
☐	N578UA	Boeing 757-222	26694/531	5678	Lsd fr US Bank Trust
☐	N579UA	Boeing 757-222	26697/539	5679	
☐	N580UA	Boeing 757-222	26698/542	5680	
☐	N581UA	Boeing 757-222	26701/543	5681	
☐	N582UA	Boeing 757-222	26702/550	5682	
☐	N583UA	Boeing 757-222	26705/556	5683	
☐	N584UA	Boeing 757-222	26706/559	5684	
☐	N585UA	Boeing 757-222	26709/563	5685	
☐	N586UA	Boeing 757-222	26710/567	5686	
☐	N587UA	Boeing 757-222	26713/570	5687	
☐	N588UA	Boeing 757-222	26717/571	5688	
☐	N589UA	Boeing 757-222ER	28707/773	ex N3509J	5589
☐	N590UA	Boeing 757-222ER	28708/785		5590
☐	N592UA	Boeing 757-222	28143/719		5492; Richard Damron, Captain
☐	N593UA	Boeing 757-222	28144/724		5493
☐	N594UA	Boeing 757-222	28145/727		5494
☐	N595UA	Boeing 757-222ER	28748/789		5595
☐	N596UA	Boeing 757-222ER	28749/794		5596
☐	N597UA	Boeing 757-222ER	28750/841		5597
☐	N598UA	Boeing 757-222ER	28751/844	ex N1787B	5598

Aircraft with fleet number 57xx are fitted as 'Premium Service' F12C26Y72 3-class cabin for JFK-SFO/LAX services; others operate in F24Y158 configuration

	Reg	Type	MSN/LN	Notes
☐	N607UA	Boeing 767-222ER	21868/10	6007; City of Denver; stored VCV
☐	N641UA	Boeing 767-322ER	25091/360	6341 Lsd fr GECAS
☐	N642UA	Boeing 767-322ER	25092/367	6342 Lsd fr GECAS
☐	N643UA	Boeing 767-322ER	25093/368	6343 Lsd fr GECAS
☐	N644UA	Boeing 767-322ER	25094/369	6344
☐	N646UA	Boeing 767-322ER	25283/420	6346 Lsd fr Q Aviation
☐	N647UA	Boeing 767-322ER	25284/424	6347 Lsd fr GECAS
☐	N648UA	Boeing 767-322ER	25285/443	6348; stored MZJ Lsd fr Orix Avn
☐	N649UA	Boeing 767-322ER	25286/444	6349
☐	N651UA	Boeing 767-322ER	25389/452	6351
☐	N652UA	Boeing 767-322ER	25390/457	6352
☐	N653UA	Boeing 767-322ER	25391/460	6353; Star Alliance c/s
☐	N654UA	Boeing 767-322ER	25392/462	6354 Lsd fr Orix Avn
☐	N655UA	Boeing 767-322ER	25393/468	6355 Lsd fr Q Aviation
☐	N656UA	Boeing 767-322ER	25394/472	6356 Lsd fr Orix Avn
☐	N657UA	Boeing 767-322ER	27112/479	6357 Lsd fr GECAS
☐	N658UA	Boeing 767-322ER	27113/480	6358 Lsd fr GECAS
☐	N659UA	Boeing 767-322ER	27114/485	6359 Lsd fr GECAS
☐	N660UA	Boeing 767-322ER	27115/494	6360 Lsd fr GECAS
☐	N661UA	Boeing 767-322ER	27158/507	6361 Lsd fr Q Aviation
☐	N662UA	Boeing 767-322ER	27159/513	6362
☐	N663UA	Boeing 767-322ER	27160/514	6363
☐	N664UA	Boeing 767-322ER	29236/707	6764
☐	N665UA	Boeing 767-322ER	29237/711	6765
☐	N666UA	Boeing 767-322ER	29238/715	6766
☐	N667UA	Boeing 767-322ER	29239/716	6767
☐	N668UA	Boeing 767-322ER	30024/742	6768
☐	N669UA	Boeing 767-322ER	30025/757	6769
☐	N670UA	Boeing 767-322ER	29240/763	6770
☐	N671UA	Boeing 767-322ER	30026/766	6771
☐	N672UA	Boeing 767-322ER	30027/773	6772
☐	N673UA	Boeing 767-322ER	29241/779	6773
☐	N674UA	Boeing 767-322ER	29242/782	6774
☐	N675UA	Boeing 767-322ER	29243/800	6775
☐	N676UA	Boeing 767-322ER	30028/834	6776
☐	N677UA	Boeing 767-322ER	30029/852	6777

Fleet numbers 67xx operate as down-rated ERs on domestic services

	Reg	Type	MSN/LN	Notes
☐	N204UA	Boeing 777-222ER	28713/191	2904
☐	N206UA	Boeing 777-222ER	30212/216	2906
☐	N209UA	Boeing 777-222ER	30215/259	2609
☐	N210UA	Boeing 777-222ER	30216/264	2510
☐	N211UA	Boeing 777-222	30217/282	2511
☐	N212UA	Boeing 777-222	30218/293	2512
☐	N213UA	Boeing 777-222	30219/295	2513
☐	N214UA	Boeing 777-222	30220/296	2514
☐	N215UA	Boeing 777-222	30221/297	2515
☐	N216UA	Boeing 777-222ER	30549/291	2616
☐	N217UA	Boeing 777-222ER	30550/294	2617
☐	N218UA	Boeing 777-222ER	30222/317	2618; 10 Years Star Alliance c/s
☐	N219UA	Boeing 777-222ER	30551/318	2619
☐	N220UA	Boeing 777-222ER	30223/340	2620
☐	N221UA	Boeing 777-222ER	30552/347	2621
☐	N222UA	Boeing 777-222ER	30553/352	2622
☐	N223UA	Boeing 777-222ER	30224/357	2623
☐	N224UA	Boeing 777-222ER	30225/375	2624
☐	N225UA	Boeing 777-222ER	30554/377	2625; Spirit of United
☐	N226UA	Boeing 777-222ER	30226/380	2626
☐	N227UA	Boeing 777-222ER	30555/381	2627
☐	N228UA	Boeing 777-222ER	30556/384	2628
☐	N229UA	Boeing 777-222ER	30557/388	2629
☐	N768UA	Boeing 777-222	26919/11	2368
☐	N769UA	Boeing 777-222	26921/12	2369
☐	N771UA	Boeing 777-222	26932/3 ex N7773	2371
☐	N772UA	Boeing 777-222	26930/5 ex (N77775)	2372
☐	N773UA	Boeing 777-222	26929/4 ex N7774	2373; Richard H Leung, Customer
☐	N774UA	Boeing 777-222	26936/2 ex N7772	2374
☐	N775UA	Boeing 777-222	26947/22	2375
☐	N776UA	Boeing 777-222	26937/27	2376
☐	N777UA	Boeing 777-222	26916/7	2377
☐	N778UA	Boeing 777-222	26940/34	2378
☐	N779UA	Boeing 777-222	26941/35	2379
☐	N780UA	Boeing 777-222	26944/36	2380
☐	N781UA	Boeing 777-222	26945/40	2381
☐	N782UA	Boeing 777-222ER	26948/57	2982
☐	N783UA	Boeing 777-222ER	26950/60	2983
☐	N784UA	Boeing 777-222ER	26951/69	2984
☐	N785UA	Boeing 777-222ER	26954/73	2985
☐	N786UA	Boeing 777-222ER	26938/52	2986

☐ N787UA	Boeing 777-222ER	26939/43	2987	
☐ N788UA	Boeing 777-222ER	26942/82	2988	
☐ N791UA	Boeing 777-222ER	26933/93	2991	
☐ N792UA	Boeing 777-222ER	26934/96	2992	
☐ N793UA	Boeing 777-222ER	26946/97	2993	
☐ N794UA	Boeing 777-222ER	26953/105	2994	
☐ N795UA	Boeing 777-222ER	26927/108	2995	
☐ N796UA	Boeing 777-222ER	26931/112	2996	
☐ N797UA	Boeing 777-222ER	26924/116	2997	
☐ N798UA	Boeing 777-222ER	26928/123	2998	
☐ N799UA	Boeing 777-222ER	26926/139	2999	

Fleet number 29xx have F12C49Y197 configuration, 25xx have F36Y312 and 26xx have F10C45Y198
Founder member of Star Alliance with Air Canada, Thai International, SAS and VARIG. Code-shares with US Airways on over 250 combined flights. Ted is wholly owned low-cost division; to take stake in Aloha Airlines

UNITED EXPRESS
United (UA)   Chicago-O'Hare Intl, IL/San Francisco-Intl, CA/Denver, CO (ORD/SFO/DEN)

☐ N154SF	Canadair CL-600-2B19 (CRJ-200LR)	7154	ex LV-WSB	154; Mesa
☐ N571ML	Canadair CL-600-2B19 (CRJ-200LR)	7209	ex C-GBNW	Mesa
☐ N591ML	Canadair CL-600-2B19 (CRJ-200LR)	7388	ex C-FMNY	Mesa
☐ N592ML	Canadair CL-600-2B19 (CRJ-200LR)	7410	ex C-FMLQ	Mesa
☐ N593ML	Canadair CL-600-2B19 (CRJ-200LR)	7465	ex C-FMKW	Mesa
☐ N649BR	Canadair CL-600-2B19 (CRJ-200LR)	7414	ex C-FMMT	Mesa
☐ N653ML	Canadair CL-600-2B19 (CRJ-200LR)	7039	ex N260BD	Mesa
☐ N715SF	Canadair CL-600-2B19 (CRJ-200LR)	7115	ex LV-WPF	Mesa
☐ N903SW	Canadair CL-600-2B19 (CRJ-200ER)	7425	ex C-FMOI	7425 SkyWest
☐ N905SW	Canadair CL-600-2B19 (CRJ-200ER)	7437	ex C-FMLB	7437 SkyWest
☐ N906SW	Canadair CL-600-2B19 (CRJ-200ER)	7510	ex C-FMOW	7510 SkyWest
☐ N907SW	Canadair CL-600-2B19 (CRJ-200ER)	7511	ex C-FVAZ	7511 SkyWest
☐ N908SW	Canadair CL-600-2B19 (CRJ-200ER)	7540	ex C-FMOW	7540 SkyWest
☐ N909SW	Canadair CL-600-2B19 (CRJ-200ER)	7558	ex C-GJHL	7558 SkyWest
☐ N910SW	Canadair CL-600-2B19 (CRJ-200ER)	7566	ex C-GJHY	7566 SkyWest
☐ N912SW	Canadair CL-600-2B19 (CRJ-200ER)	7595	ex C-FMNH	7595 SkyWest
☐ N913SW	Canadair CL-600-2B19 (CRJ-200ER)	7597	ex C-FMNX	7597 SkyWest
☐ N915SW	Canadair CL-600-2B19 (CRJ-200ER)	7615	ex C-GKJQ	7615 SkyWest
☐ N916SW	Canadair CL-600-2B19 (CRJ-200ER)	7634	ex C-FMLU	7634 SkyWest
☐ N917SW	Canadair CL-600-2B19 (CRJ-200ER)	7641	ex C-FMMX	7641 SkyWest
☐ N918SW	Canadair CL-600-2B19 (CRJ-200ER)	7645	ex C-FMKW	7645 SkyWest
☐ N919SW	Canadair CL-600-2B19 (CRJ-200ER)	7657	ex C-FMNX	7657 SkyWest
☐ N920SW	Canadair CL-600-2B19 (CRJ-200ER)	7660	ex C-FMOW	7660 SkyWest
☐ N923SW	Canadair CL-600-2B19 (CRJ-200ER)	7664	ex C-FMLU	7664 SkyWest
☐ N924SW	Canadair CL-600-2B19 (CRJ-200ER)	7681	ex C-FMLS	7681 SkyWest
☐ N925SW	Canadair CL-600-2B19 (CRJ-200ER)	7682	ex C-FMLT	7682 SkyWest
☐ N926SW	Canadair CL-600-2B19 (CRJ-200ER)	7687	ex C-FMNX	7687 SkyWest
☐ N927SW	Canadair CL-600-2B19 (CRJ-200ER)	7693	ex C-FMNQ	7693 SkyWest
☐ N928SW	Canadair CL-600-2B19 (CRJ-200ER)	7701	ex C-FMMX	7701 SkyWest
☐ N929SW	Canadair CL-600-2B19 (CRJ-200ER)	7703	ex C-FMNB	7703 SkyWest
☐ N930SW	Canadair CL-600-2B19 (CRJ-200ER)	7713	ex C-FMLV	7713 SkyWest
☐ N932SW	Canadair CL-600-2B19 (CRJ-200ER)	7714	ex C-FMMT	7714 SkyWest
☐ N934SW	Canadair CL-600-2B19 (CRJ-200ER)	7722	ex C-FMND	7722 SkyWest
☐ N935SW	Canadair CL-600-2B19 (CRJ-200ER)	7725	ex C-FMOI	7725 SkyWest
☐ N936SW	Canadair CL-600-2B19 (CRJ-200ER)	7726	ex C-FMMB	7726 SkyWest
☐ N937SW	Canadair CL-600-2B19 (CRJ-200ER)	7735	ex C-FMKW	7735 SkyWest
☐ N938SW	Canadair CL-600-2B19 (CRJ-200ER)	7741	ex C-FMLS	7741 SkyWest
☐ N939SW	Canadair CL-600-2B19 (CRJ-200ER)	7742	ex C-FMLT	7742 SkyWest
☐ N941SW	Canadair CL-600-2B19 (CRJ-200ER)	7750	ex C-FMOW	7750 SkyWest
☐ N943SW	Canadair CL-600-2B19 (CRJ-200ER)	7762	ex C-FMMY	7762 SkyWest
☐ N944SW	Canadair CL-600-2B19 (CRJ-200ER)	7764	ex C-FMKV	7764 SkyWest
☐ N945SW	Canadair CL-600-2B19 (CRJ-200ER)	7770	ex C-FMLQ	7770 SkyWest
☐ N946SW	Canadair CL-600-2B19 (CRJ-200ER)	7776	ex C-FMNW	7776 SkyWest
☐ N947SW	Canadair CL-600-2B19 (CRJ-200ER)	7786	ex C-FMMB	7786 SkyWest; 30th anniversary c/s
☐ N948SW	Canadair CL-600-2B19 (CRJ-200ER)	7789	ex C-GXTU	7789 SkyWest
☐ N951SW	Canadair CL-600-2B19 (CRJ-200ER)	7795	ex C-FMMW	7795 SkyWest; 30th anniversary c/s
☐ N952SW	Canadair CL-600-2B19 (CRJ-200ER)	7805	ex C-FMNH	7805 SkyWest
☐ N953SW	Canadair CL-600-2B19 (CRJ-200ER)	7813	ex C-GZGP	7813 SkyWest
☐ N954SW	Canadair CL-600-2B19 (CRJ-200ER)	7815	ex C-FMOI	7815 SkyWest
☐ N955SW	Canadair CL-600-2B19 (CRJ-200ER)	7817	ex C-FMML	7817 SkyWest
☐ N956SW	Canadair CL-600-2B19 (CRJ-200ER)	7825	ex C-FMKW	7825 SkyWest
☐ N957SW	Canadair CL-600-2B19 (CRJ-200ER)	7829	ex C-FMLI	7829 SkyWest
☐ N958SW	Canadair CL-600-2B19 (CRJ-200ER)	7833	ex C-FMLV	7833 SkyWest
☐ N959SW	Canadair CL-600-2B19 (CRJ-200ER)	7840	ex C-FMOW	7840 SkyWest
☐ N960SW	Canadair CL-600-2B19 (CRJ-200ER)	7853	ex C-FMNB	7853 SkyWest
☐ N961SW	Canadair CL-600-2B19 (CRJ-200ER)	7857	ex C-FMLB	7857 SkyWest
☐ N962SW	Canadair CL-600-2B19 (CRJ-200ER)	7859	ex C-FMLI	7859 SkyWest
☐ N963SW	Canadair CL-600-2B19 (CRJ-200ER)	7865	ex C-FMNH	7865 SkyWest
☐ N964SW	Canadair CL-600-2B19 (CRJ-200ER)	7868	ex C-GZTD	7867 SkyWest
☐ N965SW	Canadair CL-600-2B19 (CRJ-200ER)	7871	ex C-FVAZ	7871 SkyWest
☐ N967SW	Canadair CL-600-2B19 (CRJ-200ER)	7872	ex C-FMND	7872 SkyWest
☐ N969SW	Canadair CL-600-2B19 (CRJ-200ER)	7876	ex C-FMMB	7876 SkyWest
☐ N970SW	Canadair CL-600-2B19 (CRJ-200ER)	7881	ex C-GZUJ	7881 SkyWest
☐ N971SW	Canadair CL-600-2B19 (CRJ-200ER)	7947	ex C-FMLB	7947 SkyWest

	Registration	Type	MSN	Previous	Operator	Notes
☐	N973SW	Canadair CL-600-2B19 (CRJ-200ER)	7949	ex C-FMLI	7949 SkyWest	
☐	N975SW	Canadair CL-600-2B19 (CRJ-200ER)	7951	ex C-FMLS	7951 SkyWest	
☐	N976SW	Canadair CL-600-2B19 (CRJ-200ER)	7952	ex C-FMLT	7952 SkyWest	
☐	N978SW	Canadair CL-600-2B19 (CRJ-200ER)	7953	ex C-FMLV	7953 SkyWest	
☐	N979SW	Canadair CL-600-2B19 (CRJ-200ER)	7954	ex C-FMMT	7954 SkyWest	
☐	N980SW	Canadair CL-600-2B19 (CRJ-200ER)	7955	ex C-FMNH	7955 SkyWest	
☐	N982SW	Canadair CL-600-2B19 (CRJ-200ER)	7956	ex C-FMNW	7956 SkyWest	
☐	N983SW	Canadair CL-600-2B19 (CRJ-200ER)	7961	ex C-FVAZ	7961 SkyWest	
☐	N986SW	Canadair CL-600-2B19 (CRJ-200ER)	7967	ex C-FMML	7967 SkyWest	
☐	N17156	Canadair CL-600-2B19 (CRJ-200LR)	7156	ex C-FZSC	Mesa	
☐	N17175	Canadair CL-600-2B19 (CRJ-200LR)	7175	ex LV-WXB	Mesa	
☐	N27172	Canadair CL-600-2B19 (CRJ-200LR)	7172	ex C-FMMN	Mesa	
☐	N27173	Canadair CL-600-2B19 (CRJ-200LR)	7173	ex C-FMMQ	173; Mesa	
☐	N27185	Canadair CL-600-2B19 (CRJ-200LR)	7185	ex C-FMMB	Mesa	
☐	N27314	Canadair CL-600-2B19 (CRJ-200LR)	7314	ex C-FMKV	Mesa	
☐	N37208	Canadair CL-600-2B19 (CRJ-200LR)	7208	ex C-FMNY	Mesa	
☐	N37342	Canadair CL-600-2B19 (CRJ-200LR)	7342	ex C-FMMY	Mesa	
☐	N47202	Canadair CL-600-2B19 (CRJ-200LR)	7202	ex C-FMLT	Mesa	
☐	N75987	Canadair CL-600-2B19 (CRJ-200LR)	7405	ex C-FZSZ	Mesa	
☐	N75991	Canadair CL-600-2B19 (CRJ-200LR)	7422	ex C-FZSY	Mesa	
☐	N75992	Canadair CL-600-2B19 (CRJ-200LR)	7401	ex C-FZTH	Mesa	
☐	N75993	Canadair CL-600-2B19 (CRJ-200LR)	7372	ex C-FZTT	Mesa	
☐	N75994	Canadair CL-600-2B19 (CRJ-200LR)	7367	ex C-FZTY	Mesa	
☐	N75995	Canadair CL-600-2B19 (CRJ-200LR)	7361	ex C-FZTW	Mesa	
☐	N75998	Canadair CL-600-2B19 (CRJ-200LR)	7336	ex C-FZTU	Mesa	
☐	N75999	Canadair CL-600-2B19 (CRJ-200LR)	7471	ex C-FSXX	Mesa	Lsd fr Wumac
☐	N77181	Canadair CL-600-2B19 (CRJ-200LR)	7181	ex C-FMNQ	Mesa	
☐	N77331	Canadair CL-600-2B19 (CRJ-200LR)	7331	ex C-FVAZ	Mesa	
☐	N87353	Canadair CL-600-2B19 (CRJ-200LR)	7353	ex C-FMLV	Mesa	

Mesa to operate thirty Canadair CRJ-200LRs from early 2008

	Registration	Type	MSN	Previous	Operator	Notes
☐	N151GJ	Canadair CL-600-2C10 (CRJ-702ER)	10216	ex C-	GoJet	
☐	N152GJ	Canadair CL-600-2C10 (CRJ-702ER)	10218	ex C-	GoJet	
☐	N153GJ	Canadair CL-600-2C10 (CRJ-702ER)	10219	ex C-	GoJet	
☐	N154GJ	Canadair CL-600-2C10 (CRJ-702ER)	10224	ex C-	GoJet	Lsd fr AFS Investments
☐	N155GJ	Canadair CL-600-2C10 (CRJ-702ER)	10225	ex C-	GoJet	Lsd fr AFS Investments
☐	N156GJ	Canadair CL-600-2C10 (CRJ-702ER)	10227	ex C-	GoJet	Lsd fr AFS Investments
☐	N157GJ	Canadair CL-600-2C10 (CRJ-702ER)	10230	ex C-	GoJet	Lsd fr AFS Investments
☐	N158GJ	Canadair CL-600-2C10 (CRJ-702ER)	10237	ex C-	GoJet	Lsd fr AFS Investments
☐	N159GJ	Canadair CL-600-2C10 (CRJ-702ER)	10238	ex C-	GoJet	Lsd fr AFS Investments
☐	N160GJ	Canadair CL-600-2C10 (CRJ-702ER)	10239	ex C-	GoJet	Lsd fr AFS Investments
☐	N161GJ	Canadair CL-600-2C10 (CRJ-702ER)	10253	ex C-	GoJet	Lsd fr AFS Investments
☐	N162GJ	Canadair CL-600-2C10 (CRJ-702ER)	10254	ex C-	GoJet	Lsd fr AFS Investments
☐	N163GJ	Canadair CL-600-2C10 (CRJ-702ER)	10255	ex C-	GoJet	Lsd fr AFS Investments
☐	N164GJ	Canadair CL-600-2C10 (CRJ-702ER)	10256	ex C-	GoJet	Lsd fr AFS Investments
☐	N165GJ	Canadair CL-600-2C10 (CRJ-702ER)	10257	ex C-	GoJet	Lsd fr AFS Investments
☐	N	Canadair CL-600-2C10 (CRJ-702ER)		ex C-	GoJet; on order	
☐	N	Canadair CL-600-2C10 (CRJ-702ER)		ex C-	GoJet; on order	
☐	N	Canadair CL-600-2C10 (CRJ-702ER)		ex C-	GoJet; on order	
☐	N501MJ	Canadair CL-600-2C10 (CRJ-701ER)	10047	ex C-FZVM	Mesa	
☐	N502MJ	Canadair CL-600-2C10 (CRJ-701ER)	10050	ex C-GIAI	Mesa	
☐	N503MJ	Canadair CL-600-2C10 (CRJ-701ER)	10058	ex C-GIBG	Mesa	
☐	N504MJ	Canadair CL-600-2C10 (CRJ-701ER)	10066	ex C-GIBR	Mesa	
☐	N505MJ	Canadair CL-600-2C10 (CRJ-701ER)	10070	ex C-GICN	Mesa	
☐	N506MJ	Canadair CL-600-2C10 (CRJ-701ER)	10073	ex C-GHZY	Mesa	
☐	N507MJ	Canadair CL-600-2C10 (CRJ-701ER)	10077	ex C-GIAH	Mesa	
☐	N508MJ	Canadair CL-600-2C10 (CRJ-701ER)	10087	ex C-FZZE	Mesa	
☐	N509MJ	Canadair CL-600-2C10 (CRJ-701ER)	10094	ex C-	Mesa	
☐	N510MJ	Canadair CL-600-2C10 (CRJ-701ER)	10101	ex C-	Mesa	
☐	N511MJ	Canadair CL-600-2C10 (CRJ-701ER)	10104	ex C-	Mesa	
☐	N512MJ	Canadair CL-600-2C10 (CRJ-701ER)	10109	ex C-	Mesa	
☐	N513MJ	Canadair CL-600-2C10 (CRJ-701ER)	10111	ex C-	Mesa	
☐	N514MJ	Canadair CL-600-2C10 (CRJ-701ER)	10116	ex C-	Mesa	
☐	N515MJ	Canadair CL-600-2C10 (CRJ-701ER)	10117	ex C-	Mesa	
☐	N516LR	Canadair CL-600-2C10 (CRJ-701ER)	10258	ex C-	Mesa	
☐	N518LR	Canadair CL-600-2C10 (CRJ-701ER)	10259	ex C-	Mesa	
☐	N519LR	Canadair CL-600-2C10 (CRJ-701ER)	10260	ex C-FLGD	Mesa	
☐	N521LR	Canadair CL-600-2C10 (CRJ-701ER)	10261	ex C-FMHJ	Mesa	Lsd fr WFBN
☐	N522LR	Canadair CL-600-2C10 (CRJ-701ER)	10262	ex C-	Mesa	Lsd fr WFBN
☐	N701SK	Canadair CL-600-2C10 (CRJ-701ER)	10133	ex C-	10133; SkyWest	
☐	N702SK	Canadair CL-600-2C10 (CRJ-701ER)	10136	ex C-	10136; SkyWest	
☐	N703SK^	Canadair CL-600-2C10 (CRJ-701ER)	10139	ex C-	10139; SkyWest	
☐	N705SK^	Canadair CL-600-2C10 (CRJ-701ER)	10145	ex C-	10145; SkyWest	
☐	N706SK^	Canadair CL-600-2C10 (CRJ-701ER)	10149	ex C-	10149; SkyWest	
☐	N707SK	Canadair CL-600-2C10 (CRJ-701ER)	10003	ex C-FBKA	10003; SkyWest	
☐	N708SK^	Canadair CL-600-2C10 (CRJ-701ER)	10156	ex C-	10156; SkyWest	
☐	N709SK^	Canadair CL-600-2C10 (CRJ-701ER)	10159	ex C-	10159; SkyWest	
☐	N710SK	Canadair CL-600-2C10 (CRJ-701ER)	10170	ex C-	10170; SkyWest	
☐	N712SK	Canadair CL-600-2C10 (CRJ-701ER)	10172	ex C-GIAR	10172; SkyWest	
☐	N713SK	Canadair CL-600-2C10 (CRJ-701ER)	10174	ex C-	10174; SkyWest	
☐	N715SK	Canadair CL-600-2C10 (CRJ-701ER)	10179	ex C-	10179; SkyWest	

437

	Reg	Type	MSN	ex	Notes	
☐	N716SK	Canadair CL-600-2C10 (CRJ-701ER)	10180	ex C-	10180; SkyWest	
☐	N718SK	Canadair CL-600-2C10 (CRJ-701ER)	10184	ex C-	10184; SkyWest	
☐	N719SK	Canadair CL-600-2C10 (CRJ-701ER)	10188	ex C-	10188; SkyWest	
☐	N724SK"	Canadair CL-600-2C10 (CRJ-701ER)	10189	ex C-	10189; SkyWest	
☐	N726SK"	Canadair CL-600-2C10 (CRJ-701ER)	10190	ex C-	10190; SkyWest	
☐	N727SK"	Canadair CL-600-2C10 (CRJ-701ER)	10191	ex C-	10191; SkyWest	
☐	N728SK"	Canadair CL-600-2C10 (CRJ-701ER)	10192	ex C-	10192; SkyWest	
☐	N730SK"	Canadair CL-600-2C10 (CRJ-701ER)	10193	ex C-	10193; SkyWest	
☐	N732SK"	Canadair CL-600-2C10 (CRJ-701ER)	10194	ex C-	10194; SkyWest	
☐	N738SK"	Canadair CL-600-2C10 (CRJ-701ER)	10195	ex C-	10195; SkyWVst	
☐	N740SK"	Canadair CL-600-2C10 (CRJ-701ER)	10196	ex C-	10196; SkyWest	Lsd fr RA Sales
☐	N742SK"	Canadair CL-600-2C10 (CRJ-701ER)	10197	ex C-	10197; SkyWest	Lsd fr RA Sales
☐	N743SK	Canadair CL-600-2C10 (CRJ-701ER)	10199	ex C-	10199; SkyWest	
☐	N744SK"	Canadair CL-600-2C10 (CRJ-701ER)	10200	ex C-	10200; SkyWest	
☐	N745SK"	Canadair CL-600-2C10 (CRJ-701ER)	10201	ex C-	10201; SkyWest	
☐	N746SK"	Canadair CL-600-2C10 (CRJ-701ER)	10202	ex C-FEUP	10202; SkyWest	
☐	N748SK"	Canadair CL-600-2C10 (CRJ-701ER)	10203	ex C-	10203; SkyWest	
☐	N750SK"	Canadair CL-600-2C10 (CRJ-701ER)	10207	ex C-	10207; SkyWest	
☐	N751SK"	Canadair CL-600-2C10 (CRJ-701ER)	10208	ex C-	10208; SkyWest	
☐	N752SK"	Canadair CL-600-2C10 (CRJ-701ER)	10209	ex C-	10209; SkyWest	
☐	N753SK"	Canadair CL-600-2C10 (CRJ-701ER)	10214	ex C-FEVZ	10214; SkyWest	
☐	N754SK"	Canadair CL-600-2C10 (CRJ-701ER)	10215	ex C-	10215; SkyWest	
☐	N755SK"	Canadair CL-600-2C10 (CRJ-701ER)	10220	ex C-FFVZ	10220; SkyWest	
☐	N756SK"	Canadair CL-600-2C10 (CRJ-701ER)	10221	ex C-	10221; SkyWest	
☐	N758SK"	Canadair CL-600-2C10 (CRJ-701ER)	10222	ex C-	10222; SkyWest	
☐	N760SK"	Canadair CL-600-2C10 (CRJ-701ER)	10223	ex C-	10223; SkyWest	
☐	N762SK"	Canadair CL-600-2C10 (CRJ-702ER)	10226	ex C-	10226; SkyWest	
☐	N763SK"	Canadair CL-600-2C10 (CRJ-702ER)	10228	ex C-	10228; SkyWest	
☐	N764SK"	Canadair CL-600-2C10 (CRJ-702ER)	10229	ex C-FGRE	10229; SkyWest	
☐	N765SK"	Canadair CL-600-2C10 (CRJ-702ER)	10231	ex C-	10231; SkyWest	
☐	N766SK	Canadair CL-600-2C10 (CRJ-702ER)	10232	ex C-	10232; SkyWest	
☐	N767SK	Canadair CL-600-2C10 (CRJ-702ER)	10233	ex C-	10233; SkyWest	
☐	N768SK	Canadair CL-600-2C10 (CRJ-702ER)	10234	ex C-	10234; SkyWest	
☐	N770SK	Canadair CL-600-2C10 (CRJ-702ER)	10243	ex C-	10243; SkyWest	
☐	N771SK	Canadair CL-600-2C10 (CRJ-702ER)	10244	ex C-	10244; SkyWest	
☐	N772SK	Canadair CL-600-2C10 (CRJ-702ER)	10235	ex C-	10235; SkyWest	
☐	N773SK	Canadair CL-600-2C10 (CRJ-702ER)	10236	ex C-	10236; SkyWest	
☐	N774SK	Canadair CL-600-2C10 (CRJ-702ER)	10240	ex C-	10240; SkyWest	
☐	N778SK	Canadair CL-600-2C10 (CRJ-702ER)	10242	ex C-	10242; SkyWest	
☐	N779SK	Canadair CL-600-2C10 (CRJ-702ER)		ex C-	SkyWest; on order	

^ Leased from Bombardier Capital   "Leased from RASPRO Trust
Four more Canadair CL-600-2C10 (CRJ-701ER)s are on order for GoJet plus two for Mesa

	Reg	Type	MSN	ex	Notes	
☐	N436YV	de Havilland DHC-8-202	436	ex C-GDNG	Mesa	
☐	N444YV	de Havilland DHC-8Q-202	444	ex C-GFRP	Mesa; all-white	
☐	N445YV	de Havilland DHC-8Q-202	445	ex C-GFEN	Mesa	
☐	N446YV	de Havilland DHC-8Q-202	446	ex C-GEOA	Mesa	
☐	N448YV	de Havilland DHC-8Q-202	448	ex C-GLOT	Mesa	
☐	N454YV	de Havilland DHC-8Q-202	454	ex C-GEOA	Mesa	
☐	N455YV	de Havilland DHC-8Q-202	455	ex C-GFRP	Mesa	
☐	N456YV	de Havilland DHC-8Q-202	456	ex C-GFOD	Mesa	

Based at Denver

	Reg	Type	MSN	ex	Notes	
☐	N218SW	Embraer EMB.120ER Brasilia	120287	ex PT-SVH	SkyWest	
☐	N220SW	Embraer EMB.120ER Brasilia	120288	ex PT-SVI	SkyWest	
☐	N221SW	Embraer EMB.120ER Brasilia	120290	ex PT-SVK	SkyWest	
☐	N223SW	Embraer EMB.120ER Brasilia	120291	ex PT-SVL	SkyWest	
☐	N226SW	Embraer EMB.120ER Brasilia	120296	ex PT-SVQ	SkyWest	
☐	N227SW	Embraer EMB.120ER Brasilia	120304	ex PT-SVW	SkyWest	
☐	N229SW	Embraer EMB.120ER Brasilia	120305	ex PT-SVX	SkyWest	
☐	N232SW	Embraer EMB.120ER Brasilia	120306	ex PT-SVY	SkyWest	
☐	N233SW	Embraer EMB.120ER Brasilia	120307	ex PT-SVZ	SkyWest	
☐	N234SW	Embraer EMB.120ER Brasilia	120308	ex PT-SXA	SkyWest	
☐	N235SW	Embraer EMB.120ER Brasilia	120310	ex PT-SXC	SkyWest	
☐	N236SW	Embraer EMB.120ER Brasilia	120312	ex PT-SXE	SkyWest	
☐	N237SW	Embraer EMB.120ER Brasilia	120314	ex PT-SXG	SkyWest	
☐	N250YV	Embraer EMB.120ER Brasilia	120250	ex PT-STW	SkyWest	
☐	N251YV	Embraer EMB.120ER Brasilia	120251	ex PT-STX	SkyWest	
☐	N270YV	Embraer EMB.120ER Brasilia	120270	ex PT-SUR	SkyWest	
☐	N284YV	Embraer EMB.120ER Brasilia	120284	ex PT-SVE	SkyWest	
☐	N288SW	Embraer EMB.120ER Brasilia	120316	ex PT-SXI	SkyWest	
☐	N290SW	Embraer EMB.120ER Brasilia	120317	ex PT-SXJ	SkyWest	
☐	N291SW	Embraer EMB.120ER Brasilia	120318	ex PT-SXK	SkyWest	
☐	N292SW	Embraer EMB.120ER Brasilia	120319	ex PT-SXL	SkyWest	Lsd fr CSA Leasing
☐	N292UX	Embraer EMB.120ER Brasilia	120292	ex PT-SVM	SkyWest	
☐	N293SW	Embraer EMB.120ER Brasilia	120320	ex PT-SXM	SkyWest	
☐	N294SW	Embraer EMB.120ER Brasilia	120321	ex PT-SXN	SkyWest	
☐	N295SW	Embraer EMB.120ER Brasilia	120322	ex PT-SXO	SkyWest	
☐	N295UX	Embraer EMB.120ER Brasilia	120295	ex PT-SVP	SkyWest	
☐	N297SW	Embraer EMB.120ER Brasilia	120327	ex PT-SXT	SkyWest	
☐	N298SW	Embraer EMB.120ER Brasilia	120328	ex PT-SXU	SkyWest	
☐	N308SW	Embraer EMB.120ER Brasilia	120326	ex PT-SXS	SkyWest	
☐	N393SW	Embraer EMB.120ER Brasilia	120330	ex PT-SXW	SkyWest	

	Registration	Type	MSN	Ex-reg	Operator	Notes
☐	N560SW	Embraer EMB.120ER Brasilia	120334	ex PT-SXX	SkyWest	
☐	N561SW	Embraer EMB.120ER Brasilia	120335	ex PT-SXY	SkyWest	
☐	N562SW	Embraer EMB.120ER Brasilia	120336	ex PT-SXZ	SkyWest	
☐	N563SW	Embraer EMB.120ER Brasilia	120338	ex PT-SAB	SkyWest	
☐	N564SW	Embraer EMB.120ER Brasilia	120339	ex PT-SAC	SkyWest	
☐	N565SW	Embraer EMB.120ER Brasilia	120340	ex PT-SAI	SkyWest	
☐	N566SW	Embraer EMB.120ER Brasilia	120341	ex PT-SAF	SkyWest	
☐	N567SW	Embraer EMB.120ER Brasilia	120342	ex PT-SAL	SkyWest	
☐	N568SW	Embraer EMB.120ER Brasilia	120343	ex PT-SAZ	SkyWest	
☐	N569SW	Embraer EMB.120ER Brasilia	120344	ex PT-SBY	SkyWest	Lsd fr CSA Leasing
☐	N578SW	Embraer EMB.120ER Brasilia	120346	ex PT-SCA	SkyWest	
☐	N579SW	Embraer EMB.120ER Brasilia	120347	ex PT-SCB	SkyWest	
☐	N580SW	Embraer EMB.120ER Brasilia	120348	ex PT-SCC	SkyWest	
☐	N581SW	Embraer EMB.120ER Brasilia	120349	ex PT-SCZ	SkyWest	
☐	N582SW+	Embraer EMB.120ER Brasilia	120350	ex PT-SDC	SkyWest	
☐	N583SW+	Embraer EMB.120ER Brasilia	120351	ex PT-SEF	SkyWest	
☐	N584SW+	Embraer EMB.120ER Brasilia	120352	ex PT-SEG	SkyWest	
☐	N586SW+	Embraer EMB.120ER Brasilia	120354	ex PT-SEJ	SkyWest	

To be replaced by 66-seaters in 2008/9

	Registration	Type	MSN	Ex-reg	Operator	Notes
☐	N269SK	Embraer EMB.145LR (ERJ-145LR)	145293	ex PT-SYG	Chautauqua	
☐	N270SK	Embraer EMB.145LR (ERJ-145LR)	145304	ex PT-SKV	Chautauqua	
☐	N271SK	Embraer EMB.145LR (ERJ-145LR)	145305	ex PT-SKW	Chautauqua	
☐	N290SK	Embraer EMB.145LR (ERJ-145LR)	145474	ex PT-SVT	Chautauqua	Lsd fr Solitair
☐	N292SK	Embraer EMB.145LR (ERJ-145LR)	145488	ex PT-SXH	Chautauqua	
☐	N294SK	Embraer EMB.145LR (ERJ-145LR)	145497	ex PT-SXQ	Chautauqua	
☐	N810HK	Embraer EMB.145LR (ERJ-145LR)	145231	ex PT-SHV	Trans State	
☐	N823HK^	Embraer EMB.145LR (ERJ-145LR)	145475	ex HB-JAP	Trans State	
☐	N807HK	Embraer EMB.145ER (ERJ-145ER)	145119	ex PT-SCV	Trans State	
☐	N829HK^	Embraer EMB.145LR (ERJ-145LR)	145281	ex HB-JAE	Trans State	
☐	N831HK^	Embraer EMB.145LR (ERJ-145LR)	145232	ex HB-JAA	Trans State	
☐	N832HK	Embraer EMB-145LR (ERJ-145LR)	145771	ex PT-SMB	Trans State	
☐	N833HK^	Embraer EMB.145LR (ERJ-145LR)	145240	ex HB-JAB	Trans State	
☐	N834HK^	Embraer EMB.145LR (ERJ-145LR)	145269	ex HB-JAD	Trans State	
☐	N835HK	Embraer EMB.145LR (ERJ-145LR)	145670	ex PT-SFE	Trans Stare	
☐	N836HK	Embraer EMB.145LR (ERJ-145LR)	145695	ex PT-SGA	Trans State	
☐	N837HK^	Embraer EMB.145LR (ERJ-145LR)	145255	ex HB-JAC	Trans State	
☐	N838HK^	Embraer EMB.145LR (ERJ-145LR)	145321	ex HB-JAG	Trans State	
☐	N839HK	Embraer EMB-145LR (ERJ-145LR)	14500829	ex PT-SQC	Trans State	
☐	N840HK	Embraer EMB.145LR (ERJ-145LR)	145341	ex HB-JAH	Trans State	
☐	N841HK^	Embraer EMB.145LR (ERJ-145LR)	145382	ex HB-JAJ	Trans State	
☐	N842HK	Embraer EMB.145LR (ERJ-145LR)	14500830	ex PT-SQD	Trans State	
☐	N843HK	Embraer EMB.145LR (ERJ-145LR)	14500822	ex PT-SNW	Trans State	
☐	N844HK	Embraer EMB.145LR (ERJ-145LR)	14500838	ex PT-SQK	Trans State	
☐	N845HK	Embraer EMB.145LR (ERJ-145LR)	14500842	ex PT-SQM	Trans State	
☐	N846HK	Embraer EMB.145LR (ERJ-145LR)	14500855	ex PT-SQW	Trans State	
☐	N847HK	Embraer EMB.145LR (ERJ-145LR)	14500857	ex PT-SQY	Trans State	
☐	N849HK	Embraer EMB.145LR (ERJ-145LR)	145002	ex PT-ZJC	Trans State	
☐	N850HK	Embraer EMB.145LR (ERJ-145LR)	145003	ex PP-XKN	Trans State	
☐	N859MJ	Embraer EMB.145LR (ERJ-145LR)	145769	ex PT-SMA	Mesa	
☐	N858MJ	Embraer EMB.145LR (ERJ-145LR)	145767	ex PT-SJY	Mesa	

^Leased from AFS Investments

	Registration	Type	MSN	Ex-reg	Operator
☐	N631RW	Embraer 170-100SE (170SE)	17000007	ex PT-SKX	Shuttle America
☐	N632RW	Embraer 170-100SE (170SE)	17000050	ex PT-SUU	Shuttle America
☐	N633RW	Embraer 170-100SE (170SE)	17000054	ex PT-SUZ	Shuttle America
☐	N634RW	Embraer 170-100SE (170SE)	17000055	ex PT-SVE	Shuttle America
☐	N635RW	Embraer 170-100SE (170SE)	17000056	ex PT-SVF	Shuttle America
☐	N636RW	Embraer 170-100SE (170SE)	17000052	ex PT-SVK	Shuttle America
☐	N637RW	Embraer 170-100SE (170SE)	17000051	ex PT-SUV	Shuttle America
☐	N638RW	Embraer 170-100SE (170SE)	17000053	ex PT-SUY	Shuttle America
☐	N639RW	Embraer 170-100SE (170SE)	17000057	ex PT-SVG	Shuttle America
☐	N640RW	Embraer 170-100SE (170SE)	17000058	ex PT-SVH	Shuttle America
☐	N641RW	Embraer 170-100SE (170SE)	17000062	ex PT-SVN	Shuttle America
☐	N642RW	Embraer 170-100SE (170SE)	17000063	ex PT-SVO	Shuttle America
☐	N643RW	Embraer 170-100SE (170SE)	17000060	ex PT-SVL	Shuttle America
☐	N644RW	Embraer 170-100SE (170SE)	17000061	ex PT-SVM	Shuttle America
☐	N645RW	Embraer 170-100SE (170SE)	17000064	ex PT-SVP	Shuttle America
☐	N646RW	Embraer 170-100SE (170SE)	17000066	ex PT-SVR	Shuttle America
☐	N647RW	Embraer 170-100SE (170SE)	17000067	ex PT-SVS	Shuttle America
☐	N648RW	Embraer 170-100SE (170SE)	17000068	ex PT-SVT	Shuttle America
☐	N649RW	Embraer 170-100SE (170SE)	17000070	ex PT-SVV	Shuttle America
☐	N650RW	Embraer 170-100SE (170SE)	17000071	ex PT-SVW	Shuttle America
☐	N651RW	Embraer 170-100SE (170SE)	17000072	ex PT-SVX	Shuttle America
☐	N652RW	Embraer 170-100SE (170SE)	17000075	ex PT-SZA	Shuttle America
☐	N653RW	Embraer 170-100SE (170SE)	17000076	ex PT-SZB	Shuttle America
☐	N654RW	Embraer 170-100SE (170SE)	17000104	ex PT-SAK	Shuttle America
☐	N655RW	Embraer 170-100SE (170SE)	17000105	ex PT-SAM	Shuttle America
☐	N656RW	Embraer 170-100SE (170SE)	170001	ex PT-S	Shuttle America
☐	N657RW	Embraer 170-100SE (170SE)	170001	ex PT-S	Shuttle America

☐	N121CQ	SAAB SF.340A	340A-121	ex SE-F21	Colgan Air	Lsd fr Lambert Lsg	
☐	N196CJ	SAAB SF.340B	340B-196	ex N196JW	Colgan Air		
☐	N220MJ	SAAB SF.340B	340B-220	ex N360PX	Colgan Air		
☐	N309CE	SAAB SF.340B	340B-201	ex N201AE	Colgan Air	Lsd fr AeroCentury	
☐	N311CE	SAAB SF.340B	340B-214	ex SE-G14	Colgan Air	Lsd fr AeroCentury	

United Express is the operating name for the network of feeder services operated by Chautauqua Airlines, Colgan Air, GoJet, Mesa Airlines, Republic Airlines, Shuttle America, SkyWest and Trans States Airlines in conjunction with United Air Lines using UA flight numbers.

UNIVERSAL AIRLINES
Pacific Northern (PNA)   *Victoria-Regional, TX (VCT)*

☐	N170UA	Douglas DC-6A	45518/998	ex N870TA
☐	N500UA	Douglas DC-6A	44597/501	ex N766WC
☐	N600UA	Douglas DC-6BF	44894/651	ex N37570

UPS AIRLINES
UPS (5X/UPS) (IATA 406)   *Louisville-Intl, KY (SDF)*

☐	N120UP	Airbus A300F4-622R	805	ex F-WWAR	
☐	N121UP	Airbus A300F4-622R	806	ex F-WWAP	
☐	N122UP	Airbus A300F4-622R	807	ex F-WWAX	
☐	N124UP	Airbus A300F4-622R	808	ex F-WWAT	
☐	N125UP	Airbus A300F4-622R	809	ex F-WWAU	
☐	N126UP	Airbus A300F4-622R	810	ex F-WWAB	
☐	N127UP	Airbus A300F4-622R	811	ex F-WWAD	
☐	N128UP	Airbus A300F4-622R	812	ex F-WWAE	
☐	N129UP	Airbus A300F4-622R	813	ex F-WWAF	
☐	N130UP	Airbus A300F4-622R	814	ex F-WWAG	
☐	N131UP	Airbus A300F4-622R	815	ex F-WWAH	
☐	N133UP	Airbus A300F4-622R	816	ex F-WWAJ	
☐	N134UP	Airbus A300F4-622R	817	ex F-WWAL	
☐	N135UP	Airbus A300F4-622R	818	ex F-WWAM	
☐	N136UP	Airbus A300F4-622R	819	ex F-WWAN	
☐	N137UP	Airbus A300F4-622R	820	ex F-WWAO	
☐	N138UP	Airbus A300F4-622R	821	ex F-WWAQ	
☐	N139UP	Airbus A300F4-622R	822	ex F-WWAS	
☐	N140UP	Airbus A300F4-622R	823	ex F-WWAV	
☐	N141UP	Airbus A300F4-622R	824	ex F-WWAY	
☐	N142UP	Airbus A300F4-622R	825	ex F-WWAA	
☐	N143UP	Airbus A300F4-622R	826	ex F-WWAB	
☐	N144UP	Airbus A300F4-622R	827	ex F-WWAD	
☐	N145UP	Airbus A300F4-622R	828	ex F-WWAE	
☐	N146UP	Airbus A300F4-622R	829	ex F-WWAG	
☐	N147UP	Airbus A300F4-622R	830	ex F-WWAJ	
☐	N148UP	Airbus A300F4-622R	831	ex F-WWAM	
☐	N149UP	Airbus A300F4-622R	832	ex F-WWAN	
☐	N150UP	Airbus A300F4-622R	833	ex F-WWAO	
☐	N151UP	Airbus A300F4-622R	834	ex F-WWAP	
☐	N152UP	Airbus A300F4-622R	835	ex F-WWAQ	
☐	N153UP	Airbus A300F4-622R	839	ex F-WWAR	
☐	N154UP	Airbus A300F4-622R	840	ex F-WWAS	
☐	N155UP	Airbus A300F4-622R	841	ex F-WWAT	
☐	N156UP	Airbus A300F4-622R	845	ex F-WWAU	
☐	N157UP	Airbus A300F4-622R	846	ex F-WWAV	
☐	N158UP	Airbus A300F4-622R	847	ex F-WWAX	
☐	N159UP	Airbus A300F4-622R	848	ex F-WWAZ	
☐	N160UP	Airbus A300F4-622R	849	ex F-WWAF	
☐	N161UP	Airbus A300F4-622R	850	ex F-WWAG	
☐	N162UP	Airbus A300F4-622R	851	ex F-WWAJ	
☐	N163UP	Airbus A300F4-622R	852	ex F-WWAK	
☐	N164UP	Airbus A300F4-622R	853	ex F-WWAL	
☐	N165UP	Airbus A300F4-622R	854	ex F-WWAM	
☐	N166UP	Airbus A300F4-622R	861	ex F-WWAU	
☐	N167UP	Airbus A300F4-622R	862	ex F-WWAH	
☐	N168UP	Airbus A300F4-622R	863	ex F-WWAV	
☐	N169UP	Airbus A300F4-622R	864	ex F-WWAX	
☐	N170UP	Airbus A300F4-622R	865	ex F-WWAZ	
☐	N171UP	Airbus A300F4-622R	866	ex F-WWAE	
☐	N172UP	Airbus A300F4-622R	867	ex F-WWAF	
☐	N173UP	Airbus A300F4-622R	868	ex F-WWAG	
☐	N174UP	Airbus A300F4-622R	869	ex F-WWAN	
☐	N932UP	Boeing 727-25C (RR Tay QF)	19856/635	ex N8173G	stored ROW
☐	N935UP	Boeing 727-1A7C (RR Tay QF)	20143/619	ex N2915	stored ROW
☐	N936UP	Boeing 727-108C (RR Tay QF)	19503/420	ex N727TG	stored ROW
☐	N938UP	Boeing 727-173C (RR Tay QF)	19506/447	ex TG-AYA	stored ROW
☐	N940UP	Boeing 727-185C (RR Tay QF)	19826/546	ex TF-FLG	stored ROW
☐	N944UP	Boeing 727-22C (RR Tay QF)	19103/341	ex OY-UPD	stored ROW
☐	N945UP	Boeing 727-22C (RR Tay QF)	19094/295	ex OY-UPT	stored ROW
☐	N954UP	Boeing 727-185C (RR Tay QF)	19827/527	ex N744EV	stored ROW

☐	N520UP	Boeing 747-212B (SF)	21943/475	ex RP-C5746		
☐	N521UP	Boeing 747-212B (SF)	21944/510	ex 9V-SQS	Olympic c/s	
☐	N522UP	Boeing 747-212B (SF)	21936/401	ex VT-ENQ		
☐	N523UP	Boeing 747-283B (SF)	22381/500	ex N155FW		Lsd fr BBAM
☐	N672UP	Boeing 747-123 (SF)	20324/119	ex N9672		
☐	N675UP	Boeing 747-123 (SF)	20390/136	ex N9675	stored ROW	
☐	N676UP	Boeing 747-123 (SF)	20101/57	ex N9676		
☐	N677UP	Boeing 747-123 (SF)	20391/143	ex N629FE		
☐	N681UP	Boeing 747-121 (SF)	19661/70	ex N628FE	stored ROW	Lsd fr Polaris
☐	N682UP	Boeing 747-121 (SF)	20349/110	ex N626FE		Lsd fr Polaris
☐	N683UP	Boeing 747-121 (SF)	20353/131	ex N627FE	United Way titles	
☐	N570UP	Boeing 747-44AF	35667/1388			
☐	N571UP	Boeing 747-44AF	35668/1393			
☐	N572UP	Boeing 747-44AF	35669/1396			
☐	N573UP	Boeing 747-44AF	35662		on order	
☐	N574UP	Boeing 747-44AF	35663		on order	
☐	N575UP	Boeing 747-44AF	35664		on order	
☐	N576UP	Boeing 747-44AF	35665		on order	
☐	N577UP	Boeing 747-44AF	35666		on order	
☐	N578UP	Boeing 747-45EM	27154/994	B-16461	on order	Lsd fr HHL Lease

Three more Boeing 747-44AFs are on order plus three ex Cargolux aircraft

☐	N401UP	Boeing 757-24APF	23723/139
☐	N402UP	Boeing 757-24APF	23724/141
☐	N403UP	Boeing 757-24APF	23725/143
☐	N404UP	Boeing 757-24APF	23726/147
☐	N405UP	Boeing 757-24APF	23727/149
☐	N406UP	Boeing 757-24APF	23728/176
☐	N407UP	Boeing 757-24APF	23729/181
☐	N408UP	Boeing 757-24APF	23730/184
☐	N409UP	Boeing 757-24APF	23731/186
☐	N410UP	Boeing 757-24APF	23732/189
☐	N411UP	Boeing 757-24APF	23851/191
☐	N412UP	Boeing 757-24APF	23852/193
☐	N413UP	Boeing 757-24APF	23853/195
☐	N414UP	Boeing 757-24APF	23854/197
☐	N415UP	Boeing 757-24APF	23855/199
☐	N416UP	Boeing 757-24APF	23903/318
☐	N417UP	Boeing 757-24APF	23904/322
☐	N418UP	Boeing 757-24APF	23905/326
☐	N419UP	Boeing 757-24APF	23906/330
☐	N420UP	Boeing 757-24APF	23907/334
☐	N421UP	Boeing 757-24APF	25281/395
☐	N422UP	Boeing 757-24APF	25324/399
☐	N423UP	Boeing 757-24APF	25325/403
☐	N424UP	Boeing 757-24APF	25369/407
☐	N425UP	Boeing 757-24APF	25370/411
☐	N426UP	Boeing 757-24APF	25457/477
☐	N427UP	Boeing 757-24APF	25458/481
☐	N428UP	Boeing 757-24APF	25459/485
☐	N429UP	Boeing 757-24APF	25460/489
☐	N430UP	Boeing 757-24APF	25461/493
☐	N431UP	Boeing 757-24APF	25462/569	ex OY-USA
☐	N432UP	Boeing 757-24APF	25463/573	ex OY-USB
☐	N433UP	Boeing 757-24APF	25464/577	ex OY-USC
☐	N434UP	Boeing 757-24APF	25465/579	ex OY-USD
☐	N435UP	Boeing 757-24APF	25466/581
☐	N436UP	Boeing 757-24APF	25467/625
☐	N437UP	Boeing 757-24APF	25468/628
☐	N438UP	Boeing 757-24APF	25469/631
☐	N439UP	Boeing 757-24APF	25470/634
☐	N440UP	Boeing 757-24APF	25471/636
☐	N441UP	Boeing 757-24APF	27386/638
☐	N442UP	Boeing 757-24APF	27387/640
☐	N443UP	Boeing 757-24APF	27388/642
☐	N444UP	Boeing 757-24APF	27389/644
☐	N445UP	Boeing 757-24APF	27390/646
☐	N446UP	Boeing 757-24APF	27735/649
☐	N447UP	Boeing 757-24APF	27736/651
☐	N448UP	Boeing 757-24APF	27737/654
☐	N449UP	Boeing 757-24APF	27738/656
☐	N450UP	Boeing 757-24APF	25472/659
☐	N451UP	Boeing 757-24APF	27739/675
☐	N452UP	Boeing 757-24APF	25473/679
☐	N453UP	Boeing 757-24APF	25474/683
☐	N454UP	Boeing 757-24APF	25475/687
☐	N455UP	Boeing 757-24APF	25476/691
☐	N456UP	Boeing 757-24APF	25477/728
☐	N457UP	Boeing 757-24APF	25478/729
☐	N458UP	Boeing 757-24APF	25479/730
☐	N459UP	Boeing 757-24APF	25480/733
☐	N460UP	Boeing 757-24APF	25481/734

☐	N461UP	Boeing 757-24APF	28265/755		
☐	N462UP	Boeing 757-24APF	28266/759		
☐	N463UP	Boeing 757-24APF	28267/763		
☐	N464UP	Boeing 757-24APF	28268/765		
☐	N465UP	Boeing 757-24APF	28269/767		
☐	N466UP	Boeing 757-24APF	25482/769		
☐	N467UP	Boeing 757-24APF	25483/771		
☐	N468UP	Boeing 757-24APF	25484/774		
☐	N469UP	Boeing 757-24APF	25485/776		
☐	N470UP	Boeing 757-24APF	25486/778		
☐	N471UP	Boeing 757-24APF	28842/813		
☐	N472UP	Boeing 757-24APF	28843/815		
☐	N473UP	Boeing 757-24APF	28846/823	ex N5573L	
☐	N474UP	Boeing 757-24APF	28844/879		
☐	N475UP	Boeing 757-24APF	28845/882		
☐	N301UP	Boeing 767-34AF	27239/580		
☐	N302UP	Boeing 767-34AF	27240/590		
☐	N303UP	Boeing 767-34AF	27241/594		
☐	N304UP	Boeing 767-34AF	27242/598		
☐	N305UP	Boeing 767-34AF	27243/600		
☐	N306UP	Boeing 767-34AF	27759/622		
☐	N307UP	Boeing 767-34AF	27760/624		
☐	N308UP	Boeing 767-34AF	27761/626		
☐	N309UP	Boeing 767-34AF	27740/628		
☐	N310UP	Boeing 767-34AF	27762/630		
☐	N311UP	Boeing 767-34AF	27741/632		
☐	N312UP	Boeing 767-34AF	27763/634		
☐	N313UP	Boeing 767-34AF	27764/636		
☐	N314UP	Boeing 767-34AF	27742/638		
☐	N315UP	Boeing 767-34AF	27743/640		
☐	N316UP	Boeing 767-34AF	27744/660		
☐	N317UP	Boeing 767-34AF	27745/666		
☐	N318UP	Boeing 767-34AF	27746/670		
☐	N319UP	Boeing 767-34AF	27758/672		
☐	N320UP	Boeing 767-34AF	27747/674		
☐	N322UP	Boeing 767-34AF	27748/678		
☐	N323UP	Boeing 767-34AF	27749/682		
☐	N324UP	Boeing 767-34AF	27750/724		
☐	N325UP	Boeing 767-34AF	27751/726		
☐	N326UP	Boeing 767-34AF	27752/728		
☐	N327UP	Boeing 767-34AF	27753/730		
☐	N328UP	Boeing 767-34AF	27754/732		
☐	N329UP	Boeing 767-34AF	27755/756		
☐	N330UP	Boeing 767-34AF	27756/760		
☐	N331UP	Boeing 767-34AF	27757/764		
☐	N332UP	Boeing 767-34AF	32843/854		
☐	N334UP	Boeing 767-34AF	32844/858		

Twenty-seven Boeing 767-34AFs are on order for delivery from 2009 to 2012

☐	N700UP	Douglas DC-8-71CF	45900/316	ex N861FT	
☐	N701UP	Douglas DC-8-71CF	45938/331	ex N860FT	
☐	N702UP	Douglas DC-8-71CF	45902/294	ex N810EV	
☐	N703UP	Douglas DC-8-71CF	45939/351	ex N867FT	
☐	N705UP	Douglas DC-8-71CF	45949/329	ex N863FT	
☐	N706UP	Douglas DC-8-71F	46056/495	ex N1307L	
☐	N707UP	Douglas DC-8-71F	45907/288	ex N822E	stored ROW
☐	N708UP	Douglas DC-8-71F	46048/450	ex N1304L	
☐	N709UP	Douglas DC-8-71F	45914/292	ex N823E	stored ROW
☐	N715UP	Douglas DC-8-71F	45915/295	ex N824E	
☐	N718UP	Douglas DC-8-71F	46018/420	ex N1301L	
☐	N729UP	Douglas DC-8-71F	46029/425	ex N1302L	
☐	N730UP	Douglas DC-8-71F	46030/426	ex N1303L	
☐	N744UP	Douglas DC-8-71F	45944/326	ex N825E	
☐	N750UP	Douglas DC-8-71CF	45950/354	ex N868FT	stored ROW
☐	N752UP	Douglas DC-8-71CF	45952/338	ex N864FT	
☐	N755UP	Douglas DC-8-71F	46055/492	ex N1306L	
☐	N772UP	Douglas DC-8-71F	46072/477	ex N1305L	
☐	N779UP	Douglas DC-8-71F	45979/363	ex N826E	stored ROW
☐	N798UP	Douglas DC-8-71CF	45898/320	ex N8787R	
☐	N801UP	Douglas DC-8-73CF	46101/389	ex N8630	
☐	N802UP	Douglas DC-8-73AF	46100/502	ex C-FTIP	
☐	N803UP	Douglas DC-8-73CF	46073/485	ex N402FE	
☐	N804UP	Douglas DC-8-73AF	46004/403	ex N784FT	stored ROW
☐	N805UP	Douglas DC-8-73CF	46117/525	ex N401FE	
☐	N806UP	Douglas DC-8-73AF	46006/413	ex N786FT	stored ROW
☐	N807UP	Douglas DC-8-73AF	46007/422	ex N787FT	
☐	N808UP	Douglas DC-8-73AF	46008/423	ex N788FT	
☐	N809UP	Douglas DC-8-73CF	46109/493	ex N772FT	stored ROW
☐	N810UP	Douglas DC-8-73CF	46001/395	ex N404FE	
☐	N811UP	Douglas DC-8-73CF	46089/501	ex N407FE	
☐	N812UP	Douglas DC-8-73CF	46112/520	ex N776FT	
☐	N813UP	Douglas DC-8-73CF	46059/456	ex N703FT	Spirit of Manila

442

☐	N814UP	Douglas DC-8-73CF	46090/504	ex N405FE		
☐	N818UP	Douglas DC-8-73CF	46108/522	ex N798FT		
☐	N819UP	Douglas DC-8-73F	46019/411	ex TF-VLY		
☐	N836UP	Douglas DC-8-73CF	45936/344	ex N8631	stored ROW	
☐	N840UP	Douglas DC-8-73CF	46140/528	ex N797FT		
☐	N851UP	Douglas DC-8-73CF	46051/440	ex N811EV		
☐	N852UP	Douglas DC-8-73CF	46052/442	ex N31EK		
☐	N866UP	Douglas DC-8-73CF	45966/393	ex N773FT	stored ROW	
☐	N867UP	Douglas DC-8-73CF	45967/385	ex N907CL		
☐	N868UP	Douglas DC-8-73CF	45968/389	ex N871TV		
☐	N874UP	Douglas DC-8-73PF	46074/468	ex HB-IDZ		
☐	N880UP	Douglas DC-8-73F	46080/466	ex TF-VLZ		
☐	N894UP	Douglas DC-8-73CF	46094/482	ex N910CL		
☐	N250UP	McDonnell-Douglas MD-11F	48745/596	ex N798BA		
☐	N251UP	McDonnell-Douglas MD-11F	48744/592	ex N797BA		
☐	N252UP	McDonnell-Douglas MD-11F	48768/601	ex PP-SFA		
☐	N253UP	McDonnell-Douglas MD-11F	48439/554	ex PP-VPM		
☐	N254UP	McDonnell-Douglas MD-11F	48406/547	ex PP-VPL		
☐	N255UP	McDonnell-Douglas MD-11F	48404/523	ex PP-VPJ		
☐	N256UP	McDonnell-Douglas MD-11F	48405/524	ex PP-VPK		
☐	N257UP	McDonnell-Douglas MD-11F	48451/505	ex HS-TMG		
☐	N258UP	McDonnell-Douglas MD-11F	48416/466	ex HS-TMD		
☐	N259UP	McDonnell-Douglas MD-11F	48417/467	ex HS-TME		
☐	N260UP	McDonnell-Douglas MD-11F	48418/501	ex HS-TMF		
☐	N270UP	McDonnell-Douglas MD-11F	48576/574	ex JA8585		
☐	N271UP	McDonnell-Douglas MD-11F	48572/556	ex JA8581		
☐	N272UP	McDonnell-Douglas MD-11F	48571/552	ex JA8580		
☐	N273UP	McDonnell-Douglas MD-11F	48574/566	ex JA8583		
☐	N274UP	McDonnell-Douglas MD-11F	48575/568	ex JA8584		
☐	N275UP	McDonnell-Douglas MD-11F	48774/610	ex JA8589		
☐	N276UP	McDonnell-Douglas MD-11F	48579/599	ex JA8588		
☐	N277UP	McDonnell-Douglas MD-11F	48578/588	ex JA8587		
☐	N278UP	McDonnell-Douglas MD-11F	48577/583	ex JA8586		
☐	N279UP	McDonnell-Douglas MD-11F	48573/559	ex JA8582		
☐	N280UP	McDonnell-Douglas MD-11F	48634/614	ex N38WF		
☐	N281UP	McDonnell-Douglas MD-11F	48538/533	ex N48WF		
☐	N282UP	McDonnell-Douglas MD-11F	48452/472	ex N74WF		
☐	N283UP	McDonnell-Douglas MD-11F	48484/484	ex V5-NMC		
☐	N284UP	McDonnell-Douglas MD-11F	48541/621	ex PP-VTU		
☐	N285UP	McDonnell-Douglas MD-11F	48457/498	ex PP-VTH		
☐	N286UP	McDonnell-Douglas MD-11F	48453/473	ex V5-MND		
☐	N287UP	McDonnell-Douglas MD-11	48539/571	ex PP-VTP		
☐	N288UP	McDonnell-Douglas MD-11F	48540/611	ex PP-VTK		
☐	N289UP	McDonnell-Douglas MD-11	48455/487	ex PP-VTJ		
☐	N290UP	McDonnell-Douglas MD-11F	48456/494	ex PP-VTI		
☐	N291UP	McDonnell-Douglas MD-11	48477/511	ex N806DE		
☐	N292UP	McDonnell-Douglas MD-11F	48566/543	ex N811DE		
☐	N293UP	McDonnell-Douglas MD-11	48473/481	ex N802DE		
☐	N294UP	McDonnell-Douglas MD-11	48472/480	ex N801DE		
☐	N803DE	McDonnell-Douglas MD-11	48474/485	ex N30075		Lsd to WOA
☐	N804DE	McDonnell-Douglas MD-11	48475/489			Lsd to WOA

UPS Airlines is a division of United Parcel Service

US AIRWAYS
U S Air (US/USA) (IATA 037) Pittsburgh-Greater Pittsburgh Intl, PA/Phoenix-Sky Harbor Intl, AZ (PIT/PHX)

☐	N700UW	Airbus A319-112	0885	ex D-AVYF	Star Alliance c/s	
☐	N701UW	Airbus A319-112	0890	ex D-AVYG	Star Alliance c/s	
☐	N702UW	Airbus A319-112	0896	ex D-AVYH	Star Alliance c/s	
☐	N703UW	Airbus A319-112	0904	ex D-AVYI	Star Alliance c/s	
☐	N704US	Airbus A319-112	0922	ex D-AVYQ		
☐	N705UW	Airbus A319-112	0929	ex D-AVYA		Lsd fr BCI Aircraft Lsg
☐	N708UW	Airbus A319-112	0972	ex D-AVYT		
☐	N709UW	Airbus A319-112	0997	ex D-AVYV	Philadelphia Eagles colours	
☐	N710UW	Airbus A319-112	1019	ex D-AVYR		
☐	N711UW	Airbus A319-112	1033	ex D-AVYG		
☐	N712US	Airbus A319-112	1038	ex D-AVYW		
☐	N713UW	Airbus A319-112	1040	ex D-AVYH		
☐	N714US	Airbus A319-112	1046	ex D-AVYZ		
☐	N715UW	Airbus A319-112	1051	ex D-AVYV		
☐	N716UW	Airbus A319-112	1055	ex D-AVYM		
☐	N717UW	Airbus A319-112	1069	ex D-AVWC	Carolina Panthers colours	
☐	N721UW	Airbus A319-112	1095	ex D-AVYQ		
☐	N722US	Airbus A319-112	1097	ex D-AVYS		
☐	N723UW	Airbus A319-112	1109	ex D-AVWP		
☐	N724UW	Airbus A319-112	1122	ex D-AVYA		
☐	N725UW	Airbus A319-112	1135	ex D-AVWC		
☐	N730US	Airbus A319-112	1182	ex D-AVYD		
☐	N732US	Airbus A319-112	1203	ex D-AVYA		
☐	N733UW	Airbus A319-112	1205	ex D-AVYB	Pittsburgh Steelers colours	

443

	Registration	Type	MSN	ex/Notes		
☐	N737US	Airbus A319-112	1245	ex D-AVYN		
☐	N738US	Airbus A319-112	1254	ex D-AVYQ		
☐	N740UW	Airbus A319-112	1265	ex D-AVWO		
☐	N741UW	Airbus A319-112	1269	ex D-AVWP		
☐	N742PS	Airbus A319-112	1275	ex N742US	PSA colours	
☐	N744P	Airbus A319-112	1287	ex N744US	Piedmont colours	
☐	N745VJ	Airbus A319-112	1289	ex N745UW	Allegheny colours; 'Vistajet'	
☐	N746UW	Airbus A319-112	1297	ex D-AVWV		
☐	N747UW	Airbus A319-112	1301	ex D-AVWM		
☐	N748UW	Airbus A319-112	1311	ex D-AVYA		
☐	N749US	Airbus A319-112	1313	ex D-AVWG		
☐	N750UW	Airbus A319-112	1315	ex D-AVWH		
☐	N751UW	Airbus A319-112	1317	ex D-AVWK		
☐	N752US	Airbus A319-112	1319	ex D-AVWS		
☐	N753US	Airbus A319-112	1326	ex D-AVYG		
☐	N754UW	Airbus A319-112	1328	ex D-AVYJ		
☐	N755US	Airbus A319-112	1331	ex D-AVYN		
☐	N756US	Airbus A319-112	1340	ex D-AVYO		
☐	N757UW	Airbus A319-112	1342	ex D-AVYP		
☐	N758US	Airbus A319-112	1348	ex D-AVYS		
☐	N760US	Airbus A319-112	1354	ex D-AVWI		
☐	N762US	Airbus A319-112	1358	ex D-AVWD		Lsd fr WFBN
☐	N763US	Airbus A319-112	1360	ex D-AVWF		Lsd fr WFBN
☐	N764US	Airbus A319-112	1369	ex D-AVWM		Lsd fr WFBN
☐	N765US	Airbus A319-112	1371	ex D-AVWO		Lsd fr WFBN
☐	N766US	Airbus A319-112	1378	ex D-AVWG		Lsd fr WFBN
☐	N767UW	Airbus A319-112	1382	ex D-AVWN		Lsd fr WFBN
☐	N768US	Airbus A319-112	1389	ex D-AVYI		Lsd fr WFBN
☐	N769US	Airbus A319-112	1391	ex D-AVYJ		Lsd fr WFBN
☐	N770UW	Airbus A319-112	1393	ex D-AVYU		Lsd fr WFBN
☐	N801AW	Airbus A319-132	0889	ex D-AVYM		
☐	N802AW	Airbus A319-132	0924	ex D-AVYR		
☐	N803AW	Airbus A319-132	0931	ex D-AVYK		
☐	N804AW	Airbus A319-132	1043	ex D-AVYY		
☐	N805AW	Airbus A319-132	1049	ex D-AVYU		
☐	N806AW	Airbus A319-132	1056	ex D-AVYO		
☐	N807AW	Airbus A319-132	1064	ex D-AVWB		
☐	N808AW	Airbus A319-132	1088	ex D-AVWM		
☐	N809AW	Airbus A319-132	1111	ex D-AVWT		
☐	N810AW	Airbus A319-132	1116	ex D-AVWV		
☐	N812AW	Airbus A319-132	1178	ex D-AVWP		
☐	N813AW	Airbus A319-132	1223	ex D-AVYH		Lsd fr ILFC
☐	N814AW	Airbus A319-132	1281	ex D-AVYC		
☐	N815AW	Airbus A319-132	1323	ex D-AVWW		Lsd fr ILFC
☐	N816AW	Airbus A319-132	1350	ex D-AVYV		
☐	N817AW	Airbus A319-132	1373	ex D-AVWA		
☐	N818AW	Airbus A319-132	1375	ex D-AVWB		
☐	N819AW	Airbus A319-132	1395	ex D-AVYX		
☐	N820AW	Airbus A319-132	1397	ex D-AVWQ		
☐	N821AW	Airbus A319-132	1406	ex D-AVYC		
☐	N822AW	Airbus A319-132	1410	ex D-AVYD	Nevada flag c/s	
☐	N823AW	Airbus A319-132	1463	ex D-AVYJ		Lsd fr ILFC
☐	N824AW	Airbus A319-132	1490	ex D-AVYA		
☐	N825AW	Airbus A319-132	1527	ex D-AVWG		
☐	N826AW	Airbus A319-132	1534	ex D-AVYO	Arizona flag c/s	
☐	N827AW	Airbus A319-132	1547	ex D-AVWL		
☐	N828AW	Airbus A319-132	1552	ex D-AVWO	America West Heritage c/s	
☐	N829AW	Airbus A319-132	1563	ex D-AVYS		
☐	N830AW	Airbus A319-132	1565	ex D-AVYT		
☐	N831AW	Airbus A319-132	1576	ex D-AVWQ		
☐	N832AW	Airbus A319-132	1643	ex D-AVYA		
☐	N833AW	Airbus A319-132	1844	ex D-AVWV		
☐	N834AW	Airbus A319-132	2302	ex D-AVWM		
☐	N835AW	Airbus A319-132	2458	ex D-AVYN		Lsd fr ILFC
☐	N836AW	Airbus A319-132	2570	ex D-AVXB		Lsd fr Pegasus Avn
☐	N837AW	Airbus A319-132	2595	ex D-AVXM	Arizona Cardinals c/s	
☐	N838AW	Airbus A319-132	2615	ex D-AVXT	America West Heritage c/s	
☐	N839AW	Airbus A319-132	2669	ex D-AVYH	dam	
☐	N840AW	Airbus A319-132	2690	ex D-AVXA		
☐	N	Airbus A319-132		ex D-AV	on order	
☐	N	Airbus A319-132		ex D-AV	on order	
☐	N	Airbus A319-132		ex D-AV	on order	
☐	N	Airbus A319-132		ex D-AV	on order	

A further nineteen Airbus A319-132s are on order for delivery in 2009/10

☐	N102UW	Airbus A320-214	0844	ex F-WWBG		
☐	N103US	Airbus A320-214	0861	ex F-WWBP		
☐	N104UW	Airbus A320-214	0863	ex F-WWBQ		
☐	N105UW	Airbus A320-214	0868	ex F-WWBU		
☐	N106US	Airbus A320-214	1044	ex F-WWII		
☐	N107US	Airbus A320-214	1052	ex F-WWIM		Lsd fr BCI Aircraft Lsg
☐	N108UW	Airbus A320-214	1061	ex F-WWBB		Lsd fr BCI Aircraft Lsg
☐	N109UW	Airbus A320-214	1065	ex F-WWBD		Lsd fr BCI Aircraft Lsg

	Registration	Type	MSN	ex	Notes
☐	N110UW	Airbus A320-214	1112	ex F-WWBJ	Lsd fr BCI Aircraft Lsg
☐	N111US	Airbus A320-214	1114	ex F-WWBK	Lsd fr BCI Aircraft Lsg
☐	N112US	Airbus A320-214	1134	ex F-WWIV	
☐	N113UW	Airbus A320-214	1141	ex F-WWBC	
☐	N114UW	Airbus A320-214	1148	ex F-WWBQ	
☐	N117UW	Airbus A320-214	1224	ex F-WWBH	
☐	N118US	Airbus A320-214	1264	ex F-WWDE	
☐	N119US	Airbus A320-214	1268	ex F-WWDH	
☐	N121UW	Airbus A320-214	1294	ex F-WWBC	
☐	N122US	Airbus A320-214	1298	ex F-WWBM	
☐	N123UW	Airbus A320-214	1310	ex F-WWBX	
☐	N124US	Airbus A320-214	1314	ex F-WWDJ	
☐	N601AW	Airbus A320-232	1935	ex D-ALAU	Lsd fr Boullioun
☐	N602AW	Airbus A320-232	0565	ex D-ALAA	Lsd fr ILFC
☐	N603AW	Airbus A320-232	0661	ex D-ALAD	Lsd fr ILFC
☐	N604AW	Airbus A320-232	1196	ex F-WWDZ	Lsd fr BOC Aviation
☐	N605AW	Airbus A320-232	0543	ex OO-COH	Lsd fr ILFC
☐	N619AW	Airbus A320-232	0527	ex HC-BUJ	Lsd fr Castle 2003-1A LLC
☐	N620AW	Airbus A320-231	0052	ex N901BN	Lsd fr AerCap
☐	N621AW	Airbus A320-231	0053	ex N902BN	Lsd fr GECAS
☐	N622AW	Airbus A320-231	0054	ex N903BN	Lsd fr GECAS
☐	N624AW	Airbus A320-231	0055	ex N904BN	Lsd fr GECAS
☐	N625AW	Airbus A320-231	0064	ex N905BN	Lsd fr GECAS
☐	N626AW	Airbus A320-231	0065	ex N906BN	Lsd fr GECAS
☐	N627AW	Airbus A320-231	0066	ex N907GP	Lsd fr GECAS
☐	N628AW	Airbus A320-231	0067	ex N908GP	Lsd fr GECAS
☐	N629AW	Airbus A320-231	0076	ex N910GP	Lsd fr GECAS
☐	N631AW	Airbus A320-231	0077	ex N911GP	Lsd fr GECAS
☐	N632AW	Airbus A320-231	0081	ex N912GP	Lsd fr GECAS
☐	N633AW	Airbus A320-231	0082	ex N913GP	Lsd fr GECAS
☐	N634AW	Airbus A320-231	0091	ex N914GP	Lsd fr GECAS
☐	N636AW	Airbus A320-231	0098	ex N916GP	Lsd fr GECAS
☐	N637AW	Airbus A320-231	0099	ex N917GP	Arizona Cardinals c/s Lsd fr GECAS
☐	N640AW	Airbus A320-232	0448	ex N931LF	Lsd fr ACG Acquisitions
☐	N642AW	Airbus A320-232	0584	ex F-WWDZ	Lsd fr WFBN
☐	N644AW	Airbus A320-231	0317	ex N300ML	Lsd fr ORIX
☐	N647AW	Airbus A320-232	0762	ex F-WWDE	Lsd fr BOC Aviation
☐	N648AW	Airbus A320-232	0770	ex F-WWDJ	Lsd fr BOC Aviation
☐	N649AW	Airbus A320-232	0803	ex F-WWDZ	Lsd fr BOC Aviation
☐	N650AW	Airbus A320-232	0856	ex F-WWBM	Lsd fr BOC Aviation
☐	N651AW	Airbus A320-232	0866	ex F-WWBS	Lsd fr BOC Aviation
☐	N652AW	Airbus A320-232	0953	ex F-WWDR	Lsd fr BOC Aviation
☐	N653AW	Airbus A320-232	1003	ex F-WWDK	
☐	N654AW	Airbus A320-232	1050	ex F-WWIL	
☐	N655AW	Airbus A320-232	1075	ex F-WWIG	
☐	N656AW	Airbus A320-232	1079	ex F-WWIQ	
☐	N657AW	Airbus A320-232	1083	ex F-WWIU	
☐	N658AW	Airbus A320-232	1110	ex F-WWDI	Lsd fr ILFC
☐	N659AW	Airbus A320-232	1166	ex F-WWDG	
☐	N660AW	Airbus A320-232	1234	ex F-WWIO	
☐	N661AW	Airbus A320-232	1284	ex F-WWBK	
☐	N662AW	Airbus A320-232	1274	ex F-WWDR	
☐	N663AW	Airbus A320-232	1419	ex F-WWBJ	
☐	N664AW	Airbus A320-232	1621	ex F-WWDK	
☐	N665AW	Airbus A320-232	1644	ex F-WWDN	
☐	N667AW	Airbus A320-232	1710	ex F-WWIX	
☐	N668AW	Airbus A320-232	1764	ex F-WWBZ	
☐	N669AW	Airbus A320-232	1792	ex F-WWDX	
☐	N672AW	Airbus A320-232	2193	ex F-WWDZ	Lsd fr ILFC
☐	N673AW	Airbus A320-232	2312	ex F-WWDJ	Lsd fr ILFC
☐	N674AW	Airbus A320-232	2359	ex F-WWIT	Lsd fr CIT Group
☐	N675AW	Airbus A320-232	2405	ex F-WWDA	N233UW resd Lsd fr Pacific
☐	N676AW	Airbus A320-232	2422	ex F-WWBB	Lsd fr ILFC
☐	N677AW	Airbus A320-232	2430	ex F-WWBJ	Lsd fr ILFC
☐	N678AW	Airbus A320-232	2482	ex F-WWIN	N236UW resd
☐	N679AW	Airbus A320-232	2613	ex F-WWIX	Lsd fr Pegasus
☐	N680AW	Airbus A320-232	2630	ex F-WWDX	Lsd fr Pegasus
☐	N681AW	Airbus A320-232		ex F-WW	on order
☐	N682AW	Airbus A320-232		ex F-WW	on order
☐	N683AW	Airbus A320-232		ex F-WW	on order
☐	N684AW	Airbus A320-232		ex F-WW	on order
☐	N685AW	Airbus A320-232		ex F-WW	on order
☐	N686AW	Airbus A320-232		ex F-WW	on order
☐	N687AW	Airbus A320-232		ex F-WW	on order
☐	N688AW	Airbus A320-232		ex F-WW	on order
☐	N	Airbus A320-232		ex F-WW	on order
☐	N	Airbus A320-232		ex F-WW	on order

47 Airbus A320-214s are on order for delivery from 2009

	Registration	Type	MSN	ex
☐	N161UW	Airbus A321-211	1403	ex D-AVZD
☐	N162UW	Airbus A321-211	1412	ex D-AVZF
☐	N163US	Airbus A321-211	1417	ex D-AVZG

☐ N165US	Airbus A321-211	1431	ex D-AVZB		
☐ N167US	Airbus A321-211	1442	ex D-AVXA		
☐ N169UW	Airbus A321-211	1455	ex D-AVXD		
☐ N170US	Airbus A321-211	1462	ex D-AVZM		
☐ N171US	Airbus A321-211	1465	ex D-AVZN		
☐ N172US	Airbus A321-211	1472	ex D-AVZO		
☐ N173US	Airbus A321-211	1481	ex D-AVZI		
☐ N174US	Airbus A321-211	1492	ex D-AVZR		
☐ N176UW	Airbus A321-211	1499	ex D-AVZT		
☐ N177US	Airbus A321-211	1517	ex D-AVZF		
☐ N178US	Airbus A321-211	1519	ex D-AVZH		
☐ N179UW	Airbus A321-211	1521	ex D-AVZJ		Lsd fr AFS Investments
☐ N180US	Airbus A321-211	1525	ex D-AVZV		Lsd fr AFS Investments
☐ N181UW	Airbus A321-211	1531	ex D-AVZW		Lsd fr AFS Investments
☐ N182UW	Airbus A321-211	1536	ex D-AVZB		Lsd fr AFS Investments
☐ N183UW	Airbus A321-211	1539	ex D-AVZC		Lsd fr AFS Investments
☐ N184US	Airbus A321-211	1651	ex D-AVZQ		
☐ N185UW	Airbus A321-211	1666	ex D-AVZI		
☐ N186US	Airbus A321-211	1701	ex D-AVZD		
☐ N187US	Airbus A321-211	1704	ex D-AVZE		
☐ N188US	Airbus A321-211	1724	ex D-AVXB		
☐ N189UW	Airbus A321-211	1425	ex N164UW		
☐ N190UW	Airbus A321-211	1436	ex N166US		
☐ N191UW	Airbus A321-211	1447	ex N168US		
☐ N192UW	Airbus A321-211	1496	ex N175US		

25 more Airbus A321-211s are on order for delivery in 2009/10

☐ N270AY	Airbus A330-323X	315	ex N670UW		
☐ N271AY	Airbus A330-323X	323	ex N671UW		
☐ N272AY	Airbus A330-323X	333	ex N672UW		Lsd fr Fortress Lsg
☐ N273AY	Airbus A330-323X	337	ex N673UW		Lsd fr Fortress Lsg
☐ N274AY	Airbus A330-323X	342	ex N674UW		Lsd fr Fortress Lsg
☐ N275AY	Airbus A330-323X	370	ex N675US		Lsd fr Fortress Lsg
☐ N276AY	Airbus A330-323X	375	ex N676UW		Lsd fr Fortress Lsg
☐ N277AY	Airbus A330-323X	380	ex N677UW		
☐ N278AY	Airbus A330-323X	388	ex N678US		

Seventeen Airbus A330-223s are on order for delivery from 2009 (including 2 leased from ILFC) plus 18 Airbus A350-800s and 4 Airbus A350-900s for delivery 2014-17

☐ N154AW	Boeing 737-3G7	23776/1417			
☐ N155AW	Boeing 737-3G7	23777/1419			
☐ N156AW	Boeing 737-3G7	23778/1455			
☐ N157AW	Boeing 737-3G7	23779/1457			
☐ N158AW	Boeing 737-3G7	23780/1459			
☐ N160AW	Boeing 737-3G7	23782/1496			Lsd fr AAR Crane Lsg
☐ N164AW	Boeing 737-33A	23625/1283	ex (N3281Y)		Lsd fr WFBN
☐ N166AW	Boeing 737-33A	23627/1302	ex (N3281Y)	N338AW resd	Lsd fr WFBN
☐ N168AW	Boeing 737-33A	23629/1311	ex (N3282N)	N339AW resd	Lsd fr WFBN
☐ N175AW	Boeing 737-33A	23634/1423	ex (N3282X)		Lsd fr RPK Capital
☐ N302AW	Boeing 737-3G7	24009/1578			
☐ N303AW	Boeing 737-3G7	24010/1606			Lsd fr Marcap
☐ N305AW	Boeing 737-3G7	24012/1612			
☐ N306AW	Boeing 737-3G7	24633/1809			Lsd fr AAR Crane Lsg
☐ N307AW	Boeing 737-3G7	24634/1823			Lsd fr AAR Crane Lsg
☐ N308AW	Boeing 737-3G7	24710/1825			Lsd fr WFBN
☐ N309AW	Boeing 737-3G7	24711/1843			Lsd fr WFBN
☐ N311AW	Boeing 737-3G7	24712/1869			Lsd fr AAR Crane Lsg
☐ N313AW	Boeing 737-3S3	23712/1336	ex EC-EBZ		Lsd fr Guggenheim
☐ N314AW	Boeing 737-3S3	23733/1345	ex G-BMTG		Lsd fr Guggenheim
☐ N315AW	Boeing 737-3S3	23734/1359	ex G-BMTH		Lsd fr Boullioun
☐ N316AW	Boeing 737-3S3	23713/1341	ex G-BMTF		Lsd fr Guggenheim
☐ N322AW	Boeing 737-3G7	25400/2112			Lsd fr GECAS
☐ N332AW	Boeing 737-3B7	23384/1427	ex N953WP		Lsd fr LIFTArizona
☐ N334AW	Boeing 737-3Y0	23748/1381	ex N962WP		Lsd fr ACG Acquisitions
☐ N501UW	Boeing 737-301	23231/1164	ex N334US		
☐ N502UW	Boeing 737-301	23232/1169	ex N335US		
☐ N505AU	Boeing 737-3B7	23380/1366	ex N374AU		Lsd fr A/c Statutory Trust
☐ N506AU	Boeing 737-3B7	23381/1394	ex N375AU		Lsd fr A/c Statutory Trust
☐ N511AU	Boeing 737-3B7	23594/1442	ex N380AU		Lsd fr 737 Portfolio Trust
☐ N512AU	Boeing 737-3B7	23595/1450	ex N381AU		Lsd fr 737 Portfolio Trust
☐ N514AU	Boeing 737-3B7	23700/1461	ex N383AU		Lsd fr 737 Portfolio Trust
☐ N515AU	Boeing 737-3B7	23701/1464	ex N384AU		Lsd fr 737 Portfolio Trust
☐ N516AU	Boeing 737-3B7	23702/1475	ex N385AU		
☐ N517AU	Boeing 737-3B7	23703/1480	ex N386AU		Lsd fr 737 Portfolio Trust
☐ N518AU	Boeing 737-3B7	23704/1488	ex N387AU		Lsd fr 737 Portfolio Trust
☐ N526AU	Boeing 737-3B7	23861/1584	ex N395AU		Lsd fr 737 Portfolio Trust
☐ N527AU	Boeing 737-3B7	23862/1586	ex N396AU		Lsd fr 737 Portfolio Trust
☐ N529AU	Boeing 737-3B7	24411/1713			
☐ N531AU	Boeing 737-3B7	24478/1743			
☐ N532AU	Boeing 737-3B7	24479/1745			
☐ N533AU	Boeing 737-3B7	24515/1767			
☐ N574US	Boeing 737-301	23739/1469	ex N358US		
☐ N577US	Boeing 737-301	23742/1502	ex N361US		Lsd fr 737 Portfolio Trust

☐	N588US	Boeing 737-301	23933/1559	ex (N360P)		Lsd fr 737 Portfolio Trust
☐	N589US	Boeing 737-301	23934/1563	ex (N361P)		Lsd fr 737 Portfolio Trust
☐	N590US	Boeing 737-301	23935/1569	ex (N362P)		Lsd fr 737 Portfolio Trust
☐	N591US	Boeing 737-301	23936/1575	ex (N364P)		Lsd fr 737 Portfolio Trust
☐	N592US	Boeing 737-301	23937/1587	ex (N365P)		Lsd fr 737 Portfolio Trust
☐	N404US	Boeing 737-401	23886/1487	ex (N402P)		
☐	N405US	Boeing 737-401	23885/1512	ex (N403P)		
☐	N406US	Boeing 737-401	23876/1528	ex (N404P)		
☐	N409US	Boeing 737-401	23879/1573	ex (N407P)		
☐	N417US	Boeing 737-401	23984/1674			
☐	N418US	Boeing 737-401	23985/1676			
☐	N419US	Boeing 737-401	23986/1684			Lsd fr Bank of Utah
☐	N420US	Boeing 737-401	23987/1698			Lsd fr Bank of Utah
☐	N421US	Boeing 737-401	23988/1714			
☐	N422US	Boeing 737-401	23989/1716			
☐	N423US	Boeing 737-401	23990/1732			
☐	N424US	Boeing 737-401	23991/1746			
☐	N425US	Boeing 737-401	23992/1764			
☐	N426US	Boeing 737-4B7	24548/1789			
☐	N427US	Boeing 737-4B7	24549/1791			Lsd fr BCI Aircraft Lsg
☐	N430US	Boeing 737-4B7	24552/1797			Lsd fr Aisling Airlease
☐	N432US	Boeing 737-4B7	24554/1817			Lsd fr Pacific AirCorp
☐	N433US	Boeing 737-4B7	24555/1819			
☐	N434US	Boeing 737-4B7	24556/1821			
☐	N435US	Boeing 737-4B7	24557/1835			
☐	N438US	Boeing 737-4B7	24560/1849			Lsd fr AFS Investments XLIV
☐	N439US	Boeing 737-4B7	24781/1874			Lsd fr AFS Investments XLIV
☐	N440US	Boeing 737-4B7	24811/1890		stored	Lsd fr AFS Investments XLIV
☐	N441US	Boeing 737-4B7	24812/1892			
☐	N442US	Boeing 737-4B7	24841/1906			
☐	N443US	Boeing 737-4B7	24842/1908			
☐	N444US	Boeing 737-4B7	24862/1910			Lsd fr AFS Investments XLIV
☐	N445US	Boeing 737-4B7	24863/1914			
☐	N449US	Boeing 737-4B7	24893/1946			
☐	N450UW	Boeing 737-4B7	24933/1954	ex N775AU		
☐	N451UW	Boeing 737-4B7	24934/1956	ex N776AU		
☐	N452UW	Boeing 737-4B7	24979/1980	ex N777AU		
☐	N453UW	Boeing 737-4B7	24980/1982	ex N778AU		
☐	N454UW	Boeing 737-4B7	24996/1986	ex N779AU		
☐	N455UW	Boeing 737-4B7	24997/1990	ex N780AU		
☐	N456UW	Boeing 737-4B7	25020/1992	ex N781AU		Lsd fr RCG FGK Intl
☐	N457UW	Boeing 737-4B7	25021/1995	ex N782AU		Lsd fr RCG FGK Intl
☐	N458UW	Boeing 737-4B7	25022/2010	ex N783AU		Lsd fr RCG FGK Intl
☐	N459UW	Boeing 737-4B7	25023/2020	ex N784AU		Lsd fr RCG FGK Intl
☐	N460UW	Boeing 737-4B7	25024/2026	ex N785AU		Lsd fr RCG FGK Intl
☐	N200UU	Boeing 757-2B7/W	27809/673	ex N631AU		
☐	N201UU	Boeing 757-2B7/W	27810/678	ex N632AU		Lsd fr Orix Avn
☐	N202UW	Boeing 757-2B7/W	27811/681	ex N633AU		Lsd fr Orix Avn
☐	N203UW	Boeing 757-23N/W	30548/930	ex N642UW		Lsd fr SP Aircraft Owner III
☐	N204UW	Boeing 757-23N/W	30886/945	ex N643UW		Lsd fr SP Aircraft Owner II
☐	N205UW	Boeing 757-23N	30887/946	ex N644UW		Lsd fr SP Aircraft Owner I
☐	N206UW	Boeing 757-2B7/W	27808/666	ex N630AU		
☐	N901AW	Boeing 757-2S7	23321/76	ex N601RC		
☐	N902AW	Boeing 757-2S7	23322/79	ex N602RC		
☐	N903AW	Boeing 757-2S7	23323/80	ex N603RC		Lsd fr Boeing Capital
☐	N904AW	Boeing 757-2S7	23566/96	ex N604RC		Lsd fr Boeing Capital
☐	N905AW	Boeing 757-2S7	23567/97	ex N605RC		Lsd fr Boeing Capital
☐	N906AW	Boeing 757-2S7	23568/99	ex N606RC		Lsd fr Boeing Capital
☐	N908AW	Boeing 757-2G7	24233/244			Lsd fr WFBN
☐	N909AW	Boeing 757-2G7	24522/252			
☐	N910AW	Boeing 757-2G7	24523/256			Lsd fr AAR Crane Lsg
☐	N913AW	Boeing 757-225	22207/35	ex N517EA		Lsd fr SVMF8 (Jet Trading & lsg)
☐	N914AW	Boeing 757-225	22208/38	ex N518EA		Lsd fr WTCo
☐	N915AW	Boeing 757-225	22209/40	ex N747BJ		Lsd fr WTCo
☐	N916UW	Boeing 757-225	22192/3	ex N600AU		Lsd fr GECAS
☐	N917UW	Boeing 757-225	22193/4	ex N601AU		Lsd fr GECAS
☐	N918UW	Boeing 757-225	22196/7	ex N602AU		Lsd fr GECAS
☐	N919UW	Boeing 757-225	22198/12	ex N603AU		Lsd fr GECAS
☐	N920UW	Boeing 757-225	22199/17	ex N604AU		Lsd fr GECAS
☐	N921UW	Boeing 757-225	22201/21	ex N605AU		Lsd fr GECAS
☐	N922UW	Boeing 757-225	22202/22	ex N606AU		Lsd fr GECAS
☐	N923UW	Boeing 757-225	22203/26	ex N607AU		Lsd fr GECAS
☐	N924UW	Boeing 757-225	22204/27	ex N608AU		Lsd fr GECAS
☐	N925UW	Boeing 757-225	22205/28	ex N609AU		Lsd fr GECAS
☐	N929UW	Boeing 757-2B7	27144/544	ex N613AU	for FDX	Lsd fr WTCo
☐	N930UW	Boeing 757-2B7	27145/546	ex N614AU	for FDX	Lsd fr WTCo
☐	N932UW	Boeing 757-2B7	27198/584	ex N619AU	for FDX	Lsd fr WTCo
☐	N933UW	Boeing 757-2B7	27199/586	ex N620AU	for FDX; Star Alliance cs	Lsd fr WTCo
☐	N934UW	Boeing 757-2B7	27200/589	ex N621AU	for FDX	Lsd fr WTCo
☐	N935UW	Boeing 757-2B7	27201/605	ex N622AU	Star Alliance colours	Lsd fr WFBN

447

☐	N936UW	Boeing 757-2B7	27244/607	ex N623AU		Lsd fr WFBN
☐	N937UW	Boeing 757-2B7	27245/630	ex N624AU		Lsd fr WFBN
☐	N938UW	Boeing 757-2B7	27246/643	ex N625VJ		Lsd fr Orix Avn
☐	N939UW	Boeing 757-2B7	27303/647	ex N626AU		
☐	N940UW	Boeing 757-2B7	27805/655	ex N627AU		
☐	N941UW	Boeing 757-2B7	27806/657	ex N628AU		
☐	N942UW	Boeing 757-2B7	27807/662	ex N629AU		

Seven to be fitted with Aviation Partners Boeing winglets

☐	N245AY	Boeing 767-201ER	23897/173	ex N645US		Lsd fr WFBN
☐	N246AY	Boeing 767-201ER	23898/175	ex N646US		Lsd fr WFBN
☐	N248AY	Boeing 767-201ER	23900/190	ex N648UA		Lsd fr WFBN
☐	N249AU	Boeing 767-201ER	23901/197	ex N649US		Lsd fr WFBN
☐	N250AY	Boeing 767-201ER	23902/217	ex N650US		Lsd fr WFBN
☐	N251AY	Boeing 767-2B7ER	24764/306	ex N651US		
☐	N252AU	Boeing 767-2B7ER	24765/308	ex N652US		Lsd fr WFBN
☐	N253AY	Boeing 767-2B7ER	24894/338	ex N653US		
☐	N255AY	Boeing 767-2B7ER	25257/383	ex N655US		Lsd fr AerCap
☐	N256AY	Boeing 767-2B7ER	26847/486	ex N656US		Lsd fr WFBN

Member of Star Alliance. Piedmont Airlines and PSA Airlines are wholly owned. Feeder services operated by Chautauqua Airlines, Colgan Air, Mesa Airlines, Piedmont Airlines, PSA Airlines, Shuttle America and Trans State in full colours as US Airways Express

US AIRWAYS EXPRESS
Air Express (USX)
Charlotte, NC,/Philadelphia. PA/Pittsburgh, PA (CLT/PHL/PIT)

☐	N60MJ	Beech 1900D	UE-60	ex N85445	LVY; Colgan Air	Lsd fr Raytheon
☐	N124CJ	Beech 1900D	UE-24	ex N575D	LVA; Colgan Air	Lsd fr Raytheon
☐	N152MJ	Beech 1900D	UE-52	ex N84703	LVV; Colgan Air	Lsd fr Raytheon
☐	N155CJ	Beech 1900D	UE-55	ex N85230	LVX; Colgan Air	Lsd fr Raytheon
☐	N171CJ	Beech 1900D	UE-71	ex N85704	LVU; Colgan Air	Lsd fr Raytheon
☐	N172MJ	Beech 1900D	UE-72	ex N85804	LVI; Colgan Air	Lsd fr Raytheon
☐	N191CJ	Beech 1900D	UE-19	ex N83005	LVW; Colgan Air	Lsd fr Raytheon
☐	N221CJ	Beech 1900D	UE-221		LVG; Colgan Air	
☐	N243CJ	Beech 1900D	UE-43	ex N84307	LVZ; Colgan Air	Lsd fr Raytheon
☐	N202PS	Canadair CL-600-2B19 (CRJ-200ER)	7858	ex C-FMLF	202; PSA Airlines	
☐	N206PS	Canadair CL-600-2B19 (CRJ-200ER)	7860	ex C-FMLQ	206; PSA Airlines	
☐	N207PS	Canadair CL-600-2B19 (CRJ-200ER)	7873	ex C-FMNQ	207; PSA Airlines	
☐	N209PS	Canadair CL-600-2B19 (CRJ-200ER)	7874	ex C-FMLU	209; PSA Airlines	
☐	N213PS	Canadair CL-600-2B19 (CRJ-200ER)	7879	ex C-FMMQ	213; PSA Airlines	
☐	N215PS	Canadair CL-600-2B19 (CRJ-200ER)	7880	ex C-FMMW	215; PSA Airlines	
☐	N216PS	Canadair CL-600-2B19 (CRJ-200ER)	7882	ex C-FMMY	216; PSA Airlines	
☐	N218PS	Canadair CL-600-2B19 (CRJ-200ER)	7885	ex C-FMKW	218; PSA Airlines	
☐	N220PS	Canadair CL-600-2B19 (CRJ-200ER)	7887	ex C-FMLB	220; PSA Airlines	
☐	N221PS	Canadair CL-600-2B19 (CRJ-200ER)	7889	ex C-FMLI	221; PSA Airlines	
☐	N223JS	Canadair CL-600-2B19 (CRJ-200ER)	7892	ex C-FMLT	223; PSA Airlines	
☐	N226JS	Canadair CL-600-2B19 (CRJ-200ER)	7895	ex C-FMNH	226; PSA Airlines	
☐	N228PS	Canadair CL-600-2B19 (CRJ-200ER)	7897	ex C-FMNX	228; PSA Airlines	
☐	N229PS	Canadair CL-600-2B19 (CRJ-200ER)	7898	ex C-FMNY	229; PSA Airlines	
☐	N230PS	Canadair CL-600-2B19 (CRJ-200ER)	7904	ex C-FMLU	230; PSA Airlines	
☐	N237PS	Canadair CL-600-2B19 (CRJ-200ER)	7906	ex C-FMMB	237; PSA Airlines	
☐	N241PS	Canadair CL-600-2B19 (CRJ-200ER)	7909	ex C-FMMQ	241; PSA Airlines	
☐	N242JS	Canadair CL-600-2B19 (CRJ-200ER)	7911	ex C-FMMX	242; PSA Airlines	
☐	N244PS	Canadair CL-600-2B19 (CRJ-200ER)	7912	ex C-FMMY	244; PSA Airlines	
☐	N245PS	Canadair CL-600-2B19 (CRJ-200ER)	7919	ex C-FMLI	245; PSA Airlines	
☐	N246PS	Canadair CL-600-2B19 (CRJ-200ER)	7920	ex C-FMLQ	246; PSA Airlines	Lsd fr GECAS
☐	N247JS	Canadair CL-600-2B19 (CRJ-200ER)	7922	ex C-FMLT	247; PSA Airlines	
☐	N248PS	Canadair CL-600-2B19 (CRJ-200ER)	7925	ex C-FMNH	248; PSA Airlines	Lsd fr GECAS
☐	N249PS	Canadair CL-600-2B19 (CRJ-200ER)	7926	ex C-FMNW	249; PSA Airlines	Lsd fr GECAS
☐	N250PS	Canadair CL-600-2B19 (CRJ-200ER)	7929	ex C-FMOS	250; PSA Airlines	
☐	N251PS	Canadair CL-600-2B19 (CRJ-200ER)	7931	ex C-FVAZ	251; PSA Airlines	Lsd fr GECAS
☐	N253PS	Canadair CL-600-2B19 (CRJ-200ER)	7934	ex C-FMLU	253; PSA Airlines	
☐	N254PS	Canadair CL-600-2B19 (CRJ-200ER)	7935	ex C-FMOI	254; PSA Airlines	
☐	N256PS	Canadair CL-600-2B19 (CRJ-200ER)	7937	ex C-FMML	256; PSA Airlines	Lsd fr GECAS
☐	N257PS	Canadair CL-600-2B19 (CRJ-200ER)	7939	ex C-FMMQ	257; PSA Airlines	
☐	N258PS	Canadair CL-600-2B19 (CRJ-200ER)	7941	ex C-FMMX	258; PSA Airlines	Lsd fr GECAS
☐	N259PS	Canadair CL-600-2B19 (CRJ-200ER)	7945	ex C-FMKW	259; PSA Airlines	Lsd fr GECAS
☐	N260JS	Canadair CL-600-2B19 (CRJ-200ER)	7957	ex C-FMNX	260; PSA Airlines	
☐	N261PS	Canadair CL-600-2B19 (CRJ-200ER)	7959	ex C-FMOS	261; PSA Airlines	Lsd fr GECAS
☐	N262PS	Canadair CL-600-2B19 (CRJ-200ER)	7962	ex C-FMND	262; PSA Airlines	Lsd fr GECAS
☐	N401AW	Canadair CL-600-2B19 (CRJ-200LR)	7280	ex C-FMLQ	401 Air Wisconsin	
☐	N402AW	Canadair CL-600-2B19 (CRJ-200LR)	7281	ex C-FMMX	402 Air Wisconsin	
☐	N403AW	Canadair CL-600-2B19 (CRJ-200LR)	7288	ex C-FMLF	403 Air Wisconsin	
☐	N404AW	Canadair CL-600-2B19 (CRJ-200LR)	7294	ex C-FMMT	404 Air Wisconsin	
☐	N405AW	Canadair CL-600-2B19 (CRJ-200LR)	7362	ex C-FMND	405 Air Wisconsin	
☐	N406AW	Canadair CL-600-2B19 (CRJ-200LR)	7402	ex C-FMMY	406 Air Wisconsin	
☐	N407AW	Canadair CL-600-2B19 (CRJ-200LR)	7424	ex C-FMLU	407 Air Wisconsin	
☐	N408AW	Canadair CL-600-2B19 (CRJ-200LR)	7568	ex C-FMNY	408 Air Wisconsin	
☐	N409AW	Canadair CL-600-2B19 (CRJ-200LR)	7447	ex C-FMNX	409 Air Wisconsin	
☐	N410AW	Canadair CL-600-2B19 (CRJ-200LR)	7490	ex C-FMMW	410 Air Wisconsin	
☐	N411ZW	Canadair CL-600-2B19 (CRJ-200LR)	7569	ex C-FMNZ	411 Air Wisconsin	

	Registration	Type	Serial	Ex	Notes
☐	N412AW	Canadair CL-600-2B19 (CRJ-200LR)	7582	ex C-FMMY	412 Air Wisconsin
☐	N413AW	Canadair CL-600-2B19 (CRJ-200LR)	7585	ex C-FMKW	413 Air Wisconsin
☐	N414ZW	Canadair CL-600-2B19 (CRJ-200LR)	7586	ex C-FMKZ	414 Air Wisconsin
☐	N415AW	Canadair CL-600-2B19 (CRJ-200LR)	7593	ex C-FMLV	415 Air Wisconsin
☐	N416AW	Canadair CL-600-2B19 (CRJ-200LR)	7603	ex C-FMNQ	416 Air Wisconsin
☐	N417AW	Canadair CL-600-2B19 (CRJ-200LR)	7610	ex C-FMMW	417 Air Wisconsin
☐	N418AW	Canadair CL-600-2B19 (CRJ-200LR)	7618	ex C-FMLF	418 Air Wisconsin
☐	N419AW	Canadair CL-600-2B19 (CRJ-200LR)	7633	ex C-FMNQ	419 Air Wisconsin
☐	N420AW	Canadair CL-600-2B19 (CRJ-200LR)	7640	ex C-FMMW	420 Air Wisconsin
☐	N421ZW	Canadair CL-600-2B19 (CRJ-200LR)	7346	ex N587ML	421 Air Wisconsin Lsd fr Bombardier
☐	N422AW*	Canadair CL-600-2B19 (CRJ-200LR)	7341	ex N586ML	422 Air Wisconsin
☐	N423AW	Canadair CL-600-2B19 (CRJ-200LR)	7636	ex C-FMMB	423 Air Wisconsin
☐	N424AW	Canadair CL-600-2B19 (CRJ-200LR)	7656	ex C-FMNW	424 Air Wisconsin
☐	N425AW	Canadair CL-600-2B19 (CRJ-200LR)	7663	ex C-FMNQ	425 Air Wisconsin
☐	N426AW	Canadair CL-600-2B19 (CRJ-200LR)	7669	ex C-FMMQ	426 Air Wisconsin
☐	N427ZW	Canadair CL-600-2B19 (CRJ-200LR)	7685	ex C-FMNH	427 Air Wisconsin
☐	N428AW	Canadair CL-600-2B19 (CRJ-200LR)	7695	ex C-FMOI	428 Air Wisconsin
☐	N429AW	Canadair CL-600-2B19 (CRJ-200LR)	7711	ex CFMLS	429 Air Wisconsin
☐	N430AW	Canadair CL-600-2B19 (CRJ-200LR)	7719	ex C-FMOS	430 Air Wisconsin
☐	N431AW*	Canadair CL-600-2B19 (CRJ-200LR)	7256	ex N575ML	431 Air Wisconsin
☐	N432AW*	Canadair CL-600-2B19 (CRJ-200LR)	7257	ex N576ML	432 Air Wisconsin
☐	N434AW*	Canadair CL-600-2B19 (CRJ-200LR)	7322	ex N582ML	434 Air Wisconsin
☐	N435AW	Canadair CL-600-2B19 (CRJ-200LR)	7724	ex C-FMLU	435 Air Wisconsin
☐	N436AW	Canadair CL-600-2B19 (CRJ-200LR)	7734	ex C-FMKV	436 Air Wisconsin
☐	N437AW	Canadair CL-600-2B19 (CRJ-200LR)	7744	ex C-FMMT	437 Air Wisconsin
☐	N438AW	Canadair CL-600-2B19 (CRJ-200LR)	7748	ex C-GFAX	438 Air Wisconsin
☐	N439AW	Canadair CL-600-2B19 (CRJ-200LR)	7753	ex C-FZZO	439 Air Wisconsin
☐	N440AW	Canadair CL-600-2B19 (CRJ-200LR)	7766	ex C-FMKZ	440 Air Wisconsin
☐	N441ZW	Canadair CL-600-2B19 (CRJ-200LR)	7777	ex C-FMNX	441 Air Wisconsin
☐	N442AW	Canadair CL-600-2B19 (CRJ-200LR)	7778	ex C-FMNY	442 Air Wisconsin
☐	N443AW	Canadair CL-600-2B19 (CRJ-200LR)	7781	ex C-FVAZ	443 Air Wisconsin
☐	N444ZW	Canadair CL-600-2B19 (CRJ-200LR)	7788	ex C-FMMN	444 Air Wisconsin
☐	N445AW	Canadair CL-600-2B19 (CRJ-200LR)	7804	ex C-FMMT	445 Air Wisconsin
☐	N446AW	Canadair CL-600-2B19 (CRJ-200LR)	7806	ex C-FMNW	446 Air Wisconsin
☐	N447AW	Canadair CL-600-2B19 (CRJ-200LR)	7812	ex C-FMND	447 Air Wisconsin
☐	N448AW	Canadair CL-600-2B19 (CRJ-200LR)	7814	ex C-FMLU	448 Air Wisconsin
☐	N449AW	Canadair CL-600-2B19 (CRJ-200LR)	7818	ex C-FMMN	449 Air Wisconsin
☐	N450AW	Canadair CL-600-2B19 (CRJ-200LR)	7823	ex C-FMNB	450 Air Wisconsin
☐	N451AW	Canadair CL-600-2B19 (CRJ-200LR)	7832	ex C-FMLT	451 Air Wisconsin
☐	N452AW	Canadair CL-600-2B19 (CRJ-200LR)	7835	ex C-FMNH	452 Air Wisconsin
☐	N453AW	Canadair CL-600-2B19 (CRJ-200LR)	7838	ex C-FMNY	453 Air Wisconsin
☐	N454AW	Canadair CL-600-2B19 (CRJ-200LR)	7842	ex C-FMND	454 Air Wisconsin
☐	N455AW	Canadair CL-600-2B19 (CRJ-200LR)	7848	ex C-FMMN	455 Air Wisconsin
☐	N456ZW	Canadair CL-600-2B19 (CRJ-200LR)	7849	ex C-FMMQ	456 Air Wisconsin
☐	N457AW	Canadair CL-600-2B19 (CRJ-200LR)	7854	ex C-FMKV	457 Air Wisconsin
☐	N458AW	Canadair CL-600-2B19 (CRJ-200LR)	7861	ex C-FMLS	458 Air Wisconsin
☐	N459AW	Canadair CL-600-2B19 (CRJ-200LR)	7863	ex C-FMLV	459 Air Wisconsin
☐	N460AW	Canadair CL-600-2B19 (CRJ-200LR)	7867	ex C-GZTD	460 Air Wisconsin
☐	N461AW	Canadair CL-600-2B19 (CRJ-200LR)	7870	ex C-FMOW	461 Air Wisconsin
☐	N462AW	Canadair CL-600-2B19 (CRJ-200LR)	7875	ex C-FMOI	462 Air Wisconsin
☐	N463AW	Canadair CL-600-2B19 (CRJ-200LR)	7878	ex C-FMMN	463 Air Wisconsin
☐	N464AW	Canadair CL-600-2B19 (CRJ-200LR)	7890	ex C-FMLQ	464 Air Wisconsin
☐	N465AW	Canadair CL-600-2B19 (CRJ-200LR)	7893	ex C-FMLV	465 Air Wisconsin
☐	N466AW	Canadair CL-600-2B19 (CRJ-200LR)	7899	ex C-FMOS	466 Air Wisconsin
☐	N467AW	Canadair CL-600-2B19 (CRJ-200LR)	7900	ex C-FMOW	467 Air Wisconsin
☐	N468AW	Canadair CL-600-2B19 (CRJ-200LR)	7916	ex C-FMKZ	468 Air Wisconsin
☐	N469AW	Canadair CL-600-2B19 (CRJ-200LR)	7917	ex C-FMLB	469 Air Wisconsin
☐	N470ZW	Canadair CL-600-2B19 (CRJ-200LR)	7927	ex C-FMNX	470 Air Wisconsin; dam Dec07
☐	N570ML	Canadair CL-600-2B19 (CRJ-200LR)	7206	ex C-GBNO	YJX; Mesa
☐	N650ML	Canadair CL-600-2B19 (CRJ-200LR)	7137	ex N261BD	YJZ; Mesa
☐	N651ML	Canadair CL-600-2B19 (CRJ-200LR)	7139	ex N787BC	YCD; Mesa
☐	N7264V	Canadair CL-600-2B19 (CRJ-200LR)	7264	ex C-FMMT	Mesa
☐	N7291Z	Canadair CL-600-2B19 (CRJ-200LR)	7291	ex C-FMLS	Mesa
☐	N7305V	Canadair CL-600-2B19 (CRJ-200LR)	7305	ex C-F	Mesa
☐	N17231	Canadair CL-600-2B19 (CRJ-200LR)	7231	ex C-FMLS	Mesa
☐	N17275	Canadair CL-600-2B19 (CRJ-200LR)	7275	ex C-FMOI	Mesa
☐	N17337	Canadair CL-600-2B19 (CRJ-200LR)	7337	ex C-FMML	Mesa
☐	N17358	Canadair CL-600-2B19 (CRJ-200LR)	7358	ex C-FMNY	Mesa
☐	N27172	Canadair CL-600-2B19 (CRJ-200LR)	7172	ex C-FMMN	Mesa
☐	N27173	Canadair CL-600-2B19 (CRJ-200LR)	7173	ex C-FMMQ	Mesa
☐	N27318	Canadair CL-600-2B19 (CRJ-200LR)	7318	ex C-FMLF	Mesa
☐	N37178	Canadair CL-600-2B19 (CRJ-200LR)	7178	ex C-GAVO	Mesa
☐	N37208	Canadair CL-600-2B19 (CRJ-200LR)	7208	ex C-FMNY	Mesa
☐	N75984	Canadair CL-600-2B19 (CRJ-200LR)	7489	ex C-GZGX	YJW; Mesa
☐	N75991	Canadair CL-600-2B19 (CRJ-200LR)	7422	ex C-FZSY	Mesa
☐	N75992	Canadair CL-600-2B19 (CRJ-200LR)	7401	ex C-FZTH	YJK; Mesa
☐	N75996	Canadair CL-600-2B19 (CRJ-200LR)	7357	ex C-FZTZ	YJP; Mesa
☐	N75999	Canadair CL-600-2B19 (CRJ-200LR)	7471	ex C-FSXX	Mesa
☐	N77181	Canadair CL-600-2B19 (CRJ-200LR)	7181	ex C-FMNQ	YJD; Mesa
☐	N77195	Canadair CL-600-2B19 (CRJ-200LR)	7195	ex C-FMKW	Mesa ; all-white
☐	N77260	Canadair CL-600-2B19 (CRJ-200LR)	7260	ex C-FMLQ	Mesa
☐	N77278	Canadair CL-600-2B19 (CRJ-200LR)	7278	ex C-FMMN	Mesa

	Registration	Type	MSN	Prev reg	Operator/Notes
☐	N77286	Canadair CL-600-2B19 (CRJ-200LR)	7286	ex C-FMKZ	Mesa
☐	N77302	Canadair CL-600-2B19 (CRJ-200LR)	7302	ex C-FMND	Mesa
☐	N77331	Canadair CL-600-2B19 (CRJ-200LR)	7331	ex C-FVAZ	Mesa ; all-white
☐	N97325	Canadair CL-600-2B19 (CRJ-200LR)	7325	ex C-FMNH	Mesa
☐	N702PS	Canadair CL-600-2C10 (CRJ-701ER)	10135	ex C-	702; PSA Airlines
☐	N703PS	Canadair CL-600-2C10 (CRJ-701ER)	10137	ex C-	703; PSA Airlines
☐	N705PS	Canadair CL-600-2C10 (CRJ-701ER)	10144	ex C-	705; PSA Airlines
☐	N706PS	Canadair CL-600-2C10 (CRJ-701ER)	10150	ex C-FBLQ	706; PSA Airlines Lsd fr GECAS
☐	N708PS	Canadair CL-600-2C10 (CRJ-701ER)	10160	ex C-	708; PSA Airlines, Star Alliance c/s
☐	N709PS	Canadair CL-600-2C10 (CRJ-701ER)	10165	ex N165MD	709; PSA Airlines Lsd fr GECAS
☐	N710PS	Canadair CL-600-2C10 (CRJ-701ER)	10167	ex N167MD	710; PSA Airlines Lsd fr GECAS
☐	N712PS	Canadair CL-600-2C10 (CRJ-701ER)	10168	ex N168MD	712; PSA Airlines Lsd fr GECAS
☐	N716PS	Canadair CL-600-2C10 (CRJ-701ER)	10171	ex N171MD	716; PSA Airlines Lsd fr GECAS
☐	N718PS	Canadair CL-600-2C10 (CRJ-701ER)	10175	ex C-FCQX	718; PSA Airlines
☐	N719PS	Canadair CL-600-2C10 (CRJ-701ER)	10177	ex N177MD	719; PSA Airlines Lsd fr GECAS
☐	N720PS	Canadair CL-600-2C10 (CRJ-701ER)	10178	ex N175MD	720; PSA Airlines Lsd fr GECAS
☐	N723PS	Canadair CL-600-2C10 (CRJ-701ER)	10181	ex C-FCRE	723; PSA Airlines
☐	N725PS	Canadair CL-600-2C10 (CRJ-701ER)	10186	ex C-	725; PSA Airlines
☐	N726PS	Canadair CL-600-2C10 (CRJ-701ER)		ex C-	726; on order PSA Airlines
☐	N728PS	Canadair CL-600-2C10 (CRJ-701ER)		ex C-	728; on order PSA Airlines
☐	N729PS	Canadair CL-600-2C10 (CRJ-701ER)		ex C-	729; on order PSA Airlines
☐	N730PS	Canadair CL-600-2C10 (CRJ-701ER)		ex C-	730; on order PSA Airlines
☐	N736PS	Canadair CL-600-2C10 (CRJ-701ER)		ex C-	736; on order PSA Airlines
☐	N740PS	Canadair CL-600-2C10 (CRJ-701ER)		ex C-	740; on order PSA Airlines
☐	N741PS	Canadair CL-600-2C10 (CRJ-701ER)		ex C-	741; on order PSA Airlines
☐	N743PS	Canadair CL-600-2C10 (CRJ-701ER)		ex C-	743; on order PSA Airlines
☐	N744PS	Canadair CL-600-2C10 (CRJ-701ER)		ex C-	on order; PSA Airlines
☐	N745PS	Canadair CL-600-2C10 (CRJ-701ER)		ex C-	on order; PSA Airlines
☐	N746PS	Canadair CL-600-2C10 (CRJ-701ER)		ex C-	on order; PSA Airlines
☐	N748PS	Canadair CL-600-2C10 (CRJ-701ER)		ex C-	on order; PSA Airlines
☐	N749PS	Canadair CL-600-2C10 (CRJ-701ER)		ex C-	on order; PSA Airlines
☐	N750PS	Canadair CL-600-2C10 (CRJ-701ER)		ex C-	on order; PSA Airlines
☐	N751PS	Canadair CL-600-2C10 (CRJ-701ER)		ex C-	on order; PSA Airlines
☐	N752PS	Canadair CL-600-2C10 (CRJ-701ER)		ex C-	on order; PSA Airlines
☐	N753PS	Canadair CL-600-2C10 (CRJ-701ER)		ex C-	on order; PSA Airlines
☐	N754PS	Canadair CL-600-2C10 (CRJ-701ER)		ex C-	on order; PSA Airlines
☐	N755PS	Canadair CL-600-2C10 (CRJ-701ER)		ex C-	on order; PSA Airlines
☐	N756PS	Canadair CL-600-2C10 (CRJ-701ER)		ex C-	on order; PSA Airlines
☐	N	Canadair CL-600-2C10 (CRJ-701ER)		ex C-	on order; Mesa
☐	N	Canadair CL-600-2C10 (CRJ-701ER)		ex C-	on order; Mesa
☐	N	Canadair CL-600-2C10 (CRJ-701ER)		ex C-	on order; Mesa
☐	N	Canadair CL-600-2C10 (CRJ-701ER)		ex C-	on order; Mesa
☐	N	Canadair CL-600-2C10 (CRJ-701ER)		ex C-	on order; Mesa
☐	N	Canadair CL-600-2C10 (CRJ-701ER)		ex C-	on order; Mesa
☐	N	Canadair CL-600-2C10 (CRJ-701ER)		ex C-	on order; Mesa
☐	N	Canadair CL-600-2C10 (CRJ-701ER)		ex C-	on order; Mesa
☐	N	Canadair CL-600-2C10 (CRJ-701ER)		ex C-	on order; Mesa
☐	N902FJ	Canadair CL-600-2D24 (CRJ-900ER)	15002	ex C-GDNH	Mesa
☐	N903FJ	Canadair CL-600-2D24 (CRJ-900ER)	15003	ex C-GZQA	Mesa
☐	N904FJ	Canadair CL-600-2D24 (CRJ-900ER)	15004	ex C-GZQB	Mesa
☐	N905J	Canadair CL-600-2D24 (CRJ-900ER)	15005	ex C-GZQC	Mesa
☐	N906FJ	Canadair CL-600-2D24 (CRJ-900ER)	15006	ex C-GZQE	Mesa
☐	N907FJ	Canadair CL-600-2D24 (CRJ-900ER)	15007	ex C-GZQF	Mesa
☐	N908FJ	Canadair CL-600-2D24 (CRJ-900ER)	15008	ex C-GZQG	Mesa
☐	N909FJ	Canadair CL-600-2D24 (CRJ-900ER)	15009	ex C-GZQI	Mesa
☐	N910FJ	Canadair CL-600-2D24 (CRJ-900ER)	15010	ex C-GZQJ	Mesa
☐	N911FJ	Canadair CL-600-2D24 (CRJ-900ER)	15011	ex C-GZQK	Mesa
☐	N912FJ	Canadair CL-600-2D24 (CRJ-900ER)	15012	ex C-GZQL	Mesa
☐	N913FJ	Canadair CL-600-2D24 (CRJ-900ER)	15013	ex C-GZQM	Mesa
☐	N914FJ	Canadair CL-600-2D24 (CRJ-900ER)	15014	ex C-GZQO	Mesa
☐	N915FJ	Canadair CL-600-2D24 (CRJ-900ER)	15015	ex C-GZQP	Mesa
☐	N916FJ	Canadair CL-600-2D24 (CRJ-900ER)	15016	ex C-GZQQ	Mesa
☐	N917FJ	Canadair CL-600-2D24 (CRJ-900ER)	15017	ex C-GZQR	Mesa
☐	N918FJ	Canadair CL-600-2D24 (CRJ-900ER)	15018	ex C-	Mesa
☐	N919FJ	Canadair CL-600-2D24 (CRJ-900ER)	15019	ex C-	Mesa
☐	N920FJ	Canadair CL-600-2D24 (CRJ-900ER)	15020	ex C-	Mesa
☐	N921FJ	Canadair CL-600-2D24 (CRJ-900ER)	15021	ex C-	Mesa
☐	N922FJ*	Canadair CL-600-2D24 (CRJ-900ER)	15022	ex C-	Mesa
☐	N923FJ*	Canadair CL-600-2D24 (CRJ-900ER)	15023	ex C-	Mesa
☐	N924FJ*	Canadair CL-600-2D24 (CRJ-900ER)	15024	ex C-	Mesa
☐	N925FJ*	Canadair CL-600-2D24 (CRJ-900ER)	15025	ex C-	Mesa
☐	N926LR*	Canadair CL-600-2D24 (CRJ-900ER)	15026	ex C-	Mesa
☐	N927LR*	Canadair CL-600-2D24 (CRJ-900ER)	15027	ex C-	Mesa
☐	N928LR*	Canadair CL-600-2D24 (CRJ-900ER)	15028	ex C-	Mesa
☐	N929LR*	Canadair CL-600-2D24 (CRJ-900ER)	15029	ex C-	Mesa
☐	N930LR*	Canadair CL-600-2D24 (CRJ-900ER)	15030	ex C-	Mesa
☐	N931LR*	Canadair CL-600-2D24 (CRJ-900ER)	15031	ex C-	Mesa
☐	N932LR*	Canadair CL-600-2D24 (CRJ-900ER)	15032	ex C-	Mesa
☐	N933LR*	Canadair CL-600-2D24 (CRJ-900ER)	15033	ex C-	Mesa

	Reg	Type	MSN	ex	Notes	Lease
☐	N934FJ*	Canadair CL-600-2D24 (CRJ-900ER)	15034	ex C-	Mesa	
☐	N935LR*	Canadair CL-600-2D24 (CRJ-900ER)	15035	ex C-	Mesa	
☐	N938LR*	Canadair CL-600-2D24 (CRJ-900ER)	15038	ex C-	Mesa	
☐	N939LR	Canadair CL-600-2D24 (CRJ-900ER)	15039	ex C-	Mesa	
☐	N942LR	Canadair CL-600-2D24 (CRJ-900ER)	15042	ex C-	Mesa	
☐	N956LR	Canadair CL-600-2D24 (CRJ-900ER)	15056	ex C-	Mesa	

*Leased from RASPRO Trust

	Reg	Type	MSN	ex	Notes	Lease
☐	N326EN*	de Havilland DHC-8-311	234	ex N386DC	HDF; Piedmont	
☐	N327EN*	de Havilland DHC-8-311A	261	ex N379DC	HDD; Piedmont	Lsd fr WFBN
☐	N328EN*	de Havilland DHC-8-311A	281	ex N380DC	HDC; Piedmont	Lsd fr WFBN
☐	N329EN	de Havilland DHC-8-311	290	ex SU-UAD	HDG; Piedmont	Lsd fr WFBN
☐	N330EN*	de Havilland DHC-8-311A	274	ex N805SA	HDI; Piedmont	
☐	N331EN	de Havilland DHC-8-311A	279	ex N806SA	HDJ, Piedmont	Lsd fr WFBN
☐	N333EN*	de Havilland DHC-8-311	221	ex N803SA	HDK; Piedmont	
☐	N335EN	de Havilland DHC-8-311	375	ex N804SA	HDN; Piedmont	Lsd fr WFBN
☐	N336EN*	de Havilland DHC-8-311A	336	ex N284BC	HDA; Piedmont	Lsd fr WFBN
☐	N337EN*	de Havilland DHC-8-311A	284	ex SU-UAE	HDH; Piedmont	
☐	N343EN*	de Havilland DHC-8-311A	340	ex OE-LLZ	HDE; Piedmont	
☐	N437YV	de Havilland DHC-8-202	437	ex C-FDHD	Mesa	
☐	N447YV	de Havilland DHC-8Q-202	447	ex C-GFYI	Mesa	
☐	N449YV	de Havilland DHC-8Q-202	449	ex C-GFHZ	Mesa	
☐	N454YV	de Havilland DHC-8Q-202	454	ex C-GEOA	Mesa	
☐	N804EX	de Havilland DHC-8-102A	227	ex C-GFYI	ESA; Piedmont	
☐	N805EX	de Havilland DHC-8-102A	228	ex C-GLOT	ESB; Piedmont	
☐	N806EX	de Havilland DHC-8-102A	263	ex C-GEVP	ESC; Piedmont	
☐	N807EX	de Havilland DHC-8-102A	292	ex C-GFQL	ESD; Piedmont	
☐	N808EX	de Havilland DHC-8-102A	299	ex C-GDKL	ESE; Piedmont	
☐	N809EX	de Havilland DHC-8-102A	302	ex PT-MFI	ESF; Piedmont	
☐	N810EX	de Havilland DHC-8-102A	308	ex C-GDKL	ESG; Piedmont	
☐	N812EX	de Havilland DHC-8-102A	312	ex C-GDNG	ESH; Piedmont	
☐	N814EX	de Havilland DHC-8-102A	318	ex C-GDNG	ESI; Piedmont	
☐	N815EX	de Havilland DHC-8-102A	321	ex C-GDFT	ESJ; Piedmont	
☐	N816EX	de Havilland DHC-8-102A	329	ex C-GEVP	ESK; Piedmont	
☐	N825EX	de Havilland DHC-8-102A	388	ex G-GHRI	EST; Piedmont	
☐	N827EX	de Havilland DHC-8-102A	390	ex C-GEOA	ESV; Piedmont	
☐	N828EX	de Havilland DHC-8-102A	392	ex C-GEVP	ESW; Piedmont	
☐	N837EX	de Havilland DHC-8-102A	217	ex N976HA	ERH; Piedmont	
☐	N838EX	de Havilland DHC-8-102A	220	ex N977HA	ERK; Piedmont	
☐	N845EX*	de Havilland DHC-8-102	344	ex N846MA	EBB; Piedmont	
☐	N846EX*	de Havilland DHC-8-102	326	ex N960HA	EBC; Piedmont	
☐	N906HA	de Havilland DHC-8-102	9	ex C-GHRI	HSA; Piedmont	
☐	N907HA	de Havilland DHC-8-102	11	ex C-GESR	HSB; Piedmont	
☐	N908HA	de Havilland DHC-8-102	15	ex C-GIBQ	HSC; Piedmont	
☐	N911HA	de Havilland DHC-8-102	34	ex C-GEOA	HSF; Piedmont	
☐	N912HA	de Havilland DHC-8-102	40	ex C-GEOA	HSG; Piedmont	
☐	N914HA	de Havilland DHC-8-102	53	ex C-GETI	HSH; Piedmont	
☐	N930HA	de Havilland DHC-8-102	126	ex C-GFQL	HSW; Piedmont	
☐	N931HA	de Havilland DHC-8-102	132	ex C-GFOD	HSZ; Piedmont	
☐	N933HA	de Havilland DHC-8-102	134	ex C-GFUM	HBA; Piedmont	
☐	N934HA	de Havilland DHC-8-102	139	ex C-GETI	HBB; Piedmont	
☐	N935HA	de Havilland DHC-8-102	142	ex C-GLOT	HBC; Piedmont	
☐	N936HA	de Havilland DHC-8-102	145	ex C-GFQL	HRA; Piedmont	
☐	N937HA	de Havilland DHC-8-102	148	ex C-GLOT	HRB; Piedmont	
☐	N938HA	de Havilland DHC-8-102	152	ex C-GFUM	HRC; Piedmont	
☐	N940HA	de Havilland DHC-8-102	156	ex C-GLOT	HRE; Piedmont	
☐	N941HA	de Havilland DHC-8-102	161	ex C-GETI	HRF; Piedmont	
☐	N942HA	de Havilland DHC-8-102	163	ex C-GFUM	HRG; Piedmont	
☐	N943HA	de Havilland DHC-8-102	167	ex C-GFOD	HRH; Piedmont	
☐	N982HA	de Havilland DHC-8-102A	380	ex C-FWBB	HRN; Piedmont	
☐	N987HA	de Havilland DHC-8-201	425	ex C-GFHZ	Mesa	Lsd fr TIC Trust
☐	N988HA	de Havilland DHC-8-201	426	ex C-FDHD	Mesa	Lsd fr TIC Trust
☐	N989HA	de Havilland DHC-8-201	427	ex C-GFEN	Mesa	Lsd fr TIC Trust
☐	N991HA	de Havilland DHC-8-201	431	ex C-GLOT	Mesa	Lsd fr TIC Trust

*Leased from Nordic Aviation Contractor

	Reg	Type	MSN	ex	Notes	Lease
☐	N257JQ	Embraer EMB.145LR (ERJ-145LR)	14500812	ex PT-SNO	JBJ; Chautauqua	
☐	N258JQ	Embraer EMB.145LR (ERJ-145LR)	145768	ex PT-SJZ	JBI; Chautauqua	
☐	N259JQ	Embraer EMB.145LR (ERJ-145LR)	145763	ex PT-SJU	JBH; Chautauqua	
☐	N279SK	Embraer EMB.145LR (ERJ-145LR)	145379	ex PT-SQD	JRL; Chautauqua	Lsd fr Solitair
☐	N280SK	Embraer EMB.145LR (ERJ-145LR)	145381	ex PT-SQF	JRM; Chautauqua	Lsd fr Solitair
☐	N286SK	Embraer EMB.145LR (ERJ-145LR)	145443	ex PT-SUO	JRT; Chautauqua	
☐	N291SK	Embraer EMB.145LR (ERJ-145LR)	145486	ex PT-SXF	JRX; Chautauqua	
☐	N293SK	Embraer EMB.145LR (ERJ-145LR)	145500	ex PT-SXT	JRY; Chautauqua	
☐	N298SK	Embraer EMB.145LR (ERJ-145LR)	145508	ex PT-SYA	JRZ; Chautauqua	
☐	N370SK	Embraer EMB.145LR (ERJ-145LR)	145515	ex PT-SYH	JBA; Chautauqua	
☐	N801HK	Embraer EMB.145ER (ERJ-145ER)	145053	ex PT-SZS	TRK; Trans State	
☐	N802HK	Embraer EMB.145ER (ERJ-145ER)	145066	ex PT-SAJ	TRL; Trans State	
☐	N803HK	Embraer EMB.145ER (ERJ-145ER)	145077	ex PT-S	TRM; Trans State	Lsd fr WFBN
☐	N804HK	Embraer EMB.145ER (ERJ-145ER)	145082	ex PT-S	TRA; Trans State	Lsd fr WFBN
☐	N805HK	Embraer EMB.145ER (ERJ-145ER)	145096	ex PT-SBS	TRB; Trans State	Lsd fr WFBN
☐	N806HK	Embraer EMB.145ER (ERJ-145ER)	145112	ex PT-SCO	TRC; Trans State	

	Registration	Type	Serial	Ex-reg	Notes	Lease
☐	N808HK	Embraer EMB.145ER (ERJ-145ER)	145157	ex PT-SEK	TRD; Trans State	
☐	N809HK	Embraer EMB.145ER (ERJ-145ER)	145187	ex PT-SGH	TRE; Trans State	
☐	N811HK	Embraer EMB.145ER (ERJ-145ER)	145256	ex PT-SIQ	TRF; Trans State	
☐	N812HK	Embraer EMB.145ER (ERJ-145ER)	145373	ex PT-SOY	TRG; Trans State	
☐	N829HK^	Embraer EMB.145LR (ERJ-145LR)	145281	ex HB-JAE	Trans State	
						Lsd fr AFS Investments XIV
☐	N839MJ	Embraer EMB.145LR (ERJ-145LR)	145416	ex PT-STM	YRO; Mesa	
☐	N840MJ	Embraer EMB.145LR (ERJ-145LR)	145429	ex PT-SUA	YRP; Mesa	
☐	N843MJ	Embraer EMB.145LR (ERJ-145LR)	145478	ex PT-SVX	YRT; Mesa	
☐	N846MJ	Embraer EMB.145LR (ERJ-145LR)	145507	ex PT-SXZ	YRW; Mesa	
☐	N850MJ	Embraer EMB.145LR (ERJ-145LR)	145568	ex PT-SBE	YSA; Mesa	
☐	N977RP	Embraer EMB.145EP (ERJ-145MP)	145185	ex SE-DZD	JBH; Chautauqua	Lsd fr SKX
☐	N978RP	Embraer EMB.145LR (ERJ-145LR)	145169	ex G-CCLD	JBX; Chautauqua	Lsd fr SKX
☐	N656RW	Embraer 170-100SE (170SE)	17000113	ex PT-SAY	Shuttle America	
☐	N657RW	Embraer 170-100SE (170SE)	17000115	ex PT-SDC	Shuttle America	
☐	N801MA	Embraer 170-100SU (170SU)	17000012	ex PT-SKE	801; Republic	Lsd fr GECAS
☐	N802MD	Embraer 170-100SU (170SU)	17000013	ex PT-SKF	802; Republic	Lsd fr GECAS
☐	N803MD	Embraer 170-100SU (170SU)	17000015	ex PT-SKI	803; Republic	Lsd fr GECAS
☐	N804MD	Embraer 170-100SU (170SU)	17000016	ex PT-SKJ	804; Republic	Lsd fr GECAS
☐	N805MD	Embraer 170-100SU (170SU)	17000018	ex PT-SKL	805; Republic	
☐	N806MD	Embraer 170-100SU (170SU)	17000019	ex PT-SKM	806; Republic	
☐	N807MD	Embraer 170-100SU (170SU)	17000020	ex PT-SKN	807; Republic	Lsd fr GECAS
☐	N808MD	Embraer 170-100SU (170SU)	17000021	ex PT-SKO	808; Republic	Lsd fr GECAS
☐	N809MD	Embraer 170-100SU (170SU)	17000022	ex PT-SKP	809; Republic	
☐	N810MD	Embraer 170-100SU (170SU)	17000026	ex PT-SKT	810; Republic	
☐	N811MD	Embraer 170-100SU (170SU)	17000028	ex PT-SKV	811; Republic	Lsd fr GECAS
☐	N812MD	Embraer 170-100SU (170SU)	17000030	ex PT-SKY	812; Republic	Lsd fr GECAS
☐	N813MA	Embraer 170-100SU (170SU)	17000031	ex PT-SKZ	813; Republic	Lsd fr GECAS
☐	N814MD	Embraer 170-100SU (170SU)	17000033	ex PT-SUB	814; Republic	Lsd fr GECAS
☐	N815MD	Embraer 170-100SU (170SU)	17000034	ex PT-SUD	815; Republic	
☐	N816MA	Embraer 170-100SU (170SU)	17000037	ex PT-SUG	816; Republic	Lsd fr GECAS
☐	N817MD	Embraer 170-100SU (170SU)	17000038	ex PT-SUH	817; Republic	Lsd fr GECAS
☐	N818MD	Embraer 170-100SU (170SU)	17000039	ex PT-SUI	818; Republic	
☐	N819MD	Embraer 170-100SU (170SU)	17000040	ex PT-SUJ	819; Republic	Lsd fr GECAS
☐	N820MD	Embraer 170-100SU (170SU)	17000041	ex PT-SUK	820; Republic	Lsd fr GECAS
☐	N821MD+	Embraer 170-100SU (170SU)	17000042	ex PT-SUL	821; Republic	
☐	N822MD	Embraer 170-100SU (170SU)	17000043	ex PT-SUM	822; Republic	Lsd fr GECAS
☐	N824MD	Embraer 170-100SU (170SU)	17000045	ex PT-SUO	824; Republic	
☐	N826MD	Embraer 170-100SU (170SU)	17000046	ex PT-SUP	826; Republic	
☐	N827MD	Embraer 170-100SU (170SU)	17000047	ex PT-SUQ	827; Republic	Lsd fr GECAS
☐	N828MD*	Embraer 170-100SU (170SU)	17000048	ex PT-SUR	828; Republic	Lsd fr GECAS
☐	N829MD*	Embraer 170-100SU (170SU)	17000049	ex PT-SUT	829; Republic	Lsd fr GECAS
	*Painted in Star Alliance colours			+ Republic Airways titles		
☐	N101HQ	Embraer 170-200LR (175LR)	17000156	ex PT-SEU	Republic	
☐	N102HQ	Embraer 170-200LR (175LR)	17000157	ex PT-SEV	Republic	
☐	N103HQ	Embraer 170-200LR (175LR)	17000159	ex PT-SEX	Republic	
☐	N104HQ	Embraer 170-200LR (175LR)	17000160	ex PT-SMA	Republic	
☐	N105HQ	Embraer 170-200LR (175LR)	17000163	ex PT-SMF	Republic	
☐	N106HQ	Embraer 170-200LR (175LR)	17000164	ex PT-SMG	Republic	
☐	N107HQ	Embraer 170-200LR (175LR)	17000165	ex PT-SMH	Republic	
☐	N108HQ	Embraer 170-200LR (175LR)	17000166	ex PT-SMI	Republic	
☐	N109HQ*	Embraer 170-200LR (175LR)	17000168	ex PT-SMK	Republic	
☐	N110HQ*	Embraer 170-200LR (175LR)	17000172	ex PT-SMP	Republic	
☐	N111HQ*	Embraer 170-200LR (175LR)	17000173	ex PT-SMQ	Republic	
☐	N112HQ*	Embraer 170-200LR (175LR)	17000174	ex PT-SMR	Republic	
☐	N113HQ*	Embraer 170-200LR (175LR)	17000177	ex PT-SMU	Republic	
☐	N114HQ*	Embraer 170-200LR (175LR)	17000179	ex PT-SMW	Republic	
☐	N115HQ*	Embraer 170-200LR (175LR)	17000182	ex PT-SMZ	Republic	
☐	N116HQ*	Embraer 170-200LR (175LR)	17000183	ex PT-SUA	Republic	
☐	N117HQ*	Embraer 170-200LR (175LR)	17000184	ex PT-SUB	Republic	
☐	N118HQ*	Embraer 170-200LR (175LR)	17000189	ex PT-SUI	Republic	
☐	N119HQ*	Embraer 170-200LR (175LR)	17000190	ex PT-SUQ	Republic	
☐	N120HQ	Embraer 170-200LR (175LR)	17000193	ex PT-SUV	Republic	
☐	N121HQ	Embraer 170-200LR (175LR)	17000194	ex PT-SUY	Republic	
☐	N122HQ	Embraer 170-200LR (175LR)	17000196	ex PT-SXF	Republic	
☐	N123HQ	Embraer 170-200LR (175LR)	17000199	ex PT-SXP	Republic	
☐	N124HQ	Embraer 170-200LR (175LR)	17000200	ex PT-SXQ	Republic	
☐	N125HQ	Embraer 170-200LR (175LR)	17000202	ex PT-SXR	Republic	
☐	N126HQ	Embraer 170-200LR (175LR)	17000204	ex PT-SXT	Republic	
☐	N	Embraer 170-200LR (175LR)		ex PT-	Republic	
☐	N	Embraer 170-200LR (175LR)		ex PT-	Republic	
☐	N	Embraer 170-200LR (175LR)		ex PT-	Republic	
☐	N	Embraer 170-200LR (175LR)		ex PT-	Republic	
☐	N	Embraer 170-200LR (175LR)		ex PT-	Republic	
☐	N	Embraer 170-200LR (175LR)		ex PT-	Republic	
☐	N	Embraer 170-200LR (175LR)		ex PT-	Republic	
☐	N	Embraer 170-200LR (175LR)		ex PT-	Republic	
☐	N	Embraer 170-200LR (175LR)		ex PT-	Republic	
☐	N	Embraer 170-200LR (175LR)		ex PT-	Republic	
☐	N	Embraer 170-200LR (175LR)		ex PT-	Republic	

*Leased from Wells Fargo Delaware Trust

☐	N944UW	Embraer 190-100IGW (190AR)	19000058	ex PT-SIL	Republic	
☐	N945UW	Embraer 190-100IGW (190AR)	19000062	ex PT-SJA	Republic	
☐	N946UW	Embraer 190-100IGW (190AR)	19000072	ex PT-SJL	Republic	
☐	N947UW	Embraer 190-100IGW (190AR)	19000078	ex PT-SJU	Republic	
☐	N948UW	Embraer 190-100IGW (190AR)	19000081	ex PT-SJX	Republic	
☐	N949UW	Embraer 190-100IGW (190AR)	19000102	ex PT-SNW	Republic	
☐	N950UW	Embraer 190-100IGW (190AR)	19000106	ex PT-SQA	Republic	
☐	N951UW	Embraer 190-100IGW (190AR)	19000112	ex PT-SQG	Republic	
☐	N952UW	Embraer 190-100IGW (190AR)	19000119	ex PT-SQN	Republic	
☐	N953UW	Embraer 190-100IGW (190AR)	19000133	ex PT-	Republic	
☐	N954UW	Embraer 190-100IGW (190AR)	19000139	ex PT-SYS	Republic	
☐	N	Embraer 190-100IGW (190AR)		ex PT-	on order	
☐	N	Embraer 190-100IGW (190AR)		ex PT-	on order	
☐	N	Embraer 190-100IGW (190AR)		ex PT-	on order	
☐	N	Embraer 190-100IGW (190AR)		ex PT-	on order	
☐	N	Embraer 190-100IGW (190AR)		ex PT-	on order	
☐	N	Embraer 190-100IGW (190AR)		ex PT-	on order	
☐	N	Embraer 190-100IGW (190AR)		ex PT-	on order	
☐	N	Embraer 190-100IGW (190AR)		ex PT-	on order	
☐	N	Embraer 190-100IGW (190AR)		ex PT-	on order	
☐	N	Embraer 190-100IGW (190AR)		ex PT-	on order	
☐	N	Embraer 190-100IGW (190AR)		ex PT-	on order	
☐	N	Embraer 190-100IGW (190AR)		ex PT-	on order	
☐	N	Embraer 190-100IGW (190AR)		ex PT-	on order	
☐	N	Embraer 190-100IGW (190AR)		ex PT-	on order	
☐	N	Embraer 190-100IGW (190AR)		ex PT-	on order	
☐	N	Embraer 190-100IGW (190AR)		ex PT-	on order	
☐	N	Embraer 190-100IGW (190AR)		ex PT-	on order	
☐	N	Embraer 190-100IGW (190AR)		ex PT-	on order	
☐	N	Embraer 190-100IGW (190AR)		ex PT-	on order	
☐	N	Embraer 190-100IGW (190AR)		ex PT-	on order	
☐	N	Embraer 190-100IGW (190AR)		ex PT-	on order	
☐	N	Embraer 190-100IGW (190AR)		ex PT-	on order	
☐	N	Embraer 190-100IGW (190AR)		ex PT-	on order	
☐	N	Embraer 190-100IGW (190AR)		ex PT-	on order	
☐	N	Embraer 190-100IGW (190AR)		ex PT-	on order	
☐	N	Embraer 190-100IGW (190AR)		ex PT-	on order	

Nine more Embraer 190ARs are on order for delivery in 2009

☐	N9CJ	SAAB SF.340B	340B-224	ex N224TH	LVE; Colgan Air	Lsd fr SAAB
☐	N35SZ	SAAB SF.340A	340A-035	ex N35CQ	LVD; Colgan Air	Lsd fr Lambert Lsg
☐	N203CJ	SAAB SF.340B	340B-203	ex N306CE	LNI; Colgan Air	
☐	N233CJ	SAAB SF.340B	340B-233	ex N233CH	LVF; Colgan Air	Lsd fr Fairbrook Lsg
☐	N237MJ	SAAB SF.340B	340B-237	ex N351BE	LVP; Colgan Air	Lsd fr AeroCentury
☐	N239CJ	SAAB SF.340B	340B-239	ex N352BE	LVM; Colgan Air	Lsd fr AeroCentury
☐	N242CJ	SAAB SF.340B	340B-242	ex N353BE	LVN; Colgan Air	Lsd fr AeroCentury
☐	N249CJ	SAAB SF.340B	340B-249	ex N361PX	Colgan Air	
☐	N252CJ	SAAB SF.340B	340B-252	ex N252CH	LVJ; Colgan Air	Lsd fr SAAB
☐	N277MJ	SAAB SF.340B	340B-277	ex N357BE	LVT; Colgan Air	
☐	N294CJ	SAAB SF.340B	340B-294	ex N364BE	LVL; Colgan Air	
☐	N299CJ	SAAB SF.340B	340B-299	ex N365BE	LVK; Colgan Air	
☐	N321CJ	SAAB SF.340B	340B-321	ex XA-TQX	LVH; Colgan Air	Lsd fr SAAB
☐	N338CJ	SAAB SF.340B	340B-338	ex N338SB	LNG; Colgan Air	
☐	N339CJ	SAAB SF.340B	340B-339	ex N339SB	LNA; Colgan Air Lsd fr Global A/c Lsg	
☐	N341CJ	SAAB SF.340B	340B-341	ex N341SB	LND; Colgan Air	
☐	N344CJ	SAAB SF.340B	340B-344	ex N344SB	LNF; Colgan Air	
☐	N346CJ	SAAB SF.340B	340B-346	ex N346SB	LNB; Colgan Air	
☐	N347CJ	SAAB SF.340B	340B-347	ex N347SB	LNH; Colgan Air	
☐	N350CJ	SAAB SF.340B	340B-350	ex N350CF	LNE; Colgan Air	
☐	N356CJ	SAAB SF.340B	340B-356	ex N356SB	ColganAir	
☐	N362PX	SAAB SF.340B	340B-258	ex SE-G58	ColganAir	
☐	N369PX	SAAB SF.340B	340B-295	ex SE-G95	ColganAir	
☐	N370PX	SAAB SF.340B	340B-300	ex SE-E03	ColganAir	

USAir Express is the operating name for feeder services operated by Chautauqua Airlines, Colgan Air, US Airways division of Mesa Air Group, Piedmont Airlines (a subsidiary), Shuttle America and PSA Airlines (a subsidiary) in conjunction with US Airways using US Airways' US designator. Other services are operated by Trans State Airlines

US FOREST SERVICE

Boise, ID (BOI)

☐ N106Z	Bell 206B JetRanger	508	ex N950NS	
☐ N109Z	Bell UH-I (CobraLifter)	20854	ex 69-16422	
☐ N111Z	Cessna TU206F Stationair	U20602919		
☐ N115Z	Basler Turbo-67 (DC-3TP)	16819/33567	ex N146Z	
☐ N126Z	Cessna TU206F Stationair	U20602367	ex N2399U	
☐ N127Z	Beech A100 King Air	B-179	ex N20EG	
☐ N136Z	Cessna TU206G Stationair 6	U20606923	ex N9659R	
☐ N141Z	de Havilland DHC-6 Twin Otter 300	803	ex C-GDNG	
☐ N142Z	Basler Turbo-67 (DC-3TP)	20494	ex N100Z	
☐ N143Z	de Havilland DHC-6 Twin Otter 300	437	ex 87-0802	
☐ N144Z	Cessna 550 Citation Bravo	550-0926	ex N100Z	
☐ N147Z	Aero Commander 500B	1432-152		
☐ N148Z	Beech 65-B90 King Air	LJ-472	ex N104Z	
☐ N149Z	Beech B200C Super King Air	BL-124	ex N107Z	
☐ N173Z*	Short SD.3-30	SH3116	ex 84-0469	
☐ N175Z*	Short SD.3-30	SH3115	ex 84-0468	
☐ N178Z*	Short SD.3-30	SH3119	ex 84-0472	
☐ N179Z*	Short SD.3-30	SH3109	ex 84-0462	
☐ N181Z	Beech 65-E90 King Air	LW-52	ex N74171	
☐ N182Z	Beech 200 Super King Air	BB-402	ex N318W	
☐ N191Z	de Havilland DHC-2 Beaver	1006		
☐ N192Z	de Havilland DHC-2 Beaver	1347		
☐ N193Z	de Havilland DHC-2 Beaver	11627	ex N197Z	

*Operated for USDA Forest Service   Subsidiary of US Department of Agriculture

US HELICOPTERS

Wingate-US Heliport, NC

☐ N73DP	Bell 206B JetRanger II	2513		
☐ N79TV	Bell 206L-1 LongRanger III	45718	ex N84PC	
☐ N96CW	Bell 206L-3 LongRanger III	51286		
☐ N116TV	Bell 206L-3 LongRanger III	51199	ex N45MH	
☐ N141TV	Bell 206B JetRanger III	4148	ex N748M	
☐ N188TV	Bell 206B JetRanger III	2704		
☐ N212TV	Bell 206B JetRanger II	2048	ex N97CW	
☐ N96TV	Aerospatiale AS.350B AStar	1858	ex N69TL	
☐ N129TV	Aerospatiale AS.350BA AStar	2897		
☐ N215TV	Aerospatiale AS.350B2 AStar	3167		
☐ N311SJ	Aerospatiale AS.350B2 AStar	3583		
☐ N311TV	Aerospatiale AS.350BA AStar	2922		
☐ N355TV	Aerospatiale AS.350B AStar	2647	ex TG-JBG	
☐ N795WC	Aerospatiale AS.350B AStar	2376		

USA 3000 AIRLINES
Getaway (U5/GWY)   *Philadelphia-Intl, PA (PHL)*

☐ N260AV	Airbus A320-214	1564	ex D-AXLC	Philadelphia	Lsd fr AFS Investments
☐ N261AV	Airbus A320-214	1615	ex F-WWDR		Lsd fr GECAS
☐ N262AV	Airbus A320-214	1725	ex F-WWBP	Miss Doreen	Lsd fr GECAS
☐ N263AV	Airbus A320-214	1860	ex D-AXLB	Chicago	Lsd fr AFS Investments
☐ N264AV	Airbus A320-214	1867	ex F-WWIL	Bermuda	Lsd fr AFS Investments
☐ N265AV	Airbus A320-212	0427	ex C-GJUL	Jan Hammer	Lsd fr ILFC
☐ N266AV	Airbus A320-214	1152	ex I-PEKO		Lsd fr LIFT Ireland
☐ N267AV	Airbus A320-214	1198	ex I-PEKP	La Romana	Lsd fr LIFT Ireland
☐ N268AV	Airbus A320-214	2175	ex F-WWDV	Fort Myers	Lsd fr AFS Investments
☐ N269AV	Airbus A320-214	2187	ex F-WWDK		Lsd fr GECAS
☐ N270AV	Airbus A320-214	2325	ex F-WWDY	Cancun	Lsd fr Boullioun
☐ N271AV	Airbus A320-214	2327	ex F-WWDX	Punra Cana	Lsd fr Boullioun

USA 3000 Airways is the trading name of Brendan Airways

USA JET AIRLINES
Jet USA (JUS)   *Detroit-Willow Run, MI (YIP)*

☐ N505AJ	AMD Falcon 20C	89	ex N71CP	stored YIP
☐ N812AA	AMD Falcon 20C	57	ex N711KG	
☐ N822AA	AMD Falcon 20D	195	ex N195MP	
☐ N823AA	AMD Falcon 20D	228	ex OE-GRU	
☐ N826AA	AMD Falcon 20C	67	ex N821AA	
☐ N827AA	AMD Falcon 20E	298	ex OE-GNN	
☐ N192US	Douglas DC-9-15RC	47156/228	ex N9357	VIP
☐ N194US	Douglas DC-9-15RC (ABS 3)	47016/173	ex N9349	
☐ N195US	Douglas DC-9-15RC (ABS 3)	47017/186	ex N9352	VIP
☐ N199US	Douglas DC-9-15RC (ABS 3)	47153/185	ex N567PC	
☐ N205US	Douglas DC-9-32CF	47690/843	ex N724HB	
☐ N208US	Douglas DC-9-32F (ABS 3)	47220/296	ex N935F	stored YIP
☐ N215US	Douglas DC-9-32 (ABS 3)	47480/607	ex N986US	

453

☐	N231US	Douglas DC-9-32 (ABS 3)	48114/919	ex XA-TXG	
☐	N327US	Douglas DC-9-33F (ABS 3)	47414/536	ex N940F	
☐	N829AA	LearJet 25B	25B-100	ex N25TK	
☐	N984AA	Beech 65-B90 King Air	LJ-429	ex N811AA	

All freighters except N192/195US, shares a common ownership with Active Aero Charter

VIEQUES AIR LINK
Vieques (VES)   Vieques, PR (VQS)

☐	N663VL	Britten-Norman BN-2B-26 Islander	2110	ex N663J	
☐	N861VL	Britten-Norman BN-2B-26 Islander	2155	ex N861JA	
☐	N902VL	Britten-Norman BN-2A-20 Islander	685	ex N148ES	
☐	N903VL	Britten-Norman BN-2A-26 Islander	2019	ex N2159X	
☐	N904VL	Britten-Norman BN-2A-26 Islander	3014	ex HK-3813	no titles
☐	N335VL	Cessna 208B Caravan I	208B0964	ex N5260Y	
☐	N741VL	Cessna 208B Caravan I	208B1091	ex N1272N	
☐	N742VL	Cessna 208B Caravan I	208B1100	ex N12727	
☐	N905VL	Britten-Norman BN-2A Mk.III-2 Trislander	1048	ex N905GD	
☐	N906VL	Britten-Norman BN-2A Mk.III-2 Trislander	1060	ex N906GD	

VINTAGE PROPS AND JETS
(VQ)   New Smyrna Beach-Municipal, FL

☐	N211VP	Beech 100 King Air	B-2	ex N11JJ	
☐	N219VP	Beech 1900C	UB-14	ex N188GA	
☐	N431R	Beech 100 King Air	B-71	ex N431CH	
☐	N577D	Beech 100 King Air	B-22	ex N577L	
☐	N5727	Beech 100 King Air	B-48	ex N572	

VIRGIN AMERICA
(VX/VRD)   San Francisco, CA (SFO)

☐	N521VA*	Airbus A319-112	2773	ex D-AVWZ	Spirit of Columbus
					Lsd fr AFS Investments
☐	N522VA*	Airbus A319-112	2811	ex D-AVYP	Nationwide Insurance c/s
					Lsd fr AFS Investments
☐	N523VA	Airbus A319-112	3181	ex D-AVYB	Lsd fr WFBN
☐	N524VA	Airbus A319-112	3204	ex D-AVWK	
☐	N525VA	Airbus A319-112	3324	ex D-AVYG	Lsd fr DS 128 Flugzeugfonds
☐	N526VA	Airbus A319-112	3347	ex D-AVYW	Lsd fr DS 128 Flugzeugfonds
☐	N527VA	Airbus A319-112	3417	ex D-AVYK	on order
☐		Airbus A319-112	3425	ex D-AV	on order

*Subleased to SkyBus Airlines

☐	N621VA	Airbus A320-214	2616	ex F-WWDJ	air colbert
					Lsd fr Jet-1 2616 Owner Trust
☐	N622VA	Airbus A320-214	2674	ex F-WWID	California Dreaming
					Lsd fr AFS Investments
☐	N623VA	Airbus A320-214	2740	ex F-WWBJ	Lsd fr Jet-1 2740 Owner Trust; sublsd to TAMC
☐	N624VA	Airbus A320-214	2778	ex F-WWDX	Lsd fr AFS Investments
☐	N625VA	Airbus A320-214	2800	ex F-WWIJ	Jefferson Airplane
					Lsd fr AFS Investments
☐	N626VA	Airbus A320-214	2830	ex F-WWDO	Lsd fr AFS Investments
☐	N627VA	Airbus A320-214	2851	ex F-WWIQ	Lsd fr AFS Investments
☐	N628VA	Airbus A320-214	2993	ex F-WWIT	Lsd fr WFBN
☐	N629VA	Airbus A320-214	3037	ex F-WWDG	Lsd fr Spirebell Trust; sublsd to TAM
☐	N630VA	Airbus A320-214	3101	ex F-WWIG	Lsd fr JS 3101 Inc
☐	N631VA	Airbus A320-214	3135	ex F-WWDL	Lsd fr BBAM
☐	N632VA	Airbus A320-214	3155	ex F-WWDH	Lsd fr Pafco 3155
☐	N633VA	Airbus A320-214	3230	ex F-WWBE	Lsd fr N633VA Trust
☐	N634VA	Airbus A320-214	3359	ex F-WWII	Lsd fr N634VA Trust
☐	N635VA	Airbus A320-214	3398	ex F-WWBS	on order
☐	N	Airbus A320-214	3460	ex F-WW	on order
☐	N	Airbus A320-214	3465	ex F-WW	on order
☐	N	Airbus A320-214	3503	ex F-WW	on order Lsd fr GECAS

First services 08 August 2007

VISION AIR
Las Vegas North, NV (VGT)

☐	N402VA	Dornier 228-202K	8085	ex G-BWEX	Lsd fr Vegas Jet Financial
☐	N403VA	Dornier 228-202K	8171	ex 9M-BAS	Lsd fr Vegas Jet Financial
☐	N404VA	Dornier 228-203F	8120	ex N279MC	Lsd fr Vegas Jet Financial
☐	N405VA	Dornier 228-203F	8144	ex N264MC	Lsd fr Vegas Jet Financial
☐	N409VA	Dornier 228-201	8097	ex N228ME	
☐	N38VP	Dornier 328-310 (328JET)	3174	ex N417FJ	Lsd fr VAC I

☐	N328DA	Dornier 328-310 (328JET)	3171	ex N416FJ		Lsd fr WFBN
☐	N329MX	Dornier 328-100	3049	ex D-CAOS		Lsd fr WFBN
☐	N330MX	Dornier 328-100	3067	ex D-CDXN		Lsd fr WFBN
☐	N331MX	Dornier 328-100	3074	ex D-CDXA		
☐	N429JS	Dornier 328-110	3043	ex D-CDXJ	on order	Lsd fr Jetran
☐	N431JS	Dornier 328-110	3028	ex D-CDHN	on order	Lsd fr VAC I
☐	N905HB*	Dornier 328-310 (328JET)	3178	ex N420FJ		Lsd fr Jetran
☐	N906HB*	Dornier 328-310 (328JET)	3179	ex N421FJ		Lsd fr Jetran

*Operates for Inn of the Mountain Gods Resort at Alamogordo, NM

☐	N920AE	British Aerospace Jetstream 32EP	920	ex G-31-920		Lsd fr VAC I
☐	N27419	Piper PA-31-350 Navajo Chieftain	31-7752170		Spirit of Pearce Canyon	
						Lsd fr Aviation Ventures
☐	N34315	Boeing 737-3T0	23366/1174			Lsd fr Aurora Avn; op for US DoD
☐	N767VA	Boeing 767-222ER	21870/13	ex N609UA		
☐	N768VA	Boeing 767-222ER	21869/11	ex N608UA		
☐	N769VA	Boeing 767-222ER	21866/7	ex N605UA		

Boeing 767s operate services for US Government

WARBELOW'S AIR
Ventaire (4W/WAV)   Fairbanks-Intl, AK (FAI)

☐	N42WP*	Piper PA-31-350 Chieftain	31-8252038	ex N41063	
☐	N300ED*	Piper PA-31-350 Chieftain	31-7852008	ex N27457	
☐	N3527U	Piper PA-31-350 Chieftain	31-7952141		
☐	N3582P*	Piper PA-31-350 Chieftain	31-8052103		
☐	N4082T	Piper PA-31-350 Chieftain	31-8152089		
☐	N4434D*	Piper PA-31-350 Navajo Chieftain	31-7552020	ex PH-ASC	
☐	N27755*	Piper PA-31-350 Chieftain	31-7852148		
☐	N59764	Piper PA-31-350 Navajo Chieftain	31-7652073		
☐	N59829	Piper PA-31-350 Navajo Chieftain	31-7652081		
☐	N121WV*	Beech 1900C-1	UC-78	ex N503RH	
☐	N756DJ	Cessna U206G Stationair	U20604005		
☐	N767DM	Piper PA-31T2 Cheyenne II XL	31T-8166042	ex N500XL	
☐	N5200X*	Cessna U206G Stationair 6 II	U20605591		
☐	N7380U	Cessna 207A Stationair 7	20700428		

See also 40 Mile Air (Q5/MLA)   *Leased from Snobow Inc

WARD AIR
Juneau-Intl, AK (JNU)

☐	N767RR	Cessna 310Q	310Q0455			Lsd fr Red Leasing
☐	N8295Q	Cessna U206F Stationair II	U20603156		Floatplane	Lsd fr Red Leasing
☐	N62353	de Havilland DHC-2 Beaver	1363	ex 58-2031	Floatplane	Lsd fr Red Leasing
☐	N62355	de Havilland DHC-2 Beaver	1045	ex N67897	Floatplane	
☐	N62357	de Havilland DHC-2 Beaver	1145	ex N64391	Floatplane	
☐	N63354	de Havilland DHC-3 Otter	30	ex C-FWAF	Floatplane	Lsd fr Red Leasing
☐	N93025	Cessna A185F Skywagon	18503163		Floatplane	
☐	N93356	de Havilland DHC-3 Otter	144	ex N62KA	Floatplane	Lsd fr Red Leasing

WEST AIR
PAC Valley (PCM)   Fresno-Air Terminal, CA / Chico-Municipal, CA (FAT/CIC)

Operates Cessna Caravans leased from, and operated on behalf of, FedEx

WESTERN AIR EXPRESS
Western Express (WAE)   Boise, ID (BOI)

☐	N158WA	Swearingen SA.226TC Metro II	TC-411	ex N5974V	Lsd fr Western Airlines
☐	N159WA	Swearingen SA.226TC Metro II	TC-334	ex N341PL	
☐	N160WA	Swearingen SA.226TC Metro IIA	TC-399	ex N56EA	Lsd fr Western Airlines
☐	N162WA	Swearingen SA.226TC Metro IIA	TC-418	ex C-GRET	Lsd fr Western Airlines
☐	N163WA	Swearingen SA.227AC Metro III	AC-565	ex HZ-SN7	Lsd fr Transportation Systems
☐	N167WA	Cessna 402B II	402B1044	ex N98680	Lsd fr Western Airlines
☐	N6367X	Cessna 402B II	402B1330		
☐	N7947Q	Cessna 402B	402B0397		Lsd fr Western Airlines

WESTERN AIR EXPRESS
Lubbock-Intl, TX (LBB)

☐	N6AQ	Beech 65-A80 Queen Air	LD-214	ex N699WW	Freighter
☐	N20NP	Beech 65-B80 Queen Air	LD-433	ex N3289A	Freighter
☐	N5376M	Beech 65-B80 Queen Air	LD-301	ex CF-HOA	Freighter
☐	N7817L	Beech 65-B80 Queen Air	LD-340		Freighter
☐	N8071R	Beech 65-B80 Queen Air	LD-420		Freighter

WESTERN AIRLINES
Ceased operations and aircraft returned to lessor

WESTERN AVIATORS
Westavia (WTV)   *Grand Junction-Walker Field, CO (GJT)*

☐	N106RE	Piper PA-31-350 Navajo Chieftain	31-7752056		
☐	N159SW	Piper PA-31-350 Navajo Chieftain	31-7405229	ex N400AA	
☐	N494SC	Piper PA-31-350 Navajo Chieftain	31-7752099	ex N27199	
☐	N495SC	Piper PA-31-350 Chieftain	31-8052062	ex N3555Y	

WESTWIND AVIATION
Phoenix-Deer Valley, AZ (DVT)

☐	N122JB	Cessna 208B Caravan I	208B1025	ex N5090V	
☐	N208WW	Cessna 208B Caravan I	208B0721		
☐	N785WW	Cessna 208B Caravan I	208B0792	ex N5267T	Lsd fr Ace Avn
☐	N786WW	Cessna 208B Caravan I	208B1099	ex N12744	
☐	N1129G	Cessna 208B Caravan I	208B0924	ex N5262X	
☐	N9317M	Cessna T207A Stationair 8 II	20700680		
☐	N9482M	Cessna T207A Stationair 8 II	20700698		

WESTWIND HELICOPTERS
Lincoln-Regional, CA

☐	N123WF	Bell 206B JetRanger III	3058	ex N72BL	
☐	N4480	Bell UH-1B	1030	ex N49CD	
☐	N2297E	Bell 206B JetRanger III	3656		

WIGGINS AIRWAYS
Wiggins (WIG)   *Norwood-Memorial, MA (OWD)*

☐	N191WA	Beech C99	U-136	ex C-GCPF	Lsd fr Piper East
☐	N192WA	Beech C99	U-152	ex C-GEOI	Lsd fr Piper East
☐	N193WA	Beech 99	U-17	ex N10MV	Lsd fr Piper East
☐	N194WA	Beech 99	U-64	ex C-FAWX	Lsd fr Piper East
☐	N197WA	Beech 99A	U-130	ex C-FOZU	Lsd fr Piper East
☐	N199WA	Beech B99	U-154	ex N99CH	Lsd fr Piper East
☐	N37WA	Bell 206B JetRanger III	3433	ex N70TV	Lsd fr Piper East
☐	N505TV	Bell 206B JetRanger III	3096	ex N112SC	Lsd fr Piper East
☐	N656WA	de Havilland DHC-6 Twin Otter 100	47	ex N56AN	Freighter Lsd fr Piper East

Also operates Cessna Caravans leased from, and operated on behalf of, Federal Express

WILLOW AIR
Willow-Lake SPB, AK (WOW)

☐	N98JH	de Havilland DHC-2 Beaver	953	ex 5-3 RNAF	Floatplane

WINGS OF ALASKA
Wings Alaska (K5/WAK)   *Juneau-Intl, AK (JNU)*

☐	N39AK	Cessna 207A Stationair 8 II	20700597	ex N73482	Floatplane or wheels/skis
☐	N62AK	Cessna 207A Stationair 8 II	20700780	ex N9997M	Floatplane or wheels/skis
☐	N96AK	Cessna 207A Stationair 8 II	20700782	ex N1347Q	Floatplane or wheels/skis
☐	N331AK	Cessna 208B Caravan I	208B0739	ex N5264S	
☐	N332AK	Cessna 208B Caravan I	208B0779	ex N5264S	Floatplane or wheels/skis Lsd fr Wild Goose Air

Wings of Alaska is the trading name of Alaska Juneau Aeronautics

WORLD AIRWAYS
World (WO/WOA)   *Charleston-Intl, SC (CHS)*

☐	N303WL	Douglas DC-10-30F	46917/211	ex N13086	303;	Lsd fr PICL Avn
☐	N304WL	Douglas DC-10-30F	47928/192	ex N17087	304	Lsd fr PICL Avn II
☐	N14075	Douglas DC-10-30	46922/221	ex EC-CSJ	351	
☐	N271WA	McDonnell-Douglas MD-11	48518/525		271	Lsd fr ILFC
☐	N272WA	McDonnell-Douglas MD-11	48437/506		272	Lsd fr ILFC
☐	N273WA	McDonnell-Douglas MD-11	48519/539		273	Lsd fr ILFC
☐	N274WA	McDonnell-Douglas MD-11F	48633/563		274	Lsd fr ILFC; op for ACA
☐	N275WA	McDonnell-Douglas MD-11CF	48631/579		275	Lsd fr ILFC
☐	N276WA	McDonnell-Douglas MD-11CF	48632/582		276	Lsd fr ILFC
☐	N277WA	McDonnell-Douglas MD-11ER	48743/590	ex N6203D	277	Lsd fr BCC Equipment Lsg
☐	N278WA	McDonnell-Douglas MD-11ER	48746/597	ex N9020Q	278	Lsd fr BCC Equipment Lsg
☐	N279WA	McDonnell-Douglas MD-11F	48756/623	ex P4-TKA	279	Lsd fr CBSA Partners
☐	N380WA	McDonnell-Douglas MD-11F	48407/456	ex HL7371	380	Lsd fr GECAS
☐	N381WA	McDonnell-Douglas MD-11F	48523/516	ex HL7375	381	Lsd fr GECAS

☐ N803DE	McDonnell-Douglas MD-11	48474/485	ex N30075	803		Lsd fr UPS; sublsd to ISR
☐ N804DE	McDonnell-Douglas MD-11	48475/489		804		Lsd fr UPS
☐ N740WA	Boeing 747-4H6 (BDSF)	25700/974	ex 9V-SPS	on order		Lsd fr Aircastle
☐ N741WA	Boeing 747-4H6 (BDSF)	25702/999	ex 9V-SPR	on order		Lsd fr Aircastle

Three MD-11Fs operated on ACMI for EVA Airways, two for Air Canada and one for Etihad
World also operate short and long term leases for other airlines.
Parent company, World Air Holdings, owns North American Airlines; to be purchased by Global Aero Logistics (ATA Airlines).

WRIGHT AIR SERVICE
Wright Air (8V/WRT) — Fairbanks-Intl, AK (FAI)

☐ N32WA	Cessna 208B Caravan I	208B0234	ex C-FKEL
☐ N540ME	Cessna 208B Caravan I	208B0540	
☐ N900WA	Cessna 208B Caravan I	208B0659	ex N52613
☐ N976E	Cessna 208B Caravan I	208B0976	ex N5263D
☐ N1323R	Cessna 208B Caravan I	208B0745	
☐ N4365U	Cessna 208B Caravan I	208B0253	ex N208CC
☐ N9FW	Piper PA-31-350 Navajo Chieftain	31-7405468	ex N61441
☐ N54WA	Piper PA-31-350 Navajo Chieftain	31-7652067	ex N942LU
☐ N4637U	Cessna U206G Stationair 6 II	U20605017	
☐ N7426L	Piper PA-31 Turbo Navajo B	31-812	
☐ N73463	Cessna 207A Stationair 8 II	20700593	
☐ N91027	Cessna 207 Skywagon	20700018	

XTRA AIRWAYS
Casino Express (XP/CXP) — Elko-JC Harris Field, NV (EKO)

☐ G-XLAB	Boeing 737-8Q8	28218/160	ex G-OJSW	Tinks	Lsd fr XLA
☐ N42XA*	Boeing 737-429	25729/2217	ex TF-ELP		Lsd fr TEM Enterprises;
☐ N43XA*	Boeing 737-4S3	24796/1887	ex TF-ELV		Lsd fr Triton

* Also carries Myrtle Beach Direct Air titles.
19% owned by XL Leisure Group

YUKON AVIATION
Bethel, AK (BET)

☐ N150HH	Bell 206B JetRanger III	701	
☐ N205WA	Bell UH-1H	12261	ex 69-16663
☐ N1322F	Cessna A185F Skywagon	18502825	
☐ N1653U	Cessna 207 Super Skywagon	20700253	
☐ N4237V	Bell 204 (UH-1B)	261	ex 60-0315
☐ N7318U	Cessna 207A Skywagon	20700396	
☐ N24165	Beech Baron 58TC	TK-78	
☐ N29970	Cessna A185F Skywagon II	18504292	ex (C-GMTU)
☐ N91060	Cessna T207 Turbo Skywagon	20700047	

OB- PERU (Republic of Peru)

AERO TRANSPORTE
ATSA (AMP) — Lima-Jorge Chavez Intl (LIM)

☐ OB-1629	Piper PA-42 Cheyenne III	42-8001067	ex N183CC
☐ OB-1630	Piper PA-42 Cheyenne III	42-8001022	ex N145CA
☐ OB-1633	Piper PA-42 Cheyenne III	42-7801003	ex N134KM
☐ OB-1687	Piper PA-42 Cheyenne III	42-8001016	ex N69PC
☐ OB-1803	Piper PA-42 Cheyenne III	42-7800002	ex N911VJ
☐ OB-1667-P	Beech 1900C	UB-54	ex N815BE
☐ OB-1778-P	Antonov An-26B-100	14205	ex OB-1777-T

AEROCONDOR
Condor- (Q6/CDP) — Lima-Jorge Chavez Intl (LIM)

☐ OB-1793-P	Boeing 737-2H6 (Nordam 3)	20583/303	ex N121GU		Lsd fr Avn Asset Lsg
☐ OB-1799-P	Boeing 737-25A (Nordam 3)	23789/1392	ex OB-1799-T		Lsd fr Pegasus
☐ OB-1832-P	Boeing 737-217	21716/560	ex N942PG	Jorge Basadre	Lsd fr Pegasus
☐ OB-1837-P	Boeing 737-230 (Nordam 3)	22113/649	ex N113AH		Lsd fr AerGo
☐ OB-1843-P	Boeing 737-217	21718/584	ex N985PG		Lsd fr PALS III
☐ OB-1001	Cessna 207 Skywagon	20700055			
☐ OB-1192	Cessna U206G Stationair 6	U20605538			
☐ OB-1204	Cessna U206G Stationair 6	U20605800			
☐ OB-1297	Beech 65-B90 King Air	LJ-326	ex N7702	Fray Gregorio; Taurus conversion	
☐ OB-1594	Beech 65-B90 King Air	LJ-322	ex N45SC	Taurus conversion	
☐ OB-1616	Cessna U206B Super Skywagon	U206-0878	ex N3878G		
☐ OB-1627	Fokker F.27 Friendship 100	10116	ex YV-929C		
☐ OB-1650-P	Antonov An-24RV	37308802	ex OB-1562		
☐ OB-1693-P	Fokker F.27 Friendship 200	10181	ex N863MA	stored LIM	Lsd fr Joda

☐	OB-1740-P	Cessna 208B Caravan I	208B0735	ex N12652		Lsd fr Cessna Finance
☐	OB-1741	Cessna 208B Caravan I	208B0670	ex N1132D		Lsd fr Cessna Finance
☐	OB-1770-P	Fokker F.27 Mk 050 (Fokker 50)	20280	ex PH-LXU		Lsd fr AeroCentury
☐	OB-1797-P	Cessna 208B Caravan I	208B1068	ex OB-1797-T		
☐	OB-1815-P	Cessna 208B Caravan I	208B1129	ex N1282M		
☐	OB-1828	Antonov An-26	87307409	ex RA-26647		
☐	OB-1829-P	Fokker F.27 Mk 050 (Fokker 50)	20260	ex SE-LLN		
☐	OB-	Boeing 727-2M7F (FedEx 3)	1339/21502	ex CP-2428		Lsd fr Sky Holding

AIR PERU INTERNATIONAL
Lima-Jorge Chavez Intl (LIM)

☐	N740PA	Boeing 757-2G5	24497/228	ex N497GX	on order	Lsd fr EAST Trust-Sub
☐	N741PA	Boeing 757-230	24737/267	ex XA-TRA		Lsd fr WCP

Commenced operations November 2007

AMAZON SKY
Lima-Jorge Chavez Intl (LIM)

☐	OB-1859-P	Antonov An-26B-100	6209	ex Ukraine AF	

AVIASUR
Iquitos (IQT)

☐	OB-1663	Mil Mi-17 (Mi-8MTV-1)	94704	ex OB-1725	
☐	OB-1760	Mil Mi-17 (Mi-8MTV-1)	93823		
☐	OB-1761	Mil Mi-17 (Mi-8MTV-1)	93477		

Aviasur is the trading name of Aviacion del Sur and is a joint venture with Helisur

CIELOS AIRLINES
Cielos (A2/CIU) (IATA 529)
Lima-Jorge Chavez Intl (LIM)

☐	N322FE	Douglas DC-10-30CF	47908/215	ex OO-SLC		Lsd fr Sky Lease I; sublsd to Master Top
☐	N609GC	Douglas DC-10-30F	46932/158	ex G-NIUK	Petete VIII	Lsd fr Sky Lease
☐	N614GC	Douglas DC-10-30F	46931/137	ex N832LA	Petete V	Lsd fr GECAS
☐	N833LA	Douglas DC-10-30F	46937/152	ex N822BP	Petete III	Lsd fr GECAS
☐	OB-1749	Douglas DC-10-30CF	46891/127	ex N105AM	Petete	Lsd fr CIT Group
☐	OB-1812-P	Douglas DC-10-30CF	46975/248	ex N1856U		Lsd fr Global Sun

Operates services for DHL; also leases McDonnell-Douglas MD-11Fs from Gemini Air Cargo when required

HELICOPTEROS MERCOSUR
Lima

☐	OB-1847-P	Bell 212	30934	ex XA-TVM	
☐	OB-1856-P	Bell 212	31225	ex 9Y-BPT	

Associated with Bristow Group

HELISUR
Iquitos (IQT)

☐	OB-1584	Mil Mi-17 (Mi-8MTV-1)	95432	ex CCCP-70879	Lsd fr Kazan
☐	OB-1585	Mil Mi-17 (Mi-8MTV-1)	223M103	ex RA-70951	
☐	OB-1586	Mil Mi-17 (Mi-8MTV-1)	223M104		
☐	OB-1691	Mil Mi-17 (Mi-8MTV-1)	96153	ex RA-27193	
☐	OB-1826	Mil Mi-8MTV-1	93281		

HELITAXI SERVICES

☐	OB-1842P	Mil Mi-8T	9785572	ex RA-27099	

LAN PERU
Linea Peru (LP/LPE) (IATA 544)
Lima-Jorge Chavez Intl (LIM)

☐	CC-CPF	Airbus A319-132	2572	ex D-AVXC	Lsd fr LAN
☐	CC-CPI	Airbus A319-132	2585	ex D-AVXH	Lsd fr LAN

49% owned by LAN Airlines and also operates services with Airbus A320 and Boeing 767-300ERs leased from the parent.

LC BUSRE
Busre (LCB)
Lima-Jorge Chavez Intl (LIM)

☐	N139LC	Swearingen SA.227TC Metro III	AC-732	ex XA-ACT	Lsd fr Joda
☐	N239LC	Swearingen SA.227TC Metro III	AC-735	ex N523WA	Lsd fr Pacific Coast Grp
☐	N386PH	Swearingen SA.227TC Metro III	AC-597	ex N3116T	Lsd fr Joda

PISCO AIRLINES

☐ OB-1844-T	Cessna 208B Caravan I		208B1177	ex N1307K

SERVICIOS AEREOS DE LOS ANDES

☐ OB-1864	de Havilland DHC-6 Twin Otter 200		282	ex CC-PCI
☐ OB-1866	Bell 204B		2197	ex C-GVEL

STAR PERU
Star Up (2I/SRU)   Lima-Jorge Chavez Intl (LIM)

☐ OB-1794-P	Boeing 737-2Y5 (Nordam 3)	23039/954	ex HR-ATM	Best of Peru colours	Lsd fr AerCap
☐ OB-1800-P	Boeing 737-291 (Nordam 3)	21641/537	ex HR-ATR	Machu Picchu colours	
☐ OB-1823-P	Boeing 737-2T2 (Nordam 3)	22793/892	ex LY-BSG	Lord of Sipan colours	
☐ OB-1839-P	Boeing 737-204	22640/867	ex N640AD		
☐ OB-1841-P	Boeing 737-204	22058/629	ex N58AD		
☐ OB-1851-P	Boeing 737-230 (Nordam 3)	22133/772	ex N133AD		Lsd fr Automatic Lsg
☐ OB-1051-P	Cessna 208B Caravan I				
☐ OB-1717	Antonov An-24RV	27308010	ex ER-AFU	Anna	
☐ OB-1734-P	Antonov An-24RV	17307006	ex ER-AFC		
☐ OB-1769	Antonov An-24RV	57310110	ex ER-AWX	Leonid	
☐ OB-1772-P	Antonov An-26B-100	10704	ex UR-26216		
☐ OB-	British Aerospace 146 Srs.100	E1199	ex A5-RGE		
☐ OB-	British Aerospace 146 Srs.100	E1095	ex A5-RGD		

TACA PERU
Trans Peru (T0/TPU) (IATA 530)   Lima-Jorge Chavez Intl (LIM)

☐ N470TA	Airbus A320-233	1400	ex F-WWIZ	Lsd fr TAI
☐ N471TA	Airbus A319-132	1066	ex D-AVWE	Lsd fr TAI
☐ N472TA	Airbus A319-132	1113	ex D-AVWU	Lsd fr TAI

Member of TACA Grupo; TACA Peru is the trading name of Trans American Airlines

TRANSPORTES AEREOS CIELOS ANDINOS
(NDN)   Lima-Jorge Chavez Intl (LIM)

☐ OB-1651	Antonov An-24RV	27308303	ex OB-1571
☐ OB-1859P	Antonov An-26		
☐ UR-VIG	Antonov An-26	87306606	

OD-   LEBANON (Republic of Lebanon)

BERYTOS AIRWAYS
(BYR)   Beirut (BEY)

Operates charter flights with Airbus A320 and Douglas DC-9-51 aircraft wet leased from UM Air as required

CIRRUS MIDDLE EAST
Beirut (BEY)

☐ OD-NOR	Boeing 737-247 (Nordam 3)	22754/870	ex N247US

FLYING CARPET AIR TRANSPORT SERVICES
Flying Carpet (7Y/FCR)   Beirut (BEY)

☐ OD-LMB	Boeing 737-232	23082/1006	ex N310DA
☐ OD-MAB	Swearingen SA.227AC Metro III	AC-604	ex C-FNAL
☐ OD-MAC	Boeing 737-2H4 (AvAero 3)	23109/1016	ex N103SW

GLOBEJET
Ceased operations October 2007 after losing AOC

MENAJET
Menajet (IM/MNJ)   Beirut (BEY)

☐ F-OKRM	Airbus A320-211		0615	ex F-WQSD	Lsd fr Gromit; sublsd to KNE

MIDDLE EAST AIRLINES
Cedar Jet (ME/MEA) (IATA 076)   Beirut (BEY)

☐ F-ORME	Airbus A321-231	1878	ex D-AVZA
☐ F-ORMF	Airbus A321-231	1953	ex D-AVXF
☐ F-ORMG	Airbus A321-231	1956	ex D-AVZE

☐	F-ORMH	Airbus A321-231		1967	ex D-AVZI	
☐	F-ORMI	Airbus A321-231		1977	ex D-AVZU	
☐	F-ORMJ	Airbus A321-231		2055	ex D-AVZE	

Six Airbus A320s are on order for delivery in 2009 (3) and 2010 (3).

☐	F-OMEA	Airbus A330-243		527	ex F-WWKZ	Lsd fr ILFC
☐	F-OMEB	Airbus A330-243		529	ex F-WWYB	Lsd fr ILFC
☐	F-OMEC	Airbus A330-243		532	ex F-WWYC	Lsd fr ILFC
☐		Airbus A330-200			ex F-WW	on order

Three more Airbus A330-200s are on order for delivery in 2009.

WINGS OF LEBANON AVIATION
Wings Lebanon (WLB) — Beirut (BEY)

☐	OD-WOL	Boeing 737-232 (AvAero 3)	23083/1008	ex N311DL	Lsd fr Aventura Avn; sublsd to THE

OE- AUSTRIA (Republic of Austria)

AIR ALPS AVIATION
Alpav (A6/LPV) (IATA 527) — Innsbruck (INN)

☐	OE-LKA	Dornier 328-110	3110	ex D-COXI	Igls-Innsbruck
☐	OE-LKB	Dornier 328-110	3036	ex HB-AEH	Sudtirol colours
☐	OE-LKC	Dornier 328-110	3119	ex D-CDXK	Regio Bodensee
☐	OE-LKD	Dornier 328-110	3072	ex HS-PBB	Riviera di Rimini
☐	OE-LKE	Dornier 328-110	3063	ex D-CALP	
☐	OE-LKF	Dornier 328-110	3073	ex D-CHOC	
☐	OE-LKG	Dornier 328-110	3089	ex D-CGEP	

All leased from Immorent Leasing

AMERER AIR
Amer Air (AMK) — Linz (LNZ)

☐	OE-ILW	Fokker F.27 Friendship 500	10681	ex N505AW	Sissy; freighter

AUSTRIAN AIRLINES
Austrian (OS/AUA) (IATA 257) — Vienna-Schwechat (VIE)

☐	OE-LDA	Airbus A319-112	2131	ex D-AVWS	Sofia
☐	OE-LDB	Airbus A319-112	2174	ex D-AVYP	Bucharest
☐	OE-LDC	Airbus A319-112	2262	ex D-AVWE	Kiev
☐	OE-LDD	Airbus A319-112	2416	ex D-AVWN	Moscow
☐	OE-LDE	Airbus A319-112	2494	ex D-AVYL	Baku
☐	OE-LDF	Airbus A319-112	2547	ex D-AVYA	Sarajevo
☐	OE-LDG	Airbus A319-112	2652	ex D-AVYF	Tbilisi
☐	OE-LBN	Airbus A320-214	0768	ex F-WWDH	
☐	OE-LBO	Airbus A320-214	0776	ex F-WWDM	Pyhrn-Eisenwürzen
☐	OE-LBP	Airbus A320-214	0797	ex F-WWDV	Neusiedlersee
☐	OE-LBQ	Airbus A320-214	1137	ex F-WWDF	Ray Charles — Lsd to LDA
☐	OE-LBR	Airbus A320-214	1150	ex F-WWBP	Frida Kahlo — Lsd to LDA
☐	OE-LBS	Airbus A320-214	1189	ex F-WWDV	Waldviertel
☐	OE-LBT	Airbus A320-214	1387	ex F-WWIS	Wörthersee
☐	OE-LBU	Airbus A320-214	1478	ex F-WWDS	Mühlviertel; special Euro 2008 colours
☐	OE-LBA	Airbus A321-111	0552	ex D-AVZH	Salzkammergut
☐	OE-LBB	Airbus A321-111	0570	ex D-AVZQ	Pinzgau
☐	OE-LBC	Airbus A321-111	0581	ex D-AVZS	Südtirol; Euro 2008 c/s
☐	OE-LBD	Airbus A321-211	0920	ex D-AVZN	Steirisches Weinland
☐	OE-LBE	Airbus A321-211	0935	ex D-AVZR	Wachau
☐	OE-LBF	Airbus A321-211	1458	ex D-AVXE	Wien
☐	OE-ILF	Boeing 737-3Z9	23601/1254	ex OM-AAE	Lsd to SVK
☐	OE-LNJ	Boeing 737-8Z9/W	28177/69		Falco — Lsd to LDA
☐	OE-LNL	Boeing 737-6Z9	30137/526	ex N743NV	
☐	OE-LNM	Boeing 737-6Z9	30138/546	ex N1795B	Albert Einstein; Innsbuck-Tirol c/s — Lsd to LDA
☐	OE-LNN	Boeing 737-7Z9	30418/815		Maria Callas — Lsd to LDA
☐	OE-LNO	Boeing 737-7Z9	30419/874		Greta Garbo — Lsd to LDA
☐	OE-LNP	Boeing 737-8Z9/W	30420/1100		George Harrison — Lsd to LDA
☐	OE-LNQ	Boeing 737-8Z9/W	30421/1345		Gregory Peck — Lsd to LDA
☐	OE-LNR	Boeing 737-8Z9/W	33833/1680		Frank Zappa — Lsd to LDA
☐	OE-LNS	Boeing 737-8Z9/W	34262/1720		Miles Davis — Lsd to LDA
☐	OE-LNT	Boeing 737-8Z9/W	33834/1938		Kurt Cobain — Lsd to LDA
☐	OE-LAE	Boeing 767-3Z9ER	30383/812		Malaysia
☐	OE-LAT	Boeing 767-31AER	25273/393	ex PH-MCK	Enzo Ferrari; Star Alliance c/s
☐	OE-LAW	Boeing 767-3Z9ER	26417/448		China
☐	OE-LAX	Boeing 767-3Z9ER	27095/467		Thailand

☐ OE-LAY Boeing 767-3Z9ER 29867/731 ex D-ABUV Japan; Star Alliance c/s
☐ OE-LAZ Boeing 767-3Z9ER 30331/759 ex D-ABUW Star Alliance c/s
To be fitted with APB winglets

☐ OE-LPA Boeing 777-2Z9ER 28698/87 ex N5022E Melbourne
☐ OE-LPB Boeing 777-2Z9ER 28699/163 Sydney
☐ OE-LPC Boeing 777-2Z9ER 29313/386 Don Bradman
☐ OE-LPD Boeing 777-2Z9ER 35960/607 America
Lauda Air and Tyrolean Airways are wholly owned, also owns 22.5% of Ukraine International Airlines.
Fokker F.28-0100 (Fokker 100)s operated by Tyrolean as Austrian Arrows (100% subsidiary)
Member of Star Alliance, 1.5% owned by Air France

AUSTRIAN ARROWS

Vienna-Schwechat (VIE)

☐ OE-LCF Canadair CL-600-2B19 (CRJ-200LR) 7094 ex C-FMLV Stadt Düsseldorf
☐ OE-LCG Canadair CL-600-2B19 (CRJ-200LR) 7103 ex C-FMNB Stadt Köln
☐ OE-LCH Canadair CL-600-2B19 (CRJ-200LR) 7110 ex C-FMMB Stadt Amsterdam
☐ OE-LCI Canadair CL-600-2B19 (CRJ-200LR) 7133 ex C-FMNB Stadt Zürich
☐ OE-LCJ Canadair CL-600-2B19 (CRJ-200LR) 7142 ex B-3017 Stadt Hannover
☐ OE-LCK Canadair CL-600-2B19 (CRJ-200LR) 7148 ex C-FMNB Stadt Brüssel
☐ OE-LCL Canadair CL-600-2B19 (CRJ-200LR) 7167 ex B-3015 Stadt Oslo
☐ OE-LCM Canadair CL-600-2B19 (CRJ-200LR) 7205 ex C-FMNH Stadt Bologna
☐ OE-LCN Canadair CL-600-2B19 (CRJ-200LR) 7365 ex C-FMOI Stadt Bremen
☐ OE-LCO Canadair CL-600-2B19 (CRJ-200LR) 7371 ex C-FMMX Stadt Göteborg
☐ OE-LCP Canadair CL-600-2B19 (CRJ-200LR) 7480 ex C-FMOW Stadt Hamburg
☐ OE-LCQ Canadair CL-600-2B19 (CRJ-200LR) 7605 ex C-FMOI Stadt Strassburg
☐ OE-LCR Canadair CL-600-2B19 (CRJ-200LR) 7910 ex C-FMMW Stadt Baden

☐ OE-LGA de Havilland DHC-8-402Q 4014 ex C-GDNG Kärnten
☐ OE-LGB de Havilland DHC-8-402Q 4015 ex C-GDOE Tirol
☐ OE-LGC de Havilland DHC-8-402Q 4026 ex C-GEVP Salzburg
☐ OE-LGD de Havilland DHC-8-402Q 4027 ex C-GEWI Land Steiermark
☐ OE-LGE de Havilland DHC-8-402Q 4042 ex C-FNGB Land Oberösterreich
☐ OE-LGF de Havilland DHC-8-402Q 4068 ex C-GERC Land Niederösterreich
☐ OE-LGG de Havilland DHC-8-402Q 4074 ex C-GFCF Stadt Budapest
☐ OE-LGH de Havilland DHC-8-402Q 4075 ex C-GFCW Vorarlberg
☐ OE-LGI de Havilland DHC-8-402Q 4100 ex C-FAQR Eisenstadt
☐ OE-LGJ de Havilland DHC-8-402Q 4104 ex C-FCQH St Pölten
☐ OE-LTD de Havilland DHC-8Q-314 400 ex VH-TQB Villach
☐ OE-LTF de Havilland DHC-8Q-314 423 ex VH-TQC Zillertal
☐ OE-LTG de Havilland DHC-8Q-314 438 ex C-GDFT Hall in Tirol
☐ OE-LTH de Havilland DHC-8Q-314 442 ex C-GFUM Stadt Kitzbühel
☐ OE-LTI de Havilland DHC-8Q-314 466 ex C-GFQL Bregenz
☐ OE-LTJ de Havilland DHC-8Q-314 481 ex C-GDOE Seefeld
☐ OE-LTK de Havilland DHC-8Q-314 483 ex C-GDFT Oetztal
☐ OE-LTL de Havilland DHC-8Q-314 485 ex C-GFYI Stubaital
☐ OE-LTM de Havilland DHC-8Q-314 527 ex C-FDHW Achensee
☐ OE-LTN de Havilland DHC-8Q-314 531 ex C-GDNK St Anton am Arlberg
☐ OE-LTO de Havilland DHC-8Q-314 553 ex C-FWBB Kufstein
☐ OE-LTP de Havilland DHC-8Q-314 554 ex C-GDLK Lienz

☐ OE-LFG Fokker F.28-070 (Fokker 70) 11549 ex PH-EZW Innsbruck
☐ OE-LFH Fokker F.28-070 (Fokker 70) 11554 ex PH-EZN Stadt Salzburg
☐ OE-LFI Fokker F.28-070 (Fokker 70) 11529 ex PH-WXF Stadt Klagenfurt
☐ OE-LFJ Fokker F.28-070 (Fokker 70) 11532 ex PH-WXG Stadt Graz
☐ OE-LFK Fokker F.28-070 (Fokker 70) 11555 ex PH-EZP Krems
☐ OE-LFL Fokker F.28-070 (Fokker 70) 11573 ex PH-WXE Stadt Linz
☐ OE-LFP Fokker F.28-070 (Fokker 70) 11560 ex PH-EZW Wels
☐ OE-LFQ Fokker F.28-070 (Fokker 70) 11568 ex PH-EZC Dornbirn
☐ OE-LFR Fokker F.28-070 (Fokker 70) 11572 ex PH-EZD Steyr

☐ OE-LVA Fokker F.28-0100 (Fokker 100) 11490 ex PH-ZFB Riga
☐ OE-LVB Fokker F.28-0100 (Fokker 100) 11502 ex PH-ZFE Vilnius
☐ OE-LVC Fokker F.28-0100 (Fokker 100) 11446 ex PH-ZFF Tirana
☐ OE-LVD Fokker F.28-0100 (Fokker 100) 11515 ex PH-ZFG Skopje
☐ OE-LVE Fokker F.28-0100 (Fokker 100) 11499 ex PH-ZFH Zagreb
☐ OE-LVF Fokker F.28-0100 (Fokker 100) 11483 ex PH-ZFI Yerevan
☐ OE-LVG Fokker F.28-0100 (Fokker 100) 11520 ex PH-ZFJ Krakow Star Alliance c/s
☐ OE-LVH Fokker F.28-0100 (Fokker 100) 11456 ex PH-ZFK Minsk
☐ OE-LVI Fokker F.28-0100 (Fokker 100) 11468 ex PH-ZFL Prague
☐ OE-LVJ Fokker F.28-0100 (Fokker 100) 11359 ex PH-ZFM Bratislava
☐ OE-LVK Fokker F.28-0100 (Fokker 100) 11397 ex PH-ZFQ Timisoara; Euro 2008 titles
☐ OE-LVL Fokker F.28-0100 (Fokker 100) 11404 ex PH-ZFR Odessa
☐ OE-LVM Fokker F.28-0100 (Fokker 100) 11361 ex PH-ZFN
☐ OE-LVN Fokker F.28-0100 (Fokker 100) 11367 ex PH-ZFO
Austrian Arrows is a wholly owned trading name of Tyrolean Airways (q.v.) and operates services in full Austrian colours

AUSTROJET
(AUJ) *Salzburg (SZG)*

☐ OE-HWG   de Havilland DHC-8-102   289   ex C-FNZM
Austrojet is a trading name of Business Flight Salzburg and used the AOC of the parent

FLYING BULLS
Salzburg (SZG)

☐ OE-EDM   Cessna 208 Caravan I   20800257   ex N666CS   Amphibian
☐ N996DM   Douglas DC-6B   45563/1034   ex V5-NCF   Red Bull
☐ N6123C   North American B-25J Mitchell   108-47647   ex 44-86893A
Operate some pleasure flights as well as airshow appearances

GOLDEN CITY
Status uncertain, sole aircraft believed returned to parent MapJet

GROSSMAN AIR TRANSPORT
Grossman(HTG) *Vienna-Schwechat (VIE)*

☐ OE-HTG   Dornier 328-300 (Envoy 3)   3162   ex D-BDXG

INTERSKY
Intersky (3L/ISK) *Friedrichshafen-Lowental (FDH)*

☐ OE-LIA   de Havilland DHC-8Q-311   505   ex D-BHAT
☐ OE-LIC   de Havilland DHC-8Q-314   503   ex D-BHAS
☐ OE-LIE   de Havilland DHC-8Q-315   546   ex HB-JEJ
☐ OE-LSB   de Havilland DHC-8Q-314   525   ex C-FDHY   Espace Mittelland
Although based at Friedrichshafen, the company is registered in Austria

LAUDA AIR
Lauda Air (NG/LDA) (IATA 231) *Vienna-Schwecat (VIE)*

☐ OE-LBQ   Airbus A320-214   1137   ex F-WWDF   Ray Charles
☐ OE-LBR   Airbus A320-214   1150   ex F-WWBP   Frida Kahlo
☐ OE-LNJ   Boeing 737-8Z9/W   28177/69   Falco
☐ OE-LNK   Boeing 737-8Z9/W   28178/222   ex N1784B   Freddie Mercury   Lsd to JXX
☐ OE-LNN   Boeing 737-7Z9   30418/815   Maria Callas
☐ OE-LNO   Boeing 737-7Z9   30419/874   Greta Garbo
☐ OE-LNP   Boeing 737-8Z9/W   30420/1100   George Harrison
☐ OE-LNQ   Boeing 737-8Z9/W   30421/1345   Gregory Peck
☐ OE-LNR   Boeing 737-8Z9/W   33833/1680   Frank Zappa
☐ OE-LNS   Boeing 737-8Z9/W   34262/1720   Miles Davis
☐ OE-LNT   Boeing 737-8Z9/W   33834/1938   Kurt Cobain
Majority owned by Austrian Airlines, all aircraft leased from the parent except OE-LNK
Operates leisure services for Austrian Airlines using OS/AUA designators as 'Lauda Air-the Austrian way to holidays'. Member of Star Alliance

LTU AUSTRIA
Billatransport (L3/LTO) *Vienna-Schwecat (VIE)*

☐ OE-LTU   Airbus A320-214   1504   ex D-ALTE   Lsd fr LTU
Part owned by LTU International Airlines. LTU Austria is the trading name of LTU Flug Luftverkehrs-Unternehmen GmbH; a subsidiary of Billa Group (retail chain)

MAPJET
(MapJet) (MPJ) *Vienna-Schwecat (VIE)*

☐ OE-IKB   McDonnell-Douglas MD-83   49448/1313   ex N990PG   Lsd fr Pegasus
☐ OE-LMI   McDonnell-Douglas MD-83   49823/1540   ex N828NK   Lsd fr Triton
☐ OE-LMM*   McDonnell-Douglas MD-83   53377/2057   ex N194AS   Heather;
                                                                                                      Lsd fr Stratus Investment Partners
☐ OE-LOG   McDonnell-Douglas MD-83   49359/1349   ex HB-INV   Lsd fr Orest Immorent Leasing
☐ OE-LRW   McDonnell-Douglas MD-83   49629/1583   ex EC-HBP   all-white   Lsd fr Credit Agricole
*Sub-leased to Air Burkina

☐ OE-LMP   Airbus A310-322   410   ex N410AN   stored BRU   Lsd fr AirFinanz
MAPJet is the trading name of M.A.P. Management and Planning GmbH; operate ACMI services for other.

NIKI
FlyNiki (HG/NLY) *Vienna-Schwecat (VIE)*

☐ OE-LEA   Airbus A320-214   2529   ex F-WWID   Rock'n Roll
☐ OE-LEE   Airbus A320-214   2749   ex F-WWDB
☐ OE-LEK   Airbus A319-132   3019   ex D-AVXM   Tango
☐ OE-LEO   Airbus A320-214   2668   ex F-WWBP   Soul
☐ OE-LEU   Airbus A320-214   2902   ex F-WWDH

☐	OE-LEX	Airbus A320-214	2867	ex F-WWBC	Jazz	
☐	OE-	Airbus A319-132	3407	ex D-AVYC	on order	
☐	OE-	Airbus A320-214		ex F-WW	on order	
☐	OE-	Airbus A320-214		ex F-WW	on order	
☐	OE-	Airbus A321-231		ex D-AV	on order	

10 Airbus A320 family aircraft are on order. Niki is the trading name of NL Lufthhart.

ROBIN HOOD AVIATION
(RH/RHA)   *Graz (GRZ)*

☐	OE-GIR	SAAB SF.340A	340A-134	ex SE-F34	Graz-Zurich titles	
☐	OE-GOD	SAAB SF.340A	340A-153	ex SE-F53		

First service 29May07

TYROLEAN AIRWAYS
Tyrolean (VO/TYR) (IATA 734)   *Innsbruck (INN)*

Wholly owned by Austrian Airlines. Operates scheduled services as 'Austrian Arrows, operated by Tyrolean' using OS/ AUA designators in 5000 range and in full Austrian colours

TYROLEAN JET SERVICE
Tyroljet (TJS)   *Innsbruck (INN)*

☐	OE-HMS	Dornier 328-300 (328JET)	3121	ex D-BDXI	
☐	OE-HTJ	Dornier 328-300 (328JET)	3114	ex D-BDXA	

Operates Ambulance flights as Tyrol Air Ambulance

WELCOME AIR
Welcomeair (2W/WLC) (IATA 227)   *Innsbruck (INN)*

☐	OE-GBB	Dornier 328-110	3078	ex D-CDXG	Rotterdam
☐	OE-LIR	Dornier 328-110	3115	ex D-CDXG	Phönix
☐	OE-LJR	Dornier 328-310 (328JET)	3213	ex D-BDX.	Aurora

OH- FINLAND (Republic of Finland)

AIR ALAND
Mariehamn (MHQ)

☐	LY-KXE	SAAB SF.340A	340A-111	ex SE-KXE		Op by NVD
☐	LY-RIK	SAAB SF.340A	340A-112	ex SE-F12		

Air Aland.com is the trading name of Air Alandia

AIR FINLAND
Air Finland (OF/FIF) (IATA 442)   *Helsinki-Vantaa (HEL)*

☐	OH-AFI	Boeing 757-2K2	26330/717	ex PH-TKD		Lsd fr ILFC
☐	OH-AFJ	Boeing 757-28A	26269/612	ex N321LF		Lsd fr ILFC; sublsd to KKK
☐	OH-AFK	Boeing 757-28A	25622/530	ex N364LF		Lsd fr ILFC

BLUE1
Bluefin (KF/BLF) (IATA 142)   *Helsinki-Vantaa (HEL)*

☐	OH-SAH*	Avro 146-RJ85	E2383	ex G-6-383	wfs	Lsd fr BAE Systems
☐	OH-SAI*	Avro 146-RJ85	E2385	ex G-6-385	PihlaJavesi	Lsd fr BAE Systems
☐	OH-SAJ	Avro 146-RJ85	E2388	ex G-6-388	Pyhaselka	Lsd fr BAE Systems
☐	OH-SAK	Avro 146-RJ85	E2389	ex G-6-389	Nasijarvi	Lsd fr BAE Systems
☐	OH-SAL	Avro 146-RJ85	E2392	ex G-6-390	Orivesi	
☐	OH-SAM	Avro 146-RJ100	E3386	ex G-NBAA	Pyhäjärvi	Lsd fr Lorraine Ltd; for BFW
☐	OH-SAN	Avro 146-RJ100	E3387	ex G-CBMF	Päijänne	Lsd fr Lorraine Ltd
☐	OH-SAO	Avro 146-RJ85	E2393	ex G-CBMG	Oulujärvi	Lsd fr Lorraine Ltd
☐	OH-SAP	Avro 146-RJ85	E2394	ex G-CBMH	Pielinen	Lsd fr Lorraine Ltd

*For BA CityFlyer in spring 2008

☐	OH-BLC	McDonnell-Douglas MD-90-30	53459/2141	ex LN-ROA	Lappajärvi	Lsd fr SAS
☐	OH-BLE	McDonnell-Douglas MD-90-30	53457/2138	ex SE-DMF		Lsd fr SAS
☐	OH-BLD	McDonnell-Douglas MD-90-30	53544/2197	ex OY-KIN	Kallavesi	Lsd fr SAS
☐	OH-BLU	McDonnell-Douglas MD-90-30	53458/2140	ex OY-KIL		Lsd fr SAS

Wholly owned by SAS   First regional member of Star Alliance

COPTERLINE
Copterline (AAQ)   *Helsinki-Malmi (HEM)*

☐	OH-HCH	Eurocopter EC.135P1	0008	ex D-HPOZ
☐	OH-HCK	Eurocopter EC.135P2	0378	
☐	OH-HCL	Eurocopter EC.135P2	0379	
☐	OH-HCM	Eurocopter EC.135P2	0414	
☐	OH-HCN	Eurocopter EC.135P2	0415	

463

☐	OH-HCO	Eurocopter EC.135P2	0418			
☐	OH-HCP	Eurocopter EC.135P2	0419			
☐	OH-HCD	MBB Bo.105CBS-4	S-547	ex AB-7		Lsd fr Nordea Finans Sverige
☐	OH-HKI	MBB Bo.105CBS-4	S-731	ex D-HECB		Lsd fr Nordea Finans Sverige

FINNAIR
Finnair (AY/FIN) (IATA 105)　　　　　　　　　　　　　　　　　　　　　　　　　　　Helsinki-Vantaa (HEL)

☐	OH-LVA	Airbus A319-112	1073	ex F-WWID		Lsd fr Finnair Aircraft Finance
☐	OH-LVB	Airbus A319-112	1107	ex D-AVWS		Lsd fr Finnair Aircraft Finance
☐	OH-LVC	Airbus A319-112	1309	ex D-AVWY		Lsd fr Finnair Aircraft Finance
☐	OH-LVD	Airbus A319-112	1352	ex D-AVYW		Lsd fr Finnair Aircraft Finance
☐	OH-LVE	Airbus A319-112	1791	ex D-AVYS		Lsd fr Hermes Avn
☐	OH-LVF	Airbus A319-112	1808	ex D-AVWG		Lsd fr ILFC
☐	OH-LVG	Airbus A319-112	1916	ex D-AVYG		Lsd fr ILFC
☐	OH-LVH	Airbus A319-112	1184	ex EI-CZE		Lsd fr Finnair Aircraft Finance
☐	OH-LVI	Airbus A319-112	1364	ex F-WQQZ		Lsd fr Finnair Aircraft Finance
☐	OH-LVK	Airbus A319-112	2124	ex D-AVWB		Lsd fr ILFC
☐	OH-LVL	Airbus A319-112	2266	ex D-AVWS		Lsd fr Finnair Aircraft Finance
☐	OH-LXA	Airbus A320-214	1405	ex F-WWDH		Lsd fr Finnair Aircraft Finance
☐	OH-LXB	Airbus A320-214	1470	ex F-WWDO		Lsd fr Finnair Aircraft Finance
☐	OH-LXC	Airbus A320-214	1544	ex F-WWIX		Lsd fr Finnair Aircraft Finance
☐	OH-LXD	Airbus A320-214	1588	ex F-WWBQ		Lsd fr Finnair Aircraft Finance
☐	OH-LXE	Airbus A320-214	1678	ex F-WWIF		Lsd fr Rain I LLC
☐	OH-LXF	Airbus A320-214	1712	ex F-WWIY		Lsd fr BOC Aviation
☐	OH-LXG	Airbus A320-214	1735	ex F-WWBM		Lsd fr Boullioun
☐	OH-LXH	Airbus A320-214	1913	ex F-WWIZ		Lsd fr ILFC
☐	OH-LXI	Airbus A320-214	1989	ex F-WWDN		Lsd fr ILFC
☐	OH-LXK	Airbus A320-214	2065	ex F-WWIQ		Lsd fr Clementine Avn
☐	OH-LXL	Airbus A320-214	2146	ex F-WWDN		Lsd fr Finnair Aircraft Finance
☐	OH-LXM	Airbus A320-214	2154	ex F-WWDP		Lsd fr Finnair Aircraft Finance
☐	OH-LZA	Airbus A321-211	0941	ex D-AVZT		Lsd fr Finnair Aircraft Finance
☐	OH-LZB	Airbus A321-211	0961	ex D-AVZU		Lsd fr Finnair Aircraft Finance
☐	OH-LZC	Airbus A321-211	1185	ex D-AVZI		Lsd fr Finnair Aircraft Finance
☐	OH-LZD	Airbus A321-211	1241	ex D-AVZG		Lsd fr Finnair Aircraft Finance
☐	OH-LZE	Airbus A321-211	1978	ex D-AVZV		Lsd fr ILFC
☐	OH-LZF	Airbus A321-211	2208	ex D-AVZI		Lsd fr ILFC
☐	OH-LQA	Airbus A340-311	058	ex G-VFLY		Lsd fr Finnair Aircraft Finance
☐	OH-LQB	Airbus A340-313E	835	ex F-WWJG		
☐	OH-LQC	Airbus A340-313E	844	ex F-WWJI		
☐	OH-LQD	Airbus A340-313E	921	ex F-WWJK	on order	
☐	OH-	Airbus A340-313E		ex F-WW	on order	

Fifteen Airbus A330-302Es are on order for delivery from 2009 plus eleven Airbus A350s from 2012

☐	OH-LBO	Boeing 757-2Q8/W	28172/772	ex N1789B		Lsd fr Castle 2003A
☐	OH-LBR	Boeing 757-2Q8/W	28167/775			Lsd fr ILFC; sublsd to XLA
☐	OH-LBS	Boeing 757-2Q8/W	27623/792	ex N5573K		Lsd fr ILFC
☐	OH-LBT	Boeing 757-2Q8/W	28170/801			Lsd fr ILFC; sublsd to AEA
☐	OH-LBU	Boeing 757-2Q8	29377/857			Lsd fr ILFC
☐	OH-LBV	Boeing 757-2Q8	30046/1006	ex N60659		Lsd fr ILFC
☐	OH-LBX	Boeing 757-2Q8	29382/1010	ex N60668		Lsd fr ILFC
☐	OH-LEE	Embraer 170-100STD (170LR)	17000093	ex PT-SZT		Lsd fr RBS Aerospace
☐	OH-LEF	Embraer 170-100STD (170LR)	17000106	ex PT-SAO		Lsd fr RBS Aerospace
☐	OH-LEG	Embraer 170-100STD (170LR)	17000107	ex PT-SAP		Lsd fr RBS Aerospace
☐	OH-LEH	Embraer 170-100STD (170LR)	17000112	ex PT-SAX		Lsd fr RBS Aerospace
☐	OH-LEI	Embraer 170-100STD (170LR)	17000120	ex PT-SDI		Lsd fr Finnair Aircraft Finance
☐	OH-LEK	Embraer 170-100STD (170LR)	17000127	ex PT-SDQ		Lsd fr Finnair Aircraft Finance
☐	OH-LEL	Embraer 170-100STD (170LR)	17000139	ex PT-SED		Lsd fr Finnair Aircraft Finance
☐	OH-LEM	Embraer 170-100STD (170LR)	17000141	ex PT-SEF		
☐	OH-LEN	Embraer 170-100STD (170LR)	17000146	ex PT-SEK		Lsd fr Finnair Aircraft Finance
☐	OH-LEO	Embraer 170-100STD (170LR)	17000150	ex PT-SEO		
☐	OH-LKE	Embraer 190-100LR (190LR)	19000059	ex PT-SEW		Lsd fr Finnair Aircraft Finance
☐	OH-LKF	Embraer 190-100LR (190LR)	19000066	ex PT-SJE		Lsd fr Finnair Aircraft Finance
☐	OH-LKG	Embraer 190-100LR (190LR)	19000079	ex PT-SJV		
☐	OH-LKH	Embraer 190-100LR (190LR)	19000086	ex PT-SNE		
☐	OH-LKI	Embraer 190-100LR (190LR)	19000117	ex PT-SQL		
☐	OH-LKK	Embraer 190-100LR (190LR)	19000127	ex PT-SQW		
☐	OH-	Embraer 190-100LR (190LR)		ex PT-S	on order	
☐	OH-	Embraer 190-100LR (190LR)		ex PT-S	on order	
☐	OH-	Embraer 190-100LR (190LR)		ex PT-S	on order	
☐	OH-	Embraer 190-100LR (190LR)		ex PT-S	on order	
☐	OH-LGA	McDonnell-Douglas MD-11	48449/455		for RCF	Lsd fr BBAM
☐	OH-LGB	McDonnell-Douglas MD-11	48450/479		Moomin colours	Lsd fr BBAM
☐	OH-LGC	McDonnell-Douglas MD-11	48512/529		for RCF Lsd fr Finnair Aircraft Finance	

☐ OH-LGD	McDonnell-Douglas MD-11	48513/564			for RCF Lsd fr Finnair Aircraft Finance
☐ OH-LGE	McDonnell-Douglas MD-11	48780/624	ex P4-SWM		Lsd fr CBSA Partners
☐ OH-LGF	McDonnell-Douglas MD-11	48766/600	ex P4-BDL		Moomin colours Lsd fr Boeing Capital
☐ OH-LGG	McDonnell-Douglas MD-11ER	48753/608	ex PP-VQI		Lsd fr MDFC Lakewood

Member of oneworld alliance; Finncomm operates feeder services. 10.1% owned by FL Group, owners of Icelandair

FINNCOMM AIRLINES
Westbird (FC/WBA)   *Helsinki-Vantaa (HEL)*

☐ EI-REL	ATR 72-212A	748	ex F-WWEI		Lsd fr REA
☐ OH-ATA	ATR 42-500	641	ex F-WWLV		Lsd fr Lentoasemapalvelu Oy
☐ OH-ATB	ATR 42-500	643	ex F-WWLA		Lsd fr Lentoasemapalvelu Oy
☐ OH-ATC	ATR 42-500	651	ex F-WWLI		
☐ OH-ATD	ATR 42-500	655	ex F-WWLM		
☐ OH-ATE	ATR 72-212A	741	ex F-WWEB		Lsd fr EPL A/c Lease Three
☐ OH-ATF	ATR 72-212A	744	ex F-WWEE		Lsd fr EPL A/c Lease Three
☐ OH-ATG	ATR 72-212A	757	ex F-WWER		Lsd fr EPL A/c Lease Four
☐ OH-ATH	ATR 72-212A	769	ex F-WWEH	on order	Lsd fr EPL A/c Lease Five
☐ OH-ATI	ATR 42-500		ex F-WW	on order	
☐ OH-ATK	ATR 42-500		ex F-WW	on order	
☐ OH-ATL	ATR 42-500		ex F-WW	on order	

Five more ATR 72-212As are on order for delivery in 2009 -2011.

☐ OH-EBE	Embraer EMB.145LU (ERJ-145LU)	145351	ex HB-JAI		Lsd fr SWR
☐ OH-EBF	Embraer EMB.145LU (ERJ-145LU)	145387	ex HB-JAK		Lsd fr Celestial Avn
☐ OH-FAF*	SAAB SF.340B	340B-167	ex SE-F67		Lsd fr E-P:n Lentoasemapalvelu

Operates codeshare flights for Finnair; FinnComm is the trading name of Finnish Commuter Airlines; * subleased to GAO

OULU BUSINESS FLIGHT
Ceased operations

SCANWINGS
Skywings (ABF)   *Helsinki-Vantaa (HEL)*

☐ OH-BAX	Beech 65-C90 King Air	LJ-948	ex N4495U		Lsd fr Aerial Oy
☐ OH-BEX	Beech 65-C90 King Air	LJ-978	ex N725KR		Lsd fr Aerial Oy

TANGO
Lappeenranta (LPP)

☐ OK-CCD	SAAB SF.340B	340A-161	ex SE-KXH		Lsd fr CCG

Tango is the trading name of FlyLappeenranta; first service 21 January 2008.

TURKU AIR
Turku (TKU)

☐ OH-KYC	Piper PA-31-350 Chieftain	31-8052186	ex SE-KYC	
☐ OH-PNU	Piper PA-31-350 Navajo Chieftain	31-7752027	ex N62993	
☐ OH-PNX	Piper PA-31-350 Chieftain	31-8052040	ex ES-PAG	
☐ OH-PNY	Piper PA-31-350 Navajo Chieftain	31-7652079	ex LN-SAB	

UTIN LENTO
Utti

☐ OH-SIS	Cessna 208 Caravan I	20800105	ex LN-PBD	
☐ OH-USI	Cessna 208 Caravan I	20800275	ex N52639	

OK-   CZECH REPUBLIC

CENTRAL CONNECT AIRLINES
(3B/CCG)   *Ostrava (OSR)*

☐ OK-CCB	SAAB SF.340A	340A-087	ex SE-KUT		Lsd to OCA Intl
☐ OK-CCC	SAAB SF.340B	340B-208	ex YR-VGM		
☐ OK-CCD	SAAB SF.340B	340A-161	ex SE-KXH		Lsd to Tango
☐ OK-CCE	SAAB SF.340A	340A-108	ex N108CQ	Freighter	Op for UPS
☐ OK-CCF	SAAB SF.340A	340A-101	ex N101CN	Freighter	Op for UPS
☐ OK-CCG	SAAB SF.340A	340A-104	ex N104CQ	Freighter	Op for UPS
☐ OK-CCK	SAAB SF.340A	340A-078	ex SE-LSR		

Central Connect Airlines is a trading name of Job Air

CSA CZECH AIRLINES
CSA Lines (OK/CSA) (IATA 064)   *Prague-Ruzyne (PRG)*

☐ OK-CEC	Airbus A321-211	0674	ex C-GKOH	Nove mesto nad Metuji	Lsd fr GATX
☐ OK-CED	Airbus A321-211	0684	ex C-GKOJ	Havlickuv Brod	
					Lsd fr Macquarie AirFinance
☐ OK-GEA	Airbus A320-214	1439	ex CS-TQA	Roznov pod Radhostem	
					Lsd fr BOC Aviation

☐	OK-GEB	Airbus A320-214	1450	ex CS-TQB	Strakonice	Lsd fr BOC Aviation
☐	OK-LEE	Airbus A320-214	2719	ex F-WWDC		Lsd fr Begrant Leasing
☐	OK-LEF	Airbus A320-214	2758	ex F-WWDP		Lsd fr Begrant Leasing
☐	OK-LEG	Airbus A320-214	2789	ex F-WWBX		Lsd fr Begrant Leasing
☐	OK-MEH	Airbus A320-214	3031	ex F-WWBU		
☐	OK-MEI	Airbus A320-214	3060	ex F-WWDY		
☐	OK-MEJ	Airbus A320-214	3097	ex F-WWID		
☐	OK-MEK	Airbus A319-112	3043	ex D-AVWL		
☐	OK-MEL	Airbus A319-112	3094	ex D-AVWN		
☐	OK-NEM	Airbus A319-112	3406	ex D-AVYB	on order	
☐	OK-	Airbus A319-112		ex D-AV	on order	
☐	OK-	Airbus A319-112		ex D-AV	on order	
☐	OK-	Airbus A319-112		ex D-AV	on order	

Eight more Airbus A319-112s are on order for delivery in 2011 and 2012

☐	OK-JFJ	ATR 42-500	623	ex F-WWLD	Namest nad Oslavou	
☐	OK-JFK	ATR 42-500	625	ex F-WWLF	Slavkov u Brna	
☐	OK-JFL	ATR 42-500	629	ex F-WWLJ	Susice	
☐	OK-KFM	ATR 42-500	635	ex F-WWLP	Benesov	
☐	OK-KFN	ATR 42-500	637	ex F-WWLR	Prerov	
☐	OK-KFO	ATR 42-500	633	ex F-WQNL	Sokolov	
☐	OK-KFP	ATR 42-500	639	ex F-WWLT	Svitavy	
☐	OK-VFI	ATR 42-320	173	ex F-WQNE	Nebesky jezdec/Sky Rider	
						Lsd fr ATR Asset Mgt
☐	OK-XFA	ATR 72-202	285	ex F-WWLO	Cesky Krumlov	
☐	OK-XFB	ATR 72-202	297	ex F-WWLW	Znojmo	
☐	OK-XFC	ATR 72-202	299	ex F-WWLX	Nitra	
☐	OK-XFD	ATR 72-202	303	ex F-WWLB	Mlada Boleslav	
☐	OK-CGH	Boeing 737-55S	28469/2849		Usit nad Labem	
☐	OK-CGI	Boeing 737-49R	28882/2845	ex N461PR	Prostejov	Lsd fr KG A/c Lsg
☐	OK-CGJ	Boeing 737-55S	28470/2861		Hradec Kralove	
☐	OK-CGK	Boeing 737-55S	28471/2885		Pardubice	
☐	OK-CGT	Boeing 737-46M	28549/2844	ex OO-VEC	Pisek	Lsd fr BBAM
☐	OK-DGL	Boeing 737-55S	28472/3004		Tabor; 80th anniversary colours	
☐	OK-DGN	Boeing 737-45S	28474/3028		Trebic	
☐	OK-EGO	Boeing 737-55S	28475/3096		Jindrichuv Hradec	
☐	OK-EGP	Boeing 737-45S	28476/3103		Kladno	
☐	OK-FGR	Boeing 737-45S	28477/3131		Ostrava	
☐	OK-FGS*	Boeing 737-45S	28478/3132		Brno	
☐	OK-TEH	Boeing 737-45S	28473/3014	ex OK-DGM	Trebon	
☐	OK-VGZ	Boeing 737-4K5	24769/1839	ex EC-HXT	Policka	Lsd fr KG Aviation
☐	OK-WGD	Boeing 737-59D	25065/2028	ex LX-LGN	Rakovnik; for AUL	Lsd fr BBAM
☐	OK-WGX	Boeing 737-436	25349/2156	ex G-DOCD	Unicov	Lsd fr BBAM
☐	OK-WGY	Boeing 737-436	25839/2188	ex G-DOCI	Roudnice nad Labem	Lsd fr BBAM
☐	OK-XGA	Boeing 737-55S	26539/2300	ex (OO-SYL)	Plzen	
☐	OK-XGB	Boeing 737-55S	26540/2317	ex (OO-SYM)	Olomouc	
☐	OK-XGC	Boeing 737-55S	26541/2319	ex (OO-SYN)	Ceske Budejovice	
☐	OK-XGD	Boeing 737-55S	26542/2337	ex (OO-SYO)	Poprad	
☐	OK-XGE	Boeing 737-55S	26543/2339	ex (OO-SYP)	Kosice	

*Last 'Classic' 737 built

☐	OK-WAA	Airbus A310-304	564	ex F-WWCB	Praha	
☐	OK-WAB	Airbus A310-304	567	ex F-WWCD	Bratislava	
☐	OK-YAC	Airbus A310-325	672	ex F-OHPX	Zlin	Lsd fr Airbus
☐	OK-YAD	Airbus A310-325	674	ex F-OIHS	Frydek-Mistek	
						Lsd fr Airbus; sublsd to AIC

Member of SkyTeam alliance

JOB AIR
Believed to be operating as Central Connect Airlines

LR AIRLINES
Lady Racine (LRB)   *Ostrava (OSR)*

☐	OK-LRA	LET L-410UVP-E	892216	ex CCCP-67605	Lady Racine

SILVER AIR
Solid (SLD)   *Prague-Ruzyne (PRG)*

☐	OK-SLD	LET L-410UVP-E9	022634		Ceska Posta titles	
☐	OK-WDC	LET L-410UVP-E	912531			
☐	OK-WDT	LET L-410UVP-E	912615	ex CCCP-67684	DHL colours	Lsd fr VZLÚ

SKYDIVE & AIR SERVICE
Pribram-Dlouha Lhota

☐	OK-ASA	LET L-410UVP-E	902439	ex RA-67646	
☐	OK-SAS	LET L-410UVP	831040	ex RA-67412	
☐	OK-SKY	LET L-410UVP	851418	ex UR-67514	Lsd fr Aeronautical Research

SMARTWINGS
Skytravel (QS/TVS) (IATA 797)　　　　　　　　　　　　　　　　　　　　Prague-Ruzyne (PRG)

	OK-SWU	Boeing 737-522	26703/2498	ex N955UA	Lsd fr Orix Avn
	OK-SWV	Boeing 737-522	26696/2440	ex N951UA	Lsd fr Q Aviation, sublsd to KNE

Low-cost carrier, division of Travel Service Airlines

TIME AIR

	OK-GTJ	Beech 300 Super King Air	FA-223		
	OK-SUR	Cessna 421C Golden Eagle III	421C0861	ex D-IOAA	Op for Pony Express

TRAVEL SERVICE AIRLINES
Skytravel (QS/TVS) (IATA 797)　　　　　　　　　　　　　　　　　　　　Prague-Ruzyne (PRG)

	OK-TVA	Boeing 737-86N/W	32243/869	ex N1786B	Lsd fr GECAS: sublsd to OMA
	OK-TVB	Boeing 737-8CX/W	32362/1125		Lsd fr Macquarie AirFinance
	OK-TVC	Boeing 737-86Q/W	30278/963	ex N289CD	O2 colours　　Lsd fr Boullioun
	OK-TVD	Boeing 737-86N	28595/285	ex CN-RNO	Prague Airport
					Lsd fr GECAS; sublsd to KNE
	OK-TVE	Boeing 737-86Q/W	30294/1469		Lsd fr Boullioun; sublsd TVL
	OK-TVF	Boeing 737-8FH/W	29669/1692		Lsd fr RBS Avn Capital
	OK-TVG	Boeing 737-8Q8/W	30719/2257		Lsd fr ILFC
	OK-TVH	Boeing 737-8Q8/W	35275		on order　　Lsd fr ILFC
	OK-TVQ	Boeing 737-86N	28618/514	ex EC-ILX	Vitava　　Lsd fr GECAS; lsd to OMA
	OM-ASB	Boeing 757-236	24371/225	ex RP-C2715	Lsd fr SVK

Two Boeing 737-900ER/Ws are on order for delivery from 2009 plus two Boeing 787-800s from 2010
Travel Service Hungary (TVL) is a wholly owned subsidiary while Smart Wings is a sister company operating as a low-cost carrier. Is itself 50% owned by Icelandair Group and will sell a further 30% in September 2008.

VAN AIR EUROPE
(6Z/VAA)　　　　　　　　　　　　　　　　　　　　　　　　　　　　　　　　Brno-Turany

	OK-RDA	LET L-410UVP-E9	861813	ex HA-YFG	Lsd fr CSOB Lsg; op for Manx2
	OK-UBA	LET L-410UVP-E19	892319	ex SP-TXA	Op for Manx2

OM-　SLOVAKIA (Slovak Republic)

AIR SLOVAKIA
Slovakia (GM/SVK)　　　　　　　　　　　　　　　　　　　　　　　Bratislava-MR Stefanik (BTS)

	F-GIXA	Boeing 737-2K2C (AvAero 3)	20836/354	ex PH-TVC	Lsd fr Discovery A/l
	OM-ASA	Boeing 757-236	24370/218	ex RP-C2714	Lsd fr Pegasus
	OM-ASB	Boeing 757-236	24371/225	ex RP-C2715	Lsd fr Pegasus; lsd to TVS
	OM-ASC	Boeing 737-3Z9	23601/1254	ex OE-ILF	Lsd fr AUA
	OM-RAN	Boeing 737-230 (Nordam 3)	23156/1082	ex N621AC	Lsd fr Joda LLC
	OM-SNA	Boeing 757-27B	24135/165	ex N335FV	Lsd fr Finova

Purchased by new owner and to concentrate on flights to India

DUBNICA AIR
　　　　　　　　　　　　　　　　　　　　　　　　　　　　　　　　　　　　Slavnica

	OM-ODQ	LET L-410UVP	841320	ex OK-ODQ	
	OM-PGA	LET L-410UVP-T	820909	ex OM-DAA	
	OM-SAB	LET L-410MA	750405	ex 0405 Slovak AF	

SEAGLE AIR
Seagle (CGL)　　　　　　　　　　　　　　　　　　　　　　　　　　　　　　Trencin

	OM-HLA	Boeing 737-329	23773/1441	ex N773CT	Lsd fr CIT Group
	OM-HLB	LET L-410UVP-E3	871914	ex Soviet AF 1914	Air Becker Avionic titles

Seagle Jet have ICAO code SKJ allocated

SKYEUROPE AIRLINES
Relax (NE/ESK)　　　　　　　　　　　　　　　　　　　　　　　Bratislava-MR Stefanik (BTS)

	OM-NGA	Boeing 737-76N/W	32684/1889	ex N1795B	Lsd fr Celestial Avn
	OM-NGB	Boeing 737-76N/W	32695/1919		Lsd fr GECAS
	OM-NGC	Boeing 737-76N/W	32696/1922		Lsd fr GECAS
	OM-NGD	Boeing 737-76N/W	32674/1952		Lsd fr GECAS
	OM-NGE	Boeing 737-76N/W	32676/1974		Lsd fr GECAS
	OM-NGF	Boeing 737-76N/W	32680/2089		Lsd fr GECAS
	OM-NGG	Boeing 737-76N/W	34753/2165		Lsd fr GECAS
	OM-NGH	Boeing 737-76N/W	34754/2172		Lsd fr GECAS
	OM-NGJ	Boeing 737-76N/W	34755/2187		Lsd fr GECAS
	OM-NGK	Boeing 737-76N/W	34756/2208	ex N1779B	Lsd fr GECAS

☐	OM-NGL	Boeing 737-76N/W	34757/2241			Lsd fr GECAS
☐	OM-NGM	Boeing 737-76N/W	34758/2266	ex HA-LKM		Lsd fr GECAS
☐	OM-NGN	Boeing 737-76N/W	34759/2320			Lsd fr GECAS
☐	OM-NGP	Boeing 737-76N/W	34760/2352			Lsd fr GECAS
☐	OM-	Boeing 737-76N/W			on order	
☐	OM-	Boeing 737-76N/W			on order	
☐	OM-	Boeing 737-76N/W			on order	
☐	OM-	Boeing 737-76N/W			on order	
☐	OM-	Boeing 737-76N/W			on order	

SLOVAK AIRLINES
Fleet repossessed by Austrian Airlines (62% owner) after problems with debt agreement with Slovak government and ceased operations 30 January 2007

SLOVAK GOVERNMENT FLYING SERVICE
Slovak Government (SSG)   *Bratislava-MR Stefanik (BTS)*

☐	OM-BYE	Yakovlev Yak-40	9440338	ex OK-BYE	VIP
☐	OM-BYL	Yakovlev Yak-40	9940560	ex OK-BYL	VIP
☐	OM-BYO	Tupolev Tu-154M	89A-803	ex OK-BYO	
☐	OM-BYR	Tupolev Tu-154M	98A-1012		VIP

Operate charter services as well as Government VIP flights

OO- BELGIUM (Kingdom of Belgium)

AIR LIMO
Ceased operations

AIR SERVICE LIEGE
Liege (LGG)

☐	OO-ASL	Beech B200C Super King Air	BL49	ex OK-LFB	
☐	OO-GMJ	Beech B300 Super King Air	FL-460	ex D-CGMJ	
☐	OO-LET	Beech B200 Super King Air	BB-1473		
☐	OO-PHB	Beech 1900D	UE-106	ex N106UE	Mr Blue Sky

Also operate a fleet of corporate aircraft, Air Service Liege is trading name of ASL NV

AIRVENTURE
Venture Liner (RVE)   *Antwerp-Deurne (ANR)*

☐	OO-SXC	Embraer EMB.121A Xingu	121042	ex PT-MBJ	EMS

BRUSSELS AIRLINES
Estail (TV/DAT) (IATA 082)   *Brussels-National (BRU)*

Formed from merger of SN Brussels Airlines and Virgin Express 25 March 2007

☐	OO-DJK	Avro 146-RJ85	E2271	ex G-6-271	
☐	OO-DJL	Avro 146-RJ85	E2273	ex G-6-273	
☐	OO-DJN	Avro 146-RJ85	E2275	ex G-6-275	
☐	OO-DJO	Avro 146-RJ85	E2279	ex G-6-279	
☐	OO-DJP	Avro 146-RJ85	E2287	ex G-6-287	
☐	OO-DJQ	Avro 146-RJ85	E2289	ex G-6-289	
☐	OO-DJR	Avro 146-RJ85	E2290	ex G-6-290	
☐	OO-DJS	Avro 146-RJ85	E2292	ex G-6-292	
☐	OO-DJT	Avro 146-RJ85	E2294	ex G-6-294	
☐	OO-DJV	Avro 146-RJ85	E2295	ex G-6-295	
☐	OO-DJW	Avro 146-RJ85	E2296	ex G-6-296	
☐	OO-DJX	Avro 146-RJ85	E2297	ex G-6-297	
☐	OO-DJY	Avro 146-RJ85	E2302	ex G-6-302	
☐	OO-DJZ	Avro 146-RJ85	E2305	ex G-6-305	
☐	OO-DWA	Avro 146-RJ100	E3308	ex G-BXEU	
☐	OO-DWB	Avro 146-RJ100	E3315	ex G-6-315	
☐	OO-DWC	Avro 146-RJ100	E3322	ex G-6-322	
☐	OO-DWD	Avro 146-RJ100	E3324	ex G-6-324	
☐	OO-DWE	Avro 146-RJ100	E3327	ex G-6-327	
☐	OO-DWF	Avro 146-RJ100	E3332	ex G-6-332	
☐	OO-DWG	Avro 146-RJ100	E3336	ex G-6-336	
☐	OO-DWH	Avro 146-RJ100	E3340	ex G-6-340	
☐	OO-DWI	Avro 146-RJ100	E3342	ex G-6-342	
☐	OO-DWJ	Avro 146-RJ100	E3355	ex G-6-355	Lsd fr Jeremy Ltd
☐	OO-DWK	Avro 146-RJ100	E3360	ex G-6-360	Lsd fr Jeremy Ltd
☐	OO-DWL	Avro 146-RJ100	E3361	ex G-6-361	Lsd fr Jeremy Ltd
☐	OO-DJE	British Aerospace 146 Srs.200	E2164	ex G-6-164	
☐	OO-DJF	British Aerospace 146 Srs.200	E2167	ex G-6-167	
☐	OO-DJG	British Aerospace 146 Srs.200	E2180	ex G-BSZZ	
☐	OO-DJH	British Aerospace 146 Srs.200	E2172	ex G-BSSG	
☐	OO-DJJ	British Aerospace 146 Srs.200	E2196	ex SE-DRM	Lsd to Air DC
☐	OO-MJE	British Aerospace 146 Srs.200	E2192	ex G-6-192	Lsd to Air DC

☐	OO-SFM	Airbus A330-301	030	ex F-GMDA		Lsd fr AerCap
☐	OO-SFN	Airbus A330-301	037	ex F-GMDB		Lsd fr AerCap
☐	OO-SFO	Airbus A330-301	045	ex F-GMDC		Lsd fr AerCap
☐	OO-SFW	Airbus A330-322	082	ex EI-DVB		Lsd fr Bella A/c Lsg
☐	OO-SSG	Airbus A319-112	1160	ex EI-CZF		Lsd fr Pembroke
☐	OO-SSK	Airbus A319-112	1336	ex F-WQRU		Lsd fr Margritte Lsg
☐	OO-SSM	Airbus A319-112	1388	ex F-WQRV		Lsd fr Margritte Lsg
☐	OO-LTM	Boeing 737-3M8	25070/2037	ex F-GMTM		Lsd fr Locabel
☐	OO-VBR	Boeing 737-4Y0	24314/1680	ex F-GMBR	all-white	Lsd fr GECAS
☐	OO-VEG	Boeing 737-36N/W	28568/2987	ex EI-TVQ		Lsd fr GECAS
☐	OO-VEH	Boeing 737-36N/W	28571/3022	ex EI-TVR		Lsd fr GECAS
☐	OO-VEJ	Boeing 737-405	24271/1738	ex LN-BRB		Lsd fr AerCap
☐	OO-VEK	Boeing 737-405	24270/1726	ex LN-BRA		Lsd fr AerCap
☐	OO-VEN	Boeing 737-36N	28586/3090	ex EI-TVN		Lsd fr GECAS
☐	OO-VEP	Boeing 737-43Q	28489/2827	ex VH-VGA		Lsd fr AFT Trust
☐	OO-VES	Boeing 737-43Q	28493/2838	ex VH-VGE		Lsd fr Boullioun
☐	OO-VEX	Boeing 737-36N/W	28670/2948	ex EI-TVS		Lsd fr GECAS
☐	OO-	Boeing 737-4Q8	28202/3009	ex VT-SJB	on order	Lsd fr ILFC

CARGO B AIRLINES
(CBB)   *Brussels-National (BRU)*

☐	OO-CBA	Boeing 747-228F	24158/714	ex F-GCBK		Lsd fr 3P Air Freighters
☐	OO-CBB	Boeing 747-243F	22545/545	ex VP-BIA		Lsd fr 3P Air Freighters
☐	OO-	Boeing 747-243M	22506/492	ex VP-BIB	Freighter; on order	Lsd fr Adventar

Cargo B Airlines is the trading name of Cargo Belgium Airlines

EUROPEAN AIR TRANSPORT
Eurotrans (QY/BCS) (IATA 615)   *Brussels-National (BRU)*

☐	OO-DIB	Airbus A300B4-203F	274	ex EI-DHL		Lsd fr C-S Avn Svcs
☐	OO-DIC	Airbus A300B4-203F	220	ex EI-SAF		Lsd fr C-S Avn Svcs
☐	OO-DID	Airbus A300B4-203F	235	ex N307FV		Lsd fr Aircraft 235
☐	OO-DIF	Airbus A300B4-103F	148	ex EI-OZA		
☐	OO-DLC	Airbus A300B4-203F	152	ex D-ASAD		Lsd fr Safair Lease Finance
☐	OO-DLD	Airbus A300B4-203F	259	ex N865PA		Lsd fr Safair Lease Finance
☐	OO-DLE	Airbus A300B4-203F	236	ex N222KW		Lsd fr Safair Lease Finance
☐	OO-DLG	Airbus A300B4-203F	208	ex N212PA		Lsd fr Safair Lease Finance
☐	OO-DLI	Airbus A300B4-203F	234	ex F-WHPS		Lsd fr Safair Lease Finance
☐	OO-DLR	Airbus A300B4-203F	095	ex EC-JHO		
☐	OO-DLT	Airbus A300B4-203F	250	ex EI-EAC		
☐	OO-DLU	Airbus A300B4-203F	289	ex EI-EAD		Lsd fr Hull 753 Corp
☐	OO-DLV	Airbus A300B4-203F	150	ex EI-EAA		
☐	OO-DLW	Airbus A300B4-203F	199	ex EI-EAB		
☐	OO-DLY	Airbus A300B4-203F	116	ex EI-EAT		
☐	OO-DLZ	Airbus A300B4-203F	219	ex N474AS		Lsd fr DMCMAG
☐	OO-DLJ	Boeing 757-23APF	24971/340	ex N573CA		
☐	OO-DLN	Boeing 757-236 (SF)	22172/9	ex G-BIKA		Lsd fr Boeing Capital
☐	OO-DLP	Boeing 757-236 (SF)	22179/24	ex G-BIKH		Lsd fr Boeing Capital
☐	OO-DLQ	Boeing 757-236 (SF)	22175/13	ex G-BIKD		Lsd fr Boeing Capital
☐	OO-DPB	Boeing 757-236 (SF)	22183/32	ex G-BIKL		Lsd fr Boeing Capital
☐	OO-DPF	Boeing 757-236 (SF)	22173/10	ex G-BIKB		Lsd fr Boeing Capital
☐	OO-DPI*	Boeing 757-236 (SF)	24102/179	ex G-BMRG		Lsd fr Boeing Capital
☐	OO-DPJ	Boeing 757-236 (SF)	23493/90	ex G-BIKX		Lsd fr Boeing Capital
☐	OO-DPK	Boeing 757-236 (SF)	23492/89	ex G-BIKW		Lsd fr Boeing Capital
☐	OO-DPL*	Boeing 757-236 (SF)	24267/211	ex G-BMRI		Lsd fr Boeing Capital
☐	OO-DPM	Boeing 757-236 (SF)	22189/58	ex G-BIKR		Lsd fr Boeing Capital
☐	OO-DPN	Boeing 757-236 (SF)	23533/93	ex G-BIKY		Lsd fr Boeing Capital
☐	OO-DPO	Boeing 757-236 (SF)	23398/77	ex G-BIKT		Lsd fr Boeing Capital
☐	VT-BDM*	Boeing 757-23N (SF)	27598/692	ex EI-LTA		Lsd fr Fastway Lsg

*Subleased to Blue Dart Aviation
A wholly owned subsidiary of DHL Worldwide Express and aircraft operate in full DHL colours
To relocate to Leipzig by 2008; six Boeing 767-300Fs are on order

JETAIRFLY
Beauty (TB/JAF)   *Brussels-National (BRU)*

☐	OO-JAF	Boeing 737-8K5	35133/2313	ex N1780B	Smile	Lsd fr TUI AG
☐	OO-JAM	Boeing 737-46J	28867/2879	ex D-AYAC		Lsd fr Guggenheim
☐	OO-JAT	Boeing 737-5K5	24927/1968	ex D-AHLF		Lsd fr TUI AG
☐	OO-TUA	Boeing 737-4K5	24127/1707	ex D-AHLL	Passion	Lsd fr TUI AG
☐	OO-TUB	Boeing 737-4K5	27831/2677	ex D-AHLU	Devotion	Lsd fr TUI AG
☐	OO-VAC	Boeing 737-8BK/W	33014/1367	ex N334CT	Rising Sun	Lsd fr CIT Group
☐	OO-VAS	Boeing 737-86Q/W	30285/1237	ex N712BA	Welcome	Lsd fr Boullioun
☐	OO-TUC	Boeing 767-341ER	24844/324	ex N484TC	Discover	Lsd fr Itochu
☐	OO-TUF	Fokker F.28-0100 (Fokker 100)	11373	ex (OM-AAC)	Distinction	Lsd fr Pembroke

JetAirfly is the trading name of TUI Airlines Belgium, member of TUI Airline Management; to join TUIfly in 2008

NOORDZEE HELIKOPTERS VLAANDEREN
Ostend /Antwerp-Deurne/Kortrijk-Wevelgem (OST/ANR/KJK)

☐	OO-ECB	Eurocopter EC.120B Colibri	1096	ex F-WQDK		
☐	OO-EMS	MD Helicopters MD900 Explorer	900-00020	ex SE-JCG	EMS	
☐	OO-NHB	Eurocopter EC.145B	9083		EMS	Lsd fr KBC Lease
☐	OO-NHC	Aerospatiale AS.365N2 Dauphin 2	6540	ex F-GXXB		Lsd to LTR
☐	OO-NHF	MD Helicopters MD900 Explorer	900-00015	ex N9015P	EMS	
☐	OO-NHU	Aerospatiale AS.365SR Dauphin	6665	ex F-WWOS	Flipper 2	
☐	OO-NHV	Aerospatiale AS.365N2 Dauphin 2	6510	ex F-WWQZ	Flipper 1	
☐	OO-NHX	Aerospatiale AS.365N3 Dauphin 2	6706	ex OY-HMO		
☐	OO-NHY	Aerospatiale AS.365N3 Dauphin 2	6754			Lsd fr ING Equipment
☐	OO-NHZ	Aerospatiale AS.365N2 Dauphin 2	6450	ex N4H	EMS; Flipper 3	

Associated with Sky Service

SKY SERVICE
Sky Service (SKS)   *Kortrijk-Wevelgem (KJK)*

☐	OO-LAC	Beech 200C Super King Air	BL-16	ex F-GLTX	
☐	OO-SKL	Beech B200 Super King Air	BB-1348	ex D2-EST	
☐	OO-SKM	Beech B200 Super King Air	BB-1407	ex D2-ESQ	
☐	OO-VHV	Beech 65-E90 King Air	LW-316	ex N77WZ	

THOMAS COOK AIRLINES BELGIUM
Thomas Cook (FQ/TCW) (IATA 583)   *Brussels-National (BRU)*

☐	OO-TCI	Airbus A320-214	1975	ex EI-DBD	relax	Lsd fr O'Farrell Lsg
☐	OO-TCJ	Airbus A320-214	1787	ex EI-DBC	inspire	Lsd fr O'Farrell Lsg
☐	OO-TCK	Airbus A320-212	0343	ex F-OHFT	enjoy	Lsd fr Macquarie AirFinance
☐	OO-TCL	Airbus A320-212	0436	ex F-GJVU	discover	Lsd fr Macquarie AirFinance
☐	OO-TCM	Airbus A320-212	0420	ex F-GJVX	explore	Lsd fr Macquarie AirFinance
☐	OO-TCN	Airbus A320-232	0425	ex SX-BVA		Lsd fr CIT Group
☐	OO-TCO	Airbus A320-214	1306	ex G-OOAP		Lsd ACG Acquisitions

To merge with MyTravel under the Thomas Cook name

TNT AIRWAYS
Quality (3V/TAY) (IATA 163)   *Liege (LGG)*

☐	EC-HQT	Airbus A300B4-203F	124	ex G-TNTS	Op by PNR
☐	EC-HVZ	Airbus A300B4-203F	227	ex N223KW	Op by PNR
☐	OO-TZA	Airbus A300B4-203F	155	ex G-TNTI	Ad Scheepbouwer
☐	OO-TZB	Airbus A300B4-203F	261	ex N229KW	
☐	OO-TZC	Airbus A300B4-203F	210	ex N210TN	
☐	OO-TZD	Airbus A300B4-203F	247	ex F-WWAO	
☐	EC-ELT	British Aerospace 146 Srs.200QT	E2102	ex EC-198	Op by PNR
☐	EC-FVY	British Aerospace 146 Srs.200QT	E2117	ex EC-615	Op by PNR
☐	EC-FZE	British Aerospace 146 Srs.200QT	E2105	ex EC-719	Op by PNR
☐	EC-GQO	British Aerospace 146 Srs.200QT	E2086	ex D-ADEI	Op by PNR
☐	EC-HDH	British Aerospace 146 Srs.200QT	E2056	ex G-TNTA	Op by PNR
☐	EC-HJH	British Aerospace 146 Srs.200QT	E2112	ex G-BOMK	Op by PNR
☐	OO-TAA	British Aerospace 146 Srs.300QT	E3151	ex G-TNTR	
☐	OO-TAD	British Aerospace 146 Srs.300QT	E3166	ex G-TNTM	
☐	OO-TAE	British Aerospace 146 Srs.300QT	E3182	ex G-TNTG	
☐	OO-TAF	British Aerospace 146 Srs.300QT	E3186	ex G-TNTK	
☐	OO-TAH	British Aerospace 146 Srs.300QT	E3168	ex G-TNTL	
☐	OO-TAJ	British Aerospace 146 Srs.300QT	E3153	ex G-TNTE	
☐	OO-TAK	British Aerospace 146 Srs.300QT	E3150	ex G-TJPM	
☐	OO-TAR	British Aerospace 146 Srs.300QT	E2067	ex G-TNTB	
☐	OO-TAS	British Aerospace 146 Srs.300QT	E3154	ex EC-FFY	
☐	OO-TAU	British Aerospace 146 Srs.200QT	E2100	ex EC-GQP	
☐	OO-TAW	British Aerospace 146 Srs.200QT	E2089	ex EC-EPA	
☐	OO-TAY	British Aerospace 146 Srs.200 (QC)	E2211	ex F-GOMA	Lsd fr TNT Jet Svs
☐	OO-TAZ	British Aerospace 146 Srs.200 (QC)	E2188	ex F-GLNI	Lsd fr TNT Jet Svs
☐	OO-TNA	Boeing 737-3T0 (SF)	23569/1258	ex N13331	Lsd fr AFS Investments IX
☐	OO-TNB	Boeing 737-3T0 (SF)	23578/1358	ex N39340	Lsd fr Polaris Lsg
☐	OO-TNC	Boeing 737-301 (SF)	23513/1327	ex N559AU	Lsd fr Avn Financial Svs
☐	OO-TNE	Boeing 737-3Q8 (SF)	23535/1301	ex TF-ELQ	Lsd fr Avn Financial Svs
☐	OO-TNF	Boeing 737-3Q8 (QC)	24131/1641	ex N241MT	Lsd fr Avn Financial Svs
☐	OO-TNG	Boeing 737-3Y0 (QC)	24255/1625	ex N255CF	Lsd fr GECAS
☐	OO-TNH	Boeing 737-301 (SF)	23930/1539	ex N585US	Lsd fr Celestial Avn
☐	OO-TNI	Boeing 737-301 (SF)	23512/1291	ex N94417	Lsd fr Celestial Avn
☐	OO-TNJ	Boeing 737-301 (SF)	23260/1146	ex N325AW	Lsd fr Celestial Avn
☐	OO-TNK	Boeing 737-301 (SF)	23258/1126	ex N326AW	Lsd fr Celestial Avn
☐	OO-THA	Boeing 747-4HAERF	35232/1381		Lsd fr Guggenheim
☐	OO-THB	Boeing 747-4HAERF	35234/1386		Lsd fr Guggenheim
☐	OO-THC	Boeing 747-4HAERF	35235/1389	ex N50217	Lsd fr Guggenheim; op for UAE
☐	OO-THD	Boeing 747-4HAERF	35236/1399		Lsd fr Guggenheim; op for UAE

VLM AIRLINES
Rubens (NN/VLM)   *Antwerp-Deurne (ANR)*

☐ OO-VLE	Fokker F.27 Mk 050 (Fokker 50)	20132	ex PH-ARG	City of Southampton	Lsd fr Frevag
☐ (OO-VLF)	Fokker F.27 Mk 050 (Fokker 50)	20208	ex PH-DMT		Op by DNM
☐ OO-VLI	Fokker F.27 Mk 050 (Fokker 50)	20226	ex PH-JXC	Vanessa de Coster	
					Lsd fr Brazilian Finance
☐ OO-VLJ*	Fokker F.27 Mk 050 (Fokker 50)	20105	ex PH-ARE	Isle of Man	
☐ OO-VLK+	Fokker F.27 Mk 050 (Fokker 50)	20122	ex PH-FZF	City of Antwerp	
☐ OO-VLL	Fokker F.27 Mk 050 (Fokker 50)	20144	ex TF-JMG	City of Groningen	Lsd fr Elmo Avn
☐ OO-VLM	Fokker F.27 Mk 050 (Fokker 50)	20135	ex PH-VLM	Claire Stevens	
☐ OO-VLN	Fokker F.27 Mk 050 (Fokker 50)	20145	ex PH-VLN	City of Reenstar	Lsd fr Mass Holding
☐ OO-VLO	Fokker F.27 Mk 050 (Fokker 50)	20127	ex ES-AFL	Trade Winds	Lsd fr Finova
☐ (OO-VLP)	Fokker F.27 Mk 050 (Fokker 50)	20209	ex PH-DMS	all-white	Op by DNM
☐ OO-VLQ	Fokker F.27 Mk 050 (Fokker 50)	20159	ex EC-GBH	City of Manchester	Lsd fr Frevag
☐ OO-VLR*	Fokker F.27 Mk 050 (Fokker 50)	20121	ex PH-ARF	City of Brussels	
☐ OO-VLS	Fokker F.27 Mk 050 (Fokker 50)	20109	ex EC-GBG	City of Hamburg	Lsd fr Frevag
☐ OO-VLT	Fokker F.27 Mk 050 (Fokker 50)	20237	ex PH-JXM		
☐ OO-VLV	Fokker F.27 Mk 050 (Fokker 50)	20160	ex EC-GDD	Island of Jersey	Lsd fr Frevag
☐ OO-VLX+	Fokker F.27 Mk 050 (Fokker 50)	20177	ex PH-ZFD	City of Luxembourg	
☐ OO-VLY+	Fokker F.27 Mk 050 (Fokker 50)	20181	ex PH-ZFC	City of Liverpool	
☐ OO-VLZ	Fokker F.27 Mk 050 (Fokker 50)	20264	ex TF-JMU	City of Rotterdam	Lsd fr Elmo Avn

+Leased from AeroCentury   *Leased from AerCap

☐ G-BPNT	British Aerospace 146 Srs.300	E3126			Lsd fr FLT

To be acquired by Air France-KLM Group and cooperate with CityJet at London City

OY- DENMARK (Kingdom of Denmark)

AIR ALPHA GREENLAND
Air Alpha (GD/AHA)   *Nuuk-Godthaab (GOH)*

☐ OY-HIB	Bell 222U	47519	ex D-HCED	
☐ OY-HIC	Bell 222U	47522	ex PT-HXC	
☐ OY-HIG	Bell 222B	47132	ex N222LB	

AIR GREENLAND
Greenlandair (GL/GRL)   *Nuuk-Godthaab (GOH)*

☐ OY-HGA	Aerospatiale AS.350B2 Ecureuil	2600		
☐ OY-HGK	Aerospatiale AS.350B2 Ecureuil	2570	ex C-FNJW	Lsd fr Helicopter Lsg Grp
☐ OY-HGN	Aerospatiale AS.350B3 Ecureuil	3913		Lsd fr Elcon Finans
☐ OY-HGO	Aerospatiale AS.350B3 Ecureuil	3919		
☐ OY-HGP	Aerospatiale AS.350B3 Ecureuil	4062		
☐ OY-HGR	Aerospatiale AS.350B3 Ecureuil	4089		
☐ OY-HGS	Aerospatiale AS.350B3 Ecureuil	4226		
☐ OY-HIZ	Aerospatiale AS.350B3 Ecureuil	3727	ex LN-ODM	
☐ OY-CBT	de Havilland DHC-7-103	10	ex C-GRQB-X	Papikkaaq
☐ OY-CBU	de Havilland DHC-7-103	20		Nipiki
☐ OY-CTC	de Havilland DHC-7-102	101	ex G-BNDC	Minniki
☐ OY-GRD	de Havilland DHC-7-103	9	ex A6-ALM	Sapangaq
☐ OY-GRE	de Havilland DHC-7-103	106	ex N54026	Taateraaq
☐ OY-GRF	de Havilland DHC-7-102	113	ex OE-LLU	Sululik
☐ OY-ATY	de Havilland DHC-6 Twin Otter 300	561	ex C-GRZH	Naaja
☐ OY-GRL+	Boeing 757-236	25620/449	ex TF-GRL	Kunuunnguaq
☐ OY-GRN^	Airbus A330-223	230	ex F-WIHL	Norsaq
☐ OY-HAF	Sikorsky S-61N	61267	ex N10045	Nattoralik
☐ OY-HAG	Sikorsky S-61N	61268	ex N10046	Kussak
☐ OY-HCY	Bell 212	31166		Piseeq 2
☐ OY-HDM	Bell 212	31142	ex N57545	
☐ OY-HDN	Bell 212	31136	ex N5752K	Miteq
☐ OY-HGZ	Sikorsky S-61N	61764	ex LN-OQM	
☐ OY-HIA	Bell 222UT	47529	ex TC-HCS	
☐ OY-HID	Bell 222U	47548	ex D-HCAN	
☐ OY-HIE	Bell 222U	47501	ex D-HUKM	
☐ OY-HIF	Bell 222UT	47512	ex N256SP	
☐ OY-HMD	Bell 212	31125	ex LN-ORI	
☐ OY-PCL	Beech 200 Super King Air	BB-1675	ex N2355Z	
☐ OY-POF	de Havilland DHC-6 Twin Otter 300	235	ex N6868	

+Leased from FIH Leasing   ^ Leased from Credit Agricole Indosuez
37.5% owned by SAS

ATLANTIC AIRWAYS
Faroeline (RC/FLI)   *Vagar (FAE)*

☐ OY-HMB	Bell 212	30686	ex LN-OSR	
☐ OY-HSJ	Bell 412	36069	ex N412SX	

☐	OY-HSR	Bell 412EP		36133	ex N62734	
☐	OY-FJE	Avro 146-RJ100		E3234	ex G-CCTB	Lsd fr Trident Jet Lsg
☐	OY-RCA	British Aerospace 146 Srs.200A		E2045	ex G-CLHE	
☐	OY-RCB	British Aerospace 146 Srs.200		E2094	ex SE-DRD	
☐	OY-RCC	Avro 146-RJ100		E3357	ex HB-IYX	
☐	OY-RCD	Avro 146-RJ85		E2235	ex HB-IXK	Lsd fr Kalidas
☐	OY-RCE	Avro 146-RJ85		E2233	ex HB-IXH	
☐	OY-RCW	British Aerospace 146 Srs.200		E2115	ex SE-DRA	Lsd fr BAES
☐	OY-	Avro 146-RJ100		E3298	ex G-BXAR	on order Lsd fr Trident Jet Lsg

ATLANTIC HELICOPTERS
Integrated into Atlantic Airways

BENAIR AIR SERVICE
Birdie (BDI)   *Stauning (STA)*

☐	OY-ARJ	Cessna 414		414-0614	ex D-IAWM	
☐	OY-BJP	Swearingen SA.227AC Metro III		AC-499	ex F-GHVG	Lsd fr Alebco
☐	OY-HDD	Bell 206B JetRanger III		3649	ex N130S	
☐	OY-MUG	Short SD.3-60		SH3716	ex G-BNDM	all-white Lsd fr Alebco
☐	OY-PBH	LET L-410UVP-E20		972736	ex OK-EDA	Lsd fr Alebco
☐	OY-PBI	LET L-410UVP-E20		871936	ex OK-SDM	Lsd fr Alebco
☐	OY-PBW	Short SD.3-60		SH3760	ex VH-SEG	Lsd fr Alebco

Subsidiary of Hangar 5 Airservices

CHC DENMARK
Helibird (HBI)   *Esbjerg (EBJ)*

☐	OY-HDT	Aerospatiale AS.332L Super Puma	2017	ex G-BWHN	Lsd fr CHC Helicopters Intl
☐	OY-HEO	Aerospatiale AS.332L Super Puma	2007	ex G-CHCA	Lsd fr North Denes Aerodrome Ltd
☐	OY-HHA	Aerospatiale AS.332L Super Puma	2015	ex G-CHCB	Lsd fr CHC Helicopters Intl
☐	OY-HHC	Aerospatiale AS.332L Super Puma	2179	ex G-BOZK	Lsd fr CHC Scotia
☐	OY-HKA	Sikorsky S-92A	920046	ex N8052Z	Lsd fr National Australia Bank
☐	OY-HKB	Sikorsky S-92A	920058	ex N4502X	Lsd fr National Australia Bank
☐	OY-HKC	Sikorsky S-92A	920060	ex N4503U	Lsd fr Lloyds TSB General Lsg

CIMBER AIR
Cimber (QI/CIM) (IATA 647)   *Sonderborg (SGD)*

☐	OY-CIG	ATR 42-300		019	ex YU-ALL	Lsd fr Cimber Air Lsg
☐	OY-CIJ	ATR 42-500		497	ex F-WWLR	Lsd to OMA as A4O-AL
☐	OY-CIK	ATR 42-500		501	ex F-WWEE	Lsd to OMA as A4O-AM
☐	OY-CIL	ATR 42-500		514	ex F-WWLO	
☐	OY-CIM	ATR 72-212A		468	ex F-WWLV	Lsd to IBB as EC-JCR
☐	OY-CIN	ATR 72-212A		568	ex F-WWEH	
☐	OY-CIO	ATR 72-212A		595	ex EC-JCF	Lsd to MAU as 3B-NBK
☐	OY-RTC	ATR 72-202		508	ex F-WQNK	Lsd fr ATRiam Capital
☐	OY-RTD	ATR 72-211		509	ex F-OHFQ	Lsd fr ATRiam Capital
☐	OY-RTF	ATR 72-202		496	ex F-WQNL	Lsd fr ATRiam Capital
☐	OY-RTH	ATR 42-500		549	ex D-BLLL	Lsd fr EWG
☐	OY-MAV	Canadair CL-600-2B19 (CRJ-200LR)		7386	ex G-MSKS	Lsd fr Maersk Aircraft; op for AFR
☐	OY-MBI	Canadair CL-600-2B19 (CRJ-200LR)		7436	ex G-MSKT	Lsd fr Maersk Aircraft
☐	OY-MBJ	Canadair CL-600-2B19 (CRJ-200LR)		7442	ex G-MSKU	Lsd fr Maersk Aircraft; op for SAS
☐	OY-MBT	Canadair CL-600-2B19 (CRJ-200LR)		7617	ex C-GKDI	Lsd fr Maersk Aircraft
☐	OY-MBU	Canadair CL-600-2B19 (CRJ-200LR)		7373	ex G-MSKR	Lsd fr Maersk Aircraft; op for SAS
☐	OY-RJA	Canadair CL-600-2B19 (CRJ-200LR)		7413	ex D-ACIM	Lsd fr GOAL
☐	OY-RJB	Canadair CL-600-2B19 (CRJ-200LR)		7419	ex D-ACIN	all-white Op for Air France
☐	OY-RJC	Canadair CL-600-2B19 (CRJ-200LR)		7015	ex D-ACLF	Lsd fr Nordic Avn Contractor
☐	OY-RJD	Canadair CL-600-2B19 (CRJ-200LR)		7007	ex D-ACLH	Lsd fr Nordic Avn Contractor
☐	OY-RJE	Canadair CL-600-2B19 (CRJ-200LR)		7009	ex C-FMUQ	Lsd fr Nordic Avn Contractor
☐	OY-RJF	Canadair CL-600-2B19 (CRJ-200LR)		7019	ex C-FMUR	Lsd fr Nordic Avn Contractor
☐	OY-RJG	Canadair CL-600-2B19 (CRJ-200LR)		7104	ex D-ACLU	Lsd fr Nordic Avn Contractor
☐	OY-RJH	Canadair CL-600-2B19 (CRJ-200LR)		7090	ex D-ACLS	Lsd fr JL Tanja Lease
☐	OY-RJJ	Canadair CL-600-2B19 (CRJ-200ER)		7784	ex HA-LNC	

COPENHAGEN AIRTAXI
Aircat (CAT)   *Copenhagen-Roskilde (RKE)*

☐	OY-CAC	Partenavia P.68B		179	
☐	OY-CAT	Britten-Norman BN-2B-26 Islander		2224	ex EC-FFZ
☐	OY-CDC	Partenavia P.68C		211	ex D-GEMD

DANCOPTER
                                                                              Holsted Heliport & Esbjerg (-/EBJ)

☐	OY-HJP	Eurocopter EC.155B1		6655	ex F-WWOI Lsd fr Helicopter Transportation Grp
☐	OY-HSK	Eurocopter EC.155B1		6660	ex N155EW
☐	OY-HSL	Eurocopter EC.155B1		6658	Lsd fr Helicopter Transportation Grp

DANISH AIR TRANSPORT
Danish (DX/DTR) *Kolding-Vamdrup*

☐ LY-DOT	ATR 42-300		176	ex OY-MUK	Lsd fr Alebco Corp; Op for Vildanden
☐ LY-RUM	ATR 42-300		010	ex OY-RUM	Lsd to DNU
☐ OY-CIR*	ATR 42-310		107	ex F-GHPX	Lsd fr Shooting Star Investments
☐ OY-CIU	ATR 42-310		112	ex C-FIQB	Lsd fr Shooting Star Investments
☐ OY-JRJ	ATR 42-320		036	ex F-WQIS	based BSG
☐ OY-JRY	ATR 42-300		063	ex F-WQOC	Lsd fr ATR Asset Mgt
☐ OY-RUB	ATR 72-202		301	ex F-WQNS	Lsd fr Magellan

*Carries Fridaposten Kystavia titles

☐ LY-RUN	SAAB SF.340A		340A-086	ex G-RUNG	Q-Star Manpower c/s Lsd to DNU

JETTIME
Jettime (JTG) *Copenhagen-Kastrup (CPH)*

☐ OY-JTA	Boeing 737-33A	23631/1337	ex N371FA	Lsd fr Nordic Avn Contractors
☐ OY-JTB	Boeing 737-3Y0	24464/1753	ex RP-C4010	Lsd fr Nordic Avn Contractors

MYTRAVEL AIRWAYS
Viking (DK/VKG) (IATA 630) *Copenhagen-Kastrup (CPH)*

☐ OY-VKA	Airbus A321-211	1881	ex D-AVZO	Lsd fr AerCap
☐ OY-VKB	Airbus A321-211	1921	ex D-AVZQ	Lsd fr AerCap
☐ OY-VKC	Airbus A321-211	1932	ex D-AVXB	Lsd fr AerCap
☐ OY-VKD	Airbus A321-211	1960	ex G-EFPA	Lsd fr MYT
☐ OY-VKE	Airbus A321-211	1887	ex G-CTLA	Lsd fr MYT
☐ OY-VKM	Airbus A320-214	1889	ex F-WWBV	Lsd fr Celestial Avn
☐ OY-VKS	Airbus A320-214	1954	ex G-YLBM	Lsd fr Celestial Avn
☐ OY-VKF	Airbus A330-243	309	ex G-CSJS	Lsd fr Lilienthal
☐ OY-VKG	Airbus A330-343X	349	ex F-WWYG	Lsd fr SL Ibis
☐ OY-VKH	Airbus A330-343X	356	ex F-WWYJ	Lsd fr SL Ibis
☐ OY-VKI	Airbus A330-343X	357	ex C-GVKI	Lsd fr Kobenhavn

See also entry under MyTravel (G); to merge with Thomas Cook name under the TC name

NORTH FLYING
North Flying (M3/NFA) *Aalborg (AAL)*

☐ OY-DLY	Piper PA-31 Turbo Navajo	31-229	ex G-AWOW	Lsd fr Nordic Air
☐ OY-FRE	Piper PA-31 Turbo Navajo	31-632	ex G-AXYA	
☐ OY-NPB	Swearingen SA.227AC Metro III	AC-420	ex N67TC	Lsd to Air Norway
☐ OY-NPD	Swearingen SA.227DC Metro 23	DC-865B	ex 9M-BCH	Lsd fr Nordic Air
☐ OY-NPE	Swearingen SA.227DC Metro 23	DC-867B	ex N23VJ	Lsd fr Nordic Air
☐ OY-NPF	Swearingen SA.227DC Metro 23	DC-880B	ex TF-JME	Lsd fr Nordic Air

SCANDINAVIAN AIRLINE SYSTEM
Scandinavian (SK/SAS) (IATA) *Copenhagen-Kastrup (CPH)*

For details see under Sweden (SE-)

STAR AIR
Whitestar (S6/SRR) *Copenhagen-Kastrup (CPH)*

☐ OY-SRF	Boeing 767-219ER (SF)	23327/134	ex N327MR	Lsd fr Celestial Avn
☐ OY-SRG	Boeing 767-219ER (SF)	23328/149	ex N328MT	Lsd fr Celestial Avn
☐ OY-SRH	Boeing 767-204ER (SF)	24457/256	ex N457GE	Lsd fr Celestial Avn
☐ OY-SRI	Boeing 767-25E (SF)	27193/527	ex N622EV	Lsd fr Celestial Avn
☐ OY-SRJ	Boeing 767-25E (SF)	27195/535	ex N625EV	Lsd fr Celestial Avn
☐ OY-SRK	Boeing 767-204ER (SF)	23072/107	ex N307MT	Lsd fr Celestial Avn
☐ OY-SRL	Boeing 767-232 (SF)	22219/37	ex N107DL	Lsd fr AFS Investments
☐ OY-SRM	Boeing 767-25E (SF)	27192/524	ex N621EV	Lsd fr Celestial Avn
☐ OY-SRN	Boeing 767-219ER (SF)	23326/124	ex N326MR	Lsd fr GECC
☐ OY-SRO	Boeing 767-25E (SF)	27194/532	ex N623EV	Lsd fr Celestial Avn
☐ OY-SRP	Boeing 767-232 (SF)	22220/38	ex N108DL	Lsd fr AFS Investments

Operates for UPS (United Parcel Service) within Europe

STENBERG AVIATION
Thisted (TED)

☐ OY-ASY	Embraer EMB.110P1 Bandeirante	110308	ex EI-BPI	flying.dk titles	Op by Flyvsmart
☐ OY-BHT	Embraer EMB.110P2 Bandeirante	110161	ex N4942S	flying dk titles	Op by Flyvsmart

Operated by Flyvsmart on Benair's AOC; current status uncertain

473

STERLING AIRLINES
Sterling (NB/SNB)
Copenhagen-Kastrup (CPH)

☐	OY-APB	Boeing 737-5L9	28084/2788	ex G-MSKE	Lsd fr ORIX Atlas Corp
☐	OY-APH	Boeing 737-5L9	28721/2856		Lsd fr Maersk Aircraft
☐	OY-MAA	Boeing 737-5L9	24778/1816	ex ES-ABF	Lsd fr Orix Aircraft
☐	OY-MAE	Boeing 737-5L9	25066/2038	ex G-MSKC	Lsd fr Orix Thetis
☐	EI-DZD	Boeing 737-7Q8	28210/22	ex 5T-CLK	on order Lsd fr Castle 2003-2 Ireland
☐	OY-MLW	Boeing 737-73S	29078/187	ex PR-SAE	Lsd fr Pembroke
☐	OY-MRC	Boeing 737-7L9	28006/26	ex N5573K	Lsd fr Avn Capital Grp
☐	OY-MRD	Boeing 737-7L9	28007/136	ex N1786B	Lsd fr Sumisho A/c Asset Mgt
☐	OY-MRE	Boeing 737-7L9	28008/203	ex N1786B	Lsd fr WFBN
☐	OY-MRF	Boeing 737-7L9	28009/221	ex N1780B	Lsd fr WFBN
☐	OY-MRG	Boeing 737-7L9	28010/396	ex N1786B	Lsd fr WFBN
☐	OY-MRH	Boeing 737-7L9/W	28013/682	ex N1786B	Lsd fr WFBN
☐	OY-MRI	Boeing 737-7L9	28014/766	ex N1786B	Lsd fr WFBN
☐	OY-MRJ	Boeing 737-7L9	28015/785	ex N1786B	Lsd fr WFBN
☐	OY-MRO	Boeing 737-73A	28497/216	ex N497TF	Lsd fr AWAS
☐	OY-MRP	Boeing 737-7K9	34401/2216	ex N1795B	Red c/s Lsd fr Bavaria
☐	OY-MRR	Boeing 737-7K9	34402/2270		Lsd fr Bavaria
☐	OY-SEB	Boeing 737-8Q8	28214/78		Dark Blue c/s Lsd fr Castle 2003-1A
☐	OY-SEC	Boeing 737-8Q8	28221/226	ex N1787B	Yellow c/s Lsd fr ILFC
☐	OY-SED	Boeing 737-8Q8	28237/769	ex N1786B	Light Blue c/s Lsd fr ILFC
☐	OY-SEJ	Boeing 737-86Q/W	30289/1399		Red c/s Lsd fr Boullioun
☐	OY-SEK	Boeing 737-86Q/W	30292/1451	ex N1786B	Red c/s Lsd fr Boullioun
☐	OY-SEL	Boeing 737-8BK/W	33018/1488		Red c/s Lsd fr CIT Group
☐	OY-SEM	Boeing 737-8BK/W	33019/1502		Red c/s Lsd fr CIT Group
☐	OY-	Boeing 737-7Q8	37619		on order Lsd fr ILFC

Subsidiary of Northern Travel Holding (owned 34% by FL Group, owners of Icelandair and 44% by Fons Group))

SUN-AIR OF SCANDINAVIA
Sunscan (EZ/SUS) (IATA 947)
Billund (BLL)

☐	OY-NCA	Dornier 328-110	3047	ex N433JS	Lsd fr JL Main Lease
☐	OY-NCC	Dornier 328-110	3083	ex D-CIAC	all-white
☐	OY-NCD	Dornier 328-120	3104	ex D-CIAA	
☐	OY-NCE	Dornier 328-110	3106	ex D-CPRY	
☐	OY-NCG	Dornier 328-110	3055	ex N437JS	Lsd fr JL Neckar Lease
☐	OY-NCK	Dornier 328-110	3061	ex N460PS	Lsd fr JL Main Lease
☐	OY-NCL	Dornier 328-300 (328JET)	3192	ex N427FJ	
☐	OY-NCM	Dornier 328-310 (328JET)	3190	ex N426FJ	
☐	OY-NCN	Dornier 328-310 (328JET)	3210	ex N428FJ	
☐	OY-NCO	Dornier 328-310 (328JET)	3210	ex OE-HAB	
☐	OY-NCS	Dornier 328-110	3070	ex N459PS	Lsd fr JL Isar
☐	OY-	Dornier 328-310 (328JET)	3192	ex N427FJ	
☐	OY-SVB	British Aerospace Jetstream 31	985	ex JA8591	
☐	OY-SVF	British Aerospace Jetstream 31	686	ex G-BSFG	Skien

Operates feeder services as franchise for British Airways in full Union Flag colours using BA flight numbers

P- KOREA (Democratic People's Republic of Korea)

AIR KORYO
Air Koryo (JS/KOR) (IATA 120)
Pyongyang (FNJ)

☐	P-527	Antonov An-24B	67302207		
☐	P-532	Antonov An-24RV	47309707		
☐	P-533	Antonov An-24RV	47309708		
☐	P-534	Antonov An-24RV	47309802		
☐	P-537	Antonov An-24B	67302408		
☐	P-551	Tupolev Tu-154B	75A-129	ex 551	
☐	P-552	Tupolev Tu-154B	76A-143	ex 552	
☐	P-553	Tupolev Tu-154B	77A-191	ex 553	
☐	P-561	Tupolev Tu-154B-2	83A-573		
☐	P-618	Ilyushin Il-62M	2546624		no titles Op for Govt
☐	P-813	Tupolev Tu-134B-3	66215		
☐	P-814	Tupolev Tu-134B-3	66368		
☐	P-835	Ilyushin Il-18D	188011205	ex 835	
☐	P-836	Ilyushin Il-18V	185008204	ex 836	
☐	P-881	Ilyushin Il-62M	3647853		
☐	P-882	Ilyushin Il-62M	2850236		no titles Op for Govt
☐	P-885	Ilyushin Il-62M	3933913	ex 885	
☐	P-912	Ilyushin Il-76MD	1003403104		
☐	P-913	Ilyushin Il-76MD	1003404126		
☐	P-914	Ilyushin Il-76MD	1003404146		
☐	P-	Tupolev Tu-204-300	1450742364012	ex RA-64012	
☐	P-	Tupolev Tu-204-300			on order

PH- NETHERLANDS (Kingdom of the Netherlands)

ARKEFLY
(OR/TFL) — Amsterdam-Schiphol (AMS)

☐	PH-AHQ	Boeing 767-383ER	24477/337	ex OY-KDL	Lsd fr BCI A/c Lsg
☐	PH-AHX	Boeing 767-383ER	24847/315	ex LN-RCD	Lsd fr BCI A/c Lsg
☐	PH-AHY	Boeing 767-383ER	24848/325	ex OY-KDN	Lsd fr BCI A/c Lsg
☐	PH-TFA	Boeing 737-8FH/W	35100/2424	ex N1786B	Lsd fr RBS Aviation

Arkefly is the trading name of TUI Airlines Netherlands; to join TUIfly in 2008

CHC AIRWAYS
Schreiner (AW/SCH) — Rotterdam (RTM)

☐	C-GOFW	de Havilland DHC-8-311	216	ex PH-SDI	Lsd fr CHC Global Ops; op for Buraq
☐	PH-AGR	de Havilland DHC-8-315	601	ex (PH-VOO)	Op for Veba Oil
☐	5A-DLX	de Havilland DHC-8-311A	254	ex PH-SDK	Op for Waha Oil

CHC HELICOPTERS NETHERLANDS
den Helder (DHR)

☐	PH-NZS	Sikorsky S-76B	760325	ex G-UKLS	Lsd fr Capital Avn Svs
☐	PH-NZT	Sikorsky S-76B	760326	ex G-UKLT	Lsd fr Capital Avn Svs
☐	PH-NZU	Sikorsky S-76B	760329	ex G-UKLU	Lsd fr Capital Avn Svs
☐	PH-NZV	Sikorsky S-76B	760336	ex G-UKLM	Lsd fr Capital Avn Svs
☐	PH-NZW	Sikorsky S-76B	760381	ex G-OKLE	Lsd fr Capital Avn Svs
☐	PH-NZZ	Sikorsky S-76B	760316	ex N373G	Lsd fr Capital Avn Svs
☐	PH-IEH	Agusta AW.139	31046		
☐	PH-NZD	Sikorsky S-61N	61489	ex EI-CTK	Lsd fr Capital Avn Svs
☐	PH-NZG	Sikorsky S-61N	61753		Lsd fr Capital Avn Svs
☐	PH-SHF	MD Helicopters MD.902 Explorer	900-00080		EMS
☐	PH-SHK	Agusta AW.139	31030	ex I-RAIA	Lsd fr Capital Avn Svs
☐	PH-SHL	Agusta AW.139	31041		
☐	PH-SHN	Eurocopter EC.155B1	6755		
☐	PH-SHO	Eurocopter EC.155B1	6759	ex F-WWOV	
☐	PH-SHP	Agusta AW.139	31099		

Owned by CHC Helicopters; all leased from Capital Aviation Services

DENIM AIR
Denim (3D/DNM) — Amsterdam (AMS)

☐	PH-DMQ+	de Havilland DHC-8Q-315	567	ex C-GDOE		
☐	PH-DMR+	de Havilland DHC-8Q-315	569	ex C-GETI		
☐	PH-DMU+	de Havilland DHC-8Q-315	568	ex C-GERL		
☐	PH-DMV+	de Havilland DHC-8Q-315	570	ex C-GEVP		
☐	PH-DMW+	de Havilland DHC-8Q-315	573	ex C-GFCF	Francisco Domingo	
☐	PH-DMX	de Havilland DHC-8Q-315	574	ex EC-IFK		Lsd to ARA
☐	PH-DMZ	de Havilland DHC-8Q-315	582	ex EC-IJP		Lsd to ARA
☐	PH-DXA	de Havilland DHC-8Q-315	586	ex EC-IGS		Lsd to ARA
☐	PH-DXB+	de Havilland DHC-8Q-315	589	ex EC-IJD		
☐	PH-DXC+	de Havilland DHC-8Q-315	590	ex EC-IKA		
☐	PH-DMS	Fokker F.27 Mk 050 (Fokker 50)	20209	ex EI-FKF		Op for VLM
☐	PH-DMT	Fokker F.27 Mk 050 (Fokker 50)	20208	ex EI-FKE		Op for VLM
☐	PH-FZG	Fokker F.27 Mk 050 (Fokker 50)	20202			Lsd fr AeroCentury
☐	PH-FZH	Fokker F.27 Mk 050 (Fokker 50)	20210	ex EC-IAD	Olivo; status?	Lsd fr Volito Avn
☐	PH-JXJ	Fokker F.27 Mk 050 (Fokker 50)	20232	ex PT-SLJ		Lsd fr AerCap; sublsd fr KLC
☐	PH-JXK	Fokker F.27 Mk 050 (Fokker 50)	20233	ex PT-SLK	all-white	Lsd fr AWMS
☐	PH-JXM	Fokker F.27 Mk.050 (Fokker 50)	20237	ex PK-PFH	OO-VLT reserved for VLM	
☐	PH-JXN	Fokker F.27 Mk 050 (Fokker 50)	20239	ex EC-GFP		Lsd fr AWMS; sublsd to VGN
☐	PH-KXM	Fokker F.27 Mk 050 (Fokker 50)	20252	ex PT-SLO		Lsd fr Volito Avn; sublsd to WIF
☐	PH-LMT	Fokker F.27 Mk 050 (Fokker 50)	20192	ex EC-HYJ		Lsd fr AeroCentury; sublsd to ARA

+Leased to and operated for Air Nostrum in full Iberia colours as Iberia Regional; others operate for VLM and KLM Cityhopper
Owned by Panta Holdings, parent of VLM Airlines which is due to become part of the Air France-KLM group

INTERSTATE AIRLINES
Freewayair (I4/FWA) — Maastricht (MST)

☐	PH-ISA	ATR 42-500	532	ex D-BKKK	all-white	Op for BEE

Operate ACMI flights for other operators

KLM CITYHOPPER
City (WA/KLC) — Amsterdam-Schiphol (AMS)

☐	PH-JXJ	Fokker F.27 Mk 050 (Fokker 50)	20232	ex PT-SLJ		Lsd fr DNM
☐	PH-KVC	Fokker F.27 Mk 050 (Fokker 50)	20191	ex PH-EXF	City of Stavanger	
☐	PH-KVD	Fokker F.27 Mk 050 (Fokker 50)	20197		City of Dusseldorf	
☐	PH-KVE^	Fokker F.27 Mk 050 (Fokker 50)	20206		City of Amsterdam	

	Reg	Type	MSN	Ex-reg	Name	Notes
☐	PH-KVF^	Fokker F.27 Mk 050 (Fokker 50)	20207		City of Paris	Op by DNM
☐	PH-KVG^	Fokker F.27 Mk 050 (Fokker 50)	20211		City of Stuttgart	
☐	PH-KVH	Fokker F.27 Mk 050 (Fokker 50)	20217		City of Hanover	
☐	PH-KVI	Fokker F.27 Mk 050 (Fokker 50)	20218		City of Bordeaux	
☐	PH-KVK	Fokker F.27 Mk 050 (Fokker 50)	20219		City of London	
☐	PH-LXJ+	Fokker F.27 Mk 050 (Fokker 50)	20270	ex G-UKTE	City of Hull	
☐	PH-LXK+	Fokker F.27 Mk 050 (Fokker 50)	20271	ex G-UKTF	City of York	
☐	PH-LXP+	Fokker F.27 Mk 050 (Fokker 50)	20276	ex G-UKTG	City of Durham	
☐	PH-LXR+	Fokker F.27 Mk 050 (Fokker 50)	20277	ex G-UKTH	City of Amsterdam	
☐	PH-LXT+	Fokker F.27 Mk 050 (Fokker 50)	20279	ex G-UKTI	City of Stavanger	

^Leased from DB Export Leasing
+Leased from Aircraft Financing & Trading

	Reg	Type	MSN	Ex-reg	Notes
☐	PH-JCH	Fokker F.28-070 (Fokker 70)	11528	ex OE-LFS	Lsd fr Aircraft Financing & Trading
☐	PH-JCT	Fokker F.28-070 (Fokker 70)	11537	ex OE-LFT	Lsd fr Aircraft Financing & Trading
☐	PH-KBX	Fokker F.28-070 (Fokker 70)	11547		
☐	PH-KZA	Fokker F.28-070 (Fokker 70)	11567		
☐	PH-KZB	Fokker F.28-070 (Fokker 70)	11562		
☐	PH-KZC	Fokker F.28-070 (Fokker 70)	11566		
☐	PH-KZD	Fokker F.28-070 (Fokker 70)	11582		
☐	PH-KZE	Fokker F.28-070 (Fokker 70)	11576		
☐	PH-KZF	Fokker F.28-070 (Fokker 70)	11577	ex (G-BVTH)	
☐	PH-KZG	Fokker F.28-070 (Fokker 70)	11578	ex (G-BWTI)	
☐	PH-KZH	Fokker F.28-070 (Fokker 70)	11583		
☐	PH-KZI	Fokker F.28-070 (Fokker 70)	11579	ex (I-REJC)	
☐	PH-KZK	Fokker F.28-070 (Fokker 70)	11581	ex (I-REJD)	
☐	PH-KZL	Fokker F.28-070 (Fokker 70)	11536	ex 9V-SLK	Lsd fr AerCap
☐	PH-KZM	Fokker F.28-070 (Fokker 70)	11561	ex 9V-SLL	Lsd fr AerCap
☐	PH-KZN	Fokker F.28-070 (Fokker 70)	11553	ex PK-PFE	
☐	PH-KZO	Fokker F.28-070 (Fokker 70)	11538	ex G-BVTE	
☐	PH-KZP	Fokker F.28-070 (Fokker 70)	11539	ex G-BVTF	Lsd fr Aircraft Financing & Trading
☐	PH-KZR	Fokker F.28-070 (Fokker 70)	11551	ex G-BVTG	Lsd fr Aircraft Financing & Trading
☐	PH-WXA	Fokker F.28-070 (Fokker 70)	11570	ex I-REJO	Lsd fr Aircraft Financing & Trading
☐	PH-WXC	Fokker F.28-070 (Fokker 70)	11574	ex I-REJI	
☐	PH-WXD	Fokker F.28-070 (Fokker 70)	11563	ex HA-LMD	Lsd fr Aircraft Financing & Trading
☐	PH-KLD	Fokker F.28-0100 (Fokker 100)	11269	ex G-UKFM	
☐	PH-KLE	Fokker F.28-0100 (Fokker 100)	11270	ex G-UKFN	
☐	PH-KLG	Fokker F.28-0100 (Fokker 100)	11271	ex G-UKFO	
☐	PH-KLI	Fokker F.28-0100 (Fokker 100)	11273	ex G-UKFR	
☐	PH-OFA	Fokker F.28-0100 (Fokker 100)	11246	ex G-UKFA	Lsd fr ILFC
☐	PH-OFB	Fokker F.28-0100 (Fokker 100)	11247	ex G-UKFB	Lsd fr ILFC
☐	PH-OFC	Fokker F.28-0100 (Fokker 100)	11263	ex G-UKFC	Lsd fr ILFC
☐	PH-OFD	Fokker F.28-0100 (Fokker 100)	11259	ex G-UKFD	Lsd fr ILFC
☐	PH-OFE	Fokker F.28-0100 (Fokker 100)	11260	ex G-UKFE	Lsd fr ILFC
☐	PH-OFF	Fokker F.28-0100 (Fokker 100)	11274	ex G-UKFF	Lsd fr Pembroke Lsg
☐	PH-OFG	Fokker F.28-0100 (Fokker 100)	11275	ex G-UKFG	Lsd fr Pembroke Lsg
☐	PH-OFH	Fokker F.28-0100 (Fokker 100)	11277	ex G-UKFH	Lsd fr Pembroke Lsg
☐	PH-OFI	Fokker F.28-0100 (Fokker 100)	11279	ex G-UKFI	Lsd fr Pembroke Lsg
☐	PH-OFJ	Fokker F.28-0100 (Fokker 100)	11248	ex G-UKFJ	Lsd fr ILFC
☐	PH-OFK	Fokker F.28-0100 (Fokker 100)	11249	ex G-UKFK	Lsd fr ILFC
☐	PH-OFL	Fokker F.28-0100 (Fokker 100)	11444	ex F-OORG	
☐	PH-OFM	Fokker F.28-0100 (Fokker 100)	11475	ex F-OFRG	
☐	PH-OFN	Fokker F.28-0100 (Fokker 100)	11477	ex F-OHXA	Lsd fr Aercap
☐	PH-OFO	Fokker F.28-0100 (Fokker 100)	11462	ex PT-MRS	
☐	PH-OFP	Fokker F.28-0100 (Fokker 100)	11472	ex PT-MRP	

Ten Embraer 190-100LR (190LR)s are on order for delivery from November 2009
A wholly owned subsidiary of KLM operates scheduled services using KL flight numbers

---

KLM ROYAL DUTCH AIRLINES
KLM (KL/KLM) (IATA 074)   Amsterdam-Schiphol (AMS)

	Reg	Type	MSN	Ex-reg	Name
☐	PH-AOA	Airbus A330-203	682	ex F-WWYE	dam-Amsterdam
☐	PH-AOB	Airbus A330-203	686	ex F-WWYH	Potsdamer Platz-Berlin
☐	PH-AOC	Airbus A330-203	703	ex F-WWKE	Place de la Concorde-Paris
☐	PH-AOD	Airbus A330-203	738	ex F-WWYC	Piazza del Duomo-Milano
☐	PH-AOE	Airbus A330-203	770	ex F-WWKD	Parliament Square-Edinburgh
☐	PH-AOF	Airbus A330-203	801	ex F-WWYC	Federation Square-Melbourne
☐	PH-AOH*	Airbus A330-203	811	ex F-WWYH	Senaatintori/Senate Square-Helsinki
☐	PH-AOI*	Airbus A330-203	819	ex F-WWYR	Plaza de la Independencia-Madrid
☐	PH-AOK*	Airbus A330-203	834	ex F-WWKZ	Radhuspladsen-Kobenhavn
☐	PH-AOL*	Airbus A330-203	900	ex F-WWKP	

*Leased from ILFC

	Reg	Type	MSN	Name
☐	PH-BDA^	Boeing 737-306	23537/1275	William Barentsz
☐	PH-BDC^	Boeing 737-306	23539/1295	Cornelis de Houtman
☐	PH-BDD^	Boeing 737-306	23540/1303	Anthonij van Diemen
☐	PH-BDE^	Boeing 737-306	23541/1309	Abel J Tasman
☐	PH-BDG^	Boeing 737-306	23542/1317	Michiel A de Ruyter
☐	PH-BDI^	Boeing 737-306	23544/1335	Maarten H Tromp
☐☐	PH-BDK^	Boeing 737-306	23545/1343	Jan H van Linschoten
☐	PH-BDN	Boeing 737-306	24261/1640	Willem van Ruysbroeck

477

	Reg	Type	MSN	ex	Name	Notes
☐	PH-BDO	Boeing 737-306	24262/1642		Jacob van Heemskerck	
☐	PH-BDP	Boeing 737-306	24404/1681		Jacob Roggeveen	Lsd fr ORIX
☐	PH-BDR"	Boeing 737-406	24514/1768		Willem C Schouten	
☐	PH-BDS"	Boeing 737-406	24529/1770		Joris van Spilbergen	
☐	PH-BDT+	Boeing 737-406	24530/1772		Gerrit de Veer	
☐	PH-BDU"	Boeing 737-406	24857/1902		Marco Polo	
☐	PH-BDW+	Boeing 737-406	24858/1903		Leifur Eiriksson	
☐	PH-BDY"	Boeing 737-406	24959/1949		Vasco da Gama	
☐	PH-BDZ+	Boeing 737-406	25355/2132		Christophorus Columbus	
☐	PH-BPB^	Boeing 737-4Y0	24344/1723	ex G-UKLB	Jan Tinbergen	
☐	PH-BPC^	Boeing 737-4Y0	24468/1747	ex G-UKLE	Ernest Hemingway	
☐	PH-BTA	Boeing 737-406	25412/2161		Fernao de Magelhaes	
☐	PH-BTB	Boeing 737-406	25423/2184		Henry Hudson	
☐	PH-BTD	Boeing 737-306	27420/2406		James Cook	
☐	PH-BTE	Boeing 737-306	27421/2438		Roald Amundsen	
☐	PH-BTF	Boeing 737-406	27232/2591		Alexander von Humboldt	
☐	PH-BTG	Boeing 737-406	27233/2601		Sir Henry Morton Stanley	
☐	PH-BTH	Boeing 737-306	28719/2930		Heike Kamerling-Onnes	
☐	PH-BTI	Boeing 737-306	28720/2957	ex N1786B	Niels Bohr	

^Leased from GECAS
"Leased from BCI Aircraft Leasing
+Leased from Safair Lease Finance

	Reg	Type	MSN	ex	Name	Notes
☐	HB-JJA+	Boeing 737-7AK/W	34303/1758	ex N1780B		[BBJ]
☐	PH-BGA	Boeing 737-8K2/W	37593		on order	
☐	PH-BGB	Boeing 737-8K2/W	37594		on order	
☐	PH-BXA	Boeing 737-8K2/W	29131/198	ex N1786B	Zwann/Swan	
☐	PH-BXB	Boeing 737-8K2/W	29132/261	ex N1786B	Valk/Falcon	
☐	PH-BXC	Boeing 737-8K2/W	29133/305		Karhoen/Grouse	
☐	PH-BXD	Boeing 737-8K2/W	29134/355	ex N1784B	Arend/Eagle	
☐	PH-BXE	Boeing 737-8K2/W	29595/552	ex N1787B	Havik/Hawk	
☐	PH-BXF	Boeing 737-8K2/W	29596/583	ex N1787B	Zwalluw/Swallow	
☐	PH-BXG	Boeing 737-8K2/W	30357/605	ex N1787B	Kraanvogel/Crane	
☐	PH-BXH	Boeing 737-8K2/W	29597/630	ex N1786B	Gans/Goose	
☐	PH-BXI	Boeing 737-8K2/W	30358/633	ex N1787B	Zilvermeeuw/Herring Gull	
☐	PH-BXK	Boeing 737-8K2/W	29598/639	ex N1015G	Gierzwalluw/Swift	
☐	PH-BXL	Boeing 737-8K2/W	30359/659		Sperwer/Sparrow Hawk	
☐	PH-BXM	Boeing 737-8K2/W	30355/714	ex N1786B	Kluut/Avocet	
☐	PH-BXN	Boeing 737-8K2/W	30356/728	ex N1787B	Merel/Blackbird	
☐	PH-BXO	Boeing 737-9K2	29599/866	ex N1786B	Plevier/Plover	
☐	PH-BXP	Boeing 737-9K2	29600/924	ex N1786B	Merkroet/Crested Coot	
☐	PH-BXR	Boeing 737-9K2	29601/959	ex N1786B	Nachtegaal/Nightingale	
☐	PH-BXS	Boeing 737-9K2	29602/981	ex N1786B	Buizard/Buzzard	
☐	PH-BXT	Boeing 737-9K2	32944/1498		Zeestern/Sea Tern	
☐	PH-BXU	Boeing 737-8BK/W	33028/1936		Albatross	Lsd fr CIT Group
☐	PH-BXV	Boeing 737-8K2/W	30370/2205	ex N1786B	Roodborstje/Robin	
☐	PH-BXW	Boeing 737-8K2/W	30360/2467	ex N1784B	Partridge	
☐	PH-BXY	Boeing 737-8K2/W	30372/2503		Grebe/Fuut	
☐	PH-BXZ	Boeing 737-8K2/W	30368		on order	
☐	PH-	Boeing 737-8K2/W			on order	

Thirteen Boeing 737-7K2/Ws are on order..
+Operates Amsterdam-Houston; flown by Privatair in 44 seat configuration

	Reg	Type	MSN	ex	Name	Notes
☐	PH-BFA	Boeing 747-406	23999/725	ex N6018N	City of Atlanta	
☐	PH-BFB	Boeing 747-406	24000/732		City of Bangkok	
☐	PH-BFC*	Boeing 747-406	23982/735	ex N6038E	City of Calgary	
☐	PH-BFD*	Boeing 747-406M	24001/737		City of Dubai/Doebai	
☐	PH-BFE	Boeing 747-406M	24201/763	ex N6046P	City of Melbourne	Lsd ORIX
☐	PH-BFF*	Boeing 747-406M	24202/770	ex N6046P	City of Freetown	Lsd ORIX
☐	PH-BFG	Boeing 747-406	24517/782		City of Guayaquil	
☐	PH-BFH*	Boeing 747-406M	24518/784	ex N60668	City of Hong Kong	
☐	PH-BFI	Boeing 747-406M	25086/850		City of Jakarta	
☐	PH-BFK	Boeing 747-406	25087/854		City of Karachi	
☐	PH-BFL	Boeing 747-406	25356/888		City of Lima	
☐	PH-BFM*	Boeing 747-406M	26373/896		City of Mexico	Lsd fr CIT Group
☐	PH-BFN	Boeing 747-406	26372/969		City of Nairobi	
☐	PH-BFO	Boeing 747-406M	25413/938		City of Orlando	
☐	PH-BFP*	Boeing 747-406M	26374/992		City of Paramaribo	
☐	PH-BFR	Boeing 747-406M	27202/1014		City of Rio de Janeiro	
☐	PH-BFS	Boeing 747-406	28195/1090		City of Seoul	
☐	PH-BFT	Boeing 747-406	28459/1112		City of Tokyo	
☐	PH-BFU	Boeing 747-406	28196/1127		City of Beijing	
☐	PH-BFV	Boeing 747-406M	28460/1225		City of Vancouver	
☐	PH-BFW	Boeing 747-406	30454/1258		City of Shanghai	
☐	PH-BFY	Boeing 747-406	30455/1302		City of Johannesburg	
☐	PH-CKA	Boeing 747-406ERF	33694/1326		Eendracht; KLM Cargo	
☐	PH-CKB	Boeing 747-406ERF	33695/1328		Leeuwin; KLM Cargo	
☐	PH-CKC	Boeing 747-406ERF	33696/1341		Oranje; KLM Cargo	
☐	PH-CKD	Boeing 747-406ERF	35233/1382		Lsd fr Guggenheim; sublsd to AFR	

*KLM Asia c/s

	Reg	Type	MSN	ex	Name	Notes
☐	PH-BQA	Boeing 777-206ER	33711/454	ex N5014K	Albert Plesman	
☐	PH-BQB	Boeing 777-206ER	33712/457		Borobudur	
☐	PH-BQC	Boeing 777-206ER	29397/461		Chichen-Itza	Lsd fr ILFC

☐	PH-BQD	Boeing 777-206ER	33713/465		Darjeeling Highway	
☐	PH-BQE	Boeing 777-206ER	28691/468		Epidaurus	Lsd fr ILFC
☐	PH-BQF	Boeing 777-206ER	29398/474		Ferrara City	Lsd fr ILFC
☐	PH-BQG	Boeing 777-206ER	32704/476		Galapagos Islands	Lsd fr ILFC
☐	PH-BQH	Boeing 777-206ER	32705/493	ex N5016R	Hadrian's Wall	Lsd fr ILFC
☐	PH-BQI	Boeing 777-206ER	33714/497		Iguazu Falls	
☐	PH-BQK	Boeing 777-206ER	29399/499		Mount Kilimanjaro	
☐	PH-BQL	Boeing 777-206ER	34711/552		Litomyšl Castle	
☐	PH-BQM	Boeing 777-206ER	34712/559		Machu Picchu	
☐	PH-BQN	Boeing 777-206ER	32720/561		Nahanni National Park	Lsd fr ILFC
☐	PH-BQO	Boeing 777-206ER	35295/609		Old Rauma	Lsd fr ILFC
☐	PH-BQP	Boeing 777-206ER	32721/630		Pont du Gard	Lsd fr ILFC
☐	PH-BVA	Boeing 777-306ER	35671/694	(ex PH-BQR)		
☐	PH-BVB	Boeing 777-306ER	36145		on order	

Four more Boeing 777-306ERs are on order for delivery in 2009 including one leased from ILFC

☐	PH-KCA	McDonnell-Douglas MD-11	48555/557	ex N6202D	Amy Johnson	Lsd fr ILFC
☐	PH-KCB	McDonnell-Douglas MD-11	48556/561		Maria Montessori	
☐	PH-KCC	McDonnell-Douglas MD-11	48557/569		Marie Curie	
☐	PH-KCD	McDonnell-Douglas MD-11	48558/573		Florence Nightingale	
☐	PH-KCE	McDonnell-Douglas MD-11	48559/575	ex N91566	Audrey Hepburn	
☐	PH-KCF	McDonnell-Douglas MD-11	48560/578		Annie Romein	
☐	PH-KCG	McDonnell-Douglas MD-11	48561/585		Maria Callas	
☐	PH-KCH	McDonnell-Douglas MD-11	48562/591		Anna Pavlova	
☐	PH-KCI	McDonnell-Douglas MD-11	48563/593	ex PP-SPM	Mother Theresa	Lsd fr ILFC
☐	PH-KCK	McDonnell-Douglas MD-11	48564/612		Ingrid Bergman	

KLM controls KLM cityhopper and owns Transavia, 50% of Martinair and 26% of Kenya Airways..
Feeder services are operated by KLM cityhopper while freight flights are undertaken by Atlas Air and Martinair.
Member of SkyTeam Alliance. Owned by AirFrance-KLM Group, Air France holds 37% and KLM 19%.

MAGIC BIRD & CARGO
Ceased trading before it could accept delivery of its Fokker 50s

MARTINAIR
Martinair (MP/MPH)   **Amsterdam-Schiphol (AMS)**

☐	PH-MCN	Boeing 747-228F	25266/878	ex (F-GCBN)	Prins Bernhard Junior	Lsd fr Stellar
☐	PH-MPP	Boeing 747-412BCF	24061/717	ex N733BA		Lsd fr Guggenheim Avn
☐	PH-MPQ	Boeing 747-412BCF	24975/838	ex N223BA		Lsd fr Aircastle
☐	PH-MPR	Boeing 747-412BCF	24226/809	ex N242BA		Lsd fr Guggenheim Avn
☐	PH-MPS	Boeing 747-412BCF	24066/791	ex N728BA	on order	Lsd fr Guggenheim Avn
☐	PH-MCG	Boeing 767-31AER	24428/279		Prins Johan Friso	Lsd fr Mega-Flight
☐	PH-MCH	Boeing 767-31AER	24429/294		Prins Constantijn	Lsd fr Mega Flight
☐	PH-MCI	Boeing 767-31AER	25312/400		Prins Pieter-Christiaan	
						Lsd fr Ruby Aircraft
☐	PH-MCJ	Boeing 767-33AER	25535/491	ex CS-TLM		Lsd fr MSA 1
☐	PH-MCL	Boeing 767-31AER	26469/415		Koningin Beatrix; Fox Kids c/s	
						Lsd fr Zodiac Lease
☐	PH-MCM	Boeing 767-31AER	26470/416		Prins Floris	Lsd fr Apple Aircraft
☐	PH-MCP	McDonnell-Douglas MD-11CF	48616/577	ex N90187		Lsd fr MGT Kumiai
☐	PH-MCR	McDonnell-Douglas MD-11CF	48617/581		Cargo	Lsd fr Yamasa Planet lease
☐	PH-MCS	McDonnell-Douglas MD-11CF	48618/584			Lsd fr Royal Lease
☐	PH-MCT	McDonnell-Douglas MD-11CF	48629/486			Lsd fr Malc Fin Two
☐	PH-MCU	McDonnell-Douglas MD-11F	48757/606		Prinses Maxima	
☐	PH-MCW	McDonnell-Douglas MD-11CF	48788/632			
☐	PH-MCY	McDonnell-Douglas MD-11F	48445/460	ex N626FE		
☐	EI-TAF*	Airbus A320-233	1374	ex N465TA		Lsd fr TAI

*Operates feeder services from San Jose, Costa Rica to Florida until March 2008.
Martinair is 50% owned by KLM and 50% by Maersk; in turn owns 58% of Tampa Cargo.

NORTH SEA AIRWAYS
Ceased operations

ORANGE AIRCRAFT LEASING
Orange (RNG)   **Lelystad (LEY)**

☐	PH-RAQ	ATR 42-300	139	ex ZS-OSN	stored MST	

Operate ACMI leases for other operators

QUICK AIRWAYS
Quick (QAH)   **Groningen-Eelde (GRQ)**

☐	PH-PTC	Piper PA-31-350 Navajo Chieftain	31-7852052	ex G-CLAN	

TRANSAVIA AIRLINES
Transavia (HV/TRA) (IATA 979) **Amsterdam-Schiphol (AMS)**

☐ PH-HZA	Boeing 737-8K2/W	28373/51			Lsd to SCX
☐ PH-HZB	Boeing 737-8K2/W	28374/57			
☐ PH-HZC	Boeing 737-8K2/W	28375/85	ex VT-SPY	City of Rotterdam	Lsd to SCX
☐ PH-HZD	Boeing 737-8K2/W	28376/252	ex N1786B		Lsd fr ING Lease
☐ PH-HZE	Boeing 737-8K2/W	28377/277	ex N1786B	City of Rhodos	
☐ PH-HZF	Boeing 737-8K2/W	28378/291	ex N1796B		
☐ PH-HZG	Boeing 737-8K2/W	28379/498	ex N1786B	Lsd fr ING Lease; sublsd to SCX	
☐ PH-HZI	Boeing 737-8K2/W	28380/524			Lsd to SCX
☐ PH-HZJ	Boeing 737-8K2/W	30389/549	ex N1796B	Lsd fr Dia Prune; sublsd to SCX	
☐ PH-HZK	Boeing 737-8K2/W	30390/555	ex N1786B		Lsd fr Dia Tulip
☐ PH-HZL	Boeing 737-8K2/W	30391/814	ex N1786B		Lsd to SWG
☐ PH-HZM	Boeing 737-8K2/W	30392/833	ex N1786B		Lsd to CAW
☐ PH-HZN	Boeing 737-8K2/W	32943/1478			Lsd fr Airhope
☐ PH-HZO	Boeing 737-8K2/W	34169/2243			Lsd to AAH
☐ PH-HZV	Boeing 737-8K2/W	30650/1158			Lsd fr ILFC; sublsd to SCX
☐ PH-HZW	Boeing 737-8K2/W	29345/1132	ex VT-SPZ	Jumbo Supermarket	Lsd fr ILFC
☐ PH-HZX	Boeing 737-8K2/W	28248/1126			
☐ PH-HZY	Boeing 737-8K2/W	30646/1122		Lsd fr ILFC; sublsd to BWA	
☐ PH-XRA	Boeing 737-7K2/W	30784/873	ex N1786B	Leontien van Moorsel	Lsd fr Tombo
☐ PH-XRB	Boeing 737-7K2/W	28256/1298		Lsd fr Aviation Capital Group	
☐ PH-XRC	Boeing 737-7K2/W	29347/1318			Lsd fr ILFC
☐ PH-XRD	Boeing 737-7K2/W	30659/1329			Lsd fr ILFC
☐ PH-XRE	Boeing 737-7K2/W	30668/1482			Lsd fr ILFC
☐ PH-XRV	Boeing 737-7K2/W	34170/1701			
☐ PH-XRW	Boeing 737-7K2/W	33465/1316			
☐ PH-XRX	Boeing 737-7K2/W	33464/1299		Prins Akkedeer	
☐ PH-XRY	Boeing 737-7K2/W	33463/1292			
☐ PH-XRZ	Boeing 737-7K2/W	33462/1278			

Seven more Boeing 737-7K2/Ws are on order. Three -8K2/Ws sold to VGS Aircraft Holding and leased back
A wholly owned subsidiary of KLM; leases aircraft to Sun Country Airlines during the winter. Transavia France is a low cost carrier in the medium haul leisure market, based at Orly, wholly owned by the Air France-KLM group

PJ- NETHERLANDS ANTILLES

DIVI DIVI AIR
Divi divi (DVR) **Curacao (CUR)**

☐ PJ-BMV	Cessna 402B	402B0865	ex C-GCKB	
☐ PJ-SEA	Britten-Norman BN-2A-26 Islander	311	ex C-FFXS	FlyDivi.com titles
☐ PJ-SKY	Britten-Norman BN-2A-26 Islander	885	ex C-FDYT	
☐ PJ-SUN	Britten-Norman BN-2A-8 Islander	377	ex SE-LGN	

DUTCH ANTILLES AIRLINES
Curacao (CUR)

☐ PJ-DAA	Fokker F.28-0100 (Fokker 100)	11310	ex D-AGPI	FlyDAE titles
☐ PJ-DAB	Fokker F.28-0100 (Fokker 100)	11331	ex D-AGPM	

DUTCH ANTILLES EXPRESS
BonExpress (9H/DNL) (IATA 764) **Kralendijk (BON)**

☐ PJ-SLH	ATR 42-320	090	ex F-WQNN	all-white	Lsd fr ATR Asset Mgt
☐ PJ-XLM	ATR 42-320	378	ex PH-XLM		Lsd fr ATR Asset Mgt
☐ PJ-XLN	ATR 42-500	513	ex PH-XLN	Curacao Express titles	Lsd fr ATR Asset Mgt

INSEL AIR INTERNATIONAL
Inselair (7I/INC) **Curacao (CUR)**

☐ PJ-MDA	McDonnell-Douglas MD-82	49449/1354	ex 9A-CBJ	
☐ PJ-VIP	Embraer EMB.110P1 Bandeirante	110382	ex YV-249C	Curacao

WINAIR
Windward (WM/WIA) (IATA 295) **St. Maarten (SXM)**

☐ PJ-AIW	Britten-Norman BN-2A-26 Islander	2038	ex C-GZKG	
☐ PJ-BIW	Britten-Norman BN-2A-26 Islander	82	ex N100NE	
☐ PJ-CIW	Britten-Norman BN-2B-26 Islander	876	ex C-GZTP	
☐ N181CS	de Havilland DHC-6 Twin Otter 200	181	ex 5Y-BEK	Lsd fr Fayard Enterprises
☐ PJ-TOD	de Havilland DHC-6 Twin Otter 300	675	ex C-GGKR	Lsd fr BBS Aircraft
☐ PJ-WIH	de Havilland DHC-6 Twin Otter 300	766	ex N304CH	
☐ PJ-WIL	de Havilland DHC-6 Twin Otter 300	358	ex C-FCSY	
☐ PJ-WIM	de Havilland DHC-6 Twin Otter 300	840	ex N721RA	

Winair is the trading name of Windward Islands Airways

WINDWARD EXPRESS AIRWAYS

St Maarten (SXM)

☐	PJ-WEA	Britten-Norman BN-2A-27 Islander	659	ex N659CM	
☐	PJ-WEB	Britten-Norman BN-2A-26 Islander	2208	ex 8P-TAG	

Operator Unknown

☐	PJ-DHL	de Havilland DHC-8-311	230	ex PJ-DHI	

PK- INDONESIA (Republic of Indonesia)

ADAMAIR
Adam Sky (KI/DHI)   *Jakarta-Soerkarno Hatta (CGK)*

☐	PK-	Airbus A320-200		ex F-WW	on order	Lsd fr ACG Acquisitions
☐	PK-	Airbus A320-200		ex F-WW	on order	Lsd fr ACG Acquisitions
☐	PK-	Airbus A320-200		ex F-WW	on order	Lsd fr ACG Acquisitions
☐	PK-	Airbus A320-200		ex F-WW	on order	Lsd fr ACG Acquisitions
☐	PK-	Airbus A320-200		ex F-WW	on order	Lsd fr ACG Acquisitions
☐	PK-	Airbus A320-200		ex F-WW	on order	Lsd fr ACG Acquisitions
☐	PK-KKA	Boeing 737-56N	28565/2944	ex N565LS		Lsd fr GECAS
☐	PK-KKC	Boeing 737-4Y0	26071/2361	ex HA-LEO		Lsd fr GECAS
☐	PK-KKD	Boeing 737-4Y0	23978/1659	ex HL7254	stored CGK	Lsd fr GECAS
☐	PK-KKG	Boeing 737-4S3	25134/2083	ex N134AA		Lsd fr ACG Acquisition
☐	PK-KKH	Boeing 737-4Q8	24069/1635	ex N240MC		Lsd fr IAI IX Inc
☐	PK-KKI	Boeing 737-4Q8	24234/1627	ex VT-SIQ		Lsd fr ILFC
☐	PK-KKJ	Boeing 737-230 (Nordam 3)	22637/848	ex N637AD		Lsd fr Aergo Capital
☐	PK-KKM	Boeing 737-33A	24791/1984	ex N791AW		Lsd fr AWMS I
☐	PK-KKN	Boeing 737-2U4	22161/652	ex 5Y-BPP		Lsd fr Aergo Capital
☐	PK-KKP	Boeing 737-2Q3	24103/1565	ex 5Y-BRC		Lsd fr Aergo Capital
☐	PK-KKQ	Boeing 737-2T5 (Nordam 3)	22396/730	ex N396AD		Lsd fr Aergo Capital
☐	PK-KKR	Boeing 737-3L9	24569/1775	ex N312FL		Lsd fr ACG Acquisition
☐	PK-KKS	Boeing 737-4Y0	23980/1667	ex N239CT		Lsd fr CIT Group
☐	PK-KKT	Boeing 737-408	24353/1721	ex N353CT		Lsd fr CIT Group
☐	PK-KKY	Boeing 737-3S3	24059/1517	ex G-STRA		Lsd fr Aergo
☐	PK-KKZ	Boeing 737-3Q8	24300/1666	ex N737FA		Lsd fr IAI II Inc
☐	PK-KMA	Boeing 737-4Y0	23981/1678	ex TC-JKB		Lsd fr GECAS
☐	PK-KMC	Boeing 737-4Y0	24493/1751	ex TC-JKD		Lsd fr GECAS
☐	PK-KMD	Boeing 737-4Y0	24469/1749	ex TC-JKC		Lsd fr GECAS
☐	PK-KME	Boeing 737-4Y0	23977/1655	ex N239DW		Lsd fr Aircraft SPC-6
☐	PK-KMF	Boeing 737-4B7	24550/1793	ex YU-AOR		Lsd fr CIT Group

Five more Boeing 737-400s are planned.
AdamAir is the trading name of Adam SkyConnection Airlines

AIR MARK INDONESIA AVIATION

Jakarta-Halim (HLP)

☐	EW-262TK	Antonov An-32A	2103	ex ER-AWY		
☐	PK-AIY	Fokker F.27 Mk 050F (Fokker 50)	20227	ex OY-EBG		Lsd fr Elmo Lsg

AIR REGIONAL
current status uncertain, sole aircraft stored as damaged hulk

AIRFAST INDONESIA
Airfast (AFE)   *Balikpapan/Jayapura (BPN/DJJ)*

☐	PK-OAT	Agusta-Bell 204B	3169	ex PK-LBC		
☐	PK-OAW	Beech 65-B80 Queen Air	LD-308	ex PK-JBF		
☐	PK-OAZ	Douglas DC-3	19623	ex PK-GDF	stored HLP	
☐	PK-OBA	Bell 204B	2050	ex VH-UTW		
☐	PK-OCA*	ITPN Bell 412	34009/NB09	ex PK-XFJ		
☐	PK-OCB	ITPN Bell 412	34007/NB07	ex PK-XFH		
☐	PK-OCC	CASA-Nurtanio C.212	50N/CC4-2-210	ex PK-NZJ		
☐	PK-OCE	Bell 212	30981	ex PK-VBZ		
☐	PK-OCJ	de Havilland DHC-6 Twin Otter 300	522	ex A6-MBM		
☐	PK-OCK	de Havilland DHC-6 Twin Otter 310	616	ex 9Q-CLE	all-white	
☐	PK-OCL	de Havilland DHC-6 Twin Otter 300	689	ex N689WJ	Santigi	
☐	PK-OCP*	Boeing 737-27A	23794/1424	ex B-2625		
☐	PK-OCT	McDonnell-Douglas MD-82	49889/1761	ex N823RA		Lsd fr Boeing Capital
☐	PK-OCU	McDonnell-Douglas MD-82	53017/1797	ex N824RA		Lsd fr Boeing Capital
☐	PK-OCY	Beech 1900D	UE-393	ex N830CA		
☐	PK-OSP	British Aerospace 146 Srs.100	E1124	ex G-CBXY	Op for Metro TV	

*Operated for Freeport Indonesia

ASIA AVIA AIRLINES
Asiavia (AVT)   *Medan (MES)*

☐	PK-YYA	Fokker F.27 Friendship 600	10441	ex PK-TSK	stored PCB
☐	PK-YYC	Fokker F.27 Friendship 600	10458	ex PK-TSL	stored PCB

Current status uncertain

AVIASI UPATA RAKSA INDONESIA
Jakarta-Halim (HLP)

☐	PK-AFE	Pilatus PC-6/B2-H2 Turbo Porter	799	ex ST-0604	
☐	PK-AGD	Cessna 402B	402B0398	ex VH-WNE	
☐	PK-AGE	Cessna 402B	402B0046	ex L-4021	
☐	PK-AGF	Cessna 402B	402B0047	ex L-4022	

AVIASTAR MANDIRI
Banjarmasin (BDJ)

☐	PK-BRA	de Havilland DHC-6 Twin Otter 300	525	ex C-GATU	
☐	PK-BRM	CASA-Nurtanio C.212	91N/411	ex PK-VSD	
☐	PK-BRN	CASA-Nurtanio C.212	90N/410	ex PK-VSC	dam 11Jan07
☐	PK-BRT	de Havilland DHC-6 Twin Otter 300	380	ex C-GHBP	
☐	PK-	British Aerospace 146 Srs.300	E3189	ex G-JEBC	

BATAVIA AIR
Batavia (7P/BTV) (IATA 671)   *Jakarta-Soekarno Hatta (CGK)*

☐	PK-YTA	Boeing 737-266	21192/451	ex N201YT		Lsd fr Wings of Eagles
☐	PK-YTC	Boeing 737-2M8	22090/664	ex N220LS		Lsd fr GECAS
☐	PK-YTD	Boeing 737-2T4	22802/901	ex N203YT	stored CGK	Lsd fr GECAS
☐	PK-YTE	Boeing 737-405	25303/2137	ex LN-BRP		Lsd fr GECAS
☐	PK-YTG	Boeing 737-2Q8	22453/748	ex N453LS	stored CGK	Lsd fr GECAS
☐	PK-YTH	Boeing 737-204	20806/338	ex N806YT	stored CGK	
☐	PK-YTI	Boeing 737-2L9	22407/698	ex N30AU	stored CGK	Lsd fr AeroUSA
☐	PK-YTJ	Boeing 737-204	21693/541	ex N693YT		
☐	PK-YTK	Boeing 737-4Y0	24687/1865	ex TC-APT		Lsd fr GECAS
☐	PK-YTL	Boeing 737-2P5	23113/1010	ex N113YT	stored CGK	
☐	PK-YTM	Boeing 737-3B7	22957/1127	ex N384US	stored CGK	
☐	PK-YTN	Boeing 737-217 (AvAero 3)	22659/874	ex N986PG	stored CGK	Lsd fr Pegasus
☐	PK-YTP	Boeing 737-4Y0	24345/1731	ex TC-APC		Lsd fr Airplanes Holdings
☐	PK-YTQ	Boeing 737-281 (AvAero 3)	21767/585	ex N745AP	stored CGK	
☐	PK-YTR	Boeing 737-281 (AvAero 3)	21766/583	ex N738AP		
☐	PK-YTS	Boeing 737-2T4 (AvAero 3)	22055/633	ex N739AA	stored	
☐	PK-YTU	Boeing 737-3Y9	25604/2405	ex N999CZ		Lsd fr AerCap
☐	PK-YTV	Boeing 737-2M8 (AvAero 3)	21955/659	ex N742AP		
☐	PK-YTW	Boeing 737-3B7	23318/1234	ex N396US		Lsd fr Apollo Avn
☐	PK-YTX	Boeing 737-3B7	22953/1022	ex N374US		Lsd fr Apollo Avn
☐	PK-YTY	Boeing 737-3B7	22955/1043	ex N376US	stored CGK	Lsd fr Apollo Avn
☐	PK-YVU	Boeing 737-33A	24097/1741	ex N497AN		Lsd fr AWAS
☐	PK-YVV	Boeing 737-3B7	23316/1212	ex N394US		Lsd fr Apollo Avn
☐	PK-YVW	Boeing 737-3B7	23319/1250	ex N397US		Lsd fr Apollo Avn
☐	PK-YVX	Boeing 737-33A	24093/1727	ex PP-VOR		
☐	PK-YVY	Boeing 737-3B7	22952/1015	ex N373US	stored CGK	Lsd fr Apollo Avn
☐	PK-YVZ	Boeing 737-3B7	23317/1221	ex N395US		Lsd fr Apollo Avn
☐	PK-YCM	Fokker F.28 Fellowship 4000	11168	ex PK-KFD	stored CGK	Lsd fr Satya Sarana
☐	PK-YVA	Airbus A319-132	2648	ex D-AVWT		Lsd fr AerCap
☐	PK-YVC	Airbus A319-132	2660	ex D-AVWU		Lsd fr AerCap
☐	PK-YVD	Airbus A320-231	0449	ex G-JOEM		Lsd fr ORIX
☐	PK-YVE	Airbus A320-231	0441	ex B-22306		Lsd fr ORIX
☐	PK-	Airbus A319-132		ex D-AV	on order	Lsd fr AerCap

10 ATR 42s are on order for delivery by 2010, one to be VIP/QC conversion. Batavia Air is the trading name of Metro Batavia

BAYU AIR
Bayu (BYU)   *Jakarta-Soekarno Hatta (CGK)*

☐	9M-TGH	Boeing 727-247F (FedEx 3)	21701/1493	ex N208UP	Lsd fr TSE

CARDIG AIR
Despite owning 51% of Mandala Airlines, its own status is uncertain as its sole aircraft was parted out

CITILINK
Jakarta-Halim (HLP)

☐	PK-GHS	Boeing 737-3Q8	24698/1846	ex G-IGOF	Lsd fr GIA
☐	PK-GHV	Boeing 737-3Y0	24914/2054	ex HA-LEF	Lsd fr GIA & lsd back

Wholly owned low-cost domestic subsidiary of Garuda

DERAYA AIR TAXI
Deraya (DRY)   Jakarta-Halim (HLP)

☐	PK-DCC	Cessna 402C II	402C0250	ex N444DS	
☐	PK-DCJ	Cessna 402B	402B0615	ex N3759C	
☐	PK-DCO	CASA-Nurtanio C.212-A4	13N/A4-11-93	ex PK-XCL	stored HLP
☐	PK-DCP	CASA-Nurtanio C.212-A4	14N/A4-11-101	ex PK-XCM	
☐	PK-DCQ	CASA-Nurtanio C.212-A4	16N/A4-13-112	ex PK-XCO	
☐	PK-DCY	Cessna 402C III	402C0801	ex N1233G	
☐	PK-DCZ	Cessna 402B	402B0890	ex N5203J	
☐	PK-DSB	Short SD.3-30	SH3056	ex DQ-SUN	
☐	PK-DSF	Short SC.7 Skyvan 3	SH1881	ex AF-702	
☐	PK-DSH	Short SD.3-60	SH3757	ex N350TA	
☐	PK-DSR	Short SD.3-30	SH3060	ex DQ-FIJ	
☐	PK-DSS	Short SD.3-60	SH3743	ex N743RW	Lsd fr Lynrise
☐	PK-DSU	Short SC.7 Skyvan 3	SH1924	ex PK-PSJ	
☐	PK-DSV	Short SC.7 Skyvan 3	SH1910	ex PK-PSH	
☐	PK-DYR	Piper PA-31T Cheyenne II	31T-7820054	ex VH-MWT	
☐	PK-LPN	Cessna U206F Stationair II	U20602789	ex PK-UFO	
☐	PK-	Short SD.3-60	SH3757	ex N350TA	

DIRGANTARA AIR SERVICE
Dirgantara (AW/DIR)   Jakarta-Halim/Bandarmasin/Pontianak (HLP/BDJ/PNK)

☐	PK-VIB	Britten-Norman BN-2A-21 Islander	545	ex PK-TRC	
☐	PK-VIM	Britten-Norman BN-2A-3 Islander	634	ex 9V-BEB	
☐	PK-VIN	Britten-Norman BN-2A-3 Islander	351	ex G-BBJA	
☐	PK-VIS	Britten-Norman BN-2A-21 Islander	485	ex G-BEGB	
☐	PK-VIU	Britten-Norman BN-2A-21 Islander	781	ex PK-KNH	
☐	PK-VIW	Britten-Norman BN-2A-21 Islander	2026	ex G-BIPD	
☐	PK-VIX	Britten-Norman BN-2A-21 Islander	2027	ex G-BIUF	
☐	PK-VIY	Britten-Norman BN-2A-21 Islander	2133	ex G-BJOR	
☐	PK-VSA	CASA-Nurtanio C.212	87N/CC4-38-282	ex PK-HJA	
☐	PK-VSB	CASA-Nurtanio C.212	88N/CC4-39-283	ex PK-HJB	
☐	PK-VSE	CASA-Nurtanio C.212	92N/4-412	ex PK-HJE	
☐	PK-VSF	CASA Nurtanio C.212	93N/4-413	ex PK-HJI	
☐	PK-VSN	CASA-Nurtanio C.212	22N/A4-19-136	ex PK-XCU	
☐	PK-VMB	Gippsland GA-8 Airvan	GA8-03-031	ex VH-BOI	
☐	PK-VMC	Gippsland GA-8 Airvan	GA8-03-033	ex VH-BNL	
☐	PK-VMD	Gippsland GA-8 Airvan	GA8-03-041	ex VH-FDR	
☐	PK-VME	Gippsland GA-8 Airvan	GA8-03-042	ex VH-JYN	
☐	PK-VSX	ATR 42-300	096	ex D-BBBB	

EASTINDO
                                                                              Jakarta-Halim (HLP)

☐	PK-RGA	Beech 1900D	UE-376	ex N31425	
☐	PK-RGE	Fokker F.28-0100 (Fokker 100)	11445	ex F-WQVP	Lsd fr Eastern Skies; sublsd to TLR
☐	PK-RGI	Beech B200 Super King Air	BB-1732	ex N23268	
☐	PK-RGP	Britten-Norman BN-2B-20 Islander	2249	ex PK-HNG	

EastIndo is the trading name of East Indonesian Air Taxi & Charter Service, also operates as East Indonesia Airlines

EKSPRES AIR
Renamed Premiair

GADING SARI AVIATION SERVICES

☐	9M-PMM	Boeing 737-205C	20458/278	ex RP-C2906	Freighter	Lsd fr TSE

GARUDA INDONESIA
Indonesia (GA/GIA) (IATA 126)   Jakarta-Soekarno Hatta (CGK)

☐	PK-GPA	Airbus A330-341	138	ex F-WWKH	
☐	PK-GPC	Airbus A330-341	140	ex F-WWKU	stored CGK, for IBE
☐	PK-GPD	Airbus A330-341	144	ex F-WWKG	for IBE
☐	PK-GPE	Airbus A330-341	148	ex F-WWKD	
☐	PK-GPF	Airbus A330-341	153	ex F-WWKY	
☐	PK-GPG	Airbus A330-341	165	ex F-WWKL	
☐	PK-GGA	Boeing 737-5U3	28726/2920		
☐	PK-GGC	Boeing 737-5U3	28727/2937	ex N1786B	
☐	PK-GGD	Boeing 737-5U3	28728/2938	ex N1786B	
☐	PK-GGE	Boeing 737-5U3	28729/2950	ex N60436	
☐	PK-GGF	Boeing 737-5U3	28730/2952		
☐	PK-GGG	Boeing 737-3U3	28731/2949		
☐	PK-GGN	Boeing 737-3U3	28735/3029	ex N5573K	

☐ PK-GGO	Boeing 737-3U3	28736/3032	ex N3134C		
☐ PK-GGP	Boeing 737-3U3	28737/3037	ex N1020L		
☐ PK-GGQ	Boeing 737-3U3	28739/3064	ex N1024A		
☐ PK-GGR	Boeing 737-3U3	28741/3079	ex N1026G		
☐ PK-GGT	Boeing 737-36N	28566/2964	ex N566HE	Lsd fr GECAS	
☐ PK-GGU	Boeing 737-36N	28567/2971	ex N567HE	Lsd fr GECAS	
☐ PK-GGV	Boeing 737-3Q8	26293/2541	ex N318FL	Lsd fr ILFC	
☐ PK-GHQ	Boeing 737-34S	29108/2983	ex (PK-GHA)	Lsd fr GECAS	
☐ PK-GHR	Boeing 737-34S	29109/3001	ex (PK-GHC)	Lsd fr GECAS	
☐ PK-GHS	Boeing 737-3Q8	24698/1846	ex G-IGOF	Lsd fr Oasis; op by Citilink	
☐ PK-GHV	Boeing 737-3Y0	24914/2054	ex HA-LEF	Lsd fr Citilink	
☐ PK-GWK	Boeing 737-4U3	25713/2531			
☐ PK-GWL	Boeing 737-4U3	25714/2535	ex N6067B		
☐ PK-GWM	Boeing 737-4U3	25715/2537			
☐ PK-GWN	Boeing 737-4U3	25716/2540			
☐ PK-GWO	Boeing 737-4U3	25717/2546			
☐ PK-GWP	Boeing 737-4U3	25718/2548			
☐ PK-GWQ	Boeing 737-4U3	25719/2549			
☐ PK-GWT	Boeing 737-4K5	26316/2711	ex D-AHLG	Lsd fr ILFC	
☐ PK-GWU	Boeing 737-4Q8	24708/2076	ex N708KS	Lsd fr ILFC	
☐ PK-GZA	Boeing 737-497	25663/2382	ex N663AL	Lsd fr GECAS	
☐ PK-GZH	Boeing 737-4M0	29203/3049	ex VP-BAJ	Lsd fr Sailplane Lsg	
☐ PK-GZI	Boeing 737-4M0	29204/3051	ex VP-BAL	Lsd fr Sailplane Lsg	
☐ PK-GZJ	Boeing 737-4M0	29205/3056	ex VP-BAM	Lsd fr Sailplane Lsg	
☐ PK-GZK	Boeing 737-4M0	29206/3058	ex VP-BAN	Lsd fr Sailplane Lsg	
☐ PK-GZL	Boeing 737-4M0	29207/3078	ex VP-BAO	Lsd fr Sailplane Lsg	
☐ PK-GZM	Boeing 737-4M0	29208/3081	ex VP-BAP	Lsd fr Sailplane Lsg	
☐ PK-GZN	Boeing 737-4M0	29209/3087	ex VP-BAQ	Lsd fr Sailplane Lsg	
☐ PK-GZO	Boeing 737-4M0	29210/3091	ex VP-BAR	Lsd fr Sailplane Lsg	
☐ PK-GZP	Boeing 737-46Q	28661/2910	ex EI-CXI	Lsd fr Bellevue A/c Lsg	
☐ EC-JDU	Boeing 737-86N/W	32655/1662		Lsd fr FUA	
☐ EI-DMZ	Boeing 737-8FH/W	29671/1700	ex EC-JGE	Lsd fr FUA	
☐ PK-GEE	Boeing 737-8CX/W	32361/1098	ex TC-IEA	Lsd fr Macquarie AirFinance	
☐ PK-GEF	Boeing 737-8CX/W	32363/1139	ex N236GX	Lsd fr Jackson Lsg	
☐ PK-GSG	Boeing 747-4U3	25704/1011			
☐ PK-GSH	Boeing 747-4U3	25705/1029	ex N6038E		
☐ PK-GSI	Boeing 747-441	24956/917	ex N791LF	Lsd fr ILFC	

Twenty-five Boeing 737-8U3s are on order for delivery in 2009 (8), 2010 (10), 2011 (5) and 2012 (2) plus eighteen Boeing 737-7U3s. Ten Boeing 787-8U3s are on order for delivery in 2011-2013
Citilink is a wholly owned low cost domestic subsidiary and owns 6.8% of Merpati Nusantara

GATARI AIR SERVICE
Gatari (GHS) *Jakarta-Halim (HLP)*

☐ PK-HMB	Bell 212	30502	ex PK-DBY		
☐ PK-HMM	Bell 212	30958	ex PK-PGF		
☐ PK-HNH	Fokker F.28 Fellowship 4000	11218	ex PK-GQB		
☐ PK-HNJ	Fokker F.28 Fellowship 3000RC	11134	ex PK-GFW	stored HLP	
☐ PK-HNN	Fokker F.28 Fellowship 3000R	11119	ex PK-GFS	stored HLP	
☐ PK-HNP	Fokker F.28 Fellowship 4000	11216	ex PK-GKZ	stored HLP	
☐ PK-HNY	Kawasaki/MBB BK-117B-1	1052	ex JA6614		

GT AIR
Jakarta-Halim (HLP)

☐ PK-LTP	Fokker F.27 Friendship 500	10398	ex PH-FNW	Syaloom; stored HLP	
☐ PK-LTQ	Fokker F.27 Friendship 500	10389/10528	ex HB-ILQ	stored HLP	
☐ PK-LTT	Dornier 28D-1 Skyservant	4031	ex PK-VRB		
☐ PK-LTU	Dornier 28D-1 Skyservant	4026	ex PK-VRA		
☐ PK-LTY	de Havilland DHC-6 Twin Otter 300	831	ex B-3512	Anugrah	Lsd fr Nordic Avn Lsg

GT Air is the trading name of Germania Trisila Air

INDONESIA AIR TRANSPORT
Intra (IDA) *Jakarta-Halim (HLP)*

☐ PK-TRD	Aerospatiale SA.365C Dauphin 2	5058	ex N3606Q		
☐ PK-TRE	Aerospatiale SA.365C Dauphin 2	5004	ex N3604G		
☐ PK-TSH	Aerospatiale SA.365N Dauphin 2	6008	ex N801BA		
☐ PK-TSI	Aerospatiale SA.365N Dauphin 2	6026	ex N87SV		
☐ PK-TSW	Aerospatiale AS.365N2 Dauphin 2	6470	ex HL9204		
☐ PK-TSX	Aerospatiale AS.365N2 Dauphin 2	6472	ex HL9206		
☐ PK-TRU	BAC One-Eleven 492GM	262	ex G-BLDH	stored AOR	
☐ PK-TRW	Beech 1900D	UE-177	ex N3237H		
☐ PK-TRX	Beech 1900D	UE-186	ex N3233J		
☐ PK-TSF	Bell 212	30974	ex N27664		
☐ PK-TSG	Bell 212	30753	ex N81FC		
☐ PK-TSJ	Fokker F.27 Friendship 500RFC	10525	ex N702A		
☐ PK-TSO	Fokker F.27 Mk 050 (Fokker 50)	20186	ex PH-ZDB	Lsd fr Pembroke	
☐ PK-TSP	Fokker F.27 Mk 050 (Fokker 50)	20316	ex PK-TWJ		

☐	PK-TST	BAC One-Eleven 423ET	118	ex G-BEJM	VIP; stored AOR	
☐	PK-TSY	ATR 42-300	118	ex LY-ARY		Lsd fr Nordic Avn Contractors
☐	PK-TSZ	ATR 42-300	059	ex LY-ARJ		Lsd fr Nordic Avn Contractors

INDONESIA AIRASIA
Wagon Air (QZ/AWQ) (IATA 975) — *Jakarta-Soekarno Hatta (CGK)*

☐	PK-AWC	Boeing 737-3Y0	24547/1813	ex 9M-AEC	Lsd fr AXM
☐	PK-AWN	Boeing 737-3L9	26442/2277	ex 9M-AED	Lsd fr AXM
☐	PK-AWO	Boeing 737-322	24659/1836	ex 9M-AEA	Lsd fr AXM
☐	PK-AWP	Boeing 737-3Y0	24905/2001	ex 9M-AAD	Lsd fr AXM
☐	PK-AWQ	Boeing 737-3B7	23376/1308	ex N947WP	Lsd fr AXM
☐	PK-AWS	Boeing 737-3S1	24856/1911	ex N311FL	Lsd fr AXM
☐	PK-AWT	Boeing 737-3B7	23345/1170	ex N304WA	Lsd fr AXM
☐	PK-AWU	Boeing 737-301	23257/1124	ex 9M-AAU	Lsd fr AXM
☐	PK-AWV	Boeing 737-301	23552/1382	ex 9M-AAV	Lsd fr AXM
☐	PK-AWW	Boeing 737-301	23554/1408	ex 9M-AAW	Lsd fr AXM

49% stake held by AirAsia

ISLAND SEAPLANES
Bali-Benoa Harbour

☐	PK-SDL	de Havilland DHC-2 Beaver	413	ex C-GIPL	Floatplane	

JATAYU AIR
Jatayu (VJ/JTY) — *Jakarta-Soekarno Hatta (CGK)*

☐	PK-JAC	Boeing 727-232 (FedEx 3)	21587/1492	ex PK-RIZ	stored CGK	Lsd fr Aventura Avn
☐	PK-JAG	Boeing 727-232 (FedEx 3)	21306/1270	ex PK-MBW		Lsd fr Aventura Avn
☐	PK-JGN	Boeing 727-223 (Raisbeck 3)	21384/1328	ex N872AA	stored CGK	
☐	PK-JGQ	Boeing 727-223 (Raisbeck 3)	20989/1144	ex N848AA		
☐	PK-JGT	Boeing 727-247/W (Duganair 3)	20580/889	ex N580CR	stored CGK	
☐	PK-JGP	Boeing 737-204 (Nordam 3)	22364/696	ex PK-AIG	stored CGK	Lsd fr IAI Pacific Lsg
☐	PK-JGS	Boeing 737-222	19949/197	ex N199NA	stored PCB	Lsd fr NAT Avn
☐	PK-JGW	Boeing 737-2N7	21226/458	ex N119SW	stored MES	Lsd fr BBC Aircraft
☐	PK-LIA	Boeing 737-2P5	21440/502	ex N440GB	stored CGK	Lsd fr LNI

KAL STAR
Current status uncertain

KARTIKA AIRLINES
Kartika (3Y/KAE) — *Jakarta-Soekarno Hatta (CGK)*

☐	PK-KAD	Boeing 737-284	22338/691	ex PK-IJQ	Lsd fr Aero Nusantara
☐	PK-KAO	Boeing 737-284	22339/692	ex PK-IJP	Lsd fr Aero Nusantara

KURA KURA AVIATION
Semarang (SRG)

☐	PK-WLW	Cessna 402B	402B0555	ex VH-ASL	
☐	PK-WLX	Cessna 402B	402B0549	ex VH-AAP	
☐	PK-WLY	Cessna 402B	402B0541	ex VH-PEK	

LINUS AIRWAYS

☐	PK-LNI	British Aerospace 146 Srs.200	E2204	ex G-CEIJ	
☐	PK-LNJ	British Aerospace 146 Srs.200	E2210	ex G-BVMP	Lsd fr Trident Avn Leasing

LION AIRLINES
Lion Inter (JT/LNI) — *Jakarta-Soekarno Hatta (CGK)*

☐	PK-LIA	Boeing 737-2P5	21440/502	ex N440GB	Lsd fr NAT Aviation; sublsd to JTY
☐	PK-LIF	Boeing 737-4Y0	24467/1733	ex PK-MBL	Lsd fr GECAS
☐	PK-LIG	Boeing 737-4Y0	24513/1779	ex PK-MBM	Lsd fr GECAS; sublsd to PIC
☐	PK-LIH	Boeing 737-4Y0	24520/1803	ex HL7260 stored CGK	Lsd fr GECAS
☐	PK-LII	Boeing 737-46B	24123/1663	ex EC-GRX	Lsd fr CIT Group
☐	PK-LIQ	Boeing 737-4Y0	24911/2033	ex OK-TVS	Lsd fr GECAS
☐	PK-LIR	Boeing 737-4Y0	24692/1963	ex EC-IRA	Lsd fr GECAS
☐	PK-LIS	Boeing 737-4Y0	24693/1972	ex OK-WGG	Lsd fr GECAS
☐	PK-LIT	Boeing 737-4Y0	24512/1777	ex PK-GWV	Lsd fr GECAS
☐	PK-LIU	Boeing 737-3G7	23218/1076	ex N380WL	Lsd fr Macquarie AirFinance
☐	PK-LIV	Boeing 737-3G7	23219/1090	ex N390WL	Lsd fr Macquarie AirFinance
☐	PK-LIW	Boeing 737-4Y0	24684/1841	ex EI-CVN	Lsd fr Airplanes Finance
☐	PK-LFF	Boeing 737-9GPER/W	35679/2093	ex N6055X	
☐	PK-LFG	Boeing 737-9GPER/W	35680/1981	ex N900ER	
☐	PK-LFH	Boeing 737-9GPER/W	35710/2285	ex N1786B	

☐ PK-LFI	Boeing 737-9GPER/W	35711/2319	ex N1780B		
☐ PK-LFJ	Boeing 737-9GPER/W	35712/2349	ex (PK-LAJ)		Lsd fr GECAS
☐ PK-LFK	Boeing 737-9GPER/W	35713/2437	ex N6066U		
☐ PK-LFL	Boeing 737-9GPER/W	35714/2461	ex (PK-LAL)		
☐ PK-LFM	Boeing 737-9GPER/W	35715/2485	ex N1786B		
☐ PK-LFN	Boeing 737-9GPER/W	35716/2504	ex N1786B		
☐ PK-LFP	Boeing 737-9GPER/W	35717/2455			
☐ PK-LFQ	Boeing 737-9GPER/W	35718		on order	
☐ PK-LFR	Boeing 737-9GPER/W	35719		on order	
☐ PK-L	Boeing 737-9GPER/W			on order	
☐ PK-L	Boeing 737-9GPER/W			on order	
☐ PK-L	Boeing 737-9GPER/W			on order	

117 more Boeing 737-9GPER/Ws are on order including 45 for delivery in 2009 (12), 2010 (11), 2011 (11) and 2012 (11)

☐ PK-LMI	McDonnell-Douglas MD-82	49263/1163	ex N809NY		Lsd fr East-Trust
☐ PK-LMJ	McDonnell-Douglas MD-82	49262/1159	ex N16808	stored CGK	Lsd fr East-Trust
☐ PK-LMK	McDonnell-Douglas MD-82	49788/1637	ex N871RA		
☐ PK-LML	McDonnell-Douglas MD-82	48083/1043	ex N10033	stored CGK	Lsd fr CIT Group
☐ PK-LMM	McDonnell-Douglas MD-82	48069/1032	ex N480CT	stored CGK	Lsd fr CIT Group
☐ PK-LMO	McDonnell-Douglas MD-82	49373/1201	ex N493AP		Lsd fr GECAS
☐ PK-LMP	McDonnell-Douglas MD-82	49117/1063	ex N35888		Lsd fr Polaris; sublsd to WON
☐ PK-LMQ	McDonnell-Douglas MD-82	49102/1076	ex N13891		Lsd fr Polaris
☐ PK-LMR	McDonnell-Douglas MD-82	49116/1061	ex N16887	stored CGK	Lsd fr Polaris
☐ PK-LMT	McDonnell-Douglas MD-82	49118/1065	ex N14889		Lsd fr Castle Harbour-1; sublsd WON
☐ PK-LMU	McDonnell-Douglas MD-82	49429/1242	ex N829US		Lsd fr GECAS; sublsd to WON
☐ PK-LMV	McDonnell-Douglas MD-82	49190/1180	ex XA-AMQ		Lsd fr Polaris
☐ PK-LMW	McDonnell-Douglas MD-82	49443/1291	ex N830US	dbr 04Mar06?	Lsd fr GECAS
☐ PK-LMY	McDonnell-Douglas MD-82	49250/1186	ex N17812		Lsd fr Kula-Two Aircraft; sublsd UBA
☐ PK-LIK	McDonnell-Douglas MD-90-30	53570/2181	ex N904RA	stored CGK	Lsd fr BCC Eqpt Lsg
☐ PK-LIL	McDonnell-Douglas MD-90-30	53573/2182	ex N905RA		Lsd fr Boeing Capital
☐ PK-LIM	McDonnell-Douglas MD-90-30	53489/2129	ex N901RA		Lsd fr MDFC-Reno Co
☐ PK-LIO	McDonnell-Douglas MD-90-30	53490/2133	ex N902RA		Lsd fr MDFC-Tahoe Co
☐ PK-LIP	McDonnell-Douglas MD-90-30	53551/2144	ex N903RA		Lsd fr MDFC Sierra Co

Lion Airlines is the trading name of Lion Mentari Air; feeder services operated by Wings Air
To form a minority owned subsidiary, Lion Australia, with SkyAirWorld and operate six Boeing 737-9GPER/Ws while Lion Thailand is also planned.

MANDALA AIRLINES
Mandala (RI/MDL)   *Jakarta-Soekarno Hatta (CGK)*

☐ PK-RMA	Airbus A320-211	0279	ex EI-DOZ		Lsd fr Aero Ireland
☐ PK-RMC	Airbus A320-212	0391	ex EI-DIJ		Lsd fr Aero Ireland
☐ PK-RMD	Airbus A319-132	3252	ex D-AVWT		Lsd fr CIT Leasing
☐ PK-RME	Airbus A320-232	3264	ex F-WWBR		Lsd fr AerCap
☐ PK-RMF	Airbus A319-132	3317	ex D-AVYB		Lsd fr CIT Leasing
☐ PK-RMG	Airbus A320-232	3330	ex F-WWIY		Lsd fr AerCap
☐ PK-RIA	Boeing 737-2P6	21357/497	ex LV-WFX		Lsd fr GECAS
☐ PK-RIH	Boeing 737-4Y0	23868/1616	ex N868AC		Lsd fr AerCo Ireland
☐ PK-RII	Boeing 737-2E7	22876/922	ex G-BLDE	gold colours; stored	
☐ PK-RIJ	Boeing 737-210	21820/578	ex G-BKNH	stored	
☐ PK-RIL	Boeing 737-230	22137/788	ex D-ABHL		Lsd fr PT Finance
☐ PK-RIN	Boeing 737-2H6	21732/559	ex PK-KJM	stored CGK	Lsd fr Aero Nusantara
☐ PK-RIQ	Boeing 737-291	23023/957	ex TF-ABI	stored CGK	Lsd fr GECAS
☐ PK-RIT	Boeing 737-4Y0	23979/1661	ex F-GLXK		Lsd fr AerCo Ireland
☐ PK-RIY	Boeing 727-232 (FedEx 3)	21585/1479	ex N525DA		Lsd fr Aventura Avn

51% owned by Cardig International. Twenty-four more Airbus A320s are on order

MANUNGGAL AIR
                                                                                Jakarta-Halim (HLP)

☐ PK-VTQ	Aerospatiale/MBB Transall C-160NG	235	ex PK-PTQ	stored HLP	
☐ PK-VTR	Aerospatiale/MBB Transall C-160NG	233	ex PK-PTO	stored HLP	
☐ PK-VTS	Aerospatiale/MBB Transall C-160P	207	ex PK-PTY	stored HLP	

MEGANTARA AIR
(MKE)   *Jakarta-Soekarno Hatta (CGK)*

☐ PK-TMA	Boeing 727-247F (FedEx 3)	21697/1471	ex 9M-TGE		Lsd fr TSE
☐ PK-TME	Boeing 737-209F (AvAero 3)	24197/1581	ex 9M-PMW		Lsd fr TSE

MERPATI NUSANTARA AIRLINES
Merpati (MZ/MNA) (IATA)   *Jakarta-Soekarno Hatta/Surabaya (CGK/SUB)*

☐ PK-MBC	Boeing 737-230	22129/754	ex D-ABFY		Lsd fr PT Finance
☐ PK-MBD	Boeing 737-230	22141/795	ex D-ABHR		Lsd fr PT Finance
☐ PK-MBE	Boeing 737-230	22142/797	ex D-ABHS	Batanta	Lsd fr PT Finance
☐ PK-MBH	Boeing 737-2S3	22279/650	ex N279AD		Lsd fr AerGo Capital
☐ PK-MBJ	Boeing 737-2U4	22576/761	ex N576DF		Lsd fr AerGo Capital

☐ PK-MBN	Boeing 737-377	24304/1622	ex S2-AEA		Lsd fr ST Aero
☐ PK-MBO	Boeing 737-377	24305/1641	ex S2-AEB		Lsd fr ST Aero
☐ PK-MBP	Boeing 737-33A	23632/1344	ex N173AW		
☐ PK-MBQ	Boeing 737-217 (AvAero 3)	22260/784	ex N285TR		Lsd fr Triton
☐ PK-MBS	Boeing 737-217 (AvAero 3)	22342/810	ex N288TR		Lsd fr Triton
☐ PK-MBU	Boeing 737-217 (AvAero 3)	22259/771	ex N284TR		Lsd fr Triton
☐ PK-MBX	Boeing 737-228 (Nordam 3)	23005/943	ex N253TR		Lsd fr Triton
☐ PK-MBY	Boeing 737-228 (Nordam 3)	23004/941	ex N234TR		Lsd fr Triton
☐ PK-MBZ	Boeing 737-228 (Nordam 3)	23007/948	ex N237TR		Lsd fr Triton
☐ PK-MDC	Boeing 737-2L9	21685	ex PK-RIF		Lsd fr Aergo Capital
☐ PK-MDD	Boeing 737-2S3	22278/646	ex PK-RIC		Lsd fr Aergo Capital
☐ PK-MDH	Boeing 737-301	23932/1554	ex N587US		Lsd fr DJet
☐ PK-MDJ	Boeing 737-301	23931/1552	ex N586US		Lsd fr CJet
☐ PK-MDL	Boeing 737-4Y0	24690/1885	ex EC-IYS		Lsd fr FUA
☐ PK-MDM	Boeing 737-408	24352/1705	ex EC-IVR		Lsd fr FUA
☐ PK-MDN	Boeing 737-4Y0	24494/1757	ex EC-KGM		Lsd fr FUA
☐ PK-NCH	CASA-Nurtanio C.212-AB4	30N/AB4-2-173	ex PK-XAD	Weh	
☐ PK-NCN	CASA-Nurtanio C.212-AB4	36N/AB4-8-191	ex PK-XAJ	Seribu	
☐ PK-NCU	CASA-Nurtanio C.212-C4	74N/CC4-24-254	ex PK-XDW	Pantar	
☐ PK-NCV	CASA-Nurtanio C.212-C4	75N/CC4-26-255	ex PK-XDX	Misool	
☐ PK-NCX	CASA-Nurtanio C.212-C4	77N/CC4-28-257	ex PK-XDZ	Batudata	
☐ PK-NCZ	CASA-Nurtanio C.212-C4	79N/CC4-30-274	ex PK-XEC	Tanah Massa	

Ten more CASA-Dirgantara C.212-400s are on order

☐ PK-MNC	CASA-Nurtanio CN-235	5/N002	ex PK-XND	Wokam	
☐ PK-MND	CASA-Nurtanio CN-235	7/N003	ex PK-XNE	Sermata	
☐ PK-MNE	CASA-Nurtanio CN-235	9/N004	ex PK-XNF	Leti; all-white	
☐ PK-MNF	CASA-Nurtanio CN-235-200	10/N005	ex PK-XNG	Wowoni	
☐ PK-MNG	CASA-Nurtanio CN-235	14/N006	ex PK-XNH	Timor; all-white	
☐ PK-MNI	CASA-Nurtanio CN-235	16/N007	ex PK-XNI	Babar; all-white	
☐ PK-MNJ	CASA-Nurtanio CN-235	19/N009	ex PK-XNK	Damar	
☐ PK-MNK	CASA-Nurtanio CN-235	20/N010	ex PK-XNL	Kobroor	
☐ PK-MNM	CASA-Nurtanio CN-235	26/N012	ex PK-XNN	Moa	
☐ PK-MNP	CASA-Nurtanio CN-235	30/N015	ex PK-XNQ	Kaledupo	
☐ PK-NUH	de Havilland DHC-6 Twin Otter 300	383		Natuna	
☐ PK-NUO	de Havilland DHC-6 Twin Otter 300	487		Singkep; stored BIK	
☐ PK-NUR	de Havilland DHC-6 Twin Otter 300	484		Muna; stored BIK	
☐ PK-NUS	de Havilland DHC-6 Twin Otter 300	481		Peleng	
☐ PK-NUV	de Havilland DHC-6 Twin Otter 300	472		Tanimbar	
☐ PK-NUZ	de Havilland DHC-6 Twin Otter 300	443	ex PK-NUM	Alor	
☐ PK-NVA	de Havilland DHC-6 Twin Otter 300	551	ex VH-UQY		
☐ PK-NVC	de Havilland DHC-6 Twin Otter 300	626	ex 9M-BMM		
☐ PK-MFF*	Fokker F.27 Friendship 500	10551	ex ZK-NFA	Tanah Bela	
☐ PK-MFG*	Fokker F.27 Friendship 500	10552	ex ZK-NFB	Lingga	
☐ PK-MFJ*	Fokker F.27 Friendship 500	10598	ex ZK-NFE	Adonara	
☐ PK-MFK*	Fokker F.27 Friendship 500	10607	ex ZK-NFF	Wangi-Wangi	
☐ PK-MFQ	Fokker F.27 Friendship 500	10623	ex PK-GRF	Bintan	
☐ PK-MFV*	Fokker F.27 Friendship 500	10625	ex PK-GRH	Kabia	
☐ PK-MFW*	Fokker F.27 Friendship 500	10626	ex PK-GRI	Maja	
☐ PK-MFY	Fokker F.27 Friendship 500	10629	ex PK-GRK	Halmahera	

*Stored at Surabaya

☐ PK-MZA	AVIC I Y7-MA-60	0405			
☐ PK-MZB	AVIC I Y7-MA-60	0406			
☐ PK-MZC	AVIC I Y7-MA-60	0407	ex B-779L	on order	
☐ PK-	AVIC I Y7-MA-60			on order	
☐ PK-	AVIC I Y7-MA-60			on order	
☐ PK-	AVIC I Y7-MA-60			on order	
☐ PK-	AVIC I Y7-MA-60			on order	
☐ PK-	AVIC I Y7-MA-60			on order	
☐ PK-	AVIC I Y7-MA-60			on order	
☐ PK-	AVIC I Y7-MA-60			on order	
☐ PK-	AVIC I Y7-MA-60			on order	
☐ PK-	AVIC I Y7-MA-60			on order	
☐ PK-MJA	Fokker F.28-0100 (Fokker 100)	11453	ex PH-MXO	Bawal	
☐ PK-MJC	Fokker F.28-0100 (Fokker 100)	11463	ex PH-EZV	Sabu	
☐ PK-MJD	Fokker F.28-0100 (Fokker 100)	11474	ex PH-EZW	Rupat	

6.8% owned by Garuda Indonesia while Sabang Merauke Raya Air Charter is a wholly owned subsidiary

NURMAN AIR
Both aircraft were stored and AOC revoked by the Indonesian authorities 06 June 2007

NUSANTARA AIR CHARTER

Jakarta-Halim (HLP)

☐ PK-JKM	Fokker F.28 Fellowship 4000	11116	ex PK-YHK	

PELITA AIR
Pelita (6D/PAS) (IATA 019) — *Jakarta-Halim/Pondok Cabe (HLP/PCB)*

☐	PK-PDT	Aerospatiale SA.330G Puma	1264	ex F-WTNB	
☐	PK-PDY	Aerospatiale SA.330G Puma	1160		
☐	PK-PEI	Aerospatiale SA.330J Puma	1299		
☐	PK-PEK	Aerospatiale SA.330G Puma	1283		
☐	PK-PEO	Aerospatiale SA.330J Puma	1261		
☐	PK-PHW	Aerospatiale SA.330G Puma	1082	ex F-OCRQ	
☐	PK-PUG	Aerospatiale AS.332C Super Puma	NSP2/2020	ex PK-XSB	
☐	PK-PUH	Aerospatiale AS.332C Super Puma	NSP3/2021	ex PK-XSC	
☐	PK-PCN	CASA-Nurtanio C.212-A4	56N/CC4-8-216	ex PK-XDE	
☐	PK-PCO	CASA-Nurtanio C.212-A4	55N/CC4-8-215	ex PK-XDD	
☐	PK-PCP	CASA-Nurtanio C.212-A4	48N/AB4-20-208	ex PK-XAV	
☐	PK-PCQ	CASA-Nurtanio C.212-A4	47N/AB4-18-207	ex PK-XDE	
☐	PK-PCR	CASA-Nurtanio C.212-A4	46N/AB4-18-206	ex PK-XAT	
☐	PK-PCS	CASA-Nurtanio C.212-A4	45N/AB4-17-205	ex PK-XAS	
☐	PK-PCT	CASA-Nurtanio C.212-A4	44N/AB4-16-204	ex PK-XAR	
☐	PK-PCU	CASA-Nurtanio C.212-A4	43N/AB4-15-203	ex PK-XAQ	
☐	PK-PKT	de Havilland DHC-7-110	54	ex C-FYXV	
☐	PK-PSV	de Havilland DHC-7-103	105	ex C-GFOD	
☐	PK-PSW	de Havilland DHC-7-103	100	ex C-GFCF	
☐	PK-PSX	de Havilland DHC-7-103	94	ex C-GFYI	
☐	PK-PSY	de Havilland DHC-7-103	86	ex C-GFUM	
☐	PK-PSZ	de Havilland DHC-7-103	75	ex C-GFCF	
☐	PK-PGQ	Nurtanio/MBB Bo.105CB	N60/S-458		
☐	PK-PGR	Nurtanio/MBB Bo.105CB	N62/S-460		
☐	PK-PGU	Nurtanio/MBB Bo.105C	N12/S-218	ex PK-XZJ	
☐	PK-PGZ	Nurtanio/MBB Bo.105CB	N65/S-553		
☐	PK-PIH	Nurtanio/MBB Bo.105CB	N68/S-556		
☐	PK-PIJ	Nurtanio/MBB Bo.105CB	N70/S-558	ex PK-XYN	
☐	PK-PIM	Nurtanio/MBB Bo.105CB	N72/S-560	ex PK-XYP	
☐	PK-PFZ	Fokker F.28-0100 (Fokker 100)	11486	ex PH-ZFA	Lsd fr AerCap
☐	PK-PJJ	Avro 146-RJ85	E2239	ex G-6-239	Wamena
☐	PK-PJK	Fokker F.28 Fellowship 4000	11192	ex PH-EXW	Lengguru; stored PCB
☐	PK-PJL	Fokker F.28 Fellowship 4000	11111	ex PH-EZA	Kurau
☐	PK-PJM	Fokker F.28 Fellowship 4000	11178	ex PH-EXW	Matak; stored PCB
☐	PK-PJN	Fokker F.28-0100 (Fokker 100)	11288	ex PH-LMU	Minas Lsd fr AerCap
☐	PK-PJY	Fokker F.28 Fellowship 4000	11146	ex PH-EXN	Aceh
☐	PK-PUA	Sikorsky S-76A	76-0179	ex N5446U	Lsd to Travira
☐	PK-PUD	Sikorsky S-76A	76-0195	ex N3121A	Lsd to Travira
☐	PK-PUE	Sikorsky S-76A	76-0200		Lsd to Travira
☐	PK-PUJ	Bell 412EP	36282	ex N2012Y	
☐	PK-PUK	Bell 412EP	36288	ex N2028L	
☐	PK-PUL	Bell 430	49088	ex N3005J	

Pelita Air is 90% owned by Pertamina

PENAS
Penas (PNS) — *Jakarta-Halim (HLP)*

☐	PK-VCD	Cessna 402B	402B0024	ex N5242M	

PREMIAIR
Jakarta-Halim (HLP)

Previously listed as Ekspress Air

☐	PK-RJC	Embraer EMB.120ER Brasilia	120214	ex VH-ANV	
☐	PK-RJI	Fokker F.28-0100 (Fokker 100)	11328	ex G-BXWF	Imanuel; VIP

Premiair is the trading name of Ekspres Transportasi Antarbenua

RIAU AIRLINES
Riau (RIU) — *Pekanbaru (PKU)*

☐	PK-RAL	Fokker F.27 Mk 050 (Fokker 50)	20282	ex PH-MXE	Bengkalis	Lsd fr AeroCentury
☐	PK-RAS	Fokker F.27 Mk 050 (Fokker 50)	20261	ex PT-SRA	Kampat	Lsd fr AeroCentury

RPX AIRLINES
Public Express (RH/RPH) (IATA 713) — *Jakarta-Soekarno Hatta (CGK)*

☐	PK-RPH	Boeing 737-2K2C (AvAero 3)	20943/405	ex F-GGVP	
☐	PK-RPI	Boeing 737-2K2C (AvAero 3)	20944/408	ex F-GGVQ	

RPX Airlines is the trading name of Republic Express Airlines

SABANG MERAUKE RAYA AIR CHARTER
Samer (SMC) — Medan (MES)

☐	PK-ZAE	Britten-Norman BN-2A-21 Islander	565	ex G-BEGH	
☐	PK-ZAF	Fokker F27 Friendship 200	10222	ex PK-MFA	
☐	PK-ZAK	Piper PA-31 Turbo Navajo	31-407	ex PK-FJA	
☐	PK-ZAN	CASA-Nurtanio C.212-A4	5N/A4-3-60	ex A-2102	
☐	PK-ZAO	CASA-Nurtanio C.212-A4	6N/A4-3-64	ex A-2101	
☐	PK-ZAQ	CASA-Nurtanio C.212-A4	82N/277	ex PK-JSR	
☐	PK-ZAV	CASA-Nurtanio C.212-A4	81N/276	ex PK-JSS	
☐	PK-ZAY	Fokker F27 Friendship 200	10223	ex PK-CFY	

Operates feeder services for Garuda and Merpati in Sumatra, a wholly owned subsidiary of Merpati

SRIWIJAYA AIR
Sriwijaya (SJ/SJY) — Jakarta-Soekarno Hatta (CGK)

☐	PK-CJA*	Boeing 737-284	22301/683	ex PK-IJS	Brenda
☐	PK-CJC	Boeing 737-33A	24025/1556	ex SE-RCP	Lsd fr AWMS I
☐	PK-CJD*	Boeing 737-204 (Nordam 3)	22057/621	ex 9L-LFI	Emilio
☐	PK-CJE*	Boeing 737-2T4	23446/1165	ex ET-ALE	Citra
☐	PK-CJF*	Boeing 737-284	22343/695	ex SX-BCI	
☐	PK-CJG	Boeing 737-2H6	23320/1120	ex PK-ALC	Serumpun Sebalai
☐	PK-CJH	Boeing 737-2B7 (Nordam 3)	22883/935	ex N271AU	Lsd fr Alameda Corp
☐	PK-CJI*	Boeing 737-2B7 (Nordam 3)	23135/1054	ex PK-ALV	Membalong; stored CGK
☐	PK-CJJ	Boeing 737-2B7 (Nordam 3)	22880/927	ex N268AU	Lsd fr Alameda Corp
☐	PK-CJK	Boeing 737-236	22032/742	ex PK-ALK	Lsd fr Finavion
☐	PK-CJL*	Boeing 737-284	21301/474	ex PK-TXE	
☐	PK-CJM	Boeing 737-2B7 (Nordam 3)	22884/956	ex PK-TXC	Lsd fr Alameda Corp
☐	PK-CJN*	Boeing 737-2B7 (Nordam 3)	23134/1050	ex PK-TXA	Sherly; std CGK
☐	PK-CJO*	Boeing 737-284	22300/674	ex PK-IJR	Lomasasta
☐	PK-CJP*	Boeing 737-2B7 (Nordam 3)	23132/1044	ex PK-ALN	Lenggang; stored CGK
☐	PK-CJR*	Boeing 737-284	21225/464	ex SX-BCB	Perkasa
☐	PK-KAD	Boeing 737-284	22338/691	ex PK-IJQ	

*Leased from Aero Nusantara

SUSI AIR
Medan (MES)

☐	PK-VVA	Cessna 208B Caravan I	208B1085	ex N12722	
☐	PK-VVS	Cessna 208B Caravan I	208B1175	ex N12775	

Susi Air is the trading name of PT ASI Pudjiastuti Aviation

TIMAX CARGO AIRLINES

☐	PK-YGZ	Boeing 727-31F (FedEx 3)	20112/700	ex OO-DHO	Lsd fr TMG

TOP AIR
TopInter (LKW) — Jakarta-Halim (HLP)

☐	PK-BPT	Boeing 727-227 (Raisbeck 3)	20736/974	ex PK-JGC	Lucky Wonmally; stored CGK
					Lsd fr Aerospace Finance

Also reported as Top Sky International; current status uncertain

TRANSAIR
Current status uncertain as sole aircraft retired and scrapped

TRANSWISATA AIR
Jakarta-Halim (HLP)

☐	PK-TWA	Fokker F.28 Fellowship 4000	11234	ex N484US	
☐	PK-TWC	Fokker F.27 Mk 050 (Fokker 50)	20272	ex D-AFFI	
☐	PK-TWF	Fokker F.27 Mk 050 (Fokker 50)	20142	ex D-AFFX	
☐	PK-TWH	de Havilland DHC-6 Twin Otter 300	663	ex N53GD	
☐	PK-TWM	Fokker F.28 Fellowship 4000	11183	ex ZS-JAV	
☐	PK-TWN	Fokker F.28-0100 (Fokker 100)	11335	ex PH-SXI	on order
☐	PK-TWR	Fokker F.27 Mk 050 (Fokker 50)	20317	ex B-12279	

Transwisata Air is the trading name of Transwisata Prima Aviation; one Fokker 50 leased to Riau Airlines

TRAVIRA AIR
Denpasar (DPS)

☐	PK-TVH	Beech 1900D	UE-364	ex N30469	
☐	PK-TVJ	Beech 1900D	UE-352	ex N352RA	
☐	PK-TVK	Beech 1900D	UE-375	ex PK-TVK	Air Ambulance
☐	PK-TVL	Beech 1900D	UE-360	ex VH-FOZ	
☐	PK-	Beech 1900D	UE-338	ex N338RH	
☐	PK-PUA	Sikorsky S-76A	760179	ex N5446U	Lsd fr PAS

☐	PK-PUD	Sikorsky S-76A	760195	ex N3121A		Lsd fr PAS
☐	PK-PUE	Sikorsky S-76A	760200			Lsd fr PAS
☐	PK-TVF	Sikorsky S-76A	760154	ex VH-CPH		
☐	PK-TVP	Sikorsky S-76C	760421	ex N899KK		
☐	PK-TVQ	Sikorsky S-76A	760286	ex N30DJ		
☐	PK-TVP	Sikorsky S-76C	760436	ex N476X		
☐	PK-TVU	Sikorsky S-76C	760298	ex N520AL		
☐	PK-NZU	ITPN/MBB Bo.105CB	N121/S-719	ex PK-IWJ		
☐	PK-TVA	ITPN/MBB Bo.105CB	N1/S-124	ex PK-PEE		
☐	PK-TVB	ITPN/MBB Bo.105CB	N6/S-177	ex PK-PGV		
☐	PK-TVI	Cessna 208 Caravan I	20800313	ex C-FAMB	Floatplane	
☐	PK-TVN	Cessna 208 Caravan I	20800358	ex N1229N	Floatplane	
☐	PK-	Boeing 737-5L9	28996/2998	ex N737RH	VIP	Lsd fr WFBN

TRIGANA AIR SERVICE
Trigana (TGN)   Jakarta-Halim (HLP)

☐	PK-YRE	ATR 42-300	027	ex F-GPZB		Lsd fr Martinique Aero Lease
☐	PK-YRH	ATR 42-300	097	ex F-ODGN		
☐	PK-YRI	ATR 72-202	326	ex F-WQUF		
☐	PK-YRK	ATR 42-300	106	ex N422TE		
☐	PK-YRN	ATR 42-300	102	ex N421TE		
☐	PK-YRP	ATR 42-300	050	ex ZS-DHL		Lsd fr ATRiam Capital
☐	PK-YRV	ATR 42-300	190	ex G-BYHA		Lsd fr ATRiam Capital
☐	PK-YPX	de Havilland DHC-6 Twin Otter 300	684	ex HB-LTF		
☐	PK-YRA	Fokker F.27 Friendship 500	10506	ex HB-ISQ		
☐	PK-YRC	Cessna TU206D Skywagon	U206-1269	ex PK-MCA		
☐	PK-YRF	de Havilland DHC-6 Twin Otter 300	462	ex D-ISKY		
☐	PK-YRG	Fokker F.27 Friendship 500	10397	ex PH-FNV		
☐	PK-YRJ	de Havilland DHC-4A Caribou	27	ex N666NC		
☐	PK-YRO	de Havilland DHC-4A Caribou	24	ex N90NC		
☐	PK-YRQ	Bell 206L-4 LongRanger IV	52069	ex F-GPGC		
☐	PK-YRT	Boeing 737-2K5	22599/814	ex PK-KJN		Lsd fr BNP Bail
☐	PK-YRU	de Havilland DHC-6 Twin Otter 300	685	ex VH-VHP		
☐	PK-YRW	Lockheed L-382G-14C Hercules	4248	ex ZS-ORB		Lsd fr SFR
☐	PK-	Boeing 727-225 (FedEx 3)	22559/1800	ex 5N-BEU		Lsd fr Asia Fortis Aerospace

TRI-MG INTRA-ASIA AIRLINES
Trilines (GY/TMG)   Jakarta-Halim (HLP)

☐	PK-YGF	Boeing 737-210C (Nordam 3)	21822/605	ex N744AS	Galactico	
☐	PK-YGL	LET L-410UVP-E	892342	ex RP-C748		
☐	PK-YGR	Boeing 727-223F (FedEx 3)	20893/1189	ex N117JB	Zenith	
☐	PK-YGT	Boeing 727-223F (FedEx 3)	20185/710	ex HS-YSG		
☐	PK-YGZ	Boeing 727-31F (FedEx 3)	20112/700	ex OO-DHO	Noble Witness	Lsd to Timax Cargo

WINGS AIR
Wings Abadi (IW/WON)   Jakarta-Soekarno Hatta (CGK)

☐	PK-LMG	McDonnell-Douglas MD-82	49417/1278	ex N417GE	stored CGK	Lsd fr LNI
☐	PK-LMP	McDonnell-Douglas MD-82	49117/1063	ex N35888		Lsd fr LNI
☐	PK-LMT	McDonnell-Douglas MD-82	49118/1065	ex N14889		Lsd fr LNI
☐	PK-LMU	McDonnell-Douglas MD-82	49429/1242	ex N829US		Lsd fr LNI
☐	PK-WIF	McDonnell-Douglas MD-82	49481/1308	ex N72821		Lsd fr LNI
☐	PK-WIG	McDonnell-Douglas MD-82	49489/1351	ex N72829	stored CGK	Lsd fr LNI
☐	PK-WIH	McDonnell-Douglas MD-82	49582/1411	ex N57837		Lsd fr LNI
☐	PK-WIA	de Havilland DHC-8-301	194	ex N194TY		Lsd fr CIT Group
☐	PK-WID	de Havilland DHC-8-301	116	ex N116TY		Lsd fr CIT Group
☐	PK-WIE	de Havilland DHC-8-301	108	ex N108TY		Lsd fr CIT Group

Wings Air is the trading name of Wings Abadi Air; low cost subsidiary of Lion Airlines

XPRESS AIR
(XN/XAR)   Ujung Pandang

☐	PK-TXD	Boeing 737-284	22400/766	ex SX-BCK	Grace	Lsd fr Aero Nusantara
☐	PK-TXF	Boeing 737-284	21302/475	ex SX-BCD		Lsd fr Aero Nusantara

Xpress Air is the trading name of Travel Express Air

Operator Unknown

☐	PK-	de Havilland DHC-6 Twin Otter 300	756	ex C-FOIJ		Lsd fr Beau Del Lsg
☐	PK-	ATR 72-202	342	ex EI-REE		

PP-, PR-, PS-, PT- BRAZIL (Federative Republic of Brazil)

ABAETE AEROTAXI

Salvador, BA (SSA)

☐	PT-OGK	Cessna 208A Caravan I	20800078	ex N65575
☐	PT-OGP	Cessna 208A Caravan I	20800050	ex N817FE
☐	PT-OGR	Cessna 208A Caravan I	20800100	ex N838FE
☐	PT-OGS	Cessna 208A Caravan I	20800034	ex N811FE
☐	PT-OGT	Cessna 208A Caravan I	20800038	ex N815FE
☐	PT-OGU	Cessna 208A Caravan I	20800066	ex N826FE
☐	PP-ATT	Cessna 402B	402B0631	ex N3786C
☐	PT-JBD	Cessna 402B	402B0404	
☐	PT-JRT	Cessna 402B	402B0552	ex N1634T
☐	PT-JTZ	Cessna 402B	402B0532	
☐	PT-LKZ	Cessna 402B	402B1074	ex N1554G
☐	PT-RGV	Embraer EMB.821 Caraja	820136	ex PT-ZNA
☐	PT-VCH	Embraer EMB.821 Caraja	821012	
☐	PT-VCI	Embraer EMB.821 Caraja	820144	
☐	PT-VKD	Embraer EMB.821 Caraja	820159	
☐	PT-WFL	Embraer EMB.821 Caraja	820150	
☐	PT-ACM	Embraer EMB.121A Xingu	121021	ex PT-MAN
☐	PT-MCA	Embraer EMB.121A1 Xingu	121058	
☐	PT-OZA	Cessna 208B Caravan I	208B0157	ex N4615B

Sister company of Abaete Linhas Aereas

ABAETE LINHAS AEREAS
(ABJ)

Salvador, BA (SSA)

☐	PT-GKO	Embraer EMB.110P Bandeirante	110119	
☐	PT-MFO	Embraer EMB.110C Bandeirante	110058	ex FAB2158
☐	PT-MFP	Embraer EMB.110C Bandeirante	110105	ex FAB2181
☐	PT-MFQ	Embraer EMB.110C Bandeirante	110121	ex FAB2188
☐	PT-MFS	Embraer EMB.110C Bandeirante	110054	ex FAB2160

Sister company of Abaete Aerotaxi

ABSA CARGO
Absa Cargo (M3/TUS) (IATA 549)

Sao Paulo-Viracopos, SP (VCP)

☐	PR-ABB	Boeing 767-316F	29881/778	ex CC-CZX	Lsd fr LAN
☐	PR-ABD	Boeing 767-316F	34245/934		Lsd fr LAN

74% owned by LAN Airlines

AEB TAXI AERO

Porto Alegre, RS (POA)

☐	PT-EVP	Embraer EMB.810C Seneca II	810250	
☐	PT-IUD	Piper PA-31-350 Navajo Chieftain	31-7305037	ex N74915
☐	PT-JEH	Piper PA-31-350 Navajo Chieftain	31-7305057	ex N74928

AERO STAR TAXI AEREO

Salvador, BA (SSA)

☐	PT-EDF	Embraer EMB-820C Navajo	820014	
☐	PT-EZN	Embraer EMB-820C Navajo	820106	
☐	PT-JGX	Cessna 310Q II	310Q0932	
☐	PT-KRO	Britten-Norman BN-2A-21 Islander	742	ex G-BCVL
☐	PT-KTR	Britten-Norman BN-2A-27 Islander	495	ex G-BDNN

AEROLEO TAXI AERO

Rio de Janeiro-Santos Dumont, RJ / Macae & Sao Tome, RJ (SDU/MEA)

☐	PR-CHL	Sikorsky S-76A++	760160	ex D2-EXF	
☐	PR-EDA	Sikorsky S-76A	760279	ex N710AL	Lsd fr Airlog Intl
☐	PR-GPC	Sikorsky S-76A	760266	ex N703AL	Lsd fr Airlog Intl
☐	PR-LCL	Sikorsky S-76A	760280	ex N712AL	Lsd fr Airlog Intl
☐	PR-NLF	Sikorsky S-76A	760085	ex N1547K	Lsd fr Airlog Intl
☐	PT-HOR	Sikorsky S-76A	760003	ex N476AL	Lsd fr Airlog Intl
☐	PT-YAY	Sikorsky S-76A	760277	ex N708AL	Lsd fr Airlog Intl
☐	PP-MNL	Sikorsky S-61N	61745	ex G-BFMY	Lsd fr BHL
☐	PT-HQG	Bell 212	31123	ex N1087B	
☐	PT-YCF	Sikorsky S-61N	61757	ex LN-OQH	

OLOG associate company

AIR BRASIL CARGO
(BSL)   *Sao Paulo-Guarulhos, SP (GRU)*

☐ PR-AIB   Boeing 727-227F (FedEx 3)   21363/1258   ex N79754   Lsd fr Flightstar Group

AIR MINAS
(6M)   *Belo Horizonte, MG (CNF)*

☐ PR-MGE   Embraer EMB.120RT Brasilia   120130
☐ PR-TUH   Embraer EMB.120ER Brasilia   120276   ex N212SW
☐ PR-UHT   Embraer EMB.120ER Brasilia   120280   ex N214SW

AMAZONAVES TAXI AEREO
                                                                             Tefe / Manaus, AM (-/MAO)

☐ PP-ITZ   Cessna 208B Caravan I   208B0499
☐ PT-EUS   Embraer EMB.810C Seneca   810230
☐ PT-MET   Cessna 208B Caravan I   208B0509
☐ PT-OLJ   Embraer EMB.810C Seneca   810330
☐ PT-WIG   Embraer EMB.810C Seneca   810433

AMERICAN AIR TAXI AEREO
                                                                            Sorocab, SP (SOB)

☐ PR-OAN   Embraer EMB.120RT Brasilia   120051   ex N237AS

APUI TAXI AEREO
                                                                     Manaus-Ponta Pelada, AM (PLL)

☐ PT-GKX   Embraer EMB.110P Bandeirante   110129
☐ PT-ODJ   Embraer EMB.110 Bandeirante   110034   ex FAB 2144
☐ PT-ODY   Embraer EMB.110 Bandeirante   110039   ex FAB 2147
☐ PT-RCV   Embraer EMB.810C Seneca   810333

ATA BRASIL
ATA Brasil (ABZ)   *Fortaleza, CE (FOR)*

☐ PR-GMA   Boeing 727-224F (FedEx 3)   20659/979   ex OY-SEY   stored GYN   Lsd fr European Capital
☐ PR-LSW   Boeing 737-248C   20219/208   ex CC-CEI   Lsd fr European Capital
☐ PR-MGA   Boeing 737-204C   20282/245   ex N282AD   Lsd fr European Capital

BAHIA TAXI AEREO – BATA
                                                                           Salvador, BA (SSA)

☐ PT-EPY   Embraer EMB.820C Navajo   820077

BETA CARGO AIR
Beta Cargo (BET) (ICAO 376)   *Sao Paulo-Guarulhos, SP (GRU)*

☐ PP-BEL   Douglas DC-8-73AF   46047/447   ex N809DH
☐ PP-BET   Douglas DC-8-73CF   46103/483   ex N795FT
☐ PP-BEX   Douglas DC-8-73F   46104/488   ex N796FT
☐ PP-BRG   Boeing 707-323C (Comtran 2)   19586/670   ex CP-1698   Lsd fr Promodal Logistics
☐ PP-BRI   Boeing 707-351C (Comtran 2)   19776/732   ex N8091J   Lsd fr Promodal Logistics
☐ PP-BRR   Boeing 707-323C (Comtran 2)   20088/727   ex PT-TCN   stored GRU   Lsd fr Omega
            BETA is the trading name of Brazilian Express Transportes Aereos

BHS - BRAZILIAN HELICOPTER SERVICES TAXI AEREO
                                   Sao Paulo-Marte, SP, Farol de Sao Tome, SP, Macae& Sao Tome, RJ

☐ PP-MEM   Sikorsky S-76A+   760092   ex N176PA   Lsd fr ABB News Finans
☐ PP-MET   Sikorsky S-76A   760229   ex N31217   Lsd fr Aero Toy Store
☐ PP-MHM   Sikorsky S-76C   760376   ex N776AB   Lsd fr Helicopter Lsg Grp
☐ PP-MPM   Sikorsky S-76C   760375   ex N775AB   Lsd fr Helicopter Lsg Grp
☐ PR-CHA   Sikorsky S-76C+   760625   ex C-GBQE
☐ PR-CHB   Sikorsky S-76A++   760004   ex C-GIME
☐ PR-CHC   Sikorsky S-76C+   760632   ex C-GBQF
☐ PR-CHD   Sikorsky S-76C+   760636   ex C-GBQG
☐ PR-CHE   Sikorsky S-76C+   760642   ex C-GBQH
☐ PR-CHF   Sikorsky S-76C+   760657   ex N4505G
☐ PR-CJK   Sikorsky S-76C+   760674   ex N4513G   Lsd fr CHC Helicopters Intl
☐ PT-YGM   Sikorsky S-76A   760067   ex ZS-RJK   Lsd fr CHC Helicopters Africa
☐ PT-YIM   Sikorsky S-76A   760144   ex XA-SRS   Lsd fr CCA Financial Svs
☐ PT-YQM   Sikorsky S-76A   760051   ex ZS-RGZ   Lsd fr CHC Helicopters Africa

☐ PP-MTM   Aerospatiale AS.332L2 Super Puma   2599
☐ PP-MUM   Aerospatiale AS.332L2 Super Puma   2570
☐ PP-MZM   Aerospatiale AS.332L2 Super Puma   2572
☐ PR-FNT   Aerospatiale AS.332L1 Super Puma   2468   ex LN-OMT

☐	PR-GDR	Aerospatiale AS.332L1 Super Puma	2381	ex LN-OBF		
☐	PR-MEK	Aerospatiale SA.365N Dauphin 2	6030	ex PH-SSX		
☐	PT-HNZ	Helibras HS.350B Esquilo	B-1151-2486			

BRA - BRASIL RODO AEREO
Brasair (7R/BRB) Sao Paulo-Congonhas, SP (CGH)

☐	PR-BRD	Boeing 737-3M8	24376/1717	ex EC-GGO	stored GRU	Lsd fr Avn Capital Grp
☐	PR-BRJ	Boeing 737-3K9	24212/1633	ex N737AR	on order	Lsd fr Boullioun
☐	PR-BRK	Boeing 737-3S3	23787/1374	ex PP-VQW		Lsd fr ACG Acquisitions

BRA – Brasil Rodo Aereo is the trading name of BRA Transportes Aereos
Temporarily ceased operations 06 November 2007; planning to restart although Ocean Air rumoured to have taken over the fleet and routes.

CRUISER TAXI AEREO BRASIL
(J6) Curitiba, PR (CWB)

☐	PR-CRA	LET L-410UVP-E20	902514	ex OK-VDP	
☐	PR-CRX	LET L-410UVP-E20	912617	ex OK-2617	
☐	PT-WBR	Embraer EMB.110C Bandeirante	110045	ex FAB 2153	

FLY LINHAS AEREAS
Aereafly (4H/FLB) Sao Paulo-Guarulhos, SP (GRU)

☐	PP-BLR	Boeing 727-243	21661/1394	ex N578PE	Lsd fr AeroTurbine

Current status uncertain

GENSA
Gensa Brasil (GEN) Campo Grande, MS (CGR)

☐	PT-SHN	Embraer EMB.110P1A Bandeirante	110460	
☐	PT-SOG	Embraer EMB.110P1 Bandeirante	110490	

GENSA is the trading name of General Servicos Aereos

GIRASSOL AEROTAXI
Manaus-Eduardo Gomes, AM (MAO)

☐	PT-DKO	Beech 95-B55 Baron	TC-1335		
☐	PT-EAA	Embraer EMB.810C Seneca	810001		
☐	PT-EBN	Embraer EMB.820C Navajo	820001		
☐	PT-JBT	Piper PA-31-350 Navajo Chieftain	31-7305101	ex N74953	
☐	PT-KXV	Rockwell 500S Shrike Commander	3104	ex PT-FRA	
☐	PT-LYH	Piper PA-31-350 Navajo Chieftain	31-7305124	ex PP-EFS	

GOL TRANSPORTES AEREOS
Gol Transporte (G3/GLO) Sao Paulo-Congonhas, SP (CGH)

☐	PR-GLE	Boeing 737-322	24249/1638	ex N345UA	Lsd fr Aircraft 24249
☐	PR-GLF	Boeing 737-322	24666/1891	ex N391UA	Lsd fr Aircraft 24666
☐	PR-GLG	Boeing 737-322	24455/1752	ex N362UA	Lsd fr Aircraft 24455
☐	PR-GLH	Boeing 737-322	24532/1754	ex N363UA	Lsd fr Aircraft 24532
☐	PR-GLI	Boeing 737-322	23955/1550	ex N323UA	Lsd fr Aircraft 23955
☐	PR-GLJ	Boeing 737-322	23956/1564	ex N324UA	Lsd fr Aircraft 23956
☐	PR-GLK	Boeing 737-322	24668/1905	ex N393UA	Lsd fr Aircraft 24668
☐	PR-GLM	Boeing 737-322	24670/1909	ex N395UA	Lsd fr Aircraft 24670
☐	PR-GLN	Boeing 737-322	24379/1724	ex N358UA	Lsd fr Aircraft 24379
☐	PR-GLO	Boeing 737-322	23952/1534	ex N320UA	Lsd fr Aircraft 23952
☐	PR-GLQ	Boeing 737-322	24247/1634	ex N343UA	Lsd fr Aircraft 24247

All Boeing 737-300s to be retired as 737-8EH/Ws are delivered.

☐	PR-GGA	Boeing 737-8EH/W	35063/2476	ex N1787B	
☐	PR-GGB	Boeing 737-8EH/W	35064/2498		
☐	PR-GGC	Boeing 737-8EH/W	35065		on order
☐	PR-GGD	Boeing 737-8EH/W	34275		on order
☐	PR-	Boeing 737-8EH/W			on order
☐	PR-	Boeing 737-8EH/W			on order
☐	PR-GIA	Boeing 737-83N/W	28653/948	ex N307TZ	Lsd fr GECAS
☐	PR-GIB	Boeing 737-83N/W	32348/933	ex N306TZ	Lsd fr GECAS
☐	PR-GIC	Boeing 737-83N/W	32576/875	ex N302TZ	Lsd fr GECAS
☐	PR-GID	Boeing 737-76N/W	29904/347	ex N745AL	Lsd fr GECAS
☐	PR-GIE	Boeing 737-8BK/W	33027/1918	ex N1786B	Lsd fr CIT Group
☐	PR-GIF	Boeing 737-73S	29076/98	ex OY-MLY	Lsd fr BBAM
☐	PR-GIG	Boeing 737-73S	29077/104	ex OY-MLZ	Lsd fr BBAM
☐	PR-GIH	Boeing 737-76N/W	32743/1503	ex N750AL	Lsd fr GECAS
☐	PR-GII	Boeing 737-7L9	28011/1203	ex OY-MRL	Lsd fr Maersk Aircraft
☐	PR-GIJ	Boeing 737-7L9	28012/1092	ex OY-MRK	Lsd to SNB
☐	PR-GIK	Boeing 737-7Q8	28224/369	ex N161LF	Lsd fr ILFC
☐	PR-GIL	Boeing 737-7Q8	30635/713	ex N151LF	Lsd fr ILFC

☐	PR-GIM	Boeing 737-73V	30238/913	ex G-EZJE		
☐	PR-GIN	Boeing 737-73V	30242/690	ex G-EZJD		
☐	PR-GIO	Boeing 737-85F/W	30477/976	ex N477GX		Lsd fr Macquarie AirFinance
☐	PR-GIP	Boeing 737-85F/W	30571/936	ex N571GX		Lsd fr Macquarie AirFinance
☐	PR-GIQ	Boeing 737-86N/W	28616/483	ex TC-SUC		Lsd fr GECAS
☐	PR-GIR	Boeing 737-8Q8	28213/50	ex OY-SEA		
☐	PR-GOA	Boeing 737-7L9	28005/11	ex OY-MRB	special c/s	Lsd fr GECAS
☐	PR-GOB	Boeing 737-75B	28099/13	ex D-AGEM		Lsd fr Boeing Capital
☐	PR-GOC	Boeing 737-75B	28101/17	ex D-AGEO		Lsd fr Boeing Capital
☐	PR-GOD	Boeing 737-75B	28105/66	ex D-AGEV		Lsd fr Boeing Capital
☐	PR-GOE	Boeing 737-75B	28106/68	ex D-AGEW		Lsd fr Boeing Capital
☐	PR-GOF	Boeing 737-76Q	30273/843	ex N1786B	Aurea	Lsd fr Boullioun
☐	PR-GOG	Boeing 737-76Q	30275/900	ex N795BA		Lsd fr Boullioun
☐	PR-GOH	Boeing 737-76N	32440/954	ex N1786B		Lsd fr GECAS
☐	PR-GOI	Boeing 737-76N	32574/983	ex N1786B		Lsd fr GECAS
☐	PR-GOJ	Boeing 737-8CX	32359/1041			Lsd fr GATX JetPartners
☐	PR-GOK	Boeing 737-8CX	32360/1084	ex N1786B		Lsd fr GATX JetPartners
☐	PR-GOL	Boeing 737-7L9	28004/10	ex OY-MRA		Lsd fr GECAS
☐	PR-GOM	Boeing 737-76N	28613/463	ex N312ML		Lsd fr Yildun A/c Lsg
☐	PR-GON	Boeing 737-76N	30051/436	ex N311ML		Lsd fr Wezen A/c Lsg
☐	PR-GOO	Boeing 737-76N	30135/1068	ex N135SF		Lsd fr Twin Peaks Holdings
☐	PR-GOP	Boeing 737-8BK	30621/1194	ex N461LF	Victoria	Lsd fr CIT Group
☐	PR-GOQ	Boeing 737-76N	33417/1215			Lsd fr GECAS
☐	PR-GOR	Boeing 737-76N	33380/1231			Lsd fr GECAS
☐	PR-GOT	Boeing 737-8BK	30625/1248			Lsd fr CIT Group
☐	PR-GOU	Boeing 737-7Q8	28219/183	ex N331LF		Lsd fr ILFC
☐	PR-GOV	Boeing 737-76N	28580/135	ex N580HE		Lsd fr GECAS
☐	PR-GOW	Boeing 737-76N	28584/170	ex N584SR		Lsd fr GECAS
☐	PR-GOX	Boeing 737-7K9	28088/19	ex N100UN		Lsd fr Bavaria Lsg
☐	PR-GOY	Boeing 737-7K9	28089/25	ex N101UN		Lsd fr Bavaria Lsg
☐	PR-GOZ	Boeing 737-83N/W	28648/888	ex N303TZ		Lsd fr GECAS
☐	PR-GTA	Boeing 737-8EH/W	34474/1843	ex N6067U		
☐	PR-GTB	Boeing 737-8EH/W	34475/2020			
☐	PR-GTC	Boeing 737-8EH/W	34277/2028	ex N1786B		
☐	PR-GTE	Boeing 737-8EH/W	34278/2052			
☐	PR-GTF	Boeing 737-8EH/W	34279/2061			
☐	PR-GTG	Boeing 737-8EH/W	34654/2075			
☐	PR-GTH	Boeing 737-8EH/W	34655/2091			
☐	PR-GTI	Boeing 737-8EH/W	34280/2100			
☐	PR-GTJ	Boeing 737-8EH/W	34656/2110			
☐	PR-GTK	Boeing 737-8EH/W	34281/2116			
☐	PR-GTL	Boeing 737-8EH/W	34962/2215	ex N1786B		
☐	PR-GTM	Boeing 737-8EH/W	34963/2240			
☐	PR-GTN	Boeing 737-8EH/W	34267/2311			
☐	PR-GTO	Boeing 737-8EH/W	34964/2332			
☐	PR-GTP	Boeing 737-8EH/W	34965/2341			
☐	PR-GTQ	Boeing 737-8EH/W	36146/2358			
☐	PR-GTR	Boeing 737-8EH/W	34966/2367			
☐	PR-GTT	Boeing 737-8EH/W	34268/2407			
☐	PR-GTU	Boeing 737-8EH/W	34269/2412	ex N1786B		
☐	PR-GTV	Boeing 737-8EH/W	34270/2420			
☐	PR-GTW	Boeing 737-8EH/W	34272/2449	ex N1779B		Lsd to VRG
☐	PR-GTX	Boeing 737-8EH/W	34271/2445	ex N1786B		Lsd to VRG
☐	PR-GTY	Boeing 737-8EH/W	34273/2464			
☐	PR-GTZ	Boeing 737-8EH/W	34274/2468	ex N1795B		

A total of 127 Boeing 737-8EH/Ws are on order for delivery by 2014
Owns VRG Linhas Aereas (Varig) although it continues to operate independently on domestic and international services.

HELISUL TAXI AEREO

Foz do Iguaçu, PR

☐	PR-HTA	Helibras HS.350B2 Esquilo	AS3523			
☐	PT-HGB	Bell 206B JetRanger III	4298	ex C-FRIN		
☐	PT-HMI	Helibras HS.350B Esquilo	1639/HB1046			
☐	PT-HML	Helibras HS.350B Esquilo	1642/HB1049			
☐	PT-HOY	Bell 206B JetRanger III	4171	ex N4171J		Lsd fr BCN Leasing
☐	PT-HTC	Bell 206B JetRanger III	3449	ex N2113Z		Lsd fr Banestado Lsg
☐	PT-YAP	Bell 206B JetRanger III	3481	ex N215RG		Lsd fr Safra Lsg
☐	PT-YEL	Bell 206L-4 LongRanger IV	52198	ex N6593X		Lsd fr Textron Financial

HELIVIA AERO TAXI

Manaus-Ponta Pelada, AM (PLL)

☐	PT-HVA	MBB Bo.105CBS-4	S-795	ex N5416X	Lsd fr Eurocopter
☐	PT-HVB	MBB Bo.105CBS-4	S-792	ex N7062W	Lsd fr Eurocopter
☐	PT-HXK	MBB Bo.105CBS-4	S-785	ex N54125	Lsd fr Eurocopter
☐	PT-YAW	Aerospatiale SA.330J Puma	1590	ex F-GEQI	

INTERAVIA TAXI AEREO

☐ PR-JAT   Cessna 208B Caravan I   208B1193   ex N13189
Current status uncertain

LITORANEA

☐ PR-VLA   LET L-410UVP-E20   882101   ex OK-TDA

MANAUS AERO TAXI
Manaus-Ponta Pelada, AM (PLL)

☐ PT-SEA   Embraer EMB.110P1 Bandeirante   110352

META - MESQUITA TRANSPORTES AEREO
Meta (MSQ)
Boa Vista, RR (BVB)

☐ PT-FLY	Embraer EMB.120ER Brasilia	120044	ex PT-SLI		Lsd fr Embraer
☐ PT-LMZ	Cessna U206F Stationair	U20602184			
☐ PT-LNW	Embraer EMB.110P1 Bandeirante	110346	ex N697RA		
☐ PT-LXN	Embraer EMB.120ER Brasilia	120052	ex D-CEMG		Lsd fr Embraer
☐ PT-OND	Cessna U206G Stationair 6	U20606542	ex N9529Z		

MTA CARGO
Master (MST) (IATA 299)
Sao Paulo-Viracopos, SP (VCP)

☐ PP-MTA	Douglas DC-10-30CF	47908/215	ex N322FE	Petete IV	Lsd fr CIU
☐ (PP-MTC)	Douglas DC-10-30F	46540/268	ex N304SP		Lsd fr Finova

MTA Cargo is the trading name of Master Top Linhas Aereas

NHR TAXI AEREO
Sorocaba, SP (SOD)

☐ PT-MAL	Embraer EMB.121A1 Xingu	121019	
☐ PT-SHY	Embraer EMB.110PI Bandeirante	110470	
☐ PT-WAW	Embraer EMB.110 Bandeirante	110122	ex FAB 2189
☐ PT-WCM	Embraer EMB.110 Bandeirante	110041	ex FAB 2148

NHT LINHAS AEREAS
(NHG)
Sorocaba, SP (SOD)

☐ PR-NHA	LET L-410UVP-E20	062636
☐ PR-NHB	LET L-410UVP-E20	062637
☐ PR-NHC	LET L-410UVP-E20	072639
☐ PR-NHD	LET L-410UVP-E20	072640
☐ PR-	LET L-410UVP-E20	
☐ PR-	LET L-410UVP-E20	

NORDESTE LINHAS AEREAS
Re-established as independent company in March 2007 but routes and fleets unknown

OCEANAIR LINHAS AEREAS
Oceanair (ONE)
Rio de Janeiro-Santos Dumont, RJ (SDU)

☐ PR-OAO	Embraer EMB.120RT Brasilia	120057	ex N239AS	Grey c/s	
☐ PR-OAP	Embraer EMB.120RT Brasilia	120060	ex N240AS	Magenta c/s	
☐ PT-SLC	Embraer EMB.120ER Brasilia	120094	ex PT-SML	Red c/s	
☐ PT-SLD	Embraer EMB.120ER Brasilia	120147		Yellow c/s	
☐ PT-SLE	Embraer EMB.120ER Brasilia	120161		Blue c/s	
☐ PT-SRF	Embraer EMB.120ER Brasilia	120192		White c/s	
☐ PR-OAA	Fokker F.27 Mk 050 (Fokker 50)	20254	ex PH-KXN	Red c/s	
☐ PR-OAB	Fokker F.27 Mk 050 (Fokker 50)	20255	ex PH-KXS	Yellow c/s	
☐ PR-OAC	Fokker F.27 Mk 050 (Fokker 50)	20262	ex PH-KXX	Red c/s	
☐ PR-OAW	Fokker F.27 Mk 050 (Fokker 50)	20281	ex HK-4481		Lsd fr AerCap
☐ PR-OAX	Fokker F.27 Mk 050 (Fokker 50)	20296	ex HK-4482X		Lsd fr AerCap
☐ PR-OAD	Fokker F.28-0100 (Fokker 100)	11370	ex N1412A		
☐ PR-OAE	Fokker F.28-0100 (Fokker 100)	11426	ex N1436A		
☐ PR-OAF	Fokker F.28-0100 (Fokker 100)	11415	ex N1430D		
☐ PR-OAG	Fokker F.28-0100 (Fokker 100)	11412	ex N1427A		
☐ PR-OAH	Fokker F.28-0100 (Fokker 100)	11413	ex N1428D		
☐ PR-OAI	Fokker F.28-0100 (Fokker 100)	11417	ex N1432A		
☐ PR-OAJ	Fokker F.28-0100 (Fokker 100)	11418	ex N1433B		
☐ PR-OAK	Fokker F.28-0100 (Fokker 100)	11425	ex N1435D		
☐ PR-OAL	Fokker F.28-0100 (Fokker 100)	11435	ex N1440A		

☐	PR-OAM	Fokker F.28-0100 (Fokker 100)	11436	ex N1441A		
☐	PR-OAQ	Fokker F.28-0100 (Fokker 100)	11467	ex N1455K		
☐	PR-OAS	Fokker F.28-0100 (Fokker 100)	11405	ex N1422J		
☐	PR-OAT	Fokker F.28-0100 (Fokker 100)	11411	ex N1426A		
☐	PR-OAU	Fokker F.28-0100 (Fokker 100)	11427	ex N1437B		
☐	PR-OAV	Fokker F.28-0100 (Fokker 100)	11419	ex N1434A		
☐	PR-ONA	Boeing 767-322ER	25280/391	ex N202AC		Lsd fr Aircastle; sublsd to DTA
☐	PR-ONB	Boeing 767-322ER	25287/449	ex N650UA		Lsd fr LaserLine Lsg
☐	PR-ONF	Boeing 757-2K2	26635/608	ex N635GS		Lsd fr Celestial Avn

Parent company owns majority of AVIANCA (HK); Fourteen Airbus A319s, seven Airbus A320-200s and seven Airbus A330-200s are on order (the former originally orderd by AVIANCA)

PANTANAL
Pantanal (P8/PTN)
Sao Paulo-Congonhas, SP (CGH)

☐	PT-MFJ	ATR 42-320	343	ex F-WQHV		Lsd fr Magellan
☐	PT-MFK	ATR 42-300	225	ex F-GKNA	dam	Lsd fr Magellan
☐	PT-MFM	ATR 42-300	376	ex F-GKNH		Lsd fr Magellan
☐	PT-MFT	ATR 42-320	306	ex G-BXEH		Lsd fr ATR Asset Mgt
☐	PT-MFU	ATR 42-310	070	ex F-GHJE		
☐	PT-MFV	ATR 42-300	043	ex F-GGLR		

Patanal is the trading name of Patanal Linhas Aereas Sul-Matogrossenses

PASSAREDO TRANSPORTES AEREOS
Ribeirao Preto, SP (RAO)

☐	PP-PSA	Embraer EMB.120ER Brasilia	120302	
☐	PP-PSB	Embraer EMB.120ER Brasilia	120303	

PENTA - PENA TRANSPORTES AEREOS
Aero Pena (5P/PEP)
Santarem, PA (STM)

☐	PP-ISE	Embraer EMB.120ER Brasilia	120246	ex N6222Z	Lsd fr Internac
☐	PT-LLC	Embraer EMB.110P1 Bandeirante	110427	ex N302EB	
☐	PT-MPB	Cessna 208B Caravan I	208B0630	ex N5263A	Lsd fr Cessna Finance
☐	PT-MPD	Cessna 208B Caravan I	208B0644	ex N5267T	Lsd fr Cessna Finance
☐	PT-MPG	Cessna 208B Caravan I	208B0645	ex N5268A	Lsd fr Cessna Finance
☐	PT-OSG	Cessna 208B Caravan I	208B0300	ex N5516B	Lsd fr Internac
☐	PT-SOF	Embraer EMB.110P1A Bandeirante	110486		

PLATINUM AIR LINHAS AEREAS
(PLJ)
Sao Jose dos Campos (SJK)

☐	PR-PLH	Boeing 727-225 (Super 27)	22434/1671	ex N770PL	
☐	PR-PLQ	Boeing 727-231F (Super 27)	21984/1574	ex N984RT	on order

Sister company of Platinum Airlines (N)

PUMA AIR LINHAS AEREAS
Puma Brasil (PLY)
Belem, PA (BEL)

☐	PP-PTB	Embraer EMB.120RT Brasilia	120080	ex F-GFEP	dbr 24Nov06?
☐	PR-PMC	Cessna 208B Caravan I	208B0909	ex N12826	Lsd fr Cessna Finance
☐	PT-STN	Embraer EMB.120ER Brasilia	120241		

RICO LINHAS AEREAS
Rico (C7/RLE)
Manaus-Eduardo Gomez, AM (MAO)

☐	PR-RLA	Boeing 737-241	21009/417	ex PP-VMN	
☐	(PR-RLB)	Boeing 737-241	21008/402	ex PP-VMM	
☐	(PR-RLC)	Boeing 737-241	21000/378	ex PP-VME	
☐	PT-WDB	Embraer EMB.110C Bandeirante	110051	ex FAB2159	
☐	PT-WJA	Embraer EMB.110P1 Bandeirante	110265	ex PT-OHF	
☐	PT-WJG	Embraer EMB.120ER Brasilia	120064	ex PT-PCA	
☐	PT-WRU	Cessna 208 Caravan I	20800284		Floatplane
☐	PT-WZM	Embraer EMB.120ER Brasilia	120041	ex PP-IAD	Lsd fr Embraer
☐		Antonov An-32			on order
☐		Antonov An-32			on order

RICO TAXI AEREO
Manaus-Eduardo Gomez, AM (MAO)

☐	PT-GJC	Embraer EMB.110E Bandeirante	110055		
☐	PT-MAA	Embraer EMB.121A Xingu II	121001	ex PT-ZCT	
☐	PT-OCV	Embraer EMB.110P1 Bandeirante	110359	ex N97PB	

RIO LINHAS AEREAS

☐	PT-LAG	Fokker F.27 Friendship 600	10197	ex PH-FDM	on order
☐	PT-LAH	Fokker F.27 Friendship 600	10178	ex PH-FCS	on order

RIO-SUL SERVICIOS AEREOS REGIONAIS
Status uncertain, was owned by VARIG who were taken over by Gol

SETE TAXI AEREO
Sete
Goiania, GO (GYN)

☐	PR-MEG	Cessna 208B Caravan I	208B0352		Lsd fr Cessna Finance
☐	PR-MEH	Cessna 208B Caravan I	208B0354		Lsd fr Cessna Finance
☐	PR-MEI	Cessna 208B Caravan I	208B0358		Lsd fr Cessna Finance
☐	PT-MEK	Cessna 208B Caravan I	208B0360		Lsd fr Cessna Finance
☐	PT-MEL	Cessna 208B Caravan I	208B0361		Lsd fr Cessna Finance
☐	PT-EHE	Embraer EMB.820C Navajo	820041		
☐	PT-LHH	Mitsubishi MU-2B-60 Marquise	1508SA	ex N618RT	
☐	PT-WST	Mitsubishi MU-2B-36A	711SA	ex N171CA	
☐	PT-WYT	Mitsubishi MU-2B-36A	722SA	ex N722MU	

SKYLIFT TAXI AEREO
Campinhas, SP (CPQ)

☐	PT-PQD	Short SC.7 Skyvan 3	SH1951	ex C-FSDZ	

SKYMASTER AIRLINES
Skymaster Air (SKC)
Manaus-Eduardo Gomes, AM/Sao Paulo-Viracopos, SP (MAO/VCP)

☐	PR-SKC	Douglas DC-8-63F (BAC 3)	46143/547	ex N959R	Lsd fr GM Acceptance
☐	PR-SKI	Douglas DC-8-62F (BAC 3)	46154/554	ex N997CF	Lsd fr Skytrade Intl Enterprises
☐	PR-SKM	Douglas DC-8-63F (BAC 3)	46137/527	ex N957R	Lsd fr GM Acceptance
☐	PT-MTE	Boeing 707-321C (Comtran 2)	20017/753	ex OB-1716	Lsd fr Daedalus Avn
☐	PT-MTR	Boeing 707-369C (Comtran 2)	20084/758	ex OB-1699	Lsd fr Daedalus Avn
☐	PT-WSZ	Boeing 707-338C (Comtran 2)	18808/404	ex HK-3030	Lsd fr Citizen Holdings
☐	PT-WUS	Boeing 707-324C (Comtran 2)	19352/576	ex HK-3604X	Lsd fr Comtran

TAF LINHAS AEREAS
Tafi (TSD)
Fortaleza, CE (FOR)

☐	PP-SBF	Embraer EMB.110C Bandeirante	110023		stored FOR
☐	PT-GJD	Embraer EMB.110EJ Bandeirante	110056		
☐	PT-LBU	Embraer EMB.110C Bandeirante	110033	ex PT-FAE	stored FOR
☐	PT-MTC	Boeing 727-228F (FedEx 3)	20409/845	ex N726DH	Comte Dilsonr
☐	PR-MTD	Boeing 727-227F (Raisbeck 3)	21248/1218	ex N76752	Lsd fr Air Business
☐	PT-MTF	Boeing 737-241	21007/400	ex PP-VML	Lsd fr DVP Air Trading
☐	PR-MTG	Boeing 737-217 (AvAero 3)	22255/666	ex N5JY	Lsd fr DVP Trading Co
☐	PR-MTH	Boeing 737-232 (Nordam 3)	23102/1045	ex N330DL	Gracinha	Lsd fr WTCo
☐	PR-MTJ	Boeing 727-2M7F (FedEx 3)	21952/1693	ex N742RW	Lsd fr U-Boats Parts
☐	PT-OGG	Cessna 208A Caravan I	20800041	ex N813FE	Lsd fr Cessna
☐	PT-OGL	Cessna 208A Caravan I	20800102	ex N839FE	Lsd fr Cessna
☐	PT-OGV	Cessna 208A Caravan I	20800019	ex N805FE	Lsd fr Cessna
☐	PT-OQT	Cessna 208B Grand Caravan	208B0314	ex N1018X	Lsd fr Cessna
☐	PT-TAF	Embraer EMB.110 Bandeirante	110103	ex FAB2179	
☐	PT-YTF	Helibras AS.350B2 Esquilo	AS.3149		

TAM LINHAS AEREAS
TAM (JJ/TAM) (IATA 957)
Sao Paulo-Congonhas, SP (GGH)

☐	PR-MAH	Airbus A319-132	1608	ex D-AIJO		
☐	PR-MAI	Airbus A319-132	1703	ex D-AIMM		
☐	PR-MAL	Airbus A319-132	1801	ex D-AVWD		
☐	PR-MAM	Airbus A319-132	1826	ex D-AVWN		
☐	PR-MAN	Airbus A319-132	1831	ex D-AVWR		
☐	PR-MAO	Airbus A319-132	1837	ex D-AVYQ		
☐	PR-MAQ	Airbus A319-132	1855	ex D-AVYA		
☐	PR-MBI	Airbus A319-132	1575	ex N475TA		Lsd fr Gribanova
☐	PR-MBL	Airbus A320-233	0916	ex D-ANNA	on order	Lsd fr Pegasus
☐	PR-MBN	Airbus A319-132	3032	ex D-AVWG		Lsd fr CIT Group
☐	PT-MZA	Airbus A319-132	0976	ex D-AVYI		Lsd fr Boullioun
☐	PT-MZB	Airbus A319-132	1010	ex D-AVYA		Lsd fr Boullioun
☐	PT-MZC	Airbus A319-132	1092	ex D-AVYD		Lsd fr Napoleon Lsg
☐	PT-MZD	Airbus A319-132	1096	ex D-AVYR		Lsd fr Napoleon Lsg
☐	PT-MZE	Airbus A319-132	1103	ex D-AVWD		Lsd fr Napoleon Lsg
☐	PT-MZF	Airbus A319-132	1139	ex D-AVYO		Lsd fr Napoleon Lsg
☐	PT-	Airbus A319-132		ex D-AV	on order	
☐	PT-	Airbus A319-132		ex D-AV	on order	
☐	PT-	Airbus A319-132		ex D-AV	on order	
☐	PT-	Airbus A319-132		ex D-AV	on order	
☐	PT-	Airbus A319-132		ex D-AV	on order	
☐	PT-	Airbus A319-132		ex D-AV	on order	
☐	PT-	Airbus A319-132		ex D-AV	on order	
☐	PT-	Airbus A319-132		ex D-AV	on order	

497

☐	PT-	Airbus A319-132		ex D-AV	on order	
☐	PT-	Airbus A319-132		ex D-AV	on order	

Three more Airbus A319s are on order for delivery in 2009

☐	PR-MAA	Airbus A320-232	1595	ex F-WWBU		Lsd fr IEM Airfinance
☐	PR-MAB	Airbus A320-232	1663	ex F-WWIE		
☐	PR-MAC	Airbus A320-232	1672	ex F-WWIK	450 anos	
☐	PR-MAD	Airbus A320-232	1771	ex F-WWDD		
☐	PR-MAE	Airbus A320-232	1804	ex F-WWII		
☐	PR-MAG	Airbus A320-232	1832	ex F-WWBD	Sao Paulo 450 Anos	
☐	PR-MAJ	Airbus A320-232	1818	ex F-WWIN		Lsd fr BOC Aviation
☐	PR-MAK	Airbus A320-232	1825	ex F-WWIX		
☐	PR-MAP	Airbus A320-232	1857	ex F-WWBZ		Lsd fr CIT Group
☐	PR-MAR	Airbus A320-232	1888	ex F-WWBS		Lsd fr BOC Aviation
☐	PR-MAS	Airbus A320-232	2372	ex F-WWDQ		Lsd fr Boullioun
☐	PR-MAV	Airbus A320-232	2393	ex F-WWIR		Lsd fr Boullioun
☐	PR-MAW	Airbus A320-232	2417	ex F-WWDT		Lsd fr BOC Aviation
☐	PR-MAX	Airbus A320-232	2602	ex F-WWBO		Lsd fr BOC Aviation
☐	PR-MAY	Airbus A320-232	2661	ex F-WWIV		Lsd fr CIT Group
☐	PR-MAZ	Airbus A320-232	2513	ex F-WWIY		Lsd fr Boullioun
☐	PR-MBA	Airbus A320-232	2734	ex F-WWBF		Lsd fr Avn Capital Grp
☐	PR-MBB	Airbus A320-232	2737	ex F-WWBH		Lsd fr CIT Group
☐	PR-MBC	Airbus A320-232	2783	ex F-WWDZ		Lsd fr BOC Aviation
☐	PR-MBD	Airbus A320-232	2838	ex F-WWID		
☐	PR-MBE	Airbus A320-232	2859	ex F-WWIU		
☐	PR-MBF	Airbus A320-232	2896	ex F-WWBZ		
☐	PR-MBG	Airbus A320-232	1459	ex OE-LOR		
☐	PR-MBH	Airbus A320-232	2904	ex F-WWDP		
☐	PR-MBJ	Airbus A320-232	2445	ex ZK-OJK		Lsd fr FOM
☐	PR-MBM	Airbus A320-233	1339	ex N463TA		Lsd fr Pegasus
☐	PR-MBO	Airbus A320-232	3156	ex F-WWDK		Lsd fr Macquarie A/c Lsg
☐	PR-MBP	Airbus A320-232	1215	ex G-TTOA		Lsd fr BBAM
☐	PR-MBQ	Airbus A320-232	1652	ex N533JB		Lsd fr VGS Aircraft
☐	PR-MBR	Airbus A320-232	1802	ex N542JB		Lsd fr VGS Aircraft
☐	PR-MBS	Airbus A320-232	1835	ex N544JB		Lsd fr VGS Aircraft
☐	PR-MHA	Airbus A320-214	2924	ex F-WWDV		
☐	PR-MHB	Airbus A320-214	1692	ex F-GRSN		Lsd fr EFG Aircraft
☐	PR-MHC	Airbus A320-214	1717	ex EC-ICN		Lsd fr GECAS
☐	PR-MHD	Airbus A320-214	1775	ex EC-JHJ		Lsd fr GECAS
☐	PR-MHE	Airbus A320-214	3111	ex F-WWIS		
☐	PR-MHF	Airbus A320-214	3180	ex F-WWDK		
☐	PR-MHG	Airbus A320-214	3002	ex F-WWBB		Lsd fr CIT Group
☐	PR-MHH	Airbus A320-214	2740	ex N623VA		Lsd fr VRD
☐	PR-MHI	Airbus A320-214	3035	ex F-WWDE		
☐	PR-MHJ	Airbus A320-214	3047	ex F-WWDQ		
☐	PR-MHK	Airbus A320-214	3058	ex F-WWDX		
☐	PR-MHL	Airbus A320-214	3037	ex N629VA		Lsd fr VRD
☐	PR-MHM	Airbus A320-214	3211	ex F-WWIR		
☐	PR-MHN	Airbus A320-214	3240	ex F-WWBM		Lsd fr AWAS
☐	PR-MHO	Airbus A320-214	3278	ex F-WWDK		Lsd fr RBS Avn Capital
☐	PR-MHP	Airbus A320-216	3266	ex F-WWBS		
☐	PR-MHQ	Airbus A320-214	3284	ex F-WWDQ		
☐	PR-MHR	Airbus A320-214	3313	ex F-WWIQ		
☐	PR-MHS	Airbus A320-214	3325	ex F-WWBF		Lsd fr RBS Avn Capital
☐	PR-	Airbus A320-214	3391	ex F-WWDR	on order	
☐	PT-MZG	Airbus A320-232	1143	ex F-WWBG		Lsd fr Juliana Lsg
☐	PT-MZH	Airbus A320-232	1158	ex F-WWBY		Lsd fr Juliana Lsg
☐	PT-MZI	Airbus A320-232	1246	ex F-WWIR		Lsd fr Amazon Avn
☐	PT-MZJ	Airbus A320-232	1251	ex F-WWIV		Lsd fr Amazon Avn
☐	PT-MZK	Airbus A320-232	1368	ex F-WWIJ		Lsd fr Boullioun
☐	PT-MZL	Airbus A320-232	1376	ex F-WWIN		Lsd fr Boullioun
☐	PT-MZM	Airbus A320-232	0453	ex N641AW		Lsd fr CIT Group
☐	PT-MZN	Airbus A320-231	0440	ex ZS-SHG		Lsd fr GATX Flightlease
☐	PT-MZO	Airbus A320-231	0250	ex ZS-SHC		Lsd fr GATX Flightlease
☐	PT-MZP	Airbus A320-231	0243	ex ZS-SHA		Lsd fr GATX Flightlease
☐	PT-MZQ	Airbus A320-231	0335	ex ZS-SHF		Lsd fr GATX Flightlease
☐	PT-MZR	Airbus A320-231	0334	ex ZS-SHE		Lsd fr GATX Flightlease
☐	PT-MZS	Airbus A320-231	0251	ex ZS-SHD		Lsd fr GATX Flightlease
☐	PT-MZT	Airbus A320-232	1486	ex F-WWDV		
☐	PT-MZU	Airbus A320-232	1518	ex F-WWIJ		
☐	PT-MZV	Airbus A320-232	0758	ex N758SL		Lsd fr BOC Aviation
☐	PT-MZW	Airbus A320-232	1580	ex F-WWBK		Lsd fr IEM Airfinance
☐	PT-MZX	Airbus A320-232	1613	ex F-WWDI		Lsd fr IEM Airfinance
☐	PT-MZY	Airbus A320-232	1628	ex F-WWDO		
☐	PT-MZZ	Airbus A320-232	1593	ex F-WWBT		Lsd fr IEM Airfinance
☐		Airbus A320-214	1757	ex EI-DJI	on order	Lsd fr ILFC

Four more Airbus A320-214s are on order plus 40 more Airbus A320 family aircraft, model to be decided.

☐	PT-MXA	Airbus A321-211	3222	ex D-AVZF		
☐	PT-MXB	Airbus A321-211	3229	ex D-AVZG		
☐	PT-MXC	Airbus A321-211	3294	ex D-AVZE	on order	
☐	PT-	Airbus A321-211		ex D-AV	on order	

☐	PT-MVA	Airbus A330-223	232	ex A6-EYX		Lsd fr GECAS
☐	PT-MVB	Airbus A330-223	238	ex A6-EYY		Lsd fr GECAS
☐	PT-MVC	Airbus A330-223	247	ex F-WWKH		Lsd fr GECAS
☐	PT-MVD	Airbus A330-223	259	ex A6-EYB		Lsd fr WFBN
☐	PT-MVE	Airbus A330-223	361	ex A6-EYA		Lsd fr Tiago Lsg
☐	PT-MVF	Airbus A330-203	466	ex F-WWKP		Lsd fr GECAS
☐	PT-MVG	Airbus A330-203	472	ex F-WWKQ		Lsd fr GECAS
☐	PT-MVH	Airbus A330-203	477	ex F-WWKS		Lsd fr GECAS
☐	PT-MVK	Airbus A330-203	486	ex F-WWYL		Lsd fr GECAS
☐	PT-MVL	Airbus A330-203	700	ex F-WWKB		Lsd fr GECAS
☐	PT-MVM	Airbus A330-223	869	ex F-WWYR		
☐	PT-MVN	Airbus A330-223	876	ex F-WWKE		

Wear The Magic Red Carpet titles on the nose, eight more Airbus A330-223s are on order including 2 in 2010 and 2 in 2011.

☐	PT-MQC	Fokker F.28-0100 (Fokker 100)	11371	ex PH-JXP		Lsd fr F100 Aircraft Lsg
☐	PT-MQK	Fokker F.28-0100 (Fokker 100)	11336	ex PH-LNF		Lsd fr F100 Aircraft Lsg
☐	PT-MRB	Fokker F.28-0100 (Fokker 100)	11285	ex PH-LMK		Lsd fr F100 Aircraft Lsg
☐	PT-MRE	Fokker F.28-0100 (Fokker 100)	11348	ex PH-LNM		Lsd fr F100 Aircraft Lsg
☐	PT-MRG	Fokker F.28-0100 (Fokker 100)	11304	ex PH-LMX		Lsd fr F100 Aircraft Lsg
☐	PT-MRH	Fokker F.28-0100 (Fokker 100)	11305	ex PH-LMY		Lsd fr F100 Aircraft Lsg

☐	PT-MSH	McDonnell-Douglas MD-11ER	48755/613	ex PP-VQJ		Lsd fr Boeing Capital
☐	PT-MSI	McDonnell-Douglas MD-11ER	48758/615	ex PP-VQK		Lsd fr Boeing Capital
☐	PT-MSJ	McDonnell-Douglas MD-11ER	48769/603	ex PP-VQX		Lsd fr Boeing Capital
☐	PT-MSL	Airbus A340-541	464	ex C-GKOM		
☐	PT-MSN	Airbus A340-541	445	ex C-GKOL		
☐	PT-MUA	Boeing 777-32WER	37664		on order	
☐	PT-MUB	Boeing 777-32WER	37665		on order	
☐	PT-MUC	Boeing 777-32WER	37666		on order	
☐	PT-MUD	Boeing 777-32WER	37667		on order	
☐	PT-	Boeing 767-33AER	27377/561	ex I-DEIC	on order	Lsd fr AWAS
☐	PT-	Boeing 767-33AER	27468/584	ex I-DEID	on order	Lsd fr AWAS

Four more Boeing 777-300ERs are on order and will replace the MD-11s while 10 Airbus A350-800s and 12 Airbus A350-900s are on order for delivery from 2013.
Member of TAM Group which includes TAM Taxi Aereo Marilia, TAM Paraguay and Interexpress T/A Regionais; formed South American alliance with LAN Airline Group. Planned fleet of 118 Airbus and 4 Boeing 777s by the end of 2008.
Aircraft being painted with Orgulho de ser Brasileira titles (Proud to be Brazilian).

TAM - TAXI AEREO MARILIA

Sao Paulo-Congonhas, SP (GGH)

☐	PP-ITY	Cessna 208B Caravan I	208B0560	
☐	PR-MAU	Cessna 208B Caravan I	208B0621	ex ZP-CAD
☐	PT-MEA	Cessna 208B Caravan I	208B0333	ex N1037L
☐	PT-MEB	Cessna 208B Caravan I	208B0335	ex N1038G
☐	PT-MEC	Cessna 208B Caravan I	208B0342	ex N1045C
☐	PT-MED	Cessna 208B Caravan I	208B0343	ex N1052G
☐	PT-MEE	Cessna 208B Caravan I	208B0344	ex N1054M
☐	PT-MEJ	Cessna 208B Caravan I	208B0359	
☐	PT-MEM	Cessna 208B Caravan I	208B0405	
☐	PT-MEN	Cessna 208B Caravan I	208B0408	
☐	PT-MEO	Cessna 208B Caravan I	208B0412	
☐	PT-MES	Cessna 208B Caravan I	208B0507	
☐	PT-MEX	Cessna 208B Caravan I	208B0515	
☐	PT-MHC	Cessna 208B Caravan I	208B0543	

TAM Taxi Aereo Marilia is a member of the TAM Group

TASUL - TAXI AEREO SUL

Porto Alegre-Salgado Filho, RS (PQA)

☐	PT-JGH	Cessna 402B	402B0441	
☐	PT-JJB	Cessna 402B	402B0399	ex N8063Q
☐	PT-KDA	Cessna 310Q	310Q1087	

TAVAJ LINHAS AEREAS
Tavaj (4U/TVJ)

Rio Branco, AC (RBR)

☐	PT-GJP	Embraer EMB.110EJ Bandeirante	110065	
☐	PT-LRB	Embraer EMB.110P1 Bandeirante	110409	ex N720RA
☐	PT-LRJ	Embraer EMB.110P1 Bandeirante	110384	ex N699RA
☐	PT-LTN	Embraer EMB.110P1 Bandeirante	110418	ex N860AC
☐	PT-OCX	Embraer EMB.110P1 Bandeirante	110316	ex N94PB

☐	PT-LAG	Fokker F.27 Friendship 600	10197	ex PH-FDM	For Rio L/A
☐	PT-LAH	Fokker F.27 Friendship 600	10178	ex PH-FCS	For Rio L/A

TAXI AEREO ITAITUBA

Santarem, PA (STM)

☐	PT-GJR	Embraer EMB.110EJ Bandeirante	110070	
☐	PT-GKE	Embraer EMB.110B1 Bandeirante	110096	ex PP-ZKE

TAXI AEREO WEISS
Curitiba, PR (CWB)

☐	PT-EFU	Embraer EMB.820C Navajo	820031		
☐	PT-ELY	Embraer EMB.820C Navajo	820063		
☐	PT-GKQ	Embraer EMB.110P Bandeirante	110125		

TEAM AIRLINES – TEAM TRANSPORTES AEREOS
Team Brasil (TIM)
Rio de Janeiro-Santos Dumont, RJ (SDU)

☐	PR-AIA	LET L-410UVP-E	912611	ex CCCP-67680	Lsd fr Pamco Inc
☐	PR-IMO	LET L-410UVP-E20	922701	ex OK-XDJ	Lsd fr Pamco Inc

TOTAL LINHAS AEREAS
Total (TTL)
Belo Horizonte-Pampulha, MG/Manaus-Eduardo Gomes, AM (PLU/MAO)

☐	PP-ATV	ATR 42-300	298	ex F-WQHA	Lsd fr ATR Asset Mgt
☐	PR-TTE	ATR 42-300	400	ex F-WQNG	Lsd fr ATR Asset Mgt
☐	PR-TTG	ATR 42-320	020	ex F-OHOT	Lsd fr ATR Asset Mgt
☐	PR-TTH	ATR 42-500	506	ex F-WQNL	
☐	PR-TTI	ATR 72-212	454	ex N531AS	
☐	PR-TTJ	ATR 72-212	463	ex N534AS	
☐	PR-TTK	ATR 42-500	504	ex F-WQNK	
☐	PT-MFE	ATR 42-300	295	ex F-WWLU	Lsd fr ATR Asset Mgt
☐	PT-TTL	ATR 42-320	380	ex N988MA	Lsd fr ATR Asset Mgt
☐	PR-TTM	ATR 42-500	551	ex D-BNNN	

Three ATR 42-500s and two ATR 72-212As are on order

☐	PR-TTB	Boeing 727-223 (FedEx 3)	22007/1643	ex N891AA	Lsd fr Avn Capital Grp
☐	PT-MTQ	Boeing 727-243F	22053/1620	ex N198PC	Lsd fr Pegasus
☐	PT-MTT	Boeing 727-243F	22167/1752	ex N270PC	Lsd fr Pacific
☐	PT-TTO	Boeing 727-2M7F (FedEx 3)	21200/1206	ex N721RW	Lsd fr Pacific AirCorp

TRIP LINHAS AEREAS
(8R)
Sao Paulo-Viracopos, SP (VCP)

☐	PP-PTC	ATR 42-300	035	ex F-ODUD		Lsd fr ATR Asset Mgt
☐	PP-PTD	ATR 42-320	091	ex F-WQNS		Lsd fr ATR Asset Mgt
☐	PP-PTE	ATR 42-300	014	ex CU-T1550		Lsd to CRE
☐	PP-PTF	ATR 42-300	072	ex LV-ZNV		
☐	PP-PTG	ATR 42-320	128	ex F-WQNA		
☐	PP-PTH	ATR 72-202	365	ex F-GMGK		
☐	PP-PTI	ATR 42-320	374	ex F-WQNP		
☐	PP-PTJ	ATR 42-320	284	ex CX-PUC		Lsd fr GECAS
☐	PP-PTK	ATR 72-202	352	ex F-GKPH		Lsd fr ATRiam Capital
☐	PP-	ATR 72-212A	773	ex F-WWEL	on order	
☐	PP-	ATR 72-212A		ex F-WW	on order	
☐	PP-	ATR 72-212A		ex F-WW	on order	
☐	PP-	ATR 72-212A		ex F-WW	on order	
☐	PR-TTF	ATR 42-300	021	ex F-WQNS	all-white	Lsd fr ATR Asset Mgt

Three more ATR 72-212As are on order

☐	PP-PTA	Embraer EMB.120RT Brasilia	120061	ex F-GFEN	

TRIP is the trading name of Transportes Regionais do Interior Paulista

VARIG
Varig (RG/VRN)
Rio de Janeiro-Galeao, RJ/Porto Alegre-Canoas, RS (GIG/POA)

☐	PP-VNT	Boeing 737-33A	23828/1446			Lsd fr Nordstress
☐	PP-VNX	Boeing 737-33A	23829/1460			Lsd fr Nordstress
☐	PP-VNY	Boeing 737-3K9	24864/1918			Lsd fr Bavaria
☐	PP-VNZ	Boeing 737-3K9	24869/1926			Lsd fr Bavaria
☐	PP-VON	Boeing 737-341	24935/1935			Lsd fr Mitsui
☐	PP-VOY	Boeing 737-3K9	25210/2090			Lsd fr Bavaria
☐	PP-VOZ	Boeing 737-3K9	25239/2100			Lsd fr Bavaria
☐	PP-VPB	Boeing 737-341	26856/2321			Lsd fr Bavaria
☐	PP-VPC	Boeing 737-341	26857/2326			Lsd fr Bavaria
☐	PP-VQN	Boeing 737-33A	24098/1783	ex N98NG		Lsd fr AWAS
☐	PP-VQO	Boeing 737-3M8	24377/1719	ex N77NG		Lsd fr DBACG I
☐	PP-VTA	Boeing 737-3K9	23797/1416	ex PT-TEU		Lsd fr Bavaria
☐	PP-VTB	Boeing 737-3K9	23798/1429	ex PT-TEV		Lsd fr Bavaria
☐	PP-VTW	Boeing 737-382	24366/1699	ex CP-2391		Lsd fr Pegasus
☐	PR-VBA	Boeing 737-8AS/W	29916/210	ex EI-CSA		Lsd fr Aircastle
☐	PR-VBB	Boeing 737-8AS/W	29917/298	ex EI-CSB		Lsd fr Aircastle
☐	PR-VBC	Boeing 737-8AS/W	29918/307	ex EI-CSC		Lsd fr Aircastle
☐	PR-VBD	Boeing 737-8AS/W	29919/341	ex EI-CSD		Lsd fr Aircastle
☐	PR-VBE	Boeing 737-8AS/W	29920/362	ex EI-CSE		Lsd fr Aircastle
☐	PR-VBF	Boeing 737-809	28403/117	ex TC-APM	on order	Lsd fr GECAS
☐	PR-VBG	Boeing 737-809	29103/129	ex TC-APZ	on order	Lsd fr GECAS

	Reg	Type	MSN	ex	Notes	Lessor
☐	PR-VBH	Boeing 737-86N/W	28578/89	ex VT-JNA	on order	Lsd fr GECAS
☐	PR-VBI	Boeing 737-86N/W	28575/91	ex VT-JNB	on order	Lsd fr GECAS
☐	PR-VBK	Boeing 737-8EH/W	34271/2445	ex PR-GTX		Lsd fr GLO
☐	PR-VBL	Boeing 737-8EH/W	34272/2449	ex PR-GTW		Lsd fr GLO
☐	PR-VBM	Boeing 737-7EA	32406/859	ex N815PG		Lsd fr Pegasus
☐	PR-VBN	Boeing 737-76N	28577/124	ex N966PG		Lsd fr Pegasus
☐	PP-VOI	Boeing 767-341ER	24752/289		for BRB	Lsd fr Nissho Iwai
☐	PP-VPV	Boeing 767-375ER	24086/248	ex N240SZ		Lsd fr WFBN
☐	PP-VTC	Boeing 767-3Y0ER	25411/408	ex N640TW		
☐	PP-VTE	Boeing 767-3Y0ER	26208/505	ex N639TW		
☐	PR-VAA	Boeing 767-33AER	27909/591	ex N279AN		Lsd fr AWMS
☐	PR-VAB	Boeing 767-383ER	27477/337	ex B-2497		Lsd fr AWMS
☐	PR-VAC	Boeing 767-27GER	27048/475	ex N48SN		Lsd fr Aircraft 27048 LLC
☐	PR-VAD	Boeing 767-3Y0ER	26204/464	ex N204DN		Lsd fr GECAS
☐	PR-VAE	Boeing 767-31AER	27619/595	ex PH-MCV		Lsd fr ILFC
☐	PR-VAF	Boeing 767-38EER	25132/417	ex CC-CIO		Lsd fr Guggenheim Avn
☐	PR-VAG	Boeing 767-33AER	27376/560	ex I-DEIB	on order	Lsd fr GECAS
☐	PR-VAH	Boeing 767-330ER	25208/381	ex 4X-EAJ	on order	Lsd fr GECAS
☐	PR-VAI	Boeing 767-3S1ER	25221/384	ex 5R-MFF	on order	Lsd fr GECAS
☐	PR-VAJ	Boeing 767-3Y0ER	24999/354	ex C-GHPD	on order	Lsd fr GECAS
☐	PR-VAK	Boeing 767-3Y0ER	24947/351	ex C-GGMX	on order	Lsd fr BBAM
☐	PR-VAN	Boeing 767-328ER	27427/579	ex N801PG		Lsd fr Pegasus Avn
☐	PR-VAO	Boeing 767-383ER	24846/309	ex TF-FIC		Lsd fr AAR Group

Varig is the trading name of VRG Linhas Aereas; wholly owned by Gol but continues to operate independently

VARIG LOG
(LC/VLO) (IATA 183) Sao Paulo-Guarulhos, SP/ (GRU)

	Reg	Type	MSN	ex	Notes	Lessor
☐	PP-VLD	Boeing 727-41F	20425/824		stored POA	
☐	PP-VQU	Boeing 727-2J7F	20880/1037	ex PP-SFF		Lsd fr Pegasus
☐	PP-VQV	Boeing 727-243F	22166/1725	ex PP-SFE		Lsd fr Pegasus
☐	PR-LGC	Boeing 727-2A1F (FedEx 3)	21342/1256	ex N214UP	Leandra	Lsd fr Platinum Air
☐	PR-LGF	Boeing 757-28A (PCF)	24235/180	ex N235SC		Lsd fr WFBN
☐	PR-LGG	Boeing 757-28A (PCF)	23767/127	ex N767AN		Lsd fr MSA 1
☐	PR-LGH	Boeing 757-225 (PCF)	22211/74	ex N314ST		Lsd fr PALS 1
☐	PR-LGI	Boeing 757-225 (PCF)	22611/75	ex N315ST		
☐	PR-LGJ	Boeing 757-225 (PCF)	22210/42	ex N930RD		Lsd fr WFBN
☐	PR-LGK	Boeing 757-225 (PCF)	22689/117	ex N688GX		Lsd fr Macquarie AirFinance
☐	PR-LGL	Boeing 757-225 (PCF)	22688/	ex N689GX		Lsd fr Macquarie AirFinance
☐	PR-	Boeing 757-28A (PCF)	23822/130	ex N822PB		Lsd fr Pembroke
☐	PR-LGO	Douglas DC-10-30F	46921/214	ex N811SL		Lsd fr GLCW Aviation
☐	PP-VMT	Douglas DC-10-30CF	47841/329			Lsd fr Pegasus
☐	PP-VMU	Douglas DC-10-30CF	47842/332			Lsd fr Pegasus
☐	PP-VQY	Douglas DC-10-30F	46949/179	ex N16949		Lsd fr Prop Five
☐	PR-LGD	McDonnell-Douglas MD-11F	48408/457	ex N988PG		Lsd fr Pegasus
☐	PR-LGE	McDonnell-Douglas MD-11F	48410/495	ex HL7374	stored VCV	Lsd fr Pegasus

Six Airbus A330-200Fs are on order

WEBJET LINHAS AEREAS
(WEB) Curitiba (CWB)

	Reg	Type	MSN	ex	Notes	Lessor
☐	PR-WJA	Boeing 737-322	24663/1875	ex N401TZ		
☐	PT-MNJ	Boeing 737-33A	25057/2046	ex PT-TEQ		Lsd fr AWMS
☐	PT-SSK	Boeing 737-3Y0	23922/1538	ex OO-VEE	all-white	Lsd fr GECAS

Operator Unknown

	Reg	Type	MSN	ex
☐	PR-EBC	Embraer EMB.120ER Brasilia	120356	ex YV-662C
☐	PR-EBE	Embraer EMB.120ER Brasilia	120355	ex YV1363
☐	PR-ELT	Embraer EMB.110P1 Bandeirante	110412	ex P2-IAL
☐	PR-KIN	Embraer EMB.110P1 Bandeirante	110254	ex P2-IAJ
☐	PR-NHR	Embraer EMB.110P1 Bandeirante	110394	ex P2-IAK

PZ- SURINAME (Republic of Suriname)

BLUE WINGS AIRLINES
Paramaribo-Zorg en Hoop (ORG)

	Reg	Type	MSN	ex
☐	PZ-TGQ	Cessna U206G Stationair 6	U20605917	ex PZ-TAO
☐	PZ-TLV	Cessna U206G Stationair 6	U20606951	
☐	PZ-	Cessna 208 Caravan I	20800098	ex N207RM
☐	PZ-TSA	WSK/PZL Antonov An-28	1AJ007-21	ex PZ-TGW
☐	PZ-TSN	WSK/PZL Antonov An-28	1AJ007-20	ex YV-528C
☐	PZ-TSO	WSK/PZL Antonov An-28	1AJ007-17	ex SP-FHT
☐	PZ-TST	WSK/PZL Antonov An-28	1AJ008-04	ex SP-FHP
☐	PZ-TSW	WSK/PZL Antonov An-28	1AJ007-10	ex SP-FHS

GUM AIR
(GUM)   *Paramaribo-Zorg en Hoop (ORG)*

☐	PZ-TBD	Cessna U206G Stationair	U20603786	ex N8286G
☐	PZ-TBE	Cessna U206G Stationair 6	U20606776	ex N9959Z
☐	PZ-TBG	Cessna U206B Super Skywagon	U206-0832	
☐	PZ-TBH	Cessna 208B Caravan I	208B0923	ex N1132W Spirit of Pike
☐	PZ-TBL	Britten-Norman BN-2B-26 Islander	2153	ex N633BB
☐	PZ-TBW	de Havilland DHC-6 Twin Otter 300	601	ex N28SP
☐	PZ-TBY	de Havilland DHC-6 Twin Otter 300	646	ex N7015A
☐	PZ-TVC	Cessna 404 Titan	404-0243	ex YV-236CP
☐	PZ-TVU	Cessna TU206G Stationair 6	U20604783	ex PZ-PVU

SURINAM AIRWAYS
Surinam (PY/SLM) (IATA 192)   *Paramaribo-Zanderij International/Zorg en Hoop (PBM/ORG)*

☐	PZ-TCL	McDonnell-Douglas MD-82	49444/1323	ex N98876	Lsd fr Pegasus
☐	PZ-TCM	Boeing 747-306M	23508/657	ex PH-BUW Ronald Elwin Kappel	

Services to USA operated with aircraft leased from Miami Air when required

---

P2-   PAPUA NEW GUINEA (Independent State of Papua New Guinea)

AIR NIUGINI
Niugini (PX/ANG) (IATA 656)   *Port Moresby (POM)*

☐	P2-ANK	de Havilland DHC-8Q-202	461	ex C-GFBW	
☐	P2-ANM	de Havilland DHC-8Q-314	523	ex D-BPAD	
☐	P2-ANN	de Havilland DHC-8-315	401	ex JY-RWB	
☐	P2-ANO	de Havilland DHC-8-311A	252	ex D-BOBU	Lsd fr ITM Vermögen
☐	P2-ANX	de Havilland DHC-8Q-202	463	ex D-BHAL	Lsd fr Bank South Pacific
☐	P2-ANZ	de Havilland DHC-8Q-201	421	ex N986HA	Lsd fr TIC Trust
☐	P2-	de Havilland DHC-8-102	033	ex VH-TNX	on order
☐	P2-ANB	Fokker F.28-0100 (Fokker 100)	11349	ex VH-FKC	Lsd fr QQA
☐	P2-ANC	Fokker F.28-0100 (Fokker 100)	11471	ex PH-MXW	
☐	P2-AND	Fokker F.28-0100 (Fokker 100)	11473	ex PT-MRQ	
☐	P2-ANE	Fokker F.28-0100 (Fokker 100)	11264	ex 9N-AHO	
☐	P2-ANF	Fokker F.28-0100 (Fokker 100)	11351	ex PH-FDI	
☐	P2-ANG	Fokker F.28-0100 (Fokker 100)	11301	ex C-GPNL	Lsd fr ANX
☐	CS-TDI	Airbus A310-308	573	ex JY-AGK	Lsd fr WHT
☐	P2-ANI	Fokker F.28 Fellowship 4000	11223	ex PH-RRB	
☐	P2-ANJ	Fokker F.28 Fellowship 4000	11219	ex PH-RRA	
☐	P2-ANR	Fokker F.28 Fellowship 4000	11207	ex VH-EWC	W/Cmdr RH (Bobby) Gibbes
☐	P2-ANS	Fokker F.28 Fellowship 4000	11195	ex VH-EWA	
☐	TF-FII	Boeing 757-208	24760/281	Fanndis	Lsd fr ICE

AIRLINES OF PAPUA NEW GUINEA
(CG/TOK) (IATA 626)   *Port Moresby (POM)*

☐	P2-MCB	de Havilland DHC-6 Twin Otter 300	441	ex C-GNHB	stored CNS
☐	P2-MCC	de Havilland DHC-6 Twin Otter 200	218	ex VH-IPD	
☐	P2-MCD	de Havilland DHC-6 Twin Otter 300	592	ex C-GOVG	
☐	P2-MCE	de Havilland DHC-6 Twin Otter 300	673	ex C-GHRB	
☐	P2-MCF	de Havilland DHC-6 Twin Otter 300	741	ex C-GRBY	
☐	P2-MCS	de Havilland DHC-6 Twin Otter 310	516	ex 5W-PAH	
☐	P2-MCG	de Havilland DHC-8-102	6	ex C-GJCB	
☐	P2-MCH	de Havilland DHC-8-102	12	ex C-GPYD	
☐	P2-MCI	de Havilland DHC-8-102	197	ex ZK-NET	Lsd fr Finova
☐	P2-MCJ	de Havilland DHC-8-102	125	ex ZK-NES	Lsd fr Finova
☐	P2-MCL	de Havilland DHC-8-102	27	ex VH-WZJ	for Queensland Regional
☐	P2-MCM	de Havilland DHC-8-102	36	ex VH-TND	Lsd to PAO
☐	P2-MCQ	de Havilland DHC-8-103A	243	ex VH-TNW	Lsd fr Elveden Investments
☐	P2-CHI	Boeing Vertol 234UT Chinook	MJ-003	ex N237CH	Lsd fr WCO
☐	P2-CHJ	Boeing Vertol 234UT Chinook	MJ-022	ex N245CH	Lsd fr WCO

AIRLINK
(ND)   *Rabaul/Madang (RAB/MAG)*

☐	P2-ALR	Embraer EMB.110P1 Bandeirante	110225	ex ZK-FHX
☐	P2-ALS	Embraer EMB.110P2 Bandeirante	110253	ex VH-UQB
☐	P2-ALT	Embraer EMB.110P1 Bandeirante	110208	ex VH-UQD
☐	P2-ALV	Embraer EMB.110P1 Bandeirante	110236	ex VH-UQG
☐	P2-ALW	Embraer EMB.110P1 Bandeirante	110281	ex P2-VAD
☐	P2-ALZ	Embraer EMB.110P1 Bandeirante	110233	ex VH-HVS
☐	P2-ALE	Britten-Norman BN-2A-26 Islander	100	ex P2-SAB

☐	P2-ALG	Cessna 404 Titan II	404-0653	ex VH-SON	
☐	P2-ALK	Cessna 404 Titan II	404-0222	ex VH-TMX	

ASIA PACIFIC AIRLINES

Tabubil (TBG)

☐	P2-NAX	de Havilland DHC-8-103	229	ex VH-JSI		Lsd fr NJS
☐	P2-NAZ	de Havilland DHC-8-106	316	ex C-GFUM	Spirit of Tabubil	Lsd fr NJS

Both operated for Ok Tedi Mining; Asia Pacific Airlines is the trading name of Fubilan Air Transport which is a subsidiary of National Jet Systems.

CENTRAL AIR TRANSPORT

Port Moresby (POM)

☐	P2-ALM	Britten-Norman BN-2A-26 Islander	124	ex P2-NAA

EMERALD AIR

☐	P2-EMO	de Havilland DHC-6 Twin Otter 300	726	ex N726JM

HELI NIUGINI

Madang/Mount Hagen (MAG/HGU)

☐	P2-HBC	Bell 206L-3 LongRanger III	51396	ex VH-SBC	
☐	P2-HBH	Bell 206L-3 LongRanger III	51012	ex SE-HOR	
☐	P2-HBJ	Bell 206L-3 LongRanger III	51373	ex VH-CKP	
☐	P2-HBM	Bell 206L-1 LongRanger III	45241	ex VH-HJL	
☐	P2-HBN	Bell 206L-1 LongRanger III	45487	ex VH-CKU	
☐	P2-HBP	Bell 206L-1 LongRanger III	51042	ex VH-CKI	
☐	P2-JND	Bell 206L-1 LongRanger III	45645	ex VH-MQA	
☐	P2-HBK	Kawasaki/MBB BK-117B-2	1046	ex ZK-HBK	
☐	P2-HBL	Kawasaki/MBB BK-117B-2	1021	ex ZK-HLU	
☐	P2-HBQ	Kawasaki/MBB BK-117B-2	1075	ex ZK-HLI	
☐	P2-RAA	Kamov Ka-32S	8705	ex RA-31583	Lsd fr VLK
☐	RA-25503	Mil Mi-8MTV-1	95651	ex CCCP-25503	Lsd fr VLK
☐	RA-27101	Mil Mi-8AMT	59489605182		Lsd fr VLK
☐	RA-27158	Mil Mi-8AMT	59489611156	ex RA-25755	Lsd fr VLK
☐	RA-31031	Kamov Ka-32S/T	6106	ex CCCP-31031	Lsd fr VLK
☐	RA-31032	Kamov Ka-32S	6107	ex CCCP-31032	Lsd fr VLK
☐	RA-31036	Kamov Ka-32T	6111	ex CCCP-31036	Lsd fr VLK

HEVI-LIFT
(IU)

Mount Hagen/Cairns (HGU/CNS)

☐	P2-HCA	Bell 206L-1 LongRanger II	45337	ex VH-BJX	
☐	P2-HCB	Bell 206L-1 LongRanger II	45404	ex VH-HHS	
☐	P2-HCC	Bell 206L-1 LongRanger III	45427	ex N5019T	
☐	P2-HCD	Bell 206L-1 LongRanger III	45528	ex C-GGHZ	
☐	P2-HCM	Bell 206L-1 LongRanger III	45608	ex P2-NHE	
☐	P2-HCO	Bell 206L-3 LongRanger III	51178	ex N3204K	
☐	P2-HCU	Bell 206L-3 LongRanger III	51416	ex N254EV	
☐	P2-HLT	Bell 206L-3 LongRanger III	51387	ex VH-HQT	
☐	P2-HCJ	Bell 212	30799	ex VH-EMJ	
☐	P2-HCK	Bell 212	30583	ex N212SX	
☐	P2-HCQ	Bell 212	30860	ex JA9528	
☐	P2-HCW	Bell 212	30520	ex PK-EBO	
☐	P2-HLV	Bell 212	30508	ex VH-SYV	
☐	ER-MHL	Mil Mi-8MTV-1	95721	ex RA-25105	
☐	ER-MHM	Mil Mi-8MTV-1	95881	ex RA-27047	
☐	P2-HCL	Aerospatiale AS.350B2 Ecureuil	3374	ex SE-JFO	
☐	P2-HCN	Beech 200C Super King Air	BL-22	ex P2-PJV	
☐	P2-HCS	Bell 412HP	33160	ex VH-HQQ	
☐	P2-HCY	Aerospatiale AS.350B3 Ecureuil	3242	ex JA6292	
☐	P2-HCZ	Aerospatiale AS.350B3 Ecureuil	3634	ex ZK-HRD	
☐	P2-KSF	de Havilland DHC-6 Twin Otter 300	528	ex PK-HCF	

ISLAND AIRWAYS

Madang (MAG)

☐	P2-CBC	Cessna 402B	402B0909	ex VH-LCF

ISLANDS NATIONAIR
(CN)

Port Moresby (POM)

☐	P2-IHA	Bell 206L-1 LongRanger II	45333	ex VH-BLV

	P2-IHE	Bell 206L-1 LongRanger III	45238	ex N140VG	
	P2-IHH	Bell 206L-3 LongRanger III	45255	ex P2-NHD	

KIUNGA AVIATION
Lae (LAE)

	P2-KAA	Cessna 402C	402C0247	ex N2748X	

NORTH COAST AVIATION
(N9/AOH)
Madang (MAG)

	P2-DWA	Britten-Norman BN-2A-26 Islander	113	ex VH-EQE	
	P2-IAC	Britten-Norman BN-2A-21 Islander	425	ex P2-KAF	
	P2-ISA	Britten-Norman BN-2A-20 Islander	758	ex P2-SWB	
	P2-ISB	Britten-Norman BN-2A-20 Islander	709	ex P2-MKW	stored
	P2-ISL	Britten-Norman BN-2A-20 Islander	806	ex G-BDYT	
	P2-ISM	Britten-Norman BN-2A-20 Islander	227	ex VH-EDI	
	P2-NCE	Britten-Norman BN-2A-20 Islander	768	ex P2-IAD	
	P2-SAC	Britten-Norman BN-2A-20 Islander	94	ex P2-DNY	
	P2-DQU	Cessna U206B Super Skywagon	U206-0892	ex VH-DQU	
	P2-GKB	Cessna 402	402-0141	ex VH-GKB	
	P2-IDK	Cessna U206G Super Skywagon	U206-1418	ex P2-TNK	
	P2-IDM	Cessna U206F Stationair	U20603126	ex P2-SIA	
	P2-NCD	Cessna 402B	402B1027	ex VH-USV	
	P2-OHS	Cessna P206B Super Skylane	P206-0392	ex P2-HCM	

PACIFIC HELICOPTERS
Goroka (GKA)

	P2-PHA	Aerospatiale AS.350BA Ecureuil	1181	ex P2-PHU	
	P2-PHC	Aerospatiale AS.350BA Ecureuil	1526		
	P2-PHD	Aerospatiale AS.350BA Ecureuil	1067	ex 9N-ACQ	
	P2-PHH	Aerospatiale AS.350BA Ecureuil	1608	ex VH-CHO	
	P2-PHK	Aerospatiale AS.350B2 Ecureuil			
	P2-PHX	Aerospatiale AS.350BA Ecureuil	1817		
	P2-PAU	Bell 212	30793	ex A6-BBG	
	P2-PAV	Bell 212	30913	ex G-GLEN	
	P2-PAX	Bell 212	30786	ex A6-BBF	
	P2-PBA	Bell 206L-1 LongRanger III	45642	ex VH-SCV	
	P2-PBB	Bell 206L-3 LongRanger III	51400	ex N86CE	
	P2-PBC	Bell 206L-1 LongRanger III	45349	ex N1077N	
	P2-PBD	Bell 206L-3 LongRanger III	51275	ex VH-CKI	

REGIONAL AIR
(QT)
Madang (MAG)

	P2-KSA	Beech 200 Super King Air	BB-1527	ex N170W	
	P2-KSS	de Havilland DHC-6 Twin Otter 300	578	ex N578SA	id not confirmed
	P2-KST	de Havilland DHC-6 Twin Otter 300	520	ex YJ-RV5	

SIL AVIATION
Aiyura (AYU)

	P2-SIA	Beech B200C Super King Air	BL-39	ex VH-FDR	
	P2-SIG	Cessna TU206G Stationair 6	U20606029	ex VH-XAA	Robertson STOL conversion
	P2-SIJ	Cessna TU206G Stationair 6	U20605805	ex N5491X	Robertson STOL conversion
	P2-SIL	Bell 206B JetRanger III	3498	ex ZK-HTF	
	P2-SIT	Cessna TU206G Stationair 6	U20606158	ex N181PK	Robertson STOL conversion
	P2-SIV	Britten-Norman BN-2T Islander	2138	ex 9M-TIR	

SOUTHWEST AIR
Mendi (MDU)

	P2-SHA	Bell 206L-3 LongRanger III	51533	ex VH-IRE	
	P2-SWE	de Havilland DHC-6 Twin Otter 300	480	ex P2-RDL	
	P2-SWF	Embraer EMB.110P1 Bandeirante	110237	ex N691RA	stored BNE

TRANSNIUGINI AIRWAYS
Port Moresby (POM)

	P2-TND	Britten-Norman BN-2A-21 Islander	813	ex P2-COD	

TROPICAIR
Port Moresby (POM)

	P2-AMH	Cessna 208B Caravan I	208B0785	ex N785SC	
	P2-BEN	Cessna 208B Caravan I	208B0424	ex VH-LSA	

☐	P2-SAH	Cessna 208B Caravan I	208B1263	ex N41149		
☐	P2-SMA	Cessna U206G Stationair 6	U20604227	ex P2-AAC		

VAN AIR
Vanimo (VAI)

☐	P2-TSJ	Cessna 208B Caravan I	208B0339	ex N1045Y		
☐	P2-VAB	Britten-Norman BN-2A-20 Islander	759	ex P2-MFZ		

P4- ARUBA

TIARA AIR
(3P/TNM)
Aruba (AUA)

☐	P4-TIA	Short SD.3-60	SH3619	ex C-GPCG
☐	P4-TIB	Short SD.3-60	SH3621	ex C-GPCN

RA- RUSSIA (Russian Federation)

ABAKAN-AVIA
Abakan-Avia (ABG)
Abakan (ABA)

☐	RA-76504	Ilyushin Il-76T	073411330	ex CCCP-76504		
☐	RA-76509	Ilyushin Il-76T	083413415	ex CCCP-76509	all-white	
☐	RA-76524	Ilyushin Il-76T	0003425746	ex CCCP-76524		Op for UN WFP
☐	RA-76780	Ilyushin Il-76T	0013430901	ex CCCP-76780	all-white	

AERO RENT
Aeromaster (NRO)
Moscow-Vnukovo (VKO)

☐	RA-21506	Yakovlev Yak-40KD	9840259	ex CCCP-21506	VIP	
☐	RA-42411	Yakovlev Yak-42D	4520421219043	ex CCCP-42411	VIP; Rosboronexp	Lsd to RusJet
☐	RA-42434	Yakovlev Yak-42D	4520424305017			
☐	RA-65557	Tupolev Tu-134A	66380	ex 65557	VIP; op for Itera	
☐	RA-65790	Tupolev Tu-134A-3	63100	ex UR-65790	VIP; op for Stroytransgaz	
☐	RA-87397	Yakovlev Yak-40	9410933	ex CCCP-87397		
☐	RA-88306	Yakovlev Yak-40KD	9640651	ex OK-GEL	VIP; op for Stroytransgaz	

AERO VOLGA

☐	RA-42414	Yakovlev Yak-42D	4520423219073	ex CCCP-42414	stored Samara
	Current status uncertain				

AERO-KAMOV
Aerafkam (MSV)
Moscow-Lyubersty

☐	RA-31005	Kamov Ka-32T	5701	ex CCCP-31005	
☐	RA-31027	Kamov Ka-32S	6102	ex CCCP-31027	
☐	RA-31065	Kamov Ka-32A	300048607	ex CCCP-31065	
☐	RA-31091	Kamov Ka-32T	8807		
☐	RA-31584	Kamov Ka-32S	8706	ex CCCP-31584	Op for Moscow Firebrigade
☐	RA-31592	Kamov Ka-32T	8717		

AEROBRATSK
Aerobra (BRP)
Bratsk (BTK)

☐	RA-22856	Mil Mi-8T	98415350	ex CCCP-22856
☐	RA-24261	Mil Mi-8T	98734147	ex CCCP-24261
☐	RA-88205	Yakovlev Yak-40	9630749	ex CCCP-88205
☐	RA-88215	Yakovlev Yak-40K	9630150	ex CCCP-88215

AEROFLOT CARGO
Aeroflot Cargo (SU/RCF) (IATA 507)
Hahn/Moscow-Sheremetyevo (HHN/SVO)

☐	VP-BCN	Boeing 737-3Y0F	23500/1243	ex N500AY		Lsd fr WFBN
☐	VP-	Boeing 737-300F		ex	on order	Lsd fr WFBN
☐	VP-	Boeing 737-300F		ex	on order	Lsd fr WFBN
☐	VP-	Boeing 737-300F		ex	on order	Lsd fr WFBN
☐	VP-BDE	Douglas DC-10-40F	47823/306	ex N804AZ		Lsd fr TenForty
☐	VP-BDF	Douglas DC-10-40F	47855/349	ex N805AZ		Lsd fr TenForty
☐	VP-BDG	Douglas DC-10-40F	46661/224	ex N141WE		Lsd fr Air Lease Intl Two
☐	VP-BDH	Douglas DC-10-40F	46966/262	ex N142WE		Lsd fr Air Lease Intl Two
☐	VP-BDP	McDonnell-Douglas MD-11F	48502/520	ex N774BC		Lsd fr Kuta-One A/c
☐		McDonnell-Douglas MD-11F	48503/528	ex N725BC	on order	Lsd fr Boeing Capital

☐		McDonnell-Douglas MD-11F	48504/548	ex N702BC	on order	Lsd fr Boeing Capital
☐		McDonnell-Douglas MD-11F	48512/529	ex OH-LGC	on order	Lsd fr Finnair Aircraft Finance
☐		McDonnell-Douglas MD-11F	48513/564	ex OH-LGD	on order	Lsd fr Finnair Aircraft Finance
☐		McDonnell-Douglas MD-11F	48449/455	ex OH-LGA	on order	Lsd fr BBAM

Two more McDonnell-Douglas MD-11Fs plus six Ilyushin Il-96-400T freighters, (leased from Ilyushin Finance), ten Boeing 777-Fs and two more Boeing 737-300Fs are on order. Wholly owned sudsidiary of Aeroflot Russian Airlines

AEROFLOT DON AIRLINES
Donavia (D9/DNV) (IATA 733)   *Rostov-on-Don (ROV)*

☐	VP-BLF	Boeing 737-528	25232/2231	ex F-GJNG		Lsd fr Golf 737 Bail
☐	VP-BLG	Boeing 737-528	25233/2251	ex F-GJNH		Lsd fr Golf 737 Bail
☐	VP-BTD	Boeing 737-522	25001/1948	ex N901UA		Lsd fr Aircastle
☐	VP-BTE	Boeing 737-522	25008/1987	ex N908UA		Lsd fr Aircastle
☐	VP-BTF	Boeing 737-522	25009/1999	ex N909UA		Lsd fr Aircastle
☐	VP-BVU	Boeing 737-5Q8	25166/2129	ex G-BVZH		Lsd fr BBAM
☐	VP-BWY	Boeing 737-528	27304/2572	ex F-GJNN		Lsd fr Pegasus
☐	VP-BWZ	Boeing 737-528	27305/2574	ex F-GJNO		Lsd fr Pegasus
☐	VP-	Boeing 737-5Q8	25160/2114	ex G-BVZG	on order	Lsd fr BBAM
☐	RA-85149	Tupolev Tu-154M	89A-797	ex B-609L		Lsd fr VARZ
☐	RA-85409	Tupolev Tu-154B-2	80A-409	ex CCCP-85409		
☐	RA-85452	Tupolev Tu-154B-2	80A-452	ex CCCP-85452		
☐	RA-85527	Tupolev Tu-154B-2	82A-527	ex CCCP-85527		
☐	RA-85626	Tupolev Tu-154M	87A-753	ex CCCP-85626		
☐	RA-85640	Tupolev Tu-154M	87A-772	ex CCCP-85640		
☐	RA-85726	Tupolev Tu-154M	86A-725	ex EP-TQD		
☐	RA-11115	Antonov An-12BP	01348003	ex CCCP-11115		
☐	RA-12965	Antonov An-12BP	9346409	ex 3X-GDR		
☐	RA-12974	Antonov An-12BP	9346506	ex CCCP-12974		
☐	RA-65771	Tupolev Tu-134A-3	62445	ex CCCP-65771		
☐	RA-65796	Tupolev Tu-134A-3	63150	ex CCCP-65796		
☐	RA-86103	Ilyushin Il-86	51483208071	ex CCCP-86103		
☐	RA-86110	Ilyushin Il-86	51483208078	ex CCCP-86110		
☐	RA-86113	Ilyushin Il-86	51483209081	ex CCCP-86113	stored SVO	
☐	RA-86124	Ilyushin Il-86	51483210092	ex CCCP-86124	stored SVO	

51% owned by Aeroflot Russian Airlines

AEROFLOT-NORD
Dvina (5N/AUL) (IATA 316)   *Arkhangelsk-Talegi (ARH)*

☐	VP-BKO	Boeing 737-505	25792/2353	ex B-2591	on order	Lsd fr Sojitz A/c
☐	VP-BKP	Boeing 737-59D	25065/2028	ex OK-WGD	on order	Lsd fr BBAM
☐	VP-BKT	Boeing 737-33R	28871/2900	ex PP-VPY		Lsd fr Sojitz A/c
☐	VP-BKU	Boeing 737-505	25789/2229	ex G-GFFB	on order	Lsd fr AerCap
☐	VP-BKV	Boeing 737-505	27155/2449	ex B-2593	on order	Lsd fr AerCap
☐	VP-BQI	Boeing 737-5Y0	25186/2236	ex OM-SEA		Lsd fr GECAS
☐	VP-BQL	Boeing 737-5Y0	25185/2220	ex OM-SEF		Lsd fr GECAS
☐	VP-BRE	Boeing 737-53C	24827/2243	ex OM-SEE		Lsd fr AerCap
☐	VP-BRG	Boeing 737-53C	24826/2041	ex OM-SED		Lsd fr AerCap
☐	VP-BRI	Boeing 737-5Y0	25289/2288	ex OM-SEG		Lsd fr GECAS; sublsd to AFL
☐	VP-BRK	Boeing 737-5Y0	25288/2286	ex OM-SEC		Lsd fr GECAS
☐	VP-BRP	Boeing 737-505	24651/1842	ex LN-BRD		Lsd fr AerCap
☐	VP-BSV	Boeing 737-522	26692/2421	ex N949UA		Lsd fr Etude Ltd
☐	VP-BSW	Boeing 737-522	26695/2423	ex N950UA	on order	Lsd fr AFS Investments
☐	VP-BSX	Boeing 737-522	26699/2485	ex N952UA	on order	Lsd fr AFS Investments
☐	VP-BTG	Boeing 737-522	25383/2146	ex N916UA	on order	Lsd fr Cramington Services
☐	VP-BTI	Boeing 737-522	25387/2179	ex N920UA	on order	Lsd fr Cramington Services
☐	RA-65034	Tupolev Tu-134A-3	48565	ex CCCP-65034		
☐	RA-65043	Tupolev Tu-134A-3	49400	ex CCCP-65043	stored	
☐	RA-65052	Tupolev Tu-134A-3	49825	ex CCCP-65052	white colours; stored	
☐	RA-65057	Tupolev Tu-134A-3	49865	ex CCCP-65057	stored	
☐	RA-65062	Tupolev Tu-134A-3	49875	ex CCCP-65062		
☐	RA-65066	Tupolev Tu-134A-3	49898	ex CCCP-65066	stored	
☐	RA-65067	Tupolev Tu-134A-3	49905	ex CCCP-65067	stored	
☐	RA-65082	Tupolev Tu-134A-3	60081	ex EW-65082		
☐	RA-65083	Tupolev Tu-134A-3	60090	ex CCCP-65083		Lsd to UTA
☐	RA-65084	Tupolev Tu-134A-3	60115	ex CCCP-65084	stored	
☐	RA-65096	Tupolev Tu-134A-3	60257	ex CCCP-65096		
☐	RA-65103	Tupolev Tu-134A-3	60297	ex CCCP-65103		
☐	RA-65108	Tupolev Tu-134A-3	60332	ex EW-65108		Lsd to UTA
☐	RA-65116	Tupolev Tu-134A-3	60420	ex CCCP-65116		
☐	RA-65564	Tupolev Tu-134A-3	63165	ex CCCP-65564		
☐	RA-26104	Antonov An-26BRL	27312002	ex CCCP-26104	Arctica titles	
☐	RA-26135	Antonov An-26B	12806	ex CCCP-26135		
☐	RA-46528	Antonov An-24RV	47310007	ex CCCP-46528		
☐	RA-46651	Antonov An-24RV	47309202	ex CCCP-46651		
☐	RA-47199	Antonov An-24RV	27307509	ex CCCP-47199		
☐	RA-47305	Antonov An-24RV	57310305	ex CCCP-47305		Lsd to UTA

	Reg	Type	s/n	ex	Name	Lease
☐	RA-85291	Tupolev Tu-154B-2	78A-291	ex CCCP-85291	stored	
☐	RA-85365	Tupolev Tu-154B-2	79A-365	ex LZ-LTB		
☐	RA-85386	Tupolev Tu-154B-2	79A-386	ex CCCP-85386	stored	
☐	RA-85551	Tupolev Tu-154B-2	82A-551	ex CCCP-85551		Lsd fr North Leasing

51% owned by Aeroflot Russian Airlines

AEROFLOT PLUS
(PLS)   *Moscow-Sheremetyevo (SVO)*

	Reg	Type	s/n	ex	Note
☐	RA-65559	Tupolev Tu-134A	7349909	ex CCCP-65559	VIP
☐	RA-65694	Tupolev Tu-134B-3	63235	ex UN-65694	VIP
☐	RA-65790	Tupolev Tu-134A-3	63100	ex UR-65790	VIP

AEROFLOT RUSSIAN AIRLINES
Aeroflot (SU/AFL) (IATA 555)   *Moscow-Sheremetyevo (SVO)*

	Reg	Type	s/n	ex	Name	Lease
☐	VP-BDM	Airbus A319-111	2069	ex D-AVYJ	A Borodin	Lsd fr MSS Bermuda
☐	VP-BDN	Airbus A319-111	2072	ex D-AVYL	A Dargomyzhsky	Lsd fr MSS Bermuda
☐	VP-BDO	Airbus A319-111	2091	ex D-AVWU	I Stravinsky	Lsd fr MSS Bermuda
☐	VP-BUK	Airbus A319-111	3281	ex D-AVYP	YU Senkevich	Lsd fr GECAS
☐	VP-BUN	Airbus A319-111	3298	ex D-AVYI		Lsd fr GECAS
☐	VP-BUO	Airbus A319-111	3336	ex D-AVYS		Lsd fr GECAS
☐	VP-BWA	Airbus A319-111	2052	ex D-AVYA	S Prokofiev	Lsd fr MSS Bermuda
☐	VP-BWG	Airbus A319-111	2093	ex D-AVYE	A Aleksandrov	Lsd fr GECAS
☐	VP-BWJ	Airbus A319-111	2179	ex D-AVYU	A Shnitke	Lsd fr GECAS
☐	VP-BWK	Airbus A319-111	2222	ex D-AVYI	S Taneyev	Lsd fr GECAS
☐	VP-BWL	Airbus A319-111	2243	ex D-AVWV	A Grechaninov	Lsd fr GECAS
☐	VP-BDK	Airbus A320-214	2106	ex F-WWDR	G Sviridov	Lsd fr GECAS
☐	VP-BKX	Airbus A320-214	3410	ex F-WW	on order	Lsd fr RBS Avn Capital
☐	VP-BQP	Airbus A320-214	2875	ex F-WWBJ	A Rublev	Lsd fr RBS Avn Capital
☐	VP-BQU	Airbus A320-214	3373	ex F-WWDG		Lsd fr GECAS
☐	VP-BQV	Airbus A320-214	2920	ex F-WWDY	V Vasnetsov	Lsd fr RBS Avn Capital
☐	VP-BQW	Airbus A320-214	2947	ex F-WWBV	V Vereschchagin	Lsd fr RBS Avn Capital
☐	VP-BRX	Airbus A320-214	3063	ex F-WWDZ	V Surikov	Lsd fr RBS Avn Capital
☐	VP-BRY	Airbus A320-214	3052	ex F-WWDT	V Brulloff	Lsd fr RBS Avn Capital
☐	VP-BRZ	Airbus A320-214	3157	ex F-WWDM	V Serov	Lsd fr RBS Avn Capital
☐	VP-BWD	Airbus A320-214	2116	ex F-WWDY	A Aliabiev	Lsd fr GECAS
☐	VP-BWE	Airbus A320-214	2133	ex F-WWDX	N Rimsky-Korsakov	Lsd fr GECAS
☐	VP-BWF	Airbus A320-214	2144	ex F-WWBY	D Shostakovich	Lsd fr GECAS
☐	VP-BWH	Airbus A320-214	2151	ex F-WWIR	M Balakirev	Lsd fr GECAS
☐	VP-BWI	Airbus A320-214	2163	ex F-WWBD	A Glazunov	Lsd fr GECAS
☐	VP-BWM	Airbus A320-214	2233	ex F-WWII	S Rackhmaninov	Lsd fr GECAS
☐		Airbus A320-214	3511	ex F-WW	on order	Lsd fr AerVenture
☐		Airbus A320-214	3545	ex F-WW	on order	Lsd fr AerVenture
☐		Airbus A320-214	3574	ex F-WW	on order	Lsd fr AerVenture
☐		Airbus A320-214	3627	ex F-WW	on order	Lsd fr RBS Aviation
☐		Airbus A320-214	3631	ex F-WW	on order	Lsd fr GECAS
☐		Airbus A320-214	3640	ex F-WW	on order	Lsd fr GECAS
☐		Airbus A320-214	3644	ex F-WW	on order	Lsd fr GECAS

Three more Airbus A320s are on order for delivery in 2009, leased from AerVenture

	Reg	Type	s/n	ex	Name	Lease
☐	VP-BQR	Airbus A321-211	2903	ex D-AVZD	I Repin	
☐	VP-BQS	Airbus A321-211	2912	ex D-AVZL	I Kramskoi	
☐	VP-BQT	Airbus A321-211	2965	ex D-AVZE	I Shishkin	
☐	VP-BQX	Airbus A321-211	2957	ex D-AVZU	I Ayvazovsky	
☐	VP-BRW	Airbus A321-211	3191	ex D-AVZW	N Rerih	
☐	VP-BUM	Airbus A321-211	3267	ex D-AVZQ		Lsd fr Calyon
☐	VP-BUP	Airbus A321-211	3334	ex D-AVZY		Lsd fr Calyon
☐	VP-BWN	Airbus A321-211	2330	ex D-AVZR	A Skriabin	Lsd fr MSS Bermuda
☐	VP-BWO	Airbus A321-211	2337	ex D-AVZS	P Chaikovsky	Lsd fr MSS Bermuda
☐	VP-BWP	Airbus A321-211	2342	ex D-AVZT	M Musorgsky	Lsd fr MSS Bermuda

Five more Airbus A321s are on order

	Reg	Type	s/n	ex	Name	Lease
☐	VP-BAV	Boeing 767-36NER	30107/761		L Tolstoy	Lsd fr GECAS
☐	VP-BAX	Boeing 767-36NER	30109/767		F Dostoevsky	Lsd fr GECAS
☐	VP-BAY	Boeing 767-36NER	30110/775		I Turgenev	Lsd fr GECAS
☐	VP-BAZ	Boeing 767-36NER	30111/776		N Nekrasov	Lsd fr GECAS
☐	VP-BDI	Boeing 767-38AER	29618/792	ex N618SH	A Pushkin	Lsd fr Lift Bermuda
☐	VP-BWQ	Boeing 767-341ER	30342/774	ex EI-CTW	M Lermontov	Lsd fr GECAS
☐	VP-BWT	Boeing 767-38AER	29617/741	ex G-OOAL	A Checkov	Lsd fr GECAS
☐	VP-BWU	Boeing 767-3T7ER	25076/366	ex N601EV	I Bunin	Lsd fr BOC Aviation
☐	VP-BWV	Boeing 767-3T7ER	25117/370	ex N602EV	A Kuprin	Lsd fr BOC Aviation
☐	VP-BWW	Boeing 767-306ER	27959/609	ex PH-BZF		Lsd fr ILFC
☐	VP-BWX	Boeing 767-306ER	27960/625	ex PH-BZG		Lsd fr ILFC
☐	RA-96005	Ilyushin Il-96-300	74393201002	ex CCCP-96005	V Chkalov	Lsd fr VASO Lsg
☐	RA-96007	Ilyushin Il-96-300	74393201004		A Mayorov	
☐	RA-96008	Ilyushin Il-96-300	74393201005		IA Moiseyev	
☐	RA-96010	Ilyushin Il-96-300	74393201007		Nikolaj Karpajev	

	Registration	Type	MSN	Ex-registration	Notes
☐	RA-96011	Ilyushin Il-96-300	74393201008		K Kokkinaki
☐	RA-96015	Ilyushin Il-96-300	74393201012		M Gromov
☐	RA-	Ilyushin Il-96-300			on order	Lsd fr Ilyushin Finance
☐	RA-	Ilyushin Il-96-300			on order	Lsd fr Ilyushin Finance
☐	RA-	Ilyushin Il-96-300			on order	Lsd fr Ilyushin Finance
☐	RA-	Ilyushin Il-96-300			on order	Lsd fr Ilyushin Finance
☐	RA-	Ilyushin Il-96-300			on order	Lsd fr Ilyushin Finance
☐	RA-	Ilyushin Il-96-300			on order	Lsd fr Ilyushin Finance
☐	RA-65566	Tupolev Tu-134A	63952	ex 11+11 GAF	stored
☐	RA-65567	Tupolev Tu-134A-3	63967	ex 11+10 GAF	stored
☐	RA-65568	Tupolev Tu-134A-3	66135	ex 11+12 GAF	stored
☐	RA-65623	Tupolev Tu-134AK	7349985	ex SP-LHI	stored
☐	RA-65697	Tupolev Tu-134A-3	63307	ex CCCP-65697	stored
☐	RA-65717	Tupolev Tu-134A-3	63657	ex CCCP-65717	stored
☐	RA-65769	Tupolev Tu-134A-3	62415	ex CCCP-65769	stored
☐	RA-65781	Tupolev Tu-134A-3	62645	ex CCCP-65781	stored
☐	RA-65783	Tupolev Tu-134A-3	62708	ex CCCP-65783	stored
☐	RA-65784	Tupolev Tu-134A-3	62715	ex CCCP-65784	stored

Retired by 31 December 2007, subleases 737-500s from Aeroflot-Don and Aeroflot-Nord until delivery of Superjet 100s

☐	RA-85135	Tupolev Tu-154M	92A-922	ex B-2628	
☐	RA-85627	Tupolev Tu-154M	87A-756	ex CCCP-85627	
☐	RA-85637	Tupolev Tu-154M	87A-767	ex CCCP-85637	
☐	RA-85638	Tupolev Tu-154M	88A-768	ex CCCP-85638	
☐	RA-85639	Tupolev Tu-154M	88A-771	ex CCCP-85639	
☐	RA-85641	Tupolev Tu-154M	88A-773	ex CCCP-85641	
☐	RA-85642	Tupolev Tu-154M	88A-778	ex CCCP-85642	
☐	RA-85643	Tupolev Tu-154M	88A-779	ex CCCP-86643	
☐	RA-85644	Tupolev Tu-154M	88A-780	ex MPR-85644	
☐	RA-85646	Tupolev Tu-154M	88A-784	ex CCCP-85646	
☐	RA-85647	Tupolev Tu-154M	88A-785	ex CCCP-85647	
☐	RA-85648	Tupolev Tu-154M	88A-786	ex CCCP-85648	
☐	RA-85649	Tupolev Tu-154M	88A-787	ex CCCP-85649	
☐	RA-85661	Tupolev Tu-154M	89A-811	ex CCCP-85661	
☐	RA-85662	Tupolev Tu-154M	89A-816	ex CCCP-85662	
☐	RA-85663	Tupolev Tu-154M	89A-817	ex CCCP-85663	
☐	RA-85665	Tupolev Tu-154M	89A-819	ex CCCP-85665	
☐	RA-85667	Tupolev Tu-154M	89A-825	ex CCCP-85667	
☐	RA-85668	Tupolev Tu-154M	89A-826	ex CCCP-85668	
☐	RA-85669	Tupolev Tu-154M	89A-827	ex CCCP-85669	
☐	RA-85670	Tupolev Tu-154M	89A-828	ex CCCP-85670	
☐	RA-85735	Tupolev Tu-154M	92A-917	ex B-2627	
☐	RA-85760	Tupolev Tu-154M	92A-942	ex EW-85760	Lsd fr VARZ 400
☐	RA-85765	Tupolev Tu-154M	90A-832	ex LZ-HMN	
☐	RA-85810	Tupolev Tu-154M	89A-824	ex SP-LCM	
☐	RA-85811	Tupolev Tu-154M	89A-831	ex SP-LCN	

To be retired by 2010.

☐	RA-86140	Ilyushin Il-86	51483211102	ex CCCP-86140 no titles	Lsd fr VASO Lsg
☐	RA-86141	Ilyushin Il-86	51483211103		Lsd fr VASO Lsg
☐	VP-BRI	Boeing 737-5Y0	25289/2288	ex OM-SEG	Lsd fr AUL
☐		Airbus A330-200		ex F-WW	Lsd fr AerCap
☐		Airbus A330-200		ex F-WW on order	Lsd fr AerCap

Eight more Airbus A330-200s are on order for delivery in 2009 (5) and 2010 (3), all leased from AerCap plus 22 Airbus A350s and 22 Boeing 787-800s
A total of twenty-five Antonov An-74TK-300s are on option while 45 Superjet 100s are on order
Member of SkyTeam Alliance with Aeromexico, Air France, Alitalia, CSA, Delta and Korean Air. Aeroflot Cargo is wholly owned while Aeroflot Don and Aeroflot-Nord are 51% owned subsidiaries

AEROKUZBASS
Novokuznetsk (NKZ) *Novokuznetsk (NOZ)*

☐	RA-85392	Tupolev Tu-154B-2	80A-392	ex CCCP-85392	
☐	RA-85471	Tupolev Tu-154B-2	81A-471	ex CCCP-85471	
☐	RA-85705	Tupolev Tu-154M	91A-880	ex EP-MBH	Lsd to IRB as EP-MCL
☐	RA-85747	Tupolev Tu-154M	92A-930	ex EP-EAD	Lsd to IRB as EP-MBT
☐	RA-85749	Tupolev Tu-154M	92A-931	ex EP-MBM	Lsd to IRB as EP-MBQ
☐	RA-85758	Tupolev Tu-154M	92A-940	ex EP-MBN	Lsd to IRB as EP-MCK
☐	RA-22725	Mil Mi-8T	98308700	ex CCCP-22725	
☐	RA-24140	Mil Mi-8T	98841391	ex CCCP-24140	
☐	RA-24430	Mil Mi-8T	98625661	ex CCCP-24430	

AIR BASHKORTOSTAN
(BBT) *Ufa (UFA)*

☐	EI-LTO	Boeing 757-23N	30232/888	ex N523AT	Lsd fr MOV
☐	RA-73012	Boeing 757-230	25440/443	ex D-ABNM	Lsd fr MOV
☐	RA-73015	Boeing 757-230	25901/464	ex D-ABNO	Lsd fr MOV

74% owned by VIM Airlines

AIRBRIDGE CARGO
Volga Dnepr (RU/ABW) (IATA 412)
Moscow Sheremetyevo (SVO)

☐	VP-BIB	Boeing 747-243M	22506/492	ex I-DEMC	Freighter; for Cargo B Lsd fr Adventar
☐	VP-BIC	Boeing 747-329 (SF)	24837/810	ex TF-ARY	Lsd fr Macquarie AirFinance
☐	VP-BID	Boeing 747-281F	23139/608	ex JA8168	
☐	VP-BII	Boeing 747-281F	24576/818	ex JA8191	
☐	VP-BIJ	Boeing 747-281F	25171/886	ex JA8194	
☐	VP-BIG	Boeing 747-46NERF	35420/1395	ex N5022E	Lsd fr GECAS
☐	VP-BIK	Boeing 747-46NERF	35421/1400	on order	Lsd fr GECAS
☐	VP-BIM	Boeing 747-4HAERF	35237	on order	Lsd fr Guggenheim Avn

Five Boeing 747-8Fs are on order for delivery from 2010-2013

☐		Tupolev Tu-204-120C		on order

Wholly owned subsidiary of Volga-Dnepr but owns 16% of the parent

AIRLINES 400
Renamed Red Wings

AIRSTARS AIRWAYS
Morozov (PL/ASE)
Moscow-Domodedovo (DME)

☐	RA-76476	Ilyushin Il-76TD	0043451528	ex CCCP-76476	
☐	RA-76750	Ilyushin Il-76TD	0083485561	ex CCCP-76750	
☐	RA-86568	Ilyushin Il-62M	4256223		stored DME

AIRUNION RUSSIA

AiRUnion Russia is an alliance of Domodedovo Airlines, Kras Air, Omskavia, Samara Airlines and Sibaviatrans; aircraft are listed under individual airliners although the Government plans to merge them into AirUnion with 16 January 2008 mentioned

ALANIA AIRLINE
Alania (2D/OST)
Vladikavkaz (OGZ)

☐	RA-42339	Yakovlev Yak-42D	4520424606267	ex LY-AAO	
☐	RA-42435	Yakovlev Yak-42D	4520424306017	ex ER-YCA	Lsd fr Aviatechnologia Lsg
☐	RA-65613	Tupolev Tu-134A	3352106	ex 65613	

ALPHA AIRLINES

☐	RA-86597	Ilyushin Il-62M	2932748	ex OK-JBI	Uliya

Current status uncertain

ALROSA AVIA
Alrosa (LRO)
Moscow-Zhukovsky / Vnukovo

☐	RA-65693	Tupolev Tu-134B-3	63221	ex YL-LBC	Executive
☐	RA-65907	Tupolev Tu-134A	63996	ex CCCP-65907	Executive

ALROSA AVIATION
Mirny (6R/DRU)
Mirny (MJZ)

☐	RA-22394	Mil Mi-8T	7296	ex CCCP-22394
☐	RA-22570	Mil Mi-8T	7816	ex CCCP-22570
☐	RA-22571	Mil Mi-8T	7817	ex CCCP-22571
☐	RA-22731	Mil Mi-8T	98308847	ex CCCP-22731
☐	RA-22744	Mil Mi-8T	98311127	ex CCCP-22744
☐	RA-22879	Mil Mi-8T	98415832	ex CCCP-22879
☐	RA-22899	Mil Mi-8T	98417179	ex CCCP-22899
☐	RA-22902	Mil Mi-8T	98420099	ex CCCP-22902
☐	RA-24256	Mil Mi-8T	98734114	ex CCCP-24256
☐	RA-24257	Mil Mi-8T	98734121	ex CCCP-24257
☐	RA-24435	Mil Mi-8T	98625845	ex CCCP-24435
☐	RA-24451	Mil Mi-8T	98628263	ex CCCP-24451
☐	RA-24506	Mil Mi-8T	98520843	ex CCCP-24506
☐	RA-24536	Mil Mi-8T	98522588	ex CCCP-24536
☐	RA-24741	Mil Mi-8T	98417837	ex CCCP-24741
☐	RA-25228	Mil Mi-8T	7763	ex CCCP-25228
☐	RA-25313	Mil Mi-8T	98203720	ex CCCP-25313
☐	RA-25333	Mil Mi-8T	98206010	ex CCCP-25333
☐	RA-25376	Mil Mi-8T	98209062	ex CCCP-25376
☐	RA-25606	Mil Mi-8T	99150564	ex CCCP-25606
☐	RA-85654	Tupolev Tu-154M	89A-796	ex CCCP-86654
☐	RA-85675	Tupolev Tu-154M	90A-835	ex CCCP-85675
☐	RA-85684	Tupolev Tu-154M	90A-851	ex CCCP-85684
☐	RA-85728	Tupolev Tu-154M	92A-910	ex CCCP-85728
☐	RA-85757	Tupolev Tu-154M	92A-939	ex EP-MHX

☐ RA-85782	Tupolev Tu-154M		93A-966	ex UN-85782	Lsd fr Makmir Lsg
☐ RA-06036	Mil Mi-26		34001212426	ex CCCP-06036	
☐ RA-06081	Mil Mi-26		34001212471		
☐ RA-26552	Antonov An-26		3107	ex CCCP-26552 stored YKS	
☐ RA-26668	Antonov An-26B-100		8201	ex CCCP-26668	
☐ RA-41904	Antonov An-38-100		4163839010004		
☐ RA-41907	Antonov An-38-100		4163820010007		
☐ RA-46488	Antonov An-24RV		27308106	ex CCCP-46488	
☐ RA-46621	Antonov An-24RV		37308708	ex CCCP-46621	
☐ RA-47272	Antonov An-24B		07306402	ex CCCP-47272	
☐ RA-47694	Antonov An-24B		27307601	ex CCCP-47694	
☐ RA-65101	Tupolev Tu-134A-3		60260	ex CCCP-65101	Lsd fr ORB
☐ RA-65146	Tupolev Tu-134B-3		61000	ex YL-LBA	
☐ RA-65715	Tupolev Tu-134B-3		63536	ex 4L-AAC	
☐ RA-76357	Ilyushin Il-76TD		1023414467		
☐ RA-76360	Ilyushin Il-76TD		1033414492		
☐ RA-76373	Ilyushin Il-76TD		1033415507		
☐ RA-76420	Ilyushin Il-76TD		1023413446		Jt ops with TIS

Alrosa Aviation is a trading name of Alrosa Mirny Air Enterprise

AMUR ARTEL STARATELEI AVIAKOMPANIA
Khabarovsk-Novy (KHV)

☐ RA-26001	Antonov An-26	9705	ex CCCP-26001	
☐ RA-26048	Antonov An-26B	10901	ex CCCP-26048	
☐ RA-46612	Antonov An-24RV	37308809	ex CCCP-46612	

AMURSKIE AVIALINII

☐ RA-87452	Yakovlev Yak-40	9430936	ex CCCP-87452

ANGARA AIRLINES
Sarma (AGU)   *Irkutsk-One (IKT)*

☐ RA-26511	Antonov An-26-100	6808	ex CCCP-26511
☐ RA-26655	Antonov An-26-100	7802	ex CCCP-26655
☐ RA-46662	Antonov An-24RV	47309410	ex CCCP-46662
☐ RA-46697	Antonov An-24RV	47309908	ex CCCP-46697
☐ RA-46712	Antonov An-24RV	57310408	ex EK-24408
☐ RA-47848	Antonov An-24B	17307410	ex CCCP-47848

All leased from Irkutsk Aircraft Repair Plant 403

ARKHANGELSK 2ND AVIATION ENTERPRISE
Dvina (5N/OAO)   *Arkhangelsk-Vaslearo*

☐ RA-67553	LET L-410UVP-E	851430	ex CCCP-67553
☐ RA-67562	LET L-410UVP-E	851602	ex CCCP-67562
☐ RA-67563	LET L-410UVP-E	861603	ex CCCP-67563
☐ RA-67564	LET L-410UVP-E	851604	ex CCCP-67564
☐ RA-67565	LET L-410UVP-E	851605	ex CCCP-67565
☐ RA-67567	LET L-410UVP-E	861607	ex CCCP-67567
☐ RA-67569	LET L-410UVP-E	861609	ex CCCP-67569
☐ RA-22341	Mil Mi-8T	7166	ex CCCP-22341
☐ RA-22762	Mil Mi-8T	98311485	ex CCCP-22762
☐ RA-24012	Mil Mi-8MTV-1	95713	ex CCCP-24012
☐ RA-24485	Mil Mi-8T	98628927	ex CCCP-24485
☐ RA-24622	Mil Mi-8T	8251	
☐ RA-06039	Mil Mi-26T	34001212429	ex CCCP-06039
☐ RA-06042	Mil Mi-26T	34001212432	ex CCCP-06042
☐ RA-06044	Mil Mi-26T	34001212434	ex CCCP-06044
☐ RA-21077	Mil Mi-6T	7065302B	ex CCCP-21077
☐ RA-21161	Mil Mi-6T	0533	ex CCCP-21161

ARKHANGELSK AIRLINES
Arkhangelsk-Vaslearo

☐ RA-46667	Antonov An-24RV	47309508	ex CCCP-46667

ASTAIR

☐ RA-42359	Yakovlev Yak-42D	4520424811417	ex LY-AAW	
☐ RA-85031	Tupolev Tu-154M	87A-751	ex EX-087	Lsd fr Center Capital

ATLANT-SOYUZ AIRLINES
Atlant-Soyuz (3G/AYZ)   *Moscow-Domodedovo (DME)*

	Reg	Type	MSN	ex	Notes
☐	RA-86062	Ilyushin Il-86	51483203029	ex EW-86062	Lsd fr UHS
☐	RA-86109	Ilyushin Il-86	51483208077	ex CCCP-86109	
☐	RA-86112	Ilyushin Il-86	51483208080	ex CCCP-86112	
☐	RA-86123	Ilyushin Il-86	51483210091	ex CCCP-86123	Lsd fr TSO
☐	RA-86125	Ilyushin Il-86	51483210093	ex UR-86125	
☐	RA-86136	Ilyushin Il-86	51483210094		Lsd fr Ak Bars Investment
☐	RA-86138	Ilyushin Il-86	51483210096		
☐	RA-86139	Ilyushin Il-86	51483210098		
☐	EW-78779	Ilyushin Il-76TD	0083489662	ex CCCP-78779	Lsd fr TXC
☐	RA-76401	Ilyushin Il-76TD	1023412399	ex CCCP-76401	Lsd fr UHS
☐	RA-76783	Ilyushin Il-76TD	0093498974	ex CCCP-76783	Lsd fr UHS
☐	RA-76817	Ilyushin Il-76TD	1023412387	ex CCCP-76817	Lsd fr ESL
☐	RA-85140	Tupolev Tu-154M	85A-716	ex UN-85835	
☐	RA-85146	Tupolev Tu-154M	85A-724	ex UN-85837	
☐	RA-85709	Tupolev Tu-154M	91A-884	ex EP-MAK	
☐	RA-85740	Tupolev Tu-154M	91A-895	ex 9XR-DU	VIP
☐	RA-96102	Ilyushin Il-96-400T	0102		Freighter, on order Lsd fr Ilyushin
☐	RA-	Ilyushin Il-96-400T			Freighter, on order Lsd fr Ilyushin
☐	RA-	Embraer EMB.120ER Brasilia	120218	ex N364AS	
☐	VP-BBL	Boeing 737-347	23183/1108	ex N303WA	Lsd fr Boeing Capital
☐	VP-BBM	Boeing 737-347	23442/1239	ex N309WA	Lsd fr Boeing Capital
☐		Boeing 737-347	23440/1218	ex N307WA	on order Lsd fr Boeing Capital
☐		Boeing 737-347	23441/1220	ex N308WA	on order Lsd fr Boeing Capital
☐		Boeing 737-700			on order
☐		Boeing 737-700			on order
☐		Boeing 737-700			on order
☐		Boeing 737-700			on order

Four Antonov An-124s are on order from the Russian Air Force plus six Ilyushin Il-114s from Technospecstal Leasing

ATRAN - AVIATRANS CARGO AIRLINES
Atran (V8/VAS) (IATA 868)   *Moscow-Domodedovo / Myachkovo (DME/-)*

	Reg	Type	MSN	ex	Notes
☐	RA-11868	Antonov An-12B	9346310	ex OB-1448	
☐	RA-12990	Antonov An-12B	00347304	ex OB-1449	
☐	RA-26218	Antonov An-26B	5408	ex FAP 363	stored Myachkovo
☐	RA-76820	Ilyushin Il-76TD	1013409295	ex CCCP-76820	Lsd to INV as YL-LAJ
☐	RA-93913	Antonov An-12B	4342609	ex CCCP-93913	
☐	RA-93916	Antonov An-26	9105	ex CCCP-93916	stored Myachkovo
☐	RA-93917	Antonov An-26	10610	ex CCCP-93917	stored Myachkovo

AVIACON ZITOTRANS
Zitotrans (ZR/AZS) (IATA 410)   *Ekaterinburg-Koltsovo (SVX)*

	Reg	Type	MSN	ex	Notes
☐	RA-76352	Ilyushin Il-76TD	1023411378	ex EP-SFB	Op for UN WFP
☐	RA-76386	Ilyushin Il-76TD	1033418600	ex UK-76386	
☐	RA-76518	Ilyushin Il-76T	093420594	ex CCCP-76518	Op for UN
☐	RA-76807	Ilyushin Il-76TD	1013405176	ex CCCP-76807	Op for UN WFP
☐	RA-76842	Ilyushin Il-76TD	1033418616		

AVIAENERGO
Aviaenergo (7U/ERG) (IATA 765)   *Moscow-Sheremetyevo (SVO)*

	Reg	Type	MSN	ex	Notes
☐	RA-65962	Tupolev Tu-134A-3	3351901	ex CCCP-65962	VIP
☐	RA-85809	Tupolev Tu-154M	94A-985		
☐	RA-86583	Ilyushin Il-62M	1356851	ex CCCP-86583	VIP

AVIAL AVIATION CO
New Avial (NVI)   *Moscow-Domodedovo (DME)*

	Reg	Type	MSN	ex	Notes
☐	RA-11113	Antonov An-12TB	01347908	ex CCCP-11113	
☐	RA-11115	Antonov An-12BP	01348003	ex CCCP-11115	Lsd fr DNV
☐	RA-11372	Antonov An-12BP	401912	ex EW-225TI	
☐	RA-11906	Antonov An-12BP	2340802	ex CCCP-11906	
☐	RA-69314	Antonov An-12BP	5343004	ex CCCP-69314	

AVIALESOOKHRANA VLADIMIR AIR ENTERPRISE
(FFA)   *Vladimir*

	Reg	Type	MSN	ex	Notes
☐	RA-26002	Antonov An-26	07309706	ex CCCP-26002	
☐	RA-26005	Antonov An-26	9809	ex CCCP-26005	
☐	RA-26011	Antonov An-26B	9908	ex CCCP-26011	
☐	RA-26040	Antonov An-26B	10703	ex CCCP-26040	stored IKT
☐	RA-26532	Antonov An-26	7410		
☐	RA-46480	Antonov An-24RV	27308008	ex CCCP-46480	

AVIALINII MORDOVI
RA-46640   Antonov An-24RV   37308908   ex CCCP-46640
First reported in early 2007 but status uncertain as sole aircraft reported with UTAir Express in August 2007

AVIAPRAD
Aviaprad (WR/VID) (IATA 440)   Ekaterinburg-Koltsovo / Chelyabinsk (SYX/CEK)

☐ RA-42326	Yakovlev Yak-42D	4520424402154	ex CCCP-42326	Lsd fr SOV
☐ RA-42345	Yakovlev Yak-42D	4520422708304	ex EK-42345	
☐ RA-42356	Yakovlev Yak-42D	4520422811400	ex CCCP-42356	Lsd fr Aviatechnologia Lsg
☐ RA-42378	Yakovlev Yak-42D	4520421014494	ex TC-FAR	
☐ RA-42408	Yakovlev Yak-42D	4520422216698	ex EP-YAC	
☐ RA-42425	Yakovlev Yak-42D	4520423303016	ex CU-T1243	
☐ RA-42524	Yakovlev Yak-42D	11030603	ex CCCP-42524	
☐ RA-42549	Yakovlev Yak-42D	11040105	ex ER-YCD	
☐ RA-85123	Tupolev Tu-154M	06A-996		
☐ RA-85795	Tupolev Tu-154M	93A-979		
☐ VP-BRU	Boeing 737-528	25206/2099	ex F-GJNA	Lsd fr GECAS; op by SBI
☐ VP-BRV	Boeing 737-528	25227/2108	ex F-GJNB	Lsd fr GECAS; op by SBI

AVIAST AIR
Ialsi (6I/VVA)   Moscow-Vnukovo (VKO)

☐ RA-11756	Antonov An-12BP	4342208	ex CCCP-11756	Lsd to SHU
☐ RA-11962	Antonov An-12BP	5343007	ex CCCP-11962	Lsd fr Gala Trans Karga
☐ RA-76486	Ilyushin Il-76TD	0073476281	ex CCCP-76486	stored DME
☐ RA-76797	Ilyushin Il-76TD	1003403052	ex CCCP-76797	stored DME
☐ RA-76843	Ilyushin Il-76TD	1013408269		Op for United Nations WFP
☐ RA-76849	Ilyushin Il-76TD	0023440161	ex UR-86921	stored BKA

Also operates cargo charters with other Antonov An-12 aircraft leased as required
Three Tupolev Tu-214s and one Tu-214F are on order

AVIASTAR - TUPOLEV
Tupolev Air (4B/TUP) (IATA 210)   Moscow-Zhukovsky / Domodedovo (-/DME)

☐ RA-64011	Tupolev Tu-204-100	1450743164011		
☐ RA-64024	Tupolev Tu-204-100C	1450743164024	ex LY-AGT	
☐ RA-64032	Tupolev Tu-204-100C	1450743164032		Op in Air Rep colours

BARKOL AVIAKOMPANIA
Moscow-Byokovo/Volgograd-Gurmak (BKA/VOG)

☐ RA-87280	Yakovlev Yak-40	9322025	ex CCCP-87280	Executive
☐ RA-87372	Yakovlev Yak-40	9340332	ex CCCP-87372	Executive
☐ RA-87957	Yakovlev Yak-40K	9821857	ex CCCP-87957	Executive
☐ RA-88229	Yakovlev Yak-40	9641850	ex CCCP-88229	Executive

Also operate a fleet of helicopters

BASHKIRIAN AIRLINES
Suspended operations mid 2007 and filed for bankruptcy

BEREZNIKI MUNICIPAL AIR
Current status uncertain, believed to have ceased operations

BGB AIR
Officially registered in Kazakstan but has ceased operations

BLAGOVESHCHENSK AIRLINES
Ceased operations by mid 2007

BUGULMA AIR ENTERPRISE
Bugavia (BGM)   Bugulma (UUA)

☐ RA-87209	Yakovlev Yak-40K	9810657	ex CCCP-87209	all-white
☐ RA-87227	Yakovlev Yak-40K	9810559	ex CCCP-87227	all-white
☐ RA-87239	Yakovlev Yak-40	9530643	ex CCCP-87239	
☐ RA-87247	Yakovlev Yak-40	9531543	ex CCCP-87247	
☐ RA-87342	Yakovlev Yak-40	9511139	ex CCCP-87342	Op in Tatneft colours; VIP
☐ RA-87447	Yakovlev Yak-40	9430436	ex CCCP-87447	VIP; AK Bars Bank titles
☐ RA-87462	Yakovlev Yak-40	9430137	ex CCCP-87462	
☐ RA-87505	Yakovlev Yak-40	9510740	ex CCCP-87505	
☐ RA-87517	Yakovlev Yak-40	9521940	ex CCCP-87517	VIP
☐ RA-87588	Yakovlev Yak-40	9222022	ex CCCP-87588	
☐ RA-88156	Yakovlev Yak-40	9611046	ex CCCP-88156	Op in Tatarstan colours
☐ RA-88165	Yakovlev Yak-40	9611946	ex CCCP-88165	
☐ RA-88176	Yakovlev Yak-40	9621447	ex CCCP-88176	Op in Tatneft colours
☐ RA-88182	Yakovlev Yak-40	9620248	ex CCCP-88182	Op in Tatneft colours

BURAL
Bural (BUN) — Ulan Ude-Mukhino (UUD)

☐ RA-46408	Antonov An-24B	77304003	ex CCCP-46408	
☐ RA-46506	Antonov An-24RV	37308402	ex CCCP-46506	Lsd to SIB
☐ RA-46614	Antonov An-24RV	37308701	ex CCCP-46614	

Also known as Buryatia

BUSINESS AERO

☐ RA-42344	Yakovlev Yak-42	4520422708295	ex LY-AAQ

BYLINA
Bylina (BYL) — Moscow-Vnukovo (VKO)

☐ RA-88263	Yakovlev Yak-40	9711852	ex CCCP-88263	VIP
☐ RA-88274	Yakovlev Yak-40	9721253	ex CCCP-88274	VIP

CENTER-SOUTH AIRLINES
Center-South (CTS) — Belgorod (EGO)

☐ RA-87276	Yakovlev Yak-40	9311227	ex UR-87276	
☐ RA-87655	Yakovlev Yak-40	9211820	ex CCCP-87655	
☐ RA-87921	Yakovlev Yak-40	9731155	ex UR-CLA	VIP
☐ RA-87966	Yakovlev Yak-40	9820958	ex CCCP-87966	
☐ RA-88236	Yakovlev Yak-40	9640551	ex CCCP-88236	

CENTRE-AVIA AIRLINES
Aviacentre (J7/CVC) (IATA 601) — Moscow-Bykovo (BKA)

☐ RA-42325	Yakovlev Yak-42D	4520424402148	ex CCCP-42325		Lsd fr Aviatechnologia Lsg
☐ RA-42341	Yakovlev Yak-42D	4520421706292	ex CCCP-42341		Lsd fr Aviatechnologia Lsg
☐ RA-42368	Yakovlev Yak-42D	4520222914166	ex EP-LBT		Lsd fr Aviatechnologia Lsg
☐ RA-42385	Yakovlev Yak-42D	4520423016309	ex ER-YCC		Lsd fr Aviatechnologia Lsg
☐ RA-42423	Yakovlev Yak-42	4520424216606	ex CCCP-42423	VIP	
☐ RA-42542	Yakovlev Yak-42D	11140804	ex CCCP-42542		Lsd fr Aviatechnologia Lsg
☐ RA-87507	Yakovlev Yak-40	9520940	ex LY-AAB		

Also known as Tsentr Yug Aviakompania, 29.4% owned by Bykovo Aircraft Repair Plant

CHUKOTAVIA
Anadyr (DYR)

☐ RA-22728	Mil Mi-8T	98308799	ex CCCP-22728
☐ RA-24199	Mil Mi-8T	98943825	ex CCCP-24199
☐ RA-24422	Mil Mi-8T	98625391	ex CCCP-24422
☐ RA-24497	Mil Mi-8T	98734707	ex CCCP-24497
☐ RA-24498	Mil Mi-8T	98734729	ex CCCP-24498
☐ RA-24503	Mil Mi-8T	96520730	ex CCCP-24503
☐ RA-24531	Mil Mi-8T	98522401	ex CCCP-24531
☐ RA-24719	Mil Mi-8T	98417340	ex CCCP-24719
☐ RA-24738	Mil Mi-8T	98417759	ex CCCP-24738
☐ RA-25158	Mil Mi-8T	99047875	ex CCCP-25158
☐ RA-25189	Mil Mi-8T	98943829	ex CCCP-25189
☐ RA-25470	Mil Mi-8MTV-1	95614	ex CCCP-25470
☐ RA-25988	Mil Mi-8T	7520	ex CCCP-25988
☐ RA-27014	Mil Mi-8MTV-1	96352	
☐ RA-27025	Mil Mi-8PS	8730	
☐ RA-26099	Antonov An-26B-100	11905	ex CCCP-26099
☐ RA-26128	Antonov An-26B	12702	ex CCCP-26128
☐ RA-26590	Antonov An-26B	13910	ex CCCP-26590
☐ RA-46616	Antonov An-24RV	37308703	ex CCCP-46616
☐ RA-47159	Antonov An-24B	89901701	ex CCCP-47159

CONTINENTAL AIRWAYS
Contair (PC/PVV) (IATA 922) — Moscow-Sheremetyevo (SVO)

☐ RA-85696	Tupolev Tu-154M	91A-869	ex CCCP-85696
☐ RA-85773	Tupolev Tu-154M	93A-955	ex EP-TUB
☐ RA-85777	Tupolev Tu-154M	93A-959	ex EP-TUA
☐ RA-85831	Tupolev Tu-154M	88A-774	ex SP-LCF
☐ RA-85847	Tupolev Tu-154M	88A-792	ex OK-TCD

DAGHESTAN AIRLINES
Dagal (N2/DAG) — Makhachkala (MCX)

☐ RA-22859	Mil Mi-8T	98415435	ex CCCP-22859	
☐ RA-25760	Mil Mi-8MTV-1	96123		EMS

☐ RA-46654	Antonov An-24RV	47309209	ex CCCP-46654		
☐ RA-65569	Tupolev Tu-134B-3	63340	ex 4L-AAB		
☐ RA-65570	Tupolev Tu-134A-3	66550	ex RA-64451	Lsd fr Melgaven Mendezsh	
☐ RA-65579	Tupolev Tu-134B-3	63295	ex 4L-AAD		
☐ RA-85630	Tupolev Tu-154M	87A-759	ex CCCP-85630		
☐ RA-85756	Tupolev Tu-154M	92A-938			
☐ RA-85828	Tupolev Tu-154M	97A-1009		Rasul Gamzatov	
☐ RA-85840	Tupolev Tu-154M	98A-1011			

DALAVIA
Khabarovsk Air (H8/KHB) (IATA 560)   Khabarovsk-Novy (KHV)

☐ RA-46474	Antonov An-24RV	27308002	ex CCCP-46474	
☐ RA-46522	Antonov An-24RV	47310001	ex CCCP-46522	
☐ RA-46529	Antonov An-24RV	57310008	ex CCCP-46529	
☐ RA-46643	Antonov An-24RV	37309001	ex CCCP-46643	
☐ RA-47354	Antonov An-24RV	67310603	ex CCCP-47354	
☐ RA-47367	Antonov An-24RV	77310806	ex CCCP-47367	
☐ RA-47819	Antonov An-24RV	17307108	ex CCCP-47819	
☐ RA-86128	Ilyushin Il-62M	2255719	ex CCCP-86128	
☐ RA-86131	Ilyushin Il-62M	4255244	ex CCCP-86131	
☐ RA-86479	Ilyushin Il-62M	4728118	ex CCCP-86479	
☐ RA-86493	Ilyushin Il-62M	4140748	ex CU-T1248	
☐ RA-86503	Ilyushin Il-62M	4934512	ex CU-T1245	
☐ RA-86525	Ilyushin Il-62M	4851612	ex CCCP-86525	
☐ RA-86560	Ilyushin Il-62M	2153347	ex CCCP-86560	
☐ RA-85114	Tupolev Tu-154M	89A-814	ex EP-EAC	
☐ RA-85341	Tupolev Tu-154B-2	79A-341	ex CCCP-85341	stored KHV
☐ RA-85477	Tupolev Tu-154B-2	81A-477	ex CCCP-85477	
☐ RA-85607	Tupolev Tu-154M	85A-702	ex EK-85607	stored KHV
☐ RA-85734	Tupolev Tu-154M	86A-734	ex B-2608	
☐ RA-85752	Tupolev Tu-154M	92A-934	ex EP-MAT	
☐ RA-85797	Tupolev Tu-154M	93A-981		
☐ RA-85802	Tupolev Tu-154M	93A-961	ex EP-MAN	stored
☐ RA-64502*	Tupolev Tu-214	42625002		Yuri Vorob'yoy
☐ RA-64503*	Tupolev Tu-214	43103003		
☐ RA-64507*	Tupolev Tu-214	42305007		
☐ RA-64510*	Tupolev Tu-214	42305010		
☐ RA-64512*	Tupolev Tu-214	42305012		
*Leased from FLC-Financial Leasing Co				
☐ RA-26000	Antonov An-26	7309604	ex CCCP-26000	
☐ RA-26058	Antonov An-26B	11101	ex CCCP-26058	
Six Sukhoi SuperJet 100s are on order				

DAURIA
Chita-Kadala (HTA)

☐ RA-26053	Antonov An-26B	17310909	ex CCCP-26053	
☐ RA-26543	Antonov An-26	5732709	ex CCCP-26543	stored IKT
☐ RA-47268	Antonov An-24B	07306306	ex CCCP-47268	
☐ RA-47838	Antonov An-24B	17307310	ex CCCP-47838	Avialinii Zabaikalaya titles

DOMODEDOVO AIRLINES
Domodedovo (E3/DMO) (IATA 497)   Moscow-Domodedovo (DME)

☐ RA-86127	Ilyushin Il-62M	1254851	ex CCCP-86127	stored DME	
☐ RA-86494	Ilyushin Il-62M	4140859	ex CCCP-86494		
☐ RA-86519	Ilyushin Il-62M	4140212	ex CCCP-86519		
☐ RA-86530	Ilyushin Il-62M	4242543	ex CCCP-86530		
☐ RA-86535	Ilyushin Il-62M	2444555	ex CCCP-86535	stored DME	
☐ RA-76786	Ilyushin Il-76TD	0093496923	ex CCCP-76786		Lsd to ESL
☐ RA-76799	Ilyushin Il-76TD	1003403075	ex CCCP-76799		Lsd to ESL
☐ RA-76806	Ilyushin Il-76TD	1003403121	ex CCCP-76806	stored DME	Lsd to ESL
☐ RA-76812	Ilyushin Il-76TD	1013407230	ex CCCP-76812		Lsd to ESL
☐ RA-85745	Tupolev Tu-154M	92A-928	ex EP-MHR	stored DME	Jt ops with OMS
☐ RA-85841	Tupolev Tu-154M	90A-858	ex EP-MBG		Jt ops with OMS
☐ RA-96006	Ilyushin Il-96-300	74393201003	ex CCCP-96006		
☐ RA-96009	Ilyushin Il-96-300	74393201006			
☐ RA-96013	Ilyushin Il-96-300	74393202013			
A member of AiRUnion alliance with Kras Air, Omskavia, Samara Airlines and Sibaviatrans					

ELBRUS AVIA
Elavia (NLK)   Nalchik (NAL)

☐ RA-42346	Yakovlev Yak-42D	4520423708311	ex CCCP-42346	Lsd fr Aviatechnologia Lsg
☐ RA-42371	Yakovlev Yak-42D	4520422914225	ex CCCP-42371	Lsd fr Aviatechnologia Lsg
☐ RA-42422	Yakovlev Yak-42D	4520424304017	ex ER-YCB	Lsd fr Aviatechnologia Lsg

EVENKIA AVIA
Tura

☐	RA-26008	Antonov An-26B-100	9902	ex CCCP-26008	
☐	RA-26118	Antonov An-26B-100	12207	ex CCCP-26118	
☐	RA-69354	Antonov An-32	1606	ex CCCP-69354	
☐	RA-87900	Yakovlev Yak-40K	9720254	ex CCCP-87900	VIP

FLIGHT INSPECTIONS & SYSTEMS
Aviaspec (LTS)
Moscow-Bykovo/Khabarovsk-Novy (BKA/KHV)

☐	RA-26571	Antonov An-26	67303909	ex CCCP-26571	Calibrator/Flying laboratory
☐	RA-26631	Antonov An-26ASLK	77305503	ex CCCP-26631	Calibrator/Flying laboratory
☐	RA-26673	Antonov An-26ASLK	97308408	ex CCCP-26673	Calibrator/Flying laboratory
☐	RA-46395	Antonov An-24ALK	07306209	ex CCCP-46395	Calibrator/Flying laboratory

GAZPROMAVIA
Gazprom (4G/GZP)
Moscow-Ostafyevo/Moscow-Vnukovo (-/VKO)

☐	RA-74005	Antonov An-74TK-100C	36547095892	ex CCCP-74005	EMS	
☐	RA-74008	Antonov An-74TK-100	36547095900	ex UR-74008		
☐	RA-74012	Antonov An-74D	36547098959	ex UR-74055	VIP, stored	
☐	RA-74016	Antonov An-74TK-200	365470991034			Lsd to AVX
☐	RA-74032	Antonov An-74TK-100	36547098962	ex UR-74032		
☐	RA-74035	Antonov An-74TK-100	36547098963			
☐	RA-74036	Antonov An-74-200	36547098965			
☐	RA-74044	Antonov An-74-200	36547097936	ex UN-74044		
☐	RA-74056	Antonov An-74-200	36547098951			
☐	RA-74058	Antonov An-74-200	36547098956			

Several appear out of service at any one time

☐	RA-21505	Yakovlev Yak-40K	9830159	ex CCCP-21505	
☐	RA-87511	Yakovlev Yak-40	9521340	ex CCCP-87511	
☐	RA-88186	Yakovlev Yak-40K	9620648	ex CCCP-88186	
☐	RA-88300	Yakovlev Yak-40K	9641451	ex OK-GEO	
☐	RA-98113	Yakovlev Yak-40	9710253	ex CCCP-98113	VIP

☐	RA-42436	Yakovlev Yak-42D	4520421605018		
☐	RA-42437	Yakovlev Yak-42D	4520423606018		
☐	RA-42438	Yakovlev Yak-42D	4520423609018		VIP
☐	RA-42439	Yakovlev Yak-42D	4520423904019		
☐	RA-42442	Yakovlev Yak-42D	4520421402019		VIP
☐	RA-42451	Yakovlev Yak-42D	4520422708018		VIP
☐	RA-42452	Yakovlev Yak-42D	409016	ex RA-42431	

☐	RA-65045	Tupolev Tu-134A-3	49500	ex CCCP-65045	VIP	Lsd to KGL
☐	RA-73000	Boeing 737-76N	28630/664	ex VT-JNP		Lsd fr GECAS
☐	RA-	Boeing 737-76N	28635/734	ex VT-JNQ		Lsd fr GECAS
☐	RA-76370	Ilyushin Il-76TD	1033414458			Lsd to VDA
☐	RA-76402	Ilyushin Il-76TD	1023413430			Lsd to VDA
☐	RA-76445	Ilyushin Il-76TD	1023410330	ex EK-76445		Lsd to VDA
☐	RA-76446	Ilyushin Il-76TD	1023412418	ex EK-76446		Lsd to VDA
☐	RA-85625	Tupolev Tu-154M	87A-752	ex CCCP-85625	stored	
☐	RA-85751	Tupolev Tu-154M	92A-933		stored VKO	
☐	RA-85774	Tupolev Tu-154M	93A-956			
☐	RA-85778	Tupolev Tu-154M	93A-962			

Gazpromavia is the fleet of the Russian Gas Exploration and Drilling Co and has subsidiary bases at Kaluga [KLF], Perm [PEE], Samara-Smyshlaevka, Sochi [AER], Ukhta [UCT], Yamburg and Yugorsk. Also operates Falcon 900 biz-jets plus helicopters

GEODYNAMICA CENTRE
Geo Centre (CGS)
Moscow-Myachkovo

☐	RA-30001	Antonov An-30	1402	ex CCCP-30001	Photo/survey
☐	RA-30006	Antonov An-30	1407	ex CCCP-30006	Photo/survey
☐	RA-30039	Antonov An-30	0710	ex CCCP-30039	Photo/survey

GROZNYYAVIA
Grozny (GRV)

☐	RA-42418	Yakovlev Yak-42D	4520423219118	ex CCCP-42418	
☐	RA-42379	Yakovlev Yak-42D	4520421014543	ex EP-YAE	

Commenced operations 3Q07

IKAR
Magadan-Sokol (GDX)

☐	RA-28723	WSK-PZL/Antonov An-28	1AJ007-08	ex CCCP-26105	
☐	RA-26726	WSK-PZL/Antonov An-28	1AJ007-11	ex CCCP-26105	

ILIN AVIAKOMPANIA
Yakutsk-Magan

☐	RA-67623	LET L-410UVP-E	902405	ex CCCP-67623
☐	RA-67664	LET L-410UVP-E	902526	ex CCCP-67664

INTERAVIA AIRLINES
Astair (8D/SUW) (IATA 433) *Moscow-Domodedovo (DME)*

☐	RA-86533	Ilyushin Il-62M	1343123	ex CCCP-86533 Novowilov
☐	RA-86567	Ilyushin Il-62M	4256314	
☐	RA-86575	Ilyushin Il-62M	1647928	ex UK 86575
☐	RA-86577	Ilyushin Il-62M	2748552	ex UK 86577

IRAERO
Irkutsk-One (IKT)

☐	RA-26051	Antonov An-26B	10906	ex CCCP-26051
☐	RA-26130	Antonov An-26B	12704	ex CCCP-26130
☐	RA-26131	Antonov An-26B	12707	ex CCCP-26131
☐	RA-26692	Antonov An-26	9409	ex CCCP-26692
☐	RA-47321	Antonov An-24RV	67301507	ex CCCP-47321
☐	RA-47804	Antonov An-24RV	17306903	ex CCCP-47804

IRKUTSKAVIA
Now operate helicopters only

IZHAVIA
Izhavia (IZA) *Izhevsk (IJK)*

☐	RA-26529	Antonov An-26-100	7401	ex CCCP-26529
☐	RA-26683	Antonov An-26	8707	ex CCCP-26683
☐	RA-42450	Yakovlev Yak-42	4520424601019	
☐	RA-46620	Antonov An-24RV	37308707	ex CCCP-46620
☐	RA-46637	Antonov An-24RV	37308903	ex CCCP-46637
☐	RA-47315	Antonov An-24RV	67310502	ex CCCP-47315
☐	RA-65056	Tupolev Tu-134A-3	49860	ex CCCP-65056
☐	RA-65141	Tupolev Tu-134A-3	60945	ex CCCP-65141

Izhavia is also known as Izhevsk Airlines, national airline of Urdmurtia Republic of Russia

JET 2000

| ☐ | RA-87216 | Yakovlev Yak-40 | 9510440 | ex CCCP-87216 |

JET AIR GROUP
Sistema (JSI) *Moscow-Sheremetyevo (SME)*

☐	P4-AIR	McDonnell-Douglas MD-87ER	49412/1424	ex N871DP		Op for Siviera
☐	RA-21504	Yakovlev Yak-40K	9831758	ex CCCP-21504	Executive	
☐	RA-65701	Tupolev Tu-134B-3	63365	ex YL-LBI	stored	
☐	RA-65723	Tupolev Tu-134A-3M	66440	ex CCCP-65723	Executive	
☐	RA-65930	Tupolev Tu-134A-3M	66500	ex CCCP-65930	Executive	

KAPO
Kazavia (KAO) *Kazan-Bonsoglebskow (KZN)*

☐	RA-13392	Antonov An-12BK	00347210	ex CCCP-13392		Lsd to KSM
☐	RA-26597	Antonov An-26B	13310	ex CCCP-26597		
☐	RA-86126	Ilyushin Il-62MF	4154535			
☐	RA-86576	Ilyushin Il-62MF	4546257	ex UK 86576	Freighter	
☐	RA-86579	Ilyushin Il-62MF	2951636	ex UK 86579	Freighter	Govt of Amur Region
☐	RA-86945	Ilyushin Il-62MF	3850145	ex OK-BYV	VIP	Govt of Amur Region

KAPO is the trading name of Kazan Aviation Production Association, operates corporate flights and commercial charters

KARAT AIR COMPANY
Aviakarat (V2/AKT) *Moscow-Vnukovo (VKO)*

Current status uncertain, sole aircraft transferred to Tulpar

KATCH AVIA
Current status uncertain, believed to have ceased operations

KATEKAVIA
Katekavia (KTK) *Sharypovo/Krasnoyarsk-Yernelyanovo (-/KJA)*

☐	RA-46493	Antonov An-24RV	27308206	ex CCCP-46493	
☐	RA-46497	Antonov An-24RV	27308210	ex CCCP-46497	
☐	RA-46520	Antonov An-24RV	37308506	ex CCCP-46520	no titles

☐	RA-46524	Antonov An-24RV	47310003	ex CCCP-46524	
☐	RA-46604	Antonov An-24RV	37308601	ex CCCP-46604	
☐	RA-46683	Antonov An-24RV	47309706	ex CCCP-46683	
☐	RA-46693	Antonov An-24RV	47309904	ex CCCP-46693	
☐	RA-47351	Antonov An-24RV	67310510	ex YL-LCI	
☐	RA-47358	Antonov An-24RV	67310607	ex CCCP-47358	
☐	RA-48102	Antonov An-24RT	1911804	ex CCCP-48102	

KAZAN AIR ENTERPRISES
Kazan Osnovnoi / Khanty Mansisk (KZN/-)

☐	RA-67142	LET L-410UVP	800408	ex CCCP-67142	
☐	RA-67171	LET L-410UVP	790207	ex CCCP-67171	stored Kazan
☐	RA-67672	LET L-410UVP-E	872013		no titles
☐	RA-67673	LET L-410UVP-E	872011		
☐	RA-67675	LET L-410UVP-E	882027		stored Kazan
☐	RA-67676	LET L-410UVP-E	872007		stored Kazan
☐	RA-67693	LET L-410UVP-E	952624		stored Kazan
☐	RA-67694	LET L-410UVP-E	952625		stored Kazan
☐	RA-06171	Mil Mi-8T	98420128	ex CCCP-06171	
☐	RA-22674	Mil Mi-8T	8127	ex CCCP-22674	
☐	RA-22679	Mil Mi-8T	8133	ex CCCP-22679	
☐	RA-22734	Mil Mi-8T	98308901	ex CCCP-22734	
☐	RA-22873	Mil Mi-8T	98415711	ex CCCP-22873	
☐	RA-25408	Mil Mi-8T	98233135	ex CCCP-25408	
☐	RA-25519	Mil Mi-8T	9775214	ex CCCP-25519	
☐	RA-25599	Mil Mi-8T	99150362	ex CCCP-25599	
☐	RA-27023	Mil Mi-8T	9754622	ex CCCP-27023	
☐	RA-27100	Mil Mi-8PS	8705		
☐	RA-27176	Mil Mi-8PS	8710	ex TC-HSA	

KD AVIA
Kaliningrad Air (KD/KNI)   *Kaliningrad-Khrabovo (KGD)*

☐	EI-CHH	Boeing 737-317	23177/1216	ex (N302FL)	Alexander Krasnenker	
						Lsd fr Airplanes Finance
☐	EI-DJK	Boeing 737-382	24365/1695	ex 9H-ADM	Yuri Temirkanov	Lsd fr ILFC
☐	EI-DJR	Boeing 737-3Y0	23927/1580	ex G-IGOG	Alexander Marinesko	Lsd fr Larrett
☐	EI-DJS	Boeing 737-3Y0	23926/1562	ex G-IGOH	Viktor Geraschchenko	Lsd fr Wodell
☐	EI-DMM	Boeing 737-33A	24092/1669	ex G-IGOI	Valery Gergiev	Lsd fr Wodell
☐	EI-DMN	Boeing 737-3K2	23411/1195	ex N550FA	Lidor Samiev	Lsd fr Pegasus Pals
☐	EI-DOM	Boeing 737-3G7	24011/1608	ex N370WL	Sergey Prisekin	Lsd fr CIT Group
☐	EI-DON	Boeing 737-3Y0	23812/1511	ex N375PA		Lsd fr CIT Group
☐	EI-DOO	Boeing 737-35B	23971/1482	ex N222DZ	Yuriy Antonov	Lsd fr CIT Group
☐	EI-DTY	Boeing 737-3M8	25017/2005	ex G-IGOV		Lsd fr GECAS
☐	VP-BBG	Boeing 737-306	23543/1325	ex N371PA		Lsd fr Aergo
☐	VP-BBH	Boeing 737-306	23546/1349	ex N372PA		Lsd fr Aergo
☐	VP-BDB	Boeing 737-301	23261/1157	ex N324AW		Lsd fr GECAS
☐	VP-BJV	Boeing 737-3Q8	23507/1252	ex N327AW		Lsd fr GECAS
☐	VP-BJW	Boeing 737-301	23551/1380	ex N563AU		Lsd fr GECAS
☐	VP-BJX	Boeing 737-301	23557/1437	ex N354US		Lsd fr GECAS
☐	VP-BJY	Boeing 737-301	23559/1451	ex N356US		Lsd fr GECAS
☐		Boeing 737-3B7	23315/1210	ex N393US		Lsd fr GECAS
☐		Boeing 737-301	23740/1477	ex N575US		Lsd fr AFS Investments

VP-BJK also reported, named Eldar Ryazavov (misread of VP-BJX?)

KHABAROVSK AIRLINES
Nikolaevsk-na-Amure

☐	RA-24532	Mil Mi-8T	98522422	ex CCCP-24532	
☐	RA-24722	Mil Mi-8T	98417398	ex CCCP-24722	
☐	RA-25196	Mil Mi-8T	99047381	ex CCCP-25196	
☐	RA-26174	Antonov An-26B-100	97308304	ex CCCP-26174	
☐	RA-87651	Yakovlev Yak-40	9141220	ex CCCP-87651	Nikolaevsk titles
☐	RA-88251	Yakovlev Yak-40K	9710552	ex CCCP-88251	

KIROV AVIA ENTERPRISE
Vyatka-Avia (KTA)   *Kirov (KVX)*

☐	RA-26086	Antonov An-26B	12302	ex CCCP-26086	
☐	RA-26101	Antonov An-26B	11908	ex CCCP-26101	
☐	RA-26664	Antonov An-26B	97307905	ex CCCP-26664	Op for UN
☐	RA-26677	Antonov An-26B	8603	ex CCCP-26677	
☐	RA-46230	Antonov An-24B	77303110	ex CCCP-46230	Lsd fr Mordovia
☐	RA-46660	Antonov An-24RV	47309307	ex CCCP-46660	Lsd fr Irkutsk Aircraft
☐	RA-47295	Antonov An-24RV	07306608	ex CCCP-47295	Op as UNO 030

KMV MINERALNYE VODY AIRLINES
Air Minvody (KV/MVD) (IATA 348)   *Mineralnye Vody (MRV)*

☐	RA-85307	Tupolev Tu-154B-2	78A-307	ex CCCP-85307	
☐	RA-85371	Tupolev Tu-154B-2	79A-371	ex CCCP-85371	
☐	RA-85380	Tupolev Tu-154B-2	79A-380	ex CCCP-85380	
☐	RA-85382	Tupolev Tu-154B-2	79A-382	ex CCCP-85382	
☐	RA-85457	Tupolev Tu-154B-2	80A-457	ex CCCP-85457	
☐	RA-85494	Tupolev Tu-154B-2	81A-494	ex CCCP-85494	
☐	RA-85715	Tupolev Tu-154M	91A-891	ex EP-MAX	
☐	RA-85746	Tupolev Tu-154M	92A-929	ex EP-MAV	
☐	RA-85826	Tupolev Tu-154M	89A-812	ex SP-LCL	
☐	RA-	Tupolev Tu-154M	85A-706	ex LZ-HMI	stored VAR; on order
☐	RA-	Tupolev Tu-154M	85A-743	ex LZ-HMQ	stored VAR; on order
☐	RA-	Tupolev Tu-154M	85A-707	ex LZ-HMW	stored VAR; on order
☐	RA-64016	Tupolev Tu-204-100	1450742364016		Alexej Tupolev Lsd fr Perm Motors
☐	RA-64022	Tupolev Tu-204-100	1450743164022		
☐	RA-	Tupolev Tu-204-300			on order Lsd fr Ilyushin Finance
☐	RA-	Tupolev Tu-204-300			on order Lsd fr Ilyushin Finance

KMV Mineralnye Vody Airlines is also known as Kavminvody Avia

KNAAPO
Knaapo (KNM)   *Komsomolsk na Amur (KXK)*

☐	RA-11125	Antonov An-12BP	3341006	ex CCCP-11125	
☐	RA-11371	Antonov An-12BP	00347406	ex 22 red	
☐	RA-11789	Antonov An-12BP	6343905	ex LZ-BFB	
☐	RA-76409	Ilyushin Il-76TD	1023410355	ex CCCP-76409	

KNAAPO is also known as Komsomolsk na Amur Air Enterprise; the flying division of Gagarin Aviation Production Association and operates corporate flights plus charters

KOLAVIA
Kogalym (7K/KGL)   *Kogalym (KGP)*

☐	RA-22501	Mil Mi-8T	99357415		
☐	RA-26641	Mil Mi-8T	8026	ex CCCP-22641	
☐	RA-22980	Mil Mi-8AMT	59489607603	ex RA-22509	
☐	RA-24588	Mil Mi-8T	98839385	ex CCCP-24588	
☐	RA-25328	Mil Mi-8T	98203998	ex CCCP-25328	
☐	RA-25342	Mil Mi-8T	98206652	ex CCCP-25342	
☐	RA-25761	Mil Mi-8MTV-1	96073		
☐	RA-27066	Mil Mi-8MTV-1	95902	ex CCCP-27066	
☐	RA-65045	Tupolev Tu-134A-3	49500	ex CCCP-65045 VIP	Lsd fr GZP
☐	RA-65131	Tupolev Tu-134A-3	60637	ex CCCP-65131	
☐	RA-65861	Tupolev Tu-134A	1351407	ex EW-65861	
☐	RA-65942	Tupolev Tu-134A-3	17103	ex (EW-65942)	
☐	RA-65943	Tupolev Tu-134A-3	63580	ex (EW-65943)	
☐	RA-65944	Tupolev Tu-134A-3	12096	ex (EW-65944)	
☐	RA-85427	Tupolev Tu-154B-2	80A-427	ex CCCP-85427	
☐	RA-85481	Tupolev Tu-154B-2	81A-481	ex CCCP-85481	
☐	RA-85522	Tupolev Tu-154B-2	82A-522	ex CCCP-85522	
☐	RA-85588	Tupolev Tu-154B-2	83A-588	ex CCCP-85588	
☐	RA-85761	Tupolev Tu-154M	93A-944		Lsd to TBM
☐	RA-85784	Tupolev Tu-154M	93A-968		
☐	RA-85786	Tupolev Tu-154M	93A-970		
☐	RA-85787	Tupolev Tu-154M	93A-971		Lsd to TBM
☐		Airbus A320-200		ex	on order Nov07

KOMIINTERAVIA
Renamed UT Air

KORYAKAVIA
                                                                             Tilichiki

☐	RA-74039	Antonov An-74	36547097931		
☐	RA-74050	Antonov An-74	36547181011		
☐	RA-28713	WSK-PZL/Antonov An-28	1AJ006-23	ex CCCP-28713	
☐	RA-28714	WSK-PZL/Antonov An-28	1AJ006-24	ex CCCP-28714	
☐	RA-28715	WSK-PZL/Antonov An-28	1AJ006-25	ex CCCP-28715	
☐	RA-28716	WSK-PZL/Antonov An-28	1AJ007-01	ex CCCP-28716	
☐	RA-28722	WSK-PZL/Antonov An-28	1AJ007-07	ex CCCP-28722	

KOSMOS AIRLINES
Kosmos (KSM)   *Moscow-Vnukovo (VKO)*

☐	RA-11025	Antonov An-12TB	6344103	ex CCCP-11025	no titles
☐	RA-12957	Antonov An-12B	8345508	ex CCCP-12957	

☐	RA-13392	Antonov An-12BK	00347210	ex CCCP-13392		Lsd fr KAO
☐	RA-65010	Tupolev Tu-134A	46130	ex CCCP-65010	Yelena	
☐	RA-65097	Tupolev Tu-134AK	60540	ex CCCP-65097		
☐	RA-65719	Tupolev Tu-134AK	63637	ex CCCP-65719	VIP	
☐	RA-65726	Tupolev Tu-134AK	63720	ex CCCP-65726	VIP	
☐	RA-65727	Tupolev Tu-134AK	035644820	ex CCCP-65727	VIP,Bank Moscovski Kapital	
☐	RA-65935	Tupolev Tu-134A-3	66180	ex CCCP-65935	VIP	
☐	RA-65956	Tupolev Tu-134AK	2351709	ex CCCP-65956	VIP	

KOSTROMA AIR ENTERPRISE
Kostroma (KMW)

☐	RA-26595	Antonov An-26	47313401	ex CCCP-26595	
☐	RA-27210	Antonov An-26-100	5410	ex CCCP-27210	Marshal Novikov
☐	RA-67647	LET L-410UVP	902440	ex CCCP-67467	

KRAS AIR
Krasnoyarsky Air (7B/KJC)   Krasnoyarsk-Yemilianovo (KJA)

☐	EI-CBQ	Boeing 737-3Y0	24907/2013	ex 9M-AAA	Lsd fr GECAS
☐	EI-CLW	Boeing 737-3Y0	25187/2248	ex XA-SAB	Lsd fr GECAS
☐	EI-CLZ	Boeing 737-3Y0	25179/2205	ex XA-RJR	Lsd fr GECAS
☐	EI-DNH	Boeing 737-3Y5	25614/2467	ex 9H-ABS	Lsd fr Boeing Capital
☐	EI-DNS	Boeing 737-329	23771/1430	ex F-GUYH	Lsd fr Embarcadero Aircraft
☐	EI-DNT	Boeing 737-329	24356/1711	ex F-GRNV	Lsd fr Embarcadero Aircraft

Aircraft operate in AiRUnion colours

☐	RA-85489	Tupolev Tu-154B-2	81A-489	ex CCCP-85489	stored KJA
☐	RA-85505	Tupolev Tu-154B-2	81A-505	ex CCCP-85505	
☐	RA-85529	Tupolev Tu-154B-2	82A-529	ex CCCP-85529	
☐	RA-85660	Tupolev Tu-154M	89A-810	ex LZ-LTK	
☐	RA-85672	Tupolev Tu-154M	89A-830	ex CCCP-85672	
☐	RA-85678	Tupolev Tu-154M	90A-841	ex EP-MBC	
☐	RA-85679	Tupolev Tu-154M	90A-842	ex EP-LAT	
☐	RA-85682	Tupolev Tu-154M	90A-849	ex CCCP-85682	AiRUnion colours
☐	RA-85683	Tupolev Tu-154M	90A-850	ex EP-MBI	
☐	RA-85694	Tupolev Tu-154M	91A-867	ex EP-MAE	
☐	RA-85702	Tupolev Tu-154M	91A-877	ex EP-MBV	
☐	RA-85704	Tupolev Tu-154M	91A-879	ex EP-LAV	Lsd to IRB as EP-MCH
☐	RA-85708	Tupolev Tu-154M	91A-883	ex EP-MCG	Lsd to IRB
☐	RA-85714	Tupolev Tu-154M	91A-890	ex EP-MHZ	Lsd fr OMS
☐	RA-85720	Tupolev Tu-154M	91A-902	ex EP-MBZ	
☐	RA-85750	Tupolev Tu-154M	92A-932	ex EP-MHV	Lsd fr OMS
☐	RA-85759	Tupolev Tu-154M	92A-941		Op for Severnikel Co
☐	RA-85801	Tupolev Tu-154M	93A-960	ex EP-MHT	Jt ops with OMS
☐	RA-85817	Tupolev Tu-154M	95A-1007	ex EP-LBM	Lsd fr BRZ
☐	EI-DMH	Boeing 767-260ER	23106/90	ex N271SW	AiRUnion colours Lsd fr Woodrow Lsg
☐	EI-DMP	Boeing 767-2Q8ER	24448/272	ex N330LF	AiRUnion colours Lsd fr ILFC
☐	EI-DUA	Boeing 757-256	26247/860	ex N241LF	AiRUnion colours Lsd fr ILFC
☐	EI-DUC	Boeing 757-256	26248/863	ex N263LF	AiRUnion colours Lsd fr ILFC
☐	EI-DUD	Boeing 757-256	26249/881	ex N271LF	AiRUnion colours Lsd fr ILFC
☐	EI-DUE	Boeing 757-256	26250/889	ex N272LF	AiRUnion colours Lsd fr ILFC
☐	EI-GAA	Boeing 767-266ER	23179/98	ex N567KM	Lsd fr Arbor Finance
☐	EI-GBA	Boeing 767-266ER	23180/99	ex N573LF	stored, retd? Lsd fr Arbor Finance
☐	RA-76463	Ilyushin Il-76T	0013432960	ex CCCP-76463	stored KJA
☐	RA-76464	Ilyushin Il-76TD	0023437090	ex CCCP-76464	stored KJA
☐	RA-76465	Ilyushin Il-76TD	0023438101	ex CCCP-76465	stored KJA
☐	RA-86121	Ilyushin Il-86	51483209089	ex CCCP-86121	
☐	RA-86122	Ilyushin Il-86	51483209090	ex CCCP-86122	
☐	RA-86137	Ilyushin Il-86	51483210095		
☐	RA-86145	Ilyushin Il-86	51483211101		
☐	RA-96014*	Ilyushin Il-96-300	74392302014		Mikhail Vodopyanov
☐	RA-96017*	Ilyushin Il-96-300	74392302011		Mikhail Reshetnyov

*Leased from Ilyushin Finance. 15 Sukhoi SuperJet 100s are on order.
A member of AiRUnion alliance with Domodedovo Airlines, Omskavia, Samara Airlines and Sibaviatrans
Kras Air is the trading name of Krasnoyarsky Airlines; owns 71% of Omskavia

KUBAN AIRLINES
Air Kuban (GW/KIL)   Krasnodar-Pashkovskaya (KRR)

☐	RA-42331	Yakovlev Yak-42	4520424505128	ex CCCP-42331	
☐	RA-42336	Yakovlev Yak-42	4250422606220	ex CCCP-42336	stored
☐	RA-42350	Yakovlev Yak-42	4520424711372	ex CCCP-42350	
☐	RA-42363	Yakovlev Yak-42D	4520424811438	ex CCCP-42363	
☐	RA-42367	Yakovlev Yak-42D	4520421914133	ex CCCP-42367	
☐	RA-42375	Yakovlev Yak-42D	4520424914410	ex CCCP-42375	
☐	RA-42386	Yakovlev Yak-42D	4520424016310	ex CCCP-42386	
☐	RA-42541	Yakovlev Yak-42	11140704	ex CCCP-42541	

Kuban Airlines is the trading name of ALK - Aviatsionyyee Linii Kubani

KVZ - KAZANSKY VERTOLETNY ZAVOD
KAMA (KPH)   Kazan-Osnovnoi (KZN)

☐ RA-47715	Antonov An-24B	69900505	ex CCCP-47715	

KVZ is a trading name of Kazan Plant of Helicopters, operates corporate flights as well as charters

LIPETSK AVIA

☐ RA-87372	Yakovlev Yak-40	9340332	ex CCCP-87372	

Current status uncertain

LUKIAVIATRANS
Velikie Luki/Pskov-Kresty (VLU/PKV)

☐ RA-30042	Antonov An-30	0901	ex CCCP-30042	no titles
☐ RA-30053	Antonov An-30D	1008	ex CCCP-30053	
☐ RA-30067	Antonov An-30	1208	ex CCCP-30067	
☐ RA-46632	Antonov An-30	0201	ex CCCP-46632	

MCHS ROSSII
Sumes (SUM)   Moscow-Zhukovsky

☐ RF-32765	Beriev Be-200ES	768200010101	ex RA-21515	
☐ RF-32766	Beriev Be-200ES	768200010102	ex RA-21516	
☐ RF-32767	Beriev Be-200ES	76820002501	ex RA-21517	
☐ RF-32768	Beriev Be-200ES			
☐ RF-	Beriev Be-200ES			on order
☐ RA-76362	Ilyushin Il-76TD	1033416533		Anatoliy Lyapidevskiy
☐ RA-76363	Ilyushin Il-76TD	1033417540		Vasiliy Molokov
☐ RA-76429	Ilyushin Il-76TD	1043419639		
☐ RA-76840	Ilyushin Il-76TD	1033417553		Nikolay Kamanin
☐ RA-76841	Ilyushin Il-76TD	1033418601		Mavrikiy Slepnev
☐ RA-76845	Ilyushin Il-76TDP	1043420696		Mikhail Vodop'yanov
☐ RA-06075	Mil Mi-26T	34001212465		
☐ RA-06278	Mil Mi-26T	34001212522		
☐ RA-06279	Mil Mi-26T	34001212603		

Above three now believed to be RF-31110, RF-31124 and RF-32821 but order unknown

☐ RF-31112	Antonov An-74P	36547097940	ex RA-74029	Georgl Baidukov
☐ RF-31122	Antonov An-74P	36547136012	ex RA-74034	Alexander Belyakov
☐ RA-42441	Yakovlev Yak-42D	4520421402018	ex EP-LAN	VIP; Velerij Chkalov
☐ RA-42446	Yakovlev Yak-42D	4520423308017	ex UN-42446	Vladimir Kokkinaki
☐ RA-86570	Ilyushin Il-62M	1356344		Mikhail Gromov
☐ RA-87482	Yakovlev Yak-40	9441038	ex CCCP-87482	

Operates for Russian Ministry of Civil Aid and Protection; the State Unitary Air Enterprise

MORDOVIA AIR
Saransk (SKX)

Previously listed as Saransk Air

☐ RA-26247	Antonov An-26B-100	4103	ex CCCP-26247	
☐ RA-46230	Antonov An-24B	77303110	ex CCCP-46230	Lsd to KTA
☐ RA-46505	Antonov An-24RV	37308309	ex CCCP-46505	
☐ RA-46640	Antonov An-24RV	37308908	ex CCCP-46640	Lsd to KMV

MOSKOVIYA
Gromov Airline (3R/GAI)   Moscow-Zhukovsky

☐ RA-11309	Antonov An-12BP	00347510	ex CCCP-11309	Op for Irkut
☐ RA-11310	Antonov An-12BP	4342601	ex CCCP-11310	Op for Irkut
☐ RA-12162	Antonov An-12BP	3341509	ex CCCP-12162	Op for Irkut
☐ RA-30028	Antonov An-30	0510		
☐ RA-65606	Tupolev Tu-134A-3	46300	ex D-AOBR	Op for Tupolev Design
☐ RA-85736	Tupolev Tu-154M	92A-918	ex CCCP-85736	Yuri Morozov
☐ RA-85743	Tupolev Tu-154M	92A-926	ex CCCP-85743	Yuri Sheffer

A division of the Flight Research Institute MM Gromov

NAPO AVIATRANS
Novsib (NPO)   Novosibirsk-Yeltsovka

☐ RA-11032	Antonov An-12V	7345004		
☐ RA-12193	Antonov An-12BK	9346805	ex CCCP-12193	
☐ RA-12194	Antonov An-12BK	00347203	ex CCCP-12194	
☐ RA-12195	Antonov An-12BK	00347410	ex CCCP-12195	
☐ RA-41900	Antonov An-38-120	4160381607003		Lsd to / op for VFC
☐ RA-41902	Antonov An-38-120	4163847010002		Lsd to VTK

NAPO Aviatrans is a division of Novosibirsk Aircraft Production Association

NATIONAL WINGS

☐ RA-64021 Tupolev Tu-204-100C 1450743164021
Possibly linked to Georgian National Airlines

NOVOSIBIRSK AIR ENTERPRISE
Nakair (NBE)   Novosibirsk-Severny

☐	RA-46642	Antonov An-24RV	37308910	ex CCCP-46642
☐	RA-46659	Antonov An-24RV	47309306	ex CCCP-46659
☐	RA-46682	Antonov An-24RV	47309704	ex CCCP-46682
☐	RA-47306	Antonov An-24RV	57310306	ex CCCP-47306
☐	RA-30007	Antonov An-30D	1408	ex CCCP-30007

OMSKAVIA AIRLINE
Omsk (N3/OMS)   Omsk-Fyodorovka (OMS)

☐	RA-85714	Tupolev Tu-154M	91A-890	ex EP-MHZ	Lsd to KJC
☐	RA-85730	Tupolev Tu-154M	92A-912	ex CCCP-85730	Lsd to IRY as EP-EKA
☐	RA-85750	Tupolev Tu-154M	92A-932	ex EP-MHV	Lsd to KJC
☐	RA-85763	Tupolev Tu-154M	92A-946	ex EP-MHQ	Lsd to IRY as EP-EKB
☐	RA-85801	Tupolev Tu-154M	93A-960	ex EP-MHT	Jt ops with KJC
☐	RA-85830	Tupolev Tu-154M	89A-821	ex EP-MBB	

A member of AiRUnion alliance with Domodedovo Airlines, KrasAir, Samara Airlines and Sibaviatrans; 71% owned by KrasAir

OREL AIR
Current status uncertain, believed to have ceased operations

ORENAIR
Orenburg (R2/ORB) (IATA 291)   Orenburg-Tsentralny (REN)

☐	VP-BGP	Boeing 737-4Y0	24691/1904	ex N691GE		Lsd fr WFBN
☐	VP-BGQ	Boeing 737-4Y0	24683/1901	ex N683GE		Lsd fr AeroUSA
☐	VP-BGR	Boeing 737-505	25790/2245	ex ES-ABG		Lsd fr ILFC
☐	VP-BPE	Boeing 737-5H6	26445/2327	ex OK-XGV	Aleksandr Kukishev	Lsd fr GECAS
☐	VP-BPF	Boeing 737-5H6	26446/2358	ex OK-XGW		Lsd fr GECAS

☐	RA-65049	Tupolev Tu-134A-3	49755	ex EW-65049		Lsd to UTA
☐	RA-65054	Tupolev Tu-134A	49840	ex CCCP-65054		
☐	RA-65090	Tupolev Tu-134A	60185	ex CCCP-65090		Lsd to SVR
☐	RA-65101	Tupolev Tu-134A-3	60260	ex CCCP-65101		Lsd to DRU
☐	RA-65110	Tupolev Tu-134A-3	60343	ex (HA-LBT)		
☐	RA-65117	Tupolev Tu-134A-3	60450	ex (HA-LBU)		
☐	RA-65136	Tupolev Tu-134A-3	60885	ex CCCP-65136		Lsd to UTA

☐	RA-46315	Antonov An-24B	97305401	ex CCCP-46315	
☐	RA-46388	Antonov An-24B	07306201	ex CCCP-46388	
☐	RA-85603	Tupolev Tu-154B-2	84A-603	ex CCCP-85603	no titles
☐	RA-85604	Tupolev Tu-154B-2	85A-604	ex CCCP-85604	
☐	RA-85768	Tupolev Tu-154M	94A-949		Konstantine Brexos
☐	RA-87272	Yakovlev Yak-40	9330827	ex CCCP-87272	stored REN
☐	RA-87352	Yakovlev Yak-40	9330131	ex CCCP-87352	stored REN
☐	RA-87471	Yakovlev Yak-40	9441637	ex UN-87471	stored REN

Two Boeing 737-8BKs are on order, to be leased from CIT Aerospace

PERM AIRLINES
Perm Air (P9/PGP)   Perm-Bolshoe Savina (PEE)

☐	RA-13344	Antonov An-24RV	37308310	ex CCCP-13344	
☐	RA-26520	Antonov An-26-100	87307101	ex CCCP-26520	
☐	RA-26636	Antonov An-26-100	87306306	ex EP-TQB	
☐	RA-47152	Antonov An-24B	89901604	ex CCCP-47152	
☐	RA-47756	Antonov An-24B	79901209	ex CCCP-47756	
☐	RA-65064	Tupolev Tu-134A-3	49886	ex CCCP-65064	
☐	RA-65751	Tupolev Tu-134A-3	61066	ex CCCP-65751	Sverbank titles
☐	RA-65775	Tupolev Tu-134A-3	62530	ex CCCP-65775	
☐	RA-85287	Tupolev Tu-154B-1	78A-287	ex CCCP-85287	Lsd fr Zavod 411

Perm Airlines is also known as Permskie Avialinii

PETROPAVLOVSK-KAMCHATSKY AIR ENTERPRISE
Petrokam (PTK)   Petropavlovsk Kamchatsky-Yelixovo (PKC)

☐	RA-87385	Yakovlev Yak-40K	9411532	ex CCCP-87385	stored
☐	RA-87947	Yakovlev Yak-40K	9621145	ex CCCP-87947	
☐	RA-87949	Yakovlev Yak-40K	9621345	ex CCCP-87949	
☐	RA-87988	Yakovlev Yak-40	9541244	ex CCCP-87988	
☐	RA-88241	Yakovlev Yak-40K	9641351	ex CCCP-88241	

☐ RA-26122	Antonov An-26B		12401	ex CCCP-26122
☐ RA-26251	Antonov An-26-100		9109	
☐ RA-67645	LET L-410UVP-E		902438	ex CCCP-67645
☐ RA-67662	LET L-410UVP-E		902520	ex CCCP-67662

POLAR AIRLINES
Batagai

☐ RA-46333	Antonov An-24B		97305510	ex CCCP-46333
☐ RA-46374	Antonov An-24B		07306005	ex CCCP-46374
☐ RA-47158	Antonov An-24B		89901610	ex CCCP-47158
☐ RA-47161	Antonov An-24B		89901703	ex CCCP-47161
☐ RA-47260	Antonov An-24B		27307802	ex CCCP-47260
☐ RA-26030	Antonov An-26B		10501	ex CCCP-26030
☐ RA-26061	Antonov An-26B		11108	ex CCCP-26061
☐ RA-26509	Antonov An-26		6705	ex CCCP-26509
☐ RA-26538	Antonov An-26-100		47302102	ex CCCP-26538
☐ RA-26635	Antonov An-26		6305	ex CCCP-26635
☐ RA-26674	Antonov An-26		8506	ex CCCP-26674
☐ RA-26685	Antonov An-26		1307	ex CCCP-26685
☐ RA-11130	Antonov An-12BP		02348505	ex CCCP-11130

POLET AVIAKOMPANIA
Polet (YQ/POT) (IATA 342) — *Voronezh (VOZ)*

☐ RA-82010	Antonov An-124-100 Ruslan	9773053616017	ex CCCP-82010		
☐ RA-82014	Antonov An-124-100 Ruslan	9773054732039	ex CCCP-82014		
☐ RA-82024	Antonov An-124 Ruslan	19530502033	ex CCCP-82024	stored ULY	
☐ RA-82026	Antonov An-124 Ruslan	19530502127	ex 10 black	stored ULY	
☐ RA-82068	Antonov An-124-100 Ruslan	9773051359127	ex RA-82070		
☐ RA-82075	Antonov An-124-100 Ruslan	9773053459147			
☐ RA-82077	Antonov An-124-100 Ruslan	9773054459151			
☐ RA-82080	Antonov An-124-100 Ruslan	9773051462161			
☐ VP-BPL	SAAB 2000		2000-029	ex HB-IZO	
☐ VP-BPM	SAAB 2000		2000-057	ex HB-IYB	
☐ VP-BPN	SAAB 2000		2000-058	ex HB-IYC	
☐ VP-BPP	SAAB 2000		2000-059	ex HB-IYD	
☐ VP-BPQ	SAAB 2000		2000-060	ex HB-IYE	
☐ VP-BPR	SAAB 2000		2000-061	ex HB-IYF	
☐ VP-	SAAB 2000			ex	on order
☐ VP-	SAAB 2000			ex	on order
☐ VP-	SAAB 2000			ex	on order
☐ VP-	SAAB 2000			ex	on order
☐ RA-30024	Antonov An-30		0502	ex CCCP-30024	
☐ RA-30048	Antonov An-30		0910	ex CCCP-30048	
☐ RA-46676	Antonov An-24RV		47309608	ex CCCP-46676	
☐ RA-48096	Antonov An-24RV		57310406	ex CCCP-48096	
☐ RA-88304	Yakovlev Yak-40S2		9510439	ex ST-YAK	

Owns 24% of VoronezhAvia; also known as Polyot Rossiskaya Aviakompania

POLYARNYA AVIA
Yakutsk (YKS)

☐ RA-46834	Antonov An-24RV		17306801

PROGRESS AVIAKOMPANIA
Progress (PSS) — *Samara-Bezymyanka (KUF)*

☐ RA-26180	Antonov An-26		9737810	ex CCCP-26180
☐ RA-26192	Antonov An-24RT		1911805	ex CCCP-26192

PSKOVAVIA
Pskovavia (PSW) — *Pskov-Kresty (PKV)*

☐ RA-26107	Antonov An-26B		27312008	ex LY-LVR
☐ RA-26120	Antonov An-26B		27312304	ex CCCP-26120
☐ RA-26134	Antonov An-26B		12805	ex CCCP-26134
☐ RA-26142	Antonov An-26B		37312904	ex CCCP-26142

RED WINGS
Remont Air (VAZ) — *Moscow-Vnukovo (VKO)*

Formerly listed as Airlines 400

☐ RA-64017	Tupolev Tu-204-100		1450742564017	Lsd fr Aviastar Avn
☐ RA-64018	Tupolev Tu-204-100		1450741964018	Lsd fr Ilyushin Finance
☐ RA-64019	Tupolev Tu-204-100		1450741064019	Lsd fr Ilyushin Finance

☐	RA-64020	Tupolev Tu-204-100	1450743164020		Lsd fr Ilyushin Finance
☐	RA-64046	Tupolev Tu-204-100		on order	
☐	RA-64047	Tupolev Tu-204-100		on order	
☐	RA-64051	Tupolev Tu-204-100	1450743164051	on order	
☐	RA-64053	Tupolev Tu-204-100	1450743164053	on order	

A further four Tupolev Tu-204s are on order, leased from Ilyushin Finance

☐	RA-85793	Tupolev Tu-154M	93A-977		Yefim Parakhin	Lsd fr PromTeh Lsg
☐	UN-76472	Ilyushin Il-76TD	33446350	ex RA-76472		

Red Wings is the airline operating division of VARZ 400 rework facility at VNO and associated with Blue Wings (D)

REGIONAL AIRLINES

☐	RA-28728	WSK-PZL/Antonov An-28	1AJ-007-13	ex CCCP-28728
☐	RA-28900	WSK/PZL Antonov An-28	1AJ-007-14	ex EX-28729
☐	RA-28901	WSK/PZL Antonov An-28	1AJ008-01	ex EX-28738
☐	RA-28903	WSK-PZL/Antonov An-28	1AJ009-19	ex RA-28953

Also quoted as Region Avia

ROSNEFT-BALTIKA
Rosbalt (RNB)   St Petersburg-Pulkovo (LED)

☐	RA-21500	Yakovlev Yak-40K	9741356	ex CCCP-21500
☐	RA-87244	Yakovlev Yak-40	9531243	ex CCCP-87244

ROSSIYA RUSSIAN AIRLINES
Russia (FV/SDM) (IATA 948)   Moscow-Vnukovo/St Petersburg-Pulkovo (VKO/LED)

☐	EI-CDD	Boeing 737-548	24989/1989	ex EI-BXH		Lsd fr Castle 2003-2
☐	EI-CDE	Boeing 737-548	25115/2050	ex PT-SLM		Lsd fr Castle 2003-2
☐	EI-CDF	Boeing 737-548	25737/2232			Lsd fr Jetscape
☐	EI-CDG	Boeing 737-548	25738/2261			Lsd fr Nordic Avn Contractor
☐	EI-CDH	Boeing 737-548	25739/2271			Lsd fr Jetscape
☐	RA-86070	Ilyushin Il-86	51483204037	ex CCCP-86070		
☐	RA-86092	Ilyushin Il-86	51483207063	ex CCCP-86092		
☐	RA-86094	Ilyushin Il-86	51483207065	ex CCCP-86094		
☐	RA-86106	Ilyushin Il-86	51483208074	ex CCCP-86106		
☐	RA-86466	Ilyushin Il-62M	2749316	ex CCCP-86466		
☐	RA-86467	Ilyushin Il-62M	3749733	ex CCCP-86467	VIP	
☐	RA-86468	Ilyushin Il-62M	4749857	ex CCCP-86468	VIP	
☐	RA-86536	Ilyushin Il-62M	4445948	ex CCCP-86536		
☐	RA-86540	Ilyushin Il-62M	3546548	ex CCCP-86540	VIP	
☐	RA-86559	Ilyushin Il-62M	2153258	ex CCCP-86559	VIP	
☐	RA-86561	Ilyushin Il-62M	4154842	ex CCCP-86561	VIP	
☐	RA-86710	Ilyushin Il-62M	2647646	ex CCCP-86710		
☐	RA-86712	Ilyushin Il-62M	4648339	ex CCCP-86712	VIP	
☐	RA-65093	Tupolev Tu-134A-3	60215	ex UR-65093		
☐	RA-65109	Tupolev Tu-134A-3	60339	ex UR-65109		
☐	RA-65113	Tupolev Tu-134A-3	60380	ex ES-AAM		
☐	RA-65144	Tupolev Tu-134A-3	60977	ex ES-AAK	stored	
☐	RA-65553	Tupolev Tu-134A-3	66300	ex CCCP-65553		
☐	RA-65555	Tupolev Tu-134A-3	66350	ex CCCP-65555	VIP	
☐	RA-65759	Tupolev Tu-134A-3	62239	ex ES-AAO		
☐	RA-65912	Tupolev Tu-134A-3	63985	ex CCCP-65912		
☐	RA-65921	Tupolev Tu-134A-3	63997	ex CCCP-65921		
☐	RA-85171	Tupolev Tu-154M	92A-893	ex B-2625		
☐	RA-85187	Tupolev Tu-154M	91A-919	ex B-2629		
☐	RA-85204	Tupolev Tu-154M	91A-886	ex B-2624		
☐	RA-85552	Tupolev Tu-154B-2	82A-552	ex CCCP-85552	stored LED	
☐	RA-85553	Tupolev Tu-154B-2	82A-553	ex CCCP-85553		
☐	RA-85629	Tupolev Tu-154M	87A-758	ex CCCP-85629		
☐	RA-85645	Tupolev Tu-154M	88A-782	ex CCCP-85645		
☐	RA-85658	Tupolev Tu-154M	89A-808	ex CCCP-85658		
☐	RA-85659	Tupolev Tu-154M	89A-809	ex CCCP-85659	VIP	
☐	RA-85695	Tupolev Tu-154M	91A-868	ex CCCP-85695		
☐	RA-85739	Tupolev Tu-154M	92A-925	ex HA-LGD		
☐	RA-85753	Tupolev Tu-154M	92A-935			
☐	RA-85767	Tupolev Tu-154M	93A-948			
☐	RA-85769	Tupolev Tu-154M	93A-951			
☐	RA-85770	Tupolev Tu-154M	93A-952			
☐	RA-85771	Tupolev Tu-154M	93A-953			
☐	RA-85779	Tupolev Tu-154M	93A-963			
☐	RA-85785	Tupolev Tu-154M	93A-969			
☐	RA-85800	Tupolev Tu-154M	94A-984			
☐	RA-85832	Tupolev Tu-154M	92A-908	ex RA-85726		
☐	RA-85834	Tupolev Tu-154M	98A-1014	ex OM-AAA		

☐	RA-85835	Tupolev Tu-154M	98A-1015	ex OM-AAB		
☐	RA-85836	Tupolev Tu-154M	98A-1018	ex OM-AAC		
☐	RA-85843	Tupolev Tu-154M	95A-991	ex RA-85811		
☐	RA-64504	Tupolev Tu-214	41203004			
☐	RA-64505	Tupolev Tu-214	42204005			
☐	RA-64506	Tupolev Tu-214	44204006			
☐	RA-87203	Yakovlev Yak-40	9741456	ex CCCP-87203	VIP	
☐	RA-87969	Yakovlev Yak-40	9831358	ex CCCP-87969	VIP	
☐	RA-87971	Yakovlev Yak-40D	9831558	ex CCCP-87971	VIP	
☐	RA-88200	Yakovlev Yak-40	9630149	ex CCCP-88200		
☐	RA-96012	Ilyushin Il-96-300	74393201009		Presidential a/c	
☐	RA-96016	Ilyushin Il-96-300PU	74393202010	ex (RA-96013)	Presidential a/c	
☐	RA-96018	Ilyushin Il-96-300PU	74393202018		VIP	
☐	VP-BTQ	Airbus A319-114	1149	ex N310NB		Lsd fr SBI
☐	VP-BTS	Airbus A319-114	1164	ex N311NB		Lsd fr SBI
☐	VP-BTT	Airbus A319-114	1167	ex N312NB		Lsd fr SBI
☐		Airbus A320-212	0525	ex D-AKNX	on order	Lsd fr ILFC
☐		Antonov An-148			on order	Lsd fr Ilyushin Finance
☐		Antonov An-148			on order	Lsd fr Ilyushin Finance
☐		Boeing 767-3Q8ER	27616/714	ex JA767A	on order	
☐		Boeing 767-3Q8ER	27617/722	ex JA767B	on order	
☐		Boeing 767-3Q8ER	29390/870	ex JA767C	on order	

Also operates aircraft for Government as Rossiya Special Flight Detachment; four Airbus A320s are on order from November 2008 plus four more Antonov An-148s and four Tupolev Tu-334-100s for Presidential use.

RUSAIR
CGI-Rusair (CGI) *Moscow-Sheremetyevo (SVO)*

☐	RA-65087	Tupolev Tu-134A-3	60155	ex CCCP-65087	VIP	
☐	RA-65124	Tupolev Tu-134A	60560	ex ES-AAN	VIP	
☐	RA-65908	Tupolev Tu-134A	63870	ex CCCP-65908	VIP	Op for VAP Avn Grp
☐	RA-87311	Yakovlev Yak-40	9320629	ex CCCP-87311	VIP, APP titles & logo	
☐	RA-87494	Yakovlev Yak-40	9541745	ex CCCP-87494	VIP	
☐	RA-87502	Yakovlev Yak-40	9510140	ex CCCP-87502	VIP	

RUSJET
Moscow-Vnukovo (VKO)

☐	RA-42365	Yakovlev Yak-42D	4520424811447	ex CCCP-42365		
☐	RA-42411	Yakovlev Yak-42D	4520421219043	ex CCCP-42411	VIP; Rosboronexp	Lsd fr NRO
☐	RA-65737	Tupolev Tu-134B-3	64195	ex CCCP-65737	converted Tu-134UBL	
☐	RA-87418	Yakovlev Yak-40	9421034	ex CCCP-87418	VIP	Lsd to RusJet
☐	RA-88240	Yakovlev Yak-40K	9641151	ex CCCP-88240	Executive	

RUSLINE AIR
Rusline Air (RLU) *Moscow-Sheremetyevo (SVO)*

☐	RA-65756	Tupolev Tu-134A	62179	ex CCCP-65756	
☐	RA-65903	Tupolev Tu-134A	63750	ex CCCP-65903	
☐	RA-65934	Tupolev Tu-134A	66143	ex CCCP-65934	
☐	RA-65941	Tupolev Tu-134A-3	60642	ex LZ-TUS	
☐	RA-87248	Yakovlev Yak-40K	9540144	ex CCCP-87248	
☐	RA-87380	Yakovlev Yak-40	9421225	ex 5N-MAR	
☐	RA-87828	Yakovlev Yak-40	9242024	ex CCCP-87828	
☐	RA-87981	Yakovlev Yak-40K	9540444	ex ER-YGA	stored
☐	RA-88308	Yakovlev Yak-40	9230224	ex SP-GEA	

Most operate in executive configurations

RUSSIAN SKY AIRLINES
Ruduga (P7/ESL) (IATA 215) *Moscow-Domodedovo (DME)*

☐	RA-76786	Ilyushin Il-76TD	0093496923	ex CCCP-76786	Lsd fr DMO
☐	RA-76787	Ilyushin Il-76TD	0093495854	ex CCCP-76787	
☐	RA-76799	Ilyushin Il-76TD	1003403037	ex CCCP-76799	Lsd fr DMO
☐	RA-76812	Ilyushin Il-76TD	1013407230	ex CCCP-76812	Lsd fr DMO
☐	RA-76817	Ilyushin Il-76TD	1023412387	ex CCCP-76817	Lsd to AYZ

RYAZANAVIA TRANS
Ryazan Air (RYZ) *Ryazan (RZN)*

☐	RA-47359	Antonov An-24RV	67310608	ex UR-47359	
☐	RA-47362	Antonov An-24RV	67310706	ex UR-47362	

S-AIR
S-Air (RLS) *Ermolino*

☐	RA-65550	Tupolev Tu-134A-3	66200	ex CCCP-65550	
☐	RA-65692	Tupolev Tu-134A-3	63215	ex YL-LBB	

☐	RA-65721	Tupolev Tu-134A-3M	66130	ex CCCP-65721		
☐	RA-65926	Tupolev Tu-134A-3	66101	ex CCCP-65926		
☐	RA-65932	Tupolev Tu-134A-3	66440	ex CCCP-65723		
☐	RA-42402	Yakovlev Yak-42D	4520422116583	ex CCCP-42402		
☐	RA-42427	Yakovlev Yak-42D	4520422305016		Marco Group	
	Operate in executive configuration					

S7 AIRLINES
Siberia Airlines (S7/SBI) (IATA 421)   Novosibirsk-Tolmachevo (OVB)

☐	F-OHCZ	Airbus A310-304	475	ex VP-BAG	Lsd fr Polaris
☐	VP-BSY	Airbus A310-204	430	ex D-AHLV	Lsd fr Cramington Services
☐	VP-BSZ	Airbus A310-204	468	ex D-AHLZ	Lsd fr Cramington Services
☐	VP-BTJ	Airbus A310-304	520	ex D-AHLA	Lsd fr Cramington Services
☐	VP-BTK	Airbus A310-204	427	ex D-AHLW	Lsd fr Cramington Services
☐	VP-BTL	Airbus A310-204	487	ex D-AHLX	Lsd fr Cramington Services
☐	VP-BTM	Airbus A310-204	486	ex F-GYYY	Lsd fr Cramington Services
☐	VP-BHF	Airbus A319-114	1819	ex N350NB	Lsd fr Miramonte
☐	VP-BHG	Airbus A319-114	1870	ex N356NB	Lsd fr Miramonte
☐	VP-BHI	Airbus A319-114	2028	ex N367NB	Lsd fr Miramonte
☐	VP-BHJ	Airbus A319-114	2369	ex N372NB	Lsd fr Miramonte
☐	VP-BHK	Airbus A319-114	2373	ex N373NB	Lsd fr Miramonte
☐	VP-BHL	Airbus A319-114	2464	ex N374NB	Lsd fr Miramonte
☐	VP-BHP	Airbus A319-114	2618	ex N376NB	Lsd fr Miramonte
☐	VP-BHQ	Airbus A319-114	2641	ex N377NB	Lsd fr Miramonte
☐	VP-BHV	Airbus A319-114	2474	ex N375NB	Lsd fr Miramonte
☐	VP-BTN	Airbus A319-114	1126	ex N307NB	
☐	VP-BTO	Airbus A319-114	1129	ex N308NB	
☐	VP-BTP	Airbus A319-114	1131	ex N309NB	
☐	VP-BTQ	Airbus A319-114	1149	ex N310NB	Lsd to SDM
☐	VP-BTS	Airbus A319-114	1164	ex N311NB	Lsd to SDM
☐	VP-BTT	Airbus A319-114	1167	ex N312NB	Lsd to SDM
☐	VP-BTU	Airbus A319-114	1071	ex N303NB	
☐	VP-BTV	Airbus A319-114	1078	ex N304NB	
☐	VP-BTW	Airbus A319-114	1090	ex N305NB	
☐	VP-BTX	Airbus A319-114	1091	ex N306NB	
☐	VP-	Airbus A320-214	3446	ex F-WW	on order	Lsd fr ILFC
☐	VP-	Airbus A320-214	3473	ex F-WW	on order	Lsd fr ILFC
☐	VP-	Airbus A320-214	3490	ex F-WW	on order	Lsd fr ILFC
☐	VP-	Airbus A320-214	3494	ex F-WW	on order	Lsd fr ILFC
	Twenty-one more Airbus A320-214s are on order					
☐	VP-BRU	Boeing 737-528	25206/2099	ex F-GJNA		Op for Aviaprad
☐	VP-BRV	Boeing 737-528	25227/2108	ex F-GJNB		Op for Aviaprad
☐	VP-BTA	Boeing 737-4Q8	25168/2210	ex TF-ELY		Lsd fr Jetscape
☐	VP-BTD	Boeing 737-522	25001/1948	ex N901UA	for DNV	Lsd fr Aircastle
☐	VP-BTE	Boeing 737-522	25008/1987	ex N908UA	for DNV	Lsd fr Aircastle
☐	VP-BTF	Boeing 737-522	25009/1999	ex N909UA	for DNV	Lsd fr Aircastle
☐	VP-BTH	Boeing 737-42C	24231/1871	ex N60669		Lsd fr GECAS
	10 Boeing 737-800s are on order for delivery in 2010 (4) and 2011 (6) for operation by S7 Charter					
☐	RA-86081	Ilyushin Il-86	51483206052	ex CCCP-86081	all white
☐	RA-86084	Ilyushin Il-86	51483206055	ex CCCP-86084	stored
☐	RA-86085	Ilyushin Il-86	51483208056	ex CCCP-86085	
☐	RA-86089	Ilyushin Il-86	51483207060	ex CCCP-86089	
☐	RA-86091	Ilyushin Il-86	51483207062	ex CCCP-86091	
☐	RA-86097	Ilyushin Il-86	51483207068	ex CCCP-86097	
☐	RA-86104	Ilyushin Il-86	51483208072	ex CCCP-86104	
☐	RA-86105	Ilyushin Il-86	51483208073	ex CCCP-86105	stored OVB
☐	RA-86107	Ilyushin Il-86	51483208075	ex CCCP-86107	
☐	RA-86108	Ilyushin Il-86	51483208076	ex CCCP-86108	
☐	RA-85610	Tupolev Tu-154M	84A-705	ex CCCP-85610	stored OVB
☐	RA-85611	Tupolev Tu-154M	85A-715	ex CCCP-85611	
☐	RA-85612	Tupolev Tu-154M	86A-721	ex CCCP-85612	
☐	RA-85613	Tupolev Tu-154M	86A-722	ex CCCP-85613	
☐	RA-85615	Tupolev Tu-154M	86A-731	ex CCCP-85615	
☐	RA-85618	Tupolev Tu-154M	86A-737	ex CCCP-85618	SPSR Ekspress titles
☐	RA-85619	Tupolev Tu-154M	86A-738	ex CCCP-85619	Yulia Fomina
☐	RA-85620	Tupolev Tu-154M	86A-739	ex TC-ACT	
☐	RA-85622	Tupolev Tu-154M	87A-746	ex CCCP-85622	
☐	RA-85623	Tupolev Tu-154M	87A-749	ex CCCP-85623	
☐	RA-85624	Tupolev Tu-154M	87A-750	ex CCCP-85624	
☐	RA-85628	Tupolev Tu-154M	87A-757	ex CCCP-85628	
☐	RA-85632	Tupolev Tu-154M	87A-761	ex CCCP-85632	
☐	RA-85633	Tupolev Tu-154M	87A-762	ex CCCP-85633	
☐	RA-85635	Tupolev Tu-154M	87A-764	ex CCCP-85635	
☐	RA-85652	Tupolev Tu-154M	88A-794	ex LZ-LTF	

☐	RA-85674	Tupolev Tu-154M	90A-834	ex TC-ACI
☐	RA-85687	Tupolev Tu-154M	90A-857	ex EP-MAZ
☐	RA-85688	Tupolev Tu-154M	90A-859	ex OM-VEA
☐	RA-85690	Tupolev Tu-154M	90A-861	ex CCCP-85690
☐	RA-85697	Tupolev Tu-154M	91A-870	ex EP-MAQ
☐	RA-85699	Tupolev Tu-154M	91A-874	ex EP-ITC
☐	RA-85724	Tupolev Tu-154M	92A-906	ex EP-MHD
☐	RA-85725	Tupolev Tu-154M	92A-907	ex EP-MHB
☐	RA-85827	Tupolev Tu-154M	87A-745	ex SP-LCC
☐	RA-85829	Tupolev Tu-154M	87A-755	ex SP-LCD
☐	RA-85848	Tupolev Tu-154M	89A-804	ex OK-UCE

* Leased from Aircraft Repair Plant 411 (Zavod 411)
Part owns Armavia. 50 Sukhoi SuperJet 100s are on order plus 15 Boeing 787-8s. S7 Airlines is the trading name of Siber Airlines

SAKHA AVIATION SCHOOL
Moscow-Bykovo (BKA)

☐	RA-74003	Antonov An-74	36547070690	ex CCCP-74003
☐	RA-88177	Yakovlev Yak-40	9621747	ex CCCP-88177

Current status uncertain

SAMARA AIRLINES
Beryoza (E5/BRZ) (IATA 906) *Samara-Kurumotch (KUF)*

☐	RA-65105	Tupolev Tu-134A	60308	ex LY-ABH		
☐	RA-65122	Tupolev Tu-134A-3	60518	ex CCCP-65122		
☐	RA-65753	Tupolev Tu-134A-3	61099	ex CCCP-65753		
☐	RA-65758	Tupolev Tu-134A-3	62230	ex CCCP-65758		
☐	RA-65792	Tupolev Tu-134A-3	63121	ex CCCP-65792		
☐	RA-65797	Tupolev Tu-134A-3	63173	ex CCCP-65797		
☐	RA-85057	Tupolev Tu-154M	..A-1001		on order	Lsd fr Aviatechnologia Lsg Op for Samara Oblast
☐	RA-85332	Tupolev Tu-154B-2	79A-332	ex ER-85585		
☐	RA-85585	Tupolev Tu-154B-2	83A-585	ex CCCP-85585		
☐	RA-85601	Tupolev Tu-154B-2	84A-601	ex 85601		Op for Samara Oblast
☐	RA-85716	Tupolev Tu-154M	91A-892	ex CCCP-85716		Lsd to IRB as EP-MCI
☐	RA-85723	Tupolev Tu-154M	92A-905	ex HA-LGB		
☐	RA-85731	Tupolev Tu-154M	92A-913	ex EP-LBH		
☐	RA-85792	Tupolev Tu-154M	93A-976	ex EP-LAZ		
☐	RA-85817	Tupolev Tu-154M	95A-1007	ex EP-LBM		Lsd to KJC
☐	RA-85818	Tupolev Tu-154M	85A-719	ex EP-MAJ	AiRUnion colours	
☐	RA-85821	Tupolev Tu-154M	89A-805	ex SP-LCI	AiRUnion colours	
☐	RA-85822	Tupolev Tu-154M	89A-806	ex HA-LGC		
☐	RA-85823	Tupolev Tu-154M	88A-775	ex HA-LGA		
☐	RA-	Tupolev Tu-154M	91A-882	ex UR-85707	on order	
☐	RA-42414	Yakovlev Yak-42D	4520423219073	ex CCCP-41414		
☐	RA-76475	Ilyushin Il-76TD	0043451523	ex EP-TPV	stored KUF as EP-TPV	
☐	RA-76791	Ilyushin Il-76TD	0093497936	ex EP-TPU	stored KUF as EP-TPU	

A member of AiRUnion alliance with Domodedovo Airlines, Kras Air, Omskavia and Sibaviatrans

SARANSK AIR
Renamed Mordovia Air

SARATOV AIRLINES
Saratov Air (6W/SOV) *Saratov-Tsentralny (RTW)*

☐	RA-42316	Yakovlev Yak-42	4520422202030	ex CCCP-42316		
☐	RA-42326	Yakovlev Yak-42D	4520424402154	ex CCCP-42326		Lsd to VID
☐	RA-42328	Yakovlev Yak-42	4520421505058	ex CCCP-42328		
☐	RA-42361	Yakovlev Yak-42D	4520423811427	ex CCCP-42361		
☐	RA-42378	Yakovlev Yak-42D	4520421014494	ex CCCP-42378		
☐	RA-42389	Yakovlev Yak-42D	4520424016542	ex CCCP-42389		
☐	RA-42432	Yakovlev Yak-42D	4520424410016	ex TC-ALY	no titles	
☐	RA-42550	Yakovlev Yak-42D	11140205	ex CCCP-42550	stored	
☐	RA-42551	Yakovlev Yak-42	11140305	ex CCCP-42551		

Saratov Airlines is also known as Saravia

SARAVIA

☐	RA-87844	Yakovlev Yak-40	9331330	ex CCCP-87844

SAT AIRLINES
Satair (HZ/SHU) (IATA 598) *Yuzhno-Sakhalinsk Khomutovo (UUZ)*

☐	RA-46530	Antonov An-24B	57310009	ex CCCP-46530
☐	RA-46618	Antonov An-24RV	37308705	ex CCCP-46618
☐	RA-46639	Antonov An-24RV	37308905	ex CCCP-46639

☐	RA-47198	Antonov An-24RV	27307702	ex CCCP-47198		
☐	RA-47317	Antonov An-24RV	67310504	ex CCCP-47317		
☐	RA-47366	Antonov An-24RV	77310804	ex CCCP-47366		
☐	RA-67251*	de Havilland DHC-8-102	215	ex C-GZPV		Op for Exxon-Neftegas
☐	RA-67255*	de Havilland DHC-8-102	345	ex C-GZKA		
☐	RA-67259*	de Havilland DHC-8-201	459	ex C-FNOP		Op for Exxon Neftegas
☐	RA-	de Havilland DHC-8-102	460	ex C-FNOQ		
☐	RA-	de Havilland DHC-8-201	457	ex C-FJFW		Op for Exxon Neftegas
☐	RA-11364	Antonov An-12V	347601	ex CCCP-11364		
☐	RA-11376	Antonov An-12BP	2348206	ex 02 red, Russian AF		
☐	RA-12988	Antonov An-12B	00347206	ex CCCP-12988		
☐	RA-26132	Antonov An-26B	37312708	ex CCCP-26132		
☐	RA-26138	Antonov An-26B	12810	ex CCCP-26138		
☐	RA-48984	Antonov An-12BP	402913	ex UR-48984		
☐	RA-73003	Boeing 737-2J8 (Nordam 3)	22859/890	ex N235WA		Lsd fr ITC Leasing
☐	RA-73005	Boeing 737-232 (Nordam 3)	23100/1038	ex N328DL		Lsd fr Jetglobal

*Leased from Avmax Group

SATURN AVIAKOMPANIA
Rybmotors (RMO)   Rybinsk-Starosel'ye (RYB)

☐	RA-87225	Yakovlev Yak-40K	9841359	ex CCCP-87225	
☐	RA-87936	Yakovlev Yak-40K	9740756	ex CCCP-87936	
☐	RA-88289	Antonov An-26B	11804	ex CCCP-88289	

Saturn Aviakompania is a division of Rybinsk Aircraft Motors Factory

SEVERSTAL AIRCOMPANY
Severstal (D2/SSF) (IATA 103)   Cherepovets (CEE)

☐	RA-87224	Yakovlev Yak-40K	9841259	ex CCCP-87224	VIP	Op for Yava Group
☐	RA-87586	Yakovlev Yak-40	9221822	ex CCCP-87586		
☐	RA-87954	Yakovlev Yak-40	9811357	ex CCCP-87954		
☐	RA-88180	Yakovlev Yak-40	9622047	ex CCCP-88180		
☐	RA-88188	Yakovlev Yak-40	9620848	ex CCCP-88188		
☐	RA-88296	Yakovlev Yak-40	9421634	ex VN-A445	VIP	

Severstal-Cherepovets Metalurg Combine titles
Also leases other Yakovlev Yak-40s from Vologda Air Enterprise as required

SHANS AIR
Current status uncertain, aircraft now operated by Jet Air Group

SHAR INK
Sharink (UGP)   Moscow-Ostafyevo

☐	RA-74001	Antonov An-74TK-100	36547070655	ex CCCP-74001		
☐	RA-74015	Antonov An-74-200	36547098969			
☐	RA-74020	Antonov An-24TK-100	36547195014			
☐	RA-74027	Antonov An-74-200	36547096920	ex UR-74027		Lsd fr LLM
☐	RA-74041	Antonov An-74-200	36547096924		AMIS titles	Lsd fr SIB
☐	RA-74047	Antonov An-74-200	36547097941		on rebuild	
☐	RA-74060	Antonov An-74-200	36547098966			
☐	RA-25770	Mil Mi-8PS-11	8709	ex CCCP-25770	VIP	

SIBAVIATRANS
Sibavia (5M/SIB)   Krasnoyarsk-Yemelyanovo (KJA)

☐	RA-46674	Antonov An-24RV	47309606	ex CCCP-46674		Lsd fr OMS
☐	RA-46689	Antonov An-24RV	47309806	ex CCCP-46689	stored KJA	
☐	RA-49278	Antonov An-24RV	47309808	ex YR-AMJ		
☐	RA-49279	Antonov An-24RV	17306905	ex YR-AMB	AiRUnion colours	
☐	RA-49287	Antonov An-24RV	27307607	ex YR-AME		
☐	RA-65571	Tupolev Tu-134AK	63955	ex EW-63955		
☐	RA-65605	Tupolev Tu-134A	09070	ex EW-65605		
☐	RA-65615	Tupolev Tu-134A-3	4352205	ex D-AOBE		
☐	RA-65881	Tupolev Tu-134A-3	35220	ex CCCP-65881		
☐	RA-65694	Tupolev Tu-134B-3	63235	ex UN-65694	AiRUnion colours	
☐	RA-21503	Yakovlev Yak-40K	9820358	ex CCCP-21503		
☐	RA-48113	Antonov An-32	1709	ex CCCP-48113		
☐	RA-74041	Antonov An-74-200	36547096924			Lsd to UGP
☐	RA-87916	Yakovlev Yak-40K	9730655	ex CCCP-87916		

A member of AiRUnion alliance with Domodedovo Airlines, Kras Air, Omskavia and Samara Airlines

SIR AERO
Ceased operations

SIRIUS AERO
Sirius Aero (CIG)   *Moscow-Vnukovo (VKO)*

☐	RA-65079	Tupolev Tu-134A-3	60054	ex LY-ASK	VIP
☐	RA-65099	Tupolev Tu-134A-3	63700	ex CCCP-65099	VIP
☐	RA-65604	Tupolev Tu-134AK	62561	ex CCCP-65604	VIP
☐	RA-65722	Tupolev Tu-134A-3M	66420	ex CCCP-65722	VIP
☐	RA-65928	Tupolev Tu-134A-3M	66491	ex CCCP-65928	VIP
☐	RA-65978	Tupolev Tu-134A-3	63357	ex CCCP-65978	VIP; Svetlana

SKOL AVIAKOMPANIA
(CDV)   *Surgut (SGC)*

☐	RA-06033	Mil Mi-26T	34001212423	ex CCCP-06033
☐	RA-06394	Mil Mi-26T	34001212123	
☐	RA-46848	Antonov An-24RV	27307506	ex CCCP-46848
☐	RA-87240	Yakovlev Yak-40	9530743	ex CCCP-87240
☐	RA-87940	Yakovlev Yak-40	9540444	ex CCCP-87940
☐	RA-88226	Yakovlev Yak-40	9641350	ex CCCP-88226

SKYEXPRESS
(XW/SXR)   *Moscow-Vnukovo (VNO)*

☐	VP-BBN	Boeing 737-330	23527/1285	ex N527AD	
☐	VP-BFB	Boeing 737-5Y0	2304/26067	ex N606TA	Lsd fr AerCo
☐	VP-BFJ	Boeing 737-53A	24859/1919	ex G-THOA	Lsd fr CIT Group
☐	VP-BFK	Boeing 737-5L9	24928/1961	ex G-THOB	Lsd fr CIT Group
☐	VP-BFM	Boeing 737-53A	24921/1962	ex N921AW	Lsd fr AWMS
☐	VP-BFN	Boeing 737-53A	24922/1964	ex N922AV	Lsd fr AWMS
☐	VP-BHA	Boeing 737-529	26538/2298	ex C-GAHB	Lsd fr CIT Group
☐	VP-BOU	Boeing 737-341	25049/2091	ex N729BC	Lsd fr BCC Equipment Lsg
☐	VP-B	Boeing 737-341	25048/2085	ex N728BC	Lsd fr Boeing Capital

SOKOL
Aerosokol (PIV)   *Novotitarovskaya Heliport*

☐	RA-06025	Mil Mi-26T	34001212401	ex CCCP-06025
☐	RA-06072	Mil Mi-26T	34001212491	ex CCCP-06072
☐	RA-06087	Mil Mi-26T	34001212123	
☐	RA-22788	Mil Mi-8T	6201	ex CCCP-22788

SPETSAVIA
                                                                             Moscow/Bykovo (BKO)

Current situation uncertain

SVERDLOVSK 2ND AIR ENTERPRISE
Pyshma (UKU)   *Yekaterinburg-Koltsovo (SVX)*

☐	RA-74004	Antonov An-74	36547094890	ex CCCP-74004	VIP
☐	RA-74006	Antonov An-74	36547095896	ex CCCP-74006	
☐	RA-74048	Antonov An-74D	36547098943		VIP; all-white, no titles
☐	RA-87253	Yakovlev Yak-40	9321026	ex CCCP-87253	VIP; all-white
☐	RA-87503	Yakovlev Yak-40AT	9520240	ex CCCP-87503	VIP. op for Kolsto Ural
☐	RA-87524	Yakovlev Yak-40	9520641	ex CCCP-87524	VIP
☐	RA-87974	Yakovlev Yak-40K	9621346	ex CCCP-87974	VIP; no titles
☐	RA-88159	Yakovlev Yak-40	9621346	ex CCCP-88159	VIP; all-white
☐	RA-88234	Yakovlev Yak-40	9640351	ex CCCP-82834	

TAIMYRTUR-AVIATRANS
Current status uncertain; Taimyravia Air operate helicopters

TAMBOV AVIA
current status uncertain as sole aircraft transferred to another operator

TATARSTAN AIR
Air Tatarstan (U9/TAK) (IATA 966)   *Kazan-Osnovnoi (KZN)*

☐	RA-65065	Tupolev Tu-134A-3	49890	ex CCCP-65065
☐	RA-65102	Tupolev Tu-134A-3	60267	ex CCCP-65102
☐	RA-65691	Tupolev Tu-134A	63195	ex CCCP-65691
☐	RA-65970	Tupolev Tu-134A	3351910	ex CCCP-65970
☐	RA-65973	Tupolev Tu-134A	3352003	ex LY-ABA
☐	RA-42332	Yakovlev Yak-42	4520424505135	ex CCCP-42332

	Registration	Type	Serial	Previous ID	Notes
☐	RA-42333	Yakovlev Yak-42	4520422606156	ex CCCP-42333	
☐	RA-42335	Yakovlev Yak-42	4520422606204	ex CU-T1274	
☐	RA-42342	Yakovlev Yak-42	4520421706302	ex EK-42342	
☐	RA-42347	Yakovlev Yak-42	4520423711322	ex CCCP-42347	
☐	RA-42357	Yakovlev Yak-42	4520422811408	ex CCCP-42357	stored KZN
☐	RA-42374	Yakovlev Yak-42D	4520423914340	ex CU-T1273	
☐	RA-42380	Yakovlev Yak-42D	4520422014549	ex CCCP-42380	
☐	RA-42413	Yakovlev Yak-42D	4520422219066	ex EP-YAB	
☐	RA-42433	Yakovlev Yak-42D	4520421301017		
☐	RA-46625	Antonov An-24RV	37308804	ex CCCP-46625	
☐	RA-47818	Antonov An-24RV	17307107	ex CCCP-47818	
☐	RA-85101	Tupolev Tu-154M	88A-783	ex B-608L	
☐	RA-85109	Tupolev Tu-154M	88A-790	ex B-609L	
☐	RA-85798	Tupolev Tu-154M	93A-982	ex EP-MBO	
☐	RA-85799	Tupolev Tu-154M	94A-983		
☐	RA-86142	Ilyushin Il-86	51483210097	ex B-2016	
☐	RA-86143	Ilyushin Il-86	51483210099	ex B-2018	Lsd fr Ak Bars Investment
☐	RA-86926	Ilyushin Il-86	51463210100	ex B-2019	Lsd fr Ak Bars Investment
☐	RA-88287	Yakovlev Yak-40K	9940360	ex CCCP-88287	VIP; op for Tatarstan Govt
☐	VP-B	Canadair CL-600-2D24 (CRJ-900)	15124	ex C-FOWE	
☐	VP-B	Canadair CL-600-2D24 (CRJ-900)	15126	ex C-FNUI	

Two more Canadair CL-600-2D24 (CRJ-900)s are on order

TESIS
Tesis (UZ/TIS) — Moscow-Domodedovo (DME)

	Registration	Type	Serial	Previous ID	Notes
☐	RA-76483	Ilyushin Il-76TD	0063468042	ex CCCP-76483	
☐	RA-86523	Ilyushin Il-62M	2241647	ex CCCP-86523	stored DME
☐	VP-BXC	Boeing 747-258B (SCD)	22254/418	ex 4X-AXH	
☐	VP-BXD	Boeing 747-230F	23348/625	ex TF-ARP	Lsd fr Avion A/c Trading
☐	VP-BXE	Boeing 747-230B (SF)	22671/574	ex TF-ARL	Lsd fr Celestial Avn

TOMSKAVIA
Tomsk Avia (TSK) — Tomsk (TOF)

	Registration	Type	Serial	Previous ID
☐	RA-26039	Antonov An-26B	10702	ex CCCP-26039
☐	RA-46627	Antonov An-24RV	37308806	ex CCCP-46627
☐	RA-46679	Antonov An-24RV	47309701	ex CCCP-46679
☐	RA-47254	Antonov An-24RV	27307706	ex CCCP-47254
☐	RA-47355	Antonov An-24RV	67310604	ex CCCP-47355

TRANSAERO AIRLINES
Transoviet (UN/TSO) (IATA 670) — Moscow-Domodedovo (DME)

	Registration	Type	Serial	Previous ID	Notes
☐	EI-CXK	Boeing 737-4S3	25596/2255	ex G-OGBA	Lsd fr Bravo A/c Mgt
☐	EI-CXN	Boeing 737-329	23772/1432	ex OO-SDW	Lsd fr CIT Group
☐	EI-CXR	Boeing 737-329	24355/1709	ex OO-SYA	Lsd fr CIT Group
☐	EI-CZK	Boeing 737-4Y0	24519/1781	ex N519AP	Lsd fr Aergo Lsg
☐	EI-DDK	Boeing 737-4S3	24165/1720	ex N758BC	Lsd fr Boeing Capital
☐	EI-DDY	Boeing 737-4Y0	24904/1988	ex HA-LEV	Lsd fr Aerco Ireland
☐	EI-DNM	Boeing 737-4S3	24166/1722	ex EC-JHX	Lsd fr Hamway Corp
☐	EI-DTU	Boeing 737-5Y0	25175/2150	ex B-2546	Lsd fr Celestial Aviation
☐	EI-DTV	Boeing 737-5Y0	25183/2218	ex B-2549	Lsd fr GECAS
☐	EI-DTW	Boeing 737-5Y0	25188/2238	ex B-2550	Lsd fr GECAS
☐	EI-DTX	Boeing 737-5Q8	28052/2965	ex LY-AZX	Lsd fr ILFC
☐	VP-BPA	Boeing 737-5K5	25037/2022	ex D-AHLI	Lsd fr Aergo Capital
☐	VP-BPD	Boeing 737-5K5	25062/2044	ex D-AHLN	
☐	VP-BVL	Boeing 737-524	28926/3069	ex N13665	
☐	VP-	Boeing 737-524	28921/3052	ex N14660	Lsd fr WFBN
☐		Boeing 737-524	28917/3019	ex N11656	on order Lsd fr WFBN
☐		Boeing 737-524	28918/3026	ex N23657	on order
☐		Boeing 737-524	28919/3045	ex N18658	on order
☐		Boeing 737-524	28920/3048	ex N15659	on order
☐		Boeing 737-524	28922/3055	ex N23661	on order
☐		Boeing 737-524	28923/3060	ex N14662	
☐		Boeing 737-524	28924/3063	ex N17663	on order
☐		Boeing 737-524	28927/3074	ex N14667	on order
☐		Boeing 737-524	28928/3077	ex N14668	on order
☐	N741UN	Boeing 747-346	24156/716	ex JA8189	
☐	N742UN	Boeing 747-346	24019/695	ex JA8187	Lsd fr WFBN
☐	N743UN	Boeing 747-346	23640/668	ex JA8179	
☐	N747ZZ	Boeing 747-338	23222/602	ex VH-EBT	stored Rome, NY Lsd fr Midair USA
☐	N749UN	Boeing 747-246B	22991/581	ex JA8162	
☐	VP-BGU	Boeing 747-346	23482/640	ex N740UN	
☐	VP-BPX	Boeing 747-267B	22872/566	ex N747VC	
☐	VP-BQA	Boeing 747-219B	22723/527	ex N723TA	Lsd fr Finova
☐	VP-BQB	Boeing 747-219B	22724/528	ex N703TA	
☐	VP-BQC	Boeing 747-219B	22725/563	ex N705TA	
☐	VP-BQE	Boeing 747-219B	22722/523	ex N702TA	

☐ VP-BQH	Boeing 747-219B	22791/568	ex N701TA		
☐ VP-BVR	Boeing 747-444	26637/943	ex VP-BKG		Lsd fr WFBN
☐ EI-CXZ	Boeing 767-216ER	24973/347	ex N502GX		Lsd fr Embarcadero A/c
☐ EI-CZD	Boeing 767-216ER	23623/142	ex N762TA		Lsd fr Capablue Ltd
☐ EI-DBF	Boeing 767-3Q8ER	24745/355	ex F-GHGF		Lsd fr ACG Acquisition
☐ EI-DBG	Boeing 767-3Q8ER	24746/378	ex F-GHGG		Lsd fr Charlie Aircraft Mgt
☐ EI-DBU	Boeing 767-37EER	25077/385	ex F-GHGH		Lsd fr Pegasus Aviation
☐ EI-DBW	Boeing 767-201ER	23899/182	ex N647US		Lsd fr Orix A/c Management
☐ EI-DFS	Boeing 767-33AER	25346/403	ex ET-AKW		Lsd fr Jeritt Ltd
☐ EI-UNB	Boeing 767-3P6ER	26234/538	ex A4O-GY		
☐ RA-86123	Ilyushin Il-86	51483210091	ex CCCP-86123	Moskva	Lsd to AYZ
☐ RA-64509	Tupolev Tu-214	145742305009			Lsd fr Ilyushin Finance
☐ RA-64513	Tupolev Tu-214			on order	Lsd fr Ilyushin Finance
☐ RA-64516	Tupolev Tu-214			on order	Lsd fr Ilyushin Finance
☐ RA-	Tupolev Tu-214			on order	Lsd fr Ilyushin Finance
☐	Boeing 777-222	26925/13	ex N770UA	on order	Lsd fr VTB

Eight Airbus A330-200s are on order for delivery from 2009 to 2011

TRANSAVIA GARANTIA

Arkhangelsk-Talagi (ARH)

☐ RA-26024	Antonov An-26B-100	10306	ex CCCP-26024	
☐ RA-26081	Antonov An-26B	7202		
☐ RA-26682	Antonov An-26B	8706	ex CCCP-26682	Freighter
☐ RA-26687	Antonov An-26B-100	8902	ex CCCP-26687	
☐ RA-87235	Yakovlev Yak-40	9530143	ex CCCP-87235	
☐ RA-87336	Yakovlev Yak-40	9610539	ex CCCP-87336	

TULPAR AIR
(TUL)   *Kazan-Osnovnoi / Orenburg-Tsentralny (KZN/REN)*

☐ RA-87496	Yakovlev Yak-40	9541945	ex CCCP-87496	op for Nizhykamsk Petrol
☐ RA-87535	Yakovlev Yak-40	9521941	ex CCCP-87535	Vasili Nesterov
☐ RA-87938	Yakovlev Yak-40K	9710153	ex CCCP-87936	
☐ RA-87977	Yakovlev Yak-40	9321128	ex OK-BYH	
☐ RA-88269	Yakovlev Yak-40	9720753	ex LY-AAY	Kamaz titles
☐ RA-42330	Yakovlev Yak-42D	4520422505122	ex UR-42330	
☐ RA-42345	Yakovlev Yak-42D	4520422708304	ex LY-AAR	Lsd to VID
☐ RA-42354	Yakovlev Yak-42D	4520424711397	ex CU-T1246	
☐ RA-42415	Yakovlev Yak-42D	4520422219089	ex CCCP-42415	
☐ RA-42425	Yakovlev Yak-42D	4520423303016	ex CU-T1243	Lsd to VID
☐ RA-42440	Yakovlev Yak-42D	4520424210018	ex 9L-LDT	all-white
☐ RA-42444	Yakovlev Yak-42D	4520424116477	ex CU-T1249	

TUVA AIRLINES

Kyzyl (KYZ)

☐ RA-87425	Yakovlev Yak-40	9420135	ex CCCP-87425
☐ RA-87925	Yakovlev Yak-40	9731655	ex CCCP-87925
☐ RA-88212	Yakovlev Yak-40	9631849	ex CCCP-88212

TYUMENSPECAVIA
(TUM)   *Tyumen-Roshchino (TJM)*

☐ RA-26088	Antonov An-26	17311209	ex CCCP-26088	
☐ RA-26102	Antonov An-26	17311909	ex CCCP-26102	
☐ RA-26662	Antonov An-26	97308101	ex CCCP-26102	all-white

URAL AIRLINES
Sverdlovsk Air (U6/SVR)   *Yekaterinburg-Koltsovo (SVX)*

☐ RA-85193	Tupolev Tu-154B-2	77A-193	ex CCCP-85193	stored SVX
☐ RA-85219	Tupolev Tu-154B-2	77A-219	ex CCCP-85219	
☐ RA-85319	Tupolev Tu-154B-2	78A-319	ex CCCP-85319	
☐ RA-85337	Tupolev Tu-154B-2	79A-337	ex UN-85337	
☐ RA-85357	Tupolev Tu-154B-2	79A-357	ex CCCP-85357	
☐ RA-85374	Tupolev Tu-154B-2	79A-374	ex CCCP-85374	
☐ RA-85375	Tupolev Tu-154B-2	79A-375	ex CCCP-85375	
☐ RA-85432	Tupolev Tu-154B-2	80A-432	ex CCCP-85432	
☐ RA-85459	Tupolev Tu-154B-2	80A-459	ex CCCP-85459	
☐ RA-85508	Tupolev Tu-154B-2	81A-508	ex CCCP-85508	
☐ RA-85807	Tupolev Tu-154M	94A-988		
☐ RA-85814	Tupolev Tu-154M	95A-994		
☐ RA-85833	Tupolev Tu-154M	01A-1020		
☐ RA-85844	Tupolev Tu-154M	03A-992		
☐ RA-46532	Antonov An-24RV	57310101	ex CCCP-46532	
☐ RA-47182	Antonov An-24B	99901907	ex CCCP-47182	

	Reg	Type	MSN	ex	Notes
☐	RA-47187	Antonov An-24B	99902002	ex CCCP-47187	
☐	RA-65090	Tupolev Tu-134A	60185	ex CCCP-65090	Lsd fr ORB
☐	RA-86078	Ilyushin Il-86	51483205049	ex CCCP-86078	
☐	RA-86093	Ilyushin Il-86	51483207064	ex CCCP-86093	
☐	RA-86114	Ilyushin Il-86	51483209082	ex CCCP-86114	
☐	RA-86120	Ilyushin Il-86	51483209088	ex CCCP-86120	
☐	VP-BQY	Airbus A320-211	0140	ex TS-ING	Lsd fr Pembroke
☐	VP-BQZ	Airbus A320-211	0157	ex TS-INH	Lsd fr Macquarie AirFinance

Five Sukhoi SuperJet 100s are on order for delivery in 2009-2011 plus seven Airbus A320-200s for delivery from 2010

UTAIR AIRLINES
UTair (UT/UTA) Tyumen-Roshchino (TJM)

	Reg	Type	MSN	ex	Notes
☐	VP-BCA	ATR 42-300	051	ex I-NOWA	Lsd fr Nordic Avn Contractor
☐	VP-BCB	ATR 42-300	054	ex I-NOWT	Lsd fr Nordic Avn Contractor
☐	VP-BCD	ATR 42-300	042	ex I-ATRG	Lsd fr Nordic Avn Contractor
☐	VP-BCF	ATR 42-300	068	ex I-ATRL	Lsd fr Nordic Avn Contractor
☐	VP-BCG	ATR 42-300	057	ex I-ATRJ	Lsd fr Nordic Avn Contractor
☐	VP-BPJ	ATR 42-300	165	ex N15823	
☐	VP-BPK	ATR 42-300	166	ex N16824	
☐		ATR 72-201	174	ex ES-KRE	Lsd fr Finnair A/c Lsg
☐		ATR 72-201	251	ex ES-KRK	Lsd fr Finnair A/c Lsg
☐		ATR 72-201	332	ex ES-KRL	Lsd fr Finnair A/c Lsg
☐		ATR 42-300	233	ex D-BCRQ	Lsd fr Nordic Avn Contractor
☐		ATR 42-300	255	ex D-BCRR	Lsd fr Nordic Avn Contractor
☐		ATR 42-300	278	ex D-BJJJ	Lsd fr Nordic Avn Contractor
☐		ATR 42-300	287	ex D-BCRS	Lsd fr Nordic Avn Contractor
☐		ATR 42-300	289	ex D-BCRT	Lsd fr Nordic Avn Contractor
☐	RA-46267	Antonov An-24B	77303510	ex CCCP-46267	
☐	RA-46362	Antonov An-24B	07305903	ex CCCP-46362	
☐	RA-46388	Antonov An-24B	07306201	ex CCCP-46388	
☐	RA-46481	Antonov An-24RV	27308009	ex CCCP-46481	
☐	RA-46509	Antonov An-24RV	37308405	ex CCCP-46509	
☐	RA-46609	Antonov An-24RV	37308606	ex CCCP-46609	
☐	RA-46619	Antonov An-24RV	37308706	ex CCCP-46619	
☐	RA-46828	Antonov An-24B	17306705	ex CCCP-46828	
☐	RA-47271	Antonov An-24RV	07306401	ex BNMAU-47271	
☐	RA-47273	Antonov An-24B	07306403	ex CCCP-47273	
☐	RA-47289	Antonov An-24B	07306509	ex CCCP-47289	
☐	RA-47357	Antonov An-24RV	67310606	ex CCCP-47357	
☐	RA-47827	Antonov An-24B	17307208	ex CCCP-47827 stored	
☐	RA-47829	Antonov An-24B	17307210	ex CCCP-47829	
☐	RA-65005	Tupolev Tu-134A-3	44065	ex CCCP-65005	
☐	RA-65024	Tupolev Tu-134A	48420	ex CCCP-65024	
☐	RA-65033	Tupolev Tu-134A-3	48540	ex CCCP-65033	
☐	RA-65049	Tupolev Tu-134A-3	49755	ex EW-65049	
☐	RA-65055	Tupolev Tu-134A	49856	ex CCCP-65055	
☐	RA-65059	Tupolev Tu-134A-3	49870	ex CCCP-65059	
☐	RA-65127	Tupolev Tu-134A-3	60627	ex EY-65127	
☐	RA-65136	Tupolev Tu-134A-3	60885	ex CCCP-65136	
☐	RA-65143	Tupolev Tu-134A	60967	ex CCCP-65143	
☐	RA-65148	Tupolev Tu-134A-3	61025	ex CCCP-65148	
☐	RA-65560	Tupolev Tu-134A	60321	ex YU-AJW	
☐	RA-65565	Tupolev Tu-134A-1	63998	ex CCCP-65565	
☐	RA-65572	Tupolev Tu-134AK-3	63960	ex UR-CCG	
☐	RA-65607	Tupolev Tu-134A	48560	ex CCCP-65607 VIP	
☐	RA-65608	Tupolev Tu-134A	38040	ex CCCP-65608 VIP	
☐	RA-65609	Tupolev Tu-134A-3	46155	ex CCCP-65609	
☐	RA-65611	Tupolev Tu-134A-3	3351903	ex CCCP-65611	
☐	RA-65614	Tupolev Tu-134A	4352207	ex CCCP-65614	
☐	RA-65616	Tupolev Tu-134A-3	4352206	ex CCCP-65616	
☐	RA-65618	Tupolev Tu-134A-3	12095	ex CCCP-65618	
☐	RA-65620	Tupolev Tu-134A-3	35180	ex CCCP-65620	
☐	RA-65621	Tupolev Tu-134A-3	48320	ex CCCP-65621	
☐	RA-65622	Tupolev Tu-134A-3	60495	ex CCCP-65622	
☐	RA-65716	Tupolev Tu-134B-3	63595	ex CCCP-65716	
☐	RA-65728	Tupolev Tu-134B-3	49858	ex LZ-TUG	
☐	RA-65755	Tupolev Tu-134A-3	62165	ex CCCP-65755	
☐	RA-65777	Tupolev Tu-134A-3	62552	ex CCCP-65777	
☐	RA-65780	Tupolev Tu-134A-3	62622	ex CCCP-65780	
☐	RA-65793	Tupolev Tu-134A-3	63128	ex CCCP-65793	
☐	RA-65847	Tupolev Tu-134A-3	23135	ex CCCP-85847	
☐	RA-65901	Tupolev Tu-134A-3	63731	ex CCCP-65901	
☐	RA-65902	Tupolev Tu-134A-3	63742	ex CCCP-65902	
☐	RA-65916	Tupolev Tu-134A-3	66152	ex CCCP-65916	
☐	RA-65960	Tupolev Tu-134A	3351806	ex CCCP-65960 stored	
☐	RA-65977	Tupolev Tu-134A	63245	ex CCCP-65977	
☐	RA-85013	Tupolev Tu-154M	90A-840	ex LZ-MIG	
☐	RA-85016	Tupolev Tu-154M	90A-844	ex LZ-MIH	

☐	RA-85018	Tupolev Tu-154M	90A-852	ex LZ-MIR		
☐	RA-85056	Tupolev Tu-154M	90A-845	ex LZ-MIL		
☐	RA-85069	Tupolev Tu-154M	90A-863	ex LZ-MIS		
☐	RA-85504	Tupolev Tu-154B-2	81A-504	ex CCCP-85504		
☐	RA-85550	Tupolev Tu-154B-2	82A-550	ex CCCP-85550		
☐	RA-85557	Tupolev Tu-154B-2	82A-557	ex CCCP-85557		
☐	RA-85595	Tupolev Tu-154B-2	84A-595	ex CCCP-85595		
☐	RA-85602	Tupolev Tu-154B-2	84A-602	ex CCCP-85602		
☐	RA-85681	Tupolev Tu-154M	90A-848	ex LZ-LTE	Abakan; stored	Lsd fr Avialeasing
☐	RA-85727	Tupolev Tu-154M	92A-909	ex ES-LTP		
☐	RA-85733	Tupolev Tu-154M	92A-915	ex EP-MAL	Antonina Grigoreva	
☐	RA-85755	Tupolev Tu-154M	92A-937		Vasilij Bachilov	
☐	RA-85788	Tupolev Tu-154M	93A-972	ex EP-ITS		
☐	RA-85789	Tupolev Tu-154M	93A-973			
☐	RA-85796	Tupolev Tu-154M	94A-980		Victor Muravlenko	
☐	RA-85805	Tupolev Tu-154M	94A-986			
☐	RA-85806	Tupolev Tu-154M	94A-987			
☐	RA-85808	Tupolev Tu-154M	94A-989		Shetr Panov	
☐	RA-85813	Tupolev Tu-154M	95A-990			
☐	RA-85819	Tupolev Tu-154M	97A-1008			
☐	RA-85820	Tupolev Tu-154M	98A-995		Roman Marchenko	
☐	RA-87292	Yakovlev Yak-40	9320728	ex CCCP-87292		
☐	RA-87348	Yakovlev Yak-40	9511739	ex CCCP-87348		
☐	RA-87907	Yakovlev Yak-40	9731254	ex CCCP-87907		
☐	RA-87941	Yakovlev Yak-40	9540545	ex CCCP-87941		
☐	RA-87942	Yakovlev Yak-40K	9540645	ex CCCP-87942		
☐	RA-87997	Yakovlev Yak-40	9540145	ex CCCP-87997		
☐	RA-88209	Yakovlev Yak-40K	9730353	ex CCCP-88209		
☐	RA-88210	Yakovlev Yak-40	9631649	ex CCCP-88210		
☐	RA-88213	Yakovlev Yak-40	9631949	ex CCCP-88213		
☐	RA-88227*	Yakovlev Yak-40	9641550	ex CCCP-88227	VIP	
☐	RA-88244	Yakovlev Yak-40	9641751	ex CCCP-88244		
☐	RA-88280	Yakovlev Yak-40	9820658	ex CCCP-88280		
☐	VP-BVL	Boeing 737-524	28926/3069	ex N13665		

*Operates for Khanty-Mansi Autonomous District

UTAIR EXPRESS
Komiinter (UR/KMV)   Syktyvkar (SCW)

Formerly listed as Komiinteravia

☐	RA-46468	Antonov An-24RV	27307906	ex CCCP-46468	
☐	RA-46494	Antonov An-24RV	27308207	ex CCCP-46494	
☐	RA-46603	Antonov An-24RV	37308510	ex CCCP-46603	
☐	RA-46610	Antonov An-24RV	37308607	ex CCCP-46610	
☐	RA-46640	Antonov An-24RV	37308908	ex CCCP-46640	
☐	RA-46692	Antonov An-24RV	47309903	ex CCCP-46692	
☐	RA-47820	Antonov An-24RV	17307201	ex CCCP-47820	

UVAUGA
Pilot Air (UHS)   Ulyanovsk-Tsentralny (ULY)

☐	RA-26025	Antonov An-26B	10308	ex CCCP-26025	
☐	RA-26503	Antonov An-26	6310	ex CCCP-26503	
☐	RA-26513	Antonov An-26	6810	ex CCCP-26513	
☐	RA-26544	Antonov An-26	2710	ex CCCP-26544	
☐	RA-42528	Yakovlev Yak-42D	11041003	ex CCCP-42528	stored ULY
☐	RA-42539	Yakovlev Yak-42D	11140504	ex CCCP-42539	stored ULY
☐	RA-42543	Yakovlev Yak-42D	11250904	ex CCCP-42543	
☐	RA-76401	Ilyushin Il-76TD	1023412399	ex CCCP-76401	Lsd to AYZ
☐	RA-76783	Ilyushin Il-76TD	0093498974	ex CCCP-76783	Lsd to AYZ
☐	RA-85470	Tupolev Tu-154B-2	81A-470	ex CCCP-85470	
☐	RA-85609	Tupolev Tu-154M	84A-704	ex CCCP-85609	no titles
☐	RA-85636	Tupolev Tu-154M	87A-766	ex CCCP-85636	
☐	RA-86062	Ilyushin Il-86	51483203029	ex EW-86062	Lsd to AYZ
☐	RA-87299	Yakovlev Yak-40	9341528	ex CCCP-87299	
☐	RA-87315	Yakovlev Yak-40	9331429	ex CCCP-87315	
☐	RA-87580	Yakovlev Yak-40	9221222	ex CCCP-87580	
☐	RA-87653	Yakovlev Yak-40	9211520	ex CCCP-87653	VIP

V GRIZODUBOVA AIR
Grizodubova Air (GZD) (IATA 934)   Moscow-Zhukovsky

☐	RA-75894	Ilyushin Il-18V	182004801	ex CCCP-75894	
☐	RA-76490	Ilyushin Il-76T	093416506	ex YI-AKO	Lsd to ASE
☐	RA-76823	Ilyushin Il-76T	0023441189	ex CCCP-76823	

VASO AIRLINES
Vaso (2Z/VSO) (IATA 423) *Voronezh-Chertovitskoye (VOZ)*

☐	RA-86115	Ilyushin Il-86	51483209083	ex CCCP-86115	
☐	RA-86140	Ilyushin Il-86	51483211102	ex CCCP-86140 no titles	Lsd to AFL
☐	RA-86141	Ilyushin Il-86	51483211103		Lsd to AFL

Vaso Airlines is associated with Voronezh Aircraft Manufacturing Society

VAYNAKHAVIA
Grozny (GRV)

☐	RA-65569	Tupolev Tu-134B-3	63340	ex 4L-AAB	

Commenced services 11 August 2007, back to lessor by 29 August 2007

VIM AIRLINES
MovAir (NN/MOV) *Moscow-Domodedovo (DME)*

☐	EI-LTO+	Boeing 757-23N	30232/888	ex N523AT		Lsd fr Fastway Lsg
☐	EI-LTY	Boeing 757-23N	30735/931	ex N526AT		Lsd fr Fastway Lsg
☐	RA-73007	Boeing 757-230	24749/295	ex D-ABNE		Lsd fr Center Capital
☐	RA-73008	Boeing 757-230	25436/419	ex D-ABNH		Lsd fr Center Capital
☐	RA-73009	Boeing 757-230	25437/422	ex D-ABNI	Op as UN152	Lsd fr Center Capital
☐	RA-73010	Boeing 757-230	25438/428	ex D-ABNK		Lsd fr Center Capital
☐	RA-73011	Boeing 757-230	25439/437	ex D-ABNL		Lsd fr Center Capital
☐	RA-73012+	Boeing 757-230	25440/443	ex D-ABNM		Lsd fr Center Capital
☐	RA-73014	Boeing 757-230	25441/446	ex D-ABNN		Lsd fr Center Capital
☐	RA-73015+	Boeing 757-230	25901/464	ex D-ABNO		Lsd fr Center Capital
☐	RA-73016	Boeing 757-230	26433/521	ex D-ABNP	returned?	Lsd fr Center Capital
☐	RA-73017	Boeing 757-230	26434/532	ex D-ABNR		Lsd fr Center Capital
☐	RA-73018	Boeing 757-230	26435/537	ex D-ABNS		Lsd fr Center Capital
☐	RA-73019	Boeing 757-230	26436/588	ex D-ABNT		Lsd fr Center Capital
☐	RA-42329	Yakovlev Yak-42D	4520422505093	ex CCCP-42329		
☐	RA-42340	Yakovlev Yak-42D	4520424606270	ex CCCP-42340		
☐	RA-42343	Yakovlev Yak-42	4520421708285	ex UR-42343		Lsd fr Aviatechnologia Lsg
☐	RA-42370	Yakovlev Yak-42D	4520422914203	ex CCCP-42370		Lsd fr Aviatechnologia Lsg

Owns 74% of Air Bashkortostan who operate those aircraft marked + above

VLADIVOSTOK AIR
Vladair (XF/VLK) *Vladivostok-Knevichi (VVO)*

☐	RA-87273	Yakovlev Yak-40	9310927	ex CCCP-87273	
☐	RA-87958	Yakovlev Yak-40K	9821957	ex CCCP-87958	
☐	RA-88172	Yakovlev Yak-40K	9611047	ex CCCP-88172	
☐	RA-88216	Yakovlev Yak-40	9630250	ex CCCP-88216	Dveuk
☐	RA-88232	Yakovlev Yak-40K	9640151	ex CCCP-88232	

Several aircraft are stored and for sale

☐	RA-85562	Tupolev Tu-154B-2	82A-562	ex CCCP-85562	Dalnerechensk; stored
☐	RA-85596	Tupolev Tu-154B-2	84A-596	ex CCCP-85596	
☐	RA-85676	Tupolev Tu-154M	90A-836	ex EP-MAM	Sayanogorsk
☐	RA-85685	Tupolev Tu-154M	90A-853	ex CCCP-85685	Nakhodka; stored
☐	RA-85689	Tupolev Tu-154M	90A-860	ex LZ-LTP	
☐	RA-85710	Tupolev Tu-154M	91A-885	ex UR-85710	Vladivostok
☐	RA-85766	Tupolev Tu-154M	92A-923	ex EP-MAP	
☐	RA-85803	Tupolev Tu-154M	89A-822	ex EK-85803	Spassk-Dalny
☐	RA-85837	Tupolev Tu-154M	91A-876	ex UR-85701	
☐	RA-85849	Tupolev Tu-154M	89A-815	ex B-2620	Arsenyev; stored
☐	RA-64026	Tupolev Tu-204-300	1450743164026		
☐	RA-64038	Tupolev Tu-204-300	1450744464038		Sberbank Rossii titles
☐	RA-64039	Tupolev Tu-204-300	1450741564039		Sberbank Rossii titles
☐	RA-64040	Tupolev Tu-204-300	1450744565040		
☐	RA-64044	Tupolev Tu-204-300			on order
☐	RA-64045	Tupolev Tu-204-300			on order
☐	VP-BRB	Airbus A320-212	0528	ex 6Y-JMA	
☐	VP-BFX	Airbus A320-214	0714	ex G-BXKA	Lsd fr GECAS
☐	VP-BFY	Airbus A320-214	0730	ex G-BXKC	Lsd fr GECAS

VOLGA AVIAEXPRESS
Goumrak (WLG) *Volgograd-Goomrak (VOG)*

☐	RA-42364	Yakovlev Yak-42D	4520424811442	ex CU-T1272	
☐	RA-42382	Yakovlev Yak-42D	4520424811442	ex CCCP-42382	
☐	RA-42384	Yakovlev Yak-42D	4520423016230	ex CCCP-42384	
☐	RA-42406	Yakovlev Yak-42D	4520424811442	ex CCCP-42406	stored
☐	RA-65019	Tupolev Tu-134A	48375	ex CCCP-65019	
☐	RA-65086	Tupolev Tu-134A-3	60130	ex CCCP-65086	
☐	RA-76484	Ilyushin Il-76TD	0063469081	ex CCCP-76484	

	RA-88171	Yakovlev Yak-40	9620947	ex EP-LBK
☐	RA-88171	Yakovlev Yak-40	9620947	ex EP-LBK
☐	RA-88228	Yakovlev Yak-40	9641750	ex CCCP-88228

VOLGA-DNEPR AIRLINES
Volga Dnepr (VI/VDA) (IATA 412)   *Ulyanovsk-Vostochniy East*

☐	RA-82042	Antonov An-124-100	9773054055093	ex CCCP-82042	
☐	RA-82043	Antonov An-124-100	9773054155101	ex CCCP-82043	
☐	RA-82044	Antonov An-124-100	9773054155109	ex CCCP-82044	
☐	RA-82045	Antonov An-124-100	9773052255113	ex CCCP-82045	
☐	RA-82046	Antonov An-124-100	9773052255117	ex RA-82067	
☐	RA-82047	Antonov An-124-100	9773053259121		
☐	RA-82074	Antonov An-124-100	9773051459142		
☐	RA-82078	Antonov An-124-100	9773054559153		
☐	RA-82079	Antonov An-124-100	9773052062157		
☐	RA-82081	Antonov An-124-100M	9773051462165		

Five Antonov An-124-100M-150s are on order for delivery from 2008

☐	RA-87357	Yakovlev Yak-40	9340631	ex CCCP-87357 VIP	
☐	RA-87400	Yakovlev Yak-40	9421233	ex CCCP-87400	
☐	RA-87484	Yakovlev Yak-40	9441238	ex CCCP-87484	Lsd fr VGV
☐	RA-87842	Yakovlev Yak-40	9321030	ex CCCP-87842	
☐	RA-88231	Yakovlev Yak-40K	9642050	ex CCCP-88231	
☐	RA-76370	Ilyushin Il-76TD	1033414458		Lsd fr GZP
☐	RA-76402	Ilyushin Il-76TD	1023413430		Lsd fr GZP
☐	RA-76445	Ilyushin Il-76TD	1023410330	ex EK-76445	Lsd fr GZP
☐	RA-76446	Ilyushin Il-76TD	1023412418	ex EK-76446	Lsd fr GZP
☐	RA-76493	Ilyushin Il-76TD	0043456700	dam 10Jun07	
☐	RA-76950	Ilyushin Il-76-90VD	2053420697	Vladimir Kokkinaki	Lsd fr Ilyushin Finance
☐	RA-76951	Ilyushin Il-76-90VD	2073421704		Lsd fr Ilyushin Finance

Three more Ilyushin Il-76-90VDs are on order for delivery from 2009
Airbridge Cargo is wholly owned and operates Boeing 747 services: in turn owns 16% of the parent

VOLOGDA AIR ENTERPRISE
Vologda Air (VGV)   *Vologda-Grishino (VGD)*

☐	RA-87284	Yakovlev Yak-40	9311927	ex CCCP-87277	
☐	RA-87484	Yakovlev Yak-40	9441238	ex CCCP-87433	
☐	RA-87665	Yakovlev Yak-40	9240925	ex CCCP-87665	no titles
☐	RA-87669	Yakovlev Yak-40	9021760	ex CCCP-87665	no titles
☐	RA-88247	Yakovlev Yak-40	9642051	ex CCCP-87837	

VOSTOK AIRLINES
Vostok (VTK)   *Khabarovsk-Novy (KHV)*

☐	RA-67634	LET L-410UVP-E	902427	ex CCCP-67634	
☐	RA-67635	LET L-410UVP-E	902428	ex CCCP-67635	
☐	RA-67636	LET L-410UVP-E	902429	ex CCCP-67636	
☐	RA-67644	LET L-410UVP-E	902437	ex CCCP-67644	
☐	RA-28920	WSK/PZL Antonov An-28	1AJ008-06	ex CCCP-28920	stored KHV
☐	RA-28929	WSK/PZL Antonov An-28	1AJ008-16	ex CCCP-28929	
☐	RA-28931	WSK/PZL Antonov An-28	1AJ008-18	ex CCCP-28931	no titles
☐	RA-28933	WSK/PZL Antonov An-28	1AJ008-20	ex CCCP-28933	
☐	RA-28941	WSK/PZL Antonov An-28	1AJ009-07	ex CCCP-28941	
☐	RA-28942	WSK/PZL Antonov An-28	1AJ009-08	ex CCCP-28942	stored KHV
☐	RA-41901	Antonov An-38-100	4163847010001	Vera	
☐	RA-41903	Antonov An-38-100	4163838010003	Lyubov	

VYBORG AIRLINES
Vyborg Air (VBG)   *St Petersburg-Pulkovo (LED)*

☐	RA-91011	Ilyushin Il-114			
☐	RA-91015	Ilyushin Il-114	1033828025	ex UK-91015	Lsd fr UzbAviaLizing

YAK SERVICE
Yak-Service (AKY)   *Moscow-Bykovo (BKA)*

☐	RA-42387	Yakovlev Yak-42	4520423016436	ex CCCP-42387	Lsd fr Aviatechnologia Lsg
☐	RA-42412	Yakovlev Yak-42D	4520422219055	ex EP-YAA	
☐	RA-87648	Yakovlev Yak-40	9140820	ex CCCP-87648 VIP	
☐	RA-87659	Yakovlev Yak-40	9240325	ex CCCP-87659 VIP	
☐	RA-88294	Yakovlev Yak-40	9331029	ex UN-88294 VIP	
☐	RA-88295	Yakovlev Yak-40	9331329	ex 035 VIP	

YAKUTIA AIRLINES
Air Yakutia (K7/SYL)   Yakutsk (YKS)

☐	RA-46510	Antonov An-24RV	37308406	ex CCCCP-46510	
☐	RA-46496	Antonov An-24RV	27308209	ex CCCP-47496	
☐	RA-46665	Antonov An-24RV	47309506	ex CCCP-46665	
☐	RA-47181	Antonov An-24B	99901906	ex CCCP-47181	stored YKS
☐	RA-47352	Antonov An-24RV	67310601	ex CCCP-47352	
☐	RA-47353	Antonov An-24RV	67310602	ex CCCP-47353	
☐	RA-47360	Antonov An-24RV	67310704	ex CCCP-47360	
☐	RA-47830	Antonov An-24RV	17307301	ex CCCP-47830	stored YKS
☐	RA-47845	Antonov An-24RV	17307407	ex CCCP-47845	stored YKS
☐	RA-85007	Tupolev Tu-154M	88A-777	ex LZ-HMF	
☐	RA-85520	Tupolev Tu-154B-2	81A-520	ex CCCP-85520	
☐	RA-85577	Tupolev Tu-154B-2	83A-577	ex CCCP-85577	stored YKS
☐	RA-85597	Tupolev Tu-154B-2	84A-597	ex CCCP-85597	stored YKS
☐	RA-85700	Tupolev Tu-154M	91A-875	ex LZ-HMY	
☐	RA-85790	Tupolev Tu-154M	93A-974	ex EP-CPL	
☐	RA-85791	Tupolev Tu-154M	93A-975	ex EP-MBR	
☐	RA-85794	Tupolev Tu-154M	93A-978		
☐	RA-85812	Tupolev Tu-154M	94A-1005		AirUnion colours
☐	RA-11354	Antonov An-12BP	401812	ex CCCP-11354	stored YKS
☐	RA-11767	Antonov An-12BP	401909	ex CCCP-11767	stored YKS
☐	RA-11884	Antonov An-12BP	401710	ex CCCP-11884	stored YKS
☐	RA-26037	Antonov An-26	10608	ex CCCP-26037	stored YKS
☐	RA-26105	Antonov An-26B-100	12003	ex CCCP-26105	
☐	RA-26516	Antonov An-26	7001	ex CCCP-26516	stored YKS
☐	RA-26660	Antonov An-26-100	97308008	ex CCCP-26660	
☐	RA-87205	Yakovlev Yak-40	9810257	ex CCCP-87205	
☐	RA-87903	Yakovlev Yak-40K	9720654	ex CCCP-87903	no titles
☐	RA-88166	Yakovlev Yak-40	9612046	ex CCCP-88166	
☐	RA-88261	Yakovlev Yak-40	9711652	ex CCCP-88261	
☐	RA-41250	Antonov An-140-100			Lsd fr Aviacor
☐	RA-41251	Antonov An-140-100	3		Lsd fr Aviacor
☐	RA-	Antonov An-140-100		on order	Lsd fr Financial Lsg
☐	VP-BFG	Boeing 757-256	26244/616	ex TF-FIT	Lsd fr Salg-2
☐	VP-BFI	Boeing 757-27B	24838/302	ex TF-FIW	Lsd fr Aircastle

YAMAL AIRLINES
Yamal (YL/LLM)   Salekhard-Nepalkovo (SLY)

☐	RA-65132	Tupolev Tu-134A-3	60639	ex CCCP-65132	
☐	RA-65552	Tupolev Tu-134A-3	66270	ex CCCP-65552	
☐	RA-65554	Tupolev Tu-134A-3	66320	ex CCCP-65554	
☐	RA-65906	Tupolev Tu-134A	66175	ex CCCP-65906	Salekhard
☐	RA-65914	Tupolev Tu-134A-3	66109	ex CCCP-65914	
☐	RA-65915	Tupolev Tu-134A-3	66120	ex TC-GRE	
☐	RA-65919	Tupolev Tu-134A-3	66168	ex CCCP-65919	
☐	RA-65983	Tupolev Tu-134A-3	63350	ex CCCP-65983	
☐	RA-87222	Yakovlev Yak-40K	9832058	ex CCCP-87222	
☐	RA-87340	Yakovlev Yak-40	9510939	ex YL-TRA	
☐	RA-87381	Yakovlev Yak-40	9411232	ex CCCP-87381	
☐	RA-87416	Yakovlev Yak-40	9420834	ex CCCP-87416	
☐	RA-88264	Yakovlev Yak-40K	9711952	ex CCCP-88264	
☐	RA-26133	Antonov An-26B	37312709	ex CCCP-26133	
☐	RA-46694	Antonov An-24RV	47309905	ex CCCP-46694	
☐	RA-46695	Antonov An-24RV	47309906	ex UN 46695	
☐	RA-72918	Antonov An-72	36572040548	ex CCCP-72918	
☐	RA-74027	Antonov An-74-200	36547096920	ex UR-74027	Special Flight Svs titles
☐	RA-74052	Antonov An-74-200	36547098944		
☐	RA-85324	Tupolev Tu-154B-2	79A-324	ex UN-85324	
☐	RA-85842	Tupolev Tu-154B-2	80A-420	ex 0420 Slovak AF; VIP	
☐	VP-BRQ	Boeing 737-528	25230/2191	ex F-GJNE	Lsd fr GECAS
☐	VP-BRS	Boeing 737-528	25231/2208	ex F-GJNF	Lsd fr Castle Harbor Lsg

ZAPOLYARYE AVIAKOMPANIA
                                                                                                  Norlisk-Alykel (NSK)

☐	RA-11363	Antonov An-12B	00347505	ex CCCP-11363	
☐	RA-26620	Antonov An-26-100	5104	ex CCCP-26620	

RDPL-LAOS (Lao People's Democratic Republic)

AIR BRIDGE GROUP

☐	RDPL-34153	Antonov An-12TB	01347907	ex ER-AXA	Lsd to IMT

LAO AIR
Lavie (LLL)   Vientiane (VTE)

☐	RDPL-34139	Mil Mi-17 (Mi-8MTV-1)	95946		
☐	RDPL-34140	Mil Mi-17 (Mi-8MTV-1)	95984		
☐	RDPL-34145	Aerospatiale AS.350BA Ecureuil	2532	ex D-HLEA	
☐	RDPL-34156	Antonov An-12BP	402001	ex LZ-VEF	
☐	RDPL-34171	AVIC MA-60			

LAO AIRLINES
Lao (QV/LAO)   Vientiane (VTE)

☐	RDPL 34115	AVIC II Harbin Y-12	0033	ex B-512L	stored?
☐	RDPL 34116	AVIC II Harbin Y-12	0034		
☐	RDPL 34118	AVIC II Harbin Y-12	0043		
☐	RDPL 34129	AVIC II Harbin Y-12	0085		
☐	RDPL 34131	AVIC II Harbin Y-12	0087		
☐	RDPL 34132	ATR 72-202	396	ex F-OLAO	
☐	RDPL 34137	ATR 72-202	316	ex F-OHOB	Lsd fr Magellan
☐	RDPL-34144	Cessna 208B Caravan I	208B0967	ex VH-KCV	
☐	RDPL-34149	Cessna 208B Caravan I	208B1159	ex N12879	
☐	RDPL-34168	AVIC I Y-7 MA60	0402	ex B-761L	
☐	RDPL-34169	AVIC I Y-7 MA60	0403		
☐	RDPL-34171	AVIC I Y-7 MA60			

Two ARJ21-700s are on order

Operator Unknown

☐	RDPL-34154	Ilyushin Il-76T	073411331	ex ER-IBH	based RKA
☐	RDPL-	Ilyushin Il-76T	073411338	ex ER-IBD	

RP-   PHILIPPINES (Republic of the Philippines)

ABOITIZ AIR TRANSPORT
Abair (BOI)   Manila-Sangley Point (SGL)

☐	RP-C2253	NAMC YS-11-100	2020	ex RP-C1936	Freighter; stored SGL
☐	RP-C2677	NAMC YS-11A	2092	ex JA8717	stored SGL
☐	RP-C2739	NAMC YS-11A-500	2090	ex JA8710	stored SGL
☐	RP-C3389	NAMC YS-11A	2078	ex JA8722	stored SGL
☐	RP-C3585	NAMC YS-11A-227	2149	ex JA8771	stored SGL

Also trades as 2Go; status?

AIR LINK INTERNATIONAL AIRWAYS
Manila-Sangley Point (SGL)

☐	RP-C180	Cessna 414	414-0402	ex RP-180	
☐	RP-C1102	Beech 88 Queen Air	LP-44	ex RP-94	
☐	RP-C2252	NAMC YS-11A-500	2079	ex RP-C1931	

AIR PHILIPPINES
Orient Pacific (2P/GAP) (IATA 211)   Manila-Nino Aquino Intl (MNL)

☐	RP-C2025	Boeing 737-222	19077/103	ex N9039U	stored
☐	RP-C3011	Boeing 737-2H4	21533/524	ex N52SW	Lsd fr AAR Grp
☐	RP-C3012	Boeing 737-2H4	21448/509	ex N51SW	Lsd fr AAR Grp
☐	RP-C3015	Boeing 737-2H4	21534/526	ex N53SW	Lsd fr AAR Grp
☐	RP-C8001	Boeing 737-2B7 (Nordam 3)	23116/999	ex N283AU	
☐	RP-C8002	Boeing 737-2B7 (Nordam 3)	22886/974	ex N274AU	
☐	RP-C8003	Boeing 737-2B7 (Nordam 3)	22888/979	ex N276US	
☐	RP-C8006	Boeing 737-2B7 (Nordam 3)	22882/934	ex RP-C8004	Lsd fr Win Wing Corp
☐	RP-C8007	Boeing 737-2B7 (Nordam 3)	22878/921	ex N266AU	
☐	RP-C8009	Boeing 737-201 (Nordam 3)	22879/926	ex N267AU	
☐	RP-C8011	Boeing 737-247 (Nordam 3)	23606/1379	ex N379DL	
☐	RP-C8022	Boeing 737-247 (Nordam 3)	23607/1387	ex N380DL	
☐	RP-C3016	de Havilland DHC-8Q-311	653	ex C-FNEA	
☐	RP-C	de Havilland DHC-8Q-311		ex C-	on order
☐	RP-C	de Havilland DHC-8Q-311		ex C-	on order
☐	RP-C	de Havilland DHC-8-402Q		ex C-	on order
☐	RP-C	de Havilland DHC-8-402Q		ex C-	on order

☐	RP-C	de Havilland DHC-8-402Q		ex C-	on order	
☐	RP-C	de Havilland DHC-8-402Q		ex C-	on order	
☐	RP-C	de Havilland DHC-8-402Q		ex C-	on order	
☐	RP-C	de Havilland DHC-8-402Q		ex C-	on order	
☐	RP-C4007	Boeing 737-332	25996/2488	ex RP-C2000		Lsd fr PAL
☐	RP-C4011	Boeing 737-3Y0	24770/1941	ex EI-BZN		Lsd fr PAL

Shares common ownership with Philippines Airlines

ASIAN SPIRIT
Asian Spirit (6K/RIT) — Manila-Sangley Point (SGL)

☐	RP-C2895	de Havilland DHC-7-102	035	ex 7O-ADB		
☐	RP-C2915	de Havilland DHC-7-102	092	ex C-GELY		
☐	RP-C2955	de Havilland DHC-7-102	090	ex SX-BNA		
☐	RP-C2978	de Havilland DHC-7-102	079	ex N67DA		
☐	RP-C2988	de Havilland DHC-7-102	078	ex N60RA	stored MNL	
☐	RP-C2996	de Havilland DHC-7-102	018	ex N701AC		
☐	RP-C3338	NAMC YS-11A-227	2142	ex JA8766		
☐	RP-C3339	NAMC YS-11A-222	2147	ex JA8768		
☐	RP-C3588	NAMC YS-11A-213	2168	ex JA8787	stored MNL	
☐	RP-C3592	NAMC YS-11A-213	2108	ex JA8735	dam 02Jan08	
☐	RP-C2786	British Aerospace ATP	2055	ex G-MANB	stored	Lsd fr BAE Systems
☐	RP-C2918	LET L-410UVP	902510	ex 9A-BNZ	Fleuris titles	
☐	RP-C2986	McDonnell-Douglas MD-82	49483/1314	ex UR-CBO	stored SOF	Lsd fr AP Financing
☐	RP-C2994	British Aerospace 146 Srs.100	E1005	ex VH-NJY		
☐	RP-C2997	British Aerospace 146 Srs.200	E2178	ex VH-NJH		
☐	RP-C2999	British Aerospace 146 Srs.100	E1009	ex VH-NJZ		
☐	RP-C3880	LET L-410UVP-E	892228	ex RA-67601	Fleuris titles	
☐	RP-C3889	LET L-410UVP-E	851511	ex RA-67544	Fleuris titles	
☐	RP-C4000	ITPN CASA CN.235	N020	ex PK-XNV		
☐	RP-C5000	ITPN CASA CN.235	N001	ex PK-MNA		
☐	RP-C8018	McDonnell-Douglas MD-83	49985/1838	ex PK-ALF		

CEBU PACIFIC AIR
Cebu Air (5J/CEB) — Manila-Sangley Point (SGL)

☐	RP-C3189	Airbus A319-111	2556	ex D-AVYG		
☐	RP-C3190	Airbus A319-111	2586	ex D-AVXI		
☐	RP-C3191	Airbus A319-111	2625	ex D-AVYZ		
☐	RP-C3192	Airbus A319-111	2638	ex D-AVWJ		
☐	RP-C3193	Airbus A319-111	2786	ex D-AVYV		
☐	RP-C3194	Airbus A319-111	2790	ex D-AVWN		
☐	RP-C3195	Airbus A319-111	2831	ex D-AVXH		
☐	RP-C3196	Airbus A319-111	2821	ex D-AVXC		
☐	RP-C3197	Airbus A319-111	2852	ex D-AVXL		
☐	RP-C3198	Airbus A319-111	2876	ex D-AVWL		
☐	RP-C3240	Airbus A320-214	2419	ex F-WWID		Lsd fr CIT Group
☐	RP-C3241	Airbus A320-214	2439	ex F-WWBO		Lsd fr CIT Group
☐	RP-C3242	Airbus A320-214	2994	ex F-WWIU		Lsd fr Ibon Lsg
☐	RP-C3243	Airbus A320-214	3048	ex F-WWDR		
☐	RP-C3244	Airbus A320-214	3272	ex F-WWBZ		
☐	RP-C3245	Airbus A320-214	3433	ex F-WW	on order	Lsd fr CIT Group
☐	RP-C3246	Airbus A320-214	3472	ex F-WW	on order	Lsd fr CIT Group
☐	RP-C3247	Airbus A320-214	3486	ex F-WW	on order	Lsd fr CIT Group
☐	RP-C	Airbus A320-214	3646	ex F-WW	on order	Lsd fr CIT Group

Two more Airbus A320-214s are on order

☐	RP	ATR 72-212A		ex F-WW	on order	
☐	RP	ATR 72-212A		ex F-WW	on order	

Eight more ATR 72-212As are on order for delivery by 2013

CHEMTRAD AVIATION
Manila-Sangley Point (SGL)

☐	RP-C28	Britten-Norman BN-2A-21 Islander	409	ex G-BCLF	
☐	RP-C764	Britten-Norman BN-2A-26 Islander	318	ex G-BANL	
☐	RP-C1262	Britten-Norman BN-2A-21 Islander	408	ex G-BCLE	
☐	RP-C2207	Britten-Norman BN-2A-26 Islander	718	ex G-BCAF	

CORPORATE AIR
Subic Bay-Intl (SFS)

☐	RP-C2801	Cessna 208B Caravan I	208B1057	ex N4088Z	

Sister company of Mindinao Express

INTERISLAND AIRLINES
(ISN)   *Manila-Nino Aquino Intl (MNL)*

☐	RP-C2695	Yakovlev Yak-40A	9522041	ex EK-87536	dbr 01Nov06?
☐	RP-C2803	Yakovlev Yak-40	9430537	ex 4L-AVD	
☐	RP-C2805	Yakovlev Yak-40	9342031	ex 4L-AVC	
☐	RP-C6868	LET L-410UVP-E	871926	ex 5V-TTG	

ISLAND AVIATION
Soriano (SOY)   *Manila-Sangley Point (SGL)*

☐	RP-C2282	Dornier 228-202K	8173	ex RP-C2101
☐	RP-C2283	Dornier 228-202K	8077	ex F-ODZH

ISLAND TRANSVOYAGER
                                                                                                          Manila-Sangley Point (SGL)

☐	RP-C1008	Dornier 228-212	8193	ex D-CARO
☐	RP-C2289	Dornier 228-212	8177	ex B-11150

JANS HELICOPTERS
                                                                                                                                     Guam (GUM)

☐	RP-C2733	Beech 95-B55 Baron	TC-1770	ex N8770R	Freighter
☐	RP-C2324	Learjet 24B	24B-182	ex N155J	Freighter
☐	RP-C2424	Learjet 24B	24B-226	ex N335RY	Freighter
☐	RP-C2702	de Havilland DHC-4A Caribou	98	ex N800NC	Freighter

LIONAIR

☐	RP-C3988	LET-410UVP-E10	892317	ex 3D-FTY

MOSPHIL AERO
Current status uncertain, believed to have ceased operations

NORTH SOUTH AIRLINES
                                                                                        Manila-Nino Aquino Intl (MNL)

☐	RP-C8258	LET L-410UVP-E	882038	ex 3D-RTV

PACIFIC EAST ASIA CARGO AIRLINES
Pac-East Cargo (Q8/PEC)   *Manila-Nino Aquino Intl (MNL)*

☐	RP-C5353	Boeing 727-23F	19131/218	ex ZS-NPX
☐	RP-C5354	Learjet 35A	35A-185	ex ZS-SES

Also leases an Airbus A300F from Kuzu Air on ACMI lease as required

PACIFIC PEARL AIRWAYS

☐	RP-C8777	Boeing 737-232 (AvAero 3)	23088/1018	ex N316DL	Lsd fr Jet Global

PACIFICAIR
Pacific West (GX/PFR) (IATA)   *Manila-Sangley Point (SGL)*

☐	RP-C1320	Britten-Norman BN-2A-21 Islander	569	ex PAF-569
☐	RP-C1321	Britten-Norman BN-2A-21 Islander	547	ex PAF-547
☐	RP-C1324	Britten-Norman BN-2A-21 Islander	539	ex PAF 538
☐	RP-C1801	Britten-Norman BN-2A-21 Islander	739	ex G-BCNI
☐	RP-C2132	Britten-Norman BN-2A-21 Islander	422	ex G-BCSG
☐	RP-C2137	Britten-Norman BN-2A-21 Islander	443	ex G-BCZU
☐	RP-C2138	Britten-Norman BN-2A-21 Islander	445	ex G-BCZW
☐	RP-C1103	Beech H-18	BA-660	ex N638CZ
☐	RP-C1358	Beech H-18 Tri-Gear	BA-750	ex RP-C1986
☐	RP-C1611	Cessna 421C Golden Eagle	421C0155	ex N5282J

PHILIPPINE AIRLINES
Philippine (PR/PAL) (IATA 079)   *Manila-Nino Aquino Intl (MNL)*

☐	RP-C3221	Airbus A320-214	0706	ex F-WWIM	Lsd fr Airbus
☐	RP-C3223	Airbus A320-214	0745	ex F-WWIR	Lsd fr Airbus
☐	RP-C3227	Airbus A320-214	2183	ex OY-VKP	Lsd fr AFS Investments
☐	RP-C3228	Airbus A320-214	2162	ex RP-C3226	Lsd fr GECAS
☐	RP-C3229	Airbus A320-214	0936	ex N101UW	Lsd fr AFS Investments
☐	RP-C3230	Airbus A320-214	1171	ex N115US	Lsd fr AFS Investments
☐	RP-C3231	Airbus A320-214	1210	ex N116US	Lsd fr AFS Investments
☐	RP-C8600	Airbus A319-112	2878	ex D-AVWO	Lsd fr GECAS

☐	RP-C8601	Airbus A319-112	2925	ex D-AVYP	Lsd fr GECAS
☐	RP-C8602	Airbus A319-112	2954	ex D-AVXE	Lsd fr GECAS
☐	RP-C8603	Airbus A319-112	3108	ex D-AVYM	Lsd fr GECAS
☐	RP-C8604	Airbus A320-214	3087	ex F-WWBV	Lsd fr GECAS
☐	RP-C8605	Airbus A320-214	3107	ex F-WWIK	Lsd fr GECAS
☐	RP-C8606	Airbus A320-214	3187	ex F-WWDY	Lsd fr GECAS
☐	RP-C8607	Airbus A320-214	3205	ex F-WWIH	Lsd fr GECAS
☐	RP-C8609	Airbus A320-214	3273	ex F-WWIC	Lsd fr GECAS
☐	RP-C8610	Airbus A320-214	3310	ex F-WWIO	Lsd fr GECAS

Three more Airbus A320s (one leased from GECAS) are on order

☐	F-OHZM	Airbus A330-301	183	ex F-WWKP	Lsd fr Airbus
☐	F-OHZN	Airbus A330-301	184	ex F-WWKG	Lsd fr Airbus
☐	F-OHZO	Airbus A330-301	188	ex F-WWKQ	Lsd fr Airbus
☐	F-OHZP	Airbus A330-301	191	ex F-WWKR	Lsd fr Airbus
☐	F-OHZQ	Airbus A330-301	189	ex F-WWKS	Lsd fr Airbus
☐	F-OHZR	Airbus A330-301	198	ex F-WWKT	Lsd fr Airbus
☐	F-OHZS	Airbus A330-301	200	ex F-WWKH	Lsd fr Airbus
☐	F-OHZT	Airbus A330-301	203	ex F-WWKI	Lsd fr Airbus
☐	F-OHPJ	Airbus A340-313X	173	ex F-WWJG	Lsd fr Airbus
☐	F-OHPK	Airbus A340-313X	176	ex F-WWJB	Lsd fr Airbus
☐	F-OHPL	Airbus A340-313X	187	ex F-WWJO	Lsd fr Airbus
☐	F-OHPM	Airbus A340-313X	196	ex F-WWJI	Lsd fr Airbus
☐	N751PR	Boeing 747-4F6	27261/1005	ex (RP-C5751)	Lsd fr WTCo
☐	N752PR	Boeing 747-4F6	27262/1012	ex (RP-C5752)	Lsd fr WTCo
☐	N753PR	Boeing 747-4F6	27828/1039	ex (N774BE)	Lsd fr WTCo
☐	N754PR	Boeing 747-469M	27663/1068	ex N6009F	Lsd fr WTCo
☐	RP-C4007	Boeing 737-332	25996/2488	ex RP-C2000	Lsd to GAP
☐	RP-C4011	Boeing 737-3Y0	24770/1941	ex EI-BZN	Lsd fr GECAS; sublsd to GAP
☐	RP-C8168	Boeing 747-4F6	27827/1038	ex C-FGHZ	Lsd fr GECAS

Seven Boeing 777-3F6ERs are on order delivery including three leased from GECAS

ROYAL STAR AVIATION
Manila-Sangley Point (SGL)

☐	RP-C2812	British Aerospace Jetstream 3217	923	ex N93BA	
☐	RP-C8298	British Aerospace Jetstream 4101	41013	ex N302UE	
☐	RP-C8299	British Aerospace Jetstream 4101	41080	ex N327UE	Op for Semirara Mining

SOUTH EAST ASIAN AIRLINES
Seair (DG/SRQ) — *Manila-Nino Aquino Intl/Diosdado Macapagal Intl (MNL/CRK)*

☐	RP-C2128	LET L-410UVP-E	882102	ex S9-BOX		Lsd fr Avn Enterprises
☐	RP-C2328	LET L-410UVP-E3	872004	ex S9-BOY		Lsd fr Avn Enterprises
☐	RP-C2428	LET L-410UVP-E3	871909	ex 3D-DAM		Lsd fr Avn Enterprises
☐	RP-C2628	LET L-410UVP-E	871931	ex Russ AF 1931		Lsd fr Avn Enterprises
☐	RP-C2728	LET L-410UVP-E	861708	ex RA-67588	jungle c/s	Lsd fr Avn Enterprises
☐	RP-C2928	LET L-410UVP-E	871821	ex Russ AF 1821		Lsd fr Avn Enterprises
☐	RP-C3328	LET L-410UVP-E	872003	ex RP-C528		Lsd fr Avn Enterprises
☐	RP-C1179	Dornier 28D-2 Skyservant	4127	ex D-IDRH		
☐	RP-C2403	Dornier 24ATT	5345	ex D-CATD	Amphibian	
☐	RP-C2814	Dornier 228-200	8007	ex JA8836		
☐	RP-C2817	Dornier 228-200	8007	ex JA8835		
☐	RP-C4328	Dornier 328-120	3042	ex D-CPRT		
☐	RP-C5328	Dornier 328-110	3046	ex D-CPRS		
☐	RP-C6328	Dornier 328-110	3027	ex N653JC		Lsd fr Bedo Beteiligungs
☐	RP-C9328	Dornier 328-110	3003	ex D-CDOL	all-white	

Also known as Seair

TRANSGLOBAL AIRWAYS
Diosdado Macapagal IntL (CRK)

☐	RP-C8015	Boeing 737-2B1C	20536/289	ex OB-1802-P	Lsd fr BB IN Technology Co

VICTORIA AIR
Manila-Sangley Point (SGL)

☐	RP-C535	Douglas DC-3	15571/27016	ex RP-C95	
☐	RP-C550	Douglas DC-3	14292/25737	ex 348576	

SE- SWEDEN (Kingdom of Sweden)

AIR EXPRESS
Luna (AEQ) — *Stockholm-Arlanda (ARN)*

☐	SE-DUU	Fokker F.28-0100 (Fokker 100)	11286	ex G-FMAH	Lsd fr Mass Holdings; sublsd to SKX
☐	SE-LSB	SAAB 2000	2000-043	ex OH-SAU	Lsd fr SAAB; op for SKX

☐ SE-LSE	SAAB 2000		2000-046	ex OH-SAW	Lsd fr SAAB; op for SKX
☐ SE-LSG	SAAB 2000		2000-055	ex OH-SAX	Lsd fr SAAB; op by GAO

AMAPOLA FLYG
Amapola (APF) — *Stockholm-Arlanda (ARN)*

☐ PH-LMA	Fokker F.27 Mk.050 (Fokker 50)		20118	ex OY-EBB	Lsd fr MNL
☐ SE-KTC	Fokker F.27 Mk 050 (Fokker 50)		20124	ex OY-MMG	Lsd fr SKX
☐ SE-KTD	Fokker F.27 Mk 050 (Fokker 50)		20125	ex OY-MMH	Lsd fr SKX
☐ SE-LJG	Fokker F.27 Mk 050 (Fokker 50)		20168	ex LX-LGC	Lsd fr SKX
☐ SE-LJH	Fokker F.27 Mk 050 (Fokker 50)		20171	ex LX-LGD	Lsd fr SKX
☐ SE-LJI	Fokker F.27 Mk 050 (Fokker 50)		20180	ex LX-LGE	Lsd fr SKX

Operates freight services on behalf of Swedish Postal Service

AVITRANS NORDIC
Extrans (2Q/ETS) — *Nyköping (NYO)*

☐ SE-ISY	SAAB SF.340A		340A-080	ex SE-E80	Lsd fr Alandia Air
☐ SE-KCS	SAAB SF.340A/ (QC)		340A-066	ex (SP-KPH)	Lsd fr Avilease
☐ SE-KCT*	SAAB SF.340A/ (QC)		340A-070	ex OH-FAC	Lsd fr Avilease
☐ SE-LJK	SAAB SF.340A		340A-089	ex N89XJ	Lsd fr Avilease
☐ SE-LJL	SAAB SF.340A		340A-091	ex N991XK	Lsd fr Avilease
☐ SE-LJR	SAAB SF.340B		340B-168	ex D-CDAU	Lsd fr Egon Oldendorff
☐ SE-LJR	SAAB SF.340B		340B-168	ex D-CDAU	Lsd fr Egon Oldendorff
☐ SE-LJS	SAAB SF.340B		340B-215	ex D-CDEO	Lsd fr Avilease
☐ SE-LJT	SAAB SF.340B		340B-221	ex D-CASD	Lsd fr Avilease; sublsd to Vildanden

*Operates as Stockholmsplanet.com. Also operates for Blekingeflyg

BARENTS AIRLINK
Nordflight (8N/NKF) — *Lulea (LLA)*

☐ SE-IUX	Beech 200 Super King Air		BB-675	ex N26SD	
☐ SE-KEC	Piper PA-31-350 Navajo Chieftain		31-7952098	ex LN-FAM	
☐ SE-LTL	Beech 200 Super King Air		BB-582	ex LN-MOA	

BLEKINGEFLYG
Ronneby

Comenced services 27 August 2007 with SAAB SF.340s operated by Avitrans

CITY AIRLINE
Swedestar (CF/SDR) (IATA 419) — *Gothenburg-Landvetter (GOT)*

☐ PH-RXB	Embraer EMB.145MP (ERJ-145MP)		145320	ex PT-SML	Lsd fr SGI Technical Svs
☐ SE-DZB	Embraer EMB.145EP (ERJ-145EP)		145113	ex PT-SCP	Lsd fr Corporate A/c Lsg
☐ SE-RAA	Embraer EMB.135ER (ERJ-135ER)		145210	ex PT-SFU	Lsd fr Investment AB Janus
☐ SE-RAB	Embraer EMB.135LR (ERJ-135LR)		145453	ex PT-SUY	Lsd fr Investment AB Janus
☐ SE-RAC	Embraer EMB.145LR (ERJ-145LR)		145098	ex N285CD	Lsd fr Investment AB Janus

DIREKTFLYG
Skyreg (HS/HSV) — *Borlänge (BLE)*

☐ SE-LHB	British Aerospace Jetstream 32EP		844	ex N844JX	Lsd fr Largus Avn
☐ SE-LHC	British Aerospace Jetstream 32EP		846	ex N846JX	Lsd fr ICMC Inter Comm
☐ SE-LHE	British Aerospace Jetstream 32EP		854	ex N854JX	Lsd fr Largus Avn
☐ SE-LHF	British Aerospace Jetstream 32EP		855	ex N855JX	Lsd fr Largus Avn
☐ SE-LHG	British Aerospace Jetstream 32EP		857	ex N857JX	Lsd fr Largus Avn
☐ SE-LHH	British Aerospace Jetstream 32EP		848	ex N848JX	Lsd fr Rentability AB
☐ SE-LHI	British Aerospace Jetstream 32EP		841	ex N841JX	Lsd fr Largus Avn☐

Direktflyg is the trading name of Svenska Direktflyg; wholly owned by Skyways Holdings

FLY EXCELLENT
Fly Excellent (FXL) — *Stockholm-Arlanda (ARN)*

☐ SE-DJE	McDonnell-Douglas MD-83		49846/1581	ex N953PG	Lsd fr Pegasus
☐ SE-DJF	McDonnell-Douglas MD-83		49568/1380	ex N963PG	Lsd fr Pegasus

FLY INDEPENDENT

Currently being set-up and will utilise the two International Business Air Metros under their AOC

FLY LOGIC SWEDEN
Logic (LOD) — *Malmö-Sturup (MMX)*

☐ SE-GIN	Piper PA-31 Turbo Navajo C		31-7512039		
☐ SE-IDR	Piper PA-31 Turbo Navajo C		31-7712085	ex LN-DAB	Lsd fr Logic Air
☐ SE-IKV	Piper PA-31-350 Navajo Chieftain		31-7405148	ex G-BDFN	Lsd fr Logic Air
☐ SE-KCP	Swearingen SA.226TC Merlin		TC-330	ex N7217N	

FLYGCENTRUM
(LIQ)
Stockholm-Bromma (BMA)

☐	SE-ILY	Piper PA-31-350 Chieftain	31-7852051	ex G-FTTA	Lsd fr Lidingö Bilcenter

Flygcentrum is the trading name of Lid Air

FLYME SWEDEN
Ceased operations 01 March 2007 and filed for bankruptcy 02 March 2007

FLYNORDIC
Nordic (LF/NDC)
Stockholm-Arlanda/Umeå (ARN/UME)

☐	SE-DLV	McDonnell-Douglas MD-83	49965/2044	ex OH-LPC	Lsd fr Finnair A/c Finance
☐	SE-RBE	McDonnell-Douglas MD-82	49152/1089	ex OH-LMP	Lsd fr Lakera Assets
☐	SE-RDV	McDonnell-Douglas MD-83	49574/1413	ex OH-LPF	Lsd fr Finnair A/c Finance
☐	SE-RFA	McDonnell-Douglas MD-83	49623/1499	ex OH-LPH	Lsd fr Finnair A/c Finance
☐	SE-RFB	McDonnell-Douglas MD-82	53246/1918	ex OH-LMZ	Lsd fr Finnair A/c Finance
☐	SE-RFC	McDonnell-Douglas MD-82	49900/1765	ex OH-LPA	Lsd fr Finnair A/c Finance
☐	SE-RFD	McDonnell-Douglas MD-82	53244/1901	ex OH-LMY	Lsd fr Finnair A/c Finance

FlyNordic is the trading name of Nordic Airlink. Wholly owned by Norwegian Air Shuttle

GOLDEN AIR
Golden (DC/GAO)
Trollhattan (THN)

☐	ES-ASM	SAAB SF.340A	340A-132	ex SE-LMT	Op for ELL
☐	ES-ASN	SAAB SF.340A	340A-151	ex SE-KUU	Op for ELL
☐	OH-FAF	SAAB SF.340B	340B-167	ex SE-F67	Lsd fr WBA
☐	SE-ISD	SAAB SF.340A	340A-145	ex ZK-FXQ	
☐	SE-ISE	SAAB SF.340A	340A-156	ex YL-BAP	
☐	SE-ISG	SAAB SF.340B	340B-162	ex SE-F62	
☐	SE-KTE	SAAB SF.340B	340B-230	ex XA-TQY	
☐	SE-KTK	SAAB SF.340B	340B-276	ex F-GHVT	
☐	SE-KXG	SAAB SF.340B	340A-164	ex XA-AAO	
☐	SE-KXI	SAAB SF.340B	340B-176	ex XA-AFR	Lsd to Gotlandsflyg
☐	SE-LEP	SAAB SF.340A	340A-127	ex B-12200	
☐	SE-LES	SAAB SF.340A	340A-129	ex B-12299	
☐	SE-LMR	SAAB SF.340A	340A-141	ex OK-UFO	Lsd fr Golden Teddy ANS; sublsd NTJ
☐	SE-KXK	SAAB 2000	2000-012	ex F-GOZI	Lsd to KRP
☐	SE-LSG	SAAB 2000	2000-055	ex OH-SAX	Lsd fr SAAB; op for AEQ
☐	SE-LTU	SAAB 2000	2000-062	ex HB-IYG	
☐	SE-LTV	SAAB 2000	2000-063	ex HB-IYH	
☐	SE-LTX	SAAB 2000	2000-024	ex HB-IZM	

Subsidiary of Erik Thun AB

GOTLANDSFLYG
Visby

☐	SE-KXI	SAAB SF.340B	340B-176	ex XA-AFR	Op by AviTrans

Commenced operations September 2007; other services operated by Skyways with Fokker 50s

INTERNATIONAL BUSINESS AIR
Interbiz (6I/IBZ)
Stockholm-Bromma (BMA)

☐	SE-LEF	Swearingen SA.227AC Metro III	AC-451B	ex VH-NEM	stored NWI	Lsd fr Kilarney Mgt
☐	SE-LIL	Swearingen SA.227AC Metro III	AC-432B	ex F-GLPE		Lsd fr Kilarney Mgt
☐	SE-LKC	Embraer EMB.120ER Brasilia	120046	ex N273UE		Lsd fr Kilarney Mgt

See comment under Fly Independent

JONAIR
Umea (UME)

☐	SE-GLE	Piper PA-31 Turbo Navajo C	31-7512056	

MALMÖ AVIATION
Scanwing (TF/SCW) (IATA 276)
Stockholm-Arlanda/Malmö-Sturup (ARN/MMX)

☐	SE-DRN	British Aerospace 146 Srs.200QT	E2113	ex VH-JJY	Lsd fr Siemens Financial Svs; sublsd to SWN
☐	SE-DSO	Avro 146-RJ100	E3221	ex N504MM	Lsd fr Trident Jet
☐	SE-DSP	Avro 146-RJ100	E3242	ex N505MM	Lsd fr Trident Jet
☐	SE-DSR	Avro 146-RJ100	E3244	ex N506MM	Lsd fr Trident Jet
☐	SE-DSS	Avro 146-RJ100	E3245	ex N507MM	Lsd fr Trident Jet
☐	SE-DST	Avro 146-RJ100	E3247	ex N508MM	Lsd fr Trident Jet
☐	SE-DSU^	Avro 146-RJ100	E3248	ex N509MM	Lsd fr Trident Jet
☐	SE-DSV	Avro 146-RJ100	E3250	ex N510MM	Lsd fr Trident Jet
☐	SE-DSX*	Avro 146-RJ100	E3255	ex N511MM	Lsd fr Trident Jet
☐	SE-DSY	Avro 146-RJ100	E3263	ex N512MM	Lsd fr Trident Jet

*Dagens Industri colours ^Swedish Football Association colours
Early/late services from Bromma to Gothenburg and Malmo operated under brand name Snålskjutsen; Transwede is a sister company, both are subsidiaries of Braathens Aviation

NEXTJET
Nextjet (2N/NTJ)   Stockholm-Bromma (BMA)

☐	SE-KXY	Beech 1900D	UE-236	ex SX-BST	Lsd fr SG Finans Norge
☐	SE-LMR	SAAB SF.340A	340A-141	ex OK-UFO	Lsd fr GAO
☐	SE-LCX	Beech 1900D	UE-275	ex N11189	Lsd fr Ljusnäs Transport

NextJet is the trading name of NEX TimeJet AB; also operates corporate jets

NORD-FLYG
Nordex (NEF)   Eskilstuna (EKT)

☐	SE-GBO	Piper PA-31 Turbo Navajo	31-7400983		
☐	SE-KYI	Cessna 208B Caravan I	208B0629	ex N52639	Lsd fr NTD Air Cargo
☐	SE-LSK	Cessna 208B Caravan I	208B1012	ex N5236L	Lsd fr SG Finans AS Norge
☐	SE-LSL	Cessna 208B Caravan I	208B0810	ex OY-TPG	Lsd fr NTD Air Cargo

NORDIC AIRWAYS
Northrider (6N/NRD)   Stockholm-Arlanda/Umeå (ARN/UME)

☐	SE-DMT	McDonnell-Douglas MD-81	48003/944	ex N480LT	Purobeach colours
☐	SE-LMX	SAAB SF.340A	340A-056	ex 9N-AGK	Lsd fr Viking Leasing
☐	SE-RBA	McDonnell-Douglas MD-87	49403/1404	ex EC-HMI	Lsd fr Fryerning Ltd
☐	SE-RDM	McDonnell-Douglas MD-83	49662/1429	ex (N766BC)	Lsd fr Boeing Capital
☐	SE-RDR	McDonnell-Douglas MD-82	49151/1088	ex N619DB	Lsd fr Farnell Assets

NORRLANDSFLYG
Lifeguard Sweden (HMF)   Gallivare/Kiruna (GEV/KRN)

☐	SE-HAJ	Sikorsky S-76C	760510	ex OH-HCJ		Lsd fr SG Finans
☐	SE-HAV	Sikorsky S-76C	760377	ex N50KH	SAR	
☐	SE-HEJ	Sikorsky S-76C+	760604	ex N71141	SAR	Lsd fr ERA Leasing
☐	SE-HOJ	Sikorsky S-76C+	760605	ex N8125H	SAR	Lsd fr ERA Leasing
☐	SE-JEZ	Sikorsky S-76A	760215	ex N72WW	EMS	
☐	SE-JUC	Sikorsky S-76A	760219	ex N18KH	EMS	Lsd fr Siemens Financial Svs
☐	SE-JUS	Sikorsky S-76A	760172	ex N876TC	EMS	Lsd fr SG Finans
☐	SE-JUY	Sikorsky S-76C	760407	ex N154AE	SAR	Lsd fr SEB Finans
☐	SE-JUZ	Sikorsky S-76A++	760282	ex N92RR	SAR	Lsd fr GE Capital Solutions

NOVAIR
Navigator (1I/NVR)   Stockholm-Arlanda (ARN)

☐	CS-TRA	Airbus A330-243	461	ex EC-IDB	Lsd fr OBS
☐	SE-RDN*	Airbus A321-231	2211	ex D-AVZK	Lsd fr ILFC
☐	SE-RDO*	Airbus A321-231	2216	ex D-AVZN	Lsd fr ILFC
☐	SE-RDP*	Airbus A321-231	2410	ex D-AVZK	Lsd fr Whitney Leasing

*Wear Apollo and Kuoni website titles; wholly owned subsidiary of Kuoni Travel

ÖREBRO AVIATION
Bluelight (BUE)   Örebro-Bofors (ORB)

☐	SE-FNE	Piper PA-31-350 Navajo Chieftain	31-7405434	ex N54306	

SCANDINAVIAN AIRLINES SYSTEM
Scandinavian (SK/SAS) (IATA 117)   Copenhagen-Kastrup/Oslo/Stockholm-Arlanda (CPH/OSL/ARN)

☐	OY-KBO	Airbus A319-132	2850	ex D-AVXK	Christian Valdemar Viking; retro colours	Lsd fr NBB Boras Lse
☐	OY-KBP	Airbus A319-132	2888	ex D-AVYG	Viger Viking	Lsd fr NBB Drammen Lse
☐	OY-KBR	Airbus A319-132	3231	ex D-AVYV	Finnboge Viking	Lsd fr Blue Lion Lsg
☐	OY-KBT	Airbus A319-132	3292	ex D-AVYC	Ragnvald Viking	
☐	LN-RKI	Airbus A321-232	1817	ex D-AVZK	Gunnhild Viking	Lsd fr Rurik Ltd
☐	LN-RKK	Airbus A321-232	1848	ex SE-REG	Svipdag Viking	Lsd fr Air Cosmos
☐	OY-KBB	Airbus A321-232	1642	ex D-AVZN	Hjörulf Viking	Lsd fr Rurik Ltd
☐	OY-KBE	Airbus A321-232	1798	ex D-AVZG	Emma Viking	Lsd fr Rurik Ltd
☐	OY-KBF	Airbus A321-232	1807	ex D-AVZH	Skapti Viking	Lsd fr NL Carina
☐	OY-KBH	Airbus A321-232	1675	ex D-AVZV	Sulke Viking	Lsd fr Emerald 2
☐	OY-KBK	Airbus A321-232	1587	ex D-AVZK	Arne Viking	Lsd fr Rurik Ltd
☐	OY-KBL	Airbus A321-232	1619	ex D-AVZB	Gunnbjörn Viking	Lsd fr Rurik Ltd
☐	LN-RKH	Airbus A330-343X	497	ex F-WWYP	Emund Viking	Lsd fr USK Grouper
☐	OY-KBN	Airbus A330-343X	496	ex F-WWKK	Eystein Viking	Lsd fr Rurik Ltd
☐	SE-REE	Airbus A330-343X	515	ex F-WWYY	Sigrid Viking	Lsd fr Rurik Ltd
☐	SE-REF	Airbus A330-343X	568	ex F-WWYS	Erik Viking; Star Alliance c/s	Lsd fr Rurik Ltd
☐	LN-RKF	Airbus A340-313X	413	ex SE-REA	Godfred Viking	Lsd fr SG Five Kumiai
☐	LN-RKG	Airbus A340-313X	424	ex SE-REB	Gudrod Viking	Lsd fr Blueberry Ltd
☐	OY-KBA	Airbus A340-313X	435	ex F-WWJU	Adalstein Viking	Lsd fr Rurik Ltd

541

	Reg	Type	MSN	ex	Name	Lessor
☐	OY-KBC	Airbus A340-313X	467	ex F-WWJE	Freydis Viking	Lsd fr Rurik Ltd
☐	OY-KBD	Airbus A340-313X	470	ex F-WWJF	Toste Viking	Lsd fr Aurlands
☐	OY-KBI	Airbus A340-313X	430	ex F-WWJR	Rurik Viking	Lsd fr SL Canopy
☐	OY-KBM	Airbus A340-313X	450	ex F-WWJD	Astrid Viking	Lsd fr Rurik Ltd
☐						
☐	LN-BRE	Boeing 737-405	24643/1860		Hakon V Magnusson	Lsd fr Fjord Co
☐	LN-BRH	Boeing 737-505	24828/1925	ex D-ACBB	Haakon den Gode	
						Lsd fr CIT Aerospace
☐	LN-BRI	Boeing 737-405	24644/1938	ex 9M-MLL	Harald Hårfagre	
						Lsd fr Greenwich Kahala
☐	LN-BRJ	Boeing 737-505	24273/2018	ex YL-BBB	Olav Tryggvason	
						Lsd fr Magens Bay Co
☐	LN-BRK	Boeing 737-505	24274/2035		Magnus Barfot	
						Lsd fr NBB 24274 Lease Partnership
☐	LN-BRM	Boeing 737-505	24645/2072		Olav den Hellige	Lsd fr Trondheim
☐	LN-BRO	Boeing 737-505	24647/2143		Magnus Haraldsson	Lsd Lom Co
☐	LN-BRQ	Boeing 737-405	25348/2148		Harald Gråfell	Lsd fr NBB Troms
☐	LN-BRR	Boeing 737-505	24648/2213		Halvdan Svarte	Lsd fr Bergen Co Ltd
☐	LN-BRS	Boeing 737-505	24649/2225		Olav Kyrre	Lsd fr NBB Sphere
☐	LN-BRV	Boeing 737-505	25791/2351		Hakon Sverresson	
						Lsd fr Celestial Avn
☐	LN-BRX	Boeing 737-505	25797/2434		Sigurd Munn	Lsd fr NBB Oslo Lsg
☐	LN-BUC	Boeing 737-505	26304/2649		Magnus Erlingsson	Lsd fr MSA V
☐	LN-BUD	Boeing 737-505	25794/2803		Inge Krokrygg	Lsd fr Intec Lsg
☐	LN-BUE	Boeing 737-505	27627/2800		Erling Skjalgsson	
						Lsd fr Castle 2003-1A
☐	LN-BUF	Boeing 737-405	25795/2867		Magnus den Gode	
						Lsd fr CIT Group
☐	LN-BUG	Boeing 737-505	27631/2866		Øystein Haraldsson	Lsd fr ILFC

Above 737s operate as SAS Norge, see also those marked > below

	Reg	Type	MSN	ex	Name	Lessor
☐	LN-RCN+>	Boeing 737-883	28318/529	ex SE-DTK	Hedrun Viking	
						Lsd fr SAS Strukturinvest
☐	LN-RCT*>	Boeing 737-683	30189/303	ex OY-KKF	Fridlev Viking	Lsd fr FL Arrow Lsg
☐	LN-RCU*>	Boeing 737-683	30190/335	ex SE-DNZ	Sigfrid Viking	Lsd fr LG Olive Lsg
☐	LN-RCW*>	Boeing 737-683	28308/333	ex SE-DNY	Yngvar Viking	Lsd fr FG Unity
☐	LN-RCX*>	Boeing 737-883	30196/733	ex SE-DYH	Höttur Viking	Lsd fr SBL Coral
☐	LN-RCY*>	Boeing 737-883	28324/767	ex SE-DTT	Eylime Viking	Lsd fr TLC Gentia Co
☐	LN-RCZ+>	Boeing 737-883	30197/798	ex SE-DTS	Glitne Viking	Lsd fr SB Starlight
☐	LN-RNN+>	Boeing 737-783	28315/464	ex OY-KKI	Borgny Viking	
						Lsd fr SAS Strukturur Europe
☐	LN-RNO+>	Boeing 737-683	28316/476	ex OY-KKR	Gjuke Viking	Lsd fr OHSP
☐	LN-RPA*	Boeing 737-683	28290/100	ex N5002K	Amljot Viking	Lsd fr Luleå Co
☐	LN-RPB*	Boeing 737-683	28294/137	ex N1787B	Bure Viking	Lsd fr Sola Co
☐	LN-RPD+^	Boeing 737-683	28323/625	ex SE-DYA	Gyrd Viking	
☐	LN-RPE* >	Boeing 737-683	28306/329	ex SE-DOT	Edla Viking	Lsd fr KB Stengrunden
☐	LN-RPF*>	Boeing 737-683	28307/330	ex N1784B	Frede Viking	
☐	LN-RPG*	Boeing 737-683	28310/255	ex N1787B	Geirmund Viking	Lsd fr Orix
☐	LN-RPH*>	Boeing 737-683	28605/375		Hamder Viking	Lsd fr Celestial Avn
☐	LN-RPJ+>	Boeing 737-783	30192/486	ex N1786B	Grimhild Viking	
						Lsd fr SAS Struktur Europa
☐	LN-RPK+>	Boeing 737-783	28317/500	ex N1786B	Heimer Viking	Lsd fr SBL Delta Co
☐	LN-RPL+>	Boeing 737-883	30469/673	ex (SE-DYC)	Svanevit Viking	Lsd fr SAS Struktur 1
☐	LN-RPM*>	Boeing 737-883	30195/696	ex (SE-DYD)	Frigg Viking	Lsd fr SBL Lambda
☐	LN-RPN+	Boeing 737-883	30470/717	ex (SE-DYG)	Bergfora Viking	Lsd fr SBL Kappa
☐	LN-RPO+^	Boeing 737-883	30467/634	ex SE-DTN	Thorleif Viking	
☐	LN-RPP+^	Boeing 737-883	30194/666	ex SE-DTO	Gerda Viking	
☐	LN-RPS+	Boeing 737-683	28298/191	ex OY-KKC	Gautrek Viking	Lsd fr NBB Namsos
☐	LN-RPT+	Boeing 737-683	28299/193	ex OY-KKD	Ellida Viking	Lsd fr NBB Molde
☐	LN-RPU*>	Boeing 737-683	28312/407	ex OY-KKP	Ragna Viking	Lsd fr SBL Atlantic
☐	LN-RPW*	Boeing 737-683	28289/92	ex OY-KKA	Alvid Viking	Lsd fr Fyn Co
☐	LN-RPX*>	Boeing 737-683	28291/112	ex SE-DNN	Nanna Viking	Lsd fr Malmö Co
☐	LN-RPY*	Boeing 737-683	28292/116	ex SE-DNO	Olof Viking	Lsd fr Odda Co
☐	LN-RPZ*>	Boeing 737-683	28293/120	ex OY-KKB	Bera Viking	Lsd fr Skagen Co
☐	LN-RRA*>	Boeing 737-783/W	30471/2288	ex (SE-DTR)	Steinar Viking	
☐	LN-RRB*>	Boeing 737-783	32276/2331		Dag Viking	
☐	LN-RRC+	Boeing 737-683	28300/209	ex OY-KKG	Sindre Viking	Lsd fr Stengrunden
☐	LN-RRD+	Boeing 737-683	28301/227	ex OY-KKH	Embla Viking	Lsd fr Stengrunden
☐	LN-RRK+	Boeing 737-783/W	32278/1169	ex SE-DYG	Gerud Viking	Lsd fr NBB Aarhus
☐	LN-RRL+>	Boeing 737-783/W	28328/1424	ex SE-DYT	Jarlabanke Viking; Star Alliance c/s	
						Lsd fr NBB Stavanger
☐	LN-RRM+>	Boeing 737-783	28314/458	ex SE-DTI	Erland Viking	Lsd fr FC Green Lsg
☐	LN-RRN+>	Boeing 737-783	30191/404	ex SE-DTG	Solveig Viking	Lsd fr SMBCL H Lse
☐	LN-RRO*	Boeing 737-683	28288/49	ex SE-DNM	Bernt Viking	Lsd fr SAS Struktur
☐	LN-RRP*	Boeing 737-683	28311/382	ex SE-DTU	Vilborg Viking	Lsd fr SAS Struktur
☐	LN-RRR*	Boeing 737-683	28309/368	ex SE-DTF	Torbjörn Viking	Lsd fr SAS Struktur
☐	LN-RRS+	Boeing 737-883	28325/1014	ex (SE-DYM)	Ymer Viking	Lsd fr Structure 2 Lsg
☐	LN-RRT+>	Boeing 737-883	28326/1036	ex (SE-DYN)	Lodyn Viking	Lsd fr Structure 2 Lsg
☐	LN-RRU+>	Boeing 737-883	28327/1070	ex (SE-DYP)	Vingolf Viking	Lsd fr Structure 2 Lsg
☐	LN-RRW+	Boeing 737-883	32277/1554	ex SE-DTR	Saga Viking	Lsd fr NBB Uppsala
☐	LN-RRX*	Boeing 737-683	28296/21	ex SE-DNR	Ragnfast Viking	Lsd fr Honest Kumiai
☐	LN-RRY>	Boeing 737-683	28297/30	ex SE-DNS	Signe Viking	Lsd fr FL Titan II Lsg

543

☐	LN-RRZ*>	Boeing 737-683	28295/149	ex SE-DNP	Gisla Viking	Lsd fr FL Uranus Lsg
☐	LN-TUA>	Boeing 737-705	28211/33		Ingeborg Eriksdatter	Lsd fr ACG Acq
☐	LN-TUD>	Boeing 737-705	28217/142		Magrete Skulesdatter	
						Lsd fr Continuity Air Finance
☐	LN-TUF>	Boeing 737-705	28222/245		Tyra Haraldsdatter	Lsd fr AerCap
☐	LN-TUH>	Boeing 737-705	29093/471		Margrete Ingesdatter	
						Lsd fr NBB-29093 Lease
☐	LN-TUI>	Boeing 737-705	29094/507	ex N1787B	Kristin Knudsdatter	Lsd fr NBB Oslo
☐	LN-TUJ>	Boeing 737-705	29095/773		Eirik Blodöks	Lsd fr Structure 2 Lsg
☐	LN-TUK>	Boeing 737-705	29096/794		Inge Bärdsson	Lsd fr Structure 2 Lsg
☐	LN-TUL>	Boeing 737-705	29097/1072	ex N1786B	Hakon IV Hakonsson	
						Lsd fr Structure 2 Lsg
☐	LN-TUM>	Boeing 737-705	29098/1116		Øystein Magnusson	Lsd fr BBAM
☐	OY-KKS+	Boeing 737-683	28322/614	ex LN-RPC	Ramveig Viking	Lsd fr Struktur 1 Lsg
☐	OY-KKT+^	Boeing 737-883	30468/668	ex LN-RPR	Ore Viking	Lsd fr SAS Struktur 1
☐	SE-DTH*	Boeing 737-683	28313/447	ex (OY-KKI)	Vile Viking	Lsd fr Stengrunden

Two more Boeing 737-883/Ws are on order for delivery in 2009
*Means Euro version and + means domestic version with regards to seating configuration.
^Leased to Air Europa

☐	LN-RLE^	McDonnell-Douglas MD-82	49382/1232		Kettil Viking	
☐	LN-RLF^	McDonnell-Douglas MD-82	49383/1236	ex VH-LNJ	Finn Viking	
☐	LN-RLR^	McDonnell-Douglas MD-82	49437/1345	ex VH-LNL	Vegard Viking	
☐	LN-RMC	McDonnell-Douglas MD-82	49909/1625	ex TF-JXB	Sigtrygg Viking	
☐	LN-RMD	McDonnell-Douglas MD-82	49555/1402	ex TF-JXA	Fenge Viking	
☐	LN-RMG	McDonnell-Douglas MD-87	49611/1522		Snorre Viking	Sublsd to JKK
☐	LN-RMH^	McDonnell-Douglas MD-87	49612/1827	ex N6203U	Solmund Viking	Sublsd to JKK
☐	LN-RMK^	McDonnell-Douglas MD-87	49610/1705		Ragnhild Viking	Sublsd to JKK
☐	LN-RML	McDonnell-Douglas MD-82	53002/1835		Aud Viking	Lsd fr Adenah A/c
☐	LN-RMM	McDonnell-Douglas MD-82	53005/1855		Blenda Viking	Lsd fr Adenah A/c
☐	LN-RMO	McDonnell-Douglas MD-82	53315/1947		Bergljot Viking	Lsd fr Adenah A/c
☐	LN-RMP	McDonnell-Douglas MD-87	53337/1962		Reidun Viking	
☐	LN-RMR^	McDonnell-Douglas MD-82	53365/1998		Olav Viking	
☐	LN-RMS^	McDonnell-Douglas MD-82	53368/2003		Nial Viking	
☐	LN-RMT^	McDonnell-Douglas MD-82	53001/1815	ex OY-KHS	Jarl Viking	
☐	LN-RMU	McDonnell-Douglas MD-87	53340/1967	ex SE-DMC	Grim Viking	
☐	LN-ROM^	McDonnell-Douglas MD-82	53008/1895	ex SE-DIY	Albin Viking	
☐	LN-RON^	McDonnell-Douglas MD-82	53347/1979	ex SE-DMD	Holmfrid Viking	
☐	LN-ROO^	McDonnell-Douglas MD-82	53366/1999	ex SE-DME	Kristin Viking	
☐	LN-ROP^	McDonnell-Douglas MD-82	49384/1237	ex SE-DFS	Bjorn Viking	
☐	LN-ROR^	McDonnell-Douglas MD-82	49385/1244	ex SE-DFT	Assur Viking	
☐	LN-ROS^	McDonnell-Douglas MD-82	49421/1263	ex SE-DFU	Isulv Viking	
☐	LN-ROT^	McDonnell-Douglas MD-82	49422/1264	ex SE-DFR	Ingjald Viking	
☐	LN-ROU^	McDonnell-Douglas MD-82	49424/1284	ex SE-DFX	Ring Viking	
☐	LN-ROW^	McDonnell-Douglas MD-82	49438/1353	ex SE-DFY	Ottar Viking	
☐	LN-ROX^	McDonnell-Douglas MD-82	49603/1442	ex SE-DIA	Ulvrik Viking	
☐	LN-ROY^	McDonnell-Douglas MD-82	49615/1543	ex SE-DID	Spjute Viking	
☐	LN-ROZ^	McDonnell-Douglas MD-87	49608/1572	ex SE-DIH	Slagfinn Viking	Lsd to JKK
☐	OY-KGT^	McDonnell-Douglas MD-82	49380/1225	ex N845RA	Hake Viking	
☐	OY-KGY^	McDonnell-Douglas MD-82	49420/1254		Rollo Viking	Sublsd to JKK
☐	OY-KGZ^	McDonnell-Douglas MD-82	49381/1231		Hagbard Viking	
☐	OY-KHC^	McDonnell-Douglas MD-82	49436/1303		Faste Viking	
☐	OY-KHE^	McDonnell-Douglas MD-82	49604/1456	ex N842RA	Saxo Viking	Star Alliance c/s
☐	OY-KHF	McDonnell-Douglas MD-87	49609/1517		Ragnar Viking	Lsd to JKK
☐	OY-KHG^	McDonnell-Douglas MD-82	49613/1519		Alle Viking	
☐	OY-KHI^	McDonnell-Douglas MD-82	49614/1556		Torkel Viking	Sublsd to JKK
☐	OY-KHM	McDonnell-Douglas MD-82	49914/1693		Mette Viking	Lsd fr Mitsubishi
☐	OY-KHN^	McDonnell-Douglas MD-82	53000/1812		Dan Viking	
☐	OY-KHP	McDonnell-Douglas MD-81	53007/1882		Arild Viking	Star Alliance c/s
						Lsd fr Terra Brains
☐	OY-KHR^	McDonnell-Douglas MD-82	53275/1896		Torkild Viking	
☐	OY-KHU	McDonnell-Douglas MD-87	53336/1953		Ravn Viking	Lsd fr Fuji Tekko
☐	OY-KHW^	McDonnell-Douglas MD-87	53348/1985		Ingemund Viking	Lsd fr Kotoku Kaiun
☐	SE-DIB	McDonnell-Douglas MD-87	49605/1501	ex N19B	Varin Viking	Lsd fr Kotoku Kaiun
						Sublsd to JKK
☐	SE-DIC	McDonnell-Douglas MD-87	49607/1512		Grane Viking	Lsd fr Kotoku Kaiun
☐	SE-DIF	McDonnell-Douglas MD-87	49606/1569		Hjorulv Viking	Lsd to JKK
☐	SE-DIK	McDonnell-Douglas MD-82	49728/1553	ex (SE-DIE)	Stenkil Viking	Lsd fr Adenah A/c
☐	SE-DIL	McDonnell-Douglas MD-82	49913/1665		Tord Viking	Lsd fr Adenah A/c
☐	SE-DIN	McDonnell-Douglas MD-82	49999/1803		Eskil Viking	Lsd fr Adenah A/c
☐	SE-DIP	McDonnell-Douglas MD-87	53010/1921	ex N6202D	Margret Viking	
☐	SE-DIR	McDonnell-Douglas MD-82	53004/1846		Nora Viking	Lsd fr Adenah A/c
☐	SE-DIS	McDonnell-Douglas MD-82	53006/1869		Adis Viking	Lsd fr Adenah A/c
☐	SE-DIU	McDonnell-Douglas MD-87	53011/1931		Torsten Viking	Lsd fr Kotoku Kaiun
☐	SE-DMB	McDonnell-Douglas MD-81	53314/1946		Bjarne Viking	

^Leased from Commercial Aviation Leasing

☐	LN-ROA*	McDonnell-Douglas MD-90-30	53459/2141		Sigurd Viking	Lsd fr SCL Sierra
☐	LN-ROB+	McDonnell-Douglas MD-90-30	53462/2149		Isrid Viking	Lsd fr Baltic Aircraft
☐	OY-KIL*	McDonnell-Douglas MD-90-30	53458/2140		Kaare Viking	Lsd fr JL Horizon Lse
☐	OY-KIN*	McDonnell-Douglas MD-90-30	53544/2197		Tormod Viking	Lsd fr SBL Aries
☐	SE-DMF*	McDonnell-Douglas MD-90-30	53457/2138			Lsd fr JL Venus
☐	SE-DMG+	McDonnell-Douglas MD-90-30	53461/2147		Hervor Viking	Lsd fr JL Bellona Lse

544

☐	SE-DMH^	McDonnell-Douglas MD-90-30	53543/2194		Toroif Viking
	+Subleased to Hello;			*Subleased to Blue1	
	^Subleased to NDC				

☐	LN-RNC*>	Fokker F.27 Mk 050 (Fokker 50)	20176	ex PH-EXY	Eivind Viking	
☐	LN-RND*>	Fokker F.27 Mk 050 (Fokker 50)	20178	ex PH-EXZ	Inge Viking	
☐	LN-RNE*>	Fokker F.27 Mk 050 (Fokker 50)	20179	ex PH-EXE	Ebbe Viking	
☐	LN-RNF*>	Fokker F.27 Mk 050 (Fokker 50)	20183	ex PH-EXI	Leif Viking	
☐	LN-RNG*>	Fokker F.27 Mk 050 (Fokker 50)	20184	ex PH-EXJ	Gudrid Viking	
☐	LN-RNM>	Fokker F.27 Mk 050 (Fokker 50)	20199	ex (SE-LFP)	Herdis Viking	Lsd fr Stockholm A/c

☐	D-AMGL	British Aerospace 146 Srs.200	E2055	ex G-CBFL	all-white	Lsd fr WDL
☐	D-AWBA	British Aerospace 146 Srs.300A	E3134	ex ZK-NZF		Lsd fr WDL
☐	SE-DJX	Avro 146-RJ70	E1223	ex G-BZFA		Lsd fr TWE

*Leased from Nordic Aviation Contractor   >Operated by SAS Norge

Owns 49% of AeBal, 49% of Estonian Air, 47.2% of AirBaltic, 37.5% of Air Greenland, 25% of Skyways and 20% of bmi while Spanair, Blue1 and Widerøe's are wholly owned. Operations divided into Scandinavian Airlines Denmark, SAS Norge and Sweden plus Intercontinental operations as a business division. SAS Braathens was renamed SAS Norge on 01 June 2007 and operates Boeing 737s and Fokker 50s; SAS Sweden operates a mix of 737s and MD-80s ; SAS Denmark operates Airbus A319/321s and MD-80s while the A330/340s are operated by the Intercontinental Division. A replacement for the DHC-8-400Qs, removed from service after undercarriage problems, is due in 2008.
Founder member of Star Alliance with Air Canada, Lufthansa, Thai International, United and VARIG

SKYWAYS EXPRESS
Sky Express (JZ/SKX) (IATA 752)   Jönköping /Stockholm-Arlanda (JKG/ARN)

☐	SE-KTC	Fokker F.27 Mk 050 (Fokker 50)	20124	ex OY-MMG		Lsd fr Stik Avn; subsld to APF
☐	SE-KTD	Fokker F.27 Mk 050 (Fokker 50)	20125	ex OY-MMH		Lsd fr Stik Avn; subsld to APF
☐	SE-KXZ	Fokker F.27 Mk 050 (Fokker 50)	20196	ex PH-LMS	on order	Lsd fr K'Air
☐	SE-LEA	Fokker F.27 Mk 050 (Fokker 50)	20116	ex PH-GHK	Dalarna	Lsd fr AeroCentury
☐	SE-LEB	Fokker F.27 Mk 050 (Fokker 50)	20120	ex PH-JHD	Gotland	Lsd fr Largus Avn
☐	SE-LEC	Fokker F.27 Mk 050 (Fokker 50)	20112	ex VH-FNG	Västerbotten	Lsd fr AeroCentury
☐	SE-LED	Fokker F.27 Mk 050 (Fokker 50)	20111	ex VH-FNF	Södermanland	Lsd fr AeroCentury
☐	SE-LEH	Fokker F.27 Mk 050 (Fokker 50)	20108	ex VH-FNC		Lsd fr AeroCentury
☐	SE-LEL	Fokker F.27 Mk 050 (Fokker 50)	20110	ex VH-FNE		Lsd fr AeroCentury
☐	SE-LEU	Fokker F.27 Mk 050 (Fokker 50)	20115	ex 9M-MGZ		Lsd fr AeroCentury
☐	SE-LEZ	Fokker F.27 Mk 050 (Fokker 50)	20128	ex PH-PRA		Lsd fr Stockholm Aircraft Finance
☐	SE-LFS	Fokker F.27 Mk 050 (Fokker 50)	20216	ex PH-EXO		Lsd fr Largus Avn
☐	SE-LIO	Fokker F.27 Mk 050 (Fokker 50)	20146	ex PH-PRC		Lsd fr Stockholm Aircraft Finance
☐	SE-LIP	Fokker F.27 Mk 050 (Fokker 50)	20147	ex PH-PRD		Lsd fr Largus Avn
☐	SE-LIR	Fokker F.27 Mk 050 (Fokker 50)	20151	ex PH-PRE		Lsd fr Largus Avn
☐	SE-LIS	Fokker F.27 Mk 050 (Fokker 50)	20152	ex PH-PRF		Lsd fr Largus Avn
☐	SE-LIT	Fokker F.27 Mk 050 (Fokker 50)	20194	ex PH-ZDF		Lsd fr Aircraft Finance & Trading
☐	SE-LJG	Fokker F.27 Mk 050 (Fokker 50)	20168	ex LX-LGC		Lsd fr SKX
☐	SE-LJH	Fokker F.27 Mk 050 (Fokker 50)	20171	ex LX-LGD		Lsd fr SKX
☐	SE-LJI	Fokker F.27 Mk 050 (Fokker 50)	20180	ex LX-LGE		Lsd fr SKX
					Operates in Sundsvallsflyg colours	
☐	TF-JMS	Fokker F.27 Mk 050 (Fokker 50)	20244	ex TF-FIS		Lsd fr FXI

☐	SE-DUU	Fokker F.28-0100 (Fokker 100)	11286	ex G-FMAH	Lsd fr AEQ
☐	SE-DZA	Embraer EMB.145EP (RJ-145EP)	145070	ex PT-SAO	Lsd to BMR as G-CCYH
☐	SE-DZC	Embraer EMB.145EP (RJ-145EP)	145169	ex PT-S	Lsd to CHQ as N978RP
☐	SE-DZD	Embraer EMB.145EP (RJ-145EP)	145185	ex PT-SGG	Lsd to CHQ as N977RP
☐	SE-LSB	SAAB 2000	2000-043	ex OH-SAU	Lsd fr GAO
☐	SE-LSE	SAAB 2000	2000-046	ex OH-SAW	Lsd fr GAO
☐	SE-LSG	SAAB 2000	2000-055	ex OH-SAX	Lsd fr GAO

Member of Skyways Holding AB, 25% owned by SAS. Operates some services for Gotlandsflyg with Fokker 50s.

TRANSWEDE
Transwede (5T/TWE)   Gothenburg-Landvetter (GOT)

☐	SE-DJN	Avro 146-RJ85	E2231	ex HB-IXG	Lsd fr Braathens Lsg
☐	SE-DJO	Avro 146-RJ85	E2226	ex HB-IXF	Lsd fr Braathens Lsg; op for CNO
☐	SE-DJP	Avro 146-RJ70	E1254	ex EI-COQ	Lsd fr Braathens Lsg; op for CNO
☐	SE-DJX	Avro 146-RJ70	E1223	ex G-BZFA	Lsd fr Trident T/prop; sublsd to SAS
☐	SE-DJY	Avro 146-RJ70	E1224	ex G-CDOE	Lsd fr Trident T/prop; sublsd to SCW
☐	SE-DJZ	Avro 146-RJ70	E1225	ex G-CDOF	Lsd fr Trident T/prop; sublsd to ADH

Sister company of Malmö Aviation, both are subsidiaries of Braathens Aviation.

TUIFLY NORDIC
Bluescan (6B/BLX) (IATA 951)   Stockholm-Arlanda (ARN)

☐	SE-DUO+	Boeing 757-236	24792/279	ex PH-AAR	Finnmatkat.fi titles	Lsd fr Joydell
☐	SE-DUP	Boeing 757-236	24793/292	ex G-CDUP	Fritidsresor titles; for EXS	Lsd fr TOM
☐	SE-DZK*	Boeing 737-804	28231/538			Lsd fr Aircraft MSN 28231
☐	SE-DZN	Boeing 737-804/W	32903/1127	ex PH-AAW		Lsd fr NBB Berlin Co
☐	SE-DZV	Boeing 737-804/W	32904/1302			Lsd fr TUI Avn
☐	SE-RFO	Boeing 757-28AER/W	25623/528	ex G-BYAJ		Lsd fr ILFC
☐	SE-RFP	Boeing 757-204/W	27219/596	ex G-BYAN		Lsd fr ILFC
☐	SE-	Boeing 767-304ER	28040/613	ex G-OBYB	on order	

*Wears StarTours.no titles on one side and Fritidsresor.se titles on the other; + for CargoJet Airways

Leases long-haul aircraft from other TUI companies, currently a 747 from Corsair and a 767 from Thompsonfly
A member of TUI Aircraft Management; to join TUIfly in 2008

VIKING AIRLINES
Swedjet (4P/VIK) — Athens/Heraklion (ATH/HER)

	SE-RDF	McDonnell-Douglas MD-83	49769/1559	ex HB-IUN	for KHO	Lsd fr GECAS
☐	SE-RDF	McDonnell-Douglas MD-83	49769/1559	ex HB-IUN	for KHO	Lsd fr GECAS
☐	SE-RDG	McDonnell-Douglas MD-83	49856/1675	ex HB-IUP	for KHO	Lsd fr GECAS
☐	SE-RDI	McDonnell-Douglas MD-83	49631/1596	ex EI-CEK		Lsd fr Airplanes Holdings

Although headquarted in Stockholm the fleet is based at Athens and Heraklion

WALTAIR EUROPE
Gothic (GOT) — Norrköping (NRK)

	SE-KOL	Beech 300LW Super King Air	FA-189	ex N7241V	Lsd fr Holmenco AB
☐	SE-KOL	Beech 300LW Super King Air	FA-189	ex N7241V	Lsd fr Holmenco AB

Also operates corporate jets

WEST AIR EUROPE
Air Sweden (PT/SWN) — Lidköping (LDK)

	Reg	Type	C/n	ex	Notes
☐	SE-KXP	British Aerospace ATP (LFD)	2056	ex G-MANA	Lsd fr Trident Avn
☐	SE-LGU	British Aerospace ATP	2022	ex N853AW	
☐	SE-LGV	British Aerospace ATP	2034	ex N857AW	
☐	SE-LGX	British Aerospace ATP	2036	ex N859AW	
☐	SE-LGY	British Aerospace ATP	2035	ex N858AW	
☐	SE-LGZ	British Aerospace ATP (LFD)	2021	ex N852AW	
☐	SE-LHX	British Aerospace ATP	2020	ex N851AW	Lsd to WLX
☐	SE-LHZ	British Aerospace ATP	2059	ex G-OBWN	Lsd fr Gladsheim; sublsd to WLX
☐	SE-LNX	British Aerospace ATP	2061	ex OY-SVI	Lsd fr Siemens Financial Svs
☐	SE-LNY	British Aerospace ATP	2062	ex OY-SVT	Op for Posten Norge
☐	SE-LPR	British Aerospace ATP	2057	ex G-OBWL	Lsd to WLX
☐	SE-LPS	British Aerospace ATP (LFD)	2043	ex G-BTPM	Lsd fr Trident Avn Lsg; sublsd WLX
☐	SE-LPT	British Aerospace ATP	2058	ex G-OBWM	Lsd fr Gladsheim; sublsd to WLX
☐	SE-LPU	British Aerospace ATP	2060	ex G-OBWO	Lsd fr Nordea Finans; sublsd to WLX
☐	SE-LPV	British Aerospace ATP (LFD)	2041	ex G-BTPK	Lsd fr Trident Avn Lsg
☐	SE-LPX	British Aerospace ATP	2063	ex OY-SVU	Lsd fr Siemens Financial Svs
☐	SE-MAF	British Aerospace ATP (LFD)	2002	ex G-MAUD	Lsd fr Siemens Financial Svs
☐	SE-MAG	British Aerospace ATP	2003	ex G-MANL	stored LDK
☐	SE-MAH	British Aerospace ATP	2004	ex G-MANJ	Lsd fr Siemens Financial Svs
☐	SE-MAI	British Aerospace ATP (LFD)	2010	ex G-BTPC	Lsd fr Capital Bank Lsg
☐	SE-MAJ	British Aerospace ATP (LFD)	2038	ex G-BTNI	Lsd fr Trident Avn Lsg
☐	(SE-MAK)	British Aerospace ATP	2040	ex G-MANF	under conv
☐	SE-MAL	British Aerospace ATP	2045	ex G-MANE	under conv
☐	SE-MAM	British Aerospace ATP (LFD)	2005	ex G-MANM	Lsd fr Trident Avn Lsg
☐	SE-MAN	British Aerospace ATP (LFD)	2006	ex G-MANO	Lsd fr Trident Avn Lsg
☐	SE-MAO	British Aerospace ATP (LFD)	2011	ex G-BTPD	Lsd fr Flexifly
☐	SE-MAP	British Aerospace ATP (LFD)	2037	ex G-CORP	Lsd fr Trident Avn Lsg
☐	SE-MAR	British Aerospace ATP	2053	ex G-OBWR	for LFD conv Lsd fr Trident Avn Lsg
☐	SE-	British Aerospace ATP	2023	ex G-MANP	on order

All freighters, some with Large Freight Door (LFD); others Bulk Loading Freighters loaded through normal passenger doors

☐	SE-DRN	British Aerospace 146 Srs.200QT	E2113	ex VH-JJY		Lsd fr SCW
☐	SE-DUX	Canadair CL-600-2B19F (CRJ-200F)	7010	ex C-FJGI	freighter	
☐	SE-DUY	Canadair CL-600-2B19F (CRJ-200F)	7023	ex C-FJGK	freighter	
☐	SE-	ATR 72-201	274	ex EC-INV	on order	

All other aircraft leased from European Turboprop Management. West Air Europe is a trading name of West Air Sweden.

SP- POLAND (Republic of Poland)

AIR ITALY POLSKA

☐	EI-IGC	Boeing 757-230	24747/275	ex I-AIGC	Lsd fr Constitution A/c Lsg

60% owned by Air Italy, to commence operations in November 2007

CENTRALWINGS
(C0/CLW) — Warsaw-Okecie (WAW)

	Reg	Type	C/n	ex	Notes
☐	SP-LLD	Boeing 737-45D	27256/2589		Lsd fr LOT
☐	SP-LLE	Boeing 737-45D	27914/2804	ex N1786B	Lsd fr LOT
☐	SP-LLF	Boeing 737-45D	28752/2874		Lsd fr LOT
☐	SP-LLG	Boeing 737-45D	28753/2895	ex SX-BGN	Lsd fr LOT
☐	SP-LLI	Boeing 737-4Q8	24706/1996	ex F-GRNH	Lsd fr WFBN
☐	SP-LMC	Boeing 737-36N	28668/2890		Lsd fr LOT
☐	SP-LMD	Boeing 737-36N	28669/2897		Lsd fr LOT
☐	SP-LME	Boeing 737-36N	28590/3097	ex SP-FVO	Lsd fr Boullioun
☐	EI-CXJ	Boeing 737-4Q8	25164/2447	ex N301LF	on order Lsd fr Castle 2003-1
☐	EI-CXM	Boeing 737-4Q8	26302/2620	ex VH-VOZ	on order Lsd fr ILFC
☐	EI-CZG	Boeing 737-4Q8	25740/2461	ex VH-VGB	on order Lsd fr ILFC

Wholly owned subsidiary of LOT-Polish Airlines

DIRECT FLY
Wholly owned subsidiary of Sky Express who operate the aircraft

EUROLOT
Eurolot (K2/ELO)   *Warsaw-Okecie (WAW)*

☐	SP-EDA	ATR 42-500	516	ex F-GPYG	Lsd fr Brice Bail
☐	SP-EDB	ATR 42-500	522	ex F-GPYH	Lsd fr Brice Bail
☐	SP-EDC	ATR 42-500	526	ex F-GPYI	Lsd fr Brice Bail
☐	SP-EDD	ATR 42-500	530	ex F-GPYJ	Lsd fr Brice Bail
☐	SP-EDE	ATR 42-500	443	ex F-WWEZ	Lsd fr Brice Bail
☐	SP-EDF	ATR 42-500	559	ex D-BOOO	
☐	SP-LFA	ATR 72-202	246	ex F-WWEM	Lsd fr Polska Bail
☐	SP-LFB	ATR 72-202	265	ex F-WWEJ	Lsd fr Polska Bail
☐	SP-LFC	ATR 72-202	272	ex F-WWEN	Lsd fr Polska Bail
☐	SP-LFD	ATR 72-202	279	ex F-WWLD	Lsd fr Polska Bail
☐	SP-LFE	ATR 72-202	328	ex F-WWLJ	Lsd fr Polska Bail
☐	SP-LFF	ATR 72-202	402	ex F-WWLM	Lsd fr Polska Bail
☐	SP-LFG	ATR 72-202	411	ex F-WWEO	Lsd fr Chopin Lease
☐	SP-LFH	ATR 72-202	478	ex F-WWEK	Lsd fr Polska Bail

Wholly owned by LOT-Polish Airlines and operates feeder services using LO flight numbers

EXIN
Exin (EXN)   *Katowice-Muchoeiec (KTW)*

☐	SP-FDO	Antonov An-26B	10503	ex RA-26031	
☐	SP-FDP	Antonov An-26B	11903	ex RA-26098	DHL colours
☐	SP-FDR	Antonov An-26B	11305	ex RA-26067	DHL colours
☐	SP-FDS	Antonov An-26B	12205	ex RA-26116	
☐	SP-FDT	Antonov An-26B	12102	ex RA-26110	

FISCHER AIR POLSKA
renamed Prima Charter

GLOBUS AIRLINES
                Katowice-Muchoeiec (KTW)

☐	SP-KTR	ATR 42-300	092	ex D-BAAA	Lsd fr ING BSK Lsg; op by WEA

JET AIR
Jeta (O2/JEA)   *Warsaw-Okecie (WAW)*

☐	SP-KWD	British Aerospace Jetstream 3202	847	ex G-BYRM	Lsd fr SG Equipment; op for LOT
☐	SP-KWE	British Aerospace Jetstream 3201	842	ex G-CBCS	Lsd fr SG Equipment; op for LOT
☐	SP-KWF	British Aerospace Jetstream 3201	845	ex G-BYRA	Lsd fr SG Equipment; op for LOT

LOT - POLISH AIRLINES
LOT (LO/LOT) (IATA 080)   *Warsaw-Okecie (WAW)*

☐	SP-LKA	Boeing 737-55D	27416/2389			Lsd fr GECAS
☐	SP-LKB	Boeing 737-55D	27417/2392			Lsd fr GECAS
☐	SP-LKC	Boeing 737-55D	27418/2397			Lsd fr GECAS
☐	SP-LKD	Boeing 737-55D	27419/2401			Lsd fr GECAS
☐	SP-LKE	Boeing 737-55D	27130/2448		Star Alliance c/s	Lsd fr GECAS
☐	SP-LKF	Boeing 737-55D	27368/2603			Lsd fr GECAS
☐	SP-LLA	Boeing 737-45D	27131/2458			Lsd fr GECAS
☐	SP-LLB	Boeing 737-45D	27156/2492	ex UR-VVH		Lsd fr GECAS
☐	SP-LLC	Boeing 737-45D	27157/2502			Lsd fr GECAS
☐	SP-LLD*	Boeing 737-45D	27256/2589			Lsd fr GECAS
☐	SP-LLE*	Boeing 737-45D	27914/2804			Lsd fr Pafco 27914
☐	SP-LLF*	Boeing 737-45D	28752/2874			Lsd fr Pafco 28752
☐	SP-LLG*	Boeing 737-45D	28753/2895	ex SX-BGN		Lsd fr Pafco 28753
☐	SP-LMC*	Boeing 737-36N	28668/2890			Lsd fr Pafco 28668
☐	SP-LMD*	Boeing 737-36N	28669/2897			Lsd fr Pafco 28669

*Transferred to and operated by Centralwings

☐	SP-LOA	Boeing 767-25DER	24733/261	ex N6046P	Gniejeno	Lsd fr Avn Capital
☐	SP-LOB	Boeing 767-25DER	24734/266		Krakow	Lsd fr Avn Capital
☐	SP-LPA	Boeing 767-35DER	24865/322		Warszawa	Lsd fr Boullioun
☐	SP-LPB	Boeing 767-35DER	27902/577		Gdansk	Lsd fr WFBN
☐	SP-LPC	Boeing 767-35DER	28656/659		Poznan	Lsd to SEY
☐	SP-LPE	Boeing 767-341ER	24843/314	ex N483TC	Star Alliance c/s	Lsd fr Itochu
☐	SP-LPF	Boeing 767-319ER	24876/413	ex ZK-NCF	Lsd fr Castle 2003-2B; sublsd to AEA	

☐	SP-LGD	Embraer EMB.145MP (ERJ-145MP)	145244	ex PT-SII	Lsd fr Brelinvest
☐	SP-LGE	Embraer EMB.145MP (ERJ-145MP)	145285	ex PT-SKC	Lsd fr Carringer
☐	SP-LGF	Embraer EMB.145MP (ERJ-145MP)	145308	ex PT-SKZ	Lsd fr Carringer
☐	SP-LGG	Embraer EMB.145MP (ERJ-145MP)	145319	ex PT-SMK	Lsd fr Carringer
☐	SP-LGH	Embraer EMB.145MP (ERJ-145MP)	145329	ex PT-SMV	Lsd fr Carringer
☐	SP-LGL	Embraer EMB.145MP (ERJ-145MP)	145406	ex PT-STD	Lsd fr RBS Aviation

547

☐	SP-LGM	Embraer EMB.145MP (ERJ-145MP)	145408	ex PT-STF		Lsd fr Castle Harbour
☐	SP-LGN	Embraer EMB.145MP (ERJ-145MP)	145441	ex PT-SUM		Lsd fr Castle Harbour
☐	SP-LGO	Embraer EMB.145MP (ERJ-145MP)	145560	ex PT-SZV	Pomocy logo	Lsd fr Varsovia Avn 9
☐	SP-LDA	Embraer 170-100STD (170STD)	17000023	ex PT-SKQ		Lsd fr GECAS
☐	SP-LDB	Embraer 170-100STD (170STD)	17000024	ex PT-SKR		Lsd fr GECAS
☐	SP-LDC	Embraer 170-100STD (170STD)	17000025	ex PT-SKS	Star Alliance c/s	Lsd fr GECAS
☐	SP-LDD	Embraer 170-100STD (170STD)	17000027	ex PT-SKU		Lsd fr GECAS
☐	SP-LDE	Embraer 170-100LR (170LR)	17000029	ex PT-SKW		Lsd fr Polot
☐	SP-LDF	Embraer 170-100LR (170LR)	17000035	ex PT-SUE		Lsd fr Polot
☐	SP-LDG	Embraer 170-100LR (170LR)	17000065	ex PT-SVQ		Lsd fr Gletolot
☐	SP-LDH	Embraer 170-100LR (170LR)	17000069	ex PT-SVU		Lsd fr Cletolot
☐	SP-LDI	Embraer 170-100LR (170LR)	17000073	ex PT-SVY		Lsd fr Cletolot
☐	SP-LDK	Embraer 170-100LR (170LR)	17000074	ex PT-SVZ		Lsd fr Cletolot
☐	SP-LIA	Embraer 170-200STD (175STD)	17000125	ex PT-SDO		Lsd fr Brel-Com
☐	SP-LIB	Embraer 170-200STD (175STD)	17000132	ex PT-SDV		Lsd fr Brel-Com
☐	SP-LIC	Embraer 170-200STD (175STD)	17000134	ex PT-SDX		Lsd fr Brel-Com
☐	SP-LID	Embraer 170-200STD (175STD)	17000136	ex PT-SDZ		Lsd fr Brel-Com
☐	SP-LIE	Embraer 170-200LR (175LR)	17000153	ex EI-DVW		Lsd fr Celestial Avn
☐	SP-LIF	Embraer 170-200LR (175LR)	17000154	ex EI-DVV		Lsd fr Celestial Avn

Eight Boeing 787-85Ds are on order plus twelve more Embaer 170-200STD (175s)
Owns Euro-LOT and Centralwings while other services are operated by Jet Air. Member of Star Alliance

PRIMA CHARTER
(FFP)   *Warsaw-Okecie (WAW)*

☐	SP-FVR	Boeing 757-23A	25490/510	ex N490AN		Lsd fr US Bank

Reformed from bankrupt Fischer Air Polska but ceased operations on 14th January 2008

SKY EXPRESS
Express Sky (SXP)   *Warsaw-Okecie (WAW)*

☐	SP-KPE	SAAB SF.340A/ (QC)	340A-130	ex SE-ICL		Lsd fr SG Equipment Lsg; subsd to Direct Fly
☐	SP-KPF	SAAB SF.340A/ (QC)	340A-135	ex SE-KCU		Lsd fr SG Equipment Lsg
☐	SP-KPG	SAAB SF.340A/ (QC)	340A-065	ex SE-KCR		Lsd fr Avilease
☐	SP-KPH	SAAB SF.340A/ (QC)	340A-015	ex SE-ISP		Op for Farnair
☐	SP-KPN	SAAB SF.340A	340A-118	ex SE-F18		
☐	SP-KPO	SAAB SF.340A/ (QC)	340A-010	ex SE-LTI		
☐	SP-KPR	SAAB SF.340A/ (QC)	340A-139	ex OH-FAE		
☐	SP-KPV	SAAB SF.340A	340A-071	ex SE-LGS		Lsd to Direct Fly
☐	SP-KPZ	LET L-410UVP-E	902431	ex OK-VDE		

SKY TAXI
Iguana (IGA)   *Wroclaw (WRO)*

☐	SP-MRB	SAAB SF.340A ((QC))	340A-100	ex OE-GIF	all white	

WHITE EAGLE GENERAL AVIATION
White Eagle (WEA)   *Warsaw-Okecie (WAW)*

☐	SP-FES	Mil Mi-8T	99150472	ex UR-25603		Lsd fr Universal Leasing
☐	SP-FNS	Beech B300 Super King Air	FL-134	ex N3252V		
☐	SP-KCA*	ATR 42-300	085	ex F-WQNY	Freighter	Lsd fr ATR Asset Mgt
☐	SP-KCN	ATR 42-320	409	ex F-WQNJ		Lsd fr ATRiam Capital; subsld to REA
☐	SP-KEE	ATR 42-300 (QC)	017	ex G-IONA		Lsd fr Bravo Avn
☐	SP-KTR	ATR 42-300	092	ex D-BAAA		Op for Globus

*Subleased to Air One

ST-   SUDAN (The Republic of the Sudan)

ABABEEL AVIATION
Khartoum (KRT)

☐	EX-036	Ilyushin Il-76TD	0093495863	ex RA-76785		Lsd fr CKW
☐	ST-ARL	Antonov An-26	2606	ex EK-13399		
☐	ST-AWB	Ilyushin Il-76TD				
☐	ST-AWT	Antonov An-26				
☐	ST-WTA	Ilyushin Il-76TD	1023410355	ex EX-109		
☐	ST-WTB	Ilyushin Il-76TD	100349994	ex UN-76009		
☐	ST-WTS	Antonov An-74-200	36547098960	ex UR-74057		

AIR TAXI & CARGO
(WAM)   *Khartoum (KRT)*

☐	ST-ATX	Ilyushin Il-76TD	0063473182	ex EW-76710		Lsd to TXC
☐	ST-TKO	Antonov An-32B	3110	ex ER-AWL	Deena	Lsd fr PXA

AIR WEST CARGO
(AWZ)
Sharjah (SHJ)

☐	ST-AWH	WSK-PZL/Antonov An-28	1AJ004-07	ex ER-AJH	
☐	ST-AWN	WSK-PZL/Antonov An-28	1AJ004-06	ex ER-AIP	
☐	ST-AWR	Ilyushin Il-76TD	0033447365	ex RDPL-11308	
☐	ST-EWC	Ilyushin Il-76TD	0023438129	ex EX-86919	
☐	ST-EWD	Ilyushin Il-76TD	0063466989	ex UR-CAP	
☐	ST-EWX	Ilyushin Il-76TD	1013409282	ex UN-76810	
☐	ST-SDA	Boeing 737-2T4	23274/1099	ex B-2508	Lsd to Nova Air
☐	ST-SDB	Boeing 737-2T4	23273/1097	ex B-2507	Lsd to MSL
☐	UN-A3101	Airbus A310-322	399	ex D-ASRA	Lsd fr SOZ

ALMAJARA AVIATION
(MJA)

☐	ST-ATH	Ilyushin Il-76MD	0063472158	ex EK-76705	
☐	ST-ATI	Ilyushin Il-76MD	1033418596	ex RA-76831	

ALOK AIR
(LOK)
Khartoum (KRT)

☐	ST-AQD	Antonov An-26B	11008	ex EX-26057	no titles
☐	ST-ATF	Antonov An-26			
☐	ST-AWZ	Antonov An-24RV	77310808	ex 4R-AVL	
☐	ST-SMS	Yakovlev Yak-40	9311526	ex 4L-AVK	

AYR AVIATION

☐	ST-SMZ	Antonov An-32	3205	ex ER-AFI	AMIS titles

AZZA AIR TRANSPORT
Azza Transport (AZZ)
Khartoum (KRT)

☐	ST-AKW	Boeing 707-330C	20123/788	ex (P4-AKW)	Lsd fr Ibis Aviation
☐	ST-APS	Ilyushin Il-76TD	1023409316	ex RA-76837	
☐	ST-AQB	Ilyushin Il-76TD	0053460795	ex EP-ALA	
☐	ST-ARV	Antonov An-12BP	8345310	ex EK-11028	status?
☐	ST-ASA	Antonov An-12	402010	ex RA-11374	
☐	ST-AZL	Antonov An-32	3009	ex ER-AWM	no titles
☐	ST-DAS	Antonov An-12	7345209	ex ER-AXC	
☐	ST-JAC	Antonov An-26B-100	10203	ex EX-003	
☐	ST-JCC	Boeing 707-384C (Comtran 2)	18948/495	ex P4-JCC	stored KRT

BADR AIRLINES
Badr Air (BDR)
Khartoum (KRT)

☐	ST-BDA	Antonov An-74-200	36547098968	ex RA-74014	
☐	ST-BDK	Antonov An-72	36547060642	ex RA-72936	AMIS titles
☐	ST-BDR	Antonov An-74			
☐	ST-BDT	Antonov An-72			AMIS titles
☐	ST-SAL	Antonov An-26B	17311907	ex RA-26100	

AMIS is African Union Mission in Sudan

BENTIU AIR TRANSPORT
Bentiu Air (BNT)
Sharjah/Khartoum (SHJ/KRT)

☐	ST-BEN	Antonov An-26	6907	ex UR-26514	
☐	ST-NDC	Antonov An-26	17310908	ex RA-26052	
☐	ST-SRA	Antonov An-26	17311807	ex RA-08827	

BLUE BIRD AIRLINES
Khartoum (KRT)

☐	ST-AFP	de Havilland DHC-6 Twin Otter 300	479	ex C-GDUN-X	
☐	ST-AHV	de Havilland DHC-6 Twin Otter 300	765		

Sister company of Blue Bird Aviation, Kenya

EL MAGAL AVIATION
El Magal (MGG)
Khartoum (KRT)

☐	ST-APJ	Antonov An-12BP	2400701	ex RA-11308	
☐	ST-ISG	WSK-PZL/Antonov An-28	1AJ005-01	ex EK-28501	
☐	ST-NSP	Antonov An-32	2109	ex ER-AZW	
☐	S9-PSE	Antonov An-32	2803	ex UR-48053	Lsd fr GLE

FEEDER AIRLINES
(FDD)

☐ ST-NEW	Fokker F.27 Mk 050 (Fokker 50)	20138	ex PH-PRB	

HALA AIR
Itatao Air (HLH)   *Khartoum (KRT)*

Operates services with Airbus A320s and Beech 200 / 1900 aircraft leased from other operators as required

IMAATONG SOUTH SUDAN AIRLINES

☐ 5Y-BTD	Fokker F.27 Friendship 300M	10154	ex TR-LGH	stored

JET
Khartoum (KRT)

☐ ST-AWH	WSK/PZL Antonov An-28	1AJ004-07	ex ER-AJH	also reported as operated by TFT

JUBA AIR CARGO
Juba (JUC)   *Khartoum/Sharjah (KRT/SHJ)*

☐ ST-ARN	Antonov An-12BK	8346010	ex EK-11011	

KATA TRANSPORTATION COMPANY
Khartoum (KRT)

☐ ST-AZL	Antonov An-32	3009	ex ER-AWM	
☐ ST-AZM	Antonov An-12BK	00346907	ex ex 05 red	
☐ ST-HIS	Antonov An-26B	07310310	ex UN-26026	

MARSLAND AVIATION
Marslandair (M7/MSL)   *Khartoum (KRT)*

☐ ST-ARJ	Antonov An-26	5602	ex ER-AZC	
☐ ST-ARP	Antonov An-24RV	37308809	ex EK-46630	
☐ ST-ARQ	Antonov An-24B	07305910	ex ST-RAS	
☐ ST-MRS	Tupolev Tu-134B-3	63333	ex YL-LBG	
☐ ST-SDB	Boeing 737-2T4	23273/1097	ex B-2507	Lsd fr AWZ
☐ UR-42703	Yakovlev Yak-42	4520424116690	ex UN-42703	Lsd fr OZU

MID AIRLINES
Nile (7Y/NYL)   *Khartoum (KRT)*

☐ ST-ARG	Fokker F.27 Mk 050 (Fokker 50)	20130	ex LN-BBA	Lsd fr K-Air
☐ ST-ARH	Fokker F.27 Mk 050 (Fokker 50)	20131	ex LN-BBB	Lsd fr K-Air
☐ ST-ARZ	Fokker F.27 Mk 050 (Fokker 50)	20134	ex LN-BBC	Lsd fr K-Air

NOVA AIRLINES
Khartoum (KRT)

☐ ST-NVA	Fokker F.27 Mk 050 (Fokker 50)	20227	ex PK-AIY	Lsd fr Elmo Finance
☐ ST-NVB	Canadair CL-600-2B19 (CRJ-200ER)	7807	ex HA-LND	
☐ ST-SDA	Boeing 737-2T4	23274/1099	ex B-2508	Lsd fr AWZ

SACSO AIR LINES
Khartoum (KRT)

☐ ST-ARJ	Antonov An-26	77305602	

SOUTHERN SUDAN AIRLINES
Current status uncertain as sole aircraft returned to lessor

SUDAN AIRWAYS
Sudanair (SD/SUD) (IATA 200)   *Khartoum (KRT)*

☐ ST-ASD	Fokker F.27 Mk 050 (Fokker 50)	20201	ex PH-PRI	
☐ ST-ASF	Fokker F.27 Mk 050 (Fokker 50)	20155	ex PH-PRG	
☐ ST-ASI	Fokker F.27 Mk 050 (Fokker 50)	20247	ex G-UKTB	
☐ ST-ASJ	Fokker F.27 Mk 050 (Fokker 50)	20246	ex G-UKTA	
☐ ST-ASO	Fokker F.27 Mk 050 (Fokker 50)	20256	ex G-UKTD	

All leased from Aircraft Financing & Trading

☐ ST-AFA	Boeing 707-3J8C	20897/885		Blue Nile
☐ ST-ASS	Airbus A300B4-622	252	ex F-ODTK	stored CHR
☐ ST-AST	Airbus A310-322	437	ex SU-BOW	
☐ ST-ATA	Airbus A300B4-622R	775	ex TF-ELC	Alqaswa Lsd fr ABD

☐ ST-ATB	Airbus A300B4-622R	666	ex TF-ELB	Elburag	Lsd fr Avion A/c
☐ ST-ATN	Airbis A310-324	548	ex VT-EVF		

Also leases aircraft from other operators as required. Privatised mid-2007 with 49% purchased by Kuwaiti investor.

SUDANAIR EXPRESS
Sudanese (SNV)   *Khartoum (KRT)*

☐ ST-AQQ	Antonov An-12BP	9346504	ex ER-ACG	Farahnaz; stored SHJ

Sudanair Express is the trading name of Sudanese State Aviation; some aircraft carry States Air titles

TAAT - TRANS ARABIAN AIR TRANSPORT
Reported to have ceased operations

TRANS ATTICO
Tranattico Sudan (ML/ETC)   *Khartoum / Sharjah (KRT/SHJ)*

☐ ST-AQD	Antonov An-26B	11008	ex EX-26057	
☐ ST-AQM	Antonov An-26	1404	ex RA-48099	no titles
☐ ST-AQR	Ilyushin Il-76TD	0043453575	ex 9L-LCX	
☐ ST-AQU	Antonov An-32B	2009	ex RA-69344	
☐ ST-ASX	Ilyushin Il-76	0073479392	ex 5A-DMQ	
☐ ST-CAT	LET L-410UVP-E	902527	ex SP-FGM	
☐ ST-CAU	LET L-410UVP-E	892340	ex RA-67612	

Trans Attico is the trading name of African Transport, Trading and Investment Co

UNITED ARABIAN AIRLINES
Remaining aircraft disposed of and ceased operations

Operator Unknown

☐ ST-BUE	Ilyushin Il-76		
☐ ST-NSP	Antonov An-32	2109	ex ER-AZW
☐ ST-VGA	WSK/PZL Antonov An-28		
☐ ST-	Antonov An-32	3205	ex ER-AFI

SU- EGYPT (Arab Republic of Egypt)

AIR CAIRO
(MSC)   *Cairo-Intl (CAI)*

☐ SU-BPU	Airbus A320-214	2937	ex F-WWIJ	
☐ SU-BPV	Airbus A320-214	2966	ex F-WWDC	
☐ SU-BPW	Airbus A320-214	3282	ex F-WWDP	
☐ SU-BPX	Airbus A320-214	3323	ex F-WWBE	
☐ SU-GCL	Airbus A320-231	0322	ex SU-RAA	Lsd fr MSR

Air Cairo is 40% owned by Egyptair

AIR MEMPHIS
Air Memphis (MHS)   *Cairo-Intl (CAI)*

☐ SU-BME	McDonnell-Douglas MD-83	49628/1582	ex F-GRML	all-white	Lsd fr GECAS
☐ SU-PBO	Douglas DC-9-31 (ABS 3)	48131/940	ex N928VJ		
☐ TC-OGS	Boeing 757-256	29307/924	ex EC-HIQ		Lsd fr KKK
☐ UR-CFE	McDonnell-Douglas MD-82	49222/1139	ex N130NJ	Lsd fr Pegasus; sublsd to UKM	

AIR SINAI
Air Sinai (4D/ASD)   *Cairo-Intl (CAI)*

A wholly owned subsidiary of Egyptair; operates services with aircraft leased from the parent

ALEXANDRIA AIRLINES
(ZR/KHH)   *Alexandria*

☐ SU-KHM	Boeing 737-5C9	26438/2413	ex JY-JA1	Lsd fr JAV

First service 18 March 2007

AMC AIRLINES
AMC (YJ/AMV)   *Cairo-Intl (CAI)*

☐ SU-AYK	Boeing 737-266	21194/455		
☐ SU-BOZ	McDonnell-Douglas MD-83	53192/2155	ex N192AJ	Lsd fr AWAS; sublsd to Sham Wings
☐ SU-BPG	Boeing 737-86N/W	32669/1895		Lsd fr GECAS
☐ SU-BPH	Boeing 737-86N/W	34257/2024		Lsd fr GECAS
☐ SU-BPZ	Boeing 737-86N/W	35213/2300		Lsd fr GECAS
☐ SU-BQA	Boeing 737-86N/W	35220/2406		Lsd fr GECAS

AMC Airlines is the trading name of Aviation Maintenance Company

CAIRO AVIATION
Cairo Air (CCE)   Cairo-Intl (CAI)

☐	SU-EAF	Tupolev Tu-204-120	1450742764027	ex RA-64027		
☐	SU-EAG	Tupolev Tu-204-120S	1450744764028	ex RA-64028	Freighter, TNT c/s	Jt ops with AAG
☐	SU-EAH	Tupolev Tu-204-120	1450744864023			Sublsd to/op for IRM
☐	SU-EAI	Tupolev Tu-204-120	1450744964025		all-white	
☐	SU-EAJ	Tupolev Tu-204-120S	1450742264029	ex RA-64029	Freighter, TNT c/s	Jt ops with AAG

All leased from Sirocco

EGYPTAIR
Egyptair (MS/MSR) (IATA 077)   Cairo-Intl (CAI)

☐	SU-GBA	Airbus A320-231	0165	ex F-WWDV	Aswan
☐	SU-GBB	Airbus A320-231	0166	ex F-WWID	Luxor
☐	SU-GBC	Airbus A320-231	0178	ex F-WWIQ	Hurghada
☐	SU-GBD	Airbus A320-231	0194	ex F-WWIZ	Taba
☐	SU-GBE	Airbus A320-231	0198	ex F-WWDG	El Alamein
☐	SU-GBF	Airbus A320-231	0351	ex F-WWDM	Sharm El Sheikh
☐	SU-GBG	Airbus A320-231	0366	ex F-WWDD	Saint Catherine
☐	SU-GBT	Airbus A321-231	0680	ex D-AVZB	Red Sea
☐	SU-GBU	Airbus A321-231	0687	ex D-AVZR	Sinai
☐	SU-GBV	Airbus A321-231	0715	ex D-AVZX	Mediterranean
☐	SU-GBW	Airbus A321-231	0725	ex D-AVZA	The Nile; no titles
☐	SU-GBZ	Airbus A320-232	2070	ex F-WWDJ	
☐	SU-GCA	Airbus A320-232	2073	ex F-WWIO	
☐	SU-GCB	Airbus A320-232	2079	ex F-WWDV	
☐	SU-GCC	Airbus A320-232	2088	ex F-WWBH	
☐	SU-GCD	Airbus A320-232	2094	ex F-WWBX	
☐	SU-GCL	Airbus A320-231	0322	ex SU-RAA	Lsd fr Oasis Intl; sublsd to MSC
☐	SU-GCE	Airbus A330-243	600	ex F-WWYK	
☐	SU-GCF	Airbus A330-243	610	ex F-WWKS	
☐	SU-GCG	Airbus A330-243	666	ex F-WWKQ	
☐	SU-GCH	Airbus A330-243	683	ex F-WWYF	
☐	SU-GCI	Airbus A330-243	696	ex F-WWYR	
☐	SU-GCJ	Airbus A330-243	709	ex F-WWKK	
☐	SU-GCK	Airbus A330-243	726	ex F-WWKP	
☐	SU-GBM	Airbus A340-212	156	ex F-WWJK	Osiris Express
☐	SU-GBN	Airbus A340-212	159	ex F-WWJV	Cleo Express
☐	SU-GBO	Airbus A340-212	178	ex F-WWJD	Hathor Express

Five more Airbus A330-243s are on order

☐	SU-GCM	Boeing 737-866/W	35558/2059		
☐	SU-GCN	Boeing 737-866/W	35559/2113	ex N1795B	
☐	SU-GCO	Boeing 737-866/W	35561/2369	ex N1795B	
☐	SU-GCP	Boeing 737-866/W	35560/2434	ex N1786B	
☐	SU-	Boeing 737-866/W			on order
☐	SU-	Boeing 737-866/W			on order

Six more Boeing 737-866/Ws are on order for delivery in 2009

☐	SU-GBP	Boeing 777-266	28423/71		Nefertiti
☐	SU-GBR	Boeing 777-266	28424/80		Nefertari
☐	SU-GBS	Boeing 777-266	28425/85		Tiye
☐	SU-GBX	Boeing 777-266ER	32629/362		Neit
☐	SU-GBY	Boeing 777-266ER	32630/368		Titi

Six Boeing 777-366ERs are on order, leased from GECAS

☐	SU-BDG	Airbus A300B4-203F	200	ex F-WZMN	Toshki
☐	SU-GAC	Airbus A300B4-203F	255	ex F-WZMY	New Valley
☐	SU-GAS	Airbus A300B4-622RF	561	ex F-WWAN	Cheops
☐	SU-GAY	Airbus A300B4-622RF	607	ex F-WWAB	Seti 1
☐	SU-GBH	Boeing 737-566	25084/2019		Karnak; no titles
☐	SU-GBJ	Boeing 737-566	25352/2169		Philae
☐	SU-GBK	Boeing 737-566	26052/2276		Kalabsha; no titles
☐	SU-GBL	Boeing 737-566	26051/2282		Ramesseum

Owns 40% of Air Cairo while Air Sinai and Egyptair Express are wholly owned; Egyptair Cargo use ICAO code MSX
To join Star Alliance

EGYPTAIR EXPRESS
(MSE)   Cairo-Intl (CAI)

☐	SU-GCT	Embraer 170-100LR (170LR)	17000167	ex PT-SMJ
☐	SU-GCU	Embraer 170-100LR (170LR)	17000169	ex PT-SML
☐	SU-GCV	Embraer 170-100LR (170LR)	17000170	ex PT-SMM
☐	SU-GCW	Embraer 170-100LR (170LR)	17000175	ex PT-SMR
☐	SU-GCX	Embraer 170-100LR (170LR)	17000178	ex PT-SMV
☐	SU-GCY	Embraer 170-100LR (170LR)	17000185	ex PT-SUC

Four more Embraer 170s are on order for future delivery. Wholly owned by Eqyptair

EUROMEDITERRANEAN AIRLINES
(EUD) Cairo Intl (CAI)

☐ SU-BPY   Boeing 757-2Q8   24965   ex N965AW   Lsd fr MSA V; sublsd to GBK
  Wholly owned by Air Italy ; first service 22 April 2007

FAST LINK
Cairo Intl (CAI)

☐ SU-FLE   SAAB SF.340A   340A-146   ex N146SD

KORAL BLUE
(KBR) Sharm el Sheikh (SSH)

☐ SU-KBA   Airbus A320-212   0937   ex SU-LBC   Lsd fr AerCap
☐ TS-IEF   Boeing 737-3Q8   26309/2674 ex N73380   Lsd fr KAJ
  10% owned by Karthago plus 65% by owner of Karthago and 25% by Orascom Hotels

LOTUS AIR
Lotus Flower (TAS) Cairo-Intl (CAI)

☐ SU-LBG   Airbus A320-233   0543   ex 9V-VLD   Lsd fr Airbus; sublsd to AAW
☐ SU-LBH   Airbus A320-233   0739   ex 9V-VLC   Lsd fr Airbus; sublsd to AAW
☐ SU-LBI   Airbus A320-232   0667   ex OE-LOF   Lsd fr ILFC
☐ SU-LBJ   Airbus A320-214   1054   ex TC-JLG   Lsd fr Delvaux A/c Lsg

LUXOR AIR
(LXO) Aswan (ASW)

Current status uncertain; sole aircraft now operated by Air Memphis

MIDWEST AIRLINES EGYPT
(MY/MWA) Cairo-Intl (CAI)

☐ SU-MWA   Airbus A310-304   652   ex F-WJKS   Almahrousa; stored CAI
  Leased from Credit Lyonnais – current status uncertain as aircraft requires engine change

NILE AIR
Cairo Intl (CAI)

Nine Airbus A321s are on order

PETROLEUM AIR SERVICES
Al Arish / Hurghada (AAC/HRG)

☐ SU-CAB   Bell 212   31223
☐ SU-CAJ   Bell 212   31247
☐ SU-CAL   Bell 212   31215   ex N3889A
☐ SU-CAM   Bell 212   31249
☐ SU-CAN   Bell 212   31250
☐ SU-CAO   Bell 212   31260
☐ SU-CAQ   Bell 212   31262
☐ SU-CAR   Bell 212   31263
☐ SU-CAS   Bell 212   31264
☐ SU-CAU   Bell 212   35036

☐ SU-CAV   Bell 412HP   36037   ex XA-TNO
☐ SU-CAW   Bell 412HP   36038   ex XA-SMW
☐ SU-CAX   Bell 412HP   36081   ex N2156S
☐ SU-CAY   Bell 412EP   36158   ex N6489P
☐ SU-CAZ   Bell 412EP   36184   ex N55248
☐ SU-CBK   Bell 412EP   36256   ex N368AL
☐ SU-   Bell 412EP   36353   ex C-FCSC
☐ SU-   Bell 412EP   36377   ex C-FENJ
☐ SU-   Bell 412EP   36379   ex C-FEON
☐ SU-   Bell 412EP   36410   ex C-FIRW

☐ SU-CBA   de Havilland DHC-7-102   93   ex C-GFYI
☐ SU-CBB   de Havilland DHC-7-102   96   ex C-GEWQ
☐ SU-CBC   de Havilland DHC-7-102   97   ex C-GFQL
☐ SU-CBD   de Havilland DHC-7-102   98   ex C-GEWQ
☐ SU-CBE   de Havilland DHC-7-102   99   ex C-GFBW

☐ SU-CBF   de Havilland DHC-8Q-315   584   ex C-FDHX
☐ SU-CBG   de Havilland DHC-8Q-315   585   ex C-FDHY
☐ SU-CBH   de Havilland DHC-8Q-315   594   ex C-FPJH
☐ SU-CBJ   de Havilland DHC-8Q-315   607   ex C-FBNT
☐ SU-CBN   de Havilland DHC-8Q-315   632   ex C-FIOY

☐	SU-CAC	Bell 206L-3 LongRanger III	51004
☐	SU-CAE	Bell 206L-3 LongRanger III	51030
☐	SU-CAF	Bell 206L-3 LongRanger III	51031
☐	SU-CAG	Bell 206B JetRanger III	3574
☐	SU-CAH	Bell 206B JetRanger III	3581
☐	SU-CAI	Bell 206L-3 LongRanger III	51018

25% owned by Air Logistics

SUN AIR
Sole aircraft returned to lessor 04 March 2007 and ceased operations. Majorty owner, Orascom Hotels with 51%, are now minority owners (25%) of Koral Blue

TRISTAR AIR
Triple Star (TSY)   *Cairo-Intl (CAI)*

| ☐ | SU-BMZ | Airbus A300B4-203F | 129 | ex N825SC |

Also leases freighter aircraft from other operators when required

SU-Y PALESTINE

PALESTINIAN AIRLINES
Palestine (PF/PNW) (IATA 400)   *Gaza-Yasser Arafat Intl (GZA)*

☐	SU-YAH	Fokker F.27 Mk 050 (Fokker 50)	20123	ex PH-FZJ		
☐	SU-YAI	Fokker F.27 Mk 050 (Fokker 50)	20143	ex PH-FZI	staus?, sold?	
☐	SU-YAK	Boeing 727-230	21621/1425	ex TC-AFR	stored AMM	Lsd fr Kingdom Ltd
☐	SU-YAM	de Havilland DHC-8Q-315	546	ex C-FDHD		Lsd fr Avmax, sublsd to BBO
☐	SU-YAN	de Havilland DHC-8Q-315	549	ex PK-TVM		Lsd fr Avmax, sublsd to BBO

SX- GREECE (Hellenic Republic)

AEGEAN AIRLINES
Aegean (A3/AEE) (IATA 390)   *Athens-Eleftherios Venizelos Intl (ATH)*

☐	SX-DVG	Airbus A320-232	3033	ex F-WWBX	Eethos	Lsd fr ILFC
☐	SX-DVH	Airbus A320-232	3066	ex F-WWIF	Nostos	Lsd fr ILFC
☐	SX-DVI	Airbus A320-232	3074	ex F-WWIO	Kinesis	Lsd fr ILFC
☐	SX-DVJ	Airbus A320-232	3365	ex F-WWIS		Lsd fr BOC Aviation
☐	SX-DVK	Airbus A320-232	3392	ex F-WWDS		Lsd fr ILFC
☐	SX-	Airbus A320-232		ex F-WW	on order	Lsd fr ILFC
☐	SX-	Airbus A320-232		ex F-WW	on order	Lsd fr ILFC
☐	SX-	Airbus A320-232		ex F-WWIO	on order	Lsd fr ILFC
☐	SX-	Airbus A321-232		ex D-AV	on order	Lsd fr ILFC
☐	SX-	Airbus A321-232		ex D-AV	on order	Lsd fr ILFC

Seven more Airbus A320-232s are on order for delivery by 2010.

☐	SX-DVA	Avro 146-RJ100	E3341	ex G-6-341
☐	SX-DVB	Avro 146-RJ100	E3343	ex G-6-343
☐	SX-DVC	Avro 146-RJ100	E3358	ex G-6-358
☐	SX-DVD	Avro 146-RJ100	E3362	ex G-6-362
☐	SX-DVE	Avro 146-RJ100	E3374	ex G-6-374
☐	SX-DVF	Avro 146-RJ100	E3375	ex G-6-375

☐	SX-BBU	Boeing 737-33A	25743/2206	ex EC-FMP	Joanna	Lsd fr AWAS
☐	SX-BGH	Boeing 737-4Y0	23866/1589	ex N4360W	Iniochos	Lsd fr Boullioun
☐	SX-BGJ	Boeing 737-4S3	25595/2233	ex N280CD		Lsd fr Boullioun
☐	SX-BGQ	Boeing 737-4Y0	25177/2176	ex F-GLXJ		Lsd by Aercap
☐	SX-BGR	Boeing 737-408	25063/2032	ex TF-FID		Lsd fr Boullioun
☐	SX-BGS	Boeing 737-4Q8	26279/2221	ex TC-AFM		Lsd fr Triton
☐	SX-BGV	Boeing 737-4Q8	26308/2665	ex HL7235		Lsd fr ILFC
☐	SX-BGW	Boeing 737-31S	29264/3070	ex D-ADBT		Lsd fr Deutsche Structured Finance
☐	SX-BGX	Boeing 737-46B	24124/1679	ex N412CT		Lsd fr CIT Group
☐	SX-BGY	Boeing 737-31S	29100/2984	ex D-ADBR		Lsd fr Deutsche Structured Finance
☐	SX-BGZ	Boeing 737-31S	29265/3073	ex D-ADBU		Lsd fr Deutsche Structured Finance
☐	SX-BLM	Boeing 737-42C	24813/2062	ex PH-BPF		Lsd fr Unicapital
☐	SX-BTN	Boeing 737-43Q	28494/2839	ex OK-BGQ		Lsd fr Boullioun

AEROLAND AIRWAYS
(3S/AEN)   *Athens-Eleftherios Venizelos Intl (ATH)*

☐	SX-ARU	Cessna 208B Caravan I	208B1146	ex N1293Z	Isle of Tinos
☐	SX-ARW	Cessna 208B Caravan I	208B1174	ex N13080	
☐	SX-ARX	Cessna 208B Caravan I	208B1182	ex N1300G	
☐	SX-	de Havilland DHC-8-102	351	ex C-FRIY	Island of Mykonos
☐	SX-	Cessna 208B Caravan I			on order
☐	SX-	Cessna 208B Caravan I			on order

AIRSEA LINES
Pegaviation (PEV)　　　　　　　　　　　　　　　　　　　　　　　　　　　Corfu-Gouvia Marina SPB

☐	SX-BMG	de Havilland DHC-6 Twin Otter 300	375	ex C-GHAZ	Floatplane	Lsd fr Pegasus; op for UN
☐	SX-BVP	de Havilland DHC-6 Twin Otter 300	283	ex HB-LSY	Floatplane	Lsd fr Pegasus
☐		de Havilland DHC-6 Twin Otter 300	691	ex C-FSHJ		
☐		de Havilland DHC-6 Twin Otter 300	768	ex C-FQWE		

ALEXANDAIR
Ceased operations February 2007 after sole aircraft was repossessed

AVIATOR AIRWAYS
Aviator (AVW)　　　　　　　　　　　　　　　　　　　　　　　　　　　Athens-Eleftherios Venizelos Intl (ATH)

☐	SX-APJ	Beech 200 Super King Air	BB-401	ex OY-JAO	Lsd fr Grotto Investments
☐	SX-BSR	British Aerospace Jetstream 31	718	ex G-OAKI	Lsd fr Airfan Enterprises

CIEL AIRLINES

Due to commence operations with Boeing 747 in 2Q08

EUROAIR
Eurostar (6I/EUP)　　　　　　　　　　　　　　　　　　　　　　　　　Athens-Eleftherios Venizelos Intl (ATH))

☐	SX-APP	Piper PA-31-350 Chieftain	31-8152171	ex N4093G		Lsd fr Zertolia Avn
☐	SX-BEU	McDonnell-Douglas MD-83	49848/1592	ex N814PG	Penelope	Lsd fr JPK
☐	SX-BEV	McDonnell-Douglas MD-83	49668/1467	ex N978PG		Lsd fr JPK; sublsd to HEJ
☐	SX-BFL	Piper PA-31-350 Chieftain	31-7952171	ex N64TT		
☐	SX-BMS	Piper PA-31-350 Navajo Chieftain	31-7752122	ex HP-1049PS		Lsd fr Snel Ltd

GREECE AIRWAYS
Ceased operations on 01 November 2006 for planned winter shutdown but did not restart in 2007

HELLAS JET
Hellas Jet (HJ/HEJ) (IATA 681)　　　　　　　　　　　　　　　　　　Athens-Eleftherios Venizelos Intl (ATH)

☐	SX-BEV	McDonnell-Douglas MD-83	49668/1467	ex N978PG	Lsd fr EUP
☐	SX-BVD	Airbus A320-200	0142	ex YL-BBC	Lsd fr LTC

Recommenced own scheduled services in May 2007 (was grounded May 2005)

HELLENIC IMPERIAL AIRWAYS
(IMP)　　　　　　　　　　　　　　　　　　　　　　　　　　　　　　Athens-Eleftherios Venizelos Intl (ATH)

☐	SX-DIE	Boeing 747-230M	23509/663	ex 5T-AUE	Lsd fr UVS
☐	SX-TIB	Boeing 747-230B	23622/665	ex JY-AUB	
☐	SX-TID	Boeing 747-281B	23502/649	ex (SX-DID)	Lsd to Mangal for Hadj
☐	SX-	Boeing 747-281B	23501/648	ex AP-BIC	Lsd to PIA for Hadj

MEDITERRANEAN AIR FREIGHT
Renamed Swiftair Hellas

OLYMPIC AIRLINES
Olympic (OA/OAL) (IATA 050)　　　　　　　　　　　　　　　　　　Athens-Eleftherios Venizelos Intl (ATH)

☐	SX-BIA	ATR 42-320		169	ex F-WWEW	Plato
☐	SX-BIB	ATR 42-320		182	ex F-WWER	Socrates
☐	SX-BIC	ATR 42-320		197	ex F-WWEE	Aristotle
☐	SX-BID	ATR 42-320		219	ex F-WWEG	Pythagoras
☐	SX-BIE	ATR 72-202		239	ex F-WWED	Thales
☐	SX-BIF	ATR 72-202		241	ex F-WWEA	Democritus
☐	SX-BIG	ATR 72-202		290	ex F-WWLQ	Homer
☐	SX-BIH	ATR 72-202		305	ex F-WWLC	Herodotus
☐	SX-BII	ATR 72-202		353	ex F-WWEK	Hipocrates
☐	SX-BIK	ATR 72-202		350	ex F-WWEG	Archimedes
☐	SX-BIL	ATR 72-202		437	ex F-WWLC	Melina-Eliada
☐	SX-BIM*	ATR 42-320		337	ex F-WQNQ	Kostas Tsiklitiras
☐	SX-BIN*	ATR 42-320		291	ex F-WQNZ	Spyros Louis

*Leased from Nordic Aviation Contractors

☐	F-GIXC	Boeing 737-38B (QC)	25124/2047	ex F-OGSS		Lsd fr AAF
☐	SX-BKA	Boeing 737-484	25313/2109		Vergina	
☐	SX-BKB	Boeing 737-484	25314/2124		Olynthos	
☐	SX-BKC	Boeing 737-484	25361/2130		Philippi	
☐	SX-BKD	Boeing 737-484	25362/2142		Amphipoli	
☐	SX-BKE	Boeing 737-484	25417/2160		Stagira	
☐	SX-BKF	Boeing 737-484	25430/2174		Dion	
☐	SX-BKG	Boeing 737-484	27149/2471		Pella	
☐	SX-BKH	Boeing 737-4Q8	24703/1828	ex N407KW		Lsd fr ILFC

☐	SX-BKI	Boeing 737-4Q8	24704/1855	ex N405KW		Lsd fr ILFC
☐	SX-BKM	Boeing 737-4Q8	24709/2115	ex N406KW		Lsd fr Avn Capital Grp
☐	SX-BKN	Boeing 737-4Q8	26281/2380	ex N401KW		Lsd fr ILFC
☐	SX-BKT	Boeing 737-4Q8	25377/2717	ex TC-JEO		Lsd fr ILFC
☐	SX-BKX	Boeing 737-430	27000/2311	ex EI-DGD		Lsd fr Oasis Intl
☐	SX-BLC	Boeing 737-3Q8	26303/2635	ex (G-JKID)	all-white	Lsd fr ILFC
☐	SX-BMC	Boeing 737-42J	27143/2457	ex N734AB	City of Alexandroupolis	Lsd fr OASIS
☐	EC-KHI	Boeing 737-33A	24026/1595	ex SE-RCR		Lsd fr HOA
☐	SX-BEM	Airbus A300B4-605R	603	ex B-2310	Creta; for FDX	Lsd fr GECAS
☐	SX-BIO	de Havilland DHC-8-102	330	ex C-GZQZ	Katerina Thanou	Lsd fr Bombardier
☐	SX-BIP	de Havilland DHC-8-102	347	ex C-GZRA	Voula Patoulidou	Lsd fr Bombardier
☐	SX-BIQ	de Havilland DHC-8-102	361	ex C-GZRD	Kahi Kahiasvili	Lsd fr Bombardier
☐	SX-BIR	de Havilland DHC-8-102	364	ex C-GZRF	Kostas Kenteris	Lsd fr Bombardier
☐	SX-DFA	Airbus A340-313X	235	ex F-WWJN	OlympiaLsd fr Observatory Enterprise	
☐	SX-DFB	Airbus A340-313X	239	ex F-WWJC	Delphi Lsd fr Observatory Enterprise	
☐	SX-DFC	Airbus A340-313X	280	ex F-WWJJ	Marathon Lsd fr Ottinger Enterprises	
☐	SX-DFD	Airbus A340-313X	292	ex F-WWJB	Epidaurus Lsd fr Ottinger Enterprises	

SKY EXPRESS
Air Crete (G3/SEH) — Heraklion (HER)

☐	SX-FIN	Boeing 747-283M	21575/358	ex N921FT	Finaval Avn titles	
☐	SX-IDI	British Aerospace Jetstream 32	947	ex N149JH		
☐	SX-SKY	British Aerospace Jetstream 31	829	ex G-VITO		

SKY WINGS AIRLINES
(GSW) — Heraklion (HER)

☐	SX-BSQ	McDonnell-Douglas MD-83	49372/1252	ex SE-RDU	Lsd fr Boeing A/c
☐	SX-BTF	McDonnell-Douglas MD-83	49857/1687	ex SE-RDE	Lsd fr GECAS

SWIFTAIR HELLAS
Med-Freight (MDF) — Athens-Eleftherios Venizelos Intl (ATH)

	Previously listed as Mediterranean Air Freight				
☐	SX-BGU	Swearingen SA.227AC Metro III	AC-615B	ex EC-HJO	
☐	SX-BKZ	Swearingen SA.227AC Metro III	AC-694B	ex SX-BKW	Lsd fr Finova
☐	SX-BMT	Swearingen SA.227AC Metro III	AC-699B	ex EC-GYB	Lsd fr Finova
	Operates for DHL; wholly owned by Swiftair				

VER-AVIA
Night Rider (GRV) — Athens-Eleftherios Venizelos Intl (ATH)

☐	SX-BBX	Swearingen SA.227AC Metro III	AC-657	ex N26902	Lsd fr Finova
☐	SX-BMM	Swearingen SA.227AC Metro III	BC-774B	ex N774MW	Lsd fr Lanzerac Avn
☐	SX-BNN	Swearingen SA.227AC Metro III	BC-771B	ex N771MW	Lsd fr ABN Amro Lsg

S2-   BANGLADESH (People's Republic of Bangladesh)

BEST AIR
Best Air (5Q/BEA) — Dhaka (DAC)

☐	S2-AAI	Boeing 737-2B7 (Nordam 3)	23131/1039	ex HS-VKK	
☐	S2-AAT	Hawker Siddeley HS.748 Srs 2A/351	1770	ex ZS-XGE	Freighter
☐	S2-ABE	Hawker Siddeley HS.748 Srs 2A/245	1658	ex F-GODD	Freighter
☐	S2-AEE	Hawker Siddeley HS.748 Srs 2A/242	1647	ex G-ORCP	Freighter

BIMAN BANGLADESH AIRLINES
Bangladesh (BG/BBC) (IATA 997) — Dhaka (DAC)

☐	S2-ACO	Douglas DC-10-30	46993/263	ex 9V-SDB	City of Hazrat Shah Makhdoom (RA)
☐	S2-ACP	Douglas DC-10-30	46995/275	ex 9V-SDD	City of Dhaka
☐	S2-ACQ	Douglas DC-10-30	47817/300	ex 9V-SDF	City of Hazrat Shah Jalal (RA)
☐	S2-ACR	Douglas DC-10-30	48317/445		The New Era
☐	S2-ACV	Fokker F.28 Fellowship 4000	11124	ex PK-YPV	
☐	S2-ACW	Fokker F.28 Fellowship 4000	11148	ex PK-YPJ	
☐	S2-ADE	Airbus A310-325	698	ex F-WWCF	City of Hazrat Khan Jahan Ali (RA)
					Dbr 12Mar07, stored DXB
☐	S2-ADF	Airbus A310-325	700	ex F-WWCB	City of Chittagong
☐	S2-ADH	Airbus A310-325	650	ex N835AB	Lsd fr Airbus
☐	S2-ADK	Airbus A310-325	594	ex N594RC	Lsd fr Crane Aircraft
☐	S2-ADY	Fokker F.28 Fellowship 4000	11120	ex HS-PBC	
☐	S2-ADZ	Fokker F.28 Fellowship 4000	11123	ex HS-PBA	

BISMILLAH AIRLINES
Bismillah (5Z/BML) — Dhaka/Sharjah (DAC/SHJ)

☐	S2-ADW	Hawker Siddeley HS.748 Srs 2A/347	1766	ex G-BGMN	Freighter

☐ S2-AEK	Douglas DC-8-61F	45888/290	ex N30UA	stored OPF	
☐ XU-U4C	Antonov An-12BP	5343005	ex UN-98102		Lsd fr PMT

GMG AIRLINES
(Z5) (IATA 009)   Dhaka (DAC)

☐ G-CDEG	Boeing 737-8BK/W	33022/1672			Lsd fr CIT GSM
☐ S2-AAA	de Havilland DHC-8-102	245	ex N802MA	In memory of Bangabondu	
					Lsd fr Bombardier
☐ S2-ACT	de Havilland DHC-8-311	307	ex OE-LRW		Lsd fr GECAS
☐ S2-ADJ	de Havilland DHC-8-102	54	ex N816PH		Lsd fr CIT Group
☐ S2-ADM	McDonnell-Douglas MD-82	53147/2069	ex PK-LMF	stored BKK	Lsd fr LNI
☐ S2-ADO	McDonnell-Douglas MD-82	53481/2145	ex S7-ASK		Lsd fr Aerostar Avn
☐ S2-ADX	de Havilland DHC-8Q-311A	464	ex G-BRYZ	In memory of HZT Saha Jalal	
					Lsd fr MDT Greenwich Khala
☐ TF-AMK	Boeing 747-312	23028/584	ex F-GSEX		Lsd fr ABD

ROYAL BENGAL AIRLINES

☐ S2-AEL	de Havilland DHC-8-102A	225	ex D-BOBL	Lsd fr Lipicar

UNITED AIRWAYS
(4H)

☐ S2-AER	de Havilland DHC-8-102	366	ex N811WP	Lsd fr Phoenix A/c & Lsg
☐ S2-	de Havilland DHC-8-103	363	ex N810WP	Lsd fr Phoenix A/c & Lsg

VOYAGER AIRLINES
Voyager Air (V6/VOG) (IATA 722)   Dhaka (DAC)

Operates charter flights using aircraft leased from other operators as required

YOUNGONE

☐ S2-ACU	Cessna 208B Caravan I	208B0612	ex N1215A

ZOOM AIRWAYS
Zed Air (3Z/ZAW)   Dhaka (DAC)

☐ S2-ADL	Hawker Siddeley HS.748 Srs.2B/361 LFD	1773	ex VH-IPB	Freighter	Lsd fr IAP
Operator Unknown					
☐ S2-	Fokker F.27 Friendship 500RF	10630	ex 4R-EXG		

S5- SLOVENIA (Republic of Slovenia)

ADRIA AIRWAYS
Adria (JP/ADR) (IATA 165)   Ljubljana (LJU)

☐ S5-AAD	Canadair CL-600-2B19 (CRJ-200LR)	7166	ex C-FZWS	retd?	
☐ S5-AAE	Canadair CL-600-2B19 (CRJ-200LR)	7170	ex C-GAIK		
☐ S5-AAF	Canadair CL-600-2B19 (CRJ-200LR)	7272	ex C-FMND		
☐ S5-AAG	Canadair CL-600-2B19 (CRJ-200LR)	7384	ex C-FMMT	Star Alliance colours	
☐ S5-AAH	Canadair CL-600-2B19 (CRJ-100LR)	7032	ex HA-LNX		Lsd fr Bombardier Capital
☐ S5-AAI	Canadair CL-600-2B19 (CRJ-200LR)	7248	ex G-DUOH	Hit Stars colours	Lsd fr GECAS
☐ S5-AAJ	Canadair CL-600-2B19 (CRJ-200LR)	8010	ex C-		
☐ SP-MRB	SAAB SF.340A (QC)	340A-100	ex OE-GIF	freighter	Lsd fr IGA
☐ S5-AAA	Airbus A320-231	0043	ex SX-BAS		Lsd to AAW
☐ S5-AAB	Airbus A320-231	0113	ex SX-BAT	Star Alliance c/s	Lsd to AAW
☐ S5-AAC	Airbus A320-231	0114	ex SX-BAU		Lsd to AAW
☐ S5-AAK	Canadair CL-600-2D24 (CRJ-900ER)	15128	ex C-		
☐ S5-AAL	Canadair CL-600-2D24 (CRJ-900ER)	15129	ex C-		
☐ S5-	Canadair CL-600-2D24 (CRJ-900ER)		ex C-	on order	
☐ S5-	Canadair CL-600-2E25 (CRJ-1000ER)		ex C-	on order	
☐ UR-GAS	Boeing 737-528	25236/2443	ex F-GJNK		Lsd fr AUI
☐ UR-GAT	Boeing 737-528	25237/2464	ex F-GJNM		Lsd fr AUI

Member of Star Alliance

AURORA AIRLINES
(URR)   Ljubljana (LJU)

☐ S5-ACC	McDonnell-Douglas MD-82	48095/1055	ex ZA-ARB	Lsd fr Elmo Avn
☐ S5-ACD	McDonnell-Douglas MD-82	49143/1095	ex 9A-CBC	Lsd fr Elmo Avn
☐ ZS-OBG	McDonnell-Douglas MD-82	48020/1045	ex N823NK	Lsd fr SFR

First two fitted with QuietEagle Stage IV hush-kits.

SOLINAIR
Solinair (SOP) — *Portoroz (POW)*

☐ S5-BAF	LET L-410UVP-E8C	912540	ex OM-WDA	FedEx colours	Lsd fr/op for ADR
☐ S5-BAT	SAAB SF.340AF	340A-005	ex S5-BAN	all-white	

S7- SEYCHELLES (Republic of Seychelles)

AIR SEYCHELLES
Seychelles (HM/SEY) (IATA 061) — *Mahe (SEZ)*

☐ S7-AAA	Britten-Norman BN-2A-27 Islander	540	ex G-BDZP	Isle of Remire	stored
☐ S7-AAF	de Havilland DHC-6 Twin Otter 300	623	ex S7-AAO	Isle of Praslin	
☐ S7-AAJ	de Havilland DHC-6 Twin Otter 310	499	ex PH-STB	Isle of Desroches	
☐ S7-AAR	de Havilland DHC-6 Twin Otter 300	539	ex PH-STF	Isle of Farquhar	
☐ S7-AHM	Boeing 767-37DER	26328/637	ex (S7-AAZ)	Vailee de Mai; dam 24Dec07	Lsd fr ILFC
☐ S7-ASY	Boeing 767-3Q8ER	29386/831		Aldabra	Lsd fr ILFC
☐ S7-EXL	Boeing 767-204ER	24013/210	ex G-BNYS		Lsd fr XLA
☐ S7-PAL	Short SD.3-60	SH3758	ex G-KBAC	Isle de Palme	
☐ S7-PRI	Short SD.3-60	SH3724	ex G-BNMU	Isle of La Digue	
☐ SP-LPC	Boeing 767-35DER	28656/659			Lsd fr LOT

Two Boeing 787s are on order leased from ILFC for delivery in May/September 2010 plus two de Havilland DHC-6-400s

IDC AIRCRAFT
Mahe (SEZ)

(Island Development Corporation)

☐ S7-AAI	Reims Cessna F406 Caravan II	F406-0051	ex N7148P		
☐ S7-AAU	Britten-Norman BN-2A-21 Islander	589	ex A2-01M		Op for Coast Guard
☐ S7-IDC	Beech 1900D	UE-212	ex N3217U		

ORION AIR
Orion Air (ORI) — *Singapore-Changi (SIN)*

Current status uncertain

S9- SAO TOME (Democratic Republic of Sao Tome & Principe)

AIR SAO TOME E PRINCIPE
Equatorial (KY/EQL) (IATA 980) — *Sao Tome (TMS)*

Current status uncertain, possibly ceased operations

GOLFO INTERNATIONAL
Sao Tome/Luanda (TMS/LAD)

Previously listed as SAL Express

☐ S9-BAJ	Beech 1900D	UE-357	ex N23598	
☐ S9-BAK	Beech 1900D	UE-358	ex N23610	

Leases aircraft to SAL (D2-) as required and operate in SAL Express titles

GOLIAF AIR
Goliaf Air (GLE) — *Sao Tome (TMS)*

☐ S9-BOH	Antonov An-32	2108	ex T-256		
☐ S9-BOZ	Antonov An-12A	2340803	ex RA-122375		Lsd to Africa West
☐ S9-CAH	WSK-PZL/Antonov An-28	1AJ005-12	ex ER-AJK		
☐ S9-DAB	Douglas DC-9-32	47313/268	ex LV-YAB	Calypso	
☐ S9-DAE	Ilyushin Il-76MD	0083483513	ex HA-TCH	no titles	
☐ S9-DAF	Antonov An-12A	2340606	ex RA-12971	Principe	
☐ S9-DBA	Antonov An-12AP	2400802	ex UR-11326		Lsd to Africa West
☐ S9-PSB	WSK-PZL/Antonov An-28	1AJ003-07	ex ER-AJA		
☐ S9-PSE	Antonov An-32	2803	ex UR-48015		Lsd to MGG
☐ S9-PSV	WSK/PZL Antonov An-28	1AJ008-13	ex ER-AKO		Op for Dallex Air

HIFLY STP
Ceased own operations

SAL EXPRESS
Now correctly listed as Golfo International

STP AIRWAYS
(8F/STP) — *Sao Tome (TMS)*

Current fleet unknown

TRANSAFRIK INTERNATIONAL
(TFK)
Sao Tome/Luanda (TMS/LAD)

☐	S9-BAE	Boeing 727-31F	18903/147	ex N210NE	Lsd fr TWL Ltd
☐	S9-BAG	Boeing 727-30C	19313/411	ex PP-ITP	all-white; stored UTN Lsd fr TWL Ltd
☐	S9-BAV	Boeing 727-223 (Raisbeck 3)	21383/1324	ex N871AA	Tanker Lsd fr TWL Ltd
☐	S9-BOC	Boeing 727-23F	18447/127	ex ZS-NMY	all-white; stored UTN Lsd fr TWL Ltd
☐	S9-BOD	Boeing 727-25F	18968/223	ex PP-ITA	all-white; stored UTN Lsd fr TWL Ltd
☐	S9-BOG	Boeing 727-90C	19170/332	ex N270AX	all-white; stored UTN Lsd fr TWL Ltd
☐	S9-CAA	Boeing 727-95F	19836/494	ex HR-AMR	Lsd fr TWL Ltd
☐	S9-PAC	Boeing 727-44C (FedEx 3)	20475/854	ex C-GVFA	Lsd fr TWL Ltd
☐	S9-PST	Boeing 727-171C	19859/559	ex C-FPXD	Op for DTA
☐	S9-TAO	Boeing 727-23F	19390/350	ex N931FT	
☐	S9-BAT	Lockheed L-382G-3C Hercules	4134	ex N916SJ	Lsd fr TWL Ltd
☐	S9-BOF	Lockheed L-382G-32C Hercules	4586	ex N921SJ	Lsd fr TWL Ltd
☐	S9-BOR	Lockheed L-382E-20C Hercules	4362	ex N522SJ	Lsd fr TWL Ltd
☐	S9-CAV	Lockheed L-382G-11C Hercules	4301	ex N923SJ	Lsd fr TWL Ltd
☐	S9-CAW	Lockheed L-382G-13C Hercules	4300	ex N908SJ	Lsd fr TWL Ltd
☐	S9-NAL	Lockheed L-382E-25C Hercules	4385	ex 9Q-CHZ	Lsd fr TWL Ltd

Some operate for aid agencies

TRANSLIZ AVIATION
Sao Tome (TMS)

☐	S9-KHC	Antonov An-12B	00347306	ex ER-ACY	
☐	S9-KHD	Antonov An-12B	01347908	ex ER-ACQ	
☐	S9-KHF	Antonov An-12V	00347109	ex ER-ADG	
☐	S9-KHL	Antonov An-12B	00347401	ex ER-ACS	

Operator Unknown

☐	S9-DBO	Antonov An-12			
☐	S9-DBP	Antonov An-12BP	8346201	ex 4K-AZ23	
☐	S9-DBS	Antonov An-26	07309504	ex EX-091	
☐		Antonov An-24RV	37308801	ex ER-AZN	

TC- TURKEY (Republic of Turkey)

ACT AIRLINES
(9T/RUN)
Istanbul (IST)

☐	TC-ACB	Airbus A300B4-203F	121	ex G-CEXI	
☐	TC-ACC	Airbus A300B4-203F	147	ex N318FV	Lsd to MXU
☐	TC-ACD	Airbus A300B4-203F	075	ex N502TA	Lsd fr Bravia Capital; op for Empost
☐	TC-ACT	Airbus A300C4-203F	083	ex TC-ORH	Mersin Op for Libyavia
☐	TC-ACU	Airbus A300B4-203F	183	ex N512TA	
☐	TC-ACY	Airbus A300B4-203F	107	ex N59107	
☐	TC-ACZ	Airbus A300B4-203F	105	ex N317FV	

ANKA AIR

Believed to be the new operating name of World Focus Airlines

☐	TC-AKL	McDonnell-Douglas MD-83	53184/2088	ex TC-FBG	Lsd fr AWAS; sublsd to IRQ
☐	TC-AKN	McDonnell-Douglas MD-83	53186/2092	ex TC-FBD	Lsd fr AWAS; sublsd to IRQ

ATLASJET INTERNATIONAL
Atlasjet (KK/KKK) (IATA 610)
Antalya (AYT)

☐	TC-IEH	Airbus A321-231	0963	ex N963DE	Lsd fr INX
☐	TC-OGI	Airbus A320-232	0640	ex N381LF	Lsd fr ILFC
☐	TC-OGJ	Airbus A320-232	0676	ex N391LF	Lsd fr ILFC
☐	TC-OGK	Airbus A320-233	0460	ex N951LF	Lsd fr AerCap; sublsd to ABQ
☐	TC-OGL	Airbus A320-233	0461	ex N941LF	Lsd fr AerCap
☐	TC-OGU	Airbus A319-132	2631	ex D-AVWD	Lsd fr AerCap
☐	TC-OGV	Airbus A319-132	2655	ex D-AVYJ	Lsd fr AerCap
☐	OH-AFJ	Boeing 757-28A	26269/612	ex N321LF	Lsd fr FIF
☐	TC-ETB	Canadair CL-600-2D24 (CRJ-900ER)	15063	ex C-FIIY	
☐	TC-ETC	Canadair CL-600-2D24 (CRJ-900ER)	15064	ex C-FIIZ	
☐	TC-ETD	Canadair CL-600-2D24 (CRJ-900ER)	15065	ex C-FIIW	
☐	TC-OGS	Boeing 757-256	29307/924	ex EC-HIQ	Lsd fr BBAM; sublsd to MHS
☐	TC-OGT	Boeing 757-256	29308/935	ex EC-HIR	Lsd fr BBAM

Leases aircraft to Saudi Arabian Airlines, especially for Hadj

BEST AIR
(5F/BST)   *Istanbul-Ataturk (IST)*

☐	TC-TUA	McDonnell-Douglas MD-82	49138/1090	ex TC-MNO	Tamcelik	Lsd fr Atlantic Air Lease
☐	TC-TUB	Airbus A321-231	0604	ex TC-OAP	Gizem	Lsd fr ILFC
☐	TC-TUC	Airbus A321-231	0614	ex TC-OAR	Irem	Lsd fr ILFC; sublsd to AFG

CORENDON AIR
Corendon (7H/CAI) (IATA 718)   *Istanbul-Sabiha Gokcen Int'l (SAW)*

☐	TC-TJA	Boeing 737-3Q8	24699/1886	ex G-IGOZ		Lsd fr BBAM
☐	TC-TJB	Boeing 737-3Q8	27633/2878	ex N304FL	Ayhan Saracoglu	Lsd fr ILFC; sublsd to UYC
☐	TC-TJC	Boeing 737-4Q8	25374/2562	ex TC-MNL		Lsd fr ILFC; sublsd to AEW
☐	TC-TJD	Boeing 737-4Q8	25375/2598	ex TC-MNM		Lsd fr ILFC

FLY AIR
Fly World (F2/FLM)   *Istanbul-Ataturk (IST)*

☐	TC-FLK	Airbus A300B4-2C	151	ex JA8263	for IRA	Lsd to IRA
☐	TC-FLL	Airbus A300B4-2C	256	ex JA8237	for IRA	

Reported to have ceased operations in January 2007 but painted in new colours, with flyair.com.tr titles, by June 2007; both due to be purchased by Iran Air

FREEBIRD AIRLINES
Free Turk (FHY)   *Istanbul-Ataturk (IST)*

☐	TC-FBE	Airbus A320-212	0132	ex SE-RCG	Lsd fr Macquarie AirFinance
☐	TC-FBF	Airbus A320-212	0288	ex 9H-AED	Lsd fr Macquarie AirFinance
☐	TC-FBG	Airbus A321-231	0771	ex HL7588	Lsd fr Airbus
☐	TC-FBT	Airbus A321-231	0855	ex HL7589	Lsd fr Airbus
☐	TC-FBY	Airbus A320-211	0283	ex N754US	Lsd fr GECAS

GOLDEN INTERNATIONAL AIRLINES
(GTC)   *Istanbul-Ataturk (IST)*

☐	TC-GLA	Boeing 757-2Q8	30044/954	ex N765MX	stored, retd?	Lsd fr ILFC

Grounded by Turkish authorities December 2007 for three months as did not introduce second aircraft

INTER AIRLINES
Inter-Euro (6K/INX) (IATA 821)   *Anatalya (AYT)*

☐	TC-IEF	Airbus A321-231	0968	ex G-MIDH	Saide Nez	Lsd fr ILFC
☐	TC-IEG	Airbus A321-231	0974	ex G-MIDI	Kilis	Lsd fr ILFC
☐	TC-IEH	Airbus A321-231	0963	ex N963DE	Nilüfer	Lsd fr Airbus; sublsd to KKK

*Leased from Aircraft Financing & Trading
Inter Airlines is the trading name of Inter Ekspress Hava Tasimacilik

IZMIR AIRLINES
Izmir (4I/IZM)   *Izmir (ADB)*

☐	TC-IZH	Airbus A319-132	2452	ex N812BR	Gövtzepe	Lsd fr ILFC
☐	TC-IZM	Airbus A319-132	2404	ex N809BR	Alsancak	Lsd fr ILFC
☐	TC-IZR	Airbus A319-132	2414	ex N810BR	Karsiyaka	Lsd fr ILFC

KTHY CYPRUS TURKISH AIRLINES
Airkibris (YK/KYV) (IATA 056)   *Ercan (ECN)*

☐	TC-JYK	Airbus A310-203	172	ex F-GEMF	Erenköy; stored IST	
☐	TC-KTD	Airbus A321-211	2117	ex D-AVZB	Iskela	Lsd fr Boullioun
☐	TC-KTY	Airbus A321-211	1012	ex F-WQRS	Lefke	Lsd fr Airbus
☐	TC-MAO	Boeing 737-86N	28645/840	ex N1795B	Karpaz	Lsd fr GECAS
☐	TC-MSO	Boeing 737-8S3	29246/475	ex N1787B	Magusa	Lsd fr Sojitz A/c
☐	TC-MZZ	Boeing 737-8S3	29247/493		Guzelyurt	Lsd fr Sojitz A/c

50% owned by THY- Turkish Airlines; KTHY-Cyprus Turkish Airlines is the trading name of Kibris Turk Hava Yollari

KUZU CARGO AIRLINES
Kuzu Cargo (GO/KZU) (IATA 444)   *Istanbul (IST)*

☐	TC-ABK	Airbus A300B4-203	101	ex N59101	Siirt 1	Lsd fr Sky Works
☐	TC-AGK	Airbus A300B4-203F	117	ex G-CEXH	Siirt 5	Lsd to AMU
☐	(TC-KZT)	Airbus A300B4-203F	139	ex N59139	Siirt 6	
☐	TC-KZU	Airbus A300B4-203	173	ex (TC-ORK)	Siirt 2	Lsd fr Sky Works; sublsd AMU
☐	TC-KZV	Airbus A300B4-103F	041	ex PH-EAN	Siirt 4	
☐	TC-KZY	Airbus A300B4-103F	044	ex PH-CLA	Siirt 3	

Two are leased to China Eastern and one to Pacific East Asia Cargo

MARIN AIR

Antalya / Bodrum-Marina / Marmaris-Marina (AYT/-/-)

☐	TC-KEU	Cessna 208 Caravan I	20800317	ex N52234	Floatplane	

MNG CARGO AIRLINES
Black Sea (MB/MNB) (IATA 716)   *Istanbul-Ataturk (IST)*

☐	TC-MCB	Airbus A300B4-203F	304	ex N308FV		
☐	TC-MNA	Airbus A300B4-203F	019	ex N742SC		
☐	TC-MNB	Airbus A300B4-203F	292	ex HL7279		
☐	TC-MNC	Airbus A300B4-203F	277	ex HL7278		
☐	TC-MND	Airbus A300C4-203F	212	ex ZS-SDG	stored XCR	Lsd to Ceiba Cargo
☐	TC-MNJ	Airbus A300B4-203F	123	ex PH-JLH		
☐	TC-MNN	Airbus A300B4-203F	126	ex N13974		
☐	TC-MNU	Airbus A300B4-203F	047	ex N740SC		
☐	TC-MBA	Fokker F.27 Friendship 500	10654	ex G-CEXE		
☐	TC-MBB	Fokker F.27 Friendship 500	10660	ex G-CEXF		
☐	TC-MBC	Fokker F.27 Friendship 500CRF	10530	ex OK-ABA		
☐	TC-MBD	Fokker F.27 Friendship 500CRF	10531	ex OK-ABB		
☐	TC-MBE	Fokker F.27 Friendship 500	10639	ex D-ACCT	dbr CVT 18Jan07?	
☐	TC-MBF	Fokker F.27 Friendship 600	10405	ex G-BNIZ		
☐	TC-MBG	Fokker F.27 Friendship 500	10459	ex G-CEXG		
☐	TC-MBH	Fokker F.27 Friendship 500	10550	ex G-CEXB		

Two Airbus A330-200Fs are on order

ONUR AIR
Onur Air (8Q/OHY)   *Istanbul-Ataturk (IST)*

☐	TC-OAA	Airbus A300B4-605R	744	ex F-WQRD		Lsd fr ILFC
☐	TC-OAB	Airbus A300B4-605R	749	ex F-WQRC	Safuan 1	Lsd fr ILFC
☐	TC-OAG	Airbus A300B4-605R	747	ex F-OHLN		Lsd fr ILFC
☐	TC-OAH	Airbus A300B4-605R	584	ex S7-RGO		Lsd fr GECAS
☐	TC-OAO	Airbus A300B4-605R	764	ex D-AIAW		Lsd fr ILFC
☐	TC-OAY	Airbus A300B4-622R	677	ex N461LF		Lsd fr ILFC
☐	TC-ONT	Airbus A300B4-203	138	ex ZS-SDE	Kaptan Bilal Basar	
☐	TC-ONU	Airbus A300B4-203	192	ex ZS-SDF	B Basar	
☐	TC-OAC	Airbus A320-212	0313	ex TC-ABG		Lsd fr Oasis
☐	TC-OAD	Airbus A320-212	0345	ex TC-ABH		Lsd fr Oasis
☐	TC-OAE	Airbus A321-231	0663	ex F-OHMP		Lsd fr ILFC
☐	TC-OAF	Airbus A321-231	0668	ex F-OHMQ		Lsd fr ILFC
☐	TC-OAI	Airbus A321-231	0787	ex D-AVZL		Lsd fr ILFC
☐	TC-OAK	Airbus A321-231	0954	ex D-ALAI		Lsd fr ILFC
☐	TC-OAL	Airbus A321-231	1004	ex D-ALAK		Lsd fr ILFC
☐	TC-OAN	Airbus A321-231	1421	ex D-ALAP		Lsd fr ILFC; sublsd to BGH
☐	TC-ONJ	Airbus A321-131	0385	ex D-AVZG	Kaptan Koray Sahin	
☐	TC-ONS	Airbus A321-131	0364	ex D-AVZD	Funda	
☐	TC-OAS	McDonnell-Douglas MD-83	53465/2093	ex N162BS		Lsd fr Jets MD Lease
☐	TC-OAT	McDonnell-Douglas MD-83	53466/2101	ex N163BS		Lsd fr Jets MD Lease
☐	TC-OAU	McDonnell-Douglas MD-83	53488/2134	ex N164BS		Lsd fr Jets MD Lease
☐	TC-OAV	McDonnell-Douglas MD-83	53520/2137	ex N165BS		Lsd fr Jets MD Lease
☐	TC-ONM	McDonnell-Douglas MD-88	53546/2167		Yasemin	
☐	TC-ONN	McDonnell-Douglas MD-88	53547/2176		Ece	
☐	TC-ONO	McDonnell-Douglas MD-88	53548/2180		Yonca	
☐	TC-ONP	McDonnell-Douglas MD-88	53549/2185		Esra	
☐	TC-ONR	McDonnell-Douglas MD-88	53550/2187		Evren	

Leases aircraft to Saudi Arabian Airlines for short periods, especially for Hadj services

PEGASUS AIRLINES
Sunturk (1I/PGT)   *Istanbul-Ataturk (IST)*

☐	TC-AAD	Boeing 737-5Q8	28201/2999	ex PT-SSF		Lsd fr ILFC
☐	TC-AAF	Boeing 737-58E	29122/2991	ex N291SZ		Lsd fr Sojitz A/c
☐	TC-AAG	Boeing 737-5L9	29234/3068	ex ES-ABI	AVEA c/s	Lsd fr Sumisho A/c
☐	TC-APD	Boeing 737-42R	29107/2997			
☐	TC-APR	Boeing 737-4Y0	24685/1859	ex EC-GXR		Lsd fr BBAM
☐	TC-AAB	Boeing 737-86N	28620/542	ex TC-SUD		Lsd fr GECAS
☐	TC-AAE	Boeing 737-82R/W	35700/2435		Hayirli	
☐	TC-AAH	Boeing 737-82R/W	35701/2496			
☐	TC-AAK	Boeing 737-8FH/W	35094/2195			Lsd fr RBS Aerospace
☐	TC-AAP	Boeing 737-86N/W	32736/1113			Lsd fr GECAS
☐	TC-APF	Boeing 737-86N	28642/813	ex N1787B		Lsd fr GECAS
☐	TC-APH	Boeing 737-8S3	29250/792	ex N1787B		Lsd fr Sojitz A/c; sublsd to Community
☐	TC-API	Boeing 737-86N/W	32732/1056			Lsd fr GECAS; sublsd to CID
☐	TC-APJ	Boeing 737-86N/W	32735/1104			Lsd fr GECAS
☐	TC-APM	Boeing 737-809	28403/117	ex B-18602	PR-VBF resd	

☐ TC-APU	Boeing 737-82R	29344/849	ex N1786B	Lsd fr GECAS; sublsd to KMF	
☐ TC-APZ	Boeing 737-809	29103/129	ex B-18603	Lsd fr ILFC; sublsd to KMF	
☐ TC-	Boeing 737-82R/W			PR-VBG resd on order	Lsd fr GECAS

Three more Boeing 737-82R/Ws are on order for delivery in 2009

REDSTAR AVIATION
Istanbul-Sabiha Gokcen (SAW)

☐ TC-RSA	British Aerospace Jetstream 32EP	986	ex G-CBDA	

Also operates Mil Mi-2 helicopters in EMS mode

SAGA AIRLINES
(SGX)   *Istanbul-Ataturk (IST)*

☐ TC-SGA	Airbus A300B2K-3C	090	ex JA8466	Kemal Kolot	Lsd fr Air Hawk; sublsd to IRM
☐ TC-SGB	Airbus A310-304	562	ex N351LF	Akçaabat	Lsd fr ILFC
☐ TC-SGC	Airbus A310-304	519	ex VT-EVI	Fethiya Kolot	Lsd fr ILFC
☐ TC-SGD	Boeing 737-48E	25773/2905	ex VT-JAM	Lsd fr Sojitz A/c; sublsd to DAH	
☐ TC-SGE	Boeing 737-48E	25775/2925	ex VT-JAN	Lsd fr Sojitz A/c; sublsd to DAH	

SKY AIRLINES
Antalya Bird (SHY)   *Antalya (AYT)*

☐ TC-SKA	Boeing 737-4Y0	23865/1582	ex PH-BPA	Sun	Lsd fr ICON Aircraft
☐ TC-SKB	Boeing 737-430	27004/2344	ex EI-CPU	Star; Adam+Eve	Lsd fr Flightlease
☐ TC-SKD	Boeing 737-4Q8	25372/2280	ex TC-JDI	Black Eagle	Lsd fr ILFC; sublsd DAH
☐ TC-SKE	Boeing 737-4Q8	25163/2264	ex VH-TJV	Milky Way	Lsd fr ILFC
☐ TC-SKF	Boeing 737-4Q8	26291/2513	ex HL7591	Sugar	Lsd fr ILFC
☐ TC-SKG	Boeing 737-4Q8	25371/2195	ex SX-BKK	Gold	Lsd fr ILFC
☐ TC-SKH	Boeing 737-8BK	29644/2231	ex N1786B	Rainbow	Lsd fr CIT Group

Three Boeing 737-900ER/Ws are on order for delivery from 1Q 2009, leased from Alafco

SUNEXPRESS
Sunexpress (XQ/SXS) (IATA 564)   *Antalya (AYT)*

☐ TC-SUG	Boeing 737-8CX/W	32365/1209		Lsd fr GATX JetPartners; lsd to THY
☐ TC-SUH	Boeing 737-8CX/W	32366/1235		Lsd fr GATX JetPartners
☐ TC-SUI	Boeing 737-8CX/W	32367/1253		Lsd fr GATX JetPartners
☐ TC-SUJ	Boeing 737-8CX/W	32368/1289		Lsd fr GATX JetPartners
☐ TC-SUL	Boeing 737-85F/W	28822/166	ex SE-DVO	Lsd fr Macquarie AirFinance
☐ TC-SUM	Boeing 737-85F/W	28826/238	ex SE-DVR	Lsd fr Macquarie AirFinance
☐ TC-SUO	Boeing 737-86Q/W	30272/824	ex VH-VOE	Lsd fr Boullioun
☐ TC-SUU	Boeing 737-86Q/W	30274/845	ex VH-VOF	Lsd fr Boullioun
☐ TC-SUV	Boeing 737-81Q	30807/829	ex N50089	Lsd fr WFBN
☐ TC-SUY	Boeing 737-81Q	30806/790	ex G-OXLB	Lsd fr Genesis Ireland Avn
☐ TC-SUZ	Boeing 737-8HX	29649/2515		on order — Lsd fr Avn Capital Group
☐ TC-	Boeing 737-800			on order
☐ TC-SNA	Boeing 757-2Q8/W	25624/541	ex N801AM	Lsd fr ILFC
☐ TC-SNB	Boeing 757-2Q8/W	26271/592	ex N804AM	Lsd fr Castle 2003-1A
☐ TC-SNC	Boeing 757-2Q8/W	26273/597	ex N806AM	Lsd fr ILFC
☐ TC-SND	Boeing 757-2Q8/W	26268/590	ex N803AM	Lsd fr Castle 2003-2A

A subsidiary of Turkish Airlines (50%) and Thomas Cook (50%)

TARHAN AIR
(TTH)   *Istanbul-Ataturk (IST)*

☐ TC-TTA	McDonnell-Douglas MD-83	48096/1057	ex TC-MNT	Surmeli	
☐ TC-TTB	McDonnell-Douglas MD-82	49144/1096	ex N800NK	Ufuk	Lsd fr Nichimen; sublsd to IRY

Tarhan Air is the trading name of TT Airlines; Grounded by Turkish authorities 19 December 2007 for at least 3 months due to maintenance issues.

TARHAN TOWER AIRLINES
Renamed Tarhan Air March 2007

THK-TURK HAVA KURUMU
Hur Kus (THK)   *Ankara (ANK)*

☐ TC-CAU	Cessna 208 Caravan I	20800248	ex N1123X	
☐ TC-CAV	Cessna 208 Caravan I	20800256	ex N1249T	
☐ TC-CAY	Cessna 402B	402B1073	ex 10007	
☐ TC-CAZ	Cessna 421C Golden Eagle II	421C0089	ex 10006	
☐ TC-FAH	Piper PA-42-720 Cheyenne IIIA	42-5501033		
☐ TC-THK	Piper PA-42-720 Cheyenne IIIA	42-5501031	ex TC-FAG	
☐ TC-ZTP	Cessna 402B	402B0412	ex N69289	
☐ TC-ZVJ	Cessna 402B	402B1084	ex N1906G	

TURKISH AIRLINES
Turkair (TK/THY) (IATA 235)   Istanbul-Ataturk (IST)

	Registration	Type	MSN	Ex-reg	Name	Notes
☐	TC-JCO	Airbus A310-203	386	ex F-WWBC	Lefkosa	
☐	TC-JCT	Airbus A310-304F	502	ex TF-ELE	Samsun	Lsd fr WFBN
☐	TC-JCV	Airbus A310-304F	476	ex F-WWCT	Aras; under conv	
☐	TC-JCY	Airbus A310-304F	478	ex F-WWCX	Coruh; under conv	
☐	TC-JCZ	Airbus A310-304	480	ex F-WWCZ	Ergene	
☐	TC-JDA	Airbus A310-304	496	ex F-WWCV	Aksu	
☐	TC-JDB	Airbus A310-304ER	497	ex F-WWCH	Eskishir	
☐	TC-JLJ	Airbus A320-232	1856	ex EI-DIV	Sirnak	Lsd fr BOC Aviation
☐	TC-JLK	Airbus A320-232	1909	ex EI-DIW	Kirklareli	Lsd fr BOC Aviation
☐	TC-JLL	Airbus A320-232	1956	ex EI-DIX	Duzce	Lsd fr BOC Aviation
☐	TC-JLM	Airbus A319-132	2738	ex D-AVXN		Lsd fr ILFC
☐	TC-JLN	Airbus A319-132	2739	ex D-AVXO		Lsd fr ILFC
☐	TC-JPA	Airbus A320-232	2609	ex F-WWBU	Mus	
☐	TC-JPB	Airbus A320-232	2626	ex F-WWDS	Rize	
☐	TC-JPC	Airbus A320-232	2928	ex F-WWDZ	Erzurum	
☐	TC-JPD	Airbus A320-232	2934	ex F-WWIC	Isparta	
☐	TC-JPE	Airbus A320-232	2941	ex F-WWIF	Gumushane	
☐	TC-JPF	Airbus A320-232	2984	ex F-WWIE		
☐	TC-JPG	Airbus A320-232	3010	ex F-WWBJ	Osmaniye	
☐	TC-JPH	Airbus A320-232	3185	ex F-WWDX	Kars	
☐	TC-JPI	Airbus A320-232	3208	ex F-WWIS	Dogubevazit	
☐	TC-JPJ	Airbus A320-232	3239	ex F-WWBK	Edremit	
☐	TC-JPK	Airbus A320-232	3257	ex F-WWDI	Erdek	
☐	TC-JPL	Airbus A320-232	3303	ex F-WWIJ	Göreme	
☐	TC-JPM	Airbus A320-232	3341	ex F-WWBN		
☐	TC-JPN	Airbus A320-232		ex F-WW	on order	
☐	TC-JPO	Airbus A320-232		ex F-WW	on order	
☐	TC-JPP	Airbus A320-232		ex F-WW	on order	
☐	TC-JPR	Airbus A320-232		ex F-WW	on order	
☐	TC-JPS	Airbus A320-232		ex F-WW	on order	
☐	TC-JPT	Airbus A320-232		ex F-WW	on order	
☐	TC-JMC	Airbus A321-231	0806	ex G-MIDA	Aksaray	Lsd fr ILFC
☐	TC-JMD	Airbus A321-231	0810	ex G-MIDF	Cankiri	Lsd fr ILFC
☐	TC-JME	Airbus A321-211	1219	ex EC-IMA	Burdur	Lsd fr GECAS
☐	TC-JMF	Airbus A321-211	1233	ex EC-ILG	Bingol	Lsd fr GECAS
☐	TC-JMG	Airbus A321-211	2060	ex N118CH	Kirikkale	
☐	TC-JRA	Airbus A321-231	2823	ex D-AVZE		
☐	TC-JRB	Airbus A321-231	2868	ex D-AVZI	Sanliurfa	
☐	TC-JRC	Airbus A321-231	2999	ex D-AVZV	Sakarya	
☐	TC-JRD	Airbus A321-231	3015	ex D-AVZX	Balikesir	
☐	TC-JRE	Airbus A321-231	3126	ex D-AVZS	Trabzon	
☐	TC-JRF	Airbus A321-231	3207	ex D-AVZY	Fethiye	
☐	TC-JRG	Airbus A321-231	3283	ex D-AVZZ	Finike	
☐	TC-JRH	Airbus A321-231	3350	ex D-AVZI		
☐	TC-JRI	Airbus A321-231	3405	ex D-AVZS		
☐	TC-	Airbus A321-231		ex D-AV	on order	
☐	TC-	Airbus A321-231		ex D-AV	on order	
☐	TC-	Airbus A321-231		ex D-AV	on order	
☐	TC-JNA	Airbus A330-203	697	ex F-WWYS	Gaziantep	
☐	TC-JNB	Airbus A330-203	704	ex F-WWKF	Konya	
☐	TC-JNC	Airbus A330-203	742	ex F-WWYF	Bursa	
☐	TC-JND	Airbus A330-203	754	ex F-WWYL	Antalya	
☐	TC-JNE	Airbus A330-203	774	ex F-WWKG	Kayseri	

Two used Airbus A330-203s are on order, leased from GECAS

☐	TC-JDJ	Airbus A340-311	023	ex F-WWJN	Istanbul	Lsd fr Anatolia Lsg
☐	TC-JDK	Airbus A340-311	025	ex F-WWJP	Isparta	Lsd fr Anatolia Lsg
☐	TC-JDL	Airbus A340-311	057	ex F-WWJF	Ankara	Lsd fr Anatolia Lsg
☐	TC-JDM	Airbus A340-311	115	ex F-WWJN	Izmir	Lsd fr Anatolia Lsg
☐	TC-JDN	Airbus A340-313X	180	ex F-WWJU	Adana	
☐	TC-JIH	Airbus A340-313X	270	ex F-WWJP	Hakkari	
☐	TC-JII	Airbus A340-313X	331	ex F-WWJQ	Aydin	
☐	TC-	Airbus A340-313X		ex F-WW	on order	Lsd fr ILFC
☐	TC-	Airbus A340-313X		ex F-WW	on order	Lsd fr ILFC

Two used Airbus A340-313X are on order, leased from ILFC

☐	TC-JDG	Boeing 737-4Y0	25181/2203		Marmaris	Lsd fr GECAS
☐	TC-JDH	Boeing 737-4Y0	25184/2227		Amasra	Lsd fr GECAS
☐	TC-JDT	Boeing 737-4Y0	25261/2258	ex N600SK	Alanya	Lsd fr GECAS
☐	TC-JER	Boeing 737-4Y0	26073/2375		Mugla	Lsd fr GECAS
☐	TC-JET	Boeing 737-4Y0	26077/2425		Canakkale	Lsd fr GECAS
☐	TC-JEU	Boeing 737-4Y0	26078/2431		Bayburt	Lsd fr GECAS
☐	TC-JEV	Boeing 737-4Y0	26085/2468		Efes	Lsd fr GECAS
☐	TC-JEY	Boeing 737-4Y0	26086/2475		Side	Lsd fr GECAS
☐	TC-JEZ	Boeing 737-4Y0	26088/2487		Bergama	Lsd fr GECAS

☐	TC-JFC	Boeing 737-8F2	29765/80		Diyarbakir	
☐	TC-JFD	Boeing 737-8F2	29766/87		Rize	
☐	TC-JFE	Boeing 737-8F2	29767/95	ex N1786B	Hatay	
☐	TC-JFF	Boeing 737-8F2	29768/99	ex N1786B	Afyonkarahisar	
☐	TC-JFG	Boeing 737-8F2	29769/102	ex N1787B	Mardin	
☐	TC-JFH	Boeing 737-8F2	29770/114	ex N1787B	Igdir	
☐	TC-JFI	Boeing 737-8F2	29771/228	ex N1795B	Sivas	
☐	TC-JFJ	Boeing 737-8F2	29772/242	ex N1786B	Agri	
☐	TC-JFK	Boeing 737-8F2	29773/259	ex N1786B	Zonguldak	
☐	TC-JFL	Boeing 737-8F2	29774/269	ex N1786B	Ordu	
☐	TC-JFM	Boeing 737-8F2	29775/279	ex N1786B	Nigde	
☐	TC-JFN	Boeing 737-8F2	29776/308		Bitlis	
☐	TC-JFO	Boeing 737-8F2	29777/309		Batman	
☐	TC-JFP	Boeing 737-8F2	29778/349		Amasya	
☐	TC-JFR	Boeing 737-8F2	29779/370	ex N1786B	Giresun	
☐	TC-JFT	Boeing 737-8F2/W	29780/454	ex N1787B	Kastamonu	
☐	TC-JFU	Boeing 737-8F2	29781/461	ex N1795B	Elazig	
☐	TC-JFV	Boeing 737-8F2	29782/490	ex N1786B	Tuncell	
☐	TC-JFY	Boeing 737-8F2	29783/497	ex N1786B	Manisa	
☐	TC-JFZ	Boeing 737-8F2	29784/539		Bolu	
☐	TC-JGA	Boeing 737-8F2	29785/544	ex N1786B	Malatya	
☐	TC-JGB	Boeing 737-8F2	29786/566	ex N1786B	Eskisehir	
☐	TC-JGC	Boeing 737-8F2	29787/771	ex N1786B	Kocaeli	
☐	TC-JGD	Boeing 737-8F2	29788/791	ex N1787B	Nevsehir	
☐	TC-JGE	Boeing 737-8F2/W	29789/1065		Tekirdag	
☐	TC-JGF	Boeing 737-8F2/W	29790/1088	ex N1786B	Ardahan	
☐	TC-JGG	Boeing 737-8F2/W	34405/1828		Erzincan	
☐	TC-JGH	Boeing 737-8F2/W	34406/1852		Tokat	
☐	TC-JGI	Boeing 737-8F2/W	34407/1873		Siirt	
☐	TC-JGJ	Boeing 737-8F2	34408/1880		Aydin	
☐	TC-JGK	Boeing 737-8F2	34409/1924	ex N1786B	Kirsehir	
☐	TC-JGL	Boeing 737-8F2	34410/1927	ex N1787B	Karaman	Lsd fr Alafco
☐	TC-JGM	Boeing 737-8F2	34411/1944		Hakkari	Lsd fr Alafco
☐	TC-JGN	Boeing 737-8F2	34412/1949		Bilecik	Lsd fr Alafco
☐	TC-JGO	Boeing 737-8F2	34413/1972	ex N1786B	Kilis	Lsd fr Alafco
☐	TC-JGP	Boeing 737-8F2	34414/1978	ex N1786B	Bartin	Lsd fr Alafco
☐	TC-JGR	Boeing 737-8F2/W	34415/1988	ex N1786B	Usak	
☐	TC-JGS	Boeing 737-8F2/W	34416/1996		Kahramanmaras	
☐	TC-JGT	Boeing 737-8F2/W	34417/2009		Avanos	
☐	TC-JGU	Boeing 737-8F2/W	34418/2012			
☐	TC-JGV	Boeing 737-8F2/W	34419/2021	ex N60668		
☐	TC-	Boeing 737-8F2			on order	
☐	TC-	Boeing 737-8F2			on order	
☐	TC-	Boeing 737-8F2			on order	
☐	TC-	Boeing 737-8F2			on order	
☐	TC-	Boeing 737-8F2			on order	
☐	TC-	Boeing 737-8F2			on order	
☐	TC-	Boeing 737-8F2			on order	
☐	TC-	Boeing 737-8F2			on order	
☐	TC-SUG	Boeing 737-8CX/W	32365/1209			Lsd fr SXS

To join Star Alliance

UENSPED PAKET SERVISI/ UPS
Unsped (UNS) — *Istanbul-Ataturk (IST)*

☐	TC-APS	Cessna 340A	340A0247	ex N3964G		
☐	TC-UPS	Swearingen SA.226TC Merlin IVA	AT-044	ex TC-BPS	Beril	Op for UPS

WORLD FOCUS AIRWAYS
Believed to have reformed as Anka Air

TF- ICELAND (Republic of Iceland)

AIR ATLANTA
Atlanta (CC/ABD) (IATA 318) — *Keflavik (KEF)*

☐	TF-ELE	Airbus A300B4-622RF	767	ex B-18501	Lsd fr Avion A/c; sublsd to MXU
☐	TF-ELF	Airbus A300B4-622RF	529	ex EI-DJN	Lsd fr Avequis; op for ETD
☐	TF-ELG	Airbus A300C4-605R	758	ex D-ANDY	Lsd fr ALS Irish A/c Lsg; Sublsd to Flyington
☐	TF-ELK	Airbus A300B4-622RF	557	ex EI-DGU	Lsd fr Avequis; op for ETD
☐	TF-ELW	Airbus A300C4-605R	755	ex D-ABFH	Lsd fr ALS Irish A/c Lsg
☐	TF-AMC	Boeing 747-2B3F	21835/388	ex F-GBOX	Lsd fr Global A/c Lsg
☐	TF-AMD	Boeing 747-243M	23476/647	ex N518MC	Lsd fr Wasps A/c Lsg
☐	TF-AME	Boeing 747-312	23032/603	ex F-GSEA	Lsd fr Avico France
☐	TF-AMI	Boeing 747-412 (SF)	27066/940	ex N706RB	Lsd fr WFBN; sublsd to SVA
☐	TF-AMJ	Boeing 747-312	23030/593	ex F-GSUN	Lsd fr Avico Finance
☐	TF-AMK	Boeing 747-312	23028/584	ex F-GSEX	Lsd fr Fushall; sublsd to GMG A/l
☐	TF-AMO	Boeing 747-48EF	28367/1096	ex HL7422	Lsd fr BOC Aviation

☐ TF-AMP	Boeing 747-481BCF	24801/805	ex JA8094		Lsd fr MSN 24801 Holdings; sublsd to AFR
☐ TF-ARJ	Boeing 747-236M	23735/674	ex G-BDXN		Lsd fr Bullfinch Ltd; sublsd to MAS
☐ TF-ARM	Boeing 747-230B (SF)	22363/490	ex N744SA		Lsd fr GECAS
☐ TF-ARN	Boeing 747-2F6B (SF)	22382/498	ex N745SA		Lsd fr Avion Grp; sublsd to MAS
☐ TF-ARS	Boeing 747-357	22996/586	ex ZS-SKA		Lsd fr Avion Grp; sublsd to SVA
☐ TF-ARU	Boeing 747-344	22970/577	ex ZS-SAT		Lsd fr Clapshaw Developments
☐ TF-ARW	Boeing 747-256B (SF)	24071/699	ex N528UP		Lsd fr Triton; sublsd to MKA
☐ TF-ATI	Boeing 747-341	24107/702	ex N824DS		Lsd fr ILFC; sublsd to SVA
☐ TF-ATJ	Boeing 747-341	24108/703	ex N420DS		Lsd fr ILFC; sublsd to SVA
☐ TF-ATN	Boeing 747-219B	22723/527	ex G-VBEE		Lsd fr Finova Capital; sublsd to VIR
☐ TF-ATX	Boeing 747-236B (SF)	23711/672	ex G-BDXM		Lsd fr Snapdragon; sublsd to MAS
☐ TF-ATZ	Boeing 747-236B (SF)	24088/697	ex G-BDXP		Lsd fr Snapdragon; sublsd to MAS
☐ TF-	Boeing 747-481BCF		ex JA	on order	
☐ TF-	Boeing 747-481BCF		ex JA	on order	
☐ TF-	Boeing 747-481BCF		ex JA	on order	

Five Boeing 777-200LRFs are on order for delivery from February 2009 to 2011.
Specialises in short and long term leases to other operators, also as back-up. Aircraft are often stored for short periods.
Air Atlanta Icelandic split into two companies, Air Atlanta for airline operations and Northern Lights Leasing which owns the aircraft; Northern Lights Leasing is a sister company of Avion Aircraft Trading.

AIR ICELAND
Iceland (NY/FXI) (IATA 882)   Akureyri/Reykjavik (AEY/REK)

☐ TF-JMM	Fokker F.27 Mk 050 (Fokker 50)	20214	ex D-AFKM		
☐ TF-JMN	Fokker F.27 Mk 050 (Fokker 50)	20223	ex D-AFKN		
☐ TF-JMO	Fokker F.27 Mk 050 (Fokker 50)	20205	ex D-AFKK		
☐ TF-JMR	Fokker F.27 Mk 050 (Fokker 50)	20243	ex TF-FIR	Asdis	
☐ TF-JMS*	Fokker F.27 Mk 050 (Fokker 50)	20244	ex TF-FIS	Sigdis	Lsd fr Iceland A/c Finance
☐ TF-JMT	Fokker F.27 Mk 050 (Fokker 50)	20250	ex TF-FIT	Freydis	

*Subleased to Skyways Express

☐ TF-JMA	de Havilland DHC-8-102	335	ex C-FIZE		Lsd fr Bombardier
☐ TF-JMB	de Havilland DHC-8-102	337	ex C-FHYQ		Lsd fr Bombardier
☐ TF-JMC	de Havilland DHC-6 Twin Otter 300	413	ex C-GIZR		
☐ TF-JMD	de Havilland DHC-6 Twin Otter 300	475	ex C-GDAA		

Subsidiary of FL Travel Group; also known as Flugfelag Islands

ARNIR AIR
Now correctly listed as Ernir Air

BLUEBIRD CARGO
Blue Cargo (BF/BBD) (IATA 290)   Keflavik (KEF)

☐ TF-BBA	Boeing 737-46J (SF)	28271/2801	ex D-ABAK		Lsd fr Hunold
☐ TF-BBB	Boeing 737-46J (SF)	28334/2802	ex D-ABAL		
☐ TF-BBD	Boeing 737-3Y0 (SF)	24463/1701	ex OY-SEE		
☐ TF-BBE	Boeing 737-36E (SF)	25256/2123	ex N314FL		Lsd fr Celestial Avn
☐ TF-BBF	Boeing 737-36E (SF)	25264/2194	ex N316FL		Lsd fr Celestial Avn
☐ TF-BBG	Boeing 737-36E (SF)	25263/2187	ex N317FL		Lsd fr Celestial Avn
☐ TF-	Boeing 747-400ERF			on order	Lsd fr Guggenheim

One more Boeing 747-400ERF is on order; leased from Guggenheim Aviation Partners
Wholly owned subsidiairy of FL Group (owners of Icelandair)

CITY STAR AIRLINES
Islandia (X9/ISL)   Reykjavik (REK)

☐ TF-CSA	Dornier 328-110	3091	ex D-CPRU		
☐ TF-CSB	Dornier 328-110	3093	ex D-CPRV		Lsd fr Roxane Holdings
☐ TF-CSC	Dornier 328-110	3005	ex HB-AEE		
☐ TF-CSD	Dornier 328-110	3006	ex N470PS		
☐ TF-CSF	Dornier 228-201	8046	ex TF-VMF		for Manx2
☐ TF-CSG	Dornier 228-201	8065	ex TF-VMG	stored REK	for Manx2

City Star Airlines is the trading name of Viosskiptaflug ehf; one Boeing 757 is on order

ERNIR AIR
Artic Eagle (FEI)   Reykjavik (REK)

Previously listed as Arnir Air

☐ TF-ORA	British Aerospace Jetstream 32	925	ex OY-SVR		Lsd fr Lysing hf
☐ TF-ORB	Cessna 207A Stationair 8 II	20700781	ex OY-SUC		Lsd fr Flugvéaverskstadi GVS
☐ TF-ORC	British Aerospace Jetstream 3212	981	ex OY-SVY		Lsd fr Lysing hf
☐ TF-ORD	Reims Cessna F406 Caravan II	F406-0047	ex D-IAAD		Lsd fr Lysing hf
☐ TF-ORF	Cessna 441 Conquest II	441-0057	ex N441AK		Lsd fr Lysing hf

ICEJET
Icejet (ICJ)

☐ TF-MIK	Dornier 328-300 (328JET)	3147	ex N402FJ		Lsd fr WFBN
☐ TF-MIL	Dornier 328-300 (328JET)	3149	ex N403FJ		Lsd fr WFBN

☐	TF-MIO	Dornier 328-300 (328JET)	3181	ex N423FJ		Lsd fr WFBN
☐	TF-NPA	Dornier 328-300 (328JET)	3220	ex D-BDXC		Lsd fr Nordic Wings
☐	TF-NPB	Dornier 328-300 (328JET)	3134	ex D-BGAB		Lsd fr WFBN

ICELAND EXPRESS
Keflavik (KEF)

☐	HB-JIF	McDonnell-Douglas MD-90-30	53462/2149	ex LN-ROB		Lsd fr FHE
		Wholly owned by Northern Travel Holding				

ICELANDAIR
Iceair (FI/ICE) (IATA 108)   *Keflavik/Reykjavik (KEF/REK)*

☐	TF-CIB^	Boeing 757-204 (PCF)	26962/440	ex N512NA		Lsd fr Erickson Avn; sublsd to RGN
☐	TF-FIA	Boeing 757-256/W	29310/938	ex EC-HIT		Lsd fr BBAM
☐	TF-FID	Boeing 757-23A (PCF)	24567/257	ex N757NA	TNT colours	Lsd fr AWMS I
☐	TF-FIE	Boeing 757-23A (PCF)	24566/255	ex N566AN		Lsd fr MSA I
☐	TF-FIG^	Boeing 757-23APF	24456/237	ex N571CA		Lsd fr AWAS
☐	TF-FIH	Boeing 757-208 (PCF)	24739/273		Hafdis	Lsd fr Blackice
☐	TF-FII+	Boeing 757-208	24760/281		Fanndis Lsd fr CIT Group; sublsd ANG	
☐	TF-FIJ	Boeing 757-208/W	25085/368	ex G-BTEJ	Svandis	Lsd fr Siglo FIJ
☐	TF-FIN+	Boeing 757-208/W	28989/780	ex N1790B	Bryndis	
☐	TF-FIO	Boeing 757-208/W	29436/859		Valdis	
☐	TF-FIP	Boeing 757-208/W	30423/916	ex N1006K	Leifur Eriksson	Lsd fr Hekla
☐	TF-FIR	Boeing 757-256/W	26242/593	ex EC-FYJ		Lsd fr Siglo FIR
☐	TF-FIS+	Boeing 757-256	26245/617	ex N542NA		Lsd fr Salg-3; sublsd to BBR
☐	TF-FIU+	Boeing 757-256/W	26243/603	ex PH-ITA		Lsd fr Siglo FIU
☐	TF-FIV	Boeing 757-208/W	30424/956		Gudridur Porbjarnardottir	
☐	TF-FIW+	Boeing 757-27B	24838/302	ex D-ABNX		Lsd fr Aviation Investors
☐	TF-FIX	Boeing 757-308	29434/1004	ex N60659	Snorri Porfinnson	
☐	TF-FIY	Boeing 757-256	29312/943	ex EC-HIV		Lsd fr Alexander Avn; sublsd to GHB
☐	TF-FIZ	Boeing 757-256/W	30052/948	ex EC-HIX		Lsd fr Aurola Leasing
☐	TF-LLZ	Boeing 757-225	22691/155	ex N907AW		Lsd fr CIT Group; sublsd to GJT

^Operates as Icelandair Cargo

☐	TF-FIB+	Boeing 767-383ER	25365/395	ex N365SR		Lsd fr Salg-1; sublsd to BBR
☐	TF-FIC	Boeing 767-300ER		ex		
☐	TF-LLA	Boeing 767-366ER	24541/275	ex N73700		Lsd fr Guggenheim; sublsd to JXX

Four Boeings 787-808s are on order for delivery in 2010/2012 plus four Airbus A330-200Fs
Air Iceland is a wholly owned subsidiary. Parent, FL Group, own 6.1% of Finair and 34% of Northern Travel Holding (Sterling, Iceland Express and Astraeus) while Travel Service was integrated into the Icelandair group in late 2007 (it owns 50% and will purchase another 30% in September 2008).
+Operates as Loftleidir Icelandic to operate charter flights for other operators

JETX AIRLINES
(GX/JXX)   *Forli (FRL)*

☐	OE-LNK	Boeing 737-8Z9/W	28178/222	ex N1784B	Primera colours	Lsd fr LDA
☐	TF-JXC	McDonnell-Douglas MD-83	49627/1580	ex EC-FXY	all-white	Lsd fr AerCo
☐	TF-JXD	Boeing 737-8Q8/W	30688/2280	ex N1786B		Lsd fr ILFC
☐	TF-JXE	Boeing 737-8Q8/W	30722/2261		Primera colours	Lsd fr ILFC
☐	TF-JXF	Boeing 737-86N/W	33419/1251	ex N419GE	Primera colours	Lsd fr GECAS
☐	TF-LLA	Boeing 767-366ER	24541/275	ex N73700	Primera colours	Lsd fr ICE

LANDSFLUG
Fleet listed under City Star Airlines

LOFTLEIDIR ICELANDIC
Operates charter flights and ACMI leases using the AOC of its parent, Icelandair from whom the aircraft are leased

MYFLUG
Myflug (MYA)   *Myvatn (MVA)*

☐	TF-MYF	Cessna U206G Stationair 6 II	U20606614	ex TC-FAE		
☐	TF-MYX	Beech 200 Super King Air	BB-1136	ex LN-VIZ		
☐	TF-MYY	Cessna U206F Stationair	U20602831	ex N35960		
☐	TF-SEA	Cessna 208 Caravan I	20800118	ex N9678F	Floatplane	

WESTMANN ISLANDS AIRLINES
Reykjavik (REK)

☐	TF-VEB	Partenavia P.68B	79	ex TF-JVI		
☐	TF-VEJ	Britten-Norman BN-2B-26 Islander	2209	ex G-BPLR		
☐	TF-VEV	Piper PA-31-350 Chieftain	31-8152007	ex N4051Q		
☐	TF-VEY	Partenavia P.68B	109	ex G-JVMR		

Westmann Islands Airlines is the trading name of FlugFelag Vestmannaeyja

TG- GUATEMALA (Republic of Guatemala)

AEREO RUTA MAYA
Guatemala City-La Aurora (GUA)

☐ TG-ARM	Cessna 208B Caravan I	208B0768		
☐ TG-JCB	Cessna 208B Caravan I	20800325		
☐ TG-JCS	Cessna 208B Caravan I	20800327		
☐ TG-TJG	LET L-410UVP-E	902419	ex CCCP-67626	
☐ TG-TJH	LET L-410UVP-E	902418	ex CCCP-67625	

Possibly also trades as Jungle Flying

AVCOM
Guatemala City-la Aurora (GUA)

☐ TG-CAC	de Havilland DHC-6 Twin Otter 300	449		
☐ TG-JAC	de Havilland DHC-6 Twin Otter 300	755	ex C-FCSG	
☐ TG-JAJ	de Havilland DHC-6 Twin Otter 300M	774	ex C-GFJQ	
☐ TG-JAZ	de Havilland DHC-6 Twin Otter 300	435	ex TF-ORN	
☐ TG-JEL	de Havilland DHC-6 Twin Otter 300	722	ex N3H	
☐ TG-JAB	Rockwell 500S Shrike Commander	3303		
☐ TG-JAD	Rockwell 500S Shrike Commander	3123	ex N500MT	
☐ TG-JAM	Aero Commander 500B	1594-205	ex TG-HIA	
☐ TG-JAY	de Havilland DHC-7-102	46	ex C-FYMK	Mundo Maya
☐ TG-JWC	Rockwell 500S Shrike Commander	3209		

Avcom is the trading name of Aviones Comerciales de Guatemala

DHL DE GUATEMELA
(L3/JOS) (IATA 947)
Guatemala City-la Aurora (GUA)

☐ TG-DHP	ATR 42-300	052	ex YV-876C	

Operates in DHL colours

INTER - TRANSPORTES AEREOS INTER
Transpo-Inter (9O/TSP) (IATA 304)
Guatemala City-la Aurora (GUA)

☐ TG-EAA	Cessna 208B Caravan I	208B0637	ex N1002Y	
☐ TG-MYH	ATR 42-300	113	ex G-ZAPJ	Lsd fr GECAS; sublsd to APP
☐ TG-RMM	Cessna 208B Caravan I	208B0614	ex TI-LRV	

Wholly owned subsidiary and operates feeder services for TACA using TA flight numbers.

JUNGLE FLYING
Guatemala City-la Aurora (GUA)

☐ TG-AGY	LET L-410UVP	851404	ex HR-IBC	
☐ TG-JFT	Cessna 208B Caravan I	208B0622		

Possibly linked to Aereo Ruta Maya, may be different operating name.

RACSA (RUTAS AEREAS CENTRO AMERICANOS)
(R6) (IATA 478)
Guatemala City-la Aurora (GUA)

☐ TG-JSG	Nord 262	37	ex HK-3878X	

TRANSPORTES AEREOS GUATEMALTECOS
(GUM)
Guatemala City-la Aurora (GUA)

☐ TG-BJO	SAAB SF.340A	340A-142	ex N142XJ	Lsd fr KMR Avn Svs
☐ TG-TAA	Piper PA-23-250 Aztec E	27-7304965		
☐ TG-TAB	Bell 206L LongRanger I	45315		
☐ TG-TAJ	LET L-410UVP	800527	ex N26RZ	
☐ TG-TAT	Piper PA-31 Turbo Najavo			
☐ TG-TAK	Embraer EMB.110P1 Bandeirante	110405	ex C-FPCO	
☐ TG-TAM	Embraer EMB.110P1 Bandeirante	110220	ex N101RA	
☐ TG-TAN	Embraer EMB.110P1 Bandeirante	110342	ex C-FPCQ	
☐ TG-TAY	Embraer EMB.110P1 Bandeirante	110218	ex N127JM	

Trading name of TAG International Cargo.
.....

Operator Unknown

☐ TG-AGW	LET L-410UVP	831137	ex HR-ASS	stored GUA
☐ TG-CAO	British Aerospace Jetstream 31			
☐ TG-	Swearingen SA.226T Merlin II	T-240	ex N240NM	

TI- COSTA RICA (Republic of Costa Rica)

AEROBELL AIR CHARTER
San José-Tobias Bolanos (SYQ)

☐	TI-BAD	Bell 407	53403
☐	TI-BAJ	Cessna 208B Caravan I	208B1180
☐	TI-BAY	Cessna 208B Caravan I	208B1218

AEROPOSTAL COSTA RICA
Wholly owned subsidiary of Aeropostal (Venezuela); believed to have ceased operations as sole aircraft retired

AVIONES TAXI AEREO
San José-Juan Santamaria (SJO)

☐	TI-ABA	Piper PA-23-250 Aztec D	27-4229	ex TI-1089C	stored
☐	TI-ACA	Piper PA-23-250 Aztec C	27-3515	ex TI-1058C	
☐	TI-AST	Piper PA-23-250 Aztec E	27-7554074		
☐	TI-ATZ	de Havilland DHC-6 Twin Otter 200	169	ex N931MA	

COSTA RICA SKIES
San José-Juan Santamaria (SJO)

☐	TI-BBH	McDonnell-Douglas MD-82	49486/1317	ex N69826	Lsd fr Pegasus

NATUREAIR
(5C/NRR) *San José-Tobias Bolanos (SYQ)*

☐	TI-AYQ	de Havilland DHC-6 Twin Otter 300	422	ex F-OGJV		
☐	TI-AZC	de Havilland DHC-6 Twin Otter 300	433	ex N239SA	VistaLiner	Lsd fr Twin Otter Intl
☐	TI-AZD	de Havilland DHC-6 Twin Otter 300	697	ex N178GC		Lsd fr CVU
☐	TI-AZV	de Havilland DHC-6 Twin Otter 300	527	ex VH-OHP		
☐	TI-BBF	de Havilland DHC-6 Twin Otter 300	683	ex N237SA	VistaLiner	Lsd fr Gloster Ltd
☐	TI-BBQ	de Havilland DHC-6 Twin Otter 300	537	ex N147SA	VistaLiner	Lsd fr Avro Ltd
☐	TI-BBR	de Havilland DHC-6 Twin Otter 300	421	ex N232SA	VistaLiner	Lsd fr Fairey Ltd
☐	TI-BBN	Beech 65-E90 King Air	LW-250	ex N321DM		

PARADISE AIR
San José-Tobias Bolanos (SYQ)

☐	N13AV	Gippsland GA-8 Airvan	GA8-03-028	ex VH-ARW	
☐	TI-AZY	Gippsland GA-8 Airvan	GA8-02-021	ex N530AV	
☐	TI-BBC	Cessna 208B Caravan I	208B1210	ex N1320U	

SANSA REGIONAL
Sansa (RZ/LRS) *San José-Juan Santamaria (SJO)*

☐	TI-AZU	Cessna 208B Caravan I	208B0637	ex TG-EAA	
☐	TI-BAE	Cessna 208B Caravan I	208B0640	ex HP-1399APP	
☐	TI-BAK	Cessna 208B Caravan I	208B0681	ex HP-1355APP	
☐	TI-BAN	Cessna 208B Caravan I	208B0710	ex HP-1358APP	Lsd fr Cessna Finance
☐	TI-BAO	Cessna 208B Caravan I	208B0711	ex HP-1359APP	Lsd fr Cessna Finance
☐	TI-BAP	Cessna 208B Caravan I	208B0789	ex HP-1402APP	Lsd fr Cessna Finance
☐	TI-BAQ	Cessna 208B Caravan I	208B0790	ex HP-1403APP	Lsd fr Cessna Finance
☐	TI-BBG	Cessna 208B Caravan I	208B0572	ex TI-LRY	
☐	TI-BBL	Cessna 208B Caravan I	208B0719	ex TG-RMM	
☐	TG-RYM	ATR 42-300	109	ex G-BUPS	

A wholly owned subsidiary of TACA Costa Rica, operates scheduled services for Grupo TACA using LR codes. SANSA is the trading name of Servicios Aereos Nacionales

TACA COSTA RICA
TACA CostaRica (TI/TAT) (IATA 133) *San José-Juan Santamaria (SJO)*

Operates services in conjunction with TACA International using Airbus aircraft leased from TACA on a daily basis using joint LR/TA flight numbers.

TACSA
San José-Tobias Bolanos (SYQ)

☐	TI-ADK	Piper PA-23-250 Aztec C	27-3209	ex TI-1087C	
☐	TI-ADT	Piper PA-31 Turbo Navajo	31-403	ex F-OCOE	
☐	TI-AML	Cessna TU206G Turbo Stationair 6 II	U20605181		
☐	TI-AOW	Piper PA-34-200 Seneca II	34-7670124		
☐	TI-ATM	Piper PA-23-250 Aztec E	27-7405413	ex N89SL	
☐	TI-ATN	Cessna U206G Stationair 6 II	U20604231	ex N756NU	
☐	TI-ATT	Piper PA-31 Turbo Navajo	31-7512030	ex N500PM	

	TI-ATU	Piper PA-31 Turbo Navajo	31-7512011	ex N111MM
	TI-ATX	Piper PA-34-200 Seneca II	34-7970150	
	TI-AVF	Piper PA-31 Turbo Navajo [Panther conv]	31-582	ex N6644L

TACSA is the trading name of Taxi Aereo Centroamericano

TJ- CAMEROON (Republic of Cameroon)

AFRICAN LINES

Douala (DLA)

	TJ-ALD	Fokker F.28 Fellowship 4000	11226	ex N477AU

Status uncertain

AIR LEASING CAMEROON
Believed to be a leasing company only

CAMEROON AIRLINES
Cam-Air (UY/UYC) (IATA 604)

Douala (DLA)

	TC-TJB	Boeing 737-3Q8	27633/2878	ex N304FL	Ayhan Saracoglu	Lsd fr CAI
	TJ-CAC	Boeing 767-33AER	28138/822		Le Dja	Lsd fr AWAS
	TJ-CAD	Boeing 767-231ER	22564/14	ex N601TW		Lsd fr Rothwell Mgt
	TJ-CAG	Boeing 757-23A	24293/220	ex N293AW		Lsd fr AWAS
	TJ-CCG	Hawker Siddeley HS.748 Srs.2B/435	1805	ex G-11-11	Menchum; stored DLA	

CHC CAMEROON

Douala (DLA)

	TJ-ALL	de Havilland DHC-6 Twin Otter 300	572	ex 5N-AKY	
	TJ-CQD	Aerospatiale SA.365N Dauphin 2	6062	ex 5N-ARM	
	TJ-CQE	de Havilland DHC-6 Twin Otter 300	662	ex 5N-EVS	
	TJ-SAB	de Havilland DHC-8-311A	276	ex PH-SDT	Lsd fr GECAS
	TJ-SAC	de Havilland DHC-6 Twin Otter 300	476	ex 5N-AKP	
	TJ-SAD	de Havilland DHC-6 Twin Otter 300	600	ex N612BA	
	TJ-SAY	Aerospatiale AS.365N3 Dauphin 2	6571	ex PH-SLW	

Wholly owned subsidiary of CHC International Corp

ELYSIAN AIRLINES

	ZS-OEN	Embraer EMB.120RT Brasilia	120200	ex N200CD	Lsd fr NRK

JETFLY
Current status uncertain, believed to have ceased operations

NATIONAL AIRWAYS CAMEROON
(9O)

Yaounde (YAO)

	ZS-NTT	Beech 200 Super King Air	BB-350	ex N125MS		Lsd fr NAC Sales & Lsg
	ZS-OLY	Beech 1900D	UE-39	ex N39ZV	all-white	Lsd fr Safari (Pty)
		Boeing 737-201	21816/592	ex XA-UHZ		Lsd fr AAR Engine

Wholly owned by NAC Airways, South Africa; 3 British Aerospace 146s on order

TL- CENTRAL AFRICAN REPUBLIC

AFRICA WEST

Ougadougou (OUA)

	S9-BOZ	Antonov An-12A	2340803	ex RA-122375	Sao Tome	Lsd fr Goliath
	S9-DBA	Antonov An-12AP	2400802	ex UR-11326		Lsd fr Goliath
	UN-11376	Antonov An-12BK	8345805	ex ER-AXQ		

AIR OUBANGUI
	TL-ADS	Fokker F.27 Friendship 100	10287	ex 9G-SOB	impounded Brazzaville

Current status uncertain as sole aircraft not taken up and remained with lessor

BAKO AIR

Bangui (BGF)

	TL-ADM	Boeing 737-275 (AvAero 3)	22264/753	ex TN-TAC	

CENTRAFRIQUE AIR EXPRESS

	TL-ADR	Boeing 737-268	21281/472	ex HZ-AGL	Lsd fr ZASA

LOBAYE AIRWAYS
(LB)   *Bangui (BGF)*

| ☐ | TL-ADU | Boeing 737-247 (Nordam 3) | 23518/1265 | ex N244WA | Lsd fr Avn Holdings |

MINAIR
Ormine (OMR)   *Bangui (BGF)*

| ☐ | ZS-TAS | Cessna 208B Caravan I | 208B0378 | ex N208SA | |

PRIVILEGE JET AIRLINES
Bangui (BGF)

| ☐ | TL-ADW | Lockheed L-1011-500 Tristar | 293B-1242 | ex YK-DLC | |

TN- CONGO BRAZZAVILLE (People's Republic of Congo)

AERO FRET BUSINESS
Brazzaville (BZV)

| ☐ | EX-124 | Antonov An-12BK | 7345403 | ex TN-AGZ | |
| ☐ | TN-AHH | Antonov An-24RV | 47309705 | ex 9XR-DB | |

AEROSERVICE
Congoserv (BF/RSR)   *Brazzaville/Pointe Noire (BZV/PNR)*

☐	EK-46656	Antonov An-24RV	47309302	ex RA-46656	Lsd fr PHY
☐	ER-AZP	Antonov An-24RV	17307002	ex RA-47810	Lsd fr PXA
☐	TN-ACY	Cessna 402B	402B0810	ex TR-LTN	
☐	TN-ADN	Britten-Norman BN-2A-9 Islander	647	ex TL-AAQ	
☐	TN-ADY	Britten-Norman BN-2A-9 Islander	764	ex TR-LWL	
☐	TN-AEK	Cessna 404 Titan II	404-0132	ex TR-LXI	
☐	TN-AFA	CASA C.212-100 Aviocar	CB13-1-151	ex HB-LKX	
☐	TN-AFD	CASA C.212-300 Aviocar	DF72-2-398	ex D4-CBB	

AIR ATLANTIC CONGO
Point Noire (PNR)

| ☐ | EK-47812 | Antonov An-24RV | 17307004 | ex RA-47812 | |

AIR CONGO INTERNATIONAL
Brazzaville (BZV)

☐	TN-	AVIC 1 MA-60		ex B-762L	
☐	TN-	AVIC 1 MA-60	0408	ex B-800L	
☐	TN-	AVIC 1 MA-60			on order

Formed by Government during 1H07

BRAVO AIR CONGO BRAZZAVILLE
Ceased operations December 2007

CANADIAN AIRWAYS CONGO
Point Noire (PNR)

| ☐ | EX-008 | Antonov An-24RV | 37308307 | ex RA-46502 | |

COMP AIR MOUENE

| ☐ | TN-AHF | LET L-410UVP | 830922 | ex UR-67366 | |

Status uncertain

EQUAFLIGHT SERVICE
Brazzaville (BZV)

| ☐ | F-GLPJ | Beech 1900C-1 | UC-40 | ex OY-BVG | Lsd fr Regourd Avn |
| ☐ | F-GVBR | Embraer EMB.120ER Brasilia | 120014 | ex (F-HAOC) | Lsd fr Natexis Lease |

NATALCO AIRLINES
Brazzaville (BZV)

| ☐ | TN-AHT | Ilyushin Il-76TD | 083410300 | ex ER-IBF | id not confirmed |

TRANSAIR CONGO
Trans-Congo (Q8/TSG) — *Brazzaville/Pointe Noire (BZV/PNR)*

☐	EX-041	Antonov An-24B	99901908	ex TN-AHB	all-white
☐	TN-AFZ	Boeing 727-23	19839/542	ex D2-FLZ	Lsd fr Kirra
☐	TN-AGD	LET L-410MU	781116	ex RA-02155	
☐	TN-AGK	Antonov An-12BP	402006	ex RA-11991	
☐	TN-AHI	Boeing 737-247 (Nordam 3)	23609/1403	ex N328DL	
☐	ZS-XGV	Fokker F.28 Fellowship 4000	11128	ex SE-DGM	Lsd fr Nedbank

Operator Unknown

☐	TN-AFS	Ilyushin Il-76TD	1033415504	ex EL-WTA	

TR-   GABON (Gabonese Republic)

AIR AFFAIRES GABON
Nouvelle Affaires (NVS) — *Libreville (LBV)*

☐	TR-LEM	Cessna 208B Caravan I	208B0585	ex N1205M	
☐	TR-LFO	Beech 1900D	UE-313	ex ZS-OCW	
☐	TR-LFX	Cessna 208B Caravan I	208B0796	ex N99FX	
☐	TR-LGQ	Fokker F.28-0100 (Fokker 100)	11424	ex F-GIOH	

AIR CONTINENTAL AFRICA
Libreville (LBV)

☐	ZS-PAK	Douglas DC-9-32	47368/505	ex S9-DAA	Lsd fr Fulela Trade & Invest

AIR GABON
Ceased operations February 2006, believed not to have restarted operations as was planned

AIR SERVICE GABON
(X7/AGB) — *Libreville (LBV)*

☐	TR-LFJ	de Havilland DHC-8-311	332	ex N106AV	
☐	TR-LGC	de Havilland DHC-8-102	241	ex PH-TTB	Lsd fr GECAS
☐	TR-LGR	de Havilland DHC-8-102	237	ex PH-TTA	Lsd fr GECAS
☐	TR-LGS	de Havilland DHC-6 Twin Otter 300	288	ex ZS-OVD	Lsd fr Montgolfiere du Perigord
☐	TR-LGU	de Havilland DHC-6 Twin Otter 300	242	ex C-FNAN	
☐	TR-LHA	de Havilland DHC-8-102	206	ex C-FHRA	Lsd fr GECAS
☐	TR-	Canadair CL600-2B16 (CRJ-100ER)	7182	ex F-GPTC	Lsd fr GIE Lerins
☐	TR-	Canadair CL600-2B16 (CRJ-100ER)	7126	ex F-GPYP	Lsd fr GIE Danda

AVIREX
Avirex-Gabon (G2/AVX) — *Libreville (LBV)*

☐	TR-LEB	Cessna 402B	402B1078	ex TN-AEZ	Lsd fr Beretford
☐	TR-LEI	Piper PA-31 Turbo Navajo B	31-7300904	ex N4330B	Lsd fr Beretford
☐	TR-LEQ	Reims Cessna F406 Caravan II	F406-0007	ex LX-LMS	Lsd fr Relwood
☐	TR-LFG	Cessna 404 Titan II	404-0844	ex TJ-AHY	
☐	TR-LGP	Fokker F.28 Fellowship 4000	11126	ex SE-DGL	Lsd fr Jet Aviation
☐	TR-LHG	Douglas DC-9-32	47198/302	ex 3D-JES	
☐	TR-LVR	Cessna 207 Skywagon	20700310	ex N1710U	

GABON AIRLINES
(GY/GBK) — *Libreville (LBV)*

☐	SU-BPY	Boeing 757-2Q8	24965	ex N965AW	Lsd fr EUD
☐	TR-LHP	Boeing 767-222	21877/46	ex N617UA	Lsd fr Leo Services
☐	TR-	Boeing 767-222	21878/48	ex N618UA	on order

GABON AIRLINES CARGO
(6G/GBK) — *Libreville (LBV)*

☐	TR-LIC	Douglas DC-8-62AF	46162/555	ex (ZS-PVS)	

LA NATIONALE
Libreville (LBV)

☐	ZS-DOC	Dornier 228-202	8104	ex MAAW-R1	Lsd fr Interactive Trading
☐	ZS-PMS	SAAB SF.340A	340A-059	ex N327PX	Lsd fr AAS Leasing

La Nationale is the trading name of National Airways Gabon

NOUVELLE AIR GABON
Believed to have ceased operations

SCD AVIATION

| ☐ | TR-LRS | Embraer EMB.120 Brasilia | 120239 | ex F-GTBG | |

SCORPION AIR

| ☐ | TR-LID | Antonov An-26 | 47302203 | ex LZ-MNS | |
| ☐ | TR-LIE | Antonov An-26 | | | |

TS-   TUNISIA

FLY INTERNATIONAL AIRWAYS
Ceased operations

KARTHAGO AIRLINES
Karthago (5R/KAJ)   *Tunis-Carthage/Djerba-Zarzis (TUN/DJE)*

☐	TS-IEC	Boeing 737-33A	25010/2008	ex OO-LTW	Lsd fr AWAS
☐	TS-IED	Boeing 737-33A	25032/2014	ex OO-LTP	Lsd fr AWAS
☐	TS-IEE	Boeing 737-33A	24790/1955	ex 5H-TCA	Lsd fr AWAS
☐	TS-IEF	Boeing 737-3Q8	26309/2674	ex N73380	Lsd fr AWAS; sublsd to KBR
☐	TS-IEG	Boeing 737-31S	29116/3005	ex D-ADBS	Lsd fr Deutsche Structured Finance
☐	TS-IEJ	Boeing 737-322	24655/1814	ex N380UA	Lsd fr MC A/c Management

Karthago Airlines is the trading name of Tunis Karthago Airlines. Owns 10% of KoralBlue

NOUVELAIR
Nouvelair (BJ/LBT) (IATA 796)   *Monastir (MIB)*

☐	TS-INA	Airbus A320-214	1121	ex F-WWBT	Dora	Lsd fr Nouvelair Tunisie
☐	TS-INB	Airbus A320-214	1175	ex F-WWDO		Lsd fr GECAS
☐	TS-INC	Airbus A320-214	1744	ex F-WWBS	Youssef	Lsd fr Nouvelair Tunisie
☐	TS-IND	Airbus A320-212	0348	ex OY-CNN		Lsd fr GECAS; sublsd to LAA
☐	TS-INE	Airbus A320-212	0222	ex OY-CNC		Lsd fr GECAS; sublsd to LAA
☐	TS-INF	Airbus A320-212	0299	ex G-JDFW		Lsd fr ALPS 94-1
☐	TS-INI	Airbus A320-212	0301	ex OY-CNM		Lsd fr Airplanes 320 Lsg
☐	TS-INK	Airbus A320-211	0112	ex A6-ABY		Lsd fr Castle 2003-1A
☐	TS-INL	Airbus A320-212	0400	ex N346NW		Lsd fr ALS Irish A/c Lsg
☐	TS-INM	Airbus A320-211	0246	ex EC-GRJ		Lsd fr CIT Group; sublsd to AAW
☐	TS-INN	Airbus A320-212	0793	ex D-AICB		Lsd to KNE
☐	TS-IQA	Airbus A321-211	0970	ex OO-SUA		Lsd fr Nouvelair Tunisie
☐	TS-IQB	Airbus A321-211	0995	ex OO-SUB		Lsd fr Nouvelair Tunisie
☐	TS-	Airbus A320-214	3480	ex F-WW		Lsd fr BOC Aviation

One Airbus A320 is on order

SEVENAIR
(UG/TUI) (IATA 150)   *Tunis-Carthage (TUN)*

Previously listed as Tuninter, renamed 06 July 2007

☐	TS-ISA	Canadair CL-600-2D24 (CRJ-900)	15091	ex C-	
☐	TS-LBA	ATR 42-300	245	ex G-BXBV	Alyssa
☐	TS-LBC	ATR 72-202	281	ex F-WWLK	Tahar Haddad
☐	TS-LBD	ATR 72-202	756	ex F-WWEQ	Hasdrubai

83.37% owned by Tunisair; one ATR 42 leased to Mauritania Airways. Two ATR 72-212As are on order

TUNINTER
Renamed Sevenair 06 July 2007

TUNISAIR
Tunair (TU/TAR) (IATA 199)   *Tunis-Carthage (TUN)*

☐	TS-IPA	Airbus A300B4-605R	558	ex A6-EKD	Sidi Bou Said	
☐	TS-IPB	Airbus A300B4-605R	563	ex A6-EKE	Tunis	
☐	TS-IPC	Airbus A300B4-605R	505	ex F-OIHB	Amilcar	
☐	TS-IMB	Airbus A320-211	0119	ex F-WWIJ	Farhat Hached	
☐	TS-IMC	Airbus A320-211	0124	ex F-WWIS	7 Novembre	
☐	TS-IMD	Airbus A320-211	0205	ex F-WWDO	Khereddine	
☐	TS-IME	Airbus A320-211	0123	ex F-OGYC	Tabarka	
☐	TS-IMF	Airbus A320-211	0370	ex F-WWIP	Djerba	
☐	TS-IMG	Airbus A320-211	0390	ex F-WWDL	Abou el Kacem Chebbi	
☐	TS-IMH	Airbus A320-211	0402	ex F-WWBN	Ali Belhaouane	Lsd to Mauritania AW
☐	TS-IMI	Airbus A320-211	0511	ex F-WWDC	Jughurta	
☐	TS-IMJ	Airbus A319-114	0869	ex D-AVYW	El Kantaoui	
☐	TS-IMK	Airbus A319-114	0880	ex D-AVYD	Kerkenah	
☐	TS-IML	Airbus A320-211	0958	ex F-WWBI	Gafsa El Ksar	
☐	TS-IMM	Airbus A320-211	0975	ex F-WWIR	Le Bardo	
☐	TS-IMN	Airbus A320-211	1187	ex F-WWDU	Ibn Khaldoun	

☐ TS-IMO	Airbus A319-114	1479	ex D-AVYT	Hannibal	
☐ TS-IMP	Airbus A320-211	1700	ex F-WWIS	La Galite	
☐ TS-IMQ	Airbus A319-112	3096	ex D-AVWZ	Alyssa	
☐ TS-IOG	Boeing 737-5H3	26639/2253		Sfax	
☐ TS-IOH	Boeing 737-5H3	26640/2474		Hammamet	
☐ TS-IOI	Boeing 737-5H3	27257/2583		Mahdia	
☐ TS-IOJ	Boeing 737-5H3	27912/2701		Monastir	
☐ TS-IOK	Boeing 737-6H3	29496/268	ex N1786B	Kairouan	
☐ TS-IOL	Boeing 737-6H3	29497/282	ex N1786B	Tozeur Nefta	
☐ TS-IOM	Boeing 737-6H3	29498/310	ex N1786B	Carthage	
☐ TS-ION	Boeing 737-6H3	29499/510	ex N1786B	Utique	
☐ TS-IOP	Boeing 737-6H3	29500/543		El Jem	
☐ TS-IOQ	Boeing 737-6H3	29501/563	ex N1787B	Bizerte	
☐ TS-IOR	Boeing 737-6H3	29502/816	ex N1786B	Tahar Haddad	

Owns 83.73% of Sevenair and 51% of Mauritania Airways

TUNISAVIA
Tunisavia (TAJ)   *Tunis-Carthage (TUN)*

☐ TS-HSD	Aerospatiale SA.365N Dauphin 2	6117	ex F-WXFC	
☐ TS-HSE	Aerospatiale SA.365N Dauphin 2	6150		
☐ TS-LIB	de Havilland DHC-6 Twin Otter 300	716	ex TS-DIB	
☐ TS-LSF	de Havilland DHC-6 Twin Otter 300	575	ex TS-DSF	

TT- TCHAD (Republic of Chad)

AIR HORIZON AFRIQUE
Tchad-Horizon (TPK)   *N'Djamena (NDJ)*

Operates cargo flights with Antonov An-12 freighters leased from other operators as required

AMW TCHAD
(MCW)   *N'Djamena (NDJ)*

☐ TT-DAE	Lockheed L-1011-100 Tristar	193N-1101	ex EX-072	
☐ TT-DWE	Lockheed L-1011-100 Tristar	193N-1093	ex A8-AAB	

AMW Tchad is the trading name of Aircraft Machinery Works

TOUMAI AIR CHAD
Toumai Air (9D/THE) (IATA 371)   *N'Djamena (NDJ)*

☐ OD-WOL	Boeing 737-232 (AvAero 3)	23083/1008	ex N311DL	Lsd fr WLB
☐ TT-EAS	Fokker F.28 Fellowship 4000	11173	ex TJ-ALC	

Also leases aircraft from other operators as required

TU- IVORY COAST (Republic of the Ivory Coast)

AIR INTER IVOIRE
Inter Ivoire (NTV)   *Abidjan (ABJ)*

☐ TU-TDC	Fairchild FH-227B	558	ex 5N-BCB	
☐ TU-TDM	Grumman G.159 Gulfstream I	20	ex TJ-WIN	stored MAD
☐ TU-TGF	Piper PA-31-350 Navajo Chieftain	31-7305072	ex N74930	
☐ TU-TJF	Piper PA-23-250 Aztec F	27-7654072	ex N62594	
☐ TU-TJN	Beech 58 Baron	TH-776	ex HB-GGE	

AIR IVOIRE
Air Ivoire (VU/VUN)   *Abidjan (ABJ)*

☐ F-OIVU	Airbus A321-211	1017	ex G-OOAJ		Lsd fr Aero Services Corporate
☐ TU-TIW	Fokker F.28 Fellowship 4000	11233	ex N483US	all-white	Lsd fr ING ☐
☐ TU-TIX	Fokker F.28 Fellowship 4000	11237	ex N486US		Lsd fr ING Lease
☐ TU-TIY	Fokker F.28 Fellowship 4000	11238	ex N487US		Lsd fr ING Lease

Air Ivoire is the trading name of Nouvelle Air Ivoire; long-haul services operated by Air Mediterranée

IVOIRIENNE DE TRANSPORT AERIENS
(I3)   *Abidjan (ABJ)*

☐ ZS-PML	SAAB SF.340A	340A-034	ex N338BE	Lsd fr NRX

Current status uncertain as sole aircraft returned to lessor

TY- BENIN (Republic of Benin)

AERO BENIN
AeroBen (EM/AEB) (IATA 282)   Cotonou (COO)

Operates services with Boeing 727 and Boeing 737 aircraft leased from Interair or Aero Africa when required

BENIN GOLF AIR
Benin Golf (A8/BGL)   Cotonou (COO)

☐	XU-RKA	Boeing 737-2H4 (AvAero 3)	22061/639	ex N63SW		Lsd fr RKH
☐	XU-RKC	Boeing 737-2H4 (AvAero 3)	22903/905	ex (PK-RIP)		Lsd fr RKH
☐	YU-ANL	Boeing 737-3H9	23716/1321	ex Z3-ARF	all-white	Lsd fr JAT
☐	3D-BGA	Boeing 737-2H4	21722/568	ex OM-ERA		Lsd fr RFC

TRANS AIR BENIN
Trans-Benin (N4/TNB)   Cotonou (COO)

Operates services with aircraft leased from Airquarius Aviation or TransAir Congo as required

TZ- MALI (Republic of Mali)

COMPAGNIE AERIENNE DU MALI
Bamako (BKO)

☐	TZ-RMA	McDonnell-Douglas MD-87	49832/1703	ex I-AFRB	on order	Lsd fr Groupe Celstair
☐	ZS-PML	SAAB SF.340A	340A-034	ex N338BE		Lsd fr NRX
☐		McDonnell-Douglas MD-87	49839/1739	ex EC-EYX		

Groupe Celestair has been set-up by the Aga Khan Foundation to expand and improve air services in Africa, see also Air Uganda, Air Burkina and Rwandair Express

MALI AIR EXPRESS
Avion Express (VXP)   Bamako (BKO)

☐	3X-GDK	LET L-410UVP	800419	ex RA-67153
☐	3X-GDL	LET L-410UVP	800420	ex RA-67154
☐	3X-GED	SAAB SF.340A	340A-051	ex ZS-PMN
☐	3X-GEJ	SAAB SF.340A	340A-136	ex ZK-NLN

MALI AIR TRANSPORT
Bamako (BKO)

☐	TZ-NBA	Boeing 727-2K5/W (Duganair 3)	21853/1640	ex P4-JLI

T3- KIRIBATI (Republic of Kiribati)

AIR KIRIBATI
(4A)   Tarawa-Bonriki Intl (TRW)

☐	T3-ATI	AVIC II Y-12 II	0077	
☐	T3-ATJ	CASA C.212-200 Aviocar	CD67-01-356	ex N398FL

Two de Havilland DHC-6 Twin Otter 400s are on order

T7 SAN MARINO

AMATI AIR
current status uncertain, sole aircraft sold in Germany

T8A PALAU (Republic of Palau)

BELAU AIR
Sole aircraft sold in Australia August 2007

T9- BOSNIA-HERZEGOVINA (Republic of Bosnia-Herzegovina)

B&H AIRLINES
Air Bosna (JA/BON)   Banja Luka

☐	T9-AAD	ATR 72-212	464	ex F-WQNF	Sarajevo	Lsd fr ATR Asset Mgt
☐	T9-AAE	ATR 72-212	465	ex F-WQNG	Mostar	Lsd fr ATR Asset Mgt

ICAR Air
Current status uncertain, sole aircraft returned to Czech Republic

UK- UZBEKISTAN (Republic of Uzbekistan)

AVIALEASING
Twinarrow (EC/TWN) (IATA 036)   *Tashkent-Vostochny/Miami-Opa Locka, FL (TAS/OPF)*

☐ N5057E	Antonov An-26	6101	ex 57 red	based OPF	
☐ N8038Y	Antonov An-26	07309104	ex UK 26002	stored OPF	Lsd fr Avialeasing Asset Mgt
☐ UK 11418	Antonov An-12B	402504	ex RA-11996	based OPF	Lsd fr SRX Transcontinental Lsd fr TSS Aviation
☐ UK 12002	Antonov An-12B	402002	ex RA-11373		Lsd fr Vega M-NPP
☐ UK 26001	Antonov An-26B	67314402	ex UK 26213		Lsd fr TSS Aviation
☐ UK 26003	Antonov An-26	07310406	ex S9-BOW	based OPF, The Sky's the Limit	

Those based at Opa Locka, FL operate cargo flights for Bahamasair and DHL

QANOT SHARQ
Qanot Sharq (QNT)   *Tashkent-Vostochny (TAS)*

☐ UK 76353	Ilyushin Il-76TD	102314454	ex 76353

SAMARKAND AIRWAYS
Sogdiana (C7/UZS) (IATA 732)   *Tashkent-Vostochny (TAS)*

Operates services with Antonov An-12/26 and Ilyushin Il-76 aircraft leased from other operators as required

TAPO-AVIA
Cortas (4C/CTP)   *Tashkent-Vostochny (TAS)*

☐ UK 11807	Antonov An-12BK	00346910	ex CCCP-11807	
☐ UK 58644	Antonov An-12BP	2340303	ex CCCP-58644	
☐ UK 76375	Ilyushin Il-76TD	1033414496		status not confirmed
☐ UK 76427	Ilyushin Il-76TD	1013406207	ex 06207	status not confirmed
☐ UK 76821	Ilyushin Il-76TD	0023441200	ex 4K-AZ62	
☐ UK 76831	Ilyushin Il-76TD	1013409287	ex CCCP-76831	status not confirmed

Tapo-Avia is a division of Chkalov Tashkent Aircraft Production Corp; aircraft registered to Republic of Uzbekistan

UZBEKISTAN AIRWAYS
Uzbek (HY/UZB) (IATA 250)   *Tashkent-Vostochny/Samarkand (TAS/SKD)*

☐ UK 46223	Antonov An-24B	77303102	ex CCCP-46223		
☐ UK 46360	Antonov An-24B	07305901	ex RA-46360		
☐ UK 46373	Antonov An-24B	07306004	ex CCCP-46373		
☐ UK 46387	Antonov An-24B	07306110	ex 46387		
☐ UK 46392	Antonov An-24B	07306205	ex CCCP-46392		
☐ UK 46573	Antonov An-24B	87304807	ex CCCP-46573		
☐ UK 46594	Antonov An-24B	97305104	ex CCCP-46594		
☐ UK 46623	Antonov An-24RV	37308710	ex CCCP-46623		
☐ UK 46658	Antonov An-24RV	47309304	ex CCCP-46658		
☐ UK 47274	Antonov An-24B	07306404	ex CCCP-47274		
☐ UK 75700	Boeing 757-23P	28338/731		Op for Govt	
☐ VP-BUB*	Boeing 757-23P	30060/875	ex UK-75701	Urgench	
☐ VP-BUD*	Boeing 757-23P	30061/886	ex N6066Z	Shahrisabz	
☐ VP-BUH	Boeing 757-231	30339/896	ex N726TW		Lsd fr Hawk Lsg
☐ VP-BUI	Boeing 757-231	28487/878	ex N719TW		Lsd fr Pegasus
☐ VP-BUJ	Boeing 757-231	28488/884	ex N724TW		Lsd fr Pegasus
☐ UK 76351	Ilyushin Il-76TD	1013408240	ex RA-76351	stored TAS	
☐ UK 76358	Ilyushin Il-76TD	1023410339			
☐ UK 76359	Ilyushin Il-76TD	1033414483			
☐ UK 76426	Ilyushin Il-76TD	1043419644			
☐ UK 76428	Ilyushin Il-76TD	1043419648	ex 76428		
☐ UK 76448	Ilyushin Il-76TD	1023413443	ex 76448		Lsd to ESL
☐ UK 76449	Ilyushin Il-76TD	1023403058	ex 76449		
☐ UK 76782	Ilyushin Il-76TD	0093498971	ex CCCP-76782	stored TAS	
☐ UK 76793	Ilyushin Il-76TD	0093498951	ex CCCP-76793		
☐ UK 76794	Ilyushin Il-76TD	0093498954	ex CCCP-76794	stored TAS	
☐ UK 76805	Ilyushin Il-76TD	1003403109	ex CCCP-76805		
☐ UK 76811	Ilyushin Il-76TD	1013407223	ex 76811	stored TAS	
☐ UK 76813	Ilyushin Il-76TD	1013408246	ex CCCP-76813	stored TAS	
☐ UK 76824	Ilyushin Il-76TD	1023410327	ex CCCP-76824	stored TAS	
☐ UK 85575	Tupolev Tu-154B-2	83A-575	ex 85575		
☐ UK 85578	Tupolev Tu-154B-2	83A-578	ex 85578		
☐ UK 85600	Tupolev Tu-154B-2	84A-600	ex 85600	VIP	

☐	UK 85711	Tupolev Tu-154M	91A-887	ex 85711		
☐	UK 85764	Tupolev Tu-154M	93A-947	ex RA-85764	stored	
☐	UK 85776	Tupolev Tu-154M	93A-958			
☐	UK 87923	Yakovlev Yak-40	9741455	ex CCCP-87923	VIP	
☐	UK 87989	Yakovlev Yak-40	9541344	ex CCCP-8789		
☐	UK 87996	Yakovlev Yak-40	9542044	ex CCCP-87996		
☐	UK 88194	Yakovlev Yak-40	9621448	ex CCCP-88194		
☐	UK 88217	Yakovlev Yak-40	9630350	ex CCCP-88217	VIP	
☐	UK 31001	Airbus A310-324	574	ex F-OGQY	Tashkent	
☐	UK 31002	Airbus A310-324	576	ex F-OGQZ	Fergana	
☐	UK 31003	Airbus A310-324	706	ex F-WWCM	Bukhara	
☐	UK 76000+	Boeing 767-33PER	35796/958	ex N5014K	VIP a/c; op for Govt	
☐	UK 80001	Avro 146-RJ85	E2312	ex G-6-312	VIP a/c; op for Govt	
☐	UK 80002	Avro 146-RJ85	E2309	ex G-6-309		
☐	UK 80003	Avro 146-RJ85	E2319	ex G-6-319		
☐	UK 86056	Ilyushin Il-86	51483203023	ex CCCP-86056	stored TAS	
☐	UK 86064	Ilyushin Il-86	51483203031	ex CCCP-86064	stored TAS	
☐	UK 86090	Ilyushin Il-86	51483207061	ex CCCP-86090	stored TAS	
☐	UK 91102	Ilyushin Il-114-100	109380202	ex UK 91009		Lsd fr UzbAviaLizing
☐	UK 91104	Ilyushin Il-114-100				Lsd fr UzbAviaLizing
☐	UK	Ilyushin Il-114-100			on order	Lsd fr UzbAviaLizing
☐	UK	Ilyushin Il-114-100			on order	Lsd fr UzbAviaLizing
☐	VP-BUA+	Boeing 767-33PER	28370/635	ex VR-BUA	Samarkand	
☐	VP-BUE+	Boeing 767-3CBER	33469/904	ex N594HA		
☐	VP-BUF	Boeing 767-33PER	33078/928			Lsd fr Tashkent Lsg
☐	VP-BUZ+	Boeing 767-33PER	28392/650	ex (UK 76702)	Khiva	

*Leased from Bukhara Leasing Ltd
+Leased from Uzbekistan Finance Ltd
Six Airbus A320s and two Boeing 787-83Ps are on order

UN- KAZAKHSTAN (Republic of Kazakhstan)

AEROTRANS
Bachyt (ATG) — Taraz (DMB)

☐	UN-85422	Tupolev Tu-154B-2	80A-422	ex LZ-BTS	
☐	UN-85521	Tupolev Tu-154B-2	81A-521	ex CCCP-85521	
☐	UN-85569	Tupolev Tu-154B-2	82A-569	ex LZ-BTV	

AEROTUR AIR
Diasa (RAI) — Astana (TSE)

☐	UN-85570	Tupolev Tu-154M	87A-754	ex LZ-HMH	

AIR ALMATY
Agleb (LMY) — Almaty (ALA)

☐	UN-76023	Ilyushin Il-76			
☐	UN-76487	Ilyushin Il-76TD	0073479367	ex RA-76487	Lsd to AMA

AIR AKTOBE
Aktobe

☐	UN-67464	LET L-410UVP	841229	ex CCCP-67464	

Current status uncertain

AIR ASTANA
Astanaline (KC/KZR) (IATA 465) — Astana / Almaty (TSE/ALA)

☐	P4-NAS	Airbus A321-231	1042	ex N104AQ		
☐	P4-OAS	Airbus A321-231	1204	ex N120ED		
☐	P4-PAS	Airbus A320-232	2128	ex D-ARFF		Lsd fr CIT Group
☐	P4-SAS	Airbus A320-232	2016	ex SX-BVC		Lsd fr CIT Group
☐	P4-TAS	Airbus A320-232	2828	ex F-WWDN		Lsd fr AerCap
☐	P4-UAS	Airbus A320-232	2987	ex F-WWIH		Lsd fr Boullioun
☐	P4-VAS	Airbus A320-232	3141	ex F-WWDO		Lsd fr Boullioun
☐	P4-	Airbus A319-132	3614	ex F-WW	on order	Lsd fr ILFC
☐	P4-	Airbus A320-232		ex F-WW	on order	Lsd fr ILFC
☐	P4-	Airbus A320-232		ex F-WW	on order	Lsd fr ILFC

Six more Airbus A320s are on order

☐	P4-HAS	Fokker F.27 Mk 050 (Fokker 50)	20198	ex PH-ZDH	Lsd fr Aircraft Financing & Trading
☐	P4-IAS	Fokker F.27 Mk 050 (Fokker 50)	20188	ex PH-ZDD	Lsd fr Aircraft Financing & Trading
☐	P4-JAS	Fokker F.27 Mk 050 (Fokker 50)	20195	ex PH-ZDG	Lsd fr Aircraft Financing & Trading
☐	P4-KAS	Fokker F.27 Mk 050 (Fokker 50)	20187	ex PH-ZDC	Lsd fr Aircraft Financing & Trading
☐	P4-LAS	Fokker F.27 Mk 050 (Fokker 50)	20193	ex PH-ZDE	Lsd fr Aircraft Financing & Trading
☐	P4-EAS	Boeing 757-2G5	29488/830	ex D-AMUG	Lsd fr Pegasus Avn

☐	P4-FAS	Boeing 757-2G5	29489/834	ex D-AMUH		Lsd fr Pegasus Avn
☐	P4-GAS	Boeing 757-2G5	28112/708	ex D-AMUI		Lsd fr Pegasus Avn
☐	P4-KCA	Boeing 767-306ER	27612/647	ex PH-BZI		Lsd fr ILFC
☐	P4-KCB	Boeing 767-306ER	27614/661	ex PH-BZK		Lsd fr ILFC
☐	P4-MAS	Boeing 757-2Q8	28833/782	ex B-2852	all-white	Lsd fr ILFC

Joint venture between BAE Systems and government

ALMATY AVIA CARGO
Almaty (6T/LMT)   Almaty (ALA)

☐	UN-11650	Antonov An-12BP	6344305	ex 11650	Lsd to Airmark

ASIA CONTINENTAL AIRLINES
Acid (CID)   Almaty (ALA)

☐	UN-76020	Ilyushin Il-76	0043450493	ex EW-243TH		
☐	UN-76021	Ilyushin Il-76TD	0013430890	ex EX-062		
☐	UN-76022	Ilyushin Il-76T	0013428831	ex EX-046		
☐	UN-76024	Ilyushin Il-76TD	1033414480	ex EW-224TH		
☐	UN-76025	Ilyushin Il-76TD	1023412414	ex EW-241TH		
☐	TC-API	Boeing 737-86N/W	32732/1056			Lsd fr PGT
☐	UN-26507	Antonov An-26	6703	ex RA-26507		
☐	UN-87525	Yakovlev Yak-40	9520741	ex CCCP-87525		
☐	UN-85516	Tupolev Tu-154B-2	81A-516	ex YL-LAC	stored ALA	
☐	UN-88189	Yakovlev Yak-40	9620948	ex RA-88189		

ATMA
(AMA)

☐	UN-11010	Antonov An-12B	5343606	ex EX-001	id not confirmed	
☐	UN-11014	Antonov An-12BP	6344308	ex LZ-SFS		
☐	UN-11015	Antonov An-12BP	2340806	ex LZ-SFN		
☐	UN-11017	Antonov An-12B	02348207	ex LZ-VED		
☐	UN-11018	Antonov An-12BP	1340106	ex LZ-VEA		
☐	UN-11019	Antonov An-12TB	01347701	ex LZ-VEB		
☐	UR-76499	Ilyushin Il-76TD	0023441186	ex RA-76499		
☐	UN-76487	Ilyushin Il-76TD	0073479367	ex RA-76487		Lsd fr LMY

ATYRAU AIR WAYS
Edil (IP/JOL) (IATA 312)   Atyrau (GUW)

☐	UN-25388	Mil Mi-8T	98206781	ex CCCP-25388		Jt ops with KAW
☐	UN-27055	Mil Mi-8MTV-1	95889	ex RA-27055		
☐	UN-65069	Tupolev Tu-134A-3	49908	ex RA-65069	Kashagan	
☐	UN-65070	Tupolev Tu-134A-3	49912	ex RA-65070	Tungysh	
☐	UN-65610	Tupolev Tu-134A	40150	ex RA-65610	Bayterek	
☐	UN-65619	Tupolev Tu-134A	31218	ex RA-65619	Venera; VIP	
☐	UN-85781	Tupolev Tu-154M	93A-965	ex RA-85781		

Wholly owned subsidiary of Euro-Asia Air

AVIA JAYNAR
Tobol (SAP)   Kostanay (KSN)

☐	RA-47153	Antonov An-24B	88901605	ex UN-47153	

BEIBARS
(BBS)

☐	UN-76472	Ilyushin Il-76TD	33446350	ex RA-76472	

Commenced operations in July 2007 but aircraft transferred to Red Wings by early November; current status uncertain

BERKUT AIR
Berkut (BEK)   Almaty (ALA)

☐	UN-87306	Yakovlev Yak-40	9302229	ex CCCP-87306	
☐	UN-87403	Yakovlev Yak-40	9411533	ex CCCP-87403	
☐	UN-88191	Yakovlev Yak-40	9621148	ex CCCP-88191	VIP
☐	UN-88260	Yakovlev Yak-40	9711552	ex CCCP-88260	VIP

BERKUT STATE AIR COMPANY
(BEC)   Almaty (ALA)

☐	UN-A1901	Airbus A319-115X	2592	ex HB-IPO	VIP	[CJ]
☐	UN-B5701	Boeing 757-2M6ER	23454/102	ex P4-NSN	VIP	
☐	UN-B6701	Boeing 767-2DXER	32954/861		VIP	
☐	UN-11373	Antonov An-12BP	02348304	ex RA-11373		

☐	UN-17201	Mil Mi-172 (Mi-8MTV-3)	398C01		VIP
☐	UN-25401	Mil Mi-8MTV-1	96275		VIP
☐	UN-76371	Ilyushin Il-76TD	1033414485		
☐	UN-76374	Ilyushin Il-76TD	1033416520		
☐	UN-85464	Tupolev Tu-154B-2	80A-464	ex 85464	VIP
☐	UN-85713	Tupolev Tu-154M	91A-889	ex 4L-85713	

Operates flights for the Government, division of the Administration of the President of Kazakhstan Republic

BERKUT WEST
Venera (BPK) *Uralsk (URA)*

☐	UN-67383	LET L-410UVP	831011	ex CCCP-67383	
☐	UN-67385	LET L-410UVP	831013	ex CCCP-67385	
☐	UN-67462	LET L-410UVP	841227	ex CCCP-67462	
☐	UN-67463	LET L-410UVP	841228	ex CCCP-67463	

BGB AIR
Placed on EU banned list March 2006 and reorganised as Samal Air

DETA AIR
Almaty (ALA)

☐	UN-86509	Ilyushin Il-62M	1951525	ex UK-86578	
☐	RA-86935	Ilyushin Il-62M	1545951	ex OK-PBM	Natalya

DON AVIA
Donsebai (DVB) *Almaty (ALA)*

☐	UN-87271	Yakovlev Yak-40	9310727	ex CCCP-87271	VIP
☐	UN-87926	Yakovlev Yak-40K	9741755	ex CCCP-87926	VIP

EAST KAZAKHSTAN REGION AIR ENTERPRISE
Galeta (UCK) *Ust-Kamenogorsk (UKK)*

Current fleet unknown

EAST WING
E Wing (EWZ) *Taraz / Fujairah, UAE (DMB/FJR)*

Previously listed as GST Aero

☐	UN-76006	Ilyushin Il-76TD	0013434018	ex UN-76004	
☐	UN-76010	Ilyushin Il-76TD	0033448404	ex UN-76008	
☐	UN-76011	Ilyushin Il-76T	0003426765	ex UN-76007	
☐	UN-76496	Ilyushin Il-76TD	073410301	ex RA-76496	
☐	UN-76497	Ilyushin Il-76T	043402039	ex 3C-QRA	
☐	UN-B1110	BAC One-Eleven 401AK	078	ex UN-B1111	East Wing titles
☐	UN-11006	Antonov An-12BP	01347909	ex 3C-QRI	
☐	UN-11008	Antonov An-12B	4342505		
☐	UN-11009	Antonov An-12B	53403408	ex 9L-LEA	
☐	UN-11010	Antonov An-12B	53403606		
☐	UN-26087	Antonov An-26	27312601	ex 4L-26087	
☐	UN-65695	Tupolev Tu-134B-3	63285	ex YL-LBE	Lsd fr Aqualine
☐	UN-85558	Tupolev Tu-154B-2	82A-558	ex 4L-AAH	
☐	UN-87251	Yakovlev Yak-40	9421334	ex ER-JGD	
☐	UN-87314	Yakovlev Yak-40	9330928	ex CCCP-87314	

EASTERN EXPRESS

☐	UN-11020	Antonov An-12			
☐	UN-11021	Antonov An-12			
☐	UN 76026	Ilyushin Il-76T			
☐	UN 76027	Ilyushin Il-76TD	0033447364	ex EX-070	all white
☐	UN 76028	Ilyushin Il-76T			
☐	UN-76029	Ilyushin Il-76TD	1013406294	ex ER-IAS	
☐	UN-76032	Ilyushin Il-76T			

EURO ASIA INTERNATIONAL
Eakaz (5B/EAK) *Almaty/Sharjah (ALA/SHJ)*

☐	UN-87337	Yakovlev Yak-40	9510639	ex 87337	VIP; Aibike titles
☐	UN-87935	Yakovlev Yak-40K	9741856	ex CCCP-87935	VIP
☐	UN-87990	Yakovlev Yak-40	9541444	ex CCCP-87990	stored AKX
☐	UN-88173	Yakovlev Yak-40	9621147	ex CCCP-88173	stored AKX
☐	UN-88266	Yakovlev Yak-40K	9710453	ex CCCP-88266	
☐	UN-67666	LET L-410UVP	912612	ex CCCP-67681	

Atyrau Air is a wholly owned subsidiary

GST AERO
Renamed East Wing

INVESTAVIA
(TLG)   *Almaty (ALA)*

☐	UN-86130	Ilyushin Il-62M	3255333	ex RA-86130	NRG titles

KAZAIR WEST
Kazwest (KAW)   *Atyrau (GUW)*

☐	UN-25358	Mil Mi-8T	98206781	ex CCCP-25358	Jt ops with JOL
☐	UN-25517	Mil Mi-8PS-9	8687		
☐	UN-65799	Tupolev Tu-134B-3	63187	ex YL-LBN	VIP
☐	UN-67566	LET L-410UVP-E	861606	ex HA-LAK	
☐	UN-67611	LET L-410UVP-E	892339	ex OM-UDX	

Owned by Clintondale Aviation and operates mainly VIP flights

KAZAKHMYS

☐	UN-87912	Yakovlev Yak-40K	9732054	ex RA-87912	

KAZZINC

☐	UN-42430	Yakovlev Yak-42	4520424216606	ex RA-42430	VIP
☐	UN-87934	Yakovlev Yak-40K	9740556	ex CCCP-87934	

KHOZU AVIA
Khozavia (OZU)   *Almaty (ALA)*

☐	UN-42323	Yakovlev Yak-42D	4520423402116	ex RA-42323	VIP
☐	UN-42641	Yakovlev Yak-42D	4520423302017	ex RA-42557	VIP; op for Govt
☐	UN-C8501	Canadair CL-600-2B19 (CRJ-200ER)	8054	ex C-FHTO	
☐	UN-C8502	Canadair CL-600-2B19 (CRJ-200ER)	8049	ex C-FHGK	

KOKSHETAU AIRLINES
Kokta (KRT)   *Kokchetav (KOV)*

☐	UN-86505	Ilyushin Il-62M	1748445	ex UR-86135	no titles
☐	UN-86506	Ilyushin Il-62M	1138234	ex UR-86133	
☐	UN-87913	Yakovlev Yak-40	9730255	ex CCCP-87913	
☐	UN-88198	Yakovlev Yak-40	9632048	ex CCCP-88198	
☐	UN-88221	Yakovlev Yak-40	9630750	ex CCCP-88221	
☐	UN-88277	Yakovlev Yak-40	9721953	ex CCCP-88277	

MAK AIR
(AKM)   *Almaty (ALA)*

☐	UN-85855	Tupolev Tu-154M	89A-823	ex B-2621	

MEGA AIRCOMPANY
Mega (MGK)   *Almaty (ALA)*

☐	UN-B2701	Boeing 727-232 (FedEx 3)	22045/1602	ex N532DA	
☐	UN-26517	Antonov An-26	7002	ex CCCP-26517	
☐	UN-75002	Ilyushin Il-18E	185008603	ex 3C-KKR	Lsd to DAO
☐	UN-75003	Ilyushin Il-18V	184006903	ex 3C-KKJ	
☐	UN-75004	Ilyushin Il-18GrM	186009202	ex 3C-KKK	
☐	UN-75005	Ilyushin Il-18D	187010204	ex 3C-KKL	

MIRAS AIR
Miras (MIF)   *Almaty (ALA)*

Operates cargo flights with aircraft leased from other operators as required

SAMAL AIR
(SAV)   *Almaty (ALA)*

Formed from BGB Air who ceased operations after being placed on EU banned list

☐	UN-65900	Tupolev Tu-134AK-3	63684	ex CCCP-65900	
☐	UN-86507	Ilyushin Il-62M	4242654	ex RA-86507	Ivan
☐	UN-86524	Ilyushin Il-62M	3242321	ex RA-86524	Galina

SAT AIRLINES
Satco (SOZ) — Almaty (ALA)

☐	UN-A3101	Airbus A310-322	399	ex D-ASRA	Lsd to AWZ
☐	UN-65551	Tupolev Tu-134A-3	66212	ex CCCP-65551 VIP	
☐	UN-65720	Tupolev Tu-134B-3	62820	ex CCCP-65720 VIP	
☐	UN-65776	Tupolev Tu-134A-3	62545	ex CCCP-65776 VIP	

SAYAKHAT
Sayakhat (W7/SAH) (IATA 271) — Almaty (ALA)

☐	UN-76384	Ilyushin Il-76TD	1003401015		
☐	UN-76385	Ilyushin Il-76TD	1033416515		
☐	UN-76434	Ilyushin Il-76	1023412395	ex CCCP-76434	
☐	UN-76442	Ilyushin Il-76TD	1023414450	ex CCCP-76442	
☐	UN-85852	Tupolev Tu-154M	86A-726	ex B-2611	
☐	UN-85853	Tupolev Tu-154M	86A-728	ex B-2606	
☐	UN-85854	Tupolev Tu-154M	86A-729	ex B-2607	Lsd to SXA

SAYAT AIR
(SYM) — Almaty (ALA)

☐	UN-86566	Ilyushin Il-62M	4255152	ex RA-86566	
☐	UN-86586	Ilyushin Il-62M	3357947	ex RA-86586	

SCAT AIRCOMPANY
Vlasta (DV/VSV) — Shymkent

☐	UN-26196	Antonov An-24B	17307303	ex RA-26196	
☐	UN-46265	Antonov An-24B	77303508	ex CCCP-46265	
☐	UN-46271	Antonov An-24B	77303604	ex CCCP-46271	
☐	UN-46310	Antonov An-24B	87305305	ex CCCP-46310	
☐	UN-46340	Antonov An-24B	97305608	ex CCCP-46340	
☐	UN-46368	Antonov An-24B	07305909	ex RA-46368	
☐	UN-46381	Antonov An-24B	07306104	ex CCCP-46381	
☐	UN-46421	Antonov An-24B	87304106	ex CCCP-46421	
☐	UN-46438	Antonov An-24B	87304309	ex CCCP-46438	
☐	UN-46500	Antonov An-24RV	37309305	ex CCCP-46500	
☐	UN-46626	Antonov An-24RV	37308305	ex CCCP-46626	
☐	UN-46664	Antonov An-24RV	47309505	ex CCCP-46664	
☐	UN-46672	Antonov An-24RV	47309604	ex CCCP-46672	
☐	UN-46699	Antonov An-24RV	47309910	ex UR-46699	Lsd to WTC
☐	UN-47176	Antonov An-24B	89901810	ex CCCP-47176	Lsd to WTC
☐	UN-47258	Antonov An-24RV	27307609	ex UR-47258	
☐	UN-47270	Antonov An-24B	07306308	ex CCCP-47270	
☐	UN-47277	Antonov An-24B	07306407	ex CCCP-47277	
☐	UN-47284	Antonov An-24B	07306504	ex CCCP-47284	
☐	UN-47350	Antonov An-24RV	67310509	ex CCCP-47350	
☐	UN-47692	Antonov An-24RV	27307509	ex CCCP-47692	
☐	UN-47763	Antonov An-24B	79901307	ex CCCP-47763	
☐	UN-47844	Antonov An-24B	17307406	ex CCCP-47844	
☐	UN-B3707*	Boeing 737-230 (Nordam 3)	22123/726	ex N123AQ	Lsd fr Southern A/c Consulting
☐	UN-B3708	Boeing 737-277 (Nordam 3)	22650/806	ex YA-GAB	
☐	UN-42401	Yakovlev Yak-42D	4250421116567	ex RA-42401	
☐	UN-42410	Yakovlev Yak-42D	4520421219029	ex UR-42410	Lsd fr MSI
☐	UN-42428	Yakovlev Yak-42D	4520422306016	ex ST-AQZ	

*Operates with Starline KZ titles

SEMEYAVIA
Ertis (SMK) — Semipalatinsk (PLX)

☐	UN-87204	Yakovlev Yak-40K	9810157	ex CCCP-87204	
☐	UN-87208	Yakovlev Yak-40K	9810557	ex CCCP-87208	
☐	UN-88259	Yakovlev Yak-40K	9711452	ex CCCP-88259	

SKY CARGO
Sharjah (SHJ)

☐	UN-B2702	Boeing 727-225F (FedEx 3)	21861/1554	ex N8892Z	

Status uncertain

SKYJET

☐	UN-86558	Ilyushin Il-62M	1052128	ex 4L-86558	no titles

TULPAR AIR SERVICE
Tulpa (2T/TUX)   *Qaraghandy-Sary Arka (KGF)*

☐	EY-46602	Antonov An-24RV	37308509	ex CCCP-46602	Lsd fr TJK
☐	UN-46253	Antonov An-24B	77303305	ex RA-46253	
☐	UN-46448	Antonov An-24B	87304410	ex CCCP-46448	
☐	UN-46492	Antonov An-24RV	27305001	ex CCCP-46492	
☐	UN-46582	Antonov An-24B	97305001	ex CCCP-46582	
☐	UN-46611	Antonov An-24RV	37308608	ex CCCP-46611	
☐	UN-26579	Antonov An-26B	13404	ex CCCP-26579	

YUZHNAYA AIRCOMPANY
Pluton (UGN)   *Almaty (ALA)*

☐	UN-75001	Ilyushin Il-18D	187009904	ex YR-IMM	
☐	UN-85478	Tupolev Tu-154B-2	81A-478	ex EX-017	
☐	UN-86116	Ilyushin Il-86	51463209084	ex CCCP-86116	status? believed wfu

ZHETYSU AVIA
Zhetysu Avia (JTU)   *Almaty (ALA)*

☐	UN-87927	Yakovlev Yak-40K	9741855	ex CCCP-87927
☐	UN-87931	Yakovlev Yak-40	9740256	ex CCCP-87931

ZHEZHAIR
Ulutau (KZH)   *Zhezkazgan (DZN)*

☐	UN-24143	Mil Mi-8T	98841441	ex CCCP-24143	
☐	UN-24228	Mil Mi-8T	98730577	ex CCCP-24228	
☐	UN-24262	Mil Mi-8T	98734158	ex CCCP-24262	
☐	UN-67407	LET L-410UVP	831035	ex CCCP-67407	
☐	UN-67464	LET L-410UVP	841229	ex CCCP-67464	
☐	UN-67491	LET L-410UVP	841316	ex CCCP-67491	
☐	UN-67525	LET L-410UVP	851432	ex CCCP-67525	
☐	UN-87920	Yakovlev Yak-40	9731055	ex CCCP-87920	KCC titles
☐	UN-87929	Yakovlev Yak-40	9742055	ex CCCP-87929	KCC titles

Operator Unknown

☐	UN-26089	Antonov An-26B-100	12203	ex RA-26089
☐	UN-87202	Yakovlev Yak-40	9812056	ex UR-ORG
☐	UN-	Ilyushin Il-76T	093418548	ex ER-IBG
☐	UN-	Ilyushin Il-76T	0003425746	ex ER-IAT
☐	UN-	Ilyushin Il-76T	0013432955	ex ER-IAU
☐	UN-	Ilyushin Il-76TD	0023442218	ex ER-IBC

UR- UKRAINE

AERO-CHARTER UKRAINE
Charter Ukraine (DW/UCR)   *Kiev-Borispol (KBP)*

☐	UR-CDW	Yakovlev Yak-40	9610546	ex UR-88151	
☐	UR-DAP	Yakovlev Yak-40	9521241	ex RA-87530	
☐	UR-DWC	Yakovlev Yak-40	9541144	ex UR-87987	
☐	UR-DWE	Yakovlev Yak-40	9240326	ex RA-87837	all-white
☐	UR-LRZ	Yakovlev Yak-40K	9641851	ex LY-ARZ	
☐	UR-88290	Yakovlev Yak-40K	9840459	ex CCCP-88290	

All operate in executive configuration

☐	UR-DWB	Antonov An-26B	6207	ex UR-BXB
☐	UR-DWD	Antonov An-26B	10103	ex ER-AFF
☐	UR-DWF	Antonov An-12BK	8345802	ex LZ-MNK
☐	UR-DWG	Antonov An-12BP	8345710	ex LZ-MNP

AEROMOST KHARKOV
Aeromist (HT/AHW) (IATA 730)   *Kharkov-Osnova (HRK)*

☐	UR-CAO	Antonov An-24B	97305007	ex ER-AFC	Lsd fr Air Bridge Group
☐	UR-14002	Antonov An-140	36525302006		

AEROSTAR
Aerostar (UAR)   *Kiev-Zhulyany/Kiev-Borispol (IEV/KBP)*

☐	UR-AIS	Yakovlev Yak-40	9211821	ex UR-87566	
☐	UR-BWH	Yakovlev Yak-40	9640951	ex RA-88238	
☐	UR-MIG	Yakovlev Yak-40	9641250	ex RA-88225	Keramist titles

☐	UR-SAN	Yakovlev Yak-40	9542043	ex 9L-LDI	
☐	UR-87961	Yakovlev Yak-40K	9820458	ex CCCP-87961	
☐	UR-87998	Yakovlev Yak-40	9540245	ex CCCP-87998 airtaxi.ua titles	

All operate in executive configuration

AEROSVIT AIRLINES
Aerosvit (VV/AEW) (IATA 870) — Kiev-Borispol (KBP)

☐	UR-46514	Antonov An-24RV	37308410	ex RA-46514	Lsd fr LHS
☐	UR-46677	Antonov An-24RV	47309609	ex RA-46677	
☐	UR-47294	Antonov An-24RV	07306604	ex RA-47294	Lsd fr URP
☐	UR-47296	Antonov An-24RV	07306609	ex CCCP-47296	
☐	UR-47312	Antonov An-24RV	57310403	ex RA-47312 all-white	
☐	TC-TJC	Boeing 737-4Q8	25374/2562	ex TC-MNL	Lsd fr CAI
☐	UR-BVY	Boeing 737-2Q8	22760/852	ex F-GEXJ	
☐	UR-VVA	Boeing 737-3Q8	24492/1808	ex N492GD	Lsd fr Triton
☐	UR-VVB	Boeing 737-529	26537/2296	ex OO-SYJ	Lsd fr CIT Group
☐	UR-VVD	Boeing 737-529	25419/2165	ex UR-GAP	Lsd fr CIT Group
☐	UR-VVE	Boeing 737-448	24521/1788	ex EI-BXB	Lsd fr ILFC
☐	UR-VVI	Boeing 737-33A	24461/1833	ex N446CT	Lsd fr CIT Group
☐	UR-VVJ	Boeing 737-448	24474/1742	ex OO-SLW	Lsd fr Unicapital
☐	UR-VVK	Boeing 737-4Q8	26280/2239	ex EC-HNB	Lsd fr Tombo
☐	UR-VVL	Boeing 737-448	25052/2036	ex EI-BXI	Lsd fr ILFC
☐	UR-VVM	Boeing 737-448	25736/2269	ex EI-BXK	Lsd fr ILFC
☐	UR-VVN	Boeing 737-4Y0	24903/1978	ex OK-WGF	Lsd fr Sumisho Aircraft
☐	UR-VVP	Boeing 737-4Q8	26290/2482	ex OK-YGA	Lsd fr ILFC
☐	UR-VVQ	Boeing 737-5L9	29235/3076	ex OK-DGC	Lsd fr Sumisho Aircraft
☐	UR-VVF	Boeing 767-383ER	24476/274	ex N4476F	Lsd fr Kuta-Two Aircraft
☐	UR-VVG	Boeing 767-383ER	24729/358	ex N102AB	Lsd fr Nordea Finans
☐	UR-VVO	Boeing 767-383ER	24475/273	ex XA-MXB	Lsd fr AFG Inv Trust
☐	UR-	Boeing 767-3Q8ER	28132/692	ex B-2493 on order	Lsd fr ILFC
☐	UR-	Antonov An-148-100B			on order
☐	UR-	Antonov An-148-100B			on order
☐	UR-	Antonov An-148-100B			on order

Seven more Antonov An-148-100Bs are on order plus seven Boeing 737-800s for delivery in 2011/12

AEROVIS AIRLINES
Aeroviz (VIZ) — Rivnu (RWN)

☐	UR-CBF	Antonov An-12BP	2340507	ex LZ-SFW	
☐	UR-CBG	Antonov An-12BP	6343705	ex UR-11302	
☐	UR-CCP	Antonov An-12A	2340505	ex LZ-CBM	
☐	UR-CEX	Antonov An-12B	4342103	ex RA-93915	
☐	UR-CEZ	Antonov An-12B	6344304	ex RA-98118	
☐	UR-CFB	Antonov An-12B	6343802	ex 02 red	
☐	UR-CFC	Antonov An-12		ex	

AIR SIRIN
Kirovograd-Khmelyovoye (KGO)

☐	UR-AFB	Antonov An-24RV	87310810B	ex ER-AFB	
☐	UR-AFM	Antonov An-32B	3305	ex ER-AFM	
☐	UR-AFS	Antonov An-26	08608	ex ER-AFS	Lsd to Air Amder

AIR URGA
Urga (3N/URG) (IATA 746) — Kirovograd-Khmelyovoye (KGO)

☐	UR-CFU	Antonov An-24RV		ex	
☐	UR-ELC	Antonov An-24RV	57310410	ex UR-47313	Op for United Nations
☐	UR-ELK	Antonov An-24RV	57310203	ex UR-47300 all-white	
☐	UR-ELL	Antonov An-24RV	67310503	ex UR-47316	
☐	UR-ELM	Antonov An-24RV	67310506	ex UR-47319	
☐	UR-ELN	Antonov An-24B	89901607	ex UR-47155	Op for UN as UN-967
☐	UR-ELO	Antonov An-24RV	47309507	ex UR-46666	Op for UNA as UN-628
☐	UR-ELT	Antonov An-24RV	27307809	ex XU-054	Op for UN
☐	UR-ELW	Antonov An-24RV	57310109	ex XU-375 stored	
☐	UR-46311	Antonov An-24RV	97305307	ex LZ-MND	Op for UN as UN-969
☐	UR-46464	Antonov An-24RV	27307810	ex ER-46464	Op for United Nations
☐	UR-46577	Antonov An-24B	87304902	ex CCCP-46577	
☐	UR-ELB	Antonov An-26B	14005	ex UR-26201	
☐	UR-ELD	Antonov An-26B	14010	ex UR-26203	
☐	UR-ELE	Antonov An-26B	12108	ex UR-26111	Op for United Nations
☐	UR-ELF	Antonov An-26B	12204	ex UR-26115 stored	
☐	UR-ELG	Antonov An-26B	12902	ex UR-26140	Op for United Nations as UN-698
☐	UR-ELH	Antonov An-26B	12908	ex UR-26143	Lsd to / op for Air Boyoma
☐	UR-ELP	Antonov An-26B	47313408	ex UR-26580	
☐	UR-ELR	Antonov An-26B	9807	ex UR-26004	Op for United Nations as UNO-967

ANTONOV AIRLINES
Antonov Bureau (ADB)   Kiev-Gostomel

☐	UR-82007	Antonov An-124-100	19530501005	ex CCCP-82007
☐	UR-82008	Antonov An-124-100M-150	19530501006	ex CCCP-82008
☐	UR-82009	Antonov An-124-100	19530501007	ex CCCP-82009
☐	UR-82027	Antonov An-124-100	19530502288	ex CCCP-82027
☐	UR-82029	Antonov An-124-100	19530502630	ex CCCP-82029
☐	UR-82072	Antonov An-124-100	9773053359136	ex RA-82072
☐	UR-82073	Antonov An-124-100	9773054359139	ex RA-82073
☐	UR-09307	Antonov An-22A	043481244	ex CCCP-09307
☐	UR-11315	Antonov An-12BP	4342307	ex RA-11315
☐	UR-13395	Antonov An-26	2605	ex CCCP-13395 all-white
☐	UR-21510	Antonov An-12AP	0901404	ex 88 red Soviet AF
☐	UR-74010	Antonov An-74T	36547030450	ex CCCP-74010 VIP
☐	UR-82060	Antonov An-225 Mriya	19530503763	ex CCCP-82060

International cargo services operated in conjunction with Antonov Airlines (UK) [marketing side] using the An-225, An-124s, An-12s and the An-22

ARP 410 AIRLINES
Air-Arp (URP)   Kiev-Zhulyany (IEV)

☐	UR-CDY	Antonov An-24RV	47309305	ex ST-SHE	
☐	UR-PWA	Antonov An-24RV	67302608	ex RA-46820	
☐	UR-VIK	Antonov An-24RV	37308709	ex UR-46619	
☐	UR-47256	Antonov An-24RV	27307708	ex TC-MOB	
☐	UR-47278	Antonov An-24B	07306408	ex CCCP-47278	
☐	UR-47294	Antonov An-24RV	07306604	ex RA-47294	Lsd to AEW
☐	UR-47297	Antonov An-24RV	07306610	ex CCCP-47297	
☐	UR-47824	Antonov An-24RV	17307205	ex CCCP-47824 Zhivgik	
☐	UR-	Antonov An-24RV	57310302	ex RA-47302	
☐	UR-BWZ	Antonov An-26B	12208	ex UR-26119	Lsd to UCR
☐	UR-CBJ	Antonov An-26B	11401	ex UR-26069	Lsd to TCS Worldwide
☐	UR-26581	Antonov An-26B	57313503	ex RA-26581	

Airline division of Kiev Aircraft Repair Plant 410

ARTEM AVIA
Artem Avia (ABA)   Kiev-Zhulyany (IEV)

☐	UR-26094	Antonov An-26B	12706	ex CCCP-26094	
☐	UR-26215	Antonov An-26B	67304707	ex LZ-NHB	stored IEV

AS AVIAKOMPANIA
Kiev-Borispol (KBP)

☐	UR-30036	Antonov An-30	0703	ex CCCP-30036

AVIAEXPRESS AIRCOMPANY
Expressavia (VXX)   Kiev-Zhulyany (IEV)

☐	UR-67199	LET L-410UVP	790305	ex CCCP-67199

AVIANT
Aviation Plant (UAK)   Kiev-Gostomel

☐	UR-ZYD	Antonov An-124-100	19530502843	ex UR-CCX	Lsd to MXU
☐	UR-26175	Antonov An-24RV	77310810A	ex CCCP-26175	
☐	UR-48023	Antonov An-32B	3409	ex HK-4006X	
☐	UR-48084	Antonov An-32A	2602	ex CCCP-48084	
☐	UR-48086	Antonov An-32P	2901	ex CCCP-48086	
☐	UR-48087	Antonov An-32B	2904	ex CCCP-48087	
☐	UR-69312	Antonov An-26	2906	ex CCCP-69312	
☐	UR-79165	Antonov An-26	5409	ex CCCP-26219	

Aviant is the trading name of Kiev Aviation Plant

AVIATRANS K
Kiev-Borispol (IEV)

☐	UR-11332	Antonov An-12BP	4342202	ex T9-CAD

AZOV-AVIA
Azov Avia (AZV)   Melitopol

☐	UR-ZVB	Ilyushin Il-76MD	0053463902	ex UR-76658	Op for UN/WFP
☐	UR-ZVC	Ilyushin Il-76TD	0053463891	ex UR-76656	

BALTIKA
Ceased operations

BUKOVYNA AIRLINES
Bukovyna (BKV) *Chernovtsy (CWC)*

| ☐ | UR-65089 | Tupolev Tu-134A-3 | 60180 | ex CCCP-65089 | Lsd to UKM |

CHALLENGE AERO
Sky Challenger (5U/CHG) *Kiev-Zhulyany (IEV)*

☐	UR-CLB	Yakovlev Yak-40K	9731555	ex RA-87924
☐	UR-ECL	Yakovlev Yak-40K	9932059	ex RA-87219
☐	UR-87965	Yakovlev Yak-40	9820858	ex RA-87965
☐	UR-88309	Yakovlev Yak-40	9840859	ex 5R-MUA
☐	UR-88310	Yakovlev Yak-40	9940760	ex 5R-MUB

All operate in executive configuration

CONSTANTA AIRLINES
Constanta (UZA) *Zaporozhye (OZH)*

☐	UR-ETG	Yakovlev Yak-40	9531143	ex RA-87243	VIP
☐	UR-FRU	Yakovlev Yak-40	9440737	ex RA-87211	VIP; op for Sumy Frunze
☐	UR-ZPR	Yakovlev Yak-40	9240426	ex RA-87838	VIP
☐	UR-87389	Yakovlev Yak-40	9410133	ex CCCP-87389	
☐	UR-87463	Yakovlev Yak-40	9430237	ex CCCP-87463	
☐	UR-87512	Yakovlev Yak-40	9521440	ex CCCP-87512	
☐	UR-87547	Yakovlev Yak-40	9531242	ex CCCP-87547	VIP
☐	UR-87806	Yakovlev Yak-40	9231223	ex CCCP-87806	

DNEPR-AIR
Dniepro (Z6/UDN) (IATA 181) *Dnepropetrovsk-Kodaki (DNK)*

☐	UR-BWE	Yakovlev Yak-40	9530943	ex RA-87241	VIP
☐	UR-BWF	Yakovlev Yak-40	9711352	ex RA-88258	VIP; op for Privatbank
☐	UR-LEV	Yakovlev Yak-40	9720154	ex LY-AAA	VIP
☐	UR-PIT	Yakovlev Yak-40	9610647	ex RA-88168	VIP
☐	UR-88237	Yakovlev Yak-40	9640751	ex CCCP-88237	
☐	UR-42376	Yakovlev Yak-42D	4520424914477	ex EP-CPK	
☐	UR-42405	Yakovlev Yak-42D	4520423116624	ex CCCP-42405	
☐	UR-42409	Yakovlev Yak-42D	4520421216709	ex ER-42409	
☐	UR-42426	Yakovlev Yak-42D	4520421304016	ex TC-IYI	
☐	UR-42449	Yakovlev Yak-42D	4520421401018	ex EP-CPC	
☐	UR-IVK	Boeing 737-3L9	24571/1815	ex G-IGOT	Lsd fr Tombo
☐	UR-KIV	Boeing 737-4Y0	24686/1861	ex F-GQQJ	Lsd fr Al-Rajhi Aviation
☐	UR-DNA	Embraer EMB.145EU (ERJ-145EU)	145088	ex G-EMBF	
☐	UR-DNB	Embraer EMB.145EU (ERJ-145EU)	145094	ex G-EMBG	Lsd fr A/c Solutions ERJ-145
☐	UR-DNC	Boeing 737-5L9	28995/2947	ex OY-APK	Lsd fr Greenwich Kahala
☐	UR-DND	Boeing 737-5L9	28722/2868	ex OY-API	Lsd fr Maersk Aircraft
☐	UR-	Embraer EMB.145EU (ERJ-145EU)	145357	ex G-EMBS	Lsd fr A/c Solutions ERJ-145
☐	UR-	Embraer EMB.145EU (ERJ-145EU)	145404	ex G-EMBT	on order

Dnepr-Air is also known as Dnieproavia

DONBASSAERO
Donbassaero (7D/UDC) (IATA 897) *Donetsk (DOK)*

☐	UR-46254	Antonov An-24B	77303402	ex RA-46254	
☐	UR-46302	Antonov An-24B	97305202	ex CCCP-46302	
☐	UR-46585	Antonov An-24B	97305004	ex CCCP-46585	
☐	UR-46586	Antonov An-24B	97305006	ex CCCP-46586	
☐	UR-46647	Antonov An-24RV	37309107	ex CCCP-46647	
☐	UR-47846	Antonov An-24B	17307408	ex CCCP-47846	
☐	UR-42308	Yakovlev Yak-42	11040303	ex CCCP-42308	
☐	UR-42318	Yakovlev Yak-42	4520423402051	ex RA-42318	
☐	UR-42319	Yakovlev Yak-42	4520423402062	ex CCCP-42319	
☐	UR-42327	Yakovlev Yak-42	4520424402161	ex T9-ABF	
☐	UR-42366	Yakovlev Yak-42	4520424814047	ex T9-ABH	no titles
☐	UR-42372	Yakovlev Yak-42D	4520423914266	ex CCCP-42372	no titles
☐	UR-42377	Yakovlev Yak-42D	4520421014479	ex CCCP-42377	
☐	UR-42381	Yakovlev Yak-42D	4520422014576	ex EP-SAF	
☐	UR-42383	Yakovlev Yak-42D	4520422016201	ex T9-ABD	
☐	UR-42530	Yakovlev Yak-42	11120204	ex CCCP-42530	
☐	UR-DAA	Airbus A320-211	0085	ex EI-CTD	Lsd fr AerCap
☐	UR-DAB	Airbus A320-231	0230	ex G-SSAS	Lsd fr Volito Avn

EUROLINE
(4L/MJX)

Current status uncertain, sole aircraft now operated by Gorlitsa

GORLITSA AIRLINES
Gorlitsa (GOR) — Kiev-Zhulyany (IEV)

☐	UR-BXU	Antonov An-26B-100	17311703	ex UR-26077		
☐	UR-BXV	Antonov An-26B-100	12110	ex UR-26113		
☐	UR-GLS	Antonov An-26B	07310109	ex RA-26017		Lsd to TWN
☐	UR-YMR	Antonov An-12BK	9346302	ex UR-11349	non-airworthy	Lsd to VPB

ILYICH AVIA
Marlupol (MPW)

☐	UR-MMK	Yakovlev Yak-40	9521540	ex RA-87513	Ilyichevets 3; VIP
☐	UR-14007	Antonov An-140-100	36525305029		Ilyichevets 4
☐	UR-14008	Antonov An-140-100	36525305032		Ilyichevets 2
☐	UR-87440	Yakovlev Yak-40	9431635	ex RA-87440	Ilyichevets 1

ISD AVIA
Isdavia (ISD) — Donetsk (DOK)

☐	UR-CAR	Yakovlev Yak-40K	9741756	ex RA-21501	VIP
☐	UR-ISD	Yakovlev Yak-40	9530541	ex RA-88291	VIP; stored

JETLINE
Status uncertain

KHARKOV AVIATION PRODUCTION ASSOCIATION
West-Kharkov (WKH) — Kharkov-Osnova (HRK)

☐	UR-NPO	LET L-410UVP-E	871932	ex FLARF-01833	
☐	UR-67472	LET L-410UVP	841237	ex CCCP-67472	
☐	UR-74007	Antonov An-74-200	36547095903	ex HK-3809	Lsd to UCR

KHORS AIR
Aircompany Khors (X9/KHO) — Kiev-Borispol (KBP)

☐	UR-BYL	Douglas DC-9-51	47657/787	ex N2248F		Lsd fr Scanair Greece,
☐	UR-CBV	Douglas DC-9-51 (ABS 3)	47772/890	ex OH-LYV		
☐	UR-CBY	Douglas DC-9-51 (ABS 3)	47773/891	ex OH-LYW		Lsd to UKM
☐	UR-CCK	Douglas DC-9-51 (ABS 3)	48134/980	ex OH-LYX		
☐	UR-CCR	Douglas DC-9-51 (ABS 3)	47736/827	ex OH-LYR		Lsd to UKM
☐	UR-CCS	Douglas DC-9-51 (ABS 3)	47737/829	ex OH-LYS	stored	Lsd to UKM
☐	UR-CCT	Douglas DC-9-51 (ABS 3)	47696/808	ex OH-LYP		Lsd to UKM☐
☐	UR-CBN	McDonnell-Douglas MD-82	49490/1352	ex N72830		
☐	UR-CDA	McDonnell-Douglas MD-82	49278/1183	ex SE-RDT	Windrose	Lsd fr BCC Grand Cayman
☐	UR-CDI	McDonnell-Douglas MD-82	49279/1230	ex SX-BMP	Windrose	Lsd fr Boeing Capital Corp
☐	UR-CDR	McDonnell-Douglas MD-83	49949/1906	ex SX-BSW		Lsd fr Nordic Avn Contractors
☐	UR-CEW	McDonnell-Douglas MD-82	49634/1419	ex N34838	Windrose	Lsd fr AP Financing; sublsd to CPN
☐	UR-	McDonnell-Douglas MD-83	49769/1559	ex SE-RDF	on order	Lsd fr GECAS
☐	UR-	McDonnell-Douglas MD-83	49856/1675	ex SE-RDG	on order	Lsd fr GECAS

To be fitted with QuietEagle Stage IV hush-kits

☐	UR-TSI	Antonov An-12BP	6344701	ex UR-UAA	

KIROVOHRADAVIA
Air Kirovograd (KAD) — Kirovograd-Khmelyovoye (KGO)

☐	UR-LUX	Yakovlev Yak-40	9541542	ex UR-87230	Lsd to UCR
☐	UR-XYZ	Yakovlev Yak-40	9610946	ex RA-88155	VIP
☐	UR-87245	Yakovlev Yak-40	9531343	ex RA-87245	Lsd to UCR
☐	UR-87405	Yakovlev Yak-40	9421733	ex RA-87405	stored
☐	UR-87435	Yakovlev Yak-40	9431135	ex CCCP-87435	VIP
☐	UR-87479	Yakovlev Yak-40	9441838	ex CCCP-87479	
☐	UR-87562	Yakovlev Yak-40	9211321	ex CCCP-87562	
☐	UR-87814	Yakovlev Yak-40	9230524	ex RA-87814	VIP☐ Also reported as Air Kirovograd

KRYM
Crimea Air (KYM) — Simferopol-Zavodstoye (SIP)

☐	UR-46833	Antonov An-24RV	17306710	ex CCCP-46833	stored SIP
☐	UR-47265	Antonov An-24RV	27307807	ex CCCP-47265	

LUGANSK AVIATION ENTERPRISE
Enterprise Lugansk (LE/LHS)   *Lugansk (VSG)*

☐	UR-46475	Antonov An-24RV	27308003	ex CCCP-46475	
☐	UR-46514	Antonov An-24RV	37308410	ex RA-46514	Lsd to AEW
☐	UR-46517	Antonov An-24RV	37308503	ex CCCP-46517	

LVIV AIRLINES
Ukraine West (5V/UKW)   *Lviv-Snilow (LWO)*

☐	UR-CFN	Antonov An-24RV	47309607	ex UR-46675		
☐	UR-46301	Antonov An-24B	97305201	ex CCCP-46301		
☐	UR-46305	Antonov An-24B	97305205	ex CCCP-46305		
☐	UR-46326	Antonov An-24B	97305503	ex CCCP-46326		
☐	UR-46383	Antonov An-24B	07306106	ex CCCP-46383		
☐	UR-42317	Yakovlev Yak-42	4520422202039	ex 42317		
☐	UR-42358	Yakovlev Yak-42D	4520422811413	ex CCCP-42358		
☐	UR-42369	Yakovlev Yak-42D	4520422914190	ex CCCP-42369	all-white	
☐	UR-42403	Yakovlev Yak-42D	4520422116588	ex CCCP-42403	no titles	Lsd to SAI
☐	UR-42527	Yakovlev Yak-42	11040903	ex CCCP-42527		
☐	UR-42540	Yakovlev Yak-42	11140604	ex T9-ABC (2)		
☐	UR-42544	Yakovlev Yak-42	11151004	ex T9-ABC (1)		
☐	UR-BXD	Ilyushin Il-18D	172011401	ex Soviet AF		
☐	UR-76778	Ilyushin Il-76MD	0083483502	ex CCCP-76778		

MCHS UKRAINE

☐	UR-	Antonov An-26	4709	ex 04 blue	
☐	UR-	Antonov An-26	6107	ex 01 blue	

MERIDIAN
(MEM)   *Poltava (PLV)*

☐	UR-CAG	Antonov An-12BK	9346904	ex ER-AXY		
☐	UR-CAH	Antonov An-12BK	8345604	ex ER-AXX		
☐	UR-CAJ	Antonov An-12BK	8346106	ex ER-AXZ		
☐	UR-CAK	Antonov An-12BP	6343707	ex ER-ACI	id not confirmed	
☐	UR-MDA	Antonov An-26-100	87307108	ex military		Lsd to Turbot Air Cargo
☐	UR-67449	LET L-410UVP	841214	ex CCCP-67449	Avia Soyuz titles	

MOTOR SICH AIRLINES
Motor Sich (M9/MSI)   *Zaporozhye (OZH)*

☐	UR-BXC	Antonov An-24RV	37308902	ex UR-46636		
☐	UR-MSI	Antonov An-24RV	27307608	ex UR-47699		
☐	UR-06130	Mil Mi-8T	22686			
☐	UR-06131	Mil-Mi-8T	22688			
☐	UR-11316	Antonov An-12BK	9346810	ex RA-11316		
☐	UR-11819	Antonov An-12B	6344009	ex CCCP-11819	no titles	
☐	UR-14005	Antonov An-140	36525305021			
☐	UR-14006	Antonov An-140K	36525305025			
☐	UN-42410	Yakovlev Yak-42D	4520421219029	ex UR-42410		Lsd to VSV
☐	UR-74026	Antonov An-74TK-200	36547096919	ex HK-3810X		Op for UN
☐	UR-87215	Yakovlev Yak-40	9510540	ex OK-FEJ		
☐	UR-88219	Yakovlev Yak-40K	9630550	ex CCCP-88219		

The aircraft operating unit of the Motor Sich aircraft engine manufacturer

ODESSA AIRLINES
Odessa Air (5K/ODS)   *Odessa-Tsentralny (ODS)*

☐	UR-87327	Yakovlev Yak-40	9330630	ex CCCP-87327		
☐	UR-87421	Yakovlev Yak-40	9421734	ex CCCP-87421		
☐	UR-87469	Yakovlev Yak-40	9441437	ex CCCP-87469		
☐	UR-88299	Yakovlev Yak-40	9321028	ex OK-BYI		
☐	UR-14001	Antonov An-140	36535391003	ex UR-PWO		Lsd fr Ukrtranslizing

PODILIA AVIA
Podilia (PDA)   *Khmelnitsky-Ruzuchaya (HMJ)*

☐	UR-26199	Antonov An-26-100	5806	ex LZ-MNO	stored IEV
☐	UR-46397	Antonov An-24B	07306301	ex RA-46397	Op for Istanbul Sabiha Cokcan

RIVNE UNIVERSAL AVIA
Rivne Universal (UNR) — *Rivnu (RWN)*

☐	UR-67069	LET L-410UVP	810705	ex CCCP-67069	
☐	UR-67084	LET L-410UVP	810721	ex UR-SKD	
☐	UR-67085	LET L-410UVP	810722	ex CCCP-67085	
☐	UR-67102	LET L-410UVP	841328	ex HA-LAP	
☐	UR-67439	LET L-410UVP	841204	ex YL-KAH	based UK
☐	UR-67477	LET L-410UVP	841302	ex CCCP-67477	
☐	UR-67492	LET L-410UVP	841317	ex ES-LLD	
☐	UR-67504	LET L-410UVP	851408	ex HA-LAN	
☐	UR-67524	LET L-410UVP	851431	ex CCCP-67524	stored RWN
☐	UR-67663	LET L-410UVP-E	902525	ex CCCP-67663	

Operates freight services for UPS

SEVASTOPOL AVIA
Sevavia (SVL) — *Sevastopol*

☐	UR-BXA	Antonov An-24B	99902107	ex 01 blue	
☐	UR-CEV	Ilyushin Il-18V	182004504	ex EX-028	
☐	UR-CEY	Ilyushin Il-18V	182005501	ex EX-026	
☐	UR-TMD	Ilyushin Il-18D	187009903	ex ER-ICL	

SHOVKOVLY SHLYAH
Way Aero (S8/SWW) — *Kiev-Zhulyany (IEV)*

☐	UR-CAF	Antonov An-12BP	3341209	ex 4K-AZ56
☐	UR-CBU	Antonov An-12TBK	9346308	ex 4K-AZ18

SHUTTLE BIRD
Kiev-Borispol (KBP)

☐	UR-SEV	LET L-410UVP	851507	ex LY-KAJ

SOUTH AIRLINES
Southline (YG/OTL) (IATA 233) — *Odessa-Tsentralny (ODS)*

☐	UR-KMA	LET L-410UVP	851420	ex CCCP-67516	
☐	UR-MLD	LET L-410UVP	820830	ex UR-87330	
☐	UR-SEV	LET L-410UVP	851507	ex YL-KAJ	Shuttle Bird titles
☐	UR-SVI	LET L-410UVP-E	902512	ex UR-67658	
☐	UR-TVA	LET L-410UVP	851438	ex ES-PLI	
☐	UR-YAM	LET L-410UVP-E	902513	ex UR-67659	
☐	UR-67368	LET L-410UVP	830936	ex CCCP-67368	
☐	UR-BZY	Tupolev Tu-134A-3	6348565	ex ER-TCH	Lsd fr Transcargo Ltd
☐	UR-CFA	Yakovlev Yak-42D	4520423016269	ex LY-SKC	
☐	UR-EEE	Yakovlev Yak-40	9340632	ex 5N-DAN	
☐	UR-SAL	Tupolev Tu-134A-3	62315	ex UR-65765	
☐	UR-SLI	Antonov An-24B	07306503	ex LZ-VVI	
☐	UR-46205	Antonov An-24B	07302803	ex CCCP-46205	
☐	UR-47308	Antonov An-24RV	57310308	ex CCCP-47308	
☐	UR-47311	Antonov An-24RV	57310402	ex CCCP-47311	
☐	UR-87818	Yakovlev Yak-40	9340924		all-white

South Airlines is the trading name of Pivdenni Avialinii

TAVREY AIRCOMPANY
Tavrey (T6/TVR) (IATA 204) — *Odessa-Tsentralny (ODS)*

☐	UR-CER	Yakovlev Yak-42D	4520423914323	ex UN-42640	
☐	UR-42337	Yakovlev Yak-42D	4520423606235	ex RA-42337	Lsd fr FKZS Leasing

UES AVIA
Aviasystem (UES) — *Dnepropetrovsk-Kodaki (DNK)*

☐	UR-UES	Tupolev Tu-134A-3M	66472	ex RA-65725	
☐	UR-87590	Yakovlev Yak-40K	9741156	ex OK-HER	
☐	UR-87591	Yakovlev Yak-40K	9741056	ex OK-HEQ	☐

All operate in executive confirguration. UES Avia is a division of United Energy System of Ukraine

UKRAINE AIR ALLIANCE
Ukraine Airalliance (UKL) — *Kiev-Borispol (KBP)*

☐	UR-BXQ	Ilyushin Il-76TD	1023410360	ex EX-832	Lsd to MXU
☐	UR-BXR	Ilyushin Il-76TD	1023411384	ex EX-411	Lsd to MXU
☐	UR-BXS	Ilyushin Il-76TD	1023411368	ex EX-436	Lsd to MXU
☐	UR-CAI	Antonov An-26B	7010	ex UR-26519	Lsd to TAC
☐	UR-CAT	Ilyushin Il-76TD	0053464922	ex UR-76663	

☐	UR-26650	Antonov An-26B	87307507	ex UN-26650	all-white	
☐	UR-48083	Antonov An-32B	3001	ex CCCP-48083	stored	
☐	UR-	Antonov An-24B	27307903	ex LZ-ASZ		

UKRAINE AIR ENTERPRISE
Enterprise Ukraine (UKN) (IATA 416)   **Kiev-Borispol (KBP)**

☐	UR-YVA	Antonov An-74TK-300	36547098984	ex UR-LDK	
☐	UR-65556	Tupolev Tu-134A-3	66372	ex 65556	
☐	UR-65718	Tupolev Tu-134A-3	63668	ex 65718	
☐	UR-65782	Tupolev Tu-134A-3	62672	ex CCCP-65782	
☐	UR-86527	Ilyushin Il-62M	4037758	ex 86527	
☐	UR-86528	Ilyushin Il-62M	4038111	ex 86528	

Operates flights for Ukrainian Government as well as some commercial cargo flights with leased Ilyushin Il-76s

UKRAINE FLIGHT STATE ACADEMY
Flight Academy (UFA)   **Kirovograd-Khmelyovoye (KGO)**

☐	UR-47179	Antonov An-24B	99901904	ex CCCP-47179	
☐	UR-47702	Antonov An-24B	59900203	ex CCCP-47702	
☐	UR-47705	Antonov An-24B	59900303	ex CCCP-47705	
☐	UR-47711	Antonov An-24B	69900501	ex CCCP-47711	
☐	UR-47743	Antonov An-24B	79901106	ex CCCP-47743	
☐	UR-47791	Antonov An-24B	67303004	ex LZ-MNF	
☐	UR-67197	LET L-410UVP	790303	ex CCCP-67197	
☐	UR-67357	LET L-410UVP	820917	ex CCCP-67357	
☐	UR-67392	LET L-410UVP	831020	ex CCCP-67392	
☐	UR-67395	LET L-410UVP	831023	ex CCCP-67395	
☐	UR-67411	LET L-410UVP	831039	ex CCCP-67411	
☐	UR-67417	LET L-410UVP	831108	ex CCCP-67417	
☐	UR-67526	LET L-410UVP	851433	ex CCCP-67526	
☐	UR-67527	LET L-410UVP	851434	ex CCCP-67527	
☐	UR-67543	LET L-410UVP	851510	ex LZ-MNB	
☐	UR-67555	LET L-410UVP	851519	ex LZ-MNC	

UKRAINE INTERNATIONAL AIRLINES
Ukraine International (PS/AUI) (IATA 566)   **Kiev-Borispol (KBP)**

☐	UR-GAH	Boeing 737-32Q	29130/3105	ex N1779B	Mayrni
☐	UR-GAJ	Boeing 737-5Y0	25192/2262	ex PT-SSA	Lsd fr GECAS
☐	UR-GAK	Boeing 737-5Y0	26075/2374	ex PT-SLN	Lsd fr GECAS
☐	UR-GAL	Boeing 737-341	24275/1637	ex PP-VOD	Lsd fr GECAS
☐	UR-GAM	Boeing 737-4Y0	25190/2256	ex HA-LEU	Lsd fr GECAS
☐	UR-GAN	Boeing 737-36N	28569/2996	ex F-GRFC	Lsd fr GECAS
☐	UR-GAO	Boeing 737-4Z9	25147/2043	ex OE-LNH	Lsd fr AerGo Capital
☐	UR-GAP	Boeing 737-4Z9	27094/2432	ex OE-LNI	
☐	UR-GAQ	Boeing 737-33R	28869/2887	ex SX-BLA	Lsd fr Boullioun
☐	UR-GAR	Boeing 737-4Y0	26081/2442	ex EI-CVP	Lsd fr GECAS
☐	UR-GAS	Boeing 737-528	25236/2443	ex F-GJNK	Lsd fr Boeing Capital Lsg; sublsd ADR
☐	UR-GAT	Boeing 737-528	25237/2464	ex F-GJNM	Lsd fr Boeing Capital Lsg; sublsd ADR
☐	UR-GAU	Boeing 737-5Y0	25182/2211	ex N182GE	Lsd fr GECAS
☐	UR-GAV	Boeing 737-4C9	26437/2249	ex EI-DGM	Lsd fr Lux A/c Lsg
☐	UR-GAW	Boeing 737-5Y0	24898/2079	ex N898ED	Lsd fr WFBN

22.5% owned by Austrian Airlines
Antonov An-148 on order

UKRAINIAN CARGO AIRWAYS
Cargotrans (6Z/UKS) (IATA 516)   **Zaporozhye (OZH)**

☐	UR-UCA	Ilyushin Il-76TD	0073479394	ex UR-76715	
☐	UR-UCB	Ilyushin Il-76TD	0063467003	ex UR-76676	
☐	UR-UCC	Ilyushin Il-76MD	0083489647	ex UR-78775	Op for United Nations
☐	UR-UCE	Ilyushin Il-76MD	0083484522	ex UR-76398	
☐	UR-UCF	Ilyushin Il-76MD	0083488638	ex UR-76412	
☐	UR-UCG	Ilyushin Il-76MD	0083482478	ex UR-76414	Op for United Nations
☐	UR-UCH	Ilyushin Il-76TD	0083484536	ex UR-78756	Op for United Nations
☐	UR-UCJ	Ilyushin Il-76TD	0083484531	ex UR-78755	
☐	UR-UCL	Ilyushin Il-76MD	0043456692	ex UR-76620	Op for United Nations
☐	UR-UCO	Ilyushin Il-76MD	0053458749	ex UR-76630	Op for United Nations
☐	UR-UCQ	Ilyushin Il-76MD	0063465963	ex UR-76671	
☐	UR-UCR	Ilyushin Il-76MD	0073475270	ex UR-76728	
☐	UR-UCS	Ilyushin Il-76TD	0063470113	ex RA-76444	stored
☐	UR-UCT	Ilyushin Il-76MD	0063470089	ex UR-76691	Op for United Nations
☐	UR-UCU	Ilyushin Il-76MD	0073476275	ex UR-76729	
☐	UR-UCV	Ilyushin Il-76TD	0043451517	ex UR-76397	Op for United Nations
☐	UR-UCW	Ilyushin Il-76MD	0054358733	ex UR-76317	
☐	UR-UCX	Ilyushin Il-76MD	0063470112	ex UR-76695	
☐	UR-UCY	Ilyushin Il-76MD	0083485566	ex UR-76399	
☐	UR-UDB	Ilyushin Il-76MD	0043455686	ex UR-76320	
☐	UR-UDC	Ilyushin Il-76MD	0063467011	ex CCCP-76678	stored OZH

Often operates for aid agencies

☐ UR-UCK	Antonov An-12BK	0346905	ex 11304	
☐ UR-UCN	Antonov An-12BK	00347604	ex UR-11303	
☐ UR-UCZ	Tupolev Tu-154B-2	82A-561	ex RA-85561	Operates as UC Airways
☐ UR-UDD	Antonov An-12	4341710	ex 61 blue	
☐ UR-UDM	Antonov An-26	0909	ex UR-26241	
☐ UR-UDS	Antonov An-26	97307808	ex military	
☐ UR-UWA	Mil Mi-8MTV-1	93151	ex LZ-MOT	
☐ UR-UWC	Mil Mi-8MTV-1	95236	ex UR-MOR	
☐ UR-UWD	Mil Mi-8MTV-1	95235	ex UR-MOQ	

Associated with the Ukraine Air Force and operates civil cargo charters

UKRAINIAN PILOT SCHOOL
Pilot School (UPL)   Kiev-Chaika

☐ UR-VTV	LET L-410UVP	810705	ex CCCP-67069	based UK for para flights
☐ UR-28721	WSK/PZL Antonov An-28	1AJ007-06	ex RA-28721	

Operates some commercial operations as well as training school

UKTRANSLIZING

☐ UR-14004	Antonov An-140	3652530211

UM AIR
Mediterranee Ukraine (UF/UKM)   Kiev-Borispol (BPL)

☐ UR-CBY	Douglas DC-9-51 (ABS 3)	47773/891	ex OH-LYW		Lsd fr KHO
☐ UR-CCR	Douglas DC-9-51 (ABS 3)	47736/827	ex OH-LYR		Lsd fr KHO
☐ UR-CCS	Douglas DC-9-51 (ABS 3)	47737/829	ex OH-LYS		Lsd fr KHO
☐ UR-CCT	Douglas DC-9-51 (ABS 3)	47696/808	ex OH-LYP	Diana	Lsd fr KHO
☐ UR-CDS	Antonov An-24RV	57310209	ex JU-1010		
☐ UR-CFE	McDonnell-Douglas MD-82	49222/1139	ex N130NJ		Lsd fr Pegasus; sublsd to MHS
☐ UR-CFF	McDonnell-Douglas MD-82	49845/1573	ex N989PG		Lsd fr Pegasus
☐ UR-CFG	McDonnell-Douglas MD-82	49370/1206	ex N14816		Lsd fr Pegasus
☐ UR-65076	Tupolev Tu-134A-3	60001	ex CCCP-65076	all-white	
☐ UR-65089	Tupolev Tu-134A-3	60180	ex CCCP-65089	VIP, Yaroslavi	Lsd fr BKV

VETERAN AIRLINES
Veteran (VPB)   Simferopol-Zavodstoye (SIP)

☐ UR-CBZ	Antonov An-12BP	402707	ex RA-11117	all-white	
☐ UR-CCY	Antonov An-12B	02348106	ex RA-11124		Lsd to Astral Avn
☐ UR-CDB	Antonov An-12BP	401605	ex RA-11766	all-white	
☐ UR-CEM	Antonov An-12BP	3340908	ex RA-11813		Lsd to ACP
☐ UR-CEN	Antonov An-12BP	02348203	ex RA-11128	all-white	
☐ UR-PAS	Antonov An-12AP	2401105		all-white	Lsd to/op for SDR
☐ UR-PLV	Antonov An-12B	4342308	ex 61 red		
☐ UR-YMR	Antonov An-12BK	9346302	ex UR-11349		Lsd fr GOR

VOLARE AVIATION ENTERPRISE
Ukraine Volare (VRE)   Rivne/Frankfurt-Hahn (RWN/HHN)

☐ UR-BWM	Antonov An-12BK	00347004	ex 20 blue
☐ UR-LAI	Antonov An-12BP	8345505	ex RA-12954
☐ UR-LMI	Antonov An-12BK	6344605	ex 73 blue
☐ UR-LTG	Antonov An-12BP	00347201	ex RA-12986
☐ UR-SMA	Antonov An-12BK	7345208	ex UR-11348
☐ UR-SVG	Antonov An-12BP	4342409	ex TN-AGE
☐ UR-76628	Ilyushin Il-76TD	0053458741	ex CCCP-76628
☐ UR-76636	Ilyushin Il-76TD	0053459781	ex CCCP-76636
☐ UR-76687	Ilyushin Il-76TD	0063469051	ex CCCP-76687
☐ UR-76704	Ilyushin Il-76MD	0063471150	ex CCCP-76704

WIND ROSE

☐ UR-WRA	Antonov An-24	

Wind Rose is the trading name of RosaVitriv

YAVSON

☐ UR-MAY	Yakovlev Yak-40	

YUZMASHAVIA
Yuzmash (2N/UMK)   *Dnepropetrovsk-Kodaki (DNK)*

☐ UR-78785	Ilyushin Il-76MD	0083489691	ex RA-78785	
☐ UR-78786	Ilyushin Il-76TD	0083490693	ex CCCP-78786	
☐ UR-87298	Yakovlev Yak-40	9241325	ex CCCP-87298	VIP, Dnepropetrosvk Insurance Grp
☐ UR-87508	Yakovlev Yak-40	9521040	ex CCCP-87508	
☐ UR-87951	Yakovlev Yak-40K	9810957	ex CCCP-87951	

Yuzmashavia is the trading name of Aviation Transport Company Yuzmashavia

Operator Unknown

☐ UR-AUA	Antonov An-26B	4104	ex ER-AUA		
☐ UR-CGA	Antonov An-26			DHL colours	
☐ UR-LVK	Antonov An-24				Op for UN
☐ UR-TWL	Antonov An-26sh	4409	ex Ukraine 20		
☐ UR-VIV	Antonov An-26				
☐ UR-	Antonov An-24RV	27308007	ex ER-AZD		
☐ UR-	Antonov An-24RV	57310405	ex ER-AZH		
☐ UR-	SAAB SF.340A	340A-124	ex N340JW		
☐ UR-	SAAB SF.340A	340A-097	ex N771DF		

VH- AUSTRALIA (Commonwealth of Australia)

AD-ASTRAL
Perth International, WA (PER)

☐ VH-FWA	Beech 1900C	UB-51	ex N818BE	
☐ VH-NIA	Beech 1900D	UE-96	ex ZS-PPK	Lsd to VIN

AERO TROPICS
(HC/ATI)   *Cairns/Horn Island, QLD (CNS/HID)*

☐ VH-CSU	Britten-Norman BN-2A-26 Islander	91	ex YJ-RV6
☐ VH-HPL	Britten-Norman BN-2A-26 Islander	3004	ex RP-C662
☐ VH-WZD	Britten-Norman BN-2A-21 Islander	450	ex VH-USD
☐ VH-WZE	Britten-Norman BN-2A-20 Islander	354	ex VH-PNJ
☐ VH-WZF	Britten-Norman BN-2A-21 Islander	537	ex 5Y-RAJ
☐ VH-WZK	Britten-Norman BN-2A-20 Islander	421	ex VH-UBN
☐ VH-WYY	Piper PA-31 Turbo Navajo	31-657	ex VH-WZN
☐ VH-WZG	Partenavia P.68B	63	ex VH-PNQ
☐ VH-WZI	Rockwell 500S Shrike Commander	1856-38	ex VH-JOG
☐ VH-WZJ	Cessna 208B Caravan I	208B1108	ex N208JJ
☐ VH-WZN	Beech B200 Super King Air	BB-963	ex RP-C367
☐ VH-WZQ	Rockwell 500S Shrike Commander	1847-36	ex VH-WPX
☐ VH-WZR	Beech Baron 58	TH-383	ex VH-ATL
☐ VH-WZS	Piper PA-31 Turbo Navajo	31-7300924	ex VH-KAD
☐ VH-WZU	Rockwell 500S Shrike Commander	3060	ex VH-YJP
☐ VH-WZV	Aero Commander 500U Shrike	1656-11	ex N197K
☐ VH-WZY	Cessna 208B Caravan I	208B1035	ex VH-ZGS

Aero Tropics is the scheduled service division of Lip Air

AEROLINK AIR SERVICES
Sydney-Bankstown, NSA (BWU)

☐ VH-LJF	Cessna 310R	310R0691	ex N41TV	
☐ VH-OZF	Embraer EMB.110P1 Bandeirante	110201	ex G-EIIO	
☐ VH-XMA	Cessna 310R	310R0628	ex N31HS	

AEROPELICAN AIR SERVICES
Aeropelican (OT/PEL)   *Newcastle-Belmont, NSW (BEO)*

☐ VH-OTD	British Aerospace Jetstream 3202	978	ex G-BZYP	City of Newcastle
☐ VH-OTE	British Aerospace Jetstream 3202	980	ex G-CBEP	
☐ VH-OTF	British Aerospace Jetstream 3202	982	ex G-CBER	
☐ VH-OTP	British Aerospace Jetstream 3202	974	ex G-BURU	
☐ VH-OTQ	British Aerospace Jetstream 3202	975	ex G-BUTW	
☐ VH-OTR	British Aerospace Jetstream 3202	976	ex G-BUUZ	

All leasde from Trident Aviation Leasing

☐ VH-HPB	Swearingen SA.227DC Metro 23	DC-808B	ex N808SK	
☐ VH-TLH	Embraer EMB.110P-1 Bandeirante	110407	ex ZK-REX	Fast Duck

Owned by International Air Parts

AIR FRASER ISLAND
Maryborough, QLD (MBH)

☐ VH-BFS	Gippsland GA-8 Airvan	GA8-03-035	
☐ VH-BNX	Gippsland GA-8 Airvan	GA8-03-032	

AIR FRONTIER
Darwin, NT (DRW)

☐	VH-AHX	Cessna U206G Stationair 6	U20606110	ex N4516Z
☐	VH-ASY	Beech A65-80 Queen Air	LC-273	ex N6266V
☐	VH-CMH	Beech Baron 58	TH-108	ex VH-HWQ
☐	VH-JBH	Beech 65-B80 Queen Air	LD-443	ex VH-AMQ
☐	VH-JMD	Piper PA-31 Turbo Navajo	31-7401260	ex VH-SOW
☐	VH-LMW	Ted Smith Aerostar 600A	60-0506-164	ex N143SP
☐	VH-MRH	Beech 65-B80 Queen Air	LD-456	ex VH-BQA
☐	VH-OBI	de Havilland DH.104 Dove 8	04525	ex G-LIDD
☐	VH-SWP	Beech 65-B80 Queen Air	LD-472	ex VH-MWK

AIR LINK
(ZL)
Dubbo, NSW (DBO)

☐	VH-DVR	Piper PA-31-350 Chieftain	31-7952052	ex N27936
☐	VH-DVW	Piper PA-31-350 Chieftain	31-7952011	ex VH-LHH
☐	VH-MWP	Piper PA-31-350 Chieftain	31-8352005	ex N4109C
☐	VH-MZF	Piper PA-31-350 Chieftain	31-8252039	ex N41064
☐	VH-MZM	Piper PA-31-350 Chieftain	31-8152187	ex N4096Y
☐	VH-BWQ	Cessna 310R	310R1401	ex N4915A
☐	VH-HSL	Cessna 310R	310R0946	ex N8643G
☐	VH-JMP	Cessna 310R	310R1270	ex N125SP
☐	VH-RUE	Beech 1900D	UE-53	ex ZK-JNG
☐	VH-RUI	Beech 1900D	UE-395	ex N831CA
☐	VH-TDL	Piper PA-39 Twin Comanche C/R	39-152	ex VH-NHC

A subsidiary by REX-Regional Express

AIR NOSTALGIA
Melbourne-Essendon, VIC (MES)

☐	VH-TMQ	Douglas DC-3	16136/32884	ex A65-91

Operated by Jetstop Charter

AIR SOUTH REGIONAL
Adelaide, SA (ADL)

☐	VH-BQB	Embraer EMB.110P1 Bandeirante	110298	ex ZK-VJG	Lsd fr Alliance Avn
☐	VH-BWC	Embraer EMB.110P1 Bandeirante	110261	ex LN-FAP	
☐	VH-CEG	Embraer EMB.110P1 Bandeirante	110347	ex YJ-RV12	
☐	VH-ENT	Cessna 404 Titan II	404-0818	ex ZK-ECP	
☐	VH-EQB	Embraer EMB.110P1 Bandeirante	110214	ex ZK-MAS	
☐	VH-TMP	Cessna 404 Titan II	404-0125	ex N37182	

AIR WHITSUNDAY SEAPLANES
(RWS)
Whitsunday/Airlie Beach, QLD (WSY)

☐	VH-AQV	de Havilland DHC-2 Beaver	1257	ex N67685	Floatplane; stored	
☐	VH-AWD	de Havilland DHC-2 Beaver	1066	ex VH-AYS	Floatplane	
☐	VH-AWI	de Havilland DHC-2 Beaver	298	ex VH-HQE	Floatplane	
☐	VH-AWR	de Havilland DHC-2 Beaver	665	ex ZS-NVC	Floatplane; stored	
☐	VH-AWY	de Havilland DHC-2 Beaver	1444	ex VH-SSG	Floatplane	
☐	VH-AWZ	de Havilland DHC-2 Beaver	1618	ex VH-BSL	Floatplane; stored	
☐	VH-PGA	Cessna 208 Caravan I	20800312	ex N1127W	Floatplane	Lsd fr Laguna Avn
☐	VH-PGB	Cessna 208 Caravan I	20800346	ex N209E	Floatplane	Lsd fr Cessna Finance
☐	VH-PGT	Cessna 208 Caravan I	20800345	ex N208E	Floatplane	Lsd fr Cessna Finance

AIRCRUISING AUSTRALIA
Cruiser (AIX)
Sydney-Kingsford Smith Intl, NSW (SYD)

☐	VH-EWP	Fokker F.27 Friendship 500RF	10534	ex PH-EXW	Op for RAN

Also operates services using de Havilland DHC-8s leased from Queensland Regional as required

AIRLINES OF TASMANIA
Airtas (FO/ATM)
Hobart, TAS (HBA)

☐	VH-ATO	GAF N22C Nomad	108	ex F-ODMX
☐	VH-ATZ	Dornier 228-212	8198	ex F-OHAA
☐	VH-BTD	Piper PA-31 Turbo Navajo C	31-7912041	ex VH-ATG
☐	VH-BTI	Piper PA-31 Turbo Navajo C	31-8212003	ex ZK-VNA
☐	VH-BTN	Aero Commander 680FL Grand Commander		
			1695-35	ex D-IBME
☐	VH-CCN	Cessna 404 Titan II	404-0801	ex VH-WZK
☐	VH-IOD	Piper PA-31-350 Chieftain	31-8152076	ex N4079K
☐	VH-LAD	Cessna 404 Titan II	404-0224	ex 9V-BMT
☐	VH-LAM	Cessna 404 Titan II	404-0627	ex VH-ANN

☐	VH-LCD	Cessna U206G Stationair 6	20604523	ex N673AA	
☐	VH-MYS	Cessna U206G Stationair 6	20605162	ex N4921U	
☐	VH-OBL	Britten-Norman BN-2A-20 Islander	2035	ex ZK-OBL	
☐	VH-SGA	Piper PA-31P-350 Pressurised Navajo	31P-7300166	ex N66804	
☐	VH-WZM	Cessna 404 Titan II	404-0837	ex N68075	

Airlines of Tasmania is a division of Aerotechnology

AIRNORTH REGIONAL
Topend (TL/ANO)   *Darwin, NT*

☐	VH-ANB	Embraer EMB.120ER Brasilia	120116	ex VH-XFX	
☐	VH-ANJ	Embraer EMB.120ER Brasilia	120163	ex N455UE	
☐	VH-ANK	Embraer EMB.120ER Brasilia	120155	ex VH-YDD	
☐	VH-ANN	Embraer EMB.120ER Brasilia	120203	ex VH-BRP	
☐	VH-ANZ	Embraer EMB.120RT Brasilia	120135	ex VH-XFR	
☐	VH-ASN	Embraer EMB.120ER Brasilia	120056	ex N334JS	
☐	VH-DIL	Embraer EMB.120ER Brasilia	120153	ex N285UE	
☐	VH-ANA	Swearingen SA.227DC Metro 23	DC-871B	ex VH-HCB	
☐	VH-ANO	Embraer 170-100LR (170LR)	17000099	ex B-KXB	Lsd fr AFS Investments
☐	VH-ANW	Swearingen SA.227DC Metro 23	DC-873B	ex N3031Q	
☐	VH-ANY	Swearingen SA.227DC Metro 23	DC-840B	ex N3022L	
☐	VH-FNP	Embraer EMB.110P2 Bandeirante	110157	ex P2-RDN	stored
☐	VH-LNB	Embraer EMB.110P1 Bandeirante	110441	ex N141EM	stored
☐	VH-LNC	Embraer EMB.110P1 Bandeirante	110442	ex ZK-TRK	

Owned by Capiteq

AIRTEX AVIATION
Now listed as Avtex Aviation, as described in the AOC

ALLIANCE AIRLINES
Alli (QQ/UTY)   *Brisbane-International, QLD (BNE)*

☐	VH-FKA	Fokker F.28-0100 (Fokker 100)	11345	ex N885US		Lsd fr Aircraft Lsg 2
☐	VH-FKC	Fokker F.28-0100 (Fokker 100)	11349	ex N887US		Lsd to ANG as P2-ANB
☐	VH-FKD	Fokker F.28-0100 (Fokker 100)	11357	ex N888AU		
☐	VH-FKE	Fokker F.28-0100 (Fokker 100)	11358	ex P2-ANA	stored BNE	Lsd fr Aircraft Lsg 1
☐	VH-FKF	Fokker F.28-0100 (Fokker 100)	11365	ex N890US		Lsd fr Aircraft Lsg 2
☐	VH-FKG	Fokker F.28-0100 (Fokker 100)	11366	ex N891US	stored BNE	Lsd fr Aircraft Lsg 3
☐	VH-FKJ	Fokker F.28-0100 (Fokker 100)	11372	ex N892US		Lsd fr WFBN
☐	VH-FKK	Fokker F.28-0100 (Fokker 100)	11379	ex N894US		Lsd fr WFBN
☐	VH-FKL	Fokker F.28-0100 (Fokker 100)	11380	ex N895US		Lsd fr Jet Engine Lsg
☐	VH-FWH*	Fokker F.28-0100 (Fokker 100)	11316	ex G-BXNF	City of Townsville; based PER	
☐	VH-FWI*	Fokker F.28-0100 (Fokker 100)	11318	ex G-FIOR	City of Rockhampton; based PER	

*Leased from Aircraft Leasing No 1

☐	VH-FKX	Fokker F.27 Mk 050 (Fokker 50)	20312	ex B-12276	
☐	VH-FKY	Fokker F.27 Mk 050 (Fokker 50)	20284	ex B-12271	
☐	VH-FKZ	Fokker F.27 Mk 050 (Fokker 50)	20286	ex B-12272	

3 more Fokker 50s are on option
Owned by Queensland Aviation Holdings; to commence QantasLink services from Perth on 18 February 2008.

ALLIGATOR AIRWAYS
                                                          Kununurra, WA (KNX)

☐	VH-DMS	Cessna 207 Skywagon	20700130	ex P2-DMS	
☐	VH-EDE	Cessna 210L Centurion II	21060517	ex (N94140)	
☐	VH-IXE	Partenavia P.68B	178		
☐	VH-KWP	Piper PA-34-220T Seneca	34-8133024		
☐	VH-PQJ	Cessna U206F Stationair	U20602245	ex N1537U	
☐	VH-RAS	Cessna 207 Skywagon	20700158	ex N1558U	
☐	VH-WNI	Cessna 210M Centurion II	21062462	ex N761RR	
☐	VH-WOG	Gippsland GA-8 Airvan	GA8-02-012		
☐	VH-WOP	Gippsland GA-8 Airvan	GA8-00-004	ex VH-RYT	
☐	VH-WOT	Cessna 207 Skywagon	20700267	ex ZK-DEW	
☐	VH-WOU	Cessna 207 Skywagon	20700099	ex N91164	
☐	VH-WOV	Gippsland GA-8 Airvan	GA8-01-006		
☐	VH-WOY	Cessna 207A Stationair 8	20700707	ex N9592M	

ARNHEM LAND COMMUNITY AIRLINE
                                                          Cairns, QLD (CNS)

☐	VH-ASJ	Cessna U206G Stationair 6	U20605867	ex N6402X	
☐	VH-KBN	Cessna U206G Stationair 6	U20606630	ex N9731Z	
☐	VH-LHQ	Cessna U206G Stationair	U20603773	ex VH-LGN	
☐	VH-LHX	Cessna U206G Stationair	U20603555	ex VH-STK	
☐	VH-SOP	Cessna U206G Stationair 6 II	U20606216	ex N6284Z	
☐	VH-UBP	Cessna U206G Stationair	U20603716	ex P2-MAX	
☐	VH-LHC	Gippsland GA-8 Airvan	GA8-04-057	ex VH-LHH	

	VH-LHD	Gippsland GA-8 Airvan	GA8-04-051	ex VH-SFX		
☐	VH-LHD	Gippsland GA-8 Airvan	GA8-04-051	ex VH-SFX		
☐	VH-LHV	Gippsland GA-8 Airvan	GA8-04-045	ex VH-UAF		
☐	VH-MFX	Gippsland GA-8 Airvan	GA8-04-053	ex VH-TMN		
☐	VH-WRA	Gippsland GA-8 Airvan	GA8-01-007			
☐	VH-WRT	Gippsland GA-8 Airvan	GA8-01-005			
☐	VH-WRU	Gippsland GA-8 Airvan	GA8-04-048	ex VH-MEX		
☐	VH-UBL	Cessna 210N Centurion II	21064712	ex N8148G		
☐	VH-UBO	Cessna 210N Centurion II	21063739	ex 5Y-BMU		

Operated by MAF

ASIAN EXPRESS AIRLINES
Freightexpress (HJ/AXF) *Sydney-Kingsford Smith, NSW (SYD)*

	VH-DHE	Boeing 727-2J4F (FedEx 3)	22080/1598	ex N729DH	DHL Express c/s	Lsd fr BCS
☐	VH-DHE	Boeing 727-2J4F (FedEx 3)	22080/1598	ex N729DH	DHL Express c/s	Lsd fr BCS

AUSTRALIAN AIR EXPRESS
(XM/XME) (IATA 524) *Melbourne-Tullamarine, VIC (MEL)*

☐ VH-EEN	Swearingen SA.227AT Expediter	AT-563	ex N563UP	Op by QWA
☐ VH-EEO	Swearingen SA.227AT Expediter	AT-564	ex N564UP	Op by QWA
☐ VH-EEP	Swearingen SA.227AT Expediter	AT-567	ex N565UP	Op by QWA
☐ VH-NJF	British Aerospace 146 Srs.300QT	E3198	ex G-BTLD	Op by NJS
☐ VH-NJM	British Aerospace 146 Srs.300QT	E3194	ex G-BTHT	Op by NJS
☐ VH-NJV	British Aerospace 146 Srs.100QT	E1002	ex G-BSTA	Op by NJS
☐ VH-VLH	Boeing 727-277F (FedEx 3)	22642/1759	ex OO-DLB	Op by JTE
☐ VH-VLI	Boeing 727-277F (FedEx 3)	22641/1753	ex EC-HIG	Op by JTE
☐ VH-XMB	Boeing 737-376 (SF)	23478/1251	ex ZK-JNG	
☐ VH-XML	Boeing 737-376 (SF)	23486/1286	ex ZK-JNF	
☐ VH-XMO	Boeing 737-376 (SF)	23488/1352	ex ZK-JNH	
☐ VH-XMR	Boeing 737-376 (SF)	23490/1390	ex ZK-JNA	

Australian airExpress is jointly owned by Australia Post and Qantas. Boeing 737s operated by Express Freighters Australia

AVTEX AVIATION
Sydney-Bankstown, NSW (BWU)

Previously listed as Airtex Aviation but Avtex is the name on the AOC

☐ VH-HJE	Piper PA-31-350 Chieftain	31-7852074	ex N5038X	
☐ VH-HJK	Piper PA-31-350 Chieftain	31-8052153	ex VH-JNX	
☐ VH-HJS	Piper PA-31-350 Navajo Chieftain	31-7652091	ex VH-TWB	
☐ VH-IGK	Piper PA-31-350 Navajo Chieftain	31-7752190	ex N711WE	
☐ VH-OZG	Piper PA-31-350 Chieftain	31-7952053	ex VH-LGI	
☐ VH-OZP	Piper PA-31-350 Navajo Chieftain	31-7752050	ex VH-MBP	
☐ VH-OZT	Piper PA-31-350 Navajo Chieftain	31-7405157	ex VH-MBT	
☐ VH-XLA	Piper PA-31-350 Chieftain	31-7952206	ex ZK-FQW	
☐ VH-IGN	Piper PA-61 Aerostar 601P	61-0682-7962142	ex N60700	
☐ VH-OZA	Swearingen SA.227AC Metro III	AC-600	ex VH-IAW	
☐ VH-OZN	Swearingen SA.227AC Metro III	AC-665	ex N2698C	
☐ VH-OZV	Swearingen SA.227AC Metro III	AC-610B	ex VH-TGQ	
☐ VH-PDN	Piper PA-31 Turbo Navajo	31-177	ex N9131Y	
☐ VH-PWY	Ted Smith Aerostar 601P	61P-0378-123	ex N9785Q	
☐ VH-UJF	Cessna 310R	310R1342	ex N6215C	

Airtex Aviation is the trading name of Avtex Air Services

AWESOME AVIATION
Aircraft disposed of and status uncertain, believed to be a leasing company

BARRIER AVIATION
Cairns, QLD

☐ VH-BSO	Britten-Norman BN-2B-26 Islander	2129	ex JA5282	Lsd fr Barrier Lsg
☐ VH-BWO	Britten-Norman BN-2A-26 Islander	2042	ex T8A-103	
☐ VH-HGO	Cessna 310R II	310R0021	ex ZS-JBL	Lsd fr Davryl Holdings
☐ VH-MHL	Cessna 207 Skywagon	20700059	ex N91076	Lsd fr Barrier Lsg
☐ VH-TFP	Cessna 310R	310R1844	ex N59EX	
☐ VH-URJ	Britten-Norman BN-2A-21 Islander	402	ex VH-OIA	Lsd fr Barrier Lsg

BRINDABELLA AIRLINES
(FQ) *Canberra, ACT (CBR)*

☐ VH-SEF	Swearingen SA.227AC Metro III	AC-641	ex ZK-SDA	
☐ VH-TAG	Swearingen SA.227AC Metro III	AC-705	ex ZK-NSU	
☐ VH-TAH	British Aerospace Jetstream 41	41084	ex N566HK	
☐ VH-TAO	Swearingen SA.227AC Metro III	AC-513	ex N513FA	
☐ VH-WAL	Piper PA-31 Turbo Navajo B	31-7300943	ex N71TC	
☐ VH-	British Aerospace Jetstream 41		ex N	on order

Operates services for Qantas

BRISTOW HELICOPTERS (AUSTRALIA)
Perth-Jandakot/Karratha/Barrow Island, WA / Darwin, NT (-/KTA/BWB/DRW)

☐	G-BMCX	Aerospatiale AS.332L Super Puma	2164		
☐	VH-BHH	Aerospatiale AS.332L Super Puma	2059	ex G-TIGW	Nairn
☐	VH-BHK	Aerospatiale AS.332L Super Puma	2096	ex G-TIGU	
☐	VH-BHX	Aerospatiale AS.332L Super Puma	2079	ex G-BRWE	City of Albany
☐	VH-BHY	Aerospatiale AS.332L Super Puma	2129	ex B-HZY	
☐	VH-BWJ	Aerospatiale AS.332L Super Puma	2023	ex G-TIGB	
☐	VH-BYT	Aerospatiale AS.332L Super Puma	2083	ex G-CEYJ	
☐	VH-BZB	Aerospatiale AS.332L Super Puma	2157	ex LN-OND	
☐	VH-BZC	Aerospatiale AS.332L Super Puma	2036	ex 9M-BEM	
☐	VH-BZF	Aerospatiale AS.332L Super Puma	2064	ex G-TIGP	
☐	VH-BZU	Aerospatiale AS.332L Super Puma	2045	ex G-TIGM	
☐	VH-	Aerospatiale AS.332L Super Puma	2078	ex G-TIGT	
☐	VH-BHI	Sikorsky S-76A+	760118	ex G-BVKS	Lsd fr United Helicopters
☐	VH-BHL	Sikorsky S-76A+	760046	ex G-BHLY	
☐	VH-BHM	Sikorsky S-76A+	760107	ex G-BVKO	Lsd fr United Helicopters
☐	VH-BHQ	Sikorsky S-76A++	760090	ex G-BVKN	Lsd fr United Helicopters
☐	VH-BZR	Sikorsky S-76A++	760132	ex EZ-S704	
☐	VH-BZW	Sikorsky S-76A+	760157	ex G-BITR	
☐	VH-TZN	Sikorsky S-76A	760115	ex G-BVKR	
☐	VH-BHO	Bell 206L-3 LongRanger	51354	ex JA9893	
☐	VH-BKK	Kawasaki/MBB BK-117B-1	1044	ex JA9993	
☐	VH-BZD	Kawasaki/MBB BK-117B-1	1035	ex P2-HBR	

Subsidiary of Bristow Group

BROOME AVIATION
Broome, WA (BME)

☐	VH-NGS	Cessna 208B Caravan I	208B0416	ex N1114W	
☐	VH-NTC	Cessna 208B Caravan I	208B0418	ex VH-DEX	
☐	VH-NTQ	Cessna 208B Caravan I	208B0635	ex N1216Q	
☐	VH-TLD	Cessna 208B Caravan I	208B0339	ex P2-TSJ	
☐	VH-TWX	Cessna 208B Caravan I	208B0648	ex VH-UZF	Lsd fr Capital Finance Australia
☐	VH-AMG	Cessna 210N Centurion II	21064075	ex C-GTSW	
☐	VH-DZH	Cessna 210L Centurion II	21061247	ex VH-SJQ	
☐	VH-KDM	Cessna 210N Centurion II	21063041	ex N6467N	
☐	VH-KJL	Cessna 210L Centurion II	21060776	ex N1765C	
☐	VH-RLP	Cessna 210-5 (205)	21050213	ex (N8213Z)	
☐	VH-SKQ	Cessna 210L Centurion II	21061243	ex N1629C	
☐	VH-TCI	Cessna 210L Centurion II	21060548	ex N94225	
☐	VH-TWD	Cessna 210N Centurion II	21064356	ex N6372Y	
☐	VH-WTX	Cessna 210L Centurion II	21060222	ex (N93025)	
☐	VH-BBU	Cessna U206G Stationair	20604109	ex N756HS	
☐	VH-DAW	Cessna 310R II	310R0148	ex N5028J	
☐	VH-DLF	Cessna 404	404-0683	ex N6763K	
☐	VH-JOR	Cessna 404	404-0642	ex D-IEEE	
☐	VH-LBB	Cessna 402C	402C0283	ex N470A	
☐	VH-OTV	de Havilland DHC-3 Turbine Otter	250	ex N373A	Floatplane
☐	VH-SHZ	Cessna U206G Stationair	20603726	ex (N9909N)	
☐	VH-SWT	Beech Baron 58	TH-560	ex N9380S	
☐	VH-TDQ	Cessna U206F Stationair	20602807		

Resumed passenger services in Western Australia

CAIRNS SEAPLANES
Cairns, QLD (CNS)

☐	VH-CXS	de Havilland DHC-2 Beaver	1360	ex N211AW	Floatplane
☐	VH-IDQ	de Havilland DHC-2 Beaver	1555		Floatplane
☐	VH-PCF	de Havilland DHC-2 Beaver	1348	ex VH-CZS	Floatplane

Cairns Seaplanes is the trading name of Aquaflight Airways

CAPE YORK AIRLINES
Cairns, QLD (CNS)

☐	VH-CYC	Cessna 208 Caravan I	20800108	ex N977A	

CASAIR
Perth International, WA (PER)

☐	VH-AKG	Beech Baron 58	TH-1011	ex N2070D	
☐	VH-KGX	Swearingen SA.226TC Metro II	TC-326	ex VH-UUK	
☐	VH-NGX	Swearingen SA.226TC Metro II	TC-287	ex VH-WGV	
☐	VH-WGX	Swearingen SA.226TC Metro II	TC-312	ex N1015B	

Operation for sale

CHARTAIR
(TL)   *Alice Springs, NT (ASP)*

	Reg	Type	Serial	ex	Notes
☐	VH-IDZ	Cessna 210M Centurion II	21062530	ex N761UN	
☐	VH-LTB	Cessna 210N Centurion II	21064679	ex N670A	
☐	VH-NQP	Cessna 210N Centurion II	21064572	ex N9678Y	
☐	VH-TFF	Cessna 210N Centurion II	21064277	ex N6169Y	
☐	VH-TFT	Cessna 210N Centurion II	21063448		
☐	VH-TWP	Cessna 210M Centurion II	21061841	ex N1636C	
☐	VH-WMP	Cessna 210M Centurion II	21062731	ex N6278B	
☐	VH-CAJ	Cessna 402C II	402C0026	ex N5717C	
☐	VH-FTW	Beech 95-B55 Baron	TC-2123	ex N24097	
☐	VH-JJN	Beech Baron 58	TH-1276	ex N3837M	
☐	VH-SMW	Beech Baron 58	TH-694	ex N6076S	
☐	VH-TFM	Cessna 402C II	402C0067	ex N2610Y	
☐	VH-TZH	Cessna 402C II	402C0617	ex N6880Y	
☐	VH-WZT	Beech Baron 58	TH-642	ex VH-TYR	

CHC HELICOPTERS (AUSTRALIA)
Hems (HEM)   *Adelaide, SA (ADL)*

	Reg	Type	Serial	ex	Notes
☐	VH-LAF	Aerospatiale SA.332L1 Super Puma	2319	ex LN-OBT	Lsd fr CHC Scotia
☐	VH-LAG	Aerospatiale SA.332L1 Super Puma	2352	ex LN-OBU	Lsd fr CHC Scotia
☐	VH-LHG	Aerospatiale SA.332L1 Super Puma	2317	ex LN-OBR	
☐	VH-LHH	Aerospatiale AS.332L1 Super Puma	2407	ex 9M-STU	
☐	VH-LHJ	Aerospatiale AS.332L Super Puma	2063	ex G-BSOI	
☐	VH-LHK	Aerospatiale AS.332L Super Puma	2107	ex G-BKZH	Lsd fr CHC Scotia
☐	VH-PVA*	Aerospatiale SA.365C1 Dauphin 2	5025	ex F-WYMH	based MEN
☐	VH-PVF*	Aerospatiale SA.365C1 Dauphin 2	5042		stored MEN
☐	VH-PVG*	Aerospatiale AS.365N3 Dauphin 2	6597	ex F-WWOC	based MEN
☐	VH-PVH*	Aerospatiale AS.365N3 Dauphin 2	6604	ex F-WQDC	based MEN
☐	VH-BZH	Bell 412	33044	ex N18098	
☐	VH-EPH	Bell 412EP	36419	ex N3070R	Op for NSW Air Ambulance
☐	VH-EPK	Bell 412EP	36100	ex N412HH	Op for NSW Air Ambulance
☐	VH-EWA	Bell 412EP	36312	ex C-GUOP	
☐	VH-NSC	Bell 412	33029	ex VH-CRQ	EMS, based CBR
☐	VH-NSP	Bell 412	33091	ex N22976	EMS
☐	VH-NSV	Bell 412	33084	ex VH-AHH	EMS, based MKY
☐	VH-UAH	Bell 412	33034	ex N2141B	
☐	VH-VAA	Bell 412EP	36274	ex C-GLZM	Op for Metropolitan Ambulance Sve
☐	VH-VAB	Bell 412EP	36275		Op for Metropolitan Ambulance Sve
☐	VH-HRP	Sikorsky S-76A+	760122	ex N176CH	based East Sale; op for RAAF
☐	VH-LAH	Sikorsky S-76A+	760089	ex RJAF 725	based NTL
☐	VH-LAI	Sikorsky S-76A+	760103	ex RJAF 727	
☐	VH-LHN	Sikorsky S-76A++	760300	ex B-HZE	
☐	VH-LHY	Sikorsky S-76A+	760105	ex RJAF 729	based Pearce
☐	VH-LHZ	Sikorsky S-76A+	760113	ex RJAF 732	RAAF rescue
☐	VH-LOH	Sikorsky S-92D	920036	ex N8068D	
☐	VH-PVM*	Aerospatiale AS.350B Ecureuil	2058	ex JA9705	based MEN

*Operated for Victoria Police Force
Owned by CHC-Helicopters (C-); as the registered company in Australia is Lloyds Offshore Helicopters

CLASSIC WINGS
                                                                                                                  Perth-Jandakot, WA

	Reg	Type	Serial	ex	Notes
☐	VH-CWS	Douglas DC-3	9286	ex ZK-AMS	stored

CORPORATE AIR
                                                              Canberra, ACT (CBR)

	Reg	Type	Serial	ex
☐	VH-TFB	Cessna 441 Conquest II	441-0260	ex N68597
☐	VH-VED	Cessna 441 Conquest II	441-0272	ex N394G
☐	VH-VEJ	Cessna 441 Conquest II	441-0249	ex N911ER
☐	VH-VEM	Cessna 441 Conquest II	441-0174	ex VH-IJG
☐	VH-VEW	Cessna 441 Conquest II	441-0254	ex C-FWCP
☐	VH-VEZ	Cessna 441 Conquest II	441-0182	ex VH-AZB
☐	VH-VEA	Cessna 404 Titan II	404-0219	ex VH-ARQ
☐	VH-VEB	Beech Baron 58	TH-399	ex VH-CYT
☐	VH-VEC	Cessna 404 Titan II	404-0217	ex VH-CSV
☐	VH-VEG	Beech Baron 58	TH-822	
☐	VH-VEK	Swearingen SA.227DC Metro 23	DC-845B	ex VH-KED
☐	VH-VEU	Swearingen SA.227TC Metro 23	DC-797B	ex VH-KDJ

Corporate Air is the trading name of Vee H Aviation

DENIS BEAHAN AVIATION
Charters Towers, QLD

☐	VH-AMD	Beech 65-B80 Queen Air	LD-504	ex TR-LUU	
☐	VH-BOZ	Cessna 402A	402A0065	ex ZK-DHW	
☐	VH-BPZ	Cessna 402	402-0103	ex N4003Q	
☐	VH-BQL	Beech 65-B80 Queen Air	LD-288	ex DQ-FCQ	
☐	VH-BUS	Cessna 402	402-0198	ex N991SA	
☐	VH-RUU	Beech 65-B80 Queen Air	LC-311	ex N7643N	Excalibur Queenaire 8200 conv

Current status uncertain

DISCOVERY AIR TOURS
Sydney-Bankstown, NSW (BWU)

☐	VH-DNA	Douglas DC-3	15685/27130	ex VH-ATO	04
☐	VH-MIN	Douglas DC-3	13459	ex VH-SMI	08; stored BWU
☐	VH-SBL	Douglas DC-3	12056	ex P2-ANR	03; Captain Jack Curtiss

EASTERN AUSTRALIA AIRLINES
(EAQ) *Sydney-Kingsford Smith, NSW (SYD)*

A wholly-owned subsidiary of Qantas and operates scheduled services in full colours as QantasLink

EXPRESS FREIGHTERS AUSTRALIA
(EFA) *Sydney-Kingsford Smith, NSW (SYD)*

☐	VH-XMB	Boeing 737-376 (SF)	23478/1251	ex ZK-JNG	Op for XME
☐	VH-XML	Boeing 737-376 (SF)	23486/1286	ex ZK-JNF	Op for XME
☐	VH-XMO	Boeing 737-376 (SF)	23488/1352	ex ZK-JNH	Op for XME
☐	VH-XMR	Boeing 737-376 (SF)	23490/1390	ex ZK-JNA	Op for XME

Wholly owned subsidiary of Qantas

GAM SERVICES
Melbourne-Essendon, VIC (MEB)

Aircraft also used as Reefwatch

☐	VH-DZC	Rockwell 500S Shrike Commander	3226	ex G-BDAL	
☐	VH-KAK	Rockwell 500S Shrike Commander	3269	ex N57163	
☐	VH-LET	Rockwell 500S Shrike Commander	3264	ex N70343	
☐	VH-LTP	Rockwell 500S Shrike Commander	3323	ex N12RS	
☐	VH-MDW	Rockwell 500S Shrike Commander	3158	ex N801AC	
☐	VH-MEH	Rockwell 500S Shrike Commander	3258	ex N57213	
☐	VH-PAR	Rockwell 500S Shrike Commander	3311	ex N84SA	
☐	VH-UJE	Rockwell 500S Shrike Commander	3120	ex VH-BGE	
☐	VH-UJI	Rockwell 500S Shrike Commander	3301	ex VH-TWS	
☐	VH-UJL	Rockwell 500S Shrike Commander	3088	ex N9120N	
☐	VH-UJM	Rockwell 500S Shrike Commander	3117	ex N5007H	
☐	VH-UJN	Rockwell 500S Shrike Commander	3151	ex ZS-NRO	
☐	VH-UJU	Rockwell 500S Shrike Commander	3055	ex VH-PWO	
☐	VH-UJV	Rockwell 500S Shrike Commander	3161	ex N712PC	
☐	VH-UJX	Aero Commander 500S Shrike	1839-31	ex VH-EXI	
☐	VH-UJY	Rockwell 500S Shrike Commander	3170	ex VH-TSS	
☐	VH-YJC	Rockwell 500S Shrike Commander	3176	ex VH-ACZ	
☐	VH-YJE	Rockwell 500S Shrike Commander	3053	ex VH-EXE	
☐	VH-YJI	Rockwell 500S Shrike Commander	3130	ex VH-BAJ	
☐	VH-YJJ	Rockwell 500S Shrike Commander	3178	ex VH-ACJ	
☐	VH-YJL	Aero Commander 500S Shrike	1875-48	ex VH-ACL	
☐	VH-YJM	Rockwell 500S Shrike Commander	3186	ex RP-C1268	
☐	VH-YJO	Aero Commander 500B	1506-180	ex VH-WRU	
☐	VH-YJR	Rockwell 500S Shrike Commander	3231	ex VH-PCO	
☐	VH-YJS	Rockwell 500S Shrike Commander	3315	ex VH-FGS	
☐	VH-YJU	Aero Commander 500U Shrike	1765-49	ex F-ODHD	
☐	VH-AAG	Rockwell 690 Turbo Commander	11101	ex N57101	
☐	VH-NBT	Rockwell Commander 681B	6047	ex VH-NYE	
☐	VH-NYC	Rockwell 690 Turbo Commander	11026	ex N9226N	
☐	VH-PCV	Rockwell 690ATurbo Commander	11283	ex N57228	
☐	VH-TSS	Rockwell 690B Turbo Commander	11463	ex N101RG	
☐	VH-UJA^	Aero Commander 680FL	1521-100	ex PK-MAG	
☐	VH-UJG	Rockwell 690 Turbo Commander	11062	ex VH-NEY	
☐	VH-YJA^	Aero Commander 680FL	1734-140	ex RP-C699	
☐	VH-YJF^	Aero Commander 680FL	1642-122	ex N1414S	
☐	VH-YJG	Rockwell 690A Turbo Commander	11308	ex N99WC	
☐	VH-YJP	Rockwell 690A Turbo Commander	11173	ex N950M	

^Full type is Aero Commander 680FL Grand Commander
Several of the above are believed with GAM to get them on their maintenance programme but not operated

☐	VH-UJD	Dornier 228-201	8124	ex JA8866	Op as Reefwatch Air Tours
☐	VH-VJD	Dornier 228-202K	8157	ex D2-EBT	
☐	VH-VJE	Dornier 228-202	8041	ex 5N-DOC	

☐	VH-VJF	Dornier 228-202	8047	ex 5N-ARF
☐	VH-VJJ	Dornier 228-202	8025	ex 5N-DOA
☐	VH-VJN	Dornier 228-202	8040	ex VH-VJB
☐	VH-YJZ	Beech 95-B55 Baron	TC-1933	ex VH-ARL

GAM Services is a trading name of General Aviation Maintenance; itself a division of Stewart Aviation

GOLD COAST SEAPLANES

Coolangatta, QLD (OOL)

☐	VH-IDO	de Havilland DHC-2 Beaver	1545	Floatplane

GOLDEN EAGLE AIRLINES

Port Hedland, WA (PHE)

☐	VH-AEC	Britten-Norman BN-2B-26 Islander	2164	ex G-BKJO
☐	VH-AEU	Britten-Norman BN-2B-26 Islander	2130	ex G-BJON
☐	VH-AEX	Cessna U206G Stationair 6 II	U20606587	ex N9635Z
☐	VH-ECC	Piper PA-31-350 Chieftain	31-7952099	ex N51EM
☐	VH-EGE	Britten-Norman BN-2A-26 Islander	3015	ex VH-WRM
☐	VH-FML	Piper PA-31 Turbo Navajo	31-8112015	ex N40540
☐	VH-HVA	Embraer EMB.820C	820C-045	ex N49EX
☐	VH-IJE	Piper PA-31-350 Navajo Chieftain	31-7405463	ex N1018S
☐	VH-KTS	Piper PA-31 Turbo Navajo	31-7912014	ex N27833
☐	VH-LCK	Piper PA-34-200 Seneca	34-7350236	ex N55663
☐	VH-NMK	Piper PA-31-350 Chieftain	31-8152163	ex P2-RHA
☐	VH-NPA	Piper PA-31-350 Chieftain	31-8452016	ex N41171
☐	VH-PJY	Cessna U206G Stationair 6 II	U20605120	ex N4829U
☐	VH-UPK	Cessna U206G Stationair 6 II	U20605477	ex (N6399U)

GOLDFIELDS AIR SERVICES
(GOS)

Kalgoorlie, WA (KGI)

☐	VH-ALY	Cessna 310R	310R1310	ex N6173X
☐	VH-ANP	Cessna 404	404-0054	ex N404MP
☐	VH-CSO	Cessna 310R	310R1854	ex N2959A
☐	VH-CYT	Cessna 402	402-0293	ex VH-OKZ
☐	VH-HOR	Cessna 402C	402C0108	ex P2-KSR
☐	VH-LAE	Cessna 402C	402C0097	ex N2614Z
☐	VH-LCO	Cessna 310R	310R1216	ex N1386G
☐	VH-LNX	Cessna 402	402-0295	ex ZS-LNX
☐	VH-MFF	Cessna 402B	402B0874	ex N5187J
☐	VH-OOT	Cessna 310R	310R1635	ex VH-PEE

GREAT WESTERN AVIATION

Brisbane-International, QLD (BNE)

☐	VH-DEH	Piper PA-31 Turbo Navajo	31-7812123	ex N27792
☐	VH-FMO	Piper PA-31 Turbo Navajo	31-8012052	ex N35574
☐	VH-FMU	Piper PA-31 Turbo Navajo	31-8212015	ex N41033
☐	VH-KTU	Piper PA-31 Turbo Navajo	31-7912079	ex N35301
☐	VH-NAD	Piper PA-31 Turbo Navajo	31-8212004	ex N4099T
☐	VH-OMM	Piper PA-31-350 Chieftain	31-8152153	ex N4091B
☐	VH-SGV	Beech 200 Super King Air	BB-718	ex N6728N

HARDY AVIATION

Darwin, NT (DRW)

☐	VH-ANM	Cessna 404 Titan II	404-0010	ex VH-BPM
☐	VH-ANS	Cessna 210M Centurion II	21062784	ex N784ED
☐	VH-ARJ	Cessna 402B	402B0629	ex N3784C
☐	VH-AZW	Cessna 441 Conquest II	441-0028	ex VH-FWA
☐	VH-BEM	Cessna 402B	404B0590	ex N402HA
☐	VH-HAZ	Cessna 404 Titan II	404-0046	ex G-BYLR
☐	VH-HMA	Cessna 404 Titan II	404-0122	ex N37158
☐	VH-HPA	Cessna U206G Stationair 6	U20605002	ex VH-WIW
☐	VH-JZL	Cessna TU206G Stationair 6	U20604721	ex N732TS
☐	VH-MKS	Swearingen SA.226TC Metro II	TC-262	ex N49GW
☐	VH-NOK	Cessna 210M Centurion II	21062063	ex N9127M
☐	VH-RAP	Cessna U206F Stationair	U20602989	ex VH-DXU
☐	VH-RUY	Cessna 402C	402C0273	ex N1774G
☐	VH-SGO	Beech 58 Baron	TH-1185	ex N3702D
☐	VH-SQL	Cessna 402C II	402C0326	ex VH-OAS
☐	VH-UOP	Cessna 404 Titan II	404-0636	ex N5280J

HEAVYLIFT CARGO AIRLINES
HeavyCargo (HN/HVY) (IATA 225)

Brisbane-International, QLD (BNE)

☐	RP-C8017	Boeing 727-51C (FedEx 3)	19289/403	ex 9L-LFJ
☐	RP-C8019	Boeing 727-227F (Raisbeck 3)	21249/1219	ex N76753

597

☐	RP-C8020	Short SC.5 Belfast	SH1819	ex 9L-LDQ	
☐	RP-C8023	Conroy CL-44-0	16	ex 9G-LCA	stored BOH
☐	9L-LEK	Boeing 727-51C (FedEx 3)	19288/389	ex (RP-C8018)	
	Owned by Transpacific				

HINTERLAND AVIATION
Cairns, QLD (CNS)

☐	VH-CVN	Cessna 208B Caravan I	208B0676	ex N12372	
☐	VH-HLJ	Beech 200B Super King Air	BB-945	ex RP-C11577	
☐	VH-HLL	Cessna 208B Caravan I	208B0615	ex VH-AGS	
☐	VH-MRZ	Cessna 208B Caravan I	208B1048	ex N1266V	
☐	VH-TFC	Cessna U206G Stationair	U20604576	ex VH-CMT	
☐	VH-TFK	Cessna 402C III	402C1011	ex VH-PVU	
☐	VH-TFO	Cessna 404 Titan II	404-0076	ex N32L	
☐	VH-TFS	Cessna 208B Caravan I	208B1006	ex N1247N	
☐	VH-TFW	Aero Commander 500S Shrike	1798-13	ex VH-EPN	
☐	VH-TFY	Rockwell 500S Shrike Commander	3057	ex VH-IBY	
☐	VH-TFZ	Cessna 402C II	402C0408	ex VH-RMI	
	Cessna Caravans operated for Macair on island services. Owned by Trailfinders				

INLAND PACIFIC AIR
Townsville, QLD (TSV)

Status uncertain, subsidiary of Corporate Air Services; sister company of Airlines of PNG and Skytrans Regional.

ISLAND AIR TAXIS
Hamilton Island, QLD (HTI)

☐	VH-ABX	Partenavia P.68B	99	ex (VH-ECO)	
☐	VH-BVA	de Havilland DHC-2 Beaver	245	ex N77WK	
☐	VH-HAM	Cessna 208 Caravan I	20800295	ex N208MM	
☐	VH-LMI	Cessna TU206G Stationair 8	20606787	ex N9975Z	
☐	VH-LNI	Cessna 208 Caravan I	20800298	ex N94MS	
☐	VH-LNO	Cessna 208B Caravan I	208B0925	ex N125AR	
☐	VH-PNP	Partenavia P.68B	51		

JETCRAFT AIR CARGO
Jetcraft (JCC)   *Brisbane-International, QLD (BNE)*

☐	VH-HAN	Swearingen SA.227DC Metro 23	DC-822B	ex N822MM	
☐	VH-HPE	Swearingen SA.227DC Metro 23	DC-823B	ex N823MM	Toll c/s
☐	VH-UUO	Swearingen SA.227AC Metro III	AC-530	ex ZK-NST	
☐	VH-UZA	Swearingen SA.227AT Merlin IVC	AT-502	ex VH-UUA	
☐	VH-UZD	Swearingen SA.227AC Metro III	AC-490	ex N30693	
☐	VH-UZG	Swearingen SA.227AC Metro III	AC-553	ex N220CT	
☐	VH-UZI	Swearingen SA.227AT Expediter	AT-570	ex N570UP	
☐	VH-UZN	Swearingen SA.227DC Metro 23	DC-881B	ex N6BN	The Australian c/s
☐	VH-UZP	Swearingen SA.227AC Metro III	AC-498	ex OY-BPL	David Fell
☐	VH-UZQ	Swearingen SA.226TC Metro II	TC-259	ex C-FEPZ	
☐	VH-UZS	Swearingen SA.227AC Metro III	AC-517	ex VH-UUG	
☐	VH-UZW	Swearingen SA.227AC Metro III	AC-526	ex OY-GAW	Toll c/s
☐	VH-LBA	Cessna 441 Conquest II	441-0042	ex N46MR	stored BNE
☐	VH-LBC	Cessna 441 Conquest II	441-0236	ex VH-TFG	stored BNE
☐	VH-TOQ	ATR 42-300F	079	ex EI-SLB	Toll c/s
☐	VH-TOX	ATR 42-300F	024	ex EI-SLE	Toll c/s
☐	VH-UZB	Cessna 208B Caravan I	208B0769	ex EC-IKU	Toll c/s
☐	VH-UZO	Beech Baron 58	TH-586	ex VH-BRD	
☐	VH-UZY	Cessna 208B Caravan I	208B0937	ex EC-IEX	Toll c/s

3 ATR 42-320s are on order for mining support services
Subsidiary of Transjet Holdings, sister company of Macair Airlines but continues to operate separately although administrator appointed 12 December 2007

JETEX
Jetex (JTE)   *Perth, VA (PER)*

Operates Boeing 727-277Fs on behalf of Australian air Express; is a trading name of National Jet Express

JETSTAR AIRWAYS
Jetstar (JQ/JST)   *Melbourne-Tullamarine, VIC (MEL)*

☐	VH-JQE	Airbus A320-232	2457	ex TC-OGR		Lsd fr ILFC
☐	VH-JQG	Airbus A320-232	2169	ex F-WWDQ		Lsd fr BOC Aviation
☐	VH-JQH	Airbus A320-232	2453	ex TC-OGP		Lsd fr ILFC
☐	VH-JQL	Airbus A320-232	2185	ex F-WWDB		Lsd fr BOC Aviation
☐	VH-JQW	Airbus A320-232	2423	ex TC-OGO		Lsd fr ILFC
☐	VH-JQX	Airbus A320-232	2197	ex F-WWDH		Lsd fr BOC Aviation
☐	VH-VQA	Airbus A320-232		ex F-WW	on order	Lsd fr ILFC
☐	VH-VQB	Airbus A320-232		ex F-WW	on order	Lsd fr ILFC

☐	VH-VQC	Airbus A320-232		ex F-WW	on order	Lsd fr ILFC
☐	VH-VQD	Airbus A320-232		ex F-WW	on order	Lsd fr ILFC
☐	VH-VQE	Airbus A320-232		ex F-WW	on order	Lsd fr ILFC
☐	VH-VQF	Airbus A320-232		ex F-WW	on order	Lsd fr ILFC
☐	VH-VQG	Airbus A320-232	2787	ex F-WWBV		Lsd fr RIL Aviation
☐	VH-VQH	Airbus A320-232	2766	ex F-WWDG		
☐	VH-VQI	Airbus A320-232	2717	ex F-WWBG		
☐	VH-VQJ	Airbus A320-232	2703	ex F-WWIS		
☐	VH-VQK*	Airbus A320-232	2651	ex F-WWIM		
☐	VH-VQL	Airbus A320-232	2642	ex F-WWBZ		
☐	VH-VQM	Airbus A320-232	2608	ex F-WWBS		Lsd fr RBS Australia Lsg
☐	VH-VQN	Airbus A320-232	2600	ex F-WWBK		Lsd fr RBS Australia Lsg
☐	VH-VQO	Airbus A320-232	2587	ex F-WWDL		Lsd fr RBS Australia Lsg
☐	VH-VQP	Airbus A320-232	2573	ex F-WWBD	Gold Coast Titans c/s	
☐	VH-VQQ	Airbus A320-232	2537	ex F-WWIJ		
☐	VH-VQR	Airbus A320-232	2526	ex F-WWDQ		
☐	VH-VQS	Airbus A320-232	2515	ex F-WWIE		Lsd fr RIL Aviation
☐	VH-VQT	Airbus A320-232	2475	ex F-WWDS		
☐	VH-VQU	Airbus A320-232	2455	ex F-WWDJ		
☐	VH-VQV	Airbus A320-232	2338	ex F-WWIO		
☐	VH-VQW	Airbus A320-232	2329	ex F-WWDZ		
☐	VH-VQX	Airbus A320-232	2322	ex 9V-VQX		Lsd fr RIL Aviation
☐	VH-VQY	Airbus A320-232	2299	ex F-WWBV		
☐	VH-VQZ	Airbus A320-232	2292	ex 9V-VQZ		Lsd fr RIL Aviation

*Leased from Macquarie Managed Investments; 40 more Airbus A320/321 family are on order

☐	VH-VWX	Airbus A321-231	1438	ex N585NK	on order	Lsd fr Pembroke
☐	VH-VWY	Airbus A321-231	1408	ex N584NK	on order	Lsd fr Pembroke
☐	VH-VWZ	Airbus A321-231	1195	ex N583NK	on order	Lsd fr Pembroke

Twenty more Airbus A321s are on order

☐	VH-EBA	Airbus A330-202	508	ex F-WWKM		
☐	VH-EBB	Airbus A330-201	522	ex F-WWYQ		
☐	VH-EBC	Airbus A330-201	506	ex F-WWYU		
☐	VH-EBD	Airbus A330-201	513	ex F-WWYV		
☐	VH-EBE	Airbus A330-202	842	ex F-WWYV		Lsd fr CIT Leasing
☐	VH-EBF	Airbus A330-202	853	ex F-WWYU		
☐	VH-	Airbus A330-202		ex F-WW	on order	
☐	VH-	Airbus A330-202		ex F-WW	on order	
☐	VH-	Airbus A330-202		ex F-WW	on order	
☐	VH-	Airbus A330-202		ex F-WW	on order	
☐	VH-	Airbus A330-202		ex F-WW	on order	

Twenty four Boeing 787-838s are on order for delivery from 2009 plus twenty-four Boeing 787-938s from 2011.
Wholly owned subsidiary of Qantas

KAKADU AIR SERVICES

Jabiru, NT (JAB)

☐	VH-KNA	Gippsland GA-8 Airvan	GA8-04-044	ex VH-IXN	
☐	VH-KNB	Gippsland GA-8 Airvan	GA8-07-109		
☐	VH-KNP	Gippsland GA-8 Airvan	GA8-04-063	ex VH-YAH	
☐	VH-LFU	Cessna 207 Skywagon	20700296	ex ZK-DXT	
☐	VH-NIV	Cessna 207 Stationair 8 II	20700627	ex N41JF	
☐	VH-UBW	Cessna 207 Skywagon	20700137	ex N1537U	

KARRATHA FLYING SERVICES

Karratha, WA (KTA)

☐	VH-KFF	Piper PA-31-350 Chieftain	31-7952125	ex VH-UOT	
☐	VH-KFG	Beech 65-C90 King Air	LJ-777	ex N9AN	
☐	VH-KFM	Beech 58 Baron	TH-1339	ex VH-MOS	
☐	VH-KFQ	Piper PA-31 Turbo Navajo	31-7401250	ex VH-SRZ	
☐	VH-KFW	Piper PA-31 Turbo Navajo	31-366	ex VH-WGU	
☐	VH-ZKF	de Havilland DHC-6 Twin Otter 100	43	ex VH-TZL	

KING ISLAND AIRLINES

Melbourne-Moorabbin, VIC (MBW)

☐	VH-KGQ	Embraer EMB.110P1 Bandeirante	110221	ex VH-XFD	
☐	VH-KIB	Piper PA-31-350 Navajo Chieftain	31-7305035	ex VH-TXD	
☐	VH-KIG	Piper PA-31-350 Chieftain	31-7852146	ex VH-HRL	
☐	VH-KIO	Piper PA-31-350 Navajo Chieftain	31-7405487	ex VH-DMV	
☐	VH-KIY	Piper PA-31-350 Chieftain	31-7952061	ex VH-KGN	

King Island Airlines is the trading name of Matakana Nominees Pty

LION AUSTRALIA

☐	VH-	Boeing 737-9GPER/W		on order
☐	VH-	Boeing 737-9GPER/W		on order
☐	VH-	Boeing 737-9GPER/W		on order

☐	VH-	Boeing 737-9GPER/W			on order	
☐	VH-	Boeing 737-9GPER/W			on order	
☐	VH-	Boeing 737-9GPER/W			on order	

To be formed as a joint venture between Lion Air (49%) and SkyAirWorld (51%)

MACAIR AIRLINES
(CC/MCK) (IATA 374)   *Townsville, QLD (TSV)*

☐	VH-UYA	SAAB SF.340B	340B-357	ex SE-C57	Cannington	
☐	VH-UYC	SAAB SF.340B	340B-310	ex SE-KCV		Lsd fr AeroCentury
☐	VH-UYE	SAAB SF.340B	340B-360	ex SE-C60	Mount Isa	
☐	VH-UYF	SAAB SF.340B	340B-358	ex N318CE	Moranbah	
☐	VH-UYH	SAAB SF.340B	340B-348	ex N316CE	Osborn Mine	
☐	VH-UYI	SAAB SF.340B	340B-283	ex N283AE		
☐	VH-HPG	Swearingen SA.227DC Metro 23	DC-812B	ex N812GS		
☐	VH-MYI	Swearingen SA.227DC Metro 23	DC-869B	ex 9M-APB		
☐	VH-UUA	Swearingen SA.227DC Metro 23	DC-824B	ex N824GL		Lsd fr Lambert Lsg
☐	VH-UUB	Swearingen SA.227DC Metro 23	DC-894B	ex N3032F		
☐	VH-UYJ	ATR 42-500	571	ex F-OHQV		

Wholly owned subsidiary of Transjet Holdings, sister company of Jetcraft; Hinterland Aviation operates Caravans on behalf of Macair on island services

MAROOMBA AIRLINES
(KN)   *Perth-International, WA (PER)*

☐	VH-ITA	Beech B200 Super King Air	BB-1244	ex F-OINC	Lsd fr Awesome Avn
☐	VH-MQZ	Beech B200 Super King Air	BB-1961		
☐	VH-QQA	de Havilland DHC-8-102	005	ex P2-MCN	Lsd fr Skytrans
☐	VH-QQB	de Havilland DHC-8-102	004	ex VH-TQO	Lsd fr Skytrans
☐	VH-SMO	Cessna 441 Conquest II	441-0132	ex VH-ANJ	

MARTHAKAL YOLNGU AIRLINE
Ceased operations

MILITARY SUPPORT SERVICES
Nowra (NOS)

☐	VH-MQD	CASA C.212-200	CC50-7-272	ex N433CA
☐	VH-MQE	CASA C.212-200	CD51-6-318	ex N7241E

NATIONAL JET SYSTEMS
National Jet (NC/NJS)   *Adelaide-International, SA (ADL)*

☐	VH-NJA	British Aerospace 146 Srs.100	E1004	ex G-DEBJ		Lsd fr Fleet Support
☐	VH-NJC	British Aerospace 146 Srs.100	E1013	ex G-6-013		
☐	VH-NJE+	British Aerospace 146 Srs.100	E1104	ex G-BTXO		
☐	VH-NJF+	British Aerospace 146 Srs.300QT	E3198	ex G-BTLD		Op for XME
☐	VH-NJG+	British Aerospace 146 Srs.200	E2170	ex G-BSOH		
☐	VH-NJL+	British Aerospace 146 Srs.300	E3213	ex G-BVPE		
☐	VH-NJM+	British Aerospace 146 Srs.300QT	E3194	ex G-BTHT		Op for XME
☐	VH-NJN+	British Aerospace 146 Srs.300	E3217	ex G-BUHW		
☐	VH-NJR+	British Aerospace 146 Srs.100	E1152	ex G-BRLN		
☐	VH-NJT+	Avro 146-RJ70A	E1228	ex G-OLXX	based PER	
☐	VH-NJV+	British Aerospace 146 Srs.100QT	E1002	ex G-BSTA	stored BNE	Op for XME
☐	VH-NJX	British Aerospace 146 Srs.100	E1003	ex EI-CPY		
☐	VH-YAD	British Aerospace 146 Srs.200	E2097	ex N293UE		Lsd fr WFBN
☐	VH-YAE	British Aerospace 146 Srs.200	E2107	ex N294UE		Lsd fr WFBN

+Leased from Trident Jet (Australia)

☐	VH-JSJ	de Havilland DHC-8-103	170	ex VH-NJD		
☐	VH-LCL	de Havilland DHC-8Q-202	492	ex C-GEOA		Op for RAN
☐	VH-ZZA	de Havilland DHC-8-202MPA	419	ex C-FWWU		Op for Custom Coastwatch
☐	VH-ZZB	de Havilland DHC-8-202MPA	424	ex C-FXBC		Op for Custom Coastwatch
☐	VH-ZZC	de Havilland DHC-8-202MPA	433	ex C-FXFK		Op for Custom Coastwatch
☐	VH-ZZE	de Havilland DHC-8Q-202MPA	640	ex C-FHQG	on order	Op for Custom Coastwatch
☐	VH-ZZF	de Havilland DHC-8Q-202MPA	643	ex C-FJKS		Op for Custom Coastwatch
☐	VH-ZZG	de Havilland DHC-8Q-202MPA	644	ex C-FJKU		Op for Custom Coastwatch
☐	VH-ZZI	de Havilland DHC-8-202MPA	550	ex C-GDLD		Op for Custom Coastwatch
☐	VH-ZZJ	de Havilland DHC-8-202MPA	551	ex C-FDHI		Op for Custom Coastwatch
☐	VH-ZZN	de Havilland DHC-8-315	399	ex VH-JSQ		Op for Custom Coastwatch
☐	VH-ZZP	de Havilland DHC-8-202	411	ex VH-JSH		
☐	VH-YZE	Reims Cessna F406 Vigilant	F406-0076	ex VH-ZZE		Op for Custom Coastwatch
☐	VH-ZZS	Rockwell 500S Shrike Commander	3071	ex N45WS		Op for Custom Coastwatch
☐	VH-ZZT	Britten-Norman BN-2B-20 Islander	2279	ex G-BVNC	stored CNS	
☐	VH-ZZU	Britten-Norman BN-2B-20 Islander	2280	ex G-BVND		Op for Custom Coastwatch
☐	VH-ZZW	Britten-Norman BN-2B-20 Islander	2282	ex G-BVNF		Op for Custom Coastwatch
☐	VH-ZZY	Britten-Norman BN-2B-20 Islander	2284	ex G-BVSH		Op for Custom Coastwatch

Owned by Cobham Group, parent of FR Aviation. Those operated for Custom Coastwatch use callsign Coastwatch. Also operate Boeing 717s for Qantaslink

NAUTILUS AVIATION
Townsville, QLD (TSV)

☐	VH-OPH	Cessna 208 Caravan I	20800157	ex PT-OZA	Orpheus Island	Floatplane
	Operation for sale, status uncertain					

NETWORK AVIATION AUSTRALIA
Perth-International, WA (PER)

☐	VH-NHA	Embraer EMB.120ER Brasilia	120269	ex N209SW	
☐	VH-NHC	Embraer EMB.120ER Brasilia	120152	ex VH-TLZ	Lsd fr Westpac Banking
☐	VH-NHZ	Embraer EMB.120ER Brasilia	120034	ex N186SW	
☐	VH-NIF	Embraer EMB.120ER Brasilia	120054	ex VH-FNQ	
☐	VH-TWF	Embraer EMB.120ER Brasilia	120186	ex N197SW	
☐	VH-TWZ	Embraer EMB.120ER Brasilia	120266	ex N207SW	
☐	VH-SGT	Beech 200 Super King Air	BB-73		
☐	VH-XDB	Beech 200 Super King Air	BB-533	ex LN-PAH	

NORFOLK AIR
Norfolk Island, NSW(NLK)

☐	VH-OZD	Boeing 737-229 (Nordam 3)	20911/360	ex G-CEAC	Op by OZJ

NORTHWEST REGIONAL AIRLINES
Name used by Broome Aviation for a while before reverting to its own name

O'CONNOR AIRLINES
Placed in voluntary administration and continued to operate services until it ceased operations 14 December 2007

OUTBACK AIR CHARTER
Status uncertain

OZJET AIRLINES
AusJet (O7/OZJ) (IATA 441)   *Melbourne-Tullamarine, VIC (MEL)*

☐	VH-OBN	Boeing 737-229 (Nordam 3)	21137/421	ex G-CEAD	dam 29Dec07
☐	VH-OZD	Boeing 737-229 (Nordam 3)	20911/360	ex G-CEAC	Op for NorfolkAir
					Lsd fr European Skybus
☐	VH-OZU	Boeing 737-229 (Nordam 3)	21176/431	ex G-CEAI	
☐	VH-OZX	Boeing 737-229 (Nordam 3)	21177/433	ex G-CEAJ	

Operates Airlines of PNG service to Brisbane twice weekly; also operate code-share services (with Qantas) to Norfolk Island as well as charters. Recommenced RPT services 27 February 2007
Sister company of European Aircharter, One Boeing 737-300 on order

PEARL AVIATION
Perth-International, WA (PER)

☐	VH-FII	Beech 200 Super King Air	BB-653	ex VH-MXK	Op for Flight Inspection Alliance
☐	VH-NTE	Beech 200 Super King Air	BB-529	ex VH-SWP	Op for NT Aerial Medical Services
☐	VH-NTG	Beech 200C Super King Air	BL-9	ex VH-KZL	Op for NT Aerial Medical Services
☐	VH-NTH	Beech 200C Super King Air	BL-12	ex VH-SWO	Op for NT Aerial Medical Services
☐	VH-NTS	Beech 200C Super King Air	BL-30	ex VH-TNQ	Op for NT Aerial Medical Services
☐	VH-OYA	Beech 200 Super King Air	BB-365	ex P2-SML	Lsd to RAAF
☐	VH-OYD	Beech 200 Super King Air	BB-1041	ex N200BK	EMS
☐	VH-OYE	Beech 200 Super King Air	BB-355	ex VH-SMB	EMS
☐	VH-OYH	Beech 200 Super King Air	BB-148	ex VH-WNH	Op for Granites Gold Mines
☐	VH-OYT*	Beech 200T Super King Air	BT-6/BB-489	ex VH-PPJ	Lsd fr Commonwealth Bank
☐	VH-TLX	Beech 200 Super King Air	BB-550	ex P2-MBM	EMS
☐	VH-PPF*	Dornier 328-110	3057	ex N439JS	based PER
					Lsd fr Commonwealth Bank
☐	VH-PPG*	Dornier 328-110	3053	ex D-CIAB	based DRW
☐	VH-PPJ*	Dornier 328-110	3059	ex D-CCAD	based CNS
					Lsd fr Commonwealth Bank
☐	VH-PPQ	Dornier 328-110	3051	ex D-CEAD	based MEB
☐	VH-PPV*	Dornier 328-110	3052	ex D-CDAD	based BNE
☐	VH-FIX	Beech 300 Super King Air	FL-90	ex D-CKRA	Calibrator
					Op for AirServices Australia
☐	VH-OYB	Swearingen SA.227DC Metro 23	DC-848B	ex N452LA	
☐	VH-OYG	Swearingen SA.227DC Metro 23	DC-875B	ex VH-SWM	
☐	VH-OYI	Swearingen SA.227DC Metro 23	DC-839B	ex VH-DMI	
☐	VH-OYN	Swearingen SA.227DC Metro 23	DC-870B	ex VH-DMO	

*Operates for AeroRescue

PEL-AIR
Questair (QWA)
Sydney Kingsford-Smith, NSW / Brisbane, QLD (SYD/BNE)

☐	VH-AJG	IAI 1124 Westwind	281	ex N1124F	EMS/Freighter	
☐	VH-AJJ	IAI 1124 Westwind	248	ex N25RE	EMS/Freighter	
☐	VH-AJK	IAI 1124 Westwind	256	ex 4X-CNB	EMS/Freighter	
☐	VH-AJP	IAI 1124 Westwind	238	ex 4X-CMJ	EMS/Freighter	
☐	VH-AJV	IAI 1124 Westwind	282	ex N186G	EMS/Freighter	
☐	VH-KNR	IAI 1124A Westwind II	340	ex N118MP	Freighter	
☐	VH-KNS	IAI 1124 Westwind	323	ex N816H	Freighter	
☐	VH-KNU	IAI 1124 Westwind	317	ex VH-UUZ	EMS/Freighter	
☐	VH-NGA	IAI 1124A Westwind II	387	ex N97AL	EMS/Freighter	
☐	VH-EEJ	Swearingen SA.227AC Metro III	AC-617	ex VH-SSV	Combi	
☐	VH-EEN	Swearingen SA.227AT Expediter	AT-563	ex N563UP	Freighter	Jt ops with XME
☐	VH-EEO	Swearingen SA.227AT Expediter	AT-564	ex N564UP	Freighter	Jt ops with XME
☐	VH-EEP	Swearingen SA.227AT Expediter	AT-567	ex N565UP	Freighter	Jt ops with XME
☐	VH-EEQ	Swearingen SA.227AC Metro III	AC-612	ex VH-SST	Combi	
☐	VH-EER	Swearingen SA.227AC Metro III	AC-632	ex VH-SSW	Combi	
☐	VH-EES	Swearingen SA.227AC Metro III	AC-614	ex VH-SSZ	Combi	
☐	VH-EET	Swearingen SA.227AC Metro III	AC-494	ex VH-SSM	Combi	Op for TNT
☐	VH-EEU	Swearingen SA.227AC Metro III	AC-619B	ex VH-OYC	Combi	
☐	VH-EEX	Swearingen SA.227AC Metro III	AC-611B	ex VH-NEL		
☐	VH-KAN	Swearingen SA.227DC Metro 23	DC-838B	ex N3021U		
☐	VH-KDO	Swearingen SA.227DC Metro 23	DC-837B	ex N3021N		
☐	VH-KEU	Swearingen SA.227DC Metro 23	DC-846B	ex N30236		
☐	VH-KEX	Swearingen SA.227DC Metro 23	DC-872B	ex N3030X		
☐	VH-EEB	Embraer EMB.120FC Brasilia	120117	ex N1117H		
☐	VH-SLD	Learjet 35A	35A-145	ex (N166AG)	Freighter	
☐	VH-SLE	Learjet 35A	35A-428	ex N17LH		
☐	VH-SLF	Learjet 36A	36A-049	ex N136ST		
☐	VH-SLJ	Learjet 36	36-014	ex N200Y	Freighter	

All Learjets used on Fleet Support and based at NAS Nowra (NOA)
75% owned by Regional Express

PEL-AIR EXPRESS
Fleet included under Pel-Air Aviation (the parent)

PIONAIR AUSTRALIA
Sydney-Bankstown, NSW (BWU)

☐	VH-PDL	Convair 580	137	ex N631MW	
☐	VH-PDV	Convair 580	507	ex ZK-KSA	Op as Tauck World Express
☐	VH-PDW	Convair 580F	86	ex C-GKFQ	
☐	VH-PDX	Convair 580F	126	ex C-FIWN	

POLAR AVIATION
Port Hedland, WA (PHE)

☐	VH-BIV	Cessna 210N Centurion II	21063398	ex N5373A	
☐	VH-BLW	Beech Baron 58	TH-490	ex N1349K	
☐	VH-ILD	Beech 95-E55 Baron	TE-788	ex N4055A	
☐	VH-NSM	Beech 58 Baron	TH-1798	ex N1098C	
☐	VH-NWT	Cessna 208B Caravan I	208B0733	ex N1269N	
☐	VH-YOT	Cessna U206G Stationair	20605045		

QANTAS AIRWAYS
Qantas (QF/QFA) (IATA 081)
Sydney-Kingsford Smith, NSW (SYD)

☐	VH-EBG	Airbus A330-202	887	ex F-WWKD	Barossa Valley	
☐	VH-EBH	Airbus A330-202	892	ex F-WWYT	Hunter Valley	
☐	VH-EBI	Airbus A330-202	898	ex F-WWKM		
☐	VH-EBJ	Airbus A330-202		ex F-WW	on order	
☐	VH-EBK	Airbus A330-202		ex F-WW	on order	
☐	VH-EBL	Airbus A330-202		ex F-WW	on order	
☐	VH-QPA	Airbus A330-303	553	ex F-WWKS	Kununurra	
☐	VH-QPB	Airbus A330-303	558	ex F-WWYO	Freycinet Peninsula	
☐	VH-QPC	Airbus A330-303	564	ex F-WWYQ	Broken Hill	
☐	VH-QPD	Airbus A330-303	574	ex F-WWYU	Port Macquarie	
☐	VH-QPE	Airbus A330-303	593	ex F-WWKP	Port Lincoln	
☐	VH-QPF	Airbus A330-303	595	ex F-WWKR	Esperance	
☐	VH-QPG	Airbus A330-303	603	ex F-WWYN	Mount Gambier	
☐	VH-QPH	Airbus A330-303	695	ex F-WWYQ	Noosa	Lsd fr QF A332 Lsg
☐	VH-QPI	Airbus A330-303	705	ex F-WWKG	Cairns	Lsd fr QF A332 Lsg
☐	VH-QPJ	Airbus A330-303	712	ex F-WWYM	Port Stephens	Lsd fr QF A332 Lsg
☐	VH-OQA	Airbus A380-841	014	ex F-WWSK	Nancy Bird Walton; on order	
☐	VH-OQB	Airbus A380-841	015	ex F-WWSL	on order	
☐	VH-OQC	Airbus A380-841	022	ex F-WWSR	on order	
☐	VH-OQD	Airbus A380-841	026	ex F-WWSX	on order	

	Registration	Type	Serial	ex	Name	Notes
☐	VH-OQE	Airbus A380-841	027	ex F-WWSY		on order
☐	VH-OQF	Airbus A380-841	029	ex F-WW		on order

A total of 20 Airbus A380-841s are on order for delivery by 2015

	Registration	Type	Serial	ex	Name	Notes
☐	VH-TJE	Boeing 737-476	24430/1820		Kookaburra	
☐	VH-TJF	Boeing 737-476	24431/1863		Brolga	
☐	VH-TJG	Boeing 737-476	24432/1879	ex 9M-MLE	Eagle	
☐	VH-TJH	Boeing 737-476	24433/1881		Falcon	
☐	VH-TJI	Boeing 737-476	24434/1912	ex 9M-MLD	Swan	
☐	VH-TJJ	Boeing 737-476	24435/1959		Heron	Lsd fr AAL Aviation
☐	VH-TJK	Boeing 737-476	24436/1998		Ibis	Lsd fr AAL Aviation
☐	VH-TJL	Boeing 737-476	24437/2162		Swift	Lsd fr AAL Aviation
☐	VH-TJM	Boeing 737-476	24438/2171		Kestrel	Lsd fr AAL Aviation
☐	VH-TJO	Boeing 737-476	24440/2324		Lorikeet	
☐	VH-TJR	Boeing 737-476	24443/2398		Cockatiel	
☐	VH-TJS	Boeing 737-476	24444/2454		Jabiru	
☐	VH-TJT	Boeing 737-476	24445/2539		Kingfisher	Lsd fr TJT Lsg
☐	VH-TJU	Boeing 737-476	24446/2569		Currawong	Lsd fr TJU A/c Rentals
☐	VH-TJW	Boeing 737-4L7	26961/2517	ex C2-RN11	Strahan	
☐	VH-TJX	Boeing 737-476	28150/2773		Sharing	
☐	VH-TJY	Boeing 737-476	28151/2785		Trust	
☐	VH-TJZ	Boeing 737-476	28152/2829		Tenacity	
☐	ZK-JNB	Boeing 737-376	23491/1391	ex VH-TAZ		Lsd to QNZ
☐	ZK-JNC	Boeing 737-376	24296/1653	ex VH-TJB		Lsd to QNZ
☐	ZK-JND	Boeing 737-376	24297/1740	ex VH-TJC		Lsd to QNZ
☐	ZK-JNN	Boeing 737-376	24295/1649	ex VH-TJA		Lsd to QNZ
☐	ZK-JNO	Boeing 737-376	24298/1761	ex VH-TJD		Lsd to QNZ
☐	ZK-JTP	Boeing 737-476	24441/2363	ex VH-TJP		Lsd to QNZ
☐	ZK-JTQ	Boeing 737-476	24442/2371	ex VH-JTQ		Lsd to QNZ
☐	ZK-JTR	Boeing 737-476	24439/2265	ex VH-TJN		Lsd to QNZ

Those leased to QNZ will not return to Qantas service, some Australian registrations have been reallocated

	Registration	Type	Serial	ex	Name
☐	VH-VXA	Boeing 737-838/W	29551/1042	ex (N979AN)	Broome
☐	VH-VXB	Boeing 737-838/W	30101/1045	ex (N980AN)	Yanani Dreaming
☐	VH-VXC	Boeing 737-838/W	30897/1049	ex (N981AN)	Gippsland
☐	VH-VXD	Boeing 737-838/W	29552/1063	ex (N982AN)	Tenterfield
☐	VH-VXE	Boeing 737-838/W	30899/1071	ex (N983AN)	Coffs Harbour
☐	VH-VXF	Boeing 737-838/W	29553/1096	ex (N984AN)	Sunshine Coast
☐	VH-VXG	Boeing 737-838/W	30901/1102	ex (N985AM)	Port Douglas
☐	VH-VXH	Boeing 737-838/W	33478/1137	ex (N986AM)	Warrambool
☐	VH-VXI	Boeing 737-838/W	33479/1141	ex (N987AM)	Oonadatta
☐	VH-VXJ	Boeing 737-838/W	33480/1157	ex (N988AM)	Coober Pedy
☐	VH-VXK	Boeing 737-838/W	33481/1160	ex (N989AM)	Katherine
☐	VH-VXL	Boeing 737-838/W	33482/1172		Charleville
☐	VH-VXM	Boeing 737-838/W	33483/1177	ex N6055X	Mount Hotham
☐	VH-VXN	Boeing 737-838/W	33484/1180		Freemantle
☐	VH-VXO	Boeing 737-838/W	33485/1183		Kakadu
☐	VH-VXP	Boeing 737-838/W	33722/1324		Logan
☐	VH-VXQ	Boeing 737-838/W	33723/1335		Redlands
☐	VH-VXR	Boeing 737-838/W	33724/1340		Shepparton
☐	VH-VXS	Boeing 737-838/W	33725/1352		St Helens
☐	VH-VXT	Boeing 737-838/W	33760/1412	ex N1787B	Townsville
☐	VH-VXU	Boeing 737-838/W	33761/1420		Wollongong
☐	VH-VYA	Boeing 737-838/W	33762/1532		Narooma
☐	VH-VYB	Boeing 737-838/W	33763/1534		Cape Otway
☐	VH-VYC	Boeing 737-838/W	33991/1612		Arnhem Land
☐	VH-VYD*	Boeing 737-838/W	33992/1706		Eudunda
☐	VH-VYE*	Boeing 737-838/W	33993/1712		Alice Springs
☐	VH-VYF*	Boeing 737-838/W	33994/1727	ex N1784B	Evandale
☐	VH-VYG*	Boeing 737-838/W	33995/1736		Australind
☐	VH-VYH*	Boeing 737-838/W	34180/1815		Queanbeyan
☐	VH-VYI^	Boeing 737-838/W	34181/1840		Bathurst Island
☐	VH-VYJ^	Boeing 737-838/W	34182/1842	ex N1782B	Cann River
☐	VH-VYK^	Boeing 737-838/W	34183/1846	ex N1784B	Moree
☐	VH-VYL^	Boeing 737-838/W	34184/1854		Wangaratta
☐	VH-VZA	Boeing 737-838/W	34195/2502	ex N1779B	
☐	VH-VZB	Boeing 737-838/W	34196		on order
☐	VH-VZC	Boeing 737-838/W	34197		on order
☐	VH-VZD	Boeing 737-838/W	34198		on order
☐	VH-VZE	Boeing 737-838/W	34199		on order

First eleven 737-838s from deferred order of American Airlines, originally ordered as 737-823s; 31 more on order plus 20 Boeing 737-938ERs
*Leased from RBS Australia Leasing Pty   ^Leased from Macquarie Managed Investments

	Registration	Type	Serial	ex	Name
☐	VH-EBV	Boeing 747-338	23224/610	ex N6005C	City of Geraldton
☐	VH-EBW	Boeing 747-338	23408/638	ex N6055X	City of Tamworth
☐	VH-EBX	Boeing 747-338	23688/662	ex N6005C	City of Wodonga; damaged
☐	VH-EBY	Boeing 747-338	23823/678	ex N6005C	City of Mildura
☐	VH-OEB	Boeing 747-48E	25778/983	ex HL7416	Phillip Island
☐	VH-OEC	Boeing 747-4H6	24836/808	ex 9M-MHN	King Island
☐	VH-OED	Boeing 747-4H6	25126/858	ex 9M-MHO	Kangaroo Island
☐	VH-OEE	Boeing 747-438ER	32909/1308	ex N747ER	Nullarbor

	Registration	Type	MSN/LN	Ex-reg	Name	Notes
☐	VH-OEF	Boeing 747-438ER	32910/1313	ex N60659	City of Sydney	
☐	VH-OEG	Boeing 747-438ER	32911/1320		Parkes	
☐	VH-OEH	Boeing 747-438ER	32912/1321	ex N5020K	Hervey Bay	
☐	VH-OEI	Boeing 747-438ER	32913/1330		Ceduna	
☐	VH-OEJ	Boeing 747-438ER	32914/1331	ex N60668	Wanula Dreaming	
☐	VH-OJA	Boeing 747-438	24354/731	ex N6046P	City of Canberra	
☐	VH-OJB	Boeing 747-438	24373/746		Mount Isa	
☐	VH-OJC	Boeing 747-438	24406/751		City of Melbourne	
☐	VH-OJD	Boeing 747-438	24481/764		City of Brisbane	
☐	VH-OJE	Boeing 747-438	24482/765		City of Adelaide	
☐	VH-OJF	Boeing 747-438	24483/781		City of Perth	
☐	VH-OJG	Boeing 747-438	24779/801	ex N6009F	City of Hobart	
☐	VH-OJH	Boeing 747-438	24806/807		City of Darwin	
☐	VH-OJI	Boeing 747-438	24887/826	ex N6009F	Longreach	
☐	VH-OJJ	Boeing 747-438	24974/835		Winton	
☐	VH-OJK	Boeing 747-438	25067/857		Newcastle	
☐	VH-OJL	Boeing 747-438	25151/865		City of Ballarat	
☐	VH-OJM	Boeing 747-438	25245/875		GoSFord	
☐	VH-OJN	Boeing 747-438	25315/883	ex N6009F	City of Dubbo	
☐	VH-OJO	Boeing 747-438	25544/894	ex N6005C	City of Toowoomba	
☐	VH-OJP	Boeing 747-438	25545/916		City of Albury	
☐	VH-OJQ	Boeing 747-438	25546/924	ex N6005C	Manduran	
☐	VH-OJR	Boeing 747-438	25547/936	ex N6018N	City of Bathurst	
☐	VH-OJS	Boeing 747-438	25564/1230		Hamilton Island	
☐	VH-OJT	Boeing 747-438	25565/1233			
☐	VH-OJU	Boeing 747-438	25566/1239		Lord Howe Island	

Boeing 747-338s to be replaced by Airbus A330-202s

	Registration	Type	MSN/LN	Ex-reg	Name	Notes
☐	VH-OGA	Boeing 767-338ER	24146/231	ex N6055X	City of Whyalla	
☐	VH-OGB	Boeing 767-338ER	24316/242	ex N6005C	City of Kalgoorlie/Boulder	
☐	VH-OGC	Boeing 767-338ER	24317/246	ex N6005C	City of Bendigo	
☐	VH-OGD	Boeing 767-338ER	24407/247	ex N6009F	City of Maitland	
☐	VH-OGE	Boeing 767-338ER	24531/278		City of Orange	
☐	VH-OGF	Boeing 767-338ER	24853/319		City of Lismore	
☐	VH-OGG	Boeing 767-338ER	24929/343		City of Rockhampton	
☐	VH-OGH	Boeing 767-338ER	24930/344		City of Parramatta	
☐	VH-OGI	Boeing 767-338ER	25246/387		City of Port Augusta	
☐	VH-OGJ	Boeing 767-338ER	25274/396		Port Macquarie	
☐	VH-OGK	Boeing 767-338ER	25316/397	ex N6018N	City of Mackay	
☐	VH-OGL	Boeing 767-338ER	25363/402	ex N6018N	Wallabies Rugby World Cup c/s	
☐	VH-OGM	Boeing 767-338ER	25575/451		Bundaberg	
☐	VH-OGN	Boeing 767-338ER	25576/549		Partnership	
☐	VH-OGO	Boeing 767-338ER	25577/550		Unity	
☐	VH-OGP	Boeing 767-338ER	28153/615		Forbes	
☐	VH-OGQ	Boeing 767-338ER	28154/623		Birdsville	
☐	VH-OGR	Boeing 767-338ER	28724/662		City of Corowa	
☐	VH-OGS	Boeing 767-338ER	28725/665		Roma	
☐	VH-OGT	Boeing 767-338ER	29117/710		Maroochydore	
☐	VH-OGU	Boeing 767-338ER	29118/713		Byron Bay	
☐	VH-OGV	Boeing 767-338ER	30186/796			
☐	VH-ZXA	Boeing 767-336ER	24337/288	ex G-BNWE		Lsd fr BAW
☐	VH-ZXB	Boeing 767-336ER	24338/293	ex G-BNWF		Lsd fr BAW
☐	VH-ZXC	Boeing 767-336ER	24339/298	ex G-BNWG		Lsd fr BAW
☐	VH-ZXD	Boeing 767-336ER	24342/363	ex G-BNWJ		Lsd fr BAW
☐	VH-ZXE	Boeing 767-336ER	24343/364	ex G-BNWK		Lsd fr BAW
☐	VH-ZXF	Boeing 767-336ER	25203/365	ex G-BNWL		Lsd fr BAW
☐	VH-ZXG	Boeing 767-336ER	25443/419	ex G-BNWP		Lsd fr BAW

Flightline British Aerospace 146s operates Heathrow-Manchester-Heathrow services on behalf of Qantas
Owns Eastern Australia Airlines and Sunstate Airlines which operate as QantasLink plus 46.3% of Air Pacific. Owns 18% of Pacific Airlines, 4.2% of Air New Zealand while Express Freighters Australia, Jetconnect and Jetstar are wholly owned Jetconnect operates domestic services in New Zealand in full Qantas colours. Member of oneworld alliance. Jetstar has taken over some international routes while Jetstar Asia is 49.9% owned.
60 more new Airbus A320/321 are on order plus 15 Boeing 787-838s and 30 Boeing 787-938s for delivery from 2009 (-8s) and 2011 (-9s) plus 20. The first 787-838s will be delivered to Jetstar's international unit.

QANTASLINK
(QF/QFA)   various

	Registration	Type	MSN/LN	Ex-reg	Status	Notes
☐	VH-NXD	Boeing 717-23S	55062/5031	ex VH-VQD		Lsd fr Allco Leasing
☐	VH-NXE	Boeing 717-23S	55063/5034	ex VH-VQE		Lsd fr Allco Leasing
☐	VH-NXG	Boeing 717-2K9	55057/5020	ex VH-LAX		Lsd fr Bavaria
☐	VH-NXH	Boeing 717-2K9	55055/5014	ex VH-IMD	stored ADL	Lsd fr Bavaria
☐	VH-NXI	Boeing 717-2K9	55054/5013	ex VH-IMP		Lsd fr Bavaria
☐	VH-NXK	Boeing 717-231	55092/5077	ex VH-YQF		Lsd fr Pembroke
☐	VH-NXL	Boeing 717-231	55093/5083	ex VH-YQG		Lsd fr Pembroke
☐	VH-NXM	Boeing 717-231	55094/5084	ex VH-YQH		Lsd fr Pembroke
☐	VH-NXN	Boeing 717-231	55095/5087	ex VH-YQI		Lsd fr Pembroke
☐	VH-NXO	Boeing 717-231	55096/5093	ex VH-YQJ		Lsd fr Pembroke
☐	VH-NXQ	Boeing 717-231	55097/5095	ex VH-YQK		Lsd fr Pembroke

Operated by National Jet Systems

	Registration	Type	MSN	Ex-reg	Name	
☐	VH-SBB	de Havilland DHC-8Q-311	539	ex C-FDHO	Sunstate	

☐	VH-SBG	de Havilland DHC-8Q-315	575	ex C-GSAH	Sunstate	
☐	VH-SBI	de Havilland DHC-8Q-315	605	ex C-FZKU	Sunstate	
☐	VH-SBJ	de Havilland DHC-8Q-315	578	ex C-FDHI	Sunstate	
☐	VH-SBT	de Havilland DHC-8Q-315	580	ex C-FDHP	Sunstate	
☐	VH-SBV	de Havilland DHC-8Q-315	595	ex C-GIHK	Sunstate	
☐	VH-SBW	de Havilland DHC-8Q-315	599	ex C-GZPN	Sunstate	
☐	VH-SCE	de Havilland DHC-8Q-315	602	ex C-GZPP	Sunstate	
☐	VH-SDA	de Havilland DHC-8Q-202	482	ex C-GFQL	Sunstate	Lsd fr QF Dash 8 Lsg
☐	VH-SDE	de Havilland DHC-8Q-202	453	ex N453DS	Sunstate	
☐	VH-TQD	de Havilland DHC-8Q-315	598	ex C-GZDO	Eastern Australia	
☐	VH-TQE	de Havilland DHC-8Q-315	596	ex C-GDOE	Eastern Australia	
☐	VH-TQF	de Havilland DHC-8-102	67	ex N801AW	Eastern Australia	
☐	VH-TQG	de Havilland DHC-8-201	430	ex C-GDNG	Eastern Australia	
						Lsd fr QF Dash 8 Lsg
☐	VH-TQH	de Havilland DHC-8Q-315	597	ex C-GZDM	Eastern Australia	
☐	VH-TQK	de Havilland DHC-8Q-315	600	ex C-GZPO	Eastern Australia	
☐	VH-TQL	de Havilland DHC-8Q-315	603	ex C-GZPQ	Eastern Australia	
☐	VH-TQM	de Havilland DHC-8Q-315	604	ex C-FZHW	Eastern Australia	
☐	VH-TQN	de Havilland DHC-8-102	62	ex D-BEST	Eastern Australia	
☐	VH-TQP	de Havilland DHC-8-102	135	ex C-GFQL	Eastern Australia	
☐	VH-TQQ	de Havilland DHC-8-102	204	ex C-GFUM	Eastern Australia	
☐	VH-TQR	de Havilland DHC-8-102	208	ex C-GESR	Eastern Australia	
☐	VH-TQT	de Havilland DHC-8-102A	349	ex C-GBSW	Eastern Australia	
☐	VH-TQU	de Havilland DHC-8-102A	346	ex N848MA	Eastern Australia	
☐	VH-TQV	de Havilland DHC-8-102A	362	ex C-GCWZ	Eastern Australia	
☐	VH-TQW	de Havilland DHC-8-103A	306	ex C-GGEW	Eastern Australia	
☐	VH-TQX	de Havilland DHC-8-202	439	ex N439SD	Eastern Australia	
☐	VH-TQY	de Havilland DHC-8Q-315	552	ex C-FDHP	Eastern Australia	
☐	VH-TQZ	de Havilland DHC-8Q-315	555	ex C-GDNK	Eastern Australia	
☐	VH-QOA	de Havilland DHC-8-402Q	4112	ex C-FDHG	Gladstone: Sunstate	
☐	VH-QOB	de Havilland DHC-8-402Q	4116	ex C-FERF	Yeppoon; Sunstate	
☐	VH-QOC	de Havilland DHC-8-402Q	4117	ex C-FFCD	Mackay; Sunstate	
☐	VH-QOD	de Havilland DHC-8-402Q	4123	ex C-FFQL	Emerald; Sunstate	
☐	VH-QOE	de Havilland DHC-8-402Q	4125	ex C-FFQE	Sunstate	
☐	VH-QOF	de Havilland DHC-8-402Q	4128	ex C-FFQM	Eastern Australia	
☐	VH-QOH	de Havilland DHC-8-402Q	4132	ex C-FGKH	Eastern Australia; pink colours	
☐	VH-QOI	de Havilland DHC-8-402Q	4189	ex C-FNQL	Eastern Australia	
☐	VH-QOJ	de Havilland DHC-8-402Q	4192	ex C-FNZU	Eastern Australia	

Twelve more de Havilland DHC-8-402Qs are on order for operation by Sunstate to replace the DHC-8-100s by 2010
QantasLink is the feeder services of Eastern Australia and Sunstate, wholly owned by Qantas; additional services are operated by National Jet Systems while Alliance Airlines will commence services from Perth on 18 February 2008.

QUEENSLAND REGIONAL AIRLINES
Operations merged with Skytrans to form Skytrans Regional

REGIONAL PACIFIC AIR

Horn Island, QLD (HID)

☐	VH-RPA	Embraer EMB.120RT Brasilia	120079	ex DQ-MUM	
☐	VH-RPU	de Havilland DHC-6 Twin Otter 300	485	ex P2-HCX	
☐	VH-RPX	Embraer EMB.120ER Brasilia	120030	ex P2-HLA	
☐	VH-RPZ	de Havilland DHC-6 Twin Otter 300	381	ex 6Y-JMV	
☐	VH-RQW	Britten-Norman BN-2A-26 Islander	73	ex P2-ALI	
☐	VH-RTP	Britten-Norman BN-2A-6 Islander	79	ex G-AXIN	

REX – REGIONAL EXPRESS
(ZL/RXA) (IATA 899)   *Orange, NSW/Wagga Wagga, NSW (OAG/WGA)*

☐	VH-EKD	SAAB SF.340A	340A-155	ex SE-F55	
☐	VH-EKH	SAAB SF.340B	340B-369	ex SE-C69	Lsd fr SAAB
☐	VH-EKT	SAAB SF.340A	340A-085	ex F-GGBJ	
☐	VH-EKX	SAAB SF.340B	340B-257	ex (F-GNVQ)	Lsd fr SAAB
☐	VH-JRX	SAAB SF.340B	340B-186	ex N186CT	Lsd fr CIT Group
☐	VH-KDB	SAAB SF.340A	340A-008	ex PH-KJK	
☐	VH-KDI	SAAB SF.340A	340A-131	ex SE-F31	
☐	VH-KDK	SAAB SF.340A	340A-016	ex SE-E16	
☐	VH-KDQ	SAAB SF.340B	340B-325	ex SE-KVO	Lsd fr SAAB
☐	VH-KDV	SAAB SF.340B	340B-322	ex SE-KVN	Lsd fr SAAB
☐	VH-KEQ	SAAB SF.340A	340A-011	ex 9M-NSB	
☐	VH-KRX	SAAB SF.340B	340B-290	ex N361BE	Lsd fr SAAB
☐	VH-NRX	SAAB SF.340B	340B-291	ex N362BE	Lsd fr SAAB
☐	VH-OLL	SAAB SF.340B	340B-175	ex N143NC	Lsd fr Newcourt Capital
☐	VH-OLM	SAAB SF.340B	340B-205	ex SE-G05	Lsd fr SAAB
☐	VH-OLN	SAAB SF.340B	340B-207	ex SE-G07	Lsd fr SAAB
☐	VH-ORX	SAAB SF.340B	340B-293	ex N363BE	Lsd fr SAAB
☐	VH-PRX	SAAB SF.340B	340B-303	ex N366BE	Lsd fr SAAB
☐	VH-RXE	SAAB SF.340B	340B-275	ex N275CJ	Lsd fr SAAB
☐	VH-RXN	SAAB SF.340B	340B-279	ex N358BE	Lsd fr SAAB
☐	VH-RXQ	SAAB SF.340B	340B-200	ex YR-VGN	
☐	VH-RXS	SAAB SF.340B	340B-285	ex N359BE	Lsd fr SAAB

☐	VH-RXX	SAAB SF.340B	340B-209	ex N355BE		Lsd fr SAAB
☐	VH-SBA	SAAB SF.340B	340B-311	ex SE-KXA		Lsd fr SAAB
☐	VH-TRX	SAAB SF.340B	340B-287	ex N360BE	Kay Hull Plane	Lsd fr SAAB
☐	VH-XRX	SAAB SF.340B	340B-179	ex N179CT		
☐	VH-YRX	SAAB SF.340B	340B-178	ex N178CT		
☐	VH-ZLA	SAAB SF.340B	340B-371	ex N371AE		Lsd fr SAAB
☐	VH-ZLC	SAAB SF.340B	340B-373	ex N373AE		Lsd fr SAAB
☐	VH-ZLF	SAAB SF.340B	340B-374	ex N374AE		Lsd fr SAAB
☐	VH-ZLG	SAAB SF.340B	340B-375	ex N375AE		Lsd fr SAAB
☐	VH-ZLH	SAAB SF.340B	340B-376	ex N376AE		Lsd fr SAAB
☐	VH-ZLJ	SAAB SF.340B	340B-380	ex N380AE		Lsd fr SAAB
☐	VH-ZLK	SAAB SF.340B	340B-381	ex N381AE		Lsd fr SAAB
☐	VH-ZLQ	SAAB SF.340B	340B-370	ex N370AM		Lsd fr SAAB
☐	VH-ZLR	SAAB SF.340B	340B-229	ex SE-KSK		
☐	VH-ZLX	SAAB SF.340B	340B-182	ex ER-SGB		
☐	VH-ZLY	SAAB SF.340A	340A-026	ex HB-AHF		
☐	VH-ZRX	SAAB SF.340A	340A-038	ex ZK-NLM		
☐	VH-	SAAB SF.340B	340B-383	ex N383AE		Lsd fr SAAB
☐	VH-	SAAB SF.340B	340B-386	ex N386AE		Lsd fr SAAB
☐	VH-	SAAB SF.340B	340B-390	ex N390AE		Lsd fr SAAB
☐	VH-	SAAB SF.340B	340B-393	ex N393AE		Lsd fr SAAB

Fourteen more ex American Eagle SAAB SF.340Bs are on order by December 2009, all leased from SAAB

ROSSAIR CHARTER
(RFS)   *Adelaide-International, SA (ADL)*

☐	VH-NAX	Cessna 441 Conquest II	441-0106	ex VH-HXM	
☐	VH-OCS	Cessna 441 Conquest II	441-0030	ex N441MM	
☐	VH-XBC	Cessna 441 Conquest II	441-0297	ex N441MT	
☐	VH-XMD	Cessna 441 Conquest II	441-0025	ex N441HD	
☐	VH-XMJ	Cessna 441 Conquest II	441-0113	ex N27TA	
☐	VH-YFD	Cessna 441 Conquest II	441-0157	ex N51LR	
☐	VH-JVN	Reims Cessna F406 Caravan II	F406-0033	ex VH-RCB	

SEAIR PACIFIC GOLD COAST
Gold Coast, QLD (OOL)

☐	VH-LMD	Cessna 208 Caravan I	20800217	ex 9M-FBA	Floatplane
☐	VH-LMZ	Cessna 208 Caravan I	20800173	ex LN-SEA	Floatplane
☐	VH-LYT	Cessna 208B Caravan I	208B1208	ex N1320B	
☐	VH-MBF	Britten-Norman BN-2A-8 Islander	646	ex P2-MBF	
☐	VH-MBK	Britten-Norman BN-2A Islander	158	ex P2-MBD	
☐	VH-TZR	de Havilland DHC-6 Twin Otter 200	145	ex DQ-FDD	Lsd fr Nomads Australia

Seair Pacific is a trading name of Istlecote

SEAPLANE SAFARIS
Current status uncertain, believed to have ceased operations

SEAWING AIRWAYS
Sydney Rose Bay, NSW (RSE)

☐	VH-SWB	de Havilland DHC-2 Beaver	1557	ex ZK-CKD	Floatplane

Seawing Airways is a trading name of Krug Agencies

SHARP AIRLINES
Hamilton, VIC (HML)

☐	VH-LCE	Piper PA-31-350 Navajo Chieftain	31-7305088	ex N305SP	
☐	VH-SEZ	Swearingen SA.227AC Metro III	AC-637	ex ZK-RCA	
☐	VH-UUN	Swearingen SA.227AC Metro III	AC-686	ex N686AV	

SHINE AIR SERVICES
Geraldtown, WA (GET)

☐	VH-ADE	Piper PA-31-325 Navajo C/R	31-7712006	ex N62996	
☐	VH-AQL	Gippsland GA-8 Airvan	GA8-03-029		
☐	VH-ITF	Piper PA-31 Turbo Navajo C	31-7812014	ex N27435	
☐	VH-VHT	Cessna 404 Titan II	404-0226	ex ZS-OJN	

SHORTSTOP AIR CHARTER

Melbourne-Essendon, VIC (MEB)

☐	VH-OVC	Swearingen SA.226T Merlin II	T-318	ex OE-FOW	
☐	VH-OVM	Douglas DC-3	16354/33102	ex VH-JXD	Arthur Schutt MBE

SKIPPERS AVIATION
(SY)
Perth-International, WA (PER)

☐	VH-FMQ	Cessna 441 Conquest II	441-0109	ex N26226	
☐	VH-LBX	Cessna 441 Conquest II	441-0091	ex VH-AZY	
☐	VH-LBY	Cessna 441 Conquest II	441-0023	ex VH-TFW	
☐	VH-LBZ	Cessna 441 Conquest II	441-0038	ex VH-HWD	
☐	VH-XUA	Embraer EMB.120ER Brasilia	120045	ex N272UE	
☐	VH-XUB	Embraer EMB.120ER Brasilia	120181	ex VH-XFW	
☐	VH-XUC	Embraer EMB.120ER Brasilia	120208	ex VH-XFV	Pelsaert Princess
☐	VH-XUD	Embraer EMB.120ER Brasilia	120140	ex VH-XFZ	Monket Mia Flyer
☐	VH-XUE	Embraer EMB.120ER Brasilia	120115	ex VH-XFQ	
☐	VH-XUF	Embraer EMB.120ER Brasilia	120207	ex N268UE	
☐	VH-HWR	Swearingen SA.227DC Metro 23	DC-851B	ex N3025T	
☐	VH-WAI	Swearingen SA.227DC Metro 23	DC-874B	ex N3032L	
☐	VH-WAJ	Swearingen SA.227DC Metro 23	DC-876B	ex N3033U	
☐	VH-WAX	Swearingen SA.227DC Metro 23	DC-877B	ex N30337	
☐	VH-WBA	Swearingen SA.227DC Metro 23	DC-883B	ex N30042	
☐	VH-WBQ	Swearingen SA.227DC Metro 23	DC-884B	ex N30046	Laverton
☐	VH-XFT	de Havilland DHC-8-102	52	ex ZK-NEW	
☐	VH-XFU	de Havilland DHC-8-102	151	ex ZK-NEV	
☐	VH-XFV	de Havilland DHC-8-314A	350	ex D-BMUC	
☐	VH-XFW	de Havilland DHC-8-314A	356	ex D-BKIM	
☐	VH-XFX	de Havilland DHC-8-314A	313	ex D-BHAM	

SKY AIRWORLD
(SYW)
Brisbane, QLD (BNE)

☐	VH-SWO	Embraer 170-100LR (170)	17000081	ex B-KXA	stored PER	Lsd fr AFS Investments
☐	VH-	Embraer 190-100 (190)	19000154	ex PT-	on order	Lsd fr GECAS
☐	VH-	Embraer EMB.145 (ERJ-145)		ex	on order	
☐	VH-	Embraer EMB.145 (ERJ-145)		ex	on order	

To form joint venture (owning 51%) with Lion Air (49%) to operate six Boeing 737-9GPER/Ws as Lion Australia

SKYTRADERS
Melbourne-Tullamarine, VIC (MEL)

☐	VH-VHA	CASA C.212 Srs.400	474		Ginger	Wheels or skis
☐	VH-VHB	CASA C.212 Srs.400	475		Gadget	Wheels or skis
☐	VH-VHD	Airbus A319-115X	1999	ex F-GYAS		Lsd fr CIT Aerospace Intl

Operates between Tasmania and Australian Antarctic research bases

SKYTRANS REGIONAL
(NP)
Cairns, QLD (CNS)

Formed when Skytrans merged its operation with Queensland Regional Airlines

☐	VH-ARN	Cessna 310R II	310R0611	ex VH-ARS	
☐	VH-BZK	Cessna 310R II	310R1427	ex N5161C	
☐	VH-JOB	Cessna 310R II	310R1236	ex G-BOAT	
☐	VH-JOF	Cessna 310R II	310R0548	ex VH-HCB	
☐	VH-SKH	Cessna 310R II	310R1221	ex VH-LAF	
☐	VH-SKN	Cessna 310R II	310R1681	ex ZK-ETM	
☐	VH-SKX	Cessna 310R II	310R0935	ex VH-UFS	
☐	VH-SKC	Cessna 404 Titan II	404-0404	ex VH-TWZ	
☐	VH-SKJ	Cessna 404 Titan II	404-0086	ex VH-BPO	
☐	VH-SKV	Cessna 404 Titan II	404-0412	ex VH-TLE	
☐	VH-SKW	Cessna 404 Titan II	404-0042	ex VH-PNY	
☐	VH-SKZ	Cessna 404 Titan II	404-0080	ex VH-JOH	
☐	VH-SZA	Cessna 404 Titan II	404-0205	ex VH-JOA	
☐	VH-SZD	Cessna 404 Titan II	404-0050	ex 5Y-BGE	
☐	VH-SZO	Cessna 404 Titan II	404-0834	ex VH-WZL	
☐	VH-SZP	Cessna 404 Titan II	404-0637	ex ZS-OVU	
☐	VH-QQA	de Havilland DHC-8-102	5	ex P2-MCN	Lsd fr Volvo A/S
☐	VH-QQB	de Havilland DHC-8-102	4	ex VH-TQO	
☐	VH-QQC	de Havilland DHC-8-102	8	ex VH-JSZ	
☐	VH-QQD	de Havilland DHC-8-102	41	ex P2-MCK	Op for Patrick Corp
☐	VH-QQE	de Havilland DHC-8-102	173	ex N821EX	Lsd fr BCCI; sublsd to Aircruising
☐	VH-QQF	de Havilland DHC-8-102	14	ex P2-MCO	Cairns Taipans colours
☐	VH-QQG	de Havilland DHC-8-102	36	ex 5W-FAA	
☐	VH-	de Havilland DHC-8-102	27	ex P2-MCL	on order
☐	VH-SKG	Britten-Norman BN-2A-27 Islander	609	ex ZK-CRA	
☐	VH-SKU	Beech 200 Super King Air	BB-165	ex VH-XRF	
☐	VH-SQS	Britten-Norman BN-2A-21 Islander	494	ex G-BEGC	
☐	VH-TSI	Cessna 402C	402C0492	ex N6841L	

Subsidiary of Corporate Air Services; sister company of Inland Pacific Airlines and Airlines of PNG.

SKYWEST AIRLINES
(XR/OZW) (IATA 608)   *Perth-International, WA (PER)*

☐	VH-FNA	Fokker F.27 Mk 050 (Fokker 50)	20106	ex PH-EXG	City of Albany
☐	VH-FNB	Fokker F.27 Mk 050 (Fokker 50)	20107	ex PH-EXF	Shire of Esperance
☐	VH-FND	Fokker F.27 Mk 050 (Fokker 50)	20129	ex PH-EXB	
☐	VH-FNE	Fokker F.27 Mk 050 (Fokker 50)	20212	ex PH-PRJ	Lsd fr A/C Financing & Trading
☐	VH-FNF	Fokker F.27 Mk 050 (Fokker 50)	20200	ex PH-PRH	
☐	VH-FNH	Fokker F.27 Mk 050 (Fokker 50)	20113	ex PH-EXY	Shire of Carnarvon
☐	VH-FNI	Fokker F.27 Mk 050 (Fokker 50)	20114	ex PH-EXZ	City of Geraldton
☐	VH-FNJ	Fokker F.28-0100 (Fokker 100)	11489	ex G-BVJA	Lsd fr AerCap
☐	VH-FNN	Fokker F.28-0100 (Fokker 100)	11326	ex PH-CFD	Lsd fr Capital Lease Avn
☐	VH-FNR	Fokker F.28-0100 (Fokker 100)	11488	ex G-BVJB	Lsd fr F100 Pty
☐	VH-FNS	Fokker F.28-0100 (Fokker 100)		ex B-	on order Lsd fr F100 Pty
☐	VH-FNT	Fokker F.28-0100 (Fokker 100)	11461	ex B-12297	Lsd fr Avn, Singapore
☐	VH-FNY	Fokker F.28-0100 (Fokker 100)	11484	ex N108ML	Lsd fr F100 Pty

Owned by Advent Air

SLINGAIR
Kununurra, WA (KNX)

☐	VH-HOC	Cessna 210N Centurion II	21064689	ex N1360U	
☐	VH-NLV	Cessna 210N Centurion II	21063093	ex VH-APU	
☐	VH-NLZ	Cessna 210N Centurion II	21063769	ex VH-RZZ	
☐	VH-OCM	Cessna 210N Centurion II	21064466	ex N9300Y	
☐	VH-STB	Cessna 210M Centurion II	21062771	ex N6467B	
☐	VH-URX	Cessna 210N Centurion II	21064449	ex N6595Y	
☐	VH-DER	Piper PA-31 Turbo Navajo C	31-7912110	ex N3539D	
☐	VH-IEU	Cessna 207 Skywagon	20700231	ex N69336	
☐	VH-JVO	Cessna 310R	310R0539	ex N145FB	
☐	VH-KSA	Cessna 208B Caravan I	208B0516	ex N6302B	
☐	VH-NLG	Cessna U206G Stationair	U20603930	ex ZS-JGH	
☐	VH-RKD	Piper PA-31-350 Chieftain	31-8152048	ex N4076Z	
☐	VH-TWY	Cessna 310R	310R0090	ex N69336	

Derby Air Services is a wholly owned subsidiary, itself is a subsidiary of Heliwork

SOUTHERN CROSS SEAPLANES
Sydney Rose Bay, NSW

☐	VH-AAM	de Havilland DHC-2 Beaver	1492		Floatplane	
☐	VH-AQA	de Havilland DHC-2 Beaver	1467	ex 9M-AXE	Floatplane	Lsd fr Seaplane Assets
☐	VH-AQU	de Havilland DHC-2 Beaver	1544	ex VH-IDN	Floatplane	Lsd fr Seaplane Assets
☐	VH-NOO	de Havilland DHC-2 Beaver	1535		Floatplane	

SUNSHINE EXPRESS
Ceased operations

SUNSTATE AIRLINES
Sunstate (QF/SSQ) (IATA)   *Brisbane, QLD (BNE)*

Wholly owned by Qantas and operates scheduled services in full colours as QantasLink (q.v.)

SYDNEY SEAPLANES
Sydney Rose Bay, NSW

☐	VH-SXF	Cessna 208 Caravan I	20800405	ex N1122Y	

TASAIR
Hobart, TAS (HBT)

☐	VH-EXC	Rockwell 500S Shrike Commander	3251	ex N57162	
☐	VH-EXF	Aero Commander 500S Shrike	1797-12	ex N5024E	
☐	VH-JVD	Piper PA-31-350 Chieftain	31-7852041	ex N27523	
☐	VH-KRR	Cessna U206F Stationair 6	U20603210	ex (N8349Q)	
☐	VH-LTW	Piper PA-31-350 Chieftain	31-8152025	ex N40725	
☐	VH-MZI	Piper PA-31-350 Chieftain	31-8152131	ex N4087S	
☐	VH-SMQ	British Aerospace Jetstream 31	665	ex VH-ESW	
☐	VH-TAZ	Cessna 441 Conquest II	441-0005	ex N441RZ	
☐	VH-TSR	Cessna U206E Stationair	U20601650	ex N9450G	
☐	VH-TZY	Piper PA-31-350 Navajo Chieftain	31-7405166	ex N662WR	

TASFAST AIR FREIGHT
Melbourne-Moorabin, VIC (MBW)

☐	VH-EDV	Piper PA-31-350 Navajo Chieftain	31-7305025	ex N86568	
☐	VH-MYX	Piper PA-31-350 Navajo Chieftain	31-7552098	ex P2-SAS	
☐	VH-NLX	Piper PA-31 Turbo Navajo	31-7812055	ex VH-EQX	
☐	VH-TBJ	Piper PA-31 Navajo Chieftain	31-7552128	ex VH-SAJ	

Tasfast Air Freight is a trading name of Vortex Air

TIGER AIRWAYS
(TT)
Melbourne-Tullamarine, VIC (MEL)

☐	VH-VNA	Airbus A320-232	2204	ex 9V-TAA	Lsd fr Macquarie AirFinance
☐	VH-VNB	Airbus A320-232	2906	ex 9V-TAG	Lsd fr RBS Capital
☐	VH-VNC	Airbus A320-232	3275	ex F-WWDE	Lsd fr RBS Capital
☐	VH-VND	Airbus A320-232	3296	ex F-WWDX	Lsd fr RBS Capital
☐	VH-VNF	Airbus A320-232	3332	ex F-WWBI	Lsd fr RBS Australia Lsg

Part owned subsidiary of Tiger Airways, Singapore; commenced operations 23 November 2007

TIWI TRAVEL
Darwin, NT (DRW)

☐	VH-AII	Cessna 402C	402C0278	ex N3122M	Town of Pirlangimpi
☐	VH-AZJ	Piper PA-31-350 Chieftain	31-8152152	ex VH-OYY	Town of Nguiu
☐	VH-ZME	Cessna 402C	402C0422	ex P2-SIR	Town of Milikapiti
☐	VH-ZMG	Cessna 402C	402C0263	ex P2-SIB	Town of Wurankuwu

TOLL PRIORITY
(TFR)
Brisbane, QLD (BNE)

☐	ZK-TLA	Boeing 737-3B7 (SF)	23383/1425	ex N508AU	Op by AWK
☐	ZK-TLB	Boeing 737-3Q4 (SF)	24209/1492	ex TF-BBC	Op by AWK
☐	ZK-TLC	Boeing 737-3B7 (SF)	23705/1497	ex N519AU	Op by AWK
☐	ZK-TLD	Boeing 737-3B7 (SF)	23706/1499	ex N520AU	Op by AWK

First service 30 April 2007, wholly owned subsidiary of Toll Holdings. Other services are conducted by Jetcraft Air Charter.

TROPICAIR
Carnarvon, WA (CVQ)

☐	VH-AFY	Piper PA-31 Turbo Navajo C	31-8012084	ex ZK-CJO	
☐	VH-PNS	Partenavia P.68B	71		

TROPICAL AVIATION
Fleet listed under Cairns Seaplanes

V AUSTRALIA
Brisbane-International, QLD (BNE)

☐	VH-VGA	Boeing 777-3ZGER	35302	on order	Lsd fr ILFC

Five more Boeing 777-3GZERs are on order, V Australia is wholly owned by Virgin Blue

VINCENT AVIATION (AUSTRALIA)
(BF/VIN)
Darwin, NT (DAW)

☐	VH-EMK	Beech 1900C-1	UC-159	ex N159GL	Lsd fr Raytheon
☐	VH-NIA	Beech 1900D	UE-96	ex ZS-PPK	Lsd fr Ad Astral
☐	VH-VAY	Beech 1900D	UE-310	ex ZS-ONH	
☐	VH-VAZ	Beech 1900D	UE-115	ex ZS-PMD	Lsd fr Awesome Flight

Wholly owned subsidiary of Vincent Aviation, NZ

VIRGIN BLUE AIRLINES
Virgin Blue (DJ/VOZ)
Brisbane-International, QLD (BNE)

☐	VH-VBA	Boeing 737-7Q8/W	28238/817	ex N1791B	Brizzie Lizzie	Lsd fr ILFC
☐	VH-VBB	Boeing 737-7Q8/W	28240/832	ex N1787B	Barossa Belle	Lsd fr ILFC
☐	VH-VBC	Boeing 737-7Q8	30638/858		Betty Blue	Lsd fr ILFC
☐	VH-VBD	Boeing 737-7Q8/W	30707/975		Sassy Sydney	Lsd fr ILFC
☐	VH-VBF	Boeing 737-7Q8/W	30630/1032		Mellie Melbourne	Lsd fr ILFC
☐	VH-VBH	Boeing 737-7Q8/W	30641/1080		Spirit of Sally	Lsd fr ILFC
☐	VH-VBI	Boeing 737-7Q8/W	30644/1107		Smurfette	Lsd fr ILFC
☐	VH-VBJ	Boeing 737-7Q8/W	30647/1159		Perth Princess	Lsd fr ILFC
☐	VH-VBK	Boeing 737-7Q8/W	30648/1171		Lady Victoria	Lsd fr ILFC
☐	VH-VBL	Boeing 737-7Q8/W	30633/1220		Victoria Vixen	Lsd fr ILFC
☐	VH-VBM	Boeing 737-76N/W	32734/1090	ex N734SH	Tassie Tigress	Lsd fr AFS Investments
☐	VH-VBN	Boeing 737-76N/W	33005/1134	ex N330SF	Southern Belle	Lsd fr GECAS
☐	VH-VBO	Boeing 737-76N/W	33418/1226		Tropical Temptress	Lsd fr GECAS
☐	VH-VBP	Boeing 737-7BX/W	30743/922	ex N368ML	Deja Blue	Lsd fr Boullioun
☐	VH-VBQ	Boeing 737-7BX/W	30744/989	ex N369ML	La Blue Femme	Lsd fr Boullioun
☐	VH-VBR	Boeing 737-7BX/W	30745/1027	ex N370ML	Mackay Maiden	Lsd fr Boullioun
☐	VH-VBS	Boeing 737-7BX/W	30746/1085	ex N371ML	Blue Baroness	Lsd fr Boullioun
☐	VH-VBT	Boeing 737-7BX	30740/776	ex N365ML	Launie Lass	Lsd fr Boullioun
☐	VH-VBU	Boeing 737-7BK/W	30288/1322		Darwin Diva	Lsd fr Boullioun
☐	VH-VBV	Boeing 737-7BK/W	33015/1384		Moulin Blue	Lsd fr CIT Group
☐	VH-VBY	Boeing 737-7FE/W	34323/1751		Virgin-ia Blue; 50th titles	
☐	VH-VBZ	Boeing 737-7FE/W	34322/1777		Maliblue	
☐	VH-VOA	Boeing 737-8BK/W	30620/991		Blue Belle	Lsd fr CIT Group

☐	VH-VOB	Boeing 737-8BK/W	30622/1108		Matilda Blue	Lsd fr CIT Group
☐	VH-VOC	Boeing 737-8BK/W	30623/1136		Skye Blue	Lsd fr CIT Group
☐	VH-VOD	Boeing 737-8BK/W	30624/1193	ex N60656	Blue Moon	Lsd fr CIT Group
☐	VH-VOG	Boeing 737-86N/W	28644/839	ex OO-CYS	Misty Blue	Lsd fr GECAS
☐	VH-VOH	Boeing 737-86N/W	29884/1094		Jazzy Blue	Lsd fr GECAS
☐	VH-VOK	Boeing 737-8FE/W	33758/1359		Smoochy Maroochy	
☐	VH-VOL	Boeing 737-8FE/W	33759/1364		Goldie Coast	
☐	VH-VOM	Boeing 737-8FE/W	33794/1373		Little Blue Peep	
☐	VH-VON	Boeing 737-8FE/W	33795/1375		Scarlett Blue	
☐	VH-VOQ	Boeing 737-8FE/W	33798/1391		Peta Pan	
☐	VH-VOS	Boeing 737-8FE/W	33800/1483		Kimberley Cutie	
☐	VH-VOT	Boeing 737-8FE/W	33801/1504		Butterfly Blue	
☐	VH-VOU	Boeing 737-8Q8/W	30665/1436		Blue Billie	Lsd fr ILFC
☐	VH-VOV	Boeing 737-82R	30658/1325		Alluring Alice	Lsd fr ILFC
☐	VH-VOW	Boeing 737-8Q8/W	32798/1470		Jillaroo Blue	Lsd fr ILFC
☐	VH-VOX	Boeing 737-8BK/W	33017/1446	ex ZK-PBC	Missy Mainlander	
						Lsd fr CIT Group
☐	VH-VUA	Boeing 737-8FE/W	33997/1559		Bondi Baby	
☐	VH-VUC	Boeing 737-8FE/W	34014/1582		Foxy Rock'sy	
☐	VH-VUE	Boeing 737-8FE/W	34167/1676		Prue Blue	
☐	VH-VUF	Boeing 737-8FE/W	34168/1697		Hobart Honey	
☐	VH-VUG	Boeing 737-8FE/W	34438/1948		Jasmine Tasman	
☐	VH-VUH	Boeing 737-8FE/W	34440/2003		Tickled Blue	
☐	VH-VUI	Boeing 737-8FE/W	34441/2015		Brandi Blue	Lsd fr VBNC5 Pty
☐	VH-VUJ	Boeing 737-8FE/W	34443/2056		Suzzie Blue	
☐	VH-VUK	Boeing 737-8FE/W	36602/2353		Mackay-be Diva	Lsd fr VBNC9 Pty
☐	VH-VUL	Boeing 737-8FE/W	36603/2354	ex N1782B	Ballina-rina Blue	Lsd fr VBNC9 Pty
☐	VH-VUM	Boeing 737-8BK/W	29675/2414	ex N1786B	Brindabella Blue	
						Lsd fr CIT Group; sublsd to PBN
☐	VH-VUN	Boeing 737-8BK/W	29676/2432		Madelaine	
						Lsd fr CIT Group; sublsd to PBN
☐	VH-	Boeing 737-8FE/W			on order	
☐	VH-	Boeing 737-8FE/W			on order	
☐	VH-	Boeing 737-8FE/W			on order	
☐	VH-	Boeing 737-8FE/W			on order	
☐	VH-	Boeing 737-8FE/W			on order	
☐	ZK-PBA	Boeing 737-8FE/W	33796/1377	ex VH-VOO	Bonnie Blue	Lsd to PBN
☐	ZK-PBB	Boeing 737-8FE/W	33797/1389	ex VH-VOP	Whitney Sundays	Lsd to PBN
☐	ZK-PBD	Boeing 737-8FE/W	33996/1551	ex (VH-VOY)	Pacific Pearl	Lsd to PBN
☐	ZK-PBF	Boeing 737-8FE/W	33799/1462	ex VH-VOR	Tapu'itea	Lsd to PBN
☐	ZK-PBG	Boeing 737-8FE/W	34015/1594	ex VH-VUD	Billie Blue	Lsd to PBN
☐	ZK-PBJ	Boeing 737-8FE/W	34013/1573	ex VH-VUB	Bewitching Broome	Lsd to PBN

Thirteen more Boeing 737-800/Ws are on order for delivery in 2008-2010.

☐	VH-ZHA	Embraer 170-100LR (170LR)	17000180	ex PT-SMX	Belle-issimo Blue	Lsd fr VBNC9 Pty
☐	VH-ZHB	Embraer 170-100LR (170LR)	17000187	ex PT-SUG	Braziliant Blue	
☐	VH-ZHC	Embraer 170-100LR (170LR)	17000191	ex PT-SUR	Irresisto Blue	
☐	VH-ZHD	Embraer 170-100LR (170LR)		ex PT-S	on order	
☐	VH-ZHE	Embraer 170-100LR (170LR)		ex PT-S	on order	
☐	VH-ZHF	Embraer 170-100LR (170LR)		ex PT-S	on order	
☐	VH-ZPA	Embraer 190-100IGW (190AR)		ex PT-S	on order	
☐	VH-ZPB	Embraer 190-100IGW (190AR)		ex PT-S	on order	
☐	VH-ZPC	Embraer 190-100IGW (190AR)		ex PT-S	on order	
☐	VH-ZPD	Embraer 190-100IGW (190AR)		ex PT-S	on order	
☐	VH-ZPE	Embraer 190-100IGW (190AR)		ex PT-S	on order	
☐	VH-ZPF	Embraer 190-100IGW (190AR)		ex PT-S	on order	

Six more Embraer 190s (VH-ZPG to ZPL) are on order
Pacific Blue is wholly owned and operates international services from New Zealand and Australia while V Australia plans to operate long-haul services.

WEST WING AVIATION

Mount Isa, QLD (ISA)

☐	VH-ABP	Beech Baron 58	TH-709	ex N6771S	
☐	VH-BAM	Beech Baron 58	TH-478	ex VH-FDC	
☐	VH-ECB	Piper PA-31-350 Navajo Chieftain	31-7405211	ex N2091A	
☐	VH-EZN	Beech 58 Baron	TH-1222	ex N3722P	
☐	VH-FBM	Cessna 310R	310R0837	ex VH-HOH	
☐	VH-JQK	Cessna 310R	310R1355	ex N4045A	
☐	VH-JQM	Partenavia P.68B	154		
☐	VH-LAP	Beech 58 Baron	TH-646	ex 5N-ATC	
☐	VH-RDZ	Cessna 402A	402A0125	ex ZK-CSX	
☐	VH-TIA	Cessna 402B	402B0623	ex N3774C	
☐	VH-VCB	Beech 200 Super King Air	BB-579	ex P2-MML	
☐	VH-XDA	Cessna 404 Titan II	404-0408	ex VH-HOA	

Operates scheduled mail runs in Queensland and NT

WETTENHALL AIR SERVICES

Deniliquin, NSW (DNQ)

☐	VH-MAB	Piper PA-39 Twin Comanche C/R	39-96	ex VH-MED
☐	VH-MAV	Rockwell 500S Shrike Commander	3280	ex N81512

VN- VIETNAM (The Socialist Republic of Vietnam)

PACIFIC AIRLINES
Pacific Airlines (BL/PIC) (IATA 550) — Ho Chi Minh City (SGN)

☐ PK-LIG	Boeing 737-4Y0	24513/1779	ex PK-MBM	Lsd fr LNI
☐ VN-A189	Boeing 737-43Q	28490/2830	ex PK-GWY	Lsd fr AFT Trust
☐ VN-A190	Boeing 737-4H6	27383/2657	ex 9M-MQJ	Lsd fr AerCap
☐ VN-A192	Boeing 737-4Q8	26289/2486	ex OK-YGU	Lsd fr BBAM
☐ VN-A	Boeing 737-4H6	27306/2685	ex 9M-MQM	Lsd fr AerCap

18% owned by Qantas

VASCO
Vasco Air (0V/VFC) — Ho Chi Minh City (SGN)

☐ N585P	Convair 580	163	ex N718RA	Lsd fr HMA
☐ VN-B206	ATR 72-212	419	ex F-WWLW	
☐ VN-B208	ATR 72-212	416	ex F-WWLE	
☐ VN-B594	Beech 200 Super King Air	BB-1329	ex VH-SWC	

Vasco is the trading name of Vietnam Air Service Co, a wholly owned subsidiary of Vietnam Airlines

VIETNAM AIRLINES
Vietnam Airlines (VN/HVN) — Hanoi-Noi Bai (HAN)

☐ VN-B202	ATR 72-202	215	ex F-OKVN	
☐ VN-B204	ATR 72-202	341	ex F-OKVM	
☐ VN-B210	ATR 72-212A	678	ex F-WWET	
☐ VN-B212	ATR 72-212A	685	ex F-WWEH	
☐ VN-B214	ATR 72-212A	688	ex F-WWEK	
☐ VN-B216	ATR 72-212A	450	ex F-WQNF	
☐ VN-B246	ATR 72-202	523	ex G-UKTL	Lsd fr ATR Asset Mgt
☐ VN-B248	ATR 72-202	519	ex F-WQND	
☐ VN-	ATR 72-212A		ex F-WW	on order
☐ VN-	ATR 72-212A		ex F-WW	on order

Three more new ATR 72-212As are on order

☐ VN-A301	Airbus A320-214	0590	ex S7-ASA	Lsd fr Hoa Sua Lsg
☐ VN-A302	Airbus A320-214	0594	ex S7-ASB	Lsd fr Hoa Sua Lsg
☐ VN-A303	Airbus A320-214	0601	ex S7-ASC	Lsd fr Hoa Sua Lsg
☐ VN-A304	Airbus A320-214	0605	ex S7-ASD	Lsd fr Hoa Sua Lsg
☐ VN-A305	Airbus A320-214	0607	ex S7-ASE	Lsd fr Hoa Sua Lsg
☐ VN-A306	Airbus A320-214	0611	ex S7-ASF	Lsd fr Hoa Sua Lsg
☐ VN-A307	Airbus A320-214	0617	ex S7-ASG	Lsd fr Hoa Sua Lsg
☐ VN-A308	Airbus A320-214	0619	ex S7-ASH	Lsd fr Hoa Sua Lsg
☐ VN-A311	Airbus A320-214	0648	ex S7-ASI	Lsd fr Hoa Sua Lsg

☐ VN-A344	Airbus A321-231	2255	ex D-AVZH	
☐ VN-A345	Airbus A321-231	2261	ex D-AVZJ	
☐ VN-A347	Airbus A321-231	2267	ex D-AVZL	
☐ VN-A348	Airbus A321-231	2303	ex D-AVZC	
☐ VN-A349	Airbus A321-231	2480	ex D-AVXC	
☐ VN-A350	Airbus A321-231	2974	ex D-AVZN	
☐ VN-A351	Airbus A321-231	3005	ex D-AVZI	
☐ VN-A352	Airbus A321-231	3013	ex D-AVZW	
☐ VN-A353	Airbus A321-231	3022	ex D-AVZY	
☐ VN-A354	Airbus A321-231	3198	ex D-AVZX	Lsd fr Credit Indosuez
☐ VN-A356	Airbus A321-231	3315	ex D-AVZA	
☐ VN-A357	Airbus A321-231	3355	ex D-AVZB	
☐ VN-	Airbus A321-231		ex D-AV	on order

Twenty-two more Airbus A321s are on order for delivery from 2009 including 20 leased from VALC Leasing)

☐ VN-A141	Boeing 777-2Q8ER	28688/436		Lsd fr ILFC
☐ VN-A142	Boeing 777-2Q8ER	32701/443		Lsd fr ILFC
☐ VN-A143	Boeing 777-26KER	33502/450		
☐ VN-A144	Boeing 777-26KER	33503/453		
☐ VN-A145	Boeing 777-26KER	33504/491		
☐ VN-A146	Boeing 777-26KER	33505/486		
☐ VN-A147	Boeing 777-2Q8ER	27607/135	ex VP-BAS	Lsd fr ILFC
☐ VN-A149	Boeing 777-26KER	32716/518	ex (VN-A147)	Lsd fr ILFC
☐ VN-A150	Boeing 777-26KER	32717/541		Lsd fr ILFC
☐ VN-A151	Boeing 777-2Q8ER	27608/164	ex VP-BAU	Lsd fr ILFC

☐ VN-A368	Airbus A330-322	087	ex N225LF	Lsd fr ILFC
☐ VN-A369	Airbus A330-223	255	ex 9M-MKU	Lsd fr ILFC
☐ VN-A370	Airbus A330-223	262	ex 9M-MKT	Lsd fr ILFC
☐ VN-A502	Fokker F.28-070 (Fokker 70)	11580	ex PH-EZL	
☐ VN-A504	Fokker F.28-070 (Fokker 70)	11585	ex PH-EZM	

Sixteen Boeing 787-86Ks are on order for delivery from 2010 (including 12 leased from VALC Leasing) plus ten Airbus A350-900s for delivery from 2013. Vietnam Air Services is a wholly owned subsidiary

VINA AIRASIA
Hanoi-Noi Bal (HAN)

Due to commence operations in July 2008 using nine Airbus A320-216s; joint operations between AirAsia (30%) and Vietnam Shipbuilding Industry (70% majority).

VP-A ANGUILLA (UK Dependency)

ANGUILLA AIR SERVICES
Anguilla-Wallbake (AXA)

☐ VP-AAS	Britten-Norman BN-2A-26 Islander	206	ex G-ISLA	

TRANS ANGUILLA AIRLINES
Anguilla-Wallbake/St Thomas-Cyril E King, VI (AXA/STT)

☐ VP-AAA	Britten-Norman BN-2A-21 Islander	382	ex N361RA	
☐ VP-AAF	Britten-Norman BN-2B-21 Islander	2024	ex N21DA	
☐ VP-AAG	Britten-Norman BN-2A-26 Islander	88	ex C-GYMW	Lsd to Air Montserrat

VP-C CAYMAN ISLANDS (UK Colony)

CANCUN EXPRESS
Current status uncertain as sole aircraft is stored at Smyrna, TN with just Express titles

CAYMAN AIRWAYS
Cayman (KX/CAY)   *Georgetown, Grand Cayman (GCM)*

☐ VP-CAY	Boeing 737-3Q8	26286/2424	ex N241LF	Spirit of Recovery	Lsd fr ILFC
☐ VP-CKX	Boeing 737-236 (AvAero 3)	23162/1056	ex VR-CKX	Little Cayman	Lsd fr Boullioun
☐ VP-CKY	Boeing 737-3Q8	26282/2355	ex N262KS	The Cayman Islands	Lsd fr ILFC
☐ VP-CYB	Boeing 737-2S2C (Nordam 3)	21929/608	ex N716A	Cayman Brac	
☐ VP-C	Boeing 737-36E	26322/2769	ex EI-CRZ		Lsd fr ILFC

Names prefixed 'Pride of '

ISLAND AIR
(G5)   *Georgetown, Grand Cayman (GCM)*

☐ VP-CIN	Piper PA-31-350 Chieftain	31-8152184	ex VR-CIN	

KX EXPRESS
Georgetown, Grand Cayman (GCM)

☐ VP-CXA	de Havilland DHC-6 Twin Otter 300	602	ex N602DH	
☐ VP-CXB	de Havilland DHC-6 Twin Otter 300	563	ex N563DH	

VP-F FALKLAND ISLANDS (UK Dependency)

BRITISH ANTARCTIC SURVEY
Penguin (BAN)   *Rothera Base, Antarctica*

☐ VP-FAZ	de Havilland DHC-6 Twin Otter 300	748	ex (FAP-2029)	Wheels or skis
☐ VP-FBB	de Havilland DHC-6 Twin Otter 310	783	ex C-GDKL	Wheels or skis
☐ VP-FBC	de Havilland DHC-6 Twin Otter 310	787	ex C-GDIU	Wheels or skis
☐ VP-FBL	de Havilland DHC-6 Twin Otter 300	839	ex C-GDCZ	Wheels or skis
☐ VP-FBQ	de Havilland DHC-7-110	111	ex G-BOAX	

All are used as Survey/Freighters

FIGAS - FALKLAND ISLANDS GOVERNMENT AIR SERVICES
Port Stanley (PSY)

☐ VP-FBD	Britten-Norman BN-2B-26 Islander	2160	ex G-BKJK	
☐ VP-FBI	Britten-Norman BN-2B-26 Islander	2188	ex G-BLNI	dbr 19Nov06?
☐ VP-FBM	Britten-Norman BN-2B-26 Islander	2200	ex G-BLNZ	
☐ VP-FBN	Britten-Norman BN-2B-26 Islander	2216	ex G-BRFY	Fishery Patrol
☐ VP-FBO	Britten-Norman BN-2B-26 Islander	2218	ex G-BRGA	Fishery Patrol
☐ VP-FBR	Britten-Norman BN-2B-26 Islander	2252	ex G-BTLX	

VP-L BRITISH VIRGIN ISLANDS (UK Colony)

FLY BVI
Beef Island (EIS)

☐	N18AU	Cessna 404 Titan II	404-0823	ex ST-AWD	Lsd fr Expomax Enterprises
☐	N97AQ	Cessna 404 Titan II	404-0135	ex ST-AJE	Lsd fr Expomax Enterprises
☐	N6884A	Piper PA-23-250 Aztec F	27-7954105		
☐	N8438F	Cessna 401	401-0286		Lsd fr Equinox Enterprises

VP-M MONTSERRAT (UK Colony)

AIR MONTSERRAT
Plymouth (MNI)

☐	VP-AAG	Britten-Norman BN-2A-26 Islander	88	ex C-GYMW	Lsd fr Trans Anguilla

VQ-T TURKS & CAICOS ISLANDS (UK Colony)

AIR TURKS & CAICOS
Islandways (JY/TCI)   *Providenciales (PLS)*

☐	N38535	de Havilland DHC-6 Twin Otter 310	414	ex G-BDHC	on order	Lsd fr Deborah C Aharon
☐	VQ-TBC	Embraer EMB.120ER Brasilia	120283	ex N639AS		
☐	VQ-TDA	Britten-Norman BN-2A-27 Islander	504	ex HI-704CT		
☐	VQ-TIU	Beech 200C Super King Air	BL-131	ex VH-BQR		
☐	VQ-TRS	Beech 200C Super King Air	BL-133	ex VH-BRQ		
☐	VQ-TRT	Beech 200C Super King Air	BL-125	ex VH-BRF		
☐	VQ-TVG	de Havilland DHC-6 Twin Otter 300	410	ex N974SW	Island Spirit	Lsd fr Molo Lsg
☐	VQ-T	Embraer EMB.120ER Brasilia	120275	ex N503AS		Lsd fr Provo Air Center

SKYKING AIRLINES
Skyking (RU/SKI)   *Providenciales (PLS)*

☐	VQ-TBL	Beech 1900C-1	UC-104	ex N104GL	
☐	VQ-TEB	Beech 1900D	UE-160	ex N160EU	
☐	VQ-TGK	Beech 1900C-1	UC-128	ex N15553	
☐	VQ-TVC	Beech 1900D	UE-222	ex N81553	

VT- INDIA (Republic of India)

AIR DECCAN
Major share purchased by UB Group (Kingfisher Airlines) and rebranded Simplify Deccan as low-cost carrier in Kingfisher colours; due to 5-year history in mid 2008 will begin international services under Kingfisher banner. To be merged into Kingfisher during 2Q08.

AIR DRAVIDA
Chennai (MAA)

☐	VT-	Canadair CL-600-2B19 (CRJ-200)		ex	on order
☐	VT-	Canadair CL-600-2B19 (CRJ-200)		ex	on order
☐	VT-	Canadair CL-600-2B19 (CRJ-200)		ex	on order
☐	VT-	Canadair CL-600-2B19 (CRJ-200)		ex	on order

Due to commence operations in 1Q08, subsidiary of Premier Tours and Travel

AIR INDIA
Airindia (AI/AIC) (IATA 098)   *Mumbai-Chhatrapatti Shivaji Intl (BOM)*

☐	OK-YAD	Airbus A310-325	674	ex F-OIHS		Lsd fr CSA
☐	VT-AIA	Airbus A310-324	665	ex 9V-STA	Tapti	Lsd fr Boeing A/c Holding
☐	VT-AIB	Airbus A310-324	680	ex 9V-STC	Pennar	Lsd fr Boeing A/c Holding
☐	VT-AIN	Airbus A310-324	684	ex 9V-STD	Damodar	Lsd fr ROI Aviation
☐	VT-AIO	Airbus A310-324	693	ex 9V-STE	Pamba	Lsd fr ROI Aviation
☐	VT-AIP	Airbus A310-324	697	ex 9V-STF	Vaigai	Lsd fr ROI Aviation
☐	VT-EJG	Airbus A310-304	406	ex F-WWCG	Yamuna	
☐	VT-EJH	Airbus A310-304	407	ex F-WWCH	Teesta	
☐	VT-EJI	Airbus A310-304	413	ex F-WWCJ	Saraswati	
☐	VT-EJJ	Airbus A310-304	428	ex F-WWCR	Beas	
☐	VT-EJK	Airbus A310-304	429	ex F-WWCS	Gomati	
☐	VT-EJL	Airbus A310-304	392	ex F-WWCB	Sabarmati	
☐	VT-EQS	Airbus A310-304F	538	ex F-WWCP	Krishna	
☐	VT-EQT	Airbus A310-304F	544	ex F-WWCL	Narmada	Lsd fr Indus Bank
☐	VT-EVW	Airbus A310-304	598	ex F-WIQH	Cauveri	Lsd fr Alafco
☐	VT-EVX	Airbus A310-308	695	ex F-WIHR	Luni	Lsd fr Alafco

Two more Airbus A310-300Fs are on order

	Reg	Type	MSN	ex	Notes	Lessor
☐	VT-SCA	Airbus A319-112	2593	ex D-AVXL		Lsd fr CIT Group
☐	VT-SCB	Airbus A319-112	2624	ex D-AVYX		Lsd fr CIT Group
☐	VT-SCC	Airbus A319-112	2629	ex D-AVWC		Lsd fr CIT Group
☐	VT-SCD	Airbus A319-112	1668	ex C-GJTC		Lsd fr ALS Irish A/c Lsg
☐	VT-SCE	Airbus A319-112	1718	ex C-GJVS		Lsd fr ALS Irish A/c Lsg
☐	VT-SCF	Airbus A319-112	2907	ex D-AVWT		Lsd fr Bayern Aircraft
☐	VT-SCG	Airbus A319-112	3271	ex D-AVYH		Lsd fr Bayern Aircraft
☐	VT-SCH	Airbus A319-112	3288	ex D-AVWM		
☐	VT-SCI	Airbus A319-112	3300	ex D-AVYN		
☐	VT-SCJ	Airbus A319-112	3305	ex D-AVYO		
☐	VT-SCK	Airbus A319-112	3344	ex D-AVYT		
☐	VT	Airbus A319-112	3620	ex D-AV	on order	
☐	VT	Airbus A319-112		ex D-AV	on order	
☐	VT	Airbus A319-112		ex D-AV	on order	
☐	VT	Airbus A319-112		ex D-AV	on order	
☐	VT	Airbus A319-112		ex D-AV	on order	
☐	VT	Airbus A319-112		ex D-AV	on order	
☐	VT	Airbus A319-112		ex D-AV	on order	
☐	VT	Airbus A319-112		ex D-AV	on order	

Five more Airbus A319-112s are on order for delivery in 2009

	Reg	Type	MSN	ex	Notes	Lessor
☐	VT-EPB	Airbus A320-231	0045	ex F-WWDY		Lsd fr INV 320
☐	VT-EPC	Airbus A320-231	0046	ex F-WWDG		Lsd fr INV 320
☐	VT-EPD	Airbus A320-231	0047	ex F-WWDP		
☐	VT-EPE	Airbus A320-231	0048	ex F-WWDU		
☐	VT-EPF	Airbus A320-231	0049	ex F-WWIA		Lsd fr INV 320
☐	VT-EPG	Airbus A320-231	0050	ex F-WWDR		Lsd fr INV 320
☐	VT-EPH	Airbus A320-231	0051	ex F-WWIB		Lsd fr INV 320
☐	VT-EPI	Airbus A320-231	0056	ex F-WWIC		Lsd fr INV 320
☐	VT-EPJ	Airbus A320-231	0057	ex F-WWIF	50 years titles	
☐	VT-EPK	Airbus A320-231	0058	ex F-WWID	ACT 07 colours	
☐	VT-EPL	Airbus A320-231	0074	ex F-WWIQ		
☐	VT-EPM	Airbus A320-231	0075	ex F-WWIR	50 years titles	
☐	VT-EPO	Airbus A320-231	0080	ex F-WWIX		
☐	VT-EPP	Airbus A320-231	0089	ex F-WWDT		
☐	VT-EPQ	Airbus A320-231	0090	ex F-WWDX		
☐	VT-EPR	Airbus A320-231	0095	ex F-WWDS		
☐	VT-EPS	Airbus A320-231	0096	ex F-WWDU		
☐	VT-EPT	Airbus A320-231	0097	ex F-WWBY		
☐	VT-ESA	Airbus A320-231	0396	ex F-WWBK		
☐	VT-ESB	Airbus A320-231	0398	ex F-WWDQ		
☐	VT-ESC	Airbus A320-231	0416	ex F-WWBP		
☐	VT-ESD	Airbus A320-231	0423	ex F-WWIT		
☐	VT-ESE	Airbus A320-231	0431	ex F-WWBQ		
☐	VT-ESF	Airbus A320-231	0432	ex F-WWBS		
☐	VT-ESG	Airbus A320-231	0451	ex F-WWIN		
☐	VT-ESH	Airbus A320-231	0469	ex F-WWBD		
☐	VT-ESI	Airbus A320-231	0486	ex F-WWBH	50 years titles	
☐	VT-ESJ	Airbus A320-231	0490	ex F-WWDT	50 years titles	
☐	VT-ESK	Airbus A320-231	0492	ex F-WWBU	50 years titles	
☐	VT-ESL	Airbus A320-231	0499	ex F-WWDO		
☐	VT-EVO	Airbus A320-231	0247	ex N247RX		Lsd fr ORIX
☐	VT-EVP	Airbus A320-231	0257	ex N257RX		Lsd fr ORIX
☐	VT-EVQ	Airbus A320-231	0327	ex G-OOAC	50 years titles	Lsd fr ORIX
☐	VT-EVR	Airbus A320-231	0336	ex G-OOAD	50 years titles	Lsd fr ORIX
☐	VT-EVS	Airbus A320-231	0308	ex EC-GUR		Lsd fr Volito Avn
☐	VT-EVT	Airbus A320-231	0314	ex EC-GLT		Lsd fr Volito Avn
☐	VT-EYA	Airbus A320-231	0376	ex G-MEDB		Lsd fr AerCap
☐	VT-EYB	Airbus A320-231	0386	ex G-MEDD		Lsd fr AerCap
☐	VT-EYC	Airbus A320-231	0362	ex G-YJBM		Lsd fr AerCap
☐	VT-EYD	Airbus A320-231	0168	ex N168BN		Lsd fr Boullioun
☐	VT-EYE	Airbus A320-231	0179	ex N971GT		Lsd fr Boullioun
☐	VT-EYF	Airbus A320-231	0225	ex N225RX		Lsd fr ORIX
☐	VT-EYG	Airbus A320-231	0326	ex F-WQSM		Lsd fr AerCap
☐	VT-EYH	Airbus A320-231	0344	ex F-WQSO		Lsd fr AerCap
☐	VT-EYJ	Airbus A320-231	0354	ex G-BVYA		Lsd fr AerCap
☐	VT-EYK	Airbus A320-231	0411	ex G-BVYC		Lsd fr AerCap
☐	VT-EYL	Airbus A320-231	0480	ex G-MEDA		Lsd fr ORIX
☐	VT-	Airbus A320-214		ex F-WW	on order	
☐	VT-	Airbus A320-214		ex F-WW	on order	
☐	VT-	Airbus A320-214		ex F-WW	on order	
☐	VT-	Airbus A320-214		ex F-WW	on order	
☐	VT-PPA	Airbus A321-211	3130	ex D-AVZT		Lsd fr Bayern A/c
☐	VT-PPB	Airbus A321-211	3146	ex D-AVZU		Lsd fr Bayern A/c
☐	VT-PPD	Airbus A321-211	3212	ex D-AVZA		Lsd fr Bayern A/c
☐	VT-PPE	Airbus A321-211	3326	ex D-AVZW		
☐	VT-PPF	Airbus A321-211	3340	ex D-AVZH		
☐	VT-PPG	Airbus A321-211	3367	ex D-AVZG		
☐	VT-	Airbus A321-211		ex D-AV	on order	
☐	VT-	Airbus A321-211		ex D-AV	on order	
☐	VT-	Airbus A321-211		ex D-AV	on order	

613

	Reg	Type	MSN	ex	Name/Notes
☐	VT-	Airbus A321-211		ex D-AV	on order

Ten more Airbus A321-211s are on order for delivery in 2009 (5) and 2010 (5).

	Reg	Type	MSN	ex	Name/Notes	
☐	VT-AIM	Boeing 747-433M	25074/862	ex N770PC	Sunderbans	Lsd fr Aircastle Investment
☐	VT-AIS	Boeing 747-4H6	25703/1025	ex 9M-MPG		Lsd fr Constitution A/c Lsg
☐	VT-EPW	Boeing 747-337M	24159/711	ex N6018N	Shivaji	
☐	VT-EPX	Boeing 747-337M	24160/719	ex N6046P	Narasimha Varman	
☐	VT-ESM	Boeing 747-437	27078/987		Konark	
☐	VT-ESN	Boeing 747-437	27164/1003		Tanjore	
☐	VT-ESO	Boeing 747-437	27165/1009		Khajurao	
☐	VT-ESP	Boeing 747-437	27214/1034		Ajanta	
☐	VT-EVA	Boeing 747-437	28094/1089		Agra	Lsd fr Veena Lsg
☐	VT-EVB	Boeing 747-437	28095/1093		Velha Goa	Lsd fr Veena Lsg
☐	VT-AIJ	Boeing 777-222ER	26943/92	ex N790UA	Neelambam	Lsd fr US Bank Trust
☐	VT-AIK	Boeing 777-222ER	28714/205	ex N205UA	Megh Malhaar	Lsd fr Failaka Ltd
☐	VT-AIL	Boeing 777-222ER	26935/88	ex N789UA	Kalyani	Lsd fr US Bank Trust
☐	VT-AIR	Boeing 777-222	26917/8	ex N766UA	Hamsadhwani	Lsd fr WFBN
☐	VT-ALA	Boeing 777-237LR	36300/610	ex N6018N	Andhra Pradesh	
☐	VT-ALB	Boeing 777-237LR	36301/621	ex N5028Y	Arunachal Pradesh	
☐	VT-ALC	Boeing 777-237LR	36302/629	ex N5020K	Assam	
☐	VT-ALD	Boeing 777-237LR	36303/663	ex N5016R	Gujarat	
☐	VT-ALE	Boeing 777-237LR	36304/698		on order	
☐	VT-ALJ	Boeing 777-337ER	36308/643		Bihar	
☐	VT-ALK	Boeing 777-337ER	36309/652		Chattisgarh	
☐	VT-ALL	Boeing 777-337ER	36310/656		Goa	
☐	VT-ALM	Boeing 777-337ER	36311		on order	
☐	VT-ALN	Boeing 777-337ER	36312		on order	

Three more Boeing 777-237LRs are on order for delivery in 2009 [VT-ALF to VT-ALH] and ten more 777-337ERs for delivery in 2009-2011 [VT-ALO to VT-ALW].

	Reg	Type	MSN	ex	Name/Notes	
☐	G-BOPB	Boeing 767-204ER	24239/243	ex TF-ATP		Lsd fr XLA
☐	G-CDPT	Boeing 767-319ER	29388/785	ex ZK-NCN		Lsd fr GSM
☐	VT-EHC	Airbus A300B4-203	181	ex F-WZMY		
☐	VT-EHD	Airbus A300B4-203	182	ex F-WZMZ		
☐	VT-EVD	Airbus A300B4-203	240	ex EI-CEB	50 years titles	Lsd fr GECAS
☐	VT-EIO	Dornier 228-201	8037	ex D-IDBG		
☐	VT-EJO	Dornier 228-201	8054	ex D-CALI		
☐	VT-IWA	Airbus A330-223	353	ex F-WQVY		Lsd fr Yamasa Full Moon
☐	VT-IWB	Airbus A330-223	362	ex F-WQVZ		Lsd fr CLJ Avenue

Airbus A300s to be withdrawn from service. Air India is the trading name of National Aviation Company of India.
Alliance Air is wholly owned subsidiary, as is Air India Regional, and it leases Boeing 737-2A8s from the parent although it may merge with Air India Express. To join Star Alliance.
27 Boeing 787-8s are on order for delivery through February 2012 plus eight Airbus A380-800s
Owns 2.56% of Air Mauritius while Air India Express is wholly owned and operates services between major Indian cities but may merge with Alliance Air following merger of Air India and Indian Airlines

AIR INDIA EXPRESS
(AI/AXB)   Mumbai-Chhatrapatti Shivaji Intl (BOM)

	Reg	Type	MSN	ex	Notes	
☐	VT-AXA	Boeing 737-86Q	30296/1647	ex N119CH		Lsd fr Boullioun
☐	VT-AXB	Boeing 737-8BK	33023/1682	ex N323CT		Lsd fr CIT Group
☐	VT-AXC	Boeing 737-8BK	33024/1688		dam 11Jly07	Lsd fr CIT Group
☐	VT-AXD	Boeing 737-8Q8/W	30696/1892			Lsd fr ILFC
☐	VT-AXE	Boeing 737-8Q8/W	29368/1910			Lsd fr ILFC
☐	VT-AXF	Boeing 737-8Q8/W	29369/1939	ex N1787B		Lsd fr ILFC
☐	VT-AXG	Boeing 737-8Q8/W	30701/1946	ex N1787B		Lsd fr ILFC
☐	VT-AXH	Boeing 737-8HG/W	36323/2108			
☐	VT-AXI	Boeing 737-8HG/W	36324/2132			
☐	VT-AXJ*	Boeing 737-8HG/W	36325/2142			
☐	VT-AXM*	Boeing 737-8HG/W	36326/2148			
☐	VT-AXN*	Boeing 737-8HG/W	36327/2154			
☐	VT-AXP*	Boeing 737-8HG/W	36328/2177			
☐	VT-AXQ*	Boeing 737-8HG/W	36329/2258			
☐	VT-AXR*	Boeing 737-8HG/W	36330/2317			
☐	VT-AXT*	Boeing 737-8HG/W	36331/2324			
☐	VT-AXU*	Boeing 737-8HG/W	36332/2381			
☐	VT-AXV	Boeing 737-8HG/W	36333/2481	ex N1787B		
☐	VT-AXW	Boeing 737-8HG/W	36334		on order	
☐	VT-AXX	Boeing 737-8HG/W	36335		on order	
☐	VT-AX	Boeing 737-8HG/W			on order	

*Registered to Air India Charters
Four more Boeing 737-8HGs are on order in delivery 2009
A wholly owned subsidiary of Air India, may merge with Alliance Air

AIR INDIA REGIONAL

	Reg	Type	MSN	ex	Notes
☐	VT-ABA	ATR 42-320	390	ex F-WQNK	Lsd fr ATRiam Capital
☐	VT-ABB	ATR 42-320	392	ex F-WQNL	Lsd fr ATRiam Capital

615

☐	VT-ABC	ATR 42-320	315	ex F-WQNB	Lsd fr Merinos Leasing
☐	VT-ABD	ATR 42-320	356	ex F-WQNF	Lsd fr Merinos Leasing
☐	VT-ABE	ATR 42-320	333	ex F-WQNF	Lsd fr ATRiam Capital
☐	VT-ABF	ATR 42-320		ex F-	

AIR SAHARA
Rebranded as JetLite following purchase by Jet Airways

ALLIANCE AIR
Allied (CD/LLR) (IATA 296)   Delhi-Indira Gandhi Intl (DEL)

☐	VT-EGE	Boeing 737-2A8	22281/679	ex N8291V	
☐	VT-EGF	Boeing 737-2A8F	22282/681	ex N8292V	
☐	VT-EGG	Boeing 737-2A8F	22283/689	ex N8290V	
☐	VT-EGH	Boeing 737-2A8	22284/739		
☐	VT-EGI	Boeing 737-2A8F	22285/798		
☐	VT-EGJ	Boeing 737-2A8F	22286/799		
☐	VT-EGM	Boeing 737-2A8C	22473/747		
☐	VT-EHE	Boeing 737-2A8	22860/899	ex K-5011	Lsd to Indian AF
☐	VT-EHF	Boeing 737-2A8	22861/902		stored DEL
☐	VT-EHG	Boeing 737-2A8	22862/903		
☐	VT-EHH	Boeing 737-2A8F	22863/907		
☐	VT-RJB	Canadair CL600-2C10 (CRJ-700)	10217	ex D-ALTE	
☐	VT-	Canadair CL600-2C10 (CRJ-700)	10029	ex N290RB	on order
☐	VT-	Canadair CL600-2C10 (CRJ-700)	10048	ex G-DUOD	on order
☐	VT-	Canadair CL600-2C10 (CRJ-700)	10052	ex B-KBB	on order

A subsidiary of Indian Airlines; all Boeing 737s leased from the parent and five to be converted to freighters based at Nagpur. May merge with Air-India Express following merger of Air India and Indian Airlines, operates in Air India colours.

BLUE DART AVIATION
Blue Dart (BZ/BDA)   Chennai (MAA)

☐	VT-BDE	Boeing 737-2A8F	21163/434	ex VT-EDR	Vision II	Lsd fr Icici Ltd
☐	VT-BDG	Boeing 737-2K9F	22415/702	ex VT-SIE	Vision III	Lsd fr Infrastructure Lsg
☐	VT-BDH	Boeing 737-25C	24236/1585	ex B-2524	Vision IV	
☐	VT-BDI	Boeing 737-2T4F	23272/1093	ex B-2506	Vision V	
☐	VT-BDJ	Boeing 757-236 (SF)	24102/179	ex OO-DPI		Lsd fr BCS
☐	VT-BDK	Boeing 757-236 (SF)	24267/211	ex OO-DPL		Lsd fr BCS
☐	VT-BDM	Boeing 757-23N (SF)	27598/692	ex EI-LTA		Lsd fr BCS

Partially owned by DHL Express

FIRST FLIGHT COURIERS
Mumbai-Chhatrapatti Shivaji Intl (BOM)

| ☐ | VT-FFA | British Aerospace ATP Freighter | 2054 | ex G-MANC | Lsd fr Trident Avn Lsg |
| ☐ | VT-FFC | British Aerospace ATP Freighter | 2051 | ex G-OBWP | Lsd fr Trident Avn Lsg |

Two Boeing 737-300Fs are on order

FLYINGTON FREIGHTERS
Hyderabad (HDD)

| ☐ | TF-ELG | Airbus A300C4-605R | 758 | ex D-ANDY | Lsd fr ABD |

Twelve Airbus A330-300Fs are on order

FUTURA TRAVELS

| ☐ | VT-ASH | Beech 1900D | UE-361 | ex C-GSKQ | |

GLOBAL VECTRA HELICORP
Mumbai-Juhu

☐	VT-AZA	Bell 412SP	33188	ex 9M-SSM	Lsd fr Isralom
☐	VT-AZC	Bell 412SP	36161	ex N45169	Lsd fr Bell
☐	VT-AZD	Bell 412SP	33172	ex N63385	
☐	VT-AZE	Bell 412HP	36024	ex N6344X	Lsd fr Isralom
☐	VT-AZG	Bell 412SP	33185	ex N9VH	Lsd fr Vectra Ltd
☐	VT-AZH	Bell 412EP	36371	ex N412GV	Lsd fr Vectra Ltd
☐	VT-AZI	Bell 412SP	33199	ex I-POPA	Lsd fr SREI Infrastructure
☐	VT-AZJ	Bell 412HP	36027	ex N412HX	Lsd fr Helicopters Intl
☐	VT-AZK	Bell 412HP	36023	ex N175AR	Lsd fr CHC Helicopters Intl
☐	VT-AZL	Bell 412HP	36065	ex C-FDDI	Lsd fr Eagle Helicopters
☐	VT-AZM	Bell 412EP	36394	ex N30011	
☐	VT-AZN	Bell 412EP	36397	ex C-FHWW	Lsd fr RBS Aerospace
☐	VT-AZO	Bell 412EP	36398	ex C-FHWU	Lsd fr RBS Aerospace
☐	VT-AZP	Bell 412EP	36407	ex N2519A	Lsd fr Cessna Finance
☐	VT-AZQ	Bell 412EP	36413	ex N80072	Lsd fr Cessna Finance
☐	VT-AZR	Bell 412EP	36415	ex N2086C	Lsd fr GE Capital Svs
☐	VT-AZS	Bell 412EP	36416	ex N8007U	Lsd fr Cessna Finance

☐ VT-AZT	Bell 412EP		36422	ex N8019T		Lsd fr Cessna Finance
☐ VT-AZU	Eurocopter EC.155B1				on order	
☐ VT-AZV	Eurocopter EC.155B1		6761		on order	
☐ VT-	Eurocopter EC.155B1				on order	
☐ VT-	Eurocopter EC.155B1				on order	
☐ VT-	Eurocopter EC.155B1				on order	

GO AIR
Goair (G8/GOW) — Mumbai-Chhatrapatti Shivaji Intl (BOM)

☐ VT-WAA	Airbus A320-232	0455	ex N638AW	green		Lsd fr Celestial Avn
☐ VT-WAB	Airbus A320-232	0471	ex N639AW	orange		Lsd fr Celestial Avn
☐ VT-WAC	Airbus A320-214	1482	ex N482TA	blue		Lsd fr Celestial Avn
☐ VT-WAD	Airbus A320-214	1509	ex N483TA	purple		Lsd fr Celestial Avn
☐ VT-WAE	Airbus A320-214	3256	ex F-WWDF			Lsd fr RBS Avn Capital
☐ VT-WAF	Airbus A320-214	3306	ex F-WWIM			Lsd fr RBS Avn Capital
☐ VT-	Airbus A320-214		ex F-WW	on order		Lsd fr GECAS
☐ VT-	Airbus A320-214		ex F-WW	on order		
☐ VT-	Airbus A320-214		ex F-WW	on order		
☐ VT-	Airbus A320-214		ex F-WW	on order		
☐ VT-	Airbus A320-214		ex F-WW	on order		
☐ VT-	Airbus A320-214		ex F-WW	on order		
☐ VT-	Airbus A320-214		ex F-WW	on order		
☐ VT-	Airbus A320-214		ex F-WW	on order		

Go Air is the trading name of Go Airlines

INDIAN AIRLINES
Merged with Air India which is the remaining trading name

INDIGO AIRLINES
(6E/IGO) — Bangalore (BLR)

☐ VT-INA	Airbus A320-232	2844	ex F-WWIH		Lsd fr Celestial Avn
☐ VT-INB	Airbus A320-232	2863	ex F-WWIZ		Lsd fr Celestial Avn
☐ VT-INC	Airbus A320-232	2883	ex F-WWBR		Lsd fr Celestial Avn
☐ VT-IND	Airbus A320-232	2911	ex F-WWDG		Lsd fr Celestial Avn
☐ VT-INE	Airbus A320-232	2958	ex F-WWBM		Lsd fr Celestial Avn
☐ VT-INF	Airbus A320-232	2990	ex F-WWIO		Lsd fr Celestial Avn
☐ VT-ING	Airbus A320-232	3004	ex F-WWBE		Lsd fr MCR Aviation
☐ VT-INH	Airbus A320-232	3050	ex F-WWDS		Lsd fr MCR Aviation
☐ VT-INI	Airbus A320-232	3086	ex F-WWBN		Lsd fr Crescent Lsg
☐ VT-INJ	Airbus A320-232	3159	ex F-WWDQ		Lsd fr Crescent Lsg
☐ VT-INK	Airbus A320-232	3192	ex F-WWIT		Lsd fr Lare Lsg
☐ VT-INL	Airbus A320-232	3227	ex F-WWBC		Lsd fr Lare Lsg
☐ VT-INM	Airbus A320-232	3259	ex F-WWDL		Lsd fr Crescent Lsg
☐ VT-INN	Airbus A320-232	3308	ex F-WWIN		
☐ VT-INO	Airbus A320-232	3335	ex F-WWBJ		
☐ VT-INP	Airbus A320-232	3357	ex F-WWIH		
☐ VT-	Airbus A320-232		ex F-WW	on order	
☐ VT-	Airbus A320-232		ex F-WW	on order	
☐ VT-	Airbus A320-232		ex F-WW	on order	
☐ VT-	Airbus A320-232		ex F-WW	on order	
☐ VT-	Airbus A320-232		ex F-WW	on order	
☐ VT-	Airbus A320-232		ex F-WW	on order	
☐ VT-	Airbus A320-232		ex F-WW	on order	
☐ VT-	Airbus A320-232		ex F-WW	on order	
☐ VT-	Airbus A320-232		ex F-WW	on order	
☐ VT-	Airbus A320-232		ex F-WW	on order	
☐ VT-	Airbus A320-232		ex F-WW	on order	
☐ VT-	Airbus A320-232		ex F-WW	on order	
☐ VT-	Airbus A320-232		ex F-WW	on order	

Thirty nine more Airbus A320s are on order for delivery in 2009 (12), 2010 (12), 2011 (12), 2012 (3) plus thirty Airbus A321-231s for delivery in 2010 (5), 2011 (6), 2012 (6), 2013 (6), 2014 (6) and 2015 (1)
Indigo Airlines is the trading name of Integrlobe Aviation

INDUS AIRWAYS
Ceased operations 22 March 2007 at the request of Indian DGCA and aircraft returned to Canada; plans to restart operations with Xian MA-60s but not confirmed.

JAGSON AIRLINES
Delhi-Indira Gandhi Intl (DEL)

☐ VT-ESQ	Dornier 228-201	8006	ex A5-RGB	
☐ VT-ESS	Dornier 228-201	8017	ex A5-RGC	
☐ VT-EUM	Dornier 228-201	8096	ex D-CAAL	
☐ VT-JJA	Mil Mi-172	365C157		
☐ VT-JJB	Mil Mi-172	365C158		

JET AIRWAYS
Jet Airways (9W/JAI) (IATA 589) *Mumbai-Chhatrapatti Shivaji Intl (BOM)*

☐	VT-JWD	Airbus A330-203	751	ex F-WWKB		Lsd fr ILFC
☐	VT-JWE	Airbus A330-203	807	ex F-WWYU		Lsd fr ILFC
☐	VT-JWF	Airbus A330-203	825	ex F-WWKE		Lsd fr Cayman A/c Lease
☐	VT-JWG	Airbus A330-203	831	ex F-WWKL		Lsd fr Fleet Ireland A/c Lse
☐	VT-JWH	Airbus A330-202	882	ex F-WWKJ		Lsd fr ILFC
☐	VT-JWJ	Airbus A330-202	885	ex F-WWKS		Lsd fr ILFC
☐	VT-JWK	Airbus A330-202	888	ex F-WWKL		Lsd fr ILFC
☐	VT-JWL	Airbus A330-202	901	ex F-WWKQ		Lsd fr ILFC
☐	VT-	Airbus A330-203		ex F-WW	on order	Lsd fr ILFC

Twelve more Airbus A330-203s are on order for delivery from 2009 to 2011

☐	VT-JCA	ATR 72-212A	572	ex F-WQKD	retd?	Lsd fr Magellan Air
☐	VT-JCB	ATR 72-212A	575	ex F-WQKE		Lsd fr Magellan Air
☐	VT-JCC	ATR 72-212A	593	ex F-WQKP		Lsd fr Magellan Air
☐	VT-JCD	ATR 72-212A	636	ex F-WQMC		Lsd fr Magellan Air
☐	VT-JCF	ATR 72-212A	674	ex F-WQMK		Lsd fr SFR
☐	VT-JCG	ATR 72-212A	679	ex F-WQML		Lsd fr SFR
☐	VT-JCH	ATR 72-212A	681	ex F-WQMM		Lsd fr SFR
☐	VT-JCJ	ATR 72-212A	771	ex F-WWEJ		
☐	VT-JCK	ATR 72-212A	775	ex F-WWEN		

Eleven more ATR 72-212As are on order, six leased from Aircraft International Renting, for delivery by 2010

☐	VT-JAR	Boeing 737-45R	29032/2943			Lsd fr Injet 400 A/c Lsg
☐	VT-JAS	Boeing 737-45R	29033/2963			Lsd fr Injet 400 A/c Lsg
☐	VT-JAT	Boeing 737-45R	29034/3015			Lsd fr Injet 400 A/c Lsg
☐	VT-JBA	Boeing 737-45R	29035/3046	ex N726BA		Lsd fr Boeing A/c Holding
☐	VT-JBB	Boeing 737-8HX/W	36846/2368	ex N846AG		Lsd fr ACG Acquisitions
☐	VT-JBC	Boeing 737-8HX/W	36847/2388	ex N847AG		Lsd fr ACG Acquisitions
☐	VT-JBD	Boeing 737-85R/W	35099/2439			Lsd fr RBS Aerospace
☐	VT-JBE	Boeing 737-85R	35106			Lsd fr RBS Aerospace
☐	VT-JBF	Boeing 737-85R	35082			Lsd fr BOC Aviation
☐	VT-JBG	Boeing 737-85R	35083			Lsd fr BOC Aviation
☐	VT-JGA	Boeing 737-85R	30410/1228			Lsd fr North American A/c Hire
☐	VT-JGB	Boeing 737-75R	30411/1282	ex N1787B		Lsd fr North American A/c Hire
☐	VT-JGC	Boeing 737-95R	30412/1314			Lsd fr North American A/c Hire
☐	VT-JGD	Boeing 737-95R	33740/1350			Lsd fr Washington Lease
☐	VT-JGE	Boeing 737-83N/W	32663/1608	ex EI-DIL		Lsd fr GECAS
☐	VT-JGF	Boeing 737-8FH/W	29639/1643	ex EI-DIM		Lsd fr RBS Avn Capital
☐	VT-JGG	Boeing 737-8FH/W	29668/1686	ex EI-DIN		Lsd fr RBS Avn Capital
☐	VT-JGH	Boeing 737-83N/W	32577/973	ex EI-DKX		Lsd fr Celestial Avn
☐	VT-JGJ	Boeing 737-83N/W	32578/998	ex EI-DKP		Lsd fr Celestial Avn
☐	VT-JGK	Boeing 737-83N/W	32579/1002	ex EI-DKR		Lsd fr Celestial Avn
☐	VT-JGL	Boeing 737-76N	32738/1392	ex EI-DMD		Lsd fr Celestial Avn
☐	VT-JGM	Boeing 737-83N/W	32614/1201	ex EI-DME		Lsd fr GECAS
☐	VT-JGN	Boeing 737-83N/W	32616/1212	ex EI-DMF		Lsd fr Celestial Avn
☐	VT-JGP	Boeing 737-85R/W	34798/1920			Lsd fr Delaware A/c Hire
☐	VT-JGQ	Boeing 737-85R/W	34797/2007			Lsd fr Delaware A/c Hire
☐	VT-JGR	Boeing 737-85R/W	34799/2044			Lsd fr Delaware A/c Hire
☐	VT-JGS	Boeing 737-85R/W	34800/2085			Lsd fr Delaware A/c Hire
☐	VT-JGT	Boeing 737-85R/W	34801/2125			Lsd fr Delaware A/c Hire
☐	VT-JGU	Boeing 737-85R/W	34802/2170			Lsd fr Delaware A/c Hire
☐	VT-JGV	Boeing 737-85R/W	34803/2209			Lsd fr Delaware A/c Hire
☐	VT-JGW	Boeing 737-85R/W	34804/2297			Lsd fr Delaware A/c Hire
☐	VT-JGX	Boeing 737-75R	34805/2360	ex N1781B		Lsd fr Delaware A/c Hire
☐	VT-JGY	Boeing 737-75R	34806/2404			Lsd fr Delaware A/c Hire
☐	VT-JGZ	Boeing 737-76N	35218/2342	ex N1781B		Lsd fr Celestial Avn
☐	VT-JNA	Boeing 737-86N/W	28578/89	ex N578GE	PR-VBH resd	Lsd fr GECAS
☐	VT-JNB	Boeing 737-86N/W	28575/91	ex N575GE	PR-VBI resd	Lsd fr GECAS
☐	VT-JNC	Boeing 737-85R	29036/164			Lsd fr Injet 800 A/c Lsg
☐	VT-JND	Boeing 737-85R	29037/177	ex N1787B		Lsd fr Injet 800 A/c Lsg
☐	VT-JNE	Boeing 737-71Q	29043/138	ex N29879		Lsd fr Injet 700 A/c Lsg
☐	VT-JNF	Boeing 737-71Q	29044/152	ex N29887		Lsd fr Injet 700 A/c Lsg
☐	VT-JNG	Boeing 737-71Q	29045/169	ex N29975		Lsd fr Aircraft MSN
☐	VT-JNH	Boeing 737-71Q	29046/181	ex N29976		Lsd fr Aircraft MSN
☐	VT-JNJ	Boeing 737-85R	29038/297			Lsd fr AWAS Ireland Lsg
☐	VT-JNL	Boeing 737-85R	29039/326			Lsd fr Injet 800-2007 A/c Lsg
☐	VT-JNM	Boeing 737-85R	29040/465			Lsd fr AWAS Ireland Lsg
☐	VT-JNN	Boeing 737-85R	29041/489			Lsd fr Injet 800-2007 A/c Lsg
☐	VT-JNR	Boeing 737-85R	30403/749	ex N1781B		Lsd fr North American A/c Hire
☐	VT-JNS	Boeing 737-73A	28498/775	ex N498AW		Lsd fr AWMS 1
☐	VT-JNT	Boeing 737-76N	28609/417	ex N609LP		Lsd fr GECAS
☐	VT-JNU	Boeing 737-75R	30404/835	ex N1787B		Lsd fr North American A/c Hire
☐	VT-JNV	Boeing 737-75R	30405/927			Lsd fr North American A/c Hire
☐	VT-JNW	Boeing 737-75R	30406/1016	ex N1787B		Lsd fr North American A/c Hire
☐	VT-JNX	Boeing 737-85R	30407/1073			Lsd fr North American A/c Hire
☐	VT-JNY	Boeing 737-85R	30408/1146	ex (VT-JGA)		Lsd fr North American A/c Hire
☐	VT-JNZ	Boeing 737-85R	30409/1185	ex (VT-JGB)		Lsd fr North American A/c Hire
☐	VT-	Boeing 737-75R			on order	

618

☐ VT-	Boeing 737-75R			on order	
☐ VT-	Boeing 737-8Q8	35289		on order	Lsd fr ILFC
☐ VT-	Boeing 737-8AL			on order	Lsd fr BOC Aviation
☐ VT-	Boeing 737-8AL			on order	Lsd fr BOC Aviation

Twenty more Boeing 737-85Rs are on order for delivery October 2012-December 2014 plus five leased from BOC Aviation

☐ VT-JEA	Boeing 777-35RER	35157/627			Lsd fr Delaware A/c Hire
☐ VT-JEB	Boeing 777-35RER	35158/637			Lsd fr Delaware A/c Hire
☐ VT-JEC	Boeing 777-35RER	35159/650			Lsd fr Delaware A/c Hire
☐ VT-JED	Boeing 777-35RER	35160/653	ex N5016R		Lsd fr Delaware A/c Hire
☐ VT-JEE	Boeing 777-35RER	35164/660			Lsd fr Delaware A/c Hire
☐ VT-JEF	Boeing 777-35RER	35162/666			Lsd fr Delaware A/c Hire
☐ VT-JEG	Boeing 777-35RER	35163/675	ex N1785B		Lsd fr Delaware A/c Hire
☐ VT-JEH	Boeing 777-35RER	35166/678	ex N5014K		
☐ VT-JEJ	Boeing 777-35RER	35161/693		on order	
☐ VT-JEK	Boeing 777-35RER	35165/696		on order	

Three more Boeing 777-35RERs for delivery in 2009 and ten Boeing 787-8s are on order for delivery July 2011-December 2012. Air Sahara is a wholly owned subsidiary and to be rebranded as JetLite.

JETLITE
Sahara (S2/RSH) (IATA 705)   Delhi-Indira Gandhi Intl (DEL)

Formerly listed as Air Sahara, renamed following take-over by Jet Airways

☐ VT-SAY	Boeing 737-382	25161/2226	ex N161AN		Lsd fr MSA I
☐ VT-SIE	Boeing 737-4Q8	24707/2057	ex (PK-KKW)		Lsd fr MSA V
☐ VT-SIJ	Boeing 737-81Q	29049/424	ex N8253J		Lsd fr Trim Lsg
☐ VT-SIK	Boeing 737-81Q	29050/444	ex N8253V		Lsd fr Avn Capital Grp
☐ VT-SIU	Boeing 737-7K9	28090/205	ex SX-BLT		Lsd fr Bavaria Intl Lsg
☐ VT-SIV	Boeing 737-7K9	28091/223	ex SX-BLU	stored DEL	Lsd fr Bavaria Intl Lsg
☐ VT-SIZ	Boeing 737-7BK	33025/1707	ex N325CT		Lsd fr WF Natl Assoc
☐ VT-SJA	Boeing 737-7BK	33025/1715	ex N326CT		Lsd fr WF Natl Assoc
☐ VT-SJB	Boeing 737-4Q8	28202/3009	ex N401LF	for DAT	Lsd fr ILFC
☐ VT-SJC	Boeing 737-43Q	28491/2832	ex CS-TGZ		Lsd fr A/c Finance Trust
☐ VT-SJD	Boeing 737-36Q	29141/3035	ex N141CY	all-white	Lsd fr 19141 Statutory Trust
☐ VT-SJE	Boeing 737-7Q8	30727/1005	ex S7-SEZ		Lsd fr ILFC
☐ VT-SJF	Boeing 737-86N	28610/449	ex EI-DIS		Lsd fr Undell Ltd
☐ VT-SJG	Boeing 737-8Q8/W	30694/1863	ex N164LF		Lsd fr ILFC
☐ VT-SJH	Boeing 737-8Q8/W	30695/1891	ex (N201LF)		Lsd fr ILFC
☐ VT-SJI	Boeing 737-8K9/W	34399/2030			Lsd fr Bavaria
☐ VT-SJJ	Boeing 737-8K9/W	34400/2053			Lsd fr Bavaria
☐ VP-BIZ	Boeing 737-7AU/W	34477/1825	ex N746BA	on order	[BBJ]
☐ EI-DZC	Boeing 737-7	30037/1449	ex 5T-CLM	on order	Lsd fr ILFC Ireland

Ten more Boeing 737-800/Ws are on order for delivery from 2009

☐ VT-SAL	Canadair CL-600-2B19 (CRJ-200ER)	7224	ex N572ML	dbr?	Lsd fr Canadian Regional A/c
☐ VT-SAP	Canadair CL-600-2B19 (CRJ-200ER)	7242	ex N574ML		Lsd fr Canadian Regional A/c
☐ VT-SAQ	Canadair CL-600-2B19 (CRJ-200ER)	7345	ex G-JECA		Lsd fr Trevel Yan Ltd
☐ VT-SAR	Canadair CL-600-2B19 (CRJ-200ER)	7393	ex G-JECB		Lsd fr Trevel Yan Ltd
☐ VT-SAS	Canadair CL-600-2B19 (CRJ-200ER)	7434	ex G-JECC		Lsd fr Trevel Yan Ltd

KINGFISHER AIRLINES
(IT/KFR)   Mumbai-Chhatrapatti Shivaji Intl / Bangalore (BOM/BLR)

☐ VT-VJC	Airbus A330-223	874	ex F-WWKA	on order	Lsd to IAC
☐ VT-VJD	Airbus A330-223	891	ex F-WWYO	on order	Lsd to IAC
☐ VT-	Airbus A330-223		ex F-WW	on order	
☐ VT-	Airbus A330-223		ex F-WW	on order	
☐ VT-	Airbus A330-223		ex F-WW	on order	

Ten more Airbus A330-203s are on order

☐ VT-VJA	Airbus A340-541	886	ex F-WWTG	on order	Lsd to IAC
☐ VT-VJB	Airbus A340-541	894	ex F-WWTH	on order	Lsd to IAC
☐ VT-	Airbus A340-541	897	ex F-WWTI	on order	
☐ VT-	Airbus A340-541	902	ex F-WWTJ	on order	
☐ VT-	Airbus A340-541	910	ex F-WWTK	on order	
☐ VT-	Airbus A340-541	912	ex F-WWTL	on order	

Ten Airbus A380-800s are on order from 2010 plus five Airbus A350-800s. The aircraft leased to Air India will return once Kingfisher are authorised to fly their own international services (provisionally set for 27 August 08).
Long-haul full-service associate company of Kingfisher Deccan.

KINGFISHER DECCAN
(IT/KFR)   Mumbai-Chhatrapatti Shivaji Intl / Bangalore (BOM/BLR)

☐ VT-ADR	Airbus A320-232	2922	ex F-WWDS		Lsd fr ILFC
☐ VT-ADS	Airbus A320-232	2914	ex F-WWDK		Lsd fr PAFCO 2914
☐ VT-ADT	Airbus A320-232	2908	ex F-WWDT		Lsd fr PAFCO 2908
☐ VT-ADU	Airbus A320-232	2874	ex F-WWBH		Lsd fr ACG Aquisitions
☐ VT-ADV	Airbus A320-232	2366	ex F-WWDN		Lsd fr BOC Aviation
☐ VT-ADW	Airbus A320-232	2376	ex F-WWBF		Lsd fr BOC Aviation
☐ VT-ADX	Airbus A320-232	0932	ex A7-ABS		Lsd fr BOC Aviation
☐ VT-ADY	Airbus A320-232	0943	ex A7-ABT	WIPRO titles	Lsd fr SALE

	Reg	Type	MSN	ex	Notes
☐	VT-ADZ	Airbus A320-232	0977	ex A7-ABU	Lsd fr BOC Aviation
☐	VT-DKR	Airbus A320-232	2731	ex F-WWBC	Lsd fr ILFC
☐	VT-DKS	Airbus A320-232	2747	ex F-WWBQ	Mr Citizen c/s Lsd fr Chameli A/c Lsg
☐	VT-DKT	Airbus A320-232	2753	ex F-WWDH	Lsd fr Fifi A/c Lsg
☐	VT-DKU	Airbus A320-232	2676	ex F-WWIK	Mr Citizen colours
					Lsd fr Avn Capital Group
☐	VT-DKV	Airbus A320-232	2645	ex F-WWIC	Lsd fr Avn Capital Group
☐	VT-DKW	Airbus A320-232	2029	ex N670AW	Lsd fr Celestial Avn
☐	VT-DKX	Airbus A320-232	2077	ex N671AW	Lsd fr Celestial Avn
☐	VT-DKY	Airbus A320-232	2564	ex F-WWDC	Lsd fr Grayston A/c Lsg
☐	VT-DKZ	Airbus A320-232	2524	ex F-WWDO	Lsd fr Zebra A/c Lsg
☐	VT-DNV	Airbus A320-232	3316	ex F-WWBB	
☐	VT-DNW	Airbus A320-232	3219	ex F-WWBN	Lsd fr West Park A/c Lsg
☐	VT-DNX	Airbus A320-232	3183	ex F-WWDV	Lsd fr Gensis Lease
☐	VT-DNY	Airbus A320-232	3162	ex F-WWIF	Lsd fr Amentum A/c Lsg
☐	VT-DNZ	Airbus A320-232	3012	ex F-WWBK	Lsd fr ILFC
☐	VT-KFA	Airbus A320-232	2413	ex F-WWDH	Lsd fr AerCap
☐	VT-KFB	Airbus A320-232	2443	ex F-WWBR	Lsd fr Orchard Lsg
☐	VT-KFC	Airbus A320-232	2496	ex F-WWIF	Lsd fr Tana A/C Lsg
☐	VT-KFD	Airbus A320-232	2502	ex F-WWDI	damaged Lsd fr Trapper A/c Lsg
☐	VT-KFE	Airbus A320-232	2522	ex F-WWDN	Lsd fr Xendell
☐	VT-KFF	Airbus A320-232	2531	ex F-WWIH	Lsd fr Johannesburg Ltd
☐	VT-KFG	Airbus A320-232	2576	ex F-WWBI	Lsd fr Airspeed Ireland Lsg
☐	VT-KFH	Airbus A319-131	2621	ex D-AVYM	Lsd fr Wingate Avn
☐	VT-KFI	Airbus A319-131	2634	ex D-AVWG	Lsd fr Balfour Avn
☐	VT-KFJ	Airbus A319-131	2664	ex D-AVWW	Lsd fr BOC Aviation
☐	VT-KFK	Airbus A320-232	2670	ex F-WWDA	Lsd fr Jet-1 2670 Owner
☐	VT-KFL	Airbus A320-232	2817	ex F-WWDJ	Lsd fr DVB Avn Finance Asia
☐	VT-KFM	Airbus A320-232	2856	ex F-WWIT	Lsd fr DVB Avn Finance Asia
☐	VT-KFN	Airbus A321-231	2916	ex D-AVZQ	Lsd fr Pegasus
☐	VT-KFP	Airbus A321-231	2919	ex D-AVZR	Lsd fr Pegasus
☐	VT-KFQ	Airbus A321-231	2927	ex D-AVZC	Lsd fr ILFC
☐	VT-KFR	Airbus A321-231	2933	ex D-AVZS	Lsd fr ILFC
☐	VT-KFS	Airbus A321-231	3034	ex D-AVZZ	Lsd fr Sunflower A/c Lsg
☐	VT-KFT	Airbus A320-232	3089	ex F-WWBY	Lsd fr ILFC
☐	VT-KFV	Airbus A320-232	3105	ex F-WWII	Lsd fr ILFC
☐	VT-KFW	Airbus A321-231	3120	ex D-AVZR	Lsd fr ILFC
☐	VT-KFX	Airbus A320-232	3270	ex F-WWBX	Lsd fr ILFC
☐	VT-KFZ	Airbus A321-231	3322	ex D-AVZU	
☐	VT-KFT	Airbus A320-232	3379	ex F-WWDL	on order
☐	VT-	Airbus A320-232		ex F-WW	on order
☐	VT-	Airbus A320-232		ex F-WW	on order
☐	VT-	Airbus A320-232		ex F-WW	on order
☐	VT-	Airbus A320-232		ex F-WW	on order

71 more Airbus A320s are on order for delivery in 2009 (12), 2010 (12), 2011 (12), 2012 (15), 2013 (10) and 2014 (10) but some may be cancelled.

	Reg	Type	MSN	ex	Notes
☐	VT-VJM	Airbus A319-133X	2650	ex D-AICY	Sidhartha-Leana-Tanya
					Lsd fr CJ Leasing [CJ]
☐	VT-ADC	ATR 42-320	333	ex F-WQNF	Lsd fr ATR Asset Mgt
☐	VT-ADG	ATR 42-320	397	ex F-WQNF	Lsd fr ATRiam Capital
☐	VT-ADH	ATR 42-500	510	ex F-WQNJ	Lsd fr ATRiam Capital
☐	VT-ADI	ATR 42-500	503	ex F-GVZA	Lsd fr ATRiam Capital
☐	VT-ADJ	ATR 42-500	612	ex N612VX	Lsd fr ATR Asset Mgt
☐	VT-ADK	ATR 42-500	613	ex N316VX	Lsd fr ATR Asset Mgt
☐	VT-ADL	ATR 42-500	574	ex A4O-AS	Lsd fr OMA
☐	VT-ADM	ATR 42-500	556	ex F-OHJD	Lsd fr ATRiam Capital
☐	VT-ADN	ATR 42-500	576	ex A4O-AT	Lsd fr OMA
☐	VT-ADO	ATR 42-500	445	ex I-ADLH	Lsd fr ATR Asset Mgt
☐	VT-ADP	ATR 42-500	515	ex F-WQNN	Lsd fr ATRiam Capital
☐	VT-ADQ	ATR 72-212A	528	ex F-WQNE	Lsd fr ATRiam Capital
☐	VT-DKA	ATR 72-212A	718	ex F-WWES	dam; on rebuild Lsd fr Plateau Avn
☐	VT-DKB	ATR 72-212A	720	ex F-WWEA	Lsd fr Plateau Avn
☐	VT-DKD	ATR 72-212A	725	ex F-WQNG	Lsd fr Hubli A/c Lsg
☐	VT-DKE	ATR 72-212A	723	ex F-WWED	Lsd fr Hubli A/c Lsg
☐	VT-DKH	ATR 72-212A	739	ex F-WWET	Lsd fr Deccan Avn
☐	VT-DKI	ATR 72-212A	732	ex F-WWEM	Lsd fr Turbo 72-500 Leasing
☐	VT-DKJ	ATR 72-212A	733	ex F-WWEN	Lsd fr Turbo 72-500 Leasing
☐	VT-DKK	ATR 72-212A	740	ex F-WWEU	
☐	VT-DKQ	ATR 72-212A	535	ex F-WQNE	Lsd fr ATR Asset Mgt
☐	VT-KAA	ATR 72-212A	699	ex F-WWEV	Lsd fr KF Aero
☐	VT-KAB	ATR 72-212A	728	ex F-WWEI	Lsd fr KF Aero
☐	VT-KAC	ATR 72-212A	729	ex F-WWEJ	Lsd fr KF Aero
☐	VT-KAD	ATR 72-212A	730	ex F-WWEK	Lsd fr KF Aero
☐	VT-KAE	ATR 72-212A	737	ex F-WWER	Lsd fr TP Lsg (Cayman)
☐	VT-KAF	ATR 72-212A	738	ex F-WWES	Lsd fr TP Lsg (Cayman)
☐	VT-KAG	ATR 72-212A	743	ex F-WWED	Lsd fr Veling Narain
☐	VT-KAH	ATR 72-212A	746	ex F-WWEG	Lsd fr Veling Sacheedanand
☐	VT-KAI	ATR 72-212A	750	ex F-WWEK	Lsd fr KF Turbo Lsg
☐	VT-KAJ	ATR 72-212A	754	ex F-WWEO	Lsd fr KF Turbo Lsg
☐	VT-KAK	ATR 72-212A	758	ex F-WWES	Lsd fr KF Turbo Lsg
☐	VT-KAL	ATR 72-212A	759	ex F-WWEV	Lsd fr KF Turbo Lsg
☐	VT-KAM	ATR 72-212A	762	ex F-WWEZ	

☐ VT-KAN	ATR 72-212A	767	ex F-WWEF		
☐ VT-KAO	ATR 72-212A	772	ex F-WWEK		
☐ VT-KAP	ATR 72-212A	776	ex F-WWEO	on order	
☐ VT-KAQ	ATR 72-212A	777	ex F-WW	on order	
☐ VT-	ATR 72-212A		ex F-WW	on order	
☐ VT-	ATR 72-212A		ex F-WW	on order	
☐ VT-	ATR 72-212A		ex F-WW	on order	
☐ VT-	ATR 72-212A		ex F-WW	on order	
☐ VT-	ATR 72-212A		ex F-WW	on order	
☐ VT-	ATR 72-212A		ex F-WW	on order	
☐ VT-	ATR 72-212A		ex F-WW	on order	
☐ VT-	ATR 72-212A		ex F-WW	on order	
☐ VT-	ATR 72-212A		ex F-WW	on order	
☐ VT-	ATR 72-212A		ex F-WW	on order	
☐ VT-	ATR 72-212A		ex F-WW	on order	
☐ VT-	ATR 72-212A		ex F-WW	on order	
☐ VT-	ATR 72-212A		ex F-WW	on order	
☐ VT-	ATR 72-212A		ex F-WW	on order	
☐ VT-	ATR 72-212A		ex F-WW	on order	
☐ VT-	ATR 72-212A		ex F-WW	on order	
☐ VT-	ATR 72-212A		ex F-WW	on order	
☐ VT-	ATR 72-212A		ex F-WW	on order	
☐ VT-	ATR 72-212A		ex F-WW	on order	
☐ VT-	ATR 72-212A		ex F-WW	on order	

Fifteen more new ATR 72-212s are on order for delivery in 2009
Parent, UB Holdings, owns 46% of Air Deccan which was rebranded as Simplify Deccan in Kingfisher colours but both Kingfisher Airlines and Simplify Deccan will become Kingfisher Deccan in March 2008 as a low cost carrier operating domestic and regional services. Kingfisher Airlines will commence full service long-haul services 27 August 2008.

MDLR AIRLINES

☐ VT-MDL	Avro 146-RJ70	E1229	ex G-BUFI	Lsd fr Trident Jet
☐ VT-MDM	Avro 146-RJ70	E1230	ex G-CDNB	Lsd fr Trident Jet
☐ VT-MDN	Avro 146-RJ70	E1252	ex G-CDNC	Lsd fr Trident Jet

PARAMOUNT AIRWAYS
(I7/PMW) *Coimbatore (CJB)*

☐ VT-PAB	Embraer 170-100LR (170LR)	17000005	ex PT-SZN	Lsd fr ECC Leasing
☐ VT-PAC	Embraer 170-100LR (170LR)	17000002	ex PT-SDH	Lsd fr ECC Leasing
☐ VT-PAD	Embraer 170-200SR (175LR)	17000126	ex PT-SDP	Lsd fr Celestial Avn
☐ VT-PAE	Embraer 170-200LR (175LR)	17000137	ex PT-SEB	Lsd fr Celestial Avn
☐ VT-PAF	Embraer 170-200LR (175LR)	17000147	ex PT-SEL	Lsd fr GECAS

A further five Embraer 170-200 (175s) and ten Embraer 190-200 (195s) are on order

PAWAN HANS HELICOPTERS
Pawan Hans (PHE) *Mumbai-Juhu*

☐ VT-ELD	Aerospatiale SA.365N Dauphin 2	6213		
☐ VT-ELE	Aerospatiale SA.365N Dauphin 2	6214		
☐ VT-ELG	Aerospatiale SA.365N Dauphin 2	6217		
☐ VT-ELI	Aerospatiale SA.365N Dauphin 2	6236		
☐ VT-ELJ	Aerospatiale SA.365N Dauphin 2	6239		
☐ VT-ELK	Aerospatiale SA.365N Dauphin 2	6245		
☐ VT-ELL	Aerospatiale SA.365N Dauphin 2	6246		
☐ VT-ELM	Aerospatiale SA.365N Dauphin 2	6248		
☐ VT-ELN	Aerospatiale SA.365N Dauphin 2	6254		
☐ VT-ELP	Aerospatiale SA.365N Dauphin 2	6260		
☐ VT-ELQ	Aerospatiale SA.365N Dauphin 2	6261		
☐ VT-ELR	Aerospatiale SA.365N Dauphin 2	6268		
☐ VT-ELS	Aerospatiale SA.365N Dauphin 2	6273		
☐ VT-ELT	Aerospatiale SA.365N Dauphin 2	6278		
☐ VT-ENW	Aerospatiale SA.365N Dauphin 2	6094		
☐ VT-ENZ	Aerospatiale SA.365N Dauphin 2	6163		
☐ VT-PHJ	Aerospatiale AS.365N3 Dauphin 2	6628		
☐ VT-PHK	Aerospatiale AS.365N3 Dauphin 2	6631		
☐ VT-PHL	Aerospatiale AS.365N3 Dauphin 2	6682		
☐ VT-PHM	Aerospatiale AS.365N3 Dauphin 2	6684		
☐ VT-PHO	Aerospatiale AS.365N3 Dauphin 2	6734		
☐ VT-PHP	Aerospatiale AS.365N3 Dauphin 2			
☐ VT-PHR	Aerospatiale AS.365N3 Dauphin 2	6774		
☐ VT-PHS	Aerospatiale AS.365N3 Dauphin 2	6775		
☐ VT-PHA	Bell 206L-4 LongRanger IV	52019	ex N6197Y	
☐ VT-PHD	Bell 206L-4 LongRanger IV	52142	ex N64080	Op for Indian Customs
☐ VT-PHE	Bell 206L-4 LongRanger IV	52159	ex N9217Z	Op for Indian Customs
☐ VT-PHF	Mil Mi-172	356C06		

☐ VT-PHG	Mil Mi-172	356C07		
☐ VT-PHH	Bell 407	53210	ex N52263	
☐ VT-PHI	Bell 407	53212	ex N52265	
☐ VT-PHN	Bell 407	53617	ex C-FCBU	
☐ VT-PHQ	Bell 407	53689	ex C-FIAL	

QUIKJET

☐ VT-	Boeing 757-200F	ex	on order
☐ VT-	Boeing 757-200F	ex	on order

Due to commence services in 2Q08

SIMPLIFY DECCAN
Deccan (DN/DKN)   Bangalore (BLR)

Simplify Deccan is the trading name of Deccan Aviation; 26% (later increased to 46%) owned by UB Group, parent of Kingfisher Airlines and rebranded in Kingfisher colours offering low-cost services; to merge into Kingfisher Deccan in March 2008.

SPICEJET
SpiceJet (SG/SEJ)   Delhi-Indira Ghandi International (DEL)

☐ VT-SGB	Boeing 737-9GJER/W	34956		on order	Lsd fr Nomura B&B
☐ VT-SPC	Boeing 737-85F	28824/180	ex F-GRNB	Turmeric	Lsd fr Macquarie AirFinance
☐ VT-SPD	Boeing 737-85F	28827/467	ex F-GRND	Chilli	Lsd fr Macquarie AirFinance
☐ VT-SPE	Boeing 737-86N	28621/570	ex EI-DIT	Ginger	Lsd fr NBB 28621 Lease
☐ VT-SPF	Boeing 737-8GJ/W	34896/1861			Lsd fr Jet 1 34896 Owner
☐ VT-SPH	Boeing 737-83N/W	30660/1330	ex N331TZ		Lsd fr ILFC
☐ VT-SPJ	Boeing 737-8GJ/W	34897/2069			Lsd fr NBB 34897 Lease
☐ VT-SPK	Boeing 737-8GJ/W	34898/2104			Lsd fr Jet-1 34898 Owner
☐ VT-SPL	Boeing 737-8GJ/W	34899/2128		Cardamom	Lsd fr Jet-1 34899 Owner
☐ VT-SPM	Boeing 737-8GJ/W	34900/2167			Lsd fr NBB Flight
☐ VT-SPO	Boeing 737-86N/W	35216/2321		Dill	Lsd fr Celestial Avn
☐ VT-SPP	Boeing 737-86N/W	35217/2359		Rosemary	Lsd fr Celestial Avn
☐ VT-SPQ	Boeing 737-8GJ/W	34903/2335		Basil	Lsd fr NBB 34903 Lease
☐ VT-SPR	Boeing 737-8GJ/W	34904/2347	ex N1782B		Lsd fr Billowdell Avn
☐ VT-SPS	Boeing 737-8GJ/W	34905/2392			Lsd fr Cranedell
☐ VT-SPT	Boeing 737-9GJER/W	34952/2426			Lsd fr Nomura B&B
☐ VT-SPU	Boeing 737-9GJER/W	34953/2466		Anise	Lsd fr Nomura B&B
☐ VT-SPV	Boeing 737-8K2/W	32693/1951	ex PH-HZR	Tamarind	Lsd fr Celestial Avn
☐ VT-SPW	Boeing 737-86N/W	32672/1932	ex PH-HSY	Cinnamon	Lsd fr Celestial Avn
☐ VT-SPX	Boeing 737-8GJ/W	34955/2512		on order	Lsd fr Nomura B&B
☐ VT-	Boeing 737-9GJER/W			on order	Lsd fr Nomura B&B
☐ VT-	Boeing 737-9GJER/W			on order	Lsd fr Nomura B&B

SpiceJet is the trading name of Royal Airlines; plans to order 10 more Boeing 737s (reported as both -8GJs and -9GJER/Ws) for delivery from 2011

UNITED HELICHARTERS
Mumbai-Juhu

☐ VT-HGA	Bell 212	30902	ex A7-HAJ	Lsd fr Gulf Helicopters
☐ VT-HGB	Bell 212	31124	ex A7-HAN	Lsd fr Gulf Helicopters
☐ VT-HGC	Bell 212	31149	ex A7-HAT	Lsd fr Gulf Helicopters
☐ VT-HGF	Bell 412EP	36206	ex A7-HBE	Lsd fr Gulf Helicopters
☐ VT-HGG	Bell 412HP	36050	ex VH-CFT	Lsd fr CHC Helicopters Intl
☐ VT-HGJ	Bell 212	35103	ex C-FAOC	Lsd fr CHC Helicopters Intl

Joint venture between Qatar General Petroleum, GE Shipping and UB Air

V2- ANTIGUA (State of Antigua and Barbuda)

CARIB AVIATION
Red Tail (DEL)   Antigua-VC Bird Intl (ANU)

☐ V2-LCL	Britten-Norman BN-2A-26 Islander	2006	ex G-BESR		
☐ V2-LDI	Britten-Norman BN-2A-26 Islander	919	ex N662J		
☐ V2-LDL	Britten-Norman BN-2A-27 Islander	532	ex V4-AAA		
☐ V2-LDM	Britten-Norman BN-2B-27 Islander	2180	ex N272BN		Op for K-Club
☐ V2-LEL	Britten-Norman BN-2A Islander				
☐ V2-LDO	Beech A65 Queen Air	LC-291	ex N8312N	Excalibur Queenaire 8800 conv	
☐ V2-LFC	de Havilland DHC-6 Twin Otter 300	615	ex N220SA	Vistaliner	Lsd fr Twin Otter
☐ V2-LFL	de Havilland DHC-6 Twin Otter 300	510	ex HK-1980		

CARIBBEAN STAR AIRWAYS
Ceased operations 15 November 2007 following acquisition by LIAT 24 October 2007

LIAT - THE CARIBBEAN AIRLINE
LIAT (LI/LIA) — Antigua-VC Bird Intl (ANU)

☐	V2-LCY	de Havilland DHC-8-110	035	ex C-GESR	stored ANU	
☐	V2-LDQ	de Havilland DHC-8-102	113	ex EI-BWX		Lsd fr GECAS
☐	V2-LDU	de Havilland DHC-8-103	270	ex EI-CBV		
☐	V2-LEF	de Havilland DHC-8-103	144	ex HS-SKH		Lsd fr GECAS
☐	V2-LES	de Havilland DHC-8-311B	412	ex C-GETI		Lsd fr Bombardier Capital
☐	V2-LET	de Havilland DHC-8-311B	416	ex C-GFOD		Lsd fr Bombardier Capital
☐	V2-LEU	de Havilland DHC-8-311	408	ex C-FWBB	Sir Frank de Lisle	
☐	V2-LFF	de Havilland DHC-8-314	410	ex N285BC		
☐	V2-LFM	de Havilland DHC-8-311A	267	ex C-GFPZ		Lsd fr Avmax Group
☐	V2-LFU	de Havilland DHC-8-311	250	ex N802SA	retd?	Lsd fr Bombardier Capital
☐	V2-LFV	de Havilland DHC-8-311A	283	ex PH-SDR		Lsd fr GECAS
☐	V2-LGA	de Havilland DHC-8-311A	232	ex C-GZTX		Lsd fr GECAS
☐	V2-LGB	de Havilland DHC-8-311A	266	ex C-GZTB		Lsd fr Avmax Group
☐	V2-LGC	de Havilland DHC-8-311	298	ex PH-SDM		Lsd fr GECAS
☐	V2-LGG	de Havilland DHC-8-311A	404	ex C-FHFY		Lsd fr AeroCentury
☐	V2-LGI	de Havilland DHC-8-311A	325	ex C-FHXB		Lsd fr AeroCentury

Purchased the assets of Caribbean Star 24 October 2007 and effective 15 November 2007 their five aircraft were transferred to LIAT and all operations continue under the LIAT name.

NORMAN AVIATION
Antigua-VC Bird Intl (ANU)

☐	V2-LDN	Piper PA-31 Turbo Navajo C/R	31-7612017	ex N99910	

Operator Unknown

☐	V2-	Britten-Norman BN-2A-26 Islander	88	ex C-GYMW	
☐	V2-	Beech 99	U-98	ex C-GPEM	
☐	V2-	Beech B99	U-58	ex C-GQAH	

V3-   BELIZE

MAYA ISLAND AIR
Myland (MW/MYD) — Belize City-Municipal/San Pedro (TZA/SPR)

☐	V3-HFS	Cessna 208B Caravan I	208B0579	ex N52627	for sale
☐	V3-HGD	Cessna 208B Caravan I	208B0910	ex N12522	
☐	V3-HGF	Cessna 208B Caravan I	208B0927	ex N52627	
☐	V3-HGJ	Cessna 208B Caravan I	208B0946	ex N52639	
☐	V3-HGO	Cessna 208B Caravan I	208B0995	ex N1241G	
☐	V3-HGP	Cessna 208B Caravan I	208B0998	ex N5213S	
☐	V3-HGQ	Cessna 208B Caravan I	208B0973	ex N1248G	
☐	V3-HGW	Cessna 208B Caravan I	208B1095	ex N1273Z	
☐	V3-HGE	Britten-Norman BN-2A-26 Islander	911	ex N103NE	
☐	V3-HGI	Gippsland GA-8 Airvan	GA8-01-008	ex VH-AUV	
☐	V3-HGK	Britten-Norman BN-2A-26 Islander	853	ex N271RS	

TROPIC AIR COMMUTER
Tropiser (PM/TOS) — San Pedro (SPR)

☐	V3-HFP	Cessna 208B Caravan I	208B0478	ex N1289Y	
☐	V3-HFQ	Cessna 208B Caravan I	208B0575	ex N52623	on rebuild, dam 15Oct05
☐	V3-HFV	Cessna 208B Caravan I	208B0647	ex N5268M	
☐	V3-HGV	Cessna 208B Caravan I	208B1072		
☐	V3-HGX	Cessna 208B Caravan I	208B1162	ex N5108G	
☐	V3-HIK	Cessna 208B Caravan I	208B0707	ex N23681	
☐	V3-HSS	Cessna 208B Caravan I	208B0407	ex N1116V	
☐	V3-HDT	Cessna 207A Stationair 8	20700716	ex (N9696M)	

Operator Unknown

☐	V3-	Cessna 208B Caravan I	208B1292	ex N4117D	

V4-   ST KITTS & NEVIS (Federation of St Christopher and Nevis)

AIR ST KITTS & NEVIS
Sea Breeze (BEZ) — Basseterre-Golden Rock (SKB)

☐	N90HL	Cessna 208B Caravan I	208B1070	ex N1271T	Freighter, op for DHL
☐	N490CA	Cessna 208B Caravan I	208B0912	ex N900HL	Freighter, op for DHL
☐	N910HL	Cessna 208B Caravan I	208B1080	ex N1268R	Freighter, op for DHL

All leased from Tropical Aviation

V5- NAMIBIA (Republic of Namibia)

AIR NAMIBIA
Namibia (SW/NMB) (IATA 186) — *Windhoek-Eros/Hosea Kutako Intl (ERSDH)*

☐	V5-AND	Boeing 737-236	21790/599	ex ZS-SIT	Lsd fr SFR
☐	V5-ANE	Boeing 737-236	21805/697	ex ZS-SIR all-white	Lsd fr SFR
☐	V5-NME	Airbus A340-311	051	ex D-AIMG	Lsd fr BCI A/c Lsg
☐	V5-NMF	Airbus A340-311	047	ex D-AIMF	Lsd fr BCI A/c Lsg
☐	V5-NDI	Boeing 737-528	25228/2170	ex F-GJNC	Lsd fr Capex Lsg
☐	V5-TNP	Boeing 737-528	25229/2180	ex F-GJND	Lsd fr Capex Lsg

Domestic services are operated by Comav

BAY AIR AVIATION
Nomad Air (NMD) — *Walvis Bay (WVB)*

☐	V5-FUR	Cessna 310Q	310Q0456	ex ZS-FUR	

Bay Air is the trading name of Nomad Air

COMAV AVIATION
Compion (COX) — *Windhoek-Eros (ERS)*

☐	V5-CAR	Cessna 208B Caravan I	208B0513	ex ZS-OTU	all-white, no titles
☐	V5-COZ	Beech 1900D	UE-10	ex ZS-OYB	Kunene
☐	V5-NPR	Cessna 310Q	310Q0985	ex ZS-NPR	
☐	V5-SOS	Cessna 402C	402C0437	ex V5-AAS	EMS; International SOS titles
☐	V5-VAN	Cessna 208B Caravan I	208B0544	ex ZS-OWC	no titles
☐	ZS-OUB	Beech 1900C	UB-20	ex V5-MNN	Khomas
☐	ZS-OUD	Beech 1900C	UB-73	ex V5-LTC	Kalahari
☐	ZS-OYA	Beech 1900D	UE-7	ex V5-COY	Kavanga

Comav is the trading name of Compion Aviation

DESERT AIR
Windhoek-Eros (ERS)

☐	V5-AEM	Cessna 210L Centurion II	21061519	ex ZS-NCJ	
☐	V5-MAC	Rockwell 690B Turbo Commander	11557	ex N75WA	
☐	V5-MKR	Cessna T210N Turbo Centurion II	21063060	ex ZS-LAS	
☐	V5-MKS	Cessna T310R II	310R0583	ex N410AS	
☐	V5-SKY	Cessna T210L Turbo Centurion II	21059953	ex ZS-SKY	Sossus Air Taxi titles
☐	V5-TEM	Beech Baron 58	TH-812	ex V5-LZG	

Desert Air also trades as Sossus Air Taxis

NAMIBIA COMMERCIAL AIRWAYS
Med Rescue (MRE) — *Windhoek-Eros (ERS)*

☐	ZS-NAT	Britten-Norman BN-2T Turbine Islander	2158	ex 7Q-CAV		Lsd fr Exec Helicopters
☐	V5-NCG	Douglas DC-6B	45564/1040	ex GBM112	Batuleur	

SEFOFANE AIR
Windhoek-Eros (ERS)

☐	V5-BAT	Cessna T210N Turbo Centurion II	21064543	ex ZS-MUG	
☐	V5-BUZ	Cessna T210N Turbo Centurion II	21063539	ex ZS-OXI	
☐	V5-ELE	Cessna 208B Caravan I	208B0818	ex N1289Y	
☐	V5-KUD	Cessna 210N Centurion II	21063834	ex ZS-KUD	
☐	V5-MTB	Cessna T210N Turbo Centurion II	21062933	ex ZS-MTB	
☐	ZS-ELE	Cessna 208B Caravan I	208B1249	ex 9J-ELE	

Subsidiary of Sefofane Air Charters, Botswana

WESTAIR WINGS
Westair Wings (WAA) — *Windhoek-Eros (ERS)*

☐	V5-AAG	Cessna 210M Centurion II	21062077	ex N9646M	tail magnetometer
☐	V5-DHL	Reims Cessna F406 Caravan II	F406-0062	ex N744C	DHL titles
☐	V5-LWH	Cessna 310R	310R0571	ex ZS-LWH	
☐	V5-LXZ	Cessna 210M Centurion II	21063931	ex ZS-LXZ	
☐	V5-MDY	Cessna 402B	402B1353	ex D2-FFW	
☐	V5-SAC	Cessna 340A	340A0945	ex ZS-KUH	
☐	V5-WAA	Cessna 404 Titan II (RAM)	404-0210	ex N88668	Ghost Rider
☐	V5-WAB	Cessna 310Q	310Q0727	ex N4541Q	
☐	V5-WAC	Cessna 404 Titan II	404-0616	ex ZS-KRJ	
☐	V5-WAD	Cessna 310R	310R1340	ex ZS-KEE	
☐	V5-WAE	Cessna 402C	402C0430	ex ZS-NPA	
☐	V5-WAG	Cessna 310R	310R1668	ex V5-KRK	
☐	V5-WAK	Reims Cessna F406 Caravan II	F406-0048	ex G-FLYN	DHL titles

V6- MICRONESIA (Federated States of Micronesia)

CAROLINE ISLAND AIR
Pohnpei (PNI)

☐ V6-01FM	Britten-Norman BN-2A-27 Islander	2014	ex V6-SFM	
☐ V6-02FM	Beech 65-80 Queen Air	LC-84	ex N349N	
☐ V6-03FM	Britten-Norman BN-2A-21 Islander	660	ex VH-AUN	

V7- MARSHALL ISLANDS (Republic of the Marshall Islands)

AIRLINE OF THE MARSHALL ISLANDS
Marshall Islands (CW/MRS) (IATA 778)   *Majuro Intl (MAJ)*

☐ V7-0210	de Havilland DHC-8-102	218	ex ZK-NEU	Lsd fr Finova
☐ V7-9206	Dornier 228-212	8194	ex D-CAHD	
☐ V7-9207	Dornier 228-212	8201	ex D-CAHE	

V8- BRUNEI (Negara Brunei Darussalam)

ROYAL BRUNEI AIRLINES
Brunei (BI/RBA) (IATA 672)   *Bandar Seri Begawan (BWN)*

☐ V8-RBF	Boeing 767-33AER	25530/414		
☐ V8-RBG	Boeing 767-33AER	25532/442	ex N6055X	Lsd fr AWAS
☐ V8-RBH	Boeing 767-33AER	25534/477	ex N6055X	
☐ V8-RBJ	Boeing 767-33AER	25533/454	ex N67AW	
☐ V8-RBK	Boeing 767-33AER	25536/504	ex N96AC	
☐ V8-RBL	Boeing 767-33AER	27189/521	ex N1794B	
☐ V8-RBM	Boeing 767-328ER	27428/586	ex S7-RGT	Lsd to AEA
☐ V8-RBB	Boeing 757-2M6	23453/100		Lsd to AHY
☐ V8-RBP	Airbus A319-132	2023	ex D-AVWW	Lsd fr CIT Group
☐ V8-RBR	Airbus A319-132	2032	ex D-AVYK	Lsd fr CIT Group
☐ V8-RBS	Airbus A320-232	2135	ex F-WWIV	Lsd fr CIT Group
☐ V8-RBT	Airbus A320-232	2139	ex F-WWDO	Lsd fr CIT Group
☐ V8-	Boeing 777-222ER	30213/232	ex N207UA	on order
☐ V8-	Boeing 777-222ER	26918/9	ex N767UA	on order
☐ V8-	Boeing 777-222ER	30214/254	ex N208UA	on order

Four Boeing 787-8M6s are on order

XA- MEXICO (United Mexican States)

AERO BINIZA
Oaxaca (OAX)

☐ XA-UAB	Cessna 208B Caravan I	208B1017	ex XA-TVS	

AERO CALAFIA
Calafia (CFV)   *Los Cabos*

☐ XA-HVB	Cessna 208B Caravan I	208B1104	ex N4047W	
☐ XA-SFJ	Cessna 208B Caravan I	208B0301	ex N5538B	
☐ XA-TQW	Cessna 206H Stationair	20608072		

AERO CALIFORNIA
Aerocalifornia (JR/SER)   *La Paz-Gen Leon International (LAP)*

☐ XA-ADA	Douglas DC-9-32 (ABS 3)	48112/926	ex N18513	Lsd fr PLM Financial
☐ XA-UDA	Douglas DC-9-32 (ABS 3)	47170/425	ex N867AT	
☐ XA-UDB	Douglas DC-9-32 (ABS 3)	47238/465	ex N845AT	
☐ XA-UDD	Douglas DC-9-32 (ABS 3)	47534/644	ex N835AT	
☐ XA-UDE	Douglas DC-9-32 (ABS 3)	47673/779	ex N203ME	Lsd fr Interglobal
☐ XA-UDF	Douglas DC-9-32 (ABS 3)	47674/793	ex N831AT	
☐ XA-UDG	Douglas DC-9-32 (ABS 3)	47740/835	ex N216ME	Lsd fr Interglobal
☐ XA-UDH	Douglas DC-9-32 (ABS 3)	47791/908	ex N206ME	Lsd fr Interglobal
☐ XA-UDS	Douglas DC-9-32 (ABS 3)	47680/781	ex N204ME	Lsd fr Interglobal
☐ XA-UEG	Douglas DC-9-32 (ABS 3)	47794/915	ex N207ME	Lsd fr Interglobal
☐ XA-UEI	Douglas DC-9-32 (ABS 3)	47723/838	ex N830AT	
☐ XA-	McDonnell-Douglas MD-83	49235/1234	ex N934AS	stored MHV Lsd fr Interglobal

AERO CUAHONTE
Cuahonte (CUO)   Uruapan (UPN)

☐ XA-KOC   Cessna 402C   402C0301   ex N3271M

AERO DAVINCI INTERNACIONAL
                                                                                                       Reynosa (REX)

☐ XA-AFL   Swearingen SA.226TC Metro II
☐ XA-TGV   Swearingen SA.226TC Metro II   TC-350   ex N4254Y

AEROCEDROS
                                                                                                       Ensenada (ESE)

☐ XA-RYV   Convair 440-0   474   ex XB-CSE
☐ XA-STJ   Cessna 402B   402B0801   ex N3792C
☐ XA-TFY   Convair 440-0   472   ex N411GA
☐ XA-TFZ   Convair 440-94   439   ex N44829
              Operates Convair 440s for Soc Coop Prod Pesque Pescado

AERODAN
                                                                                                       Saltillo (SLW)

☐ XA-YYS   NAMC YS-11A   2071   ex XA-TTY

AEROFERINCO
                                                                                              Playa del Carmen (PCM)

☐ XA-TFG   LET L-410UVP   851409   ex YL-PAH   Cargo; stored PCM
☐ XA-TQC   LET L-410UVP   882030   ex Russ AF 2030

AEROFUTURO
                                                                                            Mexico City-Toluca (TLC)

☐ XA-UGN   Swearingen SA.226TC Metro II   TC-353   ex XA-SFS

AEROLAMSA
                                                                                              Playa del Carmen (PCM)

☐ XA-TYL   El Gavilan 358   003   ex TG-TDA
☐ XA-TYU   Britten-Norman BN-2A Mk.III-2 Trislander 1040   ex YV-943C   on rebuild
☐ XA-UBD   Britten-Norman BN-2A Mk.III-2 Trislander 1044   ex YV-2523P
              AeroLamsa is the trading name of Lineas Aereas del Mayab

AEROLINEAS CENTAURO
Centauro (CTR)   Durango (DGO)

☐ XA-JAD   Cessna U206G Stationair 6 II   U20605279
☐ XA-NAQ   Cessna U206G Stationair 6   U20603880   ex XB-CJQ
☐ XA-PIQ   Britten-Norman BN-2A-26 Islander   892   ex XC-DUJ
☐ XA-RNC   Cessna TU206G Stationair 6 II   U20605747   ex XB-CGX

AEROLINEAS REGIONALES
(RCQ)   Queretaro

☐ XA-RCA   ATR 42-300F   228   ex N422WA   Lsd fr Laserline Lease
☐ XA-   ATR 42-300F   ex   on order
☐ XA-   ATR 42-300F   ex   on order
☐ XA-   Boeing 737-200F   ex   on order
              Aerolineas Regionales is the trading name of Regional Cargo Holdings; commenced operations 12 September 2007

AEROLITORAL
Now listed as AeroMexico Connect

AEROMAR AIRLINES
Trans-Aeromar (VW/TAO)   Mexico City-Toluca (TLC)

☐ XA-RNP   ATR 42-320   213   ex F-WWEA
☐ XA-RXC   ATR 42-320   257   ex F-WWEO
☐ XA-SJJ   ATR 42-320   039   ex N71296
☐ XA-SYH   ATR 42-320   062   ex XA-PEP   Presidente Aleman
☐ XA-TAH   ATR 42-500   471   ex F-WWLS
☐ XA-TAI   ATR 42-500   474   ex F-WWLF
☐ XA-TIC   ATR 42-320   058   ex F-OGNF
☐ XA-TKJ   ATR 42-500   561   ex F-WWLW
☐ XA-TLN   ATR 42-500   564   ex F-WWEC
☐ XA-TPR   ATR 42-500   586   ex F-WWEA
☐ XA-TPS   ATR 42-500   594   ex F-WWEX

☐	XA-TRI	ATR 42-500		607	ex F-WWEA	
☐	XA-TRJ	ATR 42-500		608	ex F-WWEB	
☐	XA-UAU	ATR 42-500		462	ex I-ADLF	Edo de Veracruz
☐	XA-UAV	ATR 42-500		476	ex I-ADLG	
☐	XA-UFA	ATR 42-500		412	ex F-WQNH	

Two ATR 72-212As and two ATR 42-500s are on order

AEROMEXICO
AeroMexico (AM/AMX) (IATA 139)   Mexico City-Benito Juarez Intl (MEX)

☐	EI-DMX	Boeing 737-752/W	34297/1808	ex N1784B	Lsd fr Celestial A/c Trading
☐	EI-DMY	Boeing 737-752/W	34298/1812	ex (XA-YAM)	Lsd fr Celestial A/c Trading
☐	EI-DNB	Boeing 737-752/W	34299/1829	ex N1786B	Lsd fr CIT Aerospace Intl
☐	EI-DNC	Boeing 737-752/W	34300/1848	ex N6046P	Lsd fr CIT Aerospace Intl
☐	EI-DRA	Boeing 737-852/W	35114/2037	ex N1779B	Lsd fr Mexican A/c Lsg
☐	EI-DRB	Boeing 737-852/W	35115/2070		Lsd fr Mexican A/c Lsg
☐	EI-DRC	Boeing 737-852/W	35116/2081		Lsd fr Mexican A/c Lsg
☐	EI-DRD	Boeing 737-752/W	35117/2122	ex N1786B	Lsd fr Mexican A/c Lsg
☐	EI-DRE	Boeing 737-752/W	35787/2111		Lsd fr Mexican A/c Lsg
☐	N842AM	Boeing 737-752/W	32842/1814		Lsd fr ILFC
☐	N850AM	Boeing 737-752/W	33786/1403	ex XA-DAM	Lsd fr ILFC
☐	N851AM	Boeing 737-752/W	29363/1417	ex XA-EAM	Lsd fr ILFC
☐	N852AM	Boeing 737-752/W	33787/1421	ex XA-FAM	Lsd fr ILFC
☐	N853AM	Boeing 737-752/W	33791/1557	ex XA-JAM	Lsd fr ILFC
☐	N855AM	Boeing 737-752/W	33792/1571	ex XA-KAM	Lsd fr ILFC
☐	N857AM	Boeing 737-752/W	33793/1597	ex XA-LAM	Lsd fr ILFC
☐	N904AM	Boeing 737-752/W	28262/1565	ex N854AM	Lsd fr ILFC
☐	N906AM	Boeing 737-752/W	29356/1586		Lsd fr ILFC
☐	N908AM	Boeing 737-752/W	30038/1601		Lsd fr ILFC
☐	N997AM	Boeing 737-76Q/W	30283/1156	ex G-OSLH	Lsd fr Boullioun
☐	XA-AAM	Boeing 737-752/W	33783/1381		Lsd fr RBS Avn Capital
☐	XA-AGM	Boeing 737-752/W	35786/2098		
☐	XA-BAM	Boeing 737-752/W	33784/1393		Lsd fr RBS Avn Capital
☐	XA-CAM	Boeing 737-752/W	33785/1398		Lsd fr RBS Avn Capital
☐	XA-CTG	Boeing 737-752/W	35123/2374		
☐	XA-CYM	Boeing 737-752/W	35124/2456	ex N1779B	
☐	XA-GAM	Boeing 737-752/W	33788/1439		Lsd fr RBS Avn Capital
☐	XA-GMV	Boeing 737-752/W	35118/2151		Lsd fr Avn Capital Grp
☐	XA-GOL	Boeing 737-752/W	35785/2011		
☐	XA-HAM	Boeing 737-752/W	33789/1524		Lsd fr RBS Avn Capital
☐	XA-JOY	Boeing 737-852/W	35121/2327	ex N1782B	Lsd fr ACG Acquisitions
☐	XA-MAH	Boeing 737-752/W	35122/2348		Lsd fr CIT Aerospace
☐	XA-MIA	Boeing 737-852/W	35119/2273		Lsd fr CIT Aerospace
☐	XA-NAM	Boeing 737-752/W	33790/1533	ex (XA-IAM)	Lsd fr RBS Avn Capital
☐	XA-PAM	Boeing 737-752/W	34293/1747		Lsd fr RBS Avn Capital
☐	XA-QAM	Boeing 737-752/W	34294/1761	ex N1786B	Lsd fr RBS Avn Capital
☐	XA-VAM	Boeing 737-752/W	34295/1765		Lsd fr RBS Avn Capital
☐	XA-WAM	Boeing 737-752/W	34296/1783		
☐	XA-ZAM	Boeing 737-852/W	35120/2290	ex N1780B	Lsd fr ACG Acquisitions
☐	XA-	Boeing 737-852/W			on order
☐	XA-	Boeing 737-852/W			on order
☐	N161PL	McDonnell-Douglas MD-88	49764/1632		Lsd fr WTCo
☐	N162PL	McDonnell-Douglas MD-88	49765/1645		Lsd fr WTCo
☐	N169PL	McDonnell-Douglas MD-88	53175/1868		for AUT	Lsd fr WTCo
☐	N205AM	McDonnell-Douglas MD-87	49405/1525	ex OH-LMC	Lsd fr WFBN
☐	N214AM	McDonnell-Douglas MD-87	49585/1457	ex LN-RMX	Lsd fr WFBN
☐	N216AM	McDonnell-Douglas MD-87	49586/1472	ex LN-RMY	Lsd fr WFBN
☐	N501AM	McDonnell-Douglas MD-82	49188/1172	ex XA-AMO	Lsd fr Boeing Capital
☐	N583MD	McDonnell-Douglas MD-83	49659/1438	ex YV-39C	Lsd fr Boeing Capital
☐	N754RA	McDonnell-Douglas MD-87	49641/1617	ex HB-IUD	Lsd fr Avioserv
☐	N803ML	McDonnell-Douglas MD-87	49726/1610		Lsd fr Triton
☐	N838AM	McDonnell-Douglas MD-83	49397/1331	ex N830VV	Lsd fr Boeing Capital
☐	XA-AMS	McDonnell-Douglas MD-88	49926/1715	ex (N164PL)	Lsd fr Polaris
☐	XA-AMT	McDonnell-Douglas MD-88	49927/1716	ex (N165PL)	for AUT	Lsd fr Polaris
☐	XA-AMU	McDonnell-Douglas MD-88	49928/1732	ex N166PL	for AUT	Lsd fr Polaris
☐	XA-AMV	McDonnell-Douglas MD-88	49929/1741	ex (N167PL)	Lsd fr Polaris
☐	XA-MRM	McDonnell-Douglas MD-82	53066/1938	ex B-28005	Lsd fr WLL 53066 Inc
☐	XA-TLH	McDonnell-Douglas MD-82	53119/1956	ex B-28013	Lsd fr World Lease
☐	XA-TPM	McDonnell-Douglas MD-87	49671/1463	ex PZ-TCG	District of Para	Lsd fr ILFC
☐	XA-TWA	McDonnell-Douglas MD-87	49780/1674	ex N132NJ	Lsd fr Pacific Aircorp
☐	XA-TWT	McDonnell-Douglas MD-87	49706/1614	ex EC-GKG	Lsd fr Air Trade Capital
☐	XA-TXC	McDonnell-Douglas MD-87	49389/1333	ex EC-GKF	Lsd fr Air Trade Capital
☐	XA-TXH	McDonnell-Douglas MD-87	49413/1681	ex N136NJ	Lsd fr Pacific Aircorp
☐	N745AM	Boeing 777-2Q8ER	32718/554		Lsd fr ILFC
☐	N746AM	Boeing 777-2Q8ER	32719/562		Lsd fr ILFC
☐	N774AM	Boeing 777-2Q8ER	28689/365	ex N301LF	Lsd fr ILFC
☐	N776AM	Boeing 777-2Q8	28692/373	ex N181LF	Lsd fr ILFC
☐	XA-APB	Boeing 767-3Q8ER	27618/727	ex (XA-TMG)	Lsd fr ILFC
☐	XA-OAM	Boeing 767-2B1ER	26471/511	ex C9-BAF	

☐ XA-TOJ   Boeing 767-283ER   24727/301   ex PT-TAI   Lsd fr Boeing Capital
Five Boeing 787-8s are on order for delivery from 2010, three leased from ILFC (35304, 35306 & 35308) in Feb/Apr/Jun 2010
Founder member of SkyTeam Alliance with Air France, Korean Air and Delta

AEROMEXICO CONNECT
Costera (5D/SLI)   *Monterrey-Escobedo Intl/Vera Cruz (MTY/VER)*

Previously listed as AeroLittoral

☐	XA-ALI	Embraer EMB.145LR (ERJ-145LR)	145795	ex PT-SMW		
☐	XA-BLI	Embraer EMB.145LR (ERJ-145LR)	145798	ex PT-SMY		
☐	XA-CLI	Embraer EMB.145LR (ERJ-145LR)	14500803	ex PT-SNG		
☐	XA-DLI	Embraer EMB.145LR (ERJ-145LR)	14500852	ex PT-SQU		
☐	XA-ELI	Embraer EMB.145LR (ERJ-145LR)	14500861	ex PT-SXB		
☐	XA-FLI	Embraer EMB.145MP (ERJ-145MP)	145203	ex N974RP		Lsd fr CHQ
☐	XA-GLI	Embraer EMB.145MP (ERJ-145MP)	145444	ex N973RP		Lsd fr CHQ
☐	XA-HLI	Embraer EMB.145MP (ERJ-145MP)	145337	ex N975RP		Lsd fr CHQ
☐	XA-ILI	Embraer EMB.145LU (ERJ-145LU)	145564	ex D-ACIA		
☐	XA-JLI	Embraer EMB.145MP (ERJ-145MP)	145426	ex N971RP		Lsd fr CHQ
☐	XA-KAC	Embraer EMB.145MP (ERJ-145MP)	145322	ex N976RP		
☐	XA-KLI	Embraer EMB.145MP (ERJ-145MP)	145440	ex N972RP		Lsd fr CHQ
☐	XA-LLI	Embraer EMB.145ER (ERJ-145ER)	145060	ex PT-SPH		
☐	XA-MLI	Embraer EMB.145ER (ERJ-145ER)	145065	ex PT-SPI		
☐	XA-NLI	Embraer EMB.145ER (ERJ-145ER)	145083	ex PT-SPJ		
☐	XA-OLI	Embraer EMB.145ER (ERJ-145ER)	145089	ex PT-SPK		
☐	XA-PLI	Embraer EMB.145ER (ERJ-145ER)	145090	ex PT-SPL		
☐	XA-QLI	Embraer EMB.145LU (ERJ-145LU)	145588	ex HB-JAX		
☐	XA-RLI	Embraer EMB.145LU (ERJ-145LU)	145559	ex HB-JAS		
☐	XA-SLI	Embraer EMB.145LU (ERJ-145LU)	145580	ex HB-JAW		
☐	XA-TLI	Embraer EMB.145LU (ERJ-145LU)	145601	ex HB-JAY		
☐	XA-ULI	Embraer EMB.145LU (ERJ-145LU)	145570	ex HB-JAU		
☐	XA-VLI	Embraer EMB.145LU (ERJ-145LU)	145574	ex HB-JAV		
☐	XA-WLI	Embraer EMB.145LU (ERJ-145LU)	145434	ex HB-JAN		
☐	XA-XLI	Embraer EMB.145LU (ERJ-145LU)	145456	ex HB-JAO		
☐	XA-YLI	Embraer EMB.145LU (ERJ-145LU)	145400	ex HB-JAL		
☐	XA-ZLI	Embraer EMB.145LU (ERJ-145LU)	145420	ex HB-JAM		
☐	XA-CGO	SAAB SF.340B	340B-270	ex XA-TIU		Lsd fr Boeing Capital
☐	XA-TJI	SAAB SF.340B	340B-188	ex PH-KSF	Jalisco	Lsd fr Boeing Capital
☐	XA-TJR	SAAB SF.340B	340B-226	ex PH-KSK	Sonora	Lsd fr Boeing Capital
☐	XA-TKA	SAAB SF.340B	340B-288	ex PH-KSM		Lsd fr Boeing Capital
☐	XA-TKL	SAAB SF.340B	340B-217	ex PH-KSI		Lsd fr Boeing Capital
☐	XA-TKT	SAAB SF.340B	340B-189	ex PH-KSG	Tamaulipas	Lsd fr Boeing Capital
☐	XA-TTW	SAAB SF.340B	340B-255	ex SE-G55		Lsd fr SAAB
☐	XA-TUB	SAAB SF.340B	340B-248	ex SE-KXD		Lsd fr SAAB
☐	XA-AAC	Embraer 190-100LR (190LR)	19000121	ex PT-SQP		Lsd fr GECAS
☐	XA-BAC	Embraer 190-100LR (190LR)	19000129	ex PT-SQP		
☐	XA-CAC	Embraer 190-100LR (190LR)	19000135	ex PT-SYN		
☐	XA-DAC	Embraer 190-100LR (190LR)		ex PT-	on order	

Wholly owned subsidiary of Aeromexico

AEROMEXPRESS CARGO
Aeromexpress (QO/MPX) (IATA976)   *Mexico City-Benito Juarez Intl (MEX)*

Subsidiary of Mexicana, operates services with Boeing 767-200 (SF)s leased from ABX Air as required.

AERONAVES TSM
Saltilo (SLW)

☐	XA-EEE	Swearingen SA.227TC Metro III	AC-503	ex N102GS	
☐	XA-MIO	Swearingen SA.227AC Metro III	AC-693B	ex N446MA	
☐	XA-PNG	Swearingen SA.227AC Metro III	AC-687B	ex N445MA	
☐	XA-SLW	Swearingen SA.227AC Metro III	AC-628B	ex N280EM	
☐	XA-TYX	Swearingen SA.227AC Metro III	AC-627B	ex N799BW	
☐	XA-	Swearingen SA.227AC Metro III	AC-497	ex N98EB	
☐	XA-	Swearingen SA.227AC Metro III	AC-724	ex N106GS	
☐	XA-ADQ	Swearingen SA.226TC Metro II	TC-409	ex C-FLNG	
☐	XA-ADS	Swearingen SA.226TC Metro II	TC-404	ex C-FGPW	
☐	XA-TSM	Swearingen SA.226TC Metro IIA	TC-412	ex XA-SXB	
☐	XA-UFO	Swearingen SA.226TC Metro II			
☐	N637PJ	Swearingen SA.226TC Metro II	TC-376	ex N169GA	for spares?
☐	N851LH	Swearingen SA.226TC Metro II	TC-337	ex N166GA	for spares?
☐	XA-TYF	Convair 600F	101	ex N94279	

AEROPACIFICO
Aero Costa (TAA)   *Colima (CLQ)*

☐	XA-AFT	Swearingen SA.227AC Metro III	AC-581	ex C-FAFE	Freighter
☐	XA-UAJ	Swearingen SA.227AC Metro III	AC-586	ex N911EJ	Freighter

AeroPacifico is the trading name of Aeroservicios de la Costa

AEROPACIFICO
Transportes Pacifico (TFO) — Los Mochis (LMM)

☐ XA-AFE	LET L-410UVP-E	902508	ex N19RZ	
☐ XA-SUS	Swearingen SA.227AC Metro III	AC-430B	ex N430PF	
☐ XA-UEP	British Aerospace Jetstream 31	794	ex N417UE	

Aeropacifico is the trading name of Transportes Aeropacifico

AEROPOSTAL
Postal Cargo (PCG) — Mexico City-Benito Juarez Intl (MEX)

☐ XA-TXS	Douglas DC-8-63CF (BAC 3)	46054/453	ex N796AL

AEROSERVICIOS GAMA
Guadalajara (GDL)

☐ XA-UGM	SAAB SF.340A	340A-030	ex N344AM

AEROSERVICIOS MONTERREY
Servimonte (SVM) — Monterrey-General Mariano Ecobedo Intl (MTY)

☐ XA-HAC	Piper PA-31 Turbo Navajo C/R	31-7912088	ex N3532K

AEROTRON
Aerotron (TRN) — Puerto Vallarta (PVR)

☐ XA-ADZ	Cessna 402	402-0113	ex N772EA	
☐ XA-TNI	Cessna 208B Caravan I	208B0728		Op for Air Adventure

Aerotron is the trading name of Servicios Aereos Corporativos

AEROTROPICAL
Tropicmex (TOC) — Poza Rica (PAZ)

☐ XA-UEL	Boeing 737-2H4 (AvAero 3)	22963/929	ex N91SW	Lsd fr Jet Midwest

AEROTUCAN
Oaxaca (OAX)

☐ XA-TDS	Cessna 208B Caravan I	208B0559	
☐ XA-UCT	Cessna 208B Caravan I	208B1093	ex N5076J

AEROUNION
AeroUnion (6R/TNO) — Mexico City-Benito Juarez Intl (MEX)

☐ XA-TUE	Airbus A300B4-203F	078	ex C-FICB	Margo; stored Lsd fr CS Avn Services
☐ XA-TVU	Airbus A300B4-203F	074	ex G-HLAC	Nina Lsd fr CS Avn Services
☐ XA-TWQ	Airbus A300B4-203F	045	ex G-HLAB	Fata [stored] Lsd fr RBS Aviation

AeroUnion is the trading name of Aerotransporte de Carga Union

AEROVIAS CASTILLO
Aerocastillo (CLL) — Guadalajara (GDL)

☐ XA-COJ	Cessna U206G Stationair 6	U20605484	ex XB-ZIC
☐ XA-IUL	Cessna 402C	402C0091	
☐ XA-JIO	Cessna U206G Stationair 6	U20605330	
☐ XA-JON	Cessna 402C	402C0230	ex N2718R
☐ XA-KEB	Cessna T207A Stationair 8	20700615	ex N73705
☐ XA-PEA	Cessna TU206G Stationair 6	U20606379	ex N7590Z
☐ XA-POM	Cessna 421C Golden Eagle	421C0695	ex N546RP
☐ XA-RWO	Cessna T210L Turbo Centurion II	21061474	ex N732FE
☐ XA-SCE	Learjet 24D	24D-271	ex N4305U

AEROVIAS MONTES AZULES
Montes Azules (MZL) — Tuxtla Gutierrez (TGZ)

☐ XA-SOG	Piper PA-31 Turbo Navajo C/R	31-7612056	ex XB-EGX
☐ XA-TMQ	Cessna TU206G Stationair 6	U20604578	ex N9569E

ALADIA
(AYD) — Monterrey-Escobedo Intl (MTY)

☐ XA-DIA	Boeing 757-2G5	23928/146	ex N750WL	Lsd fr Macquarie AirFinance
☐ G-VKND	Boeing 757-225	22612/114	ex TF-ARK	Lsd fr XLA
☐ XA-MTY	Boeing 757-2Y0ER	25240/388	ex G-VKNA	Lsd fr XLA

ALMA DE MEXICO
(C4/MSO) — Guadalajara (GDL)

	Reg	Type	MSN	Previous	Notes
☐	XA-DLP	Canadair CL-600-2B19 (CRJ-200ER)	7653	ex N678BR	Lsd fr GECAS
☐	XA-ECD	Canadair CL-600-2B19 (CRJ-200ER)	7662	ex N679BR	Lsd fr GECAS
☐	XA-GHC	Canadair CL-600-2B19 (CRJ-200ER)	7739	ex N690BR	Lsd fr GECAS
☐	XA-JPM	Canadair CL-600-2B19 (CRJ-200)	7113	ex C-FLIB	Lsd fr GECAS
☐	XA-PPG	Canadair CL-600-2B19 (CRJ-200ER)	7652	ex N677BR	Lsd fr GECAS
☐	XA-UFD	Canadair CL-600-2B19 (CRJ-200ER)	7164	ex C-FDWO	Lsd fr Canadian Regional A/c Finance
☐	XA-UFX	Canadair CL-600-2B19 (CRJ-200ER)	7144	ex C-FDWK	Lsd fr Canadian Regional A/c Finance
☐	XA-UGS	Canadair CL-600-2B19 (CRJ-200ER)	7467	ex N703BR	Lsd fr GECAS
☐	XA-UGU	Canadair CL-600-2B19 (CRJ-200ER)	7470	ex N705BR	Lsd fr GECAS
☐	XA-UGW	Canadair CL-600-2B19 (CRJ-200)	7016	ex C-FLHP	Lsd fr GECAS
☐	XA-UHB	Canadair CL-600-2B19 (CRJ-200)	7006	ex C-FMDO	Lsd fr GECAS
☐	XA-UHF	Canadair CL-600-2B19 (CRJ-200)	7025	ex C-FLHZ	Lsd fr GECAS
☐	XA-UHM	Canadair CL-600-2B19 (CRJ-200)	7004	ex C-FLNS	Lsd fr GECAS
☐	XA-UHN	Canadair CL-600-2B19 (CRJ-200ER)	7329	ex N329BS	Lsd fr Bombardier
☐	XA-UHU	Canadair CL-600-2B19 (CRJ-200ER)	7299	ex N299BS	Lsd fr GECAS
☐	XA-UID	Canadair CL-600-2B19 (CRJ-200ER)	7363	ex C-FNJW	Lsd fr Avmax Group
☐	XA-UIE	Canadair CL-600-2B19 (CRJ-200ER)	7379	ex C-FNKC	
☐	XA-UIN	Canadair CL-600-2B19 (CRJ-200LR)	7690	ex B-3077	Lsd fr GECAS
☐	XA-UIO	Canadair CL-600-2B19 (CRJ-200LR)	7704	ex B-3078	Lsd fr GECAS
☐	XA-	Canadair CL-600-2B19 (CRJ-200ER)		ex	on order Lsd fr GECAS
☐	XA-	Canadair CL-600-2B19 (CRJ-200ER)		ex	on order Lsd fr GECAS
☐	XA-	Canadair CL-600-2B19 (CRJ-200ER)	7676	ex HA-LNA	on order
☐	XA-	Canadair CL-600-2B19 (CRJ-200ER)	7686	ex HA-LNB	on order
☐	XA-	Canadair CL-600-2B19 (CRJ-200ER)	7565	ex B-3001	on order Lsd fr GECAS

Two Canadair CL-600-2D24 New Generation are on order
Alma de Mexico is a trading name of Aerolineas Mesoamericanos

ASESA
Aeroespecial (SVE) — Ciudad del Carmen (CME)

	Reg	Type	MSN	Previous	Notes
☐	XA-TNF	Bell 412EP	36202	ex N4300Z	
☐	XA-TPG	Bell 412EP	36240	ex N63880	
☐	XA-TPO	Bell 412EP	36221	ex N62355	
☐	XA-TQH	Bell 412EP	36241	ex N6400Z	
☐	XA-TWD	Bell 412EP	36309	ex N24113	
☐	XA-TWE	Bell 412EP	36310	ex N2413V	
☐	XA-UAC	Bell 412EP	36323	ex N80667	
☐	XA-UAD	Bell 412EP	36324	ex N8067M	
☐	XA-UAE	Bell 412EP	36325	ex N8067E	
☐	XA-UBF	Bell 412EP			
☐	XA-	Bell 412EP			on order
☐	XA-	Bell 412EP			on order
☐	XA-	Bell 412EP			on order
☐	XA-	Bell 412EP			on order
☐	XA-	Bell 412EP			on order
☐	XA-	Bell 412EP			on order
☐	XA-AKY	Piper PA-31 Turbo Navajo C	31-7712061	ex N27270	
☐	XA-RTL	Aerospatiale AS.365N2 Dauphin 2	6374	ex F-WYMD	
☐	XA-RUZ	Aerospatiale AS.365N2 Dauphin 2	6394		

ASESA is the trading name of Aeroservicios Especializados

AVIACSA
Aviacsa (6A/CHP) (IATA 095) — Tuxtla Gutierrez (TGZ)

	Reg	Type	MSN	Previous	Notes
☐	XA-SIJ	Boeing 727-276/W (Duganair 3)	22017/1564	ex VH-TBQ	stored
☐	XA-SJE	Boeing 727-276/W (Duganair 3)	21479/1357	ex VH-TBN	stored MTY
☐	XA-SLG	Boeing 727-276/W (Duganair 3)	21171/1232	ex VH-TBM	stored MEX
☐	XA-ABC	Boeing 737-205 (Nordam 3)	23467/1245	ex N713A	
☐	XA-NAF	Boeing 737-219 (Nordam 3)	23470/1186	ex ZK-NAT	
☐	XA-NAK	Boeing 737-219 (Nordam 3)	23474/1199	ex ZK-NAX	
☐	XA-NAV	Boeing 737-219 (Nordam 3)	23472/1194	ex ZK-NAV	Lsd fr AerCap
☐	XA-SIW	Boeing 737-2T4	22370/716	ex N139AW	Lsd fr GECAS
☐	XA-SIX	Boeing 737-2T4	22371/717	ex N140AW	Lsd fr GECAS
☐	XA-TTM	Boeing 737-201 (Nordam 3)	22753/865	ex N246US	
☐	XA-TTP	Boeing 737-201 (Nordam 3)	22868/963	ex N262AU	
☐	XA-TUK	Boeing 737-201 (Nordam 3)	22867/961	ex N261AU	
☐	XA-TVD	Boeing 737-201 (Nordam 3)	22758/889	ex N252AU	
☐	XA-TVL	Boeing 737-201 (Nordam 3)	22869/964	ex N263AU	
☐	XA-TVN	Boeing 737-201 (Nordam 3)	22752/845	ex N244US	
☐	XA-TWJ	Boeing 737-219 (Nordam 3)	23471/1189	ex ZK-NAU	
☐	XA-TWO	Boeing 737-219 (Nordam 3)	23475/1203	ex ZK-NAY	
☐	XA-TWV	Boeing 737-219 (Nordam 3)	23473/1197	ex ZK-NAW	
☐	XA-TXD	Boeing 737-201 (Nordam 3)	22018/651	ex N232US	
☐	XA-TXF	Boeing 737-201 (Nordam 3)	22961/984	ex N264AU	
☐	XA-TYC	Boeing 737-201 (Nordam 3)	22962/987	ex N265AU	
☐	XA-TYI	Boeing 737-201 (Nordam 3)	22757/883	ex N251AU	

☐	XA-TYO	Boeing 737-201 (Nordam 3)	22756/879	ex N249US		
☐	XA-UAA	Boeing 737-201 (Nordam 3)	22755/873	ex N248US		
☐	XA-UCA	Boeing 737-201 (Nordam 3)	22866/940	ex N260AU		
☐	XA-UCG	Boeing 737-201 (Nordam 3)	22445/837	ex N243US		
☐	XA-UFW	Boeing 737-301	23558/1449	ex N355US		Lsd fr AFS Investments
☐	XA-UGE	Boeing 737-301	23555/1428	ex N352US		Lsd fr AFS Investments
☐	XA-UGF	Boeing 737-301	23556/1435	ex N353US		Lsd fr AFS Investments
☐	XA-	Boeing 737-247 (Nordam 3)	23184/1061	ex N236WA		
☐	XA-	Boeing 737-247 (Nordam 3)	23185/1065	ex N237WA		
☐	XA-	Boeing 737-247 (Nordam 3)	23186/1066	ex N238WA		
☐	XA-	Boeing 737-247 (Nordam 3)	23187/1070	ex N239WA		
☐	XA-	Boeing 737-232 (Nordam 3)	23096/1028	ex N324DL		
☐	XA-	Boeing 737-232 (Nordam 3)	23097/1029	ex N325DL		

AVIONES DE SONORA
Sonorav (ADS) — Hermosillo (HMO)

☐	XA-KEA	Cessna 310R	310R1880	ex (N3223M)	
☐	XA-KOA	Cessna 340A	340A0978	ex YV-1886P	

AVOLAR AEROLINEAS
Aerovolar (V5/VLI) — Tijuana (TIJ)

☐	EI-DKV	Boeing 737-505	24272/1923	ex G-GFFC		Lsd fr BBAM
☐	EI-DNY	Boeing 737-3T0	23360/1147	ex N17309		Lsd fr BCI Aircraft Lsg
☐	EI-DNZ	Boeing 737-3T0	23363/1153	ex N60312		Lsd fr BCI Aircraft Lsg
☐	EI-DRR	Boeing 737-347	23181/1087	ex N3301		Lsd fr BCI Aircraft Lsg
☐	EI-DTP	Boeing 737-347	23182/1106	ex N302WA		Lsd fr BCI Aircraft Lsg
☐	XA-AVL	Boeing 737-53A	24787/1900	ex N787AW		Lsd fr AWMS I
☐	XA-AVO	Boeing 737-53A	24881/1945	ex N881AN		Lsd fr AWMS I
☐	XA-OCI	Boeing 737-291 (Nordam 3)	21640/536	ex N982UA	on order	Lsd fr Petrozaz
☐	XA-OHC	Boeing 737-217 (AvAero 3)	22257/756	ex N2257	on order	Lsd fr Petrozaz
☐	XA-UFH	Boeing 737-3B7	23377/1320	ex N328AW		Lsd fr East Trust
☐	XA-UHY	Boeing 737-2C3	21016/406	ex XA-MAB	on order	Lsd fr AAR Engine

AZTECA AIRLINES
Azteca (ZE/LCD) (IATA 994) — Mexico City-Benito Juarez Intl (MEX)

☐	XA-AAU	Boeing 737-3K9	24211/1623	ex EC-HLM	Lsd fr Bavaria
☐	XA-AAV	Boeing 737-3K9	24214/1796	ex EC-HNO	Lsd fr Bavaria
☐	XA-CAS	Boeing 737-322	23948/1491	ex N316UA	Lsd fr AAR Group

Azteca Airlines is the trading name of Aero Servicios Azteca/Lineas Aereas Azteca
Grounded by Mexican government for safety and financial reasons.

CLICK MEXICANA
Click Mexicana (QA/CBE) (IATA 723) — Mexico City-Benito Juraex Intl (MEX)

☐	XA-JXT	Fokker F.28-0100 (Fokker 100)	11303	ex D-AGPF		Lsd fr Pembroke
☐	XA-JXW	Fokker F.28-0100 (Fokker 100)	11390	ex PH-JXW	Mazatlan	Lsd fr AerCap
☐	XA-KXJ	Fokker F.28-0100 (Fokker 100)	11400	ex PH-KXJ	Ixtapa Zihuatanejo	Lsd fr AerCap
☐	XA-KXR	Fokker F.28-0100 (Fokker 100)	11410	ex PH-KXR		Lsd fr A/c Financing & Trading
☐	XA-LXG	Fokker F.28-0100 (Fokker 100)	11420	ex PH-LXG		
☐	XA-MQJ*	Fokker F.28-0100 (Fokker 100)	11383	ex PT-MQD		
☐	XA-MRV	Fokker F.28-0100 (Fokker 100)	11320	ex PT-MRC		Lsd fr AerCap
☐	XA-SGE*	Fokker F.28-0100 (Fokker 100)	11382	ex PH-JXS	Cuernavaca	
☐	XA-SGF*	Fokker F.28-0100 (Fokker 100)	11384	ex PH-JXU	Puebla	
☐	XA-SHI*	Fokker F.28-0100 (Fokker 100)	11309	ex PH-LMZ	Tampcio	
☐	XA-SHJ*	Fokker F.28-0100 (Fokker 100)	11319	ex PH-LNB	Tuxtla Gutierrez	
☐	XA-SHK	Fokker F.28-0100 (Fokker 100)	11333	ex D-AGPN		Lsd fr Pembroke
☐	XA-SHL	Fokker F.28-0100 (Fokker 100)	11337	ex D-AGPP		Lsd fr Pembroke
☐	XA-TCG*	Fokker F.28-0100 (Fokker 100)	11374	ex PH-JXX	Tuxpan	
☐	XA-TCH*	Fokker F.28-0100 (Fokker 100)	11375	ex PH-JXR	Monclova	
☐	XA-TCM*	Fokker F.28-0100 (Fokker 100)	11341	ex PT-MRX		
☐	XA-TKP*	Fokker F.28-0100 (Fokker 100)	11266	ex PK-JGD	San Antonio	
☐	XA-TKR*	Fokker F.28-0100 (Fokker 100)	11339	ex PK-JGH	San Luis Potosi	
☐	XA-	Fokker F.28-0100 (Fokker 100)	11353	ex N1402K	on order	
☐	XA-	Fokker F.28-0100 (Fokker 100)	11354	ex N1403M	on order	
☐	XA-	Fokker F.28-0100 (Fokker 100)	11355	ex N1404D	on order	
☐	XA-	Fokker F.28-0100 (Fokker 100)	11356	ex N1405J	on order	

*Leased from Airplanes 100 Finance
Click Mexicana is the trading name of Aerocaribe and operates as the wholly owned low cost subsidiary of Mexicana

ESTAFETA CARGA AEREA
(E7/ESF) (IATA 355) — San Luis Potosi (SLP)

☐	XA-AJA	Boeing 737-3Y0 (SF)	23747/1363	ex N331AW	
☐	XA-ECA	Boeing 737-3M8 (SF)	24024/1689	ex N784DC	Lsd fr WFBN
☐	XA-EMX	Boeing 737-375F	23707/1388	ex N336AW	
☐	XA-GGB	Boeing 737-3M8 (SF)	24023/1675	ex N783DC	Lsd fr GECAS

☐	XA-TWP	Boeing 737-229C (Nordam 3)	21738/576	ex G-BYYF		Lsd fr LaserLine Lease Finance

FLYMEX

☐	XA-AAS	Dornier 328-300 (328JET)	3127	ex N430Z	Lsd to SKN Air Express
☐	XA-FAS	Dornier 328-300 (328JET)	3125	ex	

GLOBAL AIR
Damojh (DMJ) — Mexico City-Benito Juarez Intl (MEX)

☐	XA-TWR	Boeing 737-2H4 (AvAero 3)	21812/611	ex N60SW	no titles	Lsd to VCV
☐	XA-UBB	Boeing 737-291 (Nordam 3)	21750/574	ex N988UA	no titles	Lsd to VCV

Global Air is the trading name of Aerolineas Damojh

HAWK DE MEXICO
Hawk Mexico (HMX) — Mexico City/Cancun (MEX/CUN)

☐	XA-MVD	Beech 1900D	UE-398	ex N44118	

HELI CAMPECHE
Helicampeche (HEC) — Campeche/Mexico City (CPE/-)

☐	XA-AAB	Bell 412EP	36253	ex N4217U	Lsd fr OLOG
☐	XA-AAN	Bell 412EP	36254	ex N24171	Lsd fr OLOG
☐	XA-AAR	Bell 412EP	36255	ex N385AL	Lsd fr OLOG
☐	XA-HSC	Bell 412EP	36417	ex N30423	
☐	XA-HSD	Bell 412EP	36446	ex N31011	
☐	XA-TXP	Bell 412EP	36311	ex N24129	
☐	XA-TXQ	Bell 412EP	36268	ex N61318	
☐	XA-TXR	Bell 412EP	36289	ex N2029N	
☐	XA-TXV	Bell 412EP	36317	ex N7020C	
☐	XA-TXZ	Bell 412EP	36314	ex N7030B	
☐	XA-TYA	Bell 412EP	36315	ex N7007Q	
☐	XA-TYQ	Bell 412SP	33210	ex 9Y-BCL	
☐	XA-UAR	Bell 412	36051	ex D-HHYY	
☐	XA-ADL	Bell 407	53313		
☐	XA-ADL	Bell 407	53447	ex N61201	

Both aircraft are current and details from Mexican Authorities

☐	XA-JOL	Bell 206B JetRanger III	786	ex N31AL	Lsd fr OLOG
☐	XA-LOC	Bell 206B JetRanger III	3284		Lsd fr OLOG
☐	XA-IUR	Bell 212	30938		
☐	XA-TRP	Bell 212	30869	ex N71AL	Lsd fr OLOG
☐	XA-UEB	Bell 407	53046	ex N416AL	Lsd fr OLOG

Associated with Air Logistics/Bristow Group

HELIVAN

☐	XA-GFT	Sikorsky S-76C+	760596	ex N71154
☐	XA-MJV	Sikorsky S-76C+	760581	ex N7113J
☐	XA-RSY	Sikorsky S-76C+	760598	ex N71026
☐	XA-RYT	Sikorsky S-76C+	760582	ex N7110U

INTERJET
(4O/INJ) — Toluca (TLC)

☐	XA-ACO	Airbus A320-214	1322	ex F-WQUX		Lsd fr SL Zermatt
☐	XA-AIJ	Airbus A320-214	1179	ex F-WQUS		Lsd fr SL Zermatt
☐	XA-ALM	Airbus A320-214	1308	ex F-WQUU		Lsd fr SL Zermatt
☐	XA-IJA	Airbus A320-214	1244	ex F-WQUT		Lsd fr SL Zermatt
☐	XA-IJT	Airbus A320-214	1132	ex F-WQUR		Lsd fr Magnus
☐	XA-INJ	Airbus A320-214	1162	ex F-WQUV		Lsd fr SL Zermatt
☐	XA-ITJ	Airbus A320-214	1259	ex F-WQVU		Lsd fr Chamonix A/c Lsg
☐	XA-MXM	Airbus A320-214	3286	ex F-WWDR		Lsd fr Avn Capital Corp
☐	XA-TLC	Airbus A320-214	3312	ex F-WWIP		
☐	XA-UHE	Airbus A320-214	3149	ex F-WWBS		Lsd fr Avn Capital Corp
☐	XA-VAI	Airbus A320-214	3160	ex F-WWDR		Lsd fr Avn Capital Corp
☐	XA-	Airbus A320-214	3514	ex F-WW	on order	
☐	XA-	Airbus A320-214	3508	ex F-WW	on order	

Interjet is the trading name of ABC Aerolineas; Four more Airbus A320s are on order for delivery in 2009

KA'AN BEEL AIR
Cancun (CUN)

☐	XA-	British Aerospace 146 Srs.200	E2130	ex C-GRNX	on order	Lsd fr BAE Systems
☐	XA-	British Aerospace 146 Srs.200	E2133	ex C-GRNV	on order	Lsd fr BAE Systems
☐	XA-	British Aerospace 146 Srs.200	E2139	ex C-GRNU	on order	Lsd fr BAE Systems
☐	XA-	British Aerospace 146 Srs.200	E2140	ex C-GRNT	on order	Lsd fr BAE Systems

Subsidiary of Quest Mexicana

MAGNICHARTERS
Grupomonterrey (GMT)   Monterrey-General Mariano Ecobedo Intl (MTY)

☐	XA-MAA	Boeing 737-377	23655/1274	ex N812AR		Lsd fr AAR Engine
☐	XA-MAC	Boeing 737-2C3	21014/397	ex N302AR	damaged 14Sep07	
☐	XA-MAD	Boeing 737-277 (Nordam 3)	22652/831	ex N185AW	Magni titles	Lsd fr Northern Lsg
☐	XA-MAE	Boeing 737-277 (Nordam 3)	22648/789	ex N181AW		Lsd fr AtairCraft
☐	XA-MAF	Boeing 737-2K9 (Nordam 3)	22505/815	ex N303AR		Lsd fr AT Aircraft
☐	XA-MAI	Boeing 737-322	23537/1774	ex N368UA		Lsd fr Air AVT Acquisition
☐	XA-UHZ	Boeing 737-201 (Nordam 3)	21816/592	ex XA-MAK		Lsd fr AAR Engine

Magnicharters is the trading name of Grupoaereo Monterrey

MAS AIR CARGO
Mas Carga (MY/MAA) (IATA 865)   Mexico City-Benito Juarez Intl (MEX)

☐	N314LA	Boeing 767-316ERF	32573/848		Lsd fr LCO
☐	N420LA	Boeing 767-316ERF	34627/948		Lsd fr LCO

Mas Air Cargo is the trading name of Aerotransportes Mas de Carga. 39.55% owned by LAN Airlines

MEX-JET
Mejets (MJT)   Mexico City-Benito Juarez Intl (MEX)

☐	XA-AEG	Lockheed L-188CF Electra	1147	ex HK-3706	stored PTY
☐	XA-MJE	North American NA-265 Sabre 40	282-65	ex XA-GGR	Freighter

Current status uncertain, the Electra was damaged at Panama City

MEXICANA
Mexicana (MX/MXA) (IATA 132)   Mexico City-Benito Juarez Intl (MEX)

☐	XA-UBQ	Airbus A318-111	2328	ex D-AUAD	Ecuador	Lsd fr GECAS
☐	XA-UBR	Airbus A318-111	2333	ex D-AUAE	Don Manuel	Lsd fr GECAS
☐	XA-UBS	Airbus A318-111	2358	ex D-AUAH	Vancouver	Lsd fr GECAS
☐	XA-UBT	Airbus A318-111	2367	ex D-AUAI	Ciudad de Mexico	Lsd fr GECAS
☐	XA-UBU	Airbus A318-111	2377	ex D-AUAJ	San Luis Potosi	Lsd fr GECAS
☐	XA-UBV	Airbus A318-111	2394	ex D-AUAK	Manzanillo	Lsd fr GECAS
☐	XA-UBW	Airbus A318-111	2523	ex D-AUAA		Lsd fr GECAS
☐	XA-UBX	Airbus A318-111	2544	ex D-AUAB		Lsd fr GECAS
☐	XA-UBY	Airbus A318-111	2552	ex D-AUAC		Lsd fr GECAS
☐	XA-UBZ	Airbus A318-111	2575	ex D-AUAD		Lsd fr GECAS
☐	N62TY	Airbus A319-112	1625	ex D-AVYZ	Mexicali	Lsd fr WFBN
☐	N429MX	Airbus A319-112	1429	ex N50074	Miami	Lsd fr Boullioun
☐	N612MX	Airbus A319-112	1612	ex EI-CXA	Merida	Lsd fr WFBN
☐	N618MX	Airbus A319-112	1618	ex D-AVWH	Caracas	Lsd fr WFBN
☐	N634MX	Airbus A319-112	1634	ex D-AVYH	Portland	Lsd fr WFBN
☐	N706MX	Airbus A319-112	1706	ex D-AVYQ	Sacramento	Lsd fr Boullioun
☐	N750MX	Airbus A319-112	1750	ex D-AVYB	Vamos por Todo	Lsd fr Boullioun
☐	N866MX	Airbus A319-112	1866	ex D-AVYB	Cancun	Lsd fr ILFC
☐	N872MX	Airbus A319-112	1872	ex D-AVYF	Villahermosa	Lsd fr ILFC
☐	N882MX	Airbus A319-112	1882	ex D-AVYO	Los Cabos	Lsd fr ILFC
☐	N925MX	Airbus A319-112	1925	ex D-AVYS	Zacatecas	Lsd fr ILFC
☐	XA-CMA	Airbus A319-112	2066	ex D-AVYF	Leon	Lsd fr CIT Group
☐	XA-MXA	Airbus A319-112	2078	ex D-AVYO	Hermosillo	Lsd fr CIT Group
☐	XA-MXG	Airbus A319-112	1630	ex C-GITT		Lsd fr ACA
☐	XA-MXH	Airbus A319-112	1673	ex C-GJTA		Lsd fr ACA
☐	XA-MXI	Airbus A319-112	1742	ex C-GJVY		Lsd fr ACA
☐	XA-MXJ	Airbus A319-112	1805	ex C-GKNW		Lsd fr ACA
☐	XA-NCA	Airbus A319-112	2126	ex D-AVWM	Saltillo	Lsd fr ILFC
☐	XA-UAQ	Airbus A319-112	1598	ex C-GJUK	Durango	Lsd fr CIT Group
☐	XA-UER	Airbus A319-112	2662	ex D-AVWV		Lsd fr CIT Group
☐	XA-	Airbus A319-112		ex C-		Lsd fr ACA
☐	F-OHME*	Airbus A320-231	0252	ex XA-RZU	Nueva York	
☐	F-OHMF*	Airbus A320-231	0259	ex XA-RYQ	Ciudad del Carmen	
☐	F-OHMG*	Airbus A320-231	0260	ex XA-RYS	Monterrey	
☐	F-OHMH*	Airbus A320-231	0261	ex XA-RYT	Nuevo Laredo	
☐	F-OHMI*	Airbus A320-231	0275	ex XA-RJW	Bogota	
☐	F-OHMJ*	Airbus A320-231	0276	ex XA-RJX	Cozumel	
☐	F-OHMK*	Airbus A320-231	0296	ex XA-RJY	San Jose California	
☐	F-OHML*	Airbus A320-231	0320	ex XA-RJZ	Puerto Vallarta	
☐	F-OHMM*	Airbus A320-231	0321	ex XA-RKA	Querétaro	
☐	F-OHMN*	Airbus A320-231	0353	ex XA-RKB	Chicago	
☐	N213MX	Airbus A320-214	3123	ex F-WWBE		Lsd fr ILFC
☐	N291MX	Airbus A320-231	0291	ex G-OOAA	Morelia	Lsd fr ORIX
☐	N292MX	Airbus A320-231	0292	ex G-OOAB	Oaxaca	Lsd fr ORIX
☐	N304ML	Airbus A320-231	0373	ex F-WQBD	Veracruz	Lsd fr AFT Trust
☐	N332MX	Airbus A320-231	0332	ex B-22301	Denver	Lsd fr ACG Acq
☐	N347TM	Airbus A320-231	0347	ex B-22307	San Salvador	Lsd fr East Trust

☐	N361DA	Airbus A320-231	0361	ex PH-FHA	Montreal		Lsd fr WFBN
☐	N368MX	Airbus A320-231	0368	ex F-OHMA	Oakland		Lsd fr ACG Acqs
☐	N369MX	Airbus A320-231	0369	ex B-22302	Toronto		Lsd fr WFBN
☐	N405MX	Airbus A320-231	0405	ex EI-TLI			Lsd fr Jetscape
☐	N415MX	Airbus A320-231	0415	ex EI-TLT	Tijuana		Lsd fr WFBN
☐	N428MX	Airbus A320-231	0428	ex EI-TLG	Toluca		
☐	XA-MXF	Airbus A320-214	0566	ex TC-JLC			Lsd fr BBAM
☐	XA-MXK	Airbus A320-232	3304	ex F-WWIL			Lsd fr CIT Aerospace
☐	XA-TXT	Airbus A320-231	0430	ex N430CR	Huatulco		Lsd fr ILFC
☐	XA-UAH	Airbus A320-231	0447	ex N447MX	Minatitlan		Lsd fr ILFC
☐	XA-UCZ	Airbus A320-231	0357	ex G-BVYB			Lsd fr BBAM
☐	XA-UDU	Airbus A320-214	2248	ex F-WWIK			Lsd fr IBE
☐	XA-MXL	Airbus A320-232	3374	ex F-WWDH			
☐		Airbus A320-232		ex F-WW	on order		
☐		Airbus A320-232		ex F-WW	on order		
	*Leased from SAS Mexibail						
☐	XA-MXC	Boeing 767-3P6ER	24239/244	ex N957PG			Lsd fr Pegasus Avn
☐	XA-MXE	Boeing 767-3P6ER	23764/158	ex N964PG			Lsd fr Pegasus Avn
	Click Mexicana is a wholly owned low cost subsidiary						

NOVA AIR
(M4)   *Mexico City-Benito Juarez Intl (MEX)*

☐	XA-FNP	Boeing 737-232	23603/1361	ex N376DL	Lsd fr Celtic Capital 23603
☐	XA-NOV	Boeing 737-247 (Nordam 3)	23521/1342	ex N374DL	Lsd fr Celtic Capital

Nova Air is the trading name of Servicios Aeronauticos de Oriente

PANAM AIRCARGO
Mexico City-Benito Juarez Intl (MEX)

Previously listed as Planet Airways, purchased by Aviafuel November 07 and began trading as PanAm AirCago

☐	XA-UIJ	Boeing 727-222F (FedEx 3)	19911/668	ex XA-SRC	Lsd fr FHE Inc
☐	X.	Boeing 727-222F (FedEx 3)	19913/672	ex N7640U	Lsd fr FHE Inc

PEGASO
Transpegaso (TPG)   *Mexico City-Benito Juarez Intl (MEX)*

☐	XA-EZM	MBB BK-117C-2	9051	ex D-HMBC
☐	XA-MBB	MBB Bo.105CBS-4	S-676	ex N4573H
☐	XA-NAT	MBB Bo.105LS-A3	2044	ex XA-TTT
☐	XA-THI	MBB Bo.105LS-A3	2046	ex C-GERG
☐	XA-THK	MBB BK-117B-2	7131	ex D-HBCZ
☐	XA-THM	MBB BK-117B-2	7252	ex D-HAEC
☐	XA-UDM	Eurocopter EC.135P2	0400	
☐	XA-	Eurocopter EC.135P2	0389	
☐	XA-	Eurocopter EC.135P2	0391	
☐	XA-	MBB BK-117C-1	7551	
☐	XA-	MBB BK-117C-1	7555	
☐	XA-	Eurocopter EC.145B	9051	

PLANET AIRWAYS
Purchased by AviaFuel in November 2007 and commenced operations as PanAm AirCargo

QUASSAR DE MEXICO

☐	XA-	British Aerospace Jetstream 3101	798	ex N425UE	on order
☐	XA-	British Aerospace Jetstream 32EP	927	ex N927AE	on order

REPUBLICAIR
Republicair (RBC)   *Mexico City-Benito Juarez Intl (MEX)*

☐	XA-RBC	Boeing 737-277 (Nordam 3)	22647/785	ex N180AW
☐	XA-RBD	Boeing 737-277 (Nordam 3)	22649/801	ex N182AW

SAEMSA
Servimex (SXM)   *Campeche, Tampico & Toluca (CPE/TAM/TLC)*

☐	XA-SRL	Aerospatiale SA.330J Puma	1625	ex XC-CME
☐	XA-SRN	Aerospatiale SA.330J Puma	1644	ex XC-FOI
☐	XA-SRO	Aerospatiale SA.330J Puma	1615	ex XC-IMP
☐	XA-SRP	Aerospatiale SA.330J Puma	1616	ex XC-OPS
☐	XA-SRQ	Aerospatiale SA.330J Puma	1613	ex XC-SDE
☐	XA-TFT	Aerospatiale AS.365N2 Dauphin 2	6495	ex F-WQDS
☐	XA-TFU	Aerospatiale AS.365N2 Dauphin 2	6512	ex F-WQDT
☐	XA-TFV	Aerospatiale AS.365N2 Dauphin 2	6513	
☐	XA-TGS	Aerospatiale AS.365N2 Dauphin 2	6515	ex F-WWOA
☐	XA-TGY	Aerospatiale AS.365N2 Dauphin 2	6516	ex F-WWOB

	Reg	Type	Serial	ex	Notes
☐	XA-TGZ	Aerospatiale AS.365N2 Dauphin 2	6517		
☐	XA-SSB	Bell 212	30845	ex XC-DAH	
☐	XA-SSC	Bell 212	30992	ex XC-DIA	
☐	XA-SSD	Bell 212	30988	ex XC-DIF	
☐	XA-SSF	Bell 212	30987	ex XC-SER	
☐	XA-SSG	Bell 212	30939	ex XC-SET	
☐	XA-SSK	Bell 212	30924	ex XC-HFI	
☐	XA-SSL	Bell 212	35031	ex XC-HHN	
☐	XA-SRF	Cessna U206G Stationair 6	U20605823	ex XC-DOJ	
☐	XA-SRG	Cessna U206G Stationair 6	U20604684	ex XC-REX	
☐	XA-SRI	Cessna U206G Stationair 6	U20604133	ex XC-MTT	
☐	XA-SRJ	Cessna U206C Super Skywagon	U206-1135		
☐	XA-SST	Cessna U206G Stationair 6	U20605820	ex XC-DOI	
☐	XA-SRK	Cessna T210M Turbo Centurion II	21062532		
☐	XA-SRW	Sikorsky S-76A	760142	ex XC-FEK	
☐	XA-SRX	Sikorsky S-76A	760094	ex XC-FES	
☐	XA-SSO	Bell 206B JetRanger	1250	ex XC-GIJ	
☐	XA-SSP	Bell 206B JetRanger III	3962	ex XC-HIB	

SAEMSA is the trading name of Servicios Aereos Especializados Mexicanos

SAINTEX CARGO

	Reg	Type	Serial	ex	Notes
☐	XA-BML	SAAB SF.340A	340A-041	ex N41XJ	freighter, op for DHL
☐	XA-STX	SAAB SF.340A	340A-046	ex N46XJ	freighter, op for DHL
☐	XA-	SAAB SF.340A	340A-088	ex N88XW	freighter; on order

VIVA AEROBUS
(VIV)
Monterrey-Escobedo Intl (MTY)

	Reg	Type	Serial	ex
☐	XA-UGL	Boeing 737-3B7	22958/1137	ex N385US
☐	XA-VIA	Boeing 737-3B7	23856/1501	ex N521AU
☐	XA-VIV	Boeing 737-301	23560/1463	ex N573US
☐	XA-VIX	Boeing 737-3B7	23312/1162	ex N390US
☐	XA-VIY	Boeing 737-3B7	22959/1140	ex N158VA

Joint venture between Grupo IAMSA and RyanMex

VOLARIS
(V4/VOI)
Toluca (TLC)

	Reg	Type	Serial	ex	Notes
☐	N473TA	Airbus A319-132	1140	ex D-AVYP	Lsd fr Jet-1 1140
☐	N474TA	Airbus A319-132	1159	ex D-AVWD	Lsd fr Jet-1 1159
☐	N501VL	Airbus A319-132	2979	ex D-AVXF	Lsd fr Jet-1 2979
☐	XA-VOA	Airbus A319-132	2771	ex D-AVWP	Krispy Kreme colours
☐	XA-VOB	Airbus A319-132	2780	ex D-AVYJ	
☐	XA-VOC	Airbus A319-132	2997	ex D-AVXK	Lsd fr CIT Group
☐	XA-VOD	Airbus A319-132	3045	ex D-AVWO	
☐	XA-VOE	Airbus A319-132	3069	ex D-AVWT	
☐	XA-VOF	Airbus A319-132	3077	ex D-AVWQ	
☐	XA-VOG	Airbus A319-132	3175	ex D-AVXI	
☐	XA-VOH	Airbus A319-132	3253	ex D-AVWU	
☐	XA-VOI	Airbus A319-132	2657	ex D-AVYN	Estado de Mexico titles Lsd fr TAI
☐	XA-VOJ	Airbus A319-132	3279	ex D-AVYM	Lsd fr RBS Avn Capital
☐	XA-VOK	Airbus A319-132	3450	ex D-AV	on order Lsd fr ILFC
☐	XA-VOL	Airbus A319-132	2666	ex D-AVWX	Lsd fr TAI
☐	XA-VOM	Airbus A319-132	3590	ex D-AV	on order Lsd fr ILFC
☐	XA-VON	Airbus A319-132	3463	ex D-AV	on order Lsd fr ILFC

Twenty three more Airbus A319-132s are on order for delivery from 2009
Part owned by Grupo TACA

Operator Unknown

	Reg	Type	Serial	ex	Notes
☐	XA-AAS	Dornier 328-300 (328JET)	3127	ex N430Z	Lsd fr Dornier Lsg
☐	XA-UFT	British Aerospace Jetstream 32	862	ex N862JX	
☐	X.-	Boeing 737-301	23560/1463	ex N573US	
☐	X.	Boeing 727-222F (FedEx 3)	19911/668	ex N7638U	Lsd fr FHE Inc
☐	X.	Dornier 328-300 (328JET)	3125	ex N410Z	stored MYR Lsd fr Dornier Lsg
☐	X	Swearingen SA.226TC Metro II	TC-376	ex N637PJ	
☐	X	Swearingen SA.226TC Metro II	TC-337	ex N851LH	

XT-   BURKINA FASO (People's Democratic Republic of Burkina Faso)

AIR BURKINA
Burkina (2J/VBW)
Ouagadougou (OUA)

	Reg	Type	Serial	ex	Notes
☐	OE-LMM	McDonnell-Douglas MD-83	53377/2057	ex N194AS	Lsd fr MPJ
☐	XT-ABC	McDonnell-Douglas MD-87	49834/1714	ex I-AFRA	Lsd fr Groupe Celestair

635

☐	XT-FZP	Fokker F.28 Fellowship 4000	11185	ex PH-ZCF	Bonkougou	
☐	ZS-PDR	SAAB SF.340B	340B-292	ex 9N-AHK		Lsd fr Norse Air
☐		McDonnell-Douglas MD-87	49840/1745	ex EC-EYY		
☐		McDonnell-Douglas MD-87	49841/1751	ex EC-EYZ		

Groupe Celestair has been set-up by the Aga Khan Foundation to expand and improve air services in Africa, see also Air Uganda, Aerienne de Mali and Rwandair Express

TRANSAFRICAINE SA
(TNF)   *Ouagadougou (OUA)*

| ☐ | S9-PSM | Antonov An-12BP | 5343006 | ex EX-086
Also reported as ex EX-092 | all-white | Lsd fr Styron Trading |

XU- CAMBODIA (Kingdom of Cambodia)

ANGKOR AIRWAYS
Angkorways (G6/AKW) (IATA 397)   *Phnom Penh-Pochentong (PNH)*

| ☐ | XU-AKA | McDonnell-Douglas MD-83 | 49952/1934 | ex B-28023 | Lsd fr GECAS |
| ☐ | XU-AKB | Boeing 757-29J | 27204/591 | ex B-27007 | Lsd fr FEA |

Also operates services with Boeing 757 aircraft leased from Far Eastern Air Transport as required

IMTREC AVIATION
Imtrec (IMT)   *Phnom Penh-Pochentong (PNH)*

☐	RDPL-34146	Ilyushin Il-76TD	0043449468	ex 76578	
☐	RDPL-34148	Ilyushin Il-76T	1013409310	ex EX-76815	
☐	RDPL-34153	Antonov An-12TB	01347907	ex ER-AXA	Lsd fr Air Bridge; sublsd to South Asian Airlines
☐	RDPL-34158	Antonov An-32			Op for Laotian Army
☐	XU-315	Antonov An-12BP	2400702	ex RA-11131	
☐	XU-395 (2)	Antonov An-12B	01347803	ex UR-11205	JetGo International titles

Also operate aircraft for Laotian AF

KAMPUCHEA AIRLINES
Kampuchea (E2/KMP)   *Phnom Penh-Pochentong (PNH)*

Suspended operations but plans to restart, 49% owned by Orient Thai Airlines

PMT AIR
Multitrade (U4/PMT)   *Phnom Penh-Pochentong (PNH)*

☐	XU-U4B	Boeing 737-281	20450/262	ex EX-450	
☐	XU-U4C	Antonov An-12BP	5343005	ex UN-98102	Lsd to BML
☐	XU-U4D	McDonnell-Douglas MD-83	49390/1269	ex UR-CEL	Lsd fr AP Financing
☐	XU-U4F	Boeing 737-242 (Nordam 3)	22074/619	ex YA-GAC	Lsd fr Nordic Avn Contractors
☐	XU-U4H	Boeing 727-200			
☐	XU-	McDonnell-Douglas MD-83	49395/1286	ex N9305N	

PRESIDENT AIRLINES
(TO/PSD) (IATA 540)   *Phnom Penh-Pochentong (PNH)*

☐	XU-325	Antonov An-26B	12808	ex RA-26136	
☐	XU-335	Antonov An-24B	99902009	ex RA-79162	
☐	XU-385	Antonov An-24B	97305404	ex RA-46318	
☐	XU-881	Fokker F.27 Friendship 100	10168	ex RP-C5888	stored PNH
☐	XU-888	Fokker F.28 Fellowship 1000	11012	ex XU-001	stored PNH

ROYAL KHMER AIRLINES
Khymer Air (RK/RKH)   *Phnom Penh-Pochentong (PNH)*

☐	XU-RKA	Boeing 737-2H4 (AvAero 3)	22061/639	ex N63SW	Lsd to/op for BGL
☐	XU-RKB	Boeing 737-2H4 (AvAero 3)	22674/827	ex N74SW	
☐	XU-RKC	Boeing 737-2H4 (AvAero 3)	22903/905	ex (PK-RIP)	Lsd to/op for BGL
☐	XU-RKF	Boeing 727-223F (FedEx 3)	19494/661	ex 4R-SEM	
☐	XU-RKH	Boeing 727-232 (Nordam 3)	23105/1068	ex N334DL	
☐	XU-RKJ	Boeing 727-223 (Raisbeck 3)	20989/1144	ex PK-JGQ	Lsd to Air Dream
☐	XU-RKK	Boeing 737-2H4	23054/969	ex PK-LYA	Lsd to IAW
☐	XU-RKR	Boeing 727-227 (Raisbeck 3)	21519/1459	ex PK-JGM	Lsd fr Intl A/c Lsg

Reported as ceased operations in November 2007

ROYAL PHNOM PENH AIRWAYS
Phnom-Penh-Air (RL/PPW)   *Phnom Penh-Pochentong (PNH)*

☐	XU-070	AVIC 1 Y-7-100C	09706	ex B-3448	stored
☐	XU-071	AVIC 1 Y-7-100C	08708	ex B-3449	stored
☐	XU-072	AVIC 1 Y-7-100C	08705	ex B-3494	

SIEM REAP AIR INTERNATIONAL
Siemreap Air (FT/SRH) (IATA 084)   *Siem Reap (REP)*

A wholly owned subsidiary of Bangkok Air and leases aircraft from parent as required – some wear joint titles

XY- MYANMAR (Union of Myanmar)

AIR BAGAN
(W9/JAB)   *Yangon (RGN)*

☐	XY-AGC	Fokker F.28-0100 (Fokker 100)	11327	ex G-BXWE	
☐	XY-AGD	Airbus A310-222	419	ex B-2303	
☐	XY-AGE	Airbus A310-222	320	ex B-2302	Lsd fr Phoenix
☐	XY-AGF	Fokker F.28-0100 (Fokker 100)	11282	ex N854US	Lsd fr Phoenix A/c Sales & Lsg
☐	XY-AIA	ATR 72-212	422	ex F-WQNQ	
☐	XY-AIC	ATR 42-320	159	ex N34820	Lsd fr JSD Corp
☐	XY-AID	ATR 42-300	152	ex N34817	
☐	XY-AIE	ATR 72-212	458	ex F-WQNB	Lsd fr Phoenix A/c Sales & Lsg

AIR MANDALAY
(6T)   *Mandalay/Yangon (MDL/RGN)*

☐	F-OHFZ	ATR 72-212	469	ex F-WQNE	Lsd fr ATRiam Capital
☐	F-OHRN	ATR 42-320	268	ex F-WQNF	Lsd fr ATRiam Capital
☐	XY-AEY	ATR 72-212	393	ex F-OHFS	Lsd fr ATRiam Capital

MYANMA AIRWAYS
Unionair (UB/UBA)   *Yangon (RGN)*

☐	XY-ADW	Fokker F.28 Fellowship 4000	11114	ex PH-EXU	
☐	XY-ADZ	Fokker F.27 Friendship 600	10574	ex PH-EXF	
☐	XY-AEQ	Fokker F.27 Friendship 400	10294	ex 5Y-BIP	stored RGN
☐	XY-AEW	Fokker F.27 Friendship 600	10352	ex CU-T1290	stored RGN
☐	XY-AEZ	ATR 72-212	475	ex F-OGUO	all-white
☐	XY-AGA	Fokker F.28 Fellowship 4000	11232	ex PH-EZG	
☐	XY-AGB	Fokker F.28 Fellowship 4000	11184	ex YU-AOH	
☐	XY-AIB	ATR 42-320	178	ex F-WQNM	

Owns 51% of new start-up Air Myanmar and 51% of Yangoon Airways

MYANMAR AIRWAYS INTERNATIONAL
Mtanmar (8M/MMA) (IATA 599)   *Yangon (RGN)*

Joint venture between Myanma Airways and Region Air; ceased operations October 2007 but to resume with two leased Airbus A319s

STAR AIRLINES
                                                                             Yangon (RGN)

☐	XY-AIF	ATR 72-212A	765	ex F-WWED	all-white, op for Government
☐		ATR 72-212A		ex F-WW	on order

YANGON AIRLINES
(HK)   *Yangon (RGN)*

☐	F-OIYA	ATR 72-212	479	ex F-WWEL	Lsd fr EVA Lsg
☐	F-OIYB	ATR 72-212	481	ex F-WWEQ	Lsd fr EVA Lsg

51% owned by Myanma Airways

YA- AFGHANISTAN (State of Afghanistan)

ARIANA AFGHAN AIRLINES
Ariana (FG/AFG) (IATA 255)   *Kabul (KBL)*

☐	TC-TUC	Airbus A321-231	0614	ex TC-OAR	Lsd fr BST
☐	YA-BAB	Airbus A300B4-203	180	ex VT-EHO	
☐	YA-BAC	Airbus A300B4-203	190	ex VT-EHQ	stored FRA
☐	YA-DAL	Antonov An-24RV	57310409	ex UR-48097	
☐	YA-DAM	Antonov An-24RV	57310404	ex YR-BMF	
☐	YA-FAM	Boeing 727-223 (Raisbeck 3)	21088/1255	ex N861AA	
☐	YA-FAN	Boeing 727-227F (FedEx 3)	21245/1202	ex 9L-LFD	Lsd fr Rudad Intl Avn
☐	YA-FAS	Boeing 727-223 (Raisbeck 3)	21388/1345	ex N876AA	
☐	YA-FAY	Boeing 727-228	22289/1719	ex F-GCDH	

KABUL AIR
Kabul (KBL)

☐	ER-ACO	Antonov An-12V	5343204	ex UN-11372	
☐	ER-ACR	Antonov An-12V	6343810	ex UN-11369	

KAM AIR
Kamgar (RQ/KMF) (IATA 384) — *Kabul (KBL)*

☐	EX-736	Boeing 737-247 (Nordam 3)	23517/1261	ex N243WA	Lsd fr Eastok Avia
☐	EY-87963	Yakovlev Yak-40K	9831058	ex EP-EAK	Lsd frrr TJK
☐	TC-APM	Boeing 737-809	28403/117	ex B-18602	Lsd fr PGT
☐	TC-APU	Boeing 737-82R	29344/849	ex N1786B	Lsd fr PGT
☐	YA-GAD	Boeing 727-243	22702	ex	Lsd fr Penant Avn
☐	YA-GAE	Boeing 737-247 (Nordam 3)	23519/1299	ex N245WA	Lsd fr Aircraft Guaranty
☐	YA-KAM	Boeing 767-222	21879/49	ex N619UA	

PAMIR AIR
Pamir (NR/PIR) — *Kabul (KBL)*

☐	EX-311	Boeing 737-268	21276/468	ex EX-080	Lsd fr IKA

Ceased operations in 2006 but restarted in late 2007

SAFI AIRWAYS
Kabul (KBL)

☐	YA-AQS	Boeing 767-2J6ER	23745/156	ex B-2554	

YI-   IRAQ (Republic of Iraq)

AZMAR AIRLINES

☐	C5-JDZ	Douglas DC-9-31	48145/1042	ex N925VJ	Lsd fr Air One Corr
☐	C5-LPS	Douglas DC-9-31	48146/1044	ex N926VJ	Lsd fr Air One Corr
☐	J2-SHB	Boeing 737-201 (Nordam 3)	22354/736	ex 9L-LFA	Lsd fr/op by TBN

Status of Douglas DC-9s is uncertain – see also under Gambia

IRAQI AIRWAYS
Iraqi (IA/IAW) — *Baghdad-Al Muthana/Intl (BGW/SDA)*

☐	J2-KCM	Boeing 737-201 (Nordam 3)	22274/682	ex 9L-LFE	status?	Lsd fr/op by TBN
☐	XU-RKK	Boeing 737-2H4	23054/969	ex PK-LYA		Lsd to IAW
☐	9L-LEG	Boeing 737-2B7 (Nordam 3)	22885/966	ex N273AU		Lsd fr/op by TBN
☐	9L-LEL	Boeing 727-247 (FedEx 3)	21483/1350	ex N831WA		Lsd fr/op by TBN

KURDISTAN AIRWAYS
Erbil /Beirut (EBL/BEY)

Leases Boeing 737-200 aircraft from Dolphin Air as required

MESOPOTAMIA AIR

		British Aerospace 146 Srs.200	E2041	ex OY-RCZ	on order

Proposed lease in June 2007 not taken up

TIGRIS AIR
Baghdad Intl (SDA)

☐	9L-LFV	Boeing 727-256	20600/912	ex 9L-LEN	

YJ-   VANUATU (Republic of Vanuatu)

AIR VANUATU
Air Van (NF/AVN) (IATA 218) — *Port Vila (VLI)*

☐	YJ-AV1	Boeing 737-8Q8/W	30734/2477	ex N1779B	Spirit of Vanuatu	Lsd fr ILFC
☐	YJ-AV3	Britten-Norman BN-2A-21 Islander	483	ex F-OCXP		
☐	YJ-AV18	Boeing 737-3Q8	28054/3016		Spirit of Vanuatu	Lsd fr ILFC
☐	YJ-AV42	ATR 42-300	223	ex N223AT	Spirit of Vanuatu	Lsd fr Magellan
☐	YJ-RV2	Britten-Norman BN-2A-20 Islander	145	ex VH-ISD		
☐	YJ-RV8	de Havilland DHC-6 Twin Otter 300	703	ex F-ODGL		
☐	YJ-RV10	de Havilland DHC-6 Twin Otter 300	679	ex OY-SLI	Melanesian Princess	
☐	YJ-RV16	Britten-Norman BN-2A-27 Islander	104	ex ZK-FLU		
☐	YJ-	Britten-Norman BN-2B-207 Islander	2172	ex JA5290		
☐	YJ-	ATR 72-212A		ex F-WW	on order	

UNITY AIRLINES
Port Vila (VLI)

☐	YJ-007	Britten-Norman BN-2B-21 Islander	2177	ex H4-WPG
☐	YJ-009	Britten-Norman BN-2A-26 Islander	65	ex V7-0009

VANAIR
Taken over by Air Vanuatu

YK- SYRIA (Syrian Arab Republic)

DAMASCENE AIRWAYS
Damascus (DAM)

☐	YK-DGL	Boeing 727-223 (Raisbeck 3)	21385/1331	ex N873AA	stored

ORIENT AIR
Damascus (DAM)

☐	YK-KEC	Lockheed L-1011-1 Tristar	193C-1225	ex 9L-LFC
☐	YK-KEQ	Lockheed L-1011-1 Tristar	193C-1199	ex 9L-LEQ
☐	YK-KEU	Lockheed L-1011-1 Tristar	193C-1226	ex 9L-LEU

SHAM WINGS AIR
Damascus (DAM)

☐	SU-BOZ	McDonnell-Douglas MD-83	53192/2155	ex N192AJ		Lsd fr AMV

SYRIANAIR
Syrianair (RB/SYR) (IATA 070)
Damascus (DAM)

☐	YK-AKA	Airbus A320-232	0886	ex F-WWDH	Ugarit	
☐	YK-AKB	Airbus A320-232	0918	ex F-WWIJ	Ebla	
☐	YK-AKC	Airbus A320-232	1032	ex F-WWDV	Afamia	
☐	YK-AKD	Airbus A320-232	1076	ex F-WWIK	Mari	
☐	YK-AKE	Airbus A320-232	1085	ex F-WWIX	Bosra	
☐	YK-AKF	Airbus A320-232	1117	ex F-WWBN	Amrit	
☐	YK-ANC	Antonov An-26	3007			Govt operated
☐	YK-AND	Antonov An-26	3008			Govt operated
☐	YK-ANE	Antonov An-26	3103			Govt operated
☐	YK-ANF	Antonov An-26	3104			Govt operated
☐	YK-ANG	Antonov An-26B	10907			Govt operated
☐	YK-ANH	Antonov An-26B	11406			Govt operated
☐	YK-AGA	Boeing 727-294	21203/1188		6 Octobre	
☐	YK-AGB	Boeing 727-294	21204/1194		Damascus	
☐	YK-AGC	Boeing 727-294	21205/1198		Palmyra; stored DAM	
☐	YK-AGD	Boeing 727-269	22360/1670	ex 9K-AFB		
☐	YK-AGE	Boeing 727-269	22361/1716	ex 9K-AFC	stored DAM	
☐	YK-AGF	Boeing 727-269	22763/1788	ex 9K-AFD	stored DAM	
☐	YK-AQA	Yakovlev Yak-40	9341932			Govt operated
☐	YK-AQB	Yakovlev Yak-40	9530443			Govt operated
☐	YK-AQD	Yakovlev Yak-40	9830158		VIP	Govt operated
☐	YK-AQE	Yakovlev Yak-40K	9830258			Govt operated
☐	YK-AQF	Yakovlev Yak-40	9931859			Govt operated
☐	YK-AQG	Yakovlev Yak-40K	9941959			Govt operated
☐	YK-AHA	Boeing 747SP-94	21174/284		16 Novembre	
☐	YK-AHB	Boeing 747SP-94	21175/290		Arab Solidarity	
☐	YK-ANA	Antonov An-24B	87304203			
☐	YK-ATA	Ilyushin Il-76TD	093421613			Govt operated
☐	YK-ATB	Ilyushin Il-76T	093421619			Govt operated
☐	YK-ATC	Ilyushin Il-76T	0013431911			Govt operated
☐	YK-ATD	Ilyushin Il-76T	0013431915			Govt operated
☐	YK-AYB	Tupolev Tu-134B-3	63994			
☐	YK-AYE	Tupolev Tu-134B-3	66187			
☐	YK-AYF	Tupolev Tu-134B-3	63190		stored DAM	

Those aircraft shown as Government operated are flown by the Syrian Air Force in Syrianair colours

YL- LATVIA (Republic of Latvia)

AIR BALTIC
AirBaltic (BT/BTI) (IATA 657)
Riga-Spilve (RIX)

☐	LY-BAO	Fokker F.27 Mk 050 (Fokker 50)	20189	ex YL-LAO	Lsd fr Thor A/c Lsg
☐	LY-BAV	Fokker F.27 Mk 050 (Fokker 50)	20190	ex YL-BAV	Lsd fr Thor A/c Lsg
☐	LY-BAZ	Fokker F.27 Mk 050 (Fokker 50)	20153	ex YL-BAZ	Lsd fr Thor A/c Lsg

☐	YL-BAR	Fokker F.27 Mk 050 (Fokker 50)	20149	ex PH-LVL	Cesis	Lsd fr Finova
☐	YL-BAS	Fokker F.27 Mk 050 (Fokker 50)	20162	ex OY-KAE	Zemgale	Lsd fr Nordic Avn Contract
☐	YL-BAT	Fokker F.27 Mk 050 (Fokker 50)	20163	ex OY-KAF	Riga	Lsd fr Nordic Avn Contractors
☐	YL-BAU	Fokker F.27 Mk 050 (Fokker 50)	20126	ex PH-AAO		Lsd fr Finova
☐	YL-BAW	Fokker F.27 Mk 050 (Fokker 50)	20148	ex OY-MMS		Lsd fr Finova
☐	YL-BBA	Boeing 737-505	24646/2138	ex N646LS		Lsd fr AFS Investments
☐	YL-BBD	Boeing 737-53S	29075/3101	ex F-GJNU		Lsd fr Pembroke
☐	YL-BBE	Boeing 737-53S	29073/3083	ex EI-DDT		Lsd fr Pembroke
☐	YL-BBF	Boeing 737-548	24878/1939	ex EI-CDA		Lsd fr Barkham Assoc
☐	YL-BBG	Boeing 737-548	24919/1970	ex EI-CDB		Lsd fr Barkham Assoc
☐	YL-BBH	Boeing 737-548	24968/1975	ex EI-CDC		Lsd fr Barkham Assoc
☐	YL-BBI	Boeing 737-33A/W	27454/2703	ex PT-SSQ		Lsd fr Pembroke Capital
☐	YL-BBK	Boeing 737-33V/W	29332/3072	ex HA-LKR		Lsd fr GECAS
☐	YL-BBL	Boeing 737-33V/W	29334/3089	ex HA-LKS		Lsd fr GECAS
☐	YL-BBM	Boeing 737-522	26680/2366	ex N680MV		
☐	YL-BBN	Boeing 737-522	26683/2368	ex N683MV		
☐	YL-BBP	Boeing 737-522	26688/2404	ex N688MV		
☐	YL-BBQ	Boeing 737-522	26691/2408	ex N691MV		
☐		Boeing 757-256	26251/897	ex EC-HDR	on order	Lsd fr ILFC
☐		Boeing 757-256	26254/905	ex EC-HDV	on order	Lsd fr ILFC

47.2% owned by SAS

INVERSIJA
Inver (INV) Riga-Spilve (RIX)

☐	YL-LAJ	Ilyushin Il-76TD	1013409295	ex RA-76820	Adagold titles	Lsd fr VAS
☐	YL-LAK	Ilyushin Il-76T	0003424707	ex RA-76522	Adagold titles	
☐	YL-LAL	Ilyushin Il-76T	0013433984	ex RA-76755		
☐	YL-LAM	Ilyushin Il-76TD			Adagold titles	

KS AVIA
Sky Camel (KSA) Riga-Spilve (RIX)

☐	YL-KSA	Antonov An-74-200	36547098957	ex RA-74030	
☐	YL-KSB	Antonov An-74	36547136013	ex UR-CAC	

LAT CHARTER
LatCharter (6Y/LTC) Riga-Spilve (RIX)

☐	YL-BBC	Airbus A320-211	0142	ex D-AFKX	Lsd fr Pembroke; sublsd to HEJ
☐	YL-BCB	Airbus A320-211	0726	ex EK-32007	Lsd fr ILFC
☐	YL-LCA	Airbus A320-211	0333	ex C-FKAJ	Lsd fr KJ Avn Svs; sublsd to ISR
☐	YL-LCB	Airbus A320-211	0384	ex C-FMSY	Lsd fr KJ Avn Svs; sublsd to ISR
☐	YL-LCC	Airbus A320-211	0310	ex C-FKPS	Lsd fr KJ Avn Svs; sublsd to AMC
☐	YL-LCD	Airbus A320-211	0359	ex C-FMSV	Lsd fr KJ Avn Svs
☐	YL-LCE	Airbus A320-211	0311	ex C-FKPO	Lsd to XLF
☐	YL-LCY	Boeing 767-3Y0ER	24952/357	ex C-GGFJ	Lsd fr BBAM; sublsd to VGN
☐	YL-LCZ	Boeing 767-3Y0ER	25000/386	ex C-GHPA	Lsd fr Oak Hill Capital; sublsd to VGN

Part owned by Loftleidir Iceland

RAF-AVIA
Mitavia (MTL) Riga-Spilve (RIX)

☐	YL-RAA	Antonov An-26B	97311206	ex RA-26064		
☐	YL-RAB	Antonov An-26B	07310508	ex RA-26032	ACS logo	
☐	YL-RAC	Antonov An-26	07309903	ex CCCP-79169	ACS logo	
☐	YL-RAD	Antonov An-26B	47313909	ex RA-26589		Lsd to Silver Air
☐	YL-RAE	Antonov An-26B	57314004	ex CCCP-26200		
☐	YL-RAF	Antonov An-74TK-100	36547095905	ex UR-CAE		Lsd fr CBI
☐	YL-RAG	SAAB SF.340A	340A-052	ex SE-E52	Freighter	Lsd fr SAAB
☐	YL-RAH	SAAB SF.340A	340A-081	ex EC-IRD	Freighter	

YN- NICARAGUA (Republic of Nicaragua)

AIR CHARTER CARGO
Managua (MGA)

☐	YN-CGA	Antonov An-32	3007	ex HP-1217AVL	

Last flown in 2006 but kept in an airworthy state and available for charter

ATLANTIC AIRWAYS
Atlantic Nicaragua (AYN) Managua (MGA)

☐	YN-CFL	LET L-410UVP-E3	871917	ex OK-SDH	
☐	YN-CFM	LET L-410UVP			
☐	YN-CFR	LET L-410UVP	861705	ex TG-CFD	

LA COSTENA
Lacostena   Managua (MGA)

☐	YN-CFD	Cessna 208B Caravan I	208B0758		
☐	YN-CFK	Cessna 208B Caravan I	208B0681		
☐	YN-CGB	Cessna 208B Caravan I	208B0611	ex HP-1407APP	
☐	YN-CGH	Cessna 208B Caravan I	208B0638		
☐	YN-CGI	Cessna 208B Caravan I			
☐	YN-CGS	Cessna 208B Caravan I	208B0781		
☐	YN-CGU	Cessna 208B Caravan I			no titles
☐	YN-CGF	Short SD.3-60	SH3602	ex HP-1317APP	Lsd fr APP
☐	YN-CGG	Short SD.3-60	SH3612	ex HP-1318APP	Lsd fr APP

Member of Grupo TACA

NICARAGUA LINEAS AEREAS
    Managua (MGA)

☐	EC-JRT	Boeing 757-236	24772/271	ex N772AB	on order	Lsd fr Gadair

Part owned by Gadair; status uncertain – possibly not delivered

YR- ROMANIA (Republic of Romania)

ACVILA AIR
Ceased operations

BLUE AIR
Blue Transport (0B/JOR)   Bucharest-Baneasa (BBU)

☐	YR-BAA	Boeing 737-33A	27267/2600	ex ZK-CZU	Lsd fr AWMS
☐	YR-BAB	Boeing 737-53A	24785/1882	ex N785AW	Lsd fr AWMS
☐	YR-BAC	Boeing 737-377	23653/1260	ex ZK-SLA	Lsd fr AWK
☐	YR-BAD	Boeing 737-4C9	25429/2215	ex EI-DGN	Lsd fr Lux A/c Lsg
☐	YR-BAE	Boeing 737-4Y0	28723/2886	ex EI-CXL	Lsd fr GECAS

CARPATAIR
Carpatair (V3/KRP) (IATA 021)   Timisoara-Giarmata (TSR)

☐	YR-SBA	SAAB 2000	2000-038	ex HB-IZV	Lsd fr SWR
☐	YR-SBB	SAAB 2000	2000-026	ex HB-IZN	Lsd fr SWR
☐	YR-SBC	SAAB 2000	2000-039	ex HB-IZW	Lsd fr SWR
☐	YR-SBD	SAAB 2000	2000-004	ex HB-IZA	Lsd fr SWR
☐	YR-SBE	SAAB 2000	2000-041	ex HB-IZX	Lsd fr SWR
☐	YR-SBH	SAAB 2000	2000-050	ex SE-LSI	
☐	YR-SBI	SAAB 2000	2000-052	ex SE-LSH	
☐	YR-SBJ	SAAB 2000	2000-018	ex HB-IZK	Lsd fr SWR
☐	YR-SBK	SAAB 2000	2000-033	ex HB-IZR	Lsd fr SWR
☐	YR-SBL	SAAB 2000	2000-013	ex SE-LOT	Lsd fr DB Export
☐	YR-SBM	SAAB 2000	2000-014	ex SE-014	
☐		SAAB 2000	2000-044	ex LY-SBY	on order Lsd fr Swedish A/c Holdings
☐	YR-FKA	Fokker F.28-0100 (Fokker 100)	11340	ex C-GKZC	
☐	YR-FKB	Fokker F.28-0100 (Fokker 100)	11369	ex C-GKZK	
☐	YR-VGP	SAAB SF.340B	340B-228	ex HB-AKO	Lsd fr Nordic Avn Contractor
☐	YR-VGR	SAAB SF.340B	340B-225	ex HB-AKN	Lsd fr Nordic Avn Contractor

JETRAN INTERNATIONAL AIRWAYS
Air Romania (MDJ)   Bucharest-Baneasa (BBU)

☐	YR-MDJ	McDonnell-Douglas MD-81	48053/986	ex 3D-JET	all-white	Lsd fr Alameda
☐	YR-MDK	McDonnell-Douglas MD-82	49139/1090	ex N822US	Stage 4 demonstrator	
☐	YR-MDL	McDonnell-Douglas MD-82	48079/1016	ex N991PG		
☐	YR-MDR	McDonnell-Douglas MD-82	48097/1059	ex TC-MNR	all-white	Lsd fr Jetran
☐	YR-MDS	McDonnell-Douglas MD-82	48098/1060	ex TC-MNS		Lsd fr Jetran
☐	YR-MDT	McDonnell-Douglas MD-82	49570/1440	ex EC-GTO		Lsd fr Air Fleet Credit

Sister company of Comtran

MIA AIRLINES
Salline (JLA)   Bucharest-Baneasa (BBU)

☐	YR-HRS	BAC One-Eleven 488GH (QTA 3)	259	ex G-MAAH	
☐	YR-MIA	BAC One-Eleven 492GM (QTA 3)	260	ex HR-ATS	Mirjane

ROMAVIA
Aeromavia (WQ/RMV)   Bucharest-Baneasa/Otopeni (BBU/OTP)

☐	EX-115	Ilyushin Il-18	187009904	ex UN-75001	
☐	YR-ABB	Boeing 707-3K1C (Comtran 2)	20804/883		VIP; Carpati; Romania titles

641

☐	YR-BEA	British Aerospace 146 Srs.200	E2227	ex G-BVMS		Lsd fr BAES
☐	YR-BEB	British Aerospace 146 Srs.200	E2220	ex G-BVMT	Muntele Mare	
☐	YR-BRE	RomBAC/BAC One-Eleven 561RC	405	ex (EI-BUQ)	VIP; Romania titles	
☐	YR-MLB	Mil Mi-8PS	10735		VIP	

TAROM
Tarom (RO/ROT) (IATA 281)   Bucharest-Otopeni (OTP)

☐	YR-ATA	ATR 42-500	566	ex F-WWLF	Dunarea	
☐	YR-ATB	ATR 42-500	569	ex F-WWLH	Bistrita	
☐	YR-ATC	ATR 42-500	589	ex F-WWLR	Mures	
☐	YR-ATD	ATR 42-500	591	ex F-WWLS	Cris	
☐	YR-ATE	ATR 42-500	596	ex F-WWLY	Olt	
☐	YR-ATF	ATR 42-500	599	ex F-WWEB	Arges	
☐	YR-ATG	ATR 42-500	605	ex F-WWLG	Dambovita	
☐	YR-BGA	Boeing 737-38J	27179/2524	ex N5573K	Alba Iulia	
☐	YR-BGB	Boeing 737-38J	27180/2529		Bucuresti	
☐	YR-BGC	Boeing 737-38J	27181/2662		Constanta; dam 30Dec07	
☐	YR-BGD	Boeing 737-38J	27182/2663		Deva; special c/s	
☐	YR-BGE	Boeing 737-38J	27395/2671		Timisoara	
☐	YR-BGF	Boeing 737-78J	28440/795		Brăila	
☐	YR-BGG	Boeing 737-78J	28442/827		Craiova	
☐	YR-BGH	Boeing 737-78J	28438/1394		Hunedoara	
☐	YR-BGI	Boeing 737-78J	28439/1419		Iasi	
☐	YR-LCA	Airbus A310-325	636	ex F-WQAV	Transilvania	
☐	YR-LCB	Airbus A310-325	644	ex F-WQAX	Moldova	
☐	YR-ASA	Airbus A318-111	2931	ex D-AUAC	Ariel Vlaicu - Aviation Pioneer	
☐	YR-ASB	Airbus A318-111	2955	ex D-AUAE	Traian Vuia - Aviation Pioneer	
☐	YR-ASC	Airbus A318-111	3220	ex D-AUAF	Henri Coanda - Aviation Pioneer	
☐	YR-ASD	Airbus A318-111	3225	ex D-AUAG		

Full name is Tarom Transporturile Aeriene Romęne

YS-   EL SALVADOR (Republic of El Salvador)

TACA INTERNATIONAL AIRLINES
Taca (TA/TAI) (IATA 202)   San Salvador-Comalapa Intl (SAL)

☐	N471TA	Airbus A319-132	1066	ex D-AVWE		Lsd fr WFBN; sublsd to TPU
☐	N472TA	Airbus A319-132	1113	ex D-AVWU		Lsd fr WFBN; sublsd to TPU
☐	N476TA	Airbus A319-132	1934	ex D-AVWH		Lsd fr AerCap
☐	N477TA	Airbus A319-132	1952	ex D-AVWK		Lsd fr WFBN
☐	N478TA	Airbus A319-132	2339	ex D-AVWG	Aviateca titles	Lsd fr WTCo
☐	N479TA	Airbus A319-132	2444	ex D-AVWS	Aviateca titles	Lsd fr WFBN
☐	N480TA	Airbus A319-132	3057	ex D-AVYV		Lsd fr WFBN
☐	N520TA	Airbus A319-132	3248	ex D-AVWH		
☐	N521TA	Airbus A319-132	3276	ex D-AVYK		
☐	N	Airbus A319-132		ex D-AV	on order	
☐	XA-VOI	Airbus A319-132	2657	ex D-AVYN		Lsd to VOI
☐	XA-VOL	Airbus A319-132	2666	ex D-AVWX		Lsd to VOI

Three more Airbus A319-132s are on order

☐	EI-TAB	Airbus A320-233	1624	ex N485TA	Mensajero de Esperanza	
☐	EI-TAC	Airbus A320-233	1676	ex (N486TA)		Lsd fr CIT Group Intl
☐	EI-TAD	Airbus A320-233	1334	ex N462TA		Lsd fr CIT Group Intl
☐	EI-TAF	Airbus A320-233	1374	ex N465TA		Lsd fr Alvi Lsg
☐	EI-TAG	Airbus A320-233	2791	ex (N495TA)		Lsd fr Alix Lsg; sublsd to MPH
☐	N451TA	Airbus A320-233	0733	ex F-WWBR		Lsd fr CIT Group
☐	N452TA	Airbus A320-233	0741	ex F-WWBK		Lsd fr Jet-1 733 Statutory Trust
☐	N453TA	Airbus A320-233	0747	ex F-WWIH		Lsd fr Top Flight 741
☐	N461TA	Airbus A320-233	1300	ex F-WWBP		Lsd fr Jet-1 747 Statutory Trust
☐	N464TA	Airbus A320-233	1353	ex F-WWBB		Lsd fr WFBN
☐	N470TA	Airbus A320-233	1400	ex F-WWIZ		Lsd fr WFBN
☐	N481TA	Airbus A320-233	1500	ex F-WWIE		Lsd fr WFBN; sublsd to TPU
☐	N484TA	Airbus A320-233	1523	ex F-WWIL		Lsd fr IEM Airfinance
☐	N486TA	Airbus A320-233	1730	ex F-WWBJ		Lsd fr WFBN
☐	N487TA	Airbus A320-233	2084	ex F-WWIG		Lsd fr WFBN
☐	N488TA	Airbus A320-233	2118	ex F-WWIK		Lsd fr debis
☐	N489TA	Airbus A320-233	2102	ex F-WWBQ		Lsd fr WFBN
☐	N490TA	Airbus A320-232	2282	ex F-WWBO		Lsd fr WFBN
☐	N491TA	Airbus A320-233	2301	ex F-WWDF		Lsd fr BNP Paribas
☐	N492TA	Airbus A320-233	2434	ex F-WWDL		Lsd fr BNP Paribas
☐	N493TA	Airbus A320-233	2917	ex F-WWDR		
☐	N494TA	Airbus A320-233	3042	ex F-WWDM		Lsd fr WFBN
☐	N495TA	Airbus A320-233	3103	ex F-WWIH		
☐	N496TA	Airbus A320-233	3113	ex F-WWIU		
☐	N497TA	Airbus A320-233	3378	ex F-WWDK		
☐	N	Airbus A320-233		ex F-WW	on order	
☐	N	Airbus A320-233		ex F-WW	on order	

☐	N	Airbus A320-233		ex F-WW		on order	
☐	N	Airbus A320-233		ex F-WW		on order	
☐	N	Airbus A320-233		ex F-WW		on order	
☐	N	Airbus A320-233		ex F-WW		on order	

Thirteen more Airbus A320s are on order for delivery from 2009

☐	N564TA	Airbus A321-231	2862	ex D-AVZB			
☐	N566TA	Airbus A321-231	2553	ex D-AVZJ			
☐	N567TA	Airbus A321-231	2610	ex D-AVZM			
☐	N568TA	Airbus A321-231	2687	ex D-AVZE			Lsd fr WFBN

One more Airbus A321-231 is on order

☐		Embraer 190-100 (190)		ex PT-		on order	
☐		Embraer 190-100 (190)		ex PT-		on order	
☐		Embraer 190-100 (190)		ex PT-		on order	
☐		Embraer 190-100 (190)		ex PT-		on order	
☐		Embraer 190-100 (190)		ex PT-		on order	

Six more Embraer 190-100s are on order
Owns 30% of AVIATECA, 20% of Islena and 10% of LACSA while TACA Peru is 49% owned; feeder services are operated by AeroPerlas, Inter, Islena, La Costena and SANSA, known collectively as Grupo TACA.

YU- MONTENEGRO (Republic of Montenegro)

MONTENEGRO AIRLINES
Motairo (YM/MGX) (IATA 409) — *Podgorica/Tivat (TGD/TIV)*

☐	YU-AOK	Fokker F.28-0100 (Fokker 100)	11272	ex ZA-AVA	Sveti Petar Cetinjski	
☐	YU-AOL	Fokker F.28-0100 (Fokker 100)	11268	ex G-UKFL	Podgorica	Lsd to LBY
☐	YU-AOM	Fokker F.28-0100 (Fokker 100)	11321	ex G-BYDP	Bar	
☐	YU-AOP	Fokker F.28-0100 (Fokker 100)	11332	ex PT-MQW	Boka	Lsd fr AerCap
☐	YU-AOT	Fokker F.28-0100 (Fokker 100)	11350	ex F-OLLE		
☐	YU-	Embraer 190-200LR (195LR)		ex PT-S	on order	Lsd fr GECAS

One more Embraer 190-200LR (195LR) is on order for delivery in 2009, to be leased from GECAS
Master Airways is a wholly owned subsidiary

YU- SERBIA (Republic of Serbia)

AIR TOMISKO
(TOH) — *Belgrade (BEG)*

☐	YU-AMJ	Ilyushin Il-76M	1013409303	ex UN-78734		

AVIOGENEX
Genex (AGX) — *Belgrade (BEG)*

☐	YU-ANP	Boeing 737-2K3 (Nordam 3)	23912/1401		Zadar	Lsd to JAT

JAT AIRWAYS
JAT (JU/JAT) (IATA 115) — *Belgrade (BEG)*

☐	YU-AND	Boeing 737-3H9	23329/1134		City of Krusevac	
☐	YU-ANF	Boeing 737-3H9	23330/1136			
☐	YU-ANH	Boeing 737-3H9	23415/1171	ex TC-CYO	all-white	
☐	YU-ANI	Boeing 737-3H9	23416/1175	ex Z3-AAA	all-white	
☐	YU-ANJ	Boeing 737-3H9	23714/1305	ex TC-MIO		
☐	YU-ANK	Boeing 737-3H9	23715/1310			
☐	YU-ANL	Boeing 737-3H9	23716/1321	ex Z3-ARF	all-white	Lsd to BGL
☐	YU-ANP	Boeing 737-2K3 (Nordam 3)	23912/1401			Lsd fr AGX
☐	YU-ANV	Boeing 737-3H9	24140/1524			
☐	YU-ANW	Boeing 737-3H9	24141/1526	ex TS-IED		
☐	YU-AON	Boeing 737-3Q4	24208/1490	ex N181LF	all-white	Lsd fr ILFC
☐	YU-AOS	Boeing 737-4B7	24551/1795	ex N429US	all-white	Lsd fr CIT Group
☐	YU-AJK	Douglas DC-9-32	47568/689	ex Z3-ARD		
☐	YU-ALN	ATR 72-202	180	ex F-WWEP		
☐	YU-ALO	ATR 72-202	186	ex F-WWEW		
☐	YU-ALP	ATR 72-202	189	ex F-WWED	all-white	
☐	YU-ALR	ATR 72-202	357	ex G-BVTK		Lsd fr ATR Asset Mgt
☐	YU-ALS	ATR 72-202	140	ex ES-KRB		Lsd fr ATR Leasing

Placed in receivership by the government of Serbia but operations continue

KOSMAS AIR CARGO
Kosmas Cargo (KMG) — *Belgrade (BEG)*

☐	YU-AMI	Ilyushin Il-76MD	0093499982	ex RA-76822		

KOSOVO AIRLINES
Pristina (PRN)

Services operated by Hamburg International

MASTER AIRWAYS
Did not start operations

UNITED INTERNATIONAL AIRLINES
(UIL) *Sofia (SOF)*

☐	YU-UIA	Antonov An-12	02348007	ex LZ-SFA
☐	YU-UIB	Antonov An-12		
☐	YU-UIC	Antonov An-12		
☐	YU-UID	Antonov An-12		
☐	YU-UIE	Antonov An-12BP	401801	ex UN-11012

YV- VENEZUELA (Bolivarian Republic of Venezuela)

The Venezuelan authorities have introduced a new system starting at YV1000 for all categories and all aircraft will take up the new marks in time. There is also a temporary system starting at YV100T.

AECA

☐	YV211T	Douglas DC-3	10201	ex HK-2666
☐	YV214T	Douglas DC-6		

AERO CARIBE

☐	YV1427	LET L-410UVP	841224	ex YV-595C

AERO EJECUTIVOS
Venejecutiv (VEJ) *Caracas-Simon Bolivar Intl (CCS)*

☐	YV1434	LET L-410UVP-E	872014	ex YV-1026CP	
☐	YV1854	Douglas DC-3	6135	ex YV-500C	
☐	YV201T	Douglad DC-3	11775	ex YV-1179C	
☐	YV212T	Douglas DC-6B	44419/491	ex HK-1700	AECA titles
☐	YV-426C	Douglas DC-3	4093	ex N10DC	
☐	YV-440C	Douglas DC-3	2201	ex N31PB	Caballo Viejo; status?

Identities of YV-201T and YV-211T are not confirmed

AERO FLY MONAGAS

☐	YV1518	LET L-410UVP-E	882022	ex YV-1028CP

AERO SERVICIOS SURAMERICANOS

☐	YV-1108CP	LET L-401UVP-E	861709	ex YV-985CP

AEROBOL - AEROVIAS BOLIVAR
Ciudad Bolivar (CBL)

☐	YV-315C	Cessna U206G Stationair 6	U20604323	ex YV-1465P
☐	YV-387C	Cessna U206G Stationair 6	U20605398	ex YV-1310P
☐	YV-389C	Cessna U206G Stationair 6		
☐	YV-408C	Cessna U206G Stationair 6		
☐	YV-615C	Cessna U206G Stationair 6	U20604759	ex YV-1704P
☐	YV-849C	Cessna U206G Stationair 6		
☐	YV-946C	Cessna U206G Stationair 6		
☐	YV-270C	Britten-Norman BN-2A-20 Islander	573	ex YV-142CP
☐	YV-288C	Cessna 207A Stationair 8	20700708	ex YV-2143P
☐	YV-380C	Cessna 207A Stationair 8		

AEROMED

☐	YV-1023CP	LET L-410UVP	861713

AEROPANAMERICANO

☐	YV1674	Beech 1900C-1	UC-47	ex HK-4325
☐	YV1734	Beech 1900	UB-47	ex YV-687CP

AEROPOSTAL
Aeropostal (VH/LAV) (IATA 152) Caracas-Simon Bolivar Intl (CCS)

☐	YV1120	Douglas DC-9-51	47705/842	ex YV-20C	El Guayanes	
☐	YV1121	Douglas DC-9-51	47719/845	ex YV-21C	El Zuliano	
☐	YV1122	Douglas DC-9-51	47703/841	ex YV-22C	El Margariteno	
☐	YV1123	Douglas DC-9-32	47727/848	ex YV-24C	El Falconiano	
☐	YV1124	Douglas DC-9-32	47721/847	ex YV-25C	El Andino	
☐	YV1126	Douglas DC-9-51	47782/893	ex YV-33C	El Venezolano	
☐	YV1127	Douglas DC-9-34CF	47752/872	ex YV-37C	El Llanero	
☐	YV135T	Douglas DC-9-51	47712/815	ex YV-35C	El Larense	
☐	YV136T	Douglas DC-9-51 (ABS 3)	47738/830	ex YV-14C		Lsd fr Finnair A/c Lsg
☐	YV137T	Douglas DC-9-51 (ABS 3)	47771/883	ex YV-15C		Lsd fr Finnair A/c Lsg
☐	YV138T	Douglas DC-9-51	47656/783	ex YV-42C		Lsd fr Amtec Corp
☐	YV139T	Douglas DC-9-51	47695/806	ex YV-43C		
☐	YV140T	Douglas DC-9-51	47694/805	ex YV-44C		
☐	YV141T	Douglas DC-9-32	47535/610	ex YV-46C		Lsd to/op for HON
☐	YV142T	Douglas DC-9-32				
☐	YV143T	Douglas DC-9-32	47539/637	ex YV-49C	special colours	
☐	YV148T	Douglas DC-9-51	47713/820	ex YV-10C	id not confirmed	Lsd fr Amtec Corp
☐	YV-11C	Douglas DC-9-21 (ABS 3)	47306/462	ex N339CA	status?	Lsd fr Amtec Corp
☐	YV-12C	Douglas DC-9-21 (ABS 3)	47360/475	ex N338CA	status?	Lsd fr Amtec Corp
☐	YV-47C	Douglas DC-9-32	47490/560	ex N14564		
☐	YV-48C	Douglas DC-9-32	45847/394	ex N17531		
☐	N120DL	Boeing 767-332	23279/154			Lsd fr RYN
☐	N905TA	McDonnell-Douglas MD-82	49905/1767	ex OH-LMW	stored MIA	Lsd fr/op by UFly
☐	(YV1327)	McDonnell-Douglas MD-82	49103/1083	ex YV132T	stored MIA	Lsd fr Avn Capital Grp
☐	YV130T	McDonnell-Douglas MD-83	49822/1539	ex YV-01C		Lsd fr MSA I
☐	YV-40C	Boeing 727-231 (Super 27)	21632/1462	ex N54345	stored CCS	Lsd fr Pegasus

Aeropostal is the trading name of Alas de Venezuela

AEROSERVICIOS OK

☐	YV1752	LET L-410UVP-E	861719	ex YV1333	

AEROSERVICIOS RANGER
Caracas-La Carlota/Lagunillas/Tumeremo (-/LGY/TMO)

☐	YV-429C	Bell 206B JetRanger III	1959	ex N9910K	
☐	YV-431C	Bell 206B JetRanger III	2588		
☐	YV-433C	Bell 206B JetRanger II	2106	ex YV-330CP	
☐	YV-455C	Bell 206B JetRanger	1481	ex N218AL	
☐	YV-457C	Bell 206B JetRanger III	2470	ex N50056	
☐	YV-571C	Bell 206B JetRanger	273	ex N59Q	
☐	YV-572C	Bell 206B JetRanger	644	ex N7906J	
☐	YV1204	Britten-Norman BN-2A-26 Islander	56	ex YV-920C	
☐	YV1241	Britten-Norman BN-2A-26 Islander	149	ex YV-921C	

AEROTECHNICA
Acarigua (AGV)

☐	YV-101C	Bell 206B JetRanger	459	ex YV-C-GAA
☐	YV-103C	Bell 206B JetRanger III	3211	
☐	YV-104C	Bell 206B JetRanger	467	ex YV-C-GAH
☐	YV-105C	Bell 206B JetRanger	889	ex YV-C-GAL
☐	YV-106C	Bell 206B JetRanger	414	ex YV-C-GAM
☐	YV-108C	Bell 206B JetRanger III	2384	
☐	YV-109C	Bell 206B JetRanger III	2402	
☐	YV-110C	Bell 206B JetRanger	1119	ex N83005
☐	YV-112C	Bell 206B JetRanger III	3213	
☐	YV-115C	Bell 206B JetRanger II	2099	ex GN-7637
☐	YV-116C	Bell 206B JetRanger II	2190	ex N103K
☐	YV-117C	Bell 206B JetRanger III	2692	
☐	YV-118C	Bell 206B JetRanger III	3409	
☐	YV-122C	Bell 206B JetRanger II	1984	
☐	YV-124C	Bell 206B JetRanger III	2215	
☐	YV-251C	Bell 206B JetRanger	1106	ex YV-T-AIN
☐	YV-254C	Bell 206B JetRanger II	2059	ex N9934K
☐	YV-320C	Bell 206B JetRanger III	2248	
☐	YV-321C	Bell 206B JetRanger III	2496	
☐	YV-322C	Bell 206B JetRanger III	3359	
☐	YV-323C	Bell 206B JetRanger	874	
☐	YV-325C	Bell 206B JetRanger II	2095	ex GN7635
☐	YV-326C	Bell 206B JetRanger	1858	
☐	YV-327C	Bell 206B JetRanger	1355	ex YV-235CP
☐	YV-328C	Bell 206B JetRanger III	3308	
☐	YV-329C	Bell 206B JetRanger III	3336	
☐	YV-333C	Bell 206B JetRanger	1699	ex YV-141CP

One is YV1476

☐	YV-121C	Bell 206L-1 LongRanger II	45501	ex N57480		
☐	YV-118CP	Beech 65-E90 King Air	LW-234			
☐	YV-730C	Bell 412				

ASAP CHARTER

☐	YV1404	Yakovlev Yak-40	9441137	ex YV-1100CP	VIP

ASERCA AIRLINES
Aserca (R7/OCA) (IATA 717)   Caracas-Simon Bolivar Intl (CCS)

☐	YV1492	Douglas DC-9-31	45864/130	ex YV-708C	Virgen de Socorro	red c/s
☐	YV1663	Douglas DC-9-31	48144/1039	ex PJ-SNK		red c/s
☐	YV1879	Douglas DC-9-31	48139/1024	ex YV114T		
☐	YV1921	Douglas DC-9-31	48154/1046	ex YV111T	Cristo de Jose	blue c/s
☐	YV1922	Douglas DC-9-31	48138/1021	ex YV115T		red c/s
☐	(YV1935)	Douglas DC-9-31		ex YV331T	Santisima Trinidad	red c/s
					Identity not confirmed	
☐	YV110T	Douglas DC-9-31	47271/389	ex YV-710C	Virgen de Loreto	blue c/s
☐	YV116T	Douglas DC-9-31	45867/283	ex YV-705C	Virgen del Valle	red c/s
☐	YV117T	Douglas DC-9-31	47272/390	ex YV-707C	Virgen de la Coromato	red c/s
☐	YV118T	Douglas DC-9-31	47005/151	ex YV-709C	Madre Maria de San Jose	
☐	YV122T	Douglas DC-9-31	45875/365	ex YV-706C	Virgen de la Chinita	blue c/s
☐	YV125T	Douglas DC-9-31	47157/322	ex YV-719C	El Ejecutivas	yellow c/s
☐	YV241T	Douglas DC-9-31	48118/942	ex N942AA	San Rafael	blue c/s
☐	YV242T	Douglas DC-9-31	48119/943	ex N945AA		
☐	YV243T	Douglas DC-9-31	48120/949	ex N944AA		
☐	YV244T	Douglas DC-9-31	48141/1030	ex N943AA		
☐	YV248T	Douglas DC-9-32 (ABS 3)	47282/446	ex N983US		
☐	YV249T	Douglas DC-9-32 (ABS 3)	47479/605	ex N985US		
☐	YV286T	Douglas DC-9-31	47473/598	ex N926RC		
☐	YV298T	Douglas DC-9-31	48147/1048	ex N940AA		
☐	YV297T	Douglas DC-9-31	48155/1050	ex N941AA		
☐	YV-720C	Douglas DC-9-31	45837/103	ex N8922E	El Industrial	
☐	YV-714C	Douglas DC-9-31	47007/87	ex N938ML	El Pilar	
☐	YV-718C	Douglas DC-9-31	47187/282	ex N8951E	El Viajero	
☐	YV	Douglas DC-9-32	48119/943	ex N945AA		
☐	YV	Douglas DC-9-31	47249/297	ex N977Z	stored ROW	
☐	YV	Douglas DC-9-31	47343/460	ex N979Z	stored ROW	

Temporary registrations YV-119T (blue), plus YV1879, YV 1896 and YV1921 'Christo de Jose' allocated but tie up not confirmed. ASERCA is the trading name of Aeroservicios Carabobo

AVENSA
Ave (AVE)   Caracas-Simon Bolivar Intl (CCS)

☐	YV-100C	Embraer EMB.120RT Brasilia	120067	ex N276UE	stored CCS	Lsd fr Boeing Capital

AVENSA is the trading name of Aerovias Venezolanas; current status uncertain as it is in the process of financial restructuring

AVIOR AIRLINES
Avior (9V/ROI) (IATA 863)   Barcelona (BLA)

☐	YV1364	Beech 1900D	UE-270	ex YV-401C		
☐	YV1365	Beech 1900D	UE-268	ex YV-402C		
☐	YV1366	Beech 1900D	UE-279	ex YV-403C		
☐	YV1367	Beech 1900D	UE-298	ex YV-404C		
☐	YV1368	Beech 1900D	UE-304	ex YV-406C		Lsd to ATK
☐	YV1369	Beech 1900D	UE-342	ex YV-438C		
☐	YV1370	Beech 1900D	UE-343	ex YV-466C		
☐	YV1371	Beech 1900D	UE-344	ex YV-503C		
☐	YV1372	Beech 1900D	UE-331	ex YV-660C		
☐	YV1373	Beech 1900D	UE-355	ex YV-663C		
☐	YV1374	Beech 1900D	UE-356	ex YV-664C		
☐	YV1182	Cessna 208B Caravan I	208B0729	ex YV-659C	dam 21Jly07	
☐	YV1361	Boeing 737-2H4 (AvAero 3)	22286/878	ex N85SW		
☐	YV187T	Boeing 737-2H4 (AvAero 3)	22964/933	ex N92SW		
☐	YV234T	Boeing 737-2H4 (AvAero 3)	21970/613	ex YV-643C		Lsd fr Celsius Amtec
☐	YV-917C	Boeing 737-201 (Nordam 3)	21665/534	ex N223US		Lsd fr Celsius Amtec
☐	YV-925C	Cessna 208B Caravan I	208B0793	ex N52627		

CARIBBEAN FLIGHTS
                                                                                 Valencia Intl (VLN)

☐	YV-912C	Douglas DC-3	14506/25951	ex CP-2255	Falcon

CHAPI AIR

☐	YV1996	Britten-Norman BN-2A-7 Islander	242	ex YV178T

CIACA AIRLINES
Ciudad Bolivar (CBL)

☐	YV-866CP	LET L-410UVP-E	861717	ex HK-4159
☐	YV-953C	LET L-410UVP	831114	ex 3C-KKU
☐	YV-957C	LET L-410UVP		
☐	YV-978C	LET L-410UVP	810702	ex CCCP-67066 stored
☐	YV-984C	LET L-410UVP-E	831015	
☐	YV-986C	LET L-410UVP-E	892341	ex HK-4147
☐	YV-1070CP	Yakovlev Yak-40	9412032	ex RA-87388
☐	YV-1097CP	LET L-410UVP	841303	ex YV-981C

COMERAVIA
(CVV) Cuidad Bolivar (CBL)

☐	YV1232	LET L-410UVP	810640	ex UR-67064
☐	YV1233	LET L-410UVP	851427	ex YV-1185C
☐	YV1332	LET L-410UVP	831028	ex YV-906C
☐	YV1962	LET L-410UVP	841216	ex YV-1071C Lsd fr O Cancines

CONVIASA
Conviasa (V0/VCV) (IATA 308) Caracas-Simon Bolivar Intl (CCS)

☐	YV1005	ATR 42-320	491	ex F-WQNK		
☐	YV1008	ATR 42-320	346	ex F-WQNB		
☐	YV1009	ATR 42-320	487	ex F-WQNL		
☐	YV1010	ATR 42-300	371	ex F-WQNC		
☐	YV1850	ATR 72-201	276	ex F-WQNE		
☐	YV2314	ATR 72-200				
☐	YV2421	ATR 72-212	482	ex F-WQNB		
☐	YV2422	ATR 72-212	486	ex F-WQNA		Lsd fr ATR Asset Mgt
☐	XA-TWR	Boeing 737-2H4 (AvAero 3)	21812/611	ex N60SW	no titles	Lsd fr DMJ
☐	XA-UBB	Boeing 737-291 (Nordam 3)	21750/574	ex N988UA	no titles	Lsd fr DMJ
☐	YV1000	de Havilland DHC-7-102	068	ex YV-1169C		
☐	YV1003	de Havilland DHC-7-102	103	ex C-FEDO		
☐	YV1004	Airbus A340-211	031	ex F-WQTN	Pedro Duque	
☐	YV1007	Boeing 737-322	23949/1493	ex N317UA		
☐	YV100T	Boeing 737-33A	25118/2065	ex YV-1178C	retd?	Lsd fr ILFC
☐	YV101T	Boeing 737-291	21747/555	ex HR-AUB		
☐	YV206T	Boeing 737-205	21184/440	ex XA-MAG		Lsd fr AAR Engine

CONVIASA is the trading name of Consorcio Venezolano de Industrie Aeronauticas y Servicisos Aereos

HELITEC
Maturin (MUN)

☐	YV256T	Swearingen SA.227DC Metro III	DC-899B		
☐	YV-696CP	Swearingen SA.227TT Merlin IIIC	TT-465	ex OY-CRU	
☐	YV-808CP	Swearingen SA.227TT Merlin 300	TT-435	ex N92RC	
☐	YV-1000C	Swearingen SA.227AC Metro III	AC-594	ex N16GA	

ISLAND AIR EXPRESS
Caracas-Simon Bolivar Intl (CCS)

☐	YV-774C	Dornier 28D-2 Skyservant
☐	YV-776C	Dornier 28D-2 Skyservant
☐	YV-779C	Dornier 28D-2 Skyservant

KAVOK AIRLINES
(KVA)

☐	YV	British Aerospace Jetstream 32EP	910	ex N910AE
☐	YV	British Aerospace Jetstream 32EP	971	ex N971JX
☐	YV	British Aerospace Jetstream 32EP	973	ex N973JX

LASER
Laser (QL/LER) (IATA 722) Caracas-Simon Bolivar Intl (CCS)

☐	(YV1382)	Douglas DC-9-14	45745/32	ex YV167T	Aldebaran	
☐	YV331T	Douglas DC-9-31	48157/1054	ex N934LK		Lsd fr JODA
☐	YV332T	Douglas DC-9-31	48158/1056	ex N935DS		Lsd fr JODA
☐	YV-881C	Douglas DC-9-32	45789/217	ex N17543	stored CCS	Lsd fr Pacific AirCorp
☐	YV-1121C	Douglas DC-9-32 (ABS 3)	47281/427	ex N922LG	stored	Lsd fr Pacific AirCorp
☐	YV-1122C	Douglas DC-9-32	47219/325	ex N18544		Lsd fr Pacific AirCorp

YV231T and YV243T reported as Douglas DC-9s but tie-up not confirmed
LASER is the trading name of Lineas Aereas de Servicio Ejecutivo Regional

LINEA AEREA IAACA
Air Barinas (KG/BNX) — Barinas (BNS)

☐	YV1929	ATR 72-212	492	ex YV-1004C	

LINEA TURISTICA AEREOTUY
Aereotuy (LD/TUY) — Caracas-Simon Bolivar Intl (CCS)

☐	YV1181	Cessna 208B Caravan I	208B0695	ex YV-862C	Lsd fr Cessna Finance Corp
☐	YV1182	Cessna 208B Caravan I	208B072☐	ex YV-659C	Lsd fr Cessna Finance Corp
☐	YV1183	Cessna 208B Caravan I	208B069☐	ex YV-861C	Lsd fr Cessna Finance Corp
☐	YV1184	de Havilland DHC-7-102	30	ex YV-639C	
☐	YV1185	de Havilland DHC-7-102	5	ex YV-638C	Lsd fr Volvo A/S
☐	YV1188	Cessna 208B Caravan I	208B0955	ex YV-863C	Lsd fr Cessna Finance Corp
☐	YV-640C	de Havilland DHC-7-102	17	ex N47RM	stored CCS Lsd fr Volvo A/S

ORIENTAL

☐	YV-594C	Yakovlev Yak-40	9841159	ex CU-T1221	
☐	YV-1072C	Yakovlev Yak-40	9841059	ex CU-T1220	

RAINBOW AIR
(TZR) — Porlomar

☐	EX-024	Antonov An-26B	11901	ex RA-26096	
☐	YV307T	LET L-410UVP			
☐	YV308T	LET L-410UVP			
☐	YV322T	LET L-410UVP			

RUTACA
Rutaca (RUC) — Ciudad Bolivar (CBL)

☐	YV-209C	Cessna U206D Super Skywagon	U206-1338	ex N72247	
☐	YV-210C	Cessna U206G Stationair 6	U20605354		
☐	YV-214C	Cessna U206F Stationair	U20602386	ex YV-138P	
☐	YV-229C	Cessna U206G Stationair	U20603541	ex YV-1153P	
☐	YV-379C	Cessna U206G Stationair 6	U20604150	ex YV-1633P	
☐	YV-785C	Cessna U206G Stationair	U20603889	ex YV-1314P	
☐	YV-786C	Cessna U206G Stationair 6	U20605125	ex YV-1719P	
☐	YV-789C	Cessna U206G Stationair 6	U20604803		
☐	YV-793C	Cessna U206F Stationair	U20603192		
☐	YV1360	Boeing 737-2H4 (AvAero 3)	23055/970	ex YV-162T	
☐	YV1381	Boeing 737-2S3 (Nordam 3)	21774/563	ex YV-216C	Vinotinto c/s
☐	YV169T	Boeing 737-2S3 (Nordam 3)	21776/577	ex YV-1155C	
☐	YV170T	Boeing 737-2M6	21231/462	ex YV-215C	
☐	YV-245C	Embraer EMB.110P1 Bandeirante	110325	ex N103TN	stored CBL
☐	YV-247C	Embraer EMB.110P1 Bandeirante	110293	ex N901A	stored CBL
☐	YV-248C	Embraer EMB.110P1 Bandeirante	110376	ex N61DA	stored CBL
☐	YV-787C	Embraer EMB.110P1 Bandeirante	110403	ex N202EB	Curacao; stored CBL
☐	YV-790C	Cessna 208B Caravan I	208B0527	ex N5283S	
☐	YV-791C	Cessna 208B Caravan I	208B0555	ex N5095N	
☐	YV-792C	Cessna 208B Caravan I	208B0608	ex N5180K	
☐	YV-794C	Cessna 208B Caravan I	208B0795	ex N5264U	

RUTACA is the trading name of Rutas Aereas; one 737 is now YV1381

SANTA BARBARA AIRLINES
Santa Barbara (S3/BBR) — Maracaibo (MAR)

☐	YV1421	ATR 42-320	300	ex YV-1017C	
☐	YV1422	ATR 42-320	340	ex YV-1018C	
☐	YV1423	ATR 42-320	360	ex YV-1015C	Virgen del Carmen
☐	YV1424	ATR 42-320	368	ex YV-1014C	Mi Chinita
☐	YV1449	ATR 42-300	028	ex PR-TTC	
☐	YV2314	ATR 42-300	038	ex PR-TTD	
☐	YV	ATR 72-212A	768	ex F-WW	on order
☐	YV	ATR 72-212A	769	ex F-WW	on order

All leased from ATR Asset Management

☐	TF-FIB+	Boeing 767-383ER	25365/395	ex N365SR	Lsd fr ICE
☐	TF-FIS	Boeing 757-256	26245/617	ex N542NA	Lsd fr ICE
☐	YV2242	Boeing 757-236	24119/167	ex N962PG	Lsd fr Pegasus
☐	YV2243	Boeing 757-236	24118/163	ex N958PG	Lsd fr Pegasus
☐	YV-174T	Boeing 727-231 (FedEx 3)	21968/1565	ex YV-1174C	stored ROW Lsd fr Pegasus
☐	YV-1037C	Cessna 208B Caravan I	208B0888		Lsd fr Cessna Finance Corp
☐	YV-1038C	Cessna 208B Caravan I	208B0889		Lsd fr Cessna Finance Corp
☐	YV-1039C	Cessna 208B Caravan I	208B0901		Lsd fr Cessna Finance Corp
☐	YV-1056C	Boeing 727-2D3 (Super 27)	22269/1701	ex N969PG	Lsd fr ART 22269 LLC

SASCA
Porlamar

☐ YV2211	British Aerospace Jetstream 31	645	ex SE-LGC		
☐ YV186T	British Aerospace Jetstream 3103	616	ex YV-1163C	id not confirmed	
☐ YV315T	British Aerospace Jetstream				
☐ YV-1126C	Cessna 208B Caravan I	208B0781	ex N5268A		

SASCA is the trading name of Servicios Aeronauticas Sucre

SERAMI
Cuidad Bolivar (CBL)

☐ YV219T	Beech 1900C-1	UC-118	ex YV-1150C		Lsd fr Raytheon

SERAMI is the trading name of Servicios Aereos Mineros

SOL AMERICA
Solamerica (ESC) — *Caracas-Simon Bolivar Intl (CCS)*

☐ (YV1415)	Douglas DC-3	16013/32761	ex YV-911C	
☐ YV1416	Britten-Norman BN-2A Mk.III-2 Trislander	1034	ex YV-872C	
☐ YV2117	Dornier 28D-2 Skyservant			
☐ YV176T	British Aerospace Jetstream 31	721	ex YV-1181C	stored TMB
☐ YV216T	British Aerospace Jetstream 3102	697	ex N827JS	
☐ YV-1120C	LET L-410UVP	841329	ex YV-982C	

SOLAR CARGO
Solarcargo (OLC) — *Valencia (VLN)*

☐ YV1402	Antonov An-26	87307207	ex YV-1110C	
☐ YV1403	Antonov An-26	17309810	ex YV-1134C	

SUNDANCE AIR

☐ YV1544	LET L-410UVP	831032	ex YV-1114C	
☐ YV2063	LET L-410UVP	831010	ex YV-1025C	
☐ YV-1029C	LET L-410UVP	831027		
☐ YV	British Aerospace Jetstream 31	909	ex N490UE	

TRANACA
Ciudad Bolivar (CBL)

☐ YV1147	LET L-410UVP			
☐ YV-922CP	LET L-410UVP	851426	ex LY-ASB	

TRANSAVEN
(VEN) — *Caracas-Simon Bolivar Intl (CCS)*

☐ YV1417	LET L-410UVP	830939	ex YV-980C	
☐ YV1463	LET L-410UVP	861714	ex YV-864C	
☐ YV2082	LET L-410UVP-E	902430	ex YV-1175C	
☐ YV2083	LET L-410UVP-E	892314	ex YV-1113C	
☐ YV-1117C	Britten-Norman BN-2A Mk.III-1 Trislander	1007	ex HP-899PS	

Transaven is the trading name of Transporte Aereo Venezuela

TRANSCARGA INTERNATIONAL AIRWAYS
Tiaca (TIW) — *Caracas-Simon Bolivar Intl (CCS)*

☐ YV1149	Aero Commander 500B	500B-899	ex YV-941C	ex c/n 500A-899-B	

TRANSMANDU
Ciudad Bolivar (CBL)

☐ YV	British Aerospace Jetstream 32	911	ex N491UE		
☐ YV	British Aerospace Jetstream 32	884	ex N476UE	stored IGM	Lsd fr J&E Aircraft

TRANSPORTE AIR IGLESIAS

☐ YV1844	LET L-410UVP	831114	ex YV-953C	no titles	

TRANSVALCASA

☐ YV128T	Swearingen SA.226T Merlin II	

TURISMO AEREO AMAZONAS

☐	YV1157	LET L-410UVP	851412	ex HH-PRT	
☐	YV1219	LET L-410UVP	851319	ex YV1147C	

VENESCAR INTERNACIONAL
Vecar (V4/VEC)   *Caracas-Simon Bolivar Intl (CCS)*

☐	YV2308	ATR 42-300F	061	ex YV157T	302; DHL c/s; not confirmed
☐	YV2309	Boeing 727-31F (FedEx 3)	20114/712	ex YV156T	DHL c/s
☐	YV149T	Boeing 727-35F (FedEx 3)	19167/325	ex YV-846C	402; DHL c/s; also reported as 1900C
☐	YV154T	Boeing 727-264F (FedEx 3)	20895/1049	ex YV-907C	DHL c/s
☐	YV155T	Boeing 727-223F (FedEx 3)	20992/1187	ex YV-905C	408; DHL c/s

Venescar International is the trading name of Venezolana Servicios Expresos de Carga Internacional; YV2321 also reported as an ATR 42-300F. 49% owned by DHL International

VENEZOLANA
Venezolana (VNE)   *Caracas-Simon Bolivar Intl (CCS)*

☐	YV270T	British Aerospace Jetstream 41	41097	ex N329UE		Lsd fr A & W Aeronautics
☐	YV280T	British Aerospace Jetstream 41	41027	ex N314UE		Lsd fr A & W Aeronautics
☐	YV283T	British Aerospace Jetstream 41	41033	ex N315UE		Lsd fr A & W Aeronautics
☐	YV	British Aerospace Jetstream 41	41020	ex N306UE		Lsd fr A & W Aeronautics
☐	YV	British Aerospace Jetstream 41	41026	ex N313UE		Lsd fr A & W Aeronautics
☐	YV	British Aerospace Jetstream 41	41029	ex N311UE	on order	Lsd fr A & W Aeronautics
☐	YV	British Aerospace Jetstream 41	41031	ex N317UE	on order	Lsd fr A & W Aeronautics
☐	YV	British Aerospace Jetstream 41	41045	ex N321UE	on order	Lsd fr A & W Aeronautics

Reported are YV169T and YV2837 but tie-up uncertain

☐	YV260T	Boeing 737-200				
☐	YV268T	Boeing 737-232 (AvAero 3)	23099/1035	ex N327DL		
☐	YV287T	Boeing 737-217 (AvAero 3)	22728/911	ex N168WP		Lsd fr Engage Avn; sublsd to CUB
☐	YV295T	Boeing 737-217 (AvAero 3)	21717/581	ex N167WP		
☐	YV296T	Boeing 737-2T5 (AvAero 3)	22024/641	ex N166WP		
☐	YV302T	Boeing 737-2T5 (AvAero 3)	23087/1013	ex N315DL		Lsd fr A & W Aeronautics
☐	YV341T	Boeing 737-232 (Nordam 3)	23087/1019	ex N317DL		Lsd fr A & W Aeronautics

☐	YV179T	British Aerospace Jetstream 31	759	ex YV-1086C	Lsd fr Jet Aircraft Lsg
☐	YV180T	British Aerospace Jetstream 31	770	ex YV-1093C	Lsd fr Jet Aircraft Lsg
☐	YV-1084C	British Aerospace Jetstream 31	734	ex OB-1784-T	Lsd fr Jet Aircraft Lsg
☐	YV-1085C	British Aerospace Jetstream 31	729	ex OB-1785-T	Lsd fr Jet Aircraft Lsg

Venezolana is the trading name of RAVSA Airlines

WYNGS AVIATION

☐	YV1106	Beech 1900D	UE-241	ex YV-1152CP	
☐	YV188T	Beech 1900D	UE-294	ex YV-955CP	all-white

Operator Unknown

☐	YV1275	Antonov An-26	07310607	ex YV-965CP		
☐	YV1434	LET L-410UVP-E	872014	ex YV-1062CP		
☐	YV1463	LET L-410UVP				
☐	YV1725	Antonov An-26				
☐	YV2157	WZK/PZL Antonov An-28	1AJ007-02			
☐	YV2263	LET L-410UVP	872016	ex YV-1003CP		
☐	YV	Cessna 208B Caravan I	208B1036	ex N788WS		
☐	YV	Cessna 208B Caravan I	208B1136	ex N208DT		

One possibly YV1766

☐	YV	Boeing 737-232 (AvAero 3)	23099/1035	ex N327DL		
☐	YV215T	British Aerospace Jetstream 31	784	ex N430UE	no titles	Lsd fr Pro-Flight Intl
☐	YV314T	British Aerospace Jetstream 31				
☐	YV315T	British Aerospace Jetstream 31				

Z- ZIMBABWE (Republic of Zimbabwe)

AIR ZIMBABWE
Air Zimbabwe (UM/AZW) (IATA 168)   *Harare International (HRE)*

☐	Z-WPA	Boeing 737-2N0	23677/1313	ex C9-BAG	Mbuya Nehanda	
☐	Z-WPB	Boeing 737-2N0	23678/1405		Great Zimbabwe	
☐	Z-WPC	Boeing 737-2N0	23679/1415		Matojeni	
☐	Z-WPD	British Aerospace 146 Srs.200	E2065	ex G-5-065	Jongu'e	Lsd fr Govt
☐	Z-WPE	Boeing 767-2N0ER	24713/287		Victoria Falls	
☐	Z-WPF	Boeing 767-2N0ER	24867/333		Chimanimani	
☐	Z-WPJ	AVIC I Y7-MA-60	0302		Nyami-Nyami	
☐	Z-WPK	AVIC I Y7-MA-60	0303		A'sambeni	
☐	Z-WPL	AVIC I Y7-MA-60	0304			

AVIENT AVIATION
Avavia (Z3/SMJ) (IATA 757) — Harare-International (HRE)

☐ Z-ALT	Douglas DC-10-30F	47818/305	ex 5X-ROY		Lsd fr Boeing Capital
☐ Z-ARL	Douglas DC-10-30CF	47907/157	ex N10MB		
☐ Z-AVT	Douglas DC-10-30F	46590/266	ex N401JR	Victor Trimble	Lsd fr Boeing Capital
☐ Z-WTV	Ilyushin Il-76T	073410279	ex 3C-QQD		
☐ Z-	Douglas DC-10-30F	46976/254	ex N372BC		Lsd fr Boeing Capital

DHL AVIATION (ZIMBABWE)
Harare-International (HRE)

☐ Z-KPS	Cessna 208B Caravan I	208B0303	ex N31SE	Lsd fr Whelson Air Touring

EXEC-AIR
Axair (LFL) — Harare-Charles Prince

☐ Z-WFP	Cessna 402A	402A0013	ex VP-WFP
☐ Z-WLW	Cessna 210M Centurion II	21061178	ex N732UE
☐ Z-WOR	Piper PA-31 Turbo Navajo	31-35	ex ZS-JWF
☐ Z-WOU	Piper PA-31 Turbo Navajo	31-118	ex ZS-SWA
☐ Z-WRB	Cessna 402B	402B0032	ex N9475P

FALCON AIR
Harare-Charles Prince

☐ Z-DDD	Reims Cessna F406 Caravan II	F406-0069	ex F-GIQD	17
☐ Z-DDE	Reims Cessna F406 Caravan II	F406-0068	ex F-GIQC	15
☐ Z-DDF	Reims Cessna F406 Caravan II	F406-0071	ex F-GIQE	16
☐ Z-DDG	Reims Cessna F406 Caravan II	F406-0067	ex F-GEUG	14
☐ Z-WKN	Cessna T207 Skywagon	20700243	ex VP-WKN	

Operates for District Development Fund

SKY RELIEF
Harare-Charles Prince

☐ 3D-POZ	Hawker Siddeley HS.748 Srs.2A/228	1602	ex VH-POZ		Op by GGG Aviation
☐ 5Y-SRD	de Havilland DHC-5 Buffalo	7	ex Z-SRD		Lsd fr ALS, Kenya
☐ 5Y-SRE	de Havilland DHC-5 Buffalo	9	ex Z-SRE	ICRC colours	Lsd fr ALS, Kenya

SOUTHERN CROSS AVIATION
Victoria Falls (VFA)

☐ Z-THL	Cessna U206F Stationair	U20603233	ex N8372Q
☐ Z-WFA	Cessna T207 Staionair 8	20700098	ex VP-WFA

UNITED AIR CHARTERS
Unitair (UAC) — Harare-Charles Prince

☐ Z-BWK	Cessna U206G Stationair	U20603546	ex N8794Q
☐ Z-UAC	Beech 58 Baron	TH-211	ex 9J-ADK
☐ Z-UTD	Britten-Norman BN-2A Mk.III-2 Trislander	1055	ex A2-AGY
☐ Z-WHG	Beech 95-D55 Baron	TE-761	ex VP-WHG
☐ Z-WHH	Beech 65-80 Queen Air	LD-101	ex VP-WHH
☐ Z-WHX	Britten-Norman BN-2A-7 Islander	192	ex VP-WHX
☐ Z-WKL	Cessna U206F Stationair	U20601707	ex ZS-ILV
☐ Z-WTA	Cessna U206F Stationair	U20602547	ex OO-SPX
☐ Z-WTF	Cessna 414A Chancellor	414A0062	ex G-METR
☐ Z-YHS	Cessna U206C Super Skywagon	U206-1029	ex VP-YHS

ZA- ALBANIA (Republic of Albania)

ADA AIR
Ada Air (ZY/ADE) (IATA 121) — Tirana (TIA)

☐ ZA-ADA	Embraer EMB.110P2 Bandeirante	110303	ex F-GCMQ	DHL titles

ALBANIAN AIRLINES
Albanian (LV/LBC) (IATA 639) — Tirana (TIA)

☐ LZ-LDY	McDonnell-Douglas MD-82	49213/1243	ex I-DAWY		Lsd fr BUC
☐ ZA-MAK	British Aerospace 146 Srs.100	E1085	ex G-CCLN	retd?	Lsd fr Avtrade
☐ ZA-MAL	British Aerospace 146 Srs.200	E2054	ex G-BZWP		Lsd fr BAES
☐ ZA-MEV	British Aerospace 146 Srs.300	E3197	ex VH-EWS		Lsd fr BAES

Also leases aircraft from Hemus Air, as required

651

BELLEAIR
(LZ/LBY)　　　　　　　　　　　　　　　　　　　　　　　　　　　Tirana (TIA)

☐ LZ-HBC	British Aerospace 146 Srs.200	E2093	ex VH-JJS		Lsd fr HMS
☐ ZA-ARC	Fokker F.28-0100 (Fokker 100)	11268	ex YU-AOL	Podgorica	Lsd fr MGX
☐ ZA-ARD	McDonnell-Douglas MD-82	49104/1085	ex N804NK		

ZK-　NEW ZEALAND (Dominion of New Zealand)

AIR CHATHAMS
Chatham (CV/CVA)　　　　　　　　　　　　　　　　　　　　　Chatham Island (CHT)

☐ ZK-CIA	Beech 65-B80 Queen Air	LD-430	ex N640K		
☐ ZK-CIB	Convair 580	327A	ex C-FCIB		
☐ ZK-CIC	Swearingen SA.227AC Metro III	AC-623B	ex N623AV	Freighter	Lsd to OGN
☐ ZK-CID	Convair 580F	385	ex HZ-SN11	stored PMR	
☐ ZK-CIE	Convair 580	399	ex N565EA		
☐ ZK-CIF	Convair 580	381	ex N566EA		Lsd to FAJ
☐ ZK-KAI	Cessna U206G Stationair	U20603711			

AIR FREIGHT NZ
　　　　　　　　　　　　　　　　　　　　　　　　　　　　　Auckland-Intl (AKL)

☐ ZK-FTA	Convair 580	168	ex C-GKFP	Freighter	Op for Parceline
☐ ZK-KFH	Convair 580	42	ex C-FKFL	Freighter	
☐ ZK-KFJ	Convair 580	114	ex C-GKFJ	Freighter	
☐ ZK-KFL	Convair 580	372	ex C-FKFL	Freighter	Op for Parceline
☐ ZK-KFS	Convair 5800	277	ex C-FKFS	Freighter	

AIR NAPIER
Air Napier (NPR)　　　　　　　　　　　　　　　　　　　　　　　Napier (NPE)

☐ ZK-ELK	Piper PA-32-260 Cherokee Six	32-7600009	ex N8768C	
☐ ZK-MSL	Piper PA-34-200T Seneca II	34-7770224	ex N5600V	
☐ ZK-NPR	Piper PA-31 Turbo Navajo B	31-777	ex ZK-DOM	
☐ ZK-WUG	Piper PA-34-200T Seneca II	34-7970329	ex N2891R	

AIR NATIONAL
　　　　　　　　　　　　　　　　　　　　　　　　　　　　　Auckland-Intl (AKL)

☐ ZK-ECN	British Aerospace Jetstream 32EP	967	ex N967JS	City of Rotorua	Lsd fr BAES
☐ ZK-ECP	British Aerospace Jetstream 32EP	878	ex VH-BAE		Lsd fr BAES

Also operate business jets

AIR NELSON
Link (RLK)　　　　　　　　　　　　　　　　　　　　　　　　　Nelson (NSN)

Wholly owned by Air New Zealand; operates as part of Air New Zealand Link (q.v.).

AIR NEW ZEALAND
NewZealand (NZ/ANZ) (IATA 086)　　　　　　　Auckland-Intl/Wellington-Intl (AKL/WLG)

☐ G-THOE	Boeing 737-3Q8	26313/2704	ex G-BZZH		Lsd fr TOM to Apr08
☐ ZK-FRE	Boeing 737-3U3	28742/2992	ex N360PR	special colours	Lsd fr GECAS
☐ ZK-NGD	Boeing 737-3U3	28732/2966	ex N930WA		
☐ ZK-NGE	Boeing 737-3U3	28733/2969	ex N931WA		Lsd fr AerCap
☐ ZK-NGF	Boeing 737-3U3	28734/2974	ex N309FL		Lsd fr AerCap
☐ ZK-NGG	Boeing 737-319	25606/3123	ex N1795B		
☐ ZK-NGH	Boeing 737-319	25607/3126	ex N1786B		
☐ ZK-NGI	Boeing 737-319	25608/3128	ex N1786B		
☐ ZK-NGJ	Boeing 737-319	25609/3130	ex N1786B	Last 737-300 built	
☐ ZK-NGK	Boeing 737-3K2	26318/2731	ex PH-TSX		Lsd fr ILFC
☐ ZK-NGM	Boeing 737-3K2	28085/2722	ex PH-TSY		Lsd fr ILFC
☐ ZK-NGO	Boeing 737-37Q	28548/2961	ex G-OAMS		Lsd fr GECAS
☐ ZK-SJB	Boeing 737-33R	28868/2881	ex PP-SFK		Lsd fr ORIX
☐ ZK-SJC	Boeing 737-3U3	28738/2988	ex N308FL		Lsd fr GECAS
☐ ZK-SJE	Boeing 737-3K2	27635/2721	ex PH-TSZ		Lsd fr ILFC
☐ ZK-NBS	Boeing 747-419	24386/756	ex (ZK-NZE)	Bay of Islands	
☐ ZK-NBT	Boeing 747-419	24855/815	ex N6018N	Kaikoura	
☐ ZK-NBU	Boeing 747-419	25605/933		Rotorua	
☐ ZK-NBV	Boeing 747-419	26910/1180		Christchurch	
☐ ZK-NBW	Boeing 747-419	29375/1228		Wellington	Lsd fr ILFC
☐ ZK-SUH	Boeing 747-419	24896/855	ex N891LF	Dunedin	Lsd fr ILFC
☐ ZK-SUI	Boeing 747-441	24957/971	ex N821LF	Queenstown	Lsd fr ILFC
☐ ZK-SUJ	Boeing 747-4F6	27602/1161	ex N756PR	Auckland	Lsd fr ILFC
☐ ZK-NCG	Boeing 767-319ER	26912/509			
☐ ZK-NCI	Boeing 767-319ER	26913/558	ex N6009F		
☐ ZK-NCJ	Boeing 767-319ER	26915/574	ex N6018N		
☐ ZK-NCK	Boeing 767-319ER	26971/663			
☐ ZK-NCL	Boeing 767-319ER	28745/677			

☐ ZK-OKA	Boeing 777-219ER	29404/534		Lsd fr ILFC
☐ ZK-OKB	Boeing 777-219ER	34376/537		Lsd fr ILFC
☐ ZK-OKC	Boeing 777-219ER	34377/546		Lsd fr ILFC
☐ ZK-OKD	Boeing 777-219ER	29401/550		Lsd fr ILFC
☐ ZK-OKE	Boeing 777-219ER	32712/564		Lsd fr ILFC
☐ ZK-OKF	Boeing 777-219ER	34378/575		Lsd fr ILFC
☐ ZK-OKG	Boeing 777-219ER	29403/591		Lsd fr ILFC
☐ ZK-OKH	Boeing 777-219ER	34379/605		Lsd fr ILFC

Four Boeing 777-319Ers are on order plus twelve Boeing 787-919s from 2010
Mount Cook Airlines, Eagle Airways and Air Nelson are wholly owned and these operate as Air New Zealand Link in full colours. Also owns Freedom Air who operate Airbus A320-232s but operations will cease 30 March 2008 and 3.67% of Air Pacific. 4.2% owned by Qantas.
Member of Star Alliance

AIR NEW ZEALAND LINK
New Zealand (NZ/NZA) — Christchurch-Intl/Nelson/Hamilton (CHC/NSN/HLZ)

☐ ZK-MCA	ATR 72-212A		597	ex F-WQKC	Mount Cook	
☐ ZK-MCB	ATR 72-212A		598	ex F-WQKG	Mount Cook	
☐ ZK-MCC	ATR 72-212A		714	ex F-WQMV	Mount Cook	
☐ ZK-MCF	ATR 72-212A		600	ex F-WQKH	Mount Cook	
☐ ZK-MCJ	ATR 72-212A		624	ex F-WQKI	Mount Cook	
☐ ZK-MCO	ATR 72-212A		628	ex F-WQKJ	Mount Cook	
☐ ZK-MCP	ATR 72-212A		630	ex F-WQKK	Mount Cook	
☐ ZK-MCU	ATR 72-212A		632	ex F-WQKL	Mount Cook	
☐ ZK-MCW	ATR 72-212A		646	ex F-WQMG	Mount Cook	
☐ ZK-MCX	ATR 72-212A		687	ex F-WQMN	Mount Cook	Lsd fr ATR Asset Mgt
☐ ZK-MCY	ATR 72-212A		703	ex F-WQMR	Mount Cook	Lsd fr ATR Asset Mgt
☐ ZK-EAA	Beech 1900D		UE-424	ex N2335Y	Eagle	
☐ ZK-EAB	Beech 1900D		UE-425	ex N2335Z	Eagle	
☐ ZK-EAC	Beech 1900D		UE-426	ex N51226	Eagle	
☐ ZK-EAD	Beech 1900D		UE-427	ex N50127	Eagle	
☐ ZK-EAE	Beech 1900D		UE-428	ex N3188L	Eagle	
☐ ZK-EAF	Beech 1900D		UE-429	ex N50069	Eagle	
☐ ZK-EAG	Beech 1900D		UE-430	ex N50430	Eagle	
☐ ZK-EAH	Beech 1900D		UE-431	ex N51321	Eagle	
☐ ZK-EAI	Beech 1900D		UE-432	ex N5032L	Eagle	
☐ ZK-EAJ	Beech 1900D		UE-433	ex N4469Q	Eagle	
☐ ZK-EAK	Beech 1900D		UE-434	ex N4474P	Eagle	
☐ ZK-EAL	Beech 1900D		UE-435	ex N50815	Eagle	
☐ ZK-EAM	Beech 1900D		UE-436	ex N5016C	Eagle	
☐ ZK-EAN	Beech 1900D		UE-437	ex N50307	Eagle	
☐ ZK-EAO	Beech 1900D		UE-438	ex N4470D	Eagle	
☐ ZK-EAP	Beech 1900D		UE-439	ex N50899	Eagle	
☐ ZK-NEA	de Havilland DHC-8Q-311		611	ex C-FCPO	Air Nelson	
☐ ZK-NEB	de Havilland DHC-8Q-311		615	ex C-FDRG	Air Nelson	
☐ ZK-NEC	de Havilland DHC-8Q-311		616	ex C-FEDG	Air Nelson	
☐ ZK-NED	de Havilland DHC-8Q-311		617	ex C-FERB	Air Nelson	
☐ ZK-NEE	de Havilland DHC-8Q-311		618	ex C-FFBY	Air Nelson	
☐ ZK-NEF	de Havilland DHC-8Q-311		620	ex C-FFCC	Air Nelson	
☐ ZK-NEG	de Havilland DHC-8Q-311		621	ex C-FFOZ	Air Nelson	
☐ ZK-NEH	de Havilland DHC-8Q-311		623	ex C-FGAI	Air Nelson	
☐ ZK-NEJ	de Havilland DHC-8Q-311		625	ex C-FFPA	Air Nelson	
☐ ZK-NEK	de Havilland DHC-8Q-311		629	ex C-FHPZ	Air Nelson	
☐ ZK-NEM	de Havilland DHC-8Q-311		630	ex C-FHQB	Air Nelson	
☐ ZK-NEO	de Havilland DHC-8Q-311		633	ex C-FIOS	Air Nelson	
☐ ZK-NEP	de Havilland DHC-8Q-311		634	ex C-FIOV	Air Nelson	
☐ ZK-NEQ	de Havilland DHC-8Q-311		636	ex C-FJKL	Air Nelson	
☐ ZK-NER	de Havilland DHC-8Q-311		639	ex C-FJKO	Air Nelson	
☐ ZK-NES	de Havilland DHC-8Q-311		641	ex C-FJKP	Air Nelson	
☐ ZK-NET	de Havilland DHC-8Q-311		642	ex C-FJKQ	Air Nelson	
☐ ZK-NEU	de Havilland DHC-8Q-311		647	ex C-FLTZ	Air Nelson	
☐ ZK-NEW	de Havilland DHC-8Q-311		648	ex C-FLUH	Air Nelson	
☐ ZK-NEZ	de Havilland DHC-8Q-311		654	ex C-FNPY	Air Nelson	
☐ ZK-NFA	de Havilland DHC-8Q-311			ex C-	Air Nelson; on order	
☐ ZK-	de Havilland DHC-8Q-311			ex C-	Air Nelson; on order	
☐ ZK-	de Havilland DHC-8Q-311			ex C-	Air Nelson; on order	
☐ ZK-NLE	SAAB SF.340A		340A-067	ex SE-ISX	Air Nelson; stored NSN Lsd fr NZ Intl	

Services are operated by Air Nelson (wholly owned), Eagle Airways (50% owned) and Mount Cook Airlines (77% owned).

AIR SAFARIS & SERVICES
Airsafari (SRI) — Lake Tekapo

☐ ZK-FJH	Cessna P206E Super Skylane	P206-0634	ex G-BKSI
☐ ZK-NMC	GAF N24A Nomad	N24A-034	ex VH-DHP
☐ ZK-NMD	GAF N24A Nomad	N24A-060	ex VH-DHU
☐ ZK-NME	GAF N24A Nomad	N24A-122	ex 5W-FAT
☐ ZK-SAE	Gippsland GA-8 Airvan	GA8-04-055	ex VH-VFF

☐	ZK-SAF	Gippsland GA-8 Airvan	GA8-02-017	ex VH-AAP		
☐	ZK-SAZ	Gippsland GA-8 Airvan	GA8-05-078			
☐	ZK-SEY	Cessna T207A Stationair 8	20700661	ex N76012		
☐	ZK-SRI	Cessna 208B Caravan I	208B0636	ex N208PR		

AIR WANGANUI COMMUTER
Wanganui (WAG)

☐	ZK-MKG	Beech 65-C90A King Air	LJ-1367	ex N111MU
☐	ZK-WTH	Piper PA-31P-350 Mojave	31P-8414003	ex N9187Y

AIR WEST COAST
Greymouth (GMN)

☐	ZK-EBP	Piper PA-31-350 Navajo Chieftain	31-7552044	ex N59929
☐	ZK-VIP	Piper PA-31-350 Navajo Chieftain	31-7405482	ex N33WH
☐	ZK-VIR	Dornier 228-202	8100	ex C-FEQZ

AIR2THERE.COM
Paraparaumu (PPQ)

☐	ZK-MYF	Partenavia P.68B	123	ex ZK-ERA
☐	ZK-MYH	Cessna 208B Caravan I	208B0604	ex N64BP
☐	ZK-MYO	Vulcanair P.68C	417	
☐	ZK-MYS	Piper PA-31-350 Navajo Chieftain	31-7652032	ex ZK-MCM

AIRWORK NEW ZEALAND
Airwork (AWK)   *Auckland-Ardmore/Christchurch/Wellington (AMZ/CHC/WLG)*

☐	ZK-LFT	Swearingen SA.227AC Metro III	AC-582	ex ZK-PAA	EMS	Op for Life Flight NZ
☐	ZK-NSS	Swearingen SA.227AC Metro III	AC-692B	ex N2707D	EMS	
☐	ZK-POB	Swearingen SA.227AC Metro III	AC-606B	ex D-CABG		Op for SkyLink
☐	ZK-POE	Swearingen SA.227CC Metro 23	CC-843B	ex N30228		Op for NZ Post
☐	ZK-POF	Swearingen SA.227CC Metro 23	CC-844B	ex N30229		
☐	ZK-FOP	Piper PA-31-350 Navajo Chieftain	31-7405227	ex N888SG	EMS	
☐	ZK-NAO	Fokker F.27 Friendship 500	10364	ex 9V-BFK	all-white	Op for NZ Post
☐	ZK-NQC	Boeing 737-219C (Nordam 3)	22994/928		all-white	
☐	ZK-PAX	Fokker F.27 Friendship 500	10596	ex HB-ILJ	all-white	
☐	ZK-POH	Fokker F.27 Friendship 500	10680	ex VT-NEH	all-white	Op for NZ Post
☐	ZK-SLA	Boeing 737-377	23653/1260	ex VH-CZA		Lsd fr Airlift Trading; sublsd to JOR
☐	ZK-TLA	Boeing 737-3B7 (SF)	23383/1425	ex N508AU		Op for Toll Logistics
☐	ZK-TLB	Boeing 737-3Q4 (SF)	24209/1492	ex TF-BBC		Lsd fr PK Airfinance; op for Toll Logistics
☐	ZK-TLC	Boeing 737-3B7 (SF)	23705/1497	ex N519AU		Op for Toll Logistics
☐	ZK-TLD	Boeing 737-3B7 (SF)	23706/1499	ex N520AU	on order	Op for Toll Logistics

Cargo flights as Air Post for NZ Post are conducted under joint venture with New Zealand Post; commenced 737 services for Toll Logistics 01May07 from Brisbane

ASPIRING AIR
(OI)   *Wanaka (WKA)*

☐	ZK-EVO	Britten-Norman BN-2A-26 Islander	785	ex 5W-FAQ		
☐	ZK-EVT	Britten-Norman BN-2A-26 Islander	152	ex YJ-RV19	Lake Wanaka	

EAGLE AIRWAYS
(EX)   *Hamilton (HLZ)*

50% owned by Air New Zealand; operates as part of Air New Zealand Link (q.v.)

FLIGHT 2000
Ardmore (AMZ)

☐	ZK-DAK	Douglas DC-3	15035/26480	ex VH-SBT	RNZAF colours	

FLIGHT CORPORATION
Flightcorp (FCP)   *Nelson (NSN)*

☐	ZK-SKT	Cessna U206G Stationair 6 II	U20606609	ex CP-1783
☐	ZK-TSD	Piper PA-34-200T Seneca II	34-8070356	ex ZK-DCQ

FREEDOM AIR
Free Air (SJ/FOM)   *Hamilton (HLK)*

☐	ZK-OJA	Airbus A320-232	2085	ex F-WWIN	Lsd fr ILFC
☐	ZK-OJB	Airbus A320-232	2090	ex F-WWBM	Lsd fr RBS Avn Capital
☐	ZK-OJC	Airbus A320-232	2112	ex F-WWDQ	Lsd fr RBS Avn Capital
☐	ZK-OJD	Airbus A320-232	2130	ex F-WWDK	Lsd fr RBS Avn Capital
☐	ZK-OJE	Airbus A320-232	2148	ex F-WWIH	Lsd fr RBS Avn Capital

☐	ZK-OJF	Airbus A320-232	2153	ex F-WWIS		Lsd fr RBS Avn Capital
☐	ZK-OJG	Airbus A320-232	2173	ex F-WWDJ		
☐	ZK-OJH	Airbus A320-232	2257	ex F-WWDE	Star Alliance c/s	
☐	ZK-OJI	Airbus A320-232	2297	ex F-WWBU		Lsd fr RBS Avn Capital Lsd fr RBS Avn Capital
☐	ZK-OJK	Airbus A320-232	2445	ex F-WWBS		Lsd to TAM
☐	ZK-OJL	Airbus A320-232	2500	ex F-WWIP		Lsd to GXL
☐	ZK-OJM	Airbus A320-232	2533	ex F-WWIB		Lsd fr ILFC
☐	ZK-OJN	Airbus A320-232	2594	ex F-WWBC		Lsd fr ILFC
☐	ZK-OJO	Airbus A320-232	2663	ex F-WWBM	Warner special c/s	Lsd fr ILFC

All registered to Zeal 320 Ltd; Subsidiary of Air New Zealand and operate in ANZ colours on trans-Tasman services but these will absorb back into the parent with effect from 30 March 2008

GREAT BARRIER AIRLINES
(AFW)   *Auckland-Intl (AKL)*

☐	ZK-CNS	Piper PA-32-260 Cherokee Six	32-686	ex N3766W	Stitchbird	
☐	ZK-ENZ	Piper PA-32-260 Cherokee Six	32-1117	ex ZK-DBP	Tomtit	
☐	ZK-FVD	Britten-Norman BN-2A-26 Islander	316	ex G-BJWN	Pigeon	
☐	ZK-KTR	Britten-Norman BN-2A Islander	759	ex PK-VAB		
☐	ZK-LGC	Britten-Norman BN-2A Mk.III-1 Trislander	381	ex VH-NKW		
☐	ZK-LGR	Britten-Norman BN-2A Mk.III-1 Trislander	372	ex VH-BSP		
☐	ZK-LOU	Britten-Norman BN-2A Mk.III-1 Trislander	322	ex VH-MRJ		
☐	ZK-LYP	Britten-Norman BN-2A-27 Islander	821	ex YR-BNO		
☐	ZK-NSN	Piper PA-31 Turbo Navajo	31-687	ex VH-CFP	Bellbird	
☐	ZK-PLA	Partenavia P.68B	86	ex A6-ALO	Tui	
☐	ZK-RDT	Embraer EMB.820C Navajo	820127	ex PT-RDT		
☐	ZK-REA	Britten-Norman BN-2A-26 Islander	43	ex ZK-FWH	Brown Teal	Lsd to Soundsair
☐	ZK-WNZ	Britten-Norman BN-2A-27 Islander	278	ex		

HELI–HARVEST
Taupo (TUO)

☐	ER-MHH	Mil Mi-17 (Mi-8MTV-1)	96121	ex RA-25746	Lsd fr VLN
☐	ER-MHZ	Mil Mi-17 (Mi-8MTV-1)	96078	ex RA-22503	Lsd fr VLN

HELICOPTERS (NZ)
Nelson (NSN)

Previously Helicopters New Zealand

☐	ZK-HBU	Aerospatiale AS.350B2 Ecureuil	2286	ex RP-C2188	
☐	ZK-HDE	Aerospatiale AS.350BA Ecureuil	1491	ex N5449B	
☐	ZK-HDK	Aerospatiale AS.350BA Ecureuil	1466	ex F-ODVZ	
☐	ZK-HDM	Aerospatiale AS.350BA Ecureuil	2262	ex N911MV	
☐	ZK-HDO	Aerospatiale AS.350B2 Ecureuil	2463	ex ZK-HNZ	
☐	ZK-HDQ	Aerospatiale AS.350BA Ecureuil	1932	ex VH-BHX	
☐	ZK-HDR	Aerospatiale AS.350B2 Ecureuil	2382	ex HB-XJC	
☐	ZK-HFH	Aerospatiale AS.350BA Ecureuil	2132	ex VH-WCU	
☐	ZK-HFK	Aerospatiale AS.350B2 Ecureuil	1397	ex VH-WCD	
☐	ZK-HJE	Aerospatiale AS.350BA Ecureuil	1307	ex N4428V	
☐	ZK-HJQ	Aerospatiale AS.350D Ecureuil	1295	ex C-FBXE	
☐	ZK-HJV	Aerospatiale AS.350B2 Ecureuil	2846	ex RP-C1712	
☐	ZK-HJY	Aerospatiale AS.350B2 Ecureuil	2005	ex JA9463	
☐	ZK-HND	Aerospatiale AS.350B Ecureuil	1661	ex VH-HRD	
☐	ZK-HNE	Aerospatiale AS.350B2 Ecureuil	2811	ex HB-XLJ	
☐	ZK-HNK	Aerospatiale AS.350B2 Ecureuil	2349	ex VH-WCS	
☐	ZK-HNQ	Aerospatiale AS.350BA Ecureuil	1972	ex JA9450	
☐	ZK-HNX	Aerospatiale AS.350BA Ecureuil	1828	ex RP-C2777	
☐	ZK-IBH	Aerospatiale AS.350BA Ecureuil	2469	ex JA6067	
☐	ZK-IVZ	Aerospatiale AS.350B2 Ecuereuil	4256		
☐	ZK-HDA	Bell 412	33066	ex N626LH	
☐	ZK-HDY	Bell 412EP	36099	ex A6-HGS	
☐	ZK-HIU	Agusta-Bell 412	25626	ex I-BRMA	
☐	ZK-HNI	Bell 412SP	33204	ex 9M-AYW	
☐	ZK-HNO	Bell 212	31139	ex VH-BQH	
☐	ZK-HNZ	Agusta AW.139	31103		
☐	ZK-HZE	Bell 206B JetRanger	769	ex C-FTPG	

HELIPRO
Helipro (HPR)   *Palmerston North (PMR)*

☐	ZK-HRS	Bell 206B JetRanger	877	ex JA9087	
☐	ZK-HYD	Aerospatiale AS.350D Ecureuil	1258	ex N36079	
☐	ZK-HYE	Kawasaki/MBB BK-117A-3	1008	ex JA9615	
☐	ZK-HYI	Kawasaki/MBB BK-117B-2	1011	ex JA9620	
☐	ZK-HYJ	Aerospatiale AS.355F1 Ecureuil 2	5280	ex VT-ERU	
☐	ZK-HYN	Aerospatiale AS.355F1 Ecureuil 2	5286	ex JA9588	
☐	ZK-HYD	Aerospatiale AS.350D Ecureuil	1186	ex N155EH	
☐	ZK-HYW	Aerospatiale AS.350D Ecureuil	1420	ex N5782G	
☐	ZK-HYZ	Kawasaki/MBB BK-117A-3	1010	ex ZK-HRQ	

JETCONNECT
Qantas Jetconnect (QNZ) — *Auckland-Intl (AKL)*

☐	ZK-JNB	Boeing 737-376	23491/1391	ex VH-TAZ	Lsd fr QFA
☐	ZK-JNC	Boeing 737-376	24296/1653	ex VH-TJB	Lsd fr QFA
☐	ZK-JND	Boeing 737-376	24297/1740	ex VH-TJC	Lsd fr QFA
☐	ZK-JNN	Boeing 737-376	24295/1649	ex VH-TJA	Lsd fr QFA
☐	ZK-JNO	Boeing 737-376	24298/1761	ex VH-TJD	Lsd fr QFA
☐	ZK-JTP	Boeing 737-476	24441/2363	ex VH-TJP	Lsd fr QFA
☐	ZK-JTQ	Boeing 737-476	24442/2371	ex VH-JTQ	Lsd fr QFA
☐	ZK-JTR	Boeing 737-476	24439/2265	ex VH-TJN	Lsd fr QFA

Wholly owned by Qantas and operates in full colours

LAKELAND HELICOPTERS
Rotorua (ROT)

☐	ZK-HCH	Bell 206B JetRanger III	2258	ex N16859	
☐	ZK-HIX	Bell 206B JetRanger	869	ex VH-YDA	
☐	ZK-HSP	Bell UH-1H	5352	ex N226MS	
☐	ZK-HZX	Bell UH-1H	11892	ex N3061A	
☐	ZK-LHL	Cessna 425 Conquest I	425-0171	ex N51CU	

MILFORD SOUND FLIGHTSEEING
Queenstown (ZQN)

☐	ZK-DBV	Britten-Norman BN-2A Islander	164	ex VH-EQX	
☐	ZK-MCD	Britten-Norman BN-2A-26 Islander	719	ex G-BCAG	
☐	ZK-MCE	Britten-Norman BN-2A-26 Islander	724	ex G-BCHB	
☐	ZK-MFN	Britten-Norman BN-2B-26 Islander	2168	ex N2407B	
☐	ZK-MSF	Britten-Norman BN-2A-26 Islander	2037	ex OY-PPP	
☐	ZK-TSS	Britten-Norman BN-2A-26 Islander	2043	ex RP-C693	
☐	ZK-ZQN	Britten-Norman BN-2B-26 Islander	2197	ex G-BLNW	on order

MILFORD SOUND SCENIC FLIGHTS
Queenstown (ZQN)

☐	ZK-DEW	Cessna 207 Skywagon	20700161	ex VH-UBQ	
☐	ZK-DRY	Cessna 207 Skywagon	20700196	ex 5W-FAL	
☐	ZK-LAW	Cessna 207A Stationair 8	20700723	ex N9750M	
☐	ZK-SEW	Cessna T207A Stationair 6	20700584	ex N73394	
☐	ZK-SEX	Cessna T207A Stationair 6	20700609	ex N73622	
☐	ZK-WET	Cessna 207A Skywagon	20700375	ex VH-SLD	

MOUNT COOK AIRLINE
Mountcook (NM/NZM) (IATA 445) — *Christchurch-Intl (CHC)*

77% owned by Air New Zealand; operates scheduled services as Air New Zealand Link in full colours using NZ flight numbers

MOUNTAIN AIR
Taumarunui

☐	ZK-DLA	Britten-Norman BN-2B-26 Islander	2131		
☐	ZK-DOV	Cessna 206 Super Skywagon	206-0248	ex N5248U	
☐	ZK-PIW	Piper PA-23-250 Aztec E	27-7305089	ex VH-RCI	
☐	ZK-PIX	Piper PA-23-250 Aztec E	27-4738	ex N14174	
☐	ZK-PIY	Britten-Norman BN-2A-20 Islander	344	ex JA5218	
☐	ZK-PIZ	Britten-Norman BN-2B-26 Islander	2012	ex N2132M	Great Barrier Xpress titles
☐	ZK-SFK	Britten-Norman BN-2A-6 Islander	236	ex	

PACIFIC BLUE
Bluebird (DJ/PBN) — *Christchurch Intl (CHC)*

☐	VH-VUM	Boeing 737-8BK/W	29675/2414			Lsd fr VOZ
☐	VH-VUN	Boeing 737-8BK/W	29676/2432			Lsd fr VOZ
☐	ZK-PBA	Boeing 737-8FE/W	33796/1377	ex VH-VOO	Bonnie Blue	Lsd fr VOZ
☐	ZK-PBB	Boeing 737-8FE/W	33797/1389	ex VH-VOP	Whitney Sundays	Lsd fr VOZ
☐	ZK-PBD	Boeing 737-8FE/W	33996/1551	ex (VH-VOY)	Pacific Pearl	Lsd fr VOZ
☐	ZK-PBF	Boeing 737-8FE/W	33799/1462	ex VH-VOR	Tapu'itea	Lsd fr VOZ; sublsd PBL
☐	ZK-PBG	Boeing 737-8FE/W	34015/1594	ex VH-VUD		Lsd fr VOZ
☐	ZK-PBJ	Boeing 737-8FE/W	34013/1573	ex VH-VUB		Lsd fr VOZ

Wholly owned subsidiary of Virgin Blue

PIONAIR ADVENTURES
Queenstown (ZQN)

☐	ZK-AMY	Douglas DC-3	13506	ex VH-CAN	Lady Jane	Lsd fr Southern DC-3
☐	ZK-PAL	Convair 580	501	ex N631AR	Joan the Jetprop	

Op as Tauck World Express

SALT AIR
Auckland-Intl (AKL)

☐ ZK-FOO	Cessna 207 Skywagon	20700075	ex P2-SED	
☐ ZK-HBC	Bell 206B JetRanger	2112	ex JA9169	
☐ ZK-MJL	Cessna 208B Caravan I	208B0861	ex N861CM	
☐ ZK-SAL	Cessna 207 Skywagon	20700171	ex VH-GKZ	

SOUNDSAIR
Wellington (WLG)

☐ ZK-ENT	Cessna U206G Stationair	U20603667	ex N7551N	
☐ ZK-KLC	Gippsland GA-8 Airvan	GA8-03-040	ex VH-BQR	
☐ ZK-PDM	Cessna 208 Caravan I	20800240	ex N1289N	
☐ ZK-REA	Britten-Norman BN-2A-26 Islander	43	ex ZK-FWH	Lsd fr Great Barrier
☐ ZK-SAA	Cessna 208B Caravan I	208B0862	ex N208DG	

Soundair is the trading name of Sounds Air Travel and Tourism Ltd

SOUTH EAST AIR
Invercargill (IVC)

☐ ZK-DIV	Piper PA-32-260 Cherokee Six	32-7400015	ex N57306
☐ ZK-FWZ	Britten-Norman BN-2A-26 Islander	52	ex T3-ATH
☐ ZK-FXE	Britten-Norman BN-2A-26 Islander	110	ex F-OCFR
☐ ZK-JEM	Cessna A185E Skywagon	18501780	ex VH-JBM
☐ ZK-RTS	Piper PA-32-300 Cherokee Six	32-7340070	

THE HELICOPTER LINE
Queenstown/Franz Josef Glacier/Fox Glacier/Mount Cook (ZQN/WHO/FGL/MON)

☐ ZK-HKF	Aerospatiale AS.355F1 Ecureuil 2	5200	ex VH-HJK
☐ ZK-HKY	Aerospatiale AS.355F1 Ecureuil 2	5123	ex N909CH
☐ ZK-HMB	Aerospatiale AS.355F1 Ecureuil 2	5016	ex N57812
☐ ZK-HMI	Aerospatiale AS.355F1 Ecureuil 2	5029	ex N5775Y
☐ ZK-HML	Aerospatiale AS.355F1 Ecureuil 2	5032	ex N5776A
☐ ZK-HPE	Aerospatiale AS.355F1 Ecureuil 2	5229	ex N58021
☐ ZK-HPI	Aerospatiale AS.355F1 Ecureuil 2	5211	ex N5802N
☐ ZK-HPZ	Aerospatiale AS.355F1 Ecureuil 2	5107	ex N87906
☐ ZK-HAH	Aerospatiale AS.350BA Ecureuil	1615	ex VH-HBB
☐ ZK-HKR	Aerospatiale AS.350D Ecureuil	1234	ex N3606X
☐ ZK-HLW	Aerospatiale AS.350BA Ecureuil	1524	ex JA9307
☐ ZK-HNG	Aerospatiale AS.350BA Ecureuil	2409	ex JA6039

VINCENT AVIATION
Wellington (WLG)

☐ ZK-VAA	Reims Cessna F406 Caravan II	F4060012	ex ZK-CII
☐ ZK-VAB	Beech 1900D	UE-302	ex ZK-JND
☐ ZK-VAC	de Havilland DHC-8-102	60	ex ZK-NEZ
☐ ZK-VAD	Cessna 402C	402C0076	ex VH-COH
☐ ZK-VAE	Beech 1900C	UC-56	ex VH-OST
☐ ZK-VAF	Reims Cessna F406 Caravan II	F406-0057	ex F-ODYZ

ZP-   PARAGUAY (Republic of Paraguay)

TAM MERCOSUR
Paraguaya (PZ/LAP) (IATA 692)
Asuncion (ASU)

☐ ZP-CAR	Cessna 208A Caravan I	20800033	ex PT-OGZ	

Also operates services with Fokker F.28-0100 (Fokker 100) aircraft leased from parent (80% owner), TAM Brasil, as required

ZS-   SOUTH AFRICA (Republic of South Africa)

AIR MILLION CARGO CHARTER
ceased operations and reformed as Egoli Air

AIR-TEC AFRICA
Bethlehem

☐ ZS-MWM	LET L-410UVP-E20	912613	ex 7Q-YKV	
☐ ZS-OOF	LET L-410UVP-E20	871920	ex 5H-PAJ	Op for Air Express Algeria
☐ ZS-OSE	LET L-420	922729A	ex N420Y	Op for Air Express Algeria
☐ ZS-OUE	LET L-420	012735A	ex OK-GDM	Op for Air Express Algeria
☐ ZS-OXR	LET L-410UVP	972730	ex 5H-HSA	Op for Air Express Algeria
☐ ZS-PNI	LET L-410UVP-E20	871904	ex 5Y-BSV	

☐	5Y-BRU	LET L-410UVP-E9	912539	ex 5X-UAY	Lsd to Aero Kenya
☐	9G-LET	LET L-410UVP-E20	871922	ex ZS-OOH	Lsd to CTQ

AIRLINK
Link (4Z/LNK) (IATA 749)   *Johannesburg-OR Tambo (JNB)*

Previously listed as South African Airlink

☐	ZS-NRE^	British Aerospace Jetstream 41	41048	ex G-4-048	
☐	ZS-NRF^	British Aerospace Jetstream 41	41050	ex G-4-050	
☐	ZS-NRG^	British Aerospace Jetstream 41	41051	ex G-4-051	
☐	ZS-NRH^	British Aerospace Jetstream 41	41054	ex G-4-054	
☐	ZS-NRI^	British Aerospace Jetstream 41	41061	ex G-4-061	
☐	ZS-NRJ^	British Aerospace Jetstream 41	41062	ex G-4-062	
☐	ZS-NRK^	British Aerospace Jetstream 41	41065	ex G-4-065	Lsd to SZL
☐	ZS-NRL^	British Aerospace Jetstream 41	41068	ex G-4-068	
☐	ZS-NRM^	British Aerospace Jetstream 41	41069	ex G-4-069	
☐	ZS-OEX	British Aerospace Jetstream 41	41103	ex G-4-103	
☐	ZS-OMF^	British Aerospace Jetstream 41	41034	ex G-MSKJ	Sublsd to MXE
☐	ZS-OMS	British Aerospace Jetstream 41	41035	ex VH-JSX	
☐	ZS-OMY	British Aerospace Jetstream 41	41036	ex VH-CCJ	
☐	ZS-OMZ	British Aerospace Jetstream 41	41037	ex VH-CCW	

^Leased from Midlands Aviation

☐	ZS-OTM	Embraer EMB.135LR (ERJ-135LR)	145485	ex PT-SXE	
☐	ZS-OTN	Embraer EMB.135LR (ERJ-135LR)	145491	ex PT-SXK	
☐	ZS-OUV	Embraer EMB.135LR (ERJ-135LR)	145493	ex PT-SXM	Op as Airlink Zimbabwe
☐	ZS-SJW	Embraer EMB.135LR (ERJ-135LR)	145423	ex PT-STU	
☐	ZS-SJX	Embraer EMB.135LR (ERJ-135LR)	145428	ex PT-STZ	
☐	ZS-PUL	British Aerospace 146 Srs.200	E2064	ex G-JEAV	
☐	ZS-PUM	British Aerospace 146 Srs.200	E2059	ex G-JEAW	
☐	ZS-PUZ	British Aerospace 146 Srs.200	E2074	ex EI-CSL	Lsd fr BAES
☐	ZS-PYM	British Aerospace 146 Srs.200	E2058	ex EI-CWA	Lsd fr BAES

Owns 40% of Swaziland Airlink and 49% of Zimbabwe Airlink while is 10% owned by SAA; ceased South African Airways feeder services but still codeshares on some routes. SA Airlink Regional use code REJ

AIRQUARIUS AVIATION
Quarius (AQU)   *Lanseria (HLA)*

☐	ZS-DRF	Fokker F.28 Fellowship 4000	11239	ex 5Y-LLL	Lynne	Lsd fr Foster Intl; sublsd RA
☐	ZS-JAV	Fokker F.28 Fellowship 4000	11161	ex N493US		Lsd fr Marble Gold 40; sublsd to RJA
☐	ZS-JES	Fokker F.28 Fellowship 4000	11236	ex 5H-MVK		Lsd fr Marble Gold 40
☐	ZS-XGW	Fokker F.28 Fellowship 4000	11130	ex SE-DGN		

Specialise in short term leases to other operators

AWESOME FLIGHT SERVICES
Awesome (ASM)   *Lanseria (HLA)*

☐	ZS-JAZ	Beech 1900D	UE-6	ex VT-AVJ	Lsd fr Aircraft Africa Contracts
☐	ZS-OYD	Beech 1900D	UE-191	ex VH-IAR	Lsd to AirServ Intl
☐	ZS-PRG	Beech 1900D	UE-90	ex N901SK	

BATAIR CHARTERS
Current status uncertain, sole aircraft sold overseas

BIONIC AIR

☐	ZS-PVU	Boeing 737-2Q8C	21959/610	ex N741AS	Lsd fr Flana P/L

BRANSON AIR

☐	ZS-GAV	Boeing 737-2L9	22735/825	ex PK-RIR	Lsd fr AerGo Capital
☐	ZS-KIS	Boeing 737-291	22743/909	ex CC-CVG	Lsd fr AerGo Capital

CAPE AIR SERVICES
Believed to have ceased operations

CHC HELICOPTERS (AFRICA)
Cape Town-International (CPT)

☐	ZS-HSZ	Sikorsky S-61N	61473	ex 8Q-BUZ	stored
☐	ZS-HVJ	Sikorsky S-61N	61493	ex N9119Z	stored
☐	ZS-PWR	Sikorsky S-61N	61773	ex HS-HTO	
☐	ZS-RDV	Sikorsky S-61N	61716	ex G-BIHH	based SSG
☐	ZS-RFU	Sikorsky S-61N	61824	ex C-GSAB	
☐	ZS-RLK	Sikorsky S-61N	61772	ex G-BEWM	
☐	ZS-RLL	Sikorsky S-61N	61778	ex G-BFFK	

☐	D2-EXH	Sikorsky S-76A	760268	ex ZS-RBE		Lsd to SOR
☐	D2-EXZ	Sikorsky S-76A++	760009	ex C-GIMJ		Lsd to SOR
☐	PT-YGM	Sikorsky S-76A	760067	ex ZS-RJK		Lsd to BHS
☐	PT-YQM	Sikorsky S-76A	760051	ex ZS-RGZ		Lsd to BHS
☐	ZS-RJS	Sikorsky S-76A++	760160	ex PR-CHL		
☐	ZS-RKO	Sikorsky S-76A++	760135	ex VH-LAX		
☐	ZS-RKP	Sikorsky S-76A++	760198	ex VH-LAY	Marine 2	
☐	ZS-RNG	Sikorsky S-76A++	760036	ex D2-EXJ	based BSG	Lsd fr CHC Scotia
☐	ZS-RPI	Sikorsky S-76A++	760049	ex G-BHGK	based BSG	Lsd fr CHC Scotia
☐	ZS-RRX	Sikorsky S-76C+	760547		based SSG	
☐	ZS-RRY	Sikorsky S-76C+	760548	ex N2051J	based SSG	
☐	D2-EVP	Aerospatiale AS.332L2 Super Puma II	2398	ex F-WQEA		Lsd to SOR
☐	ZS-KEI	Convair 580	141	ex N5822		
☐	ZS-LYL	Convair 580	39	ex N511GA		
☐	ZS-RDI	Bell 206L-3 LongRanger III	51392	ex N521EV		
☐	ZS-RGV	Bell 212	30952	ex C-FRUU		
☐	ZS-RNP	Bell 212	30893	ex C-FPKW		based Malabo
☐	ZS-RNR	Bell 212	30829	ex C-FRWL		based Malabo

A member of CHC Helicopter Corp; operates from bases in Equatorial Guinea, Namibia and Angola as well as South Africa

CIVAIR
Civflight (CIW)　　　　　　　　　　　　　　　　　　　　　　　　　　　　Cape Town-International (CPT)

☐	ZS-FWB	Beech 95-D55 Baron	TE-726	ex 9J-FWB	
☐	ZS-HGO	Bell 206B JetRanger III	3212	ex N3898P	
☐	ZS-HVY	Bell 206B JetRanger	1471	ex N59605	
☐	ZS-MUM	Beech 65-B90 King Air	LJ-408	ex N481SA	
☐	ZS-RGG	MBB Bo.105C	S-52	ex N291CA	
☐	ZS-RGH	Bell 206B JetRanger III	3212	ex N3898P	

COMAIR
Commercial (MN/CAW) (IATA 161)　　　　　　　　　　　　　　　　　Johannesburg-OR Tombo (JNB)

☐	PH-HZM	Boeing 737-8K2/W	30392/833	ex N1786B	kulula titles	Lsd fr TRA
☐	ZS-NNH	Boeing 737-236	21797/653	ex PH-TSD	kulula special colours	
☐	ZS-OAA	Boeing 737-4L7	26960/2483	ex VH-RON		
☐	ZS-OAF	Boeing 737-4S3	25116/2061	ex PP-VTL	kulula colours	Lsd fr Pembroke
☐	ZS-OAG	Boeing 737-4H6	27168/2435	ex JA737D		Lsd fr Coral Reef Avn
☐	ZS-OAH	Boeing 737-33A	24460/1831	ex N460TF		
☐	ZS-OAI	Boeing 737-33A	24030/1654	ex N240TF		Lsd fr AWAS
☐	ZS-OKB	Boeing 737-376	23477/1225	ex VH-TAF	BAW colours	
☐	ZS-OKC	Boeing 737-376	23484/1270	ex VH-TAJ	BAW colours	
☐	ZS-OKD	Boeing 737-236	21803/677	ex G-BGDO	BAW colours	Lsd fr GECAS
☐	ZS-OKE	Boeing 737-236	21807/710	ex G-BGDT	BAW colours	Lsd fr Laroc Avn
☐	ZS-OKG	Boeing 737-376	23483/1264	ex VH-TAI	BAW colours	
☐	ZS-OKH	Boeing 737-376	23479/1259	ex VH-TAH	BAW colours	
☐	ZS-OKI	Boeing 737-376	23489/1356	ex VH-TAX	BAW colours	
☐	ZS-OKJ	Boeing 737-376	23487/1306	ex VH-TAV	BAW colours	
☐	ZS-OKK	Boeing 737-376	23485/1277	ex VH-TAK	BAW colours	
☐	ZS-OLA	Boeing 737-236	23163/1058	ex G-BKYE	BAW colours	
☐	ZS-OLB	Boeing 737-236	23167/1074	ex G-BKYI	BAW colours	
☐	ZS-OTF	Boeing 737-436	25305/2147	ex G-DOCC	BAW colours	Lsd fr SFR
☐	ZS-OTG	Boeing 737-436	25840/2197	ex G-DOCJ	BAW colours	Lsd fr SFR
☐	ZS-OTH	Boeing 737-436	25841/2222	ex G-DOCK	kulula special colours	Lsd fr SFR
☐	ZS-OBF	McDonnell-Douglas MD-82	48019/1001	ex F-GPZC	kulula colours	Lsd fr SFR
☐	ZS-OBK	McDonnell-Douglas MD-82	49115/1135	ex F-GPZE	kulula colours	Lsd fr SFR
☐	ZS-OBL	McDonnell-Douglas MD-82	49164/1182	ex F-GPZF	kulula colours	Lsd fr SFR
☐	ZS-OPU	McDonnell-Douglas MD-82	48021/1078	ex N812NK	kulula colours	Lsd fr SFR

18% owned by British Airways while Imperial Air Cargo is 30% owned
British Airways franchise carrier, some operate in BA Union Flag c/s while kulula.com is a low-cost wholly owned subsidiary

DHL AVIATION
Worldstar (DHV)　　　　　　　　　　　　　　　　　　　　　　　　　　　　　Lanseria (HLA)

Utilises Cessna 208B Caravans and ATR 42 operated by Solenta Aviation in full DHL colours

DODSON INTERNATIONAL CHARTER
　　　　　　　　　　　　　　　　　　　　　　　　　　　　　　　　　　　　Pretoria-Wonderboom (PRY)

☐	ZS-OJI	AMI Turbo DC-3TP	14494/26439	ex SAAF 6892		
☐	ZS-OJJ	AMI Turbo DC-3TP	16213/32961	ex N8194Q		Op for UN / Red Cross
☐	ZS-OJK	AMI Turbo DC-3TP	14165/25610	ex SAAF 6844		Op for UN / Red Cross
☐	ZS-OJL	AMI Turbo DC-3TP	16565/33313	ex SAAF 6858	stored PRY	
☐	ZS-OJM	AMI Turbo DC-3TP	14101/25546	ex N330RD	white colours	

EAST COAST AIRWAYS
Eastway (ECT)
Durban-Virginia (VIR)

| ☐ | ZS-LAX | Beech Baron 58 | TH-1268 | ex G-BMGI | | |

EGOLI AIR
Johannesburg-Rand (QRA)

| ☐ | ZS-PSO | Antonov An-32B | 2808 | ex RA-48059 | | |

EXECUTIVE AEROSPACE
Aerospace (EAS)
Johannesburg-OR Tombo (JNB)

☐	ZS-AGB	Hawker Siddeley HS.748 Srs.2B/501	1807	ex 4R-LPV	stored JNB	
☐	ZS-LSO	Hawker Siddeley HS.748 Srs.2B/FAA	1783	ex G-BMJU		
☐	ZS-NNW	Hawker Siddeley HS.748 Srs.2B/378	1785	ex G-BOHZ	stored DUR	
☐	ZS-NWW	Hawker Siddeley HS.748 Srs.2B/378	1786	ex G-HDBC	stored JNB	
☐	ZS-PLO	Hawker Siddeley HS.748 Srs.2B/378	1797	ex G-EMRD		
☐	ZS-TPW	Hawker Siddeley HS.748 Srs.2B/378	1784	ex (ZS-KLC)	stored JNB	
☐	ZS-TGL	Douglas DC-9-32	47102	ex		Lsd fr Global Avn Lsg

Some wear 'Proud South African Company' titles
Executive Aerospace is part of the Aerospace Express Group

EXECUTIVE TURBINE AIR CHARTER
Lanseria (HLA)

☐	ZS-LFM	Beech 200 Super King Air	BB-954	ex N1839S		
☐	ZS-MES	Beech 200 Super King Air	BB-1038	ex N223MH		
☐	ZS-NTL	Beech 200 Super King Air	BB-85	ex V5-CIC		
☐	ZS-PRA	Beech B200 Super King Air	BB-1340	ex OY-GMA	Beech 1300 conversion	
☐	ZS-PRC	Beech B200 Super King Air	BB-1341	ex OY-GEU	Beech 1300 conversion	
☐	ZS-XGD	Beech 200 Super King Air	BB-286	ex Z-MRS		
☐	ZS-ETA	Embraer EMB.120ER Brasilia	120277	ex N213SW		
☐	ZS-OKU	Beech 1900C-1	UC-50	ex 7Q-NXA		
☐	ZS-OLP	Beech 1900C	UB-18	ex Z-DHS		
☐	ZS-OUG	Beech 1900D	UE-14	ex VT-AVI	all-white	
☐	ZS-PZY	British Aerospace 146 Srs.200	E2051	ex EI-CWB	for Fly540?	Lsd fr Compass Capital
☐	ZS-	British Aerospace 146 Srs.300	E3122	ex N612AW	on order	

All aircraft leased from Aircraft Africa Contracts

FEDERAL AIR
Fedair (FDR)
Durban-Virginia (VIR)

☐	ZS-DAT	Pilatus PC-12/45	242	ex HB-FRM		Lsd fr Union Charter Trust
☐	ZS-FDR	Beech 200 Super King Air	BB-1234	ex N971LE		Lsd fr New Federal Avn Partnership
☐	ZS-FDL	Cessna 208B Caravan I	208B0896	ex 5Y-TWJ		
☐	ZS-KNL	Cessna 402C II	402C0646	ex N6814D		
☐	ZS-LXO	Beech Baron 58	TH-886	ex N23527		Lsd fr National Air Cargo
☐	ZS-NAV	Beech 1900C	UB-62	ex VH-IYP		Lsd fr Awesome Avn
☐	ZS-NVH	Cessna 208B Caravan I	208B0473	ex N1287N		Lsd fr Licodex
☐	ZS-OJC	Cessna 208B Caravan I	208B0593	ex N1194F		
☐	ZS-OXN	Beech 1900D	UE-83	ex N831SK	all-white	Lsd fr KUS
☐	ZS-PUC	Beech 1900D	UE-84	ex N841SK		
☐	5H-FED	Cessna 208B Caravan I	208B0571	ex ZS-FED		

50% owned by Solenta Aviation

FUGRO AIRBORNE SURVEYS
Lanseria (HLA)

☐	ZS-AIU	Cessna 404 Titan II	404-0082	ex A2-AIU	
☐	ZS-FSA	Cessna 208B Caravan I	208B0877	ex N208LW	
☐	ZS-FTA	Cessna 210N Centurion II	21063562	ex VH-JBH	
☐	ZS-KRG	Cessna 404 Titan II	404-0676	ex N6761Y	
☐	ZS-SSA	Cessna 208B Caravan I	208B0712	ex D-FLIZ	
☐	ZS-SSB	Cessna 208B Caravan I	208B0860	ex N124AA	

All surveyors, ZS-SSB is fitted with tail magnetometer

IMPERIAL AIR CARGO
Johannesburg-OR Tombo (JNB)

☐	ZS-IAC	Boeing 727-227F (Raisbeck 3)	21247/1217	ex N73751	Lsd fr SFR
☐	ZS-NWA	Boeing 727-230	20757/1002	ex 5N-CMB	Lsd fr SFR
☐	ZS-OBN	Boeing 727-232F (FedEx 3)	20637/920	ex N68782	Lsd fr SFR

70% owned by Safair and 30% by Comair

659

INTER-AIR
Inline (D6/ILN) (IATA 625) — Johannesburg-OR Tombo (JNB)

☐	ZS-IJI	Boeing 707-323C (Comtran 2)	19517/614	ex N29AZ	stored Pietersburg
☐	ZS-IJJ	Boeing 737-2H7C	20591/309	ex N24AZ	stored Pietersburg
☐	ZS-IJK	Boeing 727-61 (FedEx 3)	19176/290	ex 3D-ZZN	
☐	ZS-IJN	Fokker F.28 Fellowship 4000	11118	ex 3D-DAW	
☐	ZS-SIH	Boeing 737-244	22587/835		
☐	ZS-SIM	Boeing 737-244	22828/881		Lsd fr SFR
☐	3D-ITC	Boeing 727-2F2	21260/1222	ex N103AZ	Lsd fr/op by RFC

Inter-Air is the trading name of InterAviation Services

INTERLINK AIRLINES
Interlink (ID/ITK) (IATA 431) — Johannesburg-OR Tombo (JNB)

☐	ZS-OLC	Boeing 737-230	22119/714	ex N219AS	
☐	ZS-PVF	Embraer EMB.120RT Brasilia	120261	ex EC-HFZ	Lsd fr Runway Asset Mgt
☐	ZS-SIC	Boeing 737-244F	22582/805	ex OB-1806-P	Lsd fr SFR
☐	ZS-SIN	Boeing 737-236	21802/670	ex CC-CHS	
☐	ZS-SIP	Boeing 737-230	22116/701	ex N392AS	Lsd fr/op by SFR

KING AIR CHARTER
Lanseria (HLA)

☐	ZS-HFG	Bell 206B JetRanger	1864		
☐	ZS-JSC	Beech B200 Super King Air	BB-1985	ex N71850	
☐	ZS-LFW	Beech B200 Super King Air	BB-999	ex 9Q-CPV	
☐	ZS-LRS	Beech B200C Super King Air	BL-20	ex 5Y-LRS	
☐	ZS-MPC	Cessna 402C II	402C0426	ex C9-MEB	
☐	ZS-NHW	Grumman G-159 Gulfstream I	141	ex N800PA	
☐	ZS-NRC	Douglas DC-9-32	47090/190	ex N82702	
☐	ZS-OED	Beech B200 Super King Air	BB-1149	ex N200HF	
☐	ZS-OLN	Douglas DC-9-32	47218/312	ex N12538	stored JNB
☐	ZS-OWW	Cessna 208B Caravan I	208B0736	ex A2-RAN	
☐	ZS-OZE	Cessna 208B Caravan I	208B0786	ex N208AH	
☐	ZS-RFS	Bell 206L-4 LongRanger IV	52116	ex N4252S	

King Air Charter is the trading name of C & G Air, aircraft operated by King Air Partnerships (a sister company)

KULULA.COM
Johannesburg-OR Tombo (JNB)

Wholly owned low cost, no frills subsidiary of Comair who operate the aircraft

MANGO
(JE) — Johannesburg-OR Tombo (JNB)

☐	ZS-SJG	Boeing 737-8BG/W	32353/711	ex N1786B	Lsd fr SAA
☐	ZS-SJH	Boeing 737-8BG/W	32354/725	ex PH-HZQ	Lsd fr SAA
☐	ZS-SJK	Boeing 737-8BG/W	32355/807	ex PH-HZT	Lsd fr SAA
☐	ZS-SJL	Boeing 737-8BG/W	32356/819	ex PH-HZZ	Lsd fr SAA

Wholly owned low cost subsidiary of South African Airways

NAC CHARTER
Slipstream (SLE) — Lanseria (HLA)

☐	ZS-NBJ	Beech B200 Super King Air	BB-1070	ex SE-KND	
☐	ZS-OBB	Beech B200 Super King Air	BB-1522	ex N3272E	
☐	ZS-OCI	Beech 200 Super King Air	BB-121	ex TR-LDX	
☐	ZS-ODI	Beech 200 Super King Air	BB-1542	ex N202JT	
☐	ZS-OUI	Beech B200 Super King Air	BB-688	ex 5R-MGH	Catpass 250 conversion
☐	ZS-SMC	Beech B200 Super King Air	BB-1489	ex N1563M	
☐	ZS-HKV	Aerospatiale AS.350B Ecureuil	1528		
☐	ZS-MKI	Beech 65-C90A King Air	LJ-1099	ex Z-MKI	
☐	ZS-NBJ	Beech B200 Super King Air	BB-1070	ex SE-KND	
☐	ZS-OBB	Beech B200 Super King Air	BB-1522	ex N3272E	
☐	ZS-OCI	Beech 200 Super King Air	BB-121	ex TR-LDX	
☐	ZS-OSF	Beech 1900D	UE-35	ex N35YV	
☐	ZS-OYF	Beech 1900D	UE-214	ex VH-IMS	Lsd to Air Express Algerie
☐	ZS-PNN	Beech 95-B55 Baron	TC-1794	ex A2-EAH	
☐	ZS-PWY	Beech 1900D	UE-87	ex N87SK	all-white
☐	ZS-RDR	Bell 206B JetRanger III	4183	ex Z-RDR	
☐	ZS-RJO	Bell 407	53206		
☐	ZS-RPC	Bell 407	53365		
☐	ZS-TVT	Beech Baron 58	TH-1962		
☐	ZS-	Beech 1900D	UE-62	ex N62ZV	

NAC Charters use ICAO code SLE and NAC Helicopters use LFI

NATIONWIDE AIRLINES
Nationwide Air (CE/NTW) — *Lanseria (HLA)*

☐	ZS-OEZ	Boeing 737-230	22118/704	ex 9A-CTC	dbr 07Nov07? Lsd fr Finova
☐	ZS-OOC	Boeing 737-258	22856/910	ex 4X-ABN	stored
☐	ZS-OOD	Boeing 737-258	22857/919	ex 4X-ABO	stored
☐	ZS-OVG	Boeing 737-236 (Nordam 3)	21800/661	ex N705S	stored JNB
☐	ZS-PKU	Boeing 737-529	25249/2145	ex N249JW	Lsd fr Finova
☐	ZS-PKV	Boeing 737-529	25418/2163	ex (ZS-PIW)	Lsd fr Finova
☐	ZS-PNU	Boeing 737-205	21729/572	ex N240TA	stored HLA
☐	ZS-ODO	Boeing 727-231 (FedEx 3)	20843/1063	ex N54338	stored
☐	ZS-OZP	Boeing 727-281	20572/881	ex JU-1036	stored
☐	ZS-OZR	Boeing 727-281	20573/888	ex JU-1037	stored
☐	ZS-PBI	Boeing 767-3Y0ER	26200/450	ex C-GGOH	Lsd fr GECAS

One aircraft (ZS-OEZ) lost an engine on take-off 07 November 2007 from Cape Town following catastrophic engine failure. Grounded by South African CAA at midnight, 29 November 2007 when its maintenance licence was withdrawn and the airworthiness certificates of its aircraft suspended, other aircraft returned to lessors. Limited services resumed 07 December 2007

NATURELINK CHARTER
Naturelink Southafri (NRK) — *Pretoria-Wonderboom (PRY)*

☐	ZS-OEN	Embraer EMB.120RT Brasilia	120200	ex N200CD	Lsd to Elysian
☐	ZS-PGY	Embraer EMB.120RT Brasilia	120194	ex N269UE	Lsd fr Runway Asset Mgt
☐	ZS-PGZ	Embraer EMB.120RT Brasilia	120191	ex N593SW	based Jordan Lsd fr Runway Asset Mgt
☐	ZS-POE	Embraer EMB.120RT Brasilia	120137	ex N137H	
☐	ZS-PPF	Embraer EMB.120RT Brasilia	120156	ex N156CA	Op for UNHCR
☐	ZS-PSB	Embraer EMB.120RT Brasilia	120196	ex N196CA	based Comores Lsd to MBN
☐	ZS-PUH	Embraer EMB.120RT Brasilia	120151	ex N196SW	Lsd fr Runway Asset Mgt; sublsd to SWX
☐	ZS-PYO	Embraer EMB.120RT Brasilia	120245	ex N256CA	
☐	ZS-ACS	Beech 200 Super King Air	BB-961		
☐	ZS-KGW	Beech 200 Super King Air	BB-381		
☐	ZS-KMN	Beech 58 Baron	TH-153	ex F-ODMJ	
☐	ZS-NUV	Cessna 208B Caravan I	208B0596		based DRC Lsd fr Allied Farms
☐	ZS-OXV	Cessna 208B Caravan I	208B0563	ex N330AK	
☐	ZS-PCC	Beech 1900C-1	UC-143	ex 9J-AFW	all-white Lsd fr City Square 526
☐	ZS-PFL	Cessna 208B Caravan I	208B0505		
☐	ZS-PLJ	Beech B200 Super King Air	BB-1401	ex VH-YDH	based Kabul
☐	ZS-PLK	Beech B200 Super King Air	BB-1463	ex VH-YEH	based Kabul
☐	ZS-PLL	Beech B200 Super King Air	BB-1189	ex VH-KBH	based Kabul
☐	ZS-RWN	Aerospatiale AS.350BA Ecureuil	1866	ex F-GJAM	

60% owned by Safair

NELAIR CHARTERS & TRAVEL
Nelair (NLC) — *Nelspruit (NLP)*

☐	ZS-EDG	Cessna U206 Super Skywagon	U206-0382	ex N2182F	
☐	ZS-EVB	Piper PA-30 Twin Comanche 160B	30-1218	ex N8134Y	
☐	ZS-IKZ	Piper PA-32-300 Cherokee Six E	32-7240070	ex ZS-XAS	
☐	ZS-JGW	Cessna 401B	401B0106	ex N7966Q	
☐	ZS-JTX	Piper PA-31-350 Navajo Chieftain	31-7652059	ex N59800	
☐	ZS-JZX	Piper PA-34-200T Seneca II	34-7770269	ex N5911V	
☐	ZS-LTL	Cessna 310Q	310Q0025	ex N8925Z	
☐	ZS-LVR	Douglas DC-3	20475	ex N5000E	
☐	ZS-MHE	Piper PA-31-350 Navajo Chieftain	31-7305096	ex N74950	
☐	ZS-MSO	Piper PA-32-300 Cherokee Six	32-7540083	ex N33050	
☐	ZS-NAO	Cessna T210L Centurion II	21060092		
☐	ZS-NKG	Cessna 208 Caravan I	20800178	ex 5Y-NKG	Lsd fr ZS-NKG Partnership
☐	ZS-PCN	Cessna U206F Stationair	U20602450	ex N1080V	
☐	ZS-PHI	Grumman G-159 Gulfstream I	164	ex N290AS	
☐	ZS-PHJ	Grumman G-159 Gulfstream I	134	ex 3D-DUE	
☐	ZS-PHK	Grumman G-159 Gulfstream I	025	ex 3D-DLN	
☐	ZS-RAN	Cessna 402B	402B0439	ex ZS-XAV	

NORSE AIR CHARTER
Norse Air (NRX) — *Lanseria (HLA)*

☐	ZS-OYJ	Beech 1900D	UE-273	ex 5Y-NAC	Lsd fr NAC Finance)
☐	ZS-PBT	Swearingen SA.227DC Metro 23	DC-820B	ex XA-SHD	
☐	ZS-PBU	Swearingen SA.227DC Metro 23	DC-826B	ex XA-SNF	
☐	ZS-PKM	Beech 200 Super King Air	BB-382	ex	
☐	ZS-PDO	SAAB SF.340B	340B-296	ex 9N-AHM	Lsd fr SAAB 340 Partnership
☐	ZS-PDP	SAAB SF.340B	340B-289	ex B-3651	Lsd to Catovair
☐	ZS-PDR	SAAB SF.340B	340B-292	ex 9N-AHK	Lsd to Air Burkina
☐	ZS-PDS	SAAB SF.340B	340B-302	ex B-3654	Lsd to Yeti A/l
☐	ZS-PMJ	SAAB SF.340A	340A-044	ex N339BE	Lsd to CTQ

☐ ZS-PML	SAAB SF.340A		340A-034	ex N338BE		Lsd fr Avnit Lsg
						sublsd Compagnie Aerienne du Mali
☐ ZS-PMN	SAAB SF.340A		340A-051	ex N325PX		Lsd to VXP
☐ ZS-PMS	SAAB SF.340A		340A-059	ex N327PX		Lsd to Nationale Regionale

1TIME AIRLINE
Next Time (1T/RNX)
Johannesburg-OR Tombo (JNB)

☐ ZS-ANX	Douglas DC-9-15	45799/69	ex (5Y-XXD)	no titles	
☐ ZS-NNN	Douglas DC-9-32	47516/630	ex N1294L		Lsd fr Millionair Avn
☐ ZS-NRA	Douglas DC-9-32	47430/609	ex G-BMAK	stored JNB	Lsd fr Millionair Avn
☐ ZS-NRB	Douglas DC-9-32	47468/611	ex G-BMAM	O gats	Lsd fr Millionair Avn
☐ ZS-OPZ	McDonnell-Douglas MD-83	49617/1464	ex N831NK		Lsd fr SFR
☐ ZS-SIG	Boeing 737-244	22586/829			Lsd fr SFR
☐ ZS-TRD	McDonnell-Douglas MD-82	48022/1079	ex PK-LMS	Tjooning You Straight	
☐ ZS-TRE	McDonnell-Douglas MD-82	49387/1288	ex N954AS		
☐ ZS-TRF	McDonnell-Douglas MD-82	49440/1304	ex N135NJ		
☐ ZS-TRG	McDonnell-Douglas MD-87	49830/1684	ex EC-GRN		
☐ ZS-TRH	McDonnell-Douglas MD-87	49831/1688	ex EC-GRO		

1Time is the trading name of Aeronexus Corporate

PELICAN AIR SERVICES
Pelican Airways (7V/PDF)
Johannesburg-OR Tombo (JNB)

☐ ZS-OSN	ATR 42-320	139	ex PH-RAO		

Also operates services with AMI Turbo DC-3TP and Grumman G-159 Gulfstream leased from Dodson International and Nelair as required. Associated with Ryan Blake Air Charter

PHOEBUS APOLLO AVIATION
Phoebus (PHB)
Johannesburg-Rand (QRA)

☐ S9-PSR	Douglas DC-9-34CF	47707/823	ex N706CT	Cargo	Lsd fr Aircraft Traders
☐ ZS-DIW	Douglas DC-3	11991	ex SAAF 6871	Pegasus	
☐ ZS-PAI	Douglas C-54E	27319	ex N4989K	Atlas	

PROGRESS AIR
Lanseria (HLA)

☐ ZS-SDM	Swearingen SA.227AC Metro III	AC-756	ex C-FAFW	

QWILA AIR
Q-Charter (QWL)
Lanseria (HLA)

☐ ZS-NUF	Beech 200C Super King Air	BL-4	ex V5-AAL		Lsd fr Avn Asset Mgt
☐ ZS-NNZ	Beech 200C Super King Air	BL-8	ex ZS-NAX		
☐ ZS-OKL	Beech 1900D	UE-48	ex 5Y-OKL		Lsd fr ACIA Aircraft
☐ ZS-OMC	Beech 1900D	UE-18	ex N18YV		Lsd fr ACIA Aircraft
☐ ZS-PRE	Beech 1900C	UB-15	ex N715GL	all-white	
☐ ZS-SLG	Cessna 208B Caravan I	208B0772	ex N208LT		
☐ ZS-SLT	Cessna 208B Caravan I	208B0459	ex F-OGXK		
☐ ZS-TIL	Beech 1900D	UE-21	ex 5Y-RAE		Lsd fr ACIA Aircraft

ROVOS AIR
Rovos (VOS)
Pretoria-Wonderboom (PRY)

☐ ZS-ARV	Convair 340-67	228	ex CP-2237		
☐ ZS-AUA	Douglas DC-4	42934	ex PH-DDS	Flying Dutchman colours	
☐ ZS-BRV	Convair 340-67	215	ex CP-2236		
☐ ZS-CRV	Douglas DC-3	13331	ex ZS-PTG	Delaney	

RYAN BLAKE AIR
Johannesburg-Rand (QRA)

☐ ZS-OJH	Swearingen SA.227AC Metro III	AC-727	ex N100GS	stored George	

SAFAIR
Cargo (FA/(SFR) (IATA 640)
Johannesburg-OR Tombo (JNB)

☐ V5-AND	Boeing 737-236	21790/599	ex ZS-SIT		Lsd to NMB
☐ V5-ANE	Boeing 737-236	21805/697	ex ZS-SIR	all-white	Lsd fr NMB
☐ ZS-OTF	Boeing 737-436	25305/2147	ex G-DOCC		Lsd to CAW
☐ ZS-OTG	Boeing 737-436	25840/2197	ex G-DOCJ		Lsd to CAW
☐ ZS-OTH	Boeing 737-436	25841/2222	ex G-DOCK		Lsd to CAW
☐ ZS-SIC	Boeing 737-244F	22582/805	ex OB-1806-P		Lsd to ITK
☐ ZS-SID	Boeing 737-244F	22583/809		all-white	Lsd to SAA
☐ ZS-SIE	Boeing 737-244	22584/821			Lsd to MBN
☐ ZS-SIF	Boeing 737-244F	22585/828		Komati	Lsd to SAA
☐ ZS-SIG	Boeing 737-244	22586/829			Lsd to RNX

☐	ZS-SII	Boeing 737-244	22588/836			Lsd to MBN
☐	ZS-SIK	Boeing 737-244	22590/854	ex 5N-YMM		
☐	ZS-SIL	Boeing 737-244	22591/859			Lsd to Antrak Air
☐	ZS-SIM	Boeing 737-244	22828/881			Lsd to ILN
☐	ZS-SIO	Boeing 737-236/W	21792/628	ex CC-CHR	stored	Lsd to EXY
☐	ZS-SIP	Boeing 737-230	22116/701	ex N392AS		Lsd to ITK
☐	ZS-SIS	Boeing 737-236 (Stage 3)	21801/669	ex G-BGDL		Lsd to ICD
☐	ZS-SIU	Boeing 737-236	22026/644	ex G-BGJE		Lsd to ICD
☐	ZS-OBF	McDonnell-Douglas MD-82	48019/1001	ex F-GPZC		Lsd to CAW
☐	ZS-OBG	McDonnell-Douglas MD-82	48020/1045	ex N823NK		Lsd to URR
☐	ZS-OBH	McDonnell-Douglas MD-82	48059/1047	ex F-GPZD		
☐	ZS-OBK	McDonnell-Douglas MD-82	49115/1135	ex F-GPZE		Lsd to CAW
☐	ZS-OBL	McDonnell-Douglas MD-82	49164/1182	ex F-GPZF		Lsd to CAW
☐	ZS-OPU	McDonnell-Douglas MD-82	48021/1078	ex N812NK		Lsd to CAW
☐	ZS-OPX	McDonnell-Douglas MD-83	53012/1736	ex N825NK		Lsd to RNX
☐	ZS-OPZ	McDonnell-Douglas MD-83	49617/1464	ex N831NK		Lsd to RNX
☐	ZS-JIV	Lockheed L-382G-35C Hercules	4673	ex D2-THE		Lsd to/op for ABR
☐	ZS-JIY	Lockheed L-382G-35C Hercules	4691	ex D2-THS		
☐	ZS-JIZ	Lockheed L-382G-35C Hercules	4695	ex F-GNMM		Op for UN/WFP
☐	ZS-ORA	Lockheed L-382G-7C Hercules	4208	ex S9-CAY		
☐	ZS-ORB	Lockheed L-382G-14C Hercules	4248	ex S9-CAX		Lsd to TGN
☐	ZS-ORC	Lockheed L-382G-23C Hercules	4388	ex S9-BOQ		
☐	ZS-RSC	Lockheed L-382G-28C Hercules	4475	ex S9-NAD		
☐	ZS-RSF	Lockheed L-382G-31C Hercules	4562	ex S9-CAI		
☐	ZS-RSG	Lockheed L-382G-31C Hercules	4565	ex S9-CAJ	OSRL titles	Lsd to ABR
☐	ZS-RSI	Lockheed L-382G-31C Hercules	4600	ex F-GIMV		Lsd to FAB
☐	VT-JCF	ATR 72-212A	674	ex F-WQMK		Lsd to JAI
☐	VT-JCG	ATR 72-212A	679	ex F-WQML		Lsd to JAI
☐	VT-JCH	ATR 72-212A	681	ex F-WQMM		Lsd to JAI
☐	ZS-IAC	Boeing 727-227F (Raisbeck 3)	21247/1217	ex N73751	Imperial Air titles	
						Lsd fr Finova Capital
☐	ZS-NAC	Beech 1900D	UE-28	ex N28YV		
☐	ZS-NWA	Boeing 727-230	20757/1002	ex 5N-CMB	Imperial Air titles	
☐	ZS-OBN	Boeing 727-232F (FedEx 3)	20637/920	ex N68782		Lsd fr Aircorp
						sublsd to Imperial Air Cargo
☐	ZS-OLY	Beech 1900D	UE-39	ex N39ZV		
☐	ZS-OYC	Beech 1900D	UE-117	ex VH-NTL		
☐	ZS-OYE	Beech 1900D	UE-200	ex VH-IAV		
☐	ZS-PDL	Boeing 727-281F (FedEx 3)	20466/865	ex EI-LCH		
☐	ZS-	Avro 146-RJ85	E2313	ex N505XJ		
☐	ZS-	Avro 146-RJ85	E2316	ex N507XJ		
☐	ZS-	Avro 146-RJ85	E2318	ex N508XJ		

Owns 70% of Imperial Air Cago, 60% of Naturelink Charters and 49% of Air Contractors

SKY ONE AIR

Lanseria (HLA)

☐	ZS-PWM	Fokker F.28 Fellowship 000	11045	ex PK-RJW	

SKYHAUL
Skyhaul (HAU)   *Johannesburg-OR Tombo (JNB)*

☐	ZS-SKG	Convair 580	025	ex EC-GDY	
☐	ZS-SKI	Convair 580	186	ex EC-GHN	
☐	ZS-SKK	Convair 580	135	ex EC-GKH	Lsd to LAC-SkyCongo
☐	ZS-SKL	Convair 580	458	ex EC-GBF	

SOLENTA AVIATION

Lanseria (HLA)

☐	ZS-NIZ	Cessna 208B Caravan I	208B0353	ex 5Y-NIZ	Op for DHL
☐	ZS-NYR	Cessna 208B Caravan I	208B0382	ex N10YR	Op for DHL
☐	ZS-OJF	Cessna 208B Caravan I	208B0481	ex N72ED	Op for DHL
☐	ZS-OTV	Cessna 208B Caravan I	208B0545	ex PT-MHE	Op for DHL
☐	ZS-SLO	Cessna 208B Caravan I	208B0485	ex F-OGXI	Op for DHL
☐	ZS-SLR	Cessna 208B Caravan I	208B0497	ex N497AC	Op for DHL
☐	ZS-TIN	Cessna 208B Caravan I	208B0261	ex 9J-DHL	Op for DHL
☐	5Y-OBY	Cessna 208B Caravan I	208B0345	ex ZS-OBY	Op for DHL
☐	5Y-TLC	Cessna 208B Caravan I	208B0472	ex ZS-TLC	Op for DHL
☐	TR-LII	Antonov An-26			
☐	ZS-ATR	ATR 42-300F	060	ex PH-XLC	Op for DHL
☐	ZS-MKE	Beech 1900D	UE-44	ex PH-ACY	Op for UN
☐	ZS-NPT	Beech 1900C-1	UC-113	ex 5Y-HAC	Op for DHL
☐	ZS-ODG	Beech 1900C-1	UC-158	ex N158YV	Op for DHL
☐	ZS-OVP	ATR 42-300F	088	ex F-WQNG	Op for DHL
☐	ZS-OVR	ATR 42-300F	116	ex F-WQNB	Op for DHL
☐	ZS-OVS	ATR 42-300F	075	ex F-WQNU	Op for DHL

	ZS-PEA	Beech 200C King Air	BL-29	ex N500PH	all-white	
☐	ZS-PJX	Beech 1900D	UE-102	ex P2-MBX		
☐	ZS-ZED	Beech 1900D	UE-260	ex N260GL		Op for UN

Owns 50% of Federal Air

SOUTH AFRICAN AIRLINK
Lost SAA franchise and aircraft are painted in Airlink colours only

SOUTH AFRICAN AIRWAYS
Springbok (SA/SAA) (IATA 083)   *Johannesburg-OR Tombo (JNB)*

	Reg	Type	MSN	ex	Notes	Lease
☐	ZS-SFD	Airbus A319-131	2268	ex D-AVWW		
☐	ZS-SFE	Airbus A319-131	2281	ex D-AVYK		
☐	ZS-SFF	Airbus A319-131	2308	ex D-AVYE		
☐	ZS-SFG	Airbus A319-131	2326	ex D-AVYT		
☐	ZS-SFH	Airbus A319-131	2355	ex D-AVWC		
☐	ZS-SFI	Airbus A319-131	2375	ex D-AVWR		
☐	ZS-SFJ	Airbus A319-131	2379	ex D-AVWU		
☐	ZS-SFK	Airbus A319-131	2418	ex D-AVYI		
☐	ZS-SFL	Airbus A319-131	2438	ex D-AVWP		
☐	ZS-SFM	Airbus A319-131	2469	ex D-AVYH		
☐	ZS-SFN	Airbus A319-131	2501	ex D-AVWD		

15 Airbus A320-232s are on order for delivery in 2010 (4) and 2011 (11)

☐	ZS-SLA	Airbus A340-212	008	ex D-AIBA		Lsd fr Airbus
☐	ZS-SLB	Airbus A340-212	011	ex D-AIBC		Lsd fr Airbus
☐	ZS-SLC	Airbus A340-212	018	ex D-AIBD		Lsd fr Airbus
☐	ZS-SLD	Airbus A340-212	019	ex D-AIBE		Lsd fr Airbus
☐	ZS-SLE	Airbus A340-212	021	ex D-AIBH		Lsd fr Airbus
☐	ZS-SLF	Airbus A340-212	006	ex D-AIBF		Lsd fr Airbus
☐	ZS-SNA	Airbus A340-642	410	ex F-WWCE		
☐	ZS-SNB	Airbus A340-642	417	ex F-WWCG		
☐	ZS-SNC	Airbus A340-642	426	ex F-WWCH	Star Alliance colours	
☐	ZS-SND	Airbus A340-642	531	ex F-WWCX		
☐	ZS-SNE	Airbus A340-642	534	ex F-WWCY		Lsd fr ILFC
☐	ZS-SNF	Airbus A340-642	547	ex F-WWCI		
☐	ZS-SNG	Airbus A340-642	557	ex F-WWCG		Lsd fr ILFC
☐	ZS-SNH	Airbus A340-642	626	ex F-WWCF		Lsd fr ILFC
☐	ZS-SNI	Airbus A340-642	630	ex F-WWCG		Lsd fr ILFC
☐	ZS-SXA	Airbus A340-313E	544	ex F-WWJS		
☐	ZS-SXB	Airbus A340-313E	582	ex F-WWJT		
☐	ZS-SXC	Airbus A340-313E	590	ex F-WWJY		
☐	ZS-SXD	Airbus A340-313E	643	ex VT-JWA		
☐	ZS-SXE	Airbus A340-313E	646	ex VT-JWB		
☐	ZS-SXF	Airbus A340-313E	651	ex VT-JWC		
☐	ZS-SBA	Boeing 737-3Y0F	26070/2349	ex N700JZ		Lsd fr WFBN
☐	ZS-SBB	Boeing 737-3Y0F	26072/2369	ex N701JZ		Lsd fr WFBN
☐	ZS-SID	Boeing 737-244F	22583/809		all-white	Lsd fr SFR
☐	ZS-SIF	Boeing 737-244F	22585/828		Komati	Lsd fr SFR
☐	5H-MUZ	Boeing 737-236	22029/662	ex ZS-SIV	stored JNB	Lsd fr GECAS
☐	5H-MVA	Boeing 737-236	22031/722	ex ZS-SIW	stored JNB	Lsd fr GECAS
☐	ZS-SJA	Boeing 737-8S3/W	29248/561			Lsd fr Macquarie AirFinance
☐	ZS-SJB	Boeing 737-8S3/W	29249/653	ex N1786B		Lsd fr Macquarie AirFinance
☐	ZS-SJC	Boeing 737-85F/W	28828/565	ex N1786B		
☐	ZS-SJD	Boeing 737-85F/W	28829/582			
☐	ZS-SJE	Boeing 737-85F/W	28830/669	ex N1786B		
☐	ZS-SJF	Boeing 737-85F/W	30006/688	ex N1787B		
☐	ZS-SJG*	Boeing 737-8BG/W	32353/711	ex N1786B		Lsd fr Macquarie AirFinance
☐	ZS-SJH*	Boeing 737-8BG/W	32354/725	ex PH-HZQ		Lsd fr Macquarie AirFinance
☐	ZS-SJI	Boeing 737-85F/W	30007/746	ex N1787B		
☐	ZS-SJJ	Boeing 737-85F/W	30567/761	ex N1787B		
☐	ZS-SJK*	Boeing 737-8BG/W	32355/807	ex PH-HZT		Lsd fr Macquarie AirFinance
☐	ZS-SJL*	Boeing 737-8BG/W	32356/819	ex PH-HZZ		Lsd fr Macquarie AirFinance
☐	ZS-SJM	Boeing 737-85F/W	30476/789	ex N1014X		
☐	ZS-SJN	Boeing 737-85F/W	30569/850	ex N1786B		
☐	ZS-SJO	Boeing 737-8BG/W	32357/918	ex PH-HZS		Lsd fr Macquarie AirFinance
☐	ZS-SJP	Boeing 737-8BG/W	32358/955	ex PH-HZU		Lsd fr Macquarie AirFinance
☐	ZS-SJR	Boeing 737-844/W	32631/1176	ex N6067U		Lsd fr Safair Lease
☐	ZS-SJS	Boeing 737-844/W	32632/1205			Lsd fr Safair Lease
☐	ZS-SJT	Boeing 737-844/W	32633/1225			Lsd fr Safair Lease
☐	ZS-SJU	Boeing 737-844/W	32634/1383			Lsd fr Safair Lease
☐	ZS-SJV	Boeing 737-844/W	32635/1407	ex N1787B	Star Alliance c/s	Lsd fr Safair Lease
☐	ZS-SAK	Boeing 747-444	28468/1162	ex N60697	Ebhayi; stored	
☐	ZS-SAY	Boeing 747-444	26638/995		Vulindlela; stored	
☐	ZS-SAZ	Boeing 747-444	29119/1187		Monti; stored	
☐	ZS-SBK	Boeing 747-4F6	28959/1158	ex N1785B	The Great North; stored	
☐	ZS-SBS	Boeing 747-4F6	28960/1167	ex N60668	stored	

Boeing 747-400s withdrawn from service to reduce number of types operated and reduce costs.
*subleased to Mango, a wholly owned low cost subsidiary; also owns 49% of Air Tanzania and 10% of South African Airlink

Regional flights are operated by Airlink Swaziland, South African Express and South African Airlink using ZS call-signs
Member of Star Alliance; five Airbus A350XWBs are on order

SOUTH AFRICAN EXPRESS AIRWAYS
Expressways (XZ/EXY)   *Johannesburg-OR Tambo (JNB)*

☐	ZS-NMC	Canadair CL-600-2B19 (CRJ-200ER)	7225	ex N626BR		
☐	ZS-NMD	Canadair CL-600-2B19 (CRJ-200ER)	7233	ex N627BR		
☐	ZS-NME	Canadair CL-600-2B19 (CRJ-200ER)	7240	ex N628BR		
☐	ZS-NMF	Canadair CL-600-2B19 (CRJ-200ER)	7287	ex N634BR		
☐	ZS-NMI	Canadair CL-600-2B19 (CRJ-200ER)	7153	ex C-FZAN		
☐	ZS-NMJ	Canadair CL-600-2B19 (CRJ-200ER)	7161	ex C-GAUG		
☐	ZS-NMK	Canadair CL-600-2B19 (CRJ-200ER)	7198	ex C-GBMF		
☐	ZS-NML	Canadair CL-600-2B19 (CRJ-200ER)	7201	ex C-GBLX		
☐	ZS-NMM	Canadair CL-600-2B19 (CRJ-200ER)	7234	ex C-FMMT		
☐	ZS-NMN	Canadair CL-600-2B19 (CRJ-200ER)	7237	ex C-FMMX		
☐	ZS-NLW	de Havilland DHC-8-315	338	ex ZS-NLY	301	
☐	ZS-NLX	de Havilland DHC-8-315	348	ex C-GDKL	302	
☐	ZS-NLY	de Havilland DHC-8-315	352	ex ZS-NLW	303	
☐	ZS-NLZ	de Havilland DHC-8-315	354	ex C-GFRP	304	Lsd to ATC
☐	ZS-NMA	de Havilland DHC-8-315	358	ex C-GDFT	305	Lsd to ATC
☐	ZS-NMB	de Havilland DHC-8-315	368	ex C-GGIU	306	
☐	ZS-NMO	de Havilland DHC-8-402Q	4122	ex C-FFCU		
☐	ZS-NMP	de Havilland DHC-8-315B	420	ex ZS-NNJ	307	Lsd fr Bombardier
☐	ZS-NMS	de Havilland DHC-8-402Q	4127	ex C-FFPH		

Scheduled flights are operated as SA Connector using SA flight numbers

SPRINGBOK CLASSIC AIR
Spring Classic (SPB)   *Johannesburg-Rand (QRA)*

☐	ZS-CFC	Beech E-18S	BA-216	

STAR AIR CARGO
Johannesburg-OR Tambo (JNB)

☐	ZS-PUI	Boeing 737-2B7 (Nordam 3)	22890/986	cx 5N-BFJ	Lsd fr Celtic Capital

STARS AWAY AVIATION
(STX)   *Cape Town-International (CPT)*

☐	ZS-DBH	Douglas DC-9-33F (ABS 3)	47384/543	ex N931AX		Lsd fr Fullouput 191
☐	ZS-DBL	Hawker Siddeley HS.748 Srs.2B/287 LFD	1737	ex VH-IMK	Freighter	Lsd fr Fullouput 191
☐	ZS-DBM	Hawker Siddeley HS.748 Srs.2B/287 LFD	1736	ex VH-IMI	Freighter	Lsd fr Fullouput 191

TRAMON AIR
Tramon (TMX)   *Lanseria (HLA)*

☐	ZS-ALX	Grumman G-159 Gulfstream I	086	ex N10TB	
☐	ZS-JIS	Grumman G-159 Gulfstream I	193	ex PK-TRN	

Also operates services with cargo aircraft leased from other operators as required

TRAVELMAX
Lanseria (HLA)

☐	ZS-PKB	Beech 1900D	UE-3	ex N3YV	Lsd fr KUS

TravelMax is a wholly owned subsidiary of Executive Turbine Aviation

UTAIR SOUTH AFRICA
(UTR)   *Lanseria (HLA)*

☐	ZS-RUB	Mil Mi-8MTV-1	95960	ex RA-27133	
☐	ZS-RUC	Mil Mi-8MTV-1	95907	ex RA-27071	
☐	ZS-RVE	Mil Mi-8MTV-1	96264	ex RA-25809	
☐	ZS-TUT	Mil Mi-8MTV-1	95151	ex RA-25413	

VALAN INTERNATIONAL CARGO
Nalau (VLA)   *Johannesburg-Rand (QRA)*

☐	ZS-OWX	Antonov An-32B	2806	ex ER-AWB	all-white, no titles
☐	ZS-PEL	Antonov An-32B	3004	ex ER-AFG	all-white, no titles
☐	ZS-PHR	Antonov An-32A	2601	ex ER-AEW	on order
☐	ZS-PSO	Antonov An-32B	2808	ex RA-48059	

Reported to have ceased operations in late 2007

VSA AVIATION
Lanseria (HLA)

☐	ZS-NGW	Dornier 228-101	7036	ex A2-ABA	Lsd to Kivu Air

	ZS-NRN	Dornier 228-200	8021	ex OY-CHK		Op for UN
☐	ZS-OOU	Cessna 404 Titan II	404-0415	ex 9Q-CMX		Lsd to STA Mozambique
☐	ZS-OVM	Dornier 228-201	8056	ex F-GOAH	all-white	

Z-AIR

	ZS-PVS	Douglas DC-8-62AF	46162/555	ex ST-UAA	

Current status uncertain, aircraft delivered in 3Q07 but transferred to Gabon in late 2007

Operator Unknown

☐	ZS-CTK	SAAB SF.340A	340A-068	ex N68XJ	all-white	Lsd fr Aircraft Africa Contracts
☐	ZS-EPB	LET L-410UVP-E20	902413	ex F-ORTE		UN titles
☐	ZS-	McDonnell-Douglas MD-82	49165/1117	ex N907TW		
☐	ZS-GAU	Douglas DC-9-32	47798/903	ex 3D-MRU		Lsd fr Global Avn Investments
☐	ZS-	Douglas DC-9-32	47289/353	ex N886JM		
☐	ZS-	Douglas DC-9-32	47290/367	ex N887JM		
☐	ZS-	Douglas DC-9-32	47294/402	ex N890JM		
☐	ZS-	Douglas DC-9-32	47546/655	ex N895JM		
☐	ZS-	Douglas DC-9-32	47557/661	ex N895JM		
☐	ZS-	Douglas DC-9-32	47560/664	ex N896JM		
☐	ZS-OHE	Beech 1900C-1	UC-48	ex 9J-AFJ		
☐	ZS-OKU	Beech 1900C-1	UC-50	ex 7Q-NXA		Lsd fr Aircraft Africa Contracts
☐	ZS-OLP	Beech 1900C	UB-18	ex Z-DHS	all-white	
						Lsd fr Aircraft Africa Contracts
☐	ZS-OLU	Beech 1900C-1	UC-116	ex 9G-KFN		
☐	ZS-OMB	Beech 1900D	UE-81	ex N81SK	all-white	
☐	ZS-ONI	Beech 1900D	UE-312	ex D2-EVL		Lsd fr Bee-Chee Aircraft
☐	ZS-OOW	Beech 1900D	UE-57	ex N57YV		Lsd fr King Air Partnerships
☐	ZS-ORV	Beech 1900D	UE-42	ex N42YV	all-white	
☐	ZS-OUC	Beech 1900C	UB-29	ex V5-LTB		
☐	ZS-OXN	Beech 1900D	UE-83	ex N831SK	all-white	Lsd to FDR
☐	ZS-OYG	Beech 1900D	UE-230	ex 5N-BCQ	all-white	Lsd fr Aircraft Africa Contracts
☐	ZS-OYH	Beech 1900D	UE-250	ex VH-IAY	all-white	Lsd to Air Express Algeria
☐	ZS-OYK	Beech 1900D	UE-318	ex VH-NBN	all-white	
☐	ZS-PBZ	Beech 1900C-1	UC-126	ex N139GA		Lsd fr Stratovest
☐	ZS-PCA	Beech 1900C-1	UC-138	ex N138GA	Op for UNHS	Lsd fr Angolan Aircraft
☐	ZS-PHL	Beech 1900C-1	UC-74	ex N374UC		Lsd fr Aircraft Africa Contracts
☐	ZS-PHX	Beech 1900D	UE-145	ex N145SK	all-white	Lsd fr Turbine Air Partnership
☐	ZS-PJL	Beech 1900C-1	UC-77	ex N77YV		Lsd fr Aircraft Africa Contracts
☐	ZS-PJM	Beech 1900C-1	UC-76	ex N76YV		Lsd fr Aircraft Africa Contracts
☐	ZS-PJX	Beech 1900D	UE-102	ex P2-MBX		Lsd fr Solenta Avn; op for ICRC
☐	ZS-PJY	Beech 1900D	UE-204	ex N204GL		Lsd fr Aircraft Africa Contracts
☐	ZS-PKA	Beech 1900D	UE-228	ex N228GL		Lsd fr Aircraft Africa Contracts
☐	ZS-PKB	Beech 1900D	UE-3	ex N3YV		Lsd to TravelMax
☐	ZS-PMF	Beech 1900C-1	UC-37	ex N32017		Lsd fr Lazercor Four
☐	ZS-PPI	Beech 1900C	UE-179	ex N179GL		Lsd fr Aircraft Africa Contracts
☐	ZS-PPM	Beech 1900D	UE-150	ex N150GL	UNHS	Lsd fr Aircraft Africa Contracts
☐	ZS-PRH	Beech 1900D	UE-316	ex N21716	all-white	
☐	ZS-PVN	Beech 1900D	UE-51	ex N51YV		Lsd fr Aircraft Africa Contracts
☐	ZS-PVV	Beech 1900D	UE-59	ex N59YV		Lsd fr Aircraft Africa Contracts
☐	ZS-PYU	Beech 1900D	UE-107	ex N107YV		Lsd fr CEM Air
☐	ZS-PZE	Beech 1900D	UE-32	ex N83611		Lsd fr Aircraft Africa Contracts
☐	ZS-PZH	Beech 1900D	UE-70	ex N70ZV		Lsd fr Aircraft Africa Contracts
☐	ZS-PZO	de Havilland DHC-6 Twin Otter 300	580	ex 5H-MUC		Lsd fr Aircraft Africa Contracts
☐	ZS-STE	Beech 1900D	UE-80	ex N801SK		
☐	ZS-TAB	Beech 1900C-1	UC-19	ex N119CU		Lsd fr Summer Sun Trading

Z3- MACEDONIA (Republic of Macedonia)

MAT MACEDONIAN AIR TRANSPORT
Makavio (IN/MAK) (IATA 367)   *Skopje (SKP)*

☐	Z3-AAG	Canadair CL-600-2D24 (CRJ-900ER)	15001	ex C-GRNH		Lsd fr Bombardier
☐	Z3-	Canadair CL-600-2D24 (CRJ-900ER)		ex C-	on order	Lsd fr Bombardier
☐	Z3-	Canadair CL-600-2D24 (CRJ-900ER)		ex C-		Lsd fr Bombardier
☐	HB-JIA	McDonnell-Douglas MD-90-30	53552/2163	ex N743BC		Lsd fr FHE
☐	HB-JIC	McDonnell-Douglas MD-90-30ER	53576/2195	ex N765BC		Lsd fr FHE

3A- MONACO (Principality of Monaco)

HELI AIR MONACO
Heli Air (YO/MCM)   *Monte Carlo Heliport (MCM)*

☐	3A-MAC	Aerospatiale AS.350B Ecureuil	1673	ex HB-XBC	
☐	3A-MAX	Aerospatiale AS.350BA Ecureuil	1794	ex F-GMBN	
☐	3A-MIL	Aerospatiale AS.350BA Ecureuil	1709	ex F-GMBV	
☐	3A-MJB	Aerospatiale AS.350B2 Ecureuil	1988	ex F-GJCM	

☐	3A-MTP	Aerospatiale AS.350B2 Ecureuil	1996	ex I-LOLO		
☐	3A-MTT	Aerospatiale AS.350B2 Ecureuil	1967	ex I-LUPJ		
☐	3A-MCM	Aerospatiale SA.365N Dauphin 2	6076	ex N9UW		
☐	3A-MFC	Eurocopter EC.130B4	3768			
☐	3A-MJP	Aerospatiale SA.365C3 Dauphin 2	5015	ex N90049		
☐	3A-MPG	Eurocopter EC.155B1	6771			
☐	3A-MPJ	Eurocopter EC.130B4	3662			
☐	3A-MXL	Aerospatiale AS.355N Ecureuil 2	5712			

MONACAIR
Monacair (MCR) — Monte Carlo Heliport (MCM)

☐	3A-MAG	Eurocopter EC.155B1	6708	
☐	3A-MCR	Eurocopter EC.120B Colibri	13555888	
☐	3A-MLC	Aerospatiale AS.350B1 Ecureuil	2271	ex EC-ERR

3B- MAURITIUS (Republic of Mauritius)

AIR MAURITIUS
AirMauritius (MK/MAU) (IATA 239) — Plaisance (MRU)

☐	3B-NAU	Airbus A340-312	076	ex F-WWJG	Pink Pigeon	
☐	3B-NAV	Airbus A340-312	094	ex F-WWJF	Kestrel	Lsd fr ILFC
☐	3B-NAY	Airbus A340-313X	152	ex F-WWJX	Cardinal	Lsd fr ILFC
☐	3B-NBD	Airbus A340-313X	194	ex F-WWJP	Parakeet	
☐	3B-NBE	Airbus A340-313X	268	ex F-WWJG	Paille en Queue	
☐	3B-NBI	Airbus A340-313E	793	ex F-WWJE	Le Flamboyant	
☐	3B-NBJ	Airbus A340-313E	800	ex F-WWJF	Le Chamarel	
☐	3B-NBM	Airbus A330-202	883	ex F-WWKK	Trochetia Lsd fr Doric Asset Finance	

One more Airbus A330-202 is on order for delivery in 2009, leased from Doric Asset Finance.

☐	3B-NBF	Airbus A319-112	1592	ex D-AVYX	Mon Choisy	
☐	3B-NBG	ATR 72-212A	690	ex F-WWEM	Port Mathurin	
☐	3B-NBH	Airbus A319-112	1936	ex D-AVWF	Blue Bay	
☐	3B-NBK	ATR 72-212A	595	ex OY-CIO	Coin de More	Lsd fr CIM
☐	3B-NZD	Bell 206B JetRanger III	4464			
☐	3B-NZE	Bell 206B JetRanger III	4465			
☐	3B-NZF	Bell 206B JetRanger III	4496			

3.84% owned by British Airways 2.78% by Air France and 2.56% by Air India

CATOVAIR
Plaisance (MRU)

☐	ZS-PDP	SAAB SF.340B	340B-289	ex B-3651	Lsd fr NRX

PAN AFRICAN AIRLINES
Plaisance (MRU)

☐	3B-PAE	British Aerospace 146 Srs.200	E2192	ex OO-MJE		Lsd fr DAT, sublsd to airDC
☐	3B-	British Aerospace 146 Srs.200	E2196	ex OO-DJJ	Favorite	Lsd fr DAT; sublsd to airDC

3C- EQUATORIAL GUINEA (Republic of Equatorial Guinea)

CEIBA INTERCONTINENTAL GE
Malabo (SSG)

☐	TC-MND	Airbus A300C4-203F	212	ex ZS-SDG	stored XCR	Lsd fr MNB
☐	3C-LLG	ATR 42-300	335	ex F-ODYE		
☐	3C-LLH	ATR 42-300	671	ex F-WWYE		

EQUATORIAL CARGO
Equa-Cargo (EQC) — Malabo (SSG)

☐	3C-MIR	Antonov An-12

Current status uncertain

EUROGUINEANA DE AVIACION
EcuatoGuinea — Malabo (SSG)

Leases Airbus A321s from Spanair as required plus other aircraft when required. Part owned by Spanair

GEASA
Geasa (GEA) — Malabo (SSG)

☐	RA-87956	Yakovlev Yak-40K	9821757	ex CCCP-87956	Lsd fr Aquiline Lsg

GEASA is the trading name of Guinea Ecuatorial Airlines

GENERAL WORK AVIACION

Malabo (SSG)

☐	3C-GWA	Fokker F.28 Fellowship 4000	11240	ex HC-CDG		
☐	3C-GWB	Fokker F.28 Fellowship 4000	11156	ex 3C-LGP		
☐	3C-GWC	Fokker F.28 Fellowship 4000		ex		

GETRA
(GET)

Malabo (SSG)

☐	3C-LLF	Fokker F.28 Fellowship 1000	11073	ex N941TD	

GETRA is the trading named of Guinea Equatorial Transportes Aereos

GUINEA EQUATORIAL AIRLINES
(RGE)

Malabo (SSG)

☐	3C-LGF	Ilyushin Il-76MD	0073479386	ex 3C-HAV	

NATIONAL REGIONAL TRANSPORT

Malabo (SSG)

☐	ZS-DOA	SAAB SF.340A	340A-077	ex C-GQXD	Lsd fr AAS Leasing

UTAGE
Utage (UTG)

Malabo (SSG)

☐	ER-AZB	Antonov An-24RV	27307507	ex RA-47690	
☐	S9-KAV	Antonov An-26B	4104	ex ER-AWV	
☐	TN-	Antonov An-24RV	47309609	ex ER-AZL	
☐	ZS-OKT	Embraer EMB.120RT Brasilia	120254	ex N261GA	Lsd fr Mouritzen Family

Utage is the trading name of Union de Transporte Aereo de Guinea Ecuatorial

Operator Unknown

☐	3C-LGC	Ilyushin Il-76TD	
☐	3C-RBA	LET L-410UVP	

3D-   SWAZILAND (Kingdom of Swaziland)

AERO AFRICA
Aero Africa (RFC)

Johannesburg (JNB)

☐	3D-AAJ	Boeing 737-222	19075/97	ex 3C-AAJ		Lsd to/op for BGL
☐	3D-AVC	Boeing 727-251(FedEx 3)	21155/1169	ex 7P-LAA	VIP	Lsd to MRT
☐	3D-BGA	Boeing 737-2H4	21722/568	ex OM-ERA	Lsd fr CL Aircraft; sublsd to BGL
☐	3D-ITC	Boeing 727-2F2	21260/1222	ex N103AZ		Lsd to/op for ILN
☐	3D-JJM	Boeing 727-231 (Raisbeck 3)	20053/713	ex N64320	stored ELP	
☐	3D-ZZM	Boeing 737-2H7C	20590/304	ex 3C-ZZM	all-white	Lsd fr ILN

AFRICAN INTERNATIONAL AIRWAYS
Fly Cargo (AIN) (IATA 648)

Manzini-Matsapha (MTS)

☐	ZS-OZV	Douglas DC-8-62F (BAC 3)	45986/379	ex 3D-CDL		Lsd fr United Capital
☐	ZS-PAE	Douglas DC-8-54F (BAC 2)	46012/410	ex 3D-ACV	stored JNB	
☐	9Q-CJG	Douglas DC-8-62F (BAC 3)	46098/516	ex ZS-OSI	id not confirmed	Lsd fr Cape Finance
☐	9Q-	Douglas DC-8-62F (BAC 3)	46110/487	ex ZS-POL		

EASTERN AIRWAYS

Manzini-Matsapha (MTS)

☐	3D-AVP	LET L-410UVP	

PILOT AIR
Current status uncertain; believed to have ceased operations

SWAZI EXPRESS AIRWAYS
Swazi Express (Q4/SWX) (IATA 213)

Manzini-Matsapha (MTS)

☐	ZS-PUH	Embraer EMB.120RT Brasilia	120151	ex N196SW	Lsd fr NRK
☐	3D-SEA	Swearingen SA.227AC Metro III	AC-573	ex ZS-OWK	

Swazi Express Airways is the trading name of Steffen Air Charter Services

SWAZILAND AIRLINK
(SZL)

Services operated by Airlink (ZS)

TRANS AIRWAYS
Current status uncertain; believed to have ceased operations

Operator Unknown
☐ 3D-FTN   LET L-410UVP-E10   902515   ex SP-FTN

3X- GUINEA (Republic of Guinea)

AIR GUINEE EXPRESS
Future Express (2U/GIP)   *Conakry (CKY)*

☐ 3X-GCB   Boeing 737-2R6C   22627/779   stored PGF

G-R AVIA
                                                                                    Conakry (CKY)

☐ 3X-GEB   Antonov An-24RV   77310802   ex 9L-LBQ   based Goma; id not confirmed
☐ 9Q-CTR   Antonov An-26   id also worn by a DC-3

GUINEE AIR CARGO
                                                                                    Conakry (CKY)

☐ 3X-GEE   Hawker Siddeley HS.748 Srs.2A   1602   ex 3D-POZ   Op Humanitarian flights

4K- AZERBAIJAN (Republic of Azerbaijan)

AZAL CARGO
Azalaviacargo (AHC)   *Baku-Bina (BAK)*

☐ 4K-AZ14   Ilyushin Il-76TD   1023412389   ex UK-76447
☐ 4K-AZ15   Ilyushin Il-76TD   1033417569   ex RA-76379
☐ 4K-AZ16   Ilyushin Il-76TD   1023412411   ex UK 76410
☐ 4K-AZ26   Ilyushin Il-76TD   1033416525   ex UK-76844
☐ 4K-26584   Antonov An-26B   13509   ex 26584   stored BAK

Wholly owned division of Azerbaijan Airlines; leases further Ilyushin Il-76s as required

AZERBAIJAN AIRLINES
Azal (J2/AHY) (IATA 771)   *Baku-Bina (BAK)*

☐ 4K-AZ52   ATR 42-500   667   ex F-WWLA   Zagatala
☐ 4K-AZ64   ATR 72-212A   761   ex F-WWEX   Gabala
☐ 4K-   ATR 42-500   ex F-WW   on order
☐ 4K-   ATR 72-212A   ex F-WW   on order
☐ 4K-   ATR 72-212A   ex F-WW   on order
☐ 4K-   ATR 72-212A   ex F-WW   on order

☐ VP-BBR   Boeing 757-22L   29305/894   ex N6046P   Garabagh   Lsd fr Caspian Lsg
☐ VP-BBS   Boeing 757-22L   30834/947   ex (4K-AZ13)   Lsd fr Caspian Lsg
☐ 4K-AZ01   Airbus A319-115X   2487   ex D-AVWA   Baku; Op for Govt   [CJ]
☐ 4K-AZ03   Airbus A319-111   2516   ex D-AVWS   Ganja
☐ 4K-AZ04   Airbus A319-111   2588   ex D-AVXJ
☐ 4K-AZ05   Airbus A319-111   2788   ex D-AVYY   Gazakh
☐ 4K-AZ10   Tupolev Tu-154M   98A-1013
☐ 4K-AZ38   Boeing 757-256   26246/620   ex N262CT   Lsd fr CIT Group
☐ 4K-AZ43   Boeing 757-2M6   23453/100   ex V8-RBB   Lsd fr RBA
☐ 4K-AZ49   Antonov An-140-100   36525307041
☐ 4K-AZ54   Airbus A320-211   0331   ex 9H-ADZ   Lsd fr Macquarie AirFinance
☐ 4K-AZ712   Tupolev Tu-134B-3   63515   ex 4K-65712
☐ 4K-AZ713   Tupolev Tu-134B-3   63520   ex 4K-65713
☐ 4K-AZ714   Tupolev Tu-134B-3   63527   ex 4K-65714
☐ 4K-AZ729   Tupolev Tu-154M   92A-911   ex 4K-85729   VIP
☐ 4K-AZ734   Tupolev Tu-154M   92A-916   ex 4K-85734   Shusha
☐ 4K-AZ738   Tupolev Tu-154M   92A-921   ex 4K-85738

Two Boeing 737-92LER/Ws and three Boeing 787-82Ls are on order; AZAL Cargo is a wholly owned subsidiary

IMAIR
Improtex (IK/ITX)   *Baku-Bina (BAK)*

☐ 4K-AZ17   Tupolev Tu-154M   85A-718   ex B-2603
☐ 4K-85732   Tupolev Tu-154M   92A-914   ex CCCP-85732

SILK WAY AIRLINES
Silk Line (ZP/AZQ)   *Baku Bina (BAK)*

☐ 4K-AZ23   Antonov An-12BK   8345605   ex 11715
☐ 4K-AZ60   Antonov An-12BP   5343510   ex RA-11600

☐	4K-AZ19	Ilyushin Il-76TD	0053460820	ex UR-76408		
☐	4K-AZ31	Ilyushin Il-76TD	1013405184	ex RA-76426		
☐	4K-AZ40	Ilyushin Il-76TD	1043419632			
☐	4K-AZ41	Ilyushin Il-76TD	1093420673			
☐	4K-AZ55	Ilyushin Il-76TD	2053420680			
☐	4K-AZ100	Ilyushin Il-76TD-90VD	2073421208			
☐	4K-AZ101	Ilyushin Il-76TD-90VD	20.3421716			

SKY WIND
Sky Wind (AZH)　　　　　　　　　　　　　　　　　　　　　　　　　　　　　　　　　　*Baku Bina (BAK)*

☐	4K-AZ30	Antonov An-12BKP	5343410	ex CCCP-11404	
☐	4K-AZ32	Antonov An-12B	5343006	ex CCCP-11430	
☐	4K-AZ37	Antonov An-12BK	00347506	ex CCCP-11938	
☐	4K-AZ57	Antonov An-26B	9504	ex RA-26693	
☐	4K-78129	Ilyushin Il-76MD	0083489683	ex ER-IBC	
☐	4K-78130	Ilyushin Il-76MD	0043454611	ex UR-78130	
☐	4K-86810	Ilyushin Il-76M	053404094	ex RA-86810	

TURANAIR
Turan (3T/URN)　　　　　　　　　　　　　　　　　　　　　　　　　　　　　　　　　　*Baku-Bina (BAK)*

☐	4K-474	Tupolev Tu-154B-2	81A-474	ex 4K-85474	
☐	4K-727	Tupolev Tu-154M	86A-727	ex LZ-LCS	

4L-　GEORGIA (Republic of Georgia)

AIR VICTORY

☐	4L-IRA	Antonov An-12B	9346510	ex EX-025		
☐	4L-VPI	Antonov An-12B	8345510	ex ER-ADV	id not confirmed	

GEORGIAN AIRLINES
Tamazi (A9/TGZ) (IATA 606)　　　　　　　　　　　　　　　　　　　　　　　　*Tbilisi-Lochini (TBS)*

☐	4L-GAE	Canadair CL-600-2B19 (CRJ-200ER)	7070	ex F-GRJA		Lsd fr CIT Leasing
☐	4L-GAF	Canadair CL-600-2B19 (Challenger 850)	8046	ex OY-YVI		Op for Government
☐	4L-GAL	Canadair CL-600-2B19 (CRJ-200ER)	7076	ex F-GRJB		Lsd fr CIT Leasing
☐	4L-TGA	Boeing 737-529	25218/2111	ex N218CT	Kakhi Asatiani	Lsd fr CIT Grp
☐	4L-TGG	Yakovlev Yak-42D	4520423116579	ex 4L-AAM		
☐	4L-TGL	Boeing 737-3B7	23859/1551	ex N524AU		Lsd fr CIT Grp; sublsd to RNV
☐	4L-TGM	Yakovlev Yak-42D	4520423116650	ex 4L-AAR		
☐	4L-TGN	Yakovlev Yak-40	9611246	ex 4L-88158		
☐	4L-TGT	Boeing 737-4Q8	26306/2653	ex N411LF	Tbilisi	Lsd fr Castle 2003-1A

GEORGIAN NATIONAL AIRLINES
National (QB/GFG) (IATA 399)　　　　　　　　　　　　　　　　　　　　　　　　*Tbilisi-Lochini (TBS)*

☐	4L-GNA	Tupolev Tu-134B-3	62820	ex UR-BYY	
☐	4L-GND	Canadair CL-600-2B19 (CRJ-200ER)	7644	ex N676BR	Lsd fr GECAS
	Associated with Sibir and operates under code share agreement				

GLOBAL GEORGIAN AIRWAYS
Global Georgian (GGZ)　　　　　　　　　　　　　　　　　　　　　　　　　　　　*Tbilisi-Lochini (TBS)*

☐	4L-12008	Antonov An-12BP	5343103	ex RA-11768	
☐	4L-26020	Antonov An-26B	07310205	ex UN-26020	Lsd to Turbot Air Cargo

SAKAVIASERVICE
Sakservice (AZG)　　　　　　　　　　　　　　　　　　　　　　　　　　　　　　　*Tbilisi-Lochini (TBS)*

☐	4L-GLG	Antonov An-24RV	27308005	ex UR-4677	Lsd fr ARP 410

TBILAVIAMSHENI
Tbilavia (L6/VNZ)　　　　　　　　　　　　　　　　　　　　　　　　　　　　　　　*Tbilisi-Lochini (TBS)*

☐	4L-AAJ	Tupolev Tu-134A	63860	ex 4L-65993	VIP; Georgia titles
☐	4L-AAK	Yakovlev Yak-40	9531043	ex 4L-87242	Georgia titles
☐	4L-BZG	Antonov An-24RV	47309102	ex EW-224PG	

TRANSAVIA SERVICE
Transavia Service (5I/FNV)　　　　　　　　　　　　　　　　　　　　　　　　　　　*Kutaisi (KUT)*

☐	4L-TAS	Antonov An-12AP	00347408	ex 7P-ANA	
☐	4L-VAS	Antonov An-72-100			

VIP-AVIA
VIP Avia (VPV)   *Tbilisi-Lochini (TBS)*

☐	4L-VIP	Yakovlev Yak-40	9320129	ex 4L-MGC	VIP; op for Government

Operator Unknown

☐	4L-	Antonov An-12BP	5342802	ex ER-ADK	
☐	4L-	Antonov An-12BP	8345809	ex ER-AXL	no titles

4R-   SRI LANKA (Democratic Socialist Republic of Sri Lanka)

AERO LANKA AIRLINES
AeroLanka (QL/RNL)   *Colombo-Bandaranayike Intl/Ratmalana (CMB/RML)*

☐	4R-SEA	Cessna 404	404-0833	ex N404AM	
☐	4R-SER	Hawker Siddeley HS.748 Srs.2B/426	1799	ex VH-IMJ	

EXPO AIR
Expoavia (8D/EXV)   *Colombo-Bandaranayike Intl/Colombo-Ratmalana (CMB/RML)*

☐	UR-CFR	Ilyushin Il-18V	182005501	ex RA-75851	
☐	4R-EXC	Antonov An-12B	8345507	ex RA-12956	
☐	4R-EXD	Ilyushin Il-18GrM	187009802	ex YR-IMZ	Lsd fr RMV
☐	4R-EXF	Fokker F.27 Friendship 500RF	10631	ex A4O-FC	Lsd to MLR
☐	4R-EXH	Fokker F.27 Friendship 500RF	10642	ex AP-BHF	Lsd to MLR
☐	4R-EXJ	Douglas DC-8-63CF (BAC 3)	46049/479	ex N867BX	

MIHIN LANKA
(MJ/MLR)   *Colombo-Bandaranayike Intl (CMB)*

☐	4R-MLA	Fokker F.27 Friendship 500RF	10631	ex 4R-EXF	Lsd fr EXV
☐	4R-MRA	Fokker F.27 Friendship 500RF	10642	ex 4R-EXH	Lsd fr EXV

SRILANKA CARGO
(ULC)   *Colombo-Bandaranayike Intl (CMB)*

☐	LZ-SFL	Antonov An-12BP	4342101	ex Z3-AFA	all-white	Lsd fr SFB; op for Govt

SRILANKAN
Srilankan (UL/ALK) (IATA 603)   *Colombo-Bandaranayike Intl (CMB)*

☐	4R-ABB	Airbus A320-231	0406	ex F-WWDB	Lsd fr Boullioun
☐	4R-ABC	Airbus A320-231	0304	ex N304RX	Lsd fr ORIX
☐	4R-ABD	Airbus A320-231	0315	ex N643AW	Lsd fr ORIX
☐	4R-ABE	Airbus A320-231	0169	ex G-TICL	Lsd fr Boullioun
☐	4R-ABF	Airbus A320-231	0164	ex G-DJAR	Lsd fr Frid Leasing
☐	4R-ALA	Airbus A330-243	303	ex F-WWYH	Lsd fr Taprobane
☐	4R-ALB	Airbus A330-243	306	ex F-WWYL	Lsd fr Taprobane
☐	4R-ALC	Airbus A330-243	311	ex F-WWYN	Lsd fr Taprobane
☐	4R-ALD	Airbus A330-243	313	ex F-WWYP	Lsd fr Taprobane
☐	4R-ADA	Airbus A340-311	032	ex F-WWJT	Lsd fr Serendib Ltd
☐	4R-ADB	Airbus A340-311	033	ex F-WWJU	Lsd fr Serendib Ltd
☐	4R-ADC	Airbus A340-311	034	ex F-WWJY	
☐	4R-ADE	Airbus A340-313X	367	ex F-GTUA	Lsd fr Outre Mer Finance
☐	4R-ADF	Airbus A340-313X	374	ex F-GTUB	Lsd fr Flight Lease

43.63% owned and controlled by Emirates but stake for sale. Cargo operations use code ULC as SriLanka Cargo

SRILANKAN AIR TAXI
Ceased operations 05Jun07 due to poor loads and aircraft for sale

4X-   ISRAEL (State of Israel)

ARKIA ISRAELI AIRLINES
Arkia (IZ/AIZ) (IATA 238)   *Tel Aviv-Ben Gurion/Sde Dov (TLV/SDV)*

☐	4X-AHA	de Havilland DHC-7-102	60	ex 5N-BDS	stored SDV
☐	4X-AHC	de Havilland DHC-7-102	82	ex 5N-BDT	stored SDV
☐	4X-AHD	de Havilland DHC-7-102	55	ex 5N-EMR	stored SDV
☐	4X-AHF	de Havilland DHC-7-102	77	ex N76598	
☐	4X-AHG	de Havilland DHC-7-102	33	ex N235SL	Metulla
☐	4X-AHH	de Havilland DHC-7-102	45	ex N7156J	
☐	4X-AHJ	de Havilland DHC-7-102	50	ex G-BRYE	
☐	4X-AHM	de Havilland DHC-7-102	73	ex 5N-SKA	stored SDV

☐	4X-AVU	ATR 72-212A	587	ex F-WWES	
☐	4X-AVW	ATR 72-212A	583	ex F-WWER	
☐	4X-AVX	ATR 72-212A	656	ex F-WWEJ	
☐	4X-AVZ	ATR 72-212A	577	ex F-WWEN	
☐	4X-BAU	Boeing 757-3E7	30178/906	ex N1003M	
☐	4X-BAW	Boeing 757-3E7	30179/912		

Two Boeing 787-9E7s are on order for delivery in 2012; owns 20% of Axis Airways

AYEET AVIATION
Ayeet (AYT) — Beer-Sheba (BEV)

☐	4X-AHP	de Havilland DHC-6 Twin Otter 100	75	ex C-FCSF	Lsd fr Lev-David Hotels
☐	4X-AYS	Britten-Norman BN-2A-8 Islander	376	ex (G-BJWL)	

CARGO AIR LINES
CAL (5C/ICL) (IATA 700) — Tel Aviv-Ben Gurion (TLV)

☐	4X-ICL	Boeing 747-271C	21964/416	ex N538MC	no titles	Lsd fr GTI
☐	4X-ICM	Boeing 747-271C	21965/438	ex N539MC	all-white	Lsd fr GTI

EL AL ISRAEL AIRLINES
ElAl (LY/ELY) (IATA 114) — Tel Aviv-Ben Gurion (TLV)

☐	4X-EKA	Boeing 737-858	29957/204		801; Tiberias	
☐	4X-EKB	Boeing 737-858	29958/249		802; Eilat	
☐	4X-EKC	Boeing 737-858	29959/314		803; Beit Shean	
☐	4X-EKD	Boeing 737-758	29960/327		701; Ashkelon	
☐	4X-EKE	Boeing 737-758	29961/442		702; Nazareth	
☐	4X-EKI	Boeing 737-86N	28587/192	ex N802NA	812	Lsd fr GECAS
☐	4X-EKO	Boeing 737-86Q/W	30287/1308	ex D-ATUI		Lsd fr Boullioun
☐	4X-EKP	Boeing 737-8Q8/W	30639/935	ex 5W-SAO		Lsd fr ILFC

Four Boeing 737-858s are on order

☐	4X-AXF	Boeing 747-258C	21594/327		405	
☐	4X-AXK	Boeing 747-245F	22151/478	ex 9V-SQU	410; all-white	
☐	4X-AXL	Boeing 747-245F	22150/476	ex 9V-SQT	411; all-white	
☐	4X-AXM	Boeing 747-2B5B (SF)	22485/513	ex 4X-ICN	412	Lsd fr UT Finance
☐	4X-ELA	Boeing 747-458	26055/1027		201; Tel Aviv-Jaffa	
☐	4X-ELB	Boeing 747-458	26056/1032	ex N60697	202; Haifa	
☐	4X-ELC	Boeing 747-458	27915/1062	ex N6009F	203; Beer Sheva	
☐	4X-ELD	Boeing 747-458	29328/1215		204; Jerusalem	
☐	4X-	Boeing 747-412	26551/1045	ex 9V-SPB	on order	Lsd fr Rabobank
☐	4X-EBM	Boeing 757-258	23918/156		502	
☐	4X-EBS	Boeing 757-258ER	24884/325		504	
☐	4X-EBT	Boeing 757-258ER	25036/356		505	
☐	4X-EBU	Boeing 757-258	26053/529		506	
☐	4X-EBV	Boeing 757-258	26054/547		507	
☐	4X-EAA	Boeing 767-258	22972/62	ex N6066Z	601	
☐	4X-EAB	Boeing 767-258	22973/68	ex N6018N	602	
☐	4X-EAC	Boeing 767-258ER	22974/86	ex N6018N	603	
☐	4X-EAD	Boeing 767-258ER	22975/89	ex N6046P	604	
☐	4X-EAE	Boeing 767-27EER	24832/316	ex F-GHGD	605	
☐	4X-EAF	Boeing 767-27EER	24854/326	ex F-GHGE	606	
☐	4X-EAJ	Boeing 767-330ER	25208/381	ex N208LS	635; PR-VAH resd	Lsd fr GECAS
☐	4X-EAP	Boeing 767-3Y0ER	24953/405	ex TF-FIA		Lsd fr ICE
☐	4X-EAR	Boeing 767-352ER	26262/583	ex VN-A769		Lsd fr ILFC
☐	4X-ECA	Boeing 777-258ER	30831/319		101; Galillee	
☐	4X-ECB	Boeing 777-258ER	30832/325		102; Negev	
☐	4X-ECC	Boeing 777-258ER	30833/335		103; Hasharon	
☐	4X-ECD	Boeing 777-258ER	33169/405		104; Carmel	
☐	4X-ECE	Boeing 777-258ER	36083/648	ex N5017Q	105; Sderot	
☐	4X-ECF	Boeing 777-258ER	36084/655	ex N5022E	106	

39.49% owned by the parent of Arkia; Sun d'Or International Airlines is a wholly owned subsidiary

EL-ROM AIRLINES
(ELR) — Tel Aviv-Sde Dov (SDV)

☐	4X-CCD	Piper PA-31-350 Navajo Chieftain	31-7652166	ex N62919	
☐	4X-CCF	Piper PA-31-350 Navajo Chieftain	31-7652169	ex N62921	

ISRAIR
Israir (6H/ISR) (IATA 818) — Tel Aviv-Ben Gurion (TLV)

☐	EI-DOF	Boeing 767-306ER	27610/605	ex PH-BZD	Lsd fr NOS
☐	N803DE	McDonnell-Douglas MD-11	48474/485	ex N30075	Lsd fr WOA
☐	(4X-ABC)	Airbus A320-211	0333	ex YL-LCA	Lsd fr LTC
☐	(4X-ABD)	Airbus A320-211	0384	ex YL-LCB	Lsd fr LTC

☐	4X-ATL	ATR 42-320	089	ex F-WQCY		
☐	4X-ATM	ATR 42-320	069	ex F-WQFS		
☐	4X-ATN	ATR 42-320	05333	ex F-WQGN		
☐	4X-ATO	ATR 42-320	064	ex F-GPEC		
☐	4X-	Airbus A330-200		ex	on order	
☐	4X-	Airbus A320-200		ex F-WW	on order	
☐	4X-	Airbus A320-200		ex F-WW	on order	
☐	4X-	Airbus A320-200		ex F-WW	on order	

MOONAIR AVIATION
(MOO)   *Tel Aviv-Sde Dov (SDV)*

☐	4X-CBY	Piper PA-23-250 Aztec E	27-7304990	ex N405PB	
☐	4X-CCJ	Piper PA-31-350 Navajo Chieftain	31-7405140	ex G-FOEL	

SUN D'OR INTERNATIONAL AIRLINES
Echo Romeo (2R/ERO)   *Tel Aviv-Ben Gurion (TLV)*

Wholly owned subsidiary of El Al Israel Airlines; leases aircraft from the parent.

TAMIR AVIATION
(TMI)   *Haifa (HFA)*

☐	4X-ANU	Piper PA-31 Turbo Navajo	31-616	ex N6746L	
☐	4X-CII	British Aerospace Jetstream 32	860	ex N860AE	
☐	4X-CIJ	British Aerospace Jetstream 32	916	ex N916AE	

5A-   LIBYA (Socialist People's Libyan Arab Jamahiriya)

AFRIQIYAH AIRWAYS
Afriqiyah (8U/AAW) (IATA 546)   *Tripoli-Ben Gashir Intl (TIP)*

☐	SU-LBG	Airbus A320-233	0743	ex 9V-VLD		Lsd fr TAS
☐	SU-LBH	Airbus A320-233	0739	ex 9V-VLC		Lsd fr TAS
☐	S5-AAA	Airbus A320-231	0043	ex SX-BAS		Lsd fr ADR
☐	S5-AAB	Airbus A320-231	0113	ex SX-BAT		Lsd fr ADR
☐	S5-AAC	Airbus A320-231	0114	ex SX-BAU		Lsd fr ADR
☐	TS-INM	Airbus A320-211	0246	ex EC-GRJ		Lsd fr LBT
☐	5A-ONA	Airbus A320-214	3224	ex F-WWBY		
☐	5A-ONB	Airbus A320-214	3236	ex F-WWBI		
☐	5A-IAY	Airbus A300B4-620	354	ex TS-IAY		Lsd fr NVJ
☐	5A-ONE	Airbus A340-213	151	ex HZ-WBT4	VIP; op for Govt	

Three Airbus A319s, nine more Airbus A320s and three Airbus A330-200s are on order plus six Airbus A350XWBs from 2017
Afriqiyah Airways is the trading name of African Airlines Corporation

AIR LIBYA
Air Libya (7Q/TLR) (IATA 033)   *Tripoli-Mitiga/Benghazi (MJI/BEN)*

☐	5A-	Antonov An-140			on order	
☐	5A-	Antonov An-140			on order	
☐	5A-	Antonov An-140			on order	
☐	5A-	Antonov An-140			on order	
☐	5A-	Antonov An-140			on order	
☐	EX-87664	Yakovlev Yak-40	9240825	ex CCCP-87664		Lsd fr AAP
☐	5A-DKG	Yakovlev Yak-40				
☐	5A-DKH	Yakovlev Yak-40				
☐	5A-DKI	Yakovlev Yak-40				
☐	5A-DKJ	Yakovlev Yak-40K	9631149	ex EX-88207		
☐	5A-DKK	Yakovlev Yak-40	9420235	ex EX-87426		
☐	5A-DKM	Yakovlev Yak-40KD	9841659	ex ST-ARK	Freighter	

The unidentified aircraft are believed to include ex EX-87412 (c/n 9420434) and EX-88270 (9720853)

☐	PK-RGE	Fokker F.28-0100 (Fokker 100)	11445	ex PK-PJX		Lsd fr EastIndo
☐	5A-DHN	de Havilland DHC-6 Twin Otter 300	712			
☐	5A-DKY	Boeing 737-2D6 (Nordam 3)	22766/853	ex 7T-VEY		

AIR ONE NINE
(N6/ONR) (IATA 819)   *Tripoli-Ben Gashir Intl (TIP)*

☐	ZS-GAR	Douglas DC-9-32 (ABS 3)	47132/229	ex 3D-MRO	Lsd fr Global Avn Investments
☐	3D-MRW	Douglas DC-9-32 (ABS 3)	47730/828	ex N209ME	Lsd fr Aviation Mondiale

Operates services for its parent, One Nine Petroleum

AL-AJNIHAH AIRWAYS
(ANH) (IATA 311)   *Tripoli-Ben Gashir Intl (TIP)*

Operates services with Ilyushin Il-76s leased from other operators as required

ALDAWLYH AIR
Aldawlyh Air (IIG)
Tripoli-Ben Gashir Intl/Mitiga (TIP/MJI)

Operates cargo services with Antonov An-124 leased from Libyan Air Cargo as required

ALLEBIA AIR CARGO
Tripoli-Ben Gashir Intl (TIP)

☐	5A-DSH	Antonov An-72	36572020337	ex 9Q-...	

AWSAJ AVIATION SERVICES
Current status uncertain, sole aircraft returned to lessor

BURAQ AIR
Buraqair (UZ/BRQ) (IATA 928)
Tripoli-Mitiga/Benghazi (MJI/BEN)

☐	C-GOFW	de Havilland DHC-8-311	216	ex PH-SDI	Lsd fr CHC Global Ops
☐	J2-KCB	Boeing 747-238B	21352/310	ex EX-74701	for IRA Lsd fr Africa United Holdings
☐	J2-KCG	Douglas DC-10-15	48258/346	ex EX-10151	Lsd fr Africa United Holdings
☐	5A-DGR	British Aerospace Jetstream 32	945	ex HL5214	
☐	5A-DMG	Boeing 737-8GK/W	34948/2074	ex N1787B	Tripoli
☐	5A-DMH	Boeing 737-8GK/W	34949/2106		Benghazi
☐	5A-DMN	Boeing 727-228	22287/1710	ex TC-JEC	stored
☐	5A-DMO	Boeing 727-2F2	20983/1088	ex TC-JBJ	
☐	5A-DMP	Boeing 727-2F2	20981/1086	ex TC-JBG	stored
☐	5A-DMR	LET L-410UVP-E3	902403	ex OK-VDA	
☐	5A-DMS	LET L-410UVP-E3	902436	ex OK-VDB	
☐	5A-DMT	LET L-410UVP-E	871928	ex OK-SDS	
☐	5A-DMU	Boeing 737-2D6	21212/459	ex 7T-VEO	
☐	5A-DMV	Boeing 737-2D6	21286/482	ex 7T-VER	
☐	5A-DNA	Ilyushin Il-76TD	0023439140		
☐	5A-	Boeing 737-8GK			on order

GHADAMES AIR TRANSPORT
(OG/GHT)
Tripoli-Ben Gashir Intl (TIP)

Operates services with British Aerospace 146s and Lockheed L1011 Tristars leased from other operators as required

GLOBAL AIR
(-/GAK)

☐	5A-DQA	Ilyushin Il-76TD	1003405167	ex EX-105	

KALLAT EL SAKER AIR
(KES)
Kishinev-Chisinau / Sharjah (KIV/SHJ)

☐	EK-85536	Tupolev Tu-154B-2	82A-536	ex CCCP-85536	Lsd fr STH
☐	XT-BRK	Lockheed L-1011-500 Tristar	293B-1243	ex OD-JOE	
☐	XT-DMK	Boeing 747-238B	21316/309	ex 3D-NEF	
☐	XT-DMS	Boeing 747-238B	20009/147	ex 3D-NED	stored
☐	XT-RAD	Lockheed L-1011-500 Tristar	193H-1246	ex OD-MIR	
☐	OD-ZEE	Lockheed L-1011-500 Tristar	293B-1239	ex SX-CVB	on order

LIBYAN AIR CARGO
Libac (LCR)
Tripoli-Mitiga (MJI)

☐	5A-DOA	Antonov An-26B	12306	ex LAAF 8207	
☐	5A-DOB	Antonov An-26B	12307	ex LAAF 8208	
☐	5A-DOC	Antonov An-26B	12308	ex LAAF 8209	Waddan
☐	5A-DOD	Antonov An-26B	12406	ex LAAF 8210	
☐	5A-DOE	Antonov An-26B	13003		
☐	5A-DOF	Antonov An-26B	13007		
☐	5A-DOG	Antonov An-26-100	13008		
☐	5A-DOH	Antonov An-26B	13202		no titles
☐	5A-DON	Antonov An-26B	13009	ex LAAF 8304	
☐	5A-DOP	Antonov An-26B	12301	ex 5A-DNP	stored MJI
☐	5A-DOU	Antonov An-26B-100	13201T		
				also reported as c/n 13202T and ex LAAF 8315	
☐	5A-DOV	Antonov An-26B-100	13109T	ex LAAF	
☐	5A-DOW	Antonov An-26B	11808	ex LAAF 8203	
☐	5A-DOZ	Antonov An-26B-100		ex LAAF 8214	

The construction numbers ending in T are as painted on the aircraft

☐	5A-DKS	Ilyushin Il-76TD	1033418584	ex RA-76843	
☐	5A-DLL	Ilyushin Il-76	0093493799		
☐	5A-DNB	Ilyushin Il-76TD	0023437086		
☐	5A-DNC	Ilyushin Il-76TD	0023437084		
☐	5A-DND	Ilyushin Il-76TD	0033445299		
☐	5A-DNE	Ilyushin Il-76T	0013432952		

	Reg	Type	c/n	ex-reg	Notes	
☐	5A-DNG	Ilyushin Il-76TD	0013432961			
☐	5A-DNH	Ilyushin Il-76TD	0033446356			
☐	5A-DNI	Ilyushin Il-76T	0013430878		stored FJR	
☐	5A-DNJ	Ilyushin Il-76T	0013430869		stored DME	
☐	5A-DNK	Ilyushin Il-76T	0013430882			
☐	5A-DNO	Ilyushin Il-76T	0043451509	ex EX-043		
☐	5A-DNP	Ilyushin Il-76TD	0043451516			
☐	5A-DNQ	Ilyushin Il-76TD	0043454641			
☐	5A-DNS	Ilyushin Il-76TD	0023439145			
☐	5A-DNT	Ilyushin Il-76TD	0023439141			
☐	5A-DNU	Ilyushin Il-76TD	0043454651		all-white	
☐	5A-DNV	Ilyushin Il-76TD	0043454645			
☐	5A-DRR	Ilyushin Il-76M	083415469			
☐	5A-DRS	Ilyushin Il-76M	1033414474		c/n not confirmed	
☐	5A-DRT	Ilyushin Il-76TD	1003403063	ex LAAF-110		
☐	5A-DZZ	Ilyushin Il-76M	093416501			
☐	5A-DJQ	Lockheed L-382G-40C Hercules	4798	ex N501AK		
☐	5A-DJR	Lockheed L-382E-15C Hercules	4302	ex RP-C99		
☐	5A-DKL	Antonov An-124-100 Ruslan	19530502761	ex UR-82066	Susa	
☐	5A-DKN	Antonov An-124-100 Ruslan	19530502792	ex RA-82003	stored TIP	
☐	5A-DOM	Lockheed L-382G-62C Hercules	4992	ex N4268M		
☐	5A-DOO	Lockheed L-382G-64C Hercules	5000	ex N4269M		
☐	5A-DRC	Antonov An-32P	0703	ex UR-48093		Jt ops with LAAF
☐	5A-DRD	Antonov An-32P	1306	ex UR-48004		Jt ops with LAAF
☐	5A-DRF	Antonov An-32P	3602			Jt ops with LAAF
☐	5A-	Antonov An-72		ex LAAF-721		
☐	5A-	Antonov An-72		ex LAAF-722		
☐	5A-	Antonov An-72		ex LAAF-723		
☐	5A-	Antonov An-72		ex LAAF-724		

LIBYAN AIRLINES
Libair (LN/LAA) (IATA 148)   *Tripoli-Ben Gashir Intl (TIP)*

Previously known as Libyan Arab Airlines

	Reg	Type	c/n	ex-reg	Notes	
☐	5A-DIB	Boeing 727-2L5	21051/1109			
☐	5A-DIC	Boeing 727-2L5	21052/1110		stored TIP	
☐	5A-DID	Boeing 727-2L5	21229/1213		stored TIP	
☐	5A-DIE	Boeing 727-2L5	21230/1215		stored TIP	
☐	5A-DIF	Boeing 727-2L5	21332/1257			
☐	5A-DIH	Boeing 727-2L5	21539/1371	ex N1253E		
☐	5A-DII	Boeing 727-2L5	21540/1386	ex N1261E		
☐	5A-DCT	de Havilland DHC-6 Twin Otter 300	627			
☐	5A-DCV	de Havilland DHC-6 Twin Otter 300	637			
☐	5A-DCX	de Havilland DHC-6 Twin Otter 300	641			
☐	5A-DCZ	de Havilland DHC-6 Twin Otter 300	645			
☐	5A-DDB	de Havilland DHC-6 Twin Otter 300	653			
☐	5A-DDE	de Havilland DHC-6 Twin Otter 300	677			
☐	5A-DHY	de Havilland DHC-6 Twin Otter 300	661	ex C-GELZ		
☐	5A-DJG	de Havilland DHC-6 Twin Otter 300	744	ex (FAP-2029)		
☐	5A-DJH	de Havilland DHC-6 Twin Otter 300	747			
☐	5A-DJI	de Havilland DHC-6 Twin Otter 300	757			
☐	5A-DJJ	de Havilland DHC-6 Twin Otter 300	769			
☐	TS-IND	Airbus A320-212	0348	ex OY-CNN		Lsd fr LBT
☐	TS-INE	Airbus A320-212	0222	ex OY-CNC		Lsd fr LBT
☐	YR-MDL	McDonnell-Douglas MD-82	48079/1016	ex N991PG		Lsd fr MDJ
☐	5A-DDQ	BAC One-Eleven 414EG (QTA 2)	158	ex C5-LKI	VIP	
☐	5A-DGC	Cessna 402C II	402C0045	ex N5800C		
☐	5A-DHG	Cessna 402C II	402C0464	ex N8737Q		
☐	5A-DHH	Cessna 402C II	402C0444	ex N6790F		
☐	5A-DHZ	Swearingen SA.226AT Merlin III	T-345	ex OO-HSC		
☐	5A-DJB	Swearingen SA.226AT Merlin III	T-388	ex OO-XSC		
☐	5A-DLV	Fokker F.28 Fellowship 4000	11200	ex PH-EXV	Mares; stored	
☐	5A-DLW	Fokker F.28 Fellowship 4000	11194	ex PH-EXZ		
☐	5A-DLY	Airbus A300B4-622R	601	ex TS-IAX	Al-Gordabia	
☐	5A-DLZ	Airbus A300B4-622R	616	ex TS-IAZ	Derna	Lsd fr/op by NVJ
☐	5A-DTG	Fokker F.28 Fellowship 4000	11139	ex PK-MSU		
☐	5A-DTH	Fokker F.28 Fellowship 4000	11140	ex PK-MSV		
☐	5A-LAA	Canadair CL-600-2D24 (CRJ-900)	15120	ex C-FPQO		
☐	5A-LAB	Canadair CL-600-2D24 (CRJ-900)	15121	ex C-FPUM		
☐	5A-LAC	Canadair CL-600-2D24 (CRJ-900)	15122	ex C-FPUN		
☐	5A-	Canadair CL-600-2D24NG (CRJ-900)		ex C-	on order	
☐	5A-	Canadair CL-600-2D24NG (CRJ-900)		ex C-	on order	

Seven Airbus A320-200s and four Airbus A330-200s are on order plus 4 Airbus A350-800XWBs

LIBYAVIA
       Tripoli-Ben Gashir Intl (TIP)

	Reg	Type	c/n	ex-reg	Notes	
☐	5A-DMX	Airbus A300C4-203F	083	ex TC-ACT	Mersin	Op by RUN

TOBRUK AIR
Tobruk Air (7T/TQB)   *Tripoli-Ben Gashir Intl (TIP)*

Operates cargo flights with leased Douglas DC-10-30F and Ilyushin Il-76 aircraft leased from other operators when required

5B- CYPRUS (Republic of Cyprus)

CYPRUS AIRWAYS
Cyprus (CY/CYP) (IATA 048)   *Larnaca (LCA)*

☐	5B-DAU	Airbus A320-231	0035	ex F-WWDX	Evelthon	
☐	5B-DAV	Airbus A320-231	0037	ex F-WWDN	Kinyras	
☐	5B-DAW	Airbus A320-231	0038	ex F-WWDZ	Agapinor	
☐	5B-DBA	Airbus A320-231	0180	ex F-WWIT	Evagoras	
☐	5B-DBB	Airbus A320-231	0256	ex F-WWBH	Akamas	
☐	5B-DBC	Airbus A320-231	0295	ex F-WWIE	Tefkros	
☐	5B-DBD	Airbus A320-231	0316	ex F-WWBC	Onisillos	
☐	5B-DBO	Airbus A319-112	1729	ex D-AVWR	Nikoklis	Lsd fr Agrind Lease
☐	5B-DBP	Airbus A319-112	1768	ex D-AVWB	Chalkanor	
☐	5B-DBS	Airbus A330-243	505	ex F-WWKO	Ammochostos	Lsd fr ILFC
☐	5B-DBT	Airbus A330-243	526	ex F-WWKY	Keryneia	Lsd fr ILFC

Eurocypria is 51% owned subsidiary

EUROCYPRIA AIRLINES
Eurocypria (UI/ECA)   *Larnaca (LCA)*

☐	5B-DBR	Boeing 737-8Q8/W	30720/2235	ex N1787B	Eypos; green	Lsd fr ILFC
☐	5B-DBU	Boeing 737-8Q8/W	32796/1272	ex N6055X	Zephyros; pale blue	Lsd fr ILFC
☐	5B-DBV	Boeing 737-8Q8/W	30654/1295		Levantes; dark blue	Lsd fr ILFC
☐	5B-DBW	Boeing 737-8Q8/W	30671/1307	ex C-GLBX	Haistros; grey blue	Lsd fr ILFC; sublsd to SWG
☐	5B-DBX	Boeing 737-8Q8/W	33699/1309	ex C-GDBX	Gregos; white blue	Lsd fr ILFC; sublsd to SWG
☐	5B-DBZ	Boeing 737-8BK/W	33030/1968		Notos; purple	Lsd fr CIT Group

51% owned by Cyprus Airways   Colours relate to tail

FREEDOM AIRWAYS
Freedom Airways   *Larnaca (LCA)*

☐	5B-DCB	Fokker F.27 Mk 050 (Fokker 50)	20230	ex SE-LTS	stored LCA	Lsd fr K-Air

5H- TANZANIA (United Republic of Tanzania)

AIR EXCEL
Tinga-Tinga (XLL)   *Arusha (ARK)*

☐	5H-AES	LET L-410UVP-E20	871811	ex 5H-PAD	
☐	5H-AXL	Cessna 208B Caravan I	208B0401	ex D-FHEW	Lsd fr Aviation Finance Group
☐	5H-EMK	Cessna TU206G Turbo Stationair 8 II	U20604638	ex 5H-SDA	
☐	5H-SMK	Cessna 208B Caravan I	208B0654	ex VT-TAP	Lsd fr Nordic Avn Contractor
☐	5H-WOW	Reims Cessna F406 Caravan II	F406-0060	ex PH-GUG	Lsd fr Gen Air Services

AIR TANZANIA
Tanzania (TC/ATC) (IATA 197)   *Dar-es-Salaam (DAR)*

☐	5H-MVV	Boeing 737-247 (Nordam 3)	23520/1329	ex N373DL	Lsd fr Celtic Capital
☐	5H-MVZ	Boeing 737-247 (Nordam 3)	23602/1347	ex N375DL	Lsd fr Celtic Capital
☐	N630AJ	Airbus A320-214	0630	ex 6Y-JAJ	on order Lsd fr WFBN
☐	5H-	de Havilland DHC-8-202		ex	on order Lsd fr Bombardier
☐	5H-	de Havilland DHC-8-202		ex	on order Lsd fr Bombardier

49% owned by South African Airways, see also East African Airlines. Two de Havilland DHC-8Q-402s, three Airbus A319s and two Airbus A330s are on order

AURIC AIR SERVICES
Mwanza (MWZ)

☐	5H-AWK	Reims Cessna F406 Caravan II	F406-0030	ex 5H-ANS	
☐	5H-TWO	Piper PA-34-200T Seneca	34-8170030	ex ZS-KTK	

COASTAL AVIATION
Coastal Travel (7I/CSV)   *Dar-es-Salaam (DAR)*

☐	5H-BAD	Cessna 208B Caravan I	208B0586	ex N5QP	Lsd fr Cessna Finance
☐	5H-BAT	Cessna 208B Caravan I	208B1030	ex N12554	
☐	5H-HOT	Cessna 208B Caravan I	208B0677	ex N1256N	

☐	5H-JOE	Cessna 208B Caravan I	208B0570			Lsd fr Africair
☐	5H-MAD	Cessna 208B Caravan I	208B0872	ex N1294K		Lsd fr Cessna Finance
☐	5H-POA	Cessna 208B Caravan I	208B0965	ex N1129Y		
☐	5H-SUN	Cessna 208B Caravan I	208B0754	ex 5H-PAF		
☐	5H-VIP	Cessna 208B Caravan I	208B0714			
☐	5H-CCT	Cessna TU206G Stationair 6	U20604597	ex ZS-MXV		
☐	5H-CTL	Cessna TU206F Stationair	U20601988			
☐	5H-EXC	Pilatus PC-12/45	220	ex ZS-EXC	dam, repaired?	Lsd fr Swiss Avn
☐	5H-GUN	Cessna U206G Stationair 6	U20605223	ex 5H-TGT		
☐	5H-SRP	Pilatus PC-12/45	317	ex ZS-SRP		Lsd fr Swiss Avn
☐	5H-TOY	Cessna 404 Titan II	404-0668	ex 5Y-MCK		

COMMUNITY AIRLINES

Dar-es-Salaam (DAR)

| ☐ | TC-APH | Boeing 737-8S3 | 29250/792 | ex N1787B | Lsd fr PGT |

Comenced services 10 December 2007

EAST AFRICAN AIRLINES

Dar-es-Salaam (DAR)

| ☐ | 5H-ATC | Boeing 737-2R8C | 21710/546 | | Kilimanjaro |

Status uncertain, aircraft is still registered to Air Tanzania

GGG AVIATION
Current status uncertain, sole aircraft sold in Guinea

KILWA AIR

☐	5H-KLA	Britten-Norman BN-2B-21 Islander	2002	ex 5X-MHB	id not confirmed	
☐	ZS-PRL	CASA 212-200	180	ex N160GA		Lsd fr KUS
☐	5H-MLB	Cessna T210N Centurion II	21064259	ex ZS-LVC		

Current status uncertain

NORTHERN AIR

Arusha (ARK)

☐	5H-NAA	Cessna 208 Caravan I	20800109	ex N9628F
☐	5H-NAC	Cessna 208B Caravan I	208B0757	ex N1307D
☐	5H-SJF	Cessna 208B Caravan I	208B0950	ex N1130T

Northern Air is the trading name of Tanzania Game Tracker Safaris

PRECISIONAIR
Precisionair (PW/PRF) (IATA 031)   *Arusha (ARK)*

☐	5H-PAA	ATR 42-320	308	ex F-WQHB	City of Arusha	
☐	5H-PAG	ATR 42-320	384	ex F-WQJO		
☐	5H-PAK	ATR 42-320	203	ex F-OHRQ		Lsd fr ATR Asset Mgt
☐	5H-PAP	ATR 42-320	363	ex F-WQNA		
☐	5H-PAQ	ATR 72-212	379	ex D-ACCC		Lsd fr ATR Asset Mgt
☐	5H-PAR	ATR 72-212	460	ex F-WQNA		Lsd fr ATR Asset Mgt
☐	5H-PAU	ATR 72-212	385	ex (XU-U4G)		
☐	5H-	ATR 42-500		ex F-WW	on order	

| ☐ | 5H-PAE | LET L-410UVP-E20 | 982631 | ex OK-DDE | | Lsd fr Pamco spol |
| ☐ | 5H-PAY | Reims Cessna 406 Caravan I | F406-0035 | ex ZS-OGY | | |

49% owned by Kenya Airways

REGIONAL AIR SERVICES
Regional Services (REG)   *Arusha (ARK)*

☐	A6-MAR	de Havilland DHC-6 Twin Otter 300	841	ex N9045S		
☐	5H-MUW	de Havilland DHC-6 Twin Otter 300	149	ex ZS-ORJ		Lsd fr Executive Turbine
☐	5H-MVJ	de Havilland DHC-6 Twin Otter 300	582	ex ZS-OVI		
☐	(5Y-MAK)	Cessna 208 Caravan I	20800004	ex 5H-MUR		Lsd fr Aircraft Lsg Svs

SAFARI EXPRESS

Arusha (ARK)

| ☐ | 5H-SXB | Reims Cessna F406 Caravan II | F406-0040 | ex ZS-OTT | |
| ☐ | 5H-SXY | Beech 1900D | UE-226 | ex ZS-PJZ | Lsd fr Parmtro Investment |

SKY AVIATION TANZANIA

Dar-es-Salaam (DAR)

☐	5H-SKT	Piper PA-31-350 Chieftain	31-8152058	ex A2-AHP	
☐	5H-SKX	Cessna 402B	402B-0829	ex 5Y-EAL	
☐	5H-SKY	Piper PA-32-300 Six	32-770061	ex N3258Q	dbr?

TANZANAIR - TANZANIAN AIR SERVICES
Dar-es-Salaam (DAR)

☐	5H-GHL	Cessna U206F Stationair II	U20602583	
☐	5H-LDS	Cessna 310I	310I0029	ex 5Y-AJN
☐	5H-TZC	Reims Cessna F406 Caravan II	F406-0028	ex N7037C
☐	5H-TZE	Reims Cessna F406 Caravan II	F406-0046	ex OY-PED
☐	5H-TZT	Cessna 208B Caravan I	208B0664	ex ZS-PSR
☐	5H-TZU	Cessna 208B Caravan I	208B0639	ex ZS-PJJ
☐	5H-TZX	Beech 200 Super King Air	BB-1196	ex Z-ZLT

TROPICAL AIR
Zanzibar (ZNZ)

☐	5H-OLA	Cessna 208B Caravan I	208B0384	ex 7T-VIH
☐	5H-TAR	Piper PA-34-200T Seneca II	34-7970038	ex 5H-MNF
☐	5H-TZO	Partenavia P,68B	120	ex 5H-AZO
☐	5H-TZY	Partenavia P.68B	149	ex 5H-AZY

TWIN WINGS AIR
Zanzibar (ZNZ)

☐	5H-MAY	Cessna 404 Titan II	404-0241	ex 5Y-EDH
☐	5H-RAY	Cessna 404 Titan II	404-0007	ex N3935C

ZANAIR
Zanair (B4/TAN)   *Zanzibar (ZNZ)*

☐	5H-LET	LET L-410UVPE-9	892226	ex 9L-LBK	
☐	5H-ZAP	LET L-410UVPE-9	871824	ex 9L-LBV	
☐	5H-ZAR	Cessna 404 Titan II	404-0835	ex 5H-AEL	
☐	5H-ZAS	Fokker F.28 Fellowship 4000	11225	ex TJ-ALE	Lsd fr Air Lsg Cameroon
☐	5H-ZAY	Cessna 404 Titan II	404-0207	ex N798A	
☐	5H-ZAZ	Cessna 402C	402C0029	ex 5Y-NNM	

ZANTAS AIR SERVICE
Dar-es-Salaam (DAR)

☐	5H-FAT	Cessna 206H Stationair	20608168	ex 5H-CWF	
☐	5H-TAK	Cessna 208B Caravan I	208B0891	ex N1239B	Lsd fr Cessna Finance
☐	5H-TAZ	Cessna 208B Caravan I	208B1186	ex N12998	Lsd fr Cessna Finance

5N- NIGERIA (Federal Republic of Nigeria)

ADC AIRLINES
Operating licence withdrawn by Federal Government

AERO CONTRACTORS
Aeroline (AJ/NIG)   *Lagos (LOS)*

☐	5N-AQK	Aerospatiale SA.365N Dauphin 2	6108		Op for NNPC
☐	5N-AQL	Aerospatiale SA.365N Dauphin 2	6109		Op for NNPC
☐	5N-BAF	Aerospatiale SA.365N2 Dauphin 2	6430	ex F-WYMC	Op for NNPC
☐	5N-BDA	Aerospatiale SA.365N Dauphin 2	6077	ex 8P-PHM	
☐	5N-BET	Aerospatiale SA.365N Dauphin 2	6087	ex TJ-DEM	
☐	5N-BGF	Aerospatiale SA.365N3 Dauphin 2	6593	ex PH-SHH	
☐	5N-BIX	Aerospatiale AS.365N3 Dauphin 2	6657	ex PH-SHI	
☐	5N-BIY	Aerospatiale AS.365N3 Dauphin 2	6738	ex F-WQVR	
☐	5N-BJF	Aerospatiale AS.365N2 Dauphin 2	6419	ex EP-HCJ	
☐	5N-BJP	Aerospatiale AS.365N3 Dauphin 2	6740	ex F-WQVT	
☐	5N-ESO	Aerospatiale SA.365N Dauphin 2	6072	ex PH-SSP	
☐	5N-STO	Aerospatiale SA.365N Dauphin 2	6106	ex PH-SSV	
☐	5N-BHY	Boeing 737-322	24669/1907	ex N394UA	Lsd fr Aircastle
☐	5N-BHZ	Boeing 737-322	24671/1913	ex N396UA	Lsd fr Aircastle
☐	5N-BIZ	Boeing 737-4B7	24558/1845	ex N436US	on order
☐	5N-BJA	Boeing 737-4B7	24873/1931	ex N446US	
☐	5N-BHW	de Havilland DHC-8-311	548	ex C-FFBJ	
☐	5N-BIA	de Havilland DHC-8Q-315	608	ex C-FBOA	
☐	5N-BIB	de Havilland DHC-8Q-315	609	ex C-FCPM	
☐	5N-BJO	de Havilland DHC-8Q-311	534	ex C-FLGJ	
☐	5N-BJW	de Havilland DHC-8Q-311	451	ex G-NVSA	
☐	5N-DAP	de Havilland DHC-8-311A	244	ex C-GCDO	
☐	5N-MGV	de Havilland DHC-8-102	24	ex C-GMOK	Op for Mobil Oil
☐	5N-AOA	Aerospatiale AS.355F Ecureuil 2	5277	ex F-WZFB	Op for NNPC
☐	5N-AOB	Aerospatiale AS.355F Ecureuil 2	5278	ex F-WZFV	Op for NNPC

679

	5N-AUM	Dornier 228-101	7023	ex 5N-AQX	Op for NNPC	
☐	5N-AVG	de Havilland DHC-6 Twin Otter 310	634		Op for NNPC	
☐	5N-BCX	Sikorsky S-76C+	760466	ex 5N-BCN		
☐	5N-BGN	Sikorsky S-76C+	760468	ex B-KCR		
☐	5N-BJC	Agusta AW.139	31070	ex I-EASY		
☐	5N-BJD	Agusta AW.139	31072			
☐	5N-RSN	Agusta AW.139	31060	ex 5N-BJB	Op for River States Govt	
	40% owned by CHC Helicopters International					

AFRIJET AIRLINES
Afrijet (6F/FRJ)   Lagos (LOS)

	5N-BCC	Fairchild FH-227D	575	ex HK-1411	stored LOS	
☐	5N-BII	McDonnell-Douglas MD-82	49482/1309	ex N72822		Lsd fr Pegasus Avn
☐	5N-FRJ	Fairchild F-27J	126	ex 3C-ZZE	Freighter	
☐	5N-	McDonnell-Douglas MD-83	49855/1728	ex N311FV		Lsd fr Compass Capital

ALBARKA AIR SERVICE
Operating licence withdrawn by Federal Government

ALLIED AIR CARGO
Bambi (AJK) (IATA 574)   Lagos (LOS)

	5N-BJN	Boeing 727-221F (FedEx 3)	22540/1796	ex 5X-TON	
☐	5N-JNR	Boeing 727-217F (FedEx 3)	21056/1122	ex C-FACK	
☐	5N-RKY	Boeing 727-217F (Raisbeck 3)	21055/1117	ex C-FACR	Lsd fr Finova
☐	5N-	Boeing 727-243F (Raisbeck 3)	22052/1568	ex C-FACA	Lsd fr Finova
☐	5N-	Boeing 727-221F (Raisbeck 3)	22540/1796	ex C-FACN	Lsd fr Finova
	Also leases Douglas DC-10F aircraft from other operators as required				

AMBJEK AIR SERVICES
                                                                                                                       Abuja (ABV)

	5N-BEA	LET L-410UVP-E	902435	ex OK-VDT
☐	5N-BEB	LET L-410UVP-E	882103	ex OK-TDS

ARIK AIR
Arik Air (W3/ARA)   Lagos (LOS)

	PH-DMX	de Havilland DHC-8Q-315	574	ex EC-IFK		Lsd fr DNM
☐	PH-DMZ	de Havilland DHC-8Q-315	582	ex EC-IJP		Lsd fr DNM
☐	PH-DXA	de Havilland DHC-8Q-315	586	ex EC-IGS		Lsd fr DNM
☐	PH-LMT	Fokker F.27 Mk 050 (Fokker 50)	20192	ex EC-HYJ		Lsd fr DNM
☐	5N-BJK	Canadair CL-600-2B19 (CRJ-200ER)	7787	ex N697BR	on order	Lsd fr Trust N695-7BR
☐	5N-	Canadair CL-600-2B19 (CRJ-200ER)	7772	ex N695BR		Lsd fr Trust N695-7BR
☐	5N-	Canadair CL-600-2B19 (CRJ-200ER)	7779	ex N696BR		Lsd fr Trust N695-7BR
☐	5N-JEA	Canadair CL-600-2D24 (CRJ-900ER)	15058	ex C-FHRH	Winds of Nigeria	
☐	5N-JEB	Canadair CL-600-2D24 (CRJ-900ER)	15059	ex C-FHRK		
☐	5N-JEC	Canadair CL-600-2D24 (CRJ-900ER)	15054	ex C-FGNB		
☐	5N-JED	Canadair CL-600-2D24 (CRJ-900ER)	15114	ex C-FMEP	Abraham	
☐	5N-MJA	Boeing 737-322	24454/1750	ex N361UA	Eddington	Lsd fr Bravia Capital
☐	5N-MJB	Boeing 737-322	24360/1692	ex N354UA	Augustine	Lsd fr Bravia Capital
☐	5N-MJC	Boeing 737-7BD/W	33932/2234	ex N320AT	Martin	
☐	5N-MJD	Boeing 737-7BD/W	36073/2248	ex N323AT	Michael	
☐	5N-MJE	Boeing 737-7GL/W	34761/2401	ex N737AV		
☐	5N-MJF	Boeing 737-7GL/W	34762/2427	ex N737BV		
	Four de Havilland DHC-8Q-402s are on order					
	Two Boeing 777-200LRs and three Boeing 777-300ERs are on order plus seven Boeing 787-9s and 10 Boeing 737-800s					

ASSOCIATED AIR CARGO
Associated (SCD)   Lagos (LOS)

	UR-PAS	Antonov An-12AP	2401105		Lsd fr / op by VPB
☐	5N-BBL	Short SD.3-60	SH3637	ex G-LEGS	
☐	5N-BHV	Boeing 727-227F (FedEx 3)	21364/1261	ex N86426	Lsd fr NC Aerospace
☐	5N-BJY	Embraer EMB.120ER Brasilia	120174	ex N388JR	
☐	5N-BJZ	Embraer EMB.120ER Brasilia	120095	ex N788JR	

BELLVIEW AIRLINES
Bellview Airlines (B3/BLV) (IATA 208)   Lagos (LOS)

	F-GHXK	Boeing 737-2A1	21599/514	ex N171AW	Peace	Lsd fr Alter Bail Avn
☐	F-GHXL	Boeing 737-2S3	21775/570	ex G-BMOR		Lsd fr Alter Bail Avn
☐	5N-BFM	Boeing 737-2L9	22733/812	ex N270FL	Fortitude	Lsd fr GECAS
☐	5N-BFX	Boeing 737-291	23024/965	ex CC-CVH	Hope	Lsd fr Hawk Avn Mgt
☐	5N-BGG	Boeing 767-241ER	23805/180	ex N805HE	Unity	Lsd fr AFT Trust-Sub
☐	5N-BGH	Boeing 767-241ER	23806/181	ex N806HE	Charity	Lsd fr AFT Trust-Sub

BRISTOW HELICOPTERS (NIGERIA)
Bristow Helicopters (BHN) — Lagos/Calabar/Eket/Port Harcourt/Warri (LOS/CBQ/-/PHC/-)

☐	5N-BCZ	Bell 412SP	33179	ex B-55521	
☐	5N-BGS	Bell 412SP	33186	ex N464AC	
☐	5N-BIM	Bell 412EP	36373	ex N31195	
☐	5N-BIO	Bell 412EP	36378	ex N106AL	
☐	5N-BIP	Bell 412EP	36383	ex N105AL	
☐	5N-BIR	Bell 412EP	36386	ex N107AL	
☐	5N-BIS	Bell 412EP	36387	ex N132AL	
☐	5N-BDH	Eurocopter EC.155B	6591		Op for Shell Nigeria
☐	5N-BDI	Eurocopter EC.155B	6602		Op for Shell Nigeria
☐	5N-BDJ	Eurocopter EC.155B	6607		Op for Shell Nigeria
☐	5N-BDK	Eurocopter EC.155B	6608		Op for Shell Nigeria
☐	5N-BDL	Eurocopter EC.155B	6610		Op for Shell Nigeria
☐	5N-BDM	Eurocopter EC.155B	6611		Op for Shell Nigeria
☐	5N-BBO	Sikorsky S-76A++	760114	ex G-BVKP	
☐	5N-BCT	Sikorsky S-76A++	760109	ex G-BZJT	
☐	5N-BGC	Sikorsky S-76C+	760481	ex LN-ONY	
☐	5N-BGD	Sikorsky S-76C+	760540	ex N864AL	
☐	5N-SKY	Sikorsky S-76A++	760084	ex G-BJVZ	
☐	5N-BJT	Sikorsky S-76C+	760638	ex N872AL	
☐	5N-BJU	Sikorsky S-76C+	760640	ex N876AL	
☐	5N-	Bell 206L-4 LongRanger IV	52191	ex N178AL	
☐	5N-BGO	Aerospatiale AS.332L Super Puma	2046	ex G-BWMG	also quoted as 2092
☐	5N-BGP	Aerospatiale AS.332L Super Puma	2092	ex G-BRXU	also quoted as 2046
☐	5N-BHL	Beech 200 Super King Air	BB-387	ex G-BFOL	
☐	5N-BJE	Aerospatiale AS.365N2 Dauphin 2	6446	ex EP-HCK	
☐	5N-SPM	Dornier 328-300 (328JET)	3141	ex D-BDXX	Op for Shell Nigeria
☐	5N-SPN	Dornier 328-300 (328JET)	3151	ex D-BDXG	stored OBF, Op for Shell Nigeria

Subsidiary of Bristow Group

CAPITAL AIRLINES
Capital Shuttle (NCP) — Lagos (LOS)

☐	5N-CCE	Embraer EMB.120ER Brasilia	120120	ex N194SW	Lsd fr Boeing Capital
☐	5N-LCE	Embraer EMB.120ER Brasilia	120127	ex N195SW	Lsd fr Boeing Capital
☐	5N-TCE	Embraer EMB.120ER Brasilia	120119	ex N762BC	Lsd fr Boeing Capital
☐	5N-TUE	Embraer EMB.120ER Brasilia	120109	ex N763BC	Lsd fr Boeing Capital

CAVERTON HELICOPTERS
(CJR) — Lagos (LOS)

☐	5N-BHK	Aerospatiale SA.365N Dauphin 2	6128	ex CS-HFH	Lsd fr LE Leasing Aviares Cabral
☐	5N-BHS	Aerospatiale AS.350B2 Ecureuil	1871	ex CS-HDK	Lsd fr LE Leasing Aviares Cabral
☐	5N-BHT	Aerospatiale AS.350B2 Ecureuil	1222	ex CS-HEO	Lsd fr HeliPortugal
☐	5N-BIK	Aerospatiale AS.365N Dauphin 2	6138	ex F-GNVS	Lsd fr HeliPortugal
☐	5N-BJV	de Havilland DHC-6 Twin Otter 300	816	ex HB-LUB	

CHANCHANGI AIRLINES
Ceased operations after AOC revoked for second time

DANA
Dana Air (DAV) — Kaduna (KAD)

☐	5N-ARP	Dornier 228-201	8013	ex (5N-AOH)	
☐	5N-AUN	Dornier 228-201	8076	ex D-CEPT	
☐	5N-DOB	Dornier 228-202	8026	ex N232RP	
☐	5N-DOD	Dornier 228-202	8048	ex N235RP	for GAM, VH
☐	5N-DOE	Dornier 228-202	8049	ex N236RP	for GAM, VH
☐	5N-DOF	Dornier 228-202	8125	ex N245RP	for GAM, VH
☐	5N-DOI	Dornier 228-202	8137	ex N237RP	for GAM, VH
☐	5N-DOJ	Dornier 228-202	8138	ex N238RP	for GAM, VH
☐	5N-DOK	Dornier 228-202	8140	ex N240RP	for GAM, VH
☐	5N-DOL	Dornier 228-202	8145	ex N241RP	
☐	5N-DOM	Dornier 228-202	8147	ex N242RP	for GAM, VH
☐	5N-BCA	Piper PA-23 Aztec 250D	27-4220	ex G-AYZN	
☐	5N-IEP	Dornier 328-110	3026	ex D-CDHL	
☐	5N-SAG	Dornier 328-110	3016	ex D-CASU	

DANA is the trading name of Dornier Aviation Nigeria

DANA AIR

Due to commence operations in first quarter 2008 as low cost carrier; website shows Airbus A319. It has no connection with DANA above and is a subsidiary of Dana Group

DASAB AIR
Operating licence withdrawn by Federal Government

EAS AIR LINES
Echoline (EXW)   Lagos (LOS)

☐	5N-DOZ	Dornier 328-110		3031	ex D-CDXL	

EAS Air Lines is the trading name of Executive Airline Services

EASY LINK AVIATION SERVICES
Both aircraft are stored following the grounding of the company

EVERQUALL AIRLINES
Port Harcourt (PHC)

☐	5N-	Beech B200 Super King Air		BB-		on order; Catpass 250 conv
☐	5N-	Beech B200 Super King Air		BB-		on order; Catpass 250 conv

Believed not to have commenced operations

FREEDOM AIR SERVICES
Inter Freedom (FFF)   Lagos (LOS)

☐	5N-BCY	Boeing 727-235		19461/538	ex N461RD	Hajiya Asmal Lsd fr IAL Lsg
☐	5N-BFY	Boeing 727-221/W (Duganair 3)		22542/1799	ex N370PA	Jarman Kano

FRESH AIR CARGO
Operating licence withdrawn by Federal Government

IRS AIRLINES
Silverbird (LVB)   Lagos (LOS)

☐	5N-AKR*	Boeing 727-223A (Raisback 3)		20984/1121	ex N860AA	Kalifa Tsitaku
☐	5N-BJM	Embraer EMB.145LR (ERJ-145LR)		14500984	ex PT-SKE	Lsd fr Bauchi State Govt
☐	5N-CEO	Fokker F.28-0100 (Fokker 100)		11295	ex N860US	stored WOE
☐	5N-COO	Fokker F.28-0100 (Fokker 100)		11297	ex N861US	Kalifa Junior
☐	5N-NCZ	Fokker F.28 Fellowship 4000		11241	ex ZS-OPS	
☐	5N-SSZ	Fokker F.28 Fellowship 4000		11190	ex ZS-BAL	Lsd fr Shanike Investments

*Leased from Aerospace Sales & Leasing

KABO AIR
Kabo (N2/QNK)   Kano (KAN)

☐	5N-EEE	Boeing 747-243B		19732/134	ex G-VGIN	stored MZJ
☐	5N-MAD	Boeing 747-251B		23547/642	ex N636US	
☐	5N-NNN	Boeing 747-287B		21189/274	ex G-VIRG	stored CGK
☐	5N-OOO	Boeing 747-136		20952/246	ex G-AWNP	
☐	5N-PDP	Boeing 747-238B		20842/238	ex G-VJFK	Dr MA Dankabo Jarman Kano
☐	5N-PPP	Boeing 747-238B		20921/241	ex G-VLAX	
☐	5N-RRR	Boeing 747-136		19765/109	ex G-AWNE	Alhaji Ado Bayaro, Emir of Kano
☐	5N-LLL	Boeing 727-224 (FedEx 3)		20654	ex N32724	stored ADD

KNIGHT AIR
Lagos (LOS)

Operate Hadj services only using aircraft leased from other operators such as Logistic Air

MED-VIEW AIRLINES

☐	CX-PUD*	Boeing 757-23A		24291/215	ex N541NA	Lsd fr PUA
☐	N194AT	Lockheed L-1011-100 Tristar		193B-1230	ex N8034T	Lsd fr Bourtugalieh Air

Operated Hadj flights in late 2007; the Tristar was believed pwfu in 2006!

MILLENNIUM AIR
Current plans uncertain; believed not to have commenced operations

NICON AIR
Ceased operations

NIGERIAN MERIDIAN AIRLINES
Current status uncertain, sole aircraft returned to lessor

OVERLAND AIRWAYS
Overland (OJ/OLA)   Lagos / Abuja (LOS/ABV)

☐	5N-BCO	Beech 1900D		UE-225	ex N225GL	stored HLA
☐	5N-BCP	Beech 1900D		UE-116	ex N116YV	
☐	5N-BCR	ATR 42-300		031	ex F-WQNR	
☐	N340SS	SAAB SF.340A		340A-022	ex SE-C22	

681

PAN AFRICAN AIRLINES
Lagos (LOS)

☐	5N-AJC	Bell 206L LongRanger	45095	
☐	5N-AMQ	Bell 206L-1 LongRanger II	45746	
☐	5N-AQB	Bell 206L-1 LongRanger II	45506	
☐	5N-AQP	Bell 206L-1 LongRanger II	45604	ex N3907E
☐	5N-BAS	Bell 206L-1 LongRanger II	45367	ex N1076K
☐	5N-BBN	Bell 206L-3 LongRanger III	51005	ex SU-CAD
☐	5N-BCW	Bell 206L-3 LongRanger III	51053	ex SU-CAK
☐	5N-BFE	Bell 206L-4 LongRanger IV	52272	ex N20796
☐	5N-BFF	Bell 206L-4 LongRanger IV	52273	ex N2080C
☐	5N-BFG	Bell 206L-4 LongRanger IV	52274	ex N2080W
☐	5N-BFH	Bell 206L-4 LongRanger IV	52275	ex N2081K
☐	5N-BFV	Bell 206L-4 LongRanger IV	52160	ex 5N-ESC
☐	5N-BHH	Bell 206L-4 LongRanger IV	52291	ex N274AL
☐	5N-PAA	Bell 206L-1 LongRanger II	45659	ex N39118
☐	5N-AMW	Cessna 425 Conquest I	425-0067	ex N6844V
☐	5N-BDD	Bell 412	33046	ex N395AL
☐	5N-BDY	Bell 412EP	36267	ex N506AL
☐	5N-BEM	Bell 407	53246	ex N567AL
☐	5N-BEO	Bell 407	53190	ex N467AL
☐	5N-BEP	Bell 407	53107	ex N427AL
☐	5N-BES	Bell 206B JetRanger III	3216	ex N139H
☐	5N-	Sikorsky S-76C+	760660	ex N45083
☐	5N-CES	Cessna 208 Caravan I	20800249	ex N1288Y

Subsidiary of Air Logistic International

PREMIUM AIR SHUTTLE
Blue Shuttle (EMI)
Lagos (LOS)

☐	5N-BOS	Yakovlev Yak-40	9341431	ex LZ-DOA	VIP

SKYPOWER EXPRESS AIRWAYS
Nigeria Express (EAN)
Lagos (LOS)

☐	5N-AXR	Embraer EMB.110P1 Bandeirante	110459	ex PT-SHM

Operates services for Nigerian Postal Services

SOSOLISO AIRLINES
Operating licence withdrawn by Federal Government

SPACE WORLD INTERNATIONAL AIRLINES
Operating licence withdrawn by Federal Government

TRANSKY AIRLINES
Lagos (LOS)

☐	5N-TSA	Boeing 737-2H4 (AvAero 3)	23110/1017	ex N104SW

VIRGIN NIGERIA
(VK/VGN)
Lagos (LOS)

☐	PH-JXN	Fokker F.27 Mk 050 (Fokker 50)	20239	ex EC-GFP	Lsd fr DNM
☐	YL-LCY	Boeing 767-3Y0ER	24952/357	ex C-GGFJ	Lsd fr LTC
☐	YL-LCZ	Boeing 767-3Y0ER	25000/386	ex C-GHPA	Lsd fr LTC
☐	5N-VNC	Boeing 737-33V	29338/3114	ex G-EZYN	Lsd fr Lift UJ UK
☐	5N-VND	Boeing 737-33V	29337/3113	ex G-EZYM	Lsd fr GECAS
☐	5N-VNE	Boeing 737-33V	29340/3121	ex G-EZYP	Lsd fr GECAS
☐	5N-VNF	Boeing 737-33V	29341/3125	ex G-EZYR	Lsd fr GECAS
☐	5N-VNG	Boeing 737-33V	29342/3127	ex G-EZYS	Lsd fr GECAS

Eight Embraer 170-100AR (170AR) and two Embraer 190-100AR (190AR) are on order for delivery from late 2008.
49% owned by Virgin Atlantic and 51% by local interests

WINGS AVIATION
Lagos (LOS)

☐	5N-JAH	Beech 1900D	UE-332	ex N23045	Lsd fr Dawkins Mgt
☐	5N-PTL	Beech 1900D	UE-215	ex N850CA	Lsd fr Dawkins Mgt

5R- MADAGASCAR (Democratic Republic of Madagascar)

AEROMARINE
Antananarivo ((TNR)

☐	F-ODQI	Piper PA-31-350 Navajo Chieftain	31-7305065	ex F-BUOI	Lsd fr Colas
☐	5R-MCJ	Piper PA-23-250 Aztec C	27-3644	ex N6449Y	

☐	5R-MCR	Piper PA-31 Turbo Navajo	31-162	ex N9122Y		
☐	5R-MIK	Piper PA-23-250 Aztec B	27-2191	ex TL-ABA		
☐	5R-MKG	Beech 99	U-21	ex F-GFPE		
☐	5R-MLI	Cessna 207A Stationair 7 II	20700496	ex 5R-MVR		
☐	5R-MLJ	Cessna 310R II	310R1372	ex F-GBGB		
☐	5R-MLK	Beech 95-C55 Baron	TE-101	ex F-BOJG		
☐	5R-MLT	Cessna 310R II	310R0328	ex F-BXLT		

AIR MADAGASCAR
Air Madagascar (MD/MDG) (IATA 258)   *Antananarivo (TNR)*

☐	5R-MFF	Boeing 767-3S1ER	25221/384	ex C-GGBK	PR-VAI resd	Lsd fr GECAS
☐	5R-MFG	Boeing 767-383ER	25088/359	ex OY-KDM		Lsd fr Muzan Lsg
☐	5R-MFH	Boeing 737-3Q8	26305/2651			Lsd fr Triton
☐	5R-MFI	Boeing 737-3Q8	26301/2623	ex N319FL		Lsd fr Castle 2003-1B
☐	5R-MGC	de Havilland DHC-6 Twin Otter 300	328			
☐	5R-MGD	de Havilland DHC-6 Twin Otter 300	329			
☐	5R-MGE	de Havilland DHC-6 Twin Otter 300	330			
☐	5R-MGF	de Havilland DHC-6 Twin Otter 300	482			
☐	5R-MJE	ATR 72-212A	694	ex F-WWEQ		
☐	5R-MJF	ATR 72-212A	698	ex F-WWEU		
☐	5R-MJG	ATR 42-500	649	ex F-WWLG		
☐	5R-MVT	ATR 42-320	044	ex F-WQAD		Lsd fr ATR Asset Mgt
☐	5R-MLA	Piper PA-31-350 Chieftain	31-7952076			

3.17% owned by Air France

MALAGASY AIRLINES
(MLG)   *Antananarivo (TNR)*

☐	5R-MDB	Cessna 402B	402B0572	ex ZS-RES	
☐	5R-MHJ	Piper PA-23-250 Aztec	27-409	ex 5R-MVJ	
☐	5R-MKS	Cessna 402B	402B0014	ex 5R-MVC	
☐	5R-MLZ	Cessna TU206G Stationair 6	U20604526	ex F-BVQK	Lsd fr Aerotour Development
☐	5R-MVL	Cessna 208 Caravan I	20800001	ex HB-CLD	Lsd fr ADF, Paris

TIKO AIR
Antananarivo (TNR)

☐	5R-MJT	ATR 42-320	221	ex (5R-TIK)	
☐	5R-MRM	Boeing 737-3Z9	24081/1515	ex OE-ILG	Op for Govt

Operator Unknown

☐	5R-MJL	WSK/PZL Antonov An-28	1AJ005-14	ex ER-AJL	

5T- MAURITANIA (Islamic Republic of Mauritania)

AIR AMDER

☐	UR-AFS	Antonov An-26	08608	ex ER-AFS	Lsd fr Air Sirin

AIR MAURITANIE
Ceased operations September 2007 after its last aircraft was impounded

COMPAGNIE MAURITANIENNE DE TRANSPORTES - CMT
(CPM)   *Nouakchott (NKC)*

Operates cargo flights with Antonov aircraft leased from Aerocom and Pskovia when required

MAURITANIA AIRWAYS
(YD/MTW)   *Nouakchott (NKC)*

☐	TS-IMH	Airbus A320-211	0402	ex F-WWBN	Lsd fr TAR
☐	TS-	ATR 42-300		ex	Lsd fr TUI

Mauritania Airways is 51% owned by Tunisair

5U- NIGER (Republic of Niger)

AEROEXPRESS
Niamey (NIM)

☐	5U-ACG	Boeing 747-146B	22067/427	ex N553SW	Lsd fr Logistic Air

Operated for 2007/2008 Hadj

NIGERAVIA
Niamey (NIM)

Current status uncertain as sole aircraft sold in USA on 25 July 2007

5V- TOGO (Togolese Republic)

AIR HORIZON
Horizon Togo (8C/HZT)   *Lome (LFW)*

Status uncertain, sole aircraft now operated by private operator

ELITE AIR
Elair (EAI)   *Lome (LFW)*

| ☐ | 5V-TTA | Piper PA-31-350 Navajo Chieftain | 31-7405448 | ex 9J-JLP |
| ☐ | 5V-TTC | Cessna 310Q | 310Q0711 | ex F-BUFK |

5W- SAMOA (Independent State of Western Samoa)

POLYNESIAN AIRLINES
Polynesian (PH/PAO) (IATA 162)   *Apia (APW)*

| ☐ | 5W-FAV | Britten-Norman BN-2A-8 Islander | 42 | ex ZK-FMS | Samoa Star |
| ☐ | 5W-FAY | de Havilland DHC-6 Twin Otter 300 | 690 | ex VH-UQW | Gillian |

Owns 49% of Polynesian Blue

POLYNESIAN BLUE
(PBL)   *Apia (APW)*

| ☐ | ZK-PBF | Boeing 737-8FE/W | 33799/1462 | ex VH-VOR | Lsd fr PBN |

Joint venture between Polynesian Airlines (49%), Virgin Blue (49%) and local investor (2%) using Pacific Blue Boeing 737.

5X- UGANDA (Republic of Uganda)

AIR MEMPHIS UGANDA
Ceased Operations

AIR UGANDA
(U7/UGB)

| ☐ | 5X-GLO | Douglas DC-9-32 (ABS 3) | 47190/240 | ex ZS-GAG | Lsd fr Global Avn Investments |
| ☐ | | McDonnell-Douglas MD-87 | 49837/1730 | ex EC-EXT | Lsd fr Groupe Celestair |

Groupe Celestair has been set-up by the Aga Khan Foundation to expand and improve air services in Africa, see also Air Burkina, Aerienne de Mali and Rwandair Express

DAS AIR CARGO
Ceased operations in September 2007

EAGLE AIR
African Eagle (H7/EGU)   *Entebbe (EBB)*

☐	5X-EIV	LET L-410UVP-E9	962632	ex 5Y-BPX
☐	5X-GNF	LET L-410UVP-E8	892320	ex OK-UDA
☐	5X-JNF	LET L-410UVP-E8	861809	ex CCCP-67596

EAST AFRICAN AIRLINES
Crane (QU/UGX) (IATA 581)   *Entebbe (EBB)*

| ☐ | 5X-EAA | Boeing 737-291 (Nordam 3) | 22741/871 | ex N998UA |

RELIANCE AIR
Entebbe (EBB)

| ☐ | 5X-ASI | Cessna 208 Caravan I | 20800156 | ex N9732F | Lsd fr Airserv Intl |

ROYAL DAISY AIRLINES
Entebbe (EBB)

| ☐ | 5X-TEX | Embraer EMB.120ER Brasilia | 120078 | ex ZS-CAE |

Operator Unknown

| ☐ | 5X- | Beech 1900C-1 | UC-174 | ex ZS-PIT |

5Y- KENYA

ACARIZA AVIATION
Nairobi-Wilson (WIL)

☐	5Y-FWA	Embraer EMB.110P1 Bandeirante	110195	ex ZS-OUM	
☐	5Y-FWB	Embraer EMB.110P1 Bandeirante	110439	ex ZS-OZJ	

AD AVIATION
Nairobi-Wilson (WIL)

☐	5Y-JMR	Beech 200C Super King Air	BL-17	ex F-GJMR	

AERO KENYA
Nairobi-Wilson (WIL)

☐	5Y-BRU	LET L-410UVP-E9	912539	ex 5X-UAY	Lsd fr Air-Tec

AFRICAN EXPRESS AIRWAYS
Express Jet (XU/AXK)   *Nairobi-Jomo Kenyatta Intl (NBO))*

☐	5Y-AXB	Boeing 727-231	19565/603	ex 5V-TPB	Garissa; stored NBO
☐	5Y-AXD	Douglas DC-9-32	47088/180	ex 9L-LDF	
☐	5Y-AXE	Boeing 727-256	21611/1382	ex 9L-LDV	all-white Lsd to Ishtar
☐	5Y-AXF	Douglas DC-9-32	47093/237	ex 9L-LDG	Lsd fr Air Leone

AIRKENYA
(P2/XAK) (IATA 853)   *Nairobi-Wilson (WIL)*

☐	5Y-BGH	de Havilland DHC-6 Twin Otter 300	574	ex N4226J	
☐	5Y-BIO	de Havilland DHC-6 Twin Otter 300	579	ex 5H-MRB	UN/WFP titles
☐	5Y-BMJ	de Havilland DHC-7-102	83	ex N721AS	stored WIL
☐	5Y-BMP	de Havilland DHC-7-102	80	ex N780MG	
☐	5N-BNN	Cessna 208B Caravan I	208B0683	ex N1126T	
☐	5Y-BPD	de Havilland DHC-7-102	32	ex 7O-ACZ	
☐	5Y-BTZ	de Havilland DHC-8-102	203	ex VH-TNU	

ALS
Nairobi-Wilson (WIL)

☐	5Y-BLA	Beech 200C Super King Air	BL-10	ex C-FAMB	
☐	5Y-DHL	Beech 1900C-1	UC-100	ex N15305	Op for ICRC
☐	5Y-HAA	Cessna 208 Caravan I	20800021	ex N9349F	
☐	5Y-LKG	Beech 1900C	UB-63	ex C-FUCB	Op for Kenya Airlink
☐	5Y-MAK	Cessna 208 Caravan I	20800004	ex HB-CLI	Lsd to Regional Air Svs as 5H-MUR
☐	5Y-PRV	de Havilland DHC-8-102	185	ex C-FGQI	
☐	5Y-SGL	Beech 1900C-1	UC-114	ex V5-SGL	Of for UN Humanitarian Service
☐	5Y-STN	de Havilland DHC-8-102	179	ex C-FCON	

ASA - AFRICAN SAFARI AIRWAYS
Zebra (QSC)   *Mombasa (MBA)*

☐	5Y-VIP	Airbus A310-308	620	ex D-AHLC	Lsd fr Defag

ASTRAL AVIATION
Astral Cargo (8V/ACP) (IATA 485)   *Nairobi-Jomo Kenyatta Intl (NBO)*

☐	S9-DBQ	Antonov An-12BP		ex	
☐	UR-CCY	Antonov An-12B	02348106	ex RA-11124	Lsd fr VPB

Operates cargo services with Antonov An-12s and An-72s, leased from other operators as required.

BLUEBIRD AVIATION
Cobra (BBZ)   *Nairobi -Wilson (WIL)*

☐	5Y-VVF	Fokker F.27 Mk 050 (Fokker 50)	20136	ex N136NM	
☐	5Y-VVG	Fokker F.27 Mk 050 (Fokker 50)	20137	ex N137NM	
☐	5Y-VVH	Fokker F.27 Mk 050 (Fokker 50)	20203	ex N203NM	
☐	5Y-VVJ	Fokker F.27 Mk 050 (Fokker 50)	20133	ex D-AFFZ	
☐	5Y-VVK	Fokker F.27 Mk 050 (Fokker 50)	20213	ex D-AFKL	
☐	5Y-HHC	LET L-410A	720204	ex OK-DDU	
☐	5Y-HHF	LET L-410AB	710002	ex OK-ADR	
☐	5Y-HHL	LET L-410UVP-E9	872018	ex OK-SDA	
☐	5Y-VVA	LET L-410UVP-E9	962633	ex OK-BDL	dam 23May04
☐	5Y-VVB	LET L-410UVP-E9	942704	ex OK-BDG	
☐	5Y-VVC	LET L-410UVP-E20	922728	ex ZS-NIJ	
☐	5Y-VVE	LET L-410UVP-E20	922726	ex 5Y-YYY	

685

☐	5Y-HHE	Beech 200 Super King Air	BB-547	ex ZS-NIP		Lsd ff Amazon Air Contracts
☐	5Y-VVN	de Havilland DHC-8-102	339	ex C-FLPP		

BLUE SKY AVIATION
Nairobi-Wilson (WIL)

☐	5Y-BOD	LET L-410UVP-E20	982727	ex OK-DDF	
☐	5Y-BSA	LET L-410UVP-E9	892323	ex OK-UDC	

CAPITAL AIRLINES
Capital Delta (CPD)
Nairobi Wilson (WIL)

☐	5Y-JAI	Beech 200 Super King Air	BB-557	ex OY-PAM	
☐	5Y-SJB	Beech 200 Super King Air	BB-467	ex 5H-MUN	CatPass 250 conversion

DELTA CONNECTION
(Z9/DCP)

Previously listed as Meridian

☐	5Y-BTM	Cessna 208B Caravan I			
☐	5Y-JAP	Boeing 737-229C	20915/401	ex 5Y-KQN	Lsd fr EAF
☐	5Y-	Beech 1900			

EAST AFRICAN AIR CHARTERS
Nairobi-Wilson (WIL)

☐	5Y-ALY	Cessna U206F Stationair	U20602266	ex N15588U	
☐	5Y-ART	Cessna 210L Centurion II	21059817		
☐	5Y-BIX	Reims Cessna F406 Caravan II	F406-0055	ex N65912	
☐	5Y-BLN	Cessna 208B Caravan I	208B0558	ex N50398	
☐	5Y-BMH	Cessna 310R	310R0501	ex N87216	
☐	5Y-BOX	Cessna 208B Caravan I	208B0500	ex 9M-PMV	

EAST AFRICAN EXPRESS
(B5/EXZ) (IATA 305)
Nairobi-Jomo Kenyatta Intl (NBO)

☐	5Y-EEE	Fokker F.28 Fellowship 4000	11229	ex 5Y-MNT	
☐	5Y-XXA	Douglas DC-9-14 (ABS 3)	45725/19	ex N600ME	Lsd fr Centec Avn
☐	5Y-XXB	Douglas DC-9-14 (ABS 3)	45711/4	ex N500ME	Lsd fr Centec Avn

Air African Express is the trading name of East African Safari Air Express

FLAMINGO AIRLINES
Batian (F7/KFL)
Nairobi-Jomo Kenyatta Intl (NBO)

☐	5Y-FLA	SAAB SF.340B	340B-163	ex SE-KCG	Lsd fr SAAB
☐	5Y-FLB	SAAB SF.340B	340B-171	ex SE-KCH	Lsd fr SAAB

FLY540
Fly Orange (5H/FFV)
Nairobi-Jomo Kenyatta Intl (NBO)

☐	5Y-BUN	ATR 42-320	205	ex ZS-OZX	
☐	5Y-BUT	ATR 42-320	240	ex ZS-OVL	
☐	5Y-BUZ	de Havilland DHC-8-102	253	ex C-FOBU	Lsd fr Lonhro
☐	5Y-BVD	ATR 42-320	115	ex EI-SLI	
☐	5Y-	de Havilland DHC-8-102	268	ex C-FOEN	Lsd fr Lonhro
☐	5Y-	British Aerospace 146 Srs.200A	E2053	ex N146BL	

Eight ATR 42-320s are on order
Fly540 is a trading name of Five Forty Aviation; to start-up Fly540 Angola

JETLINK EXPRESS
Ken Jet (J0/JLX)
Nairobi-Jomo Kenyatta Intl (NBO)

☐	5Y-JLA	Fokker F.28 Fellowship 4000	11093	ex 5T-CLG	
☐	5Y-JLC	Canadair CL-600-2B19 (CRJ-200)	7183	ex F-GPTE	
☐	5Y-JLD	Canadair CL-600-2B19 (CRJ-200)	7197	ex F-GPTF	

KASKAZI AVIATION
Malindi (MYD)

☐	5Y-BRX	Dornier 228-100	7004	ex SE-KKX	

KENYA AIRWAYS
Kenya (KQ/KQA) (IATA 706)
Nairobi-Jomo Kenyatta Intl (NBO)

☐	5Y-KQA	Boeing 737-3U8	28746/2863		Lsd fr Simba Finance
☐	5Y-KQB	Boeing 737-3U8	28747/2884		Lsd fr Simba Finance
☐	5Y-KQC	Boeing 737-3U8	29088/3034		Lsd fr Simba Finance
☐	5Y-KQD	Boeing 737-3U8	29750/3095	ex N5573L	

☐ 5Y-KQJ	Boeing 737-248	21714/565	ex N1714T	stored NBI	Lsd fr European Capital
☐ 5Y-KQK	Boeing 737-248	21715/579	ex N1715Z		Lsd fr European Capital
☐ 5Y-KQE	Boeing 737-76N/W	30133/877			Lsd fr GECAS
☐ 5Y-KQF	Boeing 737-76N/W	30136/1145			Lsd fr GECAS
☐ 5Y-KQG	Boeing 737-7U8/W	32371/1242	ex N715BA		
☐ 5Y-KQH	Boeing 737-7U8/W	32372/1327			
☐ 5Y-KYB	Boeing 737-8AL/W	35070/2115			Lsd fr BOC Aviation
☐ 5Y-KYC	Boeing 737-8AL/W	35071/2138			Lsd fr BOC Aviation
☐ 5Y-	Boeing 737-8Q8/W	35286		on order	Lsd fr ILFC
☐ 5Y-KQP	Boeing 767-38EER	24797/328	ex N723BC		Lsd fr Boeing Capital
☐ 5Y-KQQ	Boeing 767-33AER	27310/545	ex EC-IQA		Lsd fr AWAS
☐ 5Y-KQS	Boeing 777-2U8ER	33683/522			
☐ 5Y-KQT	Boeing 777-2U8ER	33682/514			
☐ 5Y-KQU	Boeing 777-2U8ER	33681/479		The Pride of Africa	
☐ 5Y-KQX	Boeing 767-36NER	30854/844			Lsd fr GECAS
☐ 5Y-KQY	Boeing 767-36NER	30841/841			Lsd fr GECAS
☐ 5Y-KQZ	Boeing 767-36NER	30853/837			Lsd fr GECAS
☐ 5Y-KYZ	Boeing 777-2U8ER	36124/613			
☐ 5Y-KYJ	Embraer 170-100LR (170LR)	17000128	ex B-KXD		Lsd fr GECAS
☐ 5Y-	Embraer 170-200LR (175LR)		ex PT-S	on order	Lsd fr GECAS
☐ 5Y-	Embraer 170-200LR (175LR)		ex PT-S	on order	Lsd fr GECAS
☐ 5Y-	Embraer 170-200LR (175LR)		ex PT-S	on order	Lsd fr GECAS
☐ 5Y-	Embraer 170-200LR (175LR)		ex PT-S	on order	Lsd fr GECAS

Nine Boeing 787-8U8s are on order for delivery from 2010.
26% owned by KLM while Precisionair is a 49% owned subsidiary. Associate member of SkyTeam Alliance
Some commuter services are operated by Aircraft Leasing Services using Beech 1900C with Kenya Airlink titles

KNIGHT AVIATION
Nairobi-Wilson (WIL)

☐ 5Y-BPH	Embraer EMB.110P2 Bandeirante	110196	ex C9-AUG		
☐ 5Y-BTX	Fokker F.27 Friendship 500F	10633	ex EI-SMF		

MERIDIAN
Now correctly listed as Delta Connection

MOMBASA AIR SAFARI
Skyrover (RRV)   *Mombasa (MBA)*

☐ 5Y-BRM	LET L-410UVP-E20	872017	ex ZS-OMI		Lsd fr OAF Aviation
☐ 5Y-NIK	LET L-410UVP-E9	912619	ex OK-WDW		Lsd fr Skoda Trading
☐ 5Y-UVP	LET L-410UVP-E9	912627	ex OK-WDY		Lsd fr Skoda Trading

QUEENSWAY AIR SERVICES
Nairobi-Wilson (WIL)

☐ 5Y-BKT	Beech 200 Super King Air	BB-258	ex ZS-NTM		
☐ 5Y-BOM	Cessna 208B Caravan I	208B0605	ex ZS-NTM		Lsd fr Balmoral Central Contracts

SAFARI LINKS
Nairobi-Wilson (WIL)

☐ 5Y-BNS	Cessna 208B Caravan I	208B0394	ex N208GJ		Lsd fr HDM Air
☐ 5Y-BOP	Cessna 208B Caravan I	208B0642	ex 5Y-BOS		Lsd fr HDM Air
☐ 5Y-ETA	de Havilland DHC-6 Twin Otter 300	513	ex (5Y-BOS)		
☐ 5Y-NON	Cessna 208 Caravan I	20800036	ex ZS-NON		
☐ 5Y-SLA	Cessna 208B Caravan I	208B0574		dbr 12Dec07?	
☐ 5Y-SLD	de Havilland DHC-8-102	331	ex 5Y-VVP	not confirmed	

748 AIR SERVICES
Sierra Services (SVT)   *Nairobi-Wilson (WIL)*

☐ 5Y-BSX	Hawker Siddeley HS.780 Andover C.1	Set 20	ex 9Q-COE		
☐ 5Y-SFE	Hawker Siddeley HS.780 Andover C.1	Set 6	ex 3C-JJX		
☐ 5Y-YKM	Hawker Siddeley HS.748 Srs.2B/398	1779	ex C-GDTD		
☐ 3C-KKC	Hawker Siddeley HS.780 Andover C.1	Set 18	ex NZ7625	stored Lokichoggio	
☐ 5Y-YKN	Hawker Siddeley HS.748 Srs.2B/371LFD	1776	ex SE-LIB		Lsd fr SG Finans AS
☐ 5Y-YKO	Hawker Siddeley HS.748 Srs.2B/399LFD	1778	ex SE-LIC	on order	Lsd fr SG Finans AS
☐ 5Y-JGM	de Havilland DHC-8-102A	287	ex N828PH		Lsd fr Top Aviation
☐ 5Y-	de Havilland DHC-8-102A	268	ex C-FOEN		Lsd fr Bombardier
☐ 9L-LFW	Antonov An-32	.			

SKYTRAIL
Skytrail   *Mombasa (MBA)*

☐ 5Y-AFD	Cessna TU206B Skywagon	U206-0724	ex N3424L	
☐ 5Y-SKA	de Havilland DHC-6 Twin Otter 300	518	ex D-IDWT	

☐	5Y-SKL	de Havilland DHC-6 Twin Otter 300	715	ex N8489H		
☐	5Y-SKS	de Havilland DHC-6 Twin Otter 300	682	ex G-BGZP		
☐	5Y-SKT	de Havilland DHC-6 Twin Otter 300	503	ex PH-STC		

Skytrails is the trading name of African Safaris and Skytrails

SKYWAYS KENYA
Nairobi-Wilson (WIL)

☐	5Y-BMB	Douglas DC-3	17108/34375	ex N2025A	stored	Lsd fr Legion Express

Also leases Antonov An-26/32s as required

SOLENTA AVIATION (KENYA)
Nairobi-Jomo Kenyatta Intl (NBO)

☐	5Y-OBY	Cessna 208B Caravan I	208B0345	ex ZS-OBY	DHL colours
☐	5Y-TLC	Cessna 208B Caravan I	208B0472	ex ZS-TLC	DHL colours

SUPERIOR AVIATION SERVICES
Skycargo (M7/SUK)
Nairobi-Wilson (WIL)

☐	5Y-ATH	Piper PA-23-250 Aztec E	27-7305138		
☐	5Y-PEA	Beech 58 Baron	TH-1067	ex N60664	

TRACKMARK CARGO
Nairobi-Wilson (WIL)

☐	5Y-TAV	Cessna 208B Caravan I	208B0668	ex ZS-OIH	

TRANSWORLD SAFARIS
Nairobi-Wilson (WIL)

☐	5Y-ROH	Piper PA-31-350 Chieftain	31-8152038	ex N217JP	
☐	5Y-TWA	Beech 200 Super King Air	BB-803	ex G-WPLC	
☐	5Y-TWC	Beech 200C Super King Air	BL-37	ex G-IFTB	Lsd fr Aerolite Investments
☐	5Y-TWG	Cessna 208B Caravan I	208B0674	ex N1286N	
☐	5Y-TWI	Cessna 208B Caravan I	208B0606	ex 5Y-BNA	

TRIDENT AVIATION
Nairobi-Wilson (WIL)

☐	5Y-MEG	de Havilland DHC-5D Buffalo	62	ex 5V-MAG	Op for UN-WFP	Lsd fr Stanbic
☐	5Y-OPL	de Havilland DHC-5D Buffalo	84A	ex UAE 310 (1)	Op for UN-WFP	Lsd fr Stanbic
☐	5Y-TAJ	de Havilland DHC-5E Buffalo	108	ex C-GDOB	Op for UN-WFP	Lsd fr Volvo
☐	5Y-TEL	de Havilland DHC-5D Buffalo	68	ex AF-315	Op for UN-WFP; dbr?	Lsd fr Stanbic
☐	5Y-BTP	de Havilland DHC-8-102	104	ex 6Y-JMT		Lsd fr AeroCentury
☐	5Y-DAC	de Havilland DHC-8-102	251	ex C-GZAN		Lsd fr DAC Avn Intl
☐	5Y-EMD	de Havilland DHC-8-102	110	ex 6Y-JMZ		Lsd fr AeroCentury
☐	5Y-ENA	de Havilland DHC-8-102	297	ex N836EX		Lsd fr DAC Avn Intl
☐	5Y-GRS	de Havilland DHC-8-102	355	ex SX-BIS	Echo Flight titles	Lsd fr DAC Avn Intl
☐	5Y-MOC	de Havilland DHC-8-311	374	ex C-FDYW		Lsd fr DAC Avn Intl
☐	5Y-PRV*	de Havilland DHC-8-102	185	ex C-FGQI		Lsd fr A/c Leasing Services
☐	5Y-PTA*	de Havilland DHC-8-315	397	ex N788BC		Lsd fr DAC Avn Intl
☐	5Y-STN	de Havilland DHC-8-102	179	ex C-FCON		Lsd fr A/c Leasing Services
☐	5Y-	de Havilland DHC-8-102	341	ex N842EX		
☐	5Y-	de Havilland DHC-8-102	343	ex N851EX		

Operate for UN with Humanitarian Air Services titles; Trdent Aviation is a subsidiary of DAC Aviation
*Operated by Aircraft Leasing Services

TROPIC AIR
Nairobi-Wilson (WIL)

☐	5Y-BRT	Cessna 208B Caravan I	208B0682	ex ZS-ELE	
☐	5Y-BSY	Cessna 208B Caravan I	208B0907	ex N32211	

UNITED AIR LINES
Nairobi-Wilson (WIL)

☐	5Y-LAV	Cessna 310R	310R0882	ex N3644G	

ZB AIR
Bosky (ZBA)
Nairobi-Wilson (WIL)

☐	5Y-OPM	Cessna 208B Caravan I	208B0330	ex N1034S	
☐	5Y-ZBI	Cessna 208B Caravan I	208B0324	ex N1029P	
☐	5Y-ZBL	Cessna 208B Caravan I	208B0338	ex N1042Y	
☐	5Y-ZBR	Cessna 208B Caravan I	208B0446	ex N12922	
☐	5Y-ZBT	Cessna 208B Caravan I	208B1243	ex N373ME	

☐	5Y-ZBW	Cessna 208B Caravan I	208B0409	ex N1115W	
☐	5Y-ZBX	Cessna 208B Caravan I	208B1170	ex N1308N	
☐	5Y-AIS	Beech 95-D55 Baron	TE-680		
☐	5Y-AUN	Cessna U206F Stationair	U20602531	ex N1244V	
☐	5Y-AYZ	Cessna 310R	310R0121	ex N4940J	
☐	5Y-AZS	Cessna 310R	310R0524	ex N87350	
☐	5Y-SAB	Cessna 404 Titan II	404-0675	ex N6761X	
☐	5Y-ZBK	Beech B200 Super King Air	BB-1714	ex N3214D	
☐	5Y-ZBM	Cessna U206H Stationair 6	U20608114	ex N259ME	
☐	5Y-ZBO	Cessna U206H Stationair	U20608131	ex N373ME	
☐	5Y-ZBZ	Beech 1900	5Y-		

ZB Air is the trading name of Z Boskovic Air Charters

Operator Unknown

☐	5Y-BSM	LET L-410UVP-E9	871939	ex 3D-SIG	no titles
☐	5Y-BSS	Beech 1900C-1	UC-88	ex ZS-PJA	
☐	5Y-BTG	Beech 1900C-1	UC-96	ex ZS-PBY	
☐	5Y-BTN	Beech 1900D	UE-118	ex ZS-PPJ	
☐	5Y-BTT	Beech 1900C-1	UC-125	ex ZS-POU	Lsd fr Aircraft Africa Contracts
☐	5Y-BTY	Beech 1900C-1	UC-107	ex ZS-POF	Lsd fr Aircraft Africa Contracts
☐	5Y-BVC	Short SD.3-60	SH3717	ex ZS-PBB	
☐	5Y-FLX	Beech 1900C-1	UC-65	ex 5Y-ROS	
☐	5Y-PJP	de Havilland DHC-6 Twin Otter 300	424	ex ZS-LGN	
☐	5Y-	Dornier 228-201	8050	ex A6-ZYE	
☐	5Y-	Dornier 228-201	8034	ex A6-ZYG	
☐	5Y-	Embraer EMB.120RT Brasilia	120259	ex N267CA	
☐	5Y-	Fokker F.27 Friendship Srs.500	10627	ex G-JEAD	
☐	5Y-	de Havilland DHC-8-102	007	ex C-GFQI	

6O- SOMALIA (Democratic Republic of Somalia)

JUBBA AIRWAYS
Jubba (6J/JUB) — *Dubai/Sharjah (DXB/SHJ)*

Operates passenger services with aircraft leased from other operators as required

MUDAN AIRLINES
(MDN) — *Dubai (DXB)*

☐	ER-46711	Antonov An-24B	99902109	ex RA-46711	

STAR AFRICAN AIR
Starsom (STU) — *Dubai/Sharjah (DXB/SHJ)*

Operates flights with Antonov An-24 and Ilyushin Il-18 aircraft leased when required

6V- SENEGAL (Republic of Senegal)

AERO SERVICE ASF
Servo (RSG) — *Dakar (DKR)*

☐	6V-AHF	Cessna 208B Caravan I	208B0634	ex N12386	
☐	6V-AHI	Cessna 402C	402C0120	ex F-OHCM	

AFRIQUE CARGO SERVICES
(NFS) — *Dakar (DKR)*

Operated cargo flights with Antonov An-12 aircraft leased from Tiramavia as required; current status uncertain as Tiramavia lost their AOC.

AIR SAINT LOUIS
Air Saint Louis (LOU) — *Saint Louis (XLS)*

☐	F-BVUN	Bell 206B JetRanger	247	ex D-HAMO	
☐	6V-AHP	Cessna 207 Skywagon	20700209	ex F-GEDM	

AIR SENEGAL INTERNATIONAL
Air Senegal (V7/SNG) (IATA 407) — *Dakar (DKR)*

☐	6V-AHL	de Havilland DHC-8-315	556	ex C-GDSG	
☐	6V-AHN	Boeing 737-7BX	30738/716	ex N363ML	Lsd fr Aircraft 30738 LLC
☐	6V-AHO	Boeing 737-7BX	30739/758	ex N364ML	Lsd fr GECAS
☐	6V-AHU	Boeing 737-7EE/W	34263/1739	ex N1781B	

Operates as Royal Air Maroc Express franchise; 51% owned by Royal Air Maroc

ASECNA
(XKX) *Dakar (DKR)*

☐ 6V-AFW ATR 42-300 117 ex F-WWEN Calibrator/Pax
Operates as intergovernmental organisation conducting calibration flights in West Africa as well as some services; ASECNA is the Agence pour la Securite de la Navigacion Aerienne en Afrique et a Madagascar

SUNU AIR
Sunu Air (SUG) *Dakar (DKR)*

☐ 6V-AHS Fokker F.27 Friendship 200 10675 ex OY-EBC stored DKR Lsd fr Elgin A/c
Status uncertain

TURBOT AIR CARGO
(TAC) *Dakar (DKR)*

☐ 4L-26020 Antonov An-26B 07310205 ex UN-26020 Lsd fr GGZ
☐ UR-CAI Antonov An-26B 7010 ex UR-26519 Lsd fr UKL
☐ UR-MDA Antonov An-26 7108 ex Military Lsd fr MEM

6Y- JAMAICA

AIR JAMAICA
Jamaica (JM/AJM) (IATA 201) *Kingston-Norman Manley Intl (KIN)*

☐ 6Y-JAF Airbus A320-214 0624 ex N624AJ 624; The Caribbean Lsd fr WTCo
☐ 6Y-JAG Airbus A320-214 0626 ex N626AJ 626; Barbados Lsd fr WTCo
☐ 6Y-JAI Airbus A320-214 0628 ex N628AJ 628; Montego Bay Lsd fr AerCap
☐ 6Y-JMB Airbus A320-212 0422 ex G-OZBA 620 Lsd fr GECAS
☐ 6Y-JMD Airbus A321-211 0666 ex G-BXAW 566; Westmoreland Lsd fr ILFC
☐ 6Y-JME Airbus A321-211 0775 ex G-BXNP 575; Portmore Lsd fr ILFC
☐ 6Y-JMF Airbus A320-214 1213 ex EI-DKF 632; Freedom Lsd fr GECAS
☐ 6Y-JMG Airbus A320-214 1390 ex EI-DKG 634; America Lsd fr GECAS
☐ 6Y-JMH Airbus A321-211 1503 ex D-AVZU 515; May Pen Lsd fr GECAS
☐ 6Y-JMI Airbus A320-214 1747 ex F-WWDI 636 Lsd fr CIT Group
☐ 6Y-JMK Airbus A320-214 2048 ex F-WWIH 640; Mandeville Lsd fr ILFC
☐ 6Y-JMR Airbus A321-211 1905 ex D-AVZP 516 Lsd fr ILFC
☐ 6Y-JMS Airbus A321-211 1966 ex D-AVZH 517 Lsd fr ILFC
☐ 6Y-JMW Airbus A321-211 1988 ex D-AVXH 518; Spanish Town Lsd fr ILFC

☐ 6Y-JMM* Airbus A340-313X 216 ex C-GBQM 350 Jamaica-Atlantic Limousine
☐ 6Y-JMP* Airbus A340-313X 257 ex C-GDVV 351 Jamaica-Atlantic Limousine II
All names prefixed 'Spirit of' *Leased from ILFC

INTERNATIONAL AIRLINK
Kingston-Tinson Peninsula (KTP)

☐ 6Y-JRD Cessna U206G Stationair 6 U20604522 ex N9019M
☐ 6Y-JRF Cessna T207A Turbo Skywagon 20700365 ex N1765U Lsd fr M&M Leasing
☐ 6Y-JRG Cessna 208B Caravan I 208B0311 ex YN-CDR Lsd fr Caravan 311
International Air Link is a trading name of Rutair

TIMAIR
Montego Bay (MBJ)

☐ 6Y-JLU Britten-Norman BN-2B-26 Islander 2170 ex 6Y-JLG
☐ 6Y-JNA Cessna U206G Stationair U20603837 ex N4515C
☐ 6Y-JNB Cessna U206G Stationair U20603615 ex N7332N
☐ 6Y-JNJ Cessna U206G Stationair 6 U20606359 ex N2447N
☐ 6Y-JNL Cessna U206G Stationair 6 U20605620 ex N712RS

7O- YEMEN (Republic of Yemen)

AL-SAEEDA
Sana'a (SAH)

Six de Havilland DHC-8-402Qs are on order. Wholly owned regional subsidiary of Yemenia

YEMENIA
Yemeni (IY/IYE) (IATA 635) *Sana'a (SAH)*

☐ F-OHPR Airbus A310-325 702 ex F-WWCG Seiyun Lsd fr Airbus
☐ F-OHPS Airbus A310-325 704 ex F-WWCL Marib Lsd fr Airbus
☐ 7O-ACV Boeing 727-2N8 21844/1518 ex 4W-ACF
☐ 7O-ACY Boeing 727-2N8 21847/1557 ex 4W-ACI
☐ 7O-ADA Boeing 727-2N8 21842/1512 ex 4W-ACJ Op for Govt

☐ 7O-ADD	Lockheed L-382C-86D Hercules	4827	ex 1160			Jt ops with Air Force
☐ 7O-ADE	Lockheed L-382C-86D Hercules	4825	ex 1150			Jt ops with Air Force
☐ 7O-ADF	Ilyushin Il-76TD	1033418578	ex RA-76380			Jt ops with Air Force
☐ 7O-ADG	Ilyushin Il-76TD	1023412402	ex RA-76405			Jt ops with Air Force
☐ 7O-ADH	de Havilland DHC-6 Twin Otter 310	764	ex G-GBAC			Lsd fr BAC Lsg
☐ 7O-ADI	de Havilland DHC-6 Twin Otter 300	664	ex HB-LRT			Lsd fr FAT
☐ 7O-ADJ	Airbus A310-324	535	ex F-WQKB	Haijah		Lsd fr ILFC
☐ 7O-ADK	de Havilland DHC-6 Twin Otter 310	813	ex A4O-DB			
☐ 7O-ADL	Boeing 737-8Q8	30645/1129		Tarim		Lsd fr ILFC
☐ 7O-ADM	Boeing 737-8Q8	28252/1195		Shibam		Lsd fr ILFC
☐ 7O-ADN	Boeing 737-8Q8	30661/1186		Zabid		Lsd fr ILFC
☐ 7O-ADP	Airbus A330-243	625	ex F-WWYD	Sana'a		Lsd fr ILFC
☐ 7O-ADQ	Boeing 737-8Q8/W	30730/2399				Lsd fr ILFC
☐ 7O-ADR	Airbus A310-324ET	568	ex F-OGYO	Socotra		Lsd fr Murgab Ltd
☐ 7O-ADS	de Havilland DHC-8-102	280	ex C-FMCZ			
☐ 7O-ADT	Airbus A330-243	632	ex F-WWYH	Aden		Lsd fr ILFC
☐ 7O-ADU	de Havilland DHC-8-102A	327	ex C-FHLO			
☐ 7O-YMN	Boeing 747SP-27	21786/413	ex A7-AHM	Op for Government		

Ten Airbus A350 XWB aircraft are on order
49% owned by Saudi Arabian Airlines; de Havilland DHC-6 and DHC-8 aircraft operated on contract for oil companies; six de Havilland DHC-8-402Qs are on order for operation by wholly owned Al-Saeeda regional division.

7Q- MALAWI (Republic of Malawi)

AIR MALAWI
Malawi (QM/AML) (IATA 167)   Blantyre (BLZ)

☐ 7Q-YKP	Boeing 737-33A	25056/2045		Kwacha	
☐ 7Q-YKQ	ATR 42-320	236	ex F-WWES	Shire	
☐ 7Q-YKW	Boeing 737-522	25384/2149	ex N917UA	Sapitwa	Lsd to RWD

Operator Unknown
☐ 7Q-ULA	Cessna 208B Caravan I	208B0626	ex 5H-TLT	

7T- ALGERIA (Democratic & Popular Republic of Algeria)

AIR ALGERIE
Air Algerie (AH/DAH) (IATA 124)   Algiers (ALG)

☐ 7T-VUI	ATR 72-212A	644	ex F-OHGM		
☐ 7T-VUJ	ATR 72-212A	648	ex F-OHGN		
☐ 7T-VUK	ATR 72-212A	652	ex F-OHGO		
☐ 7T-VUL	ATR 72-212A	672	ex F-OHGP		
☐ 7T-VUM	ATR 72-212A	677	ex F-OHGQ		
☐ 7T-VUN	ATR 72-212A	684	ex F-OHGR		
☐ 7T-VVQ	ATR 72-212A	676	ex F-WWEA		
☐ 7T-VVR	ATR 72-212A	683	ex F-WWEF		
☐ 7T-VJV	Airbus A330-202	644	ex F-WWKD	Tinhinan	
☐ 7T-VJW	Airbus A330-202	647	ex F-WWKF	Lalla Setti	
☐ 7T-VJX	Airbus A330-202	650	ex F-WWKK	Mers el Kebir	
☐ 7T-VJY	Airbus A330-202	653	ex F-WWYK	Monts des Beni Chougrane	
☐ 7T-VJZ	Airbus A330-202	667	ex F-WWKR	Teddis	
☐ 7T-VEA	Boeing 727-2D6	20472/850		Tassili	
☐ 7T-VEB	Boeing 727-2D6	20473/855		Hoggar; stored ALG	
☐ 7T-VEI	Boeing 727-2D6	21053/1111		Djebel Amour; stored ALG	
☐ 7T-VEM	Boeing 727-2D6	21210/1204		Mont du Ksall	
☐ 7T-VEP	Boeing 727-2D6	21284/1233		Mont du Tessala	
☐ 7T-VET	Boeing 727-2D6	22372/1662		Gorges du Rhumel	
☐ 7T-VEU	Boeing 727-2D6 (Raisbeck 3)	22373/1664		Djurdjura; stored ALG	
☐ 7T-VEV	Boeing 727-2D6 (Raisbeck 3)	22374/1711	ex N8292V	stored ALG	
☐ 7T-VEW	Boeing 727-2D6 (Raisbeck 3)	22375/1723	ex N8295V	stored ALG	
☐ 7T-VEX	Boeing 727-2D6 (Raisbeck 3)	22765/1801		Djemila; stored ALG	
☐ TC-SKD	Boeing 737-4Q8	25372/2280	ex TC-JDI		Lsd fr SHY
☐ 7T-VED	Boeing 737-2D6C	20850/311		stored ALG	
☐ 7T-VEF	Boeing 737-2D6	20759/332		Saoura; stored ALG	
☐ 7T-VEG	Boeing 737-2D6	20884/361		Monts des Oulad Nails; std ALG	
☐ 7T-VEJ	Boeing 737-2D6	21063/407		Chrea; stored ALG	
☐ 7T-VEK	Boeing 737-2D6	21064/409		Edough; stored ALG	
☐ 7T-VEL	Boeing 737-2D6	21065/416		Akfadou; stored ALG	
☐ 7T-VEN	Boeing 737-2D6	21211/454		La Soummam	
☐ 7T-VEQ	Boeing 737-2D6	21285/473		Le Zaccar	
☐ 7T-VES	Boeing 737-2D6C (Nordam 3)	21287/486		Le Tadmait; stored ALG	
☐ 7T-VJA	Boeing 737-2T4 (Nordam 3)	22800/897	ex N4556L	Monts des Babors	
☐ 7T-VJB	Boeing 737-2T4 (Nordam 3)	22801/900	ex N4558L	Monts des Biban	
☐ 7T-VJJ	Boeing 737-8D6	30202/610		Jugurtha	

☐	7T-VJK	Boeing 737-8D6	30203/640	ex N1781B	Mansourah	
☐	7T-VJL	Boeing 737-8D6	30204/652		Allizi	
☐	7T-VJM	Boeing 737-8D6	30205/691			
☐	7T-VJN	Boeing 737-8D6	30206/751		Owed Tafna	
☐	7T-VJO	Boeing 737-8D6	30207/868	ex N1787B	Tinerkouk	
☐	7T-VJP	Boeing 737-8D6	30208/896	ex N1787B	Mont Tahat	
☐	7T-VJQ	Boeing 737-8D6	30209/1115		Kasban d'Alger	
☐	7T-VJR	Boeing 737-8D6	30545/1131			Lsd fr Aeroturbine
☐	7T-VJS	Boeing 737-8D6	30210/1150	ex N60559		
☐	7T-VJT	Boeing 737-6D6	30546/1152			
☐	7T-VJU	Boeing 737-6D6	30211/1164			
☐	7T-VKA	Boeing 737-8D6/W	34164/1748			
☐	7T-VKB	Boeing 737-8D6/W	34165/1768	ex N1784B		
☐	7T-VKC	Boeing 737-8D6/W	34166/1773			
☐	7T-VIG	Cessna 208B Caravan I	208B0391	ex N1122N		
☐	7T-VII	Cessna 208B Caravan I	208B0393	ex N1123G		Lsd to DTH
☐	7T-VIJ	Cessna 208B Caravan I	208B0552	ex N1123M		
☐	7T-VIL	Cessna 208B Caravan I	208B0601	ex N1247H		
☐	7T-VIM	Cessna 208B Caravan I	208B0602	ex N1247K		
	All currently for sale					
☐	TC-SGD	Boeing 737-48E	25773/2905	ex VT-JAM		Lsd fr SGX
☐	TC-SGE	Boeing 737-48E	25775/2925	ex VT-JAN		Lsd fr SGX
☐	7T-VCV	Beech A100 King Air	B-93	ex N9369Q		
☐	7T-VHL	Lockheed L-382-51D Hercules	4886	ex N4160M		
☐	7T-VIQ	Beech 1900D	UE-381	ex N31683	VIP	
☐	7T-VJC	Airbus A310-203	291	ex F-WZED		
☐	7T-VJD	Airbus A310-203	293	ex F-WZEE		
☐	7T-VJG	Boeing 767-3D6ER	24766/310			
☐	7T-VJH	Boeing 767-3D6ER	24767/323			
☐	7T-VJI	Boeing 767-3D6ER	24768/332	ex N6009F		
☐	7T-VRF	Beech A100 King Air	B-147	ex N1828W		

AIR EXPRESS ALGERIA

Algiers (ALG)

☐	ZS-OOF	LET L-410UVP-E20	871920	ex 5H-PAJ	Lsd fr Air-Tec
☐	ZS-OSE	LET L-420	922729A	ex N420Y	Lsd fr Air-Tec
☐	ZS-OUE	LET L-420	012735A	ex OK-GDM	Lsd fr Air-Tec
☐	ZS-OXR	LET L-410UVP	972730	ex 5H-HSA	Lsd fr Air-Tec
☐	ZS-OYF	Beech 1900D	UE-214	ex VH-IMS	Lsd fr NAC

STAR AVIATION

Algiers (ALG)

☐	7T-VNA	Pilatus PC-6/B2-H4 Turbo Porter	817	ex HB-FFV	
☐	7T-VNB	Beech 1900D	UE-305	ex 7T-WRF	
☐	7T-VND	de Havilland DHC-6 Twin Otter 300	502	ex HB-LRS	

TASSILI AIRLINES
Tassili Air (SF/DTH) (IATA 515)

Hassi Messaoud (HME)

☐	7T-VCG	Pilatus PC-6/B2-H4 Turbo Porter	917	ex HB-FLJ	
☐	7T-VCH	Pilatus PC-6/B2-H4 Turbo Porter	929	ex HB-FLX	
☐	7T-VCI	Pilatus PC-6/B2-H4 Turbo Porter	933	ex HB-FLY	
☐	7T-VCJ	Pilatus PC-6/B2-H4 Turbo Porter	934	ex HB-FLZ	
☐	7T-VCK	Pilatus PC-6/B2-H4 Turbo Porter	930	ex HB-FMA	
☐	ZS-OUJ	de Havilland DHC-6 Twin Otter 300	334	ex F-GUTH	
☐	7T-VII	Cessna 208B Caravan I	208B0393	ex N1123G	Lsd fr DAH
☐	7T-VIP	Beech 1900D	UE-369	ex N30538	
☐	7T-VCL	de Havilland DHC-8Q-402	4167	ex C-FMIT	
☐	7T-VCM	de Havilland DHC-8Q-402	4169	ex C-FMIV	
☐	7T-VCN	de Havilland DHC-8Q-402	4173	ex C-FMKF	
☐	7T-VCO	de Havilland DHC-8Q-402	4178	ex C-FMTN	

8P- BARBADOS

TRANS ISLAND AIR 2000
Trans Island (TRD)   *Bridgetown-Grantley Adams (BGI)*

Services performed by Twin Otters operated by SVG Air (J8-)

8Q- MALDIVES (Republic of Maldives)

ISLAND AVIATION SERVICES
(Q2) (986)
Male (MLE)

☐	8Q-AMD	de Havilland DHC-8-202	429	ex C-GDKL	Lsd fr Fulhangi Lsg
☐	8Q-IAP	de Havilland DHC-8Q-311	491	ex LN-WFE	Lsd fr Bank Austria
☐	8Q-IAQ	de Havilland DHC-8-202	542	ex C-FIKT	Lsd fr Bombardier
☐	8Q-IAR	Dornier 228-212	8244	ex D-CBDX	
☐	8Q-IAS	Dornier 228-212	8239	ex F-OHQJ	

MALDIVIAN AIR TAXI
Male (MLE)

☐	8Q-CSL	de Havilland DHC-6 Twin Otter 100	64	ex C-FCSL	Floatplane
☐	8Q-MAB	de Havilland DHC-6 Twin Otter 300	287	ex C-GKBV	Floatplane
☐	8Q-MAC	de Havilland DHC-6 Twin Otter 100	60	ex C-GTKB	Floatplane
☐	8Q-MAD	de Havilland DHC-6 Twin Otter 300	273	ex 8Q-IOK	Floatplane; Hilton Maldives Resort c/s
☐	8Q-MAE	de Havilland DHC-6 Twin Otter 300	464	ex C-FPOQ	Floatplane
☐	8Q-MAG	de Havilland DHC-6 Twin Otter 200	224	ex C-GENT	Floatplane
☐	8Q-MAH	de Havilland DHC-6 Twin Otter 300	374	ex C-FMYV	Floatplane
☐	8Q-MAI	de Havilland DHC-6 Twin Otter 300	279	ex C-GKBM	Floatplane
☐	8Q-MAK	de Havilland DHC-6 Twin Otter 300	276	ex C-FBBA	Floatplane
☐	8Q-MAL	de Havilland DHC-6 Twin Otter 300	321	ex C-GBBU	Floatplane
☐	8Q-MAM	de Havilland DHC-6 Twin Otter 300	339	ex C-GOKB	Floatplane
☐	8Q-MAO	de Havilland DHC-6 Twin Otter 300	259	ex C-FKBI	Floatplane
☐	8Q-MAP	de Havilland DHC-6 Twin Otter 300	571	ex C-FBKY	Floatplane
☐	8Q-MAQ	de Havilland DHC-6 Twin Otter 310	611	ex C-FBKB	Floatplane
☐	8Q-MAR	de Havilland DHC-6 Twin Otter 300	382	ex C-FUGT	Floatplane
☐	8Q-MAS	de Havilland DHC-6 Twin Otter 300	445	ex C-FDKB	Floatplane
☐	8Q-MAT	de Havilland DHC-6 Twin Otter 200	146	ex 8Q-NTA	Floatplane
☐	8Q-MAU	de Havilland DHC-6 Twin Otter 300	617	ex C-GKBR	Floatplane
☐	8Q-MAV	de Havilland DHC-6 Twin Otter 300	732	ex C-GKBH	Floatplane
☐	8Q-OEQ	de Havilland DHC-6 Twin Otter 100	44	ex C-FOEQ	Floatplane
☐	8Q-QBU	de Havilland DHC-6 Twin Otter 100	99	ex C-FQBU	Floatplane
☐	8Q-QHC	de Havilland DHC-6 Twin Otter 100	21	ex C-FQHC	Floatplane

All leased from Kenn Borek

SPA AVIATION
Male (MLE)

☐	8Q-SPA	Fairchild F-27F	110	ex 8Q-AEQ	

Commenced operations in July 2006, having previously provided handling services

TRANS MALDIVIAN AIRWAYS
Hum (TMW)
Male (MLE)

☐	8Q-TMA	de Havilland DHC-6 Twin Otter 100	82	ex 8Q-HIA	Floatplane
☐	8Q-TMB	de Havilland DHC-6 Twin Otter 300	587	ex C-GASV	Floatplane
☐	8Q-TMD	de Havilland DHC-6 Twin Otter 310	530	ex 8Q-HIG	Floatplane
☐	8Q-TME	de Havilland DHC-6 Twin Otter 300	798	ex 8Q-HIH	Floatplane
☐	8Q-TMF	de Havilland DHC-6 Twin Otter 300	657	ex 8Q-HII	Floatplane
☐	8Q-TMG	de Havilland DHC-6 Twin Otter 310	597	ex 8Q-HIJ	Floatplane
☐	8Q-TMH	de Havilland DHC-6 Twin Otter 300	668	ex HK-4194X	Floatplane
☐	8Q-TMI	de Havilland DHC-6 Twin Otter 300	754	ex N107JM	Floatplane; Lsd fr AeroCentury Corp
☐	8Q-TMJ	de Havilland DHC-6 Twin Otter 300	781	ex N781JM	Floatplane; Lsd fr AeroCentury Corp
☐	8Q-TMK	de Havilland DHC-6 Twin Otter 300	751	ex N710PV	Floatplane; Lsd fr AeroCentury Corp
☐	8Q-TML	de Havilland DHC-6 Twin Otter 300	640	ex N709PV	Floatplane; Lsd fr AeroCentury Corp
☐	8Q-TMN	de Havilland DHC-6 Twin Otter 300	700	ex TJ-OHN	Floatplane
☐	8Q-TMO	de Havilland DHC-6 Twin Otter 300	234	ex C-FBZN	Floatplane
☐	8Q-TMP	de Havilland DHC-6 Twin Otter 300	652	ex VH-KZN	Floatplane
☐	8Q-TMQ	de Havilland DHC-6 Twin Otter 300	753	ex N162AY	Floatplane
☐	8Q-TMR	de Havilland DHC-6 Twin Otter 300	270	ex N270CM	Floatplane
☐	8Q-ATM	ATR 42-320	194	ex N11835	Lsd fr Turbo Lease
☐		ATR 42-320	304	ex P2-ALA	on order

8R- GUYANA (Co-operative Republic of Guyana)

AIR SERVICES
Georgetown-Ogle (OGL)

☐	8R-GAA	Piper PA-34-200T Seneca II	34-7870451	ex 8R-GGJ	
☐	8R-GFI	Britten-Norman BN-2A-9 Islander	677	ex G-AZGU	
☐	8R-GFM	Cessna U206F Stationair	U20601731	ex N9531G	
☐	8R-GGE	Cessna U206G Stationair	U20603358	ex N8501Q	Floatplane
☐	8R-GHB	Cessna U206G Stationair 6	U20604889	ex 8R-GPF	
☐	8R-GHE	Britten-Norman BN-2A-6 Islander	269	ex 8R-GHB	
☐	8R-GYA	Cessna U206G Stationair	U20603654	ex 8R-GGF	R/STOL conv

RORAIMA AIRWAYS
Roraima (ROR)   Georgetown-Ogle (OGL)

| ☐ | 8R-GRA | Britten-Norman BN-2A-26 Islander | 3006 | ex N42540 |
| ☐ | 8R-GRC | Britten-Norman BN-2B-27 Islander | 2114 | ex SX-DKA |

TRANS GUYANA AIRWAYS
Trans Guyana (TGY)   Georgetown-Ogle (OGL)

☐	8R-GGY	Britten-Norman BN-2A-26 Islander	470	ex N81567
☐	8R-GHD	Britten-Norman BN-2A-27 Islander	622	ex C-GKES
☐	8R-GHM	Britten-Norman BN-2A-27 Islander	216	ex PT-IAS
☐	8R-GHR	Cessna 208B Caravan I	208B0519	ex PT-MEZ
☐	8R-GTG	Cessna 208B Caravan I	208B0397	ex N397TA

9A-   CROATIA (Republic of Croatia)

AIR ADRIATIC
Suspended operations 07 March 2007; planned to restart operations as Adria Wings (q.v.).

ADRIA WINGS
Rijeka (RJK)

Due to commence services in early 2008 using a McDonnell-Douglas MD-82, possibly the same operation as Adriatic Wings?

ADRIATIC WINGS
Rijeka (RJK)

| ☐ | 9A-CBC | McDonnell-Douglas MD-82 | 49143/1095 | ex N824US | | Lsd fr Elmo Avn |

Although registered as such the aircraft did not enter service with Adriatic Wings in 2Q07.

CROATIA AIRLINES
Croatia (OU/CTN) (IATA 831)   Zagreb (ZAG)

☐	9A-CTF	Airbus A320-212	0258	ex F-OKAI	Rijeka	Lsd fr AerCap
☐	9A-CTG	Airbus A319-112	0767	ex D-AVYA	Zadar	
☐	9A-CTH	Airbus A319-112	0833	ex D-AVYJ	Zagreb	
☐	9A-CTI	Airbus A319-112	1029	ex D-AVYC	Vukovar	
☐	9A-CTJ	Airbus A320-214	1009	ex F-WWDN	Dubrovnik	
☐	9A-CTK	Airbus A320-214	1237	ex F-WWIK	Split	
☐	9A-CTL	Airbus A319-112	1252	ex D-AVYS	Pula	
☐	9A-CTM	Airbus A320-212	0671	ex C-GJUQ	Sibenik; Star Alliance c/s	Lsd fr ILFC
☐	9A-CTS	ATR 42-300 (QC)	312	ex F-WWEK	Istra	
☐	9A-CTT	ATR 42-300 (QC)	317	ex F-WWEO	Dalmacija	
☐	9A-CTU	ATR 42-320 (QC)	394	ex F-WWLJ	Slavonija	

Member of Star Alliance
Four de Havilland DHC-8Q-402s are on order

DUBROVNIK AIRWAYS
(DBK)   Dubrovnik (DBV)

☐	9A-CDA	McDonnell-Douglas MD-83	49602/1435	ex N491GX	Revelin	Lsd fr Aero North
☐	9A-CDB	McDonnell-Douglas MD-82	49986/1842	ex PK-ALG	Lovrijenac	Lsd fr Gie Alise
☐	9A-CDC	McDonnell-Douglas MD-82	49112/1068	ex PK-ALI	Minceta	Lsd fr IEM Airfinance
☐	9A-CDD	McDonnell-Douglas MD-82	49113/1069	ex PK-ALJ	Bekar	Lsd fr IEM Airfinance
☐	9A-CDE	McDonnell-Douglas MD-82	48066/1019	ex PK-ALH	Sveti Ivan	Lsd fr IEM Airfinance

TRADE AIR
Tradeair (TDR)   Zagreb (ZAG)

☐	9A-BTB	LET L-410UVP-E3	902506	ex LZ-KLA		
☐	9A-BTC	LET L-410UVP-E3	902507	ex LZ-KLB		Lsd to EUP
☐	9A-BTD	Fokker F.28-0100 (Fokker 100)	11407	ex N1424M		Op in Sun Adria colours
☐	9A-BTE	Fokker F.28-0100 (Fokker 100)	11416	ex N1431B		Op in Sun Adria colours

9G-   GHANA (Republic of Ghana)

AEROGEM AIRLINES
Aerogem (GCK)   Accra (ACC)

| ☐ | 9G-OAL | Boeing 707-324C (Comtran 2) | 19350/537 | ex 9G-OLD | all-white |

AIR CHARTER EXPRESS
(ACE) Accra (ACC)

Formerly CargoPlus Aviation
- ☐ 9G-AXA   Douglas DC-8-63F (BAC 3)   46113/521   ex N811AX
- ☐ 9G-AXB   Douglas DC-8-63PF (BAC 3)   46097/503   ex N815AX
- ☐ 9G-BSM   Lockheed L-1011-100 Tristar   193B-1221   ex EX-089

ANTRAK AIR GHANA
Antrak (O4/ABV) Accra (ACC)

☐	EX-132	Boeing 737-2Q8	21687/554	ex TN-AHK	
☐	ZS-SIL	Boeing 737-244	22591/859		Lsd fr SFR
☐	9G-AAB	ATR 42-300	041	ex F-WQCT	Lsd fr ATR Asset Mgt
☐	9G-ANT	ATR 42-300	086	ex ZS-ORE retd?	Lsd fr ATR Asset Mgt
☐	9G-NAN	Douglas DC-9-51	47732/861	ex 5X-TWO stored ACC	
☐	9G-NIN	Douglas DC-9-51	47746/864	ex 5X-TRE stored SCC	
☐	9G-	Boeing 737-200		stored ACC	

Wet-leases Airbus A321-211 from LTU for weekly Accra-Düsseldorf service

CARGOPLUS AVIATION
Reformed as Air Charter Express

CITYLINK
CityLink (CTQ) Accra (ACC)

- ☐ 9G-CTL   SAAB SF.340A   340A-044   ex ZS-PMJ   Lsd fr Lobair
- ☐ 9G-LET   LET L-410UVP-E20   871922   ex ZS-OOH

CityLink is the trading name of CTK Network Aviation

GHANA INTERNATIONAL AIRLINES
(G0/GHB) Accra (ACC)

Leases aircraft from other operators as required

JOHNSONS AIR
Johnsonsair (JON) Accra/Sharjah (ACC/SHJ)

☐	9G-FAB	Douglas DC-8-63F (BAC 3)	46121/500	ex N786AL	
☐	9G-LIL	Douglas DC-8-63AF (BAC 3)	46147/549	ex 9G-MKO	Lsd to RSE
☐	9G-PEL	Douglas DC-8F-62 (BAC 3)	46085/481	ex 4K-AZ29 stored RKT	Lsd fr ALG Group
☐	9G-SIM	Douglas DC-8-63CF (BAC 3)	46061/480	ex N826AX	
☐	9G-TOP	Douglas DC-8-63CF (BAC 3)	46151/540	ex 9G-MKN	
☐	9G-	Douglas DC-8-63AF (BAC 3)	46126/524	ex N812AX on order	
☐	9G-JET	Boeing 707-321C (Comtran 2)	19372/655	ex HS-TFS all-white, stored SHJ	

MK AIRLINES
Kruger Air (7G/MKA) (IATA 513) Ostend (OST)

☐	9G-MKH	Douglas DC-8-62AF (BAC 3)	46153/551	ex TF-MKH stored FZO	
☐	9J-MKK	Douglas DC-8-62F (BAC 3)	46022/417	ex 9G-MKK	
☐	G-MKAA	Boeing 747-2S4F	22169/402	ex 9G-MKQ	Lsd fr Boeing A/c
☐	G-MKBA	Boeing 747-2B5F	22481/454	ex 9G-MKR	Lsd fr Boeing A/c
☐	G-MKDA	Boeing 747-2B5F	22486/520	ex 9G-MKS	Lsd fr Boeing A/c
☐	G-MKEA	Boeing 747-249F	22237/460	ex 9G-MKU	Lsd fr GECAS
☐	G-MKFA	Boeing 747-245F	21841/396	ex 9G-MKP	Lsd fr US Bancorp
☐	G-MKGA	Boeing 747-2R7F	21650/354	ex 9G-MKL	Lsd fr US Bancorp
☐	G-MKHA	Boeing 747-2J6B (SF)	23071/591	ex B-2446	Lsd fr JT Power
☐	TF-ARW	Boeing 747-256B (SF)	24071/699	ex N528UP	Lsd fr ABD
☐	9G-MKM	Boeing 747-2B5B (SF)	22482/484	ex N207BA	Lsd fr Boeing A/c

Boeing 747 aircraft are due to be transferred to UK register; to be renamed British Global Airlines (BGB)

SOBEL AIR
 Accra (ACC)

- ☐ 9G-AIR   Fokker F.27 Friendship 100   10266   ex SE-KZF
- ☐ 9G-BEL   Fokker F.27 Friendship 100   10319   ex SE-KZH
- ☐ 9G-SOB   Fokker F.27 Friendship 100   10287   ex (TL-ADS)

9H- MALTA (Republic of Malta)

AIR MALTA
Air Malta (KM/AMC) (IATA 643) Luqa (MLA)

- ☐ 9H-AEF   Airbus A320-214   2142   ex F-WWBZ   Valletta   Lsd fr ILFC
- ☐ 9H-AEG   Airbus A319-111   2113   ex C-GAEG   Mdina   Lsd fr ILFC; sublsd to SSV

☐ 9H-AEH	Airbus A319-111	2122	ex D-AVWA	Floriana		Lsd fr ILFC
☐ 9H-AEI	Airbus A320-214	2189	ex F-WWDL	Rabat – Cita Vittoria		Lsd fr ILFC
☐ 9H-AEJ	Airbus A319-111	2186	ex D-AVWX	San Pawl il-Bahr		Lsd fr ILFC
☐ 9H-AEK	Airbus A320-214	2291	ex F-WWBT	San Gijan		Lsd fr ILFC
☐ 9H-AEL	Airbus A319-111	2332	ex D-AVYZ	Marsaxlokk		Lsd fr ILFC
☐ 9H-AEM	Airbus A319-111	2382	ex D-AVWW	Birgu		Lsd fr ILFC
☐ 9H-AEN	Airbus A320-214	2665	ex F-WWBN	Bormia		Lsd fr ILFC
☐ 9H-AEO	Airbus A320-214	2768	ex F-WWDK	Isla-Cita'Invicta		Lsd fr ILFC
☐ 9H-AEP	Airbus A320-214	3056	ex F-WWDV	Nadur	Lsd fr ILFC;	sublsd to ETD
☐ 9H-AEQ	Airbus A320-214	3068	ex F-WWIJ	Tarxien	Lsd fr ILFC;	sublsd to ETD
☐ 9H-AFE	Airbus A320-211	0350	ex C-FMST		Lsd fr KJ Avn;	sublsd to ETD
☐ YL-LCC	Airbus A320-211	0310	ex C-FKPS	all-white		Lsd fr LTC
☐ 9H-ADH	Boeing 737-33A	27459/3007	ex N1787B			Lsd fr AWAS
☐ 9H-ADI	Boeing 737-33A	27460/3021				Lsd fr AWAS

Owns 25% of Medavia

BRITISHJET
Ceased operations 08 January 2008 although lease ran until March

EUROPEAN 2000
Luqa (MLA)

☐ 9H-AEU	Swearingen SA.227DC Metro 23	DC-902B	ex N3084W		Lsd to Manx2

HARBOURAIR
(HES)   *Grand Harbour*

☐ 9H-AFA	de Havilland DHC-3 Turbo Otter	406	ex C-FHAH	Floatplane	

First service late August 2007

MEDAVIA
Medavia (MDM)   *Luqa (MLA)*

☐ PH-RAH	Beech 1900D	UE-31	ex OY-GEP	
☐ PH-RAR	Beech 1900D	UE-372	ex ZS-ONS	
☐ 9H-AAP	CASA C.212-200 Aviocar	9	ex EC-CRV	
☐ 9H-AAR	CASA C.212-200 Aviocar	CC15-1-161		
☐ 9H-AAS	CASA C.212-200 Aviocar	CC15-2-162		
☐ 9H-AET	Dornier 328-110	3117	ex D-COMM	
☐ 9H-AEW	de Havilland DHC-8-102	222	ex PH-SDH	
☐ 9H-AEY	de Havilland DHC-8-311	508	ex G-BRYX	
☐ 9H-AFD	de Havilland DHC-8Q-311A	458	ex G-BRYU	

25% owned by Air Malta

9J-   ZAMBIA (Republic of Zambia)

AIRWAVES AIRLINK
Airlimited (WLA)   *Lusaka (LUN)*

☐ 9J-CGC	Cessna 208B Caravan I	208B0742	ex N878C	

PROFLIGHT AIR SERVICES
Proflight-Zambia (PFZ)   *Lusaka (LUN)*

☐ 7Q-YMJ	Piper PA-23-250 Aztec D	27-4104	ex ZS-FTO	
☐ 9J-ABD	Cessna P206D Super Skylane	P206-0461	ex ZS-FDA	
☐ 9J-KKN	Piper PA-31-350 Chieftain	31-8052113	ex ZS-KKN	
☐ 9J-PLJ	Britten-Norman BN-2A-21 Islander	799	ex Botswana OA3	
☐ 9J-UAS	Britten-Norman BN-2A Islander	155	ex Z-UAS	
☐ 9J-WEX	Britten-Norman BN-2A Islander	619	ex Z-WEX	

ZAMBIAN AIRWAYS
Zambian (Q3/MBN) (IATA 391)   *Lusaka (LUN)*

☐ 9J-JCN	Boeing 737-244	22588/836	ex ZS-SII	Elyo Bwacha	Lsd fr SFR
☐ 9J-JOY	Boeing 737-244	22584/821	ex ZS-SIE		Lsd fr SFR
☐ 9J-MAS	Beech 1900D	UE-323	ex N23047	Mukango	
☐ 9J-MBO	Beech 1900D	UE-319	ex N23004	Kaingo	

Operates franchise services on behalf of British Airways in full colours with Boeing 737-200 leased from Comair
Owned by Comair and Roan Air

9K- KUWAIT (State of Kuwait)

JAZEERA AIRWAYS
Jazeera (J9/JZR) Kuwait City (KWI)

☐	9K-CAA	Airbus A320-214	2569	ex F-WWBF	
☐	9K-CAB	Airbus A320-214	2584	ex F-WWDH	
☐	9K-CAC	Airbus A320-214	2792	ex F-WWBM	
☐	9K-CAD	Airbus A320-214	2822	ex F-WWDC	
☐	9K-CAE	Airbus A320-214	3016	ex F-WWBQ	
☐	9K-CAF	Airbus A320-214	3349	ex F-WWBY	
☐	9K-CAG	Airbus A320-214		ex F-WW	on order
☐	9K-CAH	Airbus A320-214		ex F-WW	on order
☐	9K-CAI	Airbus A320-214		ex F-WW	on order
☐	9K-CAJ	Airbus A320-214		ex F-WW	on order

Thirty more Airbus A320s are on order for delivery by 2014

KUWAIT AIRWAYS
Kuwaiti (KU/KAC) (IATA 229) Kuwait City (KWI)

☐	9K-AHI	Airbus A300C4-620	344	ex PK-MAY	Al-Sabahiya	Op for Govt
☐	9K-ALA	Airbus A310-308	647	ex F-WWCQ	Al-Jahra	
☐	9K-ALB	Airbus A310-308	649	ex F-WWCV	Gharnada	
☐	9K-ALC	Airbus A310-308	663	ex JY-AGT	Kazma	
☐	9K-ALD	Airbus A310-308	648	ex F-WWCR	Al-Salmiya	Op for Govt
☐	9K-AMA	Airbus A300B4-605R	673	ex F-WWAQ	Failaka	
☐	9K-AMB	Airbus A300B4-605R	694	ex F-WWAV	Burghan	
☐	9K-AMC	Airbus A300B4-605R	699	ex F-WWAM	Wafra	
☐	9K-AMD	Airbus A300B4-605R	719	ex F-WWAB	Wara	
☐	9K-AME	Airbus A300B4-605R	721	ex F-WWAG	Al-Rawdhatain	
☐	9K-ADB	Boeing 747-269M	21542/335		stored RUH, for sale	
☐	9K-ADD	Boeing 747-269M	22740/553		stored RUH; for sale	
☐	9K-ADE	Boeing 747-469M	27338/1046		Al-Jabariya	Op for Govt
☐	9K-AKA	Airbus A320-212	0181	ex F-WWIU	Bubbyan	
☐	9K-AKB	Airbus A320-212	0182	ex F-WWIV	Kubber	
☐	9K-AKC	Airbus A320-212	0195	ex F-WWDP	Qurtoba; dam 30Jan07	
☐	9K-AKD	Airbus A320-212	2046	ex F-WWBG	Al-Mubarakiya	Op for Govt
☐	9K-ANA	Airbus A340-313	089	ex F-WWJX	Warba	
☐	9K-ANB	Airbus A340-313	090	ex F-WWJZ	Bayan	
☐	9K-ANC	Airbus A340-313	101	ex F-WWJE	Meskan	
☐	9K-AND	Airbus A340-313	104	ex F-WWJJ	Al-Riggah	
☐	9K-AOA	Boeing 777-269ER	28743/125		Al-Gurain	
☐	9K-AOB	Boeing 777-269ER	28744/145		Garouh	

LOADAIR CARGO
Kuwait City (KWI)

Two Boeing 747-400ERFs are on order for delivery in 2009 including the last 747-400 to be built

WATANIYA AIRWAYS
Kuwait City (KWI)

Three Airbus A320s are on order, leased from ALAFCO, for delivery from January 2009

9L- SIERRA LEONE (Republic of Sierra Leone)

AIR RUM
Air Rum (RUM) Amman (AMM)

☐	C5-GAE	Boeing 727-51 (FedEx 3)	19124/347	ex HZ-DG1		
☐	9L-LDV	Lockheed L-1011-1 Tristar	193C-1200	ex 5Y-RUM		
☐	9L-LFB	Lockheed L-1011-1 Tristar	193P-1156	ex XU-100	Barakah	

Head office is in Amman, Jordan but most aircraft are registered in Sierra Leone

AIR UNIVERSAL
Uni-Leone (UVS) Amman (AMM)

☐	AP-BIC	Boeing 747-281B	23501/648	ex (5B-CUC)	Lsd to PIA for Hadj
☐	EP-AUA	Boeing 747-230M	22670/550	ex JY-AUA	Lsd to IRA
☐	SX-DIE	Boeing 747-230M	23509/663	ex 5T-AUE	Lsd to HIM

Head office is in Amman, Jordan

AN AVIATION
Khartoum (KRT)

☐	9L-LFO	Antonov An-32		1604	ex RA-29120

BELLVIEW AIRLINES
O3/ORJ   Freetown (FNA)

Operates services with aircraft leased from Bellview Airlines (5N) as required

PEACE AIR

☐	9Q-CQZ	LET L-410UVP	851339	ex 9L-LEM	Lsd fr Doren-Air

WEST COAST AIRLINES
West Leone (WCA)   Freetown (FNA)

☐	9L-LBQ	Antonov An-24RV	77310802	ex RA-47365	Jt ops with GIH

Operator Unknown

☐	9L-LFS	WSK/PZL Antonov An-28	1AJ004-15	ex 9XR-KG
☐	9L-LFU	Antonov An-32		

9M-   MALAYSIA (Federation of Malaysia)

AIRASIA
Asian express (AK/AXM)   Kuala Lumpur-Sultan Abdul Aziz Shah (KUL)

☐	9M-AFA	Airbus A320-214	2612	ex F-WWBV	
☐	9M-AFB	Airbus A320-214	2633	ex F-WWDY	
☐	9M-AFC	Airbus A320-214	2656	ex F-WWIO	Manchester United colours
☐	9M-AFD	Airbus A320-214	2683	ex F-WWIT	
☐	9M-AFE	Airbus A320-214	2699	ex F-WWDN	
☐	9M-AFF	Airbus A320-214	2760	ex F-WWDT	
☐	9M-AFG	Airbus A320-214	2816	ex F-WWIX	
☐	9M-AFH	Airbus A320-216	2826	ex F-WWDI	
☐	9M-AFI	Airbus A320-216	2842	ex F-WWIG	
☐	9M-AFJ	Airbus A320-216	2881	ex F-WWBQ	
☐	9M-AFK	Airbus A320-216	2885	ex F-WWBS	
☐	9M-AFL	Airbus A320-216	2926	ex F-WWDX	
☐	9M-AFM	Airbus A320-216	2944	ex F-WWIN	
☐	9M-AFN	Airbus A320-216	2956	ex F-WWBY	
☐	9M-AFO	Airbus A320-216	2989	ex F-WWIK	
☐	9M-AFP	Airbus A320-216	3000	ex F-WWBL	Special 3000th c/s
☐	9M-AFQ	Airbus A320-216	3018	ex F-WWBR	Malaysia anniversary c/s
☐	9M-AFR	Airbus A320-216	3064	ex F-WWIC	
☐	9M-AFS	Airbus A320-216	3117	ex F-WWBB	
☐	9M-AFT	Airbus A320-216	3140	ex F-WWDN	
☐	9M-AFU	Airbus A320-216	3154	ex F-WWDE	
☐	9M-AFV	Airbus A320-216	3173	ex F-WWIO	
☐	9M-AFW	Airbus A320-216	3182	ex F-WWDU	
☐	9M-AFY	Airbus A320-216	3194	ex F-WWIV	
☐	9M-AFZ	Airbus A320-216	3201	ex F-WWID	
☐	9M-AHA	Airbus A320-216	3223	ex F-WWBV	
☐	9M-AHB	Airbus A320-216	3232	ex F-WWBF	
☐	9M-AHC	Airbus A320-216	3261	ex F-WWDN	
☐	9M-AHD	Airbus A320-216	3291	ex F-WWDT	
☐	9M-AHE	Airbus A320-216	3327	ex F-WWBH	
☐	9M-AHF	Airbus A320-216	3353	ex F-WWIE	
☐	9M-AHG	Airbus A320-216	3370	ex F-WWDF	Manchester United colours
☐	9M-	Airbus A320-216	3404	ex F-WWBX	ATT & Williams colours; on order
☐	9M-	Airbus A320-216		ex F-WW	on order
☐	9M-	Airbus A320-216		ex F-WW	on order
☐	9M-	Airbus A320-216		ex F-WW	on order
☐	9M-	Airbus A320-216		ex F-WW	on order
☐	9M-	Airbus A320-216		ex F-WW	on order
☐	9M-	Airbus A320-216		ex F-WW	on order
☐	9M-	Airbus A320-216		ex F-WW	on order
☐	9M-	Airbus A320-216		ex F-WW	on order
☐	9M-	Airbus A320-216		ex F-WW	on order
☐	9M-	Airbus A320-216		ex F-WW	on order
☐	9M-	Airbus A320-216		ex F-WW	on order
☐	9M-	Airbus A320-216		ex F-WW	on order
☐	9M-	Airbus A320-216		ex F-WW	on order
☐	9M-	Airbus A320-216		ex F-WW	on order
☐	9M-	Airbus A320-216	3277	ex F-WWDH	Lsd to AIQ as HS-ABA
☐	9M-	Airbus A320-216	3299	ex F-WWDZ	Lsd to AIQ as HS-ABB
☐	9M-	Airbus A320-216	3338	ex F-WWBM	Lsd to AIQ as HS-ABC
☐	9M-	Airbus A320-216	3394	ex F-WWBQ	Lsd to AIQ as HS-ABD

☐	9M-	Airbus A320-216	3489	ex F-WW	on order	Lsd to AIQ as HS-ABE
☐	9M-	Airbus A320-216	3505	ex F-WW	on order	Lsd to AIQ as HS-ABF

A total of 175 Airbus A320-216s are on order for delivery including 2009 (22), 2010 (19), 2011 (19), 2012 (19) and 2013 (19)

☐	9M-AAC	Boeing 737-3Q8	28200/2854	ex N282LF		Lsd fr ILFC
☐	9M-AAD+	Boeing 737-3Y0	24905/2001	ex N905AF	Time titles	Lsd fr Airplanes Finance
☐	9M-AAG	Boeing 737-3L9	27061/2347	ex SX-BGI		Lsd fr Volito Avn
☐	9M-AAH	Boeing 737-375	23808/1434	ex LY-AGP		Lsd fr Inter Leasing
☐	9M-AAI*	Boeing 737-301	23510/1248	ex N341US		
☐	9M-AAJ*	Boeing 737-301	23511/1268	ex N342US		Lsd fr AFS Investments
☐	9M-AAK*	Boeing 737-301	23236/1219	ex N339US		Lsd fr AFS Investments
☐	9M-AAL*	Boeing 737-301	23235/1214	ex N337US		Lsd fr AFS Investments
☐	9M-AAM*	Boeing 737-301	23233/1200	ex N336US		Lsd fr AFS Investments
☐	9M-AAN*	Boeing 737-301	23234/1208	ex N338US		Lsd fr AFS Investments
☐	9M-AAO*	Boeing 737-3T0	23365/1159	ex N71314		Lsd fr GECAS
☐	9M-AAP*	Boeing 737-3T0	23367/1180	ex N17316		Lsd fr GECAS
☐	9M-AAQ*	Boeing 737-3T0	23368/1181	ex N17317		Lsd fr GECAS
☐	9M-AAR*	Boeing 737-3T0	23358/1142	ex N14307		Lsd fr GECAS
☐	9M-AAS*	Boeing 737-3T0	23357/1141	ex N17306		Lsd fr GECAS
☐	9M-AAT	Boeing 737-3M8	25071/2039	ex N250AT		Lsd fr Aviation Capital Grp
☐	9M-AAU+	Boeing 737-301	23257/1124	ex N578US		Lsd fr GECAS; sublsd to AWQ
☐	9M-AAV+	Boeing 737-301	23552/1382	ex N349US		Lsd to AWQ
☐	9M-AAW+	Boeing 737-301	23554/1408	ex N351US		
☐	9M-AAX	Boeing 737-3Y0	24547/1813	ex G-IGOE	flyasia.com titles	Lsd fr ORIX
☐	9M-AAY	Boeing 737-3Y0	24678/1853	ex G-IGOA		Lsd fr ORIX
☐	9M-AEA+	Boeing 737-322	24659/1836	ex SP-KPL		Lsd fr GOAL
☐	9M-AEB	Boeing 737-3Y0	24465/1755	ex EI-BZF		Lsd fr GECAS
☐	9M-AEC+	Boeing 737-3Y0	24677/1837	ex EI-BZJ		Lsd fr GECAS
☐	9M-AED+	Boeing 737-3L9	26442/2277	ex N313FL		Lsd fr AerCap

*Leased to Thai AirAsia +Leased to Indonesia AirAsia
Thai AirAsia and Indonesia AirAsia are 49% owned subsidiaries while Vina AirAsia will commence operations in July 2008 in Vietnam. Fly Asian Express operates domestic services. AirAsia X is partly owned with Fly Asian Express to operate long-haul, low cost flights.

AIR ASIA X
Kuala Lumpur-Sultan Abdul Aziz Shah (KUL)

☐	9M-XAA	Airbus A330-301	054	ex N54AN		Lsd fr AWAS

Owned by AirAsia and FlyAsian Express plus Virgin Group (20%), commenced operations 02 November 2007. Fifteen new Airbus A330-300s are on order for delivery from late 2008

BERJAYA AIR CHARTER
Berjaya (J8/BVT) *Kuala Lumpur-Sultan Abdul Aziz Shah (KUL)*

☐	9M-TAH	de Havilland DHC-7-110	109	ex G-BRYD	
☐	9M-TAK	de Havilland DHC-7-110	110	ex G-BOAW	
☐	9M-TAL	de Havilland DHC-7-110	112	ex G-BOAY	

Four ATR 72-212As are on order for delivery in 2009/10

FIREFLY
(7E/FFM) *Penang (PEN)*

☐	9M-MGI	Fokker F.27 Mk 050 (Fokker 50)	20175	ex PH-EXB	
☐	9M-MGK	Fokker F.27 Mk 050 (Fokker 50)	20248	ex PH-EXR	
☐	9M-	ATR 72-212A		ex F-WW	on order
☐	9M-	ATR 72-212A		ex F-WW	on order

Wholly owned by Malaysian Airlines, commenced operations 02 April 2007. Eight more ATR 72-212s are on order

FLY ASIAN EXPRESS
FAX Air(D7/XFA) *Miri (MYY)*

☐	9M-MDN	de Havilland DHC-6 Twin Otter 300	844	ex C-FDQL	
☐	9M-MGC	Fokker F.27 Mk 050 (Fokker 50)	20161	ex PH-EXK	For MASWings
☐	9M-MGD	Fokker F.27 Mk 050 (Fokker 50)	20164	ex PH-EXL	For MASWings
☐	9M-MGE	Fokker F.27 Mk 050 (Fokker 50)	20166	ex PH-EXN	For MASWings
☐	9M-MGF	Fokker F.27 Mk 050 (Fokker 50)	20167	ex PH-EXO	For MASWings

A subsidiary of AirAsia. .

HORNBILL SKYWAYS
Koching (KCH)

☐	9M-BCU	Bell 206L-4 LongRanger IV	52151		
☐	9M-HRM	Bell 430	49018	ex 9M-ATM	
☐	9M-HSM	Bell 206L-4 LongRanger IV			
☐	9M-SGH	Bell 206B JetRanger III	4103	ex N7107Z	
☐	9M-SGJ	Bell 206B JetRanger III	4059	ex N8129Y	
☐	9M-VAA	Dornier 228-202K	8165	ex N419VA	
☐	9M-VAM	Dornier 228-212	8216	ex N420VA	
☐	9M-WSG	Eurocopter EC.135P2+	0483		on order
☐	9M-	Eurocopter EC.135T2			on order

LAYANG-LAYANG AEROSPACE
Layang (LAY) — Miri (MYY)

☐	9M-LLA	Short SC.7 Skyvan 3	SH1977	ex ZS-LFG	
☐	9M-LLB	GAF N22C Nomad	N22C-95	ex VH-SNL	
☐	9M-LLH	Bell 206B JetRanger III	2919	ex VH-WNA	
☐	9M-LLI	GAF N22C Nomad	N22B-69	ex VH-MSF	
☐	9M-LLT	Bell 206B JetRanger	969	ex G-TUCH	
☐	9M-LLU	Bolkow 105C			

MALAYSIA AIRLINES
Malaysian (MH/MAS) (IATA 232) — Kuala Lumpur-Sultan Abdul Aziz Shah (KUL)

☐	9M-MKA	Airbus A330-322	067	ex F-WWKK	
☐	9M-MKC	Airbus A330-322	069	ex F-WWKM	
☐	9M-MKD	Airbus A330-322	073	ex F-WWKN	
☐	9M-MKE	Airbus A330-322	077	ex F-WWKO	
☐	9M-MKF	Airbus A330-322	100	ex F-WWKZ	
☐	9M-MKG	Airbus A330-322	107	ex F-WWKV	
☐	9M-MKH	Airbus A330-322	110	ex F-WWKE	
☐	9M-MKI	Airbus A330-322	116	ex F-WWKT	
☐	9M-MKJ	Airbus A330-322	119	ex F-WWKJ	
☐	9M-MKR	Airbus A330-322	095	ex C-FBUS	Lsd fr ILFC
☐	9M-MKS	Airbus A330-322	143	ex C-FRAE	Lsd fr ILFC
☐	9M-MKV	Airbus A330-223	296	ex EI-CZS	Lsd fr ILFC
☐	9M-MKW	Airbus A330-223	300	ex EI-CZT	Lsd fr ILFC
☐	9M-MKX	Airbus A330-223	290	ex EI-CZR	Lsd fr ILFC
☐	9M-	Airbus A380-841	018	ex F-WWSO	on order
☐	9M-	Airbus A380-841	024	ex F-WWSU	on order
☐	9M-	Airbus A380-841		ex F-WW	on order

Three more Airbus A380-841s are on order for delivery in 2009

☐	9M-MMA	Boeing 737-4H6	26443/2272		
☐	9M-MMB	Boeing 737-4H6	26444/2308		
☐	9M-MMC	Boeing 737-4H6	26453/2332		
☐	9M-MMD	Boeing 737-4H6	26464/2340		
☐	9M-MME	Boeing 737-4H6	26465/2362		
☐	9M-MMF	Boeing 737-4H6	26466/2372		
☐	9M-MMG	Boeing 737-4H6	26467/2378		
☐	9M-MMH	Boeing 737-4H6	27084/2391		
☐	9M-MMI	Boeing 737-4H6	27096/2395		
☐	9M-MMJ	Boeing 737-4H6	27097/2399		
☐	9M-MMK	Boeing 737-4H6	27083/2403		
☐	9M-MML	Boeing 737-4H6	27085/2407		
☐	9M-MMM	Boeing 737-4H6	27166/2410		
☐	9M-MMN	Boeing 737-4H6	27167/2419		
☐	9M-MMQ	Boeing 737-4H6	27087/2441		
☐	9M-MMR	Boeing 737-4H6	26468/2445		
☐	9M-MMS	Boeing 737-4H6	27169/2450		
☐	9M-MMT	Boeing 737-4H6	27170/2462		
☐	9M-MMU	Boeing 737-4H6	26447/2479	ex VT-JAV	
☐	9M-MMV	Boeing 737-4H6	26449/2491		
☐	9M-MMW	Boeing 737-4H6	26451/2496		
☐	9M-MMX	Boeing 737-4H6	26452/2501		
☐	9M-MMY	Boeing 737-4H6	26455/2507		Lsd to UBA
☐	9M-MMZ	Boeing 737-4H6	26457/2521		
☐	9M-MQA	Boeing 737-4H6	26458/2525		
☐	9M-MQB	Boeing 737-4H6	26459/2530		
☐	9M-MQC	Boeing 737-4H6	26460/2533		Lsd fr GECAS
☐	9M-MQD	Boeing 737-4H6	26461/2536		
☐	9M-MQE	Boeing 737-4H6	26462/2542		
☐	9M-MQF	Boeing 737-4H6	26463/2560		
☐	9M-MQG	Boeing 737-4H6	27190/2568		
☐	9M-MQI	Boeing 737-4H6	27353/2632	ex 9H-ADJ	
☐	9M-MQK	Boeing 737-4H6	27384/2673		
☐	9M-MQN	Boeing 737-4H6	27673/2852	ex 9H-ADK	
☐	9M-MQO	Boeing 737-4H6	27674/2877	ex 9H-ADL	
☐	9M-MQP	Boeing 737-46J	28038/2794	ex N380BG	Lsd fr Guggenheim
☐	9M-MQQ	Boeing 737-4Y0	24915/2055	ex SX-BKL	Lsd fr GECAS
☐	TF-ARJ	Boeing 747-236M	23735/674	ex G-BDXN	Lsd fr/op by ABD
☐	TF-ARN	Boeing 747-2F6B (SF)	22382/498	ex N745SA	Lsd fr/op by ABD
☐	TF-ATX	Boeing 747-236B (SF)	23711/672	ex G-BDXM	Lsd fr/op by ABD
☐	TF-ATZ	Boeing 747-236B (SF)	24088/697	ex G-BDXP	Lsd fr/op by ABD
☐	9M-MPB	Boeing 747-4H6	25699/965		Shah Alam; Hibiscus colours
☐	9M-MPD	Boeing 747-4H6	25701/997		Seremban; Hibiscus colours
☐	9M-MPF	Boeing 747-4H6	27043/1017		Kota Bharu
☐	9M-MPH	Boeing 747-4H6	27044/1041	ex N6066B	Langkawi
☐	9M-MPI	Boeing 747-4H6	27672/1091		Tioman
☐	9M-MPJ	Boeing 747-4H6	28426/1130		Labuan
☐	9M-MPK	Boeing 747-4H6	28427/1147		Johor Bahru	Lsd fr GECAS

☐	9M-MPL*	Boeing 747-4H6	28428/1150		Penang	
☐	9M-MPM*	Boeing 747-4H6	28435/1152		Melaka	
☐	9M-MPN*	Boeing 747-4H6	28432/1247		Pangkor	
☐	9M-MPO*	Boeing 747-4H6	28433/1290		Alor Setar	
☐	9M-MPP*	Boeing 747-4H6	29900/1296		Putrajaya	
☐	9M-MPQ*	Boeing 747-4H6	29901/1301		Kuala Lumpur	
☐	9M-MPR	Boeing 747-4H6F	28434/1371			
☐	9M-MPS	Boeing 747-4H6F	29902/1374			

*Leased from Aircraft Business Malaysia.

☐	9M-MRA	Boeing 777-2H6ER	28408/64	ex N5017V		
☐	9M-MRB	Boeing 777-2H6ER	28409/74	ex N50217		Lsd fr GECAS
☐	9M-MRC	Boeing 777-2H6ER	28410/78			Lsd fr CIT Group
☐	9M-MRD	Boeing 777-2H6ER	28411/84		Freedom of Space c/s	Lsd fr Oasis
☐	9M-MRE	Boeing 777-2H6ER	28412/115			
☐	9M-MRF	Boeing 777-2H6ER	28413/128			Lsd fr GECAS
☐	9M-MRG	Boeing 777-2H6ER	28414/140			Lsd fr BOC Aviation
☐	9M-MRH	Boeing 777-2H6ER	28415/151			Lsd fr Oasis
☐	9M-MRI	Boeing 777-2H6ER	28416/155			Lsd fr GECAS
☐	9M-MRJ	Boeing 777-2H6ER	28417/222			Lsd fr Novus Avn Group
☐	9M-MRK	Boeing 777-2H6ER	28418/231			Lsd fr GECAS
☐	9M-MRL	Boeing 777-2H6ER	29065/329			Lsd fr BOC Aviation
☐	9M-MRM	Boeing 777-2H6ER	29066/336			Lsd fr BOC Aviation
☐	9M-MRN	Boeing 777-2H6ER	28419/394			Lsd fr Aircraft Business Malaysia
☐	9M-MRO	Boeing 777-2H6ER	28420/404			Lsd fr Aircraft Business Malaysia
☐	9M-MRP	Boeing 777-2H6ER	28421/496	ex N5016R		
☐	9M-MRQ	Boeing 777-2H6ER	28422/498			
☐	9M-	Boeing 777-3H6			on order	
☐	9M-	Boeing 777-3H6			on order	
☐	9M-	Boeing 777-3H6			on order	
☐	9M-	Boeing 777-3H6			on order	

Cargo operations are undertaken by MASKargo, a wholly owned subsidiary of Malaysia Airlines. Firefly and MAS Wings are wholly owned subsidiaries

MASBE AIRLINES

☐	9M-	Boeing 727-223F (FedEx 3)	20190/738	ex N315NE	on order	Lsd fr Airsmith

MASWINGS

☐	9M-MGA	Fokker F.27 Mk 050 (Fokker 50)	20150	ex PH-EXM	
☐	9M-MGB	Fokker F.27 Mk 050 (Fokker 50)	20156	ex PH-EXP	
☐	9M-MGC	Fokker F.27 Mk 050 (Fokker 50)	20161	ex PH-EXK	on order
☐	9M-MGD	Fokker F.27 Mk 050 (Fokker 50)	20164	ex PH-EXL	on order
☐	9M-MGE	Fokker F.27 Mk 050 (Fokker 50)	20166	ex PH-EXN	on order
☐	9M-MGF	Fokker F.27 Mk 050 (Fokker 50)	20167	ex PH-EXO	on order
☐	9M-MGG	Fokker F.27 Mk 050 (Fokker 50)	20170	ex PH-EXS	
☐	9M-MGJ	Fokekr F.27 Mk.050 (Fokker 50)	20204	ex PH-EXM	
☐	9M-MDK	de Havilland DHC-6 Twin Otter 300	792	ex C-GESR	
☐	9M-MDL	de Havilland DHC-6 Twin Otter 300	802	ex C-GDFT	
☐	9M-MDM	de Havilland DHC-6 Twin Otter 300	804	ex C-GDKL	
☐	9M-MDO	de Havilland DHC-6 Twin Otter 310	629	ex ZK-KHA	

Formed by Malaysian Airlines August 2007 and took over regional services dropped by FlyAsia Express 01 October 2007. Ten ATR 72-212As are on order for delivery 2009/10

MHS AVIATION

Kerteh/Miri (KTE/MYY)

☐	9M-SPB	Aerospatiale AS.332L2 Super Puma	2636	ex F-WWOO	
☐	9M-SPC	Aerospatiale AS.332L2 Super Puma	2639	ex F-WWOJ	
☐	9M-SPD	Aerospatiale AS.332L2 Super Puma			
☐	9M-STS	Aerospatiale AS.332L1 Super Puma	2387		
☐	9M-STT	Aerospatiale AS.332L1 Super Puma	2405		
☐	9M-STV	Aerospatiale AS.332L1 Super Puma	2408		
☐	9M-STW	Aerospatiale AS.332L1 Super Puma	2312	ex LN-OBQ	
☐	9M-BEG	Sikorsky S-76C+	760568	ex C-GHRY	
☐	9M-SPP	Sikorsky S-76C+			
☐	9M-SPQ	Sikorsky S-76C+			
☐	9M-SPR	Sikorsky S-76C+			
☐	9M-SPS	Sikorsky S-76C+	760641	ex G-CEKP	
☐	9M-SPT	Sikorsky S-76C+	760645	ex G-CEKR	
☐	9M-SPU	Sikorsky S-76C+	760652	ex N879AL	
☐	9M-SPV	Sikorsky S-76C+	760654	ex G-CEOR	
☐	9M-STA	Sikorsky S-76C	760383		
☐	9M-STB	Sikorsky S-76C	760384		
☐	9M-STC	Sikorsky S-76C	760392		
☐	9M-STD	Sikorsky S-76C	760397		

	Reg	Type	C/N	Ex-Reg	Notes
☐	9M-STE	Sikorsky S-76C	760398		
☐	9M-STF	Sikorsky S-76C	760400		
☐	9M-STG	Sikorsky S-76C	760385	ex ZS-RTC	
☐	9M-	Sikorsky S-76C+	760661	ex N45067	
☐	9M-	Sikorsky S-76C	760662	ex N4507G	
☐	9M-	Sikorsky S-76C	760663	ex N4508G	
☐	9M-AVP	Sikorsky S-61N	61768	ex G-BEKJ	
☐	9M-SNA	Aerospatiale AS.365N2 Dauphin 2	6246	ex N634LH	
☐	9M-SSV	Aerospatiale AS.355F2 Ecureuil 2			
☐	9M-SSW	Aerospatiale AS.355F2 Ecureuil 2			
☐	9M-SSZ	Aerospatiale AS.355F2 Ecureuil 2			
☐	9M-STL	Beech 1900D	UE-373	ex N31110	
☐	9M-STM	Beech 1900D	UE-374	ex N31419	

Associated with Bristow Helicopters International

OXYSKY AVIATION SERVICES
current status uncertain as sole aircraft sold

PAN-MALAYSIAN AIR TRANSPORT
Pan Malaysia (PMA)   Kuala Lumpur-Sultan Abdul Aziz Shah (KUL)

| ☐ | 9M-PIH | Short SC.7 Skyvan 3 | SH1962 | ex G-BFUM |

PERFECT AVIATION

| ☐ | N854AA | Boeing 727-223F (FedEx 3) | 20995/1192 |

SABAH AIR
Sabah Air (SAX)   Kota Kinabalu-Intl (BKI)

	Reg	Type	C/N	Ex-Reg
☐	9M-AUA	GAF N22B Nomad	N22B-7	
☐	9M-AWC	Bell 206B JetRanger III	2336	
☐	9M-AXH	Bell 206B JetRanger III	2480	
☐	9M-AYN	Bell 206B JetRanger III	3022	ex N5738M
☐	9M-AZK	Bell 206L-3 LongRanger III	51484	ex N4196G
☐	9M-KUL	Bell 206L-4 LongRanger IV	52253	ex N9089J
☐	9M-SAC	Bell 206B JetRanger III	2510	

Sabah Air is the trading name of Penerbangan Sabah

TRANSMILE AIR SERVICES
Transmile (TH/TSE) (IATA 539)   Kuala Lumpur-Sultan Abdul Aziz Shah (KUL)

	Reg	Type	C/N	Ex-Reg	Notes
☐	9M-TGB	Boeing 727-2F2F/W (Duganair 3)	22998/1810	ex VH-DHF	
☐	9M-TGE	Boeing 727-247F (FedEx 3)	21697/1471	ex N210UP	Lsd to MKE
☐	9M-TGF	Boeing 727-247F (FedEx 3)	21698/1474	ex N209UP	
☐	9M-TGG	Boeing 727-247F (FedEx 3)	21699/1485	ex N207UP	
☐	9M-TGH	Boeing 727-247F (FedEx 3)	21701/1493	ex N208UP	
☐	9M-TGJ	Boeing 727-247F (FedEx 3)	21700/1489	ex N211UP	Lsd to KMI
☐	9M-TGK	Boeing 727-247F (FedEx 3)	21392/1305	ex N212UP	Lsd to KMI
☐	9M-TGL	Boeing 727-225F (FedEx 3)	21856/1537	ex N8887Z	
☐	9M-TGM	Boeing 727-225F (FedEx 3)	22549/1737	ex N902RF	
☐	PK-KAR	Boeing 737-209	23796/1420	ex 9M-PMZ	stored SZB as PK-KAR
☐	9M-PML	Boeing 737-275C	21116/427	ex C-GDPW	Freighter; DHL colours
☐	9M-PMM	Boeing 737-205C	20458/278	ex RP-C2906	Freighter; DHL colours; sublsd Gading
☐	9M-PMP	Boeing 737-248C	20220/215	ex PT-MTA	Freighter
☐	9M-PMQ	Boeing 737-230C	20254/230	ex PT-MTB	Freighter
☐	9M-PMW	Boeing 737-209F (AvAero 3)	24197/1581	ex PK-NAD	Lsd to MKE
☐	9M-PMA	Cessna 208B Caravan I	208B0800	ex N1278M	
☐	9M-TGP	McDonnell-Douglas MD-11F	48444/459	ex N625FE	
☐	9M-TGQ	McDonnell-Douglas MD-11F	48446/463	ex N627FE	
☐	9M-TGR	McDonnell-Douglas MD-11F	48486/509	ex N15WF	
☐	9M-TGS	McDonnell-Douglas MD-11F	48485/502	ex N71WF	

Operates freight services for Malaysian Post Office

9N-   NEPAL (Kingdom of Nepal)

AGNI AIR
Kathmandu (KTM)

| ☐ | 9N-AHE | Dornier 228-101 | 7032 | ex VT-EIX |

AIR NEPAL INTERNATIONAL
ceased operations after lessor disposed of their sole aircraft

BUDDHA AIR
Buddha Air (BHA)   Kathmandu (KTM)

	9N-AEE	Beech 1900D	UE-286	ex N11194
☐	9N-AEE	Beech 1900D	UE-286	ex N11194
☐	9N-AEK	Beech 1900D	UE-295	ex N21540
☐	9N-AEW	Beech 1900D	UE-328	ex N23179
☐	9N-AGH	Beech 1900D	UE-409	ex N4192N
☐	9N-AGI	Beech 1900C-1	UC-97	ex N97YV
☐	9N-AGL	Beech 1900C-1	UC-108	ex N15856
☐	9N-	Beech 1900D	UE-180	ex N862CA

COSMIC AIR
Cosmic Air (F5/COZ) (IATA447)   Kathmandu/Pokhara (KTM/PKR)

☐	9N-AEP	Dornier 228-201	8078	ex D-CBMI		
☐	9N-AGM	SAAB SF.340A	340A-064	ex N464EA	stored KTM	Lsd fr Elmo Finance
☐	9N-AGY	Dornier 228-100	7022	ex SE-KTM	stored KTM	
☐	9N-AHI	Fokker F.28-0100 (Fokker 100)	11450	ex PH-MXL		Lsd fr Pembroke

FLYING DRAGON AIRLINES
Current status uncertain, both aircraft returned to China

FLY YETI
                                                                                  Kathmandu (KTM)

First service 20 January 2008, operate services with Airbus A320s leased from Air Arabia. FlyYeti is a trading name of Yeti Airlines International, a joint venture between Yeti Airlines and Air Arabia.

GORKHA AIRLINES
(G1)   Pokhara (PKR)

☐	9N-AGQ	Dornier 228-202K	8107	ex F-ODZF
☐	9N-AHS	Dornier 228-212	8218	ex RP-C2101

ROYAL NEPAL AIRLINES
Royal Nepal (RA/RNA)   Kathmandu (KTM)

☐	9N-ABB	de Havilland DHC-6 Twin Otter 300	302		
☐	9N-ABM	de Havilland DHC-6 Twin Otter 300	455	ex N302EH	stored KTM
☐	9N-ABO	de Havilland DHC-6 Twin Otter 300	638		stored KTM
☐	9N-ABQ	de Havilland DHC-6 Twin Otter 300	655		stored KTM
☐	9N-ABT	de Havilland DHC-6 Twin Otter 300	812	ex C-GHHI	
☐	9N-ABU	de Havilland DHC-6 Twin Otter 300	814	ex C-GHHY	
☐	9N-ABX	de Havilland DHC-6 Twin Otter 300	830	ex C-GIQS	
☐	9N-ACA	Boeing 757-2F8	23850/142		Karnali
☐	9N-ACB	Boeing 757-2F8C	23863/182	ex N5573K	Garnadi

Boeing 757s operate with just Nepal Airlines titles

SHANGRI-LA AIR
                                                                                  Kathmandu (KTM)

☐	9N-AFX	de Havilland DHC-6 Twin Otter 310	806	ex N806AA

SHREE AIRLINES
                                                                      Pokhara/Surkhet (PKR/SKH)

☐	9N-ADD	Mil Mi-17-1 (Mi-8ATM)	59489607385	ex RA-22160	
☐	9N-ADL	Mil Mi-17-1 (Mi-8ATM)	59489605283	ex RA-27093	stored KTM

SITA AIRLINES
                                                                                  Kathmandu (KTM)

☐	9N-AHA	Dornier 228-202K	8123	ex F-ODZG
☐	9N-AHB	Dornier 228-202K	8169	ex F-OGPI
☐	9N-AHR	Dornier 228-202	8154	ex C-GSAU

YETI AIRLINES
(YA)   Kathmandu (KTM)

☐	9N-AET	de Havilland DHC-6 Twin Otter 300	619	ex C-GBQA
☐	9N-AEV	de Havilland DHC-6 Twin Otter 300	729	ex C-FWQF
☐	9N-AFA	de Havilland DHC-6 Twin Otter 300	665	ex VT-ERV
☐	9N-AFE	de Havilland DHC-6 Twin Otter 300	720	ex (9N-AEB)
☐	9N-AHU	British Aerospace Jetstream 41	41072	ex N555HK
☐	9N-AHV	British Aerospace Jetstream 41	41077	ex N561HK
☐	9N-AHW	British Aerospace Jetstream 41	41078	ex N562HK

☐ 9N-AHY	British Aerospace Jetstream 41	41066	ex N553HK		
☐ 9N-AIB	British Aerospace Jetstream 41	41017	ex G-CDYH		

FlyYeti is part owned

9Q- CONGO KINSHASA (Democratic Republic of Congo)

ADELA AIRWAYS

☐ 9Q-CEN	Antonov An-12BK	8345410	ex 11 yellow	

Current status uncertain

AEROLIFT SERVICES

☐ 9Q-CIP	Antonov An-32			
☐ 9Q-CJU	Antonov An-32	1408	ex D2-FED	
☐ 9Q-CSA	Antonov An-26	5005	ex RA-48092	

Also quoted as Services Air

AFRICA ONE
Kinshasa-Ndolo (NLO)

☐ 9Q-CAF*	Antonov An-32	1703	ex RA-48094	
☐ 9Q-CFY	WSK-PZL/Antonov An-28	1AJ006-03	ex 9XR-KI	

*Registered to Business Aviation

AFRICAINE D'AVIATION
Kinshasa-Ndolo (NLO)

☐ 9Q-CAA	Ilyushin Il-18D	187009702	ex EX-75442		
☐ 9Q-CAB	Antonov An-26	5605	ex RA-26179		
☐ 9Q-CBD	McDonnell-Douglas MD-81	48018/995	ex N818NK		
☐ 9Q-CHB	Ilyushin Il-18V	180002003	ex RA-75431		
☐ 9Q-CIB	Antonov An-26	1701	ex YL-RAB		
☐ 9Q-CJB	McDonnell-Douglas MD-81	48016/941	ex N819NK		
☐ 9Q-CLB	Yakovlev Yak-40	9231623	ex LZ-DOR	id not confirmed	
☐ 9Q-	Boeing 727-231F	21986/1580	ex N54354	on order	

Also known as Compagnie Africaine d'Aviation

AIGLE AVIATION
Current status is uncertain, believed to have ceased operations

AIR BOYOMA
Kisangani (FKI)

☐ UR-ELH	Antonov An-26B	12908	ex UR-26143		Lsd fr URG

AIR DC
Kinshasa-N'djili (FIH)

☐ 3B-PAE	British Aerospace 146 Srs.200	E2192	ex OO-MJE		Lsd fr Pan African A/L
☐ 3B-	British Aerospace 146 Srs.200	E2196	ex OO-DJJ	Favorite	Lsd fr Pan African A/L

Joint venture between Brussels Airlines (49%) and Hewa Bora Airways (51%).

AIR KASAI
Kinshasa-Ndolo (NLO)

☐ 9Q-CFD	Antonov An-26B	12901	ex RA-26139		
☐ 9Q-CFL	Antonov An-26B	14003	ex RA-26593		
☐ 9Q-CFP	Antonov An-26	07310605	ex RA-26237		
☐ 9Q-CJA	Britten-Norman BN-2A-21 Islander	898	ex I-301		
☐ 9Q-CTR	Douglas DC-3	9452	ex ZS-EDX	stored FIH	Lsd fr Unibra
☐ 9Q-CYC	Douglas DC-3	18977	ex N9984Q	stored FIH	
☐ 9Q-CYE	Douglas DC-3	19771	ex 79004	stored FIH	

AIR TROPIQUES
Kinshasa-Ndolo (NLO)

☐ 9Q-CEJ	Beech 1900C	UB-74	ex ZS-ODR		
☐ 9Q-CEM	Beech 100 King Air	B-105	ex ZS-TBS	regn also reported as LET L-410UVP	
☐ 9Q-CLN	Fokker F.27 Friendship 100	10152	ex ZS-OEH		
☐ 9Q-CUZ	Cessna 402B II	402B1358	ex OO-HFC		

ALAJNIHAH AIR TRANSPORT

☐ 9Q-CGV	Ilyushin Il-76TD	0033449441	ex UR-76574	Morning Star	

ATO - AIR TRANSPORT OFFICE

Kinshasa-N'djili (FIH)

☐	9Q-CTO	Lockheed L-188A Electra	1073	ex 9Q-CRM	
☐	9Q-CVK	Hawker Siddeley HS.780 Andover E.3	Set 17	ex P4-BLL	

Cargo Express Congo (TN) is a wholly owned subsidiary; also leases Antonov An-32 leased as required

AVIATRADE CARGO

☐	9Q-COB	Antonov An-72	36572020362	ex EX-72902	

See also Galaxi Kavatsi Airlines below

BRAVO AIR CONGO
Ceased operations December 2007

BUSINESS AVIATION OF CONGO
(4P)   *Kinshasa-Ndolo (NLO)*

☐	ZS-DOC	Dornier 228-202	8104	ex MAAW-R1	Lsd fr Biz Afrika
☐	9Q-CBA	Nord 262A-42	57	ex OY-IVA	

BUTEMBO
Butembo

☐	9Q-CAX	WZK/PZL Antonov An-28	1AJ002-08	ex EX-28810	

CAA AIR CARGO
Sole aircraft correctly listed under Afriquaine d'Aviation / Compagnie Africaine d'Aviation

CARGAIR

☐	9Q-CGI	Boeing 747-269M	21543/359	ex N708CK	

CETRACA AIR SERVICE

☐	9Q-CAZ	LET L-410UVP	790205	ex UR-67169	
☐	9Q-CKO	Antonov An-26	5210	ex ER-AFW	
☐	9Q-CKT	Antonov An-26B	12001	ex ER-AES	
☐	9Q-CKX	LET L-410UVP	790303	ex ER-LIB	

COMAIR

☐	9Q-CCM	WZK/PZL Antonov An-28	1AJ010-04	ex RA-28957	non-airworthy
☐	9Q-CKC	WZK/PZL Antonov An-28	1AJ009-18	ex RA-28952	

COMPAGNIE AFRICAINE D'AVIATION
See Africaine D'aviation

CO-ZA AIRWAYS
Goma (GOM)

☐	9Q-CML	Antonov An-26	7408	ex ER-AWN	no titles

DOREN AIR CARGO
Goma (GOM)

☐	9Q-CQZ	LET L-410UVP	851339	ex 9L-LEM	
☐	9Q-CXZ	LET L-410UVP			

EL SAM AIRLIFT

☐	9Q-CES	Antonov An-26	97308807	ex Russian AF	

ESPACE AVIATION

☐	9Q-CTA	Douglas DC-8-54F	45802/247	ex 3D-AFR	

ETRAM AIR WING
Kinshasa-N'djili (FIH)

☐	4K-48136	Antonov An-32B	3103	ex CCCP-48126	
☐	D2-FDZ	Boeing 707-399C (Comtran 2)	19415/601	ex 9Q-FDZ	stored
☐	N56FA	Douglas DC-8-54F	45663/189	ex 3D-ETM	stored LAD

FILAIR
Kinshasa-N'djili (FIH)

☐ 9Q-CDN	LET L-410UVP-E		902422	ex YU-BXX

GALAXI KAVATSI AIRLINES

☐ EK-72902	Antonov An-72		36572020362	ex RA-72902

Galaxi Kavatsi Airlines is a trading name of Galaxy Incorporated; see also Avirtrade Cargo above

GLORIA AIRWAYS
Current status is uncertain

GREAT LAKES BUSINESS
Kinshasa-N'djlji (FIH)

Believed to have ceased operations in early 2007 but one Antonov An-32 crashed 26 August 2007

GROUPE RUBUYE
Goma (GOM)

☐ 3X-GEB	Antonov An-24RV		77310802	ex 9L-LBQ	id not confirmed

HEWA BORA AIRWAYS
Allcongo (EO/ALX) — *Kinshasa-N'djili (FIH)*

☐ S9-DBM	Boeing 727-22/W (Duganair 3)	18323/136	ex 3D-BOC	VIP	
☐ S9-ROI	Boeing 727-30/W (Duganair 3)	18933/185	ex 3D-BOE	VIP	
☐ 9Q-CHD	Boeing 727-232 (FedEx 3)	22494/1749	ex N545DA		
☐ 9Q-CHE	Boeing 727-232 (FedEx 3)	21310/1298	ex PK-JAE		
☐ 9Q-CHF	Boeing 727-232 (FedEx 3)	22677/1785	ex N546DA		
☐ 9Q-CHG	Boeing 727-232 (FedEx 3)	21586/1488	ex PK-JGX		
☐ 9Q-CHK	Boeing 727-29F/W (Duganair 3)	19401/419	ex N712DH		
☐ 9Q-CRG	Boeing 727-30	18361/28	ex N18477	Ville de Goma; stored FIH	
☐ 9Q-CRS	Boeing 727-214	19687/573	ex 5H-ARS		
☐ 9Q-CWA	Boeing 727-227	20775/998	ex N554PE	Ville de Bakavu; stored FIH	
☐ 9Q-CBW	Boeing 707-329C (Comtran 2)	20200/828	ex TL-ADJ		
☐ 9Q-CHC	Lockheed L-1011-500 Tristar	193H-1209	ex N767DA		
☐ 9Q-CHL	Douglas DC-8F-55 (QNC 2)	45820/246	ex S9-PSD		
☐ 9Q-CHN	Douglas DC-9-51	47731/860	ex S9-DBH		
☐ 9Q-CJD	Boeing 767-266ER	23178/97	exTR-LFH	stored	
☐ 9Q-CKK	Boeing 707-366C	20761/867	ex 9Q-CKB	Aisha	
☐ 9Q-CKR	Boeing 707-351C	19411/540			
☐ 9Q-CKZ	Boeing 737-293	19309/47	ex N464AC	Lsd fr Flightstar Avn	
☐ 9Q-CWB	Boeing 707-3B4C	20259/822	ex OD-AFD		

ITAB – INTERNATIONAL TRANS AIR BUSINESS
Lubumbashi-Luano (FBM)

☐ 9Q-CAP	Nord 262A-32		35	ex F-BPNT	
☐ 9Q-CDH	Nord 262C-50P		36	ex XT-OAG	
☐ 9Q-CDP	LET L-410UVP-E		902519	ex 9L-LCL	
☐ 9Q-CFJ	Beech 95-C55 Baron		TE-409		
☐ 9Q-CJJ	Douglas DC-3		10110	ex ZS-NZA	
☐ (9Q-CON)	BAC One-Eleven Srs.537GF		261	ex 9Q-CDY	
☐ 9Q-CSJ	BAC One-Eleven Srs.201AC		013	ex EI-BWM	Fatima
☐ 9Q-CVC	Hawker Siddeley HS.780 Andover C Mk.1	Set 29	ex 3C-KKT	
☐ 9Q-CYA	Britten-Norman BN-2A Islander		617	ex G-AYBB	
☐ 9Q-CYB	Hawker Siddeley HS.780 Andover C Mk.1	Set 22	ex NZ7628	

JETAIR SERVICES
Kinshasa-Ndolo /N'djili (NLO/FIH)

☐ 3D-BHK	LET L-410UVP		810724	ex 9U-BHK
☐ 9Q-CCJ	Partenavia P.68B		163	ex 9Q-CEZ
☐ 9Q-CCK	Cessna 402B		402B0304	ex TN-ACJ

KISANGANI AIRLIFT
Kisangani (FKI)

☐ S9-DBC	Antonov An-8		OG-3410	ex 9L-LEO	status, possibly grounded?

KIVU AIR
Goma / Bukavu (GOM/BKY)

☐	ZS-NGW	Dornier 228-101	7036	ex A2-ABA	Lsd fr VSA Aviation

LIGNES AERIENNES CONGOLAISES
Congolaise (LCG)   *Kinshasa-Ndolo (NLO)*

☐	9Q-CSV	Boeing 737-281	20276/231	ex 4X-BAG	

Ceased operations in 2005 but believed to have recommenced services

MALIFT AIR
Malila (MLC)   *Kinshasa-N'djili/Khartoum (FIH/KRT)*

☐	9Q-CMD	Antonov An-32B	2210	ex RA-26221	Kevin; stored SHJ
☐	9Q-CMK	Antonov An-24RV	47309902		Kenzo
☐	9Q-CMM	Britten-Norman BN-2A-21 Islander	812	ex 9U-BRV	
☐	9Q-CMS	Antonov An-26	4206	ex 9U-BNO	non-airworthy
☐	9Q-CPG	WSK/PZL Antonov An-28	1AJ004-12	ex CCCP-28763	Audrey

MALU AVIATION
Kinshasa-Ndolo (NLO)

☐	9Q-CDV	Partenavia P.68B	207		
☐	9Q-CPM	Nord 262A-32	38	ex F-BPNU	
☐	9Q-CSP	WSK-PZL/Antonov An-28	1AJ008-08	ex 9Q-CRA	
☐	9Q-	Short SC.7 Skyvan 3	SH1870	ex SE-LDK	id not confirmed

MANGO MAT AIRLINES
Goma (GOM)

☐	S9-PSK	Antonov An-12BK	8345807	ex EX-084	
☐	9Q-CVM	Antonov An-12B	8345503	ex 9U-BHO	

MIDDLAND
Beni

☐	9Q-COM	WSK-PZL/Antonov An-28	1AJ008-21	ex EX-018	
☐	9Q-CVE	Antonov An-26	5301	ex RA-26193	

SERVICE COMMUTER
Bukavu (BKY)

☐	9Q-CFQ	WZK/PZL Antonov An-28	1AJ008-05	ex SP-FHW	non-airworthy, also a PA-23-250

SOFT TRANS AIR
Kinshasa

☐	9Q-CYN	Antonov An-26	67304001	ex 55 blue	non-airworthy

STAG

☐	9Q-CFB	Antonov An-26B	56312909	ex RA-26577	

SUCCESS AIRLINES

☐	9Q-CJI	Antonov An-26	6004	ex EL-AHT	

SUN AIR SERVICE

☐	9Q-CMZ	PZL/WZK Antonov An-28	1AJ-005-17	ex RA-28784	

SWALA AIRLINES
Bukavu (BKY)

☐	ZS-ORN	Short SC.7 Skyvan	SH1831	ex 9U-BHJ	
☐	9Q-CXF	Short SC.7 Skyvan	SH1915	ex (5Y-)	

THOM'S AIRWAYS
9Q-CYN   Antonov An-26   67304001   ex 55 blue
Commenced operations in early 2007 but sole aircraft later transferred to Soft Trans Air

TMK AIR COMMUTER
Goma (GOM)

☐	9Q-CEL	de Havilland DHC-6 Twin Otter 300	719	ex N719DK

TOLAZ AVIATION GROUP

☐	9Q-CGM	Antonov An-26B	6401	ex Ukraine AF

TRANSAIR CARGO SERVICE
Kinshasa-N'djili (FIH)

☐	9Q-CJL	Douglas DC-8-62F (BAC 3)	45909/307	ex N802BN
☐	9Q-CMP	Boeing 727-22C	19892/640	ex 3D-KMJ
☐	9Q-CYS	NAMC YS-11A	2051	ex 3D-CYS

UHURU AIRLINES
Operated a single Antonov An-32A but this was returned to lessor and current status uncertain

VIRUNGA AIR CHARTER
Goma (GOM)

☐	9Q-CDD	Dornier 28D-1 Skyservant	4025	ex D-IFAQ
☐	9Q-CTL	Partenavia P.68B	145	ex 5Y-BCG
☐	9Q-CTN	Partenavia P.68C-TC	238-04-TC	ex OO-TZT
☐	9Q-CTX	Dornier 128-6 Turbo Skyservant	6007	ex D-IDOQ

WALTAIR
Kinshasa-N'djili (FIH)

☐	9Q-CPW	Hawker Siddeley HS.780 Andover C Mk.1	Set14	ex XS607		stored FIH

Believed to be grounded, status uncertain

WETRAFA AIRLIFT
Kinshasa-N'djili (FIH)

☐	9Q-CWF	Douglas DC-9-32	47531/638	ex N15525

WIMBI DIRA AIRWAYS
Wimbi Dera (9C/WDA)   Kinshasa-N'djili (FIH)

☐	9Q-CWD	Boeing 727-231F	19562/576	ex N12305	
☐	9Q-CWE	Douglas DC-9-32 (ABS 3)	47701/822	ex N212ME	
☐	9Q-CWG	Boeing 707-323C	19587/686	ex 3D-ROK	
☐	9Q-CWH	Douglas DC-9-32 (ABS 3)	47744/837	ex N215ME	
☐	S9-	Douglas DC-9-34CF	47706/	ex	Lsd fr J&V Aviation

Operator Unknown

☐	9Q-CFG	LET L-410UVP			
☐	9Q-COA	LET L-410UVP			SAC titles
☐	9Q-CSW	LET L-410AB	730209	ex 5Y-HHB	status
☐	9Q-CUB	LET L-410UVP	790325	ex 3D-ERS	
☐	9Q-CVZ	LET L-410UVP			
☐	9Q-CZA	LET L-410UVP			
☐	9Q-CZK	Antonov An-26	10903	ex RA-26230	
☐	9Q-CZO	Antonov An-26B	13402	ex UR-26596	

9U-   BURUNDI (Republic of Burundi)

AIR BURUNDI
Air Burundi (8Y/PBU) (IATA)   Bujumbura (BJM)

☐	9U-BHG	Beech 1900C-1	UC-147	ex 9U-BHD

INTER SKY AIRLINE
current status uncertain, sole aircraft sold in Congo-Kinshasa

9V- SINGAPORE (Republic of Singapore)

AIRMARK SINGAPORE
Singapore-Seletar (XSP)

Lease aircraft from other operators as required

JETSTAR ASIA AIRWAYS
Jetstar (3K/JSA) (IATA 375)   *Singapore-Changi (SIN)*

☐	9V-JSA	Airbus A320-232	2316	ex F-WWDR	Lsd fr Boullioun
☐	9V-JSB	Airbus A320-232	2356	ex F-WWIQ	Lsd fr Boullioun
☐	9V-JSC	Airbus A320-232	2395	ex F-WWIS	Lsd fr BOC Aviation
☐	9V-JSD	Airbus A320-232	2401	ex F-WWIB	Lsd fr BOC Aviation
☐	9V-JSH	Airbus A320-232	2604	ex VH-VQA	Lsd fr ILFC

Sister company of Valuair and controlled by holding company Orange Star, which is 40-49% owned by Jetstar Asia and 20% by Valuair.

JETT 8 AIRLINES CARGO
(JEC)   *Singapore-Changi (SIN)*

☐	9V-JEA	Boeing 747-2D3B (SF)	22579/514	ex JA8192	
☐	9V-JEB	Boeing 747-281F	23350/623	ex JA8172	

First service June07

SILKAIR
Silkair (MI/SLK)   *Singapore-Changi (SIN)*

☐	9V-SBA	Airbus A319-132	1074	ex D-AVWH	
☐	9V-SBB	Airbus A319-132	1098	ex D-AVWQ	
☐	9V-SBC	Airbus A319-132	1228	ex D-AVYL	
☐	9V-SBD	Airbus A319-132	1698	ex D-AVYE	
☐	9V-SBE	Airbus A319-132	2568	ex D-AVXA	
☐	9V-SBF	Airbus A319-132	3104	ex D-AVYI	
☐	9V-SLB	Airbus A320-232	0899	ex F-WWDL	
☐	9V-SLC	Airbus A320-232	0969	ex F-WWBO	
☐	9V-SLD	Airbus A320-232	1422	ex F-WWBK	
☐	9V-SLE	Airbus A320-232	1561	ex F-WWBC	
☐	9V-SLF	Airbus A320-232	2058	ex F-WWBK	
☐	9V-SLG	Airbus A320-232	2252	ex F-WWBB	
☐	9V-SLH	Airbus A320-232	2517	ex F-WWIG	r
☐	9V-SLI	Airbus A320-232	2775	ex F-WWDS	
☐	9V-SLJ	Airbus A320-232		ex F-WW	on order

Wholly owned subsidiary of Singapore Airlines

SINGAPORE AIRLINES
Singapore (SQ/SIA) (IATA 618)   *Singapore-Changi (SIN)*

☐	9V-SGA	Airbus A340-541	492	ex F-WWTP	
☐	9V-SGB	Airbus A340-541	499	ex F-WWTR	
☐	9V-SGC	Airbus A340-541	478	ex F-WWTG	
☐	9V-SGD	Airbus A340-541	560	ex F-WWTM	
☐	9V-SGE	Airbus A340-541	563	ex F-WWTU	

Marketed as A345 LeaderShip

☐	9V-SKA	Airbus A380-841	003	ex F-WWSA	
☐	9V-SKB	Airbus A380-841	005	ex F-WWSB	
☐	9V-SKC	Airbus A380-841	006	ex F-WWSC	on order
☐	9V-SKD	Airbus A380-841	008	ex F-WWSE	on order
☐	9V-SKE	Airbus A380-841	010	ex F-WWSG	on order
☐	9V-SKF	Airbus A380-841	012	ex F-WWSI	on order
☐	9V-SKG	Airbus A380-841	019	ex F-WWSP	on order
☐	9V-SKH	Airbus A380-841	021	ex F-WWSO	on order

Eleven more Airbus A380-841s are on order for delivery by 2011

☐	9V-SMS	Boeing 747-412	27134/981		For HDA
☐	9V-SMU	Boeing 747-412	27068/1000		
☐	9V-SMW	Boeing 747-412	27178/1015	ex N6018N	
☐	9V-SMZ	Boeing 747-412	26549/1030	ex N6018N	
☐	9V-SPA	Boeing 747-412	26550/1040		
☐	9V-SPB	Boeing 747-412	26551/1045		for ELY
☐	9V-SPE	Boeing 747-412	26554/1070		
☐	9V-SPF	Boeing 747-412	27071/1072		
☐	9V-SPG	Boeing 747-412	26562/1074		
☐	9V-SPH	Boeing 747-412	26555/1075		
☐	9V-SPI	Boeing 747-412	28022/1082		
☐	9V-SPJ	Boeing 747-412	26556/1084		
☐	9V-SPL	Boeing 747-412	26557/1101		

☐	9V-SPM	Boeing 747-412	29950/1241		
☐	9V-SPN	Boeing 747-412	28031/1266		
☐	9V-SPO	Boeing 747-412	28028/1270		
☐	9V-SPP	Boeing 747-412	28029/1276		Star Alliance c/s
☐	9V-SPQ	Boeing 747-412	28025/1289		
☐	9V-SPR	Boeing 747-4H6	25702/999	ex 9M-MPE	Star Alliance c/s, for WOA
					Lsd fr Aircastle
☐	9V-SQA	Boeing 777-212ER	28507/67		
☐	9V-SQB	Boeing 777-212ER	28508/83		
☐	9V-SQC	Boeing 777-212ER	28509/86		
☐	9V-SQD	Boeing 777-212ER	28510/90		
☐	9V-SQE	Boeing 777-212ER	28511/122		
☐	9V-SQF	Boeing 777-212ER	28512/126		
☐	9V-SQG	Boeing 777-212ER	28518/226		
☐	9V-SQH	Boeing 777-212ER	28519/237		
☐	9V-SQI	Boeing 777-212ER	28530/390	ex N5023Q	
☐	9V-SQJ	Boeing 777-212ER	30875/406		
☐	9V-SQK	Boeing 777-212ER	33368/428		
☐	9V-SQL	Boeing 777-212ER	33370/451		
☐	9V-SQM	Boeing 777-212ER	33372/485		
☐	9V-SQN	Boeing 777-212ER	33373/487		
☐	9V-SRA	Boeing 777-212ER	28513/144		
☐	9V-SRB	Boeing 777-212ER	28998/149		
☐	9V-SRC	Boeing 777-212ER	28999/150		
☐	9V-SRD	Boeing 777-212ER	28514/153		
☐	9V-SRE	Boeing 777-212ER	28523/239		Star Alliance c/s
☐	9V-SRF	Boeing 777-212ER	28521/330		
☐	9V-SRG	Boeing 777-212ER	28522/337		
☐	9V-SRH	Boeing 777-212ER	30866/343		
☐	9V-SRI	Boeing 777-212ER	30867/348		
☐	9V-SRJ	Boeing 777-212ER	28527/372		
☐	9V-SRK	Boeing 777-212ER	28529/389	ex N5022E	
☐	9V-SRL	Boeing 777-212ER	32334/409		
☐	9V-SRM	Boeing 777-212ER	32320/438		
☐	9V-SRN	Boeing 777-212ER	32318/441		
☐	9V-SRO	Boeing 777-212ER	32321/447		
☐	9V-SRP	Boeing 777-212ER	33369/448		
☐	9V-SRQ	Boeing 777-212ER	33371/449		
☐	9V-SVA	Boeing 777-212ER	28524/350		
☐	9V-SVB	Boeing 777-212ER	28525/353		
☐	9V-SVC	Boeing 777-212ER	28526/355		
☐	9V-SVD	Boeing 777-212ER	30869/366		
☐	9V-SVE	Boeing 777-212ER	30870/374		
☐	9V-SVF	Boeing 777-212ER	30871/378		
☐	9V-SVG	Boeing 777-212ER	30872/398		
☐	9V-SVH	Boeing 777-212ER	28532/407	ex N5022E	
☐	9V-SVI	Boeing 777-212ER	32316/412		
☐	9V-SVJ	Boeing 777-212ER	32335/415		
☐	9V-SVK	Boeing 777-212ER	28520/419		
☐	9V-SVL	Boeing 777-212ER	32336/422		
☐	9V-SVM	Boeing 777-212ER	30874/430		
☐	9V-SVN	Boeing 777-212ER	30873/431		
☐	9V-SVO	Boeing 777-212ER	28533/471		
☐	9V-SWA	Boeing 777-312ER	34568/586	ex N6018N	
☐	9V-SWB	Boeing 777-312ER	33377/592		
☐	9V-SWD	Boeing 777-312ER	34569/600		
☐	9V-SWE	Boeing 777-312ER	34570/602		
☐	9V-SWF	Boeing 777-312ER	34571/603		
☐	9V-SWG	Boeing 777-312ER	34572/604		
☐	9V-SWH	Boeing 777-312ER	34573/615		
☐	9V-SWI	Boeing 777-312ER	34574/618		
☐	9V-SWJ	Boeing 777-312ER	34575/623		
☐	9V-SWK	Boeing 777-312ER	34576/644	ex N6009F	
☐	9V-SWL	Boeing 777-312ER	34577/673		
☐	9V-SWM	Boeing 777-312ER	34578		on order
☐	9V-SWN	Boeing 777-312ER	34579		on order
☐	9V-SWO	Boeing 777-312ER	34580		on order
☐	9V-SWP	Boeing 777-312ER	34581		on order
☐	9V-SWQ	Boeing 777-312ER	34582		on order
☐	9V-SWR	Boeing 777-312ER	34583		on order
☐	9V-SWS	Boeing 777-312ER	34584		on order
☐	9V-SWT	Boeing 777-312ER			on order
☐	9V-SYA	Boeing 777-312	28515/180		
☐	9V-SYB	Boeing 777-312	28516/184		
☐	9V-SYC	Boeing 777-312	28517/188		
☐	9V-SYD	Boeing 777-312	28534/192		
☐	9V-SYE	Boeing 777-312	28531/244		Star Alliance c/s
☐	9V-SYF	Boeing 777-312	30868/360		
☐	9V-SYG	Boeing 777-312	28528/364		

☐	9V-SYH	Boeing 777-312	32317/420	ex N5020K	
☐	9V-SYI	Boeing 777-312	32327/484	ex N5028Y	
☐	9V-SYJ	Boeing 777-312	33374/503	ex N50217	
☐	9V-SYK	Boeing 777-312	33375/505		
☐	9V-SYL	Boeing 777-312	33376/515		

Those in the -SQx and SYx series have three class cabins while those in -SRx and -SVx series are two class configuration; the -SYx and -SVx series are higher gross weight for international flights
Twenty Boeing 787-912s are on order for delivery from early 2011 to 2013 plus 20 Airbus A350-900XWBs for delivery 2013-2015 (will also lease nineteen Airbus A330-300s from 2009-2010)
SilkAir and Singapore Airlines Cargo are wholly owned, also owns 49% of Virgin Atlantic and Tiger Airways. Member of Star Alliance

SINGAPORE AIRLINES CARGO
Singapore Cargo (SQ/SQC) (IATA -)   *Singapore-Changi (SIN)*

☐	9V-SFA	Boeing 747-412F	26563/1036	ex N60659	
☐	9V-SFB	Boeing 747-412F	26561/1042		
☐	9V-SFC	Boeing 747-412F	26560/1052		Lsd to CCA as B-2409
☐	9V-SFD	Boeing 747-412F	26553/1069		
☐	9V-SFE	Boeing 747-412F	28263/1094	ex B-2428	Lsd to GWL
☐	9V-SFF	Boeing 747-412F	28026/1105		
☐	9V-SFG	Boeing 747-412F	26558/1173		
☐	9V-SFH	Boeing 747-412F	28032/1224	ex B-2429	Lsd to GWL
☐	9V-SFI	Boeing 747-412F	28027/1256		
☐	9V-SFJ	Boeing 747-412F	26559/1285		
☐	9V-SFK	Boeing 747-412F	28030/1298		
☐	9V-SFL	Boeing 747-412F	32897/1322	ex N5022E	
☐	9V-SFM	Boeing 747-412F	32898/1333		
☐	9V-SFN	Boeing 747-412F	32899/1342		
☐	9V-SFO	Boeing 747-412F	32900/1349		
☐	9V-SFP	Boeing 747-412F	32902/1364		
☐	9V-SFQ	Boeing 747-412F	32901/1369		

Wholly owned subsidiary of Singapore Airlines; three Boeing 747-400BCFs are on order for delivery by-2009. Owns 25% of Great Wall Airlines who plan to restart operations in 2007

TIGER AIRWAYS
(TR/TGW)   *Singapore-Changi (SIN)*

☐	9V-TAB	Airbus A320-232	2195	ex F-WWIZ	Lsd fr CIT Group
☐	9V-TAC	Airbus A320-232	2331	ex F-WWIF	Lsd fr Boullioun
☐	9V-TAD	Airbus A320-232	2340	ex F-WWIY	Lsd fr Boullioun
☐	9V-TAE	Airbus A320-232	2724	ex F-WWDO	
☐	9V-TAF	Airbus A320-232	2728	ex F-WWDU	
☐	9V-TAH	Airbus A320-232	2952	ex F-WWIV	
☐	9V-TAI	Airbus A320-232	2982	ex F-WWID	Lsd fr Macquarie AirFinance

A total of 70 Airbus A320-232s are on order
49% owned by Singapore Airlines. Tiger Airways Australia is a wholly owned subsidiary

VALUAIR
Value (VF/VLU)   *Singapore-Changi (SIN)*

☐	9V-VLA	Airbus A320-232	2156	ex F-WWDC	Lsd fr BOC Aviation
☐	9V-VLB	Airbus A320-232	2164	ex F-WWIF	Lsd fr BOC Aviation

Sister company of Jetstar Asia and controlled by holding company Orange Star, which is 40-49% owned by Jetstar Asia and 20% by Valuair

9XR- RWANDA (Rwanda Republic)

CONGO FRET ESPOIR

☐	9XR-EF	LET L-410UVP			
☐	9XR-EJ	LET L-410UVP	790216	ex 9L-LCP	stored GOM

RWANDAIR EXPRESS
Rwandair (WB/RWD) (IATA 459)   *Kigali (KGL)*

☐	ET-AKZ	de Havilland DHC-8-202	469	ex C-GLOT		Lsd fr/op by TNW
☐	7Q-YKW	Boeing 737-522	25384/2149	ex N917UA	Sapitwa	Lsd fr AML

23% owned by Silverback Cargo

SILVERBACK CARGO FREIGHTERS
Silverback (VRB)   *Kigali (KGL)*

☐	9XR-SC	Douglas DC-8-62F	46068/463	ex N990CF	Lsd fr Compass Air
☐	9XR-SD	Douglas DC-8-62F	45956/376	ex N994CF	Lsd fr Compass Air

Owns 23% of Rwandair Express

Operator Unknown

☐	9XR-DS	Antonov An-26	1302	ex RA-21507
☐	9XR-IM	WSK/PZL Antonov An-28	1AJ006-11	ex SP-FHR

9Y- TRINIDAD & TOBAGO (Republic of Trinidad & Tobago)

BRIKO AIR SERVICES
Aircarft were never delivered and remained in store in USA.

BRISTOW CARIBBEAN
Port of Spain (POS)

☐	9Y-BHI	Bell 412	33032	ex N418EH	
☐	9Y-EVS	Bell 412SP	33212	ex XA-SBJ	Lsd fr OLOG
☐	9Y-LNG	Bell 412	33009	ex N395AL	Lsd fr OLOG
☐	9Y-OLG	Bell 412	33011	ex XA-TXA	Lsd fr OLOG
☐	9Y-ONE	Bell 412EP	36421	ex N387AL	
☐	9Y-REP	Bell 412	33065	ex XA-TUW	
☐	9Y-SKY	Bell 412EP	36420	ex N8010C	
☐	9Y-TSP	Bell 412SP	33169	ex XA-TAM	
☐	9Y-TNT	Bell 412EP	36414	ex N386AL	
☐	9Y-BCO	Bell 212EP	36401	ex N8087N	
☐	9Y-BRS	Bell 212EP	36396	ex N10269	
☐	9Y-TEY	Bell 212	30640	ex VR-BFE	
☐	9Y-TIF	Bell 212	30615	ex G-BTYA	

Associated with Bristow Helicopters, subsidiary of Bristow Group

CARIBBEAN AIRLINES
West Indian (BW/BWA) (IATA 106)   Port of Spain (POS)

☐	9Y-ANU	Boeing 737-8Q8/W	28235/697	(ex 9Y-SLU)	Lsd fr ILFC
☐	9Y-BGI	Boeing 737-8Q8	28232/547		Lsd fr AerCap
☐	9Y-GEO	Boeing 737-8Q8	28225/433	ex PH-HSX	Lsd fr ILFC
☐	9Y-KIN	Boeing 737-8Q8/W	28234/680	(ex 9Y-ANU)	Lsd fr ILFC
☐	9Y-POS	Boeing 737-8Q8	28230/506		Lsd fr AerCap
☐	9Y-TAB	Boeing 737-8Q8/W	28233/598		Lsd fr ILFC
☐	9Y-TJQ	Boeing 737-8K2/W	30646/1122	ex PH-HZY	Lsd fr TRA
☐	9Y-WIP	de Havilland DHC-8Q-311	538	ex C-FDII	
☐	9Y-WIT	de Havilland DHC-8Q-311	487	ex OE-LSA	
☐	9Y-WIZ	de Havilland DHC-8Q-311	557	ex C-GEMU	

Owns 29% of LIAT

NATIONAL HELICOPTER SERVICES
Camden Heliport

☐	9Y-TGW	Sikorsky S-76A	760176		
☐	9Y-TGX	Sikorsky S-76A	760185		
☐	9Y-TJJ	Sikorsky S-76A++	760164	ex F-GMIE	
☐	9Y-TJW	Sikorsky S-76A++	760926	ex C-GZIL	
☐	9Y-NHS	Sikorsky S-76A++	760265	ex N82ES	
☐	9Y-THP	MBB Bo.105CBS-4	S-758	ex N725MB	
☐	9Y-TIC	MBB Bo.105CBS-4	S-837	ex N7161N	
☐	9Y-TIW	MBB Bo.105CBS-4	S-671	ex N4573S	
☐	9Y-TJF	MBB Bo.105CBS-4	S-732	ex F-OHQZ	

TOBAGO EXPRESS
Purchased by Caribbean Airlines and fleet merged into the parent 01 October 2007.

JET AND TURBOPROP AIRLINERS IN NON-AIRLINE SERVICE

Aircraft are listed in alphabetical order of manufacturer.
* Indicates a/c believed to be flown by stated operator; letters in square [ ] brackets relate to codes used.

Airbus A300

☐ F-BUAD	(B2-1C)	003	ex F-WUAD	Novaspace (Zero G trainer)
☐ YI-APX*	(B4-2C)	239	ex EK-30039	Government of Iraq
☐ 9K-AHI*	(C4-620)	344	ex PK-MAY	State of Kuwait [KAC]

Airbus A310

☐ 418*	(304)	418	ex F-WQIC	Republique Française / Armée de l'Air (call sign F-RADC) [CTM]	
☐ 421*	(304)	421	ex F-ODVD	Republique Française / Armée de l'Air (call sign F-RADA) [CTM]	
☐ 422*	(304)	422	ex F-ODVE	Republique Française / Armée de l'Air (call sign F-RADB) [CTM]	
☐ 1021*	(304)	498	ex D-AOAA	Bundesrepublik Deutschland /op by Luftwaffe [GAF]	
☐ 1022*	(304)	499	ex D-AOAB	Bundesrepublik Deutschland / op by Luftwaffe 'Theodor Heuss' [GAF]	
☐ 1023*	(304F/MRT)	503	ex D-AOAC	Luftwaffe 'Kurt Schumacher' [GAF]	
☐ 1024*	(304F/MRT)	434	ex D-AIDA	Luftwaffe 'Otto Lilienthal' [GAF]	
☐ 1025*	(304F/MRT)	484	ex D-AIDB	Luftwaffe 'Helmut Köhl' [GAF]	
☐ 1026*	(304F/MRT)	522	ex D-AIDE	Luftwaffe 'Hans Grade' [GAF]	
☐ 1027*	(304F/MRTT)	523	ex D-AIDI	Luftwaffe 'August Euler' [GAF]	
☐ 15001*	(304)	446	ex F-WQCQ	Canadian Armed Forces/437Sqdn [CFC] (as CC-150 Polaris '991')	
☐ 15002*	(304MRT)	482	ex C-GLWD	Canadian Armed Forces/437Sqdn [CFC] (as CC-150 Polaris '992')	
☐ 15003*	(304F)	425	ex C-FWDX	Canadian Armed Forces/437Sqdn [CFC] (as CC-150 Polaris '993')	
☐ 15004*	(304MRTT)	444	ex F-WQCQ	Canadian Armed Forces/437Sqdn [CFC] (as CC-150 Polaris '994')	
☐ 15005*	(304MRTT)	441	ex F-ZJCP	Canadian Armed Forces/437Sqdn [CFC] (as CC-150 Polaris '995')	
☐ 60202*	(324)	591	ex 44-444	Royal Thai Air Force/Royal Flight (call-sign HS-TYG)	
☐ AP-OOI*	(304)	473	ex A7-AAF	Pakistan Air Force	
☐ A7-AFE	(308)	667	ex F-WQTO	Qatar Amiri Flight [QAF]	
☐ CA-01*	(222)	372	ex 9V-STN	Belgian Defence, Aircomponent 15 W AirTpt [BAF]	
☐ CA-02*	(222)	367	ex 9V-STM	Belgian Defence, Aircomponent 15 W AirTpt [BAF]	
☐ EC-HLA*	(324ET)	489	ex OE-LAA	EADS-Airbus Boom Demo	
☐ HZ-NSA*	(304)	431	ex P4-ABU	Arabasco Flight Operations	
☐ T.22-1*	(304)	550	ex F-WEMP	Ejercito del Aire Espanol (coded 45-50)	
☐ T 22-2*	(304)	551	ex F-WEMQ	Ejercito del Aire Espanol (coded 45-51)	
☐ 9K-ALD*	(308)	648	ex F-WWCR	State of Kuwait [KAC]	

Airbus A318

☐ HB-IPP	(111)	2910	ex D-AIJA	Comlux Aviation / Air Luther [CLA]	[Elite]
☐ HB-IPQ	(111)	3363	ex D-AUAB	Comlux Aviation [CLA] on order	[Elite]
☐ HB-	(111)			Comlux Aviation [CLA] on order	[Elite]
☐ HB-	(111)			Comlux Aviation [CLA] on order	[Elite]
☐ HB-	(111)			Comlux Aviation [CLA] on order	[Elite]
☐ D-AIEA	(112X)	3100	ex D-AUAN	Global Jet Luxembourg	[Elite]
☐ VP-CKS	(112X)	3238	ex D-AUAJ	National Air Service	[Elite]
☐ D-AIMM	(112X)	3333	ex D-AUAA	Operator unknown; on order	[Elite]
☐	(112X)		ex D-AU	National Air Service; on order	[Elite]
☐	(112X)		ex D-AU	National Air Service; on order	[Elite]
☐	(112X)		ex D-AU	National Air Service; on order	[Elite]

Three Airbus A318 Elites are on order for JetAlliance plus five for Petters Group Worldwide, one each for Al Jaber Aviation and BAA Jet Management.

Airbus A319

☐ 0001*	(133X)	1468	ex D-AVYQ	Republica Bolivariana de Venezuela; GAT4/Esc41	[CJ]
☐ 1485*	(115X)	1485	ex F-GXFA	Republique Française / Armée de l'Air (callsign F-RBFA) [CTM]	[CJ]
☐ 1556*	(115X)	1556	ex F-GXFB	Republique Française / Armée de l'Air (callsign F-RBFB) [CTM]	[CJ]
☐ 2101*	(133X)	2263	ex D-AICY	Government of Brazil 'Santos Dumont' (VC-1A)	[CJ]
☐ 2801*	(115X)	2801	ex D-AVWU	Cesca Republica (op by Czech AF) [CEF]	[CJ]
☐ 3085	(115X)	3085	ex D-AICY	Cesca Republica (op by Czech AF) [CEF]	[CJ]
☐ A6-ESH*	(113X)	0910	ex D-AWFR	Sharjah Ruler's Flight [SHJ]	[CJ]
☐ A7-HHJ*	(133X)	1335	ex A7-ABZ	Qatar Amiri Flight 'Al Rayan' [QAF]	[CJ]
☐ CS-TLU*	(133X)	1256	ex F-GSVU	Omni Aviacao e Tecnologia [OAV]	[CJ]
☐ D-ADNA*	(133X)	1053	ex D-AVYN	DaimlerChrysler Aerospace [DCS]	[CJ]
☐ EK-RA01	(132)	0913	ex HZ-NAS	Government of Armenia [op by RNV]	
☐ HS-TYR*	(115X)	1908	ex 60221	Thai Airways, spare Royal Flight aircraft	[CJ]
☐ I-ECJA	(113LR)	2440	ex F-ONAS	Grupo Berlusconi	
☐ G-NMAK*	(115X)	2550	ex D-AVYH	Kharafi Group / Twinjet Leasing [TWJ]	[CJ]
☐ mm62174*	(115X)	1157	ex D-AACI	Aeronautica Militare Italiana (Repubblica Italiana)	[CJ]
☐ mm62209*	(115X)	1795	ex D-AWOR	Aeronautica Militare Italiana (Repubblica Italiana)	[CJ]
☐ mm62243*	(115X)	2507	ex D-AVIP	Aeronautica Militare Italiana (Repubblica Italiana)	[CJ]
☐ N320NP*	(112)	1494	ex F-WQRZ	ADI Charter Services [DNJ]	
☐ N3618F*	(115X)	2748	ex D-AVWB	Pharmair Corp / WFBN	
☐ OE-IAC	(115X)	3260	ex (UR-ABA)	Ukraina Aviapredpriatie / Jet Alliance	[CJ]
☐ OE-LGS	(115X)	3046	ex D-AVYF	Stumpf Group / JetAlliance [CLU]	[CJ]
☐ P4-ARL*	(133X)	2192	ex D-AIJO	SCM Aruba	[CJ]
☐ P4-MIS	(115X)	3133	ex D-AVXC	Sheikh Mustafa Ali Idris	[CJ]
☐ P4-VNL*	(115X)	2921	ex P4-VML	Global Jet Luxembourg	[CJ]

☐ TC-ANA*	(115X)	1002	ex TC-TCB	Turkiye Cumhuriyei (Turkish Government)	[CJ]
☐ UN-A1901*	(115X)	2592	ex HB-IPO	Government of Kazakhstan	[CJ]
☐ VP-BEX	(115X)	2706	ex D-AVIP	China Sonangol International [SOR]	[CJ]
☐ VP-BEY	(115X)	2675	ex D-AIJO	China Sonangol International [SOR]	[CJ]
☐ VP-CBN	(115X)	3243	ex D-AVHD	Operator unknown	[CJ]
☐ VP-CCJ*	(133X)	2421	ex D-AVYO	Al Salaam 319	[CJ]
☐ VP-CIE*	(133X)	1589	ex D-AVYF	Bugshan Group [op by LMJ]	[CJ]
☐ VP-CVX*	(133X)	1212	ex D-AVYE	Volkswagen Group/VW Air Services [WGT]	[CJ]
☐ VT-IAH	(115X)	2837	ex D-AIMM	Reliance Industries	[CJ]
☐ VT-VJM*	(133X)	2650	ex D-AICY	UB Group [Vijay Millya] 'Sidharta, Leana, Tanya' [op by KFR]	[CJ]
☐ 4K-AZ01*	(115X)	2487	ex D-AVWA	Government of Azerbaijan, 'Baku' [Op by AHY]	[CJ]
☐ 9M-NAA	(115X)	2949	ex D-AIDR	Penerbangan Malaysia [op by RMF]	[CJ]
☐	(115X)	3073	ex D-AIFR	China Sonangol International [SOR] on order	[CJ]
☐	(115X)	3298	ex D-AVYI	Operator unknown, on order	[CJ]
☐	(100X)	3356	ex D-AVYV	Operator unknown, on order	[CJ]

Three Airbus A319CJs are on order for VistaJet plus two for Luftwaffe in 2010 and one for BAA Jet Management/C Jet.

Airbus A320

☐ A4O-AA*	(232)	2566	ex F-WWDG	Oman Royal Flight [ORF]
☐ A7-AAG*	(232)	0927	ex F-WWBA	Qatar Amiri Flight 'Laffan' [QAF]
☐ D-ATRA	(232)	0659	ex F-WWDB	DLR Flugbetriebe [GPL] (under conversion)
☐ F-WWBA*	(111)	0001	ex F-WWFT	EADS-Airbus (prototype, ff 22Feb87) [AIB]
☐ VP-CHM	(232)	3379	ex F-WWDL	SAAD (op by National Air Service)
☐ VP-CMS*	(232)	2403	ex ZK-OJJ	Operator unknown
☐ 9K-AKD*	(212)	2046	ex F-WWBG	State of Kuwait 'Al-Mobarakiya' [KAC]
☐ UN-A2001	(214)	3199	ex F-WWIY	Government of Kazakhstan

Airbus A321

☐ EP-AGB*	(231)	1202	ex F-WQSS	Islamic Republic of Iran [IRA]
☐ (HZ-WBT8)	(211)	0956	ex N695LC	Kingdom Holding

Airbus A330

☐ A7-HHM*	(202)	605	ex F-WWYX	Qatar Airways Amiri Flight (stored DOH) [QAF]
☐ A7-HJJ*	(202)	487	ex F-WWYM	Qatar Airways Amiri Flight 'Musheireb' [QAF]
☐ A39-001	(203/MRTT)	747	ex EC-330	Royal Australian Air Force (on order)
☐	(203/MRTT)		ex F-WW	Royal Australian Air Force
☐ 3B-TSL	(223)	863	ex F-WWYH	Midroc Aviation (stored TLS)

Three more Airbus A330-200MRTTs are on order for Royal Australian Air Force with delivery from 2008

Airbus A340

☐ A7-AAH*	(313X)	528	ex B-18851	Qatar Airways Amiri Flight [QAF]
☐ A7-HHH*	(541)	495	ex F-WWTQ	Qatar Airways Amiri Flight [QAF]
☐ A7-HHK*	(211)	026	ex F-WWJQ	Qatar Airways Amiri Flight [QAF]
☐ F-WWAI*	(311)	001		EADS-Airbus (Development aircraft, ff 25Oct91) [AIB]
☐ F-WWCA*	(642)	360	ex F-WWTA	EADS-Airbus Srs 600 prototype (ff 23Apr01) [AIB]
☐ F-RAJA*	(211)	075	ex F-HMAR	Republique Française / Armée de l'Air (also serial 75) [CTM]
☐ F-RAJB*	(211)	081	ex F-HCEL	Republique Française / Armée de l'Air (also serial 81) [CTM]
☐ HZ-124*	(213)	004	ex 'D-ACME'	Royal Saudi Air Force (conv to flying hospital)
☐ JY-ABH*	(211)	009	ex V8-AM1	Hashemite Kingdom of Jordan [RJA]
☐ SU-GGG*	(212)	061	ex F-WWJI	Government of Arab Republic of Egypt [EGY]
☐ VP-CCC*	(642)	779	ex F-WWCS	SAAD (op by National Air Service)
☐ HZ-HMS*	(213X)	204	ex V8-AC3	Royal Saudi Air Force
☐ V8-BKH*	(212)	046	ex V8-PJB	Sultan's Flight
☐ 5A-ONE*	(213)	151	ex HZ-WBT4	Government of Libya [AAW]

Airbus A380

☐ F-WWDD*	(841)	004		EADS-Airbus (second prototype); ff 28Oct05 for ETD [AIB]
☐ F-WWJB	(841)	007	ex F-WWSD	EADS Airbus, ff 19Feb06 for ETD [AIB]
☐ F-WWOW*	(841)	001		EADS-Airbus (first prototype, ff 27 Apr 05) [AIB]
☐ F-WWSF	(861)	009		EADS Airbus (first GP7200 powered aircraft) ff25Aug06 [AIB]
☐ F-WXXL*	(841)	002		EADS-Airbus (third protype); ff 03Nov05 for ETD [AIB]
☐ HZ-	(841)		ex F-WW	Kingdom Holding (on order)

Antonov An-12

☐ D2-FRI	(BP)	7345210	ex 10 yellow	
☐ RA-11529	(V)	6344109		MiG
☐ TU-VMA				
☐ UR-11352*	(BP)	401810?	ex CCCP-11352	Government of Ukraine

Antonov An-24

☐ JU-7050*				Government of Mongolia
☐ JU-7070*				Government of Mongolia
☐ S9-CAU				
☐ S9-GRD	(RV)	77310709	ex RA-47364	(identity not confirmed)

- ☐ XU-052
- ☐ XU-311* (RV) 27307803 ex CCCP-47261 Government of Cambodia
- ☐ YV1708 77302903 Gustavo Briceno

Antonov An-26

- ☐ C9-AUI* 12303 ex LAF 8206 Mozambique Air Force
- ☐ D2-EPN* 7804 Government of Angola
- ☐ D2-FBN
- ☐ RA-26661* 8009 ex CCCP-26661 SVO Research Institute
- ☐ ST-GFD
- ☐ TR-DVA
- ☐ UN-26167* 17311505 ex CCCP-26167 Kazakstan Government
- ☐ UR-26522* 87307103 ex CCCP-26521 ENIKS (calibrator)
- ☐ UR-26526* 7208 ex CCCP-26526 UKSATE [UTS] (calibrator)
- ☐ UR-26531* 7403 ex CCCP-26531 UKSATE [UTS] (calibrator)
- ☐ 3C-BAA Baron Congo Mining
- ☐ 3X-GAI
- ☐ 5R-MVP* (B) 07310208 ex RA-26021 Armee de l'Air Malgache

Antonov An-28/WSK-PZL M.28

- ☐ N305ST* AJE003-05 MWC Aircraft
- ☐ UR-28737* 1AJ007-25 ex RA-28737 Air Space Agency
- ☐ UR-28764 IAJ004-13 ex CCCP-28764
- ☐ YV1056* IAJ007-15 ex YV-1041CP
- ☐ YV1136* IAJ007-12 ex RA-28727
- ☐ YV1756* IAJ005-13 ex ES-DAB TA Corp 2006
- ☐ YV1769* M.28 AJE001-02 ex YV-1173C
- ☐ YV2032* IAJ007-16 ex ES-DAA TA Corp 2006
- ☐ YV2157* IAJ007-02 ex RA-28717
- ☐ YV148T* 1AJ004-08 ex YV-1147CP Skydive Venezuela
- ☐ 4L-28001 1AJ005-20 ex UR-28787
- ☐ 9L-LFN 1AJ006-17 ex RA-28707

Antonov An-30

- ☐ RA-26226* 0706 ex CCCP-26226 Russian Air Force 'Open Skies'
- ☐ RA-30078* 0507 ex CCCP-30078 Russian Air Force 'Open Skies'

Antonov An-32

- ☐ 707* (B) 3310 Government of Croatia/Croatian Air Force
- ☐ 727* (B) 2810 ex 021 Government of Croatia/Croatian Air Force
- ☐ D2-FDQ
- ☐ HZ-TAM* 2708 Arabasco Flight Operations, status uncertain
- ☐ OB-1624/PNP-227 (B) 3307 ex YL-LDD Peruvian Police
- ☐ OB-1625/PNP-228 (B) 3308 ex YL-LDE Peruvian Police
- ☐ ST-PAW 3209 ex EK-48026 Sudan Police Air Wing (also 203)
- ☐ S9-BOI* 2109 ex ER-AEU Chik Oil, Angola
- ☐ 3C-5GE* 1609 Government of Equatorial Guinea

Antonov An-38

- ☐ 41910* (200) 38.02.002 NAPO Aviatrans

Antonov An-74

- ☐ D2-MBR ex Forca Aerea Nacional Angolana
- ☐ D2-MBS 72080786 ex ER-AVD Forca Aerea Nacional Angolana
- ☐ RDPL-34018* (TK-100) 470991005 Government of Laos (VIP)
- ☐ RDPL 470991012 Government of Laos
- ☐ ST-PRB* 47096918 ex RA-74024 Government of the Sudan
- ☐ SU-BPM* (T200A) 47098977 ex UR-CES Government of the Arab Republic of Egypt [EGY] (also serial 1255)
- ☐ UR-YVA* (TK-300) 47098984 ex UR-LDK Government of Ukraine [UKN]
- ☐ UR-74033* Artos

Construction numbers are preceded by 365 (factory code)

Antonov An-148

- ☐ UR-NTA* 0101 Antonov - prototype (ff 17Dec04)
- ☐ UR-NTB* 0102 Antonov - second prototype (ff 19Apr05)

ATR 42

- ☐ F-GEQJ (300) 008 Soc Normandie d'Enterprise, stored La Rochelle
- ☐ F-GFJH* (300) 049 Direction Generale de l'Aviation Civile/SEFA (calibrator)
- ☐ F-HMTO* (300) 078 ex F-WMTO ETAT Francais/Metro France CNRM/Centre d'Aviation Meteorologique
- ☐ mm62165* (420MP) 500 ex F-WWEW Guardia di Finanza/Italian Coast Guard
- ☐ mm62166* (420MP) 502 ex CM-X62166 Guardia di Finanza/Italian Coast Guard
- ☐ mm62170* (420MP) 466 ex CS-X62170 Guardia di Finanza/Italian Coast Guard
- ☐ mm62208* (420MP) 615 ex CS-X62208 Guardia Costiera/Italian Customs
- ☐ mm62230 (420MP) 620 ex CS-X62230 Guardia Costiera/Italian Customs

☐	N212AZ	(300)	016	ex F-WHHS	Blue Ridge Aviation / Kramer Investment Co (Op for US Govt)
☐	N215BB*	(320)	358	ex F-WQNP	US Department of Justice
☐	N315CR	(320)	252	ex F-WWEE	Blue Ridge Aviation / Jefferson Financial Co (Op for US Govt)
☐	N470JF	(320)	247	ex N106LM	Blue Ridge Aviation / Jefferson Financial Co (Op for US Govt)
☐	TR-KJD*	(300F)	131	ex F-WWEB	Government of Gabon
☐	ZS-LUC	(300)	032	ex PH-RAK	Turbo Air Partnership

ATR 72

☐	F-WWEY*	(212A)	098		ATR (prototype, ff 27Oct88)
☐		(212A)	768	ex F-WWEG	Turkish Navy

Nine more modified for anti-submarine warfare and maritime patrol aircraft on order for Turkey plus two for Thai Air Force

Beech 99

☐	D-IEXE*		U-46	ex (N99LM)	Skydive Portugal (op by Air Service Wildgruber)]
☐	JA8801*	(B99)	U-163	ex N9387S	Senpaku Gijyutsu Kenkyu-jo
☐	N9FH		U-94	ex F-OGKF	Ozark Aircraft Sales
☐	N99NN*		U-10	ex D-IBSP	Skydive Factory
☐	N126WD		U-126	ex C-FQCP	Flanagan Enterprises (Nevada)
☐	N205TC		U-4	ex N133PM	Flanagan Enterprises (Nevada)
☐	N80275*	(99A)	U-134	ex N204FW	US Dept of Justice / J-PATS
☐	PT-FSC*		U-65	ex PP-FSC	Ministry of the Interior / SUDEM (status?)
☐	5R-MKG*		U-21	ex F-GFPE	Aeromarine

Beech 1900

☐	AP-BGH*	(C-1)	UC-165	ex N55456	Leni Overseas Development/Aircraft Sales & Services
☐	A2-OLM*	(D)	UE-423	ex N3241X	Debswana Diamond
☐	A6-YST*	(D)	UE-324	ex ZS-OYL	Dubai Air Wing [DUB]
☐	C-GSLB*	(D)	UE-264	ex N10759	Pentastar Transportation
☐	CS-DOC*	(D)	UE-371	ex N371UE	Netjets Europe (crew and parts shuttle service) [NJE]
☐	C6-	(C)	UB-24	ex N218VP	Aviation One of Florida
☐	F-GOOB*	(C)	UC-153	ex N153YV	Chalair [CLG]
☐	HL5231	(D)	UE-317	ex N713UE	Hanseo University
☐	HZ-PC2*	(C-1)	UC-4	ex N3078C	Arabasco Flight Operations
☐	N5YV	(D)	UE-5		RC Mustang Leasing
☐	N20RA*	(C)	UB-42	ex (N272HK)	Dept of the Air Force / EG & G Group
☐	N27NG	(D)	UE-382	ex N843CA	Northrop Grumman Systems
☐	N29NG*	(D)	UE-303	ex N11249	Northrop Grumman Systems
☐	N45AR*	(D)	UE-12	ex N138MA	CSC Applied Technologies / AUTEC Aviation Services (op for USN)
☐	N45UE	(D)	UE-45	ex D-CBCC	Raytheon Aircraft Credit Corp
☐	N46AR*	(D)	UE-27		CSC Applied Technologies / AUTEC Aviation Services (op for USN)
☐	N63MW*	(D)	UE-258	ex N28NG	Management West
☐	N156E	(D)	UE-156	C-FJVU	Skyline Enterprises
☐	N165GC	(D)	UE-378	ex N834CA	ERG Aviation IV
☐	N175MH	(D)	UE-75	ex JA016A	Mansfield Heliflight
☐	N191CS	(D)	UE-392	ex N855CA	Phelps Dodge Corp; stored Lanseria, RSA
☐	N191TV*	(C)	UB-64	ex N23BD	Craig Air Center
☐	(N192TV)	(C-1)	UC-67	ex N902SC	Craig Air Center
☐	N196NW*	(D)	UE-362	ex N23627	Intel Corp / WFBN
☐	N305PC*	(D)	UE-299		Aviation Air LLC
☐	N368DC*	(D)	UE-368	ex N30535	Dow Chemical Co
☐	N376SA*	(C)	UB-72	ex N504RH	Joda LLC
☐	N378SA	(C)	UB-31	ex N196GA	Joda LLC
☐	N410MN	(C-1)	UC-167	ex N167GL	M&N Aviation
☐	N412CM*	(C-1)	UC-173	ex N371UC	Profile Aviation Services
☐	N413CM*	(C-1)	UC-13	ex N33014	Profile Aviation Services
☐	N420CM	(C-1)	UC-131	ex N15486	Profile Aviation Services
☐	N470MM*	(D)	UE-394	ex N41255	Schwans Shared Services
☐	N534M*	(D)	UE-333	ex N23235	Menard
☐	N535M*	(D)	UE-332		Menard
☐	N536M*	(D)	UE-334		Menard
☐	N623RA*	(C-1)	UC-163	ex N3043L	Department of the Air Force (based Nellis AFB)
☐	N640MW*	(C-1)	UC-1	ex N3114B	Marvin Lumber & Cedar
☐	N655MW	(D)	UE-377	ex N833CA	Marvin Lumber & Cedar
☐	N659WF*	(D)	UE-290	ex N18153	Williams Air Services
☐	N733DC	(D)	UE-307	ex N22761	Niagara Mohawk Power Corp
☐	N800CA*	(D)	UE-383	ex N31686	Ruand
☐	N1883M*	(D)	UE-354	ex N30414	Meijer Distribution
☐	N4222A*	(D)	UE-422		Tenax Air
☐	N6800J		UA-2		Hawker Beechcraft
☐	N22889*	(D)	UE-314	ex 9N-AFW	Tenax Aviation
☐	N83413	(D)	UE-25		Hawker Beechcraft (corporate shuttle)
☐	N85516*	(D)	UE-61	ex N855CA	US Department of State
☐	P-2033*	(D)	UE-415	ex N44829	Indonesian Police
☐	SU-BLA*	(C-1)	UC-33	ex N7242U	Arab Republic of Egypt Air Force (also 4802) [EGY]
☐	VH-EMI	(C-1)	UC-109		Defence Science and Technology Organisation
☐	VH-PSK*	(D)	UE-311	ex N10984	Queensland Police Services
☐	VT-KDA*	(D)	UE-284	ex VT-AMA	Reliance Industries (stored DUS)
☐	VT-TOI*	(D)	UE-353	ex D-CSAG	Jubilant Enpro
☐	YV149T	(C-1)	UC-43	ex N1900C	Cessna Finance Corp

717

☐	YV1106	(D)	UE-241	ex YV-1152CP	Chevron Texaco Global Technology Services / Wings Aviation
☐	YV1674				Servicio Panamericano de Proteccion
☐	YV1894	(D)	UE-157	ex YV-837CP	Toyota / Tocars de Venezuela
☐	ZS-OLD	(C-1)	UC-137	ex ZS-OLV	CEM Air
☐	ZS-OLG	(C-1)	UC-144	ex ZS-OKA	CEM Air
☐	ZS-OLW	(D)	UE-33	ex N33YV	Bee-Chee Aircraft
☐	ZS-OMC	(D)	UE-18	ex N18YV	ACIA Aircraft
☐	ZS-PIR	(D)	UE-29	ex OY-GMP	King Air Service Partnership
☐	ZS-PUD	(C-1)	UC-39	ex N39019	CEM Air
☐	ZS-TAB	(C)	UC-19	ex N119CU	Jetset Aviation
☐	ZS-TIL	(D)	UE-21	ex 5Y-RAE	Bee-Chee Aircraft (op for UN)
☐	ZS-TPL	(C-1)	UC-78	ex N78YV	Terricor Trading
☐	5N-MPA*	(D)	UE-149	ex N3217L	Mobil Producing Nigeria
☐	5N-MPN*	(D)	UE-77	ex N82936	Mobil Producing Nigeria
☐	5Y-BSP	(D)	UE-97	ex N97UX	United Nations
☐	7T-WRD	(D)			Algerian Air Force
☐	7T-WRF	(D)	UE-305	ex N33546	Algerian Air Force
☐	7T-WSB	(D)			Algerian Air Force
☐	7T-WSF	(D)			Algerian Air Force

Beriev BE-12P

☐	RA-00041*		8601004	ex 41 yellow	TANTK / Avialesoochrana 'Stoyki'
☐	RA-00049*		9601704	ex 49 yellow	TANTK / Avialesoochrana 'Ugryumy'

Boeing 707

☐	242*	(344C)	20110/800	ex 4X-BYQ	Israeli Air Force (VIP/transport a/c) (also 4X-JYQ)
☐	260*	(3J6B)	20716/880	ex 4X-BYN	Israeli Air Force (VIP/tanker a/c) (also 4X-JYN)
☐	264*	(3J6C)	20721/875	ex 4X-BYH	Israeli Air Force (VIP/transport a/c) (also 4X-JYH)
☐	272*	(3L6C)	21096/900	ex P4-MDJ	Israeli Air Force (VIP/transport a/c) (Comtran 2)
☐	275*	(3P1C)	21334/923	ex A7-AAA	Israeli Air Force (VIP/tanker a/c) (Comtran 2)
☐	290*	(3W6C)	21956/941	ex 4X-980	Israeli Air Force (VIP/tanker a/c) (Comtran 2)
☐	319	(323C)	19575/714	ex OB-1371	Fuerza Aerea del Peru / Peruvian Air Force [FPR]
☐	902*	(351C)	19443/611	ex CC-CCK	Fuerza Aérea de Chile
☐	1001*	(368C)	21396/928	ex EP-NHY	Government of Islamic Republic of Iran (op by IRIAF)
☐	1002*	(320C)		ex	Government of Islamic Republic of Iran (op by IRIAF)
☐	1415*	(328C)	19522/596	ex (ZS-LSI)	South African Air Force (also AF-615)
☐	1417*	(328C)	19723/665	ex (ZS-LSJ)	South African Air Force (also AF-617)
☐	1419*	(328C)	19917/763	ex (ZS-LSK)	South African Air Force (also AF-619) (stored)
☐	1423*	(344C)	19706/691	ex 3D-ASC	South African Air Force (also AF-623)
☐	(1902)*	(YE8B)	24503/1001	ex N707UM	Royal Saudi Air Force
☐	2401*	(345C)	19840/679	ex PP-VJY	Forca Aerea Brasileira
☐	2404*	(324C)	19870/702	ex PP-VLK	Forca Aerea Brasileira (status?)
☐	6944*	(384C)	19760/715	ex SX-DBD	Fuerza Aerea Venezolana (dbr Managua 31May 2007)
☐	68-19635*	(351C)	19635/706	ex AP-BAA	Pakistan Air Force 'Pakistan 1' (VIP)
☐	68-19866*	(340C)	19866/738	ex AP-AWY	Pakistan Air Force
☐	A20-624*	(338C)	19624/689	ex VH-EAD	Royal Australian Air Force 'Richmond Town'
☐	ARC-707*	(373C)	20301/835	ex OB-1592	Armada Nacional - Republica de Colombiana
☐	D2-MAN*	(321C)	20025/780	ex N707KS	Republica de Angola (Comtran 2)
☐	D2-TPR*	(3J6B)	20715/870	ex B-2404	Republica de Angola (Comtran 2)
☐	1201*	(373C)	19716/644	ex HL7425	Fuerza Aerea Colombiana
☐	FAP-01*	(321B)	18957/472	ex ZP-CCF	Fuerza Aerea Paraguaya, GATE
☐	K-2899*	(337C)	19988/736	ex VT-DXT	Indian Air Force / Aviation Research Centre
☐	LX-N20199*	(329C)	20199/826	ex OO-SJN	NATO / AEWF
☐	mm62148*	(3F5C)	20514/857	ex CS-TBT	Aeronautica Militare Italiana (Italian AF)
☐	mm62149*	(382B)	20298/840	ex CS-TBG	Aeronautica Militare Italiana (Italian AF)
☐	mm62151*	(3F5C)	20515/859	ex CS-TBU	Aeronautica Militare Italiana (Italian AF)
☐	N88ZL*	(330B)	18928/457	ex N5381X	Principal Air Services / DB Air (BAC 3)
☐	N404PA*	(321B)	18835/408		Air Force Material Command (test a/c)
☐	N707AR*	(321B)	20029/790	ex EL-AKS	Omega Air (tanker/transport conversion)
☐	N707CA	(351B)	18586/345	ex P4-FDH	Omega Air (stored Mojave, CA)
☐	N707FR	(382B)	19740/676	ex mm62150	Omega Air
☐	N707HE	(330C)	20124/806	ex (PT-WSM)	Omega Air (707RE test aircraft; ff 9 August 2001, stored San Antonio, TX)
☐	(N707HT)	(379C)	19821/718	ex 5X-EOT	Roger H Turnbaugh; regn pending
☐	N707JT*	(138B)	18740/388	ex N707XX	Jett Clipper Johnny (J Travolta) [BAC 3]
☐	N707KN	(366C)	20919/888	ex SU-AXJ	Omega Air (stored Marana, AZ)
☐	N707LG	(3M1C)	21092/899	ex A-7002	Jetran LLC
☐	N707MQ	(368C)	21368/925	ex HZ-HM3	Omega Air (stored Bucharest)
☐	N707QJ	(368C)	21261/919	ex A20-261	TM Vaughan / Turbine Motor Works (stored Manston, UK)
☐	N931NA*	(KC-135A) 18615/T0654		ex 63-7998	NASA, Johnson Space Center, TX
☐	T.17-1*	(331B)	20060/773	ex N275B	Ejercito del Aire Espanol
☐	T.17-2*	(331C)	18757/387	ex N792TW	Ejercito del Aire Espanol, 471Esc (coded 47-02)
☐	T.17-3*	(368C)	21367/922	ex N7667B	Ejercito del Aire Espanol
☐	TZ-TAC*	(3L6B)	21049/896	ex YR-JTX	Government of Mali (BAC 3)
☐	VT-DVB*	(337C)	19248/549	ex K-2900	Indian Air Force / Aviation Research Centre
☐	5A-DAK*	(3L5C)	21228/911		Government of Libya [LAA]
☐	9Q-CLK*	(138B)	17702/64	ex N707SK	Government of DRC

Boeing 720

☐	C-FETB*	(023B)	18024/177	ex OD-AFQ	Pratt & Whitney Canada (engine testbed) [PWC]
☐	N720H*	(051B)	18384/237	ex N720GT	Honeywell International (engine testbed)
☐	N720PW*	(023B)	18021/173	ex C-FWXI	Pratt & Whitney Engine Services (engine testbed) [PWC]
☐	P4-NJR	(047B)	18453/314	ex HZ-KA4	JR Executive Aruba (stage 2) (stored Beirut)

Boeing 727

☐	1720*	(264)	22412/1720	ex 3507	Fuerza Aerea Mexicana (FedEx 3)
☐	3501*	(14)	18912/169	ex 10501	Fuerza Aerea Mexicana (also XC-FAD)
☐	3503*	(14)	18908/133	ex 10503	Fuerza Aerea Mexicana (also XC-FAY)
☐	3504*	(14)	18909/150	ex 10504	Fuerza Aerea Mexicana (also XC-FAZ)
☐	3505*	(264)	22661/1757	ex XA-MXA	Fuerza Aerea Mexicana (FedEx 3)
☐	3506*	(264)	22662/1776	ex XA-MXB	Fuerza Aerea Mexicana (FedEx 3)
☐	A9C-BA*	(2M7/W)	21824/1595	ex N740RW	Bahrain Royal Flight (Super 27 conv) [BAH]
☐	HZ-AB3*	(2U5/W)	22362/1657	ex V8-BG1	Al-Anwa Establishment (Super 27 conv) (stored Lasham)
☐	HZ-HR3*	(2Y4/W)	22968/1815	ex HZ-RH3	Saudi Oger (Super 27 conv)
☐	HZ-MBA*	(21)	19006/262	ex HZ-OCV	Express Camel Aviation (FedEx 3) (stored Amman)
☐	HZ-SKI*	(212/W)	21460/1340	ex P4-SKI	Precision International / ARAVCO [Super 27]
☐	JY-HS2*	(2L4/W)	21010/1100	ex VR-CCA	HS Aviation (stored Fort Worth-Alliance, TX)
☐	J2-KBA*	(191)	19394/418	ex N727X	Presidence de la Republique de Djibouti (FedEx 3)
☐	N25AZ	(30)	18370/134	ex 7P-DPT	D Tokoph / Aviation Consultants
☐	N30MP*	(21)	18998/239	ex N111JL	MP Aviation (Raisbeck 3)
☐	N31TR*	(212)	21948/1510	ex VR-COJ	280 Holdings (Super 27)
☐	N40*	(25C/W)	19854/628	ex N8171G	Federal Aviation Administration (Dugan 3) [NHK]
☐	N67JR*	(30/W)	18936/249	ex N18HH	Bank of Utah (Super 27) (stored)
☐	N104HR	(223)	21525/1475	ex C-GDSJ	Paradigm Air Operators / Air Corp (Raisbeck 3)
☐	N113*	(30)	18935/234	ex N18G	Blue Falcon (FedEx 3)
☐	(N143AZ)	(294)	22043/1559	ex C5-GAL	Blue Falcon [Raisbeck 3] stored Polokwane
☐	(N152AS)*	(27)	19535/456	ex N766JS	One Charter (stored San Antonio, TX)
☐	N169KT*	(269)	22359/1652	ex 9K-AFA	Strong Aviation / WTCo (Raisbeck 3)
☐	N252RL	(281)	21456/1318	ex HL7536	Trans Pacific Leasing (stored)
☐	N289MT*	(223)	22467/1765	ex N710AA	Raytheon Company (FedEx 3) (testbed)
☐	N311AG*	(17)	20512/858	ex N767RV	Gordon P & Anne Getty (Super 27)
☐	N359PA	(230)	20789/1015	ex D-ABSI	WTCo (stored Perpignan)
☐	N400RG*	(22/W)	19149/481	ex N7085U	MBI-1 Aviation 'Al Bashaer' (Super 27)
☐	N410BN	(223)	21387/1335	ex N875AA	Cybergate Nevada [FedEx 3]
☐	N502MG*	(191)	19391/309	ex N502RA	Roush Racing / RD Aviation (FedEx 3)
☐	N503MG*	(191)	19392/317	ex N503RA	Roush Racing / RD Aviation (FedEx 3)
☐	N504MG*	(191)	19395/431	ex N810SC	Roush Racing / RD Aviation (FedEx 3)
☐	N614PA*	(227)	20738/977	ex C-GLSJ	Paradigm Air / WFBN (Raisbeck 3)
☐	N615PA*	(243)	21266/1227	ex C-GMSJ	Paradigm Air / New Jersey Devils NHL (FedEx 3)
☐	N698SS*	(223)	21369/1275	ex N864AA	Southwest Sports / Texas Rangers (Raisbeck 3)
☐	N706JP*	(35)	19835/501	ex N727HC	Petters Group Worldwide (FedEx 3)
☐	N720DC*	(77)	19253/296	ex N448DR	Aerodyne, stored damaged at West Palm Beach, FL
☐	N724CL*	(51)	19121/264	ex N299LA	Classic Limited Air / op by Clay Lacy Aviation (Raisbeck3) [CLY]
☐	N724YS*	(281/W)	21474/1378	ex N240RC	Horta LLC (Op for San Jose Sabre Cats) (Super 27)
☐	N727AH*	(21)	19261/422	ex N727PX	Classic Designs of Tampa Bay (Raisbeck 3)
☐	N727EC*	(30)	18365/52	ex N700TE	Aircraft Guaranty Corp
☐	N727GG*	(95)	19252/327	ex HZ-WBT2	Trans Gulf (FedEx 3)
☐	(N727LL)*	(2X8/W)	22687/1784	ex N721MF	WFBN / Talos Aviation (Duganair 3)
☐	N727M*	(221)	22541/1797	ex N369PA	Nomads (Super 27)
☐	N727NK*	(212/W)	21945/1502	ex N317NE	Roush Air (Duganair 3)
☐	N727NY	(232/W)	20646/967	ex N523PE	727 Exec-Jet (stored Miami, FL)
☐	N727PN*	(17)	20327/797	ex N624VA	Enterprise Aviation / WFBN (Super 27)
☐	N727VJ*	(44/W)	19318/348	ex N44MD	N727VJ Inc (Duganair 3QWS)
☐	N753AS	(22C)	19203/434	ex N753AL	Jet Midwest
☐	N777KY*	(2B6)	21068/1107	ex N119GA	Team Aviation / New Orleans Hornets) (FedEx 3)
☐	N800AK*	(23/W)	20045/596	ex N727WF	Peninsula Aviation (RR Tay engines)
☐	N878AA*	(223)	21390/1361		N878 Holdings / CSI Aviation Services / JPATS [DOJ]
☐	N908JE*	(31/W)	20115/735	ex N505LS	JEGE (Super 27)
☐	N2688Z	(44C)	20476/857	ex ZS-SBI	Kando Jet
☐	N17773*	(227)	21045/1133	ex N563PE	Monfort Aviation/Elan Express (Raisbeck 3)
☐	P4-JLD*	(193)	19620/377	ex VR-CWC	Tatarstan Flights (Raisbeck 3)
☐	P4-MMG*	(30)	18368/117	ex VP-CMM	Amel Aruba / MMG Aviation (Raisbeck 3)
☐	P4-FLY*	(22)	19148/473	ex P4-ONE	Aviation Connexions / My Personal Jets (FedEx 3)
☐	TJ-AAM*	(2R1)	21636/1414		Republc of Cameroon
☐	TY-24A	(256)	20819/1018	ex EC-CFI	Republic of Benin
☐	TZ-MBA	(2K5/W)	21853/1640	ex P4-JLI	Government of Mali
☐	VP-BAA*	(51)	19123/334	ex N727AK	Marbyia Investments (Raisbeck 3)
☐	VP-BAB*	(76/W)	19254/298	ex N682G	Marbyia Investments (Super 27)
☐	VP-BAP*	(21)	19260/412	ex N727GP	Malibu Consulting (Super 27)
☐	VP-BDJ*	(23/W)	20046/605	ex VR-BDJ	DJ Aerospace / Trump Group (Duganair 3 QWS)
☐	VP-BNA*	(21RE)	19262/426	ex VR-BNA	Mid-East Jet / Skyjet (FedEx 3)
☐	VP-BIF	(1H2/W)	20533/869	ex N727XL	New Century Aviation-Oregon (Super 27)
☐	VP-CJN*	(76)	20371/822	ex 5X-AMM	Starling Aviation (FedEx 3)
☐	VP-CKA*	(82)	20489/856	ex VR-CKA	SAMCO Aviation (stored Southend) [FedEx 3]
☐	VP-CMN*	(46)	19282/495	ex VR-CMN	IDG (Cayman)
☐	VP-CZY *	(2P1/W)	21595/1406	ex N727MJ	Dunview Ltd (Super 27) [op by PJS]
☐	XC-FPA	(264)	22413/1728	ex XC-PFA	Policia Federal Preventiva / Mexican Federal Police (FedEx 3)

719

☐ XC-MPF	(264)	22664/1780	ex XA-MXD	Policia Federal Preventiva / Mexican Federal Police (FedEx 3)
☐ XC-NPF	(264)	22663/1778	ex XA-MXC	Policia Federal Preventiva / Mexican Federal Police (FedEx 3)
☐ XC-OPF	(264)	22676/1754	ex XA-MEZ	Policia Federal Preventiva / Mexican Federal Police (FedEx 3)
☐ XT-BBE*	(14)	18990/238	ex N21UC	Government of Burkina Faso
☐ XT-BFA*	(282/W)	22430/1715	ex N727RE	Government of Burkina Faso / PetcoAir (Dugan 3/QWS)
☐ ZS-PVX*	(2N5/W)	22825/1805	ex 5N-FGN	PL Logistics Corp (Super 27)
☐ 4K-8888	(251)	22543/1700	ex 4K-AZ9	Government of Azerbaijan / SW Business Aviation (Raisbeck 3)
☐ S9-SVE*	(30)	18366/98	ex 5V-TPX	(FedEx 3)
☐ 6V-AEF*	(2M1/W)	21091/1134	ex N40104	Government of Senegal 'Pointe de Sangomar' (Super 27)
☐ 9Q-CDC*	(30)	18934/222	ex 9Q-RDZ	Government of Democratic Republic of Congo
☐ 9Q-CMC*	(30)	18371/145	ex N134AS	Government of Congo (FedEx 3) [impounded Faro]

Boeing 737

☐ 0207*	(2N1)	21167/442	ex 0001	Republica Bolivariana de Venezuela, GAT4 / Esc41
☐ 350*	(244)	19707/82	ex OB-1713	Fuerza Aerea del Peru, Grupo Aerea No 8
☐ 353*	(248)	19424/147	ex OB-1718	Fuerza Aerea del Peru, Grupo Aerea No 8
☐ 354*	(248)	20221/227	ex OB-1719	Fuerza Aerea del Peru, Grupo Aerea No 8
☐ 356*	(528)	27426/2739	ex PRP-001	Fuerza Aerea del Peru, Grupo Aerea No 8 (VIP, Op for President)
☐ 921*	(58N)	28866/2929	ex N1786B	Fuerza Aérea de Chile
☐ 922*	(330QC)	23524/1272	ex D-ABXC	Fuerza Aerea de Chile
☐ 2115*	(2N3)	21165/441		Forca Aerea Brasileira
☐ 2116*	(2N3)	21166/445		Forca Aerea Brasileira
☐ 3520	(2B7)	23133/1049	ex N286AU	Fuerza Aerea Mexicana
☐ 60201*	(2Z6)	23059/980	ex 22-222	Royal Thai Air Force
☐ 85101*	(3Z8)	23152/1073		Republic of Korea Air Force
☐ 99-999*	(448)	24866/1867	ex EI-BXD	Crown Prince Maha Vajiralongkorn (call-sign HS-HRH) [Op by THA]
☐ AI-7301*	(2X9)	22777/868	ex N1779B	TNI-AU – Indonesian Air Force
☐ AI-7302*	(2X9)	22778/947	ex N8288V	TNI-AU – Indonesian Air Force
☐ AI-7303*	(2X9)	22779/985		TNI-AU – Indonesian Air Force
☐ AI-7304*	(2Q8)	21518/522	ex PK-BYD	TNI-AU – Indonesian Air Force (VIP)
☐ B-4008*	(3T0)	23839/1507	ex N19357	CAAC Special Services [CUA]
☐ B-4009*	(3T0)	23840/1516	ex N27358	CAAC Special Services [CUA]
☐ B-4020*	(34N)	28081/2746		North China Administration [CUA]
☐ B-4021*	(34N)	28082/2747		North China Administration [CUA]
☐ C-FFAL*	(2R8C)	21711/573	ex ZS-OWM	Xstrata Canada Corp (AvAero 3)
☐ C-FPHS*	(53A)	24970/1977	ex C-GBGL	Pacific Sky Aviation
☐ EP-AGA*	(286)	21317/483		Government of Islamic Republic of Iran
☐ HS-CMV*	(4Z6)	27906/2698	ex 55-555	Crown Prince Maha Vajiralongkorn [Op by THA]
☐ HZ-MIS*	(2K5)	22600/816	ex D-AHLH	Sheikh M Edress (Nordam 3)
☐ K2412*	(2A8)	23036/977	ex VT-EHW	Indian Air Force
☐ K2413*	(2A8)	23037/982	ex VT-EHX	Indian Air Force
☐ K3186*	(2A8)	20484/275	ex VT-EAK	Indian Air Force
☐ K3187*	(2A8)	20483/273	ex VT-EAJ	Indian Air Force
☐ K5011	(2A8)	22860/899	ex VT-EHE	Indian Air Force (not confirmed)
☐ N35LX*	(330)	23528/1290	ex D-ABXH	Lockheed Martin Aeronautics 'CAT-Bird'
☐ N37NY*	(4Y0)	23976/1651	ex N773RA	Madison Square Garden Teams / MSG A/c Leasing
☐ N135TA*	(222)	19940/171	ex N135AW	Sky King (Nordam 3) [SGB]
☐ N147AW*	(297)	22630/860	ex N729AL	Decatur Properties (Nordam 3)
☐ N165W*	(247)	19605/57	ex N4508W	Northrop Grumman Corp
☐ N245US	(201)	22751/857	ex N798N	ConocoPhillips Alaska (Lsd fr NAC)
☐ N251RY	(4Y0)	25180/2201	ex EC-HBZ	US Marshals Service / WFBN
☐ N253DV*	(39A)	23800/1409	ex N117DF	Aviation / NBA Orlando Magics
☐ N303FL*	(3M8)	25039/2007	ex OO-LTJ	AerCap (stored)
☐ N310FL*	(3L9)	26440/2234	ex D-ADBB	Sundowner Alexandria (lsd to JPATS)
☐ N370BC*	(205)	23468/1262	ex HZ-TBA	BCM Majestic Corp
☐ N147AW*	(297)	22630/860	ex N729AL	Decatur Properties (Nordam 3)
☐ N326DL	(232)	23098/1031		Sky King (AvAero 3) [SGB]
☐ N332DL	(232)	23104/1062		Sky King (AvAero 3) [SGB]
☐ N464AT*	(2L9)	21278/479	ex N358AS	Sky King (AvAero 3) [SGB]
☐ N465AT*	(2L9)	21528/517	ex N359AS	Sky King (AvAero 3) [SGB]
☐ N583CC*	(291)	21069/415	ex N15255	Cavalier Sports Marketing
☐ N731VA*	(33A)	27456/2749	ex N368CE	Club Excellence (Op by Premier)
☐ N733PA*	(205)	23466/1236	ex N733AR	Phillips / BPX Shared Services Aviation [PDD] (Nordam 3)
☐ N736BP*	(205)	23465/1226	ex LN-SUU	Phillips / BPX Shared Services Aviation [PDD] (Nordam 3)
☐ N737DX*	(408)	24804/1851	ex TF-FIC	Transjet 3 (Phoenix Suns / Arizona Cardinals)
☐ N737Q*	(2L9)	21279/480	ex C6-BEQ	Aviation Technologies / Sky King (AvAero 3) [SGB]
☐ N764TA*	(48E)	25764/2314	ex PP-VTN	Sundowner Alexandria (lsd to JPATS)
☐ N765TA*	(48E)	25765/2335	ex PP-VTO	Sundowner Alexandria (lsd to JPATS)
☐ N772WH	(112)	19772/217	ex XB-IBV	Savanna Aviation (stored)
☐ N787WH*	(2V6)	22431/803	ex N737WH	Perpetual Motion (AvAero 3)
☐ N788LS*	(35B)	24220/1602	ex N232DZ	Las Vegas Sands / AFS Investments
☐ N789LS*	(35B)	24269/1628	ex N224DA	Las Vegas Sands / AFS Investments
☐ N801TJ*	(4B7)	24892/1944	ex N448US	TeamJet / Swift Air
☐ N802TJ*	(4B7)	24874/1936	ex N447US	TeamJet / Swift Air
☐ N843BB*	(436)	25843/2244	ex G-DOCM	Sundowner Oklahoma (lsd to JPATS)
☐ N850BB*	(436)	25850/2386	ex G-DOCP	Sundowner Oklahoma (lsd to JPATS) (stored)
☐ N902WG*	(2H6)	22620/822	ex N22620	Gary 737 (Nordam 3)
☐ N977UA*	(291)	21508/518	ex N7391F	Sky King (Nordam 3) [SGB]
☐ N4529W*	(247)	20785/335	ex C-FPWB	Dept of the Air Force / EG & G Group (Nordam 3)
☐ N5175U*	(T43A)	20689/334	ex 72-0282	Dept of the Air Force / EG & G Group (Nordam 3)
☐ N5176Y*	(T43A)	20692/339	ex 72-0285	Dept of the Air Force / EG & G Group (Nordam 3)
☐ N5177C*	(T43A)	20693/340	ex 72-0286	Dept of the Air Force / EG & G Group (Nordam 3)

☐ N5294E*	(T43A)	20691/337	ex 72-0284	Dept of the Air Force / EG & G Group (Nordam 3)
☐ N5294M*	(T43A)	20694/343	ex 72-0287	Dept of the Air Force / EG & G Group (Nordam 3)
☐ N34315*	(3T0)	23366/1174		Vision Air (Operates for DoD from Frankfurt)
☐ P4-OMC*	(268)	22050/622	ex HZ-HM4	Operator unknown (Nordam 3)
☐ RP-C4007*	(332)	25996/2488	ex RP-C2000	Government of the Philippines
☐ TP-02*	(33A)	24095/1737	ex N731XL	Fuerza Aerea Mexicana, CGTAP 'Presidente Carranza' call-sign XC-UJB
☐ TP-03*	(322)	24361/1694	ex N355UA	Fuerza Aerea Mexicana, CGTAP call-sign XC-LJG
☐ 3520*	(2B7)	23133/1049	ex N286AU	Fuerza Aerea Mexicana, UETAAM
☐ VP-CBA*	(2W8)	22628/820	ex VP-CSA	SAMCO Aviation
☐ VP-CHK*	(2S9)	21957/618	ex N39BL	Executive Jet Aviation / Harry A Akande (AvAero 3)
☐ YR-TIB*	(3L9)	27924/2760	ex OE-ITA	Ion Tiriac Air [TIH]
☐ ZS-*	(210C)	19594/102	ex C-GJLN	AV Trade (AvAero 3)
☐ 4X-AOT*	(297)	21740/562	ex N70724	ELTA Electronics (research aircraft)
☐ 5R-MRM*	(3Z9)	24081/1515	ex OE-ILG	Government of Madagascar
☐ 5U-BAG*	(2N9C)	21499/513	ex (5U-MAF)	Government of Niger 'Monts Baghezan'

Boeing 737NG

☐ 165829*	(7AFC)	29979/496	ex N1003N	United States Navy / VR-58 (JV829), C-40A 'City of Jacksonville'	
☐ 165830*	(7AFC)	29980/568	ex N1003M	United States Navy / VR-59 (RY830), C-40A 'Spirit of New York City'	
☐ 165831*	(7AFC)	30200/651		United States Navy / VR-59 (RY831), C-40A 'City of Fort Worth'	
☐ 165832*	(7AFC)	30781/742	ex N1787B	United States Navy / VR-58 (JV832), C-40A 'City of St Augustine'	
☐ 165833*	(7AFC)	32597/1069		United States Navy / VR-59 (RY833), C-40A 'City of Dallas'	
☐ 165834*	(7AFC)	32598/1174		United States Navy / VR-58 (JV834), C-40A 'City of Orange Park'	
☐ 165835*	(7AFC)	33826/1548	ex N543BA	United States Navy / VR-59 (RY835), C-40A	
☐ 165836*	(7AFC)	33836/1604		United States Navy / VR-57, C-40A	
☐ 166693*	(7AFC)	34304/1849		United States Navy / VR-57, C-40A	
☐ 01-0015*	(7DM/W)	32916/979	ex N378BJ	Aeronatical Systems Center / United States Air Force / 15ABW	[C-40B]
					[BBJ]
☐ 01-0040*	(7DM/W)	29971/684	ex N371BJ	United States Air Force / 1AS [C-40B]	[BBJ]
☐ 01-0041*	(7DM/W)	33080/1089	ex N374BC	United States Air Force / 1AS [C-40B]	[BBJ]
☐ 02-0042*	(7FD/W)	33500/1223	ex N237BA	United States Air Force	[BBJ]
☐ 02-0201*	(7CP/W)	30755/545	ex N752BC	United States Air Force / 201ALS / DC ANG	[BBJ]
☐ 02-0202*	(7CP/W)	30753/481	ex N754BC	United States Air Force / 201ALS / DC ANG	[BBJ]
☐ 02-0203*	(7BC/W)	33434/1211	ex N236BA	United States Air Force / 201ALS / DC ANG	[BBJ]
☐	(7DM/W)	34807/1908	ex N365BJ	United States Air Force / 1AS [C-40C]	[BBJ]
☐ 05-0932	(7DM/W)	34808/2008	ex N366BJ	United States Air Force / 1AS [C-40C]	[BBJ]
☐ 05-4613	(7DM/W)	34809/2141	ex N368BJ	United States Air Force [C-40C]	[BBJ]
☐ 06-001	(7ES)	33962/1614	ex N356BJ	Turkish Air Force (Peace Eagle AEW&C) [on order]	
☐ 1839	(7ES)	33963/1831	ex N360BJ	Turkish Air Force (Peace Eagle AEW&C)	
☐ 1979	(7ES)	33964/1979	ex N362BJ	Turkish Air Force (Peace Eagle AEW&C)	
☐ 2080	(7ES)	33965/2080	ex N367BJ	Turkish Air Force (Peace Eagle AEW&C)	
☐ 3701*	(8AR/W)	30139/428	ex N1787B	Republic of China Air Force	
☐ 55-555	(8Z6/W)	35478/1955	ex N369BJ	Royal Thai Air Force (also HS-TYS)	
☐	(700/W)			Korean Air Force (AWACS)	
☐	(700/W)			Korean Air Force (AWACS)	
☐	(700/W)			Korean Air Force (AWACS)	
☐ A30-001	(7ES/W)	33474/1245	ex N378BC	Royal Australian Air Force (Wedgetail AEW&C) [on order]	
☐ A30-002	(7ES/W)	33542/1232	ex N358BJ	Royal Australian Air Force (Wedgetail AEW&C) [on order]	
☐ A30-	(7ES/W)	33476/1810	ex N359BJ	Royal Australian Air Force (Wedgetail AEW&C)	
☐ A30-	(7ES/W)	33477/1885	ex N361BJ	Royal Australian Air Force (Wedgetail AEW&C)	
☐ A30-	(7ES/W)	33987/1991	ex N364BJ	Royal Australian Air Force (Wedgetail AEW&C)	
☐ A30-	(7ES/W)	33986/1934	ex N363BJ	Royal Australian Air Force (Wedgetail AEW&C)	
☐ A36-001*	(7DT/W)	30829/738	ex N372BJ	Royal Australian Air Force / 34Sqdn	[BBJ]
☐ A36-002*	(7DF/W)	30790/613	ex N10040	Royal Australian Air Force / 34Sqdn	[BBJ]
☐ A6-AIN*	(7Z5/W)	29268/280	ex N1786B	Amiri Flight / Royal Jet [ROJ]	[BBJ]
☐ A6-AUH*	(8EX/W)	33473/1196	ex N379BC	Amiri Flight / Royal Jet [ROJ]	[BBJ2]
☐ A6-DAS*	(7Z5/W)	29858/530		Amiri Flight / Royal Jet [ROJ]	[BBJ]
☐ A6-DFR*	(7BC/W)	30884/747	ex VP-BFE	Amiri Flight / Royal Jet [ROJ]	[BBJ]
☐ A6-HEH*	(8AJ/W)	32825/1602		Dubai Air Wing [DUB]	[BBJ2]
☐ A6-HRS*	(7E0/W)	29251/150		Dubai Air Wing [DUB]	[BBJ]
☐ A6-MRM*	(8EC/W)	32450/787	ex N1787B	Dubai Air Wing [DUB]	[BBJ2]
☐ A6-MRS*	(8E0/W)	35238/1966		Dubai Air Wing [DUB]	[BBJ2]
☐ A6-RJX*	(7AK/W)	29865/241	ex HB-IIO	Amiri Flight / Royal Jet [ROJ]	[BBJ]
☐ A6-RJY*	(7Z5/W)	29857/445	ex A6-LIW	Amiri Flight / Royal Jet [ROJ]	[BBJ]
☐ A6-RJZ*	(7Z5/W)	29269/432	ex A6-SIR	Amiri Flight / Royal Jet [ROJ]	[BBJ]
☐ EW-001PA*	(8EV/W)	33079/1075	ex N375BC	Government of Belarus [op by BRU]	[BBJ2]
☐ FAC001*	(74V/W)	29272/323	ex N7378P	Fuerza Aerea Colombiana	[BBJ]
☐ HL7770*	(7EG/W)	32807/926	ex N375BJ	Samsung Techwin Aerospace	[BBJ]
☐ HZ-101*	(7DP/W)	32805/940	ex N372BC	Royal Saudi Air Force / Ministry of Defence & Aviation	[BBJ]
☐ HZ-102*	(8DP/W)	32451/836	ex HZ-101	Royal Saudi Air Force / Ministry of Defence & Aviation	[BBJ2]
☐ HZ-MF1*	(7FG/W)	33405/1204	ex N373JM	Saudi Ministry of Finance & Economy	[BBJ]
☐ HZ-MF2*	(7AJ/W)	33499/1217	ex N355BJ	Saudi Ministry of Finance & Economy	[BBJ]
☐ HZ-TAA*	(7P3/W)	29188/217	ex N1779B	HRH Talal bin Abdul Aziz / Arabasco Flight Operations	[BBJ]
☐	(7HI/W)	36106/2118	ex N370BJ	Indian Air Force 'Rajdoot'	[BBJ]
☐	(7HI/W)	36108/2425	ex N372BJ	Indian Air Force	[BBJ]
☐ LX-GVV*	(7BC/W)	30791/623	ex N191QS	Elora Air Investments / Global Jet	[BBJ]
☐ M53-01*	(7H6/W)	29274/397	ex 9M-BBJ	Royal Malaysian Air Force / Malaysian Government	[BBJ]
☐ N43PR*	(75V/W)	28581/126	ex N781TS	Town & Country Food Markets	[BBJ]
☐ N50TC*	(72T/W)	29024/131		Tracinda Corp	[BBJ]
☐ N66ZB*	(74U/W)	29233/197	ex N4AS	Felham Enterprises / Rank Services Ltd	[BBJ]

☐	N88WR*	(79U/W)	29441/111	ex N88WZ	Sea Aviation (World Travel)	[BBJ]
☐	N90R*	(7EL/W)	32775/889	ex N376BJ	Occidental Petroleum / Swiflite Aircraft Corp	[BBJ]
☐	N108MS*	(7BC/W)	33102/1111	ex N105QS	Yona Aviation II	[BBJ]
☐	N111NB*	(7HE/W)	36027/2068		Wells Fargo Bank Northwest	[BBJ]
☐	N111VM	(7GV/W)	36090/2196		Boeing Aircraft Holding Co	[BBJ]
☐	N127QS*	(7BC/W)	30327/356		Netjets	[BBJ]
☐	N129QS*	(7BC/W)	30329/384	ex N1787B	Netjets	[BBJ]
☐	N164RJ*	(7BC/W)	30328/377	ex N128QS	Bausch & Lomb 'Capt James Cook' / WFBN	[BBJ]
☐	N315TS*	(7CU/W)	30772/554	ex N1784B	Tudor-Saliba	[BBJ]
☐	N349BA*	(73Q/W)	30789/602		Flying Tiger International / CIT Group	[BBJ]
☐	N371BC	(8EF/W)	32971/996		Executive Jets	[BBJ2]
☐	N493AG	(7FY)	36493/2211	ex N1787B	CIT Group / Equipment Financing	[BBJ]
☐	N500LS*	(73T/W)	29054/143	ex N6067E	Hayes Productions (The Limited)	[BBJ]
☐	N529PP	(7HJC/W)	36756/2405		Boeing Business Jet	[BBJ]
☐	N719BA	(7HI/W)	36107/2325	ex N1786B	Boeing Co / /Indian Air Force (on order)	[BBJ]
☐	N720CH*	(7AK/W)	29866/408	ex HB-IIP	N720CH Inc	[BBJ]
☐	N720MM*	(7ET/W)	33010/1037	ex N4476S	MGM Mirage	[BBJ]
☐	N730MM	(75G/W)	36852/2475	ex N1786B	MGM Mirage A/c Holdings	[BBJ]
☐	N737A*	(7AX)	30181/648		ARAMCO Capital	
☐	N737AG*	(7BF/W)	30496/301		Funair Corporation	[BBJ]
☐	N737CC*	(74Q/W)	29135/206	ex N60436	Mid East Jet	[BBJ]
☐	N737DB	(7EG/W)	35990/2107		Samsung Techwin	[BBJ]
☐	N737ER*	(7CJ/W)	30754/516	ex N61MJ	Boetti Air	[BBJ]
☐	N737GG*	(74Q/W)	29136/225	ex N1787B	Mid East Jet	[BBJ]
☐	N737GQ	(8GQ/W)	35792/2351		Pegasus Aviation Finance	
☐	N737M*	(8EQ/W)	33361/1124	ex N737SP	EIE Eagle 'Sanitra Est'	[BBJ2]
☐	N737WH*	(75T/W)	29142/167	ex N700WH	Southern Aircraft Services (Wayne Huizenga / Miami Dolphins)	[BBJ]
☐	N738A*	(7AX)	30182/690	ex N1785B	ARAMCO Capital	
☐	N739A*	(7AX)	30183/702		ARAMCO Capital	
☐	N742PB*	(73U/W)	29200/234		Chartwell Partners / op by Clay Lacy Aviation [CLY]	[BBJ]
☐	N743A*	(7AXC)	30184/925		ARAMCO Capital	
☐	N745A*	(7AXC)	30185/978		ARAMCO Capital	
☐	N772BC	(73Q/W)	29102/101	ex VT-HHS	GC Air LLC / First Virtual Aviation	[BBJ]
☐	N800KS*	(7BC/W)	30782/586	ex N515GM	AEJ Services / op by Clay Lacy Aviation [CLY]	[BBJ]
☐	N835BA*	(7BC/W)	30572/491	ex N339BA	Boeing Co / WFBN	[BBJ]
☐	N836BA*	(7BC/W)	30756/569	ex N156QS	WFBN	[BBJ]
☐	N888AQ	(7HF/W)	35977/2047	ex VP-CLL	White Sapphire	[BBJ]
☐	N888NB	(7BC/W)	30330/415	ex HB-JGV	Jack Prewitt & Associates (for resale)	[BBJ]
☐	N888NY*	(7CG/W)	30751/401	ex VP-BMC	Hualalai II / op by Clay Lacy Aviation [CLY]	[BBJ]
☐	N888TY*	(7AH/W)	29749/456	ex N134AR	TY Air	[BBJ]
☐	N888YF*	(7BC/W)	33036/1060	ex N110QS	AVN Air LLC / Evergreen International	[BBJ]
☐	N889NC*	(7AV/W)	30070/244	ex N18NC	Newsflight II (News Corp, USA)	[BBJ]
☐	N920DS*	(75V/W)	28579/312	ex N367G	Delaware Global Operation	[BBJ]
☐	N2121	(7EI/W)	34863/1859		Shangri La Entertainment	[BBJ]
☐	N7600K*	(7BC/W)	32628/953	ex N102QS	SAS Institute	[BBJ]
☐	N79711*	(7BQ/W)	30547/423	ex N1787B	Dallah AVCO Flight Operations (Lsd fr GECAS)	[BBJ]
☐	OE-ILX*	(8DR/W)	32777/882	ex P4-BBJ	GlobalJet Austria	[BBJ2]
☐	PR-BBS*	(7BC/W)	32575/861	ex N182QS	Grupo Safra	[BBJ]
☐	P4-KAZ*	(7EJ/W)	32774/853	ex N774EC	Mint Juleps Investments	[BBJ]
☐	P4-RUS*	(7GC/W)	34622/1785	ex N357BJ	Vizavi / Jet Harbour	[BBJ]
☐	P4-TBN*	(7BH/W)	29791/336	ex N348BA	TBN Aircraft Corp / Tango Aircraft Holdings	[BBJ]
☐	TS-IOO*	(7H3/W)	29149/348	ex N5573L	Government of Tunisia [op by TAR]	[BBJ]
☐	VP-BBJ*	(72J/W)	29273/146	ex N1011N	Picton	[BBJ]
☐	VP-BBW*	(7BJ/W)	30076/179	ex N737BF	GAMA Avn / Altitude 41	[BBJ]
☐	VP-BEL*	(74T/W)	29139/189	ex N21KR	Orient Global	[BBJ]
☐	VP-BFT	(7JB/W)	36714/2340	ex N1779B	Boeing Business Jet	[BBJ]
☐	VP-BHN*	(8AN/W)	32438/779	ex VP-BNH	Saudi Oger / Eastern Skys	[BBJ2]
☐	VP-BIZ	(7AU/W)	34477/1825	ex VT-SRS	Aircraft Guaranty Title Corp	[BBJ]
☐	VP-BNZ	(7HD/W)	35858/2029		Dennis Vanguard International	[BBJ]
☐	VP-BRM*	(75U/W)	28976/158	ex N1786B	Dobro / Theberton USA	[BBJ]
☐	VP-BRT*	(7BC/W)	32970/988	ex N707BZ	E & R Aviation / Rostam Tariko	[BBJ]
☐	VP-BWR*	(79T/W)	29317/265	ex N1787B	Usal Ltd / Bel Air	[BBJ]
☐	VP-BYA*	(7AH/W)	29972/642		Saudi Oger / Eastern Skys	[BBJ]
☐	VP-BZL*	(8DV/W)	32915/969	ex D-ABZL	Lowa Inc / BZL (Bermuda)	[BBJ2]
☐	VP-CBB*	(8AW/W)	32806/912	ex N73721	Bugshan Group (Bosco Aviation) 'Alhalkiah'	[BBJ2]
☐	VP-CEC*	(7AW/W)	30031/251	ex N73715	Bugshan Group (Bosco Aviation)	[BBJ]
☐	VP-CLR	(7EM/W)	34865/1865	ex N786BA	LUK Aviation	[BBJ]
☐	VP-CSK	(8GG/W)	34620/1803	ex N852AK	Nafo Aviation	[BBJ2]
☐	ZS-RSA*	(7ED/W)	32627/826	ex N373BJ	Republic of South Africa / SAAF, 21Sqdn 'Inkwazi'	[BBJ]
☐	3C-EGE*	(7FB/W)	33367/1189	ex N377JC	Government of Equatorial Guinea 'Utonde'	[BBJ]
☐	5N-FGT*	(7N6/W)	34260/1746	ex N1781B	Federal Government of Nigeria	[BBJ]
☐		(7JB/W)	/2340			[BBJ]

Five 737-800ERXs are on order for US Navy Multi-mission Maritime Aircraft (MMA);
two more BBJs for Indian Air Force and one more 737-700AWACS for Korean Air Force.

Boeing 747

☐	20-1101*	(47C)	24730/816	ex JA8091	Government of Japan / Japan Air Self-Defence Force
☐	20-1102*	(47C)	24731/839	ex JA8092	Government of Japan / Japan Air Self-Defence Force
☐	73-1676*	(E-4B)	20682/202		USAF / 1stACCS
☐	73-1677*	(E-4B)	20683/204		USAF / 1stACCS
☐	74-0787*	(E-4B)	20684/232		USAF / 1stACCS
☐	75-0125*	(E-4B)	20949/257		USAF / 1stACCS

☐ 82-8000*	(2G4B)	23824/679	ex N6005C	USAF / 89AW [VC-25A]
☐ 92-9000*	(2G4B)	23825/685	ex N60659	USAF / 89AW [VC-25A]
☐ 00-0001*	(4G4F)	30201/1238		USAF (as YAL-1A)
☐ A4O-OMN*	(430)	32445/1292	ex D-ARFO	Oman Royal Flight [RS/ORF]
☐ A4O-SO*	(SP-27)	21785/405	ex N351AS	Oman Royal Flight [RS/ORF]
☐ A6-GDP*	(2B4SF)	21098/263	ex N712CK	Dubai Air Wing [DUB]
☐ A6-HRM*	(422)	26903/1171	ex N108UA	Dubai Air Wing [DUB]
☐ A6-MMM*	(422)	26906/1185	ex N109UA	Dubai Air Wing [DUB]
☐ A6-UAE*	(48EM)	28551/1131	ex V5-NMA	Amiri Flight [MO/AUH]
☐ A6-YAS*	(4F6)	28961/1174	ex N1794B	Amiri Flight [MO/AUH]
☐ A9C-HAK*	(SP-Z5)	23610/676	ex A6-ZSN	Bahrain Royal Flight [BAH]
☐ A9C-HMH*	(SP-21)	21649/373	ex A9C-HHH	Bahrain Royal Flight 'Gulf of Bahrain' [BAH]
☐ A9C-HMK*	(4P8)	33684/1324		Bahrain Royal Flight [BAH]
☐ HZ-AIF*	(SP-68)	22503/529		Saudi Arabian Royal Flight [SVA]
☐ HZ-AIJ*	(SP-68)	22750/560	ex N6046P	Saudi Arabian Royal Flight [SVA]
☐ HZ-HM1	(468)	28343/1265	ex HZ-AIZ	Saudi Arabian Royal Flight [SVA]
☐ HZ-HM1A*	(3G1)	23070/592	ex N1784B	Saudi Arabian Royal Flight [SVA]
☐ HZ-HM1B*	(SP-68)	21652/329	ex HZ-HM1	Saudi Arabian Royal Flight (Mobile Hospital) [SVA]
☐ HZ-WBT7*	(4J6)	25880/926	ex N747BZ	Kingdom Establishment
☐ N249BA	(409)	24309/766	ex B-18271	Boeing Aircraft Holding (for conversion to -409LCF)
☐ N718BA	(4H6)	27042/932	ex 9M-MPA	Boeing Aircraft Holding (for conversion to -4H6LCF)
☐ N747FU	(SP-27)	21992/447	ex N747A	John Fry / Ballet San Jose 'Nutcracker'
☐ N747BC*	(4J6LCF)	25879/904	ex B-2464	Boeing Aircraft Holding / Evergreen International
☐ N747GE*	(121)	19651/25	ex N744PA	General Electric Co (engine test-bed)
☐ N747NA*	(SP-21)	21441/306	ex N145UA	NASA (SOFIA project)
☐ N747UT	(SP-J6)	21934/467	ex N139SW	UT Finance Corp (experimental category)
☐ N780BA*	(409LCF)	24310/778	ex B-18272	Boeing Aircraft Holding / Evergreen International
☐ N787RR*	(267B)	21966/446	ex TF-ATD	Rolls-Royce North America
☐ N905NA*	(123)	20107/86	ex N9668	NASA, Johnson Space Center (Shuttle Transporter)
☐ N911NA*	(SR-46)	20781/221	ex N747BL	NASA, Johnson Space Center (Shuttle Transporter)
☐ N4522V	(SP-09)	22805/564		Global Peace Initiative (stored Tijuana)
☐ N73713*	(4H6M)	24315/738	ex 9M-MHL	Boeing Corp
☐ P4-FSH*	(SP31)	21963/441	ex A6-SMM	Ernest Angley Ministeries 'Star Triple Seven'
☐ VP-BAT*	(SP-21)	21648/367	ex VR-BAT	Worldwide A/C Holding (Bermuda)
☐ VP-BLK*	(SP-31)	21961/415	ex N992MS	Las Vegas Sands / Interface Operations
☐ V8-ALI*	(430)	26426/910	ex N6009F	Sultan's Flight
☐ 7O-YMN*	(SP-27)	21786/413	ex A7-AHM	People's Republic of Yemen [Op by IYE]

Boeing 757

☐ 98-0001*	(2G4)	29025/783	ex N3519L	USAF / 1stAS (VC-32A)
☐ 98-0002*	(2G4)	29026/787	ex N3519M	USAF / 1stAS (VC-32A)
☐ 98-6006*	(200)	27204/591	ex B-27007	USAF / FEST / DEST (C-32B)
☐ 99-0003*	(2G4)	29027/824		USAF / 1stAS (VC-32A)
☐ 99-0004*	(2G4/W)	29028/829		USAF / /1stAS (VC-32A)
☐ 09001*	(C-32B)	25494/611	ex N987AN	USAF / FEST / DEST (identity not confirmed)
☐ 02-4452		25493/523	ex N84WA	USAF 645MATS
☐ HZ-HMED*	(23A)	25495/599	ex N275AW	Saudi Arabian Royal Flight, (Flying Hospital) [SVA]
☐ N226G*	(23A)	25491/511	ex N38383	L-3 Capital
☐ N440AN	(2Q8)	25044/369	ex B-27001	L-3 Communications Advanced Aviation
☐ N557NA*	(225)	22191/2	ex N501EA	NASA / Langley Research Center, VA
☐ N610G*	(22L)	29304/870	ex N1018N	L-3 Capital / Comco Corporation
☐ N701TW	(2Q8)	28160/721		L-3 Communications Advanced Aviation
☐ N757A*	(200)	22212/1		Boeing Logistics Spares (experimental category)
☐ N757AF*	(2J4)	25155/371	ex N115FS	Vulcan Aircraft
☐ N757AG*	(256/W)	29306/920	ex EC-HIP	Funair Corp
☐ N757HW*	(225)	22194/5	ex G-JALC	Honeywell International (engine testbed)
☐ N757MA*	(24Q)	28463/739		Mid East Jet
☐ N757SS	(236)	22176/14	ex N757BJ	Dallas Stars / Texas Rangers (Op by Paradigm Air)
☐ N770BB*	(2J4/W)	25220/387	ex VP-CAU	The Yucaipa Companies
☐ N801DM	(236/W)	26240/561	ex N286CD	MLW Corp / Maverick
☐ N1757*	(23A/W)	24923/332	ex N756AF	Bank of Utah
☐ NZ7571*	(2K2)	26633/519	ex PH-TKA	Royal New Zealand Air Force
☐ NZ7572*	(2K2)	26634/545	ex PH-TKB	Royal New Zealand Air Force
☐ T-01*	(23A)	25487/470		Fuerza Aerea Argentina 'Virgen de Lujan' (stored)
☐ TP-01*	(225)	22690/151		Fuerza Aerea Mexicana, CGTAP 'Presidente Juarez' call-sign XC-UJM
☐ UN-B5701*	(2M8ER)	23454/102	ex P4-NSN	Kazakhstan Government [op by BEC]

Boeing 767

☐ 64-3501*	(27CER)	27385/557	ex N767JA	JASDF (AWACS)
☐ 64-3502*	(27CER)	27391/588	ex N767JB	JASDF (AWACS)
☐ 74-3503*	(27CER)	28016/618	ex N767JC	JASDF (AWACS)
☐ 74-3504*	(27CER)	28017/642	ex N767JD	JASDF (AWACS)
☐	(2FKER)	33844/932	ex N763TT	JASDF (KC-767)
☐	(2FKER)	33958/943	ex N768TT	JASDF (KC-767)
☐	(2FKER)	34433/963	ex N766TT	JASDF (KC-767) on order
☐	(2FKER)	35498/	ex N770TT	JASDF (KC-767) on order
☐ mm62226*	(2EYER)	33686/912	ex N767TT	Italian Air Force (KC-767)
☐ mm	(2EYER)	33687/930	ex N762TT	Italian Air Force (KC-767) on order
☐ mm	(2EYER)	33688/941	ex N764TT	Italian Air Force (KC-767) on order
☐ mm	(2EYER)	/952		Italian Air Force (KC-767) on order

☐ N767A*	(2AXER)	33685/903		Aramco Associated
☐ N767MW*	(277)	22694/32	ex N767AT	Blue City Holdings / MLW Air / Dallas Mavericks
☐ N767KS*	(24QER)	28270/629	ex N6038E	Mid East Jet
☐ N804MS	(3P6ER)	27255/525	ex HZ-WBT6	Interface Operations
☐ N2767*	(238ER)	23896/183	ex N772WD	Elan Express
☐ P4-MES*	(33AER)	33425/909	ex N595HA	R Ambramovich / Silver Wings [SVV]
☐ UN-B7601*	(2DXER)	32954/861		Kazakhstan Government
☐ VP-BKS*	(3P6ER)	27254/522	ex A4O-GW	Kalair (lsd fr Nisr Ltd)
☐ VP-CME	(231ER)	22567/730	ex (N515DL)	Global Jet Concept / Sheikh Mustafa MA Edrees
☐ V8-MHB*	(27GER)	25537/517	ex V8-MJB	Sultan's Flight (Operates in Royal Brunei colours)
☐	(400)			USAF (E-10A) (on order)
☐	(2EZC)	33840/923		Boeing Corp (prototype KC-767 for USAF); stored Everett, WA

Boeing 777

☐ N777AS*	(24QER)	29271/174		Mid East Jet
☐ TR-	(236)	27108		Force Aerienne Gabonaise
☐ VP-BRH*	(2ANER)	29953/252		Saudi Oger / Eastern Skys

Boeing 787

☐ N787BA	(881)			Boeing Corp

British Aerospace 146

☐ A6-LIW*	(RJ70)	E1267	ex A6-RJK	Amiri Flight / Royal Jet [ROJ]
☐ A6-RJE*	(RJ85)	E2299	ex EI-CNI	Amiri Flight / Royal Jet [ROJ]
☐ A9C	(RJ85)	E2321	ex N509XJ	Dubai Air Wing (on order)
☐ A9C	(RJ85)	E2323	ex N510XJ	Dubai Air Wing (on order)
☐ A9C	(RJ85)	E2325	ex N511XJ	Dubai Air Wing (on order)
☐ A9C-BDF*	(RJ85)	E2390	ex G-6-390	Bahrain Defence Force [BFW]
☐ A9C-HWL	(RJ100)	E3387	ex OH-SAM	Bahrain Defence Force [BFW] (on order)
☐ A9C-HWR*	(RJ85)	E2306	ex EI-CNK	Bahrain Defence Force [BFW]
☐ (C-GPBJ)	(100)	E1063	ex N463AP	High Noon Holdings (stored Calgary)
☐ (FAB-098)	(100)	E1076	ex N76HN	Fuerza Aerea Boliviana (stored Southend, UK)
☐ FAB-101	(200)	E2041	ex OY-RCZ	Fuerza Aerea Boliviana
☐ FAB-0	(100)	E1081	ex N81HN	Fuerza Aerea Boliviana
☐ G-BLRA*	(100)	E1017	ex N117TR	BAE Systems Corporate Air Travel [BAE]
☐ G-LUXE*	(301)	E3001	ex G-5-300	FAAM (Atmospheric Research Aircraft) [Op by DCT]
☐ G-OFMC*	(RJ100)	E3264	ex G-CDUI	Ford Motor Co [operated by FLT]
☐ G-OFOA*	(100)	E1006	ex G-BKMN	Formula One Management
☐ G-OFOM*	(100)	E1144	ex N3206T	Formula One Management
☐ G-TBAE*	(200)	E2018	ex G-JEAR	BAE Systems Corporate Air Travel [BAE]
☐ N114M*	(100)	E1068	ex N861MC	WA Moncrief, Jr / Montex Drilling 'Lucky Liz'
☐ N606AW*	(200)	E2033	ex G-5-033	Minden Air Corp (on order)
☐ PK-OSP*	(100)	E1124	ex G-CBXY	Metro TV [op by AFE]
☐ SU-	(100)	E1015	ex N146AP	Misr Petroleum
☐ ZE700*	(100)	E1021	ex G-6-021	Royal Air Force 32 Sqdn
☐ ZE701*	(100)	E1029	ex G-6-029	Royal Air Force 32 Sqdn

Those listed as RJ70 / 85 or 100 were built as Avro 146-RJs

British Aerospace (Hawker Siddeley) 748 / Andover / (Hindustan Aeronautics) HAL 748

☐ 1713*	(2A/248)	1713	ex G-BBGY	Republic of Korea Air Force
☐ 1718*	(2A/248)	1718	ex G-BABJ	Republic of Korea Air Force
☐ AF602*	(2A/265)	1688		Zambia Air Force
☐ FAE001*	(2A)	1684	ex FAE684	Ecuadorian AF (also HC-AUK)
☐ FAE739*	(2A)	1739		Ecuadorian AF (also HC-BEY)
☐ RAN-20*	(2A/271 LFD)	1698	ex 9N-RAC	Royal Nepal Army Air Wing
☐ VT-EAT*	(2/224)	540		Border Security Force
☐ VT-EAV*	(2/224)	542		Border Security Force
☐ VT-EFN*	(2/224)	548		National Remote Sensing Agency
☐ VT-EFR*	(2/224)	547	ex VT-EBA	National Airports Authority [YXA]
☐ VT-EHL*	(2/224)	549		Border Security Force
☐ VT-EIR*	(2M LFD)	587		Border Security Force (stored Delhi)
☐ XS596*	(Andover C.1)	Set03		QinetiQ, Open Skies
☐ XS606*	(Andover C.1)	Set13		QinetiQ, ETPS
☐ XS646*	(Andover C.1)	Set30		QinetiQ, Flying Laboratory
☐ XT-MAL*	(2A/320 LFD)	1754		Government of Burkina Faso
☐ XT-MAN*	(2B/369 LFD)	1775	ex G-11-13	Government of Burkina Faso

British Aerospace ATP

☐ G-BUWM		2009	ex CS-TGB	BAE Systems (Operations) (stored Woodford)

British Aerospace Jetstream 31/32

☐ C-FREQ	(3112)	733	ex N733VN	Chartright Air
☐ C-GEOC	(3112)	793	ex N331CA	Skyservice Aviation
☐ CC-CZA*	(3101)	644	ex N644JX	AeroEjecutiva
☐ G-BWWW*	(3102)	614	ex G-31-614	BAE Systems (Operations)
☐ G-NFLA*	(3102)	637	ex G-BRGN	Cranfield University
☐ G-PLAJ*	(3101)	738	ex N2274C	Jetstream Executive Travel [JXT]

G-JXTA*	(3103)	610	ex D-CNRY	Jetstream Executive Travel [JXT]
G-JXTC*	(3103)	648	ex PH-KJB	Jetstream Executive Travel [JXT]
G-JXTD*	(3103)	690	ex PH-KJG	Jetstream Executive Travel [JXT]
G-OJSA	(3102)	711	ex OY-SVJ	JS Airlines
HH-	(32EP)	938	ex N938AE	Professional Aviation Group
HI-	(3101)	694	ex N694AM	Aviation Advisors International
HS-DCA*	(3200)	960	ex HS-ASD	Thai Director of Civil Aviation
N127UM*	(3101)	777	ex N443PE	EAL Leasing
N170PC	(3101)	717	ex G-31-717	N & J Aviation LLC (VIP)
N220FN*	(3102)	649	ex N554DM	Quest Aviation
N221FN*	(3102)	655	ex N789AA	Quest Aviation
N404GJ	(3101)	754	ex N754JX	Northeast Air & Sea Services
N434AM	(3201)	887	ex G-31-887	Corporate Flight Management (stored Smyrna, TN)
N487UE	(3201)	906	ex G-31-906	Hvizdak Holdings
N569ST	(3201)	952	ex N952AE	739 Flight Management
N574SW	(3201)	835	ex YR-TRG	WFBN (stored Smyrna, TN)
N618JX	(3101)	618	ex N820JS	KSC Enterprises
N642JX	(3101)	642	ex N402AE	World Jet of Delaware
N650JX	(3101)	650	ex N405AE	Small Community Airlines
N653JX	(3101)	653	ex N407AE	Small Community Airlines
N664JX*	(3101)	664	ex N408AE	World Jet of Delaware
N668MP	(3100)	668	ex VH-OZD	CSC Trust Co of Delaware
N685RD	(3101)	685	ex N455PE	Pinney Leasing
N723CA*	(3102)	723	ex N723VN	Con Air Charter
N743PE*	(3101)	755	ex N755SP	Celtic Leasing
N828JS	(3102)	708	ex N331BN	Britannia Aviation Services International, stored New Tamiami, FL
N831JS	(3101)	716	ex G-31-716	HBA LLC
N849JS	(3102)	812	ex G-31-812	Driscoll Childrens Hospital
N858CY	(32EP)	858	ex N	Abad Air
N874CP	(32EP)	874	ex N426AM	CKU Aviation
N888CY	(32EP)	888	ex N3137	Vecolair Leasing
N903EH	(3101)	605	ex N903FH	Sky High Aircraft
N904EH	(3101)	613	ex N904FH	JBS Air
N930AE	(32EP)	930	ex	Corporate Flight Management (stored Smyrna, TN)
N944AE	(32EP)	944	ex	Jet Stream Sales
N22746*	(3112)	745	ex C-GJPQ	Sky Research Inc (experimental)
N78019	(3102)	604	ex LN-FAL	Southern Aircraft Consultancy
SX-	(32EP)	947	ex N149JH	MidAmerica Jet
TG-	(3101)	811	ex N427UE	Axis Development
VP-CEX	(32EP)	903	ex N242RH	Brac Express (stored Smyrna, TN)
XA-UEP				
XA-UFT	(3201)	862	ex N862JX	Hvizdak Holdings
YV1878	(HP137)	235	ex YV-625C	Constructora Samper
YV	(32EP)	865	ex N865CY	Mansfield Star Corporation
ZS-JSL	(31)	691	ex N217FN	Medical Air Rescue Service
9J-PCS	(3201)	824	ex N3108	Proflight Commuter Services / Copperair
9Q-CFI*	(3200)	852	ex G-31-852	Gecamines

British Aerospace Jetstream 41

1060*	(4100)	41060	ex G-BWGW	Royal Thai Army
1094*	(4100)	41094	ex G-BWTZ	Royal Thai Army
B-HRS*	(4100)	41102	ex G-BXWM	Government Flying Service
B-HRT*	(4100)	41104	ex G-BXWN	Government Flying Service
N307UE	(4101)	41021	ex G-4-021	Stacy Milon t/a Milon Air
N312UE	(4101)	41025	ex G-4-025	Kirland 41025 LLC
N410TJ*	(4101)	41038	ex N514GP	Club Jetstream
(N565HK)*	(4101)	41082	ex N565EZ	VI Leasing 1
RP-C8299	(4101)	41080	ex N327UE	Smirara Mining Corporation
ZS-NOM	(4101)	41047	ex G-MAJO	MCC Aviation
	(4101)	41101	ex N333UE	Arfa Investments / K-Tractor (Komatsu)

British Aircraft Corp One-Eleven

551*	(485GD)	247	ex 1001	Sultan of Oman Air Force
552*	(485GD)	249	ex 1002	Sultan of Oman Air Force
553*	(485GD)	251	ex 1003	Sultan of Oman Air Force
HZ-ABM2	(401AK)	060	ex HZ-MAA	AMC – Aviation Management Consortium (stored Jeddah)
N17MK	(410AQ)	054	ex N17VK	Go Jet [QTA 3] (stored Dallas, TX)
N111JX*	(414EG)	163	ex N123H	Select Leasing / Pearl Jam Touring [QTA 3]
N111RZ	(401AK)	056	ex N491ST	RO II Inc / Rotec Industries (stored Rockford, IL)
N161NG*	(401AK)	067	ex N176BF	Northrop-Grumman (research a/c)
N162W*	(401AK)	087	ex N173FE	Northrop Grumman (research a/c)
N164W*	(401AK)	090	ex G-AXCK	Northrop Grumman (research a/c)
N200EE*	(212AR)	083	ex N490ST	Select Leasing / Elite Express
N200JX*	(203AE)	015	ex N583CQ	Select Leasing (stored Waukesha, WI)
N789CF	(422EQ)	119	ex N114MX	Kori Air (stored)
N999BW*	(419EP)	120	ex N87BL	Business Jet Access [QTA 3]
TZ-BSB	(401AK)	086	ex YR-CJL	Government of Mali [QTA 3]
XA-CMG*	(401AK)	079	ex N880P	Grupo Adelac / Coapa Air [OAP]
XB-KCE*	(212AR)	183	ex XB-JSC	Aerolesen [stored after drug running]
5A-DKO*	(422EQ)	126	ex VP-BBA	Libavia (all-white)
ZE432*	(479FU)	250	ex DQ-FBV	Empire Test Pilots School

☐ ZE433* (479FU) 245 ex DQ-FBQ QinetiQ
☐ ZH763* (539GL) 263 ex G-BGKE QinetiQ

Canadair CL-600-2B-19 (CRJ-100/200/Challenger 800/850)

☐ B-4701* (200LR) 7639 ex C-GKAK China Maritime Service [Op by CUA]
☐ B-4702* (200LR) 7455 ex C-GHUT China Maritime Service [Op by CUA]
☐ C-FJBK (800) 8063 Bombardier Aerospace
☐ C-FJRN 8065 Bombardier Aerospace
☐ C-FLOA 8068 Bombardier Aerospace
☐ C-FMGW (850) 8069 Bombardier Aerospace (under conversion)
☐ C-FMVS 8071 ex C-FMMY
☐ C-FNRJ* (100LR) 7002 Bombardier Inc (2nd prototype)
☐ C-FOBI 8077 Bombardier Aerospace
☐ C-FOFW 8073 ex C-FNII Bombardier Aerospace
☐ C-FOMN (850) 8074 ex C-FMKW Bombardier Aerospace
☐ C-FOXW (850) 8075 ex C-FMKZ Bombardier Aerospace
☐ C-FPSB 8079 ex C-FMLQ Bombardier Aerospace
☐ C-FPTI 8078 ex C-FMLI Bombardier Aerospace
☐ C-FQPV 8080 ex C-FMLS Bombardier Aerospace
☐ C-FQPY 8081 Bombardier Aerospace
☐ C-GFIO (200) 7526 ex N662BR Nav Canada
☐ C-GNVC (200) 7519 ex N660BR Nav Canada
☐ C-GSUW (850) 8047 ex C-FGKZ Suncor Energy
☐ C-GWWW (850) 8057 ex C-FHCN Chartwright Air
☐ (D-ADLY)* (800) 7351 ex VP-BCI Air Independence
☐ G-CJMB (850) 8055 ex N850RJ Corporate Jet Management
☐ G-CMBL (850) 8067 ex C-FLKA TAG Aviation
☐ G-ELNX* (200) 7508 ex VH-KXJ Eurolynx Corp
☐ HB-IDJ* (100) 7136 ex VP-CRJ TAG Aviation Service [FP/FPG]
☐ N60GH (200) 7274 ex N633BR Haas CNC Racing
☐ N135BC* (100SE) 7075 ex N877SE DJ Burrell
☐ N155MW* (200) 7021 ex C-FLHX MWR Aviation / Michael Waltrip Racing
☐ (N208BC) (200) 7283 ex N502CG Bombardier Services Corp
☐ N500PR* (800) 7846 ex N846PR Penske Jet
☐ N501LS* (200) 7584 ex C-GJVI Boston Enterprises LLC / The Limited Inc
☐ N502CG (200LR) 7283 ex SABCO Racing
☐ N529DB* (100SE) 7152 ex N655CC Hardwicke Properties
☐ N601LS* (100ER) 7008 ex N501LS Directional Visions / The Limited Inc
☐ N711WM* (800) 7140 ex N400WC Gaughan Flying LLC / Coast Hotels & Casinos
☐ N790TS (200) 7990 ex D-ASBA Aero Toy Store
☐ N850TS (850) 8056 ex C-FMNX ex Aero Toy Store
☐ N854SA* (850) 8053 ex C-FGAX Swift Aviation Management
☐ N75983 (200LR) 7481 ex C-FZUK Wu Air Corporation
☐ OE-ILI* (800) 8048 ex C-FFVE VistaJet
☐ OE-ISA (850) 8043 ex C-FFHA JetAlliance
☐ OE-ILY (850) 8076 ex C-FOYA VistaJet
☐ OY-NAD (850) 8052 ex C-FGQS ExecuJet Scandinavia / Amir Aviation
☐ PH- (850) 7763 ex N492CA Solid Air (converted CRJ-200ER)
☐ VH-LEF (850) 8060 ex C-FGTV Linfox Aircraft Charter
☐ VP-BHX (100SE) 7176 ex P4-CRJ Carre Aviation
☐ VP-BCC* (200ER) 7717 ex C-GZSQ Consolidated Contractors
☐ VP-BSD (850) 8051 ex C-GQVP Alpha 55 Co
☐ 4L-GAF* (850) 8046 ex OY-YVI Georgian Airways [TGZ]

Canadair CL-600-2C10 (RJ-700) / CL-600-2D15/24 (RJ-705/900)

☐ C-FRJX* (900) 15991 Bombardier Inc (prototype CRJ-900, conv from CRJ-700)
☐ N1RL* (700) 10004 ex N400MS Indycar Aviation Services / Chase Equipment Leasing
☐ VP-BCL* (702) 10247 ex N710TS Global Jet Charters / Consolidated Contractors

CASA C.212

☐ D-CJMP (200) A12-04-387 ex I-DZPO Business Wings [JMP]
☐ F-GOGN* (100) 92 ex TC-AOC Boogie Performance (skydiving)
☐ I-MAFE* (100) CC79-1-273 ex EC-DVD Cia Generale Ripreseaeree [CGR]
☐ N99TF* (100) CB8-1-89 Broken Aero (skydiving)
☐ (N214WA)* (100) CB20-2-154 ex SE-LDB Williams Aviation FBO
☐ N324SE (100) A3-2-52 ex Jordan 324 Southeast Jet Group; stored Fort Lauderdale Executive
☐ N405CP* (200) DF-2-405 ex N515RL ConocoPhillips Alaska [PDD]
☐ N434CA* (200) CC50-8-286 Carolina Sky Sports / Fayard Enterprises
☐ N467CS (200) 167 ex C9-AST Fayard Enterprises
☐ N495CS (200) 195 ex C9-ASU Fayard Enterprises
☐ N497CA (200) CD63-1-291 ex ZS-PBM Fayard Enterprises
☐ N499SP (200) CC50-2-263 ex 9U-BHL Samaritan's Purse
☐ PK-ABM* (200) 33N/AB4-5-182 ex PK-XAG Mantrust Asahi; stored Jakarta-Halim
☐ SE-IVE* (200) CE61-1-343 Swedish Coastguard
☐ SE-KVG* (200) AS28-1-229 ex EC-502 Swedish Coastguard
☐ VH-TEM* (200) CC37-1-138 ex P2-CNP Fugro Airborne Services
☐ 5Y-TSL (200) CC41-1-193 ex SE-LDC

CASA-Nurtanio CN.235

☐ A4O-CU*	(M-100)	C062		Royal Oman Police [ROP]
☐ A4O-CV*	(M-100)	C063		Royal Oman Police [ROP]
☐ EC-100	(100MP)	P1	ex ECT-130	CASA, prototype ff 11Nov83
☐ EC-HTU*	(400)			Secretaria Generale de Pesca Maritima
☐ N168D	(300)	C135		Devon Holding & Leasing
☐ N187D	(300)	C143		Devon Holding & Leasing
☐ N196D	(300)	C139		Devon Holding & Leasing
☐ N219D	(300)	C145		Devon Holding & Leasing
☐ N248MD	(300)	C176		EADS CASA North America
☐ N385RS	(200QC)	C042	ex N9858H	Turbo Flite Aviation Co – possibly 96-6049 but still registered
☐ N528LD	(300)	C177		EADS CASA North America
☐ N825FA	(300)	C130	ex 6T-MA	Turbo Flite Aviation Co
☐ N5025	(200)	C030	ex N235TF	Prescott Support
☐ PK-XNC	(200MPA)	01N		Nurtanio, [prototype ff 30Dec83]
☐ XC-PFH*	(200QC)	C041	ex EC-GEJ	Policia Federal Preventiva / Mexican Federal Police (PF-212)
☐ XC-PFW*	(10M)	C011	ex HP-1292	Policia Federal Preventiva / Mexican Federal Police (PF-203)

CASA CN.295

☐ EC-295		P-001	ex XT-21-01	CASA, prototype, ff Nov97
☐ EC-296		S-1		CASA, first production aircraft, ff 22Dec98

Convair

☐ C-FNRC*	(580)	473	ex CF-NRC	NRC Flight Research Laboratory
☐ C-GRSC*	(580)	72	ex N8EG	Environment Canada (remote sensing a/c)
☐ N24DR*	(440-75)	393	ex CF-GLM	Baker Aeromotive / Ferreteria & Implementos San Francisco
☐ N39*	(580)	480	ex N74	Federal Aviation Administration [NHK]
☐ N49*	(580)	479	ex N103	Federal Aviation Administration [NHK]
☐ N115BF*	(440-58)	461	ex N29KE	Baker Aeromotive / Ferreteria & Implementos San Francisco
☐ N131CW*	(340-67)	205	ex N6288Y	American Airpower Heritage Flying Museum
☐ N145GT	(340-70)	256	ex N635NA	Kestrel Inc
☐ N580AS*	(580)	2	ex N113AP	Honeywell International (testbed)
☐ N580HH*	(580)	500	ex N580R	Raytheon Company (testbed)
☐ N4444F	(340-71)	301	ex 141018	Beaufort County Mosquito Control
☐ N8149H	(340-71)	291	ex 141008	Beaufort County Mosquito Control
☐ N8149P	(340-71)	292	ex 141009	Beaufort County Mosquito Control
☐ N8277Q	(640)	282	ex P4-SSG	Kestrel Inc
☐ N51211*	(580)	489	ex N5121	General Dynamic Advanced Information Systems (testbed)
☐ N51255*	(580)	383	ex N45LC	General Dynamic Advanced Information Systems (testbed)
☐ XA-SQG	(C-131B)	266	ex N7814B	California Aeroservicios (stored San Diego)
☐ YV2079	(580F)	466	ex HK-	Insumos Alimenticios Prawn

de Havilland DHC-6 Twin Otter

☐ 302*	(300)	378		Fuerza Aerea del Peru, Grupo Aereo No 42
☐ 305*	(300)	274	ex N86TC	Fuerza Aerea del Peru, Grupo Aereo No 42 (also OB-1154)
☐ 308*	(300)	266	ex N85TC	Fuerza Aerea del Peru, Grupo Aereo No 42 (also OB-1157)
☐ 311*	(300)	385		Fuerza Aerea del Peru, Grupo Aereo No 42
☐ 312*	(300)	322		Fuerza Aerea del Peru, Grupo Aereo No 42 (floatplane)
☐ 317*	(300)	324		Fuerza Aerea del Peru, Grupo Aereo No 42 (floatplane)
☐ 730	(300)	730		Republique Française / Armée de l'Air (c/s F-RALF)
☐ 745	(300)	745		Republique Française / Armée de l'Air (c/s F- .IB)
☐ 786	(300)	786		Republique Française / Armée de l'Air (c/s F-RAVV)
☐ 790	(300)	790		Republique Française / Armée de l'Air (c/s F-RAVW)
☐ AP-BRR*	(310)	782	ex (FAE 782)	Pakistan Oil & Gas Development Corp
☐ A6-	(300)	758	ex VH-KZP	Abu Dhabi Aviation
☐ A6-	(300)	759	ex VH-KZQ	Abu Dhabi Aviation
☐ C-FCSU*	(300)	352	ex CF-CSU	Transport Canada, Surveillance titles [TGO]
☐ C-FCSW*	(300)	355	ex CF-CSW	Transport Canada [TGO]
☐ C-FCSX*	(300)	357	ex CF-CSX	Transport Canada [TGO]
☐ C-FFNM	(300)	282	ex CC-PCI	M Bannock
☐ C-FMOL	(300)	303	ex C-FUGP	Exxon Mobil Canada
☐ C-FPNZ	(300)	299	ex N321EA	Ashe Aircraft Enterprises
☐ C-FPOK*	(200)	116	ex CF-POK	NRC Flight Research Laboratory
☐ C-GGPM*	(310)	613	ex CC-PII	Barrick Gold Corporation
☐ C-GJDI*	(300)	837	ex N565GA	Irving Oil (Raisbeck conv)
☐ CC-PQQ*	(300)	793	ex C-FWZB	Compania Minerva Nevada
☐ CC-CST	(300)	448	ex N448CS	Inversions y Rentas Los Cedros [VistaLiner]
☐ CC-PQI	(300)	244	ex C-FBLY	Compania Minera San Francisco
☐ D-IDHB*	(200)	132	ex RP-C1776	Air Service Wildegrub
☐ EC-ISV*	(200)	205	ex OY-PAE	Centro de Paracaidsmo Costa Bravo
☐ FAP-02*	(200)	137	ex FAP-01	Fuerza Aerea Paraguaya, GATE
☐ F-BTAU*	(200)	153	ex (N33TW)	Centre de Parachutisme Sportif
☐ F-GHRK*	(200)	144	ex (N871SA)	Samevi 98 SL / Parachutisme Tallard
☐ HZ-SCT*	(300)	836	ex HZ-ATO	Saudi Arabian Airlines, Special Flight Services [SVA]
☐ LN-JMP*	(200)	184	ex N184KM	Hoppfly / Tonsberg Faliskjermklubb 'Tunsberg 1'
☐ J6-	(300)	468	ex N229SA	Twin Otter International
☐ LV-LNY	(200)	171	ex 1-G-101	YPF Argentina
☐ LV- *	(200)	136	ex AE-100	YPF Argentina

	Registration	(Wt)	Serial	Ex	Operator/Notes
☐	N3PY*	(300)	767	ex N2670X	Tactical Air Operations
☐	N10EA*	(200)	199	ex C-FRXU	Eagle Air Transport / Skydive Chicago
☐	N24HV*	(100)	109	ex N911BX	Skydive Leland / Vertical Air
☐	N30EA*	(200)	191	ex SE-KOK	Eagle Air Transport / Skydive Chicago
☐	N34KH	(300)	542	ex PJ-WIE	JAS Aircraft Sales & Leasing
☐	N46RF*	(300)	824	ex C-GIUZ	US Department of Commerce / NOAA [NAA]
☐	N48RF*	(300)	740	ex N600LJ	US Department of Commerce / NOAA [NAA]
☐	N49SJ*	(300)	423	ex N490AS	US Department of the Interior, Office of Aircraft Services
☐	N52FW	(100)	52	ex N952	Kapowsin Air Sports (skydiving)
☐	N54LM	(300)	576	ex N302EH	Lattimore Enterprises
☐	N56RF*	(300)	788	ex C-FMRU	US Department of Commerce / NOAA [NAA]
☐	N57RF*	(310)	688	ex N485RF	US Department of Commerce / NOAA [NAA]
☐	N61UT	(300)	549	ex N160CA	Union Texas Pakistan; status uncertain – to AP-?
☐	N63AR	(300)	432	ex N254SA	Twin Otter International Ltd
☐	N70AR	(300)	773	ex N236SA	Twin Otter International
☐	N71EC	(100)	37	ex C-FDTJ	Emerald Coast Air
☐	N73WD*	(100)	73	ex C-FPPD	Flanagan Enterprises (Nevada) Inc
☐	N83AR*	(300)	440	ex N233SA	NCAR/Twin Otter International
☐	N83NX*	(UV-18A)	496	ex 76-22566	US Department of Navy, Naval Post Graduate School
☐	N94AR*	(300)	388	ex N245SA	NCAR / Twin Otter International; survey aircraft
☐	N97AR	(300)	365	ex PJ-TSE	Twin Otter International
☐	N97DZ	(100)	97	ex C-FLXQ	Flanagan Enterprises (Nevada)
☐	N98VA	(100)	65	ex N666PV	Twin Otter International
☐	N100AP*	(100)	22	ex HP-772	National Aerotech Aviation
☐	N121PM*	(100)	14		One Papa Mike Corp / Southern California Skydiving Club
☐	N122SA*	(300)	515	ex N75482	Twin Otter International, Airborne Research
☐	N123FX*	(310)	200	ex G-BUOM	Freefall Express 'Blue Sky Express'
☐	N125PM*	(100)	89		Mile Hi Skydivers
☐	N125SA*	(100)	104	ex N125SR	Perris Valley Aviation
☐	N128WJ*	(200)	128	ex N63128	Skydive Arizona / Kavalair
☐	N129PM*	(100)	114	ex N67CA	Freefall Express
☐	N157KM*	(100)	57	ex RNoAF 057	Kevin McCole, based Jarlsberg, Norway
☐	N166DH	(100)	66	ex CF-ARC	Sussex Skydive
☐	N167WC	(300)	343	ex N3434	Washington Corporations
☐	N169BA	(100)	103	ex C-FQBV	Skydive Spaceland / Desert Sand Aircraft Leasing
☐	N169TH	(100)	93	ex N951SM	Mid-Pacific Aviation / US Army
☐	N186AL	(200)	186	ex C-GKNR	13,500 Air Express
☐	N189GC	(300)	772	ex N235SA	Diamond Bar
☐	N190GC	(300)	285	ex N60ME	Monarch Enterprises
☐	N200DZ*	(200)	112	ex N491AL	Monterey Bay Aero Sportsplex
☐	N202EH*	(100)	48	ex N4914	The Skydive Factory
☐	N203E*	(100)	53		AerOhio Skydiving Center
☐	N203SF*	(200)	151	ex C-FJCL	Desert Sand Aircraft Leasing
☐	N204BD*	(200)	204	ex C-FISO	Skydive Arizona / Kavalair
☐	N204EH*	(100)	61	ex N8082N	The Skydive Factory
☐	N204SA*	(300)	402	ex C-GHRE	Freefall Adventures
☐	N208JE*	(300)	557	ex YV-184CP	Eriksson Aviation
☐	N220EA*	(200)	190	ex N930MA	Kevin McCole
☐	N223AL	(200)	223	ex C-FYPP	Win Win Aviation Inc / Parachutisme Nouvel Air
☐	N225CS	(100)	29	ex N229YK	National Aerotech Aviation
☐	N225SA	(300)	686	ex N717D	Sopwith Ltd
☐	N226CS	(200)	198	ex C-GFFN	Carolina Sky Sports
☐	N227CS*	(100)	27	ex ZK-FQK	Carolina Sky Sports / Fayard Enterprises
☐	N228YK*	(300)	228	ex C-FPAE	Skydiving Productions over Texas
☐	N252SA*	(300)	614	ex N933MA	Twin Otter International Ltd, Airborne Research
☐	N255SA*	(300)	723	ex 8R-GHN	Twin Otter International Ltd, Airborne Research
☐	N293JM	(300)	560	ex 9U-BHP	F & M Aviation
☐	N300DZ	(300)	644	ex C-GIMG	Tactical Air Operations
☐	N300WH	(300)	647	ex VH-XFC	Southern Aircraft Services (Wayne Huizenga / Miami Dolphins)
☐	N301CL	(200)	221	ex DQ-FIL	Win Win Aviation
☐	N321CY*	(200)	211	ex N932MA	Jump Run Aviation
☐	N331SA	(300)	337	ex TI-BAF	Twin Otter International
☐	(N456PJ)*	(100)	15	ex N122PM	Paul J Illingworth / Sky Dive San Marcos
☐	N512AR*	(100)	59	ex N512S	Airborne Research / Twin Otter International, survey aircraft
☐	N564DH	(100)	564	ex B-3504	Bald Mountain Air Service
☐	N607NA*	(100)	4	ex N508NA	NASA, John H Glenn Research Center
☐	N660MA*	(300)	231		ARAMCO Associated
☐	N663MA*	(300)	593		ARAMCO Associated
☐	N669JW*	(200)	88	ex P2-RDB	Pegasus Air / Carolina Sky Sports
☐	N690MF	(200)	121	ex C-FQXW	Desert Sand Aircraft Leasing
☐	N708PV	(300)	489	ex C-GDMP	Perris Valley Aviation
☐	N711AF*	(300)	711	ex C-GIFG	Vulcan Aircraft
☐	N711AS*	(200)	202		Skydive Productions over Texas
☐	N716NC*	(100)	110	ex N952SM	Freefall Express
☐	N719AS*	(200)	139	ex N711SD	Skydive Productions over Texas (stored Whitewright, TX)
☐	N753AF	(300)	206	ex F-GCVR	Twin Otter International
☐	N814BC	(300)	548	ex N622JM	Musha Transportation
☐	N823X	(300)	823	ex B-3507	Transport Services
☐	N826X	(300)	826	ex B-3509	Transport Services
☐	N842AR*	(300)	842	ex C-FDHA	ConocoPhillips Alaska
☐	N894S*	(300)	779	ex N89HP	Hewlett Packard Co
☐	N901BS*	(300)	160	ex N921MA	Raeford Aviation (skydiving)
☐	N901ST*	(200)	208	ex N116DA	Sky Team Aviation

727

☐	N923MA*	(200)	168	ex N923HM	Skydive Elsinore / Speed Star Express
☐	N924MA*	(200)	216	ex N653HM	Skydive Arizona / Para Drop
☐	N926MA*	(200)	133	ex N953SM	Skydive Elsinore / Speed Star Express
☐	N969AC	(300)	286	ex VH-FNU	Aero Coastal
☐	N1022S*	(100)	79	ex C-GHYH	Carolina Sky Sports / Fayard Enterprises
☐	N3434	(300)	193	ex HK-3643X	Aerohio Skydive
☐	N6161Q	(300)	633	ex N6151C	Aviation Specialities / US Government
☐	N6218T	(300)	400	ex N707PV	JD Melvin
☐	N40269*	(200)	152	ex F-GHXY	Freefall Express
☐	N60619	(300)	210	ex PK-YPF	SSC International
☐	N64116	(200)	157	ex 5X-UVL	Twin Otter International
☐	N64150*	(200)	150		Perris Valley Aviation
☐	N70551	(300)	656	ex PZ-TCE	CAAMS LLC
☐	OB-1704*	(300)	701	ex C-GBGC	Minera Barrick Misquichitica
☐	OH-KOG	(300)	642		Finnish Aviation Academy (Suomen Ilmailuopisto)
☐	OH-SLK*	(300)	260	ex SE-GEG	Finnish Parachuting Club (Suomen Laskuvarjokerho)
☐	PNC-201*	(300)	727	ex HK-2777G	Policia Nacional Fondo Rotatoria
☐	PNC-202*	(300)	829	ex C-GDIU	Policia Nacional Fondo Rotatoria
☐	P2-MFB	(300)	289	ex N910HD	Missionary Aviation Fellowship
☐	P2-MFT*	(300)	565	ex N565DH	Missionary Aviation Fellowship
☐	P2-MFU	(300)	182	ex TJ-AHV	Missionary Aviation Fellowship
☐	P2-MFY	(300)	219	ex VH-BMG	Missionary Aviation Fellowship
☐	SE-GEE*	(300)	364	ex F-GFAH	Skydive Airlines
☐	ST-AOQ*	(300)	778	ex HB-LRE	AMC Arab Mining Company
☐	T-741*	(300)	466	ex HB-LID	Swiss Federal Office for Topography
☐	TY-23A*	(300)	807	ex TY-BBS	Force Aerienne du Benin
☐	UAE-2277	(300)	672	ex A6-MBZ	UAE Air Force
☐	UAE-7	(300)	707	ex VH-HPT	UAE Air Force
☐	VH-FNV	(300)	313	ex PK-WAR	Tomalpin Holdings (may have reverted to VH-FNV)
☐	VH-OTA*	(100)	90	ex N950SM	Sydney Skydiving Centre
☐	VT-ELX*	(310)	825	ex C-GIIG	Scintrex / Dept of Mines
☐	XA-TAT	(300)	237		Transportes Aereos Terrestres
☐	XC-ALA*	(300)	368	ex XA-TTU	Procurador General de la Republica
☐	XC-DIO*	(300)	687	ex (N549N)	Procurador General de la Republica
☐	XC-FIT	(300)	752		Procurador General de la Republica
☐	YI-AKY	(300)	736		Iraqi Northern Petroleum
☐	(ZS-OUL)	(300)	703	ex YJ-RV8	
☐	ZS-OVJ	(300)	424	ex 5Y-GGG	ZS-OVJ Partnership
☐	ZS-PDY	(200)	119	ex N63119	Air Bokanda (stored Lanseria)
☐	ZS-PNT	(300)	721	ex ZS-OVT	Aircraft Africa Contracts
☐	3X-GAY	(300)	553	ex N888LA	Compagnie de Bauxities Guinee
☐	5A-DAS*	(300)	567		Waha Oil Company
☐	5A-DAT*	(300)	569		Waha Oil Company
☐	5A-DAU*	(300)	570		Waha Oil Company
☐	5A-DBF*	(300)	705		Veba Oil Company
☐	5A-DBH*	(300)	808	ex C-GDFT	Veba Oil Company
☐	5A-DBJ*	(300)	444		Zwetina Oil Libya
☐	5A-DCA*	(300)	599		Directorate of Civil Aviation [op by LAA]
☐	5A-DCJ*	(300)	595		Occidental Oil of Libya
☐	5A-DJI	(300)	776	ex C-GDCZ	Libyan Ministry of Agriculture
☐	5A-DJK	(300)	775	ex C-GESR	Aero Club Libya
☐	5A-DKE*	(300)	257	ex N2005	Sirte Oil Company
☐	5A-DSC*	(300)	811	ex HB-LPM	Sirte Oil Company
☐	5N-MPU*	(300)	552	ex 9U-BHA	Mobil
☐	5Y-JHZ	(300)	336	ex HB-LOI	Aircraft Lsg Services Ltd / Ashraf
☐	5Y-PJP	(300)	424		
☐	9Q-CJD	(300)	300	ex FrAF	SIFORCO
☐		(200)	117	ex VH-JEA	to South America

de Havilland DHC-7

☐	C-GCFR*	(150R)	102		Transport Canada, Survey / Ice reconaissance [TGO]
☐	HB-IVX*	(102)	91		Benavia
☐	HK-3111W*	(102)	87	ex HK-3111G	Intercor / Carbocol [op by HEL]
☐	N34HG*	(102)	34	ex ZS-IRS	US Govt, Dept of the Army / 204th MIB (as RC-7)
☐	N59AG*	(102)	59	ex C-GYMC	US Govt, Dept of the Army / 3rd MIB (as RC-7B)
☐	N158CL*	(102)	58	ex N42RA	US Govt, Dept of the Army / 3rd MIB (as RC-7B)
☐	N176RA*	(102)	76	ex C-GFOD	US Govt, Dept of the Army / JPSD
☐	N177RA*	(102)	85	ex C-GFOD	US Govt, Dept of the Army / 204th MIB (as RC-7B)
☐	N341DS	(102)	57	ex C-GTAZ	Telford Air Spares, stored Bangor, ME
☐	N566CC	(102)	56	ex N56HG	US Govt, Dept of the Army
☐	N705GG*	(102)	48		US Govt, Dept of the Army / 204th MIB (as RC-7)
☐	N765MG*	(102)	65	ex N2655P	US Govt, Dept of the Army / 204th MIB (as RC-7B)
☐	N53993*	(103)	104	ex C-GFUM	US Govt, Dept of the Army / 204th MIB (as RC-7)
☐	N89068*	(102)	88	ex HK-3112H	Department of Defense / Cecom Acquisition Center

de Havilland DHC-8

☐	142801*	(102)	38	ex C-GJBT	Canadian Armed Forces (CC-142)
☐	142802*	(102)	46	ex C-GIQG	Canadian Armed Forces (CC-142)
☐	142803*	(102)	71	ex C-GESR	Canadian Armed Forces (CT-142)
☐	142804*	(102)	80	ex C-GFRP	Canadian Armed Forces (CT-142)
☐	142805*	(102)	103	ex C-GDNG	Canadian Armed Forces (CT-142)

	Registration	Type	C/N	Previous ID	Operator
☐	142806*	(102)	107	ex C-GFQL	Canadian Armed Forces (CT-142)
☐	84-0047*	(102)	37	ex N801AP	US Air Force (E-9A)
☐	84-0048*	(102)	45	ex N802AP	US Air Force (E-9A)
☐	C-FBCS*	(202)	404	ex C-GEVP	Bombardier (shuttle aircraft)
☐	C-FJJA*	(401Q)	4001		Bombardier Inc, Srs 400 prototype, ff 31Jan98
☐	C-GBGC	(202)	536	ex VH-AFF	Barrick Gold Corporation
☐	C-GCFJ*	(102)	20		Transport Canada, Fisheries & Oceans [TGO]
☐	C-GCFK*	(102)	28		Nav Canada Flight Inspection Operations [NVC] (calibrator)
☐	C-GSUR*	(102)	46	ex C-GJVB	Government of Canada, Department of Transport '834'
☐	HK-3997*	(202)	391	ex HK-3997W	BP Exploration Colombia [BPX]
☐	JA007G	(311)	619	ex C-FDRJ	Japan Civil Aviation Bureau (calibrator)
☐	JA008G	(311)	651	ex C-FMIS	Japan Civil Aviation Bureau (calibrator)
☐	JA009G	(311)	652	ex C-FMTJ	Japan Civil Aviation Bureau (calibrator)
☐		(300)		ex C-	Japan Coast Guard, Maritime Patrol
☐		(300)		ex C-	Japan Coast Guard, Maritime Patrol
☐	KAF-304*	(103)	189	ex C-GLOT	Kenyan Air Force
☐	KAF-305*	(103)	219	ex C-GFCF	Kenyan Air Force
☐	KAF-306*	(103)	223	ex C-GFBW	Kenyan Air Force
☐	AMT-230	(Q-202)	572	ex C-GFBW	Amada de Mexico, Escaerotrans
☐	N308RD*	(102A)	265	ex N228H	RDC Marine Inc
☐	N505LL	(311)	415	ex N600SR	Path Corporation (aerial survey)
☐	N637CC	(202)	637	ex C-FHEF	CAA Inc [Northrop Grumman]
☐	N646CC	(202)	646	ex C-FLKJ	CAA Inc [Northrop Grumman]
☐	N649CC	(202)	649	ex C-FLKK	CAA Inc [Northrop Grumman]
☐	N713M*	(102)	30	ex N444T	Justice Prisoner & Alien Transportation System [DOJ]
☐	N724A*	(202)	440	ex C-GFBW	ARAMCO Associated Co
☐	N725A*	(202)	441	ex C-GFCF	ARAMCO Associated Co
☐	N759A*	(202)	435	ex C-GDIU	ARAMCO Associated Co
☐	N801MR*	(202)	606	ex C-FDHW	Dept of Homeland Security; Customs & Border Protection - Air & Marine Operations
☐	N802MR*	(202)	612	ex C-FCPQ	Dept of Homeland Security; Customs & Border Protection - Air & Marine Operations
☐	N803MR*	(202)	626	ex C-FERE	Dept of Homeland Security; Customs & Border Protection - Air & Marine Operations
☐	N	(202)	655	ex C-	US Bureau of Immigration
☐	SE-MAA*	(Q-315MSA)	622	ex C-FEDJ	Kustbevakningen, coded 501
☐	SE-MAB	(Q-300MSA)	631	ex C-FGJS	Kustbevakningen
☐	SE-MAC	(Q-300MSA)	638	ex C-FHEG	Kustbevakningen, on order
☐	VH-LCL*	(Q-202)	492	ex C-GEOA	LADS / Surveillance Australia
☐	XC-BCO*	(Q-202)	558	ex XA-BCO	Banco de Mexico (VIP / /Combi)
☐	XC-BDM*	(Q-202)	559	ex XA-AEA	Banco de Mexico (VIP / Combi)
☐	5H-KMC*	(102)	10	ex N802WP	Kahama Mining Corp [KMC]
☐	5N-GRS*	(201)	547	ex C-FEPB	Cross River State Government
☐	5N-MGV*	(101)	24	ex C-GMOK	Mobil Oil Nigeria [Op by NIG]

Dornier 228

	Registration	Type	C/N	Previous ID	Operator
☐	A4O-CQ*	(100)	7028	ex D-IBLN	Royal Oman Police Air Wing [ROP]
☐	D-CALM*	(101)	7051		DLR Flugbetriebe [GPL]
☐	D-CAWI*	(101)	7014	ex D-IAWI	DLR Flugbetriebe / Alfred Wegener Institute 'Polar 2'
☐	D-CFFU*	(212)	8180		DLR Flugbetriebe [GPL]
☐	D-CODE*	(101)	7083	ex (D-CEVA)	DLR Flugbetriebe [GPL]
☐	D4-CBK*	(212)	8222	ex 7Q-YKS	Guarda Costeira de Cabo Verde (Op by Advanced Aviation)
☐	EP-TCC*	(212)	8195	ex D-CNCC	National Cartographic Center
☐	EP-THA*	(212)	8207	ex D-CIME	National Cartographic Center
☐	EP-TKH*	(212)	8204	ex D-CIMO	National Cartographic Center
☐	EP-TZA*	(212)	8208	ex D-CIMU	National Cartographic Center
☐	G-MAFE*	(202K)	8009	ex G-OALF	FRAviation [FRA]
☐	G-MAFI*	(200)	8115	ex D-CAAE	FRAviation [FRA]
☐	G-OMAF*	(200)	8112	ex D-CAAD	FRAviation [FRA]
☐	JA8858*	(201)	8128	ex D-CBDU	National Aerospace Laboratory
☐	LN-LYR	(212K)	8166		Lufttransport for Statens Luftambulance
☐	N229ST	(212)	8199	ex F-OHAF	Samoa Technologies
☐	PH-CGC*	(212)	8183	ex (PH-CGN)	Netherlands Coast Guard / JetSupport
☐	PH-CGN*	(212)	8181	ex D-CNLA	Netherlands Coast Guard / JetSupport
☐	PH-MNZ*	(212)	8206	ex D-CDIV	Netherlands Coast Guard / JetSupport; stored
☐	TR-LGM*	(212)	8155	ex PH-IOL	Societe de Conservation et de Developpement AB
☐	TR-LHE	(201)	8068	ex D-CPBO	SCD Aviation
☐	VT-ENK*	(201)	8086	ex D-CANA	Airports Authority of India
☐	VT-EPU*	(200)	8090/2016		Airports Authority of India
☐	ZS-DOC	(202)	8104	ex MAAW-R1	Interactive Trading 102
☐	5N-AUM*	(100)	7023	ex 5N-AQX	Nigeria National Petroleum Co
☐	5N-AUV*	(101)	7011	ex 5N-AQV	Air Border Patrol Unit
☐	5N-AUW*	(101)	7018	ex D-IBLB	Air Border Patrol Unit
☐	5N-AUX*	(101)	7095	ex D-CAGE	Air Border Patrol Unit
☐	5N-AUY*	(101)	7116	ex D-CIMA	Air Border Patrol Unit; stored Kaduna
☐	5N-AUZ*	(101)	7167	ex D-CAFA	Air Border Patrol Unit; stored Kaduna
☐	5N-FCT*	(201)	8130	ex 5N-ACT	Federal Government of Nigeria
☐	5N-MPS*	(202)	8146	ex D-CALO	NEPA-National Electric Power Authority
☐	5U-MBI*	(201)	8074	ex D-CELO	Government of Niger / Escadrille Nationale du Niger

Dornier 328

☐ C-FDYN	(100)	3096	ex D-CMUC	
☐ C-FSCO*	(100)	3109	ex D-CDXV.	Shell Canada
☐ D-BAAB	(310)	3147	ex N402FJ	
☐ D-BADA*	(310)	3224	ex D-BDXB	Aero Dienst / ADAC
☐ D-BADC*	(Envoy 3)	3216	ex (N328NP)	Aero Dienst / ADAC
☐ D-CDAD	(110)	3052	ex N436JS	
☐ D-CITI	(100)	3004		Dornier, stored Oberpfaffenhofen
☐ D-	(110)	3090	ex N404SS	Braunschweig Investment
☐ G-CJAB*	(300)	3200	ex OE-HAA	Planechartering / Club 328 [SOJ]
☐ N28CG*	(110)	3024	ex N95CG	Corning Inc / US Bank NA Trustee
☐ N38CG*	(110)	3034	ex D-CDXA	Corning Inc / US Bank NA Trustee
☐ N38VP	(300)	3174	ex N417FJ	FFU2 LLC
☐ N328AC	(300)	3132		PAC Jet Acquisitions
☐ N328BC	(310)	3168	ex N413FJ	Comtran International
☐ N328BH	(300)	3137	ex D-BDXS	PAC Jet Acquisitions
☐ N328CR	(310)	3160	ex N408FJ	Comtran International
☐ N328DA	(300)	3171	ex N416FJ	VAC1 LLC
☐ N328DC*	(110)	3019	ex D-CDHD	Pacific Gas & Electric
☐ N328DP	(300)	3169	ex N414FJ	Dornier 328DP
☐ N328DR	(300)	3176	ex N418FJ	Ultimate Jet Charters / Dornier 328DR
☐ N328FD	(300)	3196		East Coast Flight Service (stored Manassas, damaged)
☐ N328GT*	(Envoy 3)	3183	ex N328FD	Ultimate Jet Charters
☐ N328JT	(110)	3129	ex N129UM	Pratt and Whitney Engine Services
☐ N328PA	(300)	3197	ex D-BEOL	Private Air Charters / PacJet Acquisitons
☐ N328WW	(300)	3116	ex D-BGAD	Ultimate Jet Charters / 328WW LLC
☐ N329MX	(120)	3049		Aviation Ventures
☐ N330MX	(120)	3067		Aviation Ventures
☐ N407FJ	(300)	3157	ex D-BDXL	Ultimate Leasing
☐ N424FJ	(300)	3185	ex I-AIRJ	Jetran
☐ N425FJ	(310)	3189	ex D-BDX.	Jackson Jet Investors
☐ N429FJ	(310)	3194	ex D-BDX.	Jetran
☐ N503CG*	(100)	3086	ex 5N-SPD	Chip Ganassi Racing Team / Sabco Racing
☐ N804CE*	(Envoy 3)	3184	ex N328PM	Cummins Inc
☐ N807LM	(300)	3099	ex D-BWAL	Lockheed Martin Aeronautics
☐ N905HB	(300)	3178	ex N420FJ	Jetran
☐ N906HB	(300)	3179	ex N421FJ	Jetran
☐ PH-EEV	(100)	3056	ex N438JS	Elas Professional Services
☐ PH-EVY*	(100)	3095	ex G-CJAC	Elas Professional Services / Solid Air
☐ PH-SOX*	(100)	3060	ex N442JS	Solid Air/Victor Rijssen 'Bram'
☐ PH-	(110)	3056	ex N438JS	Aerostar
☐ UR-WOG*	(Envoy 3)	3118	ex N873JC	KTESIAS Holdings
☐ VH-PPF	(110)	3057	ex D-CAAD	
☐ ZS-IOC	(300)	3219	ex OY-NCP	Sishen Iron Ore Company
☐ 5N-SPM*	(Envoy 3)	3141	ex D-BDXR	Shell Petroleum [Op by BHN]
☐ 5N-SPN*	(Envoy 3)	3120	ex D-BABA	Shell Petroleum [Op by BHN] (stored Oberpfaffenhofen)

Douglas DC-8

☐ FAP-370*	(62F)	46078/475	ex OB-1372	Peruvian Air Force
☐ N817NA*	(72)	46082/458	ex N436NA	NASA, University of North Dakota, ND
☐ TR-LTZ*	(73CF)	46053/446	ex N8638	Government of Gabon (stored Nimes)
☐ VP-BHM*	(62)	46111/491	ex VR-BHM	Brisair Ltd
☐ 3D-FCV	(62F)	46132/535	ex 3D-FRE	Operator unknown (based South America)
☐ 5V-TGF	(62)	46071/469	ex P4-DCE	Government of Togo (BAC 3)
☐ 9T-TDA*	(55F)	45753/223	ex 9G-MKE	Congo Air Force (QTA 2)

Douglas DC-9

☐ F-GVTH*	(21)	47308/474	ex F-WQPC	Thales Systèmes Aéroportes (electronics test-bed)
☐ N45NA*	(33F)	47410/480	ex 162753	Department of Energy, National Nuclear Security Administration
☐ N112PS*	(15RC)	47013/129	ex N557AS	Sky Way Enterprises, 'A-Liner' titles (ABS 3)
☐ N127NK	(21)	47361/488	ex (N953VV)	Bernie E Conatser
☐ N166DE*	(15RC)	47152/170	ex N66AF	US Dept of Energy (ABS 3) [Op by NRG]
☐ N229DE*	(15RC)	45826/79	ex N62AF	US Dept of Energy (ABS 3) [Op by NRG]
☐ N305PA*	(15)	45740/62	ex N911RN	Pharmair Corp
☐ N682RW*	(51)	47733/862	ex N412EA	Detroit Red Wings & Tigers / Provident Bank (ABS 3)
☐ N697BJ*	(32)	47799/918	ex N926LG	McAir Inc / Blue Jackets
☐ N880DP*	(32)	47635/754	ex N880RB	Roudball / Detroit Pistons (ABS 3)
☐ N927L	(34)	48123/934	ex LV-BSS	
☐ N932NA*	(33RC)	47476/569	ex 162754	NASA / Johnson Space Center, Zero G trainer
☐ N950VJ*	(31)	47564/681		Justice Prisoner & Alien Transportation System [DOJ]
☐ N8860*	(15)	45797/51	ex N8953U	Scaife Flight Operations (ABS 3)
☐ XC-LJZ	(15)	45775/71	ex N900SA	Procuraduria General de la Republica
☐ ZS-*	(14)	45706/61	ex N13NE	Mantuba Executive Jet / NC Aircraft

Douglas DC-10

☐ T-235*	(KC-10F)	46956/235	ex PH-MBP	Klu/Royal Netherlands Air Force 'Jan Scheffer' [NAF]
☐ T-255*	(30CF)	46987/255	ex N1858U	Klu/Royal Netherlands Air Force [NAF]
☐ T-264*	(KC-10F)	46985/264	ex PH-MBT	Klu/Royal Netherlands Air Force 'Prins Bernhard' [NAF]

☐ N220AU*	(10)	46501/2	ex G-GCAL	Project Orbis Intl (flying hospital)
☐ N852V*	(40)	47852/340	ex JA8544	Omega Air (Global Air Tanker Services)
☐ N910SF	(10)	46524/65	ex 99-0910	United States of America, Raytheon Flight Test and Missile Defense Agency 'Sweet Judy'
☐ N17085	(30)	47957/201	ex F-GPVB	10 Tanker Air Carrier (firefighter)

Embraer EMB.110 Bandeirante

☐ D2-EUN	(P1A)	110467	ex PT-SHV	Government of Angola
☐ D2-EUT	(P1A)	110485	ex PT-SHT	Government of Angola
☐ FAC-03	(P1)	110479	ex PT-SHZ	Guarda Costeira de Cabo Verde
☐ N131CS	(P1)	110219	ex TG-TWO	WFBN
☐ PP-EAM*	(P1A)	110498	ex PT-SBS	Governo do Estado do Amazonas
☐ PP-EIX*	(P1A)	110468	ex PT-SHW	Governo de Amapa
☐ PP-EMG*	(E)	110032	ex PT-GJV	Governo de Minas Gerais
☐ PP-ERN*	(P1)	110344	ex PT-FAV	Governo de Rio Grande do Norte
☐ PP-FFV*	(B1)	110284	ex PT-SBO	INPE Instituto Pesquisas Espacias
☐ PT-FRF*	(EJ)	110115	ex PT-GKK	Departamento Nac Est de Rodagem
☐ TR-KMA*	(P1K)	110268	ex PT-SBG	Government of Gabon
☐ TR-KNB*	(P1K)	110297	ex PT-SCF	Government of Gabon
☐ TR-KNC*	(P1K)	110360		Government of Gabon
☐ VH-OZF*	(P2)	110201	ex G-EIIO	Australian East Coast Airsports
☐ VH-UQA*	(P2)	110245	ex VH-XFL	Australian East Coast Airsports
☐ ZS-PHB	(P1)	110198	ex C6-CAB	TM Bengis t/a Microzate Trading 789CC
☐ ZS-TMB	(P1)	110288	ex C6-PDX	TM Bengis t/a Microzate Trading 789CC

Embraer EMB.120 Brasilia

☐ 550/CX-BTZ*	(ER)	120089	ex N12705	Uruguayan Air Force	
☐ 2002*	(RT)	120040	ex PT-SJO	Forca Aerea Brasileira (VC-97)	
☐ 2003*	(RT)	120055	ex PT-SJY	Forca Aerea Brasileira (VC-97)	
☐ 2004*	(RT)	120066	ex PT-SKJ	Forca Aerea Brasileira (VC-97)	
☐ 2010*	(ER)	120309	ex PT-SRB	Forca Aerea Brasileira (C-97)	
☐ 2011*	(ER)	120311	ex PT-SRC	Forca Aerea Brasileira (C-97)	
☐ 2012*	(RT)	120312	ex PT-SRD	Forca Aerea Brasileira (C-97)	
☐ 2013*	(ER)	120324	ex PT-SRE	Forca Aerea Brasileira (C-97)	
☐ 2014*	(RT)	120331	ex PT-SRG	Forca Aerea Brasileira (C-97)	
☐ 2015*	(ER)	120332	ex PT-MNF	Forca Aerea Brasileira (C-97)	
☐ 2016*	(ER)	120333	ex PT-MNG	Forca Aerea Brasileira (C-97)	
☐ 2017*	(ER)	120357	ex PT-SOJ	Forca Aerea Brasileira (C-97)	
☐ 2018*	(ER)	120355	ex YV-667C	Forca Aerea Brasileira (C-97)	
☐ 2019*	(ER)	120356	ex YV-662C	Forca Aerea Brasileira (C-97)	
☐ C-FPAW*	(ER)	120018	ex N516P	Pratt & Whitney Canada [PWC]	
☐ F-GJTF	(ER)	120235	ex OM-SAY	MDA SAS	
☐ N22BD*	(ER)	120143	ex N161CA	Bill Davis Racing	
☐ N109EM*	(ER)	120195	ex N15732	Evernham Motorsports / GEMS Aviation	
☐ N126AM*	(RT)	120102	ex PT-SMU	Baymen International / Tradewind Air Bikes	
☐ N221CR*	(ER)	120171	ex N16724	Corporate Jets	
☐ N223BD*	(ER)	120260	ex N205SW	Bill Davis Racing	
☐ N229CR*	(ER)	120111	ex N34712	RCR Air	
☐ N331CR*	(ER)	120121	ex PH-XLG	RCR Air	
☐ N336TB*	(RT)	120028	ex N330JS	Chippewa Aerospace (impounded Orlando, FL)	
☐ N507DM	(ER)	120118	ex N500DE	Jet Sales of Stuart	
☐ N650CT	(ER)	120198	ex N267AS	N650CT LLC	
☐ N651CT	(ER)	120197	ex N58733	N651CT LLC	
☐ N652CT	(ER)	120199	ex N57734	N652CT LLC / Charter Air Transport	
☐ N707TG*	(ER)	120182	ex N17728	Gordon Air	
☐ N789TX*	(RT)	120150	ex N162CA	Bell Helicopter Textron	
☐ N919EM*	(ER)	120160	ex N132PP	GEMS Aviation	
☐ N16731*	(ER)	120190	ex PT-SRD	MWR Racing (Michael Waltrip Racing)	
☐ OY-PAO	(ER)	120016	ex SE-LKB	NAC Nordic Aviation Contractors	
☐ PP-PSC*	(ER)	120213	ex F-GTSK	Embraer (corporate shuttle)	
☐ PT-SOK	(ER)	120358		Companhia Vale do Rio Doce	
☐ T-500	(ER)	120359	ex PT-SOL	Angolan Air Force	
☐ TR-LRS	(ER)		ex F-	SCD Aviation	
☐ ZS-AAB	(RT)	120228	ex N248CA	Mouritzen Family Trust	
☐ ZS-AAD	(RT)	120255	ex N263CA	Mouritzen Family Trust	
☐ ZS-AAF	(RT)	120262	ex N268CA	Mieher Beleggings	
☐ ZS-AAG	(RT)	120252	ex N259CA	Mouritzen Family Trust	
☐ ZS-OUY	(RT)	120083	ex PH-BRL	Mouritzen Family Trust	
☐ ZS-OTD	(RT)	120230	ex N249CA	Mouritzen Family Trust	
☐ ZS-	(RT)	120248	ex N257CA	Mouritzen Family Trust	
☐ ZS-	(RT)	120259	ex N267CA	Mouritzen Family Trust	

Embraer EMB.135 / EMB.140 / EMB.145/Legacy

☐ 209*	(135LR)	145209	ex PP-SFX	Hellenic Air Force	
☐ 484*	(135BJ)	145484	ex PP-SAD	Hellenic Air Force	[Legacy]
☐ 2520*	(145ER)	145023	ex PT-SPB	Forca Aerea Brasileira (as C-99)	
☐ 2521*	(145ER)	145020	ex PT-SPA	Forca Aerea Brasileira (as C-99)	
☐ 2522*	(145ER)	145027	ex PT-SPC	Forca Aerea Brasileira (as C-99)	
☐ 2523*	(145ER)	145028	ex PT-SPD	Forca Aerea Brasileira (as C-99)	
☐ 2524*	(145ER)	145034	ex PT-SPF	Forca Aerea Brasileira (as C-99)	

☐	2525*	(145ER)	145038	ex PT-SPG	Forca Aerea Brasileira (as C-99)	
☐	2550*	(145LR)	145350	ex PT-SPP	Forca Aerea Brasileira (as VC-99B)	
☐	2580*	(135BJ)	145412	ex N912CW	Forca Aerea Brasileira (as VC-99C)	[Legacy]
☐	2581*	(135BJ)	145462	ex N962CW	Forca Aerea Brasileira (as VC-99C)	[Legacy]
☐	2582*	(135BJ)	145495	ex N902LX	Forca Aerea Brasileira (as VC-99C)	[Legacy]
☐	2583*	(135BJ)	145528	ex N908LX	Forca Aerea Brasileira (as VC-99C)	[Legacy]
☐		(145ER)	145114	ex PT-SPM	Forca Aerea Brasileira (as C-99) (on order)	
☐		(145ER)	145137	ex PT-SPO	Forca Aerea Brasileira (as C-99) (on order)	
☐	4101	(145SA)	145190	ex PT-XJN	Fuerza Aerea Mexicana	
☐	4111*	(145RS)	145694	ex PP-XJV	Fuerza Aerea Mexicana	
☐	4112*	(145RS)	145723	ex PT-SGZ	Fuerza Aerea Mexicana	
☐	6700*	(145SA)	145104	ex PT-XSA	Forca Aerea Brasileira (as R-99A)	(145AEW)
☐	6701*	(145SA)	145122	ex PT-XSB	Forca Aerea Brasileira (as R-99A)	(145AEW)
☐	6702*	(145SA)	145263	ex PP-XSC	Forca Aerea Brasileira (as R-99A)	(145AEW)
☐	6703*	(145SA)	145365	ex PP-XSD	Forca Aerea Brasileira (as R-99A)	(145AEW)
☐	6704*	(145SA)	145392	ex PT-XSE	Forca Aerea Brasileira (as R-99A)	(145AEW)
☐	6751*	(145RS)	145154	ex PP-XRT	Forca Aerea Brasileira (as R-99B)	
☐	6752*	(145RS)	145257	ex PP-XRU	Forca Aerea Brasileira (as R-99B)	
☐	A6-DPW*	(135BJ)	14500955	ex PT-SFD	Nakheel Aviation [NKL]	[Legacy]
☐	A6-KWT*	(135BJ)	14500973	ex N135SH	United Aviation	[Legacy]
☐	A6-NKL*	(135BJ)	14500944	ex PT-SCP	Nakheel Aviation [NKL]	[Legacy]
☐	A6-SUN	(135BJ)	14501001	ex PT-SKS	Nakheel Aviation [NKL]	[Legacy]
☐	A9C-MAN*	(135BJ)	14500978	ex PT-SHM	Bahrain Executive Air Service [BXA]	[Legacy]
☐	A9C-MTC*	(135BJ)	14500975	ex (PH-CEL)	Bahrain Executive Air Service [BXA]	[Legacy]
☐	CE-01*	(135LR)	145449	ex PT-SUU	Belgian Defence, Aircomponent 15 W AirTpt [BAF]	
☐	CE-02*	(135LR)	145480	ex PT-SVZ	Belgian Defence, Aircomponent 15 W AirTpt [BAF]	
☐	CE-03*	(145LR)	145526	ex PT-STR	Belgian Defence, Aircomponent 15 W AirTpt [BAF]	
☐	CE-04*	(145LR)	145548	ex PT-SZL	Belgian Defence, Aircomponent 15 W AirTpt [BAF]	
☐	D-AAAI*	(135BJ)	14500991	ex (VP-COS)	Cirrus Aviation	[Legacy]
☐	D-ACBG	(135BJ)	14501016	ex PT-SVI	Cirrus Aviation	[Legacy]
☐	D-AONE*	(135BJ)	14500988	ex PT-SKD	Cirrus Aviation	[Legacy]
☐	D-ARTN*	(135BJ)	14500941	ex PT-SCM	Cirrus Aviation	[Legacy]
☐	D-ATON	(135BJ)	14501017	ex PT-SVK	Cirrus Aviation	[Legacy]
☐	D-ATWO*	(135BJ)	14501010	ex PK-SKZ	Cirrus Aviation	[Legacy]
☐	EC-IIR*	(135BJ)	145540	ex (PT-SAI)	FADESA, Op by Audeli [ADI]	[Legacy]
☐	EC-KFQ*	(135BJ)	14500995	ex PT-SKO	Flylink Express	[Legacy]
☐	EC-KHT*	(135BJ)	14500863	ex G-YIAN	Aerodynamics Malaga / Yianis Air	[Legacy]
☐	G-CJMD*	(135BJ)	14500994	ex P4-SAO	Corporate Jet Management	[Legacy]
☐	G-CMAF*	(135BJ)	14501011	ex PT-SVE	TAG Aviation UK	[Legacy]
☐	G-FECR*	(135BJ)	14501020	ex PT-SVW	London Executive Aviation	[Legacy]
☐	G-MGYB*	(135BJ)	14500972	ex PT-SFZ	Haughey Air	[Legacy]
☐	G-RBRO*	(135BJ)	14500982	ex PT-SHV	Platinum Associates	[Legacy]
☐	G-RRAZ*	(135BJ)	14500954	ex G-RUBN	Raz Air	[Legacy]
☐	G-SIRA*	(135BJ)	14500832	ex OE-IAS	Amsair Aircraft [Alan Sugar]	[Legacy]
☐	G-SYLJ*	(135BJ)	14500937	ex PT-SCI	TAG Aviation 'Al Mounthala'	[Legacy]
☐	G-WCCI*	(135BJ)	145505	ex G-REUB	Altarello Ltd	[Legacy]
☐	HB-IWX*	(135BJ)	14500841	ex OE-IWP	Swiss Eagle / Stiker Ltd	[Legacy]
☐	HB-JED*	(135BJ)	145644	ex PT-SAR	DiaMair / GE Lisca AG	[Legacy]
☐	HB-JEL*	(135BJ)	14500933	ex PT-SCA	Prime Air / Comlux Aviation [CLA]	[Legacy]
☐	HC-	(135BJ)	14500987	ex PT-SKF	Petroecuador	[Legacy]
☐	K3601*	(135BJ)	14500867	ex PT-SIR	Indian Air Force 'Megadoot'	[Legacy]
☐	K3602*	(135BJ)	14500880	ex PT-SIT	Indian Air Force 'Vayudoot'	[Legacy]
☐	K3603*	(135BJ)	14500910	ex PT-SIY	Indian Air Force 'Habhdoot'	[Legacy]
☐	K3604*	(135BJ)	14500919	ex PT-SON	Indian Air Force 'Gagandoot'	[Legacy]
☐	M-YNJC*	(135BJ)	14500961	ex G-ONJC	Newjetco (Europe) Ltd	[Legacy]
☐	(N6GD)*	(135BJ)	14500983	ex N473MM	GNG LLC	[Legacy]
☐	N10SV*	(135BJ)	14500974	ex PT-SHD	ACM Aviation	[Legacy]
☐	N53NA*	(135BJ)	145770	ex N3005	DC-3 Entertainment 'The Lisa Mara'	[Legacy]
☐	N89LD*	(135SL)	145648	ex PT-SEI	McKee Food Transportation	
☐	N124LS*	(135BJ)	14500948	ex PT-SCT	L&G Management	
☐	N135SG*	(135BJ)	145706	ex PT-SAX	KIPCO-Kuwaits Projects [Op by United Aviation]	[Legacy]
☐	N135SL*	(135BJ)	145711	ex PT-SAY	KIPCO-Kuwaits Projects [Op by United Aviation] 'Dia'	[Legacy]
☐	N138DE*	(145LR)	145129	ex LX-LGV	Champion Air	
☐	N201CP*	(135LR)	145726	ex PT-SHC	Pfizer Inc / Charlie Papa Operations (corporate shuttle)	
☐	N202CP*	(135LR)	145728	ex PT-SHE	Pfizer Inc / Charlie Papa Operations (corporate shuttle)	
☐	N226HY*	(135BJ)	14501014	ex PT-SVH	Executive Flightways	
☐	N227WE*	(135BJ)	14501018	ex PT-SVV	1132 Aviation	[Legacy]
☐	N325JF*	(135ER)	145499	ex PT-SXS	Intel Corp, corporate shuttle	
☐	N373RB*	(135BJ)	14500957	ex PT-SFF	RBGT LLC	[Legacy]
☐	N386CH*	(135ER)	145467	ex PT-SVM	Intel Corp, corporate shuttle	
☐	N451DJ*	(135BJ)	145789	ex N456MT	LP 241 LLC / DJT LLC	[Legacy]
☐	N486TM*	(135ER)	145364	ex PT-SOM	Intel Corp, corporate shuttle	
☐	N494TG*	(135BJ)	145678	ex PT-SAS	Answer Group	[Legacy]
☐	N500DE	(145EP)	145084	ex LX-LGU	Champion Air	
☐	N515JT*	(135BJ)	14500950	ex PT-SCX	JT Aviation	[Legacy]
☐	N556JT*	(135BJ)	14500989	ex PT-SKH	JT Aviation / WTCo	[Legacy]
☐	N580ML*	(135BJ)	14500990	ex PT-SKK	Stone Tower Air	[Legacy]
☐	N600XL	(135BJ)	14500965	ex PT-SFN	Exelaire LLX	[Legacy]
					(damaged in mid-air collision with 737 PR-GTD 29Sep06 on delivery and impounded at Cachimbo Air Base)	
☐	N605WG*	(135BJ)	14500980	ex PT-SHS	Wings West Aviation / Northeastern Aviation	[Legacy]
☐	N615PG*	(135BJ)	14501004	ex PT-SKV	Pacific Gas & Electric Co	[Legacy]
☐	N617WA*	(135BJ)	14500884	ex PT-SIU	Administaff Inc	[Legacy]

	Reg	Type	MSN	Ex-reg	Operator	Notes
☐	N642AG*	(135BJ)	145642	ex PT-SAQ	Yo Pegasus / Banc of America Lsg	[Legacy]
☐	N676TC*	(135BJ)	145699	ex N691AN	Alpine Cascade Corp	[Legacy]
☐	N702DR*	(135BJ)	14500925	ex N702CM	SCCSM Aviation / Banc of America Leasing & Capital	[Legacy]
☐	N728PH*	(135BJ)	14500985	ex PT-SKB	BHM-SCM Services / ExcelAire Services	[Legacy]
☐	N730BH*	(135BJ)	145730	ex PT-SHG	Briad Restaurant Group / Redeye II	[Legacy]
☐	N775SM*	(135BJ)	14500971	ex PT-SFY	Encore 684	[Legacy]
☐	(N809TD)*	(135BJ)	14500809	ex N809SG	Meadow Lane Air Partners	[Legacy]
☐	N829RN*	(135ER)	145361	ex PT-SOP	Intel Corp, corporate shuttle	
☐	N888ML*	(135BJ)	14500818	ex PT-SIM	New Macau Landmark Management / Legend Development Company	[Legacy]
☐	N900DP*	(135BJ)	14500903	ex PT-SIW	Bus Av/Del Inc	[Legacy]
☐	N900EM*	(135BJ)	14500976	ex PT-SHI	Air by Jet Air Charter	[Legacy]
☐	N904LX*	(135BJ)	145780	ex N780SG	Flight Options [OPT]	[Legacy]
☐	N905LX*	(135BJ)	145775	ex PT-SIC	Southwest Homes [Op by OPT]	[Legacy]
☐	N906LX*	(135BJ)	14500825	ex N825SG	Flight Options [OPT]	[Legacy]
☐	N907LX*	(135BJ)	14500966	ex PT-SFP	Winner 614JH LLC / Flight Options [OPT]	[Legacy]
☐	N909LX*	(135BJ)	14500942	ex PT-SCN	Brocade Communications Systems	[Legacy]
☐	N910LX*	(135BJ)	14500952	ex PT-SFB	Robert E Fischell / Flight Options [OPT]	[Legacy]
☐	N912JC*	(135BJ)	14501015	ex PT-SVI	Vitesse Air Services / Dalcam Inc	[Legacy]
☐	N912LX*	(135BJ)	14500993	ex PT-SKM	General Aviation Services	[Legacy]
☐	N913LX*	(135BJ)	14501007	ex PT-SKX	Fog City Stables / Flight Options [OPT]	[Legacy]
☐	N915LX	(135BJ)	14501021	ex PT-SVX	Flight Options	[Legacy]
☐	N926FM*	(135ER)	145466	ex PT-SVL	Intel Corp, corporate shuttle	
☐	N939AJ*	(135BJ)	14500939	ex PT-SCK	Orfro LLC	[Legacy]
☐	N948AL*	(135ER)	145450	ex PT-SUV	Intel Corp, corporate shuttle	
☐	N983JC*	(135LR)	14500977	ex PT-SHK	St Thomas Energy Exports / Johnson Controls	
☐	N1023C*	(135LR)	145550	ex PT-SZN	Conoco Phillips / PNC Bank	
☐	OE-IDB*	(135BJ)	14500999	ex PT-SKR	JetAlliance [JAG]	[Legacy]
☐	OE-IGR*	(135BJ)	14500967	ex G-RLGG	Luxe Aviation	[Legacy]
☐	OE-IRK*	(135BJ)	14500916	ex PT-SOM	JetAlliance [JAG]	[Legacy]
☐	OE-ISN*	(135BJ)	14500851	ex PT-SIO	Avia-Consult [AJF]	
☐	OK-GGG*	(135BJ)	14500986	ex PT-SKC	ABS Jets [ABP]	[Legacy]
☐	OK-KKG*	(135BJ)	14500873	ex PT-SIS	K&K Capital Group / Grossman Air Service	[Legacy]
☐	OK-SLN*	(135BJ)	145796	ex PT-SIF	ABS Jets [ABP]	[Legacy]
☐	OK-SUN*	(135BJ)	14500963	ex PT-SFK	ABS Legacy [ABP]	[Legacy]
☐	PK-OME*	(135BJ)	145516	ex PT-SAG	Airfast Indonesia [AFE]	[Legacy]
☐	PK-RJG*	(135BJ)	14500969	ex PT-SFW	Premiair	[Legacy]
☐	(PP-VOT)	(135BJ)	14501006	ex PT-SKW	São Conrado Táxi Aéreo	[Legacy]
☐	PR-BEB	(135BJ)	14501035	ex PT-SZF		[Legacy]
☐	PR-DPF*	(145ER)	145127	ex PT-SPN	Brazilian Federal Police	
☐	PR-NIO*	(135BJ)	14501012	ex PT-SVG	Compania Brasileira de Metalurgia e Mineração	[Legacy]
☐	PR-ORE*	(135BJ)	145625	ex PT-SDN	Cia Vale do Rio Doce	[Legacy]
☐	PR-RIO*	(135BJ)	145717	ex PT-SAZ	Unibanco	[Legacy]
☐	(PT-SAA)*	(135BJ)	145363	ex PP-XJO	Embraer, first Legacy, f/f 31Mar01	[Legacy}
☐	PT-SCR	(135BJ)	14500946		São Conrado Táxi Aéreo	[Legacy]
☐	PT-SKP	(135BJ)	14500997		Embraer	[Legacy]
☐	PT-SZC	(135BJ)	14501029			[Legacy]
☐	PT-SZC	(135BJ)	14501031			[Legacy]
☐	PT-SZD	(135BJ)	14501032			[Legacy]
☐	PT-SZE	(135BJ)	14501034			[Legacy]
☐	PT-SZG	(135BJ)	14501037			[Legacy]
☐	PT-SZH	(135BJ)	14501038			[Legacy]
☐	PT-SZI	(135BJ)	14501039			[Legacy]
☐	PT-ZJA*	(135KE)	145801		Embraer, EMB.140 prototype, conv from EMB.135, ff 27Jun00	
☐	PT-ZJB*	(145XR)	145001		Embraer, second prototype 145, ff 17Nov95	
☐	P4-IVM*	(135BJ)	145686	ex N686SG	Pacific Information Technology	[Legacy]
☐	P4-MSG*	(135BJ)	14500913	ex N551VB	Silvershore Trading	[Legacy]
☐	P4-NRA*	(135BJ)	14500960	ex PT-SFH	OrgJet Aviation	[Legacy]
☐	P4-NVB*	(135BJ)	14501002	ex PT-SKT	Planet Aviation Group 'Saint Nicholas'	[Legacy]
☐	P4-SIS*	(135BJ)	145586		KAB Holdings	
☐	P4-VVP*	(135BJ)	145549	ex PT-SAJ	Kung Fung Trading / Evolga of Moscow [Op by AOC]	[Legacy]
☐	SX-BKO*	(145SA)	145374	ex PT-X	Hellenic Air Force	[145AEW]
☐	SX-BKP*	(145SA)	145671	ex PT-XJU	Hellenic Air Force	[145AEW]
☐	SX-BKQ*	(145SA)	145729	ex PT-XIT	Hellenic Air Force	[145AEW]
☐	SX-BKR*	(145SA)	145757	ex PP-XJR	Hellenic Air Force	[145AEW]
☐	SX-CDK*	(135BJ)	14500998	ex PT-SKQ	K2 Smart Aviation	[Legacy]
☐	SX-DGM	(135BJ)	14501023	ex PT-SVY	InterJet Hellenic	[Legacy]
☐	S5-ABL*	(135BJ)	14501008	ex PT-SKY	Linxair Business Aviation	[Legacy]
☐	T-501	(135BJ)	14500981	ex PT-SHT	Angola Air Force / Forca Aerea Populare de Angola	[Legacy]
☐	VP-BBY*	(135BJ)	14500970	ex PT-SFX	Akk Co (Adnan Kassar)	[Legacy]
☐	VP-BVS*	(135BJ)	14500979	ex PT-SHQ	International JetClub	[Legacy]
☐	VP-CDH	(135BJ)	14501026	ex PT-SZA	Baltic Jet AirCompany	[Legacy]
☐	VP-CFA*	(135BJ)	145637	ex PT-SAP	Samco Aviation / Sheikh Fahad Al Athel	[Legacy]
☐	VP-CHP*	(135BJ)	14500802	ex HB-JEO	Jet Aviation Business Jets	[Legacy]
☐	VP-CLI	(135BJ)	14501003	ex HB-JGZ	Execujet Europe	[Legacy]
☐	VP-CNG*	(135BJ)	14500854	ex N854SG	Atlanta Jet	[Legacy]
☐	VP-CNJ	(135BJ)	14501025	ex PT-SVZ	International Jetclub	
☐	VP-CUP*	(135BJ)	145555	ex HB-JEA	G5 Executive / Pisco Overseas	[Legacy]
☐	VT-BSF*	(135BJ)	14500901	ex PT-SIX	Border Security Force	[Legacy]
☐	3C-QQH	(145EP)	145076	ex LX-LGT	Government of Equatorial Guinea	
☐	5N-BJM*	(145LR)	14500984	ex PT-SKE	Bauchi State Government, op by IRS Airlines	
☐	5N-RSG*	(135BJ)	14500891	ex PT-SIV	State Government of Rivers State 'Our Lady Queen of Victories'	[Legacy]

Embraer 170/175/190/195

☐ PP-XJB*	(100SL)	17000003		Embraer, 3rd prototype, ff 25May02	
☐ PP-XJC*	(100SL)	17000002		Embraer, 2nd prototype, ff 09Apr02	
☐ PP-XJD*	(200SR)	17000014		Embraer, prototype 175, ff 16Jun03	
☐ PP-XJE*	(100SL)	17000001	ex PP-XRJ	Embraer, prototype 170, ff 19Feb02	
☐ PP-XMA*	(100LR)	19000001		Embraer, prototype 190, ff 12Mar04	
☐ PP-XMC*	(100LR)	19000004		Embraer	
☐ PP-XMI*	(100LR)	19000003		Embraer	
☐ PP-XMJ*	(200LR)	19000005		Embraer, prototype 195, ff Dec04	
☐ PP-XOL	(100)	19000109		Embraer	
☐ PT-SEY*	(200LR)	17000017	ex PT-XJG	Embraer, 2nd prototype 175	
☐ PT-SMC*	(100LR)	17000004	ex PP-XJF	Embraer	
☐ 5A-SOC	(100LR)	17000162	ex PT-SME	Sirte Oil	
☐ XA-	(100)	19000109	ex PT-XOL	Embraer	[Lineage 1000]
☐	(100)		ex PT-	Falcon Aviation Services	[Lineage 1000]
☐	(100)		ex PT-	Al Fahim Group	[Lineage 1000]
☐	(100)		ex PT-	Al Jaber Aviation	[Lineage 1000]

Fairchild F-27

☐ HC-BHD	(J)	122	ex N994	PetroEcuador
☐ N366SB	(F)	97	ex N20W	Beartooth Communications (stored Pocatello, ID)
☐ N432NA*	(F)	35	ex N768RL	Southeastern Oklahoma State University

Fairchild-Hiller FH-227

☐ 0001		501	ex N2657	Myanmar Air Force
☐ 5004	(B/LCD)	549	ex N708U	Myanmar Air Force

Fokker F.27 Friendship

☐ 5001	(600)	10392	ex XY-AER	Myanmar Air Force
☐ AR-NZV	(200)	10445	ex ZK-DCB	Pakistan Navy (serialled 45)
☐ AR-NZE	(200MPA)	10262	ex AR-MLF	Pakistan Navy (serialled 62)
☐ AR-NZZ	(200)	10444	ex ZK-DCA	Pakistan Navy (serialled 44)
☐ F-BYAO*	(102A)	10127	ex F-WYAO	Institut Geographique National
☐ F-GKPY	(100)	10224	ex LX-LGA	Burlington Engineering
☐ J-752*	(200)	10281	ex AP-ATW	Pakistan Air Force (VIP)
☐ PH-FBP*	(100)	10150	ex C-3	Royal Dutch Airforce Historical Flight
☐ PH-FHF*	(100)	10105	ex VH-NLS	Fokker Heritage Flight
☐ TF-SYN*	(200)	10545	ex PH-EXC	Icelandic Coastguard / Landhelgisgaezlan [ICG]
☐ VH-CAT*	(100)	10132	ex PH-FAZ	Omega Aviation; stored Adelaide-Archerfield
☐ VH-EWP*	(500RF)	10534	ex PH-EXW	Executive Airlines Engineering / RAN (surveyor)
☐ ZS-EDY	(600)	10563	ex ST-SSD	Turbine Versions (Pty)
☐ 7T-VRN*	(600)	10527	ex 7T-WAN	Government of Algeria
☐ 7T-VRW*	(400M)	10556	ex 7T-WAV	Government of Algeria

Fokker F.28 Fellowship

☐ 0740/5-T-10*	(3000)	11147	ex PH-EXW	Comando do Aviacion Naval Argentina
☐ 0741/5-T-20*	(3000RC)	11145	ex LV-RRA	Comando do Aviacion Naval Argentina
☐ 0742/5-T-21*	(3000RC)	11150	ex PH-EXX	Comando do Aviacion Naval Argentina
☐ A-2801*	(1000)	11042	ex PK-PJT	TNI-AU – Indonesian Air Force
☐ A-2802*	(3000R)	11113	ex PK-GFR	TNI-AU – Indonesian Air Force
☐ A-2803*	(3000R)	11117	ex PK-GFQ	TNI-AU – Indonesian Air Force
☐ EP-PAZ*	(1000)	11104	ex F-GIAK	Iranian Government [op by IRC]
☐ FAC002*	(1000)	11992	ex FAC001	Fuerza Aerea Colombiana
☐ G530*	(3000)	11125	ex PH-ZBP	Ghana Air Force
☐ M28-01*	(1000)	11088	ex FM2101	Royal Malaysian Air Force [RMF]
☐ N500WN*	(1000)	11016	ex N43AE	Wayne Newton / Desert Eagle (stored Pontiac, MI)
☐ N800DH	(4000)	11176	ex YU-AOI	DDH Aircraft Corp (stored WOE)
☐ T-02*	(4000)	11203	ex T-50	Fuerza Aerea Argentina
☐ T-03	(1000)	11028	ex T-04	Fuerza Aerea Argentina (stored WOE)
☐ TJ-ALG	(4000)	11227	ex N159AD	Fotso Group [RAC]
☐ VH-AHT	(4000)	11183	ex VH-FKI	IAP Group Australia
☐ ZS-PNL	(3000)	11136	ex 3D-ALN	Imperial Bank / Foster Aero
☐ 5A-DSO*	(2000)	11110	ex HB-AAS	Sirte Oil Company
☐ 5H-CCM*	(3000)	11137	ex PH-ZBS	Government of Tanzania 'Uhuru na Umoja'
☐ 5V-TAI*	(1000)	11079	ex 5V-MAB	Republique Togolaise

Fokker F.27-050 /060 (Fokker50/60)

☐ 5001*		20229	ex PH-JXE	Republic of China Air Force
☐ 5002*		20238	ex PH-JXH	Republic of China Air Force
☐ 5003*		20242	ex PH-JXI	Republic of China Air Force
☐ T-2035		20141	ex PK-TWE	Indonesian Police
☐ U-01*	60MPA	20321	ex PH-UTL	KLu/Royal Netherlands Air Force 'Marinus van Meel' [NAF] (stored)
☐ U-03*	60MPA	20327	ex PH-UTP	KLu/Royal Netherlands Air Force 'Jan Borghouts' [NAF] (stored)
☐ U-05*		20253	ex PH-KXO	KLu/Royal Netherlands Air Force 'Fonse Aler' [NAF]
☐ U-06*		20287	ex PH-MXI	KLu/Royal Netherlands Air Force 'Robbie Wijting' [NAF]
☐ 5H-TGF*		20231	ex PH-JXG	Government of Tanzania

Fokker F.28-070 (Fokker 070)

☐	KAF308*	11557	ex PH-MXM	Kenyan Government
☐	N322K*	11521	ex PH-MKS	Ford Motor Co [FRD]
☐	N324K*	11545	ex PH-EZH	Ford Motor Co [FRD]
☐	PH-KBX*	11547		Dutch Royal Flight [op by MPH]

Fokker F.28-0100 (Fokker 100)

☐	G-MABH	11291	ex N858US	Gazelle Ltd / Aravco [stored Norwich]
☐	G-MAMH	11293	ex PK-TWI	Mass Holding NV [stored Norwich]
☐	OE-IIB	11403	ex C-GKZA	International Jet Management [IJM]
☐	OE-IIC	11406	ex C-GKZP	International Jet Management [IJM]
☐	OE-IID	11368	ex C-GKZL	International Jet Management [IJM]
☐	PH-MKH*	11242		Fokker Services (SOSTAR-X testbed)

Ilyushin Il-62M

☐	C5-RTG*	1356234	ex UK 86569	Republic of the Gambia
☐	ST-PRA*	2357711		The Republic of the Sudan
☐	5A-DKT	4648414	ex 3C-QQR	Socialist People's Libyan Arab Jamahiriya 'Rayane'

Ilyushin Il-76

☐	N78GF	(78)	0083485558	ex UR-76759	North American Tactical Aviation
☐	76454	(76LL)	0063469074	ex RA-76454	Gromov [SaM-146 engine testbed]
☐	76492	(76LL)	0043452549	ex RA-76492	Saturn / Gromov [Kuznetsov NK-93 propfan testbed]
☐	RA-76792	(76TD)	0093497942		Saturn [D-30KP-3 Burlak engine testbed]
☐	S9-DBR	(76TD)	0063471147	ex 4L-AIL	

Ilyushin Il-96

☐	RA-96000*	(400)	0101	ex CCCP-96000	Ilyushin OKB, prototype, ff 28Sep88
☐	RA-96001*		0103		Ilyushin OKB
☐	RA-96002	(300)	74393201001	ex CCCP-96002	Ilysuhin OKB

Ilyushin Il-114

☐	RA-54000		0101	ex CCCP-54000	Ilyushin OKB, prototype, ff 29Mar90
☐	RA-91001		1023823024		Ilyushin OKB, stored
☐	RA-91002		1033830030		Ilyushin OKB, survey aircraft (stored)
☐	RA-91003*	(LL)	1013800109		Russian Navy / Radar MMS Production Association
☐	91005	(T)	1043800205	ex UK-91005	Ilyushin OKB, freighter prototype
☐	91105	(100)	2063800205		Ilyushin OKB

IPTN N-250

☐	PK-XNG	(-50)	PA1/A9996		IPTN (prototype) [IPN]

LET L-410

☐	CP-2394	(UVP)	820925	ex S9-TBT	
☐	D6-CAQ	(UVP)			Heritage Aviation
☐	ES-PLW	(UVP)	810726	ex ES-EPA	Piirivalve Lennusalk (Estonian Border Guard Aviation Group)
☐	ES-PLY	(UVP)	810727	ex ES-EPI	Piirivalve Lennusalk (Estonian Border Guard Aviation Group)
☐	HI-	(UVP-E)	861702	ex N408LT	International Jet Center
☐	HL5234	(UVP-E20)	072628	ex OK-AIS	South Korean Forestry Aviation
☐	HL5236	(UVP-E9)	012638	ex FP502	South Korean Forestry Aviation
☐	JU-2010	(UVP-E1)	861801	ex OM-RDE	VK Programme / Mongolian Government
☐	J2-MBA	(UVP)	841205	ex 3D-NVR	Djibouti Air Force
☐	J2-MBB	(UVP)	841206	ex 3D-MCG	Djibouti Air Force
☐	OK-2613	(UVP-E)	912613	ex UR-67715	
☐	OK-ASA	(UVP-E)	902439	ex SP-KPY	Skydive Air Service
☐	OK-DZA	(MA)	730207	ex OK-158	Slovacky Aeroklub
☐	OK-KIM	(UVP-E)	072621	ex CCCP-67690	Aircraft Industries
☐	OK-PDB	(FG)	851522	ex Czech 1522	P Navratil (stored Precov)
☐	OK-PDO	(UVP)	851411	ex UR-67507	P Navratil
☐	OK-SAS	(UVP)	831040	ex CCCP-47412	Oleg Chemical
☐	OK-SKY	(UVP)	851418	ex CCCP-67514	Sky Service
☐	OK-WDC	(UVP-E8D)	912531		Aero Vodochody
☐	OK-WYI	(UVP-E)	912616	ex CCCP-67685	UCL, Flight Inspection division [CBA]
☐	OM-JUM	(UVP)	851401	ex 3D-HRS	Jump Tandem
☐	OM-SYI	(UVP-E6)	872019	ex OK-SYI	Letecky Urad Slovenskej Republiky [CIA]
☐	SP-TPA	(UVP-E15)	892318		PPL Porty Lotnicze (calibrator)
☐	SP-TPB	(UVP-E15)	892329		PPL Porty Lotnicze (calibrator)
☐	TS-OTI	(UVP-E20)	962709		Tunisian Air Force (also Z94049)
☐	UR-GNG	(UVP-E3)	872005	ex 21 Red	Universal Investment Group
☐	UR-IBE	(UVP-E)	902525	ex UR-67663	Business Aviation Center
☐	UR-OLM	(UVP)			Olimpic Skydive
☐	UR-UTD	(UVP)	912614	ex UR-67716	Poltava Universal Avia
☐	XT-FBD	(UVP)	851414	ex ZS-OSC	
☐	YV1515	(UVP)	820840	ex YV-861CP	
☐	YV1962	(UVP-E)	841216	ex YV-1071CP	Oswaldo Cancines

☐	YV1963	(UVP-E)	872012	ex YV-1002CP	Noel Rodriguez
☐	YV2109	(UVP-E)	861715	ex YV-865CP	Comercial Hubagi
☐	YV2144	(UVP)	892343	ex YV1704	CS Turisticos
☐	YV-831CP	(UVP)	831115	ex 3C-DLH	
☐	YV-991C	(UVP)	820835	ex 3C-JJG	
☐	ZS-PNI	(UVP-E20)	871904	ex 5Y-BSV	Aircraft Systems South Africa
☐	3C-RBA	(UVP-E)			Government of Equatorial Guinea
☐	3C-RBO	(UVP)	892316	ex YU-BYY	
☐	3D-ALC	(UVP)	831036	ex 9L-LCI	Alicea
☐	3D-DDE	(UVP)		ex	
☐	3D-DEF	(UVP)	892325	ex OY-PAF	
☐	3D-EER	(UVP)	902425	ex RA-67632	
☐	3D-GAM	(UVP)	851423	ex 9U-BHF	Privately owned
☐	3D-GAN	(UVP)			
☐	3D-KIM	(UVP)	851416	ex 3C-ZZC	Air Equatorial
☐	3D-NEB	(UVP)	851419	ex 3C-ZZB	(no titles)
☐	3D-SPL	(UVP)	851513	ex C9-STG	
☐	5R-MGZ	(UVP)	820837	ex 9U-BHE	Eric Nadal / Veronique Boeuf
☐	9L-LCA	(UVP)	841319	ex 3C-DDC	Bat Systems
☐	9L-LFE	(UVP)	X0101	ex 3C-FFK	VZLU
☐	9Q-CDP	(UVP-E)	902519	ex 9L-LCL	
☐	9Q-CEG	(UVP-E)	912607	ex 3D-WDR	
☐	9Q-CEM				
☐	9Q-CUG	(UVP)	810701	ex 9Q-CGU	
☐	9Q-CZN				
☐	9XR-KL	(UVP)	831017	ex D2-FEY	El Amrion Plus Corp

Lockheed Electra / Orion

☐	N42RF*	(WP-3D)	285A-5622	ex Bu159773	US Department of Commerce / NOAA [NAA]
☐	N43RF*	(WP-3D)	285A-5633	ex Bu159875	US Department of Commerce / NOAA [NAA]
☐	N145CS*	(P-3AEW)	185B-5409	ex N91LC	US Customs Service
☐	N146CS*	(P-3AEW)	185-5286	ex N96LW	US Customs Service

Lockheed Hercules

☐	384	(382E-37C)	4715		Fuerza Aerea del Peru, Grupo Aereo No 8
☐	397	(382E-47C)	4850	ex N4115M	Fuerza Aerea del Peru, Grupo Aereo No 8
☐	HZ-114*	(382C-4E)	4843	ex HZ-HM5	Saudi Arabian Royal Flight [SVA]
☐	HZ-115*	(382C-4E)	4845	ex HZ-HM6	Saudi Arabian Royal Flight [SVA]
☐	HZ-116*	(382C-26D)	4915	ex N4185M	Saudi Arabian Royal Flight [SVA]
☐	HZ-117*	(382G-63C)	4954		Saudi Arabian Royal Flight [SVA]
☐	HZ-MS 02*	(382C-32E)	4918	ex HZ-MS21	Saudi Aeromedical Evacuation (flying hospital)
☐	HZ-MS 06*	(382G-60C)	4952	ex HZ-MS6	Saudi Aeromedical Evacuation (flying hospital)
☐	HZ-MS 07*	(382C-26E)	4922	ex HZ-MS7	Saudi Aeromedical Evacuation (flying hospital)
☐	HZ-MS 08*	(382T-55E)	4986	ex HZ-MS8	Saudi Aeromedical Evacuation (flying hospital)
☐	HZ-MS 19*	(382C-93D)	4837	ex N4098M	Saudi Aeromedical Evacuation (flying hospital)
☐	N130AR*	(382C-85D)	4984	ex Bu162312	National Science Foundation / NCAR
☐	N131EC*	(182-1A)	3212	ex N130PS	HSL Company / Cherry Air Aviation Services
☐	N3867X	(382G-35C)	4684	ex ZS-JIX	T3D&H LLC
☐	N8213G	(100-30)	5055		Prescott Support Co / HSL Co
☐	N8218J	(100-30)	5056		Ruftberg Corp
☐	SU-BAM*	(382C-81D)	4803	ex 78-0760	Arab Republic of Egypt Air Force [also 1281]
☐	TP-300*	(C-130A)	3087	ex 56-0479	Fuerza Aerea Mexicana [also XC-UTP]
☐	9J-BTM*	(C-130A)	3095	ex 9J-AFV	Chani Enterprises

Lockheed L-1011 Tristar

☐	ZD948*	(KC.1)	193V-1157	ex G-BFCA	Royal Air Force [RR/RRR]
☐	ZD949*	(K.1)	193V-1159	ex G-BFCB	Royal Air Force [RR/RRR]
☐	ZD950*	(KC.1)	193V-1164	ex G-BFCC	Royal Air Force [RR/RRR]
☐	ZD951*	(K.1)	193V-1165	ex G-BFCD	Royal Air Force [RR/RRR]
☐	ZD952*	(KC.1)	193V-1168	ex G-BFCE	Royal Air Force [RR/RRR]
☐	ZD953*	(KC.1)	193V-1174	ex G-BFCF	Royal Air Force [RR/RRR]
☐	ZE704*	(C.2)	193Y-1186	ex N508PA	Royal Air Force [RR/RRR]
☐	ZE705*	(C.2)	193Y-1188	ex N509PA	Royal Air Force [RR/RRR]
☐	ZE706*	(C.2A)	193Y-1177	ex N503PA	Royal Air Force [RR/RRR]
☐	HZ-AB1*	(500)	193H-1247	ex JY-HKJ	Al Anwa Establishment
☐	N388LS	(500)	293A-1249	ex HZ-HM6	Las Vegas Sands Corp
☐	N389LS	(500)	193G-1250	ex HZ-HM5	Las Vegas Sands Corp
☐	N140SC*	(100)	193E-1067	ex C-FTNJ	Orbital Sciences Corp (space booster conversion)
☐	P4-MED*	(100)	193L-1064	ex N787M	The Flying Hospital (op by Eagle Jet Aviation)
☐	VP-CGF	(500)	193Y-1195	ex VR-CGF	Jetstream Holdings / Al Anwa Establishment (stored Al-Fujirah)

McDonnell-Douglas MD-11

☐	HZ-AFAS*		48533/544	ex HZ-AFA1	ASASCO / Bin Shuaileh Group
☐	HZ-HM7*		48532/532	ex N9093P	Saudi Arabian Royal flight [SVA] (stored San Antonio, TX)

McDonnell-Douglas MD-80

☐	(N168CF)*	(87)	49670/1453	ex N143G	Sunrider Corporation
☐	N287KB*	(87)	49768/1595	ex D-ALLJ	KEB Aircraft

☐	N315FV*	(83)	49707/1487	ex SE-RBL	CSI Avn Services / JPATS [DOJ]
☐	N789BV	(83)	49789/1642	ex	Tri-Star 1 Enterprise
☐	N806US*	(81)	48038/1002	ex N930PS	CSI Avn Services / JPATS [DOJ]
☐	N980GC	(87)	49888/1692	ex N187AS	BCI 2005-15 LLC
☐	P4-AIR	(87)	49412/1424	ex N871DP	Sistema Corporation [op by Jet Air Group]
☐	(N872DP)	(87)	49414/1682	ex N167AS	Rubloff MD-87-936 LLC
☐	(N873DP)	(87)	49411/1412	ex N176AS	Rubloff MDBJ
☐	N976AS	(83)	53452/2109		JPATS / North Shore Aircraft
☐	N14810	(82)	49264/1171	ex N810NY	Vision Air (stored Marana, AZ)
☐	SX-IFA*	(83)	49809/1843	ex OE-IFA	GainJet
☐	VP-CBH	(82)	53577/2189	ex N750AG	Palmair
☐	VP-CNI*	(87)	49767/1587	ex N721MM	Corporate Aviation Holdings
☐		(87)	49777/1634	ex N807NK	SG Air Leasing

NAMC YS-11

☐	JA8701*	(A)	2093		Japan Maritime Safety Agency
☐	JA8702*	(A)	2175		Japan Maritime Safety Agency
☐	JA8780*	(A)	2164		Japan Maritime Safety Agency
☐	JA8782*	(A)	2167		Japan Maritime Safety Agency
☐	JA8788	(A)	2176		Japan Aerospace Exploration Agency
☐	JA8791*	(A)	2177		Japan Maritime Safety Agency
☐	N173RV*	(A)	2173	ex JA8789	Baker Aeromotive / Ferreteria & Implementos San Francisco
☐	3D-DYS	(A)			

Nord 262

☐	TR-KJC*	(C)	97		Government of Gabon
☐	XT-MAK*	(C)	98		Government of Burkina Faso (Lsd to Air Continental)
☐	5Y-DCA*	(C)	96	ex F-WNDA	Kenya Directorate of Civil Aviation (calibrator) [stored NBO]
☐	9Q-CUM	(A-35)	49	ex F-BOHH	

SAAB SF.340

☐	Fv100001*	(B)	340B-170	ex SE-F70	Royal Swedish Air Force (VIP) [SVF]
☐	Fv100002*	(B)	340B-342	ex SE-C42	Royal Swedish Air Force (AEW version) [SVF]
☐	Fv100003*	(B)	340B-379	ex SE-C79	Royal Swedish Air Force (AEW version) [SVF]
☐	Fv100004*	(B)	340B-395	ex SE-C95	Royal Swedish Air Force (AEW version) [SVF]
☐	Fv100005*	(B)	340B-409	ex SE-B09	Royal Swedish Air Force (AEW version) [SVF]
☐	Fv100006*	(B)	340B-431	ex SE-B31	Royal Swedish Air Force (AEW version) [SVF]
☐	Fv100007*	(B)	340B-455	ex SE-B55	Royal Swedish Air Force (AEW version) [SVF]
☐	Fv100008*	(B)	340B-367	ex SE-C67	Royal Swedish Air Force (VIP) [SVF]
☐	Fv100009*	(B)	340B-372	ex SE-C72	Royal Swedish Air Force (VIP) [SVF]
☐	JA953A	(SAR-200)	340B-362	ex SE-C62	Mitsui Bussan Aerospace / Japan Coast Guard
☐	JA954A	(SAR-200)	340B-363	ex SE-KCZ	Mitsui Bussan Aerospace / Japan Coast Guard
☐	JA8951*	(B)	340B-385	ex SE-C85	Japan Coast Guard
☐	JA8952*	(B)	340B-405	ex SE-B05	Japan Coast Guard
☐	N44KS*	(A)	340A-050	ex N340SA	JMJ Flight Services / M&G Electronics
☐	N95CQ	(A)	340A-095	ex N95MQ	FGI Associates / US Naval Research Laboratory
☐	N184K*	(A)	340A-029	ex N98AL	Indiana University Foundation
☐	N340SS*	(A)	340A-022	ex N804CE	Meregrass
☐	N632RF	(A)	340A-042	ex VP-CRC	Aircraft Guaranty Holdings & Trust
☐	N727DL	(A)	340A-036	ex ZS-ABM	Napleton Aviation Group
☐	OD-IST	(A)	340A-013	ex N13UV	C&L Aerospace, for repair, dam Mar07
☐	ZS-PDS	(B)	340B-302	ex B-3654	DS Avnit

SAAB 2000

☐			2000-040	ex SE-040	Pakistan Air Force (on order)
☐			2000-045	ex SE-045	Pakistan Air Force (on order)
☐			2000-049	ex SE-049	Pakistan Air Force (on order)
☐	JA003G*		2000-051	ex SE-051	JCAB Flight Inspection
☐	JA004G*		2000-054	ex SE-054	JCAB Flight Inspection
☐	N166GC*		2000-034	ex N512RH	Ginn Development / ERG Aviation III
☐	N168GC*		2000-031	ex SE-LOG	Ginn Development / ERG Aviation III
☐	N508RH*		2000-027	ex N5124	Hendrick Motorsports
☐	N509RH*		2000-030	ex N5125	Hendrick Motorsports
☐	N511RH*		2000-020	ex N5123	Hendrick Motorsports
☐	N519JG*		2000-017	ex SE-017	Joe Gibbs Racing
☐	N92225*		2000-028	ex SE-KCF	US Department of Justice / JPATS
☐	N		2000-021	ex SE-021	on order

Short SC.7 Skyvan

☐	G-BEOL*		SH1954	ex ZS-OIO	Invicta Aviation (skydiving)
☐	G-PIGY*		SH1943	ex LX-JUL	Invicta Aviation (skydiving)
☐	HZ-ZAL*		SH1956	ex G-BERZ	Saudi Min of Petroleum
☐	HZ-ZAP*		SH1957	ex G-BFHZ	Saudi Min of Petroleum
☐	HZ-ZAS*		SH1969	ex G-BHCH	Saudi Min of Petroleum
☐	HZ-ZAT*		SH1970	ex G-BHHT	Saudi Min of Petroleum
☐	LX-GHI*		SH1890	ex PA-53	CAE Aviation
☐	N4NE*		SH1885	ex YV802CP	Perris Valley Aviation
☐	N26LH*		SH1925	ex PK-TRT	Kavalair / Skydive Arizona

☐	N28LH*	SH1851	ex PK-TRQ	Kavalair / Skydive Arizona
☐	N39LH	SH1920	ex N53NS	Kavalair / Skydive Arizona
☐	N50DA*	SH1852	ex G-AWVM	All West Freight
☐	N80GB*	SH1888	ex LX-ABC	GB Airlink
☐	N101UV*	SH1842	ex N3162W	Skydive Deland / Vertical Air
☐	N114LH*	SH1926	ex PK-TRR	Skydive Arizona / Aero Transit
☐	N642M*	SH1917	ex VH-IBS	Collier County Mosquito Control District
☐	N643M*	SH1939	ex VH-IBT	Collier County Mosquito Control District
☐	N644M*	SH1912	ex VH-IBR	Collier County Mosquito Control District
☐	N1846*	SH1846	ex N4916	Aire Express (skydive)
☐	OE-FDE*	SH1886	ex C9-ASN	Air America
☐	OE-FDI	SH1932	ex G-454	Pink Aviation Services
☐	OE-FDK*	SH1901	ex OY-JRK	Pink Aviation Services
☐	OE-FDN	SH1964	ex 9M-FAT	Pink Aviation Services
☐	OH-SBA*	SH1908	ex SE-GEY	HUT Laboratory of Space Technology
☐	PT-PQD*	SH1951	ex C-FSDZ	Skylift Skydive & Air Cargo
☐	VH-IBO*	SH1916	ex SAF-704	Sydney Skydiving Centre
☐	VH-IBS*	SH1893	ex 9M-BAM	Sydney Skydiving Centre
☐	VH-WGQ*	SH1915	ex SAF-702	Violetta Laiketsion (canx to Kenya)
☐	VH-WGT*	SH1960	ex ZS-MJS	Fugro Spatial Survey
☐	XB-ICT	SH1950	ex N24107	unknown (stored New Tamiami, FL)
☐	YV-0-SAR-10*	SH1955	ex YV-0-SAR-1	Cia Aerea de Viajes Expresso
☐	8R-GGK*	SH1980	ex 8P-ASG	Guyana Defense Force
☐	8R-GRR*	SH1976	ex G-BJDA	Guyana Defense Force

Short SD.3-30

☐	N46JH	SH3101	ex	RJR Transport Logistics (stored OPF)
☐	N330FA	SH3112	ex N188LM	Aviation Services
☐	N8154G	SH3010	ex 85-25342	K&K Aircraft
☐	YV-0-GUR-1*	SH3123	ex G-14-3123	CVG Edelca

Short SD.3-60

☐	4112*	SH3762	ex G-OCEA	Venezuelan Air Force
☐	4113*	SH3761	ex G-CEAL	Venezuelan Air Force
☐	ZS-OXU	SH3750	ex 5Y-BKP	Isiko Trading
☐		SH3717	ex ZS-PBB	Aircraft Africa Contracts (stored Lanseria)

Sukhoi SuperJet 100 (RRJ95)

☐	RA-95001		Sukhoi Design Bureau

(Fairchild-) Swearingen SA.226AT Merlin IV

☐	C-		AT-011	ex N750AA	
☐	F-GERP*		AT-012	ex N111MV	Travel Air Service International
☐	F-GMTO*	(A)	AT-031	ex N22KW	Meteorologique Nationale
☐	JA8828*		AT-016	ex N76MX	Showa Aviation
☐	N90NH*	(A)	AT-032	ex N44GL	Alpha Tango Zero
☐	N69ST*	(A)	AT-030	ex N5440F	OM Enterprises
☐	N94CE*		AT-004	ex N55CE	US Army Corp of Engineers
☐	N202WS*	(A)	AT-037	ex N216GA	Harvest Two Outreach
☐	N427SP		AT-018	ex N600TA	River City Aviation
☐	N582JF	(A)	AT-027	ex N824MD	Fabair
☐	N727DP*	(A)	AT-039	ex N439BW	Hellas Aviation
☐	N836MA		AT-068	ex F-GFPR	Javelin Conversions
☐	N4679K*		AT-006	ex XC-UTF	Hurley Aircraft (status?)
☐	OB-1146	(A)	AT-064E	ex N21PC	Shougang Hirro Peru

(Fairchild-) Swearingen SA.226TC Metro II

☐	LQ-MLV*	TC-257	ex LV-MLV	Ministero de Accion Social (EMS)
☐	N71Z*	TC-245		Suncoast Media
☐	N226FA	TC-311	ex N116BS	Air Metro III (stored Mena, AR)
☐	N323LB*	TC-323	ex N323GW	Sports Fly
☐	N324TA	TC-298	ex N324BA	WW Johnston
☐	N392CM	TC-392	ex D2-FJM	Flamingo Accent
☐	N4090M	TC-290		OTW Farms
☐	PH-NLZ*	TC-277	ex N5651M	NLR-National Lucht & Ruimtevaartlaboratorium
☐	VH-IAU	TC-289	ex VH-KDR	S&T Income Tax Aid Specialists
☐	XA-HUO			Enrique Cuahonte Delgado / Martha AD
☐	9Q-	TC-208E	ex N5336M	Sitco Mine

(Fairchild-) Swearingen SA.227AC Metro III

☐	LV-WEE*	AC-516	ex N45ML	Provincia de Catamarca
☐	N6UP*	TT-441	ex N125RG	Plane Folk
☐	N90GT	TT-534	ex N139F	E C Menzies Electrical
☐	N115GS	AC-715	ex CP-2301	Worldwide Aircraft Services
☐	N227LC	AC-707	ex N84GM	Diamante Air
☐	N239LC	AC-735	ex N523WA	PCG Acquisition I
☐	N767FA	AC-767B	ex ZK-NSJ	Merlin Ventures

☐ N888AY		TT-489	ex N655PE	Catterton Aviation
☐ N2699Y		AC-666		River City Aviation
☐ YV-947CP		TT-507	ex N507TT	id not confirmed
☐ ZS-JAM		AC-696B	ex N748JA	Jesus Alive Ministries (JAM Air)

(Fairchild-) Swearingen SA.227AT Merlin IVC

☐ N66GA*		AT-427	ex D-CAIR	Thomas D Ganley
☐ N120JM*		AT-577	ex N31136	Worldwide Aircraft Services
☐ N313D*		AT-464	ex N30364	Mana-Igreja Crista
☐ N471CD		AT-549B	ex N3111F	Ashley Aire (status ?)
☐ N762VM		AT-695B	ex N2709Z	F Mahor LLC
☐ N919CK		AT-585	ex N227JW	Extant Aircraft
☐ N950MD		AT-452	ex N45MW	Wilder Avn Sales & Leasing
☐ N999MX*		AT-501	ex N3051H	Avtran
☐ N8897Y		AT-492	ex C-FJTA	Career Aviation Academy

(Fairchild-) Swearingen SA.227DC Metro 23

☐ D-CNAC		DC-895B	ex N30384	HeliPlus
☐ N5LN		DC-878B	ex SU-UAB	M7 Aviation Services
☐ N55CE		DC-903B	ex N903NJ	US Army Code of Engineers
☐ N850LS*		DC-850B		Department of State Bureau for International Narcotics / Law and Enforcement Affairs
☐ N853LS*		DC-853B	ex N3025Y	Department of State Bureau for International Narcotics / Law and Enforcement Affairs
☐ N854LS*		DC-854B		Department of State Bureau for International Narcotics / Law and Enforcement Affairs
☐ YV221T		DC-879B	ex N6ER	Intermaki Corporation

Tupolev Tu-134

☐ D2-ECC*	(A)	49830		Republica de Angola (stored LAD)
☐ EK-65072*	(A-3)	49972	ex CCCP-65072	Government of Armenia
☐ EK-65975*	(A-3)	3352006	ex CCCP-65975	Government of Armenia
☐ RA-65798*	(A-3)	63179	ex 4L-65798	Meridian Air [MMM]
☐ RA-65830	(AK-3)	12093		
☐ RA-65904*	(A-3)	63953	ex CCCP-65904	Rossiya Special Flight Dept [SDM]
☐ RA-65905*	(A-3)	63965	ex CCCP-65905	Rossiya Special Flight Dept [SDM]
☐ RA-65911*	(A-3)	63972	ex CCCP-65911	Rossiya Special Flight Dept [SDM]
☐ RA-65917*	(A-3M)	63991	ex UR-65917	Meridian Air [MMM]
☐ RA-65945*	(B-3)	64010	ex 100 blue	Meridian Air [MMM]
☐ UR-63957*	(A-3)	63957	ex 63957	Ukraine Air Force, VIP
☐ UN-65120*				Government of Kazakhstan
☐ UN-65551*	(A-3)	66212	ex CCCP-65551	Government of Kazakhstan [Op by EAK]
☐ UN-65683*	(AK)	62188	ex	Government of Kazakhstan [Op by EAK]
☐ UR-65556*	(A-3)	66372	ex 65556	Government of Ukraine [Op by UKN]

Tupolev Tu-154

☐ LZ-BTZ*	(M)	88A-781		Government of Bulgaria / Aviodetachment 28 [BGF]
☐ 101*	(M)	90A-837	ex 837	Polskie Wojska Lotnicze (Polish AF)
☐ 102*	(M)	90A-862	ex 862	Polskie Wojska Lotnicze (Polish AF)
☐ 1003*	(M)	00A-1003		SLU - Statni Letecky Utvar (op by Czech AF) [CEF] (stored)
☐ 1016*	(M)	96A-1016	ex OK-BYZ	SLU - Statni Letecky Utvar (op by Czech AF) [CEF]
☐ RA-85019*	(M)	0.A-1019		FSB (Russian Federal Security Service)
☐ RA-85631*	(M)	87A-760	ex LZ-BTR	Rossiya Special Flight Dept [SDM]
☐ RA-85655*	(M)	89A-798	ex CCCP-85655	FSB (Russian Federal Security Service)
☐ RA-85666*	(M)	89A-820	ex CCCP-85666	Rossiya Special Flight Dept [SDM]
☐ RA-85686*	(M)	90A-854	ex CCCP-85686	Rossiya Special Flight Dept [SDM]
☐ UK 85050*	(B)	73A-050	ex 85050	Ministry of Defence [UZB colours]
☐ UN-85464*	(B-2)	80A-464	ex CCCP-85464	Kazakhstan Ministry of Defence

Tupolev Tu-204

☐ RA-64006	(120)	1450743164006	ex CCCP-64006	Scirocco Aerospace
☐ RA-64007		1450743164007		ANTK Tupolev

Tupolev Tu-214

☐ RA-64501		14507444524001		KAPO, prototype

Tupolev Tu-234

☐ RA-64001	(300)	1450743164001	ex CCCP-64001	Tupolev Design Bureau, conv from Tu-204

Tupolev Tu-334

☐ RA-94001	(100)	01001		Tupolev OKB, prototype, ff 08Feb99
☐ RA-94005		01005		Tupolev Design Bureau, second prototype 'Aleksandr Kharlov'

VFW 614

☐ D-ADAM*   G17   ex D-BABP   DLR Flugbetriebe [GPL]

Yakovlev Yak-40

☐ 0260*	(K)	9940260	ex OK-BYK	SLU - Statni Letecky Utvar (op by Czech AF) [CEF]
☐ 1257*	(K)	9821257	ex OK-BYJ	SLU - Statni Letecky Utvar (op by Czech AF) [CEF]
☐ 87662*		9240625	ex EP-TQG	Government of Armenia
☐ D2-EAG*		9230122	ex I-JAKO	Republica de Angola
☐ D2-MAS*		9820558	ex	Republica de Angola
☐ ER-YGD*		9830159	ex RA-87970	Government of Moldova
☐ OK-020		9431436	ex OK-EXB	VZLU (stored)
☐ RA-21500*	(K)	9741356	ex CCCP-21500	Baltic Finance Industrial Group [Op by RNB]
☐ RA-87221*	(K)	9831958	ex CCCP-87221	Lukoil [LUK]
☐ RA-87280*		9302025	ex CCCP-87280	Barkol
☐ RA-87353*		9330231	ex CCCP-87353	Lukoil [LUK]
☐ RA-87460		9431936	ex CCCP-87460	
☐ RA-87572*		9220422	ex CCCP-87572	Youshnii Express
☐ RA-87655*		9211820	ex CCCP-87655	Interprobusiness; VSA titles
☐ RA-87807*	(D)	9231723	ex CCCP-87807	MPK Rossiya
☐ RA-87850*		9441738	ex	Kazakstan Border Service
☐ RA-87938		9710153	ex CCCP-87938	
☐ RA-87953*	(K)	9811157	ex CCCP-87953	Aist-M Airclub [ISM]
☐ RA-87968*		9841258	ex CCCP-87968	Rossiya Special Flight Dept [SDM]
☐ RA-87972*		9921658	ex CCCP-87972	Rossiya Special Flight Dept [SDM]
☐ RA-87977*		9321128	ex OK-BYH	Avcom [J6/AOC]
☐ RA-87983*		9540644	ex CCCP-87983	Aist-M Airclub 'Gokoti' [ISM]
☐ RA-88276*		9721453	ex	Tsentr Yug
☐ RA-88297*		9530142	ex 01 Red	Lukoil [LUK], Lsd from Avcom
☐ RA-88298*		9930160	ex YK-AQH	Vostotsnaya Neftyanaya Komp
☐ RF-88301*		9641251		Ministry of the Interior, MVD Russia
☐ RA-88304		9510439	ex CCCP-88304	
☐ RA-88308		9230224	ex SP-GEA	
☐ RDPL-34002*		9840559		Government of Laos
☐ RP-C2695*		0522041	ex EX-87536	Simeron
☐ ST-ARK		9841659		
☐ S9-BAP		9441937	ex RA-87474	Agua Limpa Club Nautica, stored Riberao Preto, Brazil
☐ UN-87213		9641050		
☐ UN-87488*		9441638		Government of Kazakhstan
☐ UN-87850*		9441738	ex CCCP-87850	Ministry of Defence
☐ UN-87934*		9740556		Kazzinc
☐ UR-ABW				
☐ UR-BWF*		0711352	ex RA-88258	PrivatBank [Op by UDN]
☐ UR-BWH*		9640951	ex RA-88238	Ukraine Regional Concern Agency
☐ UR-CAW*		9341230	ex OM-DYA	Teli Net
☐ UR-CLH				
☐ UR-FRU*		9440737	ex RA-87211	SUMY MV Frunze Science & Production Association [Op UZA]
☐ UR-LAZ				
☐ UR-MHG				
☐ UR-PVS				Mostobud
☐ UR-RTS				
☐ UR-UAS		9420835		
☐ UR-VIP				
☐ YU-AKV/71505*		9630849		Serbian Air Force (calibrator)
☐ 3C-CGE*		9821557	ex 3C-MNB	Government of Equatorial Guinea
☐ 4K-87218*		9440937	ex HA-LJC	ECT Trade Co
☐ 4L-VIP				
☐ 9L-LEE	(K)	9810757	ex YR-VGA	

Yakovlev Yak-42

☐ B-4012*	(D)	4520424914375		Chinese Navy [Op by CUA]
☐ B-4013*	(D)	4520424914..?		Chinese Navy [Op by CUA]
☐ RA-42411*	(D)	4520421219043	ex CCCP-42411	Avcom [AOC]
☐ RA-42423*	(D)	4520424216606		Yakovlev Design Bureau (City Star 100 demonstrator)
☐ RA-42424*	(142)	4520421302016	ex UR-42424	Lukoil [LUK]

IATA TWO LETTER DESIGNATORS

1A	Amadeus Global Travel (EC) [reservations]	3K	Jetstar Asia (9V)
1B	Abacus International (9V) [reservations]	3K	Everts Air Cargo (N)
1C	EDS Information Business (HB) [reservations]	3L	InterSky (OE)
1D	Radixx Solutions Intl (N) [reservations]	3M	Gulfstream International (N)
1E	Travelsky Technology (B) [reservations]	3N	Air Urga (UR)
1F	INFINI Travel (JA) [reservations]	3O	Peau Vava'u Airlines (3A)
1G	Galileo International (N) [reservations]	3P	Tiara Air (P4)
1H	Siren-Travel (RA) [reservations]	3R	Moscowia Airlines (RA)
1I	NetJets Aviation (N) [c]	3S	Aeroland Airways (SX)
1I	Novair Airlines (SE)	3S	Air Guyane Express (F-O)
1I	Pegasus Airlines (TC)	3S	Shun Tak-China Travel (B) [maritime]
1I	Deutsche Rettungsflugwacht (D) [EMS]	3T	Turanair (4K)
1J	Axess Intl Network (JA) [reservations]	3U	Sichuan Airlines (B)
1K	Sutra Inc (N) [import]	3V	TNT Airways (OO)
1K	Southern Cross (VH)	3W	Wanair (F-O)
1L	Open Skies (N) [reservations]	3W	Euromanx (G)
1M	JSC Transport Automated (RA) [reservations]	3X	Japan Air Commuter (JA)
1N	Navitaire (N) [reservations]	3X	Premier Trans Air (N) [c]
1P	Worldspan (N) [reservations]	3Y	Kartika Air (PK)
1Q	Joint Stock Co (RA) [reservations]	3Z	Everts Air Alaska (N)
1R	Hainan Phoenix Information (B) [reservations]	3Z	Zoom Airlines (UK) (G)
1S	Sabre Inc (G) [reservations]	3Z	Zoom Airways (S2)
1T	1Time Airline (ZS)		
1U	Polyot (RA)	4A	Air Kiribati (T3)
1U	ITA Software (N) [reservations]	4A	Aviana Airlines (S2)
1V	Galileo International (N) [reservations]	4B	Olson Air Service (N)
1Y	Electronic Data Systems (N) [reservations]	4B	Aviastar-Tupolev (RA)
1Z	Sabre Pacific (VH) [reservations]	4B	Perimeter Air (C)
		4C	AIRES (HK)
2A	Deutsche Bahn (D) [lessor]	4C	Tapo-Avia (UR)
2B	AeroCondor (CS)	4C	Click Airways (EX)
2C	SNCF (F) [train]	4D	Air Sinai (SU)
2D	Alania Airlines (RA)	4E	Tanana Air Service (N)
2E	Smokey Bay Air (N)	4G	Gazpromavia (RA)
2E	Ave.com (A6)	4G	Advance leasing Co (N) [lessor]
2F	Frontier Flying Service (N)	4H	Albatros Airways (ZA)
2F	Payam International Air (EP)	4H	Fly Linhas Aereas (PP)
2G	San Juan Airlines (N)	4H	United Airways (S2)
2G	CargoItalia (I)	4I	Izmir Airlines (TC)
2I	StarPeru (OB)	4K	Kenn Borek Air (C)
2J	Air Burkina (XT)	4K	Askari Aviation (AP) [c]
2K	Aerogal (HC)	4L	Air Astana (UN)
2L	Helvetic Airways (HB)	4L	Euroline (4R)
2M	Moldavian Airlines (ER)	4M	LAN Argentina (LV)
2N	Yuzmashavia (UR)	4N	Air North (C)
2N	National Air Services (HZ)	4O	Interjet (XA)
2O	Island Air Service (N)	4P	Business Aviation of Congo (9Q)
2O	Air Salone (9L) [c]	4Q	Safi Airways (YA)
2O	Redemption Inc AK) [c]	4R	Hamburg International (D)
2P	Air Philippines (RP)	4S	Finalair Congo (9Q)
2P	Puerto Rica Air Management Services (N)	4T	Belair (HB)
2Q	Avitrans Nordic (SE)	4U	Germanwings (D)
2Q	Air Cargo Carriers (N)	4U	Tavaj Transportes Aereos (PP)
2R	VIA Rail Canada (C) [rail]	4V	Lignes Aeriennes Congolaises (9Q)
2S	Star Equatorial Airlines	4W	Warbelow's Air Ventures (N)
2T	Tulpar Air Service (UN)	4Y	Flight Alaska (N)
2U	Air Guinee Express (3X)	4Y	Airbus Transport International (F)
2U	Sun d'Or International Airlines (4X)	4Z	South African Airlink (ZS)
2V	Amtrak (N) [rail]		
2W	Welcome Air (OE)	5A	Alpine Air (N)
2Z	Voronezh Aircraft (RA)	5B	Euro-Asia International (UN)
2Z	Express Rail Link (9M) [rail]	5C	Cargo Air Lines (4X)
		5C	Natureair (TI)
3A	Alliance Airlines (N) [c]	5C	Air Tahoma (N)
3B	Central Connect Airlines (OK)	5D	AeroMexico Connect (XA)
3D	Denim Air (PH)	5E	Siam Ga (HS)
3E	East Asia Airlines (B-M)	5F	Arctic Circle Air Service (N)
3F	Pacific Airways (N) [c]	5F	Best Air (TC)
3F	Gulf Pearl Air Lines (5A) [c]	5G	Skyservice Airlines (C)
3G	Atlant-Soyuz Airlines (RA)	5H	Fly 540 (5Y)
3H	Air Inuit (C)	5I	TransAvia (4L)
3H	Hapag-Lloyd Express (D)	5J	Cebu Pacific Air (RP)
3I	Air Comet Chile (CC)	5K	Odessa Air (UR)

Code	Airline	Code	Airline
5K	HiFly (CS)	7L	Aerocaribbean (CU)
5L	AeroSur (CP)	7M	Air Atlantique (G)
5M	Sibaviatrans (RA)	7N	Inland Aviation Services (N)
5M	Murray Air (N)	7O	Galaxy Air (UN)
5N	Aeroflot Nord (RA)	7P	Batavia Air (PK)
5N	Arkhangelsk 2nd Aviation Enterprise (RA)	7Q	Air Libya Tibesti (5A)
5O	Europe Airpost (F)	7Q	Pan Am World Airways Dominica (HI)
5P	Penta (PP)	7R	BRA Transportes Aereos (PP)
5Q	Best Air (S2)	7S	Arctic Transportation Services (N)
5R	Custom Air Transport (N)	7S	C Airjet (YK) [c]
5R	Karthago Airlines (TS)	7T	Trans Am (HC)
5S	Servicios Aereos Profesionales (HI)	7T	Air Glaciers (HB)
5T	Canadian North (C)	7T	Tobruk Air Transport (5A)
5T	Transwede (SE)	7U	Aviaenergo (RA)
5U	LADE (LV)	7V	Pelican Air (ZS)
5U	Challenger Air (UR)	7Y	Mid Airlines (ST)
5V	Lviv Airlines (UR)	7Y	Flying Carpet Air Transport Services (OD)
5W	Astraeus (G)		
5X	United Parcel Service (N)	8A	Atlas Blue (CN)
5Y	Atlas Air (N)	8A	Arrow Panama (HP)
5Y	Express Rail Link (HS)	8C	ATI-Air Transport International (N)
5Y	Isle of Scilly Skybus (G)	8C	East Star Airlines (B)
5Z	Bismallah Airlines (S2)	8C	Air Horizon (5V)
		8D	Expo Aviation (4R)
6A	Aviacsa (XA)	8D	Interavia Airlines (RA)
6B	TUIfly Nordic (SE)	8D	Servant Air (N)
6C	Centrafrique Air Express	8E	Bering Air (N)
6D	Pelita Air (PK)	8F	STP Airways (9L)
6E	Indigo (VT)	8G	Gir Jet (EC)
6F	Afrijet Airlines (5N)	8H	Heli-France (F) [h]
6G	Gulfstream Air Charter (N) [c]	8H	Highland Airways (G)
6G	Gabon Airlines Cargo (B–H)	8I	MyAir (I)
6H	Israir (4X)	8J	Komiinteravia (RA)
6I	Aviast (RA)	8J	Jet4you (CN)
6I	International Business Air (SE)	8K	K-Mile Air Company (HS)
6I	Euroair (SX)	8L	Lucky Air (B)
6J	Jubba Airways (6O)	8M	Myanmar Airways International (XY)
6J	SkyNet Asia Airlines (JA)	8N	Nordkalottflyg (SE)
6K	Asian Spirit (RP)	8O	West Coast Air (C)
6K	Inter Airlines (TC)	8P	Pacific Coastal Airlines (C)
6L	Aircompany Sun Light (EX) [c]	8Q	Baker Aviation (N)
6M	Air Minas (PP)	8Q	Onur Air (TC)
6M	Linkair Express (I)	8R	TRIP Linhas Aereas (PP)
6N	Nordic Airways (SE)	8R	SOL Lineas Aereas (LV)
6N	Aerosucre (HK)	8T	Air Tindi (C)
6O	Air Satellite (C)	8U	Afriqiyah Airways (5A)
6R	AeroUnion (XA)	8V	Wright Air Service (N)
6R	Alrosa Mirny Air Enterprise (RA)	8V	Astral Aviation (5Y)
6S	Star Air Aviation (AP) [c]	8W	Private Wings (D)
6S	Kato Airlines (LN)	8Y	Air Burundi (9U)
6T	Almaty Avia Cargo (UN)	8Y	China Postal Airlines (B)
6T	Air Mandalay (XY)	8Z	Wizz Air Bulgaria Airlines (LZ)
6V	Axis Airways (F)		
6V	Mars RK (UR)	9B	AccessRail (C) [rail]
6W	Saratov Airlines (RA)	9C	Wimbi Dira Airways (9Q)
6Y	LAT Charter (YL)	9D	Toumai Air Chad (TT)
6Z	Panavia (HP)	9E	Pinnacle Airlines (N)
6Z	Ukrainian Cargo Airlines (UR)	9F	Eurostar (G) [rail]
6Z	Van Air Lines (OK)	9G	9G Rail (G) [rail]
		9H	Dutch Antilles Express (PJ)
7A	Air Next (JA)	9J	Ejet (8R) [c]
7A	Aztec Worldwide Airlines (N) [c}	9K	Cape Air (N)
7B	Kras Air (RA)	9L	Colgan Air (N)
7C	Jeju Air (HL)	9M	Central Mountain Air (C)
7D	Donbass Aero (UR)	9N	SATENA (HK)
7E	Aeroline (D)	9N	JP Express (JA)
7E	Evergeen Helicopters International (N)	9O	Inter (TG)
7F	First Air (C)	9O	National Airways Cameroon (TJ)
7G	MK Air Cargo (9G)	9P	Palau National Airlines (T8A)
7G	Starflyer (JA)	9Q	PB Air (HS)
7H	ERA Aviation (N)	9S	Southern Air (N)
7H	Corendon Air (TC)	9S	Spring Airlines (B)
7I	Coastal Aviation (5H)	9T	Transwest Air (C)
7I	Insel Air (PJ)	9T	ACT Airlines (TC)
7J	Tajik Air (EY)	9T	Travelspan (8R)
7K	Kolavia (RA)	9U	Air Moldova (ER)

9V	AVIOR Express (YV)		BR	EVA Airways (B)
9W	Jet Airways (VT)		BS	British International (G)
9X	Itali Airlines (I)		BT	AirBaltic (YL)
9X	New Axis Airways (F)		BV	Blue Panorama (I)
9Y	Axis International Airlines (TJ)		BW	Caribbean Airlines (9Y)
			BY	Thomsonfly (G)
0B	Blue Air Transport (YR)		BZ	Keystone Air Service (C)
0C	Cavotair (3B) [c]		BZ	Blue Dart Aviation (VT)
0D	Darwin Airline (HB)			
0K	Kokshetau Avia (UR)		C0	Centralwings (SP)
0V	Vietnam Air Service (VN)		C2	Air Luxor STP (S9)
			C4	Zimex Aviation (HB)
A0	L'Avion (F)		C4	Aerolineas Mesoamericanos (XA)
A2	Cielos del Peru (OB)		C5	Commutair (N)
A2	South Asian Airlines (S2)		C6	Canjet Airlines (C)
A3	Aegean Airlines (SX)		C7	Rico Linhas Aereos (PP)
A5	Airlinair (F)		C7	Samarkand Airlines (UK)
A6	Air Alps (OE)		C8	NAC Air (C) [c]
A7	Air Plus (EC)		C9	Cirrus Air (D)
A8	Benin Golf Air (TY)		CA	Air China (B)
A9	Georgian Airlines (4L)		CB	ScotAirways (G)
AA	American Airlines (N)		CC	Air Atlanta (TF)
AB	Airberlin (D)		CC	Macair Airlines (VH)
AC	Air Canada (C)		CD	Alliance Air (VT)
AE	Mandarin Airlines (B)		CE	Nationwide Airlines (ZS)
AF	Air France (F)		CF	City Airline (SE)
AG	Air Contractors (EI)		CG	Airlines of Papua-New Guinea (P2)
AH	Air Algerie (7T)		CH	Bemidji Airlines (N)
AI	Air India (VT)		CI	China Airlines (B)
AJ	Aero Contractors (5N)		CJ	BA Cityflyer Express (G)
AK	Air Asia (9M)		CK	China Cargo Airlines (B)
AL	Alsair (F)		CL	Lufthansa Cityline (D)
AL	Midwest Connect (N)		CM	COPA Airlines (HP)
AL	Trans Avia Export Cargo Airlines (EW)		CN	Islands Nationair (P2)
AM	Acromexico (XA)		CN	Grand China Air (B)
AP	Air One (I)		CO	Continental Airlines (N)
AQ	Aloha Airlines (N)		CO	Centralwings (SP)
AR	Aerolineas Argentinas (LV)		CO	Continental Express (N)
AS	Alaska Airlines (N)		CP	Compass Airlines (N)
AT	Royal Air Maroc (CN)		CR	OAG Worldwide (G) [data]
AU	Austral LIneas Aereas (LV)		CS	Continental Micronesia (N)
AV	AVIANCA (HK)		CT	Air Sofia (LZ)
AW	Dirgantara Air Service (PK)		CU	Cubana (CU)
AW	CHC Airways (PH)		CV	Air Chathams (ZK)
AX	Trans States Airlines (N)		CV	Cargolux Airlines International (LX)
AY	Finnair (OH)		CW	Air Marshall Islands (V7)
AZ	Alitalia (I)		CX	Cathay Pacific Airways (B)
			CY	Cyprus Airways (5B)
B2	Belavia (EW)		CZ	China Southern Airlines (B)
B3	Bellview Airlines (5N)			
B4	Bankair (N)		D0	DHL Aviation (G)
B4	Zanair (5H)		D2	Severstal Aircompany (RA)
B5	Flightline (G)		D3	Daallo Airlines (J2)
B5	East African Safari Express (5Y)		D4	Alidaunia (I)
B6	jetBlue Airways (N)		D5	DHL Aero Express (HP)
B7	UNI Air (B)		D6	Inter-Air Airlines (ZS)
B8	Eritrean Airlines (E3)		D7	FlyAsianXpress (9M)
B8	Botir-Avia (EX)		D8	Djibouti Airlines (J2)
B9	Iran Air Tours (EP)		D9	Aeroflot-Don Airlines (RA)
BA	British Airways (G)		DB	Brit'air (F)
BB	Seaborne Airlines (N)		DC	Golden Air (SE)
BC	Skymark Airlines (JA)		DD	Nok Air (HS)
BD	bmi-british midland international (G)		DE	Condor Flug (D)
BE	Flybe (G)		DF	Aerolineas Baleares (EC)
BF	Aero Service (TN)		DG	SEAir Asian Airlines (RP)
BF	Vincent Aviation (VH)		DI	dba (D)
BF	Bluebird cargo (TF)		DJ	Virgin Blue (VH)
BG	Biman Bangladesh Airlines (S2)		DK	MyTravel Airways (OY)
BH	Hawkair Aviation Services (C)		DL	Delta Air Lines (N)
BI	Royal Brunei Airlines (V8)		DN	Air Deccan (VT)
BJ	Nouvelair (TS)		DN	Vaso Airlines (RA)
BK	Okair (B)		DO	Air Vallee (I)
BL	Pacific Airlines (VN)		DP	First Choice Airways (G)
BN	Forward Air International (N) [broker]		DQ	Coastal Air Transport (N)
BP	Air Botswana (A2)		DS	easyJet Switzerland (HB)
BQ	Bravo Airlines (EC)		DT	TAAG Angola Airlines (D2)

Code	Airline	Code	Airline
DU	Hemus Air (LZ)	FT	Siam Reap Air (XU)
DV	SCAT Aircompany (UN)	FV	Rossiya Russian Airlines (RA)
DW	Aero Charter Ukraine (UR)	FW	Ibex Airlines (JA)
DX	Danish Air Transport (OY)	FX	FedEx (N)
DX	Aria (F)	FY	FireFly (9M)
DY	Norwegian Air Shuttles (LN)	FZ	Master Airlines (YU)
E0	EOS Airlines (N)	G0	Ghana International (9G)
E2	Kampuchea Airlines (XU)	G1	Gorkha Airlines (9N)
E3	Domodedovo Airlines (RA)	G2	Avirex (TR)
E5	Samara Airlines (RA)	G3	GOL Transportes Aereas (PP)
E6	Bringer Air Cargo Taxi Aereo (PP)	G3	Sky Express (SX)
E7	European Aviation (G)	G4	Allegiant Airlines (N)
E7	Estafeta Carga Aerea (XA)	G5	China Express Airlines (B)
E8	Alpi Eagles (I)	G5	Island Air (VP-C)
E9	Boston-Maine Airways (N)	G6	Angkor Airways (XU)
EB	Pullmantur Air (EC)	G7	GoJet (N)
EC	Avialeasing (UK)	G7	KAPA (RA)
ED	AirBlue (AP)	G8	Go Airways (VT)
EF	Far Eastern Air Transport (B)	G9	Air Arabia (A6)
EG	Japan Asia Airways (JA)	G9	GOL Transportes Aereos (PP)
EH	Air Nippon Network (JA)	GA	Garuda Indonesia (PK)
EI	Aer Lingus (EI)	GB	ABX Air (N)
EJ	New England Airlines (N)	GD	Air Alpha Greenland (OY)
EK	Emirates (A6)	GD	Grandstar Cargo International Airlines (B)
EL	Air Nippon (JA)	GE	Transasia Airways (B)
EM	Empire Airlines (N)	GF	Gulf Air (A9C)
EM	Aero Benin (TY)	GJ	Eurofly (I)
EN	Air Dolomiti (I)	GK	Go One Airways (G)
EO	Hewa Bora Airways (9Q)	GL	Air Greenland (OY)
EP	Iran Aseman Airlines (EP)	GM	Air Slovakia (OM)
EQ	TAME (HC)	GO	Kuzu Cargo Airlines (TC)
ER	AStar Air Cargo (N)	GP	Gadair European Airlines (EC)
ES	DHL International (A9C)	GQ	Big Sky Airlines (N)
ET	Ethiopian Airlines (ET)	GR	Aurigny Air Services (G)
EU	United Eagle Airlines (B)	GR	Gemini Air Cargo (N)
EV	Atlantic Southeast Airlines (N)	GT	GB Airways (G)
EW	Eurowings (D)	GV	Star XL German Airlines (D)
EX	Air Santo Domingo (HI)	GV	Grant Aviation (N)
EX	Eagle Airways (ZK)	GW	Kuban Airlines (RA)
EY	Etihad Airways (A6)	GX	JetX Airlines (I)
EZ	Evergreen International Airlines (N)	GX	Pacificair (RP)
EZ	Sun-Air of Scandinavia (OY)	GY	Tri-MG Intra Asia Airlines (PK)
		GY	Gabon Airlines (TR)
F2	Focus Air (N)	GZ	Air Rarotonga (E5)
F2	Fly Air (TC)		
F3	Fly First Class / Sky King (N) [c]	HI	Hahn Air Systems (D)
F4	Shanghai Airlines Cargo International (B)	H2	Sky Airline (CC)
F5	Cosmic Air (9N)	H3	Harbour Air (C)
F7	FlyBaboo (HB)	H4	Heli Securite (F) [h]
F7	Flamingo Airlines (5Y)	H5	Hola Airlines (EC)
F8	Flying Carpet (OD)	H6	Hageland Aviation Services (N)
F9	Frontier Airlines (N)	H7	Eagle Air (5X)
FA	Safair (ZS)	H8	Dalavia (RA)
FB	Bulgaria Air (LZ)	HA	Hawaiian Airlines (N)
FC	Falcon Express Cargo Airlines (A6)	HC	Aero Tropics/Lip Air (VH)
FC	FinnComm Airlines (OH)	HD	Air Do (JA)
FD	Thai AirAsia (HS)	HE	LGW (D)
FE	Primaris Airlines (N)	HF	Hapag-Lloyd (D)
FF	Airshop (PH) [c]	HG	NIKI (OE)
FG	Ariana Afghan Airlines (YA)	HI	Papillon Grand Canyon Airways (N)
FH	Futura International (EC)	HJ	Asian Express Airlines (VH)
FI	Icelandair (TF)	HJ	Hellas Jet (SX)
FJ	Air Pacific (DQ)	HK	Four Star Air Cargo (N)
FK	Kivalliq Air (C)	HK	Yangon Airlines (XY)
FK	Keewatin Air (C)	HM	Air Seychelles (S7)
FL	AirTran Airways (N)	HN	Proteus Helicopters (F) [h]
FM	Shanghai Airlines (B)	HN	HeavyLift Cargo Airlines (VH)
FN	Regional Air Lines (CN)	HO	Juneyao Airlines (B)
FO	Airlines of Tasmania (VH)	HQ	Harmony Airlines (C)
FP	TAG Aviation (HB) [c]	HS	Direktfly (SE)
FP	Freedom Air (N)	HT	Aeromost Kharkov (UR)
FQ	Thomas Cook Airlines (OO)	HU	Hainan Aviation (B)
FQ	Brindabella Airlines (VH)	HV	Transavia Airlines (PH)
FR	Ryanair (EI)	HW	North-Wright Airways (C)
FS	MAF (VH)	HW	Hello (HB)

HX	Trans North Aviation (N)		JV	Bearskin Lake Air Service (C)
HX	Hong Kong Airlines (B-H)		JW	Arrow Cargo (N)
HY	Uzbekistan Airways (UK)		JX	Nice Helicopters (F) [h]
HZ	SAT-Sakhalinske Aviatrossy (RA)		JY	Air Turks & Caicos (VQ-T)
			JZ	Skyways Express (SE)
I2	Munich Airlines (D)			
I3	Ivoirienne de Transport Aerien (TU)		K2	Eurolot (SP)
I4	Interstate Airlines (PH)		K3	Taquan Air Services (N)
I5	Compagnie Aerienne du Mali (TY)		K4	Kalitta Air (N)
I7	Paramount Airways (VT)		K5	Wings of Alaska (N)
I6	Sky Eyes Aviation (HS)		K7	Yakutia Airlines (RA)
I8	Beraya Air Charter (9M)		K8	Zambia Skyways (9J)
I8	Aborginal Air Services (VH)		KA	Dragonair (B-H)
I9	Air-Serv (N) [c]		KB	Druk Air (A5)
I9	Air Italy (I)		KC	TransAtlantic Airlines (N) [c]
J0	Jetlink Express (5Y)		KC	Air Astana (UN)
IB	Iberia Lineas Aereas de España (EC)		KD	KD Avia (RA)
ID	Interlink Airlines (ZS)		KE	Korean Air (HL)
IE	Solomons (H4)		KF	Blue I (OH)
IF	Islas Airways (EC)		KG	Aerogaviota (CU)
IG	Meridiana (I)		KG	IAACA (YV)
IH	UK International Airlines (G)		KI	Sky Way Enterprises (N)
II	IBC Airways (N)		KI	AdamAir (PK)
IJ	Great Wall Airlines (B)		KK	AtlasJet International (TC)
IK	Imair (4K)		KL	KLM - Royal Dutch Airlines (PH)
IM	AirDay (I)		KM	Air Malta (9H)
IM	Menajet (OD)		KN	China United Airlines (B)
IN	Macedonian Air Transport (Z3)		KN	Maroomba Airlines (VH)
IO	Intercontinental Pacific Airways (RP)		KO	Alaska Central Express (N)
IP	Atyrau Airlines (UN)		KQ	Kenya Airways (5Y)
IQ	Augsburg Airways (D)		KR	Kitty Hawk Air Cargo (N)
IQ	Iraqi Airways (YI)		KR	Comores Aviation (D6)
IR	Iranair (EP)		KS	Peninsula Airways (N)
IS	Island Airlines (N)		KU	Kuwait Airways (9K)
IT	Kingfisher Airlines (VT)		KV	KMV Mineralnye Vody Airlines (RA)
IU	Hevi-Lift (P2)		KW	Kelowna Flightcraft Air Charter (C)
IV	Windjet (I)		KX	Cayman Airways (VR-C)
IY	Yemenia (7O)		KY	Air Sao Tome e Principe (S9)
IZ	Arkia Israeli Airlines (4X)		KZ	Nippon Cargo Airlines (JA)
J0	Jetlink Express (5Y) [c]		L2	Lynden Air Cargo (N)
J1	Business-Jet Class (N) [c]		L3	DHL de Guatemala (TG)
J2	Azerbaijan Airlines (4K)		L3	LTU Austria (OE)
J3	Northwestern Air (C)		L3	Air Ketchum (N) [c]
J4	Buffalo Airways (C)		L5	CHC-Helikopter Service (LN)
J4	Jordanian Intl Air Cargo (JY)		L5	Lufttransport (LN)
J4	Jet For You (EC)		L6	TbilAviensheni (4L)
J5	Alaska Seaplane Services (N)		L6	Awsaj Aviation Services (5A)
J5	Shenzhen Donghai Airlines (B)		L7	Linea Aerea Sapsa (CC)
J6	AVCOM (RA) [c]		L8	Air Luxor GB (J5)
J6	Cruiser Linhas Aereas (PP)		LA	LAN Airlines (CC)
J7	Centre Avia (RA)		LB	Lobaye Airways (TL)
J7	Galaxy Airlines (JA)		LC	Varig Logista (PP)
J8	Berjaya Air Chater (9M)		LD	Air Hong Kong (B)
J9	Jazeera Airways (9K)		LD	Linea Turistica Aereotuy (YV)
JA	B&H Airlines (T9)		LE	Lugansk Aviation Enterprise (UR)
JB	Helijet International Airways (C)		LF	Fly Nordic (SE)
JC	JAL Express (JA)		LG	Luxair (LX)
JD	Deer Airlines (B)		LH	Lufthansa (D)
JE	Mango (ZS)		LH	Lufthansa Cargo (D)
JF	LAB Flying Service (N)		LI	Lufthansa Systems Group (D) [data}
JG	Airline Container Leasing (N) [lessor]		LI	LIAT - The Caribbean Airline (V2)
JI	Eastern Caribbean Air (N)		LL	Miami Air International (N)
JI	Jade Cargo International (B)		LM	Livingston (I)
JJ	TAM Linhas Aereas (PT)		LN	Libyan Airlines (5A)
JK	Spanair (EC)		LO	LOT - Polski Linie Lotnicze (SP)
JL	Japan Airlines International (JA)		LP	LAN Peru (OB)
JM	Air Jamaica (6Y)		LS	Jet 2 (G)
JN	XL Airways UK (G)		LT	LTU International Airways (D)
JO	JALWays (JA)		LU	LAN Express (CC)
JP	Adria Airways (S5)		LV	Albanian Airlines (ZA)
JQ	Jetstar Airways (VH)		LW	Pacific Wings (N)
JR	Aero California (XA)		LX	Swiss International Airlines (HB)
JS	Air Koryo (P)		LY	El Al Israel Airlines (4X)
JT	Lion Airlines (PK)		LZ	BelleAir (ZA)
JU	JAT Airways (YU)			

M0	Aero Mongolia (JU)			
M2	Mahfooz Aviation (C5)		O2	Jet Air (SP)
M3	ABSA Cargo (PP)		O3	Bellview Airlines (9L)
M3	North Flying (OY)		O4	Octavia Airlines (F)
M4	Nayzak Air Transport (5A)		O4	Antrak Air Ghana (9G)
M4	Nova Air (XA)		O7	OzJet (VH)
M5	Kenmore Air (N)		O8	Oasis Hong Kong Airlines (B-H)
M6	Amerijet International (N)		OA	Olympic Airlines (SX)
M7	Superior Aviation Services (5Y)		OC	Omni (CS)
M7	Marsland Aviation (ST)		OD	Asia Alpha Airways (EX)
M9	Motor Sich Airlines (UR)		OF	Air Finland (OH)
MA	Malev (HA)		OG	One-Two-Go (HS)
MB	Execaire (C) [c]		OG	Ghadames Air Transport (5A)
MB	MNG Cargo Airlines (TC)		OH	Comair (N)
MC	USAF Air Mobility Command (N) [m]		OI	Aspiring Air (ZK)
MD	Air Madagascar (5R)		OJ	Overland Airways (5N)
ME	MEA - Middle East Airlines (OD)		OK	CSA Czech Airlines (OK)
MF	Xiamen Airlines (B)		OL	OLT - Ostfriesische Lufttransport (D)
MG	Champion Air (N)		OM	Mongolian Airlines (JU)
MH	Malaysia Airlines (9M)		ON	Our Airline (C2)
MI	Silkair (9V)		OO	SkyWest Airlines (N)
MJ	Mihin Lanka (4R)		OP	Chalks Ocean Airways (N)
MK	Air Mauritius (3B)		OQ	Chongqing Airlines (B)
ML	Trans Attico (ST)		OR	Arkefly (PH)
MM	EuroAtlantic Airways (CS)		OS	Austrian Airlines (OE)
MM	SAM (HK)		OT	Aeropelican Air Services (VH)
MN	Comair (ZS)		OU	Croatia Airlines (9A)
MO	Amiri Flight (A7) [c]		OV	Estonian Air (ES)
MO	Calm Air International (C)		OW	Executive Airlines (N)
MP	Martinair Holland (PH)		OX	Orient Thai Airlines (HS)
MQ	American Eagle (N)		OY	Omni Air Express (N)
MS	Egyptair (SU)		OY	Andes Lineas Aereas (LV)
MT	Thomas Cook Airlines (G)		OZ	Asiana Airlines (HL)
MU	China Eastern Airlines (B)			
MW	Maya Island Air (V3)		P0	Proflight Commuter (ZS) [c]
MX	Mexicana (XA)		P2	AirKenya Express (5Y)
MX	Manx2 (G)		P3	Aeroflot Plus (RA)
MY	MAS Air (XA)		P4	Aerolineas Sosa (HR)
MZ	Merpati Nusantara Airlines (PK)		P5	Aerorepublica Colombia (HK)
			P6	Trans-Air (N)
N2	Kabo Air (5N)		P7	Russian Sky Airlines (RA)
N2	Daghestan Airlines (RA)		P8	Pantanal (PT)
N3	Omskavia (RA)		P8	IAS International Services (D) [c]
N4	Trans Air Benin (TY)		P9	Perm Airlines (RA)
N5	Skagway Air Service (N)		PA	Florida Coastal Airlines (N)
N6	Air One Nine (5A)		PB	Provincial Airlines (C)
N7	Lagun Air (EC)		PC	Air Fiji (DQ)
N9	North Coast Aviation (P2)		PC	Continental Airways (RA)
N9	Nordic Solutions Air Service (LY)		PD	Porter Airlines (C)
NA	North American Airlines (N)		PE	Air Europe Italy (I)
NB	Sterling Airlines (OY)		PF	Palestine Airlines (SU)
NC	National Jet Systems (VH)		PG	Bangkok Airways (HS)
NC	Northern Air Cargo (N)		PH	Polynesian Airlines (5W)
ND	Airlink (P2)		PI	Sun Airlines (DQ)
NE	SkyEurope Airlines (OM)		PJ	Air St Pierre (F-O)
NF	Air Vanuatu (YJ)		PK	Pakistan International Airlines (AP)
NG	Lauda Air (OE)		PL	AirStars Airways (RA)
NH	All Nippon Airways (JA)		PL	Southern Air Charters (C6)
NI	Portugalia (CS)		PM	Tropic Air Commuter (V3)
NK	Spirit Airlines (N)		PN	China West Air (B)
NL	Shaheen Air International (AP)		PO	Polar Air Cargo (N)
NM	Mount Cook Airline (ZK)		PP	Jet Aviation Business Jets (HB) [c]
NN	VIM Airlines (RA)		PR	Philippine Airlines (RP)
NO	Aus-Air (VH) [c]		PS	Ukraine International Airlines (UR)
NO	Neos (I)		PT	Capital Cargo International (N)
NP	Skytrans Regional (VH)		PT	West Air Europe (SE)
NQ	Air Japan (JA)		PU	PLUNA (CX)
NR	Pamir Air (YA)		PV	St Barth Commuter (F-O)
NS	Northeastern Airlines (B)		PV	PanAir Lineas Aereas (EC)
NT	Binter Canarias (EC)		PW	Precisionair (5H)
NU	Japan Transocean Air (JA)		PX	Air Niugini (P2)
NV	Air Central (JA)		PY	Surinam Airways (PZ)
NW	Northwest Airlines (N)		PZ	TAM Mercosur (ZP)
NX	Air Macau (B-M)			
NY	Air Iceland (TF)		Q2	Island Aviation Services (8Q)
NZ	Air New Zealand (ZK)		Q3	Zambian Airways (9J)

Q4	Swazi Express Airways (3D)	S6	Star Air (OY)
Q4	Mastertop Linhas Aereas (PP)	S7	S7 Airlines (RA)
Q5	Forty Mile Air (40 Mile Air) (N)	S8	Shovkovly Shylah (UR)
Q6	Aero Condor (OB)	SA	South African Airways (ZS)
Q8	Trans Air Congo (TN)	SB	Air Calin (F-O)
Q8	Pacific East Asia Cargo Airlines (RP)	SC	Shandong Airlines (B)
G8	Georgian National Airlines (4L)	SD	Sudan Airways (ST)
Q9	QuikAir (C)	SE	XL Airways France (F)
QA	Aerocaribe (XA)	SF	Tassili Airlines (7T)
QB	Georgian National Airlines (4L)	SG	Spicejet (VT)
QC	Air Corridor (C9)	SI	Sierra Pacific (N)
QD	Air Class Lineas Aereas (CX)	SJ	Freedom Air (ZK)
QE	Air Moorea (F-O)	SJ	Sriwijaya Air (PK)
QF	QantasLink (VH)	SK	Scandinavian Airlines System (OY/SE)
QF	Qantas Airways (VH)	SO	Superior Aviation (N)
QH	Altyn Air (EX)	SP	SATA - Air Acores (CS)
QI	Cimber Air (OY)	SQ	Singapore Airlines (9V)
QJ	Jet Airways (N)	SQ	Singapore Airlines Cargo (9V)
QK	Air Canada Jazz (C)	SS	Corsair (F)
QL	Aero Lanka Airlines (4R)	ST	Germania Flug (D)
QL	LASER (YV)	SU	Aeroflot Russian Airlines (RA)
QM	Air Malawi (7Q)	SV	Saudi Arabian Airlines (HZ)
QN	Air Armenia (EK)	SW	Air Namibia (V5)
QO	Aeromexpress Cargo (XA)	SY	Sun Country Airlines (N)
QQ	Alliance Airlines (VH)	SY	Skippers Aviation (VH)
QR	Qatar Airways (A7)		
QS	Travel Service Airline (OK)	T0	TACA Peru (OB)
QS	Smartwings (OK)	T2	Nakina Air Service (C)
QT	TAMPA Airlines (HK)	T2	Tair Airways (RP)
QT	Regional Pacific Airways (P2)	T3	Eastern Airways (G)
QU	East African Airlines (5X)	T5	Turkmenistan Airlines (EZ)
QV	Lao Aviation (RDPL)	T6	Tavria Aviakompania (UR)
QW	Blue Wings (D)	T7	Twin Jet (F)
QX	Horizon Airlines (N)	T9	Thai Star Airlines (HS)
QY	European Air Transport (OO)	TA	TACA International Airlines (YS)
QZ	Indonesia AirAsia (PK)	TB	JetAirfly (OO)
		TC	Air Tanzania (5H)
R0	Royal Airlines (AP)	TE	FlyLAL (LY)
R2	Orenburg Avia (RA)	TF	Malmo Aviation (SE)
R5	Jordan Aviation (JY)	TG	Thai Airways International (HS)
R6	Dano Oro Transportas (LY)	TH	Transmile Air Services (9M)
R6	RACSA (TG)	TI	Tol Air Services (N)
R7	ASERCA (YV)	TI	TACA Costa Rica (TI)
R8	Kyrghyzstan Airlines (EX)	TK	THY - Turkish Airlines (TC)
RA	Royal Nepal Airlines (9N)	TL	TMA Cargo (OD)
RB	Syrianair (YK)	TL	AirNorth Regional (VH)
RC	Atlantic Airways (OY)	TM	LAM - Linhas Aereas de Mocambique (C9)
RD	Ryan International Airlines (N)	TN	Air Tahiti Nui (F-O)
RE	Aer Arann (EI)	TO	President Airlines (XU)
RF	Florida West International Airlines (N)	TO	Transavia France (F)
RG	VRG Linhas Aereas (PP)	TP	TAP-Air Portugal (CS)
RH	RPX Airlines (PK)	TQ	Tandem Aero (ER)
RH	Robin Hood Aviation (OE)	TR	Tiger Airways (9V)
RI	Mandala Airlines (PK)	TS	Air Transat (C)
RJ	Royal Jordanian (JY)	TT	Tiger Airways (VH)
RK	Royal Khymer Airlines (XU)	TU	Tunis Air (TS)
RL	Royal Phnom Penh Airways (XU)	TV	Brussels Airlines (OO)
RO	TAROM (YR)	TX	Air Caraibes (F-O)
RP	Chautauqua Airlines (N)	TY	Air Caledonie (F-O)
RQ	Kam-Air (YA)	TY	Iberworld (EC)
RR	Royal Air Force (G) [m]	TZ	ATA Airlines (N)
RS	Oman Royal Flight (A4O) [c]		
RT	RAK Airways (A6)	U2	easyJet Airlines (G)
RU	AirBridge Cargo (RA)	U3	Avies Air Company (ES)
RU	Skyking Airlines (VQ-T)	U3	Paramount Jet (N)
RV	Caspian Airlines (EP)	U4	PMT Air (XU)
RW	Republic Airways (N)	U5	USA 3000 (N)
RY	Royal Wings (JY)	U6	Ural Airlines (RA)
RZ	SANSA Regional (TI)	U7	Air Uganda (5X)
		U8	Armavia (ER)
S0	Slok Air International (C5)	U9	Tatarstan Air (RA)
S2	JetLite (VT)	UA	United Airlines (N)
S3	Santa Barbara Airlines (YV)	UB	Myanmar Airways (XY)
S4	SATA International (CS)	UC	LANChile Cargo (CC)
S5	Shuttle America (N)	UD	Hex'Air (F)
S6	Salmon Air (N)	UE	Nasair (SU) [c]

UF	UM Airlines (UR)		WL	Aeroperlas (HP)
UG	Sevenair (TS)		WM	Winair (PJ)
UH	US Helicopter Corp (N)		WN	Southwest Airlines (N)
UI	EuroCypria (5B)		WO	World Airways (N)
UJ	Sun Freight Losistic (HS)		WP	Island Air (N)
UL	SriLankan (4R)		WQ	Romavia (YR)
UM	Air Zimbabwe (Z)		WR	Aviaprad (RA)
UN	Transaero (RA)		WS	Westjet (C)
UO	Hong Kong Express Airways (B-H)		WT	Wasaya Airways (C)
UP	Bahamasair (C6)		WW	bmibaby (G)
UR	UTAir Express (RA)		WX	CityJet (EI)
US	US Airways (N)		WY	Oman Air (A4O)
US	US Airways Express (N)		WZ	Jetran International Airways (YR)
UT	UTAir Airlines (RA)			
UU	Air Austral (F-O)		X3	TUIfly (D)
UV	Helisureste (EC)		X7	Air Service Gabon (TR)
UX	Air Europa (EC)		X8	ICARO Express (HC)
UY	Cameroon Airlines (TJ)		X9	Landsflug (TF)
UZ	Tesis (RA)		X9	Khors Air (UR)
UZ	Buraq Air Transport (5A)		XA	ARINC (Aeronautical Radio) (N)
			XA	Blue Island Air (G)
V0	Conviasa (YV)		XB	IATA (C) [non operator]
V2	Karat Air Company (RA)		XC	KD Air (C)
V3	Carpatair (YR)		XD	OAG Worldwide (N)
V4	Venescar (YV)]		XD	Air Transport Association (N)
V4	Reem Air (EX)		XE	ExpressJet Airlines (N)
V4	Volaris (XA)		XF	Vladivostok Air (RA)
V6	Voyager Air (S2)		XG	Clickair (EC)
V6	Vuelos Internos Privados (HC)		XH	Special Ground Handling Service (N)
V7	Air Senegal International (6V)		XI	Aeronautical Telecommunications (N)
V8	Atran (RA)		XJ	Mesaba Airlines (N)
V8	Iliamna Air Taxi (N)		XK	CCM Airlines (F)
V8	Air Mikisew (C)		XL	LAN Ecuador (HC)
VA	Volareweb (I)		XM	Alitalia Express (I)
VB	Aeroenlaces Nacionales (XA) [c]		XM	Australian air Express (VH)
VC	Voyageur Airways (C)		XN	Air Nepal International (9N) [ceased ops?]
VC	Ocean Airlines (I)		XN	Xpress Air (PK)
VE	Volare Airlines (I)		XO	LTE International (EC)
VF	Valuair (9V)		XP	Xtra Airways (N)
VG	VLM Airlines (OO)		XQ	SunExpress (TC)
VH	Aeropostal (YV)		XR	Skywest Airlines (VH)
VI	Volga-Dnepr Airlines (RA)		XS	SITA (OO) [communications]
VJ	Jatayu Air (PK)		XT	SkyStar Airways (HS)
VK	Virgin Nigeria (5N)		XU	African Express Airlines (5Y)
VL	VIA - Bulgarian Airways (LZ)		SV	MR Lines (TR)
VM	Viaggio Air (LZ)		XW	SkyExpress (RA)
VN	Vietnam Airlines (VN)		XZ	South African Express Airlines (ZS)
VO	Tyrolean Airways (OE)			
VQ	Vintage Props & Jets (N) [c]		Y2	FlyGlobespan (UK)
VR	TACV (D4)		Y5	Pace Airlines (N)
VS	Virgin Atlantic Airways (G)		Y7	SilverJet (G)
VT	Air Tahiti (F-O)		Y7	SilverJet (G)
VU	Air Ivoire (TU)		Y8	Yangtze River Express (B)
VV	Aerosvit Airlines (UR)		Y9	Kish Air (EP)
VW	Aeromar Airlines (XA)		YA	Yeti Airlines (9N)
VX	Virgin America (N)		YC	Caverton Helicopters (5N) [h]
VY	Vueling Airlines (EC)		YD	Gomelavia (EW)
VZ	MyTravel Airways (G)		YD	Mauritania Airways (5T)
			YE	Norfolk Jet Express (VH)
W3	Arik Air (5N)		YE	Eram Airlines (EP)
W4	Aero Services Executive (F) [c]		YG	South Airlines (UR)
W4	MN Aviation (N)		YH	Thai Global Airlines (HS)
W5	Mahan Air (EP)		YI	Air Sunshine (N)
W6	WizzAir (HA)		YJ	AMC Aviation (SU)
W7	Sayakhat (UN)		YJ	National Airways (ZS)
W8	CargoJet Airways (C)		YK	KTHY Cyprus Turkish Airlines (TC)
W9	Air Bagan (XY)		YL	Yamal Airlines (RA)
WA	KLM Cityhopper (PH)		YL	Air Bissau International (YL)
WB	RwandAir Express (9XR)		YM	Montenegro Airlines (YU)
WC	Islena Airlines (HR)		YN	Air Creebec (C)
WE	Centurion Air Cargo (N)		YO	Heli Air Monaco (3A)
WF	Wideroe's Flyveselskap (LN)		YQ	Polet (RA)
WG	Sunwing Airlines (C)		YR	Scenic Airlines (N)
WI	Tradewinds Cargo (N)		YS	Regional Airlines (F)
WJ	Air Labrador (C)		YV	Mesa Airlines (N)
WK	Edelweiss Air (HB)		YW	Air Nostrum (EC)

YX	Midwest Airlines (N)	ZI	Aigle Azur (F)
		ZK	Great Lakes Airlines (N)
Z3	Pro Mech Air (N)	ZL	Rex Airlines (VH)
Z3	Avient Aviation (Z)	ZM	Cityline Hungary (HA)
Z4	Zoom Airlines (C)	ZN	Naysa AeroTaxis (OY)
Z5	GMG Airlines (S2)	ZP	Air St Thomas (N)
Z6	Dnieproavia (UR)	ZP	Silk Way Airlines (4K)
Z8	Amaszonas Transportes Aereos (CP)	ZR	Aviacom Zitotrans (RA)
Z9	Delta Connection (5Y)	ZR	Alexandria Airlines (SU)
ZB	Monarch Airlines (G)	ZS	Mihin Lanka (4R)
ZD	Dolphin Air (A6)	ZT	Titan Airways (G)
ZE	Azteca Airlines (XA)	ZU	Ajet Aviation (5B)
ZE	Arcus Air (D)	ZV	Air Midwest (N)
ZF	Atlantic Airlines (HR)	ZW	Air Wisconsin (N)
ZG	Viva Macau (B-M)	ZX	Air Georgian (C)
ZH	Shenzhen Airlines (B)	ZY	Ada Air (ZA)

ICAO THREE LETTER DESIGNATORS

The three-letter codes listed below are those allocated by States (countries) that are members of ICAO [International Civil Aviation Organisation] and checked against several lists available on the internet.
The call-signs listed in the main section are also taken from this list.

AAB	Abelag Aviation (OO) [c]		AFE	Airfast Indonesia (PK)
AAC	Army Air Corp (G) [m]		AFG	Ariana Afghan Airlines (YA)
AAF	Aigle Azur (F)		AFL	Aeroflot Russian Airlines (RA)
AAG	Atlantic Air Lines (G)		AFM	Air Four (I)
AAH	Aloha Airlines (N)		AFO	Aero Empresa Mexicana (XA) [c]
AAL	American Airlines (N)		AFP	Forca Aerea Portuguesa (CS) [m]
AAP	AeroVista Airlines (EX)		AFQ	Alba Servizi AeroTransporti (I)
AAQ	Copterline (OH)		AFR	Air France (F)
AAR	Asiana Airlines (HL)		AFT	*Blocked*
AAS	Askari Aviation (AP) [c]		AFW	Great Barrier Airlines (ZK)
AAW	African Airlines (5A)		AGB	Air Service Gabon (TR)
AAY	Allegiant Air (N)		AGD	Agderfly (LN) [c]
ABA	Artem Avia (UR)		AGH	Altagna (F) [c]
ABC	OAG Worldwide (G) [data]		AGK	TAG Aviation Ukraine (UR) [c]
ABD	Air Atlanta (TF)		AGL	Air Galaxy (S2)
ABF	Scanwings (OH) [c]		AGO	Angola Air Charter (D2)
ABG	Abakan-Avia (RA)		AGP	AerFi Group (EI) [lessor]
ABH	Aerolineas Baleares (EC)		AGR	Dept of Agriculture (N) [govt]
ABI	Alba Air (EC) [c]		AGU	Angara Air (RA)
ABJ	Abaete Linhas Aereas (PT)		AGV	Air Glaciers (HB)
ABK	Alberta Citylink (C)		AGX	Aviogenex (YU)
ABO	APSA (HK)		AGZ	Agrolet (OM) [agricultural]
ABP	ABS Jets (OK) [c]		AHA	Air Alpha Greenland (OY)
ABQ	AirBlue (AP)		AHC	AZAL Cargo (4K)
ABR	Air Contractors Ireland (EI)		AHE	Airport Heli Basel (HB) [c]
ABS	Transwest Air (C)		AHF	Aspen Helicopters (N)
ABV	Antrak Air Ghana (9G)		AHH	Airplanes Holdings (EI) [ferry]
ABW	AirBridge Cargo Airlines (RA)		AHK	Air Hong Kong (B)
ABX	ABX Air (N)		AHT	HTA Helicopters (CS)
ABY	Air Arabia (A6)		AHU	ABC Air Hungary (HA)
ABZ	ATA Brasil (PP)		AHW	Aeromist-Kharkiv (UR)
ACA	Air Canada (C)		AHX	Amakusa Airlines (JA)
ACD	Academy Airlines (N)		AHY	Azerbaijan Airlines (4K)
ACE	CargoPlus Aviation		AIA	Avies Air (ES)
ACG	Air Partner Private Jets (G) [c]		AIB	Airbus Industrie (F/D)
ACI	AirCalin (F-O)		AIC	Air India (VT)
ACJ	Air Corporate (F) [c]		AIE	Air Inuit (C)
ACK	Nantucket Airlines (N)		AIJ	ABC Aerolineas (XA) [c]
ACL	Itali Airlines (I)		AIN	African International Airways (3D)
ACP	Astral Aviation (5Y)		AIO	Chief of Staff, USAF (N) [m]
ACT	Flightline (N)		AIP	Alpine Air (N)
ACW	RAF Air Cadet Schools (G) [m]		AIQ	AirAsia Thailand (HS)
ACY	Atlas Cargo Airlines (CN)		AIT	AirEst (ES)
ACZ	*Blocked*		AIX	Aircruising Australia (VH)
ADA	Airservices Australia Flight Inspection Services (VH) [govt]		AIZ	Arkia Israeli Airlines (4X)
			AJI	Ameristar Jet Charters (N)
ADB	Antonov Airlines (UR)		AJK	Allied Air (5N)
ADE	Ada Air (ZA)		AJM	Air Jamaica (6Y)
ADG	AEREA Flight Training (EC) [t]		AJS	Central Charter de Colombia (HK) [c]
ADH	Air One (I)		AJT	Amerijet International (N)
ADI	Audeli (EC)		AJU	AirJetSul (CS) [c]
ADL	Aerodynamics (N) [ferry]		AJV	JP Express (JA)
ADN	Aero-Dienst (D) [c]		AJW	Alpha Jet International (N) [c]
ADO	Air Do (JA)		AJX	Air Japan (JA)
ADR	Adria Airways (S5)		AKF	Anikay Air (EX)
ADS	Aviones de Sonora (XA)		AKG	84 Sqdn, RAF (G) [m]
AEA	Air Europa (EC)		AKM	MAK Air (UN)
AEB	Aero Benin (TY)		AKN	Alkan Air (C)
AEE	Aegean Airlines (SX)		AKT	Karat Air Company (RA)
AEK	AeroCon (CP)		AKW	Angkor Airways (XU)
AEL	Air Europe Italy (I)		AKY	Yak Service (RA)
AEN	Aeroland (SX)		ALD	Albion Aviation (G) [c]
AEO	Air One Executive (I) [c]		ALE	Airlift International of Ghana (9G)
AEP	Aerotec (EC) [c]		ALF	Allied Command Europe (OO) [m]
AEQ	Air Express (SE)		ALG	Air Logistics (N)
AER	Alaska Central Express (N)		ALI	Alair (EC)
AEU	Astraeus (G)		ALK	SriLankan (4R)
AEW	Aerosvit Airlines (UR)		ALP	Alpliner (HB) [c]
AEY	Air Italy (I)		ALU	Air Luxor STP (S9)
AFD	Panorama Flight Service (N) [c]		ALX	Hewa Bora Airways (9Q)

Code	Name
ALZ	Alta Flights (C)
AMA	ATMA (UN)
AMB	Deutsche Rettungsflugwacht-German Air Rescue (D)
AMC	Air Malta (9H)
AME	Spanish Air Force (EC) [m]
AMF	Ameriflight (N)
AMH	Alan Mann Helicopters (G) [c]
AMK	Amerer Air (OE)
AML	Air Malawi (7Q)
AMP	Aero Transporte (OB)
AMT	ATA Airlines (N)
AMU	Air Macau (B-M)
AMV	AMC Aviation (SU)
AMW	Air Midwest (N)
AMX	Aeromexico (XA)
ANA	All Nippon Airways (JA)
ANB	Air Navigation & Trading (G) [c]
ANE	Air Nostrum (EC)
ANG	Air Niugini (P2)
ANH	Al-Ajninah Air Transport (5A)
ANK	Air Nippon (JA)
ANO	Airnorth Regional (VH)
ANQ	Aerolineas de Antioqua (HK)
ANS	Andes Lineas Aereas (LV)
ANT	Air North (C)
ANU	Starlink Aviation (C)
ANX	Canadian North (C)
ANY	OAG Corp (N) [reservations]
ANZ	Air New Zealand (ZK)
AOA	Alcon Servicios Aereos (XA) [c]
AOC	Avcom (RA) [c]
AOD	Aero Vodochody (OK) [manufacturers/c]
AOH	North Coast Aviation (P2)
AON	Aero Enterprise (F) [c]
AOO	AS Aviakompania (UR)
AOP	Aeropiloto (CS) [c]
AOT	Asia Overnight Express (RP) [forwarders]
AOV	Aero Vision (F) [c]
APC	Airpac Air Lines (N)
APF	Amapola Flyg (SE)
APJ	Air Print (LX) [c]
APO	Aeropro (C)
APP	Aeroperlas (HP)
APT	LAP Colombia (HK)
APW	Arrow Cargo (N)
APZ	Hydro-Quebec (C) [c]
AQO	Alcoa Corp (N) [c]
AQR	Aqua Air (I) [c]
AQT	Avioqunitana (XA)
AQU	Airquarius Aviation (ZS)
ARA	Arik Air (5N)
ARD	Aerocondor (CS)
ARE	AIRES (HK)
ARG	Aerolineas Argentinas (LV)
ARI	Aerovics (XA) [c]
ARK	Aero Link Air Service (EC) [c]
ARL	Airlec Air Espace (F)
ARR	Air Armenia (ER)
ARU	Aruba Airlines (P4)
ARV	Aravco (G) [c]
ARW	Aria (F)
ASA	Alaska Airlines (N)
ASB	Air Spray (C)
ASD	Air Sinai (SU)
ASE	AirStars Airways (RA)
ASH	Mesa Airlines (N)
ASJ	Air Satellite (C)
ASM	Awesome Flight Services (ZS)
ASO	Aero Slovakia (OM) [c]
ASP	Airsprint (C) [c]
ASW	Asia Airways (EY)
ASX	Air Special (OK) [agriculture]
ASY	Royal Australian Air Force (VH) [m]
ASZ	Astron Aviation (HB) [c]
ATA	Air Transport Association (N)
ATC	Air Tanzania (5H)
ATG	Aerotrans (UN)
ATI	Aero Tropics (VH)
ATJ	Air Traffic (D) [c]
ATM	Airlines of Tasmania (VH)
ATN	Air Transport Intl (N)
ATU	Atlant Hungary (HA)
ATX	Warwickshire Aerocentre (G) [c]
AUA	Austrian Airlines (OE)
AUB	Augsburg Airways (D)
AUF	Augusta Air (D) [c]
AUH	Abu Dhabi Amiri Flight (A6) [c]
AUI	Ukraine Intl Airlines (UR)
AUJ	AustroJet (OE)
AUL	Aeroflot Nord (RA)
AUJ	BFS Business Flight Salzburg (OE) [C]
AUR	Aurigny Air Services (G)
AUT	Austral Lineas Aereas (LV)
AVA	AVIANCA (HK)
AVB	Aviation Beauport (G) [c]
AVE	AVENSA (YV)
AVI	L'Avion (F)
AVJ	Avia Traffic Company (EX)
AVM	Avemex (XA) [c]
AVN	Air Vanuatu (YJ)
AVR	Active Aero Charter (N) [c]
AVT	Asia Avia Airlines (PK)
AVU	Aviasud Aerotaxi (F) [c]
AVW	Aviator (SX)
AVX	Avirex (TR)
AVZ	Air Valencia (EC) [c]
AWC	Titan Airways (G)
AWI	Air Wisconsin (N)
AWK	Airwork New Zealand (ZK)
AWL	Australian Wetleasing Operations (VH) [lsg]
AWQ	Indonesia AirAsia (PK)
AWU	Aeroline (D)
AWX	CAA Directorate of Airspace Policy (G) [govt]
AWZ	East West Cargo (ST)
AXB	Air India Express (VT)
AXF	Asian Express Airlines (VH)
AXJ	Aspen Executive Air (N) [c]
AXK	African Express Airways (5Y)
AXM	Air Asia (9M)
AXN	Alexandair (SX)
AXQ	Action Airlines ((N) [c]
AXV	Aviaxess (F) [h]
AXY	Axis Airways (F)
AYA	FAA Academy (N) [govt]
AYB	Belgian Army (OO) [m]
AYD	Aladia (XA)
AYM	Airman (EC) [c]
AYN	Atlantic Airways (YN)
AYS	Awsaj Aviation Services (5A)
AYT	Ayeet Aviation (4X)
AYY	Air Alliance Express (D) [c}
AYZ	Atlant-Soyuz Airlines (RA)
AZA	Alitalia (I)
AZE	Arcus Air (D)
AZF	Air Zermatt (HB)
AZG	Sakaviaservice (4L)
AZH	Sky Wind (4K)
AZK	Azal Helikopter Air Company (4K) [c]
AZN	Amaszonas (PP)
AZQ	Silk Way Airlines (4K)
AZS	Aviacon Zitotrans (RA)
AZT	Azimut (EC) [c]
AZV	Azov-Avia (UR)
AZW	Air Zimbabwe (Z)
AZX	Airtransse (JA)
AZZ	Azza Air Transport (ST)
BAE	British Aerospace Corp Flight Ops (G) [c]
BAF	Belgian Air Force (OO) [m]
BAG	dba (D)
BAH	The Amiri Flight (A9C) [c]
BAJ	Baker Aviation (N)

751

Code	Operator
BAN	British Antarctic Survey (VP-F)
BAT	Premiar (LX) [c]
BAW	British Airways (G)
BBA	Bannert Air (OE) [c]
BBC	Biman Bangladesh A/L (S2)
BBD	Bluebird Cargo (TF)
BBE	Ababeel Aviation (ST)
BBL	IBM Euroflight (HB) [c]
BBO	FlyBaboo (HB)
BBR	Santa Barbara Airlines (YV)
BBS	Beibars (UN)
BBT	Air Bashkortostan (RA)
BBV	Bravo Airlines (EC)
BBZ	BlueBird Aviation (5Y)
BCH	Phillips Air Charter (N)
BCI	Blue Island Air (G)
BCS	European Air Transport (OO)
BCT	BCT Aviation (G) [c]
BCY	CityJet (EI)
BDA	Blue Dart Aviation (VT)
BDI	Benair (OY)
BDN	DERA Boscombe Down (G) [m]
BDR	Badr Airlines (ST)
BDS	South East Asian Airlines (S2)
BEA	Best Aviation (S2)
BEC	Berkut State Air Company (UN)
BED	Belgorod Air Enterprise (RA)
BEE	flybe (G)
BEK	Berkhut Air (UN)
BER	Airberlin (D)
BES	Aero Services Executive (F) [c]
BET	BETA Cargo Airlines (PP)
BEZ	Air St Kitts & Nevis (V4)
BFC	Basler Airlines (N)
BFF	Air Nunavut (C)
BFL	Buffalo Airways (C)
BFM	Beijing Pan Am International air Academy (B)
BFO	Bombardier (C) [c]
BFW	Bahrain Defence Force (A-9C) [m]
BGA	Airbus Transport Intl (F)
BGB	Government of Bulgaria (LZ) [govt]
BGD	Air Bangladesh (S2)
BGF	Aviodetachment 28 (LZ) [govt]
BGH	BH Air (LZ)
BGK	British Gulf International (EX)
BGL	Benin Golf Air (TY)
BGM	Bugulma Air Enterprise (RA)
BGS	Bundesgrenzschutz (D) [federal]
BGT	Bergen Air Transport (LN)
BHA	Buddha Air (9N)
BHL	Bristow Helicopters (G)
BHN	Bristow Helicopters (Nigeria) (5N)
BHP	Belair (HB)
BHR	Bighorn Airways (N)
BHS	Bahamasair (C6)
BIB	Michelin Air Services (F) [c]
BID	Binair (D)
BIE	Air Mediterranee (F)
BIG	Big Island Air (N)
BJT	ACM Aviation (N) [c]
BKA	Bankair (N)
BKH	Barkston Heath FTU (G) [m]
BKJ	Barken International (N) [c]
BKP	Bangkok Airways (HS)
BKV	Bukovyna (UR)
BLE	Blue Line (F)
BLF	Blue I (OH)
BLI	Thyssen Krupp (D) [c]
BLJ	Blue Jet (EC) [c]
BLL	Baltic Airlines (RA) [h]
BLM	Blue Sky
BLS	Bearskin Lake Air Service (C)
BLU	IMP Aviation (C) [c]
BLV	Bellview Airlines (5N)
BLW	Wermlandsflyg (SE) [c]
BLX	TUIfly Nordic (SE)
BLY	Starair (EI) [c]
BLZ	Aero Barloz (XA) [c]
BMA	bmi - british midland international (G)
BMD	British Medical Charter (G) [EMS]
BMH	Bristow Masayu Helicopters (PK)
BMI	bmibaby (G)
BMJ	Bemidji Airlines (N)
BML	Bismaillo Airlines (S2)
BMM	Atlas Blue (CN)
BMR	bmi Regional (G)
BMW	BMW Flugdienst (D) [c]
BMY	Bimini Air (N)
BND	Bond Offshore Helicopters (G)
BNG	BN Group (G) [manufacturer]
BNT	Bentiu Air Transport (ST)
BNW	British North West Airlines (G) [c]
BNX	IAACA (YV)
BOA	Boniair (Z3) [c]
BOE	Boeing Commercial Airplane Group (N)
BOI	Aboitiz Air Transport (RP)
BOL	TAB Cargo (CP)
BON	B&H Airlines (T9)
BOO	Bookajet (C) [c]
BOT	Air Botswana (A2)
BOX	Tiphook (G) [c]
BPA	Blue Panorama Airlines (I)
BPK	Berkhut Avia (UN)
BPS	Budapest Air Services (HA)
BPX	BP Exploration (C)
BRB	BRA-Brasil Rodo Aero (PP)
BRC	Bringer Air Cargo Taxi Aereo (PP)
BRD	Brock Air Services (C) [c]
BRG	Bering Air (N)
BRI	Air-Bor (F) [c]
BRP	Aerobratsk (RA)
BRQ	Buraq Air Transport (5A)
BRS	Forca Aerea Brasileira (PP) [m]
BRT	Botir-Avia (EX)
BRU	Belavia Belarussian Airlines (EW)
BRZ	Samara Airlines (RA)
BSA	Air Bissau International (J5)
BSK	Miami Air International (N)
BSL	Air Brasil Linhas Aereas (PP)
BSS	Air Business (EC) [c]
BST	Best Air (TC)
BSY	Big Sky Airlines (N)
BTA	ExpressJet Airlines (N)
BTI	AirBaltic (YL)
BTR	Botik Air (EX)
BTS	Aerotaxix Albatros (XA) [c]
BTU	Rolls-Royce (G) [c]
BTV	Batavia Air (PK)
BUC	Bulgarian Air Charter (LZ)
BUE	Orebro Aviation (SE) [c]
BUN	Bural Airlines (RA)
BUS	*Blocked*
BVG	BVG Viajes (XA) [c]
BVN	Baron Aviation Services (N)
BVR	ACM Air Charter (D) [c]
BVT	Berjaya Air Charter (9M)
BVU	Bellview Airlines (9L)
BVV	Spark Aviacompania (RA) [h]
BWA	Caribbean Airlines (9Y)
BWG	Blue Wings (D)
BXA	Bahrain Executive Air Services (A9C) [c]
BXH	Bar XH Air (C)
BXR	Redding Aero Enterprises (N)
BYA	Berry Aviation (N)
BYL	Bylina (RA)
BYR	Berytos Airlines (OD)
BYU	Bayu Air (PK)
BZA	Bizair Flug (D) [c]
BZC	*Blocked*
BZF	Jet Aviation Business Jets (N) [c]
BZH	Brit'air (F)

Code	Operator	Code	Operator
CAA	Atlantic Southeast Airlines (N)	CIB	Condor Berlin (D)
CAF	*Blocked*	CID	Asia Continental Airlines (UK)
CAI	Corendon Airlines (TC)	CIE	Czech Government Flying Service (OK)
CAJ	Air Caraibes Atlantique (F-O)	CIG	Sirius Aero (RA) [c]
CAL	China Airlines (B)	CII	CityFly (I)
CAN	Crest Aviation (G) [c]	CIM	Cimber Air (OY)
CAO	Air China Cargo (B)	CIO	Il Ciocco Helicopters (I) [h]
CAT	Copenhagen Air Taxi (OY)	CIR	Arctic Circle Air Service (N)
CAV	Calm Air International (C)	CIT	City-Jet (OE) [c]
CAW	Comair (ZS)	CIU	Cielos del Peru (OB)
CAY	Cayman Airways (VR-C)	CIV	New Zealand CAA (ZK) [govt]
CAZ	CAT Aviation (HB) [c]	CIW	Civair (ZS) [c]
CBA	UCL (OK) [calibration]	CJA	Canjet (C)
CBB	Cargo B Airlines (B)	CJC	Colgan Air (N)
CBC	Caribair (HI)	CJE	Aero Services Corporate (F) [c]
CBE	Click Mexicana (XA)	CJR	Caverton Helicopters (5N)
CBI	Cabi (UR) [c]	CJT	CargoJet Canada (C)
CBN	Swedish CAA (SE) [govt]	CKK	China Cargo Airlines (B)
CBR	Cabair Helicopters (G) [c]	CKL	Kokomo Aviation (N) [c]
CBT	Catalina Flying Boats (N)	CKM	BKS Air (EC)
CBV	Aereo Cabo (XA) [c]	CKW	Click Airways International (EX)
CCA	Air China (B)	CKS	Kalitta Air (N)
CCE	Cairo Aviation (SU)	CLA	Comlux Aviation (HB) [c]
CCF	CCF Manager Airline (D) [c]	CLB	Flight Precision (G) [calibration]
CCG	Central Connect Airlines (OK)	CLE	Colemill Enterprises (N) [c]
CCI	Capital Cargo Interl (N)	CLF	Bristol Flying Centre (G) [c]
CCK	Flight Trac (N) [survey]	CLG	Chalair (F)
CCM	CCM Airlines (F)	CLH	Lufthansa Cityline (D)
CCP	Champion Air (N)	CLI	Clickair (EC)
CCQ	Capital City Air Carrier (N)	CLL	Aerovias Castillo (XA)
CCY	Cherry Air (N)	CLS	Challenge Air (D) [c]
CCZ	*Blocked*	CLU	Triple Alpha (D) [c]
CDA	Aerocardal (CC) [c/EMS]	CLW	Centralwings (SP)
CDG	Shandong Airlines (B)	CLX	Cargolux Airlines Intl (LX)
CDN	Canadian Helicopters (C)	CLY	Clay Lacy Aviation (N) [c]
CDP	Aero Condor (OB)	CME	Prince Edward Air (C)
CDS	Spectrum Air (ZS) [survey]	CMI	Continental Micronesia (N)
CDV	Skol Aviakompania (RA)	CMN	Cimarron Aire (N)
CEB	Cebu Pacific Air (RP)	CMP	COPA Airlines (HP)
CEF	Czech Air Force (OK) [m]	CMS	Aviation Commercial Aviation (C)
CEG	CEGA Aviation (G) [c]	CNB	Cityline Hungary (HA)
CEM	Central Mongolian Airways (JU)	CNI	Aerotaxi (CU)
CEP	Chipola Aviation (N) [c]	CNK	Sunwest Airlines (C)
CES	China Eastern Airlines (B)	CNO	SAS Braathen (LN)
CFA	China Flying Dragon Aviation Co (B)	CNS	Centennial Air (C)
CFC	Canadian Forces (C) [m]	CNT	CNET (F) [c]
CFD	Cranfield University (G) [c]	CNU	Air Consul (EC) [c]
CFE	BA Cityflyer (G)	COA	Continental Airlines (N)
CFG	Condor Flugdienst (D)	COD	Concordavia (UR) [c]
CFI	CAAC Flight Inspection (B) [calibrator]	COE	Comtel Air Luftverkehrs (OE) [c]
CFM	ACEF Transportes Aereos (CS)	COH	Coltishall FTU (G) [m]
CFN	Church Fenton FTU (G) [m]	COM	Comair (N)
CFS	Empire Air (N)	CON	Continental Oil (N) [c]
CFU	CAA Flying Unit (G)	COR	*Blocked*
CFV	Aero Calafia (XA)	COT	Cottesmore FTU (G) [m]
CFZ	Zhongfei Airlines (B)	COV	Helicentre Coventry (G) [h]
CGD	Charlotte ANG (N) [m]	COW	Cowi AirService (PH)
CGG	Wal-Mart Aviation (N) [c]	COX	Comav Aviation (V5)
CGI	Rusair (RA)	COZ	Cosmic Air (9N)
CGL	Seagle Air (OM)	CPA	Cathay Pacific Airways (B-H)
CGN	Chang An Airlines (B)	CPB	Corporate Express (N)
CGP	Cargo Plus Aviation (9G)	CPD	Capital Airlines (5Y) [c]
CGR	Compagnie Gen. Ripresearee (I) [c]	CPI	CAI (I) – [EMS/c]
CGS	Geodynamica Centre (RA) [survey]	CPJ	Corpjet (N)
CHA	Central Flying Service (N) [c]	CPM	CTM- Compagnie Mauritanienne de Transportes (5T)
CHC	CITIC Offshore Helicopters (B)	CPN	Caspian Airlines (EP)
CHD	223 rd Flight Unit (RA) [m]	CPT	Corporate Air (Billings) (N)
CHG	Challenge Aero (UR)	CPZ	Compass Airlines (N)
CHH	Hainan Airlines (B)	CQH	Spring Airlines (B)
CHI	Cougar Helicopter (C)	CQN	Chongqing Airlines (B)
CHJ	Air Chayka International (UR) [h]	CRC	Conair Aviation (C)
CHK	Chalks International Airlines (N)	CRD	Air Corridor (C9)
CHN	Channel Islands Aviation (N)	CRF	Air Central (JA)
CHP	Aviacsa (XA)	CRG	Cargoltalia (I)
CHQ	Chautauqua Airlines (N)	CRK	Hong Kong Airlines (B-H)
CIA	Letecky Urad Slovenskie (OM) [calibration]		

Code	Name
CRL	Corsair (F)
CRM	Commander Mexicana (XA) [c]
CRN	Aerocaribbean (CU)
CRQ	Air Creebec (C)
CRT	Caribintair (HH)
CSA	CSA Czech Airlines (OK)
CSC	Sichuan Airlines (B)
CSH	Shanghai Airlines (B)
CSJ	Castle Aviation (N)
CSK	Flightcraft (N) [c]
CSN	China Southern Airlines (B)
CSQ	IBC Airways (N)
CSV	Coastal Aviation (5H)
CSY	Shuangyang Avn (B)
CSZ	Shenzhen Airlines (B)
CTA	AeroCharter (N)
CTG	Canadian Coast Guard (C) [m]
CTK	East Midlands Helicopters (G) [c]
CTL	Central Air Southwest (N)
CTM	French Air Force VIP (F) [c]
CTN	Croatia Airlines (9A)
CTP	Tapo Avia (UK)
CTQ	CityLink (9G)
CTR	Aerolineas Centauro (XA)
CTS	Center-South Airlines (RA)
CTT	Custom Air Transport (N)
CUA	China United Airlines (B)
CUB	Cubana (CU)
CUK	Polo Aviation (G) [c]
CUO	Aero Cuahonte (XA)
CUT	CHC Helicopters (Africa) (ZS)
CVA	Air Chathams (ZK)
CVC	Centre Avia (RA)
CVE	Cabo Verde Express (D6)
CVF	Dassault Falcon Jet (N) [c]
CVG	Carill Aviation (G) [c]
CVO	Center Vol (EC) [c]
CVR	Chevron USA (N) [c]
CVU	Grand Canyon Airlines (N)
CVV	Comeravia (YV)
CWC	Centurion II Air Cargo (N)
CWH	Canadian Warplane Heritage Museum (C)
CWX	Crow Executive Air (N) [c]
CWY	Woodgate Executive Air Charter (G) [c]
CXA	Xiamen Airlines (B)
CXH	China Xinhua Airlines (B)
CXI	Shanxi Airlines (B)
CXP	Xtra Airlines (N)
CXS	Boston-Maine Airways (N)
CXT	Coastal Air Transport (N)
CYL	Air One CityLiner (I)
CYO	Air Transport Inc (N) [c]
CYP	Cyprus Airways (5B)
CYZ	China Postal Airlines (B)
CZA-CZZ	Blocked
DAB	Dassualt Aviation (F) [manufacturer]
DAE	DHL Aero Expresso (HP)
DAF	Danish Air Force (OY) [m]
DAG	Daghestan Airlines (RA)
DAH	Air Algerie (7T)
DAL	Delta Air Lines (N)
DAO	Daallo Airlines (J2)
DAP	DAP Airways (CC)
DAR	Danish Army (OY) [m]
DAV	DANA (5N)
DAX	Direct Air Executive (G) [c]
DBB	Deutsch Bahn (D)
DBH	Northeastern Airlines (B)
DBJ	Duchess of Jersey (G) [c]
DBK	Dubrovnik Airline (9A)
DCD	Air26 (D2)
DCL	Transportes Aereos Don Carlos (CC)
DCM	Delta Connection (5Y)
DCN	Federal Armed Forces (D) [m]
DCS	DaimlerChrysler Aviation (D) [c]
DCT	Directflight (G)
DCX	Daimler-Chrysler (N) [c]
DCZ	Blocked
DDA	D&D Aviation (N)
DEA	Delta AirTaxi (I) [c]
DEL	Carib Aviation (V2)
DER	Deer Airlines (B)
DES	Cariboo Chilcotin Helicopters (C)
DEV	Red Devils Parachute Team (G) [m]
DGX	Dasnair (HB) [c]
DHC	de Havilland Aircraft (C) [manufacturer]
DHE	DAP Helicopters (CC)
DHI	AdamAir (PK)
DHK	DHL Air (G)
DHL	AStar Air Cargo (N)
DHV	DHL Aviation (ZS)
DHX	DHL International (A9C)
DIR	Dirgantara Air Service (PK)
DIX	Dix Aviation (D) [c]
DJB	Djibouti Airlines (J2)
DJS	Dayjet Services (N) [c]
DJT	DJT Aviation (OE) [c]
DKH	JuneYao Airlines (B)
DKN	Air Deccan (VT)
DKT	Business Aviation Centre (N)
DLA	Air Dolomiti (I)
DLH	Lufthansa (D)
DLI	Delta Express International (UR) [c]
DLU	Air Comet Chile (CC)
DLY	Air Independence (D) [c]
DMJ	Aerolineas Damojh (XA)
DMO	Domodedovo Civil Airlines (RA)
DNC	Aerodynamics Malaga (EC) [c]
DNL	Dutch Antilles Express (PJ)
DNM	Denim Air (PH)
DNN	Blocked
DNU	Danu Oro Transportas (LY)
DNV	Aeroflot-Don Airlines (RA)
DNY	Danish Navy (OY) [m]
DOC	Norsk Luftsmbulsnce A/S (LN)
DOD	USAF Air Mobility Ops (N) [m]
DOI	US Dept of the Interior (N) [govt]
DOJ	US Dept of Justice Prisoner & Alien Transportation Service (JPATS) (N)
DPC	Blocked
DPL	Dome Petroleum (C) [c]
DRK	Druk Air (A5)
DRT	Darta (F) [c]
DRY	Deraya Air Taxi (PK)
DSM	LAN Argentina (LV)
DSO	Dassault Falcon Service (F) [c]
DST	AEX Air (N)
DTA	TAAG Angola Airlines (D2)
DTH	Tassili Airlines (7T)
DTR	Danish Air Transport (OY)
DUB	Dubai Air Wing (A6) [c]
DUK	Ducair (LX) [c]
DVB	Donavia (UN)
DVI	Aero Davinci Internacional (XA)
DVR	Divi Divi Air (PJ)
DWI	Baltic Air Service (OY)
DWT	Darwin Airline (HB)
DXH	East Star Airlines (B)
DYE	Dynamic Airlines (PH) [c]
DYL	Seair (C6)
DYN	Aero Dynamics (N)
DYT	Yankee Delta (F) [c]
DZC	Blocked
EAB	Swiss Eagle (HB) [c]
EAD	Escola de Aviacao Aeroconder (CS) [c]
EAF	European Aircharter (G)
EAI	Elite Air (5V)
EAK	Euro-Asia International (UN)
EAN	Skypower Express A/W (5N)
EAQ	Eastern Australia A/L (VH)

EAS	Executive Aerospace (ZS)		ERJ	Eurojet Italy (I) [c]
EAT	Air Transport Europe (OM) [h]		ERK	AeroSec (CC) [c]
EAX	Eastern Air Executive (G) [c]		ERO	Sun d'Or Intl Airlines (4X)
EBA	Bond Aviation (I) [h]		ERT	Eritrean Airlines (E3)
EBF	MSR Flug (D) [c]		ERV	Yerevan Avia (EK)
EBJ	European Business Jets (G) [c]		ESC	Sol America (YV)
EBU	Delta AirElite Business Jets (N) [c]		ESD	Essen Air (EX)
EBS	Eli-Fly (I)		ESF	Estafeta Carga Aerea (XA)
ECA	EuroCypria (5B)		ESH	Aeroshell (HC) [c]
ECB	European Coastal Airlines (9A) [c]		ESI	Eliservizi Italiani (I) [c]
ECJ	East Coast Jets (N) [c]		ESJ	Eastern Sky Jets (A6) [c]
ECN	Euro Continental Air (EC)		ESK	SkyEurope Airlines (OM)
ECT	East Coast Airways (ZS)		ESL	Russian Sky Airlines (RA)
ECU	Ecuavia (HC) [c]		ESS	EOS Airlines (N)
ECV	Spectrum Avia (RA)		ESX	EuroSkylink (G) [c]
ECZ	Blocked		ETC	Trans Attico (ST)
EDC	Edinburgh Air Charter (G) [c]		ETD	Etihad Airways (A6)
EDJ	Edwards Jet Center (N)		ETH	Ethiopian Airlines (ET)
EDO	Elidolomiti (I)		ETM	Etram Air Wing (9Q)
EDS	EDS Air Service (HB) [c}		ETP	ETPS (G) [m]
EDW	Edelweiss Air (HB)		ETS	Avitrans Nordic (SE)
EEC	Carry Air (F) [c]		ETV	European Executive (G) [c]
EEE	Blocked		ETW	Eagle Trans Asia Airways (RP)
EEM	Ejecutivo Aereo de Mexico City (XA) [c]		EUC	Eurocontrol (OO) [management]
EEU	Eurofly Service (I) [c]		EUG	EuroGuineana de Aviacion (3X)
EEV	Ex.Av Executive Aviation (I) [c]		EUM	EuroMediterranean Airlines (SU)
EEX	Avanti-Air (D)		EUP	Euroair (SX)
EEZ	Eurofly (I)		EVA	EVA Airways (B)
EFA	Express Freighters (VH)		EVE	Air Evex (D) [c]
EFC	Air Mana (F) [c]		EVM	National Environment Research Council (G)
EFD	EFD Eisele Flugdienst (D) [c]		EVR	Academia Aeronautica de Evora (CS) [c]
EFF	Westair Aviation (EI) [c]		EVY	34 Squadron, RAAF (VH) [m]
EFG	Elifriula (I)		EWG	Eurowings (D)
EGF	American Eagle (N)		EWZ	East Eing (UN)
EGL	Capital Aviation (G) [c]		EXA	Execaire (C) [c]
EGN	Eagle Aviation (F)		EXB	Brazilian Army Aviation (PP) [m]
EGU	Eagle Aviation (5X)		EXH	G5 Executive (HB) [c]
EGY	Egyptian Air Force (SU) [m]		EXJ	Executive Jet Charter (G) [c]
EIA	Evergreen Intl Airlines (N)		EXK	Executive Airlines (N)
EIN	Aer Lingus (EI)		EXM	CAA Examiners (G) [govt]
EIS	EIS Aircraft (D) [target towing]		EXN	Exin (SP)
EJA	Netjets Aviation (N) [m]		EXO	Blocked
EJO	Execujet MiddleEast (A6) [c]		EXS	Jet2 (G)
EJS	Eurojet Servis (OK) [c]		EXT	Nightexpress (D)
EJT	Eclipse Aviation (N) [manufacturer]		EXU	Executive Airlines (EC) [c]
EJV	Compania Ejecutiva (XA) [c]		EXV	Expo Aviation (4R)
EKA	Equaflight Service (TN)		EXW	EAS Air Lines (5N)
ELB	Elieuro (I) [c]		EXY	South African Express A/L (ZS)
ELE	EuroAirlines (EC)		EXZ	East African Safari Air Express (5Y)
ELG	Alpi Eagles (I)		EZA	Eznis Airways (JU)
ELH	Elilario Italia (I) [h]		EZB	Flugschule Eichenberger (HB) [trainer]
ELL	Estonian Air (ES)		EZC	Blocked
ELO	EuroLOT (SP)		EZE	Eastern Airways (G)
ELR	El-Rom Airlines (4X)		EZS	easyJet Switzerland (HB)
ELW	Yellow Wings Air Services (5Y) [c]		EZY	easyJet Airlines (G)
ELY	El Al Israel Airlines (4X)			
EMB	Embraer (PP) [manufacturer]		FAA	Federal Aviation Administration (N)
EMD	Ballards Flying Service (N) [c/EMS]		FAB	First Air (C)
EMI	Premium Air Shuttle (5N)		FAF	Force Aerienne Francaise (F) [m]
EMT	Emetbe Taxi Aereo (HC)		FAG	Fuerza Aerea Argentina (LV) [m]
EMU	EAA Helicopters (B-M)		FAH	Farnair Hungary (HA)
EMX	Euromanx/ULL 14 (G/OE)		FAJ	Air Fiji (DQ)
ENI	Enimex (ES)		FAM	FAASA Aviacion (EC)
ENN	Blocked		FAT	Farnair Switzerland (HB)
ENW	AirNor (EC) [c]		FAW	Falwell Aviation (N) [c]
EOA	Elilombarda (I) [h]		FAZ	Flint Air Service (N) [c]
EOL	AirAiles (F) [c]		FBA	Fab Air (EX)
EOS	Eliossola (I) [h]		FBL	Food Brokers (G) [c]
EPA	Donghai Airlines (B)		FBO	TAG Farnborough Airport (G) [c]
EPE	Aeroempresarial (XA) [c]		FCA	First Choice Airlines (G)
EPS	Epps Aviation Charter (N)		FCE	FlyColumbia (EC) [c]
EQA	Elilombarda (I)		FCK	FCS Flight Calibration Service (D)
EQC	Equatorial Cargo (3C)		FCL	Florida Coastal Airlines (N)
EQL	Air Sao Tome e Principe (S9)		FCP	Flight Corp (ZK)
ERG	Aviaenergo (RA)		FCR	Flying Carpet Air Transport Services (OD)
ERH	ERA Aviation (N)		FCS	Facts Air (XA)

FCT	Fly CI (G) [SAR]		FRD	Ford Motor Co (N) [c]
FCZ	*Blocked*		FRF	Fleet Air International (HA)
FDD	Feeder Airlines (ST)		FRE	Freedom Air (N)
FDE	Federico Helicopters (N)		FRG	Freight Runners Express (N)
FDN	Dolphin Air (A6)		FRI	Ibex Airlines (JA)
FDO	Douanes Francais - French Customs (F)		FRJ	Afrijet (5N)
FDR	Fedair (ZS)		FRL	Freedom Airlines (N)
FDS	AMREF – Flying Doctor Service (5Y)		FSC	Four Star Air Cargo (N)
FDX	FedEx (N)		FSD	EFS Flug Service (D) [c]
FDY	Gulfstream Air Charter (N) [c]		FSR	Flightstar (F)
FEA	Far Eastern Air Transport (B)		FST	Aeros Air Charter (G) [c]
FEI	Arnir Air (TF)		FTA	Frontier Flying Service (N)
FEM	Flywell Airlines (Z)		FTL	Flightline (EC)
FEX	CEC Flightexec (C) [c]		FTR	Finist'air (F)
FFA	Avialesookhrana (RA)		FTY	Fly Tyrol (OE)
FFD	SFD Stuttgarter Flugdienst (D) [c]		FUA	Futura Internacional (EC)
FFF	Freedom Air Services (5N)		FUJ	Fujairah Aviation Centre (A6) [c]
FFG	Flugdienst Fehlhaber (D)		FUP	Foxair (D) [c]
FFI	Infinit Air (EC) [c]		FUT	Futura Germany (D)
FFM	FireFly (9M)		FVS	Falcon Flying Services (A6)
FFP	Prima Charter (SP)		FWA	Interstate Airlines (PH)
FFS	Florida Dept of Agriculture (N)		FWD	Fair Wind Air Charter (N) [c]
FFT	Frontier Airlines (N)		FWI	Air Caraibes (F-O)
FFU	GEC Marconi Avionics (G) [c]		FWL	Florida West Intl Airlines (N)
FFV	Fly 540 (5Y)		FXI	Air Iceland (TF)
FFX	Nordeste Linhas Aereas (PP)		FXL	Fly Excellent (SE)
FGL	Futura Gael (EI)		FXR	Foxair (I) [c]
FGN	Gendarmerie Nationale (F) [police]		FXT	Flexflight (OY) [c]
FGS	Elitellina (I) [c]		FYA	Flyant Cargo (EC)
FHE	Hello (HB)		FYG	Flying Service (OO) [c]
FHL	Fast Helicopters (G) [c]		FYN	Comfort Air (D) [c]
FHS	Forth & Clyde Helicopter Svs (G) [h]		FZC	*Blocked*
FHY	Freebird Airlines (TC)			
FIF	Air Finland (OH)		GAE	TriCoastal Air (N)
FII	German Flight Inspection (D)		GAF	German Air Force/Luftwaffe (D) [m]
FIN	Finnair (OH)		GAI	Moscoyia Airlines (RA)
FIX	Airfix Aviation (OH) [c]		GAL	Galaxy Air (EX)
FJC	Falcon Jet Centre (G) [c]		GAM	German Army (D) [m]
FJI	Air Pacific (DQ)		GAO	Golden Air (SE)
FKI	FLM Aviation (D)		GAP	Air Philippines (RP)
FKL	V Kelner Airways (C) [c]		GBJ	Aero Business Charter (D) [c]
FKS	Focus Air (N)		GBK	Gabon Airlines (TR)
FLB	Fly Linhas Aereas (PP)		GBL	GB Airways (G)
FLE	Flair Airlines (C)		GBX	GB Airlink (N)
FLG	Pinnacle Airlines (N)		GCC	GECAS (EI) [lessor]
FLI	Atlantic Airways (OY)		GCK	Aerogem Aviation (9G)
FLJ	Flynor Jet (I) [c]		GCO	Gemini Air Cargo (N)
FLK	Flylink Express (EC) [c]		GCR	Grand China Express Airlines (B)
FLM	Fly Air (TC)		GCZ	*Blocked*
FLO	Flycom (S5) [c]		GDB	Belgian Gendarmerie (OO) [police]
FLT	Flightline (G)		GDC	Grand China Airlines (B)
FLU	Flugschule Basel (HB) [c]		GDH	Guneydogu Aviation (TC) [c]
FLV	Air Falcon (AP) [c}		GDK	Goldeck-Flug (OE) [c]
FLX	Flight Express (N)		GDM	EAS Aeroservizi (I) [c]
FNC	Finalair Congo (9Q)		GDQ	Nebraska ANG (N) [m]
FNF	Finnish Air Force (OY) [m]		GEA	GEASA (3C)
FNG	Frontier Guard (OH) [govt]		GEC	Lufthansa Cargo (D)
FNL	Oulun Tilauslento (OH)		GED	Europe Air Lines (F) [c]
FNM	Avio Nord (I) [h]		GEN	GENSA (PP)
FNN	*Blocked*		GER	Sky Airlines (CC)
FNO	Aeroflota del Noroeste (EC) [c]		GES	Gestair (EC) [c]
FNS	Finesse Executive (G) [c]		GET	GETRA (3C)
FNT	L-3 Flight International Aviation (N)		GFA	Gulf Air (A9C)
FNV	Transavia Service (4L)		GFD	GFD (D) [target towing]
FNX	Aero Fenix (CS) [c]		GFG	Georgian National Airlines (4L)
FNY	Aeronanavale / French Navy (F) [m]		GFT	Gulfstream International (N)
FOB	Fordair (G) [c]		GGL	GIRA Globo (D2)
FOM	Freedom Air Intl (ZK)		GGN	Air Alliance (C)
FOP	Fokker Flight Ops (PH)		GGZ	Global Georgian Airways (4L)
FOR	Formula One Management (G) [c]		GHB	Ghana International Airlines (9G)
FPC	Lillbacka Jetair (OH) [c]		GHS	Gatari Air Service (PK)
FPG	TAG Aviation (HB) [c]		GHT	Ghadames Air Transport (5A)
FPO	Europe Airpost (F)		GHY	German Sky Airlines (D) [c]
FPR	Fuerza Aerea del Peru (OB)		GIA	Garuda Indonesia (PK)
FRA	FR Aviation (G) [c/m]		GIP	Air Guinee Express (3X)
FRC	Icare Franche Comte (F) [c]		GJS	GoJet Airlines (VT)

GJT	GIR Jet (EC)		HAU	Skyhaul (ZS)
GKA	Golden Knights Parachute Team (N) [m]		HAX	Benair Norway (LN)
GLA	Great Lakes Airlines (N)		HBI	CHC Denmark (OY)
GLB	Air Castle (N) [c]		HCP	Helicopter spol (OK) [EMS]
GLE	Goliaf Air (S9)		HCV	Halcyon Air Cabo Verde (D4)
GLF	Gulfstream Aerospace (N) [manufacturer]		HCZ	Blocked
GLG	Aerogal (HC)		HDA	Dragonair (B-H)
GLJ	Global Jet Austria (OE) [c]		HDC	Helicasa (EC) [h]
GLL	Air Gemini (D2)		HDI	Hoteles Dinamicos (XA) [c]
GLO	Gol Transportes Aereos (PR)		HDQ	Blocked
GLR	Central Mountain Air (C)		HDR	Helikopterdrift (LN) [h]
GLT	Aero Charter, MO (N)		HEA	Heliavia (CS) [c]
GLW	Global Wings (JA)		HEB	Heli Bernina (HB) [h]
GLX	London Corporate Jets (G) [c]		HEC	Heliservicios Campeche (XA)
GLY	Galaxy Aviation (AP) [c]		HEJ	Hellas Jet (SX)
GMA	GAMA Aviation (G) [c]		HEL	Helicol (HK)
GMC	General Motors (N) [c]		HEM	CHC Helicopters Australia (VH)
GMI	Germania Flug (D)		HER	Hex'Air (F)
GMT	Magnicharters (XA)		HES	HarbourAir (9H)
GMX	Golden Aviation de Mexico (XA) [c]		HET	TAF Helicopters (EC)
GNJ	Gain Jet Aviation (SX) [c]		HFR	Helifrance (F) [c]
GNN	Blocked		HFY	HiFly (CS)
GNS	Eastern Executive Air Charter (G) [c]		HGD	Hangard Airlines (JU)
GNY	German Navy (D) [m]		HHA	Atlantic Airlines de Honduras (HR)
GOA	Alberta Government Air Transportation Services (C)		HHE	Heli-Holland (PH) [c]
GOB	Dash Aviation (G) [h]		HHH	Helicsa Helicopters (EC)
GOI	Gofir (HB) [c]		HHI	Hamburg International (D)
GOJ	Eurojet Aviation (G) [c]		HHK	Helicopters Hong Kong (B-H)
GOM	Gomelavia (EW)		HHO	Houston Helicopters (N)
GOR	Gorlitsa Ailines (UR)		HIB	Helibravo Aviacao (CS)
GOS	Goldfields Air Services (VH)		HIT	Heli-Italia (I)
GOT	Waltair Europe (SE)		HJT	Al Rais Cargo Airlines (A6)
GOV	Blocked		HKA	Superior Aviation (N)
GOW	Go Airlines (VT)		HKE	Hong Kong Express Airlines (B-H)
GPD	Tradewind Aviation (N) [c]		HKG	Government Flying Services (B-H)
GPL	DLR-Flugbetriebe (D) [research]		HKI	Hawkaire (N) [c]
GPL	Gesplane Servicios Aereos (EC)		HKN	Jim Hankins Air Service (N)
GPO	Northern Aviation (G) [c]		HKR	Hawk Air (LV)
GPT	Promodal (PP)		HKS	CHC-Helikopter Service (LN)
GRD	National Grid Helicopters (G) [survey]		HLC	Helicap (F) [c]
GRL	Air Greenland (OY)		HLE	UK EMS (G) [EMS]
GRR	Agroar (CS) [agriculture]		HLF	Hapag-Lloyd (D)
GRV	Ver-Avia (SX)		HLG	Helog (HB)
GRX	AirCompany Grodno (EW) [c]		HLH	Hala Air (ST)
GSC	Grandstar Cargo International Airlines (B)		HLI	Heli Securite Helicopter (F) [h]
GSL	Geographic Air Survey (C) [survey]		HLL	Holiday Airlines (HS)
GSM	FlyGlobespan (G)		HLR	Heli-Air (LZ)
GSS	Global Supply Systems (G)		HLU	Heli-Union (F)
GSW	Sky Wings Airlines (SX)		HLW	Heliworks (CC)
GTC	Golden International Airlines (TC)		HLX	Hapag-Lloyd Express (D)
GTH	General Aviation Flying Services (N)		HMA	Air Tahoma (N)
GTI	Atlas Air (N)		HMB	CHC Global Operations (C)
GTV	Aerogaviota (CU)		HMF	Norrlandsflyg (SE) [EMS]
GTY	National Aviation (SU) [c]		HMR	North American 2000 Charters (N) [c]
GUM	Transportes Aereos Guatemaltecos (TG)		HMS	Hemus Air (LZ)
GUN	Grant Aviation (N)		HMV	Homac Aviation (LX) [c]
GUY	Air Guyane (F-O)		HMX	Hawk de Mexico (XA)
GVN	Gavina (EC) [c]		HMY	Harmony Airways (C)
GWI	Germanwings (D)		HNA	Greek Navy (SX) [m]
GWK	General Work Aviacion (3C)		HNN	Blocked
GWL	Great Wall Airlines (B)		HOA	Hola Airlines (EC)
GWX	Societe de Transport de l'Archipel Guadeloupen (F-O)		HOR	Horizon Swiss Flight Academy (HB) [training]
GWY	USA 3000 (N)		HPJ	Hop-A-Jet (N) [c]
GXL	Star XL German Airlines (D)		HPL	Heliportugal (CS) [h]
GXY	Galaxy Airlines (JA)		HPR	Helipro (ZK)
GZA	Excellent Air (D)		HPT	Heli-Pet (UR) [h]
GZC	Blocked		HQO	Avinor (LN) [c]
GZD	V Grizodubova Air (RA)		HRZ	Croatian Air Force (9A) [m]
GZP	Gazpromavia (RA)		HSE	Helisureste (EC)
			HSI	Heliswiss (HB)
HAF	Hellenic Air Force (SX) [m]		HSS	Transportes Aereos del Sur (EC)
HAG	Hageland Aviation Services (N)		HSU	Helisul (CS)
HAK	Pegasus Helicopter (LN) [h]		HSV	Direktflyg (SE)
HAL	Hawaiian Airlines (N)		HSW	Heliswiss Iberia (EC) [c]
HAN	Hansung Airlines (HL)		HTA	Heli-Trans (LN)
HAT	Air Taxi (F) [c]		HTG	Grossman Air Service (OE)

Code	Name
HTR	HAL Holsteiner Lubeck (D) [target towing]
HUF	Hungarian Air Force (HA) [m]
HVL	HeavyLift International (A6)
HVN	Vietnam Airlines (VN)
HVY	HeavyLift Airlines (VH)
HWY	Highland Airways (G)
HXA	China Express Airlines (B)
HYD	HydroQuebec (C)
HYH	Heli Hungary (HA) [h]
HYR	Airlink Airways (EI) [c]
HZC	Blocked
HZT	Air Horizon (5V)
HZX	CITIC General Aviation (B) [c]
IAD	FlyWex (I)
IAF	Israeli Air Force (4X) [m]
IAI	Israeli Aircraft Industries (4X) [manufacturer]
IAM	ARA Flugrettungs (OE) [h]
IAR	Iliamna Air Taxi (N)
IAT	IATA (C)
IAW	Iraqi Airways (YI)
IBB	Binter Canarias (EC)
IBC	Ibicerca Air (EC) [c]
IBE	Iberia Lineas Aereas de España (EC)
IBU	Air-Serv (N) [c]
IBX	Ibex Airlines (JA)
IBZ	Intl Business Air (SE)
ICC	Institut Cartographic de Catalunia (EC) [survey]
ICD	Icaro Express (HC)
ICE	Icelandair (TF)
ICG	Landhelgisgaezlan (TF) [coastguard]
ICJ	Icejet (TF)
ICL	Cargo Air Lines (4X)
ICO	ICAO (management)
ICZ	Blocked
IDA	Indonesia Air Transport (PK)
IDR	Indicator Aviation (HA) [c]
IEP	Elipiu (I) [c]
IFA	FAI Airservice (D) [c]
IFC	Indian Air Force (VT) [m]
IFI	Air Lift (SX)
IFL	IFL Group (N)
IFT	Interflight (G) [c]
IGA	Sky Taxi (SP)
IGO	Indigo Airlines (VT)
IHE	Interjet Helciopters (SX) [h]
IIG	Aldawlyh Air (PK)
IIL	India International Airways (VT)
IJA	International Jet Aviation (N) [c]
IKA	Itek Air (EX)
IKR	Ikaros Fly (OY) [c]
IKT	Sakha Avia (RA)
IKY	Intersky (LZ) [c]
ILC	Island Link (JA)
ILF	Island Air Charters (N)
ILN	Inter-Air Airlines (ZS)
IMG	Imagine Air Jet Services (N) [c]
IMP	Hellenic Imperial Airways (SX)
IMR	Imaer Portugal (CS) [photo]
IMT	Imtrec Aviation (XU)
IMX	Zimex Aviation (HB)
INC	Insel Air International (PJ)
ING	Aeroingenieria (CC) [p]
INJ	Interjet Hellenic Aviation (SX) [c]
INV	Inversija (YL)
INX	Inter Airlines (TC)
IOS	Isles of Scilly Skybus (G)
IPC	International Pacific Airways (RP)
IPN	IPTN (PK) [manufacturer]
IRA	Iranair (EP)
IRB	Iran Air Tours (EP)
IRC	Iran Aseman Airlines (EP)
IRG	Iranian Air Transport (EP)
IRI	Navid Air (EP) [c]
IRK	Kish Air (EP)
IRL	Irish Air Corp (EI) [m]
IRM	Mahan Air (EP)
IRN	Blocked
IRO	CSA Air (N)
IRP	Payam International Air (EP)
IRQ	Qeshm Air (EP)
IRR	Tara Airlines (EP) [c]
IRS	Sirius Air (UR)
IRU	Chabahar Air (EP)
IRX	Aria Air (EP)
IRY	Eram Air (EP)
IRZ	Saha Airlines (EP)
ISA	Island Airlines (N)
ISB	Caraibes Air Transport (F-O)
ISD	ISD Avia (UR)
ISG	Club Air (I)
ISK	Intersky (OE)
ISL	Landsflug (ISL)
ISM	Aist-M Airclub (RA)
ISN	InterIsland Airliens (RP)
ISR	Israir (4X)
ISS	Meridiana (I)
ISV	Islena Airlines (HR)
ISW	Islas Airways (EC)
ITK	Interlink Airlines (ZS)
ITL	ItalFly (I)
ITN	Industrias Titan (EC) [c[
ITX	Imair (4K)
IUS	Icarus Elicotteri (I) [c]
IWD	Iberworld (EC)
IXR	Ixair (F) [c]
IYE	Yemenia (7O)
IZA	Izhavia-Izhevsk Air Enterprise (RA)
IZC	Blocked
IZG	Zagros Airlines (EP)
IZM	Izmir Airlines (TC)
JAA	Japan Asia Airways (JA)
JAB	Air Bagan (XY)
JAC	Japan Air Commuter (JA)
JAE	Jade Cargo International (B)
JAF	JetAirfly (OO)
JAG	JetAlliance (OE) [c]
JAI	Jet Airways (VT)
JAL	Japan Air Lines International (JA)
JAT	JAT Airways (YU)
JAV	Jordan Aviation (JY)
JAZ	JALways (JA)
JBA	Helijet International Airways (C)
JBL	British Eagle (G)
JBR	Job Air (OK)
JBU	jetBlue Airways (N)
JCB	JCB Aviation Dept (G) [c]
JCC	Jetcraft Aviation (VH)
JCI	Jordan International Air Cargo (JY)
JCK	Jackson Air Services (C)
JCM	Secure Air Charter (N) [c]
JCS	Jetclub (HB)
JCX	Jet Connections (D) [c]
JCZ	Blocked
JDC	Deere Corp (N) [c]
JDI	Jet Service (SP) [c]
JDP	JDP France (F) [c]
JEA	Jet Air (SP)
JEC	Jett8 Airlines (9V)
JEF	Jetflite (OH) [c]
JEI	Jet Executive International Charter (D) [c]
JEJ	Jets Ejecutivos (XA) [c]
JEK	Jet Link (4X) [c]
JEL	Tal Air Charters (C)
JET	Windjet (I)
JEX	JAL Express (JA)
JFC	LTV Jet Fleet (N) [c]
JFL	Jetfly Airlines (OE)
JFU	Jet4you (CN)
JGD	Jet Gad Aviation (4X) [c]
JIA	PSA Airlines (N)

JJA	Jeju Air (HL)	KIL	Kuban Airlines (RA)
JKK	Spanair (EC)	KIS	Contactair (D)
JKR	Empire Airways (N)	KIW	RNZAF (ZK) [m]
JLA	Mia Airlines (YR)	KIZ	Kanaf-Arkia Airlines (4X)
JLB	Cargostar Transportes Aereo (PP)	KJC	Kras Air (RA)
JLN	Eurojet (9H) [c]	KKK	Atlas International (TC)
JLX	Jetlink Express (5Y)	KLC	KLM Cityhopper (PH)
JMP	Business Wings (D) [para]	KLG	Karlog Air (OY) [c]
JMS	Vista Jet (OE)	KLH	KLM Helicopter (PH)
JNL	JetNetherlands (PH) [c]	KLM	KLM - Royal Dutch A/L (PH)
JNN	Blocked	KMA	Komiaviatrans (RA) [c]
JOL	Atyrau Airways (UN)	KMC	Kahama Mining (5H) [c]
JON	Johnson's Air (9G)	KMF	Kam-Air (YA)
JOR	Blue Line (YR)	KMG	Kosmas Air (YU)
JOS	DHL Guatemala (TG)	KMI	K-Mile Air Company (HS)
JPO	Jetpro (XA) [c]	KMP	Kampuchea Airlines (XU)
JRF	First Air Transport (JA) [h]	KMV	UTAir Express (RA)
JRN	Jet Rent (XA) [c]	KNE	National Air Services (HZ)
JSA	Jetstar Asia (9V)	KNI	KD Avia (RA)
JSI	Jet Air Group (RA)	KNM	KNAAPO (RA)
JSJ	JS Focus Air (AP)	KNN	Blocked
JST	Jetstar Airways (VH)	KOA	Koanda Aviacion (EC) [c]
JSV	Jomo Air Service (JA)	KOP	Copters (CC)
JTA	Japan TransOcean Air (JA)	KOR	Air Koryo (P)
JTE	National Jet Express (VH)	KOS	Air Kosova (YU)
JTG	JetTime (OY)	KPH	KVZ (RA) (manufacturer)
JTI	Cirrus Middle East (OD) [c]	KQA	Kenya Airways (5Y)
JTM	Sky Aviation (G)	KRB	Karibu Airways (5H)
JTR	Executive Aviation Services (G) [c]	KRC	New Zealand Defence Force (ZK) [m]
JTT	Jet 2000 (RA) [c]	KRE	Aerosucre (HK)
JTU	Zhetysu Avia (UK)	KRF	Royal/VIP Flight (military a/c) (G) [c]
JTY	Jatayu Airlines (PK)	KRG	Krymaviamontazh (UR) [h]
JUB	Jubba Airlines (6O)	KRH	Royal/VIP Flight (civil a/c) (G) [c]
JUC	Juba Airways (ST)	KRM	Crimea Universal Avia (UR) [c]
JUS	USA Jet Airlines (N)	KRP	Carpatair (YR)
JXT	Jetstream Executive Travel (G) [c]	KRT	Kokshetau Airlines (UN)
JXT	Jetstream Express (G)	KRV	Khoriv Avia (UR) [h]
JXX	JetX Airlines (TF)	KSA	KS Avia (YR)
JZA	Air Canada Jazz (C)	KSM	Kosmos Airlines (RA)
JZC	Blocked	KSP	SAEP (HK)
JZR	Jazeera Airways (9K)	KSS	Raytheon Travel Air (N) [c]
		KST	PTL Luftfahrtunternehman (D)
KAC	Kuwait Airways (9K)	KTA	Kirov Avia Enterprise (RA)
KAD	Kirovohradavia (UR)	KTK	Katekavia (RA)
KAE	Kartika Air (PK)	KTR	Helikoptertransport (SE) [c]
KAI	Kaiser Air (N) [c]	KVA	Kavok Airlines (YV)
KAJ	Karthago Airlines (TS)	KVR	Sky Service (UN)
KAK	Assanad Aviation (5A)	KWI	PWC Aviation (OD) [c]
KAL	Korean Air (HL)	KYM	Krym (UR)
KAM	Air Mach (I) [photo]	KYV	KTHY Cyprus Turkish A/L (TC)
KAO	KAPO (RA)	KZC	Blocked
KAP	Cape Air (N)	KZH	Zhezair (UN)
KAT	Kato Air (LN)	KZR	Air Astana (UN)
KAV	Air Kufra (5A)	KZU	Kuzu Airlines (TC)
KAW	Kazair West (UN)		
KBA	Kenn Borek Air (C)	LAA	Libyan Airlines (5A)
KBR	Koral Blue (SU)	LAB	LAB Flying Service (N)
KCZ	Blocked	LAC	Lockheed (N) [manufacturer]
KDC	KD Air (C)	LAF	Latvian Air Force (YL) [m]
KDZ	Avior Technologies / Flightworks (N) [c]	LAL	Air Labrador (C)
KEE	Keystone Air Service (C)	LAM	LAM - Linhas Aereas de Mocambique (C9)
KEN	Kenmore Air (N)	LAN	LAN Airlines (CC)
KES	Kallat Elsaker Air (ER)	LAO	Lao Aviation (RDPL)
KFA	Kelowna Flightcraft Air Charter (C)	LAP	TAM Mercosur (ZP)
KFC	Kremenchug Flight College (UR) [t]	LAU	Lineas Aereas Suramericanas Colombia (HK)
KFK	Aero-Charter Krifka (OE) [c]	LAV	Aeropostal (YV)
KFL	Flamingo Airlines (5Y)	LAY	Layang-Layang Aerospace (9M)
KFR	Kingfisher Airlines (VT)	LBC	Albanian Airlines (ZA)
KFS	Kalitta Flying Services (N)	LBQ	Quest Diagnostics (N) [c]
KGA	Kyrgyzstan Airlines (EX)	LBR	Elbe Air (D) [c]
KGL	Kolavia (RA)	LBT	Nouvelair (TS)
KHA	Kitty Hawk AirCargo (N)	LBY	Belleair (ZA)
KHB	Dalavia (RA)	LCB	LC Busre (OB)
KHH	Alexandria Airlines (SU)	LCC	Lancair (N) [manufacturer]
KHO	Khors Air (UR)	LCD	Lineas Aereas Azteca (XA)
KHY	Khyber Afghan Airlines (YA)	LCG	Lignes Aeriennes Congolaises (9Q)

759

LCN	Lineas Aereas Canedo (CP)		LUZ	Luzair (CS)
LCO	LAN Cargo (CC)		LVB	IRS Airlines (5N)
LCR	Libyan Arab Air Cargo (5A)		LVD	LVD Luftfahreug (OE) [c]
LCY	London City Airport Jet Centre (G) [c]		LVG	Livingston (I)
LCZ	Blocked		LVN	Aliven (I) [c]
LDA	Lauda Air (OE)		LVR	Aviavilsa (LY)
LDE	LADE - Lineas Aereas del Estado (LV)		LXA	Luxaviation (LX)
LEA	Unijet (F) [c]		LXF	Lynx Air International (N)
LED	BN Mapping (LN) [survey]		LXG	Air Luxor GB (J5)
LEJ	FSH Lufthart (D) [c]		LXJ	Bombardier Business Jet Solution (N) [c]
LER	LASER (YV)		LXO	Luxor Air (SU)
LET	Aerolineas Ejecutivos (XA) [c]		LXP	LANExpress (CC)
LEU	Lions Air (HB) [c]		LYC	Lynden Air Cargo (N)
LFE	Luxflight Executive (LX)		LYD	Lydd Air (G)
LFI	NAC Helicopters (ZS) [c]		LYM	Key Lime Air (N)
LFL	Exec-Air (Z)		LYN	Altyn Air (EK)
LGA	Lagun Air (EC)		LYT	Apatas Airlines (LY)
LGE	Lego Company (OY) [c]		LZB	Bulgaria Air (LZ)
LGL	Luxair (LX)		LZC	Blocked
LGT	Longtail Aviation (VP-B) [c]		LZP	Air Ban (LZ) [h]
LGW	LGW (D)		LZR	Air Lazur (LZ)
LHS	Lugansk Aviation Enterprise (UR)		LZT	Lanzarote Aerocargo (EC)
LHT	Lufthansa Technik (D) [maintenance]			
LIA	LIAT - The Caribbean Airline (V2)		MAA	Mas Air Cargo (XA)
LID	Alidauncia (I)		MAF	Missionary Aviation Fellowship (PK)
LIL	FlyLAL (LY)		MAH	Malev (HA)
LIM	Air Limo (OO)		MAI	Max Avia (EX)
LIN	Aerolimousine (RA) [c]		MAK	Macedonian Airlines (Z3)
LIQ	Lid Air (SE)		MAL	Morningstar Air Express (C)
LJY	LJ Associates (N)		MAP	National Oceanic & Atmospheric Administration (N) [govt]
LKE	Lucky Airlines (B)			
LKP	American Air Charter (N) [c]		MAQ	MAC Aviation (EC) [c]
LKW	Top Air (PK)		MAS	Malaysia Airlines (9M)
LKX	Linkair Express (I)		MAT	Maine Aviation (N) [c]
LLL	Lao Air (RDPL)		MAU	Air Mauritius (3B)
LLM	Yamal Airlines (RA)		MAW	Mustique Airways (J8)
LLR	Alliance Air (VT)		MAX	Max Aviation (C)
LMG	South African Air Force (ZS) [m]		MBA	Avag Air (OE) [c]
LMS	Lomas Helicopters (G) [c]		MBB	Air Manas (EX)
LMT	Almaty Avia Cargo (UN)		MBC	AeroJet (D2)
LMY	Air Almaty (UN)		MBI	Mountain Bird (N)
LNE	LAN Ecuador (HC)		MBL	First City Air (G) [h]
LNI	Lion Airlines (PK)		MBM	Starjet (A6)
LNK	South African Airlink (ZS)		MBO	Zambian Airways (9J)
LNN	Blocked		MBO	Exxon Mobil Aviation (C) [c]
LNX	London Executive Aviation (G) [c]		MBR	Brazilian Navy (PP) [m]
LOD	Fly Logic (SE)		MBV	Aeriantur-M Airlines(ER)
LOF	American Connection(N)		MCB	Air Mercia (G) [c]
LOG	Loganair (G)		MCC	MCC Aviation (ZS)
LOK	Alok Air (ST)		MCD	Air Med (G) [EMS]
LOS	Lossiemouth FTU (G) [m]		MCE	Marshalls of Cambridge (G) [c]
LOT	LOT - Polski Linie Lotnicze (SP)		MCG	SOS Helikoptern Gotland (SE) [EMS]
LOU	Air Saint Louis (6V)		MCK	Macair (VH)
LPE	LAN Peru (OB)		MCL	Medical Aviation Services (G) [EMS]
LPV	Air Alps (OE)		MCM	Heli Air Monaco (3A)
LRA	Little Red Air Service (C)		MCN	Mac Dan Aviation (N)
LRB	LR Airlines (OK)		MCO	Aerolineas Marcos (XA) [c]
LRO	Alrosa-Mirny Air Enterprise (RA)		MCR	Monacair (3A)
LRR	Lorraine Aviation (F) [c]		MCW	AMW Tchad (TT)
LRS	SANSA Regional (TI)		MCZ	Blocked
LSC	Los Cedros Aviacion (CC)		MDA	Mandarin Airlines (B)
LSE	Lansa (CC)		MDC	Mid-Atlantic Freight (N)
LSK	Aurela (LY)		MDF	Swiftair Hellas (SX)
LSR	Alsair (F)		MDG	Air Madagascar (5R)
LSY	Lindsay Aviation (N)		MDJ	Jetran International Airlines (YR)
LTC	LAT Charter (YL)		MDL	Mandala Airlines (PK)
LTE	LTE International Airways (EC)		MDM	Med-Avia (9H)
LTF	Let's Fly (OK) [c]		MDN	Mudan Airlines (6O)
LTL	Latvian Airlines (YL)		MDR	Compania Mexicana de Aeroplanos (XA) [c]
LTO	LTU Austria (OE)		MDS	McNeely Charter Services (N)
LTR	Lufttransport (LN)		MDT	Sundt Air (LN) [c]
LTS	Flight Inspections & Systems (RA)		MDV	Moldavian Airlines (ER)
LTU	LTU Intl Airways (D)		MEA	MEA - Middle East A/L (OD)
LTZ	Loutzavia Charters (ZS)		MEE	Elimediterranea (I) [c]
LUA	Lusitania Airways (CS)		MEG	Fairplane (HA) [c]
LUK	Lukoil (RA)		MEI	Merlin Airways (N)

Code	Operator
MEJ	Medjet International (N) [EMS]
MEM	Meridian (RA)
MEP	Midwest Airlines (N)
MES	Mesaba Airlines (N)
MEY	Justair Scandinavia (SE) [c]
MFR	Midline Air Freight (N)
MFT	Multiflight (G) [c]
MGE	Asia Pacific International (N)
MGG	El Magal Aviation (ST)
MGK	Mega Aircompany (UN)
MGL	Mongolian Airlines (JU)
MGX	Montenegro Airlines (YU)
MHA	Mountain High Aviation (N) [c]
MHN	Manhattan Air (G) [c]
MHS	Air Memphis (SU)
MIF	Miras Air (UN)
MIG	MIG, Federal Unitary Enterprise (RA)
MIL	Blocked
MIS	Midstate Airlines (N)
MJA	Almajara Aviation (ST)
MJM	ETI 2000 (I) [h]
MJN	Royal Air Force of Oman (A4O) [m]
MJR	MidAmerica Jet (N) [c]
MJS	Bedarsfluftfahrts (OE)
MJT	Mex-Jet (XA)
MJX	Euroline (4R)
MKA	MK Air Cargo (9G)
MKE	Megantara Air (RP)
MKH	Air Marrakech Service (CN) [c]
MKK	Yug Avia (RA) [h]
MKO	Markoss Aviation (G) [h]
MKU	Island Air (N)
MLA	Forty Mile Air (40 Mile Air) (N)
MLC	Malift Air (9Q)
MLD	Air Moldova (ER)
MLE	Moldaeroservice (ER) [h]
MLG	Malagasy Airlines (5R)
MLR	Mihin Lanka (4R)
MMA	Myanmar Airways International (XY)
MMC	AerMarche (I) [c]
MMD	Air Alsie (OY) [c]
MMM	Meridian Air (RA)
MMP	AMP Inc (N) [c]
MMZ	EuroAtlantic Airways (CS)
MNA	Merpati Nusantara A/L (PK)
MNB	MNG Cargo Airlines (TC)
MNE	Aeroamanecer (XA) [c]
MNG	Aero Mongolia (JU)
MNJ	Menajet (OD)
MNL	Miniliner (I)
MNN	Blocked
MNR	Mann Air (G) [c]
MNZ	Murmansk Aviation Co (RA) [h]
MON	Monarch Airlines (G)
MOO	Moonair Aviation (4X)
MOV	VIM Airlines (RA)
MOZ	Ruka Betriebs (OE)
MPD	Air Comet (EC)
MPH	Martinair Holland (PH)
MPJ	MAP Executive (OE) [c]
MPT	Maipet Avia (EK)
MPX	Aeromexpress Cargo (XA)
MQT	Air ITM (F) [c]
MRA	Martinaire (N)
MRE	Namibia Commercial Airways (V5)
MRG	Manag'Air (F) [c]
MRP	ABAS spol (OK) [c]
MRR	San Juan Airlines (N)
MRS	Airlines of the Marshall Islands (V7)
MRV	Aerantur-M Airlines (ER)
MRW	Mars RK (UR)
MRZ	Medical Air Rescue Service (Z) [EMS]
MSA	Mistral Air (I)
MSC	Air Cairo (SU)
MSE	Egyptair Express (SU)
MSH	US Marshalls Service (N) [govt]
MSI	Motor Sich Aviakompania (UR)
MSL	Marsland Aviation (ST)
MSM	Aeromas (CX)
MSN	Mission Air (EC)
MSO	Aerolineas Mesoamericanos (XA)
MSP	Vigilancia Aerea (TI) [c]
MSQ	Mesquita Taxi Aerea (PT)
MSR	Egyptair (SU)
MST	Master Top Linhas Aereas (PT)
MSV	Aero Kamov (RA)
MSW	Master Airways (S5)
MSX	Egyptair Cargo (SU)
MTF	Interjet (I) [c]
MTH	Massachusetts Institute of Technology (N) [research]
MTJ	Metrojet (B-H) [c]
MTL	RAF-Avia (YL)
MTN	Mountain Air Cargo (N)
MTW	Mauritania Airways (5T)
MUA	Murray Air (N)
MUI	Trans Air (N)
MUN	Aeromundo Ejecutivo (XA) [c]
MVD	KMV - Mineralnye Vody Airlines (RA)
MVK	Helicopter Training & Hire (G) [c]
MWA	Midwest Airline Egypt (SU)
MWS	Malta Wings (9H) [c]
MWT	Midwest Aviation (N)
MXA	Mexicana (XA)
MXE	Mocambique Expresso (C9)
MXU	Maximus Air Cargo (A6)
MYA	Myflug (TF)
MYD	Maya Island Airways (V3)
MYO	Mayoral Executive (EC) [c]
MYT	MyTravel Airways (G)
MYW	MyWay (I)
MZC	Blocked
MZL	Aerovias Montes Azules (XA) [c]
MZS	Mahfooz Aviation (C5)
NAA	NOAA Aircraft Operations (N) [research]
NAC	Northern Air Cargo (N)
NAF	Royal Netherlands Air Force (PH) [m]
NAJ	North American Jet (N) [c]
NAL	Northway Aviation (C)
NAO	North American Airlines (N)
NAV	Flight Planning (OK) [calibrator]
NAX	Norwegian Air Shuttle (LN)
NAY	Naysa Aerotaxis (EC)
NBA	North East Bolivian Airways (CP)
NBE	Novosibirsk Air Enterprise (RA)
NCA	Nippon Cargo Airlines (JA)
NCB	North Cariboo Flying Service(C)
NCG	Netherlands Coast Guard (PH) [survey]
NCP	Capital Airlines (5N)
NCS	Simpson Air (C)
NCZ	Blocked
NDC	FlyNordic (SE)
NDN	Transportes Aereos Cielos Andinos (OB)
NEA	New England Airlines (N)
NEF	Nord-Flyg (SE)
NFA	North Flying (OY)
NFC	North Atlantic Cargo (LN)
NFF	ASAS Airtaxi (OD) [c]
NFS	Afrique Cargo Services (6V)
NFT	Neftejugansk Air Enterprise (RA) [h]
NGK	Oriental Air Bridge (JA)
NGR	Nigerian Air Force (5N) [m]
NHG	NHT Linhas Aereas (PP)
NHK	Federal Aviation Administration (N)
NIG	Aerocontractors (5N)
NIL	Blocked
NJE	Netjets Transportes Aereos (CS) [c]
NJS	National Jet Systems (VH)
NJT	Netjets International (N) [c]
NKF	Nordkalottflyg (SE)
NKL	Nakheel Aviation (A6)

Code	Name	Code	Name
NKS	Spirit Airlines (N)	OBA	Aerobanana (XA)
NKT	Nantucket Shuttle (N)	OBS	Orbest (CS)
NKV	Nikolaev Air (UR) [c]	OCA	ASERCA (YV)
NKZ	Aerokuzbass (RA)	OCE	Heliocean (F-O) [c]
NLC	Nelair Charters and Travels (ZS)	OCF	Ocean Airlines (F) [c]
NLE	FAA Technical Center (N)	OCS	Ocean Sky Aviation (G) [c]
NLF	Westair Aviation (C)	OCZ	Blocked
NLK	Elbrus Avia (RA)	ODM	Pan African Airways (5Y)
NLM	No Limits Air (EC) [c]	ODS	Odessa Air (UR)
NLS	Nationale Luchtvaart School (PH) [trainer]	OEA	Orient Thai Airlines (HS)
NLT	Newfoundland & Labrador Air Transport (C)	OHK	Oasis Hong Kong Airlines (B)
NLY	Niki (OE)	OHY	Onur Air (TC)
NMB	Air Namibia (V5)	OIX	Orion (RA) [c]
NMD	Bay Air (V5)	OKA	Okair (B)
NMI	Pacific Wings (N)	OKJ	Okada Air (5N)
NML	Gambia New Millenium Air (C5)	OKS	Slok Air International Gambia (C5)
NNA-NNZ	Blocked	OLA	Overland Airways (5N)
NOC	Norcopter (LN) [h]	OLC	Solar Cargo (YV)
NOF	Fonnafly (LN) [c]	OLS	Sol Lineas Aereas (LV)
NOH	32 Squadron, RAF (G) [m]	OLT	OLT - Ostfriesische Lufttransport (D)
NOK	Nok Air (HS)	OMA	Oman Air (A4O)
NOR	Norsk Helikopter (LN)	OMF	Omniflys (XA) [c]
NOS	Neos (I)	OMG	Aeromega Helicopters (G) [c]
NOT	Linea Aerea Costa Norte (CC)	OMN	Sultan of Oman Air Force (A4O) [m]
NOW	Royal Norwegian Air Force (LN) [m]	OMR	Minair (TL)
NOY	Noy Aviation (4X) [c]	OMS	Omsk Avia (RA)
NPO	Napo Aviatrans (RA)	OND	Condomett (I) [h]
NPR	Air Napier (ZK)	ONE	Oceanair Linhas Aereas (PP)
NPT	Atlantic Airlines (N)	ONG	Sonnig (HB) [c]
NPX	Northeast Aviation (N) [training]	ONN	Blocked
NRD	Nordic Airways (SE)	ONR	Air One Nine (5A)
NRG	Ross Aviation (N)	OOM	Zoom Airlines (C)
NRK	Naturelink Charter (ZS)	OPT	Flight Options (N) [c]
NRL	Nolinor Aviation (C)	ORB	Orenair (RA)
NRN	Royal Dutch Navy (PH) [m]	ORF	Oman Royal Flight (A4O) [c]
NRO	Aero Rent (RA) [c]	ORI	Orion Air (S7)
NRP	Aeronord Group (ER)	ORJ	Bellview Airlines (9L)
NRR	Natureair (TI)	ORO	CN Air (EC) [c]
NRT	Norest Air (EC) [c]	ORS	Action Air (I) [c]
NRX	Norse Air (ZS)	ORZ	Zorex (EC)
NSE	SATENA (HK)	OSA	Open Sky Aviation (OD) [c]
NSO	Aerolineas SOSA (HR)	OST	Alania Leasing Airline (RA)
NTA	NT Air (C)	OTG	One-Two-Go Airlines (HS)
NTC	Heartland Aviation (N) [c]	OTL	South Airlines (UR)
NTH	Hokkaido Air System (JA)	OVA	Aero Nova (EC)
NTJ	NextJet (SE)	OVC	Aerovic (HC)
NTN	National Airways (ZS)	OXE	Gregg Air (G) [c]
NTV	Air Inter Ivoire (TU)	OXO	Millon Air (N) [c]
NTW	Nationwide Air Charter (ZS)	OZB	Zona Blava (EC) [c]
NVC	Nav Canada Flight Inspection (C) [calibrator]	OZC	Blocked
NVD	Nordic Solutions (LY)	OZJ	Ozjet Airlines (VH)
NVI	Avial Air (RA)	OZU	Khozu-Avial (UN)
NVK	Nizhnevartovsk Air Enterprise (RA)	OZW	Skywest Airlines (VH)
NVO	Envuelo (EC)		
NVR	Novair (SE)	PAC	Polar Air Cargo (N)
NVS	Air Affaires Gabon (TR)	PAG	Perimeter Airlines (C)
NVY	Royal Navy (G) [m]	PAJ	AliParma (I) [c]
NWA	Northwest Airlines (N)	PAL	Philippine Airlines (RP)
NWL	North-Wright Airways (C)	PAM	Phoenix Air (D) [c]
NXA	Air Next (JA)	PAN	Blocked
NYA	Nanyah Aviation (4X) [c]	PAO	Polynesian Airlines (5W)
NYB	Belgian Navy (OO) [m]	PAQ	Pacific Air Express (VH)
NYL	Mid Airlines (ST)	PAS	Pelita Air Service (PK)
NYS	Naysa Express (7Q)	PBA	PB Air (HS)
NZA	Nayzak Air Transport (5A)	PBC	Aerotaxis Paba (XA) [c]
NZC	Blocked	PBL	Polynesian Blue (5W)
NZM	Mount Cook Airline (ZK)	PBN	Pacifc Blue (ZK)
		PBU	Air Burundi (9U)
OAE	Omni Air International (N)	PCE	Pace Airlines (N)
OAG	Official Airline Guide (N)	PCG	Aero Postal (XA)
OAL	Olympic Airlines (SX)	PCH	Pilatus (HB) [manufacturer]
OAO	Arkhanelsk 2nd Aviation Enterprise (RA)	PCJ	Pacific Jet (N) [c]
OAP	Coapa Air (XA) [c]	PCK	Air Pack Express (EC)
OAS	Oman Avn Services (A4O)	PCM	West Air (N)
OAV	Omni Aviacao e Technologia (CS)	PCO	Pacific Coastal Airlines (C)
OAW	Helvetic Airways (HB)	PCZ	Blocked

Code	Operator
PDA	Podililia Avia (RA)
PDD	Phillips / BPX Shared Services Aviation (N) [c}
PDF	Pelican Air Services (ZS)
PDG	PDG Helicopters (G) [c]
PDM	Blocked
PDT	Piedmont Airlines (N)
PDV	Elicar (I) [h]
PEA	Pan Europeenne Air Service (F)
PEC	Pacific East Asia Cargo Airlines (RP)
PEL	Aeropelican Air Services (VH)
PEN	Peninsula Airways (N)
PEP	PENTA (PT)
PEV	AirSea Lines (SX)
PFO	French Police (F)
PFR	Pacificair (RP)
PFZ	Proflight Air Services (9J)
PGA	Portugalia (CS)
PGL	Premiair Aviation (G) [h]
PGP	Perm Airlines (RA)
PGS	Tauranga Aero Club (ZK) [t]
PGT	Pegasus Airlines (TC)
PGX	Paragon Air Express (N)
PHA	Phoenix Air (N)
PHB	Phoebus Apollo Aviation (ZS)
PHD	Duncan Aviation (N) [c]
PHE	Pawan Hans Helicopters (VT)
PHI	Philips Aviation Services (PH) [c]
PHM	PHI-Petroleum Helicopters (N)
PHW	Ave.com (A6)
PHV	Phenix Avaition (F) [c]
PHY	Phoenix Armenia (EK)
PIA	Pakistan Intl Airlines (AP)
PIC	Pacific Airlines (VN)
PIL	Canada Jet Charters (C) [c]
PIR	Pamir Air (YA)
PIV	Sokol (RA) [h]
PJA	Private Jet Management (N) [c]
PJS	Jet Aviation Business Jets (HB) [c]
PJT	Partner Jet (C)
PKR	Pakker Aero (ES) [c]
PKW	Sierra West Airlines (N)
PLC	Police Aviation Services (G)
PLF	Polish Air Force (SP) [m]
PLJ	Platinum Air Linhas Aereas (PP)
PLK	Pulkova Airlines (RA)
PLL	Air Pal (EC) [t]
PLM	Pullmantur Air (EC)
PLR	Northwestern Air (C)
PLS	Aeorflot-Plus (RA)
PLX	Pool Aviation (G) [c]
PLY	Puma Air Linhas Aereas (PP)
PMA	Pan Malaysian Air Transport (9M)
PMC	Primac Courier (N)
PMO	Nova Air (XA)
PMS	Planemaster Air Charters (N)
PMT	PMT Air (XU)
PMU	Premium Aviation (D) [c]
PMW	Paramount Airways (VT)
PNA	Universal Air (N)
PNH	Pankh (RA) [c/h]
PNL	Aero Personal (XA) [c]
PNN	Blocked
PNP	Pineapple Air (C6)
PNR	Pan Air Lineas Aereas (EC)
PNS	Penas Air Cargo (PK) [surveyor]
PNW	Palestine Airlines (SU)
POA	Portuguese Army (CS) [m]
POE	Porter Airlines (C)
PON	Portuguese Navy (CS) [m]
POT	Polet Aviakompania (RA)
POV	Meridian (RA)
PPG	Phoenix Air Transport (N)
PPK	Ramp 66 (N)
PPM	Pacific Pearl Airways (RP)
PPS	Butte Aviation (N) [c]
PPW	Royal Phnom Penh Airways (XU)
PRA	Pars Air (EP)
PRF	Precisionair (5H)
PRG	ASPAR - Aeroservcios Parrague (CC)
PRN	Pirinair Express (EC)
PRO	Propair (C)
PRP	PRT Aviation (EC) [c]
PRR	Paramount Airlines (9L) [h]
PRV	Provincial Express (C)
PRX	VIP Avia (YL) [c]
PRY	Prioirity Air Charter (N)
PSC	Pascan Aviation (C)
PSD	President Airlines (XU)
PSS	Progress Aviakompania (RA)
PST	Parsa (PT)
PSV	Servicios Aereos Profesionales (HI)
PSW	Pskov Avia (RA)
PTG	PrivatAir (D)
PTH	Proteus Helicopters (F) [h]
PTI	PrivatAir (HB)
PTK	Petropavlovsk Kamchatsky Air Enterprise (RA)
PTN	Pantanal (PT)
PTO	North West Geomatics (C) [survey]
PTR	Province of Nova Scotia (C)
PTY	Petty Air (N) [c]
PTZ	Avialesookhrana (RA) [fire-fighting]
PUA	PLUNA (CX)
PVI	Panavia Panama Airlines (HP)
PVT	Blocked
PVU	Peau Vavu'a (A3)
PVV	Continental Airways (RA)
PWC	Pratt & Whitney Canada (C) [testbed]
PWF	Private Wings (D)
PXA	Pecotex (ER)
PYN	Haverfordwest Air Charter Service (G) [c]
PYZ	Players Air (N)
PZC	Blocked
PZL	PZL (SP) [manufacturer]
QAA-QAB	Blocked
QAF	Qatar Airways Amiri Flight (A7) [c]
QAH	Qucik Air (PH)
QAJ	Quick Air Jet Charter (D) [c]
QAT	Air Quasar (C)
QCL	Air Class (CX)
QCZ	Blocked
QFA	Qantas Airways (VH)
QGA	Windrose Air (D) [c]
QKC	Aero Taxi (N) [c]
QNK	Kabo Air (5N)
QNN	Blocked
QNT	Qanot Sharq (UK)
QNZ	JetConnect (ZK)
QQQ	Blocked
QSC	African Safari Airways (5Y)
QTA-QTB	Blocked
QTR	Qatar Airways (A7)
QUE	Gouvernement du Quebec (C)
QWA	Quest-Air (VH)
QWL	Qwila Aur (ZS)
QXE	Horizon Airlines (N)
QZC	Blocked
RAD	Alada (D2)
RAE	Regional (F)
RAG	Regio-Air (D)
RAI	Aerotur (UN)
RAM	Royal Air Maroc (CN)
RAX	Royal Air Freight (N)
RBA	Royal Brunei Airlines (V8)
RBB	Rabbit Air (HB) [c]
RBC	Republicair (XA)
RBW	Shandong Airlines Rainbow Jet (B) [c]
RCA	Fotso Group (TJ)
RCE	Aerocer (XA) [c]
RCF	Aeroflot Cargo (RA)
RCH	USAF Air Mobility Command (N) [m]

Code	Operator
RCJ	Raytheon Corporate Jets (G) [c]
RCM	Air Cannes Mediterranee (F) [c]
RCQ	Aerolineas Regionales (XA)
RCT	Arctic Transportation Services (N)
RCX	Air Service Center (I) [h]
RCZ	Blocked
RDD	Adygheya Avia (RA) [agri]
RDE	Il Lione Alato (I) [c]
RDS	Rhoades International (N)
RDT	Blocked
REA	Aer Arann (EI)
RED	Red Cross (HB) [humanitarian]
REF	Reef Air (ZK) [c]
REG	Regional Air Services (5H)
REI	Ray Aviation (4X) [c]
REK	Reem Air 9EX)
REL	Reliance Aviation (N) [c]
RER	Regair (HC) [c]
RET	Blocked
REU	Air Austral (F-O)
REW	Regional Air Express (D)
REX	Ram Air Freight (N)
REY	Aero-Rey (XA) [c]
RFC	AeroAfrica (3D)
RFF	Russian Air Force (RA) [m]
RFL	Interfly (I) [c]
RFR	Royal Air Force (G) [m]
RFS	Rossair Charter (VH)
RGB	Regional Air (C6)
RGC	SARSA (XA) [c]
RGE	Guinee Equatoriale (3C)
RGL	Regional Air Lines (CN)
RGM	Rangemile (G) [c]
RGN	Cygnus Air (EC)
RHA	Robin Hood Aviation (OE)
RHD	Bond Air Services (G)
RHL	Air Archipels (F-O)
RIN	Airline Transport (ER)
RIT	Asian Spirit (RP)
RIU	Riau Airlines (PK)
RJA	Royal Jordanian (JY)
RJY	Aerotaxis del Mediterraneo (EC) [c]
RJZ	Royal Jordanian Air Force (JY) [m]
RKH	Royal Khymer Airlines (XU)
RKM	Rak Airways (A6)
RKT	RotorMotion (G) [h]
RLA	Airlinair (F)
RLE	Rico Linhas Aereas (PT)
RLK	Air Nelson (ZK)
RLR	AirNow (N)
RLS	S-Air (RA)
RLU	Rusline (RA)
RLZ	Air Alize (F) [c]
RMA	Rocky Mountain Helicopters (N)
RMC	RMC Aviation Dept (G) [c]
RMF	Royal Malaysian Air Force (9M) [m]
RMO	Saturn Aviakompania (RA)
RMR	Romaero (YR) [manufacturer]
RMV	Romavia (YR)
RMX	Air Max (LZ)
RNA	Royal Nepal Airlines (9N)
RNB	Rosneft-Baltika (RA)
RNG	Orange Aircraft Leasing (PH)
RNL	AeroLanka Airlines (4R)
RNN	Blocked
RNV	Armavia (EK)
RNX	1Time / Aeronexus (ZS)
ROD	Aerodan (XA) [c]
ROE	AeroEste (CP)
ROF	Romanian Air Force (YR) [m]
ROI	Avior Airlines (YV)
ROJ	Royal Jet (A6) [c]
RON	Our Airline (C2)
ROO	AeroItalia (I) [c]
ROP	Royal Oman Police (A4O) [c]
ROR	Roraima Air (8R)
ROT	TAROM (YR)
ROX	Roblex Aviation (N)
RPA	Republic Airlines (N)
RPB	Aerorepublica Colombia (HK)
RPC	Aerpacsa (HK)
RPH	RPX Airlines (PK)
RPK	Royal Airlines (AP)
RPS	Global Air Response (N)
RPT	Blocked
RQR	Blocked
RRL	Rolls-Royce (G) [c/manufacturer]
RRM	Acvila Air (YR)
RRR	Royal Air Force (G) [m]
RRV	Mombasa Air Safari (5Y)
RSB	Rubystar (EW)
RSE	SNAS Aviation (HZ)
RSF	Royal Saudi Air Force (HZ) [m]
RSG	Aero Service ASF (6V)
RSH	JetLite (VT)
RSI	Air Sunshine (N)
RSR	Aero Service (TN)
RSU	Aerosur (CP)
RTA-RTC	Blocked
RTE	Aeronorte (CS) [agriculture]
RTM	Trans Am (HC)
RTN	Raytheon (N) [manufacturer]
RTP	Blocked
RTS	Relief Transport Services (G) [humanitarian]
RTV	Nortavia (CS) [c]
RTX	Blocked
RTZ	Regional Air Services (YR) [c]
RUC	RUTACA (YV)
RUM	RUM Airlines (JY)
RUN	ACT Airlines (TC)
RUR	RusAero (RA)
RUS	Cirrus Airlines (D)
RVE	Airventure (OO)
RVL	Air Vallee (I)
RVP	AirVIP (CS) [c]
RVR	Ravenair (G) [c]
RVT	Veteran Airline (EK)
RWC	Arrow Ecuador (HC)
RWD	Rwandair Express (9XR)
RWG	C&M Airways (N)
RWL	RWL-German Flight Academy (D) [trainer]
RWS	Air Whitsunday (VH)
RXA	Rex-Regional Airlines (VH)
RYN	Ryan Intl Airlines (N)
RYR	Ryanair (EI)
RYW	Royal Wings (JY)
RYZ	Ryazan Avia Trans (RA)
RZC	Blocked
RZJ	Rizon Jet (A6) [c]
RZN	Aero Zano (XA) [c]
RZO	SATA International (CS)
RZZ	Anoka Air Charter (N) [c]
SAA	South African Airways (ZS)
SAB	Sky Way Air (EX)
SAF	Republic of Singapore Air Force (9V) [m]
SAG	SOS Flygambulans (SE) [EMS]
SAH	Sayakhat (UN)
SAI	Shaheen Air Intl (AP)
SAL	Asia Alpha Airways (EX)
SAM	SAM (HK)
SAP	Avia Jaynar (UN)
SAS	Scandinavian Airlines System (OY/SE)
SAT	SATA - Air Acores (CS)
SAV	Samal Air (UN)
SAW	Istanbul Sabiha Cokcen (TC)
SAY	ScotAirways (G)
SAZ	Swiss Air Ambulance (HB) [EMS]
SBD	SIBIA Aviakompania (RA) [c]
SBF	SB Air (N)
SBI	S7 Airlines (RA)
SBM	Sky Bahamas (C6)

Code	Airline
SBS	Seaborne Airlines (N)
SBU	St Barth Commuter (F-O)
SBX	North Star Air Cargo (N)
SCD	Associated Air Cargo (5N)
SCE	Scenic Airlines (N)
SCH	CHC Airways (PH)
SCJ	Business Air Sweden (SE) [c]
SCM	American Jet International (N) [c]
SCR	Si-Chang Flying Service (HS) [h]
SCT	SAAB (SE) [manufacturer]
SCU	Air Scorpio (LZ)
SCV	SACSA (XA) [c]
SCW	Malmo Aviation (SE)
SCX	Sun Country Airlines (N)
SCZ	Blocked
SDJ	Club 328 (G)
SDK	SADELCA (HK)
SDL	SkySouth (G)
SDM	Rossiya Russian Airlines (RA)
SDO	Air Santo Domincana (HI)
SDR	City Airlines (SE)
SEE	Shaheen Air Cargo (AP)
SEH	Sky Express (SX)
SEJ	Spicejet (VT)
SEQ	Sky Eyes (HS)
SER	Aero California (XA)
SEV	Serair (EC)
SEY	Air Seychelles (S7)
SFA	SEFA (F) [calibrator]
SFB	Air Sofia (LZ)
SFC	Shuswap Air (C) [c]
SFF	Safewing Aviation (N) [c]
SFG	Sun Freight Logistics (HS)
SFJ	Star Flyer (JA)
SFN	Safiran Airlines (EP)
SFP	Safe Air International (AP) [n]
SFR	Safair (ZS)
SFW	Safi Airways (YA)
SGB	Fly First Class / Sky King (N) [c]
SGD	Skygate International (JY)
SGS	Saskatchewan Govt Executive Air Service (C)
SGX	SAGA Airlines (TC)
SGY	Skagway Air Service (N)
SHA	Lynx Aviation (N)
SHE	Shell Aircraft (G) [c]
SHJ	Sharjah Ruler's Flight (A6) [c
SHM	Sheltam Air (ZS) [c]
SHO	Sheremetyevo Cargo (RA)
SHP	SAF Helicopters (F) [c/EMS]
SHQ	Shanghai Airlines Cargo International (B)
SHT	British Airways Shuttle (G)
SHU	SAT-Sakhalinske Aviatrossy (RA)
SHY	Sky Airlines (TC)
SHZ	CHC Scotia Helicopters (G)
SIA	Singapore Airlines (9V)
SIB	Sibaviatrans (RA)
SIM	Star Air (9L)
SIO	Sirio (I) [c]
SIW	Siro Executive (I) [c}
SJT	Swiss Jet (HB) [c]
SJY	Sriwijaya Air (PK)
SKB	Skybus Airlines (N)
SKC	Skymaster Airlines (PP)
SKH	Direkflyg (SE)
SKI	Skyking Airlines (VQ-T)
SKJ	Seagle Jet (OM)
SKK	Skylink Aviation (C)
SKL	Skycharter (C) [c]
SKS	Sky Service (OO)
SKT	Skystar Airways (HS)
SKU	Sky Airline (CC)
SKW	Skywest Airlines (N)
SKX	Skyways Express (SE)
SKY	Skymark Airlines (JA)
SKZ	Skyway Enterprises (N)
SLD	Silver Air (OK)
SLE	NAC Charter (ZS) [c]
SLF	Starfly (I) [c]
SLG	Saskatchewan Government Air Ambulance (C) [EMS]
SLH	Silverhawk Aviation Charter (N) [c]
SLI	AeroMexico Connect (XA)
SLJ	Siam Lavori Aerei (I)
SLK	Silkair (9V)
SLM	Surinam Airways (PZ)
SLN	Sloane Helicopters (G) [c]
SLR	Silverjet (G)
SLX	Sete Linhas Aereas (PP)
SMC	Sabang Merauke Air Charter (PK)
SMG	RAF St Mawgan SAR (G) [m]
SMH	Smithair (N)
SMJ	Avient Aviation (Z)
SMK	Semeavia (UN)
SMV	Smart Aviation (F) [c]
SMX	Alitalia Express (I)
SNA	Senator Aviation (D) [c]
SNB	Sterling Airlines (OY)
SNC	Air Cargo Carriers (N)
SNG	Air Senegal International (6V)
SNJ	SkyNet Asia Airways (JA)
SNM	Servizi Aerei (I) [c]
SNV	Sudanair Express (ST)
SOA	Southern Air Charter (C6)
SOK	Sokol Atck (UR) [c]
SOL	Solomons (H4)
SOO	Southern Air (N)
SOP	Solinair (S5)
SOR	Sonair (D2)
SOS	Blocked
SOV	Saratov Airlines (RA)
SOY	Island Aviation (RP)
SOZ	SAT Airlines (UN)
SPA	Sierra Pacific Airlines (N)
SPB	Springbok Classic Air (ZS)
SPD	Airspeed Aviation (C)
SPH	Sapphire Air (ZS) [c]
SPM	Air St Pierre (F-O)
SPN	Skorpion Air (LZ)
SPP	Sapphire Aviaton (N)
SPR	Provincial Airlines (C)
SPS	Servicios Politecnicos Aereos (EC) [survey]
SPU	Southeast Airmotive (N) [c]
SPW	Speedwings (HB) [c]
SQC	Singapore Airlines Cargo (9V)
SQF	Slovak Air Force (OM) [m]
SQU	Bechtel Group (N) [c]
SRC	SEARCA (HK)
SRD	Search & Rescue 22 (G) [m]
SRF	Transportes Aereos San Rafael (CC)
SRG	Search & Rescue 202 (G) [m]
SRH	Siem Reap Airways International (XU)
SRI	Air Safaris & Services (ZK)
SRK	Sky Work (HB)
SRO	Saereo (HC)
SRQ	SEAir Asian Airlines (RP)
SRR	Star Air (OY)
SRS	Selkirk Remote Sensing (C) [survey]
SRU	Star Peru (OB)
SRW	Sarit Airlines (ST)
SRZ	Strato Air Services (ZS) [c]
SSA	Sky Service Aviation (EC) [c]
SSC	Southern Seaplanes (N)
SSD	Star Service International (F) [c]
SSF	Severstal (RA)
SSG	Slovak Government Flying Service (OM)
SSH	Heritage Flight (N) [c]
SSP	Starspeed (G) [h]
SSQ	Sunstate Airlines (VH)
SSS	SAESA (EC)
SSU	Servicios Aereos Sucre (YV)
SSV	Skyservice Airlines (C)
STH	South Airlines (EK)

STI	Sontair (C)	TAM	TAM Linhas Aereas (PP)
STL	Select Air Charter (G) [c]	TAN	Zanair (5H)
STP	STP Airways (S9)	TAO	Aeromar Airlines (XA)
STT	Air St Thomas (N)	TAP	TAP-Air Portugal (CS)
STU	Star African Air (6O)	TAQ	Taunus Air (D) [c]
STX	Stars Away Aviation (ZS)	TAR	Tunis Air (TS)
SUA	Silesia Air (OK)	TAS	Lotus Airlines (SU)
SUB	Suburban Air Freight (N)	TAT	TACA Costa Rica (TI)
SUD	Sudan Airways (ST)	TAX	Travel Air Flug (D) [c]
SUF	Fiji Airlines (DQ)	TAY	TNT Airways (OO)
SUG	Sunu Air (6V)	TBM	Taban Air Lines (EP)
SUI	Swiss Air Force (HB) [m]	TBN	Teebah Airlines (J2)
SUK	Superior Aviation Services (5Y)	TCF	Shuttle America (N)
SUL	TAM Express (PP) [c]	TCI	Air Turks & Caicos (VQ-T)
SUM	MCHS Rossii (RA)	TCR	Trans Costa Rica (TI)
SUR	Sun Air (SU) [c]	TCV	TACV (D4)
SUS	Sun-Air of Scandinavia (OY)	TCW	Thomas Cook Airlines (OO)
SUU	Star West Aviation (N) [c]	TCX	Thomas Cook Airlines (G)
SUW	Interavia Airlines (RA)	TCY	TravelCity Direct (G)
SUZ	Geminair (G) [c]	TCZ	Blocked
SVA	Saudi Arabian Airlines (HZ)	TDB	Welch Aviation (N) [c]
SVC	Blocked	TDM	Tandem Aero (ER)
SVD	SVG Air (J8)	TDR	Trade Air (9A)
SVE	ASESA (XA)	TDX	Tradewinds Airlines (N)
SVF	Swedish Armed Forces (SE) [m]	TEA	Executive Turbine Aviation (ZS) [c]
SVH	Sterling Aviation (G) [c]	TEB	Tenair Arlines (EX)
SVJ	Silver Jet (J2)	TEE	West Freugh DTEO (G) [m]
SVK	Air Slovakia (OM)	TEM	Tech Mont Helicopters (OM) [h]
SVL	Sevastopol-Avia (UR)	TET	Tepavia Trans (ER)
SVM	Aeroservicios Monterrey (XA)	TEX	CATEX (F) [c]
SVR	Ural Airlines (RA)	TFA	Trans Florida Airlines (N)
SVT	748 Air Services (5Y)	TFB	Tair Airways (RP)
SVW	Global Jet Luxembourg (LX) [c]	TFC	Blocked
SVY	Cooper Aerial Surveys (G) [survey]	TFG	MAS Airlines (G) [c]
SWA	Southwest Airlines (N)	TFH	Thai Flying Helicopter Service (HS) [h]
SWB	Swissboogie (HB) [c]	TFK	Transafrik International (S9)
SWG	Sunwing Airlines (C)	TFL	Arkefly (PH)
SWH	Adler Aviation (C)	TFN	Norwegian Aviation College (LN) [trainer]
SWI	Sunworld Intl Airlines (N)	TFO	AeroPacifico (XA)
SWN	West Air Europe (SE)	TFR	Toll Priority (ZK)
SWP	Star Work Sky (I) [h]	TFT	Thai Flying Service (HS)
SWQ	Swift Air (N) [c}	TGE	TASA-Trabajos Aereos (EC) [photo]
SWR	Swiss International Airlines (HB)	TGM	TAG Aviation Espana (EC) [c]
SWU	Swiss European Air Lines (HB)	TGN	Trigana Air Service (PK)
SWT	Swiftair (EC)	TGO	Transport Canada (C)
SWW	Shovkoviy Shlyah (UR)	TGT	SAAB Nyge Aero (SE) [c]
SWX	Swazi Express Airways (3D)	TGV	SNCF (F) [rail]
SWY	Sky Jet (HB) [c]	TGW	Tiger Airways (9V)
SWZ	Servair (HB) [c]	TGY	Trans Guyana Airways (8R)
SXA	Southern Cross Avn (N) [ferry]	TGZ	Georgian Airlines (4L)
SXM	SAEMSA (XA)	THA	Thai Airways Intl (HS)
SXP	Sky Express (SP)	THE	Toumai Air Chad (TT)
SXR	SkyExpress (RA)	THF	Air Touraine Helicoptere (F) [h]
SXS	Sun Express Air (TC)	THK	Turk Hava Kurumu (TC)
SYA	Skyways (LV)	THM	Thai Global Airline (HS)
SYC	Systec 2000 (N) [c]	THO	TACA de Honduras (HR)
SYG	Synergy Aviation (G) [c]	THT	Air Tahiti Nui (F-O)
SYJ	Slate Falls Airways (C)	THU	Thunder Airlines (C)
SYL	Yakutia Airlines (RA)	THY	THY-Turkish Airlines (TC)
SYM	Sayat Air (UN)	THZ	THS Helicopters (F) [h/c]
SYR	Syrianair (YK)	TIC	Travel International Air Charter (9J) [c]
SYW	SkyAirWorld (VH)	TIH	Tiriac Air (YR)
SYX	Midwest Connect (N)	TIM	Team Air Lines (PP)
SYY	South African Historic Flight (ZS)	TIW	Transcarga International Airways (YV)
SZC	Blocked	TIS	Tesis (RA)
SZL	Swaziland Airlink (3D)	TJK	Tajik Air (EY)
SZT	Servicios Aeronauticos (XA) [c]	TJN	Tian-Shan (UN) [c]
		TJS	Tyrolean Jet Service (OE)
TAA	AeroPacifico (XA)	TJT	Twin Jet (F)
TAC	Turbot Air (UR)	TKM	JM Family Aviation (N) [c]
TAE	TAME (HC)	TKW	Samsung Techwin Company (HL) [c]
TAG	TAG Aviation (N) [c]	TLB	Atlantique Air Assistance (F)
TAH	Air Moorea (F-O)	TLG	Investavia (UN)
TAI	TACA Intl Airlines (YS)	TLR	Air Libya Tibesti (5A)
TAJ	Tunisavia (TS)	TLT	Turtle Airways (DQ)
TAK	Tatarstan Air (RA)	TLX	Telesis Transair (N) [c]

TLY	TopFly (EC)		TUZ	Tuna Aero (SE) [c]
TMA	TMA Cargo (OD)		TVF	Transavia France (F)
TMG	Tri MG Intra-Asia Airlines (PK)		TVH	Tavasa (EC) [c]
TMI	Tamir Airways (4X)		TVJ	TAVAJ (PT)
TMM	TMC Airlines (N)		TVL	Travel Service Hungary (HA)
TMS	Temsco HelicopterA/L (N)		TVR	Tavria Aviakompania (UR)
TMW	Trans Maldivian Airways (8Q)		TVS	Travel Service Airlines (OK)
TMX	Tramon Air (ZS)		TWE	Transwede Airways (SE)
TNA	Transasia Airways (B)		TWF	247 Jet Ltd (G) [c]
TNB	Trans-Air Benin (TY)		TWG	Trans Wing (LN)
TNF	Transafricaine SA (XT)		TWI	Tailwind Hava Yollari (TC) [c]
TNG	Tennessee ANG (N) [m]		TWJ	Twinjet Aircraft (G) [c]
TNL	Tengerin Ulaach Shine (JU)		TWM	Transairways (C9)
TNM	Tiara Air (P4)		TWN	Avialeasing (UK)
TNN	*Blocked*		TXB	Bell Helicopter (C) [manufacturer]
TNO	AeroUnion (XA)		TXC	Trans Avia Export Cargo Airlines (EW)
TNP	Transped Aviation (OE) [c]		TXI	ATSA (XA) [c]
TNR	Tanana Air Service (N)		TXU	ATESA (HC)
TNT	Trans North Helicopters (C)		TYF	Tayflite (G) [c]
TNV	TransNorthern (N)		TYR	Tyrolean Airways (OE)
TNW	Trans Nation Airways (ET)		TYW	Tyrol Air Ambulance (OE) [EMS]
TNX	Trener Air (HA) [trainer]		TZR	Rainbow Jet (YV)
TOC	Aerotropical (XA)			
TOH	Air Tomisko (YU)		UAA	UAS/AEF Leuchars (G) [m]
TOK	Airlines of Papua New Guinea (P2)		UAB	United Arabian Airlines (ST)
TOL	Tol Air Services (N)		UAC	United Air Charters (Z)
TOM	ThomsonFly.(G)		UAD	UAS/AEF Colerne (G) [m]
TOS	Tropic Air Commuter (V3)		UAE	Emirates (A6)
TOY	Toyota Canada (C) [c]		UAF	United Arab Emirates Air Force (A6) [m]
TPA	TAMPA Airlines (HK)		UAH	UAS/AEF Newton (G) [m]
TPC	Air Caledonie (F-O)		UAJ	UAS/AEF Glasgow (G) [m]
TPD	Top Speed (OE) [c]		UAK	Aviant (UR)
TPG	Pegaso (XA)		UAL	United Airlines (N)
TPK	Air Horizon Afrique (TT)		UAM	UAS/AEF Woodvale (G) [m]
TPM	Transpais Aviation (XA) [c]		UAO	UAS/AEF Benson (G) [m]
TPQ	Tropic Airlines (F)		UAQ	UAS/AEF Leeming (G) [m]
TPS	TAPSA Aviation (LV)		UAR	Aerostar (UN)
TPU	TACA Peru (OB)		UAU	UAS/AEF Boscombe Down (G) [m]
TPV	Thai Pacific Aviation (HS)		UAV	UAS/AEF Wyton (G) [m]
TQB	Tobruk Air (5A)		UAW	UAS/AEF St Athan (G) [m]
TRA	Transavia Airlines (PH)		UAX	UAS/AEF Church Fenton (G) [m]
TRD	Trans Island Air 2000 (8P)		UAY	USA/AEF Cosford (G) [m]
TRG	TRAGSA Medios Aereos (EC) [h]		UBA	Myanmar Airways (XY)
TRI	Ontario Ministry of National		UCA	Commutair (N)
	Resources Air Services (C)		UCK	East Kazakhstan Region Air Enterprise (UN)
TRN	Aerotron (XA)		UCR	Aero Charter Ukraine (UR)
TRS	AirTran Airways (N)		UCZ	*Blocked*
TSC	Air Transat (C)		UDC	Donbass Aero (UR)
TSD	TAF Linhas Aereas (PT)		UDN	Dnieproavia (UR)
TSE	Transmile Air Services (9M)		UEA	United Eagle Airliens (B)
TSG	Trans Air Congo (TN)		UEJ	United Executive Jet (N) [c]
TSH	Regional 1 Airlines (C)		UES	UES Avia (UR)
TSJ	Trast Aero (EX)		UFA	Ukraine State Flying School (UR)
TSK	Tomsk Airways (RA)		UGB	Air Uganda (5X)
TSO	Transaero Airlines (RA)		UGN	Yuzhnaya Air Company (UN)
TSP	Inter Transportes Aereos (TG)		UGP	Shar Ink (RA)
TSU	Gulf & Caribbean Cargo (N)		UGX	East African Airways (5X)
TSW	Transwing (HB) [c]		UHS	Uvauga (RA)
TSX	Thai Star Airlines (HS)		UIA	UNI Air (B)
TSY	Tristar Air (SU)		UIL	United International Airlines (YU)
TTA	TTA (C9)		UJS	Eurojet Services (RA)
TTC	Transteco (D2)		UJT	Universal Jet Aviation (N) [c]
TTE	AvCenter Air Charters (N) [c]		UKI	UK International Airlines (G)
TTF	224th Flight Unit (RA) [m]		UKL	Ukraine Air Alliance (UR)
TTH	Tarhan Air (TC)		UKM	UM Airlines (UR)
TTL	Total Lineas Aereas (PP)		UKN	Ukraine Air Enterprise (UR)
TTT	*Blocked*		UKS	Ukrainian Cargo Airways (UR)
TUA	Turkmenistan Airlines (EZ)		UKU	Sverdlovsk 2nd Air Enterprise (RA)
TUI	Sevenair (TS)		UKW	Lviv Airlines (UR)
TUM	Tyumenspecavia (RA)		UKZ	Zoom Airlines UK (G)
TUP	Aviastar-TU (RA)		ULC	AirLanka Cargo (4R)
TUR	ATUR (HC)		UMB	AirUmbria (I) [c]
TUS	ABSA Cargo (PP)		UMK	Yuzmashavia (UR)
TUT	Tut Airlines (SU)		UNA	Asia United Business Aviation (B) [c]
TUX	Tulpar Air Services (UN)		UNF	Union Flights (N)
TUY	Aereotuy (YV)		UNJ	Universal Jet (EC) [c]

UNN	*Blocked*	VLV	Avialift Vladivostok (RA) [h]
UNO	United Nations (-) [humanitarian]	VMM	Vuelos Mediterraneo (EC) [c]
UNR	Rivne Universal Air (UR)	VMP	Execujet Scandinavia (OY) [c]
UNS	Uesnsped Paket Servisi (TC)	VNC	Intervuelos Nacionales (XA)
UNU	Unifly Servizi Aerei (I) [c]	VNE	Venezolana (YV)
UPL	Ukrainian Pilot School (UR)	VNR	AvantAir (N) [c]
UPS	United Parcel Service (N)	VNZ	Tbilaviamsheni (4L)
URA	Rosavia Airlines (UR) [h}	VOA	Viaggio Air (LZ)
URG	Air Urga (UR)	VOG	Voyager Air (S2)
URN	Turanair (4K)	VOI	Volaris (XA)
URP	ARP 410 Airlines (UR)	VOL	Blue Chip Jet (SE) [c]
URR	Aurora Airlines (S5)	VOS	Rovos Air (ZS)
URV	Uraiavia (RA) [c]	VOZ	Virgin Blue (VH)
USA	US Airways (N)	VPA	Vip Air (OM) [c]
USC	Airnet Systems (N)	VPB	Veteran Airlines (UR)
USX	US Airways Express (N)	VPV	VIP-Avia (4L)
UTA	UTAir Alines (RA)	VRA	Veritair (G) [h]
UTG	UTAGE (3C)	VRB	Silverback Cargo Freighters (9XR)
UTR	UTAir (ZS)	VRD	Virgin America (N)
UTY	Alliance Airlines (VH)	VRE	Volare Aviation Enterprise (UR)
UVN	United Aviation (9K)	VRN	New VARIG (PP)
UVS	Air Universal (9L)	VRT	Averitt Air (N) [c]
UYA	Flight Alaska (N)	VSG	Air Classic Airways (EC)
UYC	Cameroon Airlines (TJ)	VSO	VASO Airlines (RA)
UZA	Constanta Airlines (UR)	VSR	Aviostart (LZ)
UZB	Uzbekistan Airways (UK)	VSV	SCAT Aircompany (UN)
UZC	*Blocked*	VTA	Air Tahiti (F-O)
UZS	Samarkand Airways (UK)	VTE	Corporate Flight Management (N)
		VTK	Vostock Airlines (RA)
VAA	Van Air Services (OK)	VTS	Everts Air (N)
VAL	Voyageur Airways (C)	VUE	AD Aviation (G) [c]
VAS	Atran (RA)	VUL	Elios (I) [h]
VAT	Vision Air (EI)	VUN	Air Ivoire (TU)
VAZ	Airlines 400 (RA)	VUR	Vuelos Internos Privados (HC)
VBG	Vyborg (RA)	VVA	Aviast (RA)
VBI	Pacific Blue (ZK)	VVF	World Focus (TC)
VBS	Avbase Aviation (N) [c]	VVM	Viva Macau (B-M)
VBW	Air Burkina (XT)	VXP	Mali Air Express (TZ)
VCN	Execujet Charter (HB) [c]	VXX	AviaExpress Aircompany (UR)
VCV	Conviasa (YV)	VZC	*Blocked*
VCX	Ocean Airlines (I)	VZR	Aviazur (F-O)
VCZ	*Blocked*		
VDA	Volga-Dnepr Airlines (RA)	WAA	WestAir Wings (V5)
VEA	Cargo Air (LZ)	WAB	Aero Industries (N)
VEC	Venescar Internacional (YV)	WAE	Western Air Express (N)
VEJ	Aeroejecutivos (YV)	WAK	Wings of Alaska (N)
VEN	Transaven (YV)	WAM	Air Taxi & Cargo (ST)
VES	Vieques Air Link (N)	WAP	Arrow Panama (HP)
VEX	Brussels Airlines (OO)	WAS	Walsten Air Service (C)
VFC	VASCO (VN)	WAV	Warbelow's Air Ventures (N)
VGE	Air Service Vosges (F)	WAY	Airways (F) [c]
VGF	Aerovista Gulf Express (A6)	WBA	Finncomm Airlines (OH)
VGN	Virgin Nigeria (5N)	WBR	Air Choice One (N)
VGV	Vologda State Aviation Enterprise (RA)	WCA	West Coast Airlines (9L)
VHM	VHM Schul und Charterflug (D) [c]	WCO	Columbia Helicopters (N)
VIB	Vibro Air FlugService (D) [c]	WCP	Primaris Airlines (N)
VID	Aviaprad (RA)	WCZ	*Blocked*
VIK	Viking Airlines (SE)	WDA	Wimbi Dira Airways (9Q)
VIM	VIA - Bulgarian Airways (LZ)	WDK	Oxford Air Services (G) [c]
VIN	Vincent Aviation (VH)	WDL	WDL Aviation (D)
VIP	TAG Aviation (G) [c]	WEA	White Eagle General Avn (SP)
VIR	Virgin Atlantic Airways (G)	WEB	Webjet (PP)
VIV	VivaAerobus (XA)	WEV	Victoria International Airways (5X)
VIZ	Aerovis Airlines (UR)	WEW	Express Air (C)
VJA	Vienna Jet (OE) [c]	WFC	Swift Copters (HB) [h]
VJE	Avjet International (A6) [c]	WGA	Vega Air Company (UR)
VKG	MyTravel Airways (OY)	WGP	Williams Grand Prix Racing (G) [c]
VLA	Valan International Cargo Charter (ZS)	WGT	VW Air Services (D) [c]
VLE	Volareweb (I)	WHE	Westland Helicopters (G) [manufacturer]
VLG	Vueling Airlines (EC)	WHS	Viking Helikopter Service (D) [c]
VLI	Avolar Aerolineas (XA)	WHT	White (CS)
VLK	Vladivostok Air (RA)	WIA	Winair (PJ)
VLM	VLM Airlines (OO)	WIF	Wideroe's Flyveselskap (LN)
VLO	VARIG Logistica (PP)	WIG	Wiggins Airways (N)
VLT	Vertical-T Air Transport (RA) [h]	WIL	Aero Air (N) [c]
VLU	ValuAir (9V)	WJA	Westjet C)

WKH	Kharkov Aviation Production Association (UR)		XIA	Irving Oil (C) [c]
WLA	Airwaves Airlink (9J)		XJC	Xclusive Jet Charter (G) [c]
WLB	Wings of Lebanon Aviation (OD)		XKX	ASECNA (6V)
WLC	Welcome Air (OE)		XLA	XL Airways UK (G)
WLG	Volga Aviaexpress (RA)		XLF	XL Airways France (F)
WLI	AirEcon (OH) [c]		XLL	Air Excel (5H)
WLR	Air Walser (I) [c]		XME	Australian air Express (VH)
WLT	Aviation Partners (N) [m]		XMS	British Airways Santa (G)
WLX	West Air Europe (LX)		XNA	Express.net Airlines (N)
WNN	*Blocked*		XNN	*Blocked*
WNR	Jet For You (EC) [c]		XNR	Taxi Aereo del Norte (XA)
WOA	World Airways (N)		XPE	Amira Air (OE)
WON	Wings Air (PK)		XSR	Executive Airshare (N) [c]
WOW	Air Southwest (G)		XXD	OAG Worldwide (N)
WPA	Western Pacific Air service (H4)		XXH	Special Ground Handling Service (N)
WRT	Wright Air Service (N])		XXI	Aeronautical Telecommunications (6Y)
WSG	Wasaya Airways (C)		XXX	ASL (OO) [c]
WST	Western Air (C6)		XZC	*Blocked*
WSX	Eurojet (G) [c]			
WTC	Weasua Airtransport (A8)		YCZ	*Blocked*
WTV	Air Colorado (N)		YNN	*Blocked*
WVL	Wizz Air Bulgaria Airlines (LZ)		YRG	Air Yugoslavia (YU)
WWI	Worldwide Jet Charter (N) [c]		YXA	National Airports Authority (VT) [calibration]
WWW	IATA		YZC	*Blocked*
WZC	*Blocked*		YZR	Yangtze River Express (B)
WZZ	Wizz Air (HA)			
			ZAW	Zoom Airways (S2)
XAA	ARINC (N)		ZBA	ZB Air (5Y)
XAK	AirKenya Express (5Y)		ZCA-ZCZ	*Blocked*
XAR	Xpress Air (PK)		ZMA	Zambezi Airlines (9J)
XCZ	*Blocked*		ZNN	*Blocked*
XEC	Air Executive Charter (D) [c]		ZZC	*Blocked*
XER	Xerox (N) [c]			
XFA	Fly Asian Express (9M)			
XFL	Executive Fliteways (N) [c]		Key: [c] is corporate operator and [m] is military
XGO	AirGo Flugservice (D)			

AIRPORT 3-LETTER CODES

Code	Name
AAC	Al-Arish, SU
AAH	Aachen-Merzbrück, D
AAL	Aalborg, OY
AAN	Al Ain (A6)
AAQ	Anaapa-Vitiazevo, RA
AAR	Aarhus-Tirstrup, OY
ABA	Abakan,RA
ABD	Abadan- Boigny International, EP
ABI	Abilene Regional, TX
ABJ	Abidjan-Felix Houphouet Boigirly, TU
ABQ	Albuquerque Intl, NM
ABS	Abu Simbel, SU
ABV	Abuja-International, 5N
ABX	Albury, NSW
ABZ	Aberdeen-Dyce, G
ACA	Acapulco-Gen.Alvarez International, XA
ACC	Accra-Kotoka International, 9G
ACE	Arrecife, Lanzarote, EC
ACH	Altenrhein, HB
ACI	Alderney-The Blaye, G
ACK	Nantucket Memorial, MA
ACO	Ascona, HB
ACS	Achinsk, RA
ACT	Waco Regional, TX
ACY	Atlantic City Intl, NJ
ADA	Adana-Sakirpasa, TC
ADB	Izmir-Adnan Menderes, TC
ADD	Addis Ababa-Bole International, ET
ADE	Aden International, 7O
ADL	Adelaide, SA
ADM	Ardmore Municipal, OK
ADQ	Kodiak, AK
ADS	Dallas-Addison, TX
ADZ	San Andres-Sesquicentenario, HK
AEH	Abecher, TT
AEP	Buenos Aires Aeroparque Jorge Newbery, LV
AER	Sochi-Adler, RA
AES	Aalesund-Vigra, LN
AET	Allakaiket, AK
AEX	Alexandria-International, LA
AEY	Akureyri, TF
AFW	Fort Worth Alliance, TX
AGA	Agadir-Inezgane, CN
AGB	Augsburg-Mühlhausen, D
AGC	Pittsburgh-Allegheny Co, PA
AGF	Agen-La Gareenne, F
AGP	Malaga, EC
AGR	Agra-Kheria, VT
AGV	Acarigua Oswaldo Guevera Mujica, YV
AID	Anderson Municipal, IN
AJA	Ajaccio-Campo Dell'Oro, F
AKC	Akron-Fulton International, OH
AKL	Auckland International, ZK
AKN	King Salmon, AK
AKT	Akrotiri, 5B
AKX	Aktobe/Aktyubinsk, UN
ALA	Almaty, UN
ALB	Albany-County, NY
ALC	Alicante, EC
ALF	Alta, LN
ALG	Algiers-Houari Boumediene, 7T
ALW	Walla Walla Regional, WA
ALY	Alexandria, SU
AMA	Amarillo International, TX
AMD	Ahmedabad, VT
AMM	Amman-Queen Alia International, JY
AMS	Amsterdam-Schiphol, PH
AMZ	Auckland-Ardmore, NZ
ANC	Anchorage Intl, AK
ANE	Angers-Marce, F
ANF	Antofagasta-Cerro Moreno International, CC
ANG	Angouleme / Brie-Champniers, F
ANI	Aniak, AK
ANK	Ankara-Etimesgut, TC
ANR	Antwerp-Deurne, OO
ANU	Saint Johns/VC Bird, V2
AOC	Altenburg-Nobitz, D
AOG	Anshun, B
AOI	Ancona-Falconara, I
AOR	Alor Setar, 9M
AOT	Aosta-Corrado Gex, I
APA	Denver-Centennial, CO
APF	Naples-Municipal, FL
APS	Anapolis, PP
APV	Apple Valley, CA
APW	Apia-Faleolo, 5W
AQJ	Aqaba, JY
ARA	New Iberia-Acadiana, LA
ARG	Walnut Ridge, AR
ARH	Arkhangelsk-Talagi, RA
ARK	Arusha, 5H
ARN	Stockholm-Arlanda, SE
ASB	Ashgabat/Ashkhabad, EZ
ASF	Astrakhan-Narimanovo, RA
ASH	Nashua-Boise Field, NH
ASJ	Amami O Shima, JA
ASM	Asmara International, E3
ASP	Alice Springs, NWT
ASU	Asuncion-Silvio Pettirossi, ZP
ASW	Aswan, SU
ATH	Athens-Eleftherios Venizelos International, SX
ATL	Atlanta-William B Hartsfield International, GA
ATW	Appleton-Outagamie Co, WI
AUA	Oranjestad-Reina Beatrix, P4
AUF	Auxerre-Branches, F
AUH	Abu Dhabi International, A6
AUR	Aurillac, F
AUS	Austin-Bergstrom Intl, TX
AUZ	Aurora-Municipal, IL
AVB	Aviano, I
AVN	Avignon-Caumont, F
AVP	Scranton-Wilkes Barre International, PA
AVV	Avalon, VIC
AVW	Marana-Regional, AZ
AWK	Wake Island, V6
AWM	West Memphis-Municipal, AR
AWZ	Ahwaz,EP
AXA	Anguilla-Wallblake, VP-A
AYK	Arkalyk, UN
AYT	Antalya, TC
AYU	Aiyura, P2
AZI	Abu Dhabi-Bateen, A6
AZP	Mexico City-Atizapan, XA
BAH	Bahrain International, A9C
BAK	Baku-Geidar Aliev International, 4K
BAQ	Barranquilla-Ernisto Cortissoz, HK
BAX	Barnaul-Mikhailovka, RA
BBF	Burlington, MA
BBJ	Bitburg, D
BBP	Bembridge, G
BBU	Bucharest-Baneasa, YR
BBX	Blue Bell-Wing Field, PA
BBZ	Zambezi, 9J
BCN	Barcelona-le Prat, EC
BCS	Belle Chase, LA
BCT	Boca Raton, FL
BDA	Bermuda International Hamilton, VP-B
BDB	Bundaberg, Qld
BDG	Blanding-Municipal, UT
BDJ	Banjarmasin-Syamsuddin Noor, PK
BDL	Windsor Locks-Bradley International, CT
BDO	Bandung-Husein Sastranegara, PK
BDQ	Vadodora, VT
BDR	Bridgeport-Sikorsky Memorial, CT
BDS	Brindisi-Papola Casale, I
BDU	Bardufoss, LN
BEB	Benbecula, G
BEC	Wichita-Beech Field, KS
BED	Bedford-Hanscom Field, MA
BEG	Belgrade International, YU
BEL	Belem-Val de Caes, PP
BEN	Benghazi-Benina, 5A
BEO	Newcastle-Belmont, NSW
BES	Brest-Guipavas, F
BET	Bethel, AK
BEV	Beer-Sheba-Teyman, 4X
BEW	Beira, C9
BEY	Beirut International, OD
BFE	Bielefeld, D
BFF	Scottsbluff-Western Nebraska Regional, NE
BFI	Seattle-Boeing Field, WA
BFM	Mobile Downtown, AL
BFN	Bloemfontein-JBM Hertzog, ZS
BFP	Beaver Falls, PA
BFS	Belfast-International, G
BGA	Bucaramanga, HK
BGF	Bangui-M'Poko, TL
BGI	Bridgetown-Grantley Adams International, VP-B
BGO	Bergen-Flesland, LN
BGR	Bangor, ME
BGW	Baghdad-Al Muthana, YI
BGY	Bergamo-Orio al Serio, I
BHB	Bar Harbor-Hancock Co, ME
BHD	Belfast-City, G
BHE	Blenheim, ZK
BHM	Birmingham ,AL
BHQ	Broken Hill, SA
BHX	Birmingham International, G
BIA	Bastia-Poretta, F
BIK	Biak-Frans Kaiieppo, PK
BIL	Billings-Logan Intl, MT
BIM	Bimini International, C6
BIO	Bilbao, EC
BIQ	Biarritz-Parme,F
BIR	Biratnagar, 9N
BJI	Bemidji, MN
BJL	Banjul-Yundum International, C5
BJM	Bujumbura International, 9U

771

BJS	Beijing-Metropolitan, B	BVX	Batesville-Municipal, AR	CJJ	Cheongju City, HL
BJY	Belgrade-Batajnica, YU	BWB	Barrow Island, WA	CJN	El Cajun, CA
BKA	Moscow-Bykovo, RA	BWE	Braunschweig, D	CJU	Cheju International, HL
BKI	Kota Kinabalu International, 9M	BWI	Baltimore-Washington International, MD	CKC	Cherkassy, UR
BKK	Bangkok Suvarnabhumi, HS	BWN	Bandar Seri Begawan / Brunei International, V8	CKG	Chongqing, B
BKO	Bamako-Senou, TZ			CKY	Conakry-Gbessia, 3X
BKV	Brooksville-Pilot Co, FL	BWO	Balakovo, RA	CLD	Carlsbad, CA
BKY	Bukavu-Kavumu, 9Q	BWS	Blaine, WA	CLE	Cleveland-Hopkins Intl, OH
BLA	Barcelona-Gen Anzoategui International, YV	BWU	Sydney-Bankstown, NSW	CLO	Cali-Alfonso Bonilla Aragon, HK
		BXJ	Burundai, UN	CLQ	Colima, XA
BLD	Boulder City, NV	BYG	Buffalo-Municipal, WY	CLT	Charlotte-Douglas Intl, NC
BLI	Bellingham-International, WA	BZE	Belize City-Philip SW Goldson International, V3	CLU	Columbus-Municipal, IN
BLK	Blackpool, G			CMB	Colombo-Bandaranayike International, 4R
BLL	Billund, OY	BZG	Bydgoszcz, SP		
BLQ	Bologna-Guglielmo Marconi, I	BZK	Bryansk, RA	CMD	Cootamundra, NSW
		BZV	Brazzaville Maya-Maya, TN	CME	Cuidad del Carmen, XA
BLR	Bangalore-Hindustan, VT	BZZ	Brize Norton, G	CMF	Chambery/Aix les Bains, F
BLX	Belluno, I	CAE	Columbia Metropolitan, SC	CMH	Columbus-Port Intl, OH
BLZ	Blantyre-Chileka, 7Q	CAG	Cagliari-Elmas, I	CMN	Casablanca-Mohammed V, CN
BMA	Stockholm-Bromma, SE	CAI	Cairo International, SU		
BME	Broome, WA	CAK	Akron-Canton Regional, OH	CMR	Colmar-Houssen, F
BNA	Nashville International, TN	CAN	Guangzhou-Baiyun, B	CMU	Kundiawa-Chimbu, P2
BND	Bandar Abbas, EP	CAP	Cap Haitien International, HH	CMV	Coromandel, ZK
BNE	Brisbane International, Qld	CAS	Casablanca-Anfa, CN	CND	Constanta-Kogalniceanu, YR
BNI	Benin City, TY	CAY	Cayenne-Rochambeau, F-O	CNF	Belo Horizonte-Neves International, PP
BNK	Ballina, NSW	CBB	Cochabamba-Jorge Wilsterman, CP		
BNS	Barinas, YV			CNI	Shanghai, B
BNX	Banja Luka, T9	CBG	Cambridge, G	CNL	Sindal, OY
BOD	Bordeaux-Merignac, F	CBL	Cuidad Bolivar, YV	CNS	Cairns, Qld
BOG	Bogota-Eldorado, HK	CBQ	Calabar, 5N	CNW	Waco-James Connolly, TX
BOH	Bournemouth International, G	CBR	Canberra, ACT	COA	Columbia, CA
BOI	Boise Air Terminal (Gowen Field), ID	CCL	Chinchilla, Qld	COE	Coeur d'Alene, ID
		CCP	Concepcion-Carriel Sur, CC	CON	Concord-Municipal, NH
BOM	Mumbai International, VT	CCS	Caracas-Simon Bolivar International, YV	COO	Cotonou-Cadjehoun, TY
BON	Kralendijk-Flamingo Int, Bonaire, PJ			COR	Cordoba-Pajas Blancas, LV
		CCU	Calcutta-Chadra Bose International, VT	COS	Colorado Springs Memorial, CO
BOO	Bodo, LN				
BOS	Boston-Logan Intl, MA	CDB	Cold Bay, IN	COU	Columbia Regional, MO
BPN	Balikpapan-Sepinggan, PK	CDC	Cedar City-Municipal, UT	CPE	Campeche-International, XA
BQH	Biggin Hill, UK	CDG	Paris-Charles de Gaulle, F	CPH	Copenhagen-Kastrup, OY
BQK	Brunswick-Glynco Jetport, GA	CDU	Camden, NSW	CPQ	Campinas-Viracopos International, PP
BQN	Aguadilla-Rafael Hernandez, PR	CDW	Caldwell-Essex Co, NJ		
		CEB	Cebu-Lahug, RP	CPR	Casper-Natrona County International, WY
BQS	Blagoveschensk-Ignatyevo, RA	CEE	Cherepovets, RA		
		CEJ	Chernigov-Shestovitsa, UR	CPT	Cape Town-DF Malan International, ZS
BRE	Bremen, D	CEK	Chelyabinsk-Balandino, RA		
BRN	Bern-Belp, HB	CEQ	Cannes-Mandelieu, F	CRD	Comodoro Rivadavia / Gen Mosconi, LV
BRO	Brownsville, TX	CER	Cherbourg-Maupertun, F		
BRQ	Brno-Turany, OK	CEW	Crestview-Bob Sikes, FL	CRE	Myrtle Beach-Grand Strand, SC
BRS	Bristol-Lulsgate, G	CFE	Clermont-Ferrand, F		
BRU	Brussels-National, OO	CFN	Donegal-Carrickfin, EI	CRK	Diosdado Macapagal International, RP
BRV	Bremerhaven, D	CFR	Caen-Carpiquet, F		
BRW	Barrow-Wiley Post / Will Rogers Memorial, AK	CFS	Coffs Harbour, NSW	CRL	Brussels-Charleroi, OO
		CFU	Kerkira-Ioannis Kapodidtrias, SX	CRU	Carriacou Island, J3
BSB	Brasilia International, PP			CRZ	Chardzhev, EZ
BSG	Bata, 3C	CGH	Sao Paulo-Congonhas, PP	CSE	Crested Butte, CO
BSL	Basle-Mulhouse EuroAirport, HB	CGK	Jakarta-Soekarno Hatta International, PK	CSL	San Luis Obispo-O'Sullivan, CA
BSR	Basrah International, YI	CGN	Cologne-Bonn, D	CSM	Clinton, OK
BTK	Bratsk, RA	CGO	Zhengzhou, B	CSN	Carson City, NV
BTR	Baton Rouge, LA	CGP	Chittagong International, S2	CSY	Cheboksary, RA
BTS	Bratislava-MR Stefanik, OM	CGQ	Changchun, B	CTA	Catania-Fontanarossa, I
BTV	Burlington International, VT	CGR	Campo Grande International, PP	CTC	Catamarca, LV
BTZ	Bursa, TC			CTG	Cartagena-Rafael Nunez, HK
BUD	Budapest-Ferihegy, HA	CHA	Chattanooga, TN	CTM	Chetumal, XA
BUF	Buffalo-Greater Buffalo International, NY	CHC	Christchurch International, ZK	CTN	Cooktown, Qld
		CHD	Chandler-Williams AFB, AZ	CTS	Sapporo-New Chitose, JA
BUG	Benguela, D2	CHR	Chateauroux-Deols, F	CTU	Chengdu-Shuangliu, B
BUQ	Bulawayo, Z	CHS	Charleston Intl, SC	CUB	Columbus-Owens Field, SC
BUR	Burbank-Glendale Pasadena, CA	CHT	Chathams Island-Karewa, ZK	CUD	Caloundra, Qld
		CIA	Rome-Ciampino, I	CUE	Cuenca, EC
BUS	Batumi-Chorokh, 4L	CIC	Chico, CA	CUG	Cudal, NSW
BVA	Beauvais-Tille, F	CIH	Changzhi, B	CUH	Cushing-Municipal, OK
BVB	Boa Vista International, PP	CIX	Chiclayo-Cornel Ruiz, OB	CUM	Cumana-Antonio Jose de Sucre, YV
BVO	Bartlesville, OK	CJB	Coimbatore-Peelamedu, VT		

Code	Airport	Code	Airport	Code	Airport
CUN	Cancun International, XA	DPS	Denpasar-Ngurah Rai, PK	FAB	Farnborough, G
CUR	Curacao-Willemstadt, YV	DQH	Douglas-Municipal, GA	FAE	Vagar-Faroe Island, OY
CUU	Chihuahua / Gen Villalobos International, XA	DRS	Dresden-Klotzsche, D	FAI	Fairbanks International, AK
		DRT	Del Rio International, TX	FAM	Farmington Regional, MO
CUZ	Cuzco-Velaazco Astete, OB	DRW	Darwin, NT	FAO	Faro, CS
CVF	Courchevel, F	DSM	Des Moines International, IA	FAT	Fresno Air Terminal, CA
CVG	Cincinnati-Covington International, OH	DTM	Dortmund-Wickede, D	FBK	Fairbanks-Fort Wainwright, AK
		DTN	Shreveport-Downtown, LA	FBM	Lubumbashi-Luano, 9Q
CVJ	Cuernavaca, XA	DTW	Detroit Metropolitan, MI	FCM	Minneapolis-Flying Cloud, MN
CVN	Clovis-Municipal, NM	DUB	Dublin, EI	FCO	Rome-Fiumicino, I
CVQ	Carnarvon, G	DUD	Dunedin, ZK	FDE	Forde-Bringeland, LN
CVR	Culver City, CA	DUJ	DuBois-Jefferson County, PA	FDF	Fort de France-le Lamentin, F-O
CVT	Coventry-Baginton, G	DUQ	Duncan, BC		
CWA	Mosinee Central, WI	DUR	Durban-Louis Botha International, ZS	FDH	Friedrichshafen, D
CWB	Curitiba-Alfonso Pena, PP			FEW	Cheyenne/Warren AFB, WY
CWC	Chernovtsy, UR	DUS	Dusseldorf, D	FGI	Apia-Faqali'I, 5W
CWF	Chenault Airpark, AK	DUT	Dutch Harbor, AK	FGL	Fox Glacier, ZK
CWL	Cardiff-Wales, G	DVT	Phoenix-Deer Valley, AZ	FIH	Kinshasa-N'Djili, 9Q
CXH	Vancouver-Coal Harbour, BC	DXB	Dubai International, A6	FJR	Fujairah International, A6
CYM	Chatham SPB, AK	DYR	Anadyr-Ugolny, RA	FKB	Karlsruhe-Baden Baden, D
CYS	Cheyenne, WY	DYU	Dushanbe, EY	FKI	Kisangani, 9Q
CZM	Cozumel International, XA	DZN	Zhezkazgan, UN	FLF	Flensburg, D
CZS	Cruzeiro do Sul-Campo International, PP	EAT	Wenatchee-Pangborn, WA	FLG	Flagstaff-Pullman Field, AZ
		EAU	Eau-Claire County, WI	FLL	Fort Lauderdale-Hollywood International, FL
CZX	Changzhou, B	EBA	Elba Island de Campo, I		
DAB	Daytona Beach-Regional, FL	EBB	Entebbe International, 5X	FLN	Florianopolis-Hercilio Luz, PP
DAC	Dhaka-Zia International, S2	EBJ	Esbjerg, OY	FLR	Florence-Peretola, I
DAL	Dallas-Love Field, TX	EBL	Erbil International, YI	FLS	Flinders Island, TAS
DAM	Damascus International, YK	ECN	Ercan-Leskofa, 5B	FMN	Farmington-Four Counties Regional, NM
DAR	Dar-es-Salaam International, 5H	EDF	Anchorage-Elmendorf AFB, AK		
		EDI	Edinburgh, G	FMO	Munster / Osnabruck, D
DAY	Dayton-James M Cox Intl, OH	EDM	La Roche-sur-Yon, F	FNA	Freetown-Lungi International, 9L
DBO	Dubbo, NSW	EFD	Houston-Ellington Field, TX		
DBV	Dubrovnik, 9A	EGO	Belgorod, RA	FNC	Funchal-Madeira, CS
DCA	Washington-Reagan National, DC	EGS	Eglisstadir, TF	FNI	Nimes-Garons, F
		EGV	Eagle River, WI	FNJ	Pyongyang-Sunan, P
DCF	Dominica-Cane Field, HI	EIN	Eindhoven, PH	FNT	Flint-Bishop Intl, MI
DCS	Doncaster-Robin Hood, G	EIS	Beef Island, VP-L	FOC	Fuzhou, B
DEL	Delhi-Indira Gandhi International, VT	EKO	Elko Municipal, NV	FOG	Foggia-Gino Lisa, I
		EKT	Eskilstuna-Ekeby, SE	FOR	Fortaleza-Pinto Martins, PP
DEN	Denver International, CO	EKX	Elizabethtown, KY	FPO	Freeport International, C6
DET	Detroit City, MI	ELC	Elcho Island, NT	FPR	Fort Pierce / St Lucie Co, FL
DFW	Dallas-Forth Worth Intl, TX	ELM	Elmira-Corning Regional, NY	FRA	Frankfurt International, D
DGO	Durango-Guadelupe Victoria, XA	ELP	El Paso International, TX	FRD	Friday Harbor, WA
		ELS	East London-Ben Schoeman, ZS	FRG	Farmingdale-Republic Field, NY
DGX	St Athan, G			FRJ	Frejus-Saint Raphael, F
DHA	Dhahran International, HZ	EMA	East Midlands-Nottingham, G	FRL	Forli-Luigi Ridolfi, I
DHF	Abu Dhabi-Al Dhaffra, A6	EME	Emden, D	FRU	Bishkek-Manas, EX
DHN	Dothan, AL	EMK	Emmonak, AK	FSD	Sioux Falls-Joe Foss Field, SD
DHR	Den Holder/de Kooy, PH	ENA	Kenai Municipal, AK	FSP	St Pierre et Miquelon, F-O
DIJ	Dijon-Longvic, F	ENS	Twente-Enschede, PH	FTW	Fort Worth-Meacham, TX
DIL	Dili-Comoro, PK	ENU	Enugu, 5N	FTY	Atlanta-Fulton Co, GA
DJE	Djerba-Zarziz, TS	EOR	El Dorado, YV	FUK	Fukuoka, JA
DJJ	Jayapura, PK	EPH	Ephrata, WA	FWA	Fort Wayne International, IN
DJN	Delta Junction-Allen AFB, AK	EPL	Epinal-Mirecourt, F	FXE	Fort Lauderdale Executive, FL
DKR	Dakar-Yoff, 6V	EPZ	Santa Teresa-Dona Ana Co, NM	FZO	Bristol-Filton, G
DKS	Dikson, RA			GAJ	Yamaguchi, JA
DLA	Douala, TJ	ERF	Erfurt, D	GBE	Gaborone-Sir Seretse Khama International, A2
DLC	Dalian, B	ERI	Erie International, CO		
DLG	Dillingham-Municipal, AK	ERS	Windhoek-Eros, V5	GBI	Grand Bahama Island, C6
DLH	Duluth-International, MN	ESB	Ankara-Esenboga, TC	GBL	Goulburn Island, NT
DLU	Dali City, B	ESE	Ensenada, XA	GCI	Guernsey, G
DMA	Davis-Monthan AFB, AZ	ESF	Alexandria-Regional, LA	GCJ	Johannesburg-Grand Central, ZS
DMB	Taraz-Zhambyl, UN	ESL	Elista, RA		
DME	Moscow-Domodedovo, RA	ESS	Essen-Mülheim, D	GCM	Georgetown-Owen Roberts International, VP-C
DMK	Bangkok-Don Muang, HS	ETH	Eilat-Hozman, 4X		
DNA	Okinawa-Kadena, JA	EUG	Eugene-Mahlon Sweet, OR	GCN	Grand Canyon National Park, AZ
DND	Dundee-Riverside Park, G	EVE	Harstad-Norvik, LN		
DNJ	ADI Charter Services, N [c]	EVG	Sveg, SE	GCO	Zhengzhou, B
DNK	Dnepropetrovsk-Kodaki, UR	EVN	Yerevan-Zvartnots, EK	GDL	Guadalajara-Costilla International, XA
DNQ	Deniliquin, NSW	EWR	Newark Liberty International, NJ		
DNR	Dinard-Pleurtuit, F			GDN	Gdansk, SP
DNV	Dannville-Vermillion County, IL	EXT	Exeter, G	GDT	Grand Turk, VQ-T
DOH	Doha International, A7	EYP	El Yopal, HK	GDX	Magadan-Sokol, RA
DOK	Donetsk, UR	EYW	Key West International, FL	GEA	Noumea-Magenta, F-O
DPA	Chicago-du Page, IL	EZE	Buenos Aires-Ezeiza, LV	GEG	Spokane International, WA

GEO	Georgetown-Cheddi Jagan, 8R	HEM	Helsinki-Malmi, OH	IKI	Iki, JA
GET	Geraldtown, VIC	HER	Heraklion, SX	IKT	Irkutsk, RA
GEV	Gallivare, SE	HEX	Santo Domingo-la Herrara, HI	ILG	Wilmington-Newcastle, DE
GEX	Geelong, VIC	HFA	Haifa U Michaeli, 4X	ILI	Iliamna, AK
GEY	Greybull-South Big Horn, WY	HGH	Hangzhou-Jianqio, B	ILN	Wilmington-
GHN	Guanghan, B	HGL	Helgoland-Dune, D		Airborne Airpark, OH
GIB	Gibraltar, G	HGR	Hagerstown, MD	ILR	Ilorin, 5N
GIG	Rio de Janeiro-Galeao, PP	HGU	Mount Hagen-Kagamuga, P2	IMT	Iron Mountain-Ford, MI
GIS	Gisborne, ZK	HHN	Hahn, D	IND	Indianapolis International, IN
GJT	Grand Junction-Walker Field, CO	HHR	Hawthorne, CA	INI	Nis, YU
		HID	Horn Island, Qld	INN	Innsbruck-Kranebitten, OE
GKA	Goroka, P2	HIG	Highbury, Qld	INT	Winston-Salem-Smith Reynolds, NC
GKH	Gorkha, 9N	HII	Lake Havasu City-Municipal, AZ		
GLA	Glasgow, G			INU	Nauru Island International, C2
GLE	Gainsville-Municipal, TX	HIK	Honolulu-Oahu Island, HI		
GLH	Greenville, MI	HIR	Honiara-Henderson, H4	INV	Inverness-Dalcross, G
GLO	Gloucester, G	HKD	Hakodate, JA	IOM	Ronaldsway, M
GLS	Galveston-Scholes Field, TX	HKG	Hong Kong International, B-H	IQQ	Iquique-Diego Aracena, CC
GLZ	Gilze-Rijen, PH	HKT	Phuket International, HS	IQT	Iquitos-Coronel Vignetta, OB
GME	Gomel-Pokalubishi, EW	HLA	Lanseria, ZS	IRK	Kirksville-Regional, MO
GMN	Greymouth, ZK	HLF	Hultsfred, SE	ISA	Mount Isa, Qld
GNB	Grenoble-St Geoirs, F	HLP	Jakarta-Halim Perdanakusuma, PK	ISB	Islamabad-Chaklala, AP
GOA	Genoa-Cristoforo Colombo, I			ISM	Kissimmee Municipal, FL
GOH	Godthaab-Nuuk, OY	HLT	Hamilton, VIC	ISO	Kinston-Stalling Field, NC
GOI	Goa-Dabolim, VT	HLZ	Hamilton, ZK	IST	Istanbul-Ataturk, TC
GOJ	Nizhny Novogorod-Streigino, RA	HME	Hassi Messaoud, 7T	ITB	Itaituba, PP
		HMJ	Khmelnitsky-Ruzichnaya, UR	ITM	Osaka-Itami International, JA
GOM	Goma, 9Q	HMO	Hermosillo-Gen Garcia International, XA	ITO	Hilo International, HI
GON	Groton-New London, CT			IVC	Invercargill, ZK
GOT	Gothenburg-Landvetter, SE	HMT	Hemet-Ryan Field, CA	IWA	Ivanovo-Zhukovka, RA
GOV	Gove-Nhulunbuy, NWT	HND	Tokyo-Haneda International, JA	JAA	Jalalabad, YA
GPT	Gulfport-Biloxi Regional, MS	HNL	Honolulu International, HI	JAB	Jabiru, NT
GRO	Gerona-Costa Brava, EC	HNS	Haines Municipal, AK	JAN	Jackson International, MS
GRQ	Groningen-Eelde, OY	HOH	Hohenems-Dornbirn, OE	JAV	Ilulissat-Jakobshavn, OY
GRR	Grand Rapids-Kent County, MI	HOM	Homer, AK	JAX	Jacksonville International, FL
GRU	Sao Paulo-Guarulhos, PP	HOT	East Hampton, NY	JDP	Paris-Heliport, F
GRV	Grozny, RA	HOU	Houston-Hobby, TX	JED	Jeddah-King Abdul Aziz International, HZ
GRZ	Graz-Thalerhof, OE	HRB	Harbin-Yanjiagang, B		
GSE	Gothenburg-Save, SE	HRE	Harare International, Z	JER	Jersey, G
GSO	Greensboro-Piedmont Triad International, SC	HRG	Hurghada, SU	JFK	New York-JFK International, NY
		HRK	Kharkiv-Osnova, UR		
GTR	Columbus-Golden Triangle Regional, GA	HSH	Las Vegas-Henderson, NV	JGC	Grand Canyon Heliport, AZ
		HSM	Horsham, VIC	JHB	Johor Bahru-Sultan Ismail International, 9M
GUA	Guatemala City-La Aurora, TG	HST	Homestead, FL		
GUB	Guerrero Negro, XA	HTA	Chita-Kadala, RA	JHE	Helsingborg Heliport, SE
GUM	Guam-Ab Won Pat International, N	HTI	Hamilton Island, Qld	JHW	Jamestown-Chautauqua Co, NY
		HTO	East Hampton, NY		
GUP	Gallup-Sen Clark Municipal, NM	HUF	Terre Haute-Hulman Regional, IN	JIB	Djibouti-Ambouli, J2
				JIL	Jilin, B
GUW	Akyrau, UN	HUM	Houma-Terrebonne, LA	JJN	Jinjiang, B
GVA	Geneva-Cointrin, HB	HUV	Hudiksvall, SE	JKG	Jonkoping-Axamo, SE
GVL	Gainsville, GA	HUY	Humberside, G	JNB	Johannesburg-OR Tambo International, ZS
GVQ	Coyhaique-Teniente Vidal, CC	HVB	Hervey Bay, Qld		
GVT	Greenville-Majors Field, TX	HVN	New Haven-Tweed, CT	JNU	Juneau International, AK
GWO	Greenwood-le Floor, MS	HWO	Hollywood-North Perry, FL	JST	Johnstown-Cambria County, PA
GWT	Westerland-Sylt, D	HYA	Hyannis-Barnstable Municipal, MA		
GWY	Galway-Carnmore, EI			JUB	Juba, ST
GXQ	Coyhaique-Teniente Vidal, CC	HZB	Mervilel-Calonnel, F	JVL	Janesville-Rock County, WI
GYE	Guayaquil-Simon Bolivar, HK	IAB	Wichita-McConnell AFB, KS	KAD	Kaduna, 5N
GYN	Goiania-Santa Genoveva, PP	IAD	Washington-Dulles International, DC	KAN	Kano Mallam Aminu International, 5N
GYR	Goodyear-Litchfield, AZ				
GZA	Gaza-Yasser Arafat International, SU-Y	IAG	Niagara Falls-International, NY	KBL	Kabul-Khwaja Rawash, YA
		IAH	Houston-George Bush International, TX	KBP	Kiev-Borispol, UR
GZM	Gozo, 9H			KCH	Koching, 9M
HAH	Moroni-Prince Said Ibrahim, D6	IBA	Ibadan, 5N	KDH	Kandahar, YA
HAJ	Hannover, D	IBE	Ibague-Perales, HK	KDK	Kodiak Municipal, AK
HAK	Haikou-Dayingshan, B	IBZ	Ibiza, EC	KEF	Keflavik International, TF
HAM	Hamburg-Fuhlsbüttel; D	ICN	Seoul-Incheon, HL	KEH	Kenmore Air Harbor, WA
HAN	Hanoi-Gialam, VN	ICT	Wichita-Mid Continent, KS	KEJ	Kemorovo, RA
HAO	Hamilton, OH	IEV	Kiev-Zhulyany, UR	KEP	Nepalgunj, 9N
HAU	Haugesund, LN	IFJ	Isafjordur, TF	KER	Kerman, EP
HAV	Havana-Jose Marti International, CU	IFN	Isfahan, EP	KGC	Kingscote, SA
		IFO	Ivano-Frankivsk, UR	KGD	Kaliningrad-Khrabovo, RA
HBA	Hobart, TAS	IFP	Laughlin-Bullhead Intl, AZ	KGF	Qaragandy-Sary Arka, UN
HDD	Hyderabad, VT	IGM	Kingman, AZ	KGI	Kalgoorlie, WA
HEL	Helsinki-Vantaa, OH	IJK	Izhevsk, RA	KGL	Kigali-

Code	Location	Code	Location	Code	Location
	Gregoire Kayibanda, 9XR	LBB	Lubbock, TX	LUG	Lugano, I
KGO	Kirovograd-Khmelyovoye, UR	LBD	Khudzhand, EY	LUK	Cincinatti Municipal, OH
KGP	Kogalym, RA	LBE	Latrobe-Westmoreland Co, PA	LUN	Lusaka International, 9J
KHH	Kaoshiung International, B	LBG	Paris-le Bourget, F	LUX	Luxembourg, LX
KHI	Karachi Jinnah International, AP	LBH	Sydney-Palm Beach SPB, NSW	LWB	Lewisburg-Greenbrier Valley, WV
KHV	Khabarovsk-Novy, ra	LBV	Libreville-Leon M'Ba, TR	LWO	Lviv-Snilow, UR
KIH	Kish Island, EP	LCA	Larnaca International, 5B	LWR	Leeuwarden, PH
KIN	Kingston-Norman Manley Internatonal, 6Y	LCE	La Ceibe-Goloson International, TG	LXA	Lhasa, B
				LXR	Luxor, SU
KIV	Kishinev-Chisinau, ER	LCH	Lake Charles-Regional, LA	LXT	Latacunga, HC
KIW	Kitwe-Southdowns, 9J	LCK	Columbus-Rickenbacker, OH	LYN	Lyon-Bron, F
KIX	Osaka-Kansai International, JA	LCY	London-City, G	LYP	Faisalabad, AP
KJA	Krasnoyarsk-Yemelyanovo, RA	LDB	Londrina, PP	LYS	Lyon-Satolas, F
KJK	Kortrijk-Wevelgem, OO	LDE	Tarbes-Ossun-Lourdes, F	LYT	Lady Elliott Island, Qld
KKJ	Kitakyushu-Kokura, JA	LDH	Lord Howe Island, NSW	LYX	Lydd International, G
KLF	Kaluga, RA	LDK	Lidkoping-Hovby, SE	MAA	Chennai, VT
KLU	Klagenfurt, OE	LED	St Petersburg-Pulkovo, RA	MAC	Macon-Smart, GA
KMG	Kunming-Wujiaba, B	LEH	le Havre-Octeville, F	MAD	Madrid-Barajas, EC
KMI	Miyazaki, JA	LEJ	Leipzig-Halle, D	MAG	Madang, P2
KMJ	Kumamoto, JA	LEN	Leon, EC	MAH	Menorca-Mahon, EC
KMW	Kostroma, RA	LEQ	Lands End-St Just, G	MAJ	Majuro-Amata Kabua International, V7
KNX	Kununurra, WA	LEW	Lewiston-Auburn Municipal, ME		
KOA	Kailua Kona, HI	LEY	Lelystad, PH	MAN	Manchester International, G
KOV	Kokhshetan, UN	LFT	Lafayette-Regional, AL	MAO	Manaus-Eduardo Gomes, PP
KOW	Ganzhou, B	LFW	Lome-Tokoin, 5V	MAR	Maracaibo-La Chinita Internatonal, YV
KRB	Karumba, Qld	LGA	New York-La Guardia, NY		
KRH	Redhill, G	LGB	Long Beach-Daugherty Field, CA	MAW	Malden, MO
KRK	Krakow International, SP			MBA	Mombasa-Moi International, 5Y
KRN	Kiruna, SE	LGG	Liege-Bierset, OO	MBD	Mmbatho International, ZS
KRO	Kurgan, RA	LGW	London Gatwick, G	MBH	Maryborough, Qld
KRP	Karup, OY	LGY	Lagunillas, YV	MBJ	Montego Bay-Sangster Internatonal, 6Y
KRR	Krasnodar-Pashkovskaya, RA	LHD	Anchorage-Lake Hood SPB, AK		
KRS	Kristiansand-Kjevik, LN			MBW	Melbourne-Moorabin, VIC
KRT	Khartoum-Civil, ST	LHE	Lahore Allama Iqbal International, AP	MBX	Maribor, S5
KSC	Kosice-Barca, OM			MCI	Kansas City International, MO
KSD	Karlstad, SE	LHR	London-Heathrow, G	MCM	Monte Carlo Heliport, 3A
KSF	Kassel-Calden, D	LHW	Lanzhou, B	MCO	Orlando International, FL
KSK	Karlskoga, SE	LIG	Limoges-Bellegarde, F	MCP	Macapa-International, PP
KSM	St Mary's Bethel, AK	LIL	Lille-Lesquin, F	MCT	Muscat-Seeb International, A4O
KSN	Kustanay, UN	LIM	Lima-Jorge Chavez International, OB		
KSZ	Kotlas, RA			MCW	Mason City Municipal, IA
KTA	Karratha, WA	LIN	Milan-Linate, I	MCX	Makhachkala-Uytash, RA
KTE	Kerteh-Petronas, 9M	LIS	Lisbon, CS	MCY	Sunshine Coast, Qld
KTM	Kathmandu-Tribhuvan International, 9N	LIT	Little Rock-Adams Field, AR	MDE	Medellin-Olaya Herrera, HK
		LJU	Ljubljana-Brnik, S5	MDL	Mandalay, XY
KTN	Ketchikan International, AK	LKE	Seattle-Lake Union, WA	MDT	Harrisburg International, PA
KTP	Kingston-Tinson Peninsula, 6Y	LKO	Lucknow-Amausi, VT	MDU	Mendi, P2
KTR	Katherine-Tindal, NWT	LKP	Lake Placid, NY	MDW	Chicago-Midway, IL
KTW	Katowice-Pyrzowice, SP	LLA	Lulea-Kallax, SE	MEA	Macae & Sao Tome, PP
KUF	Samara-Kurumoch, RA	LLC	Valdez, AK	MEB	Melbourne-Essendon, VIC
KUL	Kuala Lumpur International, 9M	LLW	Lilongwe-Tilange International, 7Q	MEL	Melbourne-Tullamarine, VIC
KUN	Kaunus-Karlelava International, LY			MEM	Memphis International, TN
		LME	Le Mans-Arnage, F	MER	Merced-Castle AFB, CA
KUT	Kutaisi, 4L	LMM	Los Mochis, XA	MES	Medan-Polonia, PK
KVB	Skovde, SE	LNA	West Palm Beach-Lantana Co Park, FL	MEV	Minden-Douglas Co, NV
KVX	Kirov, RA			MEX	Mexico City-Juarez International, XA
KWE	Guiyang, B	LNX	Smolensk, RA		
KWI	Kuwait International, 9K	LNZ	Linz-Hoersching, OE	MFE	McAllen-Miller, TX
KXK	Komsomolsk, RA	LOS	Lagos-Murtala Mohammed, 5N	MFM	Macau International, B-M
KYZ	Kyzyi, RA	LPA	Las Palmas-Gran Canaria, EC	MFN	Milford Sound, ZK
KZN	Kazan-Bonsoglebskow, RA	LPB	La Paz-El Alto, CP	MGA	Managua-Sandino, YN
KZO	Kzyl-Orda, UN	LPI	Linkoping-Malmen, SE	MGB	Mount Gambier, VIC
LAD	Luanda-4 de Fevereiro, D2	LPK	Lipetsk, RA	MGL	Mönchengladbach, D
LAE	Lae-Nadzab, P2	LPL	Liverpool-John Lennon International, G	MGQ	Mogadishu International, 6O
LAF	Lafayette-Purdue University, IN			MHB	Auckland-Mechanics Bay, ZK
LAJ	Lages, PP	LPP	Lappeenranta, OH	MHD	Mashad-Shahid Hashemi Nejad International, EP
LAL	Lakeland Regional, FL	LPY	Le Puy-Loudes, F		
LAO	Laoag International, RP	LRD	Laredo International, TX	MHG	Mannheim-Neu Ostheim, D
LAP	La Paz Gen Leon International, XA	LRE	Longreach, Qld	MHH	Marsh Harnour, C6
		LRH	La Rochelle-Laleu, F	MHP	Minsk 1 International, EW
LAS	Las Vegas-McCarran International, NV	LRR	Lar, EP	MHQ	Mariehamn, OH
		LSI	Sumburgh, G	MHR	Sacramento-Mather, CA
LAW	Lawton, OK	LST	Launceston, TAS	MHV	Mojave-Kern Co, CA
LAX	Los Angeles International, CA	LTN	London-Luton, G	MIA	Miami International, FL
LBA	Leeds-Bradford, G	LTX	Latacunga, HC	MID	Merida, XA

Code	Location	Code	Location	Code	Location
MIE	Newcastle, IN	MYR	Myrtle Beach, SC	OLM	Olympia, WA
MIR	Monastir-Habib Bourguiba International, TS	MYV	Marysville-Yuba Co, CA	OMA	Omaha-Eppley Field, NE
		MYY	Miri, 9M	OME	Nome, AK
MIU	Maiduguri, 5N	MZJ	Marana-Pinal Airpark, AZ	OMS	Omsk-Severny, RA
MJI	Mitiga, 5A	NAG	Nagpur-Sonegaon, VT	ONT	Ontario International, CA
MJM	Mbuji Mayi, 9Q	NAL	Nalchik, RA	OOL	Coolangatta, Qld
MJZ	Mirny, RA	NAN	Nadi International, DQ	OPF	Opa Locka, FL
MKC	Kansas City Downtown, MO	NAP	Naples-Capodichino, I	OPO	Porto, CS
MKE	Milwaukee-Mitchell Field, WI	NAS	Nassau International, C6	ORB	Orebro-Bofors, SE
MKY	MacKay, Qld	NAY	Beijing-Nan Yuan, B	ORD	Chicago-O'Hare Intl, IL
MLA	Luqa, 9H	NBO	Nairobi-Jomo Kenyatta International, 5Y	ORG	Paramaribo-Zorg en Hoop, PZ
MLB	Melbourne-Cape Kennedy, FL				
MLC	McAlester-Regional, OK	NCE	Nice-Cote d'Azur, F	ORK	Cork, EI
MLE	Male International, 8Q	NCL	Newcastle, G	ORL	Orlando-Executive, FL
MLH	Basle-Mulhouse EuroAirport, F	NDJ	N'djamena, TT	ORY	Paris-Orly, F
MLU	Monroe-Regional, LA	NEV	Nevis-Newcastle, V4	OSC	Oscoda-Wurtsmith AFB, MI
MLW	Monrovia-Spriggs Payne. A8	NEW	New Orleans-Lakefront, LA	OSH	Oshkosh-Wittman Field, WI
MMK	Murmansk, RA	NFG	Nefteyugansk, RA	OSL	Oslo International, LN
MML	Marshall-Ryan Field, MN	NGO	Nagoya-Chubu, JA	OSR	Ostrava-Mosnov, OK
MMX	Malmo-Sturup, SE	NGS	Nagasaki, JA	OSS	Osh, EX
MNI	Plymouth-WH Bramble (VP-M)	NHT	RAF Northolt, G	OST	Ostend, OO
MNL	Manila-Nino Aquino International, RP	NIC	Nicosia, 5B	OTP	Bucharest-Otopeni Intl, YR
		NIM	Niamey-Diori Hamani, 5U	OTS	Anacortes, WA
MNZ	Manassas, VA	NKC	Nouakchott, 5T	OTZ	Kotzebue-Wien Memorial, AK
MOB	Mobile-Regional, AL	NKG	Nanjing, B	OUA	Ouagadougou, XT
MOL	Molde, LN	NKM	Nagoya-Komaki AFB, JA	OUL	Oulu, OH
MON	Mount Cook, ZK	NLK	Norfolk Island, NSW	OVB	Novosibirsk-Tolmachevo, RA
MOR	Morristown, TN	NLO	Kinshasa-N'dolo, 9Q	OVD	Castrillón-Asturias (EC)
MPB	Miami-Watson Island SPB, FL	NLP	Nelspruit, ZS	OWD	Norwood Memorial, MA
MPL	Montpellier-Mediterranean, F	NNK	Naknek, AK	OXB	Bissau Vierira Intl, J5
MPM	Maputo, C9	NNR	Connemara, EI	OXC	Oxford-Waterbury, CT
MPR	McPherson, KS	NOA	Nowra, NSW	OXR	Oxnard, CA
MPW	Marlupol, UR	NOE	Norden-Norddeich, D	OYS	Mariposa-Yosemite, CA
MQF	Magnitogorsk, RA	NOU	Noumea-La Tontouta, F-O	OZH	Zaporozhye-Mokraya, UR
MQL	Mildura, VIC	NOZ	Novokuznetsk, RA	PAC	Albrook-Marcos A Gelabert Panama City, HP
MQS	Mustique International, J8	NPE	Napier, ZK		
MQT	Marquette-Sawyer, MI	NQA	Millington, TN	PAD	Paderborn-Lippstadt, D
MQY	Smyrna, TN	NQN	Neuquen, LV	PAE	Everett-Paine Field, WA
MRI	Anchorage-Merrill Field, AK	NQY	Newquay-St Mawgan, G	PAP	Port-au-Prince International, HH
MRO	Masterton, ZK	NRK	Norrkoping, SE		
MRS	Marseille-Marignane, F	NRT	Tokyo-Narita International, JA	PAQ	Palmer Municipal, AK
MRU	Plaisance International, 3B	NSI	Yaounde, TJ	PAZ	Poza Rica, XA
MRV	Mineralnye Vody, RA	NSK	Norilsk, RA	PBG	Plattsburgh, NY
MRX	Morristown Nexrad, TN	NSN	Nelson, ZK	PBH	Paro, A5
MSC	Mesa-Falcon Field, AZ	NSO	Scone, NSW	PBI	Palm Beach Intl, FL
MSE	Manston-Kent International, G	NTB	Notodden, LN	PBM	Paramaribo-Pengel Interntional, PZ
MSO	Missoula Johnson-Bell Field, MT	NTE	Nantes-Atlantique, F		
		NTL	Newcastle-Williamstown, NSW	PCB	Pondok Cabe, PK
MSP	Minneapolis-St Paul International, MN	NTY	Sun City-Pilansberg, ZS	PCL	Pucalipa-Rolden, OB
		NUE	Nurenburg, D	PCM	Playa del Carmen, XA
MSQ	Minsk 2 International, , EW	NVA	Neiva-La Marquita, HK	PDC	La Verne-Bracketts Field, CA
MST	Maastricht-Aachen, PH	NVR	Novgorod, RA	PDK	Atlanta-Peachtree, GA
MSU	Maseru-Moshoeshoe, 7P	NWI	Norwich, G	PDL	Ponta Delgada, CS
MSY	New Orleans International, LA	NYM	Nadym, RA	PDV	Plovdiv, LZ
MTM	Metlakatla, AK	NYO	Nykoping-Skavsta, SE	PDX	Portland International, OR
MTN	Baltimore-Glenn L Martin, MD	NZC	Jacksonville Cecil Field, FL	PEE	Perm-Bolshoe-Savino, RA
MTS	Manzini-Matsapha, 3D	OAG	Orange, NSW	PEK	Beijing-Capital, B
MTY	Monterey-Gen Escobedo International, XA	OAJ	Jacksonville, NC	PEN	Penang-International, 9M
		OAK	Oakland International, CA	PER	Perth International, WA
MUB	Maun, A2	OAX	Oaxaca-Xoxocotlan, XA	PEZ	Penza, RA
MUC	Munich-Franz Joseph Straus, F	OBF	Oberpfaffenhofen, D	PFO	Paphos International, 5B
MUN	Maturin, YV	OBN	Oban, G	PGA	Page, AZ
MVA	Myvatn-Rykiahlid, TF	OBO	Obihiro, JA	PGD	Punta Gorda-Charlotte Co, FL
MVD	Montevideo-Carrasco International, CX	OCF	Ocala-Taylor Field, FL	PGF	Perpignan-Rivesaltes, F
		ODB	Cordoba-Palma del Rio, EC	PGX	Perigueux-Brassillac, F
MVQ	Mogilev, EW	ODE	Odense-Beldringe, OY	PHC	Port Harcourt, 5N
MVY	Martha's Vineyard, MA	ODS	Odessa-Tsentralny, UR	PHE	Port Hedland, WA
MWO	Middletown-Hook Field Memorial, OH	ODW	Oak Harbor, WA	PHF	Newport News, VA
		OEL	Orel, RA	PHL	Philadelphia International, PA
MWZ	Mwanza, 5H	OGG	Kahului-Intl, HI	PHS	Phitsanulok-Sarit Sena, HS
MXE	Maxton, NC	OGL	Georgetown-Ogle, 8R	PHX	Phoenix-Sky Harbor Intl, AZ
MXN	Morlaix-Ploujean, F	OGZ	Vladikvavkaz-Beslan, RA	PHY	Phetchabun, HS
MXP	Milan-Malpensa, I	OKA	Okinawa-Naha, JA	PIE	St Petersburg-Clearwater Intl, FL
MXX	Mora-Siljan, SE	OKC	Oklahoma City-Will Roger, OK		
MYD	Malindi, 5Y	OKD	Sapporo-Okadama, JA	PIK	Prestwick, G
MYL	McCall, ID	OLB	Olbia-Costa Smeralda, I	PIR	Pierre-Regional, SD

775

Code	Location	Code	Location	Code	Location
PIT	Pittsburgh Intl, PA	QLA	Lasham, G	SBD	San Bernadino-Norton AFB, CA
PKC	Petropavlovsk Kamchatsky-Yelizovo, RA	QPG	Paya Lebar, 9V	SBH	St Barthelemy, F-O
		QPI	Palmira, CP	SBP	San Luis Obispo, CA
PKR	Pokhara, 9N	QRA	Johannesburg-Rand, ZS	SBY	Salisbury-Wicomico, MD
PKU	Pekanbaru-Simpang Tiga, PK	QRC	Rancagua-de la Independence, CC	SCC	Prudhoe Bay, AK
PKV	Pskov, RA			SCH	Schenectady County, NY
PLB	Plattsburgh-Clinton Co, NY	QSC	San Carlos, PP	SCI	San Cristobal-Paramilio, YV
PLH	Plymouth, G	QSM	Utersen, D	SCK	Stockton Metropolitan, CA
PLL	Manaus-Ponta Pelada, PP	QTK	Rothenburg, D	SCL	Santiago-Merino Benitez International, CC
PLS	Providenciales Intl, VQ-T	RAB	Rabaul, P2		
PLU	Belo Horizonte-Pampulha, PP	RAI	Praia-Mendes, D4	SCN	Saarbrucken-Ensheim, D
PLV	Poltava, UR	RAK	Marrakesh-Menara, CN	SCU	Santiago de Cuba, CU
PLX	Semipalatisnk, UN	RAO	Ribeirao Preto, PP	SCW	Syktyvkov, RA
PMB	Pembina, ND	RAR	Rarotonga, E5	SDA	Damascus- International, YK
PMC	Puerto Montt, CC	RAS	Rasht, EP	SDF	Louisville-Standiford Field, KY
PMD	Palmdale, CA	RBA	Rabat-Sale, CN	SDJ	Sendai, JA
PMF	Parma, I	RBR	Rio Branco-Medici, PP	SDQ	Santo Domingo Intl, HI
PMI	Palma de Mallorca, EC	RBY	Ruby-Municipal, AK	SDU	Rio de Janeiro-Santos Dumont, PP
PMO	Palermo-Punta Raisi, I	RCM	Richmond, Qld		
PMR	Palmerston-North, ZK	RDD	Redding-Municipal, CA	SDV	Tel Aviv-Sde Dov, 4X
PNA	Pamplona, EC	RDG	Reading-Gen Spaatz Field, PA	SEA	Seattle-Tacoma Intl, WA
PNE	Philadelphia-Northern, PA	RDM	Redmond-Roberts Field, OR	SEL	Seoul-Kimpo Intl, HL
PNH	Phnom Penh-Pochentong, XU	RDU	Raleigh-Durham Intl, NC	SEN	Southend, G
PNI	Pohnpei-Caroline Islands, V6	REC	Recife-Guararapes, PP	SEZ	Mahe-Seychelles Intl, S7
PNK	Pontianak-Supadio, PK	REK	Reykjavik, TF	SFB	Sanford Regional, FL
PNR	Pointe Noire, TN	REN	Orenburg-Tsentralny, RA	SFC	St Francois, F-O
PNS	Pensacola-Regional, FL	REP	Siem Reap, XU	SFD	San Fernando de Apure, YV
PNX	Sherman-Denison, TX	REX	Reynosa-Gen Lucio Blanco International, XA	SFG	St Martin-Esperance, F-O
POA	Porto Alegre-Canoas, PP			SFJ	Kangerlussuaq-Sondre Stromfjord, OY
POC	La Verne-Brackett Field, CA	RFD	Rockford, IL		
POG	Port Gentil, TR	RGN	Yangon International, XY	SFO	San Francisco Intl, CA
POM	Port Moresby, P2	RHE	Reims Champagne, F	SFS	Subic Bay Intl, PR
POP	Puerto Plata International, HI	RHI	Rhinelander-Oneida Co, WI	SFT	Skelleftea, SE
POS	Port of Spain-Piarco, 9Y	RHO	Rhodes-Diagoras, SX	SGC	Surgut, RA
POW	Portoroz, S5	RIC	Richmond-Byrd Intl, VA	SGD	Sondeberg, OY
POX	Pontoise-Cormeilles, F	RIX	Riga-Skulte International, YL	SGF	Springfield-Branson Regional, MO
PPB	Presidente Prudente, PP	RJK	Rijeka, 9A		
PPG	Pago Pago International, N	RKD	Rockland-Knox County, ME	SGH	Springfield-Beckley, OH
PPK	Petropavlovsk, UN	RKE	Roskilde, OY	SGL	Manila-Sangley Point, RP
PPQ	Paraparaumu, ZK	RKT	Ras al Khaimah Intl, A6	SGN	Ho Chi Minh City-Tansonnhat, VN
PPT	Papeete-Faaa, , F-O	RLG	Rostock-Laage, D		
PQQ	Port Macquarie, NSW	RMA	Roma, Qld	SGU	St George Municipal UT
PRA	Parana, LV	RMI	Rimini, I	SGW	Saginaw Bay, AK
PRC	Prescott-Ernest A Love Field, AZ	RML	Colombo-Ratmalana, 4R	SGY	Skagway Municipal, AK
		RNC	McMinnville-Warren Co, OR	SGZ	Songkhla, HS
PRG	Prague-Ruzyne, OK	RNO	Reno-Cannon Intl, NV	SHA	Shanghai-Hongqiao, B
PRN	Pristina, YU	RNS	Rennes-St Jacques, F	SHE	Shenyang, B
PRV	Prerov, OK	RNT	Seattle-Renton, WA	SHJ	Sharjah International, A6
PRY	Pretoria-Wonderboom, ZS	ROB	Monrovia Roberts Intl, A8	SHR	Sheridan County, WY
PSA	Pisa-Galileo, I	ROK	Rockhampton, IL	SIA	Xi'an-Xiguan, B
PSM	Portsmouth-Pease Intl, NH	ROM	Rome Urbe, I	SID	Sal-Amilcar Cabral Intl, D4
PSR	Pescara, I	ROR	Koror-Airai, T8A	SIG	San Juan-Isla Grande, PR
PSY	Port Stanley, VP-F	ROS	Rosario-Fisherton, LV	SIN	Singapore-Changi, 9V
PTA	Port Alsworth, AK	ROT	Rotorua, ZK	SIP	Simferopol, UR
PTG	Pietersburg-Gateway, ZS	ROV	Rostov-on-Don, RA	SIR	Sion, HB
PTI	Port Douglas, Qld	ROW	Roswell-Industrial Air Center, NM	SIT	Sitka, AK
PTK	Pontiac-Oakland, MI			SIX	Singleton, NSW
PTN	Ptterson-HPW Memorial, LA	RPM	Ngukurr, NT	SJC	San Jose International, CA
PTP	Pointe a Pitre-Le Raizet, F-O	RSE	Sydney-Al Rose, Qld	SJJ	Sarajevo-Butmir, T9
PTY	Panama City-Tocumen Intl, HP	RTM	Rotterdam, PH	SJK	Sao Jose dos Campos, PP
PUF	Pau-Pyrenees, F	RTW	Saratov-Tsentrainy, RA	SJO	San Jose-Juan Santamaria International, YS
PUG	Port Agusta, SA	RUH	Riyadh-King Khalid International, HZ		
PUQ	Punta Arenas, CC			SJU	San Juan-Luis Munoz Marin International, PR
PUU	Puerto Asi, HK	RUN	St Denis-Gilot, F-O		
PUY	Pula, 9A	RVH	St Petersburg-Rzhevka, RA	SJY	Deinajoki-Ilmajoki, OH
PVG	Shanghai-Pu Dong Intl, B	RWN	Rivnu, UR	SKB	Basseterre-Golden Rock, V4
PVH	Porto Velho, PP	RYB	Rybinsk-Staroselye, RA	SKD	Samarkand, UK
PVR	Puerto Vallarta-Lic Gustavo Dias Ordaz International, XA	RZN	Ryazan, RA	SKE	Skien-Geiteryggen, LN
		SAH	Sana'a International, 7O	SKF	San Antonio-Kelly AFB, TX
PVU	Provo-Municipal. UT	SAL	San Salvador-Comalapa International, YS	SKH	Surkhet, 9N
PWK	Chicago-Pal Waukee, IL			SKP	Skopje, Z3
PWM	Portland Intl Jetport, ME	SAN	San Diego-Lindbergh Intl, CA	SKX	Saransk, RA
PWQ	Pavlodar, UN	SAT	San Antonio International, TX	SKY	Sandusky, OH
PYL	Perry Island SPB, AK	SAW	Instanbul-Sabiha Gokcen International, TC	SLA	Salta International, LV
PZE	Penzance, G			SLC	Salt Lake City Intl, UT
QKC	Karaj-Payam, EP	SBA	Santa Barbara Municipal, CA	SLM	Salamanca Matacan, EC

SLU	Castries, J6
SLW	Saltillo, XA
SLY	Salekhard, RA
SMA	Santa Maria-Vila do Porto, CS
SMF	Sacramento-Metropolitan, CA
SML	Stella Maris, C6
SMN	Salmon, ID
SMO	Santa Monica, CA
SMX	Santa Maria-Public, CA
SNA	John Wayne-Orange Co, CA
SNN	Shannon, EI
SNR	St Nazaire-Montoir, F
SOD	Sorocaba, PP
SOF	Sofia-Vrazhdebna Intl, LZ
SOU	Southampton International, G
SOW	Show Low-Municipal, AZ
SPB	St Thomas Seaplane, VI
SPI	Springfield Capital, IL
SPN	Saipan Island International, N
SPR	San Pedro, V3
SPU	Split, 9A
SPW	Spencer Municipal, IA
SPZ	Springdale, AR
SRG	Senerang, PK
SRN	Strahan, Tas
SRQ	Sarasota-Bradenton Intl, FL
SRZ	Santa Cruz-El Trompillo, CP
SSA	Salvador-Dois de Julho, PP
SSG	Malabo, 3C
SSH	Sharm el Sheikh, SU
SSQ	La Sarre, QU
STA	Stauning, OY
STI	Santiago International, HI
STL	St Louis-Lambert Intl, MO
STM	Santarem-Gomez Intl, PP
STN	London-Stansted, G
STR	Stuttgart, D
STS	Santa Rosa-Sonoma, CA
STT	St Thomas-Cyril E King, VI
STU	Santa Cruz, V3
STW	Stavropol-Shpakovskoye, RA
STX	St Croix -Hamilton Airport, VI
SUA	Stuart-Witham Field, FL
SUB	Surabaya-Juanda, PK
SUI	Sukhumi, 4L
SUS	St Louis-Spirit of St Louis, MO
SUV	Suva-Nausori, DQ
SVD	Kingstown-ET Joshua , V8
SVG	Stavanger-Sola, LN
SVH	Statesville Municipal, NC
SVO	Moscow-Sheremetyevo, RA
SVQ	Seville-San Pablo, EC
SVU	SavuSavu, DQ
SVX	Yekaterinburg-Koltsovo, RA
SWA	Shantou, B
SWF	Newburgh-Steward-Hudson Valley International, NY
SWH	Swan Hill, Vic
SXF	Berlin-Schönefeld, D
SXM	St Maarten-Philipsburg, PJ
SXQ	Soldotna, AK
SYD	Sydney-Kingsford Smith International, NSW
SYR	Syracuse-Hancock Intl, NY
SYQ	San Jose-Tobias Bolanos International, YS
SYX	Sanya-Fenghuang, B
SYY	Stornoway, G
SYZ	Shiraz International, EP
SZB	Subang-Sultan Abdul Aziz Shah International, 9M
SZG	Salzburg, OE
SZO	Shanzhou, B
SZX	Shenzhen-Huangtian, B
SZZ	Szczecin-Goleniow, SP
TAB	Scarborough-Crown Point, 9Y
TAM	Tampico-Gen Francisco Javier Mina International, XA
TAR	Taranto-Grottaglie, I
TAS	Tashkent-Yuzhny, UK
TAT	Tatry-Poprad, OM
TBG	Tabubil, P2
TBS	Tbilisi-Novo Alexeyevka, 4L
TBU	Tongatapu-Fua'Amotu Intl, A3
TBZ	Tabriz, EP
TBW	Tambov, RA
TEB	Teterboro, NJ
TED	Thisted, OY
TER	Lajes-Terceira Island, CS
TFN	Tenerife-Norte los Rodeos, EC
TFS	Tenerife-Sur Reine Sofia, EC
TGD	Podgorica, YU
TGR	Touggourt, 7T
TGU	Tegucigalpa-Toncontin Intl, HR
TGZ	Tuxtla-Gutierrez, XA
THE	Terresina, PP
THF	Berlin-Tempelhof, D
THN	Trolhattan-Vanersborg, SE
THR	Teheran-Mehrabad Intl, EP
TIA	Tirana-Rinas, ZA
TIF	Taif, HZ
TIJ	Tijuana-Rodriguez Intl, XA
TIP	Tripoli International, 5A
TIS	Thursday Island, Qld
TIV	Tivat, YU
TJM	Tyumen-Roschino, RA
TKA	Talkeetna, AK
TKJ	Tok, AK
TKU	Turku, OH
TLC	Toluca-Alfonso Lopez, XA
TLL	Tallinn-Ylemiste, ES
TLR	Tulare-Mefford Field, CA
TLS	Toulouse-Blagnac, F
TLV	Tel Aviv-Ben Gurion Intl, 4X
TMB	Miami-New Tamiami, FL
TML	Tamale, 9G
TMO	Tumeremo, YV
TMP	Tampere-Pirkkala, OH
TMS	Sao Tome International, 9L
TMW	Tamworth-Westdale, NSW
TNA	Jinan, B
TNF	Toussus-le-Noble, F
TNN	Tainan, B
TNR	Antananarivo, 5R
TOA	Torrance, CA
TOE	Tozeur-Nefta, TS
TOF	Tomsk, RA
TOL	Toledo-Express, OH
TOM	Tombouctu, TZ
TPA	Tampa International, FL
TPE	Taipei-Chiang Kai Shek Intl, B
TPQ	Tepic, XA
TPS	Trapani, I
TRD	Trondheim-Vaernes, LN
TRG	Tauranga, ZK
TRN	Turin-Caselle, I
TRS	Trieste, I
TRW	Tarawa, T3
TSA	Taipei-Sung Shan, B
TSE	Astana, UN
TSM	Taos-Municipal, NM
TSN	Tianjin, B
TSR	Timisoara-Giarmata, YR
TSV	Townsville, Qld
TTD	Portland-Troutdale, OR
TTN	Mercer-County, Trenton, NJ
TUL	Tulsa International, OK
TUN	Tunis-Carthage, TS
TUO	Taupo, ZK
TUS	Tucson International, AZ
TWB	Toowoomba, Qld
TWF	Twin Falls, Joslin Field-
TXK	Texarkana Municipal, AR
TXL	Berlin-Tegel, D
TYA	Tula, RA
TYF	Torsby-Frylanda, SE
TYN	Taiyuan-Wusu, B
TYS	Knoxville-McGhee Tyson, TN
TYZ	Taylor, AZ
TZA	Belize-Municipal, V3
UAO	Aurora-State, OR
UBS	Columbus-Lowndes Co, MS
UCT	Ukhta, RA
UES	Waukesha, WI
UFA	Ufa, RA
UIK	Ust-Ilimsk, RA
UIO	Quito-Mariscal Sucre, HC
UKK	Ust-Kamenogorsk, UN
UKX	Ust-Kut, RA
ULN	Ulan Bator, JU
ULY	Ulyanovsk, RA
UME	Umea, SE
UNK	Unalakleet Municipal, AK
UNU	Juneau-Dodge Co, AK
UPG	Ujang Pendang, PK
UPN	Uruapan, XA
URA	Uratsk, UN
URC	Urumqi-Diwopou, B
URS	Kursk, RA
UTN	Upington, ZS
UTP	Utapao, HS
UTT	Umtata, ZS
UUA	Bugulma, RA
UUD	Ulan Ude-Mukhino, RA
UUS	Yuzhno-Sakhalinsk, RA
VAI	Vanimo, P2
VAR	Varna International, LZ
VBS	Brescia, I
VCE	Venice-Marco Polo, I
VCP	Sao Paulo-Viracopos, PP
VCT	Victoria-Regional, TX
VCV	Victorville, CA
VDM	Viedma-Castello, LV
VDZ	Valdez-Municipal, AK
VER	Vera Cruz-Jara Intl, XA
VFA	Victoria Falls, Z
VGD	Vologda, RA
VGT	Las Vegas-North, NV
VIE	Vienna-Schwechat, OE
VIH	Vichy-Rolla National, MO
VIR	Durban-Virginia, ZS
VIS	Visalia-Municipal, CA
VKO	Moscow-Vnukovo, RA
VLC	Valencia, EC
VLE	Valle-J Robidoux , AZ
VLI	Port Vila-Bauerfield, YJ
VLK	Volgodonsk, RA
VLL	Volladolid, EC
VLN	Valencia International, YV
VLU	Velikie Linki, RA
VNC	Venice, FL
VNE	Vannes-Meucon, F
VNO	Vilnius International, LY
VNY	Van Nuys, CA
VOG	Volgograd-Gumrak, RA
VOZ	Voronezh-Chertovtskye, RA
VPC	Cartersville, GA
VQS	Vieques, PR
VRN	Verona-Villafranca, I
VSG	Lugansk, UR
VTE	Vientiane-Wattay, RDPL
VTG	Vung Tau, VN
VVC	Villavicencio- La Vanguardia, HK
VVI	Santa Cruz-Viru Viru Intl, CP
VVO	Vladivostock-Knevichi, RA
WAG	Wanganui, ZK

777

WAT	Waterford, EI
WAW	Warsaw-Okecie, SP
WDH	Windhoek-Hosea Kutako International, V5
WDR	Winder-Barrow Co, GA
WFB	Ketchikan Waterfront SPB, AK
WGA	Wagga Wagga, NSW
WHO	Franz Josef Glacier, ZK
WHP	Los Angeles-Whiteman Field, CA
WIL	Nairobi-Wilson, 5Y
WIR	Wairoa, ZK
WKA	Wanaka, ZK
WLG	Wellington International, ZK
WMX	Wamena, PK
WOE	Woensdrecht, PH
WOW	Willow, AK
WRO	Wroclaw-Strachowice, SP
WST	Westerly State, RI
WSY	Airlie Beach-Whitsunday, Qld
WUH	Wuhan, B
WVB	Walvis Bay, V5
WVL	Waterville-Lafleur, ME
WVN	Wilhelmshaven-Mariensiel, D
WWA	Wasilla, AK
WYA	Whyalla, SA
WYN	Wyndham, WA
XBE	Bearskin Lake, ON
XCM	Chatham, ON
XCR	Vatry, F
XFW	Hamburg-Finkenwerder, D
XIY	Xi'an Xianyang, B
XLS	Saint Louis, 6V
XLW	Lemwerder, D
XMN	Xiamen-Gaoqi, B
XPK	Pukatawagan, MB
XSP	Singapore-Seletar, 9V
YAG	Fort Frances Municipal, QC
YAM	Sault Ste Marie, ON
YAO	Yaounde, TJ
YAW	Halifax-Shearwater CFB, NS
YBC	Baie Comeau, QC
YBL	Campbell River, BC
YBW	Calgary Springbank, AL
YBX	Lourdes-de-Blanc Sablon, QC
YCA	Courtenay, BC
YCB	Cambridge Bay, NT
YCD	Nanaimo-Cassidy, BC
YCE	Centralia, ON
YCH	Miramichi, NB
YCL	Charlo, NB
YCN	Cochrane-Lillabelle Lake, ON
YCR	Cross Lake-Sinclair Memorial, MB
YCW	Chilliwack, BC
YDF	Deer Lake, NL
YDL	Dease Lake, BC
YDQ	Dawson Creek, BC
YDT	Vancouver-Boundary Bay, BC
YDU	Kasba Lake, NT
YEG	Edmonton-International, AB
YEL	Elliott Lake-Municipal, ON
YEV	Inuvik-Mike Zubko, NT
YFB	Iqaluit, NT
YFC	Fredericton, NB
YFO	Flin Flon, MB
YFS	Fort Simpson, NT
YGG	Ganges Harbour, AK
YGH	Fort Good Hope, NT
YGL	La Grande Riviere, QC
YGM	Gimli, MB
YGR	Iles de la Madeleine, QC
YGV	Havre St Pierre, QC
YGX	Gillam, MB
YHF	Hearst, ON
YHM	Hamilton, ON
YHN	Homepayne, ON
YHR	Chevery, QC
YHS	Sechelt-Gibson, BC
YHT	Haines Junction, YK
YHU	Montreal-St Hubert, QC
YHY	Hay River, NT
YHZ	Halifax International, NS
YIB	Atikokan Municipal, ON
YIP	Detroit-Willow Run, MI
YJF	Fort Liard, NT
YJN	St Jean, QC
YKA	Kamloops, BC
YKE	Knee Lake, MB
YKF	Kitchener-Waterloo, ON
YKL	Schefferville, QC
YKS	Yakutsk, RA
YKZ	Toronto-Buttonville, ON
YLB	Lac la Biche, AB
YLJ	Meadow Lake, SK
YLL	Lloydminster, AB
YLP	Mingan, QC
YLQ	La Tuque, QC
YLT	Alert, NT
YLW	Kelowna, BC
YMM	Fort McMurray, AB
YMO	Moosonee, ON
YMP	Port McNeil, BC
YMT	Chibougamau-Chapais, QC
YMX	Montreal-Mirabel Intl, QC
YNA	Natashquan, QC
YNC	Wemindji, QC
YND	Ottawa-Gatineau, QC
YNF	Corner Brook, NL
YNR	Arnes, MB
YOJ	High Level/Footner Lake, AB
YOO	Oshawa, ON
YOW	Ottawa-McDonald Cartier International, QC
YPA	Prince Albert, SK
YPB	Port Alberni-Sproat Lake, BC
YPD	Parry Sound, ON
YPE	Peace River, AB
YPL	Pickle Lake, ON
YPQ	Peterborough
YPR	Prince Rupert-Digby Island, BC
YPZ	Burns Lake, BC
YQA	Muskoka, ON
YQB	Quebec-Jean Lesage Intl, QC
YQD	The Pas, MB
YQF	Red Deer, AB
YQH	Watson Lake, YT
YQK	Kenora, ON
YQN	Nakina, ON
YQR	Regina, SK
YQS	St Thomas, ON
YQT	Thunder Bay, ON
YQU	Grande Prairie, AB
YQV	Yorkton, SK
YQX	Gander International, NL
YRB	Resolute Bay, NT
YRJ	Roberval, QC
YRL	Red Lake, ON
YRO	Ottawa-Rockcliffe, ON
YRP	Carp, ON
YRT	Rankin Inket, NU
YSB	Sudbury, ON
YSE	Squamish, BC
YSF	Stony Rapids, SK
YSJ	Saint John, NB
YSM	Fort Smith, NT
YSN	Salmon Arm, BC
YSQ	Atlin-Spring Island, BC
YTA	Pembroke, ON
YTF	Alma, QC
YTH	Thompson, MB
YTP	Tofino SPB, BC
YTZ	Toronto-City Centre, ON
YUL	Montreal-Pierre Elliot Trudeau, QC
YUY	Rouyn-Noranda, QC
YVA	Moroni-Iconi, D6
YVC	La Ronge, SK
YVG	Vermillion Bay, AB
YVO	Val d'Or/La Grande, QC
YVP	Kuujjuaq, QC
YVQ	Norman Wells, NT
YVR	Vancouver International, BC
YVT	Buffalo Narrows, SK
YVV	Wiarton, ON
YWF	Halifax-Waterfront Heliport, NS
YWG	Winnipeg International, MB
YWH	Victoria-Inner Harbour, BC
YWJ	Deline, NT
YWK	Wabush, NL
YWR	White River, ON
YWS	Whistler, BC
YXD	Edmonton Municipal, AB
YXE	Saskatoon-John D Diefenbacker, SK
YXH	Medicine Hat, AB
YXJ	Fort St John, BC
YXK	Rimouski, QC
YXL	Sioux Lookout, ON
YXS	Prince George, BC
YXT	Terrace, BC
YXU	London, ON
YXX	Abbotsford, BC
YXY	Whitehorse, YT
YXZ	Wawa-Hawk Junction, ON
YYB	North Bay, ON
YYC	Calgary-International, AB
YYD	Smithers, BC
YYE	Fort Nelson, BC
YYF	Penticton, BC
YYG	Charlottetown, PE
YYJ	Victoria-International, BC
YYL	Lynn Lake, MB
YYQ	Churchill, MB
YYR	Goose Bay, NL
YYT	St Johns, NL
YYW	Armstrong, ON
YYZ	Toronto-Lester B Pearson International, ON
YZF	Yellowknife, NT
YZH	Slave Lake, AB
YZT	Port Hardy, BC
YZU	Whitecourt, AB
YZV	Sept-Iles, QC
ZAG	Zagreb-Pleso, 9A
ZAM	Zamboanga Intl, RP
ZAZ	Zaragoza, EC
ZFD	Fond du Lac, SK
ZFM	Fort McPherson, NT
ZIH	Ixtapa-Zihuatenejo International, XA
ZJN	Swan River, MB
ZNQ	Ingolstadt, D
ZNZ	Zanzibar-Kisuani, 5H
ZPB	Sachigo Lake , ON
ZQN	Queenstown-Frankston, NZ
ZQS	Queen Charlotte, BC
ZRH	Zurich-Kloten, HB
ZRJ	Weagqmow-Round Lake, ON
ZSJ	Sandy Lake, ON
ZSW	Price Rupert-Seal Cove, BC
ZTH	Zante-Zakinthos, SX
ZTR	Zhitomyr, UR
ZUC	Ignace, ON
ZUH	Zhuhai-Jiuzhou, B

NATIONALITY INDEX

This index lists the world's current registration prefixes and is a guide to their location in the main part of the book

Prefix	Country	Page
YA-	Afghanistan	628
ZA	Albania	643
7T-	Algeria	683
C3	Andorra	126
D2-	Angola	146
VP-A	Anguilla	603
V2-	Antigua & Barbuda	614
LQ-, LV-	Argentina	271
EK-	Armenia	169
P4-	Aruba	498
VH-	Australia	582
OE-	Austria	455
4K-	Azerbaijan	661
C6-	Bahamas	127
A9C-	Bahrain	17
S2-	Bangladesh	549
8P-	Barbados	683
EW-	Belarus	177
OO-	Belgium	462
V3-	Belize	614
TY-	Benin	566
VP-B	Bermuda	-
A5-	Bhutan	10
CP-	Bolivia	119
T9-	Bosnia-Herzegovina	566
A2-	Botswana	8
PP--PU	Brazil	484
VP-L	British Virgin Islands	604
V8-	Brunei-Darussalam	616
LZ-	Bulgaria	276
XT-	Burkina Faso	627
9U-	Burundi	699
XU-	Cambodia	627
TJ-	Cameroon	561
C-	Canada	48
D4-	Cape Verde Islands	148
VP-C	Cayman Islands	603
TL-	Central African Republic	561
CC-	Chile	114
B-	China (People's Republic)	18
B-	China (Republic of)	45
HK-	Colombia	225
D6-	Comoros	149
TN-	Congo (People's Republic of)	562
9Q-	Congo (Democratic Republic of)	695
E5-	Cook Islands	183
TI-	Costa Rica	560
TU-	Cote d'Ivoire	574
9A-	Croatia	685
CU-	Cuba	124
5B-	Cyprus	667
OK-	Czech Republic	460
OY-	Denmark	466
J2-	Djibouti	265
J7-	Dominica	-
HI-	Dominican Republic	224
HC-	Ecuador	222
SU-	Egypt	544
YS-	El Salvador	633
3C-	Equatorial Guinea	659
E3-	Eritrea	183
ES-	Estonia	176
ET-	Ethiopia	177
VP-F	Falkland Islands	603
DQ-	Fiji	144
OH-	Finland	458
F-	France	183
F-O	French Overseas Territories	193
TR-	Gabon	563
C5-	Gambia	126
4L-	Georgia	662
D-	Germany	129
9G-	Ghana	686
VP-G	Gibraltar	-
SX-	Greece	547
J3-	Grenada	-
TG-	Guatemala	559

Prefix	Country	Page
3X-	Guinea	661
J5-	Guinea-Bissau	266
8R-	Guyana	684
HH-	Haiti	223
HR-	Honduras	236
B-H, B-K	Hong Kong	41
HA-	Hungary	217
TF-	Iceland	557
VT-	India	605
PK-	Indonesia	475
EP-	Iran	171
YI-	Iraq	629
EI-, EJ-	Ireland	164
M-	Isle of Man	
4X-	Israel	663
I-	Italy	243
TU-	Ivory Coast	566
6Y-	Jamaica	681
JA	Japan	253
JY-	Jordan	264
UN-	Kazakhstan	568
5Y-	Kenya	676
T3-	Kiribati	566
P-	Korea (North)	469
HL	Korea (South)	231
9K-	Kuwait	687
EX-	Kyrgyzstan	178
RDPL-	Laos	528
YL-	Latvia	631
OD-	Lebanon	454
7P-	Lesotho	-
A8-	Liberia	17
5A-	Libya	665
LY-	Lithuania	275
LX-	Luxembourg	274
B-M	Macau	44
Z3-	Macedonia	658
5R-	Madagascar	674
7Q-	Malawi	682
9M-	Malaysia	689
8Q-	Maldive Republic	684
TZ-	Mali	566
9H-	Malta	687
V7-	Marshall Islands	616
5T-	Mauritania	675
3B-	Mauritius	659
XA-XC-	Mexico	616
V6-	Micronesia	616
ER-	Moldova	175
3A-	Monaco	658
JU-	Mongolia	263
YU-	Montenegro	634
VP-M	Montserrat	604
CN-	Morocco	118
C9-	Mozambique	129
XY-	Myanmar	628
V5-	Namibia	615
C2-	Nauru	126
9N-	Nepal	694
PH-	Netherlands	470
PJ-	Netherlands Antilles	474
ZK-	New Zealand	643
YN-	Nicaragua	631
5U-	Niger	675
5N-	Nigeria	670
LN-	Norway	267
A4O-	Oman	10
AP-	Pakistan	7
T8A	Palau	567
SU-Y	Palestine	547
HP-	Panama	235
P2-	Papua New Guinea	495
ZP-	Paraguay	648
OB-	Peru	452

779

Prefix	Country	Page	Prefix	Country	Page
RP-	Philippines	529	SE-	Sweden	532
SP-	Poland	539	HB-	Switzerland & Liechtenstein	218
CS-	Portugal	121	YK-	Syria	630
A7-	Qatar	15	EY-	Tajikistan	181
			5H-	Tanzania	668
YR-	Romania	632	TT-	Tchad	565
RA-	Russia	498	HS-	Thailand	237
9XR-	Rwanda	702	5V-	Togo	675
			A3-	Tonga	9
VQ-H	St Helena	-	9Y-	Trinidad & Tobago	703
V4-	St Kitts Nevis	614	TS-	Tunisia	564
J6-	St Lucia	-	TC-	Turkey	552
J8-	St Vincent & Grenadines	266	EZ-	Turkmenistan	182
5W-	Samoa	675	VQ-T	Turks & Caicos Islands	604
T7-	San Marino	567	T2-	Tuvalu	-
S9-	Sao Tome	551			
HZ-	Saudi Arabia	241	5X-	Uganda	675
6V-	Senegal	681	UR-	Ukraine	573
YU	Serbia	634	A6-	United Arab Emirates	10
S7-	Seychelles	551	G-	United Kingdom	195
9L-	Sierra Leone	689	N	United States of America	277
9V-	Singapore	699	CX-	Uruguay	126
OM-	Slovak Republic	462	UK-	Uzbekistan	567
S5-	Slovenia	550			
H4-	Solomon Islands	243	YJ-	Vanuatu	629
6O-	Somalia	681	YV-	Venezuela	635
ZS-	South Africa	649	VN-	Vietnam	602
EC-	Spain	149			
4R-	Sri Lanka	663	7O	Yemen	682
ST-	Sudan	541			
PZ-	Suriname	495	9J-	Zambia	687
3D-	Swaziland	660	Z-	Zimbabwe	641

OPERATOR INDEX

1Time (ZS) ... 662
748 Air Services (5Y) ... 687

Ababeel Aviation (ST) ... 547
Abaco Air (C6) ... 129
Abaete Aerotaxi (PP) ... 490
Abaete Linhas Aereas (PP) ... 490
Abakan-Avia (RA) ... 504
ABC Air Hungary (HA) ... 219
Abitibi Helicoptersr (C) ... 48
Aboitiz Air Transport (RP) ... 535
ABSA Cargo (PP) ... 490
Abu Dhabi Aviation (A6) ... 10
ABX Air (N) ... 281
Abyssinian Flight Services (ET) ... 179
AC Jetz (C) ... 49
Academy Airlines (N) ... 283
Acariza Aviation (5Y) ... 685
ACSA (HI) ... 227
ACT Airlines (TC) ... 558
Action Airlines (N) ... 283
AD Aviation (5Y) ... 685
ADA – Aerolineas de Antioquia (HK) ... 228
Ada Air (ZA) ... 650
AdamAir (PK) ... 480
Ad-Astral (VH) ... 589
Adela Airways (9Q) ... 704
ADES Colombia (HK ... 228
Adirondack Flying Service (N) ... 283
Adlair Aviation (C) ... 49
Adler Aviation (C) ... 49
Adria Airways (S5) ... 556
Adria Wings (9A) ... 694
Advanced Airways (N) ... 283
Advanced Aviation (D) ... 131
Adventure Air (C) ... 49
AEB Taxi Aereo (PT) ... 490
AeBal – Aerolineas Baleares (EC) ... 151
AECA (YV) ... 643
Aegean Airlines (SX) ... 553
Aer Arann (EI) ... 166
Aer Arann Islands (EI) ... 167
Aer Lingus (EI) ... 167
AerCaribe (HK) ... 228
Aereo Ruta Maya (TG) ... 566
Aeriantur-M Airlines (ER) ... 177
Aero Africa (3D) ... 668
Aero Benin (TY) ... 573
Aero Biniza (XA) ... 624
Aero Calafia (XA) ... 624
Aero California (XA) ... 624
Aero Caribe (YV) ... 643
Aero Charter (N) ... 283
Aero Contractors (5N) ... 678
Aero Cuahonte (XA) ... 625
Aero Davinci International (XA) ... 625
Aero Ejecutivos (YV) ... 643
Aero Flite (N) ... 283
Aero Fly Monagas (YV) ... 643
Aero Fret Business (TN) ... 569
Aero Industries (N) ... 283
Aero Kenya (5Y) ... 685
Aero Lanka Airlines (4R) ... 671
Aero Mongolia (JU) ... 267
Aero Rent (RA) ... 504
Aero Service ASF (6V) ... 689
Aero Servicios Suramericanos (YV) ... 643
Aero Sotravia (F) ... 185
Aero Star Taxi Aereo (PT) ... 490
Aero Transporte (OB) ... 457
Aero Tropics (VH) ... 589
Aero Union (N) ... 283
Aero Volga (RA) ... 504
Aero-Charter Ukraine (UR) ... 580
Aero-Kamov (RA) ... 505
Aerobell Air Charter (TI) ... 567
Aerobol (YV) ... 643
Aerobratsk (RA) ... 504
Aerocaribbean (CU) ... 126
Aerocedros (XA) ... 625
Aerocon (CP) ... 121
Aerocondor (CS) ... 123
AeroCondor (OB) ... 457
AeroDan (XA) ... 625
Aerodomca (HI) ... 227
Aeroeste (CP) ... 121
Aeroexpress (5U) ... 683
AeroFerinco (XA) ... 625
Aeroflot Cargo (RA) ... 504
Aeroflot Don Airlines (RA) ... 505
Aeroflot Nord (RA) ... 505
Aeroflot Plus (RA) ... 506
Aeroflot Russian Airlines (RA) ... 506
AeroFuturo (XA) ... 625
Aerogal (HC) ... 225
Aerogaviota (CU) ... 126
Aerogem Airlines (9G) ... 694
Aerogulf Services (A6) ... 11
Aerojet (D2) ... 147
Aerokuzbass (RA) ... 507
Aerolamsa (XA) ... 625
Aeroland Airways (SX) ... 553
Aeroleo Taxi Aereo (PT) ... 490
Aerolift Services (9Q) ... 704
Aeroline (D) ... 131
Aerolinea Principal Chile (CC) ... 116
Aerolineas Argentinas (LV) ... 275
Aerolineas Centauro (XA) ... 625
Aerolineas de la Paz (HK) ... 228
Aerolineas Regionales (XA) ... 625
Aerolineas Sosa (HR) ... 240
Aerolineas Sud Americanas (CP) ... 121
Aerolink Air Services (VH) ... 589
AeroLogic (D) ... 131
Aeromar Airlines (XA) ... 625
Aeromarine (5R) ... 682
AEROMAS (CX) ... 127
Aeromaster Airways (HC) ... 225
Aeromed (YV) ... 643
AeroMexico (XA) ... 626
AeroMexico Connect (XA) ... 627
AeroMexpress Cargo (XA) ... 627
Aeromost Kharkov (UR) ... 580
Aeronaves TSM (XA) ... 627
Aeronord Group (ER) ... 177
Aeronova (EC) ... 151
AeroPacifico (XA) ... 627
Aeropacifico (XA) ... 628
AeroPanamericano (YV) ... 643
Aeropacsa (HC) ... 225
Aeropelican Air Services (VH) ... 589
Aeroperlas (HP) ... 238
Aeropostal (XA) ... 628
Aeropostal (YV) ... 644
Aeropro (C) ... 49
Aerorepublica Colombia (HK) ... 228
Aeroservice (TN) ... 569
Aeroservicio (CC) ... 116
Aeroservicios Gama (XA) ... 628
Aeroservicios Monterrey (XA) ... 628
Aeroservicios OK (YV) ... 644
Aeroservicios Ranger (YV) ... 644
Aerosmith (C) ... 50
Aerostar (UR) ... 580
Aerosucre (HK) ... 229
Aerosur (CP) ... 121
Aerosvit Airlines (UR) ... 581
Aerotaxi (CU) ... 127
Aerotechnica (YV) ... 644
Aerotrans (UN) ... 575
Aerotron (XA) ... 628
AeroTropical (XA) ... 628
AeroTucan (XA) ... 628
Aerotur Air (UN) ... 575
AeroUnion (XA) ... 628
Aerovanguardia (HK) ... 229
Aerovias Castillo (XA) ... 628
Aerovias DAP (CC) ... 116
Aerovias Montes Azules (XA) ... 628
AeroVis Airlines (UR) ... 581
AeroVista Airlines (EX) ... 180
AeroVista Gulf Express (A6) ... 11
Aerupia (HK) ... 229
AEX Air (N) ... 284
Africa One (9Q) ... 704
Africa West (TL) ... 568
Africaine d'Aviation (9Q) ... 704
African Express Airways (5Y) ... 685
African International Airways (3D) ... 668
African Lines (TJ) ... 568
African Safari Airlines (5Y) ... 685
Afrijet Airlines (5N) ... 679
Afriqiyah Airways (5A) ... 673
Afrique Cargo Services (6V) ... 689
Agni Air (9N) ... 702
Aigle Azur (F) ... 185

Air 26 (D2)	147
Air Affaires Gabon (TR)	570
Air Aktobe (UN)	575
Air Aland (OH)	463
Air Algerie (7T)	691
Air Almaty (UN)	575
Air Alpha Greenland (OY)	471
Air Alps Aviation (OE)	460
Air Amder (5T)	683
Air America (N)	284
Air Antilles Express (F-O)	196
Air Arabia (A6)	11
Air Archipels (F-O)	195
Air Arctic (N)	284
Air Armenia (EK)	171
Air Astana (UN)	575
Air Atlanta (TF)	563
Air Atlantic Congo (TN)	569
Air Atlantique (G)	197
Air Austral (F-O)	196
Air Bagan (XY)	636
Air Baltic (YL)	638
Air Bashkortosan (RA)	507
Air Bissau International	270
Air Botswana (A2)	8
Air Boyoma (9Q)	704
Air Bravo (C)	49
Air Brasil Cargo (PP)	491
Air Bridge Group (RDPL)	535
Air Burkina (XT)	634
Air Burundi (9U)	708
Air Cab (C)	50
Air Cairo (SU)	550
Air Caledonie (F-O)	195
Air Canada (C)	50
Air Canada Jazz (C)	53
Air Caraibes (F-O)	196
Air Caraibes Atlantique (F-O)	197
Air Cargo Carriers (N)	284
Air Central (JA)	256
Air Chathams (ZK)	651
Air Charter Cargo (YN)	639
Air Charter Express (9Q)	695
Air China (B)	18
Air China Cargo (B)	21
Air Choice One (N)	285
Air Class (CX)	127
Air Class Airways (EC)	151
Air Colombia (HK)	229
Air Comet (EC)	151
Air Comet Chile (CC)	116
Air Congo International (TN)	569
Air Continental Africa (TR)	570
Air Contractors (EI)	167
Air Corridor (C9)	130
Air Creebec (C)	55
Air Dale Flying Services (C)	55
Air DC (9Q)	704
Air Diamentes (D2)	148
Air Direct (N)	285
Air Do (JA)	256
Air Dolomiti (I)	247
Air Dolphin (JA)	257
Air Dravida (VT)	612
Air Engiadina (HB)	221
Air Europa (EC)	151
Air Europe Italy (I)	247
Air Excel (5H)	676
Air Express (SE)	538
Air Express Algerie (7T)	692
Air Fiji (DQ)	146
Air Finland (OH)	463
Air Flamenco (N)	285
Air France (F)	185
Air France Regional (F)	189
Air Fraser Island (VH)	589
Air Freight NZ (ZK)	651
Air Frontier (VH)	590
Air Gemini (D2)	148
Air Georgian (C)	55
Air Glaciers (HB)	221
Air Gloria (EK)	171
Air Grand Canyon (N)	285
Air Greenland (OY)	471
Air Guinee Express (3X)	669
Air Guyane Express (F-O)	197
Air Hamburg (D)	131
Air Hong Kong (B-H)	41
Air Horizon (5V)	684
Air Horizon Afrique (TT)	572
Air Iceland (TF)	564
Air India (VT)	612
Air India Express (VT)	614
Air India Regional (VT)	614
Air Inter Ivoire (TU)	572
Air Inuit (C)	55
Air Italy (I)	247
Air Italy Poland (SP)	545
Air Ivanhoe (C)	56
Air Ivoire (TU)	572
Air Jamaica (6Y)	690
Air Japan (JA)	257
Air Kasai (9Q)	704
Air Katafanga (DQ)	147
Air Kipawa (C)	56
Air Kiribati (T3)	573
Air Korea (HL)	234
Air Koryo (P)	474
Air Labrador (C)	56
Air Libya (5A)	673
Air Link (VH)	590
Air Link International Airways (RP)	535
Air Logistics (N)	285
Air Loyaute (F-O)	195
Air Macau (B-M)	44
Air Madagascar (5R)	683
Air Malawi (7Q)	691
Air Malta (9H)	695
Air Manas (EX)	181
Air Mandalay (XY)	636
Air Mark Indonesia Aviation (PK)	480
Air Mauritius (3B)	667
Air Max (LZ)	279
Air Mecatina (C)	56
Air Mediterranee (F)	189
Air Melancon (C)	56
Air Memphis (SU)	550
Air Methods (N)	287
Air Midwest (N)	289
Air Mikisew (C)	56
Air Minas (PP)	491
Air Moldova (ER)	177
Air Mont-Laurier (C)	56
Air Montmagny (C)	57
Air Montserrat (VP-M)	612
Air Moorea (F-O)	195
Air Namibia (V5)	623
Air Napier (ZK)	651
Air National (ZK)	651
Air Nelson (ZK)	651
Air New Zealand (ZK)	651
Air New Zealand Link (ZK)	652
Air Next (JA)	257
Air Nippon (JA)	257
Air Nippon Network (JA)	258
Air Niugini (P2)	501
Air Nootka (C)	57
Air North (C)	57
Air Nostalgia (VH)	590
Air Nostrum (EC)	152
Air Nunavat (C)	57
Air One (I)	248
Air One CityLiner (I)	248
Air One Express (N)	289
Air One Nine (5A)	673
Air Optima (C)	57
Air Pacific (DQ)	147
Air Pack Express (EC)	153
Air Panama (HP)	238
Air Peru International (OB)	458
Air Philippines (RP)	535
Air Quasar (C)	57
Air Rarotonga (E5)	185
Air Rum (9L)	697
Air Safaris & Services (ZK)	652
Air Saguenay (C)	57
Air Saint Louis (6V)	689
Air Santo Dominigo (HI)	227
Air Sao Tome e Principe (S9)	558
Air Satellite (C)	57
Air Scorpio (LZ)	279
Air Senegal Intenational (6V)	689
Air Service Berlin (D)	131
Air Service Gabon (TR)	570
Air Service Liege (OO)	468
Air Service Wildgruber (D)	131
Air Services (8R)	693
Air Seychelles (S7)	557
Air Sinai (SU)	550
Air Sirin (UR)	581

Name	Page
Air Slovakia (OM)	467
Air South Regional (VH)	590
Air Southwest (G)	198
Air Spain (EC)	153
Air Spray (C)	58
Air St Kitts & Nevis (V4)	622
Air St Pierre (F-O)	196
Air St Thomas (N)	289
Air Sunshine (N)	289
Air Tahiti (F-O)	195
Air Tahiti Nui (F-O)	196
Air Tahoma (N)	290
Air Tango (LV)	276
Air Tanzania (5H)	676
Air Taxi and Cargo (ST)	547
Air-Tec Africa (ZS)	656
Air Tejas (N)	290
Air Tindi (C)	59
Air Tomisko (YU)	642
Air Transat (C)	58
Air Tropiques (9Q)	704
Air Tunilik (C)	59
Air Turks & Caicos (VQ-T)	612
Air Uganda (5X)	684
Air Universal (9L)	697
Air Urga (UR)	581
Air Vallee (I)	249
Air Vanuatu (YJ)	637
Air Victory (4L)	670
Air Wakaya (DQ)	147
Air Wanganui Commuter (ZK)	653
Air West Cargo (ST)	548
Air West Coast (ZK)	653
Air Whitsunday Seaplanes (VH)	590
Air Wisconsin (N)	290
Air Zermatt (HB)	221
Air Zimbabwe (Z)	649
Air2There (ZK)	653
AirAsia (9M)	698
AirAsia X (9M)	699
Airawak (F-O)	197
Airberlin (D)	132
AirBlue (AP)	7
Airborne Energy Solutions (C)	59
Airborne Support (N)	290
Airbridge Cargo (RA)	508
Airbus Transport International (F)	189
Aircalin (F-O)	196
Airco Aircraft Charters (C)	60
Aircruising Australia (VH)	590
AIRES (HK)	229
AirEst (ES)	178
AirExpress Ontario (C)	59
Airfast Indonesia (PK)	480
AirKenya (5Y)	685
Airlec Air Espace (F)	189
Airlift (LN)	270
Airlinair (F)	190
Airline of the Marshall Islands (V7)	624
Airline Transport (ER)	177
Airlines of Papua New Guinea (P2)	501
Airlines of Tasmania (VH)	590
Airlines Tonga (A3)	9
Airlink (P2)	501
Airlink (ZS)	657
Airlink Arabia (ER)	177
Airmark Singapore (9V)	709
Airnet Systems (N)	290
AirNorth Regional (VH)	591
AirNow (N)	292
Airpac Airlines (N)	292
AirQuarius Aviation (ZS)	657
AirSea Lines (SX)	554
Airserv International (N)	292
AirSpan Helicopters (C)	59
Airspeed Aviation (C)	60
AirStars Airways (RA)	508
AirTran Airways (N)	292
AirTransse (JA)	258
AiRUnion Russia (RA)	508
Airventure (OO)	468
Airwaves Airlink (9J)	696
Airwing (LN)	271
Airwork NZ (ZK)	653
AK Air (N)	294
Al-Saeeda (7O)	690
Al Ajnihah Airways (5A)	673
Al Khayala (HZ)	245
Al Rais Air Cargo (A6)	11
Alada Empresa de Transportes Aereos (D2)	148
Aladia (XA)	628
Alaire (EC)	153
Alajnihah Air Transport (9Q)	704
Alania Airline (RA)	508
Alas del Sur (CP)	122
Alaska Airlines (N)	294
Alaska Central Express (N)	296
Alaska Coastal Airlines (C)	296
Alaska Seaplane Service (N)	296
Alaska West Air (N)	296
Albanian Airlines (ZA)	650
Alberta Central Airways (C)	60
Alberta Citylink (C)	60
Aldawlyh Air (5A)	674
Alexandria Airlines (SU)	550
Aliansa (HK)	229
Alidaunia (I)	249
Alitalia (I)	249
Alitalia Express (I)	251
ALK – Aviatsionyyee Linii Kubani (RA)	518
Alkan Air (C)	60
Allebia Air Cargo (5A)	674
Allegiant Air (N)	296
Allen Airways (C)	60
Alliance Air (VT)	615
Alliance Airlines (VH)	591
Allied Air Cargo (5N)	679
Alligator Airways (VH)	591
ALMA de Mexico (XA)	629
Allwest Freight (N)	297
Almajara Aviation (ST)	548
Almaty Avia Cargo (UN)	576
Aloha Airlines (N)	297
Alok Air (ST)	548
Alpen Helicopters (C)	60
Alpha Airlines (RA)	508
Alpine Air Express (N)	297
Alpine Aviation (C)	60
Alpine Helicopters (C)	60
Alpine Lakes Air (C)	61
Alrosa Avia (RA)	508
Alrosa Aviation (RA)	508
ALS (5Y)	685
Alsair (F)	190
Alta Flights (C)	61
Amakusa Air (JA)	258
Amapola Flyg (SE)	539
Amaszonas Transportes Aereos (CP)	122
Amati Air (T7)	573
Amazon Sky (OB)	458
Amazonaves Taxi Aereo (PP)	491
AmbJek Air Services (5N)	679
AMC Airlines (SU)	550
Amerer Air (OE)	460
American Air Taxi Aereo (PP)	491
American Airlines (N)	298
American Connection (N)	307
American Eagle (N)	307
American Jet (LV)	276
Ameriflight (N)	311
Amerijet International (N)	314
Ameristar Jet Charter (N)	314
Amigo Airways (C)	61
Amur Artel Storatelei Aviakompania (RA)	509
Amurskie Avialinii (RA)	509
AMW Tchad (TT)	572
AN Aviation (S9)	697
ANA – All Nippon Airways (JA)	258
Andrew Airways (N)	314
Andes Lineas Aereas (LV)	276
Angara Airlines (RA)	509
Angkor Airways (XU)	635
Angola Air Charter (D2)	148
Angolan Air Services (D2)	148
Anguilla Air Services (VP-A)	611
Anikay Air (EX)	181
Anka Air (TC)	558
Anoka Air Charter (N)	315
Antonov Airlines (UR)	582
Antrak Air Ghana (9G)	695
Apatas (LY)	279
APSA – Aeroexpresso Bogota (HK)	229
Apui Taxi Aereo (PP)	491
Aqua Airlines (I)	251
ARALL – Aerolineas Llaneras (HK)	229
Arctic Circle Air Service (N)	315
Arctic Sunwest Charters (C)	62
Arctic Transportation Services (N)	315
Arcus Air (D)	133
Aria (F)	190

Aria Air (EP)	173	Aviaprad (RA)	511
Ariana Afghan Airlines (YA)	636	Aviasi Upata Raksa Indonesia (PK)	481
Arik Air (5N)	679	Aviast Air (RA)	511
Aris Helicopters (N)	315	Aviastar Mandiri (PK)	481
Arkas (HK)	230	Aviastar-Tupolev (RA)	511
Arkefly (PH)	475	Aviasur (OB)	458
Arkhangelsk 2nd Avn Enterprise (RA)	509	Aviation Commercial Aviation (C)	62
Arkhangelsk Airlines (RA)	509	Aviation Mauricie (C)	62
Arkia Israeli Airlines (4X)	671	Aviation Services (N)	318
Armavia (EK)	171	Aviator Airways (SX)	554
Armenia Air Cargo (EK)	171	Aviatrade Cargo (9Q)	705
Arnhem Land Community Airlines (VH)	591	Aviatrans K (UR)	582
ARP 410 Airlines (UR)	582	Aviavilsa (LY)	279
Arrow Cargo (N)	315	Avient Aviation (Z)	650
Arrow Panama (HP)	238	Avies Air Co (ES)	178
Artem Avia (UR)	582	Aviheco (HK)	230
AS Aviakompania (UR)	582	Aviogenex (YU)	642
ASA – African Safari Airways (5Y)	685	Aviones Comerciales de Guatemala/Avcom (TG)	566
ASAP Charter (YV)	645	Aviones de Sonora (XA)	630
ASECNA (6V)	690	Aviones Taxi Aereo (TI)	567
ASERCA Airlines (YV)	645	AVIOR Airlines (YV)	645
ASESA (XA)	629	Aviostart (LZ)	280
Asia Alpha Airways (EX)	181	Avirex (TR)	570
Asia Avia Airlines (PK)	481	Avitrans Nordic (SE)	539
Asia Continental Airlines (UN)	576	Avolar Aerolineas (XA)	630
Asia Pacific Airlines (N)	316	Avtex Aviation (VH)	592
Asia Pacific Airlines (P2)	502	Awesome Flight Services (ZS)	657
Asian Express Airlines (VH)	592	Axis Airways (F)	190
Asian Spirit (RP)	536	Ayeet Aviation (4X)	672
Asiana Airlines (HL)	234	Ayk Avia (EK)	172
Aspen Helicopters (N)	316	AYR Aviation (ST)	548
Aspiring Air (ZK)	653	AZAL Cargo (4K)	669
Associated Air Cargo (5N)	679	Azerbaijan Airlines (4K)	669
Astair (RA)	509	Azmar Airlines (YI)	637
AStar Air Cargo (N)	316	AZOV-Avia (UR)	582
Astraeus (G)	198	Azteca Airlines (XA)	630
Astral Aviation (5Y)	685	Azza Air Transport (ST)	548
ATA Airlines (N)	316		
ATA-Brasil (PP)	491	B & H Airlines (T9)	573
ATESA (HC)	225	BA Cityflyer (G)	199
ATI – Air Transport International (N)	317	BAC Express Airlines (G)	199
Atikokan Aero Services (C)	62	Badr Airlines (ST)	548
Atlant Hungary (HA)	219	Bahamasair (C6)	129
Atlantic Air Cargo (N)	317	Bahia Taxi Aereo (PT)	491
Atlantic Air Lines (G)	198	Bahrain Air (A9C)	17
Atlantic Airlines (HR)	240	Bailey Helicopters (C)	62
Atlantic Airways (OY)	471	Baires Fly (LV)	276
Atlantic Airways (YN)	639	Baker Aviation (N)	318
Atlantic Reconnaissance (G)	198	Bakers Narrows Air Service (C)	63
Atlantic Southeast Airlines (N)	317	Bako Air (TL)	568
Atlantique Air Assistance (F)	190	Bamaji Air (C)	63
Atlant-Soyuz Airlines (RA)	510	Bangkok Airways (HS)	241
Atlas Air (N)	317	Bankair (N)	318
Atlas Blue (CN)	120	Bar XH Air (C)	63
AtlasJet International (TC)	558	Barents Airlink (SE)	539
Atleo River Air Service (C)	62	Barkol Aviakompania (RA)	511
Atlin Charters (C)	62	Baron Aviation Services (N)	319
ATMA (UN)	576	Barrier Aviation (VH)	592
ATO – Air Transport Office (9Q)	705	Basler Airlines (N)	319
Atran – Aviatrans Cargo Airlines (RA)	510	Batavia Air (PK)	481
ATUR (HC)	225	Baxter Aviation (C)	63
Atyrau Airways (UN)	576	Bay Air (N)	319
Audeli (EC)	153	Bay Air (V5)	623
Augsburg Airways (D)	133	Bayu Air (PK)	481
Aurela (LY)	279	BC Yukon Air Service (C)	63
Auric Air Services (5H)	676	Bearskin Airlines (C)	63
Aurigny Air Services (G)	198	Beibars (UN)	576
Aurora Airlines (S5)	556	Belair Airlines (HB)	221
Austral Lineas Aereas (LV)	276	Belavia Belarussian Airlines (EW)	179
Australian air Express (VH)	592	BelleAir (ZA)	651
Austrian Airlines (OE)	460	Bellview Airlines (5N)	679
Austrian Arrows (OE)	461	Bellview Airlines (9L)	698
AustroJet (OE)	462	Bemidji Airlines (N)	319
Avanti Air (D)	134	Benair (LN)	271
Avcom (TG)	566	Benair Air Service (OY)	472
AVE.Com (A6)	11	Benin Golf Air (TY)	573
AVENSA (YV)	645	Bentiu Air Transport (ST)	548
Avia Jaynar (UN)	576	Bergen Air Transport (LN)	271
Avia Traffic Company (EX)	181	Bering Air (N)	319
Aviabec (C)	62	Berjaya Air Chater (9M)	699
Aviacon Zitotrans (RA)	510	Berkut Air (UN)	576
AVIACSA (XA)	629	Berkut State Air Company (UN)	576
Aviaenergo (RA)	510	Berkut West (UN)	577
Aviaexpress Aircompany (UR)	582	Berry Aviation (N)	320
Aviajet (EI)	168	Berytos Airways (OD)	459
Avial Aviation Co (RA)	510	Best Air (S2)	555
Avialeasing (UR)	574	Best Air (TC)	559
Avialesookhrana Vladimar Air Enterprise (RA)	510	Beta Air Cargo (PP)	491
AVIANCA (HK)	230	BH Air (LZ)	280
Aviant (UR)	582	BHS Brazilian Helicopter Services Taxi Aereo (PP)	491

Big Island Air (N)	320
Big River Air (C)	64
Big Salmon Air (C)	64
Big Sky Airlines (N)	320
Bighorn Airways (N)	320
Biman Bangladesh Airlines (S2)	555
Bimini Island Air (N)	321
Binair (D)	134
Binter Canarias (EC)	154
BioniC Air (ZS)	657
Bismillah Airlines (S2)	555
BKS Air (EC)	154
Black Sheep Aviation (C)	64
Black Tusk Helicopters (C)	64
Blackcomb Helicopters (C)	64
Blekingeflyg (SE)	539
Blu Express.com (I)	251
Blue Air (YR)	640
Blue Bird Airlines (ST)	548
Blue Bird Aviation (5Y)	685
Blue Dart Airlines (VT)	615
Blue Islands (G)	199
Blue Line (F)	190
Blue Panaroma Airlines (I)	252
Blue Sky (EK)	172
Blue Sky Aviation (5Y)	686
Blue Water Aviation Services (C)	64
Blue Wings (D)	134
Blue Wings Airlines (PZ)	500
Blue1 (OH)	463
Bluebird Cargo (TF)	564
bmi – british midland international (G)	199
bmi Regional (G)	200
bmibaby (G)	200
Bolton Lake Air Services (C)	64
Bond Air Services (G)	200
Bond Offshore Helicopters (G)	201
Borinquen Air (N)	321
Bosques Arauco (CC)	116
Boston Maine Airways (N)	321
Rotir-Avia (EX)	181
BRA – Brasil RodoAero (PR)	492
Branson Air (ZS)	657
Bravo Airlines (EC)	154
Bravo Airlines (N)	321
Brindabella Airlines (VH)	592
Bristow Caribbean (9Y)	712
Bristow Helicopters (G)	201
Bristow Helicopters Australia (VH)	593
Bristow Helicopters Nigeria (5N)	680
Brit'air (F)	190
British Airways (G)	202
British Antarctic Survey (VP-F)	611
British Gulf International Airlines (EX)	181
British International (G)	205
Brooks Aviation (N)	321
Brooks Fuel (N)	321
Broome Aviation (VH)	593
Brucelandair International (C)	64
Brussels Airlines (OO)	468
Budapest Air Services (HA)	219
Buddha Air (9N)	703
Buffalo Airways (C)	65
Bugulma Air Enterprise (RA)	511
Bukovyna Airlines (UR)	583
Bulgaria Air (LZ)	280
Bulgarian Air Charter (LZ)	280
Bural (RA)	512
Buraq Air (5A)	674
Bushland Airways (C)	65
Business Aero (RA)	512
Business Aviation of Congo (9Q)	705
Business Aviation Courier (N)	321
BusinessWings (D)	134
Butembo (9Q)	705
Butler Aircraft (N)	322
Bylina (RA)	512
C&M Airways (N)	322
Cabo Verde Express (D4)	150
Cairns Seaplanes (VH)	593
Cairo Aviation (SU)	551
Calm Air (C)	65
Cameron Air Services (C)	66
Cameroon Airlines (TJ)	568
Campbell Helicopters (C)	66
Canadian Air Crane (N)	66
Canadian Airways Congo (TN)	569
Canadian Helicopters (C)	66
Canadian North (C)	68

Canjet (C)	68
Can-West Corporate Air Charter (C)	68
Cape Air (N)	322
Cape Verde Airlines – TACV (D4)	150
Cape York Airlines (VH)	593
Capital Airlines (5N)	680
Capital Airlines (5Y)	686
Capital Cargo International Airlines (N)	322
Capital City Air Carrier (N)	323
Caravan Airlines (C)	68
Cargair (C)	68
Cargair (9Q)	705
Cargo Air (LZ)	280
Cargo Air Lines (4X)	672
Cargo B Airlines (OO)	469
Cargoitalia (I)	252
CargoJet Airways (C)	68
Cargolux Airlines International (LX)	278
Carib Aviation (V2)	621
Caribair (HI)	227
Caribbean Airlines (9Y)	712
Caribbean Flights (YV)	645
Caribintair (HH)	226
Caroline Island Air (V6)	624
Carpatair (YR)	640
Carson Air (C)	69
Carson Helicopters (N)	323
Casair (VH)	593
Cascade Air (N)	324
Caspian Airlines (EP)	173
Castle Aviation (N)	324
CAT Island Air (C6)	129
Catalina Flying Boats (N)	324
Cathay Pacific Airways (B)	41
Catovair (3B)	667
Caverton Helicopters (5N)	680
Cayman Airways (VP-C)	611
CC Helicopters (C)	69
CCM Airlines (F)	191
CDF Aviation (N)	324
Cebu Pacific Air (RP)	536
CEGISA (EC)	154
CEIBA (3C)	667
Center-South Airlines (RA)	512
CentrAfrique Air Express (TL)	568
Central Air Southwest (N)	325
Central Air Transport (P2)	502
Central Connect Airlines (OK)	465
Central Flyway Air (C)	69
Central Mongolian Airways (JU)	267
Central Mountain Air (C)	69
CentralWings (SP)	545
Centre-Avia Airlines (RA)	512
Centurion II Air Cargo (N)	325
Cetraca Air Service (9Q)	705
Chabahar Air (EP)	173
Chalair Aviation (F)	191
Challenge Aero (UR)	583
Champion Air (N)	325
Champlain Air (N)	326
Chang An Airlines (B)	21
Channel Islands Aviation (N)	326
Chapi Air (YV)	645
Chartair (VH)	594
Chautauqua Airlines (N)	326
CHC Airways (PH)	475
CHC Cameroon (TJ)	568
CHC Denmark (OY)	472
CHC Helicopters (Africa) (ZS)	657
CHC Helicopters (Australia) (VH)	594
CHC Helicopters International (C)	70
CHC Helicopters Netherlands (PH)	475
CHC Helikopter Service (LN)	271
CHC Ireland (EI)	168
CHC Scotia Helicopters (G)	205
Chemtrad Aviation (RP)	536
Cherokee Air (C6)	129
Cherry Air (N)	326
Chimo Air Service (C)	71
China Airlines (B)	45
China Cargo Airlines (B)	21
China Eastern Airlines (B)	22
China Express Airlines (B)	25
China Flying Dragon Special Aviation Co (B)	25
China Postal Airlines (B)	25
China Southern Airlines (B)	26
China United Airlines (B)	30
China Xinhua Airlines (B)	30
Chongqing Airlines (B)	31
Chukotavia (RA)	512

785

CIACA Airlines (YV)	646
Ciel Airlines (SX)	554
Cielos Airlines (OB)	458
Cimarron Aire (N)	326
Cimber Air (OY)	472
Cirrus Airlines (D)	134
Cirrus Middle East (OD)	459
Citic Offshore Helicopters (B)	31
Citilink (PK)	481
City Airline (SE)	539
City Star Airlines (TF)	564
CityFly (I)	252
CityJet (EI)	168
Cityline Hungary (HA)	220
Citylink (9G)	695
Civair (ZS)	658
Classic Norway Air (LN)	271
Classic Wings (VH)	594
Clearwater Airways (C)	71
Click Airways (EX)	181
Click Mexicana (XA)	630
Clickair (EC)	154
Cloud Air Service (C)	71
Club 328 (G)	206
Club Air (I)	252
Co-Za Airways (9Q)	705
Coastal Air Transport (N)	326
Coastal Aviation (5H)	676
Coastal Helicopters (N)	326
Cochrane Air Services (C)	71
Colgan Air (N)	327
Columbia Helicopters (N)	327
Comair (N)	327
Comair (ZS)	658
Comair (9Q)	705
Comav Aviation (V5)	623
Comeravia (YV)	646
Community Airlines (5H)	677
Commutair (N)	327
Comores Air Service (D6)	150
Comores Aviation (D6)	151
Comp Air Mouene (TN)	569
Compagnie Aerienne du Mali (TZ)	573
Compagnie Mauritanienne de Transports (5T)	683
Compass Airlines (N)	327
Conair Aviation (C)	71
Condor (D)	135
Condor Berlin (D)	135
Congo Fret Espoir (9XR)	711
Constanta Airlines (UR)	583
Contact Air (D)	135
Continental Airlines (N)	327
Continental Airways (RA)	512
Continental Connection (N)	332
Continental Express (N)	333
Continental Micronesia (N)	337
ConViasa (YV)	646
COPA Airlines (HP)	238
Copenhagen Airtaxi (OY)	472
Copterline (OH)	463
Copters (CC)	116
Corendon Air (TC)	559
Corilair Charters (C)	72
CorpJet (N)	337
Corpo Forestale Dello Stato (I)	252
Corporate Air (N)	337
Corporate Air (RP)	536
Corporate Air (VH)	594
Corporate Express Airline (C)	72
Corporate Flight Management (N)	338
Corretajes Vedisa (CC)	116
Corsair (F)	192
Cosmic Air (9N)	703
Cosmos Air Cargo (HK)	231
Costa Rica Skies (TI)	567
Cougar Helicopters (C)	72
Coulson Aircrane (C)	72
Courtesy Air (C)	72
Croatia Airlines (9A)	694
Cruiser Taxi Aereo Brasil (PT)	492
CSA Air (N)	338
CSA Czech Airlines (OK)	465
Cubana de Aviacion (CU)	127
Custom Air Transport (N)	338
Custom Helicopters (C)	73
Cygnus Air (EC)	155
Cyprus Airways (5B)	676
Daallo Airlines (J2)	269
Daghestan Airlines (RA)	512
Daily Air (B)	46
Dalavia (RA)	513
Damascene Airways (YK)	638
DANA (5N)	680
Dana Air (5N)	680
Dancopter (OY)	472
Danish Air Transport (OY)	473
Danu Oro Transportes (LY)	279
DAP Helicopteros (CC)	116
Darwin Airline (HB)	221
Dauria (RA)	513
Deer Airlines (B)	31
Delta Air (A2)	8
Delta Air Lines (N)	338
Delta Connection (N)	344
Delta Connection (5Y)	686
Delta Helicopters (C)	73
Denim Air (PH)	475
Denis Beahan Aviation (VH)	595
Deraya Air Taxi (PK)	482
Desert Air (N)	351
Desert Air (V5)	623
Destination Air (HS)	241
Deta Air (UN)	577
DHL Aero Expresso (HP)	239
DHL Air (G)	206
DHL Aviation (A9C)	17
DHL Aviation (Zimbabwe) (Z)	650
DHL Aviation (ZS)	658
DHL de Guatemala (TG)	566
Diexim Express (D2)	148
Directflight (G)	207
Direktflyg (SE)	539
Dirgantara Air Service (PK)	482
Discovery Air Tours (VH)	595
Divi Divi Air (PJ)	479
Djibouti Airlines (J2)	269
Dnepr-Air (UR)	583
Dodita Air Cargo (N)	351
Dodson International Charters (ZS)	658
Dolphin Air (A6)	12
Domodedovo Airlines (RA)	513
Don Avia (UN)	577
Donbassaero (UR)	583
Donghai Airlines (B)	31
Donghua Airlines (B)	32
Doren Air Cargo (9Q)	705
Dragonair (B-H)	43
Druk Air (A5)	10
Dubnica Air (OM)	467
Dubrovnik Airways (9A)	694
Dutch Antilles Airlines (PJ)	479
Dutch Antilles Express (PJ)	479
Dymond Lake Air Services (C)	73
Dynamic Flight Services (C)	73
EAA Helicopters (B-M)	45
Eagle Air (5X)	684
Eagle Air Service (C)	73
Eagle Airways (ZK)	653
Eagle Aviation (F)	192
Eagle Copters (CC)	117
EAS Air Lines (5N)	681
East African Air Charters (5Y)	686
East African Airlines (5H)	677
East African Airlines (5X)	684
East African Express (5Y)	686
East Air (EY)	184
East Coast Airways (ZS)	659
East Kazakhstan Region Air Enterprise (UN)	577
East Star Airlines (B)	32
East-West Transportation (C)	74
East Wing (UN)	577
Eastern Airways (G)	207
Eastern Airways (3D)	668
Eastern Australia Airlines (VH)	595
Eastern Caribbean Air (N)	351
Eastern Express (UN)	577
Eastern Skyjets (A6)	12
EastIndo (PK)	482
Eastok Avia (EX)	12
Easyfly (HK)	231
easyJet Airlines (G)	207
easyJet Switzerland (HB)	222
Eco Express (CP)	122
Edelweiss Air (HB)	222
Edwards Jet Center of Montana (N)	351
Egoli Air (ZS)	659
Egyptair (SU)	551
Egyptair Express (SU)	551

El Al Israel Airlines (4X) 672
El Magal Aviation (ST) 548
El Sam Airlift (9Q) 705
El-Rom Airlines (4X) 672
Elbafly (I) 252
Elbrus Avia (RA) 513
Elidolomiti (I) 252
Elifriula (I) 253
Eliario Italia (I) 253
Elite Air (5V) 684
Elilombarda (I) 253
Elysian Airlines (TJ) 568
Emerald Air (P2) 502
Emetebe Taxi Aereo (HC) 225
Emirates (A6) 12
Empire Air (N) 351
Empire Airways (N) 351
Empresa Aero-servicios Parrague (CC) 117
Enimex (ES) 178
Enterprise Air (C) 74
EOS Airlines (N) 351
Epps Aviation Charter (N) 351
Equaflight (TN) 569
Equatorial Cargo (3C) 667
ERA Aviation (N) 352
ERA Helicopters (N) 352
Eram Airlines (EP) 173
Erickson Air Crane (N) 354
Eritrean Airlines (E3) 185
Ernir Air (TF) 564
Espace Aviation (9Q) 705
Estafeta Carga Aerea (XA) 630
Essen Air (EX) 182
Estonian Air (ES) 178
Estonian Air Regional (ES) 179
Ethiopian Airlines (ET) 179
Etihad Airways (A6) 14
Etram Air Wing (9Q) 705
Euro Asia International (UN) 577
Euro Continental Air (EC) 155
Euroair (SX) 554
EuroAtlantic Airways (CS) 123
EuroCiel (F) 192
EuroCypria Airlines (5B) 676
Eurofly (I) 253
Euroguineana de Aviacion (3C) 667
Euroline (UR) 584
EuroLOT (SP) 546
Euromanx (G) 209
Euromediterranean Airlines (SU) 552
Europe Airpost (F) 192
European 2000 (9H) 696
European Air Crane (I) 254
European Air Transport (OO) 469
European Aircharter (G) 209
Eurowings (D) 136
EVA Airways (B) 46
Evenkia Avia (RA) 514
Evergreen Helicopters (N) 354
Evergreen International Airlines (N) 355
Everquall Airlines (5N) 681
Everts Air Alaska (N) 355
Everts Air Cargo (N) 355
Everts Air Fuel (N) 355
Exact Air (C) 74
Excellent Air (D) 136
Exec-Air (Z) 650
Executive Aerospace (ZS) 659
Executive Airlines (N) 356
Executive Transport Airways (C) 74
Executive Turbine Air Charter (ZS) 659
Exin (SP) 546
Exploits Valley Air Service (C) 74
Expo Aviation (4R) 671
Express Air (C) 74
Express Freighters Australia (VH) 595
ExpressJet Airlines (N) 356
Express.net Airlines (N) 357
Eznis Airways (JU) 267

Faasa Aviation (EC) 155
Falcon Air (Z) 650
Falcon Express Cargo Airlines (A6) 14
Far Eastern Air Transport (B) 47
Far West Helicopters (C) 74
Farnair Hungary (HA) 220
Farnair Switzerland (HB) 222
Fars Air (EP) 173
Fast Air (C) 74
Fast Link (SU) 552

Federal Air (ZS) 659
Federico Helicopters (N) 357
FedEx Express (N) 357
Feeder Airlines (ST) 549
FIGAS (VP-F) 611
Filair (9Q) 706
Finist'air (F) 192
Finnair (OH) 464
Finncomm Airlines (OH) 465
FireFly (9M) 699
Fireweed Helicopters (C) 74
First Air (C) 75
First Choice Airways (G) 209
First Flight Couriers (VT) 615
Flair Airlines (C) 75
Flamingo Air (C6) 129
Flamingo Airlines (5Y) 686
Fleet Air International (HA) 220
Flight 2000 (ZK) 653
Flight Alaska (N) 365
Flight Corporation (ZK) 653
Flight Express (N) 366
Flight Inspections and Systems (RA) 514
Flight International Aviation (N) 367
Flight Line (N) 367
Flightline (EC) 155
Flightline (G) 210
FLM Aviation (D) 136
Florida Air Cargo (N) 367
Florida Air Transport (N) 367
Florida Coastal Airlines (N) 368
Florida West International Airlines (N) 368
Flugdienst Fehlhaber (D) 137
Fly 540 (5Y) 686
Fly Air (TC) 559
Fly Asian Express (9M) 699
Fly BVI (VP-L) 612
Fly Excellent (SE) 539
Fly Independent (SE) 539
Fly Linhas Aereas (PP) 492
Fly Logic Sweden(SE) 539
Fly Wex (I) 254
FlyANT Cargo (EC) 155
Flybaboo (HB) 222
flybe. (G) 210
FlygCentrum (SE) 540
FlyGlobespan (G) 211
Flying America (LV) 276
Flying Bulls (OE) 462
Flying Carpet Air Transport Services (OD) 459
Flyington Freighters (VT) 615
FlyLAL (LY) 279
FlyMex (XA) 631
FlyNordic (SE) 540
FlyYeti (9N) 703
FNT – First Nations Transportation (C) 75
Focus Air (N) 368
Fonnafly (LN) 272
Forde Lake Air Service (C) 75
Forest Patrol (C) 75
Forest Protection (C) 75
Fort Frances Sportsmen Airways (C) 76
Forty Mile Air (N) 368
Four Seasons Aviation (C) 76
Four Star Air Cargo (N) 368
Freebird Airlines (TC) 559
Freedom Air (N) 368
Freedom Air (ZK) 653
Freedom Air Services (5N) 681
Freedom Airlines (N) 368
Freedom Airways (5B) 676
Freight Runners Express (N) 368
Frisia Luftverkehr (D) 137
Frontier Airlines (N) 369
Frontier Flying Service (N) 370
Fugro Airborne Surveys (ZS) 659
Fugro Aviation Canada (C) 76
Futura Gael (EI) 168
Futura International (EC) 156
Futura Travels (VT) 615

Gabon Airlines (TR) 570
Gabon Airlines Cargo (TR) 570
Gadair European Airlines (EC) 156
Gading Sari Aviation Services (PK) 482
Galaxi Kavatsi Airlines (9Q) 706
Galaxy Airlines (EX) 182
Galaxy Airlines (JA) 261
Gallup Flying Services (N) 370
GAM Services (VH) 595

787

Name	Page
Gambia International (C5)	128
Gambia New Millennium Air (C5)	128
Garinco Airways (EX)	182
Garuda Indonesia (PK)	482
Gatari Air Service (PK)	483
Gateway Helicopters (C)	76
Gazpromavia (RA)	514
GB Airlink (N)	370
GB Airways (G)	212
GEASA (3C)	667
Geffair Canada (C)	76
Gemini Air Cargo (N)	371
Gemini Helicopters (C)	76
General Work Aviacion (3C)	668
Genex (EW)	180
Gensa (PP)	492
Geo-Air (N)	371
Geodynamica Centre (RA)	514
Geographic Air Survey (C)	77
Georgian Airlines (4L)	670
Georgian Bay Airways (C)	77
Georgian National Airlines (4L)	670
Germania (D)	137
Germanwings (D)	137
Getra (3C)	668
Ghadames Air Transport (5A)	674
Ghana International Airlines (9G)	695
Gillam Air Services (C)	77
Gira Globo (D2)	148
Girassol Aerotaxi (PP)	492
GirJet (EC)	156
Global Air (XA)	631
Global Air (5A)	674
Global Georgian Airways (4L)	670
Global Supply Systems (G)	212
Global Vectra Helicorp (VT)	615
Globus Airlines (SP)	546
GMG Airlines (S2)	556
Go! (N)	371
Go! Express (N)	371
Go Air (VT)	616
Go Jet Airlines (N)	371
Gogal Air Services (C)	77
GOL Transportes Aereos (PR)	492
Gold Coast Seaplanes (VH)	596
Goldak Airborne Surveys (C)	77
Golden Air (SE)	540
Golden Eagle Aviation (VH)	596
Golden International Airlines (TC)	559
Golden Wings Charters (C6)	129
Goldfields Air Services (VH)	596
Golfo International (S9)	557
Goliaf Air (S9)	557
Gomelavia (EW)	180
Gorkha Airlines (9N)	703
Gorlitsa Airlines (UR)	584
Gotlandsflyg (SE)	540
Government of Quebec (C)	77
G-R Avia (3X)	669
Grand Canyon Airlines (N)	371
Grand Canyon Helicopters (N)	371
Grand China Air (B)	32
Grand China Express Airlines (B)	32
Grandstar Cargo International (B)	32
Grant Aviation (N)	371
Great Barrier Airlines (ZK)	654
Great Lakes Business (9Q)	706
Great Lakes Airlines (N)	372
Great Northern Air (N)	372
Great Slave Helicopters (C)	77
Great Wall Airlines (B)	33
Great Western Aviation (VH)	596
Great Wing Airlines (B)	47
Green Airways (C)	78
Griffing Flying Service (N)	372
Griffings Island Airlines (N)	372
Grizzly Mountain Aviation (N)	372
Grondair (C)	78
Grossman Air Service (OE)	462
Groupe Rubuye (9Q)	706
Groznyyavia (RA)	514
GT Air (PK)	483
Guardian Air (N)	372
Guardian Helicopters (C)	79
Guinea Equatorial Airlines (3C)	668
Guinee Air Cargo (3X)	669
Gulf Air (A9C)	17
Gulf and Caribbean Air (N)	373
Gulf Helicopters (A7)	15
Gulfstream International (N)	373

Name	Page
Gum Air (PZ)	501
Hageland Aviation Servicesir (N)	373
Hainan Airlines (B)	33
Hala Air (ST)	549
Halcyon Air (D4)	150
Hamburg International (D)	138
Hanair (HH)	226
Hangard Airlines (JU)	267
Hangar Uno (LV)	277
HanSung Airlines (HL)	235
Harbour Air Seaplanes (C)	79
Harbourair (9H)	696
Hardy Aviation (VH)	596
Hauts Monts (C)	79
Hawaiian Airlines (N)	374
Hawk Air (C)	79
Hawk Air (LV)	277
Hawk de Mexico (XA)	631
Hawkair Aviation Services (C)	80
Hayes Helicopter Services (C)	80
Hearst Air Service (C)	80
Heartland Aviation (N)	374
Heavy Lift Helicopters (N)	374
HeavyLift Cargo Airlines (VH)	596
HeavyLift International (A6)	14
Hebridean Air Services (G)	212
Hegedus (HA)	220
Heli Air Monaco (3A)	666
Heli Campeche (XA)	631
Heli Duero (EC)	156
Heli Express (B-H)	44
Heli Niugini (P2)	502
Heli-Air (LZ)	280
Heli-Excel (C)	80
Heli-Express (C)	80
Heli-Flite (N)	374
Heli-Harvest (ZK)	654
Heli-Inter (C)	80
Heli-Italia (I)	254
Heli-jet (N)	374
Heli-Lift International (C)	81
Heli-Lynx Helicopter Services (C)	81
Heli-Union (F)	192
Heliand (C3)	128
Heliandes (HK)	231
Helibravo Aviacao (CS)	123
Helicargo (HK)	231
Helicol (HK)	231
Helicopter Services (EP)	173
Helicopter Transport Services (C)	81
Helicopter Transport Services (N)	374
Helicopteros del Pacifico (CC)	117
Helicopteros del Sureste (EC)	157
Helicopteros Mercosur (OB)	458
Helicopters Chile (CC)	117
Helicopters New Zealand (ZK)	654
Helicraft 2000 (C)	81
Helicsa Helicopters (EC)	156
HeliExpress (B-H)	44
Heliflight (N)	375
Helifor Industries (C)	81
Helijet International (C)	82
Helimar (EC)	157
HeliPortugal (CS)	123
Helipro (ZK)	654
Heliqwest Aviation (C)	82
Helisul (CS)	124
Helisul Aereo Taxi (PP)	493
Helisur (OB)	458
Helisureste (EC)	157
Heliswiss (HB)	222
Heliswiss Iberica (EC)	158
Helitaxi Services (OB)	458
Helitec (HK)	231
Helitec (YV)	646
Helitrans (C3)	128
HeliTrans (LN)	272
HeliValle (HK)	231
Helivan (XA)	631
Helivia Aero Taxi (PT)	493
Heliworks (CC)	117
Hellas Jet (SX)	554
Hellenic Imperial Airways (SX)	554
Hello (HB)	222
Helog (HB)	222
Helog Lufttransport (D)	138
Helvetic Airways (HB)	222
Hemus Air (LZ)	281
Heritage Aviation (D6)	151

Entry	Page
Hevi-Lift (P2)	502
Hewa Bora Airways (9Q)	706
Hex'Air (F)	193
Hicks & Lawrence (C)	82
HiFly (CS)	124
Highland Airways (G)	212
Highland Helicopters (C)	82
Hinterland Aviation (VH)	597
HM Airways (D2)	148
Hokkaido Air System (JA)	261
Hola Airlines (EC)	159
Homer Air (N)	375
Hong Kong Airlines (B-H)	44
Hong Kong Express Airways (B-H)	44
Horizon Airlines (N)	375
Hornbill Skyways (9M)	699
Horne Air (C)	83
Houston Helicopters (N)	376
Howe Bros Enterprises (N)	376
HTA Helicopteres (CS)	124
Huron Air and Outfitters (C)	83
Hydro-Quebec (C)	83
IBC Airways (N)	376
Iberia Lineas Aereas de España (EC)	159
Iberworld Airlines (EC)	161
Ibex Airlines (JA)	261
Icaro Express (HC)	225
Icarus Flying Service (C)	83
Icejet (TF)	564
Iceland Express (TF)	565
Icelandair (TF)	565
IDC Aircraft (S7)	557
Ignace Airways (C)	83
Ikar (RA)	514
Iliamna Air Taxi (N)	377
Ilin Aviakompania (RA)	515
Ilyich Aero (UR)	584
Imaatong – South Sudan Airlines (ST)	549
Imair (4K)	669
Imperial Air Cargo (ZS)	659
Imtrec Aviation (XU)	635
Inaer Helicopter Chile (CC)	117
Incheon Tiger Airways (HL)	236
Indigo Air (VT)	616
Indonesia Air Transport (PK)	483
Indonesia AirAsia (PK)	484
Infinity Flight Services (C)	83
Inland Air Charters (C)	83
Inland Aviation Services (N)	377
Inland Pacific Air (VH)	597
Innu Mikun Airlines (C)	83
Insel Air International (PJ)	479
Intal Air (EX)	182
Integra Air (C)	84
Inter Airlines (TC)	559
Inter Island Air (N)	377
Inter-Air (ZS)	660
Interavia Airlines (RA)	515
Interavia Taxi Aereo (PP)	494
Interislandia Airlines (RP)	537
Interjet (XA)	631
InterLink Airlines (ZS)	660
Intermountain Helicopters (N)	377
International Air Response (N)	377
International Airlink (6Y)	690
International Business Air (SE)	540
Intersky (OE)	462
Interstate Airlines (PH)	475
Inter – Transports Aereos Inter (TG)	566
Inversa Panama (HP)	239
Inversija (YL)	639
Investavia (UN)	574
Iraero (RA)	515
Iran Air (EP)	174
Iran Air Tour Airline (EP)	174
Iran Aseman Airlines (EP)	175
Iranian Air Transport (EP)	175
Iraqi Airways (YI)	637
Irish Helicopters (EI)	168
IRS Airlines (5N)	681
ISD Avia (UR)	584
Island Air (N)	378
Island Air (VP-C)	611
Island Air Charters (N)	377
Island Air Express (YV)	646
Island Air Service (N)	377
Island Air Taxis (VH)	597
Island Airlines (N)	378
Island Airways (N)	378

Entry	Page
Island Airways (P2)	502
Island Aviation (RP)	537
Island Aviation Services (8Q)	693
Island Seaplane Service (N)	378
Island Seaplanes (PK)	484
Island Transvoyager (RP)	537
Island Wings Air Service (N)	378
Islands Nationair (P2)	502
Islands Wings (C6)	129
Islas Airways (EC)	161
Islena Airlines (HR)	240
Isles of Scilly Skybus (G)	213
Israir (4X)	672
ITAB – International Transport Air Business (9Q)	706
Itali Airlines (I)	254
Itek Air (EX)	182
Izhavia (RA)	515
Izmir Airlines (TC)	559
Jackson Air Services (C)	84
Jade Cargo International (B)	34
Jagson Airlines (VT)	616
J-Air (JA)	261
JAL Express (JA)	262
JAL Ways (JA)	262
Janes Aviation (G)	213
Jans Helicopters (RP)	537
Japan Air Commuter (JA)	262
Japan Airlines (JA)	262
Japan Asia Airways (JA)	266
Japan Transocean Air (JA)	266
JAT Airways (YU)	642
Jatayu Air (PK)	484
Jazeera Airways (9K)	697
JB Airways (HL)	236
Jeju Air (HL)	236
JET (ST)	549
Jet 2000 (RA)	515
Jet Air Group (RA)	515
Jet Air (SP)	546
Jet Airways (VT)	617
Jet Club (HB)	223
Jet2 (G)	213
Jet4you (CN)	120
JetAir Services (9Q)	706
Jetairfly (OO)	469
jetBlue Airways (N)	378
Jetconnect (ZK)	655
Jetcraft Air Cargo (VH)	597
Jetex (VH)	597
Jetlink Express (5Y)	686
JetLite (VT)	618
Jetport (C)	84
Jetran International Airways (YR)	640
Jetstar Airways (VH)	597
Jetstar Asia Airways (9V)	709
Jett 8 Airlines Cargo (9V)	709
JetTime (OY)	473
JetX Airlines (TF)	565
Jiangnan Universal Aviation (B)	35
Jim Hankins Air Service (N)	380
Johnny May's Air Charter (C)	84
Johnson's Air (9G)	695
Jonair (SE)	540
Jordan Aviation (JY)	268
Jordan International Air Cargo (JY)	268
JP Express (JA)	266
JS Focus Air (AP)	7
Juan Air (C)	84
Juba Air Cargo (ST)	549
Jubba Airways (6O)	689
Juneyao Airlines (B)	35
Jungle Flying (TG)	566
K-Mile Air (HS)	241
K2 Aviation (N)	384
Ka'an Beel Air (XA)	631
Kabeelo Airways (C)	84
Kabo Air (5N)	681
Kabul Airlines (YA)	637
Kachina Aviation (N)	381
Kakadu Air Services (VH)	598
Kalahari Air Services & Charters (A2)	8
Kallat El Saker Air (5A)	674
Kalitta Air (N)	381
Kalitta Charters II (N)	381
Kalitta Flying Services (N)	381
KalusAir (C)	84
Kam Air (YA)	637
Kamaka Air (N)	382

Name	Page
Kampuchea Airlines (XU)	635
Kang Pacific Airlines (A6)	14
KAPO (RA)	515
Karat Air Company (RA)	515
Karratha Flying Services (VH)	598
Karthargo Airlines (TS)	571
Kartika Airlines (PK)	484
Kasaba Air Service (C)	84
Kaskazi Aviation (5Y)	686
Kata Transportation Company (ST)	549
Katekavia (RA)	515
Katmai Air (N)	382
Kato Airline (LN)	272
Kavok Airlines (YV)	646
Kayair (C)	84
Kazair West (UN)	578
Kazakhyms (UN)	578
Kazan Air Enterprises (RA)	516
KazZinc (UN)	578
KD Air (C)	84
KD Avia (RA)	516
Kechika Valley Air (C)	85
Keewatin Air (C)	85
Kelowna Flightcraft Air Charter (C)	85
Kenmore Air (N)	382
Kenn Borek Air (C)	85
Kenora Air Service (C)	86
Kenya Airways (5Y)	686
Key Lime Air (N)	382
Keystone Air Service (C)	86
Khabarovsk Airlines (RA)	516
Kharkov Aviation Production Association (UR)	584
Khors Air (UR)	584
Khozu Air (UN)	578
Kilwa Air (5H)	677
King Air Charter (ZS)	660
King Airelines (N)	383
King Flying Services (N)	383
King Island Airlines (VH)	598
Kingfisher Airlines (VT)	618
Kingfisher Deccan (VT)	618
Kinniburgh Spray Service (C)	86
Kirov Avia Enterprise (RA)	516
Kirovohradavia (UR)	584
Kisangani Airlift (9Q)	706
Kish Air (EP)	175
Kississing Air (C)	86
Kitty Hawk Aircargo (N)	383
Kiunga Aviation (P2)	503
Kivalliq Air (C)	87
Kivu Air (9Q)	707
Klahanie Air (C)	87
KLM Cityhopper (PH)	475
KLM Royal Dutch Airlines (PH)	476
Kluane Airways (C)	87
KMV – Mineralnye Vody Airlines (RA)	517
KNAAPO (RA)	517
Knight Air (5N)	681
Knight Aviation (5Y)	687
Kokshetau Airlines (UN)	578
Kolavia (RA)	517
Kolob Canyons Air Services (N)	383
Koral Blue (SU)	552
Korean Air (HL)	236
Koryakavia (RA)	517
Kosmas Air Cargo (YU)	642
Kosmos Airlines (RA)	517
Kosovo Airlines (YU)	643
Kostroma Air Enterprise (RA)	518
Kras Air (RA)	518
Krym (UR)	584
KS Avia (YL)	639
KTHY – Cyprus Turkish Airlines (TC)	559
Kuban Airlines (RA)	518
Kulula.com (ZS)	660
Kunming Airlines (B)	35
Kunpeng Airlines (B)	35
Kura Kura Aviation (PK)	484
Kurdistan Airways (YI)	637
Kuwait Airways (9K)	697
Kuzu Cargo Airlines (TC)	559
KVZ – Kazasky Vertolelmy Zavod (RA)	519
KX Express (VP-C)	611
Kyrgyzstan (EX)	182
Kyrgyzstan Airlines (EX)	182
Kyrgyz Trans Air (EX)	183
L and A Aviation (C)	87
L'Avion (F)	193
La Costena (YN)	640
La Nationale (TR)	570
LAB Airlines (CP)	122
LAB Flying Service (N)	384
Labrador Air Safari (C)	87
Lac La Croix Quetico Air Service (C)	87
Lac Seul Airways (C)	87
LADE – Lineas Aereas del Estado (LV)	277
Lagun Air (EC)	161
Lake & Penisula Airlines (N)	384
Lake Clark Air (N)	384
Lakeland Air Transport (N)	384
Lakeland Airways (C)	87
Lakeland Helicopters (ZK)	655
Lakelse Air (C)	87
Lakes District Air Service (C)	88
LAM – Linhas Aereas de Mocambique (C9)	130
LAN Argentina (LV)	277
LAN Airlines (CC)	117
LAN Cargo (CC)	118
LAN Ecuador (HC)	225
LAN Express (CC)	119
LAN Peru (OB)	458
Lanzarote Aerocargo (EC)	162
Lao Air (RDPL)	535
Lao Airlines (RDPL)	535
LAP Lineas Aereas Petroleras (HK)	232
LASER (YV)	646
LASSA – Lineas de Aeroservicios (CC)	119
Lat Charter (YL)	639
Latina de Aviacion (HK)	232
Lauda Air (OE)	462
Lauzon Aviation (C)	88
Layang Layang Aerospace (9M)	700
Lawrence Bay Airways (C)	88
LC Busre (OB)	458
Leair Charter Services (C6)	129
Leuenberger Air Service (C)	88
LGW – Luftfahrtgesellschaft Walter (D)	138
Liard Air (C)	88
LIAT – The Caribbean Airline (V2)	622
Libyan Air Cargo (5A)	674
Libyan Airlines (5A)	675
Libyavia (5A)	675
Lignes Aeriennes Congolaises (9Q)	707
Lindsay Aviation (N)	384
Linea Aerea Costa Norte (CC)	119
Linea Aerea IAACA (YV)	647
Linea Turistic Aereotuy (YV)	647
Lineas Aereas Canedo (CP)	122
Lineas Aereas del Mediterraneo Air Nostrum (EC)	152
Lineas Aereas Suramericanas Colombia (HK)	232
Linus Airways (PK)	484
Lion Airlines (PK)	484
Lion Australia (VH)	598
Lionair (RP)	537
Lipetsk Air Enterprise (RA)	519
Little Red Air Service (C)	88
Litoranea (PP)	494
Livingston (I)	254
LoadAir Cargo (9K)	697
Lobaye Airways (TL)	569
Loch Lomond Seaplanes (G)	213
Lockhart Air Services (C)	88
Loftleidir Iceland (TF)	565
Loganair (G)	213
Logistic Air (N)	385
LOT – Polish Airlines (SP)	546
Lotus Air (SU)	552
LR Airlines (OK)	466
LTE International Airways (EC)	162
LTU Austria (OE)	462
LTU International Airways (D)	138
Lucky Air (B)	35
Lufthansa (D)	139
Lufthansa Cargo (D)	142
Lufthansa Cityline (D)	143
Lufttransport (LN)	272
Luftverkehr Friesland Harle (D)	144
Lugansk Aviation Enterprise (UR)	585
Lukaviatrans (RA)	519
Luxair (LX)	278
Luxor Air (SU)	552
Luzair (CS)	124
Lviv Airlines (UR)	585
Lydd Air (G)	214
Lynden Air Cargo (N)	385
Lynx Air International (N)	385
Lynx Aviation (N)	385
M & N Aviation (N)	385

Name	Page
Mac Dan Aviation (N)	385
Macair Airlines (VH)	599
Macair Jet (LV)	277
Macau Asia Express (B-M)	45
Mack Air (A2)	8
Magnicharters (XA)	632
Mahan Air (EP)	175
Mahfooz Aviation (C5)	128
Major's Air Service (C6)	129
Mak Air (UN)	578
Malagasy Airlines (5R)	683
Malaysia Airlines (9M)	700
Maldivian Air Taxi (8Q)	693
Malev Hungarian Airlines (HA)	220
Mali Air Express (TZ)	573
Mali Air Transport (TZ)	573
Malift Air (9Q)	707
Malmo Aviation (SE)	540
Malu Aviation (9Q)	707
Manaus AeroTaxi (PP)	494
Mandala Airlines (PK)	485
Mandarin Airlines (B)	47
Mango (ZS)	660
Mango MAT Airlines (9Q)	707
Manitoba Government Air Services (C)	88
Manunggal Air (PK)	485
Manx2 Airlines (G)	214
Mapiex Aero (HP)	239
Mapjet (OE)	462
Marin Air (TC)	560
Maritime Air Charter (C)	89
Maroomba Air Service (VH)	599
Marsland Aviation (ST)	549
Martinair (PH)	478
Martinaire (N)	385
Martini Aviation (C)	89
MAS Air Cargo (XA)	632
MasBe Airlines (9M)	701
MasWings (9M)	701
MAT – Macedonian Air Transport (Z3)	666
Mauritania Airways (5T)	683
Maverick Helicopters (N)	386
MAX Avia (EX)	183
Max Aviation (C)	89
Maximus Air Cargo (A6)	15
Maya Island Air (V3)	622
McCall Aviation (N)	386
McGavock Lake Service (C)	89
MCHS Rossii (RA)	519
MCHS Ukraine (UR)	585
McMurray Aviation (C)	89
McNeely Charter Services (N)	386
MDLR Airlines (VT)	620
Meadow Air (C)	89
Med-View Airlines (5N)	681
MedAvia (9H)	696
Mega AirCompany (UN)	578
Megantara Air	485
Melaire (C)	89
Menajet (OD)	459
Meridian (UR)	585
Meridiana (I)	254
Merlin Airways (N)	386
Merpati Nusantara Airlines (PK)	485
Mesa Airlines (N)	387
Mesaba Airlines (N)	387
META Mesquita Aereo Transportes (PT)	494
Mex-Jet (XA)	632
Mexicana (XA)	632
MHS Aviation (9M)	701
MIA Airlines (YR)	640
Miami Air International (N)	387
Miami Air Lease (N)	387
Miapet Avia (EK)	172
MIAT Mongolian Airlines (JU)	268
MID Airlines (ST)	549
Mid-Atlantic Freight (N)	387
Middle East Airlines (OD)	459
Middland (9Q)	707
Midex Airlines (A6)	15
Midwest Airlines (N)	388
Midwest Airlines Egypt (SU)	552
Midwest Aviation (N)	388
Midwest Connect (N)	388
Midwest Helicopter Airways (N)	389
Mihin Lanka (4R)	671
Milford Sound Flightseeing (ZK)	655
Milford Sound Scenic Flights (ZK)	655
Military Support Service (VH)	599
Minair (TL)	569
Minden Air (N)	389
Miniliner (I)	255
Minipi Aviation (C)	89
Miras Air (UN)	578
Missinippi Airways (C)	89
Missionair (C)	89
Mistral Air (I)	255
MK Airlines (9G)	695
MNG Cargo Airlines (TC)	560
Mocambique Expresso (C9)	131
Mokulele Air Charter (N)	389
Moldavian Airlines (ER)	177
Molson Air (C)	89
Mombasa Air Safari (5Y)	687
Monacair (3A)	667
Monarch Airlines (G)	214
Montair Aviation (C)	90
Montenegro Airlines (YU)	642
Moonair Aviation (4X)	673
Mordovia Air (RA)	519
Moremi Air Services (A2)	9
Morgan Air Services (C)	90
Morningstar Air Express (C)	90
Moskoviya (RA)	519
Motor Sich Airlines (UR)	585
Mount Cook Airline (ZK)	655
Mountain Air (ZK)	655
Mountain Air Cargo (N)	389
Mountain High Aviation (N)	389
Mountain West Helicopters (N)	389
MTA Cargo (PP)	494
Mudan Airlines (6O)	689
Munich Airlines (D)	144
Murray Air (N)	389
Mustang Helicopters (C)	90
Mustique Airways (J8)	270
MyAir.com (I)	255
Myanma Airways (XY)	636
Myanmar Airways International (XY)	636
MyFlug (TF)	565
MyTravel Airways (G)	214
MyTravel Airways (OY)	473
NAC – National Airways Charter (ZS)	660
NAC Executive Charter (A2)	9
Nakina Outpost Camps & Air Service (C)	90
Nalair (C)	90
Namibia Commercial Airways (V5)	623
NAPO Aviatrans (RA)	519
Nas Air (E3)	185
NAS Air (HZ)	245
Natalco Airlines (TN)	569
National Air Services (HZ)	245
National Airways Cameroon (TJ)	568
National Helicopter Services (9Y)	712
National Helicopters (C)	90
National Jet Systems (VH)	599
National Regional Transport (3C)	668
National Wings (RA)	520
Nationwide Airlines (ZS)	661
Native American Air Services (N)	389
Natureair (TI)	567
Naturelink Charter (ZS)	661
Nautilus Aviation (VH)	600
Navair (N)	390
Navid Air (EP)	176
Navigator Airlines (EK)	172
Naysa Aerotaxis (EC)	162
Nelair Charters & Travel (ZS)	661
Neos (I)	255
Neptune Aviation Services (N)	390
Nestor Falls Fly-in Outposts (C)	91
Network Aviation Australia (VH)	600
New Central Aviation (JA)	266
New England Airlines (N)	390
Newfoundland & Labrador Air Services (C)	91
NextJet (SE)	541
NHR Taxi Aereo (PP)	494
NHT Linhas Aereos (PP)	494
Nicaragua Lineas Aereas	640
Nigeravia (5U)	684
Nightexpress (D)	144
NIKI (OE)	462
Nile Air (SU)	552
Nippon Cargo Airlines (JA)	266
Nok Air (HS)	241
Nolinor Aviation (C)	91
Noordzee Helikopters Vlaanderen (OO)	470
Nord Aviation (N)	390
Nordair Quebec 2000 (C)	91

Nord-Flyg (SE)	541
Nordic Airways (SE)	541
Nordic Solutions Air Services (LY)	279
Nordplus (C)	91
Nord Star Airlines (N)	390
Norfolk Air (VH)	600
Norman Aviation (V2)	622
Norrlandsflyg (SE)	541
Norse Air Charter (ZS)	661
Norsk Helikopter (LN)	272
Norsk Luftambulance (LN)	273
North American Airlines (N)	390
North American Charters 2000 (C)	91
North Cariboo Air (C)	91
North Central Helicopters (C)	92
North Coast Aviation (P2)	503
North East Bolivian Airways (CP)	122
North Flying (OY)	473
North Pacific Seaplanes (C)	92
North South Airlines (RP)	537
North Star Air Cargo (N)	390
North Star Aviation (HI)	391
North Wright Airways (C)	92
Northeastern Airlines (B)	35
Northern Air (5H)	677
Northern Air (A2)	9
Northern Air Care (C)	93
Northern Air Cargo (N)	391
Northern Air Charter (C)	93
Northern Air Services (DQ)	147
Northern Air Solutions (C)	93
Northern Lights Air (C)	93
Northstar Air (C)	93
Northward Air (C)	93
Northway Aviation (C)	93
Northwest Airlines (N)	391
Northwest Airlink (N)	396
Northwest Flying (C)	93
Northwest Helicopters (N)	399
Northwest Seaplanes (N)	400
Northwestern Air (C)	93
Norwegian (LN)	273
Nouvelair (TS)	571
Nova Airlines (ST)	549
Nova Air (XA)	633
Novair (SE)	541
Novosibirsk Air Enterprise (RA)	520
NT Air (C)	94
Nueltin Lake Air Service (C)	94
Nusantara Air Charter (PK)	486
Oasis Hong Kong Airlines (B-H)	44
OCA International (D)	144
Oceanair Linhas Aereas (PP)	494
Odessa Air (UR)	585
Okair (B)	35
OLT – Ostfriesische Lufttransport (D)	144
Olympic Airlines (SX)	554
Omanair (A4O)	10
Omega Air (C)	94
Omni Air International (N)	400
Omni Aviacao e Technologia (CS)	124
Omniflight Helicopters (N)	400
Omskavia Airline (RA)	520
One-Two-Go (HS)	241
Ontario Ministry of Natural Resources Aviation (C)	94
Onur Air (TC)	560
Ootsa Air (C)	94
Open Skies (G)	215
Orange Aircraft Leasing (PH)	478
Orbest (HS)	124
Orebro Aviation (SE)	541
Orenair (RA)	520
Orient Air (YK)	638
Orient Thai Airlines (HS)	242
Oriental (YV)	647
Oriental Air Bridge (JA)	266
Orion Air (S7)	557
Orionair (EC)	162
Osh Avia (EX)	183
Osnaburgh Airways (C)	95
Osprey Wings (C)	95
Ostseeflug (D)	144
Our Airline (C2)	128
Overland Airways (5N)	681
Ozjet Airlines (VH)	600
Pace Airlines (N)	401
Pacific Air Express (H4)	247
Pacific Airlines (VN)	610

Pacific Airways (N)	401
Pacific Blue (ZK)	655
Pacific Coastal Airlines (C)	95
Pacific Eagle Aviation (C)	95
Pacific East Asia Cargo Airlines (RP)	537
Pacific Helicopters (N)	401
Pacific Helicopters (P2)	503
Pacific Island Air (DQ)	147
Pacific Pearl Airways (RP)	537
Pacific Sun (DQ)	147
Pacific Western Helicopters (C)	95
Pacific Wings (N)	401
Pacific Wings Airlines (C)	96
Pacificair (RP)	537
Pakistan International Airlines (AP)	7
Palestinian Airlines (SU-Y)	553
Palm Aviation (A6)	15
Palmair (G)	215
Pamir Air (YA)	637
Pan African Airlines (3B)	667
Pan African Airlines (5N)	682
Pan Am Dominicana (HI)	227
Pan Europeenne Air Service (F)	193
PanAir Lineas Aereas (EC)	162
PanAm AirCargo (XA)	633
Panavia Cargo Airlines (HP)	239
Pan-Malaysian Air Transport (9M)	702
Panorama Helicopters (C)	96
Pantanal (PP)	495
Papillon Grand Canyon Airways (N)	401
Paradise Air (TI)	567
Paragon Air Express (N)	402
Paramount Airways (VT)	620
Paramount Jet (N)	402
Parsa (HP)	239
Pars Air (EP)	176
Pascan Aviation (C)	96
Passaredo Transportes Aereos (PP)	495
Patagonia Airlines (CC)	119
Pawan Hans Helicopters (VT)	620
Payam International Air (EP)	176
PB Air (HS)	242
PDG Helicopters (G)	215
Peace Air (C)	96
Peace Air (9L)	698
Pearl Aviation (VH)	600
Peau Vava'u Air (A3)	9
Pegaso (XA)	633
Pegasus Airlines (TC)	560
Pel-Air (VH)	601
Pelican Air Services (ZS)	662
Pelican Airways (N)	402
Pelican Narrows Air Services (C)	96
Pelita Air (PK)	487
Penair (N)	402
Penas (PK)	487
PENTA (PT)	495
Perfect Aviation (9M)	702
Perimeter Airlines (C)	96
Perm Airlines (RA)	520
Petroleum Air Services (SU)	552
Petropavlovsk Kamchatsky Air Enterprise (RA)	520
PGA Express (CS)	124
Phetchabun (HS)	242
PHI-Petroleum Helicopters (N)	403
Philippine Airlines (RP)	537
Phillips Air Charter (VT)	406
Phoebus Apollo Aviation (ZS)	662
Phoenix Air (N)	406
Phoenix Airtransport (N)	406
Phoenix Avia (EK)	172
Phoenix Heli-Flight (C)	97
Phuket Airlines (HS)	242
Piedmont Airlines (N)	406
Pineapple Air (C6)	129
Pinnacle Airlines (N)	407
Pionair Australia (VH)	601
Pionair Adventures (ZK)	655
Pirinair Express (EC)	162
Pisco Airlines (OB)	459
Planemasters (N)	407
Platinum Air (PP)	495
Platinum Airlines (N)	407
Players Air (N)	407
Plaza Cargo (EC)	162
PLUNA Lineas Aereas Uruguayas (CX)	127
PMT Air (XU)	635
Podilia Avia (UR)	585
Polar Air Cargo (N)	407
Polar Airlines (RA)	521

Polar Aviation (VH)	601
Polet Aviakompania (RA)	521
Police Aviation Services (G)	215
Polyarnya Avia (RA)	521
Polynesian Airlines (5W)	684
Polynesian Blue (5W)	684
Ponderosa Airlines (N)	407
Porter Airlines (C)	97
Portugalia (CS)	124
Precisionair (5H)	677
Premiair (PK)	487
Premiair Aviation Services (G)	215
Premier Helicopters (EI)	168
Premium Air Shuttle (5N)	682
President Airlines (XU)	635
Presidential Airways (N)	407
Primaris Airlines (N)	408
Prince Edward Air (C)	97
Priority Air (N)	408
Priority Air Charter (N)	408
PrivatAir (D)	144
PrivatAir (HB)	223
Private Wings (D)	145
Privilege Jet Airlines (TL)	569
Pro Flight Air (N)	408
Professional Air Charter (N)	408
Proflight Air Services (9J)	696
Progress Air (ZS)	662
Progress Aviakompania (RA)	521
ProMech Air (N)	408
Pronair Airlines (EC)	162
Propair (C)	97
Province of Alberta (C)	97
Provincial Airlines (C)	98
Provincial Helicopters (C)	98
PSA Airlines (N)	408
Pskovavia (RA)	521
PTL Luftfahrtunternehman (D)	145
Puerto Rica Air Management Services (N)	408
Pullmantur Air (EC)	162
Puma Linhas Aereas (PP)	495
Qantas Airways (VH)	601
QantasLink (VH)	603
Qanot Sharq (UK)	574
Qatar Airways (A7)	16
Qeshm Air (EP)	176
Qiantang Airways (B)	35
Quantum Helicopters (C)	98
Quassar de Mexico (XA)	633
Queensway Air Services (5Y)	687
Quick Air (N)	408
Quick Airways (PH)	478
Quikair Airline Services (C)	98
QuikJet (VT)	621
Qwest Helicopters (C)	98
Qwila Air (ZS)	662
RACSA (TG)	566
RAE – Regional Air Express (D)	145
RAF-Avia (YL)	639
Rainbow Air (YV)	647
Rainbow Airways (C)	99
Rainbow Jet (B)	36
RAK Airlines (A6)	15
Ram Air Freight (N)	409
Ramp 66 (N)	409
Rapid Air (N)	409
RCMP – GRC Air Services (C)	99
Redding Aero Enterprises (N)	409
Redstar (A6)	15
Redstar Aviation (TC)	561
Red Sucker Lake Air Service (C)	99
Red Wings (RA)	521
Reem Airlines (EX)	183
Regio Air (D)	145
Regional (F)	193
Regional 1 Airlines (C)	99
Regional Air (C6)	130
Regional Air (P2)	503
Regional Air Lines (CN)	120
Regional Airlines (RA)	522
Regional Air Services (5H)	677
Regional Pacific Air (VH)	604
Regourd Aviation (F)	194
Reliance Air (5X)	684
Remote Helicopters (C)	99
Republic Airways (N)	410
Republicair (XA)	633
Resource Helicopters (C)	100
Rex – Regional Express (VH)	604

Rhoades International (N)	410
Riau Airlines (PK)	487
Rico Linhas Aereas (PP)	495
Rico Taxi Aereo (PP)	495
Rio Linhas Aereas (PP)	495
River Air (C)	100
Rivne Universal Air (UR)	586
Road Trailer Rentals (C)	100
Robin Hood Aviation (OE)	463
Roblex Aviation (N)	410
ROC Aviation (B)	48
Rogers Helicopters (N)	410
Romavia (YR)	640
Roraima Airways (8R)	694
Rosneft-Baltika (RA)	522
Ross Air (C)	100
Ross Air Service (C)	100
Ross Aviation (N)	411
Rossair Charter (VH)	605
Rossiya Russian Airlines (RA)	522
Rotis Air (HR)	240
Rotorcraft (N)	411
Rovos Air (ZS)	662
Royal Air Freight (N)	411
Royal Air Maroc (CN)	120
Royal Airlines (AP)	8
Royal Bengal Airlines (S2)	556
Royal Brunei Airlines (V8)	624
Royal Daisy Airlines (5X)	684
Royal Falcon Air (JY)	268
Royal Jordanian (JY)	268
Royal Jordanian Xpress (JY)	269
Royal Khmer Airlines (XU)	635
Royal Nepal Airlines (9N)	703
Royal Phnom Penh Airways (XU)	635
Royal Star Aviation (RP)	538
Royal Wings Airlines (JY)	269
RPX Airlines (PK)	487
RubyStar (EW)	180
Rudad International Aviation Services (C5)	128
Rusair (RA)	523
Rusjet (RA)	523
Rusline Air (RA)	523
Russian Sky Airlines (RA)	523
Rusts Flying Service (N)	412
Rusty Myers Flying Service (C)	100
RUTACA (YV)	647
Rwandair Express (9XR)	711
Ryan Blake Air (ZS)	662
Ryan International Airlines (N)	412
Ryanair (EI)	169
Ryazanavia Trans (RA)	523
Ryjet (EC)	163
Ryukyu Air Commuter (JA)	266
S-Air (RA)	523
S7 Airlines (RA)	524
Sabah Air (9M)	702
Sabang Merauke Raya Air Charter (PK)	488
Sabourin Lake Lodge (C)	100
SACSO Air Lines	549
SADELCA (HK)	232
SADI (HK)	232
SAEMSA (XA)	633
SAEP (HK)	232
SAEREO (HC)	226
SAESA (EC)	163
Safair (ZS)	662
Safari Air (A2)	9
Safat Air (EP)	176
Safari Express (5H)	677
Safari Links (5Y)	687
Safewing Aviation (N)	412
Safi Airways (YA)	637
Safiran Airlines (EP)	176
Saga Airlines (TC)	561
Saha Airline (EP)	176
Saint Louis Helicopter (N)	413
Saintex Cargo (XA)	634
Sakavia Service (4L)	670
Sakha Aviation School (RA)	525
SAL – Sociedade de Aviacao Ligeira (D2)	149
Salamis Aviation (C6)	130
Salmon Air (N)	413
Salt Air (ZK)	656
Salt Spring Island Air (C)	100
Saltwater West Enterprise (C)	100
SAM (HK)	232
SAMA Airlines (HZ)	245
Samal Air (UN)	578

Samara Airlines (RA)	525
Samarkand Airways (UK)	574
San Juan Airlines (N)	413
Sandy Lake Seaplane Services (C)	100
SANSA Regional (TI)	567
Santa Barbara Airlines (YV)	647
SAPAIR (HI)	227
Sapawe Air (C)	101
Sapphire Aviation (N)	413
SAPSA (CP)	122
Saratov Air Lines (RA)	525
Saravia (RA)	525
SARPA (HK)	233
SAS Norge (LN)	273
Sasair (C)	101
SASCA (YV)	648
Saskatchewan Government Northern Air Ops (C)	101
SAT Airlines (RA)	525
SAT Airlines (UN)	579
SATA – Air Acores (CS)	125
SATA Internacional (CS)	125
SATENA (HK)	233
Saturn Aviakompania (RA)	526
Saudi Arabian Airlines (HZ)	245
SAVE (CP)	122
Sayakhat (UN)	579
Sayat Air (UN)	579
SB Air (N)	413
Scandinavian Airlines System (OY)	473
Scandinavian Airlines System (SE)	541
Scanwings (OH)	465
SCAT Aircompany (UN)	579
SCD Aviation (TR)	571
Scenic Airlines (N)	413
Scenic Aviation (N)	414
Scorpion Air (TR)	571
ScotAirways (G)	216
Seaborne Airlines (N)	414
Seagle Air (OM)	467
Seair Airways (C6)	130
Seair Pacific Gold Coast (VH)	605
Seair Seaplanes (C)	101
Seaplanes of Key West (N)	414
SEARCA Colombia (HK)	233
Seawing Airways (VH)	605
Securite Civile (F)	194
Sefofane Air Charter (A2)	9
Sefofane Air (V5)	623
Selkirk Air (C)	102
Semeyavia (UN)	579
Sequoia Helicopters (C)	102
Serair (EC)	163
Serami (YV)	648
Servant Air (N)	414
Service Commuter (9Q)	707
Servicios Aereonauticas Sucre - SASCA (YV)	648
Servicios Aereos de Los Andes (OB)	459
Servicios Aereos Nacionales – SANSA (TI)	567
Servicios Aereos Professionales (HI)	227
SETCO (HR)	240
Sete Taxi Aereo (PP)	496
Sevastopol Avia (UR)	586
Sevenair (TS)	571
Severstal Aircompany (RA)	526
SGA Airlines (HS)	242
Shaheen Air Cargo (AP)	8
Shaheen Air International (AP)	8
Sham Wings Air (YK)	638
Shan Xi Airlines (B)	36
Shandong Airlines (B)	36
Shanghai Airlines (B)	36
Shanghai Airlines Cargo International (B)	37
Shangri-La Airways (9N)	703
Shar Ink (RA)	526
Sharp Airlines (VH)	605
Sharp Wings (C)	102
Shenzen Airlines (B)	38
Shine Air Services (VH)	605
Shoreline Aviation (N)	414
Shortstop Air Charter (VH)	605
Shovkovly Shlyah (UR)	586
Showalter's Fly-in Service (C)	102
Shree Airlines (9N)	703
Shuangyang Aviation (B)	39
Shuttle America (N)	414
Shuttle Bird (UR)	586
Sibaviatrans (RA)	526
Sichuan Airlines (B)	39
Sichuan Aolin General Aviation (B)	39
Siem Reap Air International (XU)	636

Sierra Pacific Airlines (N)	414
Sierra West Airlines (N)	414
Sifton Air (C)	102
SIL Aviation (P2)	503
Silk Way Airlines (4K)	669
Silkair (9V)	709
Siller Aviation (N)	414
Silver Air (J2)	270
Silver Air (OK)	466
Silverback Cargo Freighters (9XR)	711
SilverJet (G)	216
Simplify Deccan (VT)	621
Simpson Air (C)	102
Singapore Airlines (9V)	709
Singapore Airlines Cargo (9V)	711
Sioux Air (C)	102
Sioux Narrows Air (C)	102
Sirius Aero (RA)	527
Sita Airlines (9N)	703
Skagway Air Service (N)	415
Skippers Aviation (VH)	606
Skol Aviacompania (RA)	527
Sky Airline (CC)	119
Sky Airlines (TC)	561
Sky AirWorld (VH)	606
Sky Aviation Tanzania (5H)	677
Sky Bahamas (C6)	130
Sky Cargo (UN)	579
Sky Castle Aviation (N)	415
Sky Express (SP)	547
Sky Express (SX)	555
Sky Eyes Aviation (HS)	242
Sky Horse Aviation (JU)	268
Sky King (N)	415
Sky One Air (ZS)	663
Sky Relief (Z)	650
Sky Service (OO)	470
Sky Taxi (SP)	547
Sky Way Air (EX)	183
Sky Wind (4K)	670
Sky Wings Airlines (SX)	555
SkyBridge Airops (I)	255
Skybus Airlines (N)	415
Skydive & Air Service (OK)	466
SkyEurope Airlines (OM)	467
SkyExpress (RA)	527
Skygate International (JY)	269
Skyhaul (ZS)	663
Skyjet (UN)	579
Skyking Airlines (VQ-T)	612
Skylift Taxi Aereo (PP)	496
Skyline Helicopters (C)	102
Skylink Arabia (JY)	269
Skylink Aviation (C)	102
Skylink Express (C)	103
Skymark Airlines (JA)	267
Skymaster Airlines (PP)	496
SkyNet Asia Airways (JA)	267
SkyNorth Air (C)	103
Skypower Express Airways (5N)	682
Skyservice Airlines (C)	103
SkySouth (G)	216
Skystar Airways (HS)	242
Skytraders (VH)	606
Skytrail (5Y)	687
Skytrans Regional (VH)	606
Skyway Airlines (N)	415
Skyway Enterprises (N)	415
Skyways Express (SE)	544
Skyways Kenya (5Y)	688
SkyWest Airlines (N)	416
Skywest Airlines (VH)	607
Skywork Airlines (HB)	223
Slate Falls Airways (C)	103
Slingair (VH)	607
Slok Air Gambia (C5)	128
Slovak Government Flying Service (OM)	468
Smartwings (OK)	467
Smithair (N)	416
Smokey Bay Air (N)	416
SNAS Aviation (HZ)	247
Snow Aviation (N)	416
Sobel Air (9G)	695
Soft Trans Air (9Q)	707
Sokol (RA)	527
Sol Airlines (HI)	227
Sol America (YV)	648
Sol Lineas Aereas (LV)	277
Solar Cargo (YV)	648
Solenta Aviation (ZS)	663

Solenta Aviation (Kenya) (5Y)	688
Solinair (S5)	557
Solomons (H4)	249
Sonair (D2)	149
Sontair (C)	103
SOREM (I)	255
Soundsair (ZK)	656
South Aero (N)	416
South African Airways (ZS)	664
South African Express Airlines (ZS)	665
South Airlines (EK)	172
South Airlines (UR)	586
South East Air (ZK)	656
South East Asian Airlines (RP)	538
South Moresby Air Charters (C)	104
South Nahanni Airways (C)	104
South Pacific Express (N)	416
Southeast Aviation (N)	416
Southern Air (N)	417
Southern Air Charter (C6)	130
Southern Aviation (C)	104
Southern Cross Air (Z)	650
Southern Cross Seaplanes (VH)	607
Southern Seaplane (N)	417
Southwest Air (P2)	503
Southwest Airlines (N)	417
Southwind Airlines (N)	424
SPA Aviation (8Q)	693
Spanair (EC)	163
Spernak Airways (N)	424
Spetsavia (RA)	527
Spice Jet (VT)	621
Spirit Airlines (N)	424
Spring Airlines (B)	40
Springbok Classic Air (ZS)	665
Springfield Air Charter (N)	425
Spur Aviation (N)	425
SriLanka Cargo (4R)	671
SriLankan (4R)	671
Sriwijaya Air (PK)	488
St Barth Commuter (F-O)	197
STA – Sociedade de Transportes Aereos (C9)	130
STAG (F-O)	197
STAG (9Q)	707
Star African Air (6O)	689
Star Air (OY)	473
Star Air Cargo (ZS)	665
Star Air Lines (CC)	120
Star Airlines (XY)	636
Star Aviation (7T)	692
Star Peru (OB)	459
Starflyer (JA)	267
StarJet (JY)	269
Starlink Aviation (C)	104
Stars Away Aviation (ZS)	665
Stella Maris Aviation (C6)	130
Stenberg Aviation (OY)	473
Sterling Airlines (OY)	474
Sterling Aviation (G)	216
STP Airways (S9)	557
Strait Air (C)	104
Suburban Air Freight (N)	425
Success Airlines (9Q)	707
Sudan Airways (ST)	549
Sudanair Express (ST)	550
Sudbury Aviation (C)	104
Summit Air Charters (C)	104
Sun Air Service (9Q)	707
Sun Country Airlines (N)	425
Sun d'Or International Airlines (4X)	673
Sun-Air of Scandinavia (OY)	474
Sunbird Air Services (N)	425
Sundance Air (YV)	648
SunExpress Air (TC)	561
Sunstate Airlines (VH)	607
Sunu Air (6V)	690
Sunwest Aviation (C)	104
Sunwing Airlines (C)	105
Superior Airways (C)	105
Superior Aviation (N)	425
Superior Aviation Services (5Y)	688
Superior Helicopters (C)	105
Superior Helicopters (N)	426
Surinam Airways (PZ)	501
Susi Air (PK)	488
Sustut Air (C)	105
Suvarnabhumi Airlines (HS)	242
Sverdlovsk 2nd Air Enterprise (RA)	527
SVG Air (J8)	270
Swala Airlines (9Q)	707
Swanberg Air (C)	105
Swann Air Services (C)	105
Swazi Express Airways (3D)	668
Swaziland Airlink (3D)	668
Swiftair (EC)	164
Swiftair Hellas (SX)	555
Swiss European Air Lines (HB)	223
Swiss International Air Lines (HB)	223
Sydney Seaplanes (VH)	607
Syrianair (YK)	638
TAAG Angola Airlines (D2)	150
TAB Cargo (CP)	122
Taban Air (EP)	176
TACA Costa Rica (TI)	567
TACA International Airlines (YS)	641
TACA Peru (OB)	459
TACSA (TI)	567
TACV – Transportes Aereos de Cabo Verde (D4)	150
TAER Andalus (EC)	164
TAF Helicopters (EC)	164
TAF Linhas Aereas (PT)	496
Tajik Air (EY)	184
Take Airlines (F-O)	197
TAL Air Charters (C)	105
Talkeetna Air Taxi (N)	426
TAM Linhas Aereas (PP)	496
TAM Mercosur (ZP)	656
TAM – Taxi Aereo Marilia (PP)	498
TAM – Transportes Aereo Militar (CP)	122
TAME (HC)	226
Tamir Aviation (4X)	673
TAMPA Airlines (HK)	233
Tanana Air Service (N)	426
Tandem Aero (ER)	178
Tango (OH)	465
Tanzanair (5H)	678
TAP – Air Portugal (CS)	125
TAP Lineas Aereas (HK)	233
Tapo Avia (UK)	574
TAPSA Aviacion (LV)	278
Taquan Air Service (N)	426
Tara Airlines (EP)	176
Tarhan Air (TC)	561
TAROM (YR)	641
Taron Avia (EK)	172
TAS Transportes Aereos del Sur (EC)	165
Tasair (VH)	607
Tasfast Air Freight (VH)	607
Tasman Helicopters (C)	105
Tassili Airlines (7T)	692
TAS – Transportes Aereos Santander (HK)	233
TASUL – Taxi Aereo Sul (PT)	498
Tatarstan Air (RA)	527
TAVAJ Linhas Aereas (PP)	498
TAVASA (EC)	165
Tavrey Aircompany (UR)	586
Taxi Aereo Centroamericano – TACSA (TI)	568
Taxi Aereo Cusiana (HK)	234
Taxi Aereo Itaituba (PP)	498
Taxi Aereo Weiss (PP)	499
Taxi Air Fret (F)	194
Tbilaviamsheni (4L)	670
TBM (N)	426
Team Airlines (PP)	499
Ted (N)	426
Teebah Airlines (J2)	270
Telesis Transair (N)	426
Temsco Helicopter (N)	426
Tenir Airlines (EX)	183
Tepavia Trans Airline (ER)	178
Tepper Aviation (N)	427
Tesis (RA)	528
Thai AirAsia (HS)	242
Thai Airways International (HS)	243
Thai Aviation Services (HS)	244
Thai Flying Service (HS)	244
The Helicopter Line (ZK)	656
THK – Turk Hava Kurumj (TC)	561
Thomas Cook Airlines (G)	216
Thomas Cook Airlines Belgium (OO)	470
Thomsonfly (G)	217
Thunder Airlines (C)	106
Thunderbird Aviation (C)	106
Tiara Air (P4)	504
Tiger Airways (VH)	608
Tiger Airways (9V)	711
Tiger Contract Cargo (N)	427
Tigrus Air (YI)	637
Tiko Air (5R)	683

Airline	Page
Timair (6Y)	690
Timax Cargo Airlines (PK)	488
Timberland Helicopters (C)	106
Timberline Air Service (N)	427
Time Air (OK)	467
Titan Airways (G)	218
Tiwi Travel (VH)	608
Tli Cho Air (C)	106
TMK Air Commuter (9Q)	708
TNT Airways (OO)	470
Tobruk Air (5A)	676
Tofino Air Lines (C)	106
Tolair Services (N)	427
Tolaz Aviation Group (9Q)	708
Toll Priority (VH)	608
Tomskavia (RA)	528
Top Air (PK)	488
Top Fly (EC)	165
Tortug'Air (HH)	226
Total Linhas Aereas (PP)	499
Toumai Air Chad (TT)	572
Track Mark Cargo (5Y)	688
Trade Air (9A)	694
Tradewinds Cargo (N)	427
Tragsa Medios Aereos (EC)	165
Tramon Air (ZS)	665
Tranaca (YV)	648
Trans Air (EX)	183
Trans Air Benin (TY)	573
Trans Airways (3D)	669
Trans Am (HC)	226
Trans Anguilla Airlines (VP-A)	611
Trans Attico (ST)	550
Trans Avia Export Cargo Airlines (EW)	180
Trans Capital Air (C)	106
Trans Caribbean Airways (N)	428
Trans Guyana (8R)	694
Trans Island Air 2000 (8P)	692
Trans Maldivian Airways (8Q)	693
Trans Nation Airways (ET)	179
Trans North Aviation (N)	428
Trans North Helicopters (C)	106
Trans Oriente (HK)	234
Trans States Airlines (N)	428
Transaero Airlines (RA)	528
Transafricaine SA (XT)	635
Transafrik International (S9)	558
TransAir (N)	428
Transair Cargo Service (9Q)	708
Transair Congo (TN)	570
Transairways (C9)	130
Transasia Airways (B)	48
Transaven (YV)	648
Transavia Airlines (PH)	479
Transavia France (F)	195
Transavia Garantia (RA)	529
Transavia Service (4L)	670
Transcarga International Airways (YV)	648
Transglobal Airways (RP)	538
Transky Airlines (5N)	682
Transliz Aviation (S9)	558
Transmandu (YV)	648
Transmile Air Services (9M)	702
Transniugini Airways (P2)	503
Transnorthern Aviation (N)	428
Transporte Air Iglesias (YV)	648
Transportes Aereos Cielos Andinos (OB)	459
Transportes Aereos del Sur (EC)	165
Transportes Aereos Don Carlos (CC)	120
Transportes Aereos Guatemaltecos (TG)	566
Transportes Aereos San Rafael (CC)	120
Transportes Bragado (LV)	278
Transteco (D2)	150
Transvalcasa (YV)	648
Transwede (SE)	544
Transwest Air (C)	107
Transwest Helicopters (C)	107
Transwisata Air (PK)	488
Transworld Aviation (JY)	269
Transworld Safaris (5Y)	688
Trast Aero (EX)	183
TravelMax (ZS)	665
Travel Service Airlines (OK)	467
Travel Service Hungary (HA)	221
Travira Air (PK)	488
Tricoastal Air (N)	428
Trident Aviation (5Y)	688
Trigana Air Services (PK)	489
Tri-MG Intra-Asia Airlines (PK)	489
TRIP Linhas Aereas (PT)	499

Airline	Page
Tristar Airlines (SU)	553
Triumph Airways (C)	107
Tropic Air (5Y)	688
Tropic Air Charters (N)	428
Tropic Air Commuter (V3)	622
Tropicair (P2)	503
TropicAir (VH)	608
Tropical Air (5H)	678
Tropicana (D2)	150
Tsayta Aviation (C)	108
TTA – Sociedade de Transporte e Trabalho Aereo (C9)	131
Tudhope Airways (C)	108
TUIfly (D)	145
TUIfly Nordic (SE)	544
Tulpar Air (RA)	529
Tulpar Air Service (UN)	580
Tundra Helicopters (C)	108
Tunisair (TS)	571
Tunisavia (TS)	572
Turanair (4K)	670
Turbot Air Cargo (6V)	690
Turismo Aereo Amazonas (YV)	649
Turkish Airlines (TC)	562
Turkmenistan Airlines (EZ)	184
Turku Air (OH)	465
Turtle Airways (DQ)	147
Tuva Airlines (RA)	529
Tweedsmuir Air Services (C)	108
Twin Air (N)	428
Twin Cities Air Service (N)	428
Twin Jet (F)	195
Twin Wings Air (5H)	678
Tyax Air Services (C)	108
Tyrolean Airways (OE)	463
Tyrolean Jet Service (OE)	463
Tyumen SpecAvia (RA)	529
Uensped Paket Servisi (TC)	563
UES Avia (UR)	586
UFly (N)	429
Ukraine Air Alliance (UR)	586
Ukraine Air Enterprise (UR)	587
Ukraine Flight State Academy (UR)	587
Ukraine International Airlines (UR)	587
Ukrainian Cargo Airways (UR)	587
Ukrainian Pilot School (UR)	588
Uktranslizing (UR)	588
Ultra Helicopters (C)	108
UM Air (UR)	588
UNI Air (B)	48
Union Flights (N)	429
United Air Charters (Z)	650
United Air Lines (N)	429
United Airlines (5Y)	688
United Airways (S2)	556
United Eagle Airlines (B)	40
United Express (N)	435
United Helicharters (VT)	621
United International Airlines (YU)	643
Unity Airlines (YJ)	638
Univair Aviation (C)	108
Universal Airlines (N)	439
Universal Helicopters (C)	108
Upper Winds Air (C)	109
UPS Airlines (N)	439
Ural Airlines (RA)	529
US Airways (N)	442
US Airways Express (N)	447
US Forest Service (N)	453
US Helicopters (N)	453
USA 3000 Airways (N)	453
USA Jet Airlines (N)	453
Utage (3C)	668
UTAir Airlines (RA)	529
UTAir Express (RA)	531
Utair South Africa (ZS)	665
Utin Lento (OH)	465
Uvauga (RA)	531
Uzbekistan Airways (UK)	574
V Australia (VH)	608
V Grizodubova Air (RA)	531
Valan International Cargo (ZS)	665
Valhalla Helicopters (C)	109
Valley Helicopters (C)	109
Valuair (9V)	711
Van Air (P2)	504
Van Air Europe (OK)	467
Vancouver Island Air (C)	109
VARIG (PP)	499

Airline	Page
VARIG Log (PP)	500
VASCO (VN)	610
VASO Airlines (RA)	532
Venescar Internacional (YV)	649
Venezolona (YV)	649
Ver-Avia (SX)	555
Vertical de Aviacion (HK)	234
Vertir (EK)	172
Veteran Airlines (EK)	172
Veteran Airlines (UR)	588
VIA – Air Via (LZ)	281
Viaggio Air (LZ)	281
VIARCO (HK)	234
Victoria Air (RP)	538
Vieques Air Link (N)	454
Vietnam Airlines (VN)	610
VIH Helicopters (C)	109
Viking Air (C)	110
Viking Airlines (SE)	545
Viking Helicopters (C)	110
Villers Air Services (C)	110
VIM Airlines (RA)	532
Vina AirAsia (VN)	611
Vincent Aviation (Australia) (VH)	608
Vincent Aviation (ZK)	656
Vintage Props & Jets (N)	454
VIP – Vuelos Internos Privados (HC)	226
VIP Avia (4L)	671
Virgin America (N)	454
Virgin Atlantic Airways (G)	218
Virgin Blue Airlines (VH)	608
Virgin Nigeria (5N)	682
Virunga Air Charter (9Q)	708
Vision Air (EI)	171
Vision Air (N)	454
Vison Air (C6)	130
Viva Aerobus (XA)	634
Viva Macau (B-M)	45
Vladivostok Air (RA)	532
VLM Airlines (OO)	471
Vol Air (HI)	228
Volare Aviation Enterprise (UR)	588
Volareweb (I)	256
Volaris (XA)	634
Volga Aviaexpress (RA)	532
Volga-Dnepr Airlines (RA)	533
Vologda Air Enterprise (RA)	533
Vostok Airlines (RA)	533
Voyage Air (C)	110
Voyager Airlines (S2)	556
Voyageur Airways (C)	110
VSA Aviation (ZS)	665
Vueling Airlines (EC)	166
Vuelos Mediterraneo (EC)	166
Vyborg Airlines (RA)	533
Waasheshkun Airways (C)	111
Wabakimi Air (C)	111
Wabusk Air (C)	111
Wahkash Contracting (C)	111
Walsten Air Service (C)	111
Waltair (9Q)	708
Waltair Europe (SE)	545
Wamair Service & Outfitting (C)	111
Warbelow's Air Ventures (N)	455
Ward Air (N)	455
Wasaya Airways (C)	111
Watanya Airways (9K)	697
Watson's Skyways (C)	112
Waweig Air (C)	112
WDL Aviation (D)	146
Weagamow Air (C)	112
Weasua Airtransport (A8)	17
Webjet Linhas Aereas (PP)	500
Welcome Air (OE)	463
West Air (N)	455
West Air Europe (LX)	278
West Air Europe (SE)	545
West China Air (B)	40
West Coast Air (C)	112
West Coast Airlines (9L)	698
West Coast Helicopters (C)	112
West Wind Aviation (C)	113
West Wing Aviation (VH)	609
Westair Aviation (C)	113
Westair Wings (V5)	623
Westcan International Airlines (C)	113
Western Air (C6)	130
Western Air Express (N)	455
Western Air Express (N)	455
Western Aviators (N)	456
Westjet (C)	113
Westland Helicopters (C)	114
Westmann Islands Airlines (TF)	565
Westwind Aviation (N)	456
Westwind Helicopters (N)	456
Wetrafa Airlift (9Q)	708
Wettenhall Air Services (VH)	609
Whistler Air Services (C)	114
White (CS)	126
White Eagle General Aviation (SP)	547
White River Air (C)	114
Wideroe's Flyveselskap (LN)	274
Wiggins Airways (N)	456
Wildcat Helicopters (C)	114
Wilderness Air (C)	114
Wilderness Helicopters (C)	115
Williston Lake Air Services (C)	115
Willow Air (N)	456
Wimbi Dira Airways (9Q)	708
Winair (PJ)	479
Wind Rose (UR)	588
Windjet (I)	256
Windward Air Services (C)	115
Windward Express Airways (PJ)	480
Wings Air (PK)	489
Wings Aviation (5N)	682
Wings of Alaska (N)	456
Wings of Lebanon Aviation (OD)	460
Wizz Air (Bulgaria) Airlines (LZ)	281
Wizz Air (HA)	221
Wolverine Air (C)	115
Woodgate Executive Air Services (G)	219
World Airways (N)	456
Wright Air Service (N)	457
Wyngs Aviation (YV)	649
Xiamen Airlines (B)	40
Xinjiang General Aviation (B)	41
XL Airways France (F)	195
XL Airways Germany (D)	146
XL Airways UK (G)	219
Xpress Air (PK)	489
Xtra Airways (N)	457
Yak Service (RA)	533
Yakutia Airlines (RA)	534
Yamal Airlines (RA)	534
Yangon Airlines (XY)	636
Yangtze River Express (B)	41
Yavson (UR)	588
Yellowhead Helicopters (C)	115
Yemenia (7O)	690
Yeongnam Airlines (HL)	238
Yer Avia (EK)	173
Yeti Airlines (9N)	703
YoungOne (S2)	556
Yukon Aviation (N)	457
Yuzhnaya Air Company (UN)	580
Yuzmashavia (UR)	589
Zagros Airlines (EP)	177
Zambian Airways (9J)	696
Zanair (5H)	678
Zantas Air Service (5H)	678
Zapolyarye Avia Kompania (RA)	534
ZB Air (5Y)	688
Zhetysu Avia (UN)	580
Zhezair (UN)	580
Zhongfei Airlines (B)	41
Zimex Aviation (HB)	224
Zimmer Air Services (C)	115
Zoom Airlines (C)	115
Zoom Airlines (UK) (G)	219
Zoom Airways (S2)	556
Zorex (EC)	166

NOTES

AIR-BRITAIN MEMBERSHIP
Join on-line at www.air-britain.co.uk

If you are not currently a member of Air-Britain, the publishers of this book, you may be interested in what we have on offer to provide for your interest in aviation.

About Air-Britain
Formed over 50 years ago, we are the world's most progressive aviation society, and exist to bring together aviation enthusiasts with every type of interest. Our members include aircraft historians, aviation writers, spotters and pilots - and those who just have a fascination with aircraft and aviation. Air-Britain is a non-profit organisation, which is independently audited, and any financial surpluses are used to provide services to the membership which currently stands at around 4,000 worldwide.

Membership of Air-Britain
Membership is open to all. A basic membership fee is charged and every member receives a copy of the quarterly house magazine, Air-Britain Aviation World, and is entitled to use all the Air-Britain specialist services and buy **Air-Britain publications at discounted prices**. A membership subscription includes the choice to add any or all of our other three magazines, News &/or Archive &/or Aeromilitaria. Air-Britain also publishes 10-20 books per annum (around 70 titles in stock at any one time). Membership runs January - December each year, but new members have a choice of options periods to get their initial subscription started.

Air-Britain Aviation World is the quarterly 48-page house magazine containing not only news of Air-Britain activities, but also a wealth of features, illustrated substantially in colour, on many different aviation subjects, contemporary and historical, contributed by our members.

Air-Britain News is the world aviation news monthly, containing data on aircraft registrations worldwide and news of Airlines and Airliners, Business Jets, Local Airfield News, Civil and Military Air Show Reports, and International Military Aviation News. An average 160 pages of lavishly-illustrated information for the dedicated enthusiast.

Air-Britain Archive is the quarterly 48-page specialist journal of civil aviation history. Packed with the results of historical research by Air-Britain specialists into aircraft types, overseas registers and previously unpublished facts about the rich heritage of civil aviation. Averaging over 100 photographs per issue, some in colour.

Air-Britain Aeromilitaria is the quarterly 48-page unique source for meticulously researched details of military aviation history edited by the acclaimed authors of Air-Britain's military monographs featuring British, Commonwealth, European and U.S. Military aviation articles. Illustrated in colour and black & white.

Other Benefits
Additional to the above, members have exclusive access to the Air-Britain e-mail Information Exchange Service (ab-ix) where they can exchange information and solve each other's queries, and to an on-line UK airfield residents database. Other benefits include numerous Branches, use of the Specialists Information Service; Air-Britain trips; and access to black & white and colour photograph libraries. During the summer we also host our own popular FLY-IN. Each autumn, we host an Aircraft Recognition Contest.

Membership Subscription Rates - from £18 per annum.
Membership subscription rates start from as little as £18 per annum (2008), and this amount provides a copy of 'Air-Britain Aviation World' quarterly as well as all the other benefits covered above. Subscriptions to include any or all of our other three magazines vary between £25 and £62 per annum (slightly higher to overseas).

Join in 2008 for two years (2008-2009) and save £5 off the total subscription

Join on-line at membership@air-britain.co.uk or write to 'Air-Britain' at 1 Rose Cottages, 179 Penn Road, Hazlemere, High Wycombe, Bucks HP15 7NE, UK, or telephone/fax on 01394 450767 (+44 1394 450767) and ask for a membership pack containing the full details of subscription rates, samples of our magazines and a book list.

AIR-BRITAIN SALES

Companion publications to this AIRLINE FLEETS 2008 are also available by post-free mail order from:

Air-Britain Sales Department (Dept AF08)
41 Penshurst Road, Leigh,
Tonbridge, Kent TN11 8HL

Orders may also be placed by Answerphone/Fax 01732 835637 or by e-mail to sales@air-britain.co.uk

For a full list of current titles and details of how to order, visit our e-commerce site at www.air-britain.co.uk Visa Credit / Visa Debit / Mastercard / Solo / Maestro accepted - please give full details of card number, security number, start date or issue number where appropriate and expiry date. We cannot accept Amex cards.

JET AIRLINERS OF THE WORLD 1949-2007

This 2-volume edition contains the production l;istings of all jet airliners - over 33,000 aircraft - including military tramsport versions and all Soviet types, together with a cross-reference index listing nearly 75,000 registrations and serials, a total of 944 pages! *Price £37-50 (or £26-50 to Air-Britain members)*

AIRLINE FLEETS QUICK REFERENCE - AFQR 2008

Over 200 pages of airline fleet lists of all the major national and international carriers likely to be seen in Western Europe and in major airports world wide. The companion A5 size volume to Airline Fleets, AFQR includes types, c/ns, fleet numbers, lease data and easy-to-use tick boxes. *Price £7-95 (or £6-95 to Air-Britain members)*

BUSINESS JETS & TURBOPROPS QUICK REFERENCE– BizQR 2008

Contains 144 A5-pages listing all currently active civil or military business jets and corporate airliners by country in registration/serial order. Now expanded to include Business Turboprops. Correct to January 8th 2008 and also includes US reserved registrations. *Price £7-95 (or £6-95 to Air-Britain members)*

UK/IRELAND CIVIL/MILITARY REGISTERS QUICK REFERENCE– UKQR 2008

Over 160 A5-size pages giving the regns and types of all current UK, Irish, Manx and foreign-registered aircraft based in the UK, serials and types of all current military aircraft, aircraft museum collections and lists of which aircraft are based at all of the major and many of the minor UK/Ireland civil airfields and microlight strips.
Price £7-95 (or £6-95 to Air-Britain members)

UK/IRELAND CIVIL REGISTERS 2008

The 44th annual edition of our longest-running title lists all current G-, M- and EI- allocations, plus overseas-registered aircraft based in the UK, alphabetical index by type, military-civil marks de-code, full BGA and microlight details, museum aircraft etc. At over 600 pages this is the UK civil aircraft register bible.
Publication scheduled for April 2008

BUSINESS JETS INTERNATIONAL 2008

The only publication that gives full production lists for all biz-jets in c/n order with details of all regns/serials carried, model numbers and fates, plus a 48,000+ index of biz-jet regns, now in its 23rd edition at around 500 pages. *Publication scheduled for June 2008*

EUROPEAN REGISTERS HANDBOOK 2008

With a new layout in A4 pages, the 23rd edition contains the current civil aircraft registers of 44 European countries lying to the west of Russia. The only such publication with full previous identities, ERH includes balloons, gliders and microlights. *Publication scheduled for May 2008*

IMPORTANT NOTE - Members receive substantial discounts on prices of all the above Air-Britain publications, as shown, together with many other direct benefits. Remember to quote your Membership number when ordering.

For details of membership see previous page or visit our website at http://www.air-britain.co.uk